国家出版基金项目
"十二五"国家重点图书出版规划项目

THE
CHINESE ENCYCLOPEDIA
OF
EDUCATION

中国教育
大百科全书

·第三卷·

主编

顾明远

副主编

鲁洁 王炳照 谈松华 袁振国 张跃进

R—Y

上海教育出版社
SHANGHAI EDUCATIONAL
PUBLISHING HOUSE

《中国教育大百科全书》

荣获

第三届中国出版政府奖提名奖

第七届高等学校科学研究优秀成果奖（人文社会科学）一等奖

第十三届上海图书奖一等奖

北京市第十三届哲学社会科学优秀成果奖特等奖

入选

第四届"三个一百"原创图书出版工程（人文社科类）

R

人本化教育(humanistic education)　　现代西方教育思潮之一。继承了西方的人文主义教育传统,以人本主义心理学为理论基础,以存在主义和现象学为认识论和方法论基础,以培养自我实现、完整的人为目的。20 世纪 60—70 年代盛行于美国。

人本化教育的代表人物　人本化教育的代表人物大多是人本主义心理学家,其中主要是马斯洛、罗杰斯、弗罗姆和 G. W. 奥尔波特。马斯洛是美国心理学家和教育家、人本主义心理学创始人。他长期从事人的潜能和心理健康研究,提出需要层次理论和自我实现教育思想,创立了继行为主义、精神分析理论之后被称为"第三思潮"或"第三股力量"的人本主义心理学。1962 年,他与罗杰斯等人一起创建了美国人本主义心理学会。其主要著作有《动机与人格》(1954)、《存在心理学探索》(1968)和《人性的最佳境界》(1971)等。罗杰斯是美国心理学家和教育家,对西方教育理论和实践影响较大。他运用现象学的方法研究人的主观体验,强调人类自我实现的潜能在教育中的重要意义,提出了"非指导性教学"理论。其主要著作有《咨询和心理治疗:新近的概念与实践》(1942)、《论人的成长:一个治疗者的心理治疗观》(1961)、《学习的自由》(1969)等。弗罗姆是美国心理学家,主要探讨社会因素与完整人格形成的关系,强调自我实现取决于情感与理智潜能的积极表现。其主要著作有《逃避自由》(1941)、《爱的艺术》(1956)等。G. W. 奥尔波特是美国心理学家,主要研究健康人的人格,并首先在美国开设人格课程,主要著作有《人格:心理学的解释》(1937)、《人格的模式与成长》(1961)等。

人本化教育的产生　人本化教育产生于 20 世纪 50 年代的美国,并很快传到西方其他国家;60 年代趋于成熟;70 年代进入鼎盛期,并逐渐对西方教育理论和实践产生广泛而深刻的影响。人本化教育产生的社会背景是第二次世界大战后资本主义经济的迅速振兴和科学技术革命的出现。它们在推动生产力发展和提高物质生活水准的同时,也导致人的异化现象日趋严重。科学技术和知识成为工具,人失去了自我而异化为物,社会价值观念体系面临瓦解,因此,许多思想家和教育家试图从人的内心世界寻求价值目标,从而找到摆脱精神困境的思想和方法。美国教育自身所面临的变革需求是人本化教育思想产生的直接诱因。第二次世界大战后,美国教育改革基本上受要素主义教育和结构主义教育的左右,重视知识教学和学科中心课程,希望以此来提高教育质量,但客观上增加了学生学习负担,导致学生学业失败。人本化教育的出现为当时美国新一轮教育改革带来了前所未有的理念和理论依据。

人本化教育的思想基础是人本主义心理学及存在主义和现象学。人本主义心理学家从反对行为主义和精神分析出发,主张通过研究人的创造性、主动性和自我实现来揭示人的真正本性,从而提高人的尊严和价值。人本化教育是西方人文主义教育思想在新时期的进一步发展。它一方面重视教育对人发展的重要作用,弘扬人的价值与尊严;另一方面对理性的误用和人的异化现象以及当时美国教育中的主知主义表示质疑和反对,要求教育培养兼顾理智与情感和谐发展的完整的人。人本化教育还吸取了存在主义的一些基本思想,把人的存在看作是人所追求的最终目标,认为人的存在是人的潜能不断得到发展与实现的一种动态、能动的过程,并接受了现象学的"回到事物本身去"的方法论基础。

人本化教育的主要观点　人本化教育突出"以人为本"理念,有以下主要观点:(1)教育目标是培养自我实现的人,即具有完美人格和潜能充分发展的人。自我实现是人对天赋、能力、潜能的清晰认识和充分表现并努力去实现之,是人的健康思想行为和精神状态的标志,是人类需要的最高层次和潜能的体现,是人格发展的终极目标。自我实现具有利他性、超越自我性和社会性,表现出人类所具有的完美人性和极致境界。自我实现的人最显著的特征是完整性、动态性和创造性。首先,传统教育导致学生的认识世界与情感世界相脱离,完整的人所必备的理智和情感被分离瓦解,自我实现是培养"完整的人"(whole man)的重要表征和途径。"完整的人"是指身体、智力、精神和心灵诸方面融为一体并能自由地用理智和情感去认识和处理事务的人,具体包括人自身内部的整合和与外部的整合。人的内部整合表现为身体、思想、情感和智力及各种潜能的整体化。人的外部整合表现为与外部世界诸如学校、教师和家长一致，各种教育因素与学生的内在体验相一致。其次，自我实现是动态的，是人的潜能不断得以彰显的过程，完整的人只有与形成过程中的人相结合才能达到自我实现的目标。人格是正在形成的整体，教育就是要为个体的自我实现创造最佳的实现条件，促使人的潜能发挥到最完美的境地。第三，自我实现的人具有创造性。创造性是人的一种固有潜能和与生俱来的特质，体现了完整的人的整体性和动态性。它作为一种特殊的洞察力、创新的人格、活动和态度，潜移默化在日常生活之中，表现为一种过程而不是具体的成就。创造性教育的要旨是实现人性的转变、人格的完善和完整个体的充分发展，教育与教学的实施要有助于创造性的培养，形成创造性的氛围，造就创造性人才。(2)构建人本化课程。针对传统学校和主知主义因片面追求知识传授和学科中心而导致的弊端，人本化教育将课程理解为满足个体自由生长和人格整合需要的过程，要求课程编排从学科中心转向重视个体的自我实现。人本化课程以尊重完整的人的特征为原则，建立在学生的需要、生长的自然模式和个性特征的基础上，将理智和情感和谐地结合在一起，并创设学习者积极参与和选择的氛围。自我实现既有认知的发展又有情感的发展，知识教育的人本化要从知识本身内含的人性因素入手，去建立认知与情感之间的内在联系。人的审美需要是促进人格完善的重要因素和途径，对美感高度敏感的体验就是高峰体验，是美育的重要内容。美感教育是培养自我实现的人的最佳途径和方法，应该渗透到学校教育的各门学科之中。课程内容应与学生特别是与其潜能相联系。情感和情绪是自我实现的内在动力，因此，实施情感教育是人本化课程的主要特征之一。(3)强调教学以学生为中心。学生的自我实现是通过自我、自由的选择来实现的，教师在教学中起促进和催化作用。教学理论要适应未来社会发展的需要，适应社会未来变化的趋势，学校必须真正按人本主义的精神，培养完全能适应社会变化的有用人才，使其所学知识与未来发展处于一种和谐的平衡状态。传统教育将学生置于被动、服从的地位，教师起着控制性的"指导"作用，学生的潜能得不到充分释放和实现，因此，教学过程必须为学生提供一个能使个人潜能充分实现、和谐、自由的学习环境，实施自由、情感性的"非指导性教学"(nondirective teaching)。这种教学不仅仅是一种方法，更重要的是一种哲学信仰和价值观的选择，即学生有权选择自己的生活和学习目标。人本化教育要求师生共同参与学习过程，使学习渗透到学生的活动、态度和个性之中，学生自我指导的能力可以在学校提供的经验中获得。以学生为中心的教学过程反对使用外部评价标准，提倡寻求一种内部标准，鼓励学生自己参与评价，使学生的创造性得以提高。(4)创设一种自由的学习和发展氛围。人具有发展的潜能，

学习是自我促进的过程，教育的作用就是为学习者创造最佳的学习条件，即创造一种能使学生自由选择和接受、自发参加学习、创造性地活动、自如地表达各种体验的心理气氛。因此，人本化教育的一项基本教学原则和方法就是创设一种真实的、关心的和理解性倾听的学习氛围。影响心理气氛的主要因素有两个：教师和人与人之间的关系。教师是学生自我实现的促进者，而不是知识的占有者和传授者。教师的促进作用表现在帮助学生成为完整的人，有利于学生潜能的实现，重视学生的情感教育，使学生发现学习经验的个人意义。作为促进者的教师，应该是一个具有积极自我概念(包括自信、乐观、良好的心境、对自我能力的信任和亲和力)、善于接受他人(包括认同、理解、尊重和平等地对待他人)、个性特征明显、掌握教学机智、健康而优秀的人。人与人之间的互助关系是每个人情感体验所依赖的基础，体现出尊重他人的价值取向，建立这样的人际关系有利于人的幸福与健康。所以，学校和教师要在与学生的相互作用中帮助学生，重视健康的心理氛围对学生学习的影响和作用，关注积极的情感体验对学生学习的价值与意义，真诚地对待学生，充分地相信学生，以转变角色的移情性来理解学生。

人本化教育的特点与影响　面对现代社会的挑战，人本化教育将人的主体性作为教育的出发点和归宿，通过使学习者的理智和情感和谐一致及人性内在潜能的显现，达到学生的自我实现和完整人格的养成。人本化教育受存在主义和现象学的影响，将人性作为理解教育的根本所在，以完整的人的发展为教育的价值取向；把自我实现当作教育的核心概念，认为人的自我实现是人性固有潜能得以不断实现的一种动态形成过程；把人的发展看成是内在潜能的充分实现。人本化教育对西方教育理论和实践产生了重要影响，对当代西方学校教育的发展方向具有牵引作用。它批判了传统教育和主知主义教育对人的认知和情感的割裂，力图实现认知教育和情感教育的和谐一致，表达了对教育截然不同的理解，直接影响了当代西方教育学理论的趋向，使西方教育理论增添了新的思想内容和资源，已经成为当代教育理论不可或缺和回避的价值取向。人本化课程理论取代了结构主义课程理论在西方教育改革中的主导地位，逐渐成为20世纪70年代后西方课程改革的理论依据之一。世界上许多国家都提出了人性教育的原则，并将培养学生的丰富人性和造就全人作为课程改革的目标之一，课程的人性化已经演化为一种具有共识性和普遍性的教育理念。特别值得注意的是，从20世纪70年代以来，它提出了许多符合时代发展要求和教育发展规律的观点，推动了美国人本主义教育改革运动的开展，其教育思想精髓渗透到西方各国的教育改革之中，许多以人本化教育为理论依托的新教育、新思想和新方法纷纷出现，如"情感教育"、"整合

教育"、"情意教育"、"价值教育"、"自由学校"、"个别化教学"等。人本化教育的认识论和价值观基于存在主义和现象学的基本思想,研究方法带有十分明显的主观性和随意性,缺乏一套规范、严格的科学概念和体系,而且过分强调个体的重要性和个人主义价值观,夸大了人的内部潜能的作用,把个人的自我实现理解为绝对、唯一的,排斥了社会价值的重要性,其结果是导致个人自我超越社会整体,忽视了社会环境等后天因素对个体发展的制约性影响。但是,人本化教育为现代教育提出了一个重要和严峻的问题,即如何使学生形成一种整体和健康的人格。

参考文献

　　吉尔根. 当代美国心理学[M].刘力,等,译. 北京:社会科学出版社,1992.

　　罗伯特·梅逊. 当代西方教育理论[M].陆有铨,译. 北京:文化教育出版社,1984.

　　王承绪,赵祥麟.西方现代教育论著选[M]. 北京:人民教育出版社,2001.

　　张述祖,等. 西方心理学家文选[M]. 北京:人民教育出版社,1983.

　　Kneller, G. F. Movements of Thought in Modern Education [M]. New York:John Wiley & Sons. Inc. ,1984.

（杨　捷）

人本主义学习理论(humanistic theory of learning)

蕴含于人本主义心理学的有关学习的观点。20 世纪上半叶,心理学界占主导地位的是弗洛伊德的精神分析理论和华生的行为主义。20 世纪五六十年代,以马斯洛、罗杰斯、罗洛·梅等人为代表的心理学家不满精神分析理论将人贬低为动物和行为主义对人机械化的看法,提出心理学要研究对个人和社会进步有意义的问题,强调人的价值和尊严,在心理学史上被称为相对于精神分析理论和行为主义理论的"第三思潮"或"第三势力"。人本主义心理学不是一个有严密体系的单一学派,也不是一种独立的系统的学习理论。不过,在人本主义心理学家的著作、论文中蕴含一些对学习的看法,这些看法主要来自他们的心理治疗经验。

学习的基础与机制

　　人本主义心理学家认为,人的本性是善的,并没有消极和邪恶的本性世代相传,而且人类身上还存在巨大的潜能。美国心理学家 W. 詹姆斯假设,一个正常健康的人只运用了其能力的 10%,稍后人类学家 M. 米德指出应当是 6%。在人本主义心理学先驱的上述认识基础上,H. A. 奥托又估计,一个人发挥出来的能力,只占全部能力的 4%。估计的百分比越来越低,说明人类具有的潜在能力越来越大。人

本主义心理学的杰出代表马斯洛也相信,人类具有大量未加以利用的潜在能力,潜能的发挥是人的最高需要,他将这一目标的实现称为自我实现。

　　健康的人都有自发追求潜能实现的内在倾向。马斯洛经过研究后发现,每一个人(包括几乎每一个新生儿)都具有一种对健康的积极向往,一种希望发展或希望各种潜能都得到实现的冲动,他认为,这一倾向与一粒橡树种子迫切地希望长成橡树是相同的。罗杰斯也认为,人类有一种天生的自我实现的动机,即一个人最大限度地实现自身各种潜能的倾向。

　　学生也有一种积极学习、实现自我发展的动力。罗杰斯将这种学习称为自发的经验学习、完整的人的学习、意义学习等。这种学习提倡对知识的灵活理解而不是消极地接受,学习的动力来自学生,学生的身体、情绪和心智都投入到学习中。乔伊斯等人将这一学习过程概括地描述如下。

　　学生的发展是从面临问题开始的。学生的问题如果完全以理智的方式处理会压抑学生感情的表达,这对发展十分不利。如当学生写作文写不下去时,不应当指导学生先列个提纲,而应该这样反应:"当我写不下去时,我很紧张。你写不下去的感觉如何?"没有感情的表达和流露,学生不会接受建议,也难以维持真正的行为改变。

　　通过表达感情,学生开始能面对问题了。当学生能从原因和效果的角度或从个人意义的角度描述行为时,就出现顿悟。在理解行为的原因之后,学生开始寻找其他更有效的满足需要的方式。通过感情的表达,学生可以更清楚地看到其他解决办法,并能确立更长远的目标。接下来是学生采取行动来检验顿悟。行为最初可能只针对小问题,但它给学生以自信和独立感,随后,学生积极的行为会导致新的、更全面的定向。

学 习 的 环 境

　　学生的上述学习要在合适的环境中才能最佳地实现。对于处在健康环境下的健康孩子,只要鼓励他们去探索,他们就能发展。这正如在适宜环境下植物能茁壮成长一样,在环境支持下的儿童才能长成健壮有力的人。

　　对学习环境的强调来自人本主义心理学家的非指导性的、以患者为中心的心理治疗方法。该方法认为患者有能力建设性地解决自己的问题,治疗时应对患者的这种能力予以尊重,使患者潜在的自我得到实现,主张治疗者与患者保持一种和睦的、信任的和移情性理解的关系。患者要对自己负责,作出各种决定,最终让患者达到自我理解、自我指导、自我信任的境界。

　　在学习中,教师要相信学生有能力解决自己遇到的问题。当学生学习中遇到问题时,教师不应当通过解释、告知

来帮助学生解决,而应当鼓励学生表达自己遇到问题时对问题、对自己以及对他人的思想和感情。当这些感情被充分表达并被明确认识后,学生自己就能找出合适的解决办法并予以实施。在学习过程中,教师应该让学生学会自己作出选择。如果总是由别人来为学生作出选择,学生就难以发展。促进学生学习的环境就是具有如下特征的师生关系。

真实　在心理治疗中,治疗者在患者面前表里一致,不带有任何伪装或假面具,患者就可能朝健康的方向发展。在教学情境中,教师在与学生交往中要坦诚相待,如实地表现自己的观点和感情。在学生面前,教师就是他自己,而不是经过克制、掩饰、戴上假面具后的自己。真实是师生人际关系的首要原则。如果缺乏真实,师生关系中的其他方面就变得毫无意义。

接受　亦称"无条件积极关注"。在治疗关系中,治疗者让患者的任何感情都表现出来,并对患者的表现予以尊重、喜爱和接纳,即使者叙述一些可耻或令人焦虑的感受时,治疗者也不表示鄙视或冷漠。治疗者要相信患者有能力找到改正的途径或方法。在师生关系中,教师要相信学生的潜能,相信学生有能力进行有效的自我学习,同时也要看到学生是一个有多种感情的人,并对学生表现出的感情予以关注。教师要让学生认识到,所有的思想和感情都是能够接受的,不必忌惮将其表现出来。罗杰斯认为,如果一个人能被人们接受,而且是完完全全地被接受——不对他品头论足,而是体贴和同情——这个人就能够面对自己,产生丢开戒备心理和正视自己的勇气。

移情性理解　弗洛伊德最先使用该术语,指在治疗过程中,患者将自己的感情转移到治疗者身上。罗杰斯借用这一术语,意指治疗者深入了解患者个人经验到的感情和想法,设身处地地体会患者的内心世界。在教学中,教师要从学生角度出发观察世界,敏于理解学生的心灵世界,设身处地地为学生着想。

体现人本主义学习观的一次教学

1958 年夏,罗杰斯应邀在布兰代斯大学讲授"个性的转化过程"。罗杰斯以其对学习过程与条件的认识为基础进行了教学。据参加者谈,这次教学获得了极大成功。修习该课程的有教师、律师、博士研究生、牧师、心理医生和教育心理学者等,他们比一般大学生更成熟,阅历更丰富。

上课伊始,罗杰斯就营造一种无拘无束的自由气氛,以一种既友好又随便的态度和大约 25 名学生围坐在一张大桌子旁,让大家做一下自我介绍,谈谈自己的打算。接下来是一段紧张的沉默。后来有人羞怯地打破了这种局面而举手发言,但接下来又是冷场,而罗杰斯始终没有催促任何一个学生发言。

接下来的四次课上,学生们谈话东拉西扯,想到什么就说什么,一切显得杂乱无章,漫无目标,教学的进程缺乏连贯性和方向性。罗杰斯则认真地倾听每一个学生的发言,他不在乎学生的发言切不切题。

学生们对这种散漫的、无结构的教学没有思想准备,他们强烈要求教师扮演传统的教师角色。他们认为,"我们是以罗杰斯为中心,我们就是来向罗杰斯求教的"。罗杰斯没有屈从学生的要求,只在一次课上,一位学生提出让他讲一个小时,然后学生讨论一节课后,他也只说自己带来一篇尚未发表的论文,要求学生自己阅读。但学生们坚持要求他讲授,于是罗杰斯极端乏味、催人入睡地读了一个小时,令学生大失所望,于是没人再提让他讲授的要求了。在这一教师和学生的"拉锯战"过程中,学生期待教师有所行动,承担起传统的教师角色,而教师则期待学生有所行动,自主地把握自己的发展方向。

但在这种看似散漫的学习氛围中,学生确实发生了一些可喜的变化。从课的一开始,班级成员就有一种集体感。在课下,学生中洋溢着一种兴奋、活跃的气氛,因为他们虽然对罗杰斯的课失望,但他们之间以从来没有过的方式进行了交流。大家谈的都是自己的而不是书本或权威人士的想法。思想、热情、感觉都出自自己,他们以真实的自我与他人进行交流。正因为如此,班级成员之间才产生这样亲密关系和热烈气氛,这明显不同于那种非人格化的教学。

到上第五次课的时候,原先犹豫迟疑、尴尬羞涩的班级变成一个相互影响、相互促进、紧密结合的班级,学生们相互交谈,不再理会罗杰斯,他们希望并要求别人听自己说。罗杰斯此时也参与进来,他设法使自己与班级化为一体。学生组成的集体成了中心,它取代教师成了活动的组织者,因为学生经过四次课才明白:导师不再是课堂的中心,不再是传统的教师角色。在课上,他们要自己提供内容,把最隐秘的自我投入其中。

自第五次课开始,班级又发生了一些明显变化。在这之前,班级里的相互交流不过是寻找一种"生存环境",他们的交流是试探性的。但现在学生间的关系日渐密切,他们真实的自我也逐渐显露出来。通过学生之间的相互影响、启发,课堂上出现一些领悟、启示和理解的时刻,班级都沉浸在一种近乎神秘的温暖、高尚的情绪之中。这对班级成员的人格造成一种有益的变化,提高了他们的适应性,使他们更坦率待人,更乐于倾听他人意见。事实也确实如此。一些性格乖僻、固执、武断的人,经历这一过程后变得通情达理,而且在相当程度上不再自以为是;一些神经敏、好冲动的人精神逐渐放松,对人对己都更能接受了。虽然班级成员的背景、年龄差别很大,但他们之间形成更为亲密、融洽的关系。一个学生邀请全班到他家聚餐,另外一个说要办一个刊物以报道大家分手后的情况,还有个学生安排全班参观了一家治疗儿童和成人的精神病院。善意和友情弥漫于班级成员之间。

参考文献

方展画.罗杰斯"学生为中心"教学理论述评[M].北京:教育科学出版社,1990.

高觉敷.西方心理学的新发展[M].北京:人民教育出版社,1987.

弗兰克·戈布尔.第三思潮:马斯洛心理学[M].吕明,陈红雯,译.上海:上海译文出版社,1987.

马斯洛,等.人的潜能和价值[M].林方,等,编译.北京:华夏出版社,1987.

Joyce, B. ,Weil, M. & Calhoun,E.教学模式(影印版)[M].荆建华,宋富钢,花清亮,译.北京:中国轻工业出版社, 2004.

（汪亚利）

人格(personality)

个体具有一定倾向性的各种心理特征的总和。是心理复杂性多角度、多层次的统一体,也是人的性格、气质、能力等特征的总和。心理科学使用的个性或人格这一术语有别于日常生活中的习惯用语。在日常生活中常常从伦理道德观点出发,使用"人格"对人的行为进行评价。日常说某的人格高尚,或者说某某人缺乏人格,包含心理学中关于个性或人格的部分含义,但不是从人的全部行为的心理方面说明人的个性特点。人格与个性既有联系也有区别。人格概念是从一个人的整体来研究,强调人格的整体性。个性(individuality)则是从个体性来研究,强调人格的区别性。在西方主要用人格概念,在苏联主要用个性概念。在心理科学中人格与个性基本上可以通用。

人格心理结构

人格心理结构主要包括人格倾向性(个性倾向性)和人格心理特征(个性心理特征)两部分。

人格倾向性　人格倾向性(personality trend)是人进行活动的基本动力,是人格中最活跃的因素,决定人对现实的态度和对活动对象的选择,主要包括需要、动机、兴趣、理想、信念、价值观和世界观等。需要(need)是促使个体行为的内在动力或个体内在的一种缺乏状态。需要按照不同的标准可以分为生理性需要和社会性需要,以及物质需要和精神需要等。动机(motivation)是在需要刺激下直接推动人进行活动以达到一定目的的内部动力。动机在人的一切心理活动中有着最为重要的功能,它是引起活动的直接机制。动机使人的活动具有选择性。人的行为与其动机相一致,行为总是在动机的指引下向一定目标前进,而放弃其他方向。动机越强烈,人的行动目标也越明确。兴趣(interest)是个体积极探索事物的认识倾向。兴趣具有广阔性、倾向性、持久性和效能等品质。可以将兴趣分为直接兴趣和间接兴趣。理想(ideal)指个人追求的一种自认为有价值的目标。在一般情况下此种目标是不容易达到的。理想是由多种成分构成的,一般概括为职业理想、道德理想和社会政治理想等三种成分,也有人在这三种之外加上生活理想。职业理想是指自己在将来的生活道路上从事的职业设想;道德理想是指考虑自己将要成为什么样道德品质的人;社会政治理想是指自己为什么样的社会和国家而奋斗。信念(belief)是指激励、支持人们行为的那些自己深信无疑的正确观点和准则,是被意识到的人格倾向。信念是由认识、情感和意志构成的融合体。具有信念的人,对构成信念的知识具有广泛的概括性,它成为洞察事物的出发点,判断事物是非曲直的准则;对必须为之捍卫的信念表现出强烈的感情;也是行动的指南和行为的内在支柱,使人在环境中都能坚持自己的观点。伦理道德、美的评价、科学真理等都可以成为信念的内容。信念是在家庭影响、教育熏陶和个人实践中逐渐地被灌输到人的头脑中去的。由人对整个世界的根本看法组成的信念体系就是世界观(world outlook)。它包括自然观、社会观和人生观。世界观是人格结构中的最高层次,它一经形成就成为个人行为举止的最高调节器,影响人的整个精神面貌,使人格具有确定性和稳定性。首先,世界观指导着人们对人生目的和意义的认识,确定着行为方向和生活道路;其次,世界观维系着个性品质的统一,使行为具有一贯性;再次,世界观也是个性积极性和创造性的推动力量。

人格心理特征　人格心理特征是个体经常稳定表现出来的心理特点,是人格中稳定的部分,主要有性格、气质和能力等。性格(character)是指表现在人对现实的态度和行为方式中的比较稳定的独特的心理特征的总和。性格结构复杂,它是由多成分、多侧面错综复杂地交织在一起而构成的。一般把性格结构成分分成对现实态度特征、意志特征、情绪特征和理智特征。气质(temperament)是不依活动目的和内容为转移的典型的、稳定的心理活动的动力特性。气质是比较稳定的人格心理特征,但它在生活环境和教育影响下,在一定程度上是可以改变的。气质是表现在心理活动的速度、强度、灵活性方面的动力特征。有的人性情急躁,易发脾气,遇事缺乏三思而后行;有的人冷静沉着,不轻易动肝火,遇事总要三思,虽然内心不快,但也不立即暴露出来;有的人动作伶俐,言语迅速而有力量,很容易适应变化的环境;有的人行动缓慢,语言缓慢乏力。这些心理活动的动力特征,给个体全部心理表现涂上一层色彩,体现在人的气质特征。气质特点不同于由活动目的和活动内容的影响而产生的心理活动的动力性表现。气质是出生之后表现出来的,但具有明显的天赋性。可以从婴儿身上发现,有的喜吵闹、好动、不认生;有的比较平稳、安静、害怕生人。气质与性格、能力等其他个性心理特征相比,更具有稳定性,俗语所谓"禀性难移"即指气质具稳定不易改变的特点。气质在一个人身上共有的或相似的心理活动特征的有规律的结合构成气质类型(temperament type),气质类型有胆汁质、多血质、黏液质、抑郁质四种。能力(ability)是指人们成功完成某种活动必须具备的人格心理特征。它是成功完成某种活动的必要条件。要成功完成某种复杂的活动,仅仅具备一种能力是不够的,通常需要有多种能力的完备结合。为了成功完成某种活动,多种能力的完备结合称为才能。能力有两种含义:一是指已经发展出或表现出的实际能力(actual ability)。例如,会开汽车,一分钟内能打出六十个英文单词,能讲三种外语等。二是指潜在能力(potential ability)。它不是指已经发展出来的实际能力,而是指可能发展的潜在能力。实际能力代表着成就(achievement)的获得,潜在能力代表着能量(capacity)的发挥。潜在能力是一个抽象的概念,它只是各种实际能力表现的可能性,只有在遗传和成熟的基础上,通过学习才有可能变成实际能力。潜在能力是实际能力形成的基础和条件,而实际能力是潜在能力的表现,二者不可分割地联系着。能力按照它的倾向性可划分为一般能力和特殊能力。一般能力指大多数活动共同需要的能力。它又称普通能力,是人们共有的、最基本的能力,适用于广泛的活动范围,符合多种活动的要求,并保证人们比较容易和有效地掌握知识。它和认识活动紧密地联系着。观察力、记忆力、思维能力、想象力、注意力都是一般能力。特殊能力亦称"专门能力",指某项专门活动所必需的能力。特殊能力只在特殊活动领域发生作用,是完成有关活动必不可少的能力。天才是才能的高度发展,是各种能力的最完备结合。使人能够创造性地完成某种或多种活动。它使人能高效率地、创造性地完成某种或多种活动。任何一种单独分出来的能力,即使达到较高水平,也不能成为天才。天才在智力结构中显现出某些最重要的能力品质,比如观察问题的敏锐和机警;良好的记忆力;独立的思维能力;创新能力等。天才人物除具备上述适合各种活动的一般能力之外,还有适合具体活动要求的高水平的特殊能力,如数学家、文学家、科学家都有各自的特殊能力。

人 格 差 异

人格差异(personality difference)指人格在人格倾向性和人格心理特征方面的差异,这里主要阐述气质差异和性格差异。

气质差异(temperament difference)　主要表现为年龄阶段差异和类型差异。

在少年期兴奋强,而抑制弱,在活动中表现出好动、敏捷、热情、积极、急躁、轻浮等特点。中年期兴奋与抑制平衡,在活动中的表现是坚毅、机智、活泼、深刻。老年期则兴奋弱而抑制强,表现为沉着、安静、坚定、冷淡、迟缓。

气质类型差异指胆汁质、多血质、黏液质、抑郁质四种气质类型的不同表现以及某些气质类型的组合差别。(1)胆汁质:在情绪方面,无论是高兴还是忧愁,体验都非常强烈,也进行得非常迅速,暴跳如雷,而在情绪暴发之后,很快又平息下来。智力活动具有极大灵活性,但理解问题有粗枝大叶不求甚解的倾向。在行动上生气勃勃,工作表现得顽强有力。概括地说,胆汁质以精力旺盛、表里如一、刚强、易感情用事为特征。整个心理活动笼罩着迅速而突发的色彩。(2)多血质:情绪易表露,也易变化,他们很敏感,遇到不如意的事就会高声痛哭,只有稍加安慰,或者有什么使他高兴的事,马上就能破涕为笑。思维灵活,反应迅速,但往往是不求甚解。行动迅速,对工作表现有热情,如果不是条件限制,他要参加一切活动,但工作劲头不长。对环境易适应、喜交往,但交情粗浅。概括地说,多血质以反应迅速、有朝气、活泼好动、动作敏捷、情绪不稳定、粗枝大叶为特征。(3)黏液质:情绪兴奋性比较微弱,心情比较平稳,变化缓慢,他们经常心平气和,很难出现波动的情绪状态,不容易发生强烈的不安和激情。他们喜沉思,在进行任何工作之前都作细致的考虑。能坚定执行已作出的决定,不慌不忙地去完成工作。往往对已习惯的工作表现极大热情,而不容易习惯于新工作。概括地说,黏液质的特征是稳重,但灵活不足;踏实,但有些死板;沉着冷静,但缺乏生气。(4)抑郁质:他们的情感生活并不丰富,很少外露自己的感情,但对生活中遇到的波折体验很强烈,如果没有做好工作,会感到很大痛苦,且经久不息。对事物反应有较高的敏感性,能体察到一般人所觉察不出来的事件。他们很少表现自己,尽量摆脱出头露面的活动。动作显得缓慢、单调、深沉。不爱与人交往,有孤独感。懦、孤独、行动缓慢为特征。人的气质特点千差万别,上述四种气质类型中的每一种都有其鲜明的代表人物。大多数人都是近似于某种气质,同时又与其他气质结合在一起。

性格差异(character difference)　受遗传和环境因素的影响,个体在性格的现实态度特征、意志特征、情绪特征和理智特征等方面存在的区别和差异。

(1)性格的现实态度特征。态度是指特定对象的较持久的反应倾向,由认知的、情感的、行为倾向的三种心理成分构成。态度的对象是多种多样的,包括有对个人的、集体的、社会的问题、思想以及个人的内心世界等。对别人、集体、社会态度的性格特征:如爱祖国、爱集体、富于同情心、助人为乐、诚实、正直、有礼貌等;与此相对立的有对集体荣誉漠不关心、自私、孤僻、虚伪等。对劳动和工作态度的性格特征:如勤劳或懒惰;有责任心或粗心大意;认真或马虎有首创精神或墨守成规;节约或浮华等。对自己态度的性格特征:如谦虚或自负;自信或自满;自豪或自卑;自尊或羞怯等。

(2)性格的意志特征。意志是为了达到一定目的,自觉地调节自己的行为,并与克服困难相联系的心理过程,包括自觉性、坚定性、果断性、自制力、勇敢等。自觉性是对自己的行为目的的重要性有清楚而深刻的认识,并能主动地调节自己的行动以利达到目的的意志品质。与自觉性相反的意志品质是盲从和独断性。盲从就是指容易受别人暗示,不加批判地接受别人的影响,而随便改变自己原来的决定。独断的人一意孤行,对别人的意见是否合理全然不加考虑,一概拒绝。坚定性是指在完成任务的过程中不屈不挠、坚持不懈地克服困难的意志品质。有顽强毅力的人,总是充满信心,以充沛精力为其确立的目的奋斗。他们善于总结经验,不为不符合实际的愿望所驱使,也不为被实践检验过的无效方法所束缚。与坚定性相联系的负面意志品质是执拗和动摇性。执拗的人对自己的行为目标的重要性和正确性缺乏认识。所谓"我行我素"就是指这种人。动摇性的表现是在工作中没有韧性,一遇困难就垂头丧气,动摇妥协,轻易改变或放弃计划,往往是半途而废。果断性是指善于在困难中辨别是非,迅速作出决定和积极采取行动的意志品质。具有果断品质的人,一般有敏锐的智慧,善于观察事物的发展变化,能根据情况的变化和客观的需要,当机立断地去改变或修改已经作出的决定。果断性以周密考虑和勇气为前提,具备胆识才能果断,这是优良的意志品质。优柔寡断是与果断性相反的品质。优柔寡断的人总是顾虑重重,经常处在内心冲突之中。在采取决定时,他迟疑不定,议而不决,往往在无可奈何的情况下,仓促地作出决定。作出决定后又反悔,决而不行,甚至取消决定。这样的人将一事无成。自制力指善于控制和调节自己的情绪、思想和行动的意志品质。自制性的显著特征是善于制止那些与预定的目的相矛盾的愿望和行为。勇敢指在困难和险境下,为完成任务和决定表现出的大无畏精神。

(3)性格的情绪特征。情绪是人对客观现实的一种特殊反映形式,是主体依据客观事物对他的不同意义而产生对该事物的不同态度时,在主观世界中产生的肯定或否定的体验。人的情绪状态影响着他的全部活动,当人对情绪的控制具有某种稳定的、经常表现的特点时,这些特点就构成一个人的性格情绪特征。情绪特征包括情绪强度、情绪稳定性、情绪持久性、主导心境等。情绪强度指情绪对人的行为活动的感染程度和支配的程度,以及情绪受意志支配的程度。人的情绪发生的难易和体验的强度方面都有所不同,这种强度是由于情绪兴奋性的差异引起的。情绪兴奋性高的人,一点好消息就能手舞足蹈、欣喜若狂,情绪兴奋性低的人,很难看到他的喜怒哀乐的表情。情绪稳定性是指一个人对所指向的对象的情绪是始终如一还是变化无常。有的人以饱满热情投入工作,不骄不躁,百折不挠。朝三暮四、忽冷忽热、喜怒无常的人,是缺乏情绪稳定性品质的人。情绪持久性是情绪对身体、生活与工作影响存留的久暂程度。有的人情绪活动持续时间比较长,对身体、工作和生活有较深的影响。有的人情绪活动稍现即逝,对身体、工作和生活的影响很快消失,好像没留什么痕迹。主导心境对人的身心稳定具有持久的影响。心境在不同人身上有显著差异,因此,每个人都具有主导心境。有的人可能是经常处在精神饱满、欢乐愉快之中;有的人可能是经常抑郁低沉;有的人则可以是经常宁静安乐。

(4)性格的理智特征。指个体在认知活动中表现出来的心理特征,具体表现在感知、记忆、思维、想象等方面。在感知方面,有主动观察型和被动感知型,前者不易受环境干扰,能按自己的目的和任务进行观察,后者易受暗示,易受环境干扰;有分析型和综合型,分析型倾向于观察对象的细节,综合型倾向于观察对象的整体和轮廓;有快速感知型和精确感知型,前者倾向于快速感知,后者倾向于精确地感知。在记忆方面,有主动与被动之分;有善于形象记忆与善于抽象记忆之分等。在思维方面,从思维的深度上可分出深刻型和肤浅型;从思维的创造性上可分出独立型和附和型,前者善于独立地提出问题和解决问题,后者则回避问题,愿意借用现成的答案附和他人之见。在想象方面,就想象的主动性而言,有主动想象型和被动想象型;就想象的丰满性而言,有狭窄想象型和广阔想象型之分;在想象水平上,有创造想象型和再造想象型之分。

人格差异的主要影响因素

生物性因素　人格是一个复杂的结构,包括多种特质。遗传因素对于不同的人格特质起着不同的作用。通常认为,生理、智力、气质等人格特质的形成和发展,遗传因素较为重要;而理想、信念和世界观,则明显地受环境因素制约。中枢神经系统中的大脑皮层是脑的最重要部分,是心理活动的最重要器官。大脑皮层的结构和机能与人格关系最为密切,它是人格发展的物质基础。神经系统的特性对于能力的发展具有一定的制约作用。例如,神经过程强的人在相当强的附加刺激的作用下能够集中注意;而神经过程弱的人,在这种条件下则不能集中注意。神经过程强而灵活型的人,知觉广度大;弱而不灵活型的人,知觉广度小。在技能形成时,弱而不平衡型的人,有较长时间的紧张,并且出现多余动作和违反抑制性要求的动作。在思维过程中,神经过程灵活型的人比不灵活型的人在解决任务的时间上要快2～3倍。植物性神经系统和情绪的变化有着密切的关系。植物性神经系统的机能不稳定时,情绪就不安定。

身体因素　个体的体态和容貌对人格的形成有间接影响。通过别人对自己体态和容貌的评价可能形成优越感，也可能形成自卑感；可能形成安定的情绪特征，也可能形成冷漠和骄傲的人格特征。有些研究表明，儿童的体格与人格特征存在着相关。10 岁、11 岁个子矮小、体质弱和协调性差的儿童，倾向于形成胆怯、害羞、忧愁、消极等人格特征。相反，那些协调性好、身高、强壮和精力充沛的同龄儿童倾向于自我表现、健谈和有创造性的人格特征。

家庭　从出生到 5～6 岁是形成人格最主要的一个阶段。在这一阶段，绝大多数的儿童是在家庭中生活，在父母的爱抚下长大。从教育顺序来说，儿童接受的影响，首先是家庭教育。对性格发展起重要作用的最初是家庭。家庭是儿童人格发展的最初环境，它对一个人的人格发展有重要和深远的影响。亲子关系中，母爱是一个重要的方面。缺乏母爱的儿童会形成任性、孤僻、情绪反应迟钝和不易合群等不良的人格特征。父亲在儿童的性别角色发展上有着特殊重要的作用。父亲为男性提供模仿同化的榜样，为女性提供与异性成人交往的机会。幼年没有与父亲接触过的儿童，在性别的社会化方面，往往是不完全的。

自然环境　地理和气候等自然条件对人格发展的影响。例如，生活在青藏高原一代的藏族居民，容易形成粗犷、强悍、豪迈的人格特征；生活在亚热带丛林中的傣族人民，容易形成温和、感情丰富细腻的特征；生活在无垠大草原上的个体心胸开阔，宽容；生活在狭小岛屿内的人则有危机感，考虑问题视野窄。

学校因素　在班级集体中有利于培养合群、组织性、纪律性、自制性、勇敢和坚强等积极的人格特征。同样，在班级集体中也容易克服孤独、自私等消极的人格特征。研究表明，教师下列各方面的品质对学生影响较大：精神振作或沮丧；兴趣广泛或狭窄；性格暴躁或恬静；情趣高涨或低沉；意志坚强或懦弱；果断或犹豫不决；生活有条理或杂乱无章。教师与学生之间的关系也影响学生人格的发展。梅伊和哈维特在研究学生诚实这个人格特征时，发现喜欢教师的学生撒谎少，容易形成诚实的特征；不喜欢教师的学生则经常说谎。

社会实践　人们长期从事某种特定的职业，要求他反复扮演某种角色，进行和自己职业相应的活动，从而形成不同的人格特征。同时相应的活动又促进培养着一定的人格特征。

社会文化　社会文化因素包括的范围极广，如文化背景、社会制度和经济地位等。它们对心理特征有重要影响。比如人在顺从、秩序、求助、谦虚、慈善和坚毅等方面，表现较高的需要倾向。

人格发展的影响因素有遗传、环境等，这些因素交织在一起共同起作用。人在实践活动中，在接受环境因素影响的同时，个人的主观因素、心理活动也在积极起作用。环境因素必须通过个体的心理活动才能起作用。认识是一个自我调节的系统，一切外来的影响都通过自我调节起作用。在某种意义上，每个人都在塑造自己的人格特征，也受自己的目标和计划等所调节和支配。

参考文献

珀文.人格科学[M].周榕,等,译.上海：华东师范大学出版社,2001.

陈仲庚,张雨新.人格心理学[M].沈阳：辽宁人民出版社,1986.

郑雪.人格心理学[M].广州：暨南大学出版社,2001.

（马前锋）

人格理论（personality theories）　心理学家关于人格的各种不同而又系统的学说。综观这些不同的学说，可以大体将其概括为三大理论：人格的特质理论、人格的认知理论和人格的动机理论。

人格的特质理论

在人格心理学领域流行的人格理论大多是特质理论，有代表性的有美国心理学家 G. W. 奥尔波特的特质理论、R. B. 卡特尔的特质因素论以及艾森克的人格类型论。

奥尔波特的特质理论　美国心理学家 G. W. 奥尔波特将人格特质假设为人格的基本单位，认为特质是一种概括化了的行为方式，这种行为方式具有个体的特征，而且人与人之间有很大差异，特质是一种实在的、具有决定意义的神经心理结构。

一般认为，特质被看作是一种神经心理结构。G. W. 奥尔波特将最能说明某一个体人格的特质称为主要特质（central traits）。除了主要特质，还有次要特质（secondary traits），后者在决定人格的过程中所起的作用要相对小些。要了解一个陌生人，首先要确定这个人身上的主要特质，然后确定他在每种特质维度中的相对位置。他假定，某种单一特质有时会主宰一个人的人格，少数个体可以用核心特质（cardinal traits）来描述。在 G. W. 奥尔波特看来，人格特质的特点在于：特质不是有名无实的；它比习惯更具有一般性；特质具有动力性（特质驱动人去寻求刺激情境）；特质的存在可以从现实中得到印证；一种特质对另一些特质仅是相对独立的；特质与道德或社会判断不同义；特质既可以是某个个体所具有的，也可以是群体所具有的；行动甚至习惯与特质不一致时，并不证明特质不存在。

不同于弗洛伊德"成人人格的基础根植于童年期"的观点，G. W. 奥尔波特认为，即使儿童期的行为类似于成人行为，它们也未必就代表相同的潜在动机。例如，雇员仅仅为了维持生计有可能会努力工作,以使自己不遭到解雇的厄运。然而他们中的许多人即使在获得稳定的工作和令人满意的薪水之后仍会坚持努力工作,这种行为曾一度以金钱为动机,现在却不是了。在这里,原发性动机也许丧失殆尽,达到目的的手段本身却变成了目的。这种曾一度迫于无奈而表现的行为方式已经变成机能自主性(functionally autonomous)。G. W. 奥尔波特认为,可以从成人的早期经历中找到其特定的行为痕迹,但没有理由相信成人的行为与其早期行为出于同样一种动机。机能自主性是指一个成人过去的动机与现在的动机并没有机能性的联系。

G. W. 奥尔波特认为,儿童出生之时并没有将自己与其环境区分开来的概念,他们在后来才逐渐意识到自己的身体与周围的其他事物并不一样,由此形成身体的自我认同感,直至最后自我认同感完全形成。为避免和其他心理学家使用的类似概念相混淆,他提出统我(proprium)即"自我统一体"的概念,用来描述统一于单一概念下自我的各个方面。完善的统我机能只有从出生到成年经过躯体自我感觉(1岁)、自我同一性的感觉(2岁)、自尊的感觉(3岁)、自我扩展的感觉(4岁)、自我意向的感觉(4~6岁)、理性运用者的自我形成(6~12岁)、追求统我的形成(12岁至青春期)、作为理解者自我的形成(成年)等八个阶段的发展才能形成。

G. W. 奥尔波特提出在人格测量和描述中运用的两种方法:常规研究方法和特殊规律研究法。他在其研究中使用共同特质(common traits)的概念,从事共同特质研究的学者对所有被试的自尊、焦虑、智力等方面进行过测量和比较,发现几乎所有被试的人格特征都可沿着这些维度加以描述。这种研究类型即为常规研究法,他认为,常规研究法是一种必不可少的研究方法。

G. W. 奥尔波特认为,平均值、中等情况仅仅是概括性的,并不对任何个别人的个别情况作精确描述。要了解一个特定的人,唯一的办法就是研究这个人本身。于是他提出研究人格特质的另一种方法——特殊规律研究法。该方法不是把所有被试都归并到研究者事前设计好的分类中,它关心的是如何能够较好阐明个体人格中独特的特质组合。因此,研究某个人的人格,最好的办法是对他本身进行深入探讨,而不必花太多的功夫与别人作比较。

G. W. 奥尔波特提出,健康人格具有六个特点:自我广延的能力(参与活动范围广,有许多朋友和爱好,在政治、社会或宗教活动方面也颇为积极);与他人热情交往的能力;情绪上的安全感和自我认同感;具有现实性知觉(根据事物的实际情况而不是根据自己希望的那样来看待事物);具有自我客观化(self objectification)的表现;有一致的人生哲学。

卡特尔的特质因素论　美国心理学家 R. B. 卡特尔将特质视为人格的基本要素,并对同一文化下共同群体的特质和那些相对独立的个体特质作了区分。从研究方法上讲,R. B. 卡特尔一直将因素分析应用于人格心理学的研究。他的著述多以因素分析为依据,其人格理论是一种因素分析论或人格统计方法。

因素分析的基本要点是相关的概念。相关指的是,假如两种事物有一定的联系,那么两者是相关的。根据各测验之间的相关可以提出这样的假设:两个测验所测的若为相同的东西,则必须有相似的结果;两个测验相关程度表明所测的两种内容的类似程度。R. B. 卡特尔将因素分析的材料分成三种类型:生活记录材料(L-data)、问卷材料(Q-data)以及客观测试材料(T-data)。生活记录材料来源于人们实际生活中对真实行为的人格评估;问卷材料来源于人格问卷;客观测试材料是诸多方式中最有价值的一种,是被试进行心理测验时的反应。原始 L 材料的研究基于如下假设:整个人格体系所包括的行为在语言中都有其表征。假如我们能收集描述行为的全部词汇,那么就可以包含整个人格体系。R. B. 卡特尔 1947 年从 G. W. 奥尔波特关于人格描述的约18 000个形容词中筛选出4 505个进行研究。经过大量分析和实验,他获得 L 材料的 15 种因素。R. B. 卡特尔再以 Q 材料为基础找到相同的因素,并应用 Q 材料得到16 种人格因素(16PF),由此他提出 16PF 人格问卷。

R. B. 卡特尔在特质分类上继承 G. W. 奥尔波特的做法。他将某个人具有的特质称为个别特质(unique traits),一个社区或一个集团成员具有的特质叫共同特质(common traits)。一个社区中的每个成员都具有共同的特质,但是这些特质在个别人身上的强度和情况并不相同,而且这些特质的强度在同一个人身上也随时间不同而各异。他将对许多被试同时测试并进行相关计算和因素分析的方法称为 R 技术,将用来测定某些特质在同一个人身上随时间变化而变化的方法则称为 P 技术。表面特质(surface traits)只是特质原来的集合,这种集合只是表现了许多不同的人在不同情境下或多或少地聚集在一起而已。这些特质的聚集说明其间有关系,它们是根据某些(共同)特点集合在一起的。根源特质(source traits)是人格的内在因素,是人格结构中最重要的部分,也是一个人行为的最终根源。根源特质控制着表面特质聚集的变量。每一种表面特质都源于一种或多种根源特质,且一种根源特质能够影响多种表面特质。动力特质(dynamic traits)促使人朝着一定的目标去行动,它们是人格的动力性因素。R. B. 卡特尔提出三种主要的动力特质:能(erg)、外能(metaerg)和辅助(subsidization)。"能"是本能的同义词,与内驱力、需求或本能极其相似。"外能"也是一种动力性根源特质,但它来自环境及外界因素。能与外能的区别主要是来源不同,两者都是趋向于事物的动机性倾向。前者为先天,后者是习得。外能又可分为情操和态度,情操是通过学习获得的重要的动力特质结构,态度比情操更有特异性,是由情操衍生而来,而情操则由能衍生。所谓辅助,指动力特质是层层从属的,它们之间有附属补助的作用。情操是能的辅助者,态度是情操的辅助者。

关于人格的成长和发展,R.B.卡特尔注重两大问题,即人格的决定因素和结构特质的发展形态。他强调人格发展受遗传与环境两者的相互作用,但他对于每种特质都努力找到遗传及其特殊环境的影响程度,这是其理论的独到之处。

R.B.卡特尔十分重视遗传对人格发展产生的重大影响,并曾试图决定每一特质受遗传影响的比例。他创立"多重抽象方差分析"(multiple abstract variance analysis,简称MAVA)法来确定每一特质的发展中遗传与环境影响的变异数的多少。MAVA法以大量的家庭成员为施测对象,将测验材料分为四类:家庭内环境差异、家庭间环境差异、家庭内遗传差异、家庭间遗传差异。经过大量复杂运算,研究者便能决定每一种特质发展中受遗传与环境因素影响的大小。通过这种方法,R.B.卡特尔估计整个人格约有2/3取决于环境,另1/3取决于遗传。R.B.卡特尔通过MAVA法发现,遗传造成的差异与环境造成的差异之间成负相关,意即社会对先天素质不同的人施加压力以使他们趋向社会上的大多数,例如天生支配性强的人,社会限制他不要那么支配人,而对天生较服从的人,社会则鼓励他表现得自我肯定一些。

R.B.卡特尔认为,每个人的特质发展都涉及三种学习类型:经典条件作用、操作条件作用和整合学习。相对于前两种学习,整合学习对特质的发展更为重要。

艾森克的人格类型论　英国心理学家艾森克将因素的分析方法与经典的实验心理学方法相结合,长期致力于人格类型及特质的基本数量的研究,但艾森克的人格类型论实际上是更具有一般性的特质或更高水平上的特质,因此他的人格理论在本质上还是特质论。

艾森克将人格要素分解成能够按等级排列的各种单元,形成如图1所示的人格等级模型。该模型的基本结构是特殊反应水平,其中包括特殊行为反应在内。例如,如果某人花整个下午与朋友说笑,则可以视之为一种特殊的行为反应;如果这个人每周都要花几个下午的时间和朋友共处,那么就有理由相信他已经达到艾森克模型中的第二级水平,即习惯反应水平;如果你发现他将自己大部分的时间和晚上用于社会交往活动,就可以据此断定他表现出来的是喜欢交际的人格特质。

最初,艾森克用因素分析确定为两个基本人格维度:内外倾和神经质。由于这些特质彼此相互独立,在第一维度外倾性上获得高分的人在第二维度上既可以获得高分,也可以获得低分。艾森克认为,外倾的人和内倾的人在许多

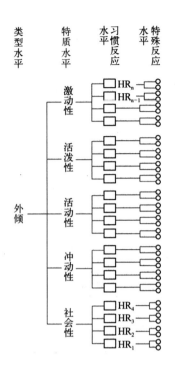

图1　艾森克的人格等级模型

方面有所不同。在他看来,当处于一种无刺激、休息状态时,外倾和内倾的人有着不同的大脑皮层唤醒水平:外倾的人一般比内倾的人有着更低的皮层唤醒水平。外倾者寻求高度唤醒的社会行为,内倾者则恰恰相反,他们普遍拥有高于理想化的皮层唤醒水平,他们会选择一种孤独或没有刺激的环境,以防止原本过高的唤醒水平。艾森克人格维度中的第二个基本维度是神经质,在该维度上得高分的人,其情感的易变性是外显的、反应过敏的,得分高的个体倾向于过于强烈的情绪反应,他们在情感经历之后较难面对正常的情景。

后来,艾森克通过进一步研究提出第三种类型特质,即精神质。艾森克认为精神质独立于神经质,它代表一种倔强固执、粗暴强横和铁石心肠的特点,并非暗指精神病。研究表明,精神质存在于所有的人身上,只是程度不同而已。在该维度上得分高者,往往被看成是自我中心的、攻击性的、冷酷的、缺乏同情的、冲动的,对他人不关心的,且通常不关心别人的权利和福利;低分者则具有温柔、善感等特点。

艾森克以神经活动中的兴奋—抑制过程为基础构建各水平的人格层次结构。1960年,他首次提出人格层次结构理论,1967年又作了修改和补充。下页图2是艾森克关于人格结构的主要观点。图2中,人格最基础的层次为L_1,它表示神经过程的兴奋—抑制水平,这是构成艾森克人格类型理论的基础;以这一层次为基础就可获得实验事实,由此表现为第二层次(L_2);这些现象与事实受到环境影响,由此

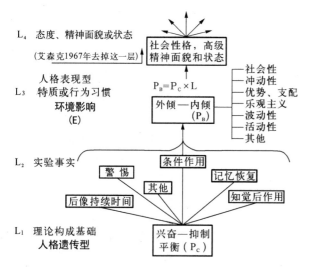

图 2　艾森克的人格层次结构理论

又出现第三层次（L₃），这就是特质或行为习惯；最后，这些特质在态度、精神面貌或状态等方面都具有特殊表现，这就是人格的第四层次（L₄）。1967 年艾森克去掉第四层次，认为有关这一层次的心理学内容还比较模糊。在这些层次中，艾森克清楚地表明，他的人格和行为观点并没有排除环境的作用。相反，他坚持认为，在人格问题上遗传与环境哪个更重要以及两者的相互作用等问题，不能在先验的基础上得到解决，而应该求之于实验，这正是艾森克人格理论的独特之处。

人格的认知理论

人格的认知理论主要考察人格与人的认知机能相关的方面，即人们思考自己和世界的方式。与特质取向不同的是，这一取向更为强调人们是怎样改变其行为以满足具体情境的需要的。人格的认知理论既涉及获得信息的类别，又涉及信息加工的方式。在内容方面，有的人注重人际方面，而有的人则注重非人际方面；有的人关注情感世界，而有的人则全然忽略情感世界。

凯利的个人构念理论　美国心理学家 G. A. 凯利 1955 年的个人构念理论强调个人分析或解释事件的方式，重视个人对世界独特的见解。其理论有两点值得一提：其一，它既考虑结构又考虑过程，既考虑有机体的稳定性又考虑其变化性；其二，它既注意个体的独特性又注意所有人的共同过程，较之大多数人格理论，它更大程度地既属于个人叙事取向（强调个人解释世界的独特方式）又属共同规律取向（强调所有人共有的认知机能过程）。

G. A. 凯利的核心概念是构念（construct），即知觉、分析或解释事件的方式。他对多种不同的构念作了区分。首先，他将构念分为核心构念和边缘构念。核心构念是一个

人机能中最基本的，而边缘构念不那么重要。对一个人是核心构念，而对另一个人则可能是边缘构念。其次，他将构念分为言语构念和前言语构念。前者指可用词语表达的构念，后者指在没有词语可表述时所用的构念。最后，他又将构念分为上级构念和下级构念。上级构念涵盖有关范围内的其他构念，而下级构念则被包括在别的（上级）构念的范围内。

G. A. 凯利还发展出角色构念库测验（Role Construct Repertory Test,简称 RCRT）来评定一个人的构念系统的内容和结构。在测验中，给被试一个名称表，里面的人都是被试熟悉的。之后，给予被试名单中的三个人，要被试说出其中两个与第三个有何异同。例如，这两个人可能会被认为是开朗的，不同于被视为害羞的第三人。这样便得出开朗—害羞的构念。如此继续，此人使用的构念以及它们的关系便得以确定。

G. A. 凯利的理论既强调结构又强调过程，既注重人的特殊规律方面又注重人的共同规律方面。结构存在于构念和构念系统中，而过程则涉及构念用于预测事件的方式以及构念系统机能的动力。人们在解释事件的方式上是独特的，但在具有其相似构念系统的程度上是相似的。

罗特的社会学习理论　美国心理学家罗特 1954 年提出自己的社会学习理论。罗特力图建立一个可以帮助我们预测和理解一个人在某种社会环境中会作出何种行为的学说，因此他的行为预测理论值得一提。

罗特关注的问题是，一个有着自己行为经验的人在面临一种特殊的社会情境时，将会如何进行行为选择。行为主义的心理学家都一直强调强化对于行为的影响，但罗特认为，一种行为被选择的可能性，取决于行为者认为它能够带来的回报的多少，以及他认为他实施该行为能带来该回报的可能性。换句话讲，在特定的社会情境中个体的行为潜能（behavior potential）与个体的预期（expectancy）和强化效价（reinforcement value）有关。行为潜能表示某种行为在一个特定的社会情境下发生可能性的大小；预期表示一个人在某种特定情境下选择某种行为之后能够带来某种强化的可能性；强化效价则指某种行为带来的强化结果或强化物的相对价值的大小。

罗特认为行为适应不良可能有一些典型的原因或类型，它们是：（1）低预期—高效价。个体对某种行为的心理需求十分强烈，可是对于成功的期望又很低。（2）冲突。对两个不能相容的需求同时赋予高效价。（3）缺乏能力。（4）不适当的最低目标水平。把自己的最低目标水平订得过高或过低。（5）无法区辨。某种需求的效价高到支配一切，以致对适宜的和不适宜的环境刺激都作出相应行为。

人格的动机理论

大多数人格理论都包含某种动机理论。美国心理学家

G. A. 凯利 1958 年认为,可以把动机理论分为两类:推理论和拉理论。在推理论中,有驱力、动力甚至刺激这样一些术语;而拉理论则使用诸如目的、价值或需要等这样一些概念。他认为,如果用一个众所周知的隐喻来讲,一类理论是草耙—驱力理论,另一类理论是胡萝卜—诱因理论。

动机的草耙—驱力理论　动机的草耙—驱力理论,最好的例子是那些涉及驱力状态和紧张降低的理论。传统的驱力理论认为,一个内部的刺激给予有机体以驱力,该驱力通常与生理状态有关,如饥饿或口渴,这种状态引起有机体产生一种紧张状态。用最简单的话来说,没有食物便会导致一种与饥饿驱力相连的生理缺失和紧张状态,而没有水便产生一种与口渴驱力相连的生理缺失和紧张状态。这些紧张状态与不愉快或痛苦相联系,而紧张降低的过程与正强化或愉快相联系。因此,驱力理论通常是动机的紧张降低模型。动机的草耙—驱力理论包括弗洛伊德的驱力理论、刺激—反应理论、默里的需要—压力模型、费斯廷格的认知失调理论等,具体内容可参见相关词条。

动机的胡萝卜—诱因理论　动机的草耙—驱力理论注重有机体由于内部紧张而引起的令人烦恼的状态以及有机体释放紧张、表达本能或减低驱力水平的努力。与此相反,动机的胡萝卜—诱因理论则注重诱因的动机吸引力,即有机体预期的终结点的动机引力。一般而言,有机体被推动的程度不及被某物吸引的程度。与愉快相联系的终结点具有"胡萝卜"的性质或者说具有吸引有机体趋向它的诱力,与痛苦相联系的终结点把有机体引向另一方向,即远离痛苦。尽管该理论在这一点上与驱力、紧张降低模型有所不同,但动机的诱因理论仍然强调努力去获取愉快和回避痛苦的重要性。从这个意义上讲,这一理论也是动机的享乐论。动机的诱因理论在心理学领域出现得较早。英国心理学家麦独孤 1930 年对行为的定向、目的深感兴趣,声称自己是一个目的心理学家。美国心理学家托尔曼 1932 年也注重动物学习中的目的和认知,对行为(包括老鼠行为)的目标寻求、目的性特征感兴趣。此外,还有一些理论家也重视行为的目的性和目标指向性。但这些心理主义的概念在行为主义时代受到冷落,而认知领域的发展最终又使该领域回到对目标指向的行为的浓厚兴趣上,这在很大程度上要归功于控制论的发展。目标理论与人格的关系体现在四方面:目标理论再次把动机概念置于人格心理学家所关注领域的中心地位;人们追求的目标类型有着个体差异;人们在追求目标的方式上有着个体差异;目标在人格功能的其他方面起着重要的作用。

罗洛·梅的存在分析人格理论　其理论的主要观点涉及人格概念、人格特征、人格动力、人性观等方面。

美国心理学家罗洛·梅认为,人格有两个基本要素:自由是人格中的第一个基本因素,即个人的行为是在自由选择中进行的,人有自由选择的能力;人格中的第二个基本因素为自我区别于他人的独特性,即个性。如果人要成为一个真正的自我的话,就必须认识自己,对自己负责。

依据人格的基本概念,罗洛·梅阐述了人格的六个特征,即中心性、自我肯定、参与、觉知、自我意识和焦虑。(1) 中心性指个体在本质上是一个与众不同的独特存在体,每个存在着的人都以自我为中心,攻击这个中心,就意味着攻击他的存在。(2) 自我肯定指人有一种保持自我中心性的需要,为了满足这一需要,必须不断地鼓励、督促自己。这种自我肯定的勇气分为生理勇气、道德勇气、社会勇气和创造勇气。生理勇气指的是身体的力量;道德勇气源于同情心,使我们对他人有同情心,有为他人牺牲自己利益的勇气;社会勇气指的是与人交往、建立人际联系的勇气;创造勇气是四种自我肯定勇气中最难实行的勇气,正是由于这种勇气,才使得人格不断变化、不断发展。(3) 参与指个体在保持其独立、维护自我中心性的同时必须参与到人际世界中去。(4) 觉知是人体与外界接触时发现外在威胁或危险的能力,是比自我意识更直接的经验,它可以转变为自我意识。觉知为人和动物所分享。(5) 自我意识是人类独有的特征,它是个人能够观察自己的能力。(6) 焦虑是个体对威胁他的存在的反应,是人对自己的存在面临威胁时产生的一种痛苦的情绪体验。正常的建设性的焦虑,常常伴随着个人对潜能的知觉,如果一个人有发挥这种潜能的可能,就会大步前进。但如果焦虑过于强大,人就会失去行动的力量。

罗洛·梅接受弗洛伊德的无意识观念和荣格的集体无意识理论,只不过罗洛·梅谈论无意识时用的是"原始生命力"这一概念。原始生命力是能够使一个人完全置于其力量控制之下的自然功能,它来源于存在的根基而非自我的意志。原始生命力既可能激发我们善的一面,也可能转变为一种恶,整个生命力过程就在这两个方面之间流动。

罗杰斯假定人的本性是善的、建设性的,人性中恶的一面是由文化和社会的因素造成的。罗洛·梅对此加以批判,提出人性善恶并存论。他说,正是人造就了文化,文化的善或恶是因为构成文化的这些人是善或恶的;人和文化是交互作用的,人本身要对文化的破坏性影响负责。

死亡本能等非存在形式对人格发展的影响。罗洛·梅认为,存在是人格的根本,但是存在与非存在有不可分割的联系。存在时刻与非存在联系在一起,死亡是非存在威胁的最明显的形式。罗洛·梅认为,正是死亡等非存在威胁赋予生命最积极的现实意义,它使个人的存在真实化、绝对化、具体化。一个人首先要认识到他有可能不存在,认识到自己每时每刻都在毁灭的峭崖边行走,意识到死亡、焦虑对存在的威胁,才能理解他人身上(如同在自己身上)的存在的潜在性,才能升华对自己和世界的认识,才能发展人格。

如果意识不到这些非存在的威胁,存在就必定索然无味、虚无缥缈,缺乏坚定的自我觉知。

参考文献

珀文.人格科学[M].周榕,等,译.上海:华东师范大学出版社,2001.

陈仲庚,张雨新.人格心理学[M].沈阳:辽宁人民出版社,1986.

郑雪.人格心理学[M].广州:暨南大学出版社,2001.

(王映学)

人际关系理论与教育管理(human relationship theory and educational management)

产生于20世纪二三十年代的人际关系理论经过不断发展,成为一个重要的组织管理理论。它是一种研究组织中人的关系与行为及其产生原因的管理理论。人际关系理论被引进教育领域后,形成了民主的行政管理思想,改变了学校管理方式。

人际关系理论

人际关系理论的形成具有广泛的社会学、经济学与心理学等知识基础,包括19世纪德国社会学家 M. 韦伯、涂尔干和帕雷托的“三位一体”分层理论,社会行为主义学派以“社会人”为研究对象的观点,美国心理学家 W. 詹姆斯的“多元自我”概念,杜威提出的社会不仅因交往与沟通而存在,而且存在于交往与沟通之中,库利的“镜中自我”概念,G. H. 米德开创的社会心理学,以及德国心理学家韦特海默创立的格式塔心理学等。在这些知识的影响与作用下,管理学开始探讨人、群体、组织行为等理论问题。人际关系理论出现前,英国空想社会主义者欧文、美国管理学家泰罗和甘特等人已开始关注管理中的人际关系因素,德裔美国心理学家闵斯特伯格将心理学原理运用于工业,建立和发展工业心理学;W. 威廉斯通过研究工业与社会地位、管理双方的关系、公平的社会价值等,成为工业社会学的先驱。人际关系理论基于上述理论和研究而形成。

1924—1932年,美国国家研究委员会和西方电器公司在霍桑工厂进行了一项研究实验活动,即“霍桑实验”。包括四项实验。(1) 照明实验。意在研究照明与工作效率的关系。实验结果显示,无论照明强度、休息时间、工作时间如何改变,试验组和控制组工人的生产量都呈增长趋势。研究者认为工人劳动热情的提高是因为受到某种程度的激励,即试验组感到自己被注意。工作环境和条件的改变不构成激励的主要原因,激励的动力来自参与者参加实验活动的社会满足感。(2) 继电器装配实验。研究人员安排一组工人到继电器装配室工作,并经常与工人交流,工人可自由发表意见。实验显示,工人的工作热情高涨,缺勤率下降。研究者得出结论,影响劳动效率的首要因素并非工作条件、休息时间、工资报酬等,而是工厂中管理者与员工以及员工之间良好的社会关系。(3) 访谈与普查实验。梅奥与助手用6年时间对近2万名员工进行访谈,以了解员工对公司管理层及各方面的意见和态度。最初采用调查人员提问、员工回答的方式,但效果不理想,后改由员工自由发表意见,调查人员倾听和记录,效果大为改善。梅奥认为应对管理者进行培训,使他们更好地了解工人情绪,倾听工人意见。(4) 线圈装配工实验。结果显示,非正式的产量定额靠小团体内部的压力维系。

在“霍桑实验”的基础上,以梅奥为代表的人际关系论者得出一系列不同于科学管理者的有关组织和管理的观点。其一,人是“社会人”。从亚当·斯密到科学管理学派,都把人看作仅为追求经济利益而进行活动的“经济人”,或是能对工作条件的变化做出直接反应的“机器”,组织只需实行经济性奖酬措施,就可轻易获取人们的劳务与服从。人际关系理论则认为,人并非单纯追求物质和金钱,还有友情、安全感和归属感等方面的社会心理需求,人不是孤立的存在,而是隶属于某一工作集体并受集体的影响。人际关系理论的另一位代表人物罗特利斯伯格认为,金钱只是使人获得满足的一小部分,人还需要被社会承认和安全的感觉,这种感觉更多地来自被接受为一个团体的成员,个体对工作、同事和上级的感受如何很大程度上决定其是否愿意投入为一个团体服务。其二,提高工人的士气和满足其社会欲望是提高生产效率的关键。生产效率不仅受工作环境、方法等物质因素的影响,而且取决于工人的满足程度和工作士气。其三,正式组织中存在非正式组织。在现代工业的权威结构即正式组织中,还存在身份组合,即非正式组织,非正式组织抵制权威,并在工人反对权威时保护工人。管理者不应打破这些组合,而应予以关注和研究,使其能为实现企业目标和利益而与管理者合作。正式组织遵循效率逻辑,非正式组织遵循感情逻辑,能控制其成员的行为,影响生产效率,管理者若只重视效率逻辑而忽略感情逻辑的作用,则效率逻辑也将难以发挥作用。其四,实行民主管理。梅奥寻求一种以“社会人”为基础的领导方法,以组织集体工作,维护团体完整,包括采取措施提高士气,促进协作,使每个组织成员都能与管理者真诚持久地合作;让组织成员参与组织管理,实行管理者与员工的意见交流,消除不良人际关系,营造和谐的工作环境。

根据梅奥与其他行为科学家关于人际关系的研究成果,人际关系理论形成以下核心思想。(1) 员工作为“社会人”,既受经济刺激的驱动,也受社会和心理需要的驱动。(2) 较之员工工作环境中的物质条件,员工的认同感、归属感、安全感、尊重感等需要更能影响其工作热情和劳动效率。(3) 员工的世界观、价值观、人生观以及动机、感知觉、对挫折的认知反应等,都会影响其行为。(4)正式组织内部的成员都愿意在组织之外建立以具有共同选择倾向的人员为基础的非正式的社会组织,这种组织既可能帮助管理,也可能阻碍管理。(5)工作场所中的非正式组织会建立并强化其独有的行为准则和规范。(6)如果管理者能满足员工的需求,则会极大地激发员工的工作热情,并最终带来劳动生产率的提高。(7)在一个组织中,沟通、权力、影响、权威、动机和控制等因素非常重要,并突出地表现在上下级之间。组织内部的等级系列之间应建立有效的沟通渠道,实行民主的而非专制的领导。

人际关系理论在教育管理中的应用

在人际关系理论运动的影响下,教育管理领域一些思想开放的研究者开始将人际关系理论引入学校。这一由研究外在物质条件转向研究人、重视人的管理理论,亦支持了美国20世纪前期出现的进步教育运动,与进步教育运动所倡导和发展的民主参与、民主管理思想相互渗透,相得益彰,最终形成"民主的人际关系学说"。美国教育管理学家E. M. 汉森认为,20世纪30年代,科学管理的思想体系和技术影响逐渐减弱,世界性经济萧条的加剧引发管理者和工人新的探索需要,民主的思想重新被肯定,这与"霍桑实验"的研究相结合,倡导人际关系和民主管理的管理思潮开始在美国传播。

在教育领域,行政管理观点过渡到人际关系观点,形成民主的行政管理。杜威在《民主主义与教育》中既论及社会理论,也谈及教育管理,认为学校教育是社会进步的主要手段。

纽隆提出教育行政管理的意义。他在所著《作为社会政策的教育行政管理》中认为,大萧条的局势要求重新考虑教育行政管理的研究与实践,当世界陷入严重经济危机时,学校可以帮助改建社会,控制教育是时代的社会问题之一,教育行政管理是一门应用科学,是政治的一部分。1937年纽隆撰文指出,教育管理中的权威主义是教育中无批判性地应用企业管理方法带来的后果,主张将管理职能与决策职能分开,把决策职能交给教师,管理者应接近教师,通过让教师有组织的集体参与来代替学校中的个人负责制。1941年,芝加哥大学教育系主任R. W. 泰勒指出,人际关系理论必然给教育管理理论带来活力,他在《变化中的思想概念促使教育必须调整》一文中指出未来20年里教育管理应遵循的认识方向,强调人际关系理论与学校管理的相关性。

在梅奥的著作发表之后,美国教育管理学者库普曼在所著《学校行政管理中的民主》中提出,工商业中出现以集中化、统治权、标准化、从属性、检验、纪律和控制为特征的生产程序,学校行政管理人员借用工业领域的组织方法和实践,提高了教育行政管理效率。书中重视教师和学生广泛参与决策的主张,要求行政管理人员寻找方法实施这种参与性管理。

20世纪40—50年代出版的两本著作体现了人际关系理论对教育管理的影响。一本是美国教育管理学者约奇1949年发表的《改善学校管理中的人际关系》。书中指出,人际关系理论中强调的非正式组织在学校教职员工这一社会群体中同样存在,教师应该参与包括决策、监督、预算、课程等在内的各方面的学校管理工作,校长作为群体政策的解释者和执行者,与教职员工处于平等地位,其主要职责是在决策中促进全体教职员工的相互作用。另一本是格林菲斯1956年发表的《教育管理中的人际关系》。书中认为,教职员工的士气是当时美国学校中最棘手的问题,由于学生多、教师工作繁重但待遇低,教职员工的工作士气亟须通过改善人际关系来提高。他认为,学校全体教师士气的高涨与学校管理者帮助每个教职员工在工作中获得满足所能达到的程度直接联系在一起。教育领导者承担学校工作的发起者、帮助者、智囊和群体能力的认识者角色,应具有非指令性咨询、协商决策和心理测验等方面的能力。

20世纪60—70年代,教育管理界开始根据行为科学的有关理论研究教育管理问题。1962年,美国教育管理学者亚那哥恩在《学校系统中的非正式组织》一文中指出非正式组织在学校中的重要意义,认为它是修正正式组织的一种指针,若能准确把握非正式组织的动力,就能更有效地发展一套运用现存非正式结构的程序和技巧。美国田纳西大学教育管理学教育特鲁斯迪和萨乔万尼1966年根据马斯洛的需要层次理论研究教师的需要,指出一般教师对低层次的安全和交往的需要都已得到满足,他们希望满足自尊、自主和自我实现的需要。教师最缺乏其尊重需要的满足,而教育管理者对此缺乏理解,由此导致教师与管理者的冲突与对立。1959年,赫茨伯格提出"双因素论",萨乔万尼等人又调查了令教师感到满足和不满足的各种因素,结果表明,成就、认可、责任感和发展有可能对教师具有重要作用,而日常琐事、会议、文件及其不监督等则使教师产生不满足,影响教师的工作积极性。芝加哥大学教授洛蒂等人通过对教学职业的研究发现,尽管管理者习惯通过评估、课程计划和相关的管理规章来控制教师的教育实践,但教师几乎不受此影响,而能相当自主地发挥作用,教师主要通过个别学生的积极反馈而不是通过组织提供的补偿获得奖励。哈尔平和克罗夫特研究学校组织气候问题,设计"组织气候描述问卷",以测试学校的组织气候。他们认为,学校的组织气候从开放到封闭依次分为六种类型,即开放型、自治型、控制型、亲密型、父权型和封闭型。在开放型气候的学校中,校长和教师皆能率性而为,校长关心和体谅教师,教师也尽力支持校长工作,有很高的积极性。

20世纪80—90年代后,西方教育管理学者开始根据人际关系理论和行为科学研究参与管理,提出教育管理的学院模式。学院模式是一种强调组织中所有或部分成员共同分享领导权和决策权的理论流派。其本质是重视参与决策、重视权力由全体职员分享,而非领导者独占。英国教育管理学家T.布什认为,学院模式有五个特点:具有较强的规范性,更多的是一种理想化模式而非牢固地基于实践的模式;特别适合拥有大量专业人员的学校和学院一类的组织;组织成员具有共同的价值;决策机构的规模是学院模式中的重要因素,决策机构规模越小,学院模式越容易发挥作用;决策是通过一致的而非矛盾的或冲突的方式作出的,组织成员对组织目标具有共同的认识,总是持赞同态度。学院模式最早产生并广泛运用于大学,中学和小学采用学院模式虽相对较晚,但在20世纪80年代后日益受欢迎,尤其成为小学实施成功管理的最恰当的模式。

20世纪80年代后的研究者在运用人际关系理论和行为科学研究教育管理问题时,试图有机整合古典组织理论和人际关系理论,以透视教育管理现象。E. M.汉森指出,古典组织理论、人际关系理论、行为科学理论对教育系统的组织和管理而言,都有其可取之处,仅强调某一理论构架而排斥另一种的学校管理者,即便能以旺盛的精力去处理一个教育系统的日常运作问题,也不会取得成功。E. M.汉森剖析了"交互作用范围模式",显示学校组织中存在两种既相互作用又相互区分的决策环境,一是理性的、程序性的环境,主要是管理者的势力范围;另一是非理性的、非常规性的环境,主要是教师的势力范围。当一个学校的组织环境由平静变为动荡时,所出现的问题需要在一个各势力范围多重交互作用的环境下加以解决。在对问题决定权的争夺中,各势力范围都会形成其正式的或非正式的子联盟。譬如,在学校管理和决策的具体过程中,能够发挥积极作用的非正式组织的子联盟有微型小组、管理定向同盟、教育机会平等联盟、指向外部的教师子联盟、教师教学思想同盟、管理者—教师—专家同盟。管理者发展了力图非正式地介入教师势力的战术,教师则发展了防御性策略以防止受外界干扰;同时,教师发展了非正式地介入管理者范围的策略,管理者则发展了防御性策略,以免遭外界干扰。

进入21世纪,随着教育管理新理念的不断出现和各种教育管理问题的凸显,人际关系理论的现实意义被重新认识,教育管理界从人际关系理论中得出,教育管理就是人本管理、民主管理、关系管理与合作管理。

人本管理 管理是为了一定的目标而组织协调一群人的活动,人们按照自身的需要确立符合自身利益的目标及其实现方式,故管理的本质在于体现人的价值。而古典管理理论支配下的教育管理将人视为"经济人",将人际关系视作物的关系。人际关系理论重新审视管理的目标与功能,确立以人为本的思想,使管理理论研究回归人的价值本真。现代教育管理理论与实践充分体现人本主义思潮。如,校本管理的目标在于打破"大一统"的封闭统一模式,寻求以校为本的管理,体现人本管理思想;地方课程标准建设指课程管理权力下放,充分发挥和发掘地方特色,培养适应性人才;新基础教育强调基础教育的人文性。教育管理领域彰显人的精神、价值与意志,体现人性,注重关爱、平等、责任与生态和谐,即是对人际关系理论的运用。

民主管理 学校管理主张民主参与管理。福利特认为,提倡民主是基于民主是"集体的意志",意味着"权力共享",而非"权力超越"。在学校制度层面,民主管理包括民主决策、民主评选、民主监督、民主评价、民主渠道、民主程序、民主形式等多方面内容;在人的层面,民主管理包括学校管理者的民主作风和民主态度、教职员工民主权利的充分行使、学校的民主氛围等多方面要求。在民主管理过程中,要理解政策,注重民主程序和教职员工的民主要求,尊重教职员工的知情权、参与权、建议权、评价权、选举权与被选举权等民主权利,让教职员工参与管理,调动和提高其工作积极性。

关系管理 人际关系理论强调组织中人与人、人与组织的关系的重要性,从这个角度,学校管理需要强调关系的重要性,学校管理就是关系管理。法国社会学家布迪厄强调关系的首要地位,认为根据场域进行思考就是从关系的角度进行思考,只有在彼此的关系中才能充分发挥作用。杜威也认为,能力必须同做某件事有关系,人最需要做的事情是涉及与他人关系的事情。教育场域是关系场域,教育场域的思维方式是关系的思维关系,关系在组织中发展,组织在关系中建构。应从关系的角度重新审视组织的性质、学校管理者的权力与地位以及权利与责任。从关系的角度,学校中的任何人既是管理者也是被管理者,学校领导的权力是有限的,被管理者也拥有各种权力,能在工作中展示管理智慧。

合作管理 人际关系理论强调合作的重要性,学校中的合作是良好人际关系的保证。学校管理要求合作主要基于两点。一是学校分工。随着现代学校组织规模的扩大,分工越来越细,只有合作才能有效地完成任务,协商、沟通、讨论、交换等只有在合作中才能完成。二是人的有限理性。美国管理学家H. A.西蒙提出的"管理人模型"认为,人的理性是有限的,无论是在超出个人感知限度的技能、习性和反应能力方面,还是在个人价值观、目标观念和有关工作的知识方面都受到限制;工作对人的非理性方面也有限制,不同个性类型对应不同工作或者工作的不同方面,只有恰当的匹配才能取得理想的工作效果。在学校管理中落实合作,需要降低命令与权威的权重,注重参与管理,加强联系与交流,建立互动机制,倾听来自各方的建议,达到组织平衡与组织发展。

参考文献

托斯顿·胡森.简明国际教育百科全书·教育管理[M].张斌贤,译.北京:教育科学出版社,1992.

丹尼尔·A.雷恩.管理思想的演变[M].赵睿,等,译.北京:中国社会科学出版社,1997.

袁锐锷.外国教育管理史教程[M].广州:广东高等教育出版社,1998.

张新平.教育组织范式论[M].南京:江苏教育出版社,2001.

(刘 建)

人口与教育生态(population and educational ecology)

根据关联、共生和生态平衡的原理,人口变迁与教育生态关系密切。人口的消长与分布、人口的迁移与流动(永久性移居、区域流动与职业流动)、人口的年龄结构与性别结构等,都极大地影响教育的生态变化,包括教育的制度设置、学校的区域分布以及各级各类学校的结构调整。

人口概念具有自然属性和社会属性。前者指人口与自然、社会、经济等有密切关系,人口有量的规定、质的规定、时间和空间的规定等;后者指一定时间内居住于一定区域的人的群体。近代以前,由于社会发展水平较低,人们尚未产生必须受教育的需求与可能,具有社会属性的人口与以学校教育为标志的教育生态系统之间尚无密切关系。19世纪70年代以后,随着社会发展与社会分工的需要以及国民教育体系的逐步建立,人口与教育生态的关系日益紧密。20世纪50年代后,世界人口急剧增长,使人类必须全力对付面临的几乎每个重要问题。同样,人口的急剧增长也给教育生态系统带来沉重的压力,知识贫困与教育边缘化成为最严重的社会生态问题之一。人口对教育生态系统的影响以及由人口增长和变化而产生的种种教育生态危机引起高度关注。1965年,国际人口科学研究联合会(International Union for the Scientific Study of Population,简称IUSSP)成立教育与人口统计学委员会,人口统计学教授穆萨姆邀集美国、英国、法国、加拿大、澳大利亚、芬兰、瑞士等多国学者共同研究人口与教育系统的相互关系问题,并于1975年出版《教育与人口:相互影响》,成为这一研究领域的重要著作。之后,联合国教科文组织、经济合作与发展组织等国际组织都对世界人口进行了周详的统计分析。1994年联合国教科文组织发展报告《全民教育的现状与趋势》,以教育、人口与发展为主题,讨论了人口动态发展对基础教育的影响,基础教育对人口动态的影响以及基础教育、人口和发展之间的相互影响。人口与教育生态系统的关系由此成为人口统计学家、教育规划专家、教育社会学家以及教育生态学研究者共同关心的重要课题。

人口与教育生态的关系具体表现在三方面。

人口容量与教育生态。 人口容量(population capacity)是指在不损害资源再生能力的前提下,生态系统能稳定支持的最大人口容量。它既是一个生态学概念,也是一个教育生态学概念。从生态学的观点看,一定数量的人口是教育生态系统得以发生、发展的重要前提;从教育生态学的观点看,教育的人口容量是指教育生态系统在其保持自身相对平衡并能正常运营的条件下所能承载的最大受教育人口数量。影响教育人口容量变化的直接因素是教育生态系统本身所拥有的各种教育资源,如经费、设施、师资等,而这些因素又受到社会经济发展水平以及教育政策等多种因素的制约。人口再生产包括数量再生产和质量再生产,是一个复杂的有机整体的运动过程,其每个环节和侧面都由多重因素共同作用并共同决定,教育是其中的重要环节:教育影响人口再生产的速度、规模、性质和类型,人口再生产也从规模速度等方面对教育提出要求并给予制约。教育生态系统的发生、发展有其自身规律,应根据教育资源供应量以及教育资源与教育人口比例关系,如生均教育经费、师生比和班级规模等,确定适度的教育人口容量,并据此规划教育事业的健康发展,保持教育生态平衡。一方面,凡人口处于长期迅速增长状况的国家、地区和区域,其教育发展无一不受到严重制约;另一方面,美国教育家P.H.库姆斯1968年在所著《世界教育危机:系统分析》中提出,无论发达国家还是发展中国家,都明显存在教育供求之间的矛盾,尤其在初等教育的发展过程中,不顾教育资源供应的条件,忽视教育人口容量的限制,盲目扩大教育规模,追求过高的教育普及率,必然导致教育生态失衡,给教育事业发展和人才培养带来巨大损失。

人口分布与教育生态。 人口分布与教育具有密切的生态关联,人口的地域分布不均会导致教育设置和学校布局的区域不均衡。由于自然条件、社会发展水平和政治、经济及历史等原因,世界人口的区域分布不均衡。世界范围的人口稠密地区包括亚洲东部、南亚次大陆、欧洲和北美洲东北部。自然条件和社会发展水平影响人口分布及教育生态分布。从自然条件看,世界人口稀疏地区的自然条件较差,如俄罗斯的西伯利亚、美国的阿拉斯加以及大部分沙漠和干旱草原地区;从社会发展水平看,越是发展水平低的贫困区域,人口增长越快,而经济贫困又严重制约教育的生态布局。教育生态系统的发展与人口分布及其发展趋势之间呈负相关。在经济发达的国家和地区,由于人口数量少且呈下降趋势,而各种教育资源又比较充裕,使得学校教育规模小、质量高,人们的教育资本存量不断增加。而在发展中国家和地区,则是"人口爆炸"及其学龄人口的急剧增长给教育生态系统尤其是学校教育生态系统带来巨大压力,受资源制约,这些国家和地区不得不始终在低层次教育层面徘徊,这又使生活在这些地区的人们始终处于知识贫困状态。

人口迁移与教育生态。人口迁移是指人口在空间范围内的移动。随着社会发展水平提升带来的城市化、经济发展带来的产业结构调整及其分工与职业变化，以及社会发展带来的文明进步与开放度的扩大，人口流动的频率不断加快。人口迁移有多种类型，其中对人口分布影响最大的是人口的永久性移居，即常住人口的迁移。人口迁移，特别是职业性的流动迁移，作为人类自身的历史运动过程，既有助于人类自身的文化发展、科技进步、素质提升与生活质量的改善，又有助于促进教育生态系统的健康与可持续发展。就提升人口素质而言，人口迁移冲破了过去狭小的婚姻圈和文化圈，优化了人口的遗传素质和文化素质。同时，人口迁移往往是城市化的过程，而城市化的过程又是教育化的过程。因此，就促进教育科技发展而言，人口迁移往往意味着教育需求的产生，这无疑会促进教育事业的繁荣发展和学校的生态调整。此外，高素质人口的迁移还加速了科学研究力量的有效集中，进而实现科技发明的突破和产业化、财富化转移。但无序的人口流动会造成对教育生态系统的严重冲击与破坏，如人才外流。无论是落后地区人才向发达地区的迁移，还是本国人才向外国的迁移，都会导致教育生态系统的失衡和区域发展的恶性循环。

参考文献

范国睿. 教育生态学[M]. 北京：人民教育出版社，2000.

任凯，白燕. 教育生态学[M]. 沈阳：辽宁教育出版社，1992.

吴鼎福，诸文蔚. 教育生态学[M]. 南京：江苏教育出版社，1990.

（邓和平）

人力资本理论（human capital theory）

西方经济学关于人力资本的概念、形成、特征、作用等方面的理论。

人力资本（human capital）亦称"非物质资本"，与"物质资本"相对应，指体现在劳动者身上的知识技能、文化、技术与健康状况等方面的资本。1906 年，美国经济学家费雪在《资本和收入的性质》（The Nature of Capital and Income）中阐述了人力资本的概念。1935 年美国经济学家沃尔什在《人力资本观》（Capital Concept Applied to Man）一文中，将人力资本纳入资本的范畴。1960 年，美国经济学家 T. W. 舒尔茨就任美国经济学会会长时发表题为"人力资本投资"的演讲，明确阐述人力资本的概念，在美国经济学界引起轰动。人力资本概念完善了资本内涵，即资本由物质资本和人力资本两种形式构成。前者体现为自然资源、生产资料、物质产品等实物产品上的资本；后者体现为劳动者身上、以劳动者的数量和质量表示出来的资本。

不同学者对于人力资本概念有不同的理解。美国经济学家舒尔茨认为，人力资本是"人民作为生产者和消费者的能力"。美国经济学家瑟罗将人力资本定义为个人的生产技术、才能和知识。麦塔认为，人力资本可以宽泛地定义为居住于一个国家内人民的知识、技术及能力之总和；更广义地讲，还包括首创精神、应变能力、持续工作能力、正确的价值观、兴趣、态度以及其他可以提高产出和促进经济增长的人的质量因素。中国研究者李建民认为可以从两个角度加以定义，从个体角度，是指存在于人体之中、后天获得的具有经济价值的知识、技术、能力和健康等质量因素之和；从群体角度，是指存在于一个国家或地区人口群体每一个人体之中，后天获得的具有经济价值的知识、技术、能力及健康等质量因素之整合。

人力资本理论的主要代表人物有美国经济学家 T. W. 舒尔茨、贝克尔、明瑟、丹尼森等人。其基本观点：人口质量重于人口数量，人力资本理论的目的是提高人口质量；人力资本投资的作用大于物质资本投资的作用，人力资本的形成是现代经济发展的突出特征；教育投资是一种生产性投资，是人力资本的核心内容和主要成分；人力资本增长的速度远大于物力资本增长的速度，投资于教育比投资于物质设备更有利，资本积累的重点应从物质资本转移到人力资本；人力资本投资的收益率可以计算，计算方法原则上与物质资本投资收益率的计算相同；教育投资应以市场供求关系为依据，以人力价格的浮动为衡量信号。人力资本理论揭示人力资本的经济价值，成为经济增长和经济发展理论的重要组成部分，也是教育经济学、保健经济学等新兴经济学学科的理论基础。

人力资本理论的形成与发展 传统经济学在研究生产要素时忽视人力资本的作用。早期经济学家已开始探讨人力资本问题。威廉·配第 1676 年对作战中的武器、军械损失与人类生命损失进行比较，首次意识到人力资本的重要性。亚当·斯密 1776 年在《国民财富的性质和原因的研究》（An Inquiry into the Nature and Causes of the Wealth of Nations，即《国富论》）中指出，教育如购买机器一样，能增加工厂的生产能力，要获得这种能力，必须进学校、做学徒、受教育，并首次论证劳动者技能如何影响个人收入和工资结构。A. 马歇尔强调人力资本投资的长期性和家庭投资的作用，还指出非货币因素对投资决策的独特作用。洛特卡与达布林合作，估算个人收益现值以充当合理购买人寿保险的指标。沃尔什第一次作出了人力资本价值的成本估算。奈特主要研究知识的增进对克服收益递减规律的作用。

第二次世界大战后，经济学中的数量革命促进人力资本理论的迅速发展。20 世纪五六十年代的国民收入核算表明，产出总量比要素投入总量增长更快，出现"剩余"。T. W. 舒尔茨和丹尼森的研究认为，美国农业生产率大幅度提高及产量迅速增加，并不是土地、人口或资本投入量的增加，而是科技促进人的生产能力提高的结果。新发展起来的经济增长理论打破了生产要素同质性的假说，强调劳动质量变化在经济增长中的作用,为人力资本理论的发展奠定理论基础。1959 年 T. W. 舒尔茨发表论文《对人的投资——一个经济学家的观点》,1961 年和 1963 年又先后发表《人力资本投资》和《教育的经济价值》(The Economic Value of Education),创立人力资本理论。他强调以教育和培训改善工人技能,经济进步的根源在于受教育者更聪明、有效的经济核算能力以及健康状况的改善。丹尼森对美国 1929—1957 年经济增长之源的研究,为 T. W. 舒尔茨的观点提供有力的证据和补充,其代表作有《美国经济增长因素和我们的选择》(1962)、《教育贡献的衡量》(1964)和《增长率为什么会不同:战后西方国家的经验》(1967)。贝克尔于 1962 年和 1964 年先后发表和出版《人力资本投资:一种理论分析》(Investment in Human Capital: A Theoretical Analysis)和《人力资本:特别关于教育的理论和经验分析》(Human Capital: A Theoretical and Empirical Analysis, with Special Reference to Education),被视为现代人力资本理论最终确立的标志。他从家庭生产和个人资源分配角度系统阐述人力资本与人力资本投资问题,为人力资本的性质、人力资本投资行为提供理论解释。明瑟 1957 年在其博士论文《个人收入分配研究》中提出,美国个人收入差距与受教育水平密切相关。他于 1958 年和 1962 年又先后发表《人力资本投资与个人收入分配》和《在职培训:成本、收益及意义》,系统阐述人力资本及人力资本投资与个人收入及其变化之间的关系。对劳动者个体收益差别的产生原因作了研究并估算了美国对在职培训的投资总量与其相应的私人收益率;首次用"收益函数"揭示劳动者收入差别与接受教育和获得工作经验年限长短的关系。20 世纪 70 年代末至 80 年代中期,人力资本理论研究的发展势头大大减弱,但 80 年代后期,再次掀起研究热潮。1986 年 P. M. 罗默在《政治经济杂志》上发表《收益递增与长期增长》,1988 年 R. E. 卢卡斯在《货币经济学杂志》上发表《论经济发展机制》,使"内生性经济增长"(endogenous economic growth)问题成为西方经济学家研究的热点,在此基础上形成"新发展经济学"。90 年代得到进一步发展。这些研究把人力资本视为重要的内生变量,强调人力资本存量和人力资本投资在内生性经济增长和从不发达经济向发达经济转变过程中的首要作用。

人力资本的形成及分类 人力资本通过多种投资途径形成,根据形成途径的不同,可以将人力资本划分为不同的类型。(1) 教育资本。指通过正规教育(formal education)和非正规教育而获得的人力资本,是人力资本最基本的形式。教育是形成人力资本最重要的途径。广义的教育投资包括对正规学校教育、非正规学校教育和在职培训的投资。从时间的角度,包括对孩子出生前、儿童早期教育、正规学校教育、成人继续教育等方面的费用支出;从投资主体的角度,包括一个国家政府和社会团体花费在国民教育上的支

出,以及家庭或个人花费在子女的学校教育或在职培训的学费、图书及其他学习费用。教育资本主要指通过狭义的教育投资、即对学校教育的投资形成的。一般认为,在大学中获取的人力资本具有直接的生产性或经济价值,而将其归入技术和知识资本类型。只有小学和中学形成的人力资本称为教育资本。教育资本不仅能够作为生产要素直接投入生产和服务的过程,还可以成为获得如专业技术等其他形式的人力资本的基础。(2) 技术和知识资本。指通过正规教育、在职培训以及"做中学"等途径获得的人力资本,是人力资本的核心。与教育资本不同,它可以直接用于生产商品与服务。贝克尔 1964 年将技术和知识资本进一步分为通用技术与专门技术,前者是指可以适用于不同的生产过程或企业的技术,后者指只限于某一特定的企业或生产过程的技术。(3) 健康资本。指主要通过医疗、保健、营养和体能锻炼、闲暇等方面的支出获得,包括影响一个人的寿命、力量强度、耐久力、精力和生命力的所有费用。是其他人力资本形式存在及其效能发挥的先决条件。它可以降低婴儿死亡率,增加未来劳动者的数量;减少劳动者的疾病,延长预期寿命,延长人力资本的收益期,提高人力资本的收益率。(4) 迁移与流动资本。指通过人力资本所有者地理位置或职业位置的变化带来收入的增加,是一种资源配置资本。通过国内劳动力流动和国际劳动力流动的费用支出形成。前者的支出包括收集工作职位信息、面试、签约以及工作转换的代价,可以更好地发挥劳动者的特长以及调节地区、部门、行业间劳动力的供求余缺,合理配置劳动力资源。后者若入境者是专门人才,可节省教育投资和培养费用;即使移民是普通劳动者或未成年者,也省去其生育抚养和从出生到入境这段时间的教育和医疗保健费用支出。移民入境可增加移民输入国的人力资本总量。

人力资本的特征 人力资本与物质资本都是生产要素,通过投资形成,都对生产发展和经济增长发生作用。但与物质资本不同,人力资本具有自身鲜明特征。(1) 人力资本存在于人体之中,与其承载者不可分离。这是人力资本最本质的特点,其他特点均由此派生。通过人力投资形成的价值在劳动者身上的凝固,一切体能、智能、技能、思想、情感都依附于活生生的人体中。人力资本的价值只有在劳动过程中才能得以体现:生产前它是潜在的,生产过程中表现为生产过程本身,在生产后则物化在物质产品中,不具有独立的表现形式。另外,人力资本作为一个整体,具有不可分性,不能像物质资本所有者那样分离或分散风险。(2) 人力资本与人身自由相联系,其所有权不能出卖、转让和继承。在人们拥有人身自由的社会中,人力资本只能由其承载者独自占有,而不能像物质资本那样直接转让、买卖、继承和抵押,只能被出租或转让人力资本的使用权。工资和收益流量只能被视为等价于人力资本价值的租金。作为例

外,奴隶制度可转让人力资本所有权。(3) 人力资本的形成及效能的发挥与人的生命周期紧密相连。在生命周期的不同阶段进行人力资本投资,其潜在收入和机会是不同的。比如在青少年时期,不接受教育人们无法获取较好的工作机会和较高收入,而接受教育则会在其后的整个生命中带来较多收入,故青少年时期的教育投资一般比在老年时期更合算。对个体来说,其所能拥有的人力资本总量是有限的。人力资本的存在与否、持续的时间长短以及效能的发挥,受承载者的精神状况、身体状况和寿命等条件的制约。(4) 人力资本的形成及效能的发挥受其承载者个人偏好的影响。人力资本的所有者并非把利润最大化作为唯一目标,他追求的目标可能是收入最大化,也可能是职业、工作环境和社会声望等方面的效用最大化。

人力资本的作用　其一,人力资本可以提高收入,促进经济增长。早期的人力资本理论认为,教育或培训通过传授有用的知识和技能增加了工人的生产力,从而提高其收入。但批评家们认为,教育并不能提高生产力,而只是授予一份起到甄别作用的毕业证书或文凭,使雇主作为对该雇员具有更高才能或富有生产能力的个性特征(如良好态度、守时性)的鉴别标准,从而以更高的收入来奖励他们。对个人而言,人力资本投资会使投资者获得更多的收入;对一国经济而言,它促进了国民经济的增长。20 世纪 60 年代起,研究者对不同类型和级别的教育和培训的收益及相对产出作了大量研究。希腊教育经济学家萨卡罗普洛斯考察了 44 个国家 1958—1978 年不同的教育水平,得出结论:初等教育(包括公立和私立)的收益率是所有教育水平中最高的;个人收益率超过社会收益率,尤其在大学阶段;教育投资的收益率一般超过 10%;不发达国家的教育收益率相对高于发达国家。关于人力资本投资和物质资本投资收益的比较,萨卡罗普洛斯考察了发达国家和发展中国家人力资本投资和物质资本投资的收益,得出结论:发展中国家两种资本的收益率均较高,反映了发展中国家两种资本都相对缺乏;在发展中国家,人力资本是最佳的投资方式,但在发达国家中并非如此。

其二,人力资本中的教育资本可以调节收入分配。教育投资可获得更高的收入,故会对收入分配产生影响。一种观点认为,教育将会减少收入的不平等、改善收入分配状况,比如美国经济学家 T. W. 舒尔茨认为,教育投资的增长会使总的工资收入比全部财产收入增长的幅度更大,而财产收入分配造成的不平等要比个人劳动收入分配的不平等更严重,所以教育投资的增长会减少个人收入分配方面的不平等。另一种观点认为,教育不能改善收入分配,甚至还会扩大收入分配的不平等,比如巴杜里认为,在多数情况下,任何想通过教育机会均等化而使收入平等的政策处方都是远远不够的。由于父母和亲戚朋友的赠予、社会和政府的赞助带有某种配给性,又不能从资本市场无限制地取得贷款,对教育的需求无法全部转化为现实,导致教育供给的不足,从而保持教育收益率居高不下。同时,富家子弟可能得到父母的帮助而被认为更有信誉,更容易以较低的利率从资本市场得到教育贷款;而贫穷家庭的子弟被认为风险较高,很难获得贷款。这样,收入分配的不平等不仅借助教育而实现现代际遗传,而且还会扩大。但随着人们对教育投资认识的加深和经济社会条件的改善,教育投资大量增加,则受教育劳动者的市场竞争更激烈,其相对收入就会下降;部分受教育者还可能被渗漏下来干那些无须接受教育就能胜任的工作,这样,与受过更少教育或没有受过教育劳动者的收入差距就会缩小甚至消失。

参考文献

金占明. 人力资本理论及其发展[J]. 中国人才. 1996(8).

李建民. 人力资本通论[M]. 上海:上海三联书店,1999.

西奥多·舒尔茨. 论人力资本投资[M]. 吴珠华,译. 北京:北京经济学院出版社,1990.

王善迈. 教育投入与产出研究[M]. 石家庄:河北教育出版社,1996.

伍德霍尔. 人力资本概念[M]∥卡努瓦. 教育经济学国际百科全书. 闵维方,译. 北京:高等教育出版社,2000.

(黄敬宝)

人力资源强国(country rich in human resources) 有劳动能力的人口资源存量丰富、开发充分、结构合理、充分利用,达到世界先进水平的国家。是全体国民的人力资源实现充分开发、普遍提升、合理配置和有效利用的国家。人力资源一般指具有劳动能力的人口总和。劳动力规模、人均受教育年限、每 10 万人口中人才数量和教育对经济社会发展的贡献等指标,是反映人力资源总量和开发程度的常用统计指标。人力资源强国具体指人力资源发展水平、发展能力、发展潜力和发展贡献方面的综合指数处于世界前 20 位的国家。人力资源强国是中国的一种原生概念和创新理论,将人力资源理论与强国思想相结合,创造了一个在经济全球化背景下通过人类自身资源与能力开发谋求和平发展的新理念,是对世界人力资本理论的拓展和丰富。人力资源强国思想是对马克思主义关于人口和教育发展思想的继承、发展和创新,是中国特色社会主义理论的重要组成部分,是科学发展观和和平发展思想的具体体现。

人力资源强国理论的核心是人本思想,战略目标是实现和平发展,促进中国经济、社会和人口的可持续发展。人力资源强国包括两层内涵:一是指既重视国家整体人力资源的开发,又重视每一个公民自身人力资源的开发,国家整体人力资源要在数量和质量上居于世界领先位置;二是指在经济全球化背景下,一个国家告别依靠对自然资源的破坏性开发和掠夺他国自然资源的方式,实现自然资源有序和可持续开发,并主要依靠对人的自我能力的开发来实现强国目标。前者体现了以人为本的思想,后者体现了和平发展和可持续发展思想。(1)人力资源强国思想的核心理念是以人为本。坚持以人为本,就是要坚持以促进中国 13 亿人口的生存、发展和幸福为本。人力资源强国思想的核心与科学发展观的核心具有内在的本质联系,坚持以人为本、尊重人的存在、尊重存在的人、重视人的自身资源开发和能力发展、促进人的全面发展,这既是科学发展观的基本思想,也是人力资源强国思想的核心内涵。以人为本的关键是要明确发展依靠谁、发展为了谁的问题。建设人力资源强国就是要解决发展依靠人民、发展为了人民、发展成果由人民共享的战略问题。(2)实现全体国民人力资源的充分开发、充分利用和充分价值,是人力资源强国建设的根本出发点。人力资源强国建设要做到人有其学、学有其所、学有其用,全体国民的人力资源得到充分开发、充分利用,为国家复兴、个人发展和家庭幸福贡献力量;基于中国的基本国情,努力将人口负担转变为人力资源,促进人力资源大国转变为人力资源强国。建设人力资源强国是促进和平发展的根本途径,也是和平发展的必然要求和战略选择,其根本目的是要解决中国长期发展的根本动力问题;建设人力资源强国就是要全面提高中华民族的整体素质,使全体国民具有促进自身和国家生存与发展的能力;建设人力资源强国是实现可持续发展的根本保障。人力资源对于物质资源具有较强的替代性,人力资源开发是促进可持续发展的长期保障。可持续发展是"既满足当代人,又不对后代人满足其需要的能力构成危害的发展"。教育是人口可持续发展的关键因素;只有通过优先发展教育,才能使全体公民形成有利于可持续发展的生产方式和生活方式,才能促进和实施可持续发展战略。教育与可持续发展相互促进:教育发展为可持续发展提供人才和智力支持,可持续发展为教育发展提供更广泛的空间。

人力资源强国具有多项特征。(1)数量特征。人力资源亦称"劳动力资源"或"劳动资源",是指某种范围的人口总体所具有的劳动能力的总和,是存在于人的自然生命机体中的一种国民经济资源,它以人口为存在的自然基础。一个国家如果人口达不到一定数量,就难以成为大国或强国。从人口规模出发,人力资源强国具有明显的数量优势。在一定时期,一个国家或地区的人力资源的数量与质量是有限的。(2)经济特征。人力资源强国首先是教育强国,要具有先进、完备和完善的教育现代化体系,综合的、具有竞争力的教育与培养能力,人力资源能力建设和制度建设走在世界前列。教育是人口素质的基础工程和人力资源开发的重要手段,人均受教育水平是评价人力资源开发水平与质量的重要指标。(3)健康特征。健康是人力资源的重要

因素,经典人力资源理论最初就将医疗和保健纳入其中。从广义上讲,健康包括一个人的寿命、力量强度、耐久力、精力和生命力。人力资源强国要有比较完善的公共医疗条件和制度保障,人均预期寿命一般要超过 70 岁。(4)竞争力特征。人力资源竞争是一种软性竞争。从国家竞争实力出发,人力资源可被定义为一种综合实力。有学者提出,人力资源指能够推动整个经济和社会发展的劳动者的能力,即处于劳动年龄、已直接投入建设和未投入建设的人口的能力。人力资源强国显示一个国家在劳动力资源数量和质量上体现出的竞争能力。投资于人的发展,成为世界许多国家的国家战略。产出效益是衡量人力资源竞争优势的重要指标。人力资源的效益指劳动力发挥的正效应与负效应之差,即人力资源产生的赢利减去人口负担,两者之间的差越大,效益优势也就越明显。人力资源的效益可划分为正效益和负效益,其中正效益包括社会劳动生产率和专利数两个指标,失业率、文盲率和老龄人口比率等是负指标。

1985 年,邓小平指出:"一个十亿人口的大国,教育搞上去了,人才资源的巨大优势是任何国家比不了的。"2000 年,江泽民在亚太经济合作组织文莱年会上提出人力资源是第一资源的思想和加强人力资源能力建设的主张。2005 年,胡锦涛在中国共产党十六届五中全会上的讲话中提出,要推进人力资源能力建设,提高劳动者整体素质,使中国从人口大国转变为人力资源强国,第一次代表党中央明确提出人力资源强国的思想。《国家中长期教育改革和发展规划纲要(2010—2020 年)》对人力资源强国建设作出了总体规划,必须坚定不移地实施科教兴国战略和人才强国战略,切实把教育摆在优先发展的战略地位,推动中国教育事业全面、协调、可持续发展,到 2020 年基本实现教育现代化,进入人力资源强国的行列,为全面建设小康社会、实现中华民族的伟大复兴提供强有力的人才和人力资源保证。坚持把教育摆在优先发展的战略地位,建设人力资源强国是中国共产党提出的一项重大方针,也是发挥中国人力资源优势、建设创新型国家、加快推进社会主义现代化的必然选择。

(高书国)

人文教育(humanistic education; humanities education) 对受教育者进行的旨在促进其人性的提升、理想人格塑造及个人与社会价值实现的教育。实质上是人性教育,是人的灵魂与精神的教育。其核心是通过广博的文化知识的滋养,高雅的文化氛围的陶冶,优秀的文化传统的影响和深刻的人生体验,引导受教育者涵养其人文精神。它既重视由外而内的化成,更强调自我体悟与心灵觉醒。归根结底,它使人理解并重视人生的意义,找到正确的生活方向与生活方式,在根本上体现了教育的本质与理想。从学科范围而言,广义的人文教育除了人文学科教育外,还包括社会科学

教育及美学和艺术教育(甚至还包括自然科学教育的部分内容),亦即通常所谓的人文社会科学教育或哲学社会科学教育;狭义的人文教育是与自然科学教育和社会科学教育并立,其核心学科是文学、历史、哲学和艺术,不包括以培养专门的人文工作者为目的的教育,或者说专业性的人文教育,尽管后者为前者提供了重要条件。

人文教育的概念及其发展

"人文教育"这一概念通常有三种不同的含义。其一是特指欧洲文艺复兴时期的人文主义教育(humanistic education),亦称"人道主义教育"。14—16 世纪,欧洲人文主义者彼特拉克、维多里诺和伊拉斯谟等人从人本主义出发,要求以人为中心,尊重人的价值和力量,倡导个性的自由与解放,肯定现世的生活幸福与享乐,否认教会宣扬的原罪说,反对教会教育对儿童本性的压抑,强调教育要尊重儿童的个性,认为应该通过教育使人的天赋能力得到和谐发展。早期人文主义者在反对经院主义和禁欲主义的过程中,自然而然地采取了回到古希腊古罗马时代的途径。他们创办新式学校,采用全新的教育内容与教育方法,在思想上和实践上对人文教育进行了深入探索,推动了人文教育的蓬勃发展。但到文艺复兴后期,人文教育逐渐走向衰落,作为古典人文教育基本内容的古典人文学科越来越显得狭隘,尤其是当文学教育中的极端西塞罗主义兴起之后,对人文学科知识的掌握逐渐被视为目的,而不被视为造就全面发展的人的一种手段,对形式与风格的强调取代了对内容和思想的关注,宣告了人文教育黄金时代的终结。其二是人文学科教育(humanities education),指的是以人文学科为基本内容的教育。古典人文学科教育源于古希腊的传统,其基本内容是"七艺",即文法、修辞学、逻辑、算术、几何、天文学和音乐。其基本假设是:通过接受身心全面的教育,人的个性能够得到和谐平衡的发展。这也是现代教育的重要前提。文艺复兴以后,古典人文学科开始高速分化。至 19 世纪,人文学科逐渐演变为与自然科学并立的一门知识领域。在现代,虽然相比自然科学而言,人文学科的历史更悠久,但除了将人文学科视为关于人类价值和精神表现的一种独特的知识领域,或者那些既非自然科学也非社会科学的学科的总和以外,对于人文学科的性质特征、基本内容及与其他各门科学之间的关系,却始终存在争议。有的学者否认人文学科与自然科学之间存在根本区别,认为人文学科与自然科学的区别只在于分析和解释事物的方向,前者从多样性和特殊性走向统一性、简单性和必然性,后者则突出独特性、复杂性和创造性;而坚持人文学科与自然科学存在根本区别的理论认为,两者在探究和解释世界的方式上存在着根本区别,自然科学是理性的产物,人文学科则主要是想象的产物。事实上,直到今天,尽管人文学者们坚持努力寻求对人文学科进行界定,但人文学科却拒绝让学者们给它下一个结论性的定义。其三是指关于人的教育,或以人为本的教育,其哲学基础是包括存在主义的新人本主义,其根本目标是要从人本身发现并培育完整的人,其核心思想是肯定作为受教育者的人在教育中的主体地位,并主张最大限度地弘扬个人的主体性,在基本方法上,强调给人以广博训练而不仅仅是专业训练,在一定意义上近似于自由教育(liberal education)或通识教育(general education)。在个人与社会的关系上,人文教育更强调个人,强调通过教育实现人的全部价值,发展人的全部品性,包括理性、情感与个性。概言之,人文教育就是要使人成为真正的人而不是他人或社会工具,虽然人文教育并不完全反对教育的社会目的,但其根本着眼点在个人而不在社会。相对而言,早期的人文教育更关注受教育者的自我修身,因而更重视教育内容在训练心智、陶冶情操方面的目的,更强调教育内容自身的一致性,而不特别关注其具体的或实际的内容的发展,不要求像专家那样掌握学习内容的细枝末节,更没有形成人文学科与自然学科的明确分野。近代以来,随着社会专业化趋势的增强,人文教育也走上了不断专业化的发展道路,对人文学科的具体内容的关注,对掌握具体人文学科知识的强调逐渐取代了对人文教育的整体性及其根本目的的强调。

无论是哪种意义上的人文教育,其思想本质都带有理想主义性质,都以肯定个人的价值为前提,都坚信个人具有广泛的发展可能性,以及教育在促进人的发展中的积极作用,都要求教育超脱现实功利而使人的身心达到自身的理想状态,都要求教育以人为中心,促进人的个性充分、自由地发展。但自古以来,人文教育就面临着深刻的内在矛盾:强调目标和内容的理性化,但又包含着大量的表述情感和意愿的成分;主张最终造福于国家和民众,但常常被指责脱离生产与生活实际;声称能惠及普通民众,能促进相互理解和容忍,但往往具有贵族性,在阶层、种族和性别方面遭到攻击,尤其是基本排除了劳动阶层、少数民族和妇女的文化经验;力图使多种教育作用整合起来,但其内部各具体学科的发展却又在损害教育的一致性。

东西方均有悠久的人文教育思想与实践传统。在东方,以中国为代表,自古就有"观乎天文,以察时变,观乎人文,以化成天下"的提法,从中显露出对人伦教化的深刻关注。直到 20 世纪初,以人伦教化为基本内容的古典人文教育始终占有不可动摇的地位和绝对优势。这既与中国长期封建统治的政治传统有关,也与中国思想文化传统有关,尤其是与学术知识体系和伦理道德体系的发展有关。由于儒家思想始终占据统治地位,对修身养性的强调就成了中国古代教育的根本特点。从孔子修"六艺"并以道德修养为其统帅,到《大学》对教育目标的明确阐释,逐渐形成了以伦理道德教育为核心的教育传统。对于中国文化传统中是否包含了人文的内容,中国是否自古就有自己的人文精神,相应地,对于中国是否具有人文教育的传统,学术界有过争议。有学者认为,中国传统教育虽然强调个人修养的提高,并始终将教人做人和教人做事紧密结合在一起,但实质上是将根本着眼点放在群体伦理上,这种群体本位的价值取向使它必然漠视个体的存在及其价值,并力图将个人的思想与行为完全置于群体伦理之中,故主要是一种人伦教育,并非真正意义上的人文教育。但更多学者认为,在中国儒家道统中,从来都不缺乏对人的价值与地位的肯定。历代儒家在阐发其人性思想时,几乎都在重复"天地之性人为贵"的命题,都主张人是"万物之灵长",是参天地而化育万物的世界主宰。可以说,重人伦养成的思想是东方人文传统的精华,在这一传统中形成的教育就是中国的人文教育。19世纪末20世纪初,随着近代科技的引入,科学教育逐渐在全部教育体系中占据优势地位,古典人文教育随之逐渐衰落。新中国建立以后,出于发展经济的紧迫需要,在继承和改造旧教育体系的过程中,自觉不自觉地淡化了人文教育。当时,几乎所有的优秀学生都被调往理工科,"学好数理化,走遍天下都不怕"成了流行的口号,从另一侧面表明了人文教育的弱势地位。70年代末,单一的经济发展观一度张扬,进一步助长了重理轻文的倾向。直到80年代末,对人文教育的关注才开始增强。

在西方,自古希腊时期开始,就形成了重视个性及其自由发展的思想传统。由于古希腊城邦政治、经济及文化的独特性,个人主义和对城邦的忠诚达成了有效的平衡,由此形成了西方人文主义的个人本位:一切以个人的意志、欲望和利益为评判标准,即所谓人是万物的尺度。这种重视个性及其和谐发展的思想也充分地反映在当时的教育思想与教育实践之中。西方较为系统的人文教育思想,最早反映在亚里士多德的著作中,他将教育分为两类,其中,适合于自由人的自由教育强调使人文雅和高尚,在实质上就是人文教育。由智者派首创的文法、修辞和逻辑及柏拉图倡导的算术、几何、天文和音乐的教学就是最早的人文学科教育。古希腊的人文教育传统在罗马得到了延续,不过,在罗马后期的人文教育中,已经可以看到专业化的端倪,最突出的例子是哲学教育的职业化。进入中世纪以后,基督教的至高无上造成了古典人文教育传统的短期中断,但古典人文教育的具体内容却依附于宗教,以宗教化的"七艺"教育的形式延续下来。文艺复兴时期重新确立了人文教育的地位。到了近代,随着近代自然科学的兴起,人类社会进入到工业化社会时代,社会分工进一步加剧,自然科学在社会发展中的巨大作用日益凸显,社会的方方面面都打上了自然科学的烙印,科学教育逐渐兴起并很快取代了人文教育的

优势地位。到19世纪末,西方国家已经形成了相对完善的自然科学教育体系。尤其是在各级学校的课程体系中,自然科学获得了几乎独占的地位。也正是从这时起,科学教育与人文教育之间开始了旷日持久的矛盾与冲突。人文教育的中心地位逐渐失落。从总体上看,整个20世纪就是科学教育片面发展的世纪。虽然,在20世纪初及两次世界大战之后,人们已经看到忽视人文教育所造成的严重后果,并且强烈呼吁加强人文教育,但直到今天,人文教育的薄弱状况以及人文教育与科学教育相脱离的状况依然没有得到真正改观,人文教育仍需在与科学教育的竞争甚至对抗中得到生存和发展的空间。随着科学的持续发展,人们已经非常强烈地意识到,一方面,科学并不总是能造福于人类,科学同样具有负面作用,而科学本身并不能保证它不被误用和滥用而造成人类的灾难,科学技术在日新月异的同时,其危害人类的程度也在日益增强;另一方面,在物质文明高速发展之际,社会精神文明,尤其是伦理道德水平并未同步提升,相反出现了社会伦理道德沦丧和精神文明堕落的趋向。人们已经深切地感受到,正是由于人文文化与人文教育的衰落,才会出现当今人类的种种问题和危机。从人与自然的关系看,人文的失落与偏颇导致了征服自然和向自然索取的行动指针,这一指针在造就巨大物质财富的同时,也带来了诸多始料不及的严重问题,如温室效应,生物多样性的丧失,环境污染,资源短缺等;就人与人的关系看,科学所带来的工业文明推动了社会的法治化和民主化,却又导致了社会发展的失衡和人的异化,造成了物欲横流和道德沦丧的严重局面。为了从根本上解决这些问题,促进人类社会的可持续发展,越来越多的学者呼吁加强人文教育,努力促进科学教育与人文教育的融合。其中,英国学者C.P.斯诺对于由科学教育和人文教育所形成的两种文化——科学文化和人文文化——的分裂所进行的深刻阐述,产生了广泛影响。他认为,这两种文化之间存在着相互不理解的鸿沟,其原因在于我们对专业化教育(即科学教育)的过分推崇和我们要把自己的社会模式固定下来的倾向,由此导致分裂与对抗,而整合两种文化的根本方向是"重新考虑我们的教育"。此后,加强人文教育逐渐成为欧美发达国家教育教学改革的重要指导思想。

东西方人文教育的思想与实践各有侧重面,也各有利弊。东方人文教育更重视人伦养成,其基本着眼点是群体伦理,在一定意义上是以社会为本位的;西方人文教育更重个人价值,其基本着眼点是个性的自由发展与内在完善,在一定意义上是以个人为本位的。同时,两者又有共同性:都以理想主义为基础,都强调培养多才多艺、有理想人格并注重道德操守的人才,在早期都带有贵族化倾向。在中国,古典人文教育被视为建立太平盛世的基础,其对象主要限于劳心者;在西方,古典人文教育是专属于自由人的自由教

育。从历史上看，东西方人文教育在完全不同的背景中，发挥了完全不同的作用，并由此形成了东西方社会与文化的基本特质。东方人文教育把个人的价值放在群体框架中予以考量，以社会需要为依据确定个人的发展方向和具体内容，强调个人对群体生存和发展的义务，注重人的伦理品德的修养，因此，在相当长的历史时期内，为东方民族精神的塑造与凝聚提供了不竭的精神动力。不过，也正因为其群体本位的价值取向，东方，尤其是中国儒家人文教育必然将个人的发展完全纳入到群体伦理纲常之中，由此遏制了人的个性的张扬与创造性的成长，从而与教育的理想相悖。与此不同，西方人文教育以肯定人的个性及其自由发展为基本前提，倡导人的身心的充分解放，由此推动西方率先告别传统社会而步入现代化的进程。但另一方面，西方人文教育所培植的那种"以物的依赖性为基础"的个人的独立性，又导致了人的物化和异化，并必然酿成赤裸裸的纵欲主义、拜金主义和个人主义，从而埋下了诸多现代病的种子。在东方，以中国为代表，对早期人文教育的系统反思，始于20世纪的五四新文化运动，但直到今天，这种反思始终没有真正摆脱扬中抑西或扬西抑中两个极端。学者们要么醉心于在传统人文教育中发掘教育现代化的价值源头，要么试图以西方人文传统来全面改造中国的文化和教育。西方对传统教育（包括人文教育）的反思，几乎与其现代化进程同时起步。从莎士比亚对黄金的诅咒，到卡莱尔对现代文明的忧思，直到诸多的现代新人文思潮，西方思想界（包括教育界）一直试图扭转将人的精神物质化的倾向，倡导建立人的真正的主体性。

人文教育的三种形态

人文教育有三种形态：知识形态——人文学科教育；文化形态——人文文化教育；精神形态——人文精神教育。三者共同构成人文教育，单独的任何一种形态都不足以代表人文教育。

人文学科(humanities) 一般认为，人文学科构成一种独特的知识，即关于人类价值和精神表现的人文主义的学科。其目的在于肯定人的价值，找寻人生的意义。其范围广泛，涵盖了自然科学、社会科学之外的所有学科。人文学科包括（但不限于）如下研究领域：现代与古典语言、语言学、文学、历史学、法学、哲学、考古学、艺术史、艺术评论、艺术理论、艺术实践，以及具有人文主义内容、运用人文主义方法的其他社会科学。

人文学科的特征：第一，从研究对象上看，它以主体的人为对象，是超科学的。第二，从研究方法上看，它强调体验、理解和表达，深受人的主观情感和人生经验的影响。第三，从语言特征上看，它偏重评价，使用现象与本质、命运与自由意志等概念，并用情感性和目的性语言表达。第四，从论据来源上看，其特征在于其历史的、日常的、"自然的"（非理性）逻辑，即 W 逻辑，主要关心经验（直接和间接）中的"是什么"(what)和"为什么"(why)，蕴含了"应该怎样去做"的意义。第五，就社会职能来看，它没有直接的功利用途，也不会带来立竿见影的经济效益。换言之，人文学科重在发展人性，提升人格的内在价值。

人文文化(humanistic culture) 指人文学科以及人文学者的文化态度。现代英国文学家和科学家 C. P. 斯诺 1959 年在剑桥大学的讲演《两种文化与科学革命》中首次明确提出来。人文文化以人文学者为代表，以人文学科为基础。人文文化的最初形式是神话。作为人文知识分子的文化，它并没有告诉人们特定的哲学教条；它只是鼓励一种精神和道德态度，即把人的自觉(consciousness)贯穿到一切事物之中，对世界加以人文主义的关照。人文文化的核心是人文精神。与古典人文学科的地位相联系，科学革命以前，人文文化占据社会文化的统治地位；18 世纪后，人文文化受到科学文化的挑战和冲击，于是努力抗争，以确保自己的独立地位。

人文文化的特征：第一，倡导表现自我，即使对历史作品的理解，也要求解释者与作品心灵上的沟通，因而人文知识是不能完全排斥主观而追求纯客观的。第二，它是以直觉为主导的诗性文化，带有强烈的神秘色彩。在人文文化领域，价值多元，释义多种，因为人们可以多方面体验和描述生活。这种多义性以诗的语言最为突出。诗的表达总是有意突破、忽视标准的语言及其规则，它打破常规，帮助人们调换一种方式去思考事物，因此，人文主义传统历来推崇诗，把诗作为自己的文化理想。第三，它是各种迥异的价值活动，其根本旨趣在于探求人生意义，强调终极关怀，关注价值本身。这种探求常常借助于直觉、灵感、想象等非理性因素，因此，人文文化是以关怀价值为目的的非功利性文化。

人文精神(humanistic spirit) 是人文文化的核心，其含义复杂。从历史上看，人文精神通过不同时期人本主义哲学思想、人本主义思想文化运动以及人道主义理想表达出来。集中体现在人类所经历的三次解放上：第一次是从蒙昧原始状态进入文明社会，通过否定野蛮而崇尚文雅，其思想成果体现在古希腊的自然哲学向人本哲学的转化上。第二次是从宗教神学的统治下解脱，进入尘世、现世生活，通过否定神性而弘扬人性，其思想成果体现在欧洲文艺复兴时期人文主义思想文化运动上。人类目前正在经历第三次解放，即从极端片面发展的科学、机器和工业文明中解放出来，从物质主义的统治中走出来而进入物质与精神、灵与肉和谐发展的境界。这方面的思想成果体现在科学人文主义的呼唤上。综观三次思想解放的成果，可以将人文精神归结为一点，即强调人之所以为人。

要实现人文精神:第一,尊重历史和传统。科技时代的显著特征是快速变化,它割断了今天和昨天、现在与过去、天与地、人与非人的历史联系,人们崇拜生存机遇,渴望瞬间暴富,推崇偶然,淡漠永恒。与此相对应,当代人文精神强调要尊重历史与传统,强调必然。对此,全社会应高扬人文主义的精神实质,拥有智慧,洞悉历史,掌握处理社会关系的严肃态度和科学的人生观。第二,引导科学技术发展,强调科学家的社会责任。唯科学主义认为,只要大力发展科技,便能解决人类所面临的一切困难和问题,人类就能过上幸福美满的生活。两次世界大战以及战后全球问题所导致的人类困境宣告了唯科学主义的破产。科学是一柄"双刃剑",既可促人向善,也能助人为恶,必须加以社会控制,将它引导到增加人类福祉的道路上来。如何发展科技,利用科技成果,科学家负有不可推卸的社会责任。第三,尊重科学和理性。当代人文精神尊重(但不迷信)科学,相信通过正确的价值导向,人类可以把科技成果引导到增加人类幸福(即物质和精神的双重拥有)的轨道上来,从而对人类的前途充满信心。第四,追问生命意义,强调人的使命感、责任感和道德意识。第一步是确认人的精神存在和精神本质,追问生命意义;第二步是高扬人的主体意识,恢复人的本来面目,还原人的现象,定位人的人格。对社会而言,要大力开展价值观、人生哲学教育,培养年轻一代的良好品质。第五,追求和谐之美。这是当代人文精神不同于近代人文主义的显著特征,也是强调"天人合一"、"万物一体"的中国传统人文精神对世界文化的独特贡献。

人文教育的核心理念

以人文精神为旨归的人文教育,虽历经变迁,但却有一些独立的核心理念和态度使之区别于各种教育思潮和教育实践。

以人为中心的教育观　教育是以人为对象的活动,其实施者也是人,因而,以人为中心是教育的题中应有之义。然而,在依靠武力征伐的时代,教育被当作培养战争机器的工具。当时的教育实为军事教育。在强调宗教信仰的时代,教育则被当作培养上帝奴仆的手段,实乃神学之附庸。到了近代,自然科学的长足进步,进化论的自然法则被揭示出来,于是教育又被认为是只能遵循自然的法则,处处以因果规律来规划教育。19世纪末20世纪初以来,国家的需要压倒一切,教育又成为维护国家利益的工具;尤其是奉行为发展经济而发展教育的方针,导致"从属于经济的教育"。在有些独裁国家,教育更是被政治化,成为某个独裁者实现一己之利的工具。凡此种种,都没有把教育定位到人的发展上来。所培养的不是"人",只是实现某种目的的工具或机器。一言以蔽之,是人力的教育,而非人的教育。

历代人文教育家正是在批判这种非人的教育中形成了一个共同的主题,即强调教育应该以人为中心,是为了人的教育。进入现代社会后,具有人文精神倾向的思想家更是以批判现代教育的职业化、非人性为己任,赫钦斯是其中的杰出代表。他认为,现代教育制度以经济增长为目标,重点放在职业上,把人看作简单的生产工具,把学校看作是人力加工厂,按物的生产原则来管理学校,这都是非人性的;从实际效果来看,也是低效率甚至是无效率的。他指出,教育目的就是要引导出我们人类中共同的要素;教育目的和教育制度在任何时代都应该是相同的,那就是作为人而求人的进步,教育的目的不在于制造基督教徒、民主党员、工人、农民、商人,而在于培养人类的智慧,发扬人性,完善人,其目的是人,不是人力。教育应该促进人生的价值,即帮助每个人聪明地、愉快地、像样地活着。人文教育思想是偏重于人的。亚里士多德认为,服务于国家、培养政治家的教育目的,并非教育的最高目的;充分发展人的理性才是教育的最高目的。不过,人文教育家并不是极端的反社会论者,他们尽管将人性的自我完善作为教育的首要目的,但从不拒绝教育的社会目的,也不把教育的个人目的与教育的社会目的完全对立起来。认为个人价值高于社会价值,社会价值要由个人来体现,社会的完善是由个人的完善所决定的。人文主义教育目的观所反对的社会目的,主要是那种顺应现实的社会目的,认为如果教育以满足现实的社会需要为主,或者以此为出发点,就会使教育误入歧途。

超越的人性观　人文教育所赖以建立的人性观可概括为两点:第一,人性是完满的;第二,人性是美好的,人性的本质在于自我实现,有不断向上的巨大潜能。这种潜力并非来自超自然的上帝,或人之外的任何东西,而是人本身所具有的。正如永恒主义的代表人物马利丹所指出的,人不仅仅作为物质的存在而存在,他有更丰富和更高尚的存在。通过知识和爱,他获得了精神上的超存在。一言以蔽之,这种人性观是超越的人性观。(1)人性是完满的。所谓完满,含有"完整"与"丰满"两层意思。"完整"是从整体框架而言的;"丰满"则是指积极内容的充实。人文教育家所强调的整体的人,不仅指在身体、精神、理智、情感、情绪和感觉诸方面的有机整体性,而且指在有机协调的内部世界与外部世界的联系方面也达到了和谐一致。因此,整体的人格包括人内部的整合和人的内部与外部世界的整合两个方面。人的内部整体则表现为思想、智力、情感、感觉等方面的一体化联系。(2)人性是美好的。这是对人性的价值判断。早在古希腊,苏格拉底在分析了人所追求的三类事物即外在的善、身体的善和精神的善之后,指出精神的善才是人生的最高目的,它包括理性的发展和美德的养成,而其中的根本原则是"认识你自己"。柏拉图也指出人的心灵状态可由最低级的想象逐步上升到信念、理智,最后达到理性等级,把握最高的善理念。教育的本质就在于实现这种转向。人性美好这一思想在欧洲文艺复兴时期表现得尤为突出。针对中世纪基督教会宣扬的原罪说，人文主义教育家针锋相对地提出："按照你自己的人性去做，你就是一个完善的人。"在他们看来，人性是人的善良天性或者人的理性。按照理性原则建立的社会，就是"公正"的社会；按照理性原则行事的人，就是"公正"的人。到了 20 世纪，对美好人性的肯定则成为一种潮流。

旨在陶冶的课程观　人文教育在课程观上的总特征可概括为四点：第一，选择课程的依据在于对人生有无意义，而非职业的考虑或实利的考虑；第二，课程知识的选择，倾向于人文学科；第三，课程内容具有浓厚的崇古特征；第四，课程组织缺乏严密的逻辑性。

人文学科具有如下优点：第一，向我们揭示了人，而人人需要关于人的知识；第二，培养灵活的头脑，教人如何批判；第三，教人欣赏，使人眼界开阔，精神振作。因此，人文学科在教育中应占主导地位。在课程结构的组织上，人本教育强调"统合"（integration），其要义有三个方面：一为学习者心理发展与教材结构逻辑的吻合；二为情感领域（情绪、态度、价值）与认知领域（理智的知识与能力）的整合；三为相关学科在经验指导下的统合。"统合"意味着打破固定的教材界限，强调知识的广度而非深度，关心知识的内容而非形式。作为课程组织的有效形式，它将弥补传统课程之不足，促进知识经验的相互渗透和相互作用。

非强制性的方法观　人文主义教育把教学过程看作主要是一种情意发展过程，不强调知识体系的传授，而注重情感充实、情意加深和兴趣培养，强调灵感直觉、意志等非理性因素和心理状态在教学过程中的作用。人本主义教学方法的两大特征——注重人际关系和谐和知情意的整合发展，来源于其对教育过程的如下理解：第一，教育过程的主要含义是，让学生自己去决定他们是谁，想成为什么样的人。其隐藏的假设是，学生能够自己作出决定，他们有清醒的自我意识以便作出选择。一种有意义的教育经历能够帮助学生去发现其内在的东西。第二，教师为了有效地教，必须从学生出发来理解学生，而不是顺从自己的方便。第三，学生是各不相同的。教育应努力帮助学生更好地成为他们自己，而不是别人。第四，良好的教学始于良好的师生关系，师生之间的联系能够影响到教师的教和学生的学。具体的教学方法有：旨在促进情知协调发展的方法——合成教育（confluent education）；旨在促进道德观念形成的方法——价值澄清（values clarification）；旨在激励创造力开发的方法——课堂创造活动；旨在培养人际交往技巧的方法——人际关系训练等。

历史上人文主义与科学主义的争论持续几百年，反映在教育上即人文教育与科学教育之争。当今人们越来越认识到，人文和科学两者都是人类的创造活动。人类的文明通过科学的创造而日益进步，人类的科学活动中也蕴含着文化精神。从教育学视角来审视，只有人文教育与科学教育联合，才能促进人的发展和人类的进步。

参考文献

顾明远.教育大辞典（增订合编本）[M].上海：上海教育出版社,1998.

黑格尔.哲学史讲演录（第三卷）[M].贺麟,译.北京：商务印书馆,1983.

胡森.国际教育百科全书[M].贵阳：贵州教育出版社,1990.

简明不列颠百科全书编辑部.简明不列颠百科全书[M].北京：中国大百科全书出版社,1995.

中国大百科全书总编辑委员会《教育》编辑委员会.中国大百科全书·教育[M].北京：中国大百科全书出版社,1985.

（文辅相　贾永堂　于影丽）

认证制度（accreditation system）　亦称"认可制度"、"鉴定制度"。由专门的认证组织对学校整体或专业进行检查评估，以维持其教育活动达到最基本的质量标准的制度体系。最早发端于美国，并逐步完善。后扩展到英国、加拿大、澳大利亚、日本等许多国家。

认证制度的产生

1787 年，美国纽约州通过有关立法，要求州委员会每年视察本州的大学。人们常常把这种视察看作是美国历史上的首次认证。它通常是由一名州政府低级官员对大学进行为期一天的视察，然后给州立法委员会递交一份年度报告，既没有既定标准，也没有自评、同行评估和小组评定等内容。这种视察虽然是一项保证质量的重要举措，但与现代意义上的认证相去甚远。19 世纪下半期，中等教育和高等教育都有了较大发展。此时的美国，中学教育非常混乱，各州学制不同，课程庞杂，标准不一，水平参差不齐。为了保证高等院校的招生质量，一些区域出现了院校自愿联合组织，如 1885 年成立的新英格兰地区大学与预备学校协会、1887 年成立的宾夕法尼亚大学协会（即后来的中部各州大学与中学协会）、1895 年成立的中北部地区大学与中学协会。这些协会为了大学招生的目的，按一定标准对中学进行考核评估。这就是中学认证。一些院校联合组织从中得到灵感，把中学认证模式推广到高等院校，以保证其基本质量。这一时期，高等教育领域还出现了一些组织对大学的评估鉴定活动，这也可以看作是认证制度的早期形式。如 1882 年，美国大学女性协会（American Association of University Women）开始根据一套标准考察院校并列出一个院校名单，规定这些院校的毕业生有资格成为其成员。1905 年，卡内基促进教学基金会（Carnegie Foundation for the Advancement of Teaching)为建立大学教师养老金制度而设立了一套大学应达到的标准,并据此对公立、私立大学进行鉴定。1909年,在美国联邦教育局和卡内基促进教学基金会工作的基础上,中北部地区学院与中学协会制定了高等院校认证标准,1910年根据此标准对本地区的院校进行认证,1913年公布了获得认证资格的院校名单。这是美国首次现代意义上的高等院校认证。

认证机构及其管理

美国认证机构有三类。第一类为区域性认证组织。美国有6个这样的组织:新英格兰地区中学与大学协会(New England Association of Schools and Colleges)、中部各州大学与中学协会(Middle States Association of Colleges and Schools)、中北部地区大学与中学协会(North Central Association of Colleges and Schools)、西北部地区高等学校协会(Northwest Commission on Colleges and Universities)、西部地区大学与中学协会(Western Association of Schools and Colleges)和南部地区大学与中学协会(Southern Association of Colleges and Schools)。这6个区域性认证组织中有8个认证委员会,主要负责对不同区域的中学和高等院校进行综合认证。第二类为全国性认证组织,主要对单一目的或具有特殊性质的院校进行认证,包括远程大学、私立职业学校以及与教会和宗教有关系的学校。经美国高等教育认证委员会(the Council for Higher Education Accreditation,简称CHEA)承认的全国性认证组织有6个。第三类为专业或职业认证组织,主要对特定的专业或学院进行认证,不但包括高等院校中的专业或学院,还包括一些其他社会机构,如医院所举办的专业或职业教育。高等教育认证委员会认可的专业认证组织有47个。这些专业认证组织种类繁多,除了常见的法学、医学、工程等专业外,葬礼服务教育、婚姻和家庭治疗、家庭与消费者研究等许多五花八门的专业也都有各自的认证组织。

认证组织在对学校和专业进行认证的同时,自身也受到来自内部和外部的制约。这种制约就是认可(recognition)。美国对教育认证机构的认可有两种:一种是内部自我认可,这种认可是民间性质的,其负责机构为美国高等教育认证委员会;另一种是高等教育外部的政府认可,负责这种政府性质管理的是美国教育部。这两种认可方式都是按照既定的标准对认证机构进行认可。认证机构在对院校和专业进行认可时,可自愿寻求这两种认可或其中之一,当然也可随时退出这两种认可。美国高等教育认证委员会和美国联邦教育部认可的性质不同,认可标准的侧重点也不同。美国高等教育认证委员会重点强调学术质量的保障和提高并要求认证机构积极改进认证活动,着力于提高院校或专业的

学术水平。美国联邦教育部则要求在学生成绩、课程、教师、设施(配备和供应)、财政和行政能力、学生服务、招生、学位目标和学位标准等方面保持一定的标准,使院校或专业具备参加联邦各种资助项目的基本条件,从而确保联邦投入的效益。认证机构要确定其在学术方面的合法性,巩固其机构和所认证的院校及专业在全国高等教育领域中的地位,就要寻求美国高等教育认证委员会的认可;如果要使所认证的院校或专业有资格获取联邦资金和学生资助,就要取得美国教育部的认可。认证机构可同时获得美国高等教育认证委员会 和美国教育部的认可。

认证内容及标准

对于院校认证机构来说,认证对象为学校整体,因而认证内容包括学校教育活动的方方面面。就高等学校而言,一般涉及两个方面:一是办学的能力和资源,包括基础设施、教育经费、图书资料、仪器设备、教学和科研队伍(即人力资源)等,是否能提供足够的办学保证;二是表现(performance)和效果(effect),强调用事实说话。

以中北部地区大学与中学协会为例,其现行标准分为《院校要求总则》(General Institutional Requirements, GIRs,以下称《总则》)和《认证标准》(Criteria for Accreditation,以下称《标准》)两部分。《总则》是院校寻求认证时所应达到的基本要求,其内容与《标准》相对应,但要宽泛许多,可以说是认证的初级标准。《标准》是更高的要求,院校达到了《总则》的要求,并不意味着就能通过认证,但院校要获得认证候选资格、初始认证资格、继续认证资格,都要先达到《总则》的要求,再看其是否达到《标准》。《院校要求总则》的现行要求共24条,涉及院校的任务(第1、2条)、法律许可(第3、4条)、管理(第5~8条)、教师(第9~11条)、教学专业(第12~18条)、财政(第19~21条)、公共信息(第22~24条)七个方面,每一条要求后都附有详细说明。比如第5条,内容为"院校具有董事会,该董事会拥有和行使必要的法律权力来制定和评估管理本校的政策",对这一条的解释:"法人特许、州立法机构或联邦的特许都可以证明院校董事会拥有基本的权威。'高等教育委员会'要检验这些文件以及院校后来建立的细则,从而决定董事会是否拥有适当的权力,而且还要在董事会的会议记录中寻找证据以证明董事会行使了这种权力。董事会应制定各种政策来引导院校的发展。董事会成员应有经常性的制度化的聚会以在拥有足够知识信息的基础上制定和评估有关政策。"现行《标准》内容:标准一,院校要有与其任务一致并适合高等教育机构明确、公开陈述的目标;标准二,院校应组织必要的人力、财政和物质资源来实现其目标;标准三,院校当前正在实现其教育目的和其他目标;标准四,院校将来可以继续实现其目标

并提高教育效益;标准五,院校在实践和各种关系中表现出完整性(integrity)。每一条标准下列举了一系列与标准相关的证据指标。

现行院校认证标准并不是一个僵硬死板的封闭性框架,而是一个灵活的包容性极大的开放体系。标准在这个体系中的含义并非是所有院校都以相同的模式达到一致,而是各院校可以自己的模式达到本院校目标要求的理想状态。当然,各院校富有个性的理想状态自然存在一些普遍的共性,《标准》中列出的证据指标正是这些共性的表现,它只是美国高等教育机构的一般性特征。这些证据指标为院校的自评和同行评估提供了一个纲要式的开端,而并非全部评估内容,各院校不必逐条对照说明,可以根据自己特殊的历史、独特的运行,另外寻找出一些个性化的证据指标,认证组织可根据院校提供的证据指标来决定院校是否能通过认证。对于专业认证机构来说,认证对象是各个不同的专业教育,因而认证内容和标准具有很强的专业性,主要是集中在三部分:一是专业教育活动机构组织、管理、财政方面的要求;二是师资和教学,包括教师的学历、课程设置和教学设施等的要求;三是关于学生录取、学业要求以及学业服务方面的要求。

认 证 程 序

各种认证组织的认证程序大同小异,可能各有侧重,但一般包括以下几个环节。

资格认证 这一程序决定那些初次寻求认证的院校是否具有起码的资格,是否值得进行现场考察评估。它包括三个步骤。第一,请求会晤。院校要致信认证委员会执行主席请求会晤,并附上一些相关文件,包括州或联邦合法许可证明、董事会的同意证明、银行或会计出具的审计证明等。第二,阐明意图。会晤后两年内(超过两年要重新请求会晤),院校如决定寻求认证,就要以书信阐明这一意图。委员会会安排一名联络员(staff liaison)负责解释有关标准要求,帮助院校填写正式的初始信息表,提供有关参考资料等。第三,填写表格。院校要在阐明意图后的一年填写初始信息表(一式三份),连同一些相关证明材料交委员会办公室,由工作人员交付"资格程序评估委员会"(Eligibility Process Review Council)。该委员会将确定院校是否已达到参加认证评估的基本条件。

自评 资格认证完成后,院校要在两年内进行自我评估,否则要重新进行资格认证。自评步骤如下。

第一,准备自评。主要是人员准备,院校行政首脑要给予有力支持,选任自评协调员(Self-Study Coordinator),成立自评领导委员会(Self-Study Steering Committee)。在实地考察前,要将自评计划送交认证委员会联络员审阅。第

二,自评。进行有效的自评,要把握以下几点:自评领导委员会要利用一切现有的评估材料、组织和人员,将当前的信息分析整合;与院校各级人员保持经常性联系,以听取各方意见,不断修正自评材料;根据院校自身的规模、复杂程度及性质进行恰当的评估。第三,撰写报告。自评报告是认证的重要材料,要求全面而简洁,是评估而不是描述,是良好叙述而不是图表集合。

实地考察 在认证委员会实地考察组到来之前,院校要在地方报纸、校友通讯、校报、本校网站等媒体上公开有关考察的确切消息,邀请公众进行第三方评论,认证委员会也会在其新闻简报、网站上发表即将进行评估的院校名单,或以信件形式通告一些特殊组织,如州政府有关机构,邀请公众评论。公众评论必须是署名的书面形式。

在实地考察之前,认证委员会联络员根据院校的各种需要组建实地评估组。评估组的大小视院校规模、评估种类等因素而定,综合评估至少要4人。评估组的一切费用包括交通、住宿等,均出自院校事先支付的评估费。实地考察的具体程序如下。第一,准备。评估组组长要与院校行政首脑建立联系,商量实地考察的具体安排。第二,评估。实地考察的时间是2~3天。首先要与院校行政首脑会面,然后收集各种资料信息,可以查看教师档案、学生成绩、试卷,还可以与院校的各级人士会见、访谈。第三,总结。评估的最后一天,评估组要再次会见院校行政首脑,口头总结评估情况并通报实地考察报告的要点,包括评估组的建议,校方可提出质疑。

委员会评估 认证委员会的评估程序是将院校的自评材料、实地考察组的材料和意见等汇总,进行评审,作出初步决定,然后通报院校、实地考察组、复评委员会等,各方可提出反馈意见。若有不同意见,要举行特别会议讨论;若没有意见,将评估结果送认证委员会理事会通过并正式生效。这时,院校行政首脑和董事会将会收到认证委员会执行主席的评估结果通告。评估结果包括通过、延期、取消认证资格或候补资格三种。

引导和复评 院校获得认证资格只是意味着开始接受引导(monitoring)。被认证院校或专业每年都要向认证组织提供年度报告表(annual report form),提供招生、学位课程变化及合同安排等信息,包括分校的活动情况。院校不完成年度报告表,会受到认证委员会的记过(memorandum for record)和察看(probation)处罚。院校在开办分校、增设学位点、与其他院校和组织的关系等认证委员会规定的方面有任何变动,都要事先通报委员会并征得其同意。另外,认证的综合评估是周期性的,复评时不需要申请,但仍要经过自评、现场考察、委员会评估,结果判定等程序,以决定是否获得继续认证资格。

认证程序随着时间的推移虽然有些许变动,但基本过

程没有太大变化。认证程序的基本稳定是保证认证活动质量的重要前提。

认证制度中的问题

认证制度有许多独特之处，但并非完美无缺，也存在着众多问题。

第一，认证标准与教育质量是否相关。认证标准到底在多大程度上反映了院校或专业的教育质量？这一关系到整个认证制度存在合理性的问题早在 20 世纪 70 年代末和 80 年代初期就提出来了。当时许多学者的研究都是否定的。他们认为认证标准关注的都是些与教育质量关系不大的因素，根本无法保证院校的教育质量。这些研究引发了一场认证标准的修订运动和注重学生学习结果的"评价运动"。然而时至今日，经过这么多年的标准修订和政策改革，这一问题仍然没有得到很好解决。美国董事与校友委员会(the American Council of Trustees and Alumni)发表了一份报告，重点抨击六大区域性认证组织，认为它们不但不能保证院校提供高质量的教育，还以取消联邦资金来要挟各院校。该报告甚至建议《高等教育法》修订时取消将认证资格作为获得联邦经济资助条件的规定。

第二，认证程序存在问题。首先，认证过程耗时太长。以院校认证为例，一次院校自评需要 2 年，以后的实地考察、委员会评估，直到认证结果出来，又需要近半年的时间。如进行重点考察(focused visit)需要一年时间，院校若需某种变动，从申请到批准，也需要近半年的时间。因而提高认证效率、简化认证程序的呼声近年来不断高涨。其次，同行评估质量不高。同行评估人员主要是来自各高等院校的教师、各部门的行政人员和专门行业的从业者。他们在各自的领域可能是有造诣、有经验的学者和专家，但对院校评估缺乏专门知识，绝大多数人没有经过专门训练，评估时主要是根据自己的经验进行观察和判断，这使得同行评估的信度大大降低。由于评估人员数量众多，而且缺乏稳定性，再加上经费等问题，对评估人员的培训也多停留在倡导之中。更有人认为，同行评估有包庇之嫌，根本无法保证教育质量。再次，继续认证走过场。首次通过认证以后，每隔 5～10 年要进行再认证，目的是确保院校能不断改进其在认证中出现的问题，使院校的日常工作有所改进。实际上，许多通过认证的院校在随后的 5～10 年中常常是放任自流，无所作为，直到下一次认证的自评将近时，才采取措施，作些改变。这种临时抱佛脚的做法能使院校通过继续认证，但并不能实质性地解决院校存在的问题，无助于院校真正提高质量。

第三，认证名目众多，院校不堪重负。美国认证机构众多，作为院校个体，除了要接受针对院校整体的区域性认证组织的认证，还要接受针对其专业的各种专业组织的认证。各种认证有各自的标准，这些标准有重合的部分，更有相抵触的部分，常常使院校浪费精力或无所适从。院校周旋于这些问题重重的标准中，即使勉强达到标准，又如何真正提高教育质量？此外，每个认证组织的认证费用都在增长，院校用于认证的费用相当可观，增加了负担，而众多的自评和现场考察要耗费许多人力、物力，院校对此颇有微词。

认证制度存在的这些问题已引起政府及业内人士的关注，相应的研究与改革也正在进行当中。无论怎样，认证制度已成为教育质量保障体系不可分割的组成部分，对政府、公众以及学校自身都有着重要意义。

参考文献

Bogue, E. G. & Saunders, R. L. The Evidence for Quality[M]. San Francisco：Jossey-Bass Publishers, 1992.

Harcleroad, F. F. Accreditation：Voluntary, 1983. Enterprise in Understanding Accreditation [M]. San Francisco：Jossey-Bass Publishers, 1983.

North Central Association of College and Schools, Commission on Institutions of Higher Education. Addendum to the Handbook of Accreditation[M]. 2nd ed. Chicago：Auther, 2002.

North Central Association of College and Schools, Commission on Institutions of Higher Education. Handbook of Accreditation[M]. 2nd ed. Chicago：Auther, 1997.

Young, K. E., Chamber, H. R. & Kells, H. R. Understanding Accreditation[M]. San Francisco：Jossey-Bass Publishers, 1983.

（熊　耕）

认知策略(cognitive strategy)　　亦称"认知技能"。在信息加工理论中控制和调节信息接收、储存和提取等过程一类内部组织起来的智慧技能。特征：它不是信息加工过程本身，而是凌驾于信息加工过程之上，对这些信息加工过程起调控作用的过程；认知策略是一种特殊的智慧技能（亦有称之为认知技能），不同于一般智慧技能，其功能是对内起调控作用，而一般智慧技能是用于对外办事；作为特殊智慧技能的认知策略的运用一般是受意识控制的，难以达到自动化，而对外办事的技能一般可以通过练习达到自动化。

认知策略的来源与发展

布鲁纳、J. J. 古德诺和 G. A. 奥斯汀 1956 年在进行人工概念研究中发现，不同的被试往往采用不同的思维策略推测主试头脑中预先想好的概念。被试常采用的两种策略称为集中策略(亦称整体策略)与审视策略(亦称部分策略)。使用前一策略时，被试认定呈现的某一卡片，如一个白色方框中的一个圆形是概念的正例,此时他假设的概念同时具有三个特征,即形状、颜色和数目。他记住这些特征,然后对照这三个特征对后续呈现的卡片加以检验,看它们是否具有这些特征,如果所有正例都具有这三个特征,而反例不具有这三个特征,则他就发现了主试预先所想好的概念。使用后一策略的被试每次只认定卡片上的一个特征(如颜色)作为概念特征并予以检验。如果发现它与要猜测的概念有关则被肯定,否则被否定,另选一个特征作为概念的特征加以检验,直至发现概念的全部特征。前一种策略比较好,因为使用前一策略的被试只要记住前面的假设,而不必记住前面出现过的例子,负担较轻。

20 世纪 60 年代信息加工心理学家对人的认知过程的研究取得较大进步。为了反映人脑是如何工作的,心理学家提出许多学习和记忆的信息加工模型,如美国心理学家 R.C. 阿特金森和希夫林 1968 年提出学习与记忆的多阶段模型(见图 1)。

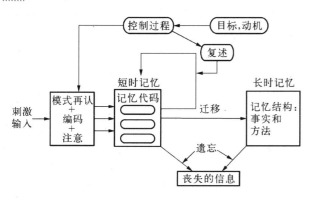

图 1　学习与记忆的多阶段模型

从图 1 可见,信息加工经过模式再认、短时记忆和长时记忆三个阶段或过程。在这三个阶段或过程之外,还有一个控制过程,其功能是调节和控制加工过程。

20 世纪 70 年代,美国心理学家加涅提出的学习与记忆的信息加工模型是由加工过程、执行控制过程和预期(即动机过程)三个子系统构成的。这里的执行控制过程也称认知策略。

认知策略可以被看成过程,也可以被看成结果。加涅在对学习结果分类时,把认知策略作为学生学习结果的五种类型之一(其余四种类型是言语信息、智慧技能、动作技能和态度)。

学生学会学习和在学校习得的知识能迁移到学校情境之外解决实际问题,一直是教育家的理想。认知策略的提出以及相应的研究进展似乎给教育家实现这一教育理想找到了良方。此后,认知策略教学的研究广泛展开。研究表明,认知策略教学效果并不一致,有些研究表明,认知策略的训练效果很好,但也有研究表明,策略训练效果却不理想。在这种背景下,美国心理学家弗拉维尔 1971 年提出反省记忆概念,后扩展到整个认知领域,被称为反省认知(metacognition,一译"元认知")。在反省认知研究基础上,又出现反省认知策略(亦称元认知策略)概念。参见"反省认知"。

认知策略的分类

根据信息加工过程分类　加涅根据信息加工阶段提出如表 1 所示的认知策略分类。

表 1　加涅根据信息加工阶段对认知策略的分类

学习过程	支持学习过程的策略
选择性知觉	集中注意 划线 先行组织者 附加问题 列提纲
复述	解释意义 做笔记 运用表象 形成组块
语义编码	概念示图法 类比法 规则/产生式 图式
提取	记忆术 运用表象
执行控制	元认知策略(计划、监控等)

根据学习方式分类　这方面的认知策略研究大多通过记忆实验进行。研究较多的三种基本学习方式是系列学习、配对联想学习和自由回忆学习,以及相对应的三种记忆策略——复述、精加工和组织。

系列学习,亦称序列学习,指呈现的刺激材料的顺序不变,要求学习者将学习材料原封不动依次回忆出来的一种学习与记忆形式。学习材料可以是一张词表,一系列数字、字母或无意义音节等。学生学习背诵一首诗、一篇课文或拼音字母等这样的学习课题都属于系列学习。心理学的研究表明,采用复述策略能有效地提高系列学习的效率。

复述指学习者看到学习材料之后,积极地一遍又一遍重复要记忆的材料。按复杂程度,可区分三种复述形式。例如,要求儿童依次记忆上海、苏州、无锡、常州、丹阳、镇江和南京等 7 个火车站站名,把这些站名写在卡片上,一次一个一个呈现。儿童可以用下列三种不同形式进行复述。(1) 简单复述,即呈现一个刺激项目,被试仅说出该项目名称。如呈现第三站无锡,被试说无锡。(2)部分复述,即呈现一个刺激项目,被试不仅说出这个项目,他至少还要说出先前呈现的一个项目。如呈现第六站镇江,被试说出丹阳、镇江,都是部分复述。(3)累积复述,即呈现一个刺激项目,被试说出该项目和它之前的所有项目的名称。如呈现常州,被试说出上海、苏州、无锡、常州;如呈现丹阳,被试说出上海、苏州、无锡、常州、丹阳。这样的复述都是累积复述。研究表明儿童复述策略的发展经过了一系列发展阶段。一般地说,5岁前的儿童大多缺乏复述策略,他们无法利用这类学习策略帮助记忆。因此,可以把这一阶段称为复述策略发展的前期阶段(第一阶段)。复述策略发展的第二阶段(通常在儿童6～7岁时出现)的特点是,儿童在清晰的指导下能应用复述策略。但由于他们缺乏反省认知能力,即对策略应用的条件与适当性缺乏自我意识,所以常常不能最适当地应用这些策略。复述策略发展的第三阶段(通常在儿童11～12岁时出现)的特点是儿童能自动地应用复述策略,而且能根据任务的要求来调整他们的策略行为。但是这种策略的应用也会因学习材料的难度和学习者的一般认知成熟程度而出现个体内和个体间的差异。策略的应用还受学生的学习动机影响。当中学生在缺乏学习动机的情况下,尽管他们已经掌握了复述策略,但仍可能不会主动利用这类策略来提高记忆效率,教师仍应加强学习方法的指导。

配对联想学习,指要学习的材料是成对呈现的,在回忆时,提供每对刺激项目中的某一项,要求学习者回答出另一项的一种学习与记忆形式。例如,学习记住中国各省的省名与省会名,记忆汉字的字形与读音,记忆外语单词与对应的汉语单词等,都属于配对联想学习的范畴。研究表明,利用联想学习和精加工策略能有效地促进这类学习与记忆。

精加工策略是一种记忆术。其实质是学习者利用自己熟悉的表象或词语将要记的一对刺激项目联系起来,以便在回忆时,只要提示其中一个项目,便能自然联想到与之相联系的另一个项目。分视觉表象加工和言语加工两种形式。前者指用一个视觉表象把要记忆的两个项目联系起来。如要记住"长颈鹿—手表"和"石头—公鸡"这样的配对词,则可以想象长颈鹿的长颈上带一只大手表;一只公鸡站在石头上。在回忆时,通过这两个表象,一提到"石头"就会联想起"公鸡",一提到"长颈鹿"就会联想起"手表"。在利用表象进行记忆时,最好是想象一些离奇的形象,更能有助于提高记忆效率。用下述三种方法可以产生这种效果:(1)动态法,即使形象激活起来的方法。例如,要记住"箱子—飞机",与其想象飞机装着一只大箱子,不如想象飞机从箱子里飞出来,以惊人的速度朝你飞来,会更使人印象深刻。(2)代用法,即用一种事物代替另一种事物的方法。如要记住"啤酒—耳环",可以想象耳朵上带着啤酒杯耳环的

形象。这里是用"啤酒杯耳环"代替耳环,从而把两个项目联系起来。(3)夸张法,即把某一事物加以放大或让它的数量增加。例如,要记住"大头针—大厦"可以想象一幢十六层大厦上横插着一根巨大的大头针的形象。这样可以加强记忆印象。言语加工策略指用一个句子将两个项目或这两个项目的部分联系起来。例如,若要记住"越南"首都"河内"和"老挝"首都"万象",可用"越过一条河,见到老挝万象更新"这样两个短语,把"越南—河内"和"老挝—万象"这样的对子记住。

同复述策略发展相似,儿童的联想加工策略的发展也需要经历三个阶段,只是后者发展较晚。研究表明,初入学的儿童自己不能主动形成表象来帮助记忆。一般称这一阶段为表象加工策略发展的前期阶段(第一阶段)。这一阶段的儿童可以从教师提供的表象中受益。例如,小学教师在教初入学儿童学习汉语拼音字母"L"时,教小朋友用"小棒赶猪勒勒勒"的歌谣记"L"的形与发音之间的联系,这种教法就是教师提供的表象,适合表象加工策略发展初期阶段儿童的需要。小学中高年级儿童进入表象加工策略的第二阶段,其特点是能够形成表象,但由于缺乏反省认知能力,即对这种策略的运用缺乏自我意识,所以常常不能自觉应用这种策略促进记忆。对于这一阶段的儿童,教师应启发他们应用自己创造的表象来帮助记忆,而不必像对待初入学儿童那样给他们提供外加的表象。研究表明,教师提供的外加表象有时反而会干扰中高年级儿童自己的表象加工策略。中学生和成人处于表象加工策略发展的第三阶段,其特征是不需要外来的指导而能自发应用这一策略。

但这种记忆策略的发展也与教师的指导有关。教师在教学中能经常给予适当指导,将有助于这一策略的发展与适当应用。例如,布鲁纳曾让12岁的三组儿童记忆一套30对的配对词。对甲组的指导是只要求记住,对乙、丙两组要求用一个句子把配对词联系起来,如把"森林—椅子"想象为"一个迷路儿童坐在森林中的椅子上"。不同的是乙组的中介词由教师讲解,丙组则由学生自己设计。测验时呈现每一对子的第一项,学生回忆出第二项。结果甲组的正确率不到50%,乙、丙两组高达95%,而丙组又胜过乙组。可见即使到了中学阶段,教师的指导仍有必要。

自由回忆学习,是允许学习者在学习和回忆时对原先呈现的教材重新加以排列组合的一种学习和记忆形式。例如,要求学生记住中国34个省、市、自治区、特别行政区的名称。学生在学习时可以把34个要记忆的名称按地域加以组织,如分成东北、华北、西北、华东、华南、华中、西南七片加以组织,回忆时也可依次回忆。这一类学习和回忆属于自由回忆学习范畴。心理学研究表明,可以采用组织策略来提高这类学习和记忆的效率。

在识记阶段对材料加以组织的方法多种多样。例如，教儿童识字，可以按相同的字音归类，按相同偏旁部首归类，也可按语义归类；外语单词的记忆也可以采用类似的分类记忆法。历史人物、年代、事件、地理中的地名、物产等，可以通过列表、划线、画图等方式加以组织，帮助记忆。例如，一位历史老师教学生用"一、二、三、四、五"把"隋朝大运河"的知识组织起来：一就是一条贯穿南北的大运河；二是运河长2 000千米；三是它连接了洛河、涿郡、余杭三个城市；四是运河共分四段；五是它沟通了五大水系。学生只要记住"一、二、三、四、五"，有关的知识便可依据这一线索有条不紊地被提取出来。

儿童记忆中组织策略的发展，依赖儿童对学习材料的理解。在4岁前，儿童的知识经验贫乏，不能从概念上对呈现的材料加以分类组织，仅出现了按相同音韵的组织或按主谓结构的组织（如呈现的项目是"人"和"走"，则组成"人走"）。到5～6岁以后，儿童的记忆组织策略发展到第二阶段，既能根据语义对呈现的项目分类，如分成"动物"、"交通工具"、"玩具"等类别来帮助记忆。但由于他们缺乏应用这些策略的自我意识能力，常常不能自觉地应用这类记忆策略。大约到10～11岁，记忆的组织策略发展进入第三阶段。此时，儿童的自我意识能力提高，能自动应用这一记忆策略来改进记忆。例如，莫利以5～6岁、6～7岁、8～9岁和10～11岁儿童为被试，给他们呈现16张图片，要求他们努力记住。实验者告诉儿童，他们在识记时可以移动图片的位置。16张图片包括家具（桌子、椅子、台灯、床、电熨斗、凳子）、动物（大象、狗）、交通工具（火车、轿车、卡车、公共汽车）和衣物（帽子、领带、手套、鞋）等类别，在呈现时，同类图片互不相邻。

表2　四个年龄组在学习与回忆时自动分类的比率

年　龄	5～6岁	6～7岁	8～9岁	10～11岁
学习时的分类比率	0.04	0.12	0.16	0.58
回忆时的分类比率	0.30	0.30	0.34	0.68
回忆的总比率	0.68	0.72	0.67	0.82

注：分类比率＝同一类的两个项目被置于相邻的对子数目除以全部可分类成对的对子数

实验者对儿童重新排列图片的行为加以纪录：所有同类图片排列得彼此相邻记1分；如果同类图片没有两张排在一起，记0分。实验之后要求儿童回忆图片。回忆成绩按两种方法计算：一是回忆的图片数占总数之比；二是分类回忆的图片数占图片总数之比。结果见表2。表2中的数据表明，儿童采用分类策略记忆和回忆的比例随年龄增长而升高，但即使到了10～11岁，儿童还不能完全自觉地运用这种记忆策略。后来的实验表明，甚至多数大学生在未得到清

晰指导的情况下，也未采用分类回忆的策略。这说明教学中应加强学习策略的指导。为了严密控制实验条件，早期学习与记忆策略的研究一般是简化的学习材料进行的，后续的研究把这些策略推广到复杂材料的学习中。所以，可以按表3所示的认知策略进行分类。

表3　简单任务与复杂任务中的认知策略分类

认知策略	简单任务	复杂任务
复　述	单纯重复、超额学习、累积复述、复述与效果检验结合	摘抄、划线、圈出重点等
精加工	运用多种记忆术，如谐音法、关键字法等	释义，写概要，创造类比，用自己的话写出注释，自问自答等
组　织	分类记忆，找出材料共同点等	列课文提纲，生成概念的网络图等

根据实用的范围分类　认知策略可分为专门领域的和一般的。专门领域的认知策略亦称"强方法"，是指适合特殊领域的认知策略，如适合物理概念和原理的策略：通过操作实验变量，推导出物理概念和原理的策略；适合文学科中写作的特殊策略：通过具体描写人物语言、行动和外貌特征，揭示人物内心世界的策略；在解决几何问题时通过作辅助线把未知图形与已知图形联系起来，从而使问题得以解决的策略。一般的认知策略亦称"弱方法"，是指跨学科领域的认知策略，心理学家研究较多的有"手段—目的分析"、"爬山法"、"倒溯法"等，这些方法可以广泛应用于自然科学、社会科学和日常生活的问题解决。

认知策略与相关概念的关系

与学习策略的关系　学习这个概念的外延大于认知，所以学习策略的范围也大于认知策略，但就认知领域而言，学习策略与认知策略是同质概念。例如G. H. 鲍尔和希尔加德1981年在其《学习论：学习活动的规律探索》中指出，如果记忆是图书馆式的，那么被动的记忆实际上就是将新书放到书架上；学习的策略也许类似于在放书上架之前将新书整理并在卡片目录上编索引的图书馆式策略。学习策略的研究是新近的发展。见到实验材料后，人类受试是否习得什么，要是习得的话，习得了多少和习得了哪些部分，都随他们用以处理材料的认知策略的变化而凸现出来。G. H. 鲍尔和希尔加德在讲记忆策略时交替使用学习策略和认知策略这两个术语，他们并未将这两个术语严格加以区分。但从概念的外延来看，学习除了认知领域之外，还有动作技能领域和情感领域。可以从这两个领域区分出许多不同于认知策略的学习策略，如在动作技能学习中，有心理练习策略。心理练习指不必进行实际的肌肉活动，在头脑中想象动作技能的操作步骤；又如采用深呼吸策略调

节自己的紧张情绪等。这些策略可以称为学习策略但并非认知策略。

与生成技术的关系　生成技术是维特罗克依据其创建的生成学习理论开发出来的促进知识理解和记忆的具体技术的总称,比认知策略或学习策略更具体,更强调学生在课堂教学中加工课文知识的具体行为,可以归入广义的认知策略的范畴。详"生成学习理论"。

与反省认知的关系　反省认知一译"元认知",指个人对自己的认知过程和结果的意识和调控。认知策略与反省认知的关系有两重含义:其一指认知策略的掌握程度,即认知策略的掌握要达到反省认知水平,才能适合有效的运用与迁移。也就是说,儿童在习得认知策略时要清晰地意识到所要学习的策略是什么,有什么用,在什么条件下应用。其二,指高级的认知策略。有人将认知策略分为基本认知策略和反省认知策略。前者如复述策略、精加工策略和组织策略;后者主要指计划策略、监控策略和调节策略。

与广义知识的关系　广义知识分为陈述性知识和程序性知识两类。前者回答"是什么"的问题,后者回答"怎么办"的问题。支配认知策略的知识属于程序性知识。程序性知识可以用"如果……那么……"形式的产生式表征。认知策略也可以用这种产生式表征。例如,"做事之前先有计划"这一策略可以用表4所示的产生式表征系统。

表4　"做事之前先有计划"的产生式表征系统

P1	如果	目标是为 X 订一个计划,
	则	建立一个目标:选择与 X 有关的因素的最佳联合。
P2	如果	目标是选择与 X 有关因素的最佳联合,
	则	建立一个子目标:评价与 X 有关因素的各种联合。
P3	如果	目标是评价与 X 有关因素的各种联合,
	则	建立如下子目标:制定评价各种联合的标准并根据它已知限制条件比较,再说明已知限制条件。
P4	如果	目的是说明已知限制条件,
	则	依次列出限制条件。
P5	如果	目的是建立评价各种联合的标准,
	则	建立子目标:设想出与 X 有关的诸因素。
	⋮	

程序性知识的运用有些是可以自动化的,有些必须受意识的控制。据此可以把程序性知识分为自动化的与受控的两种极端的类型,两者中间还可以划分出多种过渡性类型。这是划分程序性知识的一个维度。也可以根据一般与特殊这个维度将程序性知识分为特殊的与一般的两个极端型,这两者之间还可以区分出若干过渡类型。同时考虑上述两个维度,可以将程序性知识作如图2所示的分类。

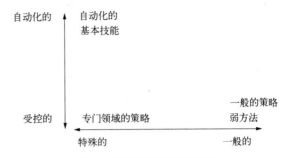

图2　对程序性知识的两维分类

由图2可知,认知策略由受控的特殊领域的程序性知识和一般领域的程序性知识构成。前者称专门领域的认知策略,后者称一般的认知策略。

认知策略的教学研究结果

使学生理解运用策略的益处　简单地教学生执行某一策略,不能保证学生理解运用策略所带来的效益。这种理解是学生在教学之后继续运用策略的关键因素。这一理解能起激励作用,激励学生运用学过的认知策略。

实验一。两组学生同样学习某一策略以完成某项任务。对甲组,只单纯教授策略;对乙组,除此之外,还提供了应用策略所带来的效益的信息。结果表明,凡是知道策略运用所带来的效益的学生同控制组相比,更能保持习得的策略。

使学生知道运用策略的条件　普雷斯利等人1984年和1985年的研究发现,知道运用策略的效益有助于保持策略,即在与学习情境相似的情景中应用策略,但对于策略的迁移(即在不同情境中的运用)是不够的。也就是说,在策略教学中包含所学策略在何时、何处应用的信息(亦称策略的条件性知识),将有助于策略的迁移。

实验二。被试为五年级和六年级小学生,学习用关键词法记忆某城市与物产的联系。例如,记忆长滩市(Long Beach)与海生动物的联系时可以想象海底动物沿长滩游来游去。但是告诉学生策略在什么条件下运用这种知识的量是不同的。例如,在充分的教学指导下,学生被告知,凡是要记住成对的两个项目都可以采用上述策略,而且只要能找到关键词,都可以运用这一策略来记忆。

迁移效果的检验:奥萨利文等人1984年用拉丁词及其意义匹配的记忆作为迁移任务。被试未被告知关键词法可以用于此项任务。研究表明学习过用关键词法记住城市与其物产匹配的学生可以把先前习得的策略应用于新任务,即用关键词法帮助学习拉丁语词与其意义的记忆。但研究中发现,这种迁移是有条件的,也就是说,只有当给学生提供该策略在何时、何处运用的信息的条件下，迁移才出现。这说明特殊策略的学习必须达到反省认知水平才可迁移。

应用策略自控训练方法　在 20 世纪 70 年代末 80 年代初的策略教学研究中提出的一个重要观点是：如果应用 A. L. 布朗等人开发出来的自控训练方法，策略极有可能获得持久运用。这种训练不仅要教授策略，而且鼓励学生自我评价应用策略的效果，并指导学生以自言自语的方式提醒自己运用策略。

实验三。实验前发现，当给予系列学习任务时，幼儿园儿童不能采用复述策略。研究者选择这些儿童为被试，并分三组。甲组：教授累积复试方法。试验人员先作累积复述示范，儿童尝试这样做，必要时实验人员给予指导，强调复述策略的作用。实验中要求儿童注意所学习的材料是否属于系列任务，使之明确如果任务是系列学习任务，则他们可以采用系列复述策略（即用手遮盖图片，并核对自己是否记住了图片）。总之，实验中不仅教策略，而且教如何运用策略以及如何调控策略。乙组：仅教累积复述策略，即让儿童一遍又一遍说出他们要记忆的图片。控制组：无策略教学。

测验结果：即时测验，实验组甲和乙的成绩均优于控制组。一周后测验：只有经过自控训练的学生用了累积复述的策略。从上述研究表明，有效策略训练要做到：(1) 告知策略应用的条件（when，where）；(2) 应用策略所带来的效益。

普雷斯利等人 1984 年用成人和五至六年级儿童为被试，任务是学习外语词汇，教授的方法是关键词法。对于呈现的单词，一半词用关键词方法，另一半词采用复述法策略。结果运用关键词法比用复述策略效果好。

一个重要的发现是：当要求所有被试评估用关键词法和复述策略各学会了多少词时，在测验之前，成人和儿童都未认识到关键词法优于复述法，即学生未监测（monitor）他们所采用的两种记忆方法的效果。当通过测验之后，被试清楚了关键词法优于复述法。这种意识怎样影响学生选择较好的策略呢？

在测验之后，当学习新词时，儿童和成人都选择关键词法，因为他们都认识到前者效果较好。不过成人比儿童更相信采用关键词法的效果。以后，当实验人员建议被试后一方法时，成人被试公开拒绝，因为他们亲身感受到后一方法效果较差。但可以说服儿童采用复述策略，尽管他们知道这一方法效果较差。这说明尽管经过测验，儿童对不同策略对自己的成绩的影响不够确定。由此得出一个结论：教某种方法并予以测验，但不与其他方法比较，两周之后这种方法就不能保持。当将关键词法与儿童熟悉的其他方法进行比较后，两周后更可能保持效果好的策略。

又一个实验：被试为 10～13 岁的学生，用两种策略学习词义，一种是关键词法，另一种是他们更熟悉的方法，即用造句法，通过造出正确句子来学习词义。用两种方法学习几列词后分别进行测验，结果前一方法效果较好。

以后要求学生学习另一批新词的词义，因为儿童原先用过两种策略，也知它们的不同效果。在学习新词时，要对两种策略作出选择。结果只有 42％的学生在学习新词词义时运用关键词法。这一发现导致研究者作出如下推论：在作出策略选择前，儿童也许能运用他们从实践中习得的策略效益的知识，如果情形是这样，那么提示学生：在策略选择时想一想用哪一策略效果更好。研究结果表示，通过提示，儿童在 89％的时间内选用关键词法。这一研究表明，即使小学高年级和初中生对于策略具有反省认知（知道其效果较好），但仍不能运用这种知识去进行策略选择，所以对于这样的儿童而言，适当的外部提示是需要的。对于低年级学生的策略教学应做到：(1) 引导儿童评估采用不同策略的不同效果；(2) 引导他们把不同学习成绩归于采用的策略不同；(3) 引导他们运用他们从实践中习得的策略效益的知识进行未来的策略选择。只有经过这样的引导，二年级小学生才有 90％学生选择运用较为有效的策略。

布里汉姆等人 1988 年用成人被试做了类似实验。用两种策略学习词汇：一种策略是关键词法；另一种策略是连词造句法。被试分两组，甲组 24～39 岁，乙组 60～88 岁。年轻的被试在测验后认识到关键词法优于造句法，在学习新的词时，选择关键词法。

通过测验，老年组虽然认为前一策略优于后一策略，但在学习新词时不用前者而用后者，原因是：他们觉得用后者法比较容易。年轻人与老年人用前者之比是 93％比 47％。

参考文献

皮连生. 教育心理学[M]. 上海：上海教育出版社，2003.
邵瑞珍. 学与教的心理学[M]. 上海：华东师范大学出版社，1990.
Pressley, M. & McCormic, C. B. Advanced Educational Psychology for Educators, Researchers and Policymakers [M]. New York：Harper Collins College Publishers, 1995.

（皮连生）

认知发展阶段（stages of cognitive development）人类个体的认知在婴儿至青少年时期的发展阶段及其特征。认知是个体认识和理解事物的心理过程，涉及感知觉、注意、记忆、想象、思维等。

婴儿期认知发生发展

感知觉的发生发展　感觉和知觉是婴幼儿时期出现最早、发展最快的认知活动。从个体发展来看，一般先有各种感觉，此后才出现各种知觉。在出生的第一年中，婴儿的感觉就有了比较迅速的发展,知觉也开始出现,感知觉在婴儿认知活动中一直占主导地位。从总体上看,这一时期,感知觉的分化日益细致,感知过程趋向统合和协调,日益概括化和系统化,主动性不断加强,感知过程的效率不断提高。大量研究表明,婴儿出生后,便具有基本的感觉。新生儿已具备一定的视觉能力,但视觉调节机能较差。约从2～3个月开始,婴儿就能形成视觉集中,注视物体,而且能够用眼睛追随视觉刺激,特别是对亲近的成人的面孔,能注视较长的时间。这一时期,儿童还能感知到光谱中的各种色彩。大约4个月后,儿童能看清一定距离的物体,而且对颜色产生分化反应,其颜色视觉的基本功能已经接近成人水平。新生儿的视敏度较低,但他们的视力发展极其迅速。在空间知觉和物体知觉方面,婴儿在3个月时就具有分辨简单形状的能力,4个月以前就具有大小知觉的恒常性,6个月以前已能辨别大小。2岁后的婴儿有了初步的时间概念,但清晰的时间知觉尚未发展起来。新生儿的听觉能力发展迅速,出生后就能产生听觉反应,而且能区分声音的音高、音响和持续时间。出生后三四个月的婴儿出现明显的集中听觉,能感受到乐音和区分出熟悉成人的声音,并表现出愉快的情绪反应。儿童的听觉能力在十二三岁以前一直在增长。研究表明,婴儿对高频声音(1万赫兹以上)的敏锐度与成人相差无几,其发展主要表现在低频范围的听觉敏锐度上。刚出生的婴儿就有最基本的视听协调能力,6个月以前的婴儿初步具有协调听觉与身体运动的能力。婴儿的嗅觉、皮肤觉等也都发生较早。新生儿具有灵敏的嗅觉,能辨别不同的气味,嗅觉的发展相对稳定。婴儿的触觉、温冷觉、痛觉等也很敏锐。各种感觉是儿童适应外部世界的心理基础。相对而言,2岁以前,触觉在儿童认知活动中占有更主要的地位,2岁后,视觉和听觉等远距离感知觉的作用日益增大。

注意的发生发展　新生儿已经出现无意注意的萌芽——无条件性定向反射。1～3个月的婴儿表现出明显的注意选择性,偏爱曲线、不规则图形、轮廓密度大的图形以及对称的、集中的、活动的或复杂的刺激物。随着年龄的增长,婴儿的注意受知识和经验的影响越来越大。从总体上看,婴儿定向性注意的发生先于选择性注意,无意注意的发生发展要先于有意注意的发生发展。在整个婴儿期,无意注意都占有主导地位,婴儿的注意主要受制于刺激的外部特征。后来无意注意有了进一步发展,有意注意开始萌芽。1岁后,随着活动能力的增长、生活范围的扩大,婴儿注意的范围有了进一步扩大。言语的产生与发展大大促进了儿童有意注意的发展,婴儿开始根据成人的要求,进行选择性的有意注意,注意的时间也有所延长。

记忆的发生发展　新生儿期已经出现记忆。诺韦-科利尔等人在20世纪七八十年代对婴儿记忆进行的系列研究表明,新生儿末期已经具备特定的长时记忆能力,3个月婴儿对操作条件反射的记忆能保持4周之久。新生儿的记忆完全是无意记忆,而且主要是再认,再现或回忆尚未发展起来。1岁后,言语的产生和发展促进了婴儿符号表征能力、再现和模仿能力与延迟模仿能力的发展,从而进一步促成婴儿语词逻辑记忆的产生。从总体上看,这一时期儿童记忆的发展表现出如下发展趋势:记忆保持的时间逐渐延长,由短时记忆到长时记忆;记忆提取方式由再认到再现;记忆容量不断增加,记忆广度不断提高,记忆范围不断扩大;记忆由最初的运动记忆逐渐扩展为包括情绪记忆、形象记忆和语词记忆在内的多种内容的记忆。另外,婴儿期的记忆以无意识记为主,有意识记开始萌芽。2岁前儿童的识记对象主要是印象深刻或带有情绪色彩的事情,再认和回忆能力都比较低。新生儿的记忆主要是短时记忆,表现为对刺激的习惯化和最初的条件反射。1～2岁儿童的记忆主要表现为回忆的发展,开始表现出初步的回忆能力。2岁后,随着儿童言语的发展和词汇量的增加,婴儿的有意识记开始萌芽,无意识记得到进一步的发展,再认和回忆能力获得进一步提高。但婴儿记忆能力的发展存在着明显的个体差异。

思维和想象的发生发展　瑞士心理学家皮亚杰研究指出,0～2岁的儿童主要处于感知运动阶段。这一时期,婴儿主要通过感知动作适应环境,开始出现客体永久性认识,并且形成真正意义上的智慧动作,主体与客体的分化、因果关系联系的形成是这一时期儿童思维发展的两大成就。其中又分为六个小阶段:(1)出生后1个月为反射练习期,婴儿通过反射练习不断巩固和扩展原有的各种无条件反射;(2)1～4、4.5个月为习惯动作时期,婴儿在先天反射基础上把个别的动作联合起来,形成一些新的习惯,如用眼睛追随运动物体;(3)4.5～9个月为有目的的动作逐渐形成时期,婴儿通过动作影响物体,动作手段与动作结果之间开始分化,并出现符合目的的动作;(4)9～11、12个月为手段与目的分化并协调期,婴儿的手段与目的已经分化,出现了真正的智慧动作;(5)11、12个月～1.5岁,婴儿的动作开始具有实验性和创造性,他们能够通过积极的尝试发现一些达到目的的新方法,如通过拉床单得到床上的物品;(6)1.5～2岁为感知动作结束、前运算时期开始的特殊时期,婴儿不仅能够用身体和外部动作寻找解决问题的新方法,而且能够形成心理表征,用"内部联合"的方式解决问题,如能在头脑中内化动作模仿盒子张开的现象。2岁后,儿童进入象征思维阶段,能运用象征性符号进行思维。大量有关的研究表明,皮亚杰低估了婴儿早期的认知发展水平,婴儿思维能力的发展要比皮亚杰所说的提前,例如,帕波塞克和P.伯恩斯坦1969年研究发现,3个月的婴儿就已具备明显的问题解决能力。婴儿期,特别是2岁以前是思维发生发展的准备期,最初的语词概括的形成,可以看作儿童思维的标志。婴儿期的思维主要是直觉行动思维,基本特点是思维与儿童的感知觉和行动密切联系,儿童只能在直接感知和实际行动中思维,但词和语言也开始发挥最初的概括调节作用。2岁左右开始出现想象的萌芽,并通过动作和语言表现出来。但是,这时儿童的想象主要是记忆材料的简单迁移,是记忆表象在新情景下的复活,是简单的相似联想或没有情节的组合,内容非常简单贫乏,而且缺乏自觉的、确定的目的,零散片段,不过在此基础上产生了具有最简单的主题和主角的游戏活动。

幼儿期认知发展

随着大脑结构和高级神经系统的逐渐成熟,幼儿的认知获得进一步发展,其主要特点是具体形象性和无意性占主导地位,抽象逻辑性和有意性初步发展。

感知觉的发展 幼儿的各种感觉都在迅速完善,突出表现在一些复杂的感觉,如视觉、听觉和触觉方面。幼儿的视觉能力显著提高,能比较精确地进行颜色辨认和颜色命名。视觉和听觉感受性都在提高,触摸觉的差别感受性也开始发展起来。幼儿的空间知觉发展很快,辨认图形的正确率随年龄增长而上升。到幼儿晚期,幼儿已能辨别各种各样的图形,形状知觉发展起来,但在知觉不熟悉的图形时,往往把图形与具体事物相联系;幼儿判断物体和图形大小的能力迅速增长,尤其是对圆形、正方形和等边三角形等图形的大小知觉比较容易;方位知觉因物体的方位而不同,研究表明,3岁儿童仅能辨认上下方位,4岁儿童开始辨认前后方位,5岁儿童开始以自身为中心辨认左右方位,6岁儿童能正确地辨认上下前后方位,但以自身为中心的左右辨认尚未发展完善,7岁以后才能初步地、具体地掌握左右方位的相对性。幼儿的时间知觉发展相对较慢,中国学者黄希庭等人的研究表明,幼儿还不能分清时间关系和空间关系,时间知觉不准确、不稳定。幼儿的观察力初步形成,这主要表现在观察的目的性、持续性、细致性和概括性等方面。幼儿初期观察的目的性和组织性较差,容易受无关事物的干扰,到幼儿中晚期,能按照成人要求进行观察;幼儿初期观察不能持久,容易转移对象,在教育影响下观察时间延长;幼儿初期不善于发现事物的内在联系,观察概括性随年龄而增长;幼儿最初观察十分笼统,只看到事物的轮廓而不见细节,随年龄增长,观察逐渐仔细、准确。

注意的发展 幼儿期的无意注意继续发展,而有意注意逐步形成。幼儿注意的发展表现在注意的广度、注意的稳定性、注意的分配和转移以及注意的选择性、适应性、计划性等方面。幼儿的注意广度提高很快,天津市幼儿师范学校心理组 1980 年的研究表明,在 1/20 秒的时间内,73.5％的 4 岁儿童只能辨认 2 个点子,根本不能辨认 6 个点

子,而66.6％的 6 岁儿童已能辨认 4 个点子,其中 44％能辨认 6 个点子。幼儿注意的稳定性水平较低,幼儿晚期注意稳定性显著提高。幼儿注意的分配和转移能力正在形成,总体水平都很低。随着年龄的增长和脑抑制机能的增强,在游戏活动中,幼儿注意的控制性、适应性和计划性等品质都有较大提高。他们能够根据任务要求,将注意力集中于特定的游戏和任务目标,而忽视其他无关的刺激。幼儿控制分心和外部刺激干扰的能力显著提高,他们有时能够运用特定的注意策略。注意的计划性也提高了,4 岁儿童在游戏地点寻找失物时,知道在刚才看到物体和发现失物的地方去寻找。

记忆的发展 幼儿期记忆的特点突出地表现在五个方面:(1) 记忆容量增加。幼儿的短时记忆广度尚未达到成人标准(7±2 组块),但随年龄增长在增加,有研究表明,儿童 3 岁时平均短时记忆广度为 3.91 组块,4 岁时平均为 5.14组块,5 岁时平均为 5.69 组块,6 岁时平均为 6.10 组块。同时,幼儿对图片等信息再认与再现的保持量也都随年龄的增长而递增,短时记忆的记忆空间,即短时记忆能够处理的信息单位的数量也持续增加。(2) 无意识记持续发展,有意识记出现并迅速发展。幼儿期无意识记占优势,幼儿初期尤其如此,记忆受制于儿童自身的兴趣和事物的特征。在教育影响下,幼儿晚期有意识记和追忆的能力逐渐发展起来。苏联心理学家陈千科 1954 年对儿童图片记忆效果的研究发现,幼儿初期儿童不能真正接受任务,基本上只有无意识记,到幼儿中晚期无意识记的效果优于有意识记。(3) 形象记忆占主要地位,语词记忆持续发展。直观形象性是幼儿记忆的突出特点,他们对词的逻辑识记能力很差,但随着语言的发展,语词记忆能力也在不断提高。在机械识记能力发展的同时,意义逻辑识记能力也逐渐发展起来。(4) 记忆策略和元记忆逐渐形成和发展。一般说来,在幼儿期记忆策略开始出现,但自发运用记忆策略的能力尚未获得充分发展,10 岁以后儿童记忆策略才稳定发展起来,5 岁以前的幼儿尚没有策略或很少使用策略,5～7 处于过渡时期。幼儿主要通过脚本的形式记忆熟悉的事件,脚本是在特定环境下发生什么、何时发生的一般描述,它是年幼儿童形成早期结构性记忆的重要方法。情节记忆的特殊形式——自传式记忆开始出现,变得清晰而详细。幼儿开始产生初步的元记忆能力,他们已意识到记忆系统存在容量限制。例如,有研究发现,5 岁儿童知道记住一个短的词表比记住一个长词表更容易,记住熟悉的物体比陌生的物体容易,记住昨天发生的事情比上个月发生的事情容易。但是,幼儿倾向于认为大脑是一个被动的信息容器,还认识不到心理活动的丰富性和主动性。

思维的发展 随着生活范围的扩大和言语的发展,幼儿思维逐渐发展到一个新的水平。幼儿思维发展的主要特

点是它的具体形象性以及进行初步抽象概括的可能性。幼儿初期运用直观行动思维较多,幼儿中期以后开始出现抽象逻辑思维的萌芽。首先,具体形象性是幼儿思维的主要特点。幼儿主要凭借事物的具体形象和表象进行思维,而主要不是凭借概念、判断和推理或对事物的本质和关系的理解进行思维。由于生活经验贫乏,第一信号系统相对占优势,幼儿的思维还具有经验性、表面性、拟人化等特点。皮亚杰认为,幼儿思维处于前运算阶段(2～7岁),相对具体性、不可逆性、自我中心性和刻板性是其基本特点。皮亚杰的三山实验表明,前运算阶段的儿童思维是自我中心性的。他还发现,大部分幼儿尚不能完成容积守恒、数量守恒、面积守恒等守恒任务,而且大部分儿童不能完成类包含任务,还认识不到总类中物体的数量必然大于任一子类物体的数量。其次,幼儿思维的抽象逻辑性开始萌芽。幼儿思维开始具有抽象概括性,而且产生对行动的自觉调节作用。例如,他们能够猜出一些有关熟悉物体的谜语,发现事物之间的逻辑关系,但思维的自觉性很差。与此同时,言语在幼儿思维中的作用不断增强,幼儿初期他们用言语总结行动,幼儿中期能一面动作一面言语,到幼儿晚期能用言语计划行动,思维主要依靠言语来进行,并开始带有逻辑性。幼儿期抽象逻辑思维初步发展:在理解的发展上,他们从对个别事物的理解逐渐发展到对事物关系的理解,从主要依靠具体形象发展到依靠词的说明来理解,从对事物的比较简单的、表面的评价发展到比较复杂、深刻的评价。在判断和推理的发展上,幼儿常常以对待生活的主观态度为判断推理的依据,而不是以客观的逻辑关系为依据。到幼儿晚期,儿童在所能理解的事物范围内,一般都能很好地进行合乎逻辑的判断和推理。

想象的发展　在言语和游戏活动的影响下,幼儿期想象获得了进一步发展。从总体上看,幼儿想象主要表现出以下发展趋势:从无意想象到有意想象,从单纯的再造想象到创造性想象,从具有极大夸张性的想象到合乎现实逻辑性的想象。幼儿想象的有意性和创造性初步发展,但有意性和创造性的想象尚未占主导地位。在想象的有意性或目的性上,在整个幼儿期,无意想象都占主要地位,但有意想象也在持续发展。幼儿想象的主题容易变化;想象具有高度的夸张性,缺乏逻辑性;他们以想象过程为满足,富有幻想性;想象有时与现实不分。在想象的创造性上,以再造想象为主,但创造想象也开始发展。幼儿初期想象的创造性很低,以重现某些生活经验为主,到幼儿晚期,想象的创造性开始发展起来,儿童能够通过想象充实特定的游戏主题。概括而言,2～3岁是想象发展的最初阶段;3～4岁基本上是自由联想性质的无意想象,想象没有目的和前后一贯的主题,而且内容零碎、贫乏;4～5岁的无意想象中开始出现了有意性成分,但目的性仍然很差;5～6岁出现有意的创造

形象,想象的内容更为丰富、新颖而符合客观逻辑,目的性变得明显。

婴幼儿期认知发展与个体生理的发展水平、教育环境密切相关。随着生理的日渐成熟,在成人的教育影响下,婴幼儿期各种认知活动都开始出现,并得到明显发展,这为学龄期认知发展奠定了基础,也为儿童接受系统的教育和教学创造了有利条件。

童年期认知发展

儿童入学后,开始接受系统的学校教育,其感知觉、注意、记忆、思维、想象等认知能力进一步发展。

感知觉的发展　与学前期相比,童年期儿童的视觉、听觉和运动觉能力都有显著提高。他们的颜色视觉随着年龄增长持续发展,在良好的教学条件下发展速度更快。视觉感受性和视觉调节能力迅速发展,听觉感受性特别是言语听觉能力增长比较快。在书写、绘画等学习活动的影响下,儿童的运动觉,尤其是手的运动觉得到显著发展,但还没有发育成熟。通过各种教学活动和专门的训练,可以大大提高各种感觉的感受性,促进各种感觉的发展。

由于第二信号系统的发展和系统的教育教学环境的影响,童年期儿童知觉的有意性、目的性和精确性随年龄增长而不断提高。低年级儿童还不善于支配知觉活动,在完成知觉任务时常常受情绪或兴趣的影响,注意的稳定性也较差;知觉比较笼统、不精确,他们容易混淆相似的数字、字母和文字;在观察事物时,他们往往只抓住个别细节,而不能看到事物的主要方面或特征以及事物各个部分之间的联系。但是,在教育教学活动的影响下,到小学中高年级,儿童注意的选择性、持续性、目的性、概括性都明显提高,不但能知觉比较复杂的事物,而且能在较长时间内有效地进行观察。朱智贤、陈敦淳等人在20世纪60年代和80年代的研究一致表明,儿童的空间知觉,包括形状知觉、方位知觉和略图空间知觉(对表示方位的图形知觉)以及时间知觉能力显著提高,他们能不依靠具体事物的支持正确辨认各种基本的几何图形,能很好地辨别前后、上下、左右等空间方位,但到中高年级后才能比较概括、灵活地掌握左右概念。方格、黄希庭等人20世纪70年代末80年代初的研究发现,小学儿童的时间知觉日益确切,他们已具有秒、分、小时、日期和岁等时间概念,其中小时是最容易掌握的时间单位,但对比较长时间单位的知觉没充分形成。

注意的发展　童年期儿童注意发展的基本特点主要表现在两个方面:(1)在教学影响下,有意注意正在发展,无意注意还占很重要的地位。低年级儿童有意注意尚未充分发展,注意力容易分散,容易受兴趣和无关刺激的影响,到高年级后,儿童的有意注意开始发展起来,能够在较长时间

内将注意力集中在特定的教学任务上，但是，有意注意的发展还不完善。阴国恩等人1988年在一项研究中使用速示器向各年级小学儿童呈现一些不连续的图形卡片，这些图形分别是被5条白横线分割成六部分的大写"K"字和由6条不连续线组成的"狗"的轮廓图形。被试分为无意注意组与有意注意组，对无意注意组的儿童，在呈现图形前只要求他们辨认图形，呈现后要求他们报告看到几条线；对有意注意组的儿童，除提出上述要求外，还要求他们看K字上的白横线。结果表明，小学二年级儿童的有意注意估计正确率低于无意注意估计的正确率，而到五年级儿童恰恰相反。这说明，低年级儿童自觉控制注意的能力尚很低，容易为无关刺激所吸引，而随着年龄的增长，注意的控制性、有意性或目的性显著增强。(2)儿童对抽象材料的注意逐步发展，而具体、直观的事物更容易引起儿童的注意。这与儿童这一时期思维的具体形象性密切相关。对小学儿童，尤其是低年级儿童而言，比较抽象的概念或道理不容易吸引他们的注意，他们还不善于把注意力集中在事物的主要的、本质的特征，而常常注意那些次要、非本质的方面和无关的细节。另外，这一时期儿童注意具有很强的情绪性，容易因新异的刺激而激动、兴奋，注意的外部表现十分明显。在整个童年期内，儿童注意的集中性、稳定性都有显著发展。他们无意注意和有意注意的时间都长于幼儿，注意的稳定性持续迅速提高。由于知识经验相对缺乏，儿童注意的范围相对狭小，而对排列有规则的材料，注意广度相对较大。但是，注意的分配和转移能力发展比较缓慢。

记忆的发展　与学前儿童相比，童年期儿童记忆的发展主要表现在四个方面：(1)记忆的数量，尤其是短时记忆的容量增加，识记效率不断提高。小学低年级儿童与学前儿童记忆材料的数量差别不大，但中高年级儿童的记忆数量显著增加。成人短时记忆的容量为7±2个组块，童年期儿童的记忆广度较小，而且对不同材料的记忆广度也有所不同，但在总体上记忆广度均随年龄增长而提高。(2)记忆的目的性明显增强，有意识记和有意重现逐渐占主导地位。学前儿童的无意识记占主导地位，容易受兴趣或刺激的外部性质的影响。进入童年期后，在学习活动的影响下，儿童记忆的有意性和目的性显著提高，能根据一定的目的、任务进行记忆，但无意识记仍然具有重要作用，记忆仍然容易受儿童知识经验和学习兴趣的影响。研究发现，在童年期，儿童的有意识记和无意识记能力都随年龄增长而提高，但总体上有意识记成绩的提高更为显著，有意识记成绩日益显著地高于无意识记的成绩。在教育教学过程中提出具体的记忆目的和任务，让儿童学会独立地提出和检查识记效果，对于他们有意记忆的发展尤为重要。另一方面，在识记材料与儿童所要完成的活动有关时，无意记忆的效果也较好。(3)在记忆方法上，意义识记、理解识记逐渐占主导地位。

与学前儿童不同，童年期儿童尤其是高年级儿童能够根据材料之间的意义和逻辑关系进行记忆，但机械识记仍然具有重要作用。在童年期，两种记忆效果均随年龄增长而提高，但在不同年龄段提高的速率有所不同，儿童意义识记的效果在各个年龄均高于机械识记的效果。但是，由于经验、理解能力、言语和智力发展的限制，儿童记忆能力的发展具有明显的个体差异，一些低年级儿童仍然喜欢进行机械识记。与学前儿童相比，童年期儿童运用记忆策略的能力显著提高，他们在完成任务时能自发、有效地使用复述、组织策略，并能对材料进行重组，来提高记忆成绩。(4)词的抽象记忆迅速发展。童年期儿童的具体形象记忆继续发展，同时，他们对概念、公式、定理等词的抽象材料的记忆能力也迅速提高。由于知识经验相对缺乏，第一信号系统活动仍然占优势，童年期儿童尤其是低中年级儿童具体形象记忆的效果相对较好，在识记词、抽象材料时，往往需要具体形象的支持。在教育教学的影响下，儿童对具体形象和词的记忆均随年龄增长而提高。

思维的发展　童年期儿童思维的发展正处于皮亚杰的具体运算阶段。在这一阶段，儿童能够进行具体的思维运算，即在头脑中进行内化了的可逆的思维活动。一方面，儿童获得了守恒性，能进行可逆性运算，从变化中抽取本质的、不变的特征。例如，把同样数量的珠子放入两个形状相同、大小相同的杯子，然后将其中一个杯子中的珠子倒入另外一些高些细些的杯子中，儿童仍然知道珠子的数量是不变的。同样，这一时期的儿童还获得重量守恒、面积守恒、液体或容积守恒、长度守恒等概念。他们思维的自我中心性逐渐减弱。另一方面，儿童在这一阶段形成群集结构，也就是一种分类系统。群集运算主要包括类群集运算与系列化群集运算，在类群集运算中，儿童已能解决类包含问题，知道类与子类之间的包含关系，例如，问儿童这样一个问题："有红花10朵，黄花2朵，黄花多还是红花多?"儿童能作出正确的回答。在系列化群集运算中，儿童能进行排序和传递推理(transitive inference)，知道如果小棒A比小棒B长，B又比小棒C长，那么A就比C长。童年期儿童思维发展的基本特征是：从以具体形象思维为主要形式逐步过渡到以抽象逻辑思维为主要形式，但仍然具有明显的具体形象性。在思维活动中往往需要具体事物或形象的支持，不能脱离具体的操作。这具体表现在三个方面：(1)儿童的思维同时具有具体形象性和抽象概括性成分，它们的关系随着年龄增长而变化。小学低年级儿童思维的具体形象性比较突出，主要掌握一些具体的概念，思维与具体事物或形象相联系，难以指出概念的本质内涵；中高年级儿童则能掌握初步的科学定义，区分概念中本质与非本质的东西，思维的抽象性显著增强。(2)儿童的思维主要属于初步的抽象逻辑思维，但具备一切逻辑思维形式，包括辩证逻辑思维的萌芽。七八岁儿童已经具有辩证思维的萌芽,10 岁以后的儿童能进行自发的、朴素的辩证思维,认识到事物之间关系的相互对立性、依赖性和相互转化性,但还不能进行系统的辩证思维。(3) 在儿童从具体形象思维向抽象逻辑思维过渡的过程中,既存在明显的年龄特征,又在不同思维对象和学科上具有不平衡性,呈现出不同的发展趋势。研究表明:童年期儿童思维发展的关键年龄或质变期约在 10～11 岁,但在不同教育条件下也会提前或推迟。童年期儿童的抽象逻辑思维发展水平不断提高,但在不同学科的学习活动中,表现出不同的抽象水平。例如在算术学习中已经达到较高的抽象水平,而在语文学习中抽象概括水平较低,字词概念的发展趋势与数学概念的发展趋势亦有所不同。

在思维的基本过程上,童年期儿童的分析、综合、抽象、概括、比较、分类等基本能力都随着年龄增长有明显提高。这些思维活动逐渐从依赖事物的外部特点和具体的形象,发展为以抽象概念或事物本质属性为思维的对象。在思维形式上,童年期儿童的概念逐步深刻化、丰富化和系统化,能形成各类精确的概念和概念关系系统,形成系统的知识;儿童的推理逐渐从简单的直接推理发展为间接的归纳推理和演绎推理。另外,童年期儿童思维的敏捷性、灵活性、深刻性、独创性等思维品质均存在明显的年龄特征,呈现出随年龄增长而提高的发展趋势。

想象的发展　随着知识经验和表象的积累及言语的发展,童年期儿童的想象发生了显著变化,主要表现在想象的有意性或目的性、创造性和现实性等方面。首先,在教学过程中,儿童想象的目的性显著增强。儿童能根据特定的教学目的和要求进行想象,如能根据要求作出生动的作文和绘画作品。其次,想象的创造性成分逐渐增多,而且更富有逻辑性。低年级儿童想象的模仿性、具体性、直观性较强,中高年级儿童的想象则表现出较高的独创性、概括性和逻辑性,但这一时期儿童想象的复杂性、概括性、逻辑性水平较低。再次,想象日益富于现实性,不切实际的夸张逐渐减少。低年级儿童的想象往往不能确切地反映现实,到中高年级后,儿童就能比较完整、精确、真实地反映客观事物。他们的幻想或创造想象逐渐从远离现实发展为接近现实。在教学过程中,丰富儿童的表象,充分利用生动的言语描述,可以促进儿童想象的发展。

随着各种基本认知过程的发展,童年期儿童的社会认知能力也在迅速提高。他们逐渐克服了前一时期儿童的自我中心化倾向,观点采择能力(perspective-taking ability)(即对他人的心理状态或心理活动的认知能力)显著增强,能够自我反省,进行交互的观点采择,认识到自己能够推断别人的观点,逐渐学会根据别人的观点评价自己的观点和情感,而且知道自己也能成为别人的思考对象。同时,他们的性别角色也逐渐形成,对权威、友谊、冲突和社会团体等

各种社会关系的认知能力以及道德认知能力也明显提高(详"儿童社会认知发展")。

童年期认知发展与这一时期系统的教育、教学条件密切相关,同时也是与儿童自身知识经验的积累、言语能力和良好个性品质的发展紧密联系的。童年期认知的发展构成了青少年时期心理发展的基础。

青少年期认知发展

11、12～17、18 岁阶段认知的发展,其中 11、12～14、15 岁为少年期,即初中阶段,14、15～17、18 岁为青年初期,即高中阶段。这是一个由幼稚期向成年期逐渐过渡的时期,生理和心理的发展都表现出明显的过渡性,认知发展也进入一个新阶段。

感知觉的发展　在学习活动中,青少年的感觉和知觉能力显著提高。他们对事物的感受性和观察力获得进一步发展,高中阶段视听觉的感受性甚至超过成年人。他们知觉的有意性和目的性、精确性和概括性都有了明显增强,能根据特定的任务要求,在长时间内系统地观察某一事物,感知和了解事物的外部属性和内在本质属性。观察更加全面和细致,而且具有计划性。青少年还能够把一般原理、规则与个别事物联系起来,将知觉与逻辑思维相联系,进行逻辑性知觉,例如,把各种几何图形与几何定理联系起来进行观察。青少年的空间知觉和时间知觉更为抽象而精确,他们能够抽象地理解各种几何图形,形成宏观的空间观念,如地球、世界等空间表象。而且,能够更精确地理解较短的时间单位和较大的历史时间单位。但是,有时他们的观察也会缺乏精确性、细致性。

注意的发展　随着年龄的增长,青少年注意的目的性、集中性或控制性、选择性、适应性、稳定性都有显著的提高。有意注意高度发展,他们能够根据环境和任务的要求,有意识地调节和控制注意,在长时间内将注意指向和集中于特定的任务。他们的注意更有计划性,能够预先设想出一系列行为目标,并将注意力进行分配以达到相应的目标。例如,在比较两个事物的差异时,他们能够制定切实有效的计划和注意策略,然后再付诸相应的行动。注意的范围逐渐达到一般成人的水平,能够在复杂的活动任务中,自觉而灵活地进行注意转移和分配。但是,青少年群体注意的发展也存在明显的年龄特征和个体差异。

记忆的发展　在记忆的目的性上,青少年的有意识记逐渐占据主要地位。他们能够按照特定的学习目的和任务支配自己的记忆活动,能够自觉地提出识记的目的任务。初中生仍有时表现出明显的无意识记,但在教学活动的影响下,有意识记迅速发展起来。在记忆的方法上,意义识记或理解识记能力高度发展,倾向于在理解材料的意义和内

在联系的基础上进行识记，而较少通过机械识记进行学习和记忆。在初中阶段，机械识记仍具有重要影响，到高中阶段，意义识记就成为他们的主要记忆方法。在记忆的内容上，青少年对词的抽象识记能力显著增强，但在初中阶段具体形象识记仍然占有重要地位。在教学过程中，青少年储存和掌握了大量的科学概念、抽象原理和公式，对抽象材料的记忆逐渐占据重要地位。

青少年的元记忆能力也取得显著的发展，元记忆知识更加丰富，元记忆监控能力也随年龄增长而提高。初中生和高中生已经能够主动地、灵活地使用各种记忆策略，包括复述、组织化、精致化和提取策略，这在很大程度上提高了他们的记忆成绩。当然，同其他心理过程的发展一样，记忆的发展在青少年时期也存在年龄差异和个体差异。

思维的发展 总体上，青少年期的抽象逻辑思维充分发展，并且在教育教学的影响下，出现辩证逻辑思维形式。在这一时期，他们能够指出事物发展的各种可能性或假设，并进行假设检验；思维更具有计划性和创造性，对思维过程的自我认识和自我监控能力也显著增强。

根据皮亚杰的研究，青少年期的思维处于形式运算阶段（11 岁以后）。这一阶段的主要特点是：个体能够将事物的形式与内容分开，对代表具体事物的抽象符号（如代数符号）进行抽象思维，而不依赖具体事物进行思维；能够进行假设演绎推理，提出多种假设并加以验证，根据假设作出逻辑推论；能运用形式运算解决组合、包含、比例等逻辑问题。皮亚杰及其同事设计了一系列实验研究青少年的思维特点。在钟摆实验中，一根线上悬挂一个重物，形成一个钟摆，让被试通过改变线的长度、悬挂物的重量、振幅、推动力等因素，找出决定钟摆速度的因素。具体运算阶段的儿童往往同时改变多个因素进行实验，认为各种因素都会影响钟摆速度；处于形式运算阶段的青少年则能恒定其他因素而变化其中一个因素，最后得出线的长度与钟摆速度有关的正确结论。青少年已经能对命题进行运算，能从问题情景中提出隐含的多种可能性，并通过逻辑分析和实验，对这些可能性或可能性的组合进行推论或验证，最终确定哪一种可能性是事实或具有"现实性"，他们的思维过程不再局限于具体的、有限的方面或盲目地尝试错误。

在初中阶段，经验型的抽象逻辑思维日益占主要地位，思维的具体形象成分仍起重要作用。随着年龄的增长，初中生的抽象概括能力逐渐提高，抽象逻辑思维开始占优势地位，但是，这种抽象逻辑思维需要具体的、直观的经验的支持。初中生逐渐掌握更多的抽象概念和概念系统，形成比较复杂的知识体系。他们能在直观形象的支持下揭示事物的本质特征及其因果关系，逐渐理解事物的复杂性和内在属性，而且，作出恰当判断和逻辑推理的能力也逐渐发展起来。但是，对于某些缺乏感性经验支持的抽象材料，常常

不能进行准确的判断和逻辑推理。初中生的思维品质进一步改善，思维的创造性、独立性、批判性和深刻性显著发展，但也时常表现出明显的片面性和表面性。由于自我意识的觉醒和日益增强，他们思想活跃，具有强烈的求知欲、探索欲和创造热情。在日常的问题解决尤其是学习活动中，对成人的模仿显著减少，求异思维能力显著提高。他们能够批判地看待、论证别人和自己的思想、态度、意见以及人生观、价值观，不再盲目地相信或接受成人的观点。但是，他们的思想又容易出现偏激和极端，不能辩证地分析和解决问题，看不到事物的多个方面，思维缺乏严密的逻辑性。而且，容易受表面现象或外部特征的影响而看不到事物的本质。思维的片面性、表面性和内省倾向导致初中生的自我中心，他们常常过分地关注自己的一切，出现"假想的观众"（imaginary audience）和"个人的童话"（personal fable）心理现象。前者指，他们倾向于认为自己似乎在舞台上，周围许多人都在观察和注意自己的思想、感觉和行为；后者指，他们倾向于认为自己具有一个独特的自我，过分夸大自己的"与众不同"和主观感受。自我中心倾向常常促使他们作出过于主观的判断，进而得出错误的结论。

进入高中阶段后，思维的抽象概括性程度进一步提高，并且逐步形成辩证逻辑思维。与初中生不同，高中生的抽象逻辑思维主要属于理论型的抽象逻辑思维，不再需要具体形象的支持，而是能够从理论上进行抽象概括，既能进行从具体事实到一般理论的归纳推理，又可以进行从一般理论到具体知识的演绎推理。在辩证思维方面，里格尔 1973 年认为，青少年中晚期以后的思维具有日益明显的辩证性，他扩展了皮亚杰的认知发展阶段理论，提出辩证运算阶段。青少年中晚期主要属于辩证运算阶段。一般认为，青少年中晚期是辩证逻辑思维高速发展的时期，这一时期辩证逻辑思维逐渐占优势地位。青少年逐渐学会从运动的、全面的、对立统一的观点分析和解决问题。青少年思维的组织性、深刻性、批判性和独立性等品质都获得高度发展：他们能在对材料进行分析、综合的基础上抽取其中蕴涵的一般规律，并进一步据此分析具体事实；能够全面揭示事物的本质，克服和减少思维的表面性和片面性；敢于怀疑、争论，不轻信、盲从，能独立地提出和论证自己的观点。

科学思维是遵循一定的逻辑程序进行严密的归纳和演绎推理的思维。研究表明，形式运算阶段的青少年已经具有科学思维能力，能够像科学家一样进行思维，他们除具有假设演绎推理能力外，还具有归纳推理能力，能够从观察到的具体事实得出一般的结论，由此产生假设，并通过实验系统地检验假设。英海尔德和皮亚杰 1958 年的钟摆实验就说明了这一点。虽然有一些研究并没有支持皮亚杰的研究结论，但研究者普遍认为，科学思维能力是发展较晚的一种能力，甚至许多成年人也不能进行科学思维。研究表明，在具

体运算阶段,年龄较大的儿童解决问题的方式与青少年更为相似,但他们自身并不能想出合理的解决策略,相似地,虽然通过特定的教学可以让小学儿童学会科学思维,但他们很难把这些策略应用于新的问题情景,只有将要进入青少年时期的儿童才能做到这一点。到青少年期后,科学思维能力才真正发展起来。

元认知(meta-cognition)是对认知的认知,它包括元认知知识和元认知监控。前者指个体有关认知的知识,包括个体关于认知主体的知识、关于认知任务的知识、关于认知策略的知识;后者指认知主体对自己认知活动的计划、监视、检查和控制。青少年元认知能力的发展主要表现在元记忆、元理解、元学习和问题解决等方面。

在元记忆的发展上,青少年的元记忆知识更为丰富。这些知识包括个体有关记忆任务的知识、有关记忆策略的知识、有关记忆主体的特征对记忆效果的影响的知识等,而有关记忆策略的知识的增加尤为丰富。青少年的元记忆监控能力亦随年龄的增长而不断提高。弗拉维尔等人研究发现,年幼儿童不能监控自己的记忆过程。小学儿童的记忆监控比较简单、外显,还不能进行有效的记忆控制,到青少年时期,尤其是高中阶段及其以后,他们的记忆监控能力获得充分的发展,能够自觉、快速地进行监控判断,并能根据记忆结果的自我反馈进行灵活调整,形成新的记忆计划或策略。

元理解是认知主体对自身阅读理解活动及其主客观影响因素的认知、监控和调节,包括元理解知识与元理解监控。前者指有关阅读材料、阅读任务、阅读策略以及阅读者特点的知识,后者指对阅读理解活动进行有效调节的过程。随着年龄的增长,青少年的元理解知识不断丰富,元理解监控能力也发展到较高水平,而且元理解知识的增长与元理解监控能力的增强之间密切相关。青少年的元学习能力,即对自身学习活动的调节和控制能力进一步发展。随着年龄的增长,青少年在学习活动前的计划性,学习活动中的方法、策略和执行,学习活动后的反馈、评价、补救和总结等方面的发展水平都持续提高,但这几个方面的发展速度和发展水平在不同时期是不平衡的,而且具有个别差异。青少年元学习能力的提高为他们胜任复杂的学习活动提供了可能。青少年的元认知能力,尤其是对认知策略的自我监控能力的发展还表现在问题解决过程中。

青少年已经发展起内省的能力,能够从别人的角度来审视和评价自己的人格、智力及外表,而且能够监控和调节自己的思维活动,他们的心理操作功能进一步发展,能够对自己的心理操作进行操作。例如,"我在思考,然后我开始思考我为什么要思考,然后我又思考我为什么思考我为什么要思考"。不同的心理操作构成了层次性的组织系统。它使青少年主动地调控、反省自己的认知过程成为可能。

作为认知发展的结果,在整个青少年期,智力都呈现出随年龄增长而持续上升的发展趋势。美国心理学家 N. 贝利运用"贝利婴儿智力量表"、"斯坦福—比纳量表"、"韦克斯勒成人智力量表"进行了长达 36 年的追踪研究,结果表明,13 岁前的智商分数直线上升,以后逐渐减慢,到 25 岁时达到顶峰。但是,青少年在不同智力形式上的发展状况并不相同,一般说来,在与神经系统的成熟相关的流体智力(fluid intelligence),如反应速度、记忆容量、图形认知等方面,他们在 20 岁后达到顶峰,此后发展速度减慢,30 岁以后出现下降;而在与个体知识经验有关的晶体智力(crystallized intelligence)上,则始终呈现出随年龄增长而升高的趋势。

参考文献

陈英和.认知发展心理学[M].杭州:浙江人民出版社,1996.

王焕琛,柯华威.青少年心理学[M].台北:心理出版社,1999.

朱智贤.儿童心理学[M].北京:人民教育出版社,2003.

Berk, E. L. Child Development [M]. 5th ed. New Jersey: Pearson Education Inc. , 2000.

Shaffer, D. R. Developmental Psychology: Childhood and Adolescence [M]. 6th ed. Stamford, Connecticut: Wadsworth, 2003.

(谷传华)

认知风格(cognitive style) 亦称"认知方式"。指个体在组织和表征加工信息中具有的个性化、偏好性和一贯性的方式。这个术语产生于 19 世纪末 20 世纪初的德国。认知风格反映一个人的思维方式,可能是一种固有的、对信息或情境的自动反应方式,深深地浸染在人身上,具有高度的弥散性,在广泛的范围内影响着个体机能的发挥。人们的认知风格是其学习行为中一个相对稳定的方面,影响着一个人的一般成就或学习成绩。

认知风格研究的发展

关于认知风格的研究从 20 世纪 40 年代开始兴起,研究主要集中在认知风格上的个体差异。心理学家们围绕着认知风格进行了大量的研究,获取丰富的经验。不同的心理学家针对不同的心理方面,如知觉特点、学习、记忆、问题解决等进行研究,并根据自己的研究结果,提出自己对认知风格的理解,也划分出不同的认知风格。认知风格的类型是如此繁多,如阿姆斯特朗 1998 年经整理列出多达 54 种关于认知风格的划分,这些理论大多出现在 20 世纪 80 年代以前。虽然认知本身的复杂性可以作为分类众多的一个原因,但是一般认为如此众多的认知风格类型划分并不利于研究的进一步深入。更重要的是,许多心理学研究工作者认为,这些认知风格类型大多是在具体的研究情境中提出的,实际上是从某个侧面对几种基本认知风格类型或维度贴上的标签。对提出的认知风格类型进行分析梳理,探索其内在的结构特征,是近来认知风格研究的一个特点。

格里格瑞考和斯腾伯格1995年将诸多的认知风格理论分为三类,以认知为中心的观点,包括认知复杂型—认知简约型、场独立—场依存性、冲动型—沉思型等;以人格为中心的观点,包括心理类型理论、能量模型理论;以活动为中心的观点,包括学习风格和教学风格。斯腾伯格也在总结前人的基础上提出了心理自我控制理论。

赖丁和S.雷纳1998年认为,研究认知能力和过程的心理学家,创造出众多令人眼花缭乱的模型和名称。其中许多都对认知控制或认知风格理念的出现具有贡献。还有些人提出另外一些与个体差异有关的思维和学习的理念及描述方式。其中的许多名称反映单一的实验结果,并没有为进一步的实验研究所支持,再加上对基本术语缺乏一致意见,致使人们对认知风格实质的理解不完整。所以有必要对有关的研究成果作出合理的解释与综合,也有研究者在这方面作出努力,对此表示赞同。

赖丁和奇马1991年回顾了以往提出的30多种认知风格理论,通过系统分析关于它们的描述、它们之间的相关、对它们的测量方法和它们对行为的影响,并通过因素分析证实众多认知风格理论是某些潜在的相同维度的不同名称或标签。他们将已有的认知风格综合为两个主要的认知风格维度,即整体—分析型和言语—表象型。整体—分析型维度表示个体在组织信息过程中倾向于从整体上把握还是把信息组织成各个部分。言语—表象型维度表示个体在思维过程中倾向于借助言语形式还是心理表象的形式来表征信息。

纵观认知风格研究的发展,有三点特别值得总结:一是对众多认知风格类型的归纳和综合;二是关于认知风格发展的深入思考;三是认知风格的应用研究,特别是在教育领域的应用。

几种经典的认知风格

场独立性—场依存性　在众多的认知风格研究中,场独立性—场依存性是研究较多、影响较大、非常有代表意义的。威特金等人1948年在进行知觉研究时发现,在保持对空间垂直位置的适当定向时存在个体差异。有些人在加工信息过程中,倾向于依赖外在参照物或以外部环境线索为指导,称为场依存性;有些人则是倾向于凭借内部感知线索来加工信息的,称为场独立性。值得一提的是,场独立性—场依存性是一个维度的两极,完全场独立性的人和完全场依存性的人是很少的,大多数人都处于两极中间的某一点上。威特金及其同事在知觉领域及相关领域进行了大量系统的研究,从狭义的垂直知觉扩展到知觉分析、记忆、问题

解决和其他的智力活动,并进行大量的跨文化的比较研究。研究表明,分离出形状和物体的能力与其他非知觉性的问题解决任务中的分离能力密切相关。这使这一概念的含义扩展到既包含知觉活动又包含智力活动。场独立性—场依存性被认为是一种"公认维度"。基于另外一些关于自我一致性(self-consistency)的证据,这个概念的含义又拓展到对身体的认识、自我感受、控制和防御等领域,成为一个更为综合的概念,称为"心理分化"(psychological differentiation)。它影响个体心理活动全部领域,不仅反映在认知过程中,而且反映在个体的社会化活动和个性心理特征方面。场独立性—场依存性的认知风格是一个联系认知和人格的桥梁。

场独立性—场依存性的测验方法,最初是身体调节测验,要求坐在一个倾斜房间的一把倾斜椅子上的被试把自己身体调整到垂直位置。之后改进为棒框测验,让被试在黑暗环境下注视在倾斜发光方框里面的一个倾斜的发光棒,要求他忽视方框位置而把棒调整到完全垂直。进一步发展出现镶嵌图形测验这一纸笔测验形式,要求被试抽取出掩蔽在复杂图形中的简单图形,研究假定场独立性者比场依存性者更容易完成这一认知任务。

威特金认为,场独立性—场依存性是心理分化在自我—非我方面的一个表现,主要表现在:认知改组技能和人格独立;社会敏感和社会技能。场独立性的人容易从复杂的背景中抽取出简单的要素进行重组,有很强的自我同一感,相对独立,清楚自己的自我、需要和价值观与他人的区别,非社会定向,与他人分离,对他人不敏感,而对概念和抽象原则有兴趣,自主思考,我行我素。他们以一种相对非个人的方式行事,更倾向于分析环境,而不是与环境互动,受环境的影响。相反,场依存性的人很难从复杂的背景中分析出简单要素加以重组,独立性不够,社会定向,对他人感兴趣,比较注意别人提供的社会线索,在环境中总是与他人互动,对他人的所思所想比较敏感,较容易服从权威,但是他们也较容易在与他人的联系中获得知识和技能。由此可以看出,虽然随着个体的发展和成熟,自我意识应该逐渐增强,人格逐渐独立,但是并不能说场独立性的人比场依存性的人好,因为认知风格并不是能力维度,也不是价值维度,在不同的社会环境中不同的认知风格能更好地适应社会生活。已有的研究也表明,场依存性的人比较喜欢社会科学,场独立性的人比较喜欢自然科学,个体选择与自己的认知风格协调的学科领域能够学得更好。

研究人员通过实验大量探讨场独立性—场依存性问题。麦克纳1984年报告,到1980年已有超过3 000项的研究与这一认知风格有关。有不少研究是以场依存性为基础,探讨具有某种特定的场独立性—场依存性认知风格的教师和学生之间的匹配或不匹配效应,但未得出一致的结论。国内对于认知风格的研究也主要集中于场独立性—依

存性方面。对场独立性—场依存性的一种主要批评是,它反映的可能(至少部分)是"流体智力",场独立性—场依存性测量结果事实上可能是能力而非风格。赖丁和雷纳1998年认为,威特金及其合作者对场独立性—场依存性的理解上总的说来是正确的,但是对它的测量是失败的。因此,应用时要谨慎对待。

冲动型—沉思型　冲动型—沉思型认知风格维度来源于早期对理解速度的研究,是卡根等人1964年提出的,测量的是个体在一种不确定的条件下作出决策的速度。这一认知风格类型可以通过"匹配相似图形测验"(Matching Familiar Figures Test,简称 MFFT)加以评定。该测验包含12张标准图片,每张图片下有8个备选项。测验时要求个体从备选项中指出与每张图片完全相同的图片,对被试的反应类型进行观察,同时测量他们的反应时间。卡根认为被试可以分成两种类型:一种类型的人能够简洁而迅速地作出决定,称为认知冲动型;另一种类型的人在决定前深思熟虑,认真思考所有可能的选择,称为认知沉思型。

一系列研究结果支持冲动型—沉思型维度是存在的,并随着时间和任务的变化相对稳定。研究者关注儿童发展以及冲动型和沉思型与行为的关系。卡根等人调查了冲动型—沉思型维度对认知任务的影响,发现6岁儿童的沉思型与推理技能之间存在显著相关。泽尔尼克和杰弗里1979年发现:在完成需要精细加工的任务上,沉思型个体的成绩优于冲动型个体;而在完成需要综合加工的任务时,两种类型的人做得一样好。班塔1970年报告,在3~6岁儿童身上,场独立性—场依存性和冲动型—沉思型之间存在极其显著的相关。

古洛1988年研究显示,冲动型和沉思型儿童之间的差异在一定程度上可能反映了他们对自身能力评判的敏感性。冲动型儿童把反应速度作为反映能力的一个主要指标,而沉思型儿童则把错误率视为反映能力的一个主要指标。由此可以引发认知风格、学习者自我意识以及对学习任务知觉之间关系的研究。

聚合思维—发散思维　聚合思维—发散思维这一维度由吉尔福特1967年提出,它反映了一种思维类型以及与解决问题相关联的策略。学习者解决一个问题或任务时,通常要么采用目标开放式的、探索性的"思维"方式,要么采用目标封闭式的、高度集中的"思维"方式。聚合思维者在解决问题时需要从提供的可能的多个答案中找到唯一一个明确的传统的正确答案。发散思维者很善于解决需要多个同等可接受答案的问题,强调多样性和创造性。聚合思维者偏好形式性的问题和结构化的、需要逻辑思维的任务;发散思维者偏好目标更为开放、需要创造性的任务。还没有专门用于测评聚合思维和发散思维的工具。对聚合思维风格的测评一般是从成功完成某些测验中推论出来的,如一般

的智力测验。对发散思维的测量,不强调找到正确答案,而是强调"生成"答案的能力。这类测验既有非言语、图形的(如"圆形"、"方形"或"平行的直线"等),也有言语的(如事件后果测验、物体用途测验等)。

研究表明,某些教学方法能够增强学生的聚合思维,而另外有些方法能改善学生的发散思维;尽管场独立性的个体不一定都有创造性,但是发散思维方面得分较高的个体在场独立性上倾向于高得分;学习"富有创造性"课程的学生比学习"不太具有创造性"课程的学生更具有场独立性特征。例如,学习建筑学的学生比学习商学的学生更具有场独立性。

概括来说,发散思维者多喜欢答案开放性问题,聚合思维者则更喜欢结构良好、更多需要逻辑推理能力的正规问题和任务。

整体—分析和言语—表象双维认知风格理论

对认知风格研究的一个明显趋势是它将各种认知风格理论表述成一个连贯的理论,其中以赖丁等人的工作最有影响,他们将以往的认知风格模型纳入到两个认知风格家族:整体—分析和言语—表象,即认知风格的两个维度。赖丁等人认为这两种认知风格彼此独立,个体在一个认知风格维度上的位置,不影响其在另一维度上的位置。他们还发展出完善的认知风格评估工具——认知风格分析系统。

整体—分析型(wholist-analytic)　赖丁等人认为,整体型的人倾向于领会情境的整体,对情境能够有一个整体的看法,重视情境的全部,对部分之间的区分是模糊的或者不区分部分;倾向于将信息组织成整体。相反,分析型的人把情境看作是部分的集合,常常集中注意于一两个部分而无视其他方面,可能曲解或夸张部分,倾向于把信息组织成轮廓清晰的概念集。

整体型的人的积极一面是他们考虑当前情境时,看到整体的"图景",他们对整体有均衡的看法,能够在整体中理解情境。其消极一面是他们将信息划分成有逻辑的部分时有困难,对图形和言语形式的信息去隐蔽能力都较差。对于分析型的人,其积极面是他们能将信息分析成部分,并善于找出相似性和差异性,这使得他们能够快速地进入问题的核心。其消极面是他们不能形成整体的均衡的观念,将信息整合成整体时有困难。他们或许注意了一方面特征而不顾其他,并且以不适当的比例夸大这一特征。

言语—表象型(verbal-imagery)　赖丁等人认为,大多数人能够利用视觉表象和言语表征两种形式,但是,有一些人具有利用视觉或言语其中一种方式的倾向。那些倾向于以"图"这一视觉表象的形式表征信息和思维的人被称为表

象型的人,倾向于以"词"的形式表征信息和思维的人被称为言语型的人。

许多研究表明,言语型的人在言语作业方面做得更好;表象型的人在具体的、描述的和形象的作业上做得更好。当言语—表象方式与呈现的学习材料不匹配时,获得的成绩往往也较差。赖丁等人还考察了言语—表象方式和内—外向之间的关系,发现言语型的人往往是外向的,表象型的人是内向的。

认知风格分析系统　认知风格分析系统(cognitive styles analysis,简称 CSA)是赖丁等人开发出来的用于测评整体—分析和言语—表象两个认知风格基本维度的测量工具。赖丁和奇马 1991 年提出,以往测量认知风格的多数工具存在着一个根本性弱点:它们实际上只评估某一维度的一端,而且通常采用内省自我报告法,有着一定的局限性。

CSA 由计算机呈现,直接测量整体—分析和言语—表象维度的两端,由三个分测验构成。第一个分测验类似于 1989 年提出的言语—表象认知方式测验,通过每次呈现一个要求判断"对"、"错"的陈述,来测评言语—表象维度。该分测验包括 48 道是非题,其中一半包含着关于认知概念分类的信息,另一半则属于描述外在特征的。其假定是,表象型的个体对外在特征题目反应快,因为物体容易被表征成心理表象,从表象中能够直接而迅速地获得用于比较的信息;言语型的个体对概念分类题目反应快,因为不能用形象形式来表征。后两个分测验用于评估整体—分析维度。其中一个测验的项目由计算机呈现成对的、复杂几何图形,要求被试判断这对图形相同还是不同,假定整体型的个体对这种任务的反应可能相对快些。另一个测验的项目都是包含一个简单的几何图形(例如正方形或三角形)和一个复杂图形,要求被试说出简单图形是否包含在复杂图形里。这一测验所考察的是个体对包含在复杂图形里的简单图形的去掩蔽能力,假定分析型的人完成速度会快些。

由于测验结果采用了比率,总体的反应速度并不影响风格的测验结果。可以看出,认知风格分析系统在测评个体在两个基本的认知风格维度上的位置提供了一种简单、便捷、方便的手段。它评估了认知风格维度的两端,记分客观、准确,适用于从儿童到成人这一广泛的年龄范围。CSA 的测试情境不受约束,能够适用于各种各样的环境,诸如学校、工业和健康服务机构等。由于 CSA 受文化差异的影响较小,已经在许多国家得到应用。

赖丁的研究带来深刻启迪,对认知风格领域的研究予以极大的推动。第一,关于认知风格的研究不再局限于某一具体的认知类型范围内,而是从整体上分析和探讨认知风格问题,视野更加开阔。第二,测量工具——认知风格分析系统更加方便有效,可以从多维度评定个体的认知风格类型。第三,对众多的认知风格及其相互之间的关系进行

了深入探讨,有利于更加深入地把握认知风格的本质。

认知风格差异的应用

关于认知风格的理论研究开拓了心理学研究的新领域,扩展了我们的视野,为深入分析人格特点提供了新视角。认知风格研究的另一个趋势是力图将认知风格理论应用到各种专业情境中去,这反映在与构成各种应用基础的各种特殊测量相联系的认知风格结构的发展上。特别是关于认知风格的应用研究,为教师更好地认识学生的认知特点、人格特点提供了理论指导,也为教师更好地因材施教提供了心理学依据。

认知风格差异提示我们:教育要真正做到尊重个体差异,就必须重视学生认知风格。我们有必要为学校中的儿童提供多样化的学习风格方法,并扩大对学习结果的期望范围。这意味着教师要在课堂上运用不同的教学方法,甚至要考虑在课堂上提供各种课程模式和教学设计、教学结果。

认知风格和学习材料表征方式之间的关系　实验表明,言语型的学习者在文本形式的信息表征中存在学习优势,而表象型学习者在图像形式的信息表征中存在学习优势。另一项实验结果也表明,言语型学生对语义性材料的回忆成绩比表象型者好,而表象型对形象性材料的回忆成绩比言语型者好。这就证明,学生的认知风格和学习材料的表征方式之间存在着显著的相关,即学生的认知风格与学习材料的表征方式匹配与否,将直接影响学习结果。或者说,不同认知风格的学生对学习材料的表征方式有一定的适应性。

赖丁等人的研究发现,当呈现方式和课程内容与学生的言语—表象型风格相匹配时,学生会低估自己的学习表现;当与言语—表象型风格不相匹配时,他们会高估自己的学习表现。这意味着,尽管学生的学习成绩受呈现方式与言语—表象型风格的匹配程度的影响,但是在实际的学习活动中,他们并没有清醒地意识到这种匹配或不匹配。但是,如果给予学生选择呈现方式的机会,他们会选择一种与他们风格相匹配的呈现方式。赖丁和瓦茨 1997 年的实验表明,学生会被那些看上去与他们的风格相适合的材料吸引,并偏好这些材料。因此,在教学过程中,教师要注意提供多种表征方式的学习材料,如文本、图像或文本—图像等表征方式,给学生感受和选择的机会,并激励学生使用适合他们的学习方式,以提高教学效果。

学生在信息加工过程中表现出来的认知差异　赖丁等人 1993 年对 77 名 11 岁的学生进行了一项研究,要求他们对一段短文加以回忆。结果发现,就整体型学生而言,当散文题目放在正文之前时,其回忆成绩较之将散文题目放在正文之后更好;而双极型(介于整体型和分析型之间)和分

析型学生对题目的位置并不敏感。还有一项心理实验也得出了类似的结论。赖丁等人抽取了 200 个 10～15 岁的学生,要求男女学生分别在两种情况下回忆两篇同样内容的短文,一种情况是短文未经任何处理,另一种情况是已将短文细分为二段,而且每段都有次标题。结果发现,后一种情况大大促进了回忆成绩的提高,而且提高幅度受到认知风格和性别的影响。以上实验都证明,个体在信息加工上存在不同的倾向,而且个体加工方式和不同学习材料之间存在一定的相关性。这就提醒教师在教学中要考虑到学生的认知风格差异,并针对不同的特点采取不同的教学策略。

认知风格和教学策略 每一个学习者的认知风格,既有其优势、长处,有利于学习的一面,又有其劣势、不足,不利于学习的一面。教育的根本目的是既要充分发挥其优势和长处,又要弥补学生在学习方式和学习倾向上存在的劣势和不足。因此,根据认知风格制定的教学策略可以分为两类:一是与认知风格中的长处或学习者偏爱的方式相一致的匹配策略;二是针对认知风格中的短处或劣势采取有意识的适配策略。匹配策略对知识的获得直接有利,它能使学生学得更快、更多,但无法弥补学习方式上的欠缺。而有意识的适配策略在一开始往往会在一定程度上影响知识的获得,表现为学习速度慢、学得少,学生难以理解学习内容,但它的特殊功效是能弥补学习方式上的欠缺,使学生心理机能的各方面均得到发展。

与认知风格和学习设计之间的错误匹配相比,如果一种特定的风格与学习材料的内容和呈现方法相匹配,个体就有可能发现学习任务更容易一些。在错误匹配的情形下,通过开发适于处理最初与他们的认知风格不相适应的材料的学习策略,个体可以从中受益。

参考文献

赖丁,雷纳.认知风格与学习策略[M].庞维国,译.上海:华东师范大学出版社,2003.

李浩然,刘海燕.认知风格结构模型的发展[J].心理学动态,2000,8(3).

李寿欣,宋广文.西方认知方式研究概观[J].国外社会科学,1999(1).

谭顶良.学习风格论[M].南京:江苏教育出版社,1995.

杨治良,郭力平.认知风格的研究进展[J].心理科学,2001,24(3).

(林 颖)

认知学徒制教学(cognitive apprenticeship instruction)

美国心理学家 A. M. 科林斯等人 1989 年为批判和矫正传统教育弊端而提出的一种教学模式。在正式的学校教育产生之前,学徒制曾经是人们学习的最普遍方式。古代的学徒制大多偏向学习技艺性东西,普遍采用徒弟观察师父工作、与师父交流、徒弟尝试工作以及师父纠错、徒弟反思从而使徒弟逐渐接近成功的方法。这种方法由于学习在其应用的实际场合发生,学习对学习者来说是有意义的,也是可以学以致用的。学校产生之后,知识与技能作为教与学的对象就被从其实际运用的情境中抽象了出来。学习与实际的生活情境相脱离,易使学生对学习的意义产生不确定性从而影响到学生学习的动机和投入程度,同时也很难培养学生的问题解决等高级认知能力。

认知学徒制教学中的“学徒”表明了它与传统学徒制的继承关系或相似性,即强调学习应当发生在其应用的情境当中,通过观察专家工作与实际操作相结合获得知识与技能。认知学徒制教学的“认知”则又反映出它比较强烈的现实意义,即认知学徒制教学是对当今的教育过于关注知识的传授而不能够培养学生高级认知技能这一弊端的批判。认知学徒制教学的主要目的在于培养学生的高级认知技能,比如问题解决能力、反思能力等。这个教学模式受到杜威、维果茨基及当代许多认知心理学家教学模式的影响,与杜威的“做中学”异曲同工,是对传统教学脱离现实生活以及只注重知识的传授而不重视学生高级认知技能的培养的弊端的反思、批判和革新。

认知学徒制教学有内容、方法、排序和社会性四个主要组成部分,每个组成部分又有各自的多种策略,从而形成 18 种策略。

认知学徒制教学提出 4 种呈现内容的策略:(1)作为学科领域的知识,即概念、事实或程序,这类内容是学生形成高级认知技能的基础。如果这些知识的获得与它们被应用的情境脱离了,就可能给学习者解决实际的问题造成麻烦。(2)启发式策略,它通常可以帮助学习者高效率地完成任务,它通过解决问题的实践以隐性的方式获得。(3)元认知策略,用于监控或诊断学习者所做的决策,包括监控、诊断、矫正等组成成分。(4)学习策略,用于学习以上内容的策略。认知学徒制有助于进行启发式策略、元认知策略和学习策略等高级认知技能的教学。

认知学徒制教学规定 6 种学习策略:(1)建模,专家(教师等)为学习者重现专家思考的过程,将所有的思考步骤都示范给学生。(2)训练,指当学生学习的时候,专家(教师等)观察并指导他们。使用提问、进行适当程序的暗示、建模或提供新任务等策略,使学习者完成任务的工作绩效接近专家。(3)脚手架的提供和逐渐拆除,指在学习开始的时候要为学习者提供比较多的支持,之后随着学习者专业知识的不断增加,逐渐减弱或减少支持以发展学生自主能力。(4)清晰地表述,指提供学生演示或表达他们新掌握的知识与技能的机会。(5)反思,指让学生对他们自己和专家或其他学生的问题解决过程进行比较,最终形成一种内化的专业知识的认知模式。(6)探究,指学生依靠自己进行问题解决的方式。

认知学徒制教学规定了 3 种排序教学内容的方式：(1) 增加内容的复杂程度，即按照等级的任务结构从底端的任务向上垂直增加难度。(2) 增加内容的多样性，即同一等级内容在水平程度上的增加。例如，改变问题解决的情境，改变学习活动的目标或原因，或改变学习环境中的因素等。(3) 在分解技能之前呈现整体的技能，这是一种从上到下的、详细说明的、垂直或水平的内容序列，也就是首先传授最高水平的技能。这样做有两个重要的优点：任务富有意义，具有整体结构或者说具有问题的系统观；学习者具有组成整体内容的概念模式。

认知学徒制教学推荐了 5 种社会性策略，以使学习能够社会化，并在学习共同体中考虑环境因素。(1) 情境学习。教学应该置于一定的情境中，可以在做中学，更清楚地理解学习的原因。(2) 模拟。教学可以进一步模拟真实世界中的活动。(3) 专家实践的文化群体。当问题解决时，学习者和专家以动态的方式相互作用是重要的。这些活动创建了一种专家实践的文化群体。(4) 内在动机。它是指导学习者在非控制的环境中独立完成任务的能力或独立完成任务的成就感导致从内部产生的动机。教学过程应该努力刺激学生的内在动机。(5) 合作。认知学徒制教学特别强调教学应该基于"学习共同体"。随着学生作为一个初学者或新手逐渐从该共同体的边缘向中心移动，他们会变得比较积极，更多地接触其中的文化，因而就逐渐进入专家或熟练人员的队伍。

以上这四个组成方面及其 18 种策略，构建了一个认知学徒制教学非常强调的有效教学的整体环境。

（刘美凤　杜　媛　王雅杰）

认知诊断测验（cognitive diagnostic test）　基于认知诊断理论编制的、测量被试潜在知识结构与个体作答反应之间关系的测验。借助它，测验利益相关者可以了解被试能力发展的整体水平，以及被试的内在加工过程和加工策略，更全面地了解被试的潜在能力特质结构，进而给出被试认知方面的优势和劣势，便于教育工作者采取有效的教学补救措施。认知诊断测验现已应用于教育测量评估体系，不仅包括教育测量评估，还包括职业知识测验。

认知诊断测验的理论基础

认知诊断理论是认知诊断测验的理论基础，它从个体认知加工过程的角度上对被试的潜在特质结构进行诊断和识别。

认知诊断的核心概念　属性、Q 矩阵和属性掌握模式是认知诊断中的核心概念。

属性（attribute），一般是指解决研究所指向领域中问题所要求的知识和认知加工技能。属性以及属性之间的层次关系形成属性空间。

Q 矩阵（Q matrix）是题目（项目）与属性之间的关系矩阵，也是所有认知诊断模型的基础。在 Q 矩阵中，行表示属性（α 向量），列表示题目。假设测验包含有 m 个题目，考核了 K 个属性，如果第 $k(k=1,2,\cdots,K)$ 个属性出现在第 i($i=1,2,\cdots,m$)个题目上，那么矩阵的第 i 行第 j 列的元素为 1，否则为 0。这样，就得到一个 $m\times K$ 的 Q 矩阵。例如，对于 5 个测验题目、3 个认知属性的 Q 矩阵如表 1 所示。

表 1　Q 矩阵

题　目	A_1	A_2	A_3
1	1	0	0
2	1	1	0
3	1	1	1
4	0	1	1
5	0	0	1

该 Q 矩阵表示被试只有掌握属性 A_1，才能正确回答题目 1，被试只有掌握属性 A_1 和 A_2，才能正确回答题目 2，被试只有在三种属性都掌握的情况下才能正确回答题目 3 等。建立 Q 矩阵的具体过程：(1) 首先确定属性以及属性之间的关系。图 1 共考查 4 个属性，属性 A_1 是属性 A_2 的先决条件，要掌握属性 A_2 必须掌握属性 A_1，同理，掌握属性 A_3 必须先掌握 A_1，掌握 A_4 必须先掌握 A_1 和 A_2。(2) 构造邻接矩阵 A。邻接矩阵只反映属性间存在的直接逻辑关系，即一个属性与另一个属性存在或不存在直接的逻辑关系。在邻接矩阵中，若属性 i 与属性 j 直接联系，则 $A_{ij}=1$，若 i 与 j 非直接联系，则 $A_{ij}=0$。由图 1 可以看出，属性 A_1 是属性 A_2 的先决条件，要掌握属性 A_2 必须掌握属性 A_1，要掌握属性 A_3 必须掌握属性 A_1，属性 A_1 和属性 A_2 存在直接的层级关系，属性 A_1 和属性 A_3 存在直接的层级关系，属性 A_2 和属性 A_4 存在直接的层级关系，该矩阵中的关系不是双向的，而是单向的，一个属性与它本身不是邻接的，若 $i=j$，则 $A_{ij}=0$（邻接矩阵对角线上元素的值一定为0）。图 1 中四个属性间的关系形成邻接矩阵 A（见表 2）。(3) 构造可达矩阵 R。可达矩阵 R 与邻接矩阵 A 不同的是，能反映属性间有直接或间接的关系。若属性 A_i 可以直接或间接到达属性

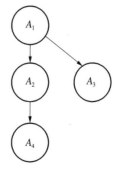

图 1　属性以及属性之间的关系树状图

A_j，则 $r_{ij}=1$，否则 $r_{ij}=0$。另外，一个属性和它本身是可达的，若 $i=j$，则 $r_{ij}=1$，即可达矩阵 R 对角线上元素都为 1。可达矩阵 R 是通过对邻接矩阵 A 进行布尔加法和乘法运算得到的：将邻接矩阵 A 与单位矩阵的和在布尔运算中自乘 n 次，可以得到属性间的可达矩阵。其中，n 是指能使 $(A+I)^n=(A+I)^{n+1}$ 的最小整数，所得到自乘不变的矩阵 $(A+I)^n$ 就是可达矩阵 R，图 1 的可达矩阵 $R=(A+I)^2$。图 1 中四个属性间关系形成可达矩阵 R（见表 3）。(4) 建立关联矩阵 Q 和简化关联矩阵 Qr。给定 K 个属性，则所有可能的属性组合为 2^K 个，若 $K=4$，则矩阵表示如表 4。

表 2　邻接矩阵 A

	A_1	A_2	A_3	A_4
A_1	0	1	1	0
A_2	0	0	0	1
A_3	0	0	0	0
A_4	0	0	0	0

表 3　可达矩阵 R

	A_1	A_2	A_3	A_4
A_1	1	1	1	1
A_2	0	1	0	1
A_3	0	0	1	0
A_4	0	0	0	1

表 4　关联矩阵 Q

0	0	0	0	0	0	0	0	1	1	1	1	1	1	1	1
0	0	0	0	1	1	1	1	0	0	0	0	1	1	1	1
0	0	1	1	0	0	1	1	0	0	1	1	0	0	1	1
0	1	0	1	0	1	0	1	0	1	0	1	0	1	0	1

当属性间存在层级关系时，某些组合是无法解释或不可能出现的。以表 4 中项目第二列为例，被试掌握属性 A_4，但是并没有掌握属性 A_1 和 A_2。可以看出，这种在关联矩阵 Q 中进一步考虑可达矩阵 R 描述的属性间层级关系，从而缩减一部分项目的矩阵叫简化关联矩阵 Q_r（如表 5 所示）。

表 5　简化关联矩阵 Q_r

	项　　目					
	1	2	3	4	5	6
A_1	1	1	1	1	1	1
A_2	0	0	1	1	1	1
A_3	0	1	0	0	1	1
A_4	0	0	0	1	1	1

表 5 的简化关联矩阵就是众多认知诊断模型的基础，表示项目与属性之间的关系矩阵，统称为 Q 矩阵。上述 Q 矩阵的建立过程可以概述为层次属性模型中被试属性掌握模式和项目反应模式的确定过程。上述步骤均建立在属性层次关系较强的基础上。如果属性层次关系不强，直接采用专家鉴定法得到的项目与属性之间关系的 Q 矩阵，从而进入下一步分析。

属性掌握模式（pattern of attributes mastered）根据 Q 矩阵推算出来，其推算过程如下：先将 Q_r 矩阵转置，得到一个转置矩阵 $Q_{r'}$（Q_r 矩阵中，行代表项目类型，列代表属性）。在 $Q_{r'}$ 矩阵中，行向量是在属性层级关系确定的情况下，理论上被试所有的属性掌握模式。如果被试掌握属性记为"1"，被试未掌握该属性则记为"0"。$Q_{r'}$ 矩阵描述了理论上被试所有的属性掌握模式和各属性间的关系，$Q_{r'}$ 矩阵也称被试理想属性矩阵（如表 6 所示）。最后，根据简化关联矩阵 Q_r 和被试理想属性矩阵 $Q_{r'}$，还可以得到被试理想反应向量（如表 7 所示）。

表 6　被试理想属性矩阵

被试	属　　性			
	A_1	A_2	A_3	A_4
1	1	0	0	0
2	1	0	1	0
3	1	1	0	0
4	1	1	0	1
5	1	1	1	0
6	1	1	1	1

表 7　被试理想反应向量

被试	理想反应向量						总分	理想属性矩阵			
1	1	0	0	0	0	0	1	1	0	0	0
2	1	1	0	0	0	0	2	1	0	1	0
3	1	0	1	0	0	0	2	1	1	0	0
4	1	0	1	0	1	0	3	1	1	0	1
5	1	0	1	1	1	0	4	1	1	1	0
6	1	1	1	1	1	1	6	1	1	1	1

认知诊断模型　认知诊断理论旨在对被试的知识状态进行判定分类，从而诊断出被试的优劣势并进行教学补救。为了有效诊断被试，研究者开发多种认知诊断模型，较有代表性的有线性逻辑斯蒂特质模型、规则空间模型、统一模型、融合模型、DINA 模型等。这些模型均可视为项目反应理论的拓展。

线性逻辑斯蒂特质模型（linear logistic trait model，简称 LLTM），由英国统计学家费希尔在 1973 年提出，是拉施模型的扩展。在线性逻辑斯蒂特质模型中,试题难度参数不再是单个试题难度参数 b,而是对该试题难度参数有贡献的各个因子的线性组合(在这里因子表示认知属性,即完成任务所需要的认知加工过程及技能),线性逻辑斯蒂特质模型的数学公式是:

$$P(X_{ij}=1 \mid \theta_j \mid b_i^*) = \exp(\theta_j - b_i^*) / [1 + \exp(\theta_j - b_i^*)]$$

式中, $b_i^* = \sum w_k b_{ik} + d$, θ_j 是被试能力参数, b_i^* 是试题参数难度, b_{ik} 是对试题 i 的难度产生影响的第 k 个因子(在认知诊断理论中,因子称为认知属性)的难度计分, w_k 是指每个试题第 k 因子的难度的权重, d 是标准化常数。由这一数学公式可以看出,当试题难度只受一个因子影响时,线性逻辑斯蒂特质模型便成拉施模型。同时,线性逻辑斯蒂特质模型考虑到任务的认知加工过程,用与该试题难度相关的各因子的线性组合来刻画试题难度,在模型上实现认知与测量的结合,是心理测量上的一大进步。但该模型存在以下缺陷:(1)试题难度是试题所测各因子的线性组合,这样模型会存在补偿效应,即被试在某个因子(认知属性)上的不足可用另一影响因子(认知属性)来补偿。(2)对被试的能力评价还是用一个笼统的能力值(θ)来表示,没有对被试认知属性掌握情况进行评价。

规则空间模型(rule space model,简称 RSM),是日本统计学家龙冈提出的一种认知诊断模型。其核心思想是:测验项目可以通过认知属性刻画,被试的知识结构用一组无法直接观察到的属性掌握模式表征,而这些认知属性掌握模式可以通过被试对项目的反应来表达。首先由学科专家、教学专家和测量专家确定题目与属性之间的关系并编制 Q 矩阵,然后是构建规则空间,对被试在测验上的项目反应模式进行判别,将其判归为某种属性掌握模式。

规则空间模型的优点就是对多维的反应模式降维,按照后验概率对被试进行分类。用项目反应理论程序对被试的理想反应模式和被试的实际反应模式进行估计,得到相应 θ,根据项目参数和反应向量计算被试的异常反应指标 ζ,在 θ 和 ζ 的笛卡儿空间里,计算实际反应模式和理想反应式的马氏距离、后验概率以及分类。其中,

$$\zeta = \frac{f(x)}{\mathrm{var} f(x)^{\frac{1}{2}}}$$

$f(x)$ 是 $[P(\theta) - X]$ 和 $[P(\theta) - T(\theta)]$ 两残差向量的内积。

$$f(x) = [P(\theta) - T(\theta)][P(\theta) - X]$$

$P(\theta)$ 是项目反应理论中潜在特质水平为 θ 的被试在所有项目上的答对概率向量。

$$P(\theta) = [P_1(\theta), P_2(\theta), P_3(\theta) \cdots, P_j(\theta)] (j=1, 2, \cdots)$$

$P_j(\theta)$ 是潜在特质水平为 θ 的被试在 j 道题上的答对概率。

X 是被试对项目的反应向量(0 或 1), $T(\theta)$ 为项目答对概率的均值向量:

$$T(\theta) = \left[\frac{1}{n} \sum P_1(\theta), \frac{1}{n} \sum P_2(\theta), \cdots, \frac{1}{n} \sum P_n(\theta) \right]$$

$f(x)$ 的期望值为 0,方差: $\mathrm{var} f(x) = \sum_{j=1}^{n} p_j(\theta) q_j(\theta) [p_j(\theta) - T(\theta)]^2$。

龙冈将理想反应模式映射到规则空间中的位置称为纯规则点 (θ_R, ζ_R),被试实际反应模式映射到规则空间的点为 (θ_X, ζ_X),理想反应模式和实际反应模式都会在规则空间上有相应的点 $\{(\theta, \zeta)\}$ 与之相对应。规则空间中的每个点都代表一种知识结构,与其实际反应模式相对应。计算被试实际反应模式的 (θ_X, ζ_X) 到所有理想反应模式的 (θ_R, ζ_R) 的马氏距离,根据贝叶斯判别原则对被试反应模式作出判断。

统一模型(unified model,简称 UM),是迪贝洛 、斯托特和鲁索斯 1993 年提出的一种用于认知诊断的心理统计模型,其数学表达式为:

$$P_j(u_j \mid A, \theta) = (1-p)\{d_j S_{Aj} P_j(\theta + \Delta c_j) + (1-d_j) P_j(\theta)\}$$

式中, A 是对于 Q 矩阵中被试已经掌握的属性模式; θ 是被试潜在的残余能力(latent residual ability),指未被 Q 矩阵描述的能力; p 是被试在试题 i 上失误(slip)的概率; d_j 是被试选择 Q 矩阵描述的策略来解答试题 i 的概率; c_j 是被试答对试题 j 所需要残余能力的程度,考察试题 j 在 Q 矩阵属性完整性的指标, c_j 值越大说明 Q 矩阵界定的试题 j 所测属性越完整; $\Delta = 2$; $S_{Aj} = \prod_{i \in N_j(A)} \pi_{ij} \prod_{i \in M_j(A)} \gamma_{ij}$, π_{ij} 指被试掌握属性 i 且在试题 j 上正确运用该属性的概率, $\pi_{ij} = P(Y_{ij} = 1 \mid A_{ij} = 1)$, γ_{ij} 指被试未掌握属性 i 但在试题 j 上正确运用该属性的概率, $\gamma_{ij} = P(Y_{ij} = 1 \mid A_{ij} = 0)$, $N_j(A)$ 指属性已掌握、正确回答试题 j 所需要的所有属性的集合, $M_j(A)$ 指属性未掌握但在解答试题 j 的过程中正确运用的属性的集合; $P_j(\theta)$ 指拉施模型,难度为 b。统一模型用参数 c_j 来刻画 Q 矩阵属性的完备性,用参数 d_j 来表示试题解答的策略性,用指标 π_{ij} 、 γ_{ij} 来刻画试题作答的一致性及不确定性,参数 p 表示失误率,并提出残余能力 θ 参数,用来解释 Q 矩阵以外的认知属性,因而是一个很精细的模型,同时如同潜在特质扩展模型一样,统一模型中的参数也可以给出相应的认知解释,但是模型过于复杂,使得其中的有些参数不能估计出来。

融合模型(fusion model),在统一模型基础上重新进行参数化,有效解决统一模型参数不能估计的问题,被认为是一个非常成功的认知诊断模型。融合模型的数学表达式为:

$$P(X_{ij}=1 \mid A_j, \theta_j) = \pi_i^* \prod_{k=1}^{K} r_{ik}^{*(1-A_{jk})q_{ik}} p_{c_i}(\theta_j)$$

式中，$\pi_i^* = \prod_{k=1}^{K} P(Y_{ijk}=1 \mid A_{ik}=1)^{q_{ik}}$，它表示应试者正确应用项目 i 所有属性的概率，是以 Q 矩阵为基础的项目难度参数，其值域为 $[0,1]$。π_i^* 越大说明项目越容易，一个项目仅有一个难度参数。

$r_{ik}^* = \dfrac{r_{ik}}{\pi_{ik}} = \dfrac{P(Y_{ijk}=1 \mid A_{ik}=0)}{P(Y_{ijk}=1 \mid A_{ik}=1)}$，它表示应试者未掌握属性 k 与掌握属性 k 但都答对项目 i 的概率比，是项目 i 属性 k 的区分度参数，其值域为 $[0,1]$。值越小说明项目 i 的属性 k 对正确回答该项目越重要，它的区分度越高，越能区分开掌握属性与未掌握属性的被试。如果一个项目有 K 个属性，那么它将有 K 个区分度参数。c_i，它表示答对项目 i 所需残余能力的程度，是一个考察项目 i 在 Q 矩阵属性完整性的指标，其值域为 $[0,3]$。c_i 越大说明 Q 矩阵所界定的项目 i 测的属性越完整。

由此看来，一个项目含有 1 个难度参数 π_i^*，K 个区分度参数 r_{ik}^* 以及 1 个完整度参数 c_i。一个好的项目，它将是低 r_{ik}^* 值和高 c_i 值。

DINA 模型（deterministic inputs, noisy 'and' gate model），是基于联合凝聚函数（conjunctive condensation function）的非补偿性模型。非补偿性是指属性之间没有补偿性，即被试不能够通过已掌握的属性弥补未掌握的属性。联合凝聚函数表示被试只有掌握题目包含的所有属性，才能对该题目作出正确反应。因此，对于每个题目，DINA 模型将被试分为两种类型：一种是掌握题目要求的所有属性并正确作答的被试；另一种是由于至少未掌握一种属性而错误作答的被试。

传统 DINA 模型的数学表达式为：

$$P(Y_{ij}=1 \mid A_{ij}) = (1-s_j)^{\eta_{ij}} g_j^{1-\eta_{ij}}$$

式中，$1-s_j > g_j$，$1-s_j$ 表示被试掌握项目 j 考核的属性而答对的概率。η_{ij} 描述被试 i 与项目 j 的关系，被试 i 是否掌握项目 j 考核的所有属性。$\eta_{ij} = \prod_{k=1}^{k} A_{ik} q^{jk}$。如果 $\eta_{ij}=1$，说明被试掌握项目 j 考核的所有属性；$\eta_{ij}=0$，则说明被试 i 至少有一个项目 j 考核的属性未掌握。$s_j = P(Y_{ij}=0 \mid \eta_{ij}=1)$，表示被试在项目 j 上失误的概率，即被试掌握项目 j 考核的属性，但答错的概率。$g_j = P(Y_{ij}=1 \mid \eta_{ij}=0)$，表示被试在项目 j 上猜对的概率，即被试未全部掌握项目 j 考核的所有属性，但答对的概率。

认知诊断测验的编制

认知诊断测验的编制应遵循两个基本原则：测验应能实现对每个认知属性的诊断；测验应能实现对每个属性的多次观察。若测验考核模式包含可达矩阵，则该测验就能实现对每个属性的诊断，它是实现对每个属性诊断的前提条件。因此，在认知诊断测验编制时，测验项目考核模式必须包含可达矩阵中的所有列。否则，测验就无法实现对每个认知属性的诊断。同时，对每个属性测量的次数（即观察次数）也应足够多，这样诊断的随机误差就会减少。

认知诊断测验的编制主要有基于认知设计系统的方法和基于证据中心设计的方法。

基于认知设计系统的方法　认知设计系统（cognitive design system，简称 CDS）的提出主要是针对传统项目开发削弱了测验的结构效度，强调用认知理论来指导测验项目的编制，以提高测验分数的解释力。为将结构效度概念纳入测验设计，恩布雷特逊 1998 年提出一个两部分分离的结构效度：结构表征和规则广度。从结构效度中将结构表征区分出来，旨在强调测验开发中认知理论的重要性。首先，结构效度可以在项目水平上进行评估，即刺激特征影响加工过程，加工过程确定项目的结构表征；其次，认知理论能够在测验开发中发挥作用，因为结构表征依赖项目刺激特征，设计的项目能够反映认知复杂度的来源。认知设计系统要求项目编写前建立一个合理的认知理论来解释在解决这类项目时所需的认知过程，这可以通过实验研究或已有的相应的认知模型来获取。如果有了非常成熟的认知理论或认知模型，那么项目解决时所需的认知过程就能充分代表测验的结构。还可以通过操纵项目刺激来影响问题解决的认知过程，进而影响测验效度。因此，认知理论不仅能指导测验项目编制，而且还直接影响测验结构。

基于认知设计系统的认知诊断测验编制的基本过程包括：（1）确定测量目标。（2）确定任务领域的认知特征。考察能通过影响认知过程、认知策略、知识结构来操纵项目结构表征的项目特征。这类特征的确定需要认知心理学的一些基本原理等相关知识作支撑。（3）开发认知模型。它是认知诊断测验的核心，涉及三个方面：一是通过文献研究合并相关研究和理论，将相关的认知过程、认知策略和知识结构整合在同一个认知模型下；二是影响认知过程的认知特征必须可量化、操作化；三是通过对已有项目的实验研究来考察项目认知特征对项目测量学特征（难度、区分度等）的影响。（4）项目编制。通过分析真实项目的刺激特征，开发项目结构和替代法则，再根据项目结构和替代法则。选择恰当的刺激特征来编制项目。（5）项目编制模型的评估。它对测验结构表征效度和评价设计系统至关重要。主要是评估认知模型和心理测量学模型，通过预测项目成绩与实测成绩间的相合性或一致性进行评价。（6）根据项目认知复杂度储备项目（bank items）。如果认知模型有效，就可以通过项目认知复杂度储备项目。通过认知复杂度模式及其难度来设计项目。（7）规则广度效度验证。根据生成的项目进行外部检验。

基于证据中心设计的方法　证据中心设计（evidence

centered design，简称 ECD)的范式由米斯莱维、斯坦伯格和阿尔蒙德于 2003 年提出。证据中心设计认为学生对于知识、技能、相关能力的掌握程度是不可观察的，可以通过学生对任务的完成情况来获得数据，认为评估由证据作出推论。即从我们观察到学生所说、所做、所产生的作品，来推论他们知道什么，能够做什么，以及能够完成什么。证据中心设计评量系统可视为评估传送模式(delivery model)，其中包含五个子模式：学生模式(student model)、证据模式(evidence model)、任务模式(task model)、组合模式(assembly model)和呈现模式(presentation model)。

基于证据中心设计的认知诊断测验编制的基本过程包括：描述测量的目的；建模或选择合适的潜在技能空间；编制测验项目，可以是复杂的任务，每个任务包含几个项目；选择合适的认知诊断模型，将考生的技能与成绩联系起来；选择精确可行的统计和计算方法；制作测验报告，有效地服务学生、教师、家长、学校相关管理人员。证据中心设计的主要原则是项目应该细致设计并提供有效和必要的证据证明项目能满足测验的目的。

认知诊断测验大多需测量和诊断被试多维、离散的认知属性。项目质量的好差关键看其对具有不同认知属性组合被试的测量误差的大小。由于认知属性的多维性和离散性，传统的基于单维测验的方法(如基于项目反应理论的信息量最大法)在认知诊断测验中不适用。为此，研究者从心理测量学的角度研究了认知诊断测验项目组卷，提出采用基于认知诊断测验的 K-L 信息量(Kullback-Leibler Information)来挑选认知诊断测验的项目或组卷，相似性加权综合 K-L 信息量指标可以反映基于认知诊断测验下的项目的测量误差，该值越大说明测量误差越小，这为认知诊断测验组卷提供了测量学参考指标。同时，在组卷时还必须首先确定认知诊断测验中必不可缺的项目考核模式。

参考文献

蔡艳，涂冬波，丁树良.认知诊断测验编制的理论及方法[J].考试研究，2010(7).

陈秋梅，张敏强.认知诊断模型发展及其应用方法述评[J].心理科学进展，2010，18(3).

Leighton, J. P. & Gierl, M. J. Cognitive Diagnostic Assessment for Education: Theory and Applications[M]. Cambridge: Cambridge University Press, 2007.

Tatsuoka, K. K. Cognitive Assessment: An Introduction to the Rule Space Method[M]. London: Routledge Academic, 2009.

（刘红云）

日本教育制度(educational system of Japan)

日本国位于亚洲东部、太平洋西岸，由北海道、本州、四国、九州 4 个大岛和其他 6 800 多个小岛屿组成。陆地面积约 37.8 万平方千米。2012 年人口约 1.28 亿。主要民族为大和族，北海道地区约有 2.4 万阿伊努族人。通用日语。主要宗教为神道教和佛教。2010 年国内生产总值 54 742 亿美元，人均国内生产总值 42 325 美元。

日本教育的历史发展

日本古代学校教育制度始于公元 7 世纪的奈良时代。大化革新(645—673)后，日本模仿中国唐朝建立学校教育制度。701 年颁布的《大宝律令》规定，京城设"大学寮"，招收皇族显贵子弟，地方设"国学"，招收地方贵族子弟。大学寮设大学头、大学助、大兄、小兄、大属、小属，从事内务管理，设博士、助教、音博士、书博士、算博士，负责教学及学生管理，教学内容以儒家经典为主，修学期满后经考试授予官职。国学的教学内容与大学寮相同。宫内以及部分中央行政机构中还设有"典药寮"(医学类学校)、"阴阳寮"(天文占卜类学校)、"雅乐寮"(音乐学校)等专业教育机构。

794 年开始的平安时代创造了日本文字系统，称"和文"，以和文撰写的小说、诗歌盛行于世。大学寮的教育重点从儒学经典转向明经、明法、文章、算四道，开始教授日文的小说、诗歌等，并逐渐丧失了官吏选拔功能。与大学寮的衰退相比，民间创办的私学悄然勃兴，具有代表性的有和气广世 782 年创立的"弘文院"、藤原冬嗣 821 年创立的"劝学院"、橘氏公 844—847 年间创立的"学馆院"、在原行平 881 年创立的"奖学院"、菅原和大江二氏 805 年创立的"文章院"等。这些私学机构存续了 300～400 年，创立者均为平安时代的著名氏族，招收的学生也都是望族子弟。空海 828 年(大约)成立"综艺种智院"，招收庶民子弟，进行佛教、儒学教育，但得不到政府和民间的支持，847 年被迫停办。

1192 年，源赖朝在镰仓(今神奈川县镰仓市)创设幕府，标志着幕府时代即武士统治时代开始。该时期的封建领主称大名，大名的领地称藩，幕府时代后期行政划分中所设的府、县继续俗称为藩。各藩实行以藩主—武士—庶民为基干的身份等级制度。幕府时代历经镰仓(1192—1333)、室町(1336—1573)、江户(1603—1867)三个时期。从镰仓到室町中期，日本从中国文化本位转向日本文化本位，形成了本国特有的武士文化。过去被贵族垄断的受教育权下放给武士和部分庶民，教育内容除汉字、儒家经典外，加进本国文字教育，出现了以平假名撰写的教科书，其中的《万叶集》、《和汉朗咏集》、《本朝文萃》、《八代集》、《十三代集》具有代表性。武士道的出现也是该时期教育的重要特征之一。武士教育主要在私人创办的汉字塾和寺院道场进行。

室町末期战乱不断，进行汉诗、汉文、儒家经书研究的主要人物几乎都是僧侣。引进中国的禅宗发展而成的佛禅，形成了以天龙寺、相国寺、建仁寺、东福寺、万寿寺为中心的京都五山和以建长寺、元觉寺、寿福寺、净智寺、净妙寺为中心的镰仓五山。五山派受幕府的保护，成为室町时期文化教育中心。禅寺的僧侣甚谙朱子学，并以"四书"、"五经"、《史记》《汉书》《老子》《荀子》诗文等作为修习和教育的内容，全国慕名而来的学徒不问身份，都可在此学习。五山派寺庙被认为是该时期的最高学府。江户初期，随着幕府的日益衰退和战乱的延续，五山派逐渐没落。

从室町到江户时期，下野国足利庄(今栃木县足利市昌平町)的足利学校是关东地区的文化、教育中心。关于足利学校的创始有足利义兼创建说、国学由来说等不同说法，但可以肯定的是足利学校曾是足利家族为本族子弟保留的文库。1439年，禅僧快元担任足利学校的庠主。在任期间，他复兴已荒废了的足利学校，积极撰写书籍，招收全国学生。快元的复兴工作受到关东官吏上杉宪实的积极援助，使足利学校书籍丰富、学徒盈门。1446年，快元制定学规三条，将足利学校复兴为儒学教育机构。学规三条规定，学校教科书包括"三注"(《千字文集注》、《古注蒙求》、《胡曾诗注》)、"四书"(《论语》、《孟子》、《中庸》、《大学》)、"六经"(《尚书》、《礼记》、《诗经》、《易经》、《春秋》、《乐记》)以及《列子》、《庄子》、《老子》、《史记》、《文选》等。

17世纪中期，朱子学在日本兴起，形成不同学派和主张。不少学者创建私塾或家塾，招收武士贵族子弟。大臣、学者获得幕府或藩主资助创建的教育机构称家塾，学者独自创建的教育机构称私塾，办学目的都是在弘扬各自学术观点的同时进行武士教育。幕府时代中期，部分私塾获幕府、藩主资助，逐渐转变为公立藩校。幕府和各藩建立藩校，招收武士子弟及少数地主子弟，进行朱子学和武士道教育，目的只是提高武士的个人修养而非晋升官吏。藩校、家塾和私塾统称为"学问所"，幕府后期多数藩校改用"明伦馆"、"弘道馆"、"学习馆"等称呼。"昌平坂学问所"(亦称"昌平黉")成立于1631年，是幕府时代学术研究与教育中心。幕府后期正式登录的藩校数量为278所。17—19世纪的主要藩校有稽古馆、作人馆、养贤堂、日新馆、明德馆、兴让馆、道学堂、文武学校、弘道馆、明伦堂、成德书院、立教馆、学习馆、修道馆、成之馆等。

随着社会经济的发展，识字成为各阶层人民的共同需要，以教育庶民子弟为目的的"寺子屋"就应运而生。寺子屋发源于江户时代，僧侣、神职人员(日本的神道)、农民、藩士、少数地主等都承担过寺子屋教育，对象主要为平民及其子弟，教育内容包括简单的读、写、算技能。寺子屋为民间自发的庶民教育机构，幕府或藩没有给予政策资助，因此没有固定的教育场所。

"乡校"是幕府中后期的另一类教育机构，主要分布在日本中西部较为偏僻的大藩区。由于交通不便等原因，藩主或其重臣在藩校外另行开设乡校，教育本藩贵族子弟或庶民。创建之初分为贵族乡校和庶民乡校两类。贵族乡校从性质上看类似于藩校的分校，接受本地区藩校的监督与管理，多由本地区藩校教师定期下到乡校进行教育。庶民乡校由藩主、地方官吏、民间有识之士创办，招收本藩庶民子弟，进行简单的读、写、算教育，受本藩的监督和领导，因此有别于民间自发产生并运营的寺子屋。

随着对外交流的增加，尤其是1853年的培理事件后，日本社会出现了学习西洋文化的风潮。西洋文化是荷兰、英国等国家通过部分港口城市传播到日本的，故称"兰学"、"英学"。幕府于1856年成立最初的西学机构——"蕃书调所"，负责翻译西洋文献，进行西洋教育，并承担外交事务。"蕃书调所"最初招募191名学者教授，先开设了荷兰语、英语，后增加了西洋科学技术教育方面的内容。1863年"蕃书调所"改称"开成所"，开设了荷兰语、英语、法语、德语、俄语等语言课程和天文学、地理学、穷理学、数学、物产学、化学、器械学、画学、活字印刷学等技术课程。幕府创建的另一兰学机构为"海军传习所"。佩利登陆事件以后不久，幕府收到荷兰政府捐赠的一艘军舰，深感建立海军之必要，由此建立"海军传习所"，聘请荷兰教官教授航海、船炮等技术。"海军传习所"所设的课程有荷兰语、航海术、造船术、炮击术、测量术等，并作为其基础学科设置了西洋数学、天文学、地理学等课程。参加课程学习的不仅包括幕府官僚，还有来自各藩的贵族。民间兰学机构也蓬勃发展，绪方洪庵创建的适适斋塾(亦称"适适塾")，伊东玄朴创立的西洋医学所等私塾，都是以医学为中心的兰学教育及研究机构。

1868年明治维新以后，日本建立起近代学校体制。1872年，日本颁布《学制》，标志着日本近代学校体制建立。《学制》以"学问为立身之本"为教育理念，以"人人平等、普及教育"为实施原则，建立以小学、中学、大学为基干的学校教育体系，并宣布创办师范学校、职业学校、专门学校等。《学制》全文分"关于大中小学区"、"关于学校"、"关于教师"、"关于学生及考试"、"关于海外留学"、"关于学费"六大部分，共109章。翌年颁布《学制二篇》，增加了"海外留学生规则"、"关于神官僧侣学校"、"关于学科毕业证书"三部分内容。此后陆续进行补充，最终被扩充为213章。《学制》实行学区制，试图用单轨公共教育消除明治维新前存在的各种教育机构之间的等级差别，规定全国分为8大学区，一个学区分为32个中学区，一个中学区分为210个小学区，在各级学区分别设大学、中学、小学各一所。小学分初等与高等；初等小学招收6～9岁儿童，设置音标、识字、单词、会话、读本、修身、读书、文法、算术、养生法、地学大义、理学大义、体术、唱歌14门课程；高等小学招收10～13岁儿童，在初等小学课程基础上增设史学大义、几何图形学大义、博物学大义、化学大义等课程。《学制》由文部省拟定并申请审批，其中关于教育经费的国库拨款部分未能获得大藏省的同意，教育经费无法及时下达到地方,而在"受益者付费"原则下征收的学费对贫民又是过重的负担。1885年,义务教育就学率仅为49.6%。不久,《学制》因缺乏财政支援和教育内容脱离实际而变得有名无实。1879年,日本政府颁布《教育令》,并废除《学制》,不再进行全国划一的教育管理,在地方分权主义、自由主义的原则下要求地方政府根据本地情况制定具体教育政策。翌年,明治政府颁布《改正教育令》,宣布收回下放的行政权力,实行中央集权的教育政策。从《学制》到《改正教育令》期间,明治维新之前的贵族、豪商阶层积极引进西方思想,成为维新后的知识人士。他们创设私塾,掀起了自由民权运动。1873年,东京的私塾已有40余家,著名的有福泽谕吉创建的庆应义塾、中村正直创建的同人社、近藤真琴创建的攻玉社等。1886年,第一任文部大臣森有礼颁布《帝国大学令》、《师范学校令》、《小学校令》、《中学校令》、《诸学校通则》,明确了各级学校的作用与任务,指出"基于国家需要的学术自由与德化教育之间的区别"为日本近代建构学校教育体系的原则。该法规定:小学阶段为"寻常小学"4年,为义务教育,"高等小学"4年;中学设五年制寻常中学与两年制高等中学;师范学校分为培养小学教师的寻常师范学校和培养中学及寻常师范学校教师的高等师范学校。森有礼以后担任文部大臣的井上毅加强了职业教育、女子中学教育,进一步完善了森有礼的教育改革。1890年10月,由明治天皇签署的《教育敕语》颁布全国,全文如下:"朕,念我皇祖皇宗,肇国宏远,树德深厚,我臣民克忠克孝,亿兆一心,世世济厥美,此乃我国体之精华也。教育之渊源,亦实存乎此。望尔臣民,孝父母、友兄弟、夫妇相合、朋友相信、恭俭律己、博爱及众、修学问、习职业,以启发智能,成就德器,进而广行公益,开辟世务,常嘱国宪,时守国法,一旦危急,则义勇奉公,以扶翼天壤无穷之皇运。如是,则不独可为朕之忠良臣民,且足以显彰尔先祖之遗风。斯道,实乃我皇祖皇宗之遗训;子孙臣民俱应遵守,使之通古今而不谬,施中外而不悖,朕原与尔等臣民俱拳拳服膺,咸一其德。"从《帝国大学令》到《教育敕语》的颁布,标志着日本中央集权教育体制的形成。

日俄战争后,日本军国主义势力加紧海外扩张步伐。山县有朋于1895年提交的《军备扩充意见书》奠定了日本军备扩充的基础。教育方面在"富国强兵"口号下提出两大改革方向:一是进一步扩充中高等教育,为国家培养高级人才;二是提高义务教育质量,统一国民思想。具体措施:文部省于1899年颁布《实业学校令》,1903年颁布《专科学校令》,力图取得普通中等教育与职业中等教育的平衡发展。1897年,日本成立京都帝国大学以及大阪高等工业学校、神户高等商业学校、盛冈高等农林学校等高等教育机构。1900年全面修订《小学校令》,确立了第二次世界大战以前日本小学的发展模式。《小学校令》规定:废除原有的三年制小学,创办统一的四年制小学;将读书、作文、习字合并为国语课;将修身、国语、算术、体操设为学校必修课;强化汉字与平假名、片假名教育;废除考试升级制,用日常考查代替考试;废除学费征收制度等。大正时代(1912—1926),日本经历了一场社会民主运动(大正德谟克拉西)的发展与消亡,文部省强化了对学校、学生的思想控制。1920年,文部省在学务局设置社会教育科;1921年,图书局设置二科,负责教科书的编撰、发行、检查,并成立教科书调查委员会,对教科书的发行进行调查和监督;1929年4月设立学生部,加强对国民,尤其是对学生的思想控制;1941年将小学改称"国民学校";1932年,成立国民精神文化研究所,对国民精神文化进行研究、指导、普及;1934年将学生部升级为思想局,对学校及社会教育团体进行思想调查、指导、监督。在1941年的教育改革中,负责战时教育改革的教育审议会确定战时教育体制的基本方针,除了把"小学"改称为"国民学校"外,还将其分为初等科和高等科;初等科开设国民、理数、体炼、艺能科目,高等科在初等科基础上加设职业科目。这些科目又被细分为若干课程,例如国民科包括修身、国语、地理、历史等。为适应战时需要,课程中糅进了战争合理性以及亚洲各国风土人情等方面的内容。审议会要求各类学校注重活动及军事训练。中学开设国民科、理数科、体炼科、艺能科、外语科、家政科、职业科。教育审议会特别指出,诸如修身、公民、历史等与学生思想道德相关的教科书应由文部省统一编写。

1945年8月,日本无条件投降,并接受美国为首的"盟军"管理。美国教育使节团于1946年在日本进行教育考察,写出《美国教育使节团报告书》,向日本提出教育改革的方向和建议。报告书除绪论外,分为日本教育的目的与内容、国语改革、初中等教育阶段的教育行政、教学方法与教师教育、成人教育和高等教育6章,提出建设民主主义教育理念、方法和教育制度的构想,具体提议涉及"六三三"学制、免费的义务教育、男女同校、大学自治、大学阶段的教师培养、地方分权的教育行政管理等方面。在报告基础上,日本成立教育刷新委员会,并于1947年颁布《教育基本法》、《学校教育法》和《学习指导要领》。《学习指导要领》规定,小学设国语、社会、算术、理科、音乐、图画、家庭、体育及自由研究等课程;中学设国语、社会、数学、理科、音乐、图画手工、体育、职业等必修课和外语、习字、职业及自由研究等选修课程。高中课程的主要特点在于实施学分制及选修制,国语、数学、社会、理科、保健体育等为必修课,同时开设多种选修课,85学分为总学分,其中38学分为必修学分。函授高中和半日制高中也是当时日本的重要教育机构,随着经济的发展,升学率直线上升。包括高等教育在内的各级各类教育发展迅速。1953年,日本共有226所本科大学、228所短期大学,到1971年发展成为389所四年制大学、486所短期大学。随着高等教育的发展，面向名牌大学的考试竞争日趋激烈，学生的学习压力逐步升级。20 世纪 60 年代后期到 70 年代，中小学校内欺负、大学学潮等问题迫使文部省进行教育改革。文部省于 20 世纪 70 年代提出教育改革的构想。1984 年，日本设立临时教育审议会，开始进行日本近现代史上的第三次教育改革。

日本现行教育制度

教育行政　日本教育行政机构由文部科学省，都道府县知事、议会、教育委员会和市町村长、议会、教育委员会三层结构组成。

文部科学省为最高教育行政机构，其职能主要包括三个方面。(1) 初、中等教育方面：制定幼儿园、中小学、特殊学校、中等教育机构的课程标准；负责教科书审定、教科书无偿捐助及相关工作；负责学生指导相关工作；制定地方教育机构的中小学教育宏观政策；制定教育公务员相关政策；制定中小学班级人数、教职员人数、教职员待遇、学校设施等相关规定。(2) 高等教育方面：制定高等教育宏观政策；审查大学、短期大学、高等专门学校的创办资格；制定大学入学考试、学位授予、奖学金、留学生交流等方面的相关政策；审查、认可私立学校法人资格，并对学校法人进行相应的学校管理指导；制定私立学校资助政策。(3) 教育政策方面：负责宏观教育政策的规划、立案咨询；进行国内外教育现状调查；制定社会教育、家庭教育援助政策；制定广播电视大学及各种学校的相关指导政策。

都道府县、市町村级别的教育行政管理部门包括知事、市町村长、议会、教育委员会等。知事、村长作为地方行政团体的最高负责人，由选举产生，其主要职能：管理本地区公立大学；决定本地区私立学校的设立、取消、经费资助等事务；决定教育委员会成员的任免；向议会提交有关教育经费预算、政策条例草案；执行议会和教育委员会关于教育资产取得、分配的相关决定。议会亦由选举产生，教育方面的职能：制定地方教育政策和条例，制定预算方案、学校学费及入学费相关政策；审查教育委员会委员的资格等。日本《地方教育法》和《地方教育行政组织经营法》规定，都道府县教育委员会和市町村教育委员会为平行关系而非上下级关系，但实际工作中，前者对后者具有进行指导、提供建议的义务。都道府县教育委员会的具体职责：都道府县立学校(大学、特殊学校、高中、短期大学)及其他教育设施(美术馆、博物馆、图书馆、教育研究中心等)的建设与管理；公共教育资产的管理及相关业务；教育委员会及教职员的任免及人事管理、资格证书的颁发；对市町村教育委员会的教育事务进行必要的指导，提供相关援助。市町村教育委员会的职能：中小学及市町村教育设施、设备管理；课程、中小学

生学籍管理；教科书选定；辅助教材的审查与认可；社区教育相关政策制定；本地区体育运动事业管理。

学校教育制度　日本的各级各类学校包括幼儿园、保育所、六年制小学、三年制初中、三年制高中、特殊学校、四年制大学、两年制短期大学、高等专门学校、专修学校等。2010 年，日本 4 岁儿童的幼儿教育机构入园率为 97%，义务教育普及率为 99.9%，高中入学率为 97.3%，18~22 岁青年的高等教育机构入学率为 53.6%，总人口中完成高等教育者占 45%。

日本的学前教育机构分为幼儿园和保育所两部分。幼儿园归属于地方教育委员会，招收 3~6 岁儿童，每天的教育时间为 4 小时。保育所归属于厚生省，招收 2 月龄~6 岁儿童，为职业妇女提供 8 小时的全日制儿童保育服务。2012 年，日本有国立幼儿园 49 所，占全国幼儿园总数的 0.3%，公立幼儿园 4 925 所，占 37.4%，私立幼儿园 8 197 所，占 62.2%。另有保育所 22 355 所。幼儿园和保育所的教育内容根据文部科学省颁布的《幼儿教育要领》制定。根据规定，幼儿园不遵循特定的课程，通过为儿童创造各种游戏环境达到教育目的。

日本实施 6~15 岁的九年义务教育。2012 年，日本设有 21 460 所小学、10 699 所初中、5 022 所高中、49 所中等专业学校、1 059 所特殊学校。中小学阶段的教育课程遵循文部科学省颁布的《学习指导要领》。2002 年开始实施的《学习指导要领》将中小学教育目标规定为培养和谐发展的儿童，在充分考虑社区、学校实际情况和儿童身心发展阶段特点的基础上编制适当的教育课程，"在学校教育活动过程中，应创设富有创造性的教育环境，注重培养儿童的生存能力、自主学习和思考的能力，确实进行基础知识教育，从而充分伸展儿童的个性和潜能"。《学习指导要领》规定：小学设国语、社会、数学、科学、生活、音乐、美术、家政、体育等课程；初中设国语、社会、数学、科学(理科)、音乐、美术、体育(保健体育)、技术·家政、外国语等课程；高中设国语、地理·历史、公民、数学、理科、保健体育、艺术、外语、家政、信息等普通课程和农业、工业、商业、水产、家政、护理、信息、福利、体育、音乐、美术、英语、理数等专业相关课程。高中实行学分制，除了上述课程外，各学校还开设选修课。关于教科书和教学用书，《学校教育法》第 21 条规定："① 小学必须使用文部省编写或经过文部大臣审定的教科用图书。② 除教科书外，可适当采用其他教学用书及教材。"第 40 条和 51 条对初中、高中有同样的规定。第 107 条规定，高中和特殊学校的部分学科在没有文部省编写和批准的教材时，可适当采用其他教学用书。

日本的高等教育机构分为私立、国立、公立三类。2012 年，日本共有 783 所大学，其中，国立大学为 86 所、公立大学为 92 所、私立大学为 605 所。私立大学占 74.9%。公立大

学和私立大学的设立必须获得文部科学省的审查与认可，其法律依据为《学校教育法》和《私立学校法》的相关规定。大学设立前，应向文部科学大臣提出申请，大臣委托"大学设置·学校法人审议会"对大学进行审议。该审议会通过下设的"大学设置分科会"审查大学的课程设置、教师队伍、校舍、学校面积等；通过下设的学校法人分科会审查学校的经费储备、管理等。

日本采用开放式师资培养模式。各都道府县都设有一所国立教育大学，但按规定，其他综合大学的本科和研究生院也都可设置教师培养相关专业。《教职员资格法》规定，教师资格证书分为普通、特别、临时三种。普通资格证书颁发给那些毕业于教师培养机构并修得规定学分的人；特别资格证书颁发给通过教职员资格鉴定的人；在相关领域教师紧缺的情况下，地方教育委员会可通过颁发临时资格证书的形式聘用教师。普通资格证书又分为三类：专修资格证书要求获得硕士学位并修满规定学分；一类资格证书要求获得学士学位并修满规定学分；二类资格证书要求短期大学毕业并修满规定学分。获得学位并修满规定学分，即可在毕业的同时获得教师资格，但必须通过教师聘用考试，才能成为教师。

日本在职教师培训分为行政机构培训、大学培训两种。行政机构培训分为两大类：都道府县组织的教师培训包括初任教师培训、10 年教龄教师培训、老教师培训；文部科学省组织的教师培训包括校领导培训以及专题培训。大学培训包括旁听大学课程，在大学获得学位等形式。符合培训资格的教师向本校及当地教育委员会提出申请，经审查可获得带薪培训资格。

日本的教育改革

20 世纪 90 年代以来，日本为 21 世纪的教育发展提出诸多改革方案。改革是在深刻反省本国教育问题的基础上进行的。日本教育存在的主要问题有以下方面。(1) 初中等学校教育环境恶化，学校教育的存在合理性受到质疑。2010 年，全国公立中小学的暴力行为(包括对教师的暴力、学生间暴力、对他人的暴力、公物破坏等)有 5.4 万件，校内欺负事件 7.8 万件，辍学或半辍学的中小学生 12 万名，少年刑事犯罪近 14 万名。在问题少年增多的环境中，越来越多的父母认为子女面临的教育环境令人担忧。(2) 教育内容僵化、落后，无法适应社会变化，而社会对学生却提供了丰富多彩的可选择环境，学生对学校失去兴趣。(3) 高等教育缺乏创意的人才培养模式受到社会的批评。自泡沫经济崩溃以来，常年经济低迷使日本社会将矛头指向大学，要求大学培养富有创造性的高素质人才。

在这些背景下，日本于 2007 年修改《教育基本法》，进一步加强中央对全国教育宏观调控的相关权力，接着于 2009 年颁布《教育振兴基本计划》，拟定了此后 10 年的长期目标和 5 年的中期目标。在计划中，日本提出"全社会齐心协力办教育"、"在尊重个性前提下提高能力，培养作为个人和社会之一员生存的基础能力"、"培养兼具教养与专业素养的人才，促进社会发展"、"确保学生安全的生活环境，营造高质量的教育环境"等四大目标。为达到第一个目标所提出的改革目标包括：整合家庭、学校、社区的力量，提高社会整体的教育能力；提高家庭的教育能力；倾听社会对人才培养的需求；创建任何时间、任何地点都可以学习的良好环境。为此，更提出了 5 年内的具体措施方案，例如在全国设立"学校支援社区中心"，动员全社会力量协助学校的教育活动；提出与社区发展相适应的学校配置计划，增加择校制度的适应范围，促进建立社区学校；通过设立放学后学校等方式，积极利用社区资源为放学后的学生们提供更多的体验、交流活动机会。为达到第二个目标所提出的改革目标为：培养扎实的学力，包括知识、技能、思考力、表现力、判断力、动力等；培养规范意识，使学生形成丰富的心灵和健康的体魄；提高教师素质，创造教师面对每个学生的环境；强化教育委员会的职能，建立系统的学校组织管理体制；促进幼儿教育和特殊教育。为达到第三个目标所提出的具体措施为：改革本科课程体系，适应社会要求；形成世界一流水平的、卓越的研究据点，从根本上强化研究生教育；促进大学的国际化进程；支持各地联合国立、公立、私立大学积极进行资源整合来促进地域发展；保障大学质量；创造条件支援大学的教育、研究。为达到第四个目标所提出的具体措施为：建设让学生放心、安全的教育环境；改善教育环境，进一步提高教育质量；振兴私立学校的教育研究；确保教育的机会均等。

参考文献

王桂. 日本教育史[M]. 长春：吉林教育出版社，1987.

文部科学省高中课. 高中学习指导要领解说：总论[M]. 东山书房，2000.

朱永新，王智新. 日本教育概览[M]. 太原：山西教育出版社，1992.

(姜英敏)

日伪统治区教育　　日本侵略者通过占领区建立的伪政权而推行的殖民主义教育。1931 年，日本发动九一八事变，东北沦陷。1932 年伪"满洲国"成立。1937 年七七事变后，日本占领中国的大片国土，建立了华北、南京伪政权。在占领区内，日本侵略者采取屠杀与奴化相结合的政策，中国人民开展了反奴化教育的斗争。

日伪统治区的殖民教育政策

日伪政权建立伊始,发表《满洲国建国宣言》:"进而言教育之普及则当惟礼教之是崇,实行王道主义;必使境内一切民族熙熙皞皞,如登春台。保东亚永久之光荣……"接着伪满又规定教育方针为重仁义礼让,发扬王道主义,对于人民生活方面,力谋独立安全;交谊方面崇尚自重节义;而对于世界民族,以亲仁善邻共存共荣,以达于大同为宗旨。1937年在《学制纲要》中进一步规定:"遵照建国精神及访日宣诏之趣旨,以咸使体会日满一德一心不可分之关系及民族协和之精神,阐明东方道德,尤致意于忠孝之大义,涵养旺盛之国民精神,陶冶德性,并置重于国民生活安定上所必需之实学,授之知识技能,更图保护增进身体健康,养成忠良之国民为教育之方针。"

殖民主义教育方针是根据日本侵略者实行法西斯统治,进行经济掠夺,扩大侵略战争的需要而制订的。它规定了殖民主义教育的方向、内容与目的,突出思想奴化教育,降低文化知识教育,其最终目的是所谓训育忠良之国民。1940年秋,"东亚教育"大会在东京举行,会议旨在统一其占领区的教育方案。实际上,日本通过不断强化"奴化"、"驯服"等教育措施,试图泯灭统治区内中国人民的民族意识和爱国热情,从而维护其殖民统治。

东北沦陷区的奴化教育

九一八事变前,虽然东北的教育比关内落后,但随着民族工商业的兴起,教育事业也有一定发展。张学良对东北的教育建设十分重视,曾拨教育经费发展各县中、小学,特别是捐款东北大学,使东北大学的建设规模"为当时全国之冠"。他还兼任东北大学校长,以比关内大学高一两倍的工资,聘请名教授任教。张学良还捐资建立汉卿教育基金会,资助各校经费及社会文教活动,资送优秀毕业生出国深造。当时,东北有中、小学1 300余所,有在校学生70余万人,教职员2.4万余人,建有东北大学、交通大学、奉天医学专门学校、吉林大学等一批大专院校。

九一八事变前,日本在东北开设了两类学校:一类是为日本侨民子弟设立的,另一类是为中国人设立。后者有公学堂(相当于高小)21所,学生12 364人;普通学堂(相当于初小)120所,学生46 830人;中学(旅顺、南满)2所,学生617人;实业学校(矿、农、商)4所,学生229人;大学有旅顺工科、南满医科2所,学生730人。

九一八事变后,日本侵略者一度下令:停办东北沦陷区的高等学校,代之以各种"养成所",以培植效忠日本侵略者的汉奸。伪"满洲国"政府成立后,又在其民政部内设文教司,后改为文教部,主管东北的学校教育,并开始用"文治"来笼络人心。1933年,日本侵略者对中、小学进行所谓的整顿、恢复和发展,把普通中学全部改为农、工、商、水产实科中学。同时,对高等学校由停办转为恢复、创办到最后实行战时教育。1932年,东北沦陷区只有三所高等学校,学生171人;中等学校380所,学生47 322人;初等学校2 595所,学生662 795人。到1933年,中等学校减少至263所,学生减为32 621人;1937年,中等学校又减至251所,学生45 450人。

1937年5月,伪满政府公布了一个殖民地奴化教育的所谓"新学制",即《学制纲要》,废除了原来的"六三三"学制。自此,《学制纲要》成为华北及南京伪政权推行殖民地奴化教育的基础。

《学制纲要》基本点有三:一是尊奉日本为宗主国;二是提出了日满关系不可分的观念;三是注重伪满的建国精神教育。

《学制纲要》规定的学校系统为三段四级,共13年。(1)初等教育,施行国民之基础教育及其"实务教育",以涵养成为"忠良国民之性格"为目的。初等教育分为国民学校(4年)、国民优级学校(后期小学2年)两级。另设有国民学舍、国民义塾(3年,由私塾改造而成)。(2)中等教育,施行以实业教育或实务教育为主的国民教育,"养成堪为国民之中坚者为本旨"。设有国民高等学校,分农、工、商、水产四科(4年),女子高等学校以"养成堪为贤妻良母为目的",学习年限4年。另设2年制的男、女职业学校;师道特修科和师道学校(均为2年),以"养成堪为教师为目的",也就是培养初等教育的教师。(3)高等教育,"以使修得关于高等学术之理论及实际,养成国家枢要人才为本旨"。设有大学,分为农、工、商、水产四科,学习年限均为3年;师道高等学校,"以养成中等教育之普通科目之教师",学习年限为3年。

《学制纲要》的特征是:(1)学制年限缩短。新学制比"六三三四"学制缩短3年,比当时日本国学制缩短6年。中等、高等教育年限的缩短,降低了中等、高等教育的水平;而初等教育年限比重则占整个学制年限的46%,这在中外学制史上都是罕见的,也是殖民地宗主国愚民政策的反映。(2)保存落后的私塾,降低了初等教育水平。(3)中等教育职业化。该学制的中等教育全部以分科中学取代普通中学,从而降低了中等教育的质量。(4)高等学校是农、工、商、水产等专科学校,不设置文理科,降低高等教育的水平。(5)日语定为必修的"国语"科,将原有的国语科改为汉文科,企图以日语同化中国的青少年。

《学制纲要》强制施行之后,东北沦陷区的殖民学校有了一定增加,到1942年,初等教育尤为突出。从数量上看,初等学校1937年为1.4万余所,学生11.7万余人;1939年为1.6万余所,学生为157.9万余人。高等学校1939年为14所,学生2 372人。到1943年,初等学校为1.8万余所,学生 180.1 万余人;高等学校 23 所,其中大学 13 所,学院 8 所,养成所 2 所,学生共 8 342 人。由于日本侵略者忙于经济掠夺,无力增设学校,只有在原有学校中增加班级,且教育设备异常简陋,导致东北儿童的就学率不足 30%,失学率惊人。

伪满教育大力举办私塾,逐年增加私塾数量,以封建道德思想麻痹愚弄东北少年儿童。1933 年,全东北有私塾 832 所,塾师 866 人,学生 16 133 人;到 1941 年,私塾增加到 1 393 所,塾师 1 393 人,学生 38 300 人。

伪满教育特设"大同学院"和"建国大学"为法西斯统治服务,名为训练自治指导人员及专门人才,实质是培植高级亲日分子和汉奸。

日本侵略者通过实行"勤劳奉仕"制度为其经济掠夺服务。所谓"勤劳奉仕"就是强制性劳动,迫使青年学生参加其经济掠夺。从 1937 年开始,日伪各类学校的强制性劳动日益增多,仅 1940 年,全东北就动员了 5.5 万多名学生参加"勤劳奉仕",这相当于当时大、中学校在校学生数的总和。1942 年,《国民勤劳奉仕法》颁布,它用"法令"的形式规定学生参加劳动。自此,东北青年学生成为日本侵略战争的重要劳动力。1943 年后,各类学校普遍减少全年授课时数,增添终日实习、终日训练、勤劳奉仕等科,致使青少年学生在脑力体力上疲惫不堪,严重影响身心健康的发展。

日本侵略者还极力把教育纳入战争的轨道。1944 年,对所有的大学宣布实行"决战体制",其中,"实行强化军事教育"是一个重要内容。此外,还强令教育界开展"捐纳兵器"等活动,把发动侵略战争的经济成本转嫁到师生身上,强迫师生拥护"大东亚圣战"。

日本人享有教育特权是殖民教育的重要特征。日伪总务长官星野直树承认,在东北,日本人受教育的普及程度高过日本国内,并提出在东北的所有日本人都要上大学。日本人享有教育特权还表现在实行所谓的"日满共学制"上,即不仅在国民高等学校这样的中学里,日本学生比例逐渐增加,甚至准备全部取代中国学生,而且大学更为明显。1938 年,大学开始招收日本学生,日本学生迅速增多,到 1943 年,高等学校中国学生仅占 39%,日本学生则占 55% 以上;中国教师仅 263 人,而日本人教师达 773 人,表明东北的高等教育已完全为日本人所垄断。

汪伪统治区的殖民教育

1940 年 3 月,南京伪"国民政府",即汪伪政府成立。汪伪政府按照日本国 1938 年制定的《从内部指导中国政权的大纲》提出的关于文化教育的有关政策来管理统辖文化教育事业,如尊重汉民族固有文化,特别尊重日华共通的文化,恢复东方精神文明,彻底禁止抗日言论,对共产党应绝

对加以排除打击,对国民党则应修正"三民主义"使之逐渐适应新政权,以及振兴儒教等。

表面上,汪伪政府仍以"三民主义"为教育宗旨,在学制上维持"六三三"制的原状,但在课程内容上则大有变动。如规定沦陷区的学校一律不准读中国历史、地理;一律删去教科书上的爱国思想内容,以"中国日本化"为其课程内容的原则,以日语为外国语;本着"建国精神"、"和平建国"、"共荣共存"、"日汪提携"理论进行知识教育、健康教育、政治教育、家庭教育、科学教育等。

汪伪政府在初等教育、中等教育中重视向儿童和青少年灌输奴化教育思想。在师资、课程、教材内容上严加控制,每所中学都派有日本教官监视。其中,尤为重视高级亲日分子的培植,注重高等学校和赴日留学的建设。日伪在北平沦陷区设立 7 所高等学校,如 1938 年 1 月设立在北平的"新民学院",专门培养到各伪机关工作的学生;如"师资讲肆馆",分为中、小学两部,主要训练中、小学教师;还有"北平师范学院"、"中国大学"、"北平大学农医学院"、"外国语学校"、伪"军官学校"等。1940 年,汪伪政府还将南京大学改为"中央大学",作为培植亲日高级人才的基地。

沦陷区人民反奴化教育的斗争

沦陷区日伪施行的奴化教育激起了广大爱国师生的反抗斗争。大部分爱国师生在《东北反日总会及抗日联军政治纲领》的号召下,积极投入到"反对日本仔的奴化教育"的斗争。他们反对强迫教授日文、日语,反对日本强夺中国邮政、电信,要求思想、言论、出版、集会、结社、书信和读书等自由。东北沦陷区的学生,每当校方命令他们高呼"满洲国万岁"时,常杂有响亮的"满洲国完事儿"的呼喊声。不少师生都参加了抗日联军和东北义勇军,直接打击日本侵略者,还有一部分师生被迫逃亡关内。

在日伪的高压之下,北平沦陷区的爱国师生仍然保持着五四时的爱国精神,时刻不忘自己的祖国。他们不穿伪政府规定的制服,以示反抗。为了牢记民族的文化、历史,许多师生努力学习祖国的语言和文字,他们采用两套课本,当日伪不在场时就教读中文课本。1937 年上海沦陷后,中共上海地下组织,利用战区小学教职员联合会的名义,领导开展抗日救亡活动,组织小学教师同人进修会,在租界开展公开的抗日救亡活动。1939 年形势恶化后,化整为零,分散开展更广泛、更深入的小型活动,如开展合作社、读书会等。1941 年,中共上海地下组织还利用女青年会宗教性团体,组织"曙光团契",联络中、小学女教师进行抗日爱国主义教育,1944 年 6 月,中共上海地下组织发动小学教员罢教运动。

在抗战期间,延安的《解放日报》、《新华日报》经常揭露

日伪的奴化教育。1943年9月,《解放日报》发表《沦陷区的青年学生是怎样读书呢?》的文章,揭露日伪学校注重日语学习,提倡尊孔读经和有关日伪统治下青年学生的非人生活等内容,以此教育全国人民和沦陷区人民认识日伪殖民教育的用心。1944年12月,为纪念"一二·九"运动9周年,中国共产党领导下的陕甘宁边区第二届参议会第二次会议在致全国青年通电中呼吁:"在敌占区的学生们!青年们!团结你们的力量,潜伏你们的力量。组织一切爱国人士,成为广大的地下军,学习法国光荣的斗争,准备八路军、新四军与同盟军到来里应外合!瓦解伪军、伪政权,迎接反攻!和解放区的斗争配合起来!"为沦陷区青年学生指明了斗争方向。

参考文献

顾明远.教育大辞典[M].上海:上海教育出版社,1990—1992.

毛礼锐.中国教育通史[M].济南:山东教育出版社,1988.

孙培青.中国教育史[M].上海:华东师范大学出版社,2000.

王炳照.中国教育思想通史[M].长沙:湖南教育出版社,1994.

中国大百科全书总编辑委员会《教育》编辑委员会.中国大百科全书·教育[M].北京:中国大百科全书出版社,1985.

(郭 怡)

儒家教育思想 以孔子学说为代表的教育思想体系。儒家是春秋战国之际形成的一家学派,其创始人是孔子。孔子继承了六艺教育传统和夏商周三代教育思想遗产,在当时特定的历史条件下进行了大量文化教育和社会政治实践,从而形成了独具特色的儒家教育思想体系。孔子去世后,儒家分为八派,其中影响最著者是孟子与荀子。虽然孟子与荀子均恪守孔子儒学的基本精神,但孟学主儒学之义理精神,荀学执儒学之文献师传,由此开创了儒家流变的两大方向。它既促进了儒家自身的发展,也扩大了儒学的社会影响。直到汉代董仲舒所提的"罢黜百家,独尊儒术"主张被汉武帝接受后,儒家学说遂成为中国古代社会两千余年占统治地位的主导思想体系,并对中华民族文化与教育的发展产生了深刻影响。

孔子教育思想

孔子(前551—前479),名丘,字仲尼,鲁国陬邑(今山东曲阜)人。孔子从小好学,经常喜欢做习礼游戏,青年时期做过"委吏"和"乘田"等小官吏,自称"吾少也贱,故多能鄙事"(《论语·子罕》)。三十岁左右开始私人讲学,五十多岁时,当了鲁国的中都宰,不久升为大司寇,但仅仅三个月就被迫离开鲁国,奔走于宋、卫、陈、齐等国,度过了十四年的流亡生涯,后又重返鲁国,专事讲学和整理古代文献,直到逝世。孔子自述其成长过程是"吾十有五而有志于学,三十而立,四十而不惑,五十而知天命,六十而耳顺,七十而从心所欲,不逾矩"(《论语·为政》)。孔子一生的主要言行,经其弟子和再传弟子整理编成《论语》一书,成为儒家学派的经典。孔子的教育思想十分丰富,既涉及许多教育基本理论,又包括许多教育、教学的实际经验。他的教育思想对中国社会与文化教育事业的发展产生了极其深远的影响。

教育作用 孔子非常重视教育的作用。"《书》云:'孝乎惟孝,友于兄弟,施于有政',是亦为政。"(《论语·为政》)即通过文化教育把孝顺父母、友爱兄弟的风气传播到社会上去,就会影响政治。他认为要治理好一个国家,除了有众多的人口,还要使其在经济上富足起来,在此基础上,应进一步加强教育,提高文化和道德水平,即所谓"庶、富、教"。孔子认为在治理国家上,教育工作比国家的政令、法律更加重要和有效,指出"道之以政,齐之以刑,民免而无耻;道之以德,齐之以礼,有耻且格"(《论语·为政》)。

教育目的和对象 孔子从"为政在人"的政治主张出发,一方面提倡"礼贤下士"、"举贤才",重用已有的贤能之士;另一方面致力于通过教育来培养君子贤人,即所谓"仕而优则学,学而优则仕"(《论语·子张》)。正是从这种教育目的观出发,孔子在教育对象的选择上明确提出"有教无类"的主张。他认为应该扩大受教育对象的范围,不分贵贱贫富,都应热心教诲,即所谓"自行束脩以上,吾未尝无诲焉"(《论语·述而》)。在孔子的弟子中,既有出身名门望族的孟懿子,也有被称为"贱人"的仲弓父和"鄙家"子弟子张;既有以货殖致富、家累千金的子贡,也有蓬户瓮牖、捉襟见肘的原宪和穷居陋巷、箪食瓢饮的颜渊;既有北方的卫人子夏、陈人子张,也有南国吴人子游,说明孔子的施教对象是复杂多样的。

教育内容 孔子从培养治国安民的君子和贤士的教育目的出发,在教育内容上主张以思想品质和伦理道德为主,所谓"子以四教:文、行、忠、信"(《论语·述而》)。孔子主张"弟子入则孝,出则弟,谨而信,泛爱众而亲仁,行有余力,则以学文"(《论语·学而》),并要求学生应当"志于道,据于德,依于仁,游于艺"(《论语·公冶长》)。孔子特别重视诗、礼、乐等方面的教育,提出"兴于诗,立于礼,成于乐"(《论语·泰伯》),认为"不学诗,无以言","不学礼,无以立"(《论语·季氏》)。在教育内容上,孔子虽然突出诗、礼、乐,但对其他内容并不忽视。《诗》、《书》、《礼》、《易》、《春秋》都向学生传授,以使学生获得多方面的知识和比较全面的锻炼。

道德教育原则 孔子将道德修养摆在十分突出的位置,提出与之配套的道德教育的原则。

第一,立志乐道。确立人生的远大理想和宏伟目标,解决前进的方向和动力问题。孔子指出:"人无远虑,必有近忧。"(《论语·卫灵公》)"三军可夺帅也,匹夫不可夺志也。"

（《论语·子罕》）一个人应确立什么样的志向呢？孔子说要"志于道"，并且要达到"乐道"的境界，就是要立志实现自己的远大理想和宏伟抱负，甚至可以为之献出生命，即所谓"朝闻道，夕死可矣"（《论语·里仁》）。孔子经常教育学生，眼前利益要服从于远大理想，他指出："无欲速，无见小利。欲速则不达，见小利则大事不成。"（《论语·子路》）他还说："小不忍，则乱大谋。"（《论语·卫灵公》）一个有远大理想的人，不应迷恋于物质享受，所谓"君子谋道，不谋食"，"君子忧道不忧贫"（《论语·卫灵公》）。他自称："饭疏食饮水，曲肱而枕之，乐亦在其中矣。不义而富且贵，于我如浮云。"（《论语·述而》）孔子特别反对那些"饱食终日，无所用心"的人，并极力赞扬颜回"一箪食，一瓢饮，在陋巷，人不堪其忧，回也不改其乐"（《论语·雍也》），认为这才是真正的"贤人"。他指出，立志乐道要经过长期的培养和艰苦磨炼，要以百折不挠的精神去经受困难的考验，只有"磨而不磷，涅而不缁"（《论语·阳货》），"岁寒，然后知松柏之后凋也"（《论语·子罕》）。

第二，自省自克。道德修养的核心是要使自己的内心世界符合社会公认的规范和准则，因此，道德修养贵在自觉。孔子在道德教育中特别强调从自我做起，指出要"躬自厚而薄责于人"（《论语·卫灵公》），即在与别人发生矛盾时，首先要"求诸己"，善于自我省察，自我克制。而要"求诸己"，就应一方面"见贤思齐焉，见不贤而内自省也"（《论语·里仁》），另一方面"克己复礼"，使视、听、言、动都符合社会公认的道德准则和规范。

第三，身体力行。也可以说是知行统一，言行一致。孔子主张"敏于事而慎于言"（《论语·学而》），"讷于言而敏于行"（《论语·里仁》），反对"言过其行"的人。他教育学生要"言必信，行必果"（《论语·子路》），他认为只有那些时时处处身体力行的人，才能成为道德高尚的人，所谓君子"无终食之间违仁，造次必于是，颠沛必于是"（《论语·里仁》）。

第四，改过迁善。孔子认为完美无缺的人是罕见的，每个人都有自己的优点和长处，同时也有自己的缺点和短处。克服缺点与发扬优点相辅相成，关键是对待缺点和错误的态度。他说，有的人有了缺点和错误时，竭力掩饰，文过饰非，"小人之过也必文"（《论语·子张》），有的人却能光明正大，不怕别人知道，并且决心改正，不再重犯，所谓"君子之过也，如日月之食焉；过也，人皆见之；更也，人皆仰之"（《论语·子张》），要求大家"过则不惮改"（《论语·学而》），并且做到"不贰过"（《论语·雍也》），指出"过而不改，是谓过矣"（《论语·卫灵公》）。

教学方法　孔子十分注重教学的方式方法。

第一，因材施教。孔子的教学实践充分体现了因材施教的特点。孔子在自己的教育教学实践中十分注意观察、了解学生，熟悉学生的特点与个性，因此他能够用精炼的语言准确地概括出学生的个性特征，如"柴也愚，参也鲁，师也辟，由也喭"（《论语·先进》），"由也果，赐也达，求也艺"（《论语·雍也》）。因此，他的教育和教学能够充分根据学生的实际水平和个性特征来进行，当学生同样问仁、问孝、问政时，其回答往往是难易、深浅、详略、繁简各不相同。如当子路和冉有都问"闻斯行诸"时，他的回答竟截然不同，就是因为两人特点不一，"求也退，故进之；由也兼人，故退之"（《论语·先进》）。

第二，启发诱导。在教育史上，孔子第一次精辟地表述了启发式教学的原则，所谓"不愤不启，不悱不发，举一隅不以三隅反，则不复也"（《论语·述而》）。孔子认为，在教学过程中，"可与言而不与之言，失人；不可与言而与之言，失言。知者不失人，亦不失言"（《论语·卫灵公》），又指出："言未及之而言，谓之躁；言及之而不言，谓之隐；未见颜色而言，谓之瞽"（《论语·季氏》），因此，教师在教育教学过程中要做既不失人又不失言的智者，而不能成为躁者、隐者和瞽者。只有这样才能培养出"闻一以知二"、"闻一以知十"（《论语·公冶长》）、"告诸往而知来者"（《论语·学而》）的优秀学生。

第三，学思结合。孔子阐述了教育教学过程中应当学思结合的观点。他指出："学而不思则罔，思而不学则殆。"（《论语·学而》）既强调学习的重要性："吾尝终日不食，终夜不寝，以思，无益，不如学也"（《论语·卫灵公》）。又强调思考的重要性，指出"君子有九思：视思明，听思聪，色思温，貌思恭，言思忠，事思敬，疑思问，忿思难，见得思义"（《论语·季氏》）。他主张时时处处用心思考，反对"饱食终日，无所用心"（《论语·阳货》）。

第四，博约兼顾。孔子主张学生在学习过程中应当"多闻"、"多见"，知识要广博。同时，他又主张学习知识不能杂乱无章，必须要有一个中心来统帅，强调要"博学于文，约之以礼"（《论语·雍也》），即要达到"一以贯之"、以简驭繁、博约兼顾、触类旁通的目的。

论教师　孔子根据自己四十余年的教师经验，强调教师自身修养的重要性，倡导教师应该为人师表。

第一，学而不厌，诲人不倦。孔子认为教师应当"学而不厌，诲人不倦"（《论语·述而》），这是成为一名合格教师的基础。主张教师应当勤学不辍，不耻下问，他说："我非生而知之者，好古敏以求之者也"（《论语·述而》），"十室之邑，必有忠信如丘者焉，不如丘之好学也"（《论语·公冶长》）。他主张教师要随时随地，向一切值得学习的人求教，即所谓"每事问"、"不耻下问"、"无常师"（《论语·八佾》），"三人行，必有我师焉"（《论语·述而》）。孔子在学习过程中达到了忘我的境界，"发愤忘食，乐以忘忧，不知老之将至"（《论语·述而》），即使到了晚年，孔子仍然希望"加我数年，五十以学《易》，可以无大过矣"（《论语·述而》）。他认为，学好是为了教好，因此"诲人不倦"更是教师最宝贵的品质和最崇高的境界。"爱之能勿劳乎？忠焉能勿诲乎？"（《论语·宪问》）他对学生真诚无私，传授知识毫无保留，做到无私无隐。"二三子，以我为隐乎？吾无隐乎尔，吾无行而不与二三子者。"（《论语·述而》）

第二，以身作则，身教重于言教。孔子不仅注重对学生的言教，更注重身教。他指出："其身正，不令而行；其身不正，虽令不从。"（《论语·子路》）"不能正其身，如正人何？"（《论语·子路》）从这个意义上说，教师的身教比言教更有说服力。

孟子教育思想

孟子（前372—前289），名轲，邹（今山东邹城）人。相传是鲁国贵族孟孙氏的后裔。父亲死得很早，母亲为改善他的教育环境，曾三迁其居，并曾引刀断织，以警戒他学习不能分心。孟子曾受业于孔子之孙子思的门人，自称是孔子的私淑弟子，他以学习孔子作为自己毕生的志愿。孟子是继孔子之后的儒家大师，被后世尊称为"亚圣"。流传后世的《孟子》一书，是孟子弟子对孟子言行和思想观点的记载。关于孟子的教育思想主要有以下几个方面。

"性善论"和教育作用　孟子认为人性生来就是善的，人生来就有不学而能的"良能"和不虑而知的"良知"，仁、义、礼、智等都是人原有的本性。"恻隐之心，人皆有之；羞恶之心，人皆有之；恭敬之心，人皆有之；是非之心，人皆有之。"（《孟子·告子上》）这就是仁、义、礼、智的"四端"。他认为所有这四种道德不是外铄的，而是人生来就有的，并由此认为"人皆可以为尧舜"（《孟子·告子下》），而"人之所以异于禽兽者几希，庶民去之，君子存之"（《孟子·离娄下》）。从性善论的观点出发，孟子进一步论证了教育在人性发展中的作用。他认为，既然人生来就具有仁、义、礼、智"四端"，那么教育的作用就是要帮助人们恢复、培养和扩充这种本有的"善端"，即所谓"学问之道无他，求其放心而已矣"（《孟子·告子上》），"存其心，养其性"（《孟子·尽心上》）。在这个过程中，孟子比较强调环境对教育作用的发挥所产生的影响。"富岁子弟多赖，凶岁子弟多暴，非天之降才尔殊也，其所以陷溺其心者然也。"（《孟子·告子上》）意在告诫人们应当充分重视环境对人的发展的影响。

孟子不仅强调教育对人的发展的作用，而且还十分重视教育对社会发展的作用。为了实行仁政，为了得到民众的支持和拥戴，教育的作用比政治都重要，所谓"善政不如善教之得民也"，"善政得民财，善教得民心"（《孟子·尽心上》）。主张要"谨庠序之教，申之以孝悌之义"（《孟子·梁惠王上》）。

教育目的　孟子提出教育的目的是"明人伦"。所谓人伦就是五伦之教，即"父子有亲，君臣有义，夫妇有别，长幼有序，朋友有信"（《孟子·滕文公上》），并指出"仁之实，事亲是也；义之实，从兄是也；智之实，知斯二者弗去是也；礼之实，节文斯二者是也；乐之实，乐斯二者"（《孟子·离娄上》）。孟子强调："天下之本在国，国之本在家，家之本在身。"（《孟子·离娄上》）这种以明人伦为中心的教育目的观，对中国古代社会教育产生了极为深刻的影响，成为中国古代教育的基本价值取向。

教学方法　孟子根据自己长期的教育教学实践经验，提出了许多富有积极意义的教学观点。

第一，自求自得。孟子强调在教学中应发挥学生的主动精神，自求自得。"君子深造之以道，欲其自得之也。自得之，则居之安，居之安则资之深，资之深则左右逢其源。"（《孟子·离娄下》）孟子认为教师在教学中只能给学生某些"规矩"，但难以使他们达到熟练自如。所以学生要想达到熟练自如的地步，就必须通过自己的艰苦努力，即所谓"梓匠轮舆，能与人规矩，不能使人巧"（《孟子·尽心下》）。孟子认为读书是必要的，但应求理解，使书为己用，而不能书云亦云，即所谓"说《诗》者，不以文害辞，不以辞害志。以意逆志，是为得之"（《孟子·万章上》），认为"尽信《书》则不如无《书》"（《孟子·尽心下》）。

第二，专心有恒。孟子十分注意培养学生精力集中，专心致志，持之以恒的学习态度。他认为不论智慧高低，不论内容难易，只要专心致志、持之以恒就能学有所得，反之，倘若心不在焉、一曝十寒就会一无所得。"虽有天下易生之物也，一日暴之，十日寒之，未有能生者也。吾见亦罕矣，吾退而寒之者至矣，吾如有萌焉何哉？今夫弈之为数，小数也；不专心致志，则不得也。弈秋，通国之善弈者也。使弈秋诲二人弈，其一人专心致志，惟弈秋之为听。一人虽听之，一心以为有鸿鹄将至，思援弓缴而射之，虽与之俱学，弗若之矣，为是其智弗若与？曰：非然也。"（《孟子·告子上》）"有为者辟若掘井，掘井九轫而不及泉，犹为弃井也。"（《孟子·尽心上》）

第三，启发引导。孟子认为，学习固然主要靠学生专心有恒，自求自得，但教师也不是无所作为，而是要积极引导，启发学生思维，指出前进的方向和目标。因此，他指出："大匠不为拙工改废绳墨，羿不为拙射变其彀率。君子引而不发，跃如也。中道而立，能者从之。"（《孟子·尽心上》）教学方法不能千篇一律，而应根据不同情况采取多种多样的方法。孟子认为："君子之所以教者五：有如时雨化之者，有成德者，有达财者，有答问者，有私淑艾者，此五者，君子之所以教也。"（《孟子·尽心上》）并指出"教亦多术矣，予不屑之教诲也者，是亦教诲之而已矣"（《孟子·告子下》）。

第四，循序渐进。孟子认为进行教学和学习知识如同植物生长一样，有自己的规律，必须循序渐进，而不能"揠苗助长",急于求成。"必有事焉,而勿正,心勿忘,勿助长也。无若宋人然:宋人有闵其苗之不长而揠之者,芒芒然归,谓其人曰:'今日病矣!予助苗长矣!'其子趋而往视之,苗则槁矣。天下之不助苗长者寡矣。以为无益而舍之者,不耘苗者也;助之长者,揠苗者也,非徒无益,而又害之。"(《孟子·公孙丑上》)要想幼苗茁壮成长,只有勤于耕耘,不愿耕耘,揠苗助长,必然失败。"流水之为物也,不盈科不行;君子之志于道也,不成章不达。"(《孟子·尽心上》)他提醒人们"其进锐者其退速"(《孟子·尽心上》),继承并发展了孔子"欲速则不达"的思想。

道德教育　孟子非常重视道德教育,提出了许多富有积极意义的道德教育原则和方法。

第一,持志养气。孟子认为道德教育的首要问题是立志。士要志于仁义,所居所由无不在于仁义,所谓"居恶在?仁是也;路恶在?义是也。居仁由义,大人之事备矣"(《孟子·尽心上》)。同时,他也非常重视持志,即要求人坚持自己的理想。指出一个人能以"仁义"为志,就能分辨善恶,区分当为与不当为,就能对符合"仁义"的善行积极行之,对违背"仁义"的恶欲严加克制,这样就能日以为善了。

第二,反求诸己。孟子从性善论出发,特别重视道德教育中的自我修养。他认为道德教育的重要原则是"反求诸己"。"爱人不亲,反其仁;治人不治,反其智;礼人不答,反其敬。行有不得者,皆反求诸己,其身正而天下归之。《诗》云:'永言配命,自求多福。'"(《孟子·离娄上》)孟子特别提出"慎独"的修养方法,就是要自我反省、自我监督和自我评价。这不仅是一种重要的修养方法,而且是道德修养的最高境界。他指出道德修养贵在自觉,只有能自觉为善,自觉拒恶,才算达到了道德教育的理想效果。

第三,改过迁善。孟子继承了孔子的思想,强调要培养改过迁善的精神,一方面鼓励人们改过自新,另一方面要求积极学习别人的善行。"虽有恶人,斋戒沐浴,则可以祀上帝。"(《孟子·离娄下》)他非常赞赏"闻过则喜"、"见善则迁"的做法,提倡"与人为善"。"子路,人告之以有过,则喜。禹闻善言,则拜。大舜有大焉,善与人同,舍己从人,乐取于人以为善,自耕稼陶渔,以至为帝,无非取于人者也。取诸人以为善,是与人为善者也。故君子莫大乎与人为善。"(《孟子·公孙丑上》)

第四,刻苦锻炼。孟子认为人的道德和才智是在艰苦条件下锻炼出来的,只有经过多次严峻的考验,才能获得进步与提高,才能担负重任。"故天将降大任于是人也,必先苦其心志,劳其筋骨,饿其体肤,空乏其身,行拂乱其所为,所以动心忍性,曾益其所不能。"(《孟子·告子下》)他提出"生于忧患,死于安乐"(《孟子·告子下》),认为大丈夫应能做到在各种考验面前毫不动摇,所谓"富贵不能淫,贫贱不能移,威武不能屈,此之谓大丈夫"(《孟子·滕文公下》),即

使在生死面前也要坚持"舍生取义"。"鱼,我所欲也,熊掌亦我所欲也;二者不可得兼,舍鱼而取熊掌者也。生亦我所欲也,义亦我所欲也;二者不可得兼,舍生而取义者也。"(《孟子·告子上》)

荀子教育思想

荀子(约前313—前238),名况,号卿,又称孙卿,战国末期赵国人。年轻时曾两次到齐国稷下讲学,一是在齐湣王时,荀子曾到稷下游学,不久离齐游楚。二是齐襄王时,荀子又回到齐之稷下,在列大夫中"最为老师",被尊称为卿,据说曾"三为祭酒",后被谗言所伤,离齐至楚,春申君请为兰陵令。公元前238年,春申君死,荀子失官在家。著书数万言。死后葬于兰陵。现存《荀子》一书,共三十二篇。

荀子处在战国末期,是先秦诸子思想的综合研究者,他深刻指出了各家学说的"见"和"蔽",既批判各家,又吸收各家,因而他的思想学说相当庞杂,但基本仍属儒家。荀子主张礼法并重,认为宇宙间存在着不以人的意志为转移的客观规律,"天行有常,不为尧存,不为桀亡"(《荀子·天论》),并提出了"制天命"思想。他主张"大天而思之,孰与畜物而制之!从天而颂之,孰与制天命而用之!望时而待之,孰与应时而使之!因物而多之,孰与骋能而化之!"(《荀子·天论》)荀子的教育思想非常丰富,大致包含以下几个方面。

"性恶论"和教育作用　荀子学说中最突出的是与孟子"性善论"相对的"性恶论"。"人之性恶,其善者伪也。今人之性,生而有好利焉,顺是,故争夺生而辞让亡焉;生而有疾恶焉,顺是,故残贼生而忠信亡焉;生而有耳目之欲,有好声色焉,顺是,故淫乱生而礼义文理亡焉。"(《荀子·性恶》)并进而从"性恶论"的观点出发,提出了教育所具有的"化性起伪"的重要作用。他讲道:"我欲贱而贵,愚而智,贫而富,可乎?曰:其唯学乎。彼学者,行之,曰士也;敦慕焉,君子也;知之,圣人也。上为圣人,下为士、君子,孰禁我哉!"(《荀子·儒效》)在此,荀子充分肯定了教育和学习对于人性发展、人格完善所具有的突出作用。与此同时,荀子还十分重视环境对人的发展的影响,他指出:"越人安越,楚人安楚,君子安雅。是非知能材性然也,是注错习俗之节异也。"(《荀子·荣辱》)又说:"蓬生麻中,不扶自直;白沙在涅,与之俱黑。兰槐之根是为芷,其渐之滫,君子不近,庶人不服。其质非不美也,所渐者然也。故君子居必择乡,游必就士,所以防邪辟而近中正也。"(《荀子·劝学》)荀子不但重视环境对人的发展的影响,而且认为人经过艰苦努力,可以改变自己的发展状态,完善自己的人性和人格。"涂之人百姓,积善而全尽,谓之圣人。彼求之而后得,为之而后成,积之而后高,尽之而后圣,故圣人也者,人之所积也。人积耨耕而为农夫,积斲削而为工匠,积反货而为商贾,积礼义而为

君子。工匠之子，莫不继事，而都国之民安习其服，居楚而楚，居越而越，居夏而夏，是非天性也，积靡使然也。故人知谨注错，慎习俗，大积靡，则为君子矣。"(《荀子·儒效》)可见，荀子认为教育对人的成长起着"化性起伪"的作用，任何人只要坚持不懈地接受良好的教育，都可以成为君子乃至圣人，即所谓"涂之人皆可以为禹"(《荀子·性恶》)。

此外，荀子也很重视教育的社会作用。他认为教育能够统一思想，统一行动，使兵劲城固，国富民强。"不教诲，不调一，则入不可以守，出不可以战。教诲之，调一之，则兵劲城固，敌国不敢婴也。"(《荀子·强国》)他充分肯定了教育的社会作用。

教育目的和内容　荀子明确地提出了教育的目的和内容。"学恶乎始？恶乎终？曰：其数则始乎诵经，终乎读礼；其义则始乎为士，终乎为圣人。真积力久则入。学至乎没而后止也。故学数有终，若其义则不可须臾舍也。为之，人也；舍之，禽兽也。故《书》者，政事之纪也；《诗》者，中声之所止也；《礼》者，法之大分，类之纲纪也。故学至乎《礼》而止矣。夫是之谓道德之极。《礼》之敬文也，《乐》之中和也，《诗》《书》之博也，《春秋》之微也，在天地之间者毕矣。"(《荀子·劝学》)可见，在荀子看来，教育旨在培养由士到圣人等各种人才，而教育内容正是诗、书、礼、乐、春秋。在教育内容方面，荀子特别重视乐教。在《荀子》一书中专门有一篇叫《乐论》，是一篇相当早的音乐教育理论著作。荀子认为音乐是表现人的快乐情感的一种重要方式。"夫乐者，乐也，人情之所必不免也。故人不能无乐，乐则必发于声音，形于动静；而人之道，声音动静，性术之变尽是矣。故人不能不乐，乐则不能无形，形而不为道，则不能无乱。先王恶其乱也，故制雅颂之声以道之，使其声足以乐而不流，使其文足以辨而不諰，使其曲直繁省廉肉节奏，足以感动人之善心，使夫邪污之气无由得接焉。"(《荀子·乐论》)在他看来，音乐的教育作用很大，"夫声乐之入人也深，其化人也速"(《荀子·乐论》)。荀子认为礼的作用是使上下有别，而乐的作用则是使上下和谐，只要礼乐并施就能"移风易俗，天下皆宁，善美相乐"(《荀子·乐论》)。此外，荀子还主张在音乐教育中注意区别"正声"和"奸声"，提倡正当健康的音乐，抵制低级庸俗的音乐，即所谓"凡奸声感人而逆气应之，逆气成象而乱生焉；正声感人而顺气应之，顺气成象而治生焉。唱和有应，善恶相象，故君子慎其所去就也"(《荀子·乐论》)。

教学方法　在教学问题上，荀子也提出了很多独到的见解。就学与思的关系而言，荀子特别重视学。"吾尝终日而思矣，不如须臾之所学也。吾尝跂而望矣，不如登高之博见也。登高而招，臂非加长也，而见者远；顺风而呼，声非加疾也，而闻者彰。假舆马者，非利足也，而致千里；假舟楫者，非能水也，而绝江河。君子生非异也，善假于物也。"(《荀子·劝学》)同时，他还认为教学或学习的过程包括闻、见、知、行四个环节，并把行看作是学习的最终目标。"君子之学也，入乎耳，着乎心，布乎四体，形乎动静"(《荀子·劝学》)，"不闻不若闻之，闻之不若见之，见之不若知之，知之不若行之。学至于行之而止矣。行之，明也。明之为圣人。圣人也者，本仁义，当是非，齐言行，不失毫厘，无他道焉，已乎行之矣。故闻之而不见，虽博必谬；见之而不知，虽识必妄；知之而不行，虽敦必困"(《荀子·儒效》)。

在教学过程中，荀子特别重视对学生学习态度和思想方面的培养和指导，这主要体现在以下几个方面：

第一，积微成著，积善成德。荀子认为知识是不断积累的，善德是逐步养成的。"积土成山，风雨兴焉；积水成渊，蛟龙生焉；积善成德，而神明自得，圣心备焉。故不积跬步，无以致千里；不积小流，无以成江海。骐骥一跃，不能十步；驽马十驾，功在不舍。锲而舍之，朽木不折；锲而不舍，金石可镂。"(《荀子·劝学》)又说："跬步而不休，跛鳖千里；累土而不辍，丘山崇成。厌其源，开其渎，江河可竭。一进一退，一左一右，六骥不致。彼人之才性之相县也，岂若跛鳖之与六骥足哉！然而跛鳖致之，六骥不致，是无他故焉，或为之，或不为尔！道虽迩，不行不至；事虽小，不为不成。"(《荀子·修身》)

第二，虚壹而静，专心有恒。荀子把学习态度归结为"虚壹而静"，特别强调专心有恒。"人何以知道？曰：心。心何以知？曰：虚壹而静。心未尝不臧也，然而有所谓虚；心未尝不两也，然而有所谓一；心未尝不动也，然而有所谓静。人生而有知，知而有志；志也者，臧也；然而有所谓虚，不以所已臧害所将受谓之虚。心生而有知，知而有异；异也者，同时兼知之；同时兼知之，两也；然而有所谓一；不以夫一害此一谓之壹。心卧则梦，偷则自行，使之则谋；故心未尝不动也；然而有所谓静；不以梦剧乱知谓之静。未得道而求道者，谓之虚壹而静。"(《荀子·解蔽》)在学习过程中，荀子尤其反对志不专注，用心浮躁。"螾无爪牙之利，筋骨之强，上食埃土，下饮黄泉，用心一也。蟹六跪而二螯，非蛇蟮之穴，无可寄托者，用心躁也。是故无冥冥之志者，无昭昭之明；无惛惛之事者，无赫赫之功。行衢道者不至，事两君者不容。目不能两视而明，耳不能两听而聪。螣蛇无足而飞，鼫鼠五技而穷。"(《荀子·劝学》)

第三，解蔽救偏，兼陈中衡。荀子认为在学习过程中人们的思想方法容易片面，从而妨碍认识事物的全貌。"凡人之患，蔽于一曲，而暗于大理。"(《荀子·解蔽》)那么，"蔽"有哪些呢？他说："欲为蔽，恶为蔽，始为蔽，终为蔽，远为蔽，近为蔽，博为蔽，浅为蔽，古为蔽，今为蔽。凡万物异则莫不相为蔽，此心术之公患也。"(《荀子·解蔽》)荀子认为只有解除其蔽，以救其偏，才能正确认识事物，全面掌握知识。为此，他特别提出了"兼陈中衡"的方法，即"兼陈万物中悬衡焉"(《荀子·解蔽》)。所谓"兼陈"就是把事物的各个方面或各种情况都展示出来,摆列开来。所谓"中衡",就是通过比较权衡而确定或选择适当的、中正的。

论教师 荀子特别重视教师的地位和作用。"礼有三本:天地者,生之本也;先祖者,类之本也;君师者,治之本也。无天地,恶生? 无先祖,恶出? 无君师,恶治? 三者偏亡,焉无安人。故礼,上事天,下事地,尊先祖,而隆君师。是礼之三本也。"(《荀子·礼论》)他进而强调:"人无师无法而知,则必为盗,勇则必为贼,云能则必为乱,察则必为怪,辩则必为诞;人有师有法,而知则速通,勇则速畏,云能则速成,察则速尽,辩则速论。故有师法者,人之大宝也;无师法者,人之大殃也。"(《荀子·儒效》)荀子认为:"国将兴,必贵师而重傅,贵师而重傅,则法度存。国将衰,必贱师而轻傅;贱师而轻傅,则人有快;人有快则法度坏。"(《荀子·大略》)此外,荀子也对教师提出了严格的要求,主张"师术有四,而博习不与焉:尊严而惮,可以为师;耆艾而信,可以为师;诵说而不陵不犯,可以为师;知微而论,可以为师:故师术有四,而博习不与焉"(《荀子·致士》)。荀子还承认学生可以超过老师,"青,取之于蓝,而青于蓝;冰,水为之,而寒于水"(《荀子·劝学》)。

《礼记》的教育思想

《礼记》是中国古代一部重要的典章制度书籍。该书反映了中国古代的社会状况和战国末期至汉初儒家的思想,其中有不少内容与教育密切相关,更有一些篇章是直接记述或论述教育问题的,如《礼运》、《王制》、《内则》和《文王世子》等。该书编定者是西汉礼学家戴德和他的侄子戴圣。戴德选编的八十五篇本叫《大戴礼记》,戴圣选编的四十九篇本叫《小戴礼记》。这里主要阐释《小戴礼记》所选篇章中的教育思想。

《大学》的教育思想 《大学》原是《礼记》的一篇。宋朝程颢和程颐曾把原文章次作了更动,朱熹又据二程所定,另行编定次序,作《大学章句》。自程朱之后,《大学》便从《礼记》中分立出来,成为"四书"之一。《大学》提出了儒家对于大学教育目的、任务和途径的总结性论断,《大学》提出的大学教育的纲领是"大学之道,在明明德,在亲民,在止于至善"。所谓"明明德"就是使人的先天的德性得到明复和发扬,"亲民"就是要亲善民众,"止于至善"就是要达到善的极点方可休止。

《大学》把大学教育的程序概括为"格物、致知、诚意、正心、修身、齐家、治国、平天下"八个条目,即所谓"古之欲明明德于天下者,先治其国。欲治其国者,先齐其家,欲齐其家者,先修其身。欲修其身者,先正其心。欲正其心者,先诚其意。欲诚其意者,先致其知。致知在格物"。在这八个条目中,"修身"是中心环节,即所谓"物格而后知至,知至而后意诚,意诚而后心正,心正而后身修,身修而后家齐,家齐而后国治,国治而后天下平。自天子以至于庶人,壹是皆以修身为本"。而要"修身"就必须通过格物、致知、诚意、正心;只有"修身"才能齐家、治国、平天下。可见,格物、致知、诚意、正心是"修身"的基础,治国、平天下又是"修身"的最终目的。

《中庸》的教育思想 《中庸》也是从《礼记》中分立出来的,后成为"四书"之一。《中庸》的基本思想是儒家的"中庸之道",即所谓"极高明而道中庸"。《中庸》提出:"君子素其位而行,不愿乎其外。素富贵,行乎富贵;素贫贱,行乎贫贱;素夷狄,行乎夷狄;素患难,行乎患难,君子无入而不自得焉。在上位不陵下,在下位不援上,正己而不求于人,则无怨。上不怨天,下不尤人。故君子居易以俟命。小人行险以侥幸。"它要求在社会矛盾面前,"素其位而行","居易以俟命"。为此,就要摒弃外物,潜心修养,做向内的"慎独"功夫,去把握先验的理,达到"至诚"的境界,而这正是教育的主要任务。《中庸》开宗明义就指出:"天命之谓性,率性之谓道,修道之谓教。道也者,不可须臾离也,可离非道也。是故君子戒慎乎其所不睹,恐惧乎其所不闻。"道是从性来的,而性又是天之所命,所以教育就是遵循天命之性加以修养,以使之合于道的过程。《中庸》把这个过程具体化为"博学之,审问之,慎思之,明辨之,笃行之"五个步骤,这里包括了由学到行的完整过程,综合了孔子以来儒家重视学习、思考和实行的精神并加以发挥,从而使其更加系统化、条理化。仅就学习过程,尤其是道德教育的过程来看,这种概括就包含着许多合理的因素,值得加以研究和参考。

《中庸》虽然主张教育是率性修道,但又认为能否达到"至诚",还要靠"尊德性而道问学",因此,在学习上特别强调个人的主观努力,要求"人一能之己百之,人十能之己千之。果能此道矣。虽愚必明,虽柔必强"。它还指出:"或生而知之,或学而知之,或困而知之,及其知之,一也。或安而行之,或利而行之,或勉强而行之,及其成功,一也。"这种重视和提倡"困知"和"勉行"的精神是很可贵的。

《学记》的教育思想 《学记》也是《礼记》的一篇,一般认为是战国末期思孟学派的著作,是世界上一部最早、最完整的教育学专著。全文虽仅有一千二百多字,但对先秦的教育理论和教育实践作了相当全面的总结和概括,既论述了教育的作用、目的和任务以及教育制度,教学内容、原则和方法,也谈到了教师及师生关系。它对教育学的基本问题都有精辟的论述。

关于教育的作用,《学记》概括为"建国君民"和"化民成俗"。它用精炼的文字简明扼要地说明了教育的社会作用和教育对人的发展的作用,既论述了教育的必要性,又阐明了教育的可能性。"发虑宪,求善良,足以谤闻,不足以动众。就贤体远,足以动众,未足以化民。君子如欲化民成俗,其必由学乎! 玉不琢,不成器;人不学,不知道。是故古之王者,建国君民,教学为先。"同时,《学记》还以托古的方式拟订了一个从地方到中央的理想的学制系统,即"古之教者,家有塾,党有庠,术有序,国有学"。又以大学为例,提出了一个完整的教学进程和考查标准体系,即"比年入学,中年考校。一年视离经辨志,三年视敬业乐群,五年视博习亲师,七年视论学取友,谓之小成;九年知类通达,强立而不反,谓之大成。夫然后足以化民易俗,近者说服,而远者怀之,此大学之道也"。在这个教学进程设想中,一方面它既明确了教育的总目标,又确定了每个阶段的具体标准和要求,而且逐步加深提高,从而保证了总目标的实现;另一方面,每个阶段要达到的标准中都规定了学业知识和思想品德两个方面的要求,体现了对教育教学规律的掌握和运用。

《学记》还记录了古代学校管理和行政领导方面的制度和规定,如开学、入学、视学等仪式。

《学记》在综合各家长期教育、教学成功与失败的经验教训的基础上,总结了一套教育、教学的原则和方法。

(1) 教学相长。教与学是教学过程的两个方面,两者紧密相连,互相促进。"虽有嘉肴,弗食不知其旨也;虽有至道,弗学不知其善也。是故学然后知不足,教然后知困。知不足,然后能自反也;知困,然后能自强也。故曰:教学相长也。《兑命》曰:敩学半。其此之谓乎。"(《礼记·学记》)教师在教中遇到困惑之处,才感到学识不足,更加努力进修、提高。"教学相长"揭示了教与学之间的辩证关系,即两者是相互依存,相互促进的,"学"因"教"而日进,"教"因"学"而益深。

(2) 尊师重道。儒家一贯提倡尊师,认为只有尊师才能重道,重道必须尊师。《学记》明确提出要高度评价教师的作用,提高教师的社会地位,"君子知至学之难易,而知其美恶,然后能博喻,能博喻然后能为师;能为师然后能为长,能为长然后能为君。故师也者,所以学为君也"。又说"凡学之道,严师为难。师严然后道尊,道尊然后民知敬学",即使对君主天子,教师也可免行为臣之礼,以表示尊师。同时又对教师提出严格的要求,认为教师既要有渊博的知识和崇高的道德修养,又要熟练掌握教育、教学的理论和技能技巧。反复强调"择师不可不慎也"、"知教之所由兴,又知教之所由废,然后可以为人师也"、"善教者,使人继其志"、"记问之学,不足以为人师"。尽管《学记》强调尊师、严师,却并不否认学生的积极性和主动性,认为学习好坏与善学不善学关系极大,即所谓"善学者,师逸而功倍,又从而庸之。不善学者,师勤而功半,又从而怨之"。

(3) 藏息相辅。《学记》认为正课学习与课外练习必须兼顾,相互补充,相互促进。"大学之教也,时教必有正业,退息必有居学。不学操缦,不能安弦;不学博依,不能安诗;不学杂服,不能安礼;不兴其艺,不能乐学。故君子之于学也,藏焉,修焉,息焉,游焉。夫然,故安其学而亲其师,乐友而信其道。是以虽离师辅而不反。"课外练习是正课学习的继续和补充,它可以深化课内学习的内容和提高对课内学习的兴趣,但是课外练习应当适量,力争做到与正课学习有机配合,学习与休息兼顾,使学生乐学而亲师。

(4) 豫时孙摩。《学记》总结了教育、教学中成功和失败的经验教训,概括出"教之所由兴"和"教之所由废"的重要规律,即"大学之法,禁于未发之谓豫,当其可之谓时,不陵节而施之谓孙,相观而善之谓摩。此四者,教之所由兴也。发然后禁,则扞格而不胜;时过然后学,则勤苦而难成;杂施而不孙,则坏乱而不修;独学而无友,则孤陋而寡闻;燕朋逆其师;燕辟废其学。此六者,教之所由废也"。指出四项具体原则,从正反两面进行分析,归纳成功与失败的经验和教训。

第一,豫。就是预防,即在不良行为和习惯发生、形成之前,教育措施就走在前头,以便禁于未发,消灭在萌芽状态。如果不良行为和习惯已经发生、形成,再去禁止,那么积习已深,干扰很大,极难矫正。

第二,时。就是及时,即善于抓住适当的时机,及时施教。所谓"当其可"就是说时机适当,一方面要求学生有充分的准备;另一方面学生又产生了迫切的要求。否则,时过境迁,就会造成"勤苦而难成",师生空费力气而收效甚微,甚至毫无成效。

第三,孙。就是顺序,也就是通常说的循序渐进。知识有内在的系统,掌握知识必须遵循客观规律,这就要求教学要由易到难,由浅入深,既不能"陵节"、"躐等",颠倒和跳过,又不能"杂施",搞得杂乱无章或节外生枝。否则就会造成"坏乱而不修",使学生"其学而疾其师,苦其难而不知其益",厌恶学业,忌恨老师,自受困苦得不到收益,"虽终其业,其去之必速",即使勉强毕业,也会很快遗忘。

第四,摩。就是相互观摩,同学之间取长补短。儒家普遍重视师友之间的切磋琢磨。《学记》把乐群、亲师、取友作为重要的教育要求,也把"相观而善"作为一项教育原则,认为师生朋友之间通过相互启发,可以补偏救弊,扬长避短,开阔眼界,增广见闻,如果"独学而无友,则孤陋而寡闻"。但在交友时,它强调要防止"燕朋"、"燕辟",即不要随便结交不正派的朋友,朋友之间也不要迷恋于不正当的行为,以免违背老师的教导,荒废学业。

(5) 启发诱导。《学记》继承和发展了孔子启发教学的思想,进一步概括了如何进行启发的宝贵经验,"君子之教,喻也,道而弗牵,强而弗抑,开而弗达。道而弗牵则和,强而弗抑则易,开而弗达则思。和易以思,可谓善喻矣"。启发式教学的核心就是充分调动学生学习和思考的积极性、主动性,而要做到这一点,主要靠教师正确的指导思想、丰富的教学经验和高超的教学艺术,《学记》从三个方面提出了明确要求:第一,道而弗牵。教师要积极引导,但不要硬牵着学生走,这样学起来就会自然和谐。不引导不行,但硬牵着走也会失败。第二,强而弗抑。教师要积极督促,但不要强制和压抑,这样学起来就会安易顺利。不督促检查不行,但强制学习也会挫伤学生的主动性。第三,开而弗达。教师要为学生打开知识的大门提供钥匙,但不要把知识现成答案全部塞给学生,要留有余地,启发学生自己积极思考,这样学生的思维能力就可以得到锻炼和发展。

(6)长善救失。孔子曾经提出过"改过迁善"的思想,偏重于强调在道德教育中要善于克服自己的缺点,学习他人的长处。《学记》则把这一思想发展为教育教学中的一项比较普遍的原则,即"学者有四失,教者必知之。人之学也,或失则多,或失则寡,或失则易,或失则止。此四者,心之莫同也。知其心,然后能救其失也。教也者,长善而救其失者也"。学习过程中常见的四种缺点,一是多,就是过于庞杂,贪多务得;二是寡,就是知识面狭窄,贫乏浅薄;三是易,就是把学习看得过分容易,自满自足;四是止,就是夸大困难,畏难而止。这些都是学习过程中常见的缺点,但在每个人身上的表现不同,产生的原因也各异,教师必须具体分析,全面掌握。如果教育得法,缺点可以转化为优点,如多则知识渊博,寡则精深专一,易则充满信心,止则认真对待,这又是可贵的长处了。这就要求教师懂得教育的辩证法,坚持正面教育,重视因材施教,善于因势利导,利用积极因素,克服消极因素,将缺点转化为优点。

《学记》还提出了许多有益的教学方法。

(1)问答法。"善问者,如攻坚木,先其易者,后其节目,及其久也,相说以解,不善问者反此。善待问者如撞钟,叩之以小者则小鸣,叩之以大者则大鸣,待其从容,然后尽其声,不善答问者反此"(《礼记·学记》)。这就是说,在教学过程中,发问要注意由易到难,循序渐进;答问要注意深浅适宜,详略得当。

(2)讲解法。教师不能不顾学生实际而盲目地照本宣科,长篇大论,一味讲解不已,只有当学生不能提出问题时才给予适当的讲解,倘若此时讲解还不懂,就不要硬讲下去了,即所谓"必也其听语乎,力不能问,然后语之;语之而不知,虽舍之可也"(《礼记·学记》)。教师的讲解应做到"约而达"、"微而藏"、"罕譬而喻",即简明扼要,言简意赅,通俗易懂,富于启发性。

(3)练习法。"良冶之子,必学为裘。良弓之子,必学为箕。始驾马者反之,车在马前。君子察于此三者,可以有志于学矣。"(《礼记·学记》)以铁匠、弓匠之子与小马驾车为例,说明必须从最基本、最简单的功夫练起,要求打好基础。

(4)类比法。"古之学者,比物丑类。鼓无当于五声,五声弗得不和;水无当于五色,五色弗得不章;学无当于五官,

五官弗得不治;师无当于五服,五服弗得不亲。君子曰:大德不官,大道不器,大信不约,大时不齐。察于此四者,可以有志于学矣。"(《礼记·学记》)在教学过程中,通过类比方法的运用,并从一事物推及同类事物,发展学生的思维,提高学习效率,使学生具有"触类旁通"的能力。

《学记》还对教学工作中违反教学规律,不讲究教学方法以及由此造成的恶果等行为进行了全面总结和概括,并提出了尖锐批评,"今之教者,呻其占毕,多其讯言,及于数进而不顾其安,使人不由其诚,教人不尽其材;其施之也悖,其求之也拂。夫然,故隐其学而疾其师,苦其难而不知其益也,虽终其业,其去必速。教之不刑,其此之由乎"(《礼记·学记》),认为当时教学中普遍存在教师照本宣科,学生呆读死记,上课满堂灌,只求赶进度,不考虑学生能否接受和消化,不照顾学生的志趣和爱好,不充分发挥学生的聪明才智等现象。由于教师违背教学原则,要求不符合实际,所以学生厌恶学习,怨恨老师,痛感学习之苦,而不感到学习之乐,即使勉强结束学业,也会很快忘掉。教学常常事与愿违,原因就在这里。

《乐记》的教育思想　《乐记》也是《礼记》中的一篇,是先秦儒家专门论述乐教的论著。一般认为,其作者是孔子的再传弟子公孙尼,成书时间大约是战国初期,但后来也经过了汉儒的杂抄和杂纂。《乐记》主要是论述了乐教的作用。它认为乐是社会政治的工具,而这种工具的作用又是通过乐的教育功能得以实现。为了防止出现天理沦丧和人欲横流现象,就需要发挥乐在思想道德方面的教育作用,以维护社会的安定,即所谓"乐行而伦清,耳目聪明,血气和平,移风易俗,天下皆宁","君子反情以和其志,广乐以成其教,乐行,而民乡方,可以观德矣"。《乐记》认为,与礼相比,乐的教育作用非常独特。"乐也者,动于内者也;礼也者,动于外者也。乐极和,礼极顺","乐也者,情之不可变者也。礼也者,理之不可易者也。乐统同,礼辨异"。礼表现为以"理"约束人,乐则表现为以"情"感化人,在人的"欣喜欢爱"中达到教育目的。

《乐记》还认为,乐是"通伦理"的,也是"与政通"的。"凡音者,生于人心者也;乐者,通伦理者也。是故,知声而不知音者,禽兽是也;知音而不知乐者,众庶是也。唯君子为能知乐。是故,审声以知音,审音以知乐,审乐以知政,而治道备矣。是故,不知声者不可与言音,不知音者不可与言乐。知乐,则几于知礼矣。礼乐皆得,谓之有德。德者得也。"又说:"治世之音安以乐,其政和。乱世之音怨以怒,其政乖。亡国之音哀以思,其民困。声音之道,与政通矣。"《乐记》所倡导的乐教思想从一个方面表现了儒家所主张的"仁政"与"德治"的政治理想。可以说,儒家倡导乐教体现了教育过程中注重对人的陶冶感化,从而赋予了乐教以艺术、审美、思想、政治和道德教育等多重功能,使其成为一种有力的教

育手段和形式。

《大学》、《中庸》、《学记》和《乐记》等篇章是对先秦儒家教育理论的阐释和总结，它们分别从不同侧面阐述了儒家对人、对政治、对社会尤其是对教育所持的主张和见解，是先秦儒家教育思想不可或缺的重要组成部分，从某种意义上可以说是先秦儒家教育思想发展水平的一个重要标志，给中国古代教育思想的发展提供了丰富而重要的思想材料。

参考文献

孔颖达.礼记正义[M]//颜元.十三经注疏.北京:中华书局,1980.

毛礼锐,瞿菊农,邵鹤亭.中国古代教育史[M].北京:人民教育出版社,1979.

谭正璧.荀子读本[M].上海:中华书局,1949.

杨伯峻.论语译注[M].北京:中华书局,1980.

杨伯峻.孟子译注[M].北京:中华书局,1983.

（杜　钢）

阮元的诂经精舍

阮元创立的书院。阮元在任浙江巡抚时，于嘉庆五年(1800年)在杭州西湖之东孤山创建，由于他推崇汉儒，故将其命名为"诂经精舍"。阮元(1764—1849)，字伯元，别号雷塘庵主、研经老人，江苏仪征人。阮元出生于一个盐商家庭，自幼勤奋好学，乾隆五十四年(1789年)中进士，此后至道光十八年(1838年)一直跻身于官场，曾任山东学政、浙江学政、浙江巡抚，是乾隆、嘉庆、道光三朝阁老、封疆大臣，嘉庆十四年因事免职，旋又东山再起，历任江西巡抚、河南巡抚、湖广总督、两广总督、云贵总督、会试副总裁、体仁阁大学士兼都察院左都御史、经筵讲席官、殿试读卷官和教习庶吉士等重要职务，被称为"极三朝之宠遇，为一代之完人"。去世后，谥为"文达"，被后学称为阮文达公。

阮元一生著述甚多，其学术成果可分为著述、辑录、编刻三大类。其中，著述主要有《诗书古训》、《考工记车制图解》、《仪礼石经校勘记》、《积古斋钟鼎彝器款识》、《华山碑考》、《畴人传》、《广陵诗事》、《石渠随笔》、《小沧浪笔谈》、《研经室集》；辑录主要有《经籍籑诂》、《山左金石志》、《两浙金石志》；编刻主要有《十三经注疏》、《皇清经解》、《诂经精舍文集》、《学海堂初集》等。龚自珍将阮元的学问分为训诂之学、校勘之学、目录之学、典章制度之学、史学、金石之学、九数之学、文章之学、性道之学、掌故之学等十大领域。

诂经精舍的教育特色

改革教育

第一，编纂经学教材。他认为，"古书之最重者，莫逾于经"，"士子读书当从经学始"，而治经必以文字训诂作为途径，"经非诂不明"。他遵循汉学家训诂考据的方法，本着"实事求是"的态度，组织编纂了《经籍籑诂》、《十三经注疏》、《皇清经解》等，不仅为学者治学提供了方便，也成为许多书院的教材和参考书。第二，倡导实学学风。阮元在治经中主张"明体达用"、"实事求是"。他提倡实学，反对虚妄；提倡"圣人之道，无非实践"，反对专事游谈，不务实际；既提倡尊古，又提倡人们疑古。实际上，他所提出的"实学"、"西学"等名词，不仅纠正了当时封闭、腐朽、没落的学风，而且倡导了一种朴实的新学风，并为后来的维新派所接受和使用。第三，创办书院。他在各地任职期间，亲手创办学校，大力振兴文教，是积极办学的倡导者和实践者。其中最为著名的是浙江的诂经精舍和广东的学海堂。这两所书院在长期的办学实践中，不仅为社会培养了大批人才，成为当时浙江、广东两地重要的学术文化研究中心，而且"泽溉全国"，许多地方纷纷效仿，陆续建立了不少类似书院，从而对清朝中后期的书院改革和教育改革产生了巨大影响。

他认为："圣贤之道存于经，经非诂不明，汉人之诂，去圣贤为尤近。"他自叙曰："及抚浙，遂以昔日修书之屋五十间，选两浙诸生学古者，读书其中，题曰诂经精舍。精舍者，汉学生徒所居之名；诂经者，不忘旧业而勤新知也。"为了确保书院的教育质量，他当时定额为每届32人。虽然人数不多，且没有年龄限制，大则四五十岁，小则十五六岁，但对学生的要求很高，必须是"经学修明，通于一艺者"。当时，阮元与王昶、孙星衍等著名学者都曾在精舍主讲，而学生都是已"通一艺"的高徒，所以诂经精舍实际上具有研究院的性质，当时不仅在浙江就是在全国也是少有的。此间，书院的经费主要由阮元"捐设膏火以赡之，俾各究心实学"。嘉庆十四年(1809年)，阮元离开诂经精舍后，因无人主持，且无经费来源，故精舍停办。至道光四年(1824年)，精舍得以修葺。十年，精舍重修，讲学复兴。到咸丰年间，由于第二次鸦片战争的爆发和太平军攻占杭州，精舍又停。同治年间，诂经精舍再次恢复办学直至1903年，1904年正式废止。诂经精舍创办前后历时百余年，其中阮元主持诂经精舍不足10年，但正是在阮元这位讲求实事求是的大学者和教育家的主持指导下，诂经精舍在教育宗旨、培养目标、教学内容、教学方法、教学评价等方面积累了许多成功经验，并形成了自己的特色，在当时的众多书院中独树一帜。

教育宗旨

阮元强调两点。一是"以励品学，非以弋功名"，即立足于学术研究，而不为科举取士，"与专习举业之书院分途"。尽管阮元自己是通过科举考试而成为显贵达官的，但他自幼在父亲"读书当明体达用，徒钻时艺无益"的教诲下，对八股文就不甚喜爱。他后来说："生平最怕八股，闻人苦读声谓之唱文，心甚薄之，故不能以此教弟子。"他指出，科举考试不仅破坏了社会风气，也扼杀了士人才智，所以，"以励品学，非以弋功名"的提出，既是对科举制度的有力批判，也是对书院教育进行的重大改革，这使诂经精舍从一开始就同当时大多数官学化倾向十分明显的书院有着重大分野。二是尊经崇汉，求实求真。自朱熹复兴白鹿洞书院开始，书院就一直奉祀周程张朱陆王等理学家，而阮元却本着"人才出于经术，通经由于训诂"的思想，在书院中奉祀汉代经学家许慎和郑玄。这种重汉学、尊许郑、轻宋学、毁阳明的做法，实际上是为了发扬汉儒"实事求是"的治学精神，扫除理学的空谈和词章的浮艳，根本改变书院中崇理学、"弋功名"的弊端，以培养具有真才实学之士，形成注重通经致用的学习风气。在培养目标上，阮元主张培养"通天地人之道"的通儒，这在理论上有重大突破和创新。他认为，当时一般书院、官学教育所培养的大多数人才，只是"惟习词章，攻八股是务"、"守一先生之言不能变通"的陋儒，而通儒则是既"笃信好古，实事求是，汇录前圣微言大义而涉其藩篱"，又广采各家之长，掌握各门学问，能够融会贯通、举一反三。

他认为要成为"通儒"，首先要做到博精结合。其中，博学是前提。他说："孔门治学，首在于博，先王遗文，有一未学，非博也。"但是，一个人的学习仅做到博是不够的，还必须在博的基础上精。阮元认为精比博更难做，"为浩博之考据易，为精核之考据难"，所以主张真读书者应当"十目一行"，才能理解书中的意蕴。在他看来，"通儒"首先应集渊博知识与精深研究于一身，做到能够兼采众家、网罗古今、融会中西并进行全面综合的分析。阮元认为，对于儒家经典的研究除了文字训诂外，还应当借鉴自然科学的研究方法，强调在研究方法上的通。此外，他认为要成为"通儒"，还应重视实践实行。他指出"圣贤之道，无非实践"，并用"推明古训，实事求是"的训诂学方法来解释孔子的"吾道一以贯之"，把"一"训为"专"、"皆"，把"贯"训为"行事"，认为孔子之道"全部"或"只能"在行事上见，从而把行提到特别重要的地位。他反对当时只读书而不实行的空疏学风，主张学习要接触外部社会、接触客观事物，要求"身家国天下之事"、"五伦之事"、"德才之事"，都应在实践中去体认圣贤之道。

教育内容　诂经精舍不习八股文、八韵诗，而是以经史为主，旁及天文、地理、算法、文学和中外科技，"课以经史疑义及小学、天文、地理、算法"等知识，这在当时绝大多数书院成为科举考试附庸、逐渐官学化的情况下，无疑开了风气之先，具有积极意义。阮元一贯重视经史，他把学经与学史并重，同时也很重视"经国济世"之学的研究与教学，尤其是对天文、历法、算术、地理的研究。由于阮元本人在天文历算学上有很深的造诣，加上他的积极倡导，所以诂经精舍的学生"通经明算者十六七"。如学生何兰汀、徐鲲撰写的论文《炮考》，对清朝火炮的铸造、重量、用法、效能等叙述甚详，为阮元所欣赏，亲点入《诂经精舍文集》。至于论述山川、地理、水域等的文章，就更不用枚举了。除了经史和自然科学之外，阮元也十分重视文学，他要求学生"规矩汉晋，熟读《萧》选，师法唐宋"，指出文章写得好，可以增强学术理论的说服力和深刻性，"其所蕴更宏，其所就更大"。

教学方法　诂经精舍采取教师讲学指导和学生自学研究相结合的方式，特别重视自学与独立研究，充分体现了教师主导、学生主体的教学原则。诂经精舍的教师除了定期的月课外，也经常利用空暇时间来讲学，"暇日聚徒讲议服物典章，辨难同异"。教师在讲学时注重启发式教学，特别是针对疑义启发学生积极思考，倡导自由研讨，指出师生可以各抒己见，提倡百家争鸣。在《诂经精舍文集》中，经常可以见到关于同一课题的文章数篇甚至数十篇，说明其自由争鸣气氛的热烈。此外，阮元还利用附近文澜阁藏书丰富的便利条件，让学生在教师的指导下参与编书著述，并对其中的优秀研究成果积极加以刊刻，如《十三经注疏》及《校勘记》等，就充分发扬了古代书院注重学术研究和刻书的传统，对清朝学术文化的发展作出了重要贡献。

教学评价　阮元十分重视考试的作用。如阮元、王昶、孙星衍三位教师轮流出题评卷，嘉奖佳文。在考试方式上则采用开卷式、答辩式、研讨式，重在检查学生有无创见，而不以死记硬背为能，让学生在辩难中学习知识、提高智力、培养能力，充分发挥学生的主观能动性。在学生诗文经教师评阅分为甲、乙等后，阮元还根据学生的成绩给予奖励，有时甚至"载酒相慰劳"。

诂经精舍的教育成果

作为一种历史产物，诂经精舍固然有其历史的局限性。一方面，从阮元个人来看，由于他对训诂考据的偏爱，加之他多少还有一些"天朝大国，无所不有"的故步自封，从而自觉不自觉地引导诂经精舍的学生们终日埋头于故纸堆，从事名物训诂、辨白考订，试图从文字训诂中寻求根治时弊、富国强民的良方，从而脱离了社会实际，缺少了"经世"才能，以致往往达不到阮元理想中的博精结合、知行结合的"通儒"的培养目标，使不少学生最终成为"通经之儒"或"考据辞章之士"。另一方面，从社会角度来看，当时阮元所处的中国封建社会已进入到病入膏肓的地步，在这样的社会背景下，任何一位代表封建地主阶级的教育家都无法从根本上改变封建教育没落颓废的大趋势。

但诂经精舍在长期的办学实践中，确实也培养了许多人才，"致身通显及撰述成一家言者，不可殚数"。作为清代书院发展史上的转折点和里程碑，诂经精舍在中国教育史上具有十分重要的地位。第一，它率先在全国书院中做到不习"八股文，八韵诗"，并把自然科学及西方科学知识引入书院教育教学中,这在科举八股和理学广为流传的时代,无疑是一种巨大的历史进步。第二,它开辟了清代书院讲求通经致用之学、培养真才实学之士的风气,倡导"本经术之学,展经济之用",从而培养出一批熟习历法、海运、河防、地理的实学人才。第三,诂经精舍教学质量颇高,学生在学术上多有成就,著作宏富。如崔应榴、方观旭、严杰等人的著作被收录在《皇清经解》、《皇清经解续编》等学术著作中。尽管精舍标榜重学术研究,而不事科举,但由于浙江科举中式者多出其中,故诂经精舍声名远扬。综观阮元及其所创办的诂经精舍,正是阮元以其渊博的学识、求实的精神、显赫的地位比较顺利和成功地创办了诂经精舍,才把当时许多有识之士改革书院的愿望付诸实践,适应了社会发展的要求。在诂经精舍中,阮元发扬光大了中国古代书院的优良传统,比较现实地接受了西方的科学技术,成为中国历史上"开眼看世界"的先驱,其思想也成为"中学为体,西学为用"的滥觞,是清代教育大变革的前兆。

参考文献

沈灌群,毛礼锐.中国教育家评传[M].上海:上海教育出版社,1989.

王炳照,阎国华.中国教育思想通史[M].长沙:湖南教育出版社,1994.

(吴慧芳)

瑞典教育制度(educational system of Sweden)瑞典位于北欧斯堪的纳维亚半岛东半部。面积 449 964 平方千米。2010 年人口 942 万,90％为瑞典人,外国移民及其后裔约 100 万人,北部萨米族是唯一的少数民族,约 1 万人。90％的国民信奉基督教路德宗。官方语言为瑞典语。2010年国内生产总值 4 218 亿美元,人均国内生产总值 4.5 万美元。

瑞典教育的历史发展

瑞典于 11 世纪初开始形成国家。1157 年兼并芬兰。1397 年与丹麦、挪威组成卡尔马联盟,受丹麦统治。1523 年脱离联盟独立。同年,瓦萨被推举为国王。1654—1719 年为强盛时期,领土包括现芬兰、爱沙尼亚、拉脱维亚、立陶宛以及俄国、波兰和德国的波罗的海沿岸地区。1718 年对俄国、丹麦和波兰作战失败后逐步走向衰落。1805 年参加拿破仑战争,1809 年败于俄国后被迫割让芬兰,1814 年从丹麦取得挪威,并与之结成瑞挪联盟。1905 年脱离联盟独立。

瑞典中世纪出现教会学校,主要教授宗教知识,想要接受进一步教育的年轻人只能求学于欧洲其他地方的大学。

1477 年,瑞典建立第一所大学——乌普萨拉大学(Uppsala University)。有关教育的法令最早出现在 1571 年教会颁布的法令中。中学于 17 世纪出现,包括高中,但高中只招收富裕家庭的男孩,大部分贵族家庭的孩子接受家庭教育。初等教育仍然由教会主持,更多地涉及宗教知识。18 世纪,教会学校开始教授阅读。1842 年公立小学建立,义务初等教育开始。同时,教师教育培训学校成立。1849 年教会学校和中间班(middle classes)被纳入文法学校。1905 年政府颁布法令,规定了 5/6 年初中和 3/4 年高中的中等教育学制,并引入初中毕业证书制度。之后,由省和市级政府举办的中间学校出现,初中阶段开始教授职业课程,如商业和工业知识。1927 年,初等教育的小学与中等教育的文法学校衔接。1962 年国会实施九年义务教育。1970 年教育改革,对高中、技术职业学校和职业学校进行统一管理,新的中等教育体系建立。1977 年改革高等教育,建立统一的高等教育体系。1992 年的改革废除高中阶段的分轨制,代之以 16 个国家统一专业(2000 年增加为 17 个),整合普通教育和职业教育。自此,单轨制教育体系形成。1985 年颁布《教育法》。1998 年学前教育纳入国家公共教育体系。

瑞典《教育法》规定,每个人不论其种族、社会背景及居住地如何,都有接受教育的权利,不仅保证了青少年儿童的受教育权,还强调了成人的受教育权。基于《教育法》的精神,1992 年政府改革,鼓励教育形式多样化,为学习者提供更多的选择,尤其体现在高等教育阶段。这一举措促进了瑞典私立教育的发展。

瑞典现行教育制度

教育行政制度 瑞典的教育实行三级管理:教育科学部、市政区和学校。议会和政府通过教育科学部对全国教育负责,包括课程、教育目标和教育方针政策等。议会负责制定法律,政府负责制定条规。教育科学部有两名部长,分别负责"教育和科学"、"学校和成人教育"。除了农业大学归农业部管辖,职业培训归劳动部管辖外,教育科学部统管全国教育,从学前教育一直到高等教育。2003 年初,教育科学部下设全国教育局和学校促进局,全国教育局负责教育督察,控制教育质量以及制定教学大纲、升学标准、考试等纲领性文件。学校促进局帮助市政区和学校完成全国教育目标,提供校长、教师和教学辅助人员的培训,促进信息科技的运用。市政区在学校组织、人员和资源的利用和分配方面享有充分的自由。市政区负责学校行为,执行教育部制定的教育计划、方针和政策等。总的说来,瑞典教育通过教育计划来实现。教育部制定全国教育发展计划,每隔两年一次,市政区制定当地教育计划,学校则根据教育部和市政区的计划制定学校发展计划。市政区作为教育部教育政策方针的执行者,在瑞典教育地方自治方面发挥着重要作用。1991 年废除省政府在中小学教师和校长聘用方面的相关法规,市政府开始全面负责中小学教育。

为了整合学前和学龄儿童的保育,政府采取了一系列措施。从 1998 年开始,负责学前和学龄儿童的保育责任从健康和社会事务部转移到教育科学部,相关的执行责任也从全国卫生保健委员会转移到全国教育局。瑞典大学在《高等教育法》和《高等教育条例》的基础上实行自治。

中小学校的资金由中央政府和市政区承担。中央政府通过财政拨款将资金直接拨给市政区,再由市政区拨给学校。市政区也会将一部分当地税收用于教育事业。学前教育资金大部分由政府承担,有时候也通过收取学费来弥补不足。高等教育资金直接来自中央政府的拨款。

学校教育制度　瑞典的学校教育体系包括学前教育、初等教育、中等教育和高等教育等阶段。

(1)学前教育。瑞典的学前教育最早出现在 19 世纪,以日托保育园和幼儿园为主,20 世纪 70 年代才开始普及。1995 年的《社会服务法》将学前教育纳入国家福利范围之内。这意味着,尽管学前教育不属于义务教育,家长可以将孩子留在家里教养,但市政区有责任举办各种学前教育和育儿机构,以满足 1 岁以上儿童父母的需求。1997 年,为 6 岁儿童开办的学前班开始免费。从 2003 年 1 月开始,所有为 4～5 岁儿童开办学前教育的费用也由政府公共资金承担。自此,瑞典所有 4～6 岁儿童都有权利接受一年 525 小时的免费学前教育。1998 年的《学校法案》提出,学前教育的目的是帮助儿童适应其所处社会的价值观体系。这个体系包括生命神圣、个人自由和完整、人类平等、性别平等、公正和公平、关心他人及团结弱势人群等。整个学前教育的课程就围绕这些价值体系展开。市政区开办学前教育的形式有日托育儿所或学前中心、政府雇佣的家庭保育员服务、兼职小组、学前开放学校和附属于小学的学前班。学前教育向所有儿童开放,包括残障儿童,所设课程强调为儿童的终身学习打下坚实的基础,着重语言发展,甚至包括书面语言的发展。通过不同形式,如儿歌、音乐、戏剧、舞蹈和律动等开发儿童的语言交流和创造能力。自然环境的保护也是课程的重要内容。幼儿园最主要的活动是游戏。运用特殊的教学方法,如蒙台梭利教学法和华德福学校教育法。有些幼儿园还提供专长教育,如体育、科学、艺术、手工艺、计算机、环境保护等。

(2)初等和中等教育。1842 年,国王卡尔十四世签署皇家法令,规定每个教区有义务举办初等教育。自此,专门为穷人设立的民众学校出现。随后发展起来的文法学校主要设立在城镇。此外,还有市政区开设的中间学校和初中。小学是男女同校,文法学校和初中只招收男生。20 世纪初,初中才开始招收女生。当时存在大量的女子学校,但被排除在义务教育体系之外。1962 年,瑞典开始实行九年义务教育,并将七年制的小学和四年制的初中合并为基础学校,教授现代课程。新的国家课程于 1969 年制定,于 1980、1994 年修订。

1985 年的《教育法》强调道德教育和个性培养,提出了义务教育阶段的原则和目标:(1)所有儿童和青年人拥有平等的受教育的机会;(2)学校提供知识和技能教育,促进学习者身心和谐发展,培养有责任心的社会成员;(3)所有学校必须以基本的民主观念为原则开展教学;(4)鼓励在校学习者个人基本价值和社会价值的形成。2011 年,经瑞典国会批准,《新教育法——为了知识、选择和安全》开始实施。新法对各级各类教育机构和学校作了清晰规定,这意味着瑞典国内不同的规章制度汇集成统一的法案,使得新法更容易推广和施行。

瑞典实行九年免费义务教育,儿童 7 岁入学。从 1991 年开始,如果名额允许,满 6 岁的学龄儿童也可入学。将近一半的学校提供九年一贯制义务教育。实施义务教育的学校称基础学校,属全日制的非选择性男女合校。市政区支付义务教育阶段的费用,各省通过"一般平等拨款"资助市政区开办义务教育学校,以消除不同市政区间的差异。学生"就近入学",但家长有权选择适合儿童的学校。若家长选择的学校不在自己所居住的市政区或是私立学校,学费仍由其所居处的市政区支付。大多数学校低年级按学生年龄分班教学,五年级时按学科能力(主要以瑞典语、英语和数学为参考)分班教学,少数情况下是按性别分班,如体育课或瑞典语。学生学完一年自动升入下一级,特殊情况下由校长和家长沟通过后决定留级或跳级。义务教育阶段的教学通常分为两个阶段:一～四年级为低年级,一个教师负责一个班所有科目的教学,但手工、体育和音乐科目需要专门的教师教授;五～九年级为高年级,一个教师负责 2～3 门科目的教学。

在基础学校之外,还设有针对学龄儿童特殊需要(如少数民族或残障儿童)的学校,提供相应的义务教育,但数量很少。政府允许家长或监护人在儿童义务教育阶段实施家庭教育,但父母或监护人必须与当地学校联系。家庭教育与正规学校一样,必须遵守相关的法律法规。政府对家庭教育的教学质量要求较高,需由当地社区、学校和父母签署协议后才能生效,学校对实施家庭教育的儿童负全责。

义务教育阶段后的高中不属强制义务教育,但根据 1992 年的教育法,所有市政区都提供免费的高中教育,学习者享受一定的学习津贴。高中学制 3 年,以综合高中为主,辅以农业、森林、园艺等职业导向的高中及私立高中。据 1999 年统计,几乎 95% 的学生就读于综合高中。高中实行学分制,全国性的教学计划规定了每门课程的教学大纲和学分,学生可根据自己的情况延长或缩短学习年限而不必拘泥于 3 年。高中阶段有 17 个专业科目(programs)的教学计划,其中 15 个为职业导向科目,2 个为普通科目,学生可以自由选择。如果申请某个专业的人数超过学校招生人数,那么学生初中毕业时的成绩成为择优录取的条件。1999 年的统计显示,将近 80% 的高中生就读于其第一选择的专业。教授普通科目的高中教师通常是大学毕业生,接受了 1～3 门科目的专业培训。1998 年,政府开始在高中阶段推行学徒制,使学制从 3 年延长到 4 年,学生从第三、四年开始学徒制的职业培训,培训时间 500 小时。接受学徒制教育的学生毕业时既可以如传统高中毕业生一样升入高等院校,也可以选择就业。与义务教育阶段一样,高中学生也"就近入学",但有权选择适合自己的学校。如果学生选择的学校不在自己所居住的市政区或是私立学校,学费仍由其所居住的市政区支付。高中教育强调为学习者的终身学习打下良好基础,拓展学习者的知识,为学习者将来的成人生活、职业生涯和进一步学习做好准备。

(3) 高等教育。瑞典高等教育的目标是培养学习者独立和批判的思维能力,发现、形成和解决问题的能力,职业生活能力,通过科学方式探索和评估知识的能力,跟踪新知识的能力以及知识交流能力。瑞典最早的大学是 1477 年建立的乌普萨拉大学。19 世纪末出现一批专科高等教育学院,后发展成为大学。高等教育的大规模发展是在 20 世纪 60 年代和 90 年代,主要表现为高等教育学院的数量和接受高等教育人数的增加。

瑞典现有 13 所大学、23 所学院和 3 所获得学位授予资格的私立大学。大学和学院由国家举办,归属教育科学部,私立大学接受政府津贴。1862 年实行大学入学资格考试。1962 年改革,将全国统一大学入学考试和学生高中学科成绩作为招生的共同标准。全国统一大学入学考试由全国高等教育局负责,一年两次,考试结果五年有效。1997 年,教育科学部根据 1993 年颁布的《高等教育法》,引入"其他特殊入学考试",供大学院校选择,给予大学学院更多的招生自主权。2001 年再次改革大学入学制度,拓宽了入学条件。形成多标准招生格局。除上述标准外,还有教育背景、工作经验和其他特殊条件,如性别。大学课程设置由各高等院校自行负责,采用学分制。各院校还提供不同的远程教育课程。

1977 年高等教育改革强调大学作为职业生涯准备的功用,加强大学对社会需求的适应性。这使得所有第三级教育都被纳入单一的教育体系,即由政府统一管辖。政府建立了相关的中央机构,负责大学入学、专业设置、课程和教育发展规划。1990 年开始的高等教育改革却朝着相反方面进行,政府不再规定具体的专业设置,只规定授予的学位及其范围和目标,原来的中央机构被撤销,大学决定自己的目标、发展计划、招生和课程等。这意味着大学有了更多的自

由。1993 年政府颁布《高等教育法》和《高等教育条例》,旨在减少政府对高等院校的管辖,政府职能转向结果评估和质量的提高,高等院校获得了更多的自主权。2005 年,瑞典政府提出"新世界、新大学"法案倡议,2006 年修订《高等教育法》。2007 年加入欧洲"博洛尼亚进程"之后,瑞典对高等教育进行了重大改革,为达到"博洛尼亚进程"的目标,瑞典将高等教育分为三个层次,第一层次即本科毕业证书或学士学历,第二层次为一年或两年的硕士学历,第三层次为肄业证书或博士学历。每一层次的教育都需要在前一层次教育水平的基础上递增。同时,对各级学位的解释进行修改,新的学位描述方法基于上述三个层次的学历水平,并包含对学位获得过程中应达到的知识、理解、技能、能力和判断力水平的描述(参见"博洛尼亚进程")。

(4) 教师教育。瑞典 1842 年建立第一所小学时就确立了教师培养原则。培养教师的学园(teacher education academies)附属于教会,校址也在教堂。1968 年,政府将这些学园转为师范学院。1997 年的高等教育改革将教师教育纳入高等教育系统。2001 年政府实行新的师范学位授予制度,要求教师在掌握基本知识和技能基础上获得专门的学科知识。全国有 25 所高等院校提供师范教育。学生一般需要学习 3～5 年才能获得幼儿园和中小学教师学位。高中教师需在大学受 8 年教育,取得第二学位。教师是以登报招聘竞争的方式来任命的,可以防止不称职教师进入学校。教师一旦被任命,可在学校工作到退休(63 岁)。教师职业稳定,受人尊敬。瑞典开展了一个为期三年的教师信息和交流技术培训项目,旨在推广信息技术在学校和教室的运用。此项目称为"学习的工具",内容包括为瑞典 40% 的教师提供培训;让学校与互联网连通;为每个教师和学习者提供电子函件地址等。

(5) 成人教育。瑞典最早的成人教育机构是民众高等学校(folk high schools)和各种成人教育协会。最早的民众高等学校创建于 1869 年。民众高等学校主要面对成人,提供普通公民教育。成人教育协会的兴起与 20 世纪初的一系列民众运动如信仰复兴运动、禁酒运动等有紧密的关系,满足了这些运动在知识和教育上的需求。最早具备成人教育组织协会形式的学习小组建立于 1902 年。20 世纪 50 到 60 年代,由政府举办的夜校为成人提供免费初中等教育。1967 年政府改革成人教育,将原来全国和地方分别举办的成人教育统合到市政成人教育,作为公共教育的组成部分。1997 年引入成人义务教育,并于 1992 年并入市政成人教育。1986 年,移民教育也归入市政成人教育。

瑞典成人教育主要由市政区举办,包括市政成人教育、成人特殊教育、中等后成人教育和移民教育。中央政府通过"弹性学习所"(Sweden Agency for Flexible Learning)资助成人远程教育和自由教育。自由教育主要由民众高等学

校和成人教育协会举办。2002 年,全国有 10 个成人教育协会和 147 所民众高等学校,均接受中央和地方政府拨款。其他成人教育还有职业培训课程或学校等。远程教育过去采取通信或电视教学的方式。后来,基于计算机和互联网带来的便利,农村也享受到了科技带来的新远程教育。借助传真机和可视设备,更多的教学材料能及时传递给学员。特别值得一提的是,有的公立学校为此做出表率,使那些远离城市的成年人接受远程成人教育的梦想得到实现。

瑞典的各级各类教育以公立为主,但私立教育在 20 世纪 90 年代发展很快,这主要得益于 1992 年颁布的教育资金法案。私立学校必须取得全国教育处的许可,接受市政区的监督,同时从其所在的市政区获得相当于 75％的学生成本补助。高中阶段的私立学校一般分为两类:一类是与公立高中类似的普通高中;一类是特色高中,如艺术学校等。学生及其家长可以在公立学校与私立学校之间做出选择。

瑞典教育面临的挑战

以 1990 年为界,之前高税收带来并存续 50 多年的社会主义式政府在 20 世纪 90 年代之后变得高度保守。如果低税收政策持续下去,公立学校经费将进一步受到挤压。为此,瑞典教育官员将保证教育质量的责任赋予地方政府。这样做的结果可能导致地区与地区之间教育质量不均。这在国内引起了争议。与其他发达国家相比,瑞典小学和初中学生的学术测试成绩呈现下降趋势。

参考文献

中华人民共和国教育部国际合作与交流司. 世界 62 个国家教育概况[M]. 北京:首都师范大学出版社,2001.

Marlow-Ferguson, R. & Lopez, C. World Education Encyclopedia: A Survey of Educational Systems Worldwide [M]. 2nd ed. Detroit, MI: Gale Group,2002.

（马　慧）

瑞格鲁斯的教学精细加工理论(Reigeluth's elaboration theory of instruction)

美国教育技术理论家瑞格鲁斯提出的教学设计理论。该理论将成分显示理论扩展到宏观层面,主要解决宏观层次上教学内容的组织策略,即尽可能地在宏观层次上整合各种教与学的理论。宏观层次主要由对学科教学内容进行选择(selection)、排序(sequencing)、综合(synthesizing)和总结(summarizing)这四个问题领域(简称 4S)构成,教学精细加工理论试图为这四个领域都提供最优化的处方。教学精细加工理论认为,教学始于一种特定的摘要(即学科内容中最简单最基础的"观念"),之后就对这个摘要中的某个部分或某个方面添加细节或增加复杂程度,接着重新回顾这个摘要以及最新呈现的观念与先前已经呈现的观念之间的关系,通过总结和综合对内容继续进行精细加工,一直到学科内容所有部分或方面的复杂水平达到预期要求为止。在这个过程中,也允许学生控制内容的选择和顺序。

教学精细加工理论的七种策略成分

精细加工排序　它是一种从简单到复杂的特殊排序,具有两个方面特点:(1) 一般观念性摘要(epitomize),而不是对后续观念的总结(summarize)。摘要是在具体的、有意义的、应用的水平上呈现所教课程中少数的观念;而总结通常是在更为浅显的、抽象的、记忆的水平上呈现相当数量的教学内容。作摘要并不是轻松地事先展示课程中的所有重要内容,而是在应用水平上的、结合能够与学习者的先前知识和实际经验相联系的事例和实践,讲授一些基础性的、有代表性的并能涵盖全部课程本质的内容。选出这些观念之后,后面的课程内容就为它们提供更具体复杂的知识。(2) 该摘要以某一类型的教学内容为基础。作摘要的过程主要针对概念、程序和原理这三类内容。概念是指一系列具有某些普遍特征的对象、时间或者符号。掌握一个概念是指能够识别、确认、分类或者描述某一事物是什么。程序是试图取得某种结果的一系列行为,它通常被看作一种技能、技艺或者方法。掌握一个程序是指掌握如何做。原理是一种变化关系,它表明某一事物变化与其他事物变化之间的关系。通常,原理都是通过鉴别给定变化条件下将发生什么(效果),或者为什么发生某些事件(原因)来描述事件的起因或效果。为了完成课程的总目标,人们会确定概念、程序和原理中的一种作为最重要的、具有代表性的学科内容作为摘要,作为摘要的学科内容类型被称为组织性内容,其余两种内容以及相关事实被称作支持性内容。组织性内容在教学开始时被作为摘要呈现,并在后面的课程中进行精细加工。而支持性内容被安排在与组织性内容高度相关的地方呈现。这样,大多数的课不仅是对先前内容的精细加工同时也是后续课的摘要。总之,作摘要的过程主要是:选择概念、程序和原理中的一种类型的内容作为组织性内容;列出在课程中要讲授的所有组织性内容;选择组织性内容中一小部分最基本、最简单且最有代表性的观念;在应用水平上(而不是表面的抽象记忆层面上)呈现这些观念。

学习先决条件排序　它建立在学习结构或学习层级的基础之上。学习结构表明在学习某一特定观念之前必须先学会哪些事实或观念。这与加涅的智慧技能的层级有关系。加涅把智慧技能从简单到复杂分为鉴别、概念、规则和高级规则;高级规则是由几个规则组成的,规则就是概念及其之间的关系,而概念学习离不开对事物特征的鉴别。因此,学习任何一项高级一点的智慧技能,都必须先学习它包含的低级一点的智慧技能,这些低级一点的智慧技能就是较为高级的智慧技能的学习先决条件。学习先决条件排序就是先呈现要学习的内容的学习先决条件,之后再呈现要学习的内容。

总结　在教学中,对已学内容进行系统化回顾十分重要,可以避免遗忘。总结作为一个策略成分包括以下几个部分:对已经教过的每个观念和事实进行简要说明;每个观念都配有一个参考实例(典型的、易于记忆的例子);每个观念都配有几个诊断性的、自测性的练习题。在教学精细加工理论中的总结有课内总结和合课总结两种类型,前者用于每一堂课结束时对本课中所教的观念和事实进行的总结,后者用于总结若干堂课中已经学过的东西。这若干节课是指任何一节课,加上对这节课进行精细加工的其他节课。

综合　在教学中,阶段性地将已经教过的各个部分进行联系和整合非常重要,它主要有以下几个好处:为学生提供有价值的知识;通过比较和对比加深对每个观念的理解;通过显示其在更大背景中的位置提高新知识的意义和动机效果;通过在新知识之间以及新知识与学生原有的相关知识之间建立联系来提高学生对知识的保持。在教学精细加工理论中,综合是一种用于将同种类型的观念联系和整合起来的策略成分,这主要通过以下过程实现:对一种(或多种)类型的知识结构进行概括,如果需要的话,解释其含义;提供一些整合性的能够描述观念之间关系的参考实例;配有几个整合性的、诊断性的练习题。教学精细加工理论中的综合有课内综合与合课综合两种类型。课内综合用来表明一堂课内新教的各种观念之间的联系;合课综合用来表明本堂课新教内容与已经教过的一系列内容之间的联系。课内综合水平呈现出一堂课内呈现的各个观念之间的横向关系;合课综合既能够从横向上呈现出一组课内呈现的位于同一精细加工水平的各个观念之间的关系,又可以呈现出一组课内呈现的各个观念之间的纵向关系以及能够涵盖这些观念的更为一般化、概括性的内容之间的关系。

类比　它是教学中的一个重要策略成分,因为它通过将新观念与熟悉的内容相联系进而使得学生易于理解所学的新观念。类比主要描述了某种相似性,即新观念和与该内容直接相关的领域之外的为人们所熟悉的内容之间的相似性。如果学生将要学习的新观念是难理解的或者对学生而言是缺乏直接意义的,此时类比就大有裨益。通过将这些难的、不熟悉的内容与学生熟悉的内容相联系,新内容也就获得了意义,即为人们所熟悉。作为类比的两个事物,其相似程度越大,类比的有效性越高。同样,作为类比的观念越为人们所熟悉,类比策略能发挥的作用越大,也就是说,

对于学习者而言类比越有意义、越熟悉,其作用越大。另外,当学生存在个别差异时,我们可以采用多个类比。

认知策略激发　如果教学能够达到让学生有意识或无意识地使用相关的认知策略的程度,教学就更为有效。认知策略,有时也被称为一般性技能,包括可以在广泛的内容领域范围内使用的学习技能与思维技能。在教学中可以而且也需要激发学生的认知策略。有两种途径可以激发学习者的认知策略。(1)在设计的教学情境中要求学生运用特定的认知策略,学生本人不一定会意识到他实际上是在使用认知策略,教师可以通过在教学中使用图片、表格、记忆法、类比、释义以及其他能够促使学生通过某种方式处理教学内容或与其进行交互的手段来实现这种"嵌入"式的激发认知策略。(2)教师利用指导语或下指令的方式,要求学生运用先前学过的认知策略。比如"想一下可以用哪个类比来理解这一概念"。这样的指导语促进学生对新内容的获得和保持,更为重要的是,有意识地使用这种认知策略还可以提高学习者在这些认知策略方面的能力。

学习者控制方式　梅里尔1979年认为,学习者控制方式从一般意义上来说是指学生能够自由地对所要学习的内容、学习速率、某种特殊的教学策略成分及其呈现顺序,以及学习者在交互时使用的(有意识的应用)认知策略等进行选择和排序。教学精细加工理论在学习者控制方式中除了学习步调或速率之外(步调控制只能在微观层次上进行),对学习内容的选择、教学策略成分、认知策略等方面都提供了指导。

从简单到复杂的精细加工排序、学习先决条件排序、总结、综合、类比乃至认知策略都为学习者控制自己的学习提供了条件。学习者控制可以借鉴的另一个重要手段是各种媒体教材的设计。如印刷教材的版式设计,让教学内容的各个部分得到清晰的区分或标示,使学生更易于根据其个人需要和兴趣对教学内容进行选择和排序。此外,版式设计可以帮助学生对复习、综合、认知策略等更加灵活地加以运用。

教学精细加工理论的一般模式

教学精细加工理论由概念精细加工、程序精细加工和原理精细加工这三种教学模式及其相应的处方系统组成。前面介绍的七种策略在这三种教学模式中都有体现,这七种策略成分在这三种教学模式中固定不变的特征使得我们可以提出教学的一般模式。这个一般模式为在认知领域根据教学精细加工理论设计教学描绘出了从教学开始到教学结束的一张"蓝图"或者说是提供了"处方"。

一般模式是从呈现摘要开始的。摘要课主要包括某一类的组织性内容,同时还包括其他两种类型的支持性内容。

摘要课开始于动机策略成分,然后呈现类比,之后就按照最基础的、最有代表性的、最一般的和最简单的顺序呈现组织性内容观念。然而,在呈现这些内容观念之前首先要呈现这些观念中还没有为学生所掌握的学习先决条件。每一个组织性内容观念呈现之后,就可以呈现它的经过选择的、与组织性内容观念高度相关的支持性内容观念。当然,也可以在所有的组织性内容观念呈现完毕之后再呈现所有的支持性内容观念,特别是当那些支持性内容高度相关时,其效果非常好。摘要中的每个观念都可以根据成分显示理论来呈现。摘要课的最后是呈现总结与综合,其中综合要体现摘要中所教的组织结构中的各个部分。另外,激发认知策略在必要和恰当的时候(分离性的或嵌入性的都可以)也应该作为动机成分包括进去。

完成摘要课的设计之后,就开始对摘要中组织性内容进行若干水平的精细加工,我们称之为水平1精细加工课、水平2精细加工课,依次类推。水平1精细加工课是对摘要中的组织性内容的各个方面直接进行精细加工。每一堂水平1的课都会对摘要中组织性内容的一个(有时候也可能是两个)方面进行精细加工,并呈现出更为具体和复杂的内容。就好比镜头聚焦到某个层面,肯定比原来提供的细节更多。水平1的课的结构与摘要课一样,包括动机、新的类比或者对先前类比的扩展、学习先决条件之后的组织性内容和支持性内容以及课内的总结与综合。另外,在每一堂水平1课后,都会有一个附加成分,即扩展性摘要。这个扩展性摘要首先呈现的是一个合课总结,即对已经教过的若干堂课的内容进行总结;之后通过综合把合课中已经教过的组织性内容与新的组织性内容关联起来。在完成水平1课的基础上,就可以进入到水平2的课。水平2的课不是对摘要的某些方面进行精细加工,而是对水平1课的某一个或两个方面进行精细加工。每一堂经过水平2的精细加工的课程都与水平1的课程具有相同特征。

根据教学精细加工理论的主要思想和一般模式,瑞格鲁斯还设计了应用教学精细加工理论的一般程序,包括以下六个步骤:(1)教学设计人员要根据教学目标选定一种内容组织方式,即概念型、程序型或理论型;(2)教学设计人员要开发一种能承担组织性内容的组织结构,它采用的是内容分析或任务说明的形式;(3)用系统的方式分析组织结构已确定组织内容的哪个方面将在摘要中呈现以及哪些方面将在精细加工各种水平中呈现;(4)在以上工作的基础上,需将其他两种类型的内容和实例等具体内容添加进来,同时还要考虑学习的先决条件;(5)在把学习内容安排在不同水平的精细加工之后,还要确定每堂课的深度和范围,范围一般来说由组织性内容和重要的支持性内容决定,而深度则受学生的先前知识技能和学生的认知发展阶段所能承受的认知负荷制约;(6)每种水平的精细加工课中内部结构

都要加以规划,要包含教学精细加工理论的七种策略。

相对于成分显示理论,教学精细加工理论是在认知领域较宏观层次水平上对教学内容的组织策略进行设计。瑞格鲁斯认为,教学精细加工理论是对同样是对认知领域宏观层次进行阐述的奥苏伯尔的先行组织者理论、布鲁纳的螺旋式课程和诺曼的网状学习理论的整合和扩展。这个理论的形成是基于作者对知识结构、认知结构的深刻认识和理解,并得到学习理论(认知结构、记忆结构等)的支持。它可以应用于课程开发、教学材料开发,结合成分显示理论也可以应用到课堂教学中去。

参考文献

盛群力,李志强. 现代教学设计论[M]. 杭州:浙江教育出版社,1998.

Reigeluth, C. M. The Elaboration Theory of Instruction [M]// Reigeluth, C. M. Instructional-Design Theories and Models: An Overview of Their Current Status (Vol. 1). Hillsdale, NJ: Lawrence Erlbaum Associates, 1983.

(刘美凤　杜　媛)

瑞士教育制度(educational system of Switzerland) 瑞士联邦位于欧洲中西部,面积41 284平方千米。2009年人口778.6万,其中外籍人超过22%。信奉天主教的居民占41.8%,新教占35.3%,其他宗教占11.8%,不信教的占11.1%。官方语言有四种:德语、法语、意大利语和拉丁罗曼语。居民中讲德语的约占63.7%,法语20.4%,意大利语6.4%,拉丁罗曼语0.5%,其他语言9.0%。2011年国内生产总值5 755亿美元,人均国内生产总值61 079美元。

瑞士教育的历史发展

瑞士在公元9世纪开始出现修道院学校,目的在于为社会培养牧师。从12世纪开始,一些所谓的"小学校"(small schools)为满足处于上升阶段的中产阶级的需要,开始教授学生语言、小学数学和地理等课程。1459年创办第一所高等学府巴塞尔大学。瑞士教育长期受教会控制,之后,正式的学校教育由于反宗教改革而得到加强,但是中学与拉丁语学校仍局限于城市,乡村地区的学校仍以宗教教育为重。启蒙时期,这种宗教主宰学校的局面有所改观,数学与科学教学受到重视。出生于日内瓦的卢梭提出其教育理念,并在其教育著作中论及人的全面发展等问题;教育家裴斯泰洛齐建立了自己的学校,根据自己的理论指导学校工作,并撰写教育专著。

1798年共和政体确立后,瑞士公共教育开始发展,建立了初等教育学校。1874年的联邦宪法规定,政府为所有儿

童提供教育,而不论其信仰和背景。这是瑞士教育史上首次规定在全国实施免费初等义务教育。瑞士实行地方分权制,由州政府举办初等教育,各州可规定各自的教育目标,没有统一的全国性的义务教育阶段教育目标。19世纪,由于现代国家的出现、经济的革命以及新思想的传播,出现了普通义务教育。人们认识到,年轻一代的教育问题是公立教育将要完成的最重要目标。瑞士各州都制定了学校法律,建立小学,创建中学。原有的大学巴塞尔大学和日内瓦大学被重新组织,新的大学建立起来。

瑞士现行教育制度

教育行政制度 瑞士政治体制的一个突出特征是永远在联邦与各州的权力之间寻求平衡。瑞士教育的权力主要在州,宪法赋予联邦政府管辖教育的权力有限,因此瑞士没有设立联邦或中央级的教育部,教育事务由联邦内政部和国民经济部共同负责。在这样的情况下,联邦政府即使拥有一定的教育立法权,也会将相应的立法权和执行权移交给各州。在个别情况下,这种权力也会下放给私立机构。总的说来,联邦政府主要监督各州义务教育的实施;制定工商业、贸易、农业和服务行业职业培训的政策法规;管理自然科学教育;主管2所联邦科技大学、3所瑞士教育学院和1所联邦体育师范学院;主管医学院和技术学院的招生,规定大学入学资格(即获得中等教育毕业证书);资助州立大学、科学研究和瑞士境外学校;通过法律法规保障特殊儿童和成人的教育。

瑞士全国26个州实行教育自治,各州在制定教育法规、筹措教育经费、确立学制、课程管理、编写教材等方面拥有自主权,教学方法由教师自主选择和决定。各州因相同的文化背景和历史传统,也呈现出一致性。联邦政府在某些领域作了相应规定,以保证各州之间的协调一致,但直至第二次世界大战前,各州的教育体系仍然保持相对独立。从20世纪60年代开始,各州协调统一教育政策和措施的需求越来越明确,联邦政府在这种需求下发挥着新的作用。联邦政府下属的两所联邦科技大学(Federal Institutes of Technology)负责瑞士科学研究的国家资金拨款、体育事务、职业教育以及认可各州的大学入学考试。各州之间,州教育局长联席会议和4个跨州联席会也由此成立。这4个跨州联席会分别代表法语区、中央区、西北区与东区,在设立共同课程、出版教育书籍、联合办学、学历认可和转学等方面制定相关协调政策。1970年,各州达成"教育协调协议",以沟通各州教育体系。至2002年,已有25个州签署此协议,就以下方面达成一致:提供九年义务教育,从儿童6岁开始;每学年的学时不少于38周;提供十二年(最多十三年)的中小学教育,高中毕业作为学校教育的结束,毕业时授予

文凭;每学年学期开始时间为8月中旬到10月中旬。"教育协调协议"是瑞士教育历史上各州自愿签署的第一个协议。除了在义务教育阶段达成上述一致共识外,该协议还在教育改革、规划、研究、统计以及资格认可等方面进行协调,加强各州间的合作,在一定程度上改变了因各州分权而造成的学制混乱。

在大多数情况下,州政府通过自治市建立各级各类学校,包括幼儿园和中小学校。20世纪60年代,几乎所有州政府都建立了州教育部门,负责教育资料的统计、科研、法规制定和辅助课程研制等。这些行政机构在当地得到学校委员会的支持而开展工作。学校委员会由当地的政治领导人和个人组成。在大多数州,诸如班级人数、义务教育阶段的课程和教科书等均由州政府统一规划,学校自主权有限。义务教育阶段以后的中学、学院和大学享有较多自主权。

联邦政府规定初等教育必须接受公众监督,州政府也将这一原则推广到所有的义务教育阶段,即包括初级中等教育。义务教育阶段后的教育通常也由州(或自治市)提供,大多数的技术学院属州立。德语地区的州中小学一般不设校长,教师享有很大的自主权,由教师选出的教师领导代表教师,并担任学校大会主席。中小学校由学校董事会负责,包括教师聘用和学校行政管理,其成员由当地社区选举,教科书由州政府提供。高级中学通常设立校长职位。学前教育的资金来自州或自治市。自治市提供义务教育阶段的部分资金,包括校舍、教学设备和材料,有时还包括教师工资,州政府负责主要的教师工资。义务教育阶段后的中学(古典中学、文凭学校、师范学院)和高等学院主要由州政府拨款。州政府还认可和资助私立学校。职业学校主要由州政府举办,也接受来自其他途径的资金,职业培训由联邦政府、州政府、专业机构以及接受学徒的公司承担。

学校教育制度 瑞士学校教育制度包括学前教育、初等教育、中等教育和高等教育等阶段。全国实行免费九年制义务教育,儿童6岁或7岁入学,直至15岁或16岁。

(1)学前教育。学前教育主要在幼儿园进行,是家庭教育的补充。尽管它不是义务教育,但大多数州都提供1~2年的学前教育,99%的学龄前儿童都接受至少1年的学前教育。大约2/3的州制定了学前教育管理条例,其发展趋势之一是将学前教育作为非义务教育的一个部分,但要通过州的立法提供给每个儿童一年或两年的教育机会,诸如设立流动幼儿园等特别举措已经出现在乡村;另一个发展趋势是很多儿童离开私立机构而就学于公立机构,然而私立机构仍然扮演着重要角色。除了传统的私立机构(通常是教堂设立、管理)外,主要由父母经营的新游戏场地也发挥了越来越重要的作用。瑞士还特别关注从学前教育到小学教育的过渡。

学前教育阶段主要是通过游戏活动,促进儿童个性全

面发展,辅助家庭教育,使儿童顺利地从学前过渡到小学阶段。至于学前教育的理念和思想,讲德语与讲法语和拉丁罗曼语的地区之间存在着差异。讲德语地区的学前教育系统建立在福禄贝尔的思想基础上,讲法语和拉丁罗曼语地区的学前教育系统建立在克拉帕雷德、费雷埃和蒙台梭利的思想基础上。然而在教育实践中,这种差异并不明显。

(2)初等和中等教育。初等教育由各州政府负责,州与市镇共同组织。初等、中等教育按年级划分,其中,小学6年,初中3年,在个别的州,小学4或5年,初中学制则相应延长。小学入学率100%。小学按班级授课,每个班级通常由一名教师负责教授所有的科目。其他教师参与辅助教学。小学阶段的教学语言为儿童的母语。在讲德语的州或自治市,人们讲德语方言,而非标准的德语。所谓的瑞士德语,代表几种德语方言。教师上课时教授标准德语,因此学校成为传播标准德语的重要场所。讲法语和意大利语的地区则不存在这样的问题。从小学四年级开始教授第二语言。英语开始受到重视,逐渐成为第二语言。除了语言学习,数学和科学也是小学课程中的重点。学生的评价由任课教师承担,在低年级阶段,评价采取定期报告和评价会的形式,到了高年级阶段,学生家长每学年收到2～3次评价报告,其中包括每个学习科目的成绩。期末结束时,按照成绩的平均分决定学生是否升入高一年级。中等教育分为初级(初中)和高级(高中)。大多数州提供不同类型的初中教育,大致分为三类。普通初中要求较低,在教授基础科目的基础上,以数学和应用艺术课程为重点,为学生将来的职业培训做准备,大约1/3的初中在校生修读这类课程。中级初中要求一般,提供高级课程,包括普通高级课程(在基本内容基础上增加第三语言、簿记、计算机技能或技术绘图)和高级课程(增加更多的学习科目),毕业生进入要求较高的职业学校。会考中学初中部要求最高,除基础科目外,还开设拉丁语和希腊语,毕业生可免试进入会考高中,为日后上大学做准备。有少数州,如日内瓦州,实行不分等级的统一初中教育,基本科目包括母语、第二语言、数学、自然科学、地理、历史、公民教育、艺术和体育。

高中教育开始正式分轨:一轨是以学术为导向的普通教育,包括会考高中、普通高中和师范学校三种类型;另一轨是以学徒制为特色的职业教育。职业教育为免费教育,以学术为导向的高中向学生收费(巴塞尔农村州除外)。总的说来,30%的初中毕业生升入普通学术型高中,70%的人升入各类职业教育和培训机构。会考高中的毕业生参加高中会考,获得会考证书便取得进入大学的资格。瑞士的高中会考证书制度始于1906年。经过近100年的发展,目前有6种证书,即古典语言、现代语言与拉丁语、数学与自然科学、现代语言、经济学科和艺术。有的州还颁发限于本州承认的其他证书,如音乐和社会教育等。11门高中会考科目

中有3门主课,即母语、第二语言和数学,6门必修科目为历史、地理、物理、化学、生物、音乐/绘画,其他2门科目根据证书种类不同而各异。根据联邦法律,体育为必考科目,所以实际上是12门。教学大纲由各州政府根据州教育局长联席会议的有关规定制定。考试由各州自行组织。普通高中产生于第二次世界大战前后,介于会考高中和职业中学之间。大部分学制2～3年,既讲授基础知识,又讲授一定的专业知识。这类学校中有些设有职业侧重点,如社会工作、旅游或行政管理等。学生毕业后可到相应的社会部门工作,也可以继续接受专业培训。中等职业教育由职业学校、企业和职业协会共同举办。职业学校讲授基础知识和指导学生在企业实践的理论知识。企业为学生提供实际操作的场所和机会,与学生签订学徒合同,学生获得一定的工资。职业协会根据本行业的职业特点和需求为学生开设职业入门课程。绝大部分职业学校学制3～4年,少数为2年。职业学校的学习远没有在企业实习获得的知识和技能重要,只有1/5的技能是在学校里传授的。教学大纲由联邦国民经济部职业与技术司会同各职业协会制定。结业考试由各州政府组织,分为理论和实践两个部分。个别职业的考试由职业协会主办。考试合格者可以获得全瑞士承认的联邦资格证书。毕业生还可以通过参加更高一级的考试来获得更高的职称或资格证书,也可到高级职业学校深造。

由于瑞士教育体制中不存在中央权威,并且没有真正的全国性教育规划,所以各级教育目标不容易被定义。义务教育的目标由26个州的学校法律规定;高中阶段的教育目标则在有关职业训练的联邦法律和联邦发展规则中陈述。这些目标涵盖三个领域:个人发展;帮助年青一代社会化,通过把年青一代引入其主要文化和其他价值领域的方式,扩大学生社会化范围,以至包括欧洲及全球社会意义上的社会化;经济能力。

(3)高等教育。瑞士高等教育机构包括大学、招收高中毕业生的师范学院、高等职业学校和学徒制学校。瑞士人口少,但拥有密集的高教网,现有12所国家承认的大学。其中苏黎世联邦科技大学和洛桑联邦科技大学两所大学由联邦掌管,另10所为州立大学。按大学所在语区分,德语区有6所:巴塞尔大学、伯尔尼大学、苏黎世大学、苏黎世联邦科技大学、圣加仑大学和卢塞恩大学;法语区有5所:日内瓦大学、洛桑大学、洛桑联邦科技大学、纳沙泰尔大学、弗里堡大学;意大利语区有1所大学。大学学制一般4～5年,医学专业为6年。瑞士大学无硕士学位,大学毕业后可直接攻读博士学位。瑞士没有私立大学。

瑞士传统意义上的高等教育主要是大学教育,但现在出现更多大学以外的各种形式的高等教育。高等职业学校是一个新特色。瑞士从1993年开始对高等职业教育进行改革,将全国60多所高级职业技术学校按地区合并成7所高

等职业学院,共有学生 18 000 人。

教师教育 作为中等教育阶段的师范学校承担了瑞士部分师资(主要是学前教育和初等教育师资)的培养任务。除了最小的州外,瑞士每个州都有师范学校。中学的师资来源:一是大学 4 年毕业后到教师培训学院学习 1～2 年;二是大学毕业后经过一段时间的实践工作,再申请到中学任教,有些高中教师是从初中转过来的。瑞士教师收入高,享有较高的社会地位,拥有良好的工作和生活环境,但必须经过严格的考核,获得资格证书后才能执教。

职业教育 职业培训教育由联邦政府、州政府和专业机构共同承担。联邦政府有权制定工商业、贸易、农业和服务行业职业培训的法规,教师、健康、社会服务和艺术等领域的职业培训政策法规则归州政府制定。大多数情况下,州政府举办职业培训,并遵守联邦政府的规章制度。州政府的职责包括:建立教学机构,认可学徒合同,监督和组织考试,培训学徒教师等。私立机构承办了大部分的职业培训,并创办学校或资助某些技术学院,在职业培训方面发挥着积极作用。

成人教育 成人继续教育在瑞士教育系统中发挥着重要作用。私立教育机构是成人继续教育的主要资金提供者和举办者。2001 年以前,瑞士还没有远程教育或开放大学等教育机构。2000 年开设了一些远程和高科技领域的课程,由联邦政府资助。瑞士高等院校密集,民族和语言复杂多样,远程教育不会有很大发展。在这种情况下,瑞士加强了这方面与其他欧洲国家的合作,例如,德国的哈根远程大学(Fern Universitaet Hagen)和英国的开放大学分别在哈根和日内瓦设立了教学中心。瑞士联邦科技大学下属的继续教育中心(ETH)利用互联网一方面提供继续教育资讯服务,另一方面为中等教育提供信息交流平台。

瑞士很重视教育事业,教育经费在各级政府的预算中均占很大比重(在联邦政府预算中占 8%,在州和市镇预算中约占 25%)。瑞士教育的特点是初中教育普及,高中比重小,职业学校比重大;大学教学质量高。

瑞士教育面临的挑战

各个领域的全球化使瑞士长久以来的独立和中立地位受到冲击。瑞士 2002 年加入联合国,在教育体制等方面要与国际接轨。为了满足社会对高素质从业人员的需求,瑞士的非大学类高等院校不断调整和变革,逐渐向技术学院发展。瑞士教育的双轨制僵硬,不同轨道上学生间的相互流通存在问题,尤其体现在大学与非大学类高等院校间的流通。同时,从初中阶段开始分轨,显然不符合义务教育的精神和宗旨,尽管有识之士做了改革的努力,但收效甚微。2008—2009 学年,瑞士教育系统中共有 1 502 257 名学生,

进入高中阶段学习的学生 337 145 名,其中 46.9% 为女生。但教育的地区差异性(高山地区和城市)、社会差距(不同家庭背景的学习者在受教育程度上的差距)以及因为语言和文化造成的差异仍然存在。瑞士教育继续朝分权和分化方向发展,同时,各州间、瑞士与欧洲其他国家,乃至与世界其他国家间的协调和统一也日益重要。

参考文献

中华人民共和国教育部国际合作与交流司. 世界 62 个国家教育概况[M]. 北京:首都师范大学出版社,2001.

Marlow-Ferguson, R. & Lopez, C. World Education Encyclopedia: A Survey of Educational Systems Worldwide[M]. 2nd ed. Detroit, MI: Gale Group,2002.

(马 慧)

弱势群体受教育权利的法律保护(legal protection of the right to education of the disadvantaged groups) 国家和社会通过立法和司法、法律援助等手段和方式,依法维护弱势群体受教育权利的一种活动。

家庭贫困儿童受教育权利的法律保护

为了保证家庭贫困的儿童能够享有受教育的权利,《中华人民共和国教育法》、《中华人民共和国义务教育法》、《中华人民共和国高等教育法》、《中华人民共和国义务教育法实施细则》、《普通高等学校本、专科学生实行贷款制度的办法》等法律、法规,都对家庭贫困学生接受教育作出规定。例如 1986 年的《中华人民共和国义务教育法》第十条第二款规定:"国家设立助学金,帮助贫困学生就学。"第十二条规定:"国家对经济困难地区实施义务教育的经费,予以补助。国家鼓励各种社会力量以及个人自愿捐资助学。"1992 年国务院通过了《中华人民共和国义务教育法实施细则》,对义务教育阶段家庭经济困难学生的学杂费减免以及助学金制度作出规定。如第十七条第二款规定:"对家庭经济困难的学生,应当酌情减免杂费。"第十八规定,初级中等学校、特殊教育学校的家庭经济困难的学生,少数民族聚居地区、经济困难地区、边远地区的小学及其他寄宿小学的家庭经济困难的学生,按规定(由省级人民政府制定)享受助学金。1995 年的《中华人民共和国教育法》第十条第二款规定:"国家扶持边远贫困地区发展教育事业。"第三十七条规定:"国家、社会对符合入学条件、家庭经济困难的儿童、少年、青年,提供各种形式的资助。"1998 年的《中华人民共和国高等教育法》第九条规定:"公民依法享有接受高等教育的权利。国家采取措施,帮助少数民族学生和经济困难的学生接受高等教育。"第五十四条规定:"家庭经济困难的学生,可以

申请补助或者减免学费。"第五十五条规定："国家设立奖学金，并鼓励高等学校、企业事业组织、社会团体以及其他社会组织和个人按照国家有关规定设立各种形式的奖学金，对品学兼优的学生、国家规定的专业的学生以及到国家规定的地区工作的学生给予奖励。国家设立高等学校学生勤工助学基金和贷学金，并鼓励高等学校、企业事业组织、社会团体以及其他社会组织和个人设立各种形式的助学金，对家庭经济困难的学生提供帮助。"

2006 年修订颁布的《中华人民共和国义务教育法》第六条规定："国务院和县级以上地方人民政府应当合理配置教育资源，促进义务教育均衡发展，改善薄弱学校的办学条件，并采取措施，保障农村地区、民族地区实施义务教育，保障家庭经济困难的和残疾的适龄儿童、少年接受义务教育。国家组织和鼓励经济发达地区支援经济欠发达地区实施义务教育。"

女童受教育权利的法律保护

《中华人民共和国宪法》第三十三条规定："中华人民共和国公民在法律面前一律平等。任何公民享有宪法和法律规定的权利。"第四十六条规定："中华人民共和国公民有受教育的权利和义务。"第四十八条规定："中华人民共和国妇女在政治的、经济的、文化的、社会的和家庭生活等各方面享有同男子平等的权利。"1990 年《世界全民教育宣言》声明："首要任务就是要保证女童和妇女的受教育机会，改善其教育质量并清除一切阻碍她们积极参与教育的障碍。必须铲除教育中任何有关性别的陈规陋习。"为此，中国制定了保障妇女权益的专门法律《中华人民共和国妇女权益保障法》，并在《中华人民共和国教育法》、《中华人民共和国义务教育法》、《中华人民共和国职业教育法》中都对女童受教育的权利作了法律规定。根据《中华人民共和国妇女权益保障法》、《中华人民共和国教育法》、《中华人民共和国义务教育法》等法律规定，国家保障女子享有与男子平等的文化教育权利。凡年满 6 周岁（或 7 周岁）的儿童，不分性别，都有权接受义务教育，政府、社会、学校应针对适龄女性儿童少年就学存在的实际困难，采取有效措施，保证适龄女性儿童少年接受完当地规定年限的义务教育。学校应当根据女性青少年的特点，在教育、管理、设施等方面采取措施，保障女性青少年身心健康发展。学校和有关部门应当执行国家有关规定，保障妇女在入学、升学、毕业分配、就业、授予学位、出国留学等方面享有与男子平等的权利。在高校招生、学位授予、出国留学等方面，只要女性受教育者符合《中华人民共和国高等教育法》、《中华人民共和国学位条例》、《普通高等学校招生暂行条例》、《关于出国留学人员工作的若干暂行规定》等法律、法规、规章确定的条件，学校和有关行政部门就应当实行坚持公平竞争的原则，不得擅自提高对女性的标准，要防止和避免性别歧视因素的渗入和影响。对依照法律、法规规定，应当录用而拒绝录用妇女或者对妇女提高录用条件的或在入学、升学、毕业分配、授予学位、派出留学等方面违反男女平等原则，侵害妇女合法权益的，妇女可以申诉、控告。侵害妇女合法权益者所在单位或其上级机关应责令其改正，并可根据具体情况，对直接责任人员给予行政处分。对侵害妇女合法权益造成财产损失或者其他损害的，应当依法赔偿或者承担其他民事责任。另外，还要求各级人民政府应当依照规定把扫除妇女中的文盲、半文盲工作，纳入扫盲和扫盲后继教育规划，采取符合妇女特点的组织形式和工作方法，组织、监督有关部门具体实施。各级人民政府和有关部门应当采取措施，组织妇女接受职业教育和技术培训，使女性受教育权得以充分实现。

残疾儿童受教育权利的法律保护

世界上有 132 个国家和地区制定了关于残疾人受教育的法律。美国于 1975 年通过《教育所有残疾儿童法令》，其中规定国家为 3～21 岁的各类残疾人提供免费的适应其需要的特殊教育和相关服务。同年法国制定了《残疾人照顾方针》，规定残疾儿童的预防、保健、教育、职业训练、生活保障、雇佣等均为国家应尽的义务。1994 年 6 月，联合国教科文组织和西班牙政府在西班牙萨拉曼卡市联合召开了"世界特殊教育大会"，会议通过了《萨拉曼卡宣言》和《特殊需要教育行动纲领》，提出了全新的思想和概念——全纳性教育和全纳性学校。呼吁并敦促各国政府在改善教育制度方面给予政策和预算的最优先考虑，以使教育制度能容纳所有儿童而不论其个体差异或个人困难如何；以法律或方针的形式通过全纳性教育原则，在普通学校招收所有儿童。明确学校应该接纳所有的儿童，而不考虑其身体的、智力的、社会的、情感的、语言的或其他任何条件。对于来自残疾或学习困难的所有儿童和青年的"特殊教育需要"，学校必须寻找到成功地教育包括处境非常不利儿童或严重残疾儿童在内的所有儿童的方法。同时，更要做出特别的努力，对那些因性别和残疾而导致双重不利处境的残疾女童提供培训和教育。

中国已基本形成以《中华人民共和国宪法》为根本，以《中华人民共和国残疾人保障法》、《中华人民共和国教育法》、《残疾人教育条例》为主体，以一系列政府规章为支撑的，包括法律、法规、政府规章在内的一整套保障残疾儿童受教育权的制度。《中华人民共和国宪法》第四十五条第三款规定："国家和社会帮助安排盲、聋、哑和其他有残疾的公民的劳动、生活和教育。"《中华人民共和国残疾人保障法》以"维护残疾人的合法权益，发展残疾人事业，保障残疾人平等地充分参与社会生活"为宗旨,明确了国家、各级人民政府、社会、家庭在残疾人康复、教育、劳动就业、文化生活、福利等各方面应承担的责任。该法专设一章对残疾人的教育作出规定。明确"国家保障残疾人受教育的权利","国家、社会、学校和家庭对残疾儿童、少年实施义务教育"。1994年国务院发布了《残疾人教育条例》,这是中国第一部有关残疾人教育的专项法规,它为保证残疾人受教育权利的实现提供了进一步的法律保障。其后的《中华人民共和国教育法》、《中华人民共和国职业教育法》和《中华人民共和国高等教育法》也都对残疾人的受教育权利作了相应规定。如《中华人民共和国教育法》第三十八条明确规定:"国家、社会、学校及其他教育机构应当根据残疾人身心特点和需要实施教育,并为其提供帮助和便利。"《中华人民共和国职业教育法》第七条规定:"国家采取措施,发展农村职业教育,扶持少数民族地区、边远贫困地区职业教育的发展。国家采取措施,帮助妇女接受职业教育,组织失业人员接受各种形式的职业教育,扶持残疾人职业教育的发展。"第十五条规定:"残疾人职业教育除由残疾人教育机构实施外,各级各类职业学校和职业培训机构及其他教育机构应当按照国家有关规定接纳残疾学生。"《中华人民共和国高等教育法》第九条规定:"高等学校必须招收符合国家规定的录取标准的残疾学生入学,不得因其残疾而拒绝招收。"2006年修订的《中华人民共和国义务教育法》第十九条规定:"县级以上地方人民政府根据需要设置相应的实施特殊教育的学校(班),对视力残疾、听力语言残疾和智力残疾的适龄儿童、少年实施义务教育。特殊教育学校(班)应当具备适应残疾儿童、少年学习、康复、生活特点的场所和设施。普通学校应当接收具有接受普通教育能力的残疾适龄儿童、少年随班就读,并为其学习、康复提供帮助。"

根据已有的法律、法规,残疾儿童享有的受教育权主要包括两层含义。一是与普通健康儿童一样享有接受教育的权利。如《中华人民共和国残疾人保障法》第二十二条提出:"普通小学、初级中等学校,必须招收能适应其学习生活的残疾儿童、少年入学;普通高级中等学校、中等专业学校、技工学校和高等院校,必须招收符合国家规定的录取标准的残疾考生入学,不得因其残疾而拒绝招收;拒绝招收的,当事人或者其亲属、监护人可以要求有关部门处理,有关部门应当责令该学校招收。"二是根据残疾人的身心特性和需要,有接受适合其发展的教育的权利。表现为在进行思想教育、文化教育的同时,加强身心补偿和职业技术教育;依据残疾类别和接受能力,采取普通教育方式或者特殊教育方式;课程设置、教材、教学方法、入学和在校年龄,可以有适度弹性,以适合残疾儿童、少年的特点。

《残疾人教育条例》规定,残疾人教育是国家教育事业的组成部分。残疾人受教育权的保障是国家必须担负的不

可推卸的责任,也是政府各部门和有关社会组织的共同职责。按规定,对残疾人的教育应在各级人民政府的统一领导下,以教育部门为主,民政、卫生、劳动、计划、财政和残疾人联合会等部门和组织紧密配合。教育行政部门负责贯彻执行国家关于特殊教育的方针政策;制订教学计划、教学大纲和有关规章制度;会同计划等部门做好特殊教育规划;对特殊教育工作进行宏观指导和具体管理;负责特殊教育师资的培训和组织特殊教育教材的编审等。民政部门要负责组织儿童福利机构和社区服务机构对残疾儿童进行学前教育、基础文化教育和职业技术教育。劳动部门要积极协助有关部门组织推动残疾青年的就业前培训和在职培训。残疾青年的就业在国家统筹规划和指导下,实行劳动部门介绍就业、自愿组织起来就业或自谋职业相结合的方针,由民政、劳动部门共同负责安排和指导。卫生部门负责残疾少年儿童的残疾分类分等和检查诊断,并配合做好招生鉴定工作;对特殊学校的残疾少年儿童的康复医疗进行指导。计划和财政部门要对特殊教育发展规划做好综合平衡,并制定政策,在基建投资和经费方面给以积极支持。残疾人联合会要把特殊教育作为自己的重要任务之一,协助政府动员社会,做好特殊教育工作。

各级人民政府应对残疾人的教育提供充分的物质条件保障。按照基础教育由地方负责、分级管理的原则,地方人民政府负责筹措残疾人教育经费。根据中央关于教育经费"两个增长"的原则,特殊教育经费应当随教育事业费的增加而逐步增加。县级以上各级人民政府可根据需要设立残疾人教育的专项补助款。地方各级人民政府用于义务教育的财政拨款和征收的教育费附加,应有一定比例用于发展残疾教育。省、自治区、直辖市人民政府可以根据残疾人教育的特殊情况,依据有关标准制定本行政区域内残疾人学校的建设标准、教学仪器设备标准,并可采取优惠政策和措施,支持生产研究残疾人教育专用仪器设备、教具、学具及其他辅助用品,扶持残疾人教育机构,兴建和发展校办企业或者福利企业。残疾人教育机构的设置应由有关教育行政部门审批,其建设应符合残疾人学习、康复、生活的特点。

各地人民政府应重视残疾人教育师资的培养、培训工作,并采取措施逐步提高他们的待遇,改善他们的工作环境和条件。国家实行残疾人教育教师资格证书制度,国务院教育行政部门和省、自治区、直辖市人民政府应当有计划地举办特殊教育师范院校、专业,或者在普通师范院校附设特殊教育师资班,培养残疾人教育师资。县级以上地方各级人民政府教育行政部门应当将残疾人教育师资的培训列入工作计划,并采取设立培训基地等形式,组织在职的残疾人教育教师的进修提高。普通师范院校应当有计划地设置残疾人特殊教育必修课程或者选修课程,使学生掌握必要的残疾人特殊教育的基本知识和技能,以适应对随班就读残

疾学生的教育需要。对从事残疾人教育的教师、职工,政府按规定给予残疾人教育津贴及其他待遇。

各级各类学校应遵守有关残疾人教育的法律规定,保障残疾人的受教育权利。卫生保健机构、残疾人学前教育机构应当注意对残疾幼儿的早期发现、早期康复和早期教育,并为他们提供咨询、指导。实施义务教育的残疾儿童、少年特殊教育学校应根据需要在适当阶段对残疾学生进行劳动技能教育、职业教育和职业指导。普通学校对残疾学生要根据其学习、康复的特殊需要,对其提供帮助。残疾人职业教育应当重点发展初等和中等职业教育,适当发展高等职业教育,开展以实用技术为主的中期、短期培训。残疾人职业教育学校和培训机构应根据社会需要和残疾人身心特性合理设置专业,并根据教学需要和条件,办好实习基地。除此之外,各级各类学校还必须招收符合规定的残疾学生。

按法律规定,社会、家庭对残疾儿童、少年的受教育权也负有保护的责任。如家长有义务将适龄残疾儿童、少年送入适合的学校或其他教育机构学习,社会有义务支持残疾人接受教育。

流动儿童受教育权利的法律保护

20 世纪 90 年代后,中国农村劳动力大量流入城市,根据 2000 年中国第五次人口普查结果显示,中国流动人口数达到 1.2 亿,其中流动人口子女约 1 200 万。在中国,义务教育阶段实行的是"分级办学"、"分级管理"——即基础教育由县乡管理的教育体制。正由于义务教育主要是由地方政府负担,流动人口的子女因为没有流入地的户口,无法享受由流入地政府负担的教育经费,其结果是:在现行的城乡政策框架下,流动人口子女无法享受与城市同龄儿童同等的教育机会,也被排斥于乡村正式的教育体系之外,成了被"边缘化"的一个庞大群体,这一群体被称为"流动儿童"。

1998 年,国家教委和公安部下发《流动儿童少年就学暂行办法》,规定流入地政府应该承担流动儿童少年接受义务教育的职责,同时也允许社会组织和个人举办专门招收流动儿童少年的学校或简易学校,并对简易学校的设立条件酌情放宽。指出流动儿童少年能否就学,关系到《中华人民共和国义务教育法》的贯彻落实和全体儿童少年教育平等权利的保障,关系到'普九'目标的实现和全民族素质的提高。这是中国政府出台的第一部专门规范流动儿童少年就学的政府规章。此后,一些省、市先后制定了具体实施细则,如北京市教委制定了《北京市对流动人口中适龄儿童少年实施义务教育暂行办法》,对北京市打工子弟学校进行了规范管理。

2006 年修订的《中华人民共和国义务教育法》第十二条第二款明确规定:"父母或者其他法定监护人在非户籍所在地工作或者居住的适龄儿童、少年,在其父母或者其他法定监护人工作或者居住地接受义务教育的,当地人民政府应当为其提供平等接受义务教育的条件。"从法律上规定了流动儿童接受教育的问题。

参考文献

滕星,胡鞍钢.西部开发与教育发展博士论坛[M].北京:民族出版社,2001.

张人杰.国外教育社会学基本文选[M].上海:华东师范大学出版社,1989.

赵中建.教育的使命—面向二十一世纪的教育宣言和教育纲领[M].北京:教育科学出版社,1996.

（苏林琴）

S

三个面向　　"教育要面向现代化,面向世界,面向未来"的简称。1983年9月邓小平给北京景山学校的题词,是邓小平根据国际新技术革命和国内现代化建设的形势提出的。指明了中国教育改革与发展的基本方向。

　　第二次世界大战后,现代科技迅猛发展,各国和各民族之间的竞争逐渐转为科技、教育竞争,经济发展越来越依靠科学技术的发展,科技人才的培养和劳动者素质的提高越来越依赖于现代教育的普及和质量的提高。中共十一届三中全会后,以经济建设为中心的社会主义现代化建设成为党和国家的工作重心。邓小平反复强调,要抓住经济建设这个中心不放。1979年,他指出:"我们当前以及今后相当长一个历史时期的主要任务是什么? 一句话,就是搞现代化建设。能否实现四个现代化,决定着我们国家的命运、民族的命运。"(《邓小平文选》第二卷)但在教育领域,当时存在教育脱离现代化建设、不适应经济建设和改革开放的现象,学校培养出来的学生其数量和质量在一定程度上不适应新的历史时期发展的需要。北京景山学校是中共中央宣传部于1960年创办的一所专门进行教学改革实验的学校。建校以来,学校根据党和国家的教育方针开展各项教改实验。"文革"期间,景山学校的教改实验遭到破坏。1978年后,景山学校恢复开展各项教改实验。1983年9月,邓小平为景山学校题词。

　　"教育要面向现代化"是"三个面向"的核心,是教育改革与发展的根本宗旨。其基本内涵有两个方面:一是教育要为社会主义现代化建设服务。要求教育必须自觉地服从和服务于经济建设这个中心,为社会主义现代化建设培养各级各类人才,促进社会的全面发展和进步。中国教育改革和发展的根本目的是提高全民族的思想道德、科学文化素质,培养"有理想、有道德、有文化、有纪律"的新人,为建设社会主义现代化强国服务。教育要面向现代化的要求体现了中国教育的目的和方向,它强调教育在社会主义现代化建设中的重要作用,要求把为现代化建设服务作为教育改革的出发点。二是教育自身要现代化。包括教育思想、教育制度、教育内容、教育方法和手段的现代化。教育只有实现自身的现代化,才有可能培养出能承担现代化建设任

务的人才。教育现代化是和工业现代化、科技现代化、国防现代化同步发展的过程。教育要面向现代化,首先,必须与经济、社会发展的战略目标和战略步骤相适应。其次,要深化教育体制改革,更新教育观念,调整教育结构,合理安排教育发展的规模、速度和布局,建立和完善适应社会主义现代化建设需要的教育体系。要按照社会主义现代化建设和现代科技发展的实际需要,更新教学内容,改革教学方法,调整学科和课程结构。要进一步改善教学条件,引入现代化教育手段。再次,教师是关键。邓小平指出:"一个学校能不能为社会主义建设培养合格的人才,培养德智体全面发展、有社会主义觉悟的有文化的劳动者,关键在教师。"(《邓小平文选》第二卷)教育能否适应现代化建设的需要,在很大程度上取决于教师队伍的质量和数量。

　　"教育要面向世界"是中国改革开放总政策在教育上的体现,是教育改革与发展的必要条件,是教育面向现代化的内在要求。它包括两层含义:一是教育要培养能参与国际竞争的人才。教育要面向世界是根据国际竞争的实际需要提出来的。1993年,中共中央、国务院印发《中国教育改革和发展纲要》,指出"当今世界政治风云变幻,国际竞争日趋激烈,科学技术发展迅速。世界范围的经济竞争、综合国力竞争,实质上是科学技术的竞争和民族素质的竞争。从这个意义上说,谁掌握了面向二十一世纪的教育,谁就能在二十一世纪的国际竞争中处于战略主动地位"。国际竞争是综合国力的竞争。提高综合国力的关键是科技,是人才,而培养人才要靠教育。教育要为社会主义现代化培养大批适应国际竞争的尖端人才和高素质的劳动大军。二是要吸收和借鉴各国的文明成果。现代世界是开放的世界,科技发展、经济竞争在全球范围内展开。邓小平通过对世界经济科技发展和国际形势的敏锐观察,明确指出中国的发展离不开世界,要向资本主义发达国家学习先进的科学、技术、经验、管理方法以及其他一切对我们有益的知识和文化。不仅要在经济、科学技术上对外开放,文化教育也要对外开放。教育要面向世界意味着必须打破中国传统教育闭关自守的状况,向世界各国学习。凡是在教育、科技乃至管理等方面有长处的国家,都应该学习。要加强国际交流和合作,

包括人员的交流、资料的交换和联合培养学生、合作研究等。通过教育往来,吸收世界各国先进的教育思想、管理方法和技术手段,从而提高中国的教育水平和发展速度。

"教育要面向未来"指教育为未来社会培养人才需要有前瞻性,必须适应未来发展的需要。强调教育要从自身特点和现代化建设的长远目标出发,制定着眼于未来的教育发展战略,使今天的教育能够适应和满足未来社会发展的需要。教育的自身特点决定了它是面向未来的前瞻性事业。邓小平认为,现在的青少年一代是国家和民族的未来,是跨世纪或下个世纪的建设者。他们的素质如何,直接关系到中国现代化建设的成败和国家、民族的前途命运。他从未来发展的高度,强调无论是科学文化技术教育,还是思想品德教育,都要着眼于未来,要从娃娃抓起。科学技术迅猛发展,如不能及时吸收科学技术最新成就,紧跟其发展趋势,建立适应未来需要的新学科、新课程,培养出来的人才便跟不上时代的步伐。必须根据中国的实际情况,逐步改革教学内容,建设新的专业、学科和课程等,使各级学校教育既适应当前需要,又具有一定的预见性和超前性。在制定目标时,应考虑未来社会对人的素质的要求。

"三个面向"是相互联系的统一的整体,是邓小平关于教育工作一系列重要论述的高度概况和科学总结,体现了新时期党在教育工作上的根本要求。它们统一于一个目标,即为社会主义现代化建设培养各级各类人才;统一于一个过程,即办有中国特色社会主义教育,形成中国特色社会主义教育体系。"面向现代化"是基础和核心,没有现代化的教育,就不能培养现代化的人才;要培养现代化的人才,就必须"面向世界"与"面向未来"。从横向看,教育要"面向现代化"和"面向世界"有一致性,这是现代化经济和新技术革命发展的客观要求;从纵向看,教育要"面向现代化"和"面向未来"也有一致性,教育要超前于经济,通过智力投资,积累跨世纪的人才大军。

"三个面向"为建设中国特色社会主义教育指明了战略方向,是教育工作的指导方针。在社会主义现代化建设的新时期,"三个面向"已成为中国教育改革和发展的战略指导方针,体现在这一时期关于教育工作的重大决定之中。1985年,《中共中央关于教育体制改革的决定》提出:"社会主义现代化建设的宏伟任务,要求我们不但必须放手使用和努力提高现有的人才,而且必须极大地提高全党对教育工作的认识,面向现代化、面向世界、面向未来,为90年代以至下世纪初叶我国经济和社会的发展,大规模地准备新的能够坚持社会主义方向的各级各类合格人才。"《中国教育改革和发展纲要》在阐述新形势下教育改革和发展的任务时,重申了"面向现代化、面向世界、面向未来"的要求。江泽民在中国共产党第十五次全国代表大会上的报告进一步指出:"建设有中国特色社会主义的文化,就是以马克思主义为指导,以培育有理想、有道德、有文化、有纪律的公民为目标,发展面向现代化、面向世界、面向未来的,民族的科学的大众的社会主义文化。"

(张永祥)

三十校实验（Thirty-school Experiment）　亦称"八年研究"。美国进步教育协会（Progressive Education Association,简称 PEA）下属"中学与大学关系委员会"（Commission on the Relation of School and College）主持的一项为期八年(1933—1941)的大规模教育实验研究。参加单位有从美国各州挑选出来的30所中学及近300所学院和大学。该研究得到卡内基促进教学基金会（Carnegie Foundation for the Advancement of Education）和普通教育委员会的资助。

三十校实验的起因与开始　20世纪20年代后期,美国中学毕业生中只有1/6的人有升学机会,中学教育受大学入学考试的支配,只重视学生的学业成绩,很少考虑学生其他方面的能力。针对这种情况,许多进步教育家认为,必须重新思考中学与大学的关系,只有在学院和大学的配合下改变招生要求,才能实现中学课程改革的设想。因此,美国进步教育协会在1930年举行的第十届年会上讨论了中学怎样才能改善其为青少年提供的服务以及调整学院和大学入学要求的问题,决定成立"中学与大学关系委员会",进一步探讨中学与学院及大学进行良好合作的可能性,改善两者关系。同年10月中学与大学关系委员会成立,该委员会由26人组成,包括各大学和中学的校长。约翰·巴勒斯中学校长艾金任主席,其他重要成员有辛辛那提大学校长 R. 沃尔特斯、本宁顿学院院长 R.D. 利、哥伦比亚大学师范学院教授 H.O. 鲁格和 G. 沃森、卡内基促进教学基金会的利尔内德、《新共和》杂志的布利文及威斯康星州的艾加德等。

最初两年,中学与大学关系委员会工作的主要目的是确定工作的出发点和所要达到的目标,制订中学与大学合作的实验研究计划。该委员会的初步研究报告指出:中等教育没有提供充分的公民训练,中学课程是毫无生气的大杂烩,存在严重脱离社会生活的弊病。基于这种分析,该委员会建议在20所公立和私立中学里开展一项先期研究,旨在使学生更好地掌握知识,激励学生不断学习,发挥创造性,透彻地了解现代文化问题,为学生提供更好的个人指导、教材和更有效的教学。这一先期研究引起人们的广泛兴趣。为在更大范围实验基础上进一步对之加以论证,中学与大学关系委员会于1932年制订了三十校实验计划。该实验从1933年秋开始,最初计划实施五年,后延长为八年,旨在论证学校教育目的是以有效协调个人与社会利益的关系为背景,实现学生个人的发展,即更好地掌握知识并发挥创造性。中学与大学关系委员会设立的实验指导委员会与近300所大学和学院签订协议，要求它们在实验期间从参加实验的30所中学选拔新生时，主要依据实验中学校长的推荐和学生的表现，而不是凭入学考试。校长的推荐信须证明该毕业生具有完成大学学业的一般智力，已成功学习了一门以上的大学课程，学习态度端正，对学习有兴趣等。指导这项实验工作的是美国颇有造诣的教育学者，其中不少是进步教育运动中有影响力的教育家。参加该实验的30所中学既有公立的也有私立的，既有规模大的也有规模小的。它们选自美国各州近200所中学，在学校设备、学生来源及社会、经济、文化背景上有较大差别。其中，宾夕法尼亚州7所、伊利诺伊州4所、马萨诸塞州3所、俄亥俄州3所、加利福尼亚州2所、艾奥瓦州1所、科罗拉多州1所、威斯康星州1所、密苏里州1所、特拉华州1所、俄克拉何马州1所和纽约市5所。佩拉姆·马诺尔中学于1936年经实验指导委员会同意退出了实验，实际上参加实验的有29所中学。其中不乏一些著名中学，如芝加哥市的弗兰西斯·W.帕克学校和芝加哥大学中学，纽约市的贺拉斯·曼学校、哥伦比亚大学师范学院的林肯学校以及道尔顿中学等。1933年秋，参加该实验的中学代表与实验指导委员会一起开会，对整个实验工作作了安排，并制订工作计划。为使实验工作顺利进行，各校都实行民主管理，设立政策委员会、各分支委员会及学生管理机构等，还加强与家长的联系。在制定教育政策时，教师们表现出强烈的参与意识。实验期间，各中学可按照自己的愿望和实际可能自行设计既反映社会需求，又反映学生兴趣和需要的课程；学院和大学招收实验中学推荐的毕业生入学，并对他们入学后的表现进行跟踪调查。由于各实验中学的课程计划和教学方法不同，为了帮助其开展实验工作，中学与大学关系委员会下设专门的咨询机构，负责课程设计、教育评估及实验研究人员的培训等，实验指导委员会负责协调和指导整个实验研究工作。

三十校实验的主要内容　(1)决定教育目的。在一个民主社会中，学校的主要职责是保持和改进民主的生活方式，因此，中学教育的目的除升学外还应有其他内容，即实现个人发展，为走向社会做准备。决定中学教育目的应考虑几方面因素：使生活成为课程的中心；个人与社会的相互依存关系；使机能方面的指导成为一切教育活动的组成部分；从学生个人和社会发展的角度对学校教学计划进行评估；学校教学计划应揭示知识之间的本质联系；提供与社区密切和直接的交往机会。(2)设计新课程，采用新的教学方法。由于各实验中学对于传统课程的态度差异较大，在课程和方法上又有很大的自主权，因此它们的课程和方法不尽相同。有些中学保留传统课程体系，仅对内容作一些更改；更多中学则倾向于一种更广泛的课程体系，特别是在1935年"弗吉尼亚核心课程计划"的影响下，按生活适应原则，将有关学科组合成一种范围更大的"核心课程"（亦称

"综合课程"），如英语与社会学科的组合、数学与自然学科的组合等。两三年后，大多数实验中学又趋于直接围绕有关青少年个人和社会活动的问题按单元组织课程。教学方法上，实验中学强调学生的思考及师生之间的合作，更注意学生对社区和职业问题、创造性活动和个人训练方面的兴趣。实验指导委员会为实验中学教师编写了教学参考书，帮助他们解决教学中遇到的具体问题，如如何适应学生需要、解决问题的观念及可能的处理方式、组织个人和小组的活动、提供适当的参考资料、结果预测和评估方式等。(3)检查评估工作。评估和记录委员会提出了十类评估目标：培养有效的思维方式；培养工作态度和学习技能；形成社会态度；形成广泛兴趣；提高鉴赏力；增进社会敏感性；发展个人的社会适应性；保持身体健康；获得文化知识；形成人生哲学。为了评估实验中学毕业生进入学院和大学后的表现和能力，如论述和分析能力、逻辑推理能力和处理社会问题能力等，评估和记录委员会还设计了两百多种用于各种过程和目的的标准测验，并提出一整套测量价值、方式和机能的新量表及评估理论。各实验中学还普遍采用教师观察、学生自我评估和学生报告等评估方式。

三十校实验的结论与成果　从1936年9月起，实验中学近2 000名毕业生开始进入各大学和学院。为了对这些毕业生进行跟踪调查，进步教育协会第二任主席 E. R. 史密斯和俄亥俄州立大学教授 R. W. 泰勒负责的评估和记录委员会组织了一批测试专家，按照年龄、性别、种族、学业能力和成绩、家庭和社区背景、职业兴趣及所进学院和大学的规模与类型，从实验中学毕业生和其他中学毕业生中各挑选出1 475人，分成实验组和对照组，在学业成绩、文化发展水平、实际判断能力、对社会问题的敏感性、生活哲学和态度、个性特点、情感发展、职业倾向及健康体能等方面进行对比研究。经过四年的追踪观察和研究，实验人员发现，实验组在这些方面（学业成绩除外语外）都优于对照组，其中有6所实验中学的毕业生与对照组的差别尤为明显。实验组学生表现出多项特点：学年平均总分稍高；在大学和学院的四年中容易在学术上获得荣誉；具有较强的学术好奇心；具有较好的思维能力；对教育的含义有清楚的认识；在新环境中表现出较高智谋；解决问题的方法更有效；主动参与学生团体活动；在职业选择上有更好的倾向性；积极关心国内外事务等。三十校实验表明，中学专门为准备进入学院和大学的学生设计传统课程并不是唯一可靠和成功的方法。哥伦比亚大学师范学院院长霍克斯1940年在《给美国大学协会的总结报告》中指出：那些较少使用传统方法的中学所提供的教育具有更多的激励性和主动性，为大学提供了比过去更好的人才。

在三十校实验中，R. W. 泰勒发挥了很大作用。他发表一系列文章，对实验工作中遇到的问题提出了解决办法。

为了用一些具体的行动或作业来证明学生是否达到教学目标,他研究了批判思维中的各种具体行为并加以分类,编制出测验思维能力的量表,以便对实验中学培养学生思维能力的效果进行测验和评估。1942 年,进步教育协会出版了总结三十校实验的"美国教育的冒险"丛书,共 5 本,包括中学与大学关系委员会主席艾金的《八年研究史》、钱伯林的《他们在学院里成功吗?——三十所学校毕业生的追踪研究》、贾尔斯的《课程研究》、E. R. 史密斯和 R. W. 泰勒的《学生进步的评估和记录》以及《三十所学校实验记述》。1949年,R. W. 泰勒出版《课程与教学的基本原理》,总结了他在三十校实验中的研究成果。他把课程编制的主要步骤列为四点:学校所要追求的教育目的;为达到目的应提供哪些教育经验;怎样把这些经验有效组织起来;怎样确定教育目的是否实现。概括起来,课程分为教学目标、学习活动、课程内容的组织及教学评价四个要素。这就是在 20 世纪前半期美国课程研究中产生过广泛影响的"泰勒原理"。

三十校实验的贡献与影响　三十校实验是进步教育运动史上一次时间最长、影响最大的研究。尽管由于第二次世界大战的爆发和美国的全面参战,实验没有继续下去,但作为美国教育史上中学与大学关系方面的一次大规模研究,它不仅提出了一些带有普遍意义的问题,如怎样确定中等教育目标、怎样安排中学课程、怎样协调中学与大学的关系等,而且对现代课程理论和教育评价的发展作出了重要贡献,在国内外产生广泛影响。艾金在《八年研究史》一书中说:"这个实验使教师和家长对未来充满了巨大的希望。"

在三十校实验中,R. W. 泰勒形成了他的课程原理和教育评价理论。他提出科学化课程开发的范式,把评价纳入课程与教学编制理论之中,首次使用"教育评价"一词,使评价成为课程过程中的一个重要环节。人们开始认识到,评价过程实质上是一个确定课程与教学计划实际达到预期教育目标程度的过程。评估和记录委员会设计的标准测验、新的量表和评估方法在许多没有参加实验的中学里得到应用。实验中首创的追踪研究方法和教育目标系统分析也引起教育界人士的广泛关注。教育评价在三十校实验后成为一个独立研究领域。《学生进步的评估和记录》一书被称为"划时代的教育评价宣言"。比较教育学家胡森指出:三十校实验促使教育评估这一研究领域产生,同时强调了目标制定、课程编排和评估过程之间的整体性。

通过三十校实验,美国中学课程结构得到了改革。由于大学和学院修改了入学要求,中学在制订课程计划和对学生进行评估时表现出更大的自主性和灵活性,在较大程度上加强了与社会的联系。在促进中等教育理论和实践的发展,特别是处理中学与大学关系方面,三十校实验具有深远意义。

参考文献

泰勒. 课程与教学的基本原理[M]. 施良方,译. 北京:人民教育出版社,1994.

Aikin, W. M. The Story of Eight-year Study[M]. New York: Harper & Brother, 1942.

Chamberlin, D. Did They Succeed in College[M]. New York: Harper & Brother, 1942.

(单中惠)

扫盲教育(literacy education)　　亦称"扫盲"。对文盲群体实施的旨在提高其读、写、算的基本技能和实际应用能力以及参与社会生活的最基本的教育。联合国教科文组织在 1958 年出版的《关于教育统计的国际标准化的建议》(*Draft Recommendation Concerning the International Standardization of Educational Statistics*)中将文盲定义为"不能有理解力地阅读和书写日常生活短文的人"。随着国际扫盲教育的发展,又提出"功能性文盲"这一概念。1978年 11 月,联合国教科文组织第二十届大会采用的《关于教育统计国际化标准的修订建议书》(*Revised Recommendation Concerning the International Standardization of Educational Statistics*)认定"功能性文盲"是"不能参与所有以识字为基础,并对他的团体和社区有重要影响的活动的人和不能参与所有为了自己发展和社区发展需要进一步运用读、写、算知识的活动的人"。《中国大百科全书》(2010)将文盲界定为"未读完小学四年级和不识字或识字量在1 500字以下者为文盲。还包括那些识字量虽达到一定标准,但不能运用文字进行社会活动的人,也即所谓的'功能性文盲'"。传统意义上的扫盲一般限于进行读、写、算等基本技能、态度和价值观的教育;扫除"功能性文盲"重在传播功能性较强的知识和技能,并与学习者的日常工作和生活相联系。文盲现象是当今世界最为严重的社会问题之一。据联合国教科文组织统计,21 世纪初世界上仍有文盲 8.8 亿。

国际扫盲教育　　联合国教科文组织是国际扫盲运动的组织者和推动者。它在教育领域的行动目标之一就是"将全球每个居民受教育的权利变为现实"。扫除文盲是其"消除知识差距"和"争取全民基础教育"计划的主题。为此,联合国教科文组织发动了一系列行动计划,如"全民教育"、"联合国扫盲十年"等,旨在实现在世界范围内扫除文盲,促进世界和平与人类发展。1966 年,联合国教科文组织决定把每年的 9 月 8 日定为"国际扫盲日",目的是动员世界各国和有关国际机构同文盲现象作斗争,并希望通过纪念国际扫盲日的活动推动扫盲活动的开展,使各国适龄儿童都能上学、在校学生不过早辍学,使成年文盲有受教育的机会。1987 年,联合国大会通过决议,宣布 1990 年为"国际扫盲年",旨在通过动员提高公众对文盲现象的广度、性质及影响、与之斗争的方法及条件的认识；促使各国政府和非政府组织、志愿社团和社区团体参与扫盲，与文盲现象作斗争；同时加强各国之间的联系与合作，最终实现 2000 年前在全世界范围内扫除文盲。2000 年，针对当时仍有近 10 亿成人文盲和数十万失学儿童，扫盲特别是成人扫盲问题未得到充分解决的现象，联合国教科文组织在达喀尔举办的世界教育论坛发起了在全球实施一项重大倡议的活动，即在联合国扫盲十年的旗帜下促进全球扫盲。提出确保通过公平获得学习机会学习生活技能，满足所有青年人和成年人的学习需求；2015 年以前使成人脱盲人数尤其是妇女脱盲人数增加 50％，所有成年人都有接受基础教育和继续教育的平等机会。在联合国教科文组织的宣传和推动下，世界各发展中国家的扫盲工作得到较快发展。

中国扫盲教育　中国扫盲活动始于清末。辛亥革命后，国民政府教育部于 1929 年 2 月公布《识字运动宣传计划大纲》，规定了识字运动宣传的地点、组织、方法等，并通令全国各省市于最短期内执行。中国共产党诞生以后兴办的农民夜校、农民运动讲习所，除政治启蒙教育之外，都设有识字教育的内容。之后，中国共产党领导下的中央苏区、抗日根据地亦曾大规模开展识字运动，如 1933 年建立的"消除文盲协会"，其任务是"猛烈地开展消除文盲运动"。1945 年 4 月，毛泽东在《论联合政府》中指出："从百分之八十的人口中扫除文盲，是新中国的一项重要工作。"中华人民共和国成立后，扫盲被列为成人教育首位工作。1950 年 9 月，第一次全国工农教育会议明确提出：开展识字教育，逐步减少文盲。1952 年 11 月，成立中央人民政府扫除文盲工作委员会，推行速成识字法，形成中华人民共和国成立后的第一个扫盲运动。1953 年 11 月，扫除文盲工作委员会颁布《关于扫盲标准、毕业考试等暂行办法的通知》，制定扫除文盲的标准。1956 年 3 月，中共中央、国务院发布《关于扫除文盲的决定》，指出扫除文盲是中国文化史上的一个大革命，也是社会主义建设中的一项极为重要的任务，同时成立全国扫除文盲协会。扫盲工作进入第二次高潮。"文革"期间，扫盲工作基本停顿。1978 年 11 月，国务院《关于扫除文盲的指示》提出"一堵、二扫、三提高"的扫盲基本方针。"一堵"是要求努力普及初等教育，提高学龄儿童的入学率、巩固率、毕业率和普及率，最大限度地减少新生文盲，有效地堵住新文盲产生的渠道；"二扫"是要大力扫除失学和不能重新进入普通学校学习的青壮年文盲；"三提高"是做好脱盲学员的巩固提高工作，把扫除文字盲和扫除功能性文盲结合起来，巩固扫盲成果。该方针使普及初等教育、扫除文盲和开展扫盲后继续教育统筹规划、协调发展，保障扫盲目标的实现。1988 年，国务院发布《扫除文盲工作条例》，全面规定了中国的扫盲工作。规定扫除文盲教育的对象："凡 15 周岁至 40 周岁的文盲、半文盲公民，除不具备接受扫盲教育

能力的以外，不分性别、民族、种族，均有接受扫除文盲教育的权利和义务。鼓励 40 周岁以上的文盲、半文盲公民参加扫除文盲的学习。"规定各级人民政府和地方各级教育行政部门在扫除文盲教育中的责任："地方各级人民政府应当加强对扫除文盲工作的领导，制订本地区的规划和措施，组织有关方面分工协作，具体实施，并按规划的要求完成扫除文盲任务。地方各级教育行政部门应当加强对扫除文盲工作的具体管理。城乡基层单位的扫除文盲工作，在当地人民政府的领导下，由单位行政领导负责。村民委员会、居民委员会应当积极协助组织扫除文盲工作。"《扫除文盲工作条例》还具体规定了扫除文盲教育的标准、经费来源及其与初等义务教育之间的衔接关系，扫除文盲与普及初等义务教育应统筹规划，同步实施；扫除文盲教育应讲求实效，学习文化与学习技术知识相结合；扫除文盲教育的形式应因地制宜，灵活多样；对达到脱盲标准的个人颁发"脱盲证书"，对基本扫除文盲的单位颁发"基本扫除文盲单位证书"。1993 年，《国务院关于修改〈扫除文盲工作条例〉的决定》发布，对《扫除文盲工作条例》中有关扫除文盲教育的对象和标准等问题进行了修改。1990 年，《国家教委关于农村中小学参加扫盲工作的通知》发布，明确规定农村中小学参加扫盲工作的意义和任务，指出扫除文盲是中国的一项大政，也是教育部门责无旁贷的职责；中小学参加扫盲工作，对创造良好的扫盲环境、提高教学质量、巩固扫盲成果、加快扫盲步伐具有重要意义。农村中小学要利用已有的校舍设备举办扫盲班或举办民办学校，做到"一校多用"；要广泛动员，明确任务要求，做到有布置、有检查、有评比、有总结表彰；特别是县以下教育部门要做好组织协调工作，把中小学参与扫盲和当地的整个扫盲计划结合起来；要制定有关政策，扶持扫盲工作的开展，凡有扫盲任务的地方，农村中小学师生要把扫盲作为重要的社会义务，根据实际情况，开展多种形式的扫盲宣传、调查、教学、辅导、读书等扫盲和扫盲后文化教育活动，要适当安排师生的扫盲任务，同时也注意不要影响学校的正常教学秩序。1993 年，《中国教育改革和发展纲要》确立 20 世纪 90 年代中国扫盲教育工作的具体目标：全国基本扫除青壮年文盲，使青壮年中的文盲率降到 5％以下。通过岗位培训、继续教育和在职学历教育，提高广大从业人员的思想文化素质和职业技能。

中国扫盲教育工作包括以下方面：（1）扫盲教学工作。加强扫盲教学工作是开展扫盲教育的重要环节；坚持扫盲教学内容与学员的生产、生活紧密结合是扫盲工作的基本原则。教学内容不仅包括识字学文化，而且包括种植、养殖、农副产品加工等农业生产技术知识，以及国家大政方针、民主法制、公民意识、卫生健康等内容。针对农村妇女的扫盲和扫盲后继续教育，着重传授农村妇女亟需的文化基础知识以及种植、养殖、加工生产技术，妇幼卫生，家庭教

育,当家理财等内容。少数民族地区扫盲教学还增加当地民族风俗习惯、传统民族文化等内容。教学形式因时、因地、因人制宜,灵活多样。在文盲较多、居住较为集中的地方举办扫盲班集中学习;文盲居住较为分散的地方,组织邻里小组、院落小组开展学习;对居住特别分散,难以参加扫盲班或扫盲小组学习的文盲,采取教师包教或送教上门的办法。同时利用广播、电视、录音、录像等手段进行扫盲辅助教学。扫盲教学一般以业余为主,强调农闲多学,农忙少学,大忙停学,忙后及时复学。扫盲所用教材主要分为由教育部组织编写的全国指导性教材、省级教育行政部门组织编写的本省统编教材和县、乡教育部门组织编写的乡土补充教材及通俗读物三类。教材内容既要符合国家制定的脱盲标准和要求,还要适应文盲学员的需要,具有乡土性和可读性;编写形式要为群众喜闻乐见、通俗易懂,使学员既能学到知识,又能立即运用到生产、生活实践中去。(2)扫盲教师队伍建设。坚持“以民教民,能者为师”的原则,鼓励社会上一切有扫除文盲教育能力的人员参与扫盲教育教学活动,逐步形成一支以农村中小学校和成人学校教师为基础,以专职扫盲教育管理人员为骨干,与热心扫盲教育的社会各界人士相结合的扫盲教师队伍。各级政府教育行政部门通过举办各种类型的扫盲人员培训班,不断提高扫盲干部、教师的思想水平和业务能力,有效促进扫盲教育质量的不断提高。(3)扫盲经费筹措。采取“多渠道筹措扫盲经费”策略,即按照“地方为主,集体群众自筹为辅,各级人民政府给予必要补贴”的原则解决扫盲所需经费。《扫除文盲工作条例》规定扫盲经费的来源有:由乡(镇)人民政府、街道办事处组织村民委员会或有关单位自筹;企业、事业单位的扫除文盲经费在职工教育经费中列支;农村征收的教育事业费附加,应当安排一部分用于农村扫除文盲教育。扫盲经费由地方各级人民政府给予必要补助,鼓励社会力量和个人自愿资助扫盲教育。(4)扫盲教育评估。20世纪90年代,教育部根据《扫除文盲工作条例》精神,相继印发有关扫除青壮年文盲单位检查评估办法的政策文件,对评估对象、指标要求、评估程序以及表彰和奖励等均作了明确规定。评估工作以各地人民政府组织的自查为主,中央有关部门也组成联合检查评估小组,分赴各省(区、市)评估检查扫盲工作。评估检查的重点在县、乡两级政府。根据“摸清情况、总结经验、研究问题、推动工作”的评估原则,通过听取政府汇报、查阅有关资料、查看实施情况、举行各种形式的座谈、入户访问调查、对近三年来的脱盲学员进行测试等方法,核实当地扫盲和扫盲后巩固提高工作的情况,确认是否达到了国家规定的基本扫除青壮年文盲的目标,肯定成绩和总结经验,指出扫盲工作存在的主要问题,提出今后改进工作的意见和建议。(5)扫盲教育管理。政府通过颁布扫盲法规,制定扫盲政策及规划,建立协调机制等措施,加强对扫盲工作的领导与管理。把“全国基本扫除青壮年文盲”同“全国基本普及义务教育”作为中国教育事业发展的“重中之重”,并写进《中国教育改革和发展纲要》和《中华人民共和国教育法》。中央和各级地方政府把扫盲列入政府工作职责,实行目标管理,推行政府系列和教育系列并存的承包责任制。建立政府统一领导的各级扫盲协调机构,依靠各有关部门分工协作,齐抓共管,积极发挥非政府组织在扫盲中的作用,形成社会各界共同关心、支持、参与扫盲的良好社会环境。政府对扫盲工作的重视是扫盲取得成效的最关键因素。(6)与国际组织的合作。中国与联合国教科文组织、联合国儿童基金会、亚洲文化中心等国际组织进行了广泛的、卓有成效的合作,如承办扫盲教育国际会议、联合举办扫盲人员培训班和扫盲教材编写培训班、参加国际扫盲奖和扫盲教材读物的评奖活动等。1984年以来,中国先后有数十个单位获得各类国际扫盲奖,如“野间扫盲奖”、“克鲁普斯卡娅国际扫盲奖”、“国际阅读协会扫盲奖”、“世宗国王奖”、“国际扫盲奖提名奖”等。经过六十余年的努力,中国的扫盲教育取得巨大成就。2010年第六次全国人口普查数据显示,中国15岁及以上文盲人口有5 419余万人,其中女性文盲人口高于男性;文盲人口占15岁及以上人口比重为4.88%,实现了基本扫除青壮年文盲的战略目标。

（谢国东　徐沛沛）

扫盲教育制度（literacy education system）　国家对文盲群体实施基本的阅读、写字和计算教育的体系。属于国民基础教育范畴。详“扫盲教育”。

（徐沛沛）

筛选理论（screening theory）　亦称“筛选假说”（screening hypothesis）。将教育视为一种能帮助雇主识别能力不同求职者的装置,以便为不同工作岗位安置人力的理论。其形成标志是美国经济学家 A. M. 斯彭斯 1973 年在《经济学季刊》上发表《工作市场信号》一文。该理论认为,20世纪五六十年代发展中国家的教育扩展并未加速这些国家的经济发展,反而使受教育者大量失业,这说明人力资本理论关于教育能提高人的认知能力,从而提高劳动生产率、促进经济增长的论断是不正确的;教育的主要作用不在于提高人的认知水平,而是对具有不同能力的人进行筛选。在劳动力市场中,雇主总是希望从众多求职者中选拔有适当能力的人填补空缺职位。由于双方信息不对称,当雇主与求职者相遇时,他并不能直接了解求职者的生产能力,但却可以了解求职者的一些外在的个人属性和特点:一类是天生而且不能改变的,如性别、种族、家族背景等;另一类是后天获得、可以改变的,如教育程度、婚姻状况、个人经历等。前一类被称作“标识”,后一类被称作“信号”。雇主可以凭借标识和信号,特别是教育信号了解求职者的能力。

筛选理论的主要观点有四点。(1)教育成本与能力负相关。每个人的能力是固有的、不同的,教育不能提高一个人的能力,但却能反映一个人的能力。支付同样的成本,能力较高的人可以获得较高的教育水平,能力较低的人只能获得较低的教育水平;能力较低的人,只有支付更多的成本费用才有可能获得较高的教育水平,其结果必然是得不偿失,从而放弃获得较高教育的努力。因此,能力低的人通常只能获得较低的教育水平,能力高的人则可获得高等教育文凭。教育水平作为反映个人能力的有效信号,成为雇主识别求职者能力、筛选求职者的装置。(2)在信息不充分的劳动力市场里,雇主可免费观察求职者的教育资格,并根据这一信号作出是否雇用该求职者及给予多少工资的决定。即教育的主要经济价值不在于提高个人的认知能力,从而提高个人的劳动生产率,而是对求职者的能力进行识别继而作出筛选,以便让雇主将具有不同能力的人安排到不同的职业岗位。学历或文凭作为能力的"显示器"发生作用,从而降低劳动力市场中的识别与交易成本。在这种机制下,雇主可根据求职者拥有的学历或文凭来推测其个人边际生产率的高低。(3)教育与工资收入之间存在正相关关系,但高工资的决定因素来源于雇员固有的高能力,而不是其较高的教育水平,受教育程度能反映个人能力水平,但教育本身并不能提高个人能力。在劳动力市场中,由于有大量雇主凭借以往经验,相信教育水平同生产率的正相关关系,相信高学历求职者有较高概率拥有更高的个人能力和更低的学习成本,所以雇主会给高学历者提供较高工资。由于筛选理论强调教育文凭的重要性,它又被称为"文凭理论"。(4)新雇员进入企业后,雇主可以现场观察他们的生产能力,如果发现员工的工资不能反映其生产能力,雇主将对原有的教育程度——工资等级对应关系进行不断调整,直至达到工资能够反映生产能力的均衡状态。在这种情况下,学历或文凭的筛选作用就会减弱。

为验证筛选理论的上述观点,大量文献对教育究竟是人力资本还是一种信号展开讨论,但没有得出一致结论。根据研究视角和方法的不同,可将这些文献归为三种类型:(1)对证书效应的检验。根据筛选理论的观点,不同文凭代表持有者的不同能力,高学历是获得更好工作的重要依据,那么拿到毕业证书的学生应该能比未拿到毕业证书的肄业生获得更高的回报,这种现象被称为证书效应。英国经济学家莱亚德和萨卡罗普洛斯于1974年比较了未完成学业组与完成学业组劳动者的教育收益率,发现这两组的教育收益率不存在显著差异,从而否定证书效应的存在。但哈特格的研究结果表明,是否取得证书对员工的收入和工作等级有不同程度的影响。T.亨格福德和索伦也于1987年发现,在校第一年和最后一年的教育收益率比别的年份要高,

这种不同年限收益率的非连续性是证书效应的一个重要例证。(2)对威尔斯假说的检验。威尔斯假说认为,如果筛选理论是正确的,教育对生产能力没有提高作用,那么劳动者的生产能力就与其所学专业无关,劳动者从事工作与所学专业的匹配性不会影响工资水平。即从事工作与所学专业相同的劳动者与从事工作与所学专业不同的劳动者之间工资差异应该不明显。P. W.米勒和沃尔克于1984年考察了澳大利亚从事经济职业的不同专业劳动者的起薪,发现经济学专业劳动者的起薪并不比技术专业劳动者的起薪更高,这与威尔斯假说相符,证实了筛选理论。埃若伯什巴尼于1989年以埃及的医学、科学和社会学专业毕业生为样本进行的检验发现,教育内容与工作性质高度相关会让毕业生在起薪中获得一份额外报酬,这支持了人力资本理论。钟宇平于1990年对中国香港地区的研究发现,对电子和商科专业的毕业生来说,专业不对口者的工资收入要比专业对口者的低很多;对机械和纺织专业毕业生来说,专业不对口的毕业生反而获得更高工资。文东茅于2002年对中国内地劳动力市场的经验研究表明,专业对口的劳动者比专业不对口的劳动者收入高 5.9%,该结果支持了人力资本理论。(3)强筛选和弱筛选。有学者认为,如果教育只有筛选作用而不能提高生产率的话,那就没必要采用教育这种花费巨大、耗时很长的筛选工具,采用其他方法,如智商测验、心理测验等相对更为经济。因此,对筛选理论的质疑不在于教育是不是一种筛选机制,而在于筛选是不是教育的唯一功能。萨卡罗普洛斯提出的P检验区分了强筛选与弱筛选。强筛选认为,教育仅能识别个人的能力,并不能提高其能力,只具有信号的价值。弱筛选认为,教育不仅具有信号的价值,还能在一定程度上提高个人的生产能力。之后的研究并未得出一致结论。如 K.卡茨和齐德曼1980年对以色列劳动力市场、卡斯塔涅蒂等人2005年对意大利劳动力市场的检验支持了强筛选理论,里斯和 A.萨哈1986年及 S.布朗和塞申斯1998年对英国、德维特和范文登1989年对荷兰、S.布朗和塞申斯1999年对意大利的经验研究结果却支持弱筛选理论。

人力资本理论和筛选理论不应被看作是相互抵触的,而应是相互补充的。明瑟于1980年认为,在信息不完全的世界里,只要能力是教育过程中的一种投入,教育促进劳动生产率的作用和筛选作用就不是相互排斥的。

(孟大虎)

社会变迁与教育变革(social change and educational innovation)

教育社会学宏观研究领域课题之一。社会变迁指社会系统的结构和秩序发生连续变化的动态过程和结果;教育变革指教育现状或构成要素所发生的某种程度的转变。社会与教育之间存在密切的互动关系,社会变

迁会导致教育变革,而教育变革一定程度上也会引起社会变迁。

现代社会学发轫于法国社会学家孔德以及19世纪其他社会学者对社会变迁的原因和过程的解释。社会学者围绕社会变迁的类型、层面、动力、方向等问题展开多向度的深入探讨,提出不同见解。

早期社会变迁的研究暗含进化论倾向,体现在孔德、斯宾塞和涂尔干等人的论述中。早期进化论思想认为,社会变迁的过程实际是社会形态连续的、有次序的进步过程。美国社会学家、结构功能主义者 T. 帕森斯从社会均衡和社会整合的角度分析社会变迁,将社会变迁看作社会系统结构缓慢的控制和调节过程,它不是对社会均衡的破坏和干扰,而是强化和形成一种新质的均衡,社会变迁具有普遍性和长期性的特征。

冲突论将社会变迁视为必然的、不可抗拒的且急剧发展的过程,其动力在于社会中的不平等和紧张关系的存在以及彼此间的冲突。美国社会学家 D. 贝尔认为,产业结构的变化是社会结构变迁的基本标尺,农业、制造业和服务业分别是前工业社会、工业社会和后工业社会三种社会形态的基本表征。英国社会学家吉登斯将社会体系的变迁转换成传统国家、绝对主义国家和民族—国家这三种国家形态的历史更迭,亦即结构化的社会再生产过程,而这一变迁的动力在于国家强制性手段的控制与反控制之间的张力。

教育变革亦存在类型、动力、层面和方向等方面的研究差异。经济合作与发展组织教育研究与创新中心(Center for Educational Research and Innovation,简称 CERI)从对象上将教育变革分为四类:教育的优先顺序、目标和功能方面的变革;新的组织或行政方面的变革;改进系统解决问题能力方面的变革;教育微观领域的变革。古德从意向角度将教育变革分为两类:有计划的变革,即借助一定方案按一定意图推行的教育变革;自然变革,即无明确方案和意图的变革。美国学者巴兰坦从学校内部要素层面将教育变革分为四类:个体层次的变革,指由学校系统内部角色扮演者发起或指导的变革;组织层次的变革,指学校在资源结构、角色结构等方面进行的变革;机构层次或社会层次的变革,通常与社会其他部门的变革相关;文化层次的变革,指学校教育的社会态度和价值取向的变革。美国学者 J. D. 麦克尼尔从微观的课程角度将教育变革分为五种:替代,一种要素为另一种要素所代替,如新教材代替旧教材;交替,如课程设计者修改现行教科书;紊乱,这类变革具有破坏性,但教师能在较短时间内顺应;重新性变革,这类变革将导致对课程体系的修改;价值观变革,参与变革者的基本教育价值观发生转变。美国教育学者库班将教育变革分为两类:渐进变革,即以技术为着眼点,目标是调整旧的范式以适应新局面,提高问题解决的效率;根本变革,即基于不同理念,为达到不同目标而试图建立新的典范的改革。世界范围的教育变革普遍关注的问题有全民教育、构建终身教育体系、调整培养目标、提高教育质量、调整教育结构、改革教育管理、加强教师队伍建设、增加教育经费投入并提高其使用效率、重视学生个性发展、加强教育国际化等。教育变革的动力和制约因素主要有三方面:当地社区尤其是家长、校长和教师等,公共当局,国际社会。

社会变迁与教育变革的关系主要表现为:社会变迁会导致教育变革,教育变革在一定程度上会引起社会变迁。由于研究视角不同,关于两者之间孰前孰后、孰重孰轻,仍存在部分分歧。

教育变革对社会变迁的功能性作用　随着社会的发展和人类文明的进步,教育在整个社会系统中的作用愈益重要。从现实的角度,教育对社会变迁的影响力无论从广度还是强度,或从量还是质,都表现出日益增强的趋势,尤其在第二次世界大战后,各国政府着力从立法的角度思考如何最大限度地发挥教育的功能,教育变革被视为经济增长、国力增强、社会改良和个人升迁的重要手段。改变教育结构、完善教育体制、增加教育经费、提升教育管理质量被提上各国政府的议事日程。1958 年美国颁布《国防教育法》,将教育作为国家之间竞争的手段,20 世纪 80 年代后,尤其是进入 21 世纪,世界范围内的教育变革趋势明显增强,许多国家将教育视为实现现代化的基本条件和增强国力的主要途径,把教育发展作为一项基本国策纳入社会发展总体规划,并予以优先发展。基于教育变革在社会变迁中的现实作用,世界范围内的相关研究机构纷纷成立,除联合国教科文组织外,还有如经济合作与发展组织教育研究与创新中心(1968)、亚洲十七国的“亚洲教育革新为发展服务中心”(1972)等,都旨在加强教育的社会责任及其对区域社会和国际社会发展问题的研究。很多研究者认为,教育至少在经济发展、国家民主化进程等方面具有至关重要的作用。

关于教育对经济发展作用的研究主要源于结构功能论的人力资本理论。美国经济学家 T. W. 舒尔茨和贝克尔等人倡导的人力资本理论基于以下假设:现代经济对现代教育的高度依赖决定了教育已成为经济发展的源泉;教育通过提高人口素质来促进经济发展是教育价值的具体实现方式。根据 T. W. 舒尔茨的研究,1900—1957 年,美国的物质资本投资额增加约 4.5 倍,所获取的利润仅增长 3.5 倍;对劳动力进行教育的投资增长 8.5 倍,所获取的利润却增长 17.5 倍,国民经济增长额的 1/3 应归功于教育。在此基础上,贝克尔甚至认为,没有对劳动力进行大量投资而实现了经济持续发展的国家,即使有也是极少的。人力资本理论的倡导者将教育的经济价值提升到前所未有的高度,这一基于现实的教育经济价值的分析和对教育在未来社会发展中的功能期待,为各国政府发展教育并将教育置于优先发展的战略地位提供有力的理论依据。人力资本理论的提出改变了人们的教育观念，即教育不再是消费性和福利性事业，而是首先具有经济价值的社会事业。调整教育结构、增加教育投资、计算教育收益以促进经济发展和应对经济全球化挑战，成为各国政府发展教育的首要目标。

教育不仅能促进经济发展，且能扩大个人社会升迁的机会，从而使社会趋于民主与公平，这一观点亦被普遍接受。民主化是各国教育改革普遍关注的话题，教育民主化是一个持续不断的进程，教育民主化的内涵随这一进程而不断变化，其中教育机会均等的变迁最受关注。美国社会学家科尔曼将教育机会均等的变迁划分为四个阶段：所有儿童必须在同样的学校学习同样的课程，学校教育应向各种类型的学生提供不同的课程，学生是否有上同样学校的机会，教育机会均等在某种意义上有赖于学校教育的效果。瑞典教育学者胡森将"平等"看作起点、连续不断的阶段和最后目标三者的综合，机会均等原则意味着任何自然的、经济的、社会的或文化方面的低下状况，都应尽可能从教育制度本身得到补偿，从而在教育民主化的基础上促进社会在更大范围内的民主与平等。除初等教育民主化以外，各国政府着力加强对教育整体结构的调整，不断发展高等教育事业，并提高公民参与教育管理的程度和水平。

社会变迁对教育变革的决定性影响　在社会变迁与教育变革的关系问题上，大部分学者认为，社会运动引起社会结构的变迁，进而导致教育变革，社会变迁是教育变革的决定因素和根本动力。这种规定性既表现为社会变迁的宏观类型对教育变革类型的影响，也表现为社会子系统微观要素的变迁对教育要素变革的影响。在社会变迁类型与教育变革类型的关系研究方面，有研究者从社会渐变与教育微调、社会剧变与教育重构、社会混变与教育失范三对关系出发，认为教育微调、教育重构、教育失范等类型的出现皆源于社会变迁类型。绝大多数研究主要从政治、经济、文化和意识形态等要素层面探讨社会变迁与教育变革的关系。

在政治变迁与教育变革的关系上，教育在某种程度上是社会政治的反映和缩影。教育中的诸多因素，如教育政策、组织制度、教育目标和教育内容等几乎都受政治因素的影响。在教育政策上，由于阶层特别是利益集团对自身利益的维护，在保持政策稳定性的同时，已使教育成为一个难以变革的领域。现代教育政策并非反映某一个社会阶层的利益，而是对一个复杂的组合体作出反应。在教育组织制度上，美国学者丘伯和默分析，美国公立学校效率低下的本质原因在于民主制度带来的管制美国学校的层级化的科层制，总是将严格的规范要求强加于学校，妨碍了高效率学校组织的建立，学校教育改革收效甚微的问题就在政府本身。学校教育在某种意义上是政治社会化的手段和工具。这种政治社会化表现在目标上，是为维护占主流社会地位的统治者的需要；表现在内容上，统治者借助学校教育向学生传递有关国民性、政治权威、公民权利和义务、政治生活实际情况、民主等的信息，大量基本政治信息和多种多样的教学实践共同促使未来的公民形成顺从和支持性的政治取向。在这个意义上，教育变革不可能取代社会变革。

在经济变迁与教育变革的关系上，经济日益成为控制教育的决定性和主导性力量，经济结构、经济体制和相关制度的变迁深刻影响教育结构的调整、教育资源的分配、教育内容的演化和教育的社会成层。首先，经济的、产业的结构变迁决定教育结构的变迁。D. 贝尔以产业结构方式的变迁为中心，推演出人类社会的三种基本经济形态，而这三种形态在某种程度上决定了教育结构的三种基本导向，即精英教育、大众教育和普及教育，并且根据经济中心原则逐步居于社会主导地位，实际上也使教育在其结构形态和制度设计上不断附应经济结构和经济制度。其次，经济中心原则还决定教育资源的有效分配和运作方式。再次，经济发展的要求决定了教育内容的变迁。最后，经济的发展决定教育成层化的基本趋势。美国经济学家鲍尔斯和行为科学家、教育家金蒂斯提出，美国19世纪中叶以来的学校教育改革运动实际都是资本主义内在矛盾的反映，资本主义学校与资本主义经济结构之间存在一种附应关系，学校教育实际承担了资本主义经济制度和劳动力再生产的职责。

在文化变迁与教育变革的关系上，美国人类学家 L. H. 摩根将人类社会视为由蒙昧时代、野蛮时代向文明时代不断演进的过程，随着这一进程的展开，教育也逐步形成和演化为三个基本阶段，即口耳相传、没有文字但开始有目的地实施教育，以及正规教育出现。在 L. H. 摩根研究的基础上，20世纪50年代，美国人类学家塞维斯和萨林斯提出文化的进化和分化、整体进化和变异的多种路径，并认为教育是使新生一代服从于文化系统的控制过程，教育能从社会外部来改造社会的观点极不现实。美国学者 H. C. 威尔逊以文化进化的观点分析教育变革过程，并试图通过确认教育在不同阶段所依据的一般标准概括出从最落后的文化到最先进的文化的教育进化阶段，具体展示文化变迁与教育变革的复杂关系。基于文化变迁对教育变革的决定性影响，通过把握文化发展的进程来有效地推进教育变革，是研究者普遍关注的问题。

在意识形态的变迁对教育变革的影响上，英国学者 R. 威廉斯认为，19世纪后，教育及教育政策的制定受到三种意识形态流派的影响，即民主的增长、工业的繁荣和教育是天赋人权。麦克卢尔和费彻尔描述了意识形态的三种显著特征：一是合法性，意识形态通过控制最终的正确原则寻求其存在的神圣化；二是权力冲突，指向标明该群体独立性的假设的明确说明，以及在实践中掩饰这些假设的某些模糊性质。意识形态在教育场域的特质具体体现在学校教育的制度形式和教育知识的变革中。一些学者认为,精英教育、大众教育和普及教育在制度形式上充满意识形态的意味,所显示的只是教育制度设计的合法性、资源分配过程中的变迁和冲突,以及不同意识形态之间的争论。教育意识形态的变迁意味着教育制度形式的变革,具体体现在教育由专制趋向民主、由中央集权趋向地方分权、由政府趋向市场的一系列变革,但民主、分权和市场并非单纯是技术性问题,也是制度形式的意识形态,且与社会政治和经济保持密切联系,从而使学校教育制度形式经由意识形态,并随社会的变迁而发生变化。也有学者认为,意识形态的变迁对教育知识的变革具有深远影响,一般而言,研究教育知识就是研究意识形态,亦即研究在特定历史时期,特定机构、特定社会群体和阶级把什么知识看成是合法知识的问题,古德森的《环境教育的诞生》和法国社会学家杜里-柏拉、让丹的《学校社会学》对此有具体论述。

社会变迁与教育变革之间具有复杂关系,期望通过教育变革来代替社会变革是一种不切实际的空想,但一味强调教育对社会变迁的适应性而进行持续不断的教育变革,也可能产生诸多负面影响。

参考文献

黄俊杰.社会变迁[M]//中华学术院.社会学论集.台北:华冈出版有限公司,1977.

联合国教科文组织国际21世纪教育委员会.教育——财富蕴藏其中[M].联合国教科文组织总部中文科,译.北京:教育科学出版社,1996.

迈克尔·扬.未来的课程[M].上海:华东师范大学出版社,2003.

(胡宗仁)

社会化理论(theories of socialization)

20 世纪 70 年代美国经济学家鲍尔斯和教育家金蒂斯以美国为背景提出的一种人力资本理论。该理论认为,教育的功能在于其社会化功能,即教育为不同社会经济背景的人培养不同的个性特征,以便他们毕业后能承担不同层次职业岗位的工作,亦即教育制度为不同阶级的人培养出不同层次岗位所需的不同个性特征,从而再生产社会生产关系。

鲍尔斯和金蒂斯提出,意识对于社会生产关系再生产具有重要作用。社会生产关系的再生产取决于工人意识的再生产,而意识本身也是发展变化的,所以为保证社会生产关系的再生产,就需要再生产"意识"。教育可以改造人们的自我概念、愿望和社会阶级区分,以适应社会劳动分工的需要。在教育政策上,统治阶级有两个主要目标:劳动力的再生产;促使劳动力转化为利润的那些机构和社会关系的再生产。教育机构满足这些目标的具体方式有:学校教育产生了为完成适当工作所需的专门技能和认知技能;学校

教育产生、鼓励和表明了个人的那些与等级制分工相适应的个性特征;教育制度助长了经济上合法的不平等现象,如美国教育制度的英才教育倾向,减轻了人们对劳动的等级制分工和不平等的个人地位形成过程的不满;教育制度通过其培植的地位差别格局增强了人们的分层意识,由此造成经济上处于下层地位阶级的分裂或分化。

学校教育的社会化功能在于通过培养适应不同职业需要的个性特征,巩固社会生产关系。鲍尔斯和金蒂斯认为,教育具有再生产资本主义社会生产关系功能的原因在于教育体系内的社会关系与生产制度内的生产关系之间存在一致性。主要表现在三个方面:生产制度内由上而下的垂直权威关系在教育制度内的反映是从管理者到教师再到学生的垂直权力系统;生产制度内劳动的异化在学校内反映为学生对自身所受教育失去控制、学生的学习动力不是来自内部的需要而是来自对成绩和其他外部报偿的追求,学习本身是毫无乐趣和意义的;资本主义生产制度中劳动者的被分裂在学校中表现为学生为了那些表面成绩和评价不断进行破坏性竞争。他们指出学校教育与社会生产关系的一致性有深刻的现实原因:学校中提倡和奖励的学生个性特征正是企业所要求的;学校中反对和惩罚的个性特征正是企业所反对的。如在一般中学中,学校提倡的学生个性特征依次是:意志顽强、忠实可靠、始终如一、与学校认同、移情顺序、严守时间、推迟满足、对外部动机反应敏感、机敏等,这正是企业中管理人员喜欢的雇员的个性特征,甚至连顺序也很少变化。学校不喜欢的学生的个性特征依次是:创造性、进取性和独立性,这也是企业负责人最不喜欢的雇员的个性特征。这表明社会生产关系制约着学校教育,并使其为自己服务。鲍尔斯和金蒂斯提出,学校教育与社会生产关系的一致性还表现为不同层次的教育和职业结构内的不同级别之间的一致性。在企业内部,不同层次的职位对雇员的个性特征的要求是不同的,与此相应,不同层次和程度的教育机构将为职业等级中不同级别的职位提供不同个性特征的雇员,从而形成教育与社会生产关系在多层次上的一致性。如在企业中,低层职业岗位强调遵守规章制度;中层职业岗位强调雇员的可靠性和在无人监督下照常工作的态度;高层职业岗位强调雇员自觉遵守企业规章准则。与此相应,在教育的最低层(初中和高中),往往对学生的行动加以严格限制和管理;在教育的中间层(师范和社区学院),常容许学生有较独立的活动,监督较少;在最高层次的四年制精英大学中,则强调独立、创新和进取。

鲍尔斯和金蒂斯承认较高的教育水平能够产生较高的收入,但认为高水平的教育并不是通过提高认知能力,而是通过改变个体与工作有关的个性特征等从而使个体获得高收入的。调查显示,管理人员赞许的个性特征正是有利于获得报偿的个性特征,而管理人员不满意的个性特征也是

不利于获得报偿的个性特征;个性特征与收入水平具有高度一致性。此外,教育还通过影响个人的自我显示方式和文凭证书影响收入水平。

鲍尔斯和金蒂斯认为,家庭教育也具有社会化功能,即在不同阶级的家庭与社会生产关系之间也存在一致性,其原因是家长不同的经济与社会背景及因而对子女采取的不同教育方法,培养出子女不同的性格。此外,家庭教育方式还对子女的自我概念、个人抱负、自我显示方式、阶级忠诚、言谈与衣着风度、人际行为起规范作用,从而再生产着新一代所必需的各种形式的意识,维护和巩固社会生产关系。

(吴克明)

社会教育权(social right of education)　除国家和家庭之外的各个社会主体依法享有的从事教育活动的权利。与"国家教育权"和"家庭教育权"相对应。在中国,社会教育权指社会各主体依法享有关心、支持、参与、监督各项教育事业的权利和义务。主要包括各社会主体依法享有的举办教育事业、实施教育活动的权利,以及参与对国家教育事务进行管理与监督的法定权利。权利主体实施社会教育权时,应具有公益性质。社会教育权与市民社会紧密相关,具有更多自治性质。社会教育权自人类产生起就存在。人类为了生存和发展,必须把从生产和生活经验中获得的知识技能传递给下一代,这就是一种社会教育权,它不是通过国家而是通过社会组织或以个人方式进行的。在国家出现以前,所有教育都属于社会教育范畴,权利主体是社会群体组织或个人。

社会教育权具有以下基本特征:其权利主体是非政府机构的其他社会利益群体的组织和个人;其教育权范围属于"法律不禁止便自由"的社会权利,完全不同于国家教育权的"无法律即无行政",故自主和自由行使的范围更大;受实体法的规限,只有在实体法范围内活动才具有合法性,而实体法的有效实施有赖于国家和政府机构,故国家和政府机构直接对社会教育权实施管理和监控,但合法性的最后裁决有赖于司法机关的判决,而非政府机关的意志或国家其他机关的强制;在社会教育权主体与受教育者主体关系上,主要依赖契约性法律或习惯法。

社会教育权的产生与发展

在原始社会,儿童被原始公社"共有"和"共育"。后来"大家庭"出现,但儿童"公育"的性质并未改变,儿童不仅受生身父母的教导,也受大家庭其他成员的教导,部落成员对他们的行为拥有很大的教育和制裁权力。由于儿童"公有"和"公育"的传统,原始社会的所有儿童都享有平等的教育权,这种教育权的行使出现在没有学校组织的情况下自发

的社会教育模式中。在原始社会,社会教育权的行使具有多样性,权利行使者涵盖了部落或氏族的所有正式成员(即成年人)。这一点在东方和西方的社会中是一致的。

西方社会教育权的历史沿革　古希腊存在以斯巴达为代表的农业文明的教育模式和以雅典为代表的商业文明的教育模式。斯巴达采用原始社会延续下来的社会共育模式,所有斯巴达正式公民的儿童都必须接受严格、统一的国家教育,家庭教育仅限于对 7 岁以下儿童和女子的教育。其他阶层的子女除接受家庭教育之外,不存在其他形式的学校教育。雅典的教育与斯巴达有很大差异。雅典公民在 7 岁前接受家庭教育,男童 7 岁后开始入校学习,学校由私人设立,没有官定的章程和课程。梭伦改革时期曾立法规定,父亲负有送儿子上学的义务,并指定官员监督学校工作,这种由私人举办的学校在当时相当普遍。公元前 5 世纪起,雅典出现由智者创办的学校,最为典型的是伊索克拉底创立的修辞学校。柏拉图也于公元前 387 年创立学园,以示抗衡。两派学校在不断斗争中获得发展。这是社会教育权在高等教育领域的新尝试,对后世的西方高等教育具有启示和先导作用。

古代罗马教育仿照希腊时期的教育,举办大量学校,如初等学校、文法学校、修辞学校,这些学校基本上是私立性质的。从罗马帝国开始,国家开始介入原本属于私人领域的教育,主要采取两方面措施:一是奖励教育,二是控制教育,并在此基础上逐步形成一整套国家教育制度。帝国后期基督教教育兴起并最终取代世俗学校教育。529 年,教会下令关闭所有与基督教教育不合的世俗学校。在此后的一千多年的西欧,世俗学校一直属禁止之列。国家教育权旁落到教会手中,基督教作为一个强有力的团体开始掌握社会教育权,甚至代替了国家教育权。

中世纪早期(公元 5 世纪至 14 世纪中叶),文化和教育基本被教会垄断,世俗教育衰退,教育领导权掌握在教会手中,教师由教会人员担任,教育内容充满神学气息,教育机构基本上是为数不多的修道院学校、主教学校和设备简陋的教区学校,其中教区学校对一般世俗民众开放,具有普通教育性质,教授一般的读、写、算和初步的基督教教义。在中世纪早期,绝大多数教育属于社会教育权范畴,基本上由某一个社会团体(尤其是教会和贵族、封建主)举办和管理,其共同特点是为特定社会集团的利益服务。

中世纪后期(14 世纪中叶至 16 世纪末),生产获得很大发展,手工业和商业文明造就了市民阶层,他们开始反对封建领主和争取城市自治,通过赎买或以武力方式使城市摆脱对封建主的依附,获得不同程度的自主权,在此基础上中世纪大学产生,世俗社会与教会有关教育权的斗争开始表面化。中世纪大学的出现和城市学校的兴起推动了世俗教育的进步。从性质上讲,中世纪大学并不完全是私立学校,

它有相当一部分权力源于政府,政府基本上通过特许状承认它的自治和独立的权利,故中世纪大学属于社会教育权的行使范畴。在获得自治的城市中,基本维持了教会学校与市民学校(主要是城市学校和行会学校)并存的局面,市民学校一般由行会或城市当局管理,多为私立性质,教育内容贴近城市工商业发展对实用人才的需求,在入学条件上较少限制,只要付得起学费,父母就有权送子女进入任何学校。

文艺复兴时期,教会的教育权逐渐分化,各新教教派为宣传自己的主张而广开学校,学校形式多样,数量增加,课程逐渐平民化。这一时期社会教育权占绝对主导地位。私立性质的学校为实现举办者的宗教目标而展开对生源、民众的争夺,客观上促进了教育的发展。

随着文艺复兴和宗教改革运动对社会产生巨大影响,进入17、18世纪,欧洲的教育更加多样化,世俗教育与宗教教育进一步分离。一方面,教会学校内部冲突加剧,社会教育对宗教的重要性日益为各教会所认识,在各个教区,尤其在天主教主导的地区,教会办学获得新的突破,如法国耶稣会在法国教育中占绝对优势;另一方面,世俗教育开始分化,贵族教育与平民教育开始尝试不同的发展道路,国家开始介入平民教育,并重新恢复其国家教育权行使主体的身份,为建立国家主导的国家教育体系进行初步探索。

19世纪后,国家世俗教育权逐渐被认可和实践,社会教育权逐渐受到限制。国家教育权对社会教育的限制和干预沿中等教育、初等教育、高等教育的顺序发展。此后,国家主义和个人主义等不同办学思想开始对不同国家产生影响。社会教育权和国家教育权在欧洲不同国家的表现各不相同。在国家主义盛行的国家,社会教育权较普遍、明显地受国家的监督和控制,但并未全面限制社会利益集团办学;在个人主义盛行的国家,教育被认为是监护人的责任,教育主要由宗教团体和慈善机构举办,国家尊重社会主体的办学兴趣,官方协助管理社会力量办学。

进入20世纪后,国家通过公共基金、法律和督导等途径越来越多地干预教育。在发展中国家,普遍形成国家承担教育责任的制度,弱化甚至取消了社会团体举办学校的权利。在经历两次世界大战和20世纪六七十年代的革命浪潮后,西方国家对社会教育的干预达到顶峰,社会教育权行使受到国家法律的严格限制,自由度大为降低。随着信息革命的启动,个性化的教育复归,社会教育权重新获得定位,出现了社会教育权与国家教育权的均势。

中国社会教育权的历史沿革　中国个人或社会团体举办的私立学校始于春秋战国时期,以孔子创办私学为标志。随着封建制的产生,士阶层的出现,养士之风盛行,私学的产生和发展始成必然,百家争鸣的出现大大促进私学的发展。秦代由于"焚书坑儒"等一系列政策的实施,私学一度

被禁止。汉代时,私学重新崛起,出现两种类型的私学:一是面向童蒙的书馆;二是面向青少年和成人的、程度较高的精舍、精庐和经馆。这些私学馆所都是专门的教育机构,有固定的教学场所,与前代相比更具辐射力,教育效果更好,也有助于社会教育权更有效地实施。唐朝出现一种新的私学形式——书院,它是集高等教育与学术研究于一身的私立教育机构,它的出现标志着中国私学发展到一个新阶段。宋时书院兴盛,与先前的其他教育机构不同,书院不仅有固定场所,且在管理、教学等方面有一系列规范。由地方政府或私人捐赠的稳定的教育资源(通常包括土地)保证书院能正常运营。私立书院的设立者和资助者倾向于传播与其利益一致的教育思想,招收学生、使用教员无不受其制约。从元代起,书院官学化现象严重,但由于私立学校众多,官学只占少数,此时的书院仍属社会教育权的范畴。明、清时期出现义学、义塾等具有慈善性质的学校组织,多由民间集团或个人捐资兴办,免费教学,是民间行使社会教育权的一种特殊形式,与欧洲许多慈善性质的教会教育有共同之处。中国古代的家学也是一种私学,以传播家传的知识或专业技艺为主。中国古代科技往往以民间传授的方式进行,其主要方式即为家学,其规矩之严格甚于欧洲中世纪行会,目的是保护家族既得利益,本质上也属于社会教育权范畴。

近代,新兴资产阶级通过举办教育来宣传其理念、教育民众、传播启蒙救亡的思想。在他们的推动下,私学开始走向多元化,并逐渐与官学合流,社会教育权的公益性质也因此得到极大的张扬。鸦片战争后,中国向世界开放市场、开放教育。欧美教会纷纷设立教会学校,在传教的同时提供西方学校教育范式,为中国新式教育提供借鉴,客观上促进了中国教育的发展。在洋务运动及后来的维新运动中,许多社会有识之士借助社会力量举办学堂,扩大了私学的范围。这些私学大多采用西方学校的课程、教学方法。清末民初,尤其是民国之后,教育救国思想广泛传播,民间举办教育的热情空前高涨,形成中国历史上罕见的办学热潮,举办学校成为教育家改造社会的重要途径之一。他们在革新、启蒙、救亡、革命等旗帜下,通过办学宣传自己的主张,扩大自身的影响。与此同时,国家教育制度逐渐完善,初步形成完整的学制体系,新式官学获得较大发展。近代教育史上的社会教育权利主体具有多样性,且大多代表新兴资产阶级的利益,具有启蒙和救亡的色彩。各利益集团或多或少都把共同抵制外敌、唤起国内民众、提高国民素质作为办学的重要目标,它们所兴办的学校也更具开放性。

中华人民共和国成立后,随着公有化变革的深入,在很长一段时间里,私学被禁绝。20世纪80年代初,这种状况有所改变,社会力量办学逐年扩大,并发展成为中国教育事业的重要组成部分。改革开放后,民众收入差距加大,社会阶层开始分化,人们对教育的需求也开始多样化,民办学校

逐渐成为重要的教育力量。

现代法律中的社会教育权

社会教育权作为一种施教权利,与国家教育权一样,存在一定的权利分配形式。在现代国家,公民或团体依据法律规定行使社会教育权主要表现为三个方面:学校举办经营权、教育内容决定权、决策管理参与权。

学校举办经营权　公民可以举办和经营学校。如德国宪法规定,公民在忠诚宪法的前提下,有自由从事教育的权利。意大利宪法规定,机关与私人均有权创办无需国家负担的学校与教育机构。日本的《教育基本法》、《私立学校法》和韩国的《私立学校法》都规定,社会教育权的权利主体是教育法律关系中的特殊法人,私立学校只有通过作为这种特殊法人的学校法人才能设立。法国的《国家与私立学校关系法》(亦称《德勃雷法》)宣布,国家尊重教育自由,承认私立学校的合法存在,并鼓励私立学校逐步纳入公立教育体系。一些国家还规定了各种宗教团体平等从事教育活动的权利。

《中华人民共和国宪法》第十九条规定:"国家鼓励集体经济组织、国家企业事业组织和其他社会力量依照法律规定举办各种教育事业。"从而肯定社会教育权的积极作用,规定国家鼓励社会办学。《中华人民共和国义务教育法》、《中华人民共和国教育法》等法律进一步明确了中国社会力量办学的权利。1997年的《社会力量办学条例》、2002年的《中华人民共和国民办教育促进法》、2004年的《中华人民共和国民办教育促进法实施条例》等法律、法规使中国社会教育权的行使获得具体法律规范。《中华人民共和国民办教育促进法》第二条规定:"国家机构以外的社会组织或者个人,利用非国家财政性经费,面向社会举办学校及其他教育机构的活动,适用本法。本法未作规定的,依照教育法和其他有关教育法律执行。"第三条规定:"民办教育事业属于公益性事业,是社会主义教育事业的组成部分。国家对民办教育实行积极鼓励、大力支持、正确引导、依法管理的方针。"第五条规定:"民办学校与公办学校具有同等的法律地位,国家保障民办学校的办学自主权。"为了规范民办教育的办学行为,第七条规定:"国务院教育行政部门负责全国民办教育工作的统筹规划、综合协调和宏观管理。国务院劳动和社会保障行政部门及其他有关部门在国务院规定的职责范围内分别负责有关的民办教育工作。"第八条规定:"县级以上地方各级人民政府教育行政部门主管本行政区域内的民办教育工作。"

教育内容决定权　对教育的权力主体归属问题,学术界存在不同看法。一种观点是,国家具有对民众进行教育的权力;另一种观点是,国家有管理权,但没有教育权,国家和政党应保持中立,教育权应归属民间。在大陆法系国家,如德国、法国,德国宪法(基本法)仅规定教育制度应接受国家的监督,而不将教育本身视为一项国家权力,法国宪法也将教育排除在政府立法权之外,只能由国会进行教育立法,这些国家的政府都不介入教材的选编和推广工作,只对教科书质量进行监督。英美国家的宪法也没有授予政府教育权力。美国宪法中与教育密切相关的是第一修正案(不得干预信仰和思想自由)和第五、第十四修正案(非经正当程序不得剥夺人身、财产和平等的机会),国会立法和司法判决对教育进行适当干预(如招生中的种族或性别歧视,公立学校教育内容的政治中立)。教育问题主要体现为宪法、财政和公益问题,而非行政问题。教育是公民的思想与信仰自由、言论自由、人身自由以及结社自由的一种汇合形式。至20世纪90年代末,日本也承认民间对教育内容的决定权。

在中国,传统上教育内容的决定权主要在国家,国家以统一的教学大纲、教学计划规定教育内容。随着国家教育权的下放和社会教育权的发展,民间力量逐渐介入学校教育,教育内容的决定权越来越多地体现民间参与的性质。社会力量办学的一个重要特点是与市场紧密联系,根据市场发展确定专业、教学内容,开发具有特色的地方课程和校本课程。20世纪80年代后,中国教科书从"一纲一本"到"一纲多本"再到"多纲多本"的改革以及三级课程改革,都逐渐赋予民间对教育内容的参与权与决定权。

决策管理参与权　在西方国家,近代资本主义产业革命和大机器生产出现之前,学校大都掌握在教会、社会(行会)及个人手中,客观上赋予了社会团体及公众管理教育的责任与权利。18世纪中后期至19世纪工业技术革命时期,国家开始干预和控制教育,通过各种手段加强对教育的管理、领导、指挥和监督。19世纪后半叶,各国相继用法律形式规定了公共教育制度,形成现代教育体系,随后建立现代教育管理制度。教育虽成为国家事业,但社会团体、公众管理教育的传统依然存在,社会参与仍是西方国家教育管理的一项重要内容,并被认为是教育民主化原则的一个重要方面和表现形式。社会团体及公众参与教育管理的权利在一些国家的宪法中有明确规定,在专门的教育法律法规及规范性文件中有更具体的表达,包括参与的范围、方式、职能等。如英国《1988年教育改革法》规定了社会参与学校管理和决策的专门性机构(学校委员会)及其人员组成、活动内容、程序等。

从20世纪50年代开始,基于国际竞争的需要,世界各国都对教育加强了控制。六七十年代后兴起的新公共管理运动针对政府全面控制社会、垄断一切公共服务的管理方式进行改革。治理理论更强调社会对教育的决策管理权,要求政府下放权力,收缩控制范围,并呼吁社会团体、公共机构、私人机构、各种协会、个人积极参与社会公共事务的管理。治理理论主张：公共管理的行动者应由包括政府在内的众多机构和个人组成，政府不应垄断公共事务的管理权，在某些领域，非政府组织和个人比政府拥有更大的优势；政府并不是公共管理的单一中心，众多机构和个人以自己的方式参与公共管理；公共责任从政府转移到非政府组织和个人，部分政府责任交由非政府组织和个人来承担；政府与社会组织、个人之间存在权力依赖和互动的伙伴关系；政府实行分权化改革，将权力充分授予下级、非政府组织乃至企业、个人，充分发挥其治理的积极性，形成国家、社会共同管理公共事务和提供公共服务的模式。

20世纪80年代后，中国也进行了政府权力下放和教育市场化的改革，出台一系列法律法规，如《中共中央关于教育体制改革的决定》《中国教育改革和发展纲要》《国家教委关于转变职能，加强宏观管理，扩大直属高校办学自主权的若干意见》《面向21世纪教育振兴行动计划》《中华人民共和国教育法》《中华人民共和国高等教育法》《社会力量办学条例》《中华人民共和国民办教育促进法》《中华人民共和国民办教育促进法实施条例》等，给予学校更大的办学自主权，给社会以更大的决策管理参与权，调动社会办学、参与管理的主动性和积极性。

参考文献

佛罗斯特.西方教育的历史与哲学基础[M].吴元训，译.北京：华夏出版社，1987.

劳凯声.变革社会中的教育权与受教育权：教育法学基本问题研究[M].北京：教育科学出版社，2003.

刘振天.西方国家教育管理体制中的社会参与[J].比较教育研究，1996(3).

秦惠民.现代社会的基本教育权形态分析[J].中国人民大学学报，1998(5).

（覃壮才　薄建国）

社会教育学（social pedagogy）　　研究学校教育系统之外的以提高全体国民素质为目的的教育活动的理论。教育科学的分支学科。社会教育是以政府为主导，由民间团体和个人共同参与开展的有目的、有计划、有组织的教育活动，作为社会结构中的社会帮助和救助，具有社会照顾与社会护养功能。社会教育学具有教育学科的本质，其研究主题是教育的社会条件和社会生活的教育条件，旨在通过教育产生的力量和效用，为社会教育赋予进步的伦理道德以及社会责任和使命。现代社会的快速发展导致新的危机和挑战不断出现，在21世纪强调教育伦理与文化内涵的背景下，作为社会教育重要内容之一的终身教育日益受到重视，因此，建立具有时代意义的社会教育意识，对于加强个人与社会之间的联系具有重要作用。社会教育学的发展有助于人们不断适应迅速变化的生存环境和社会环境。

社会教育学由近代发展到现代，其理论和实践都有新的拓展。从最初对不幸儿童进行社会照顾，发展到发挥社会教育的多种功能、建立公共教育照顾制度，最终逐步形成独立的社会教育学学科体系。现代社会教育学认为，人具有社会性本质。这种本质既可以被要求，也能够得到发展，并具有人格的价值。作为一种制度化教育帮助和学校教育以外帮助的理论探讨，现代社会教育学涉及学前教育和成人教育等方面，通过确立社会教育的原则，建立起适应现代社会发展的教育制度。制定相关的法律、法规是社会教育得以实施的重要保障。在机制功能方面，现代社会教育学着重对工业社会结构的变革以及教育对其产生的影响的理论探讨。

社会教育学的研究方法主要有现象观察、科学分析、经验研究、历史法、人类学的反应法和比较法等。其中，历史的观点、经验研究的观点和人类学观点是社会教育学研究方法的三个重点。社会教育学方法论还需借助相关学科的知识，如心理学、社会学、人类学、医药学、政治学、法学等。

19世纪上半叶，工业革命的兴起推动了西方资本主义社会的发展，随之也产生一系列社会问题，其中大量童工的出现和失学儿童的不幸以及青少年受伤害的现象尤为突出，学校教育难以解决这些问题，需要寻求新的教育理论和方法。1835年，德国教育家第斯多惠在《德国教师培养指南》一书中首先提出"社会教育学"的概念，呼吁国家和社会重视童工和不幸儿童的教育问题，采取有效措施，在学校以外对他们实施公民教育，进行手工训练，使之成为有用公民。这一时期，德国相继出现维尔曼、纳托尔普、莱希维因、诺尔等一批社会教育学家，他们从各自的教育理念出发，发表和出版大量关于社会教育学的论著，形成以青少年帮助和社会救助为主旨的社会教育学基本理论。维尔曼认为，社会教育学的意义在于研究教育的社会因素，因为人具有社会的本质，人与社会之间最重要的是教育，教育能使青少年成为完整的人。纳托尔普的社会教育学被称为广义的社会教育学，包含三条基本原则：集中原则主张通过引导，使受教育者在知识、意愿、创造等方面协调发展，特别是在初期教育阶段；独立原则主张通过帮助和教育，引导受教育者自我工作，遇到问题时能够作出独立判断；社会原则主张促进施教者与受教者间的相互了解和交流。莱希维因认为，教育的真正意义在于社会的教育，所有教育只有在社会的条件下才能实施；社会教育的目标是通过灌输社会思想，使人（特别是青少年）逐步养成只有以服务社会和服务他人为目的才是正确的社会法则的观念。诺尔的社会教育学概念是关于社会养护和社会照顾的思想。尽管第斯多惠等人对社会教育学的提法不尽相同，但他们都主张关心、呵护儿童和青少年，呼吁为他们提供帮助，发展他们的能力，使其成为有用的社会公民。

受德国教育的影响，这一时期亚洲的日本和中国亦出现有关社会教育的实践和理论。日本明治维新时期，为实现"文明开化"，各地相继开设博物馆和图书馆，以启蒙民众，普及"殖产兴业"所需的知识技术。1884年，日本出现"通俗教育"的社会教育活动。1892年，学者山名次郎出版日本第一部关于社会教育学的论著《社会教育论》。1899年，佐藤善次郎出版《最近社会教育法》。山名次郎认为，社会教育是指学校以外的教育，佐藤善次郎则将社会教育作为救助贫民的计划，以此探讨资本原始积累阶段的各种劳动问题、社会问题及相应对策。1918年，日本开始使用"社会教育"一词。1921年，文部省发布的官方文件正式采用"社会教育"用语。1923年，文部省下设社会教育科，主管全国社会教育事务。1925年，颁布《地方社会教育职员制度》，日本官方社会教育行政制度基本形成。在社会教育实践方面，主要开展以社区青少年为对象的教育活动，为其进行实业方面的补习教育和培训，还有教化团体开展的社会教化活动等。在中国，19世纪末，张之洞等人提出修建图书馆、陈列馆等机构，为校外民众实施补习，还有人提出开办"夜学校"，实施社会教育。此时正值中国留学高潮，无论是政府官员的出国考察，还是留学生的海外留学，他们在回国后纷纷介绍欧洲和日本社会教育的状况。1902年，中国近代早期教育刊物《教育世界》介绍了佐藤善次郎社会教育学方面的著作。1912年，南京临时政府成立，蔡元培出任教育部长。教育部下设社会教育司，正式将"社会教育"作为官方用语，实施通俗教育。1914年，《教育部官制》规定，社会教育司的职责是主管通俗教育、感化事项，以及美术馆、博物馆和图书馆等。这一时期，学界基本达成共识，认为学校教育培养青少年，主要进行人才培养；社会教育服务社会大众，普遍开启民智。

第二次世界大战后特别是六七十年代后，整个社会结构和人们的价值观念发生很大变化。一批现代社会教育学家发表和出版大量论著，阐述现代社会条件下社会教育学的理念、功能、研究方法及诸多实际问题，并与人类学、社会学、心理学、经济学等学科结合，使社会教育学在理论和实际应用方面大为扩展和加强，成为具有现代意义的社会教育学。德国社会教育学家莫伦豪尔指出，社会教育学与社会关系密切，教育要社会化，社会也要教育化，通过教育形成的社会将是和谐的社会。社会教育学的性质同时表现为社会的、文化的、实际的、政治的和陶冶的等多个方面。莫伦豪尔认为，适应能力是人格成熟的标志之一，适应的方式通常是主动的，适应的过程通常包含教育的意义。人们适应的过程就是不断肯定自己的过程，社会教育也就成为伴随人们终身的历程。德国教育社会学学者罗斯纳也强调教育与社会的密切关系，认为社会教育是教育者的文化引导，

即通过教育使青少年产生社会能力，实现其社会化的过程。这一过程中重要的是使社会成员共同遵守社会规范及其客观价值，如社会秩序。对于现代社会而言，社会秩序就是一种力量，只有维护社会力量，才能有效地促进社会和谐与进步。同其他社会教育学家相比，古赛克更关注社会教育对社会经济发展的促进作用，认为在现代社会，人的工作能力是从事社会生产最重要的生产工具，社会教育目标的重点是培养国民适应现代社会经济发展的能力，承担使人们适应社会生活变迁的责任。一些社会教育学家关注儿童、青少年的援助和保护。T.威廉提出，青少年犯罪的发生与社会教育密切相关。青少年犯罪不仅带有个别性，而且具有共同性；个别性与家庭有关，共同性与社会相连。青少年犯罪现象的产生是由于他们对于周围的人或事物缺乏基本认同，或是这种认同缺乏道德基础，或是他们自身的需要受阻或被忽视，从而造成青少年的错误发展，以致产生犯罪倾向。现代社会教育学强调在儿童社会化的过程中，家庭、学校、社区等对于青少年犯罪问题的共同责任。他还认为，现代社会中家庭功能的变故（父母离异、单亲家庭等）也是造成青少年犯罪的主要原因之一，当社会造成的威胁（文化、社会、经济等）危及社会成员（包括儿童青少年）时，社会教育学应着力研究事情的症结及其产生原因，并找出解决问题的办法。也有社会教育学家提出"自我责任的生活引导"与"社会教育的良心"的主张，一方面鼓励青年人自我创造，培养自身的能力与责任心，努力成为对社会有用的人；另一方面，社会也应加强对青少年的教育培养，改善他们的法律地位，帮助他们自助自立，以适应社会的变化。近代社会教育学是一种"帮助教育学"，现代社会教育学是一种"适应教育学"。现代社会教育学既要帮助儿童、青少年培养社会责任感，践行"帮助心理学"的作用，又要促使其他人群适应当今社会快速、多变的特点，发挥"适应教育学"的作用。

20世纪90年代中期，经济合作与发展组织提出，未来社会是一个基于人的一生都需要不断获得新知识的知识经济社会，开展终身教育是保持国家在国际竞争中主导地位的重要支撑（参见"终身教育"）。各国随之展开一系列研究及实践，如美国提出以终身学习的原则来重新组织联邦及各州教育，并以此作为国家教育和学习的政策基础；日本把构筑终身学习社会作为国家教育的改革目标。终身教育的理念对社会教育及其理论提出许多新的要求。

随着计算机技术、通信技术的普及和广泛应用，人类进入信息社会。整个教育系统（包括社会教育）在提供融入信息化社会必不可少的生活方式的同时，需要建立与之相适应的公民意识，从终身教育角度重新评价教育系统的地位、作用与职能，以帮助人们任何时候都能获得自己需要的非正规教育。在此过程中，社会教育充分利用信息技术这一有效的传输手段，向各类有不同需要的人提供有助于适应

信息化社会的各种知识和职业技能,以丰富他们的生活内容,提高其生活质量,并帮助青年努力将融入社会的美德与尊重个人的权利结合起来,有效应对信息化社会提出的各种新挑战。各国通过提供各种学习软件和卫星教学节目等多样化的社会教育方式,来满足人们个性化学习和终身学习的需要。学习型社会是以终身学习理念为支撑的社会(参见"学习型社会")。在学习型社会,社会教育的基本任务是建立终身学习概念,并使其超越启蒙教育与继续教育之间的传统区别,最大限度地为学习和开发个人潜能提供一切可能的条件和机会。

参考文献

王雷. 中国近代社会教育史[M]. 北京:人民教育出版社,2003.

新堀通也,等. 社会教育学[M]. 张惠才,等,译. 北京:春秋出版社,1989.

詹栋梁. 社会教育学[M]. 台北:五南图书出版股份有限公司,1983.

(李兴业)

社会阶层与隐性课程 (social class and hidden curriculum)

教育社会学宏观研究的内容之一。社会阶层通常指同一阶级中,因财产状况、社会地位或谋生方式不同而区分的社会层次。隐性课程指游离于正式的学校教育运作和组织之外,不是通过有计划的教学而传递给学生的未成文的社会规则和行为期望,这些规则和期望受学校不同社会阶层构成的制约,尤其受所在学校占主流的社会阶层期望的影响。隐性课程对学校而言不是明确的教学计划,对学习者而言是未明确或未公开确认的学习结果。隐性课程涵盖学校生活的各方面,难以与其他相关概念区分开来。"非书面课程"(unwritten curriculum)、"隐含课程"(implicit curriculum)、"非学习课程"(unstudied curriculum)、"内隐课程"(covert curriculum)和"潜在课程"(latent curriculum)等常被用于解释隐性课程。美国心理学家布卢姆认为,隐性课程的教学目标能保持得更持久,其知识是学生每天都要体验并牢固习得的。隐性课程的概念虽缺乏明确性,但不容忽视。20世纪80年代,大量对隐性课程的研究涉及其附加效应和能力。

隐性课程的思想可追溯至20世纪20年代,美国教育学家克伯屈区分了基本学习、相关学习和附带学习。基本学习指与某项活动直接相关的学习,相关学习指与该项活动有间接关系的所有活动,附带学习指较为概括的人们学习所持的态度与价值观。

美国教育社会学家杰克逊1968年在《课堂生活》(*Life in Classrooms*)中首先使用"隐性课程"的概念。他通过对公立小学的课堂观察指出,有些课堂生活的特质沿袭了学校教育的社会关系,其中包括特有的价值和习惯、对学生的社会性及行为上的期许。在隐性课程研究刚开始的十年中,绝大多数研究者关注于说明隐性课程的不同方面,主要有三种理解,即把隐性课程理解为学习结果、学校背景或学习过程。(1)作为学习结果的隐性课程。很多有关隐性课程的文献关注价值、个性、规范、态度和学生独立学习认知目标的技能。杰克逊认为隐性课程由在群体、褒扬和权力的环境中学会生活的知识构成,学校中的隐性课程强调特定技能,如安静等待、学会容忍、不断尝试、完成所交付的作业、保持忙碌状态及循规蹈矩等。美国教育家德里本认为,学校教育不仅直接传授外显课程,也间接传授某些规范,让学生沉浸其中,产生认同且无条件地接受其合法性,学校主要传授独立、成就、普遍性和特异性这四种规范,学生要想有效地融入现代化工业社会,必须具备这四种规范。美国学者B. R. 斯奈德则认为,成功的大学生是从隐性课程中学到真正的东西。这些观点大都把隐性课程看作学习结果而非学术性知识。(2)作为学校背景的隐性课程。一般的学校知识是被看作通常发生在特定智力情境(教室)中的知识,嵌入于一定的物质和社会背景中,具有确切的结构特性,隐性课程则常被看作在这个背景下无意传递的知识,独立于显性的班级学习之外。德里本认为,四类规范是在隐性课程中传递的,因为在结构特性和制度安排上,学校的属性是一个非个人的机构。美国经济学家鲍尔斯和行为科学家、教育家金蒂斯也提出相似概念,他们运用对应原则讨论支配工场中个人关系的社会关系与学校中的社会关系之间的对应。美国社会科学家盖茨尔斯描述了不同类型学校的教室的物理结构,认为每种结构都向学生呈现不同的想象中的学习者形象。如长方形教室中,学生的椅子固定在地上并排列成直线,教师的讲台位于前方正中央,令学习者感受到教师才是学习经验的唯一来源。(3)作为学习过程的隐性课程。与显性课程不同,隐性课程传递教学内容的方式是隐喻的和无意识的,所传递的信息常常是非言语的,即使是言语性信息,也蕴涵在交谈的"深层结构"中。例如,美国课程理论家施瓦布提出,教授科学的常用方法是通过"修辞的结论"来呈现科学概念,科学知识的结构被传达成为经验的、真实的、无法改变的真理。以色列心理学家D. 戈登强调,教师发起的教室交谈具有实效的属性,而超出这些交谈内容之外的交流形式会妨碍学校在培养学生审美趣味方面的能力,因为审美趣味不具有实效属性。第三种理解可以解释不同研究者提出的绝大多数隐性课程教与学的案例,但在隐性课程概念的方法和定义上遭到诸多批判。

拉科姆斯基批判了绝大多数隐性课程研究,认为没有证据可以证实学生在学校习得的知识可归功于隐性课程,并指出绝大多数关于隐性课程的研究是以对学校和班级的定性观察为基础的。瓦兰斯认为,隐性课程和定性研究都是"与学校教育的微妙特性相适应的",而定性观察着重于所说明的特征。拉科姆斯基认为,人们可以创造出无数解释来代替绝大多数对隐性课程的解释,对这些繁多的解释根本无法作出理性判断,隐性课程是一个"毫无意义"的术语。

与此激进的批判不同,很多对隐性课程定义的批判没有完全否定这一术语,而是质疑布卢姆所称的隐性课程的无孔不入和强大有力。新马克思主义观、激进主义和批判的教育学理论首次使用隐性课程的概念论证资本主义社会学校教育的强大、有害的潜在信息以及阶级再生产的作用,后又指出学生经常抵制隐性课程传递的信息。这些学者也因此被称为"抵制理论家",他们认为学生对隐性信息的知晓远超出事先预想,并且学生常常有意识地反对隐性信息。这方面以英国社会学家 P. 威利斯所著《学会劳动》为代表。

1977 年后,批判理论家的研究成果大多集中在评注学生读取和抵制隐性课程的案例,区分抵制隐性课程与不抵制隐性课程的学生,将学生抵制隐性课程的作用作为引起社会和政治变迁的手段予以评价。

在质疑布卢姆关于隐性课程的渗透力上,以色列心理学家阿索尔和 D. 戈登指出,布卢姆的论点基于内隐的学习理论,该理论强调隐性课程信息的多余性,并认为这种多余性是隐性课程信息的效率的来源,而阿索尔和 D. 戈登认为内隐的学习理论忽略了学术材料的反馈价值,是不充分的。隐性课程中的一些内容与学生有较高的相关性("热"隐性课程),另一些内容则与学生的相关性较低("冷"隐性课程)。前者的学习机制不同于后者,后者完全依赖于信息多余性的机制。"热"隐性课程的学习效率取决于它和学校外部影响的兼容性,"冷"隐性课程的学习效率趋于稳定。

美国教育思想家安涌在《社会阶层与工作的隐性课程》(1980)中认为,不同层级类型的学校传授学生适合其未来不同阶层定位的知识和技能:(1)劳工阶级的孩子在学校发展一种与资本相冲突的潜在联系,他们当前的学校活动适合未来机械的和常规的工作,这种工作被认为无需创造力和规划能力,而仅是工艺的操作,这种情境形成有关工资、工作条件和控制的产业的冲突。(2)在中产阶级学校,学生发展不同于资本、统治和工作的潜在联系,活动任务和关系适合于未来科层制的资本关系。学生的学校活动适合美国社会体制中白领工人和中产阶级的工作。(3)在富裕者的专业学校,学生学习一种能够持续协商的工具性表达技能,通过学校教育获得符号资本:他们有发展语言、艺术和科学表达技能的机会,以及开发具体创造性活动的观念。这种学校教育在学生身上发展的技能是成为社会成功的艺术家、知识分子、法官、科学家和技术专家等专业人士所必需的。(4)精英学校给予学生的不同于其他学校,即操纵用于系统分析的社会合法工具的知识与实践。学校给予学生机会来学习和运用具有智力和社会声望的语法、数学及其他元素安排的规则,在社会分析和管理情境中给予学生运用技能的机会。这种知识和技能是一种最重要的符号资本。

隐性课程的价值在于吸引研究者在解释学盛行的时代去观察教育、教学和学校教育。自 20 世纪 70 年代初起,这种视角符合日益重视社会活动的意义的特点。

20 世纪 90 年代,随着学校改进运动的兴起,参与者更关注可以测量的学校效能以及一系列影响学校改进的因素,隐性课程指向学校中具有重要影响但不被觉察的因素,它的缺失阻碍了学校变革。而且,人们还需要研究隐性课程自身变化的机制,以及如何利用隐性课程帮助学校成为更好的机构。

美国教育学家吉鲁则指出,隐性课程和学校教育基础的逻辑是一种有关阶级和文化间关系的沉默结构。虽然学校是控制和抵制各社会阶层复杂关系的文化场所,但是有关学校教育的官方论述将学校描述为有益于全体学生的机构,可以通过主流文化知识与社会实践,增进来自从属文化学生的利益。控制和权力象征一种学校生活的"沉默的"主旨,主流社会和文化印记被刻画在所有学校的实践中,诸如官方语言、校规、班级社会关系、学校知识的选择和呈现、特定文化资本的排斥等,它不仅刻画也强加在被压迫者的意识或意识形态上。解释学的视角提供了另一种思路,它将课程视为文本,学生和教师都是隐性课程文本的阅读者。

美国课程专家艾斯纳提出"空白课程"概念,为进一步分析隐性课程提供可能。空白课程指学校不传授的课程,"空白"指学生没有体验的智力过程(如非言语过程)和没有揭示的内容(如整个学科体系、学科中的话题)。所有这些空白都未得到学习者正式和公开的承认,故空白课程可被看作隐性课程的一部分,对学生具有重要影响,可以限制学生意识到的选择和视角。

从社会分层角度研究隐性课程的表达方式和作用,可以帮助理解学校教育背后的东西,它们发挥了学校教育的潜功能或隐功能。

参考文献

Bowles, S. & Gintis, H. Schooling in Capitalist America [M]. London: Routledge, 1976.

Eisner, E. & Vallance, E. Conflicting Conceptions of Curriculum [M]. Berkeley, CA: McCutchan, 1974.

Halsey, A. H., Lauder, H., Brown, P. & Wells, A. S. Education: Culture, Economy, Society [M]. Oxford: Oxford University Press, 1997.

Jackson, P. W. Life in Classrooms [M]. New York: Holt, Rinehart & Winston, 1968.

Saha, L. J. International Encyclopedia of the Sociology of Education [M]. Oxford: Pergamon, 1997.

（吴　刚）

社会科教学(social studies teaching)　以社会科学和人文科学学科为内容的教学活动。以培养公民的人文素养为目的,通过对历史的和现实的社会现象的考察和分析,帮助学习者探究社会发展的规律。

社会科教学的价值取向

社会科的教学目的与性质　取决于国家发展、社会需求和教育宗旨,有的为了民族国家的独立而着重历史遗产和国民意识的认同,有的基于资本主义民主价值的遗产强调公民的训练,有的则依据世俗理念主张基本的文化素养的培养。尽管提法不一,但社会科的教学目的大致可以统一到公民教育上来,即作为一门培养公民的基本素质的综合课程,关注学生健全人格的培育,强调人格因素的协调发展。旨在帮助学生认识个体、社会、国家及自然的相互关系,以完成满足社会需要、促进个体发展这两个方面的功能。其社会功能即培养社会合格成员、保证社会稳定发展并完成社会再生产,主要途径是提供选择性的知识或经验,传承人类文化遗产,如系统的人文和社会科学知识、伦理道德和行为规范等,实现文化的代际交流;其人文功能即促进个体发展、达到自我完善,主要途径是提供社会性经验,训练社会交往技能和批判思维。因公民素质和公民教育的内涵复杂、多元,有学者认为社会科不应独自承揽公民教育这一学校教育的使命,而应辨别其独特的内容构成和贡献,为公民教育奠定基础。

对公民教育在知识观和意识形态方面认识的不同使社会科的教学导向在传统上大致呈现四种类型。(1) 文化传承取向,秉承永恒主义和要素主义理想,以捍卫主流文化为己任,主张以人类文明的精华(主要是历史典籍和传统伦理价值)作为社会科教学的核心内容。(2) 社会科学取向,基于科学实证主义和主智主义理想,主张社会科教学应以社会科学的基本概念和研究方法为核心,通过探究性学习将学生培养成能洞察和解决社会问题的"专家"。在美国,发生在 19 世纪末 20 世纪初以文献素材分析为特征的新史学运动、60 年代学科结构改革中的新社会科运动,是社会科学取向的典型。(3) 反审探究取向,深受进步主义教育思想的影响,强调社会科教学是对当代有意义的社会问题的探究过程,并将问题解决和批判思维统一于反思探究之中。(4) 社会重构取向,奉激进的社会批判论(或解放哲学)为圭臬,主张社会科应当教育学生考察和反思隐藏在我们日常行为和决策背后的信仰体系和意识形态,探索改造社会的可能性及其策略,并付诸行动。在今日西方学校开展的社区服务和环境教育实践中,常可看到社会重构取向的社会科教学。社会科教学的各种价值取向并非总是截然对立的,在某些条件下可能会相互妥协而发生融合,甚至在内容的选择和教学策略等方面也有很多共性。

社会科的教学内容　社会科是一门综合性课程,也是与社会变化联系最紧密的课程,它关注人类社会问题与社会现象,运用跨学科的综合方式,把历史学、地理学、社会学、人类学、政治学、法律学、经济学、伦理学等多个领域的相关内容整合起来,多视角、多维度地反映人类社会及其发展的诸方面。社会科不是依据某一学科体系构建的课程,小学阶段的社会科课程具有更明显的非学科特征。20 世纪90 年代后,各国普遍采用的社会科课程组织法则是,根据儿童获得的社会认识和参与社会的能力所具有的价值,将儿童的生活、人的行为和多学科的科学概念有机整合,按主题或领域构建社会科课程内容。社会科的内容体系决定了其教学领域及学科内容构成。

社会科与国家发展、社会需要紧密相连,以社会认识为学习对象;涉及多种人文社会科学领域的学问,同时又以人的发展为主题,故难以作统一的学科定义。各国对社会科的定位、目标不同,这些也影响社会科教学内容的建构。经过长时期的探索,不同国家和地区形成各具特色的社会科课程内容体系,构成不同风格的社会科教学内容架构。美国按照文化,时间、连续与变迁,人、地方与环境,个体发展与认同,个人、群体与机构,权力、权威与控制,生产、分配与消费,科学、技术与社会,全球关联,公民意识与实践等 10 个主题轴组织社会课程内容。新西兰规定社会组织、文化和历史遗产,地方与环境,时间、连续性与变化,资源与经济活动,以及探究、价值探索和社会决策学习过程等 5 个领域的学习内容。中国的品德与社会科,以家庭、学校、家乡(社区)、祖国、世界为学生的生活领域;以社会环境(时间、空间、人文环境、自然环境)、社会活动(日常生活、文化、经济、政治等活动)、社会关系(人与人的关系、社会规范、规则、法律、制度等)为社会生活领域的主要因素,以"我在成长"、"我与家庭"、"我与学校"、"我的家乡(社区)"、"我是中国人"、"走近世界"为主题轴构建社会科的教学内容。尽管不同国家有不同的教学内容构成,但社会科的根本是关注人类社会问题与社会现象,以社会生活为探究对象,旨在培养学生认识社会、理解社会、适应社会、参与社会的情感—态度—价值观和能力,体现知识、方法、能力、态度与价值观的整合。

20 世纪后半叶及 21 世纪,人类活动日趋全球化,经济、科学技术、文化、政治等方面的相互依赖关系日益加深,全球教育成为全球化时代的必然趋势,社会科是实行全球教育的重要领域。如美国、日本推行培养"地球公民"的地球社会教育,旨在培养学生以全球的意识、视野来思考并行动的素质与能力,以全球的利益和价值来形成、确立伦理观、价值观的素质与能力。由新时代人类文明的转换而生成的新课题、21 世纪的现代化问题、信息文明、全球环境引起的对现代文明的反思、全球化引起的对多元文化的认识与本民族文化的重构等,都是社会科教学内容建构的新视角。关系全人类生存的人口、资源和环境问题,战争与和平问题,多元文化理解、发展与人类文化遗产保护等,成为社会科新增加的教学内容。

美国与日本的社会科教学

从世界范围看,社会科大致有两种典型的模式,即综合课程模式(综合社会科等)与分科模式(以地理课、历史课为主,包括政治课、经济课和公民课等)。前者是以美国和日本为代表的综合型社会科,后者是以欧洲的历史课和地理课为代表的分科式社会科。综合型社会科教学是20世纪初社会福利和社会改良运动在学校课程中的反映,是对19世纪末历史科的扬弃,它植根于社会学主题而不是历史,旨在"社会化",注重培养学生解决问题的能力、参与民主社会的能力和批判性的态度,注重学习方法,强调主动参与,而不是单纯地学习特定的社会科学或历史。关于社会科的课程特性或组织框架存在对立的两派:社会问题(或公民)中心课程和以历史或地理为核心的科目中心课程。前者在小学占主导地位,后者在中学阶段特别是高中占主导地位,两者的教学方式、教学内容、教学目标有所不同。分科式社会科教学注重历史与地理的系统学习,强调个人教养和文化化,教学论的核心概念是"理解",注重知识内容,借助历史一类的课程陶冶学生。欧洲小学的社会科更倾向于合科、专题式的教学,如英国的历史课和地理课、德国的乡土课和事实课、法国的"启发学科·启发活动";中学阶段则经历从传统的分科式发展到宽泛的综合课程模式最后又回到分科模式的过程,如法国于20世纪六七十年代在初中设立综合的"人文科学",80年代又改为分科模式。

美国的社会科教学 1916年,在美国社会科被确立为学校课程。它是世界各国中形成较早、课程体系发展较成熟并拥有丰富理论支持的综合型社会课程。其教学论核心概念是"经验",注重社会有效性,强调人的社会化;以培养公民的知识、能力和态度为目的,注重社会参与、公民教育。

美国社会科教学的发展状况可分为几个阶段。(1)社会福利运动和社会科实验性教学。19世纪末,美国逐渐从内战创伤中恢复,工业化和城市化发展迅速,移民大量涌入,社会问题突出。经济扩张和移民激增使学校数量和规模急剧扩大,学校课程从古典科目向实用科目倾斜。一些社会学家将社会科学作为改良社会的工具,建议在低级学校教授社会科学,实施以社会学为本的公民素质教育,其教学重视社会研究。(2)学科建设的动荡期:从历史教学到关注社会的教学。1916年,美国全国教育协会全国社会科委员会成立。主张社会科的教学重在培养举止得体、有正

确价值观的、有教养的好公民。随着美国中学社会科课程的确立,人们对社会科教学充满浓厚的兴趣。1921年,在美国历史学会的帮助下,创立美国全国社会科协会(National Council for the Social Studies,简称NCSS)。早期美国社会科内容大多由史学家决定,但社会科学学者不同意史学家确定的教学目标和教学方法,在社会科产生之初,围绕教学内容应包含哪些社会科学内容、如何整合教学等问题长期存在争议。这一时期的教育家杜威主张教学应反映学生的需要和社会经济的变化,走出纯学术学科的框架,建立面向儿童的教学组织,教会学生适应不断变化、不断成长的文明。1931年,美国首次出版《社会科年鉴》,围绕学校社会科教学的几个方面进行了讨论。30年代,随着广大教师的积极参与,社会科的教学质量得到改进。第二次世界大战时期,美国社会科突出当代事件的教学,强调现代史教学,重视地理和民主价值的教育;关注国际问题。不少教师发表运用时事新闻进行教学的文章。(3)学科结构运动中的新社会科:重视探究性教学。1957年,苏联成功发射第一颗人造地球卫星,震惊美国朝野,随后展开以学科结构为核心的课程改革运动。从60年代开始,社会科课程改革陆续得到民间组织和政府的资助,掀起以课程教材开发为载体的新社会科运动,大致分为两派。一派主张社会科需要以社会科学学科的结构即基本概念和探究模式为基础,教学活动应以学科的概念和通则为核心,基于探究和发现来安排学习顺序,深入探讨某些主题,不强求学习材料的广泛性。另一派认为社会科应当以有效的公民素质为旨归,以所有社会团体共享的价值观为核心,在学习过程中解决与价值观有关的议题。两者的共同点是都强调探究和批判思维,强调有深度地探讨一些内容领域,使学习活动有趣,使学习者成为能够自我思考并作出合理决定的公民。1962年,美国教育部"社会科课题"立项。课程开发倾向:提炼学科结构和社会科学基本概念;提倡发现式或归纳法教学,使用探究模式;关注累积性和序列化学习,认为任何概念都可以按某种方式教给任何年龄的儿童。该项目为学校社会科教学提供了丰富的教学材料,有很多学区按照"新社会科"思想修订了中小学课程。1967年,D. M. 弗雷泽总结了这些修订工作的特点:提炼概念结构(但是常常不能区别概念和通则并使之与内容相整合),概念和通则教学成为教学重点;重视了解美国和西欧地区之外的人和文化;引入行为科学(社会学和人类学)材料和经济学概念,采用案例教学,深入学习某些论题,注意吸收新知识和新方法;强调探究和发现,对方法和过程非常重视;社会科学科目大量涌现,历史教学时数明显减少;使用多媒体材料。新社会科运动构思宏伟,投入巨大,但其思想并未得到很好的贯彻,它使自1916年以来建立的传统课程形态显得支离破碎。社会科课程门类繁多,教学领域开始充满多元化的主题,如伦理、多元文化、环

境和能源教育、自我概念等。到 60 年代末,新社会科的名称虽然还在,但已经不具任何实质意义。到 70 年代末,中学课程和 60 年代并无不同,只有历史课减少了早期人类文明的内容,增加了第二次世界大战后世界和美国历史的内容。

(4) 课程标准化运动中的社会科教学:学科中心和公民中心、问题中心并存。进入 80 年代,以提高教育质量为中心,美国掀起新一轮教育改革运动。在社会科领域,一些教育者和学术团体不满传统的课程组织形态,纷纷提出改革方案,并通过政治渠道实施其建议。在 90 年代的课程标准化运动中,社会科的主要教学目标是发展学生的理解和推理能力,使他们在多元化的民主社会和相互依存的世界中成为为大众谋福利的公民。从教育思想对教学导向的影响看,一方面要素主义教育思想强调社会科教学应强调基本知识、基本技能和价值观教育,体现了学科中心的教学取向。另一方面,随着进步主义教育思想的渗透,社会科教学出现公民中心和问题中心的教学取向,重视问题解决能力、批判思维能力、探究能力和参与民主社会精神的培养。关于教学内容,美国全国社会科协会提出三个风格和内容迥异的范围及序列模式:美国全国工作小组 1984 年方案;主题和问题课程模式,各个年级都应围绕文化遗产、全球观念、政治和经济、传统和变革、社会历史、空间相互关系、社会契约、技术、和平与相互依赖、公民资格等主题来设计问题、组织教学;全球教育课程模式,包括人类价值、全球体系、全球性问题和全球历史四个领域,以及概念(相互依赖、变化、文化、稀缺、冲突)、现象(人物和事件等)和持久(和平和安全、国家和国际发展、环境问题、人权)三类主题。

从美国社会科教学的发展看,在教学内容组织上,小学多以合科或广域形态整合社会经验,中学分科形态明显;在教学目标上重视过程目标,强调批判和独立思考能力的培养;教学上以学生为中心,强调多样化、弹性化和个别化,重视全球观念和多元价值观的培养。

传统的社会科教学重视知识文化遗产的学习,其教学内容与儿童的现实生活脱离。而儿童在现实的社会生活中,常遇到各种各样的问题和困惑,必然要进行主体选择及问题解决。2000 年,萨凡奇归纳了问题解决学习的四个基本特点。(1) 培养儿童的创造性思维,强调追求对复杂问题的解决方式。(2) 批判性思维,旨在让学生形成和发表有理有据的观点或很有见地的观点,具体包括:确定问题的最优解决方案;讨论最优方案未实施的原因;确定克服障碍的途径;为实施方案中遇到的困难命名;确定逻辑起点。(3) 问题解决思维,给某个已定的问题或情境寻求正确、恰当或最合适的答案,具体包括:确定问题;考虑可能的解决方案;选择和运用方案;得到可靠的结果。(4) 决策思维,即在考虑可供选择的观点、权衡证据以及考虑个人价值观等基础上对这些问题作出回答,具体包括:确定基本论题或问题;指

出可供选择的回答;证明支持每种选择的依据;确定蕴含在每种选择中的价值观;描述每种选择实施后可能的后果;从这些可能中做选择;描述作出选择的理由和价值考虑。此外,美国一些学者也提出自己的教学主张。如塔巴认为,如果没有决定自己和判断他人行为基准的价值,人就不可能形成民主的生活方式和有责任的市民的观念,因此社会科中有关价值和情感的学习必不可缺,并提出基于价值分析、情感探究、个人问题解决三方面的价值学习。美国新社会科教育理论学家班克斯进一步丰富塔巴的教学理论,提出培养"知性的社会行为者"的教学思想,其教学模式包括社会探究、价值探究、合理的理性决策、知性的市民行为这四个行动原则。

日本的社会科教学　日本自社会科设立以来已形成相对稳定的、本土化的课程体系和教学模式,并积累丰富的理论研究成果和成就,形成诸多学说和教学模式。

第二次世界大战后的日本思想界倡导和平与民主主义,这在战后至 70 年代初的较长时期内成为社会思潮的主流。同时日本社会开始强烈关注下一代人的培养问题,在这种背景中,日本主要的民间教育团体,如核心课程联盟、日本生活教育联盟、教育科学研究会、历史教育者协议会、坚持社会科最初志向学会等,分别发表本团体的宣言或纲领,创办自己的刊物,并于 1951 年成立社会科教育学会。这些民间教育团体为社会科理论和教学实践作出很大贡献。来自它们的力量与政府力量相互制约和互动,造就了日本社会科的发展模式。

日本社会科课程设置情况是,小学一至二年级的社会科与理科合为生活课,通过游戏等活动和生活体验进行关于社会和自然的综合学习。小学三至六年级为综合的社会科,但中年级和高年级各有侧重,分别从社会功能和学问体系两个角度构建社会科的教学内容。社会功能角度指将社会生活分为生命及财产的保护,物资的生产、流通、消费,交通、运输、通讯以及教育等社会功能,并将这些功能整理、统合为社会科的学习内容。学问体系角度指将地理学、历史学、政治学、经济学等学科领域已明确确立的知识内容组织为社会科的教学内容,通过吸收这些学科领域的学问成果,使知识构成趋于一定的系统性,在理解生活和社会现象方面,具有一定的关联性和综合性。中学的社会科为分科。初中社会科包括地理、历史(初中一至二年级)和公民(初中三年级)三个领域。初中三年级的社会科为选修。高中社会科分为地理、历史部分和公民部分,前者包括六门科目(世界史 A、世界史 B、日本史 A、日本史 B、地理 A、地理 B),后者包括三门科目(现代社会、伦理、政治经济)。高中社会科的结构更具弹性,增加了学生选修的余地,即学生可在地理、历史部分和公民部分各任选一门。教学内容涉及的领域既有集中的学科学习,也有按学生兴趣、未来发展需要设

置的相关学习内容。

从社会科的发展史看,日本社会科的教学发展状况可分为五个阶段。(1)初期社会科:问题解决型。以第二次世界大战结束为界,社会科从国家道德课转向社会生活课和社会思想课。这一时期是日本社会科教育研究的黄金期。特别是民间课程改革运动,在教育实验过程中,将"问题解决"作为教学方法、课程计划和课程编制的原理,通过让儿童"解决问题",来综合培养作为一名建设者所必须具备的知识和态度等。50年代初期的学校教育实践基本上以生活单元学习和问题解决学习为主。这一时期成立的坚持社会科最初志向学会(1958)是日本最早提出和建构并坚持实践运用具有日本特色的"问题解决学习"教学模式的民间团体,这一教学模式至今仍有极大影响力。(2)50年代后期至60年代前半期:系统知识型。1955年,日本修订社会科《学习指导要领》,特别强调道德教育、地理和历史教育。小学社会科转为社会常识课,即强调教学实施事实灌输和理论疏导,注重学习内容的系统指导。一些民间教育研究团体也从科学主义立场提出学科内容系统化。主张课程现代化的民间团体教育科学研究会社会科分会从1960年开始,针对社会科系统学习社会科学的概念和法则展开研究,将社会科视为"形成对社会的科学认识"的学科,主张结合儿童的认识发展阶段,根据社会科学的体系来编排其教学内容。(3)60年代后半期至70年代前半期:教学实践主导的系统知识型。日本经济进入高速增长时期,其教育政策成为经济政策的一部分。同时,随着西方国家的教育现代化及其以布鲁纳的结构主义教学论和发现学习论为理论根据的科学主义课程改革运动的掀起,针对以填充和灌输事实为主的社会常识课所面临的困境,社会科趋向系统的问题解决学习。以20世纪70年代为界,日本社会科开始注重教学实践。(4)70年代后期至80年代初期:主张人性化、社区化、实践化。70年代后,工业化国家经济增长的极限带来了全球性问题,如环境污染、自然环境的破坏、社区和家庭的不稳定、价值观失落、青少年犯罪等。在教育领域,由于偏重智育、学科内容艰深庞杂、填鸭式教学、教材过剩等原因,厌学、逃学、校内暴力事件等不断发生。1977年,文部省修订《学习指导要领》,将"培养人性丰富的人"作为基本方针,情感领域的目标受到极大重视。此外,以民间教育研究团体为核心,为培养善于解决社区问题的社区主人,一种融问题解决学习和系统化学习于一体的"扎根于社区的教育"也应运而生。如历史教育者协议会的"地域、文化与社会科"的研究、日本生活教育联盟的"生活、社区与社会科"研究、社会科教学研究会的"制作教学"实践。至80年代初期,各社会科研究团体都以基本理论为背景,在方法论上以教学为主体进行研究。这种重教学的方法强化了社会科教育在日本作为经验科学的特性。(5)80年代后期至90年代:趋向综合化、国际化、道德化、个性化。80年代后,国际社会呈多极政治体系;电子信息技术使产业结构发生变化,进而改变了人类的生活方式;世界经济一体化,全球性问题日益严重。为此,根据中央教育审议会和临时教育审议会提出的"面向21世纪的教育"和"向终身学习体系过渡"的审议报告,1989年,文部省修改了《学习指导要领》,开始重视学生的体验活动,以使道德观念深入人心。小学低年级新设生活科,取代原来的社会科和理科。90年代后,日本的社会科特别强调要适应国际化、信息化、人类环境问题全球化及高龄化等社会发展趋势,奠定新一代公民素质的基础。1998年、1999年,文部省颁布新的《学习指导要领》,加强国际意识的培养和国际理解教育,重视能力和态度的培养,并进一步强调以学生为主体的体验学习、调查学习和问题解决学习,以及从多侧面、多角度考察社会的方法的学习。这一时期围绕如何培养公民素质所必需的态度、价值、能力等,出现今谷顺重(新问题解决学习)、小原友行(主体抉择、探求型学习)、鱼住忠久(主体抉择学习)等人所代表的问题解决学习模式和山住胜广的社会文化符号论下的教学实践模式(融系统主义学习和问题解决学习于一体)。

问题解决学习一直是战后日本社会科所推崇的培养民主社会公民素质的教学实践模式。1998年,日本文部省颁布教学大纲,将它确立为一种教学原理。该大纲认为问题解决学习的特点是:学习阶段(过程)的弹性化和灵活化;问题解决过程中学习活动的多样化;重视儿童自身对学习问题的发现;儿童学习过程的自主化和主体化;解决结果表现形式的多样化和行动化。

日本坚持社会科最初志向学会主张儿童通过解决自身迫切需要解决的问题的过程,建构对社会的独立认识体系,实现自我深化、自我超越、自我解放,即儿童根据对客观事实或对象的了解、把握,不断地追究自我、超越自我,在改变既有价值、创造新价值的同时,主体抉择也在不断深化。日本的问题解决学习更注重儿童个体的内省和感悟、与他人的协调和合作以及由此作出社会判断和抉择。

受美国20世纪七八十年代社会科教育理论的影响,日本学者今谷顺重提出以人为本的问题解决学习模式(见下页图),旨在帮助儿童认识地球、世界和人类、社会、文化,使其具有主体性、创造性的市民素质基础,并具备作为人类中的一员、一个市民所需要的有智慧的生活自立能力。该模式力图通过对社会问题的理解以及对其内在原因和法则的探究,产生对知识的理解及与他人和社会形成共鸣、高质量的理性社会认识等,培养儿童积极关心和参与现实社会生活,成为具有实践的社会态度和行动能力的公民。基本流程为:发现问题;探究原因;共感;探究愿望和价值;合理的理性决策;主体参与社会。在具体的教学实践过程中,可根据不同教育阶段和儿童身心发展规律,灵活应用该模式。

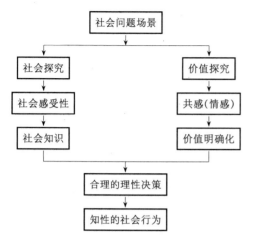

问题解决学习模式示意图

中国的社会科教学

第一次世界大战后,在中国,五四运动等各种民主运动相继展开,教育被视为实现中国民主政治与社会文化变革的手段。资产阶级及爱国知识分子在宣传、介绍外国的教育制度、教育模式和教学方法的同时,提出改革传统教育、发展"新教育"的种种主张。受西方进步主义的影响,中国教育界开始肯定个人主义和"生活运动"在课程设置中的根本意义,中国早期的社会科应运而生。美国的实用主义教育,特别是杜威在中国的"平民主义和教育"论说,直接影响中国社会科的教学思想和教学方式。

近代社会科的教学内容　根据1923年的《新学制课程标准纲要》,初级小学(一至四年级)的公民、卫生、历史、地理合并为社会科,高级小学开设历史和地理。中小学的课程纲要草案进一步指出:卫生、公民、历史和地理等,实际是人生环境的社会事项,所以称社会;自然物、自然现象、园艺是研究自然的事项,所以称自然;社会自然合并,称常识。公民科的范围比修身科广得多,修身科注重个人修养,公民科侧重研究社会环境的状况,把个人修养纳入人适应社会的条件,因此公民可并入社会科。这一时期的社会科教学内容主要由卫生、公民、历史、地理等构成,强调关注和研究社会状况。教学方式受杜威实用主义的影响,强调做中学,开展探究性学习。

受委托起草小学社会科纲要的丁晓先,将民国成立期的社会科教学宗旨规定为:知能方面,使知社会的过去和现状以及社会和人生的关系;观念方面,培养儿童观察社会的兴趣和尽力服务社会的精神;习惯方面,养成必要的社会生活习惯。《小学社会科教学概要》提出,社会科的教学要使儿童能够适应社会,能够维持社会,能够改造社会,并指出社会科的教学性质及所负载的社会价值和现实意义。

根据1923年《新学制课程标准纲要》,初中设置社会科(取代公民、历史、地理);高中分设普通科和职业科,其中普通科中的社会学科包括人生哲学、社会问题、文化史、社会科学之一种、心理学初步等。

1929年后,中国小学普遍设置综合型社会科课程,以历史和地理为基本教学内容。1929—1948年,中学为分科式社会科,教学内容主要由历史、地理和公民构成。其中1929年,中学曾设置党义,涉及政治内容。1929—1936年,高中教学内容有外国历史和外国地理。

中华人民共和国成立至20世纪90年代社会科的教学内容　中华人民共和国成立至20世纪80年代,中小学社会科课程均采用分科设置形式,主要开设政治、思想品德、历史、地理等课程,教学内容学科化。

20世纪80年代后改革开放带来的社会变化和对人才素质教育的重视,使教育界开始考虑要减少小学和初中之间课程的重复,减轻学生负担。1988年,国家教育委员会颁布《九年制义务教育全日制小学社会教学大纲(初审稿)》,指出社会科是九年制义务教育阶段对小学生进行社会常识教育的一门重要课程,开设社会科对于贯彻德、智、体、美全面发展的教育方针,培养有道德、有文化、有纪律的社会主义公民,提高全民族的素质有重要意义,从而明确了社会科的教学目标。1996年秋季开始,义务教育阶段小学社会全面取代原小学历史课和地理课,其教学内容主要为历史、地理、政治、经济、环境等领域的知识整合在一起的社会常识。初中阶段,根据国家教育委员会的教学计划,历史、地理分科设课,只有少数省市(如浙江省和上海市)在初中试验综合型社会课程。高中阶段,全国统一设置分科式课程,即思想政治、历史、地理课。中学阶段的教学内容主要由专业学科领域构成。教学方式多为传授式教学,注重知识的理解、系统知识的学习。

21世纪初社会科的教学内容　2002年,教育部颁布《全日制义务教育品德与社会课程标准(实验稿)》,规定在小学中高年级(三至六年级)开设品德与社会课课程。并指出这是一门以儿童社会生活为基础,促进学生良好品德形成和社会性发展的综合课程,以为学生认识社会、参与社会、适应社会,成为具有爱心、责任心、良好的行为习惯和个性品质的社会主义合格公民奠定基础。这决定了品德与社会课的教学性质和教学主旨。该标准指出,根据小学中高年级学生社会生活范围不断扩大的实际、认识了解社会和品德形成的需要,以儿童的社会生活为主线,将品德、行为规范和法制教育,爱国主义、集体主义和社会主义教育,国情、历史和文化教育,地理和环境教育等有机融合,引导学生通过与自己生活密切相关的社会环境、社会生活和社会关系的交互作用,不断丰富和发展自己的经验、情感、能力、知识,加深对自我、他人、社会的认识和理解,并在此基础上养成良好的行为习惯,形成基本的道德观、价值观和初步的道德判断能力,为他们成长为具备参与现代社会生活能力的社会主义合格公民奠定基础。品德与社会课程的这种教育要求决定了其教学内容构成的出发点是以儿童的社会生活为基础,强调儿童的道德养成和社会学习相结合,教学内容是综合的,而非学科知识领域的整合及系统学习。因此,教学方式要大力提倡体验学习、调查学习和探究性学习。

中学阶段,初中为综合的社会课程和地理、历史分科课程并存。综合的社会课程即在初中新设置的历史与社会课程。《全日制义务教育历史与社会课程标准(二)(实验稿)》指出,其教学宗旨是把全体学生培养成为有良好的人文素质和社会责任感的公民。其相关学科教学领域整合的基础是社会生活与历史变迁,即把社会作为一个动态的过程来描述,借助历史的眼光认识今天的社会。由此确立了历史与社会科教学的立足点和根本特点是,从纵向发展来呈现人类社会的演进过程及其基本趋势,从横向扩展来揭示不同地域环境和文化的差异。在贯穿中国社会发展基本过程的同时,把国际社会的发展历程有机联系起来,在弘扬民族精神的同时培养学生的全球意识。从教学内容看,它涉及历史学、地理学、社会学、民俗学、经济学、法学、伦理学和心理学等学科领域,具有社会性、综合性、实践性和开放性等特点。在教学方式上,历史与社会课程提倡探究式学习,重视学生对探究社会和历史方法的习得及创新精神和实践能力的培养。

中国的社会科教学类型　(1) 开放式教学模式,主张社会科课程是基于学生生活经验和社会环境的学习,学生社会性经验是通过主动学习获得的,是在主动、积极地与社会环境相互作用的过程中进行的,获得经验的过程就是学生主动活动的过程。活动流程为:计划阶段,确立研究课题;工作阶段,调查、参观、查阅资料等;整理阶段,归纳材料、小组讨论、多种形式表现;展现阶段,班级交流、发表。(2) 情景体验教学模式,主张学生在创设的活动情景中体验现实生活,使学习内容和学习环境优化,也使学生可以主动、轻松地体验真实和模拟的社会生活。基本步骤:通过教师启发,学生提出问题;创设情景;进入情景;研讨情景。(3) 问题探究(解决)教学模式,主张教学从探索开始,通过发现获得问题的探索方法,重在指导学生的发现活动。基本步骤:发现问题,即从事实或教材中找出主要问题;陈述问题;深入思考;分析问题,找到合理解决问题的办法;分析、研究、思考,即解决办法的甄别、归纳、综合;选择办法,即在一些解决问题的办法中筛选出合理有效的解决办法;解决问题。(4) 辩论研习教学模式,主张通过辩论启发学生的思考、分析、判断和表达能力。基本步骤:研讨问题;获取信息;辩论质疑;引导反思。(5) 授受式教学模式,表现为教师与学生互动中的授受教学。

参考文献

丁尧清.学校社会课程的演变与分析[M].广州:广东教育出版社,2005.

郭雯霞.中日小学社会科的比较研究——一个社会认识教育论的视角[M].北京:民族出版社,2005.

沈晓敏.社会课程与教学论[M].杭州:浙江教育出版社,2003.

Savage, T. V. & Armstrong, D. G. 小学社会课程的有效教学[M].廖珊,罗静,等,译.北京:中国轻工业出版社,2003.

(郭雯霞　丁尧清)

社会课程(social studies)　亦称"社会科课程"。进行公民教育的综合文科课程。其价值在于整合历史、人文地理及其他人文、社会科学的相关知识与技能,培养现代公民应具有的人文素质和社会责任感。具有人文性、综合性和实践性。日本曾称"社会学习"。美国全国社会科协会(National Council for the Social Studies)提出,社会课程学习是旨在提升公民能力的关于社会科学和人文科学的综合性学习。在学校计划中,由多种地位相等且成体系的学科领域组成,如历史学、地理学、经济学、政治学、法学、社会学、哲学、心理学、宗教、人类学、考古学等。

社会课程的沿革　关于社会课程的产生有四种看法。(1) 社会课程源于历史课程。(2) 社会课程源于公民教育。1897 年,美国学者 E. J. 詹姆斯最早以"社会科"指称学校低年级的社会科学课程,认为社会科来自社会科学领域尤其是社会学,与传统的历史教学共同致力于公民教育以及由此带来的社会进步,并强调学生的积极参与。1905 年,美国学者威斯利提出把经济学、社会学和公民等课程合称为"社会科",进行公民教育,该提议是社会科教育的雏形。(3) 社会课程产生于美国 1916 年的报告《中学的社会科教育》。(4) 社会课程的形成受杜威和呼吁使外来移民"美国化"的学者的影响。19 世纪末 20 世纪初,大量移民涌入美国,美国学校的主要任务之一是促使移民"美国化",杜威没有直接论述社会课程,但其哲学和教育思想为社会课程的创立提供了背景支持。

在美国,社会课程是中小学教育的核心课程,其发展经历三个阶段。(1) 确立与发展阶段(20 世纪初至第二次世界大战前)。1908 年,美国教育家 T. J. 琼斯出版《汉普顿的社会科课程》,融合社会学、政治学和经济学,进行系统而独立的社会科教学。1916 年,美国全国教育协会成立全国社会科委员会,该委员会于同年发表报告《中学的社会科教育》,标志美国中学社会科课程的确立。20 年代至第二次世界大战前,社会科走向成熟和发展。1921 年,美国全国社会科协会成立,领导和推动中小学社会课程的发展和改革。30 年代,受进步主义教育运动的影响,教育者对社会课程的目标、内容、实施和评价进行科学化研究。这一时期社会课程的主要目标是培养学生具备民主社会所要求的公民素质、正确的社会态度、解决问题的能力、研究和合作的能力，形成和掌握社会的概念与原理，形成民主社会的政治与经济价值观，尊重不同的文化和个体以及形成推动社会进步的社会感。(2) 转折与深化阶段（第二次世界大战至 20 世纪 80 年代）。20 世纪四五十年代，受杜威思想的影响，社会课程强调以儿童为中心和生活适应教育，但因缺乏基本的知识内容而受到指责。1958 年，《国防教育法》颁布，致力于社会课程研究的专家认为社会课程是国家防御的一部分，要求重视社会课程研究。20 世纪 60 年代，结构主义教育思潮兴起，出现新社会科运动，提出把社会科中的相关知识置于课程中，为学生提供跨学科的方法，解决社会学科中的各类问题。70—80 年代，美国教育界开展"回到基础"运动，社会课程强调基础知识与基础技能训练，重返历史、地理、公民等传统和基本的社会科科目。(3) 开展课程标准运动阶段（20 世纪 80 年代之后）。1989 年，美国历史学会、卡内基促进教学基金会（Carnegie Foundation for the Advancement of Education)、美国全国社会科协会和美国历史学家组织联合撰写报告《规划课程：为 21 世纪的社会科》，提出整合历史、地理和政治为一个学科的社会科课程框架和结构。1994 年，发表《全美社会科课程标准：追求卓越》，确立增进公民能力、帮助年轻人成为有效公民的社会科主旨，以及以十个相互关联的主题轴为中心的课程标准。

在日本，社会课程的发展经历三个阶段。(1) 早期经验主义阶段（20 世纪 40—50 年代）。1947 年，日本制订《社会科教学纲要（试行方案）》，但因不成熟和不适合日本社会实际而遭到批判。1951 年，文部省对教学纲要进行全面修订，深化和细化单元学习和问题解决学习，将日本史归入社会科，将东洋史和西洋史分别改为日本史和世界史，强调社会科应注重道德教育。(2) 走向学科主义阶段（20 世纪 50 年代后期至 70 年代）。20 世纪 50 年代初颁布了新的社会科教学纲要，加强道德教育和政治教育，突出天皇是国家和国民统一的象征。1955 年，修订后的大纲将道德教育从社会科中分离，小学社会科进一步明确地理和历史教学的系统性。60 年代，再次全面修订中小学教学纲要，注重对科学知识和科学研究能力的系统掌握，纠正单纯传授系统知识的缺陷。(3) 趋向个性化、终身化和国际化阶段（20 世纪 70 年代末之后）。1976 年，日本修订课程标准，社会科以尊重人为基本立场，培养学生对环境和资源重要性的正确认识，加深国际理解。教育课程审议会研究小学低年级实行社会科与其他学科结合的合科教学，并构想以社会科和理科为中心的新学科。1989 年，根据改革宗旨修订的社会科教学纲要的主要特点是：小学一至二年级的社会科与理科合为生活科，进行关于社会和自然的综合学习；进一步加强国际意识的培养和国际理解教育；增加选修课，尤其使高中社会科的结构更具弹性；加强能力与态度培养；加强地域社会的地

理、历史、政治、经济、文化等方面的综合学习等。20 世纪 90 年代中期，日本政府将生存能力的培养作为 21 世纪教育的基本目标。1998 年，颁布小学社会科课程标准，提出社会科课程的总目标是谋求对社会生活的了解，了解和热爱国土与历史，培养作为存在于国际社会的、民主的、和平的国家和社会的一员所必需的公民基础素质。

在中国，社会科最早于 1923 年被列入小学课程，初级小学阶段合并卫生、公民、历史和地理为社会科，旨在使学生了解社会的过去、现在和社会与人生的关系，培养学生观察社会的兴趣和服务社会的精神，养成在社会中生活的必要习惯。1929—1948 年，多次修订中小学课程标准。中华人民共和国成立至 20 世纪 80 年代，中小学社会课程采用分科设置方式，一般设有政治、思想品德、历史、地理等课程。1986 年《中华人民共和国义务教育法》颁布，全国进行课程教材改革，课程（教学计划）由全国统一转变为多套课程并存。小学阶段，上海市制订的课程计划开设综合型社会课程，浙江省制订的教学计划开设"常识"课程；初中阶段，在国家教育委员会的教学计划中，历史、地理分科设课，浙江省和上海市的试点方案均开设综合型社会课程；高中阶段，三套课程计划都设置思想政治、历史和地理课程。在 2001 年开始的新一轮基础教育课程改革中，经国务院批准，小学中、高年级的思想品德课与社会课综合设置为品德与社会课程，中小学社会课程呈一体化、综合化趋势。2002 年，教育部制订的《全日制义务教育品德与社会课程标准（实验稿）》规定，小学低年级（一至二年级）开设"品德与生活"课程，中高年级（三至六年级）开设"品德与社会"课程，旨在促进学生良好品德的形成和社会性发展，为学生认识社会、参与社会、适应社会，成为有爱心、责任心和良好行为习惯及个性品质的社会主义合格公民奠定基础。

社会课程的目标、内容和结构 各国的社会课程目标与民族、国家的历史特点和社会现状密切相连，尤其在思想教育方面，不同国家的目标存在很大差异。各个国家和地区制定的社会课程目标都含有教育、教养与发展三方面的基本要素，即思想教育（态度、情感、价值观）、知识教学、能力培养（学习能力和社会能力）的基本要求。思想教育是社会课程目标的核心。现代美国的社会课程重视美国民主传统的教育；日本的社会课程注重日本的历史与传统和全球意识培育；中国的社会课程重视爱国主义和国情教育，以及正确的世界观、人生观、价值观的培养。社会课程的知识教学目标需反映社会问题和社会现象。社会课程目标中的能力培养包括学习能力与社会能力培养。学习能力须反映历史、地理、政治、经济、法学和社会学等学科领域的基本能力要求，体现对综合性思维能力和运用能力等的特殊要求，关注对批判性思维和创新精神的培养。社会能力要求突出中小学生观察社会、接触社会、了解社会乃至参与社会的能力

培养,以及培养学生运用信息技术的基本能力。

社会课程的学科基础是社会科学诸学科,以历史学、地理学、社会学、法学、经济学、政治学为主,与心理学、人类学、民俗学、生态学、伦理学等关系密切。学生的生活经验与相应的社会实践知识、社会学诸多相关领域的知识有机组合,构成社会课程的内容体系。社会课程内容的基本要素有三方面。一是时间观念与空间观念,这是中小学生了解和认识世界及人类社会最基本的范畴,社会课程重视中小学生时间观念和空间观念的形成与发展。二是人类社会问题与社会现象,社会课程以人类社会问题和社会现象为基点,通过时间观念与空间观念,运用跨学科的综合方式,整合历史学、地理学、政治学、经济学、伦理学等多领域相关知识,多视角反映人类社会及其发展。三是知识、方法、能力、态度与价值观的整合,中小学阶段的社会课程着眼于公民素质的培养,关注学生健全人格的培育,强调人格因素的协调发展。社会课程作为中小学的基础性课程,承担知识教学的任务;作为综合性课程,强调方法论与能力的培养;同时发挥其社会功能的教育价值,注重态度尤其是价值观的培育。

美国的社会课程结构具有多样化特点,主要有三类。(1)美国全国社会科协会(National Council for the Social Studies,简称 NCSS)推出的课程类型。运用"主题轴"进行课程综合,即以 10 个主题轴为基本框架,整合地理学、历史学、人类学等多门社会学科的内容以及数学和自然科学中适当的内容。每个主题轴均由多学科或领域的知识糅合而成,具有一定综合性,10 个主题轴形成有机整体,实现社会课程的一体化。课程内容体系由浅至深,呈螺旋式发展。(2)历史—社会学科课程类型。20 世纪 80 年代由加利福尼亚州提出,学生通过该课程深入学习关于美国与世界的知识。在课程目标中,提出由文化知识、民主观念与公民价值、技能与社会参与构成的课程目标体系。尤其注重历史课,将其作为社会学科的核心课程,并强调社会学科知识的综合,不仅合理处理各学科本身的纵向发展,还关注各社会学科间的横向关联,充分注意历史学本身的逻辑及其与其他学科的衔接和配合。20 世纪 80—90 年代,历史—社会学科课程被美国各州视为典范。(3)社会科学课程类型。主要包括历史、地理、经济和公民四个范畴。以公民教育为主要目标,20 世纪 90 年代中期后,为伊利诺伊和阿拉斯加等州所采用。综合所有社会学科领域的知识,呈现给学生跨学科课程,强化社会科学方法论教学,注重综合思维能力的培养。其结构特点:强调培养学生的能力与社会科学的探究方法,以此构建跨学科的课程体系;淡化各门具体社会学科的界限,培养学生提出问题和解决问题的能力、人际交往能力,以及在学科学习中表达观点的能力;课程标准注重培养学生的批判性思维。

日本中小学的社会课程以社会科课程为主体,20 世纪 50—80 年代,中小学设社会科,90 年代起小学一、二年级的社会科与理科合并为生活科;高中阶段社会科解体,分设地理历史科与公民科。日本《学习指导纲要》中的小学社会科课程结构是综合性的,初中阶段社会科课程既有综合型课程(公民),也有分科型课程(地理与历史),高中阶段以分科为主,同时设置综合型的现代社会课程。

中国于 20 世纪 20 年代初在中小学设置综合型社会科课程,20 世纪 80 年代后,小学阶段设置社会课,不再单独开设地理、历史课;初中在部分省市实验开设综合型社会课,取代地理、历史课。在 1992—2000 年的第七次基础教育课程改革中,小学社会课程的结构为综合型,课程的知识系统按"由近及远"原则排列,由社会常识、历史常识、地理常识和法律常识等综合而成。上海市的初中社会课程以分科型学科领域知识为主。2001 年开始的第八次基础教育课程改革加强课程的综合性,小学阶段开设品德与社会课,初中设置综合型的历史与社会课,高中阶段实行分科课程。

参考文献

李稚勇,方明生.社会科教育展望[M].上海:华东师范大学出版社,2001.

沈晓敏.社会课程与教学论[M].杭州:浙江教育出版社,2003.

赵亚夫.日本学校社会科教育研究[M].北京:北京师范大学出版社,2001.

(孔　云)

社会认知理论(social cognitive theory)　在社会学习理论基础上发展起来的一种学习理论和人格理论。由美国心理学家班杜拉创立。吸取了认知心理学和行为心理学的内容,是一种具有包容性和较强应用性的理论。

社会认知理论的产生和形成

产生背景　班杜拉 1925 年出生于加拿大艾伯达省。1949 年,在不列颠哥伦比亚大学获心理学学士学位。之后入美国艾奥瓦大学研究生院,师从行为主义学习心理学家 K. W. 斯彭斯,研究学习理论。1951 年和 1952 年,先后获硕士和博士学位。1953 年,受聘于斯坦福大学心理学系,一直任该校心理学教授。1974 年,当选美国心理学会主席。1981 年,当选西方心理学会主席,并曾被加拿大心理学会授予荣誉主席称号。

班杜拉于 20 世纪 50 年代开始从事学习和人格心理学研究。当时的学习心理学分行为主义和认知主义两大阵营。行为主义学习理论以 E. L. 桑代克的尝试错误理论和斯金纳的操作条件作用理论为代表,它们都强调用学习者的行为后果(如受到奖或惩)来解释学习现象。认知主义学习理论以托尔曼的符号学习理论和格式塔心理学家的认知学习理论为代表。托尔曼强调目标指向的整体行为,认为机体学习的结果是获得有关环境的认知地图。格式塔心理学家强调知觉的组织、理解和顿悟在学习过程中的作用。上述两个阵营的学习理论主要来自动物学习的研究,虽各自得到部分实验证据的支持,但只能解释动物和人类的部分学习现象。20世纪50年代的人格理论以行为主义的强化理论、心理测量学的人格特质理论和弗洛伊德的人格动力理论为代表。前者从环境影响角度解释人格差异,后者以人的内在特质和心理性欲的发展来解释人格差异。

理论形成过程 20世纪50年代,班杜拉开始进行社会学习方面的研究,探讨社会行为学习的各种影响因素。他认为,当时流行的学习理论不能充分解释亲社会行为和反社会行为的习得与表现。经过十多年的研究,1977年,班杜拉出版《社会学习理论》(*Social Learning Theory*)一书,标志着社会学习理论已成为一个重要的学习心理学流派。此后班杜拉将社会学习理论用于解释认知、动机、技能、社会化和自我控制技能的学习,还应用于解释暴力、道德发展和社会价值等课题。1986年,他出版《思想和行为的社会基础:社会认知论》(*Social Foundation of Thought and Action: Social Cognitive Theory*)一书,标明社会学习理论已超越学习领域,成为一种人格理论,也标志社会学习理论进入社会认知理论阶段。1997年,班杜拉出版《自我效能:控制的实施》(*Self-efficacy: The Exercise of Control*)一书,提出社会认知理论中的一个重要概念——自我效能(self-efficacy),强调人是行为的动因,即人的能动性。班杜拉认为,自我效能感是人对自己作为动因的能力的信念,它控制着人们自身的思想和行为,并继而控制着人们所处的环境条件,所以自我效能感是自我系统中起核心作用的动力因素。该书对自我效能理论进行深入分析,并将其扩展到集体,分析了集体效能感在学校、社区、各种社会机构以至国家政治活动中的作用。

社会认知理论的概念框架

社会认知理论的基本观点表现在它对人的本性和人与环境的关系的看法上。

关于人性的基本观点 班杜拉在分析并指出心理动力学、特质理论和激进行为主义关于人性的基本概念的缺陷之后,提出关于人性的五个基本观点。(1)人有使用符号的能力。班杜拉认为,符号(人的语言文字)涉及人的生活的每一方面,应用符号这种能力为人提供了改变与适应环境的有力手段。人借助符号加工和转换暂时的经验,使之成

为指导未来行动的内部模型。同样,他们借助符号赋予自己的经验以意义和连续性。语言是人和动物的根本区别之一。(2)深谋远虑的能力。班杜拉认为,人不是简单地对直接环境进行反应,也不受过去经验的驱使;人能预测其未来行为的可能结果,能做到深谋远虑,这种能力源于符号化活动。借助符号呈现可预见的结果,人们将未来的结果转化为预期行为的当前动因和调节者。通过自我调节机制的帮助,前瞻性的思考被转化为行为。(3)替代的学习能力。行为主义心理学一直认为,只有作出反应并体验到其后果后,学习才会出现。班杜拉认为,来自直接经验的学习现象都可以通过观察其他人的行为及其后果替代性地发生。观察学习能力使人获得生成和调节行为模式的规则,而不必通过冗长的尝试和错误逐渐形成。在社会传递系统中仅靠选择性地强化偶然行为,却没有利用榜样对这些文化模式作出示范,很难把言语、生活方式和制度化的文化实践教给每个新生一代。(4)自我调节的能力。自我调节(self-regulation)指个体为自己的行为制定标准,以此标准发动和调节行为,并对自己的行为作出评价性反应。这些评价性反应又影响随后的行为,因此行为的决定性因素中包括自我产生的影响。自我调节能力在社会认知论中被置于中心地位。(5)自我反思的能力。班杜拉认为,反思性的自我意识的能力是人类特有的。自我反思的能力同弗拉维尔的反省认知(又称元认知)能力有相似之处。不同之处是班杜拉强调个人对自己效能的反思。他认为,在影响人的各种思维类型中,唯有人们对自身有效处理各种现实的能力的判断是最中心的或最广泛的。

三元互动理论 该理论回答人性是如何产生和发展起来的。班杜拉认为,人既不是由内部力量决定的,也不是被外部刺激自动塑造的。人的机能的实现可根据三元互动理论模型来解释(见图1)。在该模型中,行为(B)、个体因素(P)、环境(E)三者作为相互作用的因素共同起作用。

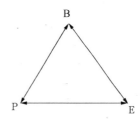

图1 三元互动理论模型图

P代表个体,如个体的认知、自信、自我效能感;B代表行为;E代表环境

研究表明,学生的自我效能感(P)影响某些行为的效应(B),如任务的选择、付出努力的程度和技能的习得等(P→B)。反过来,学生的行为又改变其自我效能感。如学生完成某项比较困难的任务会增加他们的自我效能感

(B→P),从而推动新的学习行为。学生完成了某项任务(B),教师给予适当表扬(B→E),学生表现出更好地完成任务(E→B)。在罗森塔尔研究的教师的预期效应中,教师的预期(E)通过某些方式传达给学生(P),学生受教师的影响变得更自信(E→P),学生的自信和相应的学习行为表现又会影响和坚定教师的期望(P→E)。

社会认知理论关于学习的基本观点

社会认知理论关于学习的基本观点主要体现在班杜拉的观察学习理论上。

学习分类　班杜拉把学习分为两类。一类是亲历学习(enactive learning),即学习者从亲身经历的行为结果或成功与失败的经验与教训中学习。E. L. 桑代克和斯金纳等行为主义学习心理学家所研究的学习属于此类。另一类是班杜拉研究的观察学习(observational learning),也称替代性学习(vicarious learning)。在观察学习中,学习者仅观察他人的行为示范便能习得被示范的行为,不必亲身经历行为的后果。如儿童看到其他青少年作出攻击性行为,若该行为不仅未受惩罚,而且得到同伴的赞扬,该儿童作为观察者就可以习得观察到的攻击性行为。在传统学习研究中,心理学家和许多教育学家强调学习者的亲身经历,提出"做中学"的口号。班杜拉认为,从人类经验传递来看,人类大部分知识、技能和行为方式不是通过"做中学",而是通过观察他人行为获得的。观察学习理论更进一步阐明间接经验如何转化为个体的思想和行为的心理机制。

观察学习的过程　在班杜拉提出观察学习理论之前,多数心理学家遵循行为主义学习研究传统,认为学习是一个刺激、反应和强化过程,符号表示为 $S^d—R—S^r$。这里的 S^d 代表可辨别的刺激,R 代表学习者对 S^d 作出的反应,S^r 代表对正确反应的强化。斯金纳主张通过这样的过程来塑造机体的适当行为,排除其他不适当行为。班杜拉分析观察学习过程后提出,传统的学习过程模式不适合解释观察学习。在观察学习中,学习者通过观察榜样的行为习得新行为,这里没有学习者的亲身反应和行为之后的直接强化。为此,班杜拉对观察学习的过程作出新解释,认为观察学习经历注意、保持、生成和动机等四个过程(见图2)。

注意是观察者将其认知活动等心理资源贯注于示范事件的过程,它决定观察者从大量的示范影响中选择观察的对象以及从示范对象中提取有关信息。注意要学习的事件是形成态度的首要条件。示范对象的特征和观察者的特征直接影响注意的效果。

保持是记住示范者的行为特征,观察者将注意到的示范信息转换成表象的、语义概念的符号表征并储存于记忆中,还能在头脑里像放电影一样地放一遍,即认知演练。保持有赖于符号转换、表象和言语的表征及复述,表象和言语符号是未来态度的认知基础。

生成是将符号内容转化为相应的行为,实际上是观察者在外显行为水平上实现示范行为的符号表征,因而又称动作复现。学习者需要理解行为的表征性指导及被抽象地表征为行为的概念和规则,对之进行分析,然后从时间和空间上组织类似于示范者的行为反应。可见,动作复现实际上是模仿。模仿是仿照别人的态度和行为举止而行动,使自己的态度和行为方式与被模仿者相同。被模仿者称为榜样。对榜样的模仿包括四种类型。一是直接模仿,学生依照榜样发生行为,直接学到一定的态度。二是象征模仿,学生通过广播、电视、电影和小说等象征性媒介物所显示的榜样的态度来学习。三是创造模仿,学生将各种榜样的态度和行为方式综合成全新的态度体系来模仿。四是延迟模仿,学习、观察榜样一段时间后才出现模仿。

最后是动机,由于生成的行为有可能受到强化,增加以后重复出现的可能性,成为以后行为发生的动机。尽管班杜拉否认强化是态度学习的必要条件,但他还是强调强化的作用,认为强化为个体对环境的认知提供信息和动力。在社会认知学习中存在三类强化。一是直接强化,指当个体出现合乎要求的行为后导致的学习结果的知悉,或实物、金钱、表扬及其他象征物的获得,有可能加强该种态度和行为。二是替代强化,个体因观察他人的某种行为受到强化而增强自己出现榜样行为的频率或强度。班杜拉特别重视替代强化的作用,因为通过观察他人的行为使自己的行为和态度受到强化会对观察者产生信息作用和情感作用,从

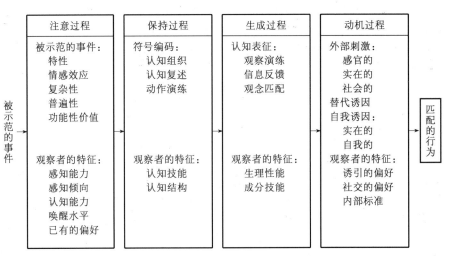

图2　观察学习的过程

而促使其学习与保持那些受到强化的态度与行为。三是自我强化，个体会因是否达到自己设置的目标而自我肯定或自我否定。

观察学习的影响因素　主要有环境因素和个人因素。由于社会认知理论强调人的思想和行动来自人的周围环境，所以环境因素对学习的影响是班杜拉研究的重要方面。外部环境的影响主要通过榜样示范和学习者的观察、模仿实现。班杜拉创造 modeling 一词。model 有榜样之意，加上 ing 表示示范和模仿。研究表明，具有较大影响力的榜样具有某些特征：这类榜样的行为达到要求并得到奖励，而其他人也常效仿他们的行为；这类榜样有权力、有能力奖励学习者，尤其是已经奖励或鼓励过学习者的榜样，如家长、教师、同伴；这类榜样与学习者有类似之处（如性别、年龄等），即他们可以反映学习者的自我概念和志向。个人因素指学习者自身的因素。社会认知理论主张环境不能自动影响人的行为，需要通过人的认知的中介作用，才能转化为人的行为。对人类而言，结果对人类产生影响主要通过其信息和诱因价值进行，而不是通过充当自动反应强化物进行，即某一行动发生几率的增加由预期的奖励决定，而其减少则由预期的惩罚决定。

在传统教育心理学理论中，一般认为除外部因素外，影响学生学习的三个内部因素是原有知识、学习动机和学生的智商水平。研究表明，这三个因素与学生的学习成绩表现呈正函数关系，即在其他条件相同的情况下，其中的一个内部因素（如智商水平）越高，则学生的学习成绩越好。这里的学习成绩不是指班杜拉强调的社会行为方面的变化，而是指认知方面的知识、技能等学业成绩。由于班杜拉的社会学习理论侧重研究作为人格的核心的情感态度和价值方面的学习，所以其理论很少关心认知心理学强调的学生原有的知识结构和智商水平。对于学生的动机，班杜拉认为，首先，人的行为后果可以作为诱因动机系统。如学生通过亲历学习取得较好成绩，得到教师或其他人的赞扬。这种后果可以作为诱因激励学生进行新的学习并争取得到好成绩。但后果不能直接激起新的学习行为，它须通过认知的中介作用引发行为。其次，他人行为后果可以成为替代性诱因动机系统。如当某学生看到另一位原来学习成绩较差的学生通过努力克服困难并取得好成绩，受到教师和同伴的赞扬，这种观察到的行为后果可以替代性地在观察者身上起诱因动机作用，激起观察者的学习行为。再次，自我生成的行为后果可成为诱因。班杜拉以为，通过自我定向，人们为自己设置某些行为标准，并通过自我评价对自身行为作出反应。由于人具有符号表征和自我反应能力，他们并不依赖于直接的外部提示来告诉他们怎么做，即人具有自我调节能力。自我效能是个人对自己的学习或行动能达到某个水平的信念，是人的自我调节功能的重要组成部分。

自我效能对学生的学习产生多种影响，如它可能影响学生对活动的选择。那些认为自己有学习实力的学生会比较积极地参与学习活动，反之则会逃避学习。效能感还影响学生的努力、坚持性和学习行为。

社会认知理论的教育含义

可从四方面探讨社会认知理论的教育含义。

教育目标（学习结果）　教育目标是预期的学生学习结果。完整的教育目标包括认知领域（知识、智慧技能和认知策略）、情感领域（学生态度的形成与改变）和心因动作技能领域（身体的肌肉协调能力）的目标。不同学习理论研究的学习类型不同，其关心的学习结果（即教育目标）也不同。学习结果不仅涉及个体的知识、技能和外显行为模式，还涉及构成人格核心的情感、价值、动机和人的主观能动性。社会认知理论既是学习论，又是人格理论，即它站在学习的立场上研究完整的人格怎样在个人、社会和行为的三元互动关系中形成。

学习环境　社会认知理论关注学习者的社会环境，尤其是榜样的示范影响。榜样分为真实榜样和符号化的榜样。前者是学生亲身接触的人物，包括教师、家长和同伴等；后者是通过文字符号或电子媒体传播的人物，如文学作品中的人物。正面的和反面的人物都可以作为学习者模仿的榜样。榜样的示范产生五种效应。（1）观察学习效应，指榜样示范使观察者习得新的认知技能或行为模式。习得方式是模仿。如不抽烟的青少年看到其他人抽烟而学会了抽烟。（2）抑制效应，指由于榜样的示范而导致观察者抑制已掌握的行为模式。如抽烟的青少年看到他人因吸烟而致病，自己主动抑制已学会的吸烟行为。去抑制的情况相反，它指因观察到榜样示范不良行为未带来不良后果，原先被抑制的行为重新出现。（3）反应促进效应，指榜样示范对观察者先前习得的有能力做却未表现出来的行为所起的社会促进作用。个体有能力做的行为原先未表现并不是由于抑制，而是由于动机不充分。如人们看到别人凝视天空后也朝天上看。（4）环境加强效应，指通过榜样示范，观察者注意到他人使用的工具或环境设施，之后观察者在更大程度上使用那些工具或环境设施。如在一项研究中，观察到布娃娃被木槌打击的儿童不仅学到这种特殊攻击行为，而且还比未观察到他人运用这种工具的儿童更多地将木槌用于其他各种活动中。（5）唤醒效应，指榜样的情绪展示可以在观察者身上替代性地唤起类似情绪。如观众看电影时，会随其中人物的悲喜而悲喜。替代性唤醒的正面作用是观察者学会按榜样人物所爱而爱，按榜样人物所恨而恨。它是移情的心理学基础。

直接经验与间接经验　传统教学理论因未处理好间接

经验与直接经验的关系而遭受批评。社会认知理论主张"做中学"，即亲历学习，但更强调替代学习（即观察学习）的重要性。学校教育的主要任务是传授符号化的间接经验，学生主要进行观察学习。班杜拉的观察学习理论适合指导思想品德和行为习惯的教学。

教师与学生的作用　班杜拉的自我调节理论是学生自主学习理论的重要理论来源之一。班杜拉主张并强调学习者的自我调节能力，同时又强调人的思想受社会环境的影响，重视教师的示范、演示、讲解和指导的作用。班杜拉的合作者 D. H. 申克在其著作《学习理论：教育的视角》（第三版）中，详细论述了教师在智慧技能、认知策略、语言规则和动作技能教学中的示范、言语指导与提供反馈信息的作用。如在教语言规则时，学习者接触到使用语法结构的一个或多个示范，它们反映同一规则；示范反映的语法规则始终保持不变，其他无关方面（如示范中使用的词汇）则可以改变。若学习者的言语中体现出这个结构，说明他学会了语言规则。强调教师的示范、指导与强调学生的自主学习并不矛盾。班杜拉把培养学生的自我调节能力和自我反思能力作为教育目标的重要方面，这两种能力是通过后天环境的影响习得的，教师也应对之进行示范和指导。

参考文献

班杜拉. 思想和行为的社会基础——社会认知论[M]. 林颖，王小明，等，译. 上海：华东师范大学出版社，2001.

班杜拉. 自我效能：控制的实施[M]. 缪小春，等，译. 上海：华东师范大学出版社，2003.

鲍尔，希尔加德. 学习论——学习规律的探索[M]. 邵瑞珍，等，译. 上海：上海教育出版社，1987.

戴尔·申克. 学习理论：教育的视角[M]. 韦小满，等，译. 南京：江苏教育出版社，2003.

（皮连生）

社会系统理论与教育管理（social systems perspectives and educational administration）　在教育管理学领域，运用社会系统理论来解释教育管理现象。以美国学者盖茨尔斯、利法姆和 R. F. 坎贝尔等人的研究为代表。他们在合著的《教育管理是一种社会历程：理论、研究与实践》（*Educational Administration as a Social Process: Theory, Research, Practice*）一书中，阐述了社会系统理论与教育管理之间的关系。

社会系统理论以社会学的观点研究管理，将组织中的相互关系看作一种协作系统。其创始人为美国管理学家、被称为"现代管理理论之父"的 C. I. 巴纳德。他运用组织理论论述社会系统。（1）关于组织的本质。他把组织定义为有意识地协调两个以上的人的活动或力量的一个体系，其实体是组织行为，即组织中人的行为。尤其强调组织作为两个以上的人自觉协作的活动所组成的体系，具备体系所具有的一切特征。组织是整体性的，其中的每一部分都以某种重要方式同体系的其他部分关联。组织作为一个整体，是一个不同于原有各组成部分的新事物，能创造出在数量上和质量上大于、小于或不同于其组成部分的努力的总和。（2）正式组织形成和存续的三个基本要素是协作意愿、共同目标、信息联系。协作意愿指个人为组织目的贡献力量的愿望。它意味着自我克制、对个人行动控制权的放弃及个人行为的非个人化。形成协作意愿的结果是每个个体努力的凝聚和结合。协作意愿使得为协作作贡献的个人努力持久保持，它有两个特点：个人意愿的强度存在极大差异；任何个人的贡献意愿的强度都不可能维持不变，与之相关的组织可能获得的贡献意愿总量也必然是不稳定的。共同目标即组织目的，与参加组织的各个成员的个人目的不同。组织目的只有被各个组织成员理解并接受，才能激起协作行为。信息交流是组织要素中的核心，组织的其他两个要素只有通过信息交流才能联通，组织的结构、规模和范围由信息交流技术决定。实现有效的沟通必须建立客观的信息交流体系。（3）提出组织平衡理论。组织理论的核心是组织的存续和发展，即维持组织平衡问题。他认为，组织平衡问题实质上是一个贡献（或牺牲、服务）与诱因（或效用）的比较问题。贡献指有助于实现组织目的的个人活动，通过个人的贡献实现了组织目的即组织的效力；诱因指组织为满足个人动机而提供的效用，组织能为其成员提供满足以维持系统平衡的能力即组织的效率。组织保持平衡的条件是，组织向每个成员提供或分配的诱因大于或等于个人所作的贡献。他以其组织效力与组织效率理论为基础，将组织平衡进一步区分为组织的对外平衡和组织的对内平衡。组织的对外平衡指组织与外部环境保持平衡以提高组织效力的过程。外部环境有两方面含义，如果把组织看作协作体系的子系统，则协作体系中的其他子系统即构成组织的外部环境；如果将协作体系本身看作组织，则整个社会的政治、经济、文化等即成为组织的外部环境。组织的效力取决于有关组织的技术和经济的环境以及组织对环境的适应能力。若能保持组织的对外平衡，组织的效率就高，组织成员对组织的贡献就大。维持组织对外平衡的两个条件是组织效力和组织效率。组织的对内平衡指有效地分配诱因，确保提供给每个成员的诱因与成员的贡献平衡，以保持成员协作积极性的激励过程。组织会因提供有效诱因而不断发展，也会因提供无效诱因而导致解体和协作失败。组织提供诱因有两种方法，即说服和诱因。说服指管理者通过改变组织成员个人的主观态度和动机标准，使诱因与贡献保持平衡，有三种形式：强制，通过解雇协作意愿低、贡献小的成员来影响其他成员，促使他们降低个人需要标准；诱因合理化，为说服个人或集团参加特定组织并为该组织提供服务或顺从其要求,指出这样做符合本人和本部门的利益;动机灌输,指对年轻人的教育和对成年人的宣传,是最重要的说服方式。诱因强调向人们提供客观诱因。客观诱因可分为两种不同性质的类型。一为特殊的并能特定地给予某人的,称特殊诱因。二为一般的、非个人的、无法特定地给予某人的,称一般诱因。C. I. 巴纳德列举的特殊诱因包括物质诱因、个人的非物质的机会、良好的物质条件、理想方面的诱因。一般诱因有社会结合上的吸引力、适合于自己习惯的方法和态度的条件、扩大参与机会及思想情感系统的条件等。(4)提出权威接受论。他认为,权威从根本上取决于支配下属的命令能否被下属接受。使权威对个人发生作用的条件:命令被人理解;命令同组织目的没有矛盾;命令与个人利益一致;个人有能力执行命令。关于组织秩序的维持,他解释为:组织管理中最确定的原则是不作不能或不会被服从的命令;每个人都有一个不考虑权威性而接受命令的"不关心区",即命令毫无疑问可以被接受;利益会影响命令的接受者或个人的态度,从而使"不关心区"维持在稳定的程度上。权威虽主要由命令的接受者决定,但要使命令能被更有效地接受,则需加强权的客观制度建设,尽可能将职位权威与领导权威相结合,加强信息交流体系的建设。(5)高度重视决策行为研究。组织中人的行为通常由两部分组成,即作业和决策。古典组织理论着重探讨作业部分,阐明有助于最大限度提高作业效率的各种原理和技术,组织理论则重点研究组织行为中的决策问题。他强调决策是组织行为的特征,决策行为分两类,即个人决策与组织决策。个人决策是有关个人是否贡献努力的个人选择;组织决策是组织成员为实现组织目的而合理作出的决策。多数组织决策的形成基于三种原因:来自上级的命令;来自下级作决策的请求;由管理者本人倡导和提出,是管理者能力的表现与衡量标准,管理者需要承担一定风险。(6)重视非正式组织的积极作用。他认为非正式组织能促进信息传递,能通过影响组织成员的协作意愿来维护正式组织的内部团结,能保护个人的人格和自尊心。(7)论述经理人员的职能。C. I. 巴纳德认为,在一个正式组织中,经理人员是一个信息联系系统中相互联系的中心,并协调组织成员的协作活动,使组织正常运转,实现组织目标。其主要职能是建立和维持一个信息联系的系统,确定组织目标,从组织成员那里获得必要的服务。

C. I. 巴纳德的社会系统理论以系统的观点和方法分析管理问题,均衡组织与组织中的人的相互关系。在该理论指导下,学校被置于学区和社会大系统中,学校组织中的人(如教师和学生)被置于学校、学区、社会大系统中,学校管理中重视平衡学校与学区、社会大系统之间的关系,以及个人与学校、学区、社会大系统之间的关系。

美国教育管理学家欧文斯和美国社会学家 T. 帕森斯论述了如何将社会系统理论运用于学校。(1)把学校作为一个社会系统。将学校作为一个社会系统来分析的目的是明确目标,分清实现各目标的子系统,以便各司其职。这种分析不注重完善,只是提供一个分析学校系统的框架。欧文斯等人运用社会技术系统理论分析学校组织系统,认为学校中的任务、结构、技术和人员四个子系统之间是相互作用的,学校外部的系统同时影响学校系统,进行学校教育变革时,必须考虑校内不同子系统的交互作用和校外环境的影响。T. 帕森斯亦提出分析学校社会系统的模式。他从学校工作的任务角度出发,认为学校与其他复杂组织一样,可从技术、管理和机构系统三方面分析。他还从人类社会行为的角度分析学校组织,认为学校不仅是社会系统,它还包括其他三种系统,即生命有机体、文化系统和人格。(2)将学校作为一个社会系统。从学校组织的稳定态来分析学校的母系统、子系统及其结构和功能。把学校作为输入—输出系统的过程,其中包括:从大的社会环境输入;被称为学校的社会系统内部发生的过程;向社会的输出。

美国学者盖茨尔斯和古巴开发了教育管理领域的社会系统过程模式。认为社会系统的管理过程由两类现象组成:一类是外部的或客观的方面,其要素有机构、角色和角色期待,可从社会学的角度分析;另一类是内在的或主观的方面,其要素有个体、个性和需要倾向,可从心理学的角度分析。这两类现象相互作用。社会系统中可观察到的行为是这两方面活动相互作用的结果。基于这一视角,盖茨尔斯等人建立了一个可用于研究教育管理的社会过程模型。其中,机构是为实现组织功能而创设的单位,如学校是为教育人而设立的;机构的子单位是角色,指机构的职务、职位和地位的动态方面,机构限定角色执行者的行为;角色的子单位是角色期待,它是某一既定角色的客观义务和责任,规定角色执行者的行为。主体范畴方面,个体是生命有机体;个体的子单位是个性,指个体内部的动态过程;个性的子单位"需要倾向"制约个体对环境的独特反应,是个体用某种方式确定目标、付诸行动及产生某种结果的倾向。这一模式可简化为公式:$B = f(R,P)$。其中,B是观察到的行为,R是角色期待限制的角色,P是受需要倾向制约的角色执行者的个性。正是由于角色与个性的相互作用,社会系统才具有特定功能。这一模型阐明社会系统的一般过程,表明社会系统过程中存在三种冲突,即角色内部冲突、个性内部冲突和角色—个性冲突;还表明社会系统过程中存在三种领导类型,即外部类型、内在类型和中间类型。外部类型强调满足机构的需要,重点在组织目标的实现;内在类型强调分散权力,并使所有组织成员为组织作出贡献;中间类型则试图在机构需要与个体需要之间达成平衡。盖茨尔斯等人还编制了一个更完整的模型,称"盖茨尔斯—古巴—西伦模式",并完整阐述班级社会系统,提出班级组织具有三个要素:个体,具有个性和需要;群体,具有风气和意向;机构,具有角色和期待。与个体紧密联系的是有机体、素质和潜力;与机构紧密联系的是时代精神、道德和价值观等;群体是一个社会系统,与个体和机构紧密联系,由具有需要和个性的个体组成,表现为一定的角色期待和机构。这一社会系统模式从系统内相互作用的角度来阐述,将教育管理看作社会系统中的一种社会过程,有利于教育管理人员分析和理解学校内部个体、群体与机构的互动关系。

在教育行政和学校管理中引入社会系统理论,使人们将学校组织视为开放系统中的一种动态组织,教育管理者将系统理论作为一种价值观和方法论来研究和解决教育管理中的各种问题。20世纪80年代后,有教育管理学者对教育管理中运用社会系统理论及其方法应用提出疑义,认为其在实际应用中难度大,难以达到预期效果。

参考文献

巴纳德. 经理人员的职能[M]. 王永贵,译. 北京:中国社会科学出版社,2007.

黄志成,程晋宽. 教育管理论[M]. 上海:上海教育出版社,2001.

张新平. 教育组织范式论[M]. 南京:江苏教育出版社,2001.

（李海生）

社会主体涉及教育的法律责任规定（legal liabilities of social subject in education）

除政府、教育行政机关、学校和其他教育机构以外的社会主体因违反教育法律和法规,侵害受法律保护的有关组织和个人的合法权益,依照有关法律、法规的规定所应承担的否定性的法律后果。

现实生活中,社会主体的违法行为与法律责任的表现形式有多种。

违反国家财政制度、财务制度,挪用、克扣教育经费。主要表现为利用管理、经手或其他职务上的便利,挪用教育经费进行其他活动或非法活动;违反有关规定,将教育经费挪作他用。这种违法行为应承担的法律责任:由上级机关责令限期归还被挪用、克扣的教育经费;对直接负责的主管人员和直接责任人员,由有关部门和单位依法给予行政处分;构成犯罪的,根据《中华人民共和国刑法》,对行为人追究刑事责任。

违反法律规定向学校或其他教育机构收费。在国家法律、法规和有关收费管理规定之外,无依据或违反有关收费标准、范围、用途和程序,向学校或其他教育机构乱收费、乱罚款和进行各种摊派活动。一些部门不执行国家对有关学校及其他教育机构的税收减免政策,随意征收应当减免的税款或应当依法返还而不予返还的,也属于违法收费范围。这种违法行为应承担的法律责任:由政府责令退还所收取

的费用,财政、税务部门违法收取的各种不合理费用,由同级或上一级人民政府责令退还给学校及其他教育机构;由主管部门按干部管理权限对直接负责的主管人员和其他直接责任人员依法给予行政处分。

侵占学校及其他教育机构的校舍场地及其他财产。侵占学校校舍、场地及其他财产的违法行为,主要表现为偷盗、哄抢或抢夺、勒索学校的教学器材或其他物资,故意毁坏学校房屋和设备,侵占学校的房屋、场地。这种违法行为应承担的法律责任:(1)情节和危害后果较轻的由公安机关和教育部门对直接责任者和有关责任人员依法给予行政处分,并责令单位和个人退回侵占的校舍、场地和设备。造成损失的,应当依法赔偿。(2)对单位侵占校舍、场地及设备的直接责任者及其他个人实施上述违法行为情节和危害后果较重,触犯《中华人民共和国治安管理处罚法》的,由公安机关给予治安管理处罚,并责令退回侵占的校舍、场地、设备或赔偿造成的损失。(3)对情节和危害后果严重,构成犯罪的,依法追究刑事责任。

违反国家规定举办学校或其他教育机构。这类违法行为的社会主体主要包括企事业组织、社会团体、其他社会组织及一些国家机关。违背《中华人民共和国教育法》及其他有关法律、法规、规章关于教育机构设置管理规定,举办的学校或其他教育机构属于非法。非法举办学校及其他教育机构的行为主要表现为:不经批准或登记注册擅自举办教育机构,并经教育主管部门责令限期改正而逾期不改的;不符合国家规定的设置标准,弄虚作假,骗取主管机关批准或登记注册的;实施了以营利为目的的办学行为。这种违法行为应承担的法律责任:对非法举办的学校,由教育行政部门予以撤销;对有违法所得的,由主管部门追究直接负责的主管人员和其他直接责任人员的行政责任,依法给予行政处分。

非法举办国家教育考试。未经国家教育考试管理机构的批准或授权,擅自举办各种国家教育考试,或设立国家教育考试考点,或与境外有关组织合作举办属于国家教育考试范围的考试项目,或虽经批准有承办资格,但在考试的种类设置与内容上与国家的有关规定不符的教育考试。这种违法行为应承担的法律责任:由教育行政部门宣布考试无效;对有违法所得的,由教育行政部门没收违法所得;对直接负责的主管人员和其他直接责任人员,教育行政部门或其主管部门依法给予行政处分。

招用应当接受义务教育的适龄儿童、少年做工、经商或从事其他雇佣性劳动。这种违法行为的社会主体主要包括:招用单位;给招用童工的人颁发营业执照的工商行政部门;允许子女或其他被监护人做童工的监护人;为未满16周岁的儿童、少年介绍职业的职业介绍机构;为未满16周岁的儿童、少年出具做工假证明的单位。这种违法行为应承担

的法律责任：（1）对招用单位的法定代表人（或主要负责人）和直接责任人员，给予行政处分。对单位使用童工的，处以罚款；使用童工屡教不改，情节严重的，吊销营业执照。（2）对为未满16周岁的儿童、少年核发个体营业执照的工商行政部门负责人和其他责任人员给予行政处分。（3）对父母或其他监护人允许未满16周岁的子女或其他被监护人做童工，经批评教育仍不改正的，处以罚款。（4）对为未满16周岁的儿童、少年介绍职业的职业介绍机构及单位的负责人和直接责任人员，给予行政处分；对职业介绍机构及其他单位或者个人，处以罚款。（5）对为未满16周岁的儿童、少年做童工出具假证明的有关单位的责任者给予行政处分；对单位或个人出具假证明的，处以罚款。（6）凡有拐骗童工、虐待童工、强令童工冒险作业造成伤亡事故以及对童工人身健康造成其他伤害的行为，违反《中华人民共和国治安管理处罚法》或构成犯罪的，由公安机关给予治安处罚或由司法机关追究刑事责任。

（曹建国　梁明伟）

社区与学校（community and school）　社区与学校之间相互联系、相互影响的状态。社区是聚居在一定地域范围内的人们所组成的社会生活共同体，是学校得以栖居的具体社会空间。学校与社会之间的关系具体表现为学校与社区之间的关系。人们对社区与学校关系重要性的认识，以及社区与学校之间联系的加强，反映了社会的发展进步对学校教育不断增长的需求，以及学校作为一种重要的社区资源，在社区建设与发展中作用不断扩大的良性互动关系。社区教育资源的有效介入有助于克服制度化学校客观存在的学校与社会之间的阻隔，而学校与地方社会之间的良性互动，亦成为社区发展的重要促进因素，进而有助于缩小社区之间客观存在的差别，实现教育的均衡化发展，促进教育公平社会理想的实现。

制度化学校的诞生使学校与社会之间的关系发生显著变化。在此之前，学校与社会处于自然联系状态，无明显界限。当学校作为一个专门机构从社会生活中独立出来后，逐渐形成一套完整的人才培养制度和相对独立的运行模式，学校与周围社区之间形成或有形或无形的隔阂，与社会生活之间出现断裂，处于一种相对隔离状态，一定程度上限制了学校自身的发展，学校培养的人才不能适应社会发展的需要。随着社会的发展和进步，社区与学校之间的关系日益受到关注，打破学校与社会之间的阻隔，加强学校与社会生活、社区生活之间的联系，实现教育的社会化和社会的教育化，建立学校发展与社会进步之间的有机联系，成为世界各国共同探讨的社会问题。社区发展制约学校教育的发展，学校教育的发展又成为社区发展与社区建设的重要制约因素。随着学习型社会的到来，学校与社会之间的联系

日趋紧密，学习型社区的构建为学校与社区之间的联系与合作提供制度上的保障。

从世界各国发展角度看，社会发展的不均衡、贫富分化的加剧集中体现为社区之间的差距。国家与国家之间的差别逐渐被同一国家内部的城乡差别、落后地区与先进地区之间的差别所取代，教育发展表现出极大的地区差异性，不同社区占有的教育资源、社会资源的优劣悬殊，最终导致社区成员在受教育机会、受教育过程以及教育结果上的巨大差异。通过社区与学校的共同努力，不断缩小城乡差别、先进地区与落后地区的差别，实现教育均衡化发展，使来自不同地区、不同社会的同龄人都能接受优质教育，既是实现教育公平的要求，也是实现社会公平的理想诉求。

学校与社区关系的历史演进　学校与社区的关系经历三个发展阶段。（1）16—19世纪为学校与社区相互隔离阶段。制度化教育的诞生，形成以学校为中心、知识为中心、教师为中心、书本为中心的传统教育理论，不仅导致教育概念的窄化，更导致教育与社会生活脱节，致使学校与社会生活、学校与社区相互隔离。（2）19世纪后期至20世纪初为学校服务社区、社区依附于学校阶段。这个时期学校森严的教育壁垒被打破，学校对社区经济发展和社会生活予以关注。从学校与社区两个方面看，经济发展、教育思潮运动、国家立法和行政均针对学校改革提出，在学校与社区关系的发展中，学校处于主动地位，通过内部改革和外部服务加强与社区的联系；社区则处于被动地位，依附于学校教育，对社区具有的教育作用缺乏必要的认识。（3）20世纪中期后为学校与社区合作阶段。第二次世界大战后，世界政治、经济、科技、文化领域发生剧烈变化，深刻影响教育的历史进程。在多种因素推动下，学校与社区的关系从学校为社区经济发展提供服务和满足社区职业需求，逐步转变为学校向社区开放、社区参与学校教育活动的合作阶段，社区对学校的作用加强。社区的物质资源和人力资源不断注入学校，而这些公共资源的充分利用使学习场所从封闭的学校扩展到整个社区；作为人力资源的家长和社区人士参与学校的教学和管理，使社区成员逐步从辅助角色进入决策行列；通过向学校注入社区文化资源，社区文化得以保存和发展，形成学习个体对社区的认同感和归属感。学校资源对社区的开放和注入促进了形式多样的社区教育的发展，其内容涉及社区生活的各个方面，服务对象包括全体社区成员，促进社区居民整体文化素质的发展和生活质量的提高。在美国、加拿大等发达国家，社区学院的课程设置、教学方式、入学机会等都直接与当地社区的需求和社区特点相结合，形成学校与社区合作的新形式。

学校与社区之间有计划的合作与19世纪美国公立教育的发展有关，并以建立学校委员会、家长教育联合会等制度化的形式作为保证。这些做法有助于学校与社区之间制度

化的合作关系的建立。20世纪60年代前,欧美国家在学校与社区合作方面开展多项研究,内容涉及学校行政分散管理、社区压力、社区参与及社区控制等问题。其中有些问题,如社区压力与学校发展已成为教育政治学的研究内容。60年代后,增进学校与社区之间的合作与交流成为世界性潮流。

联合国教科文组织国际教育发展委员会1972年发表的报告《学会生存——教育世界的今天与明天》提出,学校与社区合作的必然性有两方面。一是学校教育具有强制性,非强制性的社会教育更能引发学习者的学习兴趣和学习动机;学校提供的单一价值观念有时与大众传媒描绘的生活方式矛盾,难以满足学习者多方面的教育需求,校内外的教育目的和方法需要相互协调。二是学校适应开放社会的需要,更倾向于成为一个多重目的的文化中心,并努力接近劳动世界的人才需求。学校与社区之间的联系日趋密切,体现学校更为开放、多元的价值观和人才观的变化,以及对学校社会功能认识的不断深化。

中国在20世纪二三十年代开展类似社区教育的乡村教育试验。中华人民共和国成立后一段时间,教育理论界几乎未再涉足这方面研究,出现理论空白。80年代,一些地区在教育改革实践中创造多种社区教育形式,形成教育社区化的发展潮流。90年代初,政府提出具有本土特色的社区建设概念,主要目的是解决社会转型期出现的各种社会矛盾,政府需动员民间力量,与基层结合,在城市基层开展社区建设。随着政府机构改革和社会各领域体制改革,城市居民逐渐由"单位人"转变为"社区人",推进社会发展的大量社会事务需要由社区落实。随着社区建设和发展的不断深入,学校与社区之间的关系日益密切,学校在社区建设和发展中的作用不断增强,人们对社区与学校之间关系的认识也不断深入。学校教育与社区教育的融合呈现以下特点:成立以社区为本的社区学院(校),目的是服务社区,促进社区及其成员的发展;以社区为主体,以社区成员为主要角色开展社区教育;社区教育的主要内容是满足社区全体成员终身发展的学习需要;学校教育与社区教育融合的实质是教育社会化与社会教育化的统一,营造学习型社区。具体形式:出现学校与社区的结合体,即社区学院及其他社区教育实体;学校与社区之间实现某种程度的教育资源共享,社区教育资源为学校教育所用,学校教育资源向作为校外教育基地的社区开放,特别是在双休日向社区开放;学校和社区共建社区教育工作队伍,由教育行政部门派出专门的学校干部或教师从事街道社区教育工作,或由大学生志愿者到基层锻炼和服务,加强社区自身的教育力量;加强社区网络建设,搭建社区教育平台。

在学校与社区的互动过程中,家庭是一种重要的媒介和桥梁。在社区中,学校与家庭之间存在广泛的沟通和交往关系。社区是家庭赖以生存和发展的外在环境,社区文化在很大程度上影响家庭文化及家庭人际关系。社区教育机构的出现一定程度上保证了学校与家庭之间的正常沟通和关系的建立。在中国,社区内学校与家庭的沟通方式主要有:建立社区教育机构与家长的报告卡,及时反映学生在校的学习、生活、思想品德和奖惩等情况,同时反馈家长的意见、要求和建议,社区教育机构通过居民委员会等组织做好家长工作;以学校为单位组建家长委员会,其成员除学生家长外,还聘请社区人士参加;在社区主持或配合下开办家长学校,印发家庭教育通讯,举办家教观摩、家教事迹展览和学校情况展览等。

社区与学校关系发展特点　社区作为人们日常生活的共同体,不仅为教育的发展提供物质支持,而且提出直接的社会需求。社区是一种重要的教育资源,参与当地学校教育的发展,而学校教育也日益成为社区发展的重要因素。学校作为一种重要的社区资源,往往成为学生及其家长选择社区生活时考虑的主要因素,进而成为地方政治、经济、文化发展的重要促进因素。学校与社区发展日益同构,相互制约,相互促进,教育的社区化与社区的教育化成为客观存在。终身教育和构建学习型社区的理念凸显教育的社会功能,并赋予学校教育以新的内涵。教育资源不断扩大,学校与社会的联系日益密切,社区教育或广义的社会教育正成为与学校教育并存的当代教育形态。

学校作为社区中重要的公共教育设施,不仅承担培育社区内儿童和青少年的使命,而且对成人教育、社区建设和发展具有促进作用。社会通过社区具体地影响学校,学校与社区成员之间具有双向互动和交流关系:就学校而言,旨在使社区成员理解并承担一定的教育义务,以有效达成学校教育目的;就社区而言,旨在借助学校的力量促进社区自身的建设和发展。建立良好的学校与社区的关系,实现学校→社区和社区→学校的双向互动。

随着社区内涵及其功能的不断发展,社区对教育发挥的作用亦不断变化。在社区发展初期,社区代替家长担负家庭教养功能,并作为个体社会化的重要场所,社区生活中形成较为接近的次文化,对儿童观念的形成过程产生一定影响。随着社会分化的不断加剧,社区作为一个相对独立的政治、经济和文化实体,与学校之间的联系日益紧密,社区文化作为一种重要的教育资源,在学校教育中发挥越来越大的作用。而学校作为一种重要的文化资源,在社区发展中不断发挥文化辐射作用,社区发展与学校教育的相互依存关系日益紧密,人们对于两者关系的认识也不断加深。

20世纪50年代,美国学者奥森提出,学校不应是游离于社区的"文化孤岛",而应主动与社区架设各种桥梁,致力于解决社区问题。90年代末中国学者也指出,21世纪教育体制最重要的方面是,社会更多地参与学校和学校更多地参与社会。社区与学校之间联系的加强源于社区与学校双方不断发展的需要。学校自身改革的深化不能局限于学校或教育系统内部,而必须有社区的参与和支持;社区自身的建设与发展以及市民素质的提高,也需要学校的广泛参与。中国一些城市探索和完善"二级政府,三级管理"这一城市管理体制的目的是加强社区精神文明建设,提高市民素质和城市文明程度。学校拥有知识、智力、场地、教育设施等方面的优势,必然成为社区精神文明建设的重要基地以及提高市民素质的骨干力量。

信息化社会的到来不断丰富和改变社区与学校之间的互动模式。网络扩大和延伸了人们获取知识的途径和方法,学校不再是获取知识的唯一途径;知识和信息来源的多样化挑战学校在知识传输和道德养成方面的权威性,学校对知识的禁锢被打破,以网络为载体的各种社会因素逐渐成为与学校教育相抗衡的力量,人们的社会经验与身处的社区环境成为学校教育的重要资源。学校教育建立在社区网络的平台上,社区网络则把学校作为重要的教育资源;学校利用社区丰富的文化和生活资源开展各种活动,社区则利用节假日学校闲置的各种资源开展丰富的社区活动。两者相互补充、相互促进,实现资源的最大化利用。

世界各国的教育发展日益显现教育的社会化与社会的教育化特点,学校与社区的融合向纵深发展。社区知识和经验作为教学内容不断进入学校课堂教学,学校教育不仅发挥其建构知识的作用,而且在价值观建构中产生作用,即学校除传递主流文化价值观以外,也为个人和次级群体表达其价值观提供机会,并将有益的社会价值观纳入学校教育体系。学校在某种意义上不再作为一种封闭式、一元化的教育机构,而开始重视社区作为学习资源及知识体系的可能性,将家长纳入学校的教育教学体系,承认社区知识或地方性知识(local knowledge)的正当性,通过教师和家长两个文化群体之间的对话,促进社区与学校之间的合作和交流。学校不再是单方面地主动融合社区,而更强调与社区成员之间的平等尊重关系,建立学校与社区之间的平等对话和磋商,其最终目标是提升学生学习品质,促进学生全面、健康地成长,实现学校发展与社会进步的有机结合。

现代社会中社区与学校关系的发展面临社会资源与教育资源分配不均衡、城乡差别和地区差别加大,以及城市化进程中大量农村流动人口进入城市,影响城市管理等问题。在资源有限的情况下,城市社区发展和学校教育面临如何使外来人口子女接受良好教育的问题。法国社会学家布迪厄的再生产理论揭示,社区发展与学校教育之间相互依存关系的增强,势必造成两极分化现象,学校教育成为再生产不平等的社会关系的手段。解决这一问题的途径有:均衡发展,国家和地方制定和实施扶贫和均衡发展策略;制定优先发展战略,集中优势资源,在城市优先发展的基础上为落后地区提供相应的教育扶助。关注落后地区和弱势群体,通过教育促进社会公平与和谐发展,是社区与教育关系中的重要方面。

参考文献

鲁洁. 教育社会学[M]. 北京:人民教育出版社,1990.

马和民,等. 网络社会与学校教育[M]. 上海:上海教育出版社,2002.

台湾社区教育学会. 各国社区教育[M]. 台北:幼狮文化事业公司,1982.

(齐学红)

绅士教育(education of gentlemen) 欧洲文艺复兴时期产生的一种代表资产阶级的教育思想和教育实践。在英国流传很久,也以英国为典型。继承了中世纪骑士教育的世俗性,但超越了其粗俗性,主张培养绅士("文雅骑士"),即身体健康、具有世俗德行和广博的实用知识与技能、能文能武且精明能干的资产阶级事业家。

绅士教育思潮导源于欧洲,尤其是英国的人文主义教育思潮。其代表人物及代表作有意大利的韦杰里乌斯及其著作《论绅士教育与自由学科》、卡斯底格朗及其著作《宫廷人物》和《英国绅士》,法国的拉伯雷及其著作《巨人传》、蒙田及其著作《散文集》,英国的 T. 埃利奥特及其著作《行政官之书》、马尔卡斯特及其著作《培养儿童阅读技能和锻炼身体的教育》和《初等教育基础》、培根及其著作《学术的进步》和《新工具论》。新人文主义教育主张培养实干家。这种实干家具有学者的智慧,擅长体育运动,擅长语言艺术,使用本族语,具有宗教信仰。经过 17 世纪中期弥尔顿的发展,到 17 世纪末,通过洛克的《教育漫话》,绅士教育达到高峰,在近代西方教育理论和教育实践的形成、发展过程中发挥重要作用。

弥尔顿是英国诗人、政治家和教育改革家。出生于伦敦一绅士家庭,1628 年进入剑桥大学三一学院学习。曾担任 5 年左右的家庭教师。1644 年发表论文《论教育》,批判封建经院教育,提出培养绅士的教育理想。首先,他批判旧教会学校和传统文法学校的教育目标与现实生活脱离,主张培养实用型人才。认为教育目标应是将资产阶级"高贵、文雅的青年"培养成绅士,即无论战时还是平时,都能有益于国家和个人的公民和领导者。其次,受"柏拉图学园"(academy)的影响,弥尔顿主张建立一种新型学园来培养实用型人才。这种学园兼具中学与大学的双重性质,文武皆备,实行寄宿制。再次,新学园为绅士开设的课程应完全根据学科的实用价值来组织,包括人文学科、社会学科、自然学科、军事训练四部分。通过人文学科,使绅士掌握古典语言和现代语言;通过社会学科,使绅士掌握政治学、法律学、伦理学和经济学知识;自然学科包括基础原理和应用科学;军事训练包括理论学习与实际操练,可使绅士在战时成为指挥官和合格士兵。最后,改进教学方法。新型学园有多项教学要求。一是考虑儿童的心智水平和特点,循序渐进。弥尔顿把学习过程划分为四个阶段:12～13 岁,学习简单文法,阅读浅显但有教育意义的古典著作;13～16 岁,学习文学作品和自然科学知识;16～19 岁,学习社会科学、古典语言和经典文学名著;19～21 岁,学习逻辑、修辞和写作理论方面的知识。二是理论联系实际,以感知为起点。弥尔顿认为理论联系实际有两层含义:用经验说明理论;说明理论的实际用途,使学生乐于学习,并能从实际活动中获得直接经验,达到学以致用的目的。弥尔顿的绅士教育并不局限于学校范围,他要求绅士必须走出校门,在生活中获得实际经验。弥尔顿生活在英国资本主义大发展和自然科学的起步时期,主张通过古希腊、罗马著作学习自然科学,通过古典主义课程与实科教育结合来培养资产阶级新人,代表了早期的绅士教育。17 世纪 70 年代后,弥尔顿的思想在英国得到实施,在 18 世纪初继续影响实科性质中等学校的发展。

洛克(1632—1704)是 17 世纪英国哲学家、政治思想家和教育思想家,英国新兴资产阶级利益的表达者,绅士教育思想的主要代表。出生于英格兰西南部萨默塞特郡一个乡村律师家庭。1646 年进入威斯敏斯特公学,1656 年毕业于牛津大学基督教会学院并留校任教。1666 年,洛克结识 A. A. 库珀勋爵,即后来的辉格党创始人、第一代沙夫茨伯里伯爵,担任他的秘书和医生,1674—1683 年,又担任他孙子第三代沙夫茨伯里伯爵的家庭教师,住在他家长达 15 年。他还结交当时的名医施丹汉,与他一道研究医学,1668 年成为英国皇家学会会员,1670 年取得医学学士学位。洛克的教育思想体现在他的一系列著作中,如《教育漫话》《理智导论》《漫话绅士的读书与学习》《青年绅士品行指导》及《论学习》等。其中,《教育漫话》是他为友人葛洛克儿子的教育问题而写的许多书信的汇集,是其绅士教育思想的代表作。洛克主张绅士培养在家庭中进行,父母和导师是主要教育力量。针对教育者的特殊性,《教育漫话》打破传统书目按章节编排的方式,通过对一个个问题的论述,以谈话形式表达作者的教育思想。该书有 217 个条目,对健康、习惯、精神、奖励、惩罚、礼仪、智慧、消遣等 100 多个问题进行论述,具有很强的可读性。

洛克从"白板说"和唯物主义经验论出发,认为人人都有平等享受教育的权利,人的差异来自后天的经验和教育。首先,教育对社会发展有重要作用。对新兴资产阶级和新贵族子弟的教育,是巩固英国君主立宪政体的需要。其次,教育在个人成长中有重要作用。他认为日常所见的人之所

以或好或坏,或有用或无用,90％都是由他们所受的教育决定的。即人类之所以千差万别,是教育之故。

洛克认为,英国教育的最高目标是培养绅士,绅士应该是"有德行、有用、能干的人才",具备德行、智慧、礼仪和学问四种品质,同时具有健康的身体。德行即自制能力,指用理性克制自己的欲望,使自己的言行符合社会道德规范,同时有"勇敢的精神";智慧即为人处世的能力和精明的处理事务的才干;礼仪指礼貌、礼节和风度,绅士应该是上流社会中有风度之人;学问指具备各种实用知识及相应的技能、技巧。绅士教育的内容与方法有三点。一是健康教育。在《教育漫话》中,洛克首先论述了健康教育问题。"健康之精神寓于健康之身体","我们要能工作,要有幸福,必须先有健康;我们要能忍耐劳苦,要能出人头地,也必须先有强健的身体",这都强调了健康教育的重要性。洛克以医学知识为依据,制订儿童健康教育计划,提出许多可贵建议。要忍耐劳苦,不娇生惯养,应从幼年起对儿童进行实际锻炼,是其健康教育思想的核心。他还详细论述体育锻炼、生活制度、饮食、睡眠、衣着以及疾病预防等问题,提出具体建议:多呼吸新鲜空气,多运动,多睡眠;饮食要清淡,酒类或烈性饮料不可喝,药物要用得极少,最好是不用;衣服不可过暖、过紧,头部和足部尤其要保持凉爽,脚应习惯冷水。二是德行、礼仪教育。洛克提出,在绅士教育中,德行居于首位。但与传统不同,他明确提出礼仪是"处世真诀"的实用主义目的:权力与财富,甚至德行本身,之所以被人爱重,都是因为它们能够增进我们的幸福。在德行教育中,以理智克制欲望最为重要。一切德行与价值的重要原则及基础在于一个人要能克制自己的欲望,要能不顾自己而纯粹顺从理性的指导。为贯彻这一原则,他提出一些具体方法:要使儿童具有"顺从理性"的品质,就必须从幼年进行培养,坚持早期教育;要求要合理,不能仅仅是出于父母的好恶;要宽严得当,既要宽严适时,又要宽严结合;要反复练习,养成习惯;要选择榜样,重视父母与导师的教育作用;要奖惩合适,主张"善有奖,恶有罚"。洛克非常重视礼仪教育,认为礼仪是绅士待人接物的礼貌、礼节和风度,良好的礼仪使美德生出光彩。他要求绅士多练习,以"娴于礼仪"。三是智慧和知识教育。智育是绅士教育的辅助部分。在洛克看来,智育的目标是传授基本知识、技能和发展学生智力,后者更重要。他从功利主义出发,强调绅士要掌握最有用、最基本的知识。这些知识分三类:实用性的,包括读、写、算及速记、地理、历史、伦理、法律、天文、物理、数学、化学、解剖学等;修养性的,包括希腊文、拉丁文、修辞、逻辑、音乐、绘画等;娱乐性的技能技巧,包括跳舞、骑马、击剑、园艺、细木工、金工等。这种课程安排进一步发挥了弥尔顿将古典主义与实科教育结合的思想。洛克详细论证了绅士学习这些课程的意义。在教学方法上,他主张采用最容易、最简捷的方法去学

习,包括:遵循从易到难、由少积多的要求,培养儿童的注意力、持久力;培养儿童爱好知识、尊重知识的态度;引起儿童的学习兴趣,鼓励儿童的探究精神;鼓励与赞扬儿童,尤其是其求知欲望;培养儿童独立思考的能力。

绅士教育实践导源于欧洲文艺复兴时期人文主义者创办的人文学校。意大利人文主义教育家维多里诺1423年创办的孟都亚学校和格里诺1429年创办的费拉拉宫廷学校是人文学校的典型代表,含有绅士教育因素。其主要特征:着重培养有文化的政治人才;主张儿童身心和谐发展;提倡世俗教育和通才教育,重视体育、德育和人文学科教学,新增加文学、历史、地理、力学等学科;也有宗教教育,但宗教学科不再居于"王冠"的位置,主要起道德陶冶作用。绅士教育实践的主流以英国公学(public school)为典型模式。

绅士教育标志封建教会教育已向资产阶级世俗教育转变,古典主义教育已向实用功利主义教育转变,反映了西欧尤其是英国资产阶级上升时期上层阶级对教育的新要求,适应当时英国资本主义经济、政治和社会发展的需要,对当时教育的发展产生较大影响。

参考文献

洛克.教育漫话[M].傅任敢,译.北京:人民教育出版社,1985.

单中惠.西方教育思想史[M].太原:山西人民出版社,1996.

张斌贤,褚宏启,等.西方教育思想史[M].成都:四川教育出版社,1994.

（郭志明　吴明海）

生成学习理论(theory of generative learning)　亦称"生成学习模型"。美国教育心理学家维特罗克提出的一种认知学习理论。强调理解性学习是学习者原有知识经验与他从环境中接受的信息相互作用的过程。该理论于20世纪70年代提出,后接受大量验证性研究检验,于20世纪90年代发展成一种教学论。

生成学习模型的结构与流程

维特罗克兼用信息加工观和认知建构观解释学习过程,提出了生成学习模型(见右图)。该模型由三个记忆系统构成:长时记忆系统,储存事物表象、事件情节、命题知识和做事技能;短时记忆系统,有来自长时记忆系统中被激活的知识和情感倾向以及从外部输入的感觉信息,且两者相互作用;瞬时记忆系统,暂时储存感觉经验,如果未受到注意,这些经验会很快消失。

理解性生成学习经历的环节:长时记忆中的信息或反应倾向被激活,进入工作记忆;已激活的知识或反应倾向指引和维持注意;在注意的指引下,学生选择性地知觉新信息,新信息进入工作记忆;新信息与原有知识发生联系;学生积极、主动建构新的意义,建构时要对照内部和外部经验进行检验,如果通过检验,发现建构不成功,会导致新的建构的努力;成功的建构导致意义的理解,新习得的意义经过归类,进入长时记忆系统的适当部位。

维特罗克生成学习模型的结构主要受信息加工心理学的影响,其对学习过程的解释主要受认知建构观的影响。

理解性学习的主要影响因素

学生原有的先入观念、知识、自我知觉　奥苏伯尔认为,学生原有知识的性质是影响新的学习与保持的首要因素。维特罗克持相同主张,但他更强调学生原有知识中的先入观念(preconception)和自我知觉的重要性。如他与合作者对小学儿童在科学概念(如直流电电流)学习中常遇到的困难的原因作了研究,发现美国、英国、澳大利亚和新西兰的儿童对直流电电流有三种不同看法:约1/3的儿童认为,电流只是从电池流到灯泡,而回路的导线是为了防止泄漏,或为了安全;另有1/3儿童认为电路中有两股电流,分别从电池的两端出发,按相反方向流到灯泡,而相反的电流抵触会使灯泡发亮;最后1/3的儿童的观点与物理学家一致,认为电流始终沿一个方向流动,从电池的一极到灯泡,再到电池的另一极,在整个电路中,电流强度相同。前两类儿童对直流电电流的先入之见与科学概念违背。如果教学不对其先入之见澄清,学生很可能保持错误概念,继而其后继学习会受到干扰。在阅读研究中发现,阅读困难的成人(如美

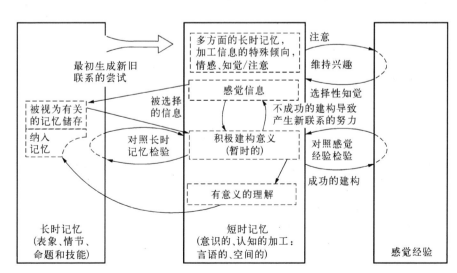

生成学习模型(维特罗克)

国士兵)对于阅读形成了许多错误概念,如认为"有些人天生会阅读,有些人天生不会阅读"。不善于阅读的人把阅读看成只是查出文章各个词在词典上的意义,并记住这些词的意义,然后按正确顺序说出文中的词语。他们从不把理解看成是阅读的一部分,因此,他们从未在阅读中体会到发现新的理解的乐趣。

动机　影响学习的另一重要因素,被任何学习理论承认。生成学习理论强调学生对自己学习活动的控制、责任以及将学习成败归因于自身努力的归因倾向。如平特里奇和德格鲁特 1990 年的研究表明,在七年级学生中,自我效能感和对自己努力的调控的意识是影响课堂学习的重要因素。他们 1990 年对小学生的一项研究也表明,学生对自己能力的预期影响他们在校学习的成败。若学生意识到能控制自己的成绩,这种意识影响学生的测验等级和成绩。路径分析表明,这种影响之所以出现,是因为控制的意识增加了学生投入学习活动的积极性。

注意　指引生成过程方向的因素,使生成过程指向有关内容的原有相关知识和经验。研究表明,在生成过程中,与学习时间相比,注意与学生成绩有更高的相关。研究者分别考察了不同类型的注意,如长时注意、短时注意、随意注意、不随意注意、选择性注意和分心对学生学习的影响,发现在学习中随意注意尤为重要。但某些学生,包括智力迟钝儿童、学习能力缺失儿童和多动症儿童存在随意注意困难,容易分心。教师应采用多种方式引导学生的注意方向、培养注意的控制能力。

生成　生成学习理论的一个基本假设是:人脑不是一个被动的信息"用户",相反,它主动建构它对于信息的理解,并据此作出推论。大脑忽视某些信息,但有选择地注意某些信息。生成主要指在新习得的信息之间建立联系(亦称内在联系)和在新习得的信息与学习者原有知识与经验之间形成联系(亦称外在联系)。生成和理解与反省认知有密切联系。如一项研究以 500 名六年级学生为被试,他们随机接受8 种实验和控制的处理。其中要求第一组学生将阅读过的每段课文生成一个概括句;给第二组学生的每段课文出示一个标题,并要求他们运用标题生成一个概括句;对控制组没有生成概括句的要求,他们只阅读相同的课文。两种生成性要求显著增加了高能力组和低能力组学生的保持和理解。

生成学习也与反省认知密不可分。研究表明,对建构学习过程的意识和控制在诸多领域提高了学生的成绩。如维特罗克在学生学习说明性和故事性课文时,教学生有关做概要和进行推理的反省认知策略,从而提高了学生理解的成绩。管理技能的自我控制也是促进学习迁移的有效方法之一。

生成学习理论提出后,在自然学科和阅读中作了大量研究,积累了丰富的研究资料。在此基础上,维特罗克提出他的教学论主张并开发一系列便于教师操作的生成技术。

理解的生成性教学模型

理解主要依据教学中学生生成了什么。有助于理解的教学是建立两种联系的生成过程。这两种联系是:教材各部分(如词、句、段和较大单元)之间的联系;学生的知识、信息和经验与学校所教教材内容之间的联系。维特罗克认为,生成性教学模型不同于其他理论之处在于:其他认知理论模型(如图式论)不是教学模型,是知识如何在记忆中表征的模型,生成性教学模型是关于如何进行理解性教学和学生为了达到理解必须生成两类可以检测的联系的理论;生成性教学模型明确指出,为了达到理解,学生必须生成两类可以检测的联系,并描述可以检测的促进理解的教学条件;生成性教学模型导致可以检测的教学方法上的实际差异,如学生用自己的话生成文段的概括语,这促进了他们对课文的理解。它与生成学习模型一样,认为成功的教学涉及四个因素:学生的先入观念、知识、自我知觉;动机;注意;生成过程。为了促进学生的理解,教师必须围绕这四个因素进行教学。

知识、知觉和先入观念　以理解为目的的学习是一个生成过程,练习和奖励本身都不可能产生理解性学习。理解既依赖于教学期间学生思考了什么和做了什么,也依赖于他们对这些思维和反省认知过程控制的意识。理解需要学生在教材的知识点之间、教材知识和经验之间生成联系。改变学生对自身在理解性学习中的作用的看法成为提高学习成绩的关键。教师应从强调记忆信息的教学转向强调生成理解的教学,即引导学生将课堂上呈现的概念与他们的现实生活经验和原有知识相联系。对低成就学生来说,影响他们提高学业成就的最大障碍是他们感到对环境缺乏控制能力,即他们觉得,努力学习不可能提高学习成绩,因为现有的教育制度将妨碍他们取得成绩的努力。学生对教师的期望的知觉也影响他们的学习,教师对学生有较高期望将增加学生获得奖励的机会的知觉,反之亦然。要改变学生的学习方法,教师先必须改变学生的不适当的学习信念。

动机　学习的成功始于学生对自我、自己的能力和努力的信念。教师应深入了解学生在阅读、自然科学和社会科学学习方面的成败归因倾向。如当学生把阅读失败归因于不可控制的外部因素时,教师应慎重选择阅读材料,只要学生采用了生成策略,他们便能理解,体验到成功。在运用这些策略时,教师可以直接提供指导。教师还应向学生显示策略的应用与改进阅读理解能力之间的关系,以改变学生的归因倾向,使其将阅读理解能力的提高归因于新的生成策略的运用。

注意　在听课和学习时,学生的注意力应指向教材意义的建构过程。意义需借助思维进行分析和综合。如在阅读教学中,可以教学生通过提问来控制自己的注意。学生面对一篇课文可以这样问自己:我读这篇课文的目的是什么? 我是在为实现我的目的而阅读吗? 读过课文后问自己:对于这篇课文,我理解得怎样? 能用自己的语言概括要点吗? 能把它与真实生活联系起来吗?

生成　教师可从三方面促进学生的生成。(1)了解学生的学习方式、先入观念、策略和信念。可通过提问和个别交流获得此类信息。(2)对教学作精心设计,使学生能在教材的概念之间和教材内容与学生的原有知识之间生成联系。可以引导学生发现教材中呈现的知识的优点,并引导他们把自己的经验与所教的知识对照,修改自己的观念。(3)教学生掌握反省认知或自我控制的策略。如在阅读理解教学中,阅读前应重点说明与阅读目的有关的反省认知策略,即通过生成联系建构意义;阅读中学生的反省认知策略应集中于运用各种具体生成技术检测这些生成活动的进行;阅读后学生的反省认知策略应强调把生成的各种联系综合成为一个有组织的整体意义,评价前面所进行的那些有助于理解的生成活动。

生成技术　为了使生成教学理论便于教师和学生操作,维特罗克开发了一系列生成技术(见表1),包括课文本身的精心加工和组织、教师呈现的教材的精心设计、学生的活动等。外部条件通过影响学生主动的生成活动达到学习理解的目的。

表1　维特罗克开发的具体生成技术

教师或课文的精心加工	学生的生成活动
大标题与小标题	写出大标题和小标题
篇名	写出篇名
在熟悉的课文、词语和句子下画线、画图或核对记号	在词下画线、画圈或核对记号
问题	回答问题
概要	写出概要
要点、规则和原理	抽象出主要观点、规则和原理
关系(课文内的和课文与个人经验之间的)	把课文与个人的经验联系起来
解释	写出解释或进行讨论
推论	作出推论,预测后继事件和结果
解释(分析和综合)	分析和综合
比喻	提供比喻
类比	进行类比推理
例子	提供例子
插图	想象和画图
图表	准备图表
地图	画地图
留出空白	填空
释义	用自己的话说明
应用	解决问题

1991年,维特罗克把生成技术分为促进呈现的教学内容之间联系的技术和促进教学内容与学生原有知识之间联系的技术(见表2)。

表2　教学内容之间联系的生成技术和教学内容与学生原有知识之间联系的生成技术

教学内容之间联系的生成技术		教学内容与学生原有知识之间联系的生成技术	
教师呈现的	学生生成的	教师呈现的	学生生成的
大标题	想出大标题	演示	学生进行演示
小标题	列出小标题	隐喻	打比方
问题	写下问题	类比	进行类比
目标	陈述目标	例子	举例说明
摘要	写摘要	图片	绘画
图示	作图	运用	解决问题
表格	准备表格	解释	作出解释
主要观点	构思出要点	释义	用自己的话解释
		推理	作出推论

其中研究较多的一项生成技术是做笔记,包括摘抄、评注、加标题、写节段概括语和结构提纲等。研究表明,这些学习活动能指引学生的注意,有助于学生发现新知识的内在联系,也有助于学生把新知识与自己的原有知识或经验联系起来。

参考文献

马向真.论威特罗克的生成学习模式[J].华东师范大学学报(教育科学版),1995(2).

Wittrock, M. C. Generative Processes of Comprehension [J]. Educational Psychologist,1990, 24(4).

Wittrock, M. C. Generative Teaching of Comprehension [J]. The Elementary School Journal, 1991, 92(2).

（皮连生）

生活与教育(life and education)　人类生存、延续和发展所面对的基本范畴。生活相对教育体系而言是外部的现实世界,不但是人类生存的静态的环境和空间,而且是人类生命的动态的展开与实践过程。人在生活世界和生活环境中生存和发展,生活与人的生存和发展是直接同一的,它以人的生命存在为起点,以人生价值的实现为归宿。教育源于社会生活的需要,是实现人类社会存在和延续的一种方式;对个体而言,教育是有目的、有计划地培养人的活动,是促进个体发展的一种有效手段。教育对实现人类和个体的生活理想具有重要作用。生活与教育以人的生存和发展为共同点,具有本体的、内在的联系。生活与教育关系的变化直接影响人的生存与发展。生活与教育不可分离。

不少教育家都对生活与教育的关系做过深入探讨。19世纪英国教育家斯宾塞提出"教育为完满生活预备";20世纪美国教育家杜威提出"教育即生活";中国现代教育家陶行知提出"生活即教育"。这些学说反映了人们对生活与教育关系的不同认识。

从教育产生和发展的历史看,教育与生活的关系经历了古代社会的直接同一,到近代社会的逐步分化、分裂,再到现代社会走向融合的过程。

原始社会,学校尚未产生,原始人的教育与生产劳动和社会生活是直接同一的。教育在生活之中,通过社会生活和生产劳动进行。教育内容是原始人最基本的生产经验和技能,以及处理社会关系的最基本的生活规范。儿童主要通过参与成年人的生产和社会活动学习成人的风俗习惯。这一部分是直接参与成人的各种生活活动,当他们的学徒;一部分是间接地通过演戏、游戏重复成人的行动,从而学会各种生活技能和了解生活内容。原始人不存在脱离生活的独立的教育,他们的生活就是教育,教育就是生活本身。

随着生产力的发展,剩余产品和社会分工开始出现,使一部分人可以脱离生产劳动成为专门的教师和学生,导致独立的教育形态——学校出现,使教育与生活开始初步分化。古代学校教育的目的是培养统治阶级需要的政治官吏,因此,生产劳动教育依然在生活中进行,培养统治阶级政治人才的伦理道德教育也不完全脱离社会生活,而是通过模仿社会生活的游戏进行。进入近代社会,尤其是随着大工业生产的出现,生产的技术含量提高,生产活动开始变得复杂而专门。除一些比较低级的职业外,通过直接参与成人的生产和社会活动进行学习与教育变得越来越难以适应社会化的需要,因而出现了正规的学校教育和专业教育。没有正规教育,就不可能传递一个复杂社会的一切知识文化和文明成果。教育与生活的分化、正规教育的出现,是教育发展史上的一大进步。但正规教育从原初的生活中分化出来也导致了两者的分离。杜威指出,在非正式教育中,参与实际事务,不管是直接参与还是间接地在游戏中参与,至少是亲切的、有生气的。与此相反,正规教学容易变得冷漠和死板,即抽象和书生气。因为原始社会积累的知识是付诸实践的,容易转化为品性,成为人的行为的重要组成部分;但正规教育中的知识却以抽象的方式储存在符号里,如果没有变为实践知识和能力,就会有和生活经验脱节的危险,它把教育和传授有关遥远事物的知识,和通过语言符号即文字传递学问等同起来,忽视生活对人的发展的作用,把生活排除在正规教育之外。教育与生活的关系在专门的学校教育中成为越来越难以处理的问题。非正规的和偶然的教育形式就是生活,正规的教育形式就是专业的、学科中心的学校教育。教育怎样既保持独立性,又与生活相联系,成为现代教育面临的重要问题。

斯宾塞的"生活预备说"以教育和生活的割裂为前提。他认为,学校教育的职责是教导儿童,使他们获得未来生活所必需的各种科学知识,为其以后的完满生活做准备。教育为儿童预备的是成人生活的种种职责和权利,儿童自身的现实生活不具有价值。教育因此可以忽略儿童的现实生活而着眼于他以后的成人生活。杜威评价斯宾塞的观点,认为其错误不在于强调教育为未来的需要做预备,而在于把预备将来作为现在努力的主要动力。杜威认为,儿童的生活与成人的生活是一体的,教育只有充分利用儿童的现实生活,才能真正为将来生活作准备。教育是生活的过程,而不是将来生活的预备。杜威虽然在本体论上把教育与生活等同起来,认为"教育即生活",但并不主张回到古代教育与生活的原始合一,而是针对20世纪初美国学校教育脱离社会生活、脱离儿童生活的弊端,强调要注重教育与生活的联系,重视教育的生活意义。他立足于对教育的改造,在学校教育中引入生活的内容,使儿童受教育的过程成为一种美好生活的享受,同时通过教育对人的经验的改组和改造,重建一种可能的生活,实现未来生活的目标。针对教育与生活的脱节,杜威主张立足于教育,用生活来改造教育。杜威的学生、中国教育家陶行知对杜威的思想进行改造,主张扩大教育的范围,让整个生活成为教育的内容,让整个社会成为学校和课堂,以生活来决定教育,即"生活即教育"。他同样强调教育与生活的联系,但他立足于对生活的改造,重视生活的教育意义。他提出,生活教育是给生活以教育,用生活来教育,为生活向前、向上的需要而教育。

无论是杜威的"教育即生活",还是陶行知的"生活即教育",都是针对教育与生活相背离而提出的。生活教育反映了现代教育与生活走向融合的呼声。这种融合强调两者的相互影响和渗透,即一方面强调教育的生活化,教育内容要以生活为基础,受教育成为人生一种幸福的经历和体验;另一方面强调生活的教育化,发挥生活的教育意义,用生活进行教育,为生活而接受教育。

（冯建军）

生计教育（career education）　引导青少年从"升学主义"转向"生计发展"的一种教育理念。20世纪70年代初美国联邦教育总署署长马兰在全面教育改革中提出的一种新观念及新构想。旨在解决学校教育与社会生活脱节的问题。

马兰在1971年11月的《美国教育》月刊登载的文章中谈到,生计教育的含义基本上是一种观点或概念,包括三方面内容:将是所有学生必须学习的一部分课程;应贯穿于从小学到高中甚至大专院校的所有年级之中;凡中学毕业或中途退学的学生都将掌握维持生计的各种技能,以适应个人和家庭生活的需要。美国联邦教育总署将生计教育定义为一种综合性教育计划,重点在人的全部生涯即从幼儿园直到成年,按照生计意识、生计探索、生计定向、生计准备、生计熟练等步骤逐一实施,使学生获得谋生技能,并建立个人生活形态。生计教育不只是职业教育或普通教育,或大学预备教育的替代物,而是将三者融合成一种全新的课程,贯穿于整个教育体系中,要求人人具备生计能力。其根本目的在于消除普通教育与职业教育之间的鸿沟,使整个教育面向劳动世界,以适应社会和实际生活的需要。

生计教育产生的背景:(1)社会动荡不定。20世纪60年代中期,美国社会动荡不定,反越战的浪潮风起云涌,种族关系日益紧张,校园常发生斗殴、偷窃等违法乱纪案件。(2)失业问题严重。70年代初,发生世界石油危机,油价上涨。美国通货膨胀严重,失业率高,就业和重新就业成为职业界甚至全社会的一大难题。此时终身教育理论和回归教育理论传到美国,前者要求将教育贯穿于人的一生,后者认为人的一生应是学习与工作不断交替、相互结合的过程(参见"终身教育"、"回归教育")。(3)科学技术迅猛发展。科学技术的迅猛发展及其在各领域的运用,使劳动力的技术结构发生巨大变化,要求劳动者具备多方面的职业适应能力。对学生进行基本的职业指导和职业训练,帮助他们获取谋生的基本技能受到社会的广泛关注。(4)学术教育与职业教育之间有鸿沟。在美国,人们长期把职业教育培养出来的学生视为"二等学生",将大量没有经过充分职业培训的普通中学毕业生直接投入就业市场,导致青年失业率相当高。公众认识到现行学校教育迫切需要改革。

生计教育模式有四种。(1)以学校为基础模式。亦称"综合生计教育模式"。限定于从幼儿园至高中这段时期,分为三个阶段:生计意识阶段,在小学一至六年级进行,主要实施职业认识教育计划,目的是通过单元教学,使所有儿童在活动中树立各种职业的总观念,培养职业意识,增加对职业的认识,以便了解未来面临的一些工作领域;生计探索阶段,让学生通过生计探索来熟悉职业分类,即职业群,七至九年级学生可以探索两个或更多的职业群,挑选自己感兴趣的职业群进行深入学习;生计准备阶段,十至十二年级的学生开始在自己深入学习的职业群中选定某种职业,并接受适当训练。在此阶段,每个学生不论升学与否,都已学会一套本领,为从事某一职业做好准备。(2)以雇主为基础模式。亦称"以工作经验为基础模式"。主要目的是对中学生进行个别化的综合教育,重点是让学生置身于实际工作情景中去体验工作,获得知识技能,以代替传统的课堂教学。(3)以家庭、社区为基础模式。最初是以家庭为基础的成年人学习,教育对象为受过一定正规教育,有一定工作经历但无技术的妇女、青年等。主要目的是帮助离校后未被雇佣的成年人开拓就业途径,提高就业能力,增加职业选择机会。(4)以居住区为基础。该模式的目的在于协助缺乏

教育和职业选择机会的乡村贫困居民及社会处境不良的家庭,将此类居民或家庭成员移至训练中心,使他们中的每一位成员都能获得受雇、持家或进一步受教育的机会。

马兰认为,生计教育是一种革命性观念,主要内涵是要消除普通教育与职业教育之间的鸿沟,消除学术与职业之间的人为藩篱。相对于传统的学科主义教育,生计教育有如下特点。(1)广义的终身职业教育。人的一生,自幼儿园至成人,都在准备和发展职业生计。生计教育既包括学校教育,也包括家庭教育和各种形式的社会教育。学习者受学校、家庭、社区、劳动场所等直接或间接的影响,而上述相互联系的各种因素皆存在于学习者生存的现实世界中。一个人的职业生计包括资源、闲暇、工作、自我四个最基本的方面,要在不断变化中实现四个方面的有机结合。(2)综合性教育。要把劳动观念和劳动习惯引进普通学校课程,把知识同生产劳动和实践经验密切结合,使劳动现场成为教育体系的一个组成部分。多样化的职业向就业者提出的要求是综合性的,美国联邦教育总署全国青少年委员会主张,中等教育改革的重点应从"综合制"转移到"综合性",使人们尤其是中学生,既能就业又能升学;不但乐于工作,而且善于工作;不但理解劳动的意义和价值,而且具有劳动的责任感和成就感,把学习、生活、个人事业的发展同生存技能结合,使学校学习活动紧密联系未来职业的需求。(3)"合作制"教育。合作制是为满足多种多样的职业兴趣提供训练计划的一种手段,即采取学校同企业签订合同、合作办学的形式,将公共教育视为学校与企业通力合作的事业。美国中等教育改组委员会主张为少数学生提供工读机会的各种合作训练计划应获得推广。联邦教育总署为此设立"社区生产教育中心",实行"参与教育"。(4)"工读制"教育。生计教育强调学校不应孤立于社区之外,学生不能只在教科书上学习劳动世界,主张采用半工半读的教学计划,让学生一面读书,一面劳动,使他们学到文化知识,同时培养其劳动技能和职业道德。师生还可以得到相应报酬,获得成就感,学校教育也因之更生动、活泼。

生计教育提出后得到联邦政府和社会各方面的支持,成为规模广泛、进展迅猛的教育改革运动。尼克松总统在其国情咨文中专门提到生计教育是政府创办的最有前途的教育事业。1971年,美国联邦教育总署拨款900万美元,资助各州进行生计教育实验。1973年,又拨款1.68亿美元,推广生计教育实验。1974年,通过《生计教育法》,将生计教育作为全国重点项目。当时有9个州通过了实施生计教育的法案,42个州采取推进措施。1977年,美国国会众议院通过"生计教育五年计划",拨款4亿美元支持生计教育的实施。此外还设置新的课程,出版教材,进行大量项目研究。所有州及大部分地区教育部门有专人负责推行生计教育计划,将有关职业的内容融入传统学术科目的内容中。20世

纪 80 年代,生计教育的观念和做法仍然得到公众和教育家的广泛重视和支持。1984 年,美国全国职业教育研究中心组建全国中等职业教育委员会,负责调查中等职业教育的作用。该委员会题为《一项未完成的事业》的报告重点强调了如何加强职业教育和普通教育之间的相互渗透和联系,以全面提高中等职业教育质量,充分肯定了生计教育所强调的职业教育与普通教育之间的"融合"。1990 年,美国联邦劳工部颁布 6 个试点性的行动计划,洛杉矶统一学区是其中一个。洛杉矶青年劳动者学校与电话通讯行业、银行业以及市政公共设施服务业合作,设立 3 个相关的职业区,每个职业区均有完备的全日制职业教学计划,学员每周有 12~13 小时的实际工作时间。学校根据工作时间和工作经验的多少,向学员颁发相关的求职证书。从这里毕业的每一个学生都拥有一项或几项比较熟练的有关自己所选择职业的技能,为其升学或到相关部门就业奠定必要的职业技能基础。

(张　旺)

生均教育经费(per capita education expenditure)
在一定区域范围内培养一名学生消耗的教育费用总和。其中消耗的教育费用总和等于学校经费总支出减去与培养学生无关的支出,如离退休人员经费、校办厂经费支出等。消耗部分的固定资产只计算折旧部分。每培养一名学生的年度教育费用为年生均教育经费,计算公式为:年生均教育经费＝(全年总费用－与培养学生无关的支出)/年均在校生数。培养一个毕业生的教育费用为毕业生生均教育经费,计算公式为:毕业生生均教育经费 = 学制期费用总和/学制期在校生数总和×学制。它们是考核教育成本、教育投资使用效率的重要指标,也是确定教育投资外部与内部比例的重要依据。

生均教育经费的特点:生均教育经费存在巨大差异,如农村与城市之间、一个国家内的不同区域之间、发达国家与发展中国家之间的生均教育经费差异非常明显;生均教育经费存在一些规律性现象,即随教育级别的提高而提高,随社会经济的发展和时间的推移不断提高,人员经费的比重则随教育级别的提高而降低等。生均教育经费的这些特点与教育自身特点密切相关。教育生产是一种劳动密集型生产,不同级别教育生产劳动密集度的差别,不同国家和地区教师工资的差别,学校教育具有类似的组织、课程、教学方法、管理和监督程序等因素,可以解释上述现象。

生均教育经费可分为:(1) 生均教育事业费(per capita student current educational expenditure)。指平均每名学生耗费的教育事业费,是考核教育成本、教育投资使用效率的指标之一。计算公式为:生均教育事业费＝教育事业费总额/年均在校生数。按年度计算的生均教育事业费为年生均教育事业费,计算公式为:年生均教育事业费＝全年教育事业费/年均在校生数。按毕业生计算的生均教育事业费为毕业生生均教育事业费,计算公式为:毕业生生均教育事业费＝学期制教育事业费总和/学期制在校生总和×学期制。在科学技术不断进步、经济发展水平不断提高的条件下,呈上升趋势。(2) 生均公用经费(per capita non-staff expenditure)。指平均每名学生耗费的教育费用中的公用经费,是考核教育成本、教育投资使用效率的指标之一。具体包括公务费、设备费、修缮费、业务费、其他费用。计算公式为:生均公用经费＝(年度教育事业费－人员经费)/年均在校生数。(3) 生均预算内经费(per capita education expenditure in budget)。指平均每名学生耗费的预算内经费,是考核教育成本、教育投资使用效率的指标之一。计算公式为:生均预算内经费＝预算内教育经费总额/年均在校生数。(4) 生均教育经费指数(per capita education expenditure index)。指生均教育经费占人均国内生产总值的比例,是衡量教育经费水平的有效判据之一。计算公式为:生均教育经费指数 = 生均教育经费/人均国内生产总值。

生均教育经费的影响因素可分为直接因素和间接因素两大类。直接因素包括学生数和教育费用支出总量,其中学生数与生均教育经费呈反比关系:若教育费用支出总量既定,则随着学生人数的增加,生均教育经费逐渐下降;教育费用支出总量与生均教育经费呈正比关系,即在学生人数既定的前提下,随着教育费用支出的增加,生均教育经费不断上升。影响生均教育经费的间接因素包括人口因素和经济因素等,它们通过对学生数和教育经费支出总量的作用对生均教育费用产生间接影响。

(刘　颂)

生命教育(life education)　　认识人的生命的价值,关注生命,尊重生命发展的特性,在保护自然生命的前提下,有效地促进精神生命自由发展的教育活动。其内涵有三层:立足于人的自然生命,使学生树立保护生命的意识、珍爱自己和他人的生命;立足于完整的生命,促进生命各部分全面、和谐地发展;把生命视为鲜活的、现实的个体,着眼于社会实践中的具体的人,促进生命个体在社会中自由充分、富有个性地发展。

"生命"首先是生存、活着,不仅要使人的生命存活,而且要活得有意义,使人生充满光辉和价值。因此,狭义的生命教育是指导个体去了解、体会和实践保护生命、爱惜生命、尊重生命、实现人生价值的活动。包括三个层次:首先,学会保护生命、珍爱生命;既尊重自己的生命,也尊重他人的生命。其次,体悟生命意义、活出生命尊严,构建生命发展的愿景,设计个人的人生规划和志向,并使之发扬光大,彩绘亮丽的人生。再次,通过教育达到理想与现实的吻合,达成人生价值的自我实现。生命教育从关心自己的生命,拓展到关心他人、关心社会、关心自然以及宇宙的价值,进而珍惜人类共同生活的环境,促使学生主动思考生命的意义,确定其人生发展方向,以自己的生命造福人类,推动社会发展,最终达到人与自然、人与社会、人与自身的和谐统一。

生命教育的实践 在实践方面,生命教育的兴起与现代社会中青少年身上出现的无视生命、残害生命、生活颓废的状况有关。(1)随着经济的繁荣、社会结构的变化,传统价值观出现危机;加之西方个人主义、经济至上以及科技理性的影响,造成物质与精神、科学与人文的失衡,使社会人际交往功利化、生命价值工具化、精神生活低俗化,人失去了对理想的追求,人与人之间缺乏诚信,出现了生命价值的失落。(2)社会在追求物质价值的同时存在轻视生命价值、不尊重生命的现象。(3)教育领域中存在重智轻情的现象。教育只给人以谋生的本领,轻视人性的培育,使人成为有知识而无人性的"单向度的人"。同时教育领域中还存在不尊重学生人格、伤害学生的情感和尊严、体罚学生甚至残害学生生命的现象。(4)青少年的生命价值意识比较薄弱,自残现象严重,包括自杀、吸毒、暴力与野蛮行为,以及帮派、性自由、精神虐待等问题。认识生命、尊重生命、珍爱生命的教育已成为现代社会的迫切需要。

在西方发达国家,生命教育一般集中在毒品知识、性知识、预防青少年犯罪和校园暴力等方面,由学校和专门的社会机构如"生命教育中心"等来进行。如美国芝加哥和澳大利亚的"生命教育中心"重点介绍抵制毒品方面的知识;南非的"生命教育中心"关注预防毒品和艾滋病方面的知识。美国的生命教育最初以死亡教育的形式出现。通过体验死亡和感受死亡的气氛,让孩子从小树立正确的生死观念,以正确的态度保护生命、追求生命的意义和价值。现在道德意义上的品格教育和心理健康意义的情绪教育也纳入了生命教育的范畴。美国还有专门训练青少年生存技能的机构,用来帮助青少年远离犯罪、毒品、艾滋病等。此外,日本的"寒冷教育"、北欧的"孤独教育"也是锻炼意志的生命体验教育。

中国的台湾和香港地区也开展了生命教育。20世纪90年代初,生命教育在台湾一些学校和地区推行。自1997年起,民间机构连同台湾教育行政当局再度关注生命教育的发展,制订了一系列计划,包括课程计划。2000年,台湾教育行政当局成立生命教育委员会,并把2001年定为生命教育年。19世纪末21世纪初,香港也开始重视生命教育。香港天主教教育发展委员会推出"爱与生命"教育系列,涉及婚姻的意义、家庭生活的真谛、贞洁的德行、性教育、人际关系和生命的意义等教育内容,并建议将这些内容纳入有关

科目。2002年,香港教育学院公民教育中心明确提出以生命教育整合公民教育及价值教育,并在多所学校推广正规和非正规的教育课程,让学生体会生命的意义,增强抵抗逆境的能力。中国内地的生命教育虽起步较晚,但已引起广泛重视。不少研究者呼吁高度重视生命教育,并探讨生命教育的内容和形式,一些学校尝试开发热爱生命的教育课程。国家在有关中小学生守则中增加"尊重生命"、"保护生命"的内容。上海市出台《上海市中小学生生命教育指导纲要》,对青少年进行生命的起源、性别教育、青春期教育、心理健康教育和生存训练等方面的指导。有的地区结合预防艾滋病、远离毒品、抵制不健康网站以及生存安全等内容开展生命教育,培养学生热爱生命、珍惜生命、健全人格、文明生活的意识。

生命教育的理论 生命教育理论主张,教育应完整地理解生命,生命教育不只是保护生命;作为一个完整的人,其生命包括自然生命、精神生命、社会生命。在这个意义上,生命教育是面向完整生命、促进生命和谐发展的教育。自然生命是人存在的物质载体和本能性的存在方式,是最基本的生命尺度。但自然生命也不完全是一个自在的、自然的存在,它已被打上精神的烙印。生命教育理论把精神生命看作人的本质,正因为人有精神的存在,才能够超越动物的本能而获得自由。该理论进一步提出处于社会关系中的社会生命的实现和完善。个体生命只有进入公共领域,参与公共生活,才能从一个自然的生物人、个体人变成公民,才能通过自己的社会角色承担自己的权利和义务,实现自己的生命价值。自然生命、精神生命和社会生命是整体生命的三维,它们相互关联、相互影响、相互包容,共同构成个体完满的生命。

自然生命中的"自然性"不单指人具有的动物性,还指人的生命存在和发展所具有的天性。人的天性是自然的意志在生命中的体现,是人的生物性中所蕴含的"潜能"的流露。人的天性是生命进化的结果,天性的改良只能通过自然自身漫长的进化进行。教育对于天性应当保持敬畏,应首先尊重儿童的天性。扩而大之,也要尊重整个自然生命。教育不是要改变自然生命,而是要顺从它、保护它;要遵循生命的发展规律,尊重儿童的天性,为儿童展现天性创造条件。自然生命的教育首先是遵循儿童的天性,在此基础上作好其身心养护工作。身心的养护指教育要保护儿童的身心不受伤害。德国哲学家康德在其《论教育》中指出,养护是父母必须对自己的孩子细心照料和关注,以防他们以某种有害于自身的方式运用其力量。

精神生命是超越自然生命的内在生命,表现为个体的完美人格。在人格中,"真"注重的是人的科学精神;"善"注重的是人的道德精神;"美"注重的是人的审美精神。真、善、美在人格中各有偏重,但又相互渗透,使人格表现为完

整的统一。精神生命的教育是培养完满人格的教育，它是智育、德育和美育的统一。智育是通过对外部客观事物的认识(认识"真理")，发展学生探索"真理"的智慧、辨别"真理"的情感，以促进生命发展的活动。它包括三个层次：知识的学习、智慧的发展和情感的孕育。在人格中，道德是一个高度自主的领域，它满足个人自我确证、自我肯定和自我发展的需要。适合于人的道德必须建立在人性的基础上。道德教育应该是生命的教育，是尊重生命的特性、提升善的价值的过程。美既是客观的，又是主观的，是人对客观事物的主观反映。审美活动是人生命的需要，审美追求是人对生命的追求，审美体验是人对生命的体验，审美享受是人对生命的享受。美育关注的是人的生存和发展，它的基本价值取向在于人自身，在于人的生存和发展的充分可能与完满，它不断地推动人走向自由。美是自由的形式，美育在最高层次上是要造就一种自由的审美境界，成就一种审美的自由人格，这是美育的根本。

社会生命的教育实质上是个体生命的社会化过程。个体生命的社会化指个体适应社会的要求，通过与社会环境的相互作用，由一个自然人、精神人转化为一个能适应一定社会规范要求、参与社会生活、履行一定角色行为的社会人的过程。社会生命的教育是使人成为社会人的教育，即成为一个家庭和社会的成员，成为一个公民的教育。它包括社会化的教育、共同生活的教育、生存的教育等。社会生命是精神生命在社会领域和应用层面的延伸，它体现了教育的工具性。教育既要引导人思考"为何而生"的意义，引导个体建构完美的人格，又不能放弃教人"何以为生"的本领，使人成为适合一定社会需要的角色人。

教育若具有浓重的社会本位色彩，就会在追求教育的社会价值时把人工具化，从而遮蔽、异化人的生命的本真状态。生命是鲜活的、具体的。生命教育理论认为，生命是教育发生的原点，教育是生命的存在形式。在这个意义上，教育是指向生命的教育，生命的价值是教育的基础性价值。教育的目的是提升人的生命价值和创造人的精神生命；教育的过程是生命的精神能量的释放和转换生成。唤醒人的生命意识，激发人的生命潜能，使师生主动、积极地投入教育活动，是教育活动成功的保证。

生命的特性是教育行动的根本依据。其中三个维度是最基本的特性，即发展内容的全面性、发展形式的自由性、发展结果的独特性。(1)教育关注完整的生命。人是一个复杂的生命体，其自然生命是精神生命的载体，精神生命又作为一个"中介"将自然生命和社会生命紧密地联系在一起。生命是一个完整的存在，自然生命的教育、精神生命的教育和社会生命的教育构成有机联系的、完整的生命教育的内容。(2)教育凸显生命的灵动。生命不仅是全面的、和谐的，而且是自主的、自由的。关注生命的教育必须凸显生

命的灵动。首先，要高度尊重儿童，遵循其身心发展的内在本性，而不是用成人的世界、成人的眼光去过滤他们的生活，使他们被迫服从。生命教育必须把儿童看作生命发展的主体，始终珍视他们发自天性的那种主动权。其次，针对传统教育比较严重的教师中心论倾向，生命教育主张把儿童当作灵性的生命体，把课堂还给学生，让课堂焕发生命活力；把精神发展的主动权还给学生，使教育真正帮助学生实现自主建构和自我超越。教育过程要"尊重意愿、满足需要、培养兴趣"，凸显"自主、自信"的主体精神，唤醒儿童自我发展的内在意识，激发其内在的发展动力。教师要做的工作是把个体内在的天赋本性引发出来，给他们一些属于自己的时间和空间，使之有思维的自由、心灵的自由，以讨论等方式培养其发现问题、解决问题的能力。这样做才能使教育活动真正成为教师指导下学生生动、活泼、主动发展的过程。(3)教育张扬生命的个性。生命的独特性也称为个性，是个体动机、需要、兴趣、特长、倾向性以及认知思维方式的综合反映，它使人对事物的反映带有个人特征，形成个人化的精神世界。生命教育应以尊重个性为前提，使教育成为一种个性化的教育。为此，要尽量减少不必要的划一，给学生以自主选择的空间，创造一个崇尚开放、多元的环境。联合国教科文组织国际21世纪教育委员会在《教育——财富蕴藏其中》中指出："教育的基本作用，在于保证人人享有他们为充分发挥自己的才能和尽可能牢牢掌握自己的命运而需要的思想、判断、感情和想象方面的自由。"

教育是与生命最相关的事业，生命是完整的、自由的和独特的，教育的根本使命是致力于生命全面而和谐、自由而充分、独特而创造的发展。这是生命教育的本质内涵。

参考文献

刘济良.生命教育论[M].北京：中国社会科学出版社,2004.

叶澜.为"生命·实践教育学派"的创建而努力[J].教育研究,200 4(2).

（冯建军）

师生关系再生产（reproduction of the relationship between teacher and student）　在预先规定的社会情境中，已经合法化的抽象的师生关系通过教育实践转化为具体的、现实的师生关系的过程。法国社会学家涂尔干关于教育活动的论述对师生关系研究具有奠基性作用。他认为人类教育儿童的现象是一个不断强迫的过程，这种强制力存在于社会，通过父母、教师来铸造社会的新成员。即父母和教师是社会与儿童之间的"中间人"，是社会强制儿童的代表。较之父母，教师的强制力更制度化、更规范，是社会的代言人。社会强制力之所以在教育方面表现得更突出，是由于教育的主要职能是向儿童灌输构成社会整体框

架的道德价值,教育的目的是将个人培养成为社会的一分子。教育的职能表现为师生关系再生产的两个维度。一是统一化的强制与被强制的关系,即代表社会的成人与尚未社会化的儿童之间的关系,这种关系被教育职能的需要合法化,并通过不断的教育实践得以再生产,师生关系再生产在这个意义上意味着通过教育实现社会的共同价值;二是在师生关系的再生产实践中实现师生关系的多样化。

涂尔干对教师强制力的分析在其后的研究中获得支持。美国教育社会学家沃勒在《教学社会学》(*Sociology of Teaching*,1932)中提到,师生关系是一种制度化的"统治—从属"关系,师生之间含有潜在的对立情感,存在难以消除的"社会距离"(social distance)。他认为在师生关系中,教师是制度化的领导,师生之间难以形成真正平等的关系。

中国学者将师生关系置于学校组织中进行研究,从师生各自的社会属性、文化品质及行为模式等方面,阐明"统治—从属"的师生关系及其再生产机制。吴康宁认为,从根本上说,教师与学生是具有几乎互为相悖的"社会属性"的组织成员,二者是异质的,无论就社会角色还是就"文化品质"而言,教师都占据绝对优势,并居支配地位。师生关系的再生产通过师生的互动实践实现先在的、规定的支配—从属关系。

首先,师生关系再生产强化了教师在教学活动中的优先权。当学生尚未进入教育过程时,教师已制定或掌握了有关教育活动的规则,学生则要不断去适应规则。教师与学生的行为模式是由社会情境预先规定的,教师代表成人世界和社会,一旦学生进入这一社会情境,便被要求遵守已有的社会规则。

其次,师生关系再生产伴随师生角色及其行为模式的再生产。在教育活动中,师生角色只有在合法化的师生关系中才能维持,而师生关系的再生产正是通过师生自觉的角色扮演实现的。教师行为及其在师生关系中的角色扮演,是由来自社会各个不同主体(包括教师本人)对教师的一般观念共同塑造的,总体上与教师个人的特质无实质关联。学生角色及其行为亦由教育情境、教师的要求、其他同学的示范以及学生个人的反身实践共同塑造。关于学生角色,有学者持"受抑者角色论",认为学生主要扮演"遵从者"、"忍受者"、"取悦者"角色;有学者持"适应角色论",认为学生有受抑的一面,但也有反抗的一面。两种不同的观点均反衬出学生在师生关系中的低地位处境及受制约的角色。学生(或教师)改变师生关系的企图会被强大的再生产的制度化实践淹没。英国社会学家 P.威利斯在《学会劳动》(*Learning to Labour*)中揭示学校中存在集体性的学生抵制,但也表明这种抵制在强大的制度化实践面前无能为力。师生关系的再生产不仅不断强化现行师生关系的合法性,

还再生产出人们对师生关系的观念以及相应的一套行为方式。

再次,师生关系再生产在具体的教育实践中通过师生互动生成。学校这一社会设置只保证师生关系再生产的可能性,师生关系的现实再生产总是在师生互动中实现。在教育过程中,教师会采用一系列行为巩固自己的权威地位,学生亦形成一系列行为来影响或配合教师的行为,从而形成相应的师生关系。不同教师在教育活动中呈现不同形象,或是权威形象,或是顾问、同伴形象;师生互动模式也并不单一、固定,或是"指令—服从"、"建议—采纳",或是"参与—协从",所形成的人际氛围或专制、或民主、或放任。无论教师以何种形象出现,在制度上,教师总是占据"领导者"地位,拥有"领导者"身份,教师与学生的互动模式主要由教师的角色行为决定。

教师和学生不同的社会背景使师生关系再生产呈现不同的形式,实现意识形态或社会分化的再生产。美国心理学家罗森塔尔的心理学实验表明,教师的期待会影响学生的发展,但教师并不对所有学生抱有同样期待,学生的性别、学业成就水平、种族等都会影响教师对学生的期望及相应的行为方式。研究表明,在以能力分组的学校中,高能力班的学生比低能力班的学生获得更高的教学质量及更多的教学内容,课堂教学更民主,如花更多的时间用于学习,常被鼓励,有更多的讨论等。而教师的种族、性别、工作能力及类型也影响师生关系。法国社会学家杜里-柏拉等人指出,不同类型的教师适合不同的学生;对不同阶层出身的学生,教师的行为方式也不同。教师按照每个学生将在社会劳动分工中占据的位置与学生发生关系,培养学生,在师生关系的实践中再生产社会阶层。

师生关系再生产是社会对儿童实现社会化(包括社会分层)的一个重要机制。在教育实践中,师生关系通过教师与学生对师生关系的合法认同,将抽象的师生关系具体化、强化。在学校这一特定的社会场域中,一方面,师生的身份感和角色行为自觉地与学校场域的设置相一致,与其气质相符合;另一方面,教师及学生的教育实践及其关系又进一步强化了学校场域对师生关系的要求,从而使师生关系的再生产得以顺利实现。

(郭　华)

师生互动中的权力关系(teacher -students' interaction as power relation)　　权力和权力实践的视角被引入教育理论研究后,教师与学生之间呈现的一种状态。教育具有较强的价值主导色彩。法国社会学家福柯从研究"规训"(discipline)一词入手剖析教育中的权力,揭示知识与权力的关系。discipline 有双重含义,即学科与纪律。其拉丁词源为 disciplina,其中前一个词根 disci 即英文中的

learning，后一个词根 puer 即英文中的 child，意为让孩子学习，即指教育。discipline 有两层含义，名词形式意为"给儿童提供一套知识"，动词形式意为"让学习者在知识面前保持纪律"。其双重含义沿用至今，既指一套相关的知识，亦指一套矫正与控制体系。学科为经，纪律为纬，纪律保证知识的传递，两者共同构成社会生活。福柯借助"话语"（discourse）这一核心概念分析知识与权力的关系，指出"话语"并非一个价值无涉的词汇，它包括内涵丰富的意义与社会关系（权力关系），不仅包括所思所言是什么，更关注"谁在说"、"在何时、何地、以何种方式说"，后者决定话语是否具有权威性。在不同的论述和权力关系中，话语对不同的主体有不同的意义，话语既提供思想的路标，又限制思想的阈限。

　　"知识即权力"这一判断在 20 世纪 60—70 年代教育社会学对教育公平的研究中获得确证。社会病理学将工人阶级和其他处境不利群体子女学业成就低下归因于工人阶级家庭文化资本的匮乏，认为社会结构的病理所导致的学生成就差异不可避免，亦推论出教育与教师在其中难有作为。对学生的筛选或基于学生能力，或基于学生家庭背景；对不同类型学生的教学内容、教导方式殊异。不少研究揭示，在中上阶层子女就读的学校，教师鼓励怀疑精神和批判精神，学校的正式课程与隐性课程都是为了培养未来社会精英所需要的创新精神与责任感；而在劳工子弟就读的学校，课程内容与其生活无关，教育因不能允诺学生前程而成为其现实生活的负担，学校教育强调纪律、恪守时间、尊重权威以及对单调、重复劳动的忍受。学校在复制资本主义工业生产需要的劳动力所必备的驯服的身体和思想。教育社会学开始用权力的视角剖析学校中的知识，认为知识是权力的建构，处境不利群体的家庭文化并非"空白"，而是"不同"，学校知识与其文化的相异性，导致学校知识对处境不利群体子女的排斥与压迫。

　　权力的实践有三个途径，即规范化、可视性、惩戒与奖励。

　　其一，规范化既是教育的目标，也是教育的手段。现代教育自信可根据科学理性和工具理性来设计社会、塑造个人。教育实践将"均值人"或规范者作为受教育者的基本标准。"均值人"是一种社会事实，更是道德事实，是社会典范的代表，"均值人"将差异定义为偏差，教育实践刻意完成的即纠正偏差，维持常态和道德规范。由此，新人的塑造意味着消除差异，教育和教师的所有工作就是致力于培养适合在"新秩序"中生存的"新人"。

　　其二，可视性是教师权力实践的重要途径。为了培养学生驯服的身体和驯服的思想，微观的权力技术塑造了学校的空间与时间。福柯借用法国哲学家 J. 边沁的"圆型监狱"的隐喻予以形象说明。圆型监狱的设计突出监视的持

续性、全域性与单向性，由于"被看"但不知何时被看，被监视者只能选择将规范内化，变成一种自我技术。学校与课堂是权力实践的典型场所，如学校空间的严格设计、时间的精确控制、成文的学生行为规范、隐秘的校园文化，或日常考试、期末鉴定、毕业档案等，教师运用权力将学生拉入"可视"的界限，以便管理和控制。福柯认为，将知识与权力连接在一起的是考试，学生在考试的主导下学习，自由探究的学习被高利害相关的考试取代，考试运用标准答案和计量评分方式，数量的多寡再次消解了质的差异，考试逻辑惯于将个体处理为个案，个人亦惯于用数字指代自身。由此，学校教育培养出的个体精于计算，角逐成功，但很难有独特的个性和自由的精神空间。考试文化培养出可测验的人与可算度的人，暗合科层制社会的意识形态。可视性的另一个表现是评语和档案。评语和档案是个人进入社会空间的索引系统，它记录个人的德性、能力、业绩，进行定性、分类、评价与奖励，确定了个人的"能见度"。档案更是通过个体自身的不可见性来施展权力，又将一种被迫可见原则强加给其对象。在严厉而缜密的可视性权力下，教育场域中的个体不得不自我审视，用自己的意识持续地监控自我可见的行为与言论以及不可见的思想。在对人的心智的持续监控下，自我技术所关注的不是惩戒不轨，而是明辨正误，将外在规则内化为内心的原则，时时处处检讨自我，由此，在现代考试所塑造的微观权力空间中产生所谓成功者。

　　学校承担对未来国家精英的分类、选拔与定向输送。学校具有空间的封闭性、成员的流动性和时间上的间断性等特点，要求学生在有限的时间中表现突出，积累各种有价值的资本，以获得好的机会与资源。学校组织是一种环境单一、节奏鲜明、纪律严明，有繁琐的仪式和诸多训练的教育场所，从某种意义上说，"去自我"的技术和形成"驯服的身体"与"正确的思想"的纪律技术，是学校组织的教育核心。

　　其三，惩戒与奖励作为纪律技术，不仅体现为规训社会，更体现为榜样社会。规训社会着力于人的行为，强调行为规范；榜样社会着眼于人的精神，追求精神内化。前者是消极控制，以惩罚为主导；后者是积极诱导，重在褒奖。规训社会依托法院、军队和监狱等国家权力机构，通过惩戒少数进而威慑多数，行使社会治理之表；榜样社会则运用风俗、教育、艺术等文化权力，通过道德自律进而规范内化，担负社会控制之本。在福柯所谓的"圆型监狱"控制中，人是被监视者，是需要时刻被修正的客体；在榜样社会，人可以是主动的，甚至是行动者，人的主动在于对社会的参与和对社会规则的洞悉，个体为社会作出牺牲是个体自我的实现。规训社会的权力控制来自外在的、疏异的"老大哥"（big brother），即极权社会中无所不在的监视之眼，榜样社会则将社会控制立基于共同体内部，将约束性力量转变为建设性力量。榜样社会中重要的教育实践是树立榜样，通过褒

奖模拟榜样的成员,将少数的"榜样"转换为大众的行为与品质。

在教育的表层权力网络中,教师是规训者,学生是被规训者,但探究教育的深层权力结构,教师既是规训的承担者,更是规训的承受者。教师绝不仅是权力实践的单向施行者,更是权力实践的产物,成为教师的过程是一个"被规训的过程"。英国教育社会学家 S. J. 鲍尔指出,管理的目的在于使教育机构更好地运作,管理学同样是一门道德技术。在市场逻辑与工具理性的主导下,在由科层制的监视(hierarchical observation)、规范化的判断(normalizing judgement)、监督与考评构成的总体性的控制氛围中,管理的微观权力同样严格且缜密地作用于教师,并通过教师触及学生。

教师在感受和实施权力实践的同时,权力实践亦作为一种结构超越了具体的行动者,行动者只能服膺于此结构,并将自己整合到结构中。教师用"被规训"的实践与"规训"的实践再生产权力逻辑。由此,权力实践已不再是单薄的教师权力,教师权力是在由国家权力、文化权力和市场权力建构的权力实践中发挥作用。

(刘云杉)

实践与折中模式(practical and eclectic model) 美国课程理论家施瓦布于 1969—1983 年间提出的课程研制模式。与注重理论的课程研制模式形成对比,力主课程探究模式彻底转型,从理论转向实践,从目标分析转向情境诊断,从规范化程序设计转向具体行动及方案的选择,从自上而下的课程决策体制转向自下而上的集体审议,从理论规范实践转向实践加工和创造理论等。

施瓦布将技术的、行为主义的课程探究模式称为"理论的模式",指出这一模式存在两大弊端。一是只关注理论,漠视实践:对教什么、什么时候教、怎样教等课程研制问题只局限于理论解释,追求包含普遍合理化原则的抽象理论,却不考虑具体的课程政策或实践;只追求逻辑上的完美,缺少对事实的审议。施瓦布讲求实用,主张在各种特定的教育实践中寻求和选择具体的决定与行动,认为课程研制无需通用的课程理论,只需根据对具体情境的特定事实及知识的审议来选择和制订课程研制方案。二是课程目标及其理论来源单一化:课程目标的具体方向及理论来源仅局限于某一领域,仅以某一种社会科学或行为科学为依据,如心理学、社会学、历史学、文化学等,所建构的课程方案与关注的焦点及问题大相径庭。施瓦布认为仅以一种学科理论为依据建构的课程方案不适切,一个经得起辩护的课程计划必须考虑与人相关的各种亚学科。

基于对"理论的"课程探究的特征分析及批判,施瓦布认为,课程研制亟待由理论向实践转换,并提出其以具体的实践情境及理论折中艺术为基点的实践与折中模式。该模式同"理论的"课程研制模式的主要区别有四。在探究的问题来源上,后者源于"心态"(state of mind),即已被认同或接受的抽象理论;实践与折中模式探究的问题源于"事态"(state of affairs),即实际情境中的问题或障碍,研究者关注特定情境,不满足于治标式的问题解决,而要探明问题的根本原因。在探究的主题上,理论研究者寻求可广泛运用的、普遍的、一般化的原则和结论;实践研究者主张对特定问题情境的仔细观察与理解,在事实判断的基础上寻找解决问题的办法。在探究方法上,理论的课程研究方法注重归纳抽象结论;实践的课程探究方法则是理解特定的情境及问题,以便作出决定,视课堂为课程探究最重要的场所,反对脱离与具体情境的相互作用而寻求所谓客观化的一般结论。在探究目的上,理论探究的目的是知识以及客观化、一般性、普适性的结论,不关注学生的个别需要、兴趣及特定情境;实践的课程探究目的是增强在教学情境中有效行动的能力。实践研究者认为课程探究方法的运用没有固定法则,实践背景的复杂性及具体情境的特殊性决定了方法运用的艺术性特点。施瓦布从四方面阐述实践的艺术。一是规范行为方式。课程探究的问题应来源于现存的具体情境,包括制度及惯例方面的因素,课程探究行动必须关注课程方案选择的整体效果以及连贯性和关联性,以保证课程决定在特定情境中的适用性和实用性。二是发现及诊断问题。课程探究行动及决定注重对课程实践的诊断,必须关注课程中已有问题、缺陷、障碍及其功能缺陷,并加以纠正,力图确定一个完整、有效的改革方案。三是预先形成可供选择的方案。除了对事态的熟悉、对问题情境的提早识别以及对问题有效的系统阐述外,还需要有大量新型多样、适用于实践审议、可供选择的问题解决办法。四是规范方法的性质。施瓦布认为,实践的方法是审议的,而非归纳的,方法的目标不是概括或解释,而是形成在特定情境中行动的决定;实践的方法亦非演绎的,所处理的是具体的实例,不是抽象观念,几乎每个具体实例的解决都要运用两种或多种原理,每种具体实例都具有某些不能包含于任何单一原理中的特征。施瓦布同时阐述了实践探究中理论的价值及对理论的运用方法,即折中的艺术。认为折中的艺术重在阐明某种理论不能单独成为课程研制的基础,课程理论也不能直接用于课程研制方案的确定,理论只有在折中的基础上才能构成课程实践的依据。折中的艺术有三:将理论观点与实际问题进行比较,揭示哪些理论观点适用于实际问题的解决;对各种理论观点进行剪裁和重组,使其适应实际情境及问题解决的需要;以理论为基础,创造适应实际情境的新的解决方法,形成可供选择的行动方案。施瓦布主要强调以理论知识为基础,探究解决问题的具体的、灵活的、恰切的新方法,而不是将理论本身视为方法,或在理论中寻找现成的方法。

实践与折中模式的立足点是实际情境,施瓦布在《实践3:课程的转化》一文中提出课堂情境的四个因素,即教师、学习者、学科内容和环境,并将其视为课程的基本要素。课程研制需遵守整体性、互动性原则。研究者欲充分理解具体的课堂情境,并作出适切的决定,就应通过与由教师、学习者、学科内容和环境构成的情境相互作用来发展其洞察力。即课程探究中,研究者必须亲临具体的实践现场,诊断情境,并以此为基点,在全面和综合审议各种因素的基础上确定具体问题的解决方法及备选方案。(1)教师。教师处于课堂情境中,其决定和行动构成课堂文化生活的主要制约因素;教师在与学生、学科内容、环境的相互作用中工作,他们不仅是既定目标及内容的实现者和实施者,而且是课程的探究者。实践与折中模式赋予教师课程研制者的角色。(2)学习者。以往的课程研制模式中,学习者被置于课程内容的被动接受者地位,实践的课程探究认为,任何课程的结果都深受学习者的影响,学习者在课程研制中应发挥更积极的作用,应与教师一样成为课程的创造者,在学什么与怎样学的问题上展开对话。为培养学生的责任意识,可允许学生参与课程审议。实践的课程审议主张学习与发展是连续的过程,对课程的接受与创造是这一过程的两种不同手段,其共同目标在于促进学生的成长和成熟。(3)学科内容。实践的课程探究赋予学科内容以动态性,课程研制中,许多方案在情境中产生,学科内容的选择以实际情境中的需要为依据,学科研究意义的生成亦通过情境中各种因素的相互作用实现。情境不同,如教师、学生不同,个人生活经历及环境改变等,学习经验的选择依据及具体面貌即出现较大差异。(4)环境。包括物质的、社会的、文化的、心理的等学习情境以及课堂生活中的规章、制度和期待等因素,不仅制约事态的发展,且决定情境的性质和面貌。课程研制者须充分考虑环境因素对特定情境及问题的制约作用,以保持教育情境的平衡。在实践与折中模式中,形成课程探究及课程方案的方式是审议。施瓦布认为,审议复杂而艰巨,要同时探讨目的和手段两方面的问题,且必须将二者的关系视为相互制约的关系。审议最主要的任务和目标是:识别与目的、手段相关的事实,判断和洞察具体的实践情境,确定迫切需要解决的问题,提出可供选择的解题方案,在此基础上分析和评价备选方案,并选择最适当的方案。审议贯穿整个课程探究过程,其质量决定课程探究的最终效果,施瓦布要求审议必须权衡所有事实,在课程的各要素间取得平衡;在课程方案的选择上,全面考虑各种有效的备选方案,从多方面审议每个方案。关于审议主体的构成,施瓦布反对课程探究及决策制定中自上而下的政府行为,或单纯套搬学科专家的理论和方案,他阐明其"集体审议"思想,即由学科专家、教师、学生、校长、心理学家、社会学家、社区代表等组成课程审议小组,共同评议和确定课程方案,避免课程方案脱离实践情境。

(郝德永)

实验教育学派(experimental pedagogy)　　欧美一些国家中以教育实验为标志的教育思想流派。19 世纪末 20 世纪初产生于德国。代表人物有德国的梅伊曼和拉伊、法国的比纳以及美国的 G. S. 霍尔和 E. L. 桑代克。

实验教育学的产生受实验心理学的直接影响,实验心理学为实验教育学提供科学基础和实验方法,实验教育学还吸收实验生理学及其他自然科学的研究成果。它作为传统教育的对立物而出现,试图解决旧教育中存在的问题和弊端。其基本特征是重视研究儿童发展与教育的关系,重视实验,并强调从实验结果中寻找教育的途径和方法。实验教育学者批判旧教育学注重逻辑推理和抽象思辨的方法,认为其结果必然与教育实践和教育对象脱离。他们运用观察、调查、计算、测量和统计等方法进行研究,努力将教育学建立在自然科学的基础上。

实验教育学为新教育提供重要理论依据,促进教育理论的科学化,将教育学从哲学的桎梏中解放出来,给实际教育工作者以有益启迪,对当时和后世的教育产生深远影响。它与 20 世纪初出现的儿童研究运动和学校调查运动相关联,成为教育科学化的开端。但它片面强调儿童的生物性,忽视了社会性因素,并把实验方法推崇到极端,视之为教育研究的唯一方法,忽视了社会科学与自然科学之间的差异。

德国的实验教育学　　梅伊曼是德国教育学家和心理学家,实验教育学的创始人之一。青年时期曾跟随冯特学习实验心理学,1901 年在《德意志学校》杂志上发表一系列文章,首次提出"实验教育学"的名称,并论述了实验教育学的研究目的和内容。1905 年,与拉伊共同创办《实验教育学》杂志。主要著作是《实验教育学入门讲义》(1907)。梅伊曼认为传统教育学体系提出的规章和准则是思辨或直观思维的产物,未采用科学实验方法进行严密论证;同时未说明其由来,使教育工作者不知道所采用的教育方法的根据,只能把这些规章奉为权威,盲目照搬,从而阻碍教育科学的发展,降低教育工作者的独立性和职业兴趣。梅伊曼主张利用当时与儿童发展有关的各方面的科学研究成果及研究方法,推动教育的科学化;强调用以观察和实验为主的科学方法来探求教育的方法和途径,把实验教育学的建立看作一种方法革命。在他看来,实验教育学起源于众多研究领域的汇合,是汇集有关教育的各种实验的一门学科。他详细论述了实验教育学的研究范围,大致包括儿童身心发展规律、儿童智力发展问题、儿童个体差异及天才儿童的特点、儿童心理各组成部分的发展情况、教学方法问题、教师工作及学校制度的合理性问题;主张实验教育学研究人员应主要是受过训练的实验心理学家,研究的主要场所是心理实验室,研究的内容是包含在教育过程中的项目。他不赞成课堂教学实验法,认为只有在心理实验室获得的研究成果才是最有价值的、最可靠的。梅伊曼最重要的研究是与智力发展有关的研究,尤其是与学习过程中的心理疲劳和记忆有关的研究。在教育史上,梅伊曼首次系统论述了实验教育学的性质、方法、研究范围和任务。他指出了以思辨和逻辑推理方式研究教育的局限性,要求把教育学建立在科学实验的基础上,对传统教育的改革起很大的推动作用,但他反对建立教育学的完整体系,并过分强调了实验研究方法。

拉伊是德国实验教育学的另一位创始人。1893 年到其母校卡尔斯鲁厄第二师范学校任教,后任校长。其研究成果都来自该校及该校附小的教育实验。主要著作有《实验教育学》(1908)、《行动学校》(1911)和《新教育科学大纲》(1921)。拉伊与梅伊曼在一些基本问题上有共识,但在另一些重要问题上,两人存在意见分歧。拉伊批评梅伊曼把实验教育学与传统教育学对立的做法,认为教育科学应包括相互联系的三大领域:教育史、辅助科学和实验研究。在重视实验研究方法的同时,不应忽视传统教育的教育史和辅助科学(包括自然科学和人文科学)的方法。因为任何实验研究或课题选择都需要对有关问题先做历史考察,并利用辅助科学进行价值定向选择,同时运用实验的方法对前两项研究成果进行鉴定。拉伊把实验教育学看作传统教育学的扩充与严密化,是一种完整的教育学。拉伊指出,教育实验中假定的成立、事实的发现和系统的建立受自然科学和文化研究的影响。人类在很大程度上是环境的产物。环境影响儿童,儿童对环境的各方面作出反应,反应的形式是印象、印象的类化和表现。教育是按照规范的科学对人类身体和心理的发展的引导和控制。根据上述思想,拉伊把教育学分为个体教育学、自然教育学和社会教育学,但又认为三者没有明显分界,因为个人和其自然与社会生活构成一个相互关联的整体,只有在分析影响教育产生的原因时,才从三个方面进行考虑。此外,拉伊强调“表现”(即行动)在教育过程中的价值,甚至认为应把表现的原则当作教育、教学的基本原则,其实验教育学也因此被称为“行动教育学”。拉伊把教育实验分为假设、实验和应用三个阶段,强调实验与教育实际的密切联系:作为最终假设的规则和原则来自教育经验;教育实验的情境必须简化,应符合教室的情景和特点;在实际中运用在实验中获得的知识与结论。拉伊主张将教育实验与心理实验区分开,并在正常的学校环境(教室)中进行教育实验;重视学校、教师在教育实验研究中的作用和意义,认为教师应参与心理学家、医生和人类学家的共同研究。

美国的实验教育学 G. S. 霍尔是美国儿童心理学的创始人、美国教育心理学的开拓者,被誉为“儿童研究之父”。其主要兴趣是将发生心理学与教育联系起来。他对儿童心理和教育问题所进行的广泛调查引发社会对儿童研究的热情,形成儿童研究运动。其教育方面的代表作是《青年期的心理与教育》(1904)。G. S. 霍尔把生物学中的进化论和复演思想扩展到心理学,提出进化不仅体现在肌体上,也体现在心理上,个体心理发展是种族进化历史的复演。他认为,儿童期反映人类的远古时代,少年期是中世纪的复演,青年期是比较新近的祖先特性的反映,教育必须遵循复演的顺序,适应儿童不同阶段的不同需要,允许儿童将发展过程中依次出现的各种活动本能充分展现出来。根据复演说,G. S. 霍尔提出自己的教育主张。他重视肌肉运动,认为肌肉是意志、品性乃至思想的器官,肌肉发达最能促进脑髓发展,因此反对把儿童关在屋内静坐或死读书,主张遵循个体发展的特点,对儿童进行自然教育。对于儿童多少带有的一些野蛮性本能,应在一定范围内让其自由表现,设法给予满足,让儿童在自然环境中狩猎、争斗和嬉戏,通过本能的发泄达到“净化”。G. S. 霍尔的儿童发展理论现已基本上被理论界否定,但从中发展出来的教育主张却为欧美教育革新运动提供了理论依据。G. S. 霍尔重新强调了夸美纽斯的教育应适合儿童学习年龄阶段的主张,支持卢梭的教育顺应自然的观点,他是美国第一个试图把发展心理学运用到教育方面的人。G. S. 霍尔在儿童研究中广泛使用他从德国学来的问卷法。到 1915 年,G. S. 霍尔同他的学生已发展和使用过 194 种包括多种课题的问卷。虽然在他之前,英国的高尔顿早已用过这一方法,但由于他广泛使用问卷法,并对此法有所改进,因此美国一度把问卷法同 G. S. 霍尔的名字联系起来。G. S. 霍尔使用的问卷法具体包括两方面:直接让被试回答问卷;通过教师和父母收集资料。其《关于儿童说谎》(1882)和《儿童心理的内容》(1883)等论文反映了他采用问卷法进行研究的结果。在他的影响下,1890—1915 年,问卷法在儿童研究中盛行,美国国内外纷纷成立用问卷法研究儿童的团体和协会,引发了儿童研究运动。

E. L. 桑代克是美国心理学家和教育家。“联结”是E. L. 桑代克教育心理学的核心概念。起初,E. L. 桑代克用小鸡做实验,训练它们走用书隔起来的迷宫。以后,他又用猫和狗作被试,用自己设计的迷箱进行动物学习研究。根据这些实验,他认为动物的学习是在刺激与反应之间形成联结,并把这种看法照搬到人类的学习上。他在实验的基础上,根据机能主义的观点,以刺激与反应的联结代替了观念的联合。他总结以往对教育心理学的探索,开始确立教育心理学的名称及其体系,使教育心理学成为一门独立学科。他把教育心理学的研究对象确定为人的本性及其改变的规律,由人的本性、学习心理学和个别差异三部分组成。

他把行为分为先天的反应趋势（本能）和习得的反应趋势（习惯）两类。他重视本能，视之为一切行为的基石。本能的特点是"不学而能"，是先天的联结，而习惯是后天的联结。他指出，人性只是为教育提供了出发点，教育的真正任务是根据人的需要来逐渐改变人性。因此，他重视研究人的学习规律。学习心理学是 E. L. 桑代克教育心理学最重要的部分。他把学习过程看作形成后天习得联结的过程，提出尝试错误的学习理论和学习的三个定律，即准备律、效果律和练习律。准备律强调有效的学习必须有良好的心理准备，即具有一定的学习兴趣与欲望，因为学习不是消极地接受知识。他主要依靠效果律来解释学习，认为反应的"满意"效果加强联结，"不满"或"烦恼"效果削弱联结。练习律指反应重复的次数愈多，联结愈牢固。后来他研究了人类的学习，对上述学习定律进行修改和补充，提出"相属原则"，认为相属的内容容易造成联结，不相属的内容不容易造成联结。1901 年，E. L. 桑代克和伍德沃思共同发表关于学习迁移的论文。在此基础上，他提出学习迁移的"相同元素说"，认为两种机能有相同因素时，某一机能的变化才使另一机能也发生变化。该学说对摧毁官能心理学和形式训练说起巨大作用。E. L. 桑代克对成人的学习也进行了大量研究，结果表明，25～45 岁，人的学习能力并没有衰退。这一研究成果对开展成人教育工作有积极意义。E. L. 桑代克的学习理论对现代心理学产生深远影响，其工作被认为是联想主义的基石，他进行研究工作的那种客观精神构成行为主义研究的重要前提。E. L. 桑代克重视行为研究，摆脱了心理学只研究意识的束缚，并把心理学运用于教育领域。但他只注意外显的行为，极少参照意识或心理过程，忽视人的认知因素，发展了一种客观、机械的学习理论。他把其动物学习理论搬用于人类学习，抹杀了人类学习的本质特点，夸大了遗传的作用，忽视了教育和环境在形成个别差异中的作用。

儿童学（pedology）　儿童学是产生于 19 世纪末、普遍发展于 20 世纪初的一门研究儿童的学科，是在实验心理学、实验教育学及其他自然科学发展的基础上产生的。其代表人物有美国的 G. S. 霍尔和德国的克里斯曼。

1896 年，克里斯曼在其博士论文中提出"儿童学"这个名词，并提出要以历史上人们关于儿童研究的各种学说为基础，努力使儿童研究科学化，使之成为一门独立的科学。他认为儿童学是一种纯粹的科学，其职能在于研究儿童的生活、发展、观念及本体；儿童学之于儿童与植物学之于植物、矿物学之于矿物没有两样，儿童学不是教育学，不能将它作为应用科学看待。后来人们对这一定义作了修正，认为儿童学与教育学紧密联系。1911 年，在比利时教育家德克罗利的推动下，儿童学第一届国际会议在布鲁塞尔召开，德克罗利当选为主席。此后，儿童学在欧美各国广为流传。儿童学的主要研究内容：儿童个体的发生及遗传对个体的制约作用；儿童身体的发育过程；儿童常见疾病；儿童心理，如本能、感知觉、想象、思维、语言、情感和意志等；异常儿童。研究方法为传记、谈话、问卷调查、诊断和智力测验等。儿童学以与儿童发展相关的众多学科为基础，采用当时先进的科学方法，重视遗传、早期环境以及教育对儿童发展的影响，是当时儿童研究运动的重要产物，在一定程度上推动了人们对儿童身心特点及其发展规律的研究。但很多儿童学研究者过分强调遗传和早期环境的作用，表现出遗传决定论或环境决定论的倾向。他们认为，容貌、心理特征和精神能力都可遗传，儿童早期受一定社会环境的影响，这种影响终身不可改变，由此得出结论，认为阶级出身和种族不同的儿童之间的差异不能改变，从而贬低了教育的作用。儿童学的这种倾向对 20 世纪二三十年代的苏联教育产生一定影响，干扰了对流浪儿童和违法儿童的再教育工作。马卡连柯曾与儿童学的错误倾向进行坚决斗争。1936 年，苏联政府斥之为"伪科学"，并宣布予以取缔，导致苏联教育工作者长期不敢研究儿童的身心特点，阻碍了教育科学的发展。

智力测验　智力测验作为儿童研究运动的表现形式之一，20 世纪初产生于法国，二三十年代盛行于美国，后在意大利、德国、英国乃至日本、中国等国迅速传播和发展，并流行至今。法国心理学家比纳是智力测验的首创者。他批评传统教育忽视教育现象，根本不注意儿童的个性差异，要求把新教育建立在个性心理学的基础上。他广泛研究人的各种差异，尤其关心人的思维方式差异，从不同角度区分思维类型：分析逻辑的思维方式和直觉灵感的思维方式；客观的思维方式和主观的思维方式；实际的思维方式和思辨的思维方式。比纳主张，无论是教育方法，还是教育内容，均应根据人的思维方式差异来"因人施教"。比纳编制智力量表是当时法国实施义务教育的需要。1904 年，法国政府要求运用各种方法来鉴别低能儿童，以便为他们开设特殊学校或特别班，避免他们不断留级带来的问题。根据政府要求，比纳和 T. 西蒙编制了智力测验表。其基本指导思想是：人具有一般智力，智力由四种功能即思维定向、意义理解、发现和判断组成。其中判断最为重要，是智力的基本功能。比纳认为正常人的智力随年龄增长而相应提高。因此，1905 年的"比纳—西蒙智力量表"是根据测验项目难度的递增排列的。从易到难的各项测验可以测定被试的思维判断是否敏捷。这份量表以 3～13 岁的儿童为对象，自问世后受到普遍好评。其局限性在于不能明确、简便地从年龄角度说明被试的智力超前或落后的程度。1908 年，比纳和 T. 西蒙发表第二份量表。此量表按年龄分组测试，并引入"智力年龄"这个智力测验的重要术语，增加了测试题的数量，故亦称"年龄量表"。它能迅速判断一个人智力落后或超前的程度。1911 年，比纳和 T. 西蒙又对量表做修改，使其更规范化，成为较科学、系统的儿童智力发展测验工具。他们制定的量表被迅速译成多种文字，在各国流行。1916 年，美国斯坦福大学教授推孟制定适合 3～18 岁儿童与青少年的"斯坦福—比纳量表"。它以比纳和 T. 西蒙的量表为蓝本，将内容延伸到成人水平，在测试上有较高的信度和效度，并采用"智商"(intelligence quotient)来衡量儿童智力发展水平。智商 90～110 为正常智力，高于 110 为优秀智力，低于 90 为弱智。美国心理学家 R. L. 桑代克在智力测验的基础上，提出测定儿童学业成绩的公式，并编制成绩测验量表，认为判断儿童学业成绩的优劣不能只看各科分数，还要看其是否达到智力与学习能力的一般标准。R. L. 桑代克还从事成就、能力倾向和人格方面的测验。在成就测验方面，他于 1901 年编制"书法量表"，于 1914 年编订"阅读能力测验"，还领导其他学者进行算术、作文、拼音和语文等方面的测验。在能力测验方面，R. L. 桑代克于 1915 年提出职业训练理论，列举了模拟、样本、类比和经验等四种类型的职业测验。在人格测验方面，他于 1912 年编制"兴趣测验"。对比纳创造的智力测验，国际心理学界褒贬不一。由于尚未找到比智力测验更有效的衡量手段，智力测验仍广泛流行。

参考文献

康内尔. 二十世纪世界教育史[M]. 张法琨，等，译. 北京：人民教育出版社，1990.

吴式颖. 外国教育史教程[M]. 北京：人民教育出版社，1999.

（周　籴）

实验设计(design of experiments)　　按照预定目标制订适当的实验方案，以利于对实验结果进行统计分析的实施方法。亦即对实验的安排。需考虑实验要解决问题的类型、实验结果推广的范围、实验的功效以及实验的可行性等，选取适当的因素和相应的实验水平，从而给出实验的实施程序和数据分析的统计方法。

实验设计的基本原则

现代实验设计的奠基人、英国统计学家费希尔 20 世纪 20 年代提出实验设计的三个基本原则：随机性，即各种处理应以相等的概率被分配到任意一个实验单元，主要目的是减少系统误差；重复性，即实验能够重复进行，主要目的是减少实验误差，进行更精确的估计；局部控制，即在实验过程中有效控制对实验有影响但实验者不感兴趣的因素。控制无关变异是实验设计最关键的问题，无关因素控制的好坏直接关系到实验的成败。随着应用统计学的发展，实验设计成为一个非常实用的统计分支。其中常用的统计分析方法有方差分析、回归分析和协方差分析，因果分析、结构方程分析和层次分析等多元统计分析方法也逐渐用于分析教育与心理实验的数据。

实验设计的基本概念

处理(treatment)　亦称"处理水平的结合"。指实验中一个特定的、独特的实验条件。可以是为了观察实验情境中的效应所施加的综合刺激，也可以是为了比较各效应大小所应用的控制条件。

因素(factor)　亦称"因子"。指可能对实验结果产生影响的自变量，分为定量因素和定性因素两种。实验中，因素须分不同的水平，才能分析其作用的大小。

水平(level)　亦称"因素水平"。指给定的因素取值或特定的因素配置。如将学生的智力因素分为高、中、低三个水平。

效应(effect)　指因素的某个水平或因素间的交互作用对因变量产生的影响。分为主效应和交互效应两种。由一个因素的不同水平引起的变异称为因素的主效应。在多因素实验设计中，当一个因素的水平在另一个因素的不同水平上变化趋势不一致时，称两个因素之间存在交互作用。

区组(block)　指实验设计中被试的安排方法，将相接近的被试安排在一个小区内，旨在获得实验小区内被试的同质性，是一种用来减少组内误差的方法。区组内的实验误差预期比随机分配实验单位造成的误差小。能容纳所有处理组合的区组称为完全区组，只能容纳一部分处理组合的区组称为不完全区组。

实验设计类型

实验设计按照对实验变量控制的水平可划分为：(1) 准实验设计(quasi-experimental design)，它对实验变量的控制没有真正的实验设计好，但接近实验设计。如教育实验中常采用固定的班级作为实验组和对照组，为了比较，一般先对实验对象进行测试，然后再对实验前后的结果进行比较。在这种实验设计中，虽然对影响实验结果的一些无关变量进行了控制，但由于实验对象本身的特殊性，实验效果会降低。一般的教育实验大都属于这种类型。(2) 前实验设计(pre-experimental design)，它对实验变量的控制较差。如只选一组实验对象进行实验，不设对照组，或选了两组实验对象进行实验，但两组在实验前就存在显著差异。这种实验设计的效度很低，要特别注意对实验结果的解释。(3) 复杂设计(complex design)，指一些经过精心安排的实验设计，主要包括混杂设计、裂区设计、不完全区组设计等。从广义上讲，包含所有的析因实验设计。

单因素设计(singal factor design)　实验所考虑的影响

因素(自变量)只有一个的实验设计。通常采用完全随机化设计(completely randomized design)和随机化完全区组设计(randomized complete block design,简称 RCB)。前者指把被试随机分成若干个组,每个组分别随机接受一种实验处理,设计中有几种实验处理就要求把被试随机分成多少个组的实验设计。后者指"区组设计",即将 ν 个处理安排在 b 个区组内进行实验的设计。

析因设计(factorial design)　一种将两个或多个因素的各水平交叉分组,进行实验的实验设计。最初的设计是考察各因素所有水平一切组合对因变量的影响,故又称"全面实施方案",后来随着部分实施方法的出现,大大减少了实验的次数,使原来实验总次数随因素数和水平数成倍增长的缺点在一定程度上得到克服。与单因素设计相比,析因设计具有实验次数少、精度高、信息多,在实验有重复的情况下可以分析交互作用等特点。

根据因素数量及其水平的不同,可分为 2^K 析因设计(2^K factorial design)和 3^K 析因设计(3^K factorial design)。前者指实验设计包含 K 个因素,每个因素都有 2 个水平的一种实验设计。每个因素的 2 个水平可组成不同的处理组合,再随机选取实验对象分别接受不同的实验处理。后者指实验设计包含 K 个因素,每个因素都有 3 个水平的一种实验设计。每个因素的两两水平可组成不同的处理组合,再随机选取实验对象分别接受不同的实验处理。统计分析方法可用耶茨算法(Yates algorithm)。它是由耶茨 1937 年设计的用表格计算 2^K 析因和 3^K 析因的完全实施、2^{K-P} 和 3^{K-P} 析因的部分实施的效应估计和平方和的方法。如在一个 2^2 的析因设计中,A 为教材,B 为教法,实验结果如下表。

	B_1	B_2
A_1	34.57	30.06
A_2	31.38	25.75

耶茨算法如下表。

	一	二	三	四
(1) A_1B_1	34.57	65.95	121.76	/
a A_2B_1	31.38	55.81	7.50	$(7.5)^2/4=14.0625$
b A_1B_2	30.06	3.19	10.14	$(10.14)^2/4=28.7045$
ab A_2B_2	25.75	4.31	−1.12	$(-1.12)^2/4=0.1336$

第一列数据是相应的实验结果;第二列数据前两个数为第一列顺序两两之和,后两个数为顺序两两之差;第三列数据的构造同第二列,不过两两数据之和与差由第二列产生;第四列数据为第三列的平方除以 4,即 a、b、ab 的偏差平方和。

其中 a、b、ab 分别表示 a 的主效应、b 的主效应和 a 与 b 的交互效应。

部分析因设计(fractional factorial design)　亦称"部分重复的析因设计"。将各因素、各水平的一切可能的处理组合,按一定原则(如不考虑某些高阶交互作用)选择一部分实施的实验设计。优点是实验次数少,可用于筛选性实验和序贯实验。但存在对主效应可能作出有偏估计和错误判断各因素的相对重要性的风险。部分实施的正交实验、混杂实验、拉丁方等,均属此类设计。

混杂析因设计(confounded factorial design)　在区组大小无法容纳全部处理组合的情况下,有计划地选择一个或几个效应(通常是高阶交互作用)与区组效应发生混杂,使实验包含全部因素组合的设计。包括完全混杂设计与部分混杂设计。如在 2^3 析因中(三个因素,每个因素各有两个水平的析因实验),若区组大小为 4,则将二阶交互效应 A、B、C 混杂于区组效应的设计为:区组 I,$a_0b_0c_0$、$a_1b_1c_0$、$a_1b_0c_1$、$a_0b_1c_1$;区组 II,$a_1b_0c_0$、$a_0b_1c_0$、$a_0b_0c_1$、$a_1b_1c_1$。此设计亦称"混杂在两个区组内的 2^3 析因"。

部分混杂析因设计(factorial design with partial confounding)　一些主效应和交互效应分别在部分重复实验中被混杂,在其他重复实验中不被混杂,使各种效应都能得到估计的实验设计。如下表所示 2^3 析因设计的部分方案。

重复 I		重复 II	
区组 1	区组 2	区组 1	区组 2
(1)	a	(1)	B
ab	b	a	C
ac	c	bc	ab
bc	abc	abc	ac

B、C 交互效应可在重复 I 中估计,而 A、B、C 三因素交互作用可在重复 II 中得到,其余 5 个效应均可在两个重复上得到。此设计有较高的精确性。

对称析因设计(symmetrical factorial design)　实验中每个因素都取相同水平数的析因实验设计。如 2^K、3^K 析因均是对称析因。若水平数不全等,则称不对称析因。

正交设计(orthogonal design)　用一套规格化的表格(即正交表格)来安排的实验设计。在这种设计中每个因素在各自水平上出现的次数相等,任意两个因素在各种水平搭配上出现的次数相等,即实验具有正交性。因为设计的正交性意味着"平衡"、"可分离"和"不相混",所以其实验结果的统计分析比较简单,每个主效应和有关的交互效应可以独立估计。下页左栏表为最简单的正交表,即 $L_4(2^3)$。

实验号	列　　　号		
	1	2	3
1	1	1	1
2	1	2	2
3	2	1	2
4	2	2	1

这里 L 表示正交表，4 表示实验的次数，2 表示每个因素所取的水平数，3 表示列数，即该正交表最多可以安排的因素数目。用 $L_4(2^3)$ 安排实验的次数，是 2^3 析因设计的一半（2^3 析因设计至少须 8 次实验才能实施所有处理组合）。由于正交表的实验点在因素空间中均匀散布，且结果具有整齐可比的优点，所以实验结果有很好的代表性，使实验次数少但信息多，省时省钱。数据分析可采用直观分析比较法，但大多使用方差分析法。在需要建立数学模型时，也可用回归分析。正交表可以灵活应用，如采用混合水平的正交表、拟水平法、组合设计、部分追加法、裂区法等，使正交设计的应用范围扩大。

组内设计（within-groups design）　亦称"被试内设计"。让每个参加实验的对象都接受所有的实验处理，以每个被试为一个区组，借以控制被试差异，同时采用一定程序安排实验处理，以控制练习、疲劳、重复接受实验处理的干扰等因素对实验结果的影响的区组设计。可分为两类：（1）增加实验次数，采用循环法安排，使每个被试在各个处理上受这些因素的影响均等，这种被试内设计称为被试内完全设计。（2）将被试分成几部分，用循环法安排实验，如让一半的被试按 AB 的顺序接受实验处理，另一半被试按 BA 的顺序接受实验处理，这种被试内设计称为被试内不完全设计。

区组设计（block design）　将 ν 个处理安排在 b 个区组内进行实验的实验设计。最早见于农田实验。若以每个区组最多容纳的处理数为区组的大小，分别标记为 $k_1, k_2, \cdots, k_i$，则当 $k<\nu(i=1, 2, \cdots, b)$ 时，即每个区组不能容纳全部处理时，称为**不完全区组设计**（incomplete block design，简称 IB）。狭义的区组设计即不完全区组设计。它于 1936 年由耶茨引进，这种设计将实验空间分为若干个区组，以保证实验单位在区组内的同质性，若干个区组内的观测次数少于完成一次重复所需的观测次数。不完全区组设计分为平衡不完全区组设计和部分平衡不完全区组设计。

平衡不完全区组设计（balanced imcomplete block design，简称 BIB），指任何两个处理在各区组中一起出现的次数均相等的不完全区组设计。若有 b 个区组，t 个水平（处理），每个区组最多可容纳 K 个处理（$K<t$），则当每个水平在 b 个区组内出现的总次数为 r，且任意两个水平一起出现的数目为 λ 时，该设计就是平衡不完全区组设计。显然，应

有以下两个关系式成立：$bK = tr$，$r(K-1) = \lambda(t-1)$。当 $t = 7, K = 4, b = 7, r = 4, \lambda = 2$ 时，下表构成一个平衡不完全区组设计。

区组	水　　　平			
1	A	B	C	F
2	B	C	D	G
3	C	D	E	A
4	D	E	F	B
5	E	F	G	C
6	F	G	A	D
7	G	A	B	E

这种实验设计的优点是区组容量可以比较小，每两个水平之间的比较有相同精度。

部分平衡不完全区组设计（partially balanced incomplete block design，简称 PBIB），1939 年由美国统计学家博斯和奈尔引进。与平衡不完全区组设计相比，它不是使每两个水平一起出现的次数全部相等，而是将全部水平分为 m 类，每类的相遇次数是相同的。m 为 2 的部分平衡不完全区组设计最为常见。优点是使某些水平之间的比较能有较高的精度，它还避免了平衡不完全区组设计有时对区组数要求过大的弊病。下表是一个 $m=2$ 的部分平衡不完全区组设计的例子。

区组	处　理　组　合		
1	1	2	3
2	3	4	5
3	2	5	6
4	1	2	4
5	3	4	6
6	1	5	6

许多设计都可以看成是平衡不完全区组设计或部分平衡不完全区组设计的一些特殊情况，如格子方、尤敦方都是平衡不完全区组设计。

完全区组设计（complete block design）强调的是区组内的随机化，故又称"随机化完全区组设计"（randomized complete block design，简称 RCB）。指每个区组内均随机实施全部处理组合的设计。可以对区组内的构造所形成的误差作出无偏估计。与完全随机设计相比，它的随机化是有限的，处理只是在区组内随机分配，如将一个被试看作一个区组，则这种设计可以有效地控制被试的个体差异对反应量的影响。区组内的同质性使局部控制得以实行。教育实验中的一个区组可以是一个年龄组，也可以是一个班、一个

组,甚至是一个被试个体。

拉丁方(Latin square)　n 个记号在每行、每列中出现一次并仅出现一次的正方排列。最早有记载的讨论由数学家欧拉在 1782 年给出,后由费希尔引入实验设计。

```
A B C D E
B A D E C
C E A B D
D C E A B
E D B C A
```

上图是一个 5 阶拉丁方。它通过平衡配置消除了在实验中不感兴趣的行、列两个方向上区组因素的影响。亦可用于在假定没有交互作用情况下的三因素部分析因实验设计。有标准拉丁方和非标准拉丁方之分。

希腊拉丁方(Greco-latin square)　亦称"正交拉丁方"。拉丁方实验设计的一种。由两个互相正交的拉丁方重叠而成,本质上可以与正交表互变。三阶希腊拉丁方可用于四因素、每个因素各有三个水平的析因,如下表所示,其中行、列位置和拉丁字母、希腊字母各可代表一个因素,每个因素的水平与其他三个因素的任一水平的组合,出现并只出现一次。

	列		
行	Aα	Bγ	Cβ
	Bβ	Cα	Aγ
	Cγ	Aβ	Bα

其基本假设同拉丁方。多于三阶的希腊拉丁方称为超希腊拉丁方。

尤敦方(Youden square)　1937 年由尤敦提出的一种实验设计。如有 7 个处理 A~G,可作如下安排。

```
A B C D E F G
B C D E F G A
D E F G A B C
```

它可看作是 7 阶拉丁方的前三行,故又称"不完全拉丁方"。尤敦方同时满足平衡不完全区组设计的要求,如可将上例看作区组容量为 3、处理个数为 7 的平衡不完全区组设计,可提供区组内位置效应的分析。

格设计(lattice design)　亦称"拟析因设计"(quasi-factorial design)。固定效应模型中不完全区组设计的一种特殊形式。1936 年,为解决处理组合数 V 较大而造成的设计困难,耶茨提出此设计。从构造设计与统计分析的角度看,它类似于混杂析因设计,它在安排不具有析因结构的处理时特别有用,尤其在含有区组信息的情况下,把格设计中的处理数 K^3,K^2,$K(K+1)$ 想象为析因结构,可便于分析。

二维格设计(two-dimensional lattice design)　亦称"拟拉丁方"、"格子方"。指具有两个限制的格设计。由于将 K^2 个处理按类似于拉丁方那样的行、列限制后安排到区组上去,所以其设计效率要比单个限制的格设计高。可分为平衡格子方和完全平衡格子方两种。

(1)**平衡格子方**(balanced lattice square),其特点是有 K^2 个处理,安排在 $b=K(K+1)$ 个区组内,每个区组的容量为 K,每个处理重复 $K+1$ 次。因各个效应在不同的重复中与不完全的区组的混杂均匀一致,每个处理只能在同一个区组内出现一次,所以在比较任何两个处理时,具有相同的标准误。属于平衡不完全区组设计。常用的设计参数如下表。

处理数 V	9	16	25	49	64
区组大小 K	3	4	5	7	8
重复次数 r	4	5	6	8	9

(2)**完全平衡格子方**(complete balanced lattice square),$V=K^2$ 个处理安排在 $K\times K$ 个正方块上,在两个方向上受到限制的二维格设计。下面是一个 3×3 完全平衡格子方的设计方案(重复 4 次)。

方　块　Ⅰ		
1	2	3
4	5	6
7	8	9

方　块　Ⅱ		
1	6	8
9	2	4
5	7	3

方　块　Ⅲ		
1	4	7
2	5	8
3	6	9

方　块　Ⅳ		
1	9	5
6	2	7
8	4	3

立方格(cubic lattice)　K^3 个处理安排在 K^2 个区组内,每个区组的容量均为 K 的格设计。如三重格(triple lattice)是将 K^2 个处理安排在 $3K$ 个区组内,成为有 3 个重复的格设计。

重复 I				重复 II				重复 III			
区组	处理			区组	处理			区组	处理		
1	1	2	3	4	1	5	9	7	1	4	7
2	4	5	6	5	7	2	6	8	2	5	8
3	7	8	9	6	4	8	3	9	3	6	9

上表是一种部分平衡格设计,本质上属于部分平衡不完全区组设计。

裂区设计(split-plot design) 有两个因素 A 和 B,将 A 取同一水平的一组实验加以分裂,以便在 A 的同一水平上去研究因素 B 的一种实验设计。可用下表表示。

A_1				A_2				A_3			
B_1	B_3	B_2	B_4	B_2	B_3	B_1	B_4	B_4	B_3	B_1	B_2

其中,在 A 的各个水平上,B 的水平是随机安排的。A 称"一级因素",B 称"二级因素"。对 B 而言,A 起区组作用,在各组内 B 的实验误差要比完全实验的误差小,但一级因素 A 的每个水平的均方误差比较大。这种实验设计的优点是能节约一级因素的原材料或解决某些因素水平变化比较困难的问题。缺点是 F 检验的灵敏度降低。它所对应的分组方式是系统分组。可用正交表作正交裂区设计。每个因素可以是两个也可以是两个以上,此时,可以先在每级内交叉分组,再随机指派次级因素的处理组合。

二重裂区设计(split-split-plot design) 裂区设计的二级因素中再引进一个三级因素的实验设计。可用下图表示。

A_2				A_3				A_1			
B_1		B_2		B_2		B_1		B_2		B_1	
C_2	C_1	C_1	C_2	C_1	C_2	C_2	C_1	C_1	C_2	C_1	C_2

每级的因素也可以多于一个。

裂区混杂(split-plot confounding) 为了在裂区内能够作出所需要的重要比较,或为了在小区之间作出少量的重要比较,有意识地将某些效应(如因素间的交互效应、裂区间的差别)加以混杂的一种设计。

嵌套设计(nested design) 由实验的分组系统产生的一种设计,下图为因素间的结构图。

这里的 A、B 和 C 分别称一级因素、二级因素和三级因素。在这类设计中,各级因素并不是平等的,通常侧重一级因素

的研究。常用方差分量来估计研究对象,即采用随机效应模型。有完全嵌套、部分嵌套、交错嵌套等不同方式。下图为二级嵌套设计(two-stage nested design),因素 A 和 B 分别有 a 和 b 个水平,B 的每个水平 B_j 分别套在 A 的某个水平 A_i 之下。

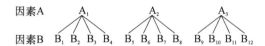

若套在每个 A_i 里的 B 的水平数相同,且每个 B_j 总的重复次数也相同,则称为平衡嵌套。

回归设计(regression design) 在回归分析之前,为了使实验结果有最大的信息量,也为了方便处理数据并把回归方程的精度与数据的获取统一起来考察,在因素空间有意识地选择实验点的一类设计方法。20 世纪 50 年代初,由统计学家博克斯提出。回归设计的结果有效改变了古典回归分析被动处理数据的局面,使实验次数减少而统计分析仍具有良好的性质。至 20 世纪 80 年代,其内容已相当丰富,如旋转回归设计、回归 D 最优设计等。对建立数学模型、寻找最佳配方、解决优化问题等,都是一个有效的工具。

实验设计的效应模型

随机分组设计、析因实验设计模型可分为:(1) 固定效应模型(fixed effect model),简称"模型 I"。实验设计模型之一,由美国数学家艾森哈特在 1947 年引进。按此模型设计时,因素的各水平都由实验者根据实验的实际情况确定,其数学模型中的效应都是一个确定的值。这类模型采用的方差分析实际上是一个均值向量的分析,故又称"第 I 类方差分析"。(2) 随机效应模型(random effect model),简称"模型 II",亦称"方差分量模型"。该模型的诸因素水平都是随机的,这类模型采用的方差分析不是一个均值向量的分析,而是对一个随机变量方差的分析。在 F 检验中所用的均方与固定效应模型中不同。现代测量理论中的概化理论所用的模型即为此模型。对两个因素而言,因变量 x_{ij} 可以表示为 $x_{ij} = \mu + a_i + b_j + (ab)_{ij} + \varepsilon_{ij}$,其中 $i = 1, \cdots, r$;$j = 1, \cdots, c$,分别表示因素 A、B 的水平数。因素 A 的效应方差的期望值为 $\sigma_e^2 + k\sigma_{ab}^2 + kc\sigma_a^2$,因素 B 的效应方差的期望值为 $\sigma_e^2 + k\sigma_{ab}^2 + kr\sigma_b^2$;A、B 交互作用的方差期望值为 $\sigma_e^2 + k\sigma_{ab}^2$;剩余均方的期望值为 σ_e^2;这里 k 为重复数,检验时,用 A、B 交互作用的均方与剩余均方比检验交互作用是否显著,分别用 A、B 的均方与 A、B 交互作用的均方比检验 A、B 的主效应是否显著。(3) 混合效应模型(mixed effect model),简称"模型 III",其中部分因素的效应是随机

的,部分因素的效应是固定的(根据实验的具体情况而定)。在平方和的分解方面,其计算与固定效应模型、随机效应模型完全相同。但在进行 F 检验时,应视具体情况而定。

参考文献

爱德华兹. 心理研究中的实验设计[M]. 毛中正,等,译. 成都:四川教育出版社,1996.

Bailey, R. A. Design of Comparative Experiments [M]. Cambridge:Cambridge University Press, 2008.

Gravetter,F. J. & Wallnau,L. B. 行为科学统计[M]. 王爱民,李悦,等,译. 北京:中国轻工业出版社,2008.

（刘红云）

世界比较教育学会联合会(World Council of Comparative Education Societies)　国际性比较教育的学术团体。1970 年成立,与联合国教科文组织保持合作关系。只要章程和宗旨与其相符,任何合格的学会与团体都可加入。其宗旨是:促进对和平、跨文化合作、民族间相互尊重、尊重人权的国际理解和教育;改进教育体制,使全民教育得以更好实现。具体包括:促进世界国际与比较教育研究,提高比较教育的学术地位;通过世界各地专家的联合行动,让比较教育研究在解决当今重大教育问题中发挥作用。它鼓励比较教育的教学与研究,促进跨学科合作;发展比较方法;为不同国家和地区的比较教育学家提供合作方便;培育、建立专业的比较教育组织和团体;支持国际教育项目及其代理机构通过集中比较教育研究者,研究项目实施中遇到的主要问题;组织研究有特别需要的项目;改进比较教育界科学研究和方法论。世界比较教育学会联合会还通过定期召开会议、提供资助和出版物及其他活动,促进世界比较教育研究的发展。一般 3 年召开一次世界大会,来自全球的学者、研究者、管理者和同行就国际教育问题互动。此外,还组织一些国际性比较教育会议,如 2003 年在保加利亚索非亚大学举办第二届国际教师培训比较教育大会,同年在印度尼西亚万隆举行第四届亚洲比较教育大会。

世界比较教育学会联合会的主要机构是执行委员会,下设常务、财政及筹款、特殊项目、新会员批准、学术研究和出版 6 个委员会,主要负责制定政策、撰写世界大会报告、做出吸收新会员的决议、委派办公室负责人、采纳和执行活动项目及安排日常事务。执行委员会由各会员学会指定的代表、非会员学会指派的观察员、办公署成员、其他合作的代表、非选举的顾问成员等组成,每年聚会一次。执行委员会可授权办公署或成立各种委员会协助工作,通过选举产生主席和副主席、财务主管,任期 3 年。主席的职责:代表联合会保证活动与宗旨一致;总理执行委员会、办公署;根据需要批准下属委员会和工作组;规划商务议程;批准观察员

资格;主持会议;批准财务委任状;支付执行委员会表决通过的固定数量之外的款项等。办公署由执行委员会授权,代表其工作并向其报告。如果执行委员会因故不能完成每年一次的聚会,办公署就代表它向各会员学会提供年度报告。办公署代其处理的所有事务都要通过航空信件向所有执委会成员报告,让他们权衡批准,在一个月内有权按照各成员信件表明的看法做出适当决定。办公署设主席和副主席、秘书长、财务司库、1 名选举的和 1 名非选举的执行委员会成员。秘书长主管秘书处。秘书处是联合会的中心办公室和总部,负责联合会的日常运行,包括记录办公署和执行委员会的会议(经批准后作为永久档案的一部分);记录与办公署和执行委员会工作同等重要的信息;整理办公署、执行委员会的活动信息;为联合会世界大会准备通知,充当信息资源联络处;主管永久性档案和财务账目等。

（张家勇）

世界银行(World Bank)　亦称"国际复兴开发银行"(International Bank for Reconstruction and Development)。联合国属下专门负责长期贷款的国际金融机构。1945 年 12 月 27 日根据 1944 年美国布雷顿森林会议通过的《国际复兴开发银行协定》成立,有 187 个成员国(2012)。其宗旨是:通过对生产事业的投资,资助成员国的复兴和开发工作;通过担保或参与贷款私人投资的方式促进外国私人投资,当成员国不能在合理条件下获得私人资本时,则在适当条件下以银行本身资金或筹集的资金及其他资金给予成员国直接贷款,补充其私人投资的不足;通过鼓励国际投资,开发成员国的生产资源,提供技术咨询,助其提高生产能力,以促进成员国国际贸易的均衡增长及国际收支状况的改善。

作为世界上最大的发展援助机构,世界银行利用其资金和高素质的人才,对发展中成员国提供长期贷款,对成员国政府或经政府担保的私人企业提供贷款和技术援助,资助他们兴建某些建设周期长、利润率偏低但又是该国经济和社会发展所必需的建设项目,帮助发展中国家走一条稳定、可持续和平衡的发展之路。

世界银行的援助重点是投资于人,如生育健康、妇女保健、营养、儿童早期开发计划、基础教育、扶助农村贫困人口和妇女的计划等。其中,教育是重要组成部分。世界银行为教育提供贷款的主要目的是帮助成员国开发人力资源,促进教育发展,扩大教育规模,获得必要的技术和经验,能独立制定教育发展规划和管理措施。贷款渠道主要有三种:一是直接贷款给教育部门,包括从一般化的正规教育到独特的非正规教育,从初级教育到研究生教育;二是通过与发展项目和部门有关的培训渠道进行;三是通过列入城乡发展项目的教育单位进行。尽管世界银行在资助教育和培训方面起步较晚,但它已成为这方面最大的、独一无二的资

助机构。

中国是世界银行创始成员国之一。1980年5月,中国恢复了在世界银行的合法席位。1981年,世界银行向中国提供第一笔贷款,用于支持大学发展项目。此后世界银行与中国的联系日益增强,成为中国重要、成熟的发展合作伙伴。1981—2002年,世界银行共向中国提供贷款约360亿美元,支持了240多个项目,其中约100个项目还在实施。中国迄今保持着世界银行最大借款国的地位。鉴于过去20年的发展成就,中国已于1999年7月1日从世界银行集团中的国际开发协会退出,仅从国际复兴开发银行贷款。中国向世界银行贷款的项目涉及国民经济各个部门,分布在中国大多数省、自治区及直辖市,其中交通、能源、工业、城市建设等基础设施项目占总额的一半以上,其余资金投向农业、环保、教育、卫生、供水等项目。世界银行驻中国代表处负责管理中国业务。中国财政部是世界银行集团在中国开展业务活动的主要对口部门,国家发展和改革委员会在合作计划的制订中也起极为重要的作用。世界银行和中国政府每年就双方的三年滚动合作计划进行磋商,双方都可以对贷款项目计划和政策研究课题提出建议,所有项目都须经过充分的技术、经济、财务、环境和社会评估之后再提交双方的决策机构进行最后审批,双方对每个项目的实施进展情况进行定期监督检查。此外,对所有正在实施的世界银行贷款项目或其中的重要项目,双方每年进行联合大检查,以及时发现和纠正跨部门或跨地区项目实施过程中可能出现的问题。

(李　敏)

视力残疾儿童教育

视力残疾儿童教育(education for the visually impaired)　对视力残疾儿童实施的专门教育。特殊教育的组成部分。包括盲人教育和低视力教育两类。1784年,阿于伊在法国巴黎建立第一所盲校。1829年,布拉耶发明六点盲文体系,盲人教学手段的更新推动了世界盲人教育的普及。1874年,中国第一所盲校——瞽叟通文馆(后改名为"启明瞽目院",即北京盲人学校的前身)建立。2011年,中国在盲校、盲聋公校就读和随班就读的视力残疾儿童人数为4.91万人,包括名副其实的盲人教育和低视力教育两类。

视力残疾儿童教育的对象

视力残疾指由于各种原因使视觉器官或大脑视中枢的构造或功能发生部分或完全病变,导致双眼不同程度的视力损失或视野缩小,视功能难以像正常人在从事工作、学习或进行其他活动时那样应用自如,甚至丧失。中国在1987年进行的"全国残疾人抽样调查"中规定,优眼最佳矫正视力低于0.3(不包括0.3)或视野半径小于10°为视力残疾,一般分盲和低视力两类。中国在参照国际标准的基础上确定了视力残疾分类标准,该标准与世界卫生组织制定的标准对照见以下"视力残疾对照表"。

视力残疾对照表

最佳矫正视力值a	中国标准		世界卫生组织标准	
	类别	级别	类别	级别
无光感	盲	一级盲	盲	5
0.02>a≥光感或视野半径<5°				4
0.05>a≥0.02或视野半径<10°		二级盲		3
0.1>a≥0.05	低视力	一级低视力	低视力	2
0.3>a≥0.1		二级低视力		1

据1987年的抽样调查结果,中国视力残疾的流行率约为0.76%,0～14岁儿童视力残疾的流行率约为0.058%。2006年,中国进行第二次全国残疾人抽样调查,按其数据推算,视力残疾人人口数占全国总人口的0.942%。

视力残疾儿童教育的目标

由于指导思想、社会背景、教育体制和价值观不同,各国视力残疾儿童教育的目标也不尽相同。如日本强调要让残疾儿童掌握各种知识技能,培养良好的态度和习惯,以克服残疾带来的种种困难;挪威强调向儿童提供适合个体需要的教育与训练,保证每个人尽可能高质量地生活;俄罗斯认为应矫正各种偏常,以心理—医学—教育手段形成补偿机制,促使他们适应社会及在社会中的融合;中国台湾提出以人的生活为中心,配合学生身心能力、发展历程,尊重个性发展,以发展潜能、培育民主素养、尊重多元价值、培养科学知能、适应现代生活需要为目标。中国大陆2007年颁行的《盲校义务教育课程设置实验方案》规定视力残疾儿童教育目标为:全面贯彻党的教育方针,促进视力残疾学生全面发展,尊重个性发展,开发各种潜能,补偿视觉缺陷,克服残疾带来的种种困难,适应现代生活需要。具体目标为:使学生具有爱国主义、集体主义精神和民族精神,热爱社会主义,继承和发扬中华民族的优秀传统和革命传统;具有社会主义民主法制意识,遵守国家法律和社会公德,依法维权;逐步形成正确的世界观、人生观、价值观;正确地认识和对待残疾,具有乐观进取、自尊、自信、自强、自立、立志成才的精神及顽强的意志、平等参与的公民意识;具有社会责任感,努力为人民服务;具有初步的创新精神、实践能力、科学和人文素养以及环境意识;具有适应终身学习的基础知识、基本技能和方法;身体健康,具有良好的心理素质,养成健康的审美情趣和生活方式,学会交流与合作,初步具有独立生活能力、社会适应能力和人生规划意识,成为有理想、有道德、有文化、有纪律的一代新人。

视力残疾儿童教育的原则

视力残疾儿童教学与普通学校教学具有相同规律,除其教学过程中的教学方法、教具有一定特殊性外,教学内容、教学要求、教学原则基本一致。视力残疾儿童主要依靠听觉、触觉、剩余视力、嗅觉等感知通道感知信息,因此还具有一些特殊教学原则。

教学过程与补偿缺陷相结合原则 视力残疾是一种肌体的局部缺陷,可通过听觉、触觉的部分功能代偿视觉,使个体器官组织的功能得到补偿,这为视力残疾儿童的教育教学提供了依据和条件。教学中教师必须注意训练他们发挥多种感官的功能和潜力,在最大程度上达到补偿缺陷的目的;在实践中给他们提供利用各种感官包括剩余视力的机会。

重视言语指导原则 在所有感觉通道中,视觉是唯一能够在瞬间获得事物最完整信息的通道,通过触摸觉或听觉只能了解物体的部分性质和状态,因此视力残疾儿童的感知经验常常是零散的、不完整的和不全面的,有时甚至是错误的。视力残疾儿童必须借助他人的眼口"翻译"介绍,通过语言加以组织,才能对事物形成完整的形象及对特征的认识,进而形成概念。教师在教学过程中的语言指导十分关键,在视力残疾儿童理解教材、感知具体形象、各种技能训练时都不可缺少。这要求教师的语言科学、准确、形象丰富;同时要求学生用语言表达自己的学习过程和学习记忆的内容。

多重感官综合利用原则 为使视力残疾儿童可以充分发展其听、触、嗅、味等感官的功能,达到感知的目的,在教学过程中要贯彻多重感官法(multi-sensory approaches,亦称感官并用法),即让他们的多种感官功能参与到其学习的整个过程中,从而丰富其具体、直接的经验和表象。在教学中,应尽可能让视力残疾儿童用其他感官认识事物,让他们直接用耳朵听,用手触摸,用鼻子嗅,有时甚至可以用口品尝,以形成对事物的听觉表象、触觉表象、嗅觉表象、味觉表象等,弥补视觉表象的不足。这就要求教学涉及的内容要具体、形象,使他们对事物的认识建立在尽可能丰富的感性认识基础上,从而弥补视觉形象的贫乏。多重感官充分利用的原则既能调动学生的积极性,又能达到良好的教学效果,同时有利于学生的感知发展。

视力残疾儿童教育的特点

教育对象的特殊性 视力残疾儿童与普通明眼儿童并无本质不同,都遵循相同的身心发展规律。但因视力残疾,前者的发展具有特殊性。视力残疾儿童最重要的感觉器官几乎失去功能,只能由其他感觉通道较缓慢地、部分地代偿,意味着其统整其他感知觉信息的基本角色失灵,大脑很难将通过各种感知途径获得的信息综合成一个完整的概念。这类儿童有失去操作行为视觉模仿的可能,对环境失去控制,进而导致其顺利行走能力的丧失、一定活动范围和各种不同概念的丧失、社会活动范围的受限及一定伙伴作用的缺乏,其语言、个性、行为等方面有异常发展的可能性。在一般心理发展方面,视力残疾儿童的概念学习、能力、学业成就及个性心理发展都可能落后于普通儿童;在个性特征上,视力残疾儿童也有其较普通儿童不同的特点;在社会心理方面,视力残疾儿童有成熟晚的倾向,以自我为中心的时间明显长于同年龄的明眼儿童。

教育内容的特殊性 2007年,教育部颁行《盲校义务教育课程设置实验方案》,提出了盲校的具体教育任务,即从盲生的身心发展规律出发,在实行科学文化教学的同时,重视对学生的缺陷补偿教学和各种综合能力的培养。包括两个具体任务:一是一般的教学任务,即普通中小学都要完成的德、智、体、美全面发展的任务;二是特殊学校的缺陷补偿任务。两者相辅相成,互不可缺。在这两个任务的指导下,视力残疾儿童教育教学的内容包括两个方面:在与普通儿童一致的全面发展的内容方面,开设普通学校开设的所有课程,如语文、数学、外语、物理、化学、生物等;在盲生特殊的缺陷补偿的教学内容方面,开设盲校特有的课程,如综合康复、定向行走、社会适应、信息技术应用(普通学校将其放在综合实践课程内,盲校将其独立成课程)等。

$$视力残疾儿童\\教育内容\left\{\begin{array}{l}完全一致部分\left\{\begin{array}{l}共性内容\\特殊调整部分\end{array}\right\}与普通教育不同之处\\特性内容\end{array}\right.$$

对视力残疾儿童教学内容共性部分的调整由视力残疾儿童身心发展的特点决定。普通教育的许多教学内容以视觉经验为基础,视力残疾儿童对此难以理解或无法理解,故将部分内容作特殊处理,如降低要求、选学、不作要求、删减等。如学习《鹅》一诗时,诗中的"白"、"浮"、"绿"、"红"、"拨"、"青"、"波"等对先天性全盲儿童而言极难理解,教学要求改为能背诵、说出大概意思即可;小学高年级的"繁分式化简"等内容转换成盲文只能通过线性化的方式表达,失去原本意境,因此此部分内容盲生不作要求;高中的立体几何有些内容只有通过视觉才能准确感知,故进行了适当删减。此外,视力残疾儿童要完成补偿缺陷、适应社会、发展劳技等特殊任务,在其教学内容中必须有所体现。

教学方法与手段的特殊性 在教学方法上,普通教育中的讲述法、演示法、练习法、实验法、参观法等都可根据视力残疾儿童的需要,在教学中灵活运用。也可将普通中小学教学方法中的讲授与演示结合,增大视力残疾儿童触觉和听觉的敏锐度,把手的动作——触、摸与听觉结合运用,使其成为视力残疾儿童学习的重要工具。因此,视力残疾儿童教育的教学方法有动作演示法、类比推理法、声像教学法、象征替代法、凸线图、触觉教具辅助教学法、综合教学法等多种方法,这些方法都贯穿直观教学原则。在教学手段上,应从弥补视力残疾儿童的生理缺陷出发,多采用直观教学手段。直观手段的运用能增加视力残疾儿童的知识范围,扩大其眼界,帮助其发展形象思维,正确掌握概念。在形式上表现为各种直观教具,这些教具或由市场供应,或由教师自己动手制作,但都须结合相应的教学内容。随着现代科技的发展,越来越多的现代化仪器教具得到应用,丰富了视力残疾儿童教育的教学手段。如供盲人阅读的辅助设备——盲人阅读器,它将文字转换成盲人能够感知的触觉、听觉或扩大视觉信号,克服了盲文的有限性、速度慢等不足。

教师的特殊性　从事视力残疾儿童教育的教师在专业知识技能及专业以外的素质要求方面有其特殊性,某些要求高于普通教师。专业知识技能包括三方面:一是教师的知识结构,一名合格的视力残疾儿童教师既要了解或掌握普通教育的知识体系,又要掌握特殊教育概论的基本知识,如特殊教育的基本观点、理论基础等;二是专业基础知识,这是视力残疾儿童教师了解教育对象的生理和心理特点的前提,它包括视觉生理学、视觉病理学、儿童低视力学、视力残疾儿童心理学基础等;三是专业知识,包括点字符号系统、视力残疾儿童教育学、视力残疾儿童教学论等。除知识结构外,视力残疾儿童教师在教学中还需要掌握专门的技能。美国特殊儿童委员会(Council for Exceptional Children)对视力残疾儿童教师在教学过程中的技能要求包括:制订教学计划时能消化并应用评估数据;选择和使用适当的技巧完成教学任务,并能将这些技巧正确融合到教学过程中;为视力残疾学生制定一系列与个体残疾相关的教学目标及这些目标的实施和评价;使用一些策略帮助视力残疾学生在跨越学习环境下保持其与残疾有关的技能并使之一般化;教授视力残疾学生使用思考、问题解决等其他认知策略;具备对教与学环境设计和管理的技能。视力残疾儿童的学业成就低下与其第一性障碍——视力残疾并无多大相关,与其由视力残疾导致的第二性障碍——不良的个性心理密切相关,许多视力残疾儿童自我意识较强、对教师的抵触情绪较大,这些不良心理的形成与不当的外部教育和影响有关。因此,在专业以外的素质方面,要求在教学中视力残疾儿童教师不能只是科学文化技能传播和培养的"实用性"工具,还应满足视力残疾儿童的心理需求,使其情感得到满足、个性顺利发展,师生之间有健康的情感交流。此

外,教师应具备较强的团队精神和合作能力,能及时帮助视力残疾儿童的父母及其他行政人员了解视力残疾对儿童的影响,及时反馈视力残疾儿童的课堂表现和学业状况。

视力残疾儿童教育的课程

盲校课程是国家教育目标规定下的盲校教学内容及其编排与进程的总和。通常按照课程计划安排。盲校课程计划可分为群体课程计划和个别教育计划。前者以苏联教育模式为代表,强调一个国家和社会共同的培养目的和要求,一般一个计划规划几年,时限较长;后者是对传统课程计划的新发展,以1975年后的美国特殊教育模式为代表,强调个体需要,制订个别教育计划,一般每年制订一次。视力残疾儿童教育课程计划的内容通常包括:制订课程计划的原因与目的;采用的教学手段;执行方式;评估与检查等。每一方面的内容都不可或缺,是确保盲校教育质量的重要依据。中国盲校课程主要分为国家规定课程、地方课程和校本课程三类。

盲校课程设置的主要依据是视力残疾儿童教育与普通教育的共性、盲校教育对象及其教学的特殊性、国外实践经验和历史实践经验,未来社会发展需要等。《盲校义务教育课程设置实验方案》规定,低、中年级以综合课程为主,开设公民(低年级开设品德与生活,中年级开设品德与社会)、语文、数学、外语(三年级开始)、体育与健康、艺术(或分科选择音乐、美工)、科学、康复(低年级开设综合康复,中年级开设定向行走)、信息技术应用、综合实践活动等;高年级设置分科与综合相结合的课程,主要包括公民(思想品德、社会适应)、语文、数学、外语、历史与社会(或分科选择历史、地理)、体育与健康、艺术(或分科选择音乐、美工)、科学(或分科选择生物、物理、化学)、信息技术应用、综合实践活动等。

视力残疾儿童教育的教学方法

讲授法,即教师通过语言系统地向视力残疾儿童传授知识的方法,是讲述法、讲解法、讲读法和讲演法的总称。它是盲校最常用的教学方法,主要用于传授新知识。运用讲授法,教师可将文化知识系统、连贯地传授给视力残疾儿童,同时有目的、有计划地进行思想品德教育,提高其品德修养。运用讲授法时,讲授的内容要有科学性、思想性和趣味性,这是保证教学质量的首要条件;教师的讲授要有系统性,要条理清楚、重点突出;教师在讲授时语言要清晰简练、生动准确,使视力残疾儿童得到直观感受,增强记忆;教师说话要通俗,快慢适度,语言要合乎语法规则,不用含糊语句,坚持用普通话教学。

直观教学法,亦称"具体形象教学法"。即教师指导视力残疾儿童充分利用听觉、触觉等感觉器官并将其作为认识事物的手段,通过各种形式的感知在一定程度上补偿视力残疾儿童的不足,以完成教学任务的方法。它是教具直观、语言直观和动作直观教学法的总称。该方法可以丰富视力残疾儿童的感知并扩大其认识范围,使其在感知的基础上更好地理解教师讲授的内容,同时还可以训练和发展其多方面感官的功能,有意识地教给他们观察的方法,培养和发展其认识能力。

谈话法,即教师根据视力残疾儿童已有的知识和经验,向他们提问,并引导他们对所提问题得出结论,从而获得知识的方法。它是盲校常用教学方法之一。使用谈话法教学,有利于教师充分激发视力残疾儿童的思维活动,使其通过独立思考来获取知识,对发展其语言表达能力也有重要作用。教师可以通过以探究为目的的询问性谈话,了解视力残疾儿童的基础知识掌握情况;通过以教授知识为目的的启发性谈话,引导视力残疾儿童的思维,使其集中精力;通过以巩固知识为目的的总结性谈话,加深他们对知识的理解,增强其记忆。运用谈话法时,教师要有充分准备,提出的问题要明确、有启发性、难易适当,符合视力残疾儿童的接受水平;提问的对象要全面,对不同性质、不同程度的问题,适当地让不同的视力残疾儿童来回答;要全面安排谈话内容,根据问题的多少、难易、提问对象的程度确定谈话提纲、所需时间;谈话要围绕谈话的题目、线索和关键问题进行;要使视力残疾儿童积极参加谈话,引导他们思考、回答问题,并注意听其他同学的发言,鼓励回答得特别好的视力残疾儿童;谈话结束时,应结合视力残疾儿童的优缺点进行点评。

摸读法,即教师在盲校教学过程中,有计划地指导视力残疾儿童摸读课文、作业、参考资料等材料的方法。它是盲校常用教学方法之一。运用该方法,可以发展视力残疾儿童的触觉能力,加快其摸读盲文的速度;发展其阅读能力,培养读书习惯。在摸读教学中,教师要注意指导和纠正视力残疾儿童的摸读方法和姿势,让其养成左手食指和中指找行,并摸读前半行,右手食指和中指接左手食指和中指摸完后半行的快速阅读习惯,同时培养其单手摸读的能力。教师要指导视力残疾儿童朗读,要求他们朗读时声音洪亮、发音准确、富有感情;注意指导其课外阅读,向其介绍具有思想性、科学性、趣味性的作品。

练习法,即教师指导视力残疾儿童通过练习巩固知识和形成技能、技巧的方法。该方法在各科教学中都可采用,可以使视力残疾儿童牢固掌握知识,把知识变成技能、技巧,培养他们克服困难、始终如一地认真学习的品质。它种类很多,包括说话的练习、解答问题的练习、作文和创作的练习、运动和文娱技能与技巧的练习等。运用练习法的要求:使视力残疾儿童明确练习的目的,掌握有关练习的基本知识;使视力残疾儿童掌握正确的练习方法,教师先作必要的示范让其触摸,使其获得关于练习方法和实际动作的清晰表象,之后独立练习,教师进行个别指导;在检查视力残疾儿童练习的基础上,进行分析小结,提出改进要求;在选择练习内容、布置多种作业时,要有适当的计划,遵守循序渐进的原则;练习时间分配要适当;练习方式多样化。

尝试错误法,即教师有计划地让视力残疾儿童自己尝试做各种事情,正确的得到肯定,错误的加以纠正,使其在自我经验中学习的方法。该方法对视力残疾儿童有特殊意义。对视力残疾儿童过分保护,不使其独立活动,会限制视力残疾儿童独立能力的发展。可以多次尝试错误的视力残疾儿童独立性较强,成人后其社会适应能力也较好。

模仿法,即教师先提供示范,视力残疾儿童加以模仿的方法。该方法是盲校常用教学方法之一,也是视力残疾学生独立发展的基础。

机械学习法,亦称"机械记忆法"。即学生不管记忆内容的内部联系,机械地将其记下来的方法。如视力残疾儿童记忆盲字点位、色彩搭配、道路特点等。该方法较机械,但使用广泛,任何良好的学与教都包含机械学习的成分。

视力残疾儿童教育的设施

从事视力残疾儿童教育活动需要的房屋建筑、仪器设备等物质条件。包括教学设施、生活设施、课外活动设施、教具、教学辅助设备、生活辅助设备等。

盲校校址应选在交通方便、地势平坦、地形开阔、空气新鲜、阳光充足、环境舒宜、地势较高、排水通畅、场地干燥、相对安静、远离污染源、公共设施较完善的地段。其总平面布局应按教学区、体育运动区、生活区等不同功能要求合理布置,力求分区明确、布局合理、联系方便、互不干扰,既有利于视力残疾儿童的全面发展,保障良好的学习环境,又满足建筑物的良好朝向、日照、采光、防噪和防火等方面的要求。

从教学、生活、日照、通风、防噪、防火、辅助教学或生活用房的庭院和道路、游戏场所、零星绿地等所有设施必须占用的面积出发,为了视力残疾儿童的行动安全、方便,盲校的建筑容积率(每公顷建筑用地上的总建筑面积)不宜大于0.85,以避免不必要的建筑障碍,影响学生行走。盲校主要出入口不宜面向城镇干道,如必须面向干道,校门前应留有足够的缓行地带或集散广场。

视力残疾儿童身体正常发展对体育活动的需求量与普通学生相当,甚至更多。这要求盲校课间操用地每名学生不少于2.83平方米。视力残疾儿童对动态、太大或太小的物体的距离估计及轮廓、相对速度的判断等信息的获取有困难,行动中不易确定与把握方位,因此盲校的田径运动场宜采用200～300米的环形跑道,其长轴以南北向为宜;跑道应采用弹性材料,除少部分做硬地外,大部分场地宜铺设草坪,并在适宜位置布置沙坑等适合视力残疾儿童活动的体育设施和游戏场地。

盲校建筑物之间的间距及校内建筑与校外建筑的间距应符合当地规划、消防、卫生等部门的有关规定。盲校建筑物之间宜有廊相连,以保证风雨天或雪天时视力残疾儿童行走的便利;学校路网的布置应便捷;道路高差变化处宜设坡道,路中的地下管线井盖与路面取平,路面应铺设盲人行走的导向和止步触觉感受标志。

教学建筑是视力残疾儿童在盲校的主要活动场所,其行走、获得环境信息并控制环境的能力等大多通过在教学建筑中的探索而习得,因此盲校教学建筑及设施也应为视力残疾儿童服务。原则上,盲校的建筑物楼层不能过高,以少于四层为最佳;楼房耐火等级不低于二级,楼内应有可靠的防水、隔热、保温措施。

楼梯设置的数量、位置及总宽度,应按国家现行防火标准的要求确定。疏散楼梯最小宽度不宜小于1.1米。楼梯间应有直接的自然采光或采用人工照明补充,以明确区分台阶高与踏板深,帮助低视力儿童借助楼梯台阶的暗影判断踏脚的高度。走廊上不宜设踏步,如必须设踏步时宜少于三级或做1/8～1/10坡度的斜搓坡道(类似搓板面的坡道)。走廊的地板应使用表面少凹凸不平、经防滑处理过,即使跌倒也极少有破坏力的材料;同时注意用材料的装修及变化作为视力残疾儿童的行走向导。墙壁装修不宜粗糙,以免擦伤视力残疾儿童的手;走廊的转角处应处理成截角或曲面,把角落里突出的部分去掉,一律建成圆角,以免视力残疾儿童受伤。

盲校建筑物的扶手设置在楼梯、走廊、斜坡道、厕所、浴室等地,一般两侧都要设置。宽度超过3米的楼梯或坡道,可在离其中一边1.2米处再加一道扶手。扶手应涂上与墙身对比鲜明的颜色;其形状应容握住且得力,扶手的连接部不要有凹凸;扶手设置的方向与身体前进方向一致;采用触感好、耐腐蚀、易保养且能承受一定压力的材料。墙壁与扶手的间隔为0.05米,扶手内侧的墙壁不能粗糙。过道的有效宽度不够时,扶手可设在墙壁的凹入部。扶手须是连续的,走廊的扶手须与楼梯、斜坡道的扶手连接,其端部须水平延长0.45米左右,保证视力残疾儿童到达安全地带。在扶手端部及重要地方用盲文标识所在位置。

盲校教室的门一般采用木门,其高度、宽度标准应符合无障碍设计的标准。门在开启时对视力残疾儿童而言比较危险,开而不关或半开半掩的门都有撞到学生的危险,所以采用弹簧自动恢复装置比较好,但须注意弹簧的速度与力量。门开关的方向和开口大小须充分考虑走廊宽度、墙壁

位置及与其他障碍物之间的间隔。门要有利于通风采光,一般宜设置前后门,门扇上宜设较大面积的观察窗。门把手高度在0.7～1.1米以内;圆形把手较曲柄形把手好,后者容易把衣服钩住,除非采用特别的双曲柄把手;门前后的地板上应铺装提示板,其形状、质料不同于周围地板(有的国家或地区的盲校在建设时特意留出深2～3厘米、40厘米×60厘米的浅坑,然后用鲜艳的脚垫或门垫补平,使其成为提示板)。教室、房间名称用盲文和大字体标示在靠门的扶手上(不可标得太高),或设置不同形状的标志,使视力残疾儿童能利用触觉区分不同教室。

视力残疾儿童的课桌一般为"一头沉"式的,即课桌一侧有储藏柜,使视力残疾儿童使用的体积较大的盲文书有存储之处,课桌单行排列。椅子最好是高度可调式的。有的在教室后部设有放盲文书的专用书架。

盲校的每栋楼内部都设置至少一间厕所,设在醒目、方便利用的道路上。厕所的门和出入道口应有触感提示。厕所地面采用防滑、易清洁的材料,并在适当位置装设紧急报警设施。男女厕所入口以固定的左右区分开,同时用提醒地板、脚台、鲜明色彩及盲文等方式表示。视力残疾儿童需用触觉来判定坑位,可用两块突出的砖踏板指示位置,并加设两侧扶手。

道路无障碍设计是建筑学中的无障碍设计在盲校中的具体体现和应用。其目的在于使校园环境对视力残疾儿童而言,是"可到达"、"可进入"、"可使用"的,在任何时候、任何场所都以方便、安全使用为原则。

视力残疾儿童教育的教学手段——盲文

全盲儿童学习的主要媒介是盲文。盲文是专为盲人设计、靠触觉感知的文字,包括外显式盲文、穆恩体盲文和六点体系盲文(亦称点字)。六点体系盲文是以6个点的凸出与否来表达相应字母或音节的文字体系,在国际上普遍使用。它由大小相等、距离相同的6个凸起点组成,呈长方形,两个竖行,左边为1、2、3点,右边为4、5、6点,单位名称为"方"。以点数的多少和点位的不同来区分不同的符形,可变化成63个不同的图形符号。

中国最早使用的通用汉语盲文叫"康熙盲字",俗称"408"。它是一种代码性质的盲字,以两方盲符的排列组合组成408个号码,代表汉语的408个音节,每个音节按一定规律变换其图形可以表示四声。20世纪初,"心目克明"盲字开始流行于除东北以外的地区,它以南京音为标准,有18个声母、36个韵母,声韵双拼为一个音节,再加上另一个盲

符标调。1953 年开始,全国普遍推广现行盲字,它是以普通话为基础、北京语音为标准的拼音盲字,称作"现行盲文"。有 18 个声母、34 个韵母,声韵双拼为一个音节,用另一个盲符作调号。1975 年,进行盲文改革,确定了"汉语双拼盲文方案":以两方盲符拼写汉语的一个实有音节,即带调音节,声在左,韵方在右。声方有声母、半声母、介母和零声符;韵方有韵母、零韵符和调号。简称"双拼盲文"。

参考文献

朴永馨. 特殊教育辞典[M]. 北京:华夏出版社,1996.

钱志亮. 视力残疾儿童心理与教育[M]. 大连:辽宁师范大学出版社,2004.

钱志亮. 盲校课程与教学[M]. 北京:北京师范大学出版社,2012.

(钱志亮)

视听教育(audio-visual education)　在视觉教育基础上发展起来的以视听设备和相应的软件为辅助手段,传播教学信息、帮助学生获得观察经验的教育方式。

视听教育的发展

外国视听教育的发展　近代以前,教学主要以教师口头语言和教材作为教学信息传播的方式。在教学过程中,要求学生记住书本上的一般规则和概念,而学生无法用他们已有的经验来理解这些规则和概念。这种"言语主义"教学忽视了学生感性认识的重要性,片面强调词句符号的学习。17 世纪捷克教育家夸美纽斯受英国哲学家培根的唯物主义感觉论的影响,认为一切实物受自然秩序制约,倡导教学工作要适应自然秩序的原理,并因此提出直观性原则。他主张人观察实物本身,从事物的本源去获得知识,运用实物和图形来补充口语和书面教学。他为学校采用实物和视听手段教学奠定了理论基础。17 世纪 50 年代,夸美纽斯写了带插图的百科全书式的儿童启蒙教科书,即《世界图解》。以他为代表的感性现实主义对 17—18 世纪的课程改革产生巨大影响。19 世纪末 20 世纪初,工业革命推动科学技术的迅猛发展,一些新的科技成果如照相机、幻灯片、无声电影等被引入教学领域。它们给学生提供了生动的视觉形象,使教学获得良好效果,人们因此产生"视觉教育"的想法。1905 年,第一家学校博物馆在美国圣路易斯市开办。此后不久,在宾夕法尼亚州的雷丁和俄亥俄州的克利夫兰也开办了与学校课程密切结合的学校博物馆。一些学校博物馆销售便携式博物馆展品、立体照片、幻灯片、胶卷、学习图片、图表和其他教学材料,发挥视觉教学中心管理机构的作用。电影的发明及其在教学中的应用同样对视觉教学运动的发展起很大促进作用,人们认为电影能促进教学改革,同时降低教学成本。

视觉教育是对长期以来盛行于传统学校中的"言语主义"教学的改革。它旨在推行视觉媒体在教学中的应用,为学生学习抽象的教学内容提供具体形象的感性认识,提高教学效果。该名称正式出现于 1906 年,美国出版一本有关立体照片和幻灯片使用的教师指导书《视觉教育》后,"视觉教育"一词在教育界广泛传开,吸引了越来越多的教育工作者参与对新媒体应用的研究。

第一次世界大战后,视觉教育成为一场正式的教学改革运动。1918—1928 年间,这场运动被称为视觉教学(visual instruction)运动,标志教育技术的发端。在此期间,视觉教学向学科建设、师资培训、学术研究、专业交流和组织管理等方面深入发展。二十多所高校为教师开设视觉教学课程,培训教师使用幻灯、电影、挂图等手段呈示、制作教材和操作各类设备。视觉教育的宣传进一步引起人们的注意和兴趣,吸引更多教育工作者参与视觉教育的研究和实践。1923 年 7 月 6 日,美国成立美国全国教育协会视觉教学部(Department of Visual Instruction,简称 DVI),即美国教育传播与技术协会(Association of Educational Communications and Technology,简称 AECT)的前身。视觉教育工作者开始发展他们自己的学说,断定视觉经验对学习的影响比其他各种经验都大得多,并为发展视觉教育提供物质条件。有的大学开始将"视觉教育"列为正式课程,如明尼苏达大学、南加利福尼亚大学开设视觉教育的基础理论、资料编目、行政管理、教育法和放映机的维修等课程,并计算学分。1928 年,出版第一本关于视觉教育的教科书《学校中的视觉教育》。20 世纪 20 年代末,由于有声电影、广播录音技术的发展及其在教育中的应用,原有的视觉教学概念已不能涵盖已扩展的视听设备介入的教育实践,视觉教学发展为视听教学(audio-visual instruction)。

第二次世界大战期间,由于缺乏设备、资料和专家,视听教学在学校中发展缓慢,几乎处于停顿状态,但它在工业和军队训练中得到大力发展。美国政府通过其"战争培训视觉教具部"生产工业培训电影 457 部;为军队购买 5.5 万部电影放映机,花费在影片上的投资达 10 亿美元。利用电影培训技术人员获得极大成功。军队训练中除大量使用电影外,还采用许多其他视听媒体,如投影器、幻灯片、录音机、模拟训练器材等。传统视听教学理论得到实践检验,新理论不断涌现。该领域的研究已向对象、需要、媒体、方法等各个方面扩展,形成较系统的传播研究。媒体与视听传播专家在教学技术中的作用与地位得到明确。

战后,人们对在学校教育中使用视听媒体充满兴趣。幻灯片、投影器、电影、无线电广播等得到进一步推广应用。在军队及电影工业界若干基金会的支持下,视听领域开展一系列研究,重点探讨视听媒体的特性及其对学习的影响。

战后十年(1945—1955)是视听教学稳步发展的时期。从1955年起,视听教学进入迅速发展阶段。人们认为"视觉教育"这一名称已不能准确反映当时的教育实践活动,从而提出"视听教育"的概念。视听教育不仅指幻灯片、电影、录音机、无线电广播等现代媒体的应用,它还包括照片、图表、模型、标本等直观教具以及参观、旅行、展览等形式的教学活动。1947年,美国全国教育协会的视觉教学部正式更名为视听教学部。

1957年,苏联卫星上天,美国掀起一场长达10年的大规模教育改革运动。在这场教育改革运动中,学校教育的课程内容获得修订,并要求对教学方法作相应改革;强调应用布鲁纳的发现教学法,提出学生的理想学习程序应始于直接经验,逐渐向图像经验和抽象经验发展。布鲁纳发现学习法的教材组织模式与戴尔的视听教学理论中媒体的分类模型吻合,所以课程改革运动对视听教学产生很大促进作用。由于这一时期语言实验室、电视机、教学机、多媒体组合系统、计算机先后产生并在教学中得到应用,许多教育资源要求统一说明,同时由于传播理论的发展及其对教育的影响,人们试图用一个新术语来概括这个领域。"视听传播"(audio-visual communication)这一术语于1953年出现在视听教学领域。当时视听教学部出版专业刊物《视听传播评论》,标志视听教学理论开始向视听传播理论发展。十年后,系统的视听传播理论形成。传播理论、早期系统观以及学习理论的发展,给视听教学领域引进大量新观念,视听教学理论的研究重点由视听信息的显示转向视听信息的传播设计。

中国视听教育的发展　中国视听教育约始于20世纪20年代。1919年,国内已有人开始用幻灯机教学。1922年,金陵大学农学院举办农业专修科,设立推广部,从美国农业部购买幻灯片、影片,用唱片配音或播映员口头讲解,到各地宣传科学种棉知识。1923年,教育家晏阳初等人在长沙、烟台、嘉兴举办大规模的千字课教学试验,在嘉兴试验时尝试用幻灯片进行教学,取得良好效果。

1917年,商务印书馆率先开始拍摄教育电影。1932年,中国教育电影协会在南京成立,对电影教育的开展起积极推动作用。该协会成立后,组织举行了国产影片的比赛,还参加第一次国际教育电影会议,与美国、德国、意大利三国的教育电影机构交换教育影片和刊物。20世纪30年代,广播教学也开展起来。1937年7月,播音教育委员会成立,全国建立11个播音教育指导区。1940年,教育部将电影教育委员会和播音教育委员会合并,成立电化教育委员会。

1949年前,这些视听媒体被用于抗战宣传和生活、生产知识教育,也作为新教学手段被介绍到学校,但其应用并不普及,对学校教育影响甚小。1949年后,视听教育在中国得到进一步发展。1949年,北京人民广播电台和上海人民广

播电台开始举办俄语教学讲座;1953年,上海人民广播电台举办"文化补习"节目,对象为高小毕业未能入中学的学生,后又在此基础上举办"自学辅导广播讲座"(1956年,改为"工农业余初中文化广播学校";1957年,改为"上海市自学函授大学");1958年,天津市广播函授大学创办,教学采用广播与函授结合、自学与辅导结合的方法,每周播放6节课,每节课分早、中、晚三次播出。随着电视广播媒体的发展,1960年起,上海、北京、沈阳、哈尔滨、广州等地相继举办电视大学。

1958年前后,中国掀起教育改革运动,学校的电化教育随之发展。中小学及高等学校都逐步开展电化教育。普通教育的电化教育主要由各地的电化教育馆来组织和推广。北京、上海、南京、沈阳、哈尔滨、齐齐哈尔相继成立电化教育馆。"文革"期间,整个电化教育事业处于瘫痪、停止状态。

"文革"后,中国的电化教育工作逐步恢复。1978年8月,经国务院批准,教育部建立中央电化教育馆。1979年起,中央电化教育馆负责全国学校电化教育的行政管理工作,随后全国各地也相继建立电化教育机构。1985年,全国各省、市、自治区均建立电化教育馆,多个地、市及县(区)建立电化教育机构;全国大多数高等学校及许多中小学也先后建立电化教育机构。进入21世纪,激光视盘、卫星电视、计算机多媒体等技术的迅速发展使视听教育手段越来越丰富。在各级电化教育机构的组织和推动下,视听教育已成为中国教育的重要组成部分。

视听教育的特点

视听教育的发展改变了传统教学单一依靠语言和文字传递教学信息的模式,强调学生学习知识是一个感性认识与理性认识相结合的过程。在教学过程中应充分运用各种视听媒体和材料提高教学的直观性和趣味性,为学生提供必需的经验基础。从教学过程来看,视听教育同传统的教学方式相比具有多个特点。

一是学生接受的信息更一致,有利于教学的标准化。在课堂教学中,不同教师水平不齐,在解释学科内容时常使用不同方法,对学生学习产生不同影响,利用视听媒体可以在一定程度上避免这种现象。经过精心设计的媒体材料是许多优秀教师的教学经验与丰富资源的组合,它为每个学生呈现相同的教学信息,促进教学的标准化。二是吸引学生注意,激发学生的兴趣和动机。同教师口头语言和文字教材相比,视听媒体材料吸引力强,如画面生动形象、具有声音效果等,会激发学习者的兴趣,促使其思考,使其在教学活动中始终保持注意。三是提供感性材料,加深感知深度。利用各种视听媒体传播教学信息极大丰富了信息表征和传播的方式,具有直观、具体、形象、活泼等优点,有利于

学生建立知识和经验间的连接，降低认知的难度。如利用图片、照片、录像等媒体可以真实、全面地呈现认知对象的形态和外在属性；利用动态投影片、成套幻灯片或连续的电视画面可以呈现运动和动作，提供标准示范；利用电影的蒙太奇手法和特技效果可以展现事物的发展变化过程；利用动画可以表现事物的内在结构、属性及运动变化等。在教学中合理运用这些媒体技术，可以对教师口头语言和文字教材形成良好补充，提高教学信息传播的效率和效果。四是促进师生间的有效交互，丰富学生的学习活动。教学媒体的内容组织和呈现方式都要经过认真设计，应用各种学习理论的成果，关注学生的学习经验，形成良好的学习心理环境。借助教学媒体及相应的教学材料，教师可以有针对性地组织多样化的教学活动，提高师生间的互动水平；在活动中有目的地培养学生的概括、联想、记忆等能力，提高学生思维发展水平。五是增强教学内容的系统性和情感渲染力，提高学生认知和保持的效果。利用媒体不但可以提高教学的艺术性与趣味性，还可以对很多知识起化难为易、加深理解的作用，同时突出知识间的结构关系，提高知识的系统化，有效帮助学生提高记忆效果和效率。在媒体材料中合理运用色彩、配乐、解说可以有效表达教学内容的情感色彩，起激发情感的效果。

视听教育的发展反映了社会发展对教育改革的要求，它与新的视听技术、通信技术、计算机技术的发展与应用密切关联。从传播理论的角度看，媒体已成为教学传播过程的基本要素之一，并形成一种促进有效教学的模式。

参考文献

乌美娜. 现代教育技术[M]. 沈阳：辽宁大学出版社，1999.

尹俊华，等. 教育技术学导论[M]. 北京：高等教育出版社，2002.

Smaldino, S. E., Russell, J. D., Heinich, R. & Molenda, M. 教学技术与媒体(第8版)[M]. 北京：高等教育出版社，2005.

（朱京曦）

适应性测验(adaptive test)

对每一被试实施与其能力水平相适应的题目的测验。用于解决用传统方法编制测验所导致的问题或弊端。

用传统方法编制的测验有两大特点：(1)测验项目多是中等难度，这与被试的能力分布符合正态分布的假定相对应。由大多数难度为中等的项目组成的测验，其总分也符合正态分布，这导致在被试总体中占多数的中等能力水平的被试有较多适合他们水平的题目，因而测验对他们也具有较高的测量精度。但由于测验长度的限制，较难和较易的项目少，高能力和低能力的被试就只有与他们的能力相适应的很少题目，对这些被试而言，测量精度就较低。(2)对所有被试都施以同样的测验题目，使被试能力估计值都在同一量尺上，可以直接相互比较，但被试往往遇到超半数的过难或过易的题目，影响其测验动机，也增加低能力被试凭猜测答题的动机，从而增大测验误差。在适应性测验中，题目难度与被试能力相适应，能对其能力进行最精确的测量，不必使用一些对被试来说过易或过难的题目，这可以缩短测验长度，同时保持被试的积极性，既降低了误差又提高了效率。适应性测验的实施要求事先大体了解被试的能力水平，以便施以相应的题目，这往往不易做到。计算机技术的引入使这一问题得到很好解决。

非计算机化适应性测验 "比纳—西蒙智力量表"是最早的适应性测验。测验时先根据儿童的年龄决定施测哪一年龄段的题目，若儿童能将该年龄段的题目全部答对，则继续呈现更高年龄段的题目，直到他全部答错为止，最高年龄水平被称为顶端水平；若被试将与他年龄相当的年龄段的题目全部答错，就呈现更低年龄段的题目，直到他全部答对为止，最低年龄水平被称为基底水平；若被试答对了一部分第一次呈现的题目，则应先向上找到其顶端水平，然后向下找到其基底水平。

此后产生二步法测验，即测验分两步进行，先实施一个短测验(又称常规测验)，根据短测验的评分结果粗略估计被试的能力，然后实施正式测验，正式测验版本间的难度不同，每版本内的难度则较接近。对能力估计值低的被试实施较容易的正式测验，对估计值高的实施较难的正式测验。二步法测验存在不少难以克服的缺点：(1)测验结果如何评分。若让主试评分，则要较长时间地中断测验，从而影响被试的心理状态，造成测验误差；若让被试评分，则作弊等引起的评分误差就难以控制。(2)二步法测验的顺应性并不大，因为只能对被试能力估计一次，也只有一次能力与题目相配合的机会，但由于各种误差的存在，并不能利用这次机会真正做到能力与题目难度匹配。(3)只有对正式结果进行等值化处理，测验结果才能得到合理解释，但经典测验理论不能圆满解决这一问题。

洛德设计了另一种适应性测验，即灵活水平测验。测验题目由易到难排列，且题目总数为奇数，被试从正中间的那一道题目(其难度正好是整个测验的平均难度)开始作答，然后对该题目进行自我评分，若答案正确则选择比刚才所做题目更难的第一个题目，若错误就选择更易的第一个题目。如此往复进行，直到被试答完一半的题目为止，之后对其测验结果进行评分。灵活水平测验的评分较简单，且其测量精度较好。洛德指出它在测验分数的峰值区域(一般针对中等能力水平的被试而言)的精度不逊于传统测验，在非峰值区域则优于传统测验；与不具峰值的传统测验相比，设计合理的灵活水平测验在任何能力水平上都更精确。但这一测验也存在难以克服的困难，如指导语过于复杂；被试可能在选择下一题目时无视测验的要求；由于题目难度按等级排列,测验进行到一定程度后,就只剩下过难或过易的题目,难以与被试能力匹配。

分支测验是非计算机化适应性测验中最好的一种。该测验也从中等难度的项目开始,答对则做更难的项目,答错就做更易的项目。其独特之处是,在测验前所有可能的分支都预先设置好,任一被试的答题过程都是设计好的分支的一种,这种测验能保证中等能力的被试始终做中等难度的题目。分支测验在应用中有不同形式。

分支测验根据被试对某一项目的回答正确与否决定下一个项目的难度,答对时难度要增加,答错时难度要减小,但针对难度增量和减量的数值是否应相同产生了不同的尝试。一种方法是难度的增减等步,即增量和减量都是一定值,这样测验中就需要很多难度相同的题目。可以这样描述这一方法:设难度的变化量为定值 δ,被试在回答了第 i 个题目后(不管是对是错),若他对后面的题目一个答对、一个答错,则再下一个呈现的题目的难度与第 i 个的难度相同。因为若第 i 个题目的难度为 b_i,当他答对了第 $i+1$ 个题目而答错第 $i+2$ 个题目时,难度的变化过程为 $b_i+\delta-\delta=b_i$。若是第 $i+1$ 个题目错,第 $i+2$ 个题目对,结果也是一样。这一方法亦可称为上下往返法。另一种方法与上下往返法的不同之处在于下一个呈现的题目的难度的减少量 L(假如答错上一题)要大于增加量 H(假如答对上一题)。原因在于被试可能会因为猜测而答对题目,题目的难度很可能在其能力水平之上,这时若下一题目的难度增量过大,测验的顺应性就小了。若被试答错了题目,则清楚表示其能力低于题目难度。这一方法称为 H-L 法,研究表明当题目为多项选择题时,该方法比上下往返法更有效。第三种方法是步长收缩法。在这一设计中,连续呈现给被试的题目的难度差距递减,当题目难度以一种精确的方式递减时,呈现给被试的最后一个题目就是他的一致估计值。有研究表明步长收缩法优于上述两种分支测验,但使用这一方法有一个严格的限制,即测验要求容量极大的项目库,且项目难度都经过严格规定。若采用步长收缩法对被试施测一个长度为 n 个项目的测验,则要准备 2^n-1 个项目的题库,因此准备 8 个项目以上的测验是极为困难的。分支测验的评分方法有三种:以被试做完的题目的平均难度作为其能力的估计;以被试做的最后一个题目的难度作为其能力的估计;以下一个将要呈现的题目的难度作为其能力的估计。分支测验中仍有很多问题没有解决,如其他项目参数对测验结果的影响等。

计算机化适应性测验(computerized adaptive tests,简称 CAT) 借助有关的计算机软件,由被试在计算机上完成的适应性测验。其理论基础是项目反应理论。实施过程是先由计算机终端呈现给被试一个中等难度的测验题目(初始项目),被试反应正确,就呈现一个更难的项目;反应错

误,就呈现一个更容易的项目。呈现若干个项目后,计算机就估计出其能力的初始估计值。以后再呈现给他的就是与其能力估计值最为适应的项目,被试回答后则又重新估计其能力,再呈现新的项目。如此往复进行,直到对被试能力的估计达到预先规定的标准。

实施计算机化适应性测验要在软件和硬件上有充分准备。首先,要有一个预先准备好的题库,其中至少要有 150～200 个题目,每个题目的参数都是已知的且经过等值处理。其次,要有足够容量的计算机和专用的计算机软件。

在实施计算机化适应性测验时应注意几个问题:(1)初始项目的选择。初始项目是呈现给被试的第一个项目,由于不知道有关被试能力的任何信息,因此初始项目的难度一般是中等难度的。(2)选择下一个呈现项目的方法。得到被试对 n 个项目的反应并对其能力进行最初的估计后,下一个要呈现的项目就要根据这一估计值来选择。具体项目选择方法有 b_i 与 $\hat{\theta}$ 配合法、m_i 与 $\hat{\theta}$ 配合法、最大信息量法和贝叶斯方法。b_i 与 $\hat{\theta}$ 配合法,即选择难度参数与被试能力估计值最接近的项目,这是一种最简单、最直接的方法。m_i 与 $\hat{\theta}$ 配合法,即当使用单参数和双参数项目反应理论模型时,项目信息函数在 $\theta=b_i$ 处达到最大值,此时 $P_i(\theta)=0.50$,项目与被试的能力是适合的,可以采用 b_i 与 $\hat{\theta}$ 配合法。但当使用的模型是三参数逻辑斯蒂模型时,项目信息函数并不在 $\theta=b_i$ 处达到最大值,其最大值出现在高于 b_i 的 m_i 处,m_i 与 b_i 的关系是:

$$m_i = b_i + \frac{1}{1.7a_i}\ln\left(\frac{1+\sqrt{1+8c_i}}{2}\right)$$

在 θ 的连续体上,m_i 的位置比 b_i 更靠右些,因此用 m_i 与 $\hat{\theta}$ 相配合的方法比 b_i 与 $\hat{\theta}$ 相配合的方法选择项目更容易一些。这一方法是计算每一项目在其达到最大值时的 m_i 值,据此选出 m_i 值与 $\hat{\theta}$ 最接近的项目。这两种方法的特点是使所选项目的难度与被试能力的最初估计值接近,且项目信息函数在被试的能力估计值附近达到最大值。但与其他项目相比,这一项目不一定是对被试能力估计提供最大信息量的项目。最大信息量法,即计算所有项目在能力估计值 $\hat{\theta}$ 处的信息量,然后选择其中的最大者作为下一个要呈现的项目。贝叶斯方法也是项目反应理论参数估计的常用方法之一,在计算机化适应性测验中,若使用贝叶斯方法进行能力估计和项目选择,则要求下一个要呈现的项目能最大限度地减少能力估计的不确定性,使期望的后验方差达到极小值。(3)测验终止标准的确定。计算机化适应性测验的终止标准有两个:等长度标准、等精度标准。前者指测验长度达到固定数量的项目后就终止测验;后者指预先确定测量的标准误,当能力估计的标准误低于这一预定值时,就终止测验。

计算机化适应性测验具有多项优点:(1)使用的测验

项目都与被试的能力水平相匹配,都能对被试的能力估计提供较多的信息。对所有被试而言,测验都能达到较高的精度。(2)测验不使用不适合被试水平的过难或过易的题目,避免了因被试的主观状态导致的测验误差,且有效缩短了测验的长度。计算机化适应性测验一般只需要传统测验一半数量甚至更少的题目。(3)对被试能力的估计以项目反应理论为基础,即使使用不同的项目,对被试能力的估计也在同一量尺上,可以直接进行比较。(4)项目的呈现、评分及被试能力的估计都由计算机完成,节约时间且不会让被试知道自己的回答结果,因而不会影响他对后继问题的回答。计算机化适应性测验的缺点有:要求实施者掌握项目反应理论及相关计算机软件操作技术;不能用于所有题目形式;被试没有选择题目的自由等。

参考文献

刘发明,丁树良.多维自适应测验初探[J].江西师范大学学报(自然科学版),2006(5).

张忠华,谢小庆,郑日昌.计算机自适应性测验(CAT)选题策略的新进展[J].心理发展与教育,2002(4).

Chalhoub-Deville, M. Issues in Computer-Adaptive Testing of Reading Proficiency [M]. Cambridge: Cambridge University Press, 2000.

(刘红云　骆　方)

受教育权(right to education)　公民作为权利主体,依照法律规定所具有的接受教育的能力或资格。从权利性质的角度解释受教育权,有三种观点。一是公民权说,亦称政治性权利说。认为受教育权的本质即公民为扩充其参政能力而要求国家提供文化教育条件的权利。其特点在于把公共教育与民主政治直接联系起来,重视公民权利与公民教育的紧密结合,指明教育在培养公民方面的政治性功能。二是生存权说,亦称经济性权利说。认为受教育权的实质是为了使贫穷的公民获取与人的生活能力有关的教育,故要求国家从经济角度提供必要的文化教育条件和均等的受教育机会。三是学习权说。认为教育主要是个人主动学习和发展的过程,受教育权是个人与生俱来的、要求通过学习来发展和完善人格的权利。为实现学习权,全面发展人的能力,国家应积极创造各种条件。由此,"教育的自由"由教育主体本位的教育基本权转换成作为受教育权利的学习主体本位的教育基本权,即从国家法律规定的被动接受教育的权利发展为公民以自由人适用的方式行使自己成长和学习的权利,强调公民主体积极争取学习条件、自由发展的意义。学习权的内在含义在于充分运用教育的自由权,积极参加教育过程,选择教育内容,是从学习者的角度看待、接受教育。从教育理论的角度,它强调受教育者在教育过程中的主体地位;从法学理论的角度,它强调受教育权利主体在享受受教育权时的主动性和自由性。

受教育权的性质

受教育权是法定权利　荷兰宪法学者马尔赛文和唐1975—1976年的一项实证研究得出结论,受教育权属于宪法规定的基本权利,特别是在大陆法系国家及受大陆法系影响较深的国家,如德国、法国等。在未把受教育权规定为宪法权利的国家,如英国、美国等,在国家颁布的其他法律尤其是教育基本法中,对此也作了规定,因而仍是一项法定权利。在中国,受教育权是宪法规定的权利。《中华人民共和国宪法》第四十六条明确规定,"中华人民共和国公民有受教育的权利和义务"。这使受教育权成为宪法权利中经济、社会和文化权利的重要组成部分。这意味着受教育权作为一项基本权利,同生存权一样,应优先于其他的一般权利,国家、社会等应优先保证公民享受充分的受教育权。公民的受教育权受到侵害时,也应得到及时的救济和补偿。

受教育权既是自由权又是社会权　作为一项权利,受教育权更多地呈现社会权的特征,要求国家积极作为,满足公民受教育的要求;作为一种自由,它带有浓厚的自由权色彩,防止国家的肆意干涉。除要求国家积极保障其实现外,还要求国家或他人不得侵犯其权利的实施。

传统的宪法体制为国家设立消极的不得侵犯公民个人权利的义务,公民享有的天赋的、先于宪法存在的个人自然权利只是一种消极的防御权利,权利主体只有权要求他人不得侵犯其权利,而无权要求国家采取积极措施保障其权利的实现。当社会生产力不发达时,除了要求满足温饱的生存,人们没有更多的精神性和文化性要求,因而受教育权更多地体现为受教育自由。随着社会和经济的发展,消极行政已无法保持社会的稳定与发展,迫使政府必须以积极的行动来满足日益增长的社会需要。在现代社会,受教育权成为公民的一项社会基本权利,与公民享有的积极权利相对应,国家应承担一定的积极保障义务,即不仅承担不得侵权的不作为义务,且承担积极的作为义务,以保障该社会基本权利的实现。受教育权作为基本权利虽仍是免于国家权力侵害的消极权利,但同时也要求国家权力的积极维护,这是现代法治国家的特色。

受教育权既是绝对权利又是相对权利　受教育权要求其他任何组织、个人,不得作出妨碍、侵犯受教育者接受教育的行为,以不作为的形式履行义务,以保障受教育者充分行使受教育权。在这个意义上,受教育权是一种绝对权利。但由于某些或某类主体受教育权的实现依赖于特定的义务人和自己的积极作为,如对必须接受一定年限义务教育的儿童而言,其接受教育必须有其相对方——国家、学校(教师)、父母等为其提供一定条件,满足其受教育的要求,故受教育权利又是一种相对权利。

受教育权是专属权　教育作为个体谋求自我发展、提高生活质量的重要手段,只有通过个体自身的积极行为才能完成。受教育权同个人的人身权一样,完全属于每个个体所有,不可也不能转让与他人,属于专属权。这意味着在一个家庭中,父母不能因为某种原因中止某个子女的受教育权,而让与其他子女。

受教育权是行动权和接受权　受教育权的实现离不开个体自身的积极行为,尤其在受教育权的内涵发展成学习权的现代社会,在受教育权强调个体积极主动的学习和要求的意义上,受教育权是一种行动权。若仅把接受权理解为"接受什么的权利",则受教育权按其本意即为"接受教育的权利",是一种接受权,每个个体自诞生之日起,便具有可以从国家接受教育的权利。

受教育权是一种复合规范　《中华人民共和国宪法》关于受教育权的规定是一种权利与义务复合的法律规范,表明受教育权具有不可放弃性。较之单纯的授权性规范和义务性规范,它具有以下内涵:其一,这一复合规范由权利要素和义务要素构成一个矛盾统一体。在其相互矛盾的双重组合中,权利的可放弃性被义务要素所具有的行为必然性取代;义务主体须履行的责任、承受的负担则让位于权利要素的本质属性,即公民对受教育的利益享有。在其内部结构中,权利要素居主导和支配地位,义务要素居次要和辅助地位,仅作为实现权利的保障措施。其二,复合规范的本质是赋予公民以权利,而非设置新的义务,是在肯定权利的基础上,又将其规定为"权利和义务"之复合,根本目的在于为受教育权设置明确的、必要的且必须行使的机制,以保障权利的真正实现。

受教育权的主体

《世界人权宣言》第二条明确规定了人权的基本原则:"人人有资格享受本宣言所载的一切权利和自由。不分种族、肤色、性别、语言、宗教、政治或其他见解、国籍或社会出身、财产、出生或其他身份等任何区别。"该宣言第二十三条至第二十七条规定了受教育权。受教育权作为"人之为人应得"的基本人权,其主体是所有人。具体到某一国家中,受教育权的主体是所有公民。《中华人民共和国教育法》第九条规定:"中华人民共和国公民有受教育的权利和义务。公民不分民族、种族、性别、职业、财产状况、宗教信仰等,依法享有平等的受教育机会。"按年龄划分,有幼儿、儿童、成年人、老年人的受教育权;按性别划分,有男性公民、女性公民的受教育权;按身体健康状况划分,有健康者和非健康者的受教育权。不管作何种分类,任何公民都平等地享有受教育权所表征的教育机会均等权利,这不仅是国际社会普遍公认的教育理想,也是国际法准则和各国国内法所确立的基本原则。

受教育权的相对方

权利的相对性决定了受教育权的相对方是依法为公民受教育权的充分实现提供诸种条件的义务一方。《中华人民共和国宪法》第十九条规定,"国家发展社会主义的教育事业,提高全国人民的科学文化水平";《中华人民共和国教育法》第十八条规定,"各级人民政府采取各种措施保障适龄儿童、少年就学。适龄儿童、少年的父母或者其他监护人以及有关社会组织和个人有义务使适龄儿童、少年接受并完成规定年限的义务教育";第三十八条规定,"国家、社会、学校及其他教育机构应当根据残疾人身心特性和需要实施教育,并为其提供帮助和便利"等。受教育权利的相对方主要指国家(包括各级人民政府)、学校及其他教育机构(主体主要是教师)、家庭(主体为父母)、社会(包括企业、事业等社会组织和公民个人)。

国家与公民受教育权的关系　国家通过给政府和其他国家权力机关设定义务和责任的方式来保护公民受教育权的正常行使。作为受教育权的重要相对方,国家的这些义务和责任通常必须通过法律的明文规定来实现,即为法定义务和责任。而国家的义务和责任往往也表现为国家权力的一部分,即国家教育权的一部分。由于各国国情不同,国家权力的构成也有很大不同。从理论上讲,正如日本教育法学界所指出的,作为重要的受教育权相对方,国家应该在两个方面负有义务和责任:一是"内在事项"的义务和责任,包括教育内容、教育方法、教材选定、成绩评价、学生惩戒、生活指导等;二是"外在事项"的义务和责任,包括教育财政、设施设备、教职员的人事和劳动条件以及学校制度等外在的教育条件。在现行的教育法制中,外在的经济、财政保障对于公共教育的现实发展起决定性作用,已成为国家宪法规定的义务。国家有义务为教育的实施提供物质条件和制度条件。

在中国,《中华人民共和国义务教育法》及《中华人民共和国义务教育法实施细则》规定了国家在义务教育阶段的责任和义务,《中华人民共和国教育法》和《中华人民共和国高等教育法》规定了国家在非义务教育阶段的责任和义务。(1)保障国家举办的学校教育经费的义务。教育经费的筹措由国务院和地方各级人民政府负责。在经费来源上,建立以国家财政拨款为主、其他多种渠道筹措为辅的体制,国家保证用于义务教育的财政拨款的增长比例,并使按在校学生人数平均的教育费用逐步增长;在经费的使用分配上,对经济困难地区、少数民族居住地区实施义务教育给予适当补助。(2) 举办学校的义务。国家有义务合理设置各类学校,具体设置者为地方各级人民政府。对学校法定的基本要求:地点上,能够使儿童就近入学;类型上,既有普通中小学,也有特殊儿童接受教育的盲童学校、听觉和视觉障碍儿童学校、弱智儿童辅读学校(班)、工读学校以及文艺、体育和特种工艺学校等;教育教学条件上,有按编制标准配备的教师和符合《中华人民共和国义务教育法》规定要求的师资来源,有与儿童数量相适应的校舍和其他基本的教学设施,能够按照一定标准逐步配置教学仪器、图书资料和文娱、体育、卫生器材等;在阶段上,既有一定的适合接受义务教育的学校,也有一定数量的高等教育学校和成人进修学校。(3) 确立实施义务教育等教育制度的义务。主要包括学校教育制度和教科书审定、编写和使用制度等。(4) 保障教师的合法权益,改善教师物质待遇的义务。各级人民政府有义务采取措施改善教师的工作条件和生活条件,保障教师的合法权益,提高教师的社会地位。

学校与公民受教育权的关系　学校是直接或间接地接受父母乃至国家的委托,为公民积极、能动地实现其受教育权提供指导和帮助的具体运作者,具有不可替代的作用。从保护公民受教育权的角度,作为受教育权相对方之一的学校必须履行法律或契约规定的义务,以实现公民的受教育权。在现代社会,尽管公立学校和私立学校都是依据相关教育法设立的,在理论上应被作为公法的教育法所规范,但从法理学的角度,两者与学生之间的法律关系仍存在差异。在司法实践中,各国法律常通过不同的规范来确认这些差异,包括:规定在不同类型的学校中学校与学生构成的法律关系的性质;学校对学生的管理方式;学生在学校生活中的权利与义务;学生及其父母对学校运营与管理的参与程度;学生的处分、体罚、学校事故等导致的法律救济问题等。

中国对学校的义务和责任的法律规定体现在《中华人民共和国义务教育法实施细则》中,主要内容有:"实施义务教育必须贯彻国家的教育方针,坚持社会主义方向,实行教育与生产劳动相结合,对学生进行德育、智育、体育、美育和劳动教育。"(第十九条)"实施义务教育的学校必须按照国务院教育主管部门发布的指导性教学计划、教学大纲和省级教育主管部门制定的教学计划,进行教育教学活动。"(第二十条)"实施义务教育的学校应当选用经国务院教育主管部门审定或者其授权的省级教育主管部门审定的教科书。非经审定的教科书不得使用。但国家另有规定的除外。"(第二十一条)"实施义务教育学校的教育教学工作,应当适应全体学生身心发展的需要。学校和教师不得对学生实施体罚、变相体罚或者其他侮辱人格尊严的行为;对品行有缺陷、学习有困难的儿童、少年应当给予帮助,不得歧视。"(第二十二条)"实施义务教育的学校可根据城乡经济、社会发展和学生自身发展的实际情况,有计划地对学生进行职业

指导教育和职业预备教育或者劳动技艺教育。"(第二十三条)"实施义务教育的学校在教育教学和各种活动中,应当推广使用全国通用的普通话。"(第二十四条)"民族自治地方应当按照义务教育法及其他有关法律规定组织实施本地区的义务教育。实施义务教育学校的设置、学制、办学形式、教学内容、教学用语,由民族自治地方的自治机关依照有关法律决定。用少数民族通用的语言文字教学的学校,应当在小学高年级或者中学开设汉语文课程,也可以根据实际情况适当提前开设。"(第二十五条)

父母与子女受教育权的关系　《中华人民共和国宪法》明确规定,"父母有抚养教育未成年子女的义务"(第四十九条),《中华人民共和国教育法》第四十九条进一步指出:"未成年人的父母或者其他监护人应当为其未成年子女或者其他被监护人受教育提供必要条件。未成年人的父母或者其他监护人应当配合学校及其他教育机构,对其未成年子女或者其他被监护人进行教育。"

从受教育权相对方的角度,父母对受教育权的实现具有约定和法定的义务和责任。相对于子女的受教育权,父母具有教育的义务和责任,这种权利是一种习惯权利,受民法的规范;相对于国家、政府和学校,父母作为子女的监护人,因监护权而具有特定的民事权利,父母可以也应当合理行使监护权,保证子女受教育权的实现。父母基于监护责任获得的教育权是指父母就子女的教育或者有关子女的教育所具有的权利与义务的总称。父母具有的教育权涉及子女教育的所有领域,包括时间序列(贯穿儿童成长、发展的全过程)和空间序列(家庭、学校、社会的不同场所)。在美国,父母具有的教育权主要包括父母的教育自由权和父母的教育要求权。

社会与公民受教育权的关系　对于公民的受教育权,社会也应履行一定的义务和责任,通常通过消极的义务或积极的义务来实现。社会这一宽泛的概念通常可以被简单地划分为社会组织、个人和社区两种类型。当作为受教育权的相对方时,前者一般以消极义务实现其对受教育权的保护,后者则需要以积极义务来协助实现公民的受教育权。社会虽与国家、学校、家庭处于同一法律层次,但其主体,即社会组织和个人,与政府、学校教师、父母等所具有的法律地位截然不同。就其在保障受教育权实现中所构成的权利、义务关系而言,政府、学校教师、父母以不可放弃的、积极的权利与义务复合规范为基本特征;社会组织和个人的权利不含有任何职权性质,属于社会组织和个人的自愿行为,是可以放弃的自由权利,其义务以不作为义务为主要特征,这决定了除在法律上明确规定何种行为不可为外,还要制定违反上述规定应施行的具体而明确的惩罚措施,并能依法对违法主体予以制裁。如 20 世纪 80 年代以来引起社会各界人士和政府主管部门广泛关注的童工问题。尽管

1986 年的《中华人民共和国义务教育法》第十一条规定，"禁止任何组织和个人招用应该接受义务教育的适龄儿童、少年就业"，其后的《中华人民共和国未成年人保护法》又进一步加以重申，2002 年施行的《禁止使用童工规定》对童工问题详细规定，但该问题依然禁而不止。社区是自治性群众组织，相对于一般的社会组织和公民个人，社区教育可以发挥较好作用。

受教育权的内容

公民受教育权主要包括三方面内容：受教育的自由权，侧重于权利的"自由"、"选择"的属性；受教育的要求权，侧重于权利的"主张"、"权能"的属性；受教育的福利权，侧重于作为"权利与义务复合的宪法规范"中的权利相对方的"义务"属性。

受教育的自由权　义务教育的独特性决定了公民没有是否接受教育的自由权，但有接受什么样教育的自由权。如果把"什么样教育"按类型或空间划分，则包括学校教育、家庭教育、社会教育等，以及在多种场所、以多种形式进行。美国、英国等国，公民受教育的自由权表现之一是有选择教育形式的自由权。《中华人民共和国义务教育法》明确规定，义务教育必须在学校中完成。在受教育的自由权中，中国公民具有选择学校的权利，即对公立、私立学校的选择自由权。这种权利常由其父母或其他监护人代为行使。若把"什么样教育"按水准和儿童个人的需求或要求来划分，则公民有权接受适合其发展的教育。

受教育的要求权　公民受教育的要求权可以概括为两种权利：一是要求相同的就学机会、教育条件，得到相同的教育效果，消除个体间差异的权利；二是要求受到不同的教育，即受到适合其发展的教育的权利。按《中华人民共和国义务教育法》第三条"使适龄儿童、少年在品德、智力、体质等方面全面发展"的规定，以及公民间个体差异的存在所决定的可选择性教育的实施，决定了公民具有要求接受他认为是"好的"、适合其发展的教育的权利。根据权利相对方的不同，受教育的要求权可以分为四种。(1) 对国家的教育要求权。即公民有权依法要求国家为其充分接受教育提供充足的、包括物质和制度在内的各种条件。而这其中，当务之急是要求国家从立法上——包括实体法和程序法两个方面，完善受教育权的保障和监督机制。(2) 对学校的要求权。具体表现为：对学校教育设施等物质条件的要求权；要求"好的"教师的权利；要求"好的"教学内容、教学形式、教学方法的权利；要求获得公正评价的权利；要求获取奖学金、助学金的权利；要求学校、教师中止影响其学习的一切行为，并获得补偿与救济的权利等。这对于有特殊需要的儿童更是如此。这种对"好的教育"的要求权相对于校方来

说便是要在某种程度上提供可选择的教育。(3) 对家庭的要求权。主要有：要求父母或监护人为其学习提供物质条件如杂费、书包等的权利；要求父母或其监护人按照学校的要求去做，即配合学校完成对其教育的权利，这也是公民受教育权优先于父母教育权的反映。(4) 对社会的要求权。主要有：依法要求对图书馆、博物馆等公共文化设施的优先使用权；要求中止对其学习产生不利影响的权利。

受教育的福利权　即公民有从国家、家庭、学校、社会组织和个人那里接受法律规定的、包含自身所要求的诸项帮助的权利。这种福利权在完全意义上的享有依赖于义务主体对法定义务甚至道德义务的充分履行。从这个意义上说，公民受教育权的真正实现仅有公民主体的自由选择和要求是不够的，关键在于相对方义务的履行程度。

受教育权的法律救济和保护

受教育权实现的实体法保护　《中华人民共和国宪法》曾多次修正，尽管不同时期的宪法对教育条款的规定各不相同，但中华人民共和国公民具有受教育权这一内容一以贯之。为保障公民这项宪法权利的实现，中国先后颁布多个相关教育法律、法规。1980 年通过的《中华人民共和国学位条例》是中华人民共和国成立后第一部教育法律；1986 年的《中华人民共和国义务教育法》就义务教育阶段适龄儿童、少年的就学权利作了详细规定；1990 年的《中华人民共和国残疾人保障法》、1991 年的《中华人民共和国未成年人保护法》及 1992 年的《中华人民共和国妇女权益保障法》对处于社会不利地位群体的教育问题作了特别规定。1995 年的《中华人民共和国教育法》全面规定了保障受教育权的制度及措施，以列举方式规定受教育者享有的各项权利。其后的《中华人民共和国职业教育法》(1996)、《中华人民共和国高等教育法》(1998)、《中华人民共和国民办教育促进法》(2002)等都对保障受教育权作出相关规定。除此之外，《残疾人教育条例》(1994)、《社会力量办学条例》(1997)等行政法规和《流动儿童少年就学暂行办法》(1998)、《特殊教育学校暂行规程》(1998)等教育行政规章都从不同领域对保障受教育权作出相关规定。

受教育权实现的程序法保护　实体法所规定的公民具有的受教育权，并不必然转化为一种现实权利。实践中不可避免地会出现义务一方没有履行义务，或权力一方滥用权力而导致公民受教育权缺损的情况。如何在宣示权利的同时配置救济的各种程序，即完善公民受教育权的程序法保障，使受损的权利得到及时补偿和救济非常重要。

在中国，保障公民受教育权的程序法相对落后于实体法，这表现为：公民受教育权是一项宪法权利，但现行宪法并没有明确规定宪法基本权利具有直接司法效力，人民法

院不受理违宪案件;《中华人民共和国教育法》第四十二条虽规定受教育者具有申诉权和依法提起诉讼的权利,但没有法规或规章对学生申诉制度作进一步的具体规定,即缺乏关于专门负责受理学生申诉的机构和人员、时效、申诉后的救济渠道等方面的规定。因而,很多受教育权受侵害事件只能以受教育权受到侵害致使财产受到损失为由,转化为民事索赔案,最终使公民受教育权侵害案件往往既不符合行政诉讼要求,又与民事诉讼存在一定距离,这使公民在为维护自己的受教育权而行使起诉权时,很容易被法院以"不在受案范围"为由驳回起诉,结果得不到应有的补偿和救济。

受教育权的立法保护　受教育权作为自由权,属于防卫性权利或防禁性权利,这意味着国家不得制定侵犯公民受教育权的法律;不得在制定的法律中出现侵犯公民受教育权的条款。受教育权利作为一项社会权,要求国家的积极作为。国家积极作为的宪法表现是立法机关制定法律。宪法规定的受教育权只是一个原则性规定,这一权利的具体实现需要立法机关设定标准、实施的方法、违法的救济。具体包括教育机构如何设立、怎样设立,经费的划拨与使用,师资的构成和资格的认定,学生的入学要求、考试等。没有立法机关制定具体法律,受教育权就无从变为现实。

受教育权是现代宪法所确立的一项最重要的公民的社会基本权利,也是最能够体现国家权力与公民权利相互关系的一种实体性宪法权利。它除了预防国家对其侵害以外,还要求国家承担一定的积极保障义务,即不仅承担不得侵权的不作为义务,而且承担积极的作为义务,从而保障其权利的实现。国家的义务首先在于尽最大可能采取行动以发展社会经济,并使其对受教育权的实际保障水平不低于其真实能力所应当达到的保障水平,使教育的发展同步于社会的发展和国家义务能力的发展。建立健全物质保障制度是受教育权保障制度中极为重要的方面。除强制性财政拨款及监督机制外,还应建立健全教育保险、教育救济和教育储蓄等制度。权利的实现有赖于制度性保障,制度是主体与权利联系的桥梁,权利主体在任何状态下都能找到接近权利并与权利相结合的具体制度,权利的实现才真正成为可能。

参考文献

劳凯声.变革社会中的教育权与受教育权[M].北京:教育科学出版社,2003.

亨利·范·马尔赛文,格尔·范·德·唐.成文宪法的比较研究[M].陈云生,译.北京:华夏出版社,1987.

永井宪一.宪法和教育基本权[M].东京:劲草书房,1985.

（尹　力　苏林琴）

受教育者的权利与义务（rights and obligations of the educatee）　公民作为受教育者经宪法和法律规定享有的权利和承担的义务。受教育者依其所承担的社会角色的不同,其权利与义务可分为不同层面。

受教育者是国家的公民,首先享有宪法规定的公民的基本权利,必须履行宪法规定的公民的基本义务。《中华人民共和国宪法》规定公民的基本权利有:(1)平等权。《中华人民共和国宪法》第三十三条规定,"中华人民共和国公民在法律面前一律平等","任何公民享有宪法和法律规定的权利,同时必须履行宪法和法律规定的义务"。(2)政治权利和自由。主要指选举权、被选举权和言论、出版、集会、结社、游行、示威的自由。(3)人身权利和自由。主要指人身自由、人格尊严、住宅不受侵犯、通讯秘密和自由等。(4)社会经济权利。主要包含劳动权、休息权、生活保障权、物质帮助权等。(5)文化教育权利和自由。主要包含受教育权,进行科研、文艺、学术活动的自由等。(6)其他权利。如宗教信仰自由,儿童、妇女等特殊主体受法律特殊保护的权利等。《中华人民共和国宪法》也规定了公民的基本义务,如维护国家统一和民族团结、遵守法律等。宪法在法律体系中具有最高地位,其他法律、法规和规章以及学校的校规都不能与宪法中关于公民基本权利、义务的规定抵触。

受教育者同其他自然人一样,具有民事主体的身份,享有一定的民事权利并承担相应的民事义务。作为未成年人的受教育者也是如此,只是未成年人作为限制民事行为能力者或无民事行为能力者,其部分民事权利如财产权利要由监护人代为行使,违反民事义务所应承担的责任由其监护人代为履行。在教育环境中,教师、校长和管理人员在履行教育管理职能时,应维护受教育者的人身民事权利。在民事法律关系中,民事义务与民事权利是相对等的,受教育者作为民事主体,其承担的民事义务往往表现为在行使自身的民事权利的同时,不得侵犯其他主体如教师和其他学生的财产权利和人身权利。

受教育者是学校的学生,享有教育法律、规范所确认的权利,同时必须履行教育法律、规范所规定的义务。《中华人民共和国教育法》第四十二条规定了受教育者的基本权利与义务。受教育者享有如下权利。(1)参加教育教学计划安排的各种活动,使用教育教学设施、设备、图书资料。这是保障学生受教育的前提和基础。学校必须组织、安排各种教育教学活动,并使所有学生参加各自相应的活动,保证所有学生能够平等地接受学校教育,并使用本校的教学设施、教学设备和图书资料,这也是学生受教育权的体现(参见"受教育权")。(2)按照国家有关规定获得奖学金、贷学金、助学金。这是宪法中公民物质帮助权的体现。物质帮助权指公民在年老、疾病或者丧失劳动能力的情况下,有从国家和社会获得物质帮助,从而维持基本生活的权利。

在教育领域,为实现学生受教育的平等权,中国的教育法律规定对贫困学生和残疾学生的物质帮助权,即受教育的资助权,主要有减免学费和助学金、奖学金和贷学金(低息或无息贷款)制度。其中,奖学金和贷学金主要适用于普通高等学校和中等专业学校学生,体现了国家对特殊群体的学生的辅助;助学金主要适用于义务教育阶段的学生。(3)在学业成绩和品行上获得公正评价,完成规定学业后获得相应的学业证书、学位证书。学业成绩的评价是教育机构对学生在受教育的某一段时期的学习情况和知识结构、知识水平的概括,包括课程考试成绩记录、平时学习情况和总评等。品行评价包括对政治觉悟、道德品质、劳动态度等的评价。学生有权要求获得学业成绩评价和品行评价,且有权要求评价的公正性。(4)对学校给予的处分不服,向有关部门提出申诉;对学校和教师侵犯其人身权、财产权等合法权益,提出申诉或依法提起诉讼。申诉权是指学生在受到学校处分或认为学校、教师侵犯其人身权、财产权时,向学校或主管部门申述理由,请求处理的一种权利,情节严重时还可以对侵权者提起诉讼。这是公民申诉权和诉讼权在学生身上的具体体现。(5)法律、法规规定的其他权利。受教育者除享有上述权利之外,还享有现行法律、行政法规及地方性法规赋予的其他权利。《中华人民共和国教育法》第四十三条规定了受教育者应履行下列义务。(1)遵守法律、法规。这是对受教育者作为社会公民最基本的规范,所遵守的法律、法规包括宪法、法律、行政法规、地方性法规和行政规章等。(2)遵守学生行为规范,尊敬师长,养成良好的思想品德和行为习惯。学生在校必须遵守学生行为规范,这是学生必须履行的重要义务。"学生行为规范"特指国家教育委员会颁发的《小学生日常行为规范》、《中学生日常行为规范》、《高等学校学生行为准则》。这三个规章集中体现了国家对学生在政治、思想、品德方面的基本要求。(3)努力学习,完成规定的学习任务。学生进入学校就意味着承担了接受教育的义务。对义务教育阶段的学生,这种义务是强迫的;对非义务教育阶段的学生,进入某一层次的学校接受教育是自己的权利,同时也有义务努力学习并完成教学计划规定的学习任务,它是学生享有获得学业证书权利的前提。(4)遵守所在学校或其他教育机构的管理制度。学校的管理制度能维持学校正常运转,保证一定的教育教学质量,学生必须遵守。

除教育法对一般受教育者的基本权利、义务的规定外,其他的教育单行法律、法规对特定受教育者的相应的权利与义务也作了具体规定,如《中华人民共和国义务教育法》规定了义务教育阶段学生接受九年义务教育的权利与义务;《中华人民共和国高等教育法》规定了高等学校学生所享有的勤工助学权、组织学生团体的权利和缴纳学费的义务等;《中华人民共和国学位条例》规定了高等学校学生达到法定条件时所享有的获得相应学位的权利等。

在教育实践中,学校的教育教学和管理活动时常会与学生的合法权利如受教育权、人身权或财产权等发生冲突,预防和正确处理这些冲突和纠纷,需要正确认识学生权利和义务的一致性以及二者的辩证关系。学生正当权利的行使必须以遵循相应的义务为前提。在教育活动中,受教育者的权利也有相应界限,即任何人都不能滥用权利。而判断权利人是否滥用权利的标准在于权利的行使是否侵害了他人利益或社会公共利益。学校管理带有公益性色彩,当学校为维护正常的教育教学秩序而干涉学生权利的时候,学生的权利应处于被抑制状态,但学校对学生权利的干涉应依法受到严格的限制。学校管理权与学生权利之间需保持适当平衡。

(马晓燕)

舒尔茨教育经济效益计量法(Schultz's measures of economic benefit of education)　亦称"经济增长余数分析法"、"教育投资收益率计算法"。美国经济学家 T. W. 舒尔茨 1961 年在《教育和经济增长》(Education and Economic Growth)一文中提出的一种计量教育经济效益的方法。他在分析美国经济增长时发现,美国国民收入从 1929 年的 1 500 亿美元增长到 1957 年的 3 020 亿美元的过程,如果按照资本和劳动的贡献率分别为 25%、75%,劳动生产率保持 1929 年水平来计算,1957 年的美国国民收入中有 710 亿美元的"余值"无法由资本和劳动投入来解释。他假定这部分"余值"的经济增长是同期教育投入对国民经济增长的贡献。

具体计算步骤有四步。第一步,计算经济增长及其余数。T. W. 舒尔茨以科布-道格拉斯生产函数为基础,分析和计量生产函数中的"剩余"。科布-道格拉斯生产函数基本形式为:$Y = AK^\alpha L^\beta(\alpha > 0,\ \beta > 0,\ \alpha + \beta = 1)$。其中,$Y$ 表示产出量,A 表示不变的效率系数,K 表示资本投入量,L 表示劳动投入量,α 表示产出对资本的弹性,β 表示产出对劳动的弹性。根据美国 20 世纪前期的统计资料估算出 α 和 β 分别约为 0. 25 和 0. 75,表明这一期间资本所得和劳动所得对总产出增长的贡献率分别为 25% 和 75%。他以 1956 年价格为不变价格,计算出 1957 年与 1929 年国民收入增长差额为 3 020－1 500 ＝1 520 亿美元。其中,按照劳动对经济增长贡献率为 75% 计算,劳动总收入增加额为 1 520 ×75% ＝ 1 140 亿美元;而同期劳动力人数增加 1 880 万人。如果劳动生产率保持 1929 年的水平,那么按照 1929 年的平均收入 2 287 美元计算,1957 年劳动应该仅仅比 1929 年的劳动收入增加 2 287 ×1 880 ＝430 亿美元。但是,1957 年劳动总收入实际增加额为 1 140 亿美元,比以同期劳动数量增加来解释的劳动收入增加额 430 亿美元还多出 1 140－430 ＝710 亿美元。这 710 亿美元就是所谓的"经济增长的余数"。

第二步,计算教育资本的存量。这里的教育资本存量指正规教育的资本花费。社会积累的教育总资本计算公式为:社会教育资本积累总额＝∑(各级教育毕业生生均教育费用×社会各级学历就业者人数)。各级教育毕业生生均教育费用从小学阶段开始计算,包括国家和社会支付的教育费用、家庭支付的教育费用,还包括为上学而放弃工作收入的"机会成本"。其中,假定只有受中等以上教育才产生教育的"机会成本"。T. W. 舒尔茨按 1956 年价格,以各级教育投资的加权平均得出一学年的价值,1929 年为 614 美元,1957 年为 723 美元;按 1940 年学年长度调整,劳动者受教育年限总额 1929 年为 2.93 亿年,1957 年为 7.4 亿年。因此,1929 年社会积累的教育总资本为 614 美元×2.93 亿年 ＝1 800 亿美元,1957 年为 723 美元×7.4 亿年＝5 350 亿美元。由于 1929 年劳动者人数为 4 920 万人,当年劳动者人均教育资本则为 1 800 亿美元/4 920 万人 ＝3 659 美元;如果 1957 年人均教育资本仍然保持在 1929 年水平,那么 1957 年 6 800 万劳动者的教育资本存量为 3 659 美元×6 800 万人 ＝ 2 490 亿美元,然而 1957 年教育资本存量实际达到 5 350 亿美元,1957 年比 1929 年的教育资本增量为 5 350 亿美元－2 490 亿美元＝2 860 亿美元。

第三步,计算教育资本收益率。某级教育收益率的计算公式为:某级教育收益率＝(本级毕业生平均年收入－前级毕业生平均年收入)/本级教育投资。T. W. 舒尔茨根据这一公式算出 1929—1957 年各级教育收益率分别为:初等教育 35％,中等教育 10％,高等教育 11％;并以初等、中等、高等教育费用占总教育费用比率 28％、45％、27％为权重,分别乘以各级教育收益率,算出教育平均收益率为 17.27％。

第四步,计算教育对国民收入的贡献率。1929—1957 年的教育资本增量 2 860 亿美元× 此期教育平均收益率 17.3％＝459 亿美元,这便是劳动者受教育程度提高所获收入。这相当于"余数"710 亿美元的 70％,相当于 1957 年国民收入增量 1 520 亿美元的 32.6％。T. W. 舒尔茨由此得出,1929—1957 年间教育对国民收入增量的贡献 32.6％。

(毛 军)

数据(data) 统计学上指对研究对象进行观察或测量所得的数量化结果。具有变异性和规律性的特点,是统计分析的对象。

数据按获得方法可划分为计数数据和测量数据两大类。计数数据指计算个数的数据,如对一般属性调查所获得的数据,具有独立分类单位,如人口数、学校数、男女人数等,一般都要取整数形式。测量数据指借助一定的测量工具或测量标准获得的数据,如身高、体重、成绩分数、能力测验分数、各种感觉阈等,这类数据按其是否等距和具有绝对零点又可细分为三种测量水平:比率变量,指有相等单位又有绝对零点的数据,如身高、体重、反应时、各种感觉阈值的物理量;等距变量,指有相等单位但无绝对零点的数据,如温度、各种能力分数、智商等;顺序变量,指既无相等单位也无绝对零点的数据,如等级评定、喜爱程度、品质等级、能力等级等,只能排出一个顺序,不能指出其间的差别大小。按数据是否具有连续性又可划分为连续数据和离散数据,连续数据的单位是无限的,可以细微到只可想象而不能看见的程度;离散数据的数字形式一般是整数,两个单位之间不能再划分细小单位。一般计数数据大都是离散数据。连续数据与离散数据的分布规律不同,各种表列和图示方法不同,使用的统计方法也有区别。不同种类的数据所使用的统计方法不同。如计数数据一般常用百分比率检验方法、χ^2 检验等属性统计方法,测量数据中的比率变量和等距变量常用 t 检验、方差分析等,顺序变量常用等级相关、等级变异数分析等非参数方法等。

数据分布包括二项分布(binomial distribution)、正态分布(normal distribution)、t 分布(t-distribution)、F 分布(F-distribution)和 χ^2 分布(Chi-square distribution)。

二项分布亦称"贝努里分布"。描述统计量中只有性质不同的两项群体的概率分布,是最常用的一种离散型随机变量分布。在 n 次独立的二项实验中,若在每次实验中成功的概率为 p,失败的概率为 $q(p+q=1)$,则 n 次实验中,有 r 次成功的概率为 $b(r, n, p) = C_n^r p^r q^{n-r}$,其中 $r = 0$, $1, \cdots, n$,为整数,C_n^r 表示 n 个元素中取出 r 个的组合数,$C_n^r = \dfrac{n!}{r!(n-r)!}$。二项实验,亦称"贝努里实验",指在相同条件下多次重复进行,每次实验结果只有两种对立的状态,并且各次实验结果相互独立,每一次实验中两个相互对立的状态发生的概率保持不变的一类随机实验。当 $p = q$ 时,二项分布图对称;若满足 $p < q$,$np \geqslant 5$(或 $p > q$,$nq \geqslant 5$)时,二项分布近似服从均值和标准差分别为 $\mu = np$,$\sigma = \sqrt{npq}$ 的正态分布。

正态分布亦称"常态分布"、"高斯分布"。它是最常用的一种基本的连续型随机变量分布。概率密度函数为 $f(x) = \dfrac{1}{\sqrt{2\pi}\sigma} e^{-\frac{1}{2}\left(\frac{x-\mu}{\sigma}\right)^2}$,其中 e 为指数函数,$\mu$、$\sigma$ 分别为随机变量对应的平均值和标准差。X 服从正态分布,记为 $X \sim N(\mu, \sigma^2)$,其中平均值 $\mu=0$,标准差 $\sigma=1$,对应的密度函数为 $f(x) = \dfrac{1}{\sqrt{2\pi}} e^{-\frac{x^2}{2}}$ 的正态分布称为标准正态分布(standard normal distribution)。一般的正态分布都可以用公式 $Z = \dfrac{x - \mu}{\sigma}$ 转换为标准正态分布,在统计计算或统计推

论中,只要将正态分布或渐近正态分布进行标准化转化,就可以通过查正态分布表求出相应的概率密度或落入某一区间的概率。正态分布具有以下重要特征:它的形状以 $X=\mu$ 左右对称(如下图),而且平均数、中数、众数三者相等,在此点概率密度 y 取得最大值(0.3989);它的中央点最高,然后逐渐向两侧下降,曲线的形式是先向内弯,然后向外弯,拐点位于一个标准差处,曲线两端向靠近基线处无限延伸,但始终不能与基线相交;正态曲线下的面积为1;正态曲线是由平均数和标准差唯一确定的分布;其各种差异量数的值皆有固定的比率;标准差与概率之间有一定的数量关系。

正态分布图

t 分布亦称"学生氏分布"。概率密度函数为 $f(t)=\dfrac{\Gamma[(v+1)/2]}{\Gamma(v/2)\sqrt{v\pi}}(1+t^2/v)^{-(v+1)/2}$,其中 Γ 为伽马函数,$\Gamma\left(\dfrac{v}{2}\right)=\displaystyle\int_0^{\infty}x^{\frac{v}{2}-1}\mathrm{e}^{-x}\mathrm{d}x$,$x\geqslant 0$,$\pi$ 为圆周率,v 为自由度。X 服从 t 分布,记为 $X\sim t(v)$。t 分布是英国统计学家高塞特1907年在用笔名"Student"发表的论文中提出的一种分布。t 分布的特点有:其平均值为0;以0为左右对称的分布,取值在 $-\infty\sim+\infty$ 之间,以 X 轴为渐近线;峰度随自由度变化,自由度小时曲线低阔,两端比正态曲线凸起。当自由度大于30时,t 分布曲线与正态分布曲线接近,自由度趋于无限大时,t 分布是平均数为0、标准差为1的正态分布。根据 t 分布的密度函数可以计算出不同自由度时 t 值落入某一区间的概率。在实际应用中,样本统计量 $t=\dfrac{\overline{X}-\mu}{S/\sqrt{n}}$ 服从自由度为 $n-1$ 的 t 分布,其中 n 为样本容量,$\overline{X}$ 为样本平均数,μ 为总体平均数,S 为样本标准差。在推断统计中,t 分布是一种常用的概率分布。

F 分布是由美国统计学家斯纳德克提出的一种分布。概率密度函数为 $f(x)=\dfrac{\Gamma\left(\dfrac{m+n}{2}\right)\cdot\left(\dfrac{m}{n}\right)^{\frac{m}{2}}}{\Gamma\left(\dfrac{m}{2}\right)\Gamma\left(\dfrac{n}{2}\right)}\cdot\dfrac{x^{\frac{m}{2}-1}}{\left(1+\dfrac{m}{n}x\right)^{\frac{m+n}{2}}}$,其中 Γ 为伽马函数,m、n 分别为分子和分母的自由度,则 X 服从 F 分布,记为 $X\sim F(m,n)$。F 分布的特点为:为一正偏态分布,取值在 $0\sim+\infty$ 之间,以 X 轴为渐近线;分布曲线随自由度变化,当自由度 m、n 增加时,F 分布曲线与正态分

布曲线接近。根据 F 分布的密度函数可以计算出不同自由度时 F 值落入某一区间的概率。当分子的自由度为1、分母的自由度为任意值时,F 值与分母自由度相同的 t 值的平方相等。样本统计量 $F=\dfrac{\chi_1^2/m}{\chi_2^2/n}$ 服从自由度为 (m,n) 的 F 分布。在统计检验中,F 分布常用于方差差异性检验,也是方差分析所用的统计检验分布。

χ^2 分布的概率密度函数为 $f(x)=\dfrac{1}{2^{\frac{n}{2}}\Gamma\left(\dfrac{n}{2}\right)}x^{\frac{n}{2}-1}\mathrm{e}^{-\frac{x}{2}}$,其中 Γ 为伽马函数,n 为自由度。X 服从 χ^2 分布,记为 $X\sim\chi^2(n)$。χ^2 分布为正偏态分布,自由度越小,偏斜度越大,当自由度无限增大时,χ^2 分布趋于正态分布;χ^2 分布的取值为非负数,是一个连续型分布,但有些离散型分布也近似 χ^2 分布;χ^2 分布的和也是 χ^2 分布,其平均数为 df,方差为 $2df$。样本统计量 $\chi^2=\dfrac{\sum(X_i-\overline{X})^2}{\sigma^2}=\dfrac{nS^2}{\sigma^2}=\dfrac{(n-1)S_{n-1}^2}{\sigma^2}$ 服从自由度为 $n-1$ 的 χ^2 分布。在统计检验中,χ^2 分布常用于总体方差与样本方差的检验,也是计数资料分析常用的统计检验分布。

（孟庆茂　刘红云）

数学教学（mathematics instruction）　基础教育阶段数学教学科目中师生双方教和学的共同活动。力求使学生掌握现代生活和学习中需要的数学知识与技能,发挥数学在培养人的逻辑推理和创新思维方面的不可替代作用。

数学教学的发展历程

数学一直是世界各国基础教育的核心科目,伴随数学课程的发展,数学教学的发展经历了漫长的历史阶段。

国外数学教学的发展历程　欧洲中世纪早期古希腊、罗马学校中所设的一般文化课程包括"三艺"(文法、修辞、逻辑)和"四科"[算术、几何、天文、音乐(数的应用)],"四科"主要为数学课程。当时广泛使用的数学教科书是博伊斯编的《算术定例》和欧几里得的《几何原本》中的部分内容。16世纪英国数学教育家雷科德写出有关算术、代数、几何的三本书,摆脱宗教的影响,奠定以后几百年数学教学的基本内容。西方近代数学教学改革始于18世纪的"百科全书派",其代表人物达兰贝尔率先对《几何原本》提出批判意见,认为该书绝不是为现时代的儿童写的,应当另编几何教材。后来,法国数学家勒让德写的《初等几何学》注意几何与代数相结合,注重实用,成为当时影响极大的几何教材。

19世纪末以来,为了适应社会生产和科学技术的飞速

发展对数学教学内容和方法的需要,出现几次规模较大的数学教育改革的国际运动,席卷几乎所有西方发达国家。(1) 克莱因—贝利运动。19 世纪末,为适应数学自身发展和社会发展的需要,英国数学家 J. 贝利提出"数学教育应该面向大众"、"数学教育必须重视应用"的改革指导思想;德国数学家 C. F. 克莱因也提出"米兰大纲",认为:应顺应学生心理发展的规律,选取和排列教材;融合数学各分科,密切数学与其他学科的关系;不过分强调数学的形式训练,强调实用方面,以便发展学生对自然和社会的各种现象进行数学观察的能力;以函数概念和直观几何作为数学教学的核心。这次改革的重点是数学教学的内容。经过这次改革,初等函数知识成了中学数学的固定组成部分,解析几何纳入中学数学教学内容,一些国家的中学数学教材还包含了微积分初步,几何变换知识在中学几何里得到充实,数学教学的实践性也增强。这次改革对中小学数学教学的影响是深刻的,方向也是正确的。但教学内容的改革与学校体制、教学思想、教学理论和方法、教师水平等密切联系,由于当时各方面条件有限,再加上两次世界大战等外部原因,这场改革运动未能取得较好效果。(2) 新数运动。20 世纪中叶,布尔巴基学派的结构主义思想对数学研究和发展产生极大影响,数学的抽象化、公理化和结构化程度越来越高。心理学、教育学的研究中出现皮亚杰的结构主义学派,布鲁纳的发现学习思想也已提出,这次数学教学改革在此背景下进行。1957 年,苏联发射第一颗人造地球卫星,是兴起数学教育现代化运动——新数运动的直接诱因。1959 年,美国国家科学院专门召开会议,研究数理学科课程和教学改革问题,提出结构思想、早期教育思想、着重培养直觉思维的思想、学习的动力在于积极性的思想等四个新思想。美国数学协会 (Mathematical Association of America, 简称 MAA) 和美国数学教师联合会 (National Council of Teachers of Mathematics, 简称 NCTM) 也着手编写从幼儿园到大学预科的教材《统一的现代数学》。之后在欧盟和联合国教科文组织一系列会议的推动下,英国、法国、荷兰等国也都编写了一系列新大纲和新教材,这场改革运动几乎席卷全球。这次改革的指导思想认同"精英教育"理念,认为数学教育的主要任务是培养数学家、科学家,理论基础是结构主义。从教学内容上看,新大纲、新教材中充塞很多现代化的数学内容,如集合论、数理逻辑、近世代数、概率统计、微积分初步等。在改革的顶峰时,法国的狄奥东尼提出"欧几里得滚蛋"的口号,美国提出初中生学完传统高中数学内容,高中生达到理工科数学三年级水平的计划。另外,"新数学"提倡发现学习,要求学生尽可能地像一名数学家那样体验从事数学活动的过程。在教学目标上,把探究、发现法和学科研究方法等作为主要目标,提出数学教学不仅要反映知识本身的性质,而且要反映理解知识和获得知识

的过程的性质。在课程实施过程中,强调教师引导学生自己去探究和发现。由于新数运动对数学教育的传统采取简单否定的做法,排斥广大数学教师在实践中积累的经验,导致广大数学教师对改革产生抵触情绪;新数学教材过早地要求学生掌握过难的内容,没有考虑大多数学生的接受能力,脱离学生的认识规律;只强调理解,忽视必要的基本技能训练,强调抽象理论,忽视实际应用;发现学习的设计难度大、对教师和学生要求高,一般教师难以胜任,这些导致课程实施的巨大困难,加上一些来自教育外部的原因,这场教育改革运动没有取得预期结果。20 世纪 70 年代后,他们不得不重新调整改革方案,又提出要"回到基础"。这次改革结果不尽如人意,但对世界数学教育改革产生非常深远的影响。这次改革中提出的一些思想,如要把现代数学的最新发展、最新思想反映到课程中来,重视科学方法的学习,强调发现学习,重视学生的自主探究和亲身实践,把数学学习看成是一个过程而不是结果等,都非常重要。(3) 20 世纪 80 年代以来的数学教学改革。20 世纪 80 年代前后,科学技术的迅猛发展、信息技术在日常生活中的广泛使用,要求广大民众能更深入地理解数学。随着社会的进步,基础教育的目的发生变化,"以学生的发展为本"、"数学为人人"(mathematics for all)的思想被广泛接受。在建构主义思潮的影响下,美国提出以"问题解决"为学校数学教学核心的思想。1989 年,美国数学教师联合会公布"数学学习和评价标准",以"问题解决"为学校数学教学的核心,强调数学知识的应用性;强调满足学生的兴趣爱好,增加课程的多样性和选择性,强调探究式学习、合作式学习。在这种背景下,世界各国的数学教学也都进行了改革。实践表明,这次改革过分强调"问题解决",导致基础知识、基本技能不扎实,严重影响教学质量;过分强调数学的应用性,不但破坏数学学科应有的系统性,而且由于应用情境的复杂、混乱,导致知识学习方面存在困难;过分强调学生对数学知识的自主建构,造成学习目标不明确,与学生实际数学学习能力产生矛盾,学习效率和效果都极不理想;合作交流活动的组织存在较大困难,交流的内容远离主题,导致学生的责任心和独立思考能力下降;评价标准无据可循、主观权重过大,致使评价的信度大大下降。从 20 世纪末开始,越来越多的数学教育工作者开始对这场改革进行反思。2000 年,美国数学教师联合会出版名为《中小学数学的原则和标准》的报告,强调学校数学教育的基本原则,并对 1989 年制定的有关标准进行澄清和评估,提出要平衡基本技能、概念理解和问题解决,重新强调基础知识的重要性和读、写、算等基本技能的训练,把问题解决从数学教育的"核心"调整为数学教育的过程目标之一;教学中强调教师应平衡讲授、引导、提问和作数学总结。在评价上,重新审视考试的作用,认为没有考试这样的外部压力,学习质量无法得到保证,美国政府还采取了一些鼓励学生参加

统考的措施。2006 年 9 月,美国数学教师联合会又发表一份题为《幼儿园到八年级数学课程的焦点:寻求一致性》的文件,确定每个年级学生必须掌握的关键数学知识与技能,以及核心的概念和思想,即"课程焦点"(curriculum focal points)。"课程焦点"是对 1989 年和 2000 年课程标准的一个补充,它由相关的思想、概念、技能以及构成理解和后继学习基础的过程组成,困扰美国基础教育多年的"数学战争"暂时画上句号。

中国数学教学的发展历程　数学教学萌芽于周代。据《周礼》记载,周代的学校教学科目有"六艺",即礼、乐、射、御、书、数,数指数学。春秋战国时期,诸子百家收徒讲学也都或多或少涉及数学知识内容,如《庄子·天下》中的"一尺之棰,日取其半,万世不竭"生动体现了早期极限思想。秦汉时期相继出现《周髀算经》和《九章算术》。《九章算术》的完成标志中国的初等数学已开始形成体系,它也成为其后一千多年中国数学教学的主要教科书。

1607 年,意大利传教士利玛窦和徐光启合译欧几里得的《几何原本》前六卷,这是中国翻译西方数学书籍的开始。1840 年鸦片战争后,中国渐渐不再讲授中国古代数学,西方数学成为数学教学的主修内容,数学教材普遍采用从西方翻译过来的代数、几何、三角、微积分等教科书。20 世纪 20 年代后,中国数学教材主要引进英国、美国等国的教科书,其中影响较大的有《范氏大代数》、《三 S 平面几何》、《三 S 立体几何》等。

中华人民共和国成立给中国数学教育事业带来新的生机和起点。六十多年来,中国数学教学大致经历以下几个发展阶段。(1) 全面学习苏联阶段(1949—1957)。这一阶段的特点是全面学习苏联,建立大纲和教材全国统一的教学体系。1952 年,教育部以苏联中小学数学教学大纲为基础,制定中国中小学数学教学大纲和教学计划。大纲明确规定数学教学的目的,奠定中国中小学数学教学体系的基础。但在学习苏联的过程中,也存在盲目照搬的倾向,将苏联十年制的数学课程和教材放到中国十二年制的学校中来,延长了算术课的教学时间,取消高中平面解析几何课程,使中学数学教育水平有所下降。(2) "教育大革命"阶段(1958—1960)。在这一阶段,受"大跃进"和国际数学教育现代化运动的影响,全国掀起群众性的教育革命热潮,对数学教育的目的、任务、课程、教材、教学等问题展开热烈讨论,积极进行各种数学课程和教学改革试验。1960 年 2 月,在上海举行的中国数学会第二次全国代表大会的中心议题之一就是根本改革各级各类学校的数学课程与教学。会上,北京师范大学中小学数学教育改革研究小组提出《对于中小学数学教材内容现代化的建议》,提出以函数为纲,把原来的算术、代数、几何、三角、解析几何等内容结合在一起,处理成为统一的数学,并编写《九年一贯制数学教学改革方

案》。这一阶段纠正了全盘照搬苏联的做法,批判了教材陈旧落后、脱离实际、孤立割裂的现象,在建立新的数学课程与教学体系方面作了有益尝试。但是由于急躁冒进思潮的影响,许多做法违背教育规律;对传统内容(如几何)否定过多,削弱知识的系统性;过分强调生产劳动,削弱课堂教学;新的内容增加过多,学生难以掌握,致使教学质量有所下降,改革未能获得成功。(3) 调整、充实、巩固、提高阶段(1961—1965)。在中央"调整、巩固、充实、提高"的方针指引下,1961 年和 1963 年教育部先后两次修订中小学数学教学大纲。强调学校以教学为主,重视"双基"(基础知识、基本技能),大纲还第一次明确提出要"培养学生正确而且迅速的运算能力、逻辑思维能力和空间想象能力"的教学要求。人民教育出版社根据这个大纲编写的教材增加了平面解析几何的内容,适当拓宽、加深了数学各科的内容。同时要求要加强教学研究,不断积累教学经验,稳步提高中学数学教学质量,使这个阶段中后期数学教学质量达到较高水平。(4) 教育教学质量下降阶段(1966—1976)。"文革"期间,虽然各省、市、自治区组织编写了一些教材,但因受实用主义的影响,减少了基础知识和基本技能的训练,数学教学质量降到中华人民共和国成立以来的最低水平。(5) 稳步改革、发展阶段(1977—2000)。"文革"结束后,根据"用先进的科学知识充实中小学教育内容,吸收国外先进教学内容"的精神,1978 年,教育部制定《全日制十年制学校小学数学教学大纲(试行草案)》和《全日制十年制学校中学数学教学大纲(试行草案)》,按照"精简、增加、渗透"的六字方针,删去传统教学中用处不大的内容,增加微积分、概率统计、逻辑代数等初步知识,渗透集合、对应等思想。1986 年,国家教育委员会又按照"适当降低难度、减轻学生负担、教学要求尽量明确具体"的三项原则制定过渡性的教学大纲,进一步明确数学教学目的、教学原则和教学方法,调整部分教学内容。根据《中华人民共和国义务教育法》和"三个面向"的要求,随着学制的调整和数学教育改革的进一步深入,国家教育委员会于 1992 年颁布《九年义务教育全日制初级中学数学教学大纲(试用)》,1996 年颁布《全日制普通高级中学数学教学大纲(供试验用)》,1999 年又分别对它们进行修订,进一步明确数学教学目的,调整部分内容和要求,以适应改革开放以来社会发展对于中小学数学教学的需要。这一阶段数学教育研究开始走上学术研究的道路。随着国际交流的日益增多,国际先进数学教育理论和经验也先后介绍到国内,数学教育的理念不断更新,初步形成以数学课程理论、数学教学理论和数学学习理论为支撑的数学教育理论体系。许多地方开展以提高教学质量为目标的教学改革试验,如"尝试指导、效果回授"教学法(上海青浦)、"数学开放题"教学模式、"提高课堂效益(GX)"初中数学教改实验等。数学教育理论和数学教学实践得到更好结合,中国数学教

育事业蓬勃发展。(6)数学教学改革新阶段(2001—　)。进入21世纪以来,随着技术革命的加快、经济全球化的推进、人才竞争的加剧,世界各国都在积极推进数学教学改革。2001年、2003年,教育部分别颁布《全日制义务教育数学课程标准(实验稿)》和《普通高中数学课程标准(实验)》,开启新一轮数学课程和教学改革,数学教学改革走上新的发展阶段。

数学教学基本理念

数学经历漫长的发展过程。从公元前约300年开始以《几何原本》为代表的古希腊公理化数学,到17—18世纪以牛顿发明微积分为代表的无穷小算法数学,发展到19世纪至20世纪中叶以希尔伯特为代表的现代公理化数学,直至今天以现代计算机技术为代表的信息化时代数学。在这一过程中,人们的数学观也不断发展,数学教学的理念不断更新。20世纪90年代以前,中国数学教育的研究成果主要体现在教育部历次颁布的教学大纲中。90年代以来,随着数学教育研究逐步走上学术研究的道路,中国的数学教育观发生变化,数学教学的理念也不断发展。

提出更广阔的能力观　1952年的《中学数学教学大纲(草案)》指出,数学教学的目的是教给学生数学的基础知识,并培养他们应用这种知识来解决各种实际问题所必需的技能和熟练技巧。这种基础知识和技能技巧被简称为"双基"。在1963年教育部颁布的《全日制中学数学教学大纲(草案)》中,数学教学的目的除上述"双基"以外,还要求"培养正确而且迅速的计算能力,逻辑推理能力和空间想象能力"。提出"三大能力"的教学理念,是中国数学教育观的重大发展。从那时开始,"双基"和"三大能力"一直是中国数学教学的基本要求。1992年,在《九年义务教育全日制初级中学数学教学大纲(试用)》中,除要求学生掌握"双基"和"三大能力",还要求能够运用所学知识解决简单实际问题,培养学生良好的个性品质和辩证唯物主义观点。大纲进一步明确"双基"和"三大能力"的内涵,指出数学教学中,培养思维能力是培养能力的核心。进入21世纪,2001年和2003年颁布的《全日制义务教育数学课程标准(实验稿)》和《普通高中数学课程标准(实验)》突破原有"三大能力"的界限,提出新的能力观,包括注重培养学生提出问题、分析问题和解决问题的能力,发展学生的创新意识和应用意识,提高学生的数学探究能力、数学建模能力和数学交流能力,进一步发展学生的数学实践能力。

关注学生的学习　1951年,在中华人民共和国颁布的首个《中学数学科课程标准草案》中,"关于教授"的实施方案列举六项内容:设备、准备、讲授、课外活动、作业的指定和检查、考试。要求讲授时须依教案进行,并随时注意班情,加以变通;口齿要清楚,板书要整齐,画图要正确而有普遍性;多发问题,随时开导;上课时要照顾前课,下堂时须总结大纲。"关于学习"的实施方案仅简单提出听讲、温习、演题、参考预习四项内容,也要求完成老师布置的任务。1963年的《全日制中学数学教学大纲(草案)》在其"教学中应注意的几点"中,提出要讲清概念、法则、定理、公式以及解题、证题的方法和步骤;突出重点、抓住关键、解决难点;加强练习,培养正确而且迅速的计算能力、逻辑推理能力和空间想象能力。大纲中很少论述学生学的问题,还是以"教"为主的思想。1992年,在《九年义务教育全日制初级中学数学教学大纲(试用)》中,提出在教学中,教师起主导作用,学生是学习的主体;教学过程也是学生的认识过程,教师应着眼于调动学生学习的积极性、主动性;教学中,要重视改进教学方法,坚持启发式,反对注入式等。中国数学教育界不仅关心教师的"教",也开始关注学生如何学好数学。

注重数学的应用价值和文化价值　中华人民共和国成立以来,中国数学教学一直坚持理论联系实际的原则。但实际上,在数学教学改革进程中,经常存在两种思想的对峙和冲突。19世纪中叶以前,中国的传统数学教学一直以实用为原则,注重实际问题的解决。从鸦片战争至20世纪前半叶,西方形式主义数学观占据统治地位。中华人民共和国成立之初,数学的应用价值以及思维训练同样受重视。1951年的《中学数学科课程标准(草案)》的"目标"中包括一项"应用技能",认为本科教学须训练学生熟习工具(名词、记号、定理、公式、方法),使学生能准确计算、精密绘图,稳健地应用它们去解决(在日常生活、社会经济及自然环境中所遇到的)有关形与数的实际问题。同时也指出数学是学习科学的基本工具,"锻炼思维的体操"。1963年的《全日制中学数学教学大纲(草案)》指出,数学教学中必须适当地联系实际,除了应适当地联系学生所能理解的工农业生产实际外,还应适当与物理、化学等科的内容联系。这实际上是对1958—1962年间盲目联系实际问题的一种反思。1992年的《九年义务教育全日制初级中学数学教学大纲(试用)》对理论联系实际问题进行深入阐释:理论联系实际的目的是为了使学生更好地理解与掌握知识,学会用数学知识解决简单的实际问题;从学生熟悉的生活、生产和其他学科的实际问题出发,进行抽象、概括和必要的逻辑推理,得出数学的概念和规律,使学生受到把实际问题抽象成数学问题的训练;引导学生把数学知识运用到生活和生产实际,包括商品经济的实际中去。2003年的《普通高中数学课程标准(实验)》把"数学应用意识"作为高中数学课程的基本理念之一;将"注重数学知识与实际的联系,发展学生的应用意识与能力"作为其教学建议之一,提出在数学教学中,应注重发展学生的应用意识,通过丰富的实例引入数学知识,引导学生应用数学知识解决实际问题,经历探索、解决问题的过程,体会数学的应用价值。也将"关注数学的文化价值,促进学生科学观的形成"作为其教学建议,提出在数学教学中,应引导学生初步了解数学科学与人类社会发展之间的相互作用,体会数学的科学价值、应用价值、人文价值,开阔视野,探寻数学发展的历史轨迹,提高文化素养,养成求实、说理、批判、质疑等理性思维的习惯和锲而不舍的追求真理精神。

提倡实验、探索的发现式学习　20世纪50—90年代,中国一直把解题训练作为数学教学的重要组成部分。1951年的《中学数学科课程标准(草案)》指出,数学学习必须重视听讲、温习、演练和参考预习。其中关于"演题"的要求是"演题是透彻理论、熟练方法、触类旁通、学以致用的不二法门,学者必须认真耐烦,及时演就,妥善保存"。1963年的《全日制中学数学教学大纲(草案)》对于数学练习的处理作了更详细的说明,明确练习的目的是帮助学生掌握"双基",发展"三大能力",灵活运用所学知识的必需步骤;阐述了练习的组织安排,指出练习的数量,提出保证练习收到效果的要领,包括仔细审题、独立思考、格式规范、及时纠正。进入21世纪,中国数学教育中关于数学学习的理念发生很大变化,开始注重创新精神和探索能力的培养。2003年的《普通高中数学课程标准(实验)》把"倡导积极主动、勇于探索的学习方式"作为高中数学课程的基本理念之一。提出学生的数学学习活动不应只限于接受、记忆、模仿和练习,还应倡导自主探索、动手实践、合作交流、阅读自学等学习数学的方式。鼓励学生在学习过程中,养成独立思考、积极探索的习惯。力求通过各种不同形式的自主学习、探究活动,让学生体验数学发现和创造的历程,发展他们的创新意识。

半个多世纪以来,随着中国经济的发展,科学技术的进步,中国数学教学的理念不断完善,逐步形成对数学教学的基本理解。2001年颁布的《全日制义务教育数学课程标准(实验稿)》和2003年颁布的《普通高中数学课程标准(实验)》都对数学教学提出具体建议:(1)数学教学活动要注重课程目标的整体实现。数学教学要把"知识技能"、"数学思考"、"问题解决"、"情感态度"四个方面的目标有机结合,整体实现课程目标。教学中应注意沟通各部分内容之间的联系,通过类比、联想、知识的迁移和应用等方式,使学生体会知识之间的有机联系,感受数学的整体性,进一步理解数学的本质,提高解决问题的能力。(2)重视学生在学习活动中的主体地位。数学教学活动是教师教与学生学的统一。教学中,教师应鼓励学生积极参与教学活动,包括思维的参与和行为的参与。既要有教师的讲授和指导,也要有学生的自主探索与合作交流。教师要创设适当的问题情境,鼓励学生发现数学的规律和问题解决的途径,使他们经历知识形成的过程。(3)帮助学生打好基础,发展能力。数学教学应强调对基本概念和基本思想的理解和掌握,一些核心概念和基本思想(如函数、空间观念、运算、数形结合、统计、随机观念、算法等)要贯穿数学教学的始终,帮助学生逐步加深理解;要重视运算、作图、推理、处理数据以及科学型计算器的使用等基本技能训练;要注意加强数学和现实的联系,引导学生自主探索数学结论,发展学生的运算能力、思维能力和空间想象能力,培养学生应用数学的意识,提高解决问题的能力。(4)引导学生积累数学活动经验、感悟数学思想。数学思想蕴含在数学知识形成、发展和应用的过程中,是数学知识和方法在更高层次上的抽象与概括。教学中应当努力创设源于学生生活的现实情境,教师应选择适当的形式和素材组织学生进行自主探索,让学生积极参与教学过程,通过独立思考、合作交流、积累数学活动经验,逐步感悟归纳、演绎、抽象、转化、分类、模型、数形结合、随机等数学思想。(5)关注数学的文化价值,注意学生情感态度的发展。数学教学中应引导学生初步了解数学科学与人类社会发展之间的相互作用,体会数学的科学价值、应用价值、人文价值,开阔视野,探寻数学发展的历史轨迹,提高文化素养,养成求实、说理、批判、质疑等理性思维的习惯和锲而不舍的追求真理精神。(6)恰当运用现代信息技术,提高教学质量。在教学中,应重视利用信息技术来呈现以往课堂教学中难以呈现的课程内容。同时,应尽可能使用科学型计算器、计算机及软件、互联网等各种数学教育技术平台,加强数学教学与信息技术的结合,引导学生借助信息技术学习有关数学内容,探索、研究一些有意义、有价值的数学问题。

数学教学目标

数学教学目标是根据数学学科的特点和规律从学科的角度提出的人才培养目标,它反映了数学教学对公民在与数学相关的基本素质方面的要求,也反映了数学教学对学生可持续发展的教育价值。

教学目标的制定应体现当时国家的教育方针,有鲜明的时代特点。中国1923年颁布的《初级中学算学课程纲要》规定的教学目的是:使学生能依据数理关系,推求事物当然的结果;供给研究自然科学的工具;适应社会上生活的需求;以数学的方法发展学生论理的能力。1951年的《中学数学科课程标准(草案)》则从"形数知识"、"科学习惯"、"辩证思想"、"应用技能"四方面规定了教学目的。其中既有日常生活、社会经济的应用,也有与函数概念有关的辩证思想;既要讲明"普通知识",又强调"系统学习",是较全面的教学目标。

1963年的《全日制中学数学教学大纲(草案)》提出中学数学教学的目的是:使学生牢固掌握代数、平面几何、立体几何、三角和平面解析几何的基础知识,培养学生正确而且迅速的计算能力,逻辑推理能力和空间想象能力,以适应参加生产劳动和进一步学习的需要。这一提法中,重点突出"基础知识"和"三大能力",实用功能的要求有所减弱,思维素质培养的功能有所加强。

1992年的《九年义务教育全日制初级中学数学教学大纲(试用)》规定初中数学教学目的是:使学生学好当代社会中每一个公民适应日常生活、参加生产和进一步学习所必需的代数、几何的基础知识与基本技能,进一步培养运算能力,发展思维能力和空间观念,并能够运用所学知识解决简单的实际问题;培养学生良好的个性品质和初步的辩证唯物主义的观点。这一提法依然保留1963年教学大纲的基本精神。

20世纪80年代以来,随着数学教育改革的不断深入,许多国家的数学教学目标发生很大变化。不同国家和地区的数学教学目标有各自的取向,在反映数学科学进展、促进社会进步、适应学生发展等方面各有侧重,但也有一些共同的特点。如更关注人的发展,关注学生数学素养的提高;更注意要面向全体学生,从精英转向大众;更关注学生的个体差异,而不是强求统一;更注重联系现实生活和社会等。各国数学教学的目标主要包括学科知识、实用功能、文化素养等三个方面。学科知识主要包括:数、符号及其他数学对象的运算能力;数感、符号意识、几何直观及结构规律的认识;推理与逻辑思维;数学构造与解决问题的能力;以数学方式表达和交流。实用功能主要包括:以数学的方式解决生活中的问题;提供将来大部分职业所需的数学训练;为进一步学习数学或其他学科打下基础。文化素养主要包括:欣赏数学之美;认识古今数学的文化价值。

进入21世纪后,随着新一轮课程改革的进行,人们对数学教学目标的认识也进一步深入。2006年的《全日制义务教育数学课程标准(实验修订稿)》中关于目标的提法,较好地平衡了数学的实用功能和思维培养功能,在了解数学价值、情感态度、实践能力等方面有新提法。这一标准将数学教学的目标分为总体目标和学段目标。总体目标要求通过义务教育阶段的数学学习,学生能:获得适应社会生活和进一步发展所必须的数学的基础知识、基本技能、基本思想、基本活动经验;体会数学知识之间、数学与其他学科之间、数学与生活之间的联系,运用数学的思维方式进行思考,增强发现和提出问题的能力、分析和解决问题的能力;了解数学的价值,激发好奇心,提高学习数学的兴趣,增强学好数学的信心,养成良好的学习习惯,具有初步的创新意识和实事求是的科学态度。"以人为本"、"促进学生全面发展"的课程理念要求数学教学的目标不能只是让学生获得必要的基础知识,还应包括启迪思维、解决问题、情感态度方面的发展。因此,这一标准明确将"数学思考、问题解决、情感态度"与"知识技能"一起作为数学教学的具体目标,并进行详

细阐释。同时进一步指出,总体目标的这四个方面不是互相独立和割裂的,而是一个密切联系、相互交融的有机整体。课程设计和教学活动组织应同时兼顾这四个方面的目标。这些目标的整体实现是学生受到良好数学教育的标志,它对学生的全面、持续、和谐发展有重要意义。

数学教学的目标各国的提法并不相同,中国各个历史时期的侧重点也不完全一样,它是一个动态的、与时俱进的研究课题。数学教学目标的确定,主要反映数学的实用性功能、思维训练功能和选拔性功能;要符合社会环境和经济发展的水平,服从于时代的总的教育目标与社会政治经济、科学技术发展的需求;要依据数学学科本身数量化、模型化、算法化、论述的严谨性等特点;要考虑教师的基本状况、学生的年龄特征以及认识水平。中国20世纪以来数学教学目标的变迁也反映了这些特点。

数学教学内容

数学教学内容的选定,要充分保证数学教学目标的实现和达成。中国1992年的《九年义务教育全日制初级中学数学教学大纲(试用)》对教学内容和要求规定:应当精选一个公民所必需的代数、几何中最基本、最有用的部分作为初中数学的教学内容;教学内容的分量要适中,要留有余地,在理论要求和习题难度方面应当适当。数学教学内容的选定应从最需要、最基础、可接受出发,同时遵循数学和社会发展对数学教学的"需要"与学生认知发展水平、教师水平等"可能"相结合的原则。

教学目标是教学内容选择的依据之一。20世纪末以来,伴随着数学教学目标的更新,各国数学教学的内容也发生变革。(1)精选传统数学内容,增加近现代数学知识。随着计算器、计算机的广泛使用,从数的意义及其运算上看,各国的中小学普遍增加或加强了估算,同时大都精简大目的计算和比较复杂的混合运算,并进一步精简多项式、根式等内容。在此基础上,增加反映现代数学进展的内容。大多数国家的课程标准和大纲中增加了大量数据处理或概率统计初步、微积分初步、向量、映射与函数、计算机(算法)等近现代数学知识。增加的内容大多以直观、形象等方式进行教学。(2)重视现代数学思想、方法的渗透。各国的数学课程标准或大纲都注重运用现代数学思想、方法来处理数学教学内容,使学生在掌握数学知识的同时,理解数学思想、方法。主要包括:变换思想,式的变形、几何变换等;模型方法,数的模型、函数模型、分布的模型等;坐标方法。(3)提供丰富的选择,设计多样化的内容。各国都重视高中数学课程和教学的选择性,使不同学生根据其需要和能力在数学上得到不同的发展。在选择性方面,大致表现为两类:数学水平的选择和课程内容的选择。(4)重视数学的

应用。各国的数学教育改革,普遍重视数学的应用。在数学教学内容中,普遍增加应用性的内容,如测量、估算、数据处理、线性规划等。同时设置数学建模、数学实践活动等内容。注重数学内容的实际背景,教学中从具体实例引出数学概念,强调运用数学刻画、解决实际问题。(5)加强信息技术与数学教学的整合。20世纪末以来,信息技术迅猛发展,计算器、计算机和互联网逐步普及。计算机的应用已超越解决问题的范围,对数学教育提出更高的要求。各国数学课程标准和大纲均在中、高年级引入计算机、算法等内容,教学中提倡使用计算机辅助教学。

中国近年来的数学教学内容也体现了上述变化。2003年的《普通高中数学课程标准(实验)》更突出基础性和选择性。教学内容按模块划分,模块又分成必修和选修两部分。其中必修内容有5个模块,包括基本初等函数、立体几何初步、平面解析几何初步、算法、统计、概率、平面上的向量、解三角形、数列、不等式等内容。除算法是新增内容,向量、统计和概率是近年来不断加强的内容外,其他内容基本上都是以往高中数学课程的传统基础内容。选修内容分为4个系列,是为了给将来发展方向不同的学生提供更宽泛、更深厚的基础。其中选修系列1是为准备在人文、社科方面发展的学生设置的,包括两个模块;选修系列2是为准备在理工、经济方面发展的学生设置的,包括三个模块。在选修系列1和系列2中,有些内容是相同的,如常用逻辑用语、数系的扩充与复数的引入;有些内容从标题上看是相同的,但在内容的要求上有所区别,如圆锥曲线与方程、导数及其应用、统计案例、推理与证明;还有一些内容分别安排在不同的系列中,如框图只在选修系列1中才有,空间向量与立体几何、计数原理、概率的进一步讨论只在选修系列2中才有。选修系列3和系列4为对数学有特殊兴趣并希望在数学方面进一步提高素养的学生设置。系列3包括6个专题,系列4包括10个专题。这些内容是为不同发展方向的学生提供不同选择,更方便学生按照自己的意愿来规划个人的进一步发展。为促进学生更主动地钻研数学,培养学生提出问题、分析问题和解决问题的能力,养成应用数学的意识和习惯,体会数学的科学价值、应用价值和人文价值,《普通高中数学课程标准(实验)》明确提出数学探究、数学建模和数学文化等新的学习内容和学习方式,并对其教学提出具体要求。

2006年的《全日制义务教育数学课程标准(实验修订稿)》安排了四个方面的内容:"数与代数"、"图形与几何"、"统计与概率"、"综合与实践"。"数与代数"的主要内容有:数的认识,数的表示,数的大小,数的运算,数量的估计;字母表示数,代数式及其运算;方程、方程组、不等式、函数等。在"数与代数"的教学中,应帮助学生建立数感和符号意识,发展运算能力和推理能力,初步形成模型思想。"图形与几何"的主要内容有:空间和平面的基本图形,图形的性质、分类和度量;图形的平移、旋转、轴对称、相似和投影;平面图形基本性质的证明;运用坐标描述图形的位置和运动。在"图形与几何"的教学中,应帮助学生建立空间观念,注重培养学生的几何直观与推理能力。"统计与概率"的主要内容有:收集、整理和描述数据,包括简单抽样、整理调查数据、绘制统计图表等;处理数据,包括计算平均数、中位数、众数、极差、方差等;从数据中提取信息并进行简单的推断;简单随机事件及其发生的概率。在"统计与概率"中,应帮助学生逐渐建立起数据分析观念,了解随机现象。"综合与实践"是一类以问题为载体、师生共同参与的学习活动。要求学生针对问题情境,综合所学的知识和生活经验,独立思考或与他人合作,经历发现和提出问题、分析和解决问题的全过程,感悟数学各部分内容之间、数学与生活实际之间、数学与其他学科之间的联系,加深对所学数学内容的理解。

数学教学方法

教学方法是决定教学成败的关键因素。依照教师在课堂上所起作用的强弱、学生参与程度的大小,可将数学教学方法分为讲授法、讨论法、自学辅导法、发现法等。

讲授法是教师用语言向学生传授知识的方法。在这种模式下,教师的教学活动主要表现为对数学知识的系统讲解,学生在课堂上采用接受式学习,通过听讲理解新知识,掌握数学基础知识和基本技能,发展数学能力。在数学教学中,讲授法是一种主要的教学方法。讲授法注重知识传授的系统性和教师的主导地位,具有省时、高效的特点,能使学生在短期内获得大量数学知识,通常用于概念性强、综合性强的知识或新知识的教学。讲授法的局限在于:讲授法以教师讲、学生听的形式为主,容易形成"满堂灌"的局面;师生交流方式比较单一,讲解过程中难以观察学生的思维活动,也难以把握学生数学思维参与度,会对学生的数学理解造成不利影响。在运用讲授法进行教学时,要保证讲授内容的科学性、思想性、系统性和逻辑性;要抓住教学内容的重点、难点和关键;要强调讲授的启发性,调动学生的思维积极性,促进学生主动思考;恰当、有效地使用板书,使其与口头讲授、教具演示等相辅相成,提高教学效果。

讨论法亦称问答法、谈话法,是通过师生之间问答式谈话来完成教学任务。谈话的主要方式是教师提问学生回答,也可以是教师指导下学生之间的相互问答。讨论法教学在新知识教学、练习课、复习课等都可以使用。与讲授法相比,讨论法中教师和学生的角色发生转变,教师变成教学活动的组织者,学生在某种程度上变成知识的建构者。因此,在这种教学模式下,师生互动性强,能及时交流与反馈,有利于调动学生思维积极性、培养学生的数学语言表达能力。但讨论法对教师的教学能力要求较高,"恰时恰点"的问题是使用这种方法的关键。即问题要"有意义",反映当前教学内容的本质;要在学生的思维最近发展区内提问,难易适当;要根据当前所学知识的发生、发展过程设置问题,问题要具体、明确,引导学生逐步深入,直至得出结论;要注意面向全体学生提问题;讨论结束时,教师应进行总结,作出明确的结论。

自学辅导法是在教师指导下,学生通过自主阅读教科书等材料自主获得知识的方法。这种方法可以充分突出学生的主体地位,发挥学生学习的主动性,使师生之间的交流更有效,有利于学生自学能力的培养。运用自学辅导法进行教学,可以更好地从学生的实际出发,适时调节自学速度,充分发展学生各自的优势,让不同水平的学生得到不同的发展。但这种方法要求学生具有一定的自学能力,要有与之配套的教材;要求教师具有较强的处理教材、灵活运用教材的能力。另外,要关注教学内容,学习一些全新的基本概念时,不宜采用这种方法。运用自学辅导法进行教学时要有一个准备阶段,让学生适应这一教学模式。由于学生自学能力有较大差异,自学方法也不尽相同,在自学辅导过程中教师要注意"导"和"讲"的作用,针对学生情况进行有针对性的讲解。在课堂教学中,将自学辅导法和其他方法结合起来进行教学收效更大。

发现法是学生在教师的指导下,通过阅读、观察、实验、思考、讨论等方式,自己发现问题、研究问题进而解决问题。这种方法一般适用于定理、公式、法则等新知识的教学,也可用于数学课外活动。发现法注重数学知识的发生、发展过程,让学生自己发现问题,主动获取知识,使学生成为知识的发现者,而不是知识的接收者。它能激发学生的学习兴趣,使其产生学习的内在动机,有利于记忆的保持。运用发现法进行教学可以使学生学到科学认识的方法,有利于其创造能力的培养。但这种方法对教师、学生、教材的要求都比较高,教师需要熟悉学生形成概念、掌握规则的思维过程和学生的能力水平;学生需要具备良好的认知结构和学习能力;教材需要符合探究、发现的结构性的思维方式。发现法教学所需时间较多,不易频繁使用。运用发现法进行教学,教师要创设生动、活泼的教学气氛,激发学生发现问题的自信心,强化学生的学习动机,让学生积极、主动地参与数学学习活动;教师要帮助学生把已有的知识同他们正在研究的问题结合起来,指导他们从规律性和联系性的角度对遇到的事物加以组织,以促成学生的发现;教师要协助学生进行自我评价、仔细思考,提出共同结论。

讲授法、讨论法、自学辅导法和发现法在数学教学中相互交叉、配合,在课堂教学中共同发挥作用。教师应根据已有的教学条件对教学方法作出适当的选择,并加以变换和组合,提高教学效率。在数学课堂中,不论采用何种教学方法,都应该注意把启发式教学思想贯穿始终,数学教师确立启发式教学思想是其教学取得成功的根本保证。

数 学 教 材

数学教材为学生的数学学习活动提供学习主题、基本线索和知识结构,是实现数学教学目标、实施数学教学的重要资源。数学教育思想和教育观念的发展首先体现为数学教材的更新。数学教材是数学教学最主要的内容,是对学生进行数学教育的主渠道。

对于"数学教材",有泛指、专指两个层次的理解。泛指的数学教材指所有根据数学教学大纲或课程标准编写的、供数学教学中师生使用的材料,包括教科书、教师教学用书、练习册、课外读本、教具学具、音像教材、教学课件等;专指的数学教材指师生共同使用的数学教科书,又称数学课本。日常生活中人们说的数学教材一般专指数学教科书。在广义的数学教材中,数学教科书是核心,它包括了数学课程和教学的主要内容。

数学教材处在不断发展变化的过程中,并在变化的过程中趋于完善。自古以来,数学教学存在将数学作为解决实际问题的课程与将数学作为锻炼思维的课程两种倾向。前者的课程以算术、代数和实用几何为主,后者的课程以论证几何为主。中国古代的《九章算术》和古希腊欧几里得的《几何原本》分别是这两种倾向的典型代表教材。

在中国,长期以来使用的是《九章算术》、"算经十书"等数学教材。1840年鸦片战争后至中华人民共和国成立,西方数学成为学校的主修科目,使用的基本上是翻译改编的英国、美国等国的教材。中华人民共和国成立后,中央决定成立以编写中小学教材为主要任务的人民教育出版社,新中国数学教材建设开始起步。中华人民共和国成立初期,教育上全面学习苏联,数学教材采用吉西略夫编写的《代数》、《几何》等教科书。这套教材以函数为纲,重视几何的公理化体系,叙述严谨,这种影响一直保留到20世纪末。20世纪50—60年代,西方开展"新数运动",中国在1960年也出现数学课程和教学改革的热潮。1960年2月,中国数学会在上海召开第二次全国代表大会,有人提出"打倒欧家店"的口号,北京和上海将偏微分方程的差分格式的计算方法编入数学教材。这种削弱基础、脱离实际的做法在1963年得到纠正。"文革"时期,出现将数学应用庸俗化的现象,数学教材中取消数学基础知识,代以画线、制图、会计、公社数学等内容。"文革"结束后,教材建设步入正轨,教材基本上以数学知识为逻辑系统展开,强调"双基",鲜有数学应用的内容。20世纪80—90年代,教材内容历经调整,高中教材列入微积分、概率统计的内容,立体几何中也提供"综合法"、"向量法"两种处理方式供选择。至20世纪末,共编写、出版九套全国通用的数学教材。这些数学教材体系结构严谨,逻辑性强,语言叙述条理清晰,文字简洁、流畅,有利于教师组织教学,注重对学生进行基础训练。存在的问题有:教材基本按照数学本身的逻辑系统展开,关注知识背景和应用少,致使教学内容"不自然",不利于提高学生数学学习的兴趣;内容呈现上结论多,引导学生主动提出问题少,对学生提出问题的能力培养不力等。

进入 21 世纪,随着义务教育和高中课程改革的实施,数学教材的编写理念、教材特点、内容组织形式、呈现方式等发生很大变化。课程标准也对教材编写提出具体要求。2006 年的《全日制义务教育数学课程标准(实验修订稿)》中的"教材编写建议"有:教材编写应体现科学性;教材编写应体现整体性;教材内容的呈现应体现过程性;呈现内容的素材应贴近学生现实;教学内容设计要有一定的弹性;教材编写要体现可读性。教材应易于学生接受,激发学生学习兴趣,为学生提供思考的空间。教材的呈现应当在准确表达数学含义的前提下,符合学生年龄特征,从而有助于他们理解数学。这些建议是现阶段数学教材的基本设计思路,在此基础上,不同风格的数学教材纷纷出现,并通过教育部教材审定。较有影响的中小学数学教材大多具有以下特点:教材选择的学习素材尽量与学生的生活现实、数学现实、其他学科现实相联系;注意加强数学思想方法的渗透与概括,引导学生领悟具体内容反映的数学思想;教材内容的呈现更加体现数学知识的整体性,体现重要的数学知识和方法的产生、发展和应用过程;注意引导学生进行自主探索与合作交流,并关注对学生人文精神的培养;教材的编写融入教学设计的因素,更注意调动教师的主动性和积极性,利于教师进行创造性教学。

数学教学评价

数学教学评价主要包括对学生数学学习水平的评价和对数学教师工作成效的评价。其目标是确定学生数学学习水平和教师教学的有效性。评价的主要出发点是全面了解学生数学学习的过程和结果,激励学生学习和教师改进教学。通过评价得到的信息,可以了解学生达到的水平和存在的问题,帮助教师进行总结与反思,调整和改善教学内容和教学过程。

数学教学评价一直处于改革和探索之中。初中升高中的考试、高等学校入学考试和高中会考等各种考试成为评价学生数学学习水平和教师教学状况的主要手段。过分强调学生的数学考试成绩在评价中的作用,把考试与评价等同起来;过分强调定量化的评价,忽视对定性评价的研究;作为学习主体的学生被排除在评价过程之外。以上这些做法使数学考试成为制约数学课程与教学改革的关键因素。随着数学教学改革的深入,数学教学评价的方式、手段、内

容得到进一步完善。数学教学评价,既要重视学生知识、技能的掌握和能力的提高,又要重视其情感、态度和价值观的变化;既要重视学生学习水平的甄别,又要重视其学习过程中主观能动性的发挥;既要重视定量的认识,又要重视定性的分析;既要重视教育者对学生的评价,又要重视学生的自评、互评。应将评价贯穿数学学习的全过程,既要发挥评价的甄别与选拔功能,更要突出评价的激励与发展功能。

数学教学评价基本要求有:(1)注重对学生数学学习过程的评价。学生在知识技能、数学思考、问题解决和情感态度等方面的表现不是孤立的,是相互联系的整体,这些方面的发展综合体现在数学学习过程之中。在评价学生每一方面表现的同时,要注重对学生学习过程的整体评价,分析学生在不同阶段的发展变化。评价时应注意记录、保留和分析学生在不同时期的学习表现和学业成就。(2)正确评价学生的基础知识和基本技能。应重点考查学生对基础知识和基本技能的理解和掌握程度,以及在学习基础知识与基本技能过程中的表现。在对学习基础知识和基本技能的结果进行评价时,应很好地把握"了解、理解、掌握、应用"不同层次的要求;在对基础知识与基本技能的学习过程进行评价时,应依据"经历、体验、探索"几个层次的要求,采取灵活多样的方法,定性、定量评价结合,以定性评价为主。(3)重视学生数学能力的评价。学生能力的获得与提高是其自主学习、实现可持续发展的关键,评价对此应有正确导向。能力通过知识的掌握和运用水平体现出来,对能力的评价应贯穿学生数学知识的建构过程与问题的解决过程。(4)重视对情感态度的评价。情感态度评价应依据课程目标的要求,采用课堂观察、活动记录、课后访谈等方法进行;主要在平时教学过程中进行,注重考查和记录学生在不同阶段情感态度的状况和发生的变化。(5)评价应注意主体的多元化和评价方式的多样性。可以采取教师评价、学生自我评价、学生相互评价、家长评价等多元化方式,对学生的学习情况和教师的教学情况进行全面考查。评价方式多样化体现为多种评价方法的运用,包括书面测验、口头测验、活动报告、课堂观察、课后访谈、课内外作业、成长记录等,教师应结合学习内容及学生学习的特点,选择适当的评价方式。(6)恰当地呈现和利用评价结果。评价结果的呈现和利用应有利于增强学生学习数学的自信心,提高学生学习数学的兴趣,养成良好的学习习惯,促进学生的发展;应更多地关注学生的进步,关注学生已经掌握了什么、获得了哪些提高、具备了什么能力、还有什么潜能、在哪些方面存在不足等。评价结果的呈现应采用定性与定量评价相结合的方式。(7)合理设计与实施书面测验。书面测验是考查教学目标达成状况的重要方式,合理地设计和实施书面测验有助于全面考查学生的数学学业成就、及时反馈教学成效、不断提高教学质量。对于学生基础知识和基本技能

达成情况的评价,应准确把握课程中对有关内容的要求,注重考查学生对其相关数学本质的理解,考查学生能否在具体情境中合理应用所学知识和技能,淡化特殊的解题技巧。

具体的数学教学评价内容的制定以数学教学目标为基准,根据义务教育和普通高中阶段数学教学的总目标和分类目标设计。

参考文献

曹才翰,章建跃.中学数学教学概论[M].北京:北京师范大学出版社,2008.

课程教材研究所.20世纪中国中小学课程标准·教学大纲汇编数学卷[M].北京:人民教育出版社,2001.

张奠宙,宋乃庆.数学教育概论[M].北京:高等教育出版社,2004.

中华人民共和国教育部.普通高中数学课程标准(实验)[M].北京:人民教育出版社,2003.

（李海东）

数学课程(mathematics curriculum)　　中小学校开设的一门学科课程。旨在培养学生基本的数学素养,促进学生思维能力的发展。

中国数学课程的沿革和发展　　中国古代的数学教材是《九章算术》。1840 年鸦片战争后,西方数学成为中国学校的主修科目。中华人民共和国成立后,50 年代初全面学习苏联的数学课程体系,60 年代初进行总结和调整,建立自己的体系。"文革"期间,数学课程体系受到极大破坏,八九十年代得以恢复并逐渐繁荣。其间,国家正式颁布并实施多个数学教学大纲或课程标准,规定数学教学的指导思想、目的、任务、教学内容的编选原则及课时安排等,规范数学教育实践。

小学数学课程方面,1950 年教育部颁布的《小学算术课程暂行标准(草案)》主要吸取苏联和中国解放区的数学教学经验以及南方小学课程标准中有用的内容。1952 年,在参照苏联《初等学校算术教学大纲》的基础上,教育部制定和颁布《小学算术教学大纲(草案)》,学制为五年一贯制,初中再学一年算术。1956 年教育部颁布的《小学算术教学大纲(修订草案)》在 1952 年大纲的基础上修订,学制为"四二"制(初小 4 年,高小 2 年),初中再学一年算术。1963 年,在总结新中国成立后数学教学经验和教训的基础上制定《全日制小学算术教学大纲(草案)》,学制 6 年,小学学完算术。1978 年,教育部在 1963 年大纲的基础上,根据国家实现"四个现代化"的要求,吸取国内外小学数学教学改革的经验教训,制定并颁布《全日制十年制学校小学数学教学大纲(试行草案)》,首次明确提出知识、能力和思想政治教育三方面的目标。在 1978 年大纲的基础上,1986 年教育部制定并颁布《全日制小学数学教学大纲》,此为新中国成立后第一份

正式的数学教学大纲,学制为五年制与六年制并存。大纲中提出小学数学的教学目的:使学生理解和掌握数量关系及几何图形最基础的知识,能正确、迅速地进行整数、小数和分数的四则计算,具有初步的逻辑思维和空间观念,能够运用所学的知识解决日常生活和生产中简单的实际问题,并结合数学内容对学生进行思想品德教育。大纲调整了学习内容,删去一些过高要求,适当减轻学生负担。1992 年,国家教育委员会根据《中华人民共和国义务教育法》,在 1986 年大纲的基础上制定并颁布《九年义务教育全日制小学数学教学大纲(试用)》。2000 年,教育部颁布《九年义务教育全日制小学数学教学大纲(修订征求意见稿)》,根据数学教育实践的要求对数学教学内容作了较大调整,具体包括:加强对学生探索数学知识和实践能力的培养;删减较复杂的和应用价值不大的内容;增加数据的搜集、整理和初步分析的内容;增加学生的实践活动。

中学数学课程方面,1951 年 3 月,教育部召开第一次全国中等教育会议,通过了《中学数学科课程标准(草案)》,把中学数学教学目标分为"形数知识"、"科学习惯"、"辩证思想"和"应用技能"四个部分,并指出数学是学习科学的基本工具和锻炼思想的体操,是中学课程中的主科之一。1952 年,教育部以苏联十年制学校中学数学教学大纲为蓝本,编订并颁布《中学数学教学大纲(草案)》,系统确定中学数学课程主要由算术、代数、几何和三角组成,并在中学课程中取消解析几何等内容。该大纲规定数学教学目的:教给学生数学的基础知识,并培养学生应用数学知识解决各种实际问题所必需的技能和熟练技巧。人民教育出版社根据这一大纲出版一套数学教科书,其中代数和平面三角是苏联教科书的编译本,算术和几何以苏联教科书为蓝本改编,以函数为纲,叙述严谨,基础扎实。1954 年和 1956 年,教育部先后颁发《中学数学教学大纲(修订草案)》,进一步明确中学数学教学要培养学生应用数学知识解决各种实际问题的技能和技巧,发展学生的逻辑思维和空间想象能力。1963 年 5 月,教育部颁布《全日制中学数学教学大纲(草案)》,其主导思想是加强基础知识的教学与基本技能的训练。大纲规定中学数学的教学目的:使学生牢固掌握代数、平面几何、立体几何、三角和平面解析几何的基础知识,培养学生正确而迅速的计算能力、逻辑推理能力和空间想象能力,以适应参加生产劳动和进一步学习的需要。人民教育出版社根据这一大纲,在十多年编写和使用中学数学教材的基础上,新编了一套十二年制学校中学(学制 6 年)数学课本,包括初中《代数》和《平面几何》,高中《代数》、《立体几何》、《三角》和《平面解析几何》等。1978 年,教育部颁布的《全日制十年制学校中学数学教学大纲(试行草案)》突出强调数学教育的现代化,在教学目的中增加"逐步培养学生分析问题和解决问题的能力"的要求。教学内容上的主要变化:精简

传统的中学数学内容,删去用途不大的内容;增加行列式和线性方程组、微积分及概率统计、逻辑代数(有关电子计算机的数学知识)等的初步知识;将集合、对应等思想适当渗透到教材中。根据这份大纲编写的一套中学数学课本(试用本)包括初中《数学》(1~6册)和高中《数学》(1~4册)。这是新中国成立后首次尝试把中学数学各分支混编成一套综合的通用数学教材。1986年,国家教育委员会颁布的《全日制中学数学教学大纲》在内容设计上体现低要求、减轻学生负担、教学要求明确具体的基本特点。

进入21世纪,教育部先后颁布《全日制义务教育数学课程标准(实验稿)》和《普通高中数学课程标准(实验)》(以下称《标准》)。《标准》的编写和实施是中国数学课程建设史上的一件大事,也是中国基础教育课程改革的重要组成部分,《标准》的颁布使中国中小学数学教育发生积极和重要的变化。(1)《标准》基于时代发展,重新定位数学教育的价值,突出强调基础教育阶段数学教育基础性、普及性和发展性的特点,高中阶段还体现选择性的特点。在课程目标上,着重强调促进学生全面、持续、和谐发展,培养学生的数学思维和解决问题能力;在实施建议上,要求在课堂教学中努力改变单一、被动的数学学习方式,建立和形成发挥学生主体性的多样化学习方式,促进学生在教师指导下主动地、富有个性地学习。在评价改革上,要求构建目标多元、评价主体和手段多样,既关心结果也关心过程的数学教学评价体系。(2)《标准》以学生全面发展为出发点,创新数学教育目标体系,强调在关注学生知识、技能发展的同时,关注学生的情感态度、创新思维和解决问题能力的发展;在关注即时学习结果的同时,关注长远持久的发展。《标准》根据国家课程改革的总体思路,结合数学教育基本特点,明确基础教育阶段数学课程的总目标。义务教育阶段的标准以直观经验与数学推理相结合为切入点,提升学生对数学的理解,建立学好数学的信心,把具体内容分成数与代数、空间与图形、统计与概率、实践与综合应用四个方面,并与知识技能、数学思维、解决问题和情感态度四个目标领域有机整合。高中阶段的标准从知识与能力、过程与方法、情感与态度三个维度,与具体数学内容相结合,提出数学教育目标,强调课程设计着重对数学的真正理解,课程内容增加"数学建模"、"探究性课题"、"数学文化"三个板块,为学生提供更广阔的发展空间,也为改变学生的学习方式提供素材。(3)《标准》重视课堂教学,并增设"实践活动"。在数学课堂教学方面,突出强调五个方面:注重数学与现实的联系,重视学生生活经验,使学生在已有知识和经验基础上学习数学知识;展现知识的产生和应用过程,形成"问题情境——建立模型——解释与应用"的基本叙述模式,引导学生逐步形成合理、有效的学习方式;关注学生情感体验,创设宽松和谐的学习氛围,培养学生的学习兴趣和自信心;关注学生

学习过程,让学生综合运用所学知识和方法解决问题,进一步体会知识之间的联系与综合;结合适当素材体现数学的文化价值,重视隐性课程的作用。《标准》增设"实践活动"的目的是让学生在各知识领域的学习过程中,有意识地体会数学与生活经验、现实社会和其他学科的联系,以及数学在人类文明发展与进步过程中的作用,体会数学知识内在的联系;采用"实践活动"的学习形式,学生通过自主探索与合作交流,能获得综合运用数学知识和方法解决实际问题、探索数学规律的能力,逐步发展对数学的整体认识。

国际数学课程的发展 20世纪末21世纪初,数学教育观念、数学教学内容和方法发生深刻变化,国际数学课程改革亦进入重要时期。国际数学课程改革实践中出现的共同趋势和热点,构成这一时期数学教育改革的基本路向。国际数学教学改革还充分体现民族和文化的特点。在英国、美国等西方国家,数学课程改革逐步走向一定程度的统一;在东方文化的国家,数学课程改革则体现一定程度的多元化和开放性。国际数学课程改革主要有以下特点。

关注数学学科的应用性与实践性。美国数学教师联合会(National Council of Teachers of Mathematics,简称NCTM)1989年制定的数学课程标准和2000年制定的标准的基本特点之一都是强调数学应用。荷兰从20世纪60年代末起开始改革,数学教育向现实数学教育转变。至20世纪90年代初,几乎所有中小学生都已使用根据现代数学教育思想编写的数学课本,数学教育注意培养学生的数学应用意识与实践能力。日本的数学课程设置了综合课题学习,亦体现对综合应用数学知识的关注。20世纪80年代末,英国国家课程委员会认为,数学教育中的主要问题是基础知识的教学与应用能力培养脱节,故提出加强培养数学应用能力。英国数学课程重视培养学生的数学应用能力,并形成系统体系。英国国家课程委员会提出了培养学生应用能力的途径,主张从低年级起就对儿童进行应用能力的系统训练,使学生在处理实际问题、进行合作交流等丰富的活动中发展数学应用能力和对数学的理解。英国国家数学课程还强调开放性问题的作用,要求变封闭性问题为开放性问题。新加坡的数学课程大纲要求重视培养学生解决问题的策略。中国香港的数学课程纲要也把解决问题作为学生的一种重要能力,在高小阶段,要求学生学会指出问题所在,并描述其主要特点;提议以不同的途径解决问题;制订计划并试用所选取的方案,根据需要寻求支援并作出调整;制定适当的方法来衡量学习成果和检验所选用的解决方案。在初中阶段,要求学生探究问题,并识别必须解决的项目;提出不同方案,比较每种方案的预期成效,并就选用的方案提出理由;采用既定的策略监控进展,并在必要时修订有关方案;根据既定准则评估学习成果,并检讨有关解决方案的成效。

重视以学生为主体的活动。英国数学课程具有活动性

特点,以课题覆盖大纲是英国数学教学的重要策略。教师以某一项教学目标和学习大纲的某个水平为出发点组织学生的学习活动,也可提出开放性课题任务,进行开放性教学活动,使学生有机会接触多个教学目标,涉及多个学习水平。教师记录学生学习情况,评价学生解决问题的策略和水平。课程委员会提出数学学习大纲设计课题的要求,使学生的综合活动紧扣大纲要求。东亚国家和地区的数学课程改革以强调学生的主体活动为切入点,将数学经验活动作为数学课程的基本内容。2002 年日本开始实施新的《学习指导要领》,实行新一轮数学课程改革,进一步体现数学课程个性化、活动化和实践性的走向,提倡综合学习和选择性学习。

计算机应用于数学教育。信息技术被世界各国应用于数学教育,计算机辅助教与学的研究和实施深受重视。英国国家数学课程标准要求给学生提供适当的机会来发展应用信息技术学习数学的能力,数学课程强调数学与信息技术的综合和交叉,信息技术可运用于数学教学,并为学生的学习提供帮助,使数学知识与计算机知识相互支持与补充。美国 2000 年的数学课程标准明确提出"技术原则",强调科学技术在数学课程中的重要地位,强调科学技术与数学教学过程相结合,并提供大量形象化的电子版数学教学例子,使教师懂得如何在教学实践中运用信息科技。国际数学教学委员会(International Commission on Mathematical Instruction,简称 ICMI)1985 年在法国召开专门会议,研究计算机与信息论对数学的观点、价值与发展的影响,利用计算机辅助数学教学等。1986 年该委员会出版《计算机与信息科学对数学及其教学的影响》。20 世纪 90 年代后世界各国的实践显示,计算机与计算器已深入各年级的数学课堂教学,数学教育随着高科技的发展而发生巨大变化,如普遍使用计算机、图形计算器等,网上教学成为现实,数学教学材料更丰富、形象,高深的数学内容下放到中小学数学教育中等。

课程目标的个性化与差别化。这是国际数学课程设计的重要动向。英国国家数学课程由学习大纲和教学目标两部分组成,其中教学目标按照五个知识块展开,学习大纲按照学生在知识和能力方面的发展被划分为八个水平,国家数学课程明确规定每个水平的学习要求,体现既有统一要求又具有弹性的结构特点,方便教师因材施教。日本新《学习指导要领》的特点之一是提倡选择性学习,提出数学课程要安排多种可供学生选择的数学活动,探究数学的某个内容或专题、应用数学的活动、有关数学史的专题等,都可以是选择性学习的课题;学习程度也应有一定弹性。韩国从 2000 年起实施第七次数学课程改革,其主题是差别化数学教育课程,目的是提高每个学生的才能与兴趣。差别化课程体现在基础教育阶段的规定上。基础教育分为两段:第

一段是国家共同基础教育时期(从一年级至十年级,共 10 年,相当于中国小学一年级至高中一年级),要求所有学生学习相同的必修课程,但每门必修科目内容的深度和广度因学生能力而异;第二段为选择教育时期(从十一年级至十二年级,共 2 年,相当于中国高中二年级至三年级),学生可以学习不同的、有层次的课程内容,建立有区别的数学课程体系。差别化课程类型主要分为"基于水平等级的差别化课程"、"扩展性与补充性差别化课程"以及"学科选择性差别化课程"三类。在基础教育阶段的一至十年级,每个年级的数学都有 A、B 两个水平,共 20 个水平。学生只有达到某级水平,方可进入下一级水平学习,未达标者必须重修,每个水平均由标准课程、扩展课程与补充课程三个子课程组成。"扩展性与补充性差别化课程"是指学生根据自己的学习情况可选择和补充学习其他扩充课程。"学科选择性差别化课程"指学生可选择不同的学科组合。

数学与其他学科综合。这是 20 世纪 90 年代后数学课程改革的特点之一。在英国的国家数学课程标准、日本的课题综合学习和荷兰的新课程标准目标跨学科目标中有显著体现。英国数学教学中课程综合的主要内容:将现实生活题材引入数学;加强数学与其他科目的联系;打破传统格局和学科限制,允许在数学课中研究与数学有关的其他问题。英国国家数学课程要求:学校要研究数学与其他学科的关系,制订工作计划,通过课程综合工作,全面提高学生的数学素质;课程综合根据学生年龄的不同加以组织,小学阶段重在兴趣,中学阶段着重与其他学科的交叉与综合,并发展学生综合解决问题的能力。美国数学课程中"综合"的含义包括:数学应用本身具有综合性特点,应用过程是一个综合性的思维活动;数学课程能为达成学校课程的整体目标作出贡献,数学能力与许多一般能力应协同发展,如合作、实验、分析、推理、观察、交流等。日本数学课程中的课题学习体现数学课程的综合化,通过学生综合数学知识,或综合数学知识与其他知识来解决研究课题。

参考文献

张奠宙,宋乃庆.数学教育概论[M].北京:高等教育出版社,2004.

（孔企平）

双元制职业教育(Das Duale System)　　德国将学习理论知识与掌握实践技能紧密结合的一种职业教育制度。其实质是以企业为主体的现代徒工制度,以企业或雇主提供的培训岗位为基石。目的是培养高水平的专业技术工人。在这种制度下,职业学校(Berufsbildende Schule,简称 BBS)与培训企业密切合作,在分工中共同完成教育和训练任务;青少年既在企业里接受职业技能培训,又在学校里接

受专业理论和普通文化知识教育。1964年,德国文化教育委员会对历史和当前的德国培训和职业基础教育进行评鉴,在关于职业培训和教育的鉴定书中正式使用企业和职业学校双元制教育这一名称。此后,职业教育讨论中普遍使用"双元制"概念。

双元制职业教育的实施　职业学校是德国中等职业教育里最重要的一类学校,是实施职业义务教育的主要机构。招生对象是完成普通义务教育的学生,任务是传授与职业有关的基础知识和专业知识,特别注重培养学生从事未来职业的实践技能。文化课一般为每周12学时,采用每周1～2天或每学期集中1～2周的方式进行课堂教学,其他时间则在实习培训场所或企业进行技能培训。培训企业是双元制职业教育的校外培训场所。职业学校学生要与培训企业签订培训合同,内容包括培训的目标、起始时间、年限、生活津贴数额等。整个培训过程在工厂、企业和职业学校交替进行,分为商业(如国际贸易、秘书、会计等)、技术(如汽车、机械、电器等)和服务(如烹饪、理发等)三大类,以企业培训为主。企业中的实践要与职业学校中的理论教学密切结合。学生学习期满考核合格后,大部分留在培训企业工作,也可以到其他企业工作或继续上学深造。德国大多数青年人继全日制普通义务教育后,要完成为期三年至三年半的双元制资格性职业教育培训。每年有2/3以上的普通学校毕业生接受双元制职业教育。

双元制职业教育的专业设置以职业分析为导向。通过职业分析,将一个或若干个社会职业归结为一个职业群,一个职业群对应一个"专业",即德国所称的"培训职业"。这样既可以清楚了解一种职业的主要活动内容,分辨出支撑该职业的知识与技能,又能确定相邻职业的技能知识联结点,为社会职业归类及职业群的确定奠定基础,也为职业教育的专业设置提供依据。随着科学技术的进步和产业结构的不断变化,社会职业出现综合趋势,许多传统职业逐渐消失,新兴、交叉的职业不断出现,职业教育的专业设置也不断变化,以与社会经济的动态发展相适应。为此,德国政府每隔一段时间就要对培训职业进行重新界定。为培养适应现代社会企业要求的技术工人,双元制职业教育特别强调关键能力的训练。关键能力是方法能力和社会能力的进一步发展,也是具体专业能力的进一步抽象,强调当职业变更或劳动组织变化时,劳动者具有的这一能力能使其在变化了的环境中很快地重新获得职业技能和知识。为实现以职业能力为本位的培养目标,双元制职业教育的课程模式以职业活动为核心,实践课程的选择与编排更注重直接经验,课程编制以基础面宽为基点,课程内容所涉及的范围达到一个职业群,通过培训,可以使学生获得宽广的知识技能面,具有较强的社会适应性和市场竞争力。课程实施以双元合作为基础,企业与职业学校的合作以课程为中心,教学

活动以受培训者为主体,考试考核以客观要求为标准。为确保考试的客观性,考试由与培训无直接关系的行业协会承担。行业协会专门设有考试委员会,由雇主联合会、工会及职业学校代表组成。其中,雇主和工会代表人数相同,至少有一名职业学校教师。考试由行业协会组织实施,按照《职业培训条例》的要求进行,不以具体的培训内容为考核标准,从而更客观地评价职业教育的培训质量。双元制职业教育的结业证书在欧盟其他国家也获得承认。

双元制职业教育的经费来源主要有五种。一是企业直接资助。这是经费来源主要渠道。企业投资建立职业培训中心,购置培训设备并负担教师工资和学徒的培训津贴。采用这种模式的主要是制造业中的大中型企业(如西门子、大众汽车等)及经营服务性行业中的公司(如德意志银行、保险公司、大型百货公司、贸易公司和大型饭店等)。这种企业对技术工人需要量大,可依靠自身的培训中心或培训部培养后备力量。小型企业如手工业企业一般没有培训中心,学徒须到跨企业的培训中心培训。小型企业除支付教师工资和学徒津贴外,还须为跨企业培训中心支付培训费用。二是企业外集资资助。为了防止培训企业与非培训企业之间的不平等竞争而引入的融资形式。按照集资对象的不同,企业外集资又以多种基金形式设立,主要有中央基金、劳资双方基金和特殊基金。三是混合经费资助。在企业直接资助和企业外集资资助基础上由国家对企业提供税收优惠政策而构成的一种间接资助形式。四是国家资助。政府利用国家财政对职业教育进行资助。五是个人资助。受培训者自己出资参加职业教育培训,主要存在于职业继续教育领域。

双元制职业教育的管理体制从参与各方利益的角度出发,集合社会上三大系统的力量:首先是企业界、经济界的雇主集团行业协会,包括工商业行业协会、各手工业行业协会的各种代表机构;其次是工会,又称雇员协会;再次是主管职业培训工作的文化教育部门(包括联邦教育及科研部和各州文教部)、劳动和社会秩序部以及这些行政部门下属的许多专门事业机构。政府机构是这三方面的主管力量,分别由联邦政府、州政府及市、镇三级行政部门监督和管理。联邦政府主要负责双元制职业教育中的立法和职权划分,并对没能力承担职业培训的中小企业提供资助;州政府主要协调普通教育与职业教育的政策,对职业学校教育和企业培训负有全部责任;市、镇一级的经济部门依法组成与职业教育有关的管理机构,主要有工商业行会、手工业者协会等。

随着社会经济的发展,双元制职业教育开始向高等教育领域渗透。1972年,巴登-符腾堡州的职业学院实施双元制高等职业教育。柏林州、萨克森州和石勒苏益格-荷尔斯泰因州也相继建立职业学院。职业学院最初只是高等院校

以外从事高等教育的机构,1982 年 4 月《职业学院法》颁布后成为高等教育领域的正式机构。1995 年 1 月颁布的《职业学院法》第一款规定,职业学院从事科学性及实践性的职业教育,也服务于继续教育,参与继续教育的教学活动;属于高等教育范畴;对专业学院及综合性大学的学习是一种选择;与高等院校和其他教育机构合作。学生在巴登-符腾堡州职业学院三年的成功学习和培训与在巴登-符腾堡州专业学院的学习等值,可获得相同的权利。职业学院与经济界公司(如罗伯特·博施、戴姆勒-奔驰以及洛伦茨标准电气等)密切合作,制定教学大纲,提供理论与实践紧密结合、具有科学性和实践性的职业教育。

双元制职业教育的特点及影响   (1)教育同生产紧密结合。接受双元制职业教育的学生大部分时间在企业进行实践操作技能培训,所接触的是企业目前使用的设备和技术。培训在很大程度上以生产性劳动的方式进行,减少了费用并提高了学习的目的性,有利于学生培训结束后立即投入工作。(2)企业广泛参与。在双元制职业教育中,企业发挥主导作用,突出职业性。大企业多数拥有自己的培训基地和人员,没有能力单独按培训章程提供全面和多样化职业培训的中小企业也能通过跨企业培训和学校工厂的补充训练,或委托其他企业代为培训等方法参与职业教育。(3)与其他教育形式相沟通。德国教育的一个显著特点是各类教育之间可以随时分流。在基础教育结束后的每一个阶段,学生都可以从普通学校转入职业学校;接受了双元制职业培训的学生,也可以在经过一定时间的文化课补习后进入高等院校学习。近年来,许多已取得大学入学资格的普通学校毕业生也接受双元制职业培训,力求在进入大学之前获得一定的职业经历和经验。(4)培训目标以职业能力为本位。职业能力包括专业能力、方法能力和社会能力。课程设计以职业活动为核心,课程开发注重实用性,课程包括以职业活动为核心的综合课程、目标定向活动课程等,以增强学生的职业适应性。教学方法以受训者为主体,教学过程中学生处于中心地位,教师更多地承担咨询者、组织者的角色。(5)培训与考核相分离。与培训相分离的考核以职业资格为标准,体现公平原则,使岗位证书更具权威性。德国职业教育考试从内容到形式正逐步从针对教育结构转向针对就业结构,由经济界的行业协会主持,试题也由行业协会拟定。考试分为中间考试和结业考试两种,试题内容既有专业知识,也有职业技能。(6)重视师资培养。德国职业学校高年级教师要有 8~10 个学期的学历,担任技术辅导员的教师必须是职业学校毕业后经过专科学校继续教育的本专业人员。高等职业学院所有教员必须接受 6 或 8 个学期的科学教育,学校要根据自身类型,有针对性地培养师资。为使教师的知识、教学能力不断适应科学教育发展的水平,德国建立了完备的在职教师进修和继续教育制度。

德国职业教育教师与大学教师和完全中学教师一样,同属于国家高级公务员系列,与政府官员具有同样的社会地位,终身聘任,工资也很高。(7)法制化。双元制职业教育中企业与学校双方的责任与义务由政府用法律形式规定下来。1969 年 8 月颁布的《职业教育法》主张实施企业和职业学校双元培训体制,为职业教育奠定了联邦统一的基础,也适用于所有的职业和经济部门(公务员的职业教育及船舶行业的职业培训除外)。它还对职业培训、进修、改行培训以及残疾人的职业教育和远程职业教育等作了规定。1981 年 12 月,德国国会通过了《职业教育促进法》。按照联邦《职业教育法》、州《职业学院法》及《职业培训条例》,在行业协会等主管部门的监督下,企业与学校共同承担职业教育。由于有法律制度的保障,企业把职业教育看作"企业自身行为",将对其投入作为对企业未来的投资,不仅提供生产岗位供学生实践,还配备专门的培训车间、合格的培训教师,提供充足的培训费用。《高等学校总纲法》规定职业教育与普通教育等值。实施职业教育的高等专科学校合格毕业生与普通高等院校毕业生,其毕业文凭和学位具有同等价值,所享有的待遇也基本相同。1975 年,各州文化教育部长常设会议通过决议,认可职业学院是"除大学以外的第三级教育设施",高中毕业生在其中获得的证书可与大学证书相比照。1989 年,巴伐利亚州教育部根据上述决定,正式认定职业学院的毕业证书与专科大学等值。1993 年,巴伐利亚、柏林等几个州决定相互承认各自职业学院的学历和证书,并认定其与专科大学等值,为德国职业学院毕业生在学术上继续深造铺平道路。

双元制职业教育的发展方向   德国双元制职业教育对德国劳动者素质的提高及国民经济在国际上保持持久竞争力起重要作用,被称为德国经济发展的"秘密武器"。但随着社会经济的发展,双元制职业教育也面临一系列问题。如过分依赖企业,易受经济危机的侵袭;教育体系不够灵活,不能及时适应和反映社会经济特别是知识经济的变化和需求;在失业率较高的状况下,有些企业没有足够的培训位置,而有些企业的人才培训位置又没有申请者;培训专业过分专门化,各专业间缺乏兼容及迁移;两个培训主体间也存在协调问题等。针对这些问题,德国政府提出"培训所有人"的发展目标,使任何愿意接受培训的人都有接受培训的机会。1999 年 1 月,联邦教育及科研部发表《职业教育促进天赋能力的效果和益处》研究报告,指出为了培养德国社会和经济发展急需的人才,必须加强新职业和未来职业研究和预测,及时或及早确定未来职业的发展及其素质要求;改革目前职业教育的教学计划和课程设置,改善教学、学习和实习设备;改革职业教育评价和考核方式;加强信息技术人才培养;加强网络职业教育和继续教育;加强职业学校与实习企业之间的渗透及合作;在加强职业教育和普通教育贯通性和文凭等值性的同时,加强普通教育的职业教育性,促使高等教育(尤其是高等专科学校)为职业教育服务,承担部分职业继续教育功能;改善对职业教育的管理;加强职业教育中学生学习能力的培养;建立学习型社会,提倡终身学习。联邦教育及科研部在《2001年职业教育报告》中提出,要致力于建立一个专业化、个性化、面向未来、机会均等、体制灵活而且相互协调的高质量职业教育体系;扩大职业教育的范围,提供更多的职业教育机会;改善社会处境不利群体的职业教育和职业继续教育,提高妇女在职业教育人员中的比重;加强个性化的职业教育。

参考文献

克里斯托弗·福尔.1945年以来的德国教育:概览与问题[M].戴继强,译.北京:人民教育出版社,2002.

李其龙,孙祖复.战后德国教育研究[M].南昌:江西教育出版社,1995.

石伟平.比较职业技术教育[M].上海:华东师范大学出版社,2001.

张熙.德国双元制职业教育概览[M].海口:海南教育出版社,2000.

中华人民共和国国家教育委员会职业技术教育中心研究所.德国"双元制"职业教育:历史、立法、体制、教学[M].苏州:苏州大学出版社,1993.

(耿益群)

思维的适应性控制理论(theory of adaptive control of thought)　　简称"ACT理论"。美国心理学家 J. R. 安德森1996年提出的学习的信息加工理论。ACT后面通常加上一个字母 E 或 R 或符号 ＊,以表示其发展过程中的各种版本。其主要理论假设是,即使最复杂的认知行为也可以分解成程序性知识与陈述性知识的相互作用,这两种知识分别用产生式规则和经过编码的信息组块表示。ACT理论的适应性功能或学习功能是通过追踪各种产生式规则的使用概率来实现的;或者当前给定一个问题情境,采取何种行为取决于该行为过去在类似情境中的有用程度。根据这些相对简单的假设和学习机制,基于ACT理论的计算机模型被广泛用来模拟多种认知任务,包括词语系列学习、人类语言加工、战斗机导航培训、科学发现、计算机编程、几何证明与代数计算。

J. R. 安德森及其 ACT 理论发展

J. R. 安德森1947年生于加拿大不列颠哥伦比亚省的温哥华。他读本科时,不列颠哥伦比亚大学的心理学和北美洲其他地方的心理学一样,由20世纪初 E. L. 桑代克和华生主导的行为主义学派统治。行为主义由集中体现美国人

思想的实用主义和机能主义推动,更关注能导致"行动"或实际应用(特别是在教育领域)的心理学,这不同于对人类意识进行内省或精神分析的欧洲传统。E. L. 桑代克根据奖励和惩罚对学习快慢的影响,发展了其学习理论,但他忽视对心理状态的分析。华生及其他行为主义者认为精神分析是模糊的和不准确的科学。行为主义只关注物理上可观察的客观行为,意识、心理运作等主观问题的研究被看作是无关的、无用的和不科学的。虽然行为主义通过关注动物学习的研究与方法在20世纪50年代统治了美国心理学,但皮亚杰和乔姆斯基等心理学家和语言学家开发了新的方法研究心理中的学习与发展。J. R. 安德森对认知研究更感兴趣。他认为行为主义者不研究人类的内部心理会导致对人类心理和行为的许多方面不能理解。在不列颠哥伦比亚大学,有少数年轻的心理学工作者对研究认知感兴趣,雷伯是其中一位。他对乔姆斯基的心理语言学有兴趣,J. R. 安德森曾作为本科生助理在他身边工作过。J. R. 安德森还与一名将数学用于解决心理和认知问题的数学心理学家一起工作过。正是在这一时期,J. R. 安德森第一次接触认知心理学。

ACT理论与其他认知计算理论的最大区别,是 J. R. 安德森在建立复杂的现实任务的模型、为教育情境开发教学产品方面,推动了ACT理论的实际应用。在其最新著作中,他运用神经意象这一现代技术,将大脑中产生式规则的引发这一抽象的观念具体化。在其教科书《认知心理学及其含义》(1980,2000)中,他承认行为主义者研究的贡献,认为他们为随后的所有实验心理学贡献了一套严格的研究方法。他反对行为主义者认为的心理状态的研究是不可信的、无关的立场。通过用物理学中原子结构的理论发展作类比,J. R. 安德森提出,像研究原子的内部结构一样,可以推断出心理状态的情况,即使它不能被直接观察。基于这一推论的模型可被用于解释和预测可以客观观察的行为。

之后 J. R. 安德森到斯坦福大学学习数学心理学,它是对极受限制的任务的一种准确处理,如斯腾伯格的简单配对联想学习任务。在那里,他与心理学家 G. H. 鲍尔一道工作。在 J. R. 安德森开发一些相对详细但规模很小的认知模型后,G. H. 鲍尔提醒 J. R. 安德森研究人工智能,J. R. 安德森因而发现一个具体的人类认知理论,这一理论能通过在计算机上的模拟建立复杂行为的模型。J. R. 安德森和 G. H. 鲍尔1973年撰写《人类联想记忆》一书,描述他们的人类记忆理论。这是 J. R. 安德森第一次作为关键人物用基于计算机的模拟开发人类认知的模型。能够明确设计并研究计算机模拟的模型的行为(这是作为人类心理的替代),使认知心理学得以摆脱以前使用精神分析或内省法的困境。20世纪50—70年代发生的认知革命受到计算机科学中人工智能研究的极大帮助。J. R. 安德森认为 H. A. 西蒙和纽厄尔将计算机科学与认知心理学结合起来,进而催生

认知与学习的信息加工取向。认知心理学不仅用计算机模拟来为认知建模，而且开始用计算机科学的一些概念，如工作记忆容量、短时和长时储存、"如果—那么"的产生式规则来比喻心理过程。

1972 年从斯坦福大学毕业后，J.R.安德森到耶鲁大学任教。在此期间，他批判性地评价了自己的人类联想记忆模型，认为该模型只模拟了陈述性记忆，将人埋藏在思想中，却没有在系统之内和之外采取任何行动的方式。J.R.安德森开始用一些"行动"或是成为 ACT 的程序性成分的东西来扩展人类联想记忆。在尝试一些观点后，他最终采纳纽厄尔提出的产生式系统模型这一思想。在该思想指导下，他将人类联想记忆的陈述性记忆与产生式系统联系起来。陈述性与程序性成分的整合成为 ACT 理论的第一版，并成为随后一系列模型身份的标记。在密歇根大学时，J.R.安德森开发了 ACT 理论的第一个工作版本，并在 1976 年出版《语言、记忆与思维》一书，首次描述 ACT 理论。该系统的正式版本叫 ACT - E，因为之前 J.R.安德森实际上已构建 A、B、C、D 四版，但都抛弃了。

1973 年，J.R.安德森与瑞德结婚，她后来成为著名的心理学家以及 J.R.安德森的合作者之一。1978 年，他们到卡内基—梅隆大学工作。1983 年，J.R.安德森出版研究专著《认知的结构》，该书描述了 J.R.安德森考虑的并在以后成为 ACT 理论的最终版本的 ACT*，它实现两个重要目标：建立产生式系统如何习得的机制；将该系统与计算机实体联系起来。该书讨论了记忆、学习与问题解决中的多种现象。在描述可能在神经水平实现的基于激活的加工如何驱动符号思维时，J.R.安德森寻求有关心理过程的抽象与理论阐述在生理学上的具体体现，这在某种意义上回答了行为主义对认知分析的拒绝。该书迅速成为 J.R.安德森引用率最高的书。

1980 年、1985 年，J.R.安德森和瑞德有了两个孩子，他开始对儿童的认知发展感兴趣，还参与辅导孩子学数学的活动，这激发他将认知心理学应用到数学教育中的兴趣。J.R.安德森进而决定突破其理论。作为发展 ACT* 的一部分，J.R.安德森及其同事已建立某些与教育有联系的任务的模型，如计算机编程或几何问题解决。J.R.安德森认为，研究这些编程和几何问题解决的模型并在其上建立一个辅导系统是可行的。在学生的行为偏离 ACT 模型时，辅导系统会予以提示。J.R.安德森用 10 年的时间开发了一个智能辅导系统(intelligent tutoring system)，取得巨大成功，至今仍对美国几百所学校的数学学习产生影响。

"突破 ACT 理论"的第二种努力始于 J.R.安德森 1987 年研究认知如何调适于环境的统计结构这一问题。他开发了他所称的"理性分析"(rational analysis)，并在 1990 年版的《思维的适应性控制》中对此作了描述。其基本思想是，为理解人类的认知，我们不需要形成一种有关其机制的理论，只要理解它所面临问题的统计结构即可。动物外表的形状、结构、颜色在进化过程中模仿了其生活的环境以实现伪装，与之类似，人类的心理也通过进化出调适于环境输入的统计性质的准确心理机制类型而适应于其环境的统计结构。J.R.安德森通过对大脑必须加工的外部环境的仔细分析而假设了从未观察到的心理过程。J.R.安德森在理性分析方面的工作在形成人类记忆与分类理论上获得显著成功。在记忆领域，斯库勒和 J.R.安德森搜集信息提取对人类记忆的要求的统计信息，并证实行为机能反映了这些信息。

J.R.安德森通过扩展 ACT 理论的认知架构将智能辅导系统与理性分析融合起来。1993 年，《心的规则》一书的出版宣告 ACT - R 的诞生，其中的 R 意指"理性分析"，它吸取 J.R.安德森在程序性学习新理论中的辅导工作的教训，区分了 ACT 理论的两种水平——符号水平(涉及组块和产生式规则)和亚符号水平(蕴藏于符号成分的背后并支配其使用的机制)。在界定符号激活过程的改进版方面，理性分析工作起主要作用。J.R.安德森认识到，虽然这些亚符号过程调适于环境的统计结构，但还需要一个 ACT 之类的全面的计算结构来理解它们如何相互作用。该书在反映自 1983 年以来 10 年间不断增加的计算复杂性的同时，还带有 ACT - R 模拟盘，研究者可在自己的电脑上使用。

1995 年，J.R.安德森出版第二本教科书《学习与记忆》，同年他获美国心理学会颁发的杰出科学生涯奖。作为在美国心理学会的杂志《美国心理学家》上的获奖演说，J.R.安德森在 1996 年的一期中总结 ACT - R 理论，发表《ACT：一种复杂认知的简化理论》一文。因 J.R.安德森及其同事积极地公布源代码并提供 ACT - R 系统的培训，ACT - R 的研究与开发群体已从美国扩展到欧洲、日本。J.R.安德森继续研究将 ACT - R 理论应用于认知心理学和帮助他人使用该系统的多种现象。

ACT - R 理论中的认知与学习

知识 ACT - R 理论认为，不管人类的认知多复杂，都源自程序性知识与陈述性知识的相互作用。陈述性知识指人能意识到的明确信息；程序性知识指如何做事的隐性知识，可以无意识地自动提取。两者的区别并不只是"知什么"和"知如何"之间的差异，也是隐性知识和外显知识的差异。这可用一个例子来说明。当一名儿童首次学习如何做多位数乘法(如 326×54)时，有一些要教给儿童遵守的步骤，首先乘最右边的数位上的两个数字(即 6 和 4)，写下进位的数(2)和剩下的数(4)，接下来再移到左边进行重复。在不熟悉这一程序的情况下，儿童要明确地回忆每一个步骤并按一定顺序遵守这些步骤。在这一阶段，"如何乘"的知识只以陈述性知识储存，而且必须能有意识地、明确地提取出来。但随着儿童不断练习该技能并变得熟练，儿童不再在陈述性记忆中明确搜索每一个步骤，这一知识已以内隐的、无意识的、自动化的方式而"程序化了"。J. R. 安德森认为，人们进行自动识别并做需要做的事情所依赖的知识类型根本上不同于为明确回忆事实或遵守步骤所需的知识类型。这一区分的主要证据是：说出和解释已自动化的程序通常要比实际做它更难（如骑自行车、系鞋带、解几何证明题、找出某一计算机程序中的问题）。

在计算机模拟模型中，程序性知识表征为产生式系统，其最小的单位是产生式规则——一条"如果—那么"的条件行动对子。每条产生式规则以 10 毫秒级"激活"（即开始应用）。这一时间远小于人们有意识加工所需时间。后者的时间级通常在 1 秒或 1 秒以上。产生式规则只是程序化知识的最小单位的一种计算表征。多位数加法的简单任务（如 345＋678）只涉及一些产生式。如 10 以内的不进位加法的一条简单产生式可表示为：

　　如果　目标是在竖式中将 n_1 和 n_2 相加，且 $n_1＋n_2＝n_3$
　　那么　设置一个子目标，将 n_3 写在该列中

人们之所以不在数十毫秒的循环内计算出多位数加法，是因为在加工容量受限制的情况下（大多数人不能完全在头脑中进行运算而要在纸上写下一些东西以减轻记忆负担），其行动还需涉及许多更缓慢的成分，如知觉编码（识别出形状"3"是数字3）及执行动作（在执行完 5＋8 后写下进位 1）。开战斗机这一复杂任务可以涉及成百或上千的产生式。使飞行员作出迅速、果断行动的，很可能是在任何时候，在给定条件下自动识别并"激活"若干适当产生式的能力。如果搜索过程是有意识的和明确的，那么给定任务要求为正确选择而去搜索几百个产生式所需的时间将会阻碍任务的完成。

相反，陈述性知识只是将编码过的信息以尽可能小的组块加以储存。知晓 3＋4＝7 的一个组块可表示为：

事实 3＋4
　　是一条　加法事实
　　加数 1　3
　　加数 2　4
　　和　　　7

学习　组块或陈述性知识由环境中进行编码或由产生式规则生成，人们可以将感觉到的和所做的事物编码成陈述性知识。像陈述性知识一样，产生式规则是从环境中的例子中抽象出来的。如看了如何解简单代数方程的例子后，对转换方程的某些基本产生式规则进行编码。根据这些知识习得的假设，ACT 理论暗含两个有用的教学特征：从模仿已建立的样例中，人们能进行最佳学习（即形成产生

式规则）；抽象的教学可帮助人们从样例中推演出产生式规则，或者有助于将复杂的任务分解成已具有产生式规则的子目标。上述机制暗含的学习过程是劳动密集型的和累积性的。不管任务多复杂，每个或每次成分不论是陈述性的还是程序性的，必须一条接一条地习得。随着这一知识体的积聚，人们也以劳动密集型的方式学会如何利用每个单元。根据这些假设，J. R. 安德森提出，不存在大的知识体被识别出来的顿悟式的巨大跳跃，可以观察到的突然顿悟或知识的戏剧性的重组只是对环境进行艰苦的、累积性的编码和加工的结果。

组块和产生式规则在符号水平上储存在记忆中，针对如何知道哪些组块要与哪些产生式一块使用这一问题，J. R. 安德森提出亚符号水平的激活过程，它遵循这一基本公式：激活水平＝基础水平＋情境启动。该公式意味着某一组块或产生式规则对当前任务有用的概率，是由该知识单元在过去的有用程度及当前任务的情境因素所指明的内容决定的。如假设一名学生已习得若干几何基本原理并将其编码成陈述性的组块。最初，在遇到一个新问题时，该生可能按顺序逐个检查每条基本原理并以尝试错误的方式尽力将每条原理应用于当前的问题。对使用的每条基本原理，学生在心里以核查单的方式浏览该基本原理的每一个步骤。在解决足够多的样例问题后，学生不再需要逐步经历基本原理的每一步，而是变成当使用原理的条件满足时就能立即得出结论。即每条原理不再是陈述性的组块，而是作为产生式规则已程序化了。随着学生专业知识的发展，他开始能"自动地"识别出某些原理适合某些问题，而不必针对每个问题尝试每条原理。此时，学生对每个产生式在解决问题中的有用的可能性赋予概率。在遇到新问题时，问题的情境特征（如涉及的形状、角）与这些先前的概率一起"激活"了适当的产生式规则并用其来尝试解决问题。在某种意义上，基于过去成败的基础水平的激活与经过编码的陈述性组块和内隐习得的产生式规则一起构成学生身上保存为"原有知识"的一个重要方面。通过提供陈述性的组块及哪条产生式规则最有可能有用的概率统计，过去的经验或学习可以影响当前的行为表现，但过去的学习是否能坚定地迁移到与习得情境完全不同的任务上，则极大地取决于呈现新任务的情境。

迁移　对于知识如何应用到与其最初习得或程序化的情境极不相同的情境（至少在表面特征上不同）中这一问题，J. R. 安德森认为，知识的迁移能力取决于技能习得和技能应用的领域共享的共同成分的数量。这里的成分并不指纯粹的表面特征。事实上，基于表面特征的迁移通常导致表面的、消极的迁移（即不适当的迁移）。如只根据问题描述中有"动量"或"力"这些词语，就误用牛顿定律公式来解物理题。共同的成分指领域中的内在结构成分，包括程序

性成分的重叠(两个领域共享的产生式规则的数量)以及目标结构的类似(类比关系及子目标之间的顺序)。如学会多位数加法的学生来解决多位数乘法的问题,这两个任务领域共享了多位数加法的产生式规则这一子集。这样,产生式规则就有可能迁移。另外,多位数加法和乘法的目标结构都涉及从右到左地对数字进行运算(加或乘),同一位数上的两个数字相加或相乘都涉及进位并将余下的数直接写在两个数字下边。这两个领域的目标结构是类似的并有助于迁移。ACT-R 理论更强调环境或情境因素对迁移的影响。就迁移而言,教学的目标是使学习者知晓不同领域间产生式规则的重叠及目标结构的类似。这一提法类似于有关类比迁移的基本文献。在这些文献中,当提供线索突出不同领域间的类似时,可以促进迁移。在 ACT-R 理论中,迁移更多的由领域固有的外部因素而不是由学习者主动引发的内部心理过程驱动。这与 J.R.安德森对 ACT-R 理论的描述一致:ACT-R 理论基本上是一种感觉主义者的理论,其知识结构源于环境的变化,这与更盛行的建构主义者的理论相反,后者强调在一个由动机因素、社会因素、文化因素构成的复杂系统中,个体在建构知识与环境中的主动性、选择性与有意识的作用。ACT-R 理论并不讨论这些因素。

基于 ACT-R 理论的认知辅导教学

J.R.安德森及其 ACT-R 理论对教育的最突出的贡献是开发了智能辅导系统。位于卡内基一梅隆大学的匹兹堡学习科学中心,是一个主要由联邦政府资助的研究中心。在这一机构中,智能辅导系统成为计算机编程、科学学习、外语学习及许多其他学科学习的辅导者。

一个发展良好的理论不仅要有解释力(ACT 理论在很大程度上做到了这一点),而且还要有预测力,后者可使理论得到证伪。如果 ACT 是一个专家的大脑工作方式的有效模型,那么通过训练人类的被试尽力效仿 ACT 的行为表现,人类的被试应能达到相应的行为表现水平。如果不能,则 ACT 不过是一个机器的行为表现的有效模型而非人类行为表现的模型。在智能辅导者开发的时候,ACT 理论就有一个与提出的智能辅导系统有松散联系的学习理论。从未严格演示的是,与辅导系统相互作用的 ACT 模型将实际获得学习结果。J.R.安德森提出 ACT 的模型在给定的结构的限制条件下可以有效的方式解决问题。这些模型的建构是部分明显的(在给出系列架构的条件下),部分基于所做的某些工作,这些工作模仿了成功的学生如何完成这些任务。在建构辅导系统上有两项成就:一是开发了"模型追踪"技术,可以将 ACT 模型在问题解决中的位置与学生在问题解决中的位置匹配起来;二是导出和证实了一些学习

原则。根据这些原则,辅导者可以在已知道的学生的行动与预期的专业知识模型的关系基础上采取行动。ACT-R 系统并不模仿学生对教学的反应。ACT-R 的架构和用于建构智能系统的学习原则之间的联系是"松散的",其教学含义并不清楚。如果学生的表现与专家的 ACT 模型并不匹配,辅导系统会立即告诉学生两者之间的差异并告诉学生去做模型所做的。这种模型有很强的行为主义色彩。在其早期发展阶段,智能辅导系统因其与行为主义的密切关系而受到某些批评。作为回应,J.R.安德森在 20 世纪 80 年代晚期做了许多经验性的工作,以证实这些学习原则,特别是反馈的即时性是什么及其实际上如何导致学习。人类被试与智能辅导系统的相互作用的经验研究证据是很有力的。如即时反馈的优势是,辅导系统排除了学生在没有辅导者干预的情况下所犯的许多错误。这一工作大部分是在 LISP(一种编程语言)编程中做的,用的被试是卡内基一梅隆大学的学生群体(这是一个有些选择性的群体)。即使在这一群体中,J.R.安德森也发现,使用辅导者的学生的解题速度是不使用辅导者的三倍。如果允许学生犯三倍的错误,则他学到的还是这么多而不会增加。因此,辅导系统没有改变学习的基本性质。辅导系统及其即时反馈使学生更快、更高效地达到掌握。

在《设计计算机辅导者的认知原则》(1987)和《认知辅导者:习得的教训》(1995)两本书中,J.R.安德森及其同事一致描述了智能辅导系统的核心设计原则:将学生的胜任能力表征为产生式集合;将问题解决背后的目标结构告知学生;在问题解决情境中提供教学;促进对问题解决知识的抽象理解;使工作记忆负担最小;对错误提供即时反馈;根据学习情况适当调节教学量;促进对目标技能的连续性接近。虽然对即时反馈的坚持附和了行为主义学习原则,但在情境中提供教学的思想却与情境学习观一致。将胜任能力表征为产生式集合、告知目标结构、促进对目标技能的连续性接近,这些需要很容易从 ACT-R 理论的架构中推论出来。提供抽象的理解及告知目标结构,还与 J.R.安德森有关迁移的研究一致(这些研究是作为其理性分析工作的一部分进行的)。促进对目标技能的连续性接近要求辅导者提供"支架",在学习者接近掌握时撤去"支架",这与维果茨基等建构主义者的提供"支架"和"最近发展区"的观念一致。

对智能辅导系统的所有设计特征来说,即时反馈的需要继续经受最有理论性和经验性的挑战。理论上,它附和了行为主义将强化与反应配对的思想。经验上,开始出现一些证据表明,反馈的内容要比反馈的时间更重要。智能辅导系统研究的新近工作表明,如果学生接受的不是即时性的矫正性反馈而是延迟的评价性反馈,则辅导效果最好。辅导系统背后的认知模型,而不是专家行为表现的模型,成为一个"聪明的新手"——犯错误后能学会改正错误的人。

如在 LISP 编程情境中,现有的辅导者用即时的矫正性反馈可以非常有效地教会学生掌握编程语言的句法和语法。但被完全剥夺了犯错误机会的学习者,并未习得查找程序中的错误所需的技能,他们将不断地出错。

关于 ACT 理论的争论

20 世纪 90 年代,卡内基—梅隆大学的研究者开始在 ACT-R 之类的认知与学习的信息加工观与情境学习和建构主义观点之间展开争论。在几个主要出版物中,J. R. 安德森、瑞德、H. A. 西蒙、弗沙、克拉茨基批评了他们所谓的"认知心理学在教育中的错误应用"。最有代表性的争论在 J. R. 安德森、瑞德、H. A. 西蒙与格林诺之间进行,主要体现在 1996—2000 年间发表在美国教育研究学会主办的《教育研究者》上的四篇文章中。

J. R. 安德森、瑞德和 H. A. 西蒙批评情境学习通常提倡的实践导致非常具体的学习结果,而建构主义提倡效率很低的学习与评价程序。他们认为信息加工取向,像 ACT-R 和智能辅导系统所例示的,对教学目的进行仔细分析,并对教学方法的效能进行经验性的而非理论性的评价。J. R. 安德森、瑞德和 H. A. 西蒙明确指出信息加工观点的两个主要理论假设,并在 ACT 理论的实施中加以说明。一是分解,评价学习和改善学习方法需要细致的任务分析,即在更广的任务与环境情境中分析成分技能以及这些技能的相互作用,这和情境学派以及建构主义学派的主张形成对照。这两个学派都主张行为需要成分的复杂相互作用,认知不能被分解成子成分。二是去情境化,评价学习与改善学习方法要求在与当前调查的技能范围相一致的情境中进行研究和教学。成分技能可在比广泛技能更窄的情境中审查。为满足人类注意与短时记忆容量的限制,将情境与任务联系起来是十分重要的。这与情境学派的主张形成对照,该学派认为:学习完全受制于技能习得的具体任务的情境,不会迁移;在狭窄的情境中,知识成分不能被研究和训练。

J. R. 安德森、瑞德和 H. A. 西蒙从经验和理论上对一系列盛行的建构主义观点提出了疑义:知识不能由教师进行教授,而必须由学习者建构;明确的和直接的教学导致没有理解的常规化的和机械化的知识;过度的练习会消除深层理解;学习与教学应在复杂的社会环境如合作性的、学徒式的场景中发生。智能辅导系统及其他经验性证据表明,明确而直接的教学确实减少了学生所犯的错误并产生更有效的学习而不必降低掌握的水平;对于逐渐接近使用技能的专业知识来说,练习既是必需的也是必要的;许多技能可以个别地进行学习与教学(如所有的智能辅导者向个别学生进行教学并做示范)。

争论最后集中到问题的阐释和术语的界定上,而不是经验结果的逐项比较。格林诺批评认知取向(以 ACT-R 之类的信息加工观点和理论为代表)太关注个体而忽视了更大的社会场景。2000 年,J. R. 安德森、瑞德、H. A. 西蒙和格林诺合作完成一份表达其一致意见的文件:学习可以是一般性的,抽象可以是有效验的,但有时候不是。虽然来自 ACT-R 及相关辅导系统的经验证据有力地证实抽象的教学确实起作用,而且学习也确实发生了迁移,但即使 J. R. 安德森也承认,在开发辅导系统时获得的是如何教和如何评价的技术,而不是对任何具体学科应教什么的见识。

ACT-R 模型已被扩展,包括知觉与动作模块来模拟更广范围的活动,但它远未包括涉及注意、参与、动机与社会性相互作用的成分。模型和智能辅导系统假设,学习者将参与到手头的任务中,关注所给予的反馈以及激励自己去学习。到目前为止,它仍只是模拟了个体的而非合作性的表现。但 J. R. 安德森认为,不应当低估由学习成就的简单经验所获得的动机。只要认知辅导者继续成为一个传递教学并帮助学生掌握知识与技能的有效系统,那么,动机就不是一个操纵的变量,而是一个结果变量。

作为一个整体,J. R. 安德森、瑞德和 H. A. 西蒙坚决主张,教育论断中的许多两分(两个极端)是不必要的,答案并不是"A 或 B",而是"A 和 B"。如学习涉及成分技能及其间的复杂相互作用,所习得的知识既与情境相联系,也可与习得时的情境相分离;在情境中的学习和抽象的教学在教学中都是有用的。

有学者从社会、动机角度对 ACT 理论与信息加工观点提出挑战。ACT 理论并未吸收动机或社会成分,对人类表现的示范和培训仅仅是基于个体的。格林诺在回应 J. R. 安德森、瑞德和 H. A. 西蒙最初的一篇文章时说,信息加工取向关注技能的习得,情境学习观则更关注学习者参与有价值的社会实践及其身份的发展。作为回应,J. R. 安德森、瑞德和 H. A. 西蒙拒绝认知与情境观之间的对比是"去人性化"与"促进个体性"之间的对比这一隐含的意义。他们认为,技能习得远不是机械的和缺乏人类的身份,而是给予个体有效、方便地使用知识的能力以及能胜任做某事的习得的效力。

情境观点和建构主义观点主张学习的"价值",J. R. 安德森也承认,智能辅导研究没有留出提供应教什么的建议的基础,而只是关注预先设定好的技能如何教,但这并不意味着智能辅导系统缺乏动机收益。在总结智能辅导系统的成就时,J. R. 安德森对这一批评作了反应。他认为不能低估由简单的学习成就的经验所导致的动机收益;在学校中喜欢智能辅导者的热情是动机收益而非成就收益。在智能辅导系统的最近研究中,动机被主动加以研究,在开发和评价教学中,它既成为一个重要的原因,也成为一种学习结果。如一名新招的博士生尽力将德韦克的动机与学习模型整合进智能辅导系统中,其方法是重新设计辅导者的反馈,以帮助学习者通过反馈来学习,而不是将其仅作为获得答案的一种方式。

J. R. 安德森及其同事意识到 ACT 理论和智能辅导系统在教育情境中的局限。至今 ACT－R 并不具备严格一致的通过教学而进行学习的模型,即 ACT－R 不能像学生一样与智能辅导者相互作用,因为根据定义,设计它的目的是模仿专家的行为表现,这是 J. R. 安德森及其同事在基本的理论发展及在开发更好的认知辅导者方面当前进行的工作之一。另一个实践问题是,建构 ACT－R 模型和智能辅导者要求太多的专业知识和时间,广泛的教育应用将费时数年。在这方面,J. R. 安德森以前的学生之一科廷格正领导一个小组开发一个辅导系统的创作工具,它可使一名新手在经历一周的培训后,能在其所选择的领域建构认知辅导者和产生式系统。理论上,J. R. 安德森继续寻求产生式系统模型的神经基础。2005 年,在介绍这一方向的新研究时,J. R. 安德森描述了认知辅导者的限制,它推动了智能辅导系统的不断发展及 ACT－R 模型的扩展。

J. R. 安德森经历了从传统的基础研究(认知理论)到应用研究(智能辅导系统)的过程,最终停留在活跃的"由使用而引发的研究"这一领域。这模糊了传统上对基础研究与应用研究的区分。在寻求什么起作用、什么是有用的过程中,J. R. 安德森并不受任何思想意识的限制(这些思想意识代表了教育研究中的争论),而是通过对理论或直觉导出的论断进行经验证实来进行探索。

参考文献

Anderson, J. R. ACT: A Simple Theory of Complex Cognition [J]. American Psychologist, 1996(51).

Anderson, J. R. Cognitive Psychology and Its Implications [M]. 4th ed. New York: Freeman, 1995.

Anderson, J. R. Spanning Seven Orders of Magnitude: A Challenge for Cognitive Modeling [J]. Cognitive Science, 2002(26).

Anderson, J. R., Corbett, A. T. & Koedinger, K. R. etc. Cognitive Tutors: Lessons Learned [J]. The Journal of Learning Science, 1995,4(2).

Anderson, J. R., Simon, H. A. & Reder, L. M. Situated Learning and Education [J]. Educational Researcher, 1996(25).

(李钧雷　王小明)

苏霍姆林斯基与帕夫雷什中学(Сухомлинский и Павлышская средняя школа)　苏霍姆林斯基是苏联教育理论家和实践家。他担任帕夫雷什中学校长二十余年,积累丰富的教育实践经验,并将这些经验用辩证唯物主义和现代心理学的理论加以提炼,形成一整套"个性全面和谐发展"的教育思想体系,在学校管理的理论和实践方面也作出重要贡献。

苏霍姆林斯基的生平

1918 年,苏霍姆林斯基生于乌克兰一个农民家庭,1935 年从师资培训班毕业后返回故乡,成为一名农村小学教师。此后,他用 4 年时间完成波尔塔瓦师范专科学校(今波尔塔瓦国立师范大学)语言文学系函授班的学业,获得中学教师证书。1939—1941 年,苏霍姆林斯基在一所完全中学当语文教师兼教导主任,领导全校的教学工作,这为他广泛探讨和研究教育理论提供了有利条件。卫国战争爆发后,苏霍姆林斯基参加苏联红军,在战争中身负重伤。战争结束后,他重返教育岗位,先后任中学校长、区教育局长,投入战后恢复学校的工作。1948 年,他被任命为帕夫雷什中学校长,在这一岗位上工作了 23 年,直至去世。

苏霍姆林斯基认为,要当好一名校长,就必须一天也不脱离学生和教学。他明确提出一个口号:到学生中去,到课堂中去,到教师中去。任校长期间,他兼任班主任,与学生密切接触,为每个学生写观察记录,探索各年龄段学生的个性、心理和精神生活的发展规律。他还担任一门课程的教学。由于苏霍姆林斯基长期进行教育改革和实验,帕夫雷什中学成为苏联的优秀学校,被看作现代世界著名的实验学校之一。苏霍姆林斯基以帕夫雷什中学为实验基地,广泛研究其他学校的经验,从理论与实践的结合上研究教育的新问题,提出"个性全面和谐发展"的教育理论。他撰写了 41 本专著、600 多篇论文及 1 000 多篇供儿童阅读的童话和小故事。其作品被译成 30 多种文字在各国发行。苏霍姆林斯基去世后,乌克兰教育部和苏联教育部分别编选了《苏霍姆林斯基著作选集》(5 卷)和《苏霍姆林斯基教育文选》(3 卷)。

苏霍姆林斯基的成就给他带来很高声誉。1957 年,他被选为俄罗斯联邦教育科学院通讯院士;1959 年,获功勋教师称号。他还获两枚列宁勋章,多枚乌申斯基奖章和马卡连柯奖章。1968 年,他当选苏联教育科学院通讯院士,同年 6 月被选为全苏教师代表大会代表并获社会主义劳动英雄称号。

帕夫雷什中学

帕夫雷什中学是苏霍姆林斯基创办的一所以"教育实验室"而闻名的乌克兰十年制普通农村学校。苏霍姆林斯基认为,学校的物质基础既是教育过程不可或缺的条件,又是对学生精神世界施加影响的手段,可用来培养他们的观点、信念和良好的习惯。基于这一认识,他创造性地利用学校的自然条件,挖掘大自然蕴含的巨大的教育潜力,以使校园中的每个细节都发挥教育作用。

帕夫雷什中学坐落在距乌克兰克列缅丘格市 15 千米的一个村庄边的山冈上，占地面积约 5 公顷，与一片森林、农田相毗连。学校自然环境较好，对学生的身体健康和发育十分有利。苏霍姆林斯基认为大自然应为人的成长服务。他率领帕夫雷什中学的师生们改变周围环境，在校园里开辟果园，栽种在乌克兰地区生长的所有果树。还建设了暖房、"绿色实验室"、养蜂场、小奶牛场、兔舍。学校还拥有剧场和电影厅，有四栋教学楼，五至十年级学生在主楼，低年级学生在其他三座楼中。这样的安排源于苏霍姆林斯基的观念：低年级学生应避免嘈杂和拥挤，要让他们保持精神上的安宁。学校图书馆有 1.8 万册藏书，教师私人藏书有 4.9 万册。除图书馆外，所有教学楼的每一层都设置阅览室，陈列适合相应年龄学生阅读的图书，由学生自己负责管理和更换。教学楼里还安排了各门学科的专用室、实验室、音乐室、少先队室、共青团室、校博物馆、教学研究室、家长活动角、教师休息室、摄影实验室、美术角、女生角、运动大厅、安静角，还有存放自我服务用具的储藏室。每间教室都设一个家务角，备有针线、纽扣、布头等。一年级和二年级的教学楼里安排了游戏室和故事室。每座教学楼里布置生物角，摆放学生栽培的花草。此外还有许多工作室，如电工技术工作室、无线电技术工作室、少年设计师工作室、少年技师工作室、手工劳动工作室等。各个专用室、活动室和工作室中的设备，几乎都由师生自己动手制作。每座教学楼及楼里每一层的布置，都同特定年龄段学生的精神生活和情趣相适应。低年级学生上课的楼中设置了图片展览橱，图片内容定期更换，按由近及远、由简及繁的顺序安排，帮助学生认识世界，发展他们对大自然和劳动的兴趣。走廊上摆放一些陈列橱和小桌，陈列学生自己的作品。高年级教学楼里布置了标语牌，悬挂杰出人物的画像和语录，还有以劳动、青春岁月的功绩、知识等为主题的画像和语录。帕夫雷什中学的布置与安排都体现教育元素，即苏霍姆林斯基所说"使学校的墙壁也说话"。

苏霍姆林斯基认为传统能发挥巨大的教育作用。帕夫雷什中学保留着二三十项传统活动。如每年 8 月中旬与 5 岁小朋友（两年后的一年级同学）会面；6 月初与 7 岁小朋友（未来的一年级同学）会面；为一年级学生举办"首次铃声节"；为毕业生举办"毕业铃声节"；每年 1 月 30 日举行老校友会晤；3 月 7 日晚上是母亲节活动；寒假第一个星期日举行女孩节；八年级学生（15 岁少年）向加入少先队的小同学转授红领巾；春天有"歌节"、"花节"和"鸟节"；还有卓娅纪念日、无名英雄纪念日等。这些活动充满浪漫、温馨的色彩，使孩子们的情感得到升华。劳动的传统在帕夫雷什中学占有特殊地位，一些劳动传统使劳动带有浪漫色彩，伴随着强烈、鲜明的情感感受，给孩子们带来快乐，使他们产生幸福感，从而成为他们的一种道德财富。

苏霍姆林斯基的教育信念

苏霍姆林斯基在长期的教育实践中逐步明确并完善其教育信念。(1) 教育具有强大的力量，每个孩子都有可教育性。他既肯定每个人都有一定的才能和禀赋，又肯定人的先天禀赋和兴趣爱好有差异，要求在尊重个人差异的基础上，使孩子的各种才能和禀赋尽可能得到发展。苏霍姆林斯基认为，热爱孩子、关心孩子是树立相信孩子、相信教育的力量这一教育信念的前提。要爱孩子，首先就要了解孩子，熟悉孩子的精神世界，成为孩子的朋友。教育工作的主要任务就是认识人、了解人，从各个方面去观察他们的内心世界。这是其教育思想的核心，贯穿其教育理论体系。他把全面发展、和谐发展、个性发展三者融合成一个统一的整体。他在这个问题上的贡献主要表现在三方面：明确提出德、智、体、美、劳各方面发展所要达到的程度，即体现了发展的深度和广度，把充实学生的精神生活和丰富他们的内心世界作为衡量全面发展的重要标志，用德、智、体、美、劳相互渗透的思想丰富了全面发展理论；和谐发展要求把各方面的发展有机联系起来，使之成为相互依赖、缺一不可的统一体，处理好认识世界与改造世界的关系，使二者处于相互促进的和谐之中；强调在实现全面和谐发展的同时，使每个学生在各个领域中充分表现出自己的天赋才能，充分发挥自己的爱好和兴趣。要求寻找每个学生身上的"闪光点"，使学生因某事取得成功而获得自尊、自信和自豪感，并发生情感迁移，将此作为他在其他方面取得成功的动力，从而找到并打开全面发展的突破口。(2) 在学生接受教育的过程中，自我教育起至关重要的作用。教育与自我教育相辅相成，没有自我教育，就没有真正的教育。自我教育涉及学生精神生活的各个领域，是实现"个性全面和谐发展"培养目标的重要环节，其核心是要充实和发展学生的精神世界。他认为，在人的成长中，教育固然起着比环境更重要的作用，但自我教育的作用比教育更重要。

个性全面和谐发展教育

德育　德育在苏霍姆林斯基的个性全面和谐发展教育中居于核心地位，贯穿学校教学、教育工作的各个方面。知识、劳动和道德是苏霍姆林斯基教育思想体系的支柱，统一在培养有社会主义觉悟、有理想、有才能、有丰富精神生活的合格公民这一培养目标中。苏霍姆林斯基要求学校培养道德高尚的人。这样的人应具有基本的道德修养：具有公民义务感，懂得自己生活在人们中间，要有意识地检查自己的行为，给周围人带来快乐；具有对人民的"知恩感"，将其看作责任感、义务感、公民尊严感的"亲姐妹",明白人民给了自己童年、少年和青年时代的幸福,学会以德报德,用自己的力量为其他人创造幸福和快乐;认识到生活中的所有财富都是劳动创造的,没有劳动就不可能有诚实的生活;成为社会主义社会的诚实公民,心灵纯洁、才智聪明、心地善良、双手灵巧;勇于以公民的态度对生活中种种恶的表现进行毫不妥协的、积极的斗争。青少年如果能对生活中的丑恶现象表示愤怒和蔑视,就会十倍地做好事,用自己的行动肯定生活中的善。

苏霍姆林斯基把德育的任务归纳为四项。一是培养良好的道德习惯。道德习惯是基本道德修养在思想上的深化和行动上的具体化,是道德观念和信念的入门。在少年期培养道德习惯尤其重要。二是培养高尚的道德情感。道德情感是个人对各种事物、现象的态度。如果用毫无热情、漠不关心的态度去解释和理解世界,就不可能认识周围世界。道德情感充分体现了社会政治的方向性,其内容可归纳为三个方面:敏感性、同情心和义务感。三是树立坚定的道德信念。道德信念是德育的基础。只有当信念构成一个人的行动和行为的核心时,它才会在人身上鲜明地表现出来。信念由思想转化而成,是个人的崇高愿望,是其对道德理想的追求。青少年教育中的一条"黄金法则"就是要使受这种愿望和追求所驱使的行为尽可能地多;只有通过积极的活动,信念才能存在和巩固。四是树立高尚的道德理想。道德理想以道德习惯、道德情感和道德信念为基础,与前三项任务紧密联系在一起。它既是一种社会的东西,也是一种深藏于心的东西。应该把年轻一代培养成具有鲜明的社会精神和公民精神的人。社会精神的核心是对先进的思想和崇高、正义的事业坚信不疑,并满腔热情、英勇、顽强地去实现它。公民精神的核心是爱国主义。

苏霍姆林斯基通过各种渠道,采用各种方法实施德育,其中最主要的是:通过课堂教学和学习各种基础知识进行德育,把德育渗透到各科教学中去;通过制定德育大纲、编辑和利用《人类道德价值文选》、建立"思想室"等,进行思想政治教育和共产主义道德教育;通过各种劳动和社会公益活动进行德育;重视集体的教育作用;教师的人格发挥榜样作用。

智育　苏霍姆林斯基重视教育在促进科技进步和人的全面发展方面的双重使命,建立了与之相适应的智育体系。该体系有两个特点:一是充分反映时代对人的全面要求,授予学生基本的科学文化知识和技能,形成他们科学的世界观,发掘每个人独特的天赋才能,开发他们的智力;二是处在德、智、体、美、劳全面发展的完整施教系统中,统筹兼顾与其他各育的关系及自身这个相对独立的子系统中的各种矛盾和关系。

苏霍姆林斯基把开发智力看作智育的主要目的,把形成科学的世界观看作智育的核心。他认为,传授知识仅是智育的一个方面,另一个方面是培养和发展智力;完善的教学就是发展智力的教学,教学是智育极重要的手段。苏霍姆林斯基的教学论思想体系贯穿一条主线:知识与智力相互促进;知识能保证智力发展达到最佳水平,智力的最佳发展水平能促进掌握新知识的能力不断增强。他把教学与智育的关系比喻成阳光与绿叶:没有阳光就没有绿叶,但不能把绿叶等同于阳光。苏霍姆林斯基认为,要发展学生的智力,首先要激发学生对知识的兴趣,而教师对教材的态度是学生兴趣的第一个源泉。学生对作为真理的知识的掌握来源于他对各种事实和现象之间那些结合点的认识,来源于对把各种事实和现象串联起来的那些线索的认识。兴趣的源泉还在于学生对知识的运用,体会到智慧能统帅事实和现象。人的内心有一种成为发现者、研究者、探索者的需求。在儿童的精神世界中,这种需求特别强烈,教师要为这种需求提供养料,善于激发学生对课程的兴趣。如果各科教师的教学成为一种各自都在争取学生的思想和心灵的善意的竞赛,那么这所学校的智力生活就会生气勃勃。这种竞赛是教师集体从事的创造性劳动,表现为每个教师都力求激起学生对自己课程的兴趣。这样学生的天赋素质便能得到发展,其爱好、才能、志向、禀赋就能确立起来。苏霍姆林斯基建议教师让每个学生在科学基础知识的和谐乐队中都能找到自己喜爱的乐器和旋律,因为没有对具体课程、具体科学知识的迷恋,就不会有智慧和丰富的个人生活。兴趣的产生还来源于亲自参加创造性劳动。苏霍姆林斯基发现,许多聪明、天赋很好的儿童和少年,只有当手和手指尖接触到创造性劳动的时候,他们对知识的兴趣才能觉醒。苏霍姆林斯基特别强调观察、阅读和思考的重要性,重视学习与精神生活的关系,坚信智力、情感是知识的种子成长为智慧的肥沃土壤。他从三个方面说明精神生活的含义:从全面发展的角度看,人的精神生活意味着在积极的活动过程中形成、发展和满足德、智、体、美、劳等诸方面的兴趣;从发掘天赋才能的角度看,学校的精神生活应该创造充分的条件,去发展每个学生的特长,使每个学生都能找到展示、表现、确立其力量和创造才能的场所;从智育的角度看,学校的精神生活表现为与必修课程无直接关系的各种智力兴趣的激发、发展和满足,表现为知识在实践中的运用,智力财富在集体中的交流。

苏霍姆林斯基认为,课堂教学是培养和发展学生智力的重要途径,但不是唯一途径,学生丰富多彩的智力生活是智力发展的重要保证。因此,必须让学生有自由支配的时间并学会利用自由活动时间。自由活动时间不仅对教学活动重要,对智力培养和全面发展也很重要;同时每个学生都要为集体的智力生活作出贡献。他让学生进行集体创作,相互交流智力成果和精神财富。

体育　苏霍姆林斯基认为,体育是使学生得到"个性全面和谐发展"最重要的因素。体育首先要关注健康,其次要保证人的身体发育、精神生活及多方面的活动协调一致。他明确指出,对儿童和少年实施体育,应有不同的任务和重点。儿童阶段,体育主要是促进机体正常发育和增强健康;少年阶段,体育还必须增加充实智慧才能、培养道德情感和道德品质、发展审美修养、学习对周围世界和自我进行评价、培养对体力活动的热爱等多方面内容。健康教育是苏霍姆林斯基体育思想中的一个重要组成部分。他认为对健康的关注是教育工作者的首要任务。学生的精神生活、世界观、智力发展、知识的巩固和对自己力量的信心,都取决于他们是否乐观愉快、朝气蓬勃。他反对死记硬背式的脑力劳动,认为这会导致青少年的身体发生病变;主张脑力劳动与体力劳动适当结合,以保证脑力和体力协调发展。

美育　苏霍姆林斯基认为,美是道德纯洁、精神丰富和体魄健全的有力源泉。美育最重要的任务是教会学生从周围世界的美中看到精神的高尚、善良、真挚,并以此为基础确立自身的美。在他的"个性全面和谐发展"教育体系中,美育实际上是一种"情感教育"。他要求把道德情感、智力情感和审美情感紧密联系起来加以培养,因为个人对社会观念的情感—审美态度越明确,道德情感就越深刻。学生从迈进学校大门开始的教育过程首先培养的是人的情感。他充分调动大自然、语言、文学、音乐、绘画、造型艺术等一切手段,发展儿童、少年的情感—审美修养。

苏霍姆林斯基认为,情感教育和审美教育从发展感觉修养和知觉修养开始。对儿童、少年来说,大自然就是培养这些修养的学校。它能培养细腻的知觉,而细腻的知觉又孕育了细腻的情感。大自然的美是使思想变得崇高的源泉之一。他还强调,教育者的任务是使学生在与大自然的交往中发展自己的智力。大自然深化了学生的审美感知,而审美感知激发了学生的求知欲。因为审美知觉越深刻,学生的思想飞跃就越有力,就越渴望通过自己的思想去看到更多的东西。在与大自然的交往中萌发的创造性,在儿童的精神生活中也很重要。苏霍姆林斯基选择可以揭示知觉财富的时间和地点带领学生去自然界旅行,把对周围世界美的观察和感受看作理解和体验现实生活的快乐和美的最主要的源泉,把大自然的美作为进行情感、审美和道德教育的一种手段。

苏霍姆林斯基认为,人在认识艺术价值的同时也在认识人性,提高自己,以达到完美,并体验快乐。艺术进入少年的精神世界是从认识语言美开始的,因此他重视语言的教育作用,认为在一定意义上语言是唯一的教育手段。他要求培养学生对语言及其情感—审美色彩的敏感性,把这种敏感性看作人和谐发展的前提条件之一,是丰富的、真正的智力生活的开始。他经常带学生到一些美丽的地方,在那里讲述文学作品。在这样的环境中,教师及其语言所发

挥的作用更大。

苏霍姆林斯基把音乐看作用情感的语言去阅读的课本,能表达语言表达不了的人的感受的最细腻的方面。他认为音乐把道德、情感、审美的修养连接在一起,是强大的思想源泉,儿童沿音乐—想象—幻想—童话—创作这样一条路线发展自己的精神力量。他明确指出,音乐教育的目的不是培养音乐家,而是培养人,是展现人身上最宝贵的东西——对他人的爱,决心去创造美和确立美。

苏霍姆林斯基把绘画和雕塑作品看作一个完整的情感—审美教育体系,认为它是对儿童进行智力、情感和审美教育的有力手段,有助于儿童确立对人的伟大和美的认识。他把直接观察大自然作为让孩子理解绘画作品的最初训练。此外,他还重视环境美、仪表美、劳动和人际关系的美在美育中的重要作用。

劳动教育　苏霍姆林斯基指出,没有劳动的教育是片面的教育。劳动教育是"个性全面和谐发展"教育体系的有机组成部分。它有三个目的:一是社会目的,要为社会创造财富,体现出经济价值。要求学生具有为社会创造物质财富和精神财富的能力和愿望,掌握必要的劳动技能、技巧和基础科学知识,充分发挥、发展自己的天赋才能和兴趣。二是思想教育目的,丰富学生的精神生活,提高其道德素养,完善其审美情操,使劳动成为人生乐趣的源泉,而这种乐趣是一种巨大的教育力量,是劳动教育最本质的目的。三是培养创造性劳动态度。创造性劳动是苏霍姆林斯基劳动教育理论的核心,是道德修养的源泉、精神文明的基础。创造性劳动有三个特点:用人的聪明才干去丰富劳动内容,完善劳动过程,使劳动成为一种智力劳动;用新技术代替传统劳动方式,用机械化代替纯体力劳动,减轻劳动强度,提高劳动效率;手脑结合。

苏霍姆林斯基认为,劳动教育对德育起促进作用。劳动是道德的根源,集体的精神生活中必须贯穿尊重劳动、尊重劳动人民这根线,并在此基础上树立对自己的尊重。劳动能够成为人和谐发展的基础。学生通过劳动实现道德上的自我肯定,劳动成果让他们体验到最初的公民自豪感。同时,劳动教育能促进智育,劳动与智力生活结合对人的全面发展非常重要。他要求统一进行智育和劳动教育,找到能发展智力和能力、把人引入创造的境界中去的劳动,认为这是智育和劳动教育的主要任务之一。从劳动中激发出的自信、自尊和自豪感,是推动学生学习强大的情感力量。学生亲身劳动能养成其热爱劳动、尊重劳动人民的态度。劳动对体育的促进作用在于能培养健美的体魄、强壮的身体、优美协调的动作。

六种教育影响

苏霍姆林斯基认识到,有许多因素参与青少年教育。

必须使这些来自各个方面、从不同角度施加影响的因素形成合力,才有可能培养"个性全面和谐发展"的年轻一代。

教师　教师必须具备一系列优秀的个人品质。受教育者是教育者的一面镜子,教师教育力量的大小在于他把教师和教育者有机结合的程度如何。教师应具有以下品质:有崇高的理想和高尚的道德;热爱、相信、关心和了解孩子;热爱科学,有渊博的学科知识;掌握教育学和心理学知识;有较高的语言修养;擅长某项劳动技能或有某些特殊爱好;保持一颗童心等。教师应在实践中不断地学习和研究,以完善和提高个人的修养和能力。

家庭　在培养共产主义新人方面,家庭起重要作用。苏霍姆林斯基从自己的工作经验中得出结论:不关心家长的教育修养,就不可能完成任何教学和教育任务。家长教育学就是关于父母如何培养子女成才的初步知识,是整个教育理论和实践的基础。帕夫雷什中学设有家长学校。苏霍姆林斯基希望教师把家长教育学作为劳动、科学、技艺和创造来加以阐述。教师除了要在家长学校中讲课之外,还要经常、深入地做家长工作,与家长个别谈话。苏霍姆林斯基尤其关心母亲的教育修养,希望母亲成为精巧、智慧、精神健美、受道德美的崇高概念所鼓舞的雕塑家。他强调家庭在儿童的情感教育及智力影响方面的重要作用,建议教师在这方面给予家长指导和帮助。

儿童集体　苏霍姆林斯基把儿童集体看作教育的工具。集体建立在共同的思想、智力、情感和组织的基石之上。集体除了共性外,还有个性。个性表现为多方面的积极性,集体的每个成员都应该在能充分显示其天资、才能和爱好的活动领域发挥积极性,集体中不应有消极的、无所作为的人。帕夫雷什中学建立了许多学科小组和劳动创造小组,它们是保证"个性全面和谐发展"的必要的集体形式,学生在这些小集体中充分展示自己的才华,过充实的精神生活。

学生　个人与集体是同一事物的两个方面。没有对个人的教育,就谈不上集体的教育力量。在对个人的教育中,自我教育起主导作用。他在《给教师的一百条建议》中论述了学生在德、智、体、美、劳等方面的自我教育,论证如何激发学生进行自我教育。他认为,自我教育最强大的促进因素是自尊感。教师要具有高度的教育艺术,把教育的意图寓于友好而自然的相互关系中,不可伤害孩子的自尊心。进行自我教育的重要条件是让孩子每天都拥有可以自由支配的时间,从事自己喜欢的活动,从而使自己的素质和天赋得到发挥,并促使新的兴趣和需求产生。

书籍　苏霍姆林斯基认为书籍对学生的全面发展起重要作用。启发智慧和鼓舞人心的书能影响人的发展。他建议教师要爱读书,在书的世界里享受丰富而充实的生活,从而去影响学生的思想,让每个学生都有自己喜爱的书籍和作家,不断读书,从书籍中得到鼓舞,并联系自己进行自我教育。

小伙伴　孩子们在校外结交的伙伴所产生的影响可能是积极的,也可能是消极的。教师应敏锐地察觉学生受到何种影响,充分利用积极影响去抵制来自社会的消极影响。

苏霍姆林斯基教育思想的历史地位及影响

苏霍姆林斯基的"个性全面和谐发展"教育思想具有辩证、全面、不断创新的特点。它扎根于实践,在实践中得到完善,具有蓬勃的生命力。他的教育思想与马卡连柯一脉相承,是在苏联普通教育理论发展、演变和完善的基础上形成的。

在培养目标上,苏霍姆林斯基把教育的社会功能与促进人发展的功能辩证地统一起来,解决了二者的区别和联系问题。其教育理论始终把培养学生正确的政治方向放在首位,综合实施德、智、体、美、劳诸育,把它们统一在总的政治方向和社会对人的要求上。在教育理论和实践中,苏霍姆林斯基正确处理教育教学过程中教师的主导地位和学生的主体地位这一问题。他把教育过程分解成三个部分:教师、学生、集体。要求教师无论在品格修养还是在知识阅历方面,都应成为孩子们不容置疑的权威,反复强调师生之间要经常进行精神交往。学生始终是苏霍姆林斯基注意的中心。他主要考虑两个方面:一是每个个体(其性格、气质、智力、兴趣、志愿、情感等)的发展特点;二是学生发展所处的社会环境。学生自我教育的理论是他的重大创新,其工作重点始终在培养学生积极向上的内部动因上。苏霍姆林斯基建立了一个独特的整体施教体系,包括由学校、家庭、社会构成的"整体施教系统",由空间、时间、爱好构成的"创造活动系统",以及由教师主导作用、学生主体地位构成的"师生合作系统"。这三个系统共同为学生的全面发展服务,其"个性全面和谐发展"教育思想就渗透在这一体系之中。在学校管理和领导方面,苏霍姆林斯基提出并身体力行地实践了一个好校长应该是好的组织者的思想。他把健全学校行政组织机构和明确各部门的职能、权限和作用看作学校管理工作的重点,把由教师代表、学校各部门负责人、家长委员会代表组成的校务委员会作为学校的最高议事和决策机构。重视集体领导、发挥集体智慧、坚持群众路线、坚持发扬民主是苏霍姆林斯基办学的重要指导思想。苏霍姆林斯基还重视教育思想方面的一致,注意把自己的教育信念转化为全体教师的共同信念,并为此做了大量深入、细致的工作。

苏霍姆林斯基对教育事业的奉献精神和对教育理论的探索精神使他成为教育领域内的榜样。他对教育理论的探索建立在亲自实验的基础上,从实际出发,赋予其体现时代要求的新内容。其教育理论充分体现马克思主义的辩证法,具有很强的说服力和生命力。

参考文献

苏霍姆林斯基.给教师的一百条建议[M].周蕖,等,译.天津:天津人民出版社,1981.

苏霍姆林斯基.帕夫雷什中学[M].起玮,等,译.北京:教育科学出版社,1983.

苏霍姆林斯基.育人三部曲[M].毕淑芝,等,译.北京:人民教育出版社,1998.

(诸惠芳)

苏区、抗日根据地及解放区教育 中国共产党领导下的革命根据地的教育。包括三个阶段:1927—1937年,十年土地革命战争时期的苏维埃地区教育(简称苏区教育);1937—1945年,八年抗日战争时期抗日根据地的教育;1946—1949年,解放战争时期解放区的教育。在二十多年的革命战争中,中国共产党经过长期探索,形成系统的新民主主义教育思想和理论。

苏 区 教 育

苏区教育的发展主要分为两大阶段:从1927年10月井冈山革命根据地创建开始,到1931年11月中央工农民主政府在瑞金成立,为苏区教育的初创时期;从中央工农民主政府成立,到1934年10月红军被迫战略转移北上抗日,为苏区教育的大发展时期。在苏区,中国共产党领导下的工农大众第一次掌握了教育权,在教育方针及政策、教育制度、教育内容、教育的方式及方法等方面形成一套新的体系,教育发展速度和规模也出现巨大变化。

教育方针和政策 1931年11月中华苏维埃第一次全国代表大会通过《中华苏维埃共和国宪法大纲》,规定中国苏维埃政权以保证工农劳苦民众有受教育的权利为目的,在进行阶级战争许可的范围内,应开始施行完全免费的普及教育,首先应在青年劳动群众中施行,并保障青年劳动群众的一切权利,积极引导他们参加政治的和文化的革命生活,以发展新的社会力量。1934年1月,毛泽东在中华苏维埃第二次全国代表大会上的报告指出:苏维埃文化教育的总方针"在于以共产主义的精神来教育广大的劳苦民众,在于使文化教育为革命战争与阶级斗争服务,在于使教育与劳动联系起来,在于使广大中国民众都成为享受文明幸福的人"。根据这一方针,苏区彻底改革旧的教育制度,建立服务于战争、结合生产、适应群众需要的新的教育制度。

教育行政制度和学校系统 为加强对教育事业的领导,苏维埃中央、省、县、区都成立了教育部,乡一级有专人分管教育工作。各级教育行政部门都有比较健全的巡视、报告制度。同时逐级建立教育委员会,由群众团体代表和文化界、教育界有经验的人士组成,协助教育行政部门进行工作。中央教育人民委员部为加强管理,还制定了一些条例和办法。如1934年颁发的《苏维埃教育法规》就辑有各类法规24种之多。为适应革命发展的需要,苏维埃政府结合苏区教育实际和具体条件,建立干部教育和群众教育体系,此外还有短期师范和少数短期职业学校。当时没有设立普通中学。1933年10月,中央苏区文化教育建设大会通过的《苏维埃学校建设决议案》又提出建立四种类型的学校,即夜学校和星期学校、短期职业学校、短期政治学校、短期训练班,劳动小学,列宁师范学校、职业学校、蓝衫剧团学校,大学。

各级各类教育 苏区教育的对象,首先是各级干部,其次是广大工农群众,因此,苏区教育的中心任务是大力发展以干部教育为重点的成人教育。

干部教育方面,在根据地创建时期,为培养红军急需的干部,根据地先后办了红军学校、红军大学、红军彭杨步兵学校、红军特种学校、苏维埃大学、马克思共产主义大学、红色医务学校等。在红军干部学校中,最著名的是红军学校和红军大学。当时的苏区,党、政、军、农、文艺等多类干部学校纷纷建立,在职干部教育也普遍开展,从而形成革命根据地比较完整的干部教育体系。干部教育的发展为革命战争和苏区建设培养了大批干部,对红色政权的发展和巩固起积极作用。

工农业余教育方面,为适应革命战争的需要和群众的要求,党和苏维埃政府大力发展社会教育,组织青年人、成年人参加学习。苏区教育注意解决学习与生产的矛盾,在教学内容上力求适合群众的需要。此外,还广泛举办识字牌、墙报,开展俱乐部和戏剧等群众性文化活动。为了发动广大群众自己组织起来消灭文盲,还成立"消除文盲协会",动员有文化的会员积极参加宣传和教学工作。据1934年第二次全国苏维埃代表大会闽、粤、赣三省的统计,三省有补习夜校6 462所,学生9.45万余人;识字组(只算粤、赣两省)约3.24万组,组员15.53万余人。妇女的学习要求更为迫切,如兴国夜校学生中,妇女占69%;识字组组员中,妇女占60%。

儿童教育方面,为培养革命后代,党和苏维埃政府重视发展小学教育。1934年2月,中华苏维埃共和国人民委员会颁布的《小学校制度暂行条例》规定:小学教育的目的,要对一切儿童,不分性别与成分差别,皆施以免费的义务教育。但目前国内的战争环境中,首先应该保证劳动工农的子弟得受免费的义务教育。条例指出小学修业年限5年,分前后期,前期3年,后期2年,统一称列宁初小、列宁高小。小学划分学区,一学区内的学生距学校至多不超过3里。在课程上,前期设国语、算术、游艺,国语课包含乡土地理、革命历史、自然和政治常识;后期设国语、社会常识、科学常识、算术、游艺。课外教学还有劳动实习、社会工作。为适应农村的情况,小学设全日班和半日班,农事大忙时放农忙假。在小学教学中,特别强调三项原则,即必须与政治斗争联系,必须和生产劳动联系,必须发展儿童的创造性,使学生有能思想的头脑、能劳动的双手、对于劳动的坚强的意志。苏区儿童都组织在儿童团内,列宁小学是儿童团的大本营。儿童团经常开展有利于革命的活动,既使儿童受到教育,又丰富了他们的生活。当时苏区小学教育获得巨大发展。1934 年 1 月,毛泽东在中华苏维埃第二次全国代表大会的报告中列举了闽、粤、赣三省的统计数字,指出在三个省的 2 932 个乡中,有列宁小学 3 052 所,学生约 8.97 万人,学龄儿童多数进入小学。

师范教育方面,为适应苏区兴办学校和发展社会教育事业的需要,苏区教育工作加强对文教干部和新师资的培养,以及在职文教干部和教师的提高,曾先后设立中央教育干部学校、中央列宁师范学校和各种师资训练班等,以培养急需的教育干部和师资。1930 年,徐特立任江西苏区教育部长,曾在瑞金创办闽瑞师范和列宁师范等。1934 年初,中央教育人民委员部规定师范学校分四类:高级师范、初级师范、短期师范和小学教员训练班。四类师范互相衔接,形成完整的师范教育体系。

教材建设 在教育事业的发展中,苏区政府十分重视教材建设。中央和省级教育部门设有编审机构,专门负责编审工作,在当时印刷、纸张极为困难的条件下,编辑出版了一批适合干部、农民、儿童使用的课本,主要是政治课本、多种专业课本、文化识字课本。教材的主要特点是紧密联系革命战争、阶级斗争和苏区建设实际,体裁形式多样,内容深入浅出。

抗日根据地教育

抗日根据地的教育在继承苏区教育经验的基础上,无论在教育方针和政策上,还是在教育的组织形式和规模上,以及教育的内容和方法上都大大发展。特别是在干部教育方面,在贯彻教育与生产劳动相结合和发展群众办学方面,获得重大成就,积累了宝贵经验。

抗战教育方针和政策 1938 年 10 月,毛泽东在为中共六届六中全会所作的《论新阶段》的政治报告中提出了关于实行抗战教育政策,使教育为长期战争服务的主张。他认为这是全民族的紧迫任务之一,因此,"在一切为着战争的原则下,一切文化教育事业均应使之适合战争的需要"。他提出的抗战教育政策是:"第一,改订学制,废除不急需与不必要的课程,改变管理制度,以教授战争所必需之课程及发扬学生的学习积极性为原则。第二,创设并扩大增强各种干部学校,培养大批的抗日干部。第三,广泛发展民众教

育,组织各种补习学校、识字运动、戏剧运动、歌咏运动、体育运动,创办敌前敌后各种地方通俗报纸,提高人民的民族文化与民族觉悟。第四,办理义务的小学教育,以民族精神教育新后代。"根据毛泽东的意见,中共六届六中全会作出《实行国防教育政策,使教育为民族自卫战争服务》的决议。各抗日根据地遵照这个决议实行国防教育政策,主要内容有:以提高和普及人民大众的抗日知识技能和民族自尊心为中心的教育内容,培养学生具有民族意识、胜利信心、战争与生产劳动相结合的方针;改变教育的旧制度、旧课程,实行以抗日救国为目标的新制度、新课程;发动人民自己教育自己,实行以民教民的新方法,建立文教统一战线,广泛吸收一切赞成抗日的知识分子参加抗战救亡工作,参加抗日根据地的文教建设工作。

各级各类教育 抗日根据地办理各级各类教育的原则是:培养干部的高等教育重于群众教育;在干部教育中,现任干部的提高重于未来干部的培养;在群众教育中,成人教育重于儿童教育;在各种教育中,战争与生产所直接需要的知识与技能的教育重于其他一般文化教育。

高等教育方面,在各抗日根据地教育中占有重要地位的是培养大量干部的高等学校,其中著名的有中国人民抗日军政大学、陕北公学、华北联合大学等。

中国人民抗日军事政治大学成立于 1936 年 6 月 1 日,总校在延安,前身是第二次国内革命战争时期的红军大学。其教育方针是:坚定正确的政治方向,艰苦奋斗的工作作风,灵活机动的战略战术。其任务是培养八路军和新四军的骨干力量。其校训是"团结、紧张、严肃、活泼"。课程由各期情况不同不完全统一,但主要有政治课、文化课和军事技术课。教学的主要原则是:"少而精"、"理论与实际并重"、"理论与实际联系"、"军事与政治并重"。在学习方法上有"集体研究"、"自动学习"、"互相帮助"等。学员参加生产劳动,也参加实际战斗。在八年抗战中,该校先后培养了二十多万名军政干部。

陕北公学于 1937 年成立于延安,任务是对知识青年给予"对抗战必要的理论与实践"的学习和训练,主要培养行政干部、民运干部和文化工作干部。学习期限 2～3 个月,最长 1 年。课程是三分军事七分政治,科目有社会科学概论、抗日民族统一战线与民众工作、游击战与军事常识、时事讲演等。全校组织有"时事研究会"。在教学和管理上很重视发扬民主。1941 年,陕北公学与女子大学等校合并成为延安大学。陕北公学在 1937—1941 年的四年中培养了一万多名干部。

华北联合大学成立于 1939 年,由陕北公学、鲁迅艺术学院、延安工人学校、安吴堡战时青年训练班等四校合并而成。初设社会科学、文艺、工人、青年四部。1941 年 3 月又改教育、法政、文艺三个学院和群众工作、中学两个部,教职员四

千多人。1944年学校规模缩小,主要办教育学院。设有师范班,学制1年,培养小学教师;中学班,学制2年,任务为培训提高现任党政军干部;政治班,训练、改造来自城市的青年知识分子。还不定期开办卫生、经济、合作、生产技术、教育等干部训练班。1948年与北方大学合并,改名华北大学。

中等教育方面,各抗日根据地的发展不平衡。在华中、山东战前文化教育比较发达的地区,有一定数量的中学;在文化教育比较落后的地区,如陕甘宁边区,中学较少,中等教育机构主要是师范学校。中等教育的任务是培养小学师资、地方干部和培训提高现有干部,基本上属于地方干部教育。个别学校,如陇东中学和延安大学自然科学院附设的中学,主要为学生升入高级学校作准备。中学生大部分是国统区来的倾向革命的青年。中学很重视抗日知识技能的教育,经费靠学生自己开荒生产自给2/3,学校生活活跃。抗日根据地的中等教育,无论是中学教育还是师范教育都属于干部教育范围。中学兼办短训班或干训科,也有以训练为主、兼办普通中学的。在中等教育中还有少数职业学校,如1941年陕甘宁边区开办的医药专门学校。此外还有边区职业学校、妇女职业学校等。

小学教育方面,各抗日根据地都大力普及小学教育。在边区政府建立之前,小学有120所。边区政府成立之后,小学的发展速度更快。到1937年春,边区初级小学达320所;到1940年,学校为903所。其中五年制的完全小学从1938年开始设立,当时有11所,到1940年发展到30所。加上新旧边区管辖的县区初级小学则有1 340所,完全小学为47所。关于小学学制,1938年陕甘宁边区教育厅规定为5年,前期3年,后期2年,并把社会活动、生产劳动列为正式课程。1944年,又确定高级小学担负培养初级干部和普通教育双重任务,初级小学教育则采取群众需要和自愿的原则,实行民办公助。在游击区,由于对敌斗争激烈,群众还创办抗日两面小学(抗日伪装小学)和抗日隐蔽小学(地下小学),教师根据形势的发展,采取各种办法,坚持对儿童进行反奴化教育。没有转为民办的小学也都改进教学,增加农村迫切需要的教材,教授生产知识,组织学生劳动,大大加强了与群众的联系。

群众业余教育方面,贯彻执行"民办公助"政策,由政府在方针上加以指导,在物质上给以一定补助。"民办公助"政策的施行提高了群众办学的积极性,推动群众业余教育的迅速发展。群众业余教育主要是农民教育,它根据农村分散的特点,结合当地斗争和生产的需要,创造了多种多样的学习方式,教学内容密切结合生产实际和生活实际,教材根据群众需要自行编写,教学方法不断改进。

解 放 区 教 育

解放战争时期解放区的教育执行民族的、科学的、大众的新民主主义教育方针,坚持教育为新民主主义革命服务、教育与生产劳动相结合的原则。根据这个时期革命的总任务和形势变化,对新民主主义教育方针的政治内容做了调整,把教育为解放战争和土地改革服务作为主要内容。

解放区教育方针和政策　教育为解放战争服务。解放战争时期,在"打倒蒋介石,解放全中国"的斗争目标指导下,对教育战线提出的任务和要求是在解放区迅速恢复、整顿、改造和发展学校教育和干部教育,训练、培养从事多方面斗争与建设的干部。东北行政委员会在1946年9月《关于改造学校教育与开展冬学运动的指示》中指出,教育工作的总方针,应是进一步肃清敌伪奴化教育和蒋介石封建法西斯主义的遗毒和影响,建立民族的、民主的、大众的、科学的新民主主义的教育,使教育服务于新民主主义的政治斗争,服务于东北人民的和平民主建设事业。1949年初,中共中央政治局会议讨论通过了《目前形势和党在一九四九年的任务》,提出1949年的干部教育计划,即在干部训练学校及在职干部中进行马列主义的理论及中国革命各项具体政策必须适合目前革命形势和革命任务的需要;1949年的国民教育计划(包括大学教育及各种专科教育、中学教育、小学教育和成人补习教育等)必须适合当前革命形势和革命任务的需要。

教育配合土地改革运动。无论在老解放区,还是在新解放区,土地改革都是一个突出的任务。1947年2月,陕甘宁边区政府教育厅专门发出《关于教育工作配合土地改革运动的指示》,指出土地改革是当前一切工作的中心,教育工作应与之密切配合。9月,东北行政委员会发布的《关于教育工作的指示》中着重指出,中等教育必须以土地改革教育为思想教育的中心内容。此外,生产和生产知识教育也是解放区群众教育的重要内容之一。

各级各类教育　为适应解放战争迅速发展的需要,迎接全国解放,1948年《中共中央关于九月会议的通知》指出,"夺取全国政权的任务,要求我党迅速地有计划地训练大批能够管理军事、政治、经济、党务、文化教育等项工作的干部","这些干部能够随军前进,能够有秩序地管理大约五千万至一万万人口的新开辟的解放区"。解放区教育的主要任务是培养大批干部。

随着解放区的迅速扩大,培养干部的高等学校不仅在数量上有所增加,而且在门类、规模上都进一步齐全和扩充,既有正规学制的大学、专门学校,也有短期训练班。解放区的中学,一方面继续干部教育或准干部教育的性质,另一方面也有预备教育的性质,为升学打下牢固的基础。解放区教育的发展很不均衡,如陕甘宁边区因受战争的影响,小学曾一度减少,到1948年后才开始恢复和发展。各解放区的小学课程仍继承抗日根据地的传统,在教材内容上紧密联系实际,主要围绕土地改革、保卫胜利果实、开展生产运动、支援解放战争等活动来编写。这一时期,解放区的发展很快,新解放区有大量学校需要接管。由于政策正确和措施有力,新解放区的各级学校不仅没有遭受破坏,而且很快恢复了秩序,走向正轨。此外,解放区还对旧社会遗留的私塾进行改造,要求私塾放弃传播封建思想的教材,采用解放区编的小学教材,对学生实行民主管理,组织儿童团参加社会活动,帮助私塾教师提高政治觉悟和文化业务水平。

参考文献

董纯才.中国根据地教育史[M].北京:教育科学出版社,1993.

华东师范大学教育系.中国现代教育史[M].上海:华东师范大学出版社,1983.

赖志奎.苏区教育史[M].福州:福建教育出版社,1989.

毛礼锐,等.中国教育通史[M].济南:山东教育出版社,1988.

王炳照,等.中国教育思想通史[M].长沙:湖南教育出版社,1994.

(吴民祥)

素质教育　　中国 20 世纪 80 年代中后期提出的教育改革和发展的教育思想。从人和社会的实际需要出发提出的一种理想的教育思想,旨在充分开发个体的潜能并使其得到发展和优化,全面塑造学生的各种优良品质,提高国民素质,以适应时代的需要。

素质的含义有狭义和广义之分。狭义的是生理学和心理学意义上的含义,指个体与生俱来的解剖生理特点,主要包括神经系统、感觉运动器官的特点和大脑的特性,其中脑的特性尤为重要。它们通过遗传获得,故又称遗传素质或禀赋。狭义的素质含义强调素质的先天性。广义的是教育学意义上的含义,指个体以先天禀赋为基础,在后天通过环境影响和教育训练获得的稳定的、长期发挥作用的基本品质结构,是制约人的活动方向、水平、质量的内在因素。教育学意义上的素质含义强调的是一种后天素质,一种以先天素质为基础并与先天素质融为一体、不可分割的先天与后天的整合素质,它构成个体的发展基础。素质教育中的素质指广义的素质。

按照人的素质由低级到高级发展的三个层次,素质分为三类,即生理素质、心理素质和社会素质。生理素质包括神经系统、身高、体重、骨骼特点、运动素质、反应速度、负荷限度、适应和抵抗能力等生理机能特征,是个体身心发展的物质基础,为个体身心发展提供可能性。心理素质包括感觉、知觉、记忆、想象、思维以及动机、兴趣、情感、意志、性格等。社会素质包括后天习得的科学文化素质、思想道德素质、审美素质等。这三方面相互联系、相互渗透、相互依存、相互影响,共同构成个体整体的素质结构。其中,任何一方面素质的欠缺都会削弱整体结构的功能,影响素质的整体水平。三者协调融合,合理、和谐地组合和发展,构成个体

发展的素质基础。

素质教育以提高全民族素质为宗旨。即依据人的发展和社会发展的实际需要,以全面提高全体学生的基本素质为根本目的,以尊重学生主体性和主动精神、注重开发人的智慧潜能、注重形成人的健全个性为根本特征,培养学生良好的协同与合作能力的教育。素质教育有三层要义:一是面向全体学生,二是要求学生德、智、体、美全面发展,三是让学生主动发展。

素质教育不是一种固定的教育模式,而是一种教育指导思想和教育观念。可以结合特定的学校和教育对象,制定有利于学生素质提高的教育模式,并将其精神贯穿于整个教育计划和教育过程,而且这种模式随着具体的教育层次、教育环境和教育对象的改变而改变。就内涵而言,素质教育强化学生的内在修养,重视学生整体素质的提高和对他们可持续发展至关重要的基础素质的培养。素质教育以人的内在潜能为出发点,运用社会文化手段,通过教育实践,培养个体稳定的生理和心理品质,以充分发挥他们的社会价值为最终目标,并在提高个体素质的基础上,提高整个民族的素质,以推动社会前进。它体现了人的自然素质与社会素质的统一,使自然素质社会化,达到人的发展与社会发展的统一。素质教育作为一种教育思想,认为人不仅是教育的对象,而且是自我发展的主体,主张教育要适应人的发展的内在需要,促使其得到完美而和谐的发展。

素质教育注重个体发展的全面性、和谐性。素质教育不是选拔教育,它虽不反对英才教育,并积极创造条件让所有可能成为英才者脱颖而出,但反对用英才的统一标准来衡量所有受教育者,它强调在学生已有发展水平和可能发展潜力的基础上,全面发展和提高学生的综合素质,使之得到全面、和谐的发展。素质教育的目标是使个体充分自由、全面的发展,培养满足现代化社会需要的、具有良好国民意识和民族精神的国民。

素质教育具有以下特点:(1)全体性。素质教育的着眼点与着力点是面向全体学生,旨在促进每一个学生的发展。承认教育对象的全体性,就意味着不但要保障每一个学生受教育的权利,而且还应该给他们以均等的机会,促使每个人获得成功。(2)差异性。人与人的差异不仅表现为学生先天遗传因素的区别,而且表现为其身心成长与智能发展的后天条件的区别,因而其逐渐形成的自我意识水平与兴趣、爱好、个性特长也有区别,每个人的发展方向、发展素质乃至最终能达到的发展水平都是不同的。教育者应该尊重这种差异,针对这种差异开展工作,尊重、承认个人的选择权,针对差异开展工作,使每个学生充分发展其潜在能力,而不是用同一个模式要求所有受教育者。(3)主体性。素质教育具有充分弘扬人的主体性的特征,它重视培养学

生自我发展的能力,注重开发学生的潜能,提高学生自身的自主性、积极性和创造性等主体品质。这既是现代社会发展的需要,也是学生个体发展的需要。在素质教育中,学生被看作学习的主人、社会的主人,而不是知识的被动接收器和信息存储器,他们是知识和信息接收、转换、产生、发展和创造的主体。素质教育必须把教育的起点和终点落实在学生身上才能取得良好实效。(4)发展性。素质教育以促进学生各方面基本素质的发展作为教育的出发点和归宿。其发展性主要指培养和提高学生自我学习、自我教育、自我发展的能力,把教育的重点转移到开发潜能、启迪心智上来。在教育目标等问题的确定上,素质教育强调社会要求与人的发展两方面的协调统一。素质教育把人的发展作为教育的出发点和落脚点,重视人的发展,肯定人的价值,尊重人的个性,维护人的尊严。(5)全面性。素质教育要求受教育者德、智、体、美诸方面全面发展,使受教育者成为有理想、有道德、有文化、有纪律的社会主义建设者和接班人,形成合理的身体与心理、思想品德与知识技能诸方面良好的素质结构。素质教育包括心理、生理、思想、政治、文化、技能、审美等多方面的教育内容,这些内容按照科学方法统筹安排和实施,使学生在德、智、体、美等方面得到全面发展。(6)基础性。素质教育注重打基础,素质是反映人的身心发展水平的最基本的特征和品质,并制约人的意识、态度和行为,素质培养必须从最基本的、基础的方面做起。素质教育立足于从本质的方面去影响人、培养人,注重引起人的深层变化、基本特征和品质的形成,而不追求那些表面的、形式的变化。素质教育特别注重基础知识、基本技能、一般能力的掌握和培养,为学生素质的进一步发展奠定基础。

2010 年颁布的《国家中长期教育改革和发展规划纲要(2010—2020 年)》把实施素质教育作为中国教育发展的战略主题,指出素质教育"是贯彻党的教育方针的时代要求,其核心是解决好培养什么人、怎样培养人的重大问题,重点是面向全体学生、促进学生全面发展,着力提高学生服务国家服务人民的社会责任感、勇于探索的创新精神和善于解决问题的实践能力"。实施素质教育,要坚持德育为先,立德树人;坚持能力为重,着力提高学生的学习能力、实践能力和创新能力;坚持全面发展,全面加强和改进德育、智育、体育、美育,坚持文化知识学习与思想品德修养的统一、理论学习与社会实践的统一、全面发展与个性发展的统一。

(王　利)

隋唐时期教育制度　　隋唐时期各朝代实施的教育制度。这一时期封建政治、经济、文化和教育空前繁荣和昌盛。其中唐承隋制,继续推进文化教育的改革和发展,其文教政策和教育制度影响了以后一千多年的社会发展。

隋唐时期的文教政策

自汉武帝确立"独尊儒术"的文教政策后,经学教育获得巨大发展。但到魏晋南北朝时期,玄学、佛教和道教相继兴起,致使儒学一度衰微。隋统一全国后,重新倡用儒学,促进了儒学的复兴。隋文帝即位后认识到儒学在政治统治中的地位和作用,为重振儒学,他广泛征集儒家经典,并将其加以整理、分类,分为甲、乙、丙、丁四目,分统于经、史、子、集四类,从而成为后来史籍分类的正统方法。同时,他借全国统一,积极促使南北儒学的整合,促进儒学的改革和发展。唐王朝同样视儒学为维护其统治的思想武器和政治之本,确立了崇圣尊儒的文教政策。唐高祖在开国伊始,除设立儒学外,还于武德二年(619 年)下诏兴仕崇儒,令有司于国子学立周公、孔子庙各一所,并曾亲自到国子学参加"释奠"礼,一时"学者慕响,儒教聿兴"。唐太宗也"锐意经术",先后设立文学馆、弘文馆、崇贤馆等,召集天下名儒学者,说经论道,商讨政事,并专立孔子庙,以孔子为先圣。把儒术视为决定其政权存亡的根本。

唐代尊崇儒术的文教政策还表现在对儒家经书做了大量统一工作。为适应政治上统一的要求,唐太宗力图统一儒学百家之说,并诏国子祭酒孔颖达等撰成《五经正义》一百八十卷,颁行天下,定为全国各级各类官学的统一教材,规定每年的明经科举考试以此为准。唐玄宗也秉着"欲求忠臣,必于孝子"的宗旨,亲自注《孝经》,使整个唐代非常重视孝道。同时还集成了体现孔子"道之以德,齐之以礼"政教思想的《大唐开元礼》一百五十卷;把"德礼为政教之本,刑罚为政教之用"的儒家原则法典化,制作《唐律》。至唐文宗开成二年(837 年)又刊刻《开成石经》,即为近世的十三经。自此,南北朝以来形成的南学、北学归于统一,一直沿用几百年。

隋唐时期文教政策的另一个突出特点是在尊崇儒术的同时,亦提倡佛教和道教。既尊崇儒术,又兼重佛道;以尊孔崇儒为主,以佛道为辅。由于吸收了佛、道文化的营养成分,唐代的哲学、文学、艺术、建筑、雕刻等方面高度发展。如佛教寺庙、道观的许多清规戒律对教育制度有过深刻影响。隋唐时期,随着统治者实施"尊崇儒术、兼重佛道"的文教政策,儒家教育思想逐步复兴,与佛老教育思想相融。

隋唐时期的学校教育制度

封建官学的确立始于汉代,经魏晋南北朝时兴时废,到隋唐时期得到空前发展。隋唐时期的学校分为官学、私学两种,官学体系非常发达,奠定了以后官学发展的基础。

学校设置　　隋代创立的学校教育制度对以后朝代有重

要影响。隋沿袭北齐设立的教育行政管理机关——国子寺，又置祭酒，专门管理全国的学校教育工作。隋炀帝大业三年(607年)，又改国子寺为国子监，由国子祭酒担任教育行政长官。在国子监下设立五学：国子学、太学、四门学、书学、算学，其中前三者是儒学，后二者是以教授学科知识为目标的专门学校，培养数学人才的算学由隋首创。在当时有关业务部门设有博士，招收学生，进行职业性训练，如在大理寺中，设律博士八人，教授学生；在太常寺属下的太医署，设医学博士、按摩博士、药园师等；在秘书省属下的太史曹，设天文、历法、漏刻博士，教授学生。这些新的学校设置和教育制度都被唐代继承和发展，并为后世效法，从而为以后专科学校的发展提供经验。

至唐代，学校日臻完备。据《旧唐书》、《新唐书》、《唐大诏令集》、《册府元龟》等文献记载，唐代从中央到地方设立了各级各类的官学，形成一个较完整的教育体系。唐代官学分中央官学和地方官学两级。其中，在中央设有国子学、太学、四门学、弘文馆、崇文馆、崇玄馆、广文馆、律学、书学、算学、医学、天文历学、畜牧兽医学，以及教皇族子孙及功臣子弟的小学等，在地方设有州学、县学以及医学、玄学等。其中"三学四馆"属经学学校，即以研习儒家经典为主，它包括：(1)国子学。初建于武德元年(618年)。据《新唐书·百官志三》载："博士五人，正五品上。掌教三品以上及国公子孙、从二品以上曾孙为生者。五分其经以为业：周礼、仪礼、礼记、毛诗、春秋左氏传各六十人。暇则习隶书、国语、说文、字林、三仓、尔雅。每岁通两经。求仕者，上于监，秀才进士亦如之。学生以长幼为序，习正业之外，教吉凶二礼。公私有事则相仪。助教五人，从六品上。掌佐博士分经教授。直讲四人，掌佐博士、助教以经术讲授。五经博士各二人，正五品上。掌以其经之学教国子。周易、尚书、毛诗、左氏春秋、礼记为五经。论语、孝经、尔雅，不立学官，附中经而已。"国子学学额为三百人，学生皆为贵族子弟。教师二十四人，博士既是教师，也是封建国家的高级官吏。(2)太学。建于武德元年(618年)。据《新唐书·百官志三》载："博士六人，正六品上；助教六人，从七品上。掌教五品以上及郡县公子孙、从三品曾孙为生者，五分其经以为业，每经百人。"太学学额定为五百人，其规模大于国子学，但太学入学资格和教师的官职低于国子学。(3)四门学。亦建于武德元年(618年)。据《新唐书·百官志三》载："博士六人，正七品上；助教六人，从八品上；直讲四人，掌教七品以上，侯伯子男子为生及庶人子为俊士生者。"四门学的入学资格较宽，学额高于国子学和太学。(4)弘文馆。建于武德四年(621年)。最初叫修文馆，武德九年(626年)始改称弘文馆。弘文馆设学士，"掌详正图籍，教授生徒"(《旧唐书·职官二》)。它作为专门收藏、校对和研习儒家经典的经学，学额一直很少，即使是天宝十四载(755年)学额最高

时，也只有学生三十八人。(5)崇文馆。建于贞观十三年(639年)，最初叫崇贤馆。设学士二人，掌经籍图书，教授诸生，设校书郎二人，从九品下，掌校理书籍。以上二馆除教授生徒、校对经籍外，"朝廷制度沿革、礼仪轻重，皆参议焉"(《旧唐书·职官二》)，故在官学教育中占有重要地位。但由于二馆学生都是贵胄出身，入学标准低，加之平日养尊处优，不勤于学，因此学习实效不如其他三学。(6)广文馆。天宝九载(750年)始设于国子监，专门培养投考进士科的学生，存在时间不长。(7)崇玄学。建于开元二十五年(737年)。李唐王朝因老子姓李，故视老子为始祖，称之为玄元皇帝。崇玄学指研习老庄学说，仍属经学教育范畴，规定学生的出路准许按明经举送。除"三学四馆"外，唐代还在地方各郡县设有经科学校。此外，律学、书学、算学、医学、天文历学等都属于专科性质的学校，其中专门学习自然科学的专科学校始于唐朝，以医学最为发达，这些专科学校是世界上出现最早的实科大学。但由于封建官学的教育宗旨是"尊王明伦"，教育目的是培养封建统治的治术之才，因此专科学校在唐代教育体系中不占重要地位，学生入学的门资和学额都较低。

此外，唐代教育的一个突出特点是在行政机关设徒授学，进行职业培训。如司天台、太仆寺、太卜署、太乐署等均设有博士、助教，教授生徒。门下省除设有校书郎外，也有学生三十人。唐代的音乐、舞蹈由于吸取了民间和西域的元素，有了新的发展。开元二年(714年)，唐玄宗于蓬莱宫侧置内教坊，设博士教生徒，同时在长安设置左右教坊，培养乐舞人才。

虽然唐代官学教育非常发达，但私学依然存在，而且遍布城乡，只是程度悬殊，既有名士大儒的传道授业之所，也有村野启蒙识字的私立小学。如当时的两位鸿儒颜师古、孔颖达在显达以前都曾"以教授为业"。韩愈、柳宗元被贬时，许多学生不远千里拜他们为师。私学是唐代官学教育不可或缺的重要补充。

学校管理　(1)教学管理机构。唐因隋制，于贞观元年(627年)将国子学改称国子监，成为独立的教育行政机构，并设祭酒一人，作为教育的最高行政长官，另设丞一人，主簿一人，负责学习成绩和学籍管理等具体事宜。"六学"即国子学、太学、四门学、律学、书学和算学，皆归国子监管理。"两馆"即弘文馆、崇文馆，分属门下省和东宫领导，崇玄馆由上书省下辖的祠部领导，由中央和地方所设的医学归书省所辖的太医署领导，天文历学属司天台管理，畜牧兽医归太仆寺管理。在地方上则设教育长官、长吏，负责统一管理州学、县学。(2)入学规定。唐代官学对学生的入学身份、名额、年龄皆有严格限制。国子学收文武三品以上高级官员的子孙，限300名。弘文馆、崇文馆属贵族学校，收皇帝、太后、皇后亲属和宰相等高级官员的儿子共50名。太学

收文武五品以上中级官员的子孙,限 500 名,另从地方庶民中招收俊秀青年,限 800 名。律学、书学、算学等都收八品以下及庶人子弟,名额最多时也不过几十人。地方学校主要收地方官员及中小地主的子弟。唐代学生入学年龄一般限制在 14～19 岁之间。(3) 假日与考试。唐代官学对假日和考试也做了明确规定。假日分长期和短期两种,短期为"旬假",每十天放假一天;长期为"田假"和"授衣假","田假"在五月,"授衣假"在九月,每次放假一个月。官学考试分为三种:一是"旬考",即考十日内所习课程,不及格者有罚;二是岁考,即年终通考一年所习课程,有岁试三次不堪贡举罢归者;三是毕业考,即学生习完所规定的全部课程后通考一次。及格者,如愿意继续学习的,四门学生可补为太学生,太学生可补为国子学生;或应科举考试;或直接分派各种官职。

教师　唐代官学的教师分博士、助教、直讲等。其中,博士主要分经授教,由助教、直讲佐之。博士、助教既是学校教师,又是政府官员。他们在校职的大小以在政府所属职位的高低为标准,如国子学博士须有正五品以上的资格,助教须有从七品以上的资格,其他六学的教师等级和待遇依次减第。在教学教法上,主要是分经教授,其中不少博士博学善讲又有独立见解,也有一些学者冲破汉儒讲学"家法"、"师法"的藩篱,注重培养学生独立学习和钻研的能力,更显开明和积极。

教学内容、教材与教育经费　隋唐官学在教育内容和教材方面也逐渐细化。自两汉以来,历代国立官学都以学习儒家经典为主,至隋代开始将儒家经典加以整理、分类。到唐代时,由于统治者确立尊崇儒术的文教政策,在选拔各级官吏上均以精通儒术与否作为取舍升降的标准,士子亦皆以钻研经书为入仕途径,因此唐代经学教育更加发展,并一直占据主导地位。同时,唐统治者为适应其教育需要,又对经书进行规模很大的整理工作。一是将儒家经典分为正经和旁经两类。正经又分大经:《礼记》、《左传》;中经:《诗》、《周礼》、《仪礼》;小经:《易》、《尚书》、《公羊传》、《穀梁传》。旁经包括《孝经》、《论语》、《老子》。唐代在学科设置上,因学校性质不同而有所区别,所习经书也不尽相同,如国子学、太学、四门学上述各经均设,但不要求全习,规定是学习二经,必选一大经、一小经,或选二中经;学习三经,必选大、中、小三经各一经;学习五经,则大经必须全习,其余各选一经。《孝经》、《论语》为兼习学科。各学科对修业年限也有明确规定。如学习《孝经》、《论语》共限一年,《尚书》、《公羊传》、《穀梁传》各限一年半,《易》、《诗》、《周礼》、《仪礼》各限二年,《礼记》、《左传》各限三年。但这一规定很灵活,如在规定修业年限内补习或留级,亦可酌情延长年限,不过有一定限度。一般而言,各经科学校总的修业年限为九年,如九年期满,不能备贡者,则令其退学。二是唐代考定经

书,厘定经学的官方教材。贞观四年(630 年),诏前中书侍郎颜师古考定"五经",之后又诏尚书左仆射房玄龄召集诸儒重加评议。贞观十二年(638 年),任命孔颖达为国子祭酒,之后再诏孔颖达、颜师古等撰成《五经义训》,以求对经文有一个统一解释,并于贞观十五年(641 年)撰成《五经义疏》,合一百八十卷,命名《五经正义》。此后又先后于贞观十六年(642 年)和永徽二年(651 年)对《五经正义》两次进行审订,最后于永徽四年(653 年)颁行于天下,作为经科学校的官定教材,明经科举考试也以此为依据。在唐代前期,教育经费基本上出自国家财政预算外收入,至高宗时,中央学校教师俸禄的一部分开始由国家财政支付;至开元时,地方教师的月俸也开始由国家财政支付。唐代教育经费已成为国家财政预算的一部分,这既说明唐代经济力量的雄厚,同时也是教育上政教合一的体现。

参考文献

　　李国钧,王炳照.中国教育制度通史[M].济南:山东教育出版社,2000.
　　王炳照,等.简明中国教育史[M].北京:北京师范大学出版社,1994.
　　王炳照,阎国华.中国教育思想通史[M].长沙:湖南教育出版社,1994.

(邓　彤)

隋唐时期科举考试制度　　隋唐时期是科举制度的创立、发展时期。科举考试制度是中国一种重要的选士制度,它发端于隋代,经唐代后得到完善和巩固,并影响宋、元、明、清各朝代,在中国历史上存在了 1 300 多年。

　　隋代科举制的创立　科举制的创立既是隋代中央集权的需要,也是中国古代选士制发展的结果。隋统一中国以后,为加强中央集权、巩固统一,在政治、经济、文化等方面进行一系列改革,首先进行的是官制和与官制密切相关的选士制度的改革。原因在于:要加强中央集权,必将选用人才的大权集中在中央政府手里;要巩固统治,必须最大限度地网罗和笼络知识分子,为他们提供参政的机会;全国统一后,封建官僚机器日益完备,必须选拔大量适应封建大一统政治需要的人才来充任各级吏员。在这种情况下,隋文帝于开皇三年(583 年)正月,诏举贤良,又于开皇十八年(598 年)七月,诏"京官五品已上,总管、刺史,以志行修谨、清平干济二科举人"(《隋书·高祖纪下》)。到隋炀帝大业三年(607 年),开始诏文武有职事者,以孝悌有闻、德行敦厚、节义可称、操履清洁、强毅正直、执宪不挠、学业优敏、文才美秀、才堪将略和膂力骁壮十科举人。据《通典》考证,十科举人中,文才美秀一科是进士科的开始,它标志着科举制的创立。但国运短暂的隋代未能使新生的科举制发挥应有

作用,"隋虽有秀才之科,而上本无求才之意,下亦无能应诏之人,间有一二,则反讶之,且嫉之矣"(《文献通考·选举考一》),致使在隋代统治的三十多年中,经过科举考试而录取者寥寥无几,秀异之才不过数十。

唐代科举考试制度的确立　唐承隋制,全面推行科举制,并逐步扩大考试科目,增加考试内容,完善考试程序,逐步形成一套完备的人才选拔制度。唐高祖在武德四年(621年)四月下诏规定:"诸州学士"及"为乡里所称者",须经县、州考试,合格者于每年十月贡于朝廷应试,取明经、秀才、俊士、进士科。武德五年(622年)三月又下诏,确立士人"自举"、"自进",实行"怀牒自进"自由报考的办法。从此宣告国家设科公开招考,士人"怀牒自进"自由报考,以考试为中心选拔官员的科举制度的确立。唐太宗在执政时期又实行偃武修文的文教政策,开科取士,通过科举考试来网罗人才,钳制人们的思想,以达到巩固统治的目的。唐太宗"尝私幸端门,见新士缀行而出,喜曰:'天下英雄,入吾彀中矣'"(《唐摭言·述进士上》)。唐高宗在总章三年(670年)以后,不断扩大科举取士名额。武则天时又创立武举科,并于载初元年(689年)开创科举殿试和糊名考试的先例。唐玄宗开元二十一年(733年),诏天下每岁贡士,二十四年(736年),将科举取士大权从以前的吏部移到礼部,由礼部侍郎负责,进一步加强中央对科举制的领导。到天宝年间,科举制的大部分考试科目已形成,考试内容已基本确立,考试形式已基本定型,科举制已发展成为一种完备的选士制度。"开元以后,四海晏清,士无贤不肖,耻不以文章达,其应诏而举者,多则二千人,少犹不减千人。"(《十通分类总纂·选举类》)

唐代科举考试的程序、科目与方法　唐代科举依汉代察举制分为常科和制举两类。其中,制举是天子特诏举行,以求非常之士的考试。通常所说的科举,指的是常科。

参加常科的考生主要是"生徒"和"乡贡"。其中,由各类官学从在馆学生中选拔举送到尚书省参加考试的叫"生徒",由地方州、县从私学或自学之士中选拔举送至尚书省参加考试的叫"乡贡"。经学校和地方州、县的考试,选出合格者,送到尚书省参加第二年的考试。士子参加省试被录取称"及第",或称登科、登第、擢第,或称登蟾宫。唐代各科中,以进士及第最为显赫。进士第一名称状元或状头。进士科放榜后,有一系列庆典活动,列名于慈恩塔谓之题名。

唐代科举常科有秀才、明经、进士、明法、明字、明算、一史、三史、开元礼、道学、童子等科。实际上,经常举行的是秀才、明经、进士、明法、明字、明算六科。秀才科注重博学才高,唐初以此科最高,考选较严,宁缺毋滥,每年所取不过一二人,很难考取。到太宗贞观以后,此科便名存实亡。明法、明书、明算科选的人数量不多,因而学子们热衷的只有明经、进士两科。

所谓明经,即通晓儒家经典。明经科又有通二经、三经、五经之别。唐代把儒经分为大经、中经和小经三类。其中,《礼记》、《左传》为大经;《诗》、《周礼》、《仪礼》为中经;《易》、《尚书》、《公羊传》、《穀梁传》为小经。唐代规定,通二经者,须通一大经、一小经或通二中经;通三经者,须通大、中、小各一经;通五经者,大经须全通,其他各经任选一经;另外《论语》、《孝经》为共同必试。考试的过程是先帖经,每经十帖,每帖三字,通六以上为及格。然后口试,问经义十条,通十为上上,通八为上中,通七为上下,通六为中上,皆为及格。然后,答时务策三道,通二为及格。三试皆及格为及第。明经科考试比较容易,只要熟读经文和注疏,一般都能通过,录取率相对较高,大致每十人中可取一二人,每年及第者约有百人左右。因及第比较容易,故有"三十老明经"的说法。

进士科在唐代各科中最受重视,及第者有"白衣公卿"或"一品白衫"的美称,故一般学子均竞相趋向此科。进士科一度只试策、帖经。试时务策五道,帖一大经。经策全通为甲第,策通四、帖过四以上为乙第,以下为不及第。至永隆二年(681年),又加试杂文两篇。此后,进士科考试包括帖经、杂文、时务策三场。其间,诗赋的地位不断提高,在天宝年间(742—756),进士如帖经不及格但诗赋合格便可通过。到大和年间(827—835),诗赋和策问具有同等重要的地位。实际上,进士科考试偏重以诗赋取士。进士科每年录取平均约三十人左右,大致每百人中只能有一二人中举,故有"五十少进士"的说法。进士及第者往往受重用。唐代有重进士轻明经的倾向,"缙绅虽位极人臣,不由进士者,终不为美。其推重谓之白衣公卿,又曰一品白衫"(《十通分类总纂·选举类》)。

明法科注重考核法律知识,选拔司法人才。"凡明法,试律令,取识达义理、问无疑滞者为通。"(《唐六典·尚书礼部》)明法科考试律令各十帖,其中律七条,令三条。全通为甲第,通八以上为乙第,自七以下为不第。明字科注重考核文字理论和书法,规定先口试,通过后乃墨试《说文》、《字林》二十条,通十八为第,同时要求精通训诂,兼会杂体。明算科注重考核算术,要求详明术理,考试《九章算术》三条,《海岛算经》、《孙子算经》、《五曹算经》、《张丘建算经》、《夏侯阳算经》、《周髀算经》和《五经算术》各一条,十通六。同时,《算术记遗》、《三等数》帖读十得九,为第;试《缀术》、《缉古算经》录大义为问答者,明数造术,详明术理,无注者合数造术,不失义理,然后为通,《缀术》七条,《缉古算经》三条,十通六,落经者,虽通六,不第。

制科招收非常之才。唐代制科之名很多,其中最著名的有"贤良方正直言极谏"、"博通坟典达于教化"、"军谋宏远堪任将率"、"详明政术可以理人"等。应制举考试的人,可以是及第得官之人和中过常科的人,也可以是出身清白的平民百姓。制科考试，通常由皇帝亲自主持，"试之日，或在殿廷，天子亲临观之。试已，糊其名，于中考之。文策高者，特授以美官，其次与出身"（《文献通考·选举二》）。由于制科不经常举行，所以不为人们重视，地位在进士科之下。此外，唐代科举考试还包括武举。武举始于武则天长安二年（702 年），应试武举的考生和明经科、进士科的乡贡一样由各州举送，由兵部主考，考试内容有马射、马枪、负重等。"高第者授以官，其次以类升。"（《通典·选举三》）

唐代科举考试的方法主要有帖经、墨义、策问、诗赋四种。帖经是指在经书上任揭一页，将其左右两边盖上，中间只开一行，再用帖盖三字，令应试者填出来。这种方法比较简单，只要熟读经书、注疏即可应付。后来，为提高帖经的区分度，考官开始专帖孤章绝句等易于混淆的经文。考生为应付偏题、怪题，也只着力记诵经文的只言片语，而对本经大义却荒疏不知，从而造成普遍的学风不良，受到有识之士的反对。当时的国子祭酒杨玚上书皇帝："窃见今之举明经者，主司不详其述作之意，曲求其文字之难，每至帖试，必取年头月日，孤经绝句。……臣望请自今已后，考试者尽帖平文，以存大典。"（《旧唐书·良吏下》）天宝十一载（752 年），朝廷又下制令："礼部举人，比来试人，颇非允当，帖经首尾，不出前后，复取者也。之乎！颇相类之处下帖，为弊已久，须是厘革。礼部起每帖前后各出一行，相类之处，并不须帖。"（《册府元龟·贡举部·条制二》）

墨义是一种简单的笔试回答，不需发挥，按原文对答即可。只要熟读经书和注疏，即可答对。据《文献通考·选举三》记载，墨义试卷"其上则具考官批凿。如所对善，则批一'通'字；所对误及未审者，则批一'不'字。大概如儿童挑诵之状"。这种问答有时也采用口试方式，叫口义。唐代对于是采笔试还是口试有过一番争议。主笔试者认为口试无文字记录，缺乏凭据，易造成考官的舞弊徇情；主口试者则认为口试较灵活，便于考官随时提问，可以更真实地了解考生的实际水平。

策问是从西汉的贤良对策沿袭而来，是唐代科举的基本方法，即设题指事，令考生当场撰文回答。题目是人事、政治方面的，称为方略策、时务策。策问要求学子通晓经史、关心时政、才思敏捷、有见解、有主张，是考查政治才能的较好方法，但流弊也较多。一方面，常以世代相因之题来解决繁杂多变的社会问题，易脱离实际，也很难鉴别贤愚；另一方面，考生为应付策试，将相沿数百年的对策收集编缀，加以背诵，遇到类似试题便模仿套用，以致造成学子"不学史传，唯读旧策"的学风，使所选其人，亦非其才。有时策问还应用于制科，即皇帝特别下诏临时举行的考试。一般来说，唐代科举考试的最后取舍主要在策问。

诗赋是令考生临场按文题和规定的格律进行创作。永隆二年（681 年），因考功员外郎刘思立建议，又诏进士加试

杂文二篇。据徐松《登科记考》注，杂文是指"箴、铭、论、表之类"。至神龙、开元间，进士科开始试诗赋，其后渐明确为进士试杂文为一诗一赋。这种方法在策问日益空疏的情况下受到重视，因其能反映士子的思想及文化修养、文学水平，但后来逐渐发展成专重辞藻的"雕虫小技"。

隋唐确立科举制是选士制度的巨大进步，它纠正了察举制和九品中正制的机会不均、无客观标准、选士大权旁落等弊病，不拘门第，面向全社会公开招考，给每位读书人以均等的竞争机会，并通过严格的考试实行优胜劣汰。其创立及实行对中国封建社会的政治、文化教育产生深远影响，为加强中央集权、巩固统一发挥重大作用，也对教育产生直接而深刻的影响，极大地调动了广大中小地主学习的积极性和地方官吏、社会贤达兴学设教的热情，使各类学校蓬勃发展，在社会上形成读书应举的风气。科举制把学习和出仕、教育和选拔联系起来，使教师的教和学生的学都是为了科举，出现教育内容、方法与科举考试内容、方法完全一致的状况，最终使教育成为科举的预备活动，成为科举的附庸。

参考文献

李国钧，王炳照．中国教育制度通史[M]．济南：山东教育出版社，2000．

王炳照，阎国华．中国教育思想通史[M]．长沙：湖南教育出版社，1994．

（张　蕊）

随班就读（learning in regular classroom）　将特殊儿童安置在普通教育机构中实施教育的一种形式。在特殊教育体系中起主体作用，是中国发展特殊教育事业的重要策略，是普及有特殊教育需要儿童义务教育的有效途径，对中国特殊教育乃至整个基础教育具有重要意义。随班就读可有效提高有特殊教育需要的儿童、少年的义务教育入学率，促进他们的身心发展和与社会融合；也可促进全社会教育观念的转变，使广大教育工作者对教育功能、教育价值进行重新认识和思考。从 1987 年开始，中国在 15 个县市有计划、有组织地开展随班就读的实验工作，以探索有中国特色的残疾儿童教育普及和与普通教育融合、"回归主流"之路。

中国有特殊教育需要的儿童、青少年主要指视力、听力、智力残疾等类儿童及青少年，大量的学习障碍、语言和言语障碍、肢体障碍等类学生一直在普通学校学习。义务教育随班就读实行就近入学。入学年龄基本与当地普通儿童相同。每班残疾儿童以 1～2 人为宜，最多 3 人。教学要求、教材与普通儿童基本相同，但根据有特殊教育需要的儿童的具体情况进行调整，对每个随班就读学生制定个别化教育计划，实施个别化教学。教学形式以班级教学为主，加强对残疾学生的个别辅导，学校尽可能建立辅导教室（亦称

资源教室,resource room),有必要的专业人员和设备对残疾学生进行课内外辅导。通过任课教师、辅导教师、同学、家长和残疾学生本人的共同努力,使随班就读的学生能平等、有效地在普通班级学习。随班就读使残疾儿童的入学率大幅度提高。20 世纪 90 年代,在中国教育部的残疾儿童入学统计中,在普通学校随班就读的学生的数量已超过特殊教育学校的盲、聋、弱智三类残疾儿童的数量。

1983 年,教育部发布的《关于普及初等教育基本要求的暂行规定》中对残疾儿童、少年特别是轻度弱智儿童进入普通小学学习的现象予以肯定。大规模随班就读实验从盲童、聋童教育开始。1987 年,在国家教育委员会的支持下,金钥匙视障教育研究中心在华北、华东、东北的部分农村地区开展"让视障儿童在本村就近进入小学,随班就读"的教改试点工作。主要包括三部分:在试点地区普遍进行社会主义人道主义宣传教育,为视障儿童创造良好的入学环境和社会环境;由视障儿童所在班级的班主任兼任辅导教师,对其进行特殊教育专业知识培训,由其承担视障儿童的主要教学工作;建立巡回辅导制度,由巡回教师负责业务指导、行政管理、各方面协调工作。1987 年,黑龙江省海伦市率先在全国开展聋童随班就读实验,全市 85 名聋童在当地的普通学校接受初等义务教育。随后北京、河北、江苏、辽宁等省市也开展了实验。同年,国家教育委员会在《全日制弱智学校(班)教学计划(征求意见稿)》中明确要求"大多数轻度智力落后儿童在普通学校随班就读",首次在国家文件中出现"随班就读"。1988 年,在第一次全国特殊教育工作会议上,国家将残疾儿童随班就读正式作为发展特殊教育的一项政策。1989 年,国家教育委员会委托北京、河北、江苏、黑龙江、山西、山东、辽宁、浙江等省市分别进行视力和智力残疾儿童、少年的随班就读实验,主要目的是探索农村地区推行随班就读的可行措施,解决广大偏远地区残疾儿童受教育的问题。实验内容包括随班就读的对象、师资和随班就读的教育教学安排。希望解决的问题是:何种残疾程度的盲童、弱智儿童适合随班就读;如何评估随班就读对象的残疾程度;如何组织残疾儿童入学;如何做随班就读教师的思想工作;如何组织必要的业务培训和指导;需要帮助学校解决哪些具体困难;在教学内容、教学要求、教学方法、教学评估等方面如何适当安排既照顾残疾学生特点又不影响整体教学质量的正常教学等。1990 年,国家教育委员会在江苏无锡召开盲童随班就读现场会,总结、肯定了此项工作并在全国推广。此后,国家教育委员会先后 5 次召开全国性随班就读工作现场会或研讨会,研讨实验中的问题,推广实验成果。1992 年,国家教育委员会又委托北京、黑龙江、江苏和湖北等省市进行听力、语言残疾儿童、少年的随班就读实验,使随班就读的对象增至三类,即视力残疾(包括盲和低视力)、听力残疾(包括聋和重听)、智力残疾(轻度为

主,有条件的学校可以收中度)等类别的残疾儿童、少年。经过十几年的系统工作,确定了一套行之有效的检测和鉴定办法;探索出就近入学和相对集中就读模式;明确了随班就读的教学目的、教学原则、课堂教学模式、教材处理、考核评估、教师待遇等具体作法;积累了教师培训、家长工作、教育管理等方面的经验。1994 年,国家教育委员会在江苏盐城召开总结会议,指出在中国大面积开展随班就读工作是可信、可行的,有良好的办学效益和社会影响。在此基础上,中国政府通过相关法律、法规,使随班就读成为一种特殊教育方式,从幼儿教育到高等教育的各级教育机构都应依法接受残疾儿童、少年和青年入学,不能因其残疾而拒绝招收。在中国特殊教育发展的格局和途径上明确规定了以大量随班就读和特教班为主体、以特殊教育学校为骨干的新格局,使特殊教育从举办特殊教育学校的单一办学形式转变为三种主要模式的多种办学模式。此后,国家多次召开经验交流会,解决随班就读中出现的问题和提高随班就读的质量;规定随班就读的对象可以是所有能适应普通学校学习生活的、有特殊教育需要的儿童及青少年。

(肖　非)

随机抽样(random sampling)　统计学中从研究总体中随机抽取一部分个体组成样本的过程。抽样调查研究与全面调查研究相比,主要有以下特点:节省人力、物力和时间,提高调查研究的实效性;提高调查研究结果的准确性和可靠性;减少损耗,保护总体。随机性是抽样研究的基本原则,指在进行抽样时,总体中每一个体是否被抽取并不由研究者主观决定,每一个体按概率原理被抽取的可能性均相等。随机抽样使样本和总体有相等的可能性、相同的结构,有可能保证样本的代表性。随机性使抽样误差的范围可以预算和控制,能够客观评价研究结果的精确性,同时也能按照所要求的精确度确定应抽取多大的样本容量。抽样程序一般包括三个方面:确定总体,对总体的基本特征作出明确定义,规定总体所包含的范围;选取样本,运用适当的抽取样本的方法抽取能代表总体特征的样本和符合精度要求的样本容量;统计推论,从样本统计量的值估计或推断总体参数的值,一般分为参数估计和假设检验两个方面。

根据总体的不同特点和不同调查研究的目的,在实际调查研究中常用到不同的抽样方法,其中最常用的一些方法有简单随机抽样、分层随机抽样、两阶段随机抽样、系统抽样、整群抽样等。

简单随机抽样(simple random sampling),亦称"单纯随机抽样"。即在总体单位中不进行任何分组、排队等,完全排除任何主观的、有目的的选择,采用纯粹偶然的方法从总体中选取样本。这种方法使总体中每个子体被抽取的机会完全相等,选出的样本与总体特性接近,是各种几率抽样中

比较简便易行的一种。为实现抽样的随机化，可采用抽签、查随机数值表等办法。其优点是抽样误差小，缺点是抽样手续比较繁杂。在实际工作中，不容易真正做到总体中的每个个体被抽到的机会完全一样。

分层随机抽样（stratified random sampling），亦称"类型随机抽样"。即先将总体各单位按一定标准分成各种类型（或层），然后根据各类型单位数与总体单位数的比例，确定从各类型中抽取样本单位的数量，最后按随机原则从各类型中抽取样本。其关键是分类标准要科学、要符合实际情况，许多复杂事物还应根据多种标准作多种分类或综合分类。分类结果必须是每一个单位都归属于某一类，而不允许既可属于这一类又可属于另一类，也不允许互相交叉或有所遗漏；各类型单位的数量之和必须等于总体单位的数量，而不允许大于或小于总体单位的数量。分层随机抽样适用于总体单位数量较多、内部差异较大的调查对象。其优点是：与简单随机抽样和等距随机抽样相比，在样本数量相同时，其抽样误差较小；在抽样误差的要求相同时，它所需的样本数量较少。其缺点是，必须对总体各单位的情况有较多了解，否则无法作出科学分类，而这在实际调查之前又往往难以做到。

两阶段随机抽样（two-stage random sampling），亦称"两阶段分群抽样"。即首先将总体分成若干群，从中随机选出一些群，这是第一阶段抽样；再从被选出的群中进行随机抽样，这是第二阶段抽样。这里分群原则正好与分层抽样中分层原则相反，要求各群内个体之间的差异尽量大，各群之间差异较小。如要进行一个全国范围内生活消费方面的调查，可以按大城市进行分群，显然各大城市内的居民千差万别，各个城市之间则相差无几，因此不必选取所有的大城市，可以只从中选择一部分，然后再在这些城市进行抽样。在一个复杂的抽样设计中，往往可能将分层抽样和分群抽样反复应用，最终才得到所要的样本。如上面的例子中，要在一个大城市里选取一部分居民也是不容易的事，这时可再分群或分层，直到便于抽样时为止。

系统抽样（systematic sampling），亦称"顺序抽样法"、"等距抽样法"。即从随机点开始在总体中按一定的间隔（"每隔第几"的方式）抽取样本。其优点是抽样样本分布较好，有好的理论，总体估计值容易计算。

整群抽样（cluster sampling），即先将总体单元分群，可以按自然分群或按需要分群，随机选择群体作为抽样样本，调查样本群中的所有单元。其特点是调查单位比较集中，调查工作的组织和进行比较方便。但调查单位在总体中的分布不均匀，准确性差。在群间差异性不大或不适宜单个地抽选调查样本的情况下，可采用这种方式。其优点是抽样方法简便，缺点是抽取的样本在总体中分布不均匀，代表性差。

（刘红云）

随机进入式教学（random access instruction）　一译"随机通达式教学"。美国学者斯皮罗等人1995年提出的一种教授复杂（或高级）知识与技能的教学模式。在这种教学模式中，学习者可以为了不同目的，随意通过不同途径、不同侧面，采用不同方式多次进入同样教学内容的学习，从而获得对同一事物或同一问题多方面的认识与理解。

根据美国教育心理学家乔纳森等人的观点，知识可以分成结构良好领域的知识（以概念和技能为基础）以及结构不良领域的知识（以相互联系的知识为基础）。前者相对简单，可以通过线性（一步一步）呈现的方式进行教学；后者相对复杂，不能以线性方式进行教学，需要寻找并建立不同的教学模式，随机进入式教学模式正是其中一种。

由于结构不良领域问题的复杂性和多面性，单从一个视角或一次性对其进行认识很难对这些复杂问题的内在性质和事物之间的相互联系有全面了解，也会导致学生只对事物某个方面产生单一认识，进而直接影响学生在利用这个知识解决问题时的有效迁移。因此，随机进入式教学主张多次进入，它不是传统教学中用于巩固所学知识与技能的简单重复，而是为了不同目的，从不同方面去了解事物，其结果是使学生对事物的全貌在理解与认识上有质的飞跃，提高学生对复杂事物以及事物之间关系的把握和灵活运用所学知识和技能的能力。

随机进入式教学的理论基础是认知弹性理论。其关键性目标是帮助学生把他们学到的知识迁移到不同情境，这个能力被称为认知灵活性（cognitive flexibility）或认知弹性，它包括从不同概念或实例的角度呈现知识的能力，以及当以后需要用到这些知识时，从不同概念或实例表征中建构一个适合理解或解决当时问题的知识整体的能力。按照认知弹性理论，教学生的方式对学生形成认知结构的类型及其储存和组织知识的方式具有重大影响，而学生认知结构的类型及其储存与组织知识的方式对学生在必须应用这些知识时有多大的灵活性起决定作用。认知弹性理论要求创设一个灵活的教学环境，其中的信息要以各种各样的方式以及各种不同的目的呈现，要使用灵活的教学方法帮助学生了解学习材料的整个轮廓和复杂性，以有助于他们从不同视角认识学习内容。认知弹性理论的宗旨是要提高学习者（尤其是对复杂事物）的理解能力及其知识迁移能力（即灵活运用知识的能力）。随机进入式教学是这种思想或理论的一个集中体现。

随机进入式教学模式主要包括以下教学环节：（1）向学生呈现与当前学习主题的基本内容相关的情境。（2）让学生随机进入学习，根据学生的学习内容呈现与当前学习主题的各种特性相关联的情境。让学生随学习过程中所遇问题等有关契机灵活进入学习情境。在此过程中，教师应充分发展学生的自主学习能力。（3）对学生进行思维发展的训练。由于采用随机进入式教学学习的内容通常比较复杂,研究的问题往往涉及许多方面,因此在这类学习中,教师还应特别注意发展学生的各种思维能力,包括元认知、发散思维等,并逐步帮助学生建立思维模型。(4)提倡小组合作学习。合作学习能够弥补单独建构的缺陷,通过学生之间从多种视角对事物的认识进行充分对话,让所有学生的观点在和其他学生以及教师一起建立的社会协作环境中受到考察、评论,同时每个学生也对别人的观点与看法进行思考并作出反应。(5)对学习效果进行评价。可以是自我评价,也可以是小组评价。评价内容包括:自主学习能力;对小组协作学习作出的贡献;是否完成对所学知识的意义建构。

随机进入式教学建立在建构主义学习观基础之上,这种教学模式对学生学习复杂知识、理解并应用所学知识非常有帮助。它有利于培养学生的创造性,实现个性化的发展,同时也鼓励学生之间的交流与合作,受到教师和学生的欢迎。

(刘美凤 黄少颖)

T

台湾成人教育（adult education in Taiwan） 台湾光复后,成人教育随经济社会发展出现教育内容的转型,技术手段日益先进,途径多样,已构建了相对完善、具有终身教育性质的成人教育体系。

台湾成人教育发展历程

台湾成人教育发端于第二次世界大战后的扫盲任务。1945 年台湾光复后一直到 20 世纪 50 年代末,台湾成人教育带有明显的补偿性质,主要为那些因各种原因失去受教育机会或未完成正规基础教育的人提供第二次教育机会。1946 年,颁布《补习学校规则》;1949 年,制定短期补习班的设置办法和管理办法,作为设置和管理短期补习班的依据。同年,台湾当局重新规划了成人教育的目标,确定成人教育的重点是使失学成人获得补习教育机会。失学民众补习教育的形式有三种:失学民众教育补习班、补习教育及短期补习班。失学民众教育补习班以 13～45 岁失学者为对象,以扫除文盲为目的。失学民众补习教育分初级班、高级班、继续教育三级。初级班相当于小学一二年级教育程度,修业期限为 4～6 个月;高级班相当于小学三四年级教育程度,修业期限为6～12 个月;继续教育又分第一阶段与第二阶段两级。1951 年后,各种补习学校成为补习教育最重要形式。补习学校分普通补习学校、职业补习学校两种,又可分为初级、中级、高级三级,分别与小学、初中、高中相当,修业年限为 2 年、3 年、3 年。补习学校逐年增加,发展很快。

20 世纪 60 年代起,台湾经济快速发展,以扫盲为主的补偿性成人教育开始转向成人职业培训、成人进修教育。1975 年,在 288 所补习学校中,普通补习学校为 135 所,职业补习学校为 153 所。补习教育开始以补充使用知识和技能、传授实用技术为主要目的。1976 年,台湾修正公布《公立补习学校空中教学实验办法》。1978 年发布《补习学校规程》。20 世纪 80 年代后,职业补习班的科目增多,有缝纫、驾驶、打字等数十种。1990 年,教育行政主管部门发布"成人教育实施计划",积极规划办理各项成人教育及其相关工作。1991 年,发布《发展与改进成人教育五年计划纲要》,主要内涵包括成人教育的重要措施、推展机构、实施方式、资源提供、信息服务等,并编列约 35 亿新台币的经费。该计划为台湾行政当局核定的第一个整体性的成人教育计划。

同时,大学院校的推广教育开始迅速发展。1962 年,颁布"各院校夜间部改制要点",确定夜间部为推广教育,并制定发展原则:注重实用、适应需要、不影响正常教育等。1982 年,修正公布的"大学法"规定大学得办理推广教育,成为大学推广教育的依据。1984 年,修订的"大学章程"公布,对大学推广教育事项进行了规定。大学推广教育分夜间部和推广部两类,夜间部分正式生和选读生,前者有学籍,招收高中毕业生或具有同等学力者,经入学考试录取;推广部办有各类短期班,名称多样,如讲习班、进修班、训练班、研习班、暑假班等,科目类别大致可分为文、理、法商与管理、农、工、医、海事、教育、资讯等九类。1983 年,台湾有 25 所大学举办推广教育,参加学生人数达 5.37 万人。

此外,随着广播、电视、多媒体等技术的发展,远程教育也开始发展。1960 年前后,教育广播电台和教育电视广播电台相继成立。1966 年,第一所空中学校"高级商业职业广播实验学校"成立。1971 年,教育行政主管部门成立空中教学委员会,负责空中教学的策划、协调及督导事宜,之后还择定各地公立学校共 29 所附设空中补校。中华电视台也正式开播,特设置教学部主持空中教学。此外,政治大学亦开设空中行政专科学校。1977 年,订立《实验空中专科进修补习学校设置暂行办法》,提升空中补习教育至专科程度,空中商专成立。招收高中毕业生或具有同等学力者,开设专业有国际贸易、会计、银保、企业管理四类,修业年限 3～7 年。同年,政治大学附设了空中行政专科学校,其学校形态与教学方式与空中商专相同,学生最低需修 74 学分,修业年限为 3 年,经考试合格可获资格证书。1982 年,空中大学规划委员会成立,同年修订的"大学法"明确了空中大学的成立。1985 年,公布"空中大学设置条例",将空中教育扩展至大学程度,学生分为选修生、全修生及自修生。1986 年,空中大学成立,首届报名人数约 3.7 万人,录取近 2.1 万人。空中大学在基隆、新竹、台中、嘉义等地设有学习指导中心,学生可就近选择学习指导中心参加面授教学、考试、课业及生活辅导等。1997 年,高雄空中大学成立,采取登记入学形式,空中教育体系基本形成。

文化教育方面,1977 年,台湾当局推行推行 12 项建设计划,其中一条是建立每一县市文化中心,包括图书馆、博物馆、音乐厅。1978 年,台湾教育行政当局拟订《文化建设规划草案》,作为当时文化建设政策。1980 年,修正公布"社会教育法",规定各市县应设立文化中心,以图书馆为主,办理各项社会教育及文化活动。

1994 年台湾教育行政主管部门召开第七次教育会议,提出一个新主旨,建构终身教育体系,落实整体教育理想;开放正规教育机构,促进教育资源共享;调适非正规教育制度,提供多元学习机会;运用非正式教育途径,普及全民终身学习风尚。1995 年,台湾教育行政主管部门发布报告书,报告书中提出要规划生涯学习体系,建立终身学习社会。1996 年,发布《以终身学习为导向的成人教育中程发展计划》,以推展成人终身教育。1997 年,"成人教育法"颁布,这是台湾成人教育的系统性纲领,确定了成人教育的目的、对象、范围、负责机构、经费来源、教育成果评鉴等有关成人教育的所有重大事项。将补习学校、空中学校、进修学校、函授学校、成人教育中心、推广教育中心、社区成人学院、妇女教育会馆、老人学院等都纳入成人教育的办理机构,并将其做了性质上的划分。同时规定各级行政机关必须从多元渠道筹措资金,除照顾经费短缺地区外,还应对民营机构、私人或民间团体办理成人教育进行补助。设置学习认证中心,办理民众学习能力鉴定、接受申请、核发学习机构学历登记证书等。"成人教育法"融入了终身教育的理念,进一步落实了成人教育的地位。1998 年,台湾教育行政主管部门发布《迈向学习社会——推展终身教育,建立学习社会》的报告,要求全面开展终身学习活动,同时宣布该年为终身学习年。该报告阐述了建立终身学习社会的具体途径,包括回流教育制度的建立、终身教育法规的研制、入学渠道的放宽、课程与教学的调整、全民外语学习的推广、成就知能认证制度的建立、终身学习场所的普设、学习信息的整合、终身学习卡的发行等,使台湾的终身教育迈向制度化。同年又提出"推动终身教育,建立学习社会中程计划(1998—2003 年)",以 14 项方案为重点工作,积极建构学习社会雏形。该计划的主要目标是结合民间力量提供学习资源,供民众参与学习,并通过正规、非正规及非正式的教育途径,突破各种时空限制,增加各种终身学习机会,以因应民众终身学习的需求。2002 年,公布"终身学习法",明确终身学习指个人在生命全程中所从事的各类学习活动,要求设置"终身学习政策推动委员会",整体规划终身学习政策,奠定台湾终身教育基石。其后陆续于 2003 年、2004 年完成各项子法,据以推动终身学习各项活动。2003 年订定"建立终身学习社会"五年计划,以接续"推展终身学习教育,建立学习社

会中程计划(1998—2003 年)"。该计划的具体措施包括培养民众终身学习理念;增进终身学习机会,提供多样化及多渠道的学习机会;配合学校教育改革,使教育更活泼、更有创意,培养有致用能力的学生;建立回流教育制度,开拓各种就学机会,提供在职人员回校再参与学习的机会;建立终身教育完整体系,以提供全民再参与学习的机会。成人教育在终身教育理念的冲击下,朝向建立终身学习社会发展。2010 年,第八次教育会议召开,以"新世纪、新教育、新承诺"为愿景,以"精致、创新、公义、永续"为主轴,并提出 10 大中心议题,第十项议题即为"终身学习与学习社会",提出一系列政策与策略:设置各级推动单位,建立完整架构;尽快研修"终身学习法";建立终身学习成就认证的完整机制;建立终身学习机构间的协调与统整;充实终身学习推展的经费。2011 年融入休闲教育理念,鼓励民众通过休闲活动学习新事物、培养体能与运动兴趣、学习关怀、服务他人与回馈社会,并通过试办发行终身学习卡等方案,让民众在日常生活中实践终身学习行动。

20 世纪 90 年代之后,远程教育进入数字化教育(在台湾称数位学习)时代,以计算机网络、多媒体与专业内容网站等媒介进行全新的教学与学习。它运用了新的信息技术并能提供资源丰富的学习环境,不受时空限制,使终身教育成为可能。台湾各高等教育机构积极开发数位学习课程,并成立数位学习中心。1999 年,台湾教育行政主管部门开放大专以上学校办理"异步网络远程教学",2001 年又颁布《专科以上学校实施远程教学作业规范》,使高等教育机构均可实施网络教学。同时拨专项经费鼓励各大学人文、社会、管理等专业学术部门开设异步网络远程课程,在 2001 年就有 37 所大专院校获得资助,开发了 124 门网上课程。大学远程推广教育已成为台湾大学推广教育中发展的最快的类别。台湾的行政机关和社教机构也纷纷成立数位学习网站,如社教博识网、台北市的市民终身学习网、"台北 e 大"等。台湾也出现了一批以数位学习为手段的成人补习教育机构。

1998 年,台湾开始设立社区大学。社区大学是 21 世纪台湾发展最快的成人教育机构,也多采用网络教育形式进行教学。课程分为三类:学术性课程、生活技能类课程、社团性课程。2002 年的"终身学习法"明确规定各县市均要设立社区大学。2003 年,教育行政主管部门发布补助及奖励社区大学及其相关团体的要点,除鼓励社区大学开设学术性及公民素养课程外,还要求地方行政机关每年办理"绩效评鉴",以有效督导社区大学健全运作。为发展社区教育学习体系,台湾提供社区终身学习场馆。台湾地区设有 5 所社会教育馆,分别位于台北、新竹、彰化、高雄、台东。台湾教育行政主管部门在 2003 年以"信息教育、两性教育、永续(环保)教育、生命教育、消费者保护活动、外籍配偶教育、老人

教育、艺术教育、公民素养"等社会教育工作重点,优先补助4所社会教育馆督导所属240个社会教育工作站开办多元社会教育活动。又在2004年积极筹建公立社会教育机构,推动社会教育机构服务升级计划,并办理社会教育机构评鉴及转型;建构社会教育机构网络,辅导社区大学健全发展,发展社区教育学习体系。非营利民间组织也蓬勃发展,以策略联盟方式,共同规划办理全民终身学习活动。为整合小区学习资源,提供终身学习支持渠道,2010年推动学习型小区方案,征选4个示范学习型县(市),各县市均有不同发展特色,如台北市发展终身学习城市、苗栗县发展智能型城市、嘉义县发展观光休闲教育、台南市发展大庙兴学,并成立试办学习型小区辅导团,协助地方行政机关推动学习型小区;至2011年由城乡为首,启动"学习型城乡"计划。

为因应高龄社会来临,强化小区老人学习活动,台湾当局于2006年公布迈向高龄社会老人教育政策,以终身学习、健康快乐、自主与尊严及社会参与为四大政策愿景,积极规划推动老人教育活动。2011年度已于205个乡镇市区结合地方性组织设置209所乐龄学习中心,对象以55岁以上的小区中老年人为优先,并招募志工成立"乐龄志工队",以协助中心推动乐龄学习中心工作。此外补助56所大学院校办理"乐龄大学计划",让老年人进入校园和学生共同学习,促进世代交流。除办理小区老人教育活动外,还研编出版乐龄学习中心系列手册(创意教案、志工手册、工作手册)、祖孙系列(国中组、国小组、幼儿组)教材等议题,以增进老人学习渠道及提升老人专业知能。

台湾成人教育实施机构

补习学校　补习学校提供的教育可分为民众补习教育、进修补习教育、短期补习教育三种。凡已逾龄且未接受九年义务教育者,可参加民众补习教育;已接受九年义务教育者可接受进修补习教育,待修业期满结业,通过资格考试,可获得同级学校的同等学力资格;志愿增进生活知能者,可参加短期补习教育。(1)民众补习教育。由小学、中学附设的补习学校实施。小学补习学校分初级、高级二部,初级部相当于小学前三年的教育,修业期限为6～12个月;高级部相当于小学后三年的教育,修业年限为18～24个月。中学补习学校相当于中学教育,修业年限不得少于三年。(2)进修补习教育由高级中等以上学校依需要附设进修学校实施。进修学校分高级中学及职业进修学校、专科进修学校、大学进修学校三级。各级进修学校由同级、同类以上学校附设为限。(3)短期补习教育由学校、机关、团体或私人办理,分技艺补习班及文理补习班二类,修业期限为1～18个月。各级补习学校及进修学校的授课有按日制、间日制或周末制;其教学内容以适应学生学习及社会需要为准。

其教学科目、每周教学时(节)数、课程标准、设备标准、毕业条件及实习规范,由教育行政主管部门制定。除以一般方式施教外,还可以函授、广播、电视、计算机网路等教学方式办理。小学补习学校无入学资格限制。中学补习学校及各级进修学校的入学资格以具有规定学历,或经自学进修学力鉴定考试及格,或具有同等学力者为限。补习生须经入学考试合格、甄试录取、登记、分发或保送入学。补习生入学不分系别,入学后可根据个人兴趣选读课程,毕业时依据所选学分再核定系别。补习学校、高级中学及职业进修学校学生,修业期满成绩及格者,准予毕业,并由学校给予毕业证书,具有同级、同类学校之毕业资格。专科以上进修学校学生,修满规定学分,成绩及格者,准予毕业,并由学校给予毕业证书(或学位证书),具有同级、同类学校之毕业资格。

社区大学　台湾的社区大学均由台湾地区的"直辖市"或县(市)政府设立,办理方式可分为选定办理及委托办理两种,多数社区大学为公办民营方式,以公开评选的方式(分资格审查与经营方案审查两阶段)委托民间团体(依法登记的财团法人或公益社团法人)办理,少数由县市政府直接办理。办理经费主要来源为台湾县市政府及教育行政主管部门的补助、向学员收取学费等。多数社区大学设在中学或大学内,由主管机关负责协调场地。课程包括学术课程、生活艺能课程、社团活动。师资并无最低条件限制,凡具有该学科专门知识或实务经验者均可任教。无入学资格限制,入学采用报名方式,不必考试或选拔;无修业年限规定;不分学系,课程的修习具有弹性。招收学员以18岁以上的成人为主,不授予正式学位,学员依规定完成课程修业者,依规定颁发研习证书。

空中大学　台湾有两所公立的空中大学。空中大学主要目的在于提供成人进修及继续教育,教学方式以远距离教学为主、面授教学为辅,通过电视、广播、互联网等渠道播送教学内容。学生还可以定时或随时通过"因特网实时播放系统"点选收看和收听教学节目。至2011年,台湾空中大学在全台湾各地设有14个教学中心,设有人文学系、管理与资讯学系、社会科学系、生活科学系、商学系、公共行政学系等6学系以及1个共同科,下设36学类。学生分全修生和选修生两类:全修生须年满20岁,招收高中毕业生或高级职业学校毕业生以及同等学力者,有学籍,成绩及格发给学分证明书,如修满128学分且符合毕业规定可申请毕业,取得毕业证书,并获颁学士学位;选修生须年满18岁,不限学历,无学籍,成绩及格发给学分证明书,但不得申请毕业,也无法取得毕业证书,没有学位。高雄市立空中大学开设法政、工商管理、大众传播、外国语文、文化艺术、科技管理等6个学系及通识教育中心。教学方式有计算机网络教学、电视教学、广播教学及传统面授等4种。招生不限学历、免试入学,不限修业年限。另有各类学分班,如法律学分班、文化行政推广教育学分班等。

社会教育机构　主要包括社会教育馆、社会教育工作站以及其他社会教育机构。台湾有五个社会教育馆,分别设于台北、新竹、彰化、高雄、台东,每一个社会教育馆的辅导区为六七个县市。社会教育馆卜设社会教育工作站,负责社区学习机会的提供。社会教育馆是综合性社区教育机构,除督导所辖各社会教育工作站的运作外,自身也举办诸多活动,包括成人教育、妇女教育、家庭教育、老人教育、艺术教育、信息教育、媒体素养教育、生命教育、法治教育等。其开展方式包括开放研习班、研讨会、读书会、音乐会、专题演讲、比赛、展览及旅游学习等。社会教育工作站设执行委员会,并选出一人为召集人,负责总体业务。实际工作大多由参与的志工完成。工作范围及活动内容广泛、多样,凡能充实社区民众知能、提升社区生活品质、促进社区进步的活动均涵盖在内。为了促进社会教育工作站的发展,由各社会教育馆办理评鉴工作,表现优良者给予奖金或奖牌的鼓励,并进行观摩活动;表现不佳者予以停站处置或组成新的委员会接管。其他社会教育机构分布于各地区,依业务性质可分图书馆或图书室、博物馆或文物陈列室、科学馆、艺术馆、音乐厅、戏剧院、纪念馆、体育场所、动物园、儿童及青少年育乐设施与其他有关社会教育机构等11大类。台湾教育行政主管部门直属的社会教育机构有15个。

至2011年,台湾共有小学补校287所,全部为公立;中学补校213所,公立210所,私立3所;高级进修学校225所,公立108所,私立117所;专科进修学校47所,公立5所,私立42所;进修学院47所,公立7所,私立40所。空中大学2所。社区大学83所,少数民族部落大学14所,每年选课人次超过23万名。

参考文献

黄新宪.台湾教育的历史转型[M].上海:上海人民出版社,2010.

周祝瑛.20世纪台湾教育[M]//顾明远.中国教育大系.武汉:湖北教育出版社,2004.

（王连红）

台湾高等教育（higher education in Taiwan）　台湾高等教育起始于19世纪末期,在一百多年的不断发展中形成了以培养高层次人才为导向、类型结构和层次结构完整的高等教育体系。

台湾高等教育发展历程

1897年,日本人在台湾设立"台北医院附设医学讲习所",该讲习所修业年限为预科一年、本科三年,只要稍通日语者即可入学。1899年,台湾总督府医学校正式成立,台湾高等教育由此开端。1918年,医学校增设医学专门部。次年规定,招收中学毕业生,修业年限为4年,台湾高等教育正式创立。1928年,台北帝国大学创办,是台湾第一所大学。该校开校时仅设文政与理农两学部,按日本大学模式办学。截至1945年,台湾共有5所专门学校、1所大学。

1945年,台湾光复之后高等教育开始进入修整阶段。1946—1948年,陆续废除日本统治时期的高等教育学制,包括日本在第二次世界大战时期缩短修业年限的"非常措施方策"。1949年国民党退台后,台湾当局制定了大专学校暂行学制,其原有的高校暂行学制被废除。自1954年起,因经费不足以支持过多公立大学院校设立,台湾当局转向鼓励私人兴学,增设大量专科学校。至1955年,台湾大专学校的数量有较大增长,陆续创设了11所大专院校,其中私立大专学校5所。台北帝国大学改组为台湾大学,分文、法、理、工、医、农等六学院。学校数量的扩张导致大学生人数急剧增加,在校大学生数达17 997人。

1956年之后台湾经济发展迅猛,急需各种高级专门人才,同时普及基础教育使中学毕业生逐年激增,台湾高等教育进入快速发展时期。这一时期台湾专科、本科、研究生三个层次的高等教育以及高等业余教育有了全面发展,高等教育建立起了较完备的体系。1974年,台湾设立第一所职业技术体系的大学院校,确立了一般大学教育和职业技术教育双轨发展的政策。为加强对高等教育的管理,台湾当局于1972年修正"大学法",1974年修正"大学规程"。至1975年,高等院校（大学、独立学院、专科学校）增至101所,其中私立学校占68所,学生总人数达289 435人。

20世纪70年代后期,台湾高等教育从注重数量发展转为注重质量提高。1976年,台湾当局在《台湾经济建设六年计划》中明确了今后大学发展的重点在于"提高教育素质与学术水准",并据此出台一系列与此相呼应的措施:(1)控制大专院校的数量,大力发展研究所和研究生教育。1976—1993年,台湾减少了2所专科学校,增加了1倍左右的大学及独立学院,新增加391个研究所。(2)大专评鉴工作。台湾教育行政部门为提高大专院校的学术水平,于1975年起实施大专评鉴工作。评鉴范围包括师资、设备、图书、研究场所、行政、课程、经费、十年来毕业就业与深造情况等。委派专家、学者到各大专院校进行全面评估,目的是通过评估为各大学提供改进依据与参考。之后逐渐形成每三年进行一次全面的大规模评鉴工作的制度。(3)调整系所,推行"科际整合"。为使各大学系、所的有限人力、物力得以充分发挥,提高其研究水平,台湾行政主管部门于1983年通过了《调整公私立大学及研究所有关科技之系所,加强科技教育的方案》。之后又完成了《推动科际整合工作计划草案》,期望通过设备整合、研究群的建立、系所调整、学科设立及领域交流等方法与措施,培养具有整体观念的高级人才。

1994年,台湾当局修正并公布"大学法",高等教育开始"教育松绑"、自主办学。之前台湾高等教育在制度上强调一致性标准,其招生、学籍、课程、师资乃至学校的组织、运作均依据教育行政部门颁布的共同标准与规定办理。"大学法"明确赋予大学自主权,其招生、师资聘任、课程、组织等由大学自主决定,高等教育开始朝多元化、民主化方向发展。同年台湾教育开始大规模改革,提出多项改革重点。1995年,台湾再次修正"专科学校法",以筛选符合大学设立标准的专科学校,并将之改为技术学院。同年起接受专科学校改学院的申请,1996年进入具体试办操作阶段。至1996年,台湾技术学院增至16所,当年新改办设立的技术学院为9所。1996年,台湾教育行政主管部门制定《大学及分部设立标准》,规定独立学院具有12个以上学系,3个学术领域即3个学院的规模,办学成绩优良者即可申请改名为大学。据此,自1997年起台湾开始创建科技大学,当年就批准成立了5所。2000年,台湾颁布有关大学教育政策的草案,展开大规模高等教育改革。根据规划,台湾高等教育将朝"质量平衡、开放竞争"两个方向发展,改革台湾高等教育的现状,实现多元化、自由化、国际化、卓越化四大目标。该草案涵盖了台湾高等教育发展的重大课题,主要有:(1)控制大学的质与量。鼓励学校合并、转型,未来不再设立新的公立大学,对私立大学不再实行严格的"立案制",转为实行许可报备制,以避免教育资源浪费。(2)大学组织与学制的改革。公立大学将逐步朝着类似私立学校的财团法人方向发展,近期则实行董事会制,学校经营及筹款由董事会负责。实行多元化的弹性学制,包括考招分离、学程取代学系制、学位认定多元化、学术与专业双元认定标准、学年学分制等。(3)大学改革方向多元化。突出学术专长与特色,强调学生选择的多样化,为学生适才适性发展提供空间;建立高等教育回流教育入学渠道;规划高等教育区域均衡发展,鼓励在台湾中东部设校,对未设有大学的县市优先考虑设立大学分部,使每一县市至少有一所高等教育机构。(4)实施多元化学费制度。大学自定学杂费征收项目及标准,但私立大学收费标准不得超过行政管理、教育研究训辅、奖助学金的支出总额;公立大学的收费标准不得高于教育部门所定的基本所需经费中学校应自行负担的部分。

台湾高等教育具体改革措施有:(1)成立大学系统,以提高大学竞争力。2002年,台湾"清华大学"、"交通大学"、"阳明大学"、"中央大学"四校正式签署成立联合大学系统意愿书。四校在原校名与组织不变、尊重各校独立性与自主性原则下,组成大学系统——"台湾联合大学系统"。以四校整并为发端,各个"大学系统"陆续成立。如台湾师范大学与台湾科技大学联盟;高雄应用科技大学与高雄师范大学联盟;之后台湾大学、政治大学、成功大学、中山大学等四所大学合组成立"台湾大学系统",四校实现共同招生、教师短期互换、学生互选课程、学分相互承认、加强网络教学、共设研究中心等;四校设一总校长,统筹资源整合问题;四校共同成立执行委员会,委员会下设教学、研究、学生事务、行政及技术支持、国际事务、图书资讯等6个工作小组。此外,师范院校也决定成立"台湾联合师范大学系统",包括台湾师范大学、彰化师范大学、高雄师范大学等11所师范院校。该系统共组大学系统委员会作为决策及沟通协调机制,合作发展的方向包括中小学课程、教材、评鉴、师资培育等。(2)废除联考制。2002年,实行48年的联考制被废除,从2003年开始,实行多元入学方案。新方案分为"甄选入学"、"考试入学分发"两大类。"甄选入学"由"大学甄选入学委员会"及大学校系办理,即由考生到各大学报名,再由各大学择优录取。考生必须先通过"大学考试中心"举办的基本能力测试,合格后再参加各大学自办的指定科目考试。"甄选入学"可分为"繁星推荐"和"个人申请"两种方法,"繁星推荐"是延续繁星计划"高中均质、区域均衡"的理念由高中向大学校系推荐符合资格的学生;"个人申请"兼具学生可依个人志趣选择大学校系及大学校系依其特色选才双重目的。"考试入学分发"是由台湾教育行政主管部门统一择优分配到各大学的一种方法,由"大学考试入学分发委员会"办理。使用大学入学考试中心及大学术科考试委员会联合会的当学年度相关考生基本数据、学科能力测验成绩、指定科目考试及术科考试成绩,作为分发录取的依据。凡公立、私立高中(职)毕业生或具同等学力者均可以其参加该年度指定科目考试或学科能力测验、术科考试等各项考试之成绩,以参加"考试入学分发"。招生名额依教育行政主管部门核定原则办理。考生均须参加指定科目考试,大学校系自定义其指定考试科目,以3~6科(含术科考试,不含学科能力测验)为限。(3)实施"高等教育回流体系方案"。为缓解升学和就业压力,1998年,台湾教育行政主管部门函颁《建立高等教育回流教育体系实施方案》。该方案允许试办大学先修班,即应届高中毕业生如既没有考上大学,又没有工作,可以预先修读大学课程,等下一年考取大学后,预先所修成绩有效,不必再重修;即使往后仍未考取大学,仍可取得相当于大学文凭的"副学士学位",或相当于专科文凭的"专士学位"。另外,对在职研究生的考取、社会人士的专职教育等也予以放开。(4)改革高等教育评鉴制度,提升教育教学绩效。2001年,台湾教育行政主管部门发布"办理大学学门评鉴作业要点"。2004年,大学校院的校务评鉴首次全面性展开,共有76所高校参与。2005年,公布大学校务评鉴结果,并于同年与台湾地区153所大专校院共同捐资成立财团法人高等教育评鉴中心基金会。校务评鉴采用品质审核机制,系所评鉴采用认可制,涵盖五大指标:目标、特色与自我改善;课程设计与教师教学;学生学习与学生事务;研究与专业表现;毕业生表现等。(5)推进高等教育法人化。1999 年,"大学校院校务基金设置条例"规定在同年开始全面强制设立基金、自筹部分财源,鼓励高等教育法人化改革。2004 年,台湾教育行政主管部门修订并发布"大学校院校务基金管理及监督办法",落实公教分离,并赋予公立大学更大的自主办学空间,之后对此办法先后于 2007 年、2008 年重新修正并发布,推进了高等教育的法人化发展。(6)整合与优化教育资源。为追求优质并向国际一流大学靠拢,2000 年,推出"大学学术追求卓越发展计划"、"提升大学基础教育计划"等项目型补助。2001 年,台湾教育行政主管部门制定了"大学校院区域资源整合发展计划",鼓励公立大学进行校际合作、资源整合与结谊联盟,推动了 2002 年《研究型大学整合计划》的出台以及台湾联合大学系统的进一步形成。台湾科技大学等 37 所北区技专校院成立了"北区技专院校校际合作联盟",中区 19 所技专校院成立"中区技专院校校际联盟"。2005 年,台湾教育行政部门启动"发展国际一流大学及顶尖研究中心计划"、"奖励大学教学卓越计划",具体目标设定为"5 年内至少 10 个顶尖研究中心或领域居亚洲一流,10 年内至少 1 所大学跻身国际一流大学之列"。2005 年度设立 10 亿新台币竞争性经费,奖励一般大学校院提升教学品质,2006—2008 年度间编制《新十大建设计划》,以 3 年 150 亿新台币的特别预算进行推动。该计划以成立区域教学资源中心、建构公共资源分享平台的方式将经费转化为学校资源的共享。截至 2009 年,已成立 7 个区域教学资源中心,并购置或建立了大学校院图书、通识教育课程资源平台、技职校院技术研发中心研发成果导入教学资源共享平台、技专院校共用性电子资料库及技术研发中心电子图书共享平台、技职校院通识教育课程资源平台等,使卓越计划的效益扩散至整个台湾的大学校院。参见"台湾职业技术教育"。

台湾高等教育体系、结构及管理体制

台湾高等教育的体系和结构　台湾高等教育有两大类型体系:普通高等教育体系、职业技术体系,此外还有师范教育体系、远程教育体系、军警教育体系。普通高等教育体系指普通全日制综合型大学;技术教育体系包括科技大学、技术学院和专科学校(参见"台湾职业技术教育");师范教育体系指台湾的师资培养体系(参见"台湾教师教育");远程教育体系指空中大学(参见"台湾成人教育");军警教育体系指属于军方和警察体系的高等教育,有大学、学院和专科学校。

根据"大学法"的规定,从办学来看,台湾的大学可分为公立及私立两类。公立大学由台湾教育主管部门审查全台湾的情况设立或由地方行政部门报经台湾教育行政主管部门批准设立;私立大学依照"私立学校法"的规定办理。大学分文、理、法、医、农、工、商 7 类及其他学院。凡具备 3 个学院以上的,才可被称为大学,不合此项条件者则被称为独立学院。大学或独立学院办理完善成绩优良者,可以设研究所。高等学校的研究所均附设于大学或独立学院内。专科学校按不同学制可分为两年制专科学校和五年制专科学校。参见"台湾职业技术教育"。

台湾高等教育管理体制　台湾高等教育行政管理体制中最高掌理机构为台湾行政当局,其下设有教育行政主管部门主掌全台湾的教育工作。教育行政主管部门以及下设的"高等教育司"、"社会教育司"、"技术及职业教育司"等机构以及高各种特设委员会负责掌理台湾高等教育。"高等教育司"掌管大学及研究所各项教育事项,下设若干处级机构,具体处理各自分工的职能工作。"技术与职业教育司"掌管技术学院及专科教育、职业教育事项。"社会教育司"掌管社会教育事宜。

在大学内部,校务会议为大学最高决策机构。校务会议由校长、副校长、教师代表、学术语行政主管、研究人员代表、职员代表、学生代表及其他有关人员代表组成,校长为主席,教师代表人数不得少于全体会议人员的 1/2,其中具备教授或副教授资格的教师不少于教师代表人数的 2/3。校务会议负责审议的主要事项有:预算;学院、学系、研究所及附设机构的设立、变更与废止;教务、训导及总务上的重要事项;大学内部各种重要章则;校长交办及其他重要事项。同时还设置行政会议、教务会议以及院务会议、系务会议。行政会议由校长、副校长、教务长、学生事务长、总务长、各学院院长及其他单位主管组成,校长为主席,协助校长处理有关校务执行事项;大学设教务会议,以教务长、各学院院长、各研究所所长及各学系主任组成,教务长为主席,讨论教务上的重要事项;大学各学院设院务会议,以院长、各研究所所长、各学系主任及本院教授、副教授代表组成,院长为主席,讨论本院研究计划、教学设备及其他有关院务事项;各学系设系务会议,以系主任及本系教授、副教授、讲师组成,系主任为主席,讨论本系教学、研究及其他有关系事项;各研究所设所务会议。此外,大学还设训育委员会,以校长、教务长、训导长及军训总教官为当然委员,并由校长聘请 3~15 名教授组成,校长为主席,研讨有关训导的重要事项。教师方面的事项由教师评审委员会负责,评审教师的聘任、升等、解聘及学术研究等事宜;经费方面则由经费稽核委员会负责,可稽核学校经费的收支并进行公布。公立大学校长由教育行政主管部门聘任;私立大学校长由董事会报请教育行政主管部门核准后聘任。大学还可以依据规模设 1~2 名副校长,协助校长处理校务并推动学术研究,采用任期制。独立学院的内部设置与大学相同。

台湾高等教育学位与修业年限

台湾各级、各类学位名称由各校决定,但需报教育行政主管部门备查。学位分为副学士、学士、硕士及博士四级,副学士学位由专科学校授予,并得由大学授予;学士、硕士、博士学位由大学授予。各校院依"专科学校法"、"大学法"及"学位授予法"授予各类学位。

副学士 两年制专科学校的副学士招收职业学校毕业或具同等学力者,经教育部核定的科别招收高级中学毕业生,修业期限为2年;五年制专科学校的副学士招收初中毕业或具同等学力者,修业期限为5年。修业期满并修满应修学分,有实习年限者,实习完毕经考核成绩合格者,可授予副学士学位。

学士 招收高级中等学校或同等学校毕业,或具同等学力者。修业期限为4年,但须视系、所、学院、学程的性质延长1~2年,并视系、所、学院、学程的实际需要另增加实习半年至二年。招收已取得学士或副学士学位者修读学士学位者可缩短修业年限。大学修读学士学位的学生,修业期满并修满应修学分,有实习年限者,实习完毕经考核成绩合格者,可授予学士学位;大学双主修学生,修满本学系及他学系应修学分者,分别授予学士学位;修读辅系者,不另授予学位;空中大学全修生依空中大学设置条例修满规定学分成绩及格者,可授予学士学位。专科学校及大学附设进修学校修读副学士学位、学士学位的学生,修业期满并修满应修学分,有实习年限者,实习完毕经考核成绩合格者,分别授予副学士、学士学位。

硕士 招收取得学士学位或具同等学力者。修业期限为1~4年。硕士班研究生完成硕士学位应修课程,提出论文,经硕士学位考试委员会考试通过者,可授予硕士学位。艺术类或应用科技类研究所硕士班研究生,其论文以创作、展演连同书面报告或以技术报告代替。

博士 招收取得硕士学位或具有同等学力者。修业期限为2~7年。博士班研究生想获得学位必须先成为博士学位候选人,需具备条件为:完成博士学位应修课程;通过博士学位候选人资格考核。博士学位候选人提出论文,经博士学位考试委员会考试通过者,可授予博士学位。硕士班研究生修业一年以上,成绩优异,由研究所教授推荐,所务会议审查通过,经校长核定并报请教育行政主管部门备查后,可直接修读博士学位。自修业年限六年以上的学系毕业获得学士学位,并经有关专业训练二年以上者,提出与硕士论文相当的专业论文,经博士班入学考试合格,直接修读博士学位者,可依照相关规定授予博士学位。各大学校院修读学士学位应届毕业生及硕士学位学生,在修业期间成绩优异,并具有研究潜力者,可依学校规定申请直接修读博

士学位。此外还有名誉博士学位,一般授予在学术或专业上有特殊成就或贡献,有益人类福祉者,或对文化、学术交流或世界和平有重大贡献者。

学程可分为学位学程和学分学程。学位学程指授予学位的跨系、所、院专业领域之课程设计及组合。学分学程指发给学分证明的跨系、所、院专业领域之课程设计及组合。大学以学院对外开设跨系、所、院之学分学程或学位学程,其入学资格、修业年限及学位授予均与一般学士班、硕士班及博士班的规定一致。

台湾的大学评鉴制度

大学评鉴类别 包括以下类别:(1)校务评鉴:对教务、学生事务、总务、图书、信息、人事及会计等事务进行全校整体性的评鉴。(2)院、系、所及学位学程评鉴:对院、系、所及学位学程的课程设计、教师教学、学生学习、专业表现、图仪设备、行政管理及办理成效等项目进行的评鉴。(3)学门评鉴:对特定领域的院、系、所或学程,就研究、教学及服务成效进行的评鉴。(4)项目评鉴:基于特定目的或需求进行的评鉴。第一项及第二项评鉴每4~7年办理一次;第三项及第四项评鉴依需要办理。

大学评鉴实施 为办理大学评鉴,台湾教育行政主管部门与大专院校共同出资于2005年成立"财团法人高等教育评鉴中心基金会"。台湾教育行政主管部门会负责组成评鉴委员会或委托学术团体、专业评鉴机构定期进行评鉴。两类大学可向台湾教育行政主管部门申请免接受评鉴:已建立完善自我评鉴制度,其自我评鉴结果经台湾教育行政主管部门认定通过的大学;已经台湾教育行政主管部门认可的其他专业评鉴机构评鉴通过的大学。

一般评鉴的流程为各校或院、系、所先进行自我评鉴,再由评鉴中心聘请专业同侪组成访视小组,进行实地访评。评鉴结果采用认可制,分为通过、有条件通过(或待观察)及未通过三类。经评鉴为有条件通过及未通过之学校,均应于次年分别接受追踪评鉴与再评鉴。经评鉴为待观察及未通过的院、系、所,均应于次年分别接受追踪评鉴与再评鉴。技专校院以"学校整体"为单位实施评鉴,一次性完整办理综合校务与各科系评等。每校每4年轮评1次,下一周期起调整为5年,并分别于评鉴1年及2年后办理受评三等科系所咨询辅导访视及追踪评鉴。各类评鉴结果除在评鉴信息网公布,提供大众查询外,还作为核定各校调整学杂费、增减招生名额与审核奖补助经费的根据。

评鉴委员会的工作程序为:(1)组成评鉴委员会,统筹整体评鉴事宜。(2)各类评鉴于评鉴办理一年前通知受评鉴大学,学门评鉴及项目评鉴不在此限。(3)各类评鉴会提前编订评鉴实施计划,除项目评鉴外,均于办理评鉴六个月

前公告。(4)评鉴实施计划内容包括评鉴项目、基准(指针)、程序、结果、申复、申诉与评鉴委员资格、讲习、伦理、回避及其他相关事项,经评鉴委员会通过及台湾教育行政主管部门核定后,由台湾教育行政主管部门或其委托的学术团体、专业评鉴机构进行公告。(5)办理评鉴说明会,针对评鉴计划的实施向受评鉴大学详细说明。(6)筹组评鉴小组接受评鉴委员会的督导,执行评鉴事务。(7)于当年度该次所有大学评鉴结束后四个月内完成评鉴报告初稿,送受评鉴大学。(8)对评鉴报告初稿不服的受评鉴大学,可在收到报告初稿两星期内,向台湾教育行政主管部门或其委托的学术团体、专业评鉴机构提出申复。申复有理由时,评监委员会会修正评鉴报告初稿;申复无理由时,则维持评鉴报告初稿,并完成评鉴报告书及评鉴结果。(9)由台湾教育行政主管部门或其委托的学术团体、专业评鉴机构公布评鉴结果,并将评鉴报告书送受评鉴大学。(10)对评鉴结果不服的受评鉴大学可在结果公布一个月内提出申诉。申诉有理由时,评监委员会会修正评鉴结果或重新办理评鉴。

台湾高等教育经费

台湾高等教育经费分为基本需求经费(含一般经常性经费、私校奖补助、公立大学校务基金补助)及政策引导性经费(含奖励教学卓越、发展国际一流大学及振兴经济扩大公共建设计划等)两大类。台湾教育行政主管部门强调通过政策引导性经费(竞争性经费)资助教学或研究绩优大学,鼓励学校发展特色。教育行政主管部门根据“教育经费编列与管理法”决定教育经费分配,并设置教育经费分配审议委员会,审核公立、私立教育事业特定教育补助。

台湾公立大学和私立大学的教育经费都须接受相关行政机构管制。公立大学的经费在1996年实施校务基金制度之后可分为两部分:教育行政主管部门的拨款;公立大学通过学杂费、募款、建校合作、推广教育以及其他业务收入获得的自筹资金。自筹资金增加公立大学财政自由度,也改变了公立大学教育经费以往全部依靠拨款的单一结构,各大学均已建立校务基金,自筹资金比例逐渐增高。私立大学教育经费的主要来源是董事会捐赠、学杂费收入、社会团体捐助、校友捐助及政府补助。以学杂费收入为主要经费来源,其他收入所占比例较低。此外,台湾教育行政主管部门还成立了财团法人私立学校兴学基金会,通过基金运作补贴私立大学。

至2011年,台湾地区公立的高等教育机构共有54所,包括大学院校35所,职业技术院校16所,空中大学2所,军警院校1所;私立的高等教育机构99所,包括大专院校36所,职业技术院校61所,宗教研修学院2所。

（马早明）

台湾家庭教育(family education in Taiwan)　　台湾家庭教育属于社会教育,推广机构及渠道多样,形成具多元、弹性、终身学习等特点的体系。

1945年,公布《推行家庭教育办法》,揭示家庭教育的目标是“加强伦理道德教育”,以期建立现代化家庭。内容是孝亲事长、敦亲睦邻、敬老尊贤等伦理教育。20世纪60年代以来,台湾家庭结构日渐松散、亲属关系淡化、家庭教育功能逐渐外移。因应这种变化,台湾当局分别于1968年、1986年、1987年对《推行家庭教育办法》进行修改,核定实施《加强家庭教育促进社会和谐五年计划实施方案暨修正计划》,在各县市成立“亲职教育咨询中心”,编印大量亲职教育丛书,开辟各种家庭教育专栏、亲职教育讲座、家庭教育广播节目、电视节目及宣导短片等,以全面推展亲职教育,为处于社会转型期的民众提供亲职沟通以及咨询服务。咨询与辅导成为家庭教育的主要方式,父母是家庭教育的主要对象。1990年,台湾颁布《家庭教育工作纲要》,把家庭教育的实施范围从父母扩展到家庭中的每个成员,实施内容从亲职教育拓展到包括家庭世代伦理教育、夫妻婚姻关系教育、父母的亲职教育、现代化家庭生活教育、家庭和社区关系教育在内的五大项目,家庭教育被视为所有家庭成员适应社会的学习与成长活动。“亲职教育咨询中心”更名为“家庭教育服务中心”,成立“台湾地区家庭教育中心”,负责统筹规划台湾家庭教育推广工作;出台《加强办理推行家庭教育强化亲职教育功能计划》,将推展家庭教育的业务重点转为积极督导各县市家庭教育服务中心的基层推广工作、建立专业性咨询服务体系、组训义工、继续加强家庭教育的宣导等;并引导各县市“家庭教育服务中心”推展多元化、预防性的“乡镇社区家庭教育”,建立面向基层、全覆盖的家庭教育推广服务网络。1998年,台湾当局推出《推展学习型家庭教育,建立祥和社会中程计划(1998—2001)》,目标是结合终身学习的理念,协助民众建立现代化的健康家庭,并为单亲家庭、少数民族家庭、跨国婚姻家庭、受刑人员家庭以及其他特殊社会群体家庭特别设计与推出不同性质的学习型家庭建设方案。推动“学习型家庭”成为家庭教育的主要目标。2003年,颁布“家庭教育法”,对家庭教育的目的、实施范围、行政主管机关的职责、家庭教育咨询委员会的任务、推展机构、推展方式、推展人员的选拔和培训、课程及教材的研发以及经费保障等都做了规定。家庭教育从强调补救转为强调预防。这一时期出台了“家庭教育法施行细则”,“家庭暴力防治法”、“儿童及少年性交易防制条例”、“志愿服务法”、“志工伦理守则”等系列法规。2004年推出“推展家庭教育深耕计划”,以家庭教育服务地方化、普及化、专业化、国际化及信息化为目标。2007年,县市试办“建构最需要关怀家庭辅导网络”计划,2008年增为23个县市试办,为家长失亲职功能的家庭重塑家庭功能。

台湾家庭教育的范围包括：亲职教育(增进父母职能的教育活动)、子职教育(增进子女本分的教育活动)、性别教育(增进性别知能的教育活动)、婚姻教育(增进夫妻关系的教育活动)、伦理教育(增进家族成员相互尊重及关怀的教育活动)、家庭资源与管理教育(增进家庭各类资源运用及管理的教育活动)、其他家庭教育事项。

推展家庭教育的团体或机构有：家庭教育中心;各级社会教育机构;各级学校;各类型大众传播机构;其他与家庭教育有关的公立、私立机构或团体。家庭教育中心是专门的家庭教育服务与管理机构,隶属各级政府下辖教育行政机关领导,最高教育行政部门下设"全台家庭教育中心",其下县市均设县市家庭教育中心,各乡也都有相应机构。其服务项目包括：家庭教育咨询与面谈、家庭教育讲座与宣导活动、家庭教育信箱服务、家庭教育志愿服务、团体训练课程、家庭教育书籍提供等。家庭教育推展工作以多元、弹性、符合终身学习为原则,依其对象及实际需要,采用多种方式进行,包括演讲、座谈、远距教学、个案辅导、自学、参加成长团体等。高级中等以下学校每学年在正式课程外实施四小时以上家庭教育课程及活动,其内容为与家人关系、家庭生活管理、家庭共学等三项与学生有密切关系的议题。学校还需会同家长会办理亲职教育。此外,为适婚男女及未成年的怀孕妇女提供四小时以上家庭教育课程,以培养其正确的婚姻观念,促进家庭美满;家庭教育课程包含以下内容：婚姻愿景及承诺;解决婚姻及家庭问题的能力;经营婚姻及家庭生活相关资源的取得。

家庭教育经费由各级主管机关负责筹备,在教育经费预算内编列专款;并研订奖助事项,鼓励公私立学校及机构、团体、私人办理推展家庭教育工作。

台湾大学有多个科系设置家庭教育、家政实习等内容,积极培训家庭教育师资;"家庭教育专业人员协会"也接受台湾教育行政部门委托负责家庭教育师资的认证工作。取得家庭教育专业人员证书除需具备"家庭教育专业人员资格遴聘及培训办法"规定的毕业科系及工作经验外,还需修习规定的课程,包括必修科目(如家庭教育学、亲职教育、婚姻教育、专业伦理学、家庭概论、家庭理论等)和选修科目(如家庭教育方案规划、家庭咨询与辅导、性别教育、团体工作、家庭社会学、家庭与法律等),必修及选修科目各至少需修毕10学分,合格者可取得由台湾教育行政主管部门颁发的家庭教育专业人员证书。

(王学风)

台湾教师教育(teacher education in Taiwan)　亦称"台湾师资培育"。台湾光复后,教师教育因应教育及社会发展需要,经过不断改革,已由一元化的闭锁模式发展成具有多元化培育渠道的开放型师资培育模式。

台湾教师教育发展历程　1945 年之前,台湾的教师教育处于萌芽阶段,仅限于培养少量小学校及公学校的师资。1945 年台湾光复之后,台湾教育面临师资严重不足的局面,为此,台湾当局采取了一系列措施：对原有教师加以甄选录用、举办核定考试、从社会上征召教师、开设各种类型的短期师范培训班等。同时逐步扩展和改进师范教育。在改造日本统治时期留下的台北、台中、台南三所师范学校的同时创建新的师范学校。1945 年,设立台湾省立台北女子师范学校(今台北市立教育大学)。1946 年,将台湾省立台中师范学校新竹分校及台湾省立台南师范学校屏东分校分别扩充为(今台北市立教育大学)新竹师范学校与(今台北市立教育大学)屏东师范学校,同年在台北设立台湾省立师范学院。1948 年,设立台湾省立台东师范学校及台湾省立花莲师范学校。所有师范院校均为公立,师范生享受公费待遇并有服务义务。1949 年,台湾师范教育进入繁荣时期,各师范学校不断增设班级,招收学生。1954 年,增设台湾省立高雄女子师范学校,1957 年,又增设台湾省立嘉义师范学校。各师范学校的课程包括必修科目与选修科目,包括语文科、教育科、数学科、体育科等诸多科目。此外,还要学习《论语》、《孟子》、《大学》、《中庸》。到 1960 年,台湾师范学校增加到 10 所,在校师范生从 2 995 人增至 7 572 人。

1960 年,台湾开始将台湾省立台中师范学校改为三年制师范专科学校,1961 年、1962 年台湾省立台北师范学校、台湾省立台南师范学校也相继改制。改制后的师范专科学校招收高中、高职毕业生,在校学习两年,校外实习一年,学生享有公费待遇。1963 年起,三年制师范专科学校又陆续改为五年制师专,招收初中毕业生,也享有公费待遇。到1967 年,所有师范学校都改为五年制师范专科学校,从而使小学师资训练机构由中等学校提升到了专科学校。专科学校的课程中包含基本学科、教育专业学科、选修学科等几类,其中基本学科所占比重最大,教育学科次之,选修学科所占比重最小。此外,各师范专科学校也设立夜间部和暑期部,以加强教师进修工作。这一阶段培养中等学校师资的高等师范教育也有所发展。1955 年,台湾省立师范学院改制为台湾省立师范大学,1967 年更名为台湾师范大学。1967 年,又设立台湾省立高雄师范学院。

20 世纪 70 年代,台湾经济迅速发展,各级各类教育也全面发展,促使高等师范教育建立起体系,在质和量两方面都有较大提升。(1)师范院校的升格改制。1979 年颁布的"师范教育法"规定师范大学、师范学院以培养中等学校或小学的教师及其他教育专业人员为目的,师范专科学校以培养小学、幼稚园的教师及其他教育专业人员为目的。1987 年,师范专科学院一起升格为师范学院,改制后依旧培养小学教师;1989 年,台湾省立高雄师范学院和台湾省立教育学院分别改制为高雄师范大学和彰化师范大学,台湾师范教育基本实现了教师学历"本科化"的目标。师范学院的课程结构明确为三个领域：普通课程、专业课程、专门课程。改革后的课程加强了通识教育，以培养师范生广阔的知识基础。(2) 师范教育法规的颁布。1945 年以来，台湾一直沿用 20 世纪 30 年代颁布的"师范学校法"，这一法令已不适用于师范教育的发展。1979 年，台湾当局正式公布施行"师范教育法"，1982 年，又公布"师范教育法施行细则"。这些法规对师范教育的宗旨、培养目标、学制、师范院校的机构设置、学生待遇、毕业分配及服务年限、经费、教师进修等诸多方面均作了原则性规定，规范了台湾师范教育的发展。(3) 在职教师的进修机构。中小学在职教师的进修机构分别是师范院校及系所设立的夜间部、暑期部及教育行政机关专门设立的进修机构等。这一时期的师范教育依旧是封闭式的，只有师范大学和师范学院才能培养师资。此外，师范生在学期间享受公费培养，毕业后有一定的服务年限。

20 世纪 90 年代以来，随着台湾经济的发展与教育的高度普及，民众对教育质量、教师水平的要求越来越高，师范教育却一直采取一元化的闭锁模式，暴露出一些结构性矛盾。1987 年，台湾教育主管部门开始修订"师范教育法"，历时 7 年之后于 1994 年颁布实施"师资培育法"，"师范教育"的名称不再被使用。"师资培育法"打破了以往师范教育由师范学校垄断的局面与封闭的系统，规定师资及其他教育专业人员的培育由师范院校和设有教育学院、系、所或有教育学程的大专院校实施；师资培育以自费为主，兼有公费及助学金；强调教师证书制度，师范院校的学生学习 4 年相关教育课程后取得实习教师资格，经 1 年的实习与检定后方成为正式教师；师资培育课程包括普通科目、教育专业科目及专门科目，其内容与教学方式应着重道德品格的陶冶、民主法治观念的确立、专业精神及教学知能的培养；中小学教师从派任制改为聘任制。同时，上述师资培育机构还要负责教师的职后培训，使教师的在职进修制度化，进修渠道更多元。为配合多元化师资培育的规定，台湾当局还颁布下列相关法规："师资培育法施行细则"、"师资培育自费、公费及助学金实施办法"、"大学校院教育学程师资及设立标准"、"高级中等以下学校及幼儿园教师资格检定办法"等，对教师教育的诸多方面作了具体规定。随着"师资培育法"的实施，各师范学院纷纷开始转型，升为师范大学。

2002 年，台湾行政主管部门通过了"师资培育法修正案"，调整了师资培育机构的修业时间、实习及教师检定制度及方式，由形式(书面文件检核)转向实质的资格检定。2005 年，教师资格检定考试首度实施。同年，"师资培育法"修正，规定教师教育的目的在于培育高级中等以下学校及幼稚园师资，充裕教师来源，并增进其专业知能。此外还规定了教师教育的主管机构及职责、师资培育机构、师资职前教育课程、教师资格检定、师资培育费用分担等。2006 年，

"师资培育素质提升方案"发布，针对"师资培育法"的五大层面订定九项行动方案；2009 年，修正发布"中小学教师素质提升方案"，就教师职涯从师资培育、教师进用、教师专业、教师退抚、奖优汰劣等五个层面规划了师资养成、教育实习等十大重点。

在教师进修方面，2003 年设置教师在职进修信息网，整合教师在职进修资源；配合高中新课纲及九年一贯课程微调，开设各类型教师在职进修学分(位)班及多元研习，并结合社会教育资源，扩大教师进修渠道；办理高级中等以下学校教师英文研习活动；推动地方教育辅导工作，协助现职教师持续在地进修。2008 年，台湾教育主管部门协助台湾师范大学、彰化师范大学及高雄师范大学设立"进修学院"，服务于中等学校教师在职进修；2011 年度建立小学师资培用联盟，发展优质典范教学示例。

台湾教师教育的实施机构及课程　台湾教师教育机构可分为三类。(1) 师范大学或教育大学。师范大学培养以中等学校教师及其他教育专业人才为主，并兼顾教育学术研究。招收高中毕业生或具有同等学力者，修业年限 4 年，实习半年。成绩合格授予相应学位。至 2011 年，台湾有 3 所师范大学：台湾师范大学、彰化师范大学、高雄师范大学。教育大学由师范学院升格而来，培养小学、幼稚园、特殊教育学校的教师及其他教育专业人才，招生与师范大学相同。修业年限为 4 年，实习半年。一般设有初等教育系、语文教育学系、数学教育学系、社会科教育学系等。有 5 所教育大学：台北市立教育大学、台北教育大学、新竹教育大学、台中教育大学、屏东教育大学。(2) 设有师资培育相关学系的大学。一般可培养幼稚园、小学、中学、特殊教育学校的教师，兼顾教育学术研究。有些大学只可培养幼稚园或中等学校的师资。至 2011 年，台湾此类大学有：嘉义大学、台南大学、台东大学、政治大学、暨南国际大学、东华大学、中原大学、中国文化大学、亚洲大学、台湾首府大学。(3) 设置师资培育中心的大学。师资培育中心是指一般不具有师资培育相关学系的大学，经教育行政主管部门核可之后设立的师资培育机构。设有师资培育中心之大学，得甄选大学二年级以上及硕士班、博士班在校生修习师资职前教育课程。至 2011 年，台湾有 56 所此类大学，如中山大学、中正大学、台北大学、台北科技大学等。

台湾教师教育课程经历多次修订，其基本结构包括普通课程、专门课程、教育专业课程及教育实习课程。普通课程指学生应修习的共同课程；专门课程指培育教师任教学科、领域专长的专门知能的课程；教育专业课程指培育教师所属师资类科所需教育知能的教育学分课程；教育实习课程指包括教学实习、导师(级务)实习、行政实习、研习活动在内的半年全时教育实习课程。教育专业课程及教育实习课程合称教育学程。前两项课程由师资培育的大学拟定，

并报请教育行政主管部门核定;教育专业课程,包括跨师资类科共同课程及各师资类科课程,经师资培育审议委员会审议,教育行政主管部门核定后实施。

此外,2002年修订的《大学校院教育学程师资及设立标准》规定,小学及幼稚园教育学程包括必修科目和选修科目,其中必修科目包括教学基本学科课程、教育基础课程、教育方法学课程及教育实习课程,选修科目由各学校依其师资及发展特色自行开设。小学教师应修学分为49学分,幼稚园教师为26学分。中学教育学程包括必修科目和选修科目,必修科目为教育基础课程、教育方法学课程、教育实习课程,选修科目由各校依其师资及发展特色自行开设。中学教师应修学分为26学分。特殊教育学程包括一般教育专业课程、特殊教育共同专业课程及特殊教育各类组专业课程,特殊教育教师应修学分为40学分。

在教育实习方面,修习师资职前教育课程的学生,需符合下列条件之一才能参加半年的教育实习课程:依"大学法"的规定取得毕业资格并修毕普通课程、专门课程及教育专业课程者;取得学士学位的硕士班、博士班在校生,修毕普通课程、专门课程及教育专业课程且修毕硕士、博士毕业应修学分者;大学毕业后,依"师资培育法"的规定修毕普通课程、专门课程及教育专业课程者。半年教育实习以每年八月至翌年一月或每年二月至七月为起讫期间,其日期由各师资培育的大学决定。实习辅导方式包括:平时辅导、研习活动、巡回辅导、通讯辅导、咨询辅导。实习教师应于实习开始后,与师资培育机构的实习指导教师及教育实习机构的实习辅导教师研商订定实习计划,其内容包括下列事项:实习重点及目标;主要实习活动及实习方式;预定进度及完成期限。实习教师的教育实习事项包括:教学实习;导师(级务)实习;行政实习;研习活动。实习期间以教学实习及导师(级务)实习为主,行政实习及研习活动为辅。各师资培育的大学为实施教育实习课程,应订定实施规定。教育实习成绩的评量应包括教学演示成绩,由师资培育的大学及教育实习机构共同评定,其比率各占50%。

台湾教师的在职进修　在台湾,在职进修是教师的权利与义务。主管机关须提供中小学与幼儿园教师的多元进修渠道,可单独或联合设立教师进修机构、协调或委托师资培育的大学开设各类型教师进修课程,或由经主管机关认可的社会教育机构或法人开办各种教师进修课程。教师有"参加在职进修、研究及学术交流活动"的权利以及"从事与教学有关研究、进修"的义务。

根据"教师进修奖励办法"规定,教师进修分为全时进修、部分办公时间进修、休假进修与公余进修等四类。全时进修给予公假;部分办公时间进修,每人每周公假时数最高以八小时为限;休假进修限于专科以上教授(七年休假进修一年)。奖励教师进修的方式包括:补助进修费用;向机关、机构或团体申请补助;改叙薪级;协助进修成果出版、发表或推广;列为聘任的参考;列为校长、主任遴选的资绩评分条件;进修成果经实行后对教学或学校业务有贡献者,给予奖金、颁奖章或推荐参加机关举办的表扬活动。

一般中小学教师主要参与进修的方式包括:自愿进修、指派进修、学校本位进修。过去中小学教师在职进修的渠道有:(1)师资培育的大学,设有教师进修专责单位,提供中小学教师进修的渠道。(2)省市或县市教师研习单位,如台北市、高雄市的教师研习中心与台湾中等学校教师研习会等。(3)各级学校、区域学校或课程中心:一般大专校院所设推广进修单位、中小学、高中职(高级中等学校、高级职业学校、五年制专科学校)、幼稚园、特殊学校以及普通高级中学课程学科中心等,也会办理系列教师或大众进修课程,供校内外教师报名。(4)社教机构或文教团体:经教育行政主管机关认可的社教机构或文教团体(如财团法人佛教慈济慈善事业基金会、科学工艺博物馆、垦丁国家公园管理处、屏东县教师会、社团法人自主学习促进会、台北市立天文科学教育馆、中华国际数学教育学会等),也可以办理教师进修课程,供中小学教师报名。

上述各类机构分别提供不同性质的进修课程,包括以下几种:(1)短期研习(非学分班),主要由各级学校或课程中心、教师研习单位、大学院校或社教机构等,办理短期演讲、座谈会、研讨会、研习课程,研习后发给研习时数证明。(2)学士或硕士学分班,由大学院校针对教师个别能力,办理在职进修学分班(具备增能性质),如教师第二专长学分班、英语教学增能班、辅导知能学分班、特殊教育学分班、教材教法学分班等,课程结束后经过考试及格则授予学分证明。(3)学士或硕士学位班,由大学院校针对教师整体能力,办理授予学士或硕士的学位进修班,如人力与知识管理硕士班、信息教育硕士班、书法硕士班等,课程通常包含必选修学分,且需要通过硕士论文或学士论文考试,方可毕业取得学位。(4)校长或主任培育班,虽属学分班性质,但开设此课程的大学院校需要将开班计划送请县市教育行政主管部门认可,所修学分方能获得承认。修毕此课程才能报考中小学校长主任或校长甄试时给予加分。

2011学年度,台湾有专任教师近27.15万人,其中幼稚园专任教师近1.5万人,小学专任教师近10万人,中学专任教师近5.12万人,高级中学专任教师3.64万人,职业学校专任教师近1.7万人,大专院校专任教师5万余人,宗教研修学院专任教师21人,特殊教育学校专任教师1829人,高级中等进修学校专任教师1107人,实用技能学程专任教师37人,空中大学及大专进修学校教师专任137人。

参考文献

冯增俊.走向新纪元的粤港澳台教育[M].北京:人民教育出版

社,2003.

台湾师范大学. 师大概况[M]. 台北：台湾师范大学,2003.

（王学风）

台湾教育制度（educational system in Taiwan）历经长期的演变和发展,台湾的教育已形成由各级各类教育构成的较完整的教育体系,其教育制度及其组成部分的形态及特征,既反映中华文化的影响,又体现东西方文化的交互作用。

台湾教育制度演变　台湾早期教育提倡闽粤文化和习用汉字,曾创办一些私塾,唐宋后求学渐多,少数人到大陆求学应举。1624年,荷兰占领台湾南部,实行"政教合一"政策。1627年,第一个正规的教区牧师抵台,正式开始荷兰人在台湾的传教事业。1630年,新港社集体表示接受基督教信仰。1636年,荷兰人在新港开办学校,该校将宗教教育制度化,并引入西方的读写、识字能力训练。学校的教学语言为新港语,同时也编辑了教义问答、祈祷文等作为教材。

1662年,郑成功收复台湾。之后其继承者郑经积极发展教育。1666年,陈永华在承天府建造第一座孔庙,并在孔庙中设置太学,这是台湾第一所由官方出资兴办的学校,又被称为官学或儒学。1683年,施琅设立第一所义学——西定坊书院。教学语言以闽南语为主,辅以官话。之后清政府又建立多所书院,多为官办或官民合办,逐渐建立了一套包括书院、官学、义学、社学等在内的自上而下、较为完备的教育体系,科举制也开始在台湾推行。清政府中最高教育官员是台湾府儒学教授与儒学训导,主要负责台湾府内教育行政事务。

1895年,日本占领台湾。同年,在台北市建立第一所西式教育场所——国语（日语）传习所。1898年,国语传习所升格为公学校。《公学校规则改正》、《台湾公立中学校官制》与《台湾公学校令》明确规定公学校招收8岁以上、14岁以下台籍儿童,学制为六年制,教授科目为修身、作文、读书、习字、算术、唱歌与体操等。此外,还设有蕃童教育所与蕃人公学校,专门招收台湾少数民族子弟;小学校则专门招收日本人子弟。日本殖民统治初期在教育制度上实行双轨制,即日本人子弟与台湾人子弟分属不同的学校。1919年,《台湾教育令》公布,规定废除国语学校,改设台北、台南两所师范学校;将台中学校改称公立台中高等普通学校,新设台北女子学校。同时增设独立的职业学校,将总督府医学校改称医学专门学校,另设农林专门学校及商业专门学校各一所。此法令体现了完整的教育体系开始建立,但此时依旧是"日台人各异其教育系统"。1922年,台湾初等教育实施日台学生共学制,此后中等学校也实施了共学制,高等教育中有些学校也开始招收台湾人子弟,双轨制结束。1928年,台北帝国大学成立,一开始只有文政学部、理农学

部以及附属的农林专门学部,后来陆续开设医学部、工学部等,扩充成为综合大学。1941年,《台湾教育令》再度修正,将小学校、蕃人公学校与公学校一律改称为国民学校,对适龄儿童进行初等义务教育。1941—1945年,台湾近代教育制度已初步形成,建立了包括国民学校、职业学校、中等学校、师范学校、专门学校、大学在内的完整的教育体系。学制方面一般为小学6年,中学4～5年,高等科2年。这一时期的教育行政管理实行中央集权式教育管理模式,建立了和日本国内类似的科层制的教育行政组织机构,决定了教育资源的分配、学校的数量、教材的内容等各项事务。

1945年抗日战争结束后,国民政府就对台湾教育管理体制和学制进行了改革,实行"六三三"学制,推广国语。同年,台北帝国大学改组为台湾大学。1946年,台湾实施六年全民义务教育,并成立台湾省立师范学院,这是光复后台湾高等师范的开端。1949年,国民党退台后人口大量涌入,台湾当局先后颁布各种法令,建立和健全制度,形成了正规教育与非正规教育、普通教育与职业教育并举,公立与私立并存,从小学到大学种类齐全、多元化的教育体系。1950年,台湾教育主管部门颁布了教育实施纲要,将其作为基本教育政策,推行党化教育。到50年代中期,台湾教育有了很大发展。1967年,台湾行政主管部门颁布"九年义务教育实施纲要",1968年,台湾全面普及九年义务教育,职业技术教育相应提升到高中阶段。1974年,台湾工业技术学院正式创办,以高级职业学校为重点,由高级职业学校、专科学校、工业技术学院构成的三级职业技术教育体系形成。从60年代起,中等师范学校陆续向师范专科学校升格,高等教育也迅速发展。20世纪80年代后,台湾开始注重提高教育质量以及改善教育结构。高等教育的发展由重数量转向重质量,开始调整高等教育的专业和学科结构,设置新的专业和学科,发展研究生水平的教育。为提高师范教育的水平,1987年,9所师范专科学校升格为师范学院,师范教育全部达到本科以上水平。在教育行政管理方面,台湾当局建立了集权式管理体制,包括决策机构、咨询机构、视导机构、考核机构。各级教育行政机构相互间实行分层负责制度。

1994年,台湾行政主管部门成立"教育改革审议委员会",该委员会定期发布咨议报告书,提出对台湾教育改革的建议。1996年,该委员会提出总咨议报告书,确定了台湾教育改革的基本方针：教育松绑、发展适性适才教育、畅通升学渠道、提升教育品质、建立终身学习社会。1997年,"教育改革推动小组"成立,分别制定了近程（1～2年）、中程（3～6年）、长程（7年以上）的改革方案,并启动"教育改革行动方案",提出健全中小学教育、普及幼稚教育、健全师资培育与教师进修制度、促进职业技术教育多元化与精致化、追求高等教育卓越发展、推动终身教育、推展家庭教育、加强身心障碍学生教育、强化少数民族学生教育、畅通升学管

道、建立辅导新机制、充实经费与加强研究等12项教育改革重点工作。台湾当局编列5年的经费计划，用于推动这12项重点工作。其相应措施包括：在教师及其培育方面，颁布一系列文件；广设公立高中与大学，并放宽专科学校、技术学院升格改制的限制，使短期间内台湾的院校数量以倍数增加；开放教科书市场；进行课程改革，发布"九年一贯课程总纲要"，提出"十项基本能力"，并以"七大学习领域"取代过去的分科学习；建立综合高中、完全中学；高中职(高级中等学校、高级职业学校、五年制专科学校)社区化；多元入学方案等。台湾教育制度得到了进一步完善。2010年，台湾主管部门召开第八次教育会议，检讨教育改革。之后教育主管部门拟定教育报告书，提出"新世纪、新教育、新承诺"三大愿景与"精致、创新、公义、永续"四大目标，以及"发展多元现代公民素养"、"健全教育体制与厚植教育资源"、"全民运动与健康促进"、"促进高等教育转型与发展"、"尊重多元文化、关怀弱势与特殊教育族权权益"、"精致师资培育与专业发展"、"知识经济人才培育与教育产业"、"深化终身学习与学习社会"等多项发展策略。2011年，台湾宣布启动十二年义务教育，将于2014年正式实施。在教育行政管理方面，基本上还是集权式的教育管理体制。台湾各级各类教育由台湾教育主管部门统一领导与管理，教育行政组织之间实行分层负责制度与秉办员负责制，在省、市、县各设置有教育行政机构。教育行政组织的结构，上下级采取垂直分化阶层制，左右同僚采取平行分权的部门化形式，构成分层负责主管责任制的连锁命令系统。近年来，台湾当局开始重视教育行政管理的均衡化、科学化、专业化、国际化。

台湾各级各类教育 台湾地区实行"六三三四"学制，即幼稚园2年，小学6年，初中3年，高中(职业高中)3年，专科5年(招收初中毕业生)或2年(招收高等职业学校毕业生及高中毕业生)，大学本科4年，硕士班1～4年，博士班2～7年。

现行教育制度分为正规教育和非正规教育两大体系，正规教育主要包括普通教育和职业技术教育。普通教育包含义务教育、高级中等教育和高等教育，职业技术教育包括中等职业技术教育、高等职业技术教育。非正规教育包含特殊教育、成人教育、家庭教育等。

台湾幼儿教育分为两个系统：属于社会福利取向的托儿所与属于教育取向的幼儿园。二者在文件依据、主管机关、师资、设备、课程规定等方面均有所不同。详"台湾幼儿教育"。

台湾小学教育和初中教育属于义务教育，年龄范围是6～15岁儿童及青少年。小学阶段为六年制，儿童可免试就近入学。小学大部分是公立，极少一部分为私立。实行全日制授课，每天上课5～6小时，低年级每周上课20节课。班级实行小班制，每班学生人数不超过35人，一年级每班

29人。课程实行九年一贯课程，学习领域有语文、生活、数学、社会、自然与生活科技、艺术与人文、健康与体育、弹性课程、综合活动等以及六大重大议题(资讯教育、环境教育、性别平等教育、人权教育、生涯发展、家政教育)，使用教材因学校而有所不同。小学毕业生不分流，须升入初中继续学习。初中学制为3年，也实行小班制，每班学生不超过35人，初中一年级为每班30人。全日制授课，实施九年一贯制课程，学习领域与重大议题与小学阶段保持一致(参见"台湾义务教育")。

初中修业期满后，毕业生可自由选择继续升学或进入职场。如果要升学，就必须参加每年5月举行的基本学力测验，依据考试分数申请就读高级中学、高级职业学校。在多元入学方案下，考生可以通过免试入学、申请入学和登记分发三种渠道进入高中或高级职业学校念书。特殊才艺学生可参加甄选入学，以另外加考的美术、音乐、舞蹈或体育成绩进入"高中职"附设的美术班、音乐班、舞蹈班和体育班就读。高中学制3年，设置综合性科目，二年级划分第一类组(文法商)、第二类组(理工)、第三类组(医农)。开始课程主要包括语文、公民、历史、地理、数学、基础科学、物理、体育、音乐、美术、工艺、家政等。其毕业生可参加大学联考进入大专院校，也可在具备一年工作经验后再报考相关类科的两年制专科学校。高级职业学校学制3年，通过学习可使学生掌握一定的生产知识与技能，其毕业生可选择就业或升入专门招收高职生的四年制技术学院、两年制技术学院，也可参加大学联考。综合中学同时设置一般理论课程以及职业课程。采用学分学年制，课程包括语文、外国语文、数学、社会、自然、艺术、生活、体育、活动、职业等十大领域，职业课程以学程的方式设计，以给学生提供多样选择空间。毕业时学生需至少修满160学分，毕业生除可参加大学、"四技二专"(四年制技术学院、两年制专科学校)招生外，也可报名参加大学推荐甄选方案、"四技二专"推荐报送，或直接就业。参见"台湾职业技术教育"。

台湾高等教育包括专科学校、独立学院、大学及研究所。可分为私立高等教育机构和公立高等教育机构两类。学位分副学士、学士、硕士、博士四级。副学士修业年限为2年或5年，学士修业年限一般为4年，硕士修业年限为1～4年，博士修业年限为2～7年。详"台湾高等教育"。

台湾职业技术教育亦称台湾技职教育。中等职业技术教育包括中学技艺教育、高级职业学校、普通高中附设职业类科及综合高中(专门学程)。高等职业技术教育包括专科学校、技术学院及科技大学。修业年限各不相同，采用多元渠道入学。详"台湾职业技术教育"。

台湾教师教育亦称台湾师资培育。台湾师资培育机构可分为三类：师范大学或教育大学，师范大学主要培养中等学校教师及其他教育专业人才，教育大学培养小学、幼稚

园、特殊教育学校的教师及其他教育专业人才；设有师资培育相关学系的大学，培养幼稚园、小学、中学、特殊教育学校的教师；设置师资培育中心的大学，甄选大学二年级以上及硕士班、博士班在校生修习师资职前教育课程等。详"台湾教师教育"。

台湾特殊教育对象分为"身心障碍"与"资赋优异"两大类。身心障碍学生主要安置形态有特殊学校、特殊班、资源班、巡回指导、床边教学等。详"台湾特殊教育"。

台湾成人教育已发展成具有终身教育理念的系统。主要办学机构有补习学校、空中大学、社区大学、社会教育机构等，开办各类课程，内容丰富。详"台湾成人教育"。

台湾家庭教育的范围包括亲职教育、子职教育、性别教育、婚姻教育、伦理教育、家庭资源与管理教育、其他家庭教育事项等。推展家庭教育的团体或机构多样，其推广方式丰富。详"台湾家庭教育"。

参考文献

李海绩,郑新蓉.台湾教育概览[M].北京：九州出版社,2003.

张凤莲.亚洲"四小龙"教育制度与管理体制研究[M].福州：福建教育出版社,1998.

（李珣馥）

台湾私立教育（private education in Taiwan）

台湾私立教育经过半个多世纪的发展，已建立起从幼儿教育到高等教育的层次结构体系，其开设学校类型以及学校的课程、师资等基本与公立教育保持一致。台湾当局通过"私立学校法"及一系列配套法规加强对私立学校的监管，使私立教育稳健发展。

台湾私立教育发展历程 在日本殖民统治时期台湾就出现了私立学校，如1944年创办的私立台北女子专门学校。1949年国民党退据台湾后开始恢复和新建一批高等院校。1950年，私立淡江英语专科学校成立，是国民党退据台湾后成立的第一所私立高等院校。初期私立学校中小学极少。为保障对教育的需求，台湾当局鼓励民间私人办学，于1954年放宽了申请办理私立学校的条件，各级各类私立学校开始设立，私立中小学有极大发展，同时私立高等教育的框架也初步形成。1955年，台湾开始注重私立高等学校的发展，颁发私立学校奖助办法，此后又陆续颁布相关配套规章，逐年提高对私立高校的奖助，指导私立院校健全发展。私立高等院校范围涉及文、法、理工、农、医、教育、商业、海洋等科类。

进入20世纪60年代后，台湾大力发展劳动密集型加工出口业，对各类专门人才的需求急剧增加，各类职业技术学校迅速增加。台湾当局开始限制私人或团体设立中小学，而将发展重点放在鼓励其兴办高级中学、高级职业学校及专科学校方面；并协助一些办学条件较好的私立初中改制为高级中学或高级职业学校。

因前期发展过快，台湾私立教育出现诸多问题。自1972年开始，台湾当局对私立学校进行整顿，整顿期间暂缓接受筹设私立学校的申请。台湾教育行政主管部门颁布辅助各级私立学校校务改进要点，对私立大专院校进行整顿，加强监督。1974年，台湾颁布"私立学校法"，1975年，颁布"私立学校法施行细则"，1976年，制定"各级各类私立学校设立标准"，对私立大专院校的占地、校舍、设备、师资和经费标准等都作了规定。同时，台湾教育行政主管部门对所有私立学校加强监督和检查，私立学校办学者将办学重点转到提高教育质量上来。此后除私立幼稚园外，其他学校数量相对稳定。在私立高等教育方面，台湾对高等教育加强监督，开始进行大专评鉴工作，并进行科际整合。经过整顿与限制，台湾私立高等教育学生数大幅攀升。

20世纪80年代后半期，台湾经济进行产业结构调整，由劳动密集型产业过渡到知识密集型产业，需要更多高质量的技术性人才。为因应经济形势的变化，台湾当局重新制定《开放新设私立学校处理要点》，以确定开放新设私立学校的原则和范围。台湾当局以开放和鼓励为基本政策，以提高教育质量为重点，对私立教育进行了改革。同时对高等教育结构进一步调整，实行机械、电机、电子、化工、土木工程及电子计算机等专业优先发展战略。采取的措施包括：增加对私立学校的经费资助，改善办学条件，以缩小公立及私立大专院校学费间的差距，提供私立学校合理发展空间；扩大私立学校办学自主权等。1994年，开放私人捐资筹设私立技术学院，在私立高等教育体制中，建立技职院校与一般大专院校双轨并行体制（参见"台湾职业技术教育"）。1995年，在教育报告书中台湾当局明确将资助私立高中发展，提升其教学品质。1996年，教育改革审议委员会在《教育改革总咨议报告书》中提出鼓励民间参与兴办义务教育、政府应提供私立大学公平竞争的条件、政府应促使民间资源投入教育事业等建议。1996年，"私立学校法"修正案通过，规定对私人捐资助学进行奖励，私立学校要接受教育行政主管部门的监督，其设立要由台湾教育行政主管部门依照教育政策，审查各地实际情形核对或加以调整。此后，"私立学校法"又经过了多次修订，2002年修订的"私立学校法"强调提高私立学校的公共性与自主性，逐步放松对私立高校的行政管制，以增强其市场适应性。2004年，台湾教育行政主管部门在其未来四年施政主轴行动方案中表示，为强化弹性调整学杂费方案，特制定弹性调整学杂费补充规定，以加强对学校动态性整体财务状况的评估。2005年，新增各校网站学杂费咨询专区，要求各校调整学杂费的方案要经校内审议程序与学生参与审议决策模式。同年，台湾教育行政部门启动"发展国际一流大学及顶尖研究中心计划"、"奖励大学教学卓越计划",设立竞争性经费,奖励一般大学校院提升教学品质,鼓励私立高校积极参与国际竞争,发展国际一流大学(参见"台湾高等教育")。2006年,限制各校学杂费的调整幅度。2008年,全文修订"私立学校法",提出多项措施:开放一法人办理多所学校的政策,同一法人可以设立、合并多所不同层级的学校;加强董事会的自主权责;设立监察人自我检查机制;提高捐款私校的所得税优惠;开放外国人担任校长或董事长;通过司法协助减少行政干预;建立私立学校退场及多元发展机制;评鉴绩优学校放宽办学限制等。2009年,一系列配套法规发布,如"学校财团法人设立办法"、"学校财团法人捐助章程订定准则"、"学校财团法人及所设私立学校内部控制制度实施办法"等,2011年,"私立学校法"再次修正,台湾私立教育向稳健、规范方向发展。

台湾私立学校的类型及经费来源 台湾私立学校的类型包括幼稚园、小学及中学、高级中等学校、专科学校、大学以及宗教研修学院、补习学校、进修学校、进修学院、特殊教育学校等。幼稚园及高级中等学校中私立学校数量较多,基本与公立学校持平;中小学教育即义务教育主要由台湾当局举办,私立学校数量很少;高等教育领域私立学校占据重要地位,数量很多,独立学院和专科学校大多为私立学校;宗教研修学院全部为私立;成人教育中中小学补习学校由台湾当局举办,私立学校极少,专科进修学校及进修学院以私立学校居多。办学主体主要有:企业;社会知名人士,包括官员、专家、学者、企业家等;宗教团体,包括天主教团体、基督教团体、佛教团体等。

台湾私立学校的经费来源包括学杂费收入、社会各界捐款、台湾当局的奖励与补助、营运收入等。通常学杂费是其最主要的经费来源,其他收入来源只是辅助渠道。

台湾私立教育管理 私立学校办理人为学校财团法人(以下简称"学校法人")。学校法人要在办理法人登记后三年内完成私立学校的筹设及立案,筹设与立案完成后才可以开始招生。学校法人申请筹设私立学校时要依各级各类学校法律的相关规定,提出筹设学校计划,报请学校主管机关审核后许可筹设。筹设学校计划要写明以下事项:兴学目的;学校名称;学校位置、校地面积、校舍、设备及相关资料;拟设学院、系、所、学程、科、组、班、级及附属机构;学校经费概算;设校资金及财产的数额、种类、价值及相关证明文件;学校法人相关资料。完成学校的筹设后由董事长检具相关文件,向学校主管机关申请学校的立案许可。私立学校经学校主管机关审核,符合相关规定、完成筹设学校的工作并已将设校基金交专户存储,完成设立程序者,才能许可其立案。高级中等以下学校还应向教育行政主管部门备查。私立学校在每学年招生前要拟订下列事项,报学校主管机关核定:招生办法;学院、系、所、学程、科、组、班、级的

招生名额;入学方式及其名额的分配;私立学校得依核定的招生总额为学生投保履约保证保险。

按照"私立学校法"的要求,私立学校必须组建董事会。董事会设董事7～21人,并设董事长1人,由董事推选。董事长对外代表学校法人。董事每届任期为四年,可连任。创办人为当然董事,可以不经选举而连任。

为鼓励与发展私立教育,台湾教育行政当局采取多项针对私立学校的奖励和补助措施。如私立学校办理完善,绩效卓著并符合"私立学校法"规定的几种情形者,法人或学校主管机关应予以奖励。各级政府所设的奖学金、助学金,其奖、助对象也包括私立学校学生。各级政府编列年度教育经费预算时,要明定奖励、补助原则,对私立学校予以奖励、补助;对于社会需求而公立学校未能充分提供且教育资源不足的地区或类科,可优先予以奖励、补助。此外,学校法人所设私立学校的土地赋税、房屋税及进口货物关税可依税法有关规定办理征免;私人或团体对学校法人或财团法人私立学校捐赠,或宗教法人捐赠设立宗教研修学院时,可依有关税法的规定减免税捐等。

在对私立学校的监管方面,规定了详细的监管项目及要求。(1)学校法人及所设私立学校的校产、基金的管理使用受法人或学校主管机关的监督,基金及经费不得寄托或借贷与董事、监察人及其他个人或非金融事业机构。(2)私立学校的收入应悉数用于当年度预算项目的支出;有剩余款者应保留于该校基金运用。(3)私立学校向学生收取费用的项目、用途、数额及其他应遵行事项的办法,由学校主管机关决定,并应予以公开,在学校信息网络上公告并在招生简章中标明。(4)私立学校因校务所需公有、公营事业或财团法人的土地,学校法人需项目报请学校主管机关会商土地管理机关或目的事业主管机关依法让售或租用。(5)学校法人对于不动产的处分或设定负担应经董事会决议,并报经学校主管机关核转法人主管机关核准后办理;购置或出租不动产亦同。(6)私立学校在订定章则报经学校主管机关及目的事业主管机关核准后,需设立与教学、实习、实验、研究、推广相关的附属机构,其财务应与学校的财务严格划分,盈余应用于改善师资、充实设备及拨充学校基金,不得以任何方式对特定之人给予特殊利益,同时其业务与财务仍受学校法人的监督。(7)学校法人及所设私立学校要建立内部控制制度,对人事、财务、学校营运等实施自我监督,实施办法由台湾教育行政主管部门决定;要建立会计制度,据以办理会计事务;年度收支预算应分别报法人或学校主管机关备查。(8)学校法人及所设私立学校应在会计年度终了后四个月内完成决算,连同其年度财务报表自行委请符合法人主管机关规定的会计师查核签证后,分别报法人或学校主管机关备查。(9)私立学校因人事或财务等违法而发生重大纠纷,导致严重影响学校正常运作且情

势急迫者,学校主管机关可以直接停止校长及有关人员职务,并指派适当人员暂代其职务。以上违法人员经学校主管机关征询私立学校咨询会意见后,可以直接解除其职务。(10)私立学校办理不善、违反"私立学校法"或有关教育法规,经学校主管机关纠正或限期整顿改善届期仍未改善者,经征询私立学校咨询会意见后,视其情节轻重可给予处分。

台湾教育行政当局还对私立学校的合并、改制、变更、停办、解散事宜进行了规定。如学校法人与其他学校法人合并或私立学校与其他私立学校合并,以及私立学校拟改制为其他类型学校时,其学校法人与主管部门应如何操作。规定私立学校有以下情形之一者,其学校法人需报经学校主管机关核定后停办:办学目的有窒碍难行,或遭遇重大困难不能继续办理;私立学校经学校主管机关依"私立学校法"规定限期命其为适法之处置,或整顿改善,届期未处置、改善,或处置、改善无效果。如果学校法人不能达到捐助章程所定目的,已停办所设各私立学校后,经董事会决议及法人主管机关许可,也可变更其目的改办理其他教育、文化或社会福利事业。"私立学校法"对何种情况下解散私立学校也有详细规定,如私立学校在停办期限届满后仍未能恢复办理,或未能整顿改善;符合捐助章程所定解散事由;将全部财产捐赠政府或其他学校法人;依规定进行合并而须解散等。私立学校停办或学校法人解散时,其在校学生由原校发给转学证明书转学他校;必要时得由学校主管机关分发至其他学校。

至2011年,台湾共有学校8 100所,其中公立5 912所,私立2 188所。包括幼稚园3 195所,其中公立1 581所,私立1 614所;小学2 659所,其中公立2 623所,私立36所;中学742所,其中公立726所,私立16所;高中336所,其中公立191所,私立145所;高级职业学校155所,其中公立92所,私立63所;大专院校163所,其中公立54所,私立109所。

参考文献

王本尊,李洁容,徐位发.台湾教育概观[M].广州:暨南大学出版社,1991.

于永,郑旦华.台湾省教育现况[M].北京:华艺出版社,1988.

（程　蕉）

台湾特殊教育(special education in Taiwan)　台湾特殊教育已扩展至幼儿教育、初等教育、中等教育及高等教育阶段,教学内容注重日常生活知识与技能的训练以及家庭生活、社会生活、职业生活与休闲生活的转衔辅导,强调五育(德、智、体、群、美)均衡发展教育,构建了以融合教育为主的教育体系。

台湾最早的特殊教育学校可追溯到19世纪末,1889年,英国长老会牧师甘为霖在台南教堂内设立训盲院,招收盲人学生。1900年,训盲院于台南成立盲人教育部。1915年,增设聋生部,改称台南盲哑学校。1956年,在丰原镇成立盲哑学校分部,1960年该分部正式独立,定名为丰原盲哑学校。1968年,实施盲聋分校措施,台南盲哑学校的盲生与丰原盲哑学校的盲生合并,另行择址于台中新设台中启明学校。原有的台南盲哑学校改制为台南启聪学校,原有的丰原盲哑学校改名为台中启聪学校,专收聋生。另一所较早设立的特殊学校是1917年日本人本村谨吾创办的台北盲哑教育所,1928年改制为公立学校,1967年改名为台北市立盲聋学校。1975年,该校盲生部于台北独立设校,称为台北市启明学校,原校改名为台北市启聪学校,专收聋生。此外,1967年彰化建立了第一个肢残儿童学校"彰化仁爱实验学校"。1975年,台南建立了台湾地区第一所智障儿童学校——台南启智学校。由此,台湾地区的特殊教育学校开始往各自分类独立设置的方向发展。除学校之外还有诸多特殊班。1962年,台北市中山小学成立智能障碍儿童教育实验班;1963年,台湾屏东市仁爱小学成立了肢体障碍儿童特殊班;1969年,彰化县二林小学首设启聪班;1972年,台湾师范大学成立聋童教育实验班(幼儿班);1975年,台北市立新兴中学成立听障资源班、台中县永顺小学成立启聪班、屏东县建国小学成立启聪班、台中市育仁小学成立听障儿童实验班(幼稚部、小学部);1976年,台湾教育学院特殊教育系成立学前听障儿童实验班。此后其他县市亦相继成立启聪班或资源班。在资赋优异儿童教育方面,1963年在台北福星小学及阳明小学试办优秀儿童教育实验班;1970年,在台湾民族小学创设美术资优班。1973年,福星小学又开办音乐资优班,同年台湾教育行政主管部门颁布"小学资赋优异儿童教育研究实验计划",开启小学阶段资赋优异教育发展,1979年将实验班延伸至国中阶段。为了规范特殊教育,台湾教育行政主管部门于1970年颁布《特殊教育推行办法》,1974年颁布《特殊儿童鉴定及就学辅导标准》,1975年颁布《特殊学校教师登记办法》,1984年颁布了"特殊教育法",对特殊教育的目的、内容、课程教材等作了规定,随后进一步颁布了施行细则。之后又制定《特殊教育课程、教材及教法实施办法》、《特殊教育设施及人员设置标准》、《特殊教育教师登记及专业人员进用办法》、《特殊教育学生入学年龄修业年限及保送甄试升学办法》等。为培养特殊教育师资,1974年,台湾师范大学成立特殊教育中心;1975年,彰化师范学院成立特殊教育系;1986年,台湾师范大学开始设特教硕士班,1990年设本科专业,1992年设立特殊教育博士班。台湾特殊教育已形成完备的师资培养体系。进入21世纪之后,台湾继续大力发展特殊教育。在行政体制上,到2003年止,各级行政部门都设置了特殊教育专责单位,并每年编列一定比例的特殊教育经费,以专人专款推动特殊教育。为扩增中学毕业的身心障碍学生升学就读"高中职"(高级中等学校、高级职业学校、五年制专科学校)的机会,于2000年发布"完成义务教育身心障碍学生升学辅导办法",2001年完成"身心障碍学生十二年就学安置计划",自2001学年度起学生可以多元入学方案就学,如申请入学、甄选入学、登记分发等。除自愿就学"高中职"特教班或特殊教育学校高职部外,各主管教育行政机关也可依身心障碍学生实际需要自定义入学安置方式。2007年制定"高中职身心障碍学生就学辅导发展方案",使身心障碍学生可以接受完整、适性的后期中等教育。为增加身心障碍学生升读大专校院的机会,台湾教育行政主管部门每年额外办理身心障碍学生升学大专校院甄试;2007学年度起学校依身心障碍学生的障碍特性,办理单独招收身心障碍学生考试,提供多元升学大专机会。为使身心障碍学生有出国深造机会,于教育行政主管部门公费留学考试中设置5名身心障碍保障名额。2008年,颁布"特殊教育发展报告书"和有关资优教育的报告,并订立"特殊教育发展五年计划"和"资优教育行动方案",并于2009年修订"特殊教育法",以设计优质、适性的教育机会,给接受特殊教育的学生提供多元支持。此外采取的措施还有:充实特教资源,补助地方政府推动幼儿教育及义务教育阶段身心障碍特殊教育重点工作;定期办理评鉴,并奖励地方政府办理特殊教育行政绩优者;加强大专校院辅导身心障碍学生工作,补助各校设置资源教室开办费,并每年补助相关辅导经费;就读大专校院身心障碍学生减免学杂费及奖补助金,以鼓励并协助其就学;强化特教师专业知能,高级中等以下学校落实身心障碍学生个别化教育计划、大专校院订定身心障碍学生特殊教育方案,依身心障碍学生需求提供适当之支持服务,加强各教育阶段身心障碍学生转衔辅导及服务的衔接等。

台湾特殊教育的服务对象分为"身心障碍"与"资赋优异"两大类。身心障碍指因生理或心理之障碍,经专业评估及鉴定具学习特殊需求,须特殊教育及相关服务措施之协助者,分为12类:智能障碍、视觉障碍、听觉障碍、语言障碍、肢体障碍、身体病弱、情绪行为障碍、学习障碍、多重障碍、自闭症、发展迟缓及其他障碍。资赋优异指有卓越潜能或杰出表现,经专业评估及鉴定具学习特殊需求,须特殊教育及相关服务措施之协助者,分为6类:一般智能资赋优异、学术性向资赋优异、艺术才能资赋优异、创造能力资赋优异、领导能力资赋优异及其他特殊才能资赋优异。

在对特殊儿童进行教育安置时,根据就近入学原则、最少受限制环境原则、需求原则和弹性安置原则,由特殊教育学生鉴定及就学辅导委员会按照程序开展特殊儿童发现、筛选、鉴定、安置等工作,该委员会可以根据安置决议,在特殊学生入学前对安置机构提出安置场所环境、设备、康复服务、教育辅助器材、生活协助计划等方面的建议,每年评估特殊儿童安置的适当性并进行必要的调整。身心障碍儿童自3岁即可接受学前特殊教育。特殊教育主要安置形态有:特殊教育学校、特殊班、资源班、巡回指导、床边教学、普通班等。特殊教育学校可分为综合性的特殊教育学校或专门性的启智学校、启聪学校、启明学校等。综合性特殊教育学校不分类招收身心障碍学生;专门性特殊教育学校以招收单类中重度障碍学生以及多重障碍学生为原则,如启智学校以招收中重度智障及多重障碍学生为主;启聪学校以招收重度听障或全聋学生为主;启明学校以招收中重度视障或全盲学生为主。启聪学校的课程除一般课程外,在幼稚部及小学部特别强调沟通训练及良好生活习惯的养成;中学部注重社会适应能力的培养及职业陶冶;高职阶段则加强学生职业技能的训练。启明学校在课程方面,义务教育阶段的课程多数比照各级学校的课程标准,高中、高职阶段则依照"启明学校(班)高职部课程纲要"实施,此外还有专为视障学生开设的"点字与国字"、"定向与行动"、"日常生活训练"等特殊课程。启智学校课程内容依照"启智学校(班)课程纲要"实施,强调生活自理能力的培养以及日常生活基本知能的学习,以增进学生独立自主能力。特殊班亦称"自足式特殊班",附设于普通学校内,以特殊学生为招收对象,学生进入该班后一切活动均在班级内进行。特殊班包括资赋优异班(音乐班、美术班、舞蹈班、体育班、民俗班等)、启智班、启聪班、启仁班等。资源班指接受该种教育形式的特殊学生部分时间在普通班与一般儿童一起上课,部分时间到资源教室接受资源教师的辅导。资源班分单类资源班、跨类资源班两种:单类资源班仅提供某一类特殊学生的服务;跨类资源班提供两类或两类以上的特殊学生所需服务。一般智能或学术性向资赋优异学生的课程以一般课程标准为主,另依据学生的个别差异采用加深、加快及加速的方式,设计符合学生需要的课程;具有艺术才能的学生的课程可分为一般课程与专业课程等。此外,针对资赋优异学生还实施弹性学制、校外教学等多样措施。巡回指导将特殊学生安置于普通班中,但由经过训练的巡回指导教师机动性对特殊学生提供直接服务。对无法到校接受教育的重度障碍学生还提供"在家教育"巡回辅导措施。床边教学是特殊情形下的特殊教育,接受床边教学的学生有三种:卧病治疗期间在3个月以上,6个月以下,为免学业中断、影响康复后上学的学习进度者;病情严重,不适宜继续上学,但须提早准备将来生活适应者;卧病于医院或疗养院中,无法离开病床者。普通班指在普通班中接受特殊教育服务,针对就读于普通班但需要接受除资源班及巡回辅导以外的特殊教育及相关服务的学生,对其采用个别化教育计划,提供符合其需求的特殊教育、复健治疗、教育辅助器材、无障碍环境等。

在特殊教育师资培育方面,台湾地区有多所高等院校设有特殊教育系,此外,师资培育中心也开设有特殊教育课程,目标是培育学前、小学、中学的特殊教育师资。特殊教育专业的学生可以通过双主修、辅修等方式获得普通教育方面的学分,其他专业二年级以上本科生及硕士生、博士生可以辅修或选修获得特殊教育学分。还开设有学士后特殊教育学分班,使大学毕业生可以通过特殊教育课程学习获得一定学分,然后参加半年的教学实习,经过教师资格检定考试合格后获得特殊教育教师资格。特殊教育师资采用区分性登记,概分为身心障碍与资赋优异两大类。至2011年,台湾身心障碍学生共有30 779人。其中幼儿教育阶段有1 351人,小学阶段有12 800人,初中阶段有8 323人,"高中职"阶段有7 822人,大专院校有483人。资赋优异类学生有6 093人,小学阶段有5 206人,中学阶段有887人。特殊教育学校27所,公立26所,私立1所。

（程　蕉）

台湾义务教育（compulsory education in Taiwan）台湾实行强迫的免费九年义务教育,并采取多项措施推动其实施。台湾当局于2011年宣布将于2014年实施十二年义务教育。

1943年,日本殖民统治时期宣布实施八年义务教育(初等小学6年,高等小学2年)。1945年,台湾光复后国民政府规定6～12岁的学龄儿童一律接受基本教育,免交学费,所有学龄儿童家长均应主动让子女就读。政府设立学校,学龄儿童仅需缴交相关学杂费用或代办费用,低收入户由政府供应教科书籍,减免或免收学杂费用。1950年,台湾根据其教育实施纲要重点推进三项普及义务教育的工作:适龄儿童的就学率、师资素质、课程标准的设置。1953年,台湾公布"社会教育法",开展成人补习教育,促进了六年义务教育的普及。

1967年,台湾当局筹划实施九年义务教育,成立"九年义务教育专案小组"和"九年义务教育策划小组",研究经费预算、政策研讨、学制、课程、学区划分、学生分发入学等具体事宜。之后公布九年义务教育实施纲要的草案,于1968年颁布实施正式纲要。九年义务教育分两阶段:前六年为小学阶段,后三年为中学阶段。九年义务教育两阶段的课程、教材、教法、设备、师资均不同,但课程保持九年一贯的精神。九年义务教育也是免费的、强制性义务教育,台湾当局为此增班设校、进行师资训练,努力提高学童就学率。至1975年,小学毕业生升学率由1968年的59.04%升至94.08%,中学的数量大大增加,基本普及了九年义务教育。

1979年,台湾当局颁布"国民教育法",规定6～15岁的儿童及青少年应受义务教育;已逾龄未接受义务教育的人,应受补习教育;小学应以民族精神教育及生活教育为中心,

中学应兼顾学生升学及就业的需要,除文化陶冶之类基本科目外,加强职业科目及技艺训练。1982年,台湾当局制定并公布了义务教育的施行细则和"强迫入学条例"。在"强迫入学条例"中规定,6岁应入小学的儿童,由当地户政机关于每年5月底前调查造册,送往主管教育行政机关,并由乡(镇、市、区)公所于7月15日前按区通知入学。经警告并限期入学仍不遵行者,由乡(镇、市、区)公所处以罚款,逾期不缴者,移送法院强制执行。此外,台湾教育主管部门自1968年起连续执行多项义务教育发展计划,如"九年义务教育第一期三年计划"(1969—1971)、"九年义务教育第二期三年计划"(1972—1974)、"发展与改进义务教育五年计划"(1977—1981)、"发展与改进义务教育六年计划"(1983—1988)、"发展与改进义务教育第二期计划"(1979—1992)、"校务发展计划"(1993—1994)、"整建中学与小学教育设施计划"(1995—2000)等。通过此类计划不断提高义务教育的质量。

1994年起,台湾大规模推行教育改革,其改革的总咨议报告提出要全面实现教育现代化目标,实施培养有自主创新精神的全人教育;给教育松绑,学校自主经营,鼓励私校办学;改革课程与课堂教学,提高教学质量;保障儿童教育权利,推进小班化教学;合理分配教育资源,全面提升中小学办学水平;重视少数民族教育,保障有障碍群体受教育权利和不利人群的教育权利;提升教师专业素质,强化教育研究与评鉴。台湾当局推出多项举措以促进义务教育的统整与转型: (1) 自1995年推行"教育优先区计划",对相对弱势地区学校给予积极性差别待遇的资源辅助,逐步落实教育机会均等理想。(2) 在义务教育阶段进行课程改革,根据"义务教育阶段九年一贯课程总纲纲要",确立七大学习领域及课程架构,并随后公布"中小学九年一贯课程(第一学习阶段)暂行纲要",以课程纲要取代课程标准,强调能力本位、学校本位以及让学生习得带着走的能力。以4年为期,自2001学年度起,逐步实施九年一贯课程,至2004年已在小学与中学的九个年级全部实施。此后,为响应时代发展及检视新兴议题(如媒体素养、海洋教育等)融入各学习领域的情形,增补不足,并配合中小学九年一贯课程体系的建置,台湾教育行政主管部门对课程纲要进行微调,并于2008年(闽南语以外的学习领域及重大议题)及2009年(仅闽南语课程部分)发布,于2011学年生效,自一年级、七年级逐步向上实施(参见"台湾中小学课程")。(3) 为提高教育质量,1998年执行"降低中小学班级人数计划";自2007学年起实施"小学班级学生人数调降方案",小学一年级自2007学年度起以32人编班,逐年降低1人,至2010学年度降至每班29人,另外小学全校未达9班、学生51人以上小校,增置教师员额1人;2009学年实施"中学阶段精致义务教育发展方案",初中一年级自2009学年度起以34人编班,逐年降低1人,至2013学年度降至每班30人,21班以上学校增置专任

辅导教师员额 1 人。(4) 为加强偏远地区学校英语师资,给学生提供更自然、丰富的英语学习环境,以及协助 2005 学年英语教育向下延伸至小学三年级的政策,自 2004 年起,教育行政主管部门协助引进外籍英语教师至中小学任教,至 2010 年,引进人数超过 450 人次。(5) 2006 年,台湾教育主管部门发布《携手计划课后扶助方案》,提供弱势学生补救教学服务。

为促进教育机会均等,缩小教育落差,纾缓升学压力,台湾当局于 2011 年宣布将于 2014 年正式实施十二年义务教育,并随即展开一系列筹备工作。如在不微调课程名称、架构及比重的前提下,设计中小学十二年一贯的课程衔接;为配合十二年义务教育政策,确保每一位中小学学生的基本学力,避免中学生的基本学力因无升学考试而下降,自 2011 学年度起启动"小学及中学补救教学实施方案",并将视经费编列状况逐年扩大办理。自此,初中一年级学生有补救教学需求者必须参加筛选测验,测验结果资格符合者列为补救教学的受辅学生,不再限制身份。至 2010 学年,台湾小学有 2 661 所,学生近 152 万人;中学有 740 所,学生近 92 万人。

(李珣馥)

台湾幼儿教育 (preschool education in Taiwan)

台湾幼儿教育经历了从小规模、单一化教育发展成以幼儿为本位的多样化教育的过程。

台湾幼儿教育起源于 1897 年日本殖民统治时期由日本人兴办的"关帝庙幼稚园"。1905 年,台湾总督府公布《私立幼稚园规程》,私立台北幼稚园重新开办。1921 年,总督府再公布《公立幼稚园规程》。1928 年,援助农家经济生活的鹿野托儿所设立,全台各地幼儿园相继设立。该时期台湾幼稚园多沿用日本幼教教材、师资、保育方式等,"保姆"是该阶段的主要师资,机构也以私立性质居多。

1949 年,国民党退据台湾。台湾成立各种幼稚园等幼儿教育机构,供迁台官员子女入读。同时修订幼儿教育法规,建立符合台湾实际的幼儿教育制度,如修订《幼稚园设置办法》,并成立各种幼儿教育机构达数百所。为对幼教机构加强管理,20 世纪 60 年代相继颁布《幼稚园暂行设备标准》《幼稚园园长、教师登记检定及遴用办法》,对幼稚园的场地、设施进行明确规定,并进一步完善幼儿教育机构的管理。在幼儿园课程与教学方面,1953 年重新修订《幼稚园课程标准》,完善幼儿教育目标,强调幼儿智力的开发和品性养成。这一阶段台湾幼儿教育发展很快,幼稚园与入园幼儿数量都快速增长。1961 年以后,私立幼稚园的数量开始超过公立幼稚园。

20 世纪 70 年代后,台湾开始重视幼儿教育,幼儿入园率迅速增加,建园速度加快,农村幼儿教育事业也开始发展,新增大批农村幼稚园。为使幼儿教育正规化,台湾当局对幼儿教育机构的设立进行了统一要求,不符合要求者不予办理;对幼儿教育师资水准提出要求,所有幼师应符合入职条件,不符合者不得从教。1975 年再次修订《幼稚园课程标准》,对幼儿教育目标作了新的阐释,强化智能与生活的联系。1977 年重新修订《幼稚园园长、教师登记检定及遴用办法》,提高教师入职条件。1981 年颁布"幼稚教育法",1983 年颁布"幼稚教育法施行细则",这是台湾幼儿教育发展正规化的重要举措,幼儿教育开始从单一的幼教方式向多元化幼教方式转变。1983 年颁布《私立幼稚园奖励办法》,在鼓励兴建私立幼稚园的同时加强正规建设。此外,针对幼儿教育的内容提出了更完善的课程体系。1987 年第五次修订《幼稚园课程标准》,提出辅助教育目标的十大辅导事项,强调以游戏为课程中心,同时加强幼儿教育的生活性。

20 世纪 80 年代后期,台湾教育行政主管部门关注幼儿入园率的提高,制定了多项发展政策,如"乡乡有幼稚园"、"普及公立幼稚园"计划等,使幼儿教育更加普及。90 年代初台湾采取了许多措施提高幼儿教育质量,如强化课程建设,编制更适合幼儿认知特点的课程;加强幼稚园的评估工作,注重对具体教养工作的指导;加强幼儿教育的师资工作等。1998 年,台湾教育行政主管部门发布《迈向学习社会——推展终身教育,建立学习社会》的报告,倡导营造新一阶段的终身教育社会。1998 年,台湾行政当局教育改革第六次会议决议把普及学前教育作为重要项目,提出 1998—2001 年的行动方案。2001 年,台湾教育行政主管部门在"新思考、新行动、新愿景——2001 年教育改革之检讨与改进会议"上,仍把普及 80% 幼儿入园率作为重要目标,并为此加大投入,实施一系列政策和措施,提供优质幼儿教育,并保障弱势家庭儿童的受教育机会。为了提高私立幼儿教育机构质量、促进幼教资源公平分配,推出"幼儿教育券"政策,对进入经过登记注册的私立机构就读的 5 岁幼儿提供每年 1 万元新台币的补助;推行"公办民营"的办园方式,在城市地区由政府提供场地和设备设施,收取较低租金,由私立机构举办幼稚园,收费不能高于该地区私立机构的平均水平,居于公办、私立幼稚园之间,保障在减少政府支出的前提下提高幼稚园办学质量;2007 年,实施面向低收入家庭的"友善保教计划",政府提供场所,由民间团体办理非盈利性幼稚园,按照公立机构的标准收费,弱势家庭子女具有优先入园的权利,家长负担一部分,政府补贴一部分;在偏远地区的农村山区,采取完全公办、因地制宜的办学原则,对总数少于 15 个学生的班配备 1 位幼稚园教师,对低收入、偏远贫困家庭推出"扶持 5 岁幼儿教育计划",确立扶助对象的优先次序,根据不同次序提供不同服务,保障经费落到最需要的地方。同时从 2001 年开始研究幼托整合政策方案,2005 年进入具体政策规划阶段,形成幼托整合政策共识。2011 年,修正颁布"5 岁幼儿免学费教育计划",比照中小学学生就学免缴纳学费的概念,提供 5 岁幼儿免学费的幼儿教育,经济弱势者再依家户年所得级距加额补助其他就学费用。同年,颁布"幼儿教育及照顾法",自 2012 年实施。该法启动幼托整合机制,正式将幼稚园改制为幼儿园,以 2 岁至入小学前幼儿为招生对象。

台湾幼儿教育以促进儿童身心健全发展为宗旨。幼儿教育的实施以健康教育、生活教育、伦理教育为主,与家庭教育配合,实现维护儿童身心健康、养成儿童良好习惯、充实儿童生活经验、增进儿童伦理观念、养成儿童合群习性等五大目标。幼儿教育的重点是生活伦理教育与健康教育。实施幼儿教育的机构分幼稚园和托儿所两大类,有公立、私立两种。教育取向的幼稚园是依据"幼稚教育法"及相关法令规定设立的幼儿教育机构,招收 4～6 岁幼童,由"直辖市"、县(市)政府教育部门主管。社会福利取向的托儿所是依"儿童及少年福利法"及相关法令规定设立的儿童福利机构,招收 2～6 岁幼童,由"直辖市"、县(市)政府社政部门主管。两者的主管权责分别隶属教育及社政体系,在法规依据、主管机关、师资、设备、课程规定等方面均有所不同。幼儿教育不属于义务教育的范围,采取自愿入园的方式。在师资方面,幼稚园教师须具备依"师资培育法"取得的教师资格,其进用须依"幼稚教育法"及"师资培育法"等相关规定聘任教师;托儿所的教师须依《儿童福利专业人员资格要点》取得保育人员资格,并依该要点的规定办理进用人员,公立托儿所的人员还应具备公务人员资格。在相关条件方面,幼稚园必须从地面一楼设起,平均每一幼儿的活动空间、室外面积得全数由室内面积冲抵;托儿所必要时可自二楼设起,平均每一幼儿的活动空间、室外面积得全数由室内面积冲抵。其设备因收托幼儿年龄层不同而有不同规范。在课程方面,幼稚园的课程依照幼稚园课程标准制定;托儿所依照托儿所教保手册制定。至 2011 学年,台湾共有幼稚园和托儿所 3 195 所,其中公立 1 581 所,私立 1 614 所,教师人数约 1.49 万人,学生约 18.98 万人。

(李珣馥)

台湾职业技术教育(technical and vocational education in Taiwan)　亦称"台湾技职教育"。台湾职业技术教育与经济发展联系紧密,已形成以本科职业技术教育为主、多样而完备的职业教育体系,并有完整的回流教育渠道。

台湾职业技术教育发展历程

1887 年,刘铭传担任台湾巡抚时引进新式实业教育并开办西学堂,后又于 1890 年开办电报学堂,成为台湾职业技术教育的开端。日本统治台湾时期开办以培养农、工、商业知识技能为主的中等职业教育,也称实业教育。主要教育机构是实业学校和实业补习学校,如于 1900 年成立"农事试验场",1905 年,开始招生"糖业讲习生",1910 年,开始招生"林业讲习生"。1911 年,"民政学部附属工业讲习所"(1945 年改制为台湾省立台北工业职业学校)成立,之后于 1917 年设立"台湾总督府立商业学校",该校是台湾最早正式设立的中等职业学校。1919 年,规定中等职业学校以实业学校为主,招收公学校 6 年毕业的台湾学生;高等职业学校则以专门学校为主,招收中学毕业生。在实业学校方面,新设"台中商业学校"及"嘉义农林学校";在专门学校方面,将总督府医学校改称医学专门学校,并新设"农林专门学校"、"商业专门学校",1931 年又设立"台南高等工业学校"。截至 1944 年,台湾共有 4 所公立专门学校。

1945 年台湾光复后对原有的实业学校及各种实业补习学校进行调整归并,建立"三三"制的初级及高级职业学校制度。初级职业学校以培育初级人力为主,招收小学毕业生,强调职业技能训练;高级职业学校旨在培育中级技术人力,招收初中或初职毕业生。1945 年,"台湾总督府台中农林专门学校"改制为"台湾省立台中农业专科学校",该校是台湾最早创立的专科学校,以培养农业技术人才为目标。1949 年,国民党退台后台湾经济发展战略是以农业培植工业、工业发展农业,职业技术教育相应采取"以发展农职为主,工职为辅"的方针。职业技术教育以培养初级技术人员为主。在教学内容方面,依照美国中等农业职业教育措施,试行农业综合课程,加强职业技能训练,同时亦兼顾基本理论。在师资培育方面,在师范学院设立工业教育系,培养工业职校师资;在农学院成立农业教育系,培育农业职校师资。高等职业技术教育在此阶段也有发展。1950 年,台湾教育行政主管部门陆续拟定各类科职业学校暂行课程标准,到 1954 年,将职业学校分成农业、工业、商业、家事、水产、医事等科,并确定初等职业技术教育注重培养实际技能的初级技术人员,高等职业技术教育培养兼顾实际技能和基本理论的中级技术人员的目标。1953 年,核准设立三年制专科学校,成绩优良的高等职业学校可改制为三年制专科学校。1956 年起又奖励办学优良的职业学校改制为五年制专科学校。

进入 20 世纪 60 年代后,台湾实行以劳动密集型加工工业为特征的出口导向型经济发展战略,需要大量受过一定程度职业技术教育的劳动力,这使台湾的职业技术教育进入大发展时期。1963 年起,台湾当局鼓励私人兴学,设置大量私立专科学校,以配合台湾经济建设的人力需求,职业学校和学生人数出现成倍增长。这一期间台湾当局采取了一些促进职业技术教育大发展的具体措施:(1)关、停、并、转初级职校。1964 年,颁布"五年制专校设置暂行办法"、"专科以上学校夜间部设置办法",扩大办理推广教育。1968

年,台湾开始实行九年义务教育,停办初级职业学校与五年制高级职业学校,仅保留三年制高级职业学校。也开始实施轮调式建教合作(学校与建教合作事业机构的合作模式,学生一方面在学校学习专业知识,另一方面在建教合作事业机构学习技能和相关社会群体生活),积极推行建教合作实验班。(2)调整普通高中与高级职业学校的比例。20世纪60年代中期以后,普通教育增长较快,造成普通中等、高等教育人才过剩的教育结构性矛盾。为此,台湾当局提出"限制数量的成长,着重质量的提高"的政策,优先发展高级职业学校。1966年至20世纪70年代,高等职业学校、高中人数比例逐年调整至7∶3。(3)大力发展工业职业技术教育。原来以农业为主的职业教育也逐年转变为工业类科学校导向的职业教育,大量增加工业职业学校数,台湾中等教育已由普通中学教育渐趋向职业教育。

20世纪70年代中期,世界性能源危机和西方经济危机使台湾当局开始加强资金和技术密集型产业,台湾对高级技术人才的需求迅速增加。为提升职业技术教育的水平,1973年将"专科职业教育司"改为"技术及职业教育司",负责专科教育、职业教育及技术学院相关事项之职掌。1974年公布"私立教育法";同年,成立台湾工业技术学院,确立职业技术教育机构包括高级职业学校、专科学校及技术学院的职业技术教育一贯体系,并鼓励工职、工专学生循"就业—升学—就业"途径接受高等技术职业教育。1976年开始明定五年制及两年制、三年制类型的专科学校。台湾科技大学于1976年增设学士班,1979年增施硕士班,1983年又增设博士班。1991年起,台湾当局试办高中高职学年学分制、"中学技艺教育方案"、第十届高职实用技能班。1994年,台湾地区第七次教育会议提出设置综合高中,希望为学生提供多元教育进路,随后公布综合高中试办计划及试办要点。经过几十年发展,台湾专科职业学校学生从20世纪70年代初的10万余人,增加到1988年的262 994人,增加了2.6倍;1995年更是达到394 751人。台湾形成了由高级职业学校—专科职业学校—技术学院构成的完善的职业技术教育体系。

20世纪90年代起,随着台湾高等教育的普及、知识经济乃至信息技术时代的到来,大力提升高等职业教育水平,培养高质量的实用技术人才成为台湾当局发展职业技术教育的主旨。为建立职业技术教育一贯体系及弹性学制,1996学年度起,开始辅导绩优专科学校改制技术学院并附设专科部。2000年,高等职业技术学校全面实施新课程,并于2001年取消"四技二专"(四年制技术学院与两年制专科学校)与"二技"(两年制技术学院)的联招,成立"技专校院入学测验中心",改为考招分离政策;同时,为配合社会整体建设、地区产业特色与技专校院(科技大学、技术学院、专科学校)发展,培育高级与实用专业人才,进行技专校院系科

招生名额的总量管制,2001年订颁《技专校院增减、调整所系科班及招生名额审查原则》,依据各校的资源状况,核给各校招生名额;在系科规划上赋予各校较大办学弹性。由于技专校院系科发展快速,为了协助各校自我改进,提高学校办学质量,台湾当局举办技专校院校务评鉴。台湾当局自1975年就开始办理技专校院评鉴,每3年轮评一次。1991年起技术学院陆续增设,1993年举办技术学院评鉴,4年轮评一次。1997年首度核定5所技术学院改名为科技大学,2001年开始进行科技大学评鉴,2005年起采用等第制,强调绩效责任导向。

2002年起,鼓励技专校院建立系科本位课程发展机制,并大力推行产学合作政策。(1)在课程发展方面,具体措施有:2002年完成《技专校院学校本位系科课程发展参考手册》,2004年发展出14群的系科本位课程发展标准作业程序,于2005年将研订完成的"推动技专校院系科本位课程发展机制参考流程图与原则"函送各技专校院,以简明流程图使学校清楚了解该课程机制的内涵,并据以全面推动、改进技专校院课程,以缩短学用落差;2004年开办"最后一里学程",根据企业需要的人才规格设计课程,以缩短产业界晋用新进人员训练时程与成本;2010学年度起全面推动"技专校院学生校外实习课程",鼓励各校开设暑期、学期、学年及海外实习四种类型课程,使学生及早体验职场,建立正确的工作态度,培养未来就业所需能力;2006年正式实施"跨世纪技职体系一贯课程",依专业属性及职业群集概念,将85个科别统整为若干职群,在每个群组中组建核心课程,并预留给学校发展学校本位课程的空间,各个群组的课程难易和阶段划分分别对应职业技术学校的三级(职业学校—专科学校—技术学院或科技大学)五类学校(高级职业学校、五年制专科学校、两年制专科学校、两年制技术学院、四年制技术学院);2010学年度起推动"技专校院工业类实务课程研发及试办计划",培养学生具备实务训练的现场技术与知识以及实务问题解决能力;2011年起办理"科技校院研究所研发实务及课程整体改进计划",推动技专校院教师前往公营及民营机构研习或服务,以提升现职教师的业界经验及增进产学交流,推动"双师制度",鼓励技专校院遴聘业界专家与学校教师共同规划课程并协同授课,以深化技职教育实务教学及与产业接轨。(2)在产学合作方面,成立6个区域产学合作中心,2003年起陆续成立40个技术研发中心,期望能缩短产业所需人才与学校培育人才的缺口,以落实职业技术教育"务实致用"的目标。同时,补助各技专校院推动国际合作相关事宜,提升各校的国际竞争力。

2004年引进副学士学位制度,颁授给两年制专科学校以及五年制专科学校的毕业生。2005年,结合《弹性调整学杂费方案》,推动实施共同助学措施方案,对大专院校弱势学生予以积极协助,该方案于2007年修订并更名为"大专校

院弱势学生助学计划"，大幅提高补助金额、扩增补助项目并降低补助门槛，补助人数及补助经费大幅增加。

为加强技专校院和高等职业学校之间的教学合作，以整合教学资源、促进学生学习衔接，2006年开始试办技专校院与高等职业学校的策略联盟。随后又试办高等职业学校的"菁英班"和"科技校院繁星计划"，鼓励技术精英学生以技术专长升学，落实技术教育的培训。此外，为提升高等职业学校教育质量，拟定《高职优质化辅助方案》。2007年开始，"高中职"（高级中等学校、高级职业学校、五年制专科学校）学生就读实用技能学程、产业特殊需求类科、建教合作班及进修学校经济弱势学生、少数民族学生等，都分别有学费全免或一定额度的补助。2010年实施《齐一公私立高中职（含五专前3年）学费方案》，2011年实施《高中职免学费方案》（含五专前3年）。

2009年起，台湾教育行政主管部门就职业技术教育体制、课程规划等做全面性检讨，推行《技职教育再造方案》，确立"强化务实致用特色发展"及"落实培育技术人力角色"的定位，强化职业技术教育特色，涵盖制度、师资、课程与教学、资源及品管等五大面向以及十大策略。十大策略为：强化教师实务教学能力；引进产业资源协同教学；落实学生校外实习课程；改善高等职业学校设备，提升质量；建立技专特色发展领域；建立符合技专特色评鉴机制；扩展产学紧密结合培育模式；强化实务能力选才机制；试办五专菁英班扎实人力；落实专业证照制度。方案的推动期望能达到"改善师生教学环境、强化产学实务联结、培育优质专业人才"的目标。

台湾职业技术教育体系及学制

台湾中等职业技术教育 包括中学技艺教育、高级职业学校、普通高中附设职业类科及综合高中（专门学程）。(1) 中学技艺教育。中学技艺教育是为具有技艺学习性向、兴趣的初中三年级学生开设的职业试探课程。学生每周可选修14节的职业试探课程，每学期以试探一至两个职群为原则。选修技艺教育的学生可优先就读高级职业学校实用技能学程；也可经由多元入学渠道升学高级职业学校、普通高中附设职业类科或综合高中专门学程。(2) 高级职业学校及普通高中附设职业类科。招收初中毕(结)业或具有同等学力者入学，修业三年，以取得高级职业学校毕业证书。因应特殊学生的不同需求，另外开设进修学校、建教合作班、特殊教育实验班及实用技能学程。实用技能学程以学生为中心，注重学生多元性向与适性发展，是针对具有技艺倾向、就业意愿的学生设计的学习环境，其最终目标是让需要照顾的弱势学生都能安心求学并学习专业技术，既能赋予青年一技之长，也提供社会稳定的技术人力。高级职业

学校的类别为：农业、工业、商业、海事水产、家事、艺术等。课程方面采学年学分制，毕业学分为160学分。课程规划强调学校本位，以符合产业迅速变迁需要。高级职业学校及普通高中附设职业类科的毕业生可选择继续升学、自行创业或就业。升学者可升学两年制专科学校、技术学院或科技大学等。(3) 综合高中（专门学程）。综合高中招收初中毕业生或同等学力者。为使学生充分了解自己兴趣、性向与学程特色，做好生涯规划与职业试探，高二阶段设有学术学程（准备升读大学）或专门学程（准备就业或升读四技二专）。课程采学年学分制，其中约2/3学分由学校自行规划，以发展学校特色。综合高中毕业生的出路较为宽广，依学生之性向及所修学程，可以参加大学入学考试以升入普通大学就学，也可以参加"四技二专"统一入学测验以升入两年制专科学校、技术学院或科技大学就学。也可以直接就业，或是参加职业训练单位的短期专精训练后再就业。

台湾高等职业技术教育 包括专科学校、技术学院及科技大学两个层级。(1) 专科学校。专科学校依修业年限分两年制及五年制两种，两年制依上课时间不同有日间部、夜间部（进修部）和进修专校的区分，五年制则只有日间部。专科学校毕业后可取得副学士学位。专科学校目前设有工业、商业、医护、海事、语文、家政、观光、餐饮等类别。实行学年学分制，由各校依学校发展方向自行规划设计课程。五年制学生须修满220学分，两年制学生则须修满80学分才能毕业。教师来源除比照一般大学师资之外，另依"专科学校专业及技术教师遴聘办法"，可聘具有企业界实务工作经验的教师。专科学校毕业生可以选择自行创业、就业或继续进修升学两年制技术系、四年制技术系或插班大学考试。毕业生在获得实际工作经验后，也可继续升学报考在职专班。(2) 技术学院及科技大学。技术学院及科技大学都依据"大学法"设立，以培养高级专业及实务人才为宗旨。技术学院及科技大学都可招收副学士班生、学士班生、硕士班生，科技大学可招收博士班生。副学士班的学制、学生来源及学位取得同专科学校一致；学士班又分为四年制与两年制，均设有日间部、进修部及进修学院（两年制），各校得另订工作经历与年资等入学条件，设立在职专班。在学生来源方面，四年制技术学院与两年制专科学校招收高级职业学校、综合高中毕业生或具同等学力者入学，两年制技术学院则招收专科学校毕业或具同等学力考生入学，四年制技术学院及两年制技术学院毕业后可取得学士学位。课程方面实行学年学分制，四年制学生须修满128学分，两年制学生须修满72学分才能毕业。研究所硕士班学生须修满24学分及完成硕士论文，博士班学生须修满18学分以上及完成博士论文，才可毕业。教师来源除如同一般大学师资之外，可依"大学聘任专业技术人员担任教学办法"，另聘具有企业界实务工作经验的教师授课。参见"台湾高等教育"。

台湾技专院校入学渠道

总量控管与招考分离　为兼顾台湾地区整体建设、地区产业特色及技专校院发展,台湾教育行政主管部门依据各校资源条件状况,核给各校总量招生名额,并赋予各校较大办学弹性规划各类系科。技专校院学制及类科具多元属性,招生方式采用考招分离制度,以整合各类入学方式,简化招生工作,并提升测验命题质量。考试与招生工作分由不同专责单位办理;测验命题工作则由技专校院入学测验中心承办,考生仅需参加一次测验,其成绩可供各类多元入学渠道招生采计,减少学生重复报考的次数与负担。

技专校院多元入学渠道　(1)高级职业学校及普通高中附设职业类科(含综合高中专门学程)。此类学校主要招收初中毕业生,入学渠道包含免试入学、申请入学、甄选入学及登记分发入学等,免试入学以初中毕业生在校五学期学科成绩作为成绩采计项目,其采计方式则依各招生区规定为主。申请入学及推荐甄选入学除了采计第一次中学学生基本学力测验成绩或北北基联合入学测验(台北市、台北县及基隆市"高中职"联合入学测验)成绩外,还要采计在校的各种综合表现。登记分发入学则以第一、第二次中学学生基本学力测验或北北基联合入学测验成绩为主,不再采计在校的表现。(2)五年制专科学校。五年制专科学校主要招收初中毕业生,入学渠道包含免试入学、申请抽签入学及登记分发入学等。免试入学以在校三学期七大学习领域的八大学科成绩总平均的全校排名百分比(简称在校三学期成绩)作为成绩采计项目;申请抽签入学则采计在校三学期七大学习领域的八大学科成绩总平均的全校排名百分比,或第一次中学学生基本学力测验,或北北基联合入学测验成绩的 PR 值(三者择一);登记分发入学则以中学学生基本学力测验分数为分发依据。(3)四年制技术学院与两年制专科学校。四年制技术学院与两年制专科学校入学不采计纸笔测验的渠道有:重视学生竞赛表现及证照能力的"技优入学(并高职菁英班)";为均衡城乡差距、照顾偏乡弱势学生升学的"技职繁星"。需采计纸笔测验的渠道有:以学生统一入学测验成绩及学生获奖证照、竞赛表现作为入学评量的"甄选入学";以统一入学测验成绩选填志愿的"登记分发";由各校单独招生入学。此外,为照顾高中生升学转换机会,高中生亦得以当年度学科能力测验成绩及其他有书面审查数据,申请进入四年制技术学院就读。(4)两年制技术学院。两年制技术学院主要招收两年制专科学校及五年制专科学校毕业生,入学渠道除通过报考统一入学测验取得测验成绩,参加"联合登记分发"方式升学外,专科毕业生也能衡量其专长兴趣及实务能力,选择"二技甄选入学、技优入学",着重在校实作成绩、竞赛表现及证照取得等实

作能力,学生亦可经由各校单独招生入学。参见"台湾高等教育"。

台湾职业技术教育行政管理体制、类科设置

台湾职业教育行政管理体制中最高掌理机构为台湾行政当局,其下设有教育行政主管部门主掌全台湾的教育工作。教育行政主管部门设掌理全台湾职业技术教育业务的部门,并直接主管及督导科技大学、技术学院及专科学校。台北、新北、台中、台南、高雄五市的教育行政主管部门负责掌理、督导辖内中等职业技术教育事项。教育行政主管部门中部办公室负责督导中等教育阶段的高级职业学校,以及非上述五市的私立高级职业学校。县(市)的教育处负责掌理、督导辖内县立中学的职业教育及中学的技艺教育等事项。

台湾职业技术教育的科类在高级职业学校阶段,分设有工业类、农业类、商业类、家事类、海事及水产类、艺术及戏剧类;在专科阶段,设有工业、商业、管理、艺术、农业、海事、家政、餐饮、外语、护理等各类科;在技术学院与科技大学,则设有人文及艺术、工程制造及营造、服务、社会科学及商业法律、科学、教育、农学、医药卫生及社会福利等八大领域。

至 2009 学年,台湾有高级职业学校 156 所、专科学校 15 所、技术学院及科技大学 77 所,共计 248 所。学生人数达 1 023 131 人。

参考文献

马早明.亚洲"四小龙"职业技术教育研究[M].福州:福建教育出版社,1998.

台湾"教育部"."'建国'百年"技职教育专刊[M].台北:台湾"教育部",2011.

台湾"教育部"."中华民国"技术及职业教育简介[M].台北:台湾"教育部",2011.

王本尊,李洁容.台湾教育概观[M].广州:暨南大学出版社,1991.

周祝瑛.20 世纪台湾教育[M]//顾明远.中国教育大系.武汉:湖北教育出版社,2004.

（马早明）

台湾中小学课程（primary and secondary school curriculum in Taiwan）　台湾中小学课程以第二次世界大战结束为界,之前实行日本课程,之后在沿用中国课程的基础上,根据不同时期社会发展需要进行了数次总体改革,形成了从移植美国模式到发展新课程体系的发展道路。

台湾中小学课程改革与发展历程　1948 年后,台湾依中国课程框架对日本殖民统治时期课程进行改造,先后颁

布小学、初中和高中课程标准,这次改造突出了学科中心的课程思想。1952年,台湾实施第一次课程改革,此次改革有两个特点:一是因应社会发展对课程计划进行增删调整;二是突出政治教育。此次课程改革只限于局部修改。1955年,台湾根据当时加强工业的实际情况,对中学课程进行修订,减少课时,突出了学科及专业教学,并强化政治教育。1962年,为配合经济从重农转向重点发展进出口业,以及强化应用与技术学科、普及小学教育的要求,台湾推行第三次全面课程改革,强化了政治与道德教育,把军训列入中学课程,并首次划分初中与高中课程,同时强调了职业技术教育。

20世纪60年代后期,台湾经济重点转为发展工业,为此,台湾推行九年义务教育。1968年,为配合义务教育从小学延续到初中,台湾实施中小学课程全面改革,颁布"暂行课程标准"。1971年,又再次进行改革,发布"中学课程标准",1975年,发布"小学课程标准"。这一阶段台湾课程改革强调智、德、体、美四育并重;重视发展以中等为主的职业技术教育,强调在普通中小学普及生活技术教育;强化小学与中学课程的内在联系,实行弹性课程。参见"台湾义务教育"。

20世纪80年代后,台湾经济全面转向以出口工业为主导的新体制,台湾相继出台相关教育政策,多次实施中学课程改革,先后于1983年和1985年两次颁布中学课程标准。这两次改革有三个重点:大力倡导德、智、体、美、群五育均衡发展,强调把"五育均衡"落实在课程目标设置、结构以及评价方面;突出科际课程,强调各学科之间相互渗透,加强科际教学合作,促进学科教学与实际应用联系,把教学通则改为实施通则,尤其指出要把公民教育渗透到各科教学之中;推进弹性课程,加设选修课,促使中小学课程衔接,注重发展学生的能力。

20世纪80年代后期,台湾在产业第三次转型及高科技产业迅猛发展的情势下开始了新一轮课程改革。自1989年起对中小学课程全面修订,历经5年,于1994年颁布新的课程标准。这次课程改革提出"课程统整"理念,后又成立新的课程改革咨询机构,继续推进课程的统整化,实现从重选拔向重普及、重分数向重能力的转变。1997年,成立中小学课程发展专案小组;1998年,成立中小学各学习领域纲要研修小组;1999年,成立中小学课程修订审议委员会;2001年,试行"中小学九年一贯课程暂行纲要"。九年一贯课程指以学校教育、教师专业活动为核心周期,订立以九年为区间的一贯课程。这一纲要实施了统整课程理念,放弃学科中心课程体系和分科教学模式;改课程标准为课程纲要,强调把握课程内在结构;在强调中小学课程设置衔接的同时,按统整模式把相关知识重组为语文、社会、健康与体育、艺术与人文、数学、自然与生活科技、综合活动共七个学习领域。

2003年,台湾教育主管部门公布"中小学九年一贯课程纲要"。该纲要罗列了10项课程目标及学生应具备的基本能力,包含人与自己、人与社会、人与自然三个面向以及七大学习领域,学生能力成为教育目标的依据;在实务上,则加强学校弹性时间并强调教学企划等。之后继续推进改革,随即于2004年成立中小学课程纲要审议委员会、中小学课程纲要研究发展小组,建立了常设性课程修订机制。2006年,成立"中小学课程纲要总纲、各学习领域、生活课程暨重大议题研修小组",2007年,又成立"中小学课程纲要总纲、各学习领域、生活课程暨重大议题审议小组"。2008年,颁布"中小学九年一贯课程纲要",该课程纲要是对2003年课程纲要的微调,但课程理念有所改变。2011学年,该课程纲要正式实施。

台湾"中小学九年一贯课程纲要"主要内容　其基本理念:教育的目的是培养人的健全人格、民主素养、法治观念、人文涵养、强健体魄及思考、判断与创造能力,使其成为具有国际视野的现代人。九年一贯新课程的基本内涵包括以下几点。(1)人本情怀方面:包括了解自我、尊重与欣赏他人及不同文化等。(2)统整能力方面:包括理性与感性的调和、知与行的合一,人文与科技的整合等。(3)民主素养方面:包括自我表达、独立思考、与人沟通、包容异己、团队合作、社会服务、负责守法等。(4)本土与国际意识方面:包括对本地区的热爱以及对世界观的建立等(涵盖文化与生态)。(5)终身学习方面:包括主动探究、解决问题、信息与语言之运用等。

"九年一贯新课程"包括十项目标,每项目标对应一种能力的发展。增进自我了解,发展个人潜能;培养欣赏、表现、审美及创作能力;提升生涯规划与终身学习能力;培养表达、沟通和分享的知能;发展尊重他人、关怀社会、增进团队合作;促进文化学习与国际了解;增进规划、组织与实践的知能;运用科技与信息的能力;激发主动探索和研究的精神;培养独立思考与解决问题的能力。为达成上述课程目标,中小学教育阶段的课程设计应以学生为主体,以生活经验为重心,培养现代人所需的基本能力。(1)了解自我与发展潜能:充分了解自己的身体、能力、情绪、需求与个性,爱护自我,养成自省、自律的习惯,乐观进取的态度及良好的品德;并能表现个人特质,积极开发自己的潜能,形成正确的价值观。(2)欣赏、表现与创新:培养感受、想象、鉴赏、审美、表现与创造的能力,具有积极创新的精神,表现自我特质,提升日常生活的质量。(3)生涯规划与终身学习:积极运用社会资源与个人潜能,使其适性发展,建立人生方向,并因应社会与环境变迁,培养终身学习的能力。(4)表达、沟通与分享:有效利用各种符号(例如语言、文字、声音、动作、图像或艺术等)和工具(例如各种媒体、科技等),表达个人的思想或观念、情感,善于倾听与他人沟通,并能与他人分享不同的见解或信息。(5) 尊重、关怀与团队合作：具有民主素养，包容不同意见，平等对待他人与各族群；尊重生命，积极主动关怀社会、环境与自然，并遵守法治与团体规范，发挥团队合作的精神。(6) 文化学习与国际了解：认识并尊重不同族群文化，了解与欣赏本地区及世界各地历史文化，并体会与认同世界为一整体的地球村，培养相互依赖、互信互助的世界观。(7) 规划、组织与实践：具备规划、组织的能力，且能在日常生活中实践，增强手脑并用、群策群力的做事方法，积极服务人群。(8) 运用科技与信息：正确、安全和有效地利用科技，搜集、分析、整合与运用信息，提升学习效率与生活质量。(9) 主动探索与研究：激发好奇心及观察力，主动探索和发现问题，并积极运用所学的知能于生活中。(10) 独立思考与解决问题：养成独立思考及反省的能力与习惯，有系统地分析问题，并能有效解决问题和冲突。

中小学阶段的课程包括七大学习领域。学习领域是学生学习的主要内容，而非学科名称。除必修课程外，各学习领域依照学生性向、小区需求及学校发展特色，弹性提供选修课程。实施学习领域时要掌握统整的精神，视学习内容的性质实施协同教学。每一学习领域都有其相应内涵。(1) 语文：包含本地区语文、英语等，注重对语文的听说读写、基本沟通能力、文化与习俗等方面的学习。(2) 健康与体育：包含身心发展与保健、运动技能、健康环境、运动与健康的生活习惯等方面的学习。(3) 社会：包含历史文化、地理环境、社会制度、道德规范、政治发展、经济活动、人际互动、公民责任、本土教育、生活应用、爱护环境与实践等方面的学习。(4) 艺术与人文：包含音乐、视觉艺术、表演艺术等方面的学习，培养学生艺术与人文方面的兴趣与嗜好，使其能积极参与相应活动，以提升其感受力、想象力、创造力等艺术能力与素养。(5) 自然与生活科技：包含物质与能、生命世界、地球环境、生态保育、信息科技等的学习，注重科学及科学研究知能，培养尊重生命、爱护环境的情操及善用科技、运用信息等能力，并能在日常生活中实践。(6) 数学：包含数、形、量基本概念的认知，具有运算能力、组织能力，并能应用于日常生活中，了解推理、解题的思考过程，以及与他人沟通数学内涵的能力，并能做数学与其他学习领域适当题材相关之联结。(7) 综合活动：指凡能够引导学习者进行实践、体验与省思并能验证、应用其知识的活动。包含原童军活动、辅导活动、家政活动、团体活动及运用校内外资源独立设计的学习活动。各学习领域有不同的学习阶段，参照该学习领域的知识结构及学习心理的连续发展原则而划分，每一阶段均有其能力指标。

"九年一贯新课程"课程总节数分为"领域学习节数"与"弹性学习节数"。学校的课程发展委员会于每学年开学前依规定的百分比范围合理、适当分配各学习领域学习节数。

(1) 语文学习领域占领域学习节数的 20%～30%，但小学一、二年级语文领域学习节数得并同生活课程学习节数弹性实施。(2) 健康与体育、社会、艺术与人文、自然与生活科技、数学、综合活动等六个学习领域各占领域学习节数的 10%～15%。(3) 学校应依比例计算各学习领域的全学年或全学期节数，并配合实际教学需要安排各周的学习节数。(4) 学校应配合各领域课程纲要的内容及进度，安排适当节数进行信息及家政实习。学习活动如涵盖两个以上之学习领域时，其学习节数得分开计入相关学习领域。此外，在授满领域学习节数原则下，学校课程发展委员会可决定并安排每周各学习领域学习节数。"弹性学习节数"由学校自行规划办理全校性和全年级活动、执行依学校特色所设计的课程或活动、安排学习领域选修节数、实施补救教学、进行班级辅导或学生自我学习等活动。各校视课程实施及学生学习进度的需求，弹性调节学期周数、每节分钟数与年级班级的组合。

台湾教育行政主管部门在课程发展方面的职责是：研拟并积极推动新课程实施的配套措施，以协助实施新课程；将学习领域课程纲要上网，提供各界参考；协调师资培育工作，促使大学培育新课程的师资，并进行新课程种子教师培训工作；配合新课程的推动，检讨修正现行法令并增订相关法规。地方教育行政主管部门的职责是：编列预算；依地区特性及相关资源，发展本土教材，或可授权学校自编合适的本土教材；除备查学校课程计划外，督导学校依计划进行教学工作；配合地区与家长作息特性，订定"中小学学生在校时间"的实施规定。

各校成立"课程发展委员会"，下设"各学习领域课程小组"，于学期上课前完成学校课程计划的规划、决定各年级各学习领域学习节数、审查自编教科用书及设计教学主题与教学活动，并负责课程与教学评鉴。学校课程发展委员会的组成方式由学校校务会议决定。学校课程发展委员会的成员应包括学校行政人员代表、年级及领域教师代表、家长及小区代表等，必要时聘请学者、专家列席咨询。同时，各学校需考虑地区特性、学校规模及中小学的连贯性，联合成立校际课程发展委员会。小型学校配合实际需要，可合并数个领域小组成为一个跨领域课程小组。

学校课程发展委员会在充分考虑学校条件、小区特性、家长期望、学生需要等相关因素的基础上，结合全体教师及小区资源发展学校本位课程，并审慎规划全校课程计划。学校课程计划应含各领域课程计划及弹性学习节数课程计划，内容包含"学年/学期学习目标、能力指针、对应能力指针的单元名称、节数、评量方式、备注"等相关项目。有关性别平等、环境、信息、家政、人权、生涯发展、海洋等七大议题如何融入各领域课程教学，也应在课程计划中妥善规划。各校应于学年度开学前，将学校课程计划送所属主管教育行政机关备查,若学校确有需要,得于第二学期开学前报请修正调整,并于开学两周内将班级教学活动的内容与规划告知家长。中小学应针对学生个别差异设计选修课程,供不同情况的学生学习不同课程。在符合领域学习节数的原则下,学校得弹性调整学习领域及教学节数,实施大单元或主题统整式教学。

中小学教科用书应依据课程纲要编辑,并依法由审查机关(单位)审定通过后,由学校选用。除通过审定的教科图书外,学校得因应地区特性、学生特质与需求,选择或自行编辑合适的教材。全年级或全校且全学期使用的自编自选教材应送"课程发展委员会"审查。

对中小学课程和教学的评鉴范围包括课程教材、教学计划、实施成果等。课程评鉴工作由教育行政主管部门、地方教育行政主管部门、学校这三级机构分工合作,各依权责实施。教育行政主管部门负责建立并实施课程评鉴机制,评估课程改革及相关推动措施成效;建立各学习领域学习能力指标,评鉴地方及学校课程实施成效。地方教育行政部门负责定期了解学校推动与实施课程的问题,并提出改进对策;规划及进行教学评鉴,以改进并确保教学成效与质量;辅导学校举办学生各学习领域学习成效评量。学校负责课程与教学评鉴,并进行学习评鉴。评鉴方法应采用多元化方式实施,兼重形成性和总结性评鉴。

学生的学习评量应依照小学及中学学生成绩评量准则的相关规定办理。教育行政主管部门举办"中学基本学力测验",据以检视学生学习成效。

参考文献

冯增俊,唐海海. 新世纪学校模式——第四届粤港澳台教育论坛[M]. 广州:中山大学出版社,2001.

李春芳.台湾中小学课程改革与学生创造能力培养之探究[M]//冯增俊,李忠después. 教育创新与建构中国现代教育体系.成都:四川文艺出版社, 2001.

(冯增俊)

太平天国教育　　太平天国运动中推行的反清反儒的教育思想和措施。太平天国爆发于 19 世纪 50 年代初,它是一次反抗清王朝和外国侵略势力的农民运动,遍及全国 18 个省,长达 14 年。在太平天国运动中,教育占有重要地位,是为推翻清朝统治,反对外来侵略建立并巩固政权服务的。

反清反儒的教育政策

用武力斗争的方式来推翻清朝的统治,并建立一个理想的"天国",这是太平天国运动的目标。其教育目的,就是要培养一大批拥护太平天国理想并为之献身的骨干和基本群众。

太平天国运动的最终目的,是要建设一种自由、平等的农业社会主义社会——"太平天国",实现"有田同耕,有饭同食,有衣同穿,有钱同使,无处不均匀,无人不饱暖"的绝对平均主义的社会制度。为达到这一目的,就必须夺取政权,在教育上体现为紧密配合武装斗争,以推翻清朝封建统治为迫切任务。具体表现为:(1)对于维护封建统治的封建迷信毫不留情地加以破除。太平天国把一切卜筮、术数、祷祀等都称为"妖法"。在太平军所到之处,常是"庵观寺院,焚毁几尽,佛像无存,僧道反俗"。(2)对儒家的封建思想基本上持否定态度。否定孔子的权威。革命之初,太平军就毁孔庙、拆宗祠、焚经书,这种反孔反儒热潮是农民与地主阶级之间的矛盾斗争在思想、教育领域的尖锐表现,它沉重打击了封建传统教育,对封建文化思想造成极大的冲击。

太平天国领导人虽然从一开始就提出一系列反封建的策略,如没收地主的土地、毁掉学校中孔子的牌位、禁阅和焚毁儒家经书等,并且提出了与封建思想不相容的政治、经济、男女、民族四大平等主张,但是,他们对封建的旧礼教或代表封建思想的儒家伦理道德观的认识却始终模糊不清,他们的反儒、反封建迷信的教育方针也多半只停留在表面形式上以及与"拜上帝会"的信仰不相容的内容上。

改革传统教育内容

太平天国教育本质上是"拜上帝会"的政治、宗教教育。"拜上帝会"的思想渊源有两方面:一是中国传统农民的平等思想,二是经过改造的"基督教"的某些教义。因此,在教育内容上以《十款天条》、《原道醒世训》、《原道觉世训》、《旧遗诏圣书》、《新遗诏圣书》、《天命诏旨书》等宗教书籍为主,并把政治教育、军事教育、道德教育、文化教育、识字教育等都统一到宗教教育中。

《十款天条》是"拜上帝会"的信条和准则,它是 1851 年太平军攻克永安后由洪秀全、冯云山制订的,是教育太平天国军民的重要内容。第一条崇拜皇上帝;第二条不好拜邪神;第三条不好妄题皇上帝之名(皇上帝本名耶火华,世人不可妄题);第四条七日礼拜颂赞上帝恩德;第五条孝顺父母;第六条不好杀人害人;第七条不好奸邪淫乱;第八条不好偷窃劫抢;第九条不好讲谎话;第十条不好起贪心。这十款天条就是"十诫",它是"拜上帝会"的信条,也是太平军的纪律和衡量太平军忠奸的准则,是太平天国教育人民的重要教材。

《旧遗诏圣书》、《新遗诏圣书》和《天命诏旨书》编于 1853 年之前。其中,《旧遗诏圣书》和《新遗诏圣书》是基督教《旧约圣经》、《新约圣经》重译本,但对其中不符合太平天国需要的部分进行了删改、注释和重编,是阐明"拜上帝会"教义的重要书籍。而《天命诏旨书》又称《真天命诏书》,是1853年以前洪秀全、杨秀清颁发诏旨的汇集,其目的是为了确立洪、杨等人的精神统治地位。这三本书是太平天国进行宗教教育的主要教材。太平天国进行宗教教育的目的就是要求人民,爱天上的皇上帝也就是爱地上以洪秀全为首的太平天国,憎恨妖魔也就是憎恨清王朝。

1853年,太平天国定都南京后,认为孔孟之书不可废,遂改焚书政策为删书政策,并设立"删书衙"。它确定的删改原则有:一是凡牵涉到鬼神丧祭之事,因与拜上帝教教义相违而删去不存。如《易经》不用,《中庸》里的"鬼神之为德"章段、《仪礼·丧服》俱删。二是按照表彰皇上帝,贬斥历代圣贤的原则进行删改。如将"上帝"改为"皇上帝",而历代帝王降为"侯"、"相",还将《论语》中的"夫子"改为"孔某"。

太平天国一方面删改传统教育内容,另一方面又编印新教材。除了把政治、宗教作为教育内容外,太平天国也注意科学技术的传授,要求学习西方文化,并尽力罗致和培养各种科学技术人才,他们把近代科学技术知识,如火车、钟表、电火表、寒暑表、天球、地球等编入新教材。

改革传统文化

由于封建统治者对教育权的长期垄断,加之推行愚民政策,农民的文化水平非常低下。为使文化教育能适合大众的需求,太平天国又对传统文化进行了删繁就简、化难为易、从贵族化到平民化的改革,从而打破了贵族对文化教育的垄断。太平天国对传统文化的改革着眼于简化文字、改革体裁,以使文章简明易懂,"使人一目了然",便于群众阅读和学习。在文章内容上,要求反映现实生活,做到"文以纪实"、"言贵从心"。

在改革传统文化方面,太平天国采取了多项措施。

(1)推行语体文。为适应革命的需要,太平天国规定公文、谕告等大多采用广大群众易懂的语体文,而摒弃"八股六韵"、"空言无补"的官样文章。如:"好心有好报,歪心有歪报"、"正直善良,有大富享"等,这些诗句由于融入生活的俗文俚语之中,群众一听就懂。这对于组织、动员群众笃信"上帝",做正人好人,参加起义起到了宣传教育作用。《原道救世歌》、《原道醒世训》、《原道觉世训》、《天朝田亩制度》等太平天国的重要文献,就都是以群众易于理解的语体文写成的。至于其他如《三字经》、《幼学诗》等更是改编成为群众喜闻乐见形式的通俗读物。这种文告、诗歌、读物简明、生动、通俗,即使是文化水平不高的农民群众也能听懂、记牢,这对于贯彻太平天国的政令十分有利。

(2)使用标点符号。中国古代的典籍,特别是"正史"、"经书"、名家著作和文章,几乎不加句逗,难于阅读和理解。为了使广大民众了解法令和方针政策,接受拜上帝会的教义,使粗识文字的人能读懂文告和所颁书籍,太平天国推广试用标点符号。从现有史料来看,在太平天国的书籍和文字当中,经常使用的标点符号有以下几种:"、"号,用在文字停顿的地方;"。"号,用在文句结束的地方;"——"号,加在人名的右边(因为当时汉字是竖写的);"="号,加在地名、国名、朝廷名的右边。标点符号的运用,降低了阅读难度,提高了学习效率。另外,在太平天国的公文书籍里还采用了不少简化字,如"虫"、"胆"、"窃"、"条"、"铁"等,其中有些字与今天通行的简化字相同。文字的简化,不仅降低了识字和书写的难度,而且为广大民众学习文化、开展教育普及创造了有利条件。

(3)颁布《戒浮文巧言谕》。认为文章必须反映现实生活,必须为农民运动服务;文章应该"语语确凿","毋庸半字虚浮",做到"切实明透,使人一目了然";规定在奏章、文谕等方面不许应用"龙德"、"龙颜"、"鹤算"、"龟年"等阿谀奉承的词句。

改革科举考试制度

在选用人才方式上,太平天国主要通过战争实践来选拔,同时也通过开科取士和招贤榜的办法来选取。1851年,太平军攻占永安后,首次开科取士。建都南京后,由于亟需人才,又正式建立了开科取士制度,并对清末的科举制度进行了改革。太平天国的科举考试制度分县试、省试、京试三级,分别录取秀才、举人、进士。到1861年以后,又改为乡、县、郡、省、京五级考试,并开设文、武科,分别录取信士、秀士、贤士、俊士、国士等。自1853年到1862年,太平天国共举行了十次京试。

太平天国虽然改革了科举考试的内容,但形式仍然采用八股试帖,然而与传统科举考试专考"四书"、"五经"不同,它的考试内容为太平天国所颁发的《旧遗诏圣书》、《新遗诏圣书》、《天命诏旨书》等官书,并且增加了策论,以选拔能文能武、经邦济世的人才。

传统科举考试对门第、出身、籍贯、守考、保结等都有严格的限制,而太平天国的科举考试则采取不分布衣、绅士、倡优、隶卒,无论何色人,上至丞相,下至听卒,"均准与考",并且录取的标准也有所放宽,如1854年湖北考试,参考者不及千人,而取中者竟有800余人。同时,太平天国的科举考试还打破了男尊女卑的封建传统,允许女子参加考试,如1853年曾开女科,专门选拔女子人才。

科举考试还简化了手续,减少了考试的场次,对考生的起居、饮食、旅费等予以照顾和关心。如在《钦定士阶条例》中明文规定:每日于辰刻散给士子饭菜一次并碗箸等件,午刻散给糕饼一次,酉刻散给烛台油烛等。

太平天国还更改了科举考试的功名。在太平天国初年,开科取士尚未改传统的士阶功名,直到 1861 年,洪仁玕认为旧日所称名实不符,始一律改用"士"字为士阶,改秀才为秀士,谓士人荣显之初如卉木之方秀也;改补廪为俊士,谓智过千人为俊也;改拔贡为杰士,谓才过万人为杰也;改举人为博士,谓其博雅淹通也;改进士为达士,谓其通达事变足以兼善天下也。

实行普遍的平等教育

太平军在金田起义后,由于忙于行军打仗,还来不及建立完整的教育制度。但是,太平军的领袖们却很重视教育,并通过各种宗教活动来实施,而且还从战争的需要出发,对清末的传统教育制度进行了改革,重视儿童、妇女、士兵和群众的教育。在南京建都后,太平军又实行了普遍的平等教育。

1853 年冬,太平天国颁布《天朝田亩制度》,提出要实现一个"处处平均,人人饱暖"的社会制度。在教育制度方面,规定"凡二十五家中设国库一,礼拜堂一,两司马居之……其二十五家童子俱日至礼拜堂,两司马教读《旧遗诏圣书》、《新遗诏圣书》及《天命诏旨书》焉。凡礼拜日,伍长各率男妇至礼拜堂,分别男行女行,讲听道理,颂赞祭奠天父上主皇上帝焉……凡内外诸官及民,每礼拜日听讲圣书,虔诚祭奠,礼拜颂赞天父上主皇上帝焉。每七七四十九礼拜日,师帅、旅帅、卒长更番至其所统属两司马礼拜堂讲圣书教化民"。

针对清末的封建等级教育制度,太平天国提出了儿童、成人、男女群众的普遍平等的教育制度,并把政治、宗教、文化教育三者合而为一。"礼拜堂"既是宗教活动的场所,也是太平天国实施平等教育的场所。教育的对象既是普遍的,又是全民的,即不分男女老幼都要受教育,都享有平等教育的权利。虽然太平天国实施的普遍平等教育是不完善的,也是不可能完全实现的,但它却富有民主和革命精神,特别是在妇女教育上提倡男女平等,认为"天下多男人,尽是兄弟之辈,天下多女子,尽是姐妹之群",这充分体现了它的民主性和革命性。

太平天国也特别重视儿童教育,要求把儿童培养成为敢于反抗清王朝统治的战士,同时教育儿童遵守太平天国的各种制度和道德规范。太平天国在天京设立育才书院,同时在新攻克的城市中,设立"育才馆"或"义学"机构来教育儿童。儿童的蒙学教材有《幼学诗》、《三字经》、《御制千字诏》等,着重灌输"拜上帝教"的教义以及政治、伦理道德等方面的教育内容。此外,还向儿童进行各种知识的教育,如《御制千字诏》,共 1 104 字,除了向儿童灌输皇上帝是"独

一无二,当初显能,造天及地,万物齐全"等,还向儿童介绍日月星辰、山川湖海、气象变化、动植物名称等知识。在教育形式上,太平天国的儿童教育有一种"带徒弟"的形式,太平军的各级官员常随身带有童子"多至数十人",令童子跟从其学习,"行则背负刀剑",谨步后尘,"住则环侍左右",寸步不离,从行军打仗的实践中学武艺,学《天条书》。尽管由于当时的战争环境,尤其是小生产的农业经济基础,加之当时教师非常缺乏,《天朝田亩制度》中关于普遍平等教育的规定并没有实现的可能,但太平天国的儿童教育却取得了很大成绩。

以洪仁玕的《资政新篇》倡教育革新

洪仁玕(1822—1864),字益谦(一作谦益),号吉甫,广东花县人,洪秀全的族弟。曾在西洋传教士处教汉文,同时努力学习西方的宗教、文化、政治和经济制度,并结交了一批外国传教士,还担任基督教伦敦布道会牧师。1858 年后,开始掌管太平天国的文化教育大权,并一度兼任军事、外交等重要职务。

1859 年,洪仁玕发表了《资政新篇》,这是一部充满发展资本主义希望的新政治纲领。在文化教育方面,《资政新篇》提倡兴办学校、士民公会、医院、慈善机构以及改革文风等。指出欲行新政,"必又教法兼行",尤应以教为先。主张"自上化之"或"立牧司教导官",亲身教化之,从而来革除封建迷信和腐败陋习,提倡兴士民公会,"以拯困扶危并教育等件"。认为只有这样,才能"教行则法著,法著则知恩,于是民相劝戒,才德日生,风俗日厚矣"。为了培养"才德"兼备的人才,《资政新篇》又提出以宗教道德、科学技术和文学艺术为教民的上、中、下"三宝"。所谓"上宝"者,即以天父上帝、天兄基督及"圣神爷之风三位一本为宝",也就是说以宗教为教民的"上宝"。指出"上宝"能够使人们"革其邪心,宝其灵魂,化其愚蒙,宝其才德"。洪仁玕还十分重视科学技术教育,认为"中宝者以有用之物为宝,如火船、火车、钟表、电火表、寒暑表、风雨表、日暑表、千里镜、量天尺、连环枪、天球、地球等物,皆有夺造化之巧,足以广见闻之精"。还指出文学艺术"或诗画美艳,金玉精奇,非一无可取",并把其列为教民的"下宝"。洪仁玕在《资政新篇》中提出的"三宝"教育内容,特别强调以近代科学技术和文学艺术来教民,这是对封建教育内容的革新。虽然洪仁玕《资政新篇》的教育蓝图未能实行,但在中国近代教育史上却有着进步的意义。

参考文献

陈学恂. 中国近代教育文选[M]. 北京:人民教育出版社,1983.

顾明远. 教育大辞典[M]. 上海:上海教育出版社,1990—1992.

王炳照,等. 中国教育思想通史[M]. 长沙:湖南教育出版

社,1994.

中国近代史资料丛刊编委会. 太平天国[M]//中国史学会. 中国近代史资料丛刊. 上海：上海人民出版社,1975.

(郭　怡)

态度(attitude)　　个体自身对社会存在持有的一种具有一定结构和比较稳定的内在心理状态。可以从以下几方面来加深理解：(1)态度的对象是社会存在。社会存在是指与个体有关联的人、事、物等具有社会意义的存在物,其中包括个体自身。(2)态度具有一定的结构。态度作为一种心理状态,是由多种成分组成的,而且具有一定结构。也正因为如此,态度才对人的内在心理和外显行为起着动力作用。(3)态度具有比较持久的稳定性。一般来说,态度形成之后能够持续一段时间不发生改变。态度的稳定性是相对而言的,指的是在一段时间内和一定程度上的稳定。(4)作为态度的心理状态是内在的。态度存在于个体自身内部,是难以直接观察到的,人们通常所表露于外的意见、看法、观点等只是态度的表达或态度外化的产物,而不是态度本身。态度是社会心理学中一个非常重要的概念,态度作为稳定的行为倾向,不仅决定着个体内在心理活动的方向与强度,也支配和调节着个体的外部行为,对个体具有重要的意义。

关于态度这个概念,西方学者对它的定义不完全相同,各有侧重。美国心理学家 F. H. 奥尔波特在《社会心理学手册》(1935)中,将态度概括为"根据经验而系统化的一种心理和神经的准备状态,它对个人的行为具有指导性的或动力性的影响"。这个定义的着重点在于,指出态度是根据经验组成的一种内在心理结构,并对个人行为发生一贯的、有规律的影响作用,强调态度是个人行为的倾向。美国心理学家克雷奇等人在《社会心理学的理论和问题》(1984)中提出,"态度是一种和个人所处环境有关的动机情绪、知觉和认识过程所组成的持久结构"。这个定义既强调态度构成心理活动的意向过程,又强调认知过程(知觉、认识),但它撇开态度形成的起源(经验),着重于人们对当前环境的主观反应,说明态度是人们主观的内部因素,并未涉及人们的行为反应。对于态度比较完整的定义是美国心理学家 D. G. 迈尔斯 1993 年提出的,他认为"态度是对某物或某人的一种喜欢与不喜欢的评价性反应,它在人们的信念、情感和倾向性行为中表现出来"。美国心理学家里帕 1990 年的定义与 D. G. 迈尔斯基本相似,他认为"态度是对某一目标的一种评价性反应(喜欢或不喜欢)",但他强调"态度是社会心理学研究中的一个中介变量"。中介变量,乃是指它不是可触摸的具体客体,而是一种假设的建构,可以推断,但无法直接观察。例如,一个学生因为不喜欢某个科目而减少在此方面的努力,这个时候我们看到的是由于他对于这门功课的态度而引起的效果,而不是态度本身。

态度的构成　　对于态度构成的认识往往与对态度概念的界定相联系,早期的理论强调态度本身具有的行为意义及以往学习所得经验对态度形成的作用,如 F. H. 奥尔波特的观点。近期对态度的界定则注重态度本身包含的认知和情感两个成分,认为态度是由认知和情感这两个因素组成。大多数社会心理学家认同的是,态度涉及三个成分：认知(cognition),即态度的信念、认知部分;情感(affect),即态度的情感特色;行为意向(behavior intention),即态度的行为倾向性。态度的三个成分构成知、情、意三个因素。(1)认知因素,指个体对态度对象具有的知觉、理解、信念和评价。这个对象可以是人、物、群体、事件,也可以是代表具体事物本质的一些抽象概念(如胆怯、艰难等),但没有明确对象的态度是不存在的,例如,我们不能笼统地说某个人具有善意的态度。认知因素中包含着好或坏的评价与意义叙述的成分,叙述内容包括个人对某个对象的认识与理解以及赞成与反对的判断,如善一恶,应该一不应该等。(2)情感因素,是个体对态度的对象持有的好恶情感,也就是个体对态度对象的一种内心体验,如喜欢一厌恶,尊敬一轻视,热爱一仇恨,同情一冷漠等。大多数心理学家都认为,态度是评价性的,但它涉及喜欢与不喜欢。态度定义的中心论点是假定人们具有某种态度后就有一种情绪上的反应。(3)行为意向因素,是个体对某个态度对象持有的一种内在反应倾向,是个体作出行为之前保持的一种准备状态。所以,行为意向并不是行为本身,而是作出行动之前的思想倾向。

在大多数情况下,态度构成中的三个成分是协调一致的,但有时候也会有矛盾和不协调。在不协调发生时,个体会采用一定的方法进行调整,重新恢复三者之间的协调一致。当然,这种重新协调的过程并不是非常简单的,例如,有的学生知道学好英语是一件好事,但就是不愿意在学习这门功课上多做努力,这种不协调和不一致就在一定程度上存在着。此外,认知、情感、行为意向三个因素相互之间的关联程度也不尽相同。研究表明,情感与行为意向的相关程度高于认知与这两个因素之间的相关。也就是说,在三种成分中,认知成分的独立程度要更高些,与其他两种成分之间的相互影响也小一些。当三者发生冲突的时候,情感因素往往起着最主要的作用,生活中这样的例子也很多,有些道理大家都懂,但态度很难真正扭转,因为认识上的转变比较容易,而情感上的接受和行为的改变就比较难,也比较缓慢。一旦情感因素发生了变化,行为意向往往会随之改变。

态度的功能　　态度在人类的日常生活中扮演着重要的角色,也发挥着多方面的功能。美国心理学家 D. 卡茨 1960 年概括了态度最重要的四种功能：(1)动机功能。态度具有动机作用,它驱使人们趋向或逃离某些事物,它规定什么是偏爱的,什么是期望的,什么是渴求的,什么是想要避免的。在不同社会文化传统中生活的人们,在食物的选择上会表现出不同的趋向,这并不是单纯地因为他们对于食物味道和营养价值的认识,而是取决于他们已经形成的对食物固有的态度。例如,对于大多数人来说,吃虫子是恶心的、可怕的,但一些地区的人视之为难得的美味。对食物如此截然不同的态度自然会导致他们不同的行为。(2)价值观表达功能。价值观为人们提供一种进行判断和决策的准则,这种准则就是事物或对象本身对人们具有的意义。人们对某一事物或对象的态度,就取决于该事物或对象对人们具有的意义,即该事物或对象具有的价值。也就是说,态度是来自价值观的,但态度同时又表达着价值观,价值观是态度的核心成分。F. H. 奥尔波特等人 1935 年将人们的价值观分为六个类别:经济的价值观,认为生活的主要目的是财产的得失;理论的价值观,力求在知识系统内发现新东西;审美的价值观,把美作为人生的根本追求;权力的价值观,认为人生的目的在于为了支配他人;社会的价值观,认为最有意义的工作是能增进社会福利;宗教的价值观,把精力放在向往神秘的东西上。由于社会文化、教育条件等各方面的差异,每个人的价值观都是不同的,而同一个事物对于个体的价值不同,个体就会对其具有不同的态度。个体总是通过自己的态度能够表示出自己价值观念的一些方面,例如一个博爱主义者往往对慈善事业持有支持的态度,而一个重视自由的人往往对限制自由的各种制度具有反对的态度。(3)自我防卫功能。有些时候,态度可以帮助人们解决内部矛盾,避免自己内心的焦虑,以维护心理平衡。例如,当一位教师受到家长的无理刁难和辱骂的时候,虽然内心非常气愤,但仍然尽量克制自己,耐心应对对方,维护教师的形象。这正是教师自身对于教师这样一个职业的态度发挥了作用。(4)认知功能。某些态度直接帮助个体认识他周围的世界,使他善于处理日后可能遇到的态度对象,发展了行为的准备就绪状态。某种特定态度一旦形成并成为一定的心理结构,就会影响他对后续刺激的接受,并对后续刺激具有的价值发挥判断作用与理解作用。例如人们在形成了一定的政治信仰和态度后,在阅读报纸或收听广播、电视的新闻时,就会对新闻中报道的政治事件形成自己的理解和评判。

态度还能够使个体有选择地接受有利于自己的、适合的信息,拒绝不合适的信息。当然,这种选择也可能使个体接受错误信息并产生错误的认知,形成偏见。例如当一个教师对某个学生产生了负向的态度时,就常常会注意到他的缺点而忽视了他的优点。

态度的方向 态度是一种复杂的心理结构,具有不同的方向。人们对于某一个事物或某个对象的态度不仅具有简单的正向态度和逆向态度,还有中性态度及异向态度(见

图1)。以一项新课程改革为例,正向态度就是表示拥护课程改革,并为实施和落实新课程的改革付出积极的努力;逆向态度表示抵制这种改革,甚至会采取敌对的行动来阻碍改革进程;中性态度表示持观望态度,可能受主客观条件的限制不能马上行动,条件成熟就会行动,遇到问题又会停滞不前;异向态度表示偏离了正确方向,表面上持响应、支持的态度,也在积极行动,但实际上所采取的行动却是对课程改革没有任何帮助,反而有害的。正向态度与逆向态度比较容易分辨,但异向态度具有较大的隐蔽性和欺骗性,群体的领导应及时分辨下属的异向态度,教师应对学生的态度仔细识别,及时扭转。

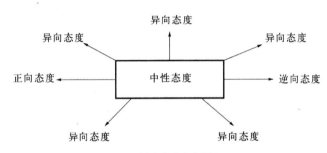

图 1 社会态度方向图示

态度与行为的关系 态度与行为的关系是很复杂的,在多数情况下,态度会影响行为,但这种影响是以一种动机性的方式进行的。同时,行为还受到很多其他因素的影响,如社会规范、情境因素等,所以,态度与行为在很多时候表现出了不一致性。例如,一个并不喜欢抽烟的学生,很可能会屈从于同伴的影响,在同伴都抽烟的情况下作出抽烟的行为。

美国心理学家 M. 伯恩鲍姆等 1983 年指出,行为是态度与环境相互作用的结果,但影响行为的因素除这两者相互作用之外,还有个体的一般认知、情绪、个体对环境的一贯倾向等(见图2)。

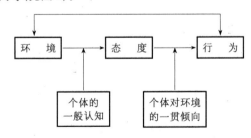

图 2 影响行为的因素图示

从图2可以看出,态度在对行为的影响中是一个中介变量,在日常生活中,可以通过几个方面来考察和预测态度与行为之间的一致性:(1)个体所持态度内部的认知成分与情感成分的一致程度。如果个体对某一事物所持态度在认知上的看法与情感上的体验是一致的,那么这种态度与行为之间就有着较高的一致性。如果认知与情感并不一

致,甚至相互矛盾,那么态度与行为之间的关系就常常不一致。(2) 个体对某一事物所持的态度,如果是以个体自己的亲身经历、直接经验为基础的,是通过个体对此对象的亲身体验和了解而形成的,那么这种态度与行为表现之间就有着较高的一致性。如果个体的态度是通过获取间接经验的方式而形成的,那么这种态度就很难起到准确预测行为的作用。(3) 个体所持态度是比较一般、笼统的还是较为具体、特定的,这种态度与行为之间的一致性也有着密切的关系。如果个体对某一事物或对象的态度比较笼统,则态度与行为之间一致性程度比较低;反之,则一致性程度比较高。

(林　颖)

态度测量(attitude measurement)　运用科学手段或方法了解个体或群体对他人、事物、情境等态度对象的反应倾向。在社会心理学研究中,通过了解民众的态度能发现社会政策的受支持程度,从而进行适当调整;在商业心理学领域,通过调查消费者对某商品和企业的态度可以帮助企业家了解工作中的成功和失误;在教育心理学领域,通过了解学生对学校、教师和某课程等的态度可以帮助教育管理者制订合理的教学和管理工作计划;通过测查某一措施(如社会政策、教育或训练、或商品广告等)实施后人们态度的变化,可以了解这一措施的有效性。

要对态度进行测量,就需了解态度的操作定义。美国心理学家 D. T. 坎贝尔为态度给出的操作定义对研究态度测量很有启发性。他认为,"一个人的态度,是针对一组社会事物而产生的具有一致性的反应群"。作为一种内部倾向,态度有时可能会导致直接的行为反应,但也可能只在相关的意见、观点和行为中体现出来,在研究态度时应考虑到其两方面性质:(1) 态度对象。态度总有一定的对象,态度对象可以是非常具体的事物,如对教师、学校、某商品等的态度,也可以是一个抽象的观念,如对战争、死刑的态度等。态度虽是对某一对象的,但在与这一对象有关的事物中也能体现出人的态度,甚至更真实地体现出他的态度,如学生对学校的态度可能会在他对教师、同学及学校的环境、名称等方面的态度中体现出来。(2) 态度结构。态度可以在认知层面、情感层面和行动层面中体现出来。认知层面是指一个人对事物的了解、知识及看法,其中最主要的是评价性认知;情感层面是指个人对事物的情感与好恶,主要取决于认知层面的影响;行动层面是对事物可观察或外显的行动倾向。一般讲这三个层面不是独立的,而是一个连续体:认知层面在先,情感层面居中,行为倾向在后。一个人对某事物态度的形成,一般先由认知层面经由情感层面而发展到行动倾向,有时持续时间较久,有时则持续较短,甚至同时发生。

了解一个人的态度可以通过了解他对事物的观点和看法,他对事物持有的情感,以及他表现出来的行为反应几方面进行。因此,态度测量可以有不同的方法,如观察法、生理测量法、态度量表法、社会测量法、语义分化法等。观察法是一种最客观的方法,但由于态度与外显行为之间并不具有直接的关系,从行为中并不能了解一个人的真实态度。态度测量中也会用到生理测量法,但被试的态度与生理反应却不一定是一一对应的关系。下面重点介绍一下态度量表法、社会测量法和语义分析法。

态度量表法　是态度测量最有效的方法。态度量表由一套相关联的陈述句或项目构成,被试被要求根据自己的真实情况对这些项目进行回答,若被试按要求作了回答,则研究者根据其对答题情况,就能推测其个人的态度。依据量表分数的特征,态度量表可分为等距量表、总加量表和累积量表三大类型。

等距量表(equidistant scales),亦称"瑟斯顿量表",是美国心理学家瑟斯顿于 1929 年与其合作者依据心理物理学中感觉等距原理提出的一种态度测量量表。瑟斯顿最初用它测量人们对教会的态度,当时非常著名。瑟斯顿量表是第一个测量态度的等距量表,自这一方法提出后,态度测量才取得了科学地位。

等距量表由许多测量某种态度的项目和句子构成,项目在测量态度时的重要性程度及其在量表上的位置由熟悉本领域的专业人员决定。具体编制步骤为:(1) 确定研究主题,并根据所测态度主题编写和搜集态度语(陈述句)。确定研究主题就是确定所要测量的是哪一类态度,即测量对象是什么,如对学校的态度,对妇女的态度等。然后就要根据心理学中有关态度的原理,搜集与这一态度有关的句子。搜集和编写的态度语句首要与所研究态度有关系且相互间有内部一致性,其次应该能反映出人们态度的差别,再次要易于理解和作答。这样的态度语一般要达到 100～200 个。(2) 请专家根据每一态度语的含义与所测量态度相符和相反的程度进行分组。这一工作要请熟悉本领域的问题且客观无偏见的专家来完成。专家的人数要在 20 名以上,一般为 50～60 人。让他们根据要求对态度语分组,并保证组与组之间在意义上是等距的。最少应分为 7 组,最多不超过 13 组,一般为 11 组,分组时依据的是态度语本身表达的是赞同这一态度还是反对这一态度,而不是专家本人对此态度语的赞同和反对的程度。一般将代表极反对态度的句子分到第一组,将代表极赞成态度的句子分到最后一组,其他句子则在两个极端之间,就将它们按代表反对和赞成的程度依次分到第 2、3 直到倒数第二组。项目被分到哪一组就获得哪个等级,如要编制一个测量对妇女参加社会劳动的态度的量表,编写一些态度语后请专家评定,评定时要求专家将每一态度语进行分组,若他认为某一态度语代表了极端反对妇女参加劳动的态度,则将它分到第一组,若认为是极端赞成的,则分到第11组,其余依次类推。(3)确定每一态度语的量表值和模糊指数。整理专家的分组结果,统计每一项目所获得的等级。然后绘制每一态度语的次数分布表和累积次数分布图。绘制累积次数分布图时要以各态度语的等级数为横坐标,以累积百分比为纵坐标。取累积百分比为50%的那一点,该点所对应的态度值就是该项目的态度量值。然后分别取累积百分比为75%和25%的两点,求两点所对应的态度值之差的平均(即四分差Q值),用Q值作为专家对该态度语评定的一致性指标,称模糊指数。Q值大,说明专家评定不一致;Q值小,说明专家评定一致。(4)根据量表值和模糊指数筛选态度语。最后通过挑选态度语而得到最终的态度量表。选择态度语时需要考虑Q值大小及态度语量值的分布,两者要兼顾。首先选择Q值小的态度语,一般Q值大于2的不予考虑。再依据正态分布的原则挑选态度语,即多选择态度量值在中间的态度语,而少选态度量值太低和太高的态度语,使态度语的量值与态度语的数量一致,以保障量表的区分度。最后得到的正式态度量表一般包括20个左右的语句,随机编排后组成态度量表。量表中每一态度语的量值即是该态度语的权重,态度量值是对被试保密的。

施测时,让每个被试对态度量表进行反应,反应时只让被试对每个项目所描述问题表示出是或否,即同意或反对的反应。将被试表示出赞同反应的态度语按量值大小排序,求出中位数,并以中数点上的态度语的态度量值作为该被试的态度分数。在结果解释时以平均数为参照。若态度量值是11级的,则以5.5分为均值,5.5分以下者是持反对态度的,且得分越低反对的程度越大;5.5分以上者为赞同,得分越多,赞同的程度就越高。

等距量表能测量和评价各种多层面、多维度的态度的问题,应用范围广泛,且数量化程度高。研究表明,等距量表的信度一般在0.80~0.90之间。等距量表的缺点:制作过程复杂,最不易做到的是请20名以上的专家;个人的态度分数由中位数决定不够科学,这样态度分数相同的人可能其态度的模式并不相同;专家的评定意见可能会出现偏颇,不能保证其客观性;量表上的数值是否真正等距令人怀疑。

总加量表(summated scale),亦称"利克特量表"(Likert Scales),是美国心理学家利克特在1932年编制的一种态度测量量表。它由一组测量某种态度的态度语或项目构成,并假定每一套态度语在测量态度时有相等的态度量值,即权重,对每一态度语根据被试作出同意或反对的程度给以相应的分数,总加每个题目的得分,即得被试的态度总分。态度总分可表示受测者在态度量表连续体上的位置,从而表示该受测者的态度。由于每一态度语被赋予相同的量值,即态度总分由各态度语得分按等量加权而求得。

利克特量表具有以下特点:(1)假定每一态度项目或态度语都有同等的量值,即在测量态度上具有相同的重要性,且每个题目都是同质的,这样各个项目才能互相累加。若研究者觉得某一层面的问题在测量态度时更重要,他可以通过增加这一方面题目的数量来突出其作用。(2)被试对每一项目的态度强弱程度可以在态度量尺上充分表达出来。被试对某一问题的态度反应有强度上的区别,若题目只有"是"和"否"两种选择项,则难以表现这种差别,因此要使用多级的反应类别,让被试能充分表达出自己的态度。如可以使用非常同意、同意、也许同意、也许不同意、不同意、非常不同意六个反应类别,或使用非常同意、同意、不确定、不同意、非常不同意五个反应类别。这一特点是总加量表的优点,也是它的缺点。例如,有人习惯用强烈方式表示其轻微的态度倾向,而有人则以轻微的方式表示其轻微的态度倾向,因此态度相同的人可能会得到不同的分数。

利克特量表的编制方法:(1)确定研究主题和编写态度语。首先要确定所要测量的是哪个领域的态度,以及这一态度在不同层面的表现及相关内容。要根据已有理论及他人已有的研究,或开放式调查,确定与研究的态度有关的态度语。最初搜集到的态度语的数量要远大于最终确定的态度量表的长度,以备筛选的需要。比如要编制的态度量表的长度为二十题,则最初编制的项目数不要低于五十条。然后请参与最初项目编写的人员对态度语进行判断,去掉被多数人认为对所要测量的态度既非积极陈述又非消极陈述的态度语。再将保留的态度语制成量尺的形式。一般采用五级或七级量尺。通常是最反对的给1分,最赞成的给5分或7分。这样就形成了最初的态度量表。(2)试测并进行项目分析。试测时,要从量表所应用的团体中选取一个有代表性的样本,试测时的指导语、条件控制等,都要与正式测验时的条件相同。试测的人数一般要稍多些,当然400人为宜,以保证项目分析的可靠性。试测后统计出每人的量表总分,然后计算每一项目得分与总分的相关。挑选相关系数大的20~30个项目,构成最终的态度量表。另外在项目分析时也可采用极端组法,即按总分各取25%的被试为高分组和低分组,对两组平均分进行t检验,保留显著性水平高的项目组成态度量表。(3)量表的实施、记分与解释。施测时让被试按指导语的规定,根据个人的感受,在每一个态度语后面选一个最能反映个人感受的数字。总加每题的得分即得测验总分,总分越高说明被试在要测量的态度主题上越赞同或越积极。对量表总分进行解释时,要依据从被试总体中求得的常模。

与其他态度量表相比,利克特量表有以下一些优点:(1)结构简单,易于编制。该量表对使用的态度项目的要求少,只要与研究主题有关均可作为量表的项目。(2)适用范围广,在教育与心理研究的很多方面都有应用。(3)量表的长度可随项目数量的增加而增加。(4)对每一项目有多个反应类别,因此能区分不同被试态度上的细微差别,测量也更精确。利克特量表的缺点:(1)对态度的变化不如瑟斯顿量表和格特曼量表敏感,不同的反应模式会产生相同的量表总分。(2)测量结果的准确性依赖于被试的反应模式。有的被试可能以强烈的方式表达轻微的态度反应,有的则以轻微的方式表达强烈的反应。

利克特量表有了一些新发展,具体表现为两个方面:(1)选择答案数量的改变。最初的利克特量表只是五级记分的,以后则采用从二级一直到七级的记分方式。减少答案数量的目的是降低回答的难度,以便于教育水平不高的被试作答。答案数量选用偶数的目的是强迫被试做出有倾向性的反应。(2)陈述句格式的改变。陈述句可以是不完整的,例如:当知道老师有病时,我:① 非常高兴;② 高兴;③ 悲伤;④ 非常悲伤。

累积量表(cumulative scale),亦称"**格特曼量表**"(Guttman Scale)。由美国心理学家格特曼 1950 年提出,量表中的项目是测定态度的某一方面特征,而且是单向的,各项目之间的排列具有顺序关系。具体说,一个人若赞成某一项目,就必然赞成该项目前面的所有项目。显然,赞成的项目阶梯越高,其总分越高。从所得分数中可推测他对全部项目反应的形态,因此也不会像利克特量表那样形成分数相同而态度结构形态不同的现象,它每个量表总分都只有一种特定的回答组合与之对应。

累积量表的编制一般按照下面几个步骤:(1)研究人员围绕它希望测量的某一事物或概念编制一组陈述,这些陈述应该是单维的,即具有某种趋强结构。(2)用一个小样本对这些陈述进行检验。(3)将检验的结果,按最赞成的陈述到最不赞成的回答者,从上到下排列。(4)从中去掉那些不能很好区分赞成的回答者与最不赞成的回答者的陈述。(5)按公式(再现系数=1 −误差系数/回答总数)计算出再现系数。若再现系数大于或等于 0.90,我们就称该量表是单维度的。每个人的态度的分就是他回答赞成的项目总数。

累积量表的使用要注意以下几个问题:(1)首先考察项目的表面效度,接下来要考察项目之间的二元甚至多元关系。(2)累积量表的逻辑基础是,受访者只要支持某个较强的变量指标,就一定会支持较弱的指标。(3)对量表赋值应最大限度地减少重新建构受访者原始答案所产生的错误,也就是赋值能倒推出原始答案。而正确预测的百分比被称作复制系数(运用量表分值再现受访者对每一项目的原始回答的再现率)。一般原则是,只有该系数达到 90%～95%才可以算作量表。

累积量表的优点主要有可以直接根据被测者所同意的陈述的数目及他的量表分数,来决定他对这一概念或事物的赞成程度。其主要缺点有对一组陈述具有单维性假设是有局限性的,这种单维性往往只是某一部分人的态度模式,

一组特定的陈述可能在某一群体中表现出单维模式。同样,在一个时期中是单维的模式,但到了另一个时期却不一定还是单维的。在实际应用中单维的领域往往难以找到。

态度量表的信度和效度都较为满意。态度量表的信度可采用重测法、复本法和分半法来确定。在确定效度时,可让专家对其内容效度进行评定,或比较不同态度团体的量表分数,或检验量表分数对行为预测的有效性。在三种态度量表中,利克特量表使用最广,信度也最高,编制原理简单,理论假设较弱;格特曼量表和瑟斯顿量表的信度稍低,但都能达到心理测量学的要求,它们的共同点是都有较强的理论假设,编制起来都较为复杂。但随着人们对态度复杂性认识的提高和统计分析技术的发展,格特曼量表和瑟斯顿量表会在态度研究中发挥更大的作用。

编制态度量表题目时要注意以下方面的问题:(1)题目要有辨别功能,能体现出态度的方向性及态度的强弱,使不同态度的人对项目的反应应趋于赞同和反对两极端。(2)态度量表项目的数目要适宜,态度量表要能从各方面测量出某一态度的表现,因此项目数不能少于一定数量,项目多有利于提高测量信度,但若项目太多,不仅不经济,还有可能因被试的疲劳和厌烦情绪而产生新的误差,根据大多数学者的经验,适宜有项目数量一般为 20～30 个。(3)要注意题目的形式,测量态度的认知和感情层面的题目要能体现出被试感情的好恶和价值的判断,测量行为层面的题目要能反映出与态度有关的行为表现。(4)题目要尽量不用直接的形式,以免被试因考虑社会赞许而掩饰了自己真实的态度,而应代之以间接和委婉的形式,因为当人对某一事物持有一种态度时,相应的情绪反应会干扰他思维的逻辑性和客观性。

社会测量法(social-metric technique) 由美国心理学家莫雷诺在 1934 年提出的方法。用于评量某一团体(尤其是小团体)中的人际吸引或拒斥关系,能揭示团体内的结构及个人在团体内互动中的地位。经许多后继研究者的发展,社会测量法已成为受到广泛应用的态度研究方法。

社会测量法假设:任何团体中都存在成员间的相互作用关系,这种相互作用使团体中形成一种非正式的组织。在团体中,成员之间经常存在着潜在的相互选择,肯定选择意味着心理上的接纳与赞赏,否定选择意味着心理上的排斥与拒绝。一个人受到的肯定选择越多,说明他在团体中的受接纳程度越高,否定选择越多,则受排斥的程度越强。若干成员间相互选择的次数越多,就说明他们的相互关系越好。使用社会测量法能够发现一个团体中受众人欢迎的明星式人物,受排斥的孤立者,及内部小团体的存在,从而为团体中人际关系的改善和士气的提高提供诊断性指标。

自从社会测量法提出以来,这一方法已发展出多种形式,较常用的有以下几种形式。(1)提名法,是社会测量法

中最常用的一种。具体是让被试按某一标准,如"喜欢"和"不喜欢"等,从团体中选择出若干成员。如让被试从团体(如班级)中选择出他最愿意和最不愿意一起参加兴趣小组的人等。有时团体人数较多时,为避免记不起某些成员,可采用照片提名法和现场提名法帮助被试选择。在一个团体中实施提名法时,成员之间是相互提名的。实施后计算提名分。可使用加权计分和非加权计分两种方式,加权计分可将前三名分别计 5、3、1 分。然后是计算某一被试的被提名分,包括正提名分、负提名分和综合分。(2) 猜人测验,向被试呈现一些描述人的积极和消极特征的词或句子,让被试判断团体中的哪些人最符合这些特征。例如"谁最有幽默感"、"谁最喜欢出一些别人想不出的主意"等。也可以在最符合某一特质和最不符合某一特质的两极分别选出若干人选。(3) 社会距离量表,最初由美国社会学家博加德斯设计,用来测量人们对不同国籍、不同民族、不同宗教、不同社会经济地位者的态度差异,后经修订可用来测量一团体中成员关系的远近亲疏,量表的形式如下表。在表中要求被试分别对符合自己对团体中的所有成员的态度的项目下划"✓"。在哪一个项目下划"✓",就得到哪一个项目对应的分数。如表 1 中,某被试对马克所持的态度是第二项,相应的分数是 2 分。搜集到某团体中所有被试社会距离量表的测量结果后,可计算两种分数:① 团体对个人社会距离分数。计算方法是求团体中所有成员对某一个人的评分之和除以总人数。② 个人对团体的社会距离分数。计算方法是求个人对团体所有成员的评定分数的平均。前者大于后者说明个人想与团体接近,却不被接纳;后者大于前者说明个人排斥团体的程度大于团体排斥他的程度,该人可能较孤傲,不易接触。(4) 关系分析法。关系分析法一般用来研究个人的社会知觉。通过比较一个人对自己人际关系的知觉和别人对他的知觉,可对该人知觉的正确性和社会敏感性作出判断。常用的问题形式是让他想象一个活动,猜测出哪些人会选择他,哪些人会拒绝他。这一方法常与社会距离法结合使用。

表 1　社会距离量表

项目 姓名	1	2	3	4	5
	愿与他做最好的朋友	愿意他在我们的团体里,但不做最好的朋友	愿意和他在一起,但不要次数太多或时间太久	他可以在我们的团体里,但不要和他来往	希望他不在我们的团体里
马克 比利		✓		✓	

社会测量法实施步骤:(1) 设计。社会测量法在设计时首先要考虑问题是研究目的是什么,是对团体进行诊断还是对个人进行诊断,是协调团体内的关系还是选择领袖等,另外还要考虑团体规模和年龄等问题,根据这些因素设计所用的社会测量法的形式及实施的程序。与其他人格测量法不同,社会测量法只要求被试对一两个"项目"进行"反应"。即只按一两种依据对团体中的其他人作出评判。如"你喜欢和谁在一起""你最不喜欢和谁在一起"等。这里所谓的依据即是标准。社会测量法中的标准的好坏是至关重要的。确定标准时一般要注意以下问题:① 要易于理解,具体且易于操作,不能笼统抽象。如"你认为班上最好的同学是谁?"就不是一个好的选择标准。② 尽量少用消极的评判标准,且在修饰上要非常讲究。因为消极的评判标准易引起被试者的疑虑和不安,若必须使用消极评判标准,也要尽量采用委婉的语气。③ 要限定标准的数目和选择对象的数目。标准的数目一般是一个,也有人认为要在三个以内。选择对象的数目一般为三个,也有的研究者认为可以是 5 个以内。(2) 实施。社会测量法可团体施测也可个别施测。在这一方法中,被试较容易猜测到测验的目的,所以测验的指导语一定要组织得合理。首先要告诉被试测验的"目的"。告诉被试测验"目的"是为了引起其测验动机,为不致被试产生顾虑。常常告诉的不是测验的真正目的,且要特别强调测验结果不公开。其次告诉被试按测验的要求认真作答。(3) 结果的整理与分析。对社会测量的结果的分析方法主要有矩阵分析法、图解分析法和指数分析法三种。按照团体成员间相互选择的情况,画成 $n \times n$ 阶的矩阵(n 为人数)这种矩阵称为社会矩阵,如表 2 所示。表中的数字 1 表示选择,0 表示没有选择。其中每人限选两人。可以看出,B 和 E 两人被选的次数较多,说明两人是有吸引力的,B 与 A、B 与 D 之间相互选择,而 E 与 A、E 与 D 之间也相互选择,A 与 D 和 B 与 E 之间互不选择,C 则是受孤立的一员。从表中可看出这 5 人的小团体关系是微妙的,可能是 B 和 E 之间有矛盾,正在经营自己的小团体。矩阵分析法适合对小团体内的人际关系分析,当人数较多时,就不易直观地分析团体中的关系了。这时就应采用图解分析法。图解分析法更加直观,但对 20 人以上的数据也不易分析。目前人们倾向于使用对大团体进行矩阵分析的计算机程序。

表 2　社会测量结果的矩阵分析表

选择者＼被选者	A	B	C	D	E
A	0	1	0	0	1
B	1	0	0	1	0
C	0	1	0	0	1
D	0	1	0	0	1
E	1	0	0	0	0
合　计	2	3	0	2	3

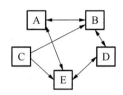

社会测量结果的图解分析

社会测量结果最直观的分析方法是图解法,这种图解称社会图。上图即根据表2的结果整理而成。图中,单箭头表示单向选择,双箭头表示互选,从图中能更简捷、更直接地发现小团体内的关系。上图是一种最为简单的图示方式,完整的社会图应包括团体中的孤立、被拒、互选、互拒、串联、小团体、明星、领袖八项内容。图中还要将男女用不同的记号表示,并标出每个人的姓名或代号;受选择最多的人要放在中间,被选择少的人放在外围,以减少线的交叉。指数分析法更符合测量学的要求,应用也很广泛。常用的社会计量指数有个人社会地位指数和团体性质指数。个人社会地位指数的计算方法是:个人社会地位指数=受选总数+受拒总数(团体总人数-1),个人社会地位指数表明了个体在团体中受欢迎和受排斥的程度,即在团体中的社会地位。团体性质指数的计算方法是:团体性质指数=(团体中的互选数)/(团体可能有的互选数),团体性质指数表明了团体的凝聚力大小。

社会测量法的优点是在自然产生的团体中实施,若使用得当,能对团体中的人际关系进行客观而准确的分析。社会测量法使用简便灵活,在教育、管理、消费等心理学领域有广泛应用。比如,在教育上可用对学生进行分组,在组织心理领域可用来选拔领导者,进行组织诊断,以提高团体的士气和工作效率等。社会测量法有以下一些缺点:(1)信度和效度受测验之外的因素影响较大。信度可采用重测或内部一致性法计算。在测量时使用强标准、被试年龄较大、团体形成时间较长、选择对象的数量多、对测量结果保密时,测量的可靠性就高,反之则低。(2)社会测量法只能从某些方面(与使用的标准有关)考察团体中的人际关系,这种关系可能只是表面的而非深层次的,也不能提供有关人际的因果联系。(3)团体中的人际关系是动态变化的,受多种因素的影响,因此社会测量法只有与通过其他方法搜集到的资料相结合,才能对团体中的人际关系有全面的认识。

语义分析法(semantic differential method)　使用语义区分量表研究事物的意义和属性的一种定量化方法。最早由美国心理学家奥斯古德及其同事于1942年创立。该方法以意义相互对立的一对对反义词为语义量尺,量尺上一般有七个等级(七点量尺),让被试对某一事物或概念在所有量尺上进行评定,赋予该事物或概念一个他认为合适的等

级,通过被试的评定结果可以了解该事物或概念在各维度上具有的意义及其强度。这种方法最早所用的评价量尺一般分为七级,故又称七点量表。

语义分析法来源于心理学的联觉原理。联觉是人们在感觉刺激时,另一感官虽然未受到刺激,但会产生某一相关的感觉。联觉现象不仅存在于感觉之中,而且在高级心理过程中也会产生类似情况。例如,"好"一般总是与光明、温暖、快乐等联系在一起,"不好"总是与黑暗、寒冷、地下等联系在一起。奥斯古德的研究证实,这种因一种刺激而引起的相关感受的统觉现象,在不同民族、不同文化背景中都存在。因此通过设计语义区分量表,可以研究人们对某一概念和事物的不同认识,对事物的态度,以及在不同时间态度的变化。

奥斯古德使用语义分析法对很多事物进行了评定,通过对所得资料进行因素分析,结果发现三个共同因素:第一个因素为性质因素,即有一部分词汇是用来描述事物性质的,这一因素能解释总变异的50%左右;第二个因素为力量或潜能,能解释总变异的25%左右;第三个因素为行动因素,能解释总变异的25%左右。这三个因素构成了一般的语义空间,以后的一些跨文化研究也支持了这一结论。

语义分析法的实施步骤:(1)确定评价对象。评价对象可以是具体事物,如老师、同学、同事、学生、城市、公司、某商品、广告等,也可以是概念,如忠诚、信仰、自尊、诚实、爱情、考试制度等。一般确定的研究对象,在不同人中应能引起不同的意见或反应,这样才能了解不同人群间的差异。(2)确定评价项目的维度和数量。具体选择评价项目(反义词的对数)时要从性质、力量、行动三个维度上着手。一般要兼顾这三个维度,而不应有遗漏,这样才能构成完整的语义空间。词对的数量一般为10~20个,即每个维度上大约有三个以上的语义量尺,其中性质维度上的词对要多一些,力量和行动两维度上的词对数则大体相当。例如,性质维度上的反义词若选择10对,力量和行动两维度则要分别选择5对。但量尺的数目也不宜太多,因为实施时间太长,会引起被试的疲劳和厌倦。(3)选择适当的词对。语义分析以反义词对为分析工具和分析量尺,工具的质量直接影响到语义分结果的可靠性。在选择词对时应注意以下几点:首先词对要在所分析维度上有区分作用,属于性质维度的词对要能反映出对评价对象性质的判断,属于力量维度的词对要能反映出力量的强弱和大小等。其次所用的同一维度的词对在不同人群或民族中应该表达同一种含义,这样才可以通过这些量尺,对相同事物进行评定、了解。例如"美—丑"、"胖—瘦"、"聪明—愚蠢"三个词对,在不同民族中的意义是不同的,有的国家对人的胖瘦的评价是越胖越美,有的民族则将胖和笨、丑联系在一起。因此在选择词对时要保证它们有跨文化和跨群体的同质性。第三在选择语义

量尺时,应选择被试较熟悉的和较易理解的词,以便他们能方便而准确地在词对上表明自己的态度。最后要保证所用的反义词对表示语义相反的两极。词对可以从反义词典上查出,但必须仔细选择后才能使用。奥斯古德曾设计一项较大规模的研究,找出了一百多个形容词,作为语义分析的量尺。汉语词汇有大量的形容词可作为语义分析的量尺使用,如:大—小、好—坏、快—慢、强—弱、活泼—呆板、果断—犹豫、勇敢—怯懦、宽厚—苛刻、美—丑,等等。(4)设计语义量尺。传统的语义分析法常用七级尺度表示,设计时把反义词放在语义量尺的两端,中间以7个线段相连,7个线段分别表示被试在语义量尺上的积极和消极评价的强弱。应该注意的是,不能把表示被试对事物积极评价的形容词全放在语义量尺的一端,而把表示消极评价的形容词全放在另一端,以免被试产生反应定势。(5)具体实施。语义分析量尺的实施实际上就是让被试在各个语义量尺上填上能表达自己感受的数字。可以在表示积极评价的一端填上7,在另一端填上数字1。或者反之,但在一次评定中标准要一致。在被试对语义量尺进行反应时,应明确指出每一量尺是应从性质、力量还是行动维度上进行评定的,以免引起混乱。

在分析语义分析法的结果前,首先要给各语义量尺赋值,赋值时可直接转换为1～7的数值,也可将中间等级赋值为0,最大值为3,最小值为−3。然后再进行统计分析。语义量表为评价量表的一种形式,其评价结果为等距数据,因此可计算平均数、标准差、相关系数,进行方差分析等。对语义分析的结果可从以下几方面进行分析:(1)个体或团体间分数的比较。通过分析个体或团体在某一项目或维度上的差异,了解其对人、事、物的不同态度。若分析的是在一个项目上的差异,则直接比较个体或团体在项目上的分数即可;若比较的是某一维度的差异,就要比较这一维度所有项目的平均分。同样,通过分析一个个体或团体在不同时间对某一项目或维度评定结果的差异,可以了解其对人、事、物的态度和观点的改变。(2)比较被评价对象的差异。被试对不同事物的爱好程度能通过他在语义量尺上的评定结果体现出来,因此分析被试在不同语义量尺上的分数,就能发现被试的观点和态度。例如要调查某一观众对ABCDE五个电视剧的看法,被试从美丑、动静、大小、品位高低、强弱、高尚与平庸6个项目上用语义分析法进行评价,对评价结果就可以进行方差分析。在方差分析中,六个项目可视为6个区组,这样从总平方和中就可分解出区组平方和、被评价对象ABCDE间的组间平方和,以及误差平方和。区组效应不显著时,说明所使用的被评项目是同质的,组间效应显著时,说明被试对五个电视剧的喜好程度是不同的。以上是一个被试的情况,当有多个被试时,就使用他们在语义量尺上的平均值,其余步骤均与单个被试时相同。(3)用

语义空间分析法将被评价对象分类。当两个被评价对象的意义接近或相似时,同一个人对它们的评价分数相同或相近,即两个分数之差就小,反之,两个分数之差就大。两个对象在语义量尺上分数之差就称为语义空间。计算两对象间语义空间的公式为:

$$D_{ij} = \sqrt{\sum d_{ij}^2} = \sqrt{\sum (X_i - X_j)^2}$$

式中,D_{ij} 为两被评价对象间的线性距离,i 和 j 分别表示被评价的两事物,X_i 和 X_j 表示在某一量尺上对两对象的评价分数,d_{ij} 表示在某个语义量尺上两评价对象的得分之差,$\sum$ 表示在所有语义量尺上的语义距离求和。在研究对象有多个时,就可根据语义距离 D 的大小,将评价对象进行归类。彼此间语义空间小一组对象的相互归为一类,另一组对象则归为另一类。当被试为一个群体时,就将在各个量尺上的评价分数在被试中求平均,然后再按上述语义空间的计算公式计算被评价对象间的语义距离。

语义分析法主要用于分析人们对环境中各种事物的态度。在发展心理学、社会心理学、教育心理学、跨文化心理学的研究中有广泛应用。语义分析法的优点:(1)实施方便简单、被试易于理解和操作,适用的年龄范围大。(2)评分方法固定、客观、省时省力,可利用计算机处理数据。(3)使用项目和量尺的维度可以随研究问题而定,比较灵活。(4)应用范围广泛,所有领域都可应用。语义分析法的缺点:(1)语义分析法假定各语义量尺都是等距的,这一假定往往难以满足。被试的反应倾向会对其对事物的评定产生不小的影响。(2)语义量尺在设计时比较困难,因为对评价有意义且对立的形容词往往不易找到,而被评价的对象较多时,就更不易对它们都有意义的形容词。(3)只能探讨比较简单的和表面的问题,而难以对复杂的问题进行深入的分析。

参考文献

董奇. 心理与教育研究方法[M]. 广州:广东教育出版社,1992.

卡普兰. 心理测验(第五版)[M]. 赵国祥,译. 西安:陕西师范大学出版社,2007.

(刘红云　骆　方)

态度形成与改变(attitude formation and change) 个体在社会化过程中形成对人、事、物的较持久、稳定的心理准备状态,以及日后发生转变的过程。婴儿呱呱坠地时只是一个自然人,在家人的照料和教育下成长为一个社会人,并对周围的世界形成种种态度,拥有固定的价值观。在态度形成的过程中有着很多影响因素,如家庭、同伴、社会环境等。态度一旦形成就比较稳定,并影响着个体的行为,但这种稳定性是相对的,随着主观和客观因素的变化,个体

的态度也会发生一定的变化。个体态度的变化其实意味着一种新态度的形成,也就是说,个体态度的形成与改变总是交织在一起,两种过程相辅相成,不可分割。

态度形成的机制及影响因素

态度形成的机制　个体态度最初的形成是通过学习完成的。不同理论对态度的习得作出了不同的解释。

经典条件作用理论可以用来解释态度习得的过程。例如,人们通常对丑陋的、肮脏的、贪婪的之类的品性产生厌恶和反感的情绪体验。当一个人总是与这些令人反感的品性联系在一起时,人们原来与这些品性相联系的厌恶感就会逐渐与这个人也联系起来。此时,当这个人出现的时候,就可以引起人们厌恶和反感的情绪体验。这就是态度的一种习得过程。经典条件作用理论还可以解释态度的泛化表现。联想的产生往往是因为事物本身的接近或相似。个体常会把对一类对象的态度扩展或延伸到其他相近或相似的对象上。例如,个体在与几个东北人接触的过程中逐渐形成了对他们的认识和态度,当他接触一个陌生的东北人的时候,就会将对已熟知的几个东北人的态度扩展到这个新结识的东北人身上。

操作条件作用理论认为,人的行为是由他的行为后果决定的。因此,只要控制了行为结果具有的强化作用的内在规律,就能有效地控制人们的学习行为。强化的原理同样可以用来解释态度的习得过程。当个体表现出对某个对象的一种态度时,如果他受到了强化,那这种态度会逐渐稳定下来,并在程度上越来越强烈。如果个体表现出的态度得到负面的惩罚,那么这种态度可能会逐渐消退。

社会学习理论认为,学习并不是全部按照行为主义提出的强化方式完成的,而是通过观察和模仿学会的,这种学习被称作观察学习。观察学习是指个体通过对他人言行的观察而进行的学习,这种学习同样可以使个体习得很多新的行为。个体在对他人进行观察时,将他人的言行举止记忆在头脑中,在以后遇到相同或相似场合时再将储存在头脑中的言行方式表现出来。例如,女孩子会观察母亲照顾弟弟妹妹的行为,并将这种行为方式再现于她照顾洋娃娃的情境中。人们对于态度的习得同样可以通过对他人的观察来进行,周围的人、大众传媒中的人都可以成为个体观察的对象,并通过观察形成对某些事物、对象的态度。通过观察他人进行的学习基本上是依靠观察后对他人进行模仿而实现的,在模仿的过程中,强化因素还是会发挥一定的作用。例如,小孩子在公共汽车上看到别人让座,然后对这种行为进行模仿。父母对于他的行为给予肯定,这种肯定会强化他让座的行为。如果个体由于模仿某种行为使他遭受到了惩罚,那这种行为会渐渐消退。当然,这种强化不仅仅

是外界施加给个体的直接强化,还可以是从其他人被强化的事实经验中得到的替代强化,也可以是自己获得的精神的满足而构成的一种自我强化。总之,当个体对学习对象有了观察和模仿,同时又受到强化因素的激励后,就能够较好地通过模仿习得新的行为或态度。

态度形成的影响因素　在态度形成的过程中,除个体学习的作用,环境的影响也是举足轻重的,个体态度的形成总是受到社会环境中各种因素的影响和制约。

社会环境的影响。个体从出生到生命结束始终处于社会环境的影响之中,这种影响主要通过社会规范、准则的要求和约束、各种思想观念的宣传和教育、风俗习惯的潜移默化以及文化的熏陶等方式进行。社会环境对个体态度形成的影响主要有以下几个特点:(1)社会环境的影响常表现为一种有选择的影响,即只让个体了解或接触事物的某一方面,某一部分或某一种类,从而使个体形成一定的符合社会要求的态度。例如,在不同国家和不同的文化环境中,民间故事往往都是突出一种对真善美的褒扬和赞颂,儿童在阅读这些故事的过程中就逐渐形成了对于真善美的正向态度。(2)社会环境的影响是一种持久的影响。社会环境对个体的影响几乎每时每刻都会发挥作用,而且在社会环境影响下形成的态度往往会对个体的一生产生深远和持续的影响。(3)社会环境的影响表现为一种多元化的影响。同一社会环境中存在的文化往往也是多元的,这些不同的文化对个体态度形成产生的影响往往是不一致的,甚至是矛盾的。例如,在同样的社会环境中,有些人会对行为艺术大为赞赏,有些人却难以接受。(4)社会环境的影响从本质而言是一种宏观的影响。这种影响对人们的态度形成起着导向作用,因而对个体态度形成的要求和约束也往往是一般意义上的。

家庭的影响。家庭是个体社会化的起点,个体最初的道德感的习得、价值观的逐步形成都是在家庭的环境中完成的,所以家庭和父母对于个体态度的形成也具有十分重要的影响。个体幼年时期在家庭生活中所受到的教育和抚养对其态度的形成以及态度的变化和发展都有着决定性的作用,很多早年形成的态度会一直保持到成人期,甚至持续一生。(1)家庭对个体态度的影响往往通过父母的榜样作用表现出来。前面已经讲到过观察学习在态度形成过程中的作用,在个体最初的观察学习中,父母是最直接的观察对象。如果一个人的家庭中存在着明显的男尊女卑的现象,父亲掌握家庭大权,母亲处于从属地位,那他在成年后往往也会具有男尊女卑的态度。(2)父母的教养方式也会影响个体态度的形成。如果父母能够持久地给予儿童的某些行为积极的强化,必然会促进这些行为方式的稳固和态度的形成。例如,儿童在帮助母亲做家务活后得到了父母的赞扬,甚至是物质的奖励,他就会逐渐形成这样的态度:帮妈

妈干活是应该的，是值得鼓励的行为。这也是强化学习在态度形成中作用的体现。另外，家庭的氛围也对个体有着显著的影响。一个从小就生活在充满民主、平等气氛的家庭中的孩子，容易形成良好的与人相处的态度，容易学会用平等的方式与人相处，用民主的方式解决问题。(3)家庭及父母的影响还通过家庭成员之间的人际关系以及家庭成员共同生活的方式表现出来。家庭成员之间除了血缘关系之外，还有着相互之间的情感关系，后者对于个体态度的形成有着更为重要的作用。如果家庭成员之间情感关系融洽，则相互之间的影响比较大，在态度上也趋于相近或相同。

群体的影响。随着个体年龄的增长，家庭及父母对于态度形成的影响作用会逐渐减少，个体自身所在群体的影响作用会逐渐变大。一般来说，群体可以分为非正式群体和正式群体。同龄群体就是一个典型的非正式群体。同龄群体是一个由地位、年龄、兴趣、爱好和价值观相同或相近的人组成的关系密切的群体，处于青春期的个体的态度往往在很大程度上受到同龄群体的影响。他们会经常把自己所持有的态度和观点与同伴的态度相比较，并以大多数同伴的态度或观点为依据来调整自己原有的态度，使自己和群体保持一致。正式的群体(如工作团队)一般都有着自己的行为规范和准则，并要求群体成员共同遵守。所以，当个体加入了一个正式群体后，必然会受到群体的规范和准则的影响，个体所持有的态度也会逐渐与群体保持一致。由此，群体对个体的这种影响和约束作用就可以促进个体态度的形成和转变。一个群体对个体态度所具有影响力的大小主要取决于两个方面：(1)群体对成员的吸引力。如果群体对成员有着较大的吸引力，那么，群体对成员态度形成的影响作用就比较大，反之，影响则比较小。(2)个体在群体中所处的地位。一般来说，个体在群体中的地位越高或越重要，他受到的群体规范的压力或约束力就越大，反之，则较小。

态度转变的过程

态度一旦形成就比较稳定，但随着主客观因素的变化，已形成的态度可能会发生一定的转变，从动态的具体发展过程来说，态度的转变是一个从认同到内化的分阶段的过程。美国社会心理学家凯尔曼1961年通过对态度转变的典型例子的分析，提出态度转变的三个阶段。

第一阶段，顺从(服从)。顺从是指人们由于外界的压力或者为达到某种重要目标(如避免惩罚、获得利益、得到其他人的认可和尊重等)，而对自己的表面态度或表面行为作改变。服从行为不是真心愿意的行为，而且一时性的，仅仅限于在可能获得物质、金钱、尊重、赞扬等利益或者避免批评、罚款、处分等惩罚下，才表现出顺从的行为。如果上述外在压力消失，那这种表面的态度改变或行为的改变就会消失。顺从行为在生活中很普遍。例如，学生在教师或家长的监督之下会表现遵守纪律，认真学习，一旦离开家长和教师的视线，就会出现其他的表现。

第二阶段，同化。同化是指人们自愿地接受他人的观点、信念，使自己的态度与他人要求相一致。与顺从的最大区别是，同化不是由于外在压力与原因而被迫进行的，而是一个自愿的过程。同化通常发生在个体在情感上与他人或团体存在密切联系的时候，这种情感上的联系会使他自愿接受来自外界的观点。因此，认同是否可以顺利实现与一个团体的凝聚力及吸引力有关，如果想要团体里的新成员自愿地改变其原来的态度而形成与团体一致的新态度，首先必须使这个团体具有对新成员的吸引力。

当一个学生争取成为共青团员的时候，他会接受共青团的章程和规定，以一个共青团员的标准来要求自己，追求进步。这就是同化的体现。这个阶段态度的变化已经不再是表面上行为的简单转变，而是已经涉及情感因素的变化。长期的认同，会导致态度的根本转变。

第三阶段，内化。内化是指人们真正从内心深处相信并接受他人的观点而彻底地转变自己的态度，这是最深程度的态度转变。也就是说，个体真正相信新的观点和新思想，并把新的观点和思想纳入自己的价值体系中，使之成为自身态度的一个有机组成部分。内化与顺从、认同的最大区别在于内化了的态度已经成为个体自己的态度，它不会因为外在压力的消失而消失，也不再取决于个体与他人、与团体的关系。因而，内化了的态度比较坚定和稳固，不会轻易转变。

态度转变的整个过程中，从顺从到同化到内化是一个复杂的过程，并不是每个人对所有事物态度的转变都要经历这三个阶段。有些个体某些态度的转变经历这三个阶段，并形成稳定的态度，而有些个体某些态度的转变就可能只停留在顺从或认同的阶段。一般来说，从认同到内化是一个比较难达到的过程，有时候会经过数次反复。所以，要真正从内心深处改变一个人的态度是一个艰巨的任务，需要个体和团体共同的努力。

态度转变的理论

社会判断理论 由美国心理学家谢里夫和霍夫兰在1961年首次提出，其理论基础来源于谢里夫等人在1958年根据心理物理学原理和方法进行的关于物体重量知觉判断的研究。从这项研究所得的结果中，他们概括出这样一个原则：在人们对事物进行判断的时候，如果他们自己已经持有某种判断的参照标准或是拥有帮助进行判断的参照物，而且在实际的判断中，被判断的事物与参照标准或参照物相差较大,那么人们会倾向于将其判断为比实际上相差要大;如果被判断的事物与参照标准或参照物比较相似的话,则人们会倾向于将其判断为更加相似。

谢里夫用这个理论来解释态度的改变。他认为,个体所持态度是不能用量表测量尺度上的某一个点来代表的,而应该用一段区域来表示。这段区域是由三个部分组成的,即接受的区域、态度不明朗的区域和拒绝的区域。当个体遇到某一个劝说信息或新的观点和看法时,首先对此进行判断,弄清楚这些观点、信息的性质是什么,在自身态度区域中处于哪一位置,然后才可能根据上述原则作出改变态度或拒绝不变的反应。如果个体通过判断发现新的观点主张是位于自己态度的接受区域中,就会因此而接受这种新的观点,并相应改变原来的态度;如果新的观点是位于自己态度的拒绝区域,那么个体就会拒绝改变原有态度;当新的观点和主张位于个体态度的不明朗区域时,同样会引起个体原有态度的变化,但转变的程度、速度会有所不同。

社会判断理论具有比较明显的认知色彩和个人主义的特征,它强调的是个体自身对刺激信息的知觉判断,并认为这种判断是态度发生改变的中介物,是先于态度进行的。同时,这种理论还认为,每一个人对他自己持有的态度是了解的,对自己所愿意接受和不愿意接受的态度也是很明了的,这样个体才能够拥有一个关于某一事物或对象的态度区域,并据此进行判断。事实上,这是一种比较理想的状态。此外,根据这种理论对态度改变进行的分析可以发现,其探讨的态度改变基本上是局限于强度改变的范围之内,较少涉及态度方向改变的问题。

认知失调理论 认知失调理论由美国心理学家费斯廷格于 1957 年提出。认知失调,是指个体的认知彼此发生矛盾和冲突。费斯廷格认为,人有很多认知因素,这些认知印象之间有些是相互独立的,有些则是互相关联的。例如"今天要下雨"与"我喜欢吃零食"之间就不存在什么联系,但是"我喜欢吃零食"与"吃零食容易发胖"这两个因素之间就是有一定关系的。在相互关联的认知因素之间存在着两种情况:一是认知因素之间彼此协调,例如"我喜欢运动"与"运动可以帮助我保持健康"之间就很协调;二是不协调的,如前面说到的"我喜欢吃零食"与"吃零食容易发胖"在一个喜欢苗条的女孩心目中就是不协调的,两种认知因素之间发生了矛盾。

认知因素之间的失调会使心理不愉快,甚至带来压迫感。因此,当人们的认知体系不协调的时候,个体就会设法去减轻或解除这种不协调状态。为此,心理学家专门探究了避免发生认知不协调的方法以及解除已发生的认知不协调的途径。费斯廷格指出,认知因素之间失调强度越大,人们想要解除失调的动机也越强烈。解决办法要根据个体的具体条件来改变认知因素失调的双方中的任何一种认知因

素,使得双方最终趋于协调。还是以上述"吃零食"为例,解决的方法有以下几种:(1) 改变行为:少吃零食。(2) 改变认知:对吃零食会导致发胖的认知加以否定,例如告诉自己"周围有很多女孩子吃零食,很多仍然没有发胖"。(3) 增加新的协调的认知因素。例如,尽量吃热量低的健康零食,注意体育锻炼,或者干脆把发胖不当回事。认知失调理论能够说明人们的行为及其态度的变化,使用范围也比较广泛,费斯廷格也曾经用一系列实验来验证和发展自己的理论,他的理论在社会心理学中有着较大的影响。

心理感应抗拒理论 由美国心理学家 S. 布林于 1966 年在其专著《心理感应抗拒理论》中首次提出。此理论主要阐述人们难以转变态度的原因。S. 布林指出,当一个人的自由受到威胁时,他会处于一种动机唤醒状态,这种状态驱使他去试图恢复自己的自由。这种动机状态是人们对其行为自由减少的一种反应,也就是一种反作用力,S. 布林称之为心理抗拒。

S. 布林还提出了"自由行为"的概念,他指出,对于一个人来说,在某一时期,他有一套可供自己选择的行为,这套行为中任何一种行为在什么时间发生都可以由自己决定,所以称为自由行为。自由行为只包括那些具有现实可能性的行为(如步行到月球就不具有现实可行性)。根据 S. 布林的理论,如果一个人的一套自由行为中有一种行为被剥夺或者可能被剥夺的话,他将发生心理抗拒。

心理抗拒的强弱受到以下因素影响:(1) 对自由的期望。对自由期望越高,则当自由被剥夺时,心理抗拒力量越大。(2) 对自由剥夺的威胁。当个体的某种自由并未真正被剥夺,只是受到威胁的时候,个体也会产生心理抗拒且企图保持自己的自由。(3) 自由的重要性程度。一项自由对个体越重要,当这种自由被剥夺的时候,其心理抗拒也越大。(4) 剥夺某种自由是否会影响到其他自由的剥夺。如果个体的某种自由被剥夺还会导致其他自由也被剥夺,其心理抗拒会更强烈。人们的心理抗拒产生以后,将会从很大程度上影响其态度的改变。因此,在劝说他人改变态度的时候,注意避免对方心理抗拒的产生是非常重要的。

功能理论 功能理论认为,人之所以持有某种态度,是因为这种态度能够满足其个人的某种需要,特别是心理上的需要。因此,要改变个体的态度,则应首先了解态度所能够满足的需要是什么,通过改变个体的内在需要来改变其所持的态度。

美国心理学家 D. 卡茨提出,态度有四项功能:动机的功能、认知的功能、自我防卫的功能、价值观的表达功能。参见"态度"。

态度转变的影响因素

美国心理学家霍夫兰提出一个态度转变模式,其有

效性为美国社会心理学界所公认,具体如下图。图中的四种变量都会影响态度改变,而且各个变量之间相互影响。

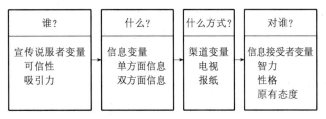

态度转变模式图

宣传说服者变量　宣传说服者的可信性、吸引力等影响着人们态度的转变。霍夫兰通过研究发现,宣传说服者的高可信性能够更多地转变被试的态度,研究同时显示,宣传说服者的可信性往往比信息本身的逻辑性与合理性更重要。同样,吸引力强的说服者也能够更有效地转变被说服者的态度,商业广告就经常利用明星的吸引力达到影响消费者的目的。在教育学生的过程中,威信高,受学生欢迎的老师也往往可以更有效地转变学生的态度。

信息变量　信息本身的内容及组织对于态度的转变均有重要的影响。我们可以把信息分成单方面信息和双方面信息。单方面信息只从一个方面来陈述观点,双方面信息会从多个角度切入,分析利弊。当被说服者本来的态度和宣传者提倡的方向保持一致,并且他们在这方面的知识经验不足时,宣传单方面的信息比较合适。当被说服者早已具备比较充分的知识经验并且习惯思考和比较时,宣传双方面信息可以为他们提供更多的信息以权衡利弊和得失,往往可以获得比较好的效果。很多商业广告往往是单方面的宣传,这样的广告对于一些知识经验比较丰富或善于思考的人来说,并不能发生多大的作用。因此,在说服他人改变态度的社会,根据对象的特点选取信息的组织方式也很重要。

渠道变量　宣传说服可以通过很多种渠道,既可以是面对面的交流,也可以是通过报纸、杂志、广播、电视、网络等大众传媒。一般来说,个人与个人面对面的宣传说服更具体,更有针对性,更引人注意,因此效果比较好。而大众传媒的优点在于它可以迅速地将信息传达给许多人,印刷品也有利于人们反复阅读,避免遗漏或误解信息。如果信息简单的话,那么视听方式的说服效果更好,因为对信息的视与听易于集中人们的注意力,从而使人们更加迅速地接受而发生更明显的效果。

信息接受者变量　信息接受者的智力水平、认知需要、人格特质、性别、原有态度等因素都会影响态度的转变过程,这些变量的作用相对而言是复杂和不稳定的,并且在态度转变的不同阶段会发挥不同的作用。智力水平高可以增进人们对信息的理解,但会降低他们接受信息的程度。研究表明,对复杂而合理的信息,高智商者更易被说服,而对简单的信息则不然。认知需要高的人喜欢思考,并力求理解外来信息,认知需要低的人喜欢使用捷径,较少思考。研究表明,认知需要的高低与态度转变的强度是呈正相关的。宣传说服者的信息是否能被他人接受,与信息接受者原有的态度有关。在一定范围内,当说服者的信息与接受者原有态度距离越大,态度改变也越大,但超过一定范围之后,信息接受者的态度很难发生变化。这与态度转变的社会判断理论是吻合的。

参考文献

埃利奥特·阿伦森.社会性动物[M].郑日昌,等,译.北京:新华出版社,2001.

林秉贤.社会心理学[M].北京:群众出版社,1985.

时蓉华.社会心理学[M].杭州:浙江教育出版社,1998.

时蓉华.社会心理学[M].上海:上海人民出版社,2002.

叶奕乾,何存道,梁宁建.普通心理学[M].上海:华东师范大学出版社,1997.

(林　颖)

泰罗理论与教育管理(Taylor's theory and educational administration)　美国管理学家、"科学管理之父"泰罗于20世纪初创立的科学管理理论及其在教育管理中的运用。科学管理与传统的经验管理相对。泰罗围绕提高劳动生产率,着重研究企业的生产过程。其主要思想:强调劳动方法的标准化,即整理工人积累的知识和技艺,归纳为原理和规则,建立科学的作业方式和时间,确定工人一天必须完成的标准工作量;建立差别计件工资制度,针对不同的工作表现支付不同的工资;科学培训工人,改变凭经验选择作业方法和师傅带徒弟的方法;实行管理职能专业化;劳资双方合作,双方将注意力从对现有利益的分配转向取得更大的利益。科学管理虽针对企业提出,但其实践在教育领域引起反响。科学管理观点首先出现在一些有影响的教育文本中,美国芝加哥大学的博比特1913年发表《适用于城市学校体制问题的一般管理原理》一文,提出管理运动概念可自由应用于学校管理体制,他在同年出版的《城市学校的监督》一书中提出教育界应采用工业界的做法,为教师提供如何开展工作、达到标准以及采用各种方法等的详细指导。时任耶鲁大学教育系主任的斯皮尔丁与博比特一起将科学管理原则引入教育,主张将科学管理原理应用于公立学校。卡拉汉指出,在科学管理的影响下,学校中出现一种崇拜效能的管理思想体系。将学校视作工厂,学校学习企业管理的一系列做法被视作一种潮流。美国教育家克伯利将学校比喻成为社会消费而加工原材料的工厂,把儿童比喻为由学校进行加工的原材料,原始产品(儿童)被"制造"成成品以满足各种社会生活。有研究者则直接借鉴商业部门的成本核算程序，要求根据每个学生的成本和教师的学年课时数核算教育成本，减少学校开支，提高学校工作效能。美国的教育测量运动亦应运而起，各种测量工具的建立和测量结果的运用，对学校借鉴科学管理原理起到推动作用。通过教育测量对学生的能力和水平进行分类，通过制订教师与学生手册对师生行为作出规定，以及确定不同年级知识学习的顺序等，均是科学管理原则在学校中的运用。泰罗理论所传播的效率、科学管理、管理职能专业化等理念被普遍接受，以致当代美国的学校系统仍在为效率而努力，其确立的管理主义的普遍性成为 20 世纪 80 年代后西方各国教育管理改革的基础理论。但泰罗的科学管理基于"经济人"的人性假设，重视物质刺激而忽略情感、态度在行为激励中的作用，考虑组织内部因素而忽略外在因素的影响，尤其是只注重追求效率标准而忽略社会公正等价值观需求。在科学管理原理运用于教育之初，即有学者对不加分析地将企业管理的方法照搬到学校提出批评，J. B. 西尔斯针对这种现象提出要对教育管理进行动态研究和理论研究。20 世纪 30 年代后期，随着人际关系理论的兴起和科学管理的衰落，教育管理中盲目运用企业管理原理的状况得以抑制。

（唐宗清）

坦桑尼亚教育制度（educational system of Tanzania）坦桑尼亚联合共和国位于非洲东部、赤道以南。面积约 94.5 万平方千米。2009 年人口约 4 370 万，分属 126 个民族，人口超过 100 万的有苏库马、尼亚姆维奇、查加、赫赫、马康迪和哈亚族。另有一些阿拉伯人、印巴人和欧洲人后裔。坦噶尼喀（大陆）居民中 35％信奉天主教或基督教，45％信奉伊斯兰教，其余信奉原始拜物教；桑给巴尔 99％的居民信奉伊斯兰教。斯瓦希里语为国语，与英语同为官方通用语。2011 年，国内生产总值为 255.7 亿美元，人均国内生产总值为 553 美元。

坦桑尼亚教育的历史发展

200—500 年间，坦桑尼亚一带形成斯瓦希里部落。公元 7 世纪末，阿拉伯人在桑给巴尔地区和东非沿海地区建立许多商业城市，创办古兰经学校，传播伊斯兰教义。16 世纪早期，葡萄牙人征服非洲东部沿海地区，实行殖民统治两个世纪。1886 年，坦噶尼喀内陆成为德国殖民地。德国殖民者在坦噶尼喀建立包括三个层次的教育体系：小学 3 年，传授读写算基础知识；在小学基础上设立职业学校，提供 2 年职业训练；设立中学，提供学术性课程以及宗教、工业和师范教育。各级学校以斯瓦希里语为教学语言，德语为外语。殖民地政府创办学校的同时，也鼓励宗教团体创办学校。

至 1914 年第一次世界大战爆发，殖民地政府创办学校 99 所，在校生 6 100 人；宗教团体办学 1 852 所，在校生 155 287 人。第一次世界大战后，英国对坦噶尼喀实行委任统治，采取种族隔离政策，把学校分为欧洲人学校、亚洲人学校和非洲人学校。中小学教育体系以英国模式为基础，小学 8 年，初中 4 年，高中 2 年。国内没有大学，有才华的中学毕业生一般到乌干达、肯尼亚或英国、美国的大学去接受高等教育。独立前夕的 1959 年，坦噶尼喀共有 70 人获得大学学位，其中 20 人为教师。小学低年级用斯瓦希里语教学，4 年级以上和中学、大学都用英语教学。1961 年独立时，文盲率高达 90％。

1961 年，坦噶尼喀独立，1963 年，英国的另一个殖民地桑给巴尔也宣告独立，1964 年双方合并，成立坦桑尼亚联合共和国。新政府对旧的殖民主义教育制度进行了一系列改革，主要措施包括：（1）废除种族隔离政策，建立统一的教育制度，实施统一的课程计划；（2）确立自力更生的教育发展政策，大力普及初等教育，发展各种形式的中等教育、高等教育，创办达累斯萨拉姆大学；（3）确立教育与生产劳动相结合的思想，创办学校农场和车间；（4）取消殖民地时期的剑桥证书考试，确立本民族独立自主的考试制度；（5）大力发展成人教育，扫除文盲；（6）确立教育的世俗性原则；（7）教学语言民族化，初等教育用斯瓦希里语，中等教育和高等教育用英语；（8）实行分散管理的教育管理制度，初等教育和成人教育由地方当局负责，教育部主要负责中等教育、高等教育和师范教育。经过不懈的努力，坦桑尼亚逐步建立起自己的教育制度，教育事业有了很大发展。2003 年，成人识字率达到 76％，2007 年适龄儿童入学率达 97.3％。2010 年学前教育机构注册人数 925 426 人，小学注册人数 1 638 699 人，高等教育注册人数 118 915 人。

坦桑尼亚现行教育制度

在教育管理上，坦桑尼亚实行分散管理，中央设有两个部管理教育事宜：教育与文化部，科学、技术与高等教育部。另外，地区管理部和地方政府对初等教育也有管理权，专业学院所隶属的各部对所属学校也有管理权。

坦桑尼亚现行学制根据 1978 年新制定的《教育法》确定。学校教育分为三级：初等教育 7 年，中等教育 6 年（初中 4 年，高中 2 年），高等教育 3～5 年。

儿童 7 岁前接受学前教育。学前教育机构是日托中心，一般招收 3～6 岁儿童。日托中心由劳动和社会福利部主管，受教育部监督。学前教育的培养目标：为儿童做好接受初等教育的准备，使儿童在体质、精神、道德和情感方面得到发展。学前教育没有全国统一的教学计划。

初等教育实施机构是小学，学制 7 年。儿童 7 岁入学。

一二年级开设斯瓦希里语、数学、美术、家政/卫生、体育、手工、宗教 7 门课程,从三年级开始增设自然科学/农业、英语、政治和地理,五至七年级增设历史。初等教育阶段实施免费义务教育,毕业后授予小学毕业证书。

中等教育分初中(一至四年级)和高中(五至六年级)两个阶段。公立中学一年级的名额由教育部根据某一地区小学七年级毕业生的数量以及该地区中学招生名额进行分配。初中虽不是专门化教育,但分四种不同的技能侧重班,即农业、商业、工艺和家政侧重班。课程分为必修课、选修课、自力更生项目、娱乐和运动四大类。必修科目除了政治、斯瓦希里语、英语、数学、生物/卫生、自然科学、地理、历史、化学、物理、宗教等普通科目外,还必须选择一种侧重班课程;体育、外语、音乐、家政、美术/木工/金工等为选修课。1992 年进行课程改革,在每一侧重班开设社会科学、计算机科学和综合理科 3 门课程。其中社会科学可以替代原来的地理、历史和政治,综合理科可以替代原来的生物、化学和物理。四年级末举行国家考试,通过者获中等教育证书,可以升入高中,亦可升入教育部直属技术学院或其他部举办的学校,其余则直接在公私部门就业。高中课程按日后学习更高级课程和专业的要求设计成五种学科组合:(1) 语言;(2) 艺术和社会科学;(3) 理论科学;(4) 自然科学和数学;(5) 数学、商学、军事科学和工艺学。每个学生要学习 3 门主要学科和政治课。六年级末举行考试,合格者获高级中等教育证书。

高等教育由大学、专业学院、大学学院和开放大学实施。2012 年,全国有各类高等学校 33 所,其中大学 17 所,专业学院和大学学院 15 所,开放大学 1 所。高等学校招生一般要求取得高级中等教育证书,并参考中等教育证书成绩,有些学校还要求工作经验,学生毕业后授予各种学位、文凭和证书。各种文凭与证书学制 2～3 年,学士学位 3～5 年(开放大学 6 年),硕士学位 1～3 年,博士学位 2 年。

自独立以来,经费短缺、基础设施不足、中等教育和高等教育规模较小等问题一直困扰着坦桑尼亚教育。1985 年后,随着由产品经济向市场经济的转型,教育改革也日趋活跃,主要是教育投资渠道多元化,大力发展私立教育,提高教育质量,缩小男女、地区和城乡之间的教育差距。

参考文献

李建忠.战后非洲教育研究[M].南昌:江西教育出版社,1996.

Clark,B. K. & Neave,G. The Encyclopedia of Higher Education [M]. Oxford: Pergamon Press, 1992.

Marlow-Ferguson, R. & Lopez, C. World Education Encyclopedia:A Survey of Educational Systems Worldwide[M]. 2nd ed. Detroit, MI: Gale Group, 2002.

（刘宝存）

唐代中外文化教育交流　　由于唐代的政治经济文化教育不断发展,对远近各国产生极大吸引力,各国人士纷纷来中国进行文化教育交流,形成空前兴盛的局面。当时与中国建立通商关系并有使者往来的国家和地区甚多,尤其是与日本、朝鲜、印度等国在文化教育方面的交流更具影响。唐代在立国以后,就奉行容纳四海的对外政策。唐太宗明确训示:"夷狄亦人耳,人主患德泽不加,不必猜忌异类。"

中日文化教育交流

中日两国,一衣带水,民间往来历史悠久,文化交流源远流长。纵观中日关系史,唐代是其最友好最亲密的时期之一。这个时期,主要是日本向中国学习,当时主要通过两国人员的互访得以实现。一方面,日本人把从中国学到的先进文化与本国的国情相结合,进而进行了改革。到 894 年,日本先后 19 次派出遣唐使(实际成行的遣唐使为 12 次),并随着时间的推移,组织规模日趋庞大,特别是在第九次遣唐使以后,遣唐使船由 2 艘增为 4 艘,每次人员也增至 500 人左右,各色人员齐备。更重要的是,日本朝廷在这个时期还开始向唐派遣留学生和学问僧,以汲取中国文化。其中,留学生主要从事一般学问、技术艺能的研究,学问僧则从事佛学研究。他们在中国学习的时间大都比较长,像高向玄理、南渊请安就曾留学达 32 年。再如随第八次遣唐使入唐的阿倍仲麻吕,经过几年学习,参加科举考试进士及第,自此,他一边留学,一边担任唐朝官职,后改名晁衡,终身仕唐,对中日文化教育交流作出了贡献。当然,更多的人是学成回国从事日本的文化和教育改革,从而对本国教育发展起了很大推动作用。

除了日本向唐派遣留学生、学问僧外,也有大批为献身文化交流事业而东渡的中国人,他们对中日文化教育交流及日本的发展也作出了贡献。如袁晋卿于 785 年随遣唐使至日本,因他精通《文选》《尔雅》音,到日本后就被任命为大学音博士,从而为中国文化在日本的传播起了积极作用。尤其值得称颂的是,名僧鉴真和尚为弘扬佛法,接受日本僧人荣睿等人的邀请,自 743 年起率领弟子六次起程东渡,尽管五次均告失败,他甚至双目失明,但最终于 754 年东渡成功。在日本,他除不辞辛劳向上至天皇下至平民百姓授戒传教外,还将中国的医药、建筑等知识和技艺奉献给日本人民。鉴真和尚后来圆寂东土,把自己的一切奉献给了中日文化交流事业。随着中日文化交流的发展,自中国返回的留学生成为推动日本"大化革新"的重要力量。他们以极大的热情传播唐朝的先进文化,并发动了以唐朝为蓝本的改革。日本统治者全面吸收、参照唐朝的政制、律令、文艺和生活方式,同时也仿效唐朝教育制度,逐步建立起了较为完备的各项制度。特别是学校教育制度被纳入国家的律令,从而具有法的尊严。按照学令规定,日本官学有中央和地方两个层次。中央官学称大学寮,另外还有典药寮、阴阳寮、雅乐寮等。地方官学称国学、府学。大学寮设有经学、语言、书法、数学、律学等专业。国学、府学学生,凡学有所成有志深造者经过考试合格可补送入大学寮学习。从日本学制所规定的学校层次结构来看,无论从规模还是形式上,都是力求模仿唐朝的。

日本大学教师的名称同中国唐代一样,称作博士、助教。博士级别最高,为正六位下,待遇只低于大学头(大学校长),同时规定有专业特长而任师的地位高于不任师者,从这可以看出日本在学习唐代先进文化的同时,也引进了中国的重教传统。日本在学令中还对学生的入学资格做了规定:凡大学生,取五位以上子孙,及东西史部子为之。若八位以上子,情愿者听,国学生,取郡司子弟为之。并取年十三以上,十六以下聪伶者为之。这说明,在当时等级严格的日本地方官学里,庶民子弟通常难以入学,即使进了学校,也仅限于某种专业,而且是在学员不满额的情况下,才有希望录取,可见中国封建等级制对日本学校教育的影响。在唐代,不仅教育制度传到了日本,而且唐代的教育内容也为日本所接纳。日本学令规定以儒家经学为主要教育内容,并对教材规定了固定的版本,如《周易》用郑玄、王弼注,《尚书》用孔安国、郑玄注等,同时参照唐朝三学二馆的课程设置,分大、中、小三经。其中,《礼记》、《左传》为大经,《毛诗》、《周礼》、《仪礼》为中经,《周易》、《尚书》为小经。规定通二经者,或大、小经各通一,或中经通二;通三经者,大、中、小经各通一;通五经者,大经并通,又须兼通《孝经》、《论语》。

唐朝重文学,进士科试诗赋的风气也影响了日本。日本朝廷于728年在大学设"文章道",讲授文学,学习唐人诗文集,经过两三个世纪的发展,日本的士子文人益趋求学于文章道,社会风气也逐步转为崇尚文学,文人中开始盛行赋诗撰文,并有诗文集问世,如《怀风藻》、《凌云集》、《文华秀丽集》、《经国集》等等,可见唐代的中日文化教育交流为日本文学的发展增添了绚丽的光彩。除文学教育外,唐代的医学教育也影响了日本。日本官学里,医学学生所占的比例较大,资格限制也较宽,特别是典药寮仿唐朝医学制度分设了医科、针科、按摩科、咒禁科、药园科、女医科等,所用教材也多是唐朝的医学教材,如《脉经》、《本草》、《黄帝针经》等。与此同时,日本遣唐使中多有医师随行来华请益、进修深造,从而在较短的时间里培养了一批学有成就的医学专业人才,改变了日本医学落后的局面。

日本的算学教育和史学教育也多仿效唐代。在中日文化教育交流兴起之前,日本没有数学,计算方法也非常原始简陋。"大化革新"后,日本在大学寮设算学博士2人,招收算学生30人,全部教材也都照搬唐朝算学所用的教材。同时,日本深受唐代重视史学的影响,不仅在文章道里讲授

《史记》、《汉书》、《后汉书》等中国史籍,而且为各地方国学颁发《史记》、《汉书》、《后汉书》、《三国志》、《晋书》各一部,从而使中国史学在日本各地传播开来。值得一提的是,日本的两本重要史籍《古事记》和《日本书纪》就是在此期间依照中国正史的体例及干支纪年写成的。

日本官学考试制度也几乎照搬唐朝。日本对学校的考试制度有严格规定,如考试分句考、岁考和毕业考。句考内容包括读与讲,"其试读者,每千言内,试一贴三言。讲者,每二千言内,问大义一条"。问义共三条,答对两条为及格。岁考考一年里所学的专业知识,考试内容是问大义八条,答对六条以上为上等,答对四条以上为中等,答对三条以下为下等。如连续三年为下等,及在校九年未学完规定课程,就要被开除学籍。可见,日本官学的考试制度,除了规定的标准比较低以外,其他几乎与唐朝完全一样。

唐代的中日文化教育交流还促进了日本私学的发展。留学中国的僧侣学者归国后,他们大多积极创办私学。私学招收的对象上至立志改革的贵族子弟,下至庶民百姓的子弟。在官学未能普及,许多庶民子弟不能入学的情况下,私学的开办有效地补充了官学的不足。如640年由归国的高向玄理、南渊请安等开设的私学,招收有志改革的贵族子弟,向他们宣讲儒家学说,从而使他们产生了改革政治,并以唐代为样本建立封建王朝的强烈愿望,最终成为大化革新的骨干力量,为日本的发展作出了贡献。同时,由于当时政府对于私学采取了鼓励态度,支持私学,因此私学蓬勃地发展起来。日本律令规定,凡一品至四品的官员家里须配一名博士为家庭教师,专门教育官僚家庭的子弟,这在一定程度上促进了私学的发展。另外,因受官学品位限制而不能入学的贵族青年也需要招聘某些学者居家开设私学。国家通过法令鼓励支持私学的兴办。当时办得最好的是菅原家塾,学生中有近百人成为秀才或进士。其他如气广世办的弘文院、藤原冬嗣办的劝学院等也具有一定规模,且质量较好。总的来说,私学打破了地位高低、贫富贵贱、僧侣平民的等级限制,为有志求学的青年提供了学习场所,加上政府以各种方式录用官学之外的人才,从而刺激了私学的兴盛,正是唐代的中日文化教育交流使私学这一重要的教育形式在日本得以发展壮大。

此外,唐代对日本的又一重要影响就是日本文字的创制。日本曾经历了有语言而无文字的阶段。日本的文字特别是片假名和平假名是借汉字而形成的。日本文字的产生,在日本文化史乃至整个历史上都是一件划时代的大事,正是由当时中日之间大规模的文化教育交流活动而促成。当然,我们也应看到交流是双向的,尽管在唐代,日本向中国学习是主流,但中国也受益不少,特别是日本的音乐、舞蹈和乐器等相继传入中国,影响了唐代的乐舞教育。

中朝文化教育交流

从魏晋至隋唐，朝鲜半岛并存着高句丽、百济、新罗三国，它们与中国有着密切的经济政治关系，文化教育交流十分频繁。朝鲜三国时期，汉字已经在朝鲜半岛普及。从高句丽使用汉字的情况来看，对于汉字普及具有决定性意义的举措是高句丽学校机构的设立。高句丽于372年设立学校，招收学生只限于贵族官僚子弟，所用教材包括汉字字书以及中国经史著作。除官办大学，高句丽针对平民子弟设立的学校则有"扃堂"，其教育内容与太学相仿，另有《文选》《字林》等。百济的文化也多受汉人影响，晋宁康二年(374年)百济设置了博通儒家经典的"博士"职位，并且将引进的儒学和佛学作为治国的基本理论。在三国中，新罗与唐代的文化教育交流最为密切，当时新罗王族金春秋参观唐代国学，回新罗后随即实施"释奠之礼"。唐永徽三年(652年)，新罗设置"太舍"国学官职。此外，朝鲜半岛还存在一种"花郎道教育"，所谓"花郎"即贵族子弟，这一教育以"入则孝于家，出则忠于国"为教育宗旨，以"孝悌忠信"、"五常"、"六艺"等为教育内容，还包括道教的"不言之教"和佛教的戒恶扬善等内容，受中国儒、道、佛思想的影响极深。

668年新罗统一三国后，由于采取了积极吸收唐文化的政策，进一步促进了唐代与朝鲜半岛之间的文化教育交流。一方面，中朝文化教育交流使大量表示文化、知识、概念的汉字词源不断传入，并融合到朝鲜语词汇中，一些汉字词甚至代替了朝鲜原有的术语，从而形成了汉字词在朝鲜词汇中的重要地位。另一方面，出于书写公私文书的需要，在新罗神文王(681—691)时期，薛聪在归纳整理以前"乡札标记法"的基础上，系统制定了借用汉字的音和义来标记朝鲜语的"吏读"方法。此外，为推进儒学教育的发展，还仿效唐朝建立了官学教育制度。其国学的教育目标、教育内容、学科设置、管理体制，包括师职设立、学生资格、修业年限等，都仿效唐代的中央官学。如教育目的是为了培养统治者所需要的人才，教育内容以儒家经典著作为主，包括《论语》《孝经》、"五经"、《文选》等。并在唐代科举制度的影响下，于788年建立了读书三品科的官僚选拔制度，规定儒生们只要通过必修的儒家经典考试，即可获得官职。这一选拔制度改变了以前只按弓箭武艺取人的标准，打破了传统的骨品制度，并根据对儒学经典精通的多寡分别定为上、中、下三等。"读《春秋左氏传》，若《礼记》、若《文选》，而能通其义，兼明《论语》、《孝经》者为上；读《曲礼》、《论语》、《孝经》者为中；读《曲礼》、《孝经》者为下。若能兼通'五经'、'三史'，诸子百家书，超擢用之。"(《三国史记·新罗本纪》)

新罗凭借它与唐代的友好关系，派遣大量留学生进入唐国学学习，多时达到一百余人，学习时间有10年。唐末新罗留学生崔致远，是其中的突出代表，他不仅将许多中国文化典籍引入本国，而且著有《桂苑笔耕集》，保存了相当丰富的中国史料，还积极倡议仿效、采用唐科举制度，为中朝教育交流作出了贡献。唐末五代时朝鲜半岛再度分裂，公元936年王氏高丽重新统一朝鲜半岛，它采用了中国的中央集权制度，并在教育方面以推崇儒学为中心。992年，高丽王朝正式设立了国子监，下设国子学、太学、四门学、律学、书学、算学六学，教育内容基本是儒家经典，教育管理也都仿照唐代官学。

中印文化教育交流

中印文化教育交流主要表现在佛学传播方面。早在魏晋时，就有僧人西行求法留学，并得到官方的支持，通过他们的翻译、注疏、讲说，佛典要籍得以广泛流传，并极大地丰富了佛教教育的内容。唐代，随着中印交通渠道的进一步拓宽，中印文化教育交流也得以全面展开，规模进一步扩大，两国使者往来频繁。唐时印度称天竺，共分东、南、西、北、中五天竺。天竺国曾27次遣使来中国，唐太宗、高宗、武后也数次派使者去印度。通过互派使者，促进了两国文化交流。唐代是印度佛教大规模传入的重要时期，僧人的互访交流十分突出。当时，唐代从陆路或海道前往印度求法留学的僧人多达50余人，其中最著名的是玄奘。他于贞观三年(629年)西行出敦煌，历尽艰辛，冒九死一生的危险最终到达摩揭陀国王舍城，入那烂陀寺从戒贤求学。他留学17年，回国后将西行印度求法的所见所闻写成《大唐西域记》。除玄奘外，较有名气的求法留学僧人还有高僧玄照和义净。654年，高僧玄照从印度求法归来，取道尼泊尔、西藏回国，开辟了经由西藏到达印度的捷径，写下了中印交通史上的光辉一页；高僧义净西行印度求法归来，参与了武则天组织的对《华严经》的翻译，并著有《大唐西域求法高僧传》。这些赴印求法的高僧和来唐弘法的印度高僧带来了大量的佛教文献，他们为佛教的传播作出了重大贡献。

唐代留学僧人遍布于印度各地的寺庙，如大觉寺、信者寺、那烂陀寺、新寺、大寺、般涅槃繁寺等，此外，印度境内还有专门的华人留学寺庙。当时僧人求法留学的目的是进一步探求佛教义理，这表明中印教育的交流已上升到新的水平，并最终使唐代译经颇具规模，如著名译经大师玄奘亲自主持的译场分工细密、各司其职，由译主掌译事，笔受整理文句，度语传所宣义，证文校以梵本，润文修饰文字等，同时，一些官僚也参与译事。总的来说，唐代译经不仅数量多，而且质量也远超前代。因为早期佛经的翻译多得力于外域僧人，但他们对汉语并不精通，而唐代，留学僧人不仅在国内已具有相当的佛学造诣，而且在国外又精习梵语和佛典，因此他们能将汉梵两语融会贯通，而对佛教义理的阐述、注疏往往也能超越语言的限制,摆脱印度的模式,发表独到的见解,从而开创了佛教教育中国化的新时代。随着佛经的大量传入,佛教逐渐同中国国情相结合,三论宗、法相宗、天台宗、律宗、华严宗、禅宗、密宗、净土宗等宗派相继开始形成,这标志着唐代佛教理论的成熟和印度佛教的中国化。求法归国高僧在积极从事翻译佛典的同时,还利用译场开展讲学活动,培养弘佛法的人才。如玄奘不仅于慈恩寺主持译事,还坚持每日讲论新经,各地听学僧人也纷纷于此决疑请义,寺内弟子多达百余人。其中著名门人神昉、嘉尚、普光、窥基被誉为"玄门四神足",而后来建立慈恩宗(唯识宗)的正是"四神足"之一的窥基。

唐代与世界各国的文化教育交流在世界文化史上写下了动人的篇章。而唐代之所以能够与周边国家进行广泛的文化教育交流,是因为当时的唐代已具备对外文化教育交流的主客观条件。首先,唐代政治稳定,经济繁荣,有能力容纳各国民族人士入居中国,实行睦邻友好的外交政策;其次,唐代交通发达,陆路海路四通八达,西可到达中亚、阿拉伯、红海,南可至南洋诸岛、印度等国,东北可达朝鲜、日本等,正是便利的交通条件,推动了中外文化教育交流,促进了唐代经济文化的发展;再次,唐代处于中国封建社会的继续发展时期,封建政治、经济、典章制度臻于完善,加上国力强盛,使唐代最高统治集团有很强的自信心,不怕外来文化消解自己的中华文化。还有,唐代先进的政治、经济制度对周边国家的影响和吸引,朝鲜、日本等东方国家正处于社会变革的前夜,有引进中国先进文化的驱动力。就唐代中外文化教育交流与其他朝代相比,有一个明显的特点是以文化的东进为主。一方面,唐代高度发达的文化教育进入中国东部的朝鲜、日本,并对其产生巨大影响,进而引起社会的变革和进步;另一方面,中国西部如印度的先进文化传入中国,并经唐代这个中间环节的消化后,一是变成自己文化的一部分,发展了唐文化,二是又随唐文化的东进传入朝鲜和日本。唐代的中外文化教育交流,使中外互相学习、互相促进、互相提高,为世界文化的繁荣作出了贡献。

参考文献

毛礼锐,沈灌群.中国教育通史[M].济南:山东教育出版社,1986.

王炳照,等.简明中国教育史[M].北京:北京师范大学出版社,1994.

王炳照,阎国华.中国教育思想通史[M].长沙:湖南教育出版社,1994.

(王有亮　齐春燕)

陶行知的"生活教育"思想

陶行知一生积极参加中国近代教育改革运动,形成系统的"生活教育"思想。

陶行知(1891—1946)是近代中国教育家。原名文濬,后改知行,又改行知,安徽歙县人。幼年家境贫寒,仅间断受过私塾教育,1906 年入教会崇一学堂读书,开始接受西方教育。1910 年考入南京汇文书院预科,不久转入金陵大学文学系。1914 年毕业后赴美留学,初入伊利诺伊大学攻读市政,获政治学硕士学位,后转入哥伦比亚大学研究教育。1917 年回国,先后任南京高等师范学校、东南大学教授、教务主任、教务科主任,并兼任中华教育改进社主任干事。1923 年,辞去大学教职,与晏阳初等人在北京发起成立中华平民教育促进总会,后又与朱经农合编《平民千字课》,并先后赴河南、浙江开展平民教育运动。1926 年,为中华教育改进社起草《改造全国乡村教育宣言书》,决心把乡村学校建设成为改造农村生活的中心。次年,在南京晓庄创办试验乡村师范学校,后改名晓庄学校,专门培养乡村教师。1930 年,晓庄学校遭当局查封,陶行知避难日本。次年回国,在上海发起"科学下嫁"活动,创办了"自然科学园"并组织编写了《儿童科学丛书》、《大众科学丛书》等科普读物。从 1932 年起,陶行知先后创办了"山海工学团"、"晨更工学团"、"劳工幼儿团",主张"工以养生,学以明生,团以保生",力图将工场、学校、社会打成一片,并首创"小先生制",开展普及教育运动。1934 年,主编《生活教育》半月刊。次年,与宋庆龄、何香凝、沈钧儒、邹韬奋等组织上海文化界救国会,并任执行委员。1936 年初又发起国难教育社,开展国难教育。同年 7 月,陶行知赴英国伦敦出席国际新教育会议,并受全国各界救国联合会委托,作为民国外交使节出访亚非欧美 28 国,宣传中国的抗日斗争,开展募捐活动。1938 年 12 月,他当选为生活教育社理事长,同时创立中国战时教育协会,并起草《战时教育》。1939 年 7 月,他在重庆为难童创办育才学校。1945 年,当选为中国民主同盟中央常务委员兼教育委员会主任委员,主编《民主教育》月刊。次年初,他创办社会大学,自任校长,积极推行民主教育。其著作结集出版的有《陶行知全集》、《陶行知教育论著选》等。

陶行知的教育思想是在他长期参加平民教育运动及乡村教育运动的过程中逐步形成的。他在《平民教育概论》中指出:"平民教育运动是一个平民读书运动。……今日之平民教育就是将来普及教育的先声。"随着平民教育运动的深入开展,陶行知开始关注农民问题和农村教育问题,指出:"中国以农立国,十有八九住在乡下。平民教育运动是到乡下的运动。"他认为"中国乡村教育走错了路",必须"根本改造",因为在他看来,以往的乡村教育教人"看不起务农","把农夫子弟变成书呆子",不会生产劳动,只想往城里跑,这是死路一条。"生路是什么? 就是建设适合乡村实际生活的活教育",新的乡村教育必须有新的乡村教师,为此必须改造师范教育,从乡村实际生活出发创办活的乡村学校,造就"活的国民"。他认为"活的乡村师范教育"要以"活的乡村学校"为基础,培养出"活的乡村教师",而后者要有"农夫的身手,科学的头脑,改造社会的精神",从而成为"改造乡村生活的灵魂"(《中国乡村教育之根本改造》)。

正是通过长期的教育实践活动对现代教育理论进行了多方探索,形成其独特的教育思想体系,其核心则是他系统阐发的"生活教育"思想。这是根据中国社会和教育的现实,在对杜威的实用主义教育思想进行改造的基础上形成的。陶行知认为"从定义上说,生活教育是给生活以教育,用生活来教育,为生活的向前向上的需要而教育。从生活与教育的关系上说,是生活决定教育。从效力上说,教育要通过生活才能发出力量而成为真正的教育"(《谈生活教育》)。生活教育主要包括三大主张:其一,"生活即教育",它既是教育目的论,又是教育内容论。过什么生活便是受什么教育,生活决定教育,教育以生活为中心,而不是传统教育的以书本为中心。其二,"社会即学校"。主张充分利用社会的活环境、活势力进行教育。"到处是生活,即到处是教育;整个的社会是生活的场所,亦即教育的场所"。主张拆除学校与社会之间的高墙,使学校教育与社会、民众生活"血脉相通"。其三,"教学做合一",这既是教的方法,又是学的方法。其基本含义是:教的方法根据学的方法,学的方法根据做的方法;事怎样做便怎样学,怎样学便怎样教;教与学都以做为中心,在做上教的是先生,在做上学的是学生。教与学都要和生活实践相结合,这是对传统教育注入式教学法的否定。在推行普及教育的过程中,陶行知根据当时当地的实际情况,运用多种方法,开办了各种形式的学校,同时他还创行了"即知即传"的"小先生制",这种被称为"细胞分裂法"的教育方法,深受大众欢迎,在全国甚至国外引起了巨大反响,有力地推动了教育普及运动的发展。1936 年,陶行知在《生活教育之特质》一文中进一步指出,"生活教育"具有生活的、行动的、大众的、前进的、世界的、有历史联系的六大特点。1946 年,他又把"生活教育"的方针归结为"民主的、大众的、科学的、创造的"(《大众的艺术》)。

陶行知提出了"生活教育"的"二亲原则"。他指出:"真正的教育,必须使学者和人民万物亲近。与人民亲近是'做人'的第一步。与万物亲近是'格物'的大门口。"(《第二年的晓庄》)应该说,"二亲原则"继承了五四新文化运动"民主"与"科学"的方向,主张推行为人民大众服务、同人民大众的社会生活和生产实践密切结合的"生活教育"。在提倡生活教育中,陶行知重视科学和科学教育,主张教育要面向生产,同工农业生产相结合,培养"手脑并用"的人。陶行知反对旧的乡村教育"教人吃饭不种田,穿衣不种棉","分利不生利",强调乡村教育要教育学生"征服自然改造社会"的"活本领",使"乡村变成西天乐园,农民都变成快乐的活神仙"(《中国乡村教育之根本改造》)。

从根本上说,陶行知以"生活教育"理论为核心的教育思想旨在探索培养人的创造能力,并表现出两个重要的特点:其一,提倡"治学"能力和"治事"能力并重。陶行知不仅提出要培养学生"治学"的能力,而且常谈到学生要"学会办事",要具备善于"待人处事"和组织群众的能力等。他认为无论改造自然或改造社会,终将需要把个人和群众集体的创造力结合于共同的目标之下才能实现,而"治事"能力正有助于更好地发挥将个人和集体的力量并将两者有效地结合起来,因而也是创造能力的一个重要方面。其二,主张个人创造能力和社会崇高理想相结合。"生活教育"的"生活",不仅包括个人日常生活,更主要的是指社会生活,其中包含了崇高的社会理想,即为劳苦大众的解放和幸福而奋斗。早在 20 世纪 20 年代末,他就说:"无论什么人,一说到当教员,必得有一个理想的社会悬在心中。"要有真正的信仰才能"发生力量",有了这种力量"才能救中国",有不同的理想就会有不同的创造方向,有不同的信仰就会产生不同的创造动力。他认为,乡村教师的教育理想是"要叫乡村变为西天乐园,村民都变为快乐的活神仙"(《中国乡村教育之根本改造》),乡村工学团培养"六大能力"的教育理想是"与人民大众共甘苦,同休戚,以取得整个中华民族之出路"(《乡村工学团试验初步计划说明书》),而育才中学"培养人才幼苗"使其全面发展的教育理想是要"为老百姓造福利","为整个国家民族谋福利"(《育才学校创办旨趣》)。

陶行知强调要解放儿童的创造力。他要求教师树立正确的儿童观和对待儿童的态度,要"把我们自己摆在儿童之中,成为孩子当中的一员",以"赤子之心去了解儿童,认识和发展儿童的力量"(《创造的儿童教育》)。为此,他提出要实现五个"解放"。首先要"解放儿童的头脑"。他指出儿童的头脑往往被"迷信、成见、曲解、幻想层层裹头布缠起来了",要解放儿童的创造力便要启发、引导儿童用自己的头脑去探索、去思考,得到自己的认识。反对对儿童采用封闭式、注入式甚至压制、对抗的教育方法和手段。其次要"解放小孩子的双手"。他说:"中国对小孩子一直不许动手,动手要打手心,往往因此摧残了儿童的创造力",结果"中国的爱迪生"常常就是这样被"枪毙"了。他赞扬爱迪生的母亲敢于让童年时代的爱迪生玩化学药品并做实验,希望中国的保育员、教师"跟爱迪生的母亲学,让孩子有动手的机会",不要阻碍儿童创造力的发展。第三要"解放小孩子的嘴"。"发明千千万万,起点是一问",但中国大多数家长、教师的习惯是不允许儿童多说话,陶行知认为儿童应得到"言论的自由,特别是问的自由,才能充分发挥他的创造力"。第四要"解放小孩子的空间"。"从前的学校完全是一只鸟笼",他赞成让学生有机会"去接触大自然的花草、树木、青山、绿水、日月、星辰",接触"大社会中的士、农、工、商,三教九流,自由地对宇宙发问,与万物为友,并且向古今中外三百六十行学习"。第五要"解放儿童的时间"。陶行知一贯反对"过分的考试制度的存在",指出学校以无穷无尽的考试占据了学生的宝贵时间,会使儿童失去创造的欲望,"到了成人时,即有时间,也不知道怎样下手去发挥他的创造力了"(《创造的儿童教育》)。

陶行知的"生活教育"思想集中反映其关于教育目的、内容和方法等方面的主张,体现其立足于中国国情,"去谋适合,谋创造"的教育宗旨。

参考文献

董宝良.陶行知教育论著选[M].北京:人民教育出版社,2011.

郭笙.陶行知教育思想研究[M].沈阳:辽宁教育出版社,1991.

华中师范学院教育科学研究所.陶行知全集[M].长沙:湖南教育出版社,1984—1992.

余子侠.山乡社会走出的人民教育家:陶行知[M].武汉:湖北教育出版社,1999.

朱泽甫.陶行知年谱[M].合肥:安徽教育出版社,1985.

(陈桃兰)

特殊儿童(special child)　　亦称"特殊需要儿童"、"特殊教育需要儿童"。泛指在身心发展或学习、生活方面与普通儿童有显著差异而需要给予区别性的特殊服务的儿童。包括超常儿童、学习困难儿童、各种残疾儿童和需要各种特殊服务的非残疾儿童等。狭义指生理或心理发展上有缺陷而需要特殊帮助的残疾儿童,包括智力落后儿童、视力残疾儿童、听力残疾儿童、情绪和行为障碍儿童、言语和语言障碍儿童、肢体残疾儿童等,故亦称"缺陷儿童"、"障碍儿童"。这里从狭义角度作心理学分析。

智力落后儿童的心理特征　　智力落后儿童的心理特征表现在认识过程和个性两方面。

智力落后儿童的认知特点,主要表现在感知觉、注意、记忆、语言和思维等方面。在感知觉方面,主要表现为以下特点:感知觉迟钝而缓慢,视觉感受性降低,一般难以辨别物体的形状、大小和颜色等方面的细小差别。听觉、触觉、痛觉、温觉、动觉、平衡觉和内脏感觉等都不如正常儿童敏感;感知范围狭窄,容量小,表现为在同一时间内能清晰感知到的事物的数量比健全儿童少得多;知觉不够分化,难以将事物的不同特性或强度区分开来,且知觉联系少,不容易在不同事物之间建立联系;缺乏感知事物的主动性和积极性,往往缺乏应有的好奇心,没有仔细观察和深入了解事物特性的愿望,受到事物鲜明的外部特征的影响,对事物仅满足于一般的了解。在注意方面,主要表现为以下特点:注意的发展水平低,无意注意在智力落后儿童的注意中占优势,有意注意发展缓慢;注意的稳定性差,难以区分相关刺激和无关刺激,难以在任务中集中注意一段时间并保持警觉,注意力容易分散。智力损伤的程度越高,这种情况越明显;注意范围狭窄,可接受的信息量少;注意分配差,并难以转移,难以根据任务的改变把注意从一个对象转移到另一个对象上。在记忆方面,主要表现为以下特点:记忆速度缓慢,范围狭窄;保持不牢固,再现困难或不精确;短时记忆有困难,且难以将短时记忆中的信息转化为长时记忆中的信息加以存储;不善于用记忆策略,往往采取简单重复的识记方法,很少采用间接记忆的方法来进行意义识记;记忆材料缺乏目的性,不善于采取有效的方法有目的地识记和回忆学习材料。在语言方面,70%的智力落后儿童都存在问题,严重的甚至没有语言能力,主要表现为以下特点:语言发展缓慢,语言理解和表达能力差,词汇贫乏,语法结构极不完善;发音不准,口齿不清。有相当数量的智力落后儿童存在构音、声音和语流方面的障碍。在思维方面,智力落后儿童主要表现为以下特点:思维长期停留在具体形象阶段,抽象和概括水平低。缺乏分析与综合能力,在思维过程中很难把已有的知识、概念和表象结合起来;思维刻板,缺乏目的性和灵活性。没有目标和达成目标的预定程序,也很难根据条件的变化来调整自己的思维定式或思维方式;思维缺乏批判性和独立性。一方面对自己的想法和行动坚信不疑,很少及时检查并修正自己的错误,另一方面又容易受别人的暗示,人云亦云。

智力落后儿童由于认识过程的缺陷,其社会实践活动受到相应的限制,影响了其个性的健康发展。智力落后儿童的个性特征主要表现为以下几个方面:缺乏主动性,意志薄弱,对比较长远的行动目标常常缺乏主动精神;高级情感发展缓慢,情感不稳定,容易冲动,自我控制能力差,主要受机体需要来支配行为,难以根据道德标准调节自己的行为;脾气固执,又易受暗示,常常不假思索地接受别人的建议或驱使;失败期望高于成功期望,自我观念消极,由于长期体验失败而产生了习得性无助,不去努力克服困难,争取成功;动机不足,求知欲差,行为常常受外在动机所支配,对事物兴趣单一,且稳定性差。

视力残疾儿童的心理特征　　在感知觉方面,视力残疾儿童感知觉的视觉通道完全堵塞或严重受阻,难以获得有关外界刺激的视觉信息,其感知活动主要依靠听觉、触觉、味觉和嗅觉等感觉功能。

在感知活动方面,视力残疾儿童表现出以下特点。(1)盲童的听觉非常灵敏。盲童与听力正常儿童的听觉感受性最初并没有区别,由于盲童长期处于失去视觉的特殊条件下,对听觉的依赖性更大,经过长期的训练和实践,养成了对听觉注意力更加集中的习惯,对声音的分析更加细致,因而具有更高的听觉灵敏性。可以通过听觉进行空间定位、利用声音判断方向,以及了解和熟悉周围环境。这是补偿和适应的结果。（2）盲童的触觉也十分灵敏。国内外有关研究资料表明，盲人手指尖的灵敏度比正常人高。盲人与明眼人手指尖的两点阈的平均值的对比为 1.07 毫米比 1.97 毫米。这使盲童摸读盲文和了解物体细节的能力得到提高，通过训练，不仅可以使盲童学会摸读盲文，还可以帮助他们认识物体的形状、大小、温度、硬度、重量等。触觉表象和听觉表象成为盲童形成正确的概念和思维发展的基础。

在语言方面，视力残疾儿童由于没有智力缺陷，再加上有灵敏的听觉，所以能通过自然交往的途径获得语言，其语言水平也可以达到同龄正常儿童的水平。但由于儿童需要结合视觉形象理解词义，而且视觉在儿童学习说话技能，尤其是复杂的发音时具有不可忽视的作用。因此，视力残疾儿童的语言发展因缺乏视觉功能的配合而受到一定的影响。容易出现构音障碍。这种构音障碍不同于明眼儿童经常出现的生理性构音障碍，由于无法观察别人发音时脸部和口部的形状，视力残疾儿童较多出现病理性构音障碍，有些音长期发不准。听觉障碍儿童中口吃、颤音等语音障碍的发生率也较高。对词义的理解缺乏表象基础。由于视力残疾儿童的感性经验贫乏，对事物形象的积累缓慢，而通过语言交往其词汇的积累很快，导致语言和实物脱节，对许多词义的理解缺乏感性认识的基础，因而是不全面不准确的。他们对某些词义的理解，如表示颜色的词语，甚至仅以听觉信息为基础，完全没有表象基础。盲童不懂得用表情、手势和动作来帮助语言的表达。

在思维活动方面，由于缺乏视觉表象，视力残疾儿童对事物的感知不完整、不全面，因此，概念不完整、不准确是视力残疾儿童思维活动的特点之一。他们在分析、综合、推理的过程中容易产生错误，难以作出准确的判断。思维活动的发展比明眼儿童落后也是视力残疾儿童思维特点之一。但是，视力残疾儿童的语言和思维特点不是一成不变的，通过合理的教育干预，充分发挥其听觉、触觉的补偿作用，从不同方面帮助其增加感性经验，将有利于他们形成准确的概念，掌握正确的分析、综合和推理过程，从而促进其语言和思维的发展。

在个性特点方面，由于行动不便，盲童较少与他人交往，形成性格内向，不易与别人融洽相处的特点，情绪不稳定，而且容易自卑，对自己的缺陷很敏感，对生活态度消极；低视力儿童与外界的接触较多，情感反应比盲童快，比较活泼，性格较开朗，较自信，少忧郁。但在某些较大的场合，由于不能及时调节好自己的行为，容易出现退缩、依赖或过度情绪反应。

听力残疾儿童的心理特征 在感知觉方面，听力残疾儿童主要依靠视觉、触觉、味觉、嗅觉等途径来感知外界事物，其感知觉主要表现为以下特点：（1）感知觉在听力残疾儿童的心理活动中占有优势地位。听力残疾儿童主要通过除听觉外的各种感官及其协调活动来认识事物，如看他人讲话的口型、面部表情，触摸物体等，这充分调动了听力残疾儿童各种感官的积极性，使其潜能得以充分发挥。他们往往能感知物体的细节，教师甚至可以通过让其手背感知气流的方法帮助听力残疾儿童学习送气音和不送气音等。而且，对于听力残疾儿童来说，直接感知过的形象比抽象的语词要易记得多，直接参与的活动记忆效果也更好，表现出感知觉在心理活动中占据优势地位的特点。（2）听力残疾儿童的视觉能力优于听觉正常儿童。由于眼睛是听力残疾儿童最重要的起补偿作用的感觉器官，其视觉得以迅速发展而变得极为敏锐。有研究表明，聋童辨别细小物体和远距离物体的能力优于听觉正常的同龄儿童。听力残疾儿童常常能清楚地看出为健全人所忽视的细节。敏锐的视觉补偿了其听觉能力的不足，使其可以通过观察他人讲话时的口型和触摸发音部位的动作来学习语言。（3）知觉的发展受语言能力的限制。由于听觉障碍，造成听力残疾儿童语言发展的迟缓，这使其在知觉过程中，很难根据事物的名称或言语信息唤起已有的知识经验来认识知觉对象。而且，由于语言的贫乏，听力残疾儿童很难形成概括化的表述，对事物的主要特征进行综合概括，从而影响其知觉能力的发展。

在记忆方面，听力残疾儿童呈现出下列特征：（1）无意记忆处于优势地位。在学龄前期，听力残疾儿童的记忆多为无意记忆，进入学龄期后，其有意记忆开始发展，但无意记忆仍占优势。（2）有意记忆的效果受其对记忆任务的意识和活动的动机、情绪、多重感官和语言的参与程度的影响。（3）形象记忆优于语词记忆。听力残疾儿童由于语言的缺乏，其记忆内容大都是事物的形象，尤其是视觉表象。因此，他们根据事物的具体形象识记材料时的效果好。

在语言发展方面，听力残疾儿童由于缺乏习得语音的自然语言环境，其语言困难是显而易见的。主要表现为发音不清、发音不好听、连续发出的音节受限制导致语言不流畅、词汇量少于听觉正常的同龄儿童等特点。语言训练是听力残疾儿童早期康复的中心任务，实践表明，如果能做到早期发现、早期训练，通过佩戴助听器等最大限度地利用听力残疾儿童的残余听力，其语言能力康复的可能性是很大的。

在思维方面，听力残疾儿童由于语言发展迟缓，其思维表现出如下特征：（1）思维内容具体，主要依赖于事物的具体形象。听力残疾儿童主要借助于各种感官活动获得的表象或形象，以及手势和动作进行思维，因而思维停留在具体形象思维阶段，只能掌握具体事物的概念，不易掌握抽象的概念。抽象思维发展缓慢，分析事物时，往往受直观形象的影响，归纳生活经历时，往往是现实生活中的具体场景或活动片断,其抽象思维能力的提高有赖于语言能力的发展。(2) 对概念的理解不准确。在思维的过程中,由于听力残疾儿童通常是通过列举概念的外延来阐明概念,而不是通过概念的内涵来理解概念,容易发生扩大和缩小概念的错误,不易抓住事物的本质特征。

在情绪方面,听力残疾儿童由于听不到或听不懂他人的要求,自身的想法又无法表达出来,因此容易冲动。但随着年龄的增长,他们会开始有意识地控制自己的情绪,情绪的稳定性有所提高。同时,道德感、美感等高级社会情感也会逐步发展。

在个性方面,听力残疾儿童表现出来的特点是脾气倔强、易发怒、好冲动,好动、好奇心强。在社会性发展方面,听力残疾儿童伙伴范围狭窄,只愿意在聋人圈子中交朋友,缺乏社会交往,进而导致社会常识贫乏。

肢体残疾儿童的心理特征 肢体残疾儿童由于身体或生理上有明显的缺陷,行动不便,往往缺乏生活自理能力,因此,容易产生自卑心理和依赖感是其重要的心理特征。许多肢体残疾儿童从小以来就长期遭受挫折,对别人的评价非常敏感,有时旁人的冷眼、取笑,甚至是不合时宜的同情都可能增加其挫折感。因此,通常出现回避和退缩行为,或者出现攻击性的反抗行为,或者通过扭曲现实,竭力防止别人察知自己身心上的弱点以维护自尊,有时也出现不惜代价地克服障碍以达到某种成功的补偿行为。

参考文献

方俊明. 当代特殊教育导论[M]. 西安:陕西人民教育出版社,1998.

朴永馨. 特殊教育辞典[M]. 北京:华夏出版社,1996.

朴永馨. 特殊教育学[M]. 福州:福建教育出版社,1995.

汤盛钦. 特殊教育概论——普通班级中有特殊教育需要的学生[M]. 上海:上海教育出版社,1998.

（张福娟　杨福义）

特殊教育(special education)　　使用特别设计的课程、教材、方法、教学设备和组织形式对有特殊教育需要的对象进行的专门教育。按教育对象的差异有广义和狭义之分。广义的特殊教育指对广义的特殊教育对象进行的教育,即对天才(超常)、品德行为不良(轻微违法犯罪)、智力落后(低常)、视力残疾、听力残疾、肢体残疾、言语语言残疾、精神残疾、多种残疾、学习障碍等儿童或青年进行的教育。狭义的特殊教育指对狭义的特殊教育对象,即对有生理或心理发展障碍或缺陷并使其一般不能自然顺应普通教育的儿童进行的教育,故亦称"缺陷儿童教育"、"障碍儿童教育"、"残疾儿童教育",不包括广义特殊儿童中的非残疾儿童,如天才儿童教育和品德行为不良儿童教育(在中国即

工读教育)。狭义的特殊教育各类机构于 18 世纪下半叶在欧洲相继产生。1771 年,在法国建立最早的聋童学校;1784 年,建立最早的盲童学校;1837 年,创办最早的智力落后儿童教育医疗机构。中国在 1859 年太平天国时期提出过建立特殊教育学校的思想。1874 年,在北京建立盲人学校"瞽叟通文馆";1887 年,在山东建立聋人学校。两个多世纪以来占主导地位的主要是狭义的特殊教育概念,即残疾儿童的特殊教育。到 20 世纪 50 年代后,随着特殊教育不断发展以及尊重人权和个体差异的观念的传播与实施,80 年代在英国出现"特殊教育需要儿童"(children with special educational needs)的概念,替代了人们认为有歧视含义的盲、聋、弱智等名称,扩大了原有的广义的特殊教育对象,除了原占儿童总数约 3% 的残疾儿童、约占儿童总数 6% 的广义特殊儿童外,还包括在学习和发展上有各种长期或短期教育需要的儿童,共约占儿童总数的 15%～20%。在中国,特殊教育主要使用狭义的概念,即各类残疾儿童教育。

对象　　各国制定法律确定残疾的种类,并随时代的发展而不断修订。美国 1990 年把 1975 年确定的十一类特殊教育对象改为十二类,即有以下残疾的儿童及青少年:学习障碍、语言言语障碍、智力落后、情感障碍、多种障碍、肢体残疾、视觉残疾、其他健康损害、聋-盲、听觉残疾(聋和重听合并)、孤独症(自闭症)、脑外伤等。日本在《学校教育法》中规定特殊教育对象为八类:视觉障碍(含盲和低视力)儿童、听觉障碍(含聋和重听)儿童、智力落后(精神薄弱)儿童、肢体残疾儿童、病弱儿童、情绪障碍儿童、语言障碍儿童、重复障碍儿童。俄罗斯的分类中除有听觉、视觉、肢体、语言、智力等多种损害的儿童外,增加了心理发展迟缓儿童(дети с задержкой психического развития)。1987 年,中国在第一次全国残疾人抽样调查时,将残疾种类规定为视力残疾、听力言语残疾、智力残疾、肢体残疾、精神病残疾共五类,还有兼有两种或以上残疾的综合残疾。视力残疾为由于各种原因导致双眼不同程度的视力损失或视野缩小,难能从事正常人所能从事的工作、学习或其他活动,包括盲和低视力两类四级;听力残疾为由于各种原因导致双耳听力丧失或听觉障碍,从而听不到或听不真周围环境的声音,包括聋和重听;言语残疾为由于各种原因导致不能说话或语言障碍,从而难以同一般人进行正常的语言交往活动;智力残疾为智力活动能力明显低于一般人的水平,并显示出适应行为障碍;肢体残疾为四肢残缺或四肢、躯干麻痹、畸形,导致人体运动系统不同程度的功能丧失或功能障碍;精神病残疾为精神病人病情持续一年以上未愈,从而影响其社交能力和在家庭、社会应尽职能上出现不同程度的紊乱和障碍。每类残疾还规定分类和标准。1990 年颁布的《中华人民共和国残疾人保障法》明确规定了八类残疾:视力残疾、听力残疾、言语残疾、肢体残疾、智力残疾、精神残疾、多重

残疾、其他残疾。1989 年,在国务院转发的《关于发展特殊教育的若干意见》中提到如下类别:盲、聋、弱智、肢体残疾、学习障碍、语言障碍、情绪障碍等类残疾少年儿童。1994 年,国家教育委员会基础教育司委托北京进行孤独症儿童教育实验后又增加孤独症(又称自闭症)儿童教育。2005 年,中国国务院批转的《第二次全国残疾人抽样调查残疾标准》规定了视力残疾、听力残疾、言语残疾、肢体残疾、智力残疾、精神残疾、多重残疾等七种残疾。每类残疾人由于其生理或心理发展的偏离而使其发展与认识活动、学习具有特殊性,主要表现为其生理发展或心理发展与一般规律的不平衡性以及其社会文化发展某些方面的滞后。中国特殊教育主要关注狭义特殊教育中的盲、聋、弱智等三类残疾人的教育。

性质和地位　多数国家特殊教育均作为教育的组成部分,但有的国家或地区为民办公助、教会办学或私人办学。在中国,1949 年前残疾人教育属于社会教育,与图书馆、电影院、体育场等并列,多为私人或教会兴办的慈善、救济、福利事业。1949 年后中国把残疾人特殊教育纳入国家教育体系,在国家教育行政部门设立专门管理机构。1986 年颁布的《中华人民共和国义务教育法》已规定政府在教育盲、聋、弱智儿童教育的责任。1990 年颁布的《中华人民共和国残疾人保障法》第十八条规定,"国家保障残疾人受教育的权利。各级人民政府应当将残疾人教育作为国家教育事业的组成部分,统一规划,加强领导"。在 21 世纪修订的有关残疾人法律更进一步巩固和加强了国家和政府的责任。

特殊教育的法律法规　发达国家的特殊教育法律法规体系完善,且不断修订,如美国、日本等国的特殊教育法律法规使特殊教育在教育对象、招生程序、教育目标、教学内容、课程、教师资格及进修、学校设施和设备、教具、经费等方面均可依法行事(参见"特殊教育立法")。中国关于特殊教育的法律法规在 20 世纪 80 年代后逐渐形成体系,并不断完善。包括国家根本法的规定,国家专项法律的规定,中央专项行政法规,中央和地方的相关规章制度、细则、意见等四个层次。1982 年颁布的《中华人民共和国宪法》中除对公民的平等受教育权有一般规定外,特别在第四十五条规定"国家和社会帮助安排盲、聋、哑和其他有残疾的公民的劳动、生活和教育",这是中国残疾人特殊教育法律体系的出发点和根本依据。1986 年颁布的《中华人民共和国义务教育法》第九条明确规定"地方各级人民政府为盲、聋哑和弱智的儿童、少年举办特殊教育学校(班)",儿童、少年的特殊教育法定为义务教育范畴。1990 年颁布的《中华人民共和国残疾人保障法》第十八至第二十六条专门规定残疾人教育问题,再次宣布"国家保障残疾人受教育的权利",同时对依残疾人特性施教、发展方针、办学渠道、普通教育方式、特殊教育方式、成人教育、师资、辅助手段等都做了规定。国

家的其他专项法律,如 1991 年颁布的《中华人民共和国未成年人保护法》、1995 年颁布的《中华人民共和国教育法》、1993 年颁布的《中华人民共和国教师法》、1998 年颁布的《中华人民共和国高等教育法》都有对残疾人教育的相关规定。1994 年,国务院颁布《残疾人教育条例》,共 9 章 52 条,是中国第一部根据国家专项法律制定的特殊教育的专项行政法规,涉及中国特殊教育的性质、地位、方针、政策、体系、领导、从学前教育到成人的各级各类特殊教育、教师、物质条件保证等方面内容。1998 年,教育部发布《特殊教育学校暂行规程》,共 9 章 68 条,是中央教育行政部门在特殊教育学校全面贯彻教育方针、实现规范化管理的专项规章。中央和地方(省、市、区县)的政府和人民代表大会还发布许多在该地区范围内执行国家特殊教育法律法规的具体办法和条例细则。2006 年修订通过的《中华人民共和国义务教育法》第十九条规定:"县级以上地方人民政府根据需要设置相应的实施特殊教育的学校(班),对视力残疾、听力语言残疾和智力残疾的适龄儿童、少年实施义务教育。特殊教育学校(班)应当具备适应残疾儿童、少年学习、康复、生活特点的场所和设施。普通学校应当接收具有接受普通教育能力的残疾适龄儿童、少年随班就读,并为其学习、康复提供帮助。"2008 年,《中共中央、国务院关于促进残疾人事业发展的意见》发布,其中第四部分专门规定了"促进残疾人全面发展"。2008 年修订的《中华人民共和国残疾人保障法》明确了反歧视原则,进一步确定残疾人获得康复、教育等权力的范围和途径。2009 年,国务院发布《关于进一步加快特殊教育事业发展的意见》。2010 年,《国家中长期教育改革和发展规划纲要(2010—2020 年)》发布,提出要提高特殊教育的保障水平,扩大残疾人受教育机会,提高特殊教育的质量,将特殊教育作为八大教育改革发展任务之一。"十二五"期间,适龄残疾儿童要普遍接受义务教育、提高教育质量,开展学前教育、残疾人职业和高中教育,残疾人高等教育也要有适度发展。

发展方针和途径　各个国家及地区的经济发展和教育发展水平不同、实际情况和需要不同、残疾人情况不同,发展特殊教育的途径和方式也不尽相同。有的国家和地区强调残疾人的特殊性,以举办特殊教育机构为主;有的强调平等人权,以在普通学校进行融合教育为主。中国《残疾人教育条例》第三条规定,"发展残疾人教育事业,实行普及与提高相结合、以普及为重点的方针,着重发展义务教育和职业教育,积极开展学前教育,逐步发展高级中等以上教育"。《中华人民共和国残疾人保障法》规定,特殊教育发展采取普通教育方式和特殊教育方式,即用多种方式办学,主要包括:残疾学生与普通学生一样就近入学、随班就读;设在普通学校中的残疾学生的特殊教育班;专门设立的特殊教育学校。

培养目标和任务　不同国家的特殊教育培养目标与该国的教育制度和教育思想密切相连。有的强调个人的发展和生活质量的提高;有的强调社会对其成员的共性要求;有的强调残疾人的特殊性,以满足特殊需求为目标;有的以适应生活、适应职业为目标。有些国家和地区没有法定目标,由学校自己制定培养目标。在中国,特殊教育学校作为国家的一类教育机构要完成《中华人民共和国宪法》规定的总的教育任务。1998年,《特殊教育学校暂行规程》规定,特殊教育学校的培养目标是:"培养学生初步具有爱祖国、爱人民、爱劳动、爱科学、爱社会主义的情感,具有良好的品德,养成文明、礼貌、遵纪守法的行为习惯;掌握基础的文化科学知识和基本技能,初步具有运用所学知识分析问题、解决问题的能力;掌握锻炼身体的基本方法,具有较好的个人卫生习惯,身体素质和健康水平得到提高,具有健康的审美情趣;掌握一定的日常生活、劳动、生产的知识和技能;初步掌握补偿自身缺陷的基本方法,身心缺陷得到一定程度的康复;初步树立自尊、自信、自强、自立的精神和维护自身合法权益的意识,形成适应社会的基本能力。"这里既有国家规定的德、智、体、美、劳诸方面全面和谐发展的总目标,又有依据残疾学生的需要和实际、为完成总目标而提出的补偿缺陷、发挥潜能、适应社会的特殊目标和任务,二者相辅相成,密不可分。

机构体系　不同国家和地区有自己的特殊教育机构体系,共同点是随社会进步都努力满足残疾人不断增高的学习需求,用多种方式使残疾人受到适合其能力和特点的教育。各个国家和一个国家的不同地区在不同时期因发展水平和受教育对象情况的不同,安置残疾学生的方式也有所不同,多样化的安置形式、机构和体系保障了不同残疾人的受教育权,满足了当时、当地残疾人的教育要求,形成其不同特点。这些机构与方式与该地区当时的整个教育体系相适应与密切衔接。中国大陆以法律法规形式规定特殊教育的机构体系。《残疾人教育条例》规定的特殊教育机构体系从学生年龄的纵向来看与普通教育一致,分为学前教育(3～6、7岁)、义务教育(6、7～15、16岁)、高中及职业教育、高等教育等四个阶段。从横向看可分为三方面:按培养方式可分为特殊教育方式(特殊教育学校、特殊教育班)和普通教育方式(随班就读);按残疾类型可分为聋校、盲校、弱智学校、盲聋学校或有多种残疾学生的特殊教育学校;按机构归属,多数(包括公办和民办的学校)属教育部门,少数(福利院中的特殊教育班)属民政部门,部分学前康复机构、职业培训机构属残疾人联合会或民间团体。这个体系既有与普通教育体系融合的部分,又有根据残疾人的特点和需要设立的相对独立的、与普通教育可以相互衔接的部分。两者相互区分,密切联系,不同机构间可以相互流动,以适应和满足不同残疾人的不同程度的需要。

教育教学　中国在把特殊教育纳入教育体系后就努力针对残疾学生的特点实施与普通教育相近的教育教学。1953年,确定盲、聋小学除分别不设图画、音乐课外,应设小学全部科目。1954年后,分别制订盲校和聋校的教学计划、各学科要求和编写各科教材。1987年,教育部对盲、聋、弱智三类学校陆续颁布和修订教学计划、教学大纲,编印各类学校的各科学生用教材和教师用参考资料。1993年,国家教育委员会颁布《全日制盲校课程计划(试行)》,改变盲校过去只有小学教学计划的状况,同年颁布《全日制聋校课程计划(试行)》,确定在特殊教育学校实行九年义务教育的要求和内容。1994年,国家教育委员会针对弱智儿童落后程度的差异颁布《中度智力残疾学生教育训练纲要(试行)》,对中度弱智学生的教育训练目标、任务、对象、学制、教育训练原则、内容要求等做了规定。各类残疾学生的受教育年限与普通教育一致,总的教学科目设置与普通学校相同,但因残疾种类和残疾程度不同而有所调整和增减,如盲校不设图画课,而设美工科,增加定向行走、认识初步和生活指导等内容,增加音乐和劳动课的课时;聋校不设唱歌课,增设律动、个别矫正等课;轻度弱智学生只有小学7门课程,中度弱智学生不设学科课程,而用综合、实用的教育训练领域来教学。除一般教学手段外,在教育教学中还根据学生特点,在盲校教学生充分发展和使用听觉、触觉,教学生读写凸起的6点盲文,使用触摸的各种教具,把需要用眼观察的事物改为用听觉或触觉感知;对低视力学生在保护残余视力前提下提供各种放大工具、助视工具、大字教材,方便学生学习;对耳聋学生充分利用其视觉,把需要听觉的内容尽量改用其他途径感知,多用视觉感知,配合以容易感知的书面语言,或使用手势语言、手指语言;对重听的学生使用适合其听力的助听设施或声音放大设备;对智力落后学生依据其智力水平多用游戏、实践活动、多感官认知等方式教学,贯彻多复习、小步子、启发兴趣、主动性等原则。此外还依据教育对象的不同,采用特殊的辅助手段或交往工具。盲人教学中使用由6个凸起点不同排列组合构成的盲文(盲字)体系,使用此体系印制的教科书、特殊的盲文书写工具、各种利用触觉的可安全触摸的教具和凸起的地图、图形。聋人教学中除学习书面语外,还教聋生发音、说话,使用聋人的自然手势和由手势、手指字母组成的聋人手语。对配戴助听器的有残余听力的学生进行听力语言训练;对听力损害的学生训练和使用通过看对话者的口形和面部的变化来了解口语内容的能力。在特殊教育学校学生入学、学籍管理、教学评价等方面一般有特殊规定。如《特殊教育学校暂行规程》规定,招收残疾儿童、少年入学时要根据有利于教育教学和学生身心健康的原则确定教学班名额,学校一般不实行留级制度,要用多种形式评价教育教学质量,要重视教学过程评价,智力残疾学生主要通过平时考查确定成绩等。为适应教育改革和发展需要,2007 年,教育部印发了《盲校义务教育课程设置实验方案》《聋校义务教育课程设置实验方案》和《培智学校义务教育课程设置实验方案》,并依此制定新课标和教材。

参考文献

朴永馨. 特殊教育[M]. 长春:吉林教育出版社,2000.

休厄德. 特殊需要儿童教育导论(第八版)[M]. 肖非,等,译. 北京:中国轻工业出版社,2007.

（朴永馨）

特殊教育立法

特殊教育立法(special education legislation)　针对各类身体和智力残障者的教育立法。是指国家权力(立法)机关和国家行政机关为调整特殊教育领域中不同主体的关系而制定和发布教育法律、法令、条例、办法等规范文件的活动。从 20 世纪 70 年代开始,由于社会经济的发展、教育观念的更新和人道主义思想的普及,各国开始重视残疾人问题,纷纷制定各种有关残疾人的法令法规,保障残疾人的权益。其中包括通过特殊教育立法,保障有特殊需要人群的受教育权利,使他们能平等地接受良好的教育,促进自身的发展。

外国特殊教育立法　1975 年,第三十届联合国大会通过《残疾人权利宣言》,明确规定残疾人享有各种权利:残疾人享有人格受到尊重的基本权利;不管其伤残的原因、特征和程度,都享有与同年龄的公民同等的基本权利;残疾人享有与其他人同等的公民权及政治权利,享有医学和心理学的功能治疗、安装假肢及矫正器、接受教育、职业培训及其他能最大限度地挖掘残疾人的潜力,促进其回归社会或重返社会的措施的权利等。1975 年,美国颁布《教育所有残疾儿童法令》(PL94 - 142 公法)。该法由评估保护、正当法律程序、最少受限制环境、个别化教育计划四部分组成,其主要内容是:对全部 11 类残疾儿童(5～17 岁,有条件的州为 3～21 岁)提供免费义务教育,其中特别强调的权利包括受教育权、受免费教育权、受恰当教育的权利、在最少受限制的环境中受教育的权利、家长充分参与的权利、保守秘密的权利、在评估过程中不受歧视的权利。该法案经过多次修订及补充,最终形成 1990 年出台的《残疾人教育法》(PL102 - 119 公法)。1997 年进行修改,修改后的《残疾人教育法修正案》(PL105 - 17 公法)为特殊学习者提供平等接受自由而合适的公共教育的机会。法国于 1975 年制定《残疾人照顾方针》,规定残疾者的预防、保健、教育、职业教育、雇用、最低限度的生活保障、社会融合、休闲等均为国家义务,残疾儿童有接受教育的义务。为使残疾人能够根据自己的能力从事适当的职业,日本的《残疾人对策基本法》要求国家及地方采取职业指导、职业培训及职业介绍和其他必要措施,在

残疾人适合的职业及工作范围内,实施对残疾人优先雇佣的政策。2006 年,第六十一届联合国大会通过了《残疾人权利公约》(Convention of the Rights of Persons with Disabilities),这是国际社会在 21 世纪通过的第一个人权公约,中国人大常委会 2008 年批准了该公约。

中国特殊教育立法　中华人民共和国成立前,中国没有有关特殊教育的专门法规,只是在一些一般性教育法规中对特殊儿童入学、特殊教育学校建立等问题有个别规定。如 1902 年颁布的《钦定蒙学堂章程》《钦定小学堂章程》《钦定中学堂章程》,1904 年颁布的《奏定初等小学堂章程》;1912 年北洋政府教育部颁布的《小学校令》、1915 年颁布的《国民学校令》、1916 年颁布的《国民学校令施行细则》;1922 年北洋政府颁布的《学校系统改革案》、1944 年公布的《强迫入学条例》等,都有涉及特殊教育的规定。

中华人民共和国成立后,国家重视特殊教育发展。1951 年,政务院颁发《关于改革学制的决定》,规定在发展各级各类学校的同时,各级人民政府应设立聋哑、盲目等特种学校,对生理上有缺陷的儿童、青年和成人施以教育。这是中华人民共和国成立后中央人民政府对发展特殊教育事业的第一个重要性文件。特殊教育由此成为中国社会主义教育事业的组成部分。对于盲校和聋校的教学工作,教育部先后颁布三个教学计划,即 1955 年的《1955 年小学教学计划在盲童学校中如何变通执行的通知》、1956 年的《关于聋哑学校使用手势教学的班级的学制和教学计划问题的指示》、1957 年的《关于聋哑学校口语教学班级教学计划(草案)的通知》。此外,1955 年,教育部通过上海市教育局转告上海盲童学校试行《盲童学校教学计划(草案)》。1960 年和 1961 年,还拟定过盲童学校和聋哑学校教学计划的修订初稿,但未正式颁行。这些文件的制定和颁发使中国的特殊教育走上科学化、规范化的道路,保证了特殊学校教学工作的健康发展。

1982—1992 年,全国人大、国务院及其所属国家机关制定颁布了一系列法律法规,使中国特殊教育走上了法制化轨道。1982 年,《中华人民共和国宪法》第四十五条规定:"国家和社会帮助安排盲、聋、哑和其他有残疾的公民的劳动、生活和教育。"1985 年,《中共中央关于教育体制改革的决定》指出,在实行九年制义务教育的同时,还要努力发展盲、聋、哑、残人和弱智儿童的特殊教育。1986 年,《中华人民共和国义务教育法》颁布,其中第九条规定:"地方各级人民政府为盲、聋哑和弱智的儿童、少年举办特殊教育学校(班)。国家鼓励企业、事业单位和其他社会力量,在当地人民政府统一管理下,按照国家规定的基本要求,举办本法规定的各类学校。"同年,国家教育委员会等部门在《关于实施〈义务教育法〉若干问题的意见》中,专门提到残疾儿童的义务教育问题,指出各级人民政府在实施义务教育的过程中,

应重视盲、聋哑、弱智等残疾儿童的义务教育,有计划、有步骤地解决残疾儿童入学问题。1988 年,国家有关部委和中国残疾人联合会制定《中国残疾人事业五年工作纲要(1988 年—1992 年)》,对包括残疾人教育在内的残疾人事业做出全面部署,成为指导残疾人工作的行动纲领。这一纲要指出"要切实把残疾人基础教育纳入九年义务教育的轨道,作为各地普及初等教育的任务之一。采取积极措施,在宣布普及初等教育的地区,应使适龄的残疾少年儿童全部入学;尚未普及初等义务教育的地区,要努力提高残疾少年儿童的入学率"。1989 年,国务院办公厅向各地转发经国务院批准的《关于发展特殊教育的若干意见》,全面阐述特殊教育的重要地位,就中国特殊教育的方针与政策、目标与任务、领导与管理提出 22 条意见。1990 年,《中华人民共和国残疾人保障法》颁布实施。该法第十八条规定:"国家保障残疾人受教育的权利。各级人民政府应当将残疾人教育作为国家教育事业的组成部分,统一规划,加强领导。国家、社会、学校和家庭对残疾儿童、少年实施义务教育。"该法明确规定了特殊教育的发展方针、办学渠道、教育方式、成人教育、师资培养、辅助手段等。在其实施之际,国务院发出专门通知,要求各级教育部门"把残疾儿童、少年教育切实纳入义务教育的工作轨道,统一规划,统一领导,统一部署,统一检查"。1991 年,国务院批准召开残疾人工作会议,研究部署"八五"期间残疾人工作的总体安排,听取并一致同意国家教育委员会关于残疾人教育事业进展和"八五"期间主要任务的报告。之后,国家教育委员会等部门联合发出《关于切实做好"八五"期间残疾人教育工作的通知》,其主要内容反映在《残疾儿童少年义务教育"八五"实施方案》中。同年,国务院批准国家计委等 16 个部门依据《国民经济和社会发展十年规划和第八个五年计划纲要》制定的《中国残疾人事业"八五"计划纲要(1991—1995)》,确定"八五"计划期间残疾人工作总目标之一是使残疾人接受康复、教育、医疗保险的人数增加,并对特殊教育提出各方面的具体要求。之后,国家教育委员会和中国残疾人联合会制定相配套的《残疾儿童少年义务教育"八五"实施方案》,于 1992 年颁发。同年,国家教育委员会发布《中华人民共和国义务教育法实施细则》,对残疾儿童义务教育实施中的具体事项作出正式、专门的规定:承担实施义务教育任务的学校包括盲童学校、聋哑学校、弱智儿童辅读学校(班)、工读学校等;盲童学校(班)的设置由省级或设区的市级人民政府统筹安排;聋哑学校(班)和弱智儿童辅读学校(班)的设置由设区的市级或县级人民政府统筹安排。《中华人民共和国义务教育法》的颁布实施,不但明确了特殊儿童的教育是义务教育的一部分,而且使特殊教育的发展与整个教育事业的发展相协调。

涉及保障残疾儿童受教育权利的法律、法规还有《中华人民共和国未成年人保护法》、《九十年代中国儿童发展规划纲要》等。根据国家的法律,一些地方的人民代表大会和政府也相继颁布有关特殊教育的地方性法规。如《黑龙江省实施〈中华人民共和国残疾人保障法〉办法》、《北京市特殊教育事业发展规划》、《上海市未成年人保护条例》等。

1994 年,国务院发布《残疾人教育条例》,明确提出残疾人教育是国家教育事业的组成部分。该条例规定了学前教育、义务教育、职业教育、普通高级中等以上教育及成人教育等各级各类特殊教育的组织机构、课程设置、教学模式等,并相应规定了特殊教育教师、物资条件保障、奖励与处罚等。这是与《中华人民共和国残疾人保障法》相配套的中国第一部有关残疾人教育的专项行政法规,标志着中国特殊教育立法进入专项立法阶段,改变了特殊教育法律法规嵌套于普通教育法的状况。1995 年,《中华人民共和国教育法》第十条规定:"国家扶持和发展残疾人教育事业。"第三十八条规定:"国家、社会、学校及其他教育机构应当根据残疾人身心特性和需要实施教育,并为其提供帮助和便利。"1996 年,《中华人民共和国职业教育法》第十五条规定:"残疾人职业教育除由残疾人教育机构实施外,各级各类职业学校和职业培训机构及其他教育机构应当按照国家有关规定接纳残疾学生。"1998 年,教育部颁布《特殊教育学校暂行规程》,从特殊教育学校的设置、学制、培养目标、教育教学工作的开展、学校学籍管理、学校日常管理、经费来源和使用等对特殊教育学校工作进行了立法性规定。2006 年修订通过的《中华人民共和国义务教育法》第十九条规定:"县级以上地方人民政府根据需要设置相应的实施特殊教育的学校(班),对视力残疾、听力语言残疾和智力残疾的适龄儿童、少年实施义务教育。特殊教育学校(班)应当具备适应残疾儿童、少年学习、康复、生活特点的场所和设施。普通学校应当接收具有接受普通教育能力的残疾适龄儿童、少年随班就读,并为其学习、康复提供帮助。"2008 年修订的《中华人民共和国残疾人保障法》、2009 年国务院发布的《关于进一步加快特殊教育事业发展的意见》、2010 年发布的《国家中长期教育改革和发展规划纲要(2010—2020 年)》等文件都进一步明确国家发展残疾人教育事业的目标、任务和措施,对加快发展特殊教育专门作出明确规定。

参考文献

刘岩华.试论我国残疾人教育立法的完善和发展[J].中国特殊教育,1998(4).

朴永馨.特殊教育学[M].福州:福建教育出版社,1995.

（郝晓岑　苏林琴）

特殊教育学(special pedagogy)　　研究有特殊教育需要者特别是各类残疾儿童的教育教学现象和发展规律的科学。从广义和狭义的特殊教育需要出发,可分为广义的特殊教育学和狭义的特殊教育学。前者包括所有有特殊教育需要的人的教育;后者仅包括残疾人教育。狭义的特殊教育学依残疾种类可分为盲教育学、聋教育学、智力落后儿童教育学等;依研究内容可分为特殊教育哲学理论、特殊教育课程和教学、各类残疾各科教学法、特殊教育管理等;依教育阶段可分为学前特殊教育学、义务教育特殊教育学(初等和中等特殊教育学)、高等特殊教育学、成人特殊教育学等;依教育方式可分为机构(学校)特殊教育学、融合(随班就读)特殊教育学。与普通教育学、学前教育学、高等教育学、家庭教育学、中外教育史、教育技术学、职业教育学、教育管理学、教学论、教育哲学、教育法学等多个教育学其他分支学科密切相连,又与心理学、医学、社会学、经济学、信息技术学等相邻学科的研究对象交叉,是与多学科相接的边缘学科。其各个分支学科正在形成和发展之中,在不同国家发展水平不同。研究内容有:特殊教育的产生和发展,特殊教育基本理论,特殊教育与社会,各类特殊教育对象的鉴定和检测标准,各类残疾学生的心理特点及合理、恰当的教育安置,各级特殊教育的目标与任务,特殊教育的课程与教学,特殊教育法律法规,特殊教育的行政与学校管理,特殊教育与现代科学技术,比较特殊教育,等等。研究方法有与普通教育相同的观察法、谈话法、调查问卷法、文献资料法、历史法、教育实验法、个案研究法等方法,同时还有应用心理学、医学等学科的心理实验法、心理测验(测量)法、医学双盲实验法等,并将其与教育研究方法相结合。此外经常使用的还有比较法,包括残疾儿童与普通儿童的认识活动和学习能力的比较、各类残疾儿童的比较、各国各地特殊教育的比较以及不同时期特殊教育的比较等。其发展由医学与教育结合开始,随后又与心理学、社会学、技术学科等结合。大部分国家对各类残疾的研究越来越深入,逐渐形成各类残疾的独立教育学。有学者把各类研究的规律综合起来,努力建立特殊教育学科或障碍儿童教育学科。也有学者把特殊教育与普通教育结合起来,建立融合教育学。

不同国家、不同学者在不同时期对特殊教育的理论基础有过多种提法。有学者将其归纳为医疗学派、发展学派、行为学派、认知学派、人性学派和环境学派等六种理论学派;有学者认为,除传统的教育学、康复学、伦理学、哲学、医学和方法论基础外,当代特殊教育学的理论基础是马克思关于人的全面发展学说(哲学基础)、满足儿童教育需要理论(教育学基础)、残疾儿童心理学理论(心理学基础)、个体社会化理论(社会学基础)、缺陷补偿理论(康复学基础);苏联学者提出其理论基础是马克思列宁主义关于教育和人的观点以及生理学、神经心理学等学科的研究成果。中国特殊教育的理论基础是马克思主义关于教育的基本理论和唯物辩证法及其指导下的以人为本、发挥潜能、补偿缺陷等理论。基本问题是正确认识残疾、正确对待残疾人。要认识

到自有人类就有残疾人,残疾是人类发展进程中不可避免要付出的一种社会代价;残疾人有人的尊严和权利,有参与社会生活的愿望和能力,同样是社会财富的创造者,是社会的平等成员。应看到残疾人(包括残疾儿童)与普通人有基本共性,但又有其特殊性,二者是统一的,不可片面过分强调其中一个方面;要从发展的观点看残疾,认识发挥潜能、补偿缺陷的可能性及人的主观能动性,看到后天环境条件在人的发展中的作用。要逐渐形成和发展与国际特殊教育有共性,同时又有中国特色的理论基础。

有的国家设有独立的特殊教育研究机构,如俄罗斯在教育科学院内设有俄罗斯矫正教育研究所(曾称缺陷教育研究所),日本有独立的国立特殊教育综合研究所,这些研究所下设各类残疾儿童的心理和教育研究部门、实验学校、咨询或临床部门,出版专门刊物等。在中国多设在高等院校的特殊教育系(或学院)或教育科学研究院,如北京师范大学特殊教育研究中心、华东师范大学特殊教育研究所、华中师范大学特殊教育研究所、台湾师范大学特殊教育研究所、中国教育科学研究院心理与特殊教育研究中心等。在世界范围内还有很多非政府的、群众性特殊教育科学研究组织。如美国的特殊儿童委员会(Council for Exceptional Children),下设天才、学习障碍、智力落后、视力残疾、听力残疾等专业委员会,每年召开学术年会,出版十几种专业杂志;中国教育学会特殊教育分会于1982年成立(大陆各省市有地方特殊教育研究会),团结大陆各地特殊教育学校和特殊教育工作者开展群众性特殊教育科学研究,此外还有中国职业教育学会残疾人职业教育研究会、中国高等教育学会高等特殊教育研究会、金钥匙视障教育研究中心等。

国际的和地区的特殊教育综合性学术年会有国际特殊教育大会、国际特殊教育双年会和专业性的分类的特殊教育国际会议等,如从1878年开始的国际聋教育大会一直延续至21世纪,除因战争等特殊原因停开外,基本上每5年举办一次。

特殊教育学科的期刊有总部设在比利时布鲁塞尔的《融合》(*Inclusion*),美国特殊儿童委员会出版的《特殊儿童》(*Exceptional Children*)和其下属专业委员会各自出版的期刊,俄罗斯矫正教育研究所出版的《矫正教育学》;中国的特殊教育期刊有《中国特殊教育》(北京)、《现代特殊教育》(南京)等。

(朴永馨)

题库(item bank)　　按一定规则组织起来的大量优良题目的集合。所谓按一定规则是指题库不是大量符合要求的题目的简单堆积,而是将题目按照它们所涉及的具体内容、所测量的目标以及它们的统计特性按一定比例有序组织进来的题集。也就是说,题库必须有一定的结构,题目所涉及

的具体内容、所测量的目标及其统计特性等都可以作为对题目进行分类的依据,题目按一定标准分类后,就更方便使用者抽取并组织试卷。题库建设是教育与心理测量研究的重要内容。在中国这样一个重视考试的国家,建设高质量的题库有着尤其重要的意义。中国的教育管理机构和高等院校等都相继开展了这方面的工作,使题库建设普及几乎所有学科。题库建设最早由"英格兰和威尔士全国教育研究会"倡导,以后在欧美等国家迅速推广。国外的教育机构、工业部门和军事部门都非常重视本领域的题库研究,许多测验服务机构(如ETS等)都有自己的题库系统。

题库的性质

目的性 题库中题目必须是测量某种心理特质或某一领域的知识或技能的。也就是说,题库的建设是为一定的测量目的服务的。题目当然不一定必须是同质的,但它们必须属于与某一测验目的有关的若干测量目标。

结构性 题库中的试题必须是有序组织在一起的,题库除了储存题目本身外,还要储存该题的识别符号、正确答案、所属的认知目标层次、适用的被试的水平、保密情况、使用者的评价,以及难度、区分度、项目偏差指标等统计指标,若题库是根据项目反应理论建立的,则还要包括项目与模型的拟合程度、项目的正确反应概率等。根据这些信息对试题进行分类和编码,以便以后灵活准确地检索和调用。

科学性 题库中的题目必须是高质量的,难度和区分度要达到一定要求。题目的各种统计指标应该是通过对有代表性的被试样本试测的基础上得到的,且题目参数要表示在同一量尺上。

丰富性 题库中题目的数量要多,大型题库的题目量可达几万个以上,小型题库也要有几百个。题量的多少要视测验的性质和学科的性质而定,但一般不应少于从题库中抽取的任何一个测验复本的题量的几倍(有人认为是8倍)。

动态性 指明题库的结构要与学科和社会要求的发展相一致。任何学科都是在不断发展的,因此题库中的题目也要不断地进行修改、增减。另外社会生活和文化的变迁也应在题库内容和技术指标的更新中体现出来。

以题目为基本单元 每个题目都可以与其他题目结合成不同难度和性质的试卷。题库不是试卷的集合,因为每张试卷都是针对特定的目的而编制的,试卷一旦编制完成,其题目就固定了。而题库中的试题则是独立于某一具体试卷的,可以灵活地在不同试卷中使用。

题库建设的程序

题库建设是一个系统工程,要按照既定程序进行。一个完整的建库程序包括如下步骤:

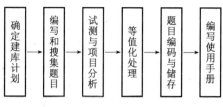

题库建设步骤图

第一步,确定建库计划。在这一步中,要明确题库的测量目标。题库的测量目标可以是某种心理特质,也可以是某一学科或领域的知识、技能、能力等。这一步实际上是明确所要测量的内容范围。对某一学科或领域来讲,要绘制体现各级测量目标和学科各部分内容间关系的双向细目表。

第二步,编写和搜集题目。即根据建库计划获得符合要求的测验项目。题目可通过三种方式得到:一是请学科或领域的专家命题,二是由专业人员从已有测量中挑选题目,三是向社会征集题目。最后得到的题目应由专家作进一步的评审。

第三步,试测与项目分析。其目的在于挑选高质量的题目。试测的目的是获得题目的各种统计指标,因此试测时所选的被试样本要有代表性。试测应注意的一点是要对试题保密,不使其在社会上流传。国外采取的一种办法是可取的。即将试测的题目与正式测验的题目一起实施,试测的题目不记分,测完后收回试卷。这样既能保证被试认真作答,又能较好地保密。

试测后要计算项目的难度和区分度等统计量,若使用的是项目反应理论,则要统计出项目的各种参数及与所用项目反应模型的拟合程度。根据这些统计指标再进行题目的选择、修改等工作。

第四步,等值化处理。题库中各项目的难度和区分度等指标都应在同一量尺上取值,这样各项目才能按同一标准进行相互比较。但在试测时可能使用了不同的被试样本,所计算出的难度和区分度等指标就没有标定在同一量尺上。这需要通过等值化处理才能实现。

第五步,题目编码与储存。也就是将符合质量要求的题目存放到"仓库"中,以备使用。对进入题库的题目进行编码时所使用的参数有两类:一类是定性的,包括题目所考查的知识内容、所测量的目标、是重点还是非重点,以及题目的题型;另一类是定量性的,包括难度、区分度、猜测度等统计指标,题目满分、所需时间等。题目编码后再进行分类,一般是按内容分类,依测验内容或测量目标设计成层次或平行结构,同一内容的题目还要按难度排序,并编上代码;也可按关键词编码。题目编码后就要存放起来。存放的物质载体有两种,一是卡片,二是计算机的磁盘。以卡片形式存放时,要将题目内容等基本信息的代码等书写在卡片上,然后分类按顺序存放。越来越多的题库采用计算机磁盘式储存。计算机储存除提取方便外还便于自动化管理。计算机管理的题库可实现试卷的自动生成,并可实现计算机化实施、记分和测验结果的报告。

第六步,编写使用手册。手册中应包括题库使用的范围、方法及测验结果的解释等信息,以方便其他使用者。

题库建设的理论基础

经典测验理论　它在题库建设中仍有重要地位。其特点是技术简单,简明易懂,对使用条件的要求不严格,适用性广。但其缺点是项目统计量(难度和区分度)严重依赖于被试样本,从不同样本中计算出的难度和区分度值就不能相互比较,因此在等值转换时就存在难以克服的困难。另一缺点是,不能为标准参照测验的编制提供合理的理论基础。标准参照测验是以被试掌握某一知识或技能领域和内容的比例表示其心理特质水平的高低的。其达标分数对掌握内容百分比的要求,实质上就是对潜在特质水平的要求,达标分数 π 则应该能转化成特质水平 θ,最有效的试题,应是在达标分数所对应的特质水平附近,对被试最有鉴别力的试题。

标准参照测验的达标分数表示为 π,它表示应掌握的最低比例,取值在区间 $(0, 1)$ 上,这虽与难度 P 的取值范围相同,但内涵却截然不同。P 是所有被试在某题上的通过率,而 π 则是被试通过所有题目的百分比,二者在逻辑上并没有必然的联系。

区分度 r 表示的是试题对整个被试总体的区分能力,但它却不能保证在达标分数所对应的特质水平附近有最大的鉴别力。最可能出现的情况是,一个具有中等区分度的试题,对特质水平恰好处在达标水平附近的被试比 r 值高的试题更具鉴别力。

项目反应理论　它的优点是参数不变性,这为难度和区分度的等值提供了依据。使用项目反应理论能使题库的优点发挥到最大限度。

项目反应理论与标准参照测验的项目选择。选择标准参照测验的项目时,首先根据实际需要和专家意见确定达标分数线。若将 π 定为达标分数线,则根据项目反应理论,有 $\pi = (1/n) \sum\limits_{i=1}^{n} P_i(\theta)$,式中,$n$ 为题库中的总题数,$P_i(\theta)$ 为被试对第 i 个项目的正确反应概率。又因为:

$$P_i(\theta) = c_i + \frac{1 - c_i}{1 + e^{-1.7 a_i(\theta - b_i)}}$$

题库中各项目参数均为已知,因此可解出与达标分数对应的分界点处的能力 θ_0。确定能力的临界值后,再根据项目

参数计算出各项目在这一临界值处的信息函数。选择在这一点能提供最大信息量的项目,直到所选题目的项目信息函数的和达到测验信息函数的预定值为止。

教学信息与常模信息。使用项目反应理论建立的题库能同时为使用者提供测验结果的教学信息和常模信息。教育者可以从题库中选取对规定范围的内容有代表性的题目样本,组合成试卷,对一批被试施测后就能判断他们对规定内容的掌握程度,这一信息称教学信息,对这一信息可进行标准参照性的解释。但同时,由于项目反应理论中对被试能力的估计不依赖于特定的项目样本,无论用哪一组项目进行测验,被试的能力估计值都被表示在同一量尺上,因此可使用任意一个项目样本建立常模。而无论被试接受的是哪一组测验项目,他的能力估计值都能表示在同一个常模量表上,从而得到他在相应团体中的相对位置,这称为常模信息。根据常模信息可对被试的测验结果进行常模参照性的解释。

理论的选择　经典测验理论有不足之处,但其使用的方便性在很多时候足以弥补它的缺点。项目反应理论也不是完美的,其理论假设性强,理论体系不易掌握,在实际应用时受被试样本的大小、项目数量和硬件水平等多方面条件限制。这两种测验理论都能用来指导题库建设,使用者可根据题库的类型、经费和技术条件等选择所用的理论。

题 库 的 评 价

题库建设中集中编写大量高质量的题目,这比教学人员或考试机构自行命题或临时组织人员命题更能保证题目的质量,从而产生信度和效度更高的测验。日益流行的计算机化适应性测验必须以高质量的题库为基础才能实施。

题库的优点　(1)经济性。题库建设通过分散命题、集中审题、集中使用,能减少大量的繁琐和重复劳动。题库中的题目可重复使用,既保证了测验质量,又节省了人力、物力。(2)灵活性。由于题库中题目的数量大,分布于不同的难度层次和目标层次,因此可以根据不同的需要组拼成不同测验目的的试卷。(3)稳定性。题库中题目的各种统计指标都是在同一量尺上表示的,可方便地组编成多种平行形式的试卷,各试卷之间也有较高的一致性和稳定性。(4)保密性。题库的保密性能是很强的。题库采取的是集中统一管理,题目不容易泄漏;题库中的题量大,且在每次测验中都使用一个平行复本,因此想记住题库的内容是不可能的。

题库的缺点　技术要求高,其建立、维护、使用等方面的理论知识和计算机技术不易掌握,往往需要测量专家和计算机专业人员的指导,这一条件不能满足的话,题库的质量就不能保证,因此除非有长期的用途和频繁的使用率,题

库建设并不是必需的。题库的费用往往很高,甚至投入大于收益。

参考文献

Mengel, B. E. & Schorr, L. L. Developing Item Bank Based Achievement Tests and Curriculum-Based Measures: Lessons Learned Enroute [M]. 1992 (ERIC Document Reproduction Number ED344915).

Ward, A. W. & Murray-Ward, M. Guidelines for the Development of Item Banks: An NCME Instructional Module [J]. Educational Measurement: Issues and Practice, 1994,13(1).

(刘红云　骆　方)

体育(physical education)　全面发展教育的重要组成部分。使受教育者通过身体运动增强体质,促进身心发展的教育。在学校教育中与德育、智育、美育等相辅相成,共同促进学生的全面发展。有广义和狭义之分。广义又称体育运动,泛指以身体练习为基本手段,有目的、有组织地增强体质、增进健康、提高运动技术水平、丰富社会文化生活的活动。狭义指有目的、有计划、有组织地为促进身体全面发展,增强体质,传授锻炼身体的知识、技术、技能,培养思想品德的教育过程。体育几乎与人类的生产劳动一同出现,与人类社会一样古老;但又十分年轻,与现代社会的发展和当代人们的生活息息相关。

体育的本质与功能

人类对体育本质和功能的认识经历了一个逐渐拓展和深化的演进过程。这一方面是因为体育最初只是个体或小团体的单独行为,而后才逐渐发展成团体间、地区间乃至国际活动,因而对其认识只能逐渐拓展;另一方面也因体育被纳入科学研究的视野乃至成为相对独立的被研究对象也有一个渐进的过程,因而对其认识也在不断深化。

体育的本质　古希腊时期,人们对体育本质就有了一定的认识。柏拉图曾在其《理想国》一书中对"体操"进行过阐述,"体操"概念后来又进一步发展为"体育"(physical education)概念。当时的"体操"或"体育"主要指一切健身运动、健身术,也包括身体训练的一些理论和方法。古代奥运会的出现及其影响的扩大,使人们逐渐将竞技看成体育的手段之一。体育在整个教育体系中地位的确立,则归功于捷克的夸美纽斯、英国的洛克等教育家,法国的卢梭、德国的马克思等思想家,以及现代奥林匹克之父顾拜旦等人的贡献。现代教育之父夸美纽斯在其《大教学论》中,用相当的篇幅谈及自然主义的体育思想,谈及体育如何促进青少年的健康发展,也谈及如何将之渗透于教学。洛克是17世纪最为推崇博雅教育、绅士教育的教育家之一,是他首先将

健康教育纳入其绅士教育计划之中,并且大力推行。启蒙思想家卢梭,在对中世纪弥漫于文化界的"宿罪论"和"禁欲论"给予全面理性批判的同时,将自然体育的内容作为教育的主要组成部分,有利于解除人们的精神束缚,可视为一种"身体启蒙"。革命导师马克思关于"造就全面发展的人"的理论,把体育看作全面发展教育的重要组成部分。在西方教育家和哲人的认识中,体育就本质上讲就是教育的一部分。顾拜旦复兴古奥运会及推进现代奥林匹克运动的初衷也是出于教育,其宗旨主要是培养全面发展的人和具有高尚品质的社会公民。

在中国,"体育"一词的出现虽是晚近的事,但对它的认识却可追溯到孔子时代。孔子办私学,其"六艺"中的"射"、"御"富含体育成分,就是"乐"艺中"舞"的内容,也是体育的内容。孔子所推崇的"仁、智、勇",以今人概念观之,正好对应"德、智、体"。近代以来的许多教育家,如严复、蔡元培等,都对体育有过重要论述,他们不仅认为体育是教育中不可分割的一部分,而且将其列为首位。毛泽东在《体育之研究》一文中,阐述了体育的本质是增进人的健康,促进人的均衡发展。他对体育的定义是"体育者,人类自养其生之道,使身体平均发达,而有规则次序可言者也"。20世纪80年代,体育界曾对体育本质进行过广泛讨论,至今尚无一致的论定。熊斗寅认为,体育是一种复杂的社会文化现象。它以身体与智力活动为基本手段,根据人体生长发育、技能形成和机能提高等规律,达到促进全面发育,提高身体素质,增强体质与提高运动能力,改善生活方式与提高生活质量的目的。这种观点将追求身心健康与提高运动能力同作为体育的本质来看待。周西宽则认为运动是体育的手段,体育是人类以自身运动为主要手段改造自我身心的行为或过程。杨文轩和陈琦则通过分析体育的种种属性而认为,体育的本质在于以人体运动为基本手段,锻炼身体,增进健康,改善生活方式,提高生活质量。

体育的功能　人们对体育功能最直接和最早的认识是其健身健心功能,这是体育的本体性功能。健身健心功能主要表现在以下方面:(1)对于青少年而言促进系统的生长发育,促进运动系统与神经感官系统的协调配合,以及内脏器官结构的改善和机能的提高;对于中老年而言,则可延缓衰老,使人健康长寿。(2)体育活动是娱乐的主要形式,无论是自身参与还是欣赏,都可愉悦身心,驱除疲劳和忧虑,促进个体的身心健康。(3)提高人体适应能力,包括人体对疾病的抵抗能力和人体适应外界环境变化的能力。

体育作为教育活动的一部分,它还有德育、智育、美育的功能。这不仅仅因为德、智皆寓于体,体健则胜任德、智、美的修养与陶冶,而且还在于它本身可益智、养德、育美。身体锻炼可促进神经感官系统的生长发育,特别是促进右脑的开发,益智作用明显;体育运动可陶冶人的情操、养成

人际交往和合作的正确规范等,这些是德育的内容;体育动作具有的健力美,体育所追求的完美,对参与者和欣赏者都是一种美的熏陶。体育所具有的除本体之外的另"三育"功能,是在体育活动带来健身健心直接功用的同时所衍生出来的,因而也可统称为体育的衍生功能。当然,并非所有体育活动都能同时衍生出益智、养德、育美的功能,不同体育项目和活动形式,其功能存在一定的区别。

体育不仅是个体的身体活动,也不仅是独立于社会的现象,它还与社会其他活动、现象、系统紧密相连。越是现代普遍开展的体育活动,越是具有多样的社会性,因而也越来越显出社会功能,具有经济功能、政治功能、文化功能、交际功能等。这些社会功能,是在人们将体育作为一项工作来履行或者作为一种事业经营时才彰显出来,即与人们刻意策划的种种职能行为分不开。体育的社会功能是体育的拓展性功能,带有明显的功利色彩。

体育的科学基础

体育作为人类社会的一种文化现象,经过了从原始到现代、从单一到多样、从个体到团体、从小型到大型的嬗变过程。以体育作为特定对象的研究活动,也经历了由自发到自觉,从个别到规划的历程。现代体育已立足于科学基础之上:作为活动,有科学的规划;作为一项事业,有科学的管理;以其作为对象的体育科学,也有其他学科的支撑。

体育的人文科学基础　体育是人的活动,因而人文学科为其重要科学基础。其中马克思主义哲学、史学、文化人类学、美学、心理学等的地位和作用最为重要。马克思主义哲学为体育研究提供正确的世界观和方法论,同时体育哲学本身也可形成一个研究领域。其他如史学、文化人类学等,不仅提供体育的研究视点和方法,同时本身与体育科学交叉形成新的学科领域。

体育的自然科学基础　体育的主要目的是健身健心,它必须遵循人体发展规律,因而人体科学和生物学是体育的必要科学基础。其中遗传学、形态学(解剖学、发育学、组织胚胎学等)、生理学、生物化学、卫生学、营养学等的作用最为重要。同时,任何体育活动必须通过人体及相应器械的运动才能实现,因而物理学尤其是其中的力学及其分支如固体力学、生物力学、流体力学等,也是体育的重要科学基础。体育作为一项工作和事业,其实践和管理需要多学科的配合。如竞赛需要数理统计和信息技术,场地器材需要材料科学的加入等,因而有人谓体育为"现代科技的橱窗"。

体育的社会科学基础　体育在许多情况下都是一种有目的、有意识、有组织的社会活动,因而它必然受社会观念、精神、意识的影响,同时也必然会受到各门社会科学所揭示的那些规律的制约。只有以相应的社会科学作为基础,才能完善地进行相应的体育实践,正确地进行体育研究。对体育影响和制约度较强的社会科学主要有伦理学、教育学、经济学、社会学等。其中伦理学规范着体育活动中人与人之间的关系,体育道德的体现、体育精神的弘扬都离不开伦理学的影响。教育学对体育有全面影响。体育教学必须以教育学为科学基础。运动训练活动,可视为广义的教育活动,个人所进行的身体锻炼,也相当于教育活动中的自学,因此,仍需遵循教育学的规律。经济学作为体育的科学基础,近年来显得越来越明显,如体育产业正被人们所认识、重视。社会学作为体育的科学基础,表现为一方面,社会体育是体育的一大实践领域和科研领域,另一方面体育本身在多数情况下都是一种社会活动,社会学的许多理论就是对各类社会活动进行研究的结晶,反过来又可指导这些社会活动领域的实践和研究。

体育与智育、德育的关系

中国教育的目标,是培养学生成为德、智、体、美全面发展的社会主义建设者。体育成为全面发展教育的不可或缺的重要组成部分,既反映了体育所独有的强身健体的功能及对青少年儿童身体进行的必要塑造和锤炼;又体现了体育对人的道德、智力和心理的积极促进作用。

体育与智育　人的智力一般指观察力、记忆力、想象力、思维力、注意力、反应判断力和综合分析能力。人所具有的这些高级精神活动,是健全的大脑功能的体现,是大脑细胞活动和人的社会实践(包括学校教育活动)的产物。而人体是一个有机的统一体,各器官系统之间互相联系、互相影响。大脑及整个中枢神经系统处于指挥统帅全身各器官系统的地位,同时又受其他各器官系统的制约与影响。如大脑与整个神经系统的生长发育及机能活动要靠呼吸和循环系统供给充足的氧气与营养。大脑对客观事物的认识和结果表达,又要靠视觉、听觉、触觉等感官来传递信息,并通过语言、肢体来表达思想。因此,人的身体健康是智力、精神活动的重要物质基础,其生长发育水平及体质与健康状况都与智力发展关系密切,精神与身体是统一的。体育在促进少年儿童生长发育与身体健康的同时,也在间接促进其智力的健康发展,为之提供发展的基础。

儿童的脑发育较早,8岁左右接近发育完成,脑重量至青春期才接近成人水平。国内外众多的科学研究和长期的体育实践已证明,少年儿童经常参加体育活动,因能促进血液循环,提供较多的氧气与营养,对大脑和整个神经系统的发育有重要作用。经常性的体育锻炼还可增强人的心血管系统和呼吸系统的机能,为大脑及整个神经系统提供更充足的氧和营养物质,有利于提高脑的工作效率,进而提高学习效率,增强记忆力与思维力,促进智力发展。

体育活动能提高大脑的调节功能,促进神经系统的均衡性、灵活性、活动强度与精确性的良好发展,增强记忆、反应和判断、思维与分析等综合能力,进而促进身心协调发展。现代科学研究还表明,人在运动时因视觉、听觉、触觉、平衡觉等多个器官参与工作,多种感觉信息不断传入大脑皮层各个中枢,以及各中枢传出决策信息到各器官,从而活化、刺激了大脑细胞,有利于大脑脑啡呔的分泌,使人头脑清醒、思维敏捷、心情愉快,有益于学习与记忆。

学校体育活动中的运动技能学习,从内容到方法形式,蕴含着开发智力、培养创造力的丰富内容;其不断变换的时空环境、动作要素、对手强弱与对策高下,都有助于训练儿童的观察力、记忆力、想象力、判断力和分析综合能力。已有研究表明,运动有助于开发儿童右脑功能,改善大脑神经系统的结构与功能,对发展儿童的直觉、时空感、空间转换、形体感知及形象思维与创造力具有重要作用。

体育与德育 体育作为学校教育的一个重要方面,一门课程,要把思想品德教育贯穿于其教育教学活动之中。体育因其独特的功能与形式,具有进行思想品德教育的独特效果与优势。第一,体育活动中的品德教育,是人在活动中的实践教育,感受深刻,体验强烈,并伴随有学习技术、发展体能、培养乐趣、体验成功等多种效益,因而具有生动性、感知性和综合性的特点,易于为少年儿童所喜欢接受。第二,体育的活动内容多样,形式新颖,规则不同,在活动中能直接有效地培养学生的社会道德观念与公民意识,诸如公平、法制、规则、诚实、纪律、民主、合作、尊重、友好、竞争、团结等观念。第三,在各种体育活动中能培养学生良好的个性意志品质,如勇敢顽强、不怕困难、坚持到底、坚忍不拔、遵守纪律、勤劳刻苦、果敢、创新等精神,以及正确对待挫折、失败、困难和胜利的胸怀以及热爱生活、勇于进取、永不放弃的崇高品质。第四,现代人所需要的团队精神、责任心、与人沟通相处的心理品质等,在体育中能得到最有效的培养和升华。如球类等集体运动能培养学生的集体主义精神、团队意识,树立社会成员必备的责任感、荣誉感。这种品质有时可升华为爱国主义情怀,表现为为国争光,为民族争气,弘扬国威,激发中华民族的自豪感和自信心。它还可超越国界和民族,为增进友谊、挑战极限,为人类的和平与幸福作出贡献。体育中多种形式的身体练习,能从小培养儿童的互助意识;体育锻炼对塑造健美体魄的直接感知和强烈的美感体验,还能使少年儿童在活动中得到美的享受和健康情感意志的升华。体育中的德育,主要从分析挖掘活动内容的德育因素,创设德育情境,选择富有德育内涵的活动形式与方法,激发学生的主体意识与道德力量,全面的多元体育评价等途径来开展。

体育活动的表现形式多样,依照不同的标准有不同的划分,如将体育作为一项工作或者事业,则工作领域主要划分为学校体育、竞技体育和社会体育。

学 校 体 育

学校体育是学校教育的重要组成部分,是国民体育的重要内容之一。它既是国家社会体育、竞技体育发展的基础,又是个人实现终身体育的基础环节。它是根据国家制定的德、智、体、美全面发展的教育方针以及社会和个体发展的需要,依据学生身心发展的特点,以适当的身体练习为发展手段,通过多种组织形式所进行的一种有计划、有组织的教育活动,使学生在身体健康、心理健康、运动参与、运动技能和社会适应五个领域均得到提高和发展。中国古代学校体育是在奴隶社会开始出现的。西周时的学校分为"国学"和"乡学"两种,在这些学校里主要的教学内容以礼、乐、射、御、书、数"六艺"为主,培养奴隶主子弟成为文武兼备的统治者,其中射、御及乐(音乐、舞蹈)中均含有体育的因素,这些内容正是古代学校体育的萌芽。在漫长的封建社会,学校体育几乎中断。汉代"独尊儒术",学校教育以"六经"(诗、书、礼、易、乐、春秋)为基本内容;隋唐开始实行科举制度,形成文武分途;宋代到清代的教育,进一步主张静坐学习与思考,更助长了文弱之风。在中国长达两千多年的封建社会中,体育基本上排除在学校教育之外。中国近代学校体育是从清朝末年开始由日本、欧美一些国家传入的。在洋务运动的推动下,清政府于1904年颁布《奏定学堂章程》,规定各级学堂都设体操科,每周两课时,主要内容是德、日的普通体操和兵式体操,是为中国近代学校体育的开端。此后,学校体育一直是各级各类学校的课程内容之一。1923年,北洋政府公布的《新学制课程标准纲要》,正式将"体操科"改为"体育科",内容也由单一的兵操扩大到刚刚传入中国的西方体育的田径、球类、游泳等多种项目。

新中国成立后,随着社会主义建设事业的发展,学校体育出现了崭新的面貌。特别是改革开放以来,学校体育取得巨大成就。主要表现在以下五个方面:(1)形成了开放、发展、先进的学校体育新观念。能以全球视野、开放胸怀,关注和吸收世界各国的先进经验;打破校园体育的封闭,加强与社会体育、竞技体育的联系;摆脱学科的自我封闭,与健康教育、心理教育、道德教育、生活教育及校园文化相融合;在借鉴他国基础上探索和创新本土化的学校体育道路。(2)学校体育管理制度日趋完善,开始走向法制化、规范化道路。于1990年3月和5月经国务院批准,正式颁布实施了《学校体育工作条例》和《学校卫生工作条例》,明确了学校体育卫生工作的目标、内容、任务与要求。2003年教育部和体育总局又颁布了《学生体质健康标准》,对大中小学学生的体质健康标准测试内容与锻炼指导提出了明确的要求。(3) 在数次编订颁布体育教学大纲的基础上,构建有中国特色的学校体育课程体系。1978 年,教育部编订颁发了《全日制十年制学校小学体育教学大纲(试行草案)》、《全日制十年制学校中学体育教学大纲(试行草案)》和体育教材(试用本)。1987 年 1 月颁布了《全日制小学体育教学大纲》和《全日制中学体育教学大纲》,确立了体育教学"一个目的,三项基本任务"的总目标;调整了中小学体育教材的分类方法;加强了教材的灵活性和适应性,加大了选用教材的比重。2001 年在新一轮基础教育课程改革中,教育部颁布了全日制义务教育普通高级中学体育(1~6 年级)体育与健康(7~12 年级)课程标准(实验稿)》。新课标提出了"健康第一"的指导思想,进一步强化了体育课程的地位和对学生身心健康的重要作用;完善了体育课程的目标体系,对教学内容的选择更为灵活多样;课程评价更为科学和多样化。(4) 加快了体育教师队伍培养,体育教师数量与质量已基本适应学校体育工作的需要。从 1977 年起,全国大中专体育院系、学校恢复招生,为各级学校培养体育师资,缓解了体育师资数量不足和质量较差等紧迫问题。(5) 学校课余体育训练和体育竞赛工作形成制度,成绩显著。

中国学校体育实施的基本途径主要有:(1) 体育与健康课。这是学校体育的基本组织形式与主要内容,是根据国家教育方针制定的课程标准所开设的必修课,是对学生进行系统的体育与健康教育过程。有课程目标标准和学时计划,按班级授课,有专任的体育教师,有场地器材设备保证;规定进行体育与健康课成绩考核,它是学生毕业、升学的考试科目,是实现学校体育目标的基本途径。(2) 课余体育活动。这是实现学校体育目标的重要组织形式,包括早操、课间操、班级体育锻炼以及在校外进行的远足、郊游、夏(冬)令营等多种形式的体育活动。它是体育课堂教学的延伸,是学校体育与社会体育、家庭体育联系的纽带。它对巩固和提高体育课所传授的体育健康知识与技能,提高学生的运动能力,培养学生自觉地锻炼身体的意识和习惯,提高体质与健康水平,丰富学校课余文化生活,提高学生学习和生活的质量等方面都具有重要的意义。(3) 课余体育训练与课余体育竞赛。课余体育训练是对部分有一定体育才能和爱好的学生,利用课余时间,通过校代表队、运动队等形式进行的专项基础训练,旨在全面发展他们的身体素质,提高运动技术水平,培养优秀后备人才。它具有课余性、基础性、教学训练性、发展性特点,主要在体育传统项目学校、体育后备人才试点校和一般学校以运动队的形式开展,平时在每天的早操和下午放学后的固定时间活动。如有比赛集训任务需要,则可集中寒暑假和周末时间训练。课余体育竞赛是指在课余时间组织学生广泛参加的旨在丰富课余文化体育生活,增强学生体质的群众性体育比赛。它在内容形式上灵活多样,有传统的学校每年组织的全校性田径运动会,集中时间进行的多种项目比赛的体育节;也有分布在各学期全年进行的各单项比赛;还有学生会或学生体育协会、体育俱乐部组织的娱乐性、健身性比赛,如棋牌、跳绳、武术比赛等。校内体育竞赛参加的人数相对较多,面向全体学生,使学生亲身体验比赛的魅力与过程,培养学生的体育兴趣,丰富校园文化活动。校外的各级学生体育竞赛相对更正规,多为各校或各省市派出的高水平学生运动员,多数学生只能作为观众助威与观赏。在形式上,课余体育竞赛还可分为世界大学生、世界中学生运动会,全国学生体育比赛(大学生、中学生运动会),各省、市、县学生体育比赛,以及各省、市、区、校之间的学生友好邀请赛等。在内容上,除世界性、全国性学生体育比赛多为综合性运动会外,其他比赛多以单项为主。

竞 技 体 育

竞技体育是位于游戏(play)到工作(work)这一连续演变过程中的一种制度化、体系化的竞争性身体活动。比赛项目包括田径、体操、游泳、足球、篮球、排球、手球、网球、乒乓球、羽毛球、棒球、举重、射箭、射击、击剑、柔道、马术、自行车、赛艇、皮划艇、划船、帆船、滑冰、滑雪等数十项。此外各国或各地区还有自己的民族传统竞技项目,如中国的武术、日本的空手道等。竞技体育起源于古希腊奥林匹克运动会,后被古罗马帝国废止。近现代竞技体育的兴起,是以英国的户外竞技活动为基础的。1884 年 6 月,法国教育家顾拜旦倡议在巴黎成立国际奥林匹克委员会,1896 年在希腊举行了首届现代奥林匹克运动会,以后每 4 年举行一届(除世界大战等特殊原因停办之外)。现代竞技体育已成为世界各国在国际体育舞台上显示国力、民族风采,以及进行外交活动的重要手段,日益引起世界各国的高度重视。现代竞技体育的发展将更加追求"更快、更高、更强",它所负载的竞争、协作、友谊、团结、和平、民主等价值观念也被越来越多的人认同,成为教育青少年的重要场所。竞技体育有以下特点:(1) 竞争性。竞技体育具有强烈的排他性,竞争是其灵魂,但以合作为前提,提倡公平的竞争精神。(2) 竞赛结果的预先不可确定性。这是这项活动的独具魅力之处。竞技体育比赛没有预定的结果,比赛中存在的偶然性、各种突发事件、情节和人物往往具有新闻性与文学性,该特点使之成为社会文化生活中受人关注的一个热点。(3) 公开性与公平性。竞争结果的有效与否,往往取决于它的公开与公平与否。公开使得竞技体育有了社会民主监督的基本保障,在社会民主监督的条件下,公平性原则也就成了竞技体育的内在要求。没有公开公平的竞争,竞技体育便无法进行,竞技体育也将不复存在。(4) 规则性。竞技体育中为了体现出公平竞争的精神,各运动竞赛项目都制定了竞赛规则,并要求参加者共同遵守。(5) 功利性。竞技体育强烈追求明确的功利目的。它对功利的追求和确定具有以下特征:第一,它产生和确定于对抗之中,经过一定形式的社会承认,结论不容置辩;第二,它的确定过程直接而迅速,一个竞赛过程的结束,功利结果立见分晓。不同的社会制度,不同的价值观念对竞技体育的功利性所赋予的内涵不同。(6) 技艺性与娱乐性。竞技体育要求运动员追求技艺的完美,否则难以取得比赛的胜利。高度的技艺性既是竞技体育自身发展的要求,也是竞技体育赖以存在的社会基础。各运动项目的运动技术已日臻完善,在表现新、难、高、险的同时日益向艺术性和观赏娱乐性方向发展以回归其游戏的本来面目,因此也越来越受到广大群众的喜爱。(7) 广泛的国际性和完整的组织体系。竞技运动作为全人类共同的文化形式具有广泛的国际性。国际奥委会领导下的各种国际体育组织和各国的竞技体育管理机构构成了完整而庞大的竞技体育组织体系。各国根据自己的国情确定了不同的训练体制和竞赛体制,形成了不同的运动员成才途径。人类通过竞技体育进行交流,加强了解,增进友谊,从而有利于整个世界的和平与发展。

竞技体育的实现过程主要包括运动训练和运动竞赛两部分。运动训练,指在日常情况下,教练员指导运动员运用科学的方法对提高竞赛能力的各种合理要素进行巩固和提高的过程。不同的国家具有不同的运动训练制度体系,它是对运动训练产生影响的宏观力量,不同的教练会有不同的训练方法,它是对运动训练产生影响的微观力量。运动竞赛,指在特定的情况下,运动员、教练员在规则允许的范围内,运用合理的技术手段实现竞赛目标的过程。

社 会 体 育

社会体育是以城乡居民为主要参加对象,以增进身心健康为主要目的的内容广泛、形式灵活的群众体育活动。《中华人民共和国体育法》中列有"社会体育"专门章节进行阐述,指出:国家提倡公民参加社会体育活动,增进身心健康。地方各级人民政府应当为公民参加社会体育活动创造必要的条件,支持、扶助群众性体育活动的开展。

社会体育具有如下特征:(1) 参加的对象具有广泛性。不论性别、年龄、民族、职业信仰和社会地位如何,都可以因人、因时、因地而异地参加社会体育活动。与竞技体育主要是运动员参加和学校体育主要是学生参加相比,社会体育面向全体社会成员,因而参加对象广泛。(2) 活动的功效具有多样性。增强体质、健康身心是社会体育的基本功能。此外,社会体育还具有健美、娱乐、消遣、休闲、康复、医疗和社交等多种派生功能。可满足不同对象的不同需求。(3) 活动的方式具有灵活性,与其他体育活动相比,社会体育的客观约束力较少,自主性较大。参加者可根据个人的兴趣爱好、身体状况、经济条件和工余时间结构等,灵活地安排锻炼项目、运动负荷、锻炼时间和锻炼场所等。(4) 活动的时间具有业余性。社会体育主要是社会成员在社会上进行的一种业余文化活动,因而服从并服务于生产和工作是社会对其基本要求,也是它自身形成的显著特征。

新中国的体育事业

中华人民共和国成立后,体育的性质、地位发生了根本变化,崭新的社会主义体育事业是国家建设事业的重要组成部分。它是增强人民体质、丰富群众文化生活和培养德、智、体全面发展的一代新人的有力手段。中国历次修改的宪法,都强调"国家发展体育事业,增强人民体质","国家培养青年、少年、儿童的品德、智力、体质等方面全面发展",科学地确立了中国体育事业的性质和任务。

第一,群众体育(社会体育)得到积极推行。新中国成立以来,党和政府对群众体育十分重视,毛泽东同志多次对群众体育作出了重要指示。为了推动《全民健身计划纲要》的顺利实施,国家体育主管部门先后推出了《社会体育指导员技术等级制度》(1993)和《国民体质测定标准》(2000)。从1993年开始对成年人进行体质测定,2000年首次大规模进行国民体质监测,较系统地研究了国民的体质现状和发展变化规律。为了促进服务于人民大众的体育场地设施建设,国家体育总局专门颁布并实施"全民健身工程",广大群众体育活动的热情空前高涨。与此同时,人民群众的身体健康水平不断提高。

第二,体育成就表现在学校体育方面。毛泽东同志早在解放初期就两次作出学生应当"健康第一"的指示。从1952年开始,教育部就正式规定,从小学一年级到大学二年级均开设体育课,每周2学时。1956年,教育部编辑出版了中国第一部中小学体育教学大纲,后为适应教育的发展进行了多次修改完善。1954年,国家体委参照苏联模式并结合中国的国情,制定并公布了《准备劳动和保卫祖国体育制度》(即劳卫制),以推动学生课外体育活动。到20世纪80年代,学校体育迎来了新的发展时期。进入21世纪,学校体育改革出现了新的面貌。新的体育课程改革的基本思路,是着眼于现代社会在物质生活和文化水平整体提高的同时,现代生产和生活方式的改变所造成的体力活动减少和心理压力增大,对人类健康造成了日益严重的威胁,学生健康状况不佳的问题已引起社会各界的重视。新的课程标准强调突出健康目标,以学生为主体,关注学生的健康成长和个性发展,发挥体育课程作为学校课程体系的重要组成部分的功能,成为实现素质教育和培养德、智、体全面发展人才的重要途径。2007年5月,中共中央、国务院发出《关于加强青少年体育增强青少年体质的意见》,指出广大青少年身心健康、体魄强健、意志坚强、充满活力,是一个民族旺盛生命力的体现,是社会文明进步的标志,是国家综合实力的重要方面。要高度重视青少年体育工作。

第三,竞技体育方面的巨大成就为中国社会主义体育增添异彩。新中国成立前,中国参加了包括奥运会在内的国际体育比赛,但体育运动水平很差。新中国成立后,由于种种原因,约有 20 多年未同奥运会及国际体育组织发生联系。1979 年,中国开始重返奥运会舞台,并陆续加入许多国际性体育组织。随后,积极参加奥运会和各种国际比赛事务。1984 年,中国体育代表团首次参加在洛杉矶举行的第二十三届奥运会,中国运动员不辱使命,取得了优异的成绩,总分列第四位,实现了“零”的突破,显示出中国健儿全面走向奥运舞台。2000 年在亚特兰大举行的第二十七届奥运会上,中国体育代表团总成绩列第三位。在 2004 年于希腊雅典举行的二十八届奥运会上,中国代表团金牌总数列第二位,仅次于美国。2008 年,中国成功举办第二十九届奥运会,中国运动员取得了辉煌成绩。

参考文献

全国体育学院教材委员会.体育概论[M].北京:人民体育出版社,2000.

荣高棠.当代中国体育[M].北京:中国社会科学出版社,1984.

伍绍祖.中华人民共和国体育史(综合卷)[M].北京:中国书籍出版社,1999.

杨文轩,陈琦.体育原理[M].北京:高等教育出版社,2004.

周登嵩.学校体育学[M].北京:人民体育出版社,2004.

　　　　　(谢雪峰　周登嵩　卢元镇　田雨普　唐宏贵)

体育科学(science of physical education)　　以体育现象和体育实践为研究对象,探讨其内外部规律的学科。体育是人类以自身运动为主要手段,有意识、有目的、有组织地改造自我身心的行为,许多情况下这种行为都体现为一种社会性实践活动,而社会实践离不开科学理论的指导。体育是体育科学的研究对象,也是其赖以形成和丰富的基础和源泉;而体育科学则是对体育实践的科学总结,是对体育系统内、外部规律的揭示与阐释。

体育科学的性质　　体育科学是在长期的体育实践中,不断地总结经验,不懈地科学实验,从中发现规律,并在长期的体育实践中得到检验,从而发展成的理论体系。其研究的主要对象是人及其人体运动所产生的种种现象。人本身具备自然属性,也具备社会属性,人体的运动既是一种人的行为,也是一种人的心理活动。体育运动不仅是个人的肢体活动,也是一种社会文化活动,由此决定了人所参加的运动出现的种种现象具有多重属性。

体育科学需要自然科学、生命科学、人文科学和社会科学的支持,以多学科的不同角度,综合地研究体育的种种现象。同时现代体育科学又大量吸收了交叉科学、综合科学和横断科学的知识。从学科的来源看,体育科学的“母体”是多元的,不能简单划归自然科学或社会科学,体育科学带有综合性的特点,它既不是单一的自然科学,也不是单一的人文科学和社会科学,而是一门综合性极强的科学。

随着科学技术的发展,体育科学也在不断发展。其发展呈现两个主要的特点:一是学科向低层次的分化,即研究的领域越分越细,使研究更加深入。二是各学科横向的交叉和渗透,不断形成新的学科。这种交叉和渗透,综合了各学科的知识,使人们对体育本质规律的认识,不断开拓新的领域,提高到一个新的层次。

体育科学的价值　　体育科学不仅是现代体育事业的重要组成部分,而且起着现代体育发展的先导、桥梁和催化剂的作用。一个国家体育的发展程度与它的体育科学发展水平密切相关。体育科学的价值主要表现在三个方面:第一,对人的生命活动的研究,有助于人类对自身的认识。体育科学研究运动状态的人和人的运动状态,而人的运动过程可以激发出人的许多潜在的因素,因此它对人的生命过程研究具有特殊的科学价值。第二,对体育活动产生的社会现象的研究,有助于社会的进步。体育运动本身具有特定的价值观念、法律法规、管理体制和行为模式,体育科学揭示了内在的规律,这些研究有助于加深人们对社会的认识,推动社会的进步。第三,对体育自身的研究,有助于体育的发展。体育科学对体育事业、体育产业的研究,对学校体育、社会体育、竞技体育各领域的现实性描述、发展战略研究等都极大地推动了体育的发展,因此体育科学是国家体育协调发展和可持续发展的不可缺少的重要组成部分。

体育科学体系与分类　　体育科学研究的内容十分广泛,从不同的角度,可有不同的分类。从科学的系统发育来看,可将它分成三大门类:(1)体育的基础学科。由一些自然科学和社会科学的基础学科构成,是体育应用学科生长的“母体”。如教育学、社会学、伦理学、史学、心理学、解剖学、生理学、物理学、化学等。(2)体育的应用学科。体育科学中最重要的组成部分,是在基础学科基础上与体育自身本质特点结合发展起来的。如运动生理学、运动解剖学、运动生物化学、运动生物力学、体育心理学、体育哲学、体育教育学、体育社会学、体育史学、运动训练学等。(3)体育的技术方法学科。指研究各个具体的运动项目和相应技术的特殊规律的理论和学说。如田径技术、体操技术、球类技术等。将体育科学的各门学科按其学科性质进行划分,亦可将其划分为三类:(1)运动人体学科。由某些自然科学、生命科学、人体科学构成,其特点一是与其母学科保持着重要的联系,充分运用医学科学的研究成果和研究手段;二是向微观发展的速度很快,从系统器官水平到组织细胞水平,再到分子遗传水平,在各个研究水平上全面对人体进行研究;三是实用性很强,研究成果会以最快的速度被运动实践采用。该学科群包括运动生理学、运动解剖学、运动医学、运动生物力学、运动生物化学、运动营养学、选材学、体质研究、运动处方学、运动生物工程学等。(2)体育人文社会学科。包括体育哲学、体育史学、体育人类学、体育美学、体育心理学、体育休闲理论等体育人文学科;体育教育学、体育社会学、体育经济学、体育法学、体育管理学、体育伦理学、体育传播学、奥林匹克研究等体育社会学科。体育人文社会学科发展较快,出现了以下特点:一是注重对体育改革与发展的研究,这是中国社会所处的历史时期决定的,中国社会广泛深入的改革向体育提出了许多亟待解决的问题,体育改革的理论问题,受到高度重视;二是注重体育经济问题的研究,由于社会的转型,中国体育从过去的福利事业型向经营产业型转化,这就需要经济学支撑,于是出现了体育产业学、体育营销学、体育市场学等新型学科;三是关注体育社会问题的研究,高水平竞技体育发展很快,但一系列社会问题相继出现,如滥用违禁药物、假球黑哨等,因此对这类研究有所加强;四是对奥林匹克研究有了较大发展。自20世纪80年代中国恢复在国际奥委会的合法地位以来,中国与世界奥林匹克的关系日益密切,特别是在北京成功申办2008年奥运会以来,对奥林匹克运动的研究进入了一个新的阶段。(3)体育的教学、训练、锻炼、娱乐学科。指运用基础科学和体育应用学科的一般理论去解决体育运动实践中各专项技术、理论、教学、锻炼、休闲和训练等具体问题的学科。一般性理论包括运动训练学、体育教学论、身体锻炼理论与方法、休闲体育等,专项理论如田径教学与训练、体操教学与训练、球类教学与训练等。

(谢雪峰 周登嵩 卢元镇 田雨普 唐宏贵)

体育心理学 (psychology of physical education) 研究人们从事体育活动的专门条件下的心理现象及其发生、发展规律的科学。狭义的体育心理学属教育心理学分支学科。广义的体育心理学等同于运动心理学(psychology of sports),属应用心理学分支学科。长期以来,体育心理学与运动心理学一直作为一个统一体而存在,被国内外学者统称为运动心理学,亦称"体育运动心理学"(psychology of physical education and sports)。直到20世纪70年代后期,相当一部分体育运动心理学者的注意力由竞技体育转向日常的体育锻炼和健康的问题,这方面的研究逐年增多,体育心理学与运动心理学才逐渐分离成两门独立的学科。体育心理学侧重研究学校体育和全民健身活动领域中的心理问题;运动心理学侧重研究竞技运动中高水平运动员的心理学问题。

体育心理学的发展演变

体育心理学的前身是动作心理学。早在19世纪中叶就有心理学家研究动作的反应时间及其在心理、生理操作特征上的个别差异。19世纪下半叶有人研究了儿童的四肢运动速度,以及动觉和视觉线索影响动觉判断准确性等课题,但当时仅限于对动作的研究。20世纪初,才开始零星地出现一些体育心理学的文章和书籍,如1912年博思用德文著书揭示了参加体育运动对意志力和性格的影响。联邦德国的舒尔特出版《体育心理学》。在日本,自1924年起开始有组织地研究体育心理学,并取得了新成果,如松井三雄出版的《体育心理学》是从教育心理学的角度来编写的。苏联对体育心理学的研究是在1920年成立的莫斯科、列宁格勒身体文化研究机构下设立的心理学部门组织下进行的。1930年前后,通过对运动员的心理进行追踪研究获得了有关动作技能的特点,体育对发展知觉、记忆、注意和想象的影响,竞赛对运动员情绪的影响等成果。1927年和1930年涅恰耶夫两次出版《体育心理学》。在美国,伊利诺伊大学体育系的心理学教授格里菲斯于1925年建立了动作研究所和心理实验室,主要研究运动意识、动作技能的操作以及人格的可变性等课题。美国其他的心理学家着重研究动作学习和运动员人格等问题。中国在20世纪20年代曾有研究者撰文研究体育心理学问题,指出运动场是培养学生品格的场所,刻苦锻炼可以培养青年勇敢的精神、顽强的意志、自信心、进取心和争取胜利的决心,运动场上表现出来的道德品格能够迁移。

第二次世界大战使各国的体育运动心理学研究处于停顿状态。但中国最早出版的《体育心理学》是在1942年,由国立体育专科学校的吴文忠、肖忠国先生编译的,共分5章:总论、理想体育、体育运动的发展、运动的分析、运动的影响。其中绝大部分内容译自当时任日本国立体育研究所心理学部部长的松井三雄所著《体育心理学》一书,同时也反映了中国体育运动心理研究方面的有关材料。

20世纪50年代前后,苏联对体育运动心理学的研究极为重视。60年代开始,欧美和日本对体育运动心理学的研究也逐渐活跃起来,并取得了成就。在50—60年代期间,苏联研究的课题很广,包括运动员意志力的培养和自我培养过程,各种运动的一般心理特征,体育教学与教育的心理学基础,竞赛心理学,训练心理学,体育运动中的社会心理,体育运动中的心理年龄特征等,主要的研究成果有运动员的动机倾向、运动负荷的心理承受能力、运动知觉、运动意识、注意力和定向能力、意志过程、情绪兴奋状态及其调整、各种运动心理训练的特点等。

德国的体育运动心理学研究成果,主要反映在体育运动与人格发展方面,其中最具代表性的著作是 O. 纽曼的《运动和人格》(1957)。美国的体育运动心理学主要集中在动作学习、运动动机、体育运动与心理健康、体育运动对心理障碍的治疗作用等方面。

20世纪50年代期间,许多国家成立体育运动心理学会组织。到60年代后期,捷克斯洛伐克、法国、西班牙、英国,一些斯堪的纳维亚国家,以及保加利亚、罗马尼亚、匈牙利和波兰等大多数东欧国家也都有全国性的体育运动心理学协会组织。世界不少国家的体育运动心理学者(包括体育教师和体育运动心理学爱好者)参加了1965年和1968年分别在罗马和华盛顿召开的第一、二届国际运动心理学学术会议,相互交流研究成果,共同研讨了体育运动中的社会心理、儿童与体育活动、动作学习,以及体育心理学的方法论等问题。

在中国,50—60年代中期,是体育运动心理学初步发展的阶段。在此期间,翻译了苏联一些体育运动心理学专著和教材,并开始着手研究体育运动心理学并取得了一定的研究成果。如许尚侠的《上肢关节觉感受性与体育训练的关系》、邱宜筠的《语言指导对动作效应的影响》等。在研究方法上开始重视实验室实验。

70年代以来,各国体育运动心理学的研究和应用日益广泛并充满活力。研究的新成就主要表现在:体育锻炼与心理健康的关系;体育运动与人格之间的交互作用;焦虑和唤醒水平对体育成绩的影响;对成功和失败的归因及观众效应等体育社会心理学理论等课题;相当一部分体育运动心理学者开始用信息加工的理论来揭示运动者的认知过程。

在中国,70年代后期起,体育运动心理学的研究开始蓬勃发展。除了完善体育心理学和运动心理学的教材建设之外,1979年在中国心理学会下成立了体育运动心理学专业委员会,1980年在中国体育科学学会下成立了体育运动心理学专业委员会。以后就在这两个专业委员会共同领导和协调之下开展这一领域的科学研究、国内外的学术交流和培训青年教师等工作。1989年中国体育运动心理学会作为团体会员加入国际运动心理学会,并参加国际运动心理学学术会议。1991年中国体育运动心理学会作为发起国之一,组织建立了亚洲及南太平洋地区运动心理学会。1999年召开的第三届亚洲及南太平洋地区运动心理学学术会议在中国武汉举行。2002年召开的亚洲及南太平洋地区运动心理学学术研讨会在中国广州举行。

自20世纪下半叶起,中国体育运动心理学界的学术活动如同我国的社会主义建设事业一样日益发展,在国内外的影响也日益增长。而且,随着人们越来越认识到体育运动对提高人的生活质量的作用,以及体育运动心理学研究的日益深入与全民健身运动的广泛开展,体育运动心理学

的研究既加强了对基础理论的实验研究,又加强了结合体育教学、课外体育活动(或训练)的现场研究,并出现了对体育与身心健康之间关系的研究与对竞技运动的心理学研究并驾齐驱的趋势。

体育心理学的主要内容

研究内容　　主要涉及两个方面:(1)研究学校和大众体育范围内与体育教学、体育代表队训练、体育竞赛有关的心理学问题,包括体育活动中的认知过程(感觉和知觉、注意和记忆、思维和想象),运动技能的获得、体育教学与个别差异、体育心理技能训练、体育竞赛心理等。(2)研究学生和全民从事体育运动的动力、体育运动对心理健康的影响以及与体育活动有关的社会心理学问题,包括体育动机、兴趣和态度,体育运动中的焦虑、紧张和恐惧情绪,体育活动的类型、强度、持续时间、频率与心理健康的关系,学校体育团体中的师生交往、体育课堂的心理气氛等。体育心理学为有效地进行体育教学、锻炼和竞赛提供科学的心理依据。

研究方法　　体育心理学的研究方法,通常有实验研究法、现场研究法和心理测验法。

实验研究法在体育心理学研究中占有相当重要的地位,包括实验室实验、自然实验和准实验三种。实验研究法之所以是体育心理学最重要的研究方法,是因为它可以在任何时间内进行周密的观察,而且别人可以验证,具有科学研究所要求的高度公认的客观性。尤其是实验室实验法,特定的刺激(变量)与反应之间的因素关系也可以直接得到证明。通过实验研究法获得了许多研究成果,如人在体育活动中的反应时间、动作控制、动作记忆、操作思维等方面的研究成果,体育活动与心理健康之间的关系,以及体育活动中对成功和失败的归因、目标设置与体育成绩之间的关系等社会心理方面的研究。

现场研究法是体育心理研究的常用方法,指到体育现场进行询问或观察,以了解体育活动者的心理。分为自然观察法和实验观察法两种。自然观察法是不对被试进行控制,不对被试施加影响,在正常的体育活动现场观察被试的行为表现,了解其心理的研究方法。实验观察法是使体育活动现场基本保持正常,只对某些条件稍加控制,促使被试作出某种行为,出现某种心理现象,以了解其心理的研究方法。重要的是,这种观察必须是客观的不带主观倾向,必须当场作记录。必要时,可以利用录像、照相、录音、遥测等手段来详细而又真实地记录。通过生理变化(如睡眠、饮食量、排尿次数等)、身体姿势、面部表情和言语(如与他人交谈的次数和持续时间)等形式把在各种条件下被试细微的情绪变化和行为反应记录下来。为获得详尽、全面的观察资料,事先可编制好观察记录表,明确规定观察记录哪一种

或哪几种行为,每次观察多长时间,两次观察之间需要间隔多少时间。例如,可以选定 30 秒钟观察一次,每两次观察之间休息 1 分钟;也可以选定持续观察 2～3 分钟,两次观察之间休息 1 分钟。并要规定好所要观察的被试行为反应的维度(如自发行为和反应性行为;言语行为和非言语行为),以及事先练习作记录的方式,使能够很快而又不漏失地把被试的行为记录下来。在设计问卷去现场询问被试时,必须保证其中的定义与理论上的概念相一致,提出的问题措词要适当(不要把两个或两个以上的问题合并成一个问题;问题的意思不能模棱两可;问题应简短;措词不应超出被试的教育水平;不能带有任何的暗示性),为避免被试作答时的倾向性反应,问题应不断改变陈述方法,有正面陈述,有反面陈述,还可以插入一些“测谎”题。编好问卷后,可以让家属、同事、同学试测一次,以便作适当的调整,包括修改问题的措词或回答的类型,改变问题的排列顺序,甚至可以删除有关的问题。然后,再将问卷拿到体育现场去让从事体育活动者填写。

心理测验法是指使用心理学家已编制好的测量工具来进行研究的方法。通常使用的是标准化的智力测验量表、人格测验量表、成就测验量表、态度测验量表、焦虑测验量表等。在采用心理测验法时,要根据研究的目的和任务,正确地选择测验工具。在使用这些测验工具时,一般要受过专门的培训,或者由受过严格训练的心理工作者来实施。为保证心理测验结果的真实性,研究者在对被试讲明施测方法的同时,应该稳定被试的情绪,向被试保证对其测验结果绝对保密,或者采用匿名的方法,以消除被试不必要的顾虑。

体育心理学研究主要是为体育教学或运动实践服务的,其研究的成果一定要接受体育教学或运动实践的检验。为达到这些要求,体育心理学的研究常常需要先进行预备性的实验或预备性的观察和调查,或参考体育教师(或教练员)的鉴定意见进行比较分析。在整理研究结果时,常用的统计方法是相关分析、方差分析,有时还要进一步作因素分析或聚类分析。由于影响学生体育学习和体育竞赛的心理活动十分复杂,为精确地和客观地研究他们的行为,必须运用多种方法进行研究,而且要选对该研究计划有用的每一种研究方法和统计方法。

参考文献

祝蓓里,季浏.体育心理学[M].北京:高等教育出版社,2000.

Cratty, B. J. Psychology in Contemporary Sport [M]. 3rd ed. Englewood Cliffs, New Jersey: Prentice-Hall, 1990.

Singer, N. R. et al. Handbook of Research on Sport Psychology [M]. New York: Macmillan,1992.

Willis, J. D. et al. Exercise Psychology [M]. Champaign, IL: Human Kinetics Publishers,1992.

(祝蓓里)

体育与健康课程(physical education and health curriculum)　中小学课程体系的组成部分。各国学校的体育与健康课程设置主要有三种模式。一是分别设置体育课程与健康教育课程,强调体育课程的健康目标。如美国(绝大多数州)、英国、加拿大(魁北克省)、德国、中国香港等。二是体育课程与健康教育课程相结合,将健康教育与体育融为一门独立的综合课程进行教学,如澳大利亚(维多利亚州)、新西兰、美国(新泽西州)、加拿大(安大略省)、中国台湾等。三是小学阶段单独设置体育课程,强调课程的活动性,初中和高中阶段将体育课程与健康教育课程相结合。如中国(小学称体育,中学称体育与健康)和日本(小学称体育,中学称保健体育)。体育与健康课程以增进中小学生健康为主要目的,以由活动性游戏和各种运动方法构成的身体练习、运动技能的学习以及参与运动的行为等身体活动为主要手段,以体育与健康知识、技能和方法为主要学习内容,具有基础性、实践性和综合性。

体育与健康课程的发展　14—16 世纪文艺复兴时期,西方出现智育、体育、美育、德育四者均衡的课程。意大利人文主义教育家维多里诺在孟都亚开办宫廷学校“快乐之家”,按照德育、智育和体育全面发展的要求,为社会培育和输送人才。认为健康的身体是智力良好发展的前提,游泳、音乐、舞蹈等体育课程为的是发展儿童主动积极活泼的天性。英国教育家洛克认为,绅士要有进取精神,应施予体育、德育和智育,通过体育锻炼形成忍耐劳苦的强健体魄,其《教育漫话》开宗明义:“健全的精神寓于健全的身体,这是对于幸福人生的一个简短而充分的描绘。”卢梭倡导浪漫主义自然教育,认为儿童期的教育以体育为基础,强调锻炼身体的重要性,主张采用摆脱封建统治影响的“适应自然”的教育方法,培养“自然人”。德国教育家巴泽多的泛爱学校实践卢梭的教育思想。德国体育家古兹穆茨及其后继者则以赛跑、跳高、跳远、攀登等由卢梭倡导的运动为中心,完善“体操”(gymnastics)的内容。德国体育家雅恩以爱国主义观点倡导体育,为增强普鲁士国民的体力,主张进行少年体操训练,并从发展人的自然能力的角度倡导体操。此后在科学主义、功利主义、经验主义、学科中心论等教育哲学思想影响下,学校体育出现许多不同观念,如技术教学观、能力教学观、竞技运动教学观、体质论、快乐体育观、素质教育观、终身体育观等,对推动学校体育课程改革和发展产生积极作用。21 世纪体育与健康课程的基本理念明确,教育的目标是培养健全的国民,体育与健康教育的最终目的在于使学生实践健康行为,并由此形成价值观。每个受过体育熏陶的学生,不论其天赋如何,都应有参与体育活动、发展适合自己年龄特征的适当技能的机会,且身心健全,健康快乐。体育与健康课程的理想是将学生培养成健康且拥有良好体能的人,使之生活在健康的环境中;在鼓励学生采取行动改善自己的健康外,还要改善他人的生活、运动、休闲和工作的环境和社区,帮助学生理解他人的健康会受到自己与他人互动的影响。

中国自清代兴办洋务学堂始设兵操课程起,出现体育课程雏形。辛亥革命后,1912年南京临时政府教育部成立,规定体操课内容包括兵操和普通体操,1923年正式将体操课改为体育课,并废除兵操,采用美国的教育形式,体育课内容包括球类、田径、普通体操等运动项目。中华人民共和国成立初期,在总结延安时期学校体育经验的基础上,学校体育吸收和借鉴苏联经验进行全面改造。1950年教育部颁布《中学暂行教学计划(草案)》,提出体育课和课外体育活动内容。同年,教育部制订《小学体育课程暂行标准(草案)》,提出小学体育教学目标:培养儿童健康技能,健美体格;培养儿童游戏、舞蹈、体操等运动兴趣和习惯;培养儿童国民公德和活泼、敏捷、勇敢、遵守纪律、团结、友爱等品质。该标准规定各年级教材,主要包括整队和步伐、体操、舞蹈、游戏、技巧、球类和田径等内容,提出教材编写要点、教学方法要点、教学设备要点等。1956年3月和5月,教育部以苏联中小学体育教学大纲为"蓝本",先后编制并颁布《小学体育教学大纲(草案)》和《中学体育教学大纲(草案)》。1961年教育部颁布第二个中小学体育教学大纲,人民教育出版社出版《小学体育教材》和《中学体育教材(教师用书)》,将体育教学大纲与教材合编成一本,从国情出发,确立学校体育教学的指导思想是增强学生体质,并增加武术教材,体现民族体育特点,还增加理论知识的教学内容。"文革"时期学校体育被引入歧途,"以学军代体育"和对学校体育场地、设施的破坏,使学校体育教学基本瘫痪。70年代初,学校教育逐渐恢复。1978年教育部颁布《全日制十年制学校小学体育教学大纲(试行草案)》和《全日制十年制学校中学体育教学大纲(试行草案)》,以增强学生体质为指导思想,增加以提高身体素质和运动能力为主的教材。1987年国家教育委员会颁发修订的十二年制《全日制小学体育教学大纲》和《全日制中学体育教学大纲》,提出体育对学生身心发展的影响,重视发展学生个性,并提出有关终身体育的概念和体育娱乐的方法。1992年国家教育委员会正式颁布《九年义务教育全日制小学体育教学大纲(试用)》和《九年义务教育全日制初级中学体育教学大纲(试用)》,明确提出体育教学还应包括卫生和保健的基本内容,并建立包含总目标、体育教学目标、年级教学目标、理论知识与身体锻炼目标、提高身体素质和掌握运动技术目标以及各项素质、技术考核的标准等的目标体系,增加教材的选择性和灵活性,加强大纲的可操作性和地区适应性。1991年上海推出《九年制义务教育体育与保健课程标准(草案)》。国家教育委员会体育卫生与艺术教育司根据改革精神,在天津、湛江进行九年义务教育体育与健康教育结合的试验。同一时期,上述经国家教育委员会审定通过的体育教学大纲在全国各地推广,以后一段时期又出现一些地方性教材,学校体育教学开始朝多大纲、多教材的方向发展。1996年国家教育委员会推出《全日制普通高级中学体育教学大纲(供试验用)》,在继续强调发展学生个性的基础上,提出"为终身体育打基础"的观念,强调增进学生身心健康的目标。2000年教育部颁布《九年义务教育全日制小学体育与健康教学大纲(试用修订版)》和《九年义务教育全日制初级中学体育与健康教学大纲(试用修订版)》,提出体育与健康课程的教学以育人为宗旨,与德育、智育和美育相配合,促进少年儿童(青少年)身心的全面发展,为培养社会主义的建设者和接班人做好准备。2001年教育部《基础教育课程改革纲要(试行)》颁布,《全日制义务教育普通高级中学体育(1~6年级)体育与健康(7~12年级)课程标准(实验稿)》和《普通高中体育与健康课程标准(实验)》相继颁布并进入实验,强调以全面贯彻教育方针和"健康第一"为指导思想,重视以学生为本,关注发挥体育与健康课程的整体功能,以三级课程管理方式,赋予地方、学校、教师、学生课程决策的权利,改革体育考核和评价的方法。

体育与健康课程理念和目标　以"健康第一"为指导思想,培养学生健康的意识和体魄,促进学生健康成长;确立培养"整体的人"的课程目标,谋求学生体能、技能与人格的协调发展,追求个体、自然与社会的和谐统一;重视激发和保持学生的运动兴趣,构筑具有生活意义的体育与健康课程内容,培养学生终身体育的意识;以学生发展为中心,关注学生主体地位的确立,承认学生的个体差异和不同需求,注重学生运动爱好和专长的形成,确保每一个学生受益;改变教学方式,注意培养学生各种能力,帮助学生学会学习,奠定学生终身体育的基础;发挥评价的教育功能,构建发展性评价模式。美国体育学者安娜里诺阐述其综合的"体育目标操作分类学",包含四个主要方面:体格领域(机体发育),运动领域(神经肌肉发育),认知领域(智能发展),情感领域(社会的—个体的—情感的发展)。20世纪90年代,世界各国和地区的体育与健康课程标准具有四个特点。一是重视学生健康水平的提高和全面发展,在体育与健康课程目标的表述中均强调身体健康、心理健康和良好的社会适应能力。二是关注学生终身体育意识和积极人生态度的形成。三是重视发展学生的身体适应性和运动技能。身体适应性是一种能满足生活需要和有足够能量完成各种任务的体质状况,一般分为两类,即与健康有关的身体适应性和与动作技能有关的身体适应性。前者包括心肺耐力、柔韧性、肌肉力量、肌肉耐力、身体成分等;后者指从事运动所需的速度、力量、灵敏性、协调性、平衡和反应等。运动技能包括传统的竞技运动技能和各种身体活动技能,学习运动技能可提高学生对运动的理解和态度,激发学生对运动的兴趣,并为终身坚持体育锻炼打下良好基础。四是培养学生参与健康社区和环境创设的意识和能力，帮助学生形成关注他人的体育活动和健康问题的意识，以及提高社会适应能力。

21世纪初中国基础教育课程改革中，小学和初中体育与健康课程的目标是：增强体能，掌握和应用基本的体育与健康知识和运动技能；培养运动兴趣和爱好，形成坚持锻炼的习惯；具有良好的心理品质，表现出人际交往的能力与合作精神；提高对个人健康和群体健康的责任感，形成健康的生活方式；发扬体育精神，形成积极进取、乐观开朗的生活态度。高中体育与健康课程的目标是：提高体能和运动技能水平，加深对体育与健康知识和技能的理解；学会体育学习及其评价，增强体育实践能力和创新能力；形成运动爱好和专长，培养终身体育的意识和习惯；发展良好的心理品质，增强人际交往技能和团队意识；具有健康素养，塑造健康的体魄，提高对个人健康和群体健康的社会责任感，逐步形成健康的生活方式和积极进取、充满活力的人生态度。

体育与健康课程内容　包括学习内容和学习活动两部分，几乎所有发达国家的体育与健康课程标准都划分课程内容。美国加利福尼亚州的体育课程分为运动技术和知识、自我表现和个人发展、社会发展三个领域。澳大利亚维多利亚州健康与体育课程标准将学习内容划分为基本的运动模式和协调的身体活动、体能的概念、身体活动及生长和发展、有效的人际关系、个人特征、安全、挑战和冒险、食物和营养、健康共九个学习领域。加拿大安大略省健康与体育课程标准将学习内容分为：一至八年级为健康的生活、基本运动技能、积极地参与三个领域；九至十年级为身体活动、积极生活、健康生活、生活技能四个领域；十一至十二年级包括健康和积极的生活教育、生命的健康、锻炼科学、娱乐和体能指导四部分。新西兰的健康与体育课程分为健康与身体发展、与他人的关系、运动概念和技能、健康团体和环境四个学习领域。中国台湾的健康与体育课程标准将课程内容分为生长与发育、人与食物、运动技能、运动参与、安全生活、人际关系、群体健康七个学习领域。中国教育部2001年颁布体育、体育与健康的课程标准，依据三维健康观、体育的本质特征及其功能，将课程内容分为运动参与、运动技能、身体健康、心理健康、社会适应五个学习领域。体育与健康课程的学习内容一般包括四项：基本运动能力（健康状况和协调性等），运动项目，身体运动文化方面的知识（特定运动学科和一般体育与健康的知识），针对运动的态度、情绪和行为。

体育与健康课程实施　美国体育家莫斯顿提出八种体育教学方法：支配教学、任务教学、相互教学、采用合作者、采用学习小组、个别化方案、指导发现法和问题解决法。美国心理学家J.R.安德森把体育课堂教学行为分为讲授、监控运动活动、裁判、调整运动活动、班级管理和行为管理等

范畴。基于体育与健康课程的理念和目标，协同教学、创意教学、探究教学为体育与健康课程实施的主要方式，并要求提供多样化的教学活动，如学习、练习、体育锻炼、游戏、表演、比赛、创造、测验、讨论以及非言语表达和交往方式等。组织体育与健康课程的教学活动应使单元集中教学与分散教学相结合，课内与课外、校内与校外相结合。集中教学有利于学生学习、改进、巩固与运用所学的运动技能，提高运动技能教学效果。通常选择单元集中教学、内容连续排列的形式，单元教学中穿插游戏类或体能类练习内容。体育与健康课程中有许多学习目标需要学生在社会和自然环境中达成，要求开发课外、校外的体育资源，并将课内学习与课外体育锻炼和娱乐活动有机结合，提高学生的身体健康和心理健康水平及社会适应能力，有效达成学习目标。

体育与健康课程评价　体育与健康课程评价包括课程方案（课程纲要）评价、教学评价和学生学习评价三方面。其中学生学习评价主要考察学生的体质、体育与健康知识和运动技能、学生的学习态度、学生的情意表现与合作精神、学生的健康行为等。可依据评价目的，结合各种评价的特点和功能，合理选择和组合不同评价方法。如体能评定主要采用绝对评价与个体内差异评价相结合、教师评价与学生自评相结合的方法，体能、运动技能的评定可采用定量评定与定性评定相结合的方法。体育教学实践中，学习目标主要在学习过程中达成，许多目标（如学习态度、情意表现、合作精神、健康行为、创新能力、发现问题和解决问题的能力等）须结合学习过程与学习结果进行评价，构建发展性评价模式，形成具有个人发展价值的评价方式。

参考文献

季浏,胡增荤. 体育教育展望[M]. 上海：华东师范大学出版社,2001.

李晋裕,滕之敬,李永亮. 学校体育史[M]. 海口：海南出版社,2000.

Jewett, E., Bain, L. L. & Ennis, C. D. The Curriculum Process in Physical Education [M]. 2nd ed. Boston：WCB/McGraw Hill, 1995.

National Association for Sport and Physical Education. Moving into the Future：National Standards for Physical Education [M]. 2nd ed. Reston, VA：Author,2004.

National Association for Sport and Physical Education. Physical Education：Program Improvement and Self-Study Guide [M]. Reston, VA：Author,1998.

（朱伟强）

天才儿童教育（education for the gifted and talented children）

亦称"超常儿童教育"、"资优儿童教育"。对在智力发展或特殊才能发展方面显著超出普通同龄人水平的儿童实施的专门教育。特殊教育的组成部分。与其他普

通儿童相比,天才儿童在认知发展、学习方式及大脑活动方式等方面有明显差异,在情感、人格、社会性、创造性等方面显现出很大的个体差异。虽然对于这些差异与特质形成原因的解释仍存争议,但教育专业人员普遍认为,因这些儿童独特的身心发展特点,普通学校的教育教学内容与方式并不能使他们的学习和发展需求得到充分满足,他们需要更适合自己特点的教育课程。

鉴别天才儿童一般采取多指标和综合手段。应由持有相关证书、执照或受过专业训练的专业人员进行。除直接对儿童的活动和作品进行观察外,通常还要使用专门测查儿童智力、特殊才能的测量工具。同时参考教师、家长等人提供的儿童在日常学习、生活中的表现、成绩等资料。鉴定程序一般包括推荐、初试、复试、综合评定、结果报告及后续安置建议。

天才儿童教育的对象和任务

天才儿童教育的服务对象是在智力或能力的一个或几个方面发展显著超过同龄人一般水平的儿童,即通常所称的天才儿童。天才儿童超常发展的才能领域各不相同,可以分为不同类型。一般而言,可分为学业型、文学型、科学型、音乐型、美术型、表演型、运动型、技术型、领导型、商业才能型等。

这些儿童在某个或某几个方面的超常发展水平,会直接或间接地影响他们的学校学习与学校中的社会适应,相对于基于一般儿童特点与需要的普通学校课程而言,他们可能需要一些特殊的课程方面的调整,才能更好地发展其才能、心智与人格。天才儿童教育的任务就是针对这些儿童的身心特点,通过对传统学校教育教学的内容、方法、环境等方面的改变或调整,尽量满足他们的发展需要,使之真正从教育过程中获益,为其将来的生涯发展奠定好的基础。

天才儿童鉴别主要出于以下两种目的:为特殊教育项目遴选适合的学生以及进行有关天才儿童的科学研究。据《文献通考》及《续文献通考》等记载,中国古代自西汉开始对学识超人的儿童进行选拔和任用,至隋唐确立科举制度后,在科举中特设童子科,激励各地发现才能优异的儿童。

天才儿童教育研究

家谱调查研究　对天才人物系统的科学研究始于英国人类学家高尔顿。他用家谱调查法,从英国历史中选出977名法官、军官、政治家、文学家、科学家、诗人、画家、音乐家等有名人物为研究对象。对这些人的亲属,如父亲、儿子、兄弟等进行调查,考察他们中的名人是否比普通人亲属中的名人多。结果表明,这组名人亲属中名人的总数为332

人,而普通组中名人只有1个,由此他得出天才源于遗传的结论,于1869年出版《遗传的天才》一书。高尔顿首次应用统计学方法进行社会科学研究,提出遗传过程决定人类能力和职业的概率及程度。虽然很多人对高尔顿的结论持有异议,但他是天才儿童研究领域公认的奠基者。

天才儿童追踪研究　1921—1922年,美国心理学家推孟用斯坦福—比纳量表对从幼儿园到八年级的儿童进行测查,从中挑选1500名高智商儿童,智商为135～170,平均智商为150(平均年龄11岁),对他们进行了长期、不间断的追踪研究。在追踪研究的几十年间,他以大量的直接资料,对当时社会上流行的对天才儿童的偏见进行了有力澄清,指出这些高智商儿童并不是早盛早衰的,他们的智力、健康、工作和个人生活等方面的总体成就明显好于普通群体。1956年推孟去世后,他的研究组由R. R. 西尔斯负责,继续进行追踪研究,直至被试死亡。推孟开始的这项研究是这个领域里规模最大、时间最长的一项著名研究,对人们了解高智商者从儿童期到成年、再到晚年的发展特征与规律及其生活形态与人生轨迹等提供了重要的参考资料。1976年,美国心理学会授予这项研究"杰出的科学贡献奖"。

数学早慧青少年研究　在心理学教授J. C. 斯坦利等人的倡导下,1971年,美国约翰斯·霍普斯金大学设立"数学早慧青少年研究"(Study of Mathematically Precocious Youth,简称SMPY)项目,此后成为对有突出数学才能的学生进行教育和研究的专门组织,其项目扩大到美国的许多州,并成了协作研究机构。该项目的主要目的是早期发现数学能力(尤其是数学推理能力)超常的学生,并为他们提供各种与其数学能力匹配的教学机会,以促进其能力更好发展。主要工作分为四个方面:发现(discover)、描述(describe)、发展(develop)和推广(disseminate),即所谓的"4D"。其中最重要的是发现、鉴别数学能力出众的青少年,并为他们提供主要以加速的形式进行的特殊教育课程。该项目关心学生数学能力的发展和促进,不涉及其他特殊才能或"天才"本身定义的研究。他们认为最重要的不是冠以"天才"的名称,而是提供教育上的帮助。因此,其努力方向是为学生设计多种适合其发展特点与水平的教育方案,为他们提供课外学习的机会。几十年来,其研究取得明显效果,其中一个重要成绩是成功地使许多数学资优学生节省了在校学习数学的时间,缩短了他们完成数学基础教育内容的时间。研究表明,该项目的方案对于它面向的目标学生是有效的,其方法和进度能满足数学早慧学生的需要,使这些数学资优学生充分发挥他们的潜在能力,以较快速度在数学及相关学科领域进行学习和发展。该项目取得的研究成果不仅在美国产生很大影响,对于其他国家的相关领域和人才培养机构也有重要影响。

天才三环理论与三合充实教育模式　美国心理学家伦

祖利 1978 年提出天才三环理论。认为天才应由中等以上的能力、创造性和完成任务的专注性三方面的心理成分构成。他强调智能行为的表现，其三合充实教育模式也旨在促成儿童的资优智能行为，而并不强调受教育儿童的"纯智能"的"超高"。其方案包括为学生提供三种类型的充实活动：一般性探索活动、分组训练活动和在个别或小组活动中研究真正问题。前两种类型的充实活动适合所有学习者，天才儿童可参加所有类型的充实活动，前两种类型的活动为学生提供多种学习和探索内容及多角度、形式的学习方法，为进入第三种类型的活动，即找到适合真正研究的主题奠定基础。第三种充实活动是特别适应天才儿童特殊性的，其主要要求有：儿童积极参与问题的形成及其解决过程；研究的题材是个人或小组真正有兴趣的，而不是教师决定的；学生要利用原始资料来找寻结论或归纳方法而不是借用别人现成的结论或资料；要学习像专家一样的行动和思考方式；活动过程中应该有具体的成果而不只是空洞的构想。伦祖利的充实教育模式经过几十年发展，在美国很多学校被采用，并被世界其他一些国家和地区的学校借鉴，对于天才儿童教育课程领域的探索具有重要影响。

多元智能理论　20 世纪 80 年代初，美国心理学家加德纳提出多元智能理论。他认为，人类的智力由若干种相对独立的智能范畴组成，包括：言语—语言智能、音乐—节奏智能、逻辑—数理智能、视觉—空间智能、身体—动觉智能、交往—交流智能、自知—自省智能、自然观察者智能。加德纳坚持能力的各种类型都独立地存在于神经系统中，即每种能力都有其各自的神经组织。他还认为存在未被认识的一些能力，如直觉能力等。加德纳的理论认为每个人都同时拥有多种不同方面的智能，有些人的某种或多种智力发展得很优秀，就表现为某个或某些领域的天才。由于标准智力测验测量的仅仅是社会上最重视的语言和数学能力，所以加德纳建议用一些新的测验来取代标准智力测验。加德纳的多元智能理论支持广义的天才儿童的定义。多元智能理论启发人们关注多种领域的资优学生，而不再只着重关注传统意义上的学业性天才儿童的特殊教育。

中国科学技术大学"少年班"探索　中国科学技术大学"少年班"成立于 1978 年，是中国最早探索为学业超常儿童提供特殊系统高等教育课程的项目。自 1978 年以来，基本每年招收一个班的少年大学生，学生平均年龄不足 15 岁，最小的只有 11 岁。"少年班"招生有个别选拔，也有从参加全国统考的优秀者中筛选，通过复试后入选。目前采用的招生办法基本上是从参加全国统考的少年学生中预选出一批候选者，然后由"少年班"组织专家对这些候选者进行复试。在教育课程的安排上，"少年班"自成体系，学制 5 年。前三年为打基础阶段，一般统一授课。基础课完成以后，有的学生就可以按自己的兴趣转入本校相应的系学习，并与同年

级的学生一起毕业；有的学生则可以继续留在少年班，但可以到有关系选学相应的专业课程。中国科学技术大学"少年班"多年来的探索，为中国天才儿童特殊教育工作作出重要努力，对于这个领域的科研和教育实践有重要影响。在它之后，针对认知和学业发展超常的儿童，中学、小学乃至幼儿园阶段的集中编班式的特殊教育课程也相继出现，这些课程的提供满足了一部分适合此类课程模式的天才儿童的特殊教育需要，也促发了中国社会及教育系统对于天才儿童教育的关注。

天才儿童发展特征

研究人员对那些智能发展超常的儿童进行的考查表明，他们与普通儿童的发展和成长规律有极大的共性，但在发展的不同层面上表现出与其他儿童明显不同的特征。

认知特点　智力或才能的某个或某几个方面的超常发展是这类儿童的核心特征，其认知发展水平高，有突出的智能活动成就。他们在其才能发展的过程中还表现出很强的独立性，有内在的学习欲，在很多时候并不必然需要明显的外部干预。许多研究显示，高认知能力的天才儿童有优秀的注意力品质，能够长时间专注地进行学习或解决问题的活动。超常的记忆力也是许多高能力者的普遍特征，他们识记迅速、保持长久、回忆量大，能很快、很多地学习知识。此外，很多高能力者还表现出很强的抽象思维过程，能够掌握艰深的学科知识体系。

学习风格　对于儿童学习风格的研究发现，高学业能力的儿童大多表现为侧重视听及阅读的学习通道，适应正规的课堂和班级学习形式。但从天才儿童的整体来考查，他们中间存在多种学习风格，如偏好动作学习、个别学习、不规律的学习环境及时间等。如果儿童的学习风格与教育教学要求非常不符，可能会影响其学习成绩。

人格与社会性特征　虽然有一些资料中称天才儿童除认知或特殊才能方面的特点之外，亦有一些独特的人格发展方面的特点，如敏感、孤僻等。但就普遍性而言，与其他儿童相比，天才儿童的人格及社会性发展方面并无特异性差别。儿童之间的个别差异很大，这种个别差异既表现在天才儿童群体中，也表现在一般儿童群体中。对于天才儿童的观察显示，他们中有人内向，有人外向；有人敏于行，有人长于思；有人冲动，有人冷静；有人社会性敏感，有人不敏感。概括性描述天才儿童的人格和社会性特征是困难的，也难以全面、准确。

生理特征　天才儿童在身高、体重、患病率等生长发育的基础指标方面与普通儿童无差异，但学业超常儿童中的近视率高于普通同龄儿童。许多研究显示天才人物的脑生理特征有差异：在大脑神经胶质细胞的数量、树突的联结程

度、脑特定部位的活动水平、脑速与脑效等方面，与普通人有不同之处。但对于这种脑生理方面的差异与超常的智能水平之间的关系，人们的解释不尽相同。有人认为脑生理差异是超常智能出现的原因，也有人推测更多、更深度的智力活动是促成脑生理差异的原因之一。

天才儿童特殊教育需要

与残疾儿童在教育中明显的特殊需要不同，天才儿童的特殊教育需要往往是隐性的。其特殊教育需要由这类儿童独特的发展特性引发，如果不能在教育过程中被关注，儿童从教育中得到的益处就会减低，出现问题的风险则可能增加。此外，由于天才儿童之间具有很大的差异性，他们的特殊需要极个别化，这一点与其他类型的特殊儿童无异。天才儿童之间的差异性表现在超常能力的类型与水平、个人动机水平、学习风格及社会性特征等诸方面，这些都需要相关教育机构和人员予以关注。

智能发展方面的教育需要　具有超常认知能力的儿童常不满足于普通课程，不喜欢重复学习已理解了的概念，在课堂中对于"等待"其他同学很不满意；对于常规课程，由于感觉不到挑战性而厌倦，继而产生"课堂学习无难度、无趣味、无意义"的想法，从而可能错失在学校课程中发展和锻炼自己天赋的机会。因此，他们需要接触更有挑战性课程以及"智力同伴"（包括成年人和其他发展水平相近的儿童）的机会，需要更丰富的阅读、写作的机会和深入讨论的机会。天才儿童对于事物探究的兴趣可能不同于普通儿童，具有不同寻常的好奇心，因而要求课程更具复杂性、多样性。不同的天才儿童在能力超常的领域、行为表现、水平以及动机特点等方面都可能有很大的个体差异，他们需要更个别化的学习节奏（通常是加快的）、较弹性的时间完成任务，提供不同的材料、方法、学习机会，应尽量使学习活动与其能力水平和特点匹配。

自我与社会性发展方面的教育需要　"与众不同"是很多天才儿童从他人那里得来的关于自我认识的一部分。由于他们的高能力，周围人从小给予他们关注与赞美，也使他们的自我期望很高。这种高期望既为他们带来提升自己的动力，也不可避免地带来压力。他们需要逐渐发展起应对或接受自己与众不同之处的能力，同时了解和接受他人独特的能力。天才儿童教育在自我与社会性发展方面的教育内容应包括：帮助他们了解自我与他人的边界、学会如何对别人的感受和行为做出适当的反应、学会用非攻击性手段来表达自己的需要和感受；了解自我实现需要的各种内部、外部条件；以不同方式了解、接触真实的社会问题，逐渐理解社会问题的复杂性和问题解决过程中的各种影响因素；探知高水平的人类思想，将这些知识运用到具体的问题中

去等。

身体与健康发展方面的教育需要　智力超常的儿童在人生的早期多会经历智力发展与生理发展不同步的阶段，他们可能将更多精力投入到其擅长的智力活动而忽视运动和身体锻炼，可能拒绝参加体育活动，这可能导致他们身心发展失衡，对其整体发展及长远发展不利。在天才儿童教育中，教育者要引导他们接受和欣赏自己的运动能力，提供他们从运动活动中体验快乐的机会。各种竞争及非竞争性的体育活动应成为天才儿童教育课程中的必需部分，使他们获得积极的体育活动的经验。由于天才儿童更有机会较早投入高竞争、高智能的活动，所以也应为他们提供有关身心放松和健康生活方式的指导，以利于儿童身心的和谐发展。

天才儿童教育模式

天才儿童教育的主要模式有加速模式和充实模式。在教育实践中，人们倾向于根据学生的具体特点及学校、家庭的资源情况选择适合的模式。在很多时候，人们将不同模式综合起来应用，尽量满足儿童的特殊教育需求，促进其和谐、健康发展。

加速模式　加速（acceleration）模式是天才儿童教育基本模式之一，主要是利用天才儿童在智能发展上的优势，使之以较快的学习进度，在较短时间内完成普通教育计划。加速的形式主要有跳级、提前入学（或升级）、提前毕业、单科跳级等。从整体上看，加速式方法节约了教育时间，减少了无谓的教育投入，是比较经济、简便的方法，它的主要益处是无须改动现有课程体系和教学体系，即可达到直观的效果，因此教师再培训任务比较轻，也无须多加特殊教育经费。这种方法常与一些充实活动配合运用。加速式也存在局限性，如由于跳级等加速式教育历程，可能造成某些学科知识断层，可能使学生与普通同学在非课业领域里的经验差异增大，学生可能缺失成长过程中某些重要的与时间有关的经验；学生还可能经受与其生理年龄不匹配的学业压力。

充实模式　充实（enrichment）模式是天才儿童教育的另一基本模式，在这种模式下，儿童不脱离同龄学生群体，不压缩学习年限，通过专门指导或自我引导进行常规课程内容以外的学习和活动，从而满足他们在智能发展方面的特殊教育需要。充实制的形式可以分为全面充实与专科充实。前者为学生补充各类不同知识的学习与实践活动，后者则根据儿童的专长与兴趣为其提供某个大的学科领域内的全面的知识学习或研究探索活动。充实的益处在于它的充分的可选择性，适合满足学生的个别需要与个人的兴趣和特点。不脱离同龄人的安置方式也使儿童有更自然的社

会成熟的机会,能丰富他们成长中的经验。充实模式的主要局限在于操控的难度大,其内容的选择、教师指导力度的把握和学生课内外活动的协调等都具有较大的不确定性,因而其效果的评估也不甚直观、明了。

天才儿童职业指导与生涯规划

尽管社会大众大多认为超常天赋能使一个人更轻易地取得职业上的成功,但事实上总有一些天赋很高的个体并未如愿获得满意的职位。天才儿童的职业指导和生涯规划是十分必要的。许多高智能水平的人把实现个人志向放在第一位,把与经济独立与成功有关的职业选择放在第二位,这种工作世界的二元参与现象很可能使天才学生成年时面临职业选择的困惑。父母和教师有责任指导这些儿童,应该帮助他们澄清工作的多种意义。

天才学生选择职业时值得关注的问题有:可能拥有多种才能与兴趣,使其选择职业的过程复杂化;一些天才学生的动机类型并不是追求成功,使得他们不适合竞争激烈的工作岗位;来自家长、教师、社会及其自身的高期望使他们的选择受限;许多专业性职位需要很长时间的训练准备,要求及早做出职业方向的决策并有长期投入,而许多天才学生的职业决策通常较晚才能做出;一些天才学生将工作作为一种自我表达的方式,并围绕工作建立自己全部的生活,投入各种与工作有关的活动之中,变得过于依赖工作;在他们感兴趣的领域中,缺少与其智力或创造力匹配的成人榜样;与众不同的兴趣可能带来社会隔离;对天才女性来说,她们往往面临社会偏见、自我价值取向、成就需要等问题上的种种矛盾。

对于天才儿童的职业指导可以渗透在他们的基础教育至高等教育过程中,为之提供多种职业的认知与接触的机会,使之与不同职业人员交流、参与职业态度与敬业精神的讨论,了解工作对个人及社会的意义等。除了职业选择的指导,休闲、保健、人际交流、投资等意识也可以渗透在生涯规划中,使学生在走向成年生活时有主动选择的基础。

低成就天才儿童

一些曾经表现出某种优秀能力的儿童,并没有持续地在他们的学业或特别才能领域上取得突出的成绩,甚至其成就水平还低于智能平平的普通人,这被称为天才儿童低成就现象。由于“成就”的内涵较广且并无统一标准,所以“低成就”也无统一标准。一般来说,儿童期(主要指学龄儿童)低成就主要以学业成绩为指标,如果其学业成绩与其认知能力或智力测验成绩相比,有显著的、超过人们预期的差距,就可以认为属于低成就。现在亦将低成就的概念扩展到专门才能领域,如艺术才能的发展等。尽管儿童期低成就并不一定意味着成人期的低成就,但低成就给儿童带来的消极影响增加了儿童的痛苦,也为其今后的发展带来风险和阻碍。低成就对儿童的影响可以指向儿童自身,如自我评价降低,出现退缩、畏惧、焦虑、抑郁等消极的应对行为;也可能指向外部应对行为:不合作、攻击性、破坏性行为等。无论是内部指向还是外部指向的反应,都会使儿童的处境进一步恶化,应引起教育者的高度关注。

低成就天才儿童的特征　低成就天才儿童在标准智力测验中可能得到很高的分数,或在某项专门能力,如数学、文学、艺术等方面曾有优异表现,但其学习成绩总体上表现极为一般或很差,或在自己本应擅长的活动中表现不佳。他们大多有以下一种或多种行为特征:对某一特殊领域有强烈的兴趣,而对于其他领域的内容不能投入;没有学习的自主精神,注意力很容易分散;对自我的评价消极,不能够欣赏自己的成功;对他人有敌对情绪;无助,避免挑战,较少参加课堂活动,对学校和考试恐惧,不喜欢学校和老师,选择同样不喜欢学校的同伴;开始的时候很有热情,但是很快就消失了;总是承诺下次会做得更好;不能看到努力与相继而来的回报之间的关系,否认对失败自己应该承担的责任,倾向于责怪他人;对未来没有热情,缺乏人生计划和生涯目标,也拒绝别人为他们设置的目标;假装快乐和无所谓,不能正视自己的问题与困惑,也不能主动寻求问题的解决。

导致天才儿童低成就的因素　源于儿童自身的一些问题是低成就的重要因素,其中包括儿童在学习方式、社会适应、情绪、身体健康等方面出现问题,这些问题妨碍他们的智能活动达到其最佳水平,由此造成低成就现象。某些儿童一方面表现出某个领域的超常发展,如数学,另一方面却存在其他领域的特殊学习困难,如书写或阅读等,这种情况也会导致其整体上的学业成绩落后。

外部的一些不良因素也可能与儿童的低成就有关,如不适合的教育内容或方法、恶化的师生关系或家庭关系、高度的外部压力伴随低度的外部支持等,都有可能阻碍儿童智能的正常发挥。

对低成就学生的帮助　儿童期低成就研究的优先目标并不是为了避免将来的失败(有时可以,有时不可以),而是为了给当前有困难的儿童提供第一时间的帮助,减少他们的痛苦和可能继发的问题。教师与学校的支持非常重要,首先是要真正接受儿童的独特性,理解、同情和尊重儿童,同时为他们尽量提供个别化指导。增强课业要求的弹性、循序渐进、扬长避短等策略,对于改善低成就现象有帮助。家长方面,首先在于心态调整,不能期望问题可以轻易解决;要注意亲子相处的技巧,消除儿童的敌对与畏惧。此外,要分析儿童的具体情况,努力为儿童提供具体帮助,而不是笼统说教,如进行一些时间管理、自理能力等方面的能力培养,帮助儿童进行优先目标的制定并监控他们的工作过程,以防儿童浅尝辄止。对于年纪较大的儿童,可以坦诚地与他们谈论他们面临的困难,激发他们解决问题的主动性。

主要学术组织与刊物

世界天才儿童理事会(World Council for Gifted and Talented Children)1975 年成立于英国伦敦,为世界性天才儿童研究学术组织,隔年在不同国家或地区召开双年会,交流各国天才儿童研究与教育领域的成果。1995 年的第十一届会议在中国的香港和北京举行。其会刊是《国际天才儿童》(Gifted and Talented International),每半年出版一期,刊登来自各国的有关天才儿童研究与教育的学术论文。

《天才儿童季刊》(Gifted Quarterly)是由美国天才儿童协会主办的学术刊物,于每年的 1 月、4 月、7 月、10 月出版,主要内容是天才儿童研究领域的新成果、教育项目介绍与评价、课程、家长及社区教育等。

参考文献

温纳·埃伦.天才儿童:神话与现实[M].王振西,等,译.北京:昆仑出版社,1998.

兰祖利,里斯.丰富教学模式[M].华华,等,译.上海:华东师范大学出版社,2000.

查子秀.超常儿童心理学[M].北京:人民教育出版社,1993.

Milgram,R.M.天才和资质优异儿童的心理咨询[M].北京:中国轻工业出版社,2005.

Clark,B. Growing Up Gifted [M]. Ohio:Merrill Publishing Company,1997.

（李彩云）

听力残疾儿童教育（education for the hearing impaired children） 对因各种原因导致双耳听力丧失或听力减退,并由此造成言语和语言发展障碍儿童实施的专门教育。特殊教育的组成部分。有广义和狭义之分。广义的听力残疾儿童教育指从学前教育阶段直至成人教育阶段对听力残疾者的教育;狭义的听力残疾儿童教育一般指学前教育阶段和义务教育阶段对听力残疾少年儿童的教育。在特殊教育学科领域,听力残疾儿童教育也常作为指研究听力残疾儿童教育现象、教育规律及其特点的学科名称,是特殊教育学科分支。

听力残疾儿童教育的对象

听力残疾儿童教育的对象是存在听力损失的人。中国 2005 年《第二次全国残疾人抽样调查残疾标准》中提出的听力残疾的定义是:由于各种原因导致双耳不同程度的永久性听力障碍,听不到或听不清周围环境声及言语声,以致影响日常生活和社会参与。国际上对听力损失程度的划分有不同标准。中国和世界卫生组织、国际标准化组织关于听力残疾的分类分级标准见听力残疾标准表。在称谓上,中国大陆法律界、教育界一般使用听力残疾儿童(学生)、耳聋儿童(聋童)、耳聋学生(聋生)的称谓。在中国台湾、香港、澳门地区一般使用听觉障碍儿童(学生)的称谓。在国外一般使用聋童(deaf child)、聋生(deaf student)、重听儿童(hard-of-hearing child)、重听学生(hard-of-hearing student)的称谓。

听力残疾标准表

听力损失程度* (dB,听力级)	中国标准		听力损失程度* (dB,听力级)	WHO、ISO 组织标准	
	分级			分级	程度
≥91	一级听力残疾		>110	G	全聋
			91～110	F	极重度聋
81～90	二级听力残疾		71～90	E	重度聋
61～80	三级听力残疾		56～70	D	中重度聋
41～60	四级听力残疾		41～55	C	中度聋
26～40	正常		26～40	B	轻度聋
0～25			0～25	A	正常

注:听力损失程度是指 500、1 000、2 000 三个语言频率听力损失的平均值。在中国标准和国际标准中均为双耳裸耳听力,若双耳听力损失程度不同,则以损失轻的一耳为准

受社会经济、文化教育、医疗水平程度等因素制约,各国、各地区听力残疾儿童的出现率在不同时期有所不同。如中国 1987 年首次全国残疾人抽样调查 0～14 岁听力残疾的出现率为 0.28%;2001 年在 6 个省市所做的 0～6 岁残疾儿童抽样调查发现,0～6 岁听力残疾儿童现患率为 0.155%,年平均发现率为 0.221‰。至 2004 年,中国听力残疾少年、儿童的人数逾百万。2006 年第二次全国残疾人抽样调查结果显示,6～14 岁学龄听力残疾儿童有 11 万人,占残疾儿童总数的 4.5%,占全部残疾人口的 1.3‰。1993 年,台湾地区的调查结果是听力残疾儿童出现率为 0.08%;美国为 0.10%。

中国听力残疾儿童的分布特点:男性多于女性;学龄期人数多于学前期人数;乡村人数多于城市人数;轻中度人数多于中度人数;在特殊学校学习的学生多是听力损失严重的耳聋患者。这些特点与教育计划的制订,教育形式、内容、方法的选择,教学活动的实施有直接关系。

听力残疾儿童教育的形式及
课程设置、教科书、教师

教育安置形式 国际上,听力残疾儿童教育已呈现多

种形式：安置在聋校的特殊教育形式；安置在普通学校的教育形式；送教上门的形式；远程教学形式。

特殊教育形式是最早采用、至今仍然实行的一种教育形式。如俄罗斯在学前阶段为听力残疾幼儿专门设特殊托儿所、幼儿园或在普通幼儿园和特殊学校设特殊班；20世纪在义务教育阶段分别设立聋校、重听儿童学校、晚聋儿童学校（专门招收学语后失聪的儿童）；国家为每一类特殊学校分别制订教学计划、教学大纲，编写专门教材。义务教育后的教育机构呈现多样化，既有专门设置的中等专业技术学校、职业学校，也有普通中专学校、职业学校设置的特殊班；大学阶段大多数听力残疾学生与普通学生一起接受高等教育。此外，俄罗斯的医疗系统、社会保障系统、残疾人团体也设有一些具有教育功能的机构，以对听力残疾者进行教育和康复训练工作。2009年，中国为聋人开办的聋校有541所，占当年特殊教育学校总数的1/3。

普通教育形式是欧洲国家及美国在20世纪50年代后伴随"正常化"、"零拒绝"、"一体化"、"回归主流"的思潮而逐步普及的形式。它主张残疾学生尽可能与普通学生一起学习，逐步形成由多种教育形式构成的回归主流式教育体系，它可用倒立的或正立的三角形来表示。具体到听力残疾儿童教育，教育形式表现为普通学校普通班、普通学校部分时间普通班/部分时间资源教室、普通学校全日制特殊班、部分时间聋校/部分时间普通学校普通班、全日制聋校、寄宿制机构/家庭。完全融合与完全隔离处于这一教育体系的两端，听力残疾学生及其家长可根据学生的自身情况选择其中一种。回归主流式教育体系具有三个特点：听力残疾学生在普通教育环境受教育的数量多于在特殊教育环境受教育的数量；将普通教育环境视为对听力残疾学生限制最少，将特殊教育环境视为对其限制最多；教育形式不是一成不变的，而是双向流动的，听力残疾学生根据情况变化可以向高一级或低一级的教育安置形式转换。

20世纪90年代，"全纳教育"（亦称"融合教育"）在国际特殊教育和普通教育领域兴起。它要求政府、社会为不同类型的学习者提供教育支持的政策，阻止在学校和更大社会范围中对有特殊教育需要的学生的排斥与隔离。要求普通学校接纳所在社区各种类型的有特殊教育需要的学生，尊重学习者的多样化需求，为有特殊教育需要的学生提供有效帮助。因此，"全纳教育"比"回归主流"更近了一步，挪威、瑞典在推行"全纳教育"的过程中减少了包括聋校在内的特殊学校数量，聋生绝大多数在普通学校学习。

中国特殊教育的法律法规同样规定包括听力残疾在内的特殊学生可以在普通教育和特殊教育两种形式中接受教育。在学前教育阶段，听力残疾儿童可以在普通幼儿园或听力语言康复机构、特殊学校的学前班受教育。中国各级残疾人联合会在全国建立了聋儿听力语言康复机构的组织

系统，其中有的地区分别设立了接收戴助听器的听力残疾儿童的康复机构和接收实施人工耳蜗手术的听力残疾儿童的康复机构。在义务教育阶段，轻、中度的听力残疾学生一般选择进普通学校学习，重度耳聋学生多数选择进聋校学习。随班就读在中国特别是在中西部地区成为听力残疾学生接受义务教育的主要形式。义务教育后阶段，教育部门所属的聋校设置普通高中部、职业高中部、职业学校供学生选择，其中，1993年教育部、中国残疾人联合会与江苏省教委、南京市教育局合作在南京聋人学校举办聋人普通高中，面向全国招生。另外还有专门的中等专业技术学校招收聋校毕业生，如上海聋人青年技术学校。中国残疾人联合会在全国省一级开办省级残疾人职业培训中心，对16岁以上的残疾人进行职业能力的培训。在高等教育阶段，同样实行两种教育安置方式。凡符合普通高等学校招生条件的听力残疾学生，教育行政部门和残联部门积极协助和监督相关高校予以录取。同时，鼓励和资助开办专门招收听力残疾学生的高等院校和专业。1987年，长春大学特殊教育学院最先成立。至2004年，中国已有长春大学特殊教育学院、天津理工大学聋人工学院、北京联合大学特殊教育学院、河南中州大学特殊教育学院等高等院校招收听力残疾学生，录取的专业有艺术设计、美术学、雕塑、装潢设计、古建筑绘画、摄影、机械制造工艺与设备、计算机应用、服装设计与工程专业、广告设计专业、办公自动化专业（专科）和园林专业等。每年录取和毕业的听力残疾学生达数百名。此外，还在普通高等院校中开办招收残疾人的系或班的院校，如上海美术学院、江苏金陵职业大学、湖北荆门大学。

早期训练与康复形式 世界各国、各地区日益关注残疾儿童的早期发现、早期干预工作，使之与特殊教育相衔接。中国现有7岁以下聋儿约80万，每年新产生聋儿3万余名。大多数聋儿尚有残余听力，可以通过听力语言训练得到康复，开口说话。1987年，中国系统地提出"三项康复"工作，将听力残疾儿童的听力与语言康复作为其中的一项任务。具体采取以下五种措施。(1) 开展新生儿听力筛查，将新生儿听力筛查列入新生儿疾病筛查项目，筛查结果及时报告卫生行政部门及残疾人康复工作办公室，组织康复人员对聋儿采取早期干预措施。(2) 建立覆盖全国的国家、省市、县(区)、社区四级聋儿听力语言康复机构。1983年，北京率先创办中国残联聋儿语言听力康复中心，之后隶属于中国残疾人联合会领导和管理，并改称为中国聋儿康复研究中心，具有全国聋儿康复工作的技术资源中心和行业管理作用，开展耳聋预防、听力筛查、助听器选配、聋儿听力语言训练、专业人员培训、新设备开发、教具学具研制、咨询服务、康复技术与方法的研究，收集、分析助听器质量信息，为质量技术监督部门提供咨询和建议。至2011年，全国建成省级听力语言康复机构31个，基层听力语言康复机构

1 028个。共对2.7万名聋儿进行了听力语言康复训练,规范聋儿家长学校,开展家庭训练,共培训聋儿家长3.0万名,培养各类专业人员5 312人,实施贫困聋儿人工耳蜗、助听器抢救性康复项目,资助700名聋儿免费植入人工耳蜗,资助3 000名聋儿免费配助听器。各地有条件的特殊教育学校、幼儿园、儿童福利院等机构也开办聋儿语训班,使聋儿能够就地、就近得到康复训练,并且培训聋儿家长,开展家庭训练。现在中国基本形成以聋儿康复中心为指导、语训部为骨干、语训班为基础、社区家庭训练为依托的中国聋儿早期鉴定、早期干预康复工作体系。2006—2010年,全国对9.8万名听力残疾儿童进行听力语言康复训练;为1.9万名贫困听力残疾儿童免费配助听器、植入人工耳蜗,补贴康复训练经费;培训家长12.2万名。(3)培养专业人员。将聋儿语训师资培养纳入国家教育规划,在北京联合大学建立听力语言康复技术学院,培养面向基层的聋儿语训教师。同时举办专项技能培训班和专题讲座,进行聋儿康复新技术培训,开展聋儿康复专业人员继续教育工作。按照特殊教育的有关规定,为聋儿康复专业人员发放特教津贴。(4)资助贫困聋儿配助听器。依靠政府建立贫困聋儿救助基金,重点资助西部地区及其他不发达地区农村贫困聋儿配助听器。动员社会力量,开展"听力助残"助听器供应服务工作,为贫困聋儿提供质优价廉的助听器。(5)普及耳聋预防和康复知识。自2000年起,每年3月3日在全国开展"爱耳日"活动,进行耳聋预防宣传,提高公众听力保健及防聋意识,减少听力言语残疾的发生。同时编写康复教材,制作教学音像制品,为已注册的聋儿康复机构配置必要的聋儿康复评估用具及训练指导教材。结合聋儿康复实际需求,组织开发聋儿急需的教具、学具及评估用具。

教学组织形式 根据听力残疾学生的具体情况和学科特点,国内外对听力残疾学生的教学组织形式呈多样化趋势。在聋校,一是按照学生年龄划分为不同的年级教学班。二是按照学生听力语言程度和教学沟通手段划分为口语教学班、手语教学班、双语教学班。三是按照学生毕业后的去向分班,如美国有的聋校分为学业班(academic class)、职业班(vocational class)、职业调整班(occupational work adjustment program class)、目标班(target class)。学业班学生未来的意向是考大学继续深造,因此这种班级全部是文化课。职业班学生未来的意向是就业,因此这种班既开设文化课,也开设职业选修课。职业调整班和目标班是中高年级相互连接的班级,进入这种班级的学生不仅有听力残疾的缺陷,而且有情绪和行为问题,学习成绩较差,因此,这种班文化课的教学要求要低,学生有一半时间进行生活能力、劳动技能的训练,同时接受行为矫正。四是按照学生的学业水平分班教学,即上某一门学科课程时,将年龄和年级不同但学习水平相同或相近的学生编成一个班。学生没

有固定的教室和固定的同学。在普通学校,一般采用辅导教师、手语翻译配合普通班教学的方式。辅导教师一方面辅导听力残疾学生,另一方面对普通班的教师进行提示帮助。专职手语翻译在各类课程和活动中提供全程翻译。另外,设立资源教室(resource room),要求在普通班学习有困难的听力残疾学生在指定时间到资源教室接受辅导。聋校与普通学校之间也实行教学上的互动,部分听力残疾学生有的课程在聋校上,有的课程到普通学校上。

课程设置和教科书 义务教育阶段的聋校课程设置体现共性与特色相结合的结构特色。在思想品德、社会、语文、数学、自然、体育、美术等基本学科的教学内容和教学要求方面,聋校与普通学校基本保持一致;有的课程如外语、音乐,有的国家和地区的聋校也开设。同时,聋校也开设一些普通学校没有的特殊课程,如沟通与交往、律动、职业技术课等。作为特殊教育,国际聋教育界普遍认为对听力残疾学生不仅要进行基本的文化科学知识、公民道德教育,而且要进行劳动和职业技能的培训,以适应进入社会的需要。在劳动和职业技能的培训的层次上随着学生的身心发展不断提高。如中国聋校义务教育阶段将劳动和职业技能的培训分为生活自理技能、劳动技术、初等职业技术训练三个层次。日本聋校高中部的职业技术教育包括家事、农业、工业、商业、印刷、理发与美容、洗衣、美术、牙科技工等9个领域。

聋校使用的教科书有两种类型:一种是选用普通学校的教科书,只是在教学内容的选择和教学方法上有所调整,美国聋校采取这种方式。优点是淡化聋校与普通学校的区别,淡化聋生与普通学生的区别,使聋校教师和学生树立尽可能达到普通教育水准的观念,在聋生升学方面减少障碍。其难点在于对教师的要求提高,教师需要根据学生的接受能力不断调整教学内容、进度,设计适合学生的教学形式和方法。另一种是某些学科单编教科书,日本、中国大陆和中国台湾地区聋校采取这种方式。中国大陆聋校单编教科书有些是教师学生共同用书,像数学、语文、社会、语言训练等科目教材;有些仅为教师用书,像体育、律动课教材。相对同年级普通学校教材,聋校单编教科书增加图片、手语、发音部位和方法图示、练习等,以帮助学生理解和使用教材。单编教科书方式的优点在于注意到聋生与普通学生的区别,从听力残疾学生的认知和学习特点出发,对教学内容的选择和编排作一些改动。其缺点是教学内容往往减少、难度降低,客观上拉开聋生与同龄普通学生的学习差距,对学生升学存在不利影响。

教师和专业人员 针对特殊教育工作的特点,国内外对包括聋教育教师在内的所有特殊教育从业人员普遍通行"双证书"的任职资格制度,即首先达到国家要求的学历程度,获得教师资格证书,然后通过特殊教育的行业标准考

核,获得特殊教育教师的资格证书。1994 年,中国国务院颁布的《残疾人教育条例》第三十七条规定,"国家实行残疾人教育教师资格证书制度"。听力残疾儿童教育的专业领域也有具体的量化指标,如 2000 年,美国特殊儿童委员会从特殊教育的哲学、历史和法律基础,学习者的发展和特征,个别学习差异,教学策略,学习环境和社会的相互作用,语言,教学计划,评估,专业和道德实践,合作十个方面对准备从事听力残疾特殊教育的教师提出 114 项必备的知识和技能的基本要求。如要具有的专业知识包括:了解聋生和重听学生(视觉、空间、触觉、听觉)交往特征对促进其认知、情感和社会发展的必要性的知识;研究聋生和重听学生认知活动的知识;能丰富儿童生活的文化教养知识;听力残疾不同原因可能给聋或重听学生造成不同感觉、运动及学习方面差异的知识;家庭及主要抚养人对聋和重听学生全面发展影响的知识;听力损失发生时间、确诊年龄和成长过程中受到的服务对聋和重听学生影响的知识;早期广泛的人际交往对聋和重听学生发展影响的知识;懂得单纯耳聋或重听不一定妨碍聋或重听学生正常的学业发展、认知发展和交往能力的知识;觉察聋和重听学生在偶尔习得语言/实践学习的数量和质量上的差异的知识;感觉刺激对聋和重听学生语言和认知发展上的作用的知识。

上海市教育委员会 1997 年率先在全国实施地方性的特殊教育教师资格证书制度,从师德修养、熟悉特殊教育法规依法治教、掌握聋生心理学教育学基本理论知识、具有基本的教育教学技能四个方面进行考核。其中要求聋校教师能掌握语言训练方法、参与听力评估,初步掌握调试助听器的技能,熟练掌握汉语手指语和中国手语。

特殊教育工作的自身特点还决定了特殊教育学校不仅需要专业课教师,还需要相关的专业技术人员。世界上发达的国家和地区的聋校配备有多种类型的专业人员,包括:从事听力检测和助听器验配维修的听力学技术人员,进行发音说话训练的言语训练师,帮助学生解决心理问题和进行心理矫正的心理咨询师,训练学生形成某种学习能力和操作能力的职业治疗师等。这些专业技术人员参与学生的评估鉴定、康复训练、问题矫正,其工作或在专业课外单独进行,或在课堂中配合教学同时进行。

无障碍要求 鉴于听力障碍对学生感知觉活动造成的不利影响,因此,在教学环境、教学过程、沟通方式等各个方面都需要进行无障碍的设计和要求。如在教学环境上,为了帮助听力残疾学生获得信息,特别是视觉信息,以及便于学校进行教学日常管理,聋校在教室、教师办公室、饭厅、宿舍、卫生间、走廊等校园内各个学生可能在的地方都安装电铃、闪光灯、电动字幕等有声光提示装置;教室课桌排成"U"形,使学生之间能看口形和手语;同时装备有线或者无线助听设备,对有残余听觉的学生进行听力语言训练。在教学过程中,强调教师要结合教学内容准备恰当的教具和学具,帮助学生理解教材;教师要面向学生讲解,室内有足够的照度,使每位学生都能看清口型和手势;教师的站位,说话的速度,打手势的位置、动作幅度和速度都要考虑学生主要依靠视觉感知的特点。在沟通方式上,根据学生的实际情况选择使用恰当的沟通方式,包括手语、口语(看话)、书面语等不同形式。

听力残疾儿童教育中的语言教学体系

怎样与听力残疾者进行沟通以及怎样教听力残疾者理解和运用语言,是听力残疾儿童教育产生以来一直在研究、实践的问题。历史上的聋教育语言教学法根据其产生的先后顺序及反映出的不同教育哲学理念,大致可分为以下几种方法流派。

手口结合的教学方法 现有文献记载国外最早对聋人进行教育尝试始于 16 世纪的西班牙,先驱者有莱昂、加利翁、J. P. 博内特。其教学方式主要采用手语的形式,通过手势和手指语来进行口语教学。莱昂是世界上最早的聋教育教师,但他自己关于教学的著述没有保存下来。与莱昂同时期的西班牙御医瓦利斯曾听过他的课,并在《对圣经中的自然现象的哲学思考》等著作中介绍了莱昂的教学法。据他记载,莱昂先使用修道院僧侣们创造的手势与聋童交流,然后利用手指物体的方法教聋童学习书面语词汇,并练习这些单词的发音,最后根据学生的听力损失情况,对尚有残余听力的学生进行口语教学,对那些丧失听力的学生进行更高水平的书面语教学。加利翁是继莱昂之后西班牙的第二位聋教育者。他在《自然奇观》一书中论述了由聋致哑的原因,并指出先天聋人通常不会说话,但后天聋人的发音器官正常,能够学会说话。并使用一种他称为"快速阅读"的方法教聋童说话。据黎玉范在 1623 年记载,加利翁将原有的字母表的名称简化,用字母的读音标注。这一方法与西班牙牧师 J. P. 博内特在 1620 年出版的《字母表的简化方案和教聋人说话的方法》中介绍的方法相差无几。J. P. 博内特继承了莱昂和加利翁的教学方法。他在《字母表的简化方案和教聋人说话的方法》这本书中,主张将西班牙语字母表中的字母名称进行简化,摒弃原来冗长的名称,仅根据该字母的发音为其命名,以便于聋人学习字母发音。他还详细介绍了发音器官的构造,指出手指语是一种自然语言,并系统阐述了对聋童进行口语教学的原则,如词汇的教学应结合情景进行;教师应有足够的耐心以培养学生对学习的信心;使用书面的形式将问题答案呈现给学生,以确保信息传达的准确性和真实性;每日检查学生的进步,等等。尽管 J. P. 博内特的著作似乎像用口语教学,但无论是最初的发音教学,还是随后的具体和抽象单词的教学,都是以手指语作为教学媒介进行的,书的第二部分一开篇便介绍了单手字母表,并要求聋生及其所有家庭成员都学习使用手指语。法国人皮埃尔也运用单手字母教聋人学说话,并为有剩余听力的聋人设计听觉训练的程序,逐步形成借助视觉、触觉的感觉训练方法。

以口语为主的教学方法　17世纪中叶至18世纪中叶,由瑞士移居荷兰的阿曼提出口语教学的重要性。1692年,他出版《说话的聋子》(*The Speaking Deaf*),1700年,又出版《说话论文》(*A Dissertation on Speaking*)。他认为口语是人类唯一的思维形式,因此聋教育必须将重点放在发音教学上,强调聋人学习口语的重要性和可行性,并遵循与健听人学说话的同样规律。在口语教学实践中他引导聋生利用触摸觉、视觉进行模仿发音,先教学生学发元音,体会发元音时声带的振动,然后再教辅音的发音,最后过渡到词和句子教学。他被后人称为口语教学法的始祖。在口语教学学派方面,德国的海尼克也形成被称为"德国方法"的口语教学理论或"纯口语法"的代表。在最初的教学实践中他采用书面语教学,但教学结果并不令人满意,因此逐渐转而相信口语教学法是聋教育的唯一出路,并于1775年发表支持口语教学的文章,介绍他对聋生进行的书面语和口语教学。海尼克接受了阿曼的观点,同样认为聋童学习语言应当与健听人一样遵循先口语再书面语的规律,先学习书面语会妨碍口语的获得。认为聋童学习口语并不像人们想象的那样难,因为儿童生而有说话的内在动力。在教学中,他尝试用视觉和触觉代偿听觉,后期主张用味觉代偿听觉。他所说的味觉实际上指的是聋人在说话时对舌头、声带和嘴部动作的感觉。虽然海尼克反对使用成体系的手势,但并不完全排斥自然手势和手指字母在教学中的使用,不过他坚信口语是最便捷、最舒服的语言表达方式。

以手语为主的教学方法　18世纪,以法国的莱佩、西卡尔等人为代表形成了用手语为主进行教学的学派。他们认为,所有的语言都是由任意的符号体系来表示的,而不论这一符号体系的表现形式是短暂的(如口语和手语)还是永恒的(如书面语),所以书面语同口语一样能够使人理解抽象概念。对于聋人来说,手语和书面语的学习没有口语学习那么费时费力。莱佩对J. P. 博内特的语言教学方法进行了改进,发明了一套手语体系,将法语语法结构转换成手语的形式表达出来,以对聋童进行书面语教学。

口语教学法　19世纪下半叶,在欧美聋教育界出现口语教学法思想。这种思想以美国实行口语教学的克拉克聋校的创办者之一哈博德和A. G. 贝尔为代表,被称为"口语派"。他们认为,手语是造成聋人与健听人之间隔膜等问题的根源,因此坚决反对在教学过程中使用手语,所有聋童(包括极重度聋童)的残余听力经过开发都可以接受语音信息,从而学会口语。口语是获得知识的基础,语言交流,尤

其是口语交流是社会交往的重要途径。掌握口语的聋童应尽早回归到普通学校就读,与健听学生交往,避免聋人与健听人之间产生心理隔膜。他们主张在配备了合适的助听设备和保证学校口语环境的前提下,采用普通学校的教材,通过小班教学和个别辅导的方式,对学生进行发音、唇读、残余听力开发的口语教学。由于克拉克学校招收学生的标准比较严格(主要招取3岁后因病或意外致聋的聋童、重听儿童),因此口语教学也有明显的效果。1880年,在意大利米兰召开的第二届国际聋人大会通过提倡推行口语法的《米兰会议宣言》(*Resolutions of the Milan Convention*),提出"口语法优于手语法"、"纯口语法为最佳"的主张。

综合沟通法　尽管米兰会议倡导推行口语教学法,但此后近百年的实践证明,口语法并不能适应所有聋人的需要。20世纪70年代,国际聋教育界逐步形成和推广综合沟通法的思想和教学方法。综合沟通法是利用聋人可以使用的各种能够传达信息的途径,如手势语、手指语、口语、书面语、看话、面部表情、肢体动作、图画、实物等,使听力残疾者之间、听力残疾者与健听者之间最大限度地互为理解的沟通方法。这种方法实际是发挥各种表达形式的长处,根据交流情景或者教学内容的需要,以及沟通者双方的表达、理解能力,有机地选择和综合利用各种交流手段。

双语教学法　20世纪80年代,瑞典、英国、加拿大、美国等一些国家聋教育界对综合沟通法提出质疑和批评,认为综合沟通法虽然主张运用各种交流手段与聋人沟通和进行教学,但在运用时实际是以有声语言为主要形式,并且按照有声语言的表达顺序打手语,忽视聋人自然手语的地位和表达规律及特点,进而提出双语双文化的概念。双语是指主流社会的语言和聋人手语(聋人按自己表达习惯和方式所打的手语,而非按有声语言表达顺序所打的手语),双文化是指主流社会的文化和聋人文化。双语教学法是指在教学中先让聋生学习聋人手语,然后借助聋人手语学习本国、本民族语言,其中主要是书面语,最终能运用两种语言学习知识和面对不同的对象进行交流。双语教学思想的核心是:手语是语言,与主流社会使用的有声语言具有同等的地位;聋人手语是聋人的母语,本国、本民族语言为第二语言,聋童首先要学习聋人手语,手语是学习本国、本民族语言的基础;要有聋人做教师教聋童学习手语和书面语,健听人也要学习和使用聋人手语;要按聋人的表达习惯和方式打手语;学习本国、本民族语言主要是书面语,不要求非学习发音说话。双语教学法在国际聋教育界引起广泛注意,瑞典、英国、加拿大、澳大利亚等国的法律已将本国聋人手语规定为语言。中国天津、江苏、安徽、云南等地一些聋校和聋童学前班在20世纪末也开始进行双语教学的试验。

此外,在聋教育发展的过程中还出现过一些与聋人沟通和教聋人学语言的其他方法,如以书面语为主的方法、以

手指语为主的方法、缩减语音体系的方法等。

手语体系　手语是听力残疾儿童教育中使用广泛的一种教学手段,包括手势语和手指语。手势语以手的动作、面部表情以及身体姿势表示意思与人沟通,是表达语言的一种特殊方式。手势语在表达方式上有所不同,一种是按聋人的习惯和方式表达,与有声语言的表达顺序不符合;另一种是遵循有声语言的表达规律,表达顺序与口语和书面语基本一致。因此,前者亦称"自然手语"或"聋人手语",后者亦称"文法手语"。手指语是以手的指式代表拼音字母,按照拼音的规则连续打出音节的表达方式,有单手手指语和双手手指语之分。

1963 年,中国公布实施《汉语手指字母方案》,汉语手指字母以汉语拼音方案的音素字母为基础制定,共 30 个指式,为单手指语。另外规定用书空的方式表示声调和隔音符号。

中华人民共和国成立后不久中国即开始规范统一手语的工作,20 世纪 60 年代整理印发《聋哑人通用手语草图》(四辑),经内务部、教育部、中国文字改革委员会批准试行。1979 年,中国盲人聋哑人协会恢复因"文革"而中断了的手语规范化工作,将原《聋哑人通用手语草图》修订为两辑,定名为《聋哑人通用手语图》,由民政部、教育部、中国文字改革委员会批准正式推行。之后又编辑了《聋哑人通用手语图》第三辑、第四辑。1985 年,中国盲人聋哑人协会组织修订这四辑手语单词,1990 年,以《中国手语》的名称出版。1994 年,出版《中国手语》续集。2000 年,中国残疾人联合会组织修订《中国手语》首、续集,2003 年,《中国手语》修订版出版发行,全书共收词目 5 586 个。之后,又相继出版与《中国手语》相配套的系列丛书——《计算机专业手语》、《体育专业手语》、《理科专业手语》、《美术专业手语》,供聋校和中等、高等聋人院校专业教学使用。

对于中国大陆地区的手语的分类有不同的角度,如按聋人手语与文法手语、地方手语与通用手语、手形构成要素与手语构成要素进行分类。聋人手语是聋人在日常交流中自然形成和使用的手语,在表达形式上随意多样,且与有声语言的语法形式有明显不同。文法手语则主要依据有声语言的语法规则来表达。地方手语如方言,手语有地域性的特征;通用手语如普通话,在学校教学、公共媒体、公共服务领域使用。手形手语构成要素包括手的形状、位置、方向、移动;手语构成要素包括手指语指式和手势动作。如《中国手语》的词目手语动作含有的汉语手指字母指式类型有五种。(1) 单一字母手势:用一个手指字母表示一个词的手势。(2) 书空字母手势:用一只手书空一个或几个字母表示一个词的手势。(3) 字母变式手势:用变换方向、附加动作或置于身体某个部位的字母指式表示一个词的手势;用声母指式与部分韵母的指式表示一个词的手势。(4) 字母

音节手势:用拼出完整音节的字母指式表示一个词的手势。(5) 字母与其他动作结合的手势,如一手打字母,另一手书空字母的手势。手势类型有八种。(1) 仿字手势:直接用双手搭成汉字。(2) 书空汉字手势:一手食指书空汉字的手势。(3) 仿字＋书空手势:一手仿字形、另一手书空汉字笔画的仿汉字手势。(4) 书空符号手势:一手食指或双手食指书空标点符号,数学、化学、物理等符号的手势。(5) 汉字变式手势:包括用仿字＋书空的方式仿汉字某个部分的手势;在仿字手势上附加动作的手势;将仿字手势置于身体某个部位的手势。(6) 单一动作手势:包括用一只手打出一个动作表示一个单音节词的手势;用一只手连续打出两个动作表示一个双音节或多音节词的手势;用身体某种姿势表示一个词的动作。(7) 复合动作手势:包括用两只手打出一个动作表示一个单音节词或者双音节词的手势;两只手打出两个动作表示一个词素不可分解的双音节词的手势。(8) 外来手势:部分或全部引用国际手语、外国手语和港澳台地区的手语。中国台湾地区的手语分为表形手势、表字手势、表音手势、表义手势四种类型。

参考文献

林宝贵.听觉障碍教育与复健[M].台北:五南图书出版股份有限公司,1994.

朴永馨.特殊教育[M].长春:吉林教育出版社,2000.

赵锡安.聋人双语双文化教学研究[M].北京:华夏出版社,2004.

Cleve,J. V. & Gallaudet College. Gallaudet Encyclopedia of Deaf People and Deafness[M]. New York: McGraw-Hill Book Company, Inc. , 1987.

Moores, D. F. Educating the Deaf — Psychology, Principles, and Practices[M]. Boston; New York: Houghton Mifflin Company, 1987.

(顾定倩　谭明华)

通识教育(general education)　大学教育中以广博的跨专业的普遍知识为教学内容,以促进学生知、情、意全面发展,养成健全人格为目的的教育思想和实践。与"专业教育"相对(参见"专业教育")。系 20 世纪引入的外来词语,中文曾译为"普通教育",日本曾译为"一般教育",均已很少使用。20 世纪后期开始,华人社会多用"通识教育"这一译称,现已基本通用。清代学者章学诚释"通"为"达","通者,所以通天下之不通也";唐代学者刘知几释"识"为孔子所言"博闻,择其善者而从之"中的择善功夫。"通识"表明既要求学问广博、贯通,又要求个人有对自我及自我与社会、环境等各种关系做出正确判断与选择的器识与能力。通识教育概念不一,内涵丰富。德国社会学家 M. 韦伯从通识教育的性质、目的和内容三方面界定通识教育。通识教育的性质:(1) 高等教育可分为通识教育和专门教育(专业教育)两部分,通识教育指非专门的或非专业性、非职业性的教育。

(2) 通识教育是所有大学生都应接受的教育,它是使大学生获得在较高层次上认识、评价和促进社会进步的有关知识、技能和态度的教育;它不是真正的实用性教育,但可以使大学生更好地从事实践工作。(3) 通识教育可作为一种大学理念或大学办学思想,意指大学教育应具有宽厚、广泛的文化基础,不应过于专门化。(4) 与自由教育同义,是塑造自由人、使学生的理性获得自由发展的教育。通识教育的目的是培养学生成为负责任的个人和社会公民,向他们提供应共同拥有的核心知识;使他们的美德、理性、智慧和推理、论证能力得到发展,具有远大眼光、通融识见、博雅精神和优美情感。教育内容属于大学教育"广度"的主要组成部分,与主要组成大学教育中"深度"部分的专业教育相辅相成。是一种使学生熟悉知识的主要领域(自然科学、文学、历史和其他社会科学、语言和艺术、体育等)内的基本事实和有关理念的教育。

理论与实践 因哲学出发点不同,通识教育有不同的理论诠释和依据。(1) 永恒主义理论。代表人物为赫钦斯。永恒主义认为,宇宙间存在绝对的、永恒不变的"实在",人类的本性就是一种实在,追求和具有理性是人类永恒的特征。教育的目的在于:培养和发展理性;发展人的理解和判断能力;给青年人提供他们所需的习惯、观念和技能。赫钦斯主张在大学中设置通识教育课程,认为通识教育的内容应当以学习历代名著为主,因为它们包含了人类的最高智慧和理性,包含了绝对真理,是一种永恒学科。(2) 进步主义理论。代表人物为杜威。杜威认为,经验是人与环境相互作用的结果,只有经验才是真正的实在。他将教育定义为"经验的改造或改组",主张"儿童(个人)中心"、"教育即生活"、"学校即社会"、要"做中学、从生活中学"。从此教育哲学观点出发,进步主义者认为通识教育的目的既在于使学生发现自己、了解自己,进而发展成为一个有特性的个体,又在于使他们在学校生活中为将来"成为民主社会的积极参与者"做好准备;每个学生都要学习和了解人类文明成就的主要领域,如文学、艺术、政治、经济和科学的基础等,这正是通识教育内容的组成部分。(3) 要素主义理论。代表人物为巴格莱、科南特等。要素主义认为,文化传统里有一些不变的共同要素,社会的发展和有效运行有赖于这些共同要素,一切人都应该学习他们;教育可分为通识教育和专业教育两部分,它们不是割裂的、对立的两种教育,而是一个人应受教育的两个方面;教育如果过分专门化将限制学生的适应性和社会人力资源的流动性,因而不利于社会发展。通识教育在教育目标上应关注对学生有效思考、与他人交流沟通、做出对事物的适切判断及鉴别价值等项能力共同要素的培养;在教育内容上应重视人类文化基本要素的学习。社会批判理论等也被一些学者作为通识教育的理论依据。

通识教育的实践有多种类型。美洲、亚洲国家及澳大利亚的大学教育曾深受美国的影响。20 世纪 50 年代以来,德国、英国等欧洲国家也陆续在大学开设"非专业性课程",但数量、规模和影响都较小。通识教育实施模式主要有四种:(1) 分布必修型。对学生必须修习的课程领域(一般为自然科学、社会科学和人文学科)以及各领域内至少应修习的课程门数(或最低学分数)作出规定的通识教育课程计划。最早可追溯到 20 世纪初哈佛大学的集中与分配制和耶鲁大学的分组必修制,是迄今为止多数大学和学院实施通识教育的主要形式。(2) 名著课程型。该教学计划要求在大学的最后两年中,每周阅读一本经典著作,接着再花几周时间进行讨论。在第一次世界大战期间由哥伦比亚大学教授厄斯金提出,后经赫钦斯等人的发展,突出了名著在大学教育中的地位,从一个时间为两年的计划扩展为四年通识教育教学计划。美国的个别学校实施该计划。(3) 核心课程型。20 世纪 70 年代末大量出现于美国大学的一种通识教育实践类型。康奈尔大学前校长罗兹认为,核心课程不是以名著为基础的课程,而是一种把人文科学、社会科学直接与人类休戚相关的事物联系起来的方式;哈佛大学认为,核心课程是一种综合传统独立学科中的基本内容、以向所有学生提供共同知识背景为目的的课程。哈佛大学的核心课程分外国文化、历史研究、文学与艺术、道德推断、量化推断、科学、社会分析 7 个领域。根据后工业社会发展迅速、知识更新速度加快的特点,提出现代社会中"受过教育的人"应该是掌握了在现代社会中对每个人都非常重要的几种能力的人,这些能力包括写作能力、外语能力及数量推理能力等。核心课程努力把获取知识的主要方法介绍给学生,无论每个领域内的课程多么不同,其着重点都是思维训练。(4) 自由选修型。学院或大学本身没有任何特别规定的通识教育计划,学生可根据自己的兴趣自行制订属于自己的通识教育计划。自由选修型强调个人生活经验不同会导致需要不同,课程应以学生兴趣为中心;主张自由选修,反对必修。按自由选修方式实施通识教育的学校较少,但包括一些知名大学,如阿姆赫斯特学院、布朗大学等。

产生与发展 通识教育源于古代西方的自由教育。亚里士多德认为,人的生活大体可分为"鄙俗"的和"高尚"的两类,前者讲求实用,以谋生、谋利为目的;后者是在免于为生计劳碌的闲暇中进行哲学沉思的生活。与此对应,教育也可分为两类,与"鄙俗"生活对应的是褊狭教育,与"高尚"生活对应的是自由教育。自由教育要求学生学习读、写、算、音乐、绘画、哲学等"自由学科",后逐渐发展成学校的七种定型课程,即文法、修辞学、辩证法、算术、音乐、几何、天文学,合称"七艺"。中世纪,欧洲开始建立、兴办大学,大学里出现神、文、法、医等分科。当时除文科以学习"七艺"为主外,其他各科也必须以"七艺"为基础,这表明后来提出的通识教育在指导思想上与自由教育一脉相承。至18、19世纪,自由教育思想在西方高深知识教育发展过程中始终处于主导地位。

产业革命推动社会各方面发展,传统教育不再适应新时代社会需求,高等教育应该是"自由的"还是"实用的",其内容应该是"古典的"还是"现代的",其课程应该是由学校规定"必修的"还是由学生自行"选修的"等一系列问题引发关于高等教育的激烈争论。选修制的改革直接导致通识教育的产生与发展,这一点在美国表现得最为突出与集中。1824—1825年间,杰斐逊在弗吉尼亚大学设置古代语言、现代语言、数学、自然科学、自然历史、解剖学与医学、道德哲学、法律8个学院课程,允许学生任选一组作为自己的专修领域,称为"平行课程"制;同时还为不准备攻读学位的学生开设"部分课程",供其自由选习。随后哈佛大学、阿姆赫斯特学院等院校也进行类似改革,学生修习的课程从规定必修改为自由选修。19世纪前,除个别学校外大学或学院的课程几乎全部由学校规定,学生修习的课程相同(主要包括拉丁语、希腊语、自然哲学、数学、修辞学与文法、伦理学和道德哲学等),培养的目标和规格单一。19世纪初,少数美国学院开始实行选修制,允许学生自行选科和选课,学生彼此所学课程出现很大不同,大学生学习的课程是否需要有一些共同部分这一问题被提出。1828年,美国耶鲁大学发表《耶鲁报告书》,提出学院教育的目的是"为高级教育奠定全面的理智基础",使学生"在理性文化中获得心灵的训练和心灵的装备";认为商业、工程、农业以及一些缺乏哲理性的与科学有关的课程不适于在学院中进行,而古典学科课程最符合自由教育的要求,因此不应对耶鲁学院的课程作任何改动。1829年,美国鲍登学院的帕卡德教授在高等教育领域首次正式提出通识教育,认为通识教育是一种尽可能综合的教育,是学生进行任何专业学习的准备,为学生提供所有知识分支的教学。它将使学生在致力于学习一种特殊、专门的知识之前,对知识的总体状况有综合、全面的了解。1852年,英国都柏林天主教大学校长J. H. 纽曼发表题为《论大学教育》的演讲集,1873年经修订后出版,题名为《大学的理想》。该书明确提出,自由教育是大学教育的目的;大学是教学机构而非研究机构;大学应传授普适的一般知识;大学应培养人的理性,使学生得到心灵的扩展;自由教育尽管不是一种职业教育,但它是一种真正、完全有用的教育。《耶鲁报告书》和《大学的理想》对西方的大学教育有重大、深远影响。在19世纪,通识教育虽已开始有所发展,但仅在少数院校试行。

19世纪后期,特别是进入20世纪后,专业教育迅速发展并成为高等教育的主流,片面实施专业教育不利于学生全面发展、不利于学生适应未来工作变换和流动这一问题也凸显,通识教育逐渐受到重视。19世纪末至20世纪30年代,通识教育随社会进步而有了很大发展。1869年,哈佛大学校长C. W. 埃利奥特明确宣布"本校要坚持不懈地努力建立、改善并推广选修制",到1895年,哈佛大学除一年级的英语与现代外语课外已全面实行选修制。在哈佛大学的影响下,大批院校纷纷减少甚至废除必修课,增设大量选修课。这样的自由选修制造成高等学校课程的混乱局面,学生选修课程带有很大随意性,出现学习或缺乏系统性或过早专门化的现象,为纠正以上缺点,乔丹先在印第安纳大学提出"主修"这一概念,即要求学生自行选定集中学习的领域;后在斯坦福大学要求学生把主修外的部分其余课程"分配"在哲学、科学等4年规定的学科课程之内。自1914年起,哈佛大学开始正式实行"集中与分配"制,学校规定学生毕业要修满16门课,其中6门必须是本系(主修)课;6门要从人文学科、社会科学、自然科学3个不同的领域中各选2门;其余4门任学生自由选修。许多院校纷纷仿效这一做法。此外如哥伦比亚大学等院校则开设了综合性、整体性的通识教育课程(杜威称之为"概览课"),如"现代文明导论课程"等。

20世纪二三十年代,通识教育在美国形成一次高潮,由主修课、通识教育课、自由选修课三部分构成的本科课程体系初步形成,对通识教育的实施形式(如"集中分配制"等)进行了初步探索,通识教育开始成为美国高等教育的重要指导思想和组成部分。20世纪40—60年代,两次世界大战和战后社会的变化引起了通识教育的新发展。当时美国高等教育界的许多人对大学生知识和能力结构的过分专门化深感忧虑,哈佛大学校长科南特于1943年组织了一个委员会专门研究通识教育的目的和哈佛本科教育的改革。1945年,该委员会发表了题为《自由社会中的普通教育》(俗称《哈佛红皮书》)的著名报告,分析了高等教育的传统与变迁;阐述了通识教育的价值,提出在专门主义盛行的环境中挽救通识教育的目标和通识教育课程的应有比重。该报告是高等教育史上第一个全面、系统论述通识教育的经典性文献,对后来通识教育以至整个高等教育的发展有重要影响。与此同时,由美国总统杜鲁门指定成立的一个高等教育委员会于1947年发表题为《美国民主社会中的高等教育》的报告。该报告同样认为"过度的专门化破坏了自由学科教育的统一性",并提出要把通识教育提高到与专门教育同样的地位,制定"按适当比例把这两类教育结合起来,使其相互依赖的计划"。上述两份报告在美国引起强烈反响,这一时期加强通识教育成为美国高等教育发展的总趋势。据调查,1967年美国各类高等学校本科通识教育的学时大体占总学时的40%以上。20世纪60年代末至70年代中期,美国通识教育的发展经历了一段低潮时期。其时越南战争引起美国社会的剧烈动荡,高等学校学潮遍及全国;学校涌入大量复员军人等"新型非传统"学生,一些激进的师生强烈批评规定的通识教育课程缺乏适应性、多样性，不能使学生获得进入劳动市场所需的专业知识和职业技能，要求压缩甚至取消通识教育课，增加选修课甚至恢复完全自由选修制。1967—1974 年，美国四年制本科学院选修课的比重由 17%～31%上升到 25%～41%，通识教育遭遇发展低谷。70 年代中期以后，美国社会重新探讨高等教育质量问题。1978 年，哈佛大学提出新的《核心课程计划》，对过去执行的《通识教育大纲》进行改革。之后几年内，高等教育的管理机构及研究机构发布一系列报告，如《国家处在危险中：教育改革势在必行》《投身学习——发挥美国高等教育的潜力》《完善大学本科课程》《美国高等学校的本科教育》等，这些报告列举了美国高等教育存在的各种问题，提出许多改革建议，要求加强通识教育成为普遍共识，通识教育再次成为热点。20 世纪 90 年代后，随着信息社会与知识经济时代的到来，通识教育在整个教育改革中仍有新的发展与变化，正在或已经从以关注学科知识的学习为主变为以关注智力、能力的发展为主；其课程方案注重使学生体认、理解世界的多元化，承认和尊重差异性，为在多元化的世界中与他人共同生活做准备；其教学方式也有相应调整，如减少浅近的概览课，引导学生自行"发现"和验证已有知识，加强对不同领域的学习和研究方法的训练，以及采取"研讨会"等形式进行教学等。通识教育对世界高等教育发展有重要影响。它在世界范围内得到普遍关注和不同程度的实施，但依然受到许多质疑，这种状况可能长期存在。

中国近代高等教育产生于 19 世纪末至 20 世纪初，时值西学东渐，西方高等教育对中国有重要影响。1902 年颁布《钦定京师大学堂章程》，明定"京师大学堂之设，所以激发忠爱，开通智慧，振兴实业，谨遵谕旨，端正趋向，造就通才，为全学之纲领"。所谓"通才"，即博学通达之才。这一教育目标的表述既是中国传统教育观念的反映，也与西方通识教育的理念相符。其时，京师大学堂的课程包括两部分："溥（普）通学"和"专门学"。"溥通学"凡学生皆必修习；"专门学"则每人专习一门。"溥通学"以"激发忠爱，开通智慧"；"专门学"以应"振兴实业"之需。1912 年，蔡元培就任教育总长，颁布《大学令》，明令大学以"教授高深学术，养成硕学闳材，应国家需要"为宗旨，继承了通才教育思想。民国时期，中国大学多以日、美大学为蓝本，既重视普通学科也重视专门学科。普通学科包括人文、社会、自然等基础学科，为实施通识教育的基本内容。梅贻琦在《大学一解》中阐明："通识，一般生活之准备也，专识，特种事业之准备也，通识之用，不止润身而已，亦所以通于人也。信如此论，则通识为本，专识为末，社会所需要者，通才为大，而专家次之。以无通才为基础之专家临民，其结果不为新民，而为扰民。"在这种通才教育思想的指导下，民国时期的大学大体上比较重视通识教育，并设置公共必修课予以实施。1949

年之后，由于片面强调"高等学校的主要任务是培养国家建设事业所需的专门人才"，在教学体制和课程设置方面发生很大变化。一是在观念上对通才教育思想进行批判；二是在学系之下设置"专业"，作为基本的教学单位，按专业设置课程实施人才培养；三是取消了原有的通识课程，公共课仅保留政治思想课、体育和外语。这样的培养模式在短期内为国家的工业建设培养了一批急需的专门人才，对初期工业化起一定积极作用。但从社会和个人的长远发展来看则存在弊端，其结果是造成文理分野、理工割裂，使学生缺乏完整的知识架构和多种思维方式的训练，不利于创新性人才的成长，同时在文化、思想、道德层面也不利于完整人格的形成。1970 年后，美国等西方国家关于通识教育的讨论在华人社会中产生强烈反响，也引起中国大陆学者的极大关注。1980 年后中国出现关于通识教育理论和实践讨论的高潮，并由此推动加强大学通识教育（有的提法是加强大学文化素质教育）的教育改革运动。不少综合性大学都增设了通识教育课程（有的称文化素质教育课程），有的学校还专门制订通识教育计划（如北京大学的"元培教学计划"）。改革正朝着有利于创新性人才培养和国家创新体系的形成方向发展。要达到理想的"通"、"专"兼顾的教育效果，还需要一个长期的探索过程，不同类型、不同层次的学校，"通"、"专"的比例也应有所不同。

参考文献

Brubacher, J. S. & Rudy, W. Higher Education in Transition: A History of American Colleges and Universities 1636－1976[M]. New York: Harper & Row,1976.

Harvard Committee Staff. General Education in a Free Society [M]. Cambridge, Mass.: Harvard University Press,1945.

（李曼丽）

统计图表（statistical tables and graph）　　数据初步整理中的一种反映形式。使欲表达的信息具有一目了然的优点，容易被接受和理解。可分为统计表和统计图。

统计表（statistical tables）　"统计分布表"的简称，是以表格的形式表现统计资料的特征及资料间关系的形式，即对统计资料进行初步加工整理，把被说明的事物和统计数字列成表格的形式，使统计资料条理化、清晰化，便于分析比较的一种方法。

统计表一般包括如下几个项目：（1）序号，一般写在表的左上方，以出现的先后顺序排列；（2）名称，亦称"标题"，是一个表的名称，写在表的上方；（3）标目，总体名称或各项分类项目的名称，分为横标目和纵标目两种；（4）数字，亦称"统计指标"，是统计表的核心部分；（5）表注，写于表的下面，用于补充说明标题，不是表的必要组成部分。

统计表按内容可以划分为:(1)简单表,亦称"单项表",描述的事物没有经过分组,只列出调查名称、地点时序或统计指标名称的统计表;(2)分组表,只有一个分类标志分组的统计表;(3)复合表,亦称"多项表",统计分组的标志有两个或两个以上的统计表。若有两个分类标志称为二项表;有三个分类标志称为三项表等。按形式可以划分为定性式、统计式和函数式。

统计图(statistical graph)   "统计分布图"的简称,是依据数字资料,应用点、线、面、体、色彩等描绘制成整齐而规律、简明又直观的图形。编制统计图是对数据初步整理的一个重要环节。统计图一般采用直角坐标系,横坐标用来表示事物的组别或自变量 X,纵坐标常用来表示事物出现的次数或因变量 Y,除直角坐标外,还有角度坐标(如圆形图)和地理坐标(如地形图)。

统计图一般由以下几部分构成:(1)图号,即图的序号;(2)图题,即统计图的名称,图号、图题一般写在图的下方;(3)图目,即写在图形基线上的各种不同类别、名称或时间、空间的统计数量,统计图的横坐标和纵坐标上用一定距离表示的各种单位称为图尺;(4)图形,是统计图的核心部分;(5)图注,借助图形或数字对图形加以补充说明的部分。

心理与教育中常用的统计图按照图形的形状来划分,可以划分为:(1)条形图,即以条形长短来表示各事物间数量大小及数量间差异情况的统计图,主要用于表示离散型数据;(2)直方图,即以矩形的面积来表示频数分配的一种条形图,常用于表示连续性数据的频数分配;(3)线形图,适用于表示两个变量之间的函数关系,或描述某种现象在时间上的发展趋势,或一种现象随另一种现象变化的情形,是教育与心理实验报告中最常用的图示结果的方法;(4)圆形图,用于间断性数据,旨在显示各部分在整体中所占的比重,以及在各部分之间的比较;(5)散点图,亦称"点图",即以圆点的大小和同大小圆点的多少或疏密表示统计数据大小及变化趋势的统计图。

(孟庆茂　刘红云)

投射测验(projective test)   利用基于心理动力学理论的投射技术来测量个体人格的一种方法。其使用频率仅次于自陈量表。从历史上看,投射技术的发展要早于投射理论。1921 年,瑞士精神科医生罗夏发表墨迹测验,但他没有用投射测验这一术语,而是将之称为"图形解释测验"。美国心理学家默里和 C. D. 摩根创立主题统觉测验,并在1938 年出版的《人格探索》一书中提出投射测验的概念。同年,美国心理学家 L. K. 弗兰克在一封私人书信中使用了"投射技术"这一术语,并于 1939 年发表论文《人格研究中的投射方法》,系统提出投射理论。

投射是指人们在不自觉情况下把自己的态度、动机、内心冲突、情绪、需要、价值观等表现于行为活动中的过程。投射多在不自觉或无意识的情况下发生,因此引发被试反应的刺激材料(测验)必须经过伪装,被试猜不出测验的目的,也就不能对自己的反应进行有意识的控制;测验材料的意义必须意义模糊不清,且对反应不能有所限制,这样才能使被试对刺激物赋予独特的、从人格中投射出的意义。

L. K. 弗兰克认为,投射测验要求被试对模糊不清的刺激物赋予意义,由于刺激物本身模棱两可,因而不具有明确的意义,被试对刺激物所赋予的意义大多是他自己构造出来的、私人化的意义,由于这些意义是被试在不受限制情况下自由表达出来的,因此包含被试潜意识人格的投射。投射理论还认为,刺激物越不具有结构,就越能引发被试人格的投射。

L. K. 弗兰克的假说有明显的精神分析倾向。但也有人按照知觉的特点,解决问题的方式(这时把测验看作有一定难度的任务)来解释投射测验。认为在知觉和解决问题的方式中体现了人格的特点。总体上看,在投射理论中有两点是共同的:人的行为反应由其内在的人格特点决定,有必然性和一致性;个人的人格特点不能全部通过意识表达出来,只能通过潜意识或不受意识控制的行为,才能完整地得到展示。

投射测验是以结构不明确的题目引起被试的反应,借以考察其所投射的人格特征(态度、愿望、情绪、性格)的测验形式。

投射测验与一般人格测验相比有三个特点:(1)采用非结构式的刺激材料。投射测验给被试的是一个模糊而意义不明的刺激情境,让他对这一刺激情境进行自由的反应,使被试有机会表达出内心的需求,及许多特殊的知觉,以诱发其潜意识的动机、情绪等,这时刺激越没有结构,就越能引发被试真实的心理反应。(2)测验目的的隐蔽性。投射测验不告诉被试测验的目的,被试也无从猜测测验的目的,因此减少了伪装和防卫,这一点是人格自陈问卷所不具备的。(3)注重对完整人格的分析,而一般的人格问卷则只能测量到人格的一些方面。投射测验不仅可用来测量人格特质,而且可以探测人格内部复杂的动力结构,以及心理活动和心理状态。

投射测验有很多种。多数投射测验的刺激物是非文字型的,也有的是文字型的(如句子完成测验和词语联想测验);有的测验要求用文字的形式回答,也有的要求以操作的形式回答。林德赛按被试反应方式的不同将投射测验分为五类:(1)联想法,要求被试对刺激物(如字词、墨迹等)产生联想,如"词语联想测验"、"罗夏墨迹测验"等;(2)完成法,提供一些不完整的句子、故事等材料,由被试完成,如"句子完成测验"等;(3)构造法,要求被试按照所提供的图画等编造故事,如"主题统觉测验"(Thematic Apperception

Test,简称 TAT);(4) 选择或排列法,要求被试按某种规则对图画或照片等进行选择或排列;(5) 表露法,要求被试利用某种媒介(如图画、游戏、心理剧等)自由表露自己的心理状态,如"绘画测验"。

投射测验多数与精神分析理论有关,随着这一理论在心理学界的兴盛,投射测验也受到越来越多的重视。在 20 世纪 40—60 年代,投射测验获得空前的地位。但由于心理学研究计量学化的增强和其他人格测量方法的发展,投射测验的地位也开始下降。但投射测验在临床和组织心理研究中仍是重要的测量工具。投射测验尤其受临床心理学家的青睐,他们认为投射测验能提供关于被试人格和心理状态的完整而丰富的信息,能揭示人格的动力结构。多数心理学家认为,投射测验与其他测量方法结合使用,能提高研究的有效性。

与自陈量表相比,投射测验有两个明显的优点:(1) 以间接的形式测量被试的人格,因而可消除其心理防卫和作假反应,为研究提供真实的信息;(2) 对人格的测量是整体的和动态的,不仅有助于了解人格的状况,而且有助了解人格的成因。另外,由于投射测验的刺激物多是非文字的,可适用于不同文化背景和年龄范围广泛的被试。投射测验除研究人格外,还可以测量智力、创造力、解决问题的能力。

投射测验的缺点有:原理深奥,不易掌握;被试的反应不具结构化,使测验结果不易量化;信度和效度不易确定;对测验的解释依赖于主试的临床经验,不易标准化。阿纳斯塔西认为,因测验的控制(被试的主观状态,如饥饿、焦虑、睡眠不足,或主试的指导语、主试的性别等)和统计分析过程的缺陷,往往不能得到有效的结论。

鉴于投射测验中存在的问题,不少投射测验专家开始致力于计量学化的研究,对原有的投射测验进行了标准化,使之更符合心理测量学的标准。如霍尔茨曼发展的"墨迹技术"和施内曼在"主题统觉测验"基础上发展的"编图画故事测验"(Make A Picture Story Test,简称 MAPST)等,这些测验的客观性有所提高。

参考文献

戴海崎,张峰,陈雪枫. 心理与教育测量[M]. 广州:暨南大学出版社,2011.

卡普兰. 心理测验(第五版)[M]. 赵国祥,译. 西安:陕西师范大学出版社,2007.

(骆 方)

涂尔干与实证主义教育研究(Durkheim and positivism in educational research) 19 世纪末 20 世纪初法国思想家和社会学家涂尔干是教育社会学的奠基人。其社会学著作主要有《社会分工论》(1893)、《社会学方法的规则》

(1895)、《自杀论》(1897)、《宗教生活的基本形式》(1912)等。

涂尔干坚持实证主义,主张社会学研究应是对不以人的意志为转移的社会事实的界定,对其特点进行观察与解释,社会事实是指社会中的行为模式,它从外部对个人行为产生强制作用。

在教育研究中,涂尔干运用实证主义观点对教育学与教育科学作了明确区分。他认为,教育学与教育科学追求的目标不同:教育学重在教育的"应是",是为未来确定相应的行为规范,努力建设全新的教育体制来取代旧的教育体制,教育科学则旨在记录和解释现实中的教育现象;教育学立足实践经验,重教育技术,提倡实践性理论,设定教育目标,为教育工作者的实践活动提供行为指针,教育科学则注重记录、分析与解释,旨在认识和理解教育的"实是"。实证主义的教育研究几乎等同于教育社会学,无疑应属教育科学,而非教育学。涂尔干对"实是"的追求,在思想和方法两方面影响后世的教育社会学研究。

涂尔干的教育社会学以实证主义方法论为基础,以道德和社会化为主轴,围绕社会的整合与延续展开。内容上强调外部的制约因素和强制性的社会事实,方法上主张实证乃至定量的方法。涂尔干的教育社会学论著主要有《教育与社会学》、《道德教育》和《教育思想的演进》。涂尔干在论著中运用实证主义的方法论特别关注社会事实和社会整合机制,充分阐述社会整合、社会延续、社会化和道德问题。

涂尔干认为,社会事实外在于个人,却对个人的行为具有强制性作用,而外在性与强制性这两个特点必须与个人的内化结合起来。社会优越于个体且强制性地制约个体,但这种强制性并不意味着物理性暴力,而体现为文化性,即个人在心理层面的内化,这种由内化导致的强制使社会事实(或社会的强制性)成为道德的,即社会事实或现象就是道德的事实或现象。由此,社会化(内化)与道德成为涂尔干论述各类问题(包括教育问题)的两根主轴。其教育理论围绕社会化、社会整合和社会延续展开,是一种道德教育理论。

在《教育与社会学》中,涂尔干认为,教育是一种机制,儿童通过教育学会控制和限制自我欲望来成为"理想的成人",以此保证社会的整合与延续。在此意义上,教育是年长一代对尚未为社会生活作好准备的一代所施加的影响,目的是在儿童身上唤起和培养一定的身体、智识和道德状态,以便适应整个政治社会的要求,以及他们将来注定所处的特定环境的要求。

涂尔干在《道德教育》中认为,所有的教育都是道德教育。现代社会需要一种建立在理性之上的固有的道德,而社会的整合亦建立在社会义务与责任的道德编码的维持之上。最基本的道德要素是纪律、对社会群体的依恋、自主。他认为道德是理性,是善,也是义务。合乎道德地培育儿童的方法,并不是向儿童重复灌输真理,而是使儿童理解国家和时代,感受到责任,传授他们生活的基本知识和技能,使他们准备好在各项集体任务中发挥作用。

涂尔干在《教育思想的演进》中对教育的变化展开社会史分析,在讨论文艺复兴时期教育理念的社会基础时指出,文艺复兴时期的课程以彻底的古典文化学习为特色,通过学习古希腊古罗马的文献习得一种适合典雅社会的社会人格,这种教育形态必须与对教育形态中暗含的社会控制的各种基本原理联系起来,比如与耶稣会以及市民生活中个人主义的兴起联系起来解读。《教育思想的演进》中体现孔德的实证主义研究,《宗教生活的基本形式》则将这种实证主义研究提高到一个理论高度,为全面理解什么是教育研究中的实证主义建立新的可能性。

（贺晓星）

外国成人教育（adult education in foreign countries）
西方成人教育源于14—16世纪文艺复兴时代,17—18世纪随着宗教改革、工业革命和民权运动的发展,成人教育开始出现于欧洲。19世纪中叶后,一些国家实施以成人学校教育、大学推广教育、成人教育社团、成人教育馆(所)为主要形式的成人教育。在联合国教科文组织等的推动下,成人教育现已成为世界各国的一种重要的教育形态。

外国成人教育理论

成人教育理论研究对成人教育发展起重要推动作用。美国心理学家 E. L. 桑代克 1928 年对成人学习能力进行研究,提出成人可塑性很大,25 岁以后仍可以学习的结论。其研究成果引起社会强烈反响,增强社会开展成人教育的信心,增加人们对成人教育的重视,成为成人教育史上的重要标志。1970 年,美国成人教育家诺尔斯出版《现代成人教育的实践:成人教育学与儿童教育学的对比》一书,对成人学习进行深入研究。他认为与儿童相比,成人具有作为自我管理的独立人格的"自我概念",成人教育不应像儿童教育那样"我要你学,我教你学",而应是"你要学,我帮助你学";成人的经验丰富多样,构成丰富的学习资源和进行新的学习的基础;成人教育的教学计划、教学内容都要与成人的生活任务和作用的变化相适应;在成人教育中,需要以问题为中心设计教学计划。诺尔斯对成人学习特征的分析对此后的成人教育教学产生重大影响。另一位有影响的成人教育学家巴西学者弗莱雷提出成人教育"觉悟化"理论,认为教育是"觉悟化"的方法,反对纯粹机械地识字;教授成人阅读关系到唤醒他们的觉悟,即在教授阅读的同时将他们的天真、质朴转变为批判的态度,批判的理解又导致批判的行动。同时他主张将学习内容和学习方法统一。教学计划的内容要和学习者(当地居民)共同制订,要从调查研究开始,从当地的具体情况出发;选择主题用来讨论和选择词语供作分析,用于产生有批判的争论和语言的发展;"整理"出来的东西由生发出来的题目和词汇构成;要制定日程表和各种教材。他提倡的方法是"问题提出"教学法,即一种教师和学生共同从事的学习活动,以对话方式进行,师生共同探讨和解决问题。反对教师把准备好的知识碎块灌输给学生,让他们反复记忆。弗莱雷的成人教育"觉悟化"理论有广泛影响,特别是在巴西、智利、尼加拉瓜等第三世界国家。法国成人教育理论家、实践家朗格朗是终身教育的倡导者,1965 年,他向在巴黎召开的联合国教科文组织第三届成人教育委员会会议提交关于终身教育的提案,1970 年出版《终身教育引论》一书,提出终身教育的基本原理和教育改革建议。1972 年,他在联合国教科文组织召开的"关于终身教育的报告会"上提出终身教育的特点,并做了精辟的论述(参见"终身教育")。终身教育理念的提出标志成人教育理论上的突破。

成人教育需要研究的问题很多,由于研究者价值观的不同而形成不同的流派。如探讨成人教育目的的理论流派就可分为五类:第一类流派认为成人教育以培养智力为目的,以英国学者佩德森为代表。即成人教育的目的是为了传授"值得教"的知识,任何知识的教育价值不在于它可以作为个人和社会、经济发展的手段,也不在于它可以解决社会问题,而在于它本身的价值,它是智慧的一部分,发展它正是教育的目的。成人教育教学内容包括数学、物理、历史、人文科学、语言、艺术、道德、宗教和哲学等。成人教育教师的任务是选择"值得教"的教材,学习者必须从属于教师,要以教师为中心。第二类流派认为成人教育以个人自我实现为目的,以美国学者马洛斯和诺尔斯为代表。马洛斯认为,教育的总目的是帮助人成为他能够成为的最好的人;诺尔斯认为,教育关心的是人的发展,深信每个人的价值,当人和物这两种价值处于矛盾的时候,应当优先考虑人的成长。成人教育的目的是帮助人得到解放。第三类流派认为成人教育以个人及社会改良为目的,以美国学者林德曼等人为代表。他们认为成人教育具有双重目的,既促进个人成长,又促进社会进步,因为个人生活在社会之中,个人与社会不能分开。成人教育自我改善的短期目的和改变社会秩序的长期性、实验性目的是一致的。第四类流派认为成人教育以社会改革为目的,以弗莱雷为代表。他认为传统教育在社会变革方面是无能为力的,是一种堆积教育,学习者接受和储存的只是精神的沉积物,这种教育妨碍学生的自由和自主,驯化了学生。他主张学习的内容要与学习者共同制定,并通过"提出问题"和对话的方式学习,要使学习者批判地了解社会并认识到自己有能力改变社会。第五类流派认为成人教育以组织效率为目的。该流派认为人才是最宝贵的资源,是一个组织实现自己目标的重要条件,因此,各组织机构竞相培训自己的工作人员,提高其工作效率,以实现组织自身的管理目标。为达到培训目的,他们设置自己需要的科目和课程,聘请专业教师,进行正式的教学活动,评价自己的计划和方法。教学中多采取讲座、会议、专门的小组讨论、专题讨论、实验训练、实例研究、情报分析等方法,所有行为都以实现效益和目标为原则。成人教育理论研究的蓬勃开展及取得的重要成果指导着成人教育实践,推动成人教育事业的发展。

联合国教科文组织对世界成人教育的推动

联合国教科文组织是世界成人教育的组织者和推动者。从扫除文盲的开展到青年生活技能的培训,从倡导终身教育理念到组织全民终身学习活动,联合国教科文组织不断提出新的理念和行动指南,引领世界成人教育的发展方向。自1949年以来,联合国教科文组织每隔12年举办一次国际成人教育会议,每次会议的主题都和当时的世界主流形势紧密联系。至2009年,联合国教科文组织共召开六次国际成人教育会议。第一届国际成人教育会议于1949年在丹麦的埃尔西诺尔召开,有27个国家和21个国际组织的代表参加。此次会议在第二次世界大战结束不久后召开,会议关注的主题和内容凸显战后人们的心情和愿望。会议分别探讨了成人教育的内容、组织机构、课程、方法、技术、不同国家之间成人教育管理者的合作方式等问题,发表了原则宣言,要求成人教育在创造和平、发展经济、培养有教养的公民方面发挥作用。第二届国际成人教育会议于1960年在加拿大的蒙特利尔召开,有51个国家及46个非政府国际组织的代表参加。会议的主题是"变化世界中的成人教育",主要讨论以下问题:确认成人教育的地位,认为成人教育不能只作为正规教育的补充,它与正规教育已逐步一体化;强调在成人教育中应优先考虑扫盲问题,因为文盲与世界贫困问题结合在一起,必须帮助成年男性和女性获得知识和技能,以使他们适应社区生活新模式,这个需求极为现实与迫切;讨论发达国家与发展中国家在开展成人教育中的关系,倡导发达国家在经济上资助发展中国家开展扫盲运动;阐明成人教育内容的广泛性,成人教育不仅传授一般科学文化知识和职业知识,还传授公民教育、社会教育等方面的知识,帮助成人获得灵活且乐意改变的态度和价值观。

第三届国际成人教育会议于1972年在日本东京召开,有85个国家的代表参加。会议阐述了成人教育在国际教育体系及终身教育中的重要地位,明确指出确保全民的终身学习权应列为首要政策目标。第四届国际成人教育会议于1985年在法国巴黎举行,参加会议的有该组织的会员国、准会员国、非会员国、政府间组织、非政府组织以及其他机构、基金会等,与会者共841人,其中有40多位部长或部长级人士。会议研究和讨论了"成人教育的发展状况及其发展前景"、"成人教育对解决现代世界某些重大问题可能作出的贡献"、"成人教育在促进成人进一步积极参与经济、社会和文化生活的活动,以及实现终身教育和教育民主化方面的作用"、"扩大和改进成人教育的途径和手段,加强国际间合作而采取的措施"等四个方面的问题。大会强调学习是人的一项基本权利。第五届国际成人教育会议于1997年在德国汉堡举行,有143个政府组织的国家代表、428个非政府组织的国家代表、223个基金机构团体成员,总计1 500多人参加。会议以"成人学习,21世纪的关键"为主题,进一步研究和落实了联合国教科文组织倡导的终身教育、学习社会化等理念,讨论和通过了两个重要文件,即《汉堡成人教育宣言》和《成人学习未来议程》。强调成人教育不仅仅是一种权利,它是通往21世纪的关键;强调学习权、终身学习及学习型社会的重要性,并提倡"一天一小时,一年一星期"的学习理念及各国每年举办"成人学习周"活动。第六届国际成人教育会议于2009在巴西帕拉州首府贝伦举行,有超过1 500位来自联合国教科文组织156个会员国、其他联合国组织、双边和多边组织、民间社团和私营部门组织的代表及世界各地的学者出席。会议以"走向美好未来的生活与学习——成人学习的力量"为主题,通过了《贝伦行动框架》,形成8点共识,并根据会员国提交的154份成人学习与教育国家报告、5份地区综合报告及各类补充文献编写了《成人学习与教育全球报告》,对世界各国成人教育的发展产生重要而深远的影响。

第六届国际成人教育会议形成的共识包括:(1) 成人教育是一项基本人权。联合国教科文组织国际成人教育会议秉承1948年《世界人权宣言》的"每个人都有受教育的权利"的基本精神,强调接受成人教育是人的基本权利。认为成人教育是满足成年人多样化的需求以及丰富知识、增强能力的途径和人力资本开发的手段,是增进成人自信、自尊及认同意识的重要因素,是每个人都应该享有的。强调成人教育作为一项不可剥夺的人权,应被所有国家纳入宪法。(2) 成人教育是终身学习的重要组成部分。为保障成人学习权,最理想的方法是把成人教育纳入终身学习的体系中,无论在任何时候、任何地点、以任何方式进行学习,都可以由一个对一切形式的学习进行确认、核实和认证的开放、动态的机制提供支持。因此,必须从终身教育角度来定位成人学习与教育,将其纳入各国实施终身教育的政策范畴,这是保障所有人都享有教育权的基本条件和重要因素。(3)识字是实现终身学习的一种基本能力。联合国教科文组织国际成人教育会议历来重视扫盲教育,认为识字是基础教育的核心,是一个人终身学习的基础;扫盲对千百万文盲来说是他们行使其教育权的唯一可能,特别是那些处境不利的妇女、老人、移民、残疾人以及农村地区居民和城市中处于社会边缘的贫困人口;扫盲不再是学会使用一些字的问题,它涉及对各种不同的技能和能力的学习以及每个人能对有用信息作出正确分析并采取有效行动。扫盲是受教育权的一个固有部分,是个人、社会、经济和政治力量发展的前提条件(参见"扫盲教育")。(4)制定发展成人学习与教育的相关政策。强调发展成人教育是关系国家未来发展的基本国策,各国政府应将其视为教育领域的一个重要部分,制定相关政策。通过政策与立法确保成人学习与教育的全纳性,设计特定、具体的行动计划,集中各方力量,整合不同资源,确保资金投入,建立、完善监测机制等,并使各国的成人学习与教育和联合国千年发展目标、全民教育等发展计划结合。(5)加强成人教育管理。管理的薄弱削弱成人教育的影响力,加强成人教育管理是当务之急。强调成人教育不仅仅是教育部门一家的事,几乎所有政府部门都负有促进成人教育的责任,因而,要促进和支持教育部门间及其与其他部委间的合作;采取有效、透明、负责和公平的方式实施成人学习和教育管理,提高管理效率;创建并维持各级公共行政当局、民间社会组织、社会合作伙伴、私营部门、教育组织以及成人学习者参与制定、实施和评价成人学习和教育的政策、计划的机制等。(6)提高成人教育质量。首先,要向学习者提供与其生活、工作相关联的学习内容并让他们充分参与教学过程,以满足其需求和愿望,这是保证成人教育质量的重要因素;其次,在成人教育计划中制定课程、学习材料和教学方法论的质量标准,并把内容和传授方法关联起来,进行以学习者为中心的需求评估;再次,教师、教育服务企业和培训者是成人教育中最重要的质量保证因素,要开展从事成人教育的教师的培训,与更高一级的教育机构建立伙伴关系,实施能力建设,提高教师的专业化水平;最后,要改善成人教育的工作条件,提高成人教育工作者的待遇等。(7)丰富资金来源,加大政府投入。要确保提供优质的成人教育,必须有大量的财政投资,政府应该是主要投资来源。各国应落实联合国教科文组织关于至少将国民生产总值的6%分配给教育的共识,并增加分配给成人学习和教育的额度。同时增加所有财政部门现有的教育资源和预算,以实现成人教育综合战略的各项目标;制定鼓励措施,形成新的资金来源,如来自私营部门、非政府组织、社会和个人的资金,但不得损害公平和包容原则;呼吁国际发展伙伴履行承诺,弥补财政缺口;增加对成人学习和教育

的技术支持。(8)建立成人教育监测机制。必须以有效、可靠的数据及研究影响成人学习和教育方面的决策,应建立良好的定期跟踪机制、做好监测记录,联合国教科文组织应该担当起进行后续跟踪监测的职责。(9)加强成人教育国际合作。通过国家之间信息、经验、服务和人员的系统交流为发展中国家提供帮助,特别是在扫除文盲、青年生活技能培训、女童入学、妇女就业等方面的合作与援助。联合国教科文组织应在这方面发展更大作用,建立和支持国家、地区及全球的成人教育网络,鼓励发达国家捐助更多的经费支持发展中国家,创造有利于国际合作的环境等。这些共识引导世界成人教育发展的方向,影响各国政府对成人教育与学习的态度和政策。

外国成人教育的发展

成人教育最早出现在英国。18世纪60年代至19世纪30年代,英国、德国、法国、美国等国相继进行工业革命,使人们的生产和生活发生极大变化。一方面,圈地运动使大批农民丧失土地,涌入新兴的工业地区成为工人;另一方面,蒸汽机、纺织机等机器使生产手段发生变化,需要大量掌握基本知识和生产技能的劳动者。一些教授工人读、写、算等基本知识和普及科学知识、传授生产工艺及技能的成人学校由此产生。如1798年在诺丁汉开办的一所成人学校专门招收工厂女工,学习基础知识并进行宗教教育;1823年在伦敦和格拉斯哥建立"职工讲习所",开设数学、自然、应用机械、天文学、化学、文学等学科。到1850年,"职工讲习所"已推广到英国各地。法国、德国、美国等国以成人为教育对象的机构也迅速发展。如法国1815年创立的"基础教育协会"为工人开设夜间学校,以成人班和成人学校的形式进行基础教育,并讲授几何、制图、机械等职业所需知识;德国建立的"工人教育协会"对工人实施普通教育;美国于19世纪20年代兴办的"机械讲习所"主要向机械工人普及普通科学知识和机械知识,这类讲习所遍及美国工业发达地区。与此同时,满足民众学习需求的民众学院、民众大学、民众高等学校、工人学院等民众文化场所相继出现,创办图书馆、博物馆、展览馆等,开展启蒙教育、普及科学知识,为成人学习提供条件。

进入20世纪后,成人教育开始普及并逐步制度化。首先,各类成人教育组织得到发展。1903年,英国成立工人教育协会(Workers' Educational Association,简称WEA),帮助工人举办通俗演讲、读书小组、讨论会,开办工人补习班。美国于1926年成立成人教育协会(American Association for Adult Education,简称AAAE),联合全国成人教育机构的领导者,发布成人教育信息,举办成人教育年会,发行成人教育杂志,赞助成人教育研究,出版成人教育专著等,有

力推动了美国成人教育的发展。一些国家成立官方的成人教育行政机构，如美国建立联邦职业教育委员会，以加强对职工的培训；德国1937年成立成人教育委员会，以协调全国的成人教育活动，并确定成人教育任务应由国家、政党及社会团体共同承担。其次，加强对成人教育的监督。1917年，美国通过《史密斯—休士法》，对在职人员的职业教育作出专门规定。1919年，法国制定《阿斯蒂埃法案》，此法被誉为法国职业技术教育的宪章，它强调企业主为职工举办职业教育讲座，以确保职业技能培训制度化。1924年，英国制定《成人教育规程》，成为确立成人教育制度的基础。该规程提出完备的成人教育是建设福利国家的重要环节；强调成人教育的市民性，尊重民间团体举办成人教育的自发性；国家给予成人教育补助金，并监督检查实施情况。此外，英国还建立技能鉴定的国家职业资格制度，法国建立职业义务补习教育制度，日本建立企业内教育制度。成人教育制度化促进了世界各国成人教育的发展。

第二次世界大战后，各国成人教育得到较快发展。(1) 成人教育培训体系初步形成。英国颁布教育法，其中的"补习学校条款"规定：补习学校向18岁以前未进入中等学校的青少年提供义务教育。之后为使所有人都能接受中等教育，陆续建立高级工科学校、地区学院、地区专科学校、地方专科学校等继续教育机构，在教学中强调职业性和实践性。20世纪50年代，出现世界规模的扫盲运动，各国都把扫盲和本国的经济发展结合起来，把读、写、算等基础知识教育与职业技术训练结合，积累了丰富的扫盲经验。60年代，高等教育双轨化，有更多的高等学校开展成人教育，从而形成初等、中等和高等三个层次的成人教育体系。初等成人教育主要进行基础文化知识教育和技能训练，如扫盲教育和制图、应用化学工艺等职业所需的基本技能。中等成人教育主要以职业技能教育为主，随着义务教育的普及和适应经济发展的需要，中等职业教育得到加强，职业学校和企业内部的职业培训相互结合。前者如美国的社区学院、日本的专修学校等，多开设汽车修理、美容、护理、商业数据处理等应用性科目；后者开展多层次、多类别的职业训练，如日本的大企业一般都有企业内职业训练机构。按对象可分为新职工教育、初级职工教育、骨干职工教育、初级管理者教育等；按培训目标可分为生产技能教育、管理教育、行政事务教育、推销教育、就业教育及一般教育等，形成较为完整的训练体系。高等成人教育主要是大学向成人开放，在第二次世界大战后已成为世界潮流。许多国家在大学里设立校外(成人)教育部，开设成人教育讲座和成人教育课程。1969年，英国创设世界上第一所"开放大学"，引起强烈反响，各国随之纷纷建立以广播、电视等为主要媒介的广播电视大学或开放大学，为成人教育开辟新途径(参见"开放大学")。(2) 成人教育内容多样化。随着社会的发展、生活方式的改变、生活水平的提高，成人教育的内容除扫除文盲和职业技能培训外，开始扩展到社会生活的各个方面，如社区教育、公民教育、家政教育、环境教育等，丰富多样的教学内容满足了人们的多样化学习需求。(3) 成人教育理论体系初步形成。成人教育初期的理论研究是零星的、实用性的。随着成人教育的蓬勃发展，成人教育理论研究也随之发展，并逐步形成成人教育的学科体系。美国在成人教育理论研究和成人教育学科建设方面做了大量工作。1926年，成立美国成人教育协会。一些著名大学成立成人教育系，开设成人教育课程，设置成人教育专业学位(从学士学位至博士学位)。到20世纪60年代，美国已有15所大学开设成人教育博士学位课程。同期加拿大、南斯拉夫等国也开始成人教育学科专业建设。从事成人教育研究的人员除成人教育工作者外，还有许多其他学科领域的研究者，研究内容包括成人学习能力、成人学习心理、成人学习的内容和方法、成人教育经济学、成人教育管理学等。成人教育学科体系初步形成，推动成人教育事业的科学发展。

20世纪60年代前后，世界成人教育进入终身教育时期。1956年，法国的议会立法文件中第一次出现"终身教育"这一概念，随后很快得到世界各国政府的积极响应，许多国家把终身教育理论作为教育改革的指导思想，在教育结构、内容、方法、管理及师资培训等方面进行一系列改革和实验。终身教育成为各国立法和政府制定宏观政策的重要内容，各国政府相继出台一系列有利于人们终身学习的政策。详"终身教育"。

终身教育、终身学习理念的提出及相应的实践使人们对社会的发展、进步有了新的认识。1968年，美国教育家、成人教育倡导者赫钦斯的专著《学习社会》出版，指出所有成年男女，仅经常地为他们提供定时制的成人教育是不够的；成人教育还应以成长及人格的构建为目的，并以此制定制度，更以此制度来促进目的的实现，由此建立一个实现价值的转换的社会。此后联合国教科文组织肯定了学习型社会的提法，认为学习型社会是一种为公民提供广泛的教育与学习机会的社会。终身教育从社会的角度出发，侧重教育的服务和提供，强调教育制度应提供个人参与组织化活动的机会；终身学习从个体的角度出发，强调学习者个人内部的变化，提倡个人应培养终身学习的能力和习惯。终身教育与终身学习紧密结合，形成终身学习社会。学习型社会的理念及构想提出后，一些发达国家纷纷采取措施，为实现学习型社会而努力。如美国20世纪60年代后大力发展社区学院，以打破传统教育机会的不平等，弥补教育的不足；英国成立"开放大学"，以实现远距离教育；法国成立"第三老龄大学"，是专门为老年人提供教育、学习、休闲、娱乐的机构；日本建立、推进终身学习机制，制定《终身学习振兴法》,创建新型学习好公民馆,向社会开放教育设施。参见"学习型社会"。

教育休假制度也是推行成人教育的一项重要措施。为使工作与教育紧密联系,确保在职人员能有更多、更集中的时间进行学习与培训,20世纪70年代初,许多国家由政府或企业在工作时间组织职工学习,并发给全部薪金或部分薪金,或由国家给予某种补助。法国是最早实行教育休假制度的国家,之后苏联等国也确立带薪教育休假制度,日本的教育休假制度由各企业自行决定。大部分企业实行在企业内的教育训练或对员工自发的能力开发进行援助,包括提供听讲费、教材费、交通费以及场所和时间。也有一些人被派到企业外的教育训练机构中学习。

回归教育是实现终身学习的一个战略措施。它得到经济合作与发展组织的支持,也受到各国的重视,各国均制定了相应教育政策。美国是最早实行回归教育的国家,其劳动体系和教育体系都较开放,各级各类学习都举办成人教育,便于劳动者回归学校学习,之后再次进入劳动领域。法国、德国、意大利、比利时和瑞典等发达国家都实行了高等学校向具有一定年限劳动经验者开门的政策,并已见成效。参见"回归教育"。

20世纪90年代,欧盟陆续推出实施终身学习发展战略的一系列政策。1995年发表《教与学:迈向学习社会》白皮书,将1996年定为"欧洲终身学习年";2000年发表《终身学习备忘录》;2006年,欧盟议会和欧盟理事会通过《关于在终身学习领域建立行动计划的决定》;2008年,欧盟议会和欧盟理事会通过《欧洲终身学习资格框架》,为推进终身学习战略奠定制度基础。欧盟在推进终身学习发展战略时提出尊重学习理念,其核心思想是承认和认证在各种学习背景下(包括非正规和非正式学习)取得的学习成果,认为需大力改进人们理解和评价学习参与和结果的方式,建立高质量的先前学习和经验学习认证制度,在各种背景下推广这一方法,特别是在职业教育和培训领域。一些欧盟成员国建立国家非正规和非正式学习认证制度,如罗马尼亚成人非正规和非正式学习认证工作从2004年开始起步,国家成人培训委员会首先对评估中心和考评员进行资质认证,之后评估中心和考评员根据国家职业标准鉴定人们在非正规和非正式环境中取得的学习成果。到2007年,通过认证的评估中心达34个,颁发证书达6 000余份,涵盖80个职业,涉及旅游、农业、电信、管理和建筑等行业。这一政策激发人们的学习热情,从而拓展了成人的学习空间。

参考文献

毕淑芝,司荫贞. 比较成人教育[M]. 北京:北京师范大学出版社,1994.

孙世路. 外国成人教育[M]. 北京:教育科学出版社,1982.

张维. 世界成人教育概论[M]. 北京:北京出版社,1990.

周蕴石. 终身教育[M]. 哈尔滨:黑龙江教育出版社,1989.

(谢国东)

外国教育史(history of world education)　教育学分支学科。教育史的组成部分。以人类教育理论与实践发展的历史为研究对象,其任务是通过分析、研究各个历史时期人类教育理论与实践发展的实际状况和发展进程,总结各国、各民族和地区教育发展的历史经验,探讨教育发展的客观规律,以期为解决中国教育问题提供启示与借鉴,并预示教育发展的方向。自古以来,各个民族和国家的思想家、教育家都注意到现实的教育发展应以对教育历史经验的吸取为基础;各民族和国家的文化教育是在相互交往、交流和交融中取得进步与发展的,因而在总结本国教育历史经验之外,还应对其他国家和地区的教育现状和教育历史经验实施考察。教育史作为一门学科,在欧美各国社会与教育现代化进程中逐渐形成并发展起来。中国对外国教育的系统了解始于明末清初。随着对外交往的扩大,外国教育史逐渐成为教育学中一门独立的学科,也是中国高等师范院校教育专业的基础课程。

东西方文化教育交流和教育史研究的起源与发展

古代西亚、北非各国的文化教育交流及其贡献　受生产力水平及社会生产关系状况的影响,原始社会具有以下教育特征:教育无阶级性、教育权平等、对儿童实行公养公育;教育与生产劳动和生活联系紧密;教育的组织和方法处于原始状态,没有文字、教科书、学校及专职教师,教育的主要方式是成人的示范、讲述、奖惩以及儿童的活动、观察和模仿。

人类历史发展的上古时期,在西亚的底格里斯河和幼发拉底河之间的两河流域、北非的尼罗河流域、南亚次大陆的印度河及其支流地区(旁遮普)以及中华民族祖先生存、繁衍的黄河流域与长江流域等地区,相继孕育了两河流域文明、古埃及文明、古印度文明和中华文明。在地域上,两河流域文明与古埃及文明通过新月形地带的两翼相接,通过小亚细亚和地中海与欧洲相连,出波斯湾和阿拉伯海或经伊朗高原与印度相通。这样的地理位置既有利于它们之间文化教育的交流与发展,又为随后兴起的其他东西方民族文化教育的发展提供可借鉴的文化教育资源。

人类早期的东西方文化交流以文字的诞生为基础,文字为教育的发展提供强有力的手段。自古以来,文字的读写是学校教育的重要内容。公元前3500年,苏美尔人创造图形文字;公元前3100年,创造楔形文字,后由定居于两河流域中部操塞姆语的阿卡德人加以改进和发展。其后,曾建立古巴比伦王国(前1894—前1595)的阿摩利人进一步简化和改进了阿卡德人的楔形文字。公元前3000年,古埃及人创造出由表意符号、表音符号和部首符号组成的象形文字。两河流域的楔形文字和古埃及的象形文字被称为词符-音节文字。

腓尼基人在吸取两河流域的苏美尔人、阿卡德人、阿摩利人和尼罗河流域的埃及人的成就的基础上,发展出两套拼音字母,即北方受楔形文字影响创造的乌加里特字母和南方受古埃及文字启示创造的毕布罗斯(一译"比布诺斯")字母。公元前13世纪,毕布罗斯的南方文字系统成为腓尼基唯一的字母文字。公元前8世纪,在古希腊定居的腓尼基人将腓尼基字母文字传给古希腊人,古希腊人根据自己的语音加上元音字母,形成希腊字母。后又由希腊字母派生出拉丁字母和斯拉夫字母,成为现代欧洲各国拼音文字的来源。此外,腓尼基人的毕布罗斯字母在东方派生出阿拉米字母(亦称阿拉美亚字母)。它约在公元前11世纪由生活在叙利亚北部哈兰附近的阿拉米人(Aramaean,一译"阿拉美亚人")制定,并在公元前10世纪—公元前9世纪获得发展。亚述人于公元前9世纪—公元前8世纪征服阿拉米人的国家后,接受了阿拉米字母。公元前7世纪中期,亚述帝国衰落,来自巴比伦尼亚南部的迦勒底人建立了新巴比伦王国(前626—前539,亦称迦勒底王国或帝国)。这时,迦勒底人、阿拉米人和巴比伦人已经融为一体,阿拉米语和阿拉米字母文字已在两河流域通用。公元前6世纪中叶,波斯帝国阿契美尼德王朝(前550—前330)崛起,并在征服新巴比伦王国和埃及后,成为古代世界第一个地跨亚、非、欧三大洲的大帝国,仍以阿拉米语为波斯帝国官方语言。现代东西方各国使用的拼音文字即在西亚、北非各族人民创造的字母文字(称音节文字)的基础上衍生而成。

宗教是社会意识形态的重要组成部分。宗教的演变往往由最初的自然崇拜发展为精灵崇拜、图腾崇拜、祖先崇拜和神灵崇拜,由多神崇拜发展到统驭众神的至上神崇拜以至一神崇拜,由部落宗教演化为民族宗教以至世界宗教。在古代,人们的社会生活和思想意识受到宗教的巨大影响,文化教育的发展也与宗教密不可分。古埃及的宗教经历了从简单的多神教崇拜向富有哲理性的、统驭众神的至上神(太阳神)崇拜的演化过程,宗教对古埃及的政治生活、文学和教育发展均产生重大影响;两河流域苏美尔人、巴比伦人、亚述人的宗教直接影响当时社会和文化教育的发展;在与埃及、两河流域、巴勒斯坦诸国的复杂交往中,希伯来人在广泛吸纳多种文化宗教思想的基础上,形成只崇拜一神的犹太教;波斯统治者对犹太教实施的宽容政策和波斯琐罗亚斯德教的某些神学观念影响犹太教的产生,而犹太教对基督教和西方文明的发展具有重大影响。古代西亚、北

非各族人民之间的文化、教育交流内容丰富,为后来东西方文化教育的发展奠定基础。

教育史研究的起源与发展　古波斯的领土涵盖两河流域、古埃及和古印度三大文明中心,并接近第四个文明中心希腊的边缘。波斯征服埃兰地区后,受两河流域文明影响的埃兰人把楔形文字介绍给波斯人,帮助他们创制了古波斯的楔形文字、司法和历法。波斯国王居鲁士大帝和大流士一世尊重被征服地区人民的生活习俗和宗教信仰,吸取西亚、北非古老文明的先进成果,不断丰富和发展自己的文化。波斯帝国在崛起过程中对爱奥尼亚地区古希腊城邦的征服,既为自己吸收古希腊文明成果提供了机会,也为古希腊人更好地吸收古埃及和两河流域文明成果创造了条件。而古希腊人对古埃及、两河流域和波斯教育经验的研究也从此时开始。

古希腊毕达哥拉斯学派创始人毕达哥拉斯最早对埃及和两河流域教育进行调查和研究。他求学于西方哲学史上第一位哲学家泰勒斯的学生阿那克西曼德,探讨世界本原问题。公元前540年至公元前525年,毕达哥拉斯在埃及、巴比伦等地游学、居住约15年,深受当地宗教习俗的影响,并吸收当地算术、几何学和天文学等方面的优秀成果。公元前525年左右,毕达哥拉斯返回故乡,后又移居希腊在意大利南部建立的殖民城邦克罗顿,逐步建立起政治、宗教、哲学和数学研究相结合的盟会组织,生徒计300余人。毕达哥拉斯及其学派善于继承希腊自身的文化传统,并广泛吸取和借鉴埃及、巴比伦的文化教育成就与历史经验,最终在古希腊哲学、数学、天文学、谐音学、教育思想与教育实践领域作出自己的贡献,成为教育史研究的早期体现。

古希腊哲学家和教育家柏拉图善于总结本国和借鉴他国的文化教育建设的历史经验。柏拉图师从苏格拉底,通过毕达哥拉斯学派的传人了解了毕达哥拉斯主义,并赴意大利考察该学派的思想与活动。公元前387年,柏拉图开办自己的学园,向入园者讲授毕达哥拉斯盟会组织核心成员必须掌握的"四艺"(算术、几何学、天文学、音乐)。在继承毕达哥拉斯及其学派教育思想的基础上,柏拉图在《理想国》中总结斯巴达和雅典的教育经验。苏格拉底的另一位学生、古希腊历史学家色诺芬根据自己对波斯政治家和波斯国王居鲁士大帝青少年时代所受教育及其事业的了解,撰写西方第一部教育小说《居鲁士的教育》,以文艺形式设想理想的政体以及君王的教育。古希腊哲学家和教育家考察和研究本国和别国的文化教育状况及教育历史经验,目的在于提出自己的教育主张,并努力将自己的教育主张付诸实践,以期建立他们理想的政治体制,改善人类的社会生活与教育状况。这些历史事实说明,西方的教育史研究同历史研究一样起源于古希腊。

教育史研究在古罗马得到进一步发展。西方历史上沿

用千年的"七艺"中的前三艺,即文法、修辞学、逻辑学意义上的辩证法,即在古希腊不同哲学学派的争论和教学中逐渐形成,后被智者派(sophists)确立为正式课程。公元前392年,伊索克拉底在雅典开办以培养雄辩家为目的的修辞学校,其教育实践和教育思想对希腊化时代和罗马时期的教育发展产生深远影响。古罗马早期教育不重视文化知识的学习,至共和时期前期(前6世纪初—前3世纪),家庭教育是儿童及青少年接受教育的主要形式,教育目的是将青少年培养成农夫和军人。

古罗马对希腊文化和教育的吸收发生在公元前3世纪中叶至公元前2世纪中叶。在希腊化时期希腊教育的直接影响下,古罗马形成学校教育,举办学校特别是中学和高等学校。高等学校是仿照伊索克拉底的修辞学校举办的希腊雄辩术学校。公元前1世纪中叶,拉丁雄辩术学校建立,使用拉丁语教学,学习拉丁语作品。到古罗马帝国时期,拉丁文化在学校中逐渐占据统治地位。由于担心希腊文化教育和生活方式的引入会严重损害古罗马人的生活与道德规范,破坏古罗马的文化和传统,部分古罗马人抵制吸收希腊文化与教育,古罗马元老院也几度颁令禁止希腊文化教育,尤其是其修辞—演说教育。在对待希腊文化教育遗产和本国文化教育传统的关系上,古罗马雄辩家、作家、政治活动家和教育家西塞罗在其《论雄辩家》中要求在接受希腊文化和教育的同时,保存罗马的道德传统;提出应向罗马学习道德,向希腊学习文化。古罗马帝国时期教育家昆体良在其撰写的西方第一部论述教育问题的专著《雄辩术原理》中总结自己的教学经验,要求重视汲取希腊文化的一切有益成果,并力图重振罗马文化的优良传统。为改变罗马上流社会风气腐败堕落、上流社会青年娇弱放荡、哲学家放言高论、文学家竞相追求华丽辞藻、教育上急功近利而不重质量的现象,昆体良力主恢复古罗马简朴、勇武、实用的传统。古罗马教育家对教育史的深入研究直接推动古罗马教育理论与实践的发展。

公元2世纪末至公元3世纪末,饱受严重社会危机困扰的罗马帝国政治中心东移。公元330年,罗马皇帝君士坦丁大帝在古代希腊移民城市拜占廷旧址建立新都,易名为君士坦丁堡。公元1世纪中叶,由犹太教支派拿撒勒派衍生出的基督教,因其不信奉罗马旧神,不礼拜皇帝,不服兵役,一直遭罗马统治者的迫害和镇压。随着基督教的广泛传播,教徒成分不断发生变化,由于其教义更强调忍耐顺从、精神忏悔、禁欲主义和宿命论等,君士坦丁大帝在执政期间开始利用基督教作为帝国的精神支柱和思想统治工具。313年,他和当时统治帝国东部的李锡尼联合发布《米兰敕令》,正式承认基督教享有合法地位。325年,君士坦丁大帝在尼西亚召集基督教历史上第一次主教大会,确定统一的宗教信条(后修订为《尼西亚信经》)。392年,罗马皇帝狄奥多西一世颁布法令,要求关闭一切异教神庙,规定除基督教外,禁止各种异端教派活动。基督教自此正式成为罗马帝国的国教,早期基督教神学(教父哲学)逐步形成。395年,罗马帝国正式分裂为以君士坦丁堡为都城的东罗马帝国(亦称拜占廷帝国)和以罗马为都城的西罗马帝国。476年,西罗马帝国在人民起义和异族进攻的双重打击下灭亡,东罗马帝国(395—1453)继续存在近千年。

西罗马帝国灭亡后,西欧进入中世纪时期,在西罗马奴隶制帝国的废墟上开始形成封建国家,并发展起与封建的政治经济制度相适应的文化教育。受该时期社会政治、经济、文化与宗教制度的影响,西欧中世纪早期的文化教育具有浓厚的宗教性与等级性。而东罗马帝国的社会和教育状况与西欧中世纪早期的社会和教育状况有所不同。恩格斯在论述古希腊罗马文明对欧洲文明发展的影响时说:"没有奴隶制,就没有希腊国家,就没有希腊的艺术和科学;没有奴隶制,就没有罗马帝国。没有希腊文化和罗马帝国所奠定的基础,也就没有现代的欧洲。"(《马克思恩格斯文集·第九卷》)古希腊罗马的世俗文化教育遗产由拜占廷帝国和后起的一些东方国家加以传承,再传回西欧国家。在从西罗马帝国衰亡至西欧文艺复兴运动兴起的上千年中,教育史研究在东西方各民族群体间的文化与教育交流、交融与传承过程中开展,其间虽缺乏教育史研究的典型事例,但凭借文化与教育的交流、融汇与传承,古希腊罗马文明得以保存和发展,从而为欧洲文艺复兴运动的兴起,同时也为教育史学科的形成创造条件。

教育史学科在欧美各国的形成和发展

14—17世纪前期的文艺复兴运动将西欧和中欧一些国家的社会和教育引上现代化道路。文艺复兴时期的人文主义者向往古希腊、古罗马文化,从希腊、罗马的古籍中寻找不同于中世纪的精神权威和价值观支持,他们倡导一种新的治学方法。人文主义要求用历史主义的客观态度把握历史,按照过去的本来面目理解人类历史。文艺复兴时期人文主义思想家和教育家历史观的变化、对历史学科的重视、对历史学科价值与功能的论述,以及在继承古希腊、古罗马文化与教育遗产方面所做的大量工作,为教育史形成独立学科创造了思想条件。

16世纪后,建立在人文主义与宗教理想双重基础上的宗教改革运动在德国、瑞士、法国、英国等国相继兴起,同时也导致天主教会的反宗教改革运动。宗教改革打破罗马教廷统治的天主教会的一统天下,形成新教(路德宗、加尔文宗)与旧教(天主教)对垒的局面。罗马教皇的无上权威不复存在,民族国家渐趋巩固。新教和旧教都把教育作为传播教义和扩大影响的重要手段,各派竞相举办学校,客观上推动西欧和中欧国家教育的发展。新旧各教派长期的宗教冲突及其极端表现形式"三十年战争"(1618—1648),也使各教派逐步形成宗教宽容的观念,教育逐渐更受重视。17世纪,自然神论的影响带来科学与哲学的发展,随后兴起启蒙运动(发端于17世纪,18世纪蓬勃发展)和国民教育运动,西方教育思想和教育实践加速发展,出现主张各种教育理论或教育改革方案的教育家,如夸美纽斯、洛克、卢梭、拉夏洛泰、爱尔维修、狄德罗、巴泽多和康德等。文艺复兴至18世纪欧洲教育思想和教育实践的发展对教育史形成独立学科产生实际需求。16—17世纪的教育史研究成果集中在高等教育领域:戈莱撰写论述巴黎大学起源的小册子(1517);英国围绕牛津大学与剑桥大学校史之争写成论著(16世纪后期);德国的米登多普撰写《两部关于基督教世界研究的书籍》(1567),叙述自古以来的欧洲高等教育史;黑尔姆施泰特大学法学家康林根据纪实材料撰写从古希腊至17世纪的高等教育史专著《古代学术遗产》等。其中,法国宫廷教师、天主教会史学家弗勒里撰写的早期教育史著作《论学习的选择和方法》(1686)受到普遍关注,美国教育史学家孟禄视之为教育史学科的开山之作。《俄罗斯教育百科全书》(第一卷)中的"教育学史"专条亦提及该作,认为它是出现于17世纪末具有教育史性质的首批著作之一,批判性地简述了教育与教学的历史发展。同一时期德国的莫尔霍夫出版的两卷本《历史百科全书》(1688—1692)中也有关于宗教改革运动后教育发展历史的论述。

18世纪末至19世纪前期,在适应德国国民教育运动和教育改革需要的过程中,德国教育史研究和教育史学科快速发展,领先于欧美各国。18世纪后期兴起的泛爱主义教育运动进一步引发德国知识界对教育改革的普遍关注。19世纪初期,由拿破仑入侵引发的国民教育运动高潮推动德国的高等教育和基础教育改革。德国历史学的发展也对教育理论产生重要影响。

1779年,德国学者曼格尔斯多夫撰写、出版《教育制度的历史研究》;1780年,德国学者乌尔里希撰成《德国天主教和新教学校史》。前者研究教育制度史的目的是消解巴泽多教育思想和泛爱主义教育运动的影响;后者则希望通过全面说明某些学校的教学质量和不足、改进和完善当时学校教学与训练方法的必要性,为泛爱主义教育运动提供有力依据。两者以泛爱主义教育运动为研究背景,以各自对教育历史经验与教育现状的总结,表达对泛爱主义教育改革思想与实践的理解和立场,从而使人民更好地认识教育史研究的社会功能,推进德国教育史学科的发展。鲁科夫1794年撰写《德国学校与教育史》,论述德国教育的起源和发展,把教育的历史发展与教会、政治、文学联系起来加以考察,拓宽教育史的研究领域。19世纪初,德国教育学家施瓦兹在其1802年出版的四卷本《教育原理》再版时(1813)

增补"教育史"专章,强调作为人类文明发展史的一部分,教育史知识是理解当代教育问题不可缺少的内容,其研究内容应当丰富多彩。德国教育学家尼迈尔在其《教育及教学原理》(1796)再版时也增加了教育史的内容。

18世纪以来历史学在德国大学备受尊重。英国历史学家科林伍德在其《历史的观念》一书中论述了德国学者赫尔德、康德、席勒、费希特、谢林、黑格尔、马克思的历史观和贡献以及他们如何使其研究在批判继承的基础上取得进展。根据黑格尔生前手稿、提纲和学生笔记整理出版的《哲学史讲演录》(1833)涉及一些哲学家的教育活动。1825年起,德国历史学家兰克开始在柏林大学任教,出版许多历史著作,培养了许多学生。历史学及其分支学科的发展也影响教育学界,使教育史学科进一步发展,教育史作为课程开始出现在德国大学。《教育学史》(5卷)的作者劳默尔是最早在大学讲授教育史的教育史学家,他认为教育是民族解放的重要手段。《教育学史》前四卷于1842—1854年出版,第五卷由洛特霍尔兹补续,1897年出版。劳默尔特别指出,教育史研究须含有反映时代的文化理想,并揭示其对教育活动的影响。夸美纽斯去世后,其教育思想曾在近两百年的时间里被遗忘,劳默尔的著作让人们重新发现了夸美纽斯。劳默尔还以其教育史研究成果与教学活动阐述教育史的师资培训作用,深受关注。1863年《教育学史》前四卷发行英文版。1875—1878年出版俄文译本,名为《古典主义复兴至当代的教育与教学史》。《教育学史》不仅对教育史学科成为大学课程具有重要意义,亦影响其他国家教育史学科的发展。

19世纪后期至20世纪初,德国的教育史研究和教育史学科建设获得进一步发展。教育史学家施米特于1860—1862年出版四卷本《教育学史》,该书史料丰富,但渗透宗教精神,1877—1881年出版俄文译本。19世纪后期至20世纪初期,施米德主持编写并出版教育史著作五卷本《教育通史》(1884—1902)。该书强调教育制度、教育思想与社会文化环境的联系和互动。其合作者均为某一领域学有所长的专家、学者,反映现代教育编史学中教育编史注重专论和资料建设的发展方向。德国教育史学家鲍尔生1893年任哲学和教育学教授,撰写教育史著作《德国学校与大学的课程发展史:自中世纪至现在》(1885,1896)、《德国大学与大学研究》(1902)和《德国教育史》(1906)等。其中,《德国教育史》提供了一份研究德国教育史和一般教育史的详细文献目录,其英译本以《德国教育的过去与现在》(German Education: Past and Present)为名于1908年出版。

法国、英国和美国教育史学科的形成与发展晚于德国。法国人弗勒里虽然在17世纪就撰写了"教育史学科的开山之作"《论学习的选择和方法》,但教育史学科在法国获得真正发展是在19世纪中期,特别是第三共和国(1870—1940)

成立以后。1870年,法国在普法战争中的惨败使法国人认识到普及义务教育、改革中等教育和恢复综合大学的必要性,为此进行了各种教育改革。19世纪中期至20世纪初期法国最重要且影响最大的一部教育史著作是孔佩雷撰写的《对16世纪以来法国教育学说的历史评论》(2卷,1879年初版,后经扩充以《教育学史》的书名于1883年再版),系作者根据其1875年起在图卢兹大学开设教育史课程的讲稿整理而成,侧重评述对法国国民教育作出贡献的思想家和教育家的思想,并为曾对欧美各国教育发展产生重要影响的思想家和教育家的教育思想设专章评说,该书被收入美国《国际教育丛书》,孟禄的《教育史教科书》也深受其影响。孔佩雷的著作以及19世纪中后期出版的一系列关于妇女教育、高等教育、中等教育发展历史的教育专题史著作,为法国教育改革提供启示与借鉴。这一时期法国出版的教育史著作还有维里维尔的《欧洲公共教育史》(1849)、泰利的《公元五世纪至今的法国教育史》(1858)和帕罗兹的《普通教育史》(1867)等。其中,《普通教育史》将比较方法引入教育史研究,对德、法、瑞士等国的教育进行比较研究,1881年被法国教育部确定为师范学校第三学年开设的教育史课程的标准教材。

英国在17世纪中后期进行资产阶级革命。从18世纪初期至70年代,英国承袭教会办学传统,教育成为宗教和社会慈善事业,国民教育事业未受关注。18世纪60年代,英国率先开始进行工业革命。工业革命以后至19世纪中期,英国工业化和经济发展成就斐然,成为"世界工厂"和"金融中心",但在教育方面一直推行自由主义和国家不干预教育的政策,其国民教育仍落后于时代要求。19世纪50—70年代,在工人阶级自觉斗争、科学教育思潮冲击和德、美等国工业化成就挑战的影响下,英国开始进行教育改革。英国的教育史学科也在适应教育改革需要的过程中发展起来。英国近代第一项教育史研究成果是剑桥大学学者奎克撰写的《论教育改革家》(1868)。该书取材于美国教育家H.巴纳德和德国教育学家的著作,尤其是劳默尔的《教育学史》和K.施密特的《教育和课程史》,内容包括文艺复兴后西方教育思想的发展。此后出版的教育史著作还有劳里的《夸美纽斯生平与教育著作》(1881)、《中世纪教育与大学的兴起》(1886)、《前基督教时期的历史考察》(1895)和《文艺复兴以来的教育思想研究》(1903),布朗宁的《教育理论史概论》(1881),亚当森的《17世纪近代教育的先驱》(1905)、《简明教育史》(1919),利奇所著《宗教改革时期的英国学校》(1896)、《中世纪英国的学校》(1915)和编纂的《598—1909年教育法规文献集存》(1911),F.沃森的《1660年的英国文法学校:课程与实践》(1908)、《英国现代学科教学的起源》(1909)、《维夫斯和文艺复兴时期的女子教育》(1913)、《古老的文法学校》(1916),J.亚当斯的《教育理论的演进》等。英

国于1836年成立第一所师范学院,但教育史未列入课程计划。1892年,牛津大学成立教育学院,各地大学竞相仿效。伦敦大学从1883年颁发教育专业文凭起,一直把教育学列为该校正式科目。其主干课程包括教育原理、教育哲学和教育史。1872年,J.佩恩成为英国历史上第一个开设教育学讲座的专任教授,其开设的课程包括教育史。1883年,《佩恩著作选集》(Works of Joseph Payne)出版,书中收入《德国学校访问录》(A Visit to German Schools)、《美国高等教育》(The Higher Education of the United States)等文。奎克于1881年在剑桥大学开设教育史讲座,他对教育史的兴趣同样缘于对德国的访问。奎克和J.佩恩是英国教育史和比较教育学科发展史上的重要人物。19世纪末20世纪初,英国教育人口激增,师范教育发展迅速,教育史是师范类课程之一。

美国教育史研究的兴起与其公立学校运动和公立教育发展密切相关。美国公立学校和普及义务教育运动的倡导者和组织者之一H.巴纳德于1855年开始编辑发行《美国教育杂志》,讨论和研究世界各国以及美国的教育制度和教学方法的历史与现状。19世纪80年代,美国历史研究的专业化对教育史研究在美国的形成起很大作用。教育史作为课程出现以及教育史教科书和相关读物的编写则是应师范教育的需要而产生的。布恩撰写了美国第一本教育史《美国教育史》(1889),作者认为美国教师有必要了解美国教育发展的历史,任何全面的教育研究都必须包括教育史研究。在美国传统教育史学发展阶段,孟禄的《教育史教科书》(1905)和由他主编的《教育百科全书》(5卷,1911—1913),卡伯莱的《美国公立教育》(1919)、《教育简史》(1922)以及他编纂的《教育史读本》(1920),不仅是当时美国师范学院最权威的教育史教科书和教学参考书,也是当时世界上享有盛誉的教育史著作。孟禄和卡伯莱的教育史研究还致力于使其研究成果服务于本国教育改革。卡伯莱认为,教育史的主要功能是为教师培训、教育改革服务,从而为教育在社会进步中发挥作用提供借鉴和启发。美国教育家杜威在构建其现代教育理论和进行教育改革实验的过程中,也十分注重研究和思考教育的历史经验,具体体现在其《学校与社会》、《儿童与课程》、《民主主义与教育》、《经验与教育》等著作中。

俄国的教育现代化始于彼得一世(1682—1725年在位,1689年亲政)时期对军事、政治、经济和文化教育等各个方面的改革。在西欧启蒙运动的影响下,俄国出现了最早的具有启蒙观念的人物。部分创办于彼得一世时期的学校因教学的实际需要进行了俄国研究欧洲教育历史经验的最早尝试。1755年,俄国创办莫斯科大学,并附设文科中学。1779年,该大学下设俄国第一所师范学校,教育史研究正式起步。此后,夸美纽斯、洛克、卢梭、伊拉斯谟等人的一些教

育著作相继出版俄文译本。1802年,俄国参照德、法两国的教育经验,建立中央教育行政管理机构国民教育部。1803年,颁布《国民教育部暂行章程》。但受沙皇专制主义和农奴制政治经济体制的影响,俄国各级教育发展缓慢。彼得一世时期开始允许贵族出国留学。18世纪后半期,俄国上层社会对文学译著的需要大增,1768年,开始建立翻译组织"外译俄协会",会员超过百人。该协会在15年间出版112种书籍,共173卷,以古希腊、罗马作家的著作和18世纪法国作家的作品为主。法国大革命后,俄国与普鲁士、奥地利关系密切。19世纪三四十年代,赫尔德和费希特倡导的民族主义思想,康德、费希特、谢林和黑格尔的哲学思想,歌德、席勒的文学作品,赫尔巴特的教育理论先后传到俄国,成为俄国贵族青年和部分平民子弟的学习内容。19世纪前期,法国和英国空想社会主义者的著作、马克思和恩格斯的部分著作也开始被俄国先进知识分子研读。经历大约一个半世纪的发展,俄国重新掌握古希腊、罗马的文化成就,并掌握欧洲各国自文艺复兴后积累和创造的文化与知识财富,在吸取西方科学技术知识和精神营养的基础上创建自己的近代文化与教育。19世纪50年代中期至60年代中期,俄国公共教育运动的主要参与者,如外科医生和教育家皮洛戈夫、教育家乌申斯基、作家和教育家托尔斯泰以及革命民主主义者车尔尼雪夫斯基、杜勃罗波夫等就在这样的文化教育背景中成长起来。为改革俄国教育,托尔斯泰曾专门考察西欧各国教育。乌申斯基在公共教育运动兴起之初就发表《论教育书籍的益处》(1857)、《学校的三个要素》和《论公共教育的民族性》(1857)三篇重要教育论文。他在《论教育书籍的益处》中强调强大的社会舆论是民族教育生长的土壤,是促进整个民族发展的最重要的历史手段之一;在《论公共教育的民族性》中主张公共教育体系和理论都应具有民族性,盲目抄袭别国的教育理论和搬用别国的教育制度是错误的,指出外国教育史研究是建立公共教育民族性理论的基础之一。19世纪中期的俄国公共教育运动对俄国教育理论建设和19世纪60年代的教育改革发挥很大的推动作用,教育史学科在俄国也由此形成。俄国的第一部教育史教学参考书是莫扎列夫斯基的《从古至今的教育与教学简史》(3卷,1866—1867)。该书第一版只含外国教育史内容,第二版(1874—1877)和第三版(1892—1899)增加俄国教育史的内容。19世纪末20世纪初,俄国教育史研究进一步发展,出版较多教育史著作,有通史、专题史、断代史以及俄国、外国教育家教育思想研究著作,体现教育改革和师范教育发展的要求,以及不同社会阶层代表人物在教育领域的思想斗争。苏联马克思主义教育家克鲁普斯卡娅1915年撰写的教育理论与教育史研究密切结合的专著《国民教育和民主主义》(1917)是世界教育史上第一部运用马克思主义观点考察和阐述教育的历史发展、提出

自己教育主张的著作。作者强调,在批判继承贝勒斯、卢梭、裴斯泰洛齐、欧文、拉瓦锡等思想家和教育家有关生产劳动在国民教育工作中的作用这一观点的基础上,马克思提出了生产劳动与智育、体育与综合技术教育相结合的教育思想,这一理想只有在社会主义革命取得胜利后才能实现。

欧美各国教育史研究和教育史学科发展的动力源于满足教育改革与发展的需要。各国思想家和教育家面对国家存在的问题和改革的需要,对国内或国外,或者同时对国内外教育发展的历史经验进行研究和总结,借以论证自己的教育理论见解;或者撰写教育史专著,影响教育改革与发展。在外国近现代教育发展的进程中,教育史研究和教育史学科的首要功能是推动教育理论和教育实践的发展,随着师范教育的发展,教育史学科被纳入大学师范学院或独立师范院校的必修课程体系,从而被赋予师资培训功能。随着教育史研究的发展,一批教育史教科书和教学参考书得以编写、出版,这些教材同时发挥为教育改革与教育理论建设提供启示与借鉴以及师资培训的双重或多重功能。

外国教育史研究与教学
在中国的形成和发展

明末清初,意大利人利玛窦、德意志人汤若望、比利时人南怀仁等西方天主教耶稣会士在来华传教的过程中,向中国介绍世界地理、西方几何学和天文历法知识。这一时期,虽然以王夫之、顾炎武、徐光启为代表的部分先进知识分子推崇西洋科学,要求改革中国的教育与考试制度,但早期的"西学东渐"和中西文化交流并未对中国教育发展产生直接影响。

18世纪起,中西方列强一次次的入侵令中国逐步沦为半殖民地半封建社会,封建教育面临更严峻的挑战和冲击。以龚自珍、魏源等为代表的有识之士在文化教育方面发出变革和向西方学习的呼声。其后,洋务派代表人物李鸿章、张之洞、盛宣怀,早期改良派代表人物冯桂芬、王韬、郑观应,维新派代表人物康有为、梁启超、严复等人研究西方教育制度,创办学习西文、西学的教育机构,并致力于废除科举制度和构建新型学制。其中,郑观应在其《易言·论洋学》和《盛世危言》中详细介绍德、英、法、俄、美、日的学校制度,认为西方各国学制以德国最为完备;张之洞参与并主持"癸卯学制"的制定;盛宣怀将郑观应等人倡导的西方普通教育和师范教育付诸实践。19世纪末20世纪初,中国学者研究外国教育思想的发展,首先从研究和译介斯宾塞的教育著作开始,后以日本为中介引进并集中研究赫尔巴特和赫尔巴特学派的教育思想。1901年,罗振玉在上海创办《教育世界》,并译介一些日本学者撰写的教学学和教育史著

作,如熊谷五郎的《十九世纪教育史》,原亮三郎的《内外教育小史》,大濑甚太郎、中谷延治合著的《教授法沿革史》、《欧洲教育史》和《日本近世教育概览》等,为中国编写教育学和教育史著作提供借鉴。1908 年,《教育世界》停刊,共出166 期,在传播外国教育历史知识、促进外国教育史研究方面发挥巨大作用。国内其他出版机构也相继翻译、出版能势荣的《泰西教育史》(1901),中野礼四郎的《东西洋教育史》(1903)、加藤驹二的《德国学校制度史》(1903),为中国教育界提供较系统的外国教育史知识,为外国教育史学科教学和自撰外国教育史著作积累史料。

1904 年 1 月,清政府颁布"癸卯学制",规定经学科大学设周易、尚书等 11 门科目,其主课表中均有"中外教育史"课。《奏定初级师范学堂章程》将教育史作为基础课程于第一学年开设。《奏定优级师范学堂章程》更强调文、史、理、生四类学科的学生均须于第二、第三学年学"应用教育史"与"教育史"。"癸卯学制"将教育史作为两级师范学堂、经学科大学的一门主要专业基础课。"癸卯学制"颁布并实施后,中国的外国教育史研究获得更大动力,并在建设教育史学科和教育学理论中发挥重要作用。由黄绍箕提出设想、柳诒徵撰写的《中国教育史》(1910),运用西方近代教育和社会科学方法,致力于在中国教育史研究中引进西方近代教育和社会科学方法,被视为教育史研究中西结合的最早典型。

外国教育史研究在中国的兴起也是教育改革客观需要的体现。一些思想家、教育家在认识到国家面临的危机和封建时代教育存在的问题后,开始研究西方教育的历史经验与现状,以探求教育改革之路。这一时期中国对外国教育史的研究和教育史学科虽处于初创阶段,但对清末民初的教育改革、教育理论建设和师资培训具有重要意义。以1919 年五四运动为起点,中国的外国教育史研究和教育史学科发展步入第二阶段。五四运动是中国新民主主义革命的开端,它以 1915 年开始的新文化运动的思想启蒙为先导。随着中外文化交流的发展、新式学校的创设和留学运动的开展,新式知识分子群体逐步形成,其中不少人还有在美国、日本或欧洲国家留学的经历。五四运动前后,中外文化交流活跃,美国教育家杜威、孟禄和英国教育家罗素等都来华讲学,各种教育理论涌入中国,为中国教育界提供了比较与选择的机会,中国教育理论界形成百家争鸣的局面。近现代教育家黄炎培、胡适、陶行知、陈鹤琴、晏阳初、梁漱溟等在构建自己的教育理论以及开展教育实践时,不但了解中国社会与教育的现实问题,而且深入考察和研究西方教育理论的发展与西方教育经验。其中胡适、陶行知、陈鹤琴和晏阳初曾留学美国,胡适、陶行知和陈鹤琴均在哥伦比亚大学师范学院学习,直接受杜威实用主义教育思想的影响,陶行知、陈鹤琴还选修了孟禄讲授的教育史课程。黄炎培曾考察美国、日本和菲律宾的教育。与前一个阶段主要通过研究日本来了解与接受赫尔巴特及其学派的教育学说相比,这一阶段对西方教育史的研究更深入,且对中国教育理论与实践的发展发挥重要作用。自 20 世纪 20 年代始,在四年制师范大学中,教育史已经分化为中国教育史和西洋教育史两个部分。20 世纪二三十年代,中国出版一系列由国人自撰的西洋教育史著作和教学参考书,如姜琦编《西洋教育史大纲》(1921)、雷通群著《西洋教育通史》(1934)、蒋径三编《西洋教育思想史》(1934)、姜琦著《现代西洋教育史》(1935)等。商务印书馆还重新组织翻译、出版一批早期零星译出的世界教育名著,如夸美纽斯的《大教学论》(傅任敢译)、洛克的《教育漫话》(傅任敢译)、卢梭的《爱弥儿》(魏肇基译)、裴斯泰洛齐的《贤伉俪》(即《林哈德与葛笃德》,傅任敢译)、赫尔巴特的《普通教育学》(尚仲衣译)、斯宾塞的《教育论》(任鸿隽译)、凯兴斯泰纳的《工作学校要义》(刘钧译)等。一批评述西欧新教育运动的译作亦得以出版,如华斯孔遂洛的《比利时之新学校》(1922)、华虚朋的《欧洲新学校》(1931)、汉玛宜的《比利时德可乐利的新教育法》(1932)、S. 科布的《新教育的原则及实际》(1933)等。这一时期中国的外国教育史研究不局限于研究西方教育史。第一次世界大战以极其尖锐的形式暴露了资本主义制度的固有矛盾,以李大钊、陈独秀等为代表的中国先进知识分子对西方文明的价值和资本主义制度产生疑问,特别是俄国十月革命的胜利使他们发现了另一条能使中国人真正获得解放的道路,从而成为中国最早研究马克思主义学说的人。1918 年,李大钊发表多篇文章论述十月革命的意义,并在北京大学开设"唯物史观研究"、"史学思想史"、"史学概论"、"社会主义与社会运动"等课程,还在北京女子高等师范学校讲授"女权运动史"、"史学思想史"、"社会学"和"图书馆学"等课程,是中国教育史上第一位在大学讲坛系统讲授和宣传马克思主义的教授,也是第一个以马克思主义的立场、观点研究中国和外国教育问题的人。陈独秀在 1917—1919 年任北京大学文科学长(文学院院长)期间,在中国传播民主与科学思想,并开始从马克思主义的立场、观点出发,讨论和研究中国的教育问题。马克思主义在中国的传播为新文化运动注入新的内容和动力。五四运动后,马克思主义的研究和宣传得到进一步发展,而组织教育工农的教育实践活动进一步促进了马克思主义教育思想的传播。20 世纪二三十年代,恽代英和杨贤江等人在研究与传播马克思主义教育思想方面也发挥重要作用。杨贤江撰写的《教育史 ABC》(1929)是中国第一部运用历史唯物主义观点和方法论研究教育史的专著,《新教育大纲》(1930)是中国第一部在深入研究中外教育历史发展的基础上,运用马克思主义观点系统阐述教育理论问题的著作。杨贤江的教育理论探索活动促进了马克思、恩格斯和列宁教育思想在中国的传播,其教育史观在当时中国的教育史学界产生重大影响。然而就教育史研究成果的数量和外国教育史课程的内容而言,欧美教育史学仍处于支配地位。20世纪二三十年代是中国中外教育史研究成果的多产时期,被称为中国教育史学科发展的"兴盛期"、"黄金时期"。

抗日战争和解放战争时期,受客观环境影响,外国教育史研究和中国教育史研究几乎处于停滞不前的状态。

1949年中华人民共和国成立后,中国教育理论与实践发展进入新的历史时期,外国教育史研究和教育史学科发展进入第三阶段。外国教育史的研究和教学在这一阶段的发展是曲折的。从中华人民共和国成立至1966年"文革"开始前的17年中,外国教育史研究与教学工作有一定进展,取得一些成绩,但历经风雨,时起时落;十年"文革"期间,外国教育史与其他各门学科一样备受摧残;"文革"结束后,特别是1978年中共十一届三中全会后,外国教育史学界对学科建设的一些基本理论问题进行较深入的研讨,迎来20世纪80年代后科研与教学的初步繁荣。20世纪80年代后,外国教育史方面具有代表性的科研成果有滕大春主编的《外国教育通史》(6卷,1989—1994),赵祥麟主编的《外国教育家评传》(4卷,2003),吴式颖、任钟印主编的《外国教育思想通史》(10卷,2002),吴式颖、褚宏启主编的《外国教育现代化进程研究》(2006)等。1997年,张瑞璠和王承绪主编的《中外教育比较史纲》(古代卷、近代卷、现代卷)是中国的教育史工作者合力完成的教育科研项目。这一时期较有影响的外国教育史教材有:曹孚、滕大春等人合编的《外国古代教育史》(1981),王天一、夏之莲、朱美玉合著的《外国教育史》(上、下卷,1984—1985),赵祥麟主编的《外国现代教育史》(1987),滕大春主编的《外国近代教育史》(1989),戴本博主编的《外国教育史》(3卷,1990),马骥雄著的《外国教育史略》(1991),吴式颖主编的《外国现代教育史》(1997)和《外国教育史教程》(1999),王保星主编的《外国教育史》(2008)等。还出版一批研究西方教育思想史的专著和美国、英国、日本、俄国等国别教育史著作以及研究外国的高等教育、中等教育、初等教育、职业教育、幼儿教育、女子教育、教育管理、教育实验等各种专题史的著作,大量译著和成套的世界教育名著面世,外国教育史资料建设亦取得显著成果。

20世纪中后期教育史研究模式的演变

教育史既是教育科学的一门分支学科,又具有历史学科的特点,随着人们对教育本质及其任务的理解和史学观念的变化而变化。教育史学科的发展深受以兰克为代表的传统史学理论和方法的影响,强调历史研究的客观性,主张再现真实的历史。

肇始于19世纪末20世纪初的新史学主张拓展历史研究领域。1898年美国历史学家道在《新史学的特征:评兰普雷茨的〈德国史〉》一文中提出,新史学的发展得益于德国历史学家兰普雷茨的把历史理解为人类社会—心理发展过程的思想以及法国哲学家H.贝尔的"综合历史学"观念。1929年,法国历史学教授费弗尔和布洛赫合作创办《经济和社会史年鉴》,倡导开展以经济和社会史研究为内容的、运用跨学科方法的新型历史研究,标志法国年鉴学派的诞生。1911年,美国新史学倡导者J.H.鲁宾逊出版论文集《新史学:论现代史学观》,提出广义的历史研究领域包括人类全部的理论与实践活动,其作用在于帮助人们了解自己、同类以及人类的各种问题和前景。

美国史学界率先对以卡伯莱为代表的传统教育史学发起挑战。1960年,美国历史学家贝林在所著《美国社会形成中的教育》中,以美国殖民地时期的教育为研究主题,突破传统教育史学家把美国教育史理解为免费公立学校发展史的研究模式;还主张把教育理解为"将文化传给下一代的全部过程"。1961年,历史学教授W.史密斯提出由于运用更广泛的历史资料,新教育史学家的教育史研究领域得以拓展。

美国现代教育史学家克雷明1965年出版《奇妙的埃尔伍德·帕特森·卡伯莱世界》,进一步指出卡伯莱教育史研究模式的缺陷,倡导撰写与社会史和文化史相结合的美国教育史。克雷明在《美国教育》(3卷,1970—1988)这部被公认为现代美国教育史研究的权威著作中,赋予教育以新的理解:为传授、启发或获取知识、价值观、态度、技能、敏锐性等所作出的有目的的、系统的和持续的努力,或是任何直接的、间接的以及有意的、无意的学习;突破将"教育"(education)等同于"学校教育"(schooling)的传统认识,主张教育既包括正规的学校教育,也包括各种社会组织和个人的影响以及自我教育等非正规教育和非正式教育。

在美国,新教育史学亦称"修正派教育史学","修正"是指对传统教育史学观点和研究方法的批判和改正。作为温和修正派的代表,贝林和克雷明的教育观和教育史观反映美国主流文化,他们并不试图解构或颠覆传统的教育史学,而是扩展教育史的研究领域,并强调教育与社会的相互作用。

20世纪60年代,在黑人民权运动、"新左派"运动、反战运动和女权运动的冲击和影响下,部分年轻的教育史学者形成旨在解构传统教育史学的激进修正派,代表人物包括M.B.卡茨、拉泽逊、C.格里尔、斯普林、鲍尔斯、金蒂斯和阿普尔等。激进派教育史学的思想源于试图全面改写美国历史的激进派史学,以及提倡"非制度化"与"非学校化"教育的激进主义教育思潮和新马克思主义思潮。M.B.卡茨论证了美国公立学校教育是上层和中层阶级统治工人阶级和穷人的工具,起着维持阶级结构的作用。鲍尔斯和金蒂斯强调用阶级分析的观点考察社会与教育发展的历史,他们在《资本主义美国的学校教育》一书中提出,不平等的资本主义社会制度和经济结构是导致平等主义教育改革运动失败的根本原因;资本主义社会的学校教育只能培养服从资本主义等级制权力并自觉按资本主义企业规范和准则处世的驯服的劳动力;学校教育变革不能局限于学校教育,还应包括社会生活的一切领域。阿普尔认为,应综合考虑阶级、性别与种族因素来分析文化、政治发展以及教育的形成等社会问题,把种族的分析方法引入阶级关系的分析。作为美国激进派教育史学的重要代表,斯普林认为教育史教科书是控制人们意识形态的重要手段。激进派对现代主义史学观的运用招致美国教育史学界的批评,被认为只关注导致学校失败的结构方面的问题,习惯作政治臆测或联想,政治上激进而学术上保守。

美国温和修正派与激进修正派教育史学家虽在政治意见上存在分歧,但在涉及教育史学科发展方向的重要问题上达成共识:(1)承认教育史是一般历史的重要组成部分,提倡教育史与历史学科之间的融汇和互动;(2)教育史研究出现由论述史向问题史转变的趋势;(3)教育史不再被看作是一个必然的、朝设定目标前进的运动,应破除以往那种认为可以通过学校来促使社会进步的线性历史观;(4)教育史研究引入和借鉴社会科学的方法和模式;(5)强调治史者的主观性研究;(6)提倡学术宽容,欢迎非专业学者加盟教育史研究。

第二次世界大战后,马克思主义对西方历史学的影响不断加强。英国历史学家巴勒克拉夫将马克思主义对历史学家思想的影响概括为:马克思主义反映并促进了历史学研究方向的转变,从描述孤立的主要是政治的事件,转向研究社会和经济的复杂而长期的过程;马克思促进了对人民群众历史作用的研究;马克思主义重新唤起了对历史研究理论前提以及整个历史学理论的兴趣。1966年,英国马克思主义历史学家 E. P. 汤普森发表《自下而上看的历史学》一文,即从普通民众的角度探索和解释历史事件,被称为"自下而上的历史学"。

英国马克思主义史学家的历史研究对第二次世界大战后英国教育史学科发展的影响,集中体现在英国现代教育家和教育史学家 B. 西蒙的教育实践、教育理论探索和教育史研究成果中。B. 西蒙运用马克思主义的阶级观点和阶级分析方法考察和研究英国教育史,著有《英国教育史》(4卷)。1991年,他在《教育史的重要性》一文中阐述其教育史观:他所研究的教育史是探讨如何使个人的各种能力和技巧获得全面发展的教育史,教育与社会变革之间的关系问题是教育史研究的重要课题;解释教育变革必须考虑不同社会阶级和集团制定和阐明各自政策的具体事实;作为师范生入门学习的重要内容,教育史研究成果应使教师认识到其工作的性质,培养教师对历史的判断力和批判意识。

"全球史观"在第二次世界大战后成为西方史学发展的重要特点。1955年,英国历史学家巴勒克拉夫出版《处于变动世界中的历史学》,主张新时代的历史学家应抛弃"欧洲中心论"的立场,以更加宽广的历史视野来研究欧洲和整个世界的历史。巴勒克拉夫在1976年出版的《当代史学主要趋势》中明确提出"全球史观",要求赋予世界各国和各个地区的文明以平等地位,公正对待和评价世界各国和各个地区的文明;在重构世界史框架时抛弃传统的国别汇编的世界史结构,重视世界各个民族或国家之间的相互联系和影响。美国历史学家斯塔夫里阿诺斯也致力于体现"全球史观"的新历史体系的建立。在"全球史观"的影响下,米亚拉雷和维亚尔主编的《世界教育史》(4卷,1981)在结构上突破传统的欧洲国家教育史框架,实现教育观念和教育系统在全球范围的分析和综合,内容涉及学校教育的各个侧面,也注意到家庭教育、校外教育和非正规教育等领域。

改革开放后,中国外国教育史学界以辩证唯物主义和历史唯物主义为指导,编写了一批外国教育史教科书和教学参考书,解决教育史教材空缺的问题。一系列科研项目和高质量学术著作的发表,使中国的外国教育史研究逐步摆脱对西方模式和苏联模式的搬用。20世纪中后期国外教育史研究模式的演变,促使中国的外国教育史学者强调历史观、教育观与教育史观之间的密切联系,并认识到,在辩证唯物主义和历史唯物主义指导下的教育实践和教育思想研究,应关注教育与政治、经济、文化、教育之间的相互作用;在评价教育家时,不以其政治观点的进步或保守、世界观的唯心或唯物为标准,而是实事求是地分析其在教育发展中的历史作用;在处理教育史的历史分期问题时,不是单纯以政治或经济的标志性事件画线,而是注意教育自身观念的变革和发展特点的变化等。1983年9月举行的外国教育史学科体系研讨会确定了外国教育史以中国之外的一切国家和地区的教育实践与教育理论的历史发展作为研究对象,突破以欧洲为中心、以西方为重点的研究传统。

教育史研究和教育史学科的形成与发展,是由教育改革和发展的需要引发和推动的,它们要发挥出推动教育理论建设和教育实践发展的社会功能。随着教师教育的发展,教育史成为师资培训的基础课程,教育史学科又被赋予培养合格师资和教育管理者的社会功能。中国的外国教育史学界在系统总结国内外国教育史研究和学科建设的经验和教训的同时,亦注重辩证地对待外国在教育史研究及其学科建设方面的经验。

参考文献

杜成宪,邓明言.教育史学[M].北京:人民教育出版社,2004.

吴式颖,任钟印.外国教育思想通史[M].长沙:湖南教育出版社,2002.

吴于廑,齐世荣.世界史·古代史编[M].北京:高等教育出版社,1994.

杨豫,等.历史学的思想和方法[M].南京:南京大学出版社,1996.

张广智.西方史学史[M].上海:复旦大学出版社,2000.

（吴式颖　王保星）

外国特殊教育（special education in foreign countries）外国特殊教育的产生和发展过程。

外国特殊教育发展分期

外国特殊教育历史阶段,有的按社会发展历史阶段(原始社会、奴隶社会、封建社会、资本主义社会、社会主义社会)划分;有的直接按照时间发展顺序排列,如日本的《障碍儿童教育史》将其分为古代、中世纪、1700 年、1800 年、1900 年、1945 年、现代;美国的海威特将其分为原始和古代时期(前 3000—前 500)、希腊和罗马时期(前 500—400)、中世纪(400—1500)、16—17 世纪、18—19 世纪、20 世纪。在各类残疾儿童教育阶段划分中又有结合某类残疾教育在该国的发展情况的具体划分。如在日本的《世界教育史大系》中,智力落后儿童教育史被划分为弱智者问题前史(原始社会、古代奴隶社会)、弱智问题的出现(封建社会初期)、弱智问题的确定(中世纪、专制统治时期)、弱智教育的创始(资本主义形成、空想社会主义)、弱智教育的发展、弱智教育的退步(帝国主义时期)、战后弱智教育的复兴;美国的 J. S. 佩恩和 J. R. 巴顿将智力落后儿童教育发展阶段划分为混淆时期(人类起源至 1770)、觉悟期(1700—1800)、对低能儿童有乐观看法的开始时期(1800—1860)、觉醒期(1860—1890)、真正警醒期(1890—1930)、观望不前期(1930—1950)、重新醒悟期(1950—1960)、特别强调期(1960—1970)、由衷的醒悟期(1970 年至今)。这些划分基本按照事物发生前、发生时、发生后的发展顺序并适当结合一类残疾、一个地区的特点进行划分。但这种划分缺少对特殊教育产生和发展问题(如残疾人的社会地位、社会对残疾人的态度等)的总体考虑,因此有学者提出在按世纪分期时应考虑历史上对待残疾人的四个因素:生存、迷信、科学、服务。每个因素中又分别列出若干内容,如在生存因素中列有严酷的物质环境、杀害婴儿、优生、苛刻的待遇、逃离等;服务因素中列有人道待遇、开发利用、监护、教育、社会接受等。每一时期突出四个方面具体内容的变化。中国学者提出的划分原则是:既要考虑特殊教育史与普通教育史的共同之处,又要考虑特殊教育史的特殊性;要考虑整个特殊教育事业、残疾人群体所处的社会地位及社会对此的认识和态度;要有时间阶段划分,但历史阶段不宜确定得太具体。

根据上述原则,外国特殊教育史可分为四个阶段。(1)古代、奴隶社会前期。生产力水平低下,剩余产品很少;迷信占统治地位,视残疾为魔鬼所致,无科学认识;残疾人无生存权;认为残疾人是恶魔,发现残疾婴儿出生时即从肉体上灭绝。(2)奴隶社会后期、中世纪。生产力进一步发展,有较多剩余产品;宿命论思想、迷信,视残疾为"惩罚";有限的生存权;认为残疾人是被惩罚,对其嘲弄、歧视,个别地方收容残疾人;个别有产者(统治者)的残疾子女受到初步教育。(3)文艺复兴、资本主义产生时期。社会逐渐工业化,出现现代经济;开始打破迷信、宿命思想,对一些残疾进行初步科学研究并有正确认识;普通教育开始普及;舆论上残疾人有平等受教育权,但实际上只有少数残疾人享有受教育权;提出并争取实现"人皆有用、人皆平等"、"人皆受教育",进步人士承认残疾人作为人的社会价值;出现个人的或系统的矫正缺陷的教育工作和成功事例;创立社会性专门特殊教育机构(学校)。(4)19 世纪末至今。世界经济快速发展,出现现代化国家、福利国家等;进一步从医学、心理学、教育学等多学科角度探索特殊教育产生和发展的规律,对残疾人开展治疗、康复和教育工作;法律逐步规定残疾人有平等的公民权和事实上较平等的受教育权;社会承认残疾人的平等权利;国际社会提出和争取残疾人"充分参与社会和平等";发展和完善特殊教育体系并逐步实现与普通教育从隔离到融合,特殊教育的专门学科在逐步形成和加强国际交流。特殊教育的产生和发展除受生产力、生产关系的发展制约外,还与科学的发展及人们对残疾人的认识、残疾人的社会地位密切相关,特殊教育的产生和发展与普通教育紧密相关但又晚于普通教育,这由社会方面的客观因素决定,又与人们认识方面的主观因素相关。

外国特殊教育的产生

特殊教育产生基础　在中世纪,社会生产力的发展、社会生产关系的变化以及社会的政治变革,为残疾儿童社会地位的变动和特殊教育的产生打下物质基础;文艺复兴及以后的哲学社会科学、自然科学和教育科学的发展为特殊教育的产生奠定了理论和物质基础。

在哲学社会科学方面,14—16 世纪,文艺复兴时代的先进思想家提出人道主义,提倡关怀人、尊重人、以人为中心的世界观;16 世纪初出现的空想社会主义认为所有儿童都要上学;18 世纪法国资产阶级革命时提出"自由、平等、博爱"、"人皆有用、人皆平等"的口号,这些都成为残疾人争取社会平等地位的思想武器。18 世纪的法国启蒙思想家和唯物主义思想家的感觉论等是认识残疾儿童心理发展和教育实践的重要思想基础。卢梭的《爱弥儿》(1762)、狄德罗的《论盲人书简》(1749)和《论聋哑人书简》(1751)论述了盲人、聋哑人利用保存感官认识外部世界的可能性。

在自然科学方面,医学、解剖学的发展使人们逐渐科学地认识了各种残疾的实质与根源,打破了迷信和宿命观。对盲、聋、智力落后等残疾的科学认识使残疾人取得社会平等地位有了科学根据。

在教育科学方面,捷克教育家夸美纽斯在《大教学论》中除论述普通教育外,还对盲、聋、弱智等残疾儿童教育的必要性、重要性、教育方法等作了论述。在特殊教育方面,16世纪,意大利的卡尔丹诺在《论精神》一书中除仔细分析了聋的病因、程度及科学分类外,还专门论述了组织教学、教聋人书面语等问题,提出人们可以做到使哑人通过阅读"听"到,通过书写"说"话。后人称其为聋教育理论奠基人。16世纪,西班牙人莱昂等也在尝试聋教育方面有过贡献。

个别残疾儿童教育实践 西班牙人 J. P. 博内特在一个有四个聋人的家庭中使用莱昂的方法教学,1620年,他在马德里出版第一部教聋人说话的书《字母表的简化方案和教聋人说话的艺术》(*Simplification of the Alphabet, and the Art of Teaching Mutes to Speak*),该书在论述了聋人教育目的、任务和教聋人阅读、说话、计算的方法后,附录了手指字母(dactylology 或 finger spelling),这是已知最早的、保存至今的帮助聋人学习语言的手指字母。聋人口语理论奠基人荷兰人阿曼曾教一富人的聋女儿说话并取得成功。1692年,他出版专著《说话的聋子》(*The Speaking Deaf*)。其经验在欧洲流传近百年,影响很大。在智力落后儿童的个别教育实践中最有影响的是法国医生伊塔尔。1799年,在法国的阿韦龙森林中发现一个野男孩,伊塔尔对这个被称为不可救药的白痴进行训练,获得智力落后儿童教育训练方面的很多有益经验。个别盲人受教育成才的事例也很多。

特殊教育学校的建立 在建立特殊教育机构还是让残疾人进入普通学校学习这一问题上曾有过争论,最终决定建立照顾残疾儿童特殊需要的机构。1771年(有1755年、1760年、1770年等不同说法),法国人莱佩在巴黎建立聋哑学校,用手势教聋人,该校是世界上第一所特殊教育学校。1776年,莱佩出版《利用手势方法教聋哑人》(*The Instruction of Deaf and Mute Persons Using Methodical Signs*);1784年,出版《经验证明了的教聋哑的正确方法》(*The Correct Method of Instructing Deaf and Mute Persons Confirmed by Broad Experience*)。1789年,莱佩的学校得到国家承认,由其开创的手势教学体系在一部分国家和地区受到拥护并一直沿用至今。之后欧洲、美洲国家陆续建立了很多聋校。1778年,德国的海尼克在莱比锡建立聋校,使用与手势对立的纯口语法教学,海尼克成为纯口语法的代表。美国最早的聋校由加劳德特邀请法国人克莱尔于1817年在哈特福德建立。1784年,法国人阿于伊在巴黎建立世界上第一所盲人学校。1786年,阿于伊出版《盲人教学笔记》,论述盲人教学的任务、内容和方法;1788年,出版《盲人教育的产生、发展和现状》;1803年,应邀去俄国帮助建立盲校。当时盲校教学是老师讲、学生听,没有方便的阅读教材。1829年,该校毕业生布拉耶设计并提出使用凸出的6个点的63种不同排列组合表示字母和其他符号的盲文方案,此方案在布拉耶死后得到国际承认并以其姓"布拉耶"命名盲文。智力落后人士的教育由精神科医生在医院中与治疗结合开展训练,影响较大的有法国人塞甘进行的智力落后儿童教育。1837年,塞甘受托利用伊塔尔经验教育一个18个月的白痴男孩,取得成功,后在医院建立专门的儿童部,塞甘任主任,开始了机构式的智力落后儿童教育。1846年,塞甘发表该领域经典著作《智力不正常儿童的教育、卫生和道德训练》(*Traitement moral, hygiène et education des idiots et des autres enfants arrieres*)。后塞甘被迫离开法国到美国继续其工作,他建立学校,创立生理学方法,于1866年出版《白痴——用生理学方法治疗》(*Idiocy and its Treatment by the Physiological Method*)。1832年,德国的库尔茨在慕尼黑建立肢体残疾者专门学校。1817年,法国出现行为不良者学校。学前特殊教育的教育思想在16世纪就有人提出。1861年,在德国建立盲幼儿园;1888年,在美国出现聋幼儿园。1864年,在美国建立专门的聋人高等教育机构——国立聋哑学院(1865年改名为哥伦比亚聋哑教育学院,今为加劳德特大学)。特殊教育机构成为残疾儿童受教育的一种普遍的组织形式,完善了整个教育体系,开辟了实现残疾人平等受教育权的途径。特殊教育学校培养了一批残疾儿童,使他们的才能得到发展,有的成为有世界影响的名人,如美国盲聋女作家海伦·凯勒。这些机构积累了教育和训练各类残疾儿童的丰富经验,特殊教育逐渐形成医疗与教育结合的学科。

外国特殊教育的发展

19世纪到第二次世界大战时期特殊教育的发展 18世纪后特殊教育学校在很多国家建立,接受特殊教育的人数也在增加。如到19世纪末,法国有聋校65所,学生近4 000人;德国有聋校89所,学生7 000多人;美国有聋校145所,学生约1.2万人。德国在1900年设立智力落后儿童辅助班的城市有90个,学生超过8 000人。受特殊教育的儿童残疾种类也在增加。19世纪,在德国的德累斯顿盲校对又盲又弱智的双重残疾儿童开始教育并总结了该类儿童的特征和教育方法;该市的聋校对不同智力的学生分班教学,约15％的聋生智力落后。美国帕金斯盲校的 S. G. 豪博士在1837年教育了又盲又聋的女孩劳拉,创造了一套利用触觉认识事物和学习英文书面语的方法,并取得成功。后来 A. 沙利文利用 S. G. 豪的经验教育、训练了海伦·凯勒。对盲聋儿童教育成功的事例在比利时、德国、挪威、俄罗斯都有过。特殊教育的另一个发展是在教育中对感官残疾程度不同的人区别对待,如将聋和重听的教育区分开来。法国的 H. 贝尔利用扩音设备使有剩余听力的聋儿学会说话,并在助听仪器的发明和使用上有很大贡献。19 世纪末,在荷兰办过低视力儿童班(1892),在丹麦(1894)、匈牙利(1898)和比利时(1902)的国际会议上讨论过盲和低视力分开教学和建立低视力班问题。1908 年,在英国举办盲人班和近视学校。此外还出现非特殊教育机构中的特殊教育班,如 1869 年,建立聋特殊教育班;1896 年,建立智力落后特殊教育班和盲特殊教育班;1899 年,建立肢残特殊教育班;1908 年,建立言语缺陷特殊教育班;1913 年,建立低视力特殊教育班;1920 年,建立重听特殊教育班;1909 年,建立癫痫病儿特殊教育班。

亚、非、拉美国家的特殊教育的发展比欧洲晚一二百年。1872 年,日本颁布《学制》,其中提到"废人学校"。1878 年,京都盲哑院正式开课,随后各类特殊教育机构得到发展。第二次世界大战结束后,日本的教育法律规定了残疾儿童的初等义务教育,后又完善法律体系,实现与普通教育同等的义务教育。1894 年,美国传教士在朝鲜平壤开始教育盲人;1913 年,在再生院中设立盲哑部。1907 年,菲律宾建立第一所盲聋校;1945 年,建立肢残学校;1953 年,建立弱智学校。1912 年,斯里兰卡出现第一个宗教团体办的特殊教育机构。1920 年,在伊朗的德黑兰出现私人聋校和盲校;1955 年,公立特殊教育学校建立。1939 年,美国人开始在泰国的曼谷进行盲童教育。1946 年,韩国人在大邱建立大邱聋哑学校。1933 年,埃及出现盲人学校;1938 年,分别建立男、女聋校;1952 年,盲校开始进行职业教育。埃及的盲教育特别是盲人高等教育较发达,曾有盲人任埃及教育部长。1946 年,肯尼亚建立盲校;1948 年,建立弱智学校;1959 年,建立聋校。1948 年,尼日利亚出现特殊教育机构。1950 年,联合国教科文组织在非洲推广盲人书写工具——布拉耶盲文。1854 年,巴西出现有盲生的学校,但其特殊教育一直未能很好发展。1910 年,乌拉圭出现语言障碍的特殊教育机构;1927 年,出现特殊教育班;1930 年,出现弱智教育;1934 年,出现情感障碍教育。

特殊教育教学体系和方法也有发展。在聋教育方面,形成互相对立的两个教学体系,又称为两种方法,即用手语教学的法国体系和用口语教学的德国体系。1880 年,在意大利米兰召开的第二次国际聋教育大会通过了米兰会议决议,使口语法暂时取得胜利。会议决议共八条,指出聋哑儿童最终应会说话而不是运用手势与正常社会交往;聋哑儿童的教育教学中口语法优于手语法;纯口语法最佳。但参加会议的手语法拥护者特别是美国代表不服,认为决议没有表达手语法拥护者的看法。之后在欧洲不同国家及地区

手语法及口语法的拥护者各行其是。此外,在丹麦等国出现综合交际法(total communication),即使用可以使聋人学到东西的各种手段进行教学,包括口语、手势、书面语、表情、现代助听设备等。一些国家也根据自己的情况探索手指字母法、缩减语音法、书面语法和近代的双语法等。在盲教育方面,19 世纪后半期,在德国形成过分强调感觉器官、直接触觉的感性的发展方向,在法国形成强调理性、听觉和知识的理性发展方向,其盲教育教学的课程、方法等也有不同特点。智力落后儿童教育在一些国家逐渐形成体系,检查和鉴定智力落后的方法和工具也在研究和完善。1899 年,德国的吉金格尔提出曼海姆体系,包括学生开始入学的基本班,依智力问题逐渐分出的促进班、辅助班、重度落后班、白痴班,才能高的语言班、天才班等。此体系曾在德国 30 多个城市采用并传到外国。20 世纪初,法国政府为了测定智力的发展,委托心理学家比纳和医生 T. 西蒙研究智力落后的判断方法,他们提出智力落后的定义、程度、特征和心理测量方案(1896 年公布),经修订于 1905 年制定适合 3～13 岁(后改为 3～10 岁和成人组)儿童的"比纳—西蒙智力量表"(Binet-Simon Intelligence Scale,1908 年和 1911 年两次修订),被很多国家采用和发展。苏联曾机械照搬智力测验用于智力落后测定,1936 年,苏联的联共(布)中央做出决定,批判"伪儿童学",以后在苏联半个多世纪未使用智力测验。特殊教育与众多学科密切相连,医学、生物学、社会学、心理学等都联手研究和帮助残疾儿童,发展出 19 世纪的医疗教育学、20 世纪的康复学。特殊教育逐步成为一门综合、交叉的学科。

第二次世界大战后特殊教育的发展　特殊教育的概念扩大。随着社会经济、文化、教育、技术各方面的发展以及强调人权等以人为本思想和尊重个体差异理念的传播,特殊教育的概念开始扩大,特殊教育的对象开始从狭义的约占人口 3% 的残疾人逐步扩大到占人口 6% 的残疾人、有行为障碍和学习障碍的人、天才和高能力的人、智力发展水平高于和低于平均水平 2 个标准差的人。到 20 世纪 80 年代,英国等国家提出"有特殊教育需要的人"这一概念,除上述人员外,还包括有各种短期或较长时期的、一般教育不能满足的特殊教育需求的人,特别是儿童,此类儿童约占儿童总数的 15%～20%。由此特殊教育的对象由狭义的残疾人扩大到有特殊教育需要的人。

特殊教育法制化。各国对特殊教育均加强了立法工作,保证特殊教育也属于义务教育范畴,将其纳入整个教育体系。在学制、入学、教师、课程和教学内容、设备、校舍、教科书、经费、科学研究等方面都有相关的法律法规。美国、日本等国的特殊教育法律及法规较完善,著名的有美国于 1975 年颁布的《教育所有残疾儿童法令》(The Education for All Handicapped Children Act of 1975),该法令由福特总统

签署,于1978年实施,是美国关于残疾儿童教育的最完整、最重要的联邦立法。它规定了所有3~21岁的11类残疾儿童、青少年接受免费且适合其需要的教育或相应服务,保证每个残疾学生能在最少受限制环境(least restrictive environment,简称LRE)中受到适合其需要的教育,并为每个残疾学生制订个别化教育计划(individualized education program,简称IEP)。11类残疾是聋、聋盲、重听、智力落后、多种障碍、肢体损害、其他健康损害、重度情绪困扰、特殊学习障碍、言语损害、视觉障碍。还规定在评定、诊断残疾等方面,不允许存在民族和文化歧视,保障家长在评定、诊断、安置儿童及青少年和制订个别教育计划时参与的权利,规定了联邦政府负责各项活动的经费比例。1990年、1997年,该法两次修订,分别以《残疾人教育法》(Individuals with Disabilities Education Act,简称IDEA)和《残疾人教育法修正案》(Individuals with Disabilities Education Act Amendments of 1997,简称IDEA97)的名称颁布。其中将障碍儿童改为残疾儿童,增加了孤独症儿童(或自闭症儿童,autism)和脑外伤儿童(traumatic brain injury);在个别化家庭服务计划和学龄前、学龄期的个别化教育方案之后提出需不晚于16岁对残疾学生进行转向社会和职业前的"过渡服务"(transition services),制订个别化过渡计划(individualized transition plan,简称ITP)。美国各州还根据地方情况制定法令,如在加利福尼亚州教育局于1995年出版的《特殊教育法令汇编》(*California Special Education Programs: A Composite of Laws*)中,1980—1994年共通过96个法令,平均每年6.4个。日本于1947年颁布《学校教育法》,其中的第六章专门对特殊教育进行了规定,在中小学的章节中也有涉及残疾学生的规定。此后日本的法令规定了特殊教育的目的、学生、入学标准和手续、设备、校舍、课程、保健、班级编制、教师条件和资格、特殊教育经费、学生教科书、午餐、私立学校补助、儿童福利及职业等,各项规范和规定有近百种,且不断修正和发展。

特殊教育的融合与安置形式多样化。第二次世界大战结束后,欧洲提出使残疾人生活正常化的思想,后发展为把残疾人教育与普通教育融合的思想与形式。基于平等人权的考虑,美国提出使残疾学生尽可能从隔离的学校回到普通班级或学校的思想(即回归主流),开展去机构化和去标签的回归主流运动,主张人权和平等,不要隔离的特殊教育学校,不给残疾学生贴上盲、聋、智力落后等标签(参见"回归主流")。20世纪80年代后,在特殊教育与普通教育的融合过程中又提出全纳(inclusion,又译包含、包容、容纳)的思想,主张残疾学生与普通学生在一起学习,社会与学校要创造条件满足每个学生的特殊需要。1994年,在西班牙的萨拉曼卡举办的世界特殊教育大会通过了《萨拉曼卡宣言》和《特殊需要教育行动纲领》,强调残疾人受教育的权利和充分考虑每个儿童的个人特点、兴趣、能力、特殊需要等。各个国家和地区结合本地实际较普遍地试行和推广了普通教育与特殊教育的融合,但因各个国家及一个国家中各个地区情况不同,在推行融合教育思想时,教育安置的形式仍然是多样化的。有的特殊教育学校取消或合并,也有新建立的特殊教育机构,还有介于隔离与融合之间的过渡形式,如部分时间在普通班,部分时间在特殊班或在资源教室(resource room)接受特殊教育教师的辅导。根据美国教育部1999年给国会的报告,美国接受特殊教育的3~21岁的残疾人,在普通教育教室的约占46%,在资源教室的约占27%,在隔离班级的约占22%,在隔离机构的约占3%,其余的在住宿机构及家庭、医院。其他国家也有特殊教育学校、特殊教育班、资源教室、普通班级等适合不同教育对象、不同地区情况的多种安置形式。

特殊教育体系完善和发展。由于科学与经济的发展,残疾儿童的教育和早期干预(early intervention)的年龄提前,如美国1975年的《教育所有残疾儿童法令》规定接受特殊教育的儿童由3岁开始,到1990年后就提前到从出生发现残疾时就要干预。英国等欧洲国家对新生儿童有1岁内定期进行身体检查以及时发现异常和有针对性地进行康复训练及教育的制度和措施。义务教育阶段后的职业教育、高等特殊教育也有很大发展。美国国会于1857年和1865年分别通过了建立哥伦比亚盲聋哑教育学院(1864年改为国立聋哑学院,今加劳德特大学)和罗切斯特聋人理工学院的有关残疾人高等教育的法案,推动了残疾人高等教育的发展。根据1996年美国残疾人高等教育协会的材料,1978年,美国大学入学新生中残疾人占2.6%;到1995年,残疾人已占9.2%,与残疾人在同年龄人中所占比重相近。美国有19类残疾人可以进入1 000多所各类高等教育院校学习。日本和俄罗斯也有专门的特殊教育高等院校,还有由残疾人群众组织创办的高等职业教育机构。在发达国家,各类残疾人从出生起就可接受早期干预和家庭服务,一直到根据其能力上大学,为残疾人就业和为社会贡献自己的才智提供更广阔的途径。

逐渐形成特殊教育的学科。在发达国家,有多个学科(教育学、心理学、医学、技术学、社会学、语言学、福利学、哲学等)关心和研究各类残疾人及其教育,并在各自研究的基础上出版多种特殊教育的专著、特殊教育史、各类残疾人的心理学、各国特殊教育的比较研究、各类特殊教育的教材教法、现代特殊教育技术等。专门培养各类特殊教育教师的学院、系科、专业及特殊教育专门研究机构在各国大学设立。在特殊教育发展思潮方面,诸多学者有不同观点,正在进行理论上的讨论和实践中的验证。联合国教科文组织以及俄罗斯、日本等国多次出版过《特殊教育词典》;俄罗斯、德国、美国、日本等国出版过多种版本的、综合各门类残疾人教育的特殊教育专著;美国组织本国和外国专家出版了《特殊教育百科全书(第二版)》(*Encyclopedia of Special Education*,*Second Edition*);单类残疾教育问题的百科全书也有出版,如聋教育百科全书。

特殊教育的国际化和民族化。第二次世界大战后,多个国际会议和宣言都强调了残疾人的人权,特别是残疾儿童的受教育权。从《联合国宪章》到《儿童权利宣言》、《儿童权利公约》、《残疾人权利宣言》、《关于残疾人的世界行动纲领》,以及一系列活动,如"联合国残疾人十年"、"国际残疾人年"等,都宣传和促进了特殊教育事业。各类残疾人国际组织和每年多次的各类残疾人教育的国际会议,包括联合国教科文组织专门召开的国际和洲际特殊教育会议,都为特殊教育的国际交流和研讨提供了平台。各个国家和一个国家的不同地区之间也根据自己的情况采用不同方式发展其民族或地方特殊教育,如在取消或保存特殊教育学校方面,美国不同发展水平的州有适合自己州情的选择。各个国家和地区的特殊教育的发展也不平衡。美国的马祖芮克和温泽尔调查了 28 个国家和地区的特殊教育发展情况,将这些国家和地区分为 5 类:有限的特殊教育国家及地区,如南非、巴布亚新几内亚、塞内加尔、约旦河西岸及加沙地带;正在形成特殊教育的国家及地区,如尼日利亚、伊朗、巴西、印度尼西亚、埃及、巴基斯坦、中国、印度;隔离式特殊教育国家及地区,如日本、俄罗斯、捷克、中国台湾、中国香港;接近融合式特殊教育国家及地区,如以色列、波兰、澳大利亚、加拿大;完全融合式特殊教育国家及地区,如芬兰、挪威、瑞典、美国、新西兰、英格兰和威尔士。

参考文献

日本文部省. 特殊教育百年史[M]. 东京:东洋馆出版社,昭和五十三年.

张福娟,等. 特殊教育史[M]. 上海:华东师范大学出版社,2000.

Reynolds, C. R. & Fletcher-Janzen, E. Encyclopedia of Special Education[M]. 2nd ed. New York:John Wiley and Sons,2000.

Басова А. Г., Егоров С. Ф. История сурдопедагогики [M]. Москва:Просвещение,1984.

(朴永馨)

外国幼儿教育(early childhood education in foreign countries)

外国实施的学前儿童的教育体系及其发展。幼儿公共教育在 18 世纪伴随工业革命的发展而产生,并随生产力发展水平的提高而不断完善。

外国幼儿教育机构

为适应不同的社会需求,各国开办多种类型的幼儿教育机构。

以行政管理体系为划分标准,各国幼儿教育机构可分为四种模式。(1)盎格鲁—撒克逊模式(Anglo-Saxon model)。幼儿从出生至入小学前的照顾和教育由两种或两种以上的平行机构承担,一种机构强调保育功能,另一种机构强调教育功能;前者归健康和社会福利部门管辖,后者归教育部门管辖。采用这种模式的国家有美国、英国、加拿大、以色列等。以美国为例,美国的幼儿教育机构分属两个行政领导系统,均同时服务于 2~5 岁的幼儿。属于社会福利系统的幼儿教育机构是日托中心,属于教育系统的幼儿教育机构是保育学校,另有专门招收 5~6 岁幼儿的小学准备机构——幼儿园。(2)拉丁—欧洲模式(Latin-European model)。根据幼儿年龄的不同将幼儿教育机构分为两个层次。3 岁以前的幼儿教育机构由健康和社会福利部门负责,3 岁至小学前的幼儿教育机构归教育部门负责。采用这种模式的国家有日本、法国、比利时、意大利和瑞士等国。以日本为例,日本的幼儿教育机构主要有两种:保育所和幼儿园。保育所招收 3 岁以前的幼儿,以照顾或保育为主,归厚生劳动省管辖;幼儿园招收 3 岁至入小学前的幼儿,以教育为主要目的,归文部科学省管辖。(3)斯堪的纳维亚模式(Scandinavian model)。幼儿自出生至入小学前的保育和教育均在一个专门机构中进行,由一个专门部门负责,这个部门通常是健康和社会福利部门。采用这种模式的国家有德国、荷兰、瑞典、挪威等国。以德国为例,德国的幼儿教育机构为幼儿园,招收 2~5 岁的幼儿,集保育和教育两种功能为一体,归社会福利部门管辖。(4)社会主义模式(socialist model)。这种模式与拉丁—欧洲模式类似,根据年龄将幼儿教育分为两个阶段,由两个不同的部门管辖。但不同的是,此模式为中央集权的行政体系,从政策、大纲到日常的生活环节皆有中央下达的行政规定,地方主要以执行中央的政策、大纲等为主。采用这种模式的国家有中国等国。近年来,采用这种模式的国家越来越多地注意到调动地方积极性的重要性。

以财政来源为划分标准,各国幼儿教育机构可分为公立机构、私立机构和"半官半民"机构。(1)公立机构。由国家或地方政府提供经费的非营利性的公立幼儿教育机构。世界各国都或多或少地设有此类幼儿教育机构。如美国有相当一部分日托中心属于公立机构,美国的幼儿园基本上属于公立机构,英国的保育学校和保育班都属于公立机构。(2)私立机构。符合国家颁布的办学标准,经费独立、自行管理的私立幼儿教育机构。大都属于高收费、高质量的幼儿教育机构。美国的保育学校如蒙台梭利学校等就属于私立机构,它们根据国家的办学标准开办学校,依靠家长交纳的学费运转。(3)"半官半民"机构。由民间的个人或团体兴办,接受政府财政资助及监督的幼儿教育机构。如日本的保育所和幼儿园,原来基本上属于私立机构,但在1964年日本第一次幼儿园教育振兴计划开始后,因政府加快增加幼儿园教育机构数量、提高质量的步伐,并通过奖励、补助等财政手段干预幼儿教育的发展,到1991年第三次幼儿园教育振兴计划开始时,日本70%以上的私立幼儿教育机构开始接受政府资助,同时也受政府的干预和制约,成为"半官半民"机构。

以幼儿在园时间的长短为划分标准,各国幼儿教育机构可分为全日制、半日制、计时制等多种类型。美国、英国、日本的幼儿教育机构既有全日制,又有半日制;美国、加拿大等国为方便临时外出的幼儿家长的需要,还开办计时服务的临时托儿所;印度法规规定,鉴于建筑工人工作流动性强的特点,要求每一建筑工地都要为建筑工人子女开办专门的"流动幼儿园"。

以对幼儿身心发展特点的反映为划分标准,各国幼儿教育机构可划分为五种类型:专门进行贫穷儿童补偿教育的机构,如美国的"开端计划"中心;专门为超常儿童设立的"天才幼儿学校",如美国哥伦比亚大学师范学院的"天才幼儿学校";专门为弱智或聋哑幼儿开设的幼儿教育机构,如德国的特殊幼儿园;专门照顾、治疗和教育残疾幼儿的幼儿教育机构,如加拿大的"残疾幼儿中心";专门帮助幼儿尽快适应从家庭到幼儿教育机构过渡的机构,如法国兴起的"温和过渡"的机构,旨在帮助幼儿逐渐习惯离开家庭,适应幼儿集体生活。

外国幼儿教育课程模式

各国对幼儿教育课程的研究和设计,基本上体现了以下三种学术派别的理念或是这三种学术派别的理念不同程度的融合与渗透。

浪漫主义派　代表人物是卢梭,亦有人将弗洛伊德和格塞尔归于这一派别。主要观点是:在对幼儿进行教育时,必须遵循自然要求,顺应人的自然本性,使幼儿有充分的自由活动的可能与条件,把幼儿培养成自由的人。这一派别在发展心理学上属于发展成熟论,认为先天的成熟和后天的学习是决定幼儿心理发展的两个基本因素,幼儿的发展依赖于自然的成熟,不成熟就无从产生学习,学习对成熟起促进作用。根据浪漫主义派的主要理论,以格塞尔的发展成熟论和弗洛伊德的精神分析理论为基础,美国的纳斯和霍奇斯提出一种颇具影响的幼儿教育课程模式——发展成熟论模式(developmental maturity model)。其教育目的是发展幼儿的自信心、创造性、敏感性和实效性,教育内容是自由游戏和对社会规范的初步理解。它特别强调游戏,认为自由游戏是幼儿发展的主要途径,注意开展以遵守交通规则、掌握社会规范等为主题的活动。其教育方法是提供

环境让幼儿自由游戏,教师的任务是提供一个良好的环境,然后让幼儿在这个良好的环境中自由游戏——他们可以自己选择活动、自己设计活动、自由开展活动,不受任何约束。

文化传递派　代表人物是赫尔巴特。主要观点是:幼儿教育的主要目的是传授前人积累下来的知识经验,教师的职责是将精选的、系统的知识、经验在课堂上直接传授给幼儿。幼儿的任务是学习并掌握教师传授的语言知识、数学知识和社会公认的价值观念。这一派别在发展心理学上属于环境决定论,认为对于幼儿的发展来说,环境起决定作用,离开了环境的影响和教育的强化,幼儿的发展就无从谈起。根据文化传递派的主要理论,以环境决定论为基础,加拿大教育研究者贝雷特和恩格尔曼提出另一种颇具影响的幼儿教育课程模式——行为环境论模式(behavioral environment model),又称直接教学模式。其教育目的是促进幼儿知识的掌握,提高幼儿学习技能。教育内容是语言教学和知识传授,它认为语言是幼儿发展特别是其思维发展的基础,所以要特别重视语言教学,同时应重视向幼儿传授一些社会和自然知识。在教育方法上,它要求幼儿每天上2~3节课,教师按照事先制定的教学大纲和课本进行直接教学,主张让幼儿反复练习,直至幼儿完全掌握知识与技能。

进步主义派　源于杜威的实用主义教育哲学。这一派别在批判文化传递派教育思想的基础上,提出教学不应以教师为中心,而应以儿童为中心。教育应该把儿童从重视机械学习的死记硬背和教科书中解放出来,让他们在"做中学"。教育不应孤立于现实之外,而应在现实社会生活中根据幼儿的个人需要来进行。根据进步主义派的基本理论,以皮亚杰的认知发展理论为基础,形成影响巨大的幼儿教育课程模式——认知相互作用论模式(cognitive interaction model)。该模式认为幼儿教育的目的应是发展幼儿的思维能力,强调幼儿的自我指导和自我纪律。在教育内容上注重数、时间、空间概念和事物之间的因果关系,强调幼儿认知方面的发展,重视其对数理知识、时空概念和因果关系的理解与掌握。在教育方法上强调"做中学"或"发现学习",要求教师首先提供认知活动所需环境和材料,然后让幼儿以小组或个人方式进行操作活动,在操作活动中发现问题、解决问题,最后达到思维的发展。

外国幼儿教育师资培训

受生产力发展水平、社会文化传统、社会需求等多种因素的制约,各国幼儿教育师资培训也呈多样化发展态势。

培训方式　(1)师范型。在专门的师范院校培养幼儿教育师资。初中毕业生进入中等幼儿师范学校学习三年或在幼儿高等师范专科学校学习五年,然后担任幼儿园教师。幼儿师范学校的专业课教师应由高等师范院校幼儿

教育专业培养。采用这种培训方式的国家有中国等。(2)非师范型。先在普通院校取得普通学历证书，在正式从事幼儿教育工作之前再适当接受一些专门的幼儿教育训练，并取得职业资格证书。采用这种培训方式的国家有美国等。

受训者工作性质　(1)幼儿教师培训。主要在教育部门领导下，在专门的幼儿教师培训机构进行。如日本幼儿教师(教谕)既可在文部大臣认定的培训机构学完规定的课程和学分，直接获得相应的资格证书；也可在幼儿园工作若干年后，通过在都、道、府、县教育委员会开办的函授教育课程或讲习班取得一定学分，经教师鉴定考试合格后，取得相应的资格证书。(2)保育员培训。主要在健康或社会福利部门领导下，在专门的保育培训机构进行。如日本保育所的保育员(保姆)主要在厚生劳动省领导下的、专门的保姆培训机构培养，日本《儿童福利法实施规则》就保姆培训机构的招生对象、应修科目、学分数及保姆考试的应试资格、考试科目等都作了具体规定；英国学前游戏小组(保育性质的机构)的教养员由学前游戏小组协会组织培训。

培训层次　(1)高中层次的培训。在高中阶段通过职业技能培训，使一部分人成为幼儿教育机构的教师、儿童照顾中心的从业人员、家庭保姆。如俄罗斯幼儿教师主要通过幼儿师范学校培养；美国通过家政专修班培养日托中心保育员或家庭保姆，相当于这一水平的成人培训证书是担任日托中心保育员或家庭保姆的必备条件。(2)短期大学层次的培训。在两年制或三年制社区大学或教育学院中培养的幼儿教师。如美国大部分日托中心的教师由短期大学培养；英国保育学校和保育班的教师大多毕业于三年制教育学院。(3)大学本科层次的培训。如美国大学本科毕业经过一段时间的专业培训后可在保育学校任教或担任保育学校的校长；蒙台梭利学校(美国保育学校多为蒙台梭利学校)的教师应在持有学士学位的基础上，再经过专门的蒙台梭利教育理论和教学方法的学习和实习，才能在蒙台梭利学校任教。

职前培训或在职进修　(1)职前培训。"上岗"前的培训，为取得教师资格而进行的培训均为职前培训。(2)在职进修。未接受职前培训的工作人员可以利用在职进修获得幼儿教育方面的专业技能和资格证书。如美国在"开端计划"中曾聘用许多没有接受过专门训练的志愿服务人员，在其经费中，每年都有一笔专款用于志愿服务人员的在职培训。英国的学前游戏小组协会积极在各地兴办学前游戏小组指导者的在职培训。随着终身教育观念的兴起，在岗的幼儿教师也需要通过在职进修不断充实自己。美国的儿童发展协会(Child Development Associate，简称CDA)是一个幼儿教师进修组织，专门为幼儿教保人员提供训练课程，进行能力评估并颁发证书。法国财政部也通过立法提出所有劳工在全部服务年限中均享有1 200小时的在职进修机会，包括在职幼儿教师。

外国幼儿教育研究特点

基础研究与应用研究结合　各国幼儿教育研究均重视基础研究和应用研究的结合。如美国心理学家加德纳于20世纪80年代提出多元智力理论，该理论提出后很快进入实践层面，在教育改革包括幼儿教育改革中找到应用研究项目，迅速出现许多该理论指导下的课程改革方案，如光谱方案、新汇流课程方案和艺术推进方案等。此外，瑞吉欧教育方案、蒙台梭利教育法和高瞻课程等也是幼儿教育理论研究和实践研究结合的案例。

课程开发研究与课程评价研究结合　20世纪80年代前，幼儿园课程开发研究和幼儿园课程评价研究分别进行，前者由课程专家进行，后者由评价专家进行。20世纪90年代以来，两者开始紧密结合。如瑞吉欧教育方案强调教师通过各种评价手段观察并记录儿童在教育活动中的表现，并根据观察到的儿童的发展状况和教育需求随时调整下一步教育活动方案，以生成新的课程。教师对幼儿的观察和评价是在课程的组织和实施中随时进行的。教师根据课程实施过程中幼儿在实际情景中的真实反应不断对课程进行进一步提升和调整，使课程的不断开发与对课程的持续评价一体化。课程开发研究和课程评价研究的结合促使幼儿教育改革中出现发展性课程和发展性评价的紧密结合。课程评价研究不再是游离于课程开发研究之外的研究活动，而是与课程开发研究交织在一起并促进课程发展的研究活动。

课程开发研究与教师发展研究结合　20世纪80年代以前，幼儿教育课程研究多由课程专家在研究机构里进行，幼儿教师的发展途径基本上是职前专门学校的培训和在职教师返回专门学校进修。20世纪90年代后，随着各国早期教育课程研究的深入，形成了专家指导下以教师为中心开发课程的新模式，幼儿教师有了专业化成长的新途径。

从专家角度讲，各国幼儿教育课程开发分为三个阶段：(1)专家根据新的课程理念设计出新的课程方案或课程框架，并走入课程现场向参与课程开发和实施的幼儿教师讲解课程理念、演示课程方案，即对参与课程开发研究的幼儿教师进行有关课程开发研究的整体培训。(2)在幼儿教师按照新的课程方案或课程框架实施课程时，专家深入到课程实施现场进行课程研究，并长期留在研究现场，和教师一起将新的课程方案或课程框架转化为教师的具体教育行为，即成为幼儿教师的引导者、支持者和合作者，共同开发课程。(3)课程开发告一段落时，专家可离开课程研究现场一段时间，通过在课程之外客观地反观和透视课程研究现场,进一步完善课程方案。专家既需在第二阶段作为"内部人员"认同所处情境,以设身处地地了解该情境中人们的思想与行为,也需在第三阶段作为"外部来客"退出该情境,去思考、分析、解释观察到的现象。

从教师角度讲,对应着专家在课程开发中三个阶段的工作,幼儿教师在每一阶段都得到专门化发展。第一阶段,幼儿教师可以近距离向专家系统学习一种专门的课程理念和课程模式;第二阶段,幼儿教师可以和专家面对面地讨论课程开发中的实际问题,将课程理念和课程模式落实到自己的教育实践中,并将出现的新情况、新问题及时反馈给专家,和专家开展现场的、情景式的讨论,请专家及时解决幼儿教师课程开发中的实际困惑;第三阶段,幼儿教师成长为研究型或反思型教师。在专家离开课程研究现场后,幼儿教师的课程研究工作应继续向前推进,幼儿教师已成长为能够独立把课程开发和课程研究进行下去的具有研究性、反思性的教师。

外国幼儿教育主要流派

蒙台梭利教育法　蒙台梭利是意大利幼儿教育家。1907 年,她在罗马圣洛伦佐区开办第一所"公寓幼儿学校",亦称"儿童之家"。通过为儿童提供适合其身心自由发展的环境、培养幼儿良好的生活习惯、对幼儿进行感官训练等方法,对正常儿童进行观察和教育实验研究。1909 年,她总结"儿童之家"的经验,出版《适用于"儿童之家"的幼儿教育的科学方法》(英文译名为《蒙台梭利教育法》),全面阐述其教育思想和方法。"儿童之家"的成功引起国内外的广泛关注,参观者络绎不绝,他们对蒙台梭利创造的教学方法评价很高,回国后大力宣传,使蒙台梭利教育法很快传播开。20世纪初期,蒙台梭利教育法在美国得到较大发展。当时美国出现实用主义现代学派,蒙台梭利反对传统的以教师、书本、课堂为中心的教育,主张自由教育,同该学派颇有共同之处,从而引起美国人的兴趣,前往"儿童之家"参观、访问和学习的人很多。为使人们真正了解、掌握和运用自己的教育思想和方法,蒙台梭利于 1911 年离开"儿童之家",开始开设国际培训班,举办国际会议,开拓其研究领域,致力于青春期和新生儿的研究,力图用教育改造社会。她先后在意大利、美国、法国、德国、荷兰、西班牙、奥地利、锡兰(今斯里兰卡)、巴基斯坦、印度等国开办国际培训班。1912 年,《蒙台梭利教育法》由其第一个美国学生乔治译成英文本,同年,第一所蒙台梭利学校在纽约州塔瑞城建立,美国一些学者开始研究蒙台梭利教育体系。1913 年,蒙台梭利去美国讲学。1913—1914 年,"美国蒙台梭利教育协会"成立。1915 年,蒙台梭利再次访美,在旧金山暑期班讲学,并在旧金山世界博览会建立蒙台梭利学习班。到 1916 年,被认可

的蒙台梭利学校已达 189 所,以蒙台梭利命名的学校多达数千所;多个刊物介绍其工作并发表有关其工作的报告。1929 年,"国际蒙台梭利协会"在丹麦成立,蒙台梭利任会长。之后"蒙台梭利学会"相继在各国成立,"儿童之家"遍及世界各地。

蒙台梭利认为幼儿教育的直接目的是帮助儿童形成健全人格。她认为每一个儿童均具有的"潜在生命力"只是个体发展的一种可能性,儿童发展的最终状况要看他们"会吸收的大脑"吸收环境的状况如何。为使儿童得到良好发展,教育者的头脑中应该有一个有健全人格的儿童的形象作为教育的目标;幼儿教育的间接目的(或终极目的)是通过培养具有健全人格的儿童建设理想的和平社会。她认为真正的和平绝不仅仅意味着依靠政治或武力解决矛盾和纠纷,而是意味着依靠教育培养内心种下和平种子的、健全发展的新人类。

蒙台梭利教育法的教育内容包括:(1) 主题教育活动(团体教育活动)。教师和幼儿一起在用红、黄等色的标志线围成的圆圈上进行的团体教育活动。其内容丰富多彩,可根据儿童发展的情况及其周围环境、自然界、社会的变化进行多种安排。活动方式和手段多种多样,有时通过语言活动、身体活动、艺术创造等多种形式进行;有时以某一类活动为主,通过多种活动进行;有时通过外出参观、访问等活动进行。(2) 区域教育活动(分组及个别教育活动)。将所有区域教育活动的内容都"物化"为符合儿童特点的儿童自己的活动对象,让儿童在操作"物化"了的教育内容的行动中即蒙台梭利所谓的"工作"中实现心理发展。内容可分为日常生活训练、感官教育、数学教育、语言教育、文化科学教育、历史地理教育和艺术表现等,将儿童活动分成不同的活动小组,每个儿童都可以自由选择活动区域及活动材料。蒙台梭利区域教育思想包含的能力教育、环境教育、活动教育、个别教育、快乐教育和全面发展等思想,影响了 20 世纪的幼儿教育改革和发展。(3) 室外大肌肉活动。包括走出幼儿园的各种交往及在交往中学习和发展的活动等。所有可以促进儿童发展的教育内容都可以是蒙台梭利的教育内容,也都应该被设计成儿童的活动对象。

蒙台梭利教育法以有准备的环境为核心,由有准备的环境、作为导师的教师、作为活动对象的工作材料三个要素组成。为使儿童正常发展,成人须在了解儿童身心发展特点,包括儿童发展阶段性、敏感期等的基础上,为儿童提供适合儿童发展的有准备的环境。有准备的环境应具备以下几个条件:必须是适合儿童发展节奏和步调的环境;必须是儿童能够自由操作各种活动材料的环境;必须是对活动材料有所限制的环境;必须是有秩序的环境;必须是与成人环境有关联的环境;必须是能够保护儿童并让儿童有安全感的环境;必须是对儿童有吸引力的美的环境。教育不是成

人按照一定教材自上而下的传递过程，而是成人通过有准备的环境这一媒介协助儿童发自内心地主动发展的过程。正是在这一意义上，"儿童之家"的教师被称为导师而不是教师。作为导师，最重要的就是尊重、热爱儿童，用平等、谦逊的态度对待儿童；应重视观察、了解儿童，能真实、准确地把握儿童的内心世界。按照蒙台梭利的教师观，在尊重儿童、热爱儿童、观察儿童和了解儿童的基础上，导师的主要任务是：为幼儿创设具有兴趣性和探索性的、可供幼儿与之相互作用的活动环境，它是导师在观察、研究幼儿的基础上为幼儿精心设计的、可以服务于幼儿发展的、作为幼儿活动对象的环境；引导幼儿积极、主动地探究环境、操作环境，发现环境中的问题并解决问题，让幼儿成为活动的主体；在观察和了解儿童的基础上，正确评价幼儿的活动，包括其活动兴趣、活动水平、发展需求、关键问题等，并在对这些问题分析的基础上，不断为幼儿提供更适合他们的年龄特征和兴趣，能够引起并进一步激发其好奇心、求知欲和探索愿望，促进其向更高水平发展的活动环境和材料，使导师的工作进入"提供环境—进行引导—调整环境—进行引导"这样一个周而复始的良性循环，从而帮助幼儿实现真正意义上的可持续发展。蒙台梭利认为，幼儿身心发展的特点决定了其发展必须依赖于和具体、实在的操作材料的相互作用。她指出，在设计儿童的活动材料时应遵循以下原则：困难孤立原则，即一种工作材料只发展儿童某一方面的一种具体能力，而不是多种能力，把儿童学习的重点或难点"孤立"起来，以确保儿童某一个方面的一种具体能力得到真正、有效的发展；自动控制错误原则，即每一种工作材料都可以自动提示儿童操作的正确与否，使儿童按照工作材料的提示和指引得到应有的学习和发展；顺序操作原则，即每一种工作材料都有为其准备的另一种工作材料，每一种工作材料又是另一种工作材料的准备，儿童对工作材料的操作应遵循从简单到复杂、从具体到抽象的原则；内在奖惩原则，即每一种工作材料都应满足儿童内在的发展需求，能使儿童长时间地专注于操作工作材料的活动。

多元智能理论 基于多年对人类潜能的大量研究，加德纳在1983年出版的《智能的结构》一书中提出新的智力定义，即智力是在某种社会或文化环境的价值标准下，个体用以解决自己遇到的真正难题或生产及创造出有效产品所需要的能力。这一智力定义强调智力的社会文化性，即智力与一定社会和文化环境下人们的价值标准有关，不同社会和文化环境下的人们对智力的理解不尽相同，对智力表现形式的要求也不尽相同。加德纳认为，智力并非像传统的智力定义所说的那样，以语言能力和抽象逻辑思维能力为核心及衡量水平高低的标准，而是以能否解决现实生活中的实际问题或生产及创造出社会需要的有效产品的能力为核心及标准。根据这一新的智力定义，加德纳提出关于智

力结构的新理论——多元智能理论。该理论认为，智能是多元的，不是一种能力而是一组能力，这组能力中的各种能力不是以整合的形式存在而是以相对独立的形式存在。在《智能的结构》一书中，加德纳首次提出并着重论述了多元智能理论的基本结构，认为个体身上存在相对独立的、与特定认知领域或知识范畴相联系的八种智能，即言语—语言智能、音乐—节奏智能、逻辑—数理智能、视觉—空间智能、身体—动觉智能、自知—自省智能、交往—交流智能、自然观察者智能。

多元智能理论的主要教育含义包括：(1) 个体智力具有自己的特点和独特的表现形式。作为个体，每个人都同时拥有相对独立的八种智能，这八种智能在每个人身上以不同方式、不同程度组合，使每个人的智力各具特点；即使是同一种智能，也有不一样的表现形式，很难找到适用于任何人的统一的评价标准来评价一个人是否聪明及成功与否。(2) 强调重要的是个体解决实际问题的能力和生产及创造出社会需要的有效产品的能力。加德纳指出，传统的智力测验也许对儿童的在校学习成绩能够进行较好的评估和预测，但极少能评估和预测儿童在学校以外的表现和发展。他认为，智力不是上天赐予少数幸运者的一种特殊的脑内物质，而是每个人在不同方面、不同程度地拥有的一系列解决现实生活中实际问题特别是难题的能力和发现新知识或创造出有效产品的能力。(3) 个体智力的发展方向和发展程度受环境和教育的影响及制约。加德纳认为，个体智力发展受社会文化环境和教育条件的极大影响和制约，其发展方向和程度因社会文化环境和教育条件的不同表现出一定差异。在不同时代、不同文化背景下，智力发展有不同特征；智力最大限度的发展有赖于环境和教育的相互影响。

瑞吉欧幼儿教育方案 瑞吉欧·艾米利亚(Reggio Emilia)是意大利北部的一个小城市。20世纪70年代以来，该市的教育工作者、家长和社区成员发展出独特的幼儿教育教学理论、学校组织方法和环境设计原则，建立了一套公立幼儿教养体制。1981年在瑞典举行了"当眼睛越过围墙时"的展览，尤其是1987年在美国举行"儿童的一百种语言"的展览后，瑞吉欧已成为欧洲幼儿教育变革的中心。瑞吉欧幼教体系逐渐得到各国的广泛承认。该市的黛安娜幼儿园被美国《新闻周刊》评为"世界上最富创意、最先进"的学校，另有其他学校获得安徒生奖及地中海地区国际学校协会颁发的各种奖项。美国幼儿教育协会(National Association for Education of Young Children，简称NAEYC)多次举办瑞吉欧教育学术交流会，瑞吉欧幼儿教育方案的创始人和推行者马拉古齐也于1992年获得教育工作贡献奖。

瑞吉欧的幼儿教育体系始于第二次世界大战后建立的家长学校。20世纪50年代，随着儿童的增多及日渐明显的城市化带来的妇女广泛就业，儿童接受学前教育成为一种

普遍要求,瑞吉欧幼教事业迅速发展。从1967年开始,所有家长学校都接受统一管理。伴随现代科技的巨大成就,教育迎来又一次机会和挑战,教育目标变为促进变化和学习。为使幼儿学会适应变化,有必要转移教学目标的重心,从原来对知识的记忆、掌握转移到人的智力、能力和创造性的发展上。要让学生学会学习,学会独立获取知识。瑞吉欧经验的产生是对时代发展的回应,其出发点是对儿童潜能的充分认识。在瑞吉欧幼教事业的发展过程中,社区对教育的支持是一个不可忽视的重要因素。最初的幼儿学校由家长建立,该市又历来有社区支持家庭教养的传统,因此早期教养系统成为社区的重要组成部分。社区支持使瑞吉欧幼教事业蓬勃发展,而瑞吉欧幼教体系在发展过程中也保持着与社区和周围世界的不断联系,形成向社区宣传、寻求社区支持的传统。

瑞吉欧幼儿教育体系的基本教育思路为:(1) 突出方案教学与生成课程。方案教学是瑞吉欧幼教课程的重要内容,指教师和幼儿一起对某一个来自现实世界的、值得儿童关注的话题进行深入而广泛的探讨。其核心是让儿童进行研究性学习,这种学习可以由孩子发起,也可以由教师发起,还可以由二者共同发起。方案教学强调发挥儿童的自主性,它认为成功的方案教学所涉及的主题必须有足够的不确定性和开放性,能够让孩子以多种方式自主探索,能激发儿童的兴趣,培养儿童的创造性思维和问题解决技能。方案教学重视给儿童提供一种多样化背景,以便让儿童在其中主动学习。生成课程是瑞吉欧幼教课程的另一个重要内容。"生成"强调儿童的学习活动应该从儿童的日常生活尤其是儿童在日常生活中感兴趣的事物和活动中产生;"课程"意味着课程中必然还有教师计划的成分,教师可以对儿童即兴生成的兴趣进行引导,也可以事先设计一些可能让儿童产生兴趣的线索。生成课程是儿童学习的自发性和教师教育的计划性的结合,是在一天天或一周周的生活中形成的,它没有预先设定的课程目标、课程内容,课程发展也没有时间限制,课程结果无法预测。在生成课程中,儿童是积极主动的。教师在保证自己的计划有足够开放性的基础上,仔细观察儿童的兴趣和问题,然后根据社会的价值观作出反应并对儿童进行实时评估,再在评估的基础上给儿童提供引导性课程,支持儿童个体或儿童小组生成新的课程。这种对课程的评估不是为了在儿童之间进行比较,而是为了了解儿童的情感、兴趣、倾向和能力,以引导或进一步计划有意义、富有挑战性的课程。评估着眼于儿童独立或者在外界帮助下、在不同情景下能够达到的水平,是一个动态、灵活的过程,是真实情境下的评估。方案教学和生成课程强调"弹性计划",即它们有计划,但这种计划只是提供一个弹性而又复杂的基本框架,教师可根据活动中幼儿的反应及活动进程来确定活动的发展方向;课程的设计和实施

常常是开放性的,是借助于一定条件,在具体情境中逐步发展的,是教师和学生共同建构、共同协商的结果。(2) 社区参与幼儿教育事业的管理。在瑞吉欧,社区参与幼儿教育事业的管理被看作是培养市民变革的积极性、保护教育机构不受过度的官僚统治的危害、促进学校和家长之间合作的根本途径,它也是意大利许多团体和组织奋斗多年的结果,它们要求中央政府提供公共资金,由社区政府负责幼儿教育事业的整体规划,由市政府负责以社区为本的对幼儿教育的管理。1971年,这一管理模式在意大利有关幼儿教育的国家法律中确立。该模式以社区为本,是儿童、家庭、社会服务和社会之间相互联系的有机整合,它能适应文化和社会的变迁,促进教育者、儿童、家庭和社区之间的互动和交流;体现了儿童是社会的人,儿童教育是社会和社会上所有人都应关心和重视之事。社区参与幼儿教育事业管理的主要机构是社区咨询委员会。该委员会还发挥根据家庭和教育者的需要,协调和组织幼儿教育的重要功能。家长、教育者、市民每两年为每所托儿所、幼儿园选出社区咨询委员会。每个咨询委员会选出1~2名代表,服务于市托儿所和幼儿园的管理部门,和市长、市教育主管、早期教育主管、教研员一起合作,负责规划本市幼教事业的管理和发展。(3) 重视环境的教育力量。环境是瑞吉欧教育体系中非常重要的教育力量,它能促进儿童智力和美感的发展,向处于该环境中的儿童传递对他们兴趣、爱好、权利、能力等的尊重。瑞吉欧教育体系对儿童的尊重具体化在环境中,瑞吉欧的教师把幼儿园视为有教育内涵、包含多种教育信息、充满各种各样刺激、能促进儿童交互性体验并进行建构性学习的具体环境;环境是他们所有教育工作中最具可视性的、最符合儿童学习特点的一部分教育力量。

外国幼儿教育的发展

初创阶段(18世纪末至19世纪末)　这一阶段的幼儿教育产生于妇女就业谋职的客观需要,其功能是为出外谋职的母亲照看幼儿,以解除母亲们的后顾之忧。1816年,英国空想社会主义者欧文在英国新拉纳克自己的工厂中创办幼儿公共教育机构"性格形成学院",专门招收2~6岁的工人子女。1837年,德国教育家福禄贝尔在瑞士布兰肯堡创立学前教育机构,1840年将其命名为幼儿园,标志幼儿教育机构开始由看管儿童的机构转为有教育含义的机构。美国的幼儿教育机构在福禄贝尔的影响下发展起来。1856年,福禄贝尔的门徒M.M舒尔茨在威斯康星州沃特敦的家中创办美国历史上第一所幼儿园,这是一所以德语会话为主的幼儿园。1876年,在文部大臣田中不二麿的建议下成立日本第一所幼儿教育机构——东京女子师范学校附属幼儿园。

确立阶段(19世纪末至第二次世界大战前)　这一阶段的幼儿教育已有了理论指导和实验基础,幼儿教育机构中的教育因素已超过保育因素,教育功能成为幼儿教育机构的主要功能,真正意义上的幼儿教育已确立,具有以下特点。(1)幼儿教育机构中的教育因素增加。随着初等义务教育的普及,社会对幼儿教育的要求日益提高,家长开始希望孩子在被照顾的同时接受有益的教育,获得更好的发展。同时,一些关于幼儿发展与教育的实验研究也证明早期阶段在人的一生发展中的重要性,并提出具体、实际的教育内容和方法,这些理论或观点使社会、家庭和幼儿教育机构更为关注幼儿教育中"教育"因素的增加。(2)通过立法确立幼儿教育的地位。这一时期,各国政府纷纷以立法形式确立幼儿教育在整个教育体系中的地位,并明确其作用。1881年,法国政府明令组织母育学校,将原来由私人经办的、带有慈善性质的幼儿教育转变为国民教育事业的一部分。1887年,法国教育部再一次颁布法令,指出母育学校是初等教育机构,招收男女儿童,同等地照顾他们体、德、智方面的发展。1870年,英国议会通过《福斯特教育法》,确定招收5～7岁幼儿的幼儿学校为初等教育的组成部分,之后又于1918年颁布《母亲和儿童福利法》,要求地方行政当局为幼儿设立保育学校(招收5岁以下幼儿),同年又颁布《费舍教育法》,要求地方行政当局出资设立保育学校或保育班,为幼儿提供优良的发展条件。(3)形成幼儿教育的理论和方法体系。20世纪以来,在幼儿教育领域各种教育理论非常活跃,对幼儿教育发展产生极大影响,一些幼儿教育理论和方法体系逐步形成、完善,其中最具代表性的是蒙台梭利教育法。

发展阶段(第二次世界大战后)　这一阶段各国通过制定法律法规来保障和促进幼儿教育的发展。英国在第二次世界大战后期颁布《巴特勒教育法》(1944),指出教育5岁以下儿童的初级学校就是保育学校,其教育目标是培养全面发展的正常儿童,主要是进行教育,其次是补偿。该法案还指出,为了完成幼儿教育阶段的任务,地方教育当局应为5岁以下儿童提供办保育学校和保育班的经费。1968年,英国制定《都市发展纲要》,规定在纲要颁布后的12年中,由政府拨款资助城市贫民子女,包括为这些城市贫穷儿童设立专门的幼儿教育机构,以进行身心发展方面的社会服务。1972年,英国政府发表白皮书,要求全面推进幼儿教育事业,并提出经过十年努力,即到1982年,使50%的3岁幼儿和90%的4岁幼儿都能接受幼儿教育的发展规划。这些法律、法规的制定和颁布对保证和促进英国幼儿教育的发展起很大推动作用。1995年,英国颁布一项耗资7.3亿英镑的"幼儿学券计划",规定年龄在4岁以上的儿童都能得到政府发给的学券,以使其接受3个月的、高质量的学前教育。以英格兰地区为例,1998年起,该区所有4岁幼儿均可享受

免费学前教育服务。同年,英国政府绿皮书《应对保育挑战》(Meeting the Childcare Challenge)提出,托幼机构提供的服务要改变保育和教育分离的状况,将"保教一体化"作为扩展学前儿童保育服务和提高服务质量这一国家发展战略的重点。2003年的政府绿皮书《每个儿童都重要:为儿童而变革》(Every Child Matters:Change for Children)指出,要重构儿童服务和家庭服务的方式,为儿童和青少年创造一个涵盖教育、健康和社会服务在内的一体化服务框架,以缩小儿童间的发展差距并提高所有儿童的发展成就水平。2004年起,免费学前教育服务进一步扩展至英格兰地区的所有3岁幼儿。同年,英国政府出台《家长的选择,儿童最好的开端:儿童保育十年战略》(Choice for Parents, the Best Start for Children:A Ten Year Strategy for Childcare),强调幼儿的良好开端对其终身发展具有重大影响,同时指出政府的目标在于为所有家长提供灵活、高质量、可负担和易于获得的保育和早期教育服务。2006年的《儿童保育法》(Child Care Act)指出,儿童早期服务包括:0～5岁学前保育服务供给;地方当局为幼儿及其家长或准家长提供的相关社会服务;与幼儿及其家长或准家长相关的卫生保健服务;为幼儿家长或准家长准备的就业与培训方面的支持性服务;为幼儿家长或准家长提供的包括信息提供与支持服务等在内的一系列服务。2007年出台的《早期基础阶段法定框架》(Statutory Framework for the Early Years Foundation Stage)充分体现了0～5岁儿童教育的重要价值,明确指出每个儿童都应获得最好的开端,应支持他们实现各自的潜能。2010年开始,英国一些地区将免费学前教育保育服务向3岁以下儿童扩展,在贫困地区则向下延伸至2岁儿童。

第二次世界大战后,美国政府在1956年通过的《社会安全法》修正案中提出为职业妇女提供托儿服务的方案。1958年通过的《国防教育法》进一步强调教育应从孩子抓起,应重视天才儿童的选拔和教育,该法令的颁布对幼儿教育的发展起推动作用。1964年,政府通过"向贫穷宣战"的《经济机会法》。根据该法,联邦教育总署在1966年开展旨在帮助贫穷幼儿的"开端计划"(Head Start Program),以期对处境不利者的子女进行补偿教育,使贫穷家庭的幼儿做好入小学的准备,实现教育机会均等。20世纪80年代以来,美国又开始以加强整体性、综合性为特点的幼儿教育改革。以90年代在美国出现的光谱方案为例,该方案体现出美国幼儿教育课程改革的以下特点:既注重幼儿发展的学术目标,又注重其社会性发展目标;既注重面向全体幼儿的普通教育,又注重针对每一个幼儿的个别教育;既注重幼儿的早期教育,又注重幼儿园教育与基础教育的联系性。从20世纪80年代末90年代初开始,面对教育发展状况与社会需求的巨大反差以及学前教育巨大价值的不断凸显,美

国联邦政府日益重视为学前教育发展提供法律、财政、师资等方面的支持,发展学前教育被列入历届联邦政府的教育计划中,并体现于国家教育目标中。1991 年,G. H. W. 布什总统签发全国性教育改革计划《美国 2000 年教育战略》(American 2000：An Education Strategy),将学前教育发展列在国家教育目标的首位。1994 年,克林顿政府颁布《美国 2000 年教育目标法》(Goal 2000：An Education American Act),再次重申学前教育应让所有美国儿童做好入学准备,并进一步指出,应让所有儿童都享受高质量且适宜其发展的学前教育。1994 年,克林顿政府签署《开端计划法》,指出实施开端计划的目的是为低收入儿童及其家庭提供健康、教育、营养等基于家庭需要的服务,促进儿童的社会性发展和认知发展,从而提高其入学准备水平。2002 年,G. W. 布什正式签署《不让一个孩子掉队法》(No Child Left Behind Act),提出要转变联邦政府在教育中的作用,不让一个儿童落伍,并通过提供联邦补助金等措施对地方教育部门管辖之外的学前教育项目提供支持。《2007 年改进开端计划法》(Improving Head Start Act of 2007)更以对各学科领域的关注为前提条件,在原有综合性标准和服务基础上关注入学准备问题。2009 年以来,美国出台一系列学前教育政策改革措施,以促进学前教育的发展。奥巴马总统认为,应加强对学前教育的投资,他提出的“0～5 岁综合教育计划”(Zero to Five Plan)规定,每年由联邦政府对幼儿及其家长投资 100 亿美元,以为儿童提供整合性的早期保育和教育服务,并激励各州为儿童提供更多、更好的早期教育。2009 年,奥巴马总统签署《美国复苏与再投资法》(American Recovery and Reinvestment Act),提供 50 亿美元用于早期教育项目,包括开端计划、早期开端计划、儿童保育及针对有特殊需要儿童的项目。同年,奥巴马首创“早期学前教育挑战资金”(The Early Learning Challenge Fund),为各州培养和发展 0～5 岁儿童综合素质所设立的早期学前教育体系提供相应资助。2011 年,奥巴马在《2012 财政年度预算案》(The Budget for Fiscal Year 2012)中明确指出,儿童保育和发展总拨款金额将由 1995 年的 9.346 亿美元提升至 13 亿美元,以全面改善幼儿保育的质量,推进学前教育的普及。

日本在第二次世界大战后颁布一系列法律、法规,以促使幼儿教育复兴与普及。1946 年,日本颁布《生活保护法》、《儿童福利法》。1947 年,颁布《教育基本法》、《学校教育法》。1961 年,通过振兴幼儿园教育的决议。之后制订并实施三次幼儿园教育振兴计划,旨在通过为适龄幼儿提供奖励和补助费,向幼儿园提供园舍设施完善费、园具设施完善费等一系列措施,创造条件让更多幼儿进入幼儿园。其中,从 1964 年开始实施的第一次幼儿园教育振兴计划,旨在促使 5 岁幼儿进入幼儿园;1972 年开始实施的第二次幼儿园教育振兴计划,旨在促使 4～5 岁幼儿进入幼儿园;1991 年

开始实施的第三次幼儿园教育振兴计划,旨在进一步提高 3 岁幼儿的入园率。上述法律和三次振兴计划的实施对促进日本幼儿教育的发展起了巨大推动作用。2000 年,日本文部省颁布《幼儿园指导要领》,主张在日本全面推进重视儿童个性发展和综合素质发展的幼儿教育。2006 年,日本文部科学省重新修订《学校教育法》,特别将幼儿园教育置于初等教育之前,将其作为学校教育体系的第一环节,更再度强调学前教育的奠基性作用。在同年启动的第五次幼儿园教育振兴计划中,文部科学省再次重申要进一步促进幼儿园和保育所的联合,致力于缩小幼儿园和保育所间的差别,共同支持和完善学前教育体制。从 20 世纪 90 年代起,随着生育率下降日渐凸显,在“1.57 生育率低峰”(1.57 birth rate shock)出现后,日本中央政府采取一系列行动改变这一情况,制订并实施“天使计划”(1994—2004)和“新天使计划”(2000—2004),以支持儿童养育。2010 年,《新增长战略——复兴日本的蓝图》指出,2020 年要实现的目标是通过实现出生率的稳步增长来停止人口的快速减少。

苏联在第二次世界大战后迅速恢复了幼儿园教育。1959 年,苏共中央颁布《关于进一步发展学前儿童机构,改善学前儿童教育和医疗服务的措施》,把两个阶段的托儿所和幼儿园合并为统一的托幼机构,为建立从出生开始贯彻终生的一体化教育体系打下基础。之后学前教育作为苏联国民教育制度的一部分,也随教育的整体改革和发展而获得较大发展。苏联解体后,为适应市场经济发展的新形势,俄罗斯联邦政府于 1992 年颁布《俄罗斯联邦教育法》。该法将学前教育纳入国家教育体系,规定俄罗斯学前教育工作的目标是使儿童的发展能够适应未来社会,保证儿童创造性、才能和兴趣的发展等。根据《俄罗斯联邦教育法》,俄罗斯联邦教育部学前教育司于 1994—1995 年间制定学前教育标准草案。在此基础上,经过修改的《俄罗斯联邦教育法》于 1996 年颁布。根据俄罗斯的法律规定,学前教育机构可在国家标准大纲的指导下,结合本地、本机构的具体情况,制定具体的新大纲。评定委员会则对学前机构进行资格认证,将之分为三个等级,实施根据不同等级给予不同拨款的激励措施。进入 21 世纪后,俄罗斯又继颁布一些法律。其中,在《2010 年前俄罗斯教育现代化构想》中提出通过对贫困家庭的有针对性的支持,增加学前教育的普及性,并确立学前教育要达到现代教育质量水平的目标。

参考文献

Edwards, C., Gandini, L. & Forman, G. The Hundred Languages of Children：The Reggio Emilia Approach — Advanced Reflections [M]. Norwood, New Jersey： Ablex Publishing Corporation, 1998.

Gardner, H. Multiple Intelligences：The Theory in Practice [M].

New York:Basic Books, 1993.

Montessori, M. Spontaneous Activity in Education:The Advanced Montessori Method [M]. New York: Schocken Books,1973.

（霍力岩）

外语教学

外语教学(foreign language instruction)　外语科目中师生双方教和学的共同活动。中国基础教育外语课程以英语、俄语、日语为主要语种,其中英语教学占主导地位。

外语教学发展历程

基础英语教学　鸦片战争后随着洋务运动的兴起,中国出现新式外国语学校,其中较著名的有京师同文馆(1862)、上海广方言馆(1863)和广州同文馆(1864)等。1904年初中国近代学制《奏定学堂章程》颁布并实施,把"外语"列为中学堂科目。

1912年,北洋政府教育部公布《小学校令》,在"教科及编制"一章中提及可加设英语或别种外国语。外语安排在高小第三学年,教学"读法、书法、作法、语法"。同年公布的《中学校令施行规则》规定外语教学以英语教学为主。1916年,教育部公布《高等小学校令施行细则》,在高小开设两个学年的外语,旨在"使儿童略识外国语文以供实用"。1923年,制订《新学制课程纲要初级中学外国语课程纲要(暂以英文为例)》,同年颁布《新学制课程纲要高级中学公共必修的外国语课程纲要》。1929年,制订《初级中学英语暂行课程标准》和《高级中学普通科英语暂行课程标准》。1932年,教育部正式推出《初级中学英语课程标准》和《高级中学英语课程标准》。教育部根据第三次全国教育会议作出"设六年制中学,不分初高中"的决议,于1941年9月公布《六年制中学英语课程标准草案》。同年12月,公布《修正初级中学英语课程标准》和《修正高级中学英语课程标准》。1948年,教育部颁布《修订初级中学英语课程标准》和《修订高级中学英语课程标准》。

1951年,中华人民共和国中央人民政府教育部公布《普通中学英语科课程标准草案》,包括初级中学和高级中学英语课程标准草案。1954年,教育部下发《关于初中不设外国语科的说明的通知》,决定初中停开外语。1956年,教育部颁布《高级中学英语教学大纲(草案)》,该大纲片面强调政治思想教育,忽视外语教学的规律性。1957年,初中重开外语课,教育部编订《初级中学英语教学大纲(草案)》。1959年,教育部发布《关于在中学加强和开设外国语的通知》,其中指出中学设置各种外国语的比例,大体上规定约有1/3的学校教俄语,2/3的学校教英语及其他外国语。1962年,教育部就小学开设外国语课的有关问题提出具体意见,同意在试验新学制的五年一贯制小学的四、五年级开设外国语

课,个别基础较好的六年制小学如有外国语教师,也可在五、六年级开设外国语课,但未颁发教学大纲。1963年,在全面总结历史经验的基础上,制订并颁发《全日制中学英语教学大纲(草案)》。这是中华人民共和国成立以来规定英语教学要求最高、教学内容最多、课时也最多的一部大纲,在一定程度上扭转忽视外语教学规律的倾向。"文革"期间,中国的外语教学受到极大破坏。

1978年,教育部制订并颁发《全日制十年制中小学英语教学大纲(试行草案)》,1981年修订为第二版,基本内容未变。这两个大纲肯定外语的工具性,把外语与语文、数学一起列为中学三门主要科目。1986年,国家教育委员会制订并颁发《全日制中学英语教学大纲》,首次在大纲后附词汇表,并把英语从单纯的工具性学科提升到以交际工具性为主,兼有传授语言知识、文化背景知识,提高文化素质,开发智力的综合学科的地位。1988年,国家教育委员会制订《九年制义务教育全日制初级中学英语教学大纲(初审稿)》,经过实验,于1992年正式颁发《九年义务教育全日制初级中学英语教学大纲(试用)》,1995年修订为第二版。1990年,国家教育委员会参照新定的高中课程调整计划,颁发《全日制中学英语教学大纲(修订本)》,对1986年的《全日制中学英语教学大纲》进行修订,适当降低大纲的教学要求,减少教学内容。在高中阶段,一、二年级英语为必修课,三年级为选修课。

到20世纪90年代初,中国基础英语教学大纲的主要变化为:大纲规定的词汇的筛选趋于合理,词汇量由高到低;教学要求从笼统向具体量化发展;教学目的越来越明确与合理。此时期共编写、出版16套教材。

1993年,国家教育委员会制定《全日制高级中学英语教学大纲(初审稿)》,1996年编订为《全日制普通高级中学英语教学大纲(供试验用)》。为落实《面向21世纪教育振兴行动计划》,建立面向21世纪基础教育新课程体系,教育部1999年正式启动英语课程标准的研制工作。2000年初,颁发《全日制普通高级中学英语教学大纲(试验修订版)》,使大纲的理念逐步向新的课程标准靠近。2001年,颁布《全日制义务教育普通高级中学英语课程标准(实验稿)》。在此基础上,2003年出版《普通高级中学英语课程标准(实验)》。

改革开放后,中国基础英语教学发展迅速。教育目标从单纯传授知识向提高学生全面素质的方向转变,教学要求适应国情现实,体现多元化、分层次的特点。教学观念和方法的变化突出体现在:英语教育的目标是培养学生的综合英语运用能力,提出四项技能综合训练,增加情感态度、学习策略和文化意识的能力目标要求;强调处理好语言教学和文化的关系;重新确定教师和学生在教育过程中的地位与作用;提出要广泛开发和利用各种教育资源;完善评价体系,注重过程性评价。英语教材的编写多倾向于以交际

教学思想为指导,以任务型活动和内容为中心,语言功能与形式并重,各种教法优势组合,运用多媒体的编写模式。教材内容逐渐贴近学生的生活和现代社会生活;教材语言比较真实、自然、地道,教学设计灵活,加强交际性、实践性和启发性,促进学用结合;教材编写注意学生的身心发展特点,重视在教材内容、编排体系、呈现形式等方面增强趣味性,以激发学生的学习兴趣;力求符合学生认知规律,注意调节教材的难易程度。教材多样,鼓励“一纲多本”。自1988年除人民教育出版社以外,上海市、广东省、四川省、江苏省、北京市等省市的相关机构编写多套不同起点的英语教材,其中部分教材通过国家中小学教材审定委员会审查,供全国范围内使用。同时期全国引进多套外国教材,以满足发达地区学校和外国语学校等不同类型学校的需求。

基础俄语教学　康熙四十七年(1708年),清政府开设俄罗斯文馆。1904年,在《奏定中学堂章程》中要求“娴习普通之东语、英语及俄、法、德语,而英语、东语为尤要,使得临事应用,增进智能”。1912年,北洋政府教育部公布《中学校令施行规则》,规定中学校学科中的外国语以英语为主,但遇地方特别情形,得任择法、德、俄语一种。1922年,“新学制”颁行。1923年,中小学各学科制订课程纲要,外国语仅以英语为例,无俄语课程纲要。1956年,中华人民共和国教育部颁发《高级中学俄语教学大纲(草案)》,1958年,对其进行再次制订,对运用俄语的读、写、听、说等初步技能和技巧提出具体要求。1959年,教育部发布《关于在中学加强和开设外国语的通知》,规定中学设置各种外国语的比例。1963年,颁发《全日制中学俄语教学大纲(草案)》。1949—1966年的俄语教学方法主要采用苏联的自觉对比法,教学侧重阅读,教材从多本教材逐渐过渡到统一教材,其内容突出政治性。“文革”时期基础俄语教学陷入停顿状态。1978年,教育部制订并颁发《全日制十年制中小学俄语教学大纲(试行草案)》,规定俄语课从小学三年级起开设。通过八个学年的学习,要求学生掌握语音、语法基础知识和基本技能,掌握约2 500个单词和一定数量的常用句式,能借助工具书阅读一般题材、中等难度的读物,具有一定的听、说、读、写、译的能力。1986年,国家教育委员会制订并颁发《全日制中学俄语教学大纲》。1988年,国家教育委员会制订《九年制义务教育全日制初级中学俄语教学大纲(初审稿)》,人民教育出版社开始编写义务教育三年制初中俄语教材。经过实验,于1992年正式颁布《九年义务教育全日制初级中学俄语教学大纲(试用)》。1990年,国家教育委员会颁发《全日制中学俄语教学大纲(修订本)》。1996年制订的《全日制普通高级中学俄语教学大纲(供试验用)》与九年义务教育课程方案相衔接。2000年1月,教育部颁发试验修订版。2003年《普通高中俄语课程标准(实验)》正式发布。

根据《基础教育课程改革纲要(试行)》和俄语课程标准

的精神,结合国情,基础俄语教育注重培养学生的创新精神、实践能力以及健康、积极的心理素质,发展其终身学习的能力,并注意继承俄语教学的良好传统,吸取各家外语教学法的长处,在外语教学中渗透跨文化交际。

基础日语教学　中华人民共和国成立之前,中等教育中曾设置日语学科。中华人民共和国成立至中日两国恢复外交关系(1972)的初期,中国东北三省、内蒙古部分地区及北京等地的一些中学依据当地的实际情况,自发地设置了日语学科,日语学科设置目的、教学内容、教学原则、学习量等均无国家统一要求。对此教育部颁发《中学日语教学纲要》,提出教学目的和要求、教学原则、教学方法、初高中教学内容的具体安排,为日语教育走上正确轨道创造了条件。

从20世纪80年代起,中国的日语教学规模仅次于英语。人民教育出版社于1984年出版全国第一套统编的中学日语教材。1986年,国家教育委员会正式颁布《全日制中学日语教学大纲》。1988年,国家教育委员会颁布《九年制义务教育全日制初级中学日语教学大纲(初审稿)》。1990年,国家教育委员会颁布《全日制中学日语教学大纲(修订本)》,减去过多的内容,降低要求。1992年,颁布《九年义务教育全日制初级中学日语教学大纲(试用)》。1994年,颁布《关于印发中小学语文等23个学科教学大纲调整意见的通知》,调整《九年义务教育全日制初级中学日语教学大纲(试用)》中的“六三”制的日语教学,减少内容,降低要求。1996年,国家教育委员会颁布与九年义务教育初级中学教学大纲相衔接的《全日制普通高级中学日语教学大纲(供试验用)》,大纲明确规定高中一、二年级日语为必修课,三年级为选修课;在课时、教学内容等方面都作了区分。

国家基础教育日语课程标准的研制于2000年启动,《全日制义务教育日语课程标准(实验稿)》于2001年出版。2003年,发布《普通高级中学日语课程标准(实验)》。日语课程标准指导基础日语课程在课程理念、课程目标、课程实施等方面的改革与发展。

外语教学方法

随着语言学、心理学、教育学等各学科的发展,外语教学方法也不断发展,对中国影响较大的外语教学方法有语法翻译法(grammar-translation method)、直接法(direct method)、听说法(audiolingual method)、视听法(audio-visual approach)、认知法(cognitive approach)、交际法(communicative approach)。还有其他的教学法流派,如静默法(silent way)、暗示法(suggestopedia)、领悟法(comprehension approach)、社团语言学习法(community language learning)、全身动作反应法(total physical response)等。

语法翻译法　亦称“翻译法”、“传统法”、“阅读法”、“古典法”，是用母语翻译、教授外语书面语的一种方法。18 世纪以前在西欧等国的拉丁语和希腊语教学中就已运用，现代外语教学法仍沿用该教学法。其理论基础是历史比较语言学、官能心理学等，代表人物有 19 世纪教育学家奥朗多弗和雅科托等。具有以下特点：翻译是基本的教学手段，母语与外语的逐词翻译成为掌握外语的主要手段；重视培养阅读能力，大量阅读、背诵原著；外语教学以语法为纲，系统教授语法知识。该教学法的出现为外语教学法成为一门独立的学科体系奠定了基础。它强调语法知识的系统讲解，通过大量阅读原文培养学生的阅读能力，有利于学生理解外语和运用外语；使用方便，对教学条件要求较低。其不足：过分重视翻译的作用，忽视运用非翻译性手段，难以培养学生直接用外语理解和表达思想的能力；过分重视语法知识的传授，忽视语言交际能力的培养；强调记诵语法规则和脱离生活实际的例句与课文，教学方式单一，不易引起学生的兴趣。

直接法　亦称“自然法”、“改革法”。19 世纪末西欧资本主义蓬勃发展，国际交往日愈频繁，口头交际的重要性愈发凸显，直接法应运而生。19 世纪末 20 世纪初是直接法的鼎盛时期，20 世纪 20 年代后，直接法走向低谷。其代表人物有贝利兹、古安、H. E. 帕尔默、耶斯珀森、韦斯特等。其特点：排除母语中介，采用直观手段教学；先用耳听口说，后用眼看手写，从口语入手进行外语教学，语音教学是外语教学的重要环节；不学形式语法，初级阶段语法规则不予重视；以句子为基本的教学单位，不孤立地学习词汇、语音、语法；像儿童学习母语一样，通过大量的模仿操练，记忆、背诵和积累语言材料，以形成自动化的语言习惯。其优势：在教学中运用各种直观手段，如实物、图画、手势、动作等，将语言的义与形直接联系起来，使学生易于理解和掌握，能活跃课堂气氛，激发学生的学习兴趣；创立了一套行之有效的口语练习体系，重视语音、语调和口语教学，以听、说训练带动读、写训练；以句子为外语教学的基本单位，有利于学生完整理解句义及整篇文章的主旨，进行有意义的句子操练。其不足：忽视母语的中介作用，在教学中一味排斥母语，这样不仅浪费时间，而且使学生不易理解用母语就能解释清楚的抽象知识，造成学习困难；片面重视口语能力的培养，忽视书面语能力的培养；不能区分儿童学习母语与成年人学习外语的不同，外语教学中仅运用模仿、记忆等手段；不能使用语法知识有效地监控和指导学生正确使用外语，纠正语言错误。

听说法　亦称“口语法”、“结构法”，产生于 20 世纪 40 年代第二次世界大战结束前夕的美国。由于被大量派往国外，军队急需大批通晓外语口语的人才，听说法在陆军学校被用于训练外语，故也称军队教学法。其心理学基础是行为主义心理学，华生和斯金纳有关人类刺激、反应、强化的

理论为其提供语言训练的理论基础。以美国结构主义语言学家布龙菲尔德、霍基特、弗里斯为代表的结构主义描写语言学是听说法的语言学基础。听说法在 20 世纪 50—60 年代风靡全球。它主张：将口语学习放在首位，因为有声语言、口语是第一性的，书面语是第二性的，教学采用先听说、后读写的顺序；学生从学习外语之初就要准确模仿每一个句型的层次结构、语音、语调，不放过任何性质的错误，以培养正确的语言习惯；课堂教学以句型结构操练为中心，而不是以语言知识的讲解为重点；不用母语，因为母语具有很强的干扰性，将母语与外语的客观分析对比运用于教学难点的确定；教学采用反复模仿、强化操练的形式。其优点：重视句型教学；重视培养口语能力；对比母语与外语的句型结构特点，由易到难地安排句型操练。其不足：将言语活动与交际情景以及上下文的联系割裂开来，使句型结构失去活用的基础；把语言看作一系列刺激—反应的行为过程，忽视人的思维在外语教学中的积极作用；在普通学校里，听说法的教学效果不尽如人意，因其运用需要具备一系列条件，如小班制、保障每天长时间的外语学习等，才能达到良好效果，而一般学校难以提供这些条件。

交际法　亦称“功能法”，创建于 20 世纪 70 年代初的欧洲共同体国家。为了适应国际社会的发展，加强西欧各国的多方面合作，70 年代初期成立欧洲共同体，但语言成为民众交往的最大障碍。在英国语言学家的主持下，共同体成员国的专家为改革外语教学制定统一的外语教学大纲，设计统一的教材和测验标准。欧洲主要的语言教学大纲《入门阶段》(*Threshold Level*)、英语作为外语教学的《初阶》(*Way Stage*)以及 D. A. 威尔金斯的《意念大纲》(*Notional Syllabuses*)、威多森的《交际法语言教学》(*Teaching Language as Communication*)的出版，标志交际法的诞生。其代表人物有特里姆、范埃克、D. A. 威尔金斯、威多森、L. G. 亚历山大等。社会语言学是其语言学基础，社会心理学和心理语言学是其心理学基础。其理论基于交际语言观，理论基础来自海姆斯的交际能力理论和韩礼德的系统功能语法。随着 20 世纪 70 年代各种与语言教学有关的学科的兴起，如语言习得学说、语篇分析学说、语用学、交际与媒介学说等，交际法得到充实和完善。其特点：强调语言教学要为学生的交际需要服务，教学目的是通过语言学习使学生获得交际能力，语言教学以学生为中心，学生处于积极主动的地位；以语言的功能意念、交际活动为内容，强调教学材料的“真实性”(authenticity)，反对为配合语法结构而特意编写的“人为”的语言材料；教学过程交际化，教学过程就是交际过程本身；强调语言的流畅性，不苛求纠正语言错误；话语是教学的基本单位，无论是句子还是语音、词汇、语法，都应在有情景的整篇的话语中学习；注重采用多媒体教学手段组织教学；重视对目的语国家文化的学习。其不足：

功能意念项目的选择是否科学;功能意念大纲是否从语言意义上充分、切实地解决了语言使用或交际问题;如何科学地协调语言功能、意念项目与语法、句型结构之间的关系,以及语言基本功与交际能力之间的关系;如何正确地对待语言错误,如何处理有错必纠和放任自流的关系等。

跨文化外语教学

跨文化交际能力 根据语言的内部特征,语言具符号性和系统性。语言符号实质上是文化符号,是社会的产物;语言与文化既相互独立又密不可分。美国外语教学专家克拉米什认为,语言表达、体现、表征文化现实。跨文化交际指本族语者与非本族语者之间的交际,也指任何在语言和文化背景方面有差异的人之间的交际。跨文化交际能力包括认知、情感、行为三个维度。认知维度指跨文化交际者信息储存和知觉的能力,以及进行预测、阐释和评价交际活动所需的智能;情感维度指交际动机、意愿、情绪等;行为维度即交际中采用的交际策略和行为方式,以及用以协调、沟通和发展关系的具体技能。

在跨文化外语教学中,语言教学包含文化教学,文化教学可以通过相关的语言教学加以实现,也可用另一种与其没有直接联系的语言进行教学。儿童母语习得研究证实,母语习得过程也是本民族文化的习得过程。跨文化交际研究的基本目的:培养人们对不同文化持积极理解的态度;培养跨文化交际时的适应能力;培养跨文化交际的技能。跨文化交际的基本研究内容:有关世界观、价值观方面的研究;言语行为的文化特性方面的研究;非语言交际方面的研究。外语教学中应增加的文化含量包括两大方面:影响语义的文化因素;影响语用的文化因素。两种不同文化的人的话语中必然存在文化沟(cultural gap),文化沟一旦进入交际往往会导致文化冲突,进而制约话语行为。话语受文化的制约主要反映在三个方面:话语的选择(不同文化中的不同社会含义);语码的选择(使用的方言和言语的风格);话语的组织(话轮、连贯性、叙述方式)。学习者所犯的"文化错误"大致分为四类:从社会语言学的角度看是不适当的;在文化习俗上不可接受;不同价值体系的冲突;过于简单化或过于笼统。因此,跨文化交际技能的培养应包括:能够识别所学文化特有的言语和非言语行为,并能解释其功能;熟悉人们在各种特定场合以及日常生活情景中习惯化的言语和行为方式;熟悉外语词汇的内涵和外延所包含的文化含义;了解不同社会背景的人的语言特征与差异。

语言文化教学策略 可归纳为地域文化兼并模式、模拟交际实践融合模式、综合模式。地域文化兼并模式指传统的、经典的教学模式以跨学科的形式将地域学习(area studies)或目的文化学习(target cultural studies)与外语教学结合,这种结合通过兼并语言和文化的方式实施。教学方式有文化讲座、文化参观、文化讨论、文化欣赏。其特点:在外语教学中增添明晰、公开化的文化学习内容;将文化作为知识来处理。其优点是具有较强的可操作性,模式所提倡的方法、目标等由语言文化教学大纲确立为可以遵循的依据和框架,为教师提供具体、详细的教学措施。该模式的局限性在于不易把握教学内容的明晰度。模拟交际实践融合模式是由交际教学发展、派生出来的一种语言文化教学模式,它强调语言的实际使用,将语言教学和文化教学融合,目的语及其文化的自然融合是通过模拟交际实践达到的。交际能力使该模式具有"隐性"的文化教学和潜移默化的融合特点,强调交际情景中的语言使用,把文化作为行为处理。教学方式有文化会话、文化合作、文化表演、文化交流。其优点:强调语言的社会功能,文化和语言教学自然地融合;兼顾教学内容和教学程序,学习者的个人需求和主观能动性受到重视。综合模式随多元文化社会中的跨文化交际研究的发展而逐步形成,兼具上两种模式的特点,把文化当作意义来处理,教学内容包括本族文化和目的语文化。教学方式有文化谜语、文化冲突、文化研究和文化创新。其优点是不以目的语文化知识为单向教学目标,在外语教学中确立学习者本族语的地位,强调语言教学中的"互动"过程,使教学的范围拓宽、内容更丰富,教学过程更复杂。其局限是其强烈的时代特点。

语言教学大纲

在中国,教学大纲通常指国家或地方教育行政部门为指导教学制订的纲领性文件,而在外语教学研究领域,教学大纲更多地指依据一定外语教育理论编制的语言教学模式。可将前者称为"课程教学大纲",后者称为"语言教学大纲"。努南于1988年将语言教学大纲分为结果性大纲(product-oriented syllabuses)和过程性大纲(process-oriented syllabuses),两者的区别在于对教学内容和教学目标描述的侧重点不同。结果性大纲重点描述教学的最终结果,往往列出学习者最终应掌握的语言知识项目和语言技能目标,不关注学习者如何达到上述目标。过程性大纲着重描述学习者学习和教师教学的过程本身。以此分类,语法教学大纲(grammatical syllabuses)、情景教学大纲(situational syllabuses)、功能—意念大纲(functional-notional syllabuses)属于结果性教学大纲;任务型教学大纲(task-based syllabuses)、内容型教学大纲(content syllabuses)属于过程性教学大纲。

语法教学大纲又称结构法教学大纲(structural syllabuses),它严格按照语法项目的难易度循序渐进地安排教学内容。依据语法教学大纲编写的教科书主要考虑结构和词汇两个因素,其目的是介绍大纲中的全部语法项目和频率高的常用词。这样的教材往往把交际能力的培养看作教学的副产品,有把语言教学减少到只剩下核心句型、句型转换和替换的倾向。

情景教学大纲按照语言的实际使用情况来选择和安排教学内容,大纲往往罗列语言交际的情景以及在这些情景中常用到的语言。根据情景教学大纲编写的教材,其内容和安排都以情景为中心。

功能—意念大纲强调把语言当作交际工具及自觉地教给学生交际的技能。培养交际技能的教科书至少要考虑人们在进行交际活动时必须包含的主要因素:功能;一般意念;特定意念;场合;社会的、性别的和心理的作用;语体;重音和语调;语法;词汇;身势语,等等。常见的功能—意念大纲教材设计模式有:(1)纯功能编排体系。以纯功能为基础的教材通过填空替换练习功能语言,不过多考虑语法的系统性,一般安排学生进行系统语法训练。该类教材的内容与实际结合紧密,它完全以填空替换语言练习为基础,加上词汇检索系统,精心选择词语填入空白处。假如学生已掌握主要句型,他就能够在双语词典中找到他所需要说的词,并填入句型中的空白处。(2)结构(功能)编排体系。该类教材既可以在主要方面达到功能—意念大纲的要求,又可满足某种循序渐进和按照难易程度划分等级的需要。可运用传统句型结构常用的直线式编排顺序,但它更具有功能含义而不是纯结构含义。这种方法往往不被看作真正的功能法,因为用这种方法组织教学,句型结构的编排必然处于支配地位,其教材也成为换了名称的结构法教材。(3)功能(结构)编排体系。功能的目的起支配作用,同时也相应地对结构的意义进行教学。编写此类教材时,既要把不同层次的功能项目编进教材,又要将不同层次的结构很有系统地安排好。在初学阶段用这种方法编排教材比较困难,学生所学的语言知识不多,他们很难将功能与结构有机地结合起来。在中级和高级阶段,该方法很受欢迎。教师要教会学生用不同方法表达相同内容以及这些不同表达方式在语体上的含义。(4)“题材范围”编排体系。把一些范围比较广的题材作为编排的起点,如某种纯功能性的、意念性的内容和话题。这些题材是日常生活和社交中最基本的方面。该类教材把每一个题材范围看作一个主要目的,然后再把它分为若干个较小的目的。这种编排顺序可以运用在以结构为基础的教材中,它符合人们已习惯的由易到难的结构编排方法。其优势:掌握一个题材后不仅学会这一题材必需的语法结构,而且学会许多技能;全部结构都在情景中出现;相同的情景可以在教材中重复出现,但它们每出现一次,其复杂程度就有所提高。

内容型教学大纲是根据内容安排教学,这些内容是与各学科相关的内容,以学习者的其他学科知识带动外语学习,或直接用外语来学习其他学科知识。该类教材把外语学习的内容放在首位,强调外语教学中的多学科融合,以外语为媒介,使学生在学习其他学科或一定主题的内容时潜移默化地掌握外语。其编写多以某些话题为主,内容都围绕核心话题展开,注重应用型技能和认知型技能的培养。该类教材更适合中高级阶段的英语教学,近年来在一些小学英语教材的编写中也部分渗透这类编写理念。

任务型教学大纲是体现以任务为主的教学思想的大纲。20世纪80年代外语教学法研究者和第二语言习得研究者提出任务型语言学习理论和学习模式。“任务”即“做事”。为完成任务,学习者以意义为中心,尽力调动各种语言的和非语言的资源进行意义共建,以达到解决某种交际问题的目的。其语言教学思路是近几十年来交际教学思想的一种发展形态,它把语言运用的基本理念转换为具有实践意义的课堂教学方式,充分体现以学生为中心、以人的发展为本的教育理念。它根据不同学生的水平,创设不同的任务化活动。学习过程充满反思、顿悟和自省,从而最大限度地调动学生的学习内驱力,提高其发现问题、解决问题的能力,发展其认知策略,培养其合作精神和参与意识,在完成任务的过程中体验成功,发挥潜能。该类教材常设计以下六种学习任务:罗列型任务;排序、分类型任务;比较型任务;解决问题型任务;交流个人经历型任务;创造型学习任务。这六种任务又可归纳为封闭型学习任务、开放型学习任务以及介于封闭型和开放型之间的学习任务三大类型。任务的设计原则是:语言、情景真实性原则;形式—功能性原则;阶梯型任务原则;在做中学原则。教材编写时要将上述原则视为一个不可分割的整体,注意它们之间的相互联系和制约,要配合使用各个原则。

在基础教育阶段,中国已将“教学大纲”更名为“课程标准”。英语课程标准是中国基础教育阶段英语教学的纲领性文件,是吸收不同类型大纲特点制订出来的多元教学大纲(multi-syllabus)。其制定受人本主义和建构主义的影响。它对英语课程性质进行比较明确和完整的阐述,提出语言的工具性与人文性高度统一的语言观,充分阐释外语学习对国家以及个人发展的重要意义。其语言学习观认为语言学习应是在交际活动和社会实践中进行的各种思维训练活动的过程,强调师生共同参与学习活动,共同构建知识,并充分考虑学习者的学习需求、经验、兴趣和方式。其语言教学观倡导知识与技能相结合,语言目标与非语言目标结合,过程与结果结合。英语课程改革的目的是使每一位学生都具有基本的英语语言素养及终身学习必备的语言基础知识和基本技能,具有一定的自主学习的愿望和能力以及初步的跨文化交际意识和能力。同时,英语课程还应使学生能按照个人的能力、特长与志趣,学习适合自己的课程,学会规划自己的人生,从而使英语课程成为体现基础性学习、扩展性学习、提高性学习、个性化学习和自主性学习等特点的课程。英语课程的目标是培养学生的综合语言运用能力，能力目标由五个部分构成，即语言技能、语言知识、情感态度、学习策略和文化意识。课程研制建立在五个基本理念之上：强调课程的基础性，即课程为学生终身学习和发展打基础；强调课程必须具有可选择性，力求提供多种选择以满足学生个性发展的需求；优化教与学的方式，改变被动教学的现状；英语课程应对学生整体人文素养的形成起到积极的促进作用；英语课程必须建立旨在促进学生全面发展的多元评价体系，强调评价要激励学生学习、促进其个性发展。

基础外语教学内容

听的能力的培养　听是对口头信息的接受和理解，是有目的的交际行为，是积极的心理语言过程。在培养学生提高听的理解能力的过程中，应有针对性地训练听的技能、技巧。听力由具体的技能、技巧组成：预测，即对听的内容、情节的预估，对语句成分的预料，预估与听的目的和意向有关；猜测，即根据上下文对不熟悉或没能听清的内容进行猜测；总结主旨大意，即通过注意听首句、关键词及重音、语调等手段抓住语篇的大意；注意特定细节，即忽略无关细节，跟踪有关细节，获取所需信息；辨认语段标记，即根据一些特殊标记，如英语的功能词、习惯用语、话语标记等，判断上下文关系和话题的延续或转折；推断说话人态度、语气，即从说话人的遣词用句、语调变化及表情举止中听出言外之意。听力的教学要领和主要形式：合理选择听力材料；科学设计听力练习，常用形式有耳听练习、视听结合练习、听说结合练习、听写结合练习、听读结合练习等；创设情景，视听结合；优化心理环境，减少心理障碍。

说的能力的培养　说是用口头语言传递信息和表达思想，也是言语交际活动的基本形式之一。说的策略包括言语和非言语两个方面，如通过重读、语调强调某些内容，请求说明，请求别人重复，运用一些插入语以赢得一些思考时间，引起注意，换语句结构或方式解释意思，举例说明，运用一些习惯用语等；采用表情、体态语等非言语手段。说的教学要领和主要形式：重视言语输入，在听的基础上发展说的能力；先形式操练，再进行交际性活动；培养学生说的策略；创造机会，鼓励学生敢于说、乐于说；正确处理说的流利性和准确性的关系。

读的能力的培养　阅读是从篇章中提取意义的过程，是读者理解篇章，从而获取篇章意义的认知过程。语篇是基础外语阅读教学的重要语言载体，具有连贯性、衔接性、意图性、信息性、情境性、可接受性和跨篇章性，其中连贯性和衔接性最为重要。阅读教学要进行语篇分析，即整体把握语篇的主旨和内容，分析句子间、段落间的衔接关系；理清语篇逻辑思维的呈现方式；剖析语言形式的内在联系和特点。进行语篇分析的教学目的在于培养学生整体把握语篇的能力，概括文章的主旨，体会句子在表达篇章整体意义上的作用。英语常见的语篇形式有：一般特殊型、问题解决型、比较匹配型、主张对立型。读的策略包括：略读（skimming，面式读法），即粗略地阅读全篇，以掌握大意或确定是否有必要进一步阅读；寻读（scanning，点式读法），即"搜索式阅读"，其目的是从文章中快速查阅到所需的某些具体信息；细读（fine reading，线式读法），即详细、逐行地阅读，以掌握全部内容，甚至分析语言特点等；从段落中找出主题句，一般来说，文章的多数段落都有表达本段落中心思想的句子，找出本段的主题句对理解文章大意有很大帮助；预测，即带着问题进行阅读，对文章的内容等进行预测，一般是通过阅读文章的标题、看插图或根据上文进行预测；推断，即作者没有直接、明确地表达自己的观点和看法时，从文章叙述的事实等内容推断文章深层含义。阅读一般指默读，而不是朗读。读的教学形式及要领：（1）精读（intensive reading）和泛读（extensive reading）相结合，培养交际性阅读能力。精读是重视语言和语义的细节及语言的知识结构的分析性阅读，是一种知识性阅读；泛读是强调对篇章的整体理解，重语言内容的综合性阅读。在外语学习的初级阶段，以精读为主；到中高级阶段，为增加语言输入，应以泛读为主。（2）合理选择阅读材料。（3）训练阅读技能，提高阅读速度。（4）培养学生正确的阅读习惯及独立阅读的能力。

写的能力的培养　基础外语写的文体包括应用文、叙述文、说明文、报道、议论文、故事、短剧、诗歌、图表等。写的能力包括书写和写作。书写指抄写字母、音标、单词、词组、句子等，主要是训练学生正确地书写文字；写作指用书面语传递信息和表达思想。影响写的因素与影响读的因素相似。常见的训练写的形式有：写与听的结合，听写和听记（记笔记）是常用的方法；写与说的结合，先口头操练新语言材料，再笔头操练；写与读的结合，读是输入，要提高写的能力必须坚持大量阅读。写作训练的类型包括：巩固型写作，旨在巩固所学词汇与句型，如联词成句等；操练型写作，侧重语段水平的操练，如组句成篇、情景补全对话等；指导型写作，在规定或提示下进行有指导的段落或篇章写作训练，如看图写话、命题作文、缩写、扩写、续写、仿写等；交际型写作，在没有控制的情况下的自由写作，如写日记、写信、写邮件或通知、记笔记等。过程性写作强调关注写作的过程：制订写作计划、收集素材、写草稿、复核、修改、展示、评价。在各个步骤中，教师都应适时给予学生必要的指导和帮助。写的教学要遵循如下原则：从结构训练过渡到自由表达；将写与听、说、读的训练有机结合；激发写作动机，指导写作技巧；认真批改书面作业，及时反馈。

语音教学　语音教学的基本内容：基本读音，即元音及其字母组合在轻重音节中的读音、辅音、辅音连缀的读音、成音节的读音；重音，即单词重音、句子重音；字母读音的变化，即连读、失去爆破、弱读、同化；语调、节奏、意群、停顿；单词读音、句子语调、句子节奏等在实际口语交际中的变化；朗读、演讲等的语音技巧；不同口音的英语发音分辨。语音教学要注意培养学生形成良好的发音习惯，特别是及时注意并纠正不同地区的学生常遇到的发音难点和常犯的语音错误，通过多听原音录音、模仿、朗读等方式逐步改善语音质量；要教给学生必要的语音知识，掌握用拼读规则拼写单词的能力。对进入高年级的学生，要重点训练他们在实际的口头交际中对英语语调、节奏等的体悟和得体运用。训练的方法有听读模仿和录音对比、朗诵、唱歌、吟诵诗歌、情景表演等，语音教学要和听、读等活动结合在一起，持之以恒才能取得良好效果。

词汇教学　词汇教学涉及词的结构、词汇量、词的记忆和运用。词的结构指词的音、形、义、搭配、内含的深层意义、使用的语域等。一般的外语学习者要掌握约 5 000 个词汇，其中有 2 000 个为语言实际使用中高频出现的常见词，这是基础外语教学中词汇教学的重点。词汇教学贵在方法多样，运用各种方法带动学生参与到词汇学习中，如：直观教学，用图片、影视、教具等直观手段教学；在意义中教学词汇，包括在语篇教学中渗透词汇教学、建立生词与其他词汇的意义等。学生学习词汇时可以词块为单位记忆单词，词块(lexical chunks)指在真实交际中频繁出现的一些形式和意义相对稳定的语言现象，包括词语搭配、短语、习语等。这种方法与单纯记忆单个单词相比大大提高词汇教学的效率和词汇运用的准确性。为加强生词的意义联系还可以借助构词法成串记忆单词，如同根词、合成词、派生词，还有近义词、反义词、动词搭配、语义场分类归纳等。教师在教学词汇时应教给学生使用不同类型词典的技巧，让他们掌握一些记忆的基本知识，提高词汇记忆与运用的效率。词汇教学最终要落实在口头或书面交际中，在实际使用中掌握和扩大词汇。

语法教学　语法是语言词形变化和遣词造句的规律，包含词法和句法。词法是词的分类和功用；句法是句子的分类和不同句型的特点。语法从形式、意义和使用上揭示特定语言的特点和变化的一般规律。基础外语教学语法的目的是培养学生的语言运用能力，要改变过分强调语法讲解与传授的倾向，避免对语法进行过全、过深、过细、过偏和过难的讲解和要求；给学生呈现鲜活的语言素材，引导他们从中发现和归纳语法规律，在语境中掌握语法的表意功能。语法教学可以采用观察、发现、讨论、归纳、巩固、运用的教学模式，也可以用集中呈现、对比分析、专项梳理和巩固运用的模式，将归纳法和演绎法在教学语法的不同阶段交替

使用，提高学生对语法的认识，使其正确掌握语法规则，也使语法规则为语言运用服务。

外语教学模式

IP（P）[instruction-practice（production）] 模式，即讲解—操练（产出）模式。教师讲解，然后操练（主要是机械地操练词汇和句型），最后往往省去语言产出（最后的 P）阶段的语言教学模式。较传统、常见的教学模式，仍被许多教师采用。对教师语言能力和组织课堂教学能力要求不高，易操作，可在较短的时间内给学生输入较多的语言知识。不足之处是学生实际运用语言的机会少，其学习自主性得不到体现，不利于提高思维能力和形成自学能力；听、说活动少，易形成"聋哑"英语。

PPP（presentation-practice-production）模式，即呈现—操练—产出模式。该模式符合语言学习规律，运用范围广，各个步骤目的明确，相互配合，构成完整的语言教学过程。但对教师组织课堂教学能力要求高，如运用不当，各个步骤的实际操作会流于形式。

TBLT（task-based language teaching）模式，即任务型教学模式。该模式主要关注语言意义而非语言形式，主要特征是学习者可以自由使用能使其完成语言任务并取得非语言结果的任何语言素材。该模式易于使学生形成流畅、自动化、得体的语言交际能力，激发其表达的欲望，确立其在学习中的主体地位。对教师而言，设计恰当的任务链是一大难题，如果过多关注语言的意义而忽视其形式，会导致学习者的语言水平停留在较低级的发展水平上，因此如何在语言的意义和形式中找到教学平衡点是该模式要解决的问题。

OHE（observation, hypothesis-formation, experiment）模式，即观察语言的使用，对观察到的语言现象提出假设，对假设进行验证的教学模式。该模式利于培养学生观察客观事物、发现问题、分析问题、解决问题的能力。可能产生的问题是：学生自我探究耗时多，收效难以保证；课堂教学时间和条件有限，需要教师根据教学内容和需要灵活运用该模式。

各种教学模式各有优势和不足，适用的阶段和范围亦不同。各种教学模式互为补充、互为借鉴，教师要以开放的心态创造性地采用适合学生和教师需求、合乎教学实际的综合性教学模式。

外语教学评价(语言测试)

语言测试是检测某一语言学习者在学习这一语言的过程中的言语技能、语言知识和语言使用情况的方法和手段。

根据不同的评价目的,语言测试分为不同类型。常用的类型有:潜能测试(aptitude test),了解学习者语言学习的一般能力和语言能力倾向;成绩测试(achievement test),考查个别或全体学习者在语言学习的某一阶段或最终阶段的学习成就;诊断性测试(diagnostic test),发现语言学习者的语言水平和语言能力的强项或弱项;水平测试(proficiency test),不以课程为依据,对学习者的一般语言能力进行考查;结业性测试(exit test),了解学习者语言学习阶段终结的水平或程度;编级测试(placement test),将学习者放到一定语言级别的测试。根据测试的方式,可分为:直接测试,直接考查学习者某一方面的语言能力;间接测试,测试某一技能所必需的某种能力。根据题型,可分为:分散点测试(discrete-point test),一次测试一个项目;综合测试(integrative test),测试多项语言知识和多种语言技能。根据成绩评定标准,可分为:常模参照型,将某一学生或一组学生的考试结果与其分数作为常模的另一个学生或一组学生的成绩进行比较,并判断其语言能力;标准参照型,以某种特定的语言能力标准为评判标准。根据评分和判卷的标准,可分为主观性测试和客观性测试。

语言测试的价值依据是:信度,即测试可靠性和结果的可信度;效度,即测试达到预期目标和有效程度。要处理好信度与效度的内部关系和外在影响因素,为保证测试价值还应处理考试内容的覆盖率和评价测试质量的区分度(题目的难易度)。信度检验的方法主要有:复考法,使用同一套试题,在考后较短时间内对同一组学生再考一次;试题分半法,将试题序号按奇偶数分半;平衡试题法,使用两套题型和内容相当的试题,进行间隔时间内的分次测试。验证效度的指标包括表面效度、内容效度、结构效度、共时效度和预测效度。

在外语教学过程中,评价还可分为自我评价、同伴评价和教师评价,这些评价方式交替使用,会使学生的形成性评价更全面、有效。学生学习档案是形成性评价的一种形式,即收集学生一个阶段或一个学期的学习成就,如作业、作品、测试卷等与学生学习有关的资料。学习档案的形成根据其程度和目的可分为收集、反思、评估、精选、思考、评价六个步骤。

语言测试的目的、类型和方法与教与学的目的、类型和方法相关。语言测试体现对语言的教与学的评价。语言学习的成效要以学习者个体的语言能力(拥有、选择和操作语言系统结构的能力)、语篇能力(在语篇中识别和运用语言结构的能力)、语用能力(在语篇语境和交际情境中运用语言结构的能力)和社会语用能力(在不同的实际社交场合运用语言的能力)作为检测的内容,并将此作为检测的出发点和回归点。

计算机辅助外语教学

利用计算机进行辅助语言教学活动,称"计算机辅助语言教学"或"机助语言教学"(computer-assisted language learning,简称 CALL),即利用以计算机为基础的信息技术辅助语言教学(特别是第二语言或外语的教学)。始于 20 世纪 50 年代末 60 年代初,其发展历史大致经过行为主义阶段、交际法阶段和整合法阶段三个阶段。计算机辅助教学活动是从单机开始的,现在已包括以计算机为基础的信息技术,特别是多媒体技术和网络通信技术。计算机辅助语言教学本身不是一种教学法,其重要功能应是辅助"学"。信息技术与语言教学的整合具有下述特点:多种语言技能的学习与训练融为一体;语言学习与计算机技能的学习融为一体;各种学习理论和教学方法的综合运用。

一些语言教育专家曾提出计算机在外语教学中具有导师、激励物和工具等作用。导师作用主要体现在运用课件或软件辅助外语教学。为各种外语教学目的而设计的教学课件与软件模式主要包括语言操练与练习、对话(含个别指导,即计算机控制的对话、询问对话)、语境模拟、语言测试、语言游戏、计时阅读、语篇重组(如完形填空,或将词或句打乱的语篇重新组合)、问题解答、发现学习等。其中计算机辅助语言测试主要包括:电子题库,能提高纸笔型测试命题、制卷的效率;网上语言测试,通过学生与计算机的交互活动直接进行测试,由计算机自动评分,该测试效率高且可以采集大量相关数据;计算机自适应测试等。计算机辅助语言教学软件的共同点:使用者输入答案,计算机给予各种形式的反馈。教学软件具有人机交互性的特点,非常适合个别化学习。

激励物作用指利用计算机创设或模拟某种语境,或设置信息差(information gap),激发学生在模拟语境中使用目的语,通过解决问题、完成任务等活动进行言语交际活动(如对话、讨论、写作等)。如使用计算机网络化教室辅助外语教学,进行远程学习、合作学习等。计算机网络也提供计算机传媒通信(computer-mediated communication,简称 CMC),也可称为网际交流的交流新途径。网际交流包括:实时通信,如实时笔语交谈、有声实时交流、视频会议等;非实时(asynchronous)通信,如电子邮件、电子论坛等。这类活动包括人机交互活动及人际交互活动。因特网还为师生提供进行远距离、跨文化交际活动的便利条件,创设交际环境,扩大视野,发展跨文化交际能力。

工具作用指师生在教学活动中可以将计算机作为多种工具使用。如使用文字处理软件、图形处理软件、数据库、电子表格等通用软件进行信息处理工作,输入、编辑、处理和保存各种资料,制作图片、胶片等教学辅助材料;使用电子词典、电子百科全书或上网软件查询资料,快速获得大量教学参考资料或补充学习材料;师生利用网络交流工具进行教学和交流活动;教师利用多媒体制作软件制作各种课件,在课堂上应用;为终结性评价与形成性评价相结合的新型评价方式提供条件等。

进行计算机辅助语言教学需要注意的问题:(1)机械地照搬书本,即把全部教学资料电子化,这样会造成师生与生生互动的缺失。(2)多媒体信息本身具有的特性引起的问题,如迷向(disorientation),即在大量信息中迷失方向;漫游(wandering),即漫无目的地搜索与浏览,所获甚少;认知超载(cognitive overload),过量的繁杂信息导致学生失去学习方向,降低学习效率。(3)对学生的心理发展可能产生负面影响。

语言学与计算机科学结合在一起,在20世纪中后期产生语料库语言学(corpus linguistics),即专门对大规模存储于计算机里的语料库(真实语料)进行研究,如从调查语言信息分布频率入手研究语言在实际使用中的规律和模式。语料库语言学已在语言研究、外语教学研究(如语料库与教学资源、大纲设计和教材编写)、语料库与课堂教学中(如词汇、语法、语音的教学设计)广泛应用,还应用于语料库与语言测试以及其他语言教学研究领域的课题研究中。语料库已为外语教学提供丰富的教学资源,开辟人机互动的探索型学习模式,培养师生实证性教学科研能力。随着计算机和网络技术的发展,语料库语言学将成为语言学与应用语言学研究的主流,对教学产生更大影响。

参考文献

何广铿. 英语教学法基础[M]. 广州:暨南大学出版社,1995.

黄和斌,等. 外语教学理论与实践[M]. 南京:译林出版社,2001.

理查兹,等. 朗文语言教学及应用语言学辞典[M]. 管燕红,等,译. 北京:外语教学与研究出版社,2005.

章兼中. 外语教育学[M]. 杭州:浙江教育出版社,1992.

周流溪. 中国中学英语教育百科全书[M]. 沈阳:东北大学出版社,1995.

（周 斌）

外语课程(foreign language curriculum) 学习掌握非本国语言基本知识的课程。属跨学科的、涉及众多因素的应用性边缘学科课程。中国基础教育的外语课程以英语、俄语、日语为主要语种,其中英语教育占主导地位。

外语课程的发展 从课程论的角度,外语课程的发展经历四个阶段。(1)19世纪至20世纪60年代后期。这一阶段的外语课程是一种学科中心课程,它以语言学为最重要的基础和依据,课程目的是掌握语言学所描述的语言本身的特点。在这一阶段,语言被看作一个形式系统,外语课程的目的是使学习者掌握不同语言系统的知识,了解不同

的文化和文明,进而更好地理解母语,同时发展学习者的一般智慧技能,如分析能力和推理能力。课程内容主要是语音、词汇和语法,并围绕语言结构(语法)加以组织,根据语言形式的复杂程度、重要性和可教性等标准对语言结构和词汇进行选择和排序。课文可以是为说明这些语言知识而编写,也可以从名著中选择,编排顺序主要以语言知识的难易和复杂程度为依据。教学强调对语言规则和句型的有意识的学习、操练和记忆,主张用演绎方式学习语法规则。(2)20世纪60年代后期至20世纪70年代。外语课程有较大发展,主要表现在人们对语言的本质有了新认识,语言的意义和社会属性受到关注,语言课程对语言能力的界定因而发生变化。这一阶段的语言课程关注学习者和社会的语言需求,需求分析成为语言课程设计的重要环节。20世纪70年代,语言课程的主要目标是培养交际能力,强调通过分析学习者的交际需求来确定学习者需要实现的交际功能和需要表达的意念,选择表达这些功能和意念所需要的语言形式。话题或技能也是这一阶段语言课程的主要内容。课堂教学中增加了语言实践活动。(3)20世纪80年代至90年代初。外语课程发展前两阶段的共同特点是主要以语言学的研究和发展为基础,强调学习者应掌握的语言知识、语言技能或交际能力。这一阶段语言课程的特点是,语言课程设计主要以人类的学习和语言学习研究为基础,关注语言学习过程,主张"通过交际来学",而非"为交际而学"。课程的主要目的是创造能激发学习者自然语言发展潜力的环境,强调关注学习者的差异、学习策略、学习者的自我指导性和自主性,关注语言的意义而非语言的形式。课程目标用话题、要完成的任务或要解决的问题等非语言术语界定。课程内容是一系列学习活动、任务或问题,对其只作大致的选择和组织,或事先只对部分活动、任务进行选择和组织,组织课程内容的依据是对交际技能的要求,或学习者过去从事这些活动、任务的经验,或学习者内化知识的特点等,而非严格的语言学标准。(4)20世纪90年代之后。受多元文化主义和终身学习思想的影响,语言课程强调其人文教育功能和促进学生终身发展的功能,课程目标更加多元、互补,课程内容更丰富。首先,随着世界政治、经济、军事、文化一体化的深入,文化多元教育得以加强,从而影响外语教学,反映在课程内容上,文化内容的覆盖面逐渐扩大,由原来介绍目的语国家的历史、地理、政治、经济及其母语文化,扩展到介绍其他非目的语国家的生活方式、文化习俗、行为规范、思维方式、价值观念等。其次,受终身学习思想的影响,外语课程开始从学生发展的角度审视外语教育,关注外语学习对学生学习能力和个性发展的意义,培养学生的积极情感和终身学习能力被纳入外语课程目标,学习策略和情感态度成为外语课程的内容要素。

外语课程具有不同的目标取向,主要有行为目标取向

和生成性目标取向。(1) 外语课程的行为目标取向。一些学者研究了行为目标及教育目标分类学在语言教学中的应用。1972 年,华莱特等人将布卢姆的教育目标分类学应用于语言教学领域,提出语言教学的行为目标框架,并建议采用目标大纲设计语言课程。斯泰纳等人探讨了语言课程行为目标的描述,认为语言课程行为目标包括四个方面:学生将做什么(如写一篇文章、口头回答 5 个问题);在什么条件下做(如在课堂上或与教师单独面谈时);在多少时间内做(如 5 分钟、40 分钟或无时间限制);达到何种掌握水平(如语法错误不能多于 5 个、发音错误不能多于 3 个)。斯泰纳还提出,可以从四个方面评价课程目标:课程目标是否包括适当的认知行为目标? 课程目标是否包括适当的情感目标? 课程目标是否宽泛到足以充分包括学科的各个方面? 所有课程目标是否内在一致? 行为目标具有具体、明确、便于操作和评价的特点,一般适合描述技能,尤其是低层次技能的掌握,但不太适合描述语言课程中批判性思维、文学欣赏或意义的协商的目标,难以反映语言学习过程中不易观察的部分。(2) 外语课程的生成性目标取向。生成性目标(evolving purpose)是在教育情境中随教育过程的展开而自然生成的课程目标。行为目标关注结果,生成性目标关注过程;行为目标关注教育过程之前由外部事先规定的目标,一般以课程文件、课程指南等形式存在,生成性目标是教师和学生在教育情境中协商互动的产物,以过程为中心。语言教学中的生成性目标出现于 20 世纪 80 年代,以英国学派应用语言学家 M. P. 布林和坎德林为代表。坎德林认为,在基于语法和功能的课程组织中,语言学习的目标常常是外于学习者而确定的,课程编制者未过多考虑这些目标对学习者的一般教育发展的价值,不利于学习者的整体发展。事先计划好的教学计划和教学内容不可能被忠实执行,往往被学习者不断地充实和加工。M. P. 布林和坎德林还认为,学习应该而且只能是协商的结果,协商过程本身会产生意义,任何课程都应该成为教师和学习者不断协商和重新理解的对象;课程应是交互的、以解决问题为主要目的,而不只是传递事先选定的知识,应鼓励学习者理解知识,参与对话。生成性目标把课程与教学看作一种动态生成的过程,主张目标与手段的连续、过程与结果的连续,否定预定目标对实际过程和手段的控制,着重考虑学生兴趣的变化、能力的形成和个性的发展等,有利于教师发挥创造性和学生解决问题的能力与个性的发展。但也有学者认为,这对将教科书等同于课程的传统构成威胁,其隐含的对课堂权利与权威角色关系的再界定和再分配,令有些社会文化难以接受,且对师生双方能力要求较高,实施难度大。行为目标与生成性目标各有特点和价值,现实的外国语言课程偏重行为目标,忽视生成性目标。随着对语言作为交际过程这一本质特点认识的深入和终身学习思想、文化多元主义

思潮的影响,各国外语教学界更关注语言学习过程,自信心、语言学习策略和跨文化意识等进入许多国家和地区的外语课程目标。

(郭宝仙)

王阳明的心学教育思想　　王阳明以"致良知"为核心的心学教育思想体系。在明代中后期学术界占统治地位。王守仁(1472—1529),字伯安,号阳明,史称阳明先生,浙江余姚人,宋明心学集大成者,由于其"门徒遍天下,流传逾百年",故其心学思想又称"王学"。其有关教育思想的著作有《答顾东桥书》、《稽山书院尊经阁记》、《训蒙大意示教读刘伯颂等》、《教约》等。

心即理　　是王阳明教育思想体系的逻辑起点和哲学基础。认为"理"不在"心"外,而在"心"中,心与理合一,且"心外无物,心外无事,心外无理,心外无义,心外无善"(《与王纯甫书》)。尽管王阳明未对"心"作出明确界定,但他认识到"心不是一块血肉,凡知觉处便是心,如耳目之知视听,手足之知痛痒,此知觉便是心也"(《传习录下》)。在他看来,心不仅是物质实体,而且是精神实体。"理"不是"物理",而是狭义的"天理",即人心固有的良知,主要指封建社会的"三纲"、"五常"等伦理道德规范。只有当人的道德理性达到自觉时才能体认"良知","静处体悟"和"事上磨炼"。王阳明认为,一切学问都是心学,都是良知之学,其中最有价值的教材是六经,即《诗》、《书》、《礼》、《乐》、《易》、《春秋》。他指出,经书之所以重要,是因为它是记载"心"的道理的标准典籍。他明确提出"经学即心学"、"六经者非他,吾心之常道也"(《稽山书院尊经阁记》)。"常道"是普遍、永恒的道理,就在"吾心"之中,因此读六经可以帮助人们明"吾心之常道"。

王学的"心即理"命题,把"心"看作具有能动作用的精神实体,主张以"心学"为纲,旨在向内用功,以"求理于吾心",从而突出个体人性在把握与实现"天理"中发挥的重要作用,强调人们履行封建道德规范的主观能动性。另外,"心即理"作为一种性善论,充分肯定了现实人性的健康、合理和具有无限发展的必要性,认为为学可"不假外求",教育只需养其心,存其天理,去其私欲,做"胜私复理"的工夫,便"事事物物皆得其理"。但王阳明又认为,"心即理"、"良知即是天理"与生俱来,不学自能,不教自会。

知行合一　　是在"心即理"的理论基础上提出的一个重要命题。程朱学派强调知先行后,重学问思辨,轻践行工夫,结果造成士人知行分离的流弊。因此,王阳明提出其立言宗旨——"知行合一"学说,以端正人们的思想和行为,反对知而不行、行而不知、不知不行。王阳明从道德修养的角度诠释"知行合一"。他认为"知"主要是"吾心之良知",即人的道德意识和道德观念,"行"则包含主观和客观两层意思,一是与"知"等同,二是指道德实践与道德行为。与此相应,

"知行合一"的第一层含义是以知为行、知行同一，即人的意念就是"行"，从而将行主观化。他说："我今说个知行合一，正要人晓得一念发动处便即是行了。发动处有不善，就将这不善的念克倒了。须要彻根彻底，不使那一念不善潜伏在胸中，此是我立言宗旨。"（《传习录下》）王阳明把"一念之不善"视为不道德的行为，从而使人们引起警惕，它旨在约束"心过"。只有"无一毫人欲之私"，不使"一念不善潜伏胸中"，才是知行合一。这种防患于未然的教育可以从思想根源上革除违背封建伦理道德的念头，有助于陶冶品格、增强自律。"知行合一"的第二层含义是将知付诸实行，即"致良知于事事物物"。"行"指人的道德践履和道德行为，从而将"行"客观化。他认为"真知即所以为行，不行不足谓之知"（《传习录中》），"凡谓之行者，只是着实去做这件事"（《答友人问》），有时他甚至直接把"行"称作"实践"。他认为，"学孝，则必服老奉养，躬行孝道……学射，则必张弓挟矢，引满中的。学书，则必伸纸执笔，操觚染翰"（《答顾东桥书》）。他批评那些只知不行、只说不做的人是"茫茫荡荡，悬空去思索，全不肯着实躬行"（《传习录上》）。

"知"是知天理，"行"是行天理，两者统一在"天理"这个道德范畴中。"知是行的主意，行是知的工夫；知是行之始，行是知之成。"知行相互统一、相互包含。"知"离开"行"，便不是"真知"；"行"离开"知"，便是"乱行"，只有"知行合一"，才是道德的完成，也才能医治教育上的痼疾。

致良知　是王阳明晚年提出的教育哲学命题，是其心学思想体系的核心。他继承和发展了孟子的"良知"学说，认为"良知"就是"天理"，即"心之本体"。人虽有圣愚之分，但良知却是人人生而具有、不假外求、不分圣愚的，"良知良能，愚夫愚妇与圣人同"（《传习录中》）。圣人之所以为圣，是因为他们天理纯全、良知常在，而普通人的良知易受物欲的引诱，易昏蔽，因此"须学以去其昏蔽"，从而恢复本心所具有的良知。因此，他将"良知"与《大学》中的"致知"结合起来，建立了"致良知"说。"致良知"是"存天理，去人欲"，即除掉私欲，恢复本心。包括两层含义：良知的恢复与实现和依良知而行。他提出"圣人可学而至"的口号，认为作圣作贤之功就在于"致良知"。在他看来，一切学问都是致良知之学、明人伦之学，一切教育都是致良知之教、明人伦之教。致良知之学与教实质上就是维护封建社会纲常关系的学与教。

关于"致良知"，王阳明提出一系列修养的方法。一是省察克治与静处体悟。王阳明主张省察克治，强调要不断进行自我反省和自我检讨，自觉克服各种私欲。"省察克治之功，则无时而可间。如去盗贼，须有个扫除廓清之意，无事时将好色好货好名等私逐一追究，搜寻出来，定要拔去病根，永不复起，方始为快。"（《传习录上》）"无事时省察"即静处体悟。在静坐的过程中，安定思绪，息心静虑，摈弃一切

私虑杂念，将自己的所作所为一一回忆，明辨是非，体认本心。但静处体悟并不是坐禅入定，使人无思无虑，而是对萌发的念头省察克治，逐一追究，将人欲连根拔除。他认为，只有去人欲之私，人的心底才能光明，才能存"天理"。"吾辈用功，只求日减，不求日增，减得一分人欲，便是复得一分天理，何等轻快脱洒，何等简易。"（《传习录上》）二是事上磨炼与贵于改过。王阳明注意到一味静坐可能产生"喜静厌动，流入枯槁"的弊端，因而反对"著空为学"，主张"事上为学"。他所说的"事上磨炼"即教人结合具体事物，从实事入手，"体究践履，实地用功"。只有这样，才能祛除私欲的昏蔽，避免离开实事悬空"致良知"。"致良知"即"致良知于事事物物"，就必须在行事上检验良知是否确已恢复。"事上磨炼"的思想既是"知行合一"在道德修养方法上的反映，也是心学思想包含的合理和正确的内容。王阳明还主张不贵无过，而贵改过。"悔悟是去病之药，然以改之为贵。"（《传习录上》）只要能改过从善，"虽昔为寇盗，今日不害为君子矣"（《教条示龙场诸生》），体现了王阳明在道德教育中的求实精神和重视人的发展的态度。三是因材施教与循序渐进。王阳明认为，"致良知"要遵循"随人分限所及"的原则，即因材施教。良知虽人人具有，但"人的资质不同，施教不可躐等"（《传习录下》），即使圣人之间也有差异，主张"因人立教"，是为"各成其才"。"狂者便从狂处成就他，狷者便从狷处成就他。"（《传习录下》）"狂者"指刚强猛烈、敢作敢为的人，对他要从勇毅方面去培养他；"狷者"指小心谨慎、洁身自好的人，对他应从办事谨慎方面去造就。"随人分限所及"并不是消极地适应人的资质和才力，而是要更好地发挥个人之所长，以实现"益精其能"的效果。针对每一个受教育者，"随人分限所及"即循序渐进。他把人的道德发展阶段比作"襁褓之孩"、"童稚之年"和"壮健之人"，认为童子自有童子的良知，如果"便教去洒扫应对，就是致他这一点良知了"（《传习录下》）。教育应考虑人的知识基础和心理发展水平，应逐步加深和提高，不可贪多求快，否则非但无益，反而会戕害人的身心，有悖为学的初衷。四是立志自信与学贵自得。王阳明认为，"学本于立志"，主张树立成圣、成贤的远大志向，"志不立，天下无可成之事"。与立志相联系的是自信，即要坚信自己的良知与圣人是相同的，只是由于能致与不能致，才有圣愚之分。人只要坚定信心，在良知上努力用功，就可以成圣。王阳明还提倡"学贵自得"，认为教育要生动活泼、有启发性，能深入到受教育者的心灵中，使他获得切身的体验。他提出"学问也要点化，但不如自家解化者，自一了百当"。"点化"即通过启发诱导，使受教育者能够举一反三、触类旁通；"自家解化"即受教育者自己发现问题和解决问题。教育是内、外因结合的过程，而在外因"点化"与内因"自家解化"之间，他更注重后者，鼓励独立思考，提倡独立见解。

王阳明反对程朱学派的"格物致知",他将"格物"解释为"正心",主张在心上用工夫。其倡导的"致良知"是自觉进行道德修养,反对迷信和盲从,反对失去自我的过程和方法。他反对离开实事悬空"致良知",提倡动静结合,偏重事上磨炼,认为"致良知"的关键是笃行,从而具有积极的入世精神和经世思想。"致良知"说指出人的天赋相同,肯定了人人有接受教育的平等机会;强调人在成圣过程中的主体地位,客观上解放了人的思想,发挥了人的主观能动性,体现出强烈的学术批判与创新精神。

参考文献

王炳照,阎国华.中国教育思想通史[M].长沙:湖南教育出版社,1994.

王守仁.王文成公文集[M].台北:商务印书馆,1988.

（吴慧芳）

网络教学（networked teaching-learning）

基于计算机网络的教与学活动。被用于学校教育、远程教育、企业培训和各类社会教育,成为构建终身教育体系和学习型社会的重要组成部分。

随着网络技术的发展,网络教学也经历演进,从基于单向发送网络教育资源的网络自主学习发展为基于虚拟学习社团实时同步和非实时异步双向通信交互的网络协作学习,从在线学习发展为离线学习、无线（移动）学习、混合学习。各国远程教育也因引进和应用基于信息技术的网络教学而发展成为第三代网络远程教育。各国把发展信息技术作为 21 世纪经济和社会发展的一项重大战略任务,美国 20 世纪 80 年代以来进行的以信息化为重点的经济结构改革成为美国 20 世纪 90 年代经济持续增长的重要原因;欧盟成员国、日本也相继提出在 21 世纪以信息技术立国发展新经济的国策。在实现国民经济和社会信息化的同时,各国加快教育信息化的进程。教育信息化的概念在 20 世纪 90 年代伴随着国家信息基础设施（National Information Infrastructure,简称 NII）和全球信息基础设施（Global Information Infrastructure,简称 GII,俗称"信息高速公路"）的兴建而提出,其核心是发展以互联网为核心的综合化信息服务体系,推进信息技术在社会各领域的广泛应用,特别是信息技术在教育中的应用,将其作为实施面向 21 世纪教育改革的重要途径。

中国科技界使用互联网始于 1986 年,初始时期使用范围很小。1994 年,中国科学院网络中心及北京大学、清华大学两所高校通过"中国国家计算与网络设施"接入互联网,之后"中国教育科研网"开始建设和发展。中国教育科研网及"中国公用计算机网"（ChinaNet）等公众计算机互联网现已有很大发展,此外,还有中国教育电视台开发运行的卫星多媒体宽带网。在国家信息基础设施建设发展的基础上,中国开始推进大、中、小学的教育信息化进程,实施现代远程教育工程。1998 年,教育部投资 4 亿人民币作为发展现代远程教育的启动资金,并指定清华大学、浙江大学、北京邮电大学、湖南大学 4 所高校进行现代远程教育试点。1999年 1 月,国务院批转教育部制订的《面向 21 世纪教育振兴行动计划》,明确提出"实施'现代远程教育工程',形成开放式教育网络,构建终身学习体系"的任务。同年 6 月,《中共中央国务院关于深化教育改革全面推进素质教育的决定》颁布,再次强调,"大力提高教育技术手段的现代化水平和教育信息化程度。国家支持建设以中国教育科研网和卫星视频系统为基础的现代远程教育网络,加强经济实用型终端平台系统和校园网络或局域网络的建设"。在制订中国第十个五年计划时,明确提出经济要以信息化带动工业化,教育要以信息化带动现代化。教育部制订的《2003—2007 年教育振兴行动计划》进一步明确全国实现教育信息化的目标和任务。中共十六大提出,在全面建设小康社会的同时实现"形成全民学习、终身学习的学习型社会"的目标,而终身教育体系和学习型社会的构建都离不开国家信息基础设施建设和发展网络教学。

中国网络教学要解决的主要问题有:教育网站缺乏与学校学科课程内容相关度高、讲究教学设计、适用性强、效果佳的教育资源;网络课程资源依然以电子版的教科书、讲义教案和习题指导书为主;网络课程的教学设计偏重教学材料（主要是电子教案、习题指导和少量课件）的制作和发送,较少关注网络学习环境的构建、网络学习过程及基于技术媒体的人际双向通信和交互等学习支助服务的设计、开发和实现;网络教学模式依然是以教师为中心和以教为主,对以学生为中心和以学为主的网络教学模式（如个别化的自主学习、探究学习、协作学习或合作学习、任务驱动和问题解决型学习等）的探索还处在起步阶段。

（丁兴富）

威斯康星观念（the Wisconsin Idea）

大学注重发挥自身知识优势,直接参与解决社会公共问题的一种办学理念。

威斯康星观念的产生　1912 年,美国威斯康星州立法咨询委员会主席麦卡锡撰写《威斯康星观念》一书,首次使用"威斯康星观念"的概念,对 20 世纪初威斯康星大学注重社会服务的办学理念进行了总结。其最初理论来源是借助于"赠地学院"运动而出现的大学直接服务社会的办学观念。美国 1862 年颁布《莫里尔法》,规定各州利用联邦政府拨赠土地的收入至少建设一所从事农业和工艺教育的学院。至 1922 年阿拉斯加大学建立为止,美国先后建立 69 所赠地学院。此类学院将办学目标定位于直接服务于社会,为工农业生产培养专门人才,并致力于工农业生产新技术、新方法的研究。

威斯康星大学初建于 1848 年,因《莫里尔法》实施后获得政府赠地而成为赠地学院。此后的历任校长均把服务于社会作为大学发展的一项主题。第五任校长巴斯卡姆呼吁大学加强与社会的联系,解决国家发展中存在的具体问题。第六任校长张伯伦及第七任校长 C.K. 亚当斯均致力于引导大学开展一系列社会服务活动。经济学教授伊利也提出,大学对社会的服务不应仅仅满足于培养工农业专门人才,还应以一种更积极的姿态,为政府提供专家咨询服务。

19 世纪末 20 世纪初,处于转型期的美国工农业生产对专门技术服务表现出更强烈的需求。1904 年,范海斯出任威斯康星大学校长。任职期间(1904—1918),他赋予"威斯康星观念"更充实的内涵,将其推广到美国其他地区,这标志美国高等教育社会服务职能最终成型。范海斯及其同事立足威斯康星州的实际,在继续重视大学教学与科研工作的同时,推行卓有成效的教育改革,着重发挥该校为威斯康星州社会经济发展服务的职能作用。在不断尝试、探索的历程中,威斯康星大学逐步意识到:大学发展必须与社会进步紧密联系;只有为社会需要服务,大学才有可能兴盛。

威斯康星观念的含义　大学与所在地的州政府在各个领域密切合作。大学欲成功地参与州的各项事务并提供必要的智力及知识扶助,必须与州政府建立良好的合作关系。威斯康星大学与其所在州的合作得益于具有进步主义思想观念的州长拉夫勒特与校长范海斯亲密的私人关系以及他们共同为本州社会改革运动而努力的信念。拉夫勒特毕业于威斯康星大学,1900 年出任威斯康星州州长后,推行激进的进步主义改革。在州务重建中,拉夫勒特希望获得威斯康星大学的支持与合作。范海斯对拉夫勒特的政治改革计划深表赞成,并着力将进步主义教育的理念渗透到学校的教学工作中去,倡言一所成功的大学必须平等地招收有才华的青年,让他们拥有选学自己认为合适的学科和寻求适合自己需要的学术生活的平等权利。威斯康星大学与威斯康星州政府合作的途径大致有:(1) 州政府接纳大学各个学科领域的专家任职于政府各部门,充任顾问及担负相应的领导工作。威斯康星大学文理学院院长伯奇同时在州林业委员会、自然资源保护委员会及渔业委员会里任职;麦卡锡在大学里任教,同时出任威斯康星州立法咨询委员会主席;范海斯除出任州地理、自然保护委员会主席外,还是州政府林业委员会与公共图书馆委员会的成员,并亲自领导地方林业实验室的工作。1910 年,威斯康星大学有 39 位教授任职于州政府的各个部门。该校从本身发展考虑,在派专家、教授服务于社会的同时,还邀请州政府的一些官员及专家到该校讲学。此类公共服务活动被推广到在校研究生及一定数量的本科生中,根据其所学专业,分派他们参与政

府某些部门的工作。(2) 大学根据所在州的实际需要大力发展知识、技术的推广与应用事业。1891 年威斯康星大学推广部创设,负责为那些缺乏正规训练的人开办短训班,修习专门的实用课程;遵照州立法机关规定,所授课程内容广泛,涉及农业的理论与实践知识。大学推广部所需费用由入学受教的人提供;教授们按教学时间计算酬金;对那些经过注册、听课且考试全部合格的学生,授予毕业证书。大学推广部开设约 40 门课程,每门课平均听课人数为 170 人。大学推广部不仅帮助那些感到需要帮助的人,同时也为那些尚未认识到自己需要帮助的人提供服务。在实现此目的的过程中,大学推广部开展四方面的知识服务工作:函授课程、课堂教学、辩论和公开讨论、一般资料和公众福利。大学推广部共开设和组织几百门课程和各种各样的教育活动,范围广泛,包括从小学到大学、从普通知识到手工训练的各类课程及知识与训练,还针对函授学生发行专门的教材和小册子,并开办一所不收费图书馆,向读者出借书籍及期刊,供讨论之用。大学推广部还为面包师傅组织开办专门的培训班;编辑、创作各类教育幻灯片,到各地放映;筹备牛奶展览会;举办刑法讨论会;创办社区音乐团体等。凭借上述各项活动的推行,大学推广部成功地将知识服务引入广大民众生活中,使他们获得提高生产效率的知识和技术,提高了全州人民的文化修养水平,同时加强了社会各方面的联系,有效促进了全州社会与经济的发展。

大学积极参与所在州的各项社会事务。范海斯 1904 年的就职演说围绕"大学为州服务"这一主题,重点阐明威斯康星大学不同于一般私立高等教育机构。该校的首要任务是为州服务,必须从事各种类型的学术研究工作,而不论这些研究的现实价值是否能立即体现出来。威斯康星大学接受了州的土地捐赠,就应服务于全州社会与经济的发展,满足全州人民谋求幸福生活的需要,须向全州人民提供学习语言、文学、历史、政治经济学、农学、工程学、建筑学、雕塑、绘画或音乐等课程的机会;须凭其在人文、自然、社会学科及实用艺术方面推行的富有成效的教学及培训活动,把一大批具有献身精神、创业热情且致力于社会发展与进步事业的优秀公民输送到社会中。

在服务社会的过程中,大学应坚守"学术自由"原则。倡导者认为,学术自由存在的合理性至少可从三个方面加以理解:为确保知识内容的正确无误,学者的活动必须只服从真理的标准而不受任何外界(如教会、国家或利益集团)压力的影响,这一认识最初来自 19 世纪初德国大学的理念;言论自由是美国宪法赋予每位公民的权利,学者作为公民,拥有发表自己学术观点的自由;学术自由的根本目的并非个人的名利,而是为了全社会公众的利益(参见"学术自由")。对社会来说,社会须仰赖高等学校及学有专长的学者,以获得新知识,改进人类生活的环境和条件;对学者来

说,探索真理不仅在于它在认识及政治方面表现出价值,还出于个人的道德责任感。对学术自由的这种认识,在"伊利学术自由案"的裁决中得到体现。伊利是威斯康星大学经济学教授,1894年,伊利因发表有关支持工人罢工、反对使用童工及主张政府控制资源等的言论受到一些人的指控,认为其言论超越了学术自由的限度,起蛊惑人心及挑起社会动乱的作用。威斯康星大学董事会对此进行调查,要求伊利在听证会上为自己辩护。伊利认为自己的言论未超越学术自由的尺度,威斯康星大学校长C.K.亚当斯也出示有利于伊利的证据,最终威斯康星大学董事会对该案作出裁决,认为伊利的学术研究活动及学术观点无可指责。裁决书还进一步确认,在威斯康星大学,不懈的、无畏的学术研究活动将永远受到鼓励。学生的"学习自由",即学生选择学习课程、决定何时学及如何学的自由,也在一定程度上得到保障。

在服务社会的过程中,大学要妥善处理教学、科学研究与社会服务的关系。作为一所州立大学,该校必须首先解决本州政治、经济及文化发展所面临的实际问题,思考每一项社会职能的实际价值。学校的教学、科学研究与社会服务都要考虑到州的实际需要,以自身拥有的智力及知识优势投身于所在地区的各项社会事务,唯此才能获得州政府及社会民众的认可和支持,才能为自己赢得更广阔和有利的发展空间。学校还坚信,该校开展的知识推广与专家服务工作非但不会降低大学的教育质量与科学研究水平,还会因将大学的发展牢牢定位于满足社会需要而为其赢得更多的发展机遇。范海斯任校长期间,威斯康星大学的教师数量增加4倍,学生数也翻了一番,获得的州政府的拨款几乎增长5倍,在生物科学、畜牧科学研究领域取得一大批高水平的研究成果,成为美国较有影响的大学之一。

威斯康星观念的影响　具有进步主义思想的F.C.豪称赞威斯康星观念代表一种崭新的高等教育理论,是人类基于自身发展实施的一次伟大尝试。大学成为大众的"智囊团",实际上促使威斯康星州在进步主义立法改革运动中成为其他州的表率。哈佛大学校长C.W.埃利奥特也认为,威斯康星大学向州政府各部门提供专门的管理知识,向广大民众提供实用生产技术,将大学引入主流社会生活,使威斯康星大学发展成为一所优秀的州立大学。一些评论家认为,威斯康星大学已成为政治、社会和工业立法的实验站,科学与高等教育民主化的示范点。

参考文献

贺国庆,王保星,朱文富,等.外国高等教育史[M].北京:人民教育出版社,2003.

克雷明.学校的变革[M].单中惠,马晓斌,译.上海:上海教育出版社,1994.

滕大春.美国教育史[M].北京:人民教育出版社,1994.

（王保星）

韦伯社会学与教育（Weber's sociology and education）

德国社会学家M.韦伯有关教育的论述集中体现在关于支配社会学领域的教育类型论上。M.韦伯早年攻读法律、历史和经济,后转向社会学。著有《社会科学方法论》和《儒教与道教》等。

M.韦伯提出,人类社会存在三种支配类型:克里斯玛型支配、传统型支配和法理型支配。无论哪种支配类型,为了永久维持其自身的统治地位,都必须直面训练和培养接班人的问题,由此出现与支配类型相对应的三种教育类型:超人式教育、封建制和家产制式教育、科层制式教育。超人式教育与科层制式教育是截然对立的两极,封建制和家产制式教育是这两极间的一种过渡。超人式教育的目的是使那些将要成为新"超人"者所具有的特殊品质早日显示,其教育形式多带有宗教神秘色彩,与日常生活相隔离。封建制和家产制式教育的目的是培养骑士型人才和具有一定教养的封建官吏,教育形式多采用经典知识的学习。M.韦伯在《儒教与道教》中具体论述了儒家教育在社会教育体系中的地位与特色,指出中国考试的目的在于考察学生是否完全具备经典知识以及由此产生的适合一个有教养的人的思考方式。科层制式教育的目的是培养在某一方面有个人专长的"专业人才",形式上多表现为一些与个人品质全无内在联系的特殊专业知识和技术的学习。他认为科层制的发展促进了教育,尤其提高了教育的功利性,随着科层制在社会各领域普及,教育的功利性也为一般大众所认同,而这种认同反过来加速了教育普及。通过对普通人学习后也能掌握的专业知识的尊重,科层制否定了非功利性的身份不平等教育,一定程度上促进了社会的平等。然而M.韦伯认识到,科层制带来的平等是一个相对概念,即使在科层制下,物质财富和生产资料的不平衡也会产生人与人之间的权力差别。M.韦伯称这种受经济制约的权力为"阶级状态",处在同一阶级状态的群体便形成所谓"阶级";受社会声望、名誉等非经济因素制约的权力的差别被称为"身份状态",处在同一身份状态的群体便形成"身份集团"。权力是制约教育目的与形式的重要因素之一。相互对立的集团之间的利害关系,在某种意义上构成教育体系。M.韦伯认为,任何一种看似公正的"教育理念",实际都是利益群体之间利害关系冲突和斗争的产物。

运用M.韦伯的观点立场,学校成为不同利益群体间利害冲突和斗争的场所。M.韦伯的这一观点以及利益群体、身份集团、冲突等概念为美国社会学家R.科林斯等人所继承,并形成以他们为中心的教育社会学中的新韦伯主义流派。这一流派关注在M.韦伯的社会学理论和方法论影响下,教育社会学研究何以可能和何以可为。R. 科林斯认为,应该在"身份集团"之间的冲突中理解学校教育,学校教育活动的中心是特定身份文化的传授,哪一个"身份集团"支配学校教育,就意味着掌握了权力,占据了统治地位。因此,不同"身份集团"围绕权力、地位展开的斗争往往以争夺教育资格的形式展开。身处下层的"身份集团"意欲让子女接受比自己更多的、程度更高的教育来提高自己的地位,摆脱被支配的处境;已身居上层的"身份集团"为保证其在社会结构中的既得利益,除强调在学校教育中传播自己的"身份集团"文化外,还竭力让子女获取比现在更高的学历。这种性质的冲突与竞争导致教育普及、高学历化乃至学历的相对贬值。R. 科林斯认为,围绕权力、财富、地位展开的利益群体间的冲突,是教育规模扩大、教育普及和提高的主要原因。

新韦伯主义流派的代表还有英国社会学家 R. 金和阿彻。与 R. 科林斯直接援用 M. 韦伯的解释概念和解释框架不同,R. 金和阿彻更强调 M. 韦伯社会学方法论对他们的影响。认为 M. 韦伯社会学的重要性在于其理解社会学的方法论取向,以及 M. 韦伯提供的研究和解释社会本质的两重性方法,即社会是由人们的行动建立并维持的,而社会也限制了人们的行动。

(贺晓星)

维吾尔族教育

维吾尔族教育 维吾尔族史称"袁纥"、"韦纥"、"回纥"、"回鹘"、"畏兀儿"、"回部"、"缠回",1935 年起称"维吾尔",有"团结、联合、协助"之意。主要聚居在新疆维吾尔自治区,湖南省桃源县、河南省渑池县等地也有少量分布。据 2010 年第六次全国人口普查,维吾尔族人口有 1006.9 余万,新疆维吾尔自治区维吾尔族人口有 1000.1 余万,占全国维吾尔族总人口的 99.3%。维吾尔语属阿尔泰语系突厥语族。古代使用突厥如尼文、回鹘文,后改用以阿拉伯字母为基础的察合台文,现行维吾尔文在晚期察合台文的基础上改进而成。

古代维吾尔族教育

鄂尔浑回纥时期的教育 维吾尔族族源多元,主要由原蒙古草原上的回纥人和原塔里木盆地各绿洲上的土著居民融合而成。回纥源于约公元前 2000 年的北狄。公元前 11 世纪,北狄一支迁至中国北方和西北、贝加尔湖以南、额尔齐斯河和巴尔喀什湖一带,后逐渐发育成回纥民族。唐天宝三载(744 年),鄂尔浑回纥汗国建立。唐贞元四年(788 年),回纥可汗自请改称回鹘。鄂尔浑回纥是游牧民族,其经济以畜牧业为主,民间世俗教育主要是生活教育,以长者为师,在生产与生活过程中进行畜牧、狩猎等知识、经验的传授。宗教教育方面早期传播、信奉萨满教,隋唐时期逐步转为摩尼教。早期无文字,后使用汉文、粟特文、突厥文。汉代汉文化对西域影响增大,以汉文为媒介的儒学教育开始在鄂尔浑回纥上流社会流行。鄂尔浑回纥汗国与唐朝绢马贸易往来密切,其时的教育深受影响。可汗常派使者朝拜唐廷,来往文书皆用汉文;可汗家族、贵族和大臣多学汉文,到中原经商的回纥人也多学汉文。出身回纥的唐朝名将哥舒翰与契苾何力均熟读汉文经史。

高昌回鹘的教育 鄂尔浑回鹘汗国灭亡(840 年)后回纥西迁,其中一支在高昌地区建立高昌回鹘王国。初期使用突厥文,后逐渐采用粟特文字母拼写回鹘语,几经修改成为回鹘文字。回鹘西迁前高昌地区居住着许多汉人,已形成一个汉文和儒学教育的环境,西迁后该地区汉语文仍广泛使用,以汉文为基础的儒学教育传统得到较好的保留与继承。高昌回鹘王国的佛教教育发达。寺院住持高僧任教师,小沙弥和僧众是学生,佛经为教材。佛经由僧众或施主抄写,到元代已有木版活字印刷的回鹘文佛经,多从汉文佛经译出,并吸收大量汉语词汇。佛教教育内容由浅入深,依年龄逐渐加深。儿童启蒙教育是先识字,再渐授"五明大论",兼有宗教与非宗教的内容,如训诂、工程技巧、医药针灸、逻辑等。在受完基础教育之后,教授各种佛经,如《金光明最胜王经》、《金刚经》、《般若波罗蜜多心经》、《法华经》、《华严经》、《莲花经》、《阿弥陀经》等。明代中叶,伊斯兰教逐步控制高昌地区,佛教教育随之衰落。

喀喇汗王朝的教育 西迁回鹘的另一支成为葱岭西回鹘,后于 10 世纪中叶至 12 世纪,联合葛逻禄、样磨等部族,建立喀喇汗王朝。喀喇汗王朝为多民族统一实体,语言种类众多,但基本上讲突厥语族的各分支语言。回鹘借用中亚粟特人的文字创制回鹘文,并用之书写契约、文书、诗歌。粟特人的经商活动及粟特文的传播对葱岭西回鹘的世俗生活及世俗教育有一定影响。喀喇汗王朝初期流行佛教寺院教育,五代后梁贞明六年(920 年)前后,随着伊斯兰教传入喀喇汗王朝,伊斯兰经文学校在喀喇汗王朝境内出现。萨图克·布格拉汗曾创建喀喇汗王朝第一所高等经文学校——沙其耶麦德赖赛("麦德赖赛"系阿拉伯语,意为高等宗教学校)。宋建隆元年(960 年),木萨·阿尔斯兰汗宣布伊斯兰教为国教,后又创建皇家经学院,并附设图书馆。喀拉汗王朝曾涌现一批知名伊斯兰教育家。马赫穆德·喀什噶里于宋熙宁五年至熙宁七年(1072—1074)编写语言学著作《突厥语大词典》,并于宋元丰五年(1082 年)创建经文学院。尤素甫·哈斯·哈吉甫曾创作叙事长诗《福乐智慧》,阿合买提·尤格乃克曾创作《真理的入门》,这些著作均富含教育哲理。

察合台汗国及元代的教育 宋庆历二年(1042 年),喀喇汗王朝分裂为东西二部,13 世纪初东西喀喇汗王朝灭亡。宋宝庆元年(1225 年),成吉思汗将天山南北和阿姆河流域封予次子察合台,建立察合台汗国。察合台汗国时期,以阿拉伯字母为基础创制的维吾尔文吸收阿拉伯语和波斯语的一些宗教、政治和科学词汇,并将这些词汇传到高昌,高昌维吾尔文原已吸收的大量汉语词汇也被塔里木西部的维吾尔族接受并传到中亚,维吾尔族文字和语言走向统一,被称为察合台文和察合台语,成为察合台汗国官方文字和语言,促进了维吾尔族的统一和新疆各民族融合。维吾尔族涌现一批教育家,知名的有叶海亚、买吾纳拉·阿不都拉·鲁特菲和艾勒西尔·纳瓦依。

元代维吾尔族有很多人在各地接受儒学教育,应举享受优惠政策,其中不少人经科举入仕,出现一批著名的维吾尔族学者和政治家。元代实行宗教宽容和保护政策,喀什噶尔继续成为伊斯兰文化教育中心。宋宝祐三年(1255年),维吾尔族人马思忽惕在布哈拉创建马思忽惕耶经大学,后又在喀什噶尔重建沙其耶麦德赖赛,并改名为马思忽惕耶麦德赖赛。马思忽惕亲自主持学校,聘用知名学者执教,设立神学、哲学、法学等课程,讲授阿拉伯文和波斯文文学。该校实行正规考试及学位制。马思忽惕耶麦德赖赛附设图书馆"沙阿旦提",有大批"塔里甫"(学生)来此深造。

叶尔羌汗国的教育　元延祐七年(1320年)后,察合台汗国分裂为东西两部,明正德九年(1514年),在东察合台汗国内部由赛义德建立叶尔羌王朝,嘉靖四十四年(1565年),叶尔羌王朝统一东察合台地区,建立叶尔羌汗国。叶尔羌汗国建立后在王都叶尔羌创办皇家图书馆,收藏阿拉伯文、波斯文及本民族语言文字写成的各种古籍达数万册;创建图舒克塔克天文台、斯帕黑耶军事学校、黑帕黑耶医学校、音乐学校以及一些高等宗教学校等。当时流行美体书法,学校重视书法教育,凡课本、名著都要以楷书书写、印刷。在皇家经学院,书法是基本课程。民间教育方面,民间音乐与民间舞蹈得到传承与发展。古代于阗乐、疏勒乐、龟兹乐、高昌乐、伊州乐的丰富遗产和优秀传统得到继承。《木卡姆》乐章在天山南部的城镇和农村广泛流传。民间舞蹈有反映宫廷宴会的"夏迪亚那"、竞技术舞蹈"纳扎尔库姆"、反映游牧生活的刀郎舞等。涌现出一批知名文化人才,如《拉失德史》(亦译《中亚蒙兀尔史》)的作者米尔扎·穆罕默德·海达尔、《编年史》的作者马合木·扎剌思、《和加伟人穆罕默德传》与长诗《旅行记》的作者穆罕默德·斯迪克·翟利里、《乃裴斯诗集》的作者阿曼尼莎汗等。

清统一新疆后的教育　自康熙十七年(1678年)起,准噶尔汗国统治南疆维吾尔地区,至乾隆二十年(1755年)败于清朝,结束统治,维吾尔地区纳入清朝版图。乾隆二十四年(1759年),清击败大小和卓,统一天山南北。清统一新疆后全面推行以双语双轨为特点的教育制度,一方面推行汉文儒学教育,一方面继续保护和发展维吾尔族的伊斯兰教育。乾隆四十一年(1776年),在新疆推行科举制度,设州学、县学,兴办书院、义学和私塾,令维吾尔族青少年入学学习汉文,读"四书"、"五经"。

近代维吾尔族教育

19世纪六七十年代,阿古柏入侵新疆,儒学教育一度遭受破坏。1878年,左宗棠收复新疆,之后旋即上书朝廷重建新疆教育。他奏请在喀什设训导一员、设扎克迪买克塔甫伯克一员(官阶五品),专管教育;在各地设义塾、蒙养学堂;各地设劝学所,吸收地方绅商及宗教界人士任劝学员,协助地方官动员维吾尔族及其他各族子弟入学。当时各地成立义学57处,由州、县官吏委派维吾尔族的伯克和千户长、百户长主管,教师从内地重金延聘,办学经费由政府筹措,学生学费全免,由政府提供书籍、笔墨和食宿。左宗棠沿袭乾嘉时期的双语双轨制,在官办的义塾和蒙养学堂用汉语文教学,对宗教界办的经文学校不加干涉,使其使用本民族语言文字,学习汉文书籍,并对一些汉文书籍辅以维吾尔文注释刊印。1884年,新疆改设行省,置巡抚,建立府、州、县制。首任新疆巡抚刘锦棠积极筹划教育事业发展。他增设学官,加强对各地学务的管理指导;主张新疆民族教育要以"通华语为先务",积极推行汉语教育;以奖励的办法促进维吾尔族等少数民族的儿童向学进取。戊戌变法后清政府建立新式学校教育。1901—1910年,新疆建立省级教育行政机构,开始由专门机关领导教育。这一时期大力改建和兴办各类小学堂,新疆巡抚及提学使督导府、州、厅、县各级官吏努力兴学,并将办学成绩列入官吏考核内容,按绩升迁,使学校、教师、入学学生数量有大幅度提升。各类学校招收各民族子弟,特别为维吾尔族、蒙古族、哈萨克族等少数民族设立简易识字学塾、汉语学堂、官话学堂。在南疆开办初等职业教育,如工业学堂、农业学堂与实业学堂等,以传授蚕桑、织布、造纸、织毯、铁木工、靴鞋等手工技艺为主。同时创办各类中等学校及军事学校,培养专门人才。1885年,阿图什商人胡赛音·木沙巴也夫和巴吾东·木沙巴也夫兄弟创办伊莎克学校,为改良的新式经文学校,既开设宗教课程,也开设体育、科学等近代课程,对维吾尔族近代学校教育有启蒙作用。其后30年,一批新式经文学校相继建立并随即演变为近代新式小学。

民国初期,在杨增新省政府时期(1912—1928)与金树仁省政府时期(1928—1933),新疆地区各类公立学校继续招收数量不等的维吾尔族学生,一些进步商人在吐鲁番、喀什、伊宁、乌鲁木齐、伊犁等地创办一批近代新式小学,用民族语言文字教学,以教授文化课为主,只教少量宗教课,培养了一批近代人物。1933—1944年,盛世才治理新疆。1934年,盛世才政府提出民族平等、扩充教育政策,新疆各地相继成立民族文化促进会。各民族文化促进会均提出建校计划,创建和改办会立学校,聘任会立学校教员,并开办学制半年到一年的教员训练班。维吾尔族文化促进会于1934年成立,总会设在迪化(今乌鲁木齐)。1935年,原俄文法政学院改为新疆学院。1936年起,省教育厅开始编译、印刷和推广维吾尔族初小、高小教材。1940年,新疆学院教育系增招维吾尔族班,次年学院创设农业系,少数民族学员成为农业系招生的主体。农业系预科分四组:农艺组有维吾尔族班,畜牧组有维吾尔族班、哈萨克族班,兽医组有维吾尔族班、哈萨克族约60人,水利组有维吾尔族、哈萨克族约30人。20世纪30年代中期,新疆省政府大规模向苏联派遣留学生,其中有一部分是维吾尔族人。留学教育造就一批医学、农业、兽医、水利、蚕桑等方面的专业高级技术人才。1938年,应盛世才政府之邀,中国共产党派遣一批党员到新疆工作,有的担任省教育厅、省编译委员会、部分专区教育局和各大、中、小学的领导职务。1939年前后,共产党员林路基、李志梁在维吾尔族文化促进会教员训练班基础上创办阿克苏简易师范学校和喀什师范学校。1942年,盛世才公开反共,各民族文化教育陷于停滞或倒退状态。1944年,国民党中央派吴忠信出任新疆省主席,开始国民党直接统治新疆的时期,同年伊犁、塔城、阿勒泰发生推翻国民党统治的三区革命。之后伊宁创办卫生学校和综合中等专业学校各一所,培养医学、政法、财经、农牧专业人才和小学师资。1946年,新疆省联合政府成立,在迪化增设各类民族中等学校。新疆地区初步形成包括初等教育、中等教育、高等教育和留学教育在内的一整套较完整的教育体系,维吾尔族逐步完成由传统经院教育向新式学校教育的转型。

中华人民共和国成立后的维吾尔族教育

奠基阶段(1949—1965) 1949年,新疆和平解放,党和政府立即着手建设新疆教育事业。1955年,新疆维吾尔自治区成立。(1)开始进行双语教育基础性工作。1950年,新疆省人民政府发出《关于目前新疆教育改革的指示》,对部分课程进行调整,要求民族班选修汉文或俄文,汉族班选修俄文或维吾尔文。1956年,新疆教育出版社成立,从1957年开始编译出版维吾尔文、哈萨克文、蒙古文、锡伯文和柯尔克孜文等五种文字的小学各科教材和教学大纲(参见"中国少数民族教材建设")。1959年,新疆召开教育行政会议,决定民族小学从四年级起加授汉语;同年,自治区党委和人大常委会决定,新疆各高等学校和中等专业学校新入学的民族学生先集中进入预科学习一年汉语,并就预科阶段的教学时间、内容以及听、说、读、写等方面达到的目标作了具体说明。到1960年,民族小学改为统一的五年制学制,使用统一教材。1963年,编写民族中学汉语课本和教学大纲。

20世纪50年代末60年代初,国家帮助维吾尔族、哈萨克族改革文字,为柯尔克孜族等少数民族改进文字,并在学校教育中推行。(2)采取多种形式发展少数民族学校教育。在许多民族地区创办少数民族重点小学,在哈密、塔城等地创办多所师范学校,在农牧区试办简易小学、流动小学和农牧业中学。(3)对少数民族教育事业实行财政倾斜。1963年,经新疆维吾尔自治区人民政府批准,对少数民族聚居的边远地区和经济比较落后的农牧区减免学杂费,对少数民族教材出版实行国家补贴。(4)开始进行民汉合校试验。20世纪50年代初期,在创建或改建用本民族语言文字教学的民族学校的同时,在民汉杂居区内,为解决人口数量较少的少数民族孩子的上学问题,有一部分学校实行民汉合校,多为过渡性的,方式为在汉族人口较多的地区,汉语授课学校附设民语授课班。到60年代,新疆以民族小学、民族中学以及高等院校中民语授课班为代表的少数民族教育体系已初步形成。1960年,自治区党委指示"民汉合校应列为教学改革内容之一",民汉合校的数量逐步增多,一些民族学校与汉语授课学校曾一度合并。新疆少数民族现代教育的基础基本奠定。

挫折及复兴阶段(1966—1992) "文革"时期,新疆维吾尔族教育遭到破坏,学校师资不足,教育质量下降。1976年后,新疆少数民族教育开始恢复与重建。(1)基础教育与中等教育。1977年,自治区召开教育座谈会,制订并下发《新疆维吾尔自治区1977年教育事业计划说明》《新疆维吾尔自治区全日制十年制中小学教学计划(试行草案)》和《关于做好普及小学五年教育检查验收工作的通知》,全面恢复基础教育及中等教育。根据教育部颁发的《关于一九七七年高等学校招生工作的意见》,自治区于1977年下发《关于一九七七年高等学校招生工作的补充意见》,正式恢复正常考试招生制度。到1979年,全区各级各类教育基本恢复。20世纪80年代初期至90年代初期,以全面普及六年义务教育为标志,新疆教育进入振兴阶段。1980年,根据中共中央、国务院《关于普及小学教育若干问题的决定》的精神,自治区党委和人民政府把普及小学教育工作纳入重要议事日程。到80年代末,新疆90%的地方基本完成普及小学教育任务。与此同时,新疆大力普及初中教育。1988年,《新疆维吾尔自治区义务教育实施办法》通过后,新疆普及初等教育的工作开始同实施义务教育工作接轨。对边远县的农牧区学生和其他农牧区家庭经济困难的学生免收学杂费,免费供应课本;对农牧区寄宿制中小学校的学生和家庭经济确有困难的初中学生给予帮助;山区、牧区和居住分散地区,根据需要设立以寄宿制为主的中小学校。1980年,自治区教育局在伊犁新源县召开全疆牧区教育经验交流会,总结各地创办牧业寄宿制学校的经验。1981年,自治区人民政府批转自治区教育厅《关于加强牧区中小学教育工作的意见》,明确提出牧区的办学形式应以寄宿制学校和全日制固定学校为主,以固定教学点和流动教学班为辅,以后重点发展寄宿制学校,并对牧业寄宿制学校的办学形式、学制、课程设置、办学条件、教学质量、经费和教职工编制等一系列问题作出具体规定,在经费上予以倾斜。此后牧区寄宿制学校有很大发展。随着牧民定居工作的不断发展,有的地区已开始兴办牧民子女固定式走读学校,牧区教育办学形式逐渐多样化。(2)双语教育。详"中国少数民族双语教育"。(3)职业技术教育。1988 年,自治区教育委员会、计划委员会等单位联合下发《关于我区职业中学教育中若干问题的规定》,大力发展中等职业教育。农村教育综合改革也开始起步。(4)高等教育。1977 年,新疆恢复高考招生工作,同年自治区下发《关于 1977 年高等学校招生工作的补充意见》,要求对人数较少和边远地区的少数民族学生给予照顾,举办少数民族预科班。1980—1985 年,大连工学院等 27 所高校在接受新疆少数民族插班生的同时,还先后举办多个新疆班,培养上千名新疆少数民族学生。为进一步做好内地高校支援新疆发展高等教育的工作,国家教育委员会和自治区人民政府于 1989 年和 1992 年两次召开内地高校支援新疆发展高等教育协作会议。第一次会议提出 1990—1992 年在内地 50 所高校招收新疆少数民族学生2 400人,中央民族学院和西北民族学院帮助新疆招收少数民族预科班480 人;第二次会议提出,1993—1995 年每年招收少数民族学生 800 人,定向研究生 150 人。

改革与发展阶段(1993—) 1993 年,《中国教育改革和发展纲要》发布后,新疆少数民族教育进入深化改革与全面发展阶段。(1)以基本普及九年义务教育为龙头,基础教育改革与发展不断深化。2007 年底,除塔什库尔干县外,自治区已有 92 个县(市)实现"两基"(基本实施九年义务教育、基本扫除青壮年文盲)目标,全区"普九"人口覆盖率达99.8%,全区小学学龄儿童入学率达 99.28%,初中学龄少年入学率达 93.88%。此外,学前教育落后状态明显改变,学前三年入园率接近 30%。高中阶段教育也不断发展,高中阶段毛入学率达 55.14%。特殊教育学校在校生增长很快,残疾儿童、少年入学率接近 60%。与此同时,自治区积极推进基础教育课程改革,实施素质教育。2005 年秋季起,义务教育起始年级民族学生与汉族学生已全部采用新课程,2008 年秋季起进行普通高中课程改革。(2)发展职业与成人教育,实用技能型人才培养取得进展。自治区通过整合职教资源,转变职教观念,理顺管理体制,创新发展模式,加大资金投入,初步形成以第一、第二、第三产业和石油化工四大职教园区为核心,以高等职业教育为龙头,以国家县级职教中心和示范性中等职业学校为骨干,以各级各类职教中心、职业学校、培训机构为基础,覆盖全疆的多门类、多领域的职业教育体系,初步形成年培养 3 万多技能型人才

和年培训 10 万名社会人员的规模和能力。成人教育也形成成人中等及高等教育体系。广播电视大学、高等自学考试两大教育网络得以确立。农村教育综合改革和农牧民文化技术学校建设成效显著。(3)发展高等教育,实施"211 工程",调整高等学校布局,改善高等教育专业结构,扩大并逐步稳定高等教育规模。2007 年,自治区高等教育毛入学率为 21.2%,进入大众高等教育阶段。(4)培养少数民族"民汉兼通"人才,发展双语教育(详"中国少数民族双语教育")。在双语教育师资方面,自治区采取加大在职教师培训力度与拓宽中小学教师补充渠道相结合的措施。2000年,组织实施教育对口支援"两个工程",在吸引山东省及北京市的几批教师援疆支教的同时,自 2003 年开始,每年选派约2 000名城镇教师赴边远农牧区学校支教。为加快高素质"双语"教师队伍建设,2003 年开始实施总投入 7 600 万元的《国家支援新疆汉语教师方案》,2004 年启动《新疆中小学少数民族"双语"教师培训工程》。同时进一步开展民族教材出版工作和民族语言信息化工作。(5)加强师资队伍建设。至 2007 年,全区普通高校、普通中专、普通高中、初中、小学教师学历合格率分别达 30.89%、81.7%、83.31%、97.99%、99.26%。(6)教育投入总量不断增加,各级财政预算内教育拨款持续增长,财政性教育经费占国内生产总值的比例逐步提高。2003—2007 年,自治区累计完成教育经费投入 430 亿元,年均投入 80 多亿元。(7)中央政府和自治区政府采取多种特殊支持措施,提高少数民族教育质量。从 20 世纪 80 年代起,新疆与内地百余所高校开展协作计划,内地高等学校每年为新疆培养1 000名少数民族大学生,2003 年以后扩大到每年 2 000 人;从 2000 年开始,在内地发达城市举办内地新疆高中班,经过 5 次扩招,招生规模逐年扩大。至 2008 年,已累计完成 9 届 2.4 万余人的招生任务。一大批内地专家、教师赴新疆挂职锻炼,援疆支教,也有大批新疆教育系统的干部、教师赴内地进修学习,形成中央直接关心、培养新疆少数民族人才的系列制度。自治区政府积极开展疆内教育互助,在疆内相对发达城市举办疆内初中班。2011 年,《新疆维吾尔自治区中长期教育改革和发展规划纲要(2010—2020 年)》发布,提出要确保新疆财政性教育经费支出占国内生产总值的比例保持在 4%以上,2020 年教育发展要达到全国平均水平。至 2008 年,新疆维吾尔自治区有各级各类学校 8 076 所,在校学生约 440.5 万人(不含成人技术培训学校、成人初等学校学生),其中少数民族学生约 254.3 万人,占在校学生总数的 57%。

参考文献

顾明远.教育大辞典[M].上海:上海教育出版社,1990—1992.

韩达.中国少数民族教育史(第 1 卷)[M].广州:广东教育出版社;昆明:云南教育出版社;桂林:广西教育出版社,1998.

厉声.中国新疆历史与现状[M].乌鲁木齐:新疆人民出版社,2006.

夏铸,哈经雄,阿布都·吾寿尔.中国民族教育50年[M].北京:红旗出版社,1999.

新疆维吾尔自治区教育工委,新疆维吾尔自治区教育厅.改革开放30年新疆教育的发展与启示——谨以此文献给改革开放30年[N].中国教育报,2008-12-08(3).

（吴明海　刘玉钊）

维新运动时期教育改革　19世纪后期中国维新运动中的教育改革。第二次鸦片战争后,随着社会经济的发展,一批初步具有资产阶级思想的知识分子提出教育改革主张,形成早期改良主义教育思潮,到19世纪末维新变法时期,发展成资产阶级早期改良主义教育思想体系,自此,一场规模巨大的维新教育改革运动在近代中国展开。

早期改良主义者的教育主张　早期改良主义者不仅对顽固派的观念进行批评,还抨击洋务派,认为他们热衷轮船、枪炮、铁路、电线的"用"是忘了西方富强的根本,不可能使中国富强。他们认为学习西学应注重经济,要求"振兴商务";在政治上,要求用西方国家君主立宪的议会制来代替中国的君主专制政体;在教育上,也提出多项主张。

开设西学课程。王韬认为,西学皆实学,如象纬、舆图、测算、光学、化学、电学等都是有用之学,应在学校开设以教士子。郑观应认为,西学包括天学、地学和人学,指出西方的强大"非强于人"而是"强于学",即强于格致之学,如西方对农、渔、牧、矿诸务"无一不精"。因此,他主张分文、武学校。其中高等文学校分六科:格致科,包括声学、光学、电学、化学等;艺学科,包括天文、地理、测算、制造等;语言科,包括各国语言文字、律例、公法、条约、交涉等;政事科,包括吏治、兵刑等;文学科,包括诗文、词赋、笺启等;杂学科,包括商务、开矿、农政、医学等。这些主张使西学课程逐步系统化,并首先在观念上突破传统课程框架,使近代中国的自然科学教育逐渐拉开序幕。

改革科举。薛福成在《选举论》中批判八股取士,认为"制艺之术"无法选拔人才,主张改试策论。王韬指出,欲得人才,必先自废时文始,时文不废,天下不治;八股的废存涉及国家的治乱、兴衰。郑观应从科举与新教育的关系上批判科举,大力提倡西学和兴学校。他们都认为取才应当实用,除文章外,对经史、理财、制造、西学都应当重视。在改革考试内容的同时,他们还主张另开特科,专考西学,以奖励精通西学的人才。王韬提出想要西学盛行而归于实用,必须先由朝廷特别开设西学之科。郑观应也主张分立两科,首科既毕,挂牌招考西学。尽管改良主义者猛烈抨击科举制度,但他们中的大部分人并不主张将其废除,而是强调改良。早期改良主义者在科举改革上体现出两个特点,一

是主张内容多样化,即"变通考试科目",多途取士;二是认为西学科目在考试中应占重要地位。这些建议是对传统科举考试制度的突破。

倡导近代学制。通过对洋务教育的反思,早期改良主义者提出自己的设学主张,并系统介绍西方的学校制度。1881年,马建忠建议设立培养水师人才的小学、大学院,提出两级制的水师教育体制,还具体规定了招生录取、学习年限、课程设置等。这比洋务学堂的体制要详细得多,已具备近代学制的雏形。1883年,王韬在香港刊行的《弢园文录外编》中提出在全国普遍设立学校的要求,并建议改书院为学堂。在此基础上,郑观应系统介绍了西方的学校制度,认为西方各国的学校制度以德国最为完备。他在《考试》《学校》等篇中建议,以原来各州、县、省会和京师的学宫、书院为基础,"仿照泰西程式,稍为变通,文武各分大、中、小三等,设于各州县者为小学,设于各府省会者为中学,设于京师者为大学"。主张小学3年,考试合格者升入中学,中学8年,考试合格者升入大学。文大学分设文学、政事、言语、格致、艺学、杂学等六科;武大学分设陆军、海军两科。文、武大学各科都规定有修习的课程科目。此外,他还主张设立专门学校,以培养专门人才。到19世纪90年代,早期改良主义者又以西方教育制度为蓝本,提出近代学制思想。

提倡女子教育和强迫义务教育。1891年,宋恕最早提出女子教育和强迫义务教育的主张。继而郑观应在《学校》篇中又介绍西方近代义务教育"无论贵贱男女,自五岁以后,皆须入学,不入学者,罪其父母",还专门撰写《女教》,阐明女子教育思想,建议通令各省广设女塾,使女子皆入塾读书,对学有成绩的地方官赠物、赠匾"以奖荣之"。另外,他还激烈抨击女子缠足,认为其酷虐残忍,主张重申禁令,立限一年,嗣后一律禁止,违者罪其家长。陈炽在《妇学》篇中,也主张严禁缠足,建议各省郡县之间就近筹捐,广增女塾,分门别类,延聘女师。"女子自四岁以上,至十二岁为期,皆得就学。才而贤者,立法赐物。"(《妇学》)

维新派的教育活动　"公车上书",奏请变法和改革教育。向光绪皇帝上书,奏请变法和改科举、兴学校,是维新派在戊戌变法前的重要活动。在中法战争失败及以后的十年间,康有为先后7次向光绪皇帝上书,要求学习西方,实行维新,以挽救危局。其中以1895年反对签订《马关条约》的"公车上书"最为著名。康有为、梁启超提出拒和、迁都、练兵、变法等主张,要求清政府仿行西方君主立宪政体,推行有利于发展资本主义的经济政策。在文化教育方面,建议募集经费,广设学塾,指出"泰西之所以富强,不在炮械军兵,而在穷理劝学",主张"改武科为艺科",令各省、州、县遍开艺学书院,课程中增加天文、地矿、医律、光重、化电、机器、武备、驾驶、测量、图绘、语言、文字等。还主张改革科举考试的科目,增加有关外国情况的试题。"公车上书"产生

很大影响,维新思想也随之广为传播。

创办报刊、组织学会,宣传西方教育。为宣传变法维新,维新派决定创办报刊,以制造舆论、开创风气。1895年8月,康有为和梁启超创办《中外纪闻》报,由梁启超、麦孟华编辑文稿,主要介绍西方的政治、文化、教育,以为变法维新作舆论宣传,这是资产阶级改良派在维新运动中创办的第一份报刊。1896年8月,梁启超、汪康年等在上海创办《时务报》,并发展成为维新运动中影响最大的报纸。1897年10月,严复、夏曾佑等人在天津创办《国闻报》,成为维新运动时期又一重要报纸。《知新报》、《湘学报》、《求是报》、《实学报》等报纸也在传播新思想,宣传西方资本主义的政治、文化、教育等方面起一定作用。同时,维新派通过组织团体联络人才,如1895年8月以挽救时局为宗旨的强学会在北京成立,会员有康有为、梁启超、文廷式、陈炽、杨锐、江标等数十人,规定学会定期集会宣传西方教育。同年11月,上海强学会也宣布成立,东南一带维新派人士汪康年、黄遵宪等人均响应入会,从而推动各省维新运动的发展。维新派的积极活动引起守旧势力的仇视和不安,1896年,北京强学会和上海强学会相继被查禁。1898年,维新派在北京再立保国会,不久再次被停办。虽然强学会、保国会被停办,但各省维新人士仍纷纷成立学会,如南学会、蜀学会、浙学会等都成为维新派宣传维新教育的政治团体,对维新教育运动的开展起积极推动作用。

设立学堂,培养维新人才。维新运动期间,维新派创办十余所新式学堂,以培养"兼通中西学说"的维新变法人才,并以学堂作为宣传维新变法的阵地,其中著名的有万木草堂、时务学堂。(1)万木草堂。1888年,康有为第一次上书失败。回到广东后,他决定深入研究维新变法理论,聚徒讲学,培养立志变法维新的人才。1891年春,他正式设立万木草堂,1894年,万木草堂迁至广州府学宫。在万木草堂,康有为一反当时书院的传统,不要求学生潜心训诂词章,而是引导他们关心天下大事,学以致用。他对教学内容、教学方法进行多项改革,既讲孔学、史学、周秦诸子学等中学,又讲西学。在课堂上,每论一学或讲一事,总以古今中外比较论证,究其沿革得失。万木草堂的学生既不分班,也没有正式的考试制度。学生除听课外,主要是自己读书,写笔记。每个学生都有一本功课簿,将听课、读书的心得和疑问都记在功课簿上,每半个月缴呈一次。康有为根据功课簿所记问题,观察学生的学习程度,予以批示,或做讲解。康有为还挑选若干名学问造诣较深的弟子,如陈千秋、梁启超等人作为学长,带领其他学生读书,或协助他著述。康有为所著《孔子改制考》、《新学伪经考》等即用这种方法编撰而成。1898年,戊戌变法失败后停办。(2)时务学堂。1897年,湖南维新派人士谭嗣同、熊希龄等人在长沙创办时务学堂,得到湖南巡抚陈宝箴的赞助,并聘请梁启超为中文总教习。

梁启超按照万木草堂学规制订"时务学堂学约"十条:立志、养心、治身、读书、穷理、学文、乐群、摄生、经世、传教。其课程分为两类:普通学设有经学、诸子学、公理学、中外史志及格算诸学,学习6个月;专门学设有公法学、掌故学、格算学,学生自己选择感兴趣的科目,并规定月课、季考各一次。学生除听课外,主要是自学,按日写札记,由教习批阅。1898年3月,梁启超因病离开长沙,学堂又聘唐才常、欧榘甲为中文教习。戊戌变法失败后时务学堂被迫解散。时务学堂虽存在时间短,但全校师生一面教学,一面议政,培养大批维新人才,他们积极宣传"民权",鼓吹变法,使维新思想在湖南广为传播。学堂的章程也为全省各地仿效,由于讲时务、学西学,湖南学风大变。

"百日维新"中的教育改革　1897年,德国出兵强占胶州湾,俄、法、英等国纷纷夺取中国沿海港口,划分势力范围。面对严重民族危机,维新派把救亡图存的维新运动推向高潮。康有为呈奏《上清帝第五书》,提出朝廷如果不立即变法,则国亡无日。1898年初,光绪皇帝决定采纳维新主张,下令要康有为条陈所见。2月,康有为进呈《日本变政考》和《俄大彼得变政记》等书,建议仿效日本、俄国进行变法。4月,康有为乘各省举人到京会试机会,发起组织"保国会",以"保国、保种、保教"为宗旨。不久,保浙会、保川会、保滇会等相继成立。6月11日,光绪颁布《定国是诏》,宣布变法,到9月21日,慈禧发动政变,共103天,史称"百日维新"。在此期间,光绪前后颁发新政诏书、谕令110多道,涉及政治、经济、军事、文化、教育等诸多方面的改革。其中教育方面的改革有三方面。

废除八股,改试策论。1898年6月,光绪下令废除八股考试,"著自下科为始,乡会试及生童岁科各试,向用《四书》文者,一律改试策论"(《德宗景皇帝实录》第419卷)。它是"百日维新"中的一项重要改革,受到当时舆论界的称赞。之后光绪又下旨:"乡会试既改试策论,经济岁举,亦不外此,自应并为一科考试,以免纷歧。至生童岁科试,著各省学政,奉到此次谕旨,即行一律改为策论,毋庸候至下届更改。"(《德宗景皇帝实录》第419卷)7月19日,光绪还批准礼部《遵议乡会试详细章程疏》,下诏"着照所拟,乡会试仍定为三场:第一场试中国史事国朝政治论五道,第二场试时务策五道,专问五洲各国之政,专门文艺,第三场试四书义两篇,五经义一篇"(《德宗景皇帝实录》第421卷)。他下令"嗣后一切考试,均以讲求实学实政为主,不得凭楷法之优劣为高下,以励硕学而黜浮华"(《德宗景皇帝实录》第421卷),同时设"经济六科",以选拔经世致用人才。

兴办京师大学堂。在维新变法之前,曾有多次议奏兴办京师大学堂,但皆因顽固派的阻挠而未能设立。1898年6月11日,光绪在《定国是诏》中指出:"京师大学堂为各行省之倡,尤应首先举办。着军机大臣、总理各国事务王大臣会同妥速议奏。"6月26日，又下诏令"毋再迟延"，后由梁启超代为起草《筹议京师大学堂章程》。同年7月8日，光绪批准设立京师大学堂，委派吏部尚书孙家鼐为管学大臣，并将官书局和译书局并入京师大学堂。在"百日维新"期间，京师大学堂仅做了一些筹备工作，未正式开学。慈禧发动政变后，尽废"百日维新"所颁布的规制，惟独铁路矿务总局及京师大学堂未废。

改书院，兴办高、中、小学堂。"百日维新"期间，光绪采纳康有为的奏议，下诏令各督抚将"所属书院处所经费数目，限两个月详覆具奏，即将各省府厅州县现有之大小书院，一律改为兼习中学西学之学堂。至于学校等级自应以省会之大书院为高等学，郡城之书院为中等学，州县之书院为小学，皆颁发京师大学堂章程，令其仿照办理，其地方自行捐办之义学社学等，亦令一律中西兼习，以广造就"(《德宗景皇帝实录》第420卷)。"所有中学、小学应读之书，仍遵前谕，由官设局编译中外西书颁发遵行。至于民间祠庙，其有不在祀典者，即由地方官晓谕民间，一律改为学堂。"(《德宗景皇帝实录》第420卷)还筹备设立铁路、矿务、农务、茶务等专门学堂和实业学堂；设立译书局，翻译出版外国书籍，鼓励各种新著作和创造发明，派人出国游学。

"百日维新"中的教育改革和措施反映维新派在中国发展资本主义教育的理想和愿望。随着维新变法运动的失败，"百日维新"中的许多教育改革措施被废除。但维新派的教育主张在当时社会产生广泛影响，并直接影响清末的学制改革。

参考文献

顾明远.教育大辞典[M].上海：上海教育出版社，1990—1992.

孙培青.中国教育史[M].上海：华东师范大学出版社，2000.

田正平.中国教育史研究·近代分卷[M].上海：华东师范大学出版社，2001.

王炳照，等.中国教育思想通史[M].长沙：湖南教育出版社，1994.

（郭　怡）

未成年人立法(legislation for minors)

国家立法机构针对未成年人的保护、预防犯罪等专门制定、修改、废止法律的活动。其中的法律，狭义指未成年人刑法和未成年人刑事诉讼法，广义不仅指处理未成年人违法犯罪的刑事法典、未成年人教养法，还包括未成年人保护法、福利法、义务教育法等与未成年人有关的各类法律与法律条文。未成年人立法注重从全社会的角度为未成年人建立健康成长的环境，以民事、行政、经济、刑事、司法等方式，保护未成年人的权利。

外国未成年人立法　18世纪以前是未成年人立法的萌芽阶段。古罗马在约公元前450年制定《十二铜表法》，第一次将犯同一罪行的成年人与未成年人区别处理。公元534年颁布施行的《查士丁尼法典》确立儿童不可能预谋犯罪的原则，认为不存在天生的"坏儿童"，任何"坏儿童"都是可以挽救的，对儿童应加以管教。该原则后来发展成为未成年人法的基本思想之一。罗马法确立的"家父权"影响后来的未成年人立法，如家庭法或亲属法中的婚姻制度、监护制度、收养制度、继承制度等涉及未成年人的法律。13世纪后，英国的监护法部分继承由罗马法发展而来的"国王亲权"的学说，这一学说与15世纪前后逐步形成的衡平法中"国家是未成年人的最高监护人"的法学理论，成为西方国家少年司法制度的指导思想。

18世纪至19世纪中期是人道主义立法阶段。国际上许多学者认为，未成年人立法的产生与人道主义立法思想的出现有极为密切的关系。人道主义的立法思想在德国1532年的刑法中就有所体现，基于人道主义思想，该法对于少年案件作了特殊规定。1810年的《法国刑法典》、1871年的《德意志帝国刑法典》以及其他一些国家的法律都对未成年人的刑事责任年龄作了规定，目的是使身心发育尚不成熟的未成年人不负刑事责任。这一规定的基础是人道主义的立法思想。但当时这种人道主义思想是一种自发意识，并未对未成年人问题进行深入和全面的研究。因此，人道主义的立法思想并未将未成年人从严刑峻法中解救出来。自刑事古典学派兴起，"报应刑论"盛行，刑罚更为严厉，这种现象在美国和英国尤为突出。

19世纪中期至20世纪初是理论准备阶段。19世纪中后期，西方资本主义国家经济高速发展，工业化、都市化发展的不平衡导致社会失控，青少年犯罪激增。传统青少年犯罪的预防和控制对策已不适应形势发展的需要，青少年犯罪成为西方国家的严重社会问题。各国政府开始进行一些新尝试。如美国马萨诸塞州法律规定可以对儿童适用缓刑制度，同时为少年犯提供适当的监管；1870年，波士顿的一项法律规定，对少年案件必须单独审理；德国一些地区也考虑创建少年案件的专门处理机构，汉堡等地最初考虑以少年福利委员会的形式来处理少年案件，委员会由法学家和非法学领域的其他相关学科的专家组成，并规定处理少年案件的程序是非正式的，以区别于普通刑事法院的刑事诉讼程序。刑事人类学派和刑事社会学派兴起后，刑法理论从刑事古典学派提倡的"报应刑论"发展为"社会防卫主义"，主张不按罪行轻重，而按犯罪人的类型和犯罪趋势进行审判，强调刑罚的作用不在于对犯罪人的报应，而在于预防犯罪。同时，实证犯罪学派兴起，许多学者从社会学、心理学、生理学、教育学等各方面研究未成年人问题，在这些研究成果的基础上不断提出预防和治理犯罪的新方法。许多法学家和学者认为，鉴于未成年人的特殊性，应有专门的法律和法庭来处理未成年人犯罪问题。理论研究的发展客观上促进了未成年人立法的产生。这一时期召开的国际刑法和监狱会议也大多涉及未成年人犯罪问题，为未成年人法的制定和少年司法制度的建立奠定思想基础。1847年的布鲁塞尔会议首次正式提出对少年犯应特设监狱，对他们的处理要做到教养保护，实行附条件赦免制，并在其刑期届满后令其就业等。1859年的巴黎会议、1878年的斯德哥尔摩会议、1885年的罗马会议、1900年的布鲁塞尔会议，都将少年司法问题列为专门议题进行讨论，并对有关少年犯罪问题通过相应的决议。如1859年的巴黎会议通过决议，把刑事责任年龄提高到18岁，对不承担管教责任的父母剥夺亲权；1878年的斯德哥尔摩会议通过决议，凡宣告不判处刑罚及有不良行为的少年，皆应由公立或私立设施监督至18岁。此时，由美国主张司法改革者杰克索尼首先提出的"拯救儿童运动"蓬勃发展，在舆论上推动了未成年人立法工作的发展。改革者主张改善未成年人的环境，如家庭环境、学校环境、社区环境，要求社会各方面都提供有利条件，建立各种专门机构以促进少年、儿童身心正常发展，对违法犯罪的少年进行照管。该运动波及欧洲、亚洲，对未成年人立法的发展起积极促进作用。在此背景下，1899年，美国伊利诺伊州第四十一届州议会通过世界上第一部关于未成年人保护的法律《少年法庭法》，同年7月1日创建少年法庭。

20世纪初开始至今是专门立法阶段。为加强对未成年人的保护，各国纷纷制定专门的未成年人保护方面的法律，并以此为根据建立各种保护组织，推行各类保护措施，以保障法律的实施。英国于1908年效仿美国，制定《儿童法》，并建立少年法庭。英国的行动直接影响欧洲其他国家。1908年，德国柏林建立第一个少年法院，1923年制定《少年法院法》；1912年法国建立青少年法院，并颁布《青少年保护观察法》(1954年改为《少年犯罪法》)；1912年比利时制定《儿童保护法》(实际上是少年犯罪及其审判的规则)；1934年意大利制定《少年法》；其他各国如丹麦(1907)、荷兰(1921)、瑞典(1924)、西班牙(1927)也都制定少年法。瑞士1901年就在日内瓦采取少年法院制度，1939年公布的新刑法对少年犯罪作了具体规定。20世纪50年代后，未成年人保护的国际性法律文件陆续制定，保护未成年人成为当今世界的普遍趋势。1950年，在海牙召开的第12次国际监狱会议认为，对于少年人犯罪应逐渐舍弃刑罚，改为矫正方法。1985年，在意大利米兰召开的第七届联合国预防犯罪和罪犯待遇大会通过《联合国少年司法最低限度标准规则》(后由联合国大会通过，命名为《北京规则》)，要求会员国努力促进少年福利，并明确指出，"把少年投入监狱机关始终应是迫不得已的处理方法，其期限是尽可能短的时间"。1989年，联合国大会通过《儿童权利公约》，重申儿童权利需要特殊保护。

1990年，在古巴哈瓦那举行的第八届联合国预防犯罪和罪犯待遇大会通过《联合国保护被剥夺自由少年规则》，强调少年司法系统应维护少年的权利和安全，增加少年的身心福利，监狱办法只应作为最后手段加以采用。这次会议还通过了《联合国预防少年犯罪准则》(亦称《利雅得准则》)。这些国际性法律文件在保护未成年人利益、推进各国未成年人立法和少年司法制度的建立方面，产生积极作用。

中国未成年人立法　未成年人法是中国法律体系的重要组成部分。在土地革命战争时期，有关未成年人生存、劳动和学习权利的规定就已出现在中华苏维埃共和国制定的规范性文件中。抗战时期和解放战争时期的法律文件中，亦有保护未成年人健康成长、禁止虐待未成年人的规定，如《陕甘宁边区劳动保护条例(草案)》、《晋察冀边区婚姻条例》等。中华人民共和国成立后，有关未成年人保护的大量法律条款散见于各类相关法规中。1980年，中国开始着手讨论和研究专门性的未成年人立法工作，从1987年《上海市青少年保护条例》这一地方性法规颁布至1991年，有17个省、直辖市、自治区分别制定各自的地方性未成年人法规，为制定全国性未成年人保护法奠定基础。

1989年3月，共青团中央和国家教育委员会向中央有关部委和各地有关部门征求意见，据此形成《中华人民共和国未成年人保护法》的送审讨论稿。1989年9月，全国人大内务司法委员会在上海召开青少年立法问题研讨会，对该法的制定提出意见，共青团中央和国家教育委员会在这次会议的基础上再次修改法律草案，报送国务院法制局，经国务院法制局认真研究和有关部门及学者的多次讨论与修改，于1991年6月由国务院第八十四次常务会议原则通过，经1991年6月举行的全国人大常委会第二十次会议审议和修改，在1991年9月第七届全国人民代表大会常务委员会第二十一次会议上获得通过，1992年1月1日起施行。《中华人民共和国未成年人保护法》是中华人民共和国成立以后颁布的第一部以保护未满18周岁公民的合法权益及健康成长为内容的专门性法律，共七章五十六条，附有刑法有关条文六条。第一章为总则，共七条，主要规定立法宗旨和立法依据、指导思想、未成年人保护工作应遵从的原则、保护的对象和内容以及实施保护的主体等。分则部分包括第二章至第六章，共四十七条。第二章至第五章主要规定家庭、学校、社会、司法机关作为未成年人保护机构的职责、保护方式和内容以及应尽的义务；第六章是法律责任，规定相关主体未尽保护义务和侵犯未成年人权益时应承担的法律责任。第七章为附则，共两条，包括授权有关部门依该法制定有关条例以及该法施行的日期。该法以未成年人成长的环境为线索，建立起家庭、学校、社会、司法行政部门、教育行政部门等多位一体的保护未成年人健康成长的立体网络，具有立法指导思想的全面性、保护对象的广泛性、保护措施的综合性等特征。其颁布和实施使中国长期以来对未成年人保护的措施上升为法律,标志中国教育、培养、保护未成年人的工作纳入法制轨道。2006 年 12 月,第十届全国人民代表大会常务委员会第二十五次会议对该法进行修订,新法自 2007 年 6 月 1 日起施行。新法共七章七十二条,分别为第一章"总则"、第二章"家庭保护"、第三章"学校保护"、第四章"社会保护"、第五章"司法保护"、第六章"法律责任"、第七章"附则"。修订后的《中华人民共和国未成年人保护法》突出未成年人享有的合法权利,具体化家庭、学校、社会对未成年人的保护义务,强化国家机关及其工作人员、未成年人父母或其他监护人在未成年人保护中的法律责任,增加学校、幼儿园、托儿所以及其他社会主体侵害未成年人合法权益的法律责任。这些修改反映中国未成年人保护立法理念和保护实践的巨大进步。

1999 年 6 月,第九届全国人民代表大会常务委员会第十次会议审议通过《中华人民共和国预防未成年人犯罪法》。该法是以预防未成年人犯罪、建设未成年人健康成长环境为内容的第二部未成年人的专门性法律,共八章五十七条。第一章为总则,共五条,主要规定立法宗旨和指导思想、未成年人犯罪治理的方针、各级政府在预防未成年人犯罪方面的职责等内容。分则部分包括第二章至第六章,共五十一条,主要规定预防未成年人犯罪的教育、对未成年人不良行为的预防、对未成年人严重不良行为的矫治、未成年人对犯罪的自我防范、对未成年人重新犯罪的预防等内容。第七章是法律责任,规定相关主体未尽义务和未履行职责时应当承担的法律责任。第八章为附则,规定该法施行的日期。该法具有指导思想的科学性、预防对象的特定性、预防主体的广泛性、预防内容的具体性、预防措施的多样性、预防责任的明确性等特征。其颁布和实施促进了未成年人的身心健康,有利于创造和维护未成年人健康成长的社会环境,预防和减少犯罪,也使中国开展预防未成年人犯罪工作有了法律依据和保障,促进中国少年司法制度的完善。2012 年 10 月 26 日第十一届全国人民代表大会常务委员会第二十九次会议通过修改《中华人民共和国预防未成年人犯罪法》,于 2013 年 1 月 1 日起施行。

《中华人民共和国未成年人保护法》和《中华人民共和国预防未成年人犯罪法》是在未成年人法尚未体系化的过程中形成的两部专门性法律,其共同目标是保护未成年人合法权益,预防未成年人犯罪,保障其健康成长。前者立足于教育和保护,建立家庭、学校、社会、司法四位一体的保护未成年人健康成长的网络;后者立足于教育和预防,建立家庭、学校、社会、司法四位一体的未成年人犯罪的防范网络。这两部法律为未成年人保护提供良好的法制环境。

参考文献

康树华,向泽远.青少年法学新论[M].北京:高等教育出版社,1996.

周振想.青少年法规解读[M].北京:中国青年出版社,2001.

(余雅风)

魏晋南北朝的九品中正制度

由三国时期魏王曹操动议,曹丕称帝后确立并实施的一项人才选拔制度。黄初元年(220 年),曹丕采取尚书陈群修订的"九品中正"的选士方法,在州、郡、县各设中正官,考查所属地区人才的高下,并分成九等以备录用。这是三国时期魏政权关于选士的一项重要制度,也是由汉代察举、征辟到唐代科举制的过渡形态,它自建立之日起经历了魏晋南北朝三百多年的历史。

九品中正制度的创立　　三国时期,曹操割据北方,求才若渴,他本着"唯才是举"的人才思想,三次颁发求贤令,广招天下治国用兵之才。曹操明确指出:"未闻无能之人,不斗之士,并受禄赏,而可以立功兴国者也,故明君不官无功之臣,不赏不战之士。治平尚德行,有事赏功能。"(《汉魏六朝百三家集·魏武帝集·重功德令》)建安十五年(210 年),曹操发布求贤令:"今天下尚未定,此特求贤之急时也。……若必廉士而后可用,则齐桓其何以霸世?今天下得无有被褐怀玉而钓于渭滨者乎?又得无盗嫂受金而未遇无知者乎?二三子其佐我明扬仄陋,唯才是举,吾得而用之。"(《三国志·魏书·武帝纪》)建安十九年(214 年),曹操又下令录贤,并阐明其人才主张:"夫有行之士未必能进取,进取之士未必能有行也。陈平岂笃行,苏秦岂守信邪?而陈平定汉业,苏秦济弱燕,由此言之,士有偏短,庸可废乎!有司明思此义,则士无遗滞,官无废业矣。"(《三国志·魏书·武帝纪》)三年后,曹操再颁求贤令,直抒其"唯才是举"的思想:"昔伊挚、傅说出于贱人,管仲,桓公贼也,皆用之以兴。萧何、曹参,县吏也,韩信、陈平,负污辱之名,有见笑之耻,卒能成就王业,声著千载。吴起,贪将,杀妻自信,散金求官,母死不归,然在魏,秦人不敢东向,在楚则三晋不敢南谋。今天下得无有至德之人放在民间,及果勇不顾,临敌力战,若文俗之吏,高才异质,或堪为将守,负污辱之名,见笑之行,或不仁不孝而有治国用兵之术,其各举所知,勿有所遗。"(《汉魏六朝百三家集·魏武帝集·求逸才令》)当时东汉以来的察举制已逐渐被世家大族把持,他们朋党勾结,互相招举,不重德行才能,只重门第出身,无法选拔贤能之才。此外,东汉末年战乱频繁,民众流离失所,致使户籍混乱,难以稽查,也使汉代以来的乡举里选制度很难实施,九品中正制度应运而生。据《晋书·卫瓘传》载:"魏氏承颠覆之运,起丧乱之后,人士流移,考详无地,故立九品之制,粗具一时选用之本耳。"《宋书·恩幸传序》载:"汉末丧乱,魏武始基,军中仓卒，权立九品，盖以论人才优劣，非为世族高卑。因此相沿，遂以成法，自魏至晋，莫之能改。州都郡正，以才品人。"《通典·选举二》载："按，九品之制，初因后汉建安中，天下兵兴，衣冠士族，多离本土，欲征源流，遽难委悉。魏氏革命，州郡县俱置大小中正，各取本处人任诸府公卿及台省郎吏。有德充才盛者为之，区别所管人物，定为九等。"

九品中正制度的内容及实施　曹丕登基后，九品中正制度真正确立和日渐完备。《通典·选举二》载："延康元年，吏部尚书陈群以天朝选用不尽人才，乃立九品官人之法，州郡皆置中正以定其选。择州郡之贤有识鉴者为之，区别人物，第其高下。"至此，九品中正制度正式设立，亦称"九品官人法"，此后几百年间一直是主要的选士渠道。

中正官是九品中正制度的执行者，是核心人物，因此对中正官的任职要求甚高，一方面聘"德充才盛"、"贤有识鉴"者担任，以保证其广泛的信誉，真正体现"中正"，另一方面又增加对中正官籍贯及资格方面的限制，认为本地官员对本地人士情况熟识，品评更具可信度，所以一般郡、县中正皆由举地"著姓士族"来充任，州中正则以本地大士族在朝的现任大臣兼任。其品第一般是二品，由于当时朝廷的一品官总是空缺，故二品已是极品之官，具有相当的权威性。中正官多见于郡、州两级，县中正亦偶见。据《通典·选举二》载："北齐选举多沿后魏之制，凡州、县，皆置中正。"最初中正官只有定品级之责，无定官职之权。他们将定品级的材料逐级上送，小中正送大中正，大中正核实后将定案材料写在黄纸上送司徒，司徒核实后呈吏部，然后根据等级授官，这样就形成了一套完整、独立的人事网络，且候选人都备有系统的材料，有学者认为这是中国人事档案制度的开端。《廿二史札记·晋书·九品中正》中对此有描述："魏文帝初定九品中正之法，郡邑设小中正，州设大中正。由小中正口品第人才以上大中正，大中正核实以上司徒，司徒再核，然后付尚书选用。"在实际操作中，魏晋时期在州、郡中正的设置上是有差异的，魏国只设郡中正，由各郡长官负责推荐，晋代增设州大中正，州郡大、小中正都由朝廷吏部司徒选授，其中郡小中正可由州大中正推荐，但仍须经司徒任命。中正官的主要职责是亲自或派属员察访当地士人的情况，包括了解其家世、调查牒谱、父祖经历、爵位、官宦地位以及本人才德、言行等各方面情况，并作出"行状详语"，以作为品评士人的资料。评语一般都极概括、简练，如王济对孙楚的评语是"天材英博，亮拔不群"，王嘉对吉茂的评语是"德优能少"。品第人才在曹魏初期尚仅论人才优劣，不论世族高卑，至两晋以后则"唯能知其阀阅，非复辩其贤愚"（《稗编·魏九品官人之法》）。

为实施九品中正制，采取了一系列措施。一是受班固在《汉书》古今人物表中以九等分优劣，分别定为上上、上中、上下、中上、中中、中下、下上、下中、下下来评价历史人物的启发，吏部尚书陈群稍作变通，以一、二、三、四、五、六、七、八、九为序列，作为吏部委任官职的主要依据。魏明帝时，又命《人物志》作者刘劭制定"都官考课法"七十二条，详细规定官吏考绩及选官任人的考核标准。据《通典·选举三》载："魏明帝时以士人毁称是非，混杂难辨，遂令散骑常侍刘劭作都官考课之法七十二条，考核百官。"但由于规定的标准过于繁琐，不仅曹魏时不能实行，而且历代不能通用。《晋书·武帝纪》也记载，三国魏咸熙二年（265年），晋武帝颁品第人物标准，令各地中正"以六条举淹滞，一曰忠恪匪躬，二曰孝敬尽礼，三曰友于兄弟，四曰洁身劳谦，五曰信义可复，六曰学以为己"。九品中正制度一直有具体标准，但由于借鉴察举制居多，不便操作。而中正官所定品级也并非终身不变，一般三年调整一次，谓之"清定"。其间，中正官有权对所评定的人物按其言行举止给予升降，"或以五升四，以六升五"，"或自五退六，自六退七"，有时变更很大。如韩预"居妻丧不顾礼义，三旬内成婚"（《西晋文纪·上官司徒府论杨俊》），被视为伤风败俗，有辱冠带，于是从二品降为四品，这种变化须修改原来写在纸上的定案材料，故被称为"清正黄纸"。对于中正所定的品级，吏部在核实过程中也可予以变更。《晋书·隐逸传》载，燕国大中正刘沈举霍原为二品，但司徒不过，中书监将其定为六品。事后刘沈又上书，列举霍原隐居求志、行远名利的事实。于是司徒们再行讨论，遂又定霍原为上品。

从九品中正制度的实施情况看，它比汉代的察举制先进。选士工作不再由地方行政官员兼任，而是有了专职的中正官，这使选士工作步入制度化轨道，有利于增强品评工作的集中性和专业性。同时，九品中正制度试图扭转东汉以来"位成于私门，名定于横卷"的失控局面，努力增强朝廷对选举大权的控制，这顺应了中国古代社会发展的历史趋势，它作为从选举制度走向科举制的过渡形态，具有一定的进步意义。

九品中正制度的演变和流弊　九品中正制度在实施初期曾收到一定效果，既达到"唯才是举"、任人唯才的目的，也改变了东汉以来世族操纵选士的局面。但时隔不久，随着司马氏的掌权，又弊端日生，至两晋之际发展成只讲门第、不论贤愚的拙政。其原因有二。一是九品中正制度本身存在弊端。中正制度赋予中正官举足轻重的权力，且不受行政干预，易造成中正一人大权独揽、任意高下的弊病。据《通典·选举二》载："是以吏部不能审定，核天下人才士庶，故委中正，铨第等级，凭之授受。"段灼在上书中也说道："今台阁选举，涂塞耳目，九品访人，唯问中正，故据上品者，非公侯之子孙，则当途之昆弟也。二者苟然，则筚门蓬户之俊，安得不有陆沉者哉！"（《晋书·段灼传》）而刘毅的上书更激烈，并切中要害，认为这种制度在选士任官上有"三难"，对于封建政治有"八损"。"今立中正，定九品，高下任意,荣辱在手。操人主之威福,夺天朝之权势。爱憎决于心,情伪由于己"(《晋书·刘毅传》),认为"今之中正,不精才实,务依党利;不均称尺,务随爱憎。所欲举者,获虚以成誉,所欲下者,吹毛以求疵"(《晋书·刘毅传》)。中正"虽职名中正,实为奸府;事名九品,而有八损"(《晋书·刘毅传》),最终造成"上品无寒门,下品无势族"(《晋书·刘毅传》)的结局。二是士族势力的极度膨胀。两晋时期,中正官为朝廷士族的要员垄断,品评等第唯重家世,不讲才德,上品唯有士族,而寒门只能世居下品。上品指地主阶级的上层,寒门指地主阶级的下层,出身微贱的知识分子更无机会,已完全成为士族巩固势力、操纵政权的工具。士阶层本身不学无术,仅凭族谱就能把持仕途。

南北朝基本沿用九品中正制度,也完全承袭士族子弟仅凭显贵门第就可"平流取进,坐至公卿"的做法,甚至中正官也成为摆设。士族们重视"官有世胄,谱有世官"的地位,谱学因此开始大兴。梁武帝曾亲命王僧儒改定《百家谱》,成《十八州谱》,总共十八册七百一十卷,另又作《百家谱集抄》十五卷,《东南谱集抄》十卷。谱学之兴,目的是严格士庶之分,保护士族的既得利益。北魏孝文帝在实施九品中正制度时曾强调:"自近代以来,高卑出身,恒有常分,朕意一以为可。"(《魏书·韩麒麟传》)实际上,当时不仅选士看门第,连育士的学校也看门第,国子学是这一时期所创立的一种重要的学校形式,它即为区别太学生入学的不同门第而设。到南北朝时,豪门养尊处优,崇尚玄学清谈,以任朝廷"清贵"官职为荣,认为去做地方官是"有损家代",降低身份。《颜氏家训·涉务》批评当时的门阀士族"居承平之世,不知有丧乱之祸;处庙堂之下,不知有战阵之急;保俸禄之资,不知有耕稼之苦;肆吏民之上,不知有劳役之勤,故难可以应世经务"。其结果是,军权机要部门逐渐旁落寒人之手,士族地位虽高,但掌握实权者渐少,并在以后各种尖锐的社会矛盾冲突中,势力逐渐衰落。至西魏宇文泰锐意改革,提出"惩魏齐之失,罢门资之制"(《通典·选举二》),并实施选士"当不限资荫,唯在得人"(《周书·苏绰传》)的教育改革后,士族最终失去立足的根基,九品中正制度也随之结束。

魏晋南北朝的九品中正制度本着"唯才是举"的初衷,试图创立一种全新的选士方式,以达到广招天下贤才的目的。但在古代中国门阀势力鼎盛的时代,它却成为士族扩张势力、巩固政治集团利益的工具,最终随着士族阶层的衰落而消亡。

参考文献

胡舒云.九品官人法考论[M].北京:社会科学文献出版社,2003.

王炳照,等.简明中国教育史[M].北京:北京师范大学出版社,1994.

王炳照,阎国华.中国教育思想通史[M].长沙:湖南教育出版社,1994.

（邓　彤）

魏晋南北朝的玄学及儒佛道教育思想

魏晋南北朝(220—589)时期,国家分裂,战争频仍,朝代更迭频繁,阶级矛盾、民族矛盾异常尖锐,但在文化教育上却是各种思潮兴盛,玄、儒、佛、道各持己说,一改两汉独尊儒术的状况,史学上将这一时期称为中国第二次百家争鸣、百花齐放的时代。

魏晋南北朝时期的玄学　玄学是魏晋南北朝时期以崇尚虚无为标志的哲学思潮。它由研究《老子》、《庄子》和《周易》三部"三玄"之书而得名。三国魏正始年间(240—249),何晏、王弼接汉代黄老之余绪,建立以虚无、无为为本的贵无派理论体系。何晏认为,"无"乃宇宙万物的本原,提出"天地万物皆以无为为本"、"有之为有,恃无以生。事而为事,由无以成"(《道论》)的贵无论命题。王弼则全面、系统地论说了本体论哲学及玄学的方法论、认识论等问题。他从本末、动静、体用等方面深入论证,继承和发扬了老子学说。在有与无的关系上,他主张"无"为本,"有"为末;在名教与自然的关系上,主张"自然"为本,"名教"为末。他认为"老子之书,其几乎可一言而蔽之。噫,崇本息末而已矣"(《老子指略》)。郭象直接继承王弼的唯心主义本体论,把"无"推向极端,认为"无"即空无的"零",并提出"独化于玄冥之境"的思想,说"无即无矣,则不能生有",他不同意王弼提出的无能生有,在万物之上还有个"无"的本体的观点。在这一点上,裴頠著《崇有论》,与"贵无"理论体系相对立,指出"夫至无者,无以能生,故始生者自生也",否认"无"能生出万物。欧阳建著《言尽意论》,反对王弼等把言、意、物割裂开来。

魏晋时期玄学之所以极具影响力,主要原因有以下几点:一是哲学思想自身发展的提升。玄学糅合道、儒思想,形成新的唯心主义体系。虽然它探讨的依然是天人关系问题,但却在形式上摆脱了两汉经学的繁琐笺注,在内容上抛弃两汉神学对"天人相与之际"的粗陋目的的论证,并通过吸取佛家思辨的哲学形式,提出了有无、体用、本末以及自然、名教等范畴,从而向人们展示一个认识宇宙本体论的新视角。玄学的产生标志中国古代唯心主义哲学的发展进入一个新的阶段。二是魏晋南北朝适逢动乱之世,不同政治利益集团之间互相残杀,当权人士得失骤变,生死无常,使当权的豪门士族阶层悲观失望,消极颓废,他们开始逃避现实,竟日谈玄,放浪形骸,纵情享乐。庶族地主阶级由于对政局不满,也竟日纵酒谈玄,行为放荡不羁,并公开发表攻击名教礼法的言论。在这种情况下,玄学清谈逐步成为当时社会的一种风潮,严重影响了当时的士风。

魏晋南北朝时期的佛学、道学与儒学　在玄风益炽的形势下,佛、道两教获得广泛传播和长足发展。佛教自西汉末东汉初传入中国以来,历经曹魏、西晋时期的初步发展,到东晋南北朝时期逐步兴盛。佛教是外来宗教,传入中国后与中国固有的儒学、玄学相结合,逐渐本土化,其影响逐步超过儒学与玄学,并对魏晋南北朝时期的学术思想和文化教育产生重要影响。佛教宣扬"出世"理论和"轮回"说。"出世"理论是运用思辨方法,在精神与物质、思维与存在的根本问题上,彻底论证具体物质世界的虚幻性和不真实性,认为只有抽象的精神世界才是唯一真实的存在,从而极力鼓励人们"出世",以摆脱现实世界,求得精神解脱,达到最高真实的精神世界。"轮回"说主要从"神不灭"论中提炼出来,它肯定人有一种不灭的"灵魂",有"因果报应"和"三世轮回",强调人们自己的行为决定自己的命运,即自己的善恶行为造成自己今世、后世富贵或贫贱的不同结果。由于佛教学说比儒家的"天命"观更具内在逻辑性,也比玄学家清谈的"贵无"以及以"无"为本、以物质世界为"末"的观点更精致、更彻底,适应了乱世人们空虚心灵的需要,因而一时风行于魏晋南北朝时期。

道教是中国土生土长的宗教。初始流行于东汉民间,信奉"太平道"或"五斗米道",反映农民的朴素平均思想,其经典为《太平经》。后经葛洪、寇谦之、陆修静、陶弘景等人的努力,逐渐将其改造成迎合统治阶级需要的官方道教。道教和玄学既有共通之处,也有区别。道教认为,道可以"通生",修道不仅能达到死后升天的人生终极目的,更能获得"守道全生,为善保真"、"长生不死"的现世幸福。这种神人相通的理论,不仅迎合了儒家"天人感应"、"天人合一"的观念,也与豪强门阀士族养生长生、永享幸福的追求相吻合,故东晋以后道教更加盛行。

儒学是中国封建社会一以贯之的主导思想。魏晋南北朝时期虽然玄学风行,佛、道日昌,但由于儒家经学能维护封建等级秩序,故其在政治上的正统地位始终不曾动摇。首先,儒学是魏晋时期历代统治王朝文教政策的理论依据。在曹魏建国前,曹操曾感叹:"丧乱以来,十有五年,后生者不见仁义礼让之风,吾甚伤之。"(《郝氏续后汉书·曹操上》)曹丕即帝位后,魏国开始大兴儒家经学,并规定根据读经多少来决定太学生将来做官的大小。至东晋时,几任皇帝也都广征名儒,崇儒兴学。南朝梁武帝虽好佛学,但为维护统治者的利益,在立学诏中说:"建国君民,立教为首,砥身砺行,由乎经术。"(《梁书·儒林传序》)北朝历代统治者把儒家经学当作推行汉化、巩固自己统治地位的有力工具。《北史·儒林传序》说:"魏道武初定中原,虽日不暇给,始建都邑,便以经术为先。"北周武帝时曾召集群臣、和尚及道士,辩论"三教"先后,确认儒为先,道次之,佛为后,从而确立儒学在教育领域的尊崇指导地位。其次,魏晋南北朝时期,儒家经学始终是学校教育的主要内容。南朝齐武帝时,王俭以宰相兼国子祭酒,好儒术,专攻《春秋》,还经常视察国子学。梁武帝时设五经馆,以名儒严植之兼五经博士,收徒授学。北朝为推行汉化的需要,更是在学校中大力推行儒家经学教育。如前秦的苻坚,亲自到学校考试学生经义及问难五经博士;后秦的姚兴,前燕、后燕、南燕的慕容氏等,都是学校儒学教育的倡导者。

魏晋南北朝时期玄、儒、佛、道教育思想的论争　魏晋时期是文化大冲撞、大融合、大发展的时代,在教育领域里,也出现一系列论争,主要集中在几个方面。一是才性之争。魏晋时期,社会动荡,政治混乱,各统治集团都急于培养自己的统治人才,但在培养什么样的人才最符合集团利益这一问题上,各集团意见不一,并围绕才性问题展开争鸣。"才"指才能,"性"指德性,才性问题即才德问题。"(钟)会论才性同异,传于世。四本者,言才性同、才性异、才性合、才性离也。尚书傅嘏论同,中书令李丰论异,侍郎钟会论合,屯骑校尉王广论离。文多不载。"(《世说新语·文学》刘孝标注)各人各抒己见,没有定论。但通过辩论,基本趋向于尚"离",即才性分离的观点。他们认为,教育固然能培养出一批才性结合即才德兼备之人,但这些人毕竟是少数,实际中有人更长于道德修养,有人更偏向才能发展,所谓"士或明哲穷理,或志行纯笃,二者不可兼","苟有才智,而行不善,则可取乎"(《中论·智行》),强调才性"二者不可兼"。才性之争的结果与儒家"内圣外王"、"德才兼备"的人才观不大吻合,更偏向于三国以来曹操"唯才是举"与"任人唯贤"的主张。二是自然与名教之争。"自然"与"名教"之争是玄、儒在教育领域中激烈斗争的反映,其实质是辩论教育的存在与消亡问题。由于玄学的"贵无"思想流行,以致在教育领域造成尚自然、轻名教的风气。"名教"即儒家封建主义的纲常名教,包括政治、伦理、教育等一系列内容。对教育而言,即指以《诗》、《书》、《礼》、《易》、《春秋》为中心的仁、义、礼、智教育。玄学家们秉承老庄的"无为"思想,主张"无为而治"、"无为而教"。王弼主张"顺自然而行,不造不始","顺物之性,不别不折","因物自然,不设不施","辅万物之自然而不为始"。在教育上"尚自然",即顺应各人的个性发展,不必强施外在的教育,否定教育的作用。阮籍、嵇康等对名教进行尖锐的批判,抨击儒家纲常礼教。阮籍指责名教为"乱危死亡术",嵇康认为儒学是"以讲堂为丙舍,以讽诵为鬼语,以六经为芜秽,以仁义为臭腐,睹文籍则目瞧,修揖让则变伛,袭章服则转筋,谭礼典则齿龋"(《难自然好学论》),主张"越名教而任自然","崇简易之教,御无为之治"。持"独化"论的玄学家向秀、郭象在他们合著的《庄子注》一书中,以其独特、新奇的思辨形式倡言"独化",全盘否定教育,认为"上知造物无物,下知有物之自造",天地万物没有任何东西作为它们生成的根据,它们只是自己产生了自己,这便是

"独化";"万物必以自然为正。自然者,不为而自然者也","外不资于道,内不由于己,掘然自得而独化也"。"独化"论对世界认知持不可知、无须知的态度,称之为"芒",即"皆不知其所以然而然,故曰芒也"。认为天地万物彼此孤立,自生自灭,知与不知没有任何关联。甚至认为,"知出于不知",故应"以不知为宗",因此不用求知,并告诫人们最好"捐聪明,弃知虑",与道家"弃智绝学"一致。面对多方抨击,儒学从维护"名教",巩固其在教育领域正统地位的立场出发,针对"贵无"、崇尚自然、反对名教,以及教育消亡论的思想,进行了反击。如裴頠著《崇有论》,论证世界的根本是"有"而不是"无",认为"无"不能生"有",万物的本来面目就是"有"。他批评时弊,指出教育消亡论会带来严重的社会后果,"时俗放荡,不尊儒术"、"遂相放效,风教陵迟"。由于封建统治者认识到"名教"的政治功用,以及教育属于永恒的范畴,只要人类存在,教育就会发展,因此这场自然与名教之争最终以"贵无"论失败,"崇有"论胜利而告终。

玄、佛、道、儒在教育领域有很大分歧,但通过反复论争,也产生更广泛的交流与融合。如玄学宣传"以无为本",但把天地、万物、人生看作"有",佛教也宣传"以无为本",但却进一步把天地、万物、人生看成幻影,看成"空"。在内在逻辑上,佛学"空"的思想就比玄学"无"的思想更彻底,玄学家吸收佛学"空"的思想,丰富和充实了玄学思想。道教学者也援儒入道,吸收不少儒家教育思想,许多道教名家也都家学渊源,习儒出身。如道教教育思想家葛洪说:"欲求仙者,要当以忠孝和顺仁信为本,若德行不修而但务求玄道,无益也。"(《抱朴子·对俗》)这种"以忠孝和顺仁信为本"的教育主张吸纳了儒家名教的教育思想。佛学教育家慧远说:"道法之与名教,如来之与尧孔,发致虽殊,潜相影响;出处诚异,终期则同。"(《弘明集·沙门不敬王者论》)佛教教义宣扬"内乘天属之重而不违其孝,外缺奉主之恭而不失其敬",在其教义中渗入儒家孝亲、忠君的思想。另外,佛教、道教的一些修炼习经方法,如讲说、讲解;念诵精思,注疏笔记;弟子复讲、代讲;戒、定、慧的坐禅及顿悟等,从教育原则和方法角度看,具有科学因素,对当时的经学教育乃至后世宋明理学的教育教学都具有深刻影响。玄、道、佛、儒教育思想既相互斗争,又相互吸收,这是历史发展的必然,又是社会发展的需要,其成果是这一特殊历史时期多元文化的融合。

参考文献

孙培青.中国教育史[M].上海:华东师范大学出版社,2000.

王炳照,等.简明中国教育史[M].北京:北京师范大学出版社,1994.

王炳照,阎国华.中国教育思想通史[M].长沙:湖南教育出版社,1994.

（邓　彤）

文化教育学

文化教育学(kultur Pädagogik)　亦称"精神科学教育学"(Geisteswisseschaftliche Pädagogik)。现代西方教育思潮之一。以德国哲学家狄尔泰的生命哲学和精神科学为理论基础,强调从历史文化和生命阐释入手研究教育。20世纪20年代在德国诞生,后逐渐风靡欧美,并波及日本、菲律宾等亚洲国家。主要代表人物有斯普朗格和利特。

文化教育学的哲学基础　文化教育学与19世纪后半期至20世纪初期的各种人文哲学思潮密切相关,强调必须重视人的生命,将生命作为哲学和教育学研究的真正对象,认为只有以"生命的体验"、"生命的充实"为根据,用精神科学的方法论去研究充满活力的生命现象,才能形成洞察现代社会本质和真理的世界观。它广泛吸收文化哲学的观点,既注重知、情、意的统一活动,又注重历史、社会的实在发展,强调教育要以环绕个体的客观文化为材料,使个体的心灵经过客观文化体系的陶冶,更生动地发展。它还吸收李凯尔特的价值哲学思想,强调文化具有价值,价值是在文化中实现的,历史创造了文化财富,文化价值于文化财富之中实现。在方法论上,它受胡塞尔现象学的影响。现象学认为经验和事实不可靠,主张通过"直接的认识"去描述现象和观察本质。文化教育学融合先验法与经验法,把纯粹思辨与科学实证结合起来,既重视经验,又从经验事实出发而力求直观、普遍的本质。此外,文化教育学还受当时欧洲兴起的各种教育思潮的影响。

文化教育学的主要观点　人的研究是教育学研究的起点。教育学必须以心理学为基础,以心理学的成就或原则为依据。教育学所依赖的心理学应以文化关系为出发点,可称为构造心理学或精神科学心理学。它以"人"的研究为主要内容,可分为两部分:一是关于发展心理学的研究,斯普朗格称之为"年代心理学",从纵向研究人的心理发展过程;二是对成人心理的考察,从横向区分人的精神构造类型。人可划分为六个基本类型,不同类型的人追求不同的价值,如理论型追求"真",经济型追求"利",审美型追求"美",宗教型追求"圣",权力型追求"权",社会型追求"爱"。

教育是文化传递过程。教育的任务在于传递文化、体验文化价值,培养能创造文化价值的人。文化是人类在适应和改造环境过程中表现出的能力及其结果,包括人类在长期社会生活中创造的知识、道德、风俗习惯、信仰、法律等。个体只有汲取文化的营养,在与文化的联系中才可能生存;个体生活必须受文化的支配和制约,个体素质也必须依赖于文化环境才能发展。但文化并不全然决定个体的发展方向。个体发展还取决于其意识和体验价值的能力,否则文化不会对个体产生影响。个体还可通过创造活动来发展并创造文化。个体与文化是一种循环依存关系。从这个意义上说,教育是一个文化过程,包括"文化的创造"和"文化的传递"两个部分。前者是从主观个体到客观文化的转化,后者是从客观文化到主观个体的转化,但这类转化不都是教育过程。要使一般的文化过程变成教育过程,必须把文化过程置于一定教育观点之下。要使文化环境成为教育环境,必须要有教育者规范意识活动的参与。因此,教育是文化传递过程的特殊方面,其最终目的在于唤醒个人的意识,使其具有自动追求理想价值的意志,并有所创造,增加文化的新成分。教育的核心本质不是制约受教育者,而是解放受教育者,赋予受教育者真挚的爱。

文化财富具有特殊的陶冶价值。教育以环绕个体周围的客观文化为材料,使个体心灵获得适当陶冶。但客观文化只有与个体有规律的自我发展过程相结合,才会对个体成长起陶冶作用。陶冶是在教育过程中将现有文化还原为生成过程,与儿童的体验结合后产生的效应。儿童及青少年的心灵发展是一个由低级向高级运动的过程,且各个年龄段有不同特征,陶冶过程也相应地分为三个阶段。第一阶段是基础陶冶,主要通过家庭教育、初等教育和中等普通教育,养成以后陶冶所必需的基本精神和能力;第二阶段是职业陶冶,由中等和高等教育机构各系科的教育来承担,以特定的专业科目为主,以相关科目相辅,培养学生个性或某方面的职业倾向;第三阶段是一般陶冶,经过职业陶冶的青年应拓展自己的文化领域,把自己的事业置于广阔的社会文化背景中,深入理解自己职业的意义。文化价值包含于各领域的文化财富之中,教育就是认识那些包含于文化财富中的客观文化的价值,将其作为受教育者的人格内容并加以实现的活动。从不同的教育目的去考察文化财富,其中所含的价值,即对受教育者的影响是不一样的,教育者要对文化财富加以选择。按教育者对文化财富所持的态度,文化价值呈现一定的顺序,教育不能将文化财富原封不动地收容下来,而是要寻求其中的陶冶价值。有陶冶价值的文化财富可称为“陶冶财富”。陶冶财富能否发挥作用,既要看其自身的内容,也要看该内容是否适合陶冶要求,还要看教育者的陶冶能力和受教育者的陶冶可能性。特别要注意的是,受教育者是尚未成熟和正在成长的一代,用于陶冶的文化财富是否适合其心灵发展十分关键。利特就此提出“文化课程教学原则思想”。文化课程是一种新的陶冶原则,它不是新教材的教学,而是通过综合传授社会、政治、经济、历史、文学等知识来陶冶人的活动,目的在于传播文化和充实人的精神。文化课程要求教育者根据价值陶冶功能来选择和传授教材内容。

教育学的任务在于说明文化的本质,阐明其意义,确立其价值与规律。教育学的主要问题分为四大类,即教育思想、教育可能性、教育主体与教育机关,可分别由规范部门、精神论部门、心理学部门、社会学部门去研究。教育的确立是历史的,教育的本质是辩证的,教育的意义是多方面的,应从国家、政治、自由、生活秩序、行政等各个角度直观和辩证地考察分析,才能解释复杂的教育学问题,包括教育理论与教育实践两大方面。教育学的确立不应脱离文化哲学,要真正了解教育学,就必须从文化哲学的角度去把握,文化哲学和教育学是密不可分的两个学科。文化教育学强调要研究教育事实。教育事实由教育的主体和客体,即教育者和受教育者两方面构成,取决于两个条件:一是教育者和受教育者有相同的精神构造,这是相互了解和体验的基础;二是教育者和受教育者处在相同的文化环境中,保持同体不离的关系。如果把教育者和受教育者只看作孤立的自然实体,他们就会毫无联系地存在着,构不成教育事实。教育者和受教育者之间如果存在明显的对立,教育将是虚伪、空洞的;相反,双方目标一致,在同一文化活动中紧密联系,才是充实的、真正的教育。

关于教育学的体系与本质的论述。教育学是一个兼容并包的庞大体系:以真理为根据,把宗教预言、形而上学的思辨、科学的理论、社会计划、政治意愿等综合起来,其中任何一者都具有不能替代的性质。教育学表现为一种精神力量。一般来说,与教育学密切相关的精神力量有七种:就国家而言,教育与国家的关系表现为三种情形,即国家教育化、教育政治化、教育脱离政治化;就社会与经济而言,教育促进经济的发展和社会整体进步,反过来,社会经济为教育发展提供一定的物质基础,同时不断向教育提出新要求;就宗教而言,它具有刺激作用,有助于发展精神文化,与教育密不可分;就科学而言,科学以其强大的理性和具有普遍性的客观方法成为教育学的立场和方法,成为人们完成某目的强有力的手段;就艺术而言,教育通过艺术表征人类的创造精神,培养人的意志;就道德而言,道德教育培养“道德品格”、“具有德性的人格”和“道德的协同体”;就协同体而言,这是将教育理想转移到社会形式的一种媒介,从事多方面的工作,发挥精神的自动功能。只有将以上精神力量之间的关系加以限定,教育学才能赢得真正的“自治”。关于教育本质,主要有四种观点。“艺术论”把教育看作一种艺术,认为教育的思想和行为在本质上是反理性的,更多的是一种发自直觉的行为。在此前提下,教育学是一种“理解—描述的艺术科学”。该观点导致的结果是教师不能像艺术家对待材料那样对待学生。“技术论”认为教育是一种技术,教育学则是一门工艺学,两者是目的与手段的关系。但技术的对象是无生命、无感觉的死材料,自身没什么目的和意欲,这与教学中活生生的对象——学生截然不同。将教育学等同于工艺学是一种片面的观点。“内发论”认为,人的发展是其内在素质或天赋逐步展开的过程,教育者的作用是提供成长养料和精神食粮及促使其生长的外部环境等。该观点把人的内在天赋看成是命中注定的,无视历史、社会和文化影响的意义及受教育者的主观能动作用。“应用论”认为教育学是一门应用科学,介于理论与实践之间。

就教育理论而言,教育学要解释某种历史关联性,设立教育目标,确定教育事实的依存关系;就实践而言,教育学是教育思想的应用活动,具有开发人性、引人向上的独特作用。因此,要通过划清教育学与其他科学的界限来确定主题。

关于受教育者的差异和学校职责的论述。个人与社会相互依存,客观文化与个人的主观精神也相互依存。通过文化财富对受教育者施行教育时,必须考虑每个受教育者天赋素质的差异。由于文化财富特有的客观性与受教育者的个性差异存在对立,因此教育者的一个重要任务是要努力调和多样的文化财富与个人素质差异之间的关系。每个受教育者都具有一定的文化接受能力和文化创造能力。只有当受教育者的这些能力表现与原始的文化创造行为一致时,文化才能产生陶冶价值。受教育者的个性很难用一个固定的结论加以概括,但可采用斯普朗格等人对个性类型的划分方法,把受教育者的个性差异分成几类,以利于对他们施以有针对性的教育。个性差异分类学说扩展到学校教育系统,可说明建立各级各类教育机构——学校的重要性和必要性。教育人本来是全社会的事业,为适合不同个性受教育者的需要,社会上设立了不同类型的学校,专门从事教育事业。从这个意义上说,学校是社会、文化和现实生活的附属体,能以符合受教育者精神状态的形式,如知识的简化、条理化和系统化,把受教育者与客观文化联系在一起。这是学校真正的教育天职。学校应成为"更为美好的新世界的诞生地",在教学和生活中,在人的价值追求方面,树立一种高尚的思想境界,进一步发展成为青年人的生活领地、培养新生理想的地方,并始终以这种思想境界来衡量自己的工作,发挥与学校职责相符的作用。

参考文献

瞿葆奎.教育学文集·联邦德国教育改革[M].北京:人民教育出版社,1991.

吴式颖,任钟印.外国教育思想通史(第9卷)[M].长沙:湖南教育出版社,2002.

邹进.现代德国文化教育学[M].太原:山西教育出版社,1992.

Spranger, E. Types of Men[M]. translated by Pigors, J. W. London: Hale, 1928.

（陈如平）

文化与教育发展（culture and educational development）文化与教育发展之间具有密切关系。文化与教育在相互依赖的互动中产生、继承和发展,文化对教育具有制约、影响作用,影响教育的价值观、目的、内容和方法;文化的发展又直接依赖于教育。教育是文化的承载者和传授者,对文化具有反作用。

文化是教育内容的主体　文化对教育的直接影响和制约主要集中于其对教育内容的影响和制约上。教育属于观念形态的文化,其总体构成由文化的特点决定;一个国家或民族的文化由哪些因素构成,其性质和特点决定教育特别是教师向学习者传播什么知识和文化。如在中世纪的欧洲,教会教育内容曾反映了当时在欧洲文化中占统治地位的神学的内容。在中国,作为崇尚礼教和孝道的国家,伦理教育始终是教育的重点内容。

文化和教育具有极大的相互包容性。在原始社会,简单物质再生产过程中产生了最初也是最简单的文化。这种文化随之开始影响人类群体,教育伴随这种文化的传播而同时产生。中国古代"教化其民"的思想体现"教"与"化"一体的思想,以教为化的方式,以化为教的目的。教育是文化的重要组成部分,是文化的基石;教育把人类社会的一切优秀文化作为主要内容,通过教化形式,将文化一代代传播和继承下来。

文化传统影响教育特色　文化对教育的间接影响和制约反映在其对教育特色的影响方面。首先,文化传统间接影响教育的培养目标。教育目标实质上是文化的人格化,一个社会按照社会理想和经济社会发展需要确定教育目标,塑造社会需要的各类人才。不同的社会文化对教育提出不同的培养目标,形成不同的教育目标特色和发展特色。其次,文化的历史性特征决定教育的历史性特征。文化特质具有五个特性:每种特质一定可以独立成为一个文化单位,不致与他种特质混淆;每种特质一定有其特殊的历史,与他种特质的历史完全不同;每种特质一定有其特殊的形式,与他种特质的形式完全不同;每种特质一定有其自己的特点,以与其他特质相区别;每种特质一定包含许多分子,使其成为一种复杂的个体。教育历史学家认为,教育的产生决定于两个因素,一是维持生命和延续群体生命的需要,二是交流思想、传播信息的手段。原始教育是原始文化内容和形式在教育过程中的反映,封建教育是封建文化内容和形式在教育过程中的反映,资本主义教育是资本主义文化内容和形式在教育过程中的反映。这既体现了教育的阶段性和阶级性,又体现了作为文化传播方式的教育的共同特征。古希腊英雄时代产生了以《伊利亚特》和《奥德赛》为代表的英雄文化,与此相适应的是以学习作战技术、音乐、舞蹈和道德培养灌输为主要特征的英雄时代的教育;知识经济时代产生了以B.盖茨为代表的"电子英雄"和以现代科学技术为主要内容的知识时代教育。再次,文化的体制性特征决定教育的体制性特征。不同的文化制度、内容和特点对于教育的体制、制度、内容、特点产生影响。奴隶社会和封建社会实行以专制君主制为主的政治制度和文化制度,君主是国家最高主宰,在立法、行政、司法、军事、文化、财政方面具有至高无上的地位。与此相适应,奴隶社会和封建社会的教育举办权、享有权和培养目标都以皇权至上为标准。文艺复兴之前的欧洲中世纪,强调政治上政教合一,高度统一;文化教育上以经院哲学为核心。中世纪初期,欧洲教育与学术以传授基督教教义为核心。随着政治、经济和文化变化,到 11 世纪原有的基督教学校再也不能满足民众日渐增长的教育需求,中世纪大学因而产生,新型教育机构出现。大学与教会学校不同,虽依然有宗教性,但它是世俗文化色彩比较明显的学校,有的大学更不隶属于教会。此外,大学是专业性学习机构,虽也开设神学和七艺课程,但七艺已成为学习专业课程的基础。古代中国是一个传统集权国家,有极强的"民族中心主义"倾向。在对外文化方面,既表现出巨大的包容性,又表现出强大的排他性。这导致在近代文化教育发展中,统治者采取"闭关锁国"的态度,自我中心的文化体制和文化心理导致中国现代教育滞后性发展。最后,文化的区域性特征决定教育的区域性特征。文化的区域性是一定区域的人们在长期生产、生活和实践中自然形成的,也是文化自身长期发展的结果。它受地理环境、人口因素、语言风格、民族习俗和知识水平的影响。每一种文化区域的文化与教育往往具有同样特征,如印度河流域产生了古印度文化和教育,黄河和长江流域产生了华夏文明和中华教育,这些地区的文化与教育均属"源发型文明"和"源发型教育"。

文化变革催生教育变革　(1)文化演变与教育。文化的整体进化、演变及区域性发展都对教育发展和变革产生影响。文化变迁主要表现为文化内容与文化结构的变化,通常反映为新文化的进入与增加和旧文化的改变与消除。革新与潜移默化是文化变迁的两个根本方法,它们都直接或间接地影响教育的特点、内容和形式,教育在适应文化变迁中不断改革和持续发展。(2)文化冲突与教育。文化冲突引发教育冲突;注入文化的重要途径是教育。教育与文化的强注入带来教育与文化的激烈冲突。如五四运动是中国的文化运动,进而推动教育变革,并由此产生新文化和新教育。文化变革的推动力量往往是书籍、杂志和电视、广播等交流媒介。这些文化媒介传播不同的文化和观念,产生文化差异与文化冲突,并自然而然地反映在教育过程、教育内容和教育方式之中。(3)多元文化主义与教育。文化的多样性产生文化差异和文化对立,并在一定条件下产生文化冲突。解决文化冲突的教育方式有四种:一是两种或多种文化的汇合与交融;二是排除,即相互排斥中的数种文化中的一种文化有效地排除其他文化;三是统治,即当两种文化以不平衡的并立形式存在时,一种文化以优势压倒另一种文化;四是融合,即两种或两种以上的文化形成一种包含各种文化特点的新文化,这种文化可称为"鸡尾酒文化"。同时,文化的冲突与对峙通过学校教育内容、教育形式和教学语言反映出来。

教育是文化的传播者　教育具有三项使命:人文使命、科学使命和育人使命。教育实现这三项使命的主要手段和方法是对文化的传播,教育活动是一种有目的的传播活动。它传播知识、信仰、道德、法律、民俗习惯以及社会成员所掌握的一切技能。此外,教育是保持社会生活连续性的必要条件,也是实现文化连续性的最重要方法。教育对文化具有继承、筛选和淘汰功能,它把人类创造的优秀文化都利用起来,为培养合格人才服务。

教育是文化的创造者　教育对文化发展的作用不是简单的复制与照搬文化,而是在传播中对文化进行筛选、提炼、优化和创新。法国社会学家布迪厄提出四个观点:社会各阶级间文化资本的分配存在不均等,处于支配地位的阶级拥有最多的文化资本;教育制度体现阶级利益和思想意识,尤其是现代西方社会的教育制度反映了支配阶级的文化形态,从而制约文化资本的不平等分配;学业成绩与文化资本的差异存在密切关系;教育制度一方面受制于并再生产社会结构,另一方面因其自身的再生产能力及保护学术文化资本价值的利益,从而具有相对自治性。教育与文化伴随人类的发展而发展,是人类特有的社会活动和文明成果。教育是传播文化的最重要的手段和途径;先进文化是先进教育的重要内涵和本质特征。

参考文献

石中英. 21 世纪基础教育的文化使命[J]. 教育科学研究,2006(1).

中央教育科学研究所. 简明国际教育百科全书·人的发展[M].北京:教育科学出版社,1995.

（高书国）

文化与教育生态（culture and educational ecology）

文化是教育的生态环境,作为人类活动方式、活动成果与活动内容的文化渗透于各个社会子系统尤其是教育系统。学校教育传递文化的过程一定程度上受制于特定的文化生态环境。文化越发达,教育类型、教育内容及其组织形式就复杂而丰富;文化越不发达,教育类型就越少,教育内容和组织形式也越简单。

可从四方面研究文化与教育生态的关系。

其一,文化环境与教育生态。文化不仅是教育的内容,更是教育的生态环境。广义的文化生态环境即人类的现实生存环境,包括社会环境和规范环境,以及被人们感知并赋予一定文化意义的自然环境。在文化生态环境中,文化区、文化类型等对教育发展具有重要意义。"文化区"(culture area)概念由美国人类学家威斯勒提出,斯图尔德加以发展,它强调文化的区域性特征。如地球表面的田园风光、建筑、服饰、生活习俗等,无不是附加在自然景观上的人类活动形态,不同区域的文化景观显现各种差异。同一文化区的人拥有共同的文化背景,其语言、社会规范、价值观念和生活习俗等具有相似性。"文化类型"（cultural type）概念由"文化区"衍生而出，由美国学者林顿 1936 年提出，斯图尔德加以发展，指不同民族文化适应环境而产生的各种文化特质相互整合的核心特征丛，它在人类文化发展历史过程中体现三个特点：体现各种文化形态体系的差异，这些差异是不同人类群体在历史上共同参与的结果；指各种文化形态体系中有代表性的、具有因果联系的特征，主要体现在不同文化精神及价值体系等方面；文化类型的特征与文化结构有关，具有功能和生态上的联系，代表文化发展的时期和水平，并表示着各个区域或族群之间的文化差别。世界上不同的区域具有不同的文化类型。德国历史学家斯宾格勒从历史与地理文化出发，认为世界历史上有八种自成体系的文化，即埃及文化、巴比伦文化、印度文化、中国文化、希腊罗马的古典文化、墨西哥的玛雅文化、西亚和非洲的伊斯兰文化以及西欧文化。此外还有在一些相对小的地区形成的区域文化或亚文化。在此基础上，德国学者格雷布内尔和奥地利学者 W. 施密特从文化传播的角度创立文化圈理论，认为在历史长河中，获得优先发展并处于强势地位的文化向四周辐射，影响其他文化，形成具有某些共同因素的文化圈。

其二，文化与教化。研究教育的过程即是研究文化的过程。作为教育制度载体的学校，通过培养具有创新精神的人来发展和创造新的社会文化。德国文化学家斯普朗格认为，教育是一种文化活动，是使正在成长、发展中的个体心灵与优良的"客观文化"适当接触，把"客观文化"安置在个体心灵中，使其成为"主观文化"，使固定的、已经形成的"客观文化"转变为一种新的生动的、创造的主观文化。以社会学的观点，个人的社会化主要有社会教化和自我教化两条途径。文化系统决定个人教化和学校教化的方向。任何社会中的学校课程不仅寓含一种教育目标、一个教育体系和一套须完成的练习和活动，以及一种确定学生是否达到目标的方式，而且寓含某种要求教师对学生施加的影响。无论是课程构成还是教师影响，都是社会文化的衍生。教师在教学过程中通过言传身教对学生的智力、人格和思想意识产生潜移默化的影响。

其三，文化进化与教育进化。这两者是互动的。美国学者 H. C. 威尔逊认为，在社会文化进化的每个水平上都会出现新的教育形式，而新的教育形式是对既存教育形式的扩充而非取代。不同文明程度的文化区有不同的教育形式，文化区文明程度的高低与教育类型的复杂程度呈正比。Y. A. 科恩将社会分为基于家族社会（kin-based）、基于半家族社会（semikin-based）和国家社会（national societies）三种不同类型，揭示不同文化发展阶段与正规学校发展的对应关系。不同区域、不同类型的文化直接或间接影响教育发展的各个方面。就教育内容而言，不同水平文化区的教育对知识技术体系文化与价值规范体系文化的需求不同。一般而言，文明程度较高的文化区除需要价值规范体系的文化外，对知识技术体系文化也有较高要求。即便是强调价值规范体系文化的文化区，其价值规范体系文化的内涵也会因区域文化不同而存在较大差异，如中国传统儒学的价值规范体系、西方基督教的价值规范体系以及阿拉伯伊斯兰国家的价值规范体系。就教育管理方式而言，西方文化注重理性，进而推动各种法律、法规、制度的建立和完善，而中国儒学思想在注重理性的同时，更强调德行完美的人的作用。

美国社会学家杰埃格和塞尔兹尼克认为，人对社会需要的适应很大程度上取决于各种文化传递媒介的特征和特性。文化可以帮助人们接受某种文化的教化。作为传递文化的过程，教育内容和形式需要在一定程度上适应特定的文化生态环境。文化本无优劣之分，但根据不同文化区域的文化政策和文化实践对经济、政治、文化、教育和社会的影响及作用，文化确有先进与落后之别。因此从文化与教育生态学的互动关系看，既要尊重不同地区的文化特征，又要使其达到与外界发展的沟通、平衡、和谐和同步，由此，多元文化教育成为人类社会共生共荣的重要途径。

学校特征是社会文化特征的反映。研究表明，越是文化（文明）发展水平低下的区域，其文化越体现出该区域种群对自然环境的依赖，且同处于低发展水平的不同区域的文化差异越大，教育内容与方式受文化生态的影响也越大；相反，文化（文明）发展水平较高的地区，其文化构成要素所体现的相似性越多，教育受区域文化的影响越小。

其四，多元文化与教育生态。多元文化与多元教育由国家与世界多元民族与多元文明的发展特点决定。具有动态发展特性的文化与教育，本能地需要与其他文化、教育生态体系交流和融汇。现代社会的文化日益成为一个相互依存、不可分割的整体，不同民族及其文化在人类整体文化中具有共通性、相容性、分享性和互补性。多元文化教育共生共存，有助于传承优秀文化教育传统，丰富和发展人类文化教育传统。

（邓和平）

文化资本（culture capital）　　文化产品和服务的价值形态。不同于经济资本与社会资本，文化资本是一种属于文化正统的趣味、消费方式、社会属性、技能和判断的价值形式。包括社会上被认为值得追求和拥有的文化商品储备。

文化被视为资本，始于法国社会学家孔德，他在《社会政治体制》中提出，当人类的产出高于消费时，一部分资本代代积累，并随时空转换为耐用性资本，他继承人类学宽泛的文化概念，将政治经济学与社会学交融，形成文化资本观念的最初萌芽。法国社会学家布迪厄明确提出"文化资本"概念，认为资本有三种基本形态：经济资本以金钱为符号，以产权为制度化形式;社会资本以社会声誉、头衔为符号,以社会规约为制度化形式;文化资本以作品、文凭、学衔为符号,以学位为制度化形式。资本凝结着社会成员之间的不平等关系,体现社会资源的不平等分配。布迪厄在《资本的形式》一文中区分了文化资本的三种存在形式:具体形态,以精神的和身体的形式存在;客观形态,以文化商品的形态(图片、书籍、词典等)存在,是理论留下的痕迹或理论的具体体现,或是对这些理论和问题的批判等;制度形态,是一种被区别对待的客观化形式,教育文凭是在文化资本的原初特质下授予的,并成为一种具有保证性的认定。

较之经济资本和社会资本,文化资本以更隐蔽的方式体现资本的积累性和制度化特点。文化资本生产的最初因素与社会出身、家庭培养密切相关,总是被打上最初获得状态的烙印,无论怎样掩饰,都无法彻底抹去个体最初的社会文化身份,这其中家庭的传承起决定作用。文化资本最有力的象征性功效原则存在于其传递逻辑中。客观形态的文化资本以及令这一客观化发生所需要的时间,取决于家庭所拥有的文化资本;文化资本的原始积累以及有利于每一类有用的文化资本积累的条件是,拥有强大资本的家庭教育及时涵盖个体整个社会化过程,只有这样才能顺利形成文化资本的转换。文化资本的传承转换也以隐秘的形式完成,因此在整个再生产策略的系统中,可以获得相对更多的文化资本量。出生在不同家庭的学生所拥有或积累的文化资本的量存在很大差异,这影响到学生的学业成就,社会出身从一开始就制约每个学生的发展机会。

在高度分化的现代社会,凭借一定的文化资本和社会资本可以在社会场域获益。而教育不断再生产既存的社会分类体系。布迪厄在《国家精英》中提出,高等教育对学生的"心智训诫"(discipline of mind)的目的是将各种对立的判断和分类嵌入学生的心智系统,虽然高等教育体制宣称学术评判独立于社会等级制,然而对应分析显示了社会等级制与高校认可的学术等级之间密切的对应关系。教育塑造心智判断和分类活动的过程就是文化资本的再生产过程。布迪厄通过文化资本揭示出社会惯性结构的再生产逻辑,即社会如何将支配性的等级结构强制性内化并塑造个体惯习的微观机制。

文化资本的积累体现在文化资本的制度形态上,即由权威机构认可并签发的学历证书、文凭和文化经典等形式。现代社会空间由经济资本和文化资本来划分等级,教育体制成为争夺垄断性支配位置的重要工具。教育体制在文化资本的分配和社会空间的再生产中占据核心位置。布迪厄在《再生产》和《国家精英》中揭示了教育与官僚体制的结合,分析法国学校如何培养和塑造精英群体,使之直达支配体制的核心。德国社会学家 M. 韦伯曾研究教会在封建社会如何使地主对土地、财富、赠品的控制合法化为神授权利

的状况。布迪厄进一步指出,在发达资本主义的分化社会中,学校全面代替教会为社会分工提供合法性。学校颁发的文凭、学历证书都有助于社会空间的建构。"文凭"一词的英文 credential 源自 credentialis,意为赋予权威、给予神圣性,授予文凭早已成为现代教育体制中的制度性仪式。

文化资本还体现在消费趣味的表征上。布迪厄从阶级与趣味的关系角度讨论了同一阶级内部的同一性和一致性,以及不同阶级的趣味所形成的差异和对立。他描绘社会空间的三重维度。一是资产阶级趣味——区分感(sense of distinction),推崇纯形式的审美文化。二是工人阶级趣味——对必需品的选择,无法摆脱日用伦常的限制,被资产阶级视为粗鲁、庸俗和只具有感官趣味。资产阶级趣味作为正统趣味,与工人阶级的通俗趣味形成对立和排斥。三是处于中间位置的小资产阶级趣味——文化善意(cultural goodwill),了解什么是合法的经典文化,但不懂得如何正确获得和消费这种文化产品。趣味与生活形式的差异和对立有时是下意识的,但有时也成为身份认同的重要符号。文化资本理论进入"趣味"这个社会学回避的领域,消除了资产阶级所谓的"文化无功利性",开始研究消费文化。

(吴 刚)

文艺复兴时期的人文主义教育 (humanistic education during the age of the Renaissance)

欧洲文艺复兴时期以人本主义、世俗主义、古典主义为典型特征的教育形态。它是对中世纪教育的反叛和超越。文艺复兴运动是14—16世纪反映西欧各国正在形成中的资产阶级要求的思想、文化运动。其主要中心最初在意大利,16世纪扩及德意志、尼德兰、英国、法国和西班牙等地。作为欧洲现代史的初期阶段,文艺复兴是一个具有多样化内容的历史时期,文艺复兴时期的教育并不等同于人文主义教育。

文艺复兴运动与人文主义的特征

文艺复兴是一场反叛中世纪精神权威和旧价值观念、开创新时代思想文化传统的运动,它以古典文化为其反叛的精神支持和创造新文化的起点。古典文化对当时新文化的产生和发展起决定性作用。文艺复兴运动的中心时期是14世纪中期至16世纪末,它包含的丰富的新思想被思想界以不同方式继承和发扬。文艺复兴运动对欧洲社会的发展影响深远,标志欧洲近代社会的开始,是欧洲社会力图冲破封建束缚的第一个重要历史进程。其成就是多方面的,体现在文学艺术、哲学、科学、宗教、法律、教育等诸多领域。

人文主义是文艺复兴运动的重要成果。"人文主义"一词的英文 humanism 来自德文 Humanismus,而德文中的这个词是 1808 年德国一位教育家在一次关于古典教育在中等

教育中地位的辩论中根据拉丁文 humanus 杜撰的。15 世纪末，意大利学生使用 umanista 一词，英文即 humanist（人文主义者），用来称呼教授古典文化的教师，教师所教的有关古典文化的科目称为 studia humanitatis，译成英文是 the humanisties，即"人文学"或"人文学科"。15 世纪，这些科目包括语法、修辞、历史、文学、道德哲学等。学习这些科目必须以古典拉丁文和希腊文为基础。对人文学科的重视，反映了文艺复兴时期世俗精神和人格意识的觉醒，人们正突破中世纪基督教观念的束缚，开始用世俗人的眼光去看待人生和社会，形成一种新的人生观和价值观。这种"人文学科"所表达的、为人文主义者所宣扬和传播的新的人生观和价值观就称作"人文主义"。人文主义者的成分非常复杂，其观点并不完全相同，同一个人身上也会出现不同甚至相互矛盾的思想倾向。但人文主义者的意识和行动不同程度地体现了一些进步的、与中世纪不同的思想和价值观，如对人生意义的肯定、对人及其潜力的信任、对自我的强调等。人文主义实质上是一种新的时代精神，它有以下特征。第一，肯定和赞扬人的价值和尊严。这是人文主义的核心特征。人文主义认为，人是有能力的，能够发展自身，获取各种优秀品质，不断向完美接近。其对人的赞颂与中世纪教会对人的贬抑形成鲜明对照，在中世纪教会看来，人是罪恶、卑微、消极的存在，只有上帝是完美的。意大利人文主义者皮科在《论人的尊严》中宣称，上帝赋予人按自己的意志塑造自身的能力，他可以下降为动物，也可以上升为与上帝相似的东西。画家拉斐尔的画作不像中世纪那样把人描绘成迟疑不决、受折磨的样子，而是把他们描绘成温和、聪明和高尚的人，他画的圣母像表现的是人间母亲的善良贤淑。拉斐尔要表达和歌颂的是人之美及人性之美。人文主义提升了人的地位。第二，倡导乐观向上的人生观，重视人的能力而非血缘、门第、财富等因素。人文主义反对消极悲观、无为的宿命论，认为人有能力决定个人命运，人的能力发展得越充分，就越有能力战胜命运的肆虐。人文主义对人的看法更乐观和自信，认为个人的能力及其发展是获得成功、荣誉和较高社会地位的主要依靠；伟大与高贵不是生就的，而是通过个人发展、奋斗造就的。第三，宣扬人的思想解放和个性自由。中世纪神学宣扬人对教会的教义、教规要绝对信仰和盲目服从，而人文主义与这种权威主义做法相对立，要求把人从教义、教规和其他教条的束缚中解放出来。第四，肯定现世生活的价值和尘世的享乐。这背离了中世纪禁欲主义理念和来世说宗教教条。来世说以今生受苦受难作为来世欢乐和永生的条件，要人克制甚至泯灭各种合理的欲望与追求。人文主义者要求人们追求现世的幸福和欢乐。第五，重视教育对人的发展的作用。人文主义者认为，中世纪教育是职业性的，是狭隘的，不能使人的各种潜能得到充分、全面的发展，主张传授古典学问，让学生接受广泛的人文学科教育，目的在于培养头脑发达、能写善辩、风度优雅、体魄强健的经世致用之才，以适应丰富多彩的社会生活的需要。教育是一种后天、人为的力量，重视教育就是相信人的力量，即人有能力造就完美的人。第六，历史不再被看作是天意的实现，而是人类努力后成功或失败的产物，人成为历史的主体。人文主义者都具有强烈的历史感，这种历史感与他们强烈的自我意识和追求青史留名的个人愿望相结合，使他们把自己视为历史过程中的一份力量，力图以其力量影响历史。第七，批判经院主义，致力于对人的研究。人文主义者尖锐地抨击经院哲学一心扑在逻辑范畴和形而上学问题上，其抽象推理脱离人们丰富多彩的日常生活。意大利早期人文主义者彼特拉克指责经院哲学总是告诉人们那些对于丰富人们的生活没有任何贡献的东西，而对人的本性、生命的目的以及走到哪里去这些至关重要的问题不加理会。他认为，人们应该关注人生和社会问题，不要讨论抽象、空洞的问题。在人文主义者看来，人文学是关注人生世事的，应以之取代空洞无用的经院哲学。第八，倡导新的治学方法。人文主义者在研究古典文化的过程中逐渐发展出一种语言和历史的考证方法，这是人文主义的重要成就。人文主义者以研究古典文化为使命，他们发现不少古典著作在中世纪由于抄写错误和人为篡改等原因已经面目全非，令人生疑之处甚多，于是尽力搜求原始资料，通过对语言文字的考证比较，校正后世出版的古典著作，力求从语言文字上重现古典著作的本来面目。他们还从古代作者所处的社会条件出发，历史地和批判地理解、把握作者的思想，用历史主义的客观态度去把握历史，按照过去的本来面目理解人类过去的历史。在对待过去的文化和历史这一问题上所持的态度，凸显了人文主义的本质。人文主义的这种治学方法具有强烈的批判性和客观性，在任何领域都行之有效，是一种新的思维方式和方法，对于清理知识垃圾、为知识的健康发展扫清道路具有重要意义，对自然科学的发展也产生影响，为人类后来文化的繁盛作出积极贡献。因此，文艺复兴不仅是艺术家们的时代，也是科学家们的时代。

人文主义不是一个严格的思想派别或学说体系，而是一种宽泛的价值倾向。其思想特征在人文主义教育中有充分表现，对教育目的论、教育内容论、教育方法论等皆有深刻影响。人文主义思想特征本身也是人文主义教育的重要组成部分。

意大利人文主义教育

人文主义的内涵和表现因时代、地域不同而有差异。意大利前期人文主义与后期人文主义、意大利人文主义与北欧人文主义有许多不同。

意大利前期人文主义主要指 15 世纪初兴起于佛罗伦萨的"市民人文主义"(civil humanism)。市民人文主义者强调投身于社会生活,多数人在政府中任职,十分关心城邦政治问题,称赞共和制度,相信在共和制度中每个市民都有机会参加城邦管理,并通过这种活动获得个人荣誉。这就将个人能力的发挥与城邦国家的发展和繁荣结合起来,将个人主义与爱国主义统一起来。15 世纪末,君主制在意大利占统治地位,以市民人文主义为基础的共和主义价值观被君主主义价值观取代,市民人文主义衰落,意大利人文主义的发展进入后期阶段。这个阶段的意大利人文主义关注君主政治,随着新柏拉图主义的兴起,也加强了对宗教问题的研究。这些初步研究为北欧基督教人文主义的发生和发展奠定必要基础。意大利人文主义发展前期与后期的不同对意大利人文主义教育产生明显影响。意大利人文主义教育的发展也可分为前后两个时期:前期为 14 世纪至 15 世纪末,后期为 15 世纪末至 16 世纪中期,分别具有不同的内容和特点。

意大利前期人文主义教育的代表人物主要有弗吉里奥、维多里诺、格里诺、帕尔梅利等。弗吉里奥在 15 世纪初首先将人文主义精神渗透于教育中,是第一个系统阐明人文主义教育思想的人文主义教育家。约在 1404 年,他用拉丁文写了一篇书信体的教育论文《论绅士教育与自由学科》,较系统地阐述了人文主义教育思想,在整个西欧引起轰动。他认为,对于一个人而言,使其受到良好的教育是给予他的一件最好的礼物,远胜于其他物质财富,他可因受到教育而有一个美好的未来。弗吉里奥倡导的教育是博雅教育(liberal education)、通才教育或全面教育(all-round education),造就的不是中世纪的骑士、教士,也不是某一行业的从业者(中世纪后期行会教育的目标),而是充满世俗精神、身心健康的人。弗吉里奥认为,身体训练和知识训练皆有利于培育人的高贵情操,都能给人带来声名和荣誉,受教育者可择其一;真正的教育旨在对人的心智和身体两个方面予以有效训练。心智训练使人能明智地控制自己的行为,身体训练使人能更好地服从理性的命令,能保护我们的权利,捍卫我们的尊严。博雅教育通过人文学科(liberal studies)或自由学科而达成。他称那些对自由人(a free man)有价值的学科为自由(liberal)学科,认为通过这些学科能获得美德和智慧,并成为美德和智慧的躬行者。博雅教育唤起、训练和发展那些蕴含于人身心之中的最高才能,而正是这些才能使人变得高贵。弗吉里奥倡导的博雅教育包括德育、智育、体育、军事教育、休闲教育等方面,其用意不是培养武士或某种专门职业者,不是训练人的某种特殊技能,而是发掘人之所以为人的本质特性,使之得到全面、均衡的发展。探讨教育目的涉及人生目的的问题。弗吉里奥认为,人生目的是追求声誉,获得美名,出身、门第、财富、权力

不是声誉的来源,人应靠其智慧和美德获取声誉,即声誉不是天赋的,而是后天获得的。其中,个人的后天努力有作用,后天的教育更具有莫大的作用。弗吉里奥从理论上将教育置于一个重要位置。教育能给人带来光荣,能改变一个人在尘世的命运,这对宿命论无疑是一个挑战。在教育内容方面,弗吉里奥推崇历史、伦理学(道德哲学)和雄辩术,认为这三门课程最能体现人文主义精神。他还依据亚里士多德的《政治学》提出体育、文学、绘画、音乐四门科目,并讨论了数学、医学、法律、自然知识等科目。他重视体育,认为健全的身体是将来从事任何事业的前提;重视文学,认为文学(包括文法、写作、逻辑、修辞、诗歌)是学习其他学科的基础;赋予自然知识以重要价值,认为这是一门既使人感兴趣又对人有益的学科。他也看重医学和法律的实际价值,但像亚里士多德一样,将自由教育与职业教育截然对立,认为医学和法律与职业相关,不适宜培养绅士。其论文中未讨论神学这一中世纪最重要的学科,显示出意大利人文主义教育世俗性较强的特点。弗吉里奥的教育思想在当时的意大利上层社会获得广泛回应,被越来越多地付诸实践。1420 年弗吉里奥离世时,很多贵族家庭都聘请了家庭教师,对子弟进行新式的人文主义教育。

维多里诺是弗吉里奥教育构想的伟大实践者。1423年,应曼图亚侯爵贡扎加的邀请任其子女的家庭教师。维多里诺在孟都亚建立的学校称作"快乐之家"(亦称"孟都亚学校"),位于孟都亚城的西北角。校舍环境清新、自然,广植树木花草,房屋宽敞高大。维多里诺认为,优美的环境对学生的身心发展有益。"快乐之家"不久便名声大振,在意大利、法国和德国等国产生很大影响。维多里诺的教育理想是培养身心全面、和谐发展的人,这种人应具有强健的体魄、丰厚的文化知识、良好的品德和虔诚的宗教信仰。他认为身体健康是学生精神发展的前提,故对学生的身体健康和训练十分关注。体育和军事训练在中世纪骑士教育中一直有良好的传统,但在中世纪教会学校和后来市政当局开办的一些世俗性学校里,体育没有地位。维多里诺重视体育是基于其对人性、人的发展和理想教育的理解。他认为,人由身心构成,故人的发展应包括身体的发展,理想的完全教育也应包括体育在内。身体训练的目的不是为了使学生获得某些专门的体育技能,而是为了增强体质,培养学生吃苦耐劳的习惯,锻炼学生,使之具有坚强的意志。

格里诺在教育实践方面与维多里诺齐名。他同维多里诺一样,没有专门的教育著述。格里诺教育实践与理论的重心较过去有了一些比较显著的变化。在教育目的上,他不再泛泛而谈博雅教育的目标,而是更强调为谋生、职业做准备,这与其教育对象范围的扩大有关。普通人接受教育,其第一要务是谋生,是找到一份好的职业。格里诺对此深有体会,其思想更务实,更贴近学习者的生活实际。此外,

格里诺更关注教学方法问题,他把教育理论深化、细化,对教学实践产生更大的推动作用。其教育思想的深刻性、针对性、创造性较之前述诸人更强,这标志教育理论的发展。

帕尔梅利关心政治,其教育思想更多地与当时佛罗伦萨及意大利的政治现实相联系。其教育思想主要体现在《论公民生活》中。帕尔梅利认为教育的目的是培养完美的公民,他们有知识、有教养、能处理社会事务,是当时意大利城市生活迫切需要的。他描述的理想人物被赋予浓郁的人文主义精神,他们充分占有人类文化的精华并在此基础上有所创新。帕尔梅利对学术的未来、对通过学问促进人类进步充满信心,体现文艺复兴时期人们具有的典型的乐观主义精神。他认为,对于公民而言,社会责任感居于首要地位,追求社会正义的行为最受上帝欢迎,上帝会赐福给那些以追求社会正义为己任的人。他把宗教世俗化,认为个人与社会是不可分的,个人应为社会的完美作出贡献;人的身体也应得到发展,人应该有优雅的仪态举止,使身体的外在表现与精神的内在修养和谐一致。帕尔梅利提出要对青年普遍进行军事训练。与其他人文主义教育家不同,他提倡军事训练不是从个人发展的角度出发,而是针对当时意大利严酷的社会现实而提出的对策。他认为,开展军事训练有利于培养公民的爱国主义责任感,重塑公民精神,消除雇佣兵制带来的严重的不良后果。当时在有外来侵略和武力威胁时,往往由雇佣兵承担抵御外部威胁的任务。雇佣兵的确起一定正面作用,但负面影响也甚大,有时会成为导致政治动荡、土地纷争的因素。帕尔梅利不愿意将一个城市的命运交给雇佣兵,他要求佛罗伦萨公民拥有保护自己和平和自由的军事技能,具有爱国主义激情。帕尔梅利的教育理想与当时意大利崇尚共和的政治环境密不可分。

进入16世纪,意大利社会政治、文化、宗教等领域的变化引起人文主义教育的转向,除威尼斯是共和制外,君主制在意大利占统治地位。这种变化给意大利人文主义教育的发展带来深刻影响。首先,以市民人文主义为特征的共和主义价值观被君主主义价值观取代。君主制受到推崇,被认为优于共和制,公民、公民的权利和自由、共和主义等受到贬抑。君主们并不否定古典文化,并常常保护文人,但他们把这些文人变成自己的附庸和歌功颂德的工具,文艺复兴的成就被用来为君主服务。其次,君主形象受到关注,涌现出一批写作目的是为君主出谋划策的学者。早期的市民人文主义者写作(包括写作教育著述)时一般以共和制为背景,向全体公民提出忠告和劝诫,而文艺复兴后期的人文主义者写作时总是预先设定一个君主统治背景,如马基雅维利明显倾向于共和制,但写作时却总是以君主制为背景。这些关于君主的著述的共同主题是君主应具有哪些素质、如何培养君主,而这正涉及教育问题。再次,与君主时代的

来临相一致,一些为廷臣而写的文章开始出现。这些文章旨在指导廷臣去获得适当的教育,克制自己的言行,妥善处理与君主的关系。这类著作中最有名、最具影响的是卡斯底格朗16世纪初写的《宫廷人物》。随着君主时代的到来,君主和朝臣的培养问题被学者关注,这种关注直接导致人文主义教育思想的转向,培养公民的教育理想被培养君主和朝臣的教育理想取代。卡斯底格朗的教育思想以16世纪初意大利君主时代为社会背景,其教育思想的社会基础、文化背景和价值取向已与城市(市民)人文主义者大相径庭。君主的宫廷是当时社会生活的中心、社会文明的缩影,是时代文化的典型表现。《宫廷人物》中的"宫廷人物"指辅佐君主处理政治、军事和外交事务的高级官吏,其地位类似中国封建时代的朝廷重臣。朝臣是君主时代一种重要的社会角色,卡斯底格朗本人便是一位朝臣。他对教育思想的贡献主要表现在其作品描绘了理想的朝臣形象,集中表现了这一时代的主要伦理和社会思想。由于学习变得日益迂腐,陷入脱离实际生活的危险中,教育思想的重点逐渐从学术成就转到绅士风度的培养上。朝臣形象实际上就是理想的绅士形象。卡斯底格朗描绘的朝臣形象具有普遍的推广价值,对整个西方教育产生深刻影响。通过用文字塑造朝臣,他提出一种不受时间和空间限制的新理想,这一新理想后来成为欧洲教育共同遗产中的一部分。从培养公民到培养朝臣,从文化和教育角度看,并不是一种倒退。有历史学家指出,朝臣的概念脱胎于以锻炼身心并鼓励雄心和一切适合人类天性的高贵感情为基础的培养完人的人文主义教育纲领。朝臣与君主、宫廷相伴而生,是君主制的产物。文艺复兴时期的意大利诸国,政治体制复杂多样,既有君主政治,也有寡头政治和共和政治,卡斯底格朗赞同君主制。当时许多人认为,只有贤明的君主才能挽救意大利四分五裂的颓势。卡斯底格朗认为,君权的正当性源于上帝,上帝使大众有其统治者,同时君主有不可推卸的责任,应采用合适的手段治理国家,使国家安定和繁荣。暴乱源于恶政。朝臣的作用是辅佐君主,为其出谋划策,助其完成大业。朝臣应通过努力和智慧,逐渐使君主具备主要的美德,处理各种事务时更具信心;朝臣应了解君主的性情和气质,具有渊博的知识,谨慎地对君主施加影响。卡斯底格朗认为,朝臣是君主的教师,不是不分是非、只求荣禄的仆从,他有自己的尊严。朝臣的真正目的是千方百计使君主获得更高的声誉、更多的利益,这也涉及朝臣的声誉,朝臣应事贤君而非恶主。朝臣应擅长战争艺术和各种体育活动,其进行的各种身体运动也与其身份相符;朝臣应具有学者的智慧;朝臣应懂拉丁文和希腊文,熟知古代诗人、演说家和历史学家的著作,知晓写作技巧,能赋诗作文,尤其应具备用本族语写作的能力;朝臣应具有良好的艺术修养;朝臣的谈吐应高雅机智、超凡脱俗;朝臣应能言善辩,但不应将自己的观点强

加于人,交谈时不戏弄、模仿他人,不谄媚;朝臣辅佐君主世俗事务,但他还应有精神家园,使灵魂有归宿,人生有信仰;朝臣应体会和热爱天国之美即理念世界的美好。完美的朝臣展示的实际上就是文艺复兴时代的完美绅士(complete gentleman)的形象。卡斯底格朗的培养目标是骑士与学者的凝练与综合,体现新的"文雅骑士"精神,反映新时代对富于开拓精神的人的需要。

北欧人文主义教育

16世纪北欧的人文主义者在许多方面继承意大利的人文主义传统,如肯定人的价值和现实生活,对古典著作兴趣浓厚,对经院主义和教会专制感到反感,重视教育和普及新知识,关心政治、社会问题等。由于历史背景、文化传统不同,所面临的现实问题也不同,北欧人文主义具有不同于意大利人文主义的特点。最大特点是北欧人文主义更关注宗教问题。与意大利相比,北欧受古典异教文化的影响较少,受中世纪教会的影响较深,宗教问题备受关注。北欧人文主义者用人文主义的语言和历史方法研究《圣经》和早期教父们的著作,目的是摆脱中世纪的错误译本和诠释,赋予基督教以新解释。他们力图从教会的教条和活动中清除种种神秘、烦琐尤其是虚伪的东西,强调虔敬的价值,故北欧人文主义亦称"基督教人文主义"。通过研究古代语言文字来加深基督教研究的做法,在彼特拉克时就开始了。由于实际需要,也由于语言知识增长,这一做法在16世纪的北欧人文主义者中风行。基督教人文主义者批判教会的腐败劣行,加深了人们对天主教会的不满;否认教会和教皇的绝对权威,认为这种权威并无切实依据;推崇《圣经》的权威地位,认为个人可通过《圣经》即"上帝之音"而与上帝直接交流。他们希望消除一切有碍虔诚的东西,改革教会,回到早期基督教的简朴状态中去。基督教人文主义所要求的教会改革是指维护教会统一前提下的内部改革,与后来兴起的新教改革不同,但它客观上为新教改革做了重要准备。宗教改革正是由基督教人文主义引发的。

北欧人文主义的特征决定了北欧人文主义教育的特点。在北欧诸国中,尼德兰的教育比较发达。尼德兰的一个宗教团体"共同生活兄弟会"(以下简称"兄弟会")办教育的成绩卓著,北欧许多人文主义教育家和思想家大多出自其开办的学校。兄弟会奉行神秘主义,体现为其改进基督教的企图。它反对中世纪经院哲学枯燥无味的形式主义,提倡内心反省,致力于恢复基督教徒简朴、虔诚和献身的生活,一切活动以宗教为中心,其成员所阅读、抄写、印刻、发售的书籍与人文主义者的知识兴趣很少有共同之处。但兄弟会成员在几个方面与人文主义者有相似、相通之处:一是憎恶玄深的神学讨论,这与人文主义者反对经院哲学的深

奥莫测相似;二是崇尚知识,热爱书籍,但兄弟会成员崇尚宗教书籍,人文主义者崇尚古希腊罗马典籍;三是抄写时坚持以诚实、可靠为原则,与人文主义者整理古代典籍时要求语言准确相似。兄弟会的宗教实践活动和教育活动在一定程度上影响北欧人文主义的基本走向和北欧人文主义教育的基本特征。兄弟会学校布局很广、规模很大、标准极高。一些较大城市如德文特(在今荷兰)、兹沃勒(在今荷兰)、列日(在今比利时)、鲁汶(在今比利时)的学校,学生均有两千余人。有此成就的重要原因是兄弟会注重学校管理,这是当时一种重要的教育观念。兄弟会学校精心组织学校工作,不仅创立学校制度,而且通过井然有序的章程,使所有学校拥有某种相同的精神和方法。寄宿制度也进一步强化了学校管理。后来,耶稣会兴办学校时向兄弟会学校吸取不少管理方面的经验。兄弟会学校的典型代表是列日学校。学校分八个年级。一年级学习拉丁文,重点是简单的读写和语法(如词尾变化、连接词等);二年级学习语法基础知识,重点是句子结构;三年级开始阅读拉丁作家的简明文选,系统学习拉丁语法,并学习散文写作和如何写诗;四年级学完拉丁语法的句法部分,开始阅读历史学家的著作,练习写诗并开始学习希腊语;五年级学习希腊语,开始学习逻辑学和修辞学,阅读散文原著;六年级学习希腊语写作、希腊语法和希腊作家的著作,继续学习逻辑学和修辞学;七年级学习柏拉图、亚里士多德和欧几里得的著作,研习罗马法,学习雄辩术;八年级学习神学,继续学习雄辩术,结束修辞学学习。七年级、八年级的教学水准很高,甚至超过一些大学的教学水平。校长管理全校工作,校长之下有各年级的教师,若学生人数过多,就分成10人一组,每组由一个年长学生负责照管。从列日学校的办学情况看,16世纪初,北欧的人文主义教育具有一定广度和深度,其与意大利人文主义教育的不同之处在于,北欧人文主义教育注重管理、更强调宗教。

尼德兰的伊拉斯谟是北欧有影响的人文主义教育家和思想家,出身于兄弟会开办的学校。他对古典文化推崇备至,认为研习古典文化有助于改造社会、改良教会、净化基督教,使人走上虔敬与德行之旅,但他并不像意大利人文主义者那样过于偏重古典文化,而是主张人文主义基督教化,基督教人文主义化。他用人文主义的方法研究《圣经》,认为应该用基督教的标准估量一切东西,使学生成为虔敬的基督教徒。他虽不反对宗教本身,但对教会推行的蒙昧主义和教会的虚伪、腐化深恶痛绝。其著作《愚人颂》(1509)的核心思想是对虔敬与道德的呼唤。他在教育方面的代表作是《基督教君主的教育》(1516)和《论童蒙的自由教育》(1529)。伊拉斯谟要培养的人的品质主要有虔敬、德行和智慧。虔敬指敬上帝;德行指宽容、公正无私、自律、诚实、正直、勤奋等美德;智慧受虔敬与德行的指引。获得虔敬、德行和智慧的必经之路是学习古典文化,《旧约圣经》和《新约

圣经》是其重要组成部分。他没有像意大利一些人文主义教育家那样走向西塞罗主义和形式主义，反而著文《西塞罗主义》(1528)，对之进行批判。在他看来，文以载道，学文重要，学道更重要，最根本的目的是学古人之道以改造现实社会。他特别重视教学方法问题，要求教师了解学生，因材施教。

西班牙人维夫斯17岁后在法国、英国和布鲁日(在今比利时)生活。其主要教育著作有《知识论》(1531)和《论灵魂与心灵》(1538)，其中《知识论》影响甚巨，被认为是文艺复兴时期论述最彻底的教育著作。维夫斯的教育观与伊拉斯谟相近，也主张将基督教与人文主义结合起来，认为一切教育皆应引导人虔敬，在学生心中确立《圣经》的威信。他思想激进，富有民主性，认为一般民众也应有自由发展的权利。维夫斯教育思想的最大贡献是以新的哲学方法、心理学方法解决教育问题。他深刻揭露经院哲学的弊端，认为经院哲学及其赖以为据的亚里士多德逻辑学的根本缺陷在于，以无根基的一般概念和命题为先决条件，然后进行枯燥的推理。他指出，这是导致学术腐化的根本原因，消除该弊端的唯一办法是从个别的事实经验开始，通过头脑的自然推理将这些事实经验形成概念，即正确的认识方法与学习方法不是演绎而是归纳，因此学习过程应由感觉开始，由感觉到理解，由个别事实到一般事实，学问并不尽在古典著作和故纸堆中。维夫斯还认为教育主要是一个由学习者本性决定的过程，力图把教育和教学建立在心理学的基础上，并对心理对象、心理活动、心理类型和差异等进行大量的深入研究。维夫斯的教育理论对夸美纽斯有深刻影响。

英国早期文艺复兴运动中对人文主义教育作出积极贡献的主要有林纳克、科利特和莫尔。科利特1511年在伊拉斯谟等人帮助下创办具人文主义性质的圣保罗学校，该校后来成为英国人文主义学校的楷模。在林纳克、科利特和莫尔等人的推动下，加上国王的支持，人文主义教育在英国盛行，大学及中等教育性质的公学都深受其影响。莫尔是英国人文主义者，其教育思想主要体现在《乌托邦》(1516)中。莫尔曾在牛津大学师从林纳克和科利特学习古典语言，深爱古典文化，尤其欣赏柏拉图的《理想国》。在《乌托邦》中，莫尔要求废除私有制，实行公共教育制度：所有儿童不分男女皆享有平等的受教育权；所学内容主要是古代作家尤其是希腊作家的哲学、历史、戏剧、医学等类作品；培养儿童仁慈、公正、勇敢、诚实、仁爱、合作等品质和对神的虔敬。莫尔还重视劳动的价值，并要求对青少年进行劳动教育。这些教育观都洋溢着鲜明的进步精神。莫尔的人文主义教育主张具有一定的理想主义"乌托邦"色彩，至T.埃利奥特著《行政官之书》(1531)时，英国的人文主义教育开始呈现一种新的现实主义风貌。T.埃利奥特的《行政官之书》是《宫廷人物》的英国版。T.埃利奥特既是学者，也是行政

官员，这双重身份使其对当时人文教育的迂腐与不切社会实际有切身体会。他主张教育的目的是培养绅士而非学究，学习古代语言应建立在学习本族语言的基础上，重视教育中具体经验的价值，强调通过角力、赛跑、游泳、骑马、打猎、跳舞等进行体育锻炼。英国宗教改革后，T.埃利奥特的新人义主义教育精神在英国新贵族的推动下得以进一步弘扬。许多新贵族凭自己的力量和才能取得较高的经济和政治地位，逐渐认识到实用知识对实现他们抱负的价值。由此，民族语言、自然科学、绘画、体育等实用学科受到重视，如何对贵族青年进行绅士教育以培养适合新时代需要的经世致用之才成为人们关注的焦点。这种培养目标与课程变化体现出前后期人文主义教育的重大差别，教育思想的重点也逐渐从学术成就转到绅士风度的培养上。与之相关，培根的认识论和知识论对近代教育产生影响。他提出科学认识的方法——归纳法，抨击以烦琐主义和形式主义为特征的经院哲学。归纳法分若干步骤：通过观察和实验收集事实；通过例证列表，对感性材料进行整理；通过概括排除，淘汰非本质的规定性；作出肯定的结论以解释自然。培根的认识论为教学方法的根本变革提供哲学依据。培根还提出研究百科全书式知识的理想，认为"知识就是力量"，将自然科学视为知识的最主要内容。培根对一些人过于尊崇古典文献持否定态度，认为对古典文献应甄别取舍，不应全盘接受。在《新大西岛》(1627)有关"所罗门之宫"的描述中，他提出"泛知识"的建议，认为人应学习一切知识，尤其是自然科学知识，这成为夸美纽斯"泛智论"之先声。

德国较早受意大利文艺复兴运动的影响。温斐林是宗教改革前较重要的人文主义教育家。他反对古典语言学习中专重文法的错误倾向，强调人文之学要以维护社会道德为标准，其人文主义精神与宗教意识相伴而行，极言学术知识与宗教信仰并行的重要性。德国的爱尔福特大学、巴塞尔大学、科隆大学等皆成立人文主义者团体，致力于传播古典文化，抨击当时的教会。一些诸侯也积极扶持人文主义，神圣罗马帝国皇帝马克西米连一世甚至被称为"人文主义者皇帝"。人文主义和人文主义教育的开展为德国宗教改革创造良好的文化条件。

法国早期文艺复兴运动中表达人文主义教育思想并对人文主义教育施以重要影响的有法国学者比代。他对希腊、罗马文学造诣颇深，对罗马法也有透彻研究，认为不掌握人文之学，犹如夜间行路而无灯光。1516年，他撰写《论王侯的教育》，建议君主学习古典著作。在他的推动和国王的支持下，法国先后建立富有人文主义精神的法兰西学院(1530)和吉耶讷学院(1533)，与教会大学分庭抗礼。学院不事经院之学，崇尚古典学术。法国激进的人文主义思想家、教育家蒙田就在吉耶讷学院接受过人文主义教育。法国的保守势力一直比较强大，极力压制新思想的发展，过分的压

制带来强烈的反抗,一种新的教育精神产生,拉伯雷、拉谟斯、蒙田成为其代表人物。拉伯雷对教育感兴趣主要是受伊拉斯谟和新教教育家斯图谟的影响。其教育思想主要体现在其讽刺性文学作品《巨人传》中,要点有四。一是阐述了一种新的教育自由观。他要求打破一切戒律,不论是教会的还是世俗的,认为理想的社会由享有完全自由的人组成,推崇"想做什么,便做什么"的准则。他所主张的自由主要是一种个人自由。二是主张身心并行发展,重视体育。他所列的体育活动名目非常多,如骑马、击剑、角力、跑步、游泳、射箭、登山、攀树等。三是要求认识所有事物。拉伯雷提出一个包罗万象的学习知识范围,古典语言和著作是学习科目的主体,还引入自然科,要求对大自然予以"尽心"研究。他注重本族语教学,要求日常交往使用本族语言。四是提出新的学习方法和途径。拉伯雷反对经院主义烦琐论证、死记硬背的方法,要求知识的掌握建立在理解的基础上,应采用新的教学方法使教学与学习过程轻松、愉快。他认为书本只是知识的一个来源,观察、谈话、游戏、游学、参观、旅行等也是获取知识的重要途径。拉谟斯反对崇古,反对迷信权威,认为人人皆应得到自由思考的权利;强调实用性,认为学习知识的目的是用于实践,各种知识的教学都应与生活现实相联系。蒙田的主要著作是《散文集》,其中的文章长短不等,内容繁杂。其教育思想主要体现在《散文集》的"论学究气"和"论儿童的教育"等篇章中。蒙田具有很强的批判精神,其思想的广度、深度远远超过同时代人。他反对培养学究,要求培养完全的"绅士",这种绅士具有渊博的、对生活有益的实用知识,具有良好的判断力,坚忍、勇敢、谦逊、爱国、忠君、服从真理、关心公益,体魄强壮。他说,一切运动和锻炼,如长跑、击剑、音乐、舞蹈、打猎、骑马,都应该是学生学习的一部分,希望学生的外表、态度或礼节同其心智一同形成,因为教育训练的不是心智,也不是身体,而是一个人,不能把两者分开。他倡导怀疑精神,反对盲信盲从;注重对知识的理解,反对死记硬背,认为一个人应有判断力,绝不可人云亦云,但应服从和热爱真理,虚心好学,敢于并善于纠正自己的错误认识;崇尚实际效用,认为学究式的学问是无用的,教师教的和学生学的应是对实际生活有用的东西。在语言学习方面,蒙田认为,本族语是最有价值的,其次是邻国语言,最后才是作为绅士重要装饰品的希腊文和拉丁文。他不主张学生过分依赖书本,要求儿童多从生活、事实中学习,多行动,多实践,这样获取的知识才最有实效。行动和实践是教育的重要手段,也是检验学生学习效果的尺度。在教育教学方法方面,他反对强制压迫,主张自然发展,认为严厉的处罚不仅摧毁儿童学习的愿望,还会使人丧失高贵的本性;要求抛弃暴力和强制,使教育成为一种"没有惩罚、没有眼泪"、充满兴趣和欢乐的活动,使儿童的天性健康发展。蒙田认为,没有一种完全适

合于一切学生的教学方法,教师应"掌握分寸",因材施教。蒙田的教育思想是对中世纪和文艺复兴前期教育理论和实践深刻反思的结果。他提倡身心并进,重能力培养,求实际效用,尚行动实践,反对权威主义,批判死记硬背,抨击学究气息,是后期人文主义教育新气象的集中表现。

人文主义教育的特征

北欧人文主义教育与意大利人文主义教育有显著差别,主要表现在:第一,意大利人文主义教育有较强的世俗性,北欧人文主义教育特别强调虔敬与道德价值。意大利的学校在古罗马时代世俗气息就比较浓厚,中世纪及其后建立的大学和城市学院也多受世俗势力控制,而北欧的宗教势力比较强大,且人文主义者多从宗教团体兄弟会那里接受教育。第二,因政治背景不同,教育的政治功能迥异,意大利在文艺复兴前期实行城市共和制,要求培养富有自由、平等精神的公民,而北欧人文主义教育家崇尚君主制,关注的是对那些将来有希望成为君主和朝臣的人物施以什么样的教育。尽管存在差异,但两者具有一致性,这主要体现在三个方面:古典科目构成人文主义课程的基础和主体;强调教育与社会的联系,重视治人治世之学,力图通过教育改造社会,自然改造、自然科学研究尚未受到重视;重视古典语言,漠视本族语教学。

随着社会的发展,早期人文主义教育日益滞后于时代,人文主义教育的内涵必须获得新的拓展。这种新拓展主要体现在培养目标改变、世俗精神增强、学习内容丰富、本族语引入、学习方法进步等方面。意大利的卡斯底格朗、法国的拉伯雷和蒙田、英国的T.埃利奥特和培根成为新教育精神的代表人物。

尽管人文主义教育在不同地域和不同发展阶段有不同的特色,但其基本特征有共同之处。它们是人文主义基本特征在教育上的具体表现,也是相对于中世纪教育的进步所在,其显著表现是其人本情怀和世俗精神。

人文主义教育是人文主义的一个组成部分,带有人文主义的根本特征,即对人的关注。人并非消极无为的存在物,人有自身的尊严;通过教育可成为完美的个体,可掌控命运;人是有力量的,能改变世界。这些对人的思想和行为方式、对教育思想和教育实践来说都是一种极大的解放。人成为教育的重心和中心,教育就是解放人,就是塑造完美的新人。

人文主义教育关注现世而非来世。教育是培养为世俗社会服务的人和解决社会问题的重要手段。人文主义教育更关心现实社会,不像中世纪那样只关心天国。道德教育强调正义、节制、勇敢和智慧四项古代世俗美德,虽然基督教人文主义者将虔敬作为首要美德,但虔敬已不是道德教

育的全部。道德教育的目的不是获得上帝的青睐和恩宠,而是克服社会的腐败和不道德,塑造新的道德精神。人文主义者主张的课程也具有世俗性。古希腊、古罗马的著作具有世俗性,对中世纪遗留下来的七艺和神学等科目,他们也作了世俗性处理。七艺本是世俗性的,但中世纪教育使其蒙上一层浓厚的宗教色彩。文艺复兴时期,人文主义者恢复七艺原先的世俗精神。对宗教神学,他们也赋予它新的人文主义色彩,如不少人文主义教育家通过引证《圣经》,歌颂现实生活及人的尊严与伟大。人文主义教育依然具有宗教性。几乎所有人文主义教育家都信仰上帝,他们虽然抨击天主教会的弊端,但不反对更不打算消灭宗教。他们希冀通过教育,以世俗和人文精神改造宗教,以造就一种更富世俗色彩和人性色彩的宗教。

人文主义教育以复兴古代教育思想为起点,古代教育思想成为人文主义教育思想的生长点和组成部分。其目的、道德教育、课程、教学方法等皆含有古代教育的因素,但并非纯粹的"复古",而是古为今用、托古改今,力求用历史主义的态度和方法恢复古代文化的真实面目。

人文主义教育无法摆脱它的局限性,即具有等级制和贵族性:教育对象多为上层子弟;多为家庭教育和宫廷教育,而非大众教育;培养的主要是统治阶层。这由人文主义运动的性质决定。人文主义运动不是大众民主运动,而是一场由上层文化精英发动并由上层权力精英支持的文化运动,尽管极力反对中世纪的教阶制度和封建制度,但其本身不可避免地带有新的等级性和贵族性。"美德即高贵"是人文主义的口号,意即人不因拥有权力、财富和血统才高贵,有美德才是真正的高贵。这似乎是对中世纪等级制和贵族世袭制的否定,具有平等色彩,实则不尽然。北欧不少人文主义者认为,虽然美德构成真正的高贵,但美德恰恰总是在传统的统治阶级身上完美地表现出来。中世纪教育因为始终被当作传播教义、培养信仰的一种工具,因而具有更大的开放性和普遍性。人文主义教育在大众性方面也不及新教教育。新教教育的典型特征是宗教性和大众性。宗教改革家马丁·路德全部思想的核心是灵魂得救,其教育思想的根本出发点在于通过教育培养对上帝的虔诚信仰,使灵魂获得拯救。马丁·路德也强调教育的世俗化,但与宗教性相比,它只是从属的、次要的。法国宗教改革家加尔文主张的教育目的具有二重性,但其主导倾向仍在信仰、来世、教会上。新教教育的大众性是指其教育平等的理念。马丁·路德认为,信仰完全是个人的主观体验和内心活动,每个人的信仰来自其对《圣经》的独立理解。这样就产生了一种新的教育要求——使每个人都有阅读《圣经》的能力。"信仰面前人人平等"这一宗教观反映到教育上,就成为教育权利平等。马丁·路德把接受教育的权利扩大到社会下层,从而开始西方近代教育民主化进程。由此,他进一步提出普及

教育的主张。加尔文则更明确地提出由国家负责对全体公民进行强迫教育的思想。主张由国家管理文化教育事务,实施义务教育,是新教教育对教育理论与实践的最主要贡献,对当时和其后的教育发展起决定性作用。

参考文献

波特.新编剑桥世界近代史(第1卷,文艺复兴)[M].中国社会科学院世界历史研究所组,译.北京:中国社会科学出版社,1988.

阿伦·布洛克.西方人文主义传统[M].董乐山,译.北京:三联书店,1997.

加林.意大利人文主义[M].李玉成,译.北京:三联书店,1998.

昆廷·斯金纳.现代政治思想的基础[M].段胜武,译.北京:求实出版社,1989.

William, H M. Studies in Education during the Age of the Renaissance [M]. Cambridge: Cambridge University Press,1906.

(褚宏启)

问题教学(проблемное обуиение) 亦称"问题—发展性教学"。20世纪60年代后苏联心理学家马丘什金和马赫穆托夫等人提出的一种教学理论。马丘什金认为,在教学中,问题情境是关键和核心,它对于学生创造性地掌握知识和培养学生的创造性思维能力至关重要。在马丘什金看来,问题情境是主体与客体在思维上相互作用的一种类型,是当主体完成要求,发现新的、主体前所未知的知识或作业时产生的一种心理状态。在这种情况下,新知识的掌握或发现总是伴随主体心理状态的变化。问题情境包括已知与未知的关系,同时要求个体积极参与这一关系。在这个过程中,随着个体对新的知识的发现,个体的心理状态也同时发生变化,即问题情境中的探索过程与形成个体新的心理的过程是一致的。在此基础上,马丘什金从问题情境的特点出发,分析了构成问题情境的基本组成成分:(1)新的、未知的东西,它是问题情境的核心成分,是学生为有效完成学习任务而应当加以揭示的问题;(2)学生研究未知问题的需要,它反映学生思维的动机因素;(3)学生的可能性,它既包括学生的创造性能力,也包括学生已达到的知识水平。

苏联教育科学院院士马赫穆托夫认为,传统的课堂教学以教师的活动为基础,如提问、讲解、复习、指定家庭作业等,都只从教师活动的角度去考虑。这种教学结构对学生的活动毫无反映,不能保证对学生的学习—认识活动实行控制,也不能保证学生的发展。在他看来,问题教学是发展性教学的高级类型,在这种教学结构中,占主导地位的是对话设计和认识性作业,它们需要由教师系统创设一些问题情境,并组织学生为解决教学问题而进行活动,同时也将学生的独立探索活动与掌握正确的科学结论最优地结合起来。其中,对话设计是教师设计与学生以提问和回答的方式相互作用的各种形式,认识性作业是学生尚不了解的知

识、尚不知如何解决的问题。

问题教学的基本特点　马赫穆托夫认为，与传统教学相比，问题教学具有以下八个基本特点：(1) 学生从事的是一种特殊的智力活动，通过解决学习性问题来独立掌握知识，这既能保证知识的理解及其广度和巩固性，又能保证逻辑理论思维与直觉思维的同步形成。(2) 问题教学是奠定马列主义世界观的最有效手段，是把知识转变为信念的可靠条件，有助于学生在学习过程中形成具批判性、创造性、辩证性的思维方式。(3) 问题教学能保证理论联系实际、教学与生活密切联系。(4) 问题教学必须同各种类型的独立工作结合，既要求学生运用原有知识，也要求其掌握新知识和新的活动方式。(5) 问题教学能最好地保证个别化教学，因为处于问题情境中的每个人，在问题的概述及假设的提出和证明上都存在个别差异。(6) 问题教学具有动态性。这是由于事物都具有相互制约、相互联系的辩证矛盾性，它导致一种情境必然过渡到另一种情境。(7) 问题教学能激发学生高昂的情绪。(8) 问题教学能在配合使用归纳法与演绎法的同时增强演绎法的作用，也能在兼用复现型、创造型活动的同时发挥创造型活动的作用。

问题教学的基本环节　马赫穆托夫认为，在课堂教学中，教师的提问是学习性问题的语言表达形式，但并不是任何提问都包含问题。如教师提出以下两个问题：是否存在关于火星上有生命的推测？火星上是否有生命？对于第一个问题，人们可以不假思索地作出肯定的回答；对于第二个问题，在回答之前则需要加以证明。由此可见，第一个问题与第二个问题之间的区别在于"问题性"，即前者是非问题性的，后者才是一个真正的问题。在课堂教学中，开展问题教学的基本途径是促使学生原有知识与必须掌握的新知识之间发生激烈的冲突，从而产生问题情境，这种以矛盾冲突为基础的问题情境的产生和解决，是教学过程与学生发展的重要动力。马赫穆托夫认为，在课堂教学中，问题教学应包括问题情境的创设、问题的提出、问题的解决三个基本环节。

问题情境并不是一般地被看作与思想进程遇到意外"障碍"相关的那种智力紧张状况，而是在一定的教学情境中，由于学生以前掌握的知识、智力、方法客观上不足以解决已产生的认识任务时所引发的那种智力困窘状况。马赫穆托夫根据其实验成果，将教师创设问题情境的基本方式概括为如下几种。(1) 让学生面临要加以理论解释的现象或事实。如在物理课上学习"离心力"时，学生从教师的实验中看到，飞轮转动时，它上面的胶泥环箍向四周飞散，由此引出问题情境，因为这种现象与学生们已学过的向心力现象有矛盾。(2) 在完成实践性作业时引导学生产生问题。如在学习"截锥体的体积"之前，让学生在生活中找出利用截锥体的例子并试着确定它的体积。学生们虽然列举了许

多利用截锥体的实例，但谁都无法确定其体积，于是产生了问题情境以及探索解决这个问题的方法的内在需要。(3) 布置旨在解释现象或寻找实际运用该现象的途径的问题性作业。如就"机械振动与振波"这个课题可以布置如下作业：有人发现，如果海上狂风怒吼，在海岸上，靠近耳边的橡皮球测锤会引起耳朵里疼痛，试解释这一现象，并说出实际运用该现象的途径有哪些。这其中就出现了问题情境。(4) 让学生遇到关于某一事实或现象的日常观念与科学概念之间的矛盾。如学生已知道钢的密度比水大7~8个单位，按照阿基米德定律，任何不含气孔的钢会沉入水底。而当学生学习"液体的表面张力"时，从实验中看到一个现象：钢质剃须刀片或钢针都能浮在水面上，钢为何不沉底？于是产生了问题情境。(5) 提出假设，概述问题，并对结论加以检验。如在学习"电流在电解质中的性质"时，首先做实验，结果表明，蒸馏水不导电，干盐不导电，而自来水导电。于是学生提出假设——溶液是导体，可做溶液实验时，却发现糖溶液并不导电，由此产生了问题情境。(6) 激发学生比较和对照事实、现象、定则、行为，由此产生问题情境。如在学习"毛细管作用"时，让学生比较如下现象：煤油灯燃着、墙壁发潮、墨水在吸墨纸上洇开、植物吸收养分等。使学生产生疑问，是什么引起这些现象发生。

问题的提出可分为分析问题情境、研究问题的实质和用语言概述问题三个阶段。分析问题情境是学生学习的第一个阶段。只有通过分析问题情境，明确其已知成分与未知成分，才能发现问题，从而在学生的头脑里产生问题，并继而用语言把问题概述出来。如教师首先给学生创设如下问题情境：根据对流规律，凉水总是下沉，暖水总是上升。可冬天在一些深水库里，+4℃的暖水却处在靠近底部的位置，这是为什么？对此，学生们先后作出不同层次的发问：为什么会这样？为什么暖水处在靠近底部的位置？为什么+4℃的水处在最底部？为什么+4℃的水不向上升？为什么暖水层不受冷水层的排挤而发生对流现象（这里用上冷水比暖水密度大的知识）？为什么暖水会重于冷水（这里设想了上一问的答案）？水温在+4℃时密度是多大？最后两个问题就属于"问题的提出"，它包含教师所给予的矛盾信息中的新知识的实质。以上也是提出学习性问题的内部逻辑机制。

问题的解决由若干环节构成。(1) 拟订问题的解决计划。解决计划的先决条件是解决途径应当或是分析性的，或是启发性的，或是两者的结合。两者都必须首先确定以前的经验、原有的知识及原先的解决方式能被用在眼前场合的程度，并制约于主体已掌握的知识、要掌握的知识、掌握的过程等因素。此外，问题解决计划的拟订还必须包括解决方案的优选。(2) 提出推测并论证假设。如当学习"大洋中水的运动"时，学生们对"是什么力量推动大洋里的水

运动"这个问题提出以下四个推测:大洋的底部不平,所以水从浅处向深处流动;大海接近陆地,高于大洋,因此水从大海流向大洋;流入大海和大洋的河水引起海洋中水的运动;风引起海洋中水的运动。经过论证、讨论,只有最后一个推测似乎成立从而成为假设。(3)证明假设。以下是上述假设的证明过程。教师问:总是变向的风能不能引起水的流动(而非原地波动)呢?有的学生回答:能。接着教师介绍《格兰特船长的儿女们》中有一只漂向海岸的、装有遇险报告纸条的瓶子,然后引导学生回答:瓶子怎么会漂向海岸?究竟是什么风能引起水朝一定的方向流动?经过学生讨论,认为有那样一种风,它永远朝一个方向吹,正是它引起水也朝一个方向流动。为验证学生的结论,教师引用贸易风(即信风)的例子来加以证实,证明过程至此结束。(4)检验问题的解决结果。检验的手段和方式在自然科学课程和人文科学课程中可能不尽相同。在前一场合,可通过计算、解典型习题、进行观察和实验等来检验。在后一场合,则可以采用另外的方式,诸如把问题的目的、要求与得到的结果加以对比,将理论性结论与实际运用进行对照等。(5)重温和分析解决过程。解决问题意味着学生已初步掌握解决问题的方式。为使学生更清楚地掌握既定问题的解决方式,并把它作为同类问题的规范解法牢牢记住,就必须重复和分析前面解决问题的过程。

参考文献

毕淑芝,王义高.当代外国教育思想研究[M].北京:人民教育出版社,2002.

李秉德.教学论[M].北京:人民教育出版社,1992.

王义高.教师的益友——"问题教学"理论[J].比较教育研究,1995(1).

(张天宝)

问题解决(problem solving)

个体在面对问题情境时采取的具有目的指向性的一系列认知操作。问题解决首先有一定目的指向性,要达到某个终点状态;其次主要涉及个体头脑内部的认知过程,即要对自己头脑内部的符号表征进行认知性操作。

问题是个体面对的要达到一定目的但又不知道如何达到目的的刺激情境,或者说是给定状态与目标状态之间存在需要克服的障碍的刺激情境。一般包括给定状态、目标状态和障碍三个方面。可以区分出问题的客观方面和主观方面,前者指对任务的客观陈述,后者指个体对问题客观陈述的主观理解,又称问题空间,一般包括任务的起始状态、任务的目标状态和任务的中间状态,即从起始状态向目标状态转化的若干状态。将问题从起始状态向目标状态转化需要采用一定的操作,这些操作被称为算子。根据问题的起始状态、目标状态和算子情况的不同,可将问题分为定义明确的问题(well-defined problem,亦译"结构良好的问题")和定义不明确的问题(ill-defined problem,亦译"结构不良的问题")。前者是指问题的三个成分都非常明确的问题,如解方程:$x+2=4(x-2)$。后者指三个成分中有部分不明确的问题,如治理环境污染问题。问题的另一种分类是一般领域的问题和专门领域的问题,前者是凭经验常识可以解决的问题,如猜谜语;后者是需要专门知识才能解决的问题,如修理电视机。

问题解决的研究历史 最早对问题解决进行研究的是美国心理学家E.L.桑代克。他做了一系列实验,观察猫如何从装有机关的笼子里逃出,并据此提出问题解决是通过尝试错误的行为而最终找到解决办法,而且问题解决是没有意识和目的的,人类的问题解决与动物的问题解决类似。杜威则将问题解决看作一个有意识的过程,由一系列明确的步骤构成:呈现问题,即问题解决者意识到问题的存在;界定问题,即问题解决者明确问题的性质及解决问题的限制;形成假设,即提出可能的解决办法;检验假设,即确定最可行的办法;选择最佳的假设并明确其优缺点。杜威对问题解决阶段的描述被广为引用,后人并未对其作出明显改进。

格式塔心理学家也十分关注问题解决研究。苛勒将黑猩猩关在笼子里,观察它如何将两根短棒接起来够到远处的香蕉,并据此提出,问题解决不是尝试错误的过程,而是突然顿悟的过程。另一位格式塔心理学家邓克尔研究了问题解决中的功能固着,即在解决问题时,问题解决者不能以新颖的方式看待熟悉的物体或工具,如只能将虎钳看作拔钉的工具而不能用作锤子。在一个实验中,邓克尔给出一支蜡烛、一只装满火柴的火柴盒和一些钉子,要求将蜡烛钉在门上。结果,很多人不能将火柴盒用于支撑蜡烛。邓克尔的研究说明,原有的知识和习惯有时会干扰问题的解决。

20世纪60年代,在计算机科学的影响和推动下,心理学家开始将人脑与计算机类比,从信息加工的角度研究问题解决。问题解决被看成是信息加工系统(人脑或计算机)将起始状态的信息转换成预期的终点状态的信息加工过程。通过计算机模拟、出声思考等研究方法,心理学家描述并验证信息加工系统的内部结构和加工过程。美国心理学家纽厄尔和H.A.西蒙1972年根据对人类问题解决的研究,开发出通用问题解决者计算机程序,该程序主要采用人类解决问题时使用的手段目的的分析方法来编制,可以像人类一样解决许多定义明确的问题。1965年,荷兰心理学家德格鲁特研究了国际象棋大师与新手的差异,开拓从专门领域知识的角度研究问题解决的新方向。但这一时期的研究主要集中于描述问题解决,对个体如何学会问题解决研究得不多。

问题解决的过程与方法　认知心理学将问题解决过程划分为五个阶段：发现问题、表征问题、形成问题解决方案、执行问题解决方案、对问题解决的回顾与总结。发现问题看似容易其实不然。很多人没有养成主动寻找问题的习惯，通常要等问题出现了才去解决。不具备相应的专业知识也导致许多人对问题熟视无睹而不去思考如何解决。问题表征是问题解决者对问题的认识和理解。这一步可以在头脑中进行，也可以外在形式进行。问题表征的一种常见形式是将问题纳入问题解决者头脑中已具备的问题类型中，如解决时间、速度、路程关系的问题。另一种表征形式是将问题以可感知的形式表示，如在纸上画表格、图形的方式。问题表征直接影响问题解决的难易。如下面一道题目：甲乙两地相距 800 千米。两列火车从甲乙两站同时相对开出，速度分别为 120 千米/小时、60 千米/小时。在乙站列车开出的同时，一只飞鸟以 80 千米/小时的速度向甲站飞去，碰到从甲站开出的火车后折回飞向乙站，碰到从乙站开出的火车后再折回飞向甲站。当两列火车相遇时，飞鸟总共飞了多少千米？如果将这一问题理解成将飞鸟飞过的每段路程加起来，那么问题就变得很复杂。如果将问题表征为一只飞鸟以一定速度一直向前飞，飞行的时间是两列火车从开出到相遇的时间，那么问题就很容易解决。在对问题形成正确表征后，接下来要根据对问题的理解设计解题计划、选择解决方法，然后是具体执行相应的计划与方法。最后一步是对问题解决结果与过程的回顾与反思。问题解决者通常要考虑问题是否解决、问题如何解决、以后如何更好地提高问题解决技能。

解决问题的方法可以分为算法（algorithms）和启发式（heuristics）。算法亦称"规则"，是导致问题解决的具体程序，如计算两位数除多位数有一套程序，运用这套程序，可以保证能够解决两位数除多位数的问题。在没有算法可用的情况下，人们通常采用启发式来解决问题。启发式是基于经验的解决办法，它只为问题解决提供可能的解决方向或思路，但并不能保证问题得到解决。如人们在山中迷路，要想走出深山，可以顺着最近的河流顺河而下，小河流入大河，大河旁边能找到有人居住的地方。这一方法就是一个启发式，它有可能带我们走出深山，但也有可能走不出。心理学家确定出手段目的分析、爬山法、逆向法、类比法和头脑风暴法等常用启发式。

手段目的的分析涉及三步：首先识别出当前状态与目标状态的差异，然后选择一些相关行动（或算子）来消除这些差异，即选择一些与目的有关的手段，最后应用算子或采取相关的行动。如果不能缩小差异，就设立一个子目标以实现算子，并重新从第一步开始，即将手段变成新的目的。纽厄尔和 H. A. 西蒙举了一个日常生活的例子来加以说明：我要将儿子送到托儿所。我现有的状态与想达到的状态之间存在什么差异？是距离。什么可以改变距离？我的车子。我的车子坏了，有办法把它修好吗？要换新电池。哪里有新电池？修车铺有。我想让修车铺给我的车子装上新电池，但车铺不知道我的这一要求，困难在什么地方？通信。怎样才能进行通信？打电话……

爬山法是采取一些接近目标的步骤，或者说采取一些步骤使当前的给定状态更像预想的目标状态。如在下象棋时，要将对手的"军"，应用爬山法就需要选择一个能够"将军"的步骤。但爬山法并不总是有用，有时为达到目标状态，需要改变给定状态，使之与目标状态的差距加大，即采用"以退为进"的策略来达到目标。

逆向法是从目标状态开始，通过倒推的方式将其转换成给定状态。在几何证明时常用这种方法，即从欲求证的结论开始，逐步倒推到给定的条件或假设。如下面一个问题：池塘里的荷花每天增长一倍。从池塘中有荷花出现到整个池塘盖满荷花，需要 60 天时间。问荷花覆盖池塘的一半面积需要几天？解决这一问题可以这样逆推：既然 60 天可以盖满而每天又增加一倍，那么 59 天的时候池塘内有多少荷花？当然是一半。

类比法是在遇到新问题时，通过将它与以前解决过的类似问题进行比较而找到解决的办法。如，吉克等人给学习者呈现如下问题：病人体内有一个肿瘤。有一种射线可以杀死肿瘤细胞，但过强的射线在杀死肿瘤细胞的同时也会杀死正常的肌体细胞。如果减少射线剂量，虽然不会伤及正常的肌体细胞，但也不会杀死肿瘤细胞。问：采用什么方法既可以杀死肿瘤细胞，又不会伤害正常的肌体细胞？同时还呈现一个已经解决的问题：一伙叛军占据了一座城堡，通向城堡的道路呈放射状并被叛军埋上了地雷。为攻克城堡，军队的指挥人员让少量士兵从不同方向的道路上向城堡靠拢，最后聚集在城堡下打败了叛军。通过提示学生将肿瘤问题与城堡问题进行类比，大多数学生都成功地解决了肿瘤问题。

头脑风暴法由美国学者奥斯本提出，其基本步骤：定义问题；产生尽可能多的解决办法，不管它们多么离奇古怪，都不要作出评论；确定从中选择合适方法的标准；运用这些标准，从中选出最好的方法。如一名教师要解决一名学生不敢在课堂上当众发言的问题，他采用了头脑风暴法。首先产生一系列可能的解决办法，如：（1）告诉学生放松；（2）请学校的心理咨询员来帮助；（3）训练该生每天大声说话；（4）给他服用镇静剂；（5）运用系统脱敏疗法；（6）让自信的学生给该生做放松态度的示范；（7）不要他当众大声说话。然后，教师列出了选择最好方法的标准：要达到学生讲话时放松的目标；要可行；要合乎法律。根据这三个标准，方法（1）、（3）、（7）不如方法（2）、（4）、（5）、（6）成功的可能性大。如果学校的心理咨询员比较忙的话，方法（2）也不可行，方法（4）

可能不合乎法律,符合标准的就只有方法(5)和(6)了。

专家的问题解决　20世纪50年代之前,心理学家研究的主要是一般领域的问题解决。自20世纪60年代开始,由于采用专家与新手比较研究的方法,开始了对专家问题解决的研究。专家与新手比较研究主要涉及三个步骤:根据一定标准(通常是工作经验和专业知识水平)选出专家和新手;给专家和新手呈现专门领域的问题并结合使用出声思维、录音、录像等技术,记录下专家与新手的问题解决表现;对专家与新手的问题解决表现进行分析,找出两者的差异。采用这一研究方法,研究者研究了国际象棋、计算机、医学、教学等领域的专家与新手的问题解决情况,发现这些领域的具体工作虽然不同,但专家与新手的差异是一致的。格拉泽等人将这些差异归纳为七个方面。

专家只在自己专长的领域内有出色的问题解决表现。在不熟悉的领域,专家通常并不比新手好。一名化学家在自己的轿车出故障时,会到修车铺去修理而不是自己修理,因为他不具备修理汽车的专业知识。

专家以较大的意义单元加工信息。美国心理学家W. G. 蔡斯和H. A. 西蒙发现,象棋大师与新手的工作记忆容量没有显著差异,都是7±2个组块,但象棋大师看一眼复杂的棋盘(5秒钟),就能复现20多个棋子及其位置,新手只能复现4~5个棋子及其位置。但当棋子随机摆放,构不成有意义的棋局时,象棋大师与新手之间就不存在差异。这是因为象棋大师在下象棋的长期经验中,将一些棋子组织成大的、有意义的棋局的缘故。

专家的短时记忆和长时记忆容量比新手大。W. G. 蔡斯等发现一位跑步运动员记忆数字的能力很强。他的短时记忆可以达到记住80个数字的水平,大大超过常人只能记住约7个数字的水平。在间隔一周后,该运动员仍能准确识别80%~90%的随机数字组,表明其长时记忆容量比较大。该运动员之所以能有超乎常人的短时记忆力,是因为他记住大量的跑步比赛成绩的数字记录,并利用这些有意义的数字模式帮助记忆,将要记住的单个信息单位扩大。通常一个数字是一个信息单位,但利用有意义的数字模式,10个数字可能只构成一个信息单位。这样,他从短时记忆中回忆出来的具体数字增加了,但其信息单位数未变。决定短时记忆的是原有知识和利用原有知识将新信息组成较大组块的记忆策略。

专家比新手快。专家在某一领域内经过长时间的练习,在执行一些基本技能时会比新手快。如不熟练的阅读者一字一句出声读出句子,而熟练的阅读者阅读时不出声,不必仔细分辨句中的每一个词,或者识字时也不必看清字的每一笔画,他们的阅读速度比初学者快得多。专家有时采用**机遇推理**(opportunistic reasoning)来解决问题。机遇推理是专家在收集信息到一定程度之后偶然出现的,不必一步一步地进行推理。如电子工程专家在检测机器故障时,不必预先计划每一步,在检测过程中,他们可能偶然出现某种想法,而这种想法与已经收集的信息相一致,由此导致问题迅速解决。

专家比新手花更多时间来表征问题。沃斯和波斯特给研究苏联问题的专家与新手提出这样一个问题:为苏联企业提出一项政策以增加企业的产量。对专家解题过程的原始记录分析表明,他们将解题时间的25%用于表征问题。如他们利用自己有关苏联政策的知识,对解答的结果可能是什么加上一些限制条件。而新手仅用解题时间的1%表征问题。许多数学教师发现,代数学得好的学生在解题前常常给问题创造有意义的表征,而代数学得差的学生通常不思考问题的意义就开始把数字代入公式。

专家比新手在更深层次上表征问题。在遇到新问题时,专家能很快抓住问题的实质,根据问题的内在结构表征问题。如希等研究具有博士学位的物理学专家和刚学过一门物理学课程的大学生在物理问题表征上的差异。他们给出20个描述物理学问题的名称。当请新手和专家将问题分类时,新手的典型名称是"斜面上的木块",专家使用的典型名称是"牛顿第二定律"。在研究计算机编程方面的专家和新手对问题的表征时,也发现同样的差异。编程专家按用于解决问题的算法将问题分类,新手则根据该程序能做什么,如产生一系列英文字母表上的字母来将问题分类。

专家比新手具有更好的自我监控技能。专家倾向于更频繁地检查自己对问题的解答,而且这种检查的效果比新手好。如上述代数问题解决例子中,以有意义的方式表征问题的学生,在解题过程中会反复思考这样解题是否有意义,而只顾代入数字的学生不可能有效地检查自己的解题结果。

运用认知心理学新的知识观对专家出色的行为表现进一步分析后发现,专家之所以具备高超的问题解决能力,是因为他们具有高度结构化、组织化的陈述性知识和熟练的程序性知识以及作为特殊程序性知识的认知策略。这就从专业知识的角度解释了专家的问题解决能力。专业知识在问题解决中的作用备受重视,这与早期问题解决研究强调一般领域的启发式策略明显不同。但到20世纪80年代,研究又发现,专家与新手比较研究中使用的问题都是专家很熟悉的问题,对这些问题,专家已在长期的专业问题解决过程中形成专门化的解决程序。初步研究发现,在遇到新问题时,专家首先运用专业知识来加以理解和解决;当专业知识不足以解决问题时,专家通常诉诸一般的启发式策略。克莱门特列出物理学家解决新的物理问题时使用的一些启发式策略:通过与他们理解的问题进行类比来解决;在类比中寻求可能的错误类比之处;根据直觉性的心理模型来理解问题;采用"极端法",将问题的各个参数置零或无限大来加以研究;将问题简化,然后将解决简化后的问题的方法用于解决新问题。这方面的研究启发研究者,专门领域的知识和一般领域的启发式策略,都是专家问题解决能力的构成成分,研究专家的问题解决不仅要分析它们各自的作用,还要探讨专业知识和一般领域策略的相互作用,这样才能更全面地刻画专家的问题解决表现。

问题解决能力的培养　问题解决能力是教育的一项重要目标,但心理学有关问题解决的多年研究侧重描述和分析问题解决的过程,对如何提高问题解决能力研究不多,因而在这一问题上还存在许多争论。梅耶总结了问题解决教学方面的研究成果,从四个方面介绍了教育心理学在问题解决教学上的观点。

问题解决能力是由一些小的子能力以及协调这些能力的策略构成的。1948 年,美国数学教育家波利亚在《怎样解题》一书中将问题解决特别是数学问题解决分解为四个过程:理解问题,即清楚地知道问题的要求是什么;形成计划,即发现问题解决中各个项目是如何联系起来的,已知和未知是如何联系的;执行计划;检查回顾。他通过对中学生的观察发现,理解问题和计划解决办法的技术十分重要,如将现有问题与已解决过的问题联系起来,将大问题分解成一系列小问题,用图示的方法来表示问题等。认知心理学的研究在更深层次上将问题解决的能力归结为陈述性知识、作为程序性知识的智慧技能和作为特殊程序性知识的认知策略的协同作用。研究也证实,对这些子能力进行明确的教学,会提高问题解决能力。有人曾研究教会大学生解决数学问题的一些方法,如尽可能地将问题图示化,尽力建立解决问题的子目标,考虑有更少变量的子问题等。研究选取了训练组和控制组两组学生。先进行由 5 个问题构成的前测,然后训练如何解决 20 个例题,最后进行 5 个问题的后测。不同的是,训练组还学习一些如上所述的解决方法以及这些方法的适用范围。结果发现,训练组在前测上的正确率平均为 20%,后测上的正确率达 65%。而控制组在前后测上的正确率都在 25%左右。这说明,教给学生问题解决的子能力有助于提高学生整体的问题解决水平。

问题解决的教学应帮助学生理解问题解决的过程。问题解决可以从结果与过程两方面来分析,前者指学生得出的答案是否正确,后者指学生得出答案的思维过程。美国教育心理学家布卢姆等人 1950 年的研究指出,问题解决的教学应强调得出答案的过程。他们要求优等生和需要补课的学生在解决同一个问题时,以出声思维的方式描述自己的思维过程。然后要求需要补课的学生将自己如何解决问题的过程与优等生的解决过程进行比较,找出其中的差异。经过 10～12 次的训练后,需要补课的学生的问题解决的成绩和自信心都有大幅度提高。这说明,可以通过影响问题解决的过程而不是结果来提高问题解决能力。

问题解决的教学应结合具体学科进行。认知心理学对专家和新手问题解决的研究发现,专家的问题解决能力往往与具体领域联系在一起,不同领域、不同学科的问题解决能力各不相同,训练一种一般的、可适用于所有领域和学生的问题解决能力是不现实的。历史上许多研究都曾希望通过专门的问题解决课程的学习与教学来提高学生全面的问题解决能力,但结果都以失败告终。如美国在 20 世纪 60 年代开展的"创造性思维计划"由 15 个卡通小册子构成,每个小册子讲的都是 2 名孩子破案的侦探故事。故事的主人公示范了基本的思维技能,如生成与检验假设等。然后小册子再给读者提供练习的机会。这一计划旨在教给学生一般的问题解决方法,并希望以此改善学生解决各学科问题的能力。但研究发现,受训的学生只在解决与小册子中类似的侦探问题上的成绩优于控制组,一旦要求解决的问题与训练时的问题不一样,这种训练的效应就不复存在。福恩斯坦的工具丰富教程以及委内瑞拉在 20 世纪 80 年代开展的智力项目研究也都得到类似结果。这从反面证实,问题解决能力的教学应当结合具体内容、具体学科进行。

问题解决的教学可以在基本技能熟练掌握之前进行。心理学有关认知学徒制的研究认为,教学基本技能的同时就可以教学高级能力。在这种制度中,初学者和熟练者共同完成真实的任务。对于任务中超出初学者现有水平的基本技能,或者由熟练者来完成,或者由熟练者辅助初学者完成。这样就使初学者在未掌握基本技能的前提下能够学习高级的能力。这种方法只是暂时而非长远的措施。从长远看,基本技能仍需要学习者掌握。如学生的写作可看成是问题解决。这一解决过程包括构思、起草、修改三个主要阶段。学生遣词造句的技能是解决写作问题时要用到的基本技能,而其中的高级能力是构思的策略。在进行写作教学时,没有必要等到学生能熟练遣词造句了再进行有关构思的教学,写作时可以先不对学生写草稿提出过高要求,从而减轻学生的压力,以便其将主要精力用在布局谋篇的构思上。

参考文献

皮连生.教育心理学(第三版)[M].上海:上海教育出版社,2004.

皮连生,王小明,王映学.现代认知学习心理学[M].北京:警官教育出版社,1998.

Bruning, R. H., Shraw, G. J. & Ronning, R. R. Cognitive Psychology and Instruction[M]. 2nd ed. Englewood Cliffs, New Jersey: Prentice - Hall, 1995.

Mayer, R. E. Incorporating Problem Solving into Secondary School Curricula [M]//Phye, G. D. Handbook of Academic Learning: Construction of Knowledge[M]. San Diego: Academic Press, 1997.

Mayer, R. E. Learning and Instruction [M]. Upper Saddle River, New Jersey: Merrill/Prentice - Hall, 2003.

（汪亚利）

问题行为（problem behavior） 临床上亦称"行为障碍"（behavior disorder）。儿童、青少年身上出现的妨碍人格的良性形成、学习能力的正常发展及身心的健康成长的不良行为。这些行为给家庭、学校、社会带来困扰，往往导致社会冲突、个人不幸和学业失败。问题行为是儿童发展过程中的一种常见现象，主要表现在攻击反抗、违纪越轨、焦虑抑郁、孤僻退缩和各种身体不适等方面。儿童期的某些问题行为，尤其是典型的外显问题行为（如攻击）和内隐问题行为（如孤僻），在很大程度上可以预测青少年期与成人期的种种问题。

问题行为的分类 问题行为可因研究角度、研究对象不同而不同，中国心理学研究者一般根据内部动机、外部情景、心理活动状态、人格特点、行为方式、行为后果、自我评价及体验、性质等指标将其分为四类：（1）过失行为。具有这类行为的儿童常喜欢和同龄人进行群体性活动，他们通常组成小集团，集团中的成员很多都是犯有过失和做过坏事的儿童。他们往往有不正当或不合理的需要，有些过失行为则是由好奇心、试探心理引起，如由于缺乏知识经验或认知能力不足，采取了不适当的行为方式而产生的情景性、偶发性、盲目性的问题行为。（2）品德障碍行为。具有这类行为的儿童具有严重的逆反心理，反对权威人物，喜欢恶作剧。他们常有不良的需要，由于受不良意识倾向或人格特点支配而产生违反道德规范、损坏他人或集体利益的不良行为，这类行为常有经常性、有意性的特点。（3）攻击行为。指以口头的或身体的方式伤害他人的行为。攻击行为有对别人躯体上的攻击（如打人），也有非躯体的攻击（如侮辱别人）。儿童的攻击行为主要由挫折造成的愤怒、不满等情绪引起，带有公开性、爆发性等特点。（4）退缩行为。具有这类行为的儿童常沉默寡言、孤独离群，缺乏自信心和进取精神，胆怯、退缩。生活中遇到的挫折会使这些儿童产生逃避、消极、自暴自弃的心理，进而形成其退缩行为。这类儿童一般比较顺从，其行为问题容易被忽视，也更易引起进一步的问题。退缩行为具有隐匿性和持续性的特点。

美国心理学家威克曼将问题行为分为扰乱性行为和心理性行为。其他美国心理学家则将儿童的问题行为分为以下五类：学校学习不适应、人际关系不良、不适应的行为和情感、泛化的抑郁和痛苦、由学校压力引起的身心症状。日本心理学家松田岩男等将儿童的问题行为分为反社会行为和神经症倾向行为。

产生问题行为的相关因素 主要有五方面因素。一是躯体和发育障碍。人的情绪和行为变化有一定的生理生化基础，其中神经介质（如单胺类的 5-羟色胺、去甲肾上腺素、多巴胺等）和内分泌的作用尤为突出。儿童由于缺氧、中毒、外伤或营养不良引起大脑器质或神经系统机能异常，就会使儿童的人格和行为出现各种问题和障碍。心理学家倾向认为，大脑皮层的功能失调和环境污染会使儿童血液中的铅水平升高，从而影响儿童正常的发育，导致问题行为；或者由于其他原因引起脑对去甲肾上腺素代谢的障碍，使脑机能紊乱，造成行为上的问题。另外，儿童身体上的缺陷或发育不良等导致的自卑和挫折感，会使儿童感到羞辱、孤立、窘迫等，也会引起问题行为的出现。

二是儿童气质特点。德国心理学家 A. 托马斯将儿童的气质分为易教养型、难育型和启动缓慢型三种。易教养型儿童一般情绪稳定，生活有规律，较少产生不安情绪，对陌生的人和环境有较强的适应能力。难育型儿童生活不规律，害怕与陌生的人和环境接触，对自身和外界刺激作出的反应过于强烈，情绪不稳定，常给家带来养育中的麻烦。启动缓慢型儿童对新事物和陌生人的最初反应较慢，不够活泼，比较内向，对新鲜事物倾向于退缩，但随着对事物的认识和掌握，他们的反应也会积极起来。有学者认为难育型、启动缓慢型和接近难育型三类儿童易出现行为问题，其中尤以难育型儿童为甚。研究者发现，具有难育型气质的婴幼儿至 3～7 岁时，较易出现行为问题。也有人指出，3 岁时易产生恐惧情绪的孩子，长大以后易出现神经症行为，而表现不安、多动的婴幼儿，在青少年期易表现出违纪行为。另有研究表明，4 个月时的婴儿，如果是高运动觉醒状态，对刺激易激惹，长大容易变成胆怯、害羞的孩子，而另一部分不易激惹、低运动觉醒的婴幼儿，易变成开朗和社会化较好的孩子。

三是社会环境。在现代生活中，由于社会科技、信息技术的高度发展，各种有害信息广泛传播，如电子游戏、网络垃圾、有害的杂志及玩具等，它们都会影响儿童、青少年的成长，同时父母不良的行为观念也是儿童学习的来源，这些因素都有可能使儿童产生不良行为。如果没有正确的引导，一方面强化作用会促使儿童不良行为的产生，另一方面当儿童在一个混乱的、负面榜样较多的社会环境中生活时，也可能产生行为上的放纵和反社会问题。当儿童面对压力过大的环境，又无法摆脱或改变这种不良环境时，也可能出现儿童的失助感和自尊的丧失，进而导致儿童的退缩、胆怯行为。

四是学校环境。学习负担过重、升学考试的压力、学校及班级风气、教育中的粗暴及要求过高的行为、教师不良的性格等都会造成儿童的怨恨、挫折情绪，从而产生行为上的问题。另外，学校教学缺乏趣味性、学校生活单调以及学校对学生心理的不理解、对精神卫生工作的忽视等也会造成儿童的问题行为。

五是家庭环境。问题行为与家庭的关系主要从五个角度去解释：（1）教养方式。美国心理学家西蒙兹最早将父母教养方式分为接受—拒绝、支配—服从两个维度。他认为，被父母接受的孩子一般情绪稳定、富有同情心，而经常被拒绝的孩子则表现出冷漠、倔强、喜欢叛逆。被父母支配的孩子依赖性较强、缺乏自信，而支配父母的孩子独立性强，但有攻击性。美国心理学家鲍姆琳德经过系统的家庭观察和实验室观察，将父母的教养方式分为权威型（authoritative）、专制型（authoritarian）和宽容型（permissive）。她认为，权威型父母能及时地对孩子的需求作出反应，并能对孩子施加适当的控制，他们理解和尊重自己的孩子，在孩子面前有一定权威，这样的父母最能促进孩子良好适应行为的发展。而专制型父母会给孩子施加过多的控制，经常运用惩罚、禁止等手段要求孩子绝对服从，这样的父母常使孩子产生焦虑、恐惧和挫折感，也更容易使孩子产生行为问题。国内也有许多研究表明，父母不良的教养态度和行为会直接影响儿童的问题行为，如父母如果经常对儿童采取强迫、威胁、生气、责骂、拒绝、排斥等教养行为，以及经常使用暴力和攻击性言行，儿童就会经常表现出强烈的攻击性倾向和反社会倾向。（2）父母榜样作用。模仿学习是由美国心理学家班杜拉提出的儿童问题行为形成理论，并用波波玩偶实验给予证明。在实验中，他让儿童观看一部录像，录像中一位模特攻击性地殴打一个玩偶，即波波玩偶。看完录像后，儿童被放在一间有好玩的玩具的房间里，但他们不能动玩具，而是回忆刚才看的录像，儿童开始变得愤怒和沮丧。然后，把这些儿童领到一间也放着波波玩偶的房间，班杜拉和许多其他研究人员发现，88％的儿童模仿录像中的攻击行为，八个月后仍有40％的儿童重演波波玩偶实验中观察到的暴力行为。因此，班杜拉报告，儿童在与他人相处时常使用与他们朝夕相处的父母相同的攻击性策略。模仿是儿童社会性发展的一个重要途径，心理学家经过观察认为，幼儿经常学习家长、老师和同伴的动作和语言，并将其内化为自己的特质。父母作为儿童的第一任老师，其语言、行为对儿童有重要影响。有研究表明，行为有问题的父母，往往孩子也存在同样的问题行为。如与行为粗暴、情绪不稳定的父母生活的儿童也会带有比较严重的攻击行为。（3）家庭冲突。家庭的情感氛围是影响儿童行为发展的重要因素，父母关系紧张、经常发生冲突就会使孩子体验到挫折和沮丧，从而产生行为障碍。卡明斯及其同事做的一项实验证实了这点。他们让一组2岁大的婴儿看两组成人表演的影片，一组影片是成人之间愤怒相向，另一组影片是成人彬彬有礼地相处，研究者记录婴儿观看影片时的反应。结果显示，在观看第一组影片时，婴儿表现得情绪激动，攻击行为比较多；而观看第二组影片时，他们就表现得更随和、情绪更平稳。（4）其他家庭环境因素。有研究表明，父母受教育水平、家庭经济条件、家庭结构等也是影响儿童问题行为的重要因素。如在大家庭生活的儿童受成人教育和关爱的时间较多，他们也会有更好的适应性行为，而破裂家庭中的儿童常没有安全感，也更容易出现行为上的问题。

儿童问题行为的诊断与治疗　可通过三种基本方法检测儿童的问题行为。（1）非正式观察。《精神疾病诊断与统计手册（第四版）》（*Diagnostic and Statistical Manual of Mental Disorders*, *Forth Edition*，简称 DSM-Ⅳ）列出儿童问题行为的诊断标准，非正式观察可根据这些标准判断儿童行为的异常。非正式观察是在儿童没有察觉的情况下观察其行为，主要是看其行为是否与同龄人有差异，差异程度有多大，以及如果儿童的行为确实存在问题，具体表现是什么等。对问题行为的认识受很多因素的影响。美国心理学家威克曼认为，对问题行为的容忍程度（tolerance ranges）、理论模式（theoretical models）、专门术语（terminology）、社会参照（sociological parameters）等四个因素影响人们对问题的判断，导致一种行为在某人看来是问题行为，在另一个人看来也许是正常的行为。因此，对问题行为的定义和判断必须放在一定的文化环境下，尽量以客观的态度看待有问题行为的儿童，找出其问题产生的主要原因，有针对性地加以引导，使他们健康成长。非正式观察可作为对儿童问题行为的初步诊断，之后还需要运用科学工具验证观察结果。（2）使用评价工具。如果在观察之后发现有问题存在，可使用儿童行为评价工具帮助确定是哪方面有行为问题。要依据儿童具有的不同问题行为选择不同的量表或标准，诊断可从躯体器质性病变、智力、人格、情绪和环境等方面考虑。对儿童的问题行为要采用医学诊断、智力筛查、人格测试、情绪判断和环境评价等评价工具，明确儿童问题行为的本质和诱发原因。常用的评价量表有"韦克斯勒儿童智力量表"（Wechsler Intelligence Scale for Children，简称 WISC）、"卡特尔16种人格因素问卷"（Cattell's Sixteen Personality Factor Questionnaire，简称16PF）、"Y—G性格测验"（Yatabe-Gnilford Test）、"症状自评量表"（The Self-report Symptom Inventory，即 Symptom Checklist-90，简称 SCL-90）及阿肯巴赫的"儿童行为检核表"（Child Behavior Check List）等。（3）进行高级脑神经活动检查。有些儿童的问题行为由生理因素引起，如发育不良、微细脑功能障碍、食物中毒、环境污染导致的疾病、外伤及微量元素中毒等，对这些儿童的问题行为需借助一定的脑神经仪器进行检查，找出发病的原因，消除其生理上的问题，再治疗其行为上的问题。

治疗和纠正儿童问题行为可从四方面着手：（1）情感的宣泄。家长、老师或心理咨询师要理解和倾听儿童的心理感受，要给予共感和同情，而不对儿童的问题行为加以批评甚至惩罚。理解儿童可使儿童把积压在内心的不满、愤怒、忧郁和挫折感受等发泄出来，净化他们的心灵，使其情绪保持稳定。（2）问题行为的矫正。矫正儿童的问题行为的方法主要有认知改变法和行为训练法。认知改变法认为，儿童的问题行为主要来源于儿童认知上的错误，可以通过改变儿童错误或有偏差的认知和学习,树立对事物的正确认识,以矫正其不良行为。行为训练法直接从改变儿童的行为入手,利用系统脱敏疗法、行为的逐步塑造、社会机能训练等技术矫正儿童不良行为,树立良好行为。行为训练法把所有适应不良的行为和适应良好的行为都看作是习得的,把外显行为看作应加以处理的问题。行为矫正要对应加以改变的行为进行消退和纠正,对那些令人满意、需要加强的行为要提供各种各样的强化。(3)社会生态学方法。该方法认为,儿童的问题行为是由于儿童与环境(家庭、教师及文化群等)之间错误的相互作用引起的。治疗应从儿童生活的环境入手,包括家庭气氛的改善、学校教育的配合等,通过修正儿童生存的生态环境的组成成分和儿童自身情况,实现儿童与环境之间积极的相互作用。(4)药物治疗。主要用于有神经或器质性病变的情况。常用的药物有利他林、匹莫林等。使用药物疗法能减少儿童的不良行为,但还需要心理治疗和教育训练的配合和巩固。

参考文献

南婷.儿童心理社会发展:从出生到青少年早期[M].丁祖荫,译.北京:人民教育出版社,1993.

徐光兴.学校心理学——心理辅导与咨询[M].上海:华东师范大学出版社,2000.

叶奕乾,杨治良,等.图解心理学[M].南昌:江西人民出版社,1982.

Thomas, A. & Chess, S. Temperament and Development[M]. New York: Brunner/Mazed, 2000.

(安献丽　徐光兴)

乌申斯基与教育民族性思想（Ушинский и идея народности воспитания）

乌申斯基是 19 世纪中期俄国教育改革家和俄国教育学的奠基人。教育的民族性是他进行教育改革活动与教育理论探讨和创新的主导性原理之一,对俄国教育理论与教育实践的发展起重要作用。

乌申斯基的生平、教育改革活动与著作

乌申斯基于 1824 年 3 月 2 日生于图拉,1844 年毕业于莫斯科大学法律系。在就读本科(1840—1844)和准备硕士学位考试(1844—1846)期间,他阅读大量文学和历史著作,对当时俄国西欧派和斯拉夫派的争论有所了解,开始对俄国社会发展问题进行思考。他认为劳动与教育将铺设建立新社会的道路,决定将"培养有头脑的人和播下思想的种子"作为其使命。1846 年 8 月,乌申斯基被任命为杰米多夫高等法政学校法学通论、国家法和财经学代理教授,任职三年,期间他撰写《论财政教育》一书。由于尝试革新陈旧的课程内容和在教学中传播民主主义观点,他被指责为"政治

上不可靠",被迫于 1849 年 9 月离开学校。之后他在沙皇政府内政部宗教事务局外国宗教信仰科工作,其间,他曾为《现代人》、《读者文库》和《俄国地理学会通讯》等杂志撰稿,积累哲学、心理学、社会学与自然科学知识,为其日后的教育研究创造有利条件。

1855 年,俄国在克里米亚战争(1854—1855)中惨败,暴露了农奴制的腐朽和国家的落后状况。尼古拉一世(1825—1855 年在位)于 1855 年 2 月猝亡。亚历山大二世(1855—1881 年在位)继位后开始酝酿进行自上而下的废除农奴制改革。在这样的社会政治背景下,被称为公共教育运动的俄国国民教育运动兴起,乌申斯基重新开始从事教育工作。1854 年 1 月,他被聘为加特契纳孤儿院俄语、地理和法律等学科的教师,同年 6 月开始担任该校的学监,主管教学工作。加特契纳孤儿院实行寄宿制,收容 600 多名孤儿,对他们进行初等教育和中等法律职业教育。针对该孤儿院的实际教育问题,同时考虑到俄国国民教育的改造,乌申斯基在该孤儿院工作时详细研究俄国和欧美各国国民教育发展的历史、现状和教育学理论及其发展史,发表《论教育书籍的益处》、《学校的三个要素》、《论公共教育的民族性》等教育论文。1859 年 1 月,他被任命为斯莫尔尼贵族女子学院的学监。1860 年 3 月至 1861 年末,他还兼任《国民教育部杂志》的编辑。斯莫尔尼贵族女子学院当时是半修道院式的教育机构,在教学上主要灌输宗教和忠君思想。乌申斯基到任后吸引谢苗诺夫、莫扎列夫斯基、沃多沃索夫等教育家来校工作,对学院教学工作采取一系列改革措施:实行新的教学计划(开设自然与物理课,加强俄语教学),推行一些合理的教学方法,组织实施实物教学课和自然科学课程的实验课。他还为低年级学生编写以自然常识为主要内容的俄语读本《儿童世界》(1861),为七年级以上的学生举办两年制的师资训练班。他对《国民教育部杂志》的编辑方针作了变更,将其变成一份教育学刊物。1860—1862 年间,乌申斯基发表《劳动的心理和教育意义》、《师范学堂章程草案》、《关于国民学校问题》、《国民教育的基本思想》、《星期日学校——寄外省的一封信》等一系列讨论国民教育改革问题的教育论文。

乌申斯基在斯莫尔尼贵族女子学院的改革活动和对《国民教育部杂志》编辑方针的变更遭到保守势力的反对,被指责为"不信上帝、政治上不可靠"。1861 年 11 月和 1862 年 3 月,他相继失去《国民教育部杂志》编辑和斯莫尔尼贵族女子学院学监的职位。1862 年 4 月,主管女子教育的玛丽亚皇后事业管理部决定派遣乌申斯基去国外考察欧洲的女子教育。他于同年 5 月中旬出发到国外考察,第一年主要考察瑞士的女子教育,并访问一些瑞士的小学和师范学校,拟定《祖国语言》编写纲要,还深入考察教育理论问题,为撰写其教育理论专著《人是教育的对象》准备材料,并发表 7 篇关

于瑞士教育的通讯——《寄自瑞士的信》；第二年考察德国、法国和比利时的女子教育和各种类型的学校。1864 年 6 月，乌申斯基回国，于同年 9 月向玛丽亚皇后事业管理部的领导人作了详细的考察汇报。同年 11 月，乌申斯基被再次派遣到国外出差两年。1864 年，乌申斯基为俄国初级学校学生编写的俄语课本《祖国语言》出版，受到俄国进步教育界的欢迎。他还为教师们撰写了《谈初级阶段的语文教学》和《〈祖国语言〉教学指南》。

1866 年，宗教事务院的总检察官托尔斯泰兼任国民教育部长，开始反对 60 年代前期进行的有限的教育改革。乌申斯基编写的《祖国语言》和《儿童世界》曾一度被从教育部颁布的教科书书目中删除。乌申斯基在国外居留的三年多时间(1865 年 2 月至 1868 年 9 月)里抱病撰写其教育理论专著《人是教育的对象》。1868 年 9 月，他完成该书第一、二卷的撰写，并为第三卷收集了所需的资料，但由于病情恶化而未能完成。该书的第一、二卷在 1868 年、1869 年相继出版。1871 年 1 月 3 日，乌申斯基病逝于敖德萨。资料和遗稿后经其追随者奥斯特罗戈尔斯基的整理，于 1908 年以《康·德·乌申斯基未发表的论文集〈教育人类学〉第三卷资料和传记材料》的书名出版。其生命的最后几年还发表《必须把俄国教育办成俄国式的》、《对我国的儿童我们应该怎么办?》、《在各省首府开设手工艺学校的必要性》等教育论文，编写《女子学校师范专业班教育学讲授大纲》(1896 年载于谢苗诺夫所编《纪念康·德·乌申斯基》一书中)。

乌申斯基践行其有关生活使命的感悟，为推动俄国教育改革与发展和俄国教育理论的创建做了大量工作，留下丰富的教育遗产。苏联从 20 世纪 30 年代开始强调乌申斯基教育思想的现实意义。为普及其教育思想，苏联教育科学院于 1948—1952 年组织出版《乌申斯基全集》(11 卷)，1953—1954 年又出版《乌申斯基教育文选》(2 卷)。20 世纪 80—90 年代，乌申斯基的《人是教育的对象》第一、二卷和《乌申斯基教育文选》由人民教育出版社组织翻译和出版，为中国教育工作者研究乌申斯基的教育思想创造便利条件。

乌申斯基的教育民族性思想

乌申斯基探究的教育问题十分广泛。教育的民族性问题是他提出最早和反复研究的主要问题。通过认真研究，乌申斯基形成有关教育民族性的系统见解。他将教育的民族性视为教育改革和发展俄国教育制度、创建俄国教育理论的主导性原理。

产生教育民族性思想的社会和文化教育背景　乌申斯基成长于尼古拉一世统治的年代。尼古拉一世统治俄国的 30 年是封建农奴制的最后一个阶段。为维护沙皇专制制度，防范十二月党人的革命思想和西欧先进思想的传播，尼古拉一世及其专政机构采取一系列镇压和防护措施。由于尼古拉一世政权的反动保守，到 1861 年亚历山大二世废除农奴制度前，俄国农业人口仍占居民总数的 90%，整个农业仍以农奴制劳动为基础。俄国虽然也续英、法两国之后开始进行工业革命，但农奴制劳动在冶金工业中仍占主要地位。矿业主既是厂主，又是地主。他们把自己对工厂的管理建立在垄断和其所有权上。俄国工业在这一时期的发展非常缓慢。与先进工业化国家相比，俄国现代交通事业更显落后。至 1861 年，俄国建筑的铁路长度只有英国的 1/10。19 世纪中叶，俄国几乎没有商船队，外国人控制了船舶和俄国主要港口(包括圣彼得堡、里加和敖德萨)的贸易。农奴制已成为俄国发展的障碍，农民对自己遭受的残酷剥削与压迫的反抗也日趋激烈，在尼古拉一世统治的 30 年间，农民骚动爆发达 500 多次。俄国先进的知识分子对俄国社会进一步发展的道路问题进行艰苦的探索与思考。19 世纪三四十年代，西欧派和斯拉夫派之间围绕俄国历史及其发展方向这一主题展开激烈论战。西欧派反对权力无限的君主制和农奴制，主张俄国走西欧的道路，采纳西欧的文明并按资产阶级议会原则改造国家制度；斯拉夫派则强调俄国历史发展的特殊性，他们代表意识到某种程度的改革已势在必行的一部分贵族的观点，主张逐步废除农奴法，召开缙绅会议。但他们同时又断言俄国人笃信宗教，衷心爱戴君主，赞扬古老习俗，把族长制村社奉为理想，因此主张自上而下进行改革。俄国思想家和革命民主主义者赫尔岑在回忆录《往事与随想》中认为，"斯拉夫主义或俄罗斯主义，不是作为一种理论，一种学说，而是作为一种被侮辱的民族情感，一种模糊的回忆和忠贞的本能而出现的，这是对风行一时的外国影响的反抗。"因此，论战的当时，赫尔岑站在西欧派一边。斯拉夫派的主要代表人物基列耶夫斯基也指出，斯拉夫派内部的观点并不统一，每个人对这个词都有自己不同的理解。有的把斯拉夫主义只看作是语言和民族统一；另一些人把它理解为西欧主义的对立面；有的追求民族性；有的则笃信东正教。每个人都把自己的理解看成唯一合法的，并排斥一切其他因素。西欧派的成员之间也抱有不同的观点。19 世纪前期俄国革命民主主义派的另一位代表人物和文艺批评家别林斯基也站在西欧派一边参与论战。他和赫尔岑构成西欧派的左翼。别林斯基著文讽刺和抨击斯拉夫派的言行。他在 1839—1846 年主持《祖国纪事》杂志的文学评论栏，1847—1848 年参与《现代人》杂志的编辑工作，使这两个杂志成为民主主义思想的论坛，吸引了具有进步思想的人。1843 年 11 月至 1844 年 4 月，西欧派的代表人物、历史学家格拉诺夫斯基在莫斯科大学作了以《英法两国的中世纪》为题的系列讲演，涉及俄国的历史事例，意在说明俄国和西欧各国的历史发展遵循共同规律，西欧的农奴制已经瓦解,俄国的农奴制也应瓦解。斯拉夫派的代表人物在 1844 年秋季也举办系列公开讲座,宣传自己的见解。乌申斯基当时就读于莫斯科大学,并参加了一个大学生研究组。他从两派的论战中吸取丰富的思想营养,为其日后解决教育的民族性问题奠定思想基础。

促使乌申斯基思考教育的民族性问题的直接动因是俄国国民教育的落后状况与本国具有创见的教育学理论体系的缺失。俄国在俄国沙皇彼得一世统治时期大力进行改革。在文化教育方面,采取简化俄文字母、创办一批带有实利主义性质的国立学校、设立科学院并在其中附设一所大学和一所文科中学、出版定期刊物、奖励翻译西欧著作和出版科学读物等措施,并开创派遣年轻贵族到西方留学的传统。18 世纪后期和 19 世纪初,俄国参照德意志诸邦国和法国发展教育的经验建立本国中央集权的教育管理体制和国民教育制度。由于沙皇专制制度和农奴制的存在与制约,俄国教育问题的解决过程曲折,教育发展十分缓慢。1786 年颁布的《国民学校章程》只规定在城市开办两年制的初级国民学校和五年制的中心国民学校;1803 年颁布的《国民教育暂行章程》和 1804 年颁布的《大学附属学校章程》规定由堂区学校、县立学校、文科中学和大学组成的四级学制,要求在城乡所有的堂区设立一年制的堂区学校,克服《国民学校章程》完全没有涉及农村教育的问题,为在农村办学提供法律依据。按照《大学附属学校章程》,各级学校的教学应该是互相衔接的,而按照尼古拉一世统治时期颁布的《大学所属文科中学和初等学校章程》(1828),每种类型的学校都具有终结性并被指定为某一等级服务。设在大城市的大学和文科中学的全部经费由国家提供;县立学校设在县城,其经费部分由国家提供,部分靠地方税款提供;对堂区学校,国家不提供经费。因此,在 19 世纪前期,在农奴制村落里几乎没有一所学校。对于俄国教育的这种状况,乌申斯基认为,俄国的非宗教学校,甚至整个国民教育事业取得的进展极小,要使国民教育事业顺利发展起来,使国民学校的建立真正符合国家当前的条件和需要,做到为了人民本身的利益而去教育人民,只把别国的教育制度和理论照搬过来是不行的。

在彼得一世进行改革以后,在教育理论与实践方面只有少数学者有所建树,整体上,俄国不仅照搬别国的教育制度,而且照搬别国的教育理论。彼得一世在创建彼得堡科学院时,俄国的知识分子还很少。他从国外请来一些学者,并在科学院附设大学和文科中学,让那些外国学者在完成科研任务的同时,还从事教学,为俄国培养人才。1745 年,罗蒙诺索夫成为彼得堡科学院第一位俄国本土出生的院士。1755 年,在罗蒙诺索夫的倡议和直接参与下,俄国第一所独立的高等教育机构——莫斯科大学创办。莫斯科大学附设两所文科中学,其中一所专收贵族子弟,另一所为除农奴以外的平民子弟而设。罗蒙诺索夫亲自拟定莫斯科大学

的教学条例,并任命自己最好的学生在大学里工作,保障了大学的正常教学。1758 年,在莫斯科大学教授们的倡议下,在喀山开办另一所文科中学。莫斯科大学的教授和教师、罗蒙诺索夫的学生和拥护者们从事教学法的研究,编写了一本《准备入大学者的学习方法》,于 1771 年用俄文、拉丁文、德文和法文出版,书中含有如何教某些科目(历史、数学等)的指示。1779 年,在莫斯科大学附设俄国第一所师范学堂,为莫斯科大学附设的文科中学培养师资。18 世纪后半期,大学里有许多文学和科学社团进行活动,大学还创办印刷所,翻译优秀的外国教育著作,夸美纽斯的《世界图解》和其他著作、洛克的《教育漫话》、卢梭的《爱弥儿》(后者被叶卡捷琳娜二世禁止出售)都翻译成俄文。

俄国在 1786 年颁布《国民学校章程》,这个章程由 1782 年成立的国民学校委员会制定,其中最活跃的成员是由神圣罗马帝国皇帝推荐、从奥地利邀请来的塞尔维亚人扬科维奇,而当时最著名的俄国文化工作者们未被列入在内。在法令颁布前,俄国建立彼得堡中心国民学校(1782 年),为未来的国民学校培养师资。1782 年,扬科维奇撰写一篇以《俄罗斯帝国国民学校一、二年级教师指南》为题的教学论论文。18 世纪末、19 世纪初,裴斯泰洛齐的教育思想也传到俄国。在 19 世纪前期,一些俄国教育家都受到他的教育思想的影响,但他的民主主义教育思想在实行沙皇专制主义和农奴制的俄国无法推广。在 1803 年的《国民教育暂行章程》和 1804 年的《大学附属学校章程》颁布后,莫斯科大学附属师范学堂升格为莫斯科大学附属师范学院。同年,在彼得堡设立一所师范学院,它在 1816 年被改组为中央师范学院,1819 年又被改组为彼得堡大学,中央师范学院的学生全部并入彼得堡大学,由大学承担为文科中学和高等学校培养师资的任务。1828 年,中央师范学院重建,其任务改作为国民教育部所属的高等和中等教育机构培养师资。师范学院学生除学习普通教育学科外,还要学习教育学、俄语与算术教学法。19 世纪 30 年代,中央师范学院讲授教育学的教授奥博多夫斯基开始尝试以德国教育文献为参考创立俄国教育学课程的教材。他以德国神学家和教育家尼迈尔撰写的《教育与教学原理》的思想和结构为参照,撰写和出版了《教育学指南》(1835)和《教学论指南》(1837)。他的这两部指南在俄国用作教育学教材达 30 年之久。乌申斯基在俄国公共教育运动中发表的第一篇教育论文《论教育书籍的益处》中指出,“我国的教育书刊与我们的实际教育相比,显得极其贫乏,这不能不引起关心这件事情的人们的注意。一方面,拥有 5 000 多所学校,近 20 000 名教师,几所大学——其中最古老的已经庆祝过自己的 100 周年纪念日,还有一所规模颇大的师范学院;而另一方面,却只有鲜为人知的两三种质量很差的教育学教科书的试用本;连一本哪怕稍微有点令人注目的教育著作也没有”。他谈到,在俄国,“有关教

育内容的外文书是很多的，但这并不能弥补用俄文写的和译成俄文的教育书籍的不足"，"用外文版的书籍来代替俄文版的书籍是完全不可能的，这是因为，第一，并非每个人都能看懂外文书，而且教育书刊必须具有独立性和民族性；第二，在我们的学校图书馆中，甚至是在那些最有希望找到好的教育书籍的图书馆中，也很少有可能找到具有实际价值的教育书籍——大概只能偶然间找到一本"。乌申斯基在这篇论文中论述了什么是教育、教育对于社会和民族发展的极端重要性、怎样才能使教育理论与实践得以迅速发展以及教师在教育过程中的地位、怎样的人才能成为教师、如何才能使教师得到培养和提高等广泛的教育理论和教育实际问题，并着重指出，解决这一切问题的关键就是要迅速发展教育书刊，使有关教育的正确社会舆论得到迅速的传播与发展。他强调："教育的作用之一，就是主要地通过信念去影响人以及从根本上影响社会；而使这种信念得以存在的手段，就是教育书刊。"关于教育书籍的言论，体现出他对当时俄国教育方面盲目抄袭外国教育理论与制度的否定态度。在以《论公共教育的民族性》为题的长篇论文中，乌申斯基更以大量的历史事实说明，各国的教育制度与教育理论都具有自己的民族性，而且是随着各国社会生活的发展而发展的。因此，盲目地抄袭别国的教育理论和搬用别国的教育制度是不可取的。针对俄国长时间盲目崇拜与搬用德国的教育理论与制度，不思建立符合本民族特点和社会生活需要的教育理论与国民教育制度的问题，他在评述德国教育理论与实践时不但肯定其成就，而且着重揭示了其缺点。他在这篇论文中还引述了当时德国仍然在世的教育家第斯多惠对德国教育学体系局限性的分析，并利用德国学者胡贝尔和 L. V. 维泽用比较的方法研究英国与德国教育的成果，说明德国教育理论及其实践的长处和弱点。在此基础上，乌申斯基又指出："对于我们在这里正要解决的问题来说，主要的是，无论是胡贝尔还是 L. V. 维泽，也无论是第斯多惠还是西利耶斯特廖姆，都没有意识到他们所谴责的东西在历史上存在的必然性，也没有意识到德国的教育体系和英国的一样，也具有民族特点，这两个国家的教育体系都是民族性格和民族历史发展的必然结果，都有自己坏的方面和好的方面，因而想要以一个国家的教育体系去代替另一个国家的教育体系，这是不可能的。"

乌申斯基教育民族性思想的要点　俄国面临着建立国民学校的任务。乌申斯基在《关于国民学校问题》一文中指出，为制定出关于俄国国民学校的概念，必须要想清楚以下重要而迫切的问题：俄国的国民学校应当是什么样的？应当如何以及在何处设置国民学校？在国民学校里应当安排哪些课程以及如何去教这些课程？从哪里为这些学校聘请教师？这些教师应当是怎样的？国民学校与社会、与总的教育管理机关的关系应当是什么样的？等等。他认为，按

照在德国已经制定的现成概念来解决所有这些问题是远远不够的，民族性应该在国民学校中有所体现，在其他国家适用的和有益的东西，在另一个国家却可能是不适用的，甚至是有害的，因而在解决这些问题时，应当考虑到俄国当前的条件。在《人类学》一书中，他又说："我们俄国的学校是没有历史的，而要像购买某种外国机器那样获得学校的历史，那是不可能的，因而不管愿意还是不愿意，我们势必要走合理的道路，也就是说，要以科学为基础，以心理学、生理学、哲学、历史和教育学为基础，而最主要的，是必须以了解自己本身的要求、了解俄国生活的要求为牢固的基础，从而独立地(不醉心于模仿任何人)去搞清楚俄国的学校应该是什么样的，它应该培养出什么样的人，应该满足我们社会的哪些要求；……在大学里、在教务会议上、在教师进修班上形成这样的见解，然后既以这种方式，又通过教育文献，把这种见解传播到社会上去；在这方面造成明确的社会舆论，从而使社会了解它对自己的学校应当有什么要求，并使学校了解它们应当满足社会的哪些要求，——在我们看来，这就是使我们的学校扎根于我们俄国的土壤并且赋予它们以前所未有的生机的唯一途径。"乌申斯基反复强调这些道理，是希望俄国的教育工作者不要醉心于模仿德国或其他国家的教育理论与实践，而是在创建教育理论方面表现俄罗斯民族的力量，作出自己独立的贡献，并使俄国的公共教育(含国民学校)体现其民族性。

乌申斯基通过对欧洲各国公共教育民族性的历史考察，说明了教育民族性的起源及其含义。他认为各国公共教育的民族性是随着近代民族国家出现而逐渐形成的，但它植根于各民族对祖国的爱的传统概念。在乌申斯基看来，依靠和培养人们热爱祖国的情感是教育民族性的重要内容；另一方面，俄文中的 народность 也含有"人民性"的意思。乌申斯基认为，各国关于公共教育的独特概念是由于民族的本性和历史而形成的，包含着各国人民根据社会发展的需要进行的创造，任何一个民族，都在自己的文学作品——从歌曲、谚语、神话到戏剧和小说——中表达自己的这样一个信念：根据这一民族关于人的概念，人应该是什么样的。它表现了民族自觉的过程以及对恶行与美德的见解，表现了民族的良心。乌申斯基在《论公共教育的民族性》中认为"各族人民关于人的理想，不管它属于哪个时代，总是作为这一时代的典范。社会上有少数人的表现高于这一理想(这是极少有的例外情况)，大多数人低于这一理想；但在每个人的内心深处都有这一理想的特征。尽管人们意识到这一理想对于自己个人来说完全是高不可攀的，但是他们在开始评价别人的行为时，仍然拿它来作为标准(这是社会舆论得以产生的基础)。他们还希望这种理想能在与自己关系亲近的人身上实现，这种感情就是社会对教育提出的要求的特性得以形成的根源"。在揭示民族性在教育

中所起的作用时,乌申斯基还将民族性、基督教和科学视为欧洲各国公共教育的三大基础。他将民族性置于公共教育基础的首要地位。

根据乌申斯基对教育的民族性含义的揭示和他对民族性在教育中所起作用的论述,其教育民族性思想主要包括以下几个要点。

其一,每一个国家的公共教育都应建立在民族性的基础上。乌申斯基指出,如果说民族性是国家历史生活的唯一源泉,则国家的一个个成员就只能在这个源泉中为自己的社会活动汲取力量。公共教育是社会生活的最重要的过程之一,一代代人通过公共教育以共同的精神生活紧密地联系在一起;公共教育不能抛开民族性,它在把一个人培养成社会未来的成员的同时,他性格中使他与社会发生密切联系的那个方面也在向前发展。乌申斯基在《论公共教育的民族性》中强调,"由本民族自己创造并且建立在民族性基础上的教育体系具有巨大的教育力量,这样的力量是那些建立在抽象的思想基础上或者从其他民族那儿借用来的最好的体系所没有的……只有民族教育才是民族发展历史过程中的一种积极手段"。

其二,在创建公共教育体系和教育理论方面,每一个民族都应检验自己本身的力量。乌申斯基强调,每一个民族都会在历史上起到自己特殊的作用,而如果它忘记了自己应起的作用,就应该退出历史舞台。一个没有民族性的民族,就等于一个没有灵魂的肉体。其他民族在教育事业中所取得的经验,是所有民族的宝贵遗产,但任何民族都不能按照其他民族的模式生活,不管这种模式如何具有吸引力;同样,也不能按照别人的教育体系进行教育,不管它是如何严整,如何经过周密的思考。

其三,热爱祖国的情感是教育可以始终凭借的、人所共有的先天趋向。乌申斯基在《论公共教育的民族性》中写道:"教育应该启发人的意识,以便在他的面前明确地开辟一条正道。但仅仅做到这一点还不够。……教育可以始终凭借的、人所共有的先天趋向只有一个,那就是我们所讲的民族性。正如不存在没有自尊心的人一样,也不存在不爱自己祖国的人,而这种对祖国的爱给予教育以开启人的心灵的一把灵巧的钥匙,也使教育有了巨大的可靠力量去与人的那些先天就有的、个人的、家庭的和民族的不良趋向作斗争。而凭借着民族性,教育总能在人的真实而又强烈的感情中找到答案并获得促进力量;这种力量的作用,比仅仅由于智慧获得的信念或者由于对惩罚的恐惧而形成的习惯,都要强烈得多。"乌申斯基所说的"民族性"、"民族情感"都是爱祖国的情感,具体所指的是对祖国的田野、语言、传统和生活的依恋之情,它们对人的心灵拥有不可思议的控制力。

其四,每个民族的语言都是人民自己创造的,本族语是人的精神发展的最佳手段,是人的自我认识的最可靠、最直接的途径。乌申斯基指出,民族语言不但反映着祖国的自然,而且反映着民族精神生活的全部历史。语言是最生动、最丰富而巩固的一种联系,它把过去、现在和将来的各代人民联结成为一个伟大而富有历史意义的、生气勃勃的整体。它表现为一个民族的生命力,同时也是民族生命本身。民族的语言一旦消失,这个民族也就不复存在了。语言是一个民族全部悠久的精神生活的最完善和最真实的写照,同时又是最伟大的人民导师,还在既没有书籍又没有学校时,它就已教导着人民了,而且只要民族的历史一天不断,它总继续教导着人民。每一个新生一代在容易而不费力地掌握祖国语言的同时,就在掌握着千万代祖先的思想和情感。儿童在掌握祖国语言时,不仅掌握词及其组合和变化,而且还掌握关于事物的无数概念和观点,掌握语言中的很多思想、情感、艺术形象、语言的逻辑和哲学;如果不凭借祖国语言,就是辛勤而有系统地学习也未必能迅速掌握这么多东西。基于此,乌申斯基认为本族语应是国民学校的主要课程。他在论文《国民教育的基本思想》中谈到中学课程的安排时指出,本族语是人的精神发展的最佳手段,是人的自我认识的最可靠、最直接的途径,因此,应将本族语的学习置于首要地位,然后是那些直接揭示人和自然界的其他科目,即历史、地理、数学、自然科学的学习,再其次,是学习现代外国语,而古代语言仅是某一部分教学活动所必需的专门知识。乌申斯基为俄国儿童编写《祖国语言》读本,在《〈祖国语言〉教学指南(第一、第二学年)》中谈到学习俄语中的谚语、俗语、俏皮语、谜语、童话和民间故事的意义,体现了他对人民创造能力的无比崇敬。

其五,学校教育应与从各方面包围着民族的那种生活相联系。乌申斯基认为,学校教育远不能包括民族的全部教育。宗教、自然界、家庭、传统习惯、诗歌作品、法律、工业、文学作品——形成民族的历史生活的一切,组成了民族的实际学校;与这种学校的力量相比,教学机构的力量显得十分渺小。把教育孤立起来,使人们不受民族生活的影响,是不可能的。生活会不断地把自己的信念带给教师和学生——使教师的讲课具有一定特色,并指导着学生的理解。

其六,为把俄国国民教育引上平坦和正确的大道,就应当使其适应全体俄国人民的需要。乌申斯基主张,应当注意的不是德国、法国、英国等国需要什么,他们那里过去怎么做的,现在怎么做的,而是处于现阶段的俄国需要什么,适应俄国历史进程、适应俄国人民的需要和精神的是什么。他强调要为人民的利益而教育人民,提出应让农民的子女接受义务教育,在农村开办高质量的国民学校。他在《关于国民学校问题》中指出,"国民学校能在我们的农村中发展合理的初等教育,使人们能通过自己的视觉、听觉和心灵,接受人类伟大的教育者——自然界、生活、科学和基督教——的教诲"。

乌申斯基看到了城市工人成为机器的附属品对其肌体的有害影响和旧式学徒制对少年道德与身体上的损害,论述了在城市开办星期日学校的益处和在各省首府开设手工艺学校的必要性。乌申斯基在《星期日学校——寄外省的一封信》中写道,"无论他们在学校听到什么,无论他们在学校里学会什么,在道德意义上这一切都大大高于他们在家里、在街头、在饭馆或者酒馆里所听到的和所学到的东西。他们在学校里度过的两个小时是处在正派人的监督之下,这些正派人彬彬有礼、亲切温柔、人道地和他们交谈,关心他们,这一点就足以给常常被老板视作干活的牲口的这些可怜的孩子带来巨大的好处"。星期日学校的另一个重要的道德意义,在于它使受过教育的人和工人阶级的人互相接近。关于开办手工艺学校的必要性,乌申斯基在描述了少年们(小手工工人)在主人那里遭受的身体折磨和道德腐蚀后指出,开办手工艺学校,是为了纠正首都的,同时也是都市生活普遍存在的这种明显而深重的罪孽。手工艺学校应该让儿童在学习手艺的同时,仍然在儿童圈内生活,并且得到成年人的指导,而这些成年人必须把儿童看作儿童,看作未来的公民和未来的工作人员,而不是已经可以使用的畜力。他还指出,如果市政当局能开办这样的学校,为城市培养出自幼在道德和体力上不曾受到腐蚀的、诚实正派的手艺工人,它将给城市本身带来好处。这些学校的目的具有鲜明的慈善性质和爱国主义的一面。在《在各省首府开设手工艺学校的必要性》一文中,乌申斯基预言,"有了良好的、符合道德要求的手工艺学校,我们将不仅拥有优秀的副工匠,而且还会有俄罗斯族的很好的工匠和工场主;到那时,剥削我们的杰出天赋、欺压我们软弱性格的外国人,就不可能再来我国发横财了"。

其七,在奠定了公共教育基础的前提下,可以借鉴外国教育经验。乌申斯基指出,每一个民族的教育,其基础、目的以及主要方向,是各不相同的,它们由每个民族的特性所决定;教育的某些细节,却可以自由地从一个民族传播到另一个民族。但只有在本国人民已经奠定了牢固的公共教育基础的情况下,别国的教育经验才不会起坏作用。一个民族可以而且也应当借用别国发明的手段和方式,但却不能借用表现出别国特性的体系。同样,一个民族的公共教育的特性表现得越明显,它就越能自由地向其他民族借鉴自己所需要的一切。乌申斯基在教育改革和发展俄国国民教育、创建俄国教育理论方面既反对盲目抄袭,也反对盲目排外,反映了其教育民族性思想的辩证性。

乌申斯基教育民族性思想的历史意义

俄国 18 世纪至 19 世纪前期教育改革与发展的历史说明,自彼得一世进行的社会与文化教育改革后,如何学习与借鉴西方先进的教育经验并借助西方的人力资源,以推进本国教育发展;如何保持教育发展的独立自主性并使本国优良的教育传统得以发展,一直是先进的俄国知识分子所关注的问题。分清两者之间的主次,掌握好继承本国传统与借鉴外国经验的分寸更是一个十分尖锐和很难解决的矛盾。17 世纪至 18 世纪初期俄国社会与教育的发展极大落后于西方,彼得一世改革的一个重要组成部分就是极力使社会生活中的所有领域西化。但由于彼得一世的改革是在君主专制和农奴制条件下进行的改革,广大农民从改革中不仅没有得到任何好处,其生活状况更是进一步恶化。因此,改善农民生活状况,争取广大人民的受教育权,是先进知识分子(包括先进的贵族知识分子)关注的另一问题。乌申斯基教育民族性思想所要解决的问题正是这些俄国历史发展中早就出现的问题。在俄国教育理论与实践发展的历史上,罗蒙诺索夫是试图解决这些问题的第一人。他倡议在莫斯科创立大学的用意就是要保障俄国文化教育发展的独立自主性。罗蒙诺索夫为莫斯科大学拟定的"教学条例"要求莫斯科大学附属文科中学的教学从学习俄语开始,体现其爱国主义精神。他是用俄语讲物理课和撰写科学著作的第一位院士。罗蒙诺索夫属于俄国这一时期在教育理论与实践方面有所建树的学者之一,但他所涉及的只是精英教育。

在以创建教育理论来检验俄罗斯民族力量方面,乌申斯基率先垂范,撰写《人是教育的对象》,有分析地吸取了赫尔巴特教育思想的成果,但突破了赫尔巴特主知主义教育思想体系的框架。书中单设"生理篇",对人的生理发展作了详细研究,这是赫尔巴特教育研究中所缺乏的。在心理学方面,他不仅研究了人的智力发展,而且非常重视"情感"和"意志"的研究,从中引出一些重要的教育原理。在论"意志"部分,他深入探讨追求自由的意向与任性、专横等不良道德品质的区别,追求自由的意向与追求自觉和自由活动的意向之间的关系,追求享乐的意向与追求幸福的意向之间的区别,并在此基础上论述劳动的心理与教育意义和人生目的问题。乌申斯基认为,要使人具有严肃的生活目的,生活目的(而不是愿望的满足)才是人的品格和人的幸福的核心。严肃的生活目的就是从事"人所喜爱的、合意的自由劳动",包括脑力劳动和体力劳动,最理想的是使体力劳动和脑力劳动结合起来。

在教育民族性思想的指导下,乌申斯基在俄国教育改革和建立俄国国民教育制度方面做了许多工作。其众多追随者对 19 世纪后期俄国国民教育的发展也作出重要贡献。

参考文献

乌申斯基.人是教育的对象:教育人类学初探(上、下卷)[M].张佩珍,郑文樾,等,译.北京:人民教育出版社,1989.

乌申斯基.乌申斯基教育文选[M].张佩珍,等,译.北京:人民教育出版社,1991.

扎古尔·摩西.世界著名教育思想家(第4卷)[M].北京:中国对外翻译出版公司,1996.

赵祥麟.外国教育家评传(第2卷)[M].上海:上海教育出版社,1992.

（吴式颖）

五四运动时期教育改革

五四运动时期在教育领域进行的一系列改革。内容广泛,涉及教育宗旨、学校课程、教材教法、教育管理等领域,是中国近现代学校教育发展的一个重要时期,对中国现代教育的发展产生深远影响。

教育宗旨、教育方针的调整　1915年,袁世凯颁定《特定教育纲要》《教育要旨》,废除辛亥革命后的教育方针,主张尊孔复古,提出"爱国、尚武、崇实、法孔孟、重自治、戒贪争、戒躁进"七项教育要旨。洪宪帝制垮台后,《特定教育纲要》撤销,恢复了民国元年的教育方针,《高等小学校令施行细则》删去读经的内容。1917年5月,宪法审议会否定了孔教为国教的提案,撤销1913年宪法草案中"国民教育以孔子之道为修身大本"的条文。

1919年3月,教育部聘范源濂、蔡元培、蒋梦麟等人组成教育调查会,审议教育之重要事项。1919年4月,教育调查会提出"养成健全人格,发展共和精神"的教育宗旨。所谓健全人格是:私德为立身之本,公德为服役社会国家之本;人生所必需之知识、技能;强健活泼之体格;优美和乐之感情。所谓共和精神是:发挥平民主义,俾人人知民治为立国根本;养成公民自治习惯,俾人人能负国家社会之责任。这个宗旨反映了资产阶级民主与发展实业的需要,对这一时期教育改革的进行和新学制的制定起促进作用。

提倡白话文教学　提倡白话文、反对文言文是五四运动的一项重要内容。在白话文运动的推动下,1916年10月,蔡元培、吴稚晖、黎锦熙等发起成立中华国语研究会,主张"言文一致"、"国语统一"。1917年10月,全国教育会联合会第三次会议在杭州召开。会议提出"推行注音字母方案",要求教育部速定国语标准,推行注音字母,以期语言统一,为将来小学改国语之预备。1918年11月,教育部公布统一制定的注音字母表,共39个字母。1919年4月,教育部在北京召开国语统一筹备会成立大会,议决拟请教育部推行国语教育办法案、推行注音字母案、请颁行新式标点符号案,并指定张仲仁为国语统一筹备会会长。是时,蔡元培等又在孔德学校自编白话文国语读本,而江苏省不待教育部颁令,自行通过"各学校用国语教授案",各学校开始采用国语教材,用白话文进行教学。

北洋政府教育部限于形势所迫,于1920年1月下令各省区:全国各国民学校,自该年秋季起,先将一、二年级的国文改为语体文(白话文),"以期收言文一致之效"。这是中国近代学校废止文言、采用国语的第一个法令。不久,教育部公布修正《国民学校令》,将"国文"均改为"国语",国民学校一、二、三、四年级均学"语体文"。并在《国民学校令施行细则》中规定:国语要旨在使儿童学习普通语言文字,养成发表思想的能力,兼以启发其德智。首先宜教授注音字母正其发音;次授以简单语词、语句的读法、作法;渐授以篇章的构成,并采用表演、谈话、辩论诸法,使练习语言。

在教材上,学校国语新教材逐渐替代传统文言旧教科书。1919年与1920年,商务印书馆先后出版两套国民学校用书,即《新体国语教科书》、《新法国语教科书》。1921年,中华书局出版《新教育教科书国语读本》。这些国语教材都先教注音字母。后来,商务印书馆又针对中等学校出版《白话文范》四册,这是一部采用语体文,用新式标点符号和提行分段编写的中学教科书。继之,师范学校、中学校等也采用语体文教学。1920年1月,教育部训令全国各国民学校将一、二年级国文改为语体文;4月,又规定截至1922年,凡用文言文编的教科书一律废止,采用语体文。此后大、中、小学各科逐渐都采用语体文。同时,教科书的内容也有所改革。小学课本多采用童话、寓言、笑话、自然故事、生活故事、传说、历史故事、儿歌、民歌等,儿童文学受到重视,即使历史地理也注意文学趣味。中学教材也较过去充实,删去封建性的内容,增加反映"民主"、"科学"精神及有关社会人生现实生活的内容。

白话文教材的普遍使用对普及教育、普及文化科学知识具有十分重要的意义。采用语体文教科书,以白话文进行教学,极大地提高了学生的读书和书写能力,适应了现代社会的发展趋势。

教学方法的改革　反对传统八股教育、移植西方教学法是近代教学方法改革的主要方向。五四运动以前,中国首先通过学习日本,移植了赫尔巴特的教学方法;继而又取法欧美,西方教育思潮陆续被介绍到中国。陈独秀曾把西方教育思潮的特征概括为几点:是自动的而非被动的;是世俗的而非神圣的;是全身的非单独脑部的。自此,教育开始强调教育对象的主动性,要求联系社会,注重手脑并用、发展个性等。

五四运动时期,由于胡适、蒋梦麟、陶行知等人和新教育社团的宣传介绍,杜威的新教育理论的影响不断扩大,"儿童本位"观点受到广泛重视。在教育方法上,杜威提倡学生自治,要求改变过去学生完全受管教的被动地位,设立学生自治会,布置学生自治活动的环境,如开设"学生银行"、"商店"、"邮局"、"市政府"等,让学生在活动中培养责任心和自治能力。在教学方法上,反对注入式,提倡启发式教学。

这一时期,对各类新教学方法的介绍、实验形成热潮,其中主要有从美国传入的设计教学法和道尔顿制。

设计教学法是美国教育家克伯屈根据杜威"做中学"的思想创立的一种教学方法,亦被称为"有目的的大单元学习"。它以学生活动为中心,重视学生的主动性,由学生或教师根据儿童的兴趣与需要,拟出预定目的和活动计划,并在活动中运用具体材料得到结果。在这个过程中,学生在教师的指导下获得有关经验,培养分析和处理问题的能力。它以问题或要做的事为组织教材的中心,以教科书和其他社会生活的知识、技能设计为学习的大单元。该设计有各种类型,包括以观察、活动为目的的设计,如造一只船、写一封信;以美感经验为目的的设计,如听故事、音乐;以培养智力、能力为目的的设计,如观察自然现象;以熟练运用知识技能为目的的设计,如书法练习等。这种教学方法从传统的以教科书为本位转变为以儿童的活动为本位,由编制死板的教案和以教材灌输学生转变为配置适当的环境引导儿童开展自主学习活动。要求教师从教学生变为指导学生去学,这是教学上的一大革命。设计教学法对于克服传统教学只重视书本知识、学生被动学习等方面的缺陷有积极意义,在20世纪二三十年代的小学教育中备受推崇,但该教学方法在教学指导、设备、教材编写上存在种种困难,影响学生学习知识的系统性。该教学方法在五四运动后传入中国,首先在南京一带试行,特别是南京高等师范附小提倡最力,后又在很多地方流行,到20世纪30年代渐不采用。

道尔顿制由美国教育家帕克赫斯特所创,亦称"道尔顿实验室制",因在美国道尔顿中学创行而得名。道尔顿制1922年传入中国,最先由舒新城在吴淞中国公学试行并积极宣传,之后传到各地,北京私立艺文中学以试行道尔顿制而著名。道尔顿制废除班级按钟点统一授课的教学制度,要求学生在教师的指导下,各人主动地在实验室(作业室)内拟订自己的学习计划,各人的教材、进度和所用的时间都不同,以适应不同的能力、兴趣和需要,发展其个性。每一学科开辟一作业室或实验室,充分提供这一学科有关的书籍、学习材料或实验仪器等,并设专任教员1~2人指导学生学习。在订出年、月、周的计划后,学生按计划去学习,必要时可以和同学、老师研究讨论。本月计划完成后,经教师考试及格,再开始下一阶段的学习,学习的情况和成绩记入学习手册。这种方法有利于培养学生的主动精神和自学能力,有助于适应个性差异,因材施教,但易使学生放任自流,对于懒散的学生收效不大。

中学教学还进行过其他许多改革实验。如1916年,全国教育会联合会向教育部提出中学第三年起分设职业科的议案。1919年,全国中学校长会议提议中学实行文实分科,这是根据中学少数学生升学、多数学生就业的情况提出的,但其弊病是学生定向过早,由于学生兴趣未定,因而不能很好地解决升学与就业的矛盾。之后,又有选科制的倡议,并试行学分制。如1920年南京高等师范附中提出试行分科选科制,以适应两种目的。1920年,江苏省中学校长会议提出中学2/3课时用于必修课,1/3用于选修课的方案,其中必修课是基础课,选修课是职业课,仿效美国中学的做法,教育部采纳了该建议。到1922年,试行的选科制逐渐增多,有的学校还打破学年制,采用按学科为单位升级的办法。此外,还出现过综合设计教学法与道尔顿制的"协动教学法"的试验。

五四运动时期,对于西方科学教育的介绍也开始推广。任鸿隽在《科学与教育》一文中提出"科学教育"的概念。他认为"科学于教育上之重要,不在于物质上之智识,而在其研究事物上之方法;尤不在研究事物之方法,而在其所与心能之训练"。以科学的方法培养科学的精神,训练富有科学头脑的人才,并使教育完全科学化。北京高等师范学校和南京高等师范学校是当时研究、介绍西方教育学、教育统计及各种教育实验方法的中心。

新教学法运动努力寻求教育、教学工作的科学方法,重视学生的学习主动性,反对灌输知识,但在移植西方教学法的过程中,由于未能很好地考虑中国的国情,也出现了一些问题。尽管如此,新教学法运动对中国教育理论的研究产生深远影响。

北京大学的改革　1898年维新运动时创办的京师大学堂是北京大学的前身,1912年正式改名北京大学。其学生多为官僚、富豪子弟,他们不以学业为意,而把上大学当作进身之阶。学校教员本身为北洋政府的官僚,故思想因循守旧,多年照念一本讲义。1917年初,蔡元培出任北京大学校长,着手进行整顿和改革,使其面目焕然一新,在全国教育界产生很大影响。

蔡元培在《就任北京大学校长之演说》中,首先宣布大学的宗旨为"大学者,研究高深学问者也",大学学生当以研究学术为天职,不以大学为升官发财之阶梯。他抨击科举时代遗留下来的劣根性,指出有的人一心钻营官职,不得则求一教席,这种人"担任教席,则必贻误学生;置身政界,则必贻误国家"。他提倡"砥砺德行",在师生中组织"进德会",主张束身自爱,力矫颓俗。倡导正当的娱乐和有益身体之锻炼,主张以美育代宗教,反对封建迷信。他还提出树立"敬爱师友"的风气,要求师生"以诚相待,敬礼有加",同学"互相亲爱"。

蔡元培坚持"思想自由"、"兼容并包"的办学指导思想。主张各种学说无论为何种学派,悉听其自由发展。他认为教育、学术要革新就必须延聘新学派、新思想的学者任教,他聘陈独秀为文科学长,并先后聘李大钊、鲁迅、胡适、钱玄同、刘半农等到校任教。理科方面,聘夏元瑮任学长,并聘任知名学者李四光、任鸿隽等。在"兼容并包"思想的主张下,蔡元培主要罗致具有先进思想、学术的新人物。他主张"思想自由",实际上为新思想的传播、发展争取了阵地,所以北京大学在反封建的新文化运动中对民主、科学思想的传播起重要作用,并客观上对马克思主义的研究和传播起积极作用。

蔡元培倡导大学改制,把北大的预科定为2年,本科4年,预科隶属本科,相互衔接;同时调整大学专业设置,使之合理化。他提出设文理二科,重在学理研究,由北京大学专办;而其他法、医、农、工、商五科分为"独立之大学"。该提案经教育部核准在北京大学予以推行。另外还改革管理体制,由各科教授推举代表组成评议会,校长为评议长,凡重大事项均须经评议会通过;废"门"为"系",分为 13 个学系,改设系主任,并改"学年制"为"选科制",规定必修课和选修课,开始实行"学分制";开放女禁,这是中国大学男女同校之始。开设介绍新文化的课程,设立旁听生制度,使更多的学生来校听课;经常举办各种学术讲演,介绍新学说、新知识,并筹设研究所,发起各种研究会,如哲学会、新闻研究会、数理研究会、音乐传习所、新剧研究会、书法研究会、图书报社等。李大钊和进步青年还组织了社会主义研究会、马克思主义研究会。对于学生社团自办刊物,学校也大力支持。北京大学学生的旧习逐渐减少,潜心学术研究、关心国家前途命运的学生越来越多,新思潮逐渐活跃。北京大学的改革开全国高等学校的风气,此后北京各高校也多仿效北京大学。北京大学遂成为五四运动的发源地。

"壬戌学制"的颁布 由于中国民族工商业的发展、五四运动中的教育改革,加之杜威、孟禄等美国教育家来华讲学的直接影响,中国教育界开始酝酿学制改革。

1921 年 10 月,全国教育会联合会第七次年会制订新的《学制系统草案》,并要求各地组织讨论。1922 年 9 月,在北京召开学制会议,有各省教育会代表、省教育厅代表、国立高专以上学校校长及教育专家共 78 人出席。会议对全国教育会联合会提出的《学制系统草案》进行讨论并稍加修改。10 月,全国教育会联合会于济南召开第八次年会,教育部将学制修改稿交与年会讨论。1922 年 11 月,以大总统令的形式公布《学校系统改革案》。为与民国初期制定的学制相区别,此学制也称"新学制"或"壬戌学制"。

《学校系统改革案》规定:(1) 初等教育。小学校修业 6 年(依地方情形,得暂延长 1 年);小学分初、高两级,前 4 年为初级,得单独设立;义务教育年限暂以 4 年为准,但各地方至适当时期得延长之(义务教育入学年龄,各省区依地方情形自定);小学课程得于较高年级,斟酌地方情形,增置职业准备之教育;初级小学修了后,得予以相当年期之补习教育;幼稚园收受 6 岁以下之儿童;对于年长失学者宜设补习学校。(2) 中等教育。中学校修业年限 6 年,分为初、高两级,初级 3 年,高级 3 年,但依设科性质,得定为初级 4 年、高级 2 年,或初级 2 年、高级 4 年;初级中学单独设立;高级中学应与初级中学并设,但有特别情形时得单独设立;初级中学施行普通教育,但得视地方需要,兼设各种职业科;高级中学分普通、农、工、商、师范、家事等科,但得酌量地方情形,单设一科或兼设数科(依旧制设立的甲种实业学校,酌改为职业学校或高中学农、工、商等科);中等教育用选科制;各地方设中等程度的补习学校或补习科,其补习之种类及年限视地方情形决定;职业学校

的期限及程度,酌量各地方实际需要情形决定(依旧制设立之乙种实业学校,酌改为职业学校,收受高等小学毕业生,但依地方情形,亦得收受相当年龄的修了初级小学学生);为推广职业教育,于相当学校内酌设职业教员养成科;师范学校修业年限 6 年;师范学校设后 2 年或后 3 年,收受初级中学毕业生;师范学校后 3 年酌行分组选修制;为补充初级小学教员的不足,酌设相当年期的师范学校或师范讲习科。(3) 高等教育。大学校设数科或一科均可,其单设一科者称某科大学校,如医科大学校、法科大学校之类;大学校修业年限 4~6 年(各科按其性质之繁简,于此限度内斟酌决定),医科大学校及法科大学校修业年限至少 5 年,师范大学校修业年限 4 年(依旧制设立的高等师范学校,应于相当时期内提高程度,收受高级中学毕业生,修业年限 4 年,称为师范大学校);大学校用选科制;因学科及地方特别情形设专门学校,高级中学毕业生入之,修业年限 3 年以上,年限与大学校同者待遇亦同(依旧制设立的专门学校,应于相当时期内提高程度,收受高级中学毕业生);大学校及专门学校附设专修科,修业年限不等(凡志愿修习某种学术或职业而有相当程度者入之);为补充初级中学教员的不足,设 2 年的师范专修科,附设于大学校教育科或师范大学校,亦得设于师范学校或高级中学,收受师范学校及高级中学毕业生;大学院为大学毕业生及具有同等程度者研究之所,年限不定。

《学校系统改革案》还有附则:"注重天才教育,得变通年期及教程,使优异之智能尽量发展";"对于精神上或身体上有缺陷者,应施以相当之特种教育"。

"壬戌学制"集中体现五四运动以来教育改革的要求,增强了职业教育,设立两种职业学校,使中学兼顾了升学预备与职业教育,在学制上是一个很大的进步,有利于教育系统自身的完备,也有利于国家经济发展对各种人才特别是中级专业人才的需要。"壬戌学制"在初级、中级教育上采用美国的"六三三"制,较"壬子癸丑学制"小学 7 年、中学 4 年的规定更符合学龄儿童身心发展阶段的规律。中学与大学采用学分制、选科制,也有利于发展青少年的特长与爱好,适合其个性发展的要求。"壬戌学制"是中国教育发展史上一个新的里程碑,标志着中国现代教育体制的确立。

参考文献

顾明远.教育大辞典[M].上海:上海教育出版社,1990—1992.

毛礼锐,等.中国教育通史[M].济南:山东教育出版社,1988.

孙培青.中国教育史[M].上海:华东师范大学出版社,2000.

王炳照,等.中国教育思想通史[M].长沙:湖南教育出版社,1994.

中国大百科全书总编辑委员会《教育》编辑委员会.中国大百科全书·教育[M].北京:中国大百科全书出版社,1985.

(郭 怡)

X

西班牙教育制度（educational system of Spain）西班牙王国位于欧洲西南部伊比利亚半岛。面积约 50.6 万平方千米。2009 年人口 4 675.58 万，主要是卡斯蒂利亚人（即西班牙人），少数民族有加泰罗尼亚人、加里西亚人和巴斯克人。96% 的居民信奉天主教。卡斯蒂利亚语（即西班牙语）是官方语言和全国通用语言，少数民族语言在本地区亦为官方语言。2011 年国内生产总值 15 169 亿美元，人均国内生产总值 32 409 美元。

西班牙教育的历史发展

西班牙早期先后被罗马帝国、日耳曼人的一支（西哥特人）以及信仰伊斯兰教的摩尔人等统治。最初作为罗马帝国的一个组成部分，西班牙的文化和教育在古罗马文化和教育的基础上发展起来。儿童的早期教育主要在家进行，父母是儿童的第一任老师，父亲对儿子承担主要教育责任，奴隶有时被聘为家庭教师，称"教仆"。儿童到一定年龄可进入学校，在教师指导下学习拉丁语、希腊语、文学、修辞、哲学等课程。这时西班牙出现了一种专门教授语法和文学的语法学校，教育家、修辞学家昆体良就出生在这一时期。西哥特人统治时期，西班牙出现了僧侣学校。公元 9 世纪下半叶以后，西班牙各地区出现了一些伊斯兰教经学校，科尔多瓦地区尤其繁盛，它们主要通过对《古兰经》和伊斯兰教教义的注释和研究进行教育活动。中世纪的西班牙是各种文化发生融合的时期，犹太教、伊斯兰教和天主教学者经常相互交流和探讨。其中具有重视教育传统的犹太人在西班牙建立了自己的教育体系。犹太人还对中世纪后期西班牙的医学、文学和哲学发展作出了重要贡献。

文艺复兴时期，西班牙宫廷学校受人文主义思想的影响，很多学生前往意大利学习，博洛尼亚大学甚至专门设立圣克里门蒂西班牙学院（Spanish College of San Clemente）。这一时期西班牙自己的高等教育事业也开始发展，成立了贡布鲁登塞大学（又名阿尔卡拉大学，即今马德里大学），于1508—1509 学年正式招生。由于保守思想的阻挠，西班牙高等教育的发展道路并不平坦。腓力二世统治时期，西班牙政府限制本国学生去国外大学读书，与其他国家处于"智力隔离"状态，招致一些学者的强烈反对。18 和 19 世纪西班牙进行大力改革。1812 年宪法正式提出，提供教育的责任在国家；19 世纪中叶，政府开始致力于建立国家教育体系。西班牙近代处在保守派与自由派的斗争之中，国家政治动荡不安，这种局面严重影响了教育的发展。1873 年第一共和国成立，提倡学术自由和宗教、教育分离，提倡教育改革，但不久国王就复辟归朝，重新实行保守的教育政策。1875 年法令规定大学不得教授任何与天主教教义和道德相违背的内容，解聘持反对意见的教授。1923 年建立的军政府也反对学术自由，并流放教授。1931 年成立的第二共和国重申学术自由、政教分离等原则，提出实行免费义务教育，但随后发生的内战和第二共和国时期的结束使这些改革措施难以为继。

佛朗哥上台后建立的独裁政府于 1945 年颁布《初等教育法》；1953 年又颁布《教育设置法》，实行双轨制教育：一轨是为 6～13 岁儿童提供的终结性教育；另一轨提供 6～9 岁的初等教育和 10～17 岁的中等教育，学生中学毕业后可以继续接受高等教育。思想教育方面，强调国家主义和天主教思想。佛朗哥政府还开创大学预科教育，扩充了高等教育规模。就高等教育而言，改革在解决问题的同时也带来了不少新问题，如教学内容和教学方法陈旧，大学发展跟不上学生数量的增长，高等教育质量不高，大学生与学校、政府间的冲突时有发生等。1975 年佛朗哥去世，结束了其36 年的独裁统治，波旁王朝的王室后裔卡洛斯成为国王，1978 年宣布实行立宪君主制，教育制度也随之发生相应变革。

西班牙现行教育制度

教育行政制度　西班牙一直实行中央集权的教育管理体制。1978 年以后，根据宪法及其他一系列教育法规的规定，西班牙教育管理开始向分权化发展。教育、文化和体育部是全国教育行政管理部门，对整个教育系统的各项事务进行统一管理。下设国家教育书记处、大学书记处、研究和开发书记处等机构,对全国教育事业进行分类管理。此外,中央一级的教育管理机构还有科学和技术部级委员会、教育和培训总书记处、科学研究高等教育委员会等。根据1978年宪法成立的17个自治区都设有自己的教育部,负责管理本区包括大学在内的各级各类教育机构。与之前的省教育厅相比,自治区教育部的权力有了明显增加,例如在大学管理方面,有权审批新大学的成立,审批大学宪章;对大学经费使用情况有监督权;有权设计大学课程体系的基本结构等。1994—1995年,中央政府又进一步向自治区政府下放了大学管理权。市镇当局是地方教育行政主管部门,其主要职责是:对本地区的学前教育机构和小学进行管理;监督义务教育的实施情况;建造教育中心并负责对它们进行维修和维护;成立负责管理个别学校的学校委员会等。

学校教育制度 西班牙现行教育体系主要在以下几种法律的基础上建立起来:1978年宪法、1983年的《大学组织法》、1985年的《教育权利组织法》、1990年的《教育体系组织法》、1995年的《教育机构参与和管理组织法》。根据这些法律的规定,西班牙正规教育体系主要包括幼儿教育、初等教育、中等教育、高等教育、特殊教育,实行十年免费义务教育。

幼儿园招收0～6岁儿童,分为0～3岁和3～6岁两个阶段。幼儿教育是非义务教育,幼儿教育机构主要是私立的,也有一些由国家、省和市政府举办的公立幼儿园。根据法律规定,幼儿园的班级规模应在18～25人之间。小学属义务教育,按年龄分为6～8岁、8～10岁、10～12岁三个阶段。主要有自然、文化和社会概况、美术、体育、西班牙语、民族语言、文学、外语、数学等课程。每个阶段学习结束,老师根据学生的学习成绩和发展情况决定他是进入下一阶段学习还是留级复读。中等教育分为12～14岁、14～16岁和16～18岁三个阶段。第二阶段学习结束之日,也是义务教育结束之时。一部分没有拿到义务教育毕业证的学生可以参加政府组织的帮教计划,接受一年的职业训练后再找工作,也可以在18岁以后进入成人学校继续学习。为16～18岁学生提供的中等教育为非义务教育。这一阶段的教育分为大学预科和职业培训两类。完成义务教育后,学生要继续接受教育,必须在两者之间作出选择。大学预科学制2年,设共同课程和专业课程。共同课程面向全体学生,主要有体育、哲学、外语、宗教和选修课等。选修课的设置,各自治区有很大差别,多数地区要求提供本地区地理、历史、语言等方面的选修课,很多学校还提供至少两门外国语课程。大学预科还提供艺术、自然科学和健康、人文科学、社会科学和技术专业等方面的专业课程。宗教课虽然不作为必修课,但所有学校都必须开设。

西班牙中小学教材由国家学校委员会和自治区教育管理部门共同选定。国家学校委员会规定全国性课程所用教材,地区课程所用教材由自治区教育管理部门决定。西班牙法律规定,对中学生的评价必须注重过程、注重全球视野、注重技能评价。所有评价数据和信息最后都汇集起来,形成学生学习记录。对学生的评价可以分为五等:不满意、满意、好、很好和优秀,也可以采用十分制:10分为“优秀”,8.5～9分为“突出”,7～8.4分为“很好”,6～6.9分为“好”,5～6分为“及格”,5分以下为“不及格”。学校设有咨询部门,负责监督和协调教师的评价工作。

西班牙大学体系与别国不同,实行内部双轨制,提供两种不同教育:一种是5～6年的学术性教育,由学部负责提供,教育内容由人文教育与专业教育组成;另一种是由“大学学校”提供的三年制职业技术教育,如教学、护理等。大学以本科教育为主,有重教学轻研究的传统。马德里贡布鲁登塞大学、马德里自治大学、萨拉曼卡大学、巴塞罗那大学等是比较著名的大学。西班牙要求所有幼儿园和小学教师都要完成大学第一阶段课程并获得学位;中学教师不仅要有大学专业学位,还必须学习教育类课程,获得专门证书;大学教师必须有博士学位。1550年,莱昂开始教育聋童,可以看作西班牙特殊教育的开端。1785年成立第一所聋哑学校。但西班牙特殊教育发展缓慢,还没有特殊教育方面的立法。西班牙的私立教育有一定规模。2009年,私立小学在校生数占全国小学在校生总数的31.5%,初中占32.1%,高中占22.5%。私立高校在校生数占全国高校在校生数的11.7%。教堂有创办大学的权力。

20世纪末,西班牙的远程教育开始发展。教育部设立了远程学习革新与发展中心,各自治区也设立了自己的远程学习组织。它们提供教师培训、语言培训、职业技术培训课程及各级教育课程等。西班牙还有一个私立远程学习中心国家协会,其私立远程学习中心提供六百多门职业培训类课程。1971年,国家远程大学在马德里成立,1972年开始授课,2000年加入世界银行的全球发展学习网络(Global Development Learning Network,简称GDLN)。国家远程大学学生可以直接转入任何一所正规大学,所获学位与其他正规大学同等。1997年,该大学的注册学生数达到18 600人。另一所开放大学(加泰罗尼亚开放大学)成立于1995年,位于巴塞罗那,主要提供加泰罗尼亚自治区语言和文化研究课程。

西班牙在不同教育阶段及不同地区实行不同的校历。幼儿园一般在9月份第一个星期开学,次年7月份的最后一个星期放假;小学和中学一般从9月份到次年6月份为一个学年,大学则实行10月到来年6月这样一种校历制度。除了国家规定的假期外,各个自治区可以规定本区假期。

西班牙宪法规定以卡斯蒂利亚方言为基础的标准西班牙语和自治区官方语言都可作为正式的教学语言。不论是在中小学还是在大学,都同时使用标准西班牙语和自治区官方语言。一些大学教学时运用标准西班牙语,私下交流则运用本地语言。

西班牙的教育特色

2009 年,西班牙学前教育净入学率为 99%,生师比 12∶1;小学净入学率 100%,生师比 13∶1;中学净入学率 96%。同年,在 25—64 岁人口中,受过高等教育者占 30%,超过欧盟 21 国的平均水平。1999—2009 年间,25—64 岁人口中高中以下学历者所占比例呈下降趋势,受过高等教育者所占比例大幅增加。经济合作与发展组织的研究表明,21 世纪初,西班牙在提高基本的教育标准方面有突出进展,但教育发展仍然存在以下一些问题。(1) 高中教育仍落后于其他经济合作与发展组织成员国。在 25—34 岁人口中,受过高中教育者所占比例为 64.1%,远低于经济合作与发展组织国家平均水平(81.5%)。相应地,未受过高中教育的年轻人失业率居高不下,2009 年高达 21.9%。(2) 和其他经济合作与发展组织成员国不同,在西班牙,受过高中和第三级教育的女性能够得到较高的收入回报。(3) 教师工资较高,但同时生均工资成本也较高。(4) 教育投入较少。2008 年公共教育开支占国内生产总值的百分比为 5.1%,低于经济合作与发展组织成员国当年平均值(5.9%),也低于欧盟 21 个国家的平均水平(5.5%)。

西班牙教育有以下一些主要特色。(1) 教育管理官僚化色彩比较浓厚。尽管随着教育分权化改革,各级各类学校尤其是大学开始享有较大的自主管理权,但由于西班牙有着悠久的中央集权传统,长期以来教育权力高度集中,这种自治权的基础还比较脆弱,由政府管理教育这种基本模式也没有太大改变。政府不仅管理教育财政,在课程设置、教材选择甚至人事管理上都有很大权力。大学虽然享有比中小学更大的自治权,但争取自治仍是一项未完成的事业。(2) 宗教教育占重要地位。1851 年天主教曾经被定为西班牙国教,1952 年佛朗哥恢复了教堂的权力和地位,并规定包括公立学校在内的所有学校都必须开设天主教教义课。政府不仅允许教会创办大学,还为教会学校提供财政支持。(3) 教育国际化程度低于其他发达国家。随着欧洲一体化进程的不断推进,西班牙教育需要继续作出相应的调整与努力,以适应国际教育交流和本国教育发展的需要。

参考文献

冯广兰,洪成文. 七十年代以来西班牙高等教育的变化与发展[J]. 外国教育研究,1998(3).

艾斯宾·卡门. 西班牙教育制度简介[J]. 河北师范大学学报(教育科学版),2004(6).

Marlow-Ferguson,R. & Lopez,C. World Education Encyclopedia: A Survey of Educational Systems Worldwide[M]. 2nd ed. Detroit,MI: Gale Group,2002.

OECD. Education at a Glance: OECD Indicator [R]. Paris: OECD,2002.

(王绽蕊)

西方传教士来华与西学东渐 西方传教士来华传教并传播西方科学技术和学术思想的过程。西方传教士在传教的同时,也带来了自然科学知识和技术,这些自然科学技术知识在中国的传播、发展,形成了明中叶以后的西学东渐。明中叶是中国历史发生重要转折的时期。当时西方主要国家都从"文艺复兴"向"启蒙运动"阶段过渡,资本主义生产开始占据统治地位,科学技术蓬勃发展;与此同时,中国则由于封建制度的束缚,经济和自然科学技术的发展都受到制约。西方天主教与科学技术的传入,对中国科学、技术、思想和文化都产生重大影响。一些西方教育思想也随之传入中国,给中国的教育观念、课程体系、教育制度和教学方法等带来新气象。

传教士来华与西学东渐基本情况

最早作为"西学东渐"桥梁的是以耶稣会传教士为代表的传教士布道团。16 世纪欧洲宗教改革之后,天主教在西欧、北美的势力逐渐缩小,为了扩张势力,天主教建立了耶稣会作为传教组织。但由于西方的新教势力十分强大,耶稣会遂转向东方发展。自明万历末年至天启、崇祯年间,耶稣会士利玛窦、庞迪我、熊三拔、龙华民、邓玉函、艾儒略等人先后进入中国传教,从而开启了"西学东渐"的历程。其中,最早来中国从事传教活动的是明万历年间来华的耶稣会士利玛窦,他为了适应当时中国社会的需要,制订了一套适合中国实际情况的"合儒"、"补儒"及"超儒"的和平传教政策,即在政治上拥护贵族统治,在学术上要有高水平,在生活上要适应中国的风土人情。自利玛窦在华传教后,西方来华传教有名可查者达 65 人,他们以传教为目的,将西方科学技术的一些成就,如解剖学、透视学、地图学、物理学、数学、天文历法等传到中国,同时编译了一些书籍,如利玛窦和徐光启合译的《几何原本》,介绍了欧几里得的数学理论;日耳曼耶稣会传教士汤若望译《远镜说》,介绍了望远镜的用法、原理和制作方法;日耳曼耶稣会另一传教士邓玉函来华传授力学知识,翻译《远西奇器图说》三卷(后由王徵笔译),以图文结合的方式介绍西方的力学知识、简单机械原理和各种实用机械,如定滑轮、动滑轮、滑轮组及汲水机、机械磨、锯床的构造及原理等。

传教士来中国,不仅带来西方的科技文明,也带来先进的教育思想。高一志、艾儒略是传播西方教育的先行者。

高一志,意大利耶稣会传教士,于明万历三十三年(1605 年)来华传教,他所著的《西学修身》五卷,为最早传入中国的欧洲大学讲义之一。他的著作《童幼教育》二卷,内容涉及儿童教育的各个方面,上卷分教之原、育之功、教之主、教之助、教之法、教之翼、学之始、学之次、洁身、廉耻;下卷分缄默、言信、文字、正书、西学、饮食、椅上、寝寐、交友、闲戏等。高一志关于西方儿童教育理论和方法的介绍是这一时期传入中国最早的一部教育理论专著。艾儒略也是意大利耶稣会传教士,他最早向中国人介绍 16 世纪西方教育制度,尤其是当时欧洲的大学。他关于西方教育的著作主要有两本,一本是《西学凡》,主要介绍西方教育制度,尤其是欧洲大学所设专业、课程大纲、教学过程、教学方法和考试等。阐述欧洲的文科、理科、医科、法科、教科(教会科)、道科(即神学)六科专业教育的肄业和考试等。另一本是《职方外纪》,系第一部系统论述五大洲地理的专著,主要介绍世界各地的风土、民俗、气候、名胜等,也提及西方教育制度。

学术界、教育界对西学东渐的回应

西学东渐以及由中西文化教育交流带来的两种文化教育思想体系的碰撞,在中国学术界、教育界引起了不同反响。一种基本上持欢迎态度,以东林党人和复社成员及与东林党接近的士大夫为代表,他们或为传教士的中文著作撰序(如叶向高、曹于汴、冯应京等),或引传教士至各地传教(如叶向高、徐光启、杨廷筠等),或在一片排外禁教的声浪中通过自己的地位和影响使"稍宽其禁"(如蒋德璟),或主张采取批判态度吸收外来文化、科学(如方以智、王锡阐等)。这两部分人代表了当时锐意进取、努力学习和传播西方科学文化的开明之士。另一种则持否定和反对态度,主要是一些好佛的士大夫、居士、僧徒等。其中,在持支持态度者中,徐光启、李之藻等是较早接触西方科技知识的人,他们与来中国的耶稣会传教士一起,积极开展翻译活动,介绍西方自然科学。他们重视西方自然科学的实证精神,针对晚明出现的种种弊端喊出了"欲求超胜,必须会通;会通之前,先必翻译"的口号,并准备用十年左右的时间对"有益世用"的图书"渐次广译",试图以"西学"开启民智,以纠中国学术之弊,挽救明王朝的社会政治危机。徐光启率先示范,翻译了西方大量的数学、天文学、地理、历法、水利等资料,特别是他于 1606 年与意大利传教士利玛窦合译了克拉维尔斯注释的欧几里得《几何原本》一至六卷平面几何部分,同时又编译了《大测》,介绍平面三角,还与利玛窦合译了《测量法义》一卷,撰写《测量同义》与《勾股义》。此外,徐光启还热心于农业科学研究与试验,编著《农政全书》六十卷,与意大利传教士熊三拔合作编译《泰西水法》六卷,这两部著作在中国原有水利灌溉方法和工具的基础上,选择当

时具有实用价值的先进方法,经过制器和试验,编译入书,从而成为中国农学界的空前之作。他还在天津开辟水田,试用新法,大获成功,并与李之藻共同主持了历法修改工作,编译《崇祯历书》。

徐光启在学习西方科学技术的过程中,也看到了西方教育的优点。他指出,西方科学条分缕析、步步推明的逻辑思维方法是其人才多出的根本原因。为了消除明末的玄虚学风,复兴中国的科技、教育事业,徐光启、李之藻等人毕生研究自然科学,翻译、介绍西方科学知识,开启中国近代科学技术、教育理论的大门。在继承徐光启、李之藻自然科学观的基础上,明清之际的许多思想家、教育家也积极吸收西方的自然科学成果,对"西学"采取了欢迎态度。如黄宗羲在经世实学思潮的社会文化背景下,对西方自然科学成果给予极大关注,积极投身于这一科学活动的推广和传播,撰著了大量自然科学著作,如《授时历故》、《大统历推法》、《开方命算》、《测图要义》等;方以智更是对西方自然科学推崇备至,他把研究自然事物的学问称为"质测之学",认为"泰西质测颇精"、西学"详于质测",并在自己的自然科学著作《通雅》、《物理小识》中广泛介绍物理、化学、历算、医学、水利、火器、仪表等西方自然科学知识及工艺技术。在明清之际的众多思想家中,自然科学家王锡阐、梅文鼎在借鉴、吸收西方自然科学知识的同时,开展天文学与数学的研究工作,对中、西学均采取实事求是的科学态度,主张"去中西之见","务集众长以观其会通,毋拘名目而取其精粹"。王锡阐反对盲目推崇西法,指出"以西法为有验于今,可也,如谓不易之法无事求进,不可也"(《晓庵新法自序》),主张"兼采中西"。他著述《晓庵新法》六卷,"能深入西法之堂奥而规其缺漏"。梅文鼎在对待西学问题上,也反对"专己守残而废兼收之义",主张"法有可采,何论东西? 理所当明,何分新旧?"(《堑堵测量》)他的著述《历学骈枝》二卷,就对西学采取了这种价值取向。梁启超在《中国近三百年学术史》中曾评价了王锡阐、梅文鼎的贡献,指出"西洋法传来之初期,学者如徐文定、李凉庵辈,以绝对信仰的态度迎之,研习其法而唤起一种自觉心。求中国历算学之独立者,则自王寅旭、梅定九始"。但是,由于明末清初统治者对西学的引进一直采取"禁传其学术"的政策,把西方社会科学视为"异端思想",从而使人们对西学的认识大大落后于徐光启、李之藻时代,也使明末清初的学者缺少了徐光启、李之藻时代所具有的那种"但欲求其所以然之故"的理论进取精神和以"会通"、"超胜"为目的的意识。

在对待西学的问题上,也有部分人持否定态度,他们认为西学与儒家伦常规范有本质冲突,会引起社会的不稳定。尤其是在利玛窦去世后传教士实施的更严苛的传教路线,对中国社会生活的稳定性形成潜在和现实威胁,加之欧洲海盗和殖民者的侵略,使一些士子僧徒更从争正统和排除

隐患的角度起而拒之。在明中后期文化转型时期，对西学全部肯定、部分肯定、完全反对这三种力量并存，正是其间的张力形成推动文化发展的重要契机。

西学东渐对中国教育的影响

虽然自明代的西学东渐没有改变中国科技落后的状况，以及日渐没落的学校教育内容，但强有力地刺激了中国的知识界和文化界，使中国传统的科技思想发展到最高峰。受西方先进科技、教育思想传入的影响，中国的教育也发生了一些变化。

教育观念有了新趋向　中国传统教育以儒家的"四书"、"五经"作为衡量标准，知识陈旧，学生的知识面狭窄，缺乏创造力。徐光启等人认为，千百年来中国儒学教育以修身养性为最高学问，以言经学、谈性理为正宗是不全面的，真正的儒学应该"格物穷理"，崇尚实学，解决实际问题。正是西学的传入，使一部分知识分子开始转变传统教育中重人伦轻物理，重修身养性之学，轻自然科学研究等陈旧的教育观念和意识，将天文、历算、舆地、水利等方面的实学，加入到日常教育教学中，从而扩大了"儒学"的教育内涵。如艾儒略等人撰写的有关西方教育的文章，使中国知识分子开始思考传统儒学、佛学的虚空弊病，并将教育、科学转向"经世致用"方面，在中国的学术界、教育界掀起了一股"实学"、"实用"的教育思潮。

课程体系融合了中西教学科目　中国千百年来的教育以灌输封建伦理道德，诵读"四书"、"五经"为主要内容，自然科学或实用学科被忽视甚至排斥，而且学习这类学科的学生及其学校的社会地位也很低。"西学东渐"后，一些开明人士被西方先进的科学文化所吸引，开始反思以往的学校教育知识体系，编制新的课程体系，徐光启正是其中的先驱。他从改造教学内容入手，构建了具有自己特色的课程体系。这一课程体系以数学为基础，包括天文气象学、水利学、乐律、军器制造学、会计学、建筑学、机械力学、舆地测量学、医学、钟表等学科。它用数学来指导各项实用科学，使各门实用科学建立在数学的基石上，并通过科学应用进一步发现自然界的客观法则，由"数"而达"理"。与徐光启一样，方以智也力图构建新的课程体系，以发展中国的自然科学和实用学科。他将学校课程内容分为三类："物理"、"宰理"和"至理"。这个课程体系以自然科学技术为主干课程，旨在发扬中国传统的实学教育精神，较之空谈心性的理学教育有很大进步。梅文鼎的教学设计也围绕学习和研究天文、历数等自然科学而制订，不仅与传统的官学化的书院教学主旨不同，也不同于唐以后的算学。他在编写教材时，将中西数十家学说一一考察，并经过自己的消化、吸收后，再介绍给读者，以使之易于掌握。如介绍欧几里得的几何学，

所著《几何通解》、《几何补编》等书，其编撰方式为中国教育开辟了新路。

教育制度有所变化　在"西学东渐"的过程中，随着西方教育制度、课程设置的传入，一些开明思想家、教育家开始反思传统的科举制度和书院教育。徐光启等人认为，选拔人才应当视其具体的实践功夫，不仅要"先取其著述文字"，更要学生"制造仪器式样"，经过审查，"果有裨益，方行取用"。他们认为，只有这样的考试才能使"真材得以自见，而赝鼎滥竽无能杂进矣"（徐光启《礼部为奉旨修改历法开列事宜乞裁疏》）。顾炎武也指出科举取士败坏人才、败坏学风，主张改进和扩大考试内容，少些形式主义，多些实用之事。伴随着对科举制度的批评，一些教育家开始对传统书院进行改造，如颜元将以经学、理学教育为主的漳南书院分为文事斋、武备斋、经史斋、艺能斋、理学斋、帖括斋等，教学内容包括了文科、理科、工科、军事等各个方面。虽然书院名称仍沿袭传统叫法，但其办学思想、课程设置已有了本质变化，从而为旧书院的改造开辟了新的局面。

新的教学方法被引进　中国传统的教学方法重灌输、主背诵、少启发，重师承、守家法，不图创新和发明。"西学东渐"后，中国学术界、教育界在教学方法上出现新气象。主要表现在：(1)教学、科研中引进了科学的实验方法。随着西方自然科学的传入，西方科学教育中讲求实验、实证的方法也引起了中国学者的注意。徐光启指出，西方科学较中国古典科学为优，它不是仅从文字书本中得出结论，而是以实验来加以证明，所以他每提一个观点，立一个理论，都注重通过实验加以验证。方以智等人也将科学实验看作发展中国教育、科学的一个重要方面。(2)实物直观教学法在教学中的运用。传统直观教学往往局限在人伦道德榜样方面，较少以实物做直观教学，即便是科学教育也不重视直观演示。随着西学的传入，实物教学开始被中国的知识界、教育界所重视。如明末清初的学者、教育家陆世仪，在讲授天文知识时，以玻璃圆灯代替地球仪，通过在上面"画道分星"和模型讲解，使学生不懂的问题"宿疑尽解"。(3)强调动手实践能力的培养。中国传统教育，特别是宋明理学多注重内心反省，缺少实践能力，随着西学的传入，一些学者开始强调培养学生的实际操作能力。如徐光启在改历期间，专门挑选一批能读写会算的有为青年做学生，让他们一边参加修历工作，一边学习天文、数学、历法知识，通过实施教学与实习相结合，增强了学生的实际工作能力。

明代的"西学东渐"虽然并未改变当时中国社会文化、教育的落后局面，却给中国的教育观念、教学内容、教育制度、教学方法带来了一定革新。

参考文献

梁启超.中国近三百年学术史[M].太原：山西古籍出版社,2001.

王重民.徐光启集[M].上海:上海古籍出版社,1984.

周谷平.明清之际来华耶稣会士与西方教育的传入[J]华东师范大学学报,1989(3).

（王　颖）

西方教育管理制度(Western educational administration systems)

一些发达国家自中世纪之后的教育管理制度。教育管理制度与国家的地理环境、人口分布、历史文化传统、经济发展水平和政治制度密切联系在一起。现代西方各国教育管理呈现多样化的制度安排,在各国的文化背景和实践情境中生成的教育管理体制彼此相互影响、相互借鉴,推动世界教育的发展。

英国教育管理制度沿革

教会对教育的控制　教会办教育和管理教育是英国教育发展的基本特点。教育在英国被认为是个人或私人的事情,而不属于国家职责,教育事业在很长一段历史时期由私人及宗教团体举办,教育经费全部来自捐款和基金收入,政府不过问。较有影响的热心教育事业的宗教团体有1699年成立的基督教知识促进会和1701年成立的海外福音宣传会等。从古罗马基督教思想家奥古斯丁到16世纪宗教改革的近千年时间里,教会绝对地控制英国除学徒制和贵族教育以外的一切有组织的教育,所有教师都须经主教批准,所有文法学校和歌咏学校的校长都由主教任命,后由其代表即司法官和唱诗班的领唱人代为任命。除极个别情况外,教师皆由牧师兼任。1534年宗教改革运动后,国教会被赋予开办和管理学校的权力。在学校或绅士家里从事教学工作者,皆须宣誓效忠王室并遵从国教教义,无许可证而从事教学工作,要被罚款或监禁。至1870年,教派对教育的实际控制大大削弱。

教育管理国家化　18世纪后,英国进入工业革命时期,随着《学徒健康与道德法》的颁布,儿童问题日益受到全社会的关注。1833年,议会通过以2万英镑补助初等学校建筑费用的决定,是为英国教育从仅作为宗教教派活动或民间活动向国家化发展的转折点,亦是英国国家干预教育的发端。1839年,英国政府设置枢密院教育委员会,负责分配和管理议会教育拨款的使用、对受援学校进行检查、筹办非教派的师资培训机构等工作。该委员会由枢密院院长、财政大臣、内政大臣等5位成员组成,主要受命于皇家,而不直接向议会负责。同时,创立皇家督学团作为枢密院教育委员会与公款补助学校的中介联系人,其任务是确保拨款的合理使用,为学校工作提供帮助和咨询,收集资料,为政府教育决策服务。

为进一步强化国家对教育事业的管理,特别是解决中等教育领导权问题,1899年,英国成立由议会直接管理的教育局,集中领导和管理初等和中等教育。自此,英国初步完成教育领导体制的国家化。1919年成立大学拨款委员会(University Grants Committee),开始对高等教育的间接干预。政府干预教育的范围进一步扩大。

中央与地方伙伴关系的确立　1870年,英国颁布《福斯特教育法》(亦称《初等教育法》),规定将全国划分为数千个学区,学区拥有广泛的法律权力,可兴办公立初等学校,成立学校委员会,接收愿意归属学校委员会管理的民办学校,征收地方教育税补助和强制征集校舍土地,决定是否放弃所属学校的宗教教育等。1902年,议会通过《巴尔福教育法》,对地方教育领导问题作进一步规定,并对地方教育行政机构进行重大改组,废除由各学区学校董事会管理初等学校的做法,取消2 500个学校委员会、1.4万个民办学校理事会和董事会、学校入学委员会和技术教育委员会,责成郡议会和郡自治市的参议会组成地方教育当局,具体负责地方教育行政与教育经费管理,共形成318个地方教育当局。地方教育当局分为两类:一类设在郡和郡级市市政议会,负责所在地区的初等教育和其他各类教育(包括中等教育、师范教育、技术教育和成人教育等);另一类设在人口1万以上的自治市镇和人口2万以上的城市区,仅有权负责本地区的初等教育,此类地方教育当局有180个。自此,英国开始形成以地方教育当局为教育行政主体的管理体制,正式确立了中央与地方在教育管理上的伙伴关系,形成国家统一领导与地方分权自治相结合的教育管理体制。

中央的教育管理权力加强　至第二次世界大战前,英国教育发展出现许多问题,如办学效率低、教育质量参差不齐、初等教育与中等教育衔接不畅等,需要中央政府加强对教育的管理和监控。1944年颁布《巴特勒教育法》,其核心是调整教育领导体制和谋求初等教育与中等教育的衔接,加强国家对教育的领导和控制。法案将原来只承担督导责任的教育局改称教育部,设教育部长,并将部长的地位提高到内阁成员,扩大教育部长的职权,可管理和指导地方教育当局执行国家教育政策,制定各地区教育计划,任免地方教育当局首脑,发布地方教育当局有关的教育命令等。

1979年,撒切尔领导的保守党上台后,进一步强化中央政府的教育管理权,颁布《1980年教育法》,明确了地方政府的教育职责和教育开支范围,要求给予家长更大的参与学校事务的权力,所有公立学校董事会都要推选两位家长参加。不再需要地方政府为学校提供午餐和牛奶;幼儿教育可自由提供;由教育与科学部直接拨款,在独立学校为贫困生设置免费学额。1981年,教育与科学大臣约瑟夫决定把政府私有化经济政策和发展模式推进到教育领域,在教育领域引入市场机制,通过增加家长的选择权和机会,鼓励学校竞争,从而推进教育管理体制改革。《1988年教育改革法》改变了英国教育体制的基本权力结构。根据法案建议，政府撤销英国最大的地方教育当局内伦敦教育当局，增加教育大臣的权力，加强中央政府在教育中的作用，强迫地方教育当局给予学校董事会更大的自主权，在中小学实行国家统一课程等。权力结构的改变还扩展到高等教育，以加强高校责任并适应政府拨款机制为由，将包括大学在内的高等教育机构置于教育大臣的控制之下。《1993年教育法》把维持地方教育系统的重要权力转移到中央政府和由政府任命特设的相关管理机构。保守党政府欲改变地方分裂的教育管理格局，通过形成多样化格局和市场选择机制，使学校脱离地方当局的控制，使教育权力回归中央政府；中央政府则通过增加"中央直接拨款学校"鼓励地方学校脱离地方控制。20世纪90年代后，英国政府在推行直接拨款学校方面取得进展，至1992年，有3300所学校被批准为直接拨款学校，分布在半数以上的地方教育当局管理区域。1993年，英国成立教育标准局(Office for Standards in Education，简称OfSTED)作为中央层级的教育视导机构，独立于教育与技能部，直接向议会负责。

1997年，英国工党在大选中获胜，布莱尔政府把改革教育作为其执政纲领。工党发布白皮书《追求卓越的学校教育》(Excellence in Schools)，提出政府在教育上的首要任务是提高学校的教育标准，以解决部分学校教学质量问题，并希望建立一种有助于提高教育标准的包括地方教育当局、教会和其他基金会、学校董事、家长、工商社区、独立学校等在内的新型伙伴关系。

进入21世纪，为迎接全球知识经济挑战，提高国家经济竞争力，政府着力推进旨在提高政府办学效率和公共教育质量，促进学校竞争和提供更多选择机会的各项教育改革。2001年9月教育白皮书《学校，获得成功》(Schools, Achieving Success)重申政府推进学校组织多样化的承诺，同时特别强调私人公司或团体在提供多样化教育服务中的作用，地方教育当局的地位进一步下降。2009年，英国儿童、学校与家庭部发布基础教育改革白皮书《你的孩子，你的学校，我们的未来：建设21世纪的学校体系》，目标是使英国拥有世界上最好的学校教育体系。在全球经济和科技竞争日趋激烈的情况下，英国政府对待教育的态度发生实质性变化，放弃了放任由宗教、私人团体和地方办学的做法，国家(中央政府)成为全国教育的设计者和领导者。

美国教育管理制度沿革

殖民地时期的地方化教育管理　1634年和1638年，马萨诸塞殖民地在法律中规定，一切财产都要纳税，税收用于兴办公共事业，包括开办学校，美国自此开始以征税来维持学校。1647年，马萨诸塞颁布北美殖民地最早的关于建立学校的法律《祛魔法案》(亦称《老骗子撒旦法》)，规定50户人家以上的城镇设立一所初等学校，指定一位讲授阅读和写作的教师，100户人家的城镇设立一所中学，聘请一位拉丁文法教师，使青年有机会升入大学深造，违者课以5英镑罚金。同时还规定，教师的选择、校舍安排和维修、办学经费筹集等，均由地方设立的教育委员会负责，教学的责任和教学事务则由教师承担。

马萨诸塞颁布法令以后，其他殖民地竞相效仿，弗吉尼亚殖民地、康涅狄格殖民地、纽黑文殖民地、新罕布什尔殖民地等相继颁布教育法令，对儿童接受教育作出规定。至18世纪中叶美国尚未独立前，北美英格兰地区形成一种乡学区制，具体做法是，在有6户以上的乡村建立学区，选举3人为学区董事，负责捐税征收、教师甄选、教材选择、学校规划等常规学校管理事务。由此，教育被看成一种地方事务。这种定位和学区管理制度随殖民地的拓展而遍及全美。

地方教育管理体制的初步形成　1783年，美国独立，并建立联邦政府，美国教育开始自我发展。1787年颁布联邦宪法，但未提及教育，教育仍沿袭殖民地时期的惯例，由地方自行办理。1791年，宪法第十修正案规定，"宪法未授予合众国，也未禁止各州行使的权力，将由各州或由人民保留"，至此，教育管理事务真正落实到各州。1837年，马萨诸塞州成立美国第一个州教育委员会，作为州管理教育的主要机构，负责协调本州所有公共教育事务。此举为各州所效仿，至1870年，大多数州都相继建立州教育委员会，随着公立学校和普及教育的发展，州教育委员会的权限逐步扩大。马萨诸塞州建立州教育委员会时，还设立州教育厅作为其秘书机构，负责处理日常教育管理事务和执行州教育委员会的决策。随着州教育厅的成立，美国地方教育管理体制逐渐成熟，管理范围和形式出现一些变化。殖民地时期实行的乡学区制自19世纪中叶始逐步为镇学区制所取代。到南北战争前，美国已形成教育管理的基本框架和结构，为美国教育的地方分权和学区制管理打下基础。

联邦政府对教育事务的介入和权力扩张　南北战争后，美国的经济和社会发展速度进一步加快，教育发展日益受到重视；对黑人、女性以及少数族裔教育权利的关注、移民的增加，使美国教育发展面临很多新问题；由于地方各自为政，教育制度各异，教育质量参差不齐，教育机会不均等，有违立国时提出的民主理想。1840年后，教育界人士倡议设立联邦教育管理机构。1866年，众议员加菲尔德提出议案，建议设立联邦教育部，但遭否决。经多次争取，1867年国会通过教育部法案，正式建立联邦教育部。其主要职能是搜集全国各地教育统计数据和相关教育发展资料，传播先进的教育教学理念和方法，公布全国和地方教育信息，代表联邦政府进行国际教育交流。但联邦教育部建立后成为各方敌视的对象，尤其是各州担忧联邦教育部扩张权力，侵占联邦宪法保留给各州的教育管理权,故反对之声有增无减。1870年,联邦教育部改联邦教育局,隶属联邦内务部。1929年改称联邦教育总署。在此过程中,联邦教育总署的职权无甚变化,但地位下降。

在联邦政府权力扩展过程中,州一级教育管理体制进一步成熟。州教育管理机构不断健全,各州均建立州教育委员会、州教育厅等教育行政机构;学区管理获得发展,随着人口增长、工业化和城市化的发展,南北战争时期的镇学区和县学区不断扩大和集中,形成以城市为中心的学区管理格局。一些小学区不断被合并,学区数量减少,规模扩大,管理权限亦发生变化。

20世纪50年代,随着第二次世界大战后经济的复苏、科技革命的蓬勃兴起、民主化浪潮的高涨、国际竞争的日趋激烈,美国迫切需要通过教育来应对挑战。1952年艾森豪威尔就任总统后,着力提高联邦教育行政机构的地位,以加强其功能。联邦政府于1953年向国会提出设立卫生教育福利部的建议,并将原来的联邦教育总署隶属其中。教育总署设署长1人,由总统提名,不需经过参议院同意,教育总署下设一室五司,但职能没有变化。1957年,在苏联成功发射人造卫星的刺激下,联邦政府于1958年颁布《国防教育法》,并从1965年开始不断改组联邦教育总署,以扩大其对全国教育事业的影响。1972年,在联邦卫生、教育和福利部设教育司,其下再分设教育署和国立教育研究所。1979年,美国总统J.卡特政府设立联邦教育部,其地位与联邦政府的其他部门相同,但联邦教育部的权力仍未增加。《教育部组织法》(Department of Education Organization Act)规定,国会设置教育部旨在保障州政府、地方政府及公私立教育机构的权力,也不减低州、地方及州其他机构所保留的教育职责,除非经法律授权,教育部长或其他官员提供的教育计划不应被视为该部门已获授权从事对课程、教学、行政、教育人员、认可机构或协会、图书资料的选择及内容、教科书或其他教材的指挥、监督和控制。

较之第二次世界大战后联邦政府教育管理体制的不断变化,州一级教育管理体制保持相对稳定。其主要变化是改革州教育行政机构特别是州教育厅的内部机构设置,以提高管理效率,降低管理成本。学区仍是地方教育管理的最主要单元,但学区数量进一步减少,规模扩大,类型逐渐增多。1932年美国有学区约12.75万个,1958年减至约4.76万个,1992年仅有约1.52万个。现行学区大致分三类,一是与普通行政区域一致的学区,二是专为教育管理划分的学区,三是部分州与地方学区之间的中间学区。学区行使大部分地方教育管理权,拥有相对独立的财政权、人事权和课程权,负责设立和管理地方公立中小学,征收和筹集地方教育经费并编定预算,制定地方教育政策及计划,甄选与任用地方教育人员,裁决地方教育纠纷,选择中小学教材

与教科书,制定地方教育人员的薪俸及福利制度并负责执行,为地方教育人员提供在职进修教育,视导地方教育,考核地方教育人员等。

法国教育管理制度沿革

法国大革命前教会对教育的控制　325年,罗马的君士坦丁大帝颁布敕令,把基督教定为国教,基督教教士遂拥有担任文法和修辞教师的特权。基督教教会除委派僧侣管理当时已有学校和担任学校教师外,还大量设立自己的学校。509年,罗马皇帝下令关闭与基督教教义不合的世俗学校。至此,罗马帝国境内各级各类世俗学校教育几乎绝迹。当时的法国作为罗马帝国统治下的一个地区高卢行省,亦不例外,其教育管理权由基督教教会控制,教会学校成为唯一的教育机构。西罗马帝国灭亡后,法兰克人在原高卢地区建立法兰克王国。768年查理曼即位,出于治理国家和教化臣民的需要,进行教育行政改革。787年,查理曼以敕令形式颁布《查理曼教育通告》,要求当时兼行教化工作的各修道院大量开办学校,传授世俗知识。该通告成为西欧中世纪教育行政改革的第一个总纲领。根据查理曼的授意,789年在亚琛召开的宗教会议决定,修道院必须附设学校,向儿童传授拉丁文、阅读、基督教历法、赞美诗等知识。自此,基督教凭借其财力和罗马教廷的支持,控制社会生活,垄断国家教育管理权,一直延续到15—16世纪。在此期间,法国教育基本由教会控制,教会通过教阶制度管理各地学校,巴黎主教承担相当于教育部长的职责,国家未设立专门管理教育的机构。

随着欧洲文艺复兴后人文思想在法国的传播以及宗教改革运动的兴起,特别是新兴资产阶级对教育世俗化的要求,教会放松了对教育的控制。要求国家办理教育和管理学校的呼声日益高涨。1763年,法官拉夏洛泰发表《论国民教育》,极力主张由国家办理学校,摆脱宗教控制,培养善于从事实际事务的公民。这对法国的教育发展和教育管理产生重要影响。

中央集权教育管理体制的初步建立　1789年法国爆发资产阶级大革命,推翻了封建制度,废止王位,由国民会议发布人权宣言,宣示人类生而享有自由平等的权利。新兴的法国资产阶级致力于改造旧教育,建立近代教育制度,强调教育是公共事业,国家应摆脱教会,建立教育管理机构,对全国教育实行监督和管理。1806年,拿破仑一世颁令设置帝国大学,帝国大学既是高等教育机构,也是管理全国教育事务的最高教育行政机构。帝国大学总监相当于第一帝国的教育大臣,为全国教育的最高首脑。下设评议会作为其审议机构,并设若干名总督学。由此,国家正式介入教育管理。为确保教育领域体现中央政府意志,拿破仑一世赋

予帝国大学很大的教育管理权限,规定未经帝国大学总监许可,不得开办任何学校(包括私立学校);学校的学年安排必须服从帝国大学的统一规定。拿破仑一世又将全国划分为27个大学区,每个大学区由中央任命一位学区总长,代表帝国大学管理学区内一切教育事务,并在各省设学区督学。帝国大学总督学和学区督学协助帝国大学总监及大学区总长管理地方教育事务。所有教育管理人员和教师都属于国家官员,有严格的任命制度和程序。帝国大学总监由拿破仑一世亲自选择任命,大学区总长、中央和地方督学及大中学教师,皆由帝国大学总监任命。法国由此形成从帝国大学到大学区再到省的垂直的中央集权教育管理体制。法国政权不断更迭,但拿破仑一世建立的中央集权教育管理体制沿用至今,只是不同时期的机构名和职权范围略有调整。

教会和政府围绕教育管理权的斗争　在拿破仑一世建立中央集权的教育管理体制时,教会并未停止对教育管理权的争夺。由于受到强大封建势力的影响,法国初等教育始终未摆脱天主教会的控制。第一帝国灭亡后,随着政权的更替,法国教育管理大权频繁变换。1814年波旁王朝复辟后,路易十八把学校教育事务交给天主教会管理。1824年查理十世执政,实行所谓"教育自由",拿破仑建立的国家控制中等教育的制度遭破坏,帝国大学总监一职改为教会事务及公共教育部长。1833年政府颁布《基佐法》,废止1830年以前宗教团体和教会推荐教师及颁布教师资格证书的权力。1848年资产阶级革命时期制定《卡诺教育法案》,主张学校脱离教会控制,实行"国民教育管理民主化"。1850年颁布《法卢法案》,规定政府与教会、督学与僧侣同时监督学校和教师工作,形成教会与政府同时管理教育的格局。巴黎公社失败后,法国教育重新由教会控制,整个教育管理体制出现历史性倒退。

国家对教育事业的统一管理　19世纪80年代共和党执政,重新设计教育改革思路。1881—1882年,教育部长费里主持制定法国初等学校组织法令,史称《费里法》,确定"义务、免费、世俗"为法国教育的三项基本原则。《费里法》实施后,教会对教育管理的控制逐渐被削弱,国家教育管理体制建立,教育事业真正成为国家的事业。20世纪初,激进社会党上台,为清除教会对世俗事务的干预,制定教会与国家分离的法令,并废除1850年的《法卢法案》,关闭3 000多所教会学校,进一步削弱了教会对教育事业的影响。1920年,法国中央政府将教育部改为公共教育及美术部。1932年又改为国民教育部,并沿用至第二次世界大战后。教育部成立后,其职能不断扩大,不仅负责发展中等和初等教育,而且对高等教育加强控制。法兰西第四共和国成立后,为全面恢复教育和推进教育改革,教育部职权范围进一步扩大,除管理各级各类教育外,还负责文化、卫生、体育等方面的工作。

1968年《高等教育方向指导法》(亦称《富尔法》)颁布,确定高等教育改革的自主自治、民主参与和学科相通三项原则,规定大学校长不再由学区总长兼任,而由大学直接选举产生,但教育部仍直接领导大学。1974年,法国政府在教育部之外成立专门的大学署,后改大学部,主管高等教育及学术研究机构。国家教育权实际被分配到教育部和大学部两个平行的主体,形成教育部和大学部共同管理公共教育的格局。1981年社会党执政后,对国民教育管理体制进行重大改革,教育部与大学部合并,成立国民教育部。由此,法国基本实现中央政府对教育事业的统一管理。

在教育国家化和中央政府教育管理权力扩张的同时,地方教育管理体制也逐渐形成和发展。早在19世纪初设立帝国大学和颁布大学区总长职务的法令后,法国地方教育行政即初步建立,并实行大学区和省两级教育行政管理。其中,大学区的设置跨越行政区域的划分,保证了教育行政的相对独立性,亦促进了区域教育的协调发展。在省以下,市镇也承担部分教育管理职能,构成地方教育行政的一个层级。地方教育行政的组织机构和职权范围与中央教育行政管理基本一致,并随中央教育行政职能的变化而变化。

教育管理的分权和放权　20世纪60年代后,法国经济的快速发展带来巨大的社会变革,工人阶级和农村地区小农阶级在数量上和意识形态领域的影响减弱,第三产业快速发展,工程技术和管理干部队伍日益壮大,中产阶级扩大,其政治地位也随经济地位的改善而提高;社会对劳动力的需求向高层次转移;移民质量发生变化,文化的多元化日渐突出;信息化和高效率成为全社会追求的目标。社会变革对教育提出新的要求,刚完成教育事业统一管理的中央政府面临挑战。1982—1983年,法国颁布若干法律,推行分权,将长期由国家把持的一些权力分配给地方当局。在教育领域,除教学和教师之外,学校的建设、维护和运转由地方负责。中央行政部门还将部分权力下放给公务员。20世纪80年代中期,管理教学和非教学人员的权力下放给学区长,教育部长在各个学区的直接代表。为配合放权工作,明确并加强各级教育行政及督导人员的职能,20世纪90年代初改革全国督导体制。

1997年6月,阿莱格尔就任法国国民教育、科研与技术部部长,开展从初等教育到高等教育的全方位教育改革,提出人事制度改革方案,在人事管理上简政放权,使公共服务机构更加灵活。1998年的法令规定,学区长是各地区教育政策的唯一掌握者,负责制订本地区的教育四年规划。1999年,各学区设协调人及互联网服务处,以加强教育系统内外的协调及信息交流。除小学以外的各级各类学校在财政和法律方面的自主权扩大,各方面代表组成的行政委员会使之具体化,使学校能更好地适应周围环境并主动满足社会需求。2007年萨科齐担任总统后,将教育改革与发展作为国家发展的重要战略,并于当年9月新学期开始之际,向全国90万人发出一封长达32页的总统致信,呼吁重建法国教育,明确提出优质与机会均等的教育发展目标,亦预示法国教育管理体系将继续实行分权和放权,以改变过于僵化的中央集权管理体制,增加教育管理体系自身的社会适应能力,满足日益多元化的社会需求。

德国教育管理制度沿革

宗教改革后国家对教育事业的全面干预　中世纪欧洲的教育均由教会办理,国家很少介入。1517年欧洲进行宗教改革,马丁·路德提出强迫义务教育思想,认为应该使每一个儿童,不分性别和等级,都能受到教育;使儿童接受教育不仅是父母的责任,也是国家的责任。在这一观念影响下,国家逐渐从教会手中收回教育管理权。

1763年,普鲁士国王弗里德里希二世颁布《普通学校规程》,对初等教育的入学和教学作系统详尽的规定,同时规定初等教育为强迫教育,由政府和教会的有关机构和人员负责监督儿童入学,地方负责教育事务的官员和视学必须经常性地监督学校的教学和管理工作。牧师是初等教育的主要负责人,每周到校检查两次,并就学校的办学条件和教学状况提出报告。学校教育经费主要由地方政府或教会负担。该规程还对初等学校的宗教教育内容、教师的资格与素质进行严格规定。1787年普鲁士设立高等学校委员会作为国家最高教育领导机构,负责管理全国教育特别是中高等教育,从而使中等教育和高等教育也成为国家事务,在法律和政治上排除了教会对学校教育的绝对控制权。

1794年颁布的《普鲁士民法》明确规定,包括大学在内的各级学校都是国家机构,学校的设立均须经国家批准;政府有权监督学校的教育、教学和管理工作,并可随时派人对学校进行视察、督导。这部法典被认为是普鲁士乃至整个德国教育的"大宪章",它进一步确立了国家教育制度。德国最早的真正意义上的教育管理体制在《普鲁士民法》颁布后逐步建立起来。

近代教育管理体制的确立　1871年德意志帝国建立前,各公国在国民教育不断发展的背景下,先后建立了地方化的教育管理机构和管理体制,但因各自为政,德国未建立统一的、完整的教育管理体制。1806年普法战争以德国战败告终。为洗雪耻辱、重振国威,普鲁士率先进行广泛的改革,并把教育作为提高民族素质、复兴国家的主要途径。普鲁士教育改革由时任内务部宗教与教育司司长的洪堡主持,史称"洪堡改革",主要包括创办柏林大学、改革中等教育课程和教师任用制度、发展初等教育和师范教育。洪堡领导的教育改革不仅促进了普鲁士和德国教育的发展,而且推动了德国教育管理体制的发展。中央政府的内政部设

有宗教与教育司,下设大学与高等教育处、中等教育处和初等教育处,分别管理各级教育。1817年,宗教与教育司升格为宗教与教育部,下设三个司,一司管理大学、专门教育和艺术教育,二司管理初等教育、师范教育和特殊教育,三司管理宗教事务。中央以下,教育行政部门分省、县、区和村(城镇)四级。省学校管理委员会,负责管理全省中等学校和师资培训。委员会成员包括省督学,负责全省学校的视导工作。委员会由大臣任命。委员会下设考试委员会,负责组织中等学校教师的考试、审查教师资格、确定文科中学毕业生的学习标准和进入大学的条件等。省以下的教育行政机构是县政府,通常设一位行政官员和一个评议会,管理各方面教育事务。评议会成员也由教育大臣任命,但主要职权仅限于初等教育。县以下为区,负责教育事务的主要是学校视察员,通常由教会的高级教士担任。区以下的教育行政机构为地方学校管理委员会,分为村学校管理委员会和城镇学校管理委员会。村学校管理委员会的职责主要是任免和聘请教师,提供办学经费,管理各种学校事务,其成员通常包括教区牧师、学校赞助人以及学校视察员;城镇学校管理委员会一般由多个学校管理委员会组成,主要负责城镇的初等教育,其成员由社会各界人士兼任,但须经省学校管理委员会认可。

魏玛共和国时期的教育管理　1918年第一次世界大战结束后,德国建立魏玛共和国。共和国成立之初即制定一系列与政体变化相适应的教育法律和教育政策,教育管理体制发生较大变化,主要是进一步明确了中央政府和各邦政府的教育管理权限。《魏玛宪法》规定,全国教育事业处于国家监督之下。由此,中央政府控制了全国教育管理权。但中央政府并非直接参与具体的管理事务和管理过程,而主要通过制定指导性原则和法律来影响地方教育发展,各邦须依据国家教育法律和政策来制定地方教育法规,并具体负责邦的教育事务。这种教育管理与德国的联邦主义文化和政治体制密切相关。由于种种原因,这种国家宏观控制,中央和地方各有分工、各自负责的管理体制并未真正得到落实。但它整体构建了德国现代化教育管理体制的基本框架,对德国的教育管理产生重要影响。

第二次世界大战后教育管理体制的改革和发展　1933年希特勒领导的民族社会主义德意志工人党(纳粹党)执政后,废除了魏玛共和国时期的教育管理体制。为加强国家集权,希特勒逐步剥夺各邦在文化和教育方面的权力。1934年5月成立科学、教育和国民教育部,直接管理全国教育。这是德国历史上首次设立中央教育部,从而把教育完全纳入纳粹的思想轨道,使教育沦为法西斯统治的工具。科学、教育和国民教育部全面修改德国各级各类学校的教学计划、教学大纲、教科书和学制等,删改和压缩教学内容,突出有利于种族优越论的教学内容,几乎所有学科都被打

上德意志的符号,并加强对学生的思想控制。德国教育在纳粹统治时期出现全面倒退,并对德国教育发展产生严重的破坏作用。

第二次世界大战后,德国一分为二,在美国、英国、法国占领地区建立德意志联邦共和国,即联邦德国;在苏联占领地区建立德意志民主共和国,即民主德国。由于两国政权组织形式、自然条件和经济基础不同,两国的教育发展出现较大差异。联邦德国由于其经济和科技进步,教育管理体制的恢复相对较快。依照《德意志联邦共和国基本法》和1957年联邦宪法法院的裁决,文化教育由各州自治。除联邦范围内一些共同的教育基本问题,如国家对学校的监督、宗教课在公立学校作为正规学科的开设等,一般的文化教育事务均属各州主权范围,由各州制定的宪法、学校法和其他教育法令加以具体规定。联邦制的教育行政模式使各州在教育发展过程中能充分考虑本州的具体特点和需要,鼓励各州提出适合各自需要的改革设想,体现多样性和灵活性,促进了第二次世界大战后联邦德国的教育发展。但这种体制也给联邦教育事业的发展带来不利影响,如各州在教育政策方面各自为政,州与州之间难以协调;过度分权导致各州之间教育发展不平衡、学制多元化,对教育整体发展造成一定危害。1955年2月,各州总理在杜塞尔多夫签署协议,统一各州学制,对学校名称和类型、学期长短和修业年限、学业质量评价方式和标准、升学等进行协调和统一。为履行协议精神,1958年联邦德国成立教育委员会,作为联邦德国内务部和各州文化教育部长常务会议的咨询机构,委员会成员主要由专家学者、教育家、教师代表、企业家及社会各界人士组成,致力于统一联邦德国的学校教育制度。1969年10月,在联邦教育委员会的基础上建立联邦教育和科学部,负责协调和规划各州教育事业。

20世纪80年代后,联邦政府高度重视教育发展,并在教育管理体制改革中努力协调联邦政府与各州之间的关系,在强化和转变联邦政府教育职能的同时,各州在教育管理范围、内容和形式上也发生不少变化,对完善联邦德国的教育管理体制发挥了积极作用。

统一后德国的教育管理　1990年,联邦德国和民主德国实现统一。统一后的德国在教育管理上沿袭联邦德国的管理体制,实行联邦政府协调和指导下的地方分权管理。但过度分权造成的各州教育发展的矛盾和冲突始终是困扰德国教育管理的核心问题。1994年德国修改《德意志联邦共和国基本法》,承认联邦政府对高等教育的干预。1998年修改《高等学校总纲法》,进一步确认联邦政府对全国教育事业发展的作用与职责。

德国现行教育管理主要分为四级,即联邦教育管理机构、各州教育部、地方行政公署及其所辖教育处、县市教育局。虽然联邦政府的教育管理权力在加强,职能和范围在拓展,但州一级的教育行政机构仍是教育管理的主体。各州均设有教育部,其内部机构设置包括职能机构、研究机构、咨询机构等。在职能机构设置上,各州教育部下设不同的教育行政管理处。在研究机构设置上,各州教育部均设有专门的教育教学研究机构,研究州教育教学发展状况,参与州文化教育事业的决策与管理。在咨询机构设置上,各州设有各级各类家长委员会、教师委员会、学生委员会、青少年教育委员会等。此外,各州还设有妇女代表处,负责妇女教育事务。州教育部作为州最高教育行政机关和最高教育检查及监督机关,代表国家行使对教育的管理和检查职能,全面负责州的教育规划、组织、管理和督导工作。

日本教育管理制度沿革

幕府时代的高度集权管理　在645年大化革新前,日本社会以血缘关系构成氏族制度。大化革新后,日本从氏族部落走向中央集权国家,并掀起"唐化运动",引进中国汉唐时期的学术、宗教、科技及风俗习惯,并开始仿照中国唐代建立自己的封建贵族教育制度。公元8世纪,日本的教育制度已较完善。在中央,"式部省"掌管官吏的培养与任免,包括管辖设在宫廷的"大学";在地方,由称为"国"的60多个地区的政府机关管理所设的"国学"。

1603年,德川幕府在江户(今东京)建立军人政府(即幕府),开始长达265年的幕府统治。昌平坂学问所(亦称"昌平黉")作为幕府时期正规的最高学府,在促进中央集权式教育管理方面发挥了重要作用。平民教育机构的主要形式寺子屋是一种自由机构,一般由教师直接管理,政府对其办学没有特别规定,寺子屋之间的课程设置、教学形式差别较大。随着寺子屋的发展及其在平民教育中的影响,中央与地方政府日益重视寺子屋,并在地方设置"乡村学校"机构对其进行管理,还通过奖励来干预寺子屋的办学行为。

国家主义教育管理体制的形成　1868年,德川幕府政府被推翻,日本建立天皇制明治政府。从明治维新开始,日本逐渐接受西方文化的影响,并在政治、经济、军事和文化教育领域实行一系列改革。借鉴法国的帝国大学制度,以昌平坂学问所为中心,建立既是全国最高学府又是最高教育行政机关的大学,负责管理全国各类学校。1871年,明治政府借"废藩置县"之机,开始在全国实行统一的教育管理,并成立文部省作为中央教育行政管理机构,1872年颁布《学制》,把全国划分为8个大学区,每个大学区设大学1所,下辖32个中学区;每个中学区设中学1所,下设210个小学区,每个小学区设小学1所。按照《学制》的规定,每600人设立小学1所,每13万人设立中学1所。学区成为明治政府管理教育的基本单位。大学区设置督学局,任命督学监督大学区的教育行政。在各中学区,由政府任命10～13人组成学区管理委员会,统一管理小学区的教育事务。除学区以外,府县等一般行政单位也被认为是教育行政单位。地方教育行政形成大学区—中学区—小学区体系,国家教育行政则形成文部省—府县—中学区—小学区体系。

《学制》促进了日本近代教育的发展,但由于脱离日本国情,忽视地方教育的实际情况,导致很多措施没有真正落实。1879 年,文部省参考美国教育制度,颁布《教育令》,决定废除学区制、督学局和学区管理制度,成立町村学务委员会管理学校事务。日本提出了一个美国式的地方分权的自由化的教育管理思想和模式,但遭到主流社会的强烈反对和抵制。1880 年,明治政府颁布《改正教育令》,第一次修正《教育令》,重新强调国家对教育的干预和统一领导的重要性,规定凡教育行政上的重大事项,均须经文部省批准;取消学区制,地方学务委员会由选举改为任命,学校的设废及教员的任免最终由地方官批准,教学科目由地方官根据文部省的纲要灵活安排等。同时,也留给地方行政一定的教育监督权力。1885 年,明治政府再次修订《教育令》,废除町村学务委员会,规定由村长管理地方教育事务。经过两次修订,中央对教育的控制得以加强,强化了教育管理的中央集权性质。

1889 年,日本天皇按照奥地利宪法的思想颁布《大日本帝国宪法》,成立帝国国会,实行三权分立,成为君主立宪制国家。与此相适应,各省制定管制,废除恩赐管制,规定由文部大臣掌管有关教育、学术事务,建立中央集权的教育行政组织,开始教育行政的近代化。1886—1903 年,明治政府先后以敕令形式颁布《帝国大学令》、《小学校令》、《中学校令》、《师范学校令》、《高等学校令》、《专科学校令》等,对日本教育体制进行系统改革,并建立义务教育制度。1890 年,明治政府制定府县制和郡制,完善地方自治制度。同时全面修正《小学校令》,规定教育是国家事务,并在历史上第一次对中央和地方各级政府的教育管理责任进行划分。明治政府还设立郡视导员,恢复学务委员会制,从而建立近代日本中央集权的教育行政体制。

进入 20 世纪,随着日本国力的增强和军国主义的兴起,日本加强对教育的控制,1917 年设置临时教育会议,作为内阁总理大臣的教育改革咨询机构,负责审议和管理各类教育发展,并极力推行军国主义教育改革。临时教育会议实际成为日本最高教育决策机构,意味着日本教育管理由中央集权发展为国家主义,学校教育沦为战争的工具。1937 年 12 月,日本设置总理大臣的教育咨询机构教育审议会,进一步加强战时国家主义教育管理体制,不仅放弃了义务教育制度,而且实行学生战时总动员体制。

第二次世界大战后教育管理体制的发展　1945 年 8 月,日本战败投降,并接受盟军最高司令部的改革建议,全面清除军国主义和极端国家主义在日本政治和社会生活领域的影响。1947 年日本制定《教育基本法》,确立了政治中立、行政中立和宗教中立的教育行政管理原则,并根据美国教育使节团 1946 年向占领军当局提交的报告书,改革教育管理体制。一是改变战时教育管理的敕令主义,推行法律主义的教育行政,强调依法治教。1949 年通过《文部省设置法》,从法律上对文部省的职能范围和管理方式进行限定。二是通过改革文部省,重新确立中央与地方在教育管理上的关系。按照《文部省设置法》,除非得到法律许可,文部省不得进行行政或业务上的管理,而仅限于处理中央教育行政事务和法律规定的事务,其他权力均交由都道府县行使。文部省主要负责监督地方教育事业发展,对全国教育开展调查研究,对地方进行业务指导,为教育发展提供咨询和建议,并为国家和地方教育决策提供信息支持等。文部省内部增设各种审议机构,如课程审议会等,以确保正确公正地处理各种教育事务。三是根据《教育基本法》的精神,教育行政独立于一般行政、实行地方分权和社会参与的原则,1948 年建立地方教育委员会制度,1956 年颁布《地方教育行政组织经营法》,赋予地方教育委员会极大的管理自主权。至此,日本模仿美国基本建立了国家—都道府县—市町村的垂直的较完整的三级教育管理体系,并沿用至今。随着日本教育的发展,中央和地方在教育管理中的权力关系不断调整,以适应日益变化和复杂的教育形势。

参考文献

艾萨克·康德尔. 教育的新时代——比较研究[M]. 王承绪,等,译. 北京: 人民教育出版社,2001.

王晓辉. 比较教育政策[M]. 南京: 江苏教育出版社,2009.

吴式颖,褚宏启. 外国教育现代化进程研究[M]. 太原: 山西教育出版社,2006.

谢文全. 比较教育行政[M]. 台北: 五南图书出版公司,1995.

张瑞璠,王承绪. 中外教育比较史纲[M]. 济南: 山东教育出版社,1997.

（鲍传友）

西方伦理思想演变（evolution of Western ethics thought）　自古希腊古罗马时期至现代西方伦理思想的发展历程。西方伦理思想主要指欧洲伦理思想。其历史悠久,内容丰富,演变过程呈现明显的阶段性,且有质的飞跃,直接为马克思主义伦理思想的产生提供了理论前提和思想资料,在人类伦理思想发展史上占据重要地位。

西方伦理思想的起源与发展

西方伦理思想起源于古希腊古罗马时期,其发展经历了四个阶段:(1) 古希腊古罗马时代的伦理思想;(2) 中世纪的伦理思想;(3) 近代资本主义时代的伦理思想;(4) 19

世纪中叶以后的现代伦理思想。

古希腊古罗马时代的伦理思想　古希腊古罗马时期是西方伦理思想的萌芽阶段,孕育西方各种伦理思想的源头和线索。其发展演变大致分为三个时期:早期,其伦理思想不成体系,但为以后阶段的伦理思想发展作了准备。毕达哥拉斯、赫拉克利特、德谟克利特是当时的主要代表人物。在伦理生活方式上,毕达哥拉斯和赫拉克利特都持德性论的态度,主张过一种简洁的或理性的生活。德谟克利特的伦理思想则是一种幸福论的观点,他最先明确地把"快乐"或"幸福"看成是行为的标准,随后的智者则进一步强化了这种幸福论的观点,强调用感性欲望的满足来规定人生的意义和幸福,同时在伦理观上具有相对主义的和怀疑主义的倾向。中期,伦理学建立了较完整的思想体系,使古代的伦理思想发展到顶峰。苏格拉底、柏拉图、亚里士多德是当时的主要代表人物。苏格拉底提出了"美德即知识"这一著名的伦理学命题,开理智主义德性论之先河。柏拉图则进一步发展了苏格拉底的伦理思想,他认为,存在着一种普遍的"善的理念",人能通过"回忆"而获得这种"善的理念"。亚里士多德是古希腊古罗马伦理思想的集大成者,他撰写的《尼各马可伦理学》是西方思想史上第一部体系完整的伦理学著作,并由此使伦理学成为一门独立的学科。但他的思想又是一个矛盾体,包含不同的倾向和学说,既有幸福论的观点,又有德性论的主张。晚期,古希腊古罗马伦理思想向中世纪神学伦理思想过渡。伊壁鸠鲁继承了德谟克利特的幸福论传统,不仅把快乐看作最终的目的和一切善恶判断的标准,而且对快乐的内涵和性质作了具体分析。与伊壁鸠鲁相对立的斯多葛学派则把德性论推向了极端,他们否定了任何感官欲望和情感活动,在理论上具有禁欲主义色彩。后期的斯多葛学派提出了泛爱主义社会规范,并与新柏拉图主义相结合,为中世纪的基督教伦理思想的形成提供了基础。古希腊古罗马伦理思想所提出的许多理论问题,为以后西方伦理思想的发展作了理论准备。

中世纪伦理思想　主要指以基督教神学为中心的宗教道德理论和封建伦理学说。主要体现为一种信仰主义德性论。其发展、演变大致可分为三个阶段。早期以奥古斯丁为代表。他提出了"德性是对上帝的爱"这一基本口号,发展了基督教伦理思想,他用上帝的意志和人类的"原罪"来说明道德的起源和本质,把上帝看成是美德的体现和最高的价值标准,并用各种形式推行禁欲主义生活方式。中期以托马斯·阿奎那为代表。他把基督教教义与古希腊的亚里士多德伦理思想加以调和,从而将奥古斯丁以来的神学伦理思想发展成为完整的体系。他与奥古斯丁一样,把伦理学从属于神学,并把伦理学的最终目的看成是培养和巩固人们的宗教信仰,力图调和天堂与尘世的关系,提出"两种幸福"和"两种德性"的学说。他的伦理学说虽然力图掩盖禁欲主义,但还是强调个人必须抛弃尘世的欲望,自甘贫困,寄希望于来世。在人际关系上,要求人们必须遵循上帝的旨意,按照严格的教阶和封建等级阶梯,服从封建教会和国家的利益。晚期,托马斯·阿奎那的伦理思想受到唯名论的反对。唯名论者主张区分世俗道德和宗教道德,强调理性、意志自由、道德自律以及自然主义和人道精神。

中世纪伦理思想是古希腊古罗马的理智主义德性论的发展。唯名论者提出的伦理思想,为近代资产阶级伦理思想体系的形成,作了思想理论和舆论上的准备。

近代伦理思想　近代西方伦理思想孕育于14—16世纪的意大利文艺复兴和德国、法国的宗教改革运动,经由17—19世纪英、法、德等国资产阶级革命的推动,形成了较为完备的伦理思想体系。其主要特点:具有较广的理论视野和较新的研究角度,出现了功利论、理性论、情感论、生物进化论等各种不同的伦理学理论。

培根是英国近代经验派伦理学的奠基人,他把道德建立在人的"自爱"和"天然欲望"等自然法则基础上,提出了功利主义的一些基本思想。霍布斯、洛克等人则进一步发展了培根的思想,也属于经验主义伦理学。笛卡儿、斯宾诺莎和莱布尼茨的道德理论属于理性主义伦理学,他们把人的自保本性和情感看作道德的基础和善恶的根源,要求人们为了实现自我利益,把个人利益与他人利益和社会利益结合起来,在利他的同时达到利己,由此得出合理利己主义的结论,这一结论与经验论的伦理学观点实际上是一致的。哈奇生、休谟和亚当·斯密是情感论伦理学的代表,他们认为道德知识是建立在感情或冲动上,而不是建立在理性或天赋观念上。18世纪法国的狄德罗、爱尔维修以及卢梭等人则把理性、经验和情感结合起来,进一步发展了功利主义和合理利己主义的伦理思想。J.边沁和 J.S.穆勒则把功利主义发展成为最完备的形式。康德的伦理学是德性论的典型代表,他提出了"德性就是力量"的口号,认为只有出于责任的行为才有道德价值,主张行为的道德价值与它所取得的结果无关,仅仅与其善意相联系。黑格尔也建立了一套完整的伦理学体系,他把道德看作是绝对观念发展的一个环节,并从主观和客观、目的和手段、动机和效果的辩证统一上来分析道德问题。费尔巴哈则使伦理学又重新回到经验论的传统上,提出合理利己主义的伦理学观点。19世纪中叶以后,出现了以斯宾塞为代表的进化伦理学、叔本华的悲观主义伦理学和尼采的权力意志伦理价值观,这是伦理学从近代向现代转化的过渡阶段。

近代伦理思想是西方伦理思想发展的繁荣时期,对西方传统的伦理学问题作了较全面的理论总结,为现代西方伦理学的产生和发展奠定了理论基础。

19世纪中叶以后的现代伦理思想　西方现代伦理思想是指19世纪中叶以后,在欧美等国所产生的重大伦理学思潮或流派,它们基本上(或就实际影响而言)发生在马克思主义产生之后,并以反对西方古典伦理学为基本理论倾向,其特点:力图从伦理学的角度对现代资本主义社会日益严重的精神危机和道德困境进行理论探讨,探索伦理学发展的新途径,提出了许多新的理论课题,并在理论形态上表现为非认识主义、相对主义、中立主义和形式主义等。从流派上看,可分为元伦理学、人本主义和非理性主义伦理学、宗教伦理学等。

20世纪初,元伦理学兴起于英、美等国,它是现代西方最主要的伦理学流派之一。G. E. 穆尔发表的《伦理学原理》一书,是元伦理学兴起的标志。以后的普里查德、W. D. 罗斯等人提出了直觉主义伦理学理论;艾耶尔和C. L. 史蒂文森则通过对伦理语言的不同类别和功能的分析,提出情感主义伦理学理论;厄姆森、黑尔等人为语言与逻辑分析伦理学的代表人物,他们对道德语言的自身特点及其逻辑结构作了细致的分析。这些都属于与传统的规范伦理学不同的元伦理学范畴。人本主义和非理性主义伦理学是在德、法及其他欧洲大陆国家所形成的思潮,其中的最大流派是以萨特、海德格尔为代表的存在主义伦理学。它通过荒诞、孤独、痛苦、绝望、异化等情感体验以及对人的存在结构的本体论分析,强调个体存在的实在性和绝对性,认为自我对道德价值选择是绝对无条件的。以舍勒等为代表的现象学价值伦理学也是这一思潮中较大的流派。他们从价值论的角度,用现象学的方法来研究伦理学,从而总结出道德价值具有的先验性、绝对性和永恒性特点。此外,还有弗洛伊德、弗罗姆等人的精神分析伦理学也颇有影响。当代宗教伦理学这一思潮既同宗教教条有关,又有自己的特点。他们认为,宗教信仰的丧失正是当代道德堕落的原因,主张通过宗教来重建道德权威,促进新的社会秩序形成。新托马斯主义认为,人类自由意志的滥用是恶的根源,主张通过对上帝的人格崇拜、灵魂拯救和精神的自我修养,获得道德的再生。基督教存在主义把偶然性、选择自由、人的生存和死亡作为生活经验加以考察,强调从非理性的角度来认识上帝。境遇伦理学的神学家主张在道德选择时,既要遵循"仁爱"的一般要求,又要根据具体情况作出具体处理。

西方伦理思想探讨的主要问题

从西方伦理思想发展演变的过程来看,尽管不同时期有不同的研究重点和关注主题,但都从不同角度涉及伦理学的一些基本问题。如从幸福论与德性论的交替和平行发展中可以看出伦理学对道德原则的探讨;从自然与自由、理性与情感的角度来追溯道德的前提、道德的起源等问题;从个人至上和社会正义的视角来分析道德目标的构建;从效果论与动机论来关注道德的评价问题等。

从古希腊古罗马时期到19世纪后期,主要通过规范伦理学的形态,以德性论和幸福论为主题展开。其要点主要体现为:第一,德性论主张,一种行为之所以是道德行为是因为它本身就是善的或者符合一定的准则;幸福论则认为,行为的道德价值是由行为结果决定的。这一分歧决定了它们在道德评价和行为选择上的区别。第二,德性论确立的是绝对的义务,要求人们无论在何时、何地或何种,都必须履行;幸福论确立的是有条件的义务,这种义务在特定的条件下可以改变。第三,德性论提出的义务是形式的,如公正、平等等准则;幸福论提出的是实质的义务,如快乐、幸福等。第四,德性论提出的是个别的义务,除了有一个总的标准之外,还有许多其他标准,从而使每一个具体的人都有相应的标准;幸福论只提出一个整体的标准,只考虑如何获得最大程度的善以及如何使恶减少到最低程度。第五,一般来说,在道德来源上理智主义德性论从理性中引申出道德,信仰主义德性论是神启论,把道德的根源归结为神的启示,而幸福论则一般从感性、情感及自然等方面来分析道德本质。第六,在道德原则上,德性论倾向于整体主义,而幸福论则更倾向于个人主义。第七,在道德生活方式上,德性论一般主张唯理主义人生观,幸福论则倾向于快乐主义人生观,而信仰主义德性论是一种僧侣主义的人生观。

19世纪后期,特别是20世纪出现的现代西方伦理学将注意力转向"事实"和"价值"的关系问题,并在这一新问题引发下呈现出一些不同于传统伦理学的新特点。第一,非认识主义。认为道德既不能被认识,也不能被确证,伦理学中不存在什么认识问题,道德仅仅是人们的情感或爱好而已。第二,相对主义。否认道德的客观依据和标准,认为道德价值仅仅是个人的主观选择及其爱好和情绪。第三,形式主义。以元伦理学为典型,它仅仅是对道德语言进行分析,而不再做出实际的道德判断。

20世纪60年代以后,现代西方伦理学出现了一些新的趋向。20世纪初的语言分析元伦理学开始向实践中的规范伦理学回归,出现了各种自然主义和功利主义的伦理学派别,如现代进化伦理学以及规则功利主义和行动功利主义的争论就体现了这种倾向。与此同时,现代西方伦理学家还注重应用伦理学的研究。美国罗尔斯于1971年出版的《正义论》一书,就是将伦理学与社会政治问题结合起来所作的研究,在西方引起强烈反响。另外,对生态伦理学、医学伦理学以及有关经济领域、政治领域、军事领域的道德问题,也都进行了深入而广泛的研究。

西方伦理思想的基本特征

西方伦理思想在西方社会经济结构以及相应的文化基础上产生。在其发生、发展和成熟的过程中,呈现出一些鲜明特征。

重视人及人的价值。在古希腊,西方伦理思想就强调人的心灵与形体的统一,并把它看作善的标志,把人比作一个和谐的小宇宙,提出了人是万物尺度的命题。中世纪神性湮没了人性,人被贬低。近代资产阶级启蒙运动则提倡人的价值、人的尊严和人的幸福。人道主义不仅成为世界观原则,也成为伦理道德原则。资产阶级人道主义也在理论上强调重视人及人的价值,虽然还存在很多问题,但也具有思想的启迪作用。

重视个人及个人的发展,提倡个人主义和利己主义。在古希腊,就有了典型的个人主义命题,把个人的私利放在一切之上。近代资产阶级思想则从理论上、从哲学世界观高度,系统地论证了个人主义、利己主义是人的本性,论证了它们合乎道德性,甚至把利己主义、个人的发展看成社会历史发展的动力。

道德和政治相结合,并把道德视为社会革命的手段。古希腊道德的中心问题是解决个人和城邦、奴隶主阶级内部的等级关系,把道德同现实的政治斗争密切结合起来,作为巩固奴隶制的重要手段。近代资产阶级则更为鲜明和公正地运用道德去批判封建制度,论证资本主义制度的合理性。

重视道德理论的研究,追求真善美的统一。从古希腊到近代,西方伦理思想家一般都力求建立一个真善美的思想体系,把知识和道德结合起来。他们声称建立在这一基础上的伦理学是给人以幸福的学问,然而从整个趋势来看,西方伦理思想家较重视道德理论研究,而不太重视个人的道德实践和道德修养的研究。

参考文献

戴茂堂.西方伦理学[M].武汉:湖北人民出版社,2002.

罗国杰,宋希仁.西方伦理学史[M].北京:中国人民大学出版社,1985.

万俊人.西方伦理学史[M].北京:北京大学出版社,1990.

章海山,张建如.伦理学引论[M].北京:高等教育出版社,1999.

(王 珺)

希腊教育制度(educational system of Greece) 希腊共和国位于东南欧的巴尔干半岛最南端。面积约13.2万平方千米。2011年人口1 131万,98%以上为希腊人,余为穆斯林及其他少数民族。东正教为国教。官方语言为希腊语。2011年国内生产总值2 151亿欧元,人均国内生产总值19 018.57欧元。

希腊教育的历史发展

希腊是世界文明古国,也是最早对公民实施教育的国家之一。公元前8世纪左右,古希腊形成了斯巴达和雅典两大奴隶制城邦,由此形成两种不同的具有代表性的教育制度。斯巴达教育具有单纯的军事体育性质,以训练勇敢善战的士兵为主,女子同样要接受军事训练。课程以体育锻炼和军事训练为主。采取严格的集权领导,把儿童视为国有,教育开支由国家负担,青少年免费接受教育。雅典教育与斯巴达不同,目的是把统治阶级的子弟培养成为身心和谐发展、能履行公民职责的人。课程内容比斯巴达单纯的军事体育训练要丰富得多,除体育训练外,更重视文化知识传授。学校类型多样,教学方法灵活、生动。在教育管理上采取放任政策,把教育子女视为家庭的责任,把交纳费用视为家庭的义务。

雅典学校教育制度广泛传播到埃及、小亚细亚、美索不达米亚和伊朗。公元前2世纪,罗马入侵,希腊先后被并入罗马帝国和拜占廷帝国,1460年又遭奥斯曼帝国统治。外族入侵使希腊的教育事业受到严重影响。1829年,希腊人经过长期的反侵略战争获得民族独立,1832年成立希腊王国。1833年,巴伐利亚王子奥托制定希腊宪法,规定设立教育部,负责管理全国教育事业。在德国巴伐利亚教育制度的影响下,希腊形成了高度集权的教育管理体制。在奥托统治时代,希腊仿效法国《基佐法》和德国巴伐利亚中等教育体制,建立中小学教育双轨制。中等教育分两个连续阶段——希腊学校和文科中学:前者三年制,一是为学生升入文科中学做准备,二是为打算取得谋生手段的学生提供终结性教育;后者四年制,为学生升入大学作准备。1837年,希腊在雅典开办了近代第一所大学——雅典国立与卡珀得斯兰大学(National and Kapodistrian University of Athens),下设医学院、神学院、法学院和哲学院。此后,希腊教育开始复兴。1929年废除希腊学校,建立六年制的文科中学,作为正规教育的第二阶段。第一阶段为六年制小学,第三阶段为四年制大学,还有1～2年的幼儿园。这种制度一直延续到1976年。

第二次世界大战以后,希腊教育有了较快发展。20世纪60年代以来进行了三次较大的教育改革。第一次是1957—1963年的改革,目的是调整中等教育结构,确立和加强职业技术教育体系,适应社会经济发展的要求。在此基础上,1964—1965年又进行了第二次改革,提出以下几项措施:延长义务教育年限;实行免费教育;大力加强职业教育;改革学制、课程设置和考试制度;增设若干新的高等院校。这是一次比较全面的改革,但很快被军人政变破坏。1974年,希腊确立了共和制政体。1975年通过新宪法,规定发展教育事业是国家的责任,强迫义务教育从6年延长到9年;职业技术教育向上延伸,扩大到高等教育领域。1976—1977年,希腊进行了第三次教育改革,主要成果之一是把中学教育划分为非选择性的三年制初级中学和选择性的三年制高级中学,初级中学归入义务教育,义务教育由 6 年延长到 9 年,儿童 6 岁入学,15 岁结束义务教育;另一成果是取消低层次的技术教育,高级中学分为地位相同的普通高级中学和技术高中,技术高中毕业生既可进入不具备大学地位的三年制高级技术和职业训练中心,也可升入学术性高等学校。此外,还规定小学学习日常语言,初中教授翻译的希腊古典文学。学生初中毕业经考试分别升入普通高中和技术高中。这次改革以后,希腊基本上形成了现行教育制度。

希腊现行教育制度

教育行政制度　希腊是民主共和制国家,教育制度以议会和政府颁布的法律为依据,教育管理实行中央集权制。教育、终身学习与宗教事务部(Ministry of Education, Lifelong Learning and Religious Affairs)是规划、督导、管理全国教育的最高权力机构,决定一切重大问题,尤其是宏观教育政策问题,下设若干专门委员会,负责教育政策的制定、实施和咨询工作,并指导地方教育工作。中小学教育的各级管理机构分别是教育、终身学习与宗教事务部、地区教育委员会、辖区(prefecture)教育委员会、省教育局和学校。学校由校长、助理校长和教师协会管理,实际上许多事情仍然由教育、终身学习与宗教事务部决定,所有其他组织都要接受其监督。大学和技术教育学院是自治的法人实体,教育部长通过教育、终身学习与宗教事务部提供的服务来监督和控制其行动和决策的合法性。

根据宪法,教育由国家负责,各级教育均免费,包括免费供应从小学到大学的教科书,授予优秀学生奖学金。实际上,从幼儿园到大学预科都存在大量私人提供资金的学校。

学校教育制度　希腊学校教育分为三级:初等教育、中等教育和高等教育。初等教育包括幼儿学校和小学。中等教育包括初中、高中和职业技术学校。高等教育包括大学和技术教育学院。其中,小学 6 年,初中 3 年,高中 3 年,大学一般 4~5 年。希腊实行九年制义务教育。公立中小学为免费义务教育,大学实行奖学金制度。

学前教育实施机构是独立设置或附属于小学的幼儿学校(nipiagogeio),学制 2 年,主要面向 3 岁半~5 岁半的儿童。宗旨:促使幼儿身心健康发育,根据年龄,对幼儿开展不同的智力和社会教育。根据教育、终身学习与宗教事务部、卫生部和社会及财政署的联合规定,幼儿学校将逐步实行免费教育。

初等教育实施机构是小学,学制 6 年,招收 6 岁儿童。宗旨:促进儿童身体和智力的发展,为他们接受下一步教育做准备。小学学习普通科目。一年级和二年级开设学习入门、现代希腊语、算术、美育、体育等课程,三年级以上开设

宗教、希腊语、历史、物理和化学、卫生常识、地理、四则算术、几何、文明史、技术、音乐、体育和文化表演等课程,还开设外国语。小学还为一些特殊群体,如没有接受过正规教育的成年人、被遣返的希腊人、移民儿童等,开设专门课程。完成六年的小学学习,学生获得初等学习证书。

初中实行男女合校制度(co-educational system),学制 3 年。凡读完六年小学并取得毕业证书的儿童,不经考试都可进入初中。初中所有学生都学习相同的科目,如古希腊文学、现代希腊语、数学、物理和化学、艺术、计算机科学、外国语和宗教等,每个学年都要参加考试。这些考试决定学生是否可以学习更高一级的课程。初中结束时,学生要通过毕业考试获得初级中学毕业证书。该证书是进入高中所必需的。为便于学生就读,初级中学还开设夜校班,供已就业的青少年就读,使其能完成义务教育。夜校班学制 4 年,毕业后也发给证书。

高中教育包括普通高中教育和中等职业技术教育,学制 3 年。希腊的高中分为普通高中、技术—职业高中、综合技术高中、古典高中、宗教高中和音乐高中。高中设体育部,为完成体育初级中等教育的学生提供继续培训。同初中一样,一些高中也开设夜校班,供已经参加工作的青少年就读,学制 4 年,前两年开设一般的基础知识课,最后一年开设普通课程(宗教、哲学、历史、文明教育、政治常识、外国语、体育)和大学预科课程(现代希腊文学及语法、文学、数学、物理、化学生物及人类学、古希腊文学及语法、拉丁语、历史、社会学、政治经济学)。每一学年分为三个学期,每学期结束时,学生要经过口试和笔试。高中学生要在每学年的六月份参加正式升级考试或每个学科的结业考试。根据每门功课的学年分数,年级委员会决定每个学生的升留级。学生每学年的升级考核分数、第三学年结束时的总分数以及预科的笔试分数是能否被大学录取的依据。学生如果毕业后对自己的成绩不满意,可以再补修,直至获得满意的分数为止。

中等职业技术教育分为职业技术高中和职业技术学校两类。职业技术高中招收初中毕业生,学制 3 年。一年级开设普通课程和职业技术课程,普通课程所占比例较大,从二年级起,增加专业技术课的比例,三年级时根据学生所选专业,分班上课。读完职业技术高中,可获两个证书:立即就业证书和进入高等学校继续深造的证书。为了使已就业的青年获得就读机会,职业技术高中还开设夜校班,学制 4 年。职业技术学校也招收初中毕业生,学制 2 年,学生毕业后可直接就业,也可插入职业技术高中二年级。其夜校为三年。执行实习培训计划的学校,学制延长一年。1998 年,希腊开始设立新的统一的高级中学和技术中学。

高等教育主要包括两部分:大学教育和非大学教育。大学一般由国家设立,实行定额招生录取制度。根据宪法

规定,所有高中毕业生都有权利参加高等学校招生考试,但必须上过大学预科班。大学录取成绩依据学生入学考试成绩、高中毕业考试成绩和高中三年的成绩综合评定。学制一般为4年,但有些专业为5年甚至更多。根据1975年宪法,大学具有法人资格,享有行政自主权,接受国家监护,享受国家财政资助,依据法律运行。公立高校都用希腊语教学。希腊成为欧盟成员国后,有许多欧美国家的著名学府在希腊设立分校,包括美国纽约大学、美国欧洲东南大学等。这些学校一般用英语教学。由于宪法不允许在希腊设立私立大学,对于这些外国设立的私立学院和大学,希腊政府不承认其学位。

高等技术学院属非大学高等教育机构,学制一般为4年,要求入学者完成12年普通教育,并通过入学考试。其教育偏重于应用学科,主要目的是将科学知识应用于生产,包括理论教学和实践训练两个部分。学生毕业后可获得学士学位。此外,还有其他政府部门管理的高等教育机构,如商船学院、戏剧学院、舞蹈学院和旅游学院等。

根据希腊有关教育法,私人可以开设非盈利性的中等学校,但不得办大学。私立学校一般不接受政府的经济资助,资金来源主要是学生的学费。私立学校同公立学校一样,在教师配备、每班学生人数、升级考试及毕业考试委员会组成等方面,都受有关教育机构的监督。教师待遇与公立学校同级教师相同,毕业证书与公立同级学校发放的证书具有同样的法律效力。私立学校的升级考试及毕业考试委员会由本校教师及同级公立学校教师混合组成。

特殊教育最初由社会慈善机构创办,招收14~18岁的儿童,宗旨是帮助有特殊需要的儿童完成义务教育,使他们进入社会,参加社会生活。从1983—1984学年起,希腊在普通小学内开办特殊儿童班,招收需要接受特殊教育的儿童,使他们能和正常儿童在一起学习。

希腊的教育改革

由于国际教育的影响和民主思想的不断发展,希腊教育面临一系列问题。在教育管理方面,高度集权化的管理制度制约着教育的革新与发展,引起了人们的不满。在初等教育层次,1976年改革将义务教育从6年扩大到9年,使本已拥挤的学校变得压力更大,大城市更是如此。在中等教育层次,由于社会对学术性学科和大学的需求强烈,希腊将学术教育与技术教育置于平等地位的设想并未成功。在高等教育层次,非大学技术学院是中学毕业生的第二选择,大学教育远远不能满足人们的强烈需求,出现了学生到国外留学的倾向。在研究生层次,实际上并不存在硕士和博士学位。宪法规定教育是免费的,但还是出现了大量私立院校,有些院校的教育质量令人怀疑。此外,大学面临严重

的内部问题,如学生逃课、科研不足、课程缺乏灵活性等。

20世纪80年代以来,希腊进行了一系列教育改革。在教育管理方面,改变了一切教育问题都由教育、终身学习与宗教事务部负责的高度集权的教育管理体制,让教育、终身学习与宗教事务部主要负责教育政策方面的问题,初等教育和中等教育由各辖区管理,家长、教师和学生可以通过参加相应的学校组织来影响学校生活,学校委员会或大会上常有家长、教师和学生代表。私立学校和公立学校都有这样的组织。

在基础教育方面,从1981年起进行了如下改革:将现代希腊语确定为官方语言;取消小学的主任和总监;取消督学,建立学校视导员职位。1997年又进行了下列改革:建立统一的高中,逐渐代替现存高中;规定对教师和教学工作进行评估,并实施中小学教师雇佣考试制度,逐步取消教师优先名单(priority list)制度;建立全日制幼儿园和小学运行机制;为超过18周岁而没有完成义务教育的青年建立第二次机会学校(second chance school);草拟中小学综合课程框架;建立地区咨询和指导中心。

在高等教育方面,取消全国统考,大学招生的主要标准是学生高中三年的成绩;为希望接受高等教育的高中毕业生设立大学预科中心。为了保证教育质量,建立自由、民主的教育,对高等教育体制进行如下改革。(1)设立全国文学、科学院和高等教育委员会。前者负责协调科研、教学和研究生院的工作,向政府就教育问题提出建议,指导和监督大学的科研工作。后者是由社会团体、大学、政治党派和教育、终身学习与宗教事务部人士组成的监督机构,任务是向政府就大学教育问题等提出建议,比如大学科系的设立、撤销或合并,组织和运转,希腊知识界的专业指导和评估等。(2)取消教授的主导职位,加强行政机构的职能。主要包括下列措施:设立院、系机构;贯彻学术自由的宪法原则,大学全体员工参加决策;大学委员会、校长及校长委员会为大学领导机构。

在职业教育方面,1992年建立国家职业教育和培训制度、职业教育和培训组织以及职业培训学校。根据1998年的《中等职业技术教育法》建立技术职业教育学校(technical vocational educational schools),同时取消技术和职业学校(technical and vocational schools)。2000—2001年,通过与高等教育机构合并,将技术教育学院升级为大学,形成了大学与技术大学平行的高等教育制度。

针对课程内容脱离时代发展、国家限制私立高等教育的发展、公立高等教育不能满足人们当前的需要、留学倾向严重等问题,希腊政府在教育制度、普通课程和高等教育制度的组织和结构方面进行全面改革。

进入21世纪以后,希腊教育面临新的挑战,主要表现在:(1)希腊学生在国际学生评价项目(Program for

International Student Assessment,简称 PISA)中的表现落后于其他与其经济发展程度相似的经济合作与发展组织成员国;(2) 许多学校规模相对较小,生师比较低,导致整个学校系统效率较低,而无力保证为所有青年提供高质量的教育机会;(3) 由于平均生师比低和班级规模小,教师每年的教学时间比其他国家教师相对较少,虽然教师工资低于经济合作与发展组织成员国平均水平,但每个学生的教师工资成本仍高于经济合作与发展组织成员国家平均水平;(4) 缺乏对学习和教学或学校的外部评估(除了 PISA 测试和大学入学考试外),也缺乏其他质量保证机制;(5) 完成中等教育的人数大量增加,但进入第三级教育的学生在法定的学习时间内完成第一学位的比例低于其他欧洲国家;(6) 随着第三级教育机构招生数量的增加,第三级教育机构和院系的数量也在增加,尤其是技术类学院激增,导致一些专业领域重复设置,有些系学生很少甚至招不到学生;(7) 教育管理体制仍然以中央集权管理为主,中小学和第三级教育机构均缺乏灵活性,难以满足学生多方面的需要。

为了应对新的危机与挑战,希腊政府提出了名为"新的学校:学生优先"(New School:The Student First)的总体框架,在此框架下对义务教育、高级中等教育、教育管理结构等方面进行综合改革,并在高等教育方面提出了新的法律框架,其中包括大学的内部治理和管理改革,加强财政和绩效机制等。在基础教育和教育管理方面的改革包括:(1) 对过时的、低效的集权式教育结构进行改革,减少、统一或合并一些效率低下的小学校;(2) 充分利用人力资源,提高生师比,增加教师的工作量,到 2015 年达到欧盟和 OECD 国家的平均水平;采取多种措施推动教师和管理人员的专业发展,加强教师培训,提高教师质量;(3) 加强对学校和教学质量的评估,要求每所学校每学年要提出自己的教育目标,并在学年结束时写出总结报告,对学校的整体绩效、教育目标的实现情况、学校的优势、劣势和问题进行评估。同时,改善教育质量保证和信息系统;(4) 建立更为有效的教育管理结构,以保证改革的有效实施。在高等教育方面的改革包括:(1) 建立希腊高等教育质量保障署(Hellenic Quality Assurance Agency for Higher Education,简称 HQAA);(2) 通过新的高等教育法律框架,在质量保障、绩效、内部评估程序和自主权方面进行了改革;(3) 增加高校的财政自主权,减少中央财政部门的控制;(4) 加强内部治理和管理;(5) 以更大的学部来统一各个系。此外,还在 2010 年通过了一部关于终身学习的新法律,以及另一部旨在建立与欧洲质量框架一致的全国质量框架的法律。

希腊的教育特色

最早实施公民教育,继承了古希腊教育的优良传统。古希腊时期形成的斯巴达和雅典教育制度对世界教育产生了重要影响,也对希腊教育有一定影响。其教育除了来自德国、法国的中央集权管理制度外,还受斯巴达教育的影响;在培养目标上,受雅典培养身心和谐发展的公民教育理想的影响。

重视民族感和宗教感的培养。希腊宪法规定,教育的目的在于发展人民的民族意识和宗教意识,使人民在德、智、体和职业方面受到训练,成为自由的、有责任感的公民。希腊对随父母移居国外的儿童的教育进行了专门规定,如帮助他们学习移居国的语言,并开设希腊语和用希腊语讲授的希腊历史、地理文化和宗教课等。

教育立法较早,并随着社会的发展变化不断修改和增加立法条款。希腊的每一次教育改革几乎都是在宪法和法律的指导下进行的,如 1976—1977 年比较全面的教育改革就是在 1975 年新宪法的基础上进行的。

高等教育较发达,但不允许建立私立大学。欧美许多国家在希腊建立了私立大学或学院,作为其分校。

职业教育发展较快。20 世纪 90 年代以后,职业教育进行了一系列改革,已经成为一个层次较高的教育领域,并不断系统化,如建立专门的国家技术与职业教育制度、组织和机构,并将技术教育学院升级为大学。

参考文献

窦庆禄.希腊教育概况[J].比较教育研究,1997(5).

刘承波,范文曜.希腊高等教育:政府举办与学校自治[J].比较教育研究,2007(4).

中国大百科全书总编辑委员会教育编辑委员会.中国大百科全书·教育[M].北京:中国大百科全书出版社,1985.

Marlow-Ferguson, R. & Lopez, C. World Education Encyclopedia: A Survey of Educational System Worldwide [M]. Detroit,MI: Gale Group, 2002.

Postlethwaite, T. N. The Encyclopedia of Comparative Education and National System of Education [M]. Oxford: Pergamon Press, 1988.

（郐海霞）

先秦诸子教育思想的百家争鸣

春秋战国时期一批学术思想派别的代表人物在教育思想方面相互辩争的学术繁荣景象。

春秋战国是中国古代社会由奴隶制向封建制过渡的一个变革时代。奴隶主贵族独家垄断文化教育的"学术官守"格局被打破,出现"天子失官,学在四夷""诸子蜂起,百家争鸣"的学术文化和教育思想大繁荣的新局面。

百家争鸣发端于春秋末期孔、墨学派之间的辩争。春秋战国之交,墨子先从儒学,后又从儒学中脱离出来,独创了墨家学派,并开始向儒家发难。此后,墨家的影响逐渐扩大,与儒家并立为春秋战国时期的两大显学派别。正是儒墨两家在一系列教育问题上所进行的针锋相对的相互驳难,正式揭开了春秋战国时期教育思想百家争鸣的序幕。人们一般所称的诸子百家,实际上是指"九流十家",即阴阳、儒、墨、名、法、道六家,加上纵横家、杂家、农家,合称"九流",再加上小说家则称为"十家",而其中影响最大并与教育关系最密切的是儒、墨、法、道四家。

儒、墨两家都非常重视教育,并分别提出自己的教育主张。以孔子为代表的儒家学派,主张以"仁"为核心,以中庸辩证为思想方法,重血亲人伦,重现世事功,重实践理性,重道德修养和教育。儒家认为教育应培养德才兼备的圣贤之材,并举荐他们从政或从事教化,从而造福民众与国家。而以墨子为代表的墨家强调物质生产劳动在社会生活中的地位,反对生存基本需要之外的铺张浪费,主张教育应培养"兼士",并提出以"农与工肆之人"(《墨子·尚贤上》)作为教育的对象。墨子主张"兼爱",抨击儒家的"仁"是"爱有差等",认为儒家思想"其道不可以期世,其学不可以导众"(《墨子·非儒下》)。儒家的荀子又对墨家的这一教育目的观进行了批判,他说"墨子有见于齐,无见于畸"(《荀子·天论》)。儒、墨两家虽相互论争,但在教育思想上有相似之处,如都主张"举贤"、"尚贤"和实施德政。后来,儒、墨两家共同的教育思想主张遭到法家的反对和攻击。法家是战国时新兴地主阶级的政治代表,他们力主耕战,以法治国,尊君废贤。其先驱是春秋时齐国的管仲和郑国的子产,他们主张强化法令刑律,使民"畏威如疾",以达到富国理乱的效果。韩非是法家思想的集大成者,他进一步提出"以法为教"、"以吏为师"(《韩非子·五蠹》)。他从耕战出发,要求"去无用,不道仁义"(《韩非子·显学》),认为:"博习辩智如孔墨,孔墨不耕耨,则国何得焉?修孝寡欲如曾史,曾史不战攻,则国何利焉?"(《韩非子·八说》)然而法家所希望达到的目的,却与儒墨两家存在相似之处,"正明法,陈严刑,将以救群生之乱,去天下之祸,使强不陵弱,众不暴寡,耆老得遂,幼孤得长,边境不侵,君臣相亲,父子相保而无死亡系虏之患。此亦功之至厚者也"(《韩非子·奸劫弑臣》)。可见,尽管儒、墨、法在一系列教育问题上相互论争,但他们都认为个人的生存发展离不开社会发展,只有以社会准则来规范自身,才能求得个人的生存与发展。无论是主张仁义礼治还是法治,都非常强调对社会准则的遵循和服从。

此外,先秦时期另一知名学派道家在教育问题上也提出自己独特的主张。道家的代表人物是老子和庄子。道家尊崇"天道",向往"自然",倡导"无为",致力于获得个体的终极超脱和自由。道家认为,自然界是自然而然、毫不造作的,那么社会也应是自然而然的,即所谓"人法自然"。由此,教育的作用就是促进人的自然本性的充分展现,使人从现实生活的种种困扰中摆脱出来,回归自然无为的状态,人

只有从自然的学习体验中受到教育,才可以更好地获得自由的生存和发展,唯有人人如此,社会才会走向安宁。"夫天地至神,而有尊卑先后之序,而况人道乎"(《庄子·天道》)体现道家在自然无为名义下对伦理道德教育的肯定。但同时又认为,"爱利出乎仁义,捐仁义者寡,利仁义者众,夫仁义之行,唯且无诚,且假夫禽贪者器"(《庄子·徐无鬼》),揭露了在社会发展过程中出现的假仁假义现象。先秦教育思想的争鸣主要体现在儒、墨、法、道四家的相互论争上,除此而外,其他各家学派如兵、农、名、杂等也积极地参与了这场史无前例的教育思想大争鸣,并以各自独特的思想和行动引起了人们的思索,从而丰富了中国古代的教育思想宝库。例如,兵家主张国家在积极备战的同时,必须做好教育人民的工作,所谓"明主鉴兹必内修文德,外治武备"(《吴子·图国》),又"以礼为固,以仁为胜"(《司马法·天子之义》)。这都是与儒、墨等家所主张的"道德为主,教育为本"思想相通的地方。另外,杂家也对教育作用有过充分的评价:"故教也者,义之大者也;学也者,知之盛者也。义之大者莫大于利人,利人莫大于教;知之盛者莫大于成身,成身莫大于学。"(《吕氏春秋·尊师》)这里尽管颇有新意地用"利"来解释"义",但也留下了墨、法思想的痕迹,而其肯定教育对人的发展的重要作用,并视之为最大的利人,又表现了儒家的思想理念。

先秦诸家学派的教育思想都是从社会实践中提出的,它们围绕一些基本问题展开论争,从不同侧面揭示了教育的本质特征,从而使先秦教育思想呈现出整体性。先秦教育思想是由诸家教育思想的互相对立、互相联系和互相补充而形成的一个整体。这一整体主要由儒家教育思想、墨家教育思想、法家教育思想和道家教育思想构成。抛开四家之间争辩的具体依据和论断,先秦诸子的论争从不同侧面不同程度揭示了教育的本质问题,即一定社会的教育必然反映一定社会的要求,并反过来为其服务;教育的对象是人,因而必须符合人的身心发展规律。从这一意义上来讲,教育必须适应社会的发展需要,同时也必须遵循人自身的规律而发展。

参考文献

毛礼锐,瞿菊农,邵鹤亭.中国古代教育史[M].北京:人民教育出版社,1979.

王炳照,等.简明中国教育史[M].北京:北京师范大学出版社,1994.

俞启定.先秦两汉儒家教育[M].济南:齐鲁书社,1987.

(杜　钢)

闲暇教育(leisure education)　亦称"余暇教育"。人们在闲暇时间进行的教育活动;亦指教会人们具有利用闲暇时间充实个人生活、发展个人志趣的本领的教育活动。

对其内涵有多种理解：是利用闲暇时间对受教育者施加影响、不断提高其适应社会要求的能力，促进受教育者自我完善的一种终身性的、有计划的活动；是一种传授利用闲暇时间的技能和技巧，帮助社会成员确立科学的闲暇价值观，提高自己的闲暇生活质量，促进个人全面发展的、连续的教育活动；是一种提高、充实人的精神境界的教育活动。

闲暇教育的基本任务因国家或地域差异而各有所重，但均涉及以下几方面：确立科学的闲暇价值观；形成合理配置或有效利用闲暇时间的能力；提升闲暇时间中的选择能力、自主能力和创造能力；树立积极、健康的生活态度；获取享受精神生活和陶冶情操的能力；发展个人的兴趣、才智和个性。其内容包括：科学闲暇价值观的内涵与特征、意义与作用；中西闲暇价值观的比较；有效利用闲暇时间的方法和技巧；科学知识与文化素养；公民生活与人际往来；琴棋书画与审美意识；旅游观光与健身；认识自我与开发自我、兴趣爱好与心理满足等。其途径丰富多样，既可通过学校系统进行，也可在更广泛的社会空间进行，其中社区组织、大众传媒、图书馆、博物馆、科技馆、文化宫等扮演重要角色。其方法灵活多样，可包括课堂教学、现场教学、寓教于行、寓教于做、寓教于乐、互帮互助、互教互学、自我指导型学习等。闲暇教育具有终身教育和成人教育的特性。

以成人为主体的闲暇教育除有助于成人提高生活质量、发展个性、体现价值、获得尊严外，还可发挥三大社会功能：政治功能，引导人们用科学、健康的方式休闲有利于促进社会安定团结；经济功能，闲暇时间获得积极、有效的调节可以造就身心健康的劳动者，有利于增进其生产劳动能力，提高生产劳动效率，积极、健康的休闲市场也有利于经济增长；文化功能，参加闲暇教育的成人往往来自社会不同年龄群体、职业领域或社会阶层，这有利于在对不同历史时代、不同地域、不同民族的社会文化进行交流、理解、继承的同时，突破原有文化范式，为文化更新与发展作出贡献。

闲暇教育思想渊源可追溯到古希腊时期和文艺复兴时期。亚里士多德认为，音乐教育的目的不是功利，而是在闲暇时间里提供理智的享受；卢梭主张用打猎等体力活动方式充实和丰富人们的闲暇生活。现代意义上的闲暇教育自20世纪四五十年代后兴起，其背景除与劳动工作时间缩短、操持家务时间减少及人均寿命延长等相关外，还与人类自我意识嬗变密切相关，即与在科技、经济、社会急剧变革时代中自我危机、自我价值、自我开发、自我发展等意识的形成或发展相关。中国在20世纪末期开始关注闲暇教育。研究者主张转换传统闲暇观以及重视闲暇教育对个性发展的意义，形成对闲暇时间的正确、有效利用能够彰显个人价值和尊严的观念。闲暇教育对个性发展具有意义，是一种有价值地、明智地利用闲暇时间来发展个性的教育。

（高志敏）

现代学校制度（modern school system）　　调整学校内外部关系，使学校有序运行的现代学校的规则体系。学校内部关系包括学校与教师、学校与学生、教师与学生等的关系，学校外部关系包括学校与政府、学校与社会等的关系。价值是制度的灵魂，衡量现代学校制度价值的基本标准是，现代学校制度能否促进学生充分、全面地发展，能否维护教育秩序、促进教育公平、提高教育效率。现代学校制度最根本的目标是使所有学生获得充分、全面的发展，这也是现代教育的宗旨。现代学校制度追求的价值目标是教育秩序、教育公平和教育效率。教育秩序指教育制度作用于社会关系而建立起来的有条不紊的状态。秩序体现制度的规范作用和调整功能，显示制度功能所具有的统治性和管理性。形成秩序的途径不一，有专制秩序和民主秩序，现代学校制度不以秩序为唯一价值目标。现代学校制度具有民主平等精神，追求教育公平。公平或正义是一个相对概念，公平是社会的重要价值，关注社会各种利益关系的协调与平衡，具有调和社会矛盾，增强社会向心力，缓解社会张力的意义。中国教育改革的指导性原则是均衡发展，目的在于促进教育公平。教育效率指教育投入与教育产出的关系，亦即教育成本与教育收益的关系。追求效率是社会发展的基础，只有讲求效率，社会才能快速发展，否则必然陷入停滞、落后状态。任何一个社会组织都会把追求效率作为组织的目标之一，作为公益性社会组织的学校也不例外。中国由于教育资源稀缺，对教育效率的要求更加迫切。现代学校制度作为一个规则体系，通过调整以利益关系为核心的与学校产生的各种社会关系，来维护教育秩序，实现教育公平和教育效率，这是使教育走向秩序化、公平化、效率化的重要手段。

现代学校制度是各种规则按照内在逻辑关系组成的一个相互协调、完整统一的体系，包括核心制度和外围制度两类。现代学校制度的核心制度是指对学生的发展、对学生的学和教师的教有直接影响的制度（如教学制度、考试制度、学生评价制度、校本教研制度、校本培训制度、教师评价制度、教育督导评估制度等）以及与其相近的制度（如与校本管理相关的学校内部管理制度，包括校长负责制、教师聘任制、教职工代表大会制度等）。现代学校制度的外围制度为核心制度服务，具体有教育投入制度、教育行政管理制度、学校产权制度、办学体制、学校后勤管理制度、社区参与制度、教育问责制度等。核心制度的运行和发展需要外围制度作保障，外围制度必须服从教育的内在需要。核心制度充分体现学校特性，直接涉及学校使命，即如何促进学生充分、全面地发展。核心制度关注具体的教与学的过程，关注学生、教师和学校的评价标准以及学生的发展和教师的专业成长、教师和学生对学校管理的民主参与，体现教育精神和人文关怀、以人为本的现代发展观以及现代教育的宗旨和追求。有些核心制度由学校制定,如校本教研制度、学生评价制度、教师评价制度等;有些则由国家机关制定,如考试制度、教育督导评估制度等,对学校课堂教学、学生和教师的评价标准以及学生的发展具有根本性影响。核心制度的中心是评价制度(广义包括考试制度、学生评价制度、教师评价制度、教育督导评估制度等),建构现代学校制度须从改革评价制度入手。

建立新型、良性的政府与学校的关系是政府职能转变和现代学校制度建设的要求,也是教育改革和学生发展的要求。政府与学校关系调整的关键是政府如何转变职能、如何保障和监督学校的办学自主权问题。政府职能指政府在国家和社会生活中所承担的职责和功能,是确定政府管理范围和管理程度的重要标准。在政府与学校的关系中,政府的教育行政职能常存在错位、越位和缺位现象,出现权限范围内与权限范围外的角色偏离、主要角色与次要角色的偏离。政府角色偏离给政府自身和学校发展都带来负面影响,主要表现:政府干预过多,造成政府精力分散,负担过重,不可避免地出现忽视大局、决策失误、行为失职、政策失灵、效率低下等问题;压制学校办学活力,造成学校过度依赖政府;导致政府垄断教育,挤压社会力量参与办学的空间,阻碍教育中介组织的发育和成长。对此,需要反思传统的政府理论并重新定位政府角色。政府并非唯一的权力中心,不能垄断一切合法权力,政府不应垄断学校管理权,而应与社会和学校合理分权,仅保留对教育事业发展具有决定作用的重要事项的决策权和控制权。调整和改善政府与学校关系的关键是转变政府的教育行政职能,赋予学校更多的自主权,摒弃"全能主义"观,确立"有限职能"观,变"无限政府"为"有限政府"。具体而言,要求政府将属于学校自主办学权的职能下放给学校,同时强化应承担的管理职能,包括:对教育规模、结构、布局等进行宏观调控,制定教育政策和法规,制定有效的制度并承担制度推行的责任;制定各类学校设置标准和质量标准;制定教育发展规划;通过公共财政分担学校的教育成本,并通过转移支付促进教育公平;建立支持教育改革发展的服务体系;组织对各类学校教育质量进行检查评估等。政府的教育行政职能重点是确立教育标准,为学校提供保障和服务,维护公共利益。政府职能行使方式的变革包括:从对学校具体办学活动的直接干预和微观管理,转变为运用政策、拨款等手段进行间接干预和宏观管理;从"人治型"管理转变为法治型管理,政府依法行政,学校依法办学,政府依法规范学校办学行为,监督学校办学质量;由控制型管理转变为服务型管理,建立健全公共教育服务体系,指导学校制定发展规划,为学校提供决策咨询及信息服务。

政府转变教育行政职能以及建立相关制度是为了保障并监控学校的办学自主权。给予学校自主权的实质是要求进行校本管理(school-based management),体现"以基层为本的管理"(site-based management)的趋势,将决策权下放给基层,使学校摆脱对政府的依附性,凸显学校的主体性,增进学校办学的专业性,更好地满足学生的教育需求,促进学生发展。在学校拥有办学自主权后,政府仍需对学校进行管理,这是由政府与学校的法律关系的性质决定的,也是一种客观需要。权利与义务、权力与责任对等,政府放权给学校,学校不仅获得权利和权力,同时必须承担义务和责任,也必然需要政府对学校履行义务的职责进行监管、监控和监督。故学校的自主管理权是有限性的,学校的自主是有限自主。政府对学校的放权与政府对学校的监督须同时加强,否则会产生权利与义务、权力与责任的不均衡。在落实学校办学自主权的同时,政府需要切实加强对各级各类学校办学行为的规范以及对教育质量的检查和评估。

针对市场机制进入教育领域,政府始终具有管制教育的职责。政府在培育、发展和规范市场中具有无可取代的作用,其责任是培育市场发展环境,规范市场运行秩序,创造教育领域平等竞争的环境和条件。政府还应纠正市场功能缺陷和市场失效的消极效应,关注弱势群体和贫困地区教育,缩小差距,推进教育公平。同时,政府有义务维护教育的公益性。英、美等国的教育券制度是市场机制的一种形式,将政府、市场和学校三者连接起来,政府通过教育券将政府兴办教育的经费分散到个人手中,个人通过市场机制选择学校。教育券制度虽然代表了政府提供教育服务向私人市场的一种转换,但为维护教育的公益性,政府依然对学校进行管制,主要包括课程内容、人员和入学标准等,以保证市场条件下学校教育具有一定的社会利益。

(褚宏启)

现象学教育学(phenomenology of education)　　以现象学哲学为方法论基础研究教育问题的理论。20世纪兴起于北美。加拿大艾伯塔大学是现象学教育学和现象学课程理论的中心。现象学教育学拓宽了教育研究的问题域,在教育过程、教育行动、教育生活世界等方面提出了开拓性的理论。主要以教育实践为原点,研究人的经验、观念在教育过程中的呈现,现象学教育研究以回归事物本身为基础,强调回归实践。现象学教育学促进了教育研究方法的变革,形成了教育研究的质性研究方法体系,为教育学作为人文社会学科的发展提供了方法论基础。现象学教育学也是新课程理论的重要流派之一。

现象学教育学的哲学基础

现象学教育学的直接源泉是哲学的现象学。现象学是20世纪西方的一种哲学思潮,具有狭义和广义两种解释。

狭义现象学主要由德国哲学家胡塞尔及其早期追随者的哲学理论构成。广义现象学首先指胡塞尔哲学以及直接和间接受其影响而产生的各种哲学理论；其次指 20 世纪西方各人文学科中所运用的现象学原则和方法的体系。

"现象学"的词源可上溯至德国古典哲学家黑格尔等人的著作，但其含义与胡塞尔的用法不同。胡塞尔赋予"现象"的特殊含义是指意识界种种经验类的"本质"，而且这种本质现象是前逻辑的和前因果性的，它是现象学还原法的结果。现象学不是一套内容固定的学说，而是一种通过"直接的认识"描述现象的研究方法。现象学所说的现象既不是客观事物的表象，亦非客观存在的经验事实或马赫主义的"感觉材料"，而是一种纯粹意识。从现象学的观点来看，现象学所涉及的是"直觉"意义上的经验（experience）或体验，是意识现象学、意义现象学。现象学对于自我与世界关系中的经验与意义的探索，主要运用两种方法，一是现象学还原法，另一是回到事物本身去。现象学奠定了存在主义、解释学、后结构主义、解构主义、后现代主义等哲学思想的基础。现象学思潮从 20 世纪初形成以来，按时序可分为三个互有交叉的阶段，即胡塞尔现象学时期（20 世纪初至 30 年代中）、存在主义现象学时期（20 世纪 20 年代末至 50 年代末）和综合研究时期（20 世纪 40 年代以后）。

胡塞尔现象学时期　胡塞尔的现象学是在德国哲学家、心理学家布伦塔诺意向性心理哲学的影响下创立的，布伦塔诺认为心理行为的意识与该行为对象的意识是同一现象。胡塞尔则认为两者有分别，意识经验的内容既不是主体也不是客体，而是与两者相关的意向性结构，从而离开了主张主体内在性的传统唯心主义，返回到原始的"现象"，即各类经验的"本质"。在他的倡导下所形成的早期现象学运动，旨在使哲学关注的重点从当时新康德主义的"批判唯心主义"的主体概念，转向意识经验中的实在对象。胡塞尔通过对意向结构进行先验还原分析，分别研究不同层次的自我、先验自我的构成作用和主体间的关系以及自我的"生活世界"等。他认为，现象学的根本方法是反思分析，在先验反思过程中存在着意向对象和与其相应的"诸自我"之间盘结交错的反思层次。

存在主义现象学时期　胡塞尔的弟子海德格尔在 20 年代末改变了现象学研究的方向，开创了侧重探讨存在问题的新思潮。这一时期一直持续到 50 年代末，研究基地也从德国移向法国，并逐渐扩展到其他地区。海德格尔认为，反思的意识尽管重要，但必须首先研究意识经验背后更基本的结构，即所谓前反思、前理解与前逻辑的本体论结构——此在（dasein）结构。只有通过对这一基本结构的研究，才能了解意识和先验自我的可能性及其条件，从而揭示隐蔽的"存在"。由于海德格尔探讨存在的意义问题，因而其学说又被称作解释学的现象学。然而，海德格尔的后期哲学无

论是从对象还是从方法看，都与现象学越来越疏远。

20 世纪中期，在胡塞尔哲学和海德格尔的早期哲学影响下，形成了法国现象学运动。这一运动的主要创始人是萨特和梅洛-庞蒂。萨特批判了胡塞尔的先验自我与反思意识，认为胡塞尔未能区分意识的反思过程与前反思的意识结构，遂导致现象学还原成为无穷尽的倒退。他还指出，先验自我概念是毫无必要的，现象学还原不仅应把世界放入括号，也应把自我本身放入括号，从而使自我与世界居于同一侧，因为自我和世界同样都是意识的对象。这就从意识中排除了任何内在性内容和本质，而使之归于"虚无"，并由此产生了充实的"自在存在"与虚无的"自为意识"之间互相对立、互相依存的关系。萨特的现象学还原不是对意识的反思，而是使意识虚无化，以达到纯粹的意识。在他看来，由于意识所具有的意向性，使虚无的意识不断向外，它在显现外部世界的同时也显现了自身，而我的意识所显现出来的就是我的本质。所以，萨特认为人的存在是先于人的本质的。此外，萨特还把现象学还原理解为一种自由过程，即人通过自我设计"中止"与其过去的因果关联，并从未来（目的）返回现在。萨特的现象学由于扩大了意识与意向关系概念，并使主体不只限于理智活动，而是指进行着各种心理体验（包括想象与情绪）的具体生存的人，从而使现象学研究的对象扩大到人类生存的外在方面，即历史、文化、政治等方面，并由此开创了相对独立于现象学思潮的法国存在主义运动。

梅洛-庞蒂是法国现象学最主要的代表之一。他也认为意识结构是哲学的基本问题，但他既不同意胡塞尔把人最终还原为先验意识，也不同意海德格尔把人的生存还原为神秘的"存在"，同时也反对萨特把自我的生存还原为自我对生存的意识。他认为"我思"必然把我显示于历史情境中，现象学还原的结果是先验性的"知觉世界"。他强调知觉世界是人与世界的原初关系，因而主体必然"嵌于"世界之中，与世界和他者混同，以此否认唯心主义与实在论的界限。梅洛-庞蒂是现象学意义论的重要研究者，认为知觉世界是一切意义的源泉，但意义始终是含混性的，其结果是意义与无意义混杂难分，现象学还原也就永无完成之日。

这一时期法国其他重要的现象学者还有马塞尔、莱维纳斯、利科等。一般而论，法国现象学者倾向于调和胡塞尔的意识分析与海德格尔的存在分析，同时把研究对象扩展到人类历史、社会、文化、政治等各领域，造成唯心主义历史观与人生观的泛滥。

综合研究时期　第二次世界大战以后，比利时、联邦德国、美国、法国分别建立了胡塞尔研究中心，对胡塞尔的思想重新深入研究，出现了不少精通胡塞尔哲学的现象学者，如比利时的梵布雷达，德国的朗德格雷贝、芬克等。这一时期的现象学者尽管在研究的原则对象和方法论上具有更大

的综合性,然而,它作为一个整体的现象学思潮,在当代西方人文科学领域的影响比以前大得多,其突出特点:研究活动扩展到东西欧、南北美以及亚非各洲,研究者人数与学术活动均较前增加;与其他哲学流派如分析哲学、实用主义、结构主义、精神分析学、解释学、西方马克思主义等的比较研究进一步增强;作为方法论的现象学,较为广泛地应用于历史学、社会学、语言学、宗教学、精神病理学、文学理论等人文学科的研究中。

现象学教育学的主要思想

现象学教育学认为,19世纪后半叶,整个欧洲哲学受实证科学支配,现代科学的数量原则、机械原则和通过科学而进步的原则借助科学的现实力量而成为社会发展的公理。从近代始,在整个教育领域中也表现出唯科学主义的特征。教育传递着越来越科学的教育内容,引入越来越科学的教育方法和技术,利用越来越科学的管理程式,从而与充满着无限可能的生活世界越来越远,近代自然科学掏空了教育的可感性和可体验性,也掏空了人类存在的意义和价值。

现象学“回到事情本身”的态度和方式以及胡塞尔晚年提出的“生活世界”深刻影响了人文科学。它对教育学的影响始于20世纪40年代,一些教育学者运用它的“回到事情本身”的态度和“生活世界”的理念,开始对教育进行新的思考和定位,从而使教育学的发展有了一种新的可能性。较早把现象学理论引入教育领域的是德国海德堡大学校长E.克里克。到20世纪40年代,“现象学教育学”这个术语在西欧教育思想领域逐渐被采用,并在70年代形成研究高峰。在荷兰,兰格威尔德是现象学教育学流派的创始人之一和最重要的代表,他在乌特勒支大学积极倡导、广泛发展了现象学教育学,形成乌特勒支流派。20世纪70年代,北美开始在教育学领域形成现象学研究传统。现象学教育学在加拿大得到很大发展。其中艾伯塔大学是现象学课程理论和现象学教育学的中心,该校的奥凯、范梅南、N. D. 史密斯是现象学课程理论的核心人物。

现象学教育学指出,教育学是一门经验科学、人文科学,一门具有规范性的人文科学,具有实践目的。说它是一门经验科学,是因为它的对象处于生活经验世界之中;说它是一门人文科学,是因为所面对的领域是人的生活、人的实践,而不是自然科学所面对的自然,人文知识不像自然知识那样具有确定性,总是具体的、与情境有关;说它具有规范性,是因为现象学与教育学都致力于探寻人生的意义与价值,致力于观照人的精神世界,人文学科关注的是人的需要、目标、情感、信念和旨趣。现象学教育学寻求对生活、对世界的直接体验,经验源于生活世界,因此必须重返生活世界。教育学不能从抽象的理论论文或分析系统中去寻找,而应该从生活的世界中去寻找。范梅南在《现象学教育学与意义问题》中指出现象学教育学的四个特点。(1)关注普通日常生活经验,而不是沉重的认识论、本体论或形而上学的问题。(2)具有规范性倾向,而不是坚持社会科学的价值中立。(3)注重具体经验的反思而不是理论的抽象。现象学教育学认为,教育学所面对的领域是人的生活、人的实践,而不是自然科学所面对的自然;关注的是人的需要、目标、情感、信念和旨趣,致力于探寻人生的意义与价值,观照人的精神世界。(4)现象学研究有一种不言自明的共识,即要求兼具写作深刻文本的高超才能和反思性的学识。

现象学教育学的这种全新视野对于重新理解教育、教育与生活的关系、教育研究与教育实践的关系,具有重要的现实意义;为解决存在已久却悬而未决的基础教育和教师教育中的一些问题提供了新的思路和方法。

参考文献

宁虹,钟亚妮. 现象学教育学探析[J]教育研究,2002(8).

Husserl, E. Ideas Pertaining to a Pure Phenomenology and to a Phenomenological Philosophy [M]. Berlin:Springer-Verlag,1982.

Spiegelberg, H. Phenomenological Movement [M]. Berlin:Springer-Verlag,1982.

(金生鈜　樊改霞)

相对位置量数(measures of relative position)　描述某一观测值在团体中所处相对位置的统计量数。可以描述一个人在其所处团体中与别人比较起来,或与某一参照点比较起来,占有什么位置。常用的有百分等级和标准分数。

百分等级(percentile rank,简称PR)　在按大小顺序排列的分数序列中,要表示任何一个分数在团体中的相对位置,就要把该分数转化为百分等级。它表示在同一组数据中,有百分之几的分数小于或等于该数值。百分等级越低,个体所处的位置越差。对于未分组的资料,计算百分等级的公式:

$$PR = 100\left(1 - \frac{R}{N}\right)$$

式中,PR为百分等级,R为给定分数在团体中的等级,N为总次数。对于分组资料,计算百分等级的公式:

$$PR = \left(F_b + \frac{f(X - L_b)}{i}\right) \cdot \frac{100}{N}$$

式中,PR为百分等级,F_b为该分数所在组的下限,f为该分数所在组的次数,L_b为分数所在组以下各组的累加次数,i为组距,N为总次数。

标准分数(standardized score)　亦称“基分数”、“Z分

数"。指以标准差为单位,表示一个分数在团体中所处位置的相对位置量数。等于一列数据中各原始分数与平均数之差除以标准差所得的商,即 $Z_i = \dfrac{X_i - \overline{X}}{S}$,故亦称"Z 分数"。它具有两个性质:(1) 在一组数据中所有由原始分数转换得来的 Z 分数之和为零,Z 分数的平均数为零;(2) 一组数据中各 Z 分数的标准差为 1。当一组数据为正态分布或近似正态分布时,对应于平均数点的标准分数为 0,在平均数以上各点的 Z 分数为正,在平均数以下各点的 Z 分数为负。它是一种抽象的数值,不受原始测量单位的影响,在教育与心理研究中主要用于:(1) 比较分属性质不同的观测值在各自数据分布中相对位置的高低;(2) 当已知各不同质的观测值的次数分布为正态时,可用 Z 分数求不同观测值的总和或平均数,以示在团体中的相对位置;(3) 表示标准测验分数。

经过标准化的心理与教育测验,若其常模分数分布接近正态分布,常常转换成正态标准分数。转换公式:

$$Z' = aZ + b$$

式中,Z' 为正态标准分数,$Z = \dfrac{X - \overline{X}}{\sigma}$,a、b 为常数,σ 为测验常模的标准差。当 $a = 10$,$b = 50$ 时,$Z' = 10Z + 50$ 为 T 分数,它能更清楚地表明某一分数在相应团体中的位置,而且其刻度与百分制接近,更易被一般人理解。

（刘红云）

相关分析 (correlation analysis)

统计学上分析变量之间相关关系的方法。心理与教育研究中经常采用。根据变量之间的相关关系,相关可分为线性相关和非线性相关;根据变量数的多少,相关可分为简相关和复相关;根据变量变化的方向,相关可分为正相关和负相关。变量之间的相关关系不一定具有因果性,例如,学生的数学成绩与物理成绩呈现某种共变关系,但不是因果关系。进行相关分析需要了解相关系数。

相 关 系 数

相关系数(correlation coefficient)是表示变量之间相关程度的数量指标,常用 r 表示,作为总体参数,一般用 ρ 表示。相关系数的取值介于 -1 到 $+1$ 之间,正负号表示相关的方向,其值大于零表示正相关,小于零表示负相关,等于零表示零相关。绝对值表示相关程度的大小,其值越大表示相关程度越高。相关系数等于 1 表示完全正相关,等于 -1 表示完全负相关。针对不同的条件(变量的种类、分布形态)计算相关系数时采用不同的公式。主要有以下几种相关系数。

积差相关 (product moment correlation)　亦称"积矩相关"、"皮尔逊相关"。适用于两列变量都为测量数据,并且两列变量各自总体的分布为正态分布的具有线性关系的资料。是一种计算相关系数的最基本方法,计算公式:

$$r = \frac{\sum\limits_{i=1}^{n}(X_i - \overline{X})(Y_i - \overline{Y})}{\sqrt{\sum\limits_{i=1}^{n}(X_i - \overline{X})^2(Y_i - \overline{Y})^2}} = \frac{\sum x_i y_i}{N S_x S_y}$$

式中,(X_i, Y_i) 为成对的原始数据,$\overline{X}$、$\overline{Y}$ 分别为两组数据的平均数。x_i、y_i 分别为两列数据的离均差,S_x 和 S_y 分别表示两列数据的标准差。

等级相关 (rank correlation)　顺序变量之间的相关。在心理与教育研究中,适用于具有等级顺序的测量数据以及总体分布不是正态的等比或等距的测量数据。常用的计算方法有斯皮尔曼等级相关和肯德尔等级相关或肯德尔和谐系数。(1) 斯皮尔曼等级相关(Spearman's rank correlation coefficient),适用于只有两列变量,而且是属于等级变量性质具有线性关系的资料。若 X 和 Y 两列观测变量是用 1 到 n 之间的等级值表示,计算它们之间的相关用斯皮尔曼等级相关。若在等级数据中没有相同的等级出现,计算斯皮尔曼等级相关的基本公式:

$$r_R = 1 - \frac{6\sum D^2}{N(N^2 - 1)}$$

式中,D 为各对偶等级之差,N 为等级数目。(2) 肯德尔等级相关(Kendall rank correlation coefficient),肯德尔等级相关方法有多种,有适合两列等级变量资料的交错系数(τ 相关)和相容系数(用 ξ 表示),其作用同斯皮尔曼等级相关,这里主要介绍用于多列等级变量资料的肯德尔 W 系数和肯德尔 U 系数。肯德尔 W 系数,亦称"肯德尔和谐系数"(Kendall coefficient of concordance),是表示多列等级变量相关程度的一种方法。这种资料的获得一般采用等级评定的方法,即让 K 个被试(或评价者)对 N 件事物或作品进行等级评定,这样便可得到 K 列从 1 到 N 的等级变量资料;另一种情况是一个评价者先后 K 次评价 N 件事物或作品,采用等级评定的方法,这样,同样得到 K 列从 1 到 N 的等级变量资料。对这样的 K 列等级变量资料求相关,用肯德尔 W 系数。当评定等级中没有相同等级出现时,用以下公式计算肯德尔等级相关:

$$W = \frac{SS}{\dfrac{1}{12}K^2(N^3 - N)}$$

式中,$SS = \sum R_i^2 - \dfrac{(\sum R_i)}{N}$,R_i 为每一件被评价事物的 K

个等级之和，N 为被评价事物的件数即等级数，K 为评价者的数目或等级变量的列数。W 的值介于 0 和 1 之间，计算值都是正值，若表示相关方向，可从实际资料中进行分析。当评定等级中有相同等级出现时，可用修正公式计算肯德尔等级相关：

$$W = \frac{SS}{\frac{1}{12} K^2 (N^3 - N) - K \sum T}$$

式中，

$$SS = \sum R_i^2 - \frac{\sum R_i}{N}, \ T = \frac{n^3 - n}{12}$$

肯德尔 U 系数，亦称"一致性系数"，适用于对 K 个评价者的一致性进行统计分析。若有 N 件事物，由 K 个评价者对其进行对偶评价，即评价者采用对偶比较的方法，将 N 件事物两两配对，可配成 $N(N+1)/2$ 对，然后对每一对中两事物进行比较，择优选择，优者记 1 分，非优者记 0 分，然后整理所有评价者的评价结果于一个对偶比较表中。可以利用下列公式计算肯德尔 U 系数：

$$U = \frac{8 \left(\sum \gamma_{ij} 2 - K \sum \gamma_{ij} \right)}{N(N-1)K(K-1)} + 1$$

式中，N 为被评价事物的数目即等级数，K 为评价者的数目，γ_{ij} 为对偶比较记录表 $i > j$（或 $j > i$）格中的择优分数。

质与量的相关（quality and quantity correlation）　指一列变量为等比或等距的测量数据，另一列变量是按照性质划分的类别，这样的两列变量之间的直线相关，包括点二列相关、二列相关和多系列相关。（1）点二列相关，适用于两列变量中有一列为等比等距的测量资料，而且其总体分布为正态分布，另一列变量只是称名变量，而实际上是按照事物的性质划分为两类的变量，如性别、生死等。一般用 r_{pb} 表示。计算公式：

$$r_{pb} = \frac{\overline{X}_p - \overline{X}_q}{S_t} \cdot \sqrt{pq}$$

式中，$\overline{X}_p$ 是与一个二分变量对应的连续变量的平均值，$\overline{X}_q$ 是与另一个二分变量对应的连续变量的平均值，p 与 q 是二分变量各自所占的比率，S_t 是连续变量的标准差。在教育与心理研究中，点二列相关多用于编制是非测验时评价测验内部一致性等问题，即题目的区分度。（2）二列相关，适用于两列变量中有一列为等比等距的测量资料，而且其总体分布为正态分布，另一列变量虽然也是正态分布，但它被人为划分为两类。一般计算公式：

$$r_T = \frac{\overline{X}_p - \overline{X}_q}{S_t} \cdot \frac{pq}{y} \ \text{或} \ r_B = \frac{\overline{X}_p - \overline{X}_t}{S_t} \cdot \frac{p}{y}$$

式中，$\overline{X}_p$ 是与一个二分变量对应的连续变量的平均值，$\overline{X}_q$ 是与另一个二分变量对应的连续变量的平均值，p 与 q 是二分变量各自所占的比率，$\overline{X}_t$、S_t 分别是连续变量的平均数和标准差，y 为 p 的正态曲线的高度，可以通过查正态分布表得到。在教育与心理研究中，若某一项目根据一定的得分划分为对、错两类，二列相关多用于评价这类测验项目的区分度。（3）多系列相关，适用于两列变量中有一列为等比等距的测量资料，而且其总体分布为正态分布，另一列变量虽然也是正态分布，但它被人为划分为多种类别。若正态变量被划分为三类则称为三列相关，划分为四列则称为四列相关。其计算公式是由积差相关系数公式推导得来：

$$r_s = \frac{\sum \left[(y_1 - y_h) \cdot \overline{X}_t \right]}{S_t \sum \frac{(y_1 - y_h)^2}{p_i}}$$

式中，p_i 为每系列的次数所占的比率，$\overline{X}_t$、S_t 分别是连续变量的平均数和标准差，y_1 为每一称名变量下限的正态曲线高度，可以通过 p_i 查正态分布表得到。y_h 为每一称名变量上限的正态曲线高度，可以通过 p_i 查正态分布表得到。在教育与心理研究中，多系列相关用于处理一列正态连续变量与另一列正态的称名变量间的一致性分析，在测验中常用于效度检验。

品质相关（correlation of attributes）　亦称"属性相关"。指分类资料关联程度的测量指标，多用于计数数据。依据两因素的性质及分类项目的不同，主要有四分相关、ϕ 相关和列联相关。（1）四分相关（tetrachoric correlation），是两个二分变量之间的相关，其前提假设是这两个二分变量均服从正态分布，只是按照某个标志划分为两个类。例如，测试一组被试的视觉反应与听觉反应，将视觉反应时按某个标准划分为及格和不及格，将听觉反应时按某个标准划分为及格和不及格，得到如下四格表：

		视 觉 反 应	
		合　格	不合格
听觉反应	合　格	A	B
	不合格	C	D

四分相关最常用的计算方法是皮尔逊余弦 π 法（近似计算法），公式：

$$r_t = \cos \left(\frac{180°}{1 + \sqrt{\dfrac{AD}{BC}}} \right)$$

或

$$r_t = \cos \left(\frac{\sqrt{BC}}{\sqrt{AD} + \sqrt{BC}} \pi \right)$$

(2) ϕ 相关,适用的资料是除四分相关之外的四格表(计数)资料,是表示两因素两项分类资料相关程度最常用的一种相关系数。计算公式:

$$\phi = \frac{\sqrt{\chi^2}}{N}$$

χ^2 是四格表独立性检验所计算的 χ^2 值,若直接用四格表内的数据进行计算,可用公式:

$$\phi = \frac{AD - BC}{\sqrt{(A+B)(C+D)(A+C)(B+D)}}$$

ϕ 相关系的大小,表示两因素间的关联程度,但若确定相关是否显著,则应经过统计检验。最常用的方法是计算出 χ^2 值后,首先对其独立性进行检验,若两变量有关联非独立则说明计算的相关系数显著。(3)列联相关(contingency coefficient),亦称"均方相倚系数"、"接触系数",一般用 C 表示,它由二因素的 $R \times C$ 列联表资料求得,故称列联相关。度量列联相关的方法有很多种,最常用的是英国统计学家皮尔逊定义的列联系数 $C = \sqrt{\frac{\chi^2}{n + \chi^2}}$,当二因素完全独立时,$C$ 为 0,但 C 的值不会等于 1,为弥补这一缺陷,俄国统计学家楚普洛夫还提出另一公式:

$$T = \sqrt{\frac{\chi^2}{\sqrt{(R-1)(C-1)}N}}$$

但这一公式在 $R \neq C$ 时,T 也不能达到 1。

偏相关(partial correlation)　亦称"净相关"。考虑并排除其他变量影响后两个变量之间的相关。例如,算术成绩和语文成绩都与智力相关,不考虑智力影响的算术成绩与语文成绩的相关称作简相关,考虑到智力因素的影响并将其排除后的算术成绩与语文成绩的相关称作偏相关。设 X_3 与 X_1、X_2 都有关联,X_1 与 X_2 之间的偏相关系数为:

$$r_{12 \cdot 3} = \frac{r_{12} - r_{13} \cdot r_{23}}{\sqrt{1 - r_{13}^2}\sqrt{1 - r_{23}^2}}$$

式中,r_{12}、r_{13}、r_{23} 分别为 X_1、X_2、X_3 两两之间的简相关系数。若研究变量有四个,则排除 X_3、X_4 的影响之后,X_1 与 X_2 之间的偏相关系数为:

$$r_{12 \cdot 34} = \frac{r_{12 \cdot 4} - r_{13 \cdot 4} \cdot r_{23 \cdot 4}}{\sqrt{1 - r_{13 \cdot 4}^2}\sqrt{1 - r_{23 \cdot 4}^2}}$$

式中,$r_{12 \cdot 4}$、$r_{13 \cdot 4}$、$r_{23 \cdot 4}$ 分别为排除 X_4 后 X_1、X_2、X_3 两两之间的偏相关系数。

自相关(autocorrelation)　时间序列数据中相继数值之间的关系,按照特定的时间序列从数据中抽取一组数值 X_1,X_2,$\cdots$,X_n,将每一个数值对应的时间向前(或向后)推移某个时间 t,则得到另一列数值 X_{t+1},X_{t+2},$\cdots$,X_{t+n}。两组数据之间的积差相关系数,即为该时间序列数据的一个自相关系数。通过自相关系数可以分析时间序列数据随时间变化的情形。

相关比(correlation ratio)　描述曲线相关的统计指标。从变量观测值的分布情况和散点图上看,两个变量之间的关系不是线性关系而是非线性关系,描述这样两个变量间的相关不能用积差相关,应当计算两个变量的相关比作为其曲线相关程度的描述指标。具体计算方法如下:将其中一个变量当作分类变量,另一个变量被分到不同的类中,列成双列次数分布表;然后运用类似于方差分析的方法,算出组间平方和与总平方和,两者之比的平方根即为两变量的相关比。设两变量中有一个看成分类变量,分为 k 个组,另一变量用 x 表示,其观测值被分到 k 组之内,每组有 n_i 个,两个变量的相关比用 η 表示,计算公式为:

$$\eta^2 = \frac{\sum\limits_{1}^{k} n_i (\bar{x}_i - \bar{x}_t)^2}{\sum\limits_{1}^{k} \sum\limits_{1}^{n_i} (x_{ij} - \bar{x}_t)^2}$$

式中,$\bar{x}_i$ 表示每一组中 x 的平均值,$\bar{x}_t$ 表示观测值 x 的总平均值。

协方差(covariance)　描述两个变量之间线性相关程度的指标,用 $COV(X, Y)$ 表示,是影响两个变量之间积差相关的因素。定义如下:$COV(X, Y) = \dfrac{\sum (X_i - \bar{X})(Y_i - \bar{Y})}{n}$。样本协方差受观测变量测量单位的影响,所以一般不能用于直接描述变量间的相关程度。

典型相关分析

典型相关分析是进行两组变量之间相关的一种新型多元统计分析技术,具有较强的分析能力。典型相关模型的相关函数等号两侧都有不止一个的变量。简单相关分析、简单回归分析和多元相关分析都可以看成典型相关分析的特殊形式。

典型相关分析习惯上将自变量和因变量分别称为预测变量和标准变量。设有两组观测变量,通过权数与观测变量对应相乘,然后将各项累加,分别为每一组先建立一个线性组合,称典型变式。每一个典型变式的值又构成一个新的典型变量。典型变式和典型变量是一个事物的两个侧面,典型变式表达观测变量与典型变量之间关系形式,典型变量更关注数值。解出的这两个典型变式之间的简单相关就是典型相关。但是在两个观测变量组之间的典型相关并不是一个,而是表现在多维方面,其维度取决于两个原始变量组的变量数目。每个维度上的典型相关系数是按一定顺序成对建立两个变量组的典型变式后逐步求解的。典型相关分析建立第一对典型变量的原则,是尽量使建立的两个典型变量之间的相关系数最大化。

典型相关分析后,继续在两组变量剩余的变化中寻找第二个最大的共变部分,形成第二对典型变式,并解出第二维度上的典型相关。这样的过程不断继续,直至所有变化部分被剥离完毕。因此,两组观测变量之间的关系可以由若干对典型变量来代表。各对典型变式之间的典型相关程度依次逐步下降。由于每一对典型函数都是根据两组观测变量所拥有的变化作出的,因此实际上能够得到的典型函数个数等于两组中变量较少的一组的变量个数。严格地说,一个典型相关系数描述的只是一对典型变式之间的相关,而不是两个变量组之间的相关,而各对典型变式之间构成的多维典型相关共同揭示了两个观测变量组之间的相关形式。两个典型变式之间的函数关系式称为典型函数。作为函数组成部分的两个典型变式中观测变量的权数称为典型系数或权数。

典型相关分析的基本关系假设是两组变量之间为线性关系,即每对典型变式之间为线性关系,而且每个典型变量与本组所有观测变量的关系也是线性关系。另外,各组内的观测变量之间不能有高度的多重共线性,否则将不能产生典型变式,以致不能进行典型相关分析。

参考文献

张厚粲,徐建平.现代心理与教育统计学[M].北京:北京师范大学出版社,2004.

张敏强.教育与心理统计学[M].北京:人民教育出版社,2010.

Gravetter,F. J. & Wallnau,L. B. 行为科学统计[M].王爱民,李悦,等,译.北京:中国轻工业出版社,2008.

Johnson,R. A. & Wichern,D. W. Applied Multivariate Statistical Analysis [M]. 2nd ed. Upper Saddle River,NJ:Prentice-Hall,1982.

(孟庆茂　刘红云)

香港教师教育(teacher education in Hongkong) 香港教师教育发端于 19 世纪中期,但在第二次世界大战后才真正开始发展。其在深受中国传统文化影响的同时,也吸收了欧美教师教育的特定价值观。

香港教师教育发展历程

早期缓慢发展阶段 1865 年,中央书院首任校长史钊域在中央书院挑选两位成绩最佳学生接受两年学习及施教训练(见习生制),这是香港最初的教师培养方式。1881 年,香港第一所师范学堂在港岛湾仔开办,共招收学生 10 名,学制 3 年。1883 年,该师范学堂停办。1887 年,中央书院在校内选拔 6 名高年级优秀学生为师范生,后作为制度保留下来。19 世纪后期至 20 世纪初,香港教师教育发展缓慢。

1913 年,港英当局通过《1913 年教育条例》,决意训练合格教师,为香港教育服务。1914 年,香港官立实业专科学校开设师范汉文科,招收在职教师在夜间接受三年师资训练,被称为"夜师"。"夜师"逐渐招收各校教师,加以训练,直至 1941 年结束。1920 年,教育司正式开办官立汉文师范学堂(男子师范学校,简称"日师")和官立汉文女子师范学堂(女子师范学校,简称"女师"),这标志着香港官办教师教育的开始,它为香港早期汉文师资的培养打下基础。1920 年,香港大学在文学院内增设教育系,培养中学师资及教育行政人才,香港高师培训步入正轨。1926 年,汉文中学创立,官立汉文师范学堂作为附设的师范部归入汉文中学。同年,大埔官立汉文师范学堂在新界大埔创立,训练小学教师,简称"埔师",其第一届学生学制 2 年,后改为 3 年。

1935 年,英国皇家视学官宾尼被邀赴港,研究香港教育制度。他在《宾尼报告书》中提议由政府设立一所新的师范学校或将原有师范学校扩充,以训练更多合格教师。1937 年,法官连素被委任领导一个委员会调查香港师范训练制度的兴革问题,后该委员会建议设立一所新的师范学院。1939 年,香港第一所独立设置的师范院校——香港师资学院成立,分中、英文两部,训练中小学教师,学制 2 年。1940 年,该校改名为"罗富国师范学院"。这段时期的香港教师教育门类不少,但规模小,学生数少。1941 年,香港沦陷,香港教师教育亦随之停办。

规模扩张阶段 第二次世界大战结束后,大批难民涌入香港,香港人口激增,适龄入学儿童众多,教育规模急剧扩张,港英当局迫于压力推行小学发展计划,香港教师教育也随之进入规模扩张阶段。(1)创办多所师范院校。1946 年,罗富国师范学院重新复校上课,同年 9 月,在大埔官立汉文师范学堂的基础上升格成立乡村师范专科学校,专为新界地区培养合格教师。为了进一步解决失学儿童问题,港英当局于 1950 年制定"十年建校计划"。1951 年,葛量洪师范专科学校创办,设全日制及部分时间制课程,培养小学教师。全日制学制 2~3 年,部分时间制主要采用"在职教师训练班"形式,利用夜间上课,学程 1~2 年。1960 年,第三所师范学校——柏立基师范专科学校成立。1967 年,这三所师范学校同时升格为教育学院,承担起培训初中教师的任务。(2)加强师资培训。1951 年,香港大学教育系重新开设,招收大学毕业具有学士学位者专修相关教育课程一年,考试合格者可获"教师资格凭证",任教高中。1963 年,香港中文大学成立,1965 年,增设教育学院,下设多个学系。该学院与香港大学教育系一起承担培养高中教师的任务。(3)推行教师资格注册制度。香港教师教育从实行早期的教师学历性注册转为教师资格性注册，《1952年教育条例》对此作了特别规定。香港教师教育开始向正规化方向发展。这一时期香港教师教育具有强调数量、以资格训练为主、偏重实用等特点。

体系形成阶段 20世纪70年代，香港经济进入高速发展阶段。为配合经济发展，港英当局提出普及教育及大力发展职业技术教育的目标，推行了许多重大教育改革，这使教师紧缺现象越发严重。为此，港英当局采取多项措施，旨在建立适应香港大发展的分工合理、层次多样的师资培训体系。(1)扩大办学规模。1974年，香港工商师范学院成立，课程分一年全日制和三年全日制两种，前者为有良好资历及工作经验的成人而设，后者为曾修读工商科目的中学毕业生而设。此外也开设多种在职教师课程。1982年，香港教育署专设香港语文教育学院，旨在提高香港中英文教师的专业素质及教学水平，对中文教育给予特别重视。各个教育学院招生出现爆满现象，香港教师教育规模迅速扩张。(2)形成系统的教师教育体系。1976年，香港大学教育系脱离文学院，成为单独设置的教育学院，提供学位教师教育文凭课程，也提供专业学位课程。香港正式建立中等师范学校培养小学教师、专科教育学院培养初中教师、大学教育学院培养高中教师的完整体系，正规师范教育与非正规的函授教育也结合起来。(3)提高教师教育质量。1980年，香港教育委员会发布《小学教育及学前服务绿皮书》，规定自1981年起，新任教师均需接受补修训练。1982年，国际教育问题专家顾问团建议系统地、有计划地分期提高师资训练的质量，强调教师在职训练的重要性。自80年代中期起，香港规定教师除符合具有专业学历的入职条件外，还必须接受过相应的师范训练。小学及初中的教师必须进入四所教育学院之一学习或接受培训，高中教师除获得大学学士学位外，还必须具有大学教育学院的教育文凭，才能成为学位教师。以上举措促进了香港教师教育质量的提高。

体系完善阶段 20世纪80年代末至90年代初，港英当局对教师教育进行了一系列调整和改革，逐步完善了教师教育体系。(1)成立香港教育学院。1992年，香港教育统筹委员会发表《第五号报告书》，建议将五所小规模师范学院合并，成立一所独立的教育学院，脱离政府建构，使之能在自主的学术规划、资源运用和校外评核的架构下，根据学术理想和需要发展新课程，并遵循香港理工学院(1994年改名为香港理工大学)等院校的模式进行升格。1994年，香港教育学院在合并罗富国教育学院、葛量洪教育学院、柏立基教育学院、香港工商师范学院和香港语文教育学院的基础上正式成立，1996年起接受香港大学教育资助委员会资助，发展迅速，1998年开始开设学士学位及研究生课程。香港教育学院保留了前教育学院和语文教育学院的绝大多数课程，并在此基础上不断发展新的课程。该学院的成立整

合了分散的教师教育资源，促进了香港教师教育的发展。(2)成立香港教师中心及香港师训与师资咨询委员会。根据1985年香港教育统筹委员会《第一号报告书》的建议，香港教师中心于1987年开始筹备，于1989年正式成立。其目标是"发挥专业精神，凝集同侪互励，持续终身学习"。该中心由咨询管理委员会管理，分三层架构，包括咨询管理委员会、常务委员会和数个工作小组，负责中心的决策、监察和执行不同工作及开展活动。香港教师中心促进了教师间的交流，推动了教师教育专业化发展。1993年，香港师训与师资咨询委员会成立，该委员会成为师资培养的重要统筹、协调机构。(3)完善开放的教师教育体系。因原设师资培训机构容量有限，1983年，香港公开进修学院(现为香港公开大学)增设教育学院，此外又在香港城市理工学院(1994年更名为香港城市大学)增设校外课程中心，在香港浸会学院(1994年更名为香港浸会大学)增设校外进修部，在香港大学校外进修学院、香港中文大学校外进修部开设专门的小学教师在职学位课程。1984年，香港大学教育学院升格为多科性学院，学位派送及教育文凭的颁发数量也因此剧增。香港教育学院的成立标志着香港教师教育体系的构建基本完成，香港已构建了包括一般证书和文凭课程、专科证书课程、学士课程、加深学习课程、硕士以及博士学位课程在内的师资培养体系，形成了独立教育学院和综合大学联合培养师资的模式。

回归祖国后的教师教育政策 1997年7月1日，香港回归祖国，摆脱殖民统治。香港特区政府对教师教育十分重视，推行了一系列改革。(1)香港教师教育改革的目标和方向。2000年，香港教育统筹委员会发表《终身学习 全人发展——香港教育制度改革建议》报告书，确立了香港教育制度改革的总方向和目标。21世纪香港教师教育改革的目标是在巩固原有成果的基础上加强中小学教师在职教育。依据该目标要求，2003年，香港师训与师资咨询委员会发表《学习的专业 专业的学习——教师专业能力理念架构及教师持续专业发展》文件，建议现任教师三年内完成150小时的进修及教学研习，以使在职教师提高理论水平及教学能力。此外还提出了校长持证上岗制度，要求现任校长要通过修读课程、参与研究或社会服务提升持续专业发展，候任校长或希望成为校长的教师要修读特别课程。2006年，香港师训与师资咨询委员会发表《教师持续专业发展中期报告》，2009年，该委员会又发表《教师持续专业发展第三份报告》，对2003年提出的教师专业能力理念架构和相关政策的认同及实施情况、教师反应等进行调研，提出要以专业自主和校本自决的精神推动教师持续专业发展。(2)香港教师教育改革的内容。①提升教师学历。1997年，特区行政长官董建华在首份施政报告中提出中小学教师学位化、专业化的战略目标。2001年，特区政府发表施政报告，以"优

质教育"作为教育政策的目标,提出要在教育方面大力投资,包括鼓励终身学习,普遍提高中学、小学以及幼儿园的师资水平,为中学教师创造空间等。教师学历的提升开始成为教师教育改革的重点,幼儿教师及小学教师学历的提升及专业能力的发展更格外受到重视。2002年,香港师训与师资咨询委员会宣布,新入职教师需具备专上教育程度才可注册成为检定教师。2006年发布的第四份《教育改革进展报告》专门提出提升幼稚园教师文凭资历、提供幼儿教育证书课程和其他包括专题讲座及工作坊在内的专业支援。此外,鼓励幼稚园园长积极进修。② 推广新教师入职培训。2001年,香港教育学院成立院校协作与课堂学习研究中心,以推动建设教学启导教师队伍和促进新入职教师专业发展。2005年,香港师训与师资咨询委员会推出"教师入职启导计划",该计划在2005—2008学年分三阶段推行,对新教师帮助很大。此外,香港教师中心每年均会举办新教师研习课程,为各类学校的新教师提供职前培训及交流的机会。③ 发展校本培训。主要模式有鼓励教师领导或参与改善教学的校本计划,邀请校外人士为校内教师开讲座,开展实践研究等(参见"香港校本管理")。④ 加强院校协作和教师之间的交流。2000年,香港教育统筹委员会推出地区教师专业交流计划,推广优质教学经验,给不同学校更多交流机会。优质教育基金会每年均会与香港教师中心及多个教育团体合办教师专业交流月,为各参与团体创造合作交流机会。2004年成立的教育发展基金设立了校本专业支援组,协助教师建构专业交流网络,推动教师间的交流。2005年,香港教育统筹委员会开始推行"内地与香港教师交流及协作计划",以扩展香港教师教学视野及经验。这一系列改革使教师学历普遍得到提高,促进了教师的专业发展,取得较明显的效果。

香港教师的教育培养

香港教师职前培养　香港教师按学历划分,可分为学位教师(持有香港特区政府认可的大学本科学位)和文凭教师(无学位或持有非英联邦学位),由两类教育学院负责培养。(1)综合大学的教育学院。主要培养中学教师,如香港大学教育学院、香港中文大学教育学院、香港浸会大学教育系、香港公开大学教育学院等。其培养宗旨是为有志从事教职的大学毕业生及在职中学教师提供专业训练,为从事教育工作提供机会。入学资格采取申请制。各综合大学教育学院开设的课程大致相同,如香港中文大学教育学院开设教育学士学位课程、文学学士(英文研究与教育)学位课程、学位教师教育文凭课程等。其学士学位课程均为四年制,通过即可获得学士学位,并兼有学位教师教育文凭资格;学位教师教育文凭课程分一年全日制和两年兼读制,是

为持有大学学位证书但未曾接受师资培训的教师准备的,一年全日制分学位教师教育文凭课程(中学、小学)和学位教师教育文凭课程(学科知识及教学法)两种。(2)独立设置的香港教育学院。香港八家由香港大学教育资助委员会资助的大专院校中唯一专门从事教师专业培训的院校。自1994年成立以来,主要提供教育文凭课程及在职教师培训课程。2004年,香港教育学院取得自行评审其学位及以上程度师资训练课程资格。2010年,香港大学教育资助委员会接纳香港教育学院开办研究生课程的计划,并同意其扩展学术领域,就人文(以语文为主)、社会科学和创意艺术及文化三个学科范畴增办本科课程。香港教育学院设有三个学院,共13个学系,提供多项研究生及学士课程,包括哲学博士课程及哲学硕士课程,另外也提供教育文凭课程、教育证书课程以及多项在职教师专业发展课程,还有其他专上教育、中学教育、小学教育、学前教育、工业教育、特殊教育和专业及职业教育课程。

香港在职教师培养　香港特区政府、学校和教师都非常重视在职培训。香港特区政府实施了诸如"教师专业发展休假进修计划"(2009—2010学年停止)、准英语教师奖学金计划、学校每学年举办三个教师专业发展日、教师每三年参与不少于150小时的持续专业发展活动、新入职教师培训计划等鼓励教师积极参与师资培训的措施。(1)入职启导。2005年,香港师训与师资咨询委员会确立入职启导制度,全方位促进新入职教师的专业发展。入职启导计划以校本支援为前提,通过连串相关活动,帮助新任教师解决包括个人、指导、运作及专业等四个方面在内的一系列问题。其目标是:为新任教师提供全面的实际工作经验;为新任教师提供综合的专业指引和支援;为新任教师的终身学习奠定坚实的基础;帮助新任教师有系统地自我反思和评估本身的工作。新入职教师可根据香港师训与师资咨询委员会设计的《新任教师专业发展——入职启导工具》参与入职启导计划,该计划设置了新入职教师必须体验的重要经历,提供充足的机会,让新教师渐渐胜任教育工作。(2)香港教师语文能力要求。语文能力要求政策的目标是确保所有语文教师达到最基本的语文能力要求。具体推行对象包括:所有在香港公营学校或提供全面课程的私立日间中小学校任教的常额英文或普通话科的教师("以英语为母语的英文教师计划"聘用的教师及国际学校的教师除外)。香港考试及评核局和香港教育局每年举办一次(全港中小学英文和普通话)教师语文能力评核(即"基准考"),香港考试及评核局负责口试及笔试部分;香港教育局负责课堂语言运用部分。英文科评核共设五卷,包括阅读、写作、聆听、说话和课堂语言运用。普通话科评核共设四卷,包括聆听与认辨、拼音、口试和课堂语言运用。新入职或新近调配任教英文或普通话科的常额教师在开始教授有关语文科目之前,最低限度

须先在各项语文能力方面(课堂语言运用除外)达到语文能力要求(即英文科教师已在阅读、写作、聆听及说话四方面达到要求;普通话科教师已在聆听与认辨、拼音及口语能力三方面达到要求)。而且这些教师须在教授该语文科目的第一年内在课堂语言运用方面也达到语文能力要求。自2004—2005学年起,新入职的语文科教师必须或持有主修有关语文科目的教育学士学位,或持有(非教师教育学院的)有关语文科目的学士学位和学位教师教育文凭或证书,未持有建议资历的新入职教师,必须在入职后3～5年内取得有关资历。所有在职教师要在2006年前通过基准考试或通过参加有关训练课程而得到豁免。(3)在职教师培训课程。香港凡未具备学位资格而又未曾接受师资培训的教师,必须修满"在职教师培训课程"。香港教育学院提供的此类中小学教育荣誉学士课程为三年混合制在职教师培训课程,由部分时间制学期及两个全日制暑假时段组成,内容分学科研习及专业研习两大范畴,另有学校体验学分,以使学生在真实的教学环境里融会贯通所学知识,亲身验证所学理论。(4)中小学教师各类进修课程(教育证书课程)。该课程旨在为在职教师进修提供各类专题课程,一般每学年举办几次,修业期八周左右,课程结构包括核心单元和选修单元。教师在各单元评估获得及格成绩后可获教育证书。香港特区政府的长远政策是规定所有新入职教师必须持有大学学位及受过师资训练,因此逐步把副学位程度的中小学师资培训学额升格为大学学位或以上程度。自2004—2005学年起,所有修完中小学师资培训课程的人士都持有学位。(5)教师持续专业发展与校长持续专业发展。① 教师持续专业发展。2003年,香港师训与师资咨询委员会制定并实施《教师专业能力理念架构》。该架构立足于教师工作的基本价值,涵盖教师工作的四大范畴:教与学、学生发展、学校发展、专业群体差异及服务。从学科知识,课程及教学,教学策略、技巧、媒体、语言,考核及评估,教师专业发展等五方面,以"基本要求"、"力能胜任"、"卓越境界"为标示,提出多层次、多领域、分项目及分阶段要求,同时提出每三年150小时的软性数量指标(包括个人进修和与学校业务相关的专业发展活动)。② 校长持续专业发展。教育署于2002年、2003年分别发出通告,提出自2004—2005学年起,拟任校长必须同时符合有关的晋升条件及获得校长资格认证,才会被考虑聘任为校长;自2002—2003学年起,新入职校长在入职后头两年必须修完特定专业发展课程,因应个人及学校的需要,参加持续专业发展活动并每年向办学团体、校董会或法团校董会提交个人持续专业发展资料册;自2002—2003学年起,在职校长每年需参加约50小时的持续专业发展活动,在三年内至少参加150小时的活动,同时在职校长必须参加有系统学习、实践学习、为教育界及社会服务这三大模式的持续专业发展活动,每一模式

在三年周期内的时间上限和下限分别为90和30小时。(6)特殊教育人员在职训练。自2004年始,香港教育学院每年为香港中小学及特殊学校教师举办120小时的特殊教育培训课程,香港教育局也经常与其他专业人员、大专院校教师、海外专家等合作举办一系列主题式培训课程,以发展教师在特殊教育方面的专业知识。此外,香港教育局学校行政及支援分部辖下的特殊教育支援二组也为特殊学校及普通学校的在职教师、非教学人员举办各种类型的分享会、工作坊、研讨会及校本培训课程。(7)员工交流计划。香港教育局推行的三项自愿性质的员工交流计划,目的是促进教师的经验与专业知识交流,提高教育界的整体专业能力。包括每年一度的教师借调计划、非教学部门职系基本职称人员自愿调任学校计划、跨职系员工调配计划。

香港教师教育发展迅速,至2009—2010学年,全港小学教师共22 219人,其中,大学毕业的共20 135人,占90.62%,曾受训练的教师占95.4%(不包括英基学校协会属下学校及其他国际学校);中学教师共29 710人,其中大学毕业的共28 794人,占96.92%,曾受训练的教师占94%(不包括英基学校协会属下学校及其他国际学校)。

参考文献

柯森.港澳台教育改革与发展异同及其解读[M].广州:广东高等教育出版社,2010.

王齐乐.香港中文教育发展史[M].香港:三联书店(香港)有限公司,1996.

(王季云　李　磊)

香港教育制度(educational system in Hongkong)第一次鸦片战争以前,香港与内地一样,实行中国传统教育。从1840年至1997年香港回归祖国前,香港主要实行英国式教育制度。回归后按照《中华人民共和国香港特别行政区基本法》,香港特别行政区自行制定有关发展和改进教育的政策。

香港教育制度发展历程

1840年前,香港已有进行传统中华教育的书院及私塾,但规模均不大,也没有明确的教育年限及教育程度。所设课程主要为读书习字,教材为《三字经》《百家姓》《千字文》以及"四书"、"五经",实行科举制,重视传统道德教育。这是当时唯一的初等教育机构,也是教育的主体。1840年鸦片战争爆发后,英国占据香港,开始培植与发展符合英国利益的教育制度,带有明显殖民文化色彩的新式学制逐渐建立。依据香港教育政策和管理方式的变化以及学校教育制度完善的程度,可将1840年后香港教育制度的发展分为以下几

个阶段。

当局不干预的私学教育（1840—1860）　英国占领香港初期，港英当局主要致力于建立统治秩序、维持局势稳定及促进经济发展，对于教育事业并不热心，教育基本处于教会势力控制之下，沦为传教和辅助英国统治的工具。在管理方面，港英当局采用英国惯用的"不干预"政策，鼓励教会及私人团体从事教育事业，政府适当给予资助，即"低限度承担"。当时的教育事业主要由英国圣公会、罗马天主教会以及英国伦敦传道会分别办理，教会学校的出现标志着香港现代教育制度的发端。第一所教会学校是马礼逊学堂，由马礼逊教育会创办，1842 年由澳门迁至香港，是当时香港规模最大的教会学校。其后，各个教派均开始建校传教。这类学校往往实行免费教学，课程中西合璧，既有《圣经》、英文等西方科目，也有中国文学、写作、历史、地理等中国传统科目。由于种种原因，当地居民入教会学校学习的意愿很低，这为中文学塾留下了发展空间。1844 年，港英当局发布统计数字，当年中文学塾为 7 所，次年增至 9 所，学生 145人。为此，1847 年 12 月，港英当局在《政府宪报》上宣布每月以一定标准资助 3 所中文学塾，同时港督德庇时在教育调查小组的基础上任命了一个教育委员会，负责监督。1851年，接受资助的中文学塾增至 5 所，1854 年，这些学塾由港英当局接管，成为官立学校，称"皇家书馆"。1857 年，港英当局设立视学官，负责巡视及监管所有皇家书馆。至 1859年，皇家书馆从最初的 5 所发展为 19 所，学生增至 937 人。书馆开设初级中文、中国经典、地理及英语科目。同年港督罗便臣将教育委员会改组为教育局，也称教育咨询委员会或教育董事局，规定教育局秘书必须由政府官员担任，负责处理日常事务。这一时期，香港教育处于过渡阶段，中文私塾、教会开办的西式学校以及日益兴起的官立学校共同成为教育的主体。

世俗化的官立教育（1861—1900）　19 世纪 60 年代前后，港英当局开始加强对教育的控制，教育事业的重点开始由宗教教育转为世俗教育。1860 年，理雅各提出"教育革新计划"，建议创办中央书院，重视英语教学。1862 年，中央书院成立，其余的皇家书馆改为中文小学。1864 年，中央书院学生数达 120 人，设初级中文班及高级英文班，后又设预备班。课程则文理兼备，后逐渐重视英语教学。首任校长史钊域兼任教育局视学，负责监督全港所有官立学校。香港教育事业从此逐渐摆脱教会控制，由政府官员管理，直接对总督负责。

1865 年，教育局扩大为教育司署，继续推行香港教育的世俗化。1878 年，港督轩尼诗在教育会议上正式确定"重英轻中"的教育政策，英文为必修课，中文则为选修课，强令在所有官立学校推行。1895 年，港英当局规定，新建学校必须以英语为教学语言，否则不得获取政府补助；后甚至停办官立中文学校及学校的中文班，直至 1902 年才准予恢复。这一系列政策对香港教育制度影响深远。

1887 年，香港第一所专上学校香港西医书院成立。该书院完全采用英国教育模式，学制 5 年，课程与其他英国医学院大致相同。这使香港除了初等教育机构和中等教育机构之外，有了高等教育机构。但总体来说，仍以小学教育为主，同时官立学校、资助学校和私立学校自成一体，并不能相互有效衔接。

建立完备的教育体系（1901—1945）　1901 年，港英当局组建教育委员会，在 1902 年发表的《教育委员会报告书》中提出加强英语教育及培养少数上层华人这两项教育政策。1903 年，港英当局依照报告书的建议修正教育条例，确定教育的主要对象是上层阶级子弟，教学语言主要是英文。受此影响，接受政府资助的教会学校开始开设中等教育课程，中学也纷纷建立。作为上述两项教育政策的集中体现，1911 年，香港大学正式创办，初设医学、工科两科，后又设立文科，医学学制 5 年，其余学制 4 年，是香港第一所可颁发学位的高等教育机构。至此，香港建立了从小学、中学到大学的完备的教育系统，香港学制初步形成。

1909 年，港英当局改组教育司署，使其开始统一管辖香港教育。1911 年，辛亥革命爆发，港英当局决定对学校加强监督和管理。1913 年，立法局通过《1913 年教育条例》，是为香港有史以来首个经立法程序通过的教育法规。它规定，香港境内除获得特别豁免的学校，其余学校均需接收政府监督，依法注册并遵从条例的各项规定。这一法规统一了香港教育，其实施后接受监管的学校数目大增，为了更好地进行管理，港英当局于 1920 年成立了新的教育咨询委员会，由社会人士及教育司署代表组成，负责制定教育政策，港英当局通过教育委员会修正补助学校原则。1935 年，英国派出皇家视学官宾尼来港考察，随后发表《宾尼报告书》，批评港英当局忽视初等教育，强调教育不能只为少数上层阶层子弟服务，建议英语教学水平不应提得过高，应加强中文教育。港英当局接受宾尼的意见，修订教育政策，但在后来的实施中，依旧对中文教育重视不够。

1938 年，香港有各类学校 1 000 余所，学生总数达 10 万余人。除香港大学及 6 所获豁免视察权的英文学校外，其余学校根据办学经费来源不同，可分为三类学校。一是官立学校，由港英当局拨款建校，由教育司署直接管理，共有 20所，16 所为英文学校，仅有 4 所为中文学校。其中英文小学实行两种学制——五年制或三年制。中文学校初实行四年制，1933 年后根据中国内地学制改为"六三三"制。二是资助学校，分为两类。一类为津贴学校，多数由教会主办，每年收支不足部分由港英当局给予津贴。这类学校有 200 余所，英文学校与中文学校皆有，甚至有部分旧式私塾。其学制及课程设置与官立学校大致相同，但更重视《圣经》科，学生常被要求参加祈祷、做礼拜等仪式。另一类是补贴学校,属于一般私办学校,由港英当局一次性补助若干经费,收支各校自行解决。这类学校的学制及课程设置大致与津贴学校相同。三是私立学校,经费完全自理。这类学校数目最多,学制及课程与上述学校并无太大差别。1941年香港沦陷前,内地不少学校和学生转移到香港,香港教育事业有了较大发展,但大量学校仍为私立,官立学校所占比例相当低。

1941年12月,香港沦陷,教育事业遭受严重摧残。很多学校被毁,大量学生失学,一部分学校迁回中国内地。日军为实行奴化教育创建东亚学院,引诱青年入学,灌输奴化思想。这一时期的香港教育陷入停滞甚至出现倒退。1945年8月,香港重光后教育事业才开始恢复与发展。

教育普及及教育行政制度的发展(1946—1996)　香港重光后,教育事业面临校舍被毁、图书馆书籍散失等重重困难,同时因内地的内战,大量居民涌入香港,学校数目远远不足,大量学生失学。港英当局因此重组教育司署,并于1947年公布《学校应守规则》,以加强对学校的管理。从20世纪50年代开始,香港人口激增,港英当局邀请国际专家对香港教育调查分析,1951年,《菲沙报告》发布,建议港英当局加强对教育的控制与管理,并大力推行英文教学。1965年,《香港教育政策白皮书》由港英当局发布,奠定了以后十多年以学位数量为政策发展目标和以发展由政府资助的学校为主线的教育走向。1971年,香港实现普及六年制小学免费教育;1978年实施九年免费强迫教育,中小学教育获得巨大发展。到80年代末,基本普及高中教育。高等教育方面,1963年,香港中文大学成立,成为香港第二所大学;1991年,香港科技大学成立;1993年,香港理工学院、香港城市理工学院和香港浸会学院也升格为大学。除普通教育外,为适应经济发展的要求,港英当局先后建立了多所科技学院(后升格为大学)、工业学院和工业训练中心,同时发展了师范教育、特殊教育及成人教育,并为在职人士提供业余进修。香港教育开始以普及教育取代精英教育,逐步建立以智力投资为主导的、适应香港社会经济发展需求的现代教育体系。

在教育行政制度方面,1980年,港英当局将教育司署分为隶属布政司署的教育科及负责执行和落实政策的教育署。1983年,教育科职能扩大,除有关教育事务外,还兼顾香港的人力培训及劳工事务,因此改名为教育统筹科(简称"教统科"),直属布政司,成为香港最高教育行政机构。1984年,根据国际教育顾问团报告书的建议成立教育统筹委员会(简称"教统会"),旨在加强对香港长期教育的规划及对整体性问题的研究。至此,香港教育的领导与管理大致分为三个层面:最高层面是教统科及教统会,前者负责统筹、总管和决策工作,由一位司级官员掌管;后者是非法定组织,负责向港英当局提供意见,是最重要的教育咨询机构;中间层面是教育署和教育委员会、大学教育资助委员会(1972年更名为大学及理工教育资助委员会,1994年恢复现名)、职业训练局和劳工署。教育署负责执行政府的教育政策,监管香港的幼稚园、中小学及部分专上学院;教育委员会是香港法定咨询组织,对制定或修改教育政策负责提出建议,并对各类学校教育负监督责任;大学及理工教育资助委员会成立于1965年,负责对维持和发展高等教育所需经费提供意见,策划大学及理工教育的发展及建议;职业训练局成立于1982年,负责提供工业教育和训练的规划,开展和推行职业训练计划,并设立和办理工业学院及训练中心;劳工署负责香港整体人力资源政策制定以及就业服务等。第三个层面是学校行政组织,其中官立中小学由教育署官立,校长负责一切事务;私立中小学由校董会管理,校董会聘任校长及教师,校长负责对外事务;接收资助的学校除校长外,下设行政咨询委员会。高等院校均设有校董会、院务委员会和学术委员会等组织,分管各项事宜。

回归祖国后的香港教育(1997—　)　1997年香港回归祖国。根据《中华人民共和国香港特别行政区基本法》,香港实行港人治港、高度自治。教育方面,由特区政府在原有的教育制度下发展教育,推行教育改革。1998年,特区政府开始推行"母语教学",强制大多数官立中学改用中文教学,仅114所中学保留英文教学。2000年,教统会发布《终身学习　全人发展——香港教育制度改革建议》报告书,提出让教学理念相近的小学与中学结盟,让小学毕业生可以直接升入结盟中学的"一条龙"办学模式,获政府批准,随即实施。2004年,《2002年教育(修订)条例草案》通过,强制学校成立法团校董会,使校董会由不同代表组成,提高了行政管理的透明度。2006年,特区行政长官曾荫权宣布针对香港幼稚园引入"学前教育学券计划",目的是间接为非牟利幼儿园提供资助。2009年,香港开始实施"三三四高中教学改革",即将原有的"六三二二三"学制改为与内地及大多数国家接轨的"六三三四"学制。为与之相配合,香港考试及评核局于2012年举办香港中学文凭考试,取代原有的香港中学会考及香港高级程度会考。

在教育行政制度方面,1997年,随着中国政府恢复对香港行使主权,教统科改名为教育统筹局;2003年,特区政府实行"局署合并",将教育署与教育统筹局合并为新的教育统筹局,同年将教育委员会并入教统会;2007年,教育统筹局改名为教育局,依旧负责教育政策方面的决策。

香港各级各类教育

香港幼儿教育　香港的幼稚园及幼儿中心提供幼儿教育及照顾。幼稚园在教育局注册,招收3~6岁的幼儿,大部分幼稚园是半日制的,分为幼儿班、低班、高班,部分幼稚园为全日制。幼儿中心在劳工及福利局辖下的社会福利署注册,分为育婴园及幼儿园两类机构,前者招收从出生到 2 岁的幼儿,后者招收 2～3 岁的儿童。幼儿园也分为半日制和全日制两种,大部分幼儿园提供全日制的托管服务。部分幼稚园及幼儿中心参加了"兼收弱能儿童计划",为 3～6 岁轻度残疾儿童提供加强训练及照顾,以帮助他们日后融入主流教育。

香港的幼稚园均为私营机构,由志愿者或私人开办,分为营利幼稚园及私立独立幼稚园两类。幼稚园需根据教育条例注册,接受教育局督学的视察;教育局在课程、教学方法和行政方面向幼稚园提供意见。根据教育局发布的统计数字,2010—2011 学年,香港共有幼稚园 951 所,其中本地幼稚园 865 所,非本地幼稚园 86 所;学生总人数 148 940 人,幼稚园教师总人数 10 454 人。

香港小学教育　香港儿童从 6 岁开始接受六年制小学教育,分为上午班、下午班和全日制三种。在特区政府的推动下,大多数小学实行全日制教学。官立小学和政府资助小学都提供免费小学教育。通过"小一入学统筹办法",所有合资格的儿童均可获得官立或资助小学的小一学位。该办法分为两个阶段,在"自行分配学位"阶段,家长可按其意愿向一所官立或资助小学递交申请,学校按照教育局拟定的准则决定是否录取;在"统一派位"阶段,教育局根据学校网、家长选择及随机编号分配小一学位。大多数小学都使用中文授课,并以英文为第二语文。2010—2011 学年,香港共有小学 572 所,其中本地小学 532 所;学生总人数 331 112 人;小学教师总人数 21 951 人。

香港中学教育　香港儿童小学毕业后通过就读小学参加"中学学位分配办法"获得中一学位,可分为两个阶段。"自行分配学位"阶段中学可根据自行订立的准则录取学生;"统一派位阶段"学位的分配以学生的派位组别、家长选校意愿和随机编号为准则。2009 年之前,中学教育为五年制,分为中一至中三、中四至中五两个阶段,并无正式的初中、高中之分,绝大部分中学皆为全日制。中三课程结束后学生需以校内考试成绩为评级,决定是否升读中四及中五课程。中四及中五课程文理分科,通常分为文科、理科、商科,教授科目以香港中学会考考试内容为本,学生至少要修读 6 科才符合升读预科资格。中五课程结束后参加香港中学会考,以成绩决定是否升读预科。香港把大学预科课程列入中等教育范畴,共两年,称为中六及中七,中七课程结束后参加香港高级程度会考。2009 年之后,特区政府实行"三三四高中教学改革",中学学制改为 6 年,分为初中和高中两个阶段。三年制的高中课程由中四开始,高中毕业生参加香港中学文凭考试。新学制下,所有学生均可接受六年中学教育。2010—2011 学年,香港共有中学(不包括夜校、特殊学校及由营办补习班、职业训练及成人教育的私立

学校所开办的日间中学课程)533 所,其中本地学校 506 所;学生总人数(包括中六至中七)为 449 737 人。

香港专上教育　指中学修业后任何不低于中学修业后的教育程度而属专业、技术、学术性质的教育。院校在收生方面享有自主权,大学联合招生办法是协助持有香港高级程度会考成绩的学生申请修读 8 所大学教育资助委员会资助院校提供的公帑资助学位课程和部分副学位课程以及香港公开大学非政府资助全日制学士学位课程的主要途径,也有少数学生通过非大学联合招生办法(亦称"直接收生")进入此类院校。学制为 3 年,按照教育制度改革计划,于 2012 年改为四年制。

香港举办专上教育的院校可分为几类:(1)法定院校,即由特区行政长官会同行政会议同意及通过,再经立法会三读通过相关法例,成为受独立法例规管的高等院校。包括以下几类:受大学教育资助委员会资助的院校,至 2011 年,这类院校有 8 所,分别为香港大学、香港中文大学、香港科技大学、香港浸会大学、香港理工大学、香港城市大学、香港教育学院、岭南大学;财政自给的院校,如香港公开大学;受公帑资助的院校,如香港演艺学院。(2)认可专上学院,即根据《专上学院条例》注册的专上学院。这类学院在香港行政长官会同行政会议事先批准下,可颁授学士或以上程度的学位,可使用"学院"或"大学"作为其注册名称。至 2011 年,香港有 6 所认可专上学院,分别为香港树仁大学、珠海学院、恒生管理学院及东华学院、明德学院、明爱专上学院。(3)职业训练局院校,即根据《职业训练局条例》营办的香港专业教育学院、香港知专设计学院等。(4)一般院校,即根据《教育条例》成立,最高可颁授已通过香港学术及职业资历评审局评审认可的副学士资历的院校,也有一些是公主院校的附属机构。一些院校亦有营办非本地的学位课程,其中部分已通过香港学术及职业资历评审局的课程评审。(5)中国台湾教育部门立案院校,即依照《华侨教育章程》在香港创办但在中国台湾教育部门注册、被承认为台湾的同等学力的高等院校,如香港德明书院、珠海书院等。部分院校后来取消在台湾的登记,成为香港政府承认的专上学院。香港现尚有部分此类院校继续运营。(6)宗教研修院校。香港专上教育实行的管理体制是适度监管、高度放权。有权颁授学位的院校均以经立法局通过的办学条例作为办学依据,具体事务由校务委员会处理,政府除拨付经费外,对学校的政策、行政措施、人力分配、资源分配、教学业务等都不干预。大学教育资助委员会属于政府委任咨询机构,成员由行政长官委任,负责就发展香港高等教育及所需经费等事宜提供意见,并处理 8 所受其资助高等院校的拨款事宜,以保证高等教育的质量并推动研究,但一般限于管理经费预算、筹划学额的增减和监管教育质量,其余一律不干预,高等院校享有较大的独立自主权。

至 2011 年，香港共有 17 所可颁授学位的高等院校，其中 8 所院校由大学教育资助委员会拨付经费资助，大多以自负盈亏方式运营；8 所院校财政自给；此外，香港演艺学院也获政府公帑资助。2009—2010 学年，共有 21 所院校开办经本地评审的自负盈亏副学位、学位及衔接学位课程，提供约 32 000 个学额。职业训练局、香港城市大学、香港理工大学、香港演艺学院及香港教育学院也开办公帑资助副学士课程，提供约 9 700 个学额。8 所由大学教育资助委员会资助的院校每年提供约 14 600 个第一年学士学位课程学额，2009—2010 学年共有全日制学生 62 215 人和兼读制学生 4 328 人，分别攻读公费资助的学士学位课程和研究院课程。2010—2011 学年，这 8 所院校提供约 2 000 个高年级收生学额，为副学位课程毕业生和持有其他相关资历的学生提供衔接升学的机会。政府及研究基金为大学教育资助委员会资助院校分别提供约 109.1 亿元及约 6.75 亿元的经常拨款。参见"香港学位制度与研究生教育"。

香港职业教育　香港职业教育可分为职前教育和在职培训两大部分。职前教育是香港职业技术教育的主体，可分为四个层次：预备职业教育、初级职业教育、中级职业教育和高级职业教育。(1) 预备职业教育，亦称操作工课程教育，为制造业、零售业等部门培养低层次的一般员工。由各类职业先修学校承担，招收小学毕业生。职业先修学校的课程仍以文化知识课为主，职业技术教育课约占总课程的 30%。学生毕业后还必须接受学徒训练，才能担任操作工、服务员之类的工作。成绩优秀者也可以参加中学会考，升入大学预科。(2) 初级职业教育，亦称技工课程教育，由职业先修学校、工业中学、实用中学承担，招收中三学历的学生，开办技工课程，为各行各业培养技术工人。职业先修学校课程主要有普通科、工艺及实用科目，工艺及实用科目在不同阶段占总课程的比例不同，通常约占 30%～40%；工业中学除普通科外，还设有工科、商科和实用科三类课程，约占全部课程的 30%。这两类学校的毕业生可入工业训练中心接受进一步的技能训练，优秀者可升读工业学院及理工学院。实用中学是三年制职业技术学校，实用科目所占比例大，主要招收学术学科成绩较差的学生。2002 年，实用中学开始以主流学校模式运作，为学生提供多元课程。香港职业训练局属下的青年学院、香港专业教育学院和训练及发展中心等开办的技工课程，也属这一层次的职业教育。(3) 中级职业教育，亦称技术员课程或高级文凭、高级证书课程教育，由香港科技大学以及两所理工大学、青年学院、工商资讯学院、香港专业教育学院承担，它们提供的技术员课程及高级文凭、高级证书课程都属这一层次的职业教育。修完中五课程的学生参加中学会考，达到一定成绩标准后可选择进入以上学校修读，学制 2～3 年，毕业后可担任技术人员或白领文员。(4) 高级职业教育，亦称技师课程教育，它是就业前教育的顶尖部分，由得到香港政府确认的综合性大学的工科院系承担。入学条件严格，招收有大学预科程度并达到大学入学标准的学生，学制 3 年。学生毕业后还必须参加实务性训练和相应专业学会考试，达到香港技师及工程师学会的要求才能取得技师资格，成为高级专业技术人员和管理员。

香港职业教育的另一部分是在职培训，其承办机构复杂，内容各异。其中职业训练局按工商及服务业需要，为各级雇员提供技能提升训练课程。此外，职业训练局推行工科毕业生训练计划，旨在为工科毕业生以及修读厂校交替课程的工科学生提供足够实务训练机会，使他们得以完成所需的训练，取得专业资格。职业训练局属下的学徒事务署也负责执行《学徒制度条例》，使青年人接受学徒训练。除以上政府机构之外，香港的在职培训主要由一大批经过政府批准注册成立、办学内容和方式各异的社会办学机构承担。大致可分为三类：第一类是由志愿团体主办的职业教育机构，如天主教、基督教的各教派和劳工及社工组织。这类团体一般规模大，社会影响力也较大，如天主教明爱成人及高等教育服务、基督教女青年会、职工会联盟、社联职业辅导社等。第二类是由专业社团组织主办的职业教育机构，如香港会计公会及其附属的专业会计员协会、香港管理专业协会、生产力促进中心、家庭计划指导会等，其开办的课程往往与其相关专业紧密联系。第三类是以盈利为目的的私人办学机构，数量大、规模小，经营方式灵活。

香港的职业教育中既有专门的职业教育机构，也有普通教育机构实施的职业教育，因此管理机构不一。其中工业中学、实用中学和职业先修学校属普通教育范畴，由教育署负责管理；而职业训练局属下的学院及训练和发展中心、训练学院则由职业训练局管辖。香港职业训练局成立于 1982 年，目的是提供一套全面和具成本效益的职业教育培训制度，以配合香港社会经济的需求。下辖高峰进修学校、才晋高等教育学院、香港专业教育学院、青年学院、香港知本设计学院、工商资讯学院、旅游服务业培训发展中心、中华厨艺学院、海事训练学院、卓越培训发展中心、邱子文高中学校、汇纵专业发展中心、展亮技能发展中心等。职业训练局理事会成员中有多位非政府人员，当中包括教育、工商、服务与劳工界的领袖；另有 3 位政府官员，分别是劳工处处长、工业贸易署署长和教育局副秘书长。职业训练局理事会下设 5 个功能委员会、21 个训练委员会和 5 个跨行业的一般委员会。21 个训练委员会负责就所属行业的人力供求及培训需要提供意见，并就如何配合这些需求提出建议。5 个一般委员会则负责跨行业的训练事宜，包括学徒训练及技能测验、资讯科技训练发展、管理及督导训练、技师训练，以及残疾人士职业训练。

2009—2010 学年,职业训练局辖下的各学院共有 4.7 万名全日制学生及超过 2.9 万名兼读制学生修读各类课程;其辖下的旅游服务业培训发展中心、中华厨艺学院、海事训练学院及卓越培训发展中心共提供超过 2.8 万个全日制及兼读制学额。

香港特殊教育　指为有特殊教育需求的儿童提供的教育。可分为资优教育与为听觉、视觉、言语、学习、情绪或行为等方面有障碍的儿童提供的特殊教育。"资优"主要采用多元智能概念,不将对象局限于学业成绩优秀的学生。资优教育由一般学校负责,目标是有系统、有方向地发掘和培育资赋优异的学生,为他们提供适切的教育机会,使他们能够在富弹性的教学方法和环境下充分发挥个别潜能。资优教育分三个层次:第一层次是全班式(校本),鼓励教师在正规课程内加入高层次思维技巧、创造力和个人及社交能力等三大资优教育元素,同时在正规课堂按学生的特质实施分组教学、增润及延伸专门性学习领域的课程内容;第二层次是抽离式(校本),在正规课堂之外进行一般性增润课程以及专科特定范畴的延伸课程;第三层次是校外支援,指由教育局联同各大专院校的有关人士成立的专家小组为发展及推动专为培育资优学生而设的活动。实施资优教育的中心机构主要有冯汉柱资优教育中心及香港资优教育学院,为相关儿童提供教育服务、培训课程及甄选活动。香港教育局于 1994—1997 年间,在 19 所小学进行"学业成绩卓越学生校本课程";2001 年推行"特别资优学生培育支持计划",该计划提供的课程大部分免费,只有个别大学学分课程由有关大学收取学费。2001—2008 年间,约有 7 000 名来自约 300 所中学的学生获得学校提名成为该计划的学员。2009 年,香港资优教育学院推行"寻找双重特殊资优儿计划"。"双重特殊资优儿"指智能优异却同时被评定有其他特殊教育需要(如自闭症、读写障碍或缺乏专注力等)的儿童。该计划正针对双重特殊资优儿及其家庭的需要展开一系列的研究及支持服务。

香港教育局主张尽量安排有障碍的儿童入读普通学校,让他们在一般的学习环境中与普通儿童相处和沟通,以接受全面教育。至 2010 年,约有 25 640 名有特殊需要的学生就读普通公营中小学。少数有严重或多重残疾的儿童将根据专家或医生的评估和建议,在家长的同意下入读特殊学校。所有特殊学校均由教育局根据特殊学校资助则例提供资助。特殊学校每班学生人数为 8～20 人,视学生类别而定,教师与班级的比例为小学及初中每班 1.7 名教师,高中每班 1.9 名教师。此外还聘有各类额外教师和专责人员,以配合学生不同的特殊教育需要。学生入学年龄一般为 6 岁,接受免费普及教育。自 2009—2010 学年开始为学生提供六年免费中学教育。课程一般依循普通学校所采用的课程架构,视学生的特殊教育需要检视各学习领域的建议,并作出

适当的修订,以配合与日常生活技能有关的训练。新高中课程已于 2009—2010 学年在特殊学校落实推行。自 2008—2009 学年起,所有资助特殊学校的小学及中学班级均免学费。香港特区政府也为清贫学生的家长提供学校书簿津贴。寄宿部需收取寄宿费,但有经济困难的寄宿生可申请减免。至 2010 年,香港有 60 所特殊学校,其中视障儿童学校 2 所,听障儿童学校 2 所,肢体伤残儿童学校 7 所,群育学校 7 所,智障儿童学校 41 所,医院学校 1 所。有 3 所前身为技能训练学校的中学,每班学生人数不多于 30 人,主要照顾有严重学习困难的学生,并因应学生需要分别提供主流及调适的课程。家长可通过学校自行收生系统或中学学位分配办法申请入读。

香港教育局负责各项特殊教育设施的策划、发展、监察和运作,并在组织、课程、教学法以及学位安排上提供意见。教育局下设两所特殊教育服务中心,分别位于九龙塘及葵涌,为有障碍的儿童提供评估和支援服务。评估服务除了为有学习、情绪或行为问题的学生提供心理、社群适应及学业的评估之外,还包括为怀疑有言语障碍的学童提供言语评估及为听觉方面有障碍的儿童提供听觉评估。香港教育局在全港的小一班级推行及早识别和辅导有学习困难计划,帮助教师识别有学习或言语困难的学生。支援服务包括为听障儿童提供的教育听觉服务,为有言语障碍的学童提供的校本言语治疗支援服务,为有学习、情绪或行为问题的学生提供的教育心理服务,安排学位及就如何管教残疾儿童向家长和教师提供意见及专业支援。香港教育局为听障学前儿童和学童提供助听器和耳模服务。香港教育局编制了多项指引及资源套,协助教师支援有特殊教育需要的学生。为加强教师照顾有特殊教育需要学生的专业能力,香港教育局自 2007—2008 学年开始,开展一个为期五年的融合教育教师专业发展架构,为教师提供有系统的训练课程。

香港成人教育　香港成人教育大致分为四类:一是专上成人教育,提供全面的大学程度课程;二是专业成人教育,范围较广,包括夜中学、识字班、职业训练课程等;三是成人语言教育,如英语学习班、法语训练营等;四是康乐性质的成人教育,教授插花、太极拳、国画等各项内容。实施机构包括大专院校、教育局、职业训练局、志愿团体及文化机构、各类私人机构等,多采用政府适当资助、自负盈亏的运作形式。专上成人教育是其最主要组成部分。香港成人教育已形成多学科、多层次、多形式的体系,政府采取多项措施鼓励成人教育的发展。自 2000 年开始,香港特区政府拨款资助推行毅进计划。没有中五学历及中学会考有五科未合格(中五离校生)的人士,包括年满 21 岁有意进修的人士均可参加,由香港高等院校持续教育联盟的成员院校提供不同课程,完成课程者将获得等同中五及中学会考五科

合格学历。自 2004—2005 学年起,毅进计划推广至中学,完成中四但不想报考中学会考的学生也可参加。2010—2011 学年,约有 1.6 万人报读毅进计划的全日制和兼读制学额。香港教育局自 2005—2006 学年开始推行指定夜间成人教育课程资助计划,政府资助成年学员修读由认可办学机构于指定中心开办的夜间中学课程(中一至中七),合格的学员可获返还全部、三成或五成已缴付的学费。2010—2011 学年,共有 1 460 人报读此类课程。成年人若修读教育及培训课程合格的,可申请持续进修基金,可获发还八成学费。若不符合资格申请"资助专上课程学生资助计划"及"专上学生资助计划",可申请"免入息审查贷款计划",以应付学费支出。

参考文献

操太圣.香港教育制度史研究(1840—1997)[J].华东师范大学学报(教育科学版),1997(2).

何浩堃.香港职业教育面面观[J].中国社会科学院研究生院学报,2000(1).

黄浩炯,何景安.今日香港教育[M].广州:广东教育出版社,1996.

盛欣怡.香港成人教育发展模式对国内的可借鉴之处[J].机电技术,2010(3).

中华人民共和国香港特别行政区政府统计处.香港统计年刊 2010 年版[J].中华人民共和国香港特别行政区政府统计处,2010.

(李　磊　冯增俊)

香港科技教育(science and technology education in Hongkong)　　香港科技教育源于 20 世纪 30 年代,经过几十年的发展,建立了开放的由多种主体和多个层次构成的较完整的体系。

早期香港教育在有了西式学堂之后,开始有了以声、光、电为主的教育内容。1868 年及 1869 年,中央书院增设了代数、自然、化学、几何学,并启用了一间实验室。此后,普通教育中科学科目教育开始发展和普及。(1) 科技教育创立及勃兴阶段。1937 年,香港第一所工艺学校创立,香港的科技教育正式开始。1939 年,香港大学增设理学院,为香港提供了支柱型科技人才。20 世纪 50 年代,香港经济复苏,经济的发展与转变推动了科技教育的进程。1957 年,具有工业教育性质的红磡工业学院(香港理工学院前身)成立;1965 年,香港宗教团体开办了第一所职业训练学校;1970 年,中专性质的摩里臣山工业学院成立。港英政府还开设了工业中学和职业先修学校,并在中学开设相应的理工科课程。此外,港英政府合并了技术中学和现代中学,代之以五年制工业中学。为进一步推动工业教育发展,1965 年,港英政府组建工业训练咨询委员会,主要负责技术员、技工和操作工的训练事宜。之后香港建立了全面的技术人力训练制度。(2) 科技教育向高层次发展阶段。20 世纪 70 年代后期,香港工业结构向高层次、技术密集型过渡,这也推动香港科技教育朝高层次发展。香港大学及香港中文大学调整、改革原有学科、专业及课程,较大幅度地增加了理工科专业的比例。如香港大学增设工业和建筑学院,增加了十几个理工科专业,并设置了电脑中心;香港中文大学也陆续开设了电子计算机、电子学、生物化学等专业。1972 年,香港理工学院创立(1994 年升格为香港理工大学),1982 年,香港城市理工学院成立(1994 年升格为香港城市大学)。此外,港英政府也陆续创办了多所工业学院。1991 年,香港科技大学成立,由理学院、工学院、工商管理学院、人文社会科学学院及霍英东研究院五所学院组成。另一方面,资讯科技教育也开始发展。80 年代,港英政府在当时的中学课程中引入资讯科技教育,1986 年,举办首届中学会考电脑科考试。1990 年,高等程度会考开始开设电脑科及电脑应用科。(3) 回归祖国后资讯科技教育蓬勃发展阶段。1997 年,香港特区行政长官董建华宣布发展资讯科技教育,提出:推行为期五年的资讯科技教育策略,鼓励学校引用资讯科技,提高教与学的成效;协助教师掌握必要的资讯科技应用技巧,利用电脑辅助各个学科的授课和学习,让学生在校内活动中多应用资讯科技,从小习惯活学活用;在五年内,让至少 25% 的课程利用新科技辅助教授;在十年内,使资讯科技能广泛应用于校园生活每个环节,所有教师和中五毕业生都能运用自如。1998 年,香港教育统筹局推出《与时并进善用资讯科技学习:五年策略 1998/1999 至 2002/2003》,香港资讯科技教育开始进入系统性发展阶段。这一阶段的工作重点是政府为学校提供资讯科技设备、连接互联网、培训教师资讯科技教育能力、开发数字化学习资源等。2000 年,教育统筹委员会提出的"21 世纪教育蓝图"明确将运用资讯科技进行互动学习作为四个基础教育课改关键项目之一,加快了资讯科技教育在学校层面的推进力度。2004 年,香港教育统筹局推出《善用资讯科技　开拓教学新世纪》三年发展计划,提出使用资讯科技加强学生的学习能力、提升教师的教学效能、提升学校的电子领导能力、丰富数字化学习资源、发展利用资讯科技的教学法以及推动社群支援资讯科技教育等七个目标。2008 年,香港教育局推出《适时适用科技　学教效能兼备》策略文件,致力于减轻教师从课堂规划及学生评估等核心活动中整合资讯科技的工作量,并继续提高教师运用资讯科技教学的能力,希望在学校层面营造一个理想的环境。香港特区政府已进一步承诺制定新的措施以在学校推广电子学习,其中包括发展电子学习资源以改善学与教,在 2009—2010 学年至 2012—2013 学年加强及加快发展小学和初中阶段的"课程为本学与教资源库",在 2010—2011 学年为学校提供一次性拨款以供学校购买电子学习资源,在 2011 年开始推行为期三年的学校电子学习试验计划,并推广使用与电子资源和设备有关的健康知识及版权课题。

香港中小学科技教育的宗旨是:在瞬息万变的科技世界中培育优质的人力资源,让学生能发展科技能力、科技理解和科技觉知,明辨慎思地评估科技为个人、家庭、社会及环境所带来的影响,成为整个科技世界及社会出类拔萃兼且踌躇满志的成员。从小学到中学科技教育的宗旨是一致的,具有延续性,并随学生的社群及认知发展而改变。中小学科技教育被分为四个阶段:小一至小三、小四至小六、中一至中三、中四及以上。前两个阶段(小学阶段)的科技教育被融入常识科课程中,与个人、社会及人文教育、科学教育学习领域共同发展,建议授课时间是12%～15%。其学习重点是觉知及探索。第三阶段(初中阶段)的科技教育课程以学科为本,建议授课时间是8%～15%,其学习重点是探索、体验与熟习。第四阶段(高中阶段)将提供不同的学科以配合学生不同取向的选择,其学习重点是终身学习及专门化的方向探究。各阶段课程是因应香港以及全球的社会、经济及科技发展在不同时空的侧重点,回应学生学习的需要而引入课程的。(1)小学阶段的常识课。可分为常识课(中央课程)与校本常识科课程两种。常识课具备开放、灵活的课程架构,制定了明确的学习目标和学习重点,让学生通过健康与生活、人与环境、日常生活中的科学与科技、社会与公民、国民身份认同与中华文化、了解世界与认识信息年代这六个学习范畴,建构学科知识、发展共通能力以及培养正面的态度和价值观。学校应在国民身份认同与中华文化的学习范畴中,让学生学习中国历史和文化。课程应均衡地涵盖六个学习范畴。校本常识课是各个学校对中央课程作出调适,并发展出自身的校本常识课程,以达到常识科课程指引中确定的学习目标和学习重点。(2)初中阶段科技教育的科目包括:商业学科、电脑教育、家政学科、科技学科。具体学科有十几个,如商品零售、普通电脑、家政、汽车科技、设计与科技等。(3)自2009年起,新高中阶段的科技教育包括:企业、会计与财务概论,设计与应用科技,健康管理与社会关怀,资讯及通信科技,科技与生活。学校提供两个不同的学习范畴及数个选修单元给不同性向的学生选择,以切合他们的兴趣与发展。课程与各大专院校学位课程衔接,让学生得以继续接受学位教育与专业培训。所有这些课程对应着六个知识范围:资讯和通信科技、物料与结构、营运和制造、策略和管理、系统和控制、科技与生活。

香港资讯科技教育的目的是让资讯时代的学生具备利用资讯科技有效地处理资讯的能力。其目标被分为五个阶段:小一至小三、小四到小六、中一至中三、中四至中五、中六至中七。每个阶段的学习目标都分为知识、技能和态度等三方面内容。各阶段有不同的资讯科技应用能力水平的

要求。电脑应用技巧指标是发展资讯科技学习目标的起点。此外,香港的工业中学、职业先修学校、实用中学的科技教育内容与普通中学大致相同。

香港大专院校的科技教育主要体现在两方面:综合性大学中科学技术课程的教学;为专门培养科技人才而创设的高等院校的科技教育。前者在各个大学中都有类似课程,后者主要包括香港专业教育学院、香港理工大学、香港科技大学等大专院校所设大部分课程。香港专业教育学院于1999—2000学年由两所科技学院和七所工业学院合并而成,科目范畴包括应用科学、工商管理、幼儿教育及社会服务、旅游及服务业、工程等。香港理工大学有八个学院:应用科学及纺织学院、工商管理学院、人文学院、建设及环境学院、工程学院、医疗及社会科学学院、设计学院、酒店及旅游业管理学院。各个学院提供多种技术与实用科目。香港科技大学由理学院、工学院、工商管理学院、人文社会科学学院、霍英东研究院等五所学院组成,正筹办第六所学院——创新与科技管理学院。其学科以科学技术、工程、管理、商业为主,办学宗旨即为培养香港经济发展所需高技术人才。此外,香港城市大学开设的课程也大多为应用性科目,如科技、工程、工业、商业、法律等。

(李　磊　冯增俊)

香港课程发展(curriculum development in Hongkong)香港受多元文化的影响,课程开发与设置注重以人为本,培养德性与发展应对未来社会的能力,关注学科与个人、社会的统一。

香港课程发展历程

香港早期学校为中文学塾,开设传统启蒙课,如《三字经》《千字文》《论语》等。英国占领香港后,设教会学校,以英文教学,沿用西方教会学校的课程,以教授《圣经》为主,辅以算术、艺术等课程。1847年成立教育委员会,资助部分中文学塾,开设中文、中国经典、地理、英语等课程。1873年,港英当局颁布《补助书馆计划》。1877年成立考试委员会,推行公开考试,对课程有了更规范的要求。至1898年,接受补助的教会学校达100所,此类学校按要求开设《圣经》、英文及中国文学、历史、地理等课程。

辛亥革命后,港英当局加强了对学校的控制,1913年,港英当局颁布《1913年教育条例》,规定未经注册的学校为非法学校,全港1 200多所学校均要接受视察监管;设各科专业视学官,对课程与教科书进行审查,并制定相关课程指引,这些措施对香港课程发展产生重大影响。

第二次世界大战结束后,香港人口剧增,教育发展很快,课程发展也受到重视,港英当局设置了管理课程的督学

官员。1968 年,香港普及小学六年免费教育,促进了课程的进一步发展。1972 年,成立课程发展委员会,专职课程发展事务,编订课程及教学纲要。该委员会结构严密,分设各相关年级科组课程与教材发展组。1988 年,课程发展委员会重组为课程发展议会,吸纳更多一线教师参与课程发展工作。这一时期香港课程发展很快,形成领导与研究课程发展、编制教材、评价督学的完整工作体系。港英当局多次颁布各种教育指引,制定课程纲要,审定教材,对香港课程发展起了重要作用。

随着香港进入回归过渡期,香港社会出现重大转型,教育改革接踵而至,课程发展首当其冲。1992 年,香港教育署成立课程发展处,作为组织、实施及策划课程发展的机构。1996 年,香港进行重要课程改革,推出新的《学校公民教育指引》,并对历史课进行重大改革。1997 年香港回归祖国后,香港课程几乎重新修订,对教学语言以及由此划分学校作了新的规定,同时在课程中引入国家概念。2001 年,课程发展议会根据教育统筹委员会报告书《廿一世纪教育蓝图——教育制度检讨:教育目标》的要求,发布名为《学会学习——课程发展路向》的课程发展大纲,推动了香港课程发展的时代变革。这一改革涉及所有学科,从幼儿园到高中的所有学校均需参与。新大纲提出了一个灵活、宽广而均衡的课程架构,由知识、共通能力及价值观、态度这三种互有关联的部分组成八个学习领域。此外,课程发展议会就2001—2006 年的工作重点提出建议,确定了十年课程发展方向及目标。2005 年,香港特区政府正式宣布进行“三三四”学制改革,并全面改革高中课程及公开考试。新学制下所有学生均需学习新高中课程,包括 4 个核心科目、2～3 个选修科目及其他学习经历;设立通识教育科,与数学、英文、中文并列为四大必修科目。2009 年,“三三四”新学制及配套的课程改革开始实施,《高中课程指引——立足现在·创建未来(中四至中六)》公布,引领高中课程教学,促进学生全人发展。

香港学校课程管理体系

课程管理机构　大致可分为三个层次和三类机构。最高层次为教育局和教育统筹委员会;中间层次为课程发展处、课程发展议会、考试及评核局;第三层次为学校。三类机构包括:政府行政机构,如教育局;政府咨询机构,如教育统筹委员会、课程发展议会;政府公营机构,如考试及评核局。

香港教育局负责制定、统筹及推行香港的教育及人力政策,其职责包括:(1)制订、发展和检讨香港教育政策、计划和法规;(2)监察教育计划,使之能有效推行。香港教育统筹委员会负责就整体教育发展,向政府提供意见。至

2010 年,教育统筹委员会共发布 8 份报告书,涉及课程的内容占了很大比重,包括考试、教学语言、各级学校课程设置、学业目标和评估、对课程管理机构的检讨等内容。教育统筹委员会针对课程发展提出多项意见并获得采纳。课程发展处隶属于教育局,负责领导香港学校课程发展工作并协力促进优质课程的发展。除为课程发展议会提供秘书处的服务外,香港课程发展处还为学校推行课程政策和改革提供支援,包括为学校提供连贯一致、广阔均衡的课程,灵活开放的课程架构和多元化的课程组织模式;促进学校发展多样化学习资源和理想的学习环境;通过不断的检视、研究和评估提供课程发展方面的知识;推行行之有效的课程措施。香港课程发展议会是香港特别行政区行政长官委任的独立咨询机构,负责就幼稚园至中六各教育阶段的课程发展事宜,向政府提供意见。主要工作包括制定学校课程政策的整体方向;制定各主要学习范畴课程发展的路向和发展不同的课程组织模式;就有关研究和发展学习资源的事宜提供意见,以支持幼儿教育、基础教育、高中教育及特殊教育方面的工作。课程发展议会为两层架构,上层是课程发展议会及常务委员会,下层是学习领域委员会及功能委员会。各委员会可因应需要灵活地筹组专责委员会,进行特定的工作。考试及评核局作为法定机构,服务范围涵盖中小学、专上教育及成人专业资格考试,提供有效度、信度和公平的考试及评核服务。考试及评核局委员会为其决策单位,负责制定考试政策及监察考试及评估局的工作。委员会的 17 位成员主要来自中学、高等院校及政府机构,还有来自商界及工业界的专业人士。考试及评核局通过举办各类考试对香港课程发展发挥重要影响。

学校主要负责实施课程,校内设教务组、训导组、辅导组等机构。经校长同意,教务组辖下的全校性和分级或分阶段的学科教学小组实施课程计划,包括选用教科书和作业,汇集、购置教具和教学资料,订立校内考试拟题和评分的准则等。20 世纪 90 年代以来,香港积极推行校本管理(参见“香港校本管理”),学校得以决定自身的校务,包括课程、财政和人事等。学校课程决策权不断增强,越来越多的学校发展了丰富多彩的校本课程。

课程决策程序　香港的课程制定以课程发展处和课程发展议会为主导。其决策程序通常为:提交问题给政府;政府聘请本地及海外专家研究,收集各类意见,或直接由教育局相关官员负责;经有关部门审核并交行政部门考虑是否执行;尚需要咨询意见的发布绿皮书,不需要的直接发布白皮书。通常分为三个阶段:计划阶段,即设立新课程的初步建议、界定目标、草拟课程纲要草案;发展阶段,即拟定课程纲要草稿并分发到学校等机构征询意见;定型阶段,即考虑各方面意见、确定和印发课程纲要。

香港学校课程宗旨及目标

香港学校课程宗旨及总目标　课程发展议会根据教育目标拟定七项学校课程宗旨：明白自己在家庭、社会和国家所担当的角色和应履行的责任，并关注自身的福祉；认识自己的国民身份，致力贡献国家和社会；养成独立阅读的习惯；积极主动及有信心地以中英两种语文（包括普通话）与人沟通和讨论；发展创意思维及掌握独立学习的能力（例如批判性思考、资讯科技和自我管理）；全面掌握八个学习领域的基础知识；建立健康的生活方式，并培养对体艺活动的兴趣和鉴赏能力。教育统筹委员会于 2000 年为整体教育订立的总目标是：让每个人在德、智、体、群、美各方面都有全面而具个性的发展，能够一生不断自学、思考、探索、创新和应变，有充分的自信和合群的精神，愿意为社会的繁荣、进步、自由和民主不断努力，为国家和世界的前途作出贡献。

香港学前教育课程宗旨及目标　《学前教育课程指引（2006）》于 2007 年全面推行。该指引申明幼儿教育是终身学习和全人发展的基础，重视以"儿童为中心"的核心价值。幼儿教育课程宗旨为：培育幼儿在德、智、体、群、美各方面的全面发展，养成良好生活习惯，为生活做好准备；激发幼儿学习兴趣和培养积极的学习态度，为未来学习奠定基础。在此课程架构下在身体、认知和语言、情意和群性及美感四方面分别制定幼儿发展目标。身体发展目标：发展幼儿的感官机能、专注和观察的能力；培养幼儿良好的生活习惯、自我照顾的能力和健康的生活方式；促进幼儿大小肌肉活动能力的发展；认识身体机能的限制，建立保护自己的安全意识。认知和语言发展目标：诱发和满足幼儿求知欲望，使他们抱积极的态度来认识周围环境的人和事物；发展幼儿的简单数理逻辑概念，帮助他们分析、推理、判断和解决疑难；发展幼儿语言和思维的能力。情意和群性发展目标：鼓励及协助幼儿认识自己的思想和情绪，并通过适当的语言运用及非语言表达技巧，表达自己所感所需；帮助幼儿发展正面自我观念，建立自尊、自信、成就感和乐观积极的生活态度；拓宽幼儿的生活经验，加强人际沟通的能力；帮助幼儿平衡个人志趣和群体利益，使他们能懂得通过协商合作，与人建立良好关系，并接受群体生活的一些基本价值观及行为规范；培养幼儿与人相处的正确态度，包括个人在家庭、学校、社会和国家所担当的角色和责任；培养幼儿关怀社会、爱护环境及尊重不同文化。美感发展目标：通过丰富和多元化的环境，让幼儿发掘不同的艺术媒介符号；丰富幼儿的感知经验，鼓励幼儿表达个人的思想和感受；培养创意及想象力，并享受创作的乐趣；引导幼儿积极欣赏四周的事物，培养生活情趣，提升生活素质。

香港基础教育课程宗旨及目标　《基础教育课程指引：

各尽所能·发挥所长（小一至中三）》于 2002 年发布。根据该指引，小一至中三的课程宗旨为：学校课程应为所有学生提供终身学习所需的重要经验，并因应个别学生的潜能，使能在德、智、体、群、美五育均有全面的发展，成为积极主动、富责任感的公民，为社会、国家以至全球作出贡献；为了使学生做好准备，以面对 21 世纪的挑战，学校课程必须协助学生建立正面的价值观和态度，贯彻终身学习的精神，从而学会如何学习；培养各种共通能力，以便获取和建构知识，奠定全人发展的基础；为此，21 世纪的优质学校课程应建立一个连贯而灵活的架构，务求能够适应各种改变以及照顾学生和学校的不同需要，从而厘定教与学的路向。课程目标分为短期与中期。短期目标（2001—2006）为：根据学校订立的发展重点，以推行四个关键项目（德育及公民教育、从阅读中学习、专题研习、运用资讯科技进行互动学习）为切入点或策略，以达到总系总支和八个学习领域的学习目标；把优先培养学生的共通能力（即沟通能力、批判性思考能力及创造力）融入现行科目或学习领域的学与教中，以提高学生获取和建构知识的独立学习能力；因应前两项建议，学校可根据课程指引、各学习领域及小学常识科课程指引，制定学校整体课程规划（如学校五年计划）。中期目标（2006—2011）为：根据 2006 年的检视结果，改善有关的计划和措施；采用开放的课程架构和课程指引的建议，发展既可配合学校办学宗旨和文化，又能切合学生学习需要的校本课程；继续提升学与教的成效，并改进学生终身学习所需的独立学习能力。

为了配合"三三四"新学制改革，《高中课程指引——立足现在·创建未来（中四至中六）》于 2009 年发布。课程改革的目的是：在多元化及复杂的环境下，建立一个动力十足、生机蓬勃的教育制度，既能扩宽学生的知识基础，也为学生提供有利环境，达致全人发展、终身学习的目标；为每个学生提供不同的进修和职业发展途径，务求能更顺畅地与 21 世纪国际高等教育及人力发展趋势衔接。新高中课程的宗旨是：提升所有学生的语文及数学能力，拓宽他们的知识基础，提高批判性思考、独立学习和人际技巧方面的能力，以及为他们提供更多在德育及公民教育、体育及艺术范畴的其他学习经历；为学生提供更多元化的选择，以配合他们不同的需要、兴趣和能力；为学生日后进修以及应付社会上日新月异的需求做好准备。

香港学校课程设置

香港学前教育课程设置　学前教育目标通过六个学习范畴来落实：体能与健康、语文、早期数学、科学与科技、个人与群体、艺术。所有学习均涵盖知识、技能和态度三个重要元素。其课程设置原则为：儿童为本、全面均衡和游戏为策略。全日制机构课程设置包括早/午会(检查清洁、谈话、日常生活经验分享,15～30分钟)、自选活动(建构游戏、创作游戏、探究游戏、操作游戏、社会游戏、语言游戏等,95～145分钟)、体能/音乐/艺术(60～105分钟)、排洗(40～60分钟)、膳食(清洁、午膳、茶点,60分钟)、午睡(80～105分钟)、离园整理活动(活动检讨、谈话、儿歌,20～30分钟)。半日制机构课程设置相似,时间相应减少。

香港基础教育课程设置　小一至中三的学生拥有五种基本学习经历:德育及公民教育、智能发展、社会服务、体艺发展、与工作有关的经验(为初中学生提供)。课程架构由三个互有关联的部分组成:学习领域、共通能力、价值观和态度。根据这一课程架构把现有科目编入八个学习领域:中国语文教育;英国语文教育;数学教育;科学教育;个人、社会及人文教育;科技教育;艺术教育;体育。每年学时小学为190日或887小时(全日制)/776小时(半日制),中一至中三为190日或1013小时。在符合个别学习领域的总课时建议的前提下,学校可灵活地在不同的年级改变该学习领域的时间分配百分比,尤其是小学早期的中国语文教育和英国语文教育。考试日不计算在课时内。划分为三个阶段三年内的学习领域课时分配见表1。

表1　香港小一至中三各学习领域课时表

学习领域	课时(三年内总课时)		
	小一至小三(第一学习阶段)	小四至小六(第二学习阶段)	中一至中三(第三学习阶段)
中国语文教育	594～713小时(25%～30%)	594～713小时(25%～30%)	468～578小时(17%～21%)
英国语文教育	404～499小时(17%～21%)	404～499小时(17%～21%)	468～578小时(17%～21%)
数学教育	285～356小时(12%～15%)	285～356小时(12%～15%)	331～413小时(12%～15%)
科学教育	小学常识科 285～356小时(12%～15%)	285～356小时(12%～15%)	276～413小时(10%～15%)*
个人、社会及人文教育			413～551小时(15%～20%)*
科技教育			220～413小时(8%～15%)*
艺术教育	238～356小时(10%～15%)	238～356小时(10%～15%)	220～276小时(8%～10%)*
体育	119～190小时(5%～8%)	119～190小时(5%～8%)	138～220小时(5%～8%)*
三年内课时下限	1 925小时(81%)	1 925小时(81%)	2 534小时(92%)

续　表

学习领域	课时(三年内总课时)		
	小一至小三(第一学习阶段)	小四至小六(第二学习阶段)	中一至中三(第三学习阶段)
三年总课时	2 376小时(792小时×3)(100%)	2 376小时(792小时×3)(100%)	2 754小时(918小时×3)(100%)
可供弹性处理的时间	19%(三年内约451小时)		8%(三年内约220小时)
	用于: 　推行德育及公民教育,或进行学生辅导,以补足跨学习领域的价值教育;增加额外的共同阅读时间;周会或班主任课推行跨学习领域的价值教育;提供各学习领域或跨学习领域的辅导或增润课程;拓展其他学习经历,例如社会服务、联课活动和体艺活动,以配合全方位学习;各学期均可采用不同的方式安排弹性时间(如在第一学期安排生活技能教育,在第二学期安排中国语文科的辅导教学,整个学年都安排英国语文科的增润课程)		

注:*代表以下的建议时间分配适用于着重科技教育课程的学校:科学教育的课时约占8%～10%(220～276小时),课程设计应有效联系学生在科学与科技教育的学习经历;个人、社会及人文教育的课时约占10%～15%(276～413小时),但学校应将个人、社会及人文教育必须学习的重要内容,包括中国历史及文化等,涵盖在课程内;科技教育的课时约占25%～35%(689～964小时),学校可借助科技学科,更有效地发展学生的共通能力。科技学科的某些学习元素,如基本设计、图像传意等,已融入各学习领域(如艺术教育、科学教育以及个人、社会及人文教育)。这些学校在其他学习领域的课时分配亦相应调整

新高中(中四至中六)课程由三部分组成(见下页表2):(1)核心科目,包括中国语文、英国语文、数学及通识教育,占总课时的45%～55%。所有高中学生都必须修读通识教育科,最少占总课时的10%,包含三个学习范畴(分为个人成长与人际关系、今日香港、现代中国、全球化、公共卫生、能源科技与环境等六个单元,每个单元30课时)和独立专题探究(建议范围有传媒、教育、宗教、体育运动、艺术、资讯及通讯科技,共30课时),其目的是让学生能联系不同的知识,从不同的角度看事物,并拓宽他们的知识领域。(2)选修科目,从20个高中选修科目、一系列的应用学习课程和其他语言中选择2～3个选修科目,占总课时的20%～30%。选修科目制定时已兼顾各项相关因素,学生不必分流入读文、理、工或商科班。应用学习课程涵盖六个范畴:应用科学;商业、管理及法律;创意学习;工程及生产;媒体及传意;服务。(3)其他学习经历,指德育及公民教育、社会服务、艺术发展、体育发展以及与工作有关的经验,占总课时的15%～35%。

表2　香港中四至中六核心科目课时安排表

科目	建议课时	必修部分	选修部分
中国语文	12.5%～15%（338～405小时）	占总课时的67%～75%（225～304小时） 九个学习范畴：阅读、写作、聆听、说话、文学、品德情意、中华文化、思维、语文自学	占总课时的25%～33%（85～135小时） 从十个建议单元中，选修三至四个（其中一个可由学校自拟） 每个单元约占28小时
英国语文	12.5%～15%（338～405小时）	最多占总课时的75%（约305小时） 三个学习范畴：人际关系、知识、经验 九个建议单元，由19个单位组成	约占总课时的25%（约100小时） 从语言艺术及非语言艺术两个组别中，选修三个单元，每个组别最少选修一个单元 每个单元占32～36小时
数学	必修部分10%～12.5%（270～338小时） 必修部分及延伸部分的一个单元15%（405小时）	三个学习范畴：数与代数；度量、图形与空间；数据处理 分为基础课题及非基础课题	选读单元一（微积分与统计）或单元二（代数与微积分）

参考文献

冯生尧．亚洲四小龙课程实践研究[M]．福州：福建教育出版社，1998.

香港教育工作者联会，香港教育资料中心．香港教育手册[M]．香港：商务印书馆，1993.

（冯增俊　吴海棠）

香港双语教育（bilingual education in Hongkong）

香港实行"两文三语"（指中文、英文以及普通话、粤语、英语）语言教育政策，其双语教育的发展有特殊的历史和时代背景，其根本目标在于推进教育的国际化、培养应用型国际人才。

香港双语教育发展历程

英国占据香港后推行英语是唯一官方语言的政策，在教育上实行"重英"的教育语言政策。1887年，第一所官立学校香港西医书院成立，首次使用英文教学，招生中推崇英文，港英当局也优先选聘懂英文者入职。1902年，港英当局发布《宝云报告书》，建议鼓励和资助中英文学校，认为只有英语在香港成为主要语言，才能真正确立英国在香港的利益。1911年，香港大学创办，并以英文为唯一教学语言，确立了英语在香港的地位，由此形成以"重英轻中"为特征的香港早期双语教育模式。

1935年，英国皇家视学官宾尼发表《宾尼报告书》，提出学生的本国语言能力要能足够满足他们思考和表达的需要；对学生英语水平的要求是足以满足他们未来对职业的需要。《宾尼报告书》从实用角度调整了语言教育方针，开始看到了中文作为交流工具的必要性。20世纪50年代后，英语随香港国际地位的上升而开始全面占据主导地位。自60年代起，香港社会各阶层开始努力争取把中文提升为正式语言，民众也呼吁发展中文教育（主要是粤语教育）。1974年的《香港未来十年中等教育白皮书》和1978年的《高中及专上教育发展白皮书》都主张，学校应自行决定在初中把中文或英文作为一种科目的教学语言，为推动中文成为教学语言打下基础。从20世纪60年代起，香港的小学开始逐渐用中文来教学，只有少数有教会传统的小学和私立小学坚持使用英语作为教学语言。1974年，中文被接纳为法定语文。这一时期，港英当局依然推崇英文，使许多民众偏重英文，课堂教学中一度出现中英文混用的混合语，混合语的使用成为香港学校的一个普遍现象。

1982年，应邀全面考察香港教育的国际教育顾问团发表《香港教育透视》报告书，指出在推行双语教育的过程中，香港学生的中英文水平都有下降的趋势，为此提出两个原则：母语是教与学的最佳语言；不能使懂英文的阶层成为特殊阶层。顾问团建议在幼稚园和小学阶段完全采用母语教育；在小六以后，包括专上教育，全力推动真正的双语语言政策。1984年，香港成立教育统筹委员会，1985年发表《第一号报告书》。该委员会认为必须实行双语制，同意国际教育顾问团的语言原则与折中方案，但同时又重申1974年和1978年白皮书的基本政策，建议以提供奖励的方式推行中文教学。1986年，教育统筹委员会《第二号报告书》建议实行其《第一号报告书》的全部教学语言主张。这一时期香港中学分为中文中学和英文中学，中文中学除外语课以外，均采用中文教材，用中文（粤语）授课。只有两所学校以普通话授课，也有一些学校开设普通话选修课或在课外活动中教授普通话。英文中学除中国语文和中国历史外，均采用英文教材，以英语授课，但在实际教学中常中英文混杂。

1988年，香港教育署成立语言工作小组，检讨教育统筹委员会有关教育语言的建议以及已经实行的措施，并于1989年发表报告书。基于该工作小组的建议，教育统筹委员会于1990年发表《第四号报告书》，重申推广母语教学以及学校自行决定教学语言两大原则，并建议增加第三个原则，即校内中英文混用的教学方式应尽可能减少，使每班在教学、教材及学生三方面都只用中文或英文。报告书进而提出香港语言教育政策架构:以重新修订的香港学科测验和新发展的中英文科的目标为评估工具,检测学生的中英文水平,据此进行分组,由家长、学校协助学生选择适合的中学。中学因而分为三类:中文学校、英文学校和中英文班级共存的双语学校。语言分流计划在保证母语教育的前提下,肯定了英语教育的地位。该语言教育政策在1998—1999年全面实施。

1997年7月1日,中国政府恢复对香港行使主权,促进了教育语言政策的转变。香港特区政府于1997年颁布《中学教学语言指引》,提出"母语教学、中英兼擅"的目标,全面落实母语教学。该指引规定:学校自1998—1999学年的中一开始,以母语教授所有学科,并逐年把母语教学扩展至中学各级;有意采用英语教学的学校需证明在学生能力、教师能力和支持策略及措施方面符合有关条件。这样,只有少量学校可以使用英文作为教学语言,其他学校都必须实施母语教学。为了加强学生的英语学习和应用能力,并为升学或工作做好准备,香港特区政府接受了教育统筹委员会2005年发表的《检讨中学教学语言及中一派位制报告》中的建议,对中学教学语言做出微调,要求注重根据学生的学习能力、兴趣和学校情况采取适切的语言进行各学科教学。微调中学教学语言计划于2010—2011学年起在中一实施,并逐步扩展到整个初中阶段。

香港双语教育政策及措施

推行母语教学　香港大多数幼稚园及小学均以母语教学为主,并设有英文科;高等教育因与国际接轨,多使用英文教材,教学语言大部分为英语。香港中学教学语言是香港语言教育政策的重点。《中学教学语言指引》规定大部分香港中学需以中文教授所有学科,并逐年把母语教学扩展至中学各级。至于一些特别的科目,例如宗教科、术科、商科及工科等,以及学校一些特殊情况,则酌情处理。在同一级别,学校不应同时开办以中文和英文为教学语言的班级。学校应按各自情况,审慎选取最适合学生能力的教学语言。有意在中一采用或继续使用英语教学的学校须向教育局证明该校已具备足够条件,可以有效地采用英语教学。这些条件包括:(1)学生能力。在过去三年,学校中一新生平均有不少于85%属于"教学语言分组评估"组别Ⅰ(以中文或英文学习同样有效)及组别Ⅲ(以中文学习更为有效,但亦可以用英文学习)。(2)教师能力。由校长评估及证明教师能力。(3)支援策略及措施。学校须向学生提供足够的校本支援,例如开办衔接课程。为了均衡地供应及分配学位,教育局会把采用英语教学的学校组合起来,提供学位给邻近的"中学学位分配"学校网。此外,为了尽量避免学生转往别的学校升读中四,在可能情况下,以英语教学的学

校假如采用非平衡班级结构,须改为平衡班级结构。至于中六及中七,学校可因应学生情况及需要,自行选择教学语言。

教育局为采用母语教学的学校提供支援。从2005年开始,以母语授课的中学每校可根据班级数目在中一至中三增加1~4名英语教师;如学校在中四、中五继续以母语教学,可按班数、中文授课比率提供一名额外英文教师;按中一至中三的班级数目,学校可获得额外的经常性津贴,以购置教具、图书;如学校在中四、中五大部分科目或班级继续采用母语教学,学校可获得额外的经常性津贴;首次采用母语教学的学校,可获得一笔津贴以聘请文书人员、购置器材等。至2005年,有112所公立中学以英语授课,其余300多所在初中阶段采用母语授课,在高中阶段约有一半在中四、中五继续采用母语教学,其他的则在部分科目或班级采用不同程度的英语教学。

微调教学语言　《中学教学语言指引》实施后褒贬不一,为了加强学生的英语学习和应用能力,香港特区政府决定对中学教学语言做出微调。该政策不硬性规定学校要在校内划一地采用单一教学语言,也不再要求学校笼统地将班级分为以母语授课或英语授课。假如学校采用分班安排,校内不同班级采用的教学语言会因应学生需要而不同。该政策内容包括:(1)学校可选择安排学生以母语学习非语文科目,提高"英语延展教学活动"的课时比例("英语延展教学"占扣除英文科课时后的总课时的百分比)上限,由原先的中一15%课时、中二20%课时及中三25%课时上调至初中每级均为25%课时。(2)学校可选择将"英语延展教学活动"的有关课时转化为以英语教授个别非语文科目,以两个科目为上限。(3)学校如符合"学生能力"的条件,即在每六年一次的检视周期开展时,学校在过去两年获派属全港"前列40%"的中一学生平均比例达到班级学生总人数的85%,学校就可因应其他先决条件(包括教师以英语授课的能力、准备情况以及学校的支持措施),决定有关班别或组别的教学语言安排。按照该政策,学校将不再被分为中文中学、英文中学,改以"弹性班"和"中文班"代替;教学语言包括全部以母语授课、不同科目以母语或英语授课、全面的英语沉浸式授课等多种教学语言模式,每一种模式中的课堂语言、基本教科书、课业习作、学生评估等,都以相应的语言为主。

加强学校支援与问责　为提高教与学的绩效,香港中小学加强了学校支援与问责。如将全校语文政策纳入学校发展计划,每所中学每年必须向教育局呈报教学语言安排,视情况进行检讨并提交学校报告;教育局加强对教学语言的视学和反馈,从2010年起的三个学年,拨款3 000万港元,每年对70所中学作重点视学,公布违反教学语言微调政策的学校;教育局每半年一次邀请学校分享有效的教学实践方法。2010—2014年,香港特区政府拨款3.1亿港元培

训小学师资,设 1 400 万港元奖学金吸引准英语教师,每年向 50 名有志修读英文师训课程的学生颁发 5 万港元的奖学金,学生须承诺毕业后到小学任教最少 3 年;向中学拨 6.4 亿港元为需要转以英语授课的中学教师提供培训,并向学校提供代课教师。中学现职教师需强化英语,除在香港中学会考英文语文科(课程乙)获得 C 级或以上之外,还可以通过参加国际英语水平测试制度、托福等获得水平证明。此外,教师必须每三年参加最少 15 小时的与英语教学相关的持续专业发展活动。

参考文献

冯生尧. 香港双语教育初探[J]. 现代教育论丛,1994(6).

(程　蕉)

香港校本管理 (school-based management in Hongkong) 校本管理在香港的推行与实施有特殊的时代背景,其核心内容为赋予学校更大自主权、加强问责制,保障与提升教育教学质量。

香港实施校本管理始于 20 世纪 90 年代。1991 年,为了进一步提高教育质量,满足香港社会发展的需要并回应公众改革的呼声,香港教育署颁布《学校管理新措施》咨询文件,决定在所有学校推行以校本管理为核心的学校管理改革。其目的是转变政府管理学校的机制,提高学校办学的积极性,激发香港中小学的内在动力。改革的基本原则是:为了提高教育的效益和质量,明确界定投资者、管理者、督学、校长的角色及作用;在学校决策及管理中扩大教师、家长和校友的参与;鼓励学校制定系统的发展规划和对教学活动进行经常性、规范性评价;在满足学校特殊需要方面给予学校更大的使用资源的自由。具体建议有 18 项:(1) 清楚界定教育制度中各层面的责任和负责对象,教育署与资助学校应在这个明确的架构内建立彼此的关系,关系的重点应由无所不管转为支援与指导;(2) 教育署应继续作为政府部门;(3) 教育署应寻求专家协助,以确定中小学教育计划在资讯方面的需求,并发展合适的管理资讯系统;(4) 更清楚地界定负责提供中小学教育的各有关方面的角色;(5) 校董会须按照《教育规例》第七十五条的规定,拟定规章,说明学校的宗旨及目标以及管理学校的程序及措施;(6) 应清楚界定办学团体在学校管理方面的角色与法律或契约地位;(7) 检讨校监、校董会和校长的角色与职责;(8) 编制校长手册,说明校长所担当的角色和责任;(9) 所有资助学校必须设立正式的教职员考绩制度;(10) 学校管理架构应容许各有关方面按照正式程序参与制定决策,其中包括全体教师、校长、校董以及(在适当程度上包括)家长及教师;(11) 应尽可能以整笔津贴形式向资助学校提供拨款,每间学校应有权根据教育政策和本身的需要决定开支

模式;(12) 为促进校董对学校资源的了解,第一步应给予学校酌情使用权,把最高达 5% 教职工空缺产生的盈余款额拨作任何教职员或非教职员的开支用途;(13) 政府的各项津贴虽足以使学校有能力提供合乎水准的教育,但学校应更灵活,寻求非政府拨款经费来源,购置基本水平以上的设施;(14) 学校应向所有学生收取合理数额的学费;政府应确保办学团体所分担的款额继续占建校费用的合理比例;(15) 长远来说,应认真考虑把薪金和非薪金两方面的津贴合并;(16) 从 1991 年 9 月起推出一项实验计划,在一些具代表性的学校内尽快推行以上第四至十三项和以下第十七至十八项建议,参加试验计划的学校应包括多个办学团体开办的不同类别、为不同学习能力的学生提供教育的学校;(17) 各官立和资助学校应每年编制校务计划书,作为整年各项活动的指引;(18) 每所学校应编制周年校务报告,介绍该校上年度各项活动,并详列该校在多个主要范畴内的办学成绩。

为推行《学校管理新措施》,香港教育署在 1991—1994 年间做了以下工作:向参加学校提供参考资料,如周年校务计划书的拟定资料、学校政策及程序手册资料、学校员工考绩制度资料、资助中学财政管理文件、学校行政手册等;举办研讨会及研习班,内容包括校董会规章、高效能学校的认定、制定政策和程序、学校行政程序、校务计划、工作评核、财政管理、外国学校管理经验等;将一些权责移交给参加"学校管理新措施"计划的学校,包括聘任日薪代课教师、处理员工的辞职及退休事宜、批准发放长期服务金及遣散费、批准校长及教师延任至 65 岁、购买家具及学校用具等;将行政津贴、学校及班级津贴、家具及校具津贴组成的整笔津贴发给学校,以增加学校财政管理效率;为参加第一期实验计划的 21 所学校举办"学校管理新措施展览会",推广经验,扩大影响;出版《校管新里程季刊》,宣传、推介《学校管理新措施》。香港教育署于 1991 年邀请 21 所中学参加试行计划,但学校反应冷淡。之后教育署指令更多学校加入试行计划,取得了一定成效,但进展缓慢。至 1997 年,参加改革的学校从 21 所初中上升到 148 所初中、199 所小学和 18 所特殊教育学校,参与改革的人数约占香港所有学校总人数的 30%。

因香港学校的管理改革未能在学校广泛地实施,为建构香港优质学校教育体制和整合全港教育发展方向,教育统筹委员会于 1993 年发表《香港学校教育目标》,这是香港首份有关整个中小学教育阶段教育目标的政府文件。它列出 15 个主要目标,同时成立教育水准工作小组及学校经费工作小组,深入研究教育素质问题。1996 年,教育统筹委员会成立学校素质和学校经费专责小组,就优质学校教育提出建议,这些建议成为教育统筹委员会《第七号报告书》的依据。1997 年,教育统筹委员会《第七号报告书》正式发布,督促学校教育改革朝着素质目标发展;要求所有学校于

2000 年时，各自实施校本管理计划，提高教育素质；规划香港优质学校教育迈向 21 世纪的发展路向。

报告书明确提出优质学校教育的概念，并进一步勾画优质教育的蓝图，包括拟定教育目标并将其转化为具体的质量指标、建立质量保证机制、推行校本管理、在运用教育资源方面给予学校更大的自主权以及相关的改革措施等。校本管理成为香港政府实现优质教育承诺的重要手段。1998 年，香港教育署成立校本管理咨询委员会（简称校咨会），其职权范围是就有关推行校本管理事宜向教育署署长提供意见。后校咨会成立三个工作小组：权责小组、财政安排小组和校务管理小组，分别负责研究校本管理的三个主要范畴——学校管制及问责架构、灵活的拨款模式和学校管理制度。自 1999 年开始，香港政府进行多项改革，配合学校实施校本管理，包括精简行政程序，在人事管理、财务以至设计和推行课程等事宜上下放更多权责给学校，使学校有空间发展特色优质教育，在财务上享有更大的灵活性。在人事方面，学校可以自行处理教师的晋升、署任、聘任代课教师及审批教师假期；在财政方面，由 2000—2001 学年起，为帮助学校推行校本管理及制订长远发展策略，香港政府推出"营办开支整笔津贴"，把各项非薪金经常津贴综合为整笔津贴，方便学校灵活调拨资源进行较长远的规划决策。此外，政府在同年为学校提供"学校发展津贴"，让学校雇用外间服务或增聘常额编制以外的人手，以减轻老师的工作量，使其更专注推行教育改革的建议。政府容许学校保留整笔津贴的盈余，使学校可以更灵活地使用这笔款项，去推行与学校有关的特别项目。资助学校成立法团校董会后，会获发"扩大的营办开支整笔津贴"，以取代原来的"营办开支整笔津贴"，目的是为学校提供更大的财政自主权。其他精简行政措施包括修订招标及采购程序、学校可自行决定使用非政府拨款作教学或学校用途等。校咨会于 2000 年分发以《日新求进·问责承担：为学校创建专业新文化》为题的咨询文件，征询公众对学校管理及问责架构重整的意见。在咨询文件中，校咨会推荐了一个学校管理框架，拟定了校董会的人员组成、法律地位以及学校管理者的责任。咨询文件还特别关注以下领域的回应：校董会的人员组成、成员资格、校董会作为法团董事会的登记注册、每一所学校管理人员的最多数目、个人资料以及校董的利益公开、校董出席校董会议的情况、校董的资格、校董的重组与过渡期。在考虑各种意见与建议之后，教育统筹局公布名为《2002 年教育（修正）条例草案》，决定就法团董事会的设立对《教育条例》的规定作出相应修改。新修订的条例在办学团体、教师协会、家长群体以及公共政策的制定者中引发了激烈的争论，最终于 2004 年在立法委员会三读通过。该条例规定所有资助学校的办学团体须于 2011 年 7 月 1 日前提交法团校董会章程草稿，以便为其属校设立法团校董会管理学校。

法团校董会的组成包括办学团体校董、校长（当然校董）、选出的教员校董、选出的家长校董、校友校董及独立校董。此外，条例亦就法团校董会的章程及运作、校长遴选事宜、校监的职能等作出规定。2008—2009 学年，香港政府为每所资助小学及中学每年平均提供约 2 400 万港元及 4 300 万港元的资助。通过权责下放，让学校校本管理有更大的自主权，可以更灵活地管理校务、运用资源和发展学校计划，推动香港教育的发展。

（李　磊）

香港学位制度与研究生教育（degree system and graduate education in Hongkong）　香港的学位与研究生教育已有百余年历史，形成完整的以高层次人才培养和科研为主要导向的体系。

香港学位制度及研究生教育发展历程

1911 年，香港大学创办，香港学位制度与研究生教育起步。香港学位制度及研究生教育虽起步早，起点较高，但在第二次世界大战前发展缓慢。第二次世界大战后，香港学位制度及研究生教育进入一个新的发展时期，大致可分为四个发展阶段。

重建与发展阶段（1945—1965）　第二次世界大战结束后，香港经历了从恢复学位制度和研究生教育并重新建立培养体系和学术标准，到全面发展并初具规模的过程。1963 年，香港中文大学成立，促进了香港学位制度和研究生教育的发展。这一时期的学位制度和研究生教育的发展有以下特征：（1）学位层次从单一走向多级，出现多样化趋向。即不仅授予学士、硕士和博士学位，还授予各种文凭和证书，并有使后者与相应学位建立起必要联系的机制。（2）学位类型由一体走向多体。即不仅对全日制学生颁发学位，而且设置兼读制学位课程；不仅授予学术性学位，还授予实践学位；不仅可授予英文标准学位，也可授予中文学位。（3）授予学位的专业有新的扩展，这使各大学在校生激增，授予学位课程也成倍增加。

变革与扩展阶段（1966—1980）　这一阶段香港经济迅速发展，教育重点转为培养各种技术型实用人才，学位制度与研究生教育方面也是如此：（1）学科数量增加，如在香港中文大学授予学位的专业中，学士学位从 16 项增加到 27 项，硕士学位从 2 项增加到 21 项；（2）在学研究生数量增加，如香港大学 1972 年在学研究生达到 740 人；（3）授予学位的院校增加，香港理工学院、香港浸会学院、香港树仁学院也开始颁授学位课程的证书或文凭；（4）开始发展应用性学位和开设工程类学位。整体而言，港英当局仍坚持英式学位制度,强调大学要接受英国学术评审,倡导英国学位模式以寻求学术认同。

创建本地学位制度和研究生教育体系阶段(1981—1996)　20世纪80年代后,香港经济进入大发展时期,急需大量高水平人才并全面提升香港全体从业者的素质,香港高等教育也进入快速发展阶段。港英当局一方面扩大高等教育规模,增建新校,如创办香港城市理工学院(后改名为香港城市大学)、香港科技大学等,另一方面大幅增加学额并大力发展研究生教育,积极推进学位模式的进一步转型。这一时期香港攻读学位的人数成倍增加,研究生在校生增长很快,如香港中文大学在校生从1980年的5 330人到1990年的9 138人,研究生则从1 110人增至1 632人,攻读哲学硕士学位和博士学位的人数增加很快。全港研究生招生人数从1991—1992学年的1 300名增至1994—1995年度的2 800多名。可颁授学位的学校从2所扩大到9所,可培养研究生的大学从2所增至8所,发展学位制度及研究生教育成为香港高等教育发展的趋势。此外,香港已开始创建独特的、自成一体的学位制度,在机构设置及运作体系上都开始独立。1990年,香港学术及职业资历评审局成立,标志着香港学位制度建设和研究生教育进入一个新阶段。该局可自行设计、自行评审香港学位课程,按照香港的实际情况推行学位制度和发展研究生教育,这表明香港高等教育体系已趋于成熟。

回归祖国后的学位制度与研究生教育(1997—　)　1997年,香港回归祖国,香港经济进入新一轮转型升级时期。香港特区政府提出"终身学习,全人发展"的新世纪教育发展蓝图,人才培养目标从重点培养地方发展所需专业人才转为创新精神培养和区域内公民整体素质的提高,决定在全面改革教育体系的基础上重点发展研究生教育。(1)改革大学学制。回归之前香港高等教育一直沿袭英国学制和实行英文教学的高等教育体系,香港特区政府首任行政长官董建华在施政报告中提出将大学学制由三年制改为四年制。之后,香港大学、香港中文大学、香港科技大学等多所大学陆续改制。2005年,香港特区政府宣布,2012年正式推行大学四年制,学位制度也随之改变。(2)副学士学位课程大量增加。1997年以来,香港修读学士学位课程的新生人数每年都维持在1.45万人左右,这一水平明显偏低。2000年,董建华在施政报告中指出要提高高等教育普及率。解决办法是大量开设两年或三年制副学士学位课程。自2000年以来,超过20所院校陆续开办经过评审的全日制自资副学士课程,涵盖人文及社会科学、科学与技术、资讯科技、工商管理、设计及建筑等多种学科,所开设各类副学士课程多达140多种。(3)院校协作进行研究生教育。为了加强各院校之间的合作,2003年,"院校整合工作小组"成立,之后该小组于2004年发布了《香港高等教育——共展所长　与时俱进》报告,2004年,大学教育资助委员会公布《香港高等院校——院校整合　意义重大》文件,提倡各院校深入协作。香港大学、香港中文大学以及香港科技大学随即成立联校教研中心,通过中心联合提供课程,供三所学校的研究生修读,研究生需在三所学校上课,但学分要求、毕业论文指导及学位颁授等仍由原大学负责,研究生可以因此计划分享其他大学的强项课程。香港中文大学也与香港教育学院开展合作,2006年,两校合办的英文研究与教育文学士学位课程正式开办。此外,香港教育学院还分别与香港科技大学、香港理工大学及岭南大学合办数学、科学、当代英语与教育等学士课程。香港学位制度及研究生教育已完全走出英国教育模式,并重新定位了学位制度及研究生教育的发展目标和培养体制。

为了加快研究生教育的发展,香港特区政府采取了多项措施:2002年开始为提供副学士学位课程的教育机构接受的课程甄审及院校评审提供资助,2003年后逐渐增加了资助总额;2004年,大学教育资助委员会成立了总额为2.03亿港元的大学重组及协助基金;为学生提供资助及贷款,并为学校提供课程贷款及支援措施。

香港学位与研究生教育体系

香港已形成完整的学位教育体系,推行从副学士、学士学位、课程硕士、哲学硕士到博士学位的各种学位教育,修读形式也多种多样。

副学士学位课程及教育　副学士学位于2000年引入香港,其课程可以是两年制或三年制。两年制课程录取在香港高级程度会考取得一科高级程度或相等的高级补充程度科目及格者,三年制课程录取中五毕业生,其中首年课程可为独立的副学士学位预修课程或属于副学士学位课程一部分的基础课程。副学士课程着重通识教育,可让学生从另一途径入读大学。副学士学位大致相当于大学学位的二分之一,学生完成课程后,可循非联招方式报读大学课程。副学士课程涵盖多个学科,包括人文及社会科学、科学及科技、信息科技、工商管理、设计及建筑等。

学士学位课程及教育　香港各大学及学院依照"大学联合招生办法"以及"非大学联合招生办法"录取修读学士学位课程的学生。至2011年,香港提供资助学士学位课程的院校有:香港大学、香港中文大学、香港理工大学、香港科技大学、香港城市大学、香港浸会大学、岭南大学、香港演艺学院、香港教育学院(提供资助及自资学士学位课程)。提供全日制本地自资学士学位课程的院校有:香港公开大学、香港树仁大学、珠海学院、恒生管理学院、东华学院、明爱专上学院、明德学院、职业训练局、香港教育学院。学士学位分三年制与四年制两种,三年制学士学位供旧学制的中七毕业生修读,四年制学士学位供新学制的中六学生修读。

各大学及学院在招生方面有自主权。学习一般采用学年学分制,合格者授予学士学位。也有部分大学实行学年制。课程结构一般包括主修课程、辅修课程、选修课程、通识教育课程、体育等,开设的课程有社会科学及社工、科学及工程、公共关系及传理、护理及健康科学、语言及传意、酒店及旅游、电脑及资讯科技、艺术及设计、会计及财务等几类。学士学位等级分类为:荣誉甲等、乙等一级荣誉、乙等二级荣誉、丙等荣誉、学位,每一等级的学位按学生平时修课成绩的学分积点决定。

2012—2013学年,为配合"三三四"学制改革,香港各大学及学院学士学位课程转为四年制,课程结构也略有变化。

硕士学位课程及硕士研究生教育 香港各大学及学院不组织统一的硕士研究生入学考试,申请者一般需填写入学申请书,同时提供认可的大学毕业证书、学士学位证书、大学期间的学习成绩单、能够反映英语水平的证明等,并由两位教授推荐,经学院委员会同意,导师如认为有必要,还需通过面试才能最终决定是否录取。

香港硕士研究生教育分课程学位(修课式)和研究学位(研究式)两类。前者又可分为专业硕士学位教育及文凭课程研究生教育两种,均以课程学习和培养技能为主,修业年限1~2年,对学分要求较高,对毕业论文要求不高或不需要撰写毕业论文,根据所修专业分别授予"文学硕士"、"理学硕士"等学位;后者以理论研究为主,修业年限2~4年,对学术水平要求较高,需要撰写高水平的毕业论文,授予"哲学硕士"等学位。学习方式分全日制和兼读制两种,不同学习方式和不同专业的修业年限不相同,为弹性学制。兼读制的修业年限长于全日制。硕士研究生的课程的数量及最低要求由学校决定。香港各大学及学院的硕士生实行导师制,硕士研究生导师的职责及权利均有明确规定。

博士学位课程及博士研究生教育 香港博士学位课程通常由大学开设,录取博士研究生除需符合各大学入学资格要求外,还需提交研究计划,并通过面试。博士研究生教育分科研型、专业型、应用型三类。科研型以学术研究为主,培养学术型人才;专业型既要完成一定课程学习,又要进行科研活动,主要培养高级科研人才;应用型强调解决实际问题,主要培养经济管理、工程技术等领域应用型人才。学习方式也分全日制与兼读制两种,多以全日制为主,兼读制为辅。不同类型的博士学位课程,修业年限略有差异:科研型与专业型修业年限较长,一般有3~8年;应用型全日制一般为两年,兼读制为3~4年。不同类型的博士学位课程差别很大。学生需修完相应课程、通过综合资格考试、撰写毕业论文并通过答辩之后才能获得博士学位。

香港博士学位类型与英国相似,可分为三类:博士学位、高级博士学位与名誉学位。博士学位包括哲学博士学位与专业博士学位:前者不分学科类别,是一种学术性学位;后者的获得者多为某一领域的专业人士,学位因学校而异。高级博士学位一般授予在学术上有杰出成就者,无需在校学习,可直接申请,申请人需具备一定资历并符合有关条件。名誉博士学位一般授予为社会作出杰出贡献的知名人士。

香港学位与研究生 教育的管理

香港学位与研究生教育的管理最早沿袭英制,现已建立起政府、学校多个层面的管理体系,各个机构的权力互相制约,以实现共同管理。

香港学术及职业资历评审局 2007年,根据《香港学术及职业资历评审局条例》成立香港学术及职业资历评审局,取代原有的香港学术评审局,成为香港学术及职业资历评审机构。该局工作内容包括:评审服务、学历评估、非本地课程评估、保险中介人及地产代理从业者持续专业培训计划评估、可获发还款项之持续进修基金课程评估、资历名册管理等。主要职能包括:为院校的学术水平提供具权威性意见;评审院校的学术水平;就学术评审及学术水平方面的事宜,向政府及非政府机构提供意见;发布与学位课程相关的学术标准资料及推广学术评审的方法和程序;与香港以外的评审机构建立关系,保持紧密联系,并定期探讨该等机构的学术评审制度;举办或协办学术会议、研讨会及各类相关活动,以推广学术评审工作;就如何保持或监察学术水平事宜进行或以委托的形式进行研究;执行行政长官所批准或指派与学术评审或高等教育有关的其他职能等。评审局大会有15~21位成员,均由行政长官委任。

大学教育资助委员会 1965年成立,属非法定团体,负责向香港受资助院校分配拨款以及就香港高等教育的策略性发展和所需资源向特区政府提供意见。具体工作范围包括就政府可以拨出的款额、为配合社会需要而与政府商订每个学年各修课程度的整体学生人数指标以及原则上各院校同意的可招收的学生人数,向政府提出补助金建议。通常每年召开三次会议,工作由数个常设小组委员会及小组协助推行,包括:一般事务及管理小组委员会、策略小组委员会、研究小组、"3+3+4"小组、传讯小组、财务工作小组、高等教育检讨跟进小组及研究评审工作小组。研究资助局是其辖下一个半独立研究事宜咨询组织,负责向政府汇报其职权范围内事务并提供意见。质素保证局也是其辖下一个半独立的质素保证机构,主要协助大学教育资助委员会以确保其资助院校所提供的学士及深造学位课程的质素(不论是否接受大学教育资助委员会的资助)。香港学术及职业资历评审局提出的学位课程等评审建议必须获得大学教育资助委员会的认可和批准,给予拨款或取消拨款才有效,所以大学教育资助委员会实际上通过学术评审从宏观上实现对香港学位制度与研究生教育发展的调控。

联校素质检讨委员会　由八所受大学教育资助委员会资助的大学及学院组成,负责确保这些院校举办的自负盈亏的副学位课程的质量。委员会的工作涵盖各院校的持续进修部门及校内各学系的自负盈亏副学位课程。这八所院校拥有"自我评审"资格,具备完善的校内质量保证机制,以确保所提供课程的质量。其职责是确保自负盈亏的副学位课程的质量,促进院校间对质量保证的交流和活动,并为各院校提供意见,协助它们将课程分等级及将其与资历架构挂钩。

大学、学院内部管理机制及其相应机构　香港大学及学院是相对独立的自治团体,有一整套内部管理机制,其课程内容、学术研究计划与要求水准以及选录学生、经费分配等都由学校自主决定。各院校均十分重视各类学位教育,并成立了相应机构进行管理。在研究生教育方面,有些院校不设研究生院,实行大学、学院、学系三级管理,并在校一级设立专门机构,负责研究生及学位方面的管理工作;有些院校建立了研究生院,由研究生院负责就全部课程向教务会等类机构提供意见,协调院各学部的事务,审议并处理各学部就课程内容及课程纲要提出的建议等。各院校都建立了规章制度,还制定指导教师的任用和管理条例,重视提高各类学位课程及教育的管理水平。

香港特区政府投入大量资金鼓励受大学教育资助委员会资助的院校发展,此外也推行各项措施鼓励其他院校,包括以象征式地价向非牟利自资专上院校拨出土地的"批地计划"、资助院校支付开办课程所需费用的"开办课程贷款计划",以及资助院校进行值得支持的一次性项目以提升自资专上课程教与学质量的"质素提升津贴计划"等。香港特区政府为学生亦提供多项奖学金:2008年,成立"香港特别行政区政府奖学基金";2009年,推出"博士研究生奖学金计划"等。2010—2011学年,香港特区政府资助副学士课程9 100个,自资副学位课程2.8万余个,政府资助学士学位课程18 400个,自资学士学位课程6 500个。研究生院修课课程全日制及非全日制政府资助课程3 600个,自资课程3.4万个;研究生院研究课程全日制及非全日制政府资质课程6 500个,自资课程400个。

参考文献

谢桂华.20世纪中国高等教育:学位制度与研究生教育[M].北京:高等教育出版社,2003.

（冯增俊）

香港学校德育及公民教育（moral and civic education in schools in Hongkong）　香港学校德育与公民教育在东西方文化的交互影响下,形成目标、内容、途径、方法等均具有多样性和东西文化交汇、传统与现代融合等特点的道德与公民教育形态。

香港学校德育与公民教育发展历程

1842—1900年,港英当局在统治初期推行宗教教化型德育与公民教育。从1842年港英当局拨地给马礼逊学堂始,到1847年已创办多所教会学校,并资助不同的中文学校,其条件是要其传教、讲解《圣经》。到19世纪80年代,港英当局资助的中文学校已逾百所,这些学校注重灌输宗教意识,培养学生西式道德价值观。从1862年香港第一所官立学校中央书院成立到1911年香港大学成立,香港逐步确立挑选少数精英进入英式大学、以英文教育为主和注重英国价值观教育的教育制度,促使香港学校的德育目标发生转变,以中国传统伦理道德教育为主体的德育开始让位于以英国为代表的西方文化道德价值观念的德育。

1923年,北洋政府教育部依据"壬戌学制"发布《新学制课程标准纲要》,第一次在学校中设公民科。在省港大罢工的影响下及中国政府、香港华人学校的要求下,港英当局同意学校仿效内地设公民科,公民科教育在于使学生明白个人和社会必须互相依赖,以谋求大众的福利。1929年,港英当局制定《中小学中文课程标准》,限令全港所有公私立中文学校依照规定施行。香港殖民化德育体系逐步形成,且随着英文被重用而日益发展。

1941—1945年,日本侵占香港,推行军国主义奴化教育。为建立"新秩序",推行多项奴化教育措施:以日语为主要课程,英文课程被取消;要求各校唱日本歌,升日本旗,学生要向天皇宣誓效忠;进行日式的军事训练,履行"大皇军"武士道精神。

第二次世界大战后,港英当局提出不涉及政治的纯伦理性德育观点,但实质上仍通过各种方式,尤其是政体和经济事务课程灌输西方价值观。1951年《菲沙报告》发表,明确指出港英当局应为每个学童提供"英国人的理想与习惯"的基本教育,公民教育随之全面列入中学课程。1951年,公民教育科列入公共会考科目,1952年公民教育科、地理科、历史科合并为"社会科"。港英当局通过社会科给学生灌输殖民观念。1952年的《1952年教育条例》规定,凡参加游行、宣传、政治活动的学生和宣讲政治性内容的教师都应开除学籍或属违法,学校被迫放弃对学生的政治教育。

20世纪60年代,香港经济逐步繁荣,但教育问题日益严重。同时受内地"文革"影响,政局动荡,民众要求民主和政治参与。港英当局决定建立一个没有政治参与的社会,将"社会科"改为"经济与公共事务科",要从经济入手认识香港社会及其价值观。1972年,联合国大会通过决议把香港和澳门从殖民地名单中删去,港英当局在课程纲要中加入了"中英港关系",不再提香港是一个"殖民地",而以"社会"代之。但香港依旧严厉禁止教师与学生在校内进行政治宣传及活动,强调公民的责任是守法和服从。

20世纪80年代,香港教育出现了一系列新问题,青少年犯罪问题日益严重,港英当局把德育与公民教育作为解决问题的关键。1981年,教育署颁布《学校德育指引》,指明德育与公民教育的目标包括培养学生的道德观念、良好的品格,使学生对生活、学校和社会有正确的态度,并培养学生尊重传统美德的精神。1984年,港英当局发表《代议政制白皮书——代议政制在香港的进一步发展》,1985年,教育署颁布《学校公民教育指引》,配合推行代议政制,该指引提出明确的公民教育课宗旨,并指出公民教育实质上就是政治教育,打破了政治教育不能在学校进行的禁区。1985年的《中英联合声明》生效后,学校公民教育把基本法教育、爱国教育列入公民教育之中。1996年,修订的《学校公民教育指引》重新规划了香港学校德育的宗旨,使香港德育走向新纪元。

1997年7月1日,中国政府恢复对香港行使主权,香港德育与公民教育发生历史性转折。香港德育与公民教育受到广泛关注,香港教育界进行了相关讨论,焦点是公民教育中的国家、民族观念以及如何清除其中的殖民色彩。同时,"一国两制"、"港人治港"被列入德育与公民教育的相关课程内容,强化国家观念、中华民族意识,重视培养学生的归属意识、爱国心和民族感,使该类课程的立足点发生根本性转变。1998年,香港教育署宣布将在初中阶段开设独立的公民教育科,并随即公布有关课程纲要初稿,指定有关部门对此进行咨询和试教。为使该课程顺利开设,香港教育署开设有关师资培训班,并编写参考资料,开办专题研讨会,此外还给开设此科目的学校提供津贴。之后该课程扩展到小学、高中,课程内容循序渐进,国家与民族意识、基本法是其两大重点。2001年,香港特别行政区政府发表《学会学习——课程发展路向》报告书,推行新一轮课程改革,公民教育被列为首要发展项目,确定了以学生为本的方针以及五种价值观和态度。2002年,香港课程发展议会颁布新的《基础教育课程指引:各尽所能·发挥所长(小一至中三)》,提出了一个全面、开放且具弹性的德育及公民教育课程架构:以培育学生的价值观和态度为目的;学习内容强调以学生的生活经验为本,并建议选取成长中不同阶段的"生活事件"作为学习材料,有系统及循序渐进地整合各种与价值观培育相关的教育资源,发展一套完整的、具有学校特色的德育及公民教育课程。2006年,香港特区政府成立国民教育中心,专门负责推动中小学生的国家民族意识教育。2008年,香港教育局对"德育及公民教育"课程架构进行修订和增润,除了增加"诚信"和"关爱"作为首要培育价值观外,还

列出各学习阶段和教育范畴的学习期望,增加"生活事件"事例及范畴,支援学校推动德育及公民教育工作。2010年,香港特区行政长官曾荫权在其施政报告中提出邀请课程发展议会检视中小学的德育及公民教育课程架构,进一步加强国民教育内容,设立"德育及国民教育科"。自2012年9月起,全港小学、中学逐步以独立必修的形式启动"德育及国民教育科",持续并有系统地培育学生品德及国民素质。

香港学校德育与公民教育的宗旨、目标及管理体制

1996年发布的《学校公民教育指引》确定香港学校德育与公民教育的宗旨为:使学生认识个人作为公民与家庭、邻里、地区、社会、民族、国家以至世界的关系,培养积极的态度和价值观,从而对香港及中国产生归属感,并为改善社会、国家及世界作出贡献;使学生认识香港社会的特色,了解民主、自由、平等、人权与法治精神的重要性,并在生活中实践这些理念;培养学生的批判性思考及解决问题的技能,使他们能用客观的态度去分析社会及政治问题,并能作出合理的判断。

1996年发布的《学校公民教育指引》确定幼稚园及小学阶段的公民教育目标为:帮助学生认识他们在学校、家庭及社区等社群中的职责;使学生对香港的生活方式有所了解,明白维持社会和谐、确保香港繁荣发展的重要性;引导学生了解香港与中国的关系及香港与邻近地区在政治、经济和文化方面的联系,并启发他们关注本地、中国及世界大事;帮助学生对中华民族的文化有基本认识;引导学生认识人类面临的困难,例如贫穷、战争、资源分配等,并促使个人及香港社会作出努力去改善现存状况;帮助学生对民主、自由、平等、人权等精神有基本认识,并能在生活中实践这些理念;培养学生基本的生活技能和学习技能,使他们具有探究精神,从而作出深思熟虑的判断并学习如何有效地与他人相处、沟通;引导学生认识公民的权利和义务,以及关心社区事务,从而提高他们的公民意识;帮助学生认识接纳他人和尊重不同意见的重要性,并了解合作精神在群体生活中的价值;教导学生掌握合理而公平的处事方法,并且明了维持社群生活的基本原则。

中学阶段的公民与道德教育的目标为:使学生认识及关注本地的社会状况、公民的权利和义务、政府的运作及民众之间的沟通;帮助学生认识和了解本地、中国及世界所关注的事情;帮助学生对民主、自由、平等、人权、法治等具有基本的认识,并能在生活中实践这些理念;教导学生有关社群生活及政治方面的基本知识和技能,使他们将来能负重任、定策略,对香港社会及国家作出贡献;训练学生搜集、分析及评估各种不同社会问题资料的能力,使他们能辨别问

题根源所在,对这些问题作多方面的考虑并提出解决问题的建议;培养学生对本民族及其他民族的文化、价值观及生活方式持有开放、客观的态度;使学生认识中国文化的特点,增强学生对中国文化的认同与尊重;培养学生对香港社会的认同与归属感、对国家及人民生活的关心以及对国家关系和国际冲突的关注。

在香港学校德育与公民教育的管理体制中,教育局是管理主体的核心,它从行政上领导和协调其他管理主体,规划、组织、监督和评估德育与公民教育的实施。其次为教育局辖下的机构、廉政公署和社会办学组织等。(1) 公民教育委员会。1986 年成立,目的是联络有关政府部门及团体,推广校外公民教育活动,并鼓励市民积极参与社会事务。其职权范围如下:研究及讨论公民教育的目的、范畴及推行方法,并提出建议,包括制订推广国民教育的策略及计划,促进政府、志愿机构、青少年组织、地区及社会团体之间在推广国民教育方面的合作;联络并协助政府各部门和社区组织提高市民对公民教育的认识和实践;鼓励社会各阶层人士积极推广公民及国民意识,并提供指引和协助。下设四个小组,通过不同渠道推广公民教育,包括公民价值及企业公民小组、国民教育小组、宣传小组、研发及社区参与小组。该委员会成员由民政事务局局长委任,委员包括社会各界人士以及政府部门代表。(2) 国民教育中心。2004 年成立,由香港教育工作者联会倡议,获香港教育局及民政事务局的支持,是香港特区政府与民间携手推动国民教育的机构。为中小学提供国民教育支援服务,也开放参观。(3) 廉政公署及其下辖的社会教育组。1975 年成立,自成立以来制作了一系列中小学德育与公民教育教材,是香港中小学德育与公民教育教材的主要编制者,并开办相关课程,进行教师培训。(4) 社会办学团体。指各类参与香港教育、创办学校的宗教及非宗教团体。其中,基督教、天主教承办的中小学最多,佛教、道教等也创办了一些中小学及幼儿园,它们通过宗教科、课外活动等途径开展德育,并编制了许多教材。(5) 各学校的德育统筹小组或德育及公民教育统筹委员会。小学一般成立德育统筹小组,多由训育主任带领,成员包括辅导教师及宗教主任,其工作包括制订德育课程的主题、拟定推行德育的方法以及安排课外活动等。中学大多设有德育或公民教育统筹委员会,一般由 3～7 名教师组成,工作性质与小学的德育统筹小组相似。

香港学校德育与公民教育的内容、途径与课程架构

香港学校的公民教育已形成以重建公民身份、服务公民生活、面向国际社会为特色的内容体系,主要包括几方面内容:(1) 国家、民族身份的教育。香港学校公民教育的宗旨就是希望公民"对香港及中国产生归属感",并把《中华人民共和国香港特别行政区基本法》及中国的社会与政治制度列入了公民教育内容体系之中。(2) 价值观与态度教育。2002 年颁布的《基础教育课程指引:各尽所能·发挥所长(小一至中三)》对公民价值观教育与态度教育等内容作了详细规定。其中价值观教育的主要内容是:生命神圣、真理、美的诉求、真诚、人性尊严、理性、创作力、勇气、自由、情感、个人独特性、平等、善良、仁慈、爱心、自由、守望相助、正义、信任、互相依赖、人类整体福祉等。态度教育的主要内容是:乐观、乐于参与、批判性、具创意、欣赏、移情、关怀、积极、有信心、合作、负责任、善于应变、开放、尊重(自己、别人、生命、素质及卓越、证据、公平、法治、不同的生活方式、信仰及见解、环境等)、乐于学习、勤奋、承担责任等。并一再申明,公民价值观教育及态度教育的首要培育价值观是:坚毅、尊重他人、责任感、国民身份认同和承担精神。(3) 生活常识教育。如小学的生活常识教育包括健康生活方面的知识、生活环境方面的知识、自然世界方面的知识、科学与科技方面的知识等;中学的生活常识教育包括香港社会的状况、公民权责、政府运作及与民众之间的沟通,中国文化的特质,本地、国家及世界所关注的事情,公民价值观如法治、民主、人权及公义精神等。(4) 生态教育。香港开展了"绿色生活教育",要求公民为建立一种可持续的发展模式而付出自己的努力,这就要求每个香港公民必须具备节能意识、环保意识、危机意识和生态智慧,由此,生态教育也成为香港公民教育的内容。

此外还包括价值观教育、品德教育、政治教育等。价值观教育以渗透为主,常以通识教育或价值观澄清方法进行;品德教育有中国传统文化特色,主要通过伦理教育,培养学生良好的道德规范。政治教育包括自由、民主教育等。

香港学校普遍通过四种途径进行学校德育与公民教育。(1) 正规课程。即学校在学时表内安排特定的课时引入公民教育作为独立课程,进行公民知识的讲授,如公民教育科、社会科等。(2) 非正规课程及隐蔽课程。即教师在不同科目中渗透一些相关的价值思考和活动。如在中国历史课中渗透中华民族光荣的内容,培育学生对中华民族的认同感及自豪感。(3) 主题周、集体活动及班主任课。通过举办一系列培育学生品德的活动,如礼貌周、敬师周、班际比赛和各种学习活动,改善学生的行为和态度。(4) 实践活动。如让学生到医院、老人院等地进行探访和义务服务,参观戒毒中心和惩教署、旁听立法会议、出席金紫荆广场的升旗仪式等,举办一些训练学生独立能力和坚强意志的活动。

香港 2001 年推行的课程改革将"德育及公民教育"列为四个关键项目之一,着重培育学生正面的价值观和态度,并提出以"生活事件"事例为主要学习情境,帮助学生认识如何实践正面价值观。2008 年,德育及公民教育课程架构进

行了修订,新修订的课程架构的重点内容包括四点。(1) 结合各学习领域及学科课程:知识的掌握和价值观的培育是互相紧扣的,为此建议学校应将培育学生价值观和态度的工作与各个学习领域及科目互相结合,彼此相辅相成,为学生提供一个整全的学习经历。(2) 首要培育的价值观:为了配合青少年的成长和社会的转变,学校应首要培育学生的"坚毅"、"尊重他人"、"责任感"、"国民身份认同"、"承担精神"、"关爱"和"诚信",使学生在面对个人和社会不同的议题之际,仍能持守正面的价值观,作出合情合理的判断和行动。(3) 加强国民教育的推展:提高学生对国家的认识及国民身份认同,让学生能全面和多角度认识国家,孕育对国家和民族的认同和归属感,并愿意承担国家未来发展和改善人民福祉的责任。(4) 涵盖各方面的"生活事件"事例:建议学校采用"生活事件"作为学习情境,培养学生正面的价值观和积极的生活态度;"生活事件"应有系统地分为六个范畴,即个人成长及健康生活、家庭生活、学校生活、社交生活、社会及国家生活、工作生活,每个范畴有不同的学习事件,以配合学生在不同学习阶段的需要。

在课时安排上,学校应在第一学习阶段及第二学习阶段安排约 19% 课时,第三学习阶段安排约 8% 课时,第四学习阶段安排约 5% 课时,进行德育及公民教育。

新课程架构列出了各学习阶段的学习期望,支援学校进行持续和有系统的课程规划,学校可参照建议作为课程规划的依据。同时,为了进一步协助学校强化跨学科的价值教育,香港教育局列出了以下各范畴或层面的主要学习期望和生活事件,供学校参考和使用:(1) 个人层面。健康生活教育范畴(养成积极的人生态度,建立健康的生活习惯)、性教育范畴(拥有正确性知识和性观念,懂得保护自己和尊重他人)、禁毒及相关教育范畴(坚决抗拒接触危害精神毒品)。(2) 身份认同建立。家庭、社群及社会层面(积极担当作为家庭、社群及社会成员的角色和责任)、国民身份层面(加深对国家的认识及国民身份的认同)、世界公民层面(拥有国际视野,关心世界各处人民的福祉)。

各学习阶段的学习领域和科目均包含培育学生核心价值观和态度的相关学习主题、内容和概念;学校除可参考其课程指引外,也可参考其他相关文件,以规划一个整全的学校课程,充分利用不同学习领域或学科提供的机会,全面推动德育及公民教育,促进学生的全面发展。

香港教育局提供了供学校使用的自我检视工具,学校可自我检视校内德育及公民教育课程的涵盖面,或以此作为了解学校课程能否达至全面培育学生各方面的技能和价值观的工具。

参考文献

黄浩炯,何景安.今日香港教育[M].广州:广东教育出版社,1996.

吴福光.港澳教育剖析[M].广州:中山大学出版社,1992.

(冯增俊　马建国)

项目反应理论(item response theory)　　亦称"潜在特质理论"(latent trait theory)、"项目特征曲线理论"(item characteristic curve theory)。在批评经典测量理论局限性基础上发展起来的一种新型测量理论。主要研究被试在测验项目上的反应行为和测验所要测量的潜在特质之间的关系,并以各种项目反应模型描述这种关系。与经典测验理论、概化理论一起构成心理与教育测验的三大基础理论。项目反应理论的理论体系构建于更严密的理论基础之上,具有很多经典测验理论不具备的优点。

项目反应理论的发展演变

项目反应理论思想可以追溯到 20 世纪初。比纳和 T. 西蒙在编制第一个智力量表时,就注意到不同年龄儿童对测验项目反应情况不同,并画出表示年龄与项目正确反应概率之间关系的散点图,这具有项目特征曲线的特征。理查森 1936 年推导出项目反应理论的项目参数(难度和区分度)与经典测验理论项目统计量之间的关系,并首次提出参数估计的方法。劳莱于 1943 年、1944 年研究了项目反应模型曲线的形状,并进一步给出几种有价值的参数估计方法。L. R. 塔克则在 1946 年首次引入项目特征曲线(item characteristic curve,简称 ICC)的概念。这些工作都为项目反应理论的产生创造了条件。

项目反应理论的真正创立者是美国心理测量学家洛德。1952 年,他在发表的博士论文《一个测验分数的理论》中提出了第一个现代意义上的项目反应理论模型,即正态卵形曲线模型,并成功给出参数估计方法,由此奠定项目反应理论的基础。1960 年,丹麦数学家拉施独立提出单参数逻辑斯蒂模型(logistic model),已被广泛应用。在洛德的影响下,美国统计学家 A. 伯恩鲍姆 1957 年提出双参数和三参数逻辑斯蒂模型。逻辑斯蒂函数曲线与正态卵形函数曲线非常接近,只不过逻辑斯蒂模型避免了复杂的积分运算,应用起来更加简便易行。逻辑斯蒂模型是使用最广的模型,其次是正态卵形模型。

逻辑斯蒂模型和正态卵形模型都是两级评分的测验模型,不能用来处理多级评分的测验数据。美国心理测量学家 R. D. 博克在 1972 年,佐女岛文子在 1969 年和 1972 年分别提出适用于多级评分测验的称名反应模型和等级反应模型,佐女岛文子 1973 年还提出连续反应模型。这些多级评分测验模型的提出进一步拓宽了项目反应理论的应用领域,也是项目反应理论发展的方向之一。随着研究的进展,不少测量学家对多维反应模型进行理论探索，并建立多维项目反应理论模型。多维反应模型也是将来项目反应理论发展的一大趋势。

20世纪70年代后，项目反应理论因为其理论优越性而吸引了越来越多的研究者。而计算机技术的发展又加速了它的推广和应用。有关项目反应理论参数估计的软件解决了项目反应理论计算复杂的问题，如B. D.赖特和潘杰帕克森1969年编制的用于拉施模型的参数估计程序BICAL，科拉科斯基和R. D.博克1970年用于正态卵形模型的参数估计程序NORMOG，洛德设计的估计逻辑斯蒂模型参数的软件LOGIST等。美国各大教育行政机构和考试服务机构都进行了项目反应理论的研究和应用，如GRE(Graduated Record Examination)、TOEFL(Test of English as a Foreign Language，简称TOEFL)、GMAT(Graduate Management Admission Test)等一些考试也先后将项目反应理论的原理用于测验的编制、实施和解释。

项目反应理论在20世纪80年代被引入国内，不少学者对项目反应理论进行了深入理论探索，已成功将之应用于包括高考在内的教育与心理测量实践，并开发了有关的应用程序。

项目反应理论体系

基本概念　与经典测验理论一样，项目反应理论也认为被试的潜在特质是不能被观察和测量的，但可以通过其外显行为表现出来。精心设计的测验题目具有引发被试外显行为的作用，观察被试在这些题目上的反应就可以推测其潜在特质水平的高低。这样就可以在被试的特质(潜变量)与外显行为(显变量)之间建立起某种关系。不同的是，经典测验理论是以被试对所有测验项目的反应总和(测验总分)为显变量来预测被试的潜在特质，而不认为对单个项目的反应与其特质之间有任何有意义的联系。项目反应理论则认为被试对某一特定项目的反应(以正确或错误反应概率表示)与潜在特质之间存在某种函数关系，而确定这种关系是项目反应理论的基本思想和出发点，因此项目反应理论可以理解为一种探讨被试对项目的反应与其潜在特质之间关系的概率性方法。

用θ表示被试的潜在特质或能力(以下"潜在特质"和"能力"两个词混用)，用$P_i(\theta)$表示其对项目i的正确反应概率，项目反应理论的关键就是确定θ与$P_i(\theta)$之间的函数关系。

被试对某一题目的正确反应概率需要无数次的重复测量才能得到，这很难做到，但在实践中可以用能力水平相同的大量被试对某题的正确反应比例作为正确反应概率。例如，我们可以用测验总分作为特质水平的近似估计值，总分

相同的很多被试在某项目上的通过率即可视为正确反应概率。

对正确反应概率与特质水平之间关系的假定仅体现项目反应理论的基本思想。实践中，项目反应理论是使用不同特质水平的被试对不同项目反应的联合分布来估计其特质水平和描绘项目特征的。这需要运用复杂的数学知识。

基本理论假设　项目反应理论有潜在特质的单维性、局部独立性和项目特性曲线形式三个基本理论假设。

(1)潜在特质的单维性假设。单维性(unidimentionality)是指测验测量的是单一特质而不是多元特质，即被试对测验中任一项目的反应是其单一特质θ的函数。人的心理特质是多维度的，但在一次测验中可以选择心理特质的某一维度进行研究。如可以选择有较高内部一致性的一组题目，由于它们彼此之间密切相关，因此有理由相信它们测量的是单一特质。对一个测验而言，若测验项目具有高度的同质性，就可以认为测验测量的是单一特质。但大多数测量工具都难以满足严格的单维性要求，这也是项目反应理论受到批评的主要原因。这里就涉及一个关键问题：在轻度违反单维性假定时，项目反应理论是否具有稳健性，也就是说，测验是否充分单维以至可以运用项目反应理论？因此在使用项目反应理论之前要进行单维性检验。在实际应用中，若测验分数的总变异可以主要由一个因素解释时，就认为测验是足够单维的。因素分析的方法是检验单维性的常用方法之一，当因素分析抽取的第一个公共因素解释的变异远大于第二个公共因素时，则认为测验是单维的。单维性检验方法是一种经验性方法，尚缺乏足够的理论依据。解决测验的单维性问题及建立多维反应模型是项目反应理论工作者将来的任务之一。

(2)局部独立性假设。局部独立性(local independence)是指被试对测验中任何一个项目的反应都只受其能力水平的影响而独立于对其他项目的反应，也就是说，能力水平为θ的被试对第i个项目的正确反应概率除受其能力水平的影响外，不再受他在其他任何项目上的正确反应概率的影响。若非如此，则说明被试对项目i的反应除受能力影响外，还受其他潜在特质影响，单维性假定就不能成立。局部独立性假设与单维性假定在某种意义上是等价的。局部独立性并不意味着所有被试对任意两个项目的反应不存在相关，相反，这种相关恰恰证明在被试的反应中起作用的某种潜在特质的存在，例如，题目测量的是某一种单一的能力，若1 000名能力水平不同的被试中有500人答对了项目i，这500名被试对项目$i+1$的正确反应概率必然要高于另500名答错项目i的被试，则被试对第i和第$i+1$个项目的反应存在相关。

局部独立性意味着以下一种情况，即对能力水平相同的一组被试而言，其对任意两个测验项目的反应不相关，若

1 000 名能力相同的被试参加某一能力测验,500 名被试答对项目 i,这 500 名被试对项目 $i+1$ 的正确反应概率与答错项目 i 的另 500 名被试对第 $i+1$ 个项目的正确反应概率不应有所差别。这是因为答对项目 i 的 500 名被试与答错项目 i 的 500 名被试在能力水平上并没有差别,他们对第 $i+1$ 个项目的正确反应概率也应该相同。若不是这样,则说明还有其他潜在特质起作用,单维性假设便不能成立。

局部独立性可表示为:$P(U_n = 1 \mid \theta, U_1 = 1, U_2 = 1, \cdots, U_{n-1} = 1)$ 或 $P(U_1 = 1, U_2 = 1, \cdots, U_n = 1 \mid \theta) = P(U_1 = 1 \mid \theta) \cdot P(U_2 = 1 \mid \theta) \cdots P(U_n = 1 \mid \theta) = \prod_{i=1}^{n} P(U_i = 1 \mid \theta)$,即能力为 θ 的被试在 n 个项目上同时答对的概率等于他在各题目上答对的概率的乘积。

(3) 项目特征曲线形式假设。项目反应理论假定正确反应概率 $P_i(\theta)$ 与 θ 之间存在规律性变化关系,这种关系可以用数学函数表示出来,项目特征曲线就是这一函数的图像。这一函数关系是否存在,对项目反应理论有至关重要的意义,决定了我们能否用可靠的数学方法解决测验问题。研究证明,用经验方法得到的经验项目特征曲线与某些数学函数曲线有很好的拟合关系,这说明 $P_i(\theta)$ 与 θ 之间存在函数关系。

大量事实证明,被试的能力水平与其对项目的反应之间呈 S 型的曲线关系,而且这一关系具有相当的普遍性,也就是说被试的能力水平与他对项目的正确反应概率之间的关系可以用 S 型项目特征曲线的数学函数来表达。S 型项目特征曲线具有一些共同点,即都有一条 $Y=1$ 的上渐近线和一条 $Y=c(c \geqslant 0)$ 的下渐近线,且严格单调上升,但不同项目的项目特征曲线肯定不相同。一条项目特征曲线的形状决定于下渐近线的高度、拐点的位置及拐点处的斜率,这三个变量恰好相当于三个项目参数,即猜测参数 c_i、难度参数 b_i 和区分度参数 a_i。这三个参数决定了一条项目特征曲线的位置和形状(见图 1)。

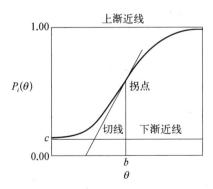

图 1　项目特征曲线的形状

在一条项目特征曲线中,难度参数 b_i 等于曲线在拐点处的 θ 值,一条单调上升的项目特征曲线只有一个拐点。对一条完整的项目特征曲线,拐点恰好是曲线的中点和对称点。当猜测参数 $c_i = 0$(曲线的下渐近线为 0)时,b_i 等于 $P_i(\theta) = 0.50$ 时的 θ 值,当 $c_i > 0$ 时,$P_i(\theta) = 0.50$ 时的 θ 值要小于 b_i。在项目反应理论中,b_i 表示一个项目的难度,其取值范围一般在 -3.0 到 $+3.0$ 之间。b_i 与经典测验理论的难度统计量 P 的含义一致,不过 b_i 越大表示项目的难度越大,而 P 越大则表示项目的实际难度越小。我们可以通过计算 b_i 与 P 之间的积差相关系数来确定用项目反应理论方法和经典测验理论方法所求得的项目难度参数的一致性。b_i 对项目特征曲线的影响可以通过图 2 表示出来。图中显示两个项目的项目特征曲线,两条项目特征曲线具有相同的下渐近线($c_1 = c_2$),拐点处的斜率也相同($a_1 = a_2$),不同的是其拐点的位置。可以看出,项目 2 比项目 1 更难些,因为能力相同的同一组被试对项目 1 的正确反应概率要大于对项目 2 的正确反应概率。可见在其他条件不变的情况下,增大项目的难度会使项目特征曲线向右平移。

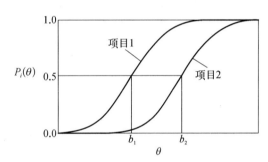

图 2　难度参数 b_i 对正确反应概率的影响

在一条项目特征曲线中,区分度参数 a_i 的大小决定曲线在拐点 b_i 处的陡度。a_i 很大时,在 b_i 附近能力 θ 的增加会导致正确反应概率 $P_i(\theta)$ 有很快的增长,而 a_i 很小时,在 b_i 附近能力 θ 的等量增加不会导致正确反应概率 $P_i(\theta)$ 有明显的增长,因此 a_i 相当于项目的区分度。a_i 对项目特征曲线的影响可以在图 3 中表示出来,项目 1 与项目 2 有相同的猜测参数和难度参数,只有区分度参数 a_i 不同。从图 3 中可见,$a_1 > a_2$。a_i 越大,曲线在 b_i 附近就会越陡,项目在 b_i 附近的区分能力就越大,但在越远离 b_i 的区域,曲线就会变得越平坦,项目的区分能力就越低。也就是说,区分度参数 a_i 大的项目对能力水平接近 b_i 的被试有较大的区分能力,而对能力水平远大于或小于 b_i 的被试区分能力小。区分度参数 a_i 小的项目则对能力分布更广泛范围的被试有一定的区分能力。这一性质对测验项目的选择有价值。a_i 的取值范围通常在 0.30 到 2 之间。其含义与经典测验理论中表示项目区分度的统计量 r_b 和 r_{pb} 相当,不过 a_i 是用不同方法计算出来的,度量单位不同,不能直接比较,但也可以用计算积差相关系数的方法确定 a_i 与 r_b 或 r_{pb} 的一致性。

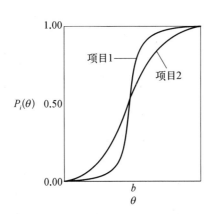

图3　区分度参数 a_i 对正确反应概率的影响

　　在使用选择题或是非题的能力和成就测验中，猜测因素不可避免，即被试完全凭机遇答题的可能性是存在的。被试完全凭机遇答对项目 i 的概率就是该项目的猜测参数 c_i。项目反应理论引入猜测参数的概念是为了提高对能力估计的精度，而在经典测验理论中则没有相应的概念。猜测参数 c_i 会影响项目的总区分度。如图4所示，项目1与项目2的难度参数和区分度参数均相同，但猜测参数不同。项目1的总区分度要小于项目2。因为在能力分布远离 b_i 的区域，能力的等量增长引起的项目2的正确反应概率增长要大于项目1，尽管在接近 b_i 处这种差异并不明显。这说明在区分能力上项目2要比项目1更大。对包含 m 个选择项的选择题，其猜测参数 c_i 一般接近 $1/m$，当某诱答项很有吸引力时，c_i 很可能小于 $1/m$，而当某诱答项不具备干扰作用时，c_i 就会大于 $1/m$。c_i 的取值范围一般在 0 到 0.50 之间。

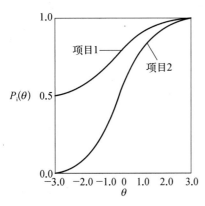

图4　猜测参数 c_i 对正确反应概率的影响

　　项目反应理论认为，当被试能力水平为 0 时，其完全凭机遇答题时的正确反应概率并不为 0，而等于一固定值 c，c 被称为猜测参数，是一个特殊的项目参数。c 不为 0 时，项目特征曲线的形状会发生变化，即项目特征曲线的下端会无限趋近一条平行于 X 轴的直线 $Y=c$。$Y=c$ 即是项目特征曲线的下渐近线；同时，当 θ 的值极大时，正确反应概率

$P_i(\theta)$ 会趋近于 1，即项目特征曲线的上端渐近线为 $y=1$；项目反应理论假定 $P_i(\theta)$ 随着 θ 的增加而增加，即项目特征曲线是严格单调上升的。

　　项目反应模型　项目反应理论的核心问题是建立潜在特质与正确反应概率之间的函数关系，项目反应模型就是这种函数关系的数学表达。不同的项目反应模型包含对项目反应函数（item response function，简称 IRF）的不同形式的假定，即不同的项目反应理论模型对潜在特质与正确反应概率之间的函数关系的形式有不同的假设。与实际数据的拟合程度最好的是 S 型曲线模型。

　　最常用的 S 型曲线模型有正态卵形模型和逻辑斯蒂模型。它们都是两级记分的单维反应模型。三参数正态卵形模型的表达式为：

$$P_i(\theta) = c_i + (1 - c_i) \int_{-\infty}^{a_i(\theta - b_i)} \frac{1}{\sqrt{2\pi}} e^{-\frac{y^2}{2}} dy$$

式中，a_i 表示区分度参数，b_i 为难度参数，c_i 为猜测参数，y 为正态曲线纵线的高度，dy 表示对 y 积分。$\int$ 为积分符号，$\int$ 右边上下角的数学式表示积分的范围。本式中，积分就是求面积，即求从 $z = -\infty$ 到 $z = a_i(\theta - b_i)$ 范围内正态曲线下的累积面积。

　　三参数逻辑斯蒂模型的表达式为：

$$P_i(\theta) = c_i + (1 - c_i) \frac{1}{1 + e^{-1.7a_i(\theta - b_i)}}$$

式中，a_i、b_i、c_i 分别为区分度参数、难度参数、猜测参数，含义与正态卵形模型相同。

　　当猜测参数 $c_i = 0$ 时，上述三参数模型就变成了两参数模型，当 $c_i = 0$，且所有项目的区分度相同时就得到单参数模型。

　　单参数逻辑斯蒂模型亦称"拉施模型"，是丹麦数学家拉施 1960 年从一个不同的角度独立提出的心理测验模型。拉施模型计算简便，有很多统计学上令人满意的性质，因此备受推崇。在项目反应理论的发展历史上，拉施模型占有重要地位，它是应用最多的项目反应理论模型之一。

　　测验信息函数　项目反应理论提出测验信息函数的概念，用测验对能力估计所提供的信息量的多少来表示测量的精度。经典测验理论的信度是针对被试全体的，只代表平均测量精度，不能给出不同能力水平的准确测量精度，项目反应理论则能给出每一能力水平的测量精度。

　　项目反应理论中的测验信息函数是根据极大似然估计的性质得出的。若以 $\sigma^2_{\hat{\theta}|\theta}$ 表示能力值同为 θ 的一组被试的能力估计值的标准差，则测验信息函数 $I(\theta)$ 就可表示为 $\sigma^2_{\hat{\theta}|\theta}$ 的倒数，测验标准误差与测验信息成反比，$I(\theta)$ 的取值越大，说明对能力估计减少了越多的不确定性，估计的精确度就高。

$I(\theta)$可表示成项目反应函数的形式,即:

$$I(\theta) = \sum_{i=1}^{n} \frac{[P_i'(\theta)]^2}{P_i(\theta)Q_i(\theta)}$$

式中,$P_i'(\theta)$为$P_i(\theta)$的一阶导数,即项目I的项目特征曲线在能力θ处的效率,n为测验题目总数,$Q_i(\theta)$为错误反应概率,即$Q_i(\theta) = 1 - P_i(\theta)$。

测验信息函数是测验所能提供的最大信息量,这与采用何种记分方法无关。由于$I(\theta)$是θ的函数,因此对不同的能力水平会有不同的测量精度,这使我们在测验之前就能知道测验可能达到的精度,并根据需要对测验作相应修改。

从信息函数的表达式中可以看出,测验信息函数是测验所有项目的信息函数$I(\theta, u_i)$的累加,即$I(\theta) = \sum_{i=1}^{n} I(\theta, \mu_i)$,上式说明项目信息函数之间是相互独立的,这一性质非常有用。在编制测验时,我们可以根据测验目的选择对能力估计提供最大信息量的项目,使测验达到预先规定的精度。这一性质还在测验应用的其他方面有重要价值。若用项目参数表示项目信息函数,则有:

$$I(\theta, \mu_i) = \frac{(1.7)^2 a_i^2 (1-c_i)}{\left[c_i + e^{1.7a_i(\theta-b_i)}\right]\left[1 + e^{-1.7a_i(\theta-b_i)}\right]^2}$$

从中可以看出,区分度参数a_i越大,项目信息函数就越大,猜测参数c_i越大,项目信息函数就越小,同一个题目,对能力水平越接近该题目难度的被试,越能提供更大的信息量。

相对效率函数　若测验X和Y都测量同一特质θ,作出取舍时就要看哪个测验对该特质θ提供更精确的测量,这就是两个测验在测量θ时的相对效率问题,在项目反应理论中用相对效率函数表示。设在某一特定θ水平上测验Y的信息函数$I(\theta,Y)$,测验X的信息函数为$I(\theta,X)$,则测验Y对测验X的相对效率函数可表示为$RE(Y, X) = I(\theta,Y)/I(\theta,X)$。当函数的取值大于1时,则说明在这一$\theta$值上测验$Y$对$X$更有效。相对效率函数为旧测验的再设计和新测验的编制提供了衡量的依据。

模型选择与参数估计

模型选择　项目反应理论应用的第一步就是选择合适的项目反应理论模型以估计项目和能力参数。研究者要根据测验的长度、题目是否存在猜测、被试的数量等因素来选择合适的模型,因为若模型选择不适当,就可能使参数和能力的估计值达不到理想的精确度,还可能导致估计不稳定。

在选择模型时首先要考虑题目的形式,若题目是提供了备选项的选择题和是非题,则猜测参数就不为0,这时就应选择三参数模型,若题目的答案是让被试提供的,则猜测的可能性就可假定为0,这时就应考虑采用二参数模型。若各题的区分度相近而又没有猜测,则可以考虑采用单参数模型。一个实用的原则是,在条件允许的情况下应尽量选用待估参数少的更为简单的模型,因为相同情况下选用简单模型会更经济,也能提高估计的稳定性和精确性。研究最成熟的是三参数以内的逻辑斯蒂模型和正态卵形模型,前者的计算稍为简便,研究者在进行研究设计时应事先考虑到两模型适用的条件。

参数估计　项目反应理论参数估计常用的是极大似然法和贝叶斯法,其估计的一般过程是:(1)确定参数的初始估计值,如可运用经典测验理论方法计算出项目的难度和区分度,再估计出相应的难度参数和区分度参数值,也可赋予一个预估参数值,如可预先假定一个四择一的选择题的猜测参数为0.25;(2)根据项目参数的初始估计值估计每一被试的能力,并根据能力估计将被试分成许多相等的能力组,以每一组的均值作为该组的代表值;(3)计算每一组被试对所有项目的正确反应概率,并以各组能力代表值为横坐标,以正确反应概率为纵坐标,得到每一项目的经验项目反应函数;(4)估计项目参数,并代入相应的项目反应模型,计算模型与经验数据的拟合程度,若拟合不够精确,则重复进行上述步骤,直至得到满意的结果为止。这往往要经过多次迭代,直到能力和参数的估计值趋于稳定。

项目反应理论的参数估计过程非常复杂,不借助专门的计算机程序很难甚至无法实现。20世纪70年代后项目反应理论专家们成功地开发出了用于项目反应理论参数估计的计算机程序和软件,推动了项目反应理论的迅速发展。常用的计算机程序和软件有:由B.D.赖特和潘杰帕克森于1969年编制的对拉施模型进行参数估计的专用计算机程序BICAL;由科拉科斯基和R.D.博克于1970年编制的用于正态卵形模型参数估计的计算机程序NORMOG;由伍德、温哥斯基和洛德1976年编制的用于逻辑斯蒂模型参数估计的计算机程序LOGIST;由密斯莱维和R.D.博克于1982年编制的用于逻辑斯蒂模型参数估计的计算机程序BILOG;以及由美国评价系统公司(Assessment System Corporation)于1984年开发的功能全面的软件包MicroCAT等等。MicroCAT不仅可以用于估计逻辑斯蒂诸模型的参数,也可用于测验的编制、实施、计分以及进行计算机化适应性测验等。这些计算机程序一般要求输入被试对所有项目反应的二值记分原始数据矩阵,程序运行后即可输出能力和项目参数的估计值,以及项目特征曲线、信息函数等,有的还给出所选模型与实际数据拟合程度的信息,为使用者提供了很大便利。

项目反应理论的应用

项目反应理论的优点使它在测验研究的几乎所有领域

都得到迅速的推广和应用,下面我们将在几个方面对项目反应理论的应用作简要介绍。以下讨论的项目反应理论的几方面应用都是在项目标定之后进行的,项目的标定就是确定项目的参数值,被标定后的项目被集中到项目库中。

测验编制　测验编制包括从确定测验目的之后的一系列步骤,为简化问题,我们讨论的测验编制特指从项目库中挑选合适的项目组成测验,由于这些项目都被标定过,所以它们的项目信息函数是已知的。测验编制的具体步骤为:首先确定测验的目标信息曲线(target information curve,简称 TIC)。确定目标信息曲线就是确定所要编制的测验在能力的连续体的某一区间或点所需的信息量的值。若测验是为了选拔少数高能力者,测验信息函数应在能力量表的高分端有较大的取值;若测验是为了淘汰少数低能力被试,则要求测验在能力低分端提供较大的信息量;若测验关注能力整体,则要求信息函数在能力分布的整个区间都达到某一高值。其次按照信息量最大的原则选择测验项目,填充目标信息曲线下的空间。第三步比较由所选择的项目构成的测验信息函数与目标信息函数的差别,若 θ 的某一区间没有达到目标信息函数的高度,则要继续增添能提供最大信息量的项目,直到符合要求为止。

项目偏差检测　若一个项目对不同团体来说测量的不是同一种特质,则该项目至少对其中的一个子体是有偏差的,即不利于这一团体。由于在项目反应理论中项目参数不依赖于任一子体,所以检测出有偏差的项目合乎逻辑。一个测验施测于不同子体,对每一项目计算出其在不同子体中的项目反应函数,若一个子体在某一项目上的项目反应函数值全部高于另一子体,则该项目显然有偏差。因为该项目的参数在不同子体中应该相同,项目反应函数的不同来自两子体"能力"的不同,而事实上并不然,因此可认定项目对两子体的能力估计有偏差。实际情况要比我们上面说的复杂一些,项目反应函数往往是交叉的,这表明该项目在能力的不同水平存在不同性质和程度的偏差。

掌握测验的编制　掌握测验旨在考察被试是否达到某一预定的成就标准,项目反应理论在这里恰好具有独特的优越性。若掌握标准已经事先确定,则编制者的工作就是选择在这一掌握水平(可转化为某一特定的 θ 值)上信息量最大的项目,依此方法编制的测验能很准确地将被试分成达标和未达标两类,而不必考虑能力远离这一水平的被试。

适应性测验　传统的测验一般只能对能力中等的被试提供较准确的测量,在能力水平的高低分端往往有较大误差,适应性测验则对所有被试都能给予精确测量。其基本过程是先呈现给被试一个中等难度的题目作为初始项目,被试对初始项目的反应正确,就呈现一个更难的项目,反应错误,就呈现一个更容易的项目,呈现几个项目后,就可粗略估计出被试能力。以后再呈现给他的就是与其能力估计

值最为适应的项目,被试回答后则又重新估计其能力,再呈现新的项目。如此往复进行,直到对被试能力的估计达到稳定为止。计算机化适应性测验已相当盛行,它们是借助有关的计算机软件(如 MicroCAT)由被试在计算机上完成的测验。

测验等值　研究者总希望不同形式的测验之间的结果可以相互比较,将它们转化到同一量尺上,这往往有重要的现实意义。如比较历年高等学校入学考试成绩会有助于评估教学效果,从而在教育政策上作出相应决策等。经典测验理论为测验等值提出了很多有意义的方法,相比而言,项目反应理论的方法则更加有效。在项目反应理论中,可以将来自不同测验的项目放在同一量尺上标定,这样就会在同一量尺上估计被试的能力,测验结果就可直接相互比较。

重新设计现有测验　一个现成的测验,即使其质量较高,也不会在所有能力水平上都能达到非常满意的测量精度。因此研究者有必要根据实际需要对原测验进行再设计,由于使用了项目反应理论,故不存在分数等值转换的问题。比如,要用一个能力测验比较能力较低被试之间的差异,现有的测验是针对总体的,故一部分测验题目对低能力被试来说过难,增加了他们猜测的动机,这样测验结果中误差的比重就会增加。为避免这一问题,应考虑从原测验中去掉较难的题,减少被试的猜测,从而提高测验的精度。同样,若关心的是中等能力被试的测验结果就应该多采用中等难度的题目,而对高能力被试就应该选用难题。这种变通的设计会提高测验的有效性。衡量"新"设计的测验是否更有效的标准是相对效率函数,若相对效率函数证明"新"测验更有效,就说明设计是可行的,否则就要重新调整项目。

项目反应理论特点

项目反应理论的优点　项目反应理论为克服经典测验理论的缺点而提出,体现了测验理论的进步,同经典测验理论相比,它有如下优点:(1)采用非线性模型,建立了被试对项目的反应(观察变量)与其潜在特质(潜变量)之间的非线性关系,这更符合事实。(2)对被试能力的估计不依赖于特定的测验题目。也就是说,无论被试参加了难的测验还是容易的测验,其能力的估计值不变,因此不同的测验结果可直接比较。项目反应理论有此优点,是因为它将被试能力和题目难度放在同一量尺上进行估计。这就为测验分数的解释提供了方便。(3)项目参数(难度和区分度)的估计值与被试样本无关,即无论施测样本的能力分布如何,项目参数的估计值不变。这是因为对同一个测验项目,高能力和低能力被试的反应拟合同一条项目特征函数曲线,同一

条项目特性曲线所对应的项目参数是唯一的。(4)摒弃了经典测验理论的信度观,而代之以测验信息函数的概念,用测验对能力估计所提供的信息量的多少来表示测量的精度。这避免了平行测验的假定,并证明不同能力的被试组有不同的测量精度,更符合实际情况。(5)在测验编制和实施中,对不同能力被试组可根据项目信息量的大小来选择对能力估计精度最有增益的项目,使测验达到预先规定的满意的精度。这样对不同能力的被试就要实施不同的题目,在提高测量精度的同时缩短了测验长度,而不同被试的测验结果又是可以直接比较的。(6)对测验等值、适应性测验、标准参照测验的编制等问题给出了满意的解决办法。

项目反应理论的缺陷 项目反应理论的理论体系构建于更复杂的数学模型之上,其概念和理论体系更加严谨,但项目反应理论也有其不足之处,表现在以下几方面。(1)单维性假定难以满足是项目反应理论受到批评的最主要原因。单维性假定是指测验测量的是单一的潜在特质,但对任何测量工具而言,严格的单维性难以满足。较现实的问题是,单维性需达到什么程度才能保持项目反应理论模型的稳健性,但这一标准的确定尚缺乏充分的理论依据。(2)较成熟的项目反应理论模型仍以两级记分的单维反应模型为主,多级记分模型和多维反应模型还有待发展。(3)项目反应理论建立在更复杂的数学模型之上,依赖更强的假设,其计算过程复杂,不易被人理解和掌握,影响了其自身的进一步推广。(4)项目反应理论对测验条件要求较严格,样本容量要大,被试的能力分布范围要广,题目数量要多,这些条件不满足就会影响其精确性。(5)对经典测验理论的一些研究领域,如测验效度问题等,项目反应理论并没有提出独到的见解。

参考文献

戴海崎,张峰,陈雪枫. 心理与教育测量[M]. 广州:暨南大学出版社,2011.

郭庆科. 心理测验的原理与应用[M]. 北京:人民军医出版社,2002.

洛德·诺维克. 心理测验分数的统计理论[M]. 叶佩华,等,译. 北京:人民教育出版社,1992.

Brennan, R. L. Educational Measurement [M]. 4th Rev. ed. Westport,CT: Praeger Publisher, 2006.

McDonald, R. P. Test Theory: A Unified Treatment [M]. Mahwah,NJ: Lawrence Erlbaum Associates Publishers, 1999.

(刘红云 骆 方)

项目分析(item analysis) 指对测验中每个题目质量的分析。是经典测验理论中提高测验质量的方法和手段,旨在通过分析改进项目质量,提高测验的信度和效度,进而提高测验的整体质量。包括质的分析和量的分析。质的分析是对项目质量的逻辑分析,如项目对所要测量的内容的代表性、项目与所要测量的特质的关联性,以及是否适合测验适用的被试团体等。量的分析是通过计算项目的一些统计量作为项目质量高低的指标,进而挑选和修改项目。质的分析必须与量的分析相结合。量的分析提供项目质量的客观指标,可以作为判断项目质量的最终标准;质的分析则提供判断项目质量的逻辑依据,对项目的挑选和修改必须在质的分析的基础上才能进行。

传统意义上的项目分析仅限于常模参照测验,且以经典测验理论为基础。标准参照测验的项目分析见"标准参照测验"。在项目反应理论中,项目分析使用的是项目难度参数、区分度参数、猜测参数和项目信息函数。详"项目反应理论"。

项目难度分析

项目难度的概念及计算公式 项目难度(item difficulty)指测验题目的难易程度,被定义为被试在这个题目上的通过率或得分率。

对 0,1 两级记分的题目,项目难度计算的基本公式为 $P = R/N$,式中,P 为题目难度,R 为通过或得分的人数,N 为总人数。例如,100 人参加某一测验,第 2 题和第 3 题通过的人数分别为 30 人和 70 人。按上述公式计算得第 2 题难度为 0.30,第 3 题难度为 0.70。第 2 题难度值小,但实际难度大,第 3 题难度值大,但实际难度小,难度的高低与难度值的大小正好相反。

对多级记分的题目,项目难度的计算公式为 $P = \overline{X}/X_{\max}$,式中,$\overline{X}$ 表示该题目的平均得分,$X_{\max}$ 表示该题目的最高分(满分)。

选择题难度的校正 选择题的一大缺点是被试有猜题(凭机遇答题)的可能。对一个两重选择题,能力为 0 的被试仍然有 50% 的可能性选择正确答案。对 K 重选择题而言,被试完全凭机遇答题而得到正确答案的可能性为 $\frac{1}{K} \times 100\%$。鉴于机遇对选择题的影响,其实际难度值与使用难度公式计算的难度值可能会有一定差别,因此必须进行校正。校正公式为 $CP = -(KP-1)/(K-1)$,CP 为校正后的难度值,P 为用难度公式直接计算出的难度值,K 为选项数目。难度的校正使选择项数目不同的题目可以比较难度,因为选择项数不同时,机遇对两个题目的影响是不同的,不校正就难以比较两题真实难度的大小。

难度的等距量表 上面计算出的难度值都用百分等级量表表示,确定一题目的难度值,实质就是在一个难度百分等级量表上确定一个题目的等级(位置)。用这种方法表示的难度值只能用来比较等级（位置）的先后，而不能比较差异量的大小。如一个测验，第 1、2、3 题的难度值分别是 0.20、0.40、0.60，只能得出这样的结论：这三个项目由难到易排列，而不能认为第 1 题与第 2 题的难度差等于第 2 题与第 3 题的难度差，因为这三道题所代表的知识或能力水平之间并不是等距排列的，而且是顺序变量，各难度值之间也不能进行加减运算。为克服上述缺点，就需要对难度进行等距量表的转换。

进行难度转换的方法是，先将某题的通过率视为正态曲线下的面积，然后查正态分布表找出正态曲线右侧的面积所对应的 Z 分数。这一 Z 分数就可视为该题的标准难度。比如某题的通过率为 84%，即有 84% 的被试能通过，而 Z 分数为 -1 的一点右侧的面积也是 84%，所以这一题目的标准难度就是 -1。同样，某题的通过率为 16%，而 Z 轴上的点 +1 所对右侧的面积也是 16%，因此该题的标准难度就是 1（如图 1 所示）。

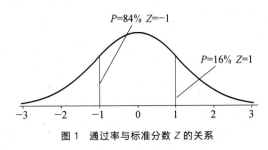

图 1　通过率与标准分数 Z 的关系

但若直接用标准分数代替难度就会出现小数和负数，不符合人们的习惯。为克服这一缺点，美国教育测验服务中心（Educational Testing Service，简称 ETS）于是使用 Δ 量表表示难度。Δ 值可由公式 $\Delta = 13 + 4Z$ 计算，希腊字母 Δ 表示标准化难度指数，Z 为标准分数。如某测验中两个题目的难度分别是 0.50 和 0.60，其对应的标准分数分别是 0 和 -0.25，转化成等距量表的难度值为 $\Delta_1 = 13 + 4 \times 0 = 13$，$\Delta_2 = 13 + 4 \times (-0.25) = 12$。Δ 的平均数为 13，标准差为 1。当 $Z = -3$ 时，表明通过率达到 99.87%，这种情况极少发生，而 $Z = +3$ 时，通过率为 0.0013，也是不可能出现的情况，因此 Δ 的取值范围是 1～25。转化成等距难度量表上的值后，各题难度就可以进行比较或相加求和，也可以计算测验所有题目的平均难度。另外，将难度值（P）转化为等距量表上的难度 Δ 后，实际的难度就与难度值统一起来了。实际难度大的题目，Δ 值也大，实际难度小的题目，Δ 值也小。

项目区分度分析

项目区分度（item discrimination）亦称"项目的鉴别力"，指项目得分对被试实际能力或心理特质水平的区分能力或鉴别能力，也即项目得分的高低与被试实际能力或特质水平高低的一致性程度。若实际能力高的被试在某题上得了高分而实际能力水平低的被试在某题上得了低分，则此题有较好的区分度，若实际能力水平高的和实际能力水平低的被试在某题上的得分或通过率相差无几，则此题就缺乏区分度或鉴别力。

项目区分度的计算方法　有相关分析法、极端组法和因素分析法三种。

（1）相关分析法。区分度体现了项目对真实水平的区分能力，而一般认为经过合理选择和精确测量的效标能代表被试真实水平，因此区分度可通过计算项目与效标的相关得到。项目与效标的相关又被称为项目效度分析（item validity analysis）。而当测验的效标难以获得时，可由测验总分或分测验总分代替效标，通过计算项目得分与测验总分的相关来确定项目区分度。在计算项目与总分的一致性时应该注意的是，项目得分对测验总分是有影响的，计算出的相关系数就有偏大的倾向，因此当测验总项目数小于 20 时，最好不直接计算项目与总分相关，而应将计算项目与其他项目总分的相关作为区分度指标。具体计算时，使用的相关分析法有积差相关法、点二列相关法、二列相关法、四分相关和 Φ 相关法。

积差相关法，即以皮尔逊积差相关公式计算出项目与效标分数之间的相关系数作为区分度指标，它适合项目和效标都是多级记分的情况，即分数分布都符合正态分布。

点二列相关适合一个变量是二分称名变量，而另一列变量是正态连续变量的情况。当项目记分是两级记分时，我们可以将它视为二分称名变量（1 分为通过，0 分为不通过），从而计算它与效标分数（正态连续变量）的相关。点二列相关的取值范围要小于积差相关系数，而且受项目难度的影响较大。在难度为 0.50 时，点二列相关系数的取值范围为 ±0.80，难度越远离 0.50 时，点二相关的最大值越小。点二列相关可视为区分度和难度的综合统计量。比如题目难度在 0.10 和 0.25 时，二列相关系数的最大值就分别变成 0.58 和 0.73。在解释时应与积差相关相区别。

当测验总分或效标分数和项目得分都是正态分布，而项目得分由于某种原因被一分割点人为地分成二分称名变量时，就要用二列相关来计算项目的区分度。项目得分在分割点以下时被认为失败，在分割点以上时就被认为成功。对二列相关而言，超过 0.75 的相关很少见，但二列相关的取值一般比点二列相关要大，因为两者存在如下关系：$r_b = r_{pb} \times y / [P(1-P)]$，式中 P 为项目的通过率（难度），y 为与 P 相对应的正态曲线的高度。可见，二列相关和点二列相关可以互相转换，对同一项目，计算出的点二列相关总是低于二列相关。

四分相关适用于当两个变量都是正态连续变量而又都被人为划分为二分称名变量的情况。Φ 相关适用于两个变量都是二分称名变量，且无论是真正的称名变量还是人为划分的称名变量。Φ 相关比四分相关适用范围更广。Φ 相关系数与四分相关系数的计算结果差别较大。因此在实际研究中，不仅要报告相关系数的大小，还要将计算区分度的方法报告出来，以及相关是否达到显著性水平。一般，若采用相关系数计算区分度，则相关系数要大于 0.05 或 0.01 水平上的相关系数临界值，若使用区分度指数表示区分度，则要大于等于 0.30 才是可以接受的。

（2）极端组法。主要包括鉴别度指数和临界比。若依据效标分数或测验总分将被试划分成高分组和低分组，则在区分度大的项目上，高分组的通过率会远大于低分组，若项目区分度小，两组通过率就没有多大差异。因此，某一项目在高分组通过率与低分组的通过率之差，即难度之差能较好反映一个项目的区分能力，这种方法计算出的区分度指标称鉴别度指数，或 D 指数。习惯采用的分组方法是将效标或测验总分从高分到低分排列，从最高分一端开始向下选取 27% 的被试（或 25%～33%），作为高分组，依此法再从低分端选取 27% 的被试作为低分组，计算出高分组和低分组的难度，然后代入公式计算项目区分度。公式为 $D = P_H - P_L$，式中 D 为鉴别度指数，P_H 为高分组通过率，P_L 为低分组通过率。鉴别度指数是为计算简便而提出的，在高分组和低分组的人数确定上没有严格的限制。使用同一组数据计算得到的鉴别度指数与二列相关系数非常接近。当采用极端组法将被试分成高分组和低分组后，还可使用另一个表示项目区分度的指标，即临界比，表示区分度的大小。其计算方法：

$$CR = \frac{\overline{X_H} - \overline{X_L}}{\sqrt{\dfrac{S_H^2 + S_L^2}{N-1}}}$$

式中，CR 表示临界比，$\overline{X_H}$ 和 $\overline{X_L}$ 分别表示高分组和低分组的平均数，S_H^2 和 S_L^2 分别表示高分组和低分组的方差。临界比越高，说明项目的区分能力越强。通常项目的临界比大于 3.0 时即可被接受。临界比不仅考虑了项目在高分组和低分组的难度，而且考虑了方差，因而更加精确地体现了项目的鉴别能力。

（3）因素分析法。由于计算机技术的发展，人们经常使用因素分析法分析测验的质量。其中包括对项目区分度的分析。一般先通过因素分析发现测验中的若干共同因素，再分析每一项目在各共同因素上的因素负荷，根据负荷量的大小挑选项目。当一个项目在预先假定要测量的因素上有较高的载荷时，该项目就被认为有较高的区分度。因素负荷其实是项目与相应因素（如言语能力、内外向等）的相

关，类似项目与总分的相关。项目的因素负荷量一般要在 0.30 以上才是可以接受的。

项目的选择

项目分析的目的就是选择符合要求的高质量题目，项目的质量最终会体现在它们对整个测验质量的影响上。下面首先讨论项目难度、区分度与测验的信度和效度的关系，在此基础上再考虑题目的选择。

难度、区分度与测验信度和效度的关系　（1）难度与区分度的关系。从上面讨论的区分度计算方法中可以看出，项目难度是影响其区分度的。题目难度对其区分度的影响也可以通过不同难度的题目提供了多少次被试间互相比较的机会而得到说明。设有 100 人参加测验，通过第一题的有 R 人，未通过的有 W 人，$W = 100 - R$，则该题鉴别出的差别是 $R \times W$ 人次。因为在答对该题的被试（R 人）中，彼此没有能力上的差别，而在答错题目的被试（W 人）中彼此也没有能力上的差别，差别只存在于答对和答错的被试之间。

当题目难度为 0 时，这 100 人之间的差异为 $100 \times 0 = 0$ 次，也就是说，题目没有提供任何关于被试差异的信息，鉴别力是 0；难度为 1 时，测验鉴别出了这一个人与其他 99 人的差异，差异次数为 $1 \times 99 = 99$，当有 50 人通过时，题目鉴别出的差异次数为 $50 \times 50 = 2\,500$，达到最大。就是说，当难度 $P = 0.50$ 时题目鉴别出的差异次数最多，提供相互比较的信息也最多，即该项目的鉴别力最大。表 1 列出了难度与区分度最大值的关系。（2）难度与测验信度和效度之间的关系。测验难度（指所有题目平均难度）会影响测验分数的分布形态。当测验难度大（P 值小）时，测验分数集中于低分一端，呈正偏态分布，当测验难度小（P 值大）时，测验分数会集中于高分一端，呈负偏态分布。测验分数呈正偏态和负偏态时，测验分数向一端集中，另一端的人数就相对变小，分数分布的离散程度（分数的分布范围）就小，测验分数的方差也就小（见图 2）。

表 1　难度与区分度最大值的关系

难度 P	区分度最大值
1.00	0.00
0.90	0.20
0.80	0.40
0.70	0.60
0.60	0.80
0.50	1.00

注：难度为 P 时与难度为 $1 - P$ 时，区分度最大值相同

测验难度大时,总分分布为正偏态　　测验难度小时,总分分布为负偏态

图2　测验难度与测验分数分布形态的关系

由于误差与测验难度无关(依经典测验理论),测验总分方差大时,随机误差的方差在测验总分方差中所占的比重就小,而测验平均难度为0.50时,测验分数的分布呈正态,测验分数的方差最大,信度也最高。测验难度会影响测验信度,也会影响测验的效度。另外,由于心理特质的分布大多是正态的,只有当测验的平均难度为0.50左右时,测验分数分布才为正态,两者才能相互吻合。而只有当测验分数与心理特质的分布吻合时,测验才能对不同心理特质水平的被试有最大的鉴别力,测验的效度才能达到最高。

(3) 区分度、信度与效度之间的关系。区分度可以用项目总分的相关来计算,因此区分度体现了测验的同质性。区分度高时,测验的同质性就高,测验的信度就高。事实上信度会随着区分度的提高而迅速提高。表2列出区分度变化与信度的关系。

表2　区分度与信度的关系

区分度	信度
0.12	0.00
0.16	0.42
0.20	0.63
0.30	0.84
0.40	0.92
0.50	0.95

区分度是项目对被试能力高低的鉴别能力的指标,项目区分能力的总和就是测验的效度,因此区分度与效度有更加直接的关系。

项目的挑选　难度和区分度与测验的信度和效度之间有密切关系,因此选择区分度理想的项目对提高测验质量非常重要。

(1) 根据难度挑选项目。以上讨论表明,难度为0.50左右时测验的信度和区分度都能达到最高水平,但这不是说所有题目的难度都是0.50。因为测验一般要求有较高的同质性,同质性高时,题目得分的相关也高,答对某一题的被试很可能在其他题目上也答对,而答错该题的被试在其他题目上也答错,这样一部分被试的测验分数就会偏向高分一端,另一部分则偏向低分一端,使测验分数出现偏离正态分布的双峰分布。这样,测验分数就不能与心理特质的

分布吻合,测验的效度就不是最理想的。因此,在编制测验时一般要求题目的难度值为0.20~0.80,而所有题目的平均难度则要在0.50左右。

依据难度挑选项目还要考虑测验的目的。当测验是为了选拔少数能力高的被试时,项目的难度就应大一些。这样测验分数就会呈正偏态,高分一端的人数分布就少,分数的离散程度大,误差在测验分数中占的比重就小,分数在分割点处的区分能力就强。同理,筛选少数不合格的被试时,测验就应容易一些。

(2) 根据区分度挑选项目。项目区分度的提高会显著提高测验的信度和效度,因此应尽量选择区分度高的项目。但实际研究中要想使所有的项目区分度都非常高往往不可能。那么区分度多高才是挑选标准呢?美国心理学家埃贝尔提出判断题目优劣的项目鉴别度标准(见表3)。

表3　项目区分度优劣的判断标准

区分度	题目优劣评价
0.40 以上	非常优良
0.30~0.39	良好,如能修改更好
0.20~0.29	尚可,仍须修改
0.19 以下	劣,必须淘汰

区分度在0.30以上比较理想。但有些区分度为0.20~0.30的项目若能很好地体现测验目的,也应酌情保留。埃贝尔的标准是针对鉴别度指数而言的,若区分度是用相关系数计算的,则挑选项目的最低标准是相关系数不低于相应的临界值。

选择题的选答项分析　选择题与要求被试提供答案的题型(如填空题)不同,被试若答对了某道填空题,我们就有充分理由认为他具备了相应的水平,答错了该题也有足够的理由认为他不具备相应的水平。但对选择题而言,情况就复杂一些。选择了正确答案的被试可能是由于猜测而不是由于有了相应的能力;有了相应能力的被试也有可能因其他选项的干扰而没有选择正确答案。因此,在选择题中有必要通过选答项的分析进一步改进题目的质量。

参考文献

戴海崎,张峰,陈雪枫. 心理与教育测量. 广州:暨南大学出版社,2011.

郭庆科. 心理测验的原理与应用[M]. 北京:人民军医出版社,2002.

洛德·诺维克. 心理测验分数的统计理论[M]. 叶佩华,等,译. 北京:人民教育出版社,1992.

（孟庆茂　刘红云）

项目功能差异(differential item functioning)   指测验中的具体项目对不同施测团体具有不同的测量功能。美国心理测量学家安戈夫1993年将其定义为,在控制团体能力之后,一个项目在不同团体中表现出的不同统计特性。若某一具体项目在不同团体中的功能差异对不同团体产生了不公平的影响,则该项目是有偏差的。项目功能差异的研究一般针对两个团体,如对两种性别、种族或其他特征的被试进行分析,看具有相同能力的男性和女性或黑人和白人对某个项目正确回答率是否相同。一般把在项目反应上可能不利的那组被试当作目标组(如女性和黑人学生),把作为对照的那组被试称为参照组(如男性和白人学生)。分析时要先匹配这两个团体的能力,然后比较这两个团体在某个项目上的正确回答率之差。根据匹配变量的不同,项目功能差异在数学上的定义有两个,相应地也有两类检测方法。一个定义是以经典测验理论为基础的,匹配变量为被试的测验总分,这一定义认为若具有相同测验总分的参照组与目标组被试在某题上的正确回答率相同,则该题无项目功能差异,与这一定义有关的是基于经典测验理论的项目功能差异检测方法。另一定义是以项目反应理论为基础的,匹配变量是根据项目反应理论模型估计出的潜在能力 θ,这一定义认为若具有相同潜在能力的参照组与目标组被试在某题上的正确回答率相同,则该题无项目功能差异,与这一定义有关的是基于项目反应理论的项目功能差异检测方法。

项目功能差异种类

不利的项目功能差异和有利的项目功能差异   分析项目功能差异时,一般假设测验是单维的。对两个团体的能力进行匹配,是指对测验所测的维度进行匹配。若某个项目被分析出有项目功能差异,则这个项目至少包括两个维度:一个是测验所测的维度,称为第一维度;另一个则不是测验所测的维度,称为第二维度。第二维度是造成这个项目功能差异的原因。如使用一篇科技论文测量学生的阅读能力,该试题对文理科学生来说就有项目功能差异。因为这个项目测量了两个维度:一是阅读能力,二是对科技知识的掌握水平。由于具有相同阅读能力的文科生和理科生,对科技知识的掌握水平不同,所以这些项目会产生项目功能差异。项目功能差异项目所包含的两个维度中,若第二维度与第一维度无关,无益于测量第一维度,则这个项目具有不利的项目功能差异(adverse differential item functioning),即项目是有偏差的。若第二维度与第一维度有关,是第一维度的辅助维度,则这个项目具有有利的项目功能差异(benign differential item functioning),即项目无偏差。上例中,试题若只是测量学生的阅读能力,则科技知识就成为测量阅读能力的干扰维度,这个项目就具有不利的项目功能差异。若试题测量学生对科技文章的阅读能力,则科技知识就成为测量阅读能力的辅助维度,这些项目具有有利的项目功能差异。

一致性项目功能差异和非一致性项目功能差异   项目功能差异存在两种情况。一种情况是被试的能力水平与团体(男性组/女性组)之间不存在交互作用,即在所有能力水平上,一组被试在研究项目上的正确回答率都大于另一组,这称为一致性项目功能差异(uniform differential item functioning);另一种情况是被试的能力水平与团体之间存在交互作用,即并非在所有能力水平上,某组被试在研究项目上的正确回答率都大于另一组被试,这称为非一致性项目功能差异(nonuniform differential item functioning)。标准化测验中,一致性项目功能差异比非一致性项目功能差异更常见,但也存在具有非一致性项目功能差异的项目。

项目功能差异检测方法

对应数学上的两个定义,项目功能差异有两类检测方法:一是基于经典测验理论的项目功能差异检测方法,具体包括项目区分度统计量、项目难度统计量、χ^2 法、MH方法、标准化方法、逻辑斯蒂回归方法;二是基于项目反应理论的项目功能差异检测方法,其共同点是,在项目功能差异检测之前先根据观测数据选择合适的项目反应模型(即确定选用单参数、双参数和三参数模型),然后以难度参数 b 为基准定标,将能力参数和难度参数统一到难度 b 的量尺上。基于项目反应理论的项目功能差异检测方法主要有项目特性曲线法、项目参数比较法和SIBTEST方法。另外还有模型—数据拟合度检验法,这一方法的基本假设是:若在不同团体中模型与项目反应数据都拟合或都不拟合,则项目无偏差,否则就有偏差。各种具体方法给予介绍。

项目区分度统计量   项目区分度通常用项目与总分的相关来表示。当一个测验项目没有偏差时,该项目就应该对不同团体有相同的区分能力。若区分能力不相同,则该项目在不同团体中测量的就不是同一种心理特质,也就是说该项目是有偏差的。该测验项目可能有利于一个团体而不利于另一个团体。

检测某一具体项目是否有偏差时,应首先计算出该项目在不同团体中的项目—总分相关,再进行显著性检验,其差异达到统计上的显著水平时,就认为是有偏差的。比如,某智力测验中有计算地铁速度的问题,对城市儿童测量的是计算能力,因为城市里的儿童都熟悉地铁,但对农村儿童却并非如此。有的农村儿童知道地铁,对这些儿童来讲,这一问题可能是有区分能力的,但对不了解地铁的儿童,即便能力较高的也不能答对。因此,这一项目对城市儿童和农村儿童有不同的区分能力。

以项目区分度检测项目偏差的方法有明显的局限。以项目—总分相关为指标的区分度对分数全距的限制特别敏感，测验分数方差和项目得分方差会显著地影响项目的区分度，因此在两团体能力分布不同时，即便没有偏差的项目也会被误认为是有偏差的。

项目难度统计量　这一方法是通过分析同一项目在不同团体中的难度来检测项目偏差。其逻辑是，一个没有偏差的项目在能力相同的团体中应有相同的项目难度指数 P，即便在两个能力水平不同的团体中，测验中项目间难度的等级次序对两个团体应该保持一致。因此，无论两个团体的能力水平是否一致，若一个项目的两个团体中 P 值等级次序不同，则有理由认为该项目是有偏差的。

检测偏差项目的方法是计算两个团体的 n 个题目的 n 对 P 值，并建立回归方程。P 值远离回归线的项目就是有偏差的项目。但是来自两个群体的两组 P 值的关系实质上是非线性的，而且难以计算。这促使测量学家们寻找将非线性回归线转换成直线的方法。

安戈夫等人 1973 年、1998 年提出使用标准难度 Δ 代替 P 值，以部分克服非线性问题。Δ 是 P 值的逆正态转换。通过这一转换，得到所有项目在两团体中的标准难度 Δ_{Ai} 和 Δ_{Bi}。在二维坐标系上标出 n 个点 $(\Delta_{Ai}，\Delta_{Bi})$，得一椭圆形散点图，该椭圆主轴的方程是 $\Delta_{Bi} = \beta\Delta_{Ai} + \alpha$，式中 β 是斜率，α 是截距。α 和 β 可以通过下例公式计算：

$$\alpha = \frac{(S_B^2 - S_A^2) + \sqrt{(S_B^2 - S_A^2) + 4(r^2 S_A^2 S_B^2)}}{2r(\Delta_{Ai}\Delta_{Bi})S_A S_B}$$

$$\beta = \mu_B - \alpha\mu_A$$

式中，μ_A、μ_B、S_A 和 S_B 是群体 A 和群体 B 中所有题目标准难度的平均数和标准差，r 是两组 Δ 值的皮尔逊相关系数。在椭圆主轴附近的点所对应的项目被认为是没有偏差的，远离主轴的项目可认为是有偏差的。某一项目对应的坐标点与主轴的距离指数 d_i 可通过下列公式计算：

$$d_i = \frac{\alpha\Delta_{Ai} - \Delta_{Bi} + \beta}{\sqrt{\alpha^2 + 1}}$$

使用难度统计量检测项目偏差的方法适用于各项目的猜测概率相同、区分度相同且团体间能力分布相同的情况。在这些条件不能满足的情况下，检测出的项目偏差就很可能不是真实的，而是由统计方法造成的。

χ^2 法　其依据是，来自不同团体的被试若测验总分（总分是被试能力的良好代表）相同，则他们在某一项目上也应有相同的正确反应概率，若总分相匹配的两个团体的被试对某项目有不同的反应概率，则该项目就认为是有偏差的。

在施纳曼 1979 年和卡米利 1979 年提出的 χ^2 法中，首先将全部被试按测验总分分成 j（一般是 3～5）个能力水平，统计出不同能力水平中属于两个团体的人数和他们的正确反应比例（见表 1），再用 χ^2 统计量检验两个团体的正确反应比例是否有显著差异。χ^2 值显著时就认为项目有偏差存在。

表 1　在区间 j 上两个团体对项目的反应

	团体 1	团体 2	合计
正确	N_{11j}	N_{12j}	$N_{1.j}$
错误	N_{21j}	N_{22j}	$N_{2.j}$
合计	$N_{.1j}$	$N_{.2j}$	N_j

χ^2 统计量的计算公式：

$$\chi_j^2 = \sum_j^J \frac{(N_{11j}N_{22j} - N_{21j}N_{12j})^2}{N_{1.j}N_{2.j}N_{.1j}}$$

式中，χ^2 分布的自由度为 $j-1$。施纳曼的 χ^2 统计量的一个缺点是只考虑正确反应，而没有考虑错误反应，最后可能使统计计算不符合 χ^2 分布。为了矫正这一问题，谢泼德 1981 年提出全 χ^2 统计法。全 χ^2 统计量的计算方法是先由公式 $\chi_j^2 = N_j \frac{(N_{11j}N_{22j} - N_{21j}N_{12j})^2}{N_{1.j}N_{2.j}N_{.1j}N_{.2j}}$ 求出第 j 个区间上的 χ^2 值，即 χ_j^2，再求出所有 j 个区间上的 χ_j^2 的累加，即 $\chi^2 = \sum_{j=1}^j \chi_j^2$，其对应的自由度为 $df=j$。

χ^2 方法对能力区间的划分是人为的，没有充分的理论依据，而划分能力区间时对临界点的选择会显著影响 χ^2 值，同时，χ^2 方法还假定每一分数区间内被试的能力分布相同，而这一假定较少符合实际情况。但 χ^2 方法具有以下优点：原理简单，容易理解和运用，运行成本较低，尤其是在小样本和需要对项目偏差进行迅速检测时更能显示其优越性。

MH 方法（Mantel - Haenszel procedure）　MH 方法是美国心理测量学家 P. W. 霍兰德和塞耶 1985 年根据一项疾病追踪研究中所用的统计方法提出的，已经成为项目功能差异检测中应用最广泛的一种方法。MH 法以测验总分作为匹配变量，将被试按测验总分分成 S 个能力区间，在每一个能力水平 $k(k=1,2,3,\cdots,S)$ 上绘制一个"团体×项目得分"的 2×2 表（见表 2）。

表 2　第 k 个水平上的团体×项目得分的人数分布表

群体	项目分数		合计
	1	0	
参照组（r）	f_{1rk}	f_{0rk}	n_{rk}
目标组（f）	f_{1fk}	f_{0fk}	n_{fk}
合计	n_{1k}	n_{0k}	n_k

其中 f_{1rk}、f_{0rk} 分别是在第 k 个能力水平组中,参照组答对项目的人数和答错项目的人数;f_{1fk}、f_{0fk} 则是目标组答对的人数和答错的人数。将实际数据绘入 S 个 $2×2$ 表中,运用以下公式:

$$aMH = \left[\sum (f_{1rk} \cdot f_{0fk})/n_k \right]/\left[\sum (f_{0rk} \cdot f_{1fk})/n_k \right]$$

即可计算项目功能差异:

检测指标 aMH 的取值介于 0 至正无穷之间。$aMH=1.0$ 时,表示该项目无功能差异;$aMH<1.0$ 时,表示该项目对目标组有较低难度;$aMH>1.0$ 时,表示该项目对参照组有较低难度。

对 aMH 要进行统计显著性检验。检验统计量 $MH\chi^2$ 的计算公式:

$$MH\chi^2 = \frac{\left[\left| \sum_{k=1}^{s} f_{1rk} - \sum_{k=1}^{s} E(f_{1rk}) \right| - 0.5 \right]^2}{\sum_{k=1}^{s} Var(f_{1rk})}$$

式中,$E(f_{1rk}) = n_{1k} \cdot n_{rk}/n_k$,$Var(f_{1rk}) = n_{1k} \cdot n_{0k} \cdot n_{rk} \cdot n_{fk}/[n_k^2(n_k-1)]$,$MH\chi^2$ 被认为是服从自由度为 1 的 χ^2 分布,若经检验 $MH\chi^2$ 值达到显著性水平,则认为所研究项目存在功能差异。美国教育测验服务中心 (Educational Testing Service,简称 ETS) 对 aMH 又作一变换,以与他们的 Δ 量表相配,转换公式为:

$$\Delta MH = -\frac{4}{1.7}\ln(aMH) = -2.35\ln(aMH)$$

此时,ΔMH 为 0 表示研究项目无功能差异,为正表示对目标组有利,为负表示对参照组有利。教育测验服务中心根据 MH 方法计算的结果,把项目分成三种等级:等级 A,ΔMH 的绝对值小于 1,或者与 0 没有显著差异($P<0.05$),被视为具有很小的项目功能差异或者无项目功能差异,可以用于测验。等级 C,ΔMH 的绝对值大于 1.5,并且显著大于 1.0($P<0.05$),被视为具有严重的项目功能差异,除非专家认为项目参加测验至关重要,否则这类项目应被删除。等级 B,除了 A 和 C 之外的 ΔMH,这类项目只有当 A 类项目不能满足测验的内容要求时,才能用于测验。

P. W. 霍兰德和塞耶 1988 年认为 MH 方法既可以提供显著性检验又可以测量项目功能差异值大小,但它与全 χ^2 方法具有相同的统计特性,当样本容量足够大时,统计检验总是显著的。当项目功能差异值实际上很小时,项目功能差异值的大小将与显著性检验的结果一起确定项目是否有项目功能差异。

标准化方法 (standardization method) 简称 "STND 方法"。由美国心理测量学家多兰斯和库利克在 1986 年提出,它与 MH 方法十分相似。标准化方法为参照组和目标组分别定义了一个经验 "项目—测验" 回归,分别记为 $E_r(Y|Z)$ 和 $E_f(Y|Z)$,其中 Y 是项目得分,Z 为测验分数水平,因此两者实际是 Y 对测验分数水平 Z 的回归。标准化方法认为,若一个项目无功能差异,那么 $E_r(Y|Z) = E_f(Y|Z)$,意思是说,若项目无功能差异,则项目分数对测验分数的回归应该是不受群体划分的影响而完全相等的,若在不同群体上的回归不等,就说明项目存在功能差异。

应用标准化方法计算的项目功能差异统计量被称为标准化 P 差(简记为 $STND_{P\text{-}DIF}$),公式:

$$STND_{P\text{-}DIF} = \frac{\sum_{k=1}^{s}[W_k(P_{fk} - P_{rk})]}{\sum_{k=1}^{s} W_k}$$

式中,$P_{fk} = f_{1fk}/n_{fk}$,$P_{rk} = f_{1rk}/n_{rk}$,分别表示目标组和参照组在第 k 个分数水平上正确作答测验项目的概率,$W_k/\sum_{k=1}^{s} W_k$ 表示第 k 个分数水平上两个子群体正确作答之差的权数。

$STND_{P\text{-}DIF}$ 指标的实质是不同群体在项目上正确作答比例加权差在全分数水平上的累积。$STND_{P\text{-}DIF}$ 取值范围在 -1.0 到 $+1.0$ 之间。负值表示项目有利于参照组,正值表示项目不利于参照组。STND 方法没有显著性检验,只用 $STND_{P\text{-}DIF}$ 来表示项目功能差异大小。通常对于 $STND_{P\text{-}DIF}$ 指标取值介于正负 0.5 之间时,认为是允许的取值误差,即使是稍有偏差也可以忽略不究。对于取值在正负 0.5 范围之外的值,就必须对项目作进一步的检查,以了解形成项目功能差异的原因。

逻辑斯蒂回归方法 (logistic regression) 简称 "LRDIF 方法"。是用逻辑斯蒂回归模型检测项目功能差异的方法。LRDIF 方法是 MH 方法的扩展。MH 方法把匹配变量(测验分数)视为间断的,而 LRDIF 方法则把测验总分视为一个连续变量,并且用测验总分和组别变量来预测被试在研究项目上的表现。这个基本模型为:

$$P(u_{pj} = 1) = \frac{e^z}{1+e^z}$$

式中,$Z = \tau_0 + \tau_1\theta_{pj} + \tau_2 g_j$,其中 τ_2 是对一致性项目功能差异的测量(θ 为匹配能力,g_j 为组别变量,其值为 0 或 1);加入能力与组别的交互作用就成公式 $Z = \tau_0 + \tau_1\theta_{pj} + \tau_2 g_j + \tau_3(\theta_{pj}g_j)$,$\tau_3$ 是对非一致性项目功能差异的测量。在模拟条件下,可以通过比较扩展模型[augmented model,包括 τ_0,$\tau_1\theta_{pj}$,$\tau_2 g_j$,$\tau_3(\theta_{pj}g_j)$]与紧缩模型(compact model,包括 τ_0,$\tau_1\theta_{pj}$)的拟合度,来同时检验一致性项目功能差异和非一致性项目功能差异。

项目特征曲线法 项目反应理论中检测项目偏差的最常用方法是项目特征曲线法。项目特征曲线是关于被试能力与其正确反应概率之间关系的图形表征。按照项目反应

理论,若同一项目在不同团体中估计出的项目特征曲线不同,即能力与正确反应概率间的关系不同,则该项目就是有偏差的项目。该方法将从不同团体中估计出的两条项目特征曲线当成一个整体来处理,而不是分别比较从不同团体(目标组和参照组)中得到的项目参数。其主要指标来自两曲线间面积的差别。(1)面积测量法。美国心理学家鲁德纳 1977 年提出用分别从不同团体中估计出的项目特征曲线的面积差来检测项目功能差异。其具体步骤是:将能力量尺(全矩为 $-3\sim+3$ 或 $-5\sim+5$)划分成宽度为 $\Delta\theta$ 的 K 个小区间(如 600 个);确定每一能力区间中点的能力值 θ_j,及与 θ_j 相对应的两条项目特征曲线的高度(即在团体 A 和团体 B 中的正确反应概率)P_{Aj} 和 P_{Bj};然后根据 $A_1 = \sum_{j=1}^{K} | P_{Aj} - P_{Bj} | \Delta\theta$ 计算出两条项目特征曲线间的近似面积。A_K 越大,则项目偏差越明显。但 A_K 没有考虑偏差的方向,也不能进行显著性检验。(2)平方差测量法。美国心理学家林等人提出与面积测量法近似的平方差测量法。这一方法是把能力量表(范围为 $-3\sim+3$)划分为 600 个区间,每区间的宽度为 0.01,同样是计算出每一区间中点的正确反应概率,再将不同团体的正确反应概率之差平方后累加,乘以区间宽度后再开方,即得检测项目偏差的指标。其公式为:

$$A_2 = [0.01 \sum_{j=1}^{600} (P_{Aj} - P_{Bj})^2]^{1/2}$$

该式的计算方法与面积测量法相近,优点是可对计算出的统计量进行显著性检验。在决定项目是否有偏差时,进行显著性检验非常必要。(3)加权面积和平方差测量法。这一方法的特点是对每个区间的 θ_j 赋予不同的权重。对 θ_j 赋予权重时可依据不同的标准,如可根据每一能力区间的人数,也可根据每一区间能力估计的标准误,或各区间的重要性(如在高校入学考试时高分段的分数更重要)。

项目参数比较法 它的原理与项目特征曲线比较法一样。若两个团体在某项目上有同样的项目特征曲线,则他们应该有同样的项目参数值。当有不同的项目特征曲线时,项目参数也将不同。参数比较法将两团体中估计出的项目参数等值到同一量尺上,再进行显著性检验,其中有代表性的方法是美国心理测量学家洛德 1980 年提出的 χ^2 检验法。

洛德认为,对三参数逻辑斯蒂模型而言,目标组和参照组的猜测参数 c_i 应该相同,要比较的只是区分度参数和难度参数。若一个项目无偏差,则它在团体 A 及团体 B 中的难度和区分度参数是相同的,即 $b_A = b_B$, $a_A = a_B$。设 V' 为一行向量,其元素分别是两参数估计值的差 $\hat{a}_A - \hat{a}_B$, $\hat{b}_A - \hat{b}_B$,即 $V' = (\hat{a}_A - \hat{a}_B, \hat{b}_A - \hat{b}_B)$,记 S_A 和 S_B 分别是极大似然估计中参数估计的 2×2 的协方差矩阵,它们分别是团体 A 和 B 上信息矩阵的逆,记 $S = S_A + S_B$,则在所作参数相等的假设之下可求得 $\chi^2 = V'S^{-1}V$。在大样本条件下,此 χ^2 服从自由度为 2

的 χ^2 分布。洛德的 χ^2 方法可推广到双参数和单参数的情况。对单参数模型而言,χ^2 的计算公式可简化为:

$$X^2 = \frac{\hat{b}_A - \hat{b}_B}{S_A^2 - S_B^2}$$

式中,S_A^2 和 S_B^2 为难度估计值的方差。此时的 χ^2 服从自由度为 1 的 χ^2 分布。

SIBTEST 方法(simultaneous item bias procedure) 简称"SIB"。其名称取自同时性项目偏差估计(simultaneous item bias)。它在概念上与 STND 方法十分相似,它的项目功能差异指标 $\beta = \sum_s P_s (\bar{Y}_{RS} - \bar{Y}_{FS})$,其中 P_s 为第 S 能力水平组中答对该项目的人数比率,Y_{RS}、Y_{FS} 分别是第 S 能力水平组中的参照组和目标组被试在这题上的平均得分。

SIBTEST 方法还包括一个显著性检验,即以 $B = \beta/\sigma(\beta)$ 来检验项目的项目功能差异是否显著。当无项目功能差异时,B 近似于 $N(0,1)$ 分布,当 B 的值大于 1.96 或小于 -1.96 时($\alpha = 0.05$,双侧检验),无项目功能差异的假设即被拒绝。

SIBTEST 方法的最大创新是用潜在能力作为匹配变量。但以潜在能力为匹配变量时有一个问题,即能力估计时使用了可能有偏差的项目。为克服这一问题,SIBTEST 方法设计了一个迭代程序,逐步把被怀疑有项目功能差异的项目排除在匹配标准之外。这一程序是先把所有的项目都作为匹配标准,对每个项目逐项检测,把有项目功能差异的项目排除在匹配标准之外,这样不断反复,直到形成一个不含项目功能差异项目的"有效测验"。用这个"有效测验"估计出的能力就可作为最终的匹配标准。

SIBTEST 方法的另一个革新之处在于可以对一批项目同时进行项目功能差异检测,称为项目束功能差异(differential bundle functioning,简称 DBF)。如可以同时对一篇阅读理解文章后面的五个题目进行项目功能差异分析。在项目束功能差异分析时可能出现两种现象。一是"放大"(amplification)现象,即单独分析每个项目时,项目功能差异值都不大,但同时对这些项目进行分析时,DBF 值马上增大;二是"收缩"(cancellation)现象,即单独分析每个项目时,项目功能差异值很大,但同时分析时,项目功能差异值被综合减小了。

对项目束进行功能差异分析有两大益处。其中之一是可以提高该方法的检测效率和减小 I 型错误,由于有些项目的项目功能差异值太小,当单独对一个项目进行分析时,可能检测不出来,但把具有相同第二维度的项目(产生项目功能差异的原因相同)组成项目束,同时进行分析,项目束功能差异会放大,从而提高了检测效率。另外,对项目束同时分析可降低统计假设的次数和提高匹配变量对真实能力的估计,从而减小 I 型错误。

对项目束同时进行功能差异分析的另一个重大用途是对项目产生功能差异的原因进行验证。对测验项目进行项目功能差异分析之后或专家对测验项目进行项目功能差异评估时,要对项目产生项目功能差异的原因进行分析,并提出种种假设,并对最可能的原因进行验证分析。对项目功能差异原因进行分析时,主要是评估造成项目产生功能差异的第二维度,并把具有相同第二维度的项目找出来,组成项目束,进行项目束功能差异分析,若项目束功能差异明显地增大了,则说明假设的第二维度确实存在,并且造成项目功能差异。

项目功能差异检测方法的选择

除了上面介绍的常用的项目功能差异检测方法外,还有许多其他方法。这些方法各有其适用的条件和优缺点,因此要根据具体条件选择适当的方法。选择方法时要考虑三个方面的因素:(1)所要检验的项目的类型,是 0,1 记分的选择题还是多重记分的开放式题目;(2)方法是否能同时检验一致性项目功能差异和非一致性项目功能差异;(3)方法的经济性和有效性。

上面介绍的项目功能差异检测方法都是为 0,1 记分项目而设计的。但有些方法如 MH 方法、LRDIF 方法和 SIBTEST 方法都可扩展用于多级记分的开放式题目。非一致性项目功能差异是 20 世纪 80 年代后才提出的,相应地,能测出非一致性项目功能差异的方法也较少,SIBTEST、LRDIF 以及项目反应理论方法都可以检测两种项目功能差异。其他方法则只能测出较常见的一致性项目功能差异。

难度比较法和 χ^2 法虽然简单,并且所需样本和费用都较小,但它们检测项目功能差异时有局限性,效率不高,易犯 I 型错误和 II 型错误,已不太被选用。

项目反应理论方法因为其样本不变的性质,使其不像真正的群体差异那样容易产生偏差,而且项目反应理论模型众多,可发展成为适应许多条件背景下的方法,因而它们是效率最高的方法。但是项目反应理论方法原理复杂,计算繁杂,花费很高;另外它还有一个最大的缺点就是所需的样本很大,要 1 000 人以上,这在实践中很难实现。由于项目反应理论方法的这些缺点,人们非常重视无项目反应理论模型的非参数方法,可选用的非参数方法有 STND 方法、MH 方法和 SIBTEST 方法。这三种方法都较为简单,而且费用低,容易应用于实际中,也不需要大样本。MH 方法使用较长久,是经典的标准化方法。美国教育测验服务中心就用这种方法对项目功能差异作常规分析。当要研究其他方法时,以这种方法为标准,把其他方法与之对比。

STND 方法的理论框架和对于项目功能差异的定义与 MH 方法完全相同,只是采用的单位和加权方式不同。这两种方法相关高达 90%以上。STND 方法不但可比较参照组与目标组之间的答对率之差,而且可以比较两组被试选择每个干扰项的概率差异,称之为干扰项功能差异。其方法与答案项功能差异(项目功能差异)分析一样。对干扰项功能差异进行分析,将有助于探讨项目功能差异的原因。例如,可分析两组被试在每个干扰项上的选择率,看看是否某一组被试更倾向于选择某项干扰项,这将有助于分析这个项目产生项目功能差异的原因。

MH 方法和 STND 方法虽然有上面提到的优点,但是它们易受两个比较组样本分布一致性的影响。在样本分布不相似的情况下,它容易产生较大的 I 类错误。另外它们用测验总分作为匹配变量,不能很好地代表被试的真实能力。

SIBTEST 方法是在了解 MH 方法与 STND 方法以及项目反应理论等方法的优缺点的基础上提出来的。它不但具有非参数方法简单易行、不需大样本的优点,而且用潜变量作为匹配变量,对目标组和参照组的能力分布不敏感,不受两个组样本分布是否一致性的影响。另外 SIBTEST 方法还有两项 MH 方法和 STND 方法不具有的功能:一是可同时检验出一致性项目功能差异和非一致性项目功能差异,许多研究都表明,用这个方法检验一致性项目功能差异时,其效率与 MH 方法一致,检验非一致性项目功能差异时,则与 LRDIF 方法的效率一样;二是可进行项目束功能差异分析,这样不但提高了检测效率和降低了 I 型错误,而且可以对项目功能差异的原因进行验证分析,因而 SIBTEST 方法是个很有潜力的方法。

LRDIF 方法建立了多个模型并进行比较,并且把能力作为一个连续变量,不必再人为地分成若干组,减少了很多由此造成的误差。它还可检验能力与组别之间是否有交互作用,即可检验出一致性项目功能差异和非一致性项目功能差异。因此,它也是项目功能差异分析中提倡采用的一种方法。

参考文献

曾秀芹,孟庆茂.项目功能差异及其检测方法[J].心理科学进展,1999(7).

Brennan, R. L. Educational Measurement [M]. 4th Rev. ed. Westport,CT: Praeger Publisher, 2006.

Teresi, J. A. Evaluating Measurement Equivalence Using the Item Response Theory Log-likelihood Radio (IRTLR) Method to Assess Differential Item Functioning(DIF):Application (with illustrations) to Measures of Physical Functioning Ability and General Distress [J]. Quality of Life Research, 2007.

(刘红云 谢国平)

小班化教学(small class instruction) 班级规模一般在 15～30 人的班级教学。传统的班级教学不易照顾学生的个体差异,教师不能很好地因材施教,不利于学生个性全面发展,20 世纪初以来,人们开始探索一种新的教学组织形式。20 世纪 30 年代,随着社会经济的发展,一些工业化国家的人口出生率不断下降,引起班额缩小,一些西方国家开始尝试

"小组教学"。尤其是 20 世纪 60—70 年代以来,随着高新技术的发展,对教育个性化发展的要求越来越突出。20 世纪 90 年代以来,小班化教学也在中国经济发达地区出现。

小班化教学是班级授课制的一种形式,在教学组织上具有自身的独特性。(1)班级规模小,一般不超过 30 人。美国心理学家格拉斯和 M. L. 史密斯在 1978 年的研究表明,当班级规模缩小时,学生的学习成绩会提高,特别是学生人数在 15 人以下时,教学效果会迅速提高。(2)对教学空间和环境的要求比较讲究。要求教学空间灵活多样,特别是课桌椅的摆放,采取多种形式,可以克服教学盲区,实现全员辅导,以利于教师的随机应变。(3)通常采用分层教学的教学组织形式。一般采取同质分组与异质分组形式,有利于因材施教,充分体现以人为本的教学风格,形成互相合作学习的团队精神。(4)为师生教与学的创新提供了有利条件。在小班化教学的氛围中,教师可以自由发挥教学特长,学生可以摆脱传统的因循守旧的学习方法,有利于师生互动,双方和谐和补充,充分发挥教、学的积极性与创造性。(5)改变了传统课堂教学中一本教材、一支粉笔的形式,教师在备课的同时也备学生。在小班化教学中,教师可以充分了解每个学生,对他们进行进一步指导,发挥每个学生的学习积极性与能动性。与传统课堂教学相比,小班化教学有许多方面的优势。(1)有利于学生个性充分自由发展。小班化教学因班级人数较少,为教师照顾每个学生提供了可能。教师有更多时间去了解不同的个体,能注意不同个体差异,施以不同教学,进行个别辅导。(2)有利于学生的全面发展。(3)有利于突出教学重心由重教向重学的转移,充分发挥和调动学生的主体性和积极性,学生参与教学活动也更频繁和直接,师生间、生生间教学交流更加密切。(4)有利于实施探究性教学。学生积极参与,既动脑又动手,易于充满自信地去展示自己的创造才能,开发自己的潜力。小班化教学有两种基本形式。(1)分层教学。将学生按照智力测验或学业成绩分成不同的层次,教师根据不同层次学生的智力或学业的实际水平进行教学。分层教学体现了因材施教的特点。(2)小组合作学习。把一个教学班的学生按均衡编组原则分为几个学习小组,在课堂教学时有计划地向这些小组提出一定的学习任务,小组成员用各种方式合作学习。小组合作学习可以促进同学间相互协作、积极交流,并参与教学过程,充分发挥集体的智慧。为保证小班化教学得以有效实施,须注意以下几方面:与本国的实际紧密结合;相关政策的支持;教师教学方式的转变。

(韩华球)

校本管理(school-based management; site-based management, SBM) 西方 20 世纪 80 年代学校改革运动中出现的一种教育管理思想和模式。强调教育行政部门将权力逐渐下放给学校,给予学校更多的权力和自由,使学校成为自我管理、自主发展的主体,可以根据自身需求和具体情况决定学校发展目标和方向,达到变革学校已有的管理体系,优化学校教育资源,提高学校办学质量的目的。

校本管理运动的产生背景

20 世纪 70 年代后,西方发达国家经济和科技的发展对教育质量和学校管理提出更高要求。在国际竞争的宏观背景下,各国从可持续发展的战略高度对基础教育改革与发展问题作出决策,将提升教育质量和提高国民整体素质放在重要位置。校本管理思想适应了当代教育提高质量的要求。而传统的教育管理体制是自上而下的和外控式的,其弊端在于:权力主体错位,学校行政职权主要由教育行政机构掌握,教育系统权力集中,形成官僚化和科层化;学校缺乏应变能力;学校资源运用效率和管理效率低下。这些问题影响学校管理主体性的发挥,学校无法根据自身实际和外部环境变化自主进行行为调节,这使学校教育质量和学生素质处于低水平循环,美国、英国、加拿大和澳大利亚等国家相继出现学校改革的呼声。同时,学校改革是教育改革的基础,直接关系到教育改革的成败,校本管理的出现适应了学校层面改革深化的需要。校本管理亦是现代学校管理变革的要求,随着学校管理民主化和社会化的推进,以及一些国家政府对学校的控制加强,学校内部自主管理权有所削弱,不利于学校教育质量的提高和学校自身的可持续发展,校本管理思潮的出现是对学校管理弊端的反思。20 世纪 80 年代后,无论是实行中央集权还是地方分权教育行政管理体制的国家,都把扩大学校的办学自主权作为教育改革的一项重要措施,出现教育管理的"地方化"运动,亦促进了校本管理运动的发展。

校本管理运动的发展

校本管理运动经历两个阶段。20 世纪 70 年代至 80 年代中期为萌芽阶段。校本管理的形成则以 1971 年美国纽约地区弗莱施曼委员会提出"校本管理发展"以及 1973 年佛罗里达地方学校向"管理公民委员会"(Governor Citizens Committee)提交教育报告为标志。这份报告的目的是基于下述原则促进建立一个"以学校为中心的管理机构":学校之间资金的分配以学生的需要为基础,学校的教育目标由与学校相关的组织确立,由学校确定课程,父母参与学校的决策制定。1972 年,澳大利亚南澳大利亚州也实施校本管理改革;受其影响,1976 年,澳大利亚首都直辖区也实施校本管理改革,建立新的学校管理体制:每个学校成立董事会;董事会由校长、社区成员、教师代表、家长和市民联谊会代表及学生代表(在中学)组成;董事会有权决定学校的教育政策、经费开支、课程选择以及校舍评估等。加拿大艾伯塔省的埃德蒙顿市于 1975 年开始实行校本管理。1979 年美国佛罗里达州通过一项法律,拨款在学校层面建立咨询委员会。加利福尼亚的《早期儿童教育法》和"学校改进项目"也涉及设立委员会和父母参与。校本管理运动开始在一些发达国家展开。这一阶段校本管理实践具有以下基本特征:实施校本管理是学校自发和自愿的行为;实施校本管理的学校享有学区或州赋予的特权;教职员工参与学校目标和决策的制定;学校同工会签署合作协议;学校拥有人事权和财权;鼓励校长让教师参与校本决策;尝试各种校本管理模式;为校长和教师在管理、督导和指导方面的专业发展提供机会;鼓励教师在实施决策中互相合作;实施校本管理的国家还较少。

　　20 世纪 80 年代后期起,是校本管理运动的发展阶段。西方国家仿效美国、澳大利亚和加拿大在本国进行校本管理改革,已实施校本管理的国家则继续推进改革进程。西班牙于 1985 年规定所有学校实行校本管理,所有学校都由一个地方校委会管理,经选举产生的家长代表、教师、管理者和官员分别占该委员会成员的 1/3,委员会拥有包括预算分配和校长任免在内的权力。英国政府将校本管理写入《1988年教育改革法》。新西兰 1989 年开始推行校本管理改革。20世纪 90 年代后,校本管理逐渐从西方发达国家传播到其他国家和地区。中国香港于 1991 年发布学校管理改革政策,并于1992 年开始按照自愿参加的原则正式开展校本管理改革实验。在美国,至 20 世纪 90 年代中期,校本管理已成为中小学进行教育管理改革的主要方法。这一阶段校本管理基本特征:对校本管理委员会的设立和所拥有的权力作出更明确和具体的规定,尤其明确规定委员会的组成和代表权;对校本管理委员会成员进行管理和团体协作技能的培训;校本课程的革新处于校本管理的核心地位,涉及教学内容的组织、时间的分配以及教学计划的制定;校本管理同学校改进运动交织在一起;校本管理成为制定学区战略计划的手段和工具;校本管理扩展到大部分发达国家和地区。

校本管理基本内容

　　校本管理主要包括三部分内容。一是组建校本管理委员会。为实施校本管理,美国学区一般要求在学校层面组建校本管理委员会,实施学校决策权,作为实施校本管理的组织保障。委员会一般包括校长、教师代表、社区代表、家长代表和工会代表,有的还包括地方教师协会成员和学生代表。有些学区和学校的校本管理委员会成员经由选举产生,但大多基于自愿产生。委员会成员的组成、选择和任期一般由学校自行决定。二是学校自主,主要包括财政自主、

人事自主和课程自主,即学校拥有财权、人事权和课程权。财政自主是校本管理的重要内容,预算规划和经费控制是实现权力下放的主要方面。学校预算是否以校为本,取决于学校能从各种限制或规定中获得的财政自由度的大小。人事自主是校本管理中关键的授权要素之一,但争议最大,与经费使用密切相关。主要是确定职位和挑选人员,一旦根据学生数确定招聘合格教师的人数,学校即可用余下的资金招聘非全日制专家、教学辅助人员等;因教职员退休、调动而产生空额时,学校可根据需要自行决定使用这一空额。在美国校本管理实践中,每所学校都可在学区或州确定的目标和核心课程的框架下自行编制课程,并选择或编写教材。这是一种以学校为基地进行课程开发的民主决策过程,亦即校本课程开发。学校鼓励教师自己编写课本、选择或制作教学材料。将课程权下放给学校,激发教师在课程编制上的创造性,对学校之间加强课程交流也提出更高要求。三是共同决策,主要指教师、家长和社区成员(有时也包括学生)参与学校的各项决策。如经费使用、人员聘用、课程编制、教材选择以及其他各种社会事务等。以校本管理委员会作为组织保障。

校本管理理论基础

　　现代组织理论　组织产生后,组织中的人如何有效工作成为管理研究和实践的重要课题,运用分权、参与管理的方式被认为能提高组织的工作效率。在世界范围内,企业寻求将责任与行动紧密联系的方法,在赋予各单位自治权的同时,又将所有单位联合成一个整体,其本质是通过让雇员分享企业利益,将传统的直线管理模式转变为自我管理的团队模式,让雇员承担更多的权利和义务。校本管理作为概念被提出,最早存在于组织理论和私营企业的管理革新中。20 世纪 70年代后的三四十年中,组织理论迅速发展,鼓励雇员参与和团队管理方法、决策分权和管理机构扁平化的企业组织拥有更高的生产效率,校本管理从中吸取了经验。当代组织理论和企业革新的核心概念,如"参与"、"参与模式"、"工作团队"、"集体管理"、"决策在最低层级做出"等,成为构建校本管理理念的基石,给早期校本管理实践打上印记。

　　权变管理理论　权变管理理论是 20 世纪 70 年代西方形成的一种管理学派。认为企业管理中要根据企业所处的内外条件随机应变,没有一成不变、普遍适用的"最好的"管理理论和方法。传统的教育管理实行外控管理,上级机关高度集权,学校必须完全执行上级指令,无权根据具体情况因地制宜采取有效的管理措施,因而学校领导者和教职员工的自主性和积极性得不到发挥。而根据现代权变管理理论,并不存在一种万能的管理模式,每个学校的条件不尽相同,办学目标和实现目标的方法也应有所不同。上级机关

应在一定政策指导下实施宏观调控,将权力和责任下放给学校,使学校拥有处理教学、教育、人事、财务等方面问题的自主权,以增强学校的办学活力,实现有效管理。

后现代主义 校本管理的产生是教育管理哲学从"外控形态"到"内控形态"的转变。传统管理哲学的基本假设:必须建立一个理性的行政管理科层结构,集权化乃至权力统一在中央或中心机构在所难免;机会均等是基于平均地给予各组织应有的资源。"外控"的管理形式基于以上假设。当教育系统处于雏形阶段或结构简单时,"外控"的管理形式相对有效;当教育系统庞大或结构复杂时,"外控"的管理形式无法应对变化频繁的外部环境。"外控"的教育管理哲学较适合工业社会初期以及结构相对简单的学校。在后工业社会,学校结构日益复杂,传统的管理哲学和"外控"的管理方式不再适用,需要运用"内控"的管理策略。校本管理的管理哲学的基本假设:学校及社区应被赋予更大的权力管理其中的各种事务;学校管理策略应注重"权力下放"(decentralization)、"授权"(delegation)等。20世纪中叶后,后现代主义产生并在世界范围内迅速发展,对教育亦产生很大影响。后现代主义强调"边缘化"(decentering),指摒弃任何中心事物和真理,主张把注意力集中于边缘事物,校本管理的一些核心思想如"权力下放"、"授权"等,即受此影响而产生。

校本管理主要模式

世界各国的校本管理改革伴随教育改革而兴起,在具体实施过程中,虽具有共同的指导思想,但因各国各校背景不同,具体校本管理的操作模式存在差异。根据掌握学校决策权的主体划分,校本管理有四种基本模式。(1) 行政控制型校本管理模式(administrative control SBM)。以增强校长决策权为目标。虽然校本管理委员会(理事会)具有相关决策权,但学校决策权最终掌握在校长手中,增加学校决策权就是增加校长在财政、人事和课程领域的决策权。倡导该模式者认为,实行行政控制可充分利用资源,将更多的资源用于学生。校长需就重大问题在校本管理委员会上向教师、学生家长、学生和社区代表咨询,建立校本管理委员会就是为了给校长提供咨询。加拿大艾伯塔省埃德蒙顿市,美国得克萨斯州、佛罗里达州代德县、肯塔基州是实施该模式的典型。(2) 社区控制型校本管理模式(community control SBM)。以最大限度地满足消费者——学生及其家长的需要为目的。学校决策权主要掌握在社区代表和学生家长手中。其基本假设:学校课程应直接反映家长和社区的价值和需求;校长和教师不一定能完全代表家长和社区的利益;家长和社区掌握学校课程、预算、人事等方面的决策权,可以提高学校的适应性。只有家长和社区成员占校本管理委员会的多数,才能保证该模式的实行。新西兰和

美国的芝加哥是实施该模式的典型。新西兰的改革始于1989年,美国芝加哥也于同年通过立法形式推行这种校本管理。(3) 专业控制型校本管理模式(professional control SBM)。以增强教师决策权为目标,通过利用教师的专业知识来提高决策的有效性。教师拥有最终决策权,通过教师代表占据校本管理委员会成员的多数来实现这一目标。认为与学生关系最近的专业人士拥有作出正确决策的知识,他们参与决策的过程可以提高其执行决策的信心和责任感,赋予教师更大的民主参与决策的权利可提高效率和效益,提高教学质量。(4) 平衡控制型校本管理模式(balanced control SBM)。试图实现社区控制型模式和专业控制型模式的双重目标。学校决策权掌握在家长和教师手中,充分利用教师的专业知识做好决策,同时依赖家长和社区的力量推行改革。与社区控制型模式不同,该模式认为在家长参与学校管理时,教师愿意对家长和社区的需要做出反应。实施该模式需注意在学校委员会的构成中保持教职工、家长及社区成员代表之间的平衡。西班牙和美国盐湖城等地推行该模式。

这四种模式的相同点在于:在学校层面组建校本管理委员会;由校本管理委员会实施预算、课程、人事方面的决策权;学校是一个自行管理系统;共同决策。但四种模式的目的、基本假设和掌握学校决策权的主体不同。

校本管理原则

校本管理遵循五项原则。(1) 质的原则。校本管理视教育目标是多元化的,植根于多元化的学校顾客的预期和教育环境的复杂与变化。为适应不断变化的外在环境,提高学校绩效,达成教育目标,教育追求质的变化至关重要。(2) 差异性原则。管理中有许多不同的方法能达成教育目标,故应强调管理过程的灵活性;基于教育面临的外在变迁的日益快速及复杂化,学校之间在学生学术水平和社区环境上的巨大差异,用外在制定的统一评价标准管理学校的方式已不合时宜。校本管理的差异性原则主张放权,给予学校较大的自主空间,总结有效的学校管理策略。(3) 放权原则。放权与差异性原则相对应。学校管理和教师的教育教学活动中不可避免会遇到问题,学校应被赋予权力和职责尽可能有效地解决所发生的问题。校本管理的目标是追求教育绩效,着眼于问题的有效解决,不回避问题的存在。(4) 自我管理原则。校本管理并不否定学校需完成教育政策规定的目标,但同时强调达成目标有许多不同的方法,必须使学校在主要政策的制定和结构的确定上成为一个自我管理的系统,学校依据自身条件在开发教学目标、确定管理战略、分配人力资源、解决实际问题和完成预定目标上拥有更多的自主权。(5) 人本原则。人的因素在组织绩效中具

有关键作用,校本管理基于人力资源理论,认为人是组织中最宝贵的资源,学校管理中的重要工作是开发具有主动性的人力资源。强调管理目标的建立应基于学校成员广泛参与和开发其潜能,学校质量的提高应着眼于改进学校管理的内在过程,尤其是人的因素。

校本管理的有效性

校本管理有效性的基本特征有六方面。(1)学校权力分散,更多的人参与学校决策。不但校长和教师进行学校管理,校外的家长、社区成员,企业和商业人士都对学校发展有一定的发言权。各方人员根据特长组成不同职能的小组委员会,作为学校委员会的附属部分。教师组成的小组委员会负责学校教育的核心,即课程和教学,其他委员会则负责公共关系、资金、教育设施等不同领域。各方各尽所能参与学校管理,学校作为一个开放的系统,充分利用各种资源。一些地方和学校为学校理事会成员提供大量培训课程,使其更好地履行职责和义务,培训内容主要包括交流技能、制定计划和实施计划的技能、团队建设能力等。(2)教师持续的专业发展成为全校人员共识。校本管理中,教师的职能更丰富,教师不但参与校本管理,而且进行校本课程开发和校本研究,每个教师都在这一过程中持续获得专业发展。在教师专业发展成为共识,且改革成为自觉要求的学校中,教师之间正式或非正式的人际交往亦有助于提高教师的专业素养。学校通过组织各种培训促进教师的专业发展,并就教师的专业发展作出整体安排,使个人的专业发展和整个学校员工的专业发展成为一个持续不断的过程。(3)保持信息通畅,促进管理决策科学化。校本管理的信息流通强调多渠道,信息不仅来自上级,还来自校内和社区,甚至向上级传递信息。在校内,教师作为中介收集或分散来自各方面的信息。教师组成纵向、横向或其他类型的小组,如教研组(学科组)、年级组等,还直接参加校级委员会的重要工作,且一个教师可同时参加几个小组的工作。以教师为中介保持信息通畅,学校管理参与者在充分掌握信息的基础上进行决策,使决策更明智和科学。(4)建立合理的激励机制。在达成校本管理目标的进程中,学校对教师的良好表现给予及时激励,包括直接的物质奖励、休假、进修、领导或同事的赞赏等,合作进取的工作氛围对教师是一种激励。日常的鼓励与制度化的奖励相配合,意味着对教师成绩的肯定,并成为其进一步努力的动力。(5)校长是核心领导者,也是教师的服务者和强有力的支持者。校长具有卓越的领导才能。在校内,校长制定学校总体规划,善于创建民主参与的工作氛围,使教师感受到自己是学校的主人;积极促进教师间的人际互动,包括正式的合作和非正式的经验交流。在校外,校长善于建立良好的公共关系,包括

与当地媒体和企业商业界的相互关系;善于运用各种校外资源服务于学校。课程和教学改革是校本管理的主要内容,校长可以不是课程和教学改革过程的直接领导者,但致力于推进学校管理体制建设,创建良好氛围,创造各种条件,支持一线教师成为课程和教学改革的领导者。(6)确定课程和教学改革的导向。校本管理的有效性最终体现在课程和教学改革的效果上,确定良好的课程改革导向是校本管理的关键。校本管理实施良好的学校一般都将课程和教学改革作为校本管理改革的重点。在美国,学校课程有多种选择:将学区、州政府或联邦政府制定的课程计划作为学校课程改革的指引,教师在课程的具体细节和教学方法、教材的使用上有较大的回旋余地;学校根据学区、州政府或联邦政府的课程框架形成自己的运作方法,在校内统一推行;学校开发自己的课程框架,教师据此编写教材。

校本管理的问题所在

西方学者通过对美国、加拿大、澳大利亚等国实施校本管理学校进行深入调查研究发现,尽管多数改革取得明显成效,但有的并未取得预期效果,表明仅采用校本管理模式并不足以根本提高学校的有效性。校本管理改革是一项系统工程,改革成功与否取决于是否采取权力下放和共同决策等措施、实施措施的程度,以及教育行政部门和各类学校主体对校本管理的支持程度、学校管理主体的角色适应能力和工作技能、学校管理信息系统的畅通程度等。校本管理是一种分权化的管理实践,在分权化的教育行政运作过程中,各级教育行政机构需从指挥者转变为支持者、协调者和评价者;校长需从执行者和管理者转变为领导者、作决定者和沟通者;教师需从半专业人员转变为专业人员。各国校本管理实践中出现的问题集中在教育行政机关支持不足,未能清晰界定校本管理在实施过程中的各种角色及其职责,校长未能接受校本管理改革理念,教师态度不积极且专业准备不足,相关人员缺乏相应的管理理念、知识和技能等。

参考文献

Bergman, A. B. Lessons for Principles from Site-Based Management[J]. Educational Leadership, 1992, 49(2).

Herman, J. J. & Herman J., L. School-Based Management: Current Thinking and Practice [M]. Springfield, IL: Charles C. Thomas, 1993.

(曾雄军　郭巧玲)

校本课程(school-based curriculum)　　　以特定学校为基础开发的课程。学校在保证国家课程和地方课程基本质量的前提下,通过对本校学生需求的科学评估,充分利用

社区和学校的课程资源而开发的多样化的可供学生选择的课程。其开发管理的主体是学校。在宏观课程结构中,校本课程处于协调和补充地位。校本课程反映学生的兴趣爱好及个性发展需要,充分考虑学生的个体差异。在国家课程、地方课程和校本课程三级课程体系中,校本课程体现不同学校的特殊需要。

"校本"的含义有三:一是为了学校,即以改进学校实践,解决学校所面临的问题为指向;二是在学校中,即学校自身的问题由校长和教师在学校中解决,其他人不能代替;三是基于学校,即从学校实际出发,挖掘学校潜力,充分利用学校资源。对校本课程的理解与国家教育管理体制有关。实行地方分权教育管理体制的国家(如美国、加拿大、澳大利亚等)强调依据国家课程标准选择或改编教科书,强调学校或教师的高度参与,以实现课程的适应性;中央集权教育管理体制的国家或地区(如法国、俄罗斯、泰国和中国台湾)强调国家课程计划框架内的课程;中国香港则兼具两者特点。

20世纪60—70年代,学校课程深受西方国家民主运动的影响,体现为要求课程决策民主化,强调学校、社区一级的课程运作,主张学校教师、学生、家长、社区代表等参与课程决策,掀起课程史上的"校本课程运动"。英国等非集权制国家的中央教育部门承认课程开发的中心在学校,政府应协助推动校本课程开发,而国家方案只作为学校、教师进行校本课程开发时的参考;政府通过中小学委员会推动营造实施校本课程的环境。在澳大利亚,学校具有课程自主权,教育部门拨经费补助校本课程开发及教师进修。自20世纪80年代起,校本课程在学校课程中的地位发生相反的两种变化。在过去政府较少干预学校教育的国家,如英国、美国和加拿大等,教育竞争被作为国家之间竞争的一个重要方面,国家对课程的控制不断加强,校本课程在整个国家课程中的地位下降;而在以往政府对学校教育控制较多的国家,政府对学校教育的控制减少,学校在课程决策上的自主权增加,课程的统一性减弱,校本课程在整个学校课程中的地位上升。澳大利亚的课程决策权呈现部分向两极转移的趋向,即联邦政府对学校课程的控制加强,而学校的课程自主权亦同时扩大。在宏观课程框架中,校本课程在寻求重新定位。

校本课程开发是以特定学校为基地进行课程开发的开放民主的决策过程。学校课程计划的制订、实施和评价需要校长、教师、课程专家、学生以及家长和社会人士共同参与,涉及学校组织、教师岗位在职培训、教育资源和社区参与等各方面。校长必须激发教师开发课程的积极性,并提供课程开发资源保障;教师需要具备科学的课程意识、娴熟的课程开发技术、精诚合作的精神以及行动研究的素养;学校应设立课程指导与咨询机构。

(孔　云)

校长专业化（principals' professionalization）　校长职业逐渐符合专业标准,成为专门职业并获得相应的专业地位的动态过程。可从两个角度理解。从职业群体的角度,指校长职业由准专业向专业不断发展的过程,亦即在整个职业层面逐渐达到专业标准的过程。具体而言,校长专业化是向下述目标前进的过程:校长都经过长期的专业训练;有完善的知识体系作为从业依据;建立系统的伦理规范以约束校长的管理行为;有明确的校长从业标准和要求;进入校长行业有严格的资格限制;校长具有专业上的自主性;校长拥有较高的社会声誉和经济地位;已建立校长专业组织并发展成熟。从个体的角度,校长专业化亦称"校长专业发展",指校长个体的内在专业结构不断更新、演进和丰富以臻完善的过程。内在专业结构指专业精神、专业知识和专业能力。校长的专业精神包括学校管理观、教师观、学生观和教学观等,决定校长管理活动的目标、过程及方式,校长对教师、学生的态度以及为促进教师和学生的发展所从事的具体实践活动,亦决定学校特色及未来发展方向。校长的专业精神不仅影响其教育行为和教育管理行为,对校长自身的学习和成长也有重大影响。专业精神在校长的专业结构中居较高层次,统摄校长专业结构的其他方面。校长的专业知识指校长作为学校教育管理专业人员,必须获得系统而明确的专业理论知识,学校管理的教育性、综合性与复杂性亦要求校长具备符合教育者、领导者和管理者角色要求的知识结构。校长的专业能力主要指有效开展学校管理工作所必备的个性心理特征和实际技能。职业群体意义上的校长专业化与个体意义上的校长专业发展紧密联系,后者构成前者的基础,个体专业发展是一个职业上升为专业,以及一个专业性职业保持和巩固其专业性地位的必要条件。

校长专业化的必要性

校长专业化是社会职业发展趋势的反映。随着社会的发展,职业专业化的范围扩大,越来越多的社会职业加入专业化进程,专业化的速度愈益加快,内涵日益丰富。J. 沃特金斯认为,社会要求专业人员拥有更多的知识和技能来适应日益复杂的社会变化,"持续的专业发展"（continuing professional development,简称CPD）成为各种社会职业领域专业化的方向。

校长专业化有助于提高校长职业的社会地位。不同的职业因其专业发展水平不同,社会地位差异较大。被社会认可为专业的职业群体不可或缺,社会赋予其极大的责任并提出很高要求;专业群体在掌握专业知识和技能、履行社会职责过程中需花费更多的社会必要劳动时间,在权力、薪酬、晋升机会、发展前途、工作条件、职业声望等方面拥有更多的社会地位资源,亦即占据社会分层中的较上层。专业化过程即提升职业群体社会地位的过程。校长专业化的一个重要目标在于争取校长的地位、权力和权利,力求集体向上流动。

校长专业化亦是教育本身的要求,校长职业只有进入专业化进程,才能提升校长群体的职业素养,进而提高教育管理水平和学校办学质量,满足社会变革和教育发展的需要。国际劳工组织和联合国教科文组织在1966年《关于教师地位的建议》中提出,应将教育工作视为专门的职业,要求教师经过严格、持续的学习,获得并保持专门的知识和特别的技术。2000年古斯凯提出,教育领域的知识增长迅猛,要求教育工作者具备新的职业能力,各种教育改革要求教师和教育管理者转换角色并承担新的责任,教育工作者的专业发展正受到前所未有的关注。将教育工作视为专门的职业,要求教师职业和校长职业的专业化,校长的职业水准直接决定学校的发展。校长专业化与教师专业化并行,校长专业化是教育职业专业化的类型之一。

校长专业化已成为教育领域一项重要的实践活动。20世纪80年代中期始,美国学校改革的焦点是教育管理者与教师的专业性发展。为促进教育管理者专业化,美国教育管理学会于1986年成立美国教育管理卓越委员会(National Commission on Excellence in Education Administration,简称NCEEA),教育管理学者格林菲斯任主席,次年,委员会发表报告书《未来学校的领导者》(Leaders for Tomorrow's Schools),内容主要针对学校管理人员的储训、培养、培训、管理与评估,并提出重大变革方针。1996年美国州际学校领导者资格认证协会(Interstate School Leaders Licensure Consortium,简称ISLLC)发布一套面向21世纪学校管理人员的专业标准"学校领导者专业标准"(Standards for School Leaders),得到美国教育界的广泛认同并被30余个州采纳。1983年英国教育与科学部提出校长管理培训计划,建立英国学校管理培训发展中心,1998年制定"校长专业国家标准"(the National Standards for Headteachers),次年制定"校长专业国家资格要求"(the National Professional Qualification for Headship,简称NPQH),2004年重新修订"校长专业国家标准"。中国政府从1991年开始实施"全国百万中小学校长培训工程"。

校长专业化的知识基础

衡量某职业群体专业化水平的核心要素是其工作质量和服务社会质量,亦即职业活动水平。校长专业化所需要的知识是能促进校长群体提升职业活动水平,能为校长群体的职业活动提供有效指导的知识,具有较强的实践取向。具体有三个标准。其一,效用标准,要求"有用"。这是最重要的标准。要求教育管理知识能为校长从事学校管理活动提供有效的智力支持,有助于校长提高管理效率和效能,促进学生的全面发展。其二,数量标准,要求"够用"。要求教

育管理领域积累足够的知识,构成系统的知识体系,为专业活动和职业的专业化提供有力支持。从业人员必须在大学或其他教育机构接受长期系统的教育,才能掌握专业知识。其三,质量标准,要求"好用"。指知识的形式标准,如知识体系中的知识具有逻辑上的内在一致性。可将埃弗斯和莱考姆斯基提出的衡量理论优劣的指标作为评价校长专业化知识基础的质量标准,包括一致性(consistency)、简明性(simplicity)、包容性(comprehensiveness)、解释力(explanatory power)、可学习性(learnability)与增殖力(fecundity)等。据此标准,高质量的知识必须逻辑上前后一致,文风简明扼要,不排斥异己,对现实有较强的解释力,便于学习和掌握,并能促进新知识的产生。教育管理研究关注实践问题。20世纪80年代中期后,英、美等国在教育管理人员的教育、培训和评价中,要求打破理论与实践的樊篱,强调工作绩效的提高而非学科课程的学习,强调问题中心的(problem-centered,problem-based)课程设计、学习模式和认知模式。舍恩认为,校长更多地需要实践性知识(practical knowledge)而非学术性知识(academic knowledge),两者截然不同,前者是现实导向的和问题中心的,是对实践的认识,后者是理论导向的知识建构。

教育管理实践需要重建由实践性知识构成的知识基础,学术性知识须经应用性转换才能成为新知识基础的构成要素。校长专业化知识基础的建构策略:清理现有的教育管理知识,区分实践性知识与学术性知识,并将实践性知识从知识总体中剥离。可以根据校长的职业角色分析其从事的职业活动,以确定校长的职业发展需求和实际工作需要。斯佩克认为校长有三个职业角色,即教育者、领导者和管理者,并提出对应于每一种角色的主要任务和职责。校长作为教育者的主要职责:不断学习并反思自己的实践行为;在学校中建立被广泛认同的远景目标;审查研究计划和示范性的教育活动方案;指导并促进合作式研究;实施教学计划,评价教学工作;改进校园文化;组织实施相关活动以改进对学生的服务质量;监测学生的发展情况。校长作为领导者的主要职责:准确定位学校现状;预设学校远景目标;与全校师生就远景目标达成共识;界定学校变革的能力和限度;规划并实施变革;个人为全校树立榜样;授权给教职工;建立相互信任的关系;监测和评价学校的发展;对他人持欣赏态度并肯定他人取得的成绩;关心员工、学生和学校;激励学校员工和学生;运用人际沟通技巧改进个人间和团队间的人际关系。校长作为管理者的主要职责:筹备和计划;组织;通过循环反馈系统进行管理;指挥和施行;评价和改进。据此可确定校长完成以上职业活动应掌握的知识,形成"实践性知识的应然框架",据此框架,从已有知识中剥离出"实然的实践性知识",形成建构校长专业化知识基础的已有资源,再对"实践性知识的应然框架"与"实然的实践性知识"进行对比

分析,确定二者的差距,差距越小,说明已有的知识基础越扎实;反之则说明已有的知识基础越薄弱,生产新的实践性知识以巩固已有知识基础的要求越迫切。

建构校长专业化的知识基础还需要生产新的实践性知识。实践性知识的实然状态与应然状态对比结果可显示所需生产的新知识类型和数量。教育管理研究人员是生产新知识的主要力量,应将学术性知识进行应用性转化,使学术性知识服务于教育管理实践和校长职业的专业化。生产新的实践性知识需充分发挥校长的作用,以利于校长个人的专业发展,这亦是新专业主义(new professionalism,一译"新专业性")的基本要求。旧专业主义强调专业知识的确定性、普适性和客观性,强调学科性、学术性知识的灌输;新专业主义强调知识的工具性,主张知识是实践者个人的主观建构,专业知识的获得是基于对自身职业实践的反思、探究以及与同行的交流。新专业主义为实践—反思取向,关注实际,强调行动研究,要求实践者成为研究者,积极反思而非被动地应用知识。由此,校长由知识的消费者转变为知识的创造者和生产者。

校长专业化的制度保障

依据人力资源管理理论,校长管理制度包括校长职责制度、资格制度、聘任制度、培训制度、评估制度、晋升制度、薪酬制度以及相关的工作保障制度。

校长职责制度有助于校长明确职业定位,形成专业角色意识。这是校长专业化的基础和前提。与此相关,必须建立校长职业的专业标准作为校长的从业依据。美国和英国分别于 1996 年和 1998 年建立校长专业标准。赛克斯认为,专业标准的重要性体现在指出了从事某种专业应具备的知识和技能,以及用来剔除不合格者。

校长资格制度的核心是资格证书制度,这是校长专业化的基本特征。资格证书是国家对专业从事学校教育教学管理的校长的基本要求,亦是有志成为校长者获得校长工作岗位的法定条件。学历是校长资格制度中的一个硬性指标。20 世纪 50 年代,美国有 41 个州规定,必须修习研究生课程才能获得学校和幼儿园管理人员的资格证书,有 26 个州规定,必须具有硕士学位才能获得学校和幼儿园管理人员的资格证书;1993 年美国有 45 个州规定,获得校长资格至少须具有硕士学位。1998 年英国发布"校长专业国家标准"(1999)作为校长资格认证的依据,资格认证考察校长人选的学历水平以及职业道德水平、领导管理能力、教育教学能力、身体条件和个性特征等。

校长聘任制度是校长任用制度的一种。中国常用的校长任用制度有委任制、选任制、考试录用制和聘任制。聘任制亦称聘用合同制,通过聘用合同规定所聘校长的任职年限、职责、职权、待遇和奖惩要求。较之其他任用制度,聘任制能激发校长的职业热情、责任感和紧迫感。

校长培训制度是校长专业教育的重要组成部分,包括入职培训和在职(职后)培训两种基本形式。入职培训的作用在于使从业者全面了解职业领域,掌握从业知识和技能,建立正确的职业观念。1997 年中国国家教育委员会要求,凡担任国家举办或社会力量举办的普通中小学校长(农村完小正副校长以上)职务的,必须参加岗位培训,并获得"岗位培训合格证书",若因工作需要在培训前进入岗位的,只能任代理校长,待获得"岗位培训合格证书"后再正式任命或聘任校长职务。在职培训是提高中小学校长专业素质的重要途径,参加培训是校长在自我专业发展意识指导下主动促进自身专业持续发展的有效方式。

校长评估制度是促进校长专业发展的重要制度。评估是以校长的工作目标和工作职责为依据,对校长的实际工作绩效进行评定,有助于校长明确自身优点和不足,及时调整专业理念及专业行为,明确专业发展目标,不断提升专业水准,促进自身专业发展,最终为提高学校的办学质量服务。各国的校长评估制度建设普遍较薄弱,亟待改革。

校长激励制度包括校长晋升制度、薪酬制度以及相关的工作保障制度。赛克斯认为,专业化依赖两大策略,即筛选和吸引。前者指运用专业标准筛选候选人,挑选优秀人才;后者指运用报酬和激励手段吸引并留住求职者。职业生涯中,职级晋升是激励个体不断追求自我职业价值的有效方式。追求专业领域的专业水平认可,获取不断提升的专业地位与社会声誉,是专业人员追求专业发展最直接的目标,科学合理的职级晋升制度是专业人员自我专业评定和组织评定的参照标准。中国一些地区试行校长职级制,使校长的工作业绩与专业级别相联系,明确校长在专业领域的地位,职级晋升是校长专业地位和社会声誉提升的表现,一定程度上发挥激励校长不断提高专业水准的作用。合理的薪酬制度是激励校长不断追求专业发展与职业自我实现的一种激励制度。获得稳定而丰厚的经济收入是专业人员不断追求专业发展的基本物质保障,专业成熟度高的职业一般有较高的经济回报作为支持,以吸引更多的优秀人才,并促使从业者不断致力于提高专业水准,建立严格的职业伦理规范,提高职业的权威性和社会地位。中国校长的工资待遇普遍执行教师专业技术职务工资标准,没有明确的专为校长设立的薪酬体系。校长的激励体制还包含各种福利和社会保障制度,具体有补充性工资福利(带薪休假制度)、保险福利(参加各类保险制度)、退休福利(职业生涯结束后的社会保障制度)和其他个人服务福利(如度假福利等)。

依据人力资源管理流程建立的各种校长管理制度之间有机相连,任何一项管理制度的缺失或不健全,都会延缓甚至阻碍校长的专业化进程。

参考文献

Drake, T. L. & Roe, W. H. The Principalship[M]. 5th ed. New York: Prentice-Hall, 1999.

Schön, D. A. The Reflective Practitioner: How Professionals Think in Action[M]. New York: Basic Books, 1983.

Speck M. The Principalship[M]. New York: Prentice-Hall, 1999.

（褚宏启）

校长专业组织（principals' professional organization）以校长等学校管理人员为主体,自愿结合而成的具有一定组织体系的社会团体。关注校长的专业发展和权益保护,以及学校教育质量的提高,以促进学生发展为最终目的。系非政府行政组织,无处置内部成员的权利,但可以公约或章程的形式约束会员;系非学校性质的组织,无直接的育人功能,但能通过影响其成员的思想与行为,间接影响学校的整体运行。具有以下特点。(1)专业性。校长专业组织是校长专业化发展到一定程度的产物,专业性是其立足之本。具体表现在校长专业组织能代表和服务于校长群体,促进校长的专业发展,进而提高学校教育质量。专业性一定程度上是衡量校长专业化程度的一个指标。(2)合法性。校长专业组织是依据国家法律成立的合法组织,其发展受到法律保护。经过正式注册获得合法身份的校长专业组织即具备法人资格,具有合法性基础。(3)组织性。设置了合理的机构,以实现组织功能,对外提供服务,且组织内部建立较完善的规章制度,使任何组织行为有章可循。(4)非完全独立性。校长专业组织具有半民间性和半政府性,半民间性表明其相对独立于政府,在机构设置、管理体制等方面有别于政府;半政府性表明其虽与政府有区别,但在组织的重要领导人、资源支持等方面,不同程度地需要由政府来管理和控制,政府要求校长专业组织的行为必须优先体现政府职能的实施,直接承担一部分教育管理职能。在中国,校长专业组织的民间性程度远小于西方国家。(5)自律而非经营性。校长专业组织注重为成员提供服务,对外经营项目并非组织存在的根本目的。组织的工作重点是强调组织对内的约束力,达成共同遵守的规章,规范成员行为,促进成员的专业发展。(6)公正与民主性。在国家法律、法规以及组织章程的规范下进行各种活动,体现公平、公正、公开的原则。组织活动的开展与各项决策的出台必须经过一定程序,以投票或其他方式由组织成员共同决定,体现民主性。

校长专业组织的使命与目标

校长专业组织以谋求校长专业发展为目标,以提高教育质量为动力,运用多样化的形式为组织成员提供支持,争取各方资源,保持与政府等相关组织的联系,同时坚持组织的独立性和自主性,从而在教育领域发挥应有的作用。

在美国,有关学校管理者的协会有从业取向(practitioner-oriented)和专家取向(professor-oriented)两大类。前者如美国学校管理者协会(American Association of School Administrators,简称 AASA)和美国全国教育协会所属小学校长协会(National Association of Elementary School Principals,简称 NAESP)、中学校长协会(National Association of Secondary School Principals,简称 NASSP),主要由从事一线管理工作的校长组成。后者如美国教育管理学教授委员会(National Council of Professors of Educational Administration,简称 NCPEA)、美国教育管理大学委员会(University Council for Education Administration,简称 UCEA)和美国教育管理卓越委员会(National Commission on Excellence in Education Administration,简称 NCEEA),主要由科研院所、大学的研究人员组成。

美国学校管理者协会成立于 1865 年,其使命:支持学校领导的发展,培养高素质的领导者,促进公共教育质量的提高。美国全国教育协会是美国历史悠久、影响颇深的民间教育团体,亦是世界上最大的教师专业组织,于 1916 年和 1921 年先后成立中学校长协会和小学校长协会。这两个协会虽系美国全国教育协会的分部,但相对独立,收支自理,无来自美国全国教育协会的经济支持。两者的运作依靠美国全国教育协会的支持,均设执行委员会(理事会)作为制定决策的机构,通过代表大会选举主席、副主席和秘书长等,成立董事会(常务理事会),为会员和公众提供各种专业资料,出版杂志、年度报告和书籍等。

美国中学校长协会以促进学校领导的卓越发展为使命。拥有 52 个分会(含澳大利亚中学校长协会)。在提高学校领导能力方面,协会通过专业研究和调查分析,提供会员实践工具和资源以使其自我完善。还通过著作、期刊等提供会员最新的信息和研究动态,在更大范围代表校长的利益,促进中等教育质量的提升。学校领导者面临的挑战、专业标准的提升、公众教育信念的坚定、信息的广泛搜集、新事物的引进等都是协会关注的重点。

美国小学校长协会成立的初衷是提升成员的职业水平,建立一个互动的思想交流平台。经过多年发展,它已成为美国以及许多国家 PK-8 学校(设一年级至八年级的学校)校长的权威代表。该协会致力于确保所有儿童都能获得最好的教育机会,其使命:支持和引领中小学及其他教育部门的领导履行对学生应尽的义务和责任。协会为小学校长提供相应服务,提高校长的专业标准。协会研究认为,学生在低年级阶段的体验和表现对其将来的影响较大,而能够确保给予他们良好的基础教育的关键在校长。

英国全国校长协会（National Association of Head Teachers,简称 NAHT）是欧洲规模最大的校长专业组织,在中小学和特殊学校中享有较高的权威和影响力。成立于1897年。协会成立时的目标包括:成为会员沟通的桥梁和表达心声的场所;在会员利益受到侵害时采取必要的保护措施;为会员提供专业发展方面的帮助;探讨教育的一般规律;支持高标准的专业行为和均等的发展机会;协调会员与雇主之间的关系等。发展目标:提供会员充分表达意见的机会,采取行动维护会员利益;努力帮助会员提高其社会地位,改善其工作条件;给予所有会员援助和支持;为校长履行职责提供相应的信息和指导;为会员的专业发展提供服务和支持;为达到高质量的教学水平而努力;引领对教育热点话题的探讨。该协会在百余年的发展历程中,规模扩大迅速,其成立一周年时有 12 个分会,1 477 名会员;成立 50周年时有 210 个分会,会员 1 万名;20 世纪 80 年代,分会达350 个,会员超过 2 万名。自 1985 年始,代理校长亦获参会资格,会员数稳定增加。

英国中学校长协会(Secondary Heads Association of UK,简称 SHA)。1977 年成立。协会的主要发展目标:支持、保护和促进所有会员的利益,调节会员与雇主之间的关系,提供会员大会或委员会承诺的各项服务;采取多种方法提高教育教学质量;在会员和公众间开展有关教育的讨论;在教育权威和公众面前发表校长观点;与其他团体保持联系,开展合作项目;及时给予会员法律援助;坚持和提升专业行为标准;为协会发展筹集资金;妥善管理资产;鼓励创建对协会有利的实体公司并给予支持。其分会之一苏格兰校长协会(Headteachers' Association of Scotland,简称 HAS)的使命:提高苏格兰中等学校的教育质量;满足会员需求,维护会员利益;成为影响全国和地方教育政策的主要机构。

英国小学校长协会(The National Primary Headteachers' Association,简称 NPH),1995 年由沃里克大学发起成立,由一群热心服务、乐于奉献的小学校长领导,并不试图形成一个联盟,较少关注自身待遇、法律服务或其他相关服务。以保护儿童利益,提高教育质量为宗旨。通过与政府机构、社会团体的接触,探讨有关教师、学生等方面的政策,向下议院提交建议。

澳大利亚影响较大的中学校长专业组织主要有三个。(1) 澳大利亚中学校长协会(Australian School Principals' Association,简称 ASPA),代表公立学校。成立于 1969 年,原名澳大利亚高级中学校长协会(Australian High School Principals' Association,简称 AHSPA)。其目标:加强联邦内教育理论与实践的结合;同境内外其他教育组织合作;在会员州内宣传教育知识;成为国内公立中学校长的代表等。(2) 澳大利亚私立(中立)学校校长协会(Association of Heads of Independent Schools of Australia,简称 AHISA),代表私立学校。成立于 1985 年,由成立于 1931 年的中立学校校长委员会(The Headmasters' Conference of Independent Schools of Australia, 简称 HMCISA)和成立于 1945 年的中立女中校长协会(The Association of Heads of Independent Girls' Schools of Australia, 简称 AHIGSA)合并而成。(3) 澳大利亚天主教中学校长协会(Association of Principals of Catholic Secondary Schools of Australia,简称 APCSSA)。成立于 1993 年,主要为学校提供交流平台,促进协会之间以及协会与政府部门的交往,提高教会学校的教育质量。

澳大利亚全国性的小学校长专业组织主要有澳大利亚小学校长协会(The Australia Primary Principals Association,简称 APPA)、澳大利亚中立小学校长协会(Junior School Headmasters' Association of Australia,简称 JSHAA)、澳大利亚政府小学校长协会(Australian Government Primary Principals Association,简称 AGPPA)和澳大利亚天主教小学校长协会(Australian Catholic Primary Principals Association,简称 ACPPA)。其中,小学校长协会面向所有类型的学校,后三者则各有侧重。小学校长协会的发展目标是成为澳大利亚基础教育的主要发言代表、独立的可信的全国性组织、全国教育问题讨论的权威代表,能够影响国家的教育议程和决策。协会为此不仅依靠学校校长,而且与众多社会人士保持密切联系。中立小学校长协会的目标有四:扩大协会在基础教育领域的影响力;保持基础教育的自然本性;为会员及其学校提供有组织的、专业的支持;为学生提供更高质量的教育条件。澳大利亚政府小学校长协会的使命:保持政治中立,为政府初等教育提供强大支持;同相关的政治组织和专业组织建立战略发展关系;加强专业评价小组的建设与发展;努力成为政府基础教育的权威咨询机构;积极参加小学校长协会的活动;收集会员观点并代表会员发表看法;为会员学校的领导提供有力支持。其目标有五:提高政府基础教育的质量以保护受教育者的利益;确保教育资金分配的公正与合理;提高政府基础教育的社会地位;支持政府基础教育学校的校长和学生;成为一个技术、思想的交流平台和对外联络的中心,使相应的教育发展战略得到更好的确认与实施,制定更合理的教育政策和宣言,推进与其他教育团体的交流与合作。天主教小学校长协会确立了五条核心理念:澳大利亚基础教育寄托着国家的希望;天主教初级学校是澳大利亚天主教堂实现其使命的基础;基础教育是所有未来教育的基础;校长是一所成功学校的关键;协会是高效的专业组织,在校长角色的培养上给予支持。据此制定的主要措施包括:促进校长专业发展,研究校长的角色,支持有效计划的开展,举办论坛交流思想,通过网络进行信息传递,促进会员间的有效交流。

1993 年,在小学校长协会、中学校长协会、私立(中立)学校校长协会、天主教中学校长协会的共同努力下,澳大利亚中小学校长专业发展委员会(Australian Principals Association Professional Development Council,简称 APAPDC)成立,旨在促进校长专业发展,提高校长专业素质,使之具备迎接新挑战的能力。其他校长专业组织只有发展到一定程度并得到该委员会认可后,方能加入该委员会。主要任务:为校长专业发展提供建议;对一定的项目承担设计、执行和评价职责;对计划的项目提出改进建议;确保计划项目评价的公正;在需要的地方开展合适的项目。委员会每年从澳大利亚教育部接受项目经费用于校长领导和管理能力的培训与提高,加快了校长专业化的进程。

在中国,台湾的校长专业组织发展较快,已成立许多地方性校长协会。1999 年 6 月台北市公私立小学校长协会在其第一次会员大会上通过的章程中规定该协会的主要任务:协助教育行政机关制定教育政策和推动其实施;积极推动教育改革,维护学生学习权利;促进学校行政专业化,提升学校效能与教学品质;协助小学校长善尽义务并维护应有的权利,以营造良好的学校文化;开展学术研究,促进校长专业成长。香港设有较多的中小学校长会。小学校长会有香港资助小学校长会、官立小学校长协会、天主教教区学校联会、中华基督教会香港区会小学校长会、圣公会小学校长会以及各区的小学校长会等;中学校长会有香港中学校长会、政府中学校长协会、津贴中学议会以及各区的中学校长会等。较有影响的香港中学校长会成立于 1964 年,由一群中学校长发起,致力于提高香港教育尤其是中学教育的专业性。主要在项目中发挥作用:学习并推广教育新理念;促进教育理论与实践的融合;组织会议研究教育问题并尝试提出新见解;与政府教育部门和其他教育团体交流观点;与其他相关组织保持联系。香港资助小学校长会成立于 1983 年,属法定工会组织,致力于提高香港教育质量和专业地位,并对教育政策作出适切响应及建议。中国内地校长专业组织发展尚待完善。较有影响的有中国教育学会下属的高中、初中和小学三个教育专业委员会以及全国中小学骨干校长工作研究会等。以校长为主体,举行一定的活动,如年度论坛、培训项目等。小学教育专业委员会原名“全国小学校长委员会”,随着工作范围的扩大改现名,成员构成包括校长、小学教育科研人员、师资培训人员、教育行政机构人员和优秀教师代表,其中校长约占 70%。其主要使命和目标是促进校长和教师专业素质的提升,进而提高学校教育质量。但无独立的组织章程,不能独立招收会员,必须服从中国教育学会的统一安排,这与国外校长专业组织的相对独立性有明显区别。

校长专业组织的结构与功能

发展成熟的校长专业组织一般有相对完善的组织机构设置和制度规范。以澳大利亚中学校长专业组织为例,每个层级的校长协会均设有执行委员会和秘书处,执行委员会设 1 名会长、1~2 名副会长、秘书长和其他委员代表。澳大利亚中学校长协会执行委员会的副会长或代理会长在每个分会的会长或分会提名的人员中选举产生;会长每两年通过会员年度会议选举一次,副会长一般每 1~2 年从秘书处提供的候选名单中进行选举,或从参加年度大会的会员中产生。会长和秘书长负有相应的权利和责任。会长有权任命 1 名正式会员为联络员,负责与联邦政府联系。执行委员会有权推举最多不超过 2 名不经选举的人员直接进入执行委员会。秘书长必须出席协会的所有会议,与会长保持联系,做好会议记录,管理各种文件和议案,并承担财务工作。协会执行委员会的人员构成注意保持男女比例以及正副校长比例的平衡。

校长专业组织具有五项功能。

(1) 自律功能。作为群众性的自发组织,校长专业组织自成立起就具有一定的自律功能,致力于制定和提高校长专业标准。专业标准的制定依赖三方面:遵守高效的道德规范,全力为学生谋福利,在教育领导领域代表最高水平。校长通过讨论,结合现实形成共同的道德准则,起到一定的行业自律作用。美国小学校长协会 1976 年即在协会董事会上通过“学校领导者道德宣言”,要求协会会员自觉遵守,具体内容:所有决策和行为以学生的根本利益为出发点;诚实、正直地履行自己的专业职责;遵守事务处理程序,保护他人权益;遵守国家及地方法律;贯彻执行国家教育政策及管理中的各项规章制度;采用恰当方式反映并纠正与教育目标不一致的法律、政策和规定;禁止利用职位的政治、社会、宗教、经济或其他影响谋私利;只承认经过认证的机构的学位证书和专业资格证书;通过研究和持续的专业发展来坚持专业标准并不断提高;在履行或废止任何契约之前都要尊重本宣言。

(2) 服务功能。校长专业组织的存在很大程度上是要为会员服务,各国校长专业组织在具体服务种类上略有差别,但一般都有法律援助、保险服务、组织支持、在线支持、获取出版物、享有各种折扣机会等服务内容,对会员的支持力度亦有差别。以美国中学校长协会为例,其法律援助服务项目较突出,能及时为会员提供从基本的法律文书备忘录到提供资源解决实际法律问题的帮助,其为会员办理的法律责任保险能为会员提供最多达 100 万美元的个人责任保险。还提供多种类的保险服务,如职业债务保险、学期生命保险、长期健康险、教育专家意外身故险等。在组织支持方面,协会代表会员同当地教育机关或其他团体进行对话或谈判,鼓励会员分享经验并以合作的方式解决专业问题。在在线支持方面,协会建有网站,为会员提供大量资料,通过论坛、电子邮件、视频等方式直接与协会邀请的教育专家交流,也通过书籍、杂志、通讯等传统媒介及时发布协会最新动态和研究,并提供针对性的服务。协会的各种折扣服务没有一定规律,大都由协会与商家谈判确定的,谋求双赢。

(3)参与校长标准的制定与校长选拔。在制定校长标准方面,以美国为例,"美国州际学校领导者资格认证协会"(Interstate School Leader Licensure Consortium,简称ISLLC)成立于1994年,接受"美国州际首席教育官员委员会"(Council of Chief State School Officers)管理,有32个州教育当局和13个学校领导者协会参与。协会认为校长职责的实现建立在对校长专业发展所必需的基础知识的了解和掌握,以及在实践中的应用上。协会通过与各州密切合作,制定学校领导者专业标准,构建评价体系,以促进校长专业发展,提高专业地位,使校长职业的专业化得到社会认可并建立相应的入职资格制度。1996年协会颁布《学校领导标准》,其中的6个评价指标成为全美公认的校长标准以及教育测验服务中心(Educational Testing Service,简称ETS)组织的校长资格考试的评价标准。这一标准主要涉及学校目标、学校文化与课程、学校管理、领导的道德要求、学校与小区及社会各方面的关系等,每个指标包括领导需具备的知识、运作技能、绩效要求三部分。美国中学校长协会1998年发表报告《打破传统21世纪教育挑战》,提出校长在21世纪可能面临的12个挑战,成为美国21世纪校长的职责标准,内容涉及课程、教学、环境、技术、评价、管理、应对变化、资源、社会关系等十二个方面。协会还建立"领导鉴定中心",专门研究中学校长职务的需求,并提出需鉴定的12项能力,即果断力、判断力、领导力、口头沟通能力、组织能力、问题分析能力、敏感度、压力容忍能力、书面沟通、教育价值、个人动机、个人兴趣等,可视为对校长提出的标准。

在校长评估与选拔方面,校长专业组织具有其优势。美国在中小学校长的评估中注重发挥教育专业组织的作用,主要由小学校长协会、中学校长协会、大纲课程评估委员会、农村学校管理协会、妇女管理协会等组织来进行。美国小学校长协会在政府支持下,每年进行优秀校长评选活动,并在华盛顿举行表彰,优秀校长获总统接见,同时颁发"优秀校长"证书和奖章。美国各州的校长选拔通常按照"工作分析→编制工作范畴→广告/招募→审查申请→筛选委员会→核查证明书、介绍信→定额选拔面试→数据交换会议→选拔委员会→最终候选人名单→提供工作的决定→提供工作"的程序进行。当代美国选拔校长的方式中较有影响的是中学校长协会"领导鉴定中心"的选拔技术和策略。1975年在美国心理学会的帮助下,中学校长协会将这种为商业界、工业界和政府部门选拔工作人员所广泛采用

的评价中心技术应用于校长选拔,具体方式主要是现实模拟。评价中心通常由6名受过专门训练的评价员在两天里观察12名评价对象,并为每个评价对象编写一份综合报告,指出各人的优缺点及可发展的领域。这种选拔方式经多年实践被证实其效度较高。

校长专业组织亦与政府和其他社会组织紧密合作,制定校长标准和选拔校长。1998年美国中学校长协会、小学校长协会等七个专业组织组成美国教育管理政策委员会(National Policy Board for Educational Administration,简称NPBEA),并制定中小学校长职业资格标准,要求担任校长者必须经过职业认证并获得职业资格证书。

(4)研究培训内容,参与校长培训。各国校长培训机构不统一,不同机构的培训侧重点和要求也不同,但都注重发挥教育行政部门与校长专业组织在校长培训中的作用,互为补充。

在美国,校长培训机构主要有教育行政部门、大学的教育学院和教育专业组织三类。教育专业组织有美国学校管理者协会、中学校长协会、小学校长协会、教育督导和课程研究协会等,这些协会在各州都有分会,主要通过系统的课程学习、研究会、专题研讨会、校际访问、咨询服务等形式进行校长在职培训。美国学校管理者协会在20世纪80年代初期制定"学校管理人员培养准则",体现美国中小学校长培训目标的要求,为设置培训课程提供指导。该准则提出,校长管理和领导学校应具备七种能力和技能:能设计、实施和评价一项学校改革方案,能通过师生的共同努力形成并实现学校发展目标;懂得政治理论并能加以实践,获得地方、州和联邦对学校教育的更大支持;能制定一套系统的学校课程;能制定教学管理计划,在学习目标、课程设置、教学策略及技术支持等方面都达到一定标准并具有可执行性;能建立教师评价系统,并设法提高教师专业水平和教师工作绩效;能够合理配置人、物、财等资源,帮助学生取得学业成功;能利用最新的研究成果或根据实际情况开展研究,以提高工作计划水平、学校运转效果和学生学习成就。

在英国,教师培训署负责全国校长培训的宏观管理,具体培训机构主要有高等学校的教育学院、地方教育局、专家个人三类。高等学校教育学院的校长培训内容由英国校长协会和中小学教师协会协调制定。英国全国校长协会确定了十项校长培训内容:培养领导者的价值认同感,扩大视野,提高领导能力,认清校长职位的价值;帮助新任校长客观评估学校优势和弱点;搞好教学管理,提高学生质量;学习交往技巧,与员工进行有效沟通;学习学校管理策略;制订和执行学校政策;学校财务及账目管理;处理与上级机关的关系;处理与社会、家长的关系;正确处理个人面临的挑战以及作为领导的压力。

澳大利亚中学校长协会在其"学校校长专业发展优先领域与课题研究"中提出其校长培训课程设置，有组织管理、教育领导、组织领导、教育管理、文化管理、政治领导、领导反思共七项内容。

中国的校长培训机构设置较少，形式较单一，主要实行各级教育行政部门管理下的指令性培训。培训机构的设置带有行政色彩，除教育行政部门认定的师范大学或教育学院外，其他院校在中小学校长培训中的作用未得到充分发挥，即便经过认定的机构和学校也大都在教育行政部门的领导下按照既定的教学计划举办培训班，没有独立的校长培训课程和方案。教育专业组织举行的校长培训主要是区域性的，规模不大，但在促进校长专业成长中发挥了较大作用，如中国教育学会小学教育专业委员会举行的校长培训，全国小学骨干校长工作研究会每年举办的论坛活动等。

（5）研究教育问题，影响政策制定。大多数校长专业组织能够依托其杂志、书籍、论坛、会议等讨论教育问题，征集校长观点，发表组织的观点；与政府、社区、家长等组织积极交流，提高社会各界对校长专业的认可度；提出教育方面的建议，使公众了解并获得支持，并积极与政府交流和探讨，在教育政策的制定中发挥作用。例如中国香港为推动校长培训，1999年成立校长培训及发展小组，经过6个月的研究，发布《校长领导培训课程咨询文件》，建议教育署负责安排校长培训计划，成立由政府政策局部门、大专院校、校长协会、专业团体、商业和公共机构代表组成的督导委员会，一定程度上发挥了咨询作用。澳大利亚新南威尔士州的小学校长协会和教师联合会2003年针对师生比问题，启动缩减班级规模运动，取得良好效果。美国小学校长协会的调查《有关教育问题的看法》因其结论具有说服力而被众多学者引用。调查研究是校长专业组织的经常性工作内容，通过了解实际情况，校长专业组织在与其他机构特别是政府部门的对话中建立一定的权威，能在很大程度上影响教育政策的出台或修正。

校长专业组织的活动形式与资源保障

校长专业组织的活动形式一般有召开年度会员大会、执行委员会会议或理事会会议，出版杂志或书籍，提供便捷的网络服务等。其一，校长专业组织一般每年召开一次年度会员代表大会，听取上一届会长、副会长、秘书长等人的工作报告，并进行执行委员会的改选、重大问题的商讨等。大会间歇期，由执行委员会或董事会负责组织的运作。执行委员会会议一般每年举行2～4次，遇特殊情况可适当增减。举行年度大会之前，需召开执行委员会会议或筹备组会议。美国中学校长协会年会一般在2—3月召开，执行委员会会议一般每年召开4次，时间间隔较灵活。其二，为了更好地服务会员，传递最新信息或科研成果，校长专业组织普遍有自己主办的杂志，并出版相应的科研成果。其三，通过不断完善网络提供在线服务，为会员提供最新的丰富的教育信息、优秀校长的理念以及与同仁在线交流的机会，还提供会员就业机会或投资渠道，为会员购买书籍，获得在线课程等内容。美国小学校长协会的网站提供丰富的数据，很大一部分仅对会员开放。有的校长专业组织的网站针对不同的会员设置不同的阅读权限。中国的校长专业组织除召开年会外，还举行学术论坛、论文评选、学校参观学习、校长培训等活动，主要围绕课程改革、示范校评估等内容展开。网络服务有待完善。

校长专业组织的资源获取途径一般有会员会费、社会捐赠、合作单位赞助、单列项目经费，以及获得政府的项目资助和与实体公司合作等。其中会员会费是最稳定的支持，其他渠道来源的费用每年度各有不同。根据不同的会员类别，会费金额和相应的权益有区别。在澳大利亚，中学校长协会会员有三类，即正式会员、特邀会员和终身会员。正式会员必须是各分会的会员；特邀会员是在任职期间成绩突出并被当地分会认可的校长；终身会员由执行委员会选举产生，必须是为协会作出卓越贡献者，除非同时为正式会员，否则终身会员只有发言权无表决权。正式会员有明确的会费标准，终身会员则没有。澳大利亚小学校长协会有两类会员，即普通会员和黄金会员。黄金会员的责任与贡献更大，同时享有更多的服务，可实时获得协会信息，获得单独奖励，同时取得专业地位的认可，被认为拥有更专业的水平。黄金会员的强大支持一定程度上可增强协会的独立性，提高协会的话语权。黄金会员每年的会费标准高于普通会员。各州校长专业组织成员的划分方式根据具体情况有所不同，如有正式会员、准会员、名誉会员、终身会员等。

在美国，中学校长协会会员有五类，即独立会员、组织会员、准会员、国际会员和退休会员。只有组织会员的会员资格可以转移（transferable）。不同类别会员的会费和获得的服务有明显区别。如准会员和国际会员无法取得协会的法律援助，只有独立会员和组织会员才拥有选举与被选举权等。不同地区的会费标准不一，与各州校长组织开展活动的数量和形式相关。美国小学校长协会的会员有八类：在职个体会员，指在业的中小学校长、副校长和其他教育工作者；组织会员，指获得在职会员资格并为所在学校订阅了协会相关杂志的校长；预备校长会员，指有志成为校长的学生和教师；准会员，指大学或学院的教授或非管理人员；国际准会员，指美国之外的学校领导者；名誉退休会员；退休会员；图书馆会员，是非个体性会员，只针对图书馆类组织开放。协会会费无统一标准，根据组织的发展情况制定，每年的年度会议一般会讨论下一年度的会费标准问题。

参考文献

美国中学校长协会网站：http：//www. nassp. org

美国小学校长协会网站：http：//www. naesp. org

英国校长协会网站：http：//www. naht. org. uk/

（黄跃奎）

效度(validity) 指测验的有效性。即测验分数能够代表所欲测量特质的程度，亦即测验结果达到测验目的的程度。信度解决的是测验分数是否可靠的问题，但即使一个测验分数有跨时间的稳定性和跨情境的一致性，也不能保证测验分数代表了被试的真实水平。比如，某测验的目的是测量能力，但题目都是一些死记硬背的知识，测验分数就不能代表被试真实的能力水平。这就涉及测量的客观性和准确性问题，即测验的效度问题。

效度的统计学原理

测验的效度问题是测验结果中包含多大比例的系统误差的问题，系统误差可能由以下几方面原因造成：（1）所要测量的特质有多方面的含义，而量表本身未能全部包含这些方面；（2）测验题目中包含与所测特质无关的题目；（3）记分方面的问题，如选择题的备选答案不全面，即没有完全体现被试的所有情况，答案就不够准确；各题目得分是简单累加而未经加权处理，不同题目的重要性程度就没有得到区分。

在经典测验理论中，测验分数分成真分数和误差两部分。由于信度只表示测验分数的稳定性和一致性，没有考虑真分数中的系统误差，而系统误差也是稳定存在的。考虑测验效度时，就应该将测验分数进一步分解。同样是依据经典测验理论，测验分数可分解成代表测验目的的有效分数 V，测验工具本身的误差（即系统误差 I）和随机误差分数 E，即 $X = V + I + E$。在信度公式中，测验分数的方差可分解为真分数方差和随机误差方差，即 $S_X^2 = S_T^2 + S_E^2$。若将方差进一步分解，就得到 $S_X^2 = S_V^2 + S_I^2 + S_E^2$，其中 S_X^2 为测验分数的方差，S_V^2 为有效分数方差，S_I^2 为系统误差方差，S_E^2 为随机误差方差。由此可进一步推导出效度的表达式：

$$r_{xy} = \frac{S_V^2}{S_X^2}$$

式中，r_{xy} 为测验效度，即效度等于有效分数方差在测验分数（实得）分数方差中所占的比重。

效度等于有效分数方差与实得分数方差之比，即 $r_{xy} = S_V^2/S_X^2$，而信度 $r_{xx} = S_T^2/S_X^2$，信度与效度的关系就是 S_T^2 与 S_V^2 的关系。真分数 T 不包含随机误差，但却包含系统误差，真分数的大小并不能代表被试能力（有效分数）的大小。同样，真分数方差 S_T^2 也不决定有效分数方差 S_V^2。因此，真分数方差大是有效分数方差大的充要条件，而信度高也就是效度高的必要而不充分条件。当系统误差方差为 0 时，信度才等于效度。

信度对效度的影响可用一公式表示为 $r_{xy} \leqslant \sqrt{r_{xx}}$，即效度不会大于信度的平方根。这表明效度受信度制约，信度系数规定了效度系数的上限。

效度的种类

经典测验理论借助平行测验的假定为计算信度提供了逻辑基础，但对效度却不然，有效分数方差无法估计，对测验效度的检验就难以依靠心理计量学理论。但由于潜在心理特质之间以及与人的外显行为之间有密切关系，可以通过逻辑的和实证的方法对效度进行间接验证。在检验效度时，心理学的有关理论和统计分析技术都是必要的。

由于效度验证方法的间接性，单一的效度证据往往不能对测验效度作出充分证明，而要搜集多方面的证据。按照美国心理学会的标准（1985），测验效度的证据有以下三方面的来源：与内容有关的证据；与效标有关的证据；与构念有关的证据。对应于这三个方面的效度证据，习惯上将效度分为内容效度、效标关联效度和构念效度，其实这三方面的效度证据密不可分。

内容效度(content validity) 指测验题目对所要测量的内容总体的代表性程度。对知识测验和技能测验而言，要测量的是被试对所有要求掌握的知识和技能总体的掌握情况，测验所要测量的全部内容被视为总体，测验题目则被视为内容总体的一个样本。内容效度实际考查的是题目样本是否代表了内容总体。内容效度适合测验所要测量的内容总体能够明确界定的情况，尤其适合对教育测验的效度考查。内容效度对标准参照测验的效度考查尤为重要，因为标准参照测验的目的就是通过测验检验被试对规定内容的掌握程度。但对智力测验和人格测验而言，考察其内容效度是不适当的，因为它们要测量的往往是较抽象的特质，其范围难以明确界定。没有明确的内容范围，就无法考证题目样本对这一范围的代表性。

效标关联效度(criterion-related validity) 指测验结果能够代表或预测效标行为的有效性和准确性程度，即测验结果与效标行为的一致性程度。由于效标关联效度是以某一可观察的外部效标为参照的，故又称为实证效度或统计效度。效标即效度标准，指独立于测验结果，反映测验目的的行为参照。关于效标行为的资料可以在测验实施的同时获得，也可以间隔一段时间后获得。

依据效标资料获取时间的不同,可将效标关联效度分为同时效度和预测效度。同时效度指测验与同时获得的效标行为的一致性程度。预测效度指测验结果对效标行为的预测程度。同时效度和预测效度不仅在获取时间上有差别,其目的和作用亦有不同。同时效度检查测验测量现有的某种能力或特质的有效性,即描述当前状态时的有效性,而预测效度则表明测验对某种行为预测的有效性。同时效度回答的问题是:"某人具有这种能力吗?""某人心理正常吗?"而预测效度回答的问题则是:"某人会有这种能力吗?""某人会出心理问题吗?"

效标关联效度用测验分数与效标的关系表示,根据效标测量所获得数据的性质及效度证据的用途的不同,效标关联效度有不同的表示方法,常用的有相关系数法、分组法、取舍正确性、预期表法、功利率法等。

构念效度(construct validity)　指测验分数能够测量某个心理学概念的程度,也就是指测验分数的高低与特质高低的一致性程度。在使用测验时用测验分数的高低代表相应特质的高低,与此对应也就有对其行为的相应描述,这种描述与被试的实际行为之间越一致,则测验效度越高,越不一致,则测验效度越低。**构念**(construct)是指心理学研究中为描述和解释人的行为而提出的概念,心理学上的构念可认为是心理学家为更好描述人的具有内在一致性的行为和心理现象而构想出的概念,它其实是一种抽象的心理特质,如智力、创造力、内外向、成就动机等,可以通过观察人的一些外显行为推断出一个人拥有某种心理特质的程度,也可以使用系统的程序通过一个人的典型行为将其拥有这种特质的程度数量化(测量)。

要确定一个测验的构念效度,首先要对这一构念作出理论上的构思和解释。包括对其进行明确界定,要解释其内部心理机制,及其与其他构念间的关系和行为表现等。其次是将这一构念与可测量的经验事实建立联系。这类似于给某一特质下操作定义,通过这一联系,人们就可以用经验事实对这一构念的理论解释作出验证。最后是通过测量和实验设计收集资料,对理论构念进行检验。由于构念效度是根据理论推导构想出来的,无法直接去证明,而只能根据构念建立假设并用事实验证假设以获得关于这个构念的证据,因此,对于一个构念可提出多方面的假设,并使用多方面的证据去证明它。这就使对构念效度的确定不依赖于单一的指标。事实上,测验构念效度的确定是一个多方面资料长期累积的过程。

构念效度的资料可分为两类:一类是证明测验所测量的心理特征(构念)影响因素的动态资料;另一类是影响因素的动态资料。前者包括测验的内部一致性,测验的因素结构、测验与效标行为的一致性、测验与同类测验的相容性及不同类测验的区分性等;后者包括所测量的心理特征因素随时间变化而发展变化、群体差异及有教育训练的影响下发生变化的资料。

效度的影响因素

是否能测到所要测的特质,测验题目是否有合适的难度和较高的鉴别力,以及测量中产生的各种误差等都会影响效标关联效度。这里只讨论效度的影响因素。

测验长度　测验长度会影响测验信度,同时也会影响测验效度。测验长度与效度的关系可用下列公式表示:

$$r_{(nx)y} = \frac{r_{xy}}{\sqrt{(1-r_{xy}) \cdot n + r_{xx}}}$$

式中,$r_{(nx)y}$ 是长度相当于原测验 n 倍的新测验的效度系数,r_{xx} 是原测验的信度,r_{xy} 是原测验的效度系数,n 为倍数。在这里,原测验和新测验的效度系数是使用同一个效标计算出的。在实际编制测验时,若一个测验的效度不理想,可以通过增加同质性题目的办法使测验的信度和效度达到一个较理想的水平。

测验信度　测验实得分数变异同时受真分数变异和随机误差变异的影响,即 $r_{xx} = \dfrac{S_T^2}{S_X^2} = \dfrac{S_X^2 - S_E^2}{S_X^2}$,而真分数方差($S_T^2$)又可分解为与测验目的有关的有效分数方差($S_V^2$)和系统误差方差($S_I^2$)两部分,效度可表示为:

$$r_{xy} = \frac{S_V^2}{S_X^2} = \frac{(S_X^2 - S_E^2) - S_I^2}{S_X^2}$$

从这两个公式可以看出,实得分数方差可分解为真分数方差＋随机误差方差,测验信度等于真分数方差占实得分数总方差的百分比,而效度则等于与测验目的有关的有效分数方差在实得分数中所占的比重,所以效度等于信度减去系统误差方差在实得分数方差中所占的比重。从信度与效度的关系中可知,所有影响测验信度的随机误差都会影响测验效度,包括主试的年龄和性别、被试的主观状态,测试过程中的干扰因素以及测验指导语等都会产生随机误差。

效标因素　(1)效标的性质。之所以选择一个观察变量作为效度标准,是因为这个变量的不同观察值被认为代表了相应的特质水平和高低,也就是说,假定某种特质是该观察变量的主要影响因素,但这很难达到,效标水平的高低与特质水平的高低往往并不一致。如选择学业成绩作为智力测验的效标,但学业成绩除受智力影响外,也受成就动机、家庭环境和学校环境的影响,这就造成学业成绩这一效标行为并不能完全代表智力水平的高低,用这个指标去检验智力测验的效度,会产生低估的倾向,因此一般的测验的效度系数只会达到中等水平。完全理想的效标是不存在

的,只能通过比较选择更合适的效标。(2)效标分数与测验
分数的关系类型。计算效度系数一般采用积差相关法,这
要求测验和效标分数的分布都应是正态分布,且两者是线
性关系。但有时候,这一条件却不能得到满足。例如有时
一个变量会随着另一变量的增大而增大,但到一定程度后,
另一变量的增长速度越来越慢,从双变量散点图上可以看
出,两者呈曲线关系。这时若用积差相关系数表示两者的
关系,就会低估效度。测验分数和效标间还有可能存在更
复杂的关系,因此要先通过双变量散点图发现两者的关系
类型,再选择合适的效度计算方法。(3)效标测量的信度。
效标分数往往存在稳定性问题,即在不同时间和情境中测
量同一个人的效标分数会有相当大的波动。效标分数还受
测量方法的影响,使用不同的效标评定方法,其结果会有很
大不同。这些误差的存在使效标分数不能很好地代表相应
的心理特质水平的高低。因此,可以对效标行为进行多次
测量,求其平均值,作为比较可靠的效标分数。

若不能对效标进行多次测量以降低效标测量中的误
差,而又想知道测验的真正效度时,可采用公式 $r_{xy \cdot max} =$
$\dfrac{r_{xy}}{\sqrt{r_{yy}}}$ 对效度系数进行校正,$r_{xy \cdot max}$ 为校正后的效度系数,
即效标绝对可靠时的效度,r_{xy} 为原测验效度,r_{yy} 为效标信
度。校正后的效度为效度系数可达到的最大值。等值和稳
定性系数有低估效标信度的可能,人们并不主张用它们作
为效标信度的估计方法,因为效标的信度小时,衰减校正后
的效度就可能高估了测验的实际效度。

样本的代表性　每一测验都有其适用范围,即适用于
某一年龄段或职业范围的全部被试,这要求在验证测验效
度时所选取的被试样本要能代表测验适用的被试总体。若
选取的被试团体不是被试总体的代表性样本,计算出的效
度系数就可能不是测验的真正效度。例如,某特殊能力测
验可能有较高的效度,用这个测验选拔出一批工人后,再以
工作表现为效标,计算这批工人的特殊能力测验的效度,计
算所得的效度系数就极有可能低估该测验的真正效度。原
因是这批选拔过的工人是总体中能力较高的一个团体,若
绘制能力和工作表现分数的双变量散点图,我们得到的只
是完整的散点图的高分端的一部分,以这部分高度同质的
被试为样本,计算出的效度系数必然要低。另外,由于测验
所选出的样本在某种心理特质的分布上不同于总体,计算
结果可能高估测验效度。有时会选择到比总体更为异质的
样本,比如一大学入学考试选择了一些只有初中文化程度
的被试,就会导致测验效度虚假地高。而在总体的一个特
定子体中,也会有效度偏高的现象。

干涉变量　由于一些无关变量的影响,测验在不同子
团体中有不同的效度。年龄、性别、种族等这些变量与所要
测量的特质都是效标行为的影响因素,但在不同子团体中,

这些变量的影响强度不同,与所要测量的特质之间存在交
互作用,这样的变量就称为干涉变量。例如,有研究发现,
女生中智力测验分数与学习成绩的相关高于男生,而在低
能力被试中,智力测验分数与学业成绩的关系要高于高能
力被试,因为学习动机对高能力学生的成绩影响更大。这
里性别和动机就是干涉变量。当 C 变量的不同水平影响到
A 和 B 两变量间的关系时,C 就可以视为干涉变量。美国
心理测量学家吉塞利认为可通过如下方法发现干涉变量:
建立回归方程以测验分数预测被试效标分数,预测值与真
实值相差较大时;在不同特点的被试子体中计算效度系数,
效度存在较大差别时;将这个干涉变量用于可预测性高和
可预测性低的子团体。

录取率和基础率　当效标关联效度用取舍正确性表示
时,从功利率的角度讲,测验效度还会受录取率和基础率的
影响。(1)录取率,指以测验分数为依据录取人数占全体被
试的比例。当测验的效度达到中等或中等以上的水平时,
提高录取标准,即降低录取率会增大录取的命中率。但录
取率提高时,被试几乎全部被接受,测验就失去了鉴别和预
测作用,与随机录取无异。(2)基础率,指不使用测验为录
取依据而随机录取被试时的成功率。基础率取决于工作任
务的难度。基础率的大小与使用测验时取舍正确性的提高
程度有密切关系。当基础率很高时,大部分被试都能胜任
工作,随机录取或使用效度很低的测验进行录取就会有很
高的成功率,因此即使效度很高的测验也不会使取舍正确
性有太大提高,若考虑到功利率的问题,就大可不必使用测
验,只要随机录取就行了。比如,基础率为 0.95 时,使用效
度为 0 的测验(与随机录取准确性一样),与使用效度为 1 的
测验录取被试,准确率只低 0.05。当基础率很低时,只有录
取率也很低的情况下,增加测验的效度才会使录取成功率
有明显的提高,如具有某种优异能力的人仅占总人口的
5%,即基础率是 5%。若录取率也定为 5%,在使用效度为
1 的测验选拔时,成功率为 100%,使用测验的增益是很高
的。但若录取率增大为 50%,则使用效度为 1 的测验录取
时,我们可以把这 5 个人正确录取,但也包含 45 个不具有这
种能力的人,成功率降为 10%。录取率更高时,即使使用效
度为 1 的测验,增益会更少。只有当基础率为 50% 时,使用
高效度的测验才会使录取成功率明显地提高。在人员选拔
过程中,测验的效度、录取率、基础率是影响录取成功率的
三个密切相关的因素。在实际工作中要将三者综合考虑才
能提高录取工作的效果。

效 度 概 化

效度概化(validity generalization)是指在某一情境中所
做的效度研究能否推广到其他情境的问题。由于效度研究

是使用特定样本、在特定时间和情境中进行的,所选样本总是区域性的和局部性的,其结论是否适用于其他情况,是研究者必须解决的问题。

大量研究发现,同一测验在不同情境中使用时会得到不同的效度系数,即测验效度具有情境特殊性。这使测验使用者在每种情境中都要进行经验性的效度评定,因而对效度系数的可推广性提出怀疑。效度不能概化,就不能提出普遍性的原则和理论。

针对这一问题,E. L. 施密特和 J. E. 亨特在 1976、1977年进行大量研究发现,不同研究中效度系数的差别主要由取样误差、效标信度的差别、测验信度的差别、全距限制方面的差异、效标污染方面的差异、计算方面的错误、某些测验在因素结构上的差异等七种误差变异来源造成,控制这些变量,就能得到相当一致的结果,而且言语、数字和推理能力测验的效度能进行跨职业的概化,其效度系数的差异基本上由误差引起。

效度概化涉及的方面　效度概化至少应从五方面来考虑:(1)预测源的概化,以测验为预测源时,要考虑哪些测验可以概化,同一测验不同复本的预测效度是否相同,以及测验对不同水平的被试预测有效性是否相同;(2)效标的概化,使用不同类别和在不同时间获得的效标是否影响预测的效度,以及在效标的不同水平预测是否相同;(3)测验情境的概化,不同的主试,不同的指导语,以及在不同情境下施测,是否会影响测验的效度;(4)被试团体的概化,指测验对不同团体是否有不同的预测效度;(5)建立效度方法的概化,指使用效度系数、取舍正确性和功利率等效度指标时,所得结论是否一致。针对以上五方面的问题,研究者要解决的问题是哪些测验的效度可以概化,可在什么条件下概化,以及测验效度研究中所得结论的适用范围是什么等。

交叉效度评定　使用从同一总体中分别独立选取的不同被试样本对测验效度进行独立检验的过程称为交叉效度评定。它是效度概化的一种类型,只涉及被试样本的概化,旨在检查从一个样本中得到的效度资料是否适用于另一样本。

交叉效度评定可使用两类方法:(1)统计交叉效度评定,它通过相关系数 R、样本容量 N 和变量数 P 的函数关系来调整样本中的相关系数,然后根据所运用的具体公式用调整后的 R 估计总体中的相关系数,或交叉效度的总体的相关系数。(2)经验交叉效度评定,其过程为:从一个样本中收集测验分数和效标分数的资料,计算效度系数,并建立回归方程;从总体中独立选取第二个样本并实施测验,根据从第一个样本中建立的回归方程,用第二个样本的测验分数预测其效标分数;收集第二个样本的实际效标分数,计算第二个样本中效标分数预测值与真实值的相关,称交叉效度系数。

通常交叉效度系数要低于在第一个样本中计算的效度系数,因为在第一个样本中使相关极大化的随机因素在交叉效度评定的样本中不起作用。交叉效度评定主要比较第一个样本中得到的效度系数与交叉效度系数的异同。若两者相差较大,则说明效度系数不够可靠;若两者比较接近,则说明效度研究可推广到不同样本。

交叉效度评定是一种非常好的研究效度概化的方法,这是因为:在建立回归方程时利用包含在样本中的所有信息,使回归系数的稳定性达到最大;统计方法简便,省时省力;得到的估计值较为准确。

元分析　对以往研究中的经验效度资料进行总体量化分析的方法。其大体步骤如下:(1)计算所需要的各种研究的描述统计量(如平均效度系数 r);(2)计算该统计量在不同研究中的变异量(方差);(3)减去由取样误差产生的变异量,得到总体中相关系数 r 变异(方差)的估计值;(4)校正平均数和变异数,消除取样误差之外的统计上的误差(如缺乏信度或全距限制等);(5)将校正值与平均数比较,评价各研究结果中潜在的变异量;(6)若仍有较大变异,则选择其他调节因素重新进行元分析。元分析方法不是简单的定性描述,而是对以往效度研究资料的数量方面的积累和统计分析。通过元分析,能区分效度差异是真正的差异,还是仅仅由误差因素引起的。

参考文献

戴海崎,张峰,陈雪枫. 心理与教育测量[M]. 广州:暨南大学出版社,2011.

郭庆科. 心理测验的原理与应用[M]. 北京:人民军医出版社,2002.

洛德·诺维克. 心理测验分数的统计理论[M]. 叶佩华,等,译. 北京:人民教育出版社,1992.

Brennan, R. L. Educational Measurement [M]. 4th rev. ed. Westport, CT: Praeger Publisher, 2006.

Pedhazur, E. J. et al. Measurement, Design, and Analysis: An Integrated Approach [M]. Hillsdale, NJ: Lawrence Erlbaum Associates, 1991.

(刘红云　骆　方)

心理健康教育（psychological health education）教育者根据学生生理、心理发展特点,运用心理学、教育学及其他相关学科理论与技术,培养学生良好的心理素质,促进学生身心健康发展的教育活动。具体通过心理健康课程、心理健康活动、学科渗透、心理辅导与咨询以及优化教育环境等途径和方法,帮助学生树立心理健康意识,培养学生良好的心理素质,增强心理调适能力和社会生活适应能力,预防和解决各种心理问题,促进人格健全发展。心理健康教育在中国起步于 20 世纪 80 年代,早期曾使用心理辅导、心理咨询、心理教育、心理素质教育、心理品质教育等称谓。

心理健康教育的意义与功能

心理健康教育的意义 心理健康教育是实施素质教育的重要内容,开展心理健康教育具有其重要意义:(1) 有利于促进学生全面发展。心理健康教育与学生的德智体美劳等方面发展有很大的相互促进和相互制约作用。随着我国改革开放的逐步深化,未来社会对人才素质,尤其是心理素质的要求会越来越高。加强心理健康教育,将促进学生素质的全面发展和提高。(2) 有利于促进学生身心健康。现代社会,健康不仅是没有疾病,而且是一种个体在身体上、心理上、社会上完全安好的状态。只有学生的心理健康和生理健康都得到重视,才能全面提高学生的身心健康水平。(3) 有利于促进学生思想品德教育。开展心理健康教育,旨在通过对学生心理的调节和指导,提高其心理素质,进而完善品德发展。开展心理健康教育丰富了德育的内容,扩展了德育的方法,增加了德育的途径,进一步加强了德育的地位和功能,且使德育在新的历史时期与其他各方面的教育更和谐统一,在更高层次上提高人的素质,使之达到全面发展的最终目标。(4) 有利于促进精神文明建设。开展心理健康教育,优化社会心理环境,既是建设社会主义精神文明的一项重要内容,也是社会主义精神文明建设的一种动力。心理健康教育有助于克服消极心理状态,促进积极向上心理的形成,振奋民族精神;有助于学生正确认识社会现实及自身状况,缓解人际冲突,密切人际关系,增进社会稳定;有助于塑造学生良好的个性,健全品格发展,提高道德水准,净化社会风气;有助于调动学生的主动性、积极性和创造性,以科学的态度处理各项实际工作,推动社会经济和文化的发展与进步。

心理健康教育的功能 (1) 发展性功能。心理健康教育要促进学生人格健全发展,形成良好的人格心理品质,提高学生的心理成熟度,增强他们全面主动地适应学习、生活和社会的能力,为实现人格可持续发展打下坚实、牢固的基础。(2) 预防性功能。心理健康教育为学生提供"防患于未然"的教育,使学生掌握应付心理危机的方法,合理应对成长过程中的各种困难,坚强地面对生活中的各种挫折和考验,预防各种心理问题的发生。(3) 补救性功能。心理健康教育能针对学生已经产生的现实问题,提供具体的个别的心理咨询和辅导,帮助学生排除心理困扰,使他们走出心灵的阴霾,恢复积极健康的心态。

心理健康教育的目标与基本原则

心理健康教育目标 心理健康教育的根本目标是全面提高学生的心理素质,具体包括三个方面:使学生形成健康的心理素质;维护学生的心理健康,减少和避免对于他们心理健康的各种不利影响;根据学生成长发展的需要和特点,采取多种形式和方法,提高学生心理健康水平。具体到每个学生身上,就是要使他们的人格得到和谐发展,帮助他们正确地对待自己、接纳自己,认清自己的内在潜力,充分发挥个人潜能;帮助学生确立符合自身发展的积极的生活目标,培养责任感、义务感和创新精神;学会认识环境,正确处理各种人际关系,使他们更好、更快地适应生活和学习环境;掌握社会规范,形成良好的道德品质。积极的人生观和价值观、积极的情绪情感、坚忍不拔的意志品质,以及良好的行为习惯,为他们适应生活、适应社会需要在能力上和心理上做好准备。

教育部印发的《中小学心理健康教育指导纲要》(2002) 提出:心理健康教育的总目标是提高全体学生的心理素质,充分开发他们的潜能,培养学生乐观、向上的心理品质,促进学生人格的健全发展。心理健康教育的具体目标是:使学生不断正确认识自我,增强调控自我、承受挫折、适应环境的能力;培养学生健全的人格和良好的个性心理品质;对少数有心理困扰或心理障碍的学生,给予科学有效的心理咨询和辅导,使他们尽快摆脱障碍,调节自我,提高心理健康水平,增强自我教育能力。《关于加强普通高等学校大学生心理健康教育工作的意见》(2001)明确了高校大学生心理健康教育工作的主要任务:依据大学生的心理特点,有针对性地讲授心理健康知识,开展辅导或咨询活动,帮助大学生树立心理健康意识,优化心理素质,增强心理调适能力和社会生活的适应能力,预防和缓解心理问题。帮助他们处理好环境适应、自我管理、学习成才、人际交往、交友恋爱、求职择业、人格发展和情绪调节等方面的问题,提高健康水平,促进德智体美等全面发展。

心理健康教育的基本原则 (1) 教育性原则。根据学生心理发展特点和身心发展规律,有针对性地实施教育;根据具体情况,针对学生在学习、生活、交往中的矛盾冲突引起的种种心理问题,进行专业分析、辅导与教育,帮助学生排除各种心理困扰,提高心理素质和适应能力。(2) 全体性原则。以绝大多数乃至全体学生心理健康水平和心理素质的提高为基本立足点和最终目标,普遍开展教育活动。(3) 差异性原则。关注和重视学生个别差异,因材施教,有的放矢,根据不同学生的不同需要,开展形式多样、针对性强的教育活动,从而提高学生的心理健康水平,促进学生人格发展。(4) 主体性原则。以学生为主体,充分启发和调动学生的积极性,把教育者的科学辅导与学生的主动参与有机结合起来。(5) 保密性原则。教育者有责任对学生的个人情况以及谈话内容等予以保密,学生的名誉和隐私权应受到道义上的维护和法律上的保障。(6) 整体性原则。教育者要运用系统论的观点指导教育工作,注意学生心理活动的有机联系和整体性,对学生心理问题的分析,要从整体、全局、多方面的角度进行,把内外、主客观、家庭、学校、社会和个人等各种因素综合起来。心理健康教育追求学生人格整体性发展,最终达到提高学生心理素质和整体素质的目的。

心理健康教育的内容、模式与途径

心理健康教育的内容　主要包括:普及心理健康观念,维护学生心理健康;学生心理行为问题矫正;学生心理潜能和创造力开发;生涯心理辅导。

普及心理健康观念,维护学生心理健康,是面向全体学生,提高学生基本素质的教育内容。包括:学习心理指导,即帮助学生对学习活动的本质建立科学认识,培养学生形成健康积极的学习态度、学习动机,训练学生养成良好学习习惯,掌握科学学习方法等;情感教育,即教会学生把握和表达自己的情绪情感,学会有效控制、调节和合理宣泄自己的消极情感,体察和理解别人的情绪情感,并进行相关技巧的训练,如敏感性训练、自我表达训练、放松训练等;人际关系指导,即围绕亲子、师生、同伴三大人际关系,指导学生正确认识各类关系的本质,并学会处理人际互动中各种问题的技巧与原则,包括冲突解决、合作与竞争、学会拒绝,以及尊重、支持等交往原则;健全人格培养,即培养个体面对社会生存压力应具备的健康人格品质,如独立性、进取心、抗挫折能力等;自我心理修养,即通过训练和教导帮助学生科学认识自己,并在自身发展变化中,始终做到能较好地接纳自己、培养自信、建立良好的自我形象等;性心理教育,即关于性生理和性心理知识的传授与指导,帮助学生建立正确的性别观念,指导学生认识和掌握与异性交往的知识及技巧,如异性同学交往指导、恋爱心理调适等。

学生心理行为问题矫正,是面向少数具有心理、行为问题的学生而开展的心理咨询与辅导的教育内容。具体包括:学习适应问题,主要指围绕学习活动而产生的心理行为问题,如考试焦虑、学习困难、注意力不集中、学校恐惧症、厌学等;情绪问题,主要是影响学生正常生活、学习与健康成长的负性情绪问题,如抑郁、恐惧、焦虑、紧张、忧虑等;常见行为问题,主要是在学生生活、学习中表现出来的不良行为特征,如多动、说谎、打架、胆怯等;身心疾患,主要是因心理困扰而形成的躯体症状与反应,如神经衰弱、失眠、疑心症、神经性强迫症、癔症等;性行为问题,主要指由于性心理障碍而产生的各种性变态行为。

学生心理潜能和创造力开发,主要包括对学生进行判断、推理、逻辑思维、直觉思维、发散思维和创造思维等各种能力的训练培养,还包括对学生自我激励能力的训练等,以

提高学生的自主意识与能动性。

生涯心理辅导,包括协助学生正确认识自我,了解自己的能力特点、能力倾向、兴趣、人格等情况,还要辨析和澄清个人的职业价值、个人生涯发展的状况,从而建立适合自己的工作价值观;帮助他们确立事业发展方向以及适应社会的技能;帮助他们开发自我潜能,充分展示自我,依据个人意愿、学历水平、专业能力和职业机会等条件,对自己的职业目标和事业发展作出合理的判断与规划等。

心理健康教育模式　心理健康教育的模式是由心理健康教育的性质和任务决定的多种途径、方法和技巧构成的有机体系,是由心理健康教育的一系列观念和操作方式组成的模式系统。国内外理论界提出以下多种心理健康教育模式,其中最后两种是中国学校现行的主要模式:(1)发展性辅导模式。强调对学生生活的各个方面提供指导与帮助,如评估及自我认知、适应现实环境、指导现在及未来的发展、发展个人潜能等。这种模式注重个体的自我概念、自我力量在心理健康中发挥的作用。教育者要做的是为学生提供个人、环境以及两者相互作用的信息,帮助他们思考问题,促进他们自身能力的充分发挥,以提高学生自身的能力、心理素质为准则。主要工作包括生活指导、适应指导、人际关系处理等。它面向成长与发展及自我实现,重点为开发潜能、增强能力、塑造品质、完善人格。(2)"辅导是有目的的行为的科学"模式。认为心理健康教育不仅以教师对学生的了解为出发点去指导和启发学生进行学习,还应融入到学习生活中的各个方面去,强调心理健康的教育性。(3)"辅导即心理教育"模式。倡导者提出要制定包含一系列课程的计划,重点放在人类生命周期的各种不同阶段,通过让学生了解自己的发展来实施心理健康教育。这是一种知识传授模式。(4)"辅导是全员服务"模式。强调普通任课教师的重要作用,心理健康教育始终贯穿任课教师的日常教学工作,同时认为学生心理健康不仅应由学校的教育者负责,家庭、社会也要共同参与进来,沟通合作,全方位实施心理健康教育。(5)医学模式。偏重医学与病态取向,强调心理疾病的普遍性,重视的是个体心理障碍的咨询与矫治,试图通过诊断、干预和治疗等技术,解除病人的种种心理问题。(6)教育模式。偏重心理教育取向,面向全体学生,以发展和预防为目的,旨在培养学生的良好心理素质,增进心理机能,开发心理潜能,从而促进整体素质提高和人格发展的服务模式。

心理健康教育的途径　心理健康教育需要运用多种方式和途径,同时发挥各种方式与途径的综合作用,以增强心理健康教育的合力。在众多方式和途径中,全面渗透,开设相关课程,开展心理咨询与辅导,学校沟通、优化家庭环境,是开展心理健康教育的基本方式和途径。

心理健康教育应渗透和融合到整个学校教育全过程

中。学科教育、各项教育活动、德育和班主任等工作的方方面面，都应注重对学生进行心理健康教育，这是学校心理健康教育的主渠道和基本途径。教育工作者，尤其是班主任、辅导员、思想政治教师和政工团队干部，应增强心理健康教育意识，自觉使教育教学活动和德育工作为提高学生心理素质服务。一般的学科教师应充分利用和挖掘学科特色和优势，把心理健康教育渗透于正常学科教学，使学生耳濡目染，潜移默化。

心理健康教育进入课堂是学校开展这项工作的制度保证。开设相关课程，丰富学生必要的心理学和心理健康知识，是非常重要的。除了与原有思想品德课、思想政治课、生理卫生和青春期教育等相关教学内容有机结合外，还可利用活动课、班团队活动等其他形式，举办心理健康教育的专题讲座、报告、讨论、座谈等。对年龄较小的青少年儿童，还可通过组织有关促进心理健康教育内容的游戏、娱乐、竞赛等活动，帮助学生掌握和理解一般的心理健康知识和自我保健方法，培养良好的心理素质。

心理咨询与辅导工作在学校心理健康教育活动中承担着重要的角色和任务，是实现心理健康教育整体目标的重要途径。通过建立学生心理咨询与辅导中心或专门活动室，配备相应数量专兼职教师，可以对少数存在心理问题或出现心理障碍的学生进行认真、耐心、科学的心理辅导，帮助学生消除心理问题和心理障碍，恢复心理健康，增强心理素质。除此之外，通过心理测量和调查，建立学生心理档案，掌握学生心理健康状况，可以提高心理咨询与辅导的效果。

建立家庭和学校心理健康教育沟通渠道，优化家庭教育环境，是提高学生心理健康水平，增加心理健康教育效果的重要方式和途径。家庭环境、家庭教育是导致学生心理问题的不可忽视的因素，学校教育与家庭教育积极配合，可使心理健康教育工作事半功倍。学校应引导和帮助家长树立正确教育观，改善家庭环境，以良好的行为、正确的方式、和谐的气氛影响和教育子女，从而促进学生心理问题的解决和心理素质的提高。

参考文献

教育部文件.关于加强普通高等学校大学生心理健康教育工作的意见,教社政[2001]1号.

教育部文件.中小学心理健康教育指导纲要,教基[2002]14号.

林初锐,俞国良.心理健康教育的基本原理[J].中小学心理健康教育,2002(5).

王成全.论学生心理健康教育的策略和途径[J].河南教育学院学报(哲学社会科学版),1998(4).

吴增强.论现代学校心理辅导模式[J].教育研究,1998(1).

（元　琴　徐光兴）

心理健康教育课程（mental health curriculum）中小学校设置的课程。以人格的全面发展为基本目标。有广义和狭义之分。广义指一切有关心理健康的教育活动，帮助和鼓励人们树立增进心理健康的愿望，了解达到心理健康的途径，从而采取有益于心理健康的行为，并学会在必要时寻求适当帮助，以达到保护和增进心理健康的目的。狭义指学校教育工作者遵循一定的心理健康要求，通过对所有学生进行心理卫生知识和技能的教育，培养学生良好的心理品质与健全的个性，增强面对未来可能受到心理冲击时的适应力，促进学生心理健康发展的教育活动。以开发学生身心潜能、完善和提高合格公民应具有的心理素质为目的。

中国学校的心理健康教育始于20世纪80年代中期。1986年中国心理卫生协会在北京召开首届青少年心理卫生学术交流会。华东师范大学、上海交通大学等高校成立心理咨询机构，开展对大学生的心理咨询服务。高校心理学专家和医学界精神卫生、临床心理专家相继为中小学教师开设心理咨询讲座。20世纪80年代，学校开始设置心理健康课程，向学生传授心理健康知识，进行心理品质训练及心理问题辅导，但课程名称不一，有"心理常识课"、"心理指导课"、"心理辅导课"、"非智力因素课"等。2002年教育部颁布《中小学心理健康教育指导纲要》，统一称"心理健康教育"。

课程目标　心理健康教育课程的主要任务是全面推进素质教育，增强学校德育工作的针对性、实效性和主动性，帮助学生树立在出现心理问题时的求助意识，促进学生形成健康的心理素质，维护学生心理健康，减少和避免影响其心理健康的不利因素；培养身心健康，具有创新精神和实践能力，有理想、有道德、有文化、有纪律的一代新人。中小学心理健康教育的总目标：提高全体学生的心理素质，充分开发学生潜能，培养乐观、向上的心理品质，促进学生人格的健全发展。具体目标：使学生不断正确认识自我，增强调控自我、承受挫折、适应环境的能力；培养学生健全的人格和良好的个性心理品质；对少数有心理困扰或心理障碍的学生，给予科学有效的心理咨询和辅导，使之尽快摆脱障碍，调节自我，提高心理健康水平，增强自我教育能力。

课程内容　中小学心理健康教育课程的内容根据不同学段学生的年龄特点各有侧重。小学重在学习和自我方面，初中重在自我和人际关系方面，高中重在人际关系和社会适应方面。小学低年级的课程内容主要包括：帮助学生适应新的环境、新的集体、新的学习生活，感受学习知识的乐趣；乐于与老师、同学交往，在谦让、友善的交往中体验友情。小学中、高年级的课程内容主要包括：帮助学生在学习生活中品尝解决困难的快乐，调整学习心态，提高学习兴趣与自信心，正确对待自己的学习成绩，克服厌学心理，体验学习成功的乐趣,培养面临毕业升学的进取态度;培养集体意识,在班级活动中,善于与更多的同学交往,形成健全、合群、乐学、自立的健康人格,培养自主自动参与活动的能力。初中年级的课程内容主要包括:帮助学生适应中学的学习环境和学习要求,培养正确的学习观念,发展学习能力,改善方法;把握升学选择的方向;了解自己,学会克服青春期的烦恼,逐步学会调节和控制自己的情绪和意志,抑制冲动行为;积极与同学、老师和家长进行有效沟通;逐步适应生活和社会的各种变化,培养对挫折的耐受能力。高中年级的课程内容主要包括:帮助学生获得适应高中学习环境的能力,发展创造性思维,充分开发学习潜能,在克服困难取得成绩的学习生活中获得情感体验;在了解自己的能力、特长、兴趣和社会就职条件的基础上,确立职业志向,进行职业的选择和准备;正确认识自己的人际关系状况,正确对待与异性伙伴的交往;建立对他人的积极情感反应和体验;提高承受挫折和应对挫折的能力,形成良好的意志品质。

课程实施　实施心理健康教育课程须遵循六条原则。(1)面向全体原则。学校心理健康教育要面向全体学生,而不只是有心理健康问题的学生;不仅要关心个体的心理健康,也要关注群体的心理健康。(2)发展与预防相结合原则。从发展的积极意义上来引导学生适应环境,预防心理疾病的发生,提高心理健康水平,促进学生的全面发展,而不是以心理障碍的诊治为主要内容。(3)尊重与理解原则。教师应以尊重和理解的态度对待学生,特别是对心理不健康或有心理疾病的学生。尊重,即尊重学生的人格与尊严,尊重每个学生的隐私权,承认每个学生是不同于其他人的独立个体,承认学生个体与教师、其他人在人格上具有平等的地位;理解,即教师要善于从学生的切身感受出发去认识和了解他们的所作所为、所思所想。(4)主体性原则。在心理健康教育过程中,要尊重学生的主体地位,注意调动学生的自觉性和积极性,通过学生的心理认同进行心理健康教育。(5)整体性作用。学生的心理是知、情、意、行密切联系在一起的有机整体,心理过程、心理状态和个性心理特征交互影响,学生的心理状况与其人生观、世界观密切相连,心理因素与生理因素亦相互作用,密不可分,必须充分调动社会、家庭和学校各方面力量,随时渗透心理健康教育内容,多角度、多层次、多方面开展心理健康教育。(6)活动性原则。活动是心理发展的基础,应通过多种活动发展学生的心理体验,达到提高心理机能的作用。

在具体课程实施方面,学校可开设心理健康教育活动课,以学生活动为主,内容选取充分考虑学生的实际需要,活动组织以教学班为单位,有计划地系统安排和设计活动目的、内容、方法和程序;亦可开设心理学课、心理卫生课、心理健康教育课或举办相关知识讲座,向学生传授和普及心理健康知识,帮助学生正确认识自己,有效调控自己的心理和行为,充分挖掘自身内在潜力。学校还可通过以下途径开展心理健康教育:在学科中渗透心理健康教育,发掘各学科教学中的心理教育功能,使各科教学相互渗透、相互促进,共同提高学生的心理素质水平;进行个别心理咨询和辅导,以个别交谈、电话咨询、书信咨询等形式进行教师与学生一对一的沟通互动,及时消除学生的心理困惑和障碍;指导学生进行自我教育。自我教育是学生提高心理健康水平、培养良好心理素质的关键,青少年时期自我意识迅速发展,学生已具有一定的自我调节能力,学校可通过课内外教育活动,指导学生掌握自我保健、自我调节的技能,逐渐形成健康的心理特点和良好的行为习惯。

课程评价　心理健康教育既非心理学知识的传授和心理学理论的学习,也非中小学各学科课程的综合或思想品德课的重复。心理健康教育课程的评价方式不同于普通学科的考试。1987年上海市黄浦区教育学院在"在初中开设心理发展常识课的研究"中提出三种考核方法:(1)测试,测试结果可以量化,但评分时采用"内容评价",不打分;(2)练习,作为测试的一种补充,以口头为主,书面为辅;(3)观察,分两种:一是直接观察,由任课教师在课外有意识地进行引导和观察;二是间接观察,由班主任和其他任课教师了解有关情况。通过这三种途径收集的资料以评语形式记载,记入"学生心理发展情况表"。

心理健康教育课程师资　中国中小学心理健康教育课程的师资有专职和兼职两种。根据教育部2002年颁布的《中小学心理健康教育指导纲要》,各级教育行政部门对全体教师开展心理健康教育培训。教育部组织有关专家编写教师培训用书,有计划地分期分批培训骨干教师。地方教育行政部门将心理健康教育教师培训列入当地和学校师资培训计划以及在职教师继续教育的培训系列。培训内容包括心理健康教育理论知识、操作技能训练、案例分析和实践锻炼等。培训方式采用自学、业余学习、集中培训、脱产培训及参加心理健康教育教研活动及课题研究等形式。

(陈月茹)

新加坡教育制度(educational system of Singapore)
新加坡共和国位于亚洲东南部、马来半岛南端。面积712.4平方千米。2011年有公民和永久居民378.9万。华人占75%左右,其余为马来人、印度人和其他种族。主要宗教为佛教、道教、伊斯兰教、基督教和印度教。马来语为国语,英语、华语、马来语、泰米尔语为官方语言,英语为行政用语。2011年国内生产总值2 381亿美元,人均国内生产总值50 123美元。

新加坡教育的历史发展

1819年,英国人莱佛士抵达新加坡开辟新殖民地,并宣布新加坡为自由港,招募各国劳工进行开发。新加坡人口在一年之内由 500 人上升到 5 000 人。鉴于人口日益增多,1823 年,莱佛士开办了新加坡历史上第一所学校新加坡自由学校(Singapore Free School),面向各种宗教和种族的人开放,旨在为新加坡的商业企业培训职员。1868 年,为纪念莱佛士,该校改名为莱佛士书院(Raffles Institution)。尽管面向所有新加坡人开放,但华人社团不愿进入该校学习,他们开办了自己的华语学校,教授华语、算盘使用和儒家文化。其他种族也陆续创办本民族语言的学校。各种语言的学校相互并存,又与宗教团体和当地社团紧密联系。整个殖民地时期,新加坡的基础教育处于多种语言学校并行状态。

1942 年 2 月至 1945 年 9 月,新加坡被日本占领,教育受到严重破坏。战后恢复自治,政府于 1947 年制订"十年计划"以恢复和发展教育,1950 年又补充一个"五年计划"。"十年计划"规定 6～12 岁儿童可以享受免费小学教育。至 1957 年底,中小学学生数达到 26 万,占总人口的 18%。政府还根据儿童在各自家庭中所使用语言的不同,提供了英语、华语、马来语、泰米尔语等各种语言的小学教育。新加坡主要从事转口贸易,政府大力提倡英语教育,大多数家庭也希望子女接受英语教育,因此新加坡的英语学校发展最快。1959 年,新加坡成为自治邦,教育进入快速发展时期。为满足快速增长的入学要求,学校采用二部制,以解决校舍不足的问题,入学人数从 1959 年的 31.5 万人增加到 1968 年的 52 万人。

新加坡的高等教育始于 1905 年创办的海峡殖民地和马来联邦政府医学学校。该校后来改名为爱德华七世医学院。1928 年,莱佛士学院(Raffles College)创立,开办文理科。1949 年,这两所学院合并为马来亚大学,1962 年马来亚大学新加坡校区独立为新加坡大学(今新加坡国立大学)。1950 年,新加坡组建教师培训学院。直到 1973 年,该学院是新加坡唯一的教师培训机构。此后,新加坡立法规定教师必须在教育部登记,而登记需要正式文凭,因此教师教育得以发展。1973 年成立的教育学院继承了教师培训学院和新加坡大学教育系的职责,迅速发展为一个包括学前、小学、中学和初级学院教师培训的综合性师资培训机构。1991 年,体育教育学院与教育学院合并为国立教育学院,成为南洋理工大学的一部分。

新加坡现行教育制度

教育行政制度　新加坡内阁中的教育部是全国最高教育行政机构。教育政策由内阁制定并提交议会通过,教育部负责年度教育预算。教育部下设 12 个职能部门。除学前教育外,包括国立、国家资助以及私立的所有小学、中学、大学都由教育部管辖。

新加坡集权的教育行政体制集中体现在对课程和教学大纲的管理上。教育部下属的课程设置署和课程发展署负责课程的制定和执行,课程设置署设计、审查和修订教学大纲。新加坡的课程称为国家课程(national curriculum),英语、母语和数学必须强制学习 10 年以上。国家课程既强调在多种族的社会中实施双语教育的重要性,又保证每一个儿童能获得足以适应现代化社会的基本的文字能力和数学能力。每一门学科都有一个教学大纲,详细描绘了各级学校中该学科教学的基本原理和目标。课程计划辅助教学大纲,列出各级水平教育中的知识点,并提出教学方法上的指导和建议,提出评价教学效果的标准,还列出读书目录和其他指导性材料。一～八年级的教学大纲由本国确定,九～十二年级的教学大纲由新加坡—剑桥考试委员会参与制定。该委员会还负责制定普通教育证书 N、O、A 级考试的内容和评价标准。

新加坡所有国立学校的经费均由国家提供。小学教育免费,中学和初级学院只收取少量学费。学前教育由政府提供约 50% 的补贴。接受国家补贴的学校由政府提供 50% 的发展经费及一定比例的运作预算补贴。高等教育方面,教育部为不能承担学费的学生提供奖学金。1993 年,政府启动了教育储蓄计划。该计划面向 6～16 岁拥有新加坡国籍的青少年。在这个计划中,教育部储蓄一定数量的补助金,这笔资金必须每年获得议会的认可。家长可利用这些资金缴纳子女的强化教育或补偿教育(enrichment or remedial classes)费用,也可把这笔资金储蓄起来,作为子女的高等教育经费。

学校教育制度　新加坡现行学校教育制度是根据 1979 年 2 月发表的《1978 年教育部报告书》建立的,包括学前教育、初等教育、中等教育、职业教育、高等教育和教师教育。

学前教育不属于正规教育系统,不属于义务教育,但新加坡 99% 的儿童都接受 1～3 年的学前教育。学前教育系统由幼儿园和托儿中心组成,都属私立性质,分别由教育部和公共发展部管理,进行英语和母语教学。除语言教学外,还提供讲故事、音乐、体育、户外活动等多种活动,目标是为儿童上小学做准备,发展他们的社会技能,使儿童能适应从家庭环境到准正式环境的转变。2011 年,新加坡推出"新加坡学前教育认证框架"(Singapore Preschool Accreditation Framework,简称 SPARK)计划。这是一个质量保障体系,旨在提升学前教育质量,指引新加坡学前教育机构提高教学质量、改善内部管理,培养高素质的综合人才。

小学教育 6 年,分为基础与定向两个阶段。前 3 年为基础阶段,所有学生学习相同的课程,重点是语言和数学。80% 的教学时间用于英语和母语学习。健康教育和社会基本知识用英语教学,公民教育和道德教育则用母语进行,此外还开设音乐、艺术、体育等课程。科学从三年级起开设。在四年级结束时,由学校组织分流考试,并按学生在英语、母语、数学与科学科目中所表现出的能力分为基础班(foundation level)和标准班(standard level)。六年级时参加小学毕业考试(Primary School Leaving Examination,简称 PSLE)。

中等教育包括中学和大学前教育两个阶段。中学学制 4 年,根据小学毕业考试成绩进行分流,分为快捷班和普通班,普通班又包括学术型与技术型两类。在中等教育期间,学生可以根据自己的学业水平在三类课程中相互转换。快捷班学生在四年期间将学习 6~8 门课程,毕业时参加普通教育证书 O 级水平考试(Singapore-Cambridge General Certificate of Education Ordinary Level Examination,简称 GCE O-Level)并获得相应证书;普通班学生在第四年参加普通教育证书 N 级水平考试(Singapore-Cambridge General Certificate of Education Normal Level,简称 GCE N-Level)。获得该证书的普通班(学术型)学生可再学习一年参加普通教育证书 O 级水平考试,或者进入理工学院(Singapore Polytechnics)学习一年基础课程后升入理工学院,也可以进入工艺教育学院(Institute of Technical Education,简称 ITE)就读。普通班(技术型)学生在第四年如达到一定学术要求,可转入普通班(学术型)学习,或者在通过普通教育证书 N 级水平考试后升入工艺教育学院。也有部分中学为学术能力较强的学生开设六年制的综合课程,使成绩优异的学生可以跳过普通教育证书 O 级水平考试,直接在毕业后参加普通教育证书 A 级水平考试。

新加坡把高中教育称为大学前教育,学制 2~3 年,学习结束时学生参加普通教育证书 A 级水平考试或新加坡国立大学的高中文凭考试。大学前教育一般在初级学院(junior college)和高中(centralized institute)进行。新加坡曾经有四所高中,但陆续经合并和关闭之后只剩下一所。高中的课程包括人文与艺术、语言、数学与科学三大领域,学生必须在数学和科学领域至少选读一门,同时在人文学科和艺术领域至少选读一门。每一门课程都根据学生能力的不同分为 H1、H2、H3 三种水平,H2 水平的课程相当于普通教育证书 A 级水平,H1 水平开课时间只有 H2 水平的一半,而 H3 水平相对较为艰深,有的相当于大学课程水平。学生至少要选读三门 H2 水平课程、一门 H1 水平课程,以及母语等必修课程。

新加坡的职业教育体系结构完善,种类多样。担负初级职业教育任务的是工艺教育学院。它成立于 1992 年 4 月,前身是职业与工业训练局及其下属的职业专科学院,担负五项任务:一是负责中学毕业生的职前训练;二是为在职职工提供继续教育和职业训练;三是推广以工业为基础的训练计划;四是负责各种职业技术等级证书的考核和发放;

五是为雇主提供关于员工训练的咨询服务。招生对象是获得 O 级或 N 级普通教育证书的中学毕业生,一般学制为 2 年。除全日制课程外,工艺教育学院还制订了多种学徒训练计划。工艺教育学院成绩优秀的毕业生可以进入理工学院学习。

中级职业教育由理工学院和经济发展局下设的各类技术学院负责。全国共有义安、南洋、新加坡、淡马锡和共和等 5 所理工学院。这些学院向学生提供基础广泛、实践性强的职业教育,一般学制为 3 年,设专业文凭、技术文凭和一般操作文凭。招收通过 O 级或 A 级普通教育证书考试的学生以及工艺教育学院的毕业生。

新加坡国立大学和南洋理工大学还提供四年制的高级职业教育。随着新加坡在高等职业教育方面与其他国家合作的加深,2009 年成立了新加坡技术学院(Singapore Institute of Technology)作为合作伙伴的对等合作单位,它与美国、英国、德国等国的职业院校和大学合作办学,联合颁发文凭。理工学院的学生也可以进入该校进一步深造。

高等教育 新加坡的高等教育系统由 4 所大学组成。新加坡国立大学被称为新加坡高等教育的旗舰,由新加坡大学和南洋大学(华人社团于 1956 年创办)合并而成,拥有 16 个专业学院、3 个高级研究院、50 个学系,还有 23 个研究机构和中心,2012—2013 年度在校本科生 27 216 人,研究生 10 210 人。南洋理工大学的前身是 1981 年建立的南洋理工学院,最初被政府用于职业技术教育,在学术上从属于新加坡国立大学,1991 年 1 月成为独立大学。新加坡管理大学成立于 2000 年,是一所国家创办、私人经营的大学,到 2012 年,已经开设商务管理、会计、经济与社会科学、信息系统管理 4 个专业。新加坡各大学学制 3 年,毕业获学士学位。其中约 10%~20% 的成绩优秀者可以再学一年,攻读荣誉学士学位。获荣誉学士学位的学生可继续攻读硕士和博士学位。新加坡科技设计大学(Singapore University of Technology and Design,简称 SUTD)是新加坡第四所公立大学,其与美国麻省理工学院和中国浙江大学合作,设工艺与可持续设计、工程产品开发、工程系统与设计以及信息系统技术与设计四个系。在土木与环境工程、生产线管理以及制造工程等三个专业,学校提供两年制的 MIT-SUTD 双重硕士学位教育。首批 340 名学生于 2012 年正式入学。

教师教育 南洋理工大学的国立教育学院是新加坡唯一的教师教育机构,负责为全国各级各类学校培训教师和行政人员。它是综合性的,既培养从小学、中学到初级学院的教师,也培养行政人员、校长和副校长;既进行职前教育,也为教师提供在职培训。国立教育学院提供四种学校计划:一是四年的文(理)学士,同时颁发教育或体育文凭;二是两年的教育或体育文凭;三是两年的中小学体育文凭;四是一年的中小学教育研究生文凭。在职培训计划包括为行政人员提供的专业继续教育文凭,为校长、副校长提供的教育管理文凭以及华语、马来语、泰米尔语教师提供的高级教育文凭,还有为各科教师提供的各种短期培训。研究生计划有以实习和论文为主的教育硕士计划和以研究为主的教育学博士计划,还有幼儿教师和特殊教育教师培训计划。每学年有两个学期,分别在 1 月和 7 月开学,每学期 15 周。每学年的入学人数约 2 000 人,最低的录取要求是通过 A 级普通教育证书考试。所有获准接受教师教育的学生都可获得教育部师范奖学金,本科学生每年 3 200 新元,研究生每月 1 300 新元。学生毕业后,根据所接受的教育的性质与期限,必须无条件地为国家教育机构服务 3～5 年。

新加坡的教育改革

20 世纪 90 年代以来,随着国民教育水平的提高,新加坡政府结合实际,并借鉴德国和日本的经验,对原有的教育体制进行改革。1991 年 3 月,新加坡教育回顾委员会发表《发展中小学教育》报告,对 1979 年建立的教育制度进行重大改革。新学制中安排了一年学前预备教育。小学阶段的分流安排在四年级末进行。三年级结束时,学校把学生的语言(包括英语和母语)、数学成绩告知家长,并为四年级的分流提供建议。四年级结束时,安排一次统考,根据学生的统考成绩及前四年的英语、母语和数学考试成绩,得出能力标准分数,并根据这个分数,将学生分流进入三种课程。成绩最好的进入 EM1 课程,修读英语和母语,英语和母语均为第一语言;其次以英语为第一语言,母语为第二语言(EM2),学习 EM1 和 EM2 课程的学生学习英语、母语、数学和科学;再次的进入 EM3 课程,学习基础英语、母语会话和基础数学。如果需求足够的话,还提供第四种课程,即以母语为第一语言,兼修基础英语。这次分流只是对语言的分流。在定向阶段,学生可以根据考试成绩在三种课程中自由转换。小学结束时举行毕业考试,目的是考查学生在英语、母语和数学方面的基本技能,对其进行分流。约 10% 学术能力与语言学习能力俱佳的学生进入特殊班,着重学习高级水平的英语和母语;约 50% 的学生进入快班,以英语为第一语言,母语为第二语言。这两种班级学制 4 年,结束后参加 O 级普通教育证书考试;其余人进入普通班。普通班分为学术性(20%～25%)和职业性(10%～15%)两种,4 年后参加 N 级普通教育证书考试。合格者可再经一年学习参加 O 级考试。经过细致的分流,学术能力较弱的人也能受到至少 10 年的教育。

20 世纪 80 年代以来,新加坡的教育改革重视每个人在智力、态度、兴趣、才能、思维方式、创造性与创造能力等方面的独特性,力图向学生提供个性化、区别化、多样化的教育,并为此推出了一些具体的教育计划,其中最主要的是天才教育计划和艺术选择计划。天才教育计划的目的是为智力超群儿童提供指导,帮助他们开发自己的最大潜能。1981 年,新加坡教育部考察了美国、中国、俄罗斯、以色列等国的天才教育后,决定推出自己的天才教育计划,并于 1983 年成立天才教育分部,主管计划的实施。该计划以普通教育课程为基础,在深度和广度上加以扩充,同时开设更为广泛的科学、人文、计算机等课程以及各种夏令营活动。到 2002 年,有 9 所小学(四～六年级)、7 所中学(一～四年级)加入了该项计划。艺术选择计划的宗旨是发掘有艺术才能的学生,开发他们的艺术潜能,培养全面发展的具有良好美学修养和创造力的人才,分为美术和音乐两科,招收在美术和音乐上有天分和潜力的学生。参加该计划的学生必须在学校组织的美术或音乐专业考试中取得良好成绩。艺术选择计划只在中学和初级学院阶段实施。

进入 21 世纪,新加坡又采取了一些教育改革措施,重点加强对普通教育的政策和财政倾斜。最重要的改革措施是 2000 年颁布《义务教育法》,规定从 2003 年 1 月起,6～15 岁的新加坡儿童必须进入国民小学接受强制义务教育。只有进入指定的宗教学校、经过特批可以在家中接受教育或因智障肢残而有特殊需求的学生才可获得特别豁免。如果违反该法,有关个案就被转到义务教育委员会,再转交法庭审理。法庭将劝谕家长将孩子送至学校学习,违例家长可被判罚金或入狱。实施义务教育的目的是使每个新加坡儿童的发展都有一个平等的开始,向他们传授继续学习所需要的最基本的知识和技能,培养他们坚实的核心知识基础,把学生培养成能适应知识经济社会的一代新人。

新加坡的教育特色

双语制、分流制和道德教育是新加坡普通教育的最大特色。

双语制的实施与政治需要有关,也是社会现实的需要。新加坡种族结构复杂,语言多样。殖民统治时期,学校教育分别使用四种语言,每一种语言都有自己的课程、考试和教师培训制度。在这种教育制度下,人们必定产生不同的社会价值观和政治态度,并引起政治不稳定和周期性的骚乱。为了解决这些问题,1965 年独立后,新加坡对教育进行改革,采取的措施是将各种不同的教育制度合为一体,实行双语制,公平对待四种主要语言,规定家长可以自由地将孩子送到四种语言中的任何一种语言的学校去上学,使用任何一种语言的学校都必须实行第二语言教育。新加坡在历史上是英国殖民地,独立后与英国仍有千丝万缕的联系,英语又是全世界通用的语言,也是新加坡工业生产、公共管理和商务活动中的工作语言,具有很强的实用功能,但绝大部分儿童在家庭中使用本民族语言,英语水平较低,这更加促使新加坡政府推行双语政策,使英语的实用功能与母语的文化传统保持与交流功能结合起来。双语制由于切合政治与民众需要,得到人民的支持,发展得很快。双语制的实施,促进了新加坡各民族的融合,培养了年青一代的国家认同感,也提高了全国的教育水平。

新加坡原先实行"六四二"单一学制,要求儿童在相同的时间里学习同样的课程,参加同样的考试,没有照顾到学生学习能力上的差异。单一学制适合中等以上学习水平的儿童,但对中等以下水平、能力差的儿童是一种惩罚,采用灵活多样的分流制能使不同水平的儿童得到最合适的教育。新加坡人认为自己的国家地域狭小,资源贫乏,唯一可以开发的就是人力资源,力图把每一个公民都造就成高素质、能从事技术,甚至是高技术工业生产的劳动力。新加坡既重视教育的普及,又重视拔尖人才的选拔。分流制的作用就在于利用严格的英国剑桥考试标准来区分学生的学术性向与学习能力,因材施教,既可使能力较低的学生有机会继续学习而不过早辍学,又可使能力强的学生接受精英层次的教育,从而激发这部分人的潜能,最大程度地开发本国的人力资源。

新加坡学校道德教育的目的是力图恢复华族传统,以儒家文化来抵御西方文化的冲击,培养公民的良好道德品质。政府一直将道德教育作为民族振兴的重要措施。他们采用当代新儒家对儒家传统文化的解释,并以此为指导,编写教材。根据教育部规定,小学道德教育课为必修课,用本民族语言授课,每周1到1.5小时,采用课程计划与开发总署编的《好公民》教材。1982年,教育部正式宣布把儒家伦理道德课程作为中学三、四年级的必修课。1991年提出各民族都能普遍接受的五大共同价值观:国家至上,社会为先;家庭为根,社会为本;关怀扶持,尊重个人;求同存异,协商共识;种族和谐,宗教宽容。政府要求所有中小学都以五大共同价值观为纲,进一步改善和加强道德教育。

面对不断变化的国际政治和经济形势,新加坡的教育目标在不断变化和调整。随着经济的全球化,学生和家长对教育的期望越来越高,要求教育的重点必须转变。新加坡人强烈地意识到,教育是一项投资,国家的未来取决于年轻一代,为民众提供高质量的教育是政府的任务。20世纪90年代以来,劳动力数量的短缺和质量问题日渐成为新加坡进一步发展的严重障碍。1991年新加坡教育回顾委员会《发展中小学教育》报告强调发展人力资源,以满足迅速发展的经济和迅速变化的社会对具有良好修养和高超技能的劳动力的需求,并要求以亚洲文化价值观作为新加坡的固国之本,继续发展双语教育。要完成这个目标,必须保证学校和课程适应不同能力和天赋学生的需要,使学校经验适合于每个学生,发掘学生的最大潜能。这对新加坡现有教育体制提出了新的挑战。

参考文献

冯增俊.战后东盟教育研究[M].南昌:江西教育出版社,1996.

李大光.今日新加坡教育[M].广州:广东教育出版社,1996.

王大龙.当今新加坡教育概览[M].郑州:河南教育出版社,1994.

Husén, T. The International Encyclopedia of Education[M]. 2nd ed. Oxford: Pergamon Press, 1994.

Marlow-Ferguson, R. & Lopez, C. World Education Encyclopedia: A Survey of Educational Systems Worldwide [M]. 2nd ed. Detroit, MI: Gale Group, 2002.

（张东海）

新教育社会学（new sociology of education）　20世纪60年代末70年代初形成于英国的一种教育社会学思潮。反对结构功能主义的宏大叙事,强调微观—过程研究。以英国教育社会学家 M. F. D. 扬主编的《知识与控制:教育社会学的新方向》（*Knowledge and Control: New Directions for the Sociology of Education*,1971)的出版为先声。

新教育社会学的"新"主要体现在其基本观点立场和研究方法上。结构功能主义的研究大多着眼于宏观、静态的教育体系整体架构,强调教育的筛选、分配和社会化功能,方法上提倡实证,反对形而上的思辨,多运用统计学量化分析,其研究结果往往是抽象的、概率性的、静态的;在研究主题和内容上,坚持一种"输入—输出"取向,把学校看作"输入"(教师质量、年龄、性别、学生出生社会阶层、能力、在学年数、学校规模等)与"输出"(学生的成绩、社会经济地位、职业工种等)之间可以忽略不计的一个"黑箱",而很少关注学校内部具体的教育(教学)动态结构和过程。新教育社会学寻求新的方法论,以现象学的知识社会学及文化人类学中的人种志来取代结构功能主义的方法论。这种围绕微观互动组织起来的方法论话语体系,为新教育社会学在"输入—输出"模式中间加入"过程",为强调学校教育内部的动态结构和过程研究提供了可能。新教育社会学坚持"输入—过程—输出"的取向,并且将"过程"作为研究重心,认为作为结果的"输出"不取决于"输入",而取决于"过程",这与以往教育社会学研究忽视和掩饰"过程"形成对比。

新教育社会学拒绝将当下的"输出"作为一种既存的事实而无条件接受,认为视界所及的教育现象是一种新的创造的连续体,是"过程"中社会互动的一个结果。新教育社会学把社会互动看作一个解释的过程,是人们相互解释其日常生活世界而形成的产物,由此为现象学的知识社会学进入教育社会学,并对不言而喻、不证自明的诸多前提进行质疑和反思提供了可能。新教育社会学认为,应该从知识社会学的角度出发,对教育社会学很少研究但确是特定境遇下产生的具有相对性的现象,如智能、创造性和教学内容等,作出重新界定,而对学校中的各种互动过程以及在过程中表现出的现实世界,从行为主体的动机、价值观和主观目的性的角度予以记录、解释和说明。基于这种方法论,新教育社会学的主要研究对象为:课程,尤其是新的课程知识的筛选和分配过程;教师的教学方法与评估标准;课堂上师生之间以及学生之间的社会互动。

通过对这三个领域的研究,新教育社会学试图从学校教育内部过程来解释教育与社会不平等的关系。

新教育社会学所依托的主要方法论基础的现象学的知识社会学,把日常现实的社会构成作为分析对象,认为不应只研究学理性知识,而应更多地关注日常现实的知识,主张研究:(1)知识的本质性问题,即追问在日常生活中什么会被看作是不证自明的知识;(2)知识的呈现与接受问题,即人们将日常现实作为既成事实予以接受的带有普遍性的方法形式。在课程研究中,新教育社会学以 M. F. D. 扬的知识成层论为代表;在评估与互动研究中,以凯迪关于课堂知识研究为代表。

M. F. D. 扬的研究主要解释学生的学业成败与学校传授的知识特性之间的关系。他认为,学业失败的根本原因不在于学生的能力,而在于学校选择了什么样的知识作为教学内容。M. F. D. 扬把焦点集中在学校教育知识的筛选、编排和分配过程上,试图通过对这一过程的分析来解释社会不平等的起因。M. F. D. 扬从控制论的视角,称决定学校教育知识的筛选、编排和分配的行为主体为"权力地位占有者",其筛选、编排和分配特定知识现象的本身意味着知识的成层性,即根据不同知识被赋予的不同价值和威信,根据不同知识领域之间的关系,以及要想取得和掌握这些知识所受到的不同制约等差异,知识体系内部会形成等级结构。学校教育知识的筛选、编排和分配是一个知识成层的过程,学校知识与社会的控制和分配结构紧密相连。学校知识是特定政治、历史、社会背景下的产物,是基于一定的标准选择编排而成的一系列价值判断,因此其结果与日常现实生活产生偏离,与真理本身错位。由具体政治、历史、社会背景下的"权力地位占有者"筛选、决定、编排和分配的学校知识,必然反映这些"权力地位占有者"的世界观和价值观,包含意识形态上的虚构性。分析这种虚构性及其具体的形成方式,可以理清各个层次的学校知识的性质及其与社会经济政治结构的关系,也可剖析社会弱势阶层子女学业失败的根本原因。M. F. D. 扬得出结论,学校知识价值层面的等级结构反映了社会的权力结构,发挥了社会控制的功能,通过让不同阶层出身的学生接近和掌握不同层次的学校知识,社会达到了对社会整体结构的维护与再生产的目的。

凯迪运用人类学人种志的研究方法,分析教学评估和师生互动、学生互动。凯迪在一所根据学习能力分班的综合制高中开展调查,他对师生间互动的详细观察表明,教学过程中教师所使用的评估标准因班级和学生而异。凯迪指出,作为一个教育工作者在思想上所主张的观念,与作为一

个教师在日常教学实践中所作的判断之间,实际存在矛盾和冲突,这些矛盾和冲突在很大程度上制约着师生间的关系。如教师在理念上否定学生的成绩、能力与其出身的社会阶层有关,但在具体教学实践中往往下意识地承认两者的联系。教师头脑中有一个"什么样的学生定会怎样去做,定会得出怎样的结果"的主观框架,这种主观框架又被学校中的能力编班所巩固和强化,使得组织结构和教学过程融为一体,决定了师生间的互动关系。凯迪认为,学习成绩是学校内部师生互动过程中,师生双方彼此对对方的解释与评估的产物,带有很强的主观色彩,教育社会学必须把互动与解释的过程作为最原始、最重要的研究材料,而不应从一开始就搜集所谓外在的客观因素和背景数据,更不应把研究人员对这些数据的解释结果强加给互动的行为主体。

英国社会学家 B. 伯恩斯坦同样关注教育与社会不平等的关系,并试图从教育知识的本质特点及其传授过程加以解读。他通过分析语言的形式与社会结构之间的关系,以及不同社会阶层在掌握不同会话语言表达形式时所采用的方法得出论断,认为会话语言中内藏着特定的表达方式和分类框架,这是一种社会关系的产物,具有特定的社会结构的属性。他称这种方式和框架为语码,可分为两种,即限制语码和精致语码。前者的特点是语法结构较简单,表达说话主体的主观意图时方式较暧昧,逻辑上缺少连贯;后者的句法逻辑清晰,多用复句、从句、被动句和不定词来表达说话主体的意图。B. 伯恩斯坦认为,劳动阶级习惯采用限制语码,中产阶级则多用精致语码,这正是学校教育不平等产生的根源。学校是用精致语码来传授知识和促进学生成长的,家庭中就习惯使用精致语码的中产阶级子女自然较容易适应学校的环境和生活,而只习惯使用限制语码的劳动阶级子女则相反。

在关于教育知识的筛选、编排和分配和评估问题上,B. 伯恩斯坦认为,教育知识通过课程、教学法和评估三个体系得以体现。课程决定什么是正确妥善的知识,教学法决定最佳的传授方法,而评估决定受教育者怎样的理解是最好的。课程、教学法和评估都由教育编码决定,而教育编码的形式、内容又由社会控制的权力决定。B. 伯恩斯坦提出"分类"(classification)和"定框"(framing)两个概念,分类指不同教育内容之间分界线的明确程度,关系到知识所具有的社会结构。明确度高意味着各种教育内容相互独立,联系较少;明确度低则意味着各种教育内容之间相互渗透,联系密切。定框指在传授和教授教育知识时,师生在筛选和编排内容、决定进度方面所具有的自主性,关系到师生间的人际关系和社会互动。自主性小,教育过程中容易形成等级分明的人际结构,教学方法更多地采用灌输的方式。分类和定框两个概念内含社会控制和权力因素。根据分类和定框的强弱,B. 伯恩斯坦认为,教育编码又可分为集合编码和

整合编码,前者意味着教学内容间相互独立、联系较少,后者意味着教学内容之间相互渗透,关系密切。基于这一理论,可以比较不同种类的学校、不同国别、不同时代的教育知识特点,通过比较,可以分析教育知识背后的社会结构和秩序的维持、管理和控制原理。由此,反映某种社会原理的权力和控制,通过教育知识的分类和定框,决定了教育编码的性质,不同的教育编码又具体规定了不同的课程、教学法和评估这三个体系。B. 伯恩斯坦通过分类和定框这两个概念,把微观层次的教育过程与宏观层次的社会权力控制原理有机地联系在一起,就教育不平等乃至社会不平等问题,提出了一种宏观与微观相融合的教育社会学分析理路。

参考文献

古德森.环境教育的诞生[M].贺晓星,仲鑫,译.上海:华东师范大学出版社,2001.

麦克·扬.知识与控制:教育社会学新探[M].谢维和,朱旭东,译.上海:华东师范大学出版社,2002.

Bernstein, B. Class, Codes and Control[M]. Vol. 3. London: RKP, 1973.

（贺晓星）

新马克思主义教育思潮(neo-Marxism in education reform)

亦称"西方马克思主义教育思潮"。现代西方以新马克思主义为基础的教育思潮。萌芽于 20 世纪 20 年代,在六七十年代逐渐强大并广泛流行。各种新马克思主义者深刻分析了资本主义制度下学校教育的性质、职能及其与社会政治、经济、文化的关系,揭露了资本主义学校教育制度的弊端,对西方教育理论与实践产生了很大的冲击和影响。

新马克思主义教育思潮的产生和发展

第一次世界大战加剧了资本主义社会的各种矛盾。1917 年,俄国抓住这一时机取得了十月革命的胜利,开辟了社会主义革命的新纪元。随后,芬兰、匈牙利、斯洛伐克、波兰等国也先后发生革命运动,建立了苏维埃政权。当中、西欧一批接受了马克思主义的激进知识分子也以满腔热情投入本国的工人革命运动,准备迎接社会主义革命在欧洲的全面胜利时,迎来的却是革命的失败,马克思所预言的欧洲资本主义国家的总体革命未能实现。在这种背景下,中、西欧国家的一些马克思主义者开始对马克思主义与欧洲革命运动进行理论思考,试图探索一条新的道路,重建马克思主义。新马克思主义奠基者卢卡奇、科尔施和葛兰西认为欧洲革命运动失败的主要原因不在于客观条件即经济发展条件不成熟,而在于主观条件即无产阶级革命意识不成熟,主张将研究中心从客体转向主体,从经济领域转向意识形态领域。这个时期的新马克思主义者主要偏重于研究社会政治方面的问题,也涉及教育问题。如,葛兰西提出文化霸权的概念,认为教育是争取霸权的武器,学校是国家形成过程中的重要机构,主张通过教育提高工人阶级的革命意识和素质,建立无产阶级的文化霸权。

20 年代中期以后,新马克思主义在德国、法国、意大利等国传播开来,并与这些国家流行的哲学思潮相结合,出现了包括法兰克福学派、存在主义的马克思主义、结构主义的马克思主义、新实证主义的马克思主义、弗洛伊德主义的马克思主义等在内的新马克思主义流派,新马克思主义逐渐成为一种世界性思潮。霍克海默、阿多尔诺、马尔库塞、弗罗姆、阿尔杜塞、沃尔佩、赖希等新马克思主义者对当代资本主义、苏联社会主义模式和"正统马克思主义"进行批判,用各种资产阶级的思想理论来重新解释或重建马克思主义。这个时期,新马克思主义者开始给予教育更多的关注,新马克思主义教育思潮的内容日渐丰富。新马克思主义者大多对各国的资本主义教育制度极为不满,认为既有的教育加重人的异化和"单面性",使人"愚化",培养的是符合资本主义社会机器需要的公民,而不是"完整的人"。同时,他们还对未来的社会主义制度及其教育制度进行了展望。

60 年代末,在西方资本主义国家发展起来的新左派运动和学生运动以新马克思主义为理论旗帜,使新马克思主义声名大振,进入鼎盛时期。与新马克思主义思潮的大发展相呼应,新马克思主义教育思潮也日渐成型。这个时期,新马克思主义研究中心从欧洲转移到北美。第二次世界大战后,特别是 1957 年苏联成功发射第一颗人造地球卫星之后,以美国为首的西方资本主义国家把教育视为增强国防实力、促进经济增长、实现社会平等的重要手段,纷纷增加投入,对学校进行了一系列改革,教育事业一度出现了兴旺发达的景象。正当人们期待着教育神话出现时,等待人们的却是令人失望的结局。20 世纪 60 年代末、70 年代初,西方各国不同程度地出现了经济衰退和社会动乱,教育发展迅速从"黄金时代"堕入"冰川时代",大量的教育投入看不出效益,形形色色的教育改革也未能奏效,并没有给人们带来预期的个人发展和社会平等。在这种背景下,鲍尔斯、金蒂斯、布迪厄、吉鲁克斯、阿普尔等人运用马克思主义的辩证法、阶级斗争等理论,对资本主义社会及其教育进行了深刻的分析和批判,形成了再生产理论(包括经济再生产、文化再生产和国家再生产三种模式)和抵制理论两个新马克思主义教育思潮的基本流派。其理论既涉及教育与国民经济、社会发展的关系,也讨论了教育变革与机会均等、个人发展的关系,基本上形成了独特的理论派别。

新马克思主义教育思潮的基本观点

与新马克思主义思潮一样,新马克思主义教育思潮流派及代表人物众多,观点繁杂,内部也存在种种争论和分歧,从各流派共同或相似的理论倾向中可以总结出一些主要观点。

对自由派教育理论的批判　自由派教育理论认为,资本主义社会的学校教育有三种社会职能:一是统合职能,即把受教育者按才能高低统合到社会政治、经济结构中去;二是平等化职能,即为人们提供公平竞争的阶梯,人人都可以通过这个阶梯取得地位和成就,三是发展职能,即实现人的充分、圆满发展。在他们看来,现代社会是一种效绩制社会,不管出身背景如何,每个人都可以凭借自己的才能和奋斗取得相应的地位和成就。其中教育充当着"甄选者"、"分配者"和"平等化者"的角色。学校根据智力水平为每个人提供相应的教育,智力水平最高的人将受到最多、最好的教育,将因此而获得最高才能,从而谋得最有声望和权势的职业;而那些智力水平低下的人将只能接受较少的教育,因而才能也较低,只能从事较低下的工作。任何阶级、阶层、种族、性别的个体,都可以凭借自己的才能和奋斗,通过教育这个社会流动的阶梯,向较高的社会阶层升迁。因此,教育是消除社会不平等和贫困,实现社会平等和机会均等的有效工具。

针对自由派教育理论的这种观点,鲍尔斯和金蒂斯进行了大量的调查研究,发现教育程度与经济成就有关,而两者与智力水平的高低并没有直接联系,在影响人的未来经济成就的因素中,智力水平、认知成绩的作用并不大,相反,家庭出身的作用更大一些,因此,教育作为公平竞争阶梯的平等化职能在资本主义社会条件下是根本无法实现的。教育是现存社会不平等的维护者,而不是社会平等的推动者,因为教育的社会基础是社会的不平等性,教育是再生产这种不平等性的工具。另外,在异化普遍存在的社会中,教育完全是一种非人化的过程,并不能发展个人自由的能力,相反,人变成了知识的属性,失去了主体性。他们认为,美国社会与教育发展的现实表明,自由派教育理论是站不住脚的。

论资本主义学校教育的职能和性质　新马克思主义教育学者从"再生产"概念出发,对资本主义学校教育与国家政治、社会经济的关系以及资本主义学校教育的职能和性质进行了分析,认为在资本主义条件下,学校教育不仅是劳动力和生产关系再生产的工具,而且是资产阶级统治思想、意识形态和文化价值再生产的手段,完全是为维护资产阶级利益服务的。

鲍尔斯和金蒂斯认为,资本主义社会中,统治阶级在教育政策上有两大目标:一是劳动力的再生产;二是生产关系的再生产。首先,学校根据阶级、种族和性别,为不同阶级和社会集团的人获得相应的职业和地位而提供相应的知识技能。学校向来自社会各阶层的学生反复灌输浸透了统治阶级思想的实际知识,学生在 1～16 岁期间,便有大批人被驱送到生产中,成为工人和农民,稍后又有一批人去充任白领劳动者或较低级的管理人员,最后,教育顶层培养出来的人则去当资本家、高层管理者、政客和知识分子。其次,学校注意养成学生适合于等级制劳动分工需要的个性品质。中小学严格限定和引导学生的活动,是为了培养最低层次职位所需要的遵守规则的品质;社区学院允许有较多的独立活动,是为了培养中间层次职位所需要的独立工作能力和可信赖性;四年制大学强调行为的内化和自觉,是为了培养高层职位所需要的内化规范能力。再次,学校帮助学生形成各种身份差别,加强成层意识,从而使经济不平等合法化。总之,教育已经历史地成为将个人定位于各种经济职位的一种手段。

法国教育理论家布迪厄从文化再生产的角度批判了资本主义学校教育的虚伪性。他认为教育的主要职能是进行文化传递,通过统治阶级文化的传递再生产现存的社会关系(包括阶级关系)。在资本主义社会,学校表面上是在公正而中立地传递某种文化,实际上是在公正和中立的幌子下传递统治阶级的文化。它极力证明统治阶级文化的合理性,并通过"霸权课程"来排斥其他阶级的文化,以保证统治阶级文化的再生产,巩固统治阶级对学校教育的统治。资产阶级学者所谓的学校教育中立是根本不存在的。

葛兰西及其追随者(如阿普尔)则从国家政治与学校教育的关系角度讨论学校教育的职能。他们认为,国家既有通过学校为资本劳动提供必要的劳动力、知识技能和文化价值的任务,又有通过学校用经济的、意识形态的和心理的手段来赢得劳工阶级对国家政策表示同意的任务。资产阶级企图通过学校教育建立对工人阶级的文化霸权,即在意识形态(包括文化、精神、道德等)方面确立自己的领导权和统治地位。资产阶级所采取的手段:通过学校宣传有利于其统治的文化价值、生活信仰、道德观念;通过传授经过选择的知识来使学生适应等级制社会;通过颁发证书使教育制度维护专家治国论的合理性;通过教育经费来控制教育的发展方向;通过立法来确保国家对教育的领导权,保证统治阶级在意识形态和文化上的控制权。总之,教育是统治阶级实现其文化霸权和资本主义国家再生产的工具。

论教育中的冲突与教育变革　新马克思主义教育思潮亦称"冲突理论",因为冲突是其最重要的概念之一。在新马克思主义者看来,在资本主义社会,整个生产过程充满内在冲突,既有劳动者与雇佣者之间的冲突,也有个人需要与组织文化之间的冲突。冲突中,劳动者会产生阶级意识、政治意识,个人意识会觉醒,因此,资产阶级为了维护其统治,不得不进行一些改革。正是冲突以及由此产生的意识促成了社会的变革和发展。

自20世纪70年代以来,美国、西欧以及澳大利亚的一些教育学者开始用冲突理论分析学校与统治社会之间的复杂关系,提出要把矛盾、冲突、斗争和抵制等概念放在重要位置。他们认为,社会生活中的冲突必然反映到学校教育当中来,学校不仅是社会结构和意识形态矛盾冲突和斗争的场所,而且是工人阶级学生对此进行抵制的场所。学校里,社会主流文化和非主流文化以及不同阶级意识之间的较量和斗争一直在进行着,统治阶级总是通过学校借助公开和隐蔽的课程向学生施加影响,但以阶级、种族和性别为媒介的各种旨在拒斥、抵制和消融学校所实施的教育和影响的各种活动也没有停止过。60年代中后期美国大学的学生运动以及法国的"五月风暴"就足以证明这一点。在学校的各种冲突过程中,工人阶级的学生、教师、家长会产生和增强阶级意识和平等主义、人道主义的政治意识,要求进行教育变革,建立平等而民主的教育制度,进而对社会经济生活进行根本改造,实现社会的平等化。

鲍尔斯和金蒂斯系统分析了美国教育史上的三次重大改革,即19世纪中叶的免费公立学校运动、1890年前后至1920年前后的进步教育运动和20世纪六七十年代的免费学校运动。他们指出,在资本主义制度下,资本积累和资本关系再生产的矛盾随时都有激化和冲突的可能,资产阶级巧妙地将这对矛盾发生冲突的地点从工厂转移到了学校,使学校成了资本主义社会各类矛盾冲突的舞台,然后再以"机会均等"为口号对教育进行改革,借以掩盖各种社会矛盾的阶级性质,并减轻冲突对资本主义制度的威胁。实际上,资本主义教育发展史上的每一次重大改革,都把"社会控制"、"消除阶级冲突"和"使资本主义等级制权力关系合法化"作为主要目标,从而维护和再生产资本主义的政治经济制度,克服阶级冲突和其他社会冲突,实现对劳动人民的社会控制。

论教育与社会变革　新马克思主义教育理论家认为,资本主义学校教育种种弊端的根源在于资本主义的经济制度和结构,资本主义是挡在未来社会进步道路上一种不合理的制度,必须予以取缔,而代之以社会主义制度。但是,他们对苏联社会主义制度模式特别是它高度集权的经济体制大加鞭挞,断言苏联仍是一个压抑、异化的社会,主张建立与苏联模式不同的新社会主义模式。他们认为,社会主义的本质及目的并不在于改变所有制或政权的性质,不在于发展生产力或改善物质社会条件,而在于人的自由解放、全面发展或本质、潜能的实现。在这种思想指导下,他们提出了不同的新社会主义模式,如科尔施的实践社会主义、葛兰西的工厂委员会社会主义、马尔库塞的自由社会主义或

解放社会主义、弗罗姆的人道主义社会主义、鲍尔斯和金蒂斯的美国式社会主义、J. E. 罗默的市场社会主义等。

新马克思主义者都强调意识革命的重要性,十分重视教育在变革资本主义、建立社会主义过程中的作用。葛兰西认为,工人阶级要想建立对资产阶级的霸权,就必须改变大众的意识,通过教育使工人阶级学会像统治阶级一样思考和行动。鲍尔斯和金蒂斯认为,要用社会主义取代资本主义,必须运用社会主义教育策略,唤醒劳动人民的经济意识和批判精神,逐步开展削弱资产阶级政权力量的广泛的民主社会运动。他们呼吁革命的教育工作者联合学生、教师、家长和其他社会成员,为实现教育的民主化而斗争,并把这种斗争同培养全体劳动人民统一的经济意识结合起来,从而变革资本主义制度,确立社会主义制度。

论社会主义教育与培养社会主义新人　新马克思主义教育理论家不但对资本主义教育进行批判,而且从其社会主义理想模式出发,对社会主义教育进行描绘。葛兰西认为,社会主义学校应该将人类知识的所有分支都传授给学生,但不应把学生当作一大堆资料和没有关联的事实的接收者,主张让学生领会抽象与具体的关系,并能把知识运用于实践。弗罗姆对社会主义教育的研究更为系统。他认为,社会主义教育首先对受教育者不但要传授知识,而且要进行理性教育,使人成为有知识的观察者和理性的积极参与者;其次应该包括科学教育和审美教育,使每一个受教育者都成为能自由发挥其认识和审美能力的"完整的人";再次,应该将理论与实践结合起来;最后,应该重视成人教育,实施终身教育。鲍尔斯和金蒂斯认为,社会主义教育是美国式社会主义的有机组成部分,其特点:第一,以个性自由发展为唯一目标,以个人选择取代社会选择;第二,每个学生都享有充分、均等的教育机会;第三,学生学业成就的差异将成为经济成就差异的唯一原因。总之,新马克思主义教育理论家心目中的社会主义教育,是克服了资本主义教育的弊端,适应理想社会主义模式的教育。

新马克思主义教育理论家认为,与资本主义教育培养被异化、身心不健全的人不同,社会主义教育应该培养社会主义新人,即消除了异化、全面发展、健全的人。在马尔库塞看来,社会主义新人不再是"单向度的",而是一种一切感觉和特性都彻底解放的新型的人。与马尔库塞的观点相类似,弗罗姆认为社会主义教育培养的新人应当是完整的,即科学认识和审美意识相统一的人。

参考文献

鲍尔斯,金蒂斯. 美国:经济生活与教育改革[M]. 王佩雄,译. 上海:上海教育出版社,1990.

陈振明. "新马克思主义"的社会政治理论[M]. 北京:中国人民大学出版社,1997.

黄济.教育哲学通论[M].太原:山西教育出版社,1998.

季苹.西方现代教育流派史论[M].北京:北京师范大学出版社,1995.

陆有铨.现代西方教育哲学[M].郑州:河南教育出版社,1993.

(杨秀治)

新托马斯主义教育(neo-Thomism education)

现代西方以托马斯·阿奎那的宗教神学理论为思想基础的教育思潮。提倡基督教教育,希望培养"真正的基督徒"。20世纪30年代产生于欧美国家,代表人物是法国哲学家马里旦。

从历史上看,以托马斯·阿奎那为代表的托马斯主义宗教哲学在13~14世纪达到顶峰之后便开始衰落,16世纪宗教改革时期受到致命打击,宗教理论威信一落千丈。但从18世纪开始,托马斯主义传统基督教哲学一直试图重新复苏。19世纪末西方资本主义制度和意识形态出现种种危机,给了它复苏的机会。1879年8月,教皇利奥十三世发表通谕《永恒之父》,宣布托马斯主义为天主教"唯一真正的哲学",要求采取一切措施来"重建托马斯主义"。1880年8月,罗马教廷宣布圣托马斯为哲学界"最高权威"和"天使博士",还在鲁汶大学开设圣托马斯哲学讲座,并出版托马斯·阿奎那的著作。为了复活托马斯主义,教皇还要求托马斯主义理论现代化,能与现代科学发展相结合。20世纪60年代,梵蒂冈宗教会议明确规定了托马斯主义哲学的"世俗化"和"现代化"方针。1980年,教皇保罗二世再次要求托马斯主义"同现代科学文化结合"。新托马斯主义的产生是老托马斯主义世俗化和现代化的果实。

新托马斯主义教育实际上是新托马斯主义哲学的组成部分。1929年,教皇发表《青年的基督教教育》的通谕,宣称"教育就应是基督教教育",反映了新托马斯主义教育思想的基本观点。第二次世界大战前后,法国哲学家马里旦以新托马斯主义哲学思想为依据,提出一套比较系统的新托马斯主义教育思想。它有以下主要观点。(1)教育目的有两种:一是主要目的,二是第二位目的。教育的主要目的是塑造人,或者说是帮助儿童成为充分成型和完美无缺的人。其他目的如传递文明区域的文化遗产、为参与社会生活和成为优良公民做准备等都是第二位的。塑造人是教育的本质,关系到一个人的形成和精神解放,不管附加的负担是什么,这个本质和目的必须保持。马里旦要塑造的是虔信、服从和热爱上帝的人。(2)教育是终身进行的,学校教育只是教育过程的一个阶段,基本任务是为学生能够终身进行自我教育做准备。为了使年轻一代具有自我教育的能力,学校应当通过教学培养学生的智力,使学生由最初的对真理的热爱向智慧的方向发展。因此学校教育真正的任务是基本的自由教育,就是运用自然智力本身的方法处理普遍知识。(3)教育阶段。马里旦将年轻一代的教育分为三个阶段,并对各阶段的主要任务作了论述:初等教育阶段是通过想象唤醒儿童的理智力量;中等教育阶段是为所有学生提供"自由教育"或"一般文化教育",即通过有选择的人文学科学习,使学生天赋的智力得到发展,获得理智自治力;大学是传授所有专门知识的场所。大学学科可分为四类:实用艺术和应用科学、实践科学、理论科学和艺术、哲学和神学理论。他要求教学要贯彻普遍性原则,即要注意专门知识与其他知识的联系。(4)道德教育应当在学校和学院教育中占有极为重要的位置,主要任务是培养"爱"。人类的爱常常受到利己主义的包围和俘虏,因此培养对上帝的爱是学校德育的根本任务。

新托马斯主义是现代西方哲学中一个具有较大影响的派别,曾被罗马教皇宣布为官方哲学,得以借助教会的政治和经济力量在欧美国家流行。它把培养真正的基督徒作为教育的目的,带有明显的宗教色彩,影响不如要素主义教育和永恒主义教育。

(朱镜人)

新西兰教育制度(educational system of New Zealand)

新西兰位于太平洋西南部。面积27.05万平方千米。2011年人口441万,其中,欧洲移民后裔占67%,毛利人占14.5%,亚裔占9.2%(华人约20万),太平洋岛国裔占6.9%。70%的居民信奉基督教新教和天主教。官方语言为英语和毛利语。2011年国内生产总值1 357.9亿新元,人均国内生产总值3.2万新元。

新西兰教育的历史发展

新西兰是一个移民国家,其国名出自荷兰人。早在1350年,毛利人就在此定居,建立了游牧部落社会。1642年荷兰航海者在此登陆。1769年至1777年,英国探险家库克船长先后5次来到新西兰。19世纪早期,欧洲移民已遍布新西兰各个岛屿。1840年,英国人诱迫毛利人酋长签订《威坦哲条约》(Treaty of Waitangi),新西兰沦为英国殖民地。1907年新西兰成为自治领,但政治、经济、外交仍受制于英国。1947年成为主权国家。

欧洲殖民者自登陆后就不断与毛利人发生冲突。随着殖民地的迅速扩大,毛利人的大量土地要么被强迫卖掉,要么被殖民者兼并。由于对殖民者的反抗经常受到镇压,加上疾病的困扰,毛利人的数量从19世纪早期的大约10万人迅速下降为20世纪初的3万人,而且主要集中在传统的村庄。同时,欧洲人的数量迅速增加。他们发展畜牧业和采矿业,并将羊毛、黄金等原材料出口到英国,于20世纪初过上了世界顶级水准的生活。

在欧洲人看来,他们在新西兰建立的是一个民主的殖民地国家。早在1893年,新西兰就允许妇女投票,是世界上最早赋予妇女投票权的国家之一。20世纪20年代以后,毛利人的处境也发生了一些变化,开始向城市移民。至80年代,已经有80%的毛利人居住在城市地区。此外,其他太平洋岛国的波利尼西亚人及越来越多的亚洲人纷纷向新西兰移民。由于本国居民不断移居国外,移民数量的增加并没有使新西兰的总体人口规模发生太大变化。

新西兰是世界上较早普及免费义务教育的国家。1877年,新西兰通过第一部教育法,规定建立一个全国性的教育体系,实行世俗性的义务教育,5～15岁儿童有权免费就读初等学校,并试图建立一套教育质量标准。在此之前,儿童只能就读省政府或教会举办学校。中学不属于免费教育。绝大多数人小学毕业以后就去从事手工劳动,直至19世纪末叶,仍只有不到10%的小学毕业生升入中学,但大多数升入中学者都能继续读大学并从事专业工作。

随着经济发展,对受过教育的贸易人员和管理人员需求不断增加。1914年新西兰通过了一部新的教育法,规定所有中学都必须向通过能力考试的所有学生提供免费教育。但与此同时,新西兰也保留了主要为大学输送毕业生的文法学校系统。由于所服务的阶层地位有差异,两类学校之间存在一定对立关系。这种情况一直备受争议。1930年发表的《阿特摩尔报告》(Atmore Report)倡导建立一种人人平等的教育体系。1944年发表的《托马斯报告》(Thomas Report)对后来的教育改革产生了深远影响。它引进了学校证书制度,用大学入学考试取代了注册入学制度。该报告还倡导为所有学生提供同样的既包括实用技能又包括学术内容的核心课程。但学校抵制这一改革,他们通过智商测验将学生分到不同班级,不同类型的班级使用不同的教学内容。

1935年后,工党领导下的政府将新西兰建设成为世界上第一个福利国家,教育成为一项重要的福利事业。但70年代,新西兰经济开始衰退,自由经济政策成为政治家争论的焦点,教育政策也受到很大影响。

新西兰现行教育制度

教育行政制度　新西兰的教育行政制度很有特色,既高度分权,又具有一定的中央集权特征。一些协会组织也发挥着一定的教育管理功能。

在基础教育阶段,根据1989年制定的《教育法》,新西兰的公立学校由董事会负责管理。董事会成员由家长代表、社区志愿者、学校员工代表、校长等组成,其中校长为当然成员。中学的理事会还要有一名学生代表参加。其主要职责:制定学校发展规划,管理学校经费,向社区和教育部提交财政报告等。私立学校由校务委员会、董事会和代表所有者利益的管理委员会共同监督管理。

新西兰没有地方政府一级的教育行政管理部门,教育部在各地设立的教育管理办公室是地区教育行政管理机构。教育部还建立了由教育部代表、学校理事会协会代表、校长协会代表、家长教师联合会代表等组成的地方教育保障网络系统,负责协调解决学校面临的自身无法解决的问题或危机。教育部或教育评估办公室还把学校管理中出现的比较严重的问题直接上报给教育部长处理。如有必要,教育部长有权解散学校理事会,并指派一位负责人暂时负责该校的管理。

教育部的权力并不仅限于此。制定、执行教育政策和监督既定政策的实施,管理女王名下的学校及其土地,对教育发展进行检查和评估等,都是教育部的职能。它通过以下机构对全国教育发展施加影响。(1)新西兰职业资格证书管理局(New Zealand Qualifications Authority)。根据1989年教育法成立,归女王名下,直接对教育部负责,主要职能包括管理国家资格证书体系(National Qualifications Framework),制定监督资格证书标准,国际资格证书互认,组织国家考试并发布考试结果和颁发资格证书等。(2)教育评估办公室(Education Review Office)。负责检查和评估各个学校和早期儿童教育中心的所有工作,包括教师的教学质量、学生的学习质量、管理的作用、董事会成员的工作,等等,并针对全国中小学以及早期儿童教育中心的教育质量发表公开报告。(3)教师注册委员会(Teacher Registration Board)。根据教育法规定,对全国教师进行资格审查,向符合标准的教师颁发有效期为3年的从业证书。(4)教育和培训支持局(Education and Training Support Agency)。又称"技能新西兰"(Skill New Zealand),一种半官方机构,由教育部直接任命的委员会进行管理。委员会除设在首都惠灵顿的总部以外,还有一个遍布全国的地区办公室网络,其主要任务是促进终身学习,提高全民职业技能,提高新西兰在全球市场中的竞争力。除上述机构外,教育部还下设资产管理集团(Property Management Group),负责管理女王名下财产,包括2 300所国立学校及其土地。

高等教育阶段实行分权与集权相结合的管理体制。一方面,各个大学都有相当大的办学自主权,董事会有权任免常务校长、制定学校章程,有权自行订定新生录取标准、自行改变专业设置、自行决定学期的长短等;另一方面,董事会的规模、结构、选举程序和任期等都需要与高等教育部协商,董事会任免常务校长、制定学校章程等行为须经高等教育部审查通过后方能生效。大学董事会还需要就工作目标、经费开支计划、财政审计等问题向教育评估办公室提交报告。如果发现大学的做法对纳税人利益造成较大损害,高等教育部有权派出特派员进驻指导,甚至解散董事会。

新西兰的教育学院和理工学院也享有较大的自治权。由各院院长组成的新西兰师范教育委员会和由25所理工学院院务委员会主任组成的理工学院协会在促进这些院校教育质量的提高以及协调院校与政府之间的关系方面扮演着比较重要的角色。

新西兰教育部和高等教育部对全国教育机构拥有较大的管理权，但无论是行使权力的方式还是目的，都不是加强对这些机构的控制。以教育部为例，作为国家一级的教育主管部门，其宗旨是促进而非直接控制国家教育发展，主要使命是提高教育成就和消除不同民族间的教育差别。提供教育经费不仅是教育部一项最为重要的职能，也是一种重要的管理手段。

学校教育制度　新西兰正规学校教育体系主要包括学前教育、中小学教育和高等教育三个层次。6～16岁的中小学教育为义务教育，学生16岁前不得退学。16～18岁虽然是非义务教育阶段，但学生同样享受免费教育。

2～4岁幼儿为学前教育适龄儿童。新西兰的幼儿教育形式多样。1998年，所有接受学前教育的儿童中，大约40%就学于正规儿童保育中心，26.9%在幼儿园，5%在家里接受教育，还有一部分在其他幼儿教育机构，如游戏中心、游戏小组、早期儿童毛利语渗透教育机构、太平洋岛屿语言学校等。学前教育不属于义务教育，政府一般不直接举办幼儿教育机构，但达到一定质量标准并获得许可的幼儿教育机构可以申请政府资助。

小学学制一般为6年，多数儿童5岁入学，所学课程主要有英语、数学、科学知识、社会常识、音乐、体育、艺术和手工制作等。小学毕业生都要参加全国统考，以获得初级学历证书。第七和第八学年也称第一和第二学级，相当于其他国家的初中阶段。提供第七和第八学年教育的有独立的中间学校（intermediate school），也有小学、中学、综合学校或地区学校。其中，将这两个学级设在小学的情况比较普遍。地区学校通常位于农村，集小学、中间学校和中学于一身。中学提供5年（与中间学校衔接）或7年（与小学衔接）的教育，最后一年称第七学级。中学课程是对小学课程的深化，高年级学生还可以选修一些专业课程，如文科、商科等，为进入高等院校学习做准备。第五、第六学级的学生要参加全国统一的中学学历证书考试。第七学级学生只有通过全国大学入学、助学金和奖学金资格会考（University Entrance, Bursaries and Scholarships Examination），方能取得大学入学资格。

新西兰中小学生有自主择校的权力。绝大多数学生选择进国立学校（state school）。它们多数是男女合校，中学阶段也有只招收单一性别学生的，还有致力于培养熟悉毛利语和毛利文化的毛利中学。私立学校包括现在已纳入国立学校系统、与国立学校接受同等政府资助但固定资产（建筑和土地）为学校私有财产的"一体化学校"（integrated school）、独立学校（independent school）等。只有很少一部分中小学生选择进私立学校学习（1998年在校生只占中小学在校生总数的3.4%）。新西兰教育部还为由于各种原因不能正常入学的学生成立了一所提供全日制教育的函授学校（correspondence school），1999年7月，该校在校生总数19 278人。在得到教育部批准并满足一定标准的前提下，学生还可以在家上学，同样可以得到教育部相应的经费资助。

新西兰高等教育机构主要包括大学、多科技术学院、教育学院和其他第三级教育机构。高等教育学制体系：学士阶段通常需要3年，硕士阶段2年，博士阶段一般为3年。新西兰主要的大学包括：奥克兰大学、奥克兰理工大学、怀卡托大学、梅西大学、维多利亚大学、坎特伯雷大学、林肯大学和奥塔哥大学等。其中，奥塔哥大学建于1869年，是新西兰第一所大学；奥克兰大学是新西兰规模最大的大学。大学主要提供学术定向教育，进行高深理论研究。新西兰还有数十所多科技术学院，它们除了提供职业技术教育外，近几年也开始提供学术性教育。教育学院也是进行职业定向教育的第三级教育机构，但并非只有它们才提供教师教育，大学、多科技术学院和一些私立培训机构都介入了教师专业教育。此外，新西兰还有几所私立学院和几所规模不大的毛利大学。

继续教育也是新西兰教育体系的重要组成部分。新西兰的成人继续教育十分普及，大学、国家成人教育和社区学习资源中心以及很多志愿组织都是重要的继续教育机构。

新西兰的教育改革

新西兰对教师质量要求普遍较高。1998年，新西兰小学教师所受第三级教育最低年限为3.5年，中学教师为4.5年。所有中小学和幼儿园教师都必须通过注册获得从业证书，私立学校也不例外。不符合教育法规定标准的只能做临时教师，一般不能从事教学工作。

为了确保教育质量，新西兰建立了包括从中学国家证书到国家文凭乃至研究生水平的学位证书在内的比较完善的国家资格证书体系。学生无论是在中学还是大学，抑或在多科技术学院或企业内的培训机构，都可以通过国家资格证书体系获得相应的资格证书。国家资格证书体系通过注册、缓冲、认证、学分累积等制度，既确保了证书所对应的教育质量，又为学生进行弹性学习提供了便利。

自20世纪80年代末以来，新西兰政府进行了系统的教育改革。2002年，政府发布《儿童早期教育战略》，加强儿童早期教育。在基础教育阶段，教育部增加了对少数民族教育的投入，重视少数民族语言教育、教师培训等，提高了教育质量标准，加强学校、家庭和社区之间的合作，建立了统一的国家课程体系,并把实施素质教育、开发学生潜力、消除教育不平等和提高全体国民的教育成就作为核心使命和重要目标。在高等教育领域,扩大了学校自治权,建立了国家资格证书体系。

新西兰教育改革取得了较大成就,但仍有一些问题,主要在以下方面。(1)尽管毛利人、太平洋岛屿人等少数民族的教育问题日益受到重视,但整体来说,他们的教育成就依然低于主流社会群体,在就业市场上仍然处于比较不利的地位。少数民族学生比例不断增加,他们在教育方面的特殊需要必须受到重视。(2)由于经济和财政压力,新西兰教师的待遇相对国际标准来说有所下降,教师外流问题比较严重。(3)为了逃避助学贷款债务或寻求高工资,毕业生到国外就业人数持续增加,人才外流问题日趋严重。(4)随着经济、财政和人口压力的增加,新西兰教育体系保持高质量运行的压力越来越大等。

参考文献

中华人民共和国教育部国际合作与交流司.世界62个国家教育概况[M].北京:首都师范大学出版社,2001.

Marlow-Ferguson, R. & Lopez, C. World Education Encyclopedia: A Survey of Educational Systems Worldwide[M]. 2nd ed. Detroit, MI: Gale Group, 2002.

OECD. Education Policy Analysis[R]. Paris: OECD, 2001.

OECD. Education At a Glance: OECD Indicators[R]. Paris: OECD, 2002.

(王绽蕊)

新行为主义教育(neo-behaviorism education)   现代西方以新行为主义心理学为理论基础的教育思潮之一。运用有关人类行为及学习过程的理论来阐释教育和教学问题,提出操作性学习和学习层次等理论,倡导程序教学和教学机器。产生于20世纪30年代的美国,60年代盛行于美国及其他一些西方国家。

新行为主义教育的代表人物是美国心理学家斯金纳和加涅。斯金纳1931年获哈佛大学心理学博士学位,留校工作5年之后,先后在明尼苏达大学和印第安纳大学任教。1947年重返哈佛大学任心理学终身教授。在哈佛大学,他创建了著名的鸽子实验室。他的《学习的科学和教学的艺术》(1954)被认为是新行为主义教育的宣言书。教学机器尽管早在20世纪20年代就已出现,但一直未能得到真正应用。他设计出可以帮助教师为每个学生安排这种强化列联的教学机器,并在1954年匹兹堡大学举行的一次心理学会议上作了演示。此后,教学机器在美国迅速流传开来,斯金纳被誉为"教学机器之父"。加涅1940年获布朗大学心理学博士学位后,先后担任过普林斯顿大学、加利福尼亚大学伯克利分校和佛罗里达州立大学教授。1958年他在普林斯顿大学重新开始研究学习问题。主要著作有《学习的条件》(1965)、《教学设计原理》(1974)等。

新行为主义教育的产生   1913年,美国心理学家华生发表《行为主义者心目中的心理学》,标志着行为主义心理学的产生。第二年,他又出版《行为:比较心理学导论》一书,阐述了行为主义的重要原则。从1913年到1930年,行为主义心理学以华生为代表,称为早期行为主义。它试图以自然科学的严格标准来界定心理学的研究范围和方法,用客观方法研究可观察的行为。1930年后,新行为主义开始形成和发展,并逐渐取代早期行为主义的地位。新行为主义是在批判早期行为主义的基础上发展起来的,是对早期行为主义的继承和发展。早期行为主义理论至少有两个观点对新行为主义产生了影响:一是否定了传统心理学的研究对象——意识,将行为作为心理学研究对象;二是强调人和动物的全部行为都可以分析为刺激和反应(S-R)。但是,华生提出的"刺激—反应"理论因过于简单而遭到不少批评。新行为主义者托尔曼和赫尔等人在20世纪20年代末30年代初提出"中介变量"概念,认为包括环境刺激在内的实验变量(亦称自变量)和行为变量(亦称因变量)之间有一种中介变量,中介变量不能直接观察到,是引起反应的关键,是行为的决定者。这可以用"S-O-R"公式来表示。斯金纳提出了类似的"第三变量"概念,把影响刺激与反应关系的条件称作第三变量,并用公式 R=f(S·A) 来表示。其中,R 表示反应,是因变量;S 表示情景刺激,是自变量;A 表示反应强度的条件,是第三变量。有机体的反应是自变量 S 和第三变量 A 的函数。新行为主义者对早期行为主义理论的漏洞作了弥补,但基本未跳出"刺激—反应"理论的圈子。

新行为主义教育的主要观点   第一,注重操作性行为,强调教育就是塑造人的行为。斯金纳继承和发展了传统的"刺激—反应"行为理论。他认为,有机体的行为反应有两种:一是 S 型条件反射,即对一个特殊的可以观察到的刺激作出的反应,属于应答性行为,例如,光线会引起瞳孔收缩,喝柠檬汁会引起唾液分泌等;二是 R 型条件反射或操作性条件反射,即反应并非由可观察到的刺激引起,而是由有机体自身发出的,如拖地板、开车等。斯金纳将后一种反应行为称作操作性行为。他认为,操作性行为与应答性行为的区别在于:后者是一种刺激在先反应在后的行为,而前者的特点在于强化刺激并不先于反应发生,也不与反应同时发生,而是在反应之后发生。在操作性行为的发生过程中,有机体先作出反应,然后给予"报酬"作为强化,这种"报酬"可强化相应的反应并增加这种反应发生的可能性。斯金纳设计了一个实验仪器即"斯金纳箱"(Skinner Box),对其操作性理论进行实验。实验中,一只饿鼠被关入箱内,可在箱内自由活动;箱内有一能够掀动食物库的杠杆,饿鼠在活动过程中或迟或早会偶然压着这根杠杆,从而牵动食物库,使一颗食物小丸掉入箱内的小盘内,因此而获得食物。从这一实验中,斯金纳得出了习得律(law of acquisition)理论:"如果一个操作发生之后,接着给予一个强化刺激,那么其强度就增加。"后来,斯金纳又采用斯金纳箱对老鼠以外的动物及人作了类似研究。操作性行为理论成为斯金纳强化理论和程序教学思想的理论基础。

第二,强调强化在学习过程中的重要地位。斯金纳在鸽子实验中发现,只要在适当的时候去喂饥饿的鸽子,它就可以在一次演示的时间内形成三四个差异分明的反应,例如兜圈子,在地板上走"8"字形,在演示仪器的一个角落站着不动,伸头颈或顿足等。把强化的出现按所需行为的方向循序渐进地变动,就可以通过行为塑造过程中一些连续的阶段而得到极其复杂的行为。由此,斯金纳认为,学习行为是由可起强化作用的刺激引起的,强化在学习过程中发挥重要作用,教师理解强化理论,就能使学生"热情学习,勤奋工作"。斯金纳的强化理论主要包括以下内容。一是强化列联,亦称"强化依随",表示反应与强化的关系,指由反应和强化刺激组成的行为序列。强化列联由三个变量构成:辨别刺激、行为或反应本身、强化刺激。辨别刺激由有机体所在的空间性质引发,出现在被强化的反应之前,本身并不引起反应,只是为行为发生提供条件;强化刺激是接着辨别刺激和反应发生的,可以使有机体得到结果。在一个完整的行为序列中,有机体每一局部的反应都为下一局部的反应提供了辨别刺激,由此形成连锁。二是强化物,指能够增加反应可能性的刺激,从本身性质看,可分为自然强化物和人为的近似强化物,从效果看,又可分为积极的和消极的两种。自然强化物是指非人为的具有刺激作用的强化物,往往表现为行为的自然后果,不是全部都有用,很多自然的强化物延迟太久,没有什么效果。人为的近似强化物是一种社会强化物,其作用不能忽视,教师在教育教学过程中经常使用,如分数、等第、文凭等。积极强化物是指可以增加行为可能性的强化刺激物,例如学生学习取得进步时,教师用高分、高等第或奖品促使学生更加努力,但也存在一定问题,因为不能大家都获得奖品,如果有学生得高等第,那么必有其他人得低等第。教师使用的个人积极强化物还可包括关心学生、和学生谈话、对学生微笑、说声"对"或"好"等。消极强化物也是一种可以增加行为可能性的刺激物,但是令人讨厌、力图逃避的,如教师对学生不理解、对学生表示不满、对学生说"错"或"坏"及对学生过分严厉等。它虽令人讨厌,但也能起到促进学生学习的作用。消极强化物是"最普通的强化物",它的强化作用与惩罚的作用不同。惩罚是压制行为,消极强化物是"发动行为"。

第三,提倡程序教学和教学机器。程序教学是利用机器进行的教学,基本过程是学习程序的呈现过程,表现为

"刺激(问题)—反应(解答)—强化(确认)—进展"。为保证程序教学效果,斯金纳提出五条基本原则。一是积极反应原则。传统的课堂教学强调知识传授,学生始终处于被动地位,很少有机会作出积极反应,程序教学则要求并使学生有机会作出积极反应。程序教学呈现给学生的知识一般以问题形式出现,学生必须通过选择、解题、填充等方式作出积极反应。二是小步子原则。将教学内容分成若干具有内在联系的步骤,学生做对一步,才能进入下一步,能安排更多的强化列联,既可以巩固学生的学习,又可以使学生主动积极地学习。三是及时强化原则。一个"操作—反应"过程发生之后,如果得到及时强化,学生操作的力量会增加。教学机器对学生作出的每一个反应都会给予肯定或否定,使他们得到及时强化。四是自定步调原则。要求学生按自己的能力、速度和需要学习,在内容和进步上不求统一。五是最低错误率原则。要求教学过程中尽量避免错误反应,因为错误过多会影响学生的情绪和学习进度。因此,程序教材的编写应当由浅入深,使学生每次都可能对问题作出正确反应,降低错误率,增强学习积极性,提高学习效率。新行为主义者认为,教学机器是教师教学的辅助手段,是教师节省时间与提高劳动效率的绝妙装备。机器负担机械的性能时,会像一个不可缺少的人那样发挥其适当作用,教师可以比以前教更多的学生。

第四,构建新行为主义学习理论。人类的学习活动由四个要素构成,即学习者、刺激情景、记忆内容、动作,是个体的一整套内部加工过程。学习过程分为动机、领会、获得、保持、回忆、概括、操作、反馈八个阶段,有五类结果,表现为五种不同的能力,即言语信息、智慧技能、认知策略、运动技能和态度。加涅还对学习的层次作了研究,认为人类的学习总是从简单的低级学习向复杂的高级学习发展。1968年,他将人类的学习分为八个层次,即信号学习、刺激—反应学习、连锁学习、言语联结学习、辨别学习、概念学习、规则学习和解决问题学习。1971年,他将八个层次压缩为六个层次。1977年后,他又从中提炼出五个层次:联结与连锁学习、辨别学习、概念学习、规则学习和高级规则学习。

新行为主义教育的特点与影响　新行为主义教育的主要特点:一是试图运用新行为主义心理学解决教育和教学问题,关于教学目的、课程、教学方法及教师和学生的看法具有鲜明的新行为主义心理学烙印;二是核心理论为学习理论和教学技术,没有涉足教育本质、教育目的等其他问题。20世纪60年代,新行为主义教育思想在美国和其他一些国家产生了很大影响。首先是促进了教学技术和手段的发展。斯金纳的机器教学和程序教学理论引起了人们的广泛兴趣,有关研究不断深入,程序教学与现代化教学技术的结合使教学手段迈出了现代化步伐。后来计算机辅助教学

的兴起,可以说是程序教学的延续。西方有的学者把新行为主义教育思想和程序教学视作运用现代化教学手段的开端。其次是推动了第二次世界大战后学习理论的研究,丰富了人类对学习行为的认识,促进了一些国家的教学改革运动。尤其是斯金纳的操作性条件反应和强化理论由于具有一定的合理性和较强的操作性,对战后教学技术和方法的影响是明显的。加涅的研究以及他的《学习的条件》一书也激起了人们把心理学运用于教育的兴趣。

新行为主义教育重视研究人的外显学习行为的同时,否定了人的意识和内部心理在学习中的作用。斯金纳强调人类的学习过程与动物相似,抹杀了人类学习与动物学习的本质差别。人本化教育抓住这一点,批评他把人降为"一只较大的白鼠和一架较慢的计算机"。

参考文献

吉尔根.当代美国心理学[M].刘力,等,译.北京:社会科学出版社,1992.

舒尔兹.现代心理学史[M].杨立能,等,译.北京:人民教育出版社,1981.

吴式颖,任钟印.外国教育思想通史(第10卷)[M].长沙:湖南教育出版社,2002.

王承绪,赵祥麟.西方现代教育论著选[M].北京:人民教育出版社,2001.

Kneller, G. F. Movements of Thought in Modern Education [M]. New York: John Wiley & Sons Inc. , 1984.

(朱镜人)

新中国基础教育课程改革

1949 年中华人民共和国成立至 21 世纪初基础教育课程改革的发展过程。共经历八个阶段。

第一次基础教育课程改革(1949—1952)

这一时期课程改革的主要任务是改造教育的课程体系,建立符合新中国建设需要的课程体系。新中国成立初期,百废待兴,全国没有统一的教学计划,各地中小学在教学科目和教科书使用等方面较混乱。在这种情况下,新中国确定了这一阶段课程改革的基本指导方针。《中国人民政治协商会议共同纲领》提出:"中华人民共和国的教育方法为理论与实际一致。人民政府应有计划有步骤地改革旧的教育制度、教育内容和教学法。"1949 年 12 月第一次全国教育工作会议进一步明确了改造旧教育的方针是,以老解放区教育经验为基础,吸收旧教育的有用经验,借助苏联经验,建设新民主主义教育。

教学计划 为统一中学课程,1950 年 8 月教育部颁布新中国第一份教学计划《中学暂行教学计划(草案)》,取消旧中国的"公民"、"军训"、"党义"等科目,设置政治课,以加强学生的思想品德和革命人生观教育,并具体规定了中学教学科目和教学时数,其中所有课程均为必修课,没有选修课。这是新中国建国后学制改革前暂时使用的一个过渡性教学计划,为以后的课程修订打下基础。

1951 年 10 月,政务院发布《关于改革学制的决定》,规定在全国小学实行五年一贯制,取消初高两级分段制,中学修业年限为 6 年,分初级和高级两段,各 3 年。鉴于新学制在全国统一实施尚有困难,1952 年 2 月,教育部颁布《四二旧制小学暂行教学计划》,作为新学制教学计划的补充。在中小学学制初步确立后,国家对中小学的课程与教学进行改革与调整。

1952 年 3 月,教育部报经中央政府核准,分别颁发《小学暂行规程(草案)》和《中学暂行规程(草案)》。前者规定,"小学实施智育、德育、体育、美育等全面发展的教育"。其中包括新中国成立后第一个五年一贯制小学的教学计划,规定了小学教学科目和教学时数,统一每节课的教学时间为 45 分钟。后者提出普通中学的宗旨和教育目标是使青年一代在智育、德育、体育、美育各方面获得全面发展,成为新民主主义社会自觉的积极的成员。其中包括修订后的中学教学计划,把政治课细分为中国革命常识、社会科学基础知识、共同纲领、时事政治四科;减少了初、高中的课时数,教学总时间由 1950 年的 7 200 课时减少到 6 876 课时,每学期由原来的 20 周减为 18 周,每节课由原来的 60 分钟减为 45 分钟。此两项规程是新中国成立后颁发的第一个全面规范中小学课程的政府文件,明确了中小学的性质、任务及培养目标,规定了学校的课程设置、组织管理体制、教学计划、教学原则或教材、升留级制度等,初步建立新中国中小学课程的框架。

教学大纲 1950—1952 年国家制订新中国第一套中小学教学大纲。在小学方面,1950 年 8 月,教育部为推行五年一贯制制订《小学各科课程暂行标准(草案)》,包括语文、算术、历史、地理、自然、音乐、图画、体育八科。1952 年 12 月,教育部颁发参考苏联小学算术教学大纲制订的小学五年一贯制的《小学算术教学大纲(草案)》和《小学珠算教学大纲(草案)》,统一全国小学算术的教学依据和要求。中学方面,针对新中国成立初期数、理、化三科教材编排不合理以致学生负担过重的情况,1950 年 7 月,教育部颁发《供普通中学教学参考适用物理精简纲要(草案)》、《供普通中学教学参考适用数学精简纲要(草案)》和《供普通中学教学参考适用化学精简纲要(草案)》。1951 年 3 月,第一次全国中等教育会议通过教育部组织起草的《中学各科课程标准(草案)》。1952 年中学教学计划正式颁发后,教育部于 12 月颁布根据苏联中学教学大纲编译的《中学数学教学大纲(草案)》、《中学物理教学大纲(草案)》、《中学化学教学大纲(草案)》和《中学生物教学大纲(草案)》,明确规定各科的基本任务、内容和目标,制定了较严密的学科体系,并适时加入先进的科学知识,如物理大纲中编入原子结构等内容,化学大纲中编入有机合成的内容。

教材　新中国成立之初,为解决各地中小学教科书版本不一、供应紊乱等问题,教育部和出版总署于 1950 年 7 月联合发布《关于 1950 年秋季中小学教科用书的决定》,发布全国统一的教学用书表。此后,教育部于每年 3 月和 9 月分别下达全国中小学春、秋两季用书表,一直延续到 1958 年。1950 年正式确定中小学教材由全国统一供应的方针。同年成立全国统一的教材编辑、出版机构人民教育出版社。1951 年,人民教育出版社以《小学各科课程暂行标准(草案)》和《中学暂行教学计划(草案)》为依据,选择当时使用较好的教材加以修订或改编,出版具有过渡性质的十二年制中小学教材,并于当年秋季供应使用。这是第一套全国通用的中小学教材。

通过以上一系列改革,新中国用三年时间基本完成对课程的改造。这一时期的课程改革重视理论与实践相结合,重视学校课程为生产建设服务,学科设置较齐全,一些课程及时吸收当时较先进的研究成果,内容丰富且全面,新中国中小学的课程体系、制度与传统初步建立。

第二次基础教育课程改革(1953—1957)

1953 年起,新中国开始执行第一个国民经济五年计划,为适应国民经济发展需要,使受教育者在德、智、体几方面都得到发展,成为有社会主义觉悟、有文化的劳动者,教育部对中小学课程进行多次改革。

教学计划　1953—1957 年,教育部几乎每年颁发新的教学计划,对基础教育课程进行一定程度的调整,反映新中国对完善基础教育的迫切愿望。

小学阶段,1953 年 12 月,政务院发布《关于整顿和改进小学教育的指示》,提出今后在相当长的时期内,小学生毕业后主要是参加劳动生产,升学的只能是一部分,学校教育不应片面强调升学,而应强调如何使学生从事劳动生产。由于师资、教材等条件准备不足,小学五年一贯制从 1953 年秋季起停止推行。1953 年 9 月教育部颁布《小学(四二制)教学计划(草案)》,1954 年 2 月又颁布修订草案。1955 年 9 月,教育部在经过前两年执行修订草案的基础上制订新的小学教学计划,并颁发《关于颁发"小学教学计划"及"关于小学课外活动的规定"的命令》;1957 年调整,于 7 月颁布《1957—1958 学年度小学教学计划》。为实施基本生产技术教育和加强劳动教育及体育,更完整地体现全面发展的教育方针,小学教学计划中专门在一至六年级设立"手工劳动科",使学生获得基本的生产知识,学会使用一些简单的生

产工具;一至四年级体育课每周增加 1 个课时;为减轻学生负担,总授课时数逐年递减,从 1953 年和 1954 年的 5 928 课时,减少到 1955 年的 5 032 课时。

中学阶段,1953 年 7 月教育部颁发《中学教学计划(修订草案)》,对 1952 年的《中学教学计划(草案)》做了修订,其中将地理分为"自然地理"、"世界地理"、"中国地理"、"中国经济地理"和"外国经济地理",取消高中的解析几何,增加数学、物理的课时。由于部分教科书供应的关系,1954 年和 1955 年先后对部分学科的设置及授课时数作局部变更。1955 年 5 月,全国文化教育会议要求有步骤地在高中实施基本生产技术教育,初中实施工业常识教育,1956 年又调整教学计划,将基本生产技术教育和工业常识分别列入高中和初中的教学计划。1957 年,为减轻学生负担,教育部颁布《1957—1958 学年度中学教学计划》,减少周课时数,增加自修时间。此段时期的中学教学计划增设生产劳动教育课程,打破新中国成立后只设学术性课程的格局;政治、英语、语文课的设置变动较大,英语课于 1954 年在初中阶段被取消,1956 年恢复,语文课在 1956 年的教学计划中被分成汉语课和文学课,并分别赋予课时,要求分科实施教学。

教学大纲　小学阶段,1956 年教育部颁布适合"四二"制小学使用的各科教学大纲,共有语文、算术、历史、地理、自然、唱歌、图画、体育八科,其中语文教学大纲以 1954 年教育部拟订的《改进小学语文教学的初步意见》为基础。中学阶段,1954 年根据精简课程内容的指导思想,教育部发布《关于颁发"精简中学物理、化学、生物三科教学大纲(草案)和课本的指示"》的通知,对物理、化学、生物三科教学大纲进行精简。1956 年,根据新教学计划的改革思路,教育部颁布新中国成立后第一套较齐全的中学各科教学大纲,包括初级中学汉语、中学数学、中学物理、中学化学、中学生物、中学地理、初级中学中国历史、初级中学世界历史、高级中学中国历史、高级中学中国历史近代史、高级中学世界近现代史、初级中学音乐、初级中学图画、中学体育、高级中学英语共 15 科。

教材　在颁布各科教学大纲的同时,1954 年人民教育出版社着手编写新的中小学教材,并明确提出教材编写的指导思想:贯彻社会主义思想,采用系统的基本科学知识,注意吸收先进的科学成果;以马列主义的立场、观点、方法来解释各种问题;贯彻理论与实际相结合的原则;符合教学原则,适合各科教学目的与学生年龄特征;吸取苏联的先进经验。1956 年第二套全国通用中小学教材正式出版,共包括学生用书 41 种 97 册,教学参考书 23 种 69 册。这套教材在思想性、科学性以及文学规范等方面有显著提高。但使用中普遍反映教材"要求高、分量重、程度深"。为此,教育部 1957 年 8 月发出《关于中学历史、地理、物理、生物等科教

科书的精简办法》和《关于精简小学语文、历史、地理教材的通知》，人民教育出版社对教材进行修订。1961 年 10 月教育部在报送中央文教小组的《编写中小学教材的概况和对今后工作的意见》中，认为此套教材注重加强基础知识和基本技能，删除空洞理论，注重知识的系统性。

第三次基础教育课程改革（1958—1960）

社会主义改造基本完成后，全国转入大规模社会主义建设，进入第二个国民经济五年计划。1958 年，工农业生产"大跃进"波及教育领域，引发"教育大革命"。这个阶段所进行的包括课程教学在内的教育改革旨在建立适合国情的教育制度，对学制、办学形式、教育与生产劳动相结合等问题进行了尝试和探索。

教学计划　为贯彻党的教育方针，加强劳动教育，以利于逐步实行勤工俭学、半工半读的教育制度，1958 年 3 月教育部发布《1958—1959 学年度中学教学计划》，提出各地可根据当地工农业生产和不同类型学校的具体情况，因地制宜，调整计划的主要内容：加强劳动教育，规定学生参加体力劳动的时间每学年为 14～18 天；初高中各年级增设生产劳动科，每周 2 小时；改进外国语的教学，着重整顿和加强高中外国语教学，同时在大、中城市有条件的初中开设外国语课程；调整对语文、历史、地理、生物、物理、化学等科的安排和教学时数，初中语文、中国历史、中国地理分别增加乡土教材；政治课改为社会主义教育；文学、汉语不再分科，仍称语文。5 月又发补充通知，调整上述计划，并规定民办中学的教学计划由各省、市、自治区自定。但随后到来的"教育大革命"使该计划并未得到有效落实。1958 年 9 月至年底，全国中学停课，师生参加"大炼钢铁运动"。1959 年 5 月国务院为恢复学校正常教学秩序，发出《关于全日制学校的教学、劳动和生活安排的规定》，统一安排教学、劳动、假期时间，规定学生参加劳动的形式、条件和方法，教学秩序逐步恢复。1960 年 9 月，全国进行大规模学制改革试验，各地制订不同的教学计划，结束了全国统一教学计划的局面。

教学大纲和教材　1958 年 8 月中共中央、国务院发布《关于教育事业管理权力下放问题的规定》，提出各地可因地制宜、因校制宜，对教育部和中央主管部门颁发的教学计划、教学大纲和通用教材进行修订、补充，也可自编教科书。10 月，《人民日报》发表社论《根据党的教育方针来改革教材》。随着 1958 年秋季各地自发进行学制改革试验，很多地方和学校开展教材编写工作，打破了全国教材统一的局面。1959 年 5 月，针对各地编写的教材存在的削弱基础知识、系统性差等问题，中共中央转发教育部党组《关于编写普通中小学和师范学校教材的意见》，指出由教育部负责制定中小学和师范学校的教学大纲，编写通用教材供各地采用，地方

可因地制宜作适当变动，并编写补充教材和乡土教材。

1960 年下半年，为配合十年制改革，人民教育出版社编写第三套全国通用中小学教材。1961 年下半年完成编写，包括教科书 26 种 77 册，教学参考书 22 种 72 册。

第四次基础教育课程改革（1961—1965）

20 世纪 60 年代初，中央开始调整国民经济发展速度，1961 年提出"调整、巩固、充实、提高"的八字方针。1963 年 3 月中共中央发布《全日制中学暂行工作条例（草案）》（简称"中学五十条"）和《全日制小学暂行工作条例（草案）》（简称"小学四十条"）。条例系统总结新中国成立后特别是 1958 年后基础教育领域的经验与教训，明确提出中小学的教育任务和培养目标，具体规定全日制小学、初中、高中应设置的具体科目，要求全日制中小学必须贯彻教学为主的原则，并明确提出要加强基础知识的教学和基本技能的训练。在教科书制度方面，规定全日制中小学的教学必须依据教育部统一规定的教学计划、教学大纲和教科书。首次提出在高中阶段设置必要的选修课，突破 50 年代单一的必修课形态。

教学计划　根据"八字方针"和两个条例的精神，教育部于 1963 年 7 月发布《关于实行全日制中小学新教学计划（草案）的通知》。该教学计划的特点：规定中学各年级分设道德品质教育、社会发展简史、中国革命建设、政治常识、辩证唯物主义常识等课程，以加强和改进政治课的教学工作；明确提出语文、数学、外语三门课程是学习和从事工作的基本工具，要适当提高这些课程的教学要求，增加课时；增加物理、化学两门课程的课时，以加强实验和课堂练习，减少历史、地理课程的学时；为使中小学教育更好地为以农业为基础、以工业为主导发展国民经济的总方针服务，增加生产知识的教育内容；高中三年级正式设置选修课。

1964 年 7 月，教育部发出《关于调整和精简中小学课程的通知》，要求为减轻中小学生课业负担，提高教学质量，须适当减少课程门类，适当减少每周上课总时数，使学生有较多的课外活动时间。中小学课程再次被削减。

教学大纲　从 1961 年起，根据中央文教小组关于重新编写一套质量较高的全日制十二年制学校教材的指示和《关于实行全日制中小学新教学计划（草案）的通知》精神，教育部于 1963 年正式颁布新的教学大纲。大纲确立了各学科的性质和任务，尤其注重语文、数学、外语等工具性学科的教学；充实教学内容，提高教学要求；提出加强"双基"教学的要求，突出"多读多练"。大纲第一次把"练习"作为教学内容，这是教学大纲重视指导教材合理编排、系统练习的开端。

教材　1961 年 6 月，根据教育部部署，人民教育出版社开始准备编纂第四套全国通用的中小学教材，即新的十二

年制中小学教材。编纂前展开广泛的调查研究,收集整理马克思主义经典作家的有关论述,整理分析自清末废科举办学堂以来各科的教材和教学情况,在此基础上提出编写新教材的指导思想:"力求根据党的教育方针,结合我国教育的优良传统和当前社会主义建设的实际,合理吸收国外有用的东西。"编写中注意加强语文、外语、数学课程,适当提高其程度;注意运用马克思列宁主义的立场观点和方法阐述社会现象和自然现象;避免片面强调联系实际而削弱基本知识,注意基础知识的充实和基本训练的加强;适当反映科学技术的新成就;注意切合教学实际。这套教材于1962年8月开始陆续出版,包括教科书和教学指导各19种46册,1963年秋季开学在全国十二年制学校的小学一年级和初中一年级使用。1964年7月,教育部发出调整和精简中小学课程的通知,人民教育出版社据此修订了刚使用一年的上述教材。1965年4月修订完毕。1966年"文革"开始,修订后的教材最终未能出版。

"文革"期间,全国通用的中小学教材被视作"封资修的大杂烩",各地学校自定课程,自选教学内容,自编教材,片面强调突出政治和联系工农业生产知识,对教育事业和中小学课程造成极大破坏。

第五次基础教育课程改革(1977—1980)

"文革"结束后,邓小平主持教育工作。1977年8月,邓小平在科学和教育工作座谈会上指出,要重视中小学教育,教材要反映现代科学文化的先进水平,并符合中国实际情况,教材要从中小学抓起,要求编印通用教材,同时引进外国教材作为参考。

教学计划 "文革"后期,全国中小学学制不一,有九年制和十年制。1977年,教育部确定以十年制为基本学制,制定新的教学计划,并于1978年1月颁发《全日制十年制中小学教学计划试行草案》。新教学计划清除"左"的思潮影响,废除所谓"三机一泵"教材;统一规定中小学学习年限各为5年,小学开设8门课程:政治、语文、数学、外语、自然常识、体育、音乐、美术;中学开设14门课程:政治、语文、数学、外语、物理、化学、地理、历史、生物、农基、生理卫生、体育、音乐、美术。该教学计划恢复了基本学科应有的地位,突出中小学阶段的基础教育性质,课程门类较齐全,小学三年级起还开设外语课,课程中初步吸收一些现代科学技术发展的新成就,并加强理科实验教学。但计划中的学制较短,仅10年,课时较少。这是初步恢复时期的一套过渡性计划。

教学大纲 1977—1980年,教育部组织编写和修订一套全国通用的中小学各科教学大纲(试行草案)。1977年首先颁发《全日制十年制学校小学自然常识教学大纲(试行草案)》,1978年2月颁布的教学大纲包括语文、数学、外语、历

史、地理、生物、物理、化学、体育等科。1979年教育部召开九省市中小学音乐、美术教材会议,讨论并修订全日制十年制学校小学音乐、美术教学大纲草案,并于5月正式颁布。1980年修订中学数学、历史、地理、生物等学科的教学大纲,同时印发《改进和加强中学政治课的意见》,具体规定中学政治课的教学。这套大纲重新确定了中小学各门学科的性质和任务,首次将小学算术改为数学,成为融算术、代数、几何为一体的综合性学科,小学自然学科的性质被确定为基础性科学启蒙教育;更新教学内容和编排体例,注意加强知识的内在联系,按照儿童的认知规律合理安排;开始注重培养学生能力,强调在重视加强基础知识教学的同时培养学生能力,开发学生智力。

教材 1977年9月,教育部安排编写第五套全国通用中小学教材。编辑人员研究了1963年出版的十二年制中小学教材,分析"文革"期间出版的教材,查阅发达国家的教材,走访专家、教师和有关部门,在深入研究后,确定教材编写的指导思想:贯彻执行党的路线、方针、政策,为实现"四个现代化"培养又红又专的人才打好基础;彻底清除"四人帮"的流毒和影响,编写工作中做到正确体现政治与业务的关系,正确体现理论与实际的关系,注意加强和精选基础知识,重视加强基本技能的训练。自1978年秋季开学起,小学、初中、高中三个阶段的一年级开始试用各科教材第一册。这套教材清除了"文革"时期出版的教材中的谬误,纠正了在政治与业务、理论与实际等问题上一些不适当的处理方法,注意到基础知识的选择、智力的启发和能力的培养,对改变动乱时期教学的混乱状况,恢复正常教学秩序发挥了作用。但是,数学和其他理科教材对安排传统教学内容与先进科学知识研究不够,对动乱时期给学校教育造成的后果估计不足,教材试用后被认为"深、难、重"。

第六次基础教育课程改革(1981—1985)

中共十一届三中全会提出以经济建设为中心,坚持四项基本原则,坚持改革开放,建设有中国特色社会主义的基本路线。随着经济建设的发展,自1981年起,教育工作进入调整改革阶段,教育在社会主义现代化建设中的重要性日益显露,学科教材体系逐步重新确立。

教学计划 在修订1978年教学计划的基础上,最终形成中小学十年制和十二年制并存的学制格局。1981年3月教育部颁发《全日制五年制小学教学计划(修订草案)》。以思想品德课取代原来的政治课,总课时有所增加;恢复历史、地理课程,四年级设地理课,五年级设历史课,每周均为2课时;增设劳动课,要求四、五年级每周安排1课时,组织学生参加公益劳动或简易生产劳动;调整语文、数学、自然等学科课时数,有条件的学校在四、五年级开设音乐、美术、

外语课。

1981年4月,教育部发布《全日制五年制中学教学计划(试行草案)的修订意见》,根据邓小平"要办重点小学、重点中学、重点大学"的精神,颁布《全日制六年制重点中学教学计划(试行草案)》。两个教学计划的特点:重视文化知识科目的教学,适当增加历史、地理、生物等学科的课时,提高了教学要求,加强美育,增加音乐、美术两科的课时;在高中二、三年级开设选修课,分单科性选修和分科性选修,分科性选修又分侧重文科或理科两类,高二开始分流,从此开始形成高中文理分流的办学模式;开设劳动技术课,取消原计划中的农业基础知识。1982年3月教育部决定在高中试点开设计算机选修课。为使中学教育更好地适应"三个面向"的要求,10月又发布《关于普通中学开设劳动技术教育课的试行意见》,进一步规范和加强该门课的教学。

1984年8月,教育部提出《关于全日制六年制小学教学计划的安排意见》,其特点:适应城乡不同需求,照顾到农村小学的特点,在教学要求基本相同的前提下,实行城市小学和农村小学两种教学计划;强调教育教学工作安排要留有余地,以减轻学生过重的课业负担;加强基础知识教学和基本技能训练;开展丰富多彩的活动,促进学生在德、智、体、美等诸方面更加生动活泼地发展;在课程设置上,城市小学在一、二年级新增一门唱游课,每周1课时,农村小学在六年级新增一门农业常识课,每周2课时;调整部分学科的课时安排。

教学大纲 1982年教育部根据1980年《关于改进和加强中学政治课的意见》,印发初中"青少年修养"、"社会发展简史",高中"政治经济学常识"、"辩证唯物主义常识"四门课的教学大纲。同年还颁发了初中和五年制小学音乐教学大纲。这一阶段教育部对前一时期的教学大纲进行修订。1983年为贯彻落实全国普通教育工作会议和《关于进一步提高普通中学教育质量的几点意见》的精神,教育部发布《关于颁发高中数学、物理、化学三科两种要求的教学纲要的通知》,调整相应学科的教学内容,提出实行"两种教育要求"(基本要求和较高要求),学校可从实际出发,根据学生基础和学校条件确定采用何种教学纲要。1985年印发《关于印发调整初中数学、物理、化学、外语四科教学要求意见的通知》。这两次调整都降低了教学要求,以减轻学生负担,使学生学得更扎实,进而大面积提高中学教学质量。

教材 1981年后,人民教育出版社除修订五年制小学和五年制中学教材外,又编写六年制中学教材,1984年后编写六年制小学教材,最终形成第六套全国通用中小学教材。此套教材注意发展学生智力,培养学生能力;注意减轻学生负担,部分教学内容适当降低难度,编排上力求循序渐进;一定程度上反映教法内容。

第七次基础教育课程改革(1986—2000)

20世纪80年代中期,中小学课程改革开始向深度和广度拓展。1986年第六届全国人民代表大会第四次会议通过《中华人民共和国义务教育法》,规定国家实施九年制义务教育。课程改革从义务教育阶段开始逐步延伸到高中阶段。

教学计划 1988年10月,国家教育委员会公布《义务教育全日制小学、初级中学教学计划(试行草案)》,学制分"六三"制和"五四"制两种。教学计划突出德、智、体、美、劳全面发展的方针,并据此规定义务教育阶段的培养目标;规定学科设置,小学阶段设置思想品德、语文、数学、社会、自然、体育、音乐、美术、劳动9门课程,初中阶段开设思想政治、语文、数学、外语、历史、地理、物理、化学、生物、体育、音乐、美术和劳动技术13门课程;首次在初中开设选修课,其课时占初中总课时的4.1%,高于化学、音乐、美术等课所占比例;课外活动作为一门课程被正式列入教学计划。

1992年,在广泛征求意见的基础上,该教学计划进行修订,并更名为"课程计划"。课程计划首次统一设计小学和初级中学课程,1992年8月,国家教育委员会颁布《九年义务教育全日制小学、初级中学课程计划(试行)》。较之1988年的教学计划,该课程计划加强了德育,明确提出各类课程都要进行思想政治教育,安排晨会等时间进行时事教育;除国家统一安排的课程,各地可从实际出发安排一小部分课程;课程内容较全面,学科设置齐全,各科注意既传授知识,又培养能力、发展智力;课程结构上,有学科课程和活动课程、必修课程和选修课程、分科课程和综合课程;适量引入职业技术教育内容;调整各类学科的课时比例。该课程计划体现义务教育的基本精神和性质是公民教育,而非单纯为升学作准备。

实行九年义务教育后,初中课程从原有的中学课程体系中分离,且原中学教学计划中高中的课程结构和一些学科的教学要求存在问题,学生课业负担较重。鉴于此,国家教育委员会于1990年正式颁发《现行普通高中教学计划的调整意见》,作为新的普通高中教学计划颁发前的过渡性教学计划。这一调整计划对高中课程设置进行调整:高中阶段的课程结构由学科课程和活动组成,活动包括课外活动和社会实践活动;在以必修课为主的原则下,适当增加选修课,并调整了文理科的课时比例,减少数学、物理、化学、外语等学科的课时,增加历史、地理的课时;增强课程的灵活性,给地方教育行政部门和学校一定的课程管理权,条件较好的学校可在达到大纲要求的前提下,经省级教育行政部门批准,适当减少高一、高二的必修课时数,增加单科性选修课课时,高三年级可把外语作为必修课,也可作为选修课。

为进一步改革普通高中教育,使之更好地适应 21 世纪经济与社会发展需要,国家教育委员会于 1996 年 3 月颁发同义务教育课程计划相衔接的《全日制普通高级中学课程计划(试验)》。该课程计划中,学科分科目,部分学科按教学要求和自身特点分为 I 和 II 两个科目,科目 I 是该学科的基本要求,科目 II 是较高要求;加强职业技术教育,增设职业指导课,"劳动技术"改称"技术";恢复艺术学科。2001 年,为贯彻落实《中共中央国务院关于深化教育改革全面推进素质教育的决定》中关于加快普通高中课程改革的内容,教育部又颁发《全日制普通高级中学课程计划(试验修订稿)》,进一步强化课程结构的多样性,并在必修课中增加"综合实践活动"课,在选修课中加大地方和学校的作用。

教学大纲　根据国家教育委员会的战略部署,在使用新的九年义务教育教学计划和教学大纲前,必须有一个能够体现义务教育法精神,切合中小学教育实际的过渡性教学大纲作为这一阶段教学的依据,国家教育委员会对 1978 年的教学大纲进行修订,并于 1986 年 11 月由中小学教材审定委员会审定通过。这套教学大纲适当降低了教学内容的难度,减轻学生学习负担,进一步明确教学要求,修订各科教学目的,取消对各部分教学内容的课时规定,增加教学内容的弹性和灵活性,调整历史和地理的教学内容。

1986 年,国家教育委员会成立制订义务教育教学大纲领导小组,经过广泛调查和研讨,1988 年国家教委在北京召开九年制义务教育教学大纲(初稿)审定会,对 24 个学科的教学大纲进行最后的修改审定。这套大纲贯彻"三个面向"的精神,强调德育的重要性,指出基础教育要为培养各级各类社会主义建设人才奠定初步基础;遵循儿童身心发展规律,文科大纲精简内容,拓宽知识面,理科大纲降低理论要求和习题难度;实行统一性与灵活性相结合的原则,允许有风格不一、体系多样的教材。此后在试验的基础上,大纲进行修订,形成 24 个学科的义务教育教学大纲(试用),并于 1992 年 8 月,正式颁布。2000 年教育部又进行修订,分三次颁发九年制义务教育小学数学、语文,中学数学、语文、英语、物理、化学、生物、历史、地理和中小学音乐、美术、体育的教学大纲(试用修订),并要求 2000 年秋在部分学科、2001 年秋在所有学科按修订后的大纲组织教学。

高中阶段,1990 年国家教育委员会根据《现行普通高中教学计划的调整意见》颁发全日制中学各科教学大纲,主要涉及高中语文、数学、外语、物理、化学、生物、历史、地理 8 个学科。考虑到许多地方特别是农村初中学生课业负担过重、教学要求偏高的情况,也对 8 个学科教学大纲的初中部分做了修订,减少内容,降低要求。1996 年同义务教育课程计划相衔接的《全日制普通高级中学课程计划(试验)》颁布,国家教育委员会基础教育司制订颁发《全日制普通高级中学各科教学大纲(供试验用)》。2000 年教育部颁发各科教学大纲的试验修订版。

教材　根据国家教育委员会 1987 年颁布的全日制中小学各科教学大纲,人民教育出版社对教学内容和教学要求变动较大的教材进行修订,并于 1988 年秋供全国各地使用,其他与教学大纲基本一致的教材在作小修改后照原版供应。此即全国第七套十二年制统编通用教材,一直使用至 1993 年秋,其中小学和初中部分为新版九年制义务教育教材逐年替换,高中部分则继续使用。

1986 年 9 月,国家教育委员会进行教材建设的重大改革,实行编、审分离,正式成立全国中小学教材审定委员会及各科教材审查委员会,实现教材由"国定制"向"审定制"转变,改"统编"为"竞编",改"通用"为"选用",改"一纲一本"为"一纲多本"。1988 年 8 月,国家教育委员会颁布《九年制义务教育教材编写规划方案》,并规划组织编写适应不同地区、不同学制、不同教学水平需要的中小学义务教育教材。其中,人民教育出版社负责编写面向全国大多数地区的"六三"制和"五四"制两套教材,北京师范大学编写"五四"教材一套,广东编写一套(俗称"沿海版"),四川编写一套(俗称"内地版"),"八院校"编写一套,上海、浙江各编写一套,河北编写农村复式教材一套(俗称"半套")。这"八套半"教材,除上海、浙江教材国家暂不审查,仅供当地使用,"八院校"一套夭折外,其他各套经过试验、送审,于 1993 年秋在中小学起始年级全面选用。

1996 年,随着《全日制普通高级中学课程计划(试验)》和各科教学大纲的颁布,人民教育出版社开始编写普通高中新教材(试验本),涉及思想政治、语文、数学、物理、化学、生物、历史、地理、英语、俄语、日语、体育、美术、音乐和劳技共 15 个学科。1997 年秋,新教材在天津、江西、山西的所有普通高中学校试验。2000 年,根据《全日制普通高级中学课程计划(试验修订稿)》及各科教学大纲(试验修订版),人民教育出版社出版普通高中各科教材(试验修订本),进一步突出对学生创新精神和实践能力的培养,并将试验范围扩展至黑龙江、辽宁、山东、江苏、安徽、河南、青海。

第八次基础教育课程改革(2001—　)

2001 年 6 月,教育部发布《基础教育课程改革纲要(试行)》,第八次基础教育课程改革正式启动。11 月,《义务教育课程设置实验方案》和 18 个学科的课程标准(实验稿)正式发布,并开始在全国首批 38 个国家级实验区展开实验。2002 年秋,实验区试点进一步扩大,2003 年在实验的基础上开始全面修订课程标准和实验教材,经正式审定后,2004 年秋在全国全面推广新课程。2003 年 3 月,教育部印发《普通高中课程方案(实验)》和 15 个学科的课程标准(实验),并于 2004 年秋在广东、山东、宁夏、海南 4 个省开展实验,2005 年和2006年逐步扩大实验范围,2007年原则上全国普通高中起始年级实施新课程。这是新中国成立以来规模最大、最全面的一次基础教育课程改革。

课程理念　第一,关注学生作为"整体的人"的发展。在个体内部素质的发展上,新课程不仅强调课程对学生认知发展和智力开发的价值,而且更关注知识学习过程、学习环境等对学生人格发展的价值,谋求学生智力与人格的整体协调发展。在个体与外部世界的关系上,新课程追求学生个体与自然和社会的整体和谐发展。在与自我的关系上,新课程促进学生形成健康的体魄和良好的心理素质,养成健康的生活方式和审美情趣;在与他人和社会的关系上,新课程培养学生的社会责任感;在与自然的关系上,新课程培养学生具备初步的创新精神和实践能力、科学与人文素养以及环境意识。第二,统整学生的生活世界和科学世界。新课程走出"唯科学主义"取向的课程体系,增强课程内容的生活化,加强课程与学生生活世界和现实生活的联系;改变过分追求学科体系结构完整性的取向,加强课程综合化的力度,促进学科知识的联系、应用、整合,促进生活、体验与学科的统一。第三,寻求学生对知识的主体建构。倡导学生在主动参与、积极探究、多向互动中完成知识学习,建构起课程知识与学生之间的一种整体意义关联。第四,关注创建富有个性的学校文化。强调建设民主的管理文化,推进课程管理的民主化进程;建立合作的教师文化,引导教师积极参与改革实践,实现专业成长;营造丰富的环境文化,通过校本课程建设,形成具有独特风格和特色的校园文化。

具体目标　明确六个方面的具体目标。在课程功能上,改变过于注重知识传授的倾向,强调形成积极的学习态度,使获得基础知识和基本技能的过程同时成为学会学习和形成正确价值观的过程。在课程结构上,改变过去强调学科本位、科目过多、缺乏整合的现状,整体设置九年一贯的课程门类和课时比例,并设置综合课程。在课程内容上,改变"难、繁、偏、旧"和过于强调书本知识的状况,加强课程内容与学生生活和现代社会发展的联系,精选终身学习必备的基础知识和技能。在课程实施上,改变过于强调接受学习、死记硬背、机械训练的状况,倡导主动参与、乐于探究、勤于动手,培养学生收集和处理信息的能力、分析和解决问题的能力以及交流合作的能力。在课程评价上,改变评价过分强调甄别与选拔的功能,发挥评价促进学生发展、教师提高和教学改进的功能。在课程管理上,改变管理过于集中的状况,实行三级课程管理,增强课程对地方、学校及学生的适应性。

课程计划　沿用1992年以后"课程计划"的提法,并体现课程结构的重大调整,集中表现在2001年颁布的《义务教育课程设置实验方案》和2003年颁布的《普通高中课程方案(实验)》中。义务教育阶段,为体现课程设置的综合性和整体性,改变以往基于年级的课程设置方式,采取基于学段整体设置课程的方式。小学阶段以综合课程为主,其中一、二年级为一个学段,即小学低年级,开设品德与生活、语文、数学、体育、艺术(或音乐、美术)等课程;三至六年级为一个学段,即小学中高年级,开设品德与社会、语文、数学、科学、外语、综合实践活动、体育、艺术(或音乐、美术)等课程;七至九年级为一个学段,即初中阶段,设置分科与综合相结合的课程,包括思想品德、语文、数学、外语、科学(或物理、化学、生物)、历史与社会(或历史、地理)、体育与健康、艺术(或音乐、美术)以及综合实践活动。高中阶段仍以分科为主,但较之以前的课程设置,更体现综合性、灵活性、选择性和时代性。在综合性上,一方面在各分科课程基础上形成学习领域的概念,即把所有的高中分科课程分别归为语言与文学、数学、人文与社会、科学、技术、艺术、体育与健康、综合实践活动等八大学习领域;另一方面在每门课程中,改变以线形逻辑为主的单元式内容编排方式,采取模块式编排,加强科目内容的知识整合。在灵活性和选择性上,采取学分管理,把学分分为必修学分、选修学分Ⅰ和选修学分Ⅱ,学生可在规定的学分内灵活选择不同的课程,甚至可跨年级选课,可只选某门课的某几个模块。在时代性上,增设技术课,反映迅速发展的信息技术和通用技术。

课程标准　把沿用多年的"教学大纲"改为"课程标准"。较之教学大纲,课程标准不是对教学内容特别是知识点的具体规定,而主要是对学生经过某一学段之后学习结果可达到、可评估的行为描述,是面向全体学生的基本要求。第八次课程改革中的课程标准以学段来设计,数学课程标准按一至三年级、四至六年级、七至九年级、十至十二年级设计,其他课程基本按一至二年级、三至四年级、五至六年级、七至九年级、十至十二年级设计。

教材　在一系列调研基础上,2001年,教育部下发《中小学教材编写审定暂行管理办法》等11个文件,教材编写实行立项核准制度,教材编写单位向教育部申请编写立项,通过后方可开始编写,完成编写的教材送教材审定委员会初审,然后进入实验区试教修订;试验一轮后再送教材审定委员会审定,获通过后列入"全国中小学教学用书目录",供全国各地学校选用。第八次课程改革的实验教材改变过去教材过于重视知识传授、强调学科封闭性的倾向,开始注重引导学生在获得知识的同时学会学习,形成正确的价值观。还加强了与学生生活和现代社会发展的联系,突出引导学生动手参与、探究讨论的教学方式和学习方式。确立"课程资源"的概念,倡导学校充分运用校内图书馆、实验室等各类教学设施,广泛利用校外博物馆、科技馆、工厂、农村、部队和科研院所等社会资源以及丰富的自然资源。

第八次课程改革在课程评价上倡导发展性评价,建立国家、地方、学校三级课程管理体制,推动校本课程建设,推动以课程改革为核心内容的教师培训,促进教师在改革实践中提升专业化水平。

20世纪中期后,尤其是改革开放以来,中国基础教育课程在不断探索和改革中发展、完善。21世纪初启动的第八次全国课程改革充分吸收和反思历次课程改革的经验和教训,全面考察世界各国课程改革的现状和趋势,从社会发展现实出发,站在时代发展的高度,以全面推进素质教育为宗旨,探索基础教育课程体系建设,以形成有中国特色的现代化的基础教育课程体系。

参考文献

课程教材研究所.课程教材研究十年[M].北京:人民教育出版社,1993.

课程教材研究所.20世纪中国中小学课程标准·教学大纲汇编[G].北京:人民教育出版社,2001.

钟启泉,崔允漷.新课程的理念与创新——师范生读本[M].北京:高等教育出版社,2003.

(李召存)

新自由主义教育哲学(neo-liberalism in education)

现代西方在新自由主义影响下对教育问题进行研究的教育思潮之一。其主要特征是以新自由主义的视野分析教育领域的相关问题,如宏观方面的教育权力、教育自由,以及微观方面的教育选择权、教育券、择校等问题。

英文new liberalism和neo-liberalism(或neoliberalism)都译为"新自由主义"。但new liberalism和neo-liberalism是20世纪西方社会中并存的有着不同诉求的两种思想流派。new liberalism——"新的"自由主义,亦称"现代自由主义"或"社会自由主义",是一种主张政府对经济进行广泛管理和部分干涉的政治经济立场。其思想基础是,社会虽无权从道德上教化公民,但保障每一个公民拥有平等的机会却是社会的任务。罗尔斯、德沃金都属于"新的"自由主义一方。neo-liberalism——新自由主义,指形成于20世纪70年代并在80年代逐渐取得主导地位的一种政治经济哲学。它反对政府对经济的直接干涉,鼓励自由市场,反对对商业运行和经济发展进行限制。

新自由主义思潮的兴起

"新的"自由主义和新自由主义分别沿承自由主义的两种传统。西方古典自由主义思想可追溯到洛克、孟德斯鸠、亚当·斯密、J.边沁和J.S.穆勒等人。洛克创立了被现代西方政治哲学奉为经典的自由主义。洛克在《政府论》中通过继承前人的自然权利学说,提出个体与生俱来有不容被剥夺或侵害的生命权、自由权和财产权。为了保障个人神圣的自然权利,洛克从自然状态推导出社会契约理论,提出人们结合而形成政治社会的目的是保障个人神圣的自然权利,将且仅将执行权和处罚权转交给国家并保留了不可转让、不可剥夺的自由权、生命权、财产权和健康权,国家建立的合法性是人民的同意,由人民将统治权力委托给国家。为了保障个人自由权利不受侵犯,必须限定政府权力,把国家的职能限定在最小程度。亚当·斯密等古典经济学家通过倡导自由放任主义发展了洛克的经济自由思想。亚当·斯密认为,在经济活动中,看不见的手能充分发挥作用,这样个人不仅能实现他们自己的目的,以最小的牺牲来满足自己的最大需要,而且有助于增进社会公共利益。个人私利的获得可以自动形成公益,因此,亚当·斯密指出,国家主要做三件事:第一,国防的职能;第二,司法的职能;第三,建设公共事业和公共设施。而孟德斯鸠沿着洛克的分权思想,设计出立法权、行政权和司法权三权分立和相互制约的政治定律,认为没有分权就没有自由,没有对权力的制约必然出现对权力的滥用。

之后,T.H.格林、包桑葵、霍布豪斯等人提倡"新修正自由主义",他们认为自由主义低估了国家改善公民生活的能力,尤其是改善那些不那么幸运的人的生活能力,国家不再被看成是个人自由的敌人,公共利益有助于个人权利的实现,国家要以实际行动来推进这种公共利益的实现,维持公民权利,就必须要有适当的国家干预。

新自由主义承继亚当·斯密自由主义的市场原则和洛克的契约原则,极力反对国家干预主义,主张自由竞争,反对产权公用,提出全面私有、贸易自由化、降低税收、削减社会福利开支等多项政策主张,重新倡导市场是合理配置资源的有效机制,但又不满意古典自由主义对自由的功利主义制度设计,认为资本主义之所以发生经济危机、政治危机和其他诸多问题,并不是市场本身是否需要进行制度设计和人为干预的问题,恰恰相反,是人为干预太过的问题,应当使市场更充分地自我发育。克服古典自由主义国家观的非最小化而导致对个人基本自由的干预,成为新自由主义国家观的切入点。

在凯恩斯之后,罗尔斯和德沃金则沿循J.S.穆勒重视公平分配的观点,倾向于为西方福利国家辩护,并分别从政治哲学和法哲学的视角对19世纪晚期以来新自由主义者所倡导的积极自由、义务政府和福利国家学说做了比较系统的解说。罗尔斯为此设计了用以规范国家制度设计和社会组织安排的两个正义原则。第一,每个人都有权利平等地享有最大限度的基本自由(basic liberty),且这种自由与他人所拥有的同类的自由不相冲突。第二,要允许社会与经济方面的不平等存在,须以以下两个条件为前提:A.必须使那些社会处境最差者从这种不平等中获得最大的利益;

B. 在机会公正平等的条件下,保证所有的公职和职位向所有人开放。在这两个原则中,自由原则固定不变地优先于平等原则,平等原则中的 B 原则固定不变地优先于 A 原则。

新自由主义教育的主要思想

新自由主义教育坚持公共教育必须进入市场,并通过市场运作来向社会提供。市场对公共教育的介入既能满足社会成员对教育的多元需求,又将有助于最大限度地保障个人的教育自由权利。相信运用市场的信念、原则和营运手法,必能改变过去由政府部门主管时的管理失效、不讲效益和不懂节约等弊病,相信通过"看不见的手"的调控,将会拓宽教育的发展渠道、充分实现个体权利。新自由主义者的理论成为西方公共教育市场化改革的理论基础,他们也成为教育市场化的重要代言人。

英国经济学家哈耶克早在凯恩斯主义全面兴盛的形势下就批评福利国家政策,坚决捍卫西方传统的个人自由,反对政府干预的福利国家政策。他断言国家干涉都必然践踏自由,导致对个人的奴役。他从 20 世纪 60 年代起便将他的经济学理论运用于教育领域。坚决反对国家垄断公共教育,认为将整个教育制度置于国家管理或指导之下,切切实实地隐含着种种危险,市场才是教育活动的基础和依据,市场竞争的原则也适用于教育领域。哈耶克指出,国家推行公共教育有两方面的理由:其一,如果我们共享一定的基础知识和价值观念,那么社会将面临较少的风险;其二,在实行民主制度的国家,如果有一部分人为文盲,那么民主就不能有效运作。哈耶克承认,如果美国没有借公共教育制度在社会中刻意推行"美国化"的政策,那么美国就不可能成为一个有效的"种族大熔炉",同时也很可能会面临种种极为棘手的问题。但是他同时在《自由秩序原理》中指出:"在一个社会中,人们需要确立一些共同的价值标准,这是普通教育应该包含的一项任务,因为所有的教育都必须且应当根据某些明确的价值观念加以指导,这也正是公共教育制度产生真正危险的根源,因为这实际上妨碍了一个自由人的多样化发展。"如果我们接受了国家推行义务教育的一般性理由,那么仍需要考虑应当以何种方式提供义务教育。哈耶克不反对义务教育费用应当由公共资金来支付,但他明确指出,这绝不意味必须以政府建立或管理这些教育机构为必要条件。正是那种高度集权化且由政府支配的教育制度,将控制人们的心智的巨大权力置于权力机构的操握之中。因此,他认为在教育领域实行计划管理,教育就势必陷入官僚主义和集权主义的泥潭,因而唯有市场才是教育的基地。当学校与学生及其家长之间确立了诸如市场中的生产者和消费者的关系时,学校为了不被市场竞争淘汰,就会在教育的数量、质量、内容、方式等方面更好地满足学生及其家长的愿望,尊重他们的需要和选择,学生及其家长就可以决定自己需要什么样的服务。

美国经济学家 M. 弗里德曼也猛烈抨击福利国家的理论和实践,倡导市场竞争的优越性及其对政治的保障作用。他认为,个人自由是社会生活的基本目标,政府的角色是"竞赛规则"的制定者,以及解释和强制执行这些已被确认的规则的裁判者;政府的职责是保卫国家和个人安全,保护法律和秩序,保证私人契约的履行,扶植竞争市场。如若政府超越职责范围,则势必违反经济规律,破坏自由。M. 弗里德曼在《政府在教育中的作用》和《学校的问题在哪里》中专门论述了教育问题,指出 19 世纪中叶以来建立的公共教育制度是一种政府的垄断,这种公立学校体制如同被自由市场包围的社会主义孤岛,其建立仅从一个很小的侧面反映了知识分子在早期对自由市场和自愿交换的不信任。它最多不过反映了知识分子对机会均等的理想的重视。他指出,按照公立学校倡导者的说法,公共教育的最大受益者是穷人和被压迫者,但事实却表明学术成绩最糟糕、最失败的正是那些来自低收入家庭的孩子。与促进同化及创造和睦气氛的愿望相反,公立学校越来越成为造成社会不平等和社会分裂的根源。此外,在教育官僚体制内,费用的增加与生产的下降往往并驾齐驱。这种官僚体制就像是经济宇宙中的"黑洞",在大量吸收资源的同时,释放的产品却在收缩。《政府在教育中的作用》一文指出,由于公立学校体系是受到保护的公有垄断集团,要解决教育体制中官僚化和集权化、办学效率不高的问题,公共教育必须减少政府的直接干预,成为独立和竞争的企业,才能真正满足消费者最大限度的自由,最终提高办学效率和办学水准。他认为,教育体制改革的唯一办法就是通过私有化之路,实现将整个教育服务中的相当大的部分交由私人企业个人经营。同时,他提出了公共教育市场化的具体措施,即政府对公立学校的直接拨款改为由政府向学生家庭发放教育券(education voucher)。在教育券制度下,政府把本该投入学校教育的资金经过折算以凭证的形式发放给每一位学生家长,持有凭单,家长可以自由选择孩子需要就读的学校。教育券提出时的构想主要是增加教育自主性,促进学校之间的竞争,推动教育事业的发展。

M. 弗里德曼的教育市场化理论提出后,引起广泛关注。但在当时,各国普遍强调政府办教育的职责,推崇教育民主和教育平等,他的改革建议并未被广泛支持和接受。随着社会面临的问题的变化,社会秩序和教育机制因而发生变化,公共教育制度变革便不可避免。到 20 世纪 70 年代,代表新保守主义的新右派政府上台以后,西方主要国家进行了新自由主义改革。在新自由主义的支配下,国家在公共政策领域推行"去国家化"运动,国家的公共政策领域出现了一股公共物品和服务私有化的浪潮,也由此打开了公共教育市场化之路,而且此后也有不少学者论证公共教育市场化的合理性。如美国斯坦福大学胡佛政治学院的丘伯和默在1990年出版了《政治、市场和学校》。该书为美国中小学公共教育改革的市场化取向,尤其为学券制的实施提供了理论基础。此外,F. R. 马歇尔和M. 塔克撰写了《教育与国家财富:思考生存》一书,该书是在对丹麦、日本、瑞典、德国和新加坡等国旨在提升国民技能和增强生产效率的主要政策进行研究的基础上,对20世纪80年代以前的美国公共教育体系进行了批判性审视,并提出在知识经济新形势下,美国要像德国和日本那样建立一个高工资、完全就业的经济体系,就要有高绩效的工作组织和高技能的劳动大军,而对公共教育进行同步重建则是关键要素。因而,必须把教育培训和市场对人力资源的需求紧密结合起来,建立高绩效的学校组织和管理模式,以使公共教育通过培养适宜的人力资源为国家创造更多财富。

英国首先对国家拥有的资产和服务进行了私有化改革。首相撒切尔夫人信奉新自由主义私有化的观点和新保守主义回到质量的观点,坚持"小政府大市场的执政思想"。在她领导下,政府围绕限制政府干预经济采取一系列改革措施,实行了英国历史上规模最大的私有化运动。1979—1994年,英国公共部门的工作岗位从700万个减少到500万个,下降了29%。此后,英国教育界将新自由主义经济理论引入公共教育领域,提出公立学校要像英国国有企业那样实行私有化。1987年,英国教育和科学大臣K. W. 贝克正式向议会提交了一份《教育改革议案》。该议案指出:政府倾向于从市场理论的角度看学校,使消费者在学校事务中具有更大影响力。解除家长为子女选择学校的人为限制,通过把个人的选择权和受教育的责任都交还给个人,摆脱对国家的依赖,使教育提供者和教育消费者之间建立直接的经济关系。1988年7月,该议案在议会获得通过,这就是著名的《1988年教育改革法》,该法案的出台标志着公共教育政策新时代的开始。这个法案涉及了广泛而深入的教育系统改革,引起了"中央政府、地方政府和学校之间权力平衡的深刻变革"。以《1988年教育改革法》为起点,保守党政府出台了系列法案和报告,公共教育系统发生了许多重大的变革,在整个英国产生了强烈的反响,也给英国教育制度带来了根本性的变革。

在美国,1981年里根总统开始了私有化改革。与英国直接私有化相区别,美国实行间接私有化。里根政府提出"美国公共服务不再以直接生产公共服务(如高速公路建设和教育)的方式来提供服务,而是从私人供应商(接收政府的包出任务)那里购买,或者向个人、机构和公司提供凭单让人们去购买"。在这种理论指导下,1983年,美国提高教育质量委员会发表报告书《国家处在危险中:教育改革势在必行》,指出美国公共教育面临严峻困境,国家要想继续有能力进行全球竞争,就必须进行改革,提高教育质量。为解决公共教育质量低下、效率不高等问题,政府将市场竞争机制引入教育领域,通过公共教育私营化、教育分权、择校运动等促进教育资源的优化配置,进行公共教育重建。1991年,G. H. W. 布什总统签发全美教育改革文件《美国2000年教育战略》,这份文件的宗旨是:彻底改革美国的公立中小学教育模式,改变分地区就近上学的政策,允许家长自行选择学校,公立、私立、教会学校均可,明确提出要发挥企业在教育中的作用,不拘一格地创办全球第一流的中小学。20世纪80年代以来,美国对现有的公立中小学进行了改造,学校通过与政府部门签订合同,订立招生、课程、办学质量和财务等方面的标准,来换取政府的办学经费,出现了"磁性学校"、"特许学校"以及"选择学校"等新型学校。到90年代,美国开始推广教育券计划,1990年威斯康星州的密尔沃基市正式实施教育券制度。1995年俄亥俄州的立法机构通过了克利夫兰市的教育券项目,1999年佛罗里达州议会批准了全美第一个全州性的教育券计划。市场化和私有化的改革不仅在发达国家普遍出现,而且在发展中国家也颇受青睐,私有化在整个80年代飞速进行,到90年代初期,80多个发展中国家已经对6 800家国有企业进行了私有化,其中大多数都是基本公共服务。与此同时,发展中国家的公共教育也不断市场化,私立学校的比重日益超过公立学校,以公共部门为主导的传统教育理念发生改变,教育领域中的内部市场或准市场成为教育发展的全球特征。

参考文献

米尔顿·弗里德曼.资本主义与自由[M].张瑞玉,译.北京:商务印书馆,1986.

米尔顿·弗里德曼,罗斯·弗里德曼.自由选择[M].胡骑,席学媛,安强,译.北京:商务印书馆,1982.

弗里德利希·冯·哈耶克.自由秩序原理(下)[M].邓正来,译.北京:三联书店,2000.

李其庆.全球化与新自由主义[M].桂林:广西师范大学出版社,2003.

（樊改霞）

信度(reliability)　　亦称"可靠性"。指测验结果的一致性和稳定性程度。即测验分数不随时间、地点等因素的变化而变化。衡量测验整体质量的重要指标之一。

信度的统计学原理

测验的结果是以分数表示的,但是一个人在同一测验上的分数并不是恒定的。测验环境的熟悉与陌生、安静与嘈杂、主试的和蔼与严厉以及被试的机体和情绪状态等因素都会影响测验分数。被试的粗心、抄袭等因素也会使测验出现虚假的高分和低分。这些影响测验分数的因素被称为测量误差,误差的存在使得一个被试的测验实得分数偏离他应得的真实分数。心理测量学家的任务之一就是降低测量误差,使测验分数接近被试的真实分数。对一个测验而言,若被试的实得分数反映了他们的真实分数,就说这个测验结果可靠、客观,这次测验的信度就高。因此,测验信度也可理解为被试的真实分数与实得分数的差距。这里说的真实分数,心理和教育测量学上称真分数(true score)。真分数指无数次测量的平均值,即一个被试在许多(理论上指无限多的)平行测验上得分的平均值,或具备某一个能力或其他心理特质水平的许多被试在同一测验上得分的平均值。

知道被试的真分数后,就可以用所有被试真分数与测验分数的比值的平均数来表示测验的信度。事实上,真分数无法求得,它只是一个理想概念,我们不能对同一被试反复多次测量,因为多次测量后被试会由于练习或疲劳效应而出现额外的误差;同样,找到能力水平完全相同的被试也只是理论上的可能。我们无法知道一个被试的真分数,也就无法知道实得分数与真分数的偏离程度,因此就不能计算测验的信度。为解决这一问题,心理测验理论对实得分数、真分数、测量误差作出了理论上的假定,由此构建起经典测验理论。经典测验理论证明,信度就是参加同一测验的一组被试的真分数方差与实得分数方差之比,即真分数变异在实得分数变异中所占的比重,其公式:

$$r_{xx} = \frac{S_T^2}{S_X^2}$$

经典测验理论进一步证明,一个测验两个平行形式之间的相关系数就是该测验的信度。这一结论至关重要,为测验信度的实际计算提供了理论依据。从这一结论出发推导出各种计算信度系数的替代性方法。

信度的计算方法

稳定性系数(coefficient of stability) 计算方法是,用同一量表在不同时间内对同一组被试先后施测两次,计算两次测验得分的积差相关系数,就为稳定性系数,表示的是测验结果的稳定性。这种方法又称<u>重测法</u>,所得的信度系数又称<u>重测信度</u>(test-retest reliability)。

重测法的模式是:施测$\xrightarrow{\text{适当时间}}$再施测。重测时间间隔可以是几分钟、几周,但一般不超过 6 个月。

计算重测信度的原理是对平行测验的假定,即认为在不同时间施测的同一测验是平行的,其真分数相同,实得分数和误差的方差也相同。但这一假定从严格意义上讲是难以成立的,因为重测时被试的心理特质会发生变化,导致真

分数变异,练习和疲劳效应会使重测时的测验结果出现变异。

在测验手册上报告的重测信度,一般要注明被试样本的性质、大小,以及间隔不同时间所得的信度系数,以便使用者了解样本及时间因素对测验稳定性的影响。计算重测信度时应注意两方面的问题:(1)所欲测量的心理特质是否稳定。所测的若是人格、智力、兴趣等心理特质,则可以使用重测法,而知识、情绪等不稳定的心理特质使用重测法时必须慎重。(2)重测结果要尽量减少练习或遗忘因素的影响。智力测验的时间间隔不能太短,成就测验则不能间隔太长,既不能让被试记住上一次的测验内容,又不能使其特质发生变化,或对所学知识产生遗忘,因此要有适当的时间间隔。如使用年龄小的被试样本时,测验间隔就要短些,年龄大的被试则可以长些。

等值性系数(coefficient of equivalence) 在测验内容上相似,题数、格式、难度、平均数、标准差均相同的两个平行测验被称为复本。两个复本施测于同一被试样本所得测验分数的积差相关系数,就是等值性系数,或称<u>复本信度</u>(alternate form reliability)。

复本法的模式是:复本 A $\xrightarrow{\text{最短时间}}$ 复本 B。一般的标准化测验都有复本,原则上,所有的心理测验都可以使用复本法计算信度,适用范围较广泛。一般而言,成就测验、特殊能力测验较容易制作复本,这是因为从所有题目中选择出等值的题目样本并不太困难,但对一些不易测量的特质,如人格、动机等,则不易找到等值的题目,因而不容易制作复本。等值性系数也有缺点,如被试易出现疲劳、失去积极性等反应,还会出现迁移,这称为顺序效应。为抵消顺序效应,可随机分配一半被试先做复本 A 后做复本 B,另一半先做 B 再做 A,以平衡顺序效应。

等值稳定性系数(coefficient of stability and equivalence)等值性系数易出现练习和疲劳效应,稳定性系数的局限是受所测心理特性的稳定程度的影响,为克服这个缺点,我们使用一个测验等值的两个复本,间隔适当时间施测于同一组被试,所得相关系数称为等值稳定性系数。

其模式:复本 A $\xrightarrow{\text{适当时间}}$ 复本 B。同复本法和重测法相比,等值稳定系数有以下特点:(1)因两次有适当的时间间隔,减少了复本法中的练习、疲劳效应。(2)若时间间隔适当,可用于计算稳定性不高的心理特质,克服了稳定性系数的局限。比如对知识的测量,被试对复本 A 的记忆对复本 B 的成绩影响小,时间间隔就可短些,避免被试对知识的过多遗忘。

等值稳定性信度系数的应用也较广。但应注意,等值稳定性信度系数的取值一般比重测信度和复本信度低,因为计算两复本间的相关时,时间因素引起的所欲测量的特

质的变化及试题取样的不同都会影响两次测验分数间的一致性。因此，等值稳定性系数是对测验信度最严格的考察，得到的是信度系数的下限。

分半信度（split-half reliability）　上述三种信度系数计算方法的共同点是需要两次重复测量，不可避免地会出现一些问题，如时间因素对两次测验分数一致性的影响、练习和疲劳效应、被试失去兴趣等，且在组织被试时也会有很多不便。为此可通过计算分半信度来克服以上问题。

分半信度就是将测验题目分成等值的两半，分别求出两半题目的总分，再计算两部分总分的相关系数。分半法实际上是一种特殊的复本法。分半的方法很多，一般是将奇数题和偶数题各分为一半，而非前后分半，目的是避免顺序效应。使用分半信度要注意两点：一是测验题目所测的是同一种心理特质；二是两半题目是等值的，即平行的。

分半以后，实际计算的是测验的一半题目的信度，而不是整个测验的信度，亦即把一个完整的测验分成了两个等值的复本，计算的只是其中一个复本的信度。这会造成对整个测验信度的低估，因为信度会随测验长度的增加而提高。

直接计算两半题目的相关系数其实是测验的一半题目的信度，不能作为整个测验信度的估计，因此必须进行校正，其校正公式为斯皮尔曼—布朗公式，即：

$$r_{xx} = \frac{n r_{x1x2}}{1 + (n-1) r_{x1x2}}$$

式中，r_{xx} 为分半信度，r_{x1x2} 表示两半题目得分和之相关，n 为原测验相当于变化后测验长度的倍数，计算分半信度时 $n=2$。

斯皮尔曼—布朗公式是一个经验公式，它要求前后两半题目有相同的变异（方差），方差不等时，则会高估信度系数。为克服这一限制，心理学家又发明其他计算分半信度的公式。常用的有卢龙公式和弗拉纳根公式。

卢龙公式可表示为：

$$r_{xx} = 1 - \frac{S_d^2}{S_x^2}$$

式中，S_d^2 是两半题目总分之差的方差，相当于信度公式中误差的方差。测验奇偶两半题目的总分之差的方差越小，说明测验分数受偶然因素的影响越小，信度越高。

弗拉纳根公式可表示为：

$$r_{xx} = 2 \times \left(1 - \frac{S_{x1}^2 + S_{x2}^2}{S_x^2} \right)$$

式中，S_{x1}^2 和 S_{x2}^2 为两半题目得分和的方差，S_x^2 为整个测验总分的方差。应该注意的是，卢龙公式和弗拉纳根公式的计算结果一致。

同质性信度（homogeneity reliability）　同质性指测验的所有题目测量的是同一种心理特质，表现为各题得分之间有较强的相关，相关越高则同质性越强。人的心理特质，如人格、智力等大都是多维度的，因此整个测验就不可能是同质的。若按维度的不同将测验分成几个分测验，每个分测验就是同质的。

分半信度是一种同质性信度，计算的奇偶两半题目得分的一致性，是以测验题目同质为前提的。但是，奇偶分半法并不是唯一的一种分半法，而应该有 $C_n^{n/2}$ 种，不同的分半法计算出的分半信度也不一致，难以保证哪一个是测验的真正信度。而计算各种分半法所得信度的平均值又显得过于繁琐。如一个含有 20 个题目的测验，就要计算 $C_{20}^{10} = 92\,378$ 个信度系数。因此，出现库德—理查森公式法和克龙巴赫 α 系数等其他更有效的方法。

库德—理查森公式是常用的计算两级记分的测验同质性信度的公式。其中最有代表性的是库德—理查森的 20 号公式（KR-20）和 21 号公式（KR-21）。它们被认为计算的是所有可能的分半信度的平均数。KR-20 的计算公式：

$$r_{\text{KR-20}} = \frac{n}{n-1} \left(1 - \frac{\sum\limits_{i=1}^{n} p_i q_i}{S_x^2} \right)$$

式中，n 为题数，S_x^2 为总分方差，p_i 为通过 i 题（得 1 分）的被试占总人数的比例，$q_i = 1 - p_i$，即未通过的比例。$\sum\limits_{i=1}^{n} p_i q_i$ 表示测验题目的通过比例和未通过比例的乘积之和。

KR-20 公式中的 p_i 表示答对该题的比例，可视为该题的难度，当所有题目的难度相近时，可使用更为简便的 21 号公式：

$$r_{\text{KR-21}} = \frac{n S_x^2 - \overline{X}(n - \overline{X})}{(n-1) S_x^2}$$

库德—理查森公式适用于两级记分的测验，而对多级记分的测验，则使用克龙巴赫 α 系数，其公式：

$$\alpha = \frac{n}{n-1} \left(1 - \frac{\sum\limits_{i=1}^{n} S_i^2}{S_x^2} \right)$$

式中，n 表示题目数，S_i^2 为每一题目的方差，S_x^2 为总分方差。α 系数也适用于两级记分的情况。测验分数是两级记分时，用 α 系数和库德—理查森公式所得结果一样，可见库德—理查森公式是 α 系数的一个特例。

评分者信度（scorer reliability）　在客观性测验中，不存在评分者之间评分不一致的情况，无需计算评分者信度。而在涉及主观性题目的测验中，评分者的不同会造成测验评分的差异从而造成评分误差，这是测验误差的来源之一，因此要计算评分者信度。

作文考试是典型的主观性测验,作文的评分在不同评分者中会有很大差异,即存在评分者信度的问题。而在一些投射性测验(如主题统觉测验和罗夏墨迹测验)中,评分者信度是测验信度的重要评价指标。

当评分者为两人(或一个人两次评分)时,可采用相关系数的方法,计算在某个题目上两次评分的相关系数作为评分者信度系数。若是两次以上的评分,可采用肯德尔和谐系数。评分者信度高仅仅是测验信度高的必要条件,而非充分条件。各种信度系数及其误差方差的来源列入下表中。从表中可看出影响信度系数的各方面误差。由于误差来源的不同,即使同一个测验用不同方法计算信度系数所得结果也会有很大不同,各系数间也不具可比性。因此在涉及测验信度的研究中,要分别报告不同方法计算出的信度值。

与信度系数有关的误差方差来源

信度系数类型	误差方差来源
重测信度	时间抽样
复本信度	内容抽样
等值稳定系数	时间和内容抽样
分半信度	内容抽样
库德—理查森系数和 α 系数	内容抽样和内容异质性
评分者信度	评分者之间的差异

信度的意义与作用

测验结果的信度信息可用于评价测验质量以及解释测验分数。

评价测验 信度表示真分数变异在实得分数变异中所占的比重,信度越高,说明测验所得分数越接近被试的真实分数,分数就可靠。信度在理想状态下为 1.00,但实际上达不到这一标准。测验的信度会随着测验种类、测验情境的不同而不同。

一般能力测验和成就测验的信度系数通常在 0.90 以上,人格测验和兴趣测验在 0.80~0.85 之间。测验的目的不同,对信度的要求也不同。一般认为信度系数高于 0.85 时,可对个人进行诊断、鉴别和解释,也可以进行团体比较;当信度位于 0.70 和 0.85 之间时,只能进行团体比较;信度低于 0.70 时,不能评价个人,也不能进行团体比较。但这些不能作为绝对的取舍标准,有些信度不高的测验却可能非常有用。必须重申,我们讨论的信度一般指的是某次测验结果的信度,不同的被试在不同时间和地点测验可能会有不同的信度,因此不能根据一两次测验的结果否定一个测验的价值。

解释分数 包括解释个人分数和比较测验分数的差异。

(1) 解释个人分数。实际测量中我们往往希望通过一次测验结果来了解被试的真分数。因为有测量误差存在,所以我们不能把实得分数当成真分数,而只能根据已有信息对其进行估计。根据推论统计,对总体参数进行点估计是不准确的,错误的概率非常大。若通过区间估计的方法估计出总体参数的置信区间,则能将预测误差控制在较低的水平。真分数是无数次测量的平均值,所以可看作总体参数,而一次测量的结果就可看作样本统计量,这样估计真分数的问题就变成了估计总体参数的问题。

利用实得分数估计被试真分数时,应采取区间估计的方法。若 S_E 为无数次测量误差($E=X-T$)的标准差,即测验的标准误差的话,则真分数 95% 的置信区间为 ($X \pm 1.96\, S_E$)。但 S_E 如何求出呢?我们知道,在经典测验理论中 S_E 是随机误差,其大小和方差只与偶然因素有关而与被试的能力(特质)水平无关,故可以把一组被试在同一测验上的误差的标准差 S_E 看作使用平行测验对同一被试无数次测量的标准误差 S_E。

测验标准误差可用公式 $S_E = S_x\sqrt{1-r_{xx}}$ 计算,式中,S_E 为测验标准误或测量标准误差,S_x 为测验分数的方差,r_{xx} 为测验的信度。可以看出,测验标准误差与 S_x,即实得分数标准差成正比,而与测验信度 r_{xx} 成反比。知道了一组被试实得分数和测验的信度后,就可以对每一被试真分数的分布范围进行区间估计。信度越高,实得分数越能代表他的真分数,信度为 1 时,实得分数就是真分数。测验标准误在个人分数的解释中有重大意义。

(2) 比较测验分数的差异。有时我们希望比较一个人或两个人在不同测验上的分数是否有显著差异,以判断其真分数是否有差异,这就要用分数差异的显著性检验。在知道两测验的信度的情况下,我们可以根据公式对这一问题方便地予以解答。当然这里比较的分数不是两测验的原始分数,而是转换到同一量尺上的导出分数,如 T 分数、Z 分数、离差智商等,分数在同一量尺上才能相互比较。

在统计学上,两分数差异的标准误差可表示为 $S_{E_d} = \sqrt{S_{E_x} + S_{E_y}}$,由于两测验的分数是在同一量尺上表示的,所以有相同的标准差,即 $S_{E_x} = S_{E_y} = S$。将 $S_{E_x} = S_x\sqrt{1-r_{xx}}$ 和 $S_{E_y} = S_y\sqrt{1-r_{yy}}$ 代入 $S_{E_d} = \sqrt{S_{E_x} + S_{E_y}}$,得 $S_{E_d} = S\sqrt{2-r_{xx}-r_{yy}}$,将标准差和两测验信度代入 $S_{E_d} = S\sqrt{2-r_{xx}-r_{yy}}$,即得分数差异的标准误差。若我们要求判断真分数是否有差异时要有 95% 的把握,则必须在两测验分数之差不低于 $1.96 S_{E_d}$ 时才能认为其真分数有差异,若把握度为 99%,则差异应不低于 $2.58 S_{E_d}$。

信度的影响因素

信度高低体现了测量中对随机误差即测验误差的控制程度。测验误差是测验过程中产生的随机误差,其来源有多个方面。被试方面:包括被试的测验动机、注意力、焦虑水平、测验经验、身心健康等;主试及测验评分方面:包括主试的年龄、性别、态度,以及记分、评分的客观性;测验情境方面:包括噪声、光线、房间大小、环境的熟悉程度等;测验内容方面:包括指导语的清晰度、内容取样的差别等都会造成随机误差。测验误差是任何测验形式都不可避免的,也是测验理论都力求解决的,具有普遍性。而以下我们讨论的几种影响信度的因素却主要与经典测验理论计算信度的方法有关。

所测样本团体同质性程度　被试样本的同质性程度即被试样本团体中实际能力(或特质水平)的差异程度。差异大时,被试为异质团体;差异小时,被试则为同质团体。按照经典测验理论,测验误差是与样本同质性无关的,即不同样本中误差的方差可认为不变,但同质样本中,实得分数的变异小,而异质样本中实得分数的变异大。从信度计算公式可知,在异质团体中,真分数变异在实得分数变异中的比重增加,误差的变异所占的比重就小,信度值就较大;而在同质性的被试团体中,信度值就低。增大样本的异质性的作用是增大测验分数的分布范围,从而降低随机误差,提高信度。

测验的长度　它也会影响测验的信度。由于测验总分是由各题目得分的累加得到,所以当测验的题目数增加时,就可以使发生在各题目上的误差相互抵消,被试的测验总分就会更加接近其真分数;另一方面,测验题目数的增加会导致测验分数(总分)的分布范围,即变异程度的增加,测验分数的变异程度增加了,误差分数的方差在实得分数方差中占的比重就会减小,测验的信度就会提高。前面已经讨论过,增加被试的异质性可提高测验的信度,原因是增加异质性事实上是扩大了被试的得分范围。而增加测验题同样可起到扩大得分范围的作用,因此也会增加测验信度。

明确了测验长度与测验信度的关系,在实际工作中就可以采用延长测验长度的办法提高信度。测验信度与测验长度的关系可用斯皮尔曼—布朗公式来表示。延长测验长度需注意的一个问题是所增加的题目必须是与原测验题目同质的。

测验题目的难度　它会影响测验分数的分布范围,因此会影响信度。测验题目都很难时,被试的分数会集中于低分一端,而题目过易时,则集中于高分一端,都会使分数范围缩小,而当题目难度都接近 0.5 或平均难度为 0.5 左右时,测验分数就呈现正态分布,分布范围广,信度就高。

参考文献

戴海崎,张峰,陈雪枫. 心理与教育测量[M]. 广州:暨南大学出版社,2011.

郭庆科. 心理测验的原理与应用[M]. 北京:人民军医出版社,2002.

Brennan, R. L. Educational Measurement [M]. 4th Rev. ed. Westport, CT: Praeger Publisher, 2006.

Pedhazur, E. J. Measurement, Design, and Analysis: An Integrated Approach [M]. Hillsdale, New Jersey: Lawrence Erlbaum Associates. 1991.

(孟庆茂　刘红云)

信息技术的教育应用（educational application of information technology）　以现代通信技术、计算机技术、多媒体技术和网络技术为特征的现代信息技术在教育教学实践中的应用。其范围十分广泛,包括教育信息化环境的建构、教育系统与教育软件的开发、教育信息处理、信息技术教育等方面的内容。以信息技术建构一定的教育环境、教学系统,是信息技术教育应用的主流。在以信息技术建构的教学系统中,e-learning 更受到关注。

指导信息技术教育
应用的教育理念

信息技术的教育应用应基于一定的教育理念去展开,教育理念是信息技术教育应用的指导思想、灵魂。没有正确的教育理念为指导,信息技术的教育应用将走向歧途。一定的教育为一定的社会服务,它也反映了一定社会的需求,一定社会的原则、观念和理念。面向工业社会的教育和教育理念,反映工业社会的基本原则、观念和理念。工业社会的基本原则、观念和理念是规格化、分工化、同时化、集中化、极大化和集权化。传统的学校教育也体现了工业社会的这些特点。面向信息社会的教育,应反映信息社会的基本原则、观念和理念。与工业社会相比较,信息社会则强调多样化、综合化、非同时化、分散化、最佳化和分权化。面向信息社会是决定信息技术教育应用基本理念的根据和要求。从面向工业社会到面向信息社会的教育理念的根本变革主要表现在以下几方面。

由均质化、集团化转向个性化、个别化　两块相同面包的价值是一块面包价值的两倍,这是工业社会的一种基本原则和观念。为此,工业化社会追求产品的数量,并以均质化、集团化组织生产,进行管理。传统的学校教育反映了工业社会的这种原则和理念。它为工业化大生产培养了具有相同特性的众多的劳动者。在信息社会中,对于某一位信息的受者,两条相同信息的价值等于一条信息的价值。这是信息社会的基本原则和观念。信息社会关注多样化、个性化,并以这种多样化、个性化满足不同人群的需求。面向信息社会的教育应关注学习者的个性发展。开发个别化学习、个性化学习的教学系统是信息技术教育应用的基本内容。

由基于需要的学习转向基于兴趣的学习　工业社会主要满足人们的物质需求,信息社会在满足人们物质需求的基础上,主要满足人们的精神需求。在工业社会,人们为了取得一定的生活保障,为了今后的生存,需要接受教育。这是一种基于需要的教育。信息社会中,人们从物质的需求转向文化、精神的需求,不再是迫于生存的需要进行学习,而是基于文化的需要进行学习,这是一种基于个人兴趣的学习。在基于信息技术的教学系统开发过程中,应关注培养学习者的学习兴趣,注重激发和产生学习动机,让学习者在一定的现实环境中实现有意义的学习。

由时空封闭转向时空开放　在工业社会中,为了极大地提高生产效率,实现封闭式管理。教育是培养"人才"的工厂,面向工业社会的教育是一种基于班级教育的封闭式的学校教育,它有利于大批量培养工业化大生产需要的劳动者。封闭式的学校教育导致学生脱离社会、脱离大自然、脱离现实,它不利于人才的培养,不利于人的个性化发展。高度信息化的社会,是一种学习型社会,人们的学习不只限于在学校。面向信息社会的教育是一种不受时、空限制的开放教育,学习者根据自己的需求,可以在自己选定的时空进行自己爱好的学习。基于现代信息技术的远程教育打破了传统学校的封闭式的教学形式,使封闭式教育转变为开放式教育。它不只是传统学校教育的补充,更是传统学校的发展需求,它是学校面向信息社会的重要发展方向。

由专业学习转向综合学习　在工业社会中,为了实现有效的生产,获得生产的极大化,对产品及其生产进行了精细分类。与之对应,对有关的学科、专业也进行精细划分。在这种背景下,学生的学习关注专业化的学习。现代科学的发展十分关注学科间的渗透。任何一项有实际意义的问题,往往是一项复杂的综合性问题,为了解决这类问题,需要多个学科的综合,需要人们具有综合解决问题的能力。面向信息社会的教育应从关注专业学习转向关注综合学习,应从面向学科知识的学习转向面向任务、面向课题的综合性学习,应从关注专业知识的掌握转向关注综合解决实际问题能力的培养。它是利用信息技术开发各种教学系统的基本指导思想。

由刚性组织转向柔性组织　面向工业社会的各种组织及其结构形式非常严密。它是实现工业化大生产、实现效率最大化的组织保证。基于工业社会的这种原则和理念,面向工业社会的学校教育,其组织形式也十分刚性、十分严格。信息社会追求个性化发展,尊重每个人的兴趣和个性化需求。人们不必限定在某一严格的组织形式中,人们根据自己的兴趣和个性化发展,可以参加多个学习组织,可以自由地从一个学习组织转移到另一个学习组织。通过互联网的应用,人们在时空上的自由度更大。基于互联网的学习组织往往是一种十分具有弹性的虚拟的学习社团。网上虚拟社团是新一代远程学习的重要发展方向。

人类社会从工业社会向着信息社会在不断发展,与之相适应的教育理念在学习方法、学习动机、学习环境、学习对象、学习组织等方面都产生了根本性变革。在信息技术教育应用的各种教育系统开发中,应以这种新的理念作为指导思想。

指导信息技术教育
应用的学习理论

基于信息技术的教育系统是一种学习系统,应在一定的学习理论指导下开发和应用。学习理论在信息技术教育应用中具有重要意义。用于指导教学系统开发和应用的学习理论包括行为主义学习理论、学习的认知理论、建构主义学习理论、"学习即参与"理论和分布式认知理论等。

行为主义学习理论　行为主义认为,学习是行为主体通过经验获取产生的行为变化,即学习是行为变化,这种变化是通过经验获取产生的。行为主义学习理论的重要代表有刺激—反应理论和基于刺激—反应理论的程序学习理论。行为主义在低级学习及其相关教学系统的开发和应用中具有重要意义。

学习的认知理论　行为主义在解释人类的学习,特别是高级学习时,碰到了一定困难,对此,研究者又提出学习的认知理论,认为学习是人们头脑中认知结构的变化。学习的认知理论中,学习的信息加工模型基于信息科学的发展,说明了人的大脑在学习过程中,在认知活动中是如何进行信息加工的(见下图)。

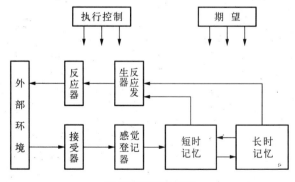

学习的信息加工模型

行为主义学习理论、学习的认知理论关注的是个人的行为、个人的思考,并由此而产生的个人行为的变化,个人认知结构的变化,有人称这样的学习理论为个人能力还原主义。

建构主义学习理论 传统的学习理论认为,学习是学习者接受外界刺激而产生的行为变化和认知结构变化。在这种理论指导下,学习者的学习往往是一种知识的接受过程。建构主义者认为,学习应是学习者主动建构知识的过程。它强调学习应从被动接受知识转变为主动建构知识,应是学习者在一定环境下主动进行知识的探究和发现,主动进行知识的建构。根据建构主义学习理论,人们创造了许多有效的学习模式和学习方法,最具有代表性的有锚定式学习、支架式学习等。

"学习即参与"理论 上述各种学习理论主要关注学习者自身的努力,自身独立去进行有效学习。实际上,学习是一种社会活动,是一种文化活动,是在人类发展的历史过程中展开的,它离不开人类发展的历史和进程。在人们的认知活动中,其认知主体往往不止一个,而是存在多个。作为一种认知活动,我们关心的不应只停留在知识和技能的获得,更应关心学习者的成长。学习者不仅是知识、技能的获得者,更是一位具有独立人格的人。基于这些认识,产生了"学习即参与"的正统外围参与论(legitimate peripheral participation,简称LPP)。正统外围参与论认为,学习是学习者对某一实践共同体,从外围参与到完全参与,最后成为其中一位正式成员的自主参与过程。在这个参与过程中,学生的人格得到发展。正统外围参与论将学习看作是对实践共同体的自主参与过程。"学习即参与"理论的主要观点有:(1)学习不应完全归结为学习者个人头脑的认知过程和信息加工过程。学习是学习者与他人,特别是与实践共同体不断相互作用的过程。(2)学习不仅是获取特定的知识和技能,更是学习者独立人格自主形成和发展的过程。(3)学习不能简单认为是记忆、思考、练习、解决问题等脱离社会的认知活动,而是与他人协作,在实践共同体中进行有价值、有意义、具有创造性的具体的实践活动。(4)学习者在实践共同体中,将从一位新手变成一位有经验的老手,从一位学习者变成一位专家,从一位一般成员变成一位核心成员,甚至是领导者。(5)产生学习的动机,不仅可以是外在的报酬和内在的好奇心,通过学习者对实践共同体参与的实感和实践活动展开过程中社会关系的变化,也能产生一定的学习动机。(6)学习的进展过程中,存在着社会文化的渗透。

分布式认知理论 随着互联网的发展和广泛应用,分布式处理和分布式学习的环境得到不断完善,分布式处理和分布式学习得到广泛应用。在这种背景下,分布式认知(distributed intelligence,简称DI)理论及其应用受到广泛关注。人们在认识周围环境时,其认知活动总是在与周围的人群,与外界的环境相互作用的过程中完成的。这种相互作用包括在不同时间段,与不同人群、与不同工具及设施的

互动。在认知活动过程中,各种不同的人群、工具、设备都是实现认知的重要资源,而且人们的认知活动总是在一定的社会文化氛围中完成的。分布式认知理论的主要观点有:(1)人们的认知活动不应只归结为个人头脑中的活动,它应是通过与他人的协作、分享而实现的。(2)认知活动不应单纯地认为是大脑的活动,它是通过人们与各种符号、工具、装置、设备、环境的相互作用完成的。(3)认知活动往往隐含在具有一定目的的具体活动中,它是在具有某种特定社会意义的协同活动中展开和完成的。(4)在各种分布式认知活动中,应避免认知的集中化,促进认知多元化;应避免过多综合,促进相互交流;应在这种认识的基础上建构一定的通信网络,并在这种网络环境中促进分布式认知活动的展开和实施。(5)认知活动中,应以多种方法、多种观点呈现外部现象、事件,如以图表、图形、可视化等方式促进各种认知资源的相互交流。分布式认知强调认知的社会性。基于这种理论,在认知活动中应重视各种协同学习、协同工作。协同学习是分布式远程学习中一个十分重要和有特点的学习模式。网络是一种通信系统。基于分布式认知理论构成的网络学习系统,不仅是一种通信系统,更是一种认知环境,它较一般的网络通信系统有了质的变化。

基于信息技术的教学系统及其发展

基于新信息技术的教学系统的发展 随着计算机的出现,20世纪50年代,人们将它用于教学,并开发出早期的计算机辅助教学(computer assisted instruction,简称CAI)系统。60年代,人工智能的研究有了一定发展。针对计算机辅助教学存在的一些问题,人们开发出基于人工智能的智能导师系统(intelligent tutoring system,简称ITS),又称之为智能计算机辅助教学(intelligent computer assisted instruction,简称ICAI)系统。随后,由于多媒体技术和图形用户界面的发展,人们又开发了用于支持探究学习、发现学习,用于支持学习者自主建构知识的微型世界和操作型学习环境。90年代,互联网及其应用有了很大发展,人们将它用于远程教学,形成了新一代的远程教学系统——e-learning系统。综观教学系统的发展历程,信息技术教育应用、教学系统的开发具有以下特点:(1)基于信息技术的教学系统与信息技术的发展及其应用密切相关。许多教育应用中的信息技术并不是以教育目的开发出来的信息技术,但当某项新的信息技术出现后,它很快就被用于教学,形成新的教学系统。计算机技术、多媒体技术、互联网技术并不是为教育目的开发的信息技术,但它们一出现就被用于教育目的,形成新一代的教学系统。教育是这些新技术最好也是最具潜力的应用领域。这些技术的应用,促进了教育事业的发展,反过来它也促进了这些技术及其应用的

发展。(2) 基于信息技术的教学系统应基于一定的学习理论进行开发。学习理论的发展对教学系统的开发起着至关重要的指导作用。教学系统的开发中,技术的支持必不可少,学习理论的支持更为重要,它促使教学系统的开发产生质的飞跃。传统的计算机辅助教学系统是基于行为主义开发的。智能导师系统(智能计算机辅助教学系统)是基于认知理论、人工智能理论开发的,与传统的计算机辅助教学系统相比较,有了质的提高。建构主义是指导微型世界、操作型学习环境开发的基本理论,作为学习环境,它比一般的计算机辅助教学、智能计算机辅助教学有了新的提高。同样,分布式认知理论对于建构新一代的远程学习系统十分重要,它使这种学习环境从一般的通信环境上升到认知环境。(3) 教学系统的开发反映了教育理念的发展。教学系统的开发总是在一定的教育理念指导下完成的。20 世纪向 21 世纪发展的过程中,人们的教育理念发生了重大变革,这些变革对教学系统的开发产生了重大影响。基于教育理念的发展与变革,人们对教学系统的开发也产生了很大变化,这种变化主要表现为从关注基于教师、基于系统的学习转向关注学习者自主性的学习,从关注接受式学习转向关注学习者自主探究知识、发现知识的学习,从封闭式学习环境转向开放式、分布式学习环境,从关注学科知识的学习转向关注综合性解决问题能力培养的学习。基于新的教育理念的教学系统,正是当前教学系统开发的新趋向。

计算机辅助教学系统 为了提高学习效率,弥补课堂教学不足,基于程序教学理论,人们开发出计算机辅助教学系统。早期的计算机辅助教学系统,可以认为是一种以计算机实现的程序教学机器。计算机辅助教学系统由硬件、软件和课件构成。硬件是指计算机的硬件系统。软件是指计算机的系统软件。课件是指具有一定教学功能的教学软件。计算机辅助教学系统中,课件是核心,它依靠硬件和软件提供的计算机环境运行。计算机辅助教学学习过程中,计算机呈现学习内容(说明框)并提示有关问题(问题框)后,若学习者不能回答有关问题,计算机予以提示。学习者对于提示的问题若能给予应答,计算机则对应答的结果进行评价,并基于评价的结果控制转向下一问题的学习,否则学习结束。为了实现学习个别化,课件中往往采用学习分支的方法,对不同学习水平的学习者,提供不同的学习序列。为了帮助学习者实现有效的学习,课件中设置了矫正学习、辅助学习等各种学习序列。计算机辅助教学具有以下学习特点:通过课件中设置的学习测试问题,理解、判断学习者的学习状态;能针对不同的学习者提供不同的学习内容、学习过程,实现个别化学习;使用多种媒体形式呈现教学内容;可记录学习者的学习过程,用以研究学习过程、学习者特性、教材特性;通过游戏激发学习动机。计算机辅助教学存在以下问题:学习控制权由计算机掌握,学习者被

动接受;不能有效理解学习者的特性,不能基于学习者的特性提示相应的学习内容;应答形式简单,限制了系统提示问题的形式;只能判断学习者对问题应答的对、错,不能判断错误的程度、产生错误的原因。

智能导师系统 计算机辅助教学只能按照其预置的程序展开教学,不能基于学习者的特性展开教学。为了克服计算机辅助教学系统存在的各种问题,促进学习者的有效学习,人们基于认知理论,开发出智能导师系统,有时又称之为智能计算机辅助教学系统。在智能导师系统中,学习者通过人机界面与智能导师系统交互作用。学习者将学习的要求和对问题的理解通过人机界面传入系统,系统根据学习者输入的信息和学习者特性(模块)对学习者进行理解,并根据这种理解,以一定的学习策略,从教材库中提出有关的学习内容,通过人机界面提示给学习者。智能导师系统有以下特点:具有自然语言理解的能力,学习者可以使用自然语言与系统交互作用;通过学习者特性模块理解学习者;能对学习者产生错误的原因进行判定;对学习者的学习进行预测;能根据学习者的学习特性提供相应的学习内容。智能导师系统存在以下问题:已开发的系统只能用于有限的学习内容和学习形态;对学习者产生错误原因的判断技术有待进一步完善;在解决问题的学习过程中,学习者给出正确回答时,还不能判断其是真正的理解,还是某种不稳定的随机因素所致,也难以判断学习者对问题理解的深度。

微型世界 计算机辅助教学系统、智能导师系统都是以学习者实现知识的理解为主要目标开发的教学系统,实现的学习多是接受式学习。建构主义认为知识应是学习者自主建构,学习者在一定的环境中实现意义建构。在这种理论指导下,人们利用信息技术开发出用于实现知识探究的学习环境。

探究学习是指以探究的方法进行的学习,即学习者通过自主收集信息,并基于收集的信息自主构建知识。为了实现探究学习,应将学习者置入一定的学习环境,并让学习者在这种环境中通过收集信息、实现知识的探究。由于各方面的条件限制,要在现实的环境中实现探究学习,往往十分困难。为此,探究学习总是在某种虚拟环境中进行。微型世界(micro world)是一种在计算机上创设的微小世界,它是现实世界的抽象和虚拟。学习者可以在这种虚拟的微小世界上,通过人机交互作用实现探究学习。根据学习者尝试错误的水平不同,微型世界可分为:(1) 参数水平的微型世界。在这种类型的微型世界中,学习者通过各种操作实现知识的探究。学习者的这些操作如何解释,产生怎样的结果,均由置入其中的工作原理决定。它也是学习者应探究的知识。在知识探究的过程中,学习者通过对微型世界中有关参数的变化,并观测因这种变化而出现的各种现

象,由此实现知识的探究。学校教育中使用的很多力学、电学等模拟系统均属于此类微型世界。(2)规则水平的微型世界。参数水平的微型世界中,学习者与决定微型世界的工作原理不发生关系,不能改变决定工作原理的规律、规则和模型,只能改变其中某些参数。规则水平的微型世界中,学习者可以变更决定微型世界的工作原理、模型,并在微型世界中以人机交互式的方式,通过尝试错误实现知识的探究。如为了缓解城市交通的紧张状况,可以拟定各种不同的方案、控制模型,通过这些方案、模型的变更,在尝试错误的过程中寻找到城市交通有效控制的方法,由此实现探究学习。规则水平的微型世界,为学习者提供一种设计模型、理解模型的环境和条件,对学习者而言,这是一种更为深刻的学习环境。

操作型学习环境 随着多媒体技术的不断发展,人们开发出一种支持发现学习的学习环境——操作型学习环境(interactive learning environment,简称ILE)。发现学习是一种学习者基于自己的学习基础、学习背景,在一定学习环境中自主地通过推理的方法获取知识的过程。发现学习是通过人们以发现知识的过程进行的学习。发现学习过程中,学习者应基于自己已有的基础和收集到的信息,提出一定的假说或模型,并在发现学习的环境中,基于假说进行预测,同时对预测的结果进行验证。当预测结果与实验结果不一致,则应调整假说。直至预测结果与实验结果一致,则说明提出的假说是正确的,由此实现知识和规律的发现。

操作型学习环境是一种支持发现学习的学习环境。实现这种学习环境的基本技术是媒体技术、超媒体技术和虚拟现实技术。这些技术是实现操作型学习环境的要素技术。使用这些技术可以为学习者提供一定的实验环境,并在这种环境中获取相应的实验结果,实现发现学习。为了有效实现发现学习,操作型学习环境系统除应提供一定的实验环境外,还应支持发现学习过程。它应支持学习者创设模型、制定假说,支持学习者基于假说进行预测,支持学习者基于实验发现知识和规律。只有在这样的环境下,学习者才能通过尝试错误实现发现学习。作为一种有效的发现学习环境,除应提供用于发现学习的模拟环境外,还应具备引导发现学习的智能支持功能。

基于不同的教学目标,不同的学习对象,操作型学习环境可具有训练型、检索探索型和发现型三种不同的学习形态。训练型是一种通过反复练习,学习掌握知识和技能,获取有关经验的教学系统。学习者通过这种系统的操作,通过多次的尝试错误,体验、学习、掌握有关的知识和技能。检索探索型是一种用于检索学习的系统。系统向学习者提供一种自由检索的环境,用于支持知识的获取。系统中存放有各种多媒体教材,且这些教材具有十分友好、十分灵活的用户界面,便于学习者进行检索学习。发现型学习环境

系统提供一种发现学习的环境,支持学习者实现现象、规律的发现学习。

e-learning 远程学习系统

e-learning 是信息技术在教育中应用的一种重要而全面的学习系统。e 是 electronic 的词头,表示"电子的"意思。e-learning 是指利用电子手段进行的学习。利用电子手段进行的学习具有十分宽广的范围。更为大家所认可的说法是,所谓e-learning是指基于通信网络利用信息技术的方法进行的学习,即 e-learning 是一种在通信网络上通过信息的收集、分析、处理和表达等方法进行的学习。对于e-learning,人们十分关注学习的自由度和学习过程中的交互性。基于这样的认识,有人对 e-learning 给出这样的定义:e-learning 是一种学习者基于通信网络,以信息技术方法实现的自主性学习。在这种学习过程中,需要确保基于一定学习目标的学习资源和学习者与资源、资源的提供者间的互动。e-learning 是一种基于通信网络的远程学习。它也被认为是继基于信函(物流)、基于广播电视之后的第三代远程学习系统。

e-learning 的特点 (1)时空开放的分布式学习。e-learning是一种基于网络的、时空开放的分布式学习系统。在这种学习系统的支持下,学习者可以在任何时间、任何地方进行所需的学习。这种学习不受时空的限制。(2)自主性学习。在 e-learning 的学习环境下,学习者的学习是一种自主性学习。学习者根据自己的需求,自主决定学习目标、学习内容、学习方法、学习形态和学习活动,自主进行学习评价。(3)基于资源的学习。传统学校的学习是基于教师的学习,而 e-learning 是一种基于资源的学习。除各种媒体资源外,各类专家、教师也是一种学习的对象、学习的资源。在 e-learning 的学习环境下,学习资源应该是网上的分布式资源。(4)学习中的互动。学习过程中,学习者与资源、学习者与学习者间的互动是e-learning的一项重要特点,是确保 e-learning 学习效果的基本要素。(5)提供平等的学习机会。向学习者提供平等的学习机会是教育的最大追求。传统的学校教育,由于时间、空间等各方面的原因,每一位学习者接受教育的机会是不平等的。e-learning 是基于网络的学习,它可向学习者平等地提供各种优质资源,学习者可获得平等接受各种教育的机会。(6)学习过程的管理。在e-learning的学习过程中,系统可对学习者的学习过程进行记录、管理,并将它用于学习过程的监控、管理。学习过程的记录、对学习的评价、学习特性、教材特性、教学特性的研究十分重要。此外,e-learning 有利于学习费用的降低,学习效率的提高,有利于教材的选择,教材(资源)的配送。

e-learning 存在的问题 与传统的学校教育相比,

e-learning 具有很多特点和优势,但也存在一些问题,主要有:(1)需要一定的设备和环境。e-learning 是一种基于网络的学习。要实现这种学习,需要一定的网络环境和计算机、通信设备的支持。(2)学习过程的支持服务。e-learning 是一种分布式学习。学习者之间,学习者与教师之间受着时空的限制,学习者在学习中的各种问题不易得到有效解决。这是 e-learning 学习中存在的最大问题,也是影响学习质量的最大问题。为了有效地解决这种问题,对学习者学习过程的支持服务是 e-learning 学习质量保障的重要环节。e-learning 必须建立完善的学习支持服务系统,用以支持学习者的学习,支持教师的教学,用以完善学习过程,实现学习者的有效学习。(3)对学习者学习能力的要求。e-learning 是一种学习者自主性学习。为了有效实现这种学习,除要求学习者具有很好的学习能力、自我管理能力外,还要求学习者具有很好的信息能力和信息素养。(4)学习中的孤独感和紧张感。e-learning 是一种学习者面对计算机进行的个别化的自主学习,学习过程中存在着孤独感和紧张感。在长期的学习中,应避免出现各种网络、计算机应用的负面影响,如计算机依赖、网瘾、计算机健康等。

e-learning 的意义   e-learning 是新一代的远程学习方式,是一种面向信息社会的学习方式,它对教育、学习、人才培养和教育改革具有重要的意义。(1)对教育的意义。e-learning 提供了一种不受时空限制,有效学习的环境和条件,它为学习者提供了一种接受教育的平等机会。许多发展中的国家,由于经济发展的限制,很难满足广大群众接受高等教育的要求。e-learning 提供的是一种虚拟的学校、虚拟的课堂,它为这些国家发展教育,实现教育的平民化提供了条件。它是这些国家发展教育,满足人们接受优质教育要求的一种途径。未来的社会是一种学习型社会。e-learning 的发展,为创建学习型社会创造了条件。(2)对学习的意义。传统的教育是一种学校教育。随着信息社会的发展,人们的知识应及时更新,学校中学习的知识很快就不能满足发展的要求。终身学习是面向信息社会的学习。未来的竞争是人才竞争。为了保持企业具有很强的竞争能力,许多企业十分关注企业内部的培训、教育。e-learning 是一种不受时空限制的学习方式,非常适宜终身学习、职业培训,它是终身学习、职业培训的一种重要选择。(3)对人才培养的意义。信息社会的不断发展,人们对人才的需求和人才观有了很大变化。面向信息社会的人才应具有很好的自我生存能力,即具有很好的解决问题能力、学习思考能力、对待问题与事物的态度。面向信息社会的人才应具有很好的信息素养,它是人们进入信息社会的通行证,是人们在信息社会进行生存、工作、学习的必备能力。e-learning 为这种人才的培养提供了环境、条件。研究表明,长期使用 e-learning 进行学习的人比不使用 e-learning 学习的人具有

更好的自我生存能力和更高的信息素养。(4)对教育改革的意义。教育现代化离不开教育信息化。没有信息技术在教育中的广泛应用,就谈不上教育信息化。e-learning 是教育现代化的一项十分重要的工作。在信息技术教育应用,在 e-learning 的实施过程中,必然涉及许多教育理念、教育思想、教学内容、教学方法、教学活动、教学评价等方面的变革。信息技术教育应用,e-learning 的广泛开展,必将有效促进教育改革向纵深发展。

e-learning 学习系统   e-learning 是基于网络环境使用信息技术进行的学习。e-learning 学习系统由学习环境、学习资源和学习管理系统(Learning Management System,简称 LMS)三要素构成。e-learning 的学习环境是一种包括网络及其基于 C/S(客户/服务)模式的网络服务的环境,它应在分布式学习理论指导下建构。学习资源是三要素中最重要的一种要素,它包括学习方法和学习内容,即一定的学习内容以一定的学习方法向学习者呈现。学习资源是学习的对象。e-learning 是一种基于资源的学习,资源的开发和使用在 e-learning 中具有重要意义。学习管理系统用于支持 e-learning 的准备、实施和管理。利用学习管理系统,学习者、教师、管理人员可以在一定时间、一定场合,对指定人员实施指定学习形态的学习。学习管理系统又称为学习平台,学习者通过在学习平台上展开学习,教师通过这个平台对学习者的学习予以支持,管理人员也通过这个平台对学习者和学习过程进行管理。为了支持 e-learning 的准备、实施和管理,学习管理系统具有以下主要功能:(1)学习支援功能,它用于支持学习者在时空分离的分布式学习环境中,以一定的学习形态进行学习。学习支援功能应对教师的教学、学习者的学习过程进行全面支持,它包括教学计划、课程、教学大纲的管理,学习者管理,学习过程管理,教学指导过程管理,教材与教学资源管理,教学测试及其管理和学习成绩管理等各种功能项目。(2)通信功能,它用于支援和确保教师与学习者、学习者与学习者之间通过信息的沟通,实现互动。学习管理系统应提供实时和非实时、同步和异步等各种通信方式,它包括电子邮件、BBS、聊天、视频会议等。(3)系统管理功能,它用于对系统及其使用进行管理,并确保系统的安全运行。系统管理功能包括用户论证、用户信息管理、文件管理、系统安全与故障管理、系统运行及其记录管理。

e-learning 的学习模式   可以根据不同的标准进行分类。以学习的组织形式进行分类,e-learning 的学习模式可分为集团学习、个别化自主学习和小组协同学习。这三种学习模式与传统学校教育的学习模式相对应,但其学习方式各有不同。集团学习是一种类似于传统学校教学的课堂班级教学的学习模式,不同的是学习者不是在现实的课堂中听教师讲课,而是通过一定的通信系统(例如:视频会议

系统等)来听取教师的讲授内容。这是一种基于虚拟课堂(又称数字课堂)的教学模式。在 e-learning 中这种学习模式往往以三分屏的方式来实现。三分屏是指将呈现教学内容的屏幕分为三部分：屏幕的左上方是讲课教师的头像,右侧为电子板书(授课的电子演示文稿),左下侧为教师讲授内容的信息树。为了实现这种学习,预先将教师讲授进行实录,随后与授课用的电子文档合成,做成以三分屏形式呈现的 IP 课件(基于 IP 协议的课件),并将它存入服务器中。学习者在学习时,可以对这种形式的 IP 课件进行点播,实现有效学习。与传统的课堂教学不同,这种集团学习是一种在时空分布式环境下的学习。它是一种基于虚拟课堂的集团学习,学习者可以基于自己的需求进行"点播",我们可以称之为基于虚拟电子课堂的学习。从学习形式上看,它好像是一种个别化学习,即每一位学习者各自通过计算机的屏幕进行学习,但实质上并不是这样的。个别化学习是指教师的讲授是 1 对 1,即教师的讲授内容因学生的不同而不同。IP 课件中,教师的讲授是课堂的录像,他面对所有观看 IP 课件的学习者,对所有的学习者均讲授相同的内容,是一种 1 对 n 的讲授。以 IP 课件实现的学习应属集团学习,只不过这种集团学习是基于虚拟教室(每个学习者观看自己的屏幕)的集团(班级)学习。个别化自主学习是指学习者基于自己的需求,自己选定课题、自主展开学习过程、自主评价学习,并由此实现有效的个别化学习。网上自主学习是一种基于资源的学习。这种资源是一种网上的分布式资源。它不仅包括网上的网络课程、学习程序,还包括网上基于学习目标能获取的各种资源。为了支持这种学习模式,除需要开发用于自主学习的各种资源外,还应设法帮助学习者有效获取网上的其他资源。个别化自主学习是 e-learning 使用最为广泛的一种学习模式。小组协同学习是一种类似于学校教育中小组学习的学习模式。与学校的小组学习相比较,e-learning 中的小组协同学习是一种分布式的小组学习,小组成员间的协同学习不受时空的限制,小组成员间的互动可以是同步的,也可以是异步的,可以是集中的,也可以是分散的。小组成员间的互动更为便利。小组协同学习应在分布式认知学习理论指导下展开。小组协同学习具有较好学习效果,可用于产生学习动机,实现知识、技能的有效学习,并能达到个别学习难以达到的效果。协同学习,可有效培养学习者协同工作的能力。网上协同学习还可用于研究人们的学习过程。小组协同学习是 e-learning 中一种十分具有特点的学习模式。e-learning 的学习模式还可以根据学习者获取知识的方式的不同分为接受学习、探究学习、发现学习、综合学习等多种学习模式。

影响 e-learning 学习质量的基本要素　e-learning 是一种基于资源的分布式学习方式。影响其学习质量的因素较为复杂,作为影响学习质量的基本要素及其内容有：(1)网络学习环境。好的网络学习环境应该是学习环境的规划、设计符合网络学习的特点和要求；系统安全、可靠,能保证信息有效传递；能对远程学习中各种设施进行有效控制、维护、管理。(2)网络课程开发。开发中要根据学习者的特性进行课程设计；要制定课程设计、开发和传递的基本要求。根据学习效果来决定课程内容传递的方法和技术；要不断调整、完善课程开发的标准和要求。(3)教学过程。教学过程要确保学习者之间、学习者与教师之间的互动；要对学习过程作好支持服务；要指导学习者以有效的方法、手段去获取学习资源。(4)对学习者的支持。学习者应能及时得到有关教学、教学管理方面的信息；要向学习者提供为获取各种学习资源、使用数据库和图书馆的有关方法和技能的培训；网络课程学习开始时,应确认学习者是否已掌握学习该门课程的各种操作技能,否则,应在学习开始前进行培训。(5)对教师的支持。要鼓励教师使用 e-learning 进行教学,并在技术上予以支持；要向教师及时传递学习者在学习中的有关信息。(6)对学习的评价。要基于一定的标准,以不同的方法、不同的途径对学习效果和学习过程进行评价,用以完善学习；作为学习效果的评价,应考虑入学人数、学习费用、有效的学习过程等因素；定期检查学习目标的明确性、有效性和适宜性。

(傅德荣　李茂辉　尚　骅　赵　莉)

信息技术教学(information technology instruction)
中国基础教育阶段为培养和提高学生的信息技术素养而进行的教学活动。

信息技术教学目标

小学阶段：了解信息技术的应用环境及信息的一些表现形式；建立对计算机的感性认识,了解信息技术在日常生活中的应用,培养学习、使用计算机的兴趣和意识；在应用中学会与他人合作,能够利用适当的多媒体资源进行学习；能够在他人的帮助下获取信息、与人沟通,开展直接和独立的学习,发展个人的爱好和兴趣；知道负责任地使用信息技术系统,养成良好的习惯和责任意识。

初中阶段：增强信息意识,了解信息技术的发展变化及其对工作和社会的影响；初步了解计算机的基本工作原理,学会使用与学习和生活相关的工具和软件；学会应用多媒体工具、相关设备和技术资源来支持其他课程的学习,能够与他人协作或独立解决与课程相关的问题,完成各种任务；学会评价和识别电子信息的真实性、准确性和相关性；树立正确的知识产权意识,能够遵照法律和道德负责任地使用信息技术。

高中阶段：具有较强的信息意识,较深入地了解信息技术的发展变化及其对工作、社会的影响；了解计算机的基本工作原理及网络的基本知识，能够熟练地使用网上信息资源，学会获取、传输、处理、应用信息的基本方法；掌握运用信息技术学习其他课程的方法；培养选择和使用信息技术工具进行自主学习、探讨以及实际应用的能力；了解程序设计的基本思想，培养逻辑思维能力；能够通过与他人协作，熟练运用信息技术编辑、综合、制作和传播信息及创造性地制作多媒体作品；能够判断电子信息资源的真实性、准确性和相关性；树立正确的科学态度，自觉地按照法律和道德使用信息技术。

信息技术教学内容

信息技术的教学内容以计算机和网络技术为主，分为基本模块和拓展模块，各地根据课程目标和实际情况选择适当模块中的教学内容。

小学基本模块包括：(1) 信息技术初步——信息技术基本工具的作用，如计算机、雷达、电视、电话等；计算机各个部件的作用，键盘和鼠标器的基本操作；认识多媒体，了解计算机在其他学科学习中的一些应用；认识信息技术相关的文化、道德和责任。(2) 操作系统简单介绍——汉字输入；操作系统的简单使用；对文件和文件夹(目录)的基本操作。(3) 用计算机画画——绘图工具的使用；图形的制作；图形的着色；图形的修改、复制、组合等处理。(4) 用计算机作文——文字处理的基本操作；文章的编辑、排版和保存。小学拓展模块包括：(1) 网络的简单应用——学会用浏览器收集材料；学会使用电子邮件。(2) 用计算机制作多媒体作品——多媒体作品的简单介绍；多媒体作品的编辑；多媒体作品的展示。

初中基本模块包括：(1) 信息技术简介——信息与信息社会；信息技术应用初步；信息技术发展趋势；信息技术相关的文化、道德和法律问题；计算机在信息社会中的地位和作用；计算机的基本结构和软件简介。(2) 操作系统简介——汉字输入；操作系统的基本概念及发展；用户界面的基本概念和操作；文件和文件夹(目录)的组织结构及基本操作；操作系统简单工作原理。(3) 文字处理的基本方法——文本的编辑、修改；版式的设计。(4) 网络基础及其应用——网络的基本概念；因特网及其提供的信息服务；因特网上信息的搜索、浏览及下载；电子邮件的使用；网页制作。(5) 计算机系统的硬件和软件——数据在计算机中的表示；计算机硬件及基本工作原理；计算机的软件系统；计算机安全；计算机使用的道德规范；计算机的过去、现在和未来。

初中拓展模块包括：(1) 用计算机处理数据——电子表格的基本知识；表格数据的输入和编辑；数据的表格处理；数据图表的创建。(2) 用计算机制作多媒体作品；多媒体介绍；多媒体作品的编辑；作品中各种媒体资料的使用；作品的组织和展示。

高中基本模块包括：(1) 信息技术基础——信息与信息处理；信息技术的应用；信息技术发展展望；计算机与信息技术；信息技术相关的文化、道德和法律问题；计算机系统的基本结构。(2) 操作系统简介——操作系统的概念和发展；汉字的输入；用户界面的基本概念和操作；文件、文件夹(目录)的组织结构及基本操作；系统中软硬件资源的管理和维护；操作系统简单工作原理。(3) 文字处理的基本方法——文本的编辑；其他对象的插入；特殊效果的处理；版式设计。(4) 网络基础及其应用——网络通信基础；互联网及其提供的信息服务；互联网上信息的搜索、浏览和下载；电子邮件的使用；互联网上其他应用；网页制作。(5) 程序设计方法——问题的算法表示；算法的程序实现；程序设计思想和方法。(6) 计算机硬件结构及软件系统——信息的数字化表示；计算机的硬件及基本工作原理；软件系统简介；计算机的安全；计算机使用道德规范；计算机的过去、现在和未来。

高中拓展模块包括：(1) 数据库初步——数据库基本概念；数据库的操作环境及其操作；数据的组织与利用。(2) 用计算机制作多媒体作品——多媒体制作工具及其特点；各类媒体资料的处理与使用；多媒体作品的制作；多媒体作品的发布。

2003 年，教育部印发《普通高中技术课程标准(实验)》。其中的"信息技术"部分规定，高中信息技术包括必修模块"信息技术基础"以及"算法与程序设计"、"多媒体技术应用"、"网络技术应用"、"数据管理技术"和"人工智能初步"等5 个选修模块。每个模块 2 学分。修满 4 学分(必修 2 学分，选修 2 学分)是取得高中毕业资格的最低要求。5 个选修模块相对独立，各学校至少应开设"算法与程序设计"、"多媒体技术应用"、"网络技术应用"、"数据管理技术"中的两个，供学生选修。其中"算法与程序设计"模块与数学课的部分内容相衔接，应在高中二年级第一学期或以后开设。

信息技术教学原则

信息技术具有很强的实践性，"立足基本操作，渗透基础知识"、"学中做"、"做中学"等都是培养与提高学生信息素养的重要教学原则，任务驱动是行之有效的教学方法。任务驱动是创设一系列学生感兴趣的信息处理任务，引导学生由简到繁、由易到难地完成各种任务，在完成任务的过程中，适时、适量地逐步掌握相关的知识、思想与方法。"以学生为主体、以教师为主导"是信息技术课程教学的成功经验。

信息技术涉及基础教育的各个学科,在信息技术课程的教学中,应紧密结合其他学科的相关内容。反之,在其他学科的教学中,也应引入相关信息技术的知识、思想与方法。由于实验设备等条件的限制,以往的教学偏重介绍计算机技术,对传感技术和通信技术这两部分重视不够,有待于条件允许时加强。

（陶振宗）

信息技术教育（education for information technology）以培养学生信息素养,掌握信息技术解决问题的能力为目标的活动。素质教育内容之一。学校教育中的信息技术教育主要包括两个方面:在学校教育中开设信息技术课,是学校教育中实施信息技术教育的基本方法;信息技术在学校教育中的应用,特别是信息技术在教学中的应用,即信息技术与其他课程的整合。信息技术与课程整合不仅可以让学生学习到有关课程的教学内容,它作为信息技术的一种应用,也可以让学生学到相关的信息技术及其应用的知识,培养学生的信息能力。学生在信息技术与课程整合中学到的某些知识,往往是信息技术课中不可能接触到的(参见"信息技术与课程整合")。如在理化实验中,学生可以接触到实验自动化、实验数据的处理。信息技术与课程整合和信息技术课在信息技术教育中互相补充。另外,还应促进信息技术在学校其他多个方面的应用,如学生管理、教学管理等。努力营造信息技术在学校广泛应用的氛围,使学生体会和认识信息化,从各个方面提高学生的信息素养。信息技术教育在不同国家、不同地区、不同阶段、不同层面有不同称谓。例如,中国称信息技术(information technology)教育,英国称信息通信技术(information communication technology)教育,日本称信息(information)教育。

信息技术教育的目的和意义

适应信息社会的需要　在信息社会中的工作、生活和学习离不开信息及信息技术。为了生存,人们必须掌握一定的信息技术,它是人们进入信息社会必备的基础条件。信息技术教育正是为了培养学生的信息素养,让学生具备在信息社会的生存能力,获取进入信息社会的通行证。信息化的三要素是信息化的环境(即构成信息化环境的基本设备、设施)、信息化的资源(即用于信息化的数字化资源)和信息化的人(即具有一定信息素养的人)。在实现信息化的过程中,三要素缺一不可,环境是基础,资源是条件,人是关键。没有具备一定信息素养的人去使用环境、利用资源,就谈不上信息化。没有人的信息化,环境和资源是没有意义的。环境和资源通过人的使用发挥作用。更为重要的是,环境和资源也是靠具有一定信息素养的人去创造并建构

的。因此,培养具有一定信息素养的人是实现信息化的关键。信息技术教育的根本目的是培养具有一定信息素养的人才,它是实现信息化的重要内容,也是实现信息化的关键。

为增强国力、培养信息技术专业人才打基础　当今世界中,国家间的竞争是国家综合实力的竞争。在综合实力竞争中,国家信息技术发展的程度、信息技术相关人才的培养,以及人们对信息技术发展的适应程度,是评价和衡量国家综合实力的重要内容。提高国民的信息素养,对增强国家的综合实力具有重要意义。信息技术教育可以培养学生对信息技术的兴趣爱好。在学校教育中,信息技术教育不仅要关注学生信息素养的培养和提高,同时还应关注如何去发现和培养信息技术的专业人才。它对中国信息技术人才的培养,信息技术的发展具有重要意义,同时也负有重要责任。

为建构学习型社会,实现终身学习打基础　学习过程是一个信息过程。在这个过程中,人们通过收集、分析、处理、表达和发布信息,实现知识的发现和建构。信息社会中,人们可以通过各种信息手段进行学习并且不受时空的限制,可以实现基于自己需求的自主学习,但这种学习需要学习者具备一定的信息素养。通过信息技术教育培养学生的信息素养,将为学生的终身学习和构建学习型社会创造条件、奠定基础。

促进教育现代化　教育现代化的重要内容是教育信息化。教育信息化需要一定的信息设施,如校园网、多媒体教室、计算机等,需要一定的教学资源,如网络课程、课件、教育资源库等,更需要具备一定信息素养的人去利用信息化设施,将教学资源用到教学中,实现教学过程的信息化。教学过程的信息化是学校信息化的核心。教育信息化的过程中,人的信息化(即培养人的信息素养)是关键。信息设施和信息资源需要人去使用,教育环境教学资源需要人去设计和开发。信息技术教育将促进人的信息化,并有效促进教育现代化的发展。

信息技术教育的发展

根据信息技术及其应用的发展过程,信息技术教育可分为三个不同的发展阶段。

计算机文化　在信息技术及其应用的发展过程中,计算机及其应用占有十分重要的位置。20世纪80年代初,人们为了使用计算机,必须熟悉某种算法语言,并通过使用某种算法语言编码,指示计算机完成预定的工作。在这种技术背景下,有些计算机教育专家提出计算机文化的概念,即人们与计算机进行交流的语言和文化。他们认为,为了使用计算机,人们必须学习算法语言及其程序设计,并具备这样的能力。与文字、语言相比较,它是人类的第二文化。人

们通过掌握这样的第二文化,向计算机表述自己的思想、要求,并与计算机进行交流。这一阶段信息技术教育的基本内容是学习算法语言及其程序设计,并让学生以某种算法语言的程序来使用计算机。

计算机工具　随着计算机应用技术的不断发展,20 世纪 80 年代后半期,人们开发出了许多应用工具软件。人们使用计算机前,不需要学习算法语言,不需要计算机方面的专业知识,只需要学习工具软件,利用工具软件就能十分方便地使用计算机。人们通过各种工具软件的使用,可以方便地将计算机作为一种工具,用以解决工作、生活和学习中的问题。在这种背景下,信息技术教育的内容,也由计算机文化发展为计算机工具。这一阶段信息技术教育的内容主要是学习各种工具软件的使用,最具代表性的工具软件是文字处理软件、表格处理软件、演示文稿制作软件、网页制作软件等。

信息素养　进入 20 世纪 90 年代,网络技术和多媒体技术有了很大发展,互联网和多媒体技术得到广泛应用。人们意识到,仅会操作信息机器、使用工具软件是不够的,重要的是利用相关的信息手段(如信息设备、工具软件)去收集信息、分析信息、处理信息、表达信息、交流信息、创造信息并由此解决问题。对信息进行收集、分析、处理、表达、交流和创造的能力被称为信息能力。它是利用信息技术解决问题的根本能力,也是信息素养的基本内容。这一阶段的信息技术教育的基本目标是培养学生的信息能力,培养学生利用信息技术解决问题的能力,培养学生的信息素养。

信息技术教育的内容

信息技术教育的目的是使学生形成信息素养,信息素养的基本内容根据信息技术发展、信息社会的需求确定,主要包括三方面内容。

利用信息技术解决问题的能力　利用信息技术解决问题的能力是指,对于给定的某一问题(任务、课题),选择适当的信息手段,自主地进行有关信息的收集、分析、处理、创造、表达和传递,从而解决问题。这是一种基于信息技术解决问题的过程,在这种过程中需要两方面的能力:一方面是对信息手段进行选择和利用的能力,即根据解决问题的需求和解决问题的实际环境、条件,合理选择使用相关的信息手段,并以该信息手段达到预定的目标要求;另一方面是对信息的收集、分析、处理、创造、表达和传递的能力,我们称之为信息能力。如果说对信息手段的使用是对信息机器和信息工具的操作,那么信息能力指的是对信息的操作能力,即运用信息机器、信息工具对信息的操作。利用信息技术解决问题的过程中,与操作信息工具、机器相比较,对信息的操作(即信息能力)更为重要,它是信息素养的核心内容。

在利用信息技术解决问题的过程中,信息操作十分重要。对于收集来的信息,应能分析、判断其合理性、可靠性和必要性,以及它与各种信息间的相互关联性;对于已有的信息,应能抽出其要素进行再构成,产生新的信息;在必要情况下能对有关的信息、数据进行相应处理,并以图表、图形的形式予以可视化;在表达信息、发布信息和传递信息的过程中,应能根据表达、发布、传递的目的和接收信息的对象,采取有效的手段和形式,实现信息有效的表达、发布和传递。为了有效培养以信息技术解决问题的能力,还应注重解决问题的系统思考过程、逻辑思维方法的培养和创造性地解决问题过程的设计。

相关的知识与技能　以信息技术解决问题的能力是以一定的知识与技能为基础的,获取信息能力建立在对信息技术相关知识和技能掌握的基础上。信息技术相关知识和技能主要包括:(1)有关信息手段的相关知识和技能。它不仅包括有关信息机器、信息设备和工具软件的特性,以及工作原理、构成、操作方法和技能方面的知识和技能,还应包括有关媒体、媒体设备和机器的相关知识和操作技能。(2)形成信息能力的基础知识和基本技能。它包括对信息进行各种操作,如收集信息、分析信息、处理信息、创造信息、表达信息、传递信息的相关理论和方法,还应包括以信息技术解决问题的方法、过程及其评价的理论和方法。(3)有关信息与媒体的基本知识。它包括以信息、信息应用、信息管理和信息传递为中心的基本知识。例如:信息及其特性、信息的表现、管理、设计与再构成,媒体、多媒体、超媒体的相关知识。(4)有关信息系统、信息活动及其评价的知识与技能。信息技术的知识与技能包括的内容十分广泛。

对待信息、信息技术和信息社会的态度　人们在使用信息技术解决问题时,对待信息、信息技术和信息社会的态度十分重要。人们在利用信息技术解决问题时,总是在一定社会环境中实施的,它必然会涉及社会的方方面面,必须遵守有关的法律、法规、道德、伦理,应在一定的法律和道德的框架内,实现信息、信息技术的有效应用,实现问题的解决。对待信息、信息技术的态度主要包括:(1)信息意识。以信息的观念分析事物,认识事物。认识信息在信息社会发展中的作用与意义,自觉地应用信息技术解决问题。(2)信息情感。对好的信息、信息系统表示喜欢、高兴、称赞,并自觉地宣传、传播;对坏的信息、不好的信息和信息系统表示厌恶、痛心、谴责,自觉抵制,不予宣传和传播。(3)信息责任。负责任地使用信息、信息技术。在表达和发布信息时,应具有很强的责任心和对象意识。(4)信息道德。合理合法地使用信息、信息技术。注重在使用信息、信息技术过程中的礼仪、道德、伦理。对待信息社会的态度主要包括:(1)能正确地理解信息、信息技术对社会发展的作用。信息、信息技术对信息社会的发展具有重要意义,但它又是一把双刃剑,同一种应用,其作用既有正面的,也有负面的。例如,由于信息技术的广泛应用,人们获得信息具有便利性,同时它也为有害信息的传播创造了条件。(2)积极地参与信息社会。参与信息社会应表现在不仅接收信息,还应努力地创造信息。积极参与各种网络文化、网络社区的建设,积极参与各种信息化的建设,促进各种信息公开。(3)正确对待、处理信息社会的负面影响。每一位面向信息社会的信息人面对信息鸿沟、信息犯罪、信息安全等问题时,必须学会正确处理。(4)完善参与信息社会的能力。信息社会的成员不仅要面向信息社会,参与信息社会,正确对待信息社会的负面影响,还应不断地完善自己,提高自己应对信息社会各种问题的能力,如对所获取信息的分析、控制能力,对自身信息的保护能力,对待各种信息犯罪的抵抗能力,对于网络使用的自律能力等。人们只有不断地实现自我完善,才能更好地参与信息社会。

信息技术教育的方法

信息技术教育的方法应由信息技术教育的目标和信息技术的学科特点决定。学校教育中,信息技术教育的方法主要有以下几种。

设置信息技术课程　为了展开信息技术教育,培养学生的信息素养,许多国家、地区普遍地开设了信息技术课程。它是实施信息技术教育的一种基本方法。信息技术是一门正在不断发展的新兴学科,它有自己完整的学科体系。设置信息技术课程的目的在于让学生系统学习信息技术的学科内容,它有利于学生理解和掌握信息技术的有关知识和技能,有利于培养学生的信息能力,有利于提高学生的信息素养。作为信息技术课程的内容,不仅应注重学生对相关知识、技能的学习,更应注重利用信息技术解决问题能力的培养。在信息技术课程中,还应十分关注学生有关信息文化的学习,培养他们正确对待信息、信息技术和信息社会的态度。信息技术课程的学习,不仅对学生的信息素养培养具有重要意义,同时,对信息技术与课程整合,对学校教育现代化也具有重要意义。没有学生对信息技术的理解和掌握,就不可能实现信息技术与课程整合,就不可能实现学校的教育现代化。它是实现信息技术与课程整合,实现学校教育现代化的条件和基础。

信息技术与课程整合　学校教育中,应努力推行信息技术与课程整合。信息技术与课程整合不仅可以帮助学生理解和掌握有关学习中的知识,作为信息技术的一种实际应用,它也可以帮助学生学习信息技术的有关知识,它是信息技术课程的一种补充。信息技术与课程整合的主要目标不是学习信息技术,而是学习课程的有关内容。信息技术与课程整合应着重研究课程的特点,并基于这些特点进行整合,不能简单地理解为信息技术与课程整合就是利用信息技术呈现课程的内容。不同的课程,应有不同的整合方法、整合特点和整合要求。信息技术与课程整合,可以让学生学习到课程的内容,学习到信息技术及其应用,更可让学生学习到利用信息技术实现有效学习的方法,它将对学生的一生,对学生的终身学习起到重要作用。详"信息技术与课程整合"。

任务驱动　信息技术是一门实践性很强的学科,信息技术教育的目的在于培养学生解决实际问题的能力。学生实践能力和解决问题能力的培养,应在解决实际问题的过程中完成。为此,信息技术教育十分注重任务驱动的学习方法。任务驱动是指学生在完成任务的过程中驱动有关知识、技能的学习,驱动解决问题能力的提高,驱动信息素养的培养。任务驱动所指的任务应是实际的任务,而不是虚构的任务。任务的完成应有一定的过程,即应有一定的解决问题的过程。完成任务不是最终目的,在完成任务的过程中实现能力的培养、素养的培养,才是任务驱动的真正目的。在任务驱动教学的设计过程中,应注重完成任务过程的设计,应充分注意学生在完成任务的过程中对信息技术知识、技能的学习,对信息能力和信息素养的培养。如对于给定的问题、任务、课题,可通过以下过程来解决:收集信息,调查研究,分析信息;制定求解问题的计划,设计求解问题的过程与方法;实验、实践、制作;通过对解决问题过程的评价,完善解决问题的过程;发表、报告成果;发现知识和知识的再构成。

基于文件夹的评价方法　进行学习的评价对学生学习结果、学习过程的完善十分重要。信息技术教育的基本目标是培养学生利用信息技术解决问题的能力。基于这样的目标,在信息技术教育中,与结果相比较,应更重视完成任务的过程及其评价。研究表明,信息技术教育的评价,应推行基于文件夹(档案袋)的评价方法。它是一种基于学习者的学习过程,以学习者的学习行为为基础的评价方法。它是一种将学习者的学习活动与评价活动统一起来进行评价的方法。用于评价的文件夹是一种表示学生努力、成长达到某种程度的文件集合,应存放学生基于一定学习目的所完成的作品集、有关学生自我思考和自我反省的记录、学生学习过程中的问题和内容的记录等有关文件。此外,在文件夹中还应存放用于评价的有关文件,例如学习目标、学习内容、评价标准、评价方法、评价人员等。为了实施基于文件夹的评价,应针对信息技术教育的学习过程,制定出不同阶段的学习要求和评价基准。

参考文献

冈本敏雄,等.信息技术教育的指导方法与展开实例[M].东京:实教出版株式会社,2002.

海野敏，等.信息素养[M].东京：欧姆社，2002.

林德治，等.信息技术教育的理论与实践[M].东京：实教出版株式会社，2002.

王吉庆.信息素养论[M].上海：上海教育出版社，2002.

中华人民共和国教育部.普通高中技术课程标准（实验）[M].北京：人民教育出版社，2003.

（傅德荣）

信息技术课程（information technology curriculum）

培养学生具备有效利用信息和信息技术以适应社会发展和变化，并能在信息社会自由地生存和批判性地思考的信息素养的课程。具有五个特点：以信息处理为主线，注重培养学生适应信息社会和运用信息技术的实践能力，注重发挥学生个性；以任务为驱动，以浅显易学的实例带动理论学习和应用软件的操作，注重培养学生自学新软件的基本能力和基本方法，培养学生提出问题、分析问题和解决问题的综合能力；以模块组合为结构，课程内容设计成模块组合式结构，以便根据信息技术的发展更新教学内容，并为不同学校提供选择和组合；以应用软件为载体，注重信息处理的基本方法和操作技能；教材类型多样，有文字教材和大量多媒体教材。

外国信息技术课程的发展　面对信息化浪潮，发达国家和地区高度重视信息技术对社会和教育的影响及作用，调整教育培养目标，制订教育改革方案，采取相应措施加快推进教育信息化建设，以全面提高公民特别是青少年的信息素养，培养适应信息化社会的人才，增强本国和本地区的综合实力及国际竞争力，迎接知识经济的挑战。发达国家开展信息化教育的主要途径有二：开设信息教育课程；将信息教育课程与其他学科整合。

在信息技术课程的目标上，英国中小学的信息技术课程从计算机课程发展而来，最终形成信息通信技术课程，其课程目标较偏重技术的应用和学习，以及运用技术来辅助学习、生活和工作。1988 年，英国教育与科学大臣贝克向议会提交的教育改革议案获得通过，形成《1988 年教育改革法》，该法规定在学校设立"国家统一课程"（the national curriculum），信息技术包含在科学课程中，是 11 门核心和基础课程之一。1995 年信息技术成为独立的课程，1998 年由选修课程改为必修课程。2000 年实行新的国家课程后，信息技术课程改为信息通信技术课程。该课程的主要目标是培养学生的信息技术能力，包括：使用信息资源和信息技术工具解决问题以及支持各种背景下的学习，理解信息技术对工作、生活和社会的影响。英国教育部针对中小学教育四个阶段中的不同年龄段和年级，制定相应的信息技术能力水平标准。在美国，学校信息技术课程目标主要由各州政府制定。"国家教育技术标准（学生）"分六大类，要求

向学生介绍和强化每一类标准，并使学生掌握，教师依据这些标准和特征设计基于技术的活动，使学生成功地学习、交流，获得生活技能。一是基本操作与概念，要求学生充分理解技术系统的本质和操作，能熟练使用技术；二是社会、道德和人文方面的要求，要求学生理解与技术相关的道德、文化和社会问题，能够负责任地使用技术系统、信息和软件，对运用技术支持终身学习、协作、个人追求和提高学习效率持积极态度；三是技术作为提高学习效率的工具，要求学生能够使用技术工具加强学习，提高学习效率并激发创造力，能够使用高效率工具在信息化环境中协作学习，准备出版物，制作有创新性的作品；四是技术作为交流的工具，要求学生能够通过远程通讯与同龄人、专家和他人协作，发表作品并进行互动交流，能够使用多种媒体和方式与多种受众有效地交流信息和思想；五是技术作为研究的工具，要求学生能够使用技术工具从多种信息源中查找、评价和收集信息，能够运用技术工具处理数据，报告结果，能够评价和选择新的信息资源和新技术，以完成特定的学习任务；六是技术作为解决问题与决策的工具，要求学生能够使用技术资源解决问题，作出合理决策，能够使用技术制定解决实际问题的策略。日本中小学信息技术课程的总目标：通过学习应用信息及信息技术的知识与技能，培养学生对信息的科学理解和思考方法，使学生理解信息及信息技术在社会中的作用和影响，培养主动适应信息化发展的能力和态度。具体目标是培养学生运用信息的能力，对信息的科学理解以及参与信息社会的态度。1997 年日本中央教育审议会公布面向 21 世纪的文件《关于改善教育课程基准的基本方向》，规定从小学到高中都必须开设信息技术课：小学设"综合学习时间"，培养学生对电脑的亲近感，初中开设情报基础课（1998 年改为必修），同时开设"情报应用性选择领域"，高中开设新学科"情报"。文部省计划到 2001 年，所有初中、高中、特殊教育各学校，以及到 2003 年所有小学实现网络化。同时实施"推进学科融合计划"，旨在促进情报教育网络化。

在信息技术课程的内容上，英国中小学按照技术涉及的范围，其信息通信技术课程的基本内容大体分为两类，即信息通信技术工具类和信息资源类。除技术的内容外，更多的内容是方法，即如何使用信息通信技术工具与信息资源来达到一定的目的，解决实际问题。在基本结构和内容上，英国中小学的信息通信技术课程注重学生利用信息通信技术工具来发展思维，支持其他学科的学习，提高研究技能，并能评价自己信息通信技术的运用。美国中学的信息技术教育课程分三类。第一类，学校不提供完整的信息技术课程，仅在数学或物理等自然科学课程中介绍一些计算机和信息技术知识；第二类，学校除在科学课程中教授信息技术知识外，还开设专门的计算机技术等信息技术课程让

学生必修或选修;第三类,学校提供多种信息技术科学课程供选修或必修。美国初级中学(第七至九年级)信息技术课程的内容之一是培养中学生的计算机意识:对计算机等信息技术和信息资源,以及计算机、信息技术与人类社会的关系等问题有大致了解;学习计算机程序设计。后者以开设选修课为主,学生通过学习计算机语言,学会计算机程序的编写、调试和运行,进一步认识计算机的结构和功能。高中阶段(第十至十二年级)信息技术课程的内容有两部分。第一部分旨在培养学生运用信息技术的技能与意识,除计算机基本知识外,还包括计算机的应用和计算机的基本组成结构等内容。具体有:资料处理与应用,使学生掌握各种处理与应用信息资源(包括文本、数据、图像、声音等信息)的计算机软件和工具;信息技术系统概论,使学生对信息技术系统形成全面完整的认识,了解日常工作和生活中使用的各种信息技术产品,并初步掌握其使用方法;人工智能概论,使学生认识人工智能的意义及应用,并介绍自动化系统、机器人、虚拟现实技术等,认识信息技术的大量运用以及人工智能的产生与发展对人类社会可能造成的影响。第二部分是计算机程序设计,通过学习计算机语言、编写程序,使学生学会使用计算机等信息技术产品完成特定任务,培养逻辑运算和抽象思维能力。日本中小学不同年级的信息技术课程内容不尽相同,高中开设必修科"信息",分 A、B、C 三个科目,要求学生必修其一。如信息 A 包括灵活应用信息技术设备、信息的采集和发布、信息的综合处理、信息技术的发展与生活的变化等四项内容。

中国信息技术课程的发展　20 世纪 80 年代初期,在苏联学者的影响下,中国形成第一个以程序设计为主的试验性教学大纲,一些重点高中开设选修课"程序设计"。1986 年第三次全国计算机教育工作会议后,受国际上工具论的影响,国家教育委员会颁发第二个试验性教学大纲,信息技术课程教学内容增加文字处理、电子表格和数据库等应用软件,并逐渐从初中开始开设"计算机课"作为选修课。1994 年国家教育委员会颁发《中小学计算机课程指导纲要(试行)》,1997 年颁发《中小学计算机课程指导纲要(修订稿)》,把计算机课程分为可选择的若干模块,开课年级由高中转向初中,直到小学。1999 年 6 月《中共中央国务院关于深化教育改革全面推进素质教育的决定》提出,要大力提高教育技术手段的现代化水平和教育信息化程度,在高中和有条件的初中、小学普及计算机操作和信息技术教育,使教育科研网络进入所有高等学校和骨干中等职业学校,逐步进入中小学。1999 年 11 月,教育部基础教育司向各省、自治区、直辖市教育委员会(教育厅)发出《关于征求对〈关于加快中小学信息技术教育课程建设的指导意见(草案)〉修改意见的通知》,全国中小学信息教育步入实质性阶段。2000 年 10 月,教育部召开全国中小学信息技术教育工作会

议,提出大力推进教育现代化进程,以信息化带动教育现代化,并明确提出中小学普及信息技术教育的两个主要目标:开设信息技术必修课程,加快信息技术教育与其他课程的整合;全面实施中小学"校校通"工程,努力实现基础教育的跨越式发展。会议印发《关于在中小学普及信息技术教育的通知》、《关于在中小学实施"校校通"工程的通知》和《中小学信息技术课程指导纲要(试行)》。教育部规划,从 2001 年起,用 5～10 年时间在全国中小学基本普及信息技术教育。

《中小学信息技术课程指导纲要(试行)》提出中小学信息技术课程的主要任务:培养学生对信息技术的兴趣和意识,使学生了解和掌握信息技术的基本知识和技能,了解信息技术的发展及其应用对人类日常生活和科学技术的深刻影响。通过信息技术课程,使学生具有获取信息、传输信息、处理信息和应用信息的能力,正确认识和理解与信息技术相关的文化、伦理和社会等问题,负责任地使用信息技术;培养学生良好的信息素养,把信息技术作为支持终身学习和合作学习的手段,为适应信息社会的学习、工作和生活打下必要的基础。信息技术课程的设置必须考虑学生的心智发展水平和不同年龄阶段的知识经验和情感需求。小学、初中和高中阶段的教学内容安排要有各自明确的目标,体现各阶段的侧重点,注意培养学生利用信息技术对其他课程进行学习和探讨的能力。努力创造条件,积极利用信息技术开展各类学科教学,注重培养学生的创新精神和实践能力。中小学信息技术教育采取独立开设信息技术课程的方式,按照信息技术和科学的知识结构进行系统讲授;也可在其他学科的教学中广泛应用信息技术手段,将信息技术与学科教学过程紧密结合,把信息技术教育融合在其他学科的学习中。

中小学信息技术课程的目标包括知识、能力和情感三方面。知识目标:了解信息技术基本知识;了解信息技术的发展;了解信息技术的应用对人类日常生活和科学技术的深刻影响。能力目标:培养学生获取信息、处理信息、应用信息和传输信息的能力;培养利用信息技术学习和探讨其他课程的能力;培养学生的创新精神和实践能力。情感目标:培养学生对信息技术的兴趣和意识;教育学生正确认识和理解与信息技术相关的文化、伦理和社会等问题,负责任地使用信息技术。

中小学信息技术课程内容以计算机和网络技术为主,分为基本模块和拓展模块,各地根据课程目标和实际情况选择适当模块作为课程内容。小学有六个模块:信息技术初步、操作系统简单介绍、用计算机绘画、用计算机作文、网络的简单应用、用计算机制作多媒体作品。初中有七个模块:信息技术简介、操作系统简介、文字处理的基本方法、用计算机处理数据、网络基础及其应用、用计算机制作多媒

作品、计算机系统的硬件和软件。高中有八个模块：信息技术基础、操作系统简介、文字处理的基本方法、网络基础及其应用、数据库初步、程序设计方法和设计思想、用计算机制作多媒体作品、计算机硬件结构及软件系统。2003 年教育部印发《普通高中技术课程标准（实验）》，其中"信息技术"部分规定，高中信息技术课程包括一个必修模块"信息技术基础"，以及"算法与程序设计"、"多媒体技术应用"、"网络技术应用"、"数据管理技术"和"人工智能初步"五个选修模块。每个模块 2 学分，修满 4 学分（必修 2 学分，选修 2 学分）是取得高中毕业资格的最低要求。

参考文献

美国国际教育技术协会项目组. 面向学生的美国国家教育技术标准——课程与技术整合[M]. 祝智庭, 刘雍潜, 黎加厚, 等, 译. 北京: 中央广播电视大学出版社, 2003.

祝智庭. 信息教育展望[M]. 上海: 华东师范大学出版社, 2002.

祝智庭. 中国基础教育信息化进展报告[J]. 中国电化教育, 2003(9).

（王 炜）

信息技术与课程整合 (integrating information technology into curriculum)

20 世纪 90 年代世界教育改革中的重要议题之一。指将信息技术融入课程教学的过程。将信息技术作为教师的教学工具、学生的认知工具、重要的教材形态、主要的教学媒体，以营造新型教学环境，实现自主探究、合作学习、资源共享的教与学。信息技术是指应用信息科学的原理和方法对信息进行获取、处理和应用，是综合了微电子技术、计算机技术、通信技术和传感技术的综合技术。信息技术与课程整合是信息技术引发社会变革、对教育冲击的结果。

信息技术与课程整合的概念理解

国际上较早提出"整合"思想的是美国的"2061 计划"，它是美国 1985 年启动的一项旨在提高全体美国人民科学文化素质的计划。该项计划的目标是大力提升全体美国人民的科学文化素质，并按照着重培养这类素质的要求将美国现行中小学 12 年应学会的科学文化知识重新归纳为科学本质、技术本质、自然环境、生活环境、人的生理结构、人类社会、技术世界等 12 类。在每一种新的学科分类中都力图渗透将自然科学、社会科学与信息技术三者结合的思想。尽管 1989 年关于该计划的报告《2061 计划：面向全体美国人的科学》中并没有使用"整合"这个词，但可以认为该报告的内容体现了整合的思想。其他信息化程度较高的国家，也都把信息技术在教育中的应用放在十分重要的地位。中国 20 世纪 90 年代已经开展信息技术与课程整合的实践和探索。2000 年 11 月，在教育部召开的全国中小学信息技术工作会议上明确提出要努力推进信息技术与其他学科教学的整合，并具体解释"技术与课程的整合就是通过课程把信息技术与学科教学有机地结合起来，从根本上改变传统教和学的观念以及相应的学习目标、方法和评价手段"。全国启动信息技术与课程整合项目研究。中国新一轮的基础教育改革也强调信息技术与课程整合，教育部《基础教育改革纲要（试行）》提出："大力推进信息技术在教学过程中的普遍应用，促进信息技术与学科课程整合，逐步实现教学内容的呈现方式、学生的学习方式、教师的教学方式和师生互动方式的变革，充分发挥信息技术的优势，为学生的发展提供丰富多彩的教育环境和有力的学习工具。"

随着技术的发展，技术在学校中应用的不断变化，人们对技术在教学中如何应用的认识也不断发展，信息技术与课程整合是计算机有规模进入教育领域、多媒体网络广泛应用于教育教学的产物，是计算机辅助教学的发展和深入。在人类历史的长河中，技术不但引发了社会的变革，也是推动教育改革的动力。从书本、黑板、粉笔等传统教学媒体，到投影、幻灯、无线电广播、电视、电影和录音、录像等视听媒体，又到以计算机、多媒体和通讯技术为基础的现代信息技术，极大地改变了教育环境、教育形态、教育方式和学习方式，加强了教育的整体功能，促进了教育的创新。

从不同的视角看，对信息技术与课程整合的理解不同：(1) 从系统论的观点看，认为教师、学生、教材和媒体等因素以及它们之间的联系构成了教学系统，信息技术和课程整合则是探索教学系统中各要素之间及与整体的本质联系，综合考虑和协调它们的关系，将它们有机地集合起来，将教学理论、方法、技能与教学手段很好地结合起来，在整个教学过程中，保持协调一致，并发挥系统的整体优势以产生聚集效应。(2) 信息技术与课程整合是指相关课程的教学目标、教学内容、教学手段等课程要素之间的相互渗透、互相补充。或信息技术与课程整合是考虑各门分列课程与信息技术课程之间的联系，将课程综合化。(3) 从课程整体去思考信息技术在学科教学中的地位和作用的大整合论，认为应该将信息技术融入课程的整体中去，改革课程的内容和结构，变革整个课程体系，通过信息技术与课程的互动性双向整合，促进师生民主合作的课程与教学组织方式的实现和以人的学习为本的新型课程与活动方式的发展，建立起整合型的信息化课程结构、课程内容、课程资源以及课程实施。(4) 持课程等同于教学的小整合论则把信息技术作为一种工具、媒介和方法融入教学的各个层面中，包括教学准备、课堂教学过程和教学评价。

尽管对信息技术与课程整合的理解有所不同，但在一些问题上形成共识：(1) 信息技术与课程整合的目的是逐步实现教学内容的呈现方式、学生的学习方式以及教学过程中师生互动方式的变革,充分发挥信息技术的优势,为学生的学习和发展提供丰富多彩的教育环境和信息化课程资源以及有力的学习工具,以提高教育教学的质量和效率,有效改善和促进学生的学习。关键问题不在于技术本身,而是如何使技术与课程有效整合。(2)信息技术与课程整合的要义在于适合学生个性的发展,促进学生意志和人格的形成。传统的课程体系基于彼此相对独立的多门学科,纷繁的学科分化课程切断了同具体事物的直接联系而游离于现实的需求和学生的兴趣之外。尽管分科教学有利于让学生经历形成各学科的思考过程,训练各学科的思考方法,但是在真实的社会和自然界中,各领域知识相互交叉和相互影响,多学科的综合反映了世界上物体和事件的本质,跨学科的教学可以使学生获得对综合观点的全面了解,适应知识的整体性,适应科学的发展,也有利于学生综合利用多门或多种科学知识解决实际生活中的问题。信息技术与课程整合并不是要废弃分学科教学,而是通过技术揭示知识在某个主题或概念下的共性和相关性,把本来具有内在联系而又被人为割裂的内容整合为一体,使学生以自然的方式认识学科领域之间的内在联系,并提供跨学科知识基础上的学习活动,促进学生理解科学的真谛,掌握科学的方法,以科学为基础,以各个学科丰富多样的知识为核心统整于学生的人格之中。(3)信息技术与课程整合可以提高学生信息素养。现代科学技术的广泛使用,不断地创造着新的产业群、技术群,极大地改变了时代产业结构的劳动组织,将来的职业具有多变性,生活的情境会更加复杂,人们为了获得更多的发展机会和更好地迎接未来的机遇和挑战,需要接受更多和更高的教育,甚至持续地终身学习。而且由于知识更新和生活节奏加快,人们既要应付紧张的工作,又要为适应新的变化而学习,因此要求教育具有个性化的同时具有灵活性。实行社会化、大众化、多样化的教育,还要求改革教育的手段和方法,依靠信息技术实现教育的创新。信息技术与课程整合以新的教学方法和工具提高学生对必要的技能与知识的获取能力,提供了书本知识与日常生活紧密联系,或使学习成为生活一部分的学习环境,还适宜培养学生的自主探索、创新精神。教材的多媒体化,教学内容具有综合性和开放性,教学环境提供解决"真实世界"的任务,有利于学生在综合运用多种技巧解决问题的过程中学到知识,学会学习,掌握适应信息化社会和全球化知识时代需要的技能。(4)信息技术与课程整合提倡基于建构的多元化教学模式。信息技术与课程整合并不意味着完全否定传统教学,而是要把传统的教学方式的优势与数字化学习的优势结合起来。以信息技术搭建的信息化环境支持教师对教学内容更加生动形象的讲授、呈现和演示,支持学生有意义的接受、模仿和体验,支持学生自主探究或合作学习,甚至科学试验。在信息技术支撑的学习环境中,信息技术

不再单纯地作为辅助学习的手段,而是成为教学和学习内容的有机组成部分。学生自主地评价和筛选信息、获得知识、亲自经历知识的构建过程,成为创造知识的探索者和实践者。信息技术与课程整合不仅把技术从学习和研究工具转变为学习环境,还引起了教材、教学内容、教学模式、学习方式的改变。(5)信息技术并不能解决所有教育教学问题,在信息技术与课程整合的过程中也不是技术越新越好,而是要特别关注利用新技术完成以前教育教学从未做过的、不可能做或完成效率不高的事。整合的重点不在技术本身,而在于教育的创新和达到更高的教育目标。

信息技术与课程整合的原则

影响信息技术与课程整合效果的因素很多,既有观念问题、行政管理问题,也有硬件问题、软件问题,还有教师素质、学生能力等问题。实施信息技术与课程整合普遍坚持如下原则:(1)兼收并蓄,综合运用教与学理论指导信息技术与课程整合的实践。各种学习理论从不同侧面对学习本质、学习规律、学习发生的内外部条件等进行了研究,揭示学习过程中的一般特点和规律,它们为信息技术与课程整合提供了坚实的理论基础。行为主义理论指导下的信息技术与课程整合,关注用多种媒体信息刺激学生反应,强化学生的合适行为;认知信息加工理论指导下的信息技术与课程整合,强调教学就是安排外部教学事件(外部条件)促进学习内部过程,如用多种媒体信息刺激学生的感官来吸引学生的注意,提供学习指导,把新知识与原来的知识结构建立联系,促进学生对新知识的记忆和迁移,还为学生提供练习、反馈和评定;认知建构主义理论指导下的信息技术与课程整合,主要体现在给学生创建探索和发现的学习环境,设计接近生活实际的学习活动,使学生不仅能建立问题的答案,而且能够在自己产生问题的情境中,通过合作学习探索事物、提出问题、进行争论或者通过实验等实践活动完成对新知识的"同化"和"顺应",达到学习目标;根据多元智力理论关于个体智力的发展方向和程度受环境影响和制约的观点,信息技术与课程整合将利用信息技术为学生提供丰富的、多样性的知识,调动学生多方面的兴趣,帮助他们将强项特点迁移到弱项领域,以便全面地发展智力;人本主义理论强调给学生提供一种促使他们自己去学习的情境,让学生在宽松、自由、适合个性发展的学习环境中亲自体验学习的经历,寻找知识对于自我实现的个人意义。各种理论和学派观点为信息技术与课程整合研究奠定了坚实的理论基础,不过每种理论都具有指称内的正确性,一旦推及实践,没有一种理论显现出普遍的合理性,则无论哪个理论也不能涵盖其他几个理论而成为唯一的理论指导。尽管信息技术与课程整合提倡建构主义,但是对于需要机械地记忆知

识或具有操练和训练型教学目标的学习,行为主义理论仍有指导意义。中小学生正处在知识积累和思维发展阶段,认知结构还比较简单,自主学习能力还没有得到很好培养,还缺乏自制力,对于他们,基于认知主义的指导式教学是不可缺少的。如果一味追求建构主义的学习模式,过多让学生通过自己体验去学习新知识、完全靠自学去理解和内化新知识,自觉完善认知结构,会造成部分学生学习效果不佳。信息技术与课程整合的一个原则是兼取各种理论的合理成分指导整合课程的教学设计。(2)根据教学对象选择整合策略。有的研究把人的高级神经活动类型分为能力、素质、气质、意志、情感等类型,把人类的学习类型分为听觉型、视觉型和动觉型,并认为人类的思维类型可按抽象思维、具体思维、有序思维和随机思维进行组合,不同学习类型和思维类型的人的学习成效与他们选择的学习环境和学习方法相关。应该根据不同的教学对象,实施多样化、多元化和多层次的整合策略,以便更好地发挥学生的个性优势,以及每个学生的潜能。(3)根据学科特点决定整合方法。每个学科有其固有的知识结构和学科特点,对学生的要求也不同,必须坚持根据各学科特点而采用不同整合策略的原则。如语言教学的重要任务之一是培养学生运用语言的能力,训练学生在各种不同的场合下用正确的语言流利表达自己的思想,很好地与别人交流。信息技术与语言学科的课程整合主要是利用信息技术模拟出接近生活的语言环境,提供反复练习的机会。又如数学属于逻辑经验科学,教学的重点是开发学生的逻辑思维和抽象思维,信息技术与数学课程的整合是给学生创设认知环境,让他们经历由具体思维到抽象思维,再由抽象思维到具体思维的思维过程,完成对数学知识的意义建构。(4)以学生的个性形成和完善为宗旨,通过信息技术与课程整合促使学生全面发展。教育的意义在于给学生将来的发展和事业的成功奠定腾飞的平台,这个平台以基本的知识、能力、品格、身心素质为基础。信息技术与课程整合应照顾到每个学生的智力特点和认知风格,创设一个有利于发挥学生潜能的环境,以利于学生将强项优势迁移到弱项领域,完善自己,获得全面发展。(5)在信息技术与课程整合的过程中提高学生心理素质。心理素质包括人在感知、思维、想象、情感、意志、兴趣等心理品质上的修养和能力,是取得成功的重要因素。在整合课程中,多种媒体的知识呈现、丰富的教学资源和自主探究、合作学习的方式不仅是掌握知识和增长能力的良好学习环境,也要为培养学生的心理素质创造条件,要有利于提高学生认识和控制自己情绪的能力、自我激励的能力、处理人际关系与他人协作的能力,提高心理品质。

信息技术与课程整合的策略

信息技术与课程整合不仅是技术和课程内容的结合,还包括与教育思想、教育观念、教学理论和教学策略等的整合。信息技术与课程整合除了技术与教学的整合,还有学科知识之间的整合、不同学习结果类型或学习目标的整合,教学媒体、学习任务和学习者的整合,多种教学策略的整合,教学艺术与教育科学的整合等。

与教师经常使用的替代式教学策略和生成式教学策略相对应,信息技术与课程整合策略在宏观上分为指导式整合策略和基于建构的整合策略两种。指导式整合策略把信息技术用于提高教师讲授的教学效果或是开发信息技术产品满足学生个别化学习的需要,基于建构的整合策略则强调利用技术为学生创建良好的学习环境,在使用技术进行学习的过程中,提高认知技能;指导式整合策略注重学生掌握知识与技能,基于建构的整合策略则强调培养学生的创造性思维和提高解决问题的能力;指导式整合策略以集体授课为主,基于建构的整合策略则更多地实行自主探究与合作学习;指导式整合策略的实施步骤是教师预先确定学习目标、设计教学活动,然后在实施中指导和控制整个学生学习过程并对学生的学习做出评价,基于建构的整合策略实施的步骤是在教师的指导和引导下由学生提出问题,并在对真实世界的观察和自主查询资源的基础上确定研究主题,用头脑风暴等方法在合作小组或班级内发表自己的观点,通过讨论或争论形成比较一致的看法后,再去查询资料,通过对大量资料的分析、评价和筛选寻找解决问题的线索,初步得出解决问题的方案,还要用批判思维、发散思维、逆向思维和创造性思维对问题解决方案反复质疑,然后把研究成果开发成演示稿或网站进行成果展示,最后对自己研究和解决问题的学习过程进行反思和总结。

在教学实践中,指导式整合策略和基于建构的整合策略并不互相排斥,反而经常被结合使用。如何选择整合策略并不存在唯一的准则,究竟使用指导式整合策略还是基于建构的整合策略取决于教学目标、教学内容和学生的特征及需要。例如完成高级认知技能的教学目标最好使用基于建构的整合策略,但是在过程中发现学生缺乏教学内容需要的先决技能,又没有足够的教学时间,可以考虑使用指导式整合策略。而如果教学对象的学习动机比较强烈,学习能力较强,则可以选择基于建构的整合策略,由学生自己在信息化环境下完成先决技能及高级认知技能的建构学习。当然,使用哪种整合策略还要根据学校信息化环境条件来决定。

除了宏观的指导式和基于建构的信息技术与课程整合策略,还有很多具体整合策略,如为了避免学生在互联网中迷航的校园网专题网站策略;通过提供分布于世界范围的大量信息和不同观点的资料来培养学生发散思维、求异思维、逆向思维和创造性思维训练策略;利用虚拟现实技术提供形象逼真的模拟,调动和保持学生学习兴趣和动机,培养学生注意力、观察力、记忆力、意志力的情感驱动策略;通过信息技术构建虚拟学习环境,让学习者真正在其中体验建构知识的实践感知策略等。另外,除了教学整合策略,信息技术与课程整合还有运用各种技术时的使用策略,如把交互多媒体技术、虚拟现实、人工智能等技术整合于教学的使用策略,将工具软件作为效能工具和认知工具的使用策略等。

信息技术与课程整合的模式

技术的发展为信息技术和学科教学整合创造了条件,它在教学中的应用主要有两种:用信息技术强化已经存在的教学模式;使用信息技术创建新的教学和学习方法,重新定义和丰富教学模式。基于技术的教学和学习有多种模式,如:(1) 个性化学习模式。学生利用信息技术提供的图文并茂、声像俱全的讲解和方便的交互进行个别化学习,或者进行可以得到及时反馈的练习和测试。(2) 学友或虚拟学伴模式。学生通过电子邮件、聊天室和讨论区等技术与学伴讨论和交流,学伴既可能是真实的学生和教师,也可能是利用信息技术与人工智能等技术模拟的学生和教师行为。(3) 智能导师模式。与学友或虚拟学伴模式类似,但智能导师有着丰富的学科领域知识和教学经验,可以指导学生的学习。(4) 模拟教学模式。利用技术为学生创造一个学习环境,学生在环境中可以听讲、看演示,观看利用模拟技术对知识做出的可视化展示和讲解,观看可以改变某些参数的物理、化学和自然现象。也可以进行接近真实的虚拟实验,还可以在模拟的问题情境或社会情境中体验和探索,发现隐藏在虚拟情境中的规律,探索解决问题的方法,在解决问题的过程中提高解决问题的能力。(5) 合作学习和研究模式。利用技术建立跨班级、跨学校、跨地区或跨国家的虚拟学习研究小组,共同或者分别解决一个问题,完成一个研究任务,开发一个产品,小组成员之间可以互相交流信息、共享收集的实验数据或研究结果或者对比和分析研究的成果。(6) 微型世界模式。该种模式给学生提供一种更开放和自由的学习环境,允许学生操纵模拟环境中的对象、建构自己设计的实验系统。(7) 情境化学习模式。利用信息技术为学生创设出接近实际的学习情境,使学生在有利于知识建构的环境中学习。(8) 基于资源的学习模式。为学生提供数字化图书馆、电子阅览室、多媒体电子书等丰富的电子化学习资源以及世界各地的人力资源,让学生利用各种资源进行学习。(9) 探究学习模式。给学生设计面向探究的学习活动,探究的主题明确,问题的范围比较宽泛,既可以是学术问题,也可以是社会问题,既可以是地区性问题,也可以是全球共同关注的问题。探究的问题既可以比较简单明确,也可以比较复杂、有一定难度,需要持续

几个教学单元甚至一个学期或一学年的时间。问题的答案具有开放性,没有唯一的或标准的答案,学生利用各种技术获取大量信息,在合作小组内研究讨论,寻找问题的答案。教师在探究活动开始之前设计出学生完成探究任务的评价指标,并让每一个学生清楚地知道评价标准,在学生的探究过程中教师进行引导和提出建议,学生把探究的结果进行展示或发布在网站上,并开展学生自评、小组内互评、教师评价,最后由教师或学生自己对探究活动进行总结和反思。

在信息技术与课程整合的过程中,人们从不同角度提出了大量更为具体和操作性更强的信息技术与课程整合模式。参考各种信息技术与课程整合模式,再根据信息技术在教学过程中所起的作用以及学生在学习过程中的地位,信息技术与课程整合的模式有三类:(1) 演示型整合模式。教师根据教学内容和学习者的特点选择或开发符合需要的多媒体课件或资源,在课堂上利用课件演示教学内容,加强教学效果。在这种模式中,教师控制教学过程,学生接受学习,信息技术作为一种教学媒体有效地帮助教师进行教学的组织以及对教学内容进行直观动态的展示。这种模式主要采用集中讲解、学生集体学习的方式来进行。师生之间可以实时进行交流,教师及时了解学生的反馈情况。该模式不足之处是教学效果过分依赖教师的课程设计能力、表达能力、控制能力等教学技能,而且不利于照顾到学生的个别差异。(2) 学生探索型整合学习模式。在课堂教学中让学生利用信息技术创设的情境,在教师的引导和指导下进行探索性学习。在这种模式下,学生在学习过程中处于主动积极的地位,教师则对整个教学过程进行协调和监督。信息技术在这一整合模式中的作用是为学生创设问题情境和提供丰富的信息资源环境,并可作为学生学习的信息加工、协作、交流和解决问题的工具。探索型整合模式要求教师有较高的素质。(3) 研究型整合学习模式。打破课程和学科教学的界限,教师在教学中主要作为监督者和指导者,学生自主选择研究主题,自主控制研究性学习过程,在信息技术营造的环境中充分获取信息,综合处理各种信息,主动探索,完成意义建构,提出方案,作出决策,完成问题的发现、分析和解决的全过程,并通过信息技术表述自己的理解和创造,用技术产品汇报自己的学习成果。信息技术在这一模式中起到了创设研究环境的作用,充当了信息加工工具、认知工具、协作工具和研发工具的角色。

信息技术与课程整合的
设计和实施

信息技术使得学校的教学环境实现了数字化、网络化、智能化、多媒体化,使得当今的教育更具有开放性、共享性、交互性、协作性,但是技术不能自动地改进教学,不会自动

地提高教育质量和增强教学效果,只靠先进的设备不能解决教育的全部问题和本质问题。为了使信息技术与课程整合取得理想的效果,在实施信息技术与课程整合前必须进行精心设计,首先要思考为什么使用基于技术的方法。人们通常不愿意改变已熟悉的方法,除非新方法更有效或更便捷。选择技术支持教学和学习,必须保证基于技术的学习比传统方法具有不可替代的优势,要保持整合方法的价值观和观念与传统的教学方法具有兼容性,以及运用技术方案的可行性,还要能够预见到良好的效果。其次,信息技术与课程整合的设计应该依据新课程标准制定出明确的整合课程教学或学习目标,确定利用信息技术更好地达到预定学习目标的方法和步骤,以及评价学习成果的标准、指标和工具。设计和实施信息技术与课程整合的第三步是确定整合的策略。策略包括对使用指导式教学还是基于建构的学习模式、单科教学还是多学科交叉教学、采用个别化学习还是合作学习、学生使用技术的具体要求、学习过程的顺序等问题做出规划。有了信息技术与课程整合的设计方案,接着要根据实际条件和可以获得的技术资源创建基于技术的学习环境,构建环境不但包括硬件和软件,也包括对哪些学习活动使用何种技术、如何使用、何时使用、使用多长时间和设备可能出现什么故障等一系列问题做出具体安排。信息技术与课程整合的实施过程也是总结和发现问题的开始,在实施整合的过程中应该注意观察和收集学生的反映,考察基于技术的学习活动是否很自然地融合到学科教学中,使用技术的理由是否充分,用其他方法是否也可以达到同样效果,学生是否把精力集中于学科教学而不是技术,技术的使用对学生的学习有什么帮助,技术的使用是否更有利于学生达到预定的教学目标,技术在教学和学生的学习中发挥了怎样的作用,是否所有的学生都从信息技术与课程整合中获益。要通过调查问卷或访谈收集来自学生的反馈信息,对信息技术与课程整合的实施进行反思,评价和修改信息技术与课程整合的实施方案,以改进以后的信息技术与课程整合实践。

信息技术与各学科教学的整合

如何将信息技术与各学科教学整合,涉及教育观念、教育思想、教育理论、教学方法、教学策略、教师和学生等因素。对于什么时候、对哪些学生、安排哪些课程内容、怎样运用技术等问题,没有唯一的答案,也缺少什么是信息技术与课程整合的最好方法方面的共识,并存在采用单一学科还是跨学科的整合教学问题的争论。随着科学技术的发展和运用,各门学科不仅对事物内部结构认识日益深化和精确,而且出现了许多边缘性科学(如生物物理、分子生物等)和综合性学科(如,环境科学、能源科学等)。特别是人们发现了自然、社会和思维三大领域在横向上存在着一些共同的控制调节、信息加工和系统构成的规律性,所以促成了自然科学和社会科学的交叉,使得学科交叉越来越多,越来越复杂。尽管分学科教学对于学生系统掌握某一学科的专门知识非常有效,但是多学科的综合才能反映世界上物体和事件的本质,跨学科的教学可以使学生获得对综合观点的全面了解,适应知识的整体性,适应科学的发展,有利于学生把知识运用到实际生活中。信息技术与课程整合不会废弃支持单一学科的课堂教学,但会借助技术揭示特定学科知识和不同学科知识之间的联系,设计建立在跨学科知识基础上的学习活动,提供学生综合利用多门或多种科学知识解决实际问题的机会和情境。

信息技术与语言课程的整合　语文是世界各国文化的主要载体,包括语言和文学两个范畴,语言本身属于科学,文学属于艺术。同语文课程一样,外语也包含语言和文学两个部分,都是既具有工具性又具有文学性的课程。语言是信息与文化的载体,也是思维的工具,语言学习主要是培养学生的交流技能,也就是基本的读、听、说、写能力。由于语文和外语学科的共性,尤其是当前的世界全球化趋势,语文和外语教学的交叉是较自然的事情。语文教学不仅是培养学生与人交际的能力,而且在学生的个人成长和发展中有很大作用。语文既是一门独立的学科,又是学习其他学科的工具。语文学习既可以让学生欣赏和继承优秀的文化遗产,又可使他们透过现象看本质,用批判的眼光认识他们所处的世界文化环境。除了交流能力,语文教学还应该培养学生的思维能力,如有条理地表达思想、将材料分类并进行比较和分析、根据已有的材料得出结论或预测结果、找出事物发展的原因、辨别观点的正误或全面性等。尤其要在语文教学中鼓励学生根据作品的内容,大胆而合理地想象,创造性地思考问题。外语与语文有同属语言的共性,但外语的语言教学却有自己的教学规律,外语教学更需要真实的语言情境,更强调人体各种感官的协调活动,更注重师生和生生之间的交流互动,更关注学生在真实的自然情境中恰当运用语言的广泛能力。外语教学不把重点放在语法规则,而是花更多的时间让学生在相关的实际情境中听和说,主张让学生从一开始就在一个提供了发达文化背景的环境中学习语言,在提高语言能力的同时提高文化素质。多媒体光盘、流媒体、计算机网络、可视电话等技术的应用都有利于语言学习,尤其是计算机网络的远程交流能力为语文和外语教学提供了强大的、不可估量的支持。技术在语文和外语教学中的作用取决于教学模式和策略的影响,信息技术在不同教学模式中发挥的作用和使用的方法有所不同。语言教学模式很多,有将交流技能与强调文学作品作为学习文化和共享知识相融合的文化模式;有强调能力的培养,以掌握语法为教学目标,把交流技能分成很多子能力,并且按顺序来教授的能力模式;有强调与人、地、事交互和交流的过程模式;还有淡化语言本身,注重演讲和读写活动的意义,鼓励学生进行各种形式的自我表达的整体语言模式。在不同模式的教学中,信息技术或是用来创建交互式学习环境,或是提供语言学习的情境,或是连接丰富的多媒体知识资源,或是用来支持个别学习或开展合作学习,组织跨班级、跨学校甚至跨国家的远程交流,使学生得到更多更及时的反馈,让来自不同国家的学生在真实的世界中交流。信息技术在语文和外语教学中的应用,不仅可以促进学生知识的获取和保持,建立新旧知识之间的联系,促进新知识的认知建构,形成与发展学生个人的认知结构,也可以更有效地提高阅读、听、说和写作等基本能力。不仅给学生提供了主动发现和探索,发展联想思维、批判性思维、多向性思维和创新思维的环境,更给学生吸收和借鉴不同文化营养,树立全球意识创造了条件。

信息技术与数学课程的整合　数学是科学探索的工具,也是理性交流沟通的工具。利用数学语言表示和传递信息、解释和预测信息简单明确,用数字表达思想和观点有理有据。数学是物理、化学、生物、地理等自然学科的重要基础,它与人文和社会科学的联系也越来越紧密。今天科技高度发达的世界清楚地展示了数学的重要性,将来世界上的每一个居民都不可能离开数学,所有阶层的人比今天的人们更加需要精通数学。数学课教学不光是要让学生理解抽象的概念和定理,掌握数学的运算和证明,能够用数学方式思考和交流,还应该让他们清楚地知道数学在社会中的价值,会运用数学方法解决日常生活中的实际问题。信息技术既是数学教学的一部分,也是传递数学教学内容和支持学生学习的认知工具。信息技术整合于数学教学不仅为数学中的抽象概念和知识增加了一个可视的维度,还把数学放在与现实生活相关的情境中。在信息技术的支持下,不仅很多数学问题的形象具体化,使学生更容易理解抽象的概念、定义和定理,还允许学生以"试验"的方式探索和发现数学问题。信息技术不仅可以协助学生体验并效仿由生活情境中抽出数学问题的建模过程,还能够创造一种情境,让学生亲自体验与前人类似的数学知识构建过程,通过自己的认知活动完成对数学知识的意义建构。信息技术的能力和灵活性为学生通过多种方式学习数学提供了机会。

信息技术与物理、化学和生物课程的整合　在科学和技术支配的社会里,生活的情境变得极其复杂,很多问题的解决需要打破传统学科界限,多学科知识共同参与。为了使学生从整体上把握各学科知识之间的联系,具有利用各学科知识解决社会和自然界中实际问题的能力,在面向21世纪基础教育课程教材改革的方案中,物理、化学和生物归为综合理科。物理、化学和生物都是科学性和知识性很强的基础课程,对提高学生的科学素养和培养造就高科技人

才起着重要的作用。当今的科学技术不仅在自然科学的领域内相互交叉,而且与人文和社会科学也联系紧密。不仅在理论上不断创新,而且渗透到人类生产生活的各个方面。物理、化学和生物的教学既要为学生发展提供需要的基础知识,也要培养学生认识客观世界的基本方法、提出和解决问题的科学态度和科学精神,还要让他们理解科学、技术和社会的相互作用,主动且自主地学习,注意提高在直接参与实验基础上得出结论的能力和利用所学的知识对社会实际问题作出决策和提出自己的解决方案的能力。在物理、化学和生物课教学过程中,利用技术既可以真实地模拟宏观和微观的世界,又可以缩短或延长事物变化的过程,还可以代替危险或昂贵的实验和创建探究发现的学习环境。信息技术与物理、化学和生物课程的整合,可以降低知识的难度,提供丰富的背景知识,还可以把学科教学与社会生产和生活实际中的应用结合起来,为学生的持续发展和终身学习奠定牢固的基础。

信息技术与历史和地理课程的整合　在面向21世纪基础教育课程教材改革方案的文科综合课中,包括历史和地理课程。历史和地理知识可以使学生更好地认识历史与现实、人与社会、人与自然之间的关系,增强适应社会的能力。信息技术与课程整合改变了传统的历史和地理教学中大量讲解和叙述事实,要求学生死记硬背的教学模式,把枯燥的语言或文字描述变成了生动的图片和视频资料,把简单的事实罗列变成了丰富的背景和相关知识。在丰富多彩和生动形象的学习环境中,学生不仅能够很快地记住大量的事实知识,还能够自己领悟到适应社会、人与自然和谐相处的道理,增强公民责任感和全球意识,为跨越国界的社会、环境等问题寻求解决方案。

信息技术与艺术、体育和健康课程的整合　艺术(美术、音乐)、体育与健康课程可以陶冶人的情操,健壮人的体魄,提高人精神生活的质量,对于提高学生的整体素质,培养健全的人格,促进人的发展,培养有益于个人和社会的情感态度,形成正确的世界观、人生观和价值观具有独特的功能和作用。信息技术整合于艺术(美术、音乐)、体育与健康课程的教学提供了丰富的技术产品和大量的多媒体资源,为该领域的教学提供了极大的方便性、灵活性和可能性,也为学生发展多方面的兴趣、展现特殊才华提供了宽广的舞台。这样不仅让学生生动活泼地学习,还能培养他们丰富的想象和创造力。

以信息技术促进教学改革

信息技术可以用多种媒体形式呈现信息,可以提供丰富的、及时更新的学习资源,可以提高信息传递的效率,还可以创建交互的学习环境。信息技术与课程整合,可以引

发学习动机,激发学习兴趣,降低学习难度,促进学生主动的知识建构,增强高级思维和创造性思维的能力。信息技术与课程整合不仅可以增强传统教学与学习活动的效果,更是提供全新的教学环境,支持新型教学模式和改善学习的有效方法。

尽管通常可以应用信息技术提高教学质量和教学效率,但并不意味着用它来完全代替传统的教学方法,迄今为止没有一个便携式展示设备像印刷品那样便宜,无论是投影仪还是计算机都不能和黑板、粉笔一样由教师灵活自如地运用和控制教学过程。因此,不要把现代教学媒体和传统媒体对立起来,彻底抛弃传统教学的做法不可取。使用信息技术支持传统的课堂教学大有可为,既可以用超文本的知识组织形式突破教学重点,用多媒体技术将教学内容可视化从而降低知识难度,也可以使用各种编辑和演示软件增大教学密度,节省教学时间,优化教学过程,提高教学效益,还可以通过计算机网络实现教师与学生的多向交流、互动以及远程学习等。书本不可能提供具有交互作用的多媒体方案,我们也无法用铅笔创造出一个模拟的生态系统。信息技术与课程整合不仅具有改变传统教学的能力,还有助于促进教育体制、教学目标、教学内容和教学模式的改变。信息技术与课程整合的作用不在于它能完成通过传统教学媒体或别的方法也能完成的教学任务,而在于它能完成一些传统教学媒体或别的方法无法实现的教育功能,通过信息技术与课程整合,不但可以实现现行教育的能量放大,还可以根据当前信息技术所能提供的条件实现教育的改革和创新。

参考文献

黄荣怀.信息技术与教育[M].北京:北京师范大学出版社,2002.
全国中小学计算机教育研究中心北京部.技术真的能改变教育吗?——从黑板到网络[J].教育参考资料,2001(433—434).
巴巴拉·西林斯,丽塔·里齐.教学技术:领域的定义和范围[M].乌美娜,等,译.北京:中央广播电视大学出版社,1999.

(李秀兰)

行动导向学习（Handlungsorientiertes Lernen）通过师生共同确定行动产品来引导教学组织过程,学生通过主动和全面的学习达到脑力劳动与体力劳动统一的学习方式。其特征是用"完整行动模式"(即学生以小组的形式独立制定工作和学习计划,实施计划并进行评价)替代按照外部规定完成给定任务的"部分行动模式"。其中的行动是为达到学习目标而进行的一种有意识的行为,基本特征是:学生可以在多种可能的行动方式中进行选择;学生在行动前能预测可能产生的结果,有计划、有意识、有目标地影响行动结果。教师通过设计开发合适的教学项目(学习任务)

以及多种辅助手段帮助学生独立获得必需的知识并构建自己的知识体系。德国教育家阿诺尔德将行动导向的学习过程分为"接受任务"、"有产出的独立工作"、"展示成果"和"总结谈话"等四个必须经历的"学习情境"。

德国教育家希尔顿在《职业教育学引论》中归纳了行动导向学习的特征:一是教学内容多为结构复杂的综合性问题,与职业实践或日常生活有关,具有工作过程的系统性特征,有一定的实际应用价值,可促进跨学科的学习;二是照顾学生的兴趣和经验,通过迁移应用建立理论与实践的联系,强调合作与交流;三是学生自行组织学习过程,学习多以小组进行,留给学生尝试新的行为方式的实践空间;四是多种教学方式交替使用;五是教师是学习过程的组织者和专业对话伙伴,应习惯学生独立学习的工作方式。行动导向教学采用跨学科的综合课程,典型的如项目课程和"学习领域"课程,强调思维与行动的统一。每一个完整行动过程的起点都是理智的尝试性行动,终点都是行动目标与行动成果的比较;不重视知识的系统性,强调"案例"和"发现"以及学生自我管理式学习。

按照教学方法的复杂程度,行动导向学习分为三个层次:一是实验导向性学习,主要过程为制订实验计划、进行实验和检验评价结果,目的是解决实际技术问题,适合实现较为单一而明确的学习目标(如传授技能);二是问题导向性学习,主要过程为理清问题实质、确定结构、解决问题和实际应用结果,目的是培养技术思维能力,如头脑风暴法、脑力图和优劣势分析法等;三是项目导向性学习,按照完整的行动模式,全面培养学习者技术、社会、经济和政治等方面的能力,促进创新精神的发展,如项目教学法、引导课文教学法等。其中,项目教学是师生通过共同实施一个完整的项目工作而进行的教学行动,它既是一种课程模式,也是行动导向教学的基本教学方法。美国教育家杜威将其与整个学校教育制度的改革结合起来,并发展成为其民主教育思想的重要组成部分。按照教学论研究者科拉夫基的分类,项目教学与教程法、课题法、实践练习法一样,属于最基本的四种教学方法之一。

现代工作方式要求劳动者对工作过程有更深入的了解,并拥有更全面的能力,而工作过程知识的获取必须通过案例性的岗位学习实现,故行动导向亦是现代企业岗位培训的重要指导思想。20世纪后期发展起来的"分散式学习",就是将工作过程与学习行动结合在一起的一种行动导向岗位培训形式,其特点是学员(常在引导课文的帮助下)单独或以团队形式在工作岗位上或岗位附近完成学习任务,典型形式有"质量小组"、"学习车间"和"学习岛"等。

行动导向学习源于德国"改革教育学派"(Reformpädagogik)的理论,最早可追溯至16世纪罗马圣路卡艺术与建筑学院的"项目教学"和德国20世纪初以凯兴斯泰纳为代表的"劳动学校"（Arbeitsschule）运动。为了克服单纯理论教学的局限性，罗马圣路卡艺术与建筑学院于1596年以竞赛形式，鼓励优秀学生通过设计教堂或纪念碑等"项目工作"进行深入学习。"劳动学校"与"词语学校"、"书本学校"相对立，致力于通过教学中的手工实践操作及脑力劳动来促进学生的独立性和行动能力的发展。行动导向学习与认知学习理论有紧密联系，探讨认知结构与个体活动的关系。行动导向以人为本，认为人是主动的、不断优化的和自我负责的，能在实现既定目标的过程中进行批判性的自我反省，学习不是由外部控制的"黑箱"过程，而是学习者自我控制的过程。

　　20世纪后期，职业行动能力成为现代职业教育最重要的教育目标。职业行动能力是人们从事一门或若干相近职业所必备的本领，是目标导向的行动模式和行动结构系统化发展的结果。行动导向学习由此成为职业教育教学研究的中心议题，其在教育实践中获得新生的标志是20世纪80年代后世界范围内进行的以项目教学代替学科灌输式教学的课程与教学改革。21世纪初，在中国探索和建立具有职业教育特色的课程和教学体系的改革中，行动导向学习获得职业教育理论工作者、管理者和广大师生的广泛认同。

（赵志群）

行为规范学习（learning of behavior norms）　亦称"社会规范学习"。个体把社会确定的行为转化为内在的行为需要的过程。即行为规范的接受（reception）或内化（internalization）过程。这种规范的接受或内化过程是在作为执行行为规范的主体同作为外在于主体的客体影响（行为规范的影响）之间相互作用的基础上，通过主体能动的反映活动（认知与体验）引起内在心理的变化（品德心理结构的形成、发展）实现的。行为规范学习是区别于认知学习与技能学习的特殊学习，是以情感为核心的认知学习、情感学习与行为学习的整合。行为规范学习是在这三类学习的基础上，通过道德自主活动，构建以情感为核心的知情行的一体化结构，形成对人对事对己的基本态度，从而获得参与社会生活的交往经验。行为规范学习过程是个体在社会交往中完成适应社会生活的过程。行为规范学习是个体旨在进行社会适应的社会生活的核心内容。规范的接受或内化不能从外部直接观察，只能通过外在的规范行为的发生进行推测。人们总是依据规范行为的稳定性来推断其规范的接受程度。

　　行为规范学习的内在机制是主体经过一定的对行为的价值取向的选择对直接或间接的人际交往情境所产生的一种社会性适应。社会情境的作用是规范行为发生的外因，品德结构及其对行为的价值取向的选择是规范行为产生的内因。根据心理结构的建构主义观点，品德结构是在规范的学习过程中通过学习主体的构建作用确立的。

行为规范学习的地位和作用

　　行为规范学习在青少年健康成长中发挥着十分重要的作用，它对于青少年良好品德和性格的构建、社会化的发展、健康心理的形成和整体素质的提高都有着无法替代的作用。行为规范学习是青少年社会性学习的核心，是青少年心理发展的重要基础和内容。

　　行为规范学习有利于青少年良好品德和性格的构建品德，是个人的思想品质与道德品质的总称。它是在规范的学习过程中，在外在规范（社会组织对主体行为的要求）的作用与主体对行为规范的反映及反作用基础上在人脑中逐渐建立起来的，是在人际交往当中及对社会规范的学习和接受当中形成发展的。品德结构是对社会规范的遵从态度体系。这一心理结构是在人类个体的生活及学习过程中，通过对外在于主体的规范的影响的能动反映而构建起来的，是以对规范的遵从经验的获得及整合而构建的结构。规范的遵从经验，即与行为规范的要求相符或一致的认识、体验与动作经验。

　　行为规范的遵从经验说认为，品德结构说到底是一种行为规范的遵从经验结构，它的构成要素包括：价值观要素（为什么要执行行为规范的认识，即认知因素）；规范行为的驱动心理因素（包括对行为规范的各种必要性的认识与情感体验，从而形成关于履行规范行为的需要及动力机制）；规范行为的定向心理因素（规范行为的内在动力因素、驱力因素，即对规范行为本身的各种认识，直接指向行为本身）；规范行为的执行心理因素（即行为执行中的监控因素，即动作经验）。规范行为本身的认识与动作因素结合形成规范行为的定向与执行，即规范行为本身的实现机制。

　　品德通过接受社会规范，执行社会规范，从行为结果的反馈中强化个体对规范的必要性认识，获得执行规范行为的体验，确立自觉执行规范的动机，从而使品德得以形成和发展。通过社会规范学习，个体可以了解和掌握社会规范，形成执行社会规范必要性的认识，产生履行社会规范的需要和动机，从而形成个体对社会规范的遵从态度；通过社会规范学习，个体可以获得与社会规范相关的情绪体验，产生规范行为和获得执行规范的行为体验，从而形成和发展品德结构。因此，品德的培养与教育应该从社会规范学习入手，以社会规范学习作为品德培养与教育的主要途径。

　　性格是个体心理特性的核心因素，包括品格与风格两方面内容。风格表现的是个体的风貌，没有对错善恶之分。而品格指的是个体对待事物的方式，是一种态度体系，是如何对待某种事物的需要和符合这个需要的行为方式，即个体对待事物的特有态度。品格是性格中直接制约个体社会行为倾向性的核心因素,体现了个性的社会决定性含义。性格不是天生的,而是在一定先天素质的基础上,在社会生活环境中逐渐形成和发展起来的。青少年时期是一个人性格(当然包括品格)形成的关键时期,在其形成、发展、培养与完善的过程中,就不应该忽视社会规范学习,应该把社会规范学习作为重要的手段和途径。

行为规范学习有利于个体社会化　社会化体现了个体成长与发展,广义社会化概念的根本含义是使人类个体由生物实体不断改变为能完善适应发展的社会生活的社会实体,从而使个人与社会一体化的过程。狭义的社会化单指个体获得社会人际交往的经验,即形成和发展品德。社会化是个不断进行的过程。品德不仅是社会化中的内容,而且是社会化的核心内容。由于品德的形成与发展是在行为规范学习中完成的,因此个体的社会化与行为规范学习是不可分割的,行为规范学习应成为个体社会化的核心内容和主要手段。

青少年社会化的内容极其广泛,至少包括个性的发展、传递社会文化和社会角色的获得三个基本方面。个性的形成和发展的基础如前所述是行为规范学习,所以个性发展离不开行为规范学习。社会文化的核心内容包括价值体系和社会规范两大部分,传递社会文化就是传递价值体系和社会规范,而行为规范学习是完成社会规范传递的基本保证。社会角色是指与人们的某种社会地位、身份相一致的一整套权利、义务规范与行为模式。社会成员通过社会规范学习,学会特定社会角色的权利、义务规范和行为模式。总之,青少年社会化及社会性发展的各个方面及全部过程都离不开社会规范学习。

行为规范学习有利于促进个体心理健康　社会规范是社会组织为个体的社会行为制定的一套如何做人、如何与他人相处的规则和准则系统。这套系统会随着社会的发展不断调整和更新。青少年通过社会规范学习,内化规范系统,以此指导自己的行为,就能够很好地与人相处,达到良好的社会适应。因此,心理健康工作应充分重视社会规范的学习和接受,把社会规范学习作为促进个体心理健康的有效途径,将社会规范学习和接受水平作为衡量心理健康的一个重要指标。

行为规范的接受过程

社会规范的接受是把外在于主体的行为要求转化为主体内在的行为需要的内化过程,即品德结构的构建或对行为规范的遵从态度的确立过程。规范的接受过程包括三个不同的连续性阶段,即依从、认同和信奉。

依从(compliance)　是指行为的主体对别人或团体提出的某种行为要求的依据或必要性缺乏认识,甚至有抵触的认识和情绪时,出于安全的需要,既不违背,也不反抗,仍然遵照执行的一种遵从现象。它包括从众和服从两种表现类型,是社会规范接受的初级水平。**从众**(popular response)是指主体对于某种行为要求的依据或必要性缺乏认识与体验,跟随他人行动的现象。从众现象的发生,主要由于主体缺乏行为依据的必要信息,害怕坚持己见会带来不良后果,由此产生一种对潜在的情境压力的依从。**服从**(obedience)是指主体对于某种行为本身的必要性缺乏认识甚至有抵触时,由于某种权威的命令或现实的压力,仍然遵从这种行为要求的现象。

依从具有盲目性、被动性、工具性和情境性四个特点。其内化程度是肤浅的,遵从态度机制是薄弱而不稳定的,相应的规范行为动摇不定、反复无常,尚有很大的局限性。但依从可使主体获得关于规范行为的执行经验,确立起遵从态度结构中的行为成分,是道德内化的开端。虽然依从只是为了安全需要或受功利驱动的一种手段或工具,但是它为认同建立创造了条件,在良好教育下经过反复实践,可以转化为行为需要,形成一种稳固的遵从态度结构。

依从学习中从众和服从的影响因素是不同的。从众学习受到群体一致性、规模、内聚力与专长等群体因素和国籍、种族、文化背景、性别、情境项目、责任感等个体特性的影响。服从学习作为外力作用下维持自身基本需要的一种工具性行为,受制于直接和间接的外在压力,包括奖励、惩罚、群体氛围、个人权威等。

认同(identification)　是指思想上与行为上对规范的趋同,由认同愿望引起而仿效认同对象(榜样)的行为,就是对榜样的遵从及模仿。认同的出发点(动机)不是对情境或权威命令的直接或间接压力的屈从,而是对榜样的仰慕而产生的追求,主体企图与榜样一致。规范认同是个体规范认知经验、行为经验与情感经验整合的结果。

认同具有自觉性、主动性、稳定性三个特点,主体对榜样的仰慕,不仅包含对榜样的认识,也包含对榜样的情感体验,由此产生与榜样一致的意图,能够自觉主动稳定地模仿榜样的言行。认同是规范的接受及品德形成的一个关键阶段,是规范接受的较高水平,是自觉遵从态度确立的开端。认同过程中不仅开始确立起自觉遵从态度的动机机制,同时也进一步确立执行机制。规范的认同具有一定局限性,其认识与体验有待深入提高及概括化、系统化,认同还缺乏高度适应性,在矛盾情境中原则性与灵活性难以统一。

认同学习是指通过学习确立起认同的愿望与认同的行为,其心理机制是"义情沟通",即通过消除意义障碍与情感障碍,唤醒积极情感体验,激发规范行为意向。心理学家从不同角度,把认同学习称为模仿学习(learning by modeling)、观察学习(observational learning)、社会学习(social learning)、替代学习(vicarious learning)等。榜样在认同中起着相当大的作用。榜样的相似性、榜样的地位或身份、榜样行为的性质、榜样行为的后果等是影响榜样吸引力的特性。此外,模仿的成效还受示范、观察、强化等因素作用的影响。示范(demonstration)指对认同主体呈现认同现象,即演示榜样行为。它通过行为导向使观察者(模仿主体)获得一种新的行为模式,可以抑制不良行为、消除对良好行为的抑制,并诱发同类行为。增强观察是促进模仿、提高模仿成效的一个因素。榜样强化、自我强化和替代强化是模仿学习中强化的三种形式。

信奉(believe)　指个体随着对规范认识的概括化与系统化,以及对规范体验的逐步累积与深化,最终形成一种价值信念作为行为规范的驱动力。规范的价值信念是指人们对规范本身的伦理意义与作用(效益)的确定性的认识与体验上升为一种价值需要。信奉是规范的高级接受水平或高级遵从态度,是品德形成的最高阶段。信奉是认知与情感的结晶,是稳定而自觉的规范行为产生的内因。

规范信奉行为具有高度的自觉性、主动性、坚定性。信奉不仅确立规范的动机系统,而且牢固确立执行规范的监控系统。信奉行为的产生,标志着外在于行为主体的规范的社会要求转化为行为主体的内在需要(规范的信念系统本身就是一种行为需要),表明道德内化已经完成。

信奉学习的关键是使学生确立起规范的价值信念。在信奉学习中,首先要注意获得有关规范价值的认识,包括对规范实践后果的认识、集体主义价值观的掌握和消除意义障碍。规范的价值认识是在对规范的实践后果进行伦理学判断的基础上产生的,是关于规范行为(合乎行为规范要求的行为)的是非、善恶、美丑的价值判断。消除意义障碍是指要消除那些妨碍学生对行为规范价值作出正确认识的错误思想影响。其次要注意丰富规范价值的情绪体验(情感)。情绪体验是由主体依据储存在记忆中的信息(过去经验)以及对环境中正在发生的事件(刺激因素)的知觉对当前情境的唤醒状态所作的解释。学习中要注意丰富主体对情境的感受,采用生动直观的形象化教育手段,并注意结合学生已有的经验对情境进行评价,丰富学生对行为规范后果及其意义作用的认识。信奉学习不仅要"晓之以理",而且要"动之以情",通过情感的感染或共鸣,使学生设身处地地感受和理解别人的心情,从而获得并丰富与价值相应的情绪体验。

参考文献

冯忠良.结构化与定向化教学心理学原理[M].北京:北京师范大学出版社,1998.

蓝维.社会规范学习在青少年健康发展中的作用[J].中国青年政治学院学报,1997(3).

王健敏.社会规范学习心理与品德建构[J].教育研究,2000(8).

（林　颖）

行为矫正(behavior modification)　在行为主义学习理论基础上发展起来的矫治问题行为、塑造期望行为的程序与技术。其基本原理是:问题行为是行为主体受来自环境的强化而形成的;通过改变环境和强化可以改变问题行为。行为矫正在矫治发育障碍者、精神病患者、老年人、儿童的不良行为以及在商业、工业、服务业、康复治疗、教育与管理等领域有着广泛应用。历史上对行为矫正的发展有突出贡献的理论主要是巴甫洛夫的经典条件作用理论(参见"经典条件作用理论"、"操作条件作用理论"、"社会认知理论")。

行为矫正的程序

行为矫正的程序由分析问题行为、选择与实施矫正方法以及促进泛化三阶段组成。

分析问题行为　分析问题行为是通过收集和分析问题行为发生的环境及其所受的强化来推断问题行为发生的原因并为随后确定矫治方案提供信息的过程。分析问题行为旨在获得如下信息:行为本身的情况,如发生的频率、程度等;问题行为发生的环境,包括物理环境和其他人的行为,如行为发生的时间、地点、有哪些人在场等;问题行为的后果,包括物理环境和其他人的行为和变化;替代行为,在治疗中准备用来取代问题行为的适当的行为;动机变量,影响问题行为和替代行为的强化物和惩罚物的有效性;潜在的强化物,对问题行为者具有强化功能并计划在治疗中使用的环境事件;以前的治疗史及效果,过去使用的干预措施及其对问题行为矫正的效果。

分析问题行为时,一般采用如下三种方法:一是间接法,即通过与问题行为者或其他知情者(如家庭成员、教师、领导等)的会谈或问卷来了解问题行为、问题行为的前提刺激、后果以及其他方面的信息。二是直接观察法,在问题行为发生的实际场景中对问题行为、问题行为发生的情境及后果等方面进行观察。观察者可以是家长、老师、心理学家,也可以是行为者本人。三是实验法,通过实验来对引发问题行为的前提刺激和行为的后果进行控制以证实它们对问题行为的影响。

选择与实施矫正方法　通过分析问题行为,明确前提刺激、问题行为和后果三者的关系,就可以有针对性地选择行为矫正的具体方法来进行矫正。行为矫正的不同方法适用于不同的问题行为,具体的选用要根据其使用条件和对问题行为的分析来确定。

促进泛化　运用一定的矫正方法对问题行为进行矫正后,问题行为可能在某种程度上减弱或消失,但这并不能保证在矫正情境之外也有同样效果。促进矫正效果泛化到矫正情境之外的类似情境,是行为矫正最终完成的标志,这种考虑实际上贯穿行为矫正的全过程。(1) 在泛化出现时给予强化。在矫正情境之外的情境中，如果行为者对相关的刺激出现我们期望的行为或者没有出现问题行为，就对这种行为进行强化。如教给智力障碍儿童的家长一些教养孩子的技能，当家长在训练情境之外的家庭环境中也使用这些教养技能时，就给予强化。(2) 训练那些能在泛化情境中受到自然强化的行为。当在泛化情境中训练者不能为泛化行为提供强化时，在训练时就要首先分析一下泛化情境中可能会提供哪些强化，而后针对这些不需要训练者提供的强化训练相应的行为。如教给害羞的青少年约会的技能时，要教给他们那些异性最喜欢的方法，这样在实际的情境中才有可能得到异性的强化，而不必由训练者提供强化。(3) 训练情境和泛化情境要具有某些共同的特征或刺激。如训练儿童应对诱拐的技能时，可以在诱拐更可能发生的游乐场进行，训练情境与泛化情境一致，有利于训练效果的泛化。(4) 在多种相关情境中进行训练。如训练儿童应对诱拐的技能时，要在多种诱拐情境中(如用糖果引诱、用甜言蜜语哄骗等)进行训练。(5) 由行为者本人生成一些中介刺激来控制其在泛化情境中的行为。这种中介刺激可以是物理性的，也可以是个体的行为。如训练父母管教孩子的技能时，可以让父母做笔记，以后在管教孩子时，可以复习做过的笔记(中介刺激)来指导实际的行为。(6) 训练个体一些可以引起相同结果的反应方式。如训练公司职员拒绝无理要求的行为时，可以教给他们各种拒绝的方法，这样在一种方法不奏效的情况下，可以使用其他方法实现目的。

行为矫正的方法

消退 识别并消除问题行为受到的强化以减少问题行为的方法叫消退。成功的消退取决于识别维持问题行为的强化物。不同人的同一问题行为可能受不同强化物强化，如一个孩子的攻击行为是受父母注意的强化，另一个儿童的攻击行为是为从别人手中得到喜欢的玩具。有时，同一个人的不同行为在不同情境中由不同强化物维持，如一个孩子不听家长的话，在一种情况下，家长的责备满足了孩子需要关注的要求而对不听话行为进行了强化；在另一种情况下，孩子逃避了要完成的家庭作业，这也构成了一种强化。

实施消退程序需要在每次问题行为发生后都消除其强化物。在具体实施前，需要考虑几个问题：(1) 问题行为的强化不同，消退的方法也不同。如同样的自伤行为，一个孩子是由大人的注意强化的，另一个是由逃避学习强化的，还有一个是由本身感官刺激强化的。对第一个孩子，在他进行自伤行为时，大人不要给予注意(但要采取预防措施以防止孩子受伤)。对第二个孩子，在他出现自伤行为时，教师

要坚持让他完成学习任务。对第三个孩子，可以采用一些措施，消除自伤带来的感觉，如给儿童戴上一个有衬垫物的头盔，这样就可以改变撞头后的感觉。(2) 强化物必须是治疗者可以控制的，否则不能实施消退程序。如儿童不听话的行为是由大人的注意强化，而大人的注意是大人可以控制的，因而可以采用消退法。而另一名小学生威胁别的孩子交出零花钱，这一行为的强化物是受害者交出的钱，这是教师不能控制的，对此行为不能采用消退法。(3) 消退的实施不会给问题行为者和周围其他人造成伤害。如一名有精神障碍的年轻人在工作时会攻击旁边的人，抓住人家的头发用力往桌上撞头，这一行为是受管理者的注意强化的，但消除管理者的注意会伤害周围工作的人，因而也不能使用消退。(4) 实施消退后出现的问题行为暂时升级是可以接受的。实施消退后，通常问题行为的频率、强度、持续时间会有所增加。如一名5岁女孩，每到上床睡觉时就大发脾气，这时家长的安慰、讲故事行为就是一种强化，取消这种强化后，女孩发脾气的行为可能会升级，如摔屋里的东西。如果房间里没有易碎的东西，则这种行为的升级能为家长接受，就可以实施消退。(5) 治疗中要对问题行为进行一致性的消退。如夫妇二人对孩子睡觉前发脾气的行为进行始终一致的消退，但爷爷奶奶拜访时偶尔强化了这一行为，问题行为就不大可能消退。(6) 消退程序要与强化程序结合起来使用。在消退问题行为过程中，如果出现取代问题行为的替代行为，就要对其给予强化，如孩子睡前不发脾气了，家长就要对其进行表扬和奖励。

差别强化 这是运用强化和消退原理来提高期望行为出现率、减少问题行为出现率的一种方法，主要有三种形式：(1) 对替代行为进行强化。如果要对替代问题行为的期望行为进行强化，则这种行为至少要偶尔出现一下。如果近期未出现这种行为就不宜采用这种方法。在每次替代行为出现时都对其进行立即和一致的强化，对问题行为则不给予强化，这样会增加替代行为出现率，减少问题行为出现率。如儿童在看牙医时，会出现摇头、扭动身子、哭闹、作呕、呻吟等不期望出现的行为，但偶尔也会表现出坐稳、安静、合作等期望行为。在儿童表现出期望行为时，就给予强化，如让牙钻停一会儿、口头表扬、给予小礼物等，这会大大减少儿童妨碍牙医工作的行为。(2) 对问题行为不出现进行强化。如一名儿童午休期间一直吮吸手指。当她不吮吸手指时，阿姨就给她讲故事，一旦出现吮吸手指的行为，就停止讲故事，以此来强化不吮吸手指的行为。(3) 对出现频率低的行为进行强化。当期望的行为不是行为的消失而是行为频率的降低时，可以采用这种方法。如学生课堂上每隔几分钟就举手回答问题，教师并不想消除举手的行为，而是想将他举手的次数限制在可接受的范围内。在进行强化时，一种情况是在一段时间内反应次数少于规定次数即进

行强化,如学生一节课最多只能举三次手,超过就不能得到强化。另一种是两次反应间隔的时间达到一定标准再进行强化,如学生课上两次举手间隔超过15分钟,教师才让学生回答问题。

辨别刺激控制法　亦称"前提控制法"。针对一定的刺激,个体产生一定的行为,而后这种行为受到强化,个体形成在一定刺激下产生一定行为的现象。这里的刺激就是辨别刺激(S^D),个体的行为受辨别刺激控制。要改变行为,除操纵强化这一因素外,还可操纵引发行为的刺激,通过创设或移去辨别刺激以引发期望行为,并通过对期望行为的强化来形成期望行为,减少问题行为。实施辨别刺激控制的方法如下:(1)通过改变环境的某些方面,为期望行为安排辨别刺激,消除不期望行为的辨别刺激。如某学生大部分时间花在宿舍里与朋友聊天,导致用于学习的时间很少,因而期末考试成绩很差。为改变这种行为,可以选择在安静的图书馆学习,这样,没有其他朋友分散注意,图书馆构成了学习行为的辨别刺激,消除了聊天等行为的辨别刺激。(2)在期望行为之前安排一种使期望行为更具强化作用的事件,消除问题行为之前的事件,使问题行为不具有强化作用。如一名儿童晚上看电视至凌晨1点才睡,导致早上起来很困难。每天下午放学回来就睡两三个小时的午觉,结果晚上该睡觉的时候不困,并拒绝早睡。为增加儿童早睡的可能性,父母让他放学后直到晚饭前都有活动,不让他睡午觉,这一事件导致他晚上更困,于是晚上早睡的行为就具有强化作用而有可能出现。(3)减少期望行为的反应难度,增加问题行为的反应难度。期望行为和问题行为是相互竞争、相互排斥的行为。如果采取期望行为较为容易,而采取问题行为较为困难,则行为者就可能采取期望行为。如调查显示,在高峰期高速公路上大多是单人开车,这一方面造成交通拥阻,另一方面也加重空气污染。管理者希望减少单人开车的人数,增加多人共乘一辆车的数量。为促进期望行为的发生,管理者在高速公路上指定一条供至少有三个人乘坐的车使用的通道,这一通道上交通更顺畅,这就降低采取期望行为的难度,而单人开车要在拥阻的通道上缓慢前行,这就增加采取不期望行为的难度。

惩罚　是在问题行为之后发生的、能减少问题行为将来出现可能性的事件,通常分为正惩罚和负惩罚。前者是在问题行为之后施加一定的刺激、事件(通常是问题行为者厌恶的)以减少问题行为;后者是在问题行为之后移去一定的刺激、事件(通常是问题行为者喜欢的)以减少问题行为。一般是在消退、差别强化、辨别刺激控制等矫正方法无效或因某种原因不能运用时采用,是行为矫正的最后一招。在具体实施过程中,还要考虑惩罚的伦理道德问题。一般来说,惩罚要征得当事者或其监护人同意后才可实施,实施的惩罚不能对当事者产生伤害,而且要对惩罚程序的施行给

予清晰的书面指导,必要时要对实施人员进行培训。

必须使用惩罚程序时,应首先考虑负惩罚。常用的负惩罚程序有罚时出局和反应代价两种。(1)罚时出局是指因问题行为而短时间内失去获得强化的机会,通常分为排斥性的罚时出局和非排斥性的罚时出局。前者是当事者被从问题行为发生的地点带离到另一地点(通常是禁闭室),后者是当事者虽留在问题行为发生的地点,但失去获得强化的机会。如一名儿童在和其他小朋友游戏时捣乱,老师把他带到游戏室的一角,不让他参与游戏,这是非排斥性的罚时出局。而将他带离游戏室,关到一间独立的小屋内,则属于排斥性的罚时出局。罚时出局程序适合问题行为由社会性的或有形的正强化维持的情况,对受负强化或感官刺激维持的问题行为不适用。要与强化程序结合使用,在对问题行为进行惩罚时,对积极的替代行为要给予强化。在实施时,实施者要平静、没有任何情绪反应,不能与当事者有任何的相互作用,禁闭室应当安全、采光好、宽敞,要防止儿童从中逃脱。罚时出局的时间一般为1～10分钟,如果在这期间没有问题行为出现,应允许当事者继续参与活动。(2)反应代价是在问题行为出现时移去一定数目的强化物,如未在指定位置停车结果被罚交一定数量的钱款。金钱是反应代价程序常被移去的强化物,玩具、代币、有趣的活动等也常被采用。反应代价程序通常也要与差别强化结合使用。

正惩罚涉及厌恶事件和刺激的提供,具体形式有四种:(1)矫枉过正。要求当事者在每次问题行为发生的一段时间内进行与该行为有关的费力活动。如一名儿童在墙上胡写乱画,父母便让他不仅把画脏的墙面擦干净,还让她把没画脏的几面墙也擦干净。(2)随因练习。当事者由于问题行为的出现而必须进行某种形式的体力劳动。如对付儿童骂人的行为,家长可让他骂人后擦窗户玻璃,以此体力劳动施加厌恶事件。(3)引导服从。在需要服从的情境中出现问题行为后,当事者在进行要求完成的活动时始终受治疗者的身体引导。如要求孩子去擦玻璃,但孩子乞求、哭闹、不愿干,这时父母可以手把手地强迫他去擦。(4)身体限制。在问题行为发生时,控制当事者参与行为的部分身体,使之不能继续采取问题行为。如小学生出现攻击同学的行为时,教师就按住学生的胳膊数分钟,使之不能采取攻击行为。

系统脱敏　是在巴甫洛夫经典条件作用理论基础上形成和发展起来的一种治疗焦虑症和恐惧症的方法,由美国心理学家沃尔普发明。其基本原理是,造成焦虑与恐惧症的原因是焦虑、恐惧情境(刺激)与焦虑、恐惧反应之间形成条件反射。消除这种条件反射,需要用与焦虑、恐惧反应相对抗的(不相容的)肌肉放松状态来同恐惧刺激形成条件反射。人的肌肉放松状态每次只能抵制一个较低程度的焦

虑、恐惧反应,因而治疗要从较低程度的焦虑、恐惧刺激开始,逐渐提高等级。系统脱敏最初是让患者在想象引起焦虑、恐惧刺激的同时进行放松练习,后来发展到让患者实际接触真实的焦虑、恐惧刺激,进行现实脱敏。不管是想象的还是现实的脱敏疗法,都包括三个步骤:(1)建立焦虑、恐惧事件等级。首先让患者找出所有感到焦虑、恐惧的事件,并用主观感觉量表来衡量对每一事件的焦虑、恐惧程度。该量表尺度为0~100,0级相当于没有焦虑、恐惧,100级相当于极度的焦虑、恐惧。而后按患者报告的焦虑、恐惧程度将事件按由小到大的顺序排列。下表就是一个飞行恐惧患者排列的恐惧事件等级。(2)进行放松训练。放松训练旨在对抗由自主神经系统控制的肌肉紧张、心跳加快、呼吸急促等反应。其具体方法有:渐进性肌肉放松,即先紧张每组肌肉群,而后再进行放松;深呼吸,以慢节律方式用膈肌将气深吸入肺内,而后再缓缓呼出;集中注意,通过想象、催眠等方法将注意指向一个中性的或愉快的刺激,离开对焦虑刺激的注意。(3)在保持放松的同时,提高通过焦虑、恐惧事件的等级。进入放松状态后,先想象或直接接触最低的刺激事件等级,一旦患者对这一等级的刺激可以保持放松状态,就可进入下一更高等级上,直至通过全部等级。

飞行恐惧事件等级

10	观看一架飞机正在上下翻滚的电影
20	乘坐在一架正在机场发动的飞机上
30	乘坐在一架正滑向跑道的飞机上
40	乘坐在一架正在加速滑跑的飞机上
50	计划三个月后与朋友乘飞机旅行
60	旅行前一个月
70	旅行前三周
80	旅行前三天
90	乘飞机正在起飞
100	乘飞机在天空中飞行

代币法　是运用作为条件强化物的代币进行强化与惩罚,以形成期望行为的一种方法,常被用于住院的精神病人、有行为障碍的青少年、监狱中服刑的犯人、工厂的工人等的治疗与管理工作中。实施代币法,需要考虑如下问题:(1)明确期望的行为、准备使用的代币以及后援强化物。代币法要增加期望行为,首先要明确期望行为是什么,这样代币的实施才有目的。代币是可以用来兑换有用实物(称为后援强化物)的证券,如小卡片、金属牌、小红旗等,它应当只能从监管者或治疗者那里获得,如果被监管者会通过偷窃、伪造或从其他渠道获得,代币就会失去强化作用。相对于后援强化物,代币是条件强化物,代币法的有效性取决于后援强化物,常用的后援强化物包括零食、玩具、特权以及一些活动性强化物。治疗中必须保证后援强化物只能用代

币购买,而且后援强化物必须超出被监管者的基本需要和权利之外,如被监管者必需的膳食不能作为后援强化物,但超越膳食之外的零食、小吃等可以作为后援强化物。(2)确定适当的强化和惩罚计划。通常,治疗是从连续强化开始,每个期望行为出现后都会得到一个代币。然后,在期望行为的出现比较有规律后,要转入间歇强化。为使期望行为能泛化,在治疗结束前,应逐渐减少代币的使用,转而采用表扬、评定等级等自然强化。在实施的早期,要保证被监管者能挣得足够的代币,以便获得后援强化物,从而使代币获得条件强化物的地位而能用于强化。当有非期望行为与期望行为相竞争、对抗时,可以使用收回代币的负惩罚措施。因问题行为出现而失去的代币数量,要视问题严重程度、被监管者每天挣得的代币数量以及后援强化物的价值。一般不应让被监管者失去所有的代币,这样不利于问题行为的消除。(3)建立代币的兑换率,明确兑换的时间与地点。监管者必须限定被监管者一天中能挣得的最大代币数量,并建立代币兑换后援强化物的比率,以公平对待每个参与代币管制的人员,而且兑换率应随具体情况而经常改变。代币兑换的时间应当是被监管者一段时间内表现出期望行为之后再进行。兑换的地方可以是专门贮有后援强化物的代币室,也可以是与工作人员约定的地点(如活动特权的兑换)。这些问题要在实施代币前计划好。(4)对实施代币法的工作人员进行训练与管理,以保持实施过程的一致性。工作人员要能识别正确的期望行为的每种情况,能根据强化计划在期望行为出现后给予代币;要能识别问题行为,并在其出现后收回代币;要完整地保管好代币以防止被盗或被伪造;及时了解兑换率、兑换时间及坚持兑换的相关规定。

行为契约法　是以契约的形式,综合运用强化与惩罚的原理来管理个体行为的方法。契约中规定期望行为以及该行为出现和未出现时相应的强化与惩罚后果,通常有单方契约和双方契约两类行为契约。前者是由寻求改变问题行为的求助者和实施强化惩罚的管理者签订的。求助者可以想增加期望行为,也可以希望减少问题行为,契约管理者可以是心理医生、社会工作者、求助者的家人或朋友。后者是由都想改变自身行为的双方签订的,由双方协商确定要改变的目标行为及对目标行为的强化与惩罚。签约双方之间通常是夫妻、亲子、朋友或同事关系,而且一方对另一方的某些行为感到不愉快,契约确定的行为改变将使双方都感到愉快。行为契约由五部分组成。(1)确定目标行为。契约中要用客观、可操作的术语来描述。(2)规定如何测量目标行为。通常用固定的行为产物来规定,即对方或第三方可以直接观察到的行为。(3)确定行为出现或不出现的时间。(4)确定强化与惩罚的发生。(5)确定由谁来实施强化与惩罚。

自我管理　当问题行为者意识到自己的问题行为并希

望改正时,可以使用自我管理的方法,由行为者决定要矫正什么行为,采用什么矫正方法,评价行为是否合乎标准并决定是否给予强化。其具体过程如下:(1)自我观察。自己对问题行为进行有意识的注意,明确问题行为的频率和强度,确立希望形成的目标行为,并对问题行为出现的原因作出解释。(2)自我指导。由问题行为者综合采用多种行为矫正方法对自己的问题行为实施控制和管理。常用的方法有辨别刺激控制法、行为契约法等。(3)自我强化。根据自己的反应情况来给自己提供强化,以促进目标行为的实现。

参考文献

钱铭怡. 心理咨询与心理治疗[M]. 北京: 北京大学出版社, 1994.

戴尔·H. 申克. 学习理论: 教育的视角(第三版)[M]. 韦小满, 等, 译. 南京: 江苏教育出版社, 2004.

Miltenberger, R. G. 行为矫正: 原理与方法(第三版)[M]. 石林, 等, 译. 北京: 中国轻工业出版社, 2004.

Ormrod, J. E. Educational Psychology: Principles and Applications [M]. Englewood Cliffs, New Jersey: Prentice-Hall, 1995.

(汪亚利)

行为障碍儿童教育(education for children with behavior disorders) 对儿童及青少年时期发生易观察、易鉴别的外在偏离行为儿童实施的专门教育。特殊教育的组成部分。行为障碍的主要类别有注意缺陷与多动障碍、品行障碍、对抗性行为障碍、进食障碍、睡眠障碍等。注意缺陷与多动障碍和品行障碍是儿童行为障碍中的主要两类。不同类别行为障碍的成因、诊断和教育干预存在很大差异。

主要两类行为障碍的表现及诊断标准

注意缺陷与多动障碍(attention-deficit hyperactivity disorders, 简称 ADHD) 持续表现出的注意力缺乏、行为冲动、过动等一类行为障碍。主要症状是注意力不集中,维持注意和选择注意方面均有困难,即容易被内在或外在事物分散注意力,注意力缺乏内在控制。如在课堂上在座位上扭动、烦躁;坐着时大腿持续摆动;敲笔头、频繁地削铅笔、不能把手放在身体两侧;不假思索地行动等。

美国精神医学会《精神疾病诊断与统计手册(第四版)》(*Diagnostic and Statistical Manual of Mental Disorders, Forth Edition*, 简称 DSM-IV)诊断注意缺陷与多动障碍的标准是:(1)注意缺陷——具有 6 条以上下列症状,且这些症状已持续 6 个月以上,这些症状的出现与正常儿童的发展不一致:经常对事物的细枝末节掉以轻心,或在做功课、游戏时或进行其他活动时经常出现无心的错误;经常对工作、功课或游戏无法保持注意;经常无法集中注意力听别人对自己讲话;经常无法完成指定的功课、游戏或日常事务;经常无法有条理地组织任务和活动;经常避免或拖延一些需要持久费脑力的任务(如学校的功课或是动脑筋的游戏);经常丢掉日常必需的东西(如玩具、文具、书、本等);经常容易被无关的外部刺激干扰;经常忘记日常事务。(2)多动—冲动——具有 6 条以上下列症状,且这些症状已持续 6 个月以上,这些症状的出现与正常儿童的发展不一致:经常坐立不安,手足无措;勉强坐在椅子上也是不断扭动身体;在教室或其他需要静坐的地方会经常离开座位;经常跑来跑去、爬上爬下;无法安静地游戏或是从事休闲活动;时时都在转动;不停地说话,早上一觉醒来就讲个没完,在教室中老师的问题还没有说清楚就抢着发言回答;不习惯等待,没有轮流的概念;别人谈话或游戏时插嘴或插手打断别人的活动。其中前 6 条是多动的症状,后 3 条是冲动的症状。(3)注意缺陷与多动障碍的症状在 7 岁前就已出现。(4)注意缺陷与多动障碍造成的行为问题在两种以上场合出现,如在学校、家里或工作场所都会出现同样症状。(5)儿童的行为症状影响了儿童的人际关系、功课及日常生活。(6)行为症状的发生并非由智力发展问题、精神分裂或其他精神症状、其他情绪问题、焦虑症状或人格差异导致。中国对行为障碍的诊断基本参照《精神疾病诊断与统计手册(第四版)》,同时结合儿童养护者如父母对儿童日常行为的观察。

品行障碍(conduct disorders) 与儿童年龄不符、不恰当、违背家庭愿望和社会规范、侵犯他人的人身权和财产权的行为问题。主要表现形式:公开的侵犯行为,如击打或损坏公物、说谎、争吵、打架、对父母或老师大发雷霆、偷东西、抢劫等。有的儿童不止出现上述一种行为问题,而是几种问题行为一起发生。品行障碍可分为:攻击性行为,指对他人的身体、财物或精神上发动攻击,包括集体攻击他人(如青少年团伙犯罪)和个别攻击他人;破坏性行为,指对公共物品进行破坏;偷窃行为,包括偷东西或欺骗、诈骗等。从对社会规范的违背来分,可划分为公然的反社会规范行为(如打架、抢劫、破坏财物等行为)和隐藏的反社会规范行为(如偷窃、逃学、说谎等行为)。

《精神疾病诊断与统计手册(第四版)》认为行为障碍症状是指一种反复而持续的行为模式,诊断标准是:(1)由于这种行为的出现,他人的基本权益受到侵犯,社会对孩子所定的行为规范被违背。在过去 12 个月里,以下行为出现 3 种以上,且在过去 6 个月里至少出现 1 种:对别人和动物的攻击——经常恃强凌弱和威胁/恐吓他人,经常挑起打斗,曾经使用武器对付他人,曾经对他人或动物做出残忍的事,曾经面对受伤害者进行偷窃或抢劫,曾经强迫他人进行色情活动;财物的破坏——曾经蓄意纵火(意图对财物造成严重损坏),曾经蓄意破坏别人的财物;欺骗或偷窃——曾经破门闯入别人的房屋、办公室或汽车,曾经以说谎来骗取他人的物品或获取好处以逃避责任、曾经窃取贵重物品但不和受害人发生正面冲突;严重违反规定——在13岁之前就违反父母的禁令、经常不回家过夜,至少有两次离家出走且有在外面过夜的经历,在13岁之前就经常逃学。(2)这些行为问题严重妨害了儿童的社会关系、学校课业或是工作。

《精神疾病诊断与统计手册(第四版)》把品行障碍的严重程度划分为三级:轻微级,指行为问题对他人造成轻微伤害,如说谎、逃学或未经许可在入夜后才回家;中度级,指行为问题对他人造成不算轻微但也不太严重的伤害,如偷窃财物但未与受害人发生正面冲突或破坏他人财物;严重级,指行为的发生对他人造成重大伤害,如强迫他人从事性活动,残酷地攻击他人身体,使用武器对付他人,偷窃并公然与受害者对抗或破门强入他人的房屋或汽车。

只有符合以下三个关键条件才能对行为障碍进行诊断:(1)行为问题的频繁性。它确实在儿童身上已经固化,成为固定的行为模式并经常发生。(2)行为问题的持续性。它确实已存在较长时间,通常指持续时间已有6个月,有时候要求有12个月。(3)行为问题的影响力。它确实已干扰到儿童的日常生活、社会人际关系及学校的学习活动(年纪较大的青少年则干扰到其职业表现)。

行为障碍儿童的成因

注意缺陷与多动障碍的发生率为3%～5%,患注意缺陷与多动障碍的男孩约是女孩的2～3倍。随着年龄的增长,注意缺陷与多动障碍的发生率和症状程度都会有所下降,但部分个体的注意缺陷与多动障碍会持续一生。研究发现促成注意缺陷与多动障碍的因素有遗传(如果父亲在童年时患有注意缺陷与多动障碍,那么他的后代有1/3的可能性患上注意缺陷与多动障碍)、怀孕期母亲吸烟或饮酒、儿童不良饮食、儿童接触铅、儿童与父母的互动等。得到普遍认同的观点是:注意缺陷与多动障碍由脑功能失调引起;脑功能失调导致儿童无法整理和控制外来的刺激信息,无法产生适当的行为反应。

品行障碍的发生率为2%～6%。在低年龄阶段,男孩具有品行障碍的人数是女孩的3～4倍,但随着年龄的增长,到15岁时,这种差异降低甚至消失。遗传、婚姻冲突、家庭暴力、无纪律约束、家长监管缺乏、儿童社交技能与言语能力的不足、媒体不良影响等都与儿童品行障碍有关。

行为障碍儿童的教育干预

对行为障碍儿童的教育干预主要遵循以下原则:在教育过程中,教育者应强调课堂方案的不足,而不是儿童的不足;在课程计划过程中,教育者须首先确定儿童的需要,以保证他们在即将回归的环境中能继续获得成功;教育者应能区分针对基础知识教学进行的各种补偿方法,能依据特定儿童的情况有效地选择某一种适合的方法以及适当的教学内容,即教师有责任找到促进儿童学习的、适当的教学策略和材料;行为障碍儿童的教师无论是在课程中还是在系统干预中都必须专注于儿童社会交往能力的培养。

为行为障碍儿童制订的教育干预目标主要表现在提高儿童的自我概念、自我管理、社会交往技能、学习技能、日常生活或生存技能、行业或专业技能等几方面。适合行为障碍儿童的教育干预计划包括如下组成部分:评价儿童目前已有的技能;建立清晰、量化的能力目标或行为目标;为完成目标而制定一个特殊的教学方案;对成功进行评价。此外教育干预计划应包括能促进儿童积极参与的措施、能促成儿童获得成功经验的教学方法、能对儿童的学习进行即时反馈和积极强化的激励系统,以及确定各种可利用的资源(如同伴助教、志愿者)来促成教育干预效果的达成。

注意力训练　为增强注意缺陷与多动障碍儿童的注意力,美国心理学家努斯鲍姆和比格勒设计了几种训练活动:(1)"老师说"游戏。成人给出不同的指令,需要儿童只对其中一类指令即包含"老师说"的指令进行反应,根据指令做出相应动作。如果成人的指令中没有包括"老师说",而儿童却对指令进行了反应,那么就会被淘汰出局。这类游戏能训练儿童集中注意力。(2)速示卡片游戏。成人将写有文字或画有图画的卡片出示给儿童,然后迅速撤去卡片,让儿童说出看到的文字或图画。这类游戏能训练儿童的注意力和视觉记忆力。(3)寻宝游戏。发给儿童一张标有关键地点的寻宝地图,让儿童参照地图到各个地点去寻找关于宝藏的提示,如在地点A找到提示1,依据提示1到地点B找到提示2,依次类推,最后在地点M找到宝藏。这类游戏能训练儿童的注意力和坚持性。

认知性问题解决技能训练(cognitive problem-solving skills training)　在解释行为障碍儿童的攻击性行为和反社会规范行为时,认知行为改变理论认为儿童的这些行为是其对周围人际事件的错误认知引发的,只有改变他们的错误认知才能改变他们的行为问题。道奇和弗雷姆研究发现,与非攻击性儿童相比,攻击性儿童在他人意图不明的情境中更多地对他人的行为进行敌意性解释。由于认为他人对自己有敌意,因此攻击性儿童更不相信他人,容易与人产生冲突。认知性问题解决技能训练就是专门为矫正行为障碍儿童在人际交往情境中的认知扭曲而设计的训练课程。训练使用结构性任务如游戏、讲故事及其他学校活动,教师采用指令、练习和反馈来帮助儿童发现处理各种社交情境的不同方法。通过完成训练任务,儿童学会评估不同情境,辨别当时情境的自我陈述和后续反应,以及调整他们对其他儿童行为动机的解释。在对他人心理感受的理解上，儿童的敏感性得到提高；他们学会预期他人的反应，然后采用适当方法解决。教师在训练中发挥重要作用，需引导儿童学会在不同情境中使用自我陈述，如"现在我想做什么"或"我必须想想各种解决问题的方法"，指导儿童将注意力集中在解决方法上；需灵活应用示范、角色扮演、练习及其他课堂管理策略，并及时提供反馈和奖励；需引导儿童将学习到的认知性问题解决技能迁移到真实的日常生活中。

社会交往技能训练　有研究发现，受同伴排斥的儿童要比正常儿童更易对他人的意图进行敌意解释。行为障碍儿童冲动、情绪化及缺乏自控往往使他们在人际关系、社会互动上存在问题，而这些问题反过来又会加剧行为障碍儿童的反叛和攻击性行为。为使行为障碍学生回归主流教育，能在普通环境中学习和与人和睦相处，有必要对他们进行社会交往技能的训练，以促进他们与同伴的良好互动，减少他们的问题。在为行为障碍儿童制定社会交往技能的训练计划时，教师要考虑到通过训练使儿童的五种技能得到提高：社会互动的技能，如学会提问、与人分享和邀请别人加入等；处理不如意事件的技能，如学会礼貌地拒绝，应对别人叫外号、取笑或责难等；化解冲突的技能，如学会协商和妥协；维持社会交往互动的技能，如学会倾听和轮流表达等；维护自己的技能，如学会说"不"，学会表达自己的感情、顾虑和重申自己的要求等。

提升自我概念的课程　（1）魔法圈（Magic Circle）课程。一种通过开展小组讨论以提升自我概念、提高人际沟通技巧的课程，适合学前到小学六年级的儿童。在活动中，儿童在地板上围坐成一个圆圈，讨论一个特定的、有关人和人的关系的主题。课程设定了三类主题：关于自我和他人的异同点；确定并运用自己的能力；理解社会关系。鼓励儿童分享各自的观点和经验，反对打断别人的谈话、质疑他人观点和贬低他人的做法。教师的作用是展示课程需要学习的东西和引导魔法圈的讨论。（2）"发展对自我和他人的理解"（Developing Understanding of Self and Others）课程。围绕一个中心人物（如海豚）的故事和活动进行的课程，通过对自我和他人的理解，发展儿童自我概念、责任和决策技巧。除采用多种活动材料和教具外，还准备了专门的布袋木偶和木偶活动卡，适合从幼儿园到小学四年级的学生。课程设定了三个教育目标：帮助儿童学习有关感情的更多的词汇；教导学生认识感情、目标和行为是相关的；通过开放式谈话，帮助儿童学习表达感情、目标和行为。教师的作用是使课程的内容和教学方案易于实施，帮助儿童学会澄清过去的经验，使其学会利用经验处理当前问题。

家长管理培训（parent management training，简称PMT）　认为家长和孩子的不良互动在一定程度上促成和维持了儿童的行为问题，因此改善家长与孩子的互动效果有助于增进孩子的良好行为。该培训着重从以下方面培训家长：帮助家长接受孩子患有行为障碍这一事实，避免让孩子的问题影响家庭的其他成员；调整对孩子行为的期望，引导孩子向积极方向发展；培训家长学会有效地发出指令来影响孩子的行为，为孩子规定适当的行为规则；培训家长掌握管理孩子情绪与行为问题的各种行为改变技术，如代币制、合同法、隔离法、消退法、前提控制法等；帮助家长学会对孩子进行行为监控，学会应用物质性奖励和社会性奖励来鼓励孩子表现出期望的行为，应用剥夺玩游戏的机会、取消外出聚会等方式处罚孩子的问题行为。研究证明通过接受家长管理培训，父母应用学习到的各种行为改变技术能有效减少儿童的反叛和挑衅行为。

多系统治疗（multi-systemic treatment）　倡导将所有的家庭成员、学校人员、同伴、青少年司法工作人员以及与行为障碍儿童相关的其他人员吸收到教育干预中；认为社会的不同组成成分都是相互影响的，一个儿童的行为障碍实际上反映的是家庭功能紊乱与社会系统功能紊乱，可以通过改善家庭的功能和社会系统的功能来减轻和消除儿童的行为障碍。

对于某些程度较重的注意缺陷与多动障碍儿童，在对他们进行教育干预的同时，会让儿童适当服用某些药物，如利他林（Ritalin），以稳定孩子的状况，避免对教学活动的实施产生干扰。药物治疗能弥补神经系统的缺陷，帮助注意缺陷与多动障碍儿童较长时间地维持注意力，控制冲动，减少无关行为及捣乱行为。用药物如锂盐也可治疗那些攻击性强、破坏力大的品行障碍儿童，使其攻击性行为减少，但有关药物副作用的争议一直在继续。

参考文献

艾里克·J.马施，大卫·A.沃尔夫.儿童异常心理学[M].孟宪璋，等，译.广州：暨南大学出版社，2004.

施显烇.情绪与行为问题——儿童与青少年所面临与呈现的挑战[M].台北：五南图书出版股份有限公司，1999.

　　　　　　　　　　　　　（焦　青　宋　戈）

行政复议制度在教育领域的适用（applying administrative review system in education）　公民、法人或者其他组织认为行政机关的具体行政行为侵害其合法权益，依法向该机关的上一级行政机关或者法律、法规规定的行政机关提出申请，由受理申请的行政机关对原具体行政行为进行重新审查并作出裁决的活动称为行政复议。教育领域中的行政复议具有如下特征：（1）行政机关具体行政行为的存在和争议是行政复议的前提条件。（2）行政复议以学校、教师、学生为申请人，以行政机关为被申请人。（3）行政复议是一种行政活动，是行政机关行使职权的活动。(4) 行政复议以行政机关具体行政行为的合法性与合理性为审查内容。(5) 行政复议虽然是一种行政活动,但它同时具有司法性,适用特定程序。

学校、教师、学生遇有下列情形之一的,可以申请行政复议:(1) 对行政机关作出的警告、罚款、没收违法所得、没收非法财物、暂扣或者吊销许可证、暂扣或者吊销执照、行政拘留等行政处罚决定不服的;(2) 对行政机关作出的限制人身自由或者查封、扣押、冻结财产等行政强制措施决定不服的;(3) 对行政机关作出的有关许可证、执照、资质证、资格证等证书变更、中止、撤销的决定不服的;(4) 对行政机关作出的关于确认土地、矿藏、水流、森林、山岭、草原、荒地、滩涂、海域等自然资源的所有权或者使用权的决定不服的;(5) 认为行政机关违法集资、征收财物、摊派费用或者违法要求履行其他义务的;(6) 认为符合法定条件,申请行政机关颁发许可证、执照、资质证、资格证等证书,或者申请行政机关审批、登记有关事项,行政机关没有依法办理的;(7) 申请行政机关履行保护人身权利、财产权利、受教育权利的法定职责,行政机关没有依法履行的;(8) 申请行政机关依法发放抚恤金、社会保险金或者最低生活保障费,行政机关没有依法发放的;(9) 认为行政机关的其他具体行政行为侵犯其合法权益的。

根据《中华人民共和国行政复议法》第七条,公民、法人或者其他组织认为行政机关的具体行政行为所依据的规定不合法,在对具体行政行为申请行政复议时,可以一并向行政复议机关提出对该规定的审查申请,这些规定包括国务院部门的规定,县级以上地方各级人民政府及其工作部门的规定,乡、镇人民政府的规定。

学校、教师、学生认为具体行政行为侵犯其合法权益的,可以自知道该具体行政行为之日起 60 日内提出行政复议申请;但是法律规定的申请期限超过 60 日的除外。因不可抗力或其他正当理由耽误法定申请期限的,申请期限自障碍消除之日起继续计算。

行政复议机关收到行政复议申请后,应在 5 日内进行审查,审查结果有三种:(1) 符合法定条件的应当受理;(2) 不符合申请条件的不予受理,并书面告知申请人;(3) 对符合本法规定,但不属于本机关受理的行政复议申请,应当告知申请人向有关行政复议机关提出。

行政复议机关应当自复议申请受理之日起 7 日内,将行政复议申请书副本或者行政复议申请笔录复印件发送被申请人。被申请人应当自收到申请书副本或者申请笔录复印件之日起 10 日内,提出书面答复,并提交当初作出具体行政行为的证据、依据和其他有关材料。

除法律有规定外,行政复议机关应当自受理申请之日起 60 日内作出行政复议决定,情况复杂的经负责人批准,可以适当延长,但延长期限最多不超过 30 日。

行政复议机关对复议案件经过审理后,应根据不同的情况作出如下复议决定:(1) 具体行政行为认定事实清楚,证据确凿,适用依据正确,程序合法,内容适当的,决定维持;(2) 被申请人不履行法定职责的,决定其在一定期限内履行;(3) 具体行政行为有下列情形之一的,决定撤销、变更或确认该行为违法,并可以责令被申请人重新作出具体行政行为:一是主要事实不清、证据不足的;二是适用依据错误的;三是违反法定程序的;四是超越或者滥用职权的;五是具体行政行为明显不当的。

行政复议决定书一经送达,即发生法律效力。申请人如果对复议决定不服,可以在收到复议决定书之日起 15 日内,或者法律、法规规定的其他期限内向人民法院起诉,但复议决定不停止执行。若申请人逾期不起诉又不履行决定的,则强制执行。

（申素平）

行政诉讼制度在教育领域的适用(applying administrative procedure system in education)　公民、法人和其他组织认为行政机关的具体行政行为侵犯其合法权益,依法向人民法院提起诉讼,由人民法院进行审理并作出判决的活动称为行政诉讼。教育领域中的行政诉讼具有如下特征:(1) 是处理和解决行政争议的活动;(2) 是在人民法院主持下进行的;(3) 适用独立的行政诉讼程序;(4) 起因于学校、教师、学生对具体行政行为不服而向法院提起诉讼。

学校、教师、学生对下列行政行为不服可以提起行政诉讼:(1) 对拘留、罚款、吊销许可证和执照、没收财物等行政处罚不服的;(2) 对限制人身自由或者对财产的查封、扣押、冻结等行政强制措施不服的;(3) 认为符合法定条件申请行政机关颁发许可证和执照,行政机关拒绝颁发或者不予答复的;(4) 申请行政机关履行保护人身权、财产权的法定职责,行政机关拒绝履行或者不予答复的;(5) 认为行政机关没有依法发给抚恤金的;(6) 认为行政机关违法要求履行义务的;(7) 认为行政机关侵犯其他人身权、财产权的;(8) 除前款规定外,人民法院受理法律、法规规定可以提起诉讼的其他行政案件。

对于国防、外交等国家行为,行政法规、规章或者行政机关制定、发布的具有普遍约束力的决定、命令,行政机关对行政机关工作人员的奖惩、任免等决定,以及法律规定由行政机关最终裁决的具体行政行为,学校、教师、学生不得提起行政诉讼。

起诉应具有以下条件:原告是认为具体行政行为侵犯其合法权益的公民、法人或者其他组织;有明确的被告;有具体的诉讼请求和事实根据;属于人民法院的受理范围和受诉人民法院管辖。法院对起诉要进行审查,7 日内作出是否受理的决定。

受理起诉后,人民法院对具体行政行为进行合法性审查并依法作出判决:(1) 具体行政行为证据确凿,适用法律、法规正确,符合法定程序的,判决维持;(2) 具体行政行为存在主要证据不足,适用法律、法规错误,违反法定程序,超越职权,滥用职权等情形之一的,判决撤销或部分撤销;(3) 被告不履行或者拖延履行法定职责的,判决其在一定期限内履行;(4) 行政处罚显失公正的,可判决变更。

行政诉讼当事人不服人民法院第一审判决、裁定,可在法定期限内向上一级人民法院提起上诉。第二审程序中,上级法院要对上诉案件进行全面审查并作出判决:(1) 原判决认定事实清楚,适用法律、法规正确的,维持原判;(2) 原判决认定事实清楚,但适用法律、法规错误的,依法改判;(3) 原判决认定事实不清,证据不足,或违反法定程序可能影响案件正确判决的,可撤销原判决发回重审,或直接改判。

对已生效的判决、裁定或其他法律文书,在义务人拒不履行时,有关执行机关可以依法采取强制措施使其得以实现。

一般认为,行政诉讼的被告必须是行政机关,学校作为事业单位似乎不能成为行政诉讼的被告。但实际上,公立学校虽然是事业单位,不具有行政机关的资格,但是法律赋予它行使一定的行政管理职权。因此,公立学校与管理相对人之间不存在平等的民事关系,而是特殊的行政管理关系。它们之间因管理行为而发生的争议不是民事诉讼,而是行政诉讼。这一点已在学术界获得共识,并为中国司法实践所应用。

尽管《中华人民共和国行政诉讼法》所列举的受案范围不包括受教育权利,但也并未将其明确排除,因而学生受教育权利的司法救济取决于教育法的相关规定。《中华人民共和国教育法》第四十二条对此的具体规定是,受教育者享有"对学校给予的处分不服向有关部门提出申诉,对学校、教师侵犯其人身权、财产权等合法权益,提出申诉或者依法提起诉讼"的权利。学生可诉的范围是人身权、财产权等合法权益,受教育权作为学生至关重要的一项权利,应从加强对其权利保护的角度,解释为包含在此条的"法律、法规规定的其他权利"之内,这为学生运用行政诉讼制度解决相关权利纠纷提供了法律依据。

(申素平)

形式教育与实质教育(formal education and essential education)　　两种相对的教育主张。自古代始,西方教育史上一直延续着传授知识与发展能力孰为教育根本目的的争论。至 18 世纪 90 年代,这一争论演变为两种有关教育目的的具体主张,即形式教育与实质教育。

形式教育　亦称"形式训练"(formal discipline)、"形式陶冶"(formal training)、"心智训练"(mental discipline)、"心智陶冶"(mental training)。认为教育的主要目的在于发展学生的官能或能力。在西方,形式教育最早可追溯至古代希腊与罗马。亚里士多德的"自由教育理论"就主张知识学习的目的在于培养人的理性思维能力,提高人的智慧水平。18 世纪 90 年代形式教育获得官能心理学的理论支持,得以最终确立。

形式教育论有以下一些主要观点。第一,教育的作用在于发展学生的各类心灵官能能力。人的心灵所拥有的感觉、想象、记忆、注意、推理、感情和意志官能,只有借助于大量的练习活动才能获得发展;心智能力依赖不断的练习而提高。学习的知识容易遗忘,其作用只能是暂时的,而借助于知识的学习所发展起来的心灵感官能力是永恒存在的。人的感官能力是在训练与练习中获得并提高的:记忆力因记忆而增强,想象力由想象而长进,推理力因推理而提高。教育的主要作用与任务在于为学生提供各类能有效提高官能发展的心智练习与训练活动。第二,在教育过程中借助于知识的掌握而获得的心灵官能发展比知识的掌握本身更重要。学习时间的有限性与知识总量的无穷性使得学生不可能掌握所有知识,而训练学生的心灵官能,提高学生吸收、理解、掌握、消化知识的能力,可以使他们拥有随时吸收有用知识的能力。因此,相对于学生心灵官能的发展来说,知识的掌握是次要的,其价值在于充当能力训练的工具与材料。就教材和教学内容的选择来说,重要的是视其对学生能力发展的针对性和适用性,而不是实用性,如,数学学习能训练推理能力,拉丁文学习能训练推理、观察、比较和综合能力,体育则能训练人的意志力和注意力。第三,学习的迁移是非物质心灵官能受到训练而自动发展的结果。迁移是指在训练中得到发展的心理品质、能力、知识技能,甚至学习方法、学习态度也能对学习新知识、新技能,解决新问题发挥影响。迁移分为"正迁移"(即"助长性迁移"或"迁移")与"负迁移"(即"抑制性迁移"或"干扰")两种。形式教育的目的在于实现"正迁移",即通过某种学习或训练而获得发展的能力能够转移到其他学习情景中去,使其他学习任务的完成变得简便容易。官能训练及其迁移的作用和价值,是设置课程和选择教材的一个重要依据。

以官能心理学为基础的形式教育论在教学实践中表现为强调古典语言、文字和古代历史等学科的教学,轻视自然科学知识的教学,强调人的理解、注意、观察、记忆、思维、想象能力的训练与培养,忽视实用科学知识的学习,主张为社会培养精通古典文化、具有高超智慧的资产阶级统治人才。这些主张与 18 世纪末 19 世纪初资本主义经济和科学技术发展所提出的实科教育要求相距甚远,难以满足资本主义经济发展对大量实用技术人才的需求。于是,强调自然科学和职业技术教学的实质教育论兴起,并在课程设置、教材选用、学生能力发展及基础知识教学等问题上,与形式教育形成两派对立的局面。

实质教育　主张教育的主要目的在于使学生获得知识,在于向学生传授与其未来职业相关的各种实用知识,以使其适应社会生活。实质教育论的理论基础是联想主义心理学。

实质教育论有以下主要观点:第一,教育的主要任务在于为心灵的发展提供适当的观念。心灵在最绝对的意义上是一块白板,既不存在原始的观念,也不存在任何形式的观念倾向。心灵的官能不是现成存在的,而有待于观念的联合,是经验的产物。第二,教育的主要目的在于借助知识的选择和整理、课程编制与设计、教学方法和教学手段的选用向学生传授大量实用性知识。心灵的建设与发展需要大量的观念。课程和教材中正是包含了大量的观念,才在教育教学过程中居于重要地位。教育教学过程中必须重视课程和教材的组织,因为心灵要靠观念的联合以组成概念和范畴,课程和教材的组织和程序直接影响心灵的组织和程序。

实质教育论适应了18世纪初开始的社会生产发展对劳动者提出的掌握科学技术知识的要求,并在后来得到19世纪英国教育家斯宾塞的理论支持。斯宾塞认为英国古典中等教育只重装饰、不重实用,难以向学生提供有价值的科学知识,知识教育在充实心智、扩充知识的同时,还能够发挥训练思维、发展智慧的作用,知识教学的形式目的与实质目的是统一的。

19世纪德国教育家第斯多惠较为全面地论述了形式教育与实质教育的关系。他认为重要的任务在于不要把形式教育与实质教育割裂开来。学生对知识的准确掌握与全面深入理解有赖于自身学习能力的提高,如果知识的学习是以学生掌握、理解知识的能力普遍提高为基础的话,那么学生学习知识的总量可以成倍地增加。当然,学生学习能力及其智力的发展不可脱离知识与教材的学习与理解。形式教育的目的主要不是由学习古代或近代语言、自然科学或数学而实现的,而是由透彻掌握学科总体而实现的。形式教育与实质教育并不互相排斥,但两者中只有一个始终是比较重要的,即形式教育。不过,形式教育与实质教育孰占主导地位,还要视学生的具体年龄及学习特点而定。在小学生及其他低年级学生的教学中,形式教育占统治地位,而在较高年级的学校教育中,实质教育逐渐占优势地位。总体来说,教学的最高目的不是广度的实质目的,而是深度的形式目的。

20世纪美国教育家杜威试图解决形式教育与实质教育之间的分歧。一方面,杜威认为形式教育所谓的心灵各类官能只是一种玄想,不可把人类所拥有的各类天赋倾向和本能的动作形式归结为潜在的理智能力,况且人的天赋倾向也不是借助练习便能完备的。官能心理学所主张的能力迁移并不是一种普遍现象,观察和回忆言语形式时获得的能力并不能迁移到知觉和回忆其他事务上,因此学校课程有必要打破长期以来在中世纪学术观点统治下形成的专门化、狭隘的脱离社会实际需要的倾向,科学的内容和方法应该占有重要地位。另一方面,杜威认为实质教育论忽视了人所具有的主动性和具体功能,未能认识到人所拥有的这些能力是在作用于环境时的改造和合并过程中获得发展的,过分强调教材内容的学习和教师对知识的讲授,忽视了学生的能动作用。杜威既不赞成教育就是将潜伏的心灵官能展开发展的说法,也反对把教育理解为通过外部提示的教材就内容建立起某些联想和联合,进而形成人的心灵,主张教育即经验连续不断的改造,经验的过程就是思维的过程,也就是活动的过程。实际上,杜威希望借助"经验"这一概念解决形式教育与实质教育的对立,从而把知识的掌握与能力的形成和发展结合起来。

英国哲学家 A. N. 怀特海主张教育的有用性,认为将心智视为工具的认识是错误的,心智是一种永不休止的活动,知识传授应该与心智发展结合起来,在向儿童传授知识的过程中发展儿童的心智。

现代教学理论与学习理论认为,学生知识的掌握与能力的发展是互为条件的统一过程。形式教育论的缺陷在于把心灵官能的发展片面归结于纯粹的形式训练,未能客观地理解能力发展中知识的基础与材料作用,而且把能力的迁移理解为可以脱离基础知识的掌握;实质教育论的不足之处在于仅仅将教育理解为向人们传授有益于生活的实用知识,未能客观地认识到真正有价值的教育在于培养学生具有在掌握知识和普遍原理的基础上获得将这些知识和原理运用到各种具体情景中的能力。

参考文献

博伊德,金.西方教育史[M].任宝祥,吴元训,译.北京:人民教育出版社,1985.

克伯雷.外国教育史料[M].华中师范大学教育系,西南师范大学教育系,等,译.武汉:华中师范大学出版社,1991.

吴式颖.外国现代教育史[M].北京:人民教育出版社,1997.

吴式颖.外国教育史教程[M].北京:人民教育出版社,2003.

（王保星）

兴趣测验（interest test）　　通过个体对客观事物的不同反应及对不同陈述项目的不同选择来评估个体兴趣倾向的过程。可以表明一个人最感兴趣并最可能从中得到满足的工作是什么。

兴趣通常指人们对环境上的人或事物的喜爱程度。对同一个人或事物,人们的兴趣总处于从不喜爱到喜爱的两极,即人对事物的兴趣不仅有程度的不同,而且有方向的不同。人们对一个事物感兴趣时,就会以从事与这一事物有关的活动为满足,因此活动的动力强、效率高;人们对某事物没有兴趣时,就会逃避有关的活动,即便勉强为之,也没有动力和积极性,活动效率也不会高。

兴趣的形成与遗传有一定关系。有研究表明,父母与亲生子女在兴趣上有显著相关,而与养子女的相关则较低。可能的解释是,人的能力和气质等有遗传决定性,而能力和气质又会进一步影响人的兴趣。首先气质会影响人心理的活动指向性,在一定程度上决定人的活动是指向于内部还是指向于外部,其次与气质有关的心理活动的速度、强度等特征会进一步影响人所从事的活动的性质,从而影响到人的兴趣。能力也会影响人的兴趣,人们总是对自己胜任的活动感兴趣,但兴趣主要是在后天生活环境中逐渐形成的。美国心理学家安妮·罗认为,儿童的兴趣在他与家庭成员的关系中形成,在温暖家庭中成长的儿童,是"以人为指向"的,而在冷漠、孤僻的家庭中成长的儿童则是"以事为指向"的,这决定了他们以后兴趣的方向。兴趣受环境决定的另一个证据是,兴趣在 20 岁左右才趋于稳定,这与能力和气质不同。大量研究表明,兴趣和气质、性格、能力等一样,是完整人格的一个有机组成成分,它不仅与其他人格因素有密切关系,而且对人的活动有重要的影响作用。因此,兴趣研究对教育和专业指导有重要价值。

兴趣测量的方法主要有四种:(1)兴趣表达,是一种对兴趣的直接测量,即直接询问被试他感兴趣的事物是什么,让他说出或写出他喜欢的事物或职业。这一方法直接指向测量的目标,而不是通过有关的活动或事物间接测量兴趣。另外,问题的答案是被试提供的,而不是从已有的选项中选择。这一方法的缺点是被试不能准确表达自己的兴趣,或不清楚自己的兴趣是什么。美国心理学家 J. L. 霍兰德的"自我导向搜寻表"(Self Directed Search,简称 SDS)在第一部分就让被试写出自己曾经憧憬过的职业。直接测量的兴趣有时更能有效预测被试职业的选择。不少证据显示,当直接测量的兴趣与间接测量的兴趣不一致时,往往前者最终起决定作用。(2)行为观察,观察被试经常接触的人以及所参与的活动,从而推测其兴趣。这一方法属观察法,其缺点是不易控制,观察的结果不稳定。(3)能力测验,测量一个人掌握有关某些职业的词和知识,根据测验分数推测其兴趣。其缺点是被试关于某职业的知识受其经验和生活环境的影响大。(4)兴趣量表,是研究兴趣的最科学手段。最早的兴趣量表由迈纳 1915 年编制,他在 1919 年主持兴趣测量研究生讨论课,对美国心理学家 E. K. 斯特朗的兴趣研究有重要影响,后者于 1927 年编成"斯特朗职业兴趣量表"(Strong Vocational Interest Blank,简称 SVIB)。在兴趣测量研究方面著名的学者还有库德、J. L. 霍兰德等。

一个标准化兴趣量表中包括一些有关学习、娱乐等活动或职业的问题,让被试对每题作出喜欢或不喜欢的反应,或对每一题选项中所列的几种活动选出一个最喜欢的和一个最不喜欢的。

兴趣量表中有一种是使用经验性方法编制的,即选择那些在效标组(属于某一职业的成人或某一专业的大学生)和对照组(一般人)上有明显不同反应的项目构成量表。如"斯特朗职业兴趣量表"和"库德职业兴趣量表"(Kuder Occupational Interest Survey,简称 KOIS)就使用这一方法编制。另一种则严格按照理论构想编制,即根据理论框架设计兴趣量表的结构和有关的项目,如 J. L. 霍兰德的"自我导向搜寻表"和"职业偏好量表"(Vocational Preference Inventory,简称 VPI)。

按测验编制的方法还可以区分出常模性量表和同质性量表。常模性量表是根据经验性方法编制的,特点是以某职业团体的常模为解释测验分数的标准,被试的分数与不同职业团体的常模比较后,确定其与不同团体的相似程度,如"斯特朗职业兴趣量表"和"库德职业兴趣量表"就属于这一类。另一种是同质性量表,即量表以一组同质性的项目为单位,同一单位内的项目有高的同质性,不同单位间的项目同质性低,如 J. L. 霍兰德的"自我导向搜寻表",美国心理学家 D. T. 坎贝尔 1969 年在修订"斯特朗职业兴趣量表"时就在原来的常模性量表的基础上增加了同质性量表。

兴趣量表的信度一般较高,通常高于人格量表而稍低于智力测验。多数兴趣量表的信度系数在 0.70～0.90 之间,也有的超过 0.90 以上。兴趣量表能有效地预测职业选择、稳定性和满意感,但对职业成功的预测能力则相对较低。一般情况下,兴趣量表与学业成绩的相关多在 0.20～0.30 之间。

参考文献

戴海崎,张峰,陈雪枫. 心理与教育测量[M]. 广州:暨南大学出版社,2011.

(骆 方)

性别角色社会化(socialization of gender role) 个体将社会期望的性别角色标准内化,形成自己的行为方式的过程。心理学、人类学、社会学对性别角色的获得机制有大量研究。奥地利精神病学家弗洛伊德认为,男女两性所具有的不同的生理解剖结构决定了其不同的心理成熟过程、人格特征和社会行为方式。美国文化人类学家 M. 米德在 20 世纪 30 年代对新几内亚三个部落的研究表明,男女所表现的个性特征主要不是由个体的生理特征形成的,而是特定的文化赋予的。其后的社会学习理论提出,儿童的性别角色规范是在生活环境中由成人特别是父母和教师塑造而成的,其作用机制有模仿、观察学习和强化。美国心理学家科尔伯格更强调儿童性别认知的重要作用,认为儿童经历了性别自认阶段与性别恒常阶段,实现性别角色的自我社会化。社会学的功能主义流派从社会建构的角度解释性别角色,认为基本的家庭需要是形成性别角色的基础,男人外出工作,为家庭提供经济支持,而承担工具型角色;妇女生育和喂养孩子,从事家务劳动,为家庭提供感情需要,承担表意型角色。

性别角色社会化首先在家庭中进行。婴儿从出生起,父母就按照其性别以不同的方式培养和教育。进入学龄期,学校教育成为性别角色社会化的重要途径。学校环境的许多方面,包括教学内容、课程设置、教师期望等,都影响了学生性别角色的发展。同辈群体对儿童性别行为的反馈,促使异性之间形成互相隔离的亚文化群,强化性别行为的分化。大众传媒工具对性别角色社会化也有重要影响,电视、电影和书籍等传媒大多强调传统的两性角色行为规范,而网络传媒的互动性及虚拟性使儿童体验多重性别角色,突破传统的两性角色观念。

儿童的性别认同一般出现在 2 岁左右,3～4 岁达到性别稳定,6～7 岁达到性别守恒。由于成人也日益需要不断变化以适应新的情景和环境要求,性别角色分化的关键年龄已扩展至成人期甚至贯穿人的一生。性别角色社会化的最终形成对两性的教育选择、职业选择、参政意识、现代科技的掌握产生重要影响。

性别角色社会化的结果通常被认为是因为男女性别角色存在显著差异,并且这种差异具有男优女劣的特征。1974 年,美国心理学家麦可比和杰克林系统考察了大量有关性别差异心理的研究资料,在《性别差异心理学》中提出,历来被公认的 50 项男女心理差异中,可完全证实的差异仅 4 项,即女性的语言能力强于男性,男性的空间能力优于女性,男性的算术推理能力优于女性,男性在身体和语言上比女性更富攻击性。不足以肯定的有 6 项,而其他 40 项有关性别差异的研究(都证实男性优于女性)缺乏或根本不具备科学证据。较之男女心理差异性,男女两性的心理类似性更显著。

同一时期,美国心理学家贝姆也对刻板的性别角色界限提出批评,认为男女两性特征是两个独立的维度,人可以"双性化",即既有男性特征也有女性特征。实验表明,具有"双性化"气质者在许多场合要比具有性别定型气质者表现出色。贝姆在性别图式理论中指出,人们通过形成一套关于性别的图式来引导其社会知觉和行为。性别图式的信息加工具有个体差异,"双性化"者性别图式的主导性较低。20 世纪 80 年代后的群体社会化理论认为,在儿童的性别角色发展中,家庭的影响并不大,起重要作用的是同伴群体,当另一性别不在场时,性别分化的行为减少。

许多学者认为性别角色的社会化过程越来越复杂,其本身不是一个顺利的过程,不同的家庭、学校和同辈群体对性别角色的影响彼此不一致。单纯从社会化角度理解性别角色的形成,忽视了个体抵制或修改社会性别角色期望的能力。同时,性(sex)和性别(gender)都是社会建构的产物,不应把性看作由生物学决定。女权主义的代表波伏娃认为,女性所拥有的身心特点及所面临的社会和文化都是在男性意志和力量主导下建构的,这两方面的相互作用共同强化了妇女的从属地位。美国女性主义者米莉特进一步确定了男性支配的结构形式,并提出"男权制"(亦称"父权制")概念。女权主义研究者 R. 康奈尔认为,男权制是在经济、国家和市民生活等主要领域,通过权力、劳动等一系列涉及社会性别的实践构建起来的。

(华　桦)

虚拟教学(virtual instruction/teaching)　　基于计算机网络环境,通过网络资源共享和网络通信交互实现的教与学。是对基于计算机和电子信息通信技术的双向交互式(two-way interactive)教与学的概括。它既不同于人与人面对面交流的面授教学,也不同于在应用印刷、广播电视和录音录像技术设计、制作和发送课程材料的基础上开展的师生分离的单向、非实时的远程教学。虚拟教学是应用电子信息通信技术模拟校园内教学或模拟课堂面授教学。主要应用于各类远程教育系统,多个校园的传统教育院校,一个国家的多个院校和其他社会组织机构(包括产业界)之间,以及跨国的、洲际的和全球的许多院校、机构和公司之间。虚拟课堂教学(virtual classroom teaching-learning)主要是应用通信卫星、计算机网络或双向视频会议系统来实现实时、同步通信的一点对一点或一点对多点的模拟课堂教学(包括各类会议和讨论)。这使得大学校园中的专家学者及优质教育资源可以为远程的虚拟课堂中的师生共享,而且可以展开双向交流。在远程教育的校本部与学习中心之间、在传统大学的多个校园之间、在跨地域的组织机构和企业公司之间都已经有大量虚拟课堂教学的实践,取得了良好效果。虚拟校园(virtual campus)则是进一步设计开发建立在计算机和电子信息通信技术基础上的包括虚拟教室、虚拟图书馆(virtual library)、虚拟实验室(virtual laboratory)、网上教育资源数据库、网络信息管理中心等在内的对传统教育院校校园的整体模拟,构建虚拟大学(virtual university)或虚拟学校(virtual school)。许多发达国家的传统大学已经在互联网上构建起各自的虚拟校园,为本校师生和外校用户提供虚拟教学服务。虚拟教学的更进一步发展同虚拟现实技术(virtual reality technology)的发展和应用有关。虚拟现实技术注重构建一种虚拟学习环境(virtual learning environment),使学习者如同身处三维空间的现实世界并能以其感官和组织与之发生交互作用,从而使学习者得以身临其境地拜访各国图书馆、博物馆及各种社会生活场景和模拟历史场景,或者得以前往海底世界、星际外空或地球深处,以及接受航空驾驶、星际飞行或疑难手术等的教育和培训。

不同学者对虚拟教学概念的界定和理解有很大差异。丹尼尔对虚拟教学的论述通常同虚拟大学联系在一起。他在1996年指出,自1994年起,如何使现有传统大学体系中以往的教育技术投资发挥充分的效益和优势,如何应用信息通信技术协调发展现有校园大学开展的远程教育,在美国成了一个全国性问题。时任副总统戈尔宣称,政府的意图在于将美国的课堂、图书馆和医院都联结起来以形成国家信息基础设施(NII: National Information Infrastructure)。由此,丹尼尔指出,当前形态的虚拟大学的概念,就是通过电子手段将现存大学联合成一种结构更灵活、拥有许多相对自治节点的新型的网络巨型大学(networked mega-university)。美国西部州长大学(Western Governors University)就是力图使学生可以同时学习美国西部各州所有加盟的大学的课程,就好像那是一所单一的院校那样。美国虚拟大学和非洲虚拟大学的方案都是本着相似的理念,沿着同一路线制订的。加拿大学者T.贝茨在1999年提出,构成虚拟教学或虚拟大学的基本要素是:师生分离、可以在任何地点任何时间学习、通过技术特别是应用网络技术进行学习。基更在1996年就将虚拟教学描述为"远程面对面教学"(face-to-face teaching at a distance),并论述了从面授教学到远程教学再到虚拟教学的历史发展。总之,在虚拟教学中,学习者主体的学习和思维活动以及助学者主体的教学和思维活动都是实实在在真实发生的,只是教与学主体及教与学双边交互活动发生的环境不是在真实的物理世界中面对面实现的,而是在计算机网络构建的虚拟世界中以技术媒体为中介实现的。由于技术的进步和发展,虚拟教学比之前两代远程教育中的远程教学具有较多的双向通信交互,在这层意义上,基于计算机网络的虚拟教学比前两代远程教学更靠近面授教学,更有利于发展双向通信交互、虚拟社团协作及网络互联文化。参见"网络教学"、"远程学习理论与模式"。

参考文献

丹尼尔.巨型大学与知识媒体——高等教育的技术战略[M].丁兴富,译.上海:上海高教电子音像出版社,2003.

（丁兴富）

选修制(elective system)　　亦称"选科制"。一种课程教学管理制度。与学分制相联系,允许学生根据本人兴趣、爱好和需要在学校所开设的选修课程中进行选择。因西方坚持学术自由传统的高等院校开设的课程越来越多,学生在一定年限内只能修完其中部分课程而产生。

选修制萌芽于1694年成立的德国哈勒大学。1779年,

美国总统杰斐逊在他有关威廉-玛丽学院改革的计划中提出过选修制的建议,但未能实行。19世纪初,选修制首先被柏林大学采用,后推行到德国其他大学。美国最早实行选修制的是1819年由杰斐逊创办的弗吉尼亚大学。作为美国选修制的倡导者,杰斐逊认为学生可以自由上自己喜欢的课,安排自己喜欢的活动,听自己认为应该听的课。弗吉尼亚大学分为古典语、现代语、数学、自然科学、自然史、解剖学和医学、道德哲学、法学8个学院,学生可以到任何一个学院自由选择课程。在南北战争前后的五十多年中,美国只有个别高等院校在尝试,如蒂克纳1825年在哈佛学院,韦兰在布朗学院,塔潘在密歇根大学进行尝试。由于耶鲁学院1828年发表的《耶鲁报告书》竭力反对选修制并影响了不少高等院校,美国大学真正实行选修制是在南北战争之后。1869年起担任哈佛大学校长的C. W. 埃利奥特对蒂克纳的尝试十分赞赏,认为大学生应该知道自己最喜欢什么以及最适合学习什么,选修制就是让学生有选择课程的自由,从而体现教育中的自由。为了充分考虑和尊重学生不同的个性和爱好,C. W. 埃利奥特提出,大学要坚持不懈地努力建立、完善并推行选修制。他把选修制的实行作为实现哈佛大学课程改革的主要手段之一。在C. W. 埃利奥特担任校长的40年中,哈佛大学从1872年起,先后取消了二年级至四年级的全部必修课程,并大大减少了一年级的必修课程,还打破按固定班级和次序开设课程的做法,把所有课程按阿拉伯数字编号,以便学生更好地选择。哈佛大学的做法引起了美国其他大学的注意,同时也引起了耶鲁大学和普林斯顿大学的不满。反对派的主要代表人物是耶鲁大学校长N. 波特。他在1871年的校长就职演说中公开指责选修制将破坏大学生活,强调必修课程在学术和道德上为大学教育提供了稳固的基础。也有一些反对派认为,美国学院和大学在新生质量上不能与德国大学相比,因此不能仿照德国大学推行选修制。但是,在以C. W. 埃利奥特为代表的选修制拥护者的努力下,19世纪末,选修制不仅在美国不少大学中得以实行,而且有所改进。1901年有47%的美国大学全部或一半实行选修制。在C. W. 埃利奥特的积极倡导下,哈佛大学教授会1903年对选修制实行情况进行调查并公布了报告,指出选修课程比较随意,听课轻松或时间便利成为学生选修课程的主要依据。这份报告震惊了整个美国高等教育界,推动了选修制的改善。洛厄尔1909年担任校长后,哈佛大学开始用"集中和分配"制取代自由选修制,规定本科生在每学年所选的16门课程中,必须有6门课程集中于主修,其他课程至少有6门分在人文科学、社会科学和自然科学三个领域。以后,不少高等院校停止实行自由选修制,对课程选修进行控制,在注意到副修领域知识广度的同时也注意主修领域知识的深度,这在一定程度上减少了学生选课的盲目性和随意性。经过实践和改进,选修制得到进一步完善,美国

很多高等院校逐步建立由必修课、普通课和选修课三大部分构成的本科课程体系。1978年哈佛大学提出的《公共基础课方案》是对选修制不足的又一次修正。

选修制的实行和完善对高等院校的改革和发展具有重要意义：一是增加了更多更广的新课程，尤其是科学技术方面的课程，打破了原来古典课程在高等院校占主导地位的局面；二是进一步维护了自德国大学起确立的学术自由传统，有利于学生更好地发挥潜能和得到发展；三是有助于学分制的采用，打破了一直采用的学年制做法。美国教育学者布鲁巴克和鲁迪指出：选修制在1810—1910年间兴盛，是因为适应了那个时期美国文化的需要，C. W. 埃利奥特的选修制及其革命性意义是时代精神一种合乎逻辑的体现。总之，选修制的确立被认为是大学尤其是美国大学趋于现代化的重要标志之一。但是，选修制在实施过程中不够完善，也带来了一些问题，如降低了教育标准，影响了教育质量等。

19世纪末，美国中等学校选修制也开始实行。1899年，美国全国教育协会任命的学院入学条件委员会承认中等学校的课程选修制，但又规定了若干必修课程。中等学校一般从第九年级起采用选修制。现在，世界上许多大学及部分中学采用选修制，中国采用选修制始于1919年蔡元培任校长的北京大学。

（王凤玉　单中惠）

学费制度（institution of tuition fee）

受教育者因受教育而向提供教育服务的教育机构交纳学费的管理制度。公共教育财政制度的组成部分。包括学费的制定、征收、使用等管理制度。

征收学费的缘由　苏联、中国，以及英联邦国家和欧洲大部分国家，曾对接受三级正规教育的学生实行免交学费的政策。20世纪80年代后，包括上述国家在内的世界上大部分国家都对非义务教育实施学费政策。其社会经济背景主要是教育规模扩大，财政难以承受不断增长的公共教育支出的负担。实施学费政策的基本原因：第一，由于受教育可对受教育者及其家庭带来预期的经济与非经济私人收益，受教育者应交纳一定数额的学费；第二，非义务教育不具有普遍性，如果实施免费教育，意味着所有纳税人纳税，部分人受益，有失公平；第三，按照公共产品理论，教育服务属于"准公共产品"，其费用或成本，应有政府与消费者（学生及家庭）共同负担。

学费的性质及其决定机制　按照美国经济学家约翰斯通1986年提出的高等教育成本分担理论，学费是教育成本的分担和补偿。多数学者赞同这一观点，也有少数学者认为学费是教育服务的价格。前者认为三级正规教育服务是准公共产品，后者认为是私人物品。以此为依据，学费应分别由政府定价和由教育市场的供求决定。大多数国家非义务教育的学费，公立学校由政府制定，私立学校由学校制定，或由政府备案。中国公立学校的学费由政府制定。学费标准的制定，采取属地化原则，即按照学校的行政隶属关系，由省、直辖市、自治区一级政府制定。

制定学费标准的依据　学费作为教育成本的分担和补偿，制定其标准的基本依据是教育成本和居民收入水平决定的支付能力。有学者认为还应根据各级各类教育的供求及其私人收益率以及政府的教育发展政策。中国国家教育委员会、国家计划委员会、财政部1996年颁布《义务教育学校收费管理暂行办法》、《普通高级中学收费管理暂行办法》、《高等学校收费管理暂行办法》和《中等职业学校收费管理暂行办法》，规定学费标准根据年生均教育成本的一定比例确定，不同地区、不同专业、不同层次学校可以有所区别。教育培养成本包括公务费、业务费、设备购置费、修缮费、教职工人员经费等正常办学经费，不包括灾害损失、事故、校办产业支出等非常办学经费支出。学费占生均培养成本比例，在现阶段，高等学校最高不得超过25％，具体比例必须根据经济发展状况和群众承受能力分步调整到位。中等职业学校、普通高中学费标准及占生均培养成本比例由省级政府确定。上述三类学校学费标准调整，应根据各行政区域内物价水平和居民收入水平确定。2004年，《关于在全国义务教育阶段学校推行"一费制"收费办法的意见》发布，规定从2004年秋季新学年开始，在全国义务教育阶段学校推行"一费制"收费办法。"一费制"指在严格核定杂费、课本和作业本费标准的基础上，一次性统一向学生收取费用。2006年教育部、国家发展和改革委员会、财政部下发《关于进一步规范高等学校收费管理的有关规定》，明确高等学校的行政事业收费包括学费、住宿费和考试费。学费和住宿费的标准按属地化原则管理，报同级价格、财政部门审核，并经省级人民政府批准后执行。

学费征收及管理制度　国际上有两种学费征收办法。大多数国家按学年或学期缴纳。少数国家（如英国高等教育学费）采取学生延期支付办法，即政府通过学校向学生垫付（贷款），学生就业后偿还。学费征收和支出管理由学校进行，其征收由学校财务部门统一征收，其使用和支出按照有关规定，纳入学校财务管理，用于办学支出。学校学费收支按级次向教育主管部门报告，有的国家还向家庭和社会公示，接受政府、社会、学生及家庭的监督。学费的管理，不同国家都有相关的制度规定。在中国，由政府各级教育、物价、财政部门根据相关制度规定进行管理和监督，并定期向社会公布，接受群众监督。为促进教育公平，各国政府都对来自贫困家庭的学生尤其是大学生实施贫困学生资助制度，在中国高等教育阶段，包括学费减免、学生勤工助学、奖学金、国家助学贷款制度等（参见"学生资助制度"）。

（王善迈）

学籍管理制度（enrollment management system）　教育制度的重要组成部分。通过对学生在校期间的学习、生活等状况进行记录和全面了解，保证学校教育教学的顺利进行。其制订和实施应遵循公正、公平，有利于学生身心发展的原则，并依法接受监督。

在中国，学籍管理制度主要指国家的学籍管理权力在各级权力机构进行的分配。学籍管理制度赋予各省市地区、学校部分自主权，在国家有关规定的基础之上，可根据学校的实际情况（如学校的性质及特色）制定学籍管理制度的实施细则，但须在本级职权范围内行使权力，且所制定的规章制度不能违背上级机关及国家有关法律，更不能包含任何侵权条款。不同地区、学校学籍管理制度的具体内容稍有差异，实际采用的具体执行方式也各有特色。主要内容包括：入学与注册，转学和转专业，休学和复学，学生毕业、退学和取消学籍，奖励和处分（包括处分的撤销），提前毕业和延长学习期限，委托培养研究生，成绩考核，升级，试读，退学与转学，毕业与结业等。

在教育的各个阶段，学籍管理具有不同特点。在中国，义务教育阶段，由于义务教育的强制性，学生注册和转学有严格的审核程序，如学生因家庭迁移（户籍变更或在外区地购买住房）需转学，须由学生或家长持户口、转学证到教育行政部门审查批准，由接收学校在回执上签字盖章后，学生或家长将回执返回给学校，就可带学籍到接收学校就读。新生在规定时间内报到后，即取得学籍。学校按新生所在班级为学生登记注册，学生名册一式两份，一份留校，一份报教育行政部门备案。凡取得一所学校学籍的学生，其他学校不得再给予注册。基于对学生义务教育权的保障，对学生的处分不能使用开除的方式。

高中阶段包括普通高级中学和中等职业学校。在中国，进入普通高中和中等职业学校学习需要通过省级教育行政机关统一组织的入学考试。（1）入学与注册。按照省级教育行政机关招生规定录取的学生，持录取通知书及本人身份证或户籍簿，按学校有关要求和规定到学校完成报到、注册手续后，即取得学籍。普通高中新生报到的规定期限不超过两周，中等职业学校新生实行春、秋两季注册。（2）考核。根据《普通高中课程方案（实验）》的规定，普通高中课程由必修课和选修课两部分构成，并通过学分描述学生的课程修习状况。高中学生毕业具有一定的学分要求。（3）转学。学生可以从普通高中转入中等职业学校，或从中等职业学校转入普通高中。无论是省外转入、省内转入或转往外省，都需持相关证明。（4）休学、复学、退学。学生休学一般需持县级以上医院证明和病历，向学校提出书面申请，经班主任确认签字，学校同意后，填写休学、复学申报表，一式两份，并持这些材料和学籍卡片到教育行政部门盖章。休学期满后，持经学校同意盖章的"普通高中休学、复

学申报表"以及学籍卡片、省级学业水平考试准考证（或会考证），到教育行政部门办理复学手续。凡退学学生须到原就读学校办理相关手续。各高级中学须在每次省级学业水平考试（或毕业会考）编场前，将本校退学学生情况汇总，报教育行政部门备案。

高等教育阶段的学籍管理内容较多。（1）入学与注册。按国家规定录取的新生，持录取通知书，按学校相关要求和规定期限到校办理入学手续。因故无法按期入学者，应向学校请假。新生入学后，学校在三个月内按照国家招生规定对其进行复查。复查合格者予以注册，取得学籍。（2）考核。高等学校对学生的考核分为考试和考查两种。考核和成绩评定方式，以及考核不合格的课程是否重修或补考，一般由学校决定。高等学校采取百分制、五级制（优秀、良好、中等、及格、不及格）和二级制（通过、不通过）对学生进行成绩考核。（3）转学、休学、退学。学生转学一般要经过两校同意，由转出学校报所在地省级教育行政部门，确认转学理由正当，方可办理转学手续；跨省转学者可由转出地省级教育行政部门商转入地省级教育行政部门，根据转学条件予以确认后办理转学手续。休学须经学校批准，办理休学手续离校，学校保留其学籍。学生休学期满，在学期开学前向学校提出复学申请，经学校复查合格，方可复学。退学须由校长会议研究决定，由学校出具退学决定书并送交学生本人，同时报学校所在地省级教育行政部门备案。退学的本科生要按学校规定期限办理退学手续离校，档案、户口退回其家庭户籍所在地。退学的研究生，按已有毕业学历和就业政策可以就业的，由学校报所在地省级毕业生就业部门办理相关手续；在学校规定期限内没有聘用单位的，档案、户口退回其家庭户籍所在地。（4）毕业、结业与肄业。学生在高校规定年限内，修完教育教学计划规定内容，德、智、体达到毕业要求，准予毕业；符合学位授予条件的，学位授予单位应颁发学位证书；学满1年以上退学的学生，学校应颁发肄业证书。

学籍档案是记录学生学习情况的学业档案，是学籍管理制度的重要内容。由所在学校的专门机构及专门人员负责管理，每学期末安排专人填写学生的课程学习情况及考核成绩、操行评语、操行等级，并归入本人的学籍档案。

（徐沛沛　李文静）

学科课程与经验课程（subject curriculum and experience curriculum）　课程领域中两种相对的课程形态。主客观的"二元对立"在课程领域的具体体现之一。哲学领域中客观世界与认识主体的关系体现在课程哲学领域，即为直接经验与间接经验的关系；体现在课程设计取向上，即为个人知识与学科知识的关系；体现在课程内容组织与教材编写上，即为认识主体（学生或儿童）的心理逻辑顺序与学科知识的逻辑顺序之间的关系。

学 科 课 程

学科课程是以文化知识为基础,按照一定的价值标准,从不同知识领域或学术领域选择一定的内容,根据知识的逻辑体系组织起来的课程形态。学科课程历史悠久,中国古代的"六艺"和古希腊的"七艺"是最早的学科课程。学科课程在其发展历程中经历三种不同的形式:科目本位课程、学术中心课程和综合学科课程。

科目本位课程(subject-based curriculum)　由各具独立体系、彼此缺乏横向联系的科目组成的课程,是传统的学科课程。在西方有四种理论形态。

一是要素主义课程理论。以哈佛大学教授巴格莱为首的一批美国要素主义者最早将要素主义课程理论系统化。其哲学思想继承了自柏拉图、奥古斯丁、笛卡儿、贝克莱、康德、黑格尔、罗伊思之后的观念论和实在论。主张把共同的、不变的文化"要素"作为课程内容。巴格莱认为,社会文化、种族遗产是人类的宝贵财富,只有代代相传才能延续人类文明,学校是保存传统价值、使人适应社会的机构,承担传递人类文化要素的责任。他提出要加强基础知识和基本技能的教学,把人类文化遗产中的精华教给下一代,学校课程要以读、写、算为主,开设语文、数学、物理、化学、历史、地理、现代外国语和古代外国语等基础学科。要素主义认为,小学阶段的"要素"课程是阅读、说话、写作、拼音和算术,以及历史入门、地理及其他社会科学、自然科学与生物科学、外语;次级"要素"课程是美术、音乐与体育。中学阶段须扩大小学阶段的课程范围,细化科目,加深难度,如把算术变为数学(包括代数、几何、三角、微积分),把自然科学分解为物理、化学、地质学;次级"要素"课程是美术、音乐与体育,还有职业科目和业余爱好的科目,并允许有各种形式的课外活动。要素主义同时强调,拉丁语、代数、几何等课程对心智训练具有重要作用,应作为中等学校的共同必修科目;只有在"要素"课程不受干扰的情况下,才能开设一些非"要素"科目。在课程内容组织上,要素主义强调"学科中心",要求根据学科(知识)自身的逻辑顺序组织教材;学校课程必须教授学生分化了的、有组织的知识,而最佳课程方式就是学科课程。

二是泛智主义课程理论。产生于文艺复兴时期,其理论基础是"泛智论"。"泛智"指一切人都能接受的知识,"泛智论"的理想是把"一切知识教给一切人",据此发展出百科全书式的课程体系。其代表人物是捷克教育家夸美纽斯。他在匈牙利举办泛智学校,要求给人以全面智慧,培养出活跃的、在各方面有为的、灵巧的、勤勉的,并具有从事实际活动和语言表达能力的人。不仅要求扩大学科范围,还要求教学工作顺应自然秩序,按照儿童身心发展阶段循序渐进地安排课程。为幼年期的母育学校设计根据周围生活来发展儿童观念和外部感官能力的课程;为少年期的国语学校设计包括读法、书法、算数、初等几何、自然、地理、手工、唱歌等学科的课程;为青年期的拉丁语学校设计包括文法、修辞、辩证法、数学、天文学、物理学、历史、地理、伦理、神学等学科的课程。其按照儿童生长发育的阶段来确定学制和课程,是西方教育史上的创举。他最早提出课程规划的理论根据;主张采取圆周式的教材排列方式,逐步扩大知识范围和加深程度;主张学校的各科教材互相联系。

三是主知主义课程理论。代表人物是德国教育家赫尔巴特。他主张课程以培养"善的意志"为根本目的,把德育放在首位。提倡培养人多方面的兴趣,为培养道德观念打好基础:(1)经验的兴趣,表现为观察自然的愿望,相应的课程有自然、物理、化学、地理等;(2)思辨的兴趣,表现为喜欢思考问题,相应的课程有语法、数学、伦理等;(3)审美的兴趣,体现为对各种现象进行艺术评价,相应的课程有文学、唱歌、图画等;(4)同情的兴趣,即愿意与一定范围的人接触,相应的课程有古典外国语与现代外国语、本国语等;(5)社会的兴趣,即愿意与社会上的人较广泛地接触,以尽公民职责,相应的课程有历史、政治、法律等;(6)宗教的兴趣,表现为对所信奉教派的重视和亲近,相应的科目有神学等。

四是功利主义课程理论。代表人物是19世纪英国教育家斯宾塞。他继承英国资产阶级重视个人主义与功利主义的传统,批评旧教育注重虚饰身份、点缀生活的空疏性质,认为真正的教育在目的和任务上都应与实际需要相适应,教育是为人的完满生活作准备。他把完满生活理解为五个部分,并按重要性排序,课程体系也相应地分为五个领域:(1)直接保全自己的活动,对应生理学和解剖学;(2)获得生活必需品而间接保全自己的活动,对应读、写、算以及逻辑学、几何学、力学、物理学、化学、天文学、地质学、生物学等,是与生产活动有直接关系的知识;(3)目的在于抚养和教育子女的活动,对应心理学和教育学,以保证将来正确履行父母的职责;(4)与维持正常社会政治关系有关的活动,需要学习历史与社会学,以履行公民的社会义务;(5)闲暇时满足爱好和感情的各种活动,对应绘画、雕塑、音乐和诗歌等。斯宾塞在强调各种科学知识对儿童教育的知识价值时,认为它们还具有"训练价值",即儿童在学习过程中除获得科学知识以指导自身行为外,其心智也获得发展。斯宾塞反对脱离生产实践与生活实际的绅士教育课程或古典文科中学课程,倡导实用科学课程,所提出的五个课程领域在20世纪被很多国家的普通学校采用。另一位功利主义教育家赫胥黎在科学教育和理科教育方面也作出了贡献。

学术中心课程(discipline-centered curriculum)　亦称"科学人文主义课程"、"学问中心课程"。以专门的学术领域为核心,以学术性知识为内容,突出各科知识结构的学科课程。兼顾科学教育与人文教育。以罗素、康茨、布鲁纳等人为代表。源于20世纪五六十年代的美国。其产生背景:苏联人造卫星上天,令美国深感科学教育落后,进而强调科学教育;科学技术迅猛发展带来的一系列负面后果以及科学技术对社会的整体支配,致使恢复人性的呼声强烈。既重视科学技术教育又重视人性发展教育的主张由此产生。学术中心课程不仅尊重学术逻辑,而且吸收了杜威进步主义教育所倡导的经验课程的积极因素——发展人解决问题的能力和探究精神,将学科的基本概念原理与学科的探究方式有机结合为学科结构。康茨主张不仅要学习科学技术知识,培养科学技术人才,而且要重视社会、政治、道德等问题,培养能按人类目的为科学技术指明发展方向的新一代。布鲁纳在20世纪60年代主要从科学的立场论述儿童的认识问题,希望促进美国科学教育的现代化,在70年代主要从人的立场论述教育问题,提出"从科学到人"的主张。美国物理科学研究委员会(Physical Science Study Committee,简称PSSC)编制的"PSSC物理"是一门较典型的学术中心课程。在布鲁纳"学科结构论"的指导下,美国物理科学研究委员会于20世纪50年代末开始编写,60年代正式出版。该教材删除了传统教材中的静力学、流体力学、声学、热学以及电路知识,增加了大量近代物理学的基础知识,对动量守恒和能量守恒等基本定律的介绍亦较传统教材深入。教材既重视实验,也重视理论,将物理学研究中的实验、科学的逻辑思维和数学方法紧密结合,体现物理学学科的结构。该教材虽在更新教材内容和推进物理教材改革方面发挥作用,但其目标是培养科学家,因过分重视物理理论知识体系和科学思维方式而难以推广。

综合学科课程(subject-based integrated curriculum)亦称"学科本位综合课程"。以学科作为课程统整的原点,旨在消解传统分科学科课程之间相互孤立的状况,打破学科间的固有逻辑,超越学科界限,重塑整体性的知识体系。根据学科课程间横向综合程度的不同,可分为三种。(1)相关课程(correlated curriculum)。亦称"关联课程",依照课程内容的相关性,把两门或两门以上的课程"组合"在一起,各门学科之间保持其相对独立性。并非真正意义上的综合课程,只是分科课程向综合课程过渡的一个中间形态。学科间的相关性可以是课程内容上(概念、理论等)的相关,如通过"能量"把物理、化学、生物三门分科课程组合成学科本位综合课程;也可以是价值上的相关,如"环境污染"的主题涉及化学、地理、生物、社会、经济等多门学科。(2)融合课程(fused curriculum)。指将两门或两门以上的分科课程融合成一门新的课程,新课程消除原各分科课程的界限,各分科课程不再保持其独立性。如将物理、化学与生物三门分科课程融合成综合理科,将植物学、动物学、生理学与解剖

学融合成生物学。融合课程虽与相关课程同样源于分科课程,但相关课程在形态上仍表现为分科形式,而融合课程在形态上已不再是分科课程,而是一门崭新的课程,摆脱了原来各分科课程各自为政的逻辑体系,并对其内容进行了有机整合。(3)**广域课程**(broad-fields curriculum)。指能涵盖整个知识领域的课程整体。其出发点与融合课程相似,都是围绕某一个核心而将各分科学科组织成一个新的课程整体,且被整合的每一门学科都失去其相对独立性。但二者也有区别:广域课程的整合范围较融合课程大,不仅包括与学科有关的领域,人类所有的知识与认知领域都可以被整合,如"19世纪西移美洲的移民"的主题可以整合所有知识领域,而不止是相关学科,由此形成的课程即广域课程。

经 验 课 程

经验课程亦称"经验本位课程"(experience-based curriculum)、"活动课程"(activity curriculum)、"生活课程"(life curriculum)、"儿童中心课程"(child-centered curriculum)。是以儿童的主体性活动经验为中心组织的课程形态。与"学科课程"相对。学科课程目的在于使学生继承和发展历史积累的文化遗产;经验课程目的在于使学生获得现实生活中的各种经验和体验,掌握实际技能。学科课程注重对既有文化知识(间接经验)的展示;经验课程注重对学生主体性经验(直接经验)的展示。学科课程在课程内容的组织上注重学科体系固有的逻辑关联,严格尊重学科内容体系的完整性和逻辑性;经验课程在课程内容的组织上超越传统学科体系的固有逻辑关联,从问题意识出发统整相关课程内容,注重学生学习过程中主题活动的内在价值逻辑。学科课程在课程实施(或教学过程)中较适宜采用传统的授受法;经验课程在教学过程中更适宜让学生自主、合作、探究地进行学习活动。

根据经验课程的历史沿革,可区分出三种经验课程类型:浪漫自然主义经验课程、经验自然主义课程、当代人本主义经验课程。

浪漫自然主义经验课程　以法国启蒙思想家、教育家卢梭的主张为中心,其关于课程的基本主张如下:(1)关于课程内容。卢梭分阶段论述了儿童发展的教育问题。对0～2岁的儿童,多给予其真正的自由,使儿童的身体得到充分自由的活动。对于2～12岁的儿童,此阶段的任务有三:感官训练、锻炼身体与纪律教育。此阶段的儿童只能接受形象,不能接受概念,故不应灌输知识和道德,主张在日常生活和游戏中通过识图、绘画、认识几何形体和制图,训练观察能力,通过歌唱与音乐发展听觉。他反对让这个阶段的儿童读书和学习,特别反对儿童学习古典语文与历史。对12～15岁的儿童,卢梭在选择课程内容时强调知识的实

用价值,带有明显的功利主义色彩。此阶段的另一项任务是劳动教育,使儿童成为既能行动又能思考的人。15岁至成年阶段教育的主要目标是促进理性的发展,这个阶段的教育要回到城市进行。(2)关于学科知识与个人知识的关系。关于卢梭对学科知识与个人知识的看法,存有一定争议。班托科认为卢梭贬低书本知识的价值。也有人认为,学科知识与个人知识在卢梭看来是统一的、有机整合的,整合的基础是个人知识。首先,卢梭的"真理"建立在个人的直接经验基础上,卢梭反对盲目崇拜权威,认为依赖书本知识就是依赖他人判断,把他人奉为权威,亦即以权威取代真理;卢梭还强调儿童的理性,认为只有以理性为基础获得的知识才能接近真理。其次,卢梭认为,应以儿童的理性(理智)发展水平来看待学科知识的学习,反对儿童12岁以前读书和学习(以文字的形式),特别反对让儿童学习古典语文和历史,主张这个阶段的学科知识应以儿童生活经验的形式来展现。而在12岁以后的学习生涯中,儿童的理性(理智)获得较充分的发展,可以直接从书本中学习学科知识,这时儿童已基本具备对书本知识的辨别力和判断力,能够驾驭书本,使学科知识服从自己理性的需要。(3)关于教学方法(发现教学或探究)。卢梭把儿童的直接经验看作儿童的真理,儿童的活动成为其教学内容,与此相应,卢梭力主采用发现教学的方法。认为儿童的活泼好动是发现教学的"人性"基础,儿童的兴趣是发现教学的动力因素,活动教学与实物教学是发现教学的基本形式,学习方法与真实体验是发现教学的直接目标,理性的人格是发现教学的终极目的。

经验自然主义课程　在发端于19世纪末20世纪初欧洲大陆的"新教育运动"和美国的进步主义教育运动,产生以实用主义为哲学根基的经验自然主义课程流派,其代表人物是美国教育家杜威。经验自然主义课程的理论基础是实用主义哲学、机能主义心理学和互动社会学。实用主义哲学产生于19世纪末,杜威在继承皮尔士与W.詹姆斯实用主义理论的基础上,力图从观念、概念对人的作用的"工具"角度重新解读实用主义。他认为,哲学领域的基本概念和范畴等并不是客观现实的反映,而是人赖以适应环境、整理经验的工具,故自称其所信仰的实用主义为"工具主义"。机能主义心理学认为,心理研究的对象是意识的机能,而不仅仅是意识的内容。心理活动的实质在于有机体采用一定的行动来适应环境并满足自己的需要。互动社会学认为,社会由互动的个人组成,人的行动不只是反应,而且是领悟、解释、行动与创造,人是不断变化的行动者;社会环境不是静止的,而是一直在影响和塑造人,环境是互动的产物。

杜威认为,经验是有机体与自然环境相互作用的结果,经验的主体(有机体)和经验的客体(环境)是事物的两个侧面,两者相互联系并合而为一。他把人的主观经验看成客观世界存在的基本前提:自然依据经验而存在,事物依据人

的思想而存在。杜威的经验自然主义实质上把主观经验看作第一性,而把客观的自然(环境)看作第二性。在教育目的上,杜威提出"教育无目的",认为"教育的过程是一个不断改组、不断改造和不断转化的过程","教育的过程,在它自身以外没有目的,它就是它自己的目的",而不是从外部"强加"的阻碍儿童正常发展的目的。在课程与教学实践上,杜威主张"做中学",他批评传统教学的"三中心",即课程内容以前人经验(知识)为中心,教学组织形式以课堂系统讲授为中心,教学过程以教师主导作用为中心,认为这种课程与教学脱离学生的个人生活与经验,是"没有儿童"的教育。杜威提出新的"三中心":课程内容以儿童的亲身经验为中心,教学组织形式以儿童的活动为中心,教学过程以儿童的主体活动为中心。在课程开发的维度上,经验自然主义课程开发维度有三:学生、社会与知识(文化或学科)。杜威重视儿童的个性,反对不顾儿童自然天性的"成人式"的、外加的教育。认为儿童有四种本能(兴趣),即社会本能或交际本能、制作本能、探究本能、艺术性本能,其他兴趣建立在四种本能基础上。课程开发应基于儿童的上述本能。但他也不主张放任自流、"唯儿童中心"的教育,认为儿童的个性是在其个人经验与社会的相互作用中不断生长的。杜威主张"教育积极适应社会",认为教育在本质上是一种社会过程,儿童的学校教育生活本身即是社会生活的有机组成部分,"教育即生活","学校即社会"。杜威注重课程开发与儿童兴趣的契合,但并不否认知识的重要性,他从经验的角度把知识分为四类:"如何做的知识";"了解的知识";以语言为媒介获得的"信息"或"学识";"理性知识"(rational knowledge),即基于理性、科学的逻辑顺序和严格体系的间接知识。前两者属直接经验,后两者属间接经验。在课程内容的选择上,杜威认为,学校科目相互联系的中心是儿童本身的社会活动。在总结芝加哥实验学校经验时,杜威把课程教材分为三类:第一类是主动作业,包括游戏、体育活动及手工训练在内的各种形式的活动;第二类是历史和地理,是给儿童提供关于社会生活背景的科目;第三类是阅读、语法、数学与自然科学,是提供儿童运用理智交流及探究方法的科目。其选择课程内容的基点是儿童的天性与社会生活的统一。在课程内容的组织上,杜威注重"心理化"的课程与教材,认为心理化的课程教材是统一于儿童的生长和发展,统一于儿童的生活世界的;心理化的课程教材内容以儿童的兴趣为基础,并维持儿童的兴趣;心理化的课程教材是社会性的,课程与社会生活相结合,适应社会生活的需要;心理化的课程教材符合儿童心理发展的顺序。

当代人本主义经验课程　基于对浪漫自然主义经验课程和经验自然主义课程的再认识和超越发展而来,尤其是对杜威的"工具经验课程"的改造与超越。呼唤人的主体性与自我意识,其发展脉络是从工具理性到实践理性,最终走

向解放理性。

人本主义经验课程——"自我实现"论。这种人本主义课程范式建立在人本主义心理学的基础上,主要代表人物是美国人本主义心理学家马斯洛和罗杰斯。他们认为,人的发展是发现与实现自我价值与意义的过程,最终目的是实现"自我实现"的最高需要。"自我实现"论认为,事实与价值是融合的:"事实"具有价值性,事实中蕴涵价值取向,并可能创造价值;"价值"也具有事实性,价值以事实为载体,且本身也是事实的内在属性。这种价值观在课程领域体现为,课程的价值不仅在于提供学生知识这类"事实",而且通过知识这一"事实"达成人的个性自由和解放这一"价值",而"事实"与"价值"这对逻辑概念统一于"自我实现的人",自我实现的理想是人本主义课程的核心。这种课程理论在课程实践中主要体现为三种课程形式:一是融合课程,试图整合情意领域(情绪、态度与价值观)与认知领域(理智知识和能力),实现情感与理智的整合、个人与社会的整合、教材与学生生活的整合。二是意识课程,主要吸收宗教哲学、神学、超个体心理学与精神分析等理论成果,试图通过某些训练意识的技术来提高人的意识水平。三是自我导向课程,这是对美国 20 世纪 70 年代"回到基础运动"(Movement of Back to Basics)的回应。认为除了基础知识的基本技能外,"基础"还包括能力感、价值观澄清、积极的自我概念、改革能力与开放的个性等,这些是"自我导向学习者"(self-directed learner)的个性特征。自我导向课程的目的包括认知发展、情意发展、社会性发展、道德发展和自我发展,其终极目的是发展儿童的自主性。

存在现象学视野下的人本主义经验课程。存在现象学课程论把课程看作个体的自我体验,着眼于个体自我意识的提升与存在经验的开发。主要代表人物有美国的 M. 格林、派纳和格鲁梅特,加拿大的奥凯和范梅南等。其理论来源主要有现象学、存在主义与弗洛伊德主义。起源于 20 世纪德国的现象学派反对只关注认识的客体,不关注认识主体的认识论,认为不仅要考虑认识客体(自然、知识等事物),更要考虑认识主体(人);不仅要关注客观知识的有效性,而且要追问用以获得一切客观知识的主观认识是否有效;还应反思意识行为与意识内容的关系,从意识行为的发出者(人)来考察主体的意识对于意识内容(认识对象)的构成作用,通过这种反思来把握"纯粹的自我",即把握"纯粹意识";"纯粹意识"中存在永恒不变的"纯粹观念"或"结构",这种"纯粹观念"或"结构"就是现象学所追求的"先验的本质"。现象学课程论者主张与实践工作者保持相对的距离,通过理论工作者的反省,认识"纯粹的课程理论"。存在主义认识论认为不存在绝对的真理,真理只依据个人的经验(或认识)而存在;价值也只具有个人的意义,是由个人对价值的自由选择决定的,没有绝对意义与普遍意义的价

值,由此认为教育为个人而存在,教育教给个人自发地和真实地生活。弗洛伊德主义课程论者则利用精神分析方法,对传统课程进行"病理分析",并将心理治疗的原理运用于课程实践,主张"自传法"。

批判理论视野下的人本主义经验课程。批判课程论崛起于 20 世纪 70 年代,其间以"工具理性"为标志的"唯科学主义"盛行,社会公正受到侵蚀,人的主体性得不到应有的重视。主要代表人物有阿普尔、吉鲁、P. 韦克斯勒、麦克唐纳、曼恩等。批判理论的哲学理念来源于 20 世纪 30 年代兴起于德国的以哈贝马斯为代表的"批判理论"。社会学观点源于新教育社会学。其基本观点:人与社会、人与自然、自然与社会是动态的相互作用、辩证统一的整体,学校既受社会的影响,从而复制社会文化,又能动地抵制社会文化。反映特殊集团利益的意识形态总是通过各种形式渗入学校课程,课程因而不断"再生产"社会的不平等,从而压迫人性。可以把课程作为一种"反思性实践",在课程中进行"意识形态批判",通过课程开发与实施来提升人的"批判理性",进而达到社会公正与人的解放。

参考文献

施良方. 课程理论——课程的基础、原理与问题[M]. 北京:教育科学出版社,1996.

张华. 课程与教学论[M]. 上海:上海教育出版社,2000.

(张雨强)

学科心理学(psychology of school subjects) 研究学校中语文、数学、外语、自然学科、社会学科等具体学科的学习与教学规律的学科。教育心理学或认知心理学与学校学科结合的产物。

学科心理学在西方的发展

考察学科心理学的发展历史,要在教育心理学或认知心理学与学校学科之间关系的背景中进行。教育心理学诞生至今,与学校学科之间经历结合—分离—再结合的曲折历程。学科心理学的发展也体现这一历程。

20 世纪前 20 年,是教育心理学与学校学科的早期结合阶段,也是学科心理学的初创时期。这一时期,教育心理学与学校学科之间是一种单向的结合,即教育心理学的一般理论直接应用于指导学科学习与教学。如教育心理学的创建者 E. L. 桑代克在动物学习研究基础上提出学习就是刺激与反应之间建立联结的过程,并用联结这一思想对学校学科教学问题进行分析。E. L. 桑代克在 1922 年出版《算术心理学》一书,列出算术中的许多联结。他还运用联结的思想研究了字词出现频率及阅读难度等问题。E. L. 桑代克的

工作探讨了学科学习与教学的一些问题,但这只是为了检验和运用其一般的心理学理论与方法,而不是切实解决学科本身的学习与教学问题。

学科心理学的创建要归功于贾德。贾德早年留学德国,师从冯特学习心理学。回美国后,从1909年开始,在芝加哥大学用近30年的时间潜心研究学科心理学,芝加哥大学也因此成为当时学科心理学研究的中心。1915年,贾德出版《中学学科心理学》一书,系统综合中学各科的心理学研究成果,并首次使用"学科心理学"一词,标志着学科心理学的诞生。贾德构建学科心理学的思路与E.L.桑代克一样,都是将一般原理应用于学科,不过贾德的"一般原理"与E.L.桑代克的不同。贾德根据其水下打靶实验提出,两个学习活动之间产生迁移的关键,是学习者概括出两种活动涉及的共同原理,因而贾德就尽力寻找具体学科中有迁移能力的"共同原理",并强调学生要对"原理"进行有意识的反思与概括。

20世纪30—50年代,学科心理学的研究衰落下去。心理学家不再关注学校学科的学习与教学,而将主要精力放在研究和揭示有广泛适用性的学习规律上,采用的研究手段是在实验室场景中运用与学校的现实任务完全不同的任务来揭示一般的学习规律。而教育工作者则将主要精力用于不同教学方法效果的比较。

自20世纪60年代起,学科心理学的研究又得到恢复,这主要是认知心理学的深入发展所致。认知心理学兴起后,研究者最初也是在实验室中运用脱离现实的任务进行研究。后来,很多研究者意识到,这类研究缺乏生态效度,即在实验室中得出的结论很难应用到现实情境中,这在客观上要求研究现实情境中的任务。此外,自20世纪60年代蓬勃兴起的对专家或专业知识的研究启发研究者关注专门领域中的问题。心理学家研究的问题从"概念如何学习"、"问题如何解决"转变为"数学概念如何学习"、"物理问题如何解决"。教育心理学又开始关注学校学科的学习与教学。

与E.L.桑代克、贾德的时代相比,学科心理学的此次复兴打上认知心理学的烙印。学科的学习被认为是知识的变化而不是行为的变化,是专门领域的活动而不是一般领域的活动。此时的学科心理学拥有描述和分析学生在具体学科中行为表现背后的知识的技术,即认知心理学发展起来的认知任务分析技术。

学科心理学在中国的发展

在中国,学科心理学的研究散见于学科教育心理学(如语文教育心理学)、学科教学心理学(如数学教学心理学)、学科教学论(如物理教学论)之类的教材与著作中。从这些文献中可以看出,学科心理学在中国的发展有三种明显的研究取向。

一是将普通心理学的一般原理应用于学科的学习与教学。普通心理学研究正常成人的一般心理活动规律。受苏联普通心理学体系的影响,中国的普通心理学主要研究感觉、知觉、记忆、思维、想象、情感、能力、气质、个性等问题。在普通心理学的理论指导下,国内一些研究者构建了学科心理学的体系,其突出特点是论述普通心理学的上述几方面研究在具体学科教学中的应用或联系,组织框架一般分章论述感知规律与学科教学、记忆与学科教学等。如1983年钟为永的《语文教学心理学》一书论述了心理学在语文教学中的作用、语文教学怎样组织学生的注意、感知规律在语文教学中的应用、提高学生学习语文的记忆效率、语文教学怎样发展学生的想象力、遵循思维规律进行语文教学、发展智力与语文教学、语文教学中的情感因素、培养学习语文的动机和兴趣、学生读写技能的发展和培养等。1984年,朱作仁在《语文教学心理学》一书中明确指出,语文教学心理学是运用普通心理学的知识于语文教学过程,研究和揭示学生在掌握语言文字过程中的心理规律和心理特点,研究学生的心理规律与心理特点同教材教法的关系的一门学科。这一研究取向给人的印象是用具体学科的例子来说明普通心理学的一般原理,没有揭示具体学科教学的特殊规律。

二是实证研究取向。运用调查、实验等实证研究方法,就学科教学中的具体问题进行研究。这一取向在语文学科表现突出。如1916—1919年,刘廷芳在美国以中国人和美国人为被试研究汉字学习的难易、再认、重现、看写等问题,1982年朱智贤等人对让步连接词的实验研究,1989年林仲贤等人研究色、词材料横竖阅读速度和准确性问题。这类研究探讨的是具体的学科学习与教学问题,其研究结论是构建全面的学科心理学的重要基础和来源。

三是运用教学心理学理论构建学科心理学体系。教学心理学研究学生从教学中学习的规律。受认知心理学的影响,教学心理学的研究日益深入中小学学科,为构建中国的学科心理学体系提供了机遇。一些研究者积极地用教学心理学来指导学科教学。如韩雪屏2001年在《语文教育的心理学原理》一书中,运用当代教学心理学的核心概念和思想,如广义知识观、陈述性知识、程序性知识、问题解决、教学目标、教学任务分析等,研究语文教学的问题。2004年,皮连生主持编写"学科教学论新体系"丛书,内容涉及中小学语文、数学、外语、自然学科、社会学科的学习与教学设计,贯穿该书的指导思想也是教学心理学。

学科心理学的理论框架

从学科心理学的发展历史看,在认知心理学或教学心理学的推动下,学科心理学获得第二次复兴,并重新占据教育心理学的中心地位。学科心理学的理论框架也不可避免地受教学心理学的影响。1992年,R.E.斯诺和J.斯旺森将教学心理学的框架描述为五部分:描绘出欲想达到的终点状态,或某一领域中的教学目的;描绘教学之前,学习者具备的与目的有关的初始状态;阐明从初始状态到欲想状态的转化过程;确定促进这种转化的教学条件;评价学生的作业表现及教学效果。2004年,梅耶将学科心理学的框架梳理为三方面:清晰界定某一学科领域(如阅读流利、阅读理解、写作、数学或科学),以及在该领域清晰界定目标任务(如朗读单词、理解某一段落、写一篇文章、解决一道文字题或理解某一事物如何工作的原理);进行认知任务分析,确定出完成任务所需的主要认知过程;通过研究来确定人们如何习得所需的每一个认知过程,包括如何帮助他们学习。在吸收国外学者观点基础上,结合考虑教学的完整过程及学习结果的全面性,学科心理学的框架可描述为如下四部分。

学科教学目标　学科心理学主张,对任何一门学科领域的教学,都要首先明确其教学目标,即经过教学后学生能做什么。为此,需要以可观察、可测量的术语陈述出经过教学后学生的行为表现,这一行为表现要能为其他人如教师、家长或其他学生客观地观察到。中国各学科课程标准中都有课程目标这一部分,这部分内容就是作为教学目标的学生的行为表现。

任务分析　亦称"目标分析",是在确定教学目标后,运用心理学理论(主要是学习理论),对教学目标的性质、相互关系进行分析,为教学过程的设计和教学方法的选择提供依据。这是在认知心理学影响和推动下学科心理学形成的最重要部分。任务分析主要做好三方面的工作:(1)运用学习结果分类理论分析教学目标的性质。学习结果即教学目标。心理学研究了不同类型学习结果学习的过程与规律,并据此提出学习结果或教学目标的分类体系,如布卢姆等人的教育目标分类学、加涅的学习结果分类体系。这两个分类都从认知、情感(或态度)、动作技能三大领域来对学习结果进行分类,而且都对认知领域作了详细分类。这两个分类体系与中国常提的"德智体"三育相对应,对我们明确教学目标的性质有重要指导价值。(2)分析学生完成教学目标涉及的认知过程与知识。并不是每个教学目标都能归入到加涅或布卢姆的学习结果的一种类型中。一些教学目标的完成需要较复杂的认知过程并涉及多种知识的运用(如问题解决)。对这类目标,要对其涉及的内在认知过程和相关知识类型进行分析,明确教学目标的内在结构与过程,从而为教学目标的达成指明方向。如弗劳尔和海斯分析了学生的写作过程,区分出构思、起草、修改这三个相互作用的过程,其中构思过程又涉及生成信息、评价信息、组织信息三个子过程。这些过程要求学生具备写作内容、写作对象特点等方面的陈述性知识、进行构思的策略性知识

以及起草和修改所需的遣词造句的程序性知识。明确写作的机制,教会学生写作就有了明确方向。(3)分析学生既有的与教学目标达成有关的原有知识。教学目标是终点,分析学生的原有知识就是分析学生的起点。学生的原有知识状况对教学目标的达成有重要制约作用。研究发现,学生在日常生活中已自发习得一些自然现象的知识。有些知识对学生入学后接受正确的科学观念会起到顽强的阻碍作用,有些知识会对教学目标的达成起到促进作用。

教学目标及其构成成分的学习规律及促进的学习教学措施　受教学心理学影响,学科心理学也坚持教学心理学的基本观点,即外在的教学措施要引发和促进学生的内在学习过程。任务分析指出教学目标的性质及其过程,接下来需要明确每类教学目标学习的过程与规律。在这方面,加涅的学习结果分类明显优于布卢姆的教育目标分类。加涅对其划分出的五种类型学习结果(言语信息、智慧技能、认知策略、动作技能、态度)分别讨论了其学习的条件(即阐明了各类教学目标的学习规律)。此外,认知心理学有关陈述性知识与程序性知识学习规律的研究,也常被用来解释各类教学目标学习的规律。了解学习规律,是为了有针对性地设计教学措施。例如,各学科教学中都有基本技能的教学任务,技能的本质是程序性知识。认知心理学将程序性知识的学习过程刻画为由陈述性知识经由变式练习(或知识的编辑)转化而来,促进程序性知识学习的教学措施一方面要保证陈述性知识的习得,这可以通过讲解、示范、举例说明等方法来加以促进,另一方面要提供练习的机会,练习的设计要有变化还要有一定的量。练习过程中还要适时给学生提供反馈。

教学目标的评价与诊断补救　这一部分的目的是了解经过教学后学生是否达到教学目标的要求。如果学生未能达标,要查找原因并进行补救。这里的评价是针对教学目标进行的评价,评价的标准是教学目标中规定的对学生行为表现的要求。由于在确定教学目标时就要求用可观察、可测量的学生的行为表现来界定,因而对教学目标的评价就相对简单。陈述良好的教学目标其实就是测验题,对其稍加改动、补充就可变成测验,而且也有良好的测验效度。

经测验,如果学生没有达到教学目标的要求,首先要诊断原因。诊断学生学习困难的指导思想是能力的知识观,即人类后天习得的能力的本质是陈述性知识、程序性知识和策略性知识。学生的能力表现出现问题,要从知识上找原因。而任务分析描绘出学生完成一定能力表现需要的认知过程与知识,任务分析的结果既可以用来指导教学过程与方法的选择,又可以在学生的能力表现出现问题时用作诊断问题所在的依据。找到问题后,再采取相应的补救教学,即将学生缺乏的或未掌握的目标或目标构成成分再作为教学目标进行教学。

参考文献

皮连生. 学科教学论新体系[M]. 上海：上海教育出版社, 2004.

Mayer, R. E. Teaching of Subject Matter [J]. Annual Review of Psychology, 2004, 55.

Shulman, L. S. & Quinlan, K. M. The Comparative Psychology of School Subjects [M]// Berliner, D. C. et al. Handbook of Educational Psychology [M]. New York: Macmillan, 1996.

Snow, R. E. & Swanson, J. Instructional Psychology [J]. Annual Review of Psychology, 1992, 43.

（王小明）

学历和文凭对社会分层的影响（influence of educational background and diploma on social stratification）以学历和文凭为主要标志的教育经历作为社会身份的象征在社会资源再分配过程中所产生的作用。20 世纪 40 年代后，社会学和教育社会学学者对教育与社会分层、教育与社会流动关系的研究渐趋增多，功能论、冲突论等不同流派就学历、文凭与社会分层和社会流动的关系提出不同的理论解释。伴随教育的普及和高等教育大众化阶段的来临，教育因素在社会分层和社会流动中的影响力及其机制出现新变化，复杂性增加，"学历社会"、"文凭社会"、"文凭危机"等概念构成另一类理论立场，学历、文凭与社会分层和社会流动的关系成为一个重要的研究领域。

学历和文凭在不同社会分层
形态中的地位变迁

社会分层（social stratification）亦称"社会阶层化"、"社会层化"、"社会成层"，是指根据一定标准，如身份、地位、声望、财富、权力等，将社会成员划分为高低有序的等级层次的社会现象。学历是个人求学的经历，包括曾在某种类型和等级的学校毕业或肄业，并获得某种学位或证书，可以说明个体接受了较系统和集中的知识训练，一定程度上表明个体的知识水平。文凭即毕业证书。

在西方，马克思主义创始人马克思和德国社会学家 M. 韦伯是研究社会分层现象的早期代表。在人类历史上，社会分层的形态多样，美国社会学家熊彼特的研究指出，自原始社会以来存在七种具有典型特征的理想型社会分层体系，社会分层决定因素的历史变化趋势则体现一种从先赋性因素（如出身、种姓、性别、民族等）向获致性因素（如教育水平）的转变。美国社会学家布劳和 O. D. 邓肯的研究得出结论：社会分层由先赋因素和获致因素决定。传统社会中，先赋因素在社会资源分配中起重要作用，现代社会中，获致因素尤其是学历和文凭，构成人的能力或身份的重要标志，成为社会资源分配的主要标准。美国社会学家 R. H. 特纳的研究同样表明，传统社会中以由先赋因素决定社会地位的赞助性升迁模式为主导，现代社会则以由获致因素决定社会地位的竞争性升迁模式为主导，教育在个人获得社会地位的过程中具有重要作用。

20 世纪 60 年代末，M. 韦伯指出，以往"出身名门的证书"是贵族保持其社会权利和取得国家公职资格的必要条件；而当今已被教育的专利证书取代，大学、商学院和工学院的毕业证书以及继续教育各领域颁授文凭的呼声，都是为科层制特权阶层的形成服务的。

学历和文凭与社会分层
关系的理论解释

关于学历、文凭与社会分层和社会流动的关系，主要有两种理论解释。功能论强调教育的社会流动机制，主张学历、文凭有助于个体实现社会升迁，进而影响社会分层。这种理论取向亦称功能论的分层理论。冲突论强调教育的代际传承机制，提出学历和文凭有利于个体实现文化身份的再生产，从而影响社会分层。

功能论的分层理论　主要源于 20 世纪五六十年代盛行的结构功能论。结构功能论源于法国社会学家孔德、英国社会学家斯宾塞和法国社会学家涂尔干的早期功能主义，其立足点：社会分层是社会发展的必要过程，学历和文凭是形成社会分层的技术或成就标志。早期功能论代表如 K. 戴维斯和 W. 摩尔相信，所有社会都必须设计出一套方案，以促使最好的劳动者去承担最重要和最复杂的工作。后期功能论的主要代表人物美国社会学家 T. 帕森斯则强调，社会中存在一套较固定的社会地位、职业序列以及与其相应的不同条件与专业要求，教育通过"学业成就轴"将受教育者分化和分层为不同的文凭与学历获得者，后者构成交换社会地位的一般等价物，产生社会分层。

美国社会学家 R. H. 特纳于 1960 年在《美国社会学评论》上发表的《赞助性流动、竞争性流动和学校制度》一文，被视为肯定教育对社会流动影响的经典研究。R. H. 特纳指出，在一个形式上是开放的并且向大众提供教育的阶级制度中，人才选拔模式决定了社会地位的升迁模式。他归纳了两种理想型人才选拔模式：一种是赞助性升迁，意味着精英由原来的精英或其代理人选择；另一种是竞争性升迁，精英地位是公开竞争的目标。在实际生活中，社会地位升迁既遵循赞助性模式，也遵循竞争性模式。

冲突论的分层理论　20 世纪 60 年代后期兴起的冲突理论强调社会分层源于当权者利益之间的竞争和冲突，学历和文凭被视为成员资格的标志，而不是作为专业技术或成就的标志。美国社会学家 R. 科林斯作为冲突论中新韦伯主义阵营的主要代表，对功能论提出激烈批评，认为教育的作用在于传递特定的身份文化，教育活动通过学历、文凭赋予受教育者一定的社会身份来影响社会分层。

法国社会学家布迪厄将学校教育作为现代社会对既定的等级制进行再生产的机制。与 R. 科林斯不同,布迪厄看到了文化资本在决定个体社会地位中的重要性,提出文化资本假设,文化资本被定义为一系列包含社会精英的品行、习性、沟通技能和地位象征的符号化的财富。在上层社会家庭,这些符号财富被直接传递和融化到子代的生活中,而学校系统正是根据孩子们所直接继承的文化资本来确定他们在学校中的等级,因而社会体系也就通过学校系统得以再生产。这意味着在社会地位不平等的再生产中,学校教育并非一个可以独立起作用的因素,教育必须在复杂的社会关系中发挥作用,学历和文凭的产生也会受到个体家庭社会地位的影响。

新马克思主义的主要代表鲍尔斯和金蒂斯在《资本主义美国的学校教育》(1976)中认为,教育是社会的一部分,受到社会基本的经济制度与政治制度的束缚。美国的教育具有再生产或维持资本主义经济制度的作用,是保持或增强美国现存社会与经济秩序的社会制度之一。教育无法成为一种促进更大的平等与社会正义的改革力量,认为教育有助于社会问题解决的人事实上都"对经济制度不完全了解"。他们强调教育的社会再生产机制,认为教育通过学校与社会结构之间的对应,展现社会关系,最终起到作为社会分层和社会选拔的代理人的作用。

学历和文凭在社会分层中的作用机制

冲突论者认为,学历和文凭作为一种社会排斥工具发挥作用,从而实现社会分层;功能论者则提出,学历和文凭作为社会整合工具发挥作用,从而实现社会分层;其他理论则强调学历、文凭具有社会标识作用,进而可影响社会分层。

学历和文凭作为一种社会排斥工具　以冲突论的视角,德国社会学家 M. 韦伯用"社会封闭"(social closure)来描述社会分层过程,即某些社会集团可以通过只局限于让一小部分有资格的圈内人士来分享获得资源和机遇的渠道这种机制,达到报酬最大化。英国社会学家帕金进一步将这一社会封闭策略分解为社会排斥和社会团结两种实现技巧。

现代社会中,上流阶层首先使用围绕财产制度设计的工具,其次运用学术的和专业的证书和文凭,通过这两大社会排斥工具来保持自己的优势地位。随着财产权被轻视,或被认为是文化滞后的个案,学历和文凭的社会封闭作用越来越突出,并通过控制和监视社会分工体系中核心职位的条件来完成封闭功能。由此,学历和文凭充分发挥了社会排斥作用,这种排斥作用是通过将文凭转化成一种文化

通货来实现。R. 科林斯认为,在美国竞争式的社会流动中,随着教育制度的不断扩展,任何一种特定的价值和教育阶段愈来愈不依靠所学的特定内容,而是愈来愈依靠获得一定程度和取得能进入下一个教育阶段特定群体的文化,特定的文化渐渐地转换成抽象的学历。换言之,是日常社会交流的特定文化转变成了一般的文化通货。这种文化通货被 R. 科林斯认为是构成 20 世纪美国社会分层的主要新生力量。文凭已进入职业结构,构成社会分层的主要依据。有研究表明,文凭在现代社会被赋予很高的重要性,很大程度上是因为它简化了社会排斥的过程,并使之合法化。美国社会学者詹克斯指出,使用文凭或考试分数,从而把没有文凭的群体排斥在体面的职业之外的做法,是一种武断的社会歧视形式。

学历和文凭作为一种社会整合工具　以功能论的视角,学历和文凭是实现社会整合的工具,教育平等和教育机会均等原则是社会整合的具体标志,学历和文凭则构成社会整合的一种具体标准,因而受教育年限和教育途径成为社会分层的具体运行机制。(1) 按照学校教育年限进行社会分层。佩奇和 W. 穆勒认为,以受教育年限实现社会分层涉及两次转换过程:首先是受教育年限不同的人获得了各种不同的文化资本以及文凭学历,再通过进入社会分配市场实现第二次转换,获得各种不同的经济收入、社会声望和政治权利,进而形成社会分层。(2) 按照教育途径进行社会分层。英国社会学家霍珀认为,受教育年限是教育对社会分层作用程度的反映,教育途径是教育对社会分层作用类型的反映。教育途径使具有同样受教育程度的人因就学于不同的学校而获得不同的文凭学历,进而在获得职业和社会地位上出现差别。

学历和文凭作为一种社会标识作用　柯克霍夫在《从比较角度看学校到工作的过渡》(2000)一文中指出,所有研究工业社会分层过程的学者都认识到教育机构在新生代劳动力职业分层中的重要作用。研究表明,教育成就的级差与社会职位的级差之间存在高度相关。罗森鲍勃、卡里亚、赛特斯泰思和美叶尔运用信号理论(signaling theory)和网络理论(network theory)的概念表达两个共识的:有助于雇主决定待聘人员的决策信息十分有限,学历和文凭在其中具有特殊价值,这种价值的体现主要依赖于证书本身的专门性和独特性及其与职位的关联性;雇用决策不仅涉及雇主和应聘人员,还包括其他方面。在文凭与阶层分布的研究中,W. 穆勒及其同事指出,人口在教育系统中可获得的不同教育证书上集中得越少,证书越容易用于工作目的。通过对法、德、美、英等国家教育制度的比较研究,他们认为可能存在两种理想型的教育制度:一种是高标准化和高分化的,其教育证书显示职业专门化;另一种是低标准化和低分层化的,其教育证书与职业几乎不存在相关性。研究表明,

在第一种类型的教育制度中，从学校到工作的过渡相对更有秩序、更稳定。

学历社会和文凭危机

学历社会和文凭社会伴随近代工业革命的进程逐步形成，对学历社会的关注源于西方社会。德国社会学家 M. 韦伯指出，当人们试图要求引入常规的课程和特种考试时，隐藏在其背后的理由并不是"求知欲"，而是人们试图控制对这些优势地位的供给，从而实现文凭拥有者对这些优势地位的垄断。考试已成为实现这一垄断的全球通用的手段，考试制度不可抗拒地得以推进。所谓的"文凭病"即指职业选择中过分依赖资格和文凭。当越来越多的潜在候选者获得了原本十分稀缺的资历时，许多专业化职业逐渐提升了进入该职业的最低标准。R. 科林斯在《文凭社会——教育与阶层化的历史社会学》一书中指出，20 世纪 60 年代开始出现文凭膨胀现象，文凭制度危机四起，对文凭制度的怀疑、反对、批评、指责接踵而至。R. 科林斯赞同文凭废除主义，希望借此产生重大变革，使学校返回到利用自身的内在成果而不是学位的流通价值得以生存的状态。

伴随高等教育大众化阶段的来临，现代社会学历和文凭的供需矛盾出现新变化。学历社会、文凭通货膨胀、文凭危机现象等以不同方式呈现，学历和文凭在社会分层中的影响机制也由此发生改变。

参考文献

戴维·格伦斯基. 社会分层 [M]. 王俊，译. 北京：华夏出版社，2005.

莫琳·T. 哈里楠. 教育社会学手册 [M]. 傅松涛，等，译. 上海：华东师范大学出版社，2004.

科林斯. 文凭社会——教育与阶层化的历史社会学 [M]. 刘慧珍，等，译. 台北：桂冠图书股份有限公司，1998.

马和民，高旭平. 教育社会学研究 [M]. 上海：上海教育出版社，1999.

张人杰. 国外教育社会学基本文选 [M]. 上海：华东师范大学出版社，1989.

（陈　群　陈太忠）

学年制与学分制（academic year system and credit system）　两种课程管理制度。学年制亦称"学年学时制"，指学生必须读满规定的学年，修满各学年规定的科目和时数，且考试合格，达到既定标准才可以毕业获颁证书的一种制度。其特点是所有学生按同样的时间、进度学习同样的内容，达到同样的要求，是一种刚性课程管理制度。自近代普及教育和班级授课制产生后，这种课程管理制度通常应用于统一学习内容与学习进度的课程计划，学生对

课程几乎没有选择权。在学分制出现前，初等教育、中等教育、高等教育多采用这种课程管理制度。学分制是一种以学分为计算学生学习分量的单位，并以修满规定的下限学分为学生获得毕业资格的基本条件的课程与教学管理制度。可与选修制、弹性学制、学分互通互换制等相关制度有机结合。学生完成某项科目或学程所需要的学习量，并得到合格的评价，即可获得相应学分。关于学分所代表的学习量，各国有不同规定。在美国，学分的获得一般按"卡内基单位"计算，每单位代表一学年至少 120 小时的课堂教学。学分制提供学生更多的课程选择，兼顾教育品质与因材施教的理念。具体操作方式和作用与国家的课程管理体制和课程结构相适应。

学分制 1872 年创始于哈佛大学。该校把所开设的课程一一列出，并根据每门课程的难易程度和学习分量大小，将其折算成学分，学生可根据个人情况选择学习课程并获得相应的学分，修满所规定的学分便可毕业和获得学位。此后，美国其他大学相继仿行。到 20 世纪初，不仅实行选修制的大学如康奈尔大学、斯坦福大学等采用，原来对选修制不感兴趣的大学如哥伦比亚大学、辛辛那提大学、密苏里大学等也开始采用。以学分为学生学习分量的计算单位，计算原则是以课程为单位，把每门课程各种形式教学所需的课内外时间合并，折算成学分，对不同要求的课程给予不同的学分，并规定各种专业不同学分总数的学生毕业标准。由于自由选修制本身的不足，学生选修课程的随意性太大，往往把是否容易取得学分作为选择课程的标准。为了更好地推行学分制，哈佛大学 1909 年率先对自由选修制进行改革，以便对学生的自由选课进行控制；从 1916 年起采用导师制，规定学生所选课程须经导师批准；1951 年又规定每位导师指导的学生不超过 6 人。哈佛大学的做法为美国其他大学实行学分制提供了范式。

从 20 世纪初起，学分制开始流行于其他国家，高等院校都规定了须修满的学分要求，但具体情况不尽相同。第二次世界大战后，在美国教育理念的影响下，日本大学全部实行学分制。根据文部省 1956 年公布的《大学设置基准》的有关规定，四年制大学学生至少应修满 124 学分（包括必修课 36 学分、保健体育 4 学分、专业课 76 学分等），否则不能毕业，1 学分为 30 学时。英国一些大学实行学分制，并称之为"课程单元制"，一个课程单元相当于 60～70 学时的讲授或 150 学时的实验。法国大学实行学分制，并称之为"等值单元制"，学生须修完 16 单元的必修课程和 4 单元的选修课程。现在美国绝大多数大学已实行学分制，并把它作为制订教学计划、分配教学课时和安排教师工作的依据，但每所大学的计算方法并不划一，所规定的学分总数也不一样。有的大学规定学生 4 年内须修满 120 学分，有的大学规定须修满 360 学分，也有的大学规定须修满 500 以上的学分。一

般来说,凡需要课外自习的课程,以每周上一课时和修满一学期并经过考试及格为1学分;不需要课外自习的课程,例如实验、实习等,以每周上课2～3课时为1学分。学生须修满所规定的学分方能毕业。

美国实行学分制,一是注重学生的知识基础;二是注意让学生自由选择课程;三是强调各学科根据具体情况而定。1971年,哈佛大学校长 D. 博克对该校本科生教育进行改革,实行核心课程制,设立了一个最低限度的标准,要求学生必须在论文写作、数学思辨及其应用、物理科学、生物科学、西方文化、非西方文明和文化、政治和伦理哲学、现代社会分析等八个课程中各选修一门并获得学分。20 世纪80 年代,为了纠正普通教育课程被削弱的倾向,加强学生的基础训练,哈佛大学开始用课题制替代一直采用的学分制,要求每个本科生至少学习8个基本课题(每个课题要选修两个学期的课程)后,才能选修其他课程。

学分制打破了学年的限制,以定量的学时为单位计算学生的学习量,既可发挥教师的专业所长,开设各种供学生选择的课程,又考虑到学生的个别差异,让他们根据自己的情况选择所学习的课程和进度,提前或推迟毕业的时间。实行学分制,世界各国同门类和同专业的高等院校之间可以互相承认学生在各校所修的学分,并可转入他校,但学分制对学生的学习只有量的规定而没有质的要求,容易影响教学质量。因此,美国的高等院校一直在改善学分制,例如,把完全自由选修的课程改为必修课程、限定选修课程和自由选修课程三大类,对学生选择课程的自由度进行一定的限制,以使学生的课程学习协调平衡,从而保证教学质量。

中国高等院校在"五四"运动后逐步推行学分制。1921 年,东南大学最早实行,此后北京大学、清华大学、浙江大学等校也开始实行。中华人民共和国成立后,高等院校在院系调整中停止实行学分制而改为学年制。20 世纪70 年代末,一些大学开始试行学年学分制,现学分制改革已在全国高校全面推行。

美国最早将学分制与选修制移植到中等教育阶段。1893 年,以 C. W. 埃利奥特为首的美国全国教育协会"十人委员会"为确定大学入学资格审查标准,在对美国中学的课程作广泛调查后,向美国全国教育协会提出报告,首次建议在中学毕业时修满一定学分者就有资格升入大学。这对美国中等学校的选修制产生影响。19 世纪末20 世纪初,美国的中学与大学一样实施学分制,确定了选修制在中等学校的地位。此后,许多国家的中等学校实行学分制管理。20 世纪20 年代,中国亦在中等教育阶段实行学分制,至1948 年中学课程标准颁布前,选修制经历由盛而衰的过程,随着选修课的一再缩编、文理科的取消,学分制名存实亡,直至消失。此后一直实行学年制。20 世纪80 年代中期以后,陆续有学校开设选修课和活动课,一些中小学开始探索学分

制管理,随着基础教育改革的推进,2003 年教育部发布《普通高中课程方案(实验)》,提出通过学分描述学生的课程修习状况,尝试推广学分制。

学分制有不同的实施模式,如学年学分制、完全学分制、计划学分制、实绩学分制、复合型学分制、弹性学分制、整合学分制、全面加权学分制、绩点学分制,以及学分相通制、学分互换制等。其中,学年学分制是学年制与学分制的结合与过渡,基本保留原来的学习年限,但在课程设置上有必修课和选修课,并以学分计量学生在规定学年中完成的学习量,一般规定:学生毕业须取得的最低学分总数及其中的必修课学分数和限制性选修课学分数;一般情况下允许学生每学期修习的学分数的上、下限;某些不记学分但需修习的课程(如军训、班会及团队活动);其他诸如社区服务学分、课外活动学分、意外情况时的替代学分的规定;修业年限。学生修业期满取得不低于第一项规定的各项学分数,并完成第三项学习,准予毕业。完全学分制可打破学年界限,以整个学段(如本科、专科、高中或初中阶段)为单位,统筹计算学生修习的学分。

学分制与学年制的区别在于,学分制不以固定的总学时、修业年限而以学分为单位来计量学生毕业所要达到的学习量,学生在一定范围内可自由选课,自由安排学习计划甚至学习年限。若学生通过其他途径获得某学科的知识和技能,则可通过免修获得学分。理论上,学分制无升、留级。对于学生已经修读但未取得学分的课程,应允许其重修。相对学年学时制,学分制是一种弹性的课程管理制度。

(沈　兰　周　采　王凤玉)

学区制(school district system)　　美国教育行政体系中的基层管理体制。以此为标志的地方分权教育行政管理体制在美国一直沿用至今。美国管理教育的实际职责基本上下放给州以下的县或乡学区一级的行政单位。

学区制的产生与发展　　学区产生于美国的殖民地时期。最初的移民按照欧洲传统自行开设和管理学校,并由镇民会议来处理教育管理事宜。此后,又出现了巡回学校。这种学校制度虽然不能满足人们对教育的需求,但酝酿了学区学校的萌芽。康涅狄格1766 年首先承认在市镇之外划分学区的必要性。美国独立后,13 个州实行乡学区制,将6 户家庭以上的乡村组成学区,推选3 人为董事,负责管理学校、聘任教师、选用课本、征募教育税金和议定学校规则及每年召集家长会议决定各种重要问题等,体现了美国教育注重地方自治与民主的原则。但是,乡学区范围太小、工作人员少、花费不经济、董事们缺乏必要知识等阻碍了学校教育的发展。美国独立后,学区划分有所变化,产生了镇制(town system)学区。1853 年,马萨诸塞州首先出现镇制学区,并因其范围扩大而弥补了乡学区制的一些缺点,但对

美国经济和政治的实际发展需要来说,它的范围仍嫌小,不足以充分发挥地方教育行政的作用。于是县制(county system)学区产生了,设置县教育委员会和县教育局长,负责整个县制学区的教育行政、经费以及学校教育的领导与监督。在美国,县是仅次于州的行政单位,县学区被认为是一种优越、有效的行政领导单位,可使教育资源、经费、人力等得到经济而充分的利用。由于10万人口以上的工业城市不断增加,1870年后又产生了市制(city system)学区,市制学区直接受州教育行政机构统辖而独立于县学区。以上这些学区是在不同时期先后划分的,但各州几乎都存在。

美国1776年独立后,1791年制订的宪法第十修正案规定:"宪法未授予合众国,也未禁止各州行使的权力,将由各州或人民保留。"这是美国教育管理地方分权的法律依据。由于1787年制定的联邦宪法中没有教育条款,经办教育的责任在地方政府,因此美国的教育行政管理权主要在州,即在教育行政管理上以州为主体,州负主要责任,地方学区承担具体责任。18世纪后期,马萨诸塞州、佛蒙特州先后教育立法,确认了学区的法律地位,赋予学区以学校设置、聘任教师、选用课本、监督等权利。进入19世纪后,新罕布什尔州、纽约州、俄亥俄州、伊利诺伊州、田纳西州、印第安纳州、密歇根州等纷纷仿效。19世纪中期,美国各州已普遍采用学区制。学区制因便于学生就近入学和符合当地居民自治的愿望等而受到欢迎。这样,美国逐渐形成了以学区为基层领导单位的地方分权教育行政管理体制。1837年,马萨诸塞州首先在州政府领导监督之下成立了州教育委员会。其他各州也相继建立了州教育委员会。作为教育决策机构,州教育委员会依照州的教育法规来确定教育政策的制定与实施,下面分设学区,作为地方教育行政机构。尽管1867年美国在内政部设立了教育总署(1870年后几经改组并变换名称),由教育家H.巴纳德任署长,但仍保留了州和学区管理教育的权限和责任。因此,联邦一级的教育管理机构虽对全国教育有一定的影响,但并不直接管理地方学校教育,不领导各州的教育委员会,只负责收集分发统计材料和情报,管理和分配联邦的教育经费,在教育科研上提供咨询和帮助,召开讨论会和举办各种教育展览等。

学区制在实行过程中也暴露出不少问题,特别突出的是由各学区教育经费不均等原因造成的教育质量低劣。随着资本主义经济的迅速发展,社会对劳动者文化素质的要求越来越高,学区制改革就成为一种客观需要。贺拉斯·曼、J.G.卡特等教育家也对学区制的弊端进行了批评。于是,各州纷纷对学区制进行改革,主要采取两种措施。一是削弱学区职权,有些州通过法令剥夺学区聘用教师、确定课本等权力。1852年,印第安纳州首先采取这种做法,19世纪末,马萨诸塞州、新罕布什尔州、佐治亚州等纷纷仿效。二是合并学区,把许多农村地区规模过小的学区合并为大学

区,既节省教育经费,又有助于提高教育质量。马萨诸塞州经州议会决定于1869年率先合并学区,1880年又取消一间屋学校,另在适当地点建立中心学校,并用公款置备校车接送学生。从19世纪90年代到1905年,约有20个州开展合校并区运动,但各州发展不平衡。第一次世界大战后,美国又多次合并学区,但到1943—1944学年度,仍有学区111 273个。从1944年起,学区又大量合并,但差异依然存在,有的州仅有十几个学区,有的州多达万余,各学区的规模大小和人口多寡也极不相同。

学区制的结构　美国联邦教育行政管理机构是内阁级的联邦教育部。州政府的教育职权既来自州宪法,也来自州立机构和州法院,与联邦教育部没有直接隶属关系。美国教育的实际领导权掌握在基层教育行政机构手中。州教育委员会是美国各州的教育行政领导机构,其主要职责是:在州政府的领导和监督下,依据州教育法规制定州的教育政策和教育发展计划,对学区教育提供指导和建议,协助学区完成教育计划;审批和分配教育经费;制定课程标准和选定教材;规定教师资格;设计学校建筑标准并监督实施;确定学生的上学交通计划标准;代表州参与联邦政府有关教育事宜的讨论等。州教育委员会成员3～13人,多数州为5～7人,任期一般为4～6年;委员产生的办法各州不一,约1/3的州由州长任命,另一些州由州民投票选举或根据职权地位进行推选;首席行政长官是州教育督察长(state superintendent of public instruction)。州教育委员会下设州教育厅,为实施州教育法规和政策的办事机构。州决定教育行政的基本方针,大部分实际管理权由学区行使。

美国州以下的地方教育行政机构是学区(即学校行政区),一般分为基层学区和中间学区两种,承担具体管理学校的职责。学区的范围不一,一般标准是每个学区有1万名学生,边远学区至少应有5 000名学生,最大的学区可以有2.5～5万名学生。基层学区由各州设置,其划分同一般行政区不太一致,不从属于一般行政系统。各州基层学区的类型不同,大体上有以下几种:镇村学区、城市学区、普通学区(只有初等学校)。学区规模大小不同。规模小的学区只开办一所学校,甚至不开办学校,把儿童送到邻近学区去上学。规模大的学区有一个学校系统,有督学和学区教育委员会,负责学区内的学校管理。教育委员会成员一般为5～7人,由民选或委派,任期3～5年。其主要职责是:执行州教育法律及州教育行政机关颁布的各种规章指令;为学校征税,制定本学区的教育目标及相应政策;选聘学区学监;审核并批准教育预算、人员任用、薪级表以及教科书和课程的变更等;裁决教育上的纠纷,如审核处罚学生及让居民了解本学区教育的状况;维修管理校舍;为学生提供交通工具等。学区下设教育局,是学区教育委员会的执行机构。由于各地区情况不同,基层学区在类型、规模和教育水准上差

异明显。中间学区,亦称县学区,是介乎州与基层学区之间的教育行政管理单位。它与基层学区不同,不具备地方公共团体的性质,原则上无权单独开办和管理学校。美国约有半数的州设置中间学区,学区教育委员会由民选或委派产生,任期3~6年,其主要职责是:在州的监督下,对所辖地区内的各基层学区进行协调、监督和指导,但不直接管理学校,具体包括从事教育问题的研究和规划,编制教育预算,征收教育税,管理教职员,维修管理校舍,改进课程和教学,提供教材和教具,举办教师在职进修等。下设县教育局,并任命局长,具体实施教育委员会的教育政策。中间学区是州与基层学区之间的联系者与协调者,但各自情况并不相同。有的州真正实行县管教育,有的州因县教育行政机构很弱而只是顾问性的。学区之下还设有就学片,由学区教育委员会和行政部门根据地域、行政、社会政治等各种因素共同划定。往往是一个初中学片内设有几所小学,一个高中学片内设有几所初中,一个初级学院学片内设有几所高中。原则上住在同一片的学生必须在该片的学校上学,不得跨学区入学。

在实行学区制的美国教育行政管理体制中,学区的主要教育行政官员是学监(district school inspector),由学区教育委员会选聘,负责领导和监督学区内公私立学校的教育,全权代表学区教育委员会处理本学区的一切教育事务。对于有关学区学校的问题,许多学区教育委员会都进行了专业性的研究和探索。州和学区都设有学校视导员,即督学(supervisor)。这种教育行政管理人员或由州和学区教育委员会委派,或由州和学区教育委员会的成员兼任。其基本职责是:根据州的教育法规或学区的教育政策,对本州或本学区的学校工作进行视察与督导,负责向州或学区教育委员会汇报情况,并提出改进学校工作的建议等。

学区制的特点与影响 学区制是美国地方分权教育行政体制的一个重要组成部分,也是美国地方分权教育行政管理体制的重要标志。美国学区制在其发展过程中形成了自己的特点:(1)学区是州管理地方教育的直接责任者,须在州的教育法规之下开展工作,执行州的教育政策;(2)教育财政独立,即学区有权征收教育税,用于本学区的学校教育事业;(3)教育民主,学区负责把学生分配到适当的学校;(4)区域性明显,学生在本学区内就近入学,不能跨区择校。

实行学区制,有利于调动地方和当地民众的主动性和积极性,使教育行政贴近地方学校教育,把免费义务教育落到实处;也有助于因地制宜办教育,使学校适合当地社区的需要,凸显了教育的民主化和大众化。自实行学区制以来,学区在美国教育行政体制中的职责和任务没有明显变化,但各学区由于具体条件不一,教育发展上存在差异。为了消除这些差异,从20世纪70年代起,美国各州努力调整合并规模小或条件差的基层学区。1994年,学区已由第二次世界大战结束时的10万多个合并为约1.6万个。英国比较教育学者E.金在《别国的学校和我们的学校》中指出:"合并学区的目的是为了把学校联合起来,并提供小规模行政当局所无力提供的各种教育服务。"

20世纪80年代以来,美国不少民众要求取消不能跨学区入学的规定,希望能为自己的孩子选择学校。尽管对这个问题有争议,但美国不少州已允许家长在公立学校范围内为子女选择学校。联邦政府将打破"就近入学"原则列为改革美国公立中小学教育的一项根本措施。G.H.W.布什总统在1991年公布的《美国2000年教育战略》中提出了改革公立中小学的15项具体措施,其中包括:"改革按学区就近上学的政策,允许家长自行选择学校。"这是对自美国独立起一直实行的学区制传统的一次冲击。

参考文献

顾明远,梁忠义.世界教育大系·美国教育[M].长春:吉林教育出版社,2000.

埃德蒙·金.别国的学校和我们的学校[M].王承绪,等,译.北京:人民教育出版社,1989.

郑德鑫.当今美国教育概览[M].郑州:河南教育出版社,1994.

(王凤玉 周采 单中惠)

学生(student)

各级各类学校受教育者的统称。按受教育阶段分,有小学生、中学生、大学生、研究生等。也泛指一切受教育的人。

学,《说文解字》中解释为:"覺悟也,本作斆,篆作壆。"古代的斆,即今天的教。可见,古代的学和教是同义词。《说文解字》中说:"教,上所施下所效也。"古代的教和学是对同一种活动的不同侧面的解释。"学生"一词就是指学习者、模仿者、受教育的人。在中国古代,有太学生、监生、贡生、廪生、弟子、学子、学徒、从学者等称呼。现代意义上的学生,一是指在各级各类学校或其他教育机构学习的人;二是泛指一切受教育的人。因此,前者根据初等学校、中等学校、高等学校和研究机构等不同类型的学校可以分为小学生、中学生、大学生和研究生等;而后者从施教者和受教者的角度出发,认为学生即教育对象。教育对象是成长、发展着的人,是在个体特定遗传素质和环境条件下接受教育以实现自身完善和个体社会化的发展中的人。在英文中,student的定义主要有三种:一是指在各类学校如小学、中学、学院或大学中的学习者,如小学生(pupil)及其他受教育者(educatee);二是指有学问的人(主要是指在人文学科)或者经过长期学习对某学科领域精通的人,如学者(scholar,scholarly person);三是指对某个特殊领域感兴趣或正在学习的人。student在词源上来源于拉丁文的动词studĕre,意思是"倾注热忱的人",于是学生也就意味着在某个学科倾注热忱的人。由此,学生可以界定为致力于达到某种教育目标并且拥有学习愿望的人。

学生的本质属性

学生是人　学生是一个具有丰富人性、思想感情和生命活力的个体,他们有独立的人格和尊严,有自己的需要和愿望;学生是有个性的人,学生有自己独特的内心世界、精神生活和内在感受,具有自身的独特性,每个人的素质和个性都不相同;学生不是被动地接受外来的教育,而是具有主观能动性,他们不同于"物",不是被动的被加工者,他们自身也参加"加工"的过程,而且通过自我"加工"不断成长发展;学生的发展不只是为了满足社会的需要,同时也为了满足自身的需要,为了提升个体的生命质量。学生是人,所以教育要"以人为本",尊重每个学生,充分发展他们的主观能动性。

学生是发展中的人　学生是具有内在潜能、需要培育的生命,这是对学生最核心的理解。虽然当今学生概念已经扩大,但对广大学生,即青少年儿童来说,他们正处在长身体、长知识、增见识、增能力的时期,需要通过教育促进他们向积极方向发展。学生是发展中的人,首先就应对学生的天性充满乐观,坚信每个学生都能积极成长,是可以造就的。因而对教育好每个学生应充满信心。其次,要用发展的观点认识和对待学生,关注学生身上所具有的自我提高和完善的内在需要和倾向。

学生的发展是有规律的　第一,学生的身心发展具有连续性和阶段性。不同的年龄阶段有不同的年龄特征,学生是发展中的人,要求教育尊重学生身心发展的客观规律,针对不同年龄阶段学生的特点开展教育活动,从而有效促进学生身心健康发展。第二,学生的年龄特征具有相对稳定性和差异性。学生在正常发育的情况下,其发展速度和各个年龄阶段的特征大体相同,具有相对稳定性。但是由于不同的遗传素质,不同的环境和教育,同一年龄阶段发展的水平又有区别,具有差异性。第三,学生的年龄特征具有不平衡性。特别是少年阶段,即初中学生时代,往往身体发育很快,心理发展跟不上生理发展,出现某种不平衡性。心理上的不平衡性更是常见于不同年龄阶段的学生。第四,儿童青少年学生具有很大的可塑性。学生有巨大的发展潜能,同时可塑性很强,这已被脑科学所证明。学生是发展中的人,因此教师必须坚持"育人为本",遵循学生的年龄特征和身心发展规律,充分发挥学生的潜能,给每个学生创造发展的环境和机会。

学生以学习为主要任务　以学习为其主要任务是学生的本质属性。学生区别于其他各种人的特点,是以学习为其主要活动形式。这就决定了学生群体在社会结构中的地位。如果按学前期至大学本科毕业的人口来计算,大约占总人口的六分之一(当然因为各国年龄人口结构和普及教育程度的不同而有所差别)。因此,人类为了自身的发展,社会为了未来的建设都需要重视学生的教育和学习。

学习是学生的权利　学生作为权利的主体,被国际公约和各国的法律所确认和保护。比如,1959 年第十四届联合国大会通过的《儿童权利宣言》,全面规定了儿童的各种权利,包括一般人身权利,教育、游戏、娱乐的权利等,强调儿童应享有特别保护。《中华人民共和国未成年人保护法》第十七条规定:"学校应当全面贯彻国家的教育方针,实施素质教育,提高教育质量,注重培养未成年学生独立思考能力、创新能力和实践能力,促进未成年学生全面发展。"

学生权利一方面是指学生在接受教育时享有应有的正当权利,另一方面则是指学生在与自身发展相关的事务中发挥作用。学生因不同学校的身份,权利会有所不同,如大学生和小学生,虽同为学生,但因年龄、心智发展程度的不同,其所享有的权利也就不同。《中华人民共和国教育法》第四十二条规定:"受教育者享有下列权利:(一)参加教育教学计划安排的各种活动和使用教育教学设施、设备、图书资料;(二)按照国家规定获得奖学金、贷学金、助学金;(三)在学业成绩和品行上获得公正评价,完成规定的学业后获得相应的学业证书、学位证书;(四)对学校给予的处分不服向有关部门提出申诉,对学校、教师侵犯其人身权、财产权等合法权益,提出申诉或者依法提起诉讼;(五)享有法律、法规规定的其他权利。"

学生在教育过程中的地位

教育是教师和学生共同活动的过程,在此过程中学生处于什么地位,各个学派有不同的观点,这些观点影响着培养模式和方式,也影响着教师和学生在教育过程中发挥的作用。教育界一直存在教师中心论和儿童中心论的争论(参见"教师")。

学生既是教育的对象,又是教育的主体。中国教育学者提出了"教师主导作用,学生主体地位"的观点,认为学生既是教育的对象,又是教育的主体。学生是教育的对象,是教育的承受者。在教学过程中,学生是教育的对象。一方面,学生在教育过程中主要的任务是学习,通过学习掌握一定的科学文化知识,使自己得到全面发展;另一方面,学生的学习是在教师有目的、有计划、有系统的教育影响下进行的。在整个教育过程中,教育方针、教育政策的贯彻、教育计划的实施、教育活动的组织是由教师执行的。教师是教育过程的组织者、领导者,起主导作用。尤其是低年级的学生,离开教师的指导几乎是不可能的。学生又是教育的主体。首先,学校的使命是培养人才,各项教育活动都是为学生服务的,学校教育的成果表现在学生身上。其次,学生有主观能动性,一切教育活动都要通过学生自己的努力而内化为学生的知识和能力。学生不是被动地接受教育,而是在与教师的共同活动中得以成长和发展。特别是在当今信息化时代,师生关系发生了彻底改变。教师已不是唯一的知识载体,学生可以通过各种媒体获得知识,因此,教师的主导作用主要表现为启发学生的学习积极性和主动性,成为学习环境的设计者、学习的指挥者、学习的帮助者、学习的共同伙伴。

参考文献

顾明远,黄济.教育学[M].北京:人民教育出版社,1982.

南京师范大学教育系.教育学[M].北京:人民教育出版社,1884.

滕大春.外国教育史[M].济南:山东教育出版社,1994.

(沈蕾娜)

学生的法律责任规定(legal liabilities of student)
学生违法行为指具有一定严重危害性后果,同时触及国家法律、可能引起法律制裁的越轨行为,学生对此必须承担法律责任。随着学生越轨行为的社会危害性日益增大,其行为后果日益严重,学生越轨行为所受惩处的强制性也逐渐增强。初步的越轨行为最初只是偶尔出现的、不经常化的不良习惯,由于缺乏有力的矫正手段而毫无限制地逐步发展为经常性的越轨行为,在不断违反校纪校规等初级社会规范的基础上又逐步向着更大的社会性危害发展,逐步上升到违反国家法律法规的严重程度,产生了违法行为。

在中国,在校中小学生主要是未成年人。未成年学生违法行为所要承担的法律责任也分为行政法律责任、民事法律责任和刑事法律责任三类,但在追究未成年人违法行为的法律责任时与成人有所不同,在惩处违法行为的同时更强调对未成年人的教育和保护,在惩处上有一些特殊规定。

在未成年学生违法行为的行政法律责任方面,主要是行政处罚中的申诫罚(警告、通报等)和人身罚(行政拘留、劳动教养)。《中华人民共和国行政处罚法》第二十五条规定,不满14周岁者有违法行为的,不予行政处罚,责令监护人加以管教;已满14周岁不满18周岁者有违法行为的,从轻或者减轻行政处罚。《中华人民共和国治安管理处罚法》第十二条规定,已满14岁不满18岁的人违反治安管理的,从轻或减轻处罚;不满14岁的人违反治安管理的,不予处罚,但是应责令其监护人严加管教。对于达到法定年龄、严重违法但不够刑事处罚的学生可对其予以劳动教养的处罚。依照有关法规,被劳教的对象是年满16周岁、在大中城市危害社会治安而屡教不改的,或有轻微犯罪行为尚不够刑事处罚,符合有关劳动教养法规规定条件的人。

未成年学生违法行为的民事法律责任一般不由其本人承担,而由其监护人(或法定代理人)代为承担。因未成年人的民事行为能力是不完全的,无法承担自己的行为后果所带来的法律责任。根据《中华人民共和国民法通则》的规定,未成年学生(18周岁以下)属于限制民事行为能力人(10周岁以上)或无民事行为能力人(不满10周岁),其相当一部分民事活动需要由监护人代理。无民事行为能力人、限制民事行为能力人造成他人损害的,由监护人承担民事责任。因此,未成年学生违法行为所造成的民事赔偿法律责任,只能由其监护人来承担。

在未成年学生违法行为的刑事责任追究方面,中国的法律也有明确的保护性规定,对未成年人的犯罪和量刑做了严格的限定,不满14周岁的未成年人不负刑事责任;已满14周岁不满16周岁的未成年人,只对一些严重犯罪负刑事责任;已满14周岁不满18周岁的人犯罪,从轻或减轻处罚,且不适用死刑。《中华人民共和国刑法》第十七条规定,已满16周岁的人犯罪,应当负刑事责任;已满14周岁不满16周岁的人,犯故意杀人、故意伤害致人重伤或者死亡,强奸、抢劫、贩卖毒品、放火、爆炸、投毒罪的,应当负刑事责任;已满14周岁不满18周岁的人犯罪,应当从轻或者减轻处罚;因不满16周岁不予刑事处罚的,责令其家长或监护人加以管教,必要时也可由政府收容教养。刑法第四十九条规定,犯罪时不满18周岁的人不适用死刑。

此外,中华人民共和国最高人民法院分别于1991年、2001年、2006年发布《关于办理少年刑事案件的若干规定(试行)》、《关于审理未成年人刑事案件的若干规定》和《关于审理未成年人刑事案件具体应用法律若干问题的解释》,对未成年人刑事法律责任的追究以及案件的审理工作做了全面详细的规定。未成年人刑事案件的审理,必须坚持"教育为主,惩罚为辅"的原则,执行教育、感化、挽救的方针;开庭审理时不满18周岁的未成年人刑事案件一般不公开审理,开庭审理时不满16周岁的未成年人刑事案件一律不公开审理;未成年罪犯除依法判处无期徒刑、死刑缓期执行的以外,一般不对未成年罪犯附加判处剥夺政治权利刑罚。

以上对未成年学生违法行为的法律责任追究方面的特殊规定,实际涉及责任年龄问题,即未成年违法行为人为自己的违法行为承担法律责任必须达到的年龄。一般情况下,年龄的增长与责任能力的完备是成正比的。人的辨认和控制自己行为的能力是受年龄制约的,其发展是循序渐进的,由完全无知的心理状态到能完全负责的心理状态,须经历若干阶段。上述规定实际上是将不同认知水平和不同年龄阶段的未成年人与成年人区别对待,充分考虑到未成年人生理、认知及心智水平发展的局限性,在法律责任的追究中突出了矫正、挽救、教育的优先原则,充分体现"教育为主,惩罚为辅"的原则。

(王 辉)

学生的社会地位(student's social status)　制度化学校场域中学生个体或群体在某一特定群体中所占据的一定的社会位置。学生社会地位的高低是相对的,随场域变化而变化,与学生个人的努力和其他复杂因素有关。

在制度化的学校场域中,相对于教师的高社会地位,学生是低社会地位者。学生群体的低社会地位状况无法改变,无论学生采取何种行动或如何优秀,都不可能在总体上超越作为群体的教师的地位。学生社会地位的高低主要指个体学生在特定学生群体中与其他学生相比所处的社会位置的高低,亦指某一学生群体相对于其他学生群体所处社会地位的高低。学生的社会地位具有相对性,即学生个体(或群体)社会地位的高低总是相对于其所属群体的其他学生个体(或群体)而言的。在同辈群体、学校或班级的正式活动及非正式活动中,学生个体的社会地位随场域的变换而发生相应转换。在学校正式活动中不被认可而处于较低社会地位的学生,可能在其他非正式团体中处于较高的社会地位;在高能力班级处于较低社会地位的学生转到低能力班级,其在低能力班级中的社会地位则会相应提高;与高能力班级学生能力相当的低能力班级中的成员,虽然在低能力班级中处于较高社会地位,但因其所处班级的社会地位较低,其在更大范围内所感受到的社会地位亦相对较低。学生个体社会地位的高低不仅是个体间比较的结果,还受所属群体社会地位的影响。

美国社会学家波普诺认为,社会地位有自致地位与先赋地位两种。学生的社会地位属自致地位,即在成就本位取向的学校场域中,学生主要通过提升自己的学业成就(主要表现为客观的和量化的学习成绩)、扩大社会资源、增强自身适应学校规则及处理社会问题的能力来获得较高的社会地位。学生社会地位的获得不是学生个人独自努力的结果,而是多种因素交互作用的产物;学生社会地位的标定不完全以学生个体的知识能力和学业成就为标准。

再生产理论对学生社会地位的获得有一定解释力。法国社会学家布迪厄用"文化资本"概念说明出身不同社会经济地位家庭的学生在学业成就方面的差异。他认为,不同的阶级或阶级集团在文化资本的占有上是不平等的,故不同阶级出身的学生的学业成就也是不平等的。学生先赋的经济及阶级出身赋予学生的文化资本,成为学生在学校场域中获取社会地位的重要资源,这种资源通过学生与教师的直接互动得以兑换并得到强化。学校通过看似中立的选择和教学过程,部分再造了社会的经济等级制。英国社会学家 B. 伯恩斯坦的社会语言代码研究也揭示了相似的机制。

学生的学习态度、学习时间长短与学业成就之间并不总是存在相关,除智力差异外,学业成就与家庭因素密切相关。出身有利家庭的学生从家庭环境中获得的知识、态度和礼仪将转变成学业上的帮助,而来自不利社会环境的学生则要从头学起,付出更多努力,甚至与自己的出身文化决裂。学生在社会资源上的不平等造成其学业成绩上的不平等。

制度化的学校教育对学生差异的漠视加剧了学生学业成就上的差距。现代学校在同样的时间内,以同样的内容、规范和奖惩原则面对具有不同文化资本的学生,在学生接受教育的起点便拉大了不同出身儿童之间的社会距离,使具有不同文化资本的儿童获得不同的学习结果。奉行普遍主义原则的学校教育又把这种学习结果视为新一轮学习的起点,并通过一系列技术赋予学生不同的成就,使其在学校场域中占据相应的社会地位。而一些关注学生差异的教育措施只能加剧学生间的差距。无论是正视还是忽视学生最初的差异,通过学校教育过程,社会的不平等都将最终转化为学生能力的不平等,从而影响学生社会地位的获得。

在学生获得社会地位的过程中,学生与学校、同学及教师的关系发生微妙变化,这些变化进一步巩固和强化了学生各自的社会地位。有研究表明,学生对朋友的选择以及对学校的态度同分组、分轨的安排有紧密联系。处于学习能力强的分组或分轨的学生较之处于低能力组的同龄人,其对学校的态度更积极。学生在学校教育期间获得的社会地位还间接影响其作为正式社会成员的社会地位及成就。

美国教育理论家阿普尔和吉鲁认为,再生产理论的解释漠视学生在学校生活中的日常现实以及学生作为理性行动者的能动性,有宿命论色彩。他们主张关注学生在学校日常生活中的抵制现象,认为学生并不是被动消极地接受学校强制实行的文化,而是通过一些与学校文化相抵触的"反学校文化"行为进行抵制,而这种抵制的结果最终又陷入再生产理论的逻辑。这些青年在反对学校文化的同时也放弃了对学校知识的获得,导致其丧失社会晋升的机会和更有效的抗议工具。抵制的结果不仅使他们无法在学校场域中占据高社会地位,而且不可能在正式社会中占据高社会地位。

理性行动者理论认为,学校不平等不是结构性的,而是各个社会群体为维持自身利益斗争的结果,教师、学生及其家长会按照各自的利益和在学校中发现的利害风险来决定自己在教育场域中的行为。教师通常以奖励少数优秀行为并赋予行为者以高地位的方式,使学生感受高社会地位的稀缺,激励学生努力符合学校主流文化的规定;学生个体实践学校倡导的主流观念以获得高社会地位;家长调动其社会地位所赋予的资源为子女提供优越条件等。有研究提出,课堂中发生的最显著的社会化过程是社会强化,如表扬、责备、特权以及等级的确定。教师给予遵守学校秩序的学生以高等级,一些个体特征,如追求成就的积极态度、独立性、毅力、守时等,就比学业成就获得更多的肯定,意味着学习和掌握教育组织特有的常规的重要性不亚于学业成就。

（郭　华）

学生管理（student management）　学校教师和管理者为顺利实现教育目标，对学生及影响学生成长的各种因素所实施的计划、组织、指挥、协调、控制等活动的总称。较之其他领域的管理活动，学校对学生的管理具有鲜明的教育性，对学生进行管理的过程同时也是对学生进行教育的过程。在这一过程中，具有主观能动性的学生既是管理的对象，也是管理的主体。主要包括学生常规管理、学生组织管理和学生自我管理三方面。

学生常规管理　学校通过各种规章制度对学生进行的管理。目的在于培养学生良好的行为规范。内容主要包括学生日常生活行为规范和学生在教育活动中的行为规范。学生日常生活行为规范包括宿舍管理规则、食堂规则、作息制度、出入学校规则、文明礼貌行为规则、劳动纪律以及学生家庭生活要求等；学生在教育活动中的行为规范包括课堂纪律、学生出勤考核制度、集会规则、图书馆阅览规则、实验室操作规则、学生奖惩规则、课外活动规则等。这些规章制度贯穿学生学习与生活的各个方面，是学生管理的基础和保障。实施学生常规管理的过程，既是学生在日常学习与生活中，通过对规章制度的执行，潜移默化地形成自身良好行为习惯的过程，也是促使学生获得必要生活技能的重要途径。实施学生常规管理，不仅包括学校根据自身条件制定合理可行的规章制度，也包括学校为落实规章制度所采取的各种措施。具体包括设立执行常规的组织机构，为执行常规提供必要的物质保障，加强对学生的思想教育与日常训练工作，树立先进典型，进行经常性的检查，开展遵守常规的评比活动等。实施学生常规管理的过程中，学校管理者和教师需充分重视学生的主观能动性，通过细致耐心的正面疏导和教育，使学生在主观上认识到常规管理的价值，引导学生由被动地适应管理逐步转变为自我认识、自我约束和自我调整，并最终实现学生的自我管理。

学生组织管理　包括学生的正式组织管理和学生的非正式组织管理。学生的正式组织有共青团、少先队、学生会、班级、学生社团等。学生的非正式组织主要指学生出于共同的兴趣、爱好、习惯和志向等自发形成的伙伴关系。在学生的正式组织中，班级是学校工作的基层单位和学生个体学习与生活的具体环境，班级管理对学生的影响较大（参见"班级管理"）。共青团是中国共产党领导下先进青年的群众组织，是党的助手和后备军；少先队是少年儿童的群众组织，是少年儿童学习共产主义的学校；学生会是在学校党组织、行政和上级学联的领导下，受共青团指导的学生群众组织。团、队、会的工作是学校教育与管理工作的有机组成部分。在其工作过程中，学校提供一定的物质条件，配置辅导教师，团、队、会合理协调关系，紧密配合，根据学生特点，遵循管理原则和教育规律，充分调动学生积极性，独立自主地开展工作。学生社团是学生根据兴趣、爱好和特长，在自愿参加的前提下组成的课外活动组织的总称。学生社团通过开展丰富多彩的社团活动，在培养学生兴趣爱好、拓展学生知识面、发展学生各方面能力、促进学生全面发展等方面发挥重要作用。学校对学生社团的管理需坚持以学生为主的原则，为学生社团活动提供必要的时间和物质条件保障，建立必要的辅导队伍，并充分发挥团、队、会的作用，以确保学生社团能够顺利开展有益学生身心发展的各类活动。

学生的非正式组织形式多样，普遍存在于学校组织中。非正式组织无固定组织结构和组织成员，其对学生管理工作产生或积极或消极的影响。学生非正式组织的管理任务是区别对待不同类型的非正式组织，采取恰当的管理措施和教育措施，消除其消极影响，引导其向积极的方向发展。

学生自我管理　学生自我意识的形成和发展是实施学生自我管理的基础。随着年龄的增长，学生的自我意识逐步增强，学校教育者和管理者需通过必要的方式和途径，有意识、有目的、有计划地引导和培养学生进行自我管理，增强学生自我控制、自我评价和自我教育的能力，帮助学生实现自我完善和自我发展。就内容和过程而言，学生自我管理是通过一定的教育和管理措施，使学生在认识、情感、意识、行为习惯等方面逐步由他律到自律、由不自觉到自觉的过程。在这一过程中，学校教师和管理者对学生进行引导、启发与规范，通过学生内因的作用，使外部的教育与管理因素通过学生的独立思考、选择与运用，内化为学生自身的行为习惯和思维方式。学生主观能动性的充分发挥是学生自我管理过程中的决定性因素。就形式而言，学生自我管理主要由基于班级民主管理的各种学生自治活动构成。班级是学生自我管理的最佳场所和机会。通过班级民主管理的形式，学生参与管理过程，处理与自己及班级生活有关的事宜，养成自我管理的习惯，提高自我管理能力，形成自主约束及自我激励的组织氛围。在此基础上，将学生自治逐步拓展到整个学校，实现更大范围内的学生自我管理。学生自治活动通过各级各类学生自治组织进行，包括由学生大会或学生代表大会选举产生的全校学生自治委员会、各年级的班长联席会议、各班级的班委会及自治小组等。学生自治组织为每位学生参与管理、体验责任提供条件，有关学生自我管理的重大决策必须在组织内部通过民主讨论的方式形成，所形成的决议对每位组织成员具有约束力。学生自治组织通过全员参与、全员负责的形式，由学生自主，学生在自我管理的过程中发挥各自专长，提高自治、自理、自律和自我教育的能力。

由于学生的认识水平和管理能力尚不成熟，若缺乏必要的规范和指导,则难以保证学生自我管理的正确方向和顺利实施。学校管理者和教师需为学生自我管理提供必要的支持和鼓励,并强化对学生自我管理的引导与指导。

学生管理过程中,诸如打架、斗殴、早恋、犯罪、轻生、意外伤害、心理异常等问题虽只发生在少数学生身上,但因对学生身心健康发展和学生管理具有较大影响,必须给予足够的重视。学校有责任和义务采取必要手段预防类似问题的发生。在具体管理措施上,首先,学校须依法保护学生,维护学生合法权益,并加强对学生的法制教育,培养学生的法律意识,牢固树立法制观念,自觉运用法律和制度规范自己的行为;其次,用正确的评价标准和评价方式评价学生,抛弃单纯以成绩评价学生的模式,为学生创造一个相对宽松、有利于学生身心健康和全面发展的学习与生活环境;其三,加强思想道德教育和与学生的双向交流,帮助学生树立正确的人生观、价值观和道德观等,及时发现并解决学生在学习、生活、情感、心理等方面的问题,增强学生自我调节、自我克制和自我激励等方面的能力;其四,加强对学生行为的引导与控制,及时发现、正确引导和及早解决学生的一些不良习惯和问题行为;其五,加强心理健康教育,帮助学生克服心理障碍;其六,改善管理,增强教师和管理者的责任心,深入了解学生的学习与生活,及时满足学生的合理要求;其七,做好与社会、家庭的沟通与协调工作,调动并运用各方力量,与学校的教育与管理相配合,共同促进学生身心的健康全面发展。

（姚继军）

学生评价(student evaluation)　对学生个体学习的进展和变化的评价。它包括学生学业成绩的评定、思想品德和个性的评价等方面。有多种手段和方式,其中测试是最常用工具。学生评价是教育评价中最基本的一个领域,其主要目的是激励学生学习,根据学生的实际改进教学过程,促进学生更好发展。

基本原则　不少学者对学生评价的原则作过研究,其中最著名的是格朗伦在多年的研究基础上提出的五条原则:(1)在评价前要明确评价什么;(2)评价工具的选择要与评价属性或被评的成就相一致;(3)全面的评价需要各种评价工具,如测试、观察、访谈、客观式测试与主观性论文测试等;(4)要清醒地认识评价工具的局限性;(5)评价是达成目标的手段而不是目的本身。

基本类型　按不同的分类方法,学生评价可以分为:(1)最佳表现(maximum performance)评价,主要用于判断学生潜力或学习成果,能力倾向测试和学业成就测试属于这一类型。(2)通常表现(typical performance)评价,主要用于判断学生的兴趣、态度等个性素质,它重点在于获得在日常情况下学生典型的反应,观察与日常行为记述是最常

用的技术。最佳表现不等于通常表现,用最佳表现评价得到的信息去推断日常行为就有可能失误。

按照在课堂教学活动中的作用,学生评价可以分为:(1)定位性评价(placement assessment),亦称"安置性评价"、"预备性评价"。它主要是在特定的教学活动之前,判断学生的前期准备。它要解决的问题是:学生是否已掌握参加预定教学活动所需要的知识与技能;在多大程度上学生已经达到预期的教学目标;学生的兴趣、习惯以及其他个性特征显示何种教学模式最为合适。(2)形成性评价(formative assessment),在学生评价中主要用于不断地反馈学生学习成功或失败的信息,它特别注重强化学生学习的成功之处,显示学生具体的学习错误,帮助其改善学习过程。(3)诊断性评价(diagnostic assessment),若把形成性评价看作对学生学习错误的初诊,诊断性评价就是复诊。它的重点在于对学生学习中屡犯错误深层原因的调查。它需要一些精心准备的诊断性测试以及高度专门化的访谈技术。(4)总结性评价(summative assessment),是对教学目标达到程度的判断,同时也提供了教学目标适当性与教学策略有效性的信息。

基本步骤　具体见"学生评价流程图"。其中第一至第四步是评价的设计,第五步是评价的实施,第六步是结果分析与处理。

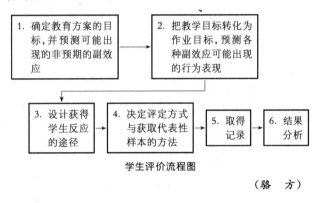

学生评价流程图

（骆　方）

学生资助制度(student financial aid)　公共教育财政制度组成部分。学生资助是指捐助人向家庭经济困难的学生提供经济上的支持和帮助,维护其受教育权,实现教育机会均等,促进教育公平。有直接资助和间接资助两种方式:直接资助指直接向学生提供学习费用和生活费用;间接资助指不直接向学生提供现金,而是通过一些优惠政策和特殊措施而使学生受益,得到间接的经济补偿。世界上大多数国家都向大学生提供某种类型的经济援助,但各国的学生资助体系各有不同。从资金来源看,捐助人一般包括政府、工商企业、社会团体、宗教及慈善机构、高等学校、个人及一些国际机构或多边机构。其中,政府是最主要的资助者,其资助力度和资助覆盖面是其他资助者无法比拟的。

学生资助方式可以分为十种：面向全体学生，无条件地发放助学金，用于支付学费或生活费；只向学业成绩优秀的学生发放奖学金；根据个人的经济状况，向经济困难的学生发放助学金；专业奖学金或定向奖学金，获奖学生毕业后必须按照政府或未来雇主的要求在选定的职业领域工作一段时间；由工商企业提供赞助基金，但学生毕业后不必为出资雇主工作；由公共资金提供的低息或无息贷款，须偿还；由商业银行或其他机构提供，政府予以担保的贷款，通常低于市场利率；向学生提供特别就业工作项目使他们从中获得报酬；以低于市场价格提供食宿及交通优惠；减免学生或其家长的税收。其中前七种为直接资助，通常是向学生个人提供用于交纳学费和维持生活的费用。后三种为间接资助，并不向学生直接发放现金，而只是通过一些优惠和特殊措施使学生最终受益。其中，奖学金、助学金、学生贷款、勤工助学是常用的几种学生资助形式。**奖学金**是指给学习成绩优异的学生一定的资金奖励。它能激励学生奋发学习，有利于人才的培养。**助学金**是指直接向贫困学生提供无偿的现金资助，它能在一定程度上解决在校贫困学生的困难。**勤工助学**是指学校为学生提供一定的工作岗位，使其从中获取收益。它能部分解决贫困学生的经济困难，增强学生的劳动、服务意识。**学生贷款**是一种推迟付费性资助，它既实现了成本分担，又保证贫困学生不至于因经济困难而失去上学机会。以上几种方式各有千秋，各国大多根据本国国情同时运用两种及以上的资助形式，建立各自的资助模式和资助制度。

国外学生资助制度的模式及特点

向学生提供财政资助的做法由来已久，第二次世界大战后成为各国普遍重视的一项教育政策。随着社会经济发展对各种劳动力和专门人才需求的增大以及各级各类教育就学人数的增加，世界各国越来越重视学生资助制度在人才培养和发展教育方面的作用，不断根据各国的政治、经济和社会实际的变化修正学生资助政策，形成了各自的资助体系。国外学生资助制度可分为三种模式。

供给型学生资助模式　属这一类型的有英国、法国、苏联及其他社会主义国家和非洲一些后起国家。英国以无偿的形式向几乎所有的大学生提供奖学金。凡接受高等教育的全日制学生均可享受两种形式的国家资助：一是学费由国家支付；二是领取生活费资助。这些均属法定奖学金（mandatory award）。其中生活费资助根据学生的学习地点和学习期间是否住在父母家中而分为三等。每个学生实际获得的资助金额一般根据家庭收入和资产调查的结果而定。接受法定奖学金的学生必须学习指定的课程。此外，地方教育当局和其他一些机构、个人还根据各自不同的标准向学生颁发任意奖学金。法国的奖学金政策把扩大教育机会放在首位，面向公立、私立学校的所有大学生。第一期课程和第二期课程学生的奖学金（相当于专科、本科）以家庭年收入为标准确定学生是否具有享受奖学金的资格以及所享受奖学金的额度。根据家庭年收入的不同，奖学金分9等发放。对第三期课程的学生（研究生），实行特别奖学金，包括学习津贴、科研津贴、公务奖学金和中学高级教师会考奖学金4类。这些都不受家庭收入多少的限制，主要根据学习成绩评定，带有一定的"育英"性质。

供给型学生资助模式的基本特征：以促进教育机会均等为主要出发点，力图满足人们求学需要和社会经济对人力的需要；奖学金和助学金为其主要的资助形式，资助金额与学生的家庭经济状况挂钩；所获资助无需偿还，且具有法定性、强制性，政府有关部门必须依法支持。

借贷型学生资助模式　许多国家都向高校学生提供贷款形式的资助。其中，日本、哥伦比亚和一些拉美国家是实施借贷型学生资助模式的典型。日本负责学生贷款的机构是日本育英会。它作为政府与学生之间的中介机构，负责实施借贷性奖学金政策并管理"日本育英奖学金"。根据《日本育英会法》第一条规定，日本育英奖学金制度的目的是国家开展对因经济原因修学困难的学生借贷及其他育英所需的业务，以培养对国家有用的人才。日本育英奖学金制度采取无息借贷的奖学形式，但在大多数情况下，贷款只发给中小学生。贷款的资金来源主要是国家财政拨款和学生毕业后返还的贷款。受助者必须具备学业成绩优异和本人或家庭经济确有困难两项条件。此外，日本地方政府及各种公益事业团体等也向学生提供条件不一的借贷性资助。哥伦比亚首批学生贷款于1950年发放，哥伦比亚国外高级培训学院同时成立。在拉丁美洲，"教育贷款"指学生贷款及包含偿还义务的任何一种学生资助，哥伦比亚的计划原意欲帮助在国外接受高等教育的学生，但该国的国外高级培训学院从1968年开始也向在本国学习的学生提供贷款。继此之后，许多拉美国家于20世纪60年代和70年代建立了学生贷款机构，例如委内瑞拉的教育贷款和阿根廷的国家教育信贷所，拉美各国学生贷款机构还共同组成泛美教育信贷机构协会。

借贷型学生资助模式的基本特征：一定程度上体现了教育成本分担的原则，国家向学习者提供财政支持以克服其求学遇到的压力，但不承担学生学习的全部费用；贷款按有关规定分期还本付息，利率大多数为低利率或零利率，在特定条件下可以减免；学生贷款作为一种费用回收机制，能为政府提供即时的财政节约；管理比较复杂，一般需法律规范。

混合型学生资助模式　混合型学生资助模式是采取多种资助方式的模式。美国、加拿大、瑞典属于这种模式。美国学生资助的范围包括公、私立的几乎所有高等学校,形成了一个由联邦、州、大学和私人协作,助学金、贷款、奖学金、勤工助学并举的混合资助制度。其中联邦政府设置的"基本教育机会均等奖学金"、"社会福利奖学金"等侧重于教育机会均等,多是由一次性与不定期捐款转变为具有法规性质的固定资助制度,旨在帮助低收入家庭的学生进入大学。"全美直接学生贷款计划"主要目的在于加速科技人才的培养,确保国防竞争力。"联邦工读计划"产生于20世纪60年代"向贫困宣战"时期,通过向学生提供校园工作和校外、社区服务工作机会来解决学习费用。各大学或学院设立的"董事会奖学金"或"校友奖学金"通常奖励学业优异、有发展前途的学生。一些企业和社会组织提供限制性奖学金,要求获奖者攻读公司所需的课程,毕业后为公司工作。另外还有名目繁多的各种资助形式。它们相互补充,能够比较好地满足社会各方面的要求。

从20世纪70年代后期起,随着教育规模的不断扩大,教育投资供给不足日益成为影响世界各国教育事业进一步发展的主要问题。在这种背景下,为了解决教育投入不足的问题,世界各国纷纷对学生资助制度进行了调整和改革。这种调整和改革的最显著特征是推行贷款制。从20世纪50年代开始,一些国家开始在本国范围内试行学生贷款,到六七十年代,更多国家或地区创立或扩大了学生贷款,而且是以计划的形式采用。这些国家中既有发达国家也有一些发展中国家。20世纪70年代后期后,围绕学生贷款的争议尽管越来越突出,但其发展的势头非常明显,目前世界上约有五十个国家采用了学生贷款资助形式。原先推行供给型政策的英国、澳大利亚、德国等国也开始推行学生贷款政策。美国提供的贷学金占全部学生资助的比例在20世纪七八十年代也大幅上升。先前推行无息贷款的国家增设了有息贷款,如日本从1984年起增设有息贷款,其目的在于扩大学生接受贷款的机会。一些早先尚未建立学生资助制度的国家也建立了学生贷款制度。至此,学生贷款成为最重要的学生资助形式之一。

中国现行学生资助政策体系

中国学生资助制度在中华人民共和国成立后经历了一个不断设立和逐步完善的过程。21世纪前主要是建立和完善高等学校学生资助制度,此后逐步建立和完善了覆盖学前教育、义务教育、中等和高等教育的学生资助制度。其中高等教育学生资助制度从20世纪50—80年代的免学费和发放助学金制度,到20世纪90年代后实行学费制度后转变为"奖、贷、助、补、减"的学生资助制度。中国现行学生资助政策体系具体如下。

高等教育学生资助政策体系 在普通高校建立了以国家奖助学金、国家助学贷款、学费补偿贷款代偿、勤工助学、校内奖助学金、困难补助、伙食补贴、学费减免等多种方式并举的资助政策体系,同时实施家庭经济困难新生入学"绿色通道"。(1)国家奖学金。中央政府出资设立高校国家奖学金,奖励特别优秀的二年级以上(含二年级)的全日制普通高校本专科(含高职、第二学士学位)在校生。学生无论家庭经济是否困难,只要符合规定条件,均可获得国家奖学金。(2)国家励志奖学金。中央和地方政府共同出资设立国家励志奖学金,奖励资助品学兼优、家庭经济困难的二年级以上(含二年级)的全日制普通高校本专科(含高职、第二学士学位)在校生。(3)国家助学金。中央和地方政府共同出资设立高校国家助学金,主要资助家庭经济困难的全日制普通高校本专科(含高职、第二学士学位)在校学生的生活费用开支。(4)国家助学贷款。国家助学贷款是由政府主导,金融机构向高校家庭经济困难学生提供的信用助学贷款,帮助解决在校期间的学习和生活费用。国家助学贷款利率执行中国人民银行同期公布的同档次基准利率,不上浮。贷款学生在校期间的国家助学贷款利息全部由财政支付,毕业后的利息由借款人全额支付。为鼓励金融机构承办国家助学贷款的积极性,建立贷款风险分担机制,财政(高校)对经办银行给予一定的风险补偿。国家助学贷款是信用贷款,学生不需要办理贷款担保或抵押,但需要承诺按期还款,并承担相关法律责任。按照学生申办地点及工作流程,国家助学贷款分为校园地国家助学贷款与生源地信用助学贷款两种模式。(5)退役士兵教育资助。从2011年秋季学期开始,对退役一年以上、考入全日制普通高等学校(包括全日制普通本科学校、全日制普通高等专科学校和全日制普通高等职业学校)的自主就业退役士兵,根据本人申请,由政府给予教育资助。资助内容包括:一是学费资助;二是家庭经济困难退役士兵学生生活费资助;三是其他奖助学金资助。(6)高等学校毕业生基层就业学费补偿贷款代偿。国家对中央部门所属全日制普通高等学校应届毕业生,自愿到中西部地区和艰苦边远地区基层单位就业、服务期达到3年以上(含3年)的,实施学费补偿和国家助学贷款代偿。(7)应征入伍服义务兵役学费补偿贷款代偿及学费资助。从2009年起,国家对应征入伍服义务兵役的高等学校毕业生在校期间缴纳的学费或获得的国家助学贷款及其产生的利息实施一次性补偿或代偿,从2011秋季学期起,国家对应征入伍服义务兵役的高等学校在校生在校期间缴纳的学费或获得的国家助学贷款实施一次性补偿或代偿。(8)勤工助学。勤工助学是指学生在学校的组织下利用课余时间,通过自己的劳动取得合法报酬,用于改善学习和生活条件的社会实践活动。(9)师范生免费教育。从2007年秋季入学的新生起,国家在北京师范大学等六所教育部直属师范大学实行师范生免费教育。免费教育师范生在校学习期间,免除学费、免缴住宿费,并补助生活费。(10)学费减免。国家对公办全日制普通高校中家庭经济特别困难、无法缴纳学费的学生,特别是其中的孤残学生、少数民族学生及烈士子女、优抚家庭子女等,实行减免学费政策。(11)绿色通道。为切实保证高校家庭经济困难学生顺利入学,教育部、国家发改委、财政部规定各全日制普通高校都必须建立"绿色通道"制度,即对被录取入学、无法缴纳学费的家庭经济困难的新生,学校一律先办理入学手续,然后再根据核实后的情况,分别采取不同办法予以资助。

中等职业教育学生资助政策体系　在中等职业学校建立了以国家助学金、国家免学费为主,以校内奖助学金和学费减免、顶岗实习等为辅的资助政策体系。各项政策主要内容如下:(1)国家助学金。中央和地方政府共同设立国家助学金,资助对象是具有中等职业学校全日制正式学籍的在校一二年级所有农村户籍的学生和县镇非农业户口的学生以及城市家庭经济困难的学生,中等职业学校是指政府有关部门根据国家有关规定批准设立并备案。(2)国家免学费。国家对公办中等职业学校全日制学籍一二年级在校生中农村家庭经济困难学生、城市家庭经济困难学生及涉农专业学生(艺术类相关表演专业学生除外),以及三年级涉农专业学生及顶岗实习困难专业中的家庭经济困难学生免除学费。(3)顶岗实习。安排中等职业学校三年级学生到企业等单位顶岗实习,获得一定报酬,用于支付学习和生活费用。(4)奖学金。地方政府、相关行业、企业安排专项资金设立中职学生政府奖学金、专业奖学金和定向奖学金。(5)学校减免学费等。中等职业学校每年安排不低于事业收入5%的经费,用于学费减免、勤工助学、校内奖学金和特殊困难补助等。

普通高中教育学生资助政策体系　在普通高中建立以政府为主导,国家助学金为主体、学校减免学费等为补充、社会力量积极参与的普通高中家庭经济困难学生资助政策体系。各项政策主要内容如下:(1)国家助学金。从2010年秋季学期起,中央与地方政府共同设立国家助学金,用于资助普通高中在校生中的家庭经济困难学生。(2)学校减免学费等。普通高中要从事业收入中足额提取3%～5%的经费,用于减免学费、设立校内奖学金和特殊困难补助等。(3)社会捐资助学。完善捐资助学相关优惠政策措施,积极引导和鼓励企业、社会团体及个人等面向普通高中设立奖学金、助学金。

义务教育学生资助政策体系　在义务教育阶段全面免除了城乡义务教育阶段学生学杂费,对农村学生和城市家庭经济困难学生免费提供教科书,对家庭经济困难寄宿生提供生活补助,同时推行农村学生营养改善计划。具体内容如下:(1)免学杂费。国家对城乡义务教育阶段所有学生全部免除学杂费。(2)免费教科书。国家对义务教育阶

段所有农村学生和享受城市居民最低生活保障政策家庭的学生免费提供教科书。(3)寄宿生生活补助。国家对义务教育阶段农村和城市家庭经济困难寄宿生提供生活补助。(4)营养改善计划。国家从2011年秋季学期起,在集中连片特殊困难地区启动农村(不含县城)义务教育营养改善计划试点工作。中央财政为试点地区农村义务教育阶段学生提供营养膳食补助。标准为每生每天3元(全年按照学生在校时间200天计算),所需资金全部由中央财政承担。

学前教育资助政策体系　按照"地方先行、中央补助"的原则,从2011年秋季学期起建立学前教育资助制度,地方政府对经县级以上教育行政部门审批设立的普惠性幼儿园在园家庭经济困难儿童、孤儿和残疾儿童予以资助。幼儿园从事业收入中提取3%～5%比例的资金,用于减免收费、提供特殊困难补助等。各地进一步建立和完善相关优惠政策,积极引导和鼓励企业、社会团体及个人等捐资,帮助家庭经济困难儿童、孤儿和残疾儿童接受普惠性学前教育。中央财政根据地方出台的资助政策、经费投入及实施效果等因素,予以奖补。

参考文献

靳希斌.学生资助国际经验及对我国的启示[J].教育研究,1985(7).

王善迈.教育投入与产出研究[M].石家庄:河北教育出版社,1996.

袁连生.中国高等教育大众化进程中的财政政策选择[J].教育与研究,2002(2).

张民选,李荣安.教育机会均等与大学生资助政策变迁及新的挑战[J].上海高教研究,1997(2).

(马东太)

学术权力(academic power)　高等学校权力系统中的一项基本权力。按权力范围的大小,可分为广义的学术权力和狭义的学术权力。前者包括从高等教育管理系统的最上层(国家)到最基层(教师)等各个层次的管理机构和人员所享有的高等教育管理权力。可分为三大组成部分:扎根于学科的权力、院校权力和系统权力。其主体可以是教师民主管理机构或教师,可以是学校行政管理机构或行政管理人员,也可以是政府及其高等教育管理部门等;其客体是学术事务、学术活动和学术关系。后者指高等院校内部对学术活动进行管理与统治的一种权力形式。其主体是高等院校中从事教学和科研的学术人员以及由他们组成的各种学术组织或团体;其客体是高等院校内部的各种学术事务。实现学术权力的目的是保障学术标准得以贯彻,学科或学术领域得以发展,学术人员的学术权益得以保证。依靠的力量不是强制力,而是学术人员具有的某一学科、某些学术领域的高深的学术造诣、学术水平以及渊博的知识所

产生的巨大学术影响。高等院校学术权力的产生与早期大学管理权力的产生密切相关。早期欧洲中世纪大学是一种学者社团，具有法人性质、严谨的组织和自己的章程。其行会性的组织模式保护了学生团体和教师团体的共同利益，使学生团体和教师团体在大学内部事务的处理上享有很大权力。后来以教师群体管理大学的模式延续下来，逐渐形成西方国家(美国除外)大学教授治校的模式。教授权力较大，行政组织的权力较小。教授治校把学术团体权力及学者个人权力结合在一起，形成了大学管理中独具特色的学术权力。由于每个教授都拥有自己的学术领域，并在该学术领域内管理助手及学生；教授们可结成平等协商的学术团体，对整个学校的学术事务进行管理，因此大学学术权力来自教授个人或教授团体的学术、专业地位。

合理性与局限性 学术权力的存在有其内在合理性，主要原因在于高等院校的基本职能是知识的传递、保存、应用以及知识的创新、发现，这些职能主要依靠高等院校的教师实现。高等院校的每位教师均有自己的学科领域，其从事的学术活动具有高度专门化特点，只有教师自己才最了解本学科的学术、人员和管理的现状、规律。他们有自己内部的学术价值标准，高度重视对学科、专业知识体系的深刻理解，将专业造诣高深、掌握学科发展规律的专家视为权威。高等院校的基本职能、教师职业的主要特性以及教师特有的学术旨趣决定了在高等院校中教师具有广泛控制学术活动的权力，也就是说学术权力在高等院校中的存在是必然的，它是学校内在逻辑发展的必然结果。

高等院校的学术权力也有其局限性，主要来自其构成要素本身的具体特征，包括三方面内容：(1)学术自身的特性限制了学术权力的适用范围。学术研究越来越多地体现出多元化、灵活性、差异性和复杂性，对学术权力掌握者的旨趣及其行为产生极大影响，学术研究的内在需要会成为支配学术权力的核心力量。高等院校作为一个社会组织，其活动并不都是学术性的，因而学术权力并不能满足高等院校运行的全部需要。(2)学术研究的主体具有主观倾向性，思维和认识的局限性使学术权力在某种情况下常带有片面性、保守性，对于学科和专业的发展以及高等院校社会功能的发挥具有不利影响。(3)随着高等院校生存和发展的外部环境的日益复杂化，仅靠教授们难以应付各种复杂的情况与环境，必须有专门的职业管理人员来处理高等院校与外部的沟通、协调和联系。高等院校学术权力的局限性决定了行政权力存在的必要性。高等院校存在履行管理职责的行政机构和行政人员，并拥有行政权力。其主体是行政机构及行政人员，客体是高等院校中的全体人员。行政权力完全不同于学术权力：学术权力是扎根于学科和专业的权力；行政权力是基于科层结构的权力。二者在运行方式上有很大差异，因而在处理学校事务时会发生某种冲突。必须将学术权力和行政权力进行整合，使之协调发挥作用。

实践模式 学术权力的实践模式有广义和狭义两种。

(1)广义的学术权力的实践模式。主要有四种基本模式：欧洲大陆模式、英国模式、美国模式和日本模式。存在不同模式主要源于各国的政体、大学产生历史及政府对高等教育的管理模式均有不同。

欧洲大陆国家学术组织的基本结构是教授与国家官僚机构结合。在这一模式中，主持讲座的教授一直控制着教学和科研领域以及本学科领域的助理人员、学生；教授团体还集体对大学和学院进行管理，垄断了课程、教师任用和科学研究方面的决策权。上层控制权主要掌握在国家机关(通常是中央政府)手中。几乎所有大学均由一个或几个中央政府部门管理。欧洲大陆模式有两种类型：国家型和联邦型。国家型具有单一的垄断体制，如意大利、法国等；联邦型具有多种体制和某种竞争，如德国。联邦型主要由两个性质不同的集团共同管理，即高级教授与国家、州教育部的官员。欧洲大陆模式在体制的基层布置了有力的行会权力，在顶端布置了有力的部级官僚机构的权力，但整个体制的中间层，即院校管理的权力比较薄弱，几乎完全没有董事会的控制。采用典型的欧洲大陆模式的院校类型比较单一，由国家控制的公立大学处于绝对优势，私立大学要么被禁止，要么很弱小。英国模式是把教授行会与院校董事及行政管理人员适度结合起来的模式。各学院和大学是获得特许的自治团体，它们自己负责本校的管理，包括录取学生、学术研究、设置课程、选聘教授以及筹集资金、支付开支等。在此背景中，行会权力很大，但某些行政管理权也发挥作用，在地区范围内与行会权力相互渗透、融合。

英国模式的底层是有力的行会权力；在中层也有一定力量，在院校一级，行政部门的领导、校外人士的参与和教授的集体统治结合在一起；政府和其他国家机关在传统上没有什么权力，由学术寡头集团行使全国性协调作用。各部分院校差异不明显。师范院校、多科技术学院在历史上与大学分立，较受地方和国家两极政府的影响。

美国模式与英国模式相似，也是教授行会、院校董事会及院校行政管理当局三者的权力结合在一起，但教授个人或集体的统治力量比较薄弱，董事会的影响和院校行政官员的权力比较大。董事会对院校全面负责并建立自己的行政班子。教授的势力发展较晚，只能在董事会和行政官员既定的范围内活动。在美国，讲座也没有成为院校的基石，系作为院校的基层机构抑制了个人权力的发展。董事会制度又把校内学者团体与校外各界联系融合在一起。在大学内部，院校的权力比前两种模式更具官僚性质，院校行政官员和董事会的权力很大。基层组织如系、多系科学院、专业院校的权力是行会和官僚相结合的形式，权力不大。顶层的国家机关的权力则更小。美国各州的教育厅和高等教育委员会负责管理公共教育,这种分权的全国体制促进了院校之间的竞争和院校特色的形成,使院校类型具有多样性。

日本模式比较独特,实际上是欧洲大陆模式、英国模式及美国模式的混合体。在日本的体制中,少数几所国立大学一直占据统治地位。在这些大学中,讲座主持者对下级有很大的个人控制权,在学院和大学中学者团体的权力较大,显示出古典的教授行会的特点。上层结构中的文部省由官僚控制。国立大学没有董事会,中间层的行政管理力量较弱,这与欧洲大陆模式较相似;私立院校拥有董事会,有强有力的院校行政管理层,也有系一级的组织,与美国模式有类似之处,这类院校的分化程度仅次于美国。

(2)狭义的学术权力的实践模式。在现代社会,学术权力在不同国家的大学里出现不同的实践形式。在美国大学里,进行学术管理的专门机构主要是大学评议会。规模较小的院校,评议会由全体教师组成;规模较大的院校,评议会由学校各单位教师代表组成。评议会成员一般是教师(特别是教授、副教授),但近年来行政管理人员、学生及非教学科研人员的数量呈增加趋势。评议会成员按学院或学科分配的名额产生。评议会一般下设各类委员会,如议事委员会、经费委员会、学术规划委员会、科学研究委员会、教学委员会、研究生工作委员会、学术政策委员会等。其主要职责是确定校历,决定课程计划,确定本科生和研究生的录取标准和学位标准,决定校内各种教学、科研设施的使用,确定教师与科研人员的聘任与晋升的相关政策,编制学术规划等。由于传统和规章的不同,各个大学的评议会的职责也有所不同。学院一级也有评议会,还有由教师代表和学生代表组成的各科委员会,以决定学院一级的学术事务。

法国大学通过校务委员会、科学委员会、学习和生活委员会来实践学术权力,科学委员会是学术管理的主要机构。该委员会由20~40名委员组成,其中60%~80%是教学人员及科研人员代表,7.5%~12.5%是研究生代表,10%~20%是校外机构或其他学校的教学人员及科研人员。科学委员会的职责是:针对学校科研方向、政策、科研成果、经费分配原则等问题向校务委员会提出建议;对通识教育和专门教育的安排、科研人员的招聘条件、学校科研项目的审定、学校同外单位签署的科研合同等问题发表意见;协调教学与科研之间的关系等。该委员会相当于美国大学的评议会,但权力较小,是学术咨询机构。

在英国,评议会享有制定大学学术政策的全部权力。评议会规模为50~200人不等,成员通常包括全体教授和少数非教师代表、学生代表,副校长是评议会的当然主席。评议会负责受理各学部委员会提交的有关报告和建议,向校务委员会推荐副校长及教师人选,还负责本科生的教学和纪律,批准研究生的课程和科研计划等。评议会设执行委员会和若干专门委员会,负责具体工作。在学部和学系一级,则通过部务委员会、系务委员会行使学术权力。

在德国,大学的最高权力机构是大评议会(或称校务委员会),绝大多数成员为本校教授,也有少数行政官员。其主要任务是选举校长和批准学校章程。另一个主要决策机构是小评议会,其成员也以教授为主体。主要负责的事项有:确定校长人选;批准学校预算申请案;最终确定录取学生的数量;为科研、学术人才培养的一般性问题做出决定;审议硕士、博士考试规定等。评议会通常下设一些专门委员会,处理不同领域的事宜,大评议会和小评议会的主席一般由校长担任。在大学下面一级的学部所建立的部务会及最基层的教学和科研组织中,教授对一切重大问题都具有绝对的支配权力。

日本的大学评议会集学术权力与行政权力于一身,是大学一切事务的审议和决策机构。评议会的职能范围很广,主要包括:校长选举办法的制定与废除;学部规章、研究生院规则及其他重要规则的制定与废除;提出预算方案与实施方针;学部、学科、研究生院研究科、专业课程的开设,研究所及其他主要设施的开设、注销;规定学生定额、招生人数;学生的健康福利、管理、奖惩等重要事项;规定学生退学、休学标准;审议学部、研究生院研究科、研究所及其他机构的重大调整事项等。其成员主要是教授、副教授,也有一些具有专门知识的行政人员,如财务人员;议长一般由校长担任。评议会中的成员还组成各种专门委员会,作为校长的咨询机构。日本大学也设有教授会,但多为学部一级,在学校一级设教授会的为数不多。学部一级的教授会有的由学部长和各学科的1~2名教授组成,有的由所在学部的全体教授组成。教授会负责讨论决定本学部的教学、科研有关方针以及教员人事、学部预算、课程设置、招生工作等诸多问题。

参考文献

约翰·范德格拉夫.学术权力——七国高等教育管理体制比较[M].王承绪,等,译.杭州:浙江教育出版社,2001.

Youn, T. I. K., Murphy, P. B. & Altbach, P. G. Organizational Studies in Higher Education [M]. New York: Garland Pub., 1997.

（熊　耕）

学术自由(academic freedom)　　从事学术研究或教学的学者有探求知识、追求真理而不受非法干扰、支配和控制的权利。大学最重要的价值支柱之一。学术自由基于以下信念:知识是宝贵的,不被干预地享有教学自由、研究自由、出版自由等,是追求知识的必要前提。美国高等教育哲学家布鲁巴克认为:学术自由由学者探索高深学问活动的性质决定,为了保证知识的准确和正确,学者的活动必须只服从真理的标准，而不受任何外界压力，如教会、国家或经济利益的影响。学术自由是大学为公众服务的必要条件，社会依靠高等学府作为获得新知识的主要机构，并作为了解世界和利用资源改进人类生活条件的手段。

学术自由的内涵　1915年，美国大学教授联合会（American Association of University Professors，简称AAUP）发表《关于学术自由和教授终身任期的报告》，认为学术自由主要是教授个人的言论自由，这种自由不局限于教学和研究场所，教授可以在校外、在本专业范围内就社会和政治问题发表意见；教授的言论和观点不代表学校，学校不承担责任，保持中立。这一声明在美国学术界有广泛影响，深入人心。1940年、1970年，该协会两次对1915年的报告作补充解释，声明学术自由的原则包括：教授有权探索知识，同时又有责任完全地和准确地报告研究成果；教授有在其观点和材料不受审查的条件下执教的权利，但不应超出大家公认的其所属的专业领域；只要是以个人的名义而不是作为其所属大学的代表，教授便有不受束缚地在公共场合发表讲话的权利。美国教育家斯拉夫特列举了大学教师在大学内部应享有的学术自由：研究自由；教学自由；有关同事雇佣、晋升或解雇方面的发言权；教师集体的自治权等。美国哥伦比亚大学历史学家麦兹格认为：现代大学的学术自由不应只是大学教师个人的权利；大学作为一个组织能够维系，需要某种完整性；研究自由不应以牺牲教学使命为代价；限制行政权力并不能解决所有学术自由方面的问题。有学者认为大学在现时代不应盲目遵守政治中立原则，应对有政治意义的教育问题作出自己的判断。日本学者分析了学术自由的三种含义：（1）最狭义说，即将学术自由理解为大学的研究自由。这种观点忠实于学术自由原有意思，认为学术自由就是大学教师的研究自由，只有大学教员可以享受这种自由。（2）狭义说，即将学术自由解释为广泛研究的自由，尤指大学里的研究及教学。个人的研究自由也被广泛包括在学术自由的含义之中。（3）广义说，即将学术自由解释为研究自由和教学自由，该观点在美国已被普遍接受。国际劳工组织、联合国教科文组织在《关于教师地位的建议》中指出，教师（包括从事初等教育和中等教育的教员）在履行职责时享受学术自由，此学术自由指职业上的自由，与大学的学术自由有细微差别。关于学术自由有各种理解，大学教师的研究自由、教学自由是学术自由的主要内涵。

学术自由理念和实践的发展　中世纪的大学最初是"学者的社团"，就管理而言，具有自治传统，享有若干自治权利。但由于欧洲中世纪受基督教的权威统制，鲜有学术自由。教师的学术观点和教学内容不得违反基督教教义。19世纪初，柏林大学建立，在新人文主义者洪堡等人的倡导下，学术自由成为德国大学的核心价值。此时学术自由有

两方面含义：一是组织管理方面的自由，即大学自治，大学自治是学术自由的制度保障（参见"大学自治"）；二是教学、学习和研究的自由。教学自由指大学教师享有运用科学精神（自由、专一地追求真理）完成教学任务的权利和义务，包括教学中的言论自由和对教学内容、方法等独立作出决定、不受外界限制和影响等具体权利。教师有权在规定的教学任务之外按照自己的兴趣自由开设任何专业领域的课程。学习自由指大学生享有组织安排自己的学业、确定学习重点以及选择教师、课程及学习地点等权利。教学自由、学习自由为德国近代大学的两个基本特点，也是德国现代大学的本质特征，受宪法和《高等学校总纲法》等有关法律的保护。德国大学的学术自由理念对美国等西方国家的大学产生很大影响。1915年，美国大学教授联合会成立，学术自由的理念开始制度化。第二次世界大战期间及随后的冷战时代，大学从与社会隔绝逐渐变成社会的轴心，大大增加了与社会的关联。许多大学开始被中心城市包围；慈善组织成为大学革新项目的主要资助者；招生负责人逐渐须听从主张民权改革的立法议员的意见；教育问题的决策权从大学当局部分转移到校外，对大学学术自由理念产生重大影响。教授的学术自由得到部分发展，如政府拨款使大学教授获得更多的研究自由，但也受到一些限制，如研究方向被资助者左右等。研究型大学特别是公立研究型大学的本科生教学由于联邦政府资助教授从事科研而受到较大冲击。近年来，美国学术界人士反思学术自由理念，一部分人开始强调学术责任问题。克尔认为，高等教育需要新的规则和机制，替代行会的规范和习惯，形成更明确的契约（合同）制度和更公正的内部学术规则。在高等教育使命方面，更加强调多样化、多种形式与功能。斯坦福大学校长D.肯尼迪强调大学教师的八种学术责任，即教学、指导、为大学服务、发现、出版、说真话、走向社会、变革等。在社会要求的压力下，学术自由面临越来越多的限制，但它仍作为一种主导价值观继续发挥其核心作用。学术自由仍然是保障大学不受干涉地履行教学与科研使命的基本价值前提。学术自由从来就不是绝对的，在制度与环境方面，必然存在来自内外部条件的限制；同时也受到社会伦理道德的制约。

在中国古代，书院教学提倡自由讲学、自由听讲，重视学术交流与争鸣。但书院附属于科举制度，主要以学术大师个人讲学的形式组织，由山长或院长主持全面管理，并未形成学者社团及学术自由的制度环境。西方大学制度引入中国后，学术自由的理念逐渐被中国学术界接受。蔡元培提出"思想自由、兼容并包"的原则，并依据该原则在北京大学进行改革；梅贻琦在清华大学主张大学领导的主要职责是鼓励和扶助教师不受干扰地进行教学和科研；以陈寅恪等人为代表的一批中国知识分子也珍视学术自由的原则。中华人民共和国成立后，1957年，毛泽东在最高国务会议上

做《关于正确处理人民内部矛盾的问题》的长篇讲话,指出"百花齐放、百家争鸣"是促进艺术发展和科学进步的方针。1998 年的《中华人民共和国高等教育法》规定:国家依法保障高等学校中的科学研究、文学艺术创作和其他文化活动的自由;高等学校应当面向社会,依法自主办学,实行民主管理。以落实大学办学自主权和创造宽松、自由的学术环境为核心的现代大学制度建设逐步展开。

参考文献

约翰・S.布鲁贝克.高等教育哲学[M].王承绪,等,译.杭州:浙江教育出版社,1987.

陈洪捷.德国古典大学观及其对中国的影响[M].北京:北京大学出版社,2002.

(王晓阳)

学位制度(academic degree system)

国家或高等学校以学术水平为衡量标准,通过授予一定的证书来表明专门人才知识能力等级的制度,是国家有关部门为了授予学位、保证学位授予质量、有效开展学位管理工作而制定的有关法令、法规、实施条例的总称。包括学位授予权审核制度、学位申请者培养制度、学位授予制度和学位质量评价制度四个基本方面。

学位 学位是评价学术水平的一种尺度,其授予建立在科学的训练和考核的基础之上。学位不仅是国家或学位授予单位给予获得者的一种荣誉和鼓励,而且是学术水平的客观标志。学位学科门类的划分大体有两种:一种如苏联和日本,国家统一规定各级学位授予的学科分类,分类一般划得比较宽;另一种如美国和英国,由各授予单位自行规定授予的学科,国家只在统计时加以综合分类,不作统一规定。

各国的学位分级不完全相同。如意大利只设博士学位一级;苏联设科学博士和科学副博士两级;美国设副学士、学士、硕士和博士四级。多数国家采用三级制:学士、硕士、博士。有些国家除了这三级学位之外,还设有荣誉学位。中国的学位分级采用多数国家比较通行的做法,设学士、硕士和博士三级学位。

副学士,是美国授予两年制初级学院毕业生的学位,在其他国家很少施行。

学士,是许多国家最初一级的学位,通常由高等学校授予大学本科毕业生。《中华人民共和国学位条例暂行实施办法》规定,学士学位的授予条件是高等学校本科学生完成教学计划的各项要求,经审核准予毕业,其课程学习和毕业论文(毕业设计或其他毕业实践环节)的成绩,表明确已较好地掌握本门学科的基础理论、专门知识和基本技能,具有从事科学研究工作并担负专门技术工作的初步能力。

硕士,是许多国家的第二级学位。通常在获得最初一级学位(学士)后,再修读 1~3 年方可获得。一些国家把硕士学位作为获得博士学位的一种过渡学位。中国把硕士列为独立的一级学位,既要求读课程,又要求作论文。《中华人民共和国学位条例暂行实施办法》规定,硕士学位的授予条件是高等学校和科学研究机构的研究生,或具有研究生毕业同等学力的人员,通过硕士学位的课程考试和论文答辩,成绩合格,并且掌握本学科坚实的基础理论和系统的专门知识,具有从事科学研究工作或独立担负专门技术工作的能力。

副博士,是苏联设置的一种学位,亦称"候补博士"。科学副博士一般授予具有相当高等教育程度,通过副博士考试和副博士论文答辩者。学位应考者应具备独立从事科学研究的才能和探讨具有重要理论意义和实践意义的科学课题的能力。其学位论文应是独立地或在科学博士指导下写成的完整的科学著作,在学术上有新的见解。

博士,通常是最高一级学位。《中华人民共和国学位条例暂行实施办法》规定,博士学位的授予条件是高等学校和科研机构的博士学位研究生,或具有博士学位研究生毕业同等学力者,通过博士学位的课程考试和论文答辩,成绩合格,掌握本门学科坚实宽广的基础理论和系统深入的专门知识;具有独立从事科学研究工作的能力;在科学或专门技术上做出创造性的成果。

名誉博士,是根据学术成就或对国家和社会所作出的贡献决定授予的一种荣誉学位。其授予不经过考试和论文答辩。许多国家设有这种学位。《中华人民共和国学位条例暂行实施办法》规定,对在科学事业和人类进步事业上作出卓越贡献的中、外科学家和著名社会活动家授予名誉博士学位。

学位不等同于学历,获得学位证书而未取得学历证书者仍为原学历,取得大学本科、硕士研究生或博士研究生毕业证书者,也不一定能取得相应的学位证书;取得学士学位证书者,必须首先获得大学本科毕业证书,而取得硕士学位或博士学位证书者,却不一定能够获得硕士研究生或博士研究生毕业证书,因为有的人可以通过在职申请学位,但申请者必须具有第一级的学位或学历证书,通过学位课程考试和论文答辩后获得。

西方主要国家的学位制度 学位制度起源于欧洲中世纪从业证书制度。1150 年,巴黎大学授予第一种学位——神学博士;1158 年,意大利博洛尼亚大学得到罗马教皇颁发的世界上第一张有权授予博士学位的许可证,随后该校授予第一批法学博士和医学博士。约 1170—1175 年,巴黎大学授予世界上第一批硕士学位。具有现代意义的学位授予制度始于 19 世纪的德国。各国学位制度的建立与发展情况不一,实施情况亦异。进入 21 世纪以来,在国际化背景下,各国学位制度呈现趋同发展。

12 世纪,巴黎大学是欧洲最有影响的教师和学生的行会组织,教会规定凡在巴黎大学修完规定课程并在主管教区教书或开办学校者,须由主教或圣母院主事颁发教学许可证,这种最早的教育资格证书后来演变为大学学士文凭。13 世纪前半期,硕士或博士作为学位开始出现,但仅标志着他们已具备从事教师或某种专业(如牧师、律师、医师等)工作的资格,还不具有现代学位的意义。到 15 世纪末期,低级科的毕业生一般称硕士,高级科的毕业生一般授予博士称号。直到法兰西第一帝国成立前,法国尚无严格的授予标准和程序。19 世纪初,法兰西第一帝国成立,将业士、学士和博士依次正式确立为国家级的大学文凭。业士为第一级大学文凭,修业 1 年,学士和博士文凭分别须修业 3 年和 4 年。博士文凭从行会文凭变成国家文凭。到 20 世纪五六十年代,法国学位制度经历多次改革,形成学习证书和学位文凭相结合的、较复杂的系统:大学第一阶段(2 年)合格者可获大学普通学习证书。第二阶段的第一年学习合格者可获学士学位,第二年学习合格者可获得硕士学位。第三阶段设不同的学位证书,一种是学习高水平的专业知识,学制一年,合格者获高等专业学习证书,毕业后直接就业;另一种是培养科研学术人才,合格者获深入学习证书,并取得注册攻读博士学位的资格,相当于第三阶段博士预备文凭。法国大学系统设置两类共四种博士文凭:校级大学博士文凭;国家级博士文凭,包括大学第三阶段博士文凭、博士—工程师文凭、国家博士文凭。一般来说,只有取得大学第三阶段博士学位者,才能申请国家博士。

19 世纪大学改革前,德国大学沿袭中世纪大学的传统,博士学位只授予高级科,即神学、医学、法学,哲学科无权授予博士学位;大学改革后,学术独立、自由的理念得到弘扬,科学取代神学在大学中的地位,哲学的地位得到提高,设立了哲学博士。哲学博士学位重视纯学理的科学研究及学术探究,学位的学术性更加突出和显现。现代意义上的哲学博士学位的产生标志着现代学位制度的确立。德国最初的博士学位并非建立在硕士学位基础上,而是大学颁发的唯一学位。20 世纪初,德国工业大学中开始设立两级学位制度;20 世纪五六十年代,综合性大学实行的单一学位制度被两级学位制度取代,增设了硕士学位,博士学位上升为大学中的第二级学位。进入 20 世纪 90 年代以来,随着欧洲政治、经济一体化进程的发展,教育、学位体系的一体化逐渐被提上议事日程。1998 年,德国政府修订《高等学校总纲法》,在该法框架下开始实验学士和硕士学位教育,学士学位的学习一般为 3 年,不超过 4 年;硕士学位的学习一般为 1~2 年。德国高校虽已经历数年实践,但学士和硕士学位教育仍处于尝试阶段,新老学位体系依然并存。

美国学位制度引进英国的学士培养方式,在 19 世纪借鉴德国的研究生教育模式建立。1642 年,哈佛学院引进英国学位制,对学完 4 年传统经典课程的学生授予学士学位,此后其他学院也效仿哈佛学院提供学士级教育,硕士学位只是一种形式上的学位,任何获得学士学位者继续交纳 3 年学费,就可获得硕士学位(一种自动获得的学位,而非今日的习得学位)。1859 年,密歇根大学首次授予完成文科硕士学位计划的两位毕业生以硕士学位,这是美国大学正式设立现代硕士学位制度的标志。1861 年,耶鲁学院授予首批博士学位,标志着博士生教育和学位制度在美国产生。1876 年,约翰斯·霍普金斯大学建立世界上第一个研究生院,开启并发展了现代研究生教育,也标志着美国学位制度的正式确立。此后,其他高校纷纷效仿,设立专门的研究生院,加强研究生教育,基本形成了学士、硕士、博士三级学位,每一级学位均与一定的高等教育阶段对应。副学士学位产生于 20 世纪初,是对完成两年制初级学院或技术学院以及四年制院校前两年的修业者授予的高等教育学业证书。它既可作为职业性资格证书,又可作为本科教育第一阶段的结业证明。随着美国研究生教育的蓬勃发展,还出现了博士后和研究生中间学位两个层次。1933 年,普林斯顿大学设立高级研究院,为已获得博士学位者提供研究机会,标明美国高等教育开创博士后研究制度;1966 年,研究生中间学位(非正式学位,一般指介于硕士和博士之间由各种专家命名的学位)的确认表明美国学位层次结构由初期的三个层次发展到事实上的多个层次。美国正式统计的学位为四级。第一,副学士(协士)学位,学制 2 年。第二,学士学位,授予完成 4 年大学课程并取得规定学分的学生。第三,硕士学位,分学术性和专业性两类,授予修完 1~2 年的硕士课程并撰写硕士论文(也有许多学校不要求写硕士论文)的学生。学术性学位主要是为了在高校任教或作为攻读博士学位的准备阶段,是过渡性学位;专业性学位则侧重于培养某一职业领域的专门人才,如教育、法律、工程、工商管理硕士等。第四,博士学位,分学术性和专业性两类。学习年限 4~5 年,在学完课程的基础上撰写博士论文,要求严格,所以有的学习年限较长。在培养类型上从最初传统的学术性学位逐渐产生和发展出各种类型的应用性专业学位(如教育、商业、医学、药学、公共卫生等)。前者较重视科研能力的培养,强调学术性;后者侧重于学生操作能力、实践能力的培养,强调职业性或专业性。20 世纪 60 年代,在卡内基高等教育委员会的赞助下,出现了以培养本科高年级师资为主的文科博士教学计划,得到许多大学的认可。博士学位基本由哲学博士学位、专业博士学位、文科博士学位组成。

俄罗斯的学位制度起源于 19 世纪初,1804 年沙皇政府颁布第一个《大学章程》,授权大学设立三级学位:副硕士、硕士和博士。1819 年,俄国颁发《学位授予条例》,规定三个学科有权授予学位:哲学、医学和法学。又在副硕士下增设一个学位,称"大学合格毕业生",构成了四级学位层次结构。大学合格毕业生和副硕士都是为大学本科毕业生所设的学位，前者授予成绩一般者，后者授予成绩优秀者。申请各级学位需经过考试，但尚无研究生教育阶段。十月革命后上述学位制度即行废止。1934年，苏联人民委员会通过了《关于科学和教育工作者的培养》和《关于学位和学衔条例》的决议，苏联学位制度正式重建。决议规定在苏联本科生阶段不设学位，仅设二级学位，科学副博士和科学博士。后者必须以前者为基础，不得越级授予。苏联解体后，俄罗斯根据本国教育发展和培养人才的特点，也为了适应国际交流的需要，在学位制度上进行了一些改革，但仍保留其原有特色，即两种体系并行：一种是文凭专家证书—副博士—博士体系；另一种是与多数国家保持一致的学士—硕士—博士三级学位体系。具体的学位制度是：第一级，不完全高等教育，学制3～3.5年，学生完成学业可获得不完全高等教育证书，不授学位；第二级，基础高等教育，包括不完全高等教育阶段，学制4年，学生完成学业可获得高等教育证书，同时可获得学士学位；第三级，完全高等教育，学制5～6年，学生完成学业可获得文凭专家证书。在完全中学教育基础上学习6年或在基础高等教育之上学习2年，学业合格者可授予硕士学位。俄罗斯高等学校在实施学位制度方面有很大自主权，一些学校完全实行学士和硕士学位制度，一些学校继续实行传统的文凭专家证书，还有一些学校是两种学位体系的混合，既有学士和硕士学位，又实行传统的文凭专家证书。俄罗斯十分强调副博士和博士学位的高标准和学术性，只有少数高水平大学才有授予权，其副博士学位在英美发达国家被承认等同于博士学位。

中国学位制度　中国古代有博士、硕士、学士等称号，其含义与现代学位不同，基本上指官职，尚未形成一种制度。中国的学位制度严格意义上说始建于近代。1922年"新学制"实行后，依《国立大学校条例》规定，"国立大学校学生修业完毕试验及格者，授以毕业证书，称某科学士"。"国立大学校设大学院，大学校毕业生及其具有同等程度者入之。大学院生研究有成绩者，得依照学位规程，给予学位。学位规程另定之。"1935年国民政府教育部颁布《学位授予法》。为配合《学位授予法》的具体实施，同年又制定并颁布《学位分级细则》与《硕士学位考试细则》，将学士、硕士、博士三级学位的授予皆分为8个学科：文科、理科、法科、教育科、农科、工科、商科和医科。硕士学位的授予权归大学或独立学院。以后又逐次颁布了《博士学位评定会组织法》、《博士学位考试细则》、《名誉博士学位授予条例》、《名誉博士学位授予条例实施细则》等一系列通知、法令、法规，分别就学位课程考试、学位论文审查答辩和学位授予等程序作了明确规定，并制定了详尽的标准，初步形成了一套系统完整的学位制度。但由于国家战乱和当时教育、科学的落后，《学位授予法》等规定未能全部落实，直到1949年只

授予过少量学士和硕士学位，没有授予过博士学位。

中华人民共和国成立后，为建立学位制度曾作过几次努力。第一次是1954—1957年，根据中共中央关于建立学位制度的指示，由国务院第二办公室起草了《中华人民共和国学位条例（草案）》和《中华人民共和国国务院学位和学衔委员会组织条例（草案）》等11个条例草案。第二次是1961—1964年，学位、学衔和研究生条例起草小组起草了《中华人民共和国学位授予条例（草案）》。由于当时"左"的思想影响，有关条例并未最终制定。1965年7月，高等教育部拟订《关于授予外国留学生学位试行办法》，但因"文革"而未执行。在很长一段时间内，中国学位制度的实施不规范，除零星举办过一些研究班外，未颁布系统的学位法，也无正式、普遍地实施学位证书制度。1977年恢复高考制度，接着恢复研究生教育，高等教育呈蓬勃上升之势，各大学迫切需要开展学位授予工作。1980年2月，第五届全国人民代表大会常务委员会第十三次会议通过《中华人民共和国学位条例》，规定条例自1981年1月1日起施行。1981年5月，国务院批准《中华人民共和国学位条例暂行实施办法》，详尽规定对学士、硕士、博士学位及名誉博士学位的授予，对学位评定委员会，留学生授予学位等也做了规定。为加速培养经济建设和社会发展所需要的高层次应用型专业人才，促进专业学位的设置和管理，国务院学位委员会第十四次会议审议通过《专业学位设置审批暂行办法》，进一步完善中国的学位证书制度。1995年颁布实施的《中华人民共和国教育法》在第二章"教育基本制度"中明确规定学位证书制度，"国家实行学位制度。学位授予单位依法对达到一定学术水平或者专业技术水平的人员授予相应的学位，颁发学位证书"。1998年由第九届全国人民代表大会常务委员会第四次会议通过的《中华人民共和国高等教育法》第二十二条规定，"国家实行学位制度。学位分为学士、硕士和博士。公民通过接受高等教育或者自学，其学业水平达到国家规定的学位标准，可以向学位授予单位申请授予相应的学位"。所有这些规定，构筑了中国学位证书制度的法律基础。

中国的学位按不同学科门类授予，分哲学、经济学、文学、法学、理学、工学、农学、医学、历史学、教育学、管理学、军事学12个门类，又分为学术性学位和专业性学位两大类。学术性学位是在人文学科与自然科学领域里所授学位的统称，如文学士、理学士、文学硕士、理学硕士等。是侧重于理论和学术研究方面要求的一种学位。专业性学位是具有职业背景的一种学位，为培养特定职业高层次专门人才而设置，如教育学学士、建筑学学士、工商管理硕士、医学博士等。专业学位的最大特点是，获得这种学位者，主要不是从事学术研究，而是有明显的某种特定的职业背景，如医师、律师、建筑师等。1990年10月，国务院学位委员会第十次会议批准设置和试办法律硕士、工程硕士、建筑学学士和硕

士、工商管理硕士以及临床医学硕士和博士等专业学位。法律硕士专业学位主要针对律师、公证、审判、执法等领域高层次专业人才的需要而设置，面向律师、公证、审判、检察、监察及经济运行中涉及法律监督与服务各专业领域的中高级业务和管理人才。工程硕士专业学位侧重于工程应用，主要为工矿企业和工程建设部门培养应用型、复合型高层次的工程技术和工程管理人才。建筑学专业学位是以建筑行业为特定背景，以建筑师的知识结构和能力结构的基本要求为培养目标，使学位与行业专业技术职务的聘任能够衔接的一种学位。工商管理硕士(MBA)是应用型和复合型的管理人才，毕业后能胜任工商企业和经济管理部门中高级职务管理人员所担任的工作。医学专业学位侧重于从事某一特定职业实际工作的能力，以培养高级临床医师、口腔医师、卫生预防、新药研制与开发的应用型人才为目标，并根据不同学科及其职业背景特点，分为临床医学专业学位、药学专业学位、预防医学专业学位和口腔医学专业学位等。随着时代的发展，专业学位的类别和范围在不断扩大和调整。

在学位的授予权及管理上，中国实行国家授权制和三级管理体系，即中央建立国务院学位委员会，各省也建立省级学位委员会，实施研究生培养的大学和科研机构建立校级学位评定委员会。只有经过国务院学位委员会审核并批准的学位授予单位和硕士、博士学位点，才有权授予相应学位。1993年后，学位授权审核制度发生变化。新增博士、硕士学位授予单位和博士学位授予学科点仍由国务院学位委员会组织审核和批准；硕士学位授予学科点由各省级学位委员会组织审核和批准，报国务院学位委员会备案；建有研究生院的高校和科研院所也可按统一规定的办法在批准的一级学科范围内组织审核，批准本单位的硕士学位授权学科点，报国务院学位委员会备案。

为加强学位证书的管理，中国博士、硕士、学士三级学位证书均由国务院学位委员会办公室统一印刷，由学位授予单位颁发。为便于全国计算机联网检索查询和实现防伪检查，学位证书采取全国统一编号。各级各类专业学位证书也由国务院学位委员会办公室统一印刷，直接向各专业学位试点单位办理征订发行手续，并进行监督检查。

参考文献

陈学飞.西方怎样培养博士——法、英、德、美模式与经验[M].北京：教育科学出版社，2002.

国务院学位委员会办公室，国家教委研究生工作办公室.研究生教育与学位制度研究[M].北京：人民教育出版社，1994.

伯顿·克拉克.研究生教育的科学研究基础[M].王承绪，译.杭州：浙江教育出版社，2001.

秦惠民.学位与研究生教育大辞典[M].北京：北京理工大学出版社，1993.

（谢安邦 王国文）

学习(learning)　个体通过练习或经验而导致行为有较持久改变的过程或结果。对学习的科学研究始于德国心理学家艾宾浩斯的记忆研究。此后，新的研究层出不穷，因而也带来了许多派别之争。"学习"一词如同"工作"一词一样，是人们日常生活中最常用的词之一，似乎人人都懂它的意义。心理学家想给学习下一个科学的定义，却遭遇了困难。

学习的科学含义

关于学习的定义　学习是人和动物共有的活动。任何活动都有过程和结果。心理学家从活动的结果对学习作了严格界定。具有行为主义倾向的心理学家一般把学习定义为"由练习或经验引起的行为的相对持久的变化"。例如两只狗，经过训练的一只能协助人类破案，未经过训练的一只无此类行为出现。心理学家把动物经过训练后出现的行为变化称为学习。这一定义也适用于人类行为的变化。如两组儿童，一组进行游泳训练，另一组未予训练。到了水里，训练组的儿童会游泳；未训练组的儿童不会游泳。这种游泳行为的出现也被称为学习。

以行为的变化来定义学习，使学习成为可以观察和测量的概念。例如，两组儿童学习数学，一组进行"题海"式训练，另一组进行解题方法训练。假定经过测验，前一组儿童训练前后成绩并未出现显著变化，而后一组的前后成绩出现明显变化。从学习的定义来看，前一组有训练但无学习，后一组的训练产生了学习。训练、练习、读书等活动与学习不是等同的概念。必须观察和测量到活动之后学习者身上出现行为变化，才承认其中产生了学习。

学习的行为定义有利于观察和测量，但学习的本质不是行为变化。假定有两个学生接受相同的军事训练，从行为变化来看，都学会了队列操练和实弹射击。但在他们的思想深处，一名学生得出"军队生活艰苦，尽量不要去当兵"的想法，另一名学生得出"军队是青年成长的好地方，尽量争取去当兵"的想法。这种思想深处的变化有时很难从具体的行为变化中看出来，但这是比具体的行为更重要和更本质的学习。为此，心理学家对学习的定义作了修改。美国心理学家G. H. 鲍尔和希尔加德在《学习论：学习活动的规律探索》(1981)一书中把学习定义为："一个主体在某个规定情境中重复经验引起的、对那个情境的行为或行为潜能的变化。不过，这种行为的变化是不能根据主体的先天反应倾向、成熟或暂时状态(如疲劳、酒醉、内驱力等)来解释的。"

这个定义比一般行为主义的定义进了一步，在学习带来的变化中包含行为潜能的变化。美国心理学家加涅1965年更明确地把学习定义为"学习是人的倾向(disposition)或性能(capability)的变化，可以持久保持且不能单纯归因于生长过程"。加涅实际上是用内部的变化来定义学习。不过，加涅认为,内部的变化不能观察,必须通过外部的行为,即通过个体的表现(performance)的变化来作出学习是否发生的推论。

归纳起来,应该理解学习定义中的三个要点。第一,主体身上必须产生某种变化,才能作出学习已经发生的推论。光有练习不一定产生学习。第二,这种变化是能相对持久保持的。第三,主体的变化是由他(或它)与环境相互作用而产生的,即后天习得的,其中排除由成熟或先天反应倾向导致的变化。

学习定义中的两难困境　从上面的讨论可见,可以从外部的行为变化给学习下定义,也可以从内部的能力和倾向的变化给学习下定义。同一个心理学概念之所以出现两个不同的定义,原因是学习作为一个科学研究的课题,是一个典型的两难问题。人的学习的实质是人的内在的能力、思想和情感的变化。但人的内在的能力、思想和情感的变化看不见,摸不着,不能直接研究,心理学家必须根据反映人的能力、思想和情感的外部行为的变化来推测内部的变化。推测可能是合理的,也可能是部分合理的,也可能是错误的。行为主义心理学强调学习中的客观观察和测量,有其合理的一面。认知心理学强调学习的本质是内在的能力和倾向的变化,也有其合理性。两种观点对解释学习研究中的两难问题都有所贡献。不能认为,一种观点完全正确,另一种观点完全错误。

学习定义中的两难困境反映在"学习"(learning)与"表现"(performance)这两个术语使用的多义上。这两个术语同时一起使用,前者意指内在的心理,后者指反映内在的心理的外部表现。但外部表现有时可以指学生在测验时的表现,即学生的测验得分;也可指品德表现,即学生的行为、举止;在心理语言学中,言语的表现指与言语能力(competence)相对的言语运用。

上述定义是一个广义的学习定义。教育情境中的学习与日常情境中的学习不完全相同。教育是有目的和有计划的。教育是按照教育目标改变学生心理和行为的过程。因此,教育情境中学习可以定义为:凭借经验产生的、按照教育目标要求比较持久的能力或倾向的变化。

学习的分类

心理学家为了对学习的性质及其过程作深入研究,依据不同标准对学习作了不同分类。

美国心理学家拉兹兰1971年根据种系发生学,将学习现象由低级到高级分成四大类和十一亚类。(1)反应性学习:是一种最简单的学习,包括习惯化与敏感化。腔肠动物可以产生此类学习。(2)联结性学习:主要指条件作用的学习,有三种。一是抑制性条件作用,腔肠动物即可形成该类学习;二是经典条件作用,可发生于简单动物如蚯蚓身

上;三是操作条件作用,在低级脊椎动物身上可产生。(3)综合性学习:把各种感觉结合为单一的知觉性刺激,包括感觉前条件作用(即两个感觉刺激之间形成的联系,也称S—S学习)、定型作用(对复合刺激反应,而不对其中的个别刺激反应)与推断学习(个体永久性观念的运用)。(4)象征性学习:是一种思维水平的学习,主要为人类所特有,包括符号性学习、语义学习与逻辑学习。这三种学习是言语学习的三个阶段。

美国心理学家加涅1965年认为,人类学习的复杂程度有不同层次,根据学习的繁简程度的不同提出八类学习。(1)信号学习,学习对某种信号做出某种反应,如经典条件作用即是一种信号学习。(2)刺激—反应学习,主要指操作条件作用或工具性条件作用,其中强化在该类学习中起到关键作用。(3)连锁学习,是一系列刺激—反应的联合。(4)言语联想学习,其实质是连锁学习,只不过它是语言单位的连锁。(5)辨别学习,能识别各种刺激特征的异同并作出相应的不同反应。它既包括一些简单的辨别,如对不同形状、颜色的物体分别作出不同的反应,也包括复杂的多重辨别,如对相似的、易混淆的单词分别作出正确的反应。(6)概念学习,对刺激进行分类,并对同类刺激作出相同的反应。(7)原理学习,了解概念之间的关系,学习概念间的联合。如自然科学中的各种定律、定理的学习。(8)解决问题的学习,在各种条件下应用规则或规则的组合去解决问题。后来加涅将前四类学习合并为学习的基本形式,并在此基础上提出言语学习、智慧技能、认知策略、动作技能和态度五类学习结果(参见"学习结果")。

美国心理学家奥苏伯尔1978年根据学习进行的方式,把学习分为接受的与发现的;又根据学习材料与学习者的原有知识的关系,把学习分为机械的与有意义的。接受的与发现的,机械的与有意义的,这是划分学习的两个维度。这两个维度互不依赖,彼此独立。教育界往往把接受学习与机械学习等同,把发现学习与有意义学习等同,因此在实践中带来了许多混乱。"有意义的与机械的","发现的与接受的",这两个维度的每一个方面都不是绝对的。在它们之中还有许多过渡形式(见图1)。

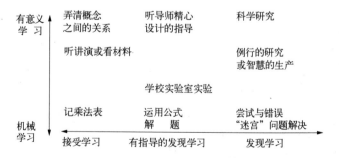

图1　分布于有意义学习与机械学习、发现学习与
接受学习之间的学习类型图示

中国学者冯忠良将学习分为三类：知识的掌握，包括领会、巩固和应用三个环节；技能的形成，其中又分心智技能学习和操作技能学习；社会规范学习，包括规范的认识、执行和情感体验。

研究学习分类的意义　学习分类研究的思想起源于第二次世界大战期间。当时许多心理学家被征调入伍，从事军事人员训练。他们利用那时建立起来的行为主义学习理论指导军事人员训练，结果许多训练计划的效果都不理想。许多心理学家开始认识到，人类的学习极其复杂。在一定条件下心理学家研究的学习只是十分复杂的学习的现象的某个侧面或某个局部，决不能以偏概全，用这些局限的理论来解释一切学习现象。这种认识对教学论研究的启示是：如果人们想利用学习理论原理来改进教学，则首先必须注意研究学习的类型。由此而产生一种教学论思想被称为**任务分析教学论**，其基本观点是：人类的学习有不同类型，其学习结果、过程和有效学习的条件不同，必须根据不同类型的学习规律来进行教学过程、方法的设计和教学结果的评价。

作为学习的生理基础的大脑结构和功能

神经元的构造和功能　人脑由 120 亿个特殊细胞构成。神经细胞与人体其他组织或器官的细胞不同，它们具有特殊的构造，而且具有特殊的敏感性。神经细胞是构成神经的基本单位，被特称为**神经元**(neuron)。

通过正常分裂的神经元，以极高的速度增生，在发育的某一阶段，能以每秒形成 4.8 万个新的神经细胞的速度增生。在婴儿出生时，绝大多数神经元已经形成。一旦神经元形成时期结束，以后将不会有新的神经元产生。因疾病、伤害或正常死亡失去的神经元不可能再生。胎儿约 8 周时，其构成神经系统的基本解剖结构已产生，可对刺激产生某些基本形式的反射性反应。但与其他哺乳动物的新生儿相比，人类新生儿的神经系统不成熟。

神经元的主要构造包括细胞体、树突(dendrite)和轴突(axon)三部分(见图 2)。树突是从细胞体内发出的分支，多而短，呈树枝状。轴突是从细胞体发出的一根较长的分支。从细胞体发出的这两种分支又通常被称为神经纤维。树突接收来自其他神经元的神经冲动。神经冲动经细胞体，沿轴突传至其他神经元。

突触的结构与传递功能　两个相邻神经元之间事实上并未直接相连，其间有小的空隙，由一种被称为**突触**(synapse)的特殊联系结构相联结。来自树突和细胞体的神经冲动沿轴突只能传递至其终纽。而终纽与另一神经元之间的冲动传递依靠突触部分所发生的极为复杂的生理化学作用。终纽内的细胞质中含有极复杂的化学递质。当神经

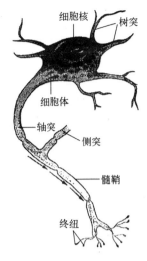

图 2　神经元

理想的神经元结构图。树突或细胞体的刺激激活神经冲动，冲动沿轴突传送至它的终纽。轴突由髓鞘包围，有助于提高传递神经冲动的速度

冲动传至终纽时，细胞中化学递质产生变化，导致终纽外膜移动，最后使其小泡破裂，而将神经传导的化学递质注入突触间隙，引起一种放电作用，从而激起另一神经元的兴奋，立即连续传导神经冲动(见图 3)。

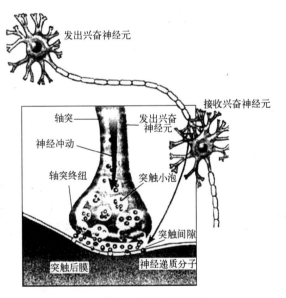

图 3　神经元之间的突触联系

认知、学习和行为的神经生理学基础

婴儿出生后在遗传基因和环境刺激的作用下，大脑神经系统，尤其是与复杂思维有关的神经系统有很大发展，为新生儿认知、学习和行为提供了生理学基础。大脑神经系统的发展可以从如下几方面进行描述。

突触的发展和变化　人脑有万亿以上的突触,但在新生儿刚出生时,仅有 1/3 的突触已经形成,其余 2/3 是在出生后逐渐生成的。突触以两种基本方式生成。不同的突触生成方式发生在人的不同成长年龄阶段,具有不同的适应意义。

第一种方式是:突触先超量生成,然后选择性地消失。这种情况通常出现在发展的早期,是由基因预先决定的。这样生成的突触被称为期待经验的突触(experience-expectant synapses)。但其消失受后天环境的影响。例如与成人相比,出生后 6 个月的婴儿控制视觉大脑皮层区有更多突触。这是因为在生命的最初几个月,突触超量生成,接着选择性地大量消失。就视觉系统而言,期待经验的突触对光刺激敏感。当它们遇到适当光刺激,神经元被激活,这种激活导致突触与其他神经元建立永久联结,突触被固定下来。得不到适当光刺激的突触便会消失。因为这种消失是因得不到环境刺激而发生的,所以被称为选择性消失。期待经验的突触的存在清楚地表明,遗传基因和环境两者都对学习起决定作用。不同物种的每一个成员对特殊刺激是否敏感,是先天决定的。但只有当个体经历那种环境刺激的作用后,学习才能发生。

期待经验的突触生成具有关键期。如果在生长的关键期得到适当刺激,它们就会被稳定下来;得不到适当刺激,它们就会消失。感觉系统的关键期出现早。例如,小猫生下来头 8 周未见光线,当它们首次见到光后似乎是睁眼瞎。原因是对光线敏感的关键期未受到光刺激,期待经验的突触已经消失。对人来说,视觉刺激的关键期不限于 8 周。例如通过斜视的矫正研究表明,5 岁之前进行过矫正的,未产生长久损害;之后超过 4 年未作矫正处理的,视觉系统的组织产生了显著的功能失调。

第二种方式是:新突触的增生。这些新突触是由经验决定的,被称为依赖经验的突触(experience-dependent synapses)。其增生过程可延续至人的一生。环境给机体提供了未期待的刺激。由于依赖经验的突触能稳定下来,所以未期待的信息能被机体习得,而且这类突触可以在人生的任何年龄阶段生成和稳定下来。

美国生理学家赫布在《行为组织》(1949)一书中率先提出,通过重复激活彼此邻近的神经元,其突触联结可以稳定下来。由于一般的学习涉及两个以上的神经元,赫布认为,通过学习形成的是神经细胞组合(cell assembly)。某一组合一旦形成,这一细胞组合就可能被内部刺激或外部刺激的组合激活。在某个细胞组合被激活时,我们就会体验到与这一组合相对应的、关于环境中事物或事件的思想。对于赫布来说,细胞组合就是某种思想或观念的神经基础。

大脑神经系统的成熟　大脑神经系统的成熟表现在生理生长、髓鞘化形成和大脑前叶发展。

大脑的结构和功能在出生后两年有显著变化。如婴儿自出生至 1 岁脑容量增加 1 倍。到 1 岁时,婴儿大脑的大小是成人的一半。至 2 岁时,生长速度仍很高。通过白鼠的实验表明,环境丰富不仅增加了脑的大小,尤其是皮层厚度,而且增加树突的分支与数量。环境丰富也增加了毛细血管和脑血流,促进了胶质细胞生长。根据白鼠学习的研究,在丰富环境中生长的白鼠同在不丰富环境中生长的白鼠相比,学习走迷宫速度较快。这说明大脑是可塑的。当环境刺激变化,大脑的容量大小、突触联结数量等基本生理特征随之变化。

神经元的髓鞘化过程影响其传递神经冲动的速度和技能的专门化。髓磷脂是一种脂肪鞘,对外因和中枢神经纤维起绝缘作用,保证神经性兴奋在神经纤维中传导迅速和精确。人类在出生前髓鞘化过程已经开始,到 8～12 个月时,与感知运动机能有关的神经系统部分的髓鞘化程度与成人的相一致。一般而言,人类髓鞘化过程是由内而外的,与复杂行为有关的皮层的髓鞘化要延续至青春期以后甚至要到 30 岁时才完成。神经系统髓鞘受损,其传导冲动减慢,或传导失败,会导致神经机能失调。

心理生理学家认为,大脑前叶支配人的自我调节和自我控制,对于良好的信息加工也很重要。在婴儿出生后 2 岁内,前叶有重大发展,随之其行为也发生很大变化。前叶的变化表现在:新生儿 1～2 岁内,前叶皮层增厚,在 1 岁前,突触分支明显增多,联结更密。在生命的头几个月髓鞘缺乏,但至 1 岁时发展了。而且,婴儿与学前儿童相比,神经元密度大,因为某些神经元在正常发展中消亡。与此相应,在 1 岁内,婴儿行为有显著变化。研究表明,前叶发展与认知机能变化关系密切。

言语的脑生理学研究

研究者把心理生理学方法与放射成像技术以及人工智能相结合,在研究言语和阅读的脑生理机制方面取得传统研究方法无法比拟的结果。

阅读的大脑神经机制　美国心理学家 M. I. 波斯纳等人 1988 年研究在如下不同条件下的大脑成像:如当被试注视一个光点时,分别被动默读一个词(或者假词),出声地读一个词,重复地读一个词,生成一个词的联想(如给予词"榔头",说出词"敲打");或者确定一个词是否指一个类别的成员(如这是危险的动物吗?)等。M. I. 波斯纳及其同事发现,被动默读一个词,刺激了大脑的后背部的加工,而且更多的加工活动出现在右半球,而不是左半球。这一发现与已知右半球承担模式识别任务相一致。但被动阅读真实的词则激活大脑的左前叶,而阅读假词却未激活左前叶。这一发现也与传统上认为左脑承担有意义言语加工任务相一致。认知神经科学家正在把他们的工作与人工智能研究相结合,在计算机上建立神经网络,模拟生物学上合理的阅读过程模型。例如模拟在典型与非典型条件下词的再认。人工智能专家设计的计算机程序能完成上述 M. I. 波斯纳等人的被试所完成的阅读任务。一般认为,认知神经科学和人工智能将对评价某些新的和老的阅读理解发挥作用。

言语经验对大脑发育的影响　如果在儿童发育的适当时期提供适当刺激,脑皮层就能得到最佳发育。人类知觉音素的能力是一个典型例子。音素(phoneme)是有意义的最小语音单位。与成人相比,婴儿区分音素的能力更强。但是到成年期,由于得不到适当经验的支持,这些能力丧失了。如土生土长的日本人不能区分"1与r"音,而本族语为英语的人很容易区分这两个音素。中国某些省份的人不能区分"l、n"、"en、on"等音,对其他省份的人而言,这些语音是很容易区分的。根据神经生理学的解释,在婴幼儿期,因得到语音刺激,大脑皮层相应区域的神经细胞之间突触增加。后来,由于得不到适当的语音刺激,神经元之间突触逐渐消失,其功能也随之消失。新近研究进一步表明,人脑对不同的语言学习任务似乎有专门分工,听、说、阅读和用语言思维与大脑的不同区域有关。这就暗示,语文教学中,需要对儿童的听、说、读、写分别进行训练。

通过语言教学训练,脑机能的组织也可以改变。例如,聋哑人学习手势语,他们与别人交流时,视觉系统替代了听觉系统。手势语的知觉依赖形状、相对空间位置以及手移动的视知觉。在所有聋哑人的大脑内,在正常情况下,原本是加工听觉信息的某些皮层区变得适合加工视觉信息了。而且,使用与不使用手势语的聋哑人的脑有明显差异。这就是说,特殊形式的教学可以矫正大脑,使之能运用不同的感觉输入信息,从而实现适应功能。脑功能受损或脑切除的病人,通过教学和长期的练习,其言语功能可以部分或全部恢复。这些例子表明,教学和系统训练可以对脑的功能起重组作用。

注意、记忆与大脑

注意可以从状态、分配和过程三方面来描述,这三个方面都有选择性,其脑生理机制都得到过仔细研究。

控制注意状态　当学习者维持一种预期态度,警觉信息和不分心时,他处于注意状态。研究表明,大脑前叶和皮层神经递质对个体控制注意状态的能力起关键作用。例如一位男病人大脑左前叶受损,在集中注意完成数数任务时发生困难。他能连续数3,但在连续数3以后不能转移到连续数7的任务。而右侧前叶受伤的病人完全不能控制注意。

精神分裂症和多动症患者的行为类似于大脑前叶损伤病人的行为。因此,研究者推测多动症儿童的大脑前叶成熟推迟。儿酚苯胺是神经递质,它影响或改变神经元的电活动。儿酚苯胺的水平增加或降低似乎导致注意失调。苯丙胺或类苯丙胺的药可以有效治疗以注意缺乏为特征的多动症。

选择性分配注意　根据信息加工心理学,人的注意同人的短时记忆一样,其容量有限。人在短时间内只能注意数量有限的信息。这个数量被称为注意广度。注意容量限制有重要生物学意义。因为没有这样的限制,人将加工大量无关信息,使目标定向的行为不可能发生。生理学家认为,是皮层下的机制而不是皮层机制支配注意的分配。例如在一项研究中,研究者给被试呈现 3×3 矩阵并要求察觉若干 X 的位置。这些矩阵有时相同,有时不相同,同时呈现在视野的两边。被试注视两者之间的一点。大脑正常的被试无法完成此任务,但大脑两半球的联系被切断的被试很容易完成此任务。这表明正常的大脑能分配去加工刺激的注意能量是有限的。此外,证据表明皮层过程尤其是海马,也影响注意的分配。海马受损的动物不能快速指向环境中出现的新刺激。此种定向反应被认为是适应环境的关键手段,因为它是机体抑制正在进行的活动,以便应付环境中的突然变化。

选择性组织注意　组织注意指学习者不仅将注意能量分配给特殊任务,而且指引注意去选择性地加工某些信息。这是学习中的一个重要概念,因为学习者在学习中必须注意事物的细微差异,如阅读者在阅读时必须注意字母的差异。研究表明,诵读困难儿童难以注意相似字母(如 b、d)之间的差异。研究发现,与正常儿童相比,这类儿童的脑电波的模式有系统差异。研究者认为,注意的指向性在视觉加工中起关键作用。他们运用眼动来研究注意的组织。眼动作为注意指向和随后的加工的一个重要指标。证据表明,与内侧叶相联结的神经系统存在内隐的注意机制,它独立于眼动系统。M. I. 波斯纳等根据眼动研究结果认为,注意被某种内部语义运作内隐驱动。这种语义编码对注意的影响在启动研究中得到证实。例如给被试呈现某种类别的词,这种呈现促进了被试对同类的其他词的再认。这种效果与词呈现的通道(如视或听)无关。M. I. 波斯纳认为,学习者用单一语义编码表征的意义可以从不同通道被提取出来。这一研究表明,注意组织与注意的其他方面一样,作为其神经基础的大脑皮层是复杂的。人们不能期望有特殊的教学技术可以控制学生的注意,相反,应采用多种技术来帮助他们分配注意,并将注意指向任务的适当方面以促进学习。

记忆与大脑加工　在 1953 年生物学家对一个名叫 H. M. 的癫痫病人的记忆作了充分研究。为了减轻 H. M.

的癫痫发作,研究人员对该病人进行了手术,他的癫痫发作被成功排除。但 H.M. 的短时记忆完好,长时记忆丧失。像其他记忆缺失病人一样,他能完成镜画任务,但是他记不住做了什么。他能学会解决河内塔问题技能,但他记不住有关河内塔问题的任何事实。研究者认为 H.M. 丧失的是陈述性记忆系统,而程序性记忆系统保持完好。1984 年有人用猴子做试验,在猴子身上观察到与人的记忆缺失症相同的行为模式,为程序性记忆系统的存在提供了新证据。美国心理学家斯奎尔等人 1995 年提出记忆分类及其相关大脑结构(见图4)。

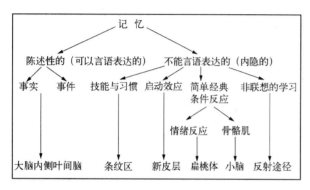

图4　各类记忆与其相关脑区的对应关系图

神经科学的研究证实,经验在通过改变脑结构从而建立心理结构的过程中起重要作用。发展不只是程序化模式的自然展开。支配学习的一个最简单的原理是:练习促进学习;在大脑内,复杂环境中经验的数量与脑结构变化数量之间也存在类似的关系。越来越多的证据表明,当有学习发生时,发展中的和成熟的脑在结构上是变化的。人们相信,这些结构变化将脑中的学习结果加以编码。研究发现,由于与起刺激作用的物质环境直接接触和在群体中相互作用,白鼠大脑皮层的重量和厚度发生了变化。后继的研究揭示神经细胞结构和支配其机能的组织发生了变化。神经细胞获得更多突触,从而使之更易于交换信息。神经细胞的结构也发生相应变化。这些发现表明,大脑是一个动态器官,在很大程度上被经验塑造,也就是被它所做和正在做的事情塑造。1999 年出版的《人是如何学习的:大脑、心理、经验及学校》(*How People Learn: Brain, Mind, Experience, and School*)一书系统总结了大脑神经系统科学的研究成果后得出三个指导性观点:学习改变大脑的生理结构;这些结构变化又改变大脑的功能组织;大脑的不同部位可能对不同时期的学习具有不同准备。

美国心理学家德里斯科尔 2005 年在《学习心理学:面向教学的取向》(*Psychology of Learning for Instruction*)一书中指出神经心理学四条原理及其学习与教学含义(见右表)。

神经心理学的学习与教学含义

原　理	教 学 含 义
1. 认知机能是分化的	• 学生可能有偏好的加工方式和运用不同方式的不同能力。这表明需要采用多通道教学,即利用不同感官通道的活动进行教学
2. 大脑具有相对可塑性	• 丰富的和积极的环境可促进发展中的儿童的学习。对于成人来说,虽然可塑性随年龄增加而下降,如果提供多样化的教学策略,学习仍然具有灵活性
3. 言语可能有生物学的先天程序	• 儿童具有有关言语的隐性知识,教学中应使这种知识成为可以明言的。此外,教师应知道,言语问题可能干扰学科知识学习
4. 学习失调可能有神经生物学基础	• 神经病理学测验可能有助于诊断、处理和评价为改善各种学习问题而设计的教程的有效性

参考文献

鲍尔,希尔加德. 学习论——学习活动的规律探索[M].邵瑞珍,等,译.上海:上海教育出版社,1987.

张春兴.现代心理学[M].上海:上海人民出版社,1994.

Atkinson, R. L., Atkinson, R. C. & Hilgard, E. R. Introduction to Psychology [M]. San Diego, Calif.: Harcourt Brace Jovanovich Inc., 1983.

Bransford, J. D., Brown, A. L. & Cocking, R. R. How People Learn: Brain, Mind, Experience, and School [M]. Washington D. C.: National Academy Press, 1999.

（皮连生）

学习的尝试错误理论(theory of learning by trial and error)　美国心理学家E. L. 桑代克创建的一种学习理论。认为动物学习的实质就是在刺激和反应之间形成联结,逐步减少错误行为而增加正确行为的过程,而不存在思维和推理的作用。他将从动物实验中获取的学习过程和学习规律推广应用于人类学习,形成其教育心理学体系,被称为联结心理学('bond' psychology),或简称"联结主义"。是最早的 S—R(刺激—反应)学习心理学。

1930 年以前的联结主义

从 1898 年到 1930 年的 30 多年中,E. L. 桑代克开始对动物的学习进行实验研究,后来又研究了人类的学习及其测量问题。他根据动物及人类学习研究的资料,1903 年出版《教育心理学》一书。1911—1913 年间,他将此书扩充为《人类的本性》、《学习心理学》和《个体差异》三大卷。到 1914 年,他又将三大卷合编为《教育心理学概论》。在该书中,E. L. 桑代克集中探讨教育心理学的三个问题:个体(包括动物)在未受教育之前的本性是怎样的;在受教育过程中,动物的本性又是怎样改变的;个体之间的差异又是如何造成的。之后,E.L.桑代克专注于以自己建立起来的理论来解决有重大教育意义和社会意义的问题。

尝试错误学习　E.L.桑代克认为,低等动物和人类学习的最典型的方式是尝试错误学习,后来他更喜欢称之为选择和联结学习。在这个范型的情境中,学习者面临这样一种问题情境:机体必须达到一定的目标,如从问题箱中逃出,获得食物或赢得金钱。他们之所以能达到一定目标则是由于从一些可能的反应中选择了一个反应。作出这个反应,可以得到某种后果或结果。一次尝试是用一次达到目标所花时间的长短(或犯错误的次数)规定的。E.L.桑代克早期做的就是这类实验,主要以猫为被试,但有些实验也用狗、鱼和猴子。当E.L.桑代克开始他的早期工作时,人们对动物"智慧"的一种很普遍的解释是,动物会思考或推理,以求得对问题情境的解决。他鄙视这种解释动物行为的理论,认为这种理论站不住脚。他开始进行研究工作是为了反驳动物会思考的理论。

E.L.桑代克最初的动物实验程序很简单,但为其后斯金纳的操作条件作用研究提供了一种模式。他的研究是把猫关进迷箱。如果猫能打开箱门的插栓逃离箱子,猫就能获得食物的奖励。在不断的尝试中,猫由进入迷箱到打开门出来得到食物需要的时间越来越短,猫学会如何逃出迷箱,以致后来把它一关进迷箱,猫就会碰压插栓,逃出迷箱,从而得到食物。关于这种尝试错误的学习过程,E.L.桑代克在其《动物智慧:动物联想过程的实验分析》(1898)一文中,作了详细的观察和记录。E.L.桑代克从实验中观察到,起初动物费时甚多,因为它有许多任意的、与打开迷箱无关的行为。然而随着动物尝试机会的增多,其打开迷箱所花的时间逐渐减少,但这种变化是缓慢而不规则的。E.L.桑代克把猫尝试逃离迷箱的学习过程描绘成一幅图,即现在所称的"学习曲线"(见下图)。

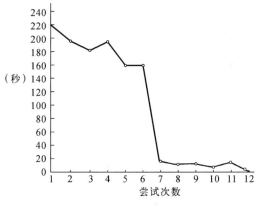

猫的学习曲线

上图中,在1～6次尝试中,动物学习的速度很慢,第一次尝试所花的时间为220秒,至第六次尝试时,时间仍然长于160秒,直至第七次尝试时,猫打开箱门的时间明显缩短(不到40秒),其后学习速度虽有改进,但进步不大。

E.L.桑代克认为,猫是通过尝试错误来打开箱门并逃离迷箱的,动物的学习"全属盲目",猫盲目地作出各种反应,直到某种反应能够有效地保证它逃离迷箱。说猫的学习方式是尝试错误或"全属盲目",主要依据是:动物的学习曲线上下波动而缓慢,并非直线下降而速迅;动物有时顺利完成某个动作至一两次以后,仍不免要失败。类似的实验在猿猴、小鸡,甚至人类身上也呈现同样的曲线。这些发现证实E.L.桑代克最初的观点:动物和人类以同样的方式解决简单的问题。

尝试错误学习似乎是一种普遍的学习模式,而且在大多数复杂的学习情境中多半有效。儿童学会吃饭便是一个典型的尝试错误学习的范例。在儿童学习吃饭的时候,虽然得到成人的很多指导,但儿童很少能把以前所受的训练迁移到类似的情境中来。儿童饿了,他拿起或接到一把匙子,通过纯粹的尝试性动作,匙子舀到食物。准备将其送到嘴里之时,食物多次被撒落,但终于有一些被送到嘴里或嘴边(偶然成功),尝试得到奖赏。在以后多次的尝试中,不成功的动作逐渐减少,匙子快速而较为准确地将食物送到嘴里,且撒落的食物也减少了,这些动作逐渐被整合为若干模式。最后的结果是,儿童在吃饭的时候,无用的动作减至最少,形成可以自己独立进食的一系列行为。

在E.L.桑代克看来,这种学习曲线的渐进性意味着,猫并非真正"明了"或"领悟"逃脱的方法,它是通过逐渐铭记正确的反应和逐渐消除不正确的反应而学会的。之所以正确的行为被保留,错误的行为逐渐被消除,是因为受E.L.桑代克所称的学习律支配的结果。

桑代克的学习律　E.L.桑代克在他动物实验研究的基础上提出效果律(law of effect)。他1911年对效果律的解释是:"在对同一个情境作出的若干反应中,那些伴随着或紧接着有使动物满意的事态发生的反应,在其他条件相等的情况下,将与这个情境更加牢固地联结起来……那些伴随有或紧接着有使动物不适的事态发生的反应,在其他条件相等的情况下,与这个情境的联结则削弱下去。"就是说,有奖励和无奖励、成功和失败成了选择更合适反应的机制。这种机制表现为:在动物作出的各种尝试性反应中,与满意的情境相伴随的行为反应更倾向于保留下来;而与烦恼的情境相联系的行为反应则倾向于减少。这里很关键的因素是行为反应之后跟随什么样的事件,而正是这一事件的性质(令自己满意还是烦恼)决定了刺激与反应之间的联结增强或减弱。

E.L.桑代克的动物实验深刻影响了他对人类学习的看

法。跟当时流行的观点相反,E.L.桑代克逐渐相信,动物行为几乎没有什么观念作中介。反应被视为直接对感觉到的情境作出的。虽说他并不完全否认动物具有观念作用,他却确信,无需观念的中介作用,只需借助效果律的自动作用所形成的行为与情境的直接联结,就足以说明动物绝大多数的学习行为。人类被试在学习许多困难联结(例如学习外语词汇)时,其学习曲线与动物的几乎相同,这更使 E.L.桑代克相信,动物学习展现的那种基本的机械现象,对人类学习也十分重要。E.L.桑代克虽然始终意识到人类学习的复杂性和广阔性,但他还是很喜欢用较简单的学习原则去理解较复杂的学习行为,也情愿将人类学习的较简单的形式与动物学习的形式等同起来。

效果律指一个联结的后果加强或削弱这个联结。一个已经形成的可以改变的联结出现后,如果紧随着一个满意的事件,那么这个联结的力量便加强;如果紧随着惩罚或烦恼的事件,那么它的力量就减弱。E.L.桑代克用对有关情境作出反应的概率来表述联结力量的大小。被试在尝试错误情境中总是一个反应接着一个反应地进行尝试,直至偶然碰上正确反应,在这种情境中,概率越大的反应,联结的力量就越强。

心理学家对 E.L.桑代克早期效果律的反对意见主要有两个方面。第一,他们认为满意和烦恼是主观性术语,不宜用来描绘动物的行为。但 E.L.桑代克早在这些批评之前就已说过,他使用操作性语言所说的满意的和烦恼的事态究竟是什么意思:"所谓满意的事态,意指动物不作任何举动予以回避而经常作一些举动以便维持或恢复的事态。所谓烦恼的事态,则意指动物不作任何举动予以保持而经常作一些举动以便结束的事态。"因此,效果律告诉人们,伴随着前面可变联结而来的是什么样的事态,就可能发生什么样的结果。这样,E.L.桑代克实际上早已对第一个反对意见给了回答。

第二个反对意见是,在时间上迟来的结果(奖励或惩罚)对已属过去的事发生反作用,这不合正常的因果律。既然刺激—反应事件发生在奖励(或惩罚)之前,那么后者何以能施影响于前者呢?因为效果只有在现在才能感觉到。这一批评,与前一批评一样,本身在逻辑上讲不通。起着原因作用的结果对于 S—R 联结的效应是在情境下次出现时反应的重现概率中显示出来的。是否能在未来观察到这一效应,这是观察和实验的事情,不是可用逻辑的理由予以否定的事情。但是,第二条反对意见也确实提出心理学理论上的一个小问题:如果在紧要反应之后,延迟出现奖励或惩罚结果,就应假定有某种机制可以保持这样的信息:哪个反应由于曾经有选择地得到增强,因而出现最合适。后来,延迟奖励的理论明确地提供了执行这个信息保持功能的短期记忆机制。但是,桑代克并没有认识到这是一个重要的问题。

E.L.桑代克在效果律基础上又提出以下六条学习律:

(1) 练习律,指刺激与反应的重复会增强联结;如果不予练习,联结就会减弱。E.L.桑代克在他的《教育心理学概论》(1914)一书中进一步将练习律分为应用律和失用律。应用律指一个已经形成的可以改变的联结,若加以应用,就会使这个联结的力量增强。失用律指一个已经形成的可以改变的联结,如不加以应用,这个联结的力量就会减弱。只是后来,E.L.桑代克才认识到练习(应用)律与效果律之间存在微妙的不一致性,于是他重新解释"应用",说"应用"意即"受奖反应的正确应用"。

(2) 准备律。准备反映了导致学习者倾向于满意或烦恼的许多状态的特征。E.L.桑代克指出准备状态的几种形式:如果对一个动作序列的强烈愿望被激活,那么顺利完成那个序列就是满意的;如果那个动作序列受压制或受阻碍而不能完成,那么这种压制或阻碍就是烦恼的;如果动作到了过度疲劳或过度满足的阶段,那么强行使这个动作重复出现就是烦恼的。例如,当教师提出问题以后,学生觉得能够回答教师的问题并表现出强烈的回答欲望(有经验的教师可以清楚地观察到学生的反应)时,教师给他回答问题的机会,学生就会表现出满意;这时教师不给学生机会,则会使学生大感失望。相反,当学生对教师的问题无法回答或没有把握回答(愿望未被激活),这时教师偏偏让其回答,就会引起学生的烦恼;教师观察到学生没有回答问题的愿望时不予提问则会引起学生的满意。

(3) 反应变式。一个反应要得到奖励,这个反应就必须发生。当学习者面临问题时,他们一个活动接着一个活动地尝试。如果偶然碰上适当的行为,就算成功了,学习也就成为可能之事。要是有机体不能改变它的反应,最佳的解决办法便永远不能出现。在给定情境中,即使某一反应可以导致某种奖励,围绕该反应的变式仍有适应价值,因为围绕该反应的变式——其他反应也许能引起更大、更经常的奖励。可见,E.L.桑代克已认识到未成熟的固定行为可能是适应不良的行为的。

(4) 辨别刺激要素的显著特征。显著特征即系列刺激要素中的优势特征。如果学习者能有选择地对某个问题或刺激情境中的优势或显著要素作出反应,就可以说,他们能从一个复合的模型中取出主要的项目,并以此为基础作出反应;他们会忽略其他一些偶然的特征,而这些偶然的特征可使一个低级动物困惑。这种处理情境中有关部分的能力,使得分析的和领悟的学习成为可能。

(5) 联合转移(associative shifting)。如果一个反应经过刺激情境中一系列渐进的变化后仍能保持不变,那么这个反应最后可对一个全新的刺激起作用。改变刺激情境,起先是加进一些成分,然后减去另一些成分,直至原来的情境一无所存。E. L. 桑代克用教会猫站立的例子来说明这条原则。起先，在猫面前悬挂一条鱼时，主试说"起立"。作了足够的尝试以后，鱼这个刺激可以省去，单用言语信号也会引起同样的反应。联合转移原则意味着我们可使"学习者获得的任何反应能够与他所感受的任何情境联结起来"。这与条件作用相似，在条件作用中，条件刺激（"起立"）逐渐取代无条件刺激物（悬挂着的鱼）。E. L. 桑代克注意到这种相似性，他认为巴甫洛夫的条件反射是这条适用广泛的联合转移原则的一个特例。E. L. 桑代克的原则也与斯金纳所说的"消失"或"渐灭"相似，借助消失或渐灭作用，对一个反应的辨别控制就能由第一个刺激转移到第二个刺激。这条原则广泛应用于教学机器的教学程序。一个简单例子就是教儿童通过将词的读音与词形（他们要抄下来）结合起来的办法拼写新词。起先，儿童在听到和看到一个词时抄下那个可见的单词（如 pencil）。后来，当他听到"pencil"时，他只看到词的一部分（p_nc_l），他必须在空白处填出字母。经过进一步尝试，当说出这个词时，出现更少的可见字母（如，p_ _ _ l）作为提示，儿童就要将词拼写出来。最后，儿童学会一听到这个词，就能完全拼写出它。但是，这种原则在教育上的成功应用，是出自斯金纳的设计，而不是 E. L. 桑代克。

（6）相似或类似反应。E. L. 桑代克假定，对新情境的反应是以新情境同化于先前的学习情境为基础，并依据这两种情境的相似性或类似性作出反应的。学习者对一个新情境就像对某个与它相似的情境一样作出反应（后来的理论家称之为"刺激泛化"）；或者学习者对这个新情境中的某个熟悉的成分作出反应。与此相关的一个问题是，E. L. 桑代克对从一种训练情境迁移到另一种训练情境十分感兴趣。1901 年在同伍德沃思合作进行的一项实验研究中，他的理论开始形成。这一理论认为，迁移依赖原学习课题与新学习课题之间存在的相同要素，此即心理学家所称的 E. L. 桑代克关于迁移的相同要素说。在学校的各科目中如果先前习得的某一活动使后继的某一活动变得更加容易学习，这是因为两种活动之间，无论是内容还是程序（熟练的动作），都会有重叠的成分。而掌握这些重叠的内容对学习新旧知识显得尤为重要。由于不同的情境有共同要求的东西，因而迁移必然会产生。E. L. 桑代克认为，迁移总是特殊的而不是一般的。

1930 年以后的联结主义

练习律的反证　用来反驳练习律的实验包含这样的情境：在将奖励的效果减小到最低限度的条件下，使一类反应反复进行。例如，在一项实验研究中，要求一位蒙上双眼的被试画一条 4 英寸长的线，一连许多天，每天画数百次，主试从不给被试任何有关画线精确程度的反馈信息。E. L. 桑

代克感兴趣的是，是否开头次数较多的反应（比如，画长度为 4.1～4.6 英寸的线）会逐渐地抵消次数较少的反应的力量。最后，次数多的反应出现的可能增大，而次数少的反应则会被排挤掉。E. L. 桑代克认为单纯由于反应的出现便使反应得到加强，这就是练习律的含义。由于所有反应的总和的概率乃是 1，所以增加一类反应的概率必然会减少另一类反应的概率。

E. L. 桑代克的这个实验及其他几个类似实验得到的结果，恰恰同上述推断相反。练习进行到第十二天，所画线的长度的概率分布基本上与第一天的相同。没有信息或奖励性反馈，反应的分布几无变化。如果每次画一条 4 英寸的线后，告诉被试，他画的线太长或是太短，那么与前述的情况截然不同，反应结果的分布接近 4 英寸，反应精确度会迅速改进。

画线实验表明，如果单纯重复某个情境（即他所谓的刺激与反应的联结），而反应之后无任何结果的反馈，那么反应的相对频率就不会有变化或根本无变化。但是，E. L. 桑代克清楚地意识到某些形式的重复（练习）是重要的，但前提是被试能从练习中得到结果的反馈。

由于受到别人的批评及对自己实验结果的进一步认识，E. L. 桑代克对他的练习律作了修订。他认为，重复的练习并不能无条件地增强刺激与反应之间的联结力量，单纯的练习不一定能引起进步。他在《人类的学习》(1931)中指出："据我现在看来，一种情境的反复，其本身并没有选择的力量。""次数较多之联结，并不是因其次数之较多而被选择。"修改后的练习律从属于效果律。

对效果律的修正　E. L. 桑代克通过自己后期的实验表明：奖励和惩罚的效果并不简单地像他早期谈到的有关满意物、烦恼物时的含义那样了；奖与惩的效果不是相等或相反的。实际上，在某些条件下，奖励比惩罚更为有效。这个结论如果得到证实，将对教育学和犯罪学具有巨大的社会意义。

E. L. 桑代克在 1932 年做了一个以小鸡为受试的实验。小鸡在一个简单迷津中有三条途径可以选择，其中的一条可通向"自由、食物和伙伴"——就是说，通向一个其他小鸡在吃食的露天场地。错误的选择则均导致 30 秒钟的禁闭。统计发现：如果前一次选择导致奖励，将有重新采取这一选择的倾向；如果前一次选择导致惩罚的后果，则有避免采取这一选择的倾向。E. L. 桑代克把这一发现解释为，奖励总是加强联结，惩罚则几乎或一点也不削弱联结。

由于赏和罚的效果并不相等，赏比罚更有力，所以 E. L. 桑代克后来不再强调烦恼情况导致的效果。但他坚持认为满足对学习的积极影响。他指出："满足对于学习的影响似较为直接、普遍、一致而精细，但究竟如何产生影响，我们应该持有比向来更审慎的态度加以研究。"

同他对待练习律的反证一样,E. L. 桑代克摒弃烦恼后效的削弱原则也不是绝对的。他否认的只是直接的削弱作用。按照 E. L. 桑代克的看法,惩罚确实影响学习,不过那是间接的影响。

1933 年,E. L. 桑代克又找到新的证据支持他的效果律,他将这种证据称为效果扩散(spread of effect)。效果扩散是指:奖励不仅对受奖的联结产生影响,而且对时间上邻近的、刚好发生在这个受奖联结前后的联结也起作用。如果前后的联结离受奖联结越是远一步,奖励对其影响的效果就越小一分。E. L. 桑代克通过实验发现,这种效果甚至加强了处于受奖联结附近的受罚联结。在一个典型的实验中,当主试发出一个刺激词后,被试要说出 1～10 之间的一个数,然后主试大声说出被试的反应是正确还是错误的,这种奖励或惩罚则是按照预先为每个词定下的确定的数目给予被试的。不论在何种情况下,从被试的眼光看来,数目的规定是任意的。被试在下次试验时,是重复初次对那个刺激词说出的数目,还是改变这个数目,这往往取决于在被试说出每个数目之后主试作出的反应。

这张词表被如此读了几遍后,主试将被试的反应进行归类,以便发现一个刺激词在下次呈现时对它的反应的重复次数。研究发现,不但受奖的反应比其他反应更频繁重现,而且那些在时间上紧邻受奖反应(被认为正确的反应)的反应,也会出乎意外地较多重现。

蒂尔顿 1945 年的实验研究也确证 E. L. 桑代克的观点:处在奖励点附近的受罚反应比远离这一点的反应有更频繁重现的趋势。然而,对反应——即使这种反应离开奖励点只有一步——的惩罚,也足以导致比它们在既不受奖也不受罚时的重现率低。同样,当一个被称为受罚的反应发生在一系列受奖反应的中间时,与它邻近的受奖反应的重复率比远离它的受奖反应的重复率要低。

对 E. L. 桑代克来说,这里的要点是,在时间上接近孤立的受奖点或受罚点的 S—R 配对的重现概率具有明显的"递增度"。可以认为,这一连续的函数表明奖励的自动增强效果扩散到时间上邻近的联结,同样也表明了惩罚减弱效果扩散。

参考文献

鲍尔,希尔加德. 学习论——学习活动的规律探索[M]. 邵瑞珍,等,译. 上海:上海教育出版社,1987.

冯忠良. 学习心理学[M]. 北京:教育科学出版社,1981.

邵瑞珍,等. 教育心理学[M]. 上海:上海教育出版社,1997.

（王映学）

学习的迁移(transfer of learning)　　学习理论研究的重要问题之一。指一种学习对另一种学习的影响。它是检验知识传授、能力发展等教学目标是否达到的可靠指标。

早期的学习理论家将迁移定义为先前的学习对后继学习的影响。但这一定义并不能概括全部迁移现象,因为迁移既可以是先前学习影响后继学习,即顺向迁移(forward transfer),也可以是后继学习影响先前学习,即逆向迁移(backward transfer),这种影响可以是积极的,即正迁移(positive transfer),也可以是消极的,即负迁移(negative transfer)。于是,现代心理学家将广义的迁移定义为"一种学习对另一种学习的影响"。

迁移不只局限于认知领域,也存在于情感和动作技能领域。比如,会骑自行车的人容易学会骑摩托车,学过加法再学乘法就会感到容易。逆向的迁移也很常见,如汉语拼音对有些英语字母语音的学习常常发生干扰。

迁移的测量　　根据学习迁移的定义,必须测量学习者作业发生的某种变化,才能确定迁移是否出现,迁移量是多少,并可以比较不同学习的迁移情况。在进行迁移测量时,必须区分是经过练习而产生的作业变化,还是由一种学习对另一种学习的影响而产生的作业变化。后者才是所要测量的迁移。对迁移及迁移量的确定必须进行适当的实验设计和测量。

迁移实验预测量的比对

迁移方向	分组	先学	后学	测量
顺向迁移	实验组	A	B	B
	控制组	—	B	B
逆向迁移	实验组	A	B	A
	控制组	A	—	A

心理学家一般采用上表的模式进行实验,主要有四个步骤:(1)建立等组。通过预测使实验组和控制组在智力和知识基础方面尽可能相同。(2)进行教学处理。在顺向迁移计划中,实验组学生先学习 A,控制组则休息或从事其他无关活动;在逆向迁移计划中,让两组先学习 A,然后让实验组学习 B,让控制组休息或从事其他无关活动。(3)测量与比较两组学习结果。在顺向计划中,两组均测量 B;在逆向计划中,两组均测量 A。然后将测得结果加以比较,作统计分析。(4)得出结论,说明迁移是否产生及其迁移量。比如在顺向计划中,若两组成绩存在显著差异,这种差异可归因为先前学习 A 对后继学习 B 的影响。两组成绩差异量越大,迁移也就越大。若实验组的成绩高于控制组,表明 A 的学习有了正迁移的效果;反之,若控制组的成绩高于实验组,表明 A 的学习产生了负迁移的效果。若两组成绩没有显著差异,表明迁移没有产生。在逆向计划中,如果两组的成绩出现了显著差异,这一差异就可归因为后继学习对先前学习的影响。

测量从学习 A 到学习 B 所产生的迁移效果可采用以下公式：

$$迁移率(\%) = \frac{实验组成绩 - 控制组成绩}{实验组成绩 + 控制组成绩} \times 100$$

E. L. 桑代克早期的迁移实验设计中没有设控制组，只设一个实验组。其实验过程为：被试预测 A，然后训练 B，最后再测 A。如果后测 A 发生了显著变化，则可将后测 A 的变化归因于训练 B 对 A 产生的影响。这类设计可以节省被试，但缺点是预测 A 时可能产生学习，产生的练习效应可能带到后测中去。

迁移的分类　迁移现象纷繁复杂，根据不同的维度可以对迁移进行不同的分类。

根据迁移的性质，迁移可分为正迁移和负迁移。正迁移亦称"助长性迁移"，是指一种学习对另一种学习起促进作用。负迁移亦称"抑制性迁移"，指一种学习对另一种学习的干扰或阻碍作用。例如，方言口音极重的人学习外语时，常常会用方言的发音来念外语单词。

根据迁移发生的方向，迁移可分为顺向迁移和逆向迁移。例如，学生面临一个新的问题情境，能利用先前的知识和技能来解决问题就是顺向迁移。反之，学生在解决问题的过程中，也可能对原有知识和技能进行改组和修正，并使之得到巩固和加强，就是逆向迁移。

根据迁移发生的水平，迁移可分为纵向迁移(vertical transfer)和侧向迁移(lateral transfer)。纵向迁移亦称"垂直迁移"，是指低水平知识和技能向高水平知识和技能的迁移，或者是处于概括水平不同层次的两种学习之间的相互影响，使得低水平的先行学习向高水平的后继学习迁移。其结果是能够产生高一级的新概念或新规则。例如，加减法运算的规则学习用于乘除法运算规则的学习。侧向迁移亦称"水平迁移"，是指知识和技能在相同水平上的迁移。此时两种相互影响的学习内容具有相同水平的抽象性和概括性、难度和复杂程度也大致相同。例如，学习了锐角的概念后，对学习直角、钝角、平角、周角等概念的迁移。

根据迁移的内容，迁移可分为特殊迁移(special transfer)和一般迁移(general transfer)。特殊迁移是指特殊或具体的知识和技能的迁移。一般迁移亦称"非特殊迁移"、"普遍迁移"，是指一般的概念、原理和态度的迁移，将基本的、普遍的概念或原理具体运用到某一学习情境中，使后继学习更为省力、有效。

也有的心理学家根据迁移情境间的相似程度，区分了近迁移和远迁移。近迁移是指已习得的知识在相似情境中的运用，远迁移则是它们在新的不相似的情境中的运用。根据迁移发生的自动化程度，还区分了低路迁移(low-road transfer)和高路迁移(high-road transfer)。前者指反复练习的技能在几乎不需要意识的参与之下便能进行的自动迁移，后者指有意识地将抽象知识运用于不同情境中的迁移。随着对迁移研究的不断深入，必然还会出现新的分类观点。

迁移与教育　学校培养学生的重要目标之一是要使学生学会学习。学校的作用不仅在于给学生传授现有的知识，更应该培养学生学习的能力，使学生能把在以往学习中学到的态度、方法运用到新的学校以外的情境中来解决问题。学习的迁移就是检验这一教学目标是否达到的最可靠指标。孤立、彼此互不影响的学习是不存在的，因此凡利用原有知识进行新的学习的地方必然有迁移，学生只有将获得的概念、认知策略以及解决问题的技能迁移到其他情境，而才有价值。我们希望达到的目标是一种学习对另一种学习产生正迁移。"为迁移而教"就是在教学中对正迁移的应用。学习的正迁移量越多，说明某种学习产生的促进作用越大，学生越能适应新的学习情境，越容易解决新问题。

参考文献

皮连生. 智育心理学[M]. 北京：人民教育出版社，1996.

皮连生. 教育心理学(第三版)[M]. 上海：上海教育出版社，2004.

（孙　瑜）

学习的图式理论（schematic theory of learning）以图式的习得、精制、修改、选择和运用来解释学习的过程和条件的一种学习理论。心理学中，图式(schema)概念最早用于解释记忆中的重建现象，即回忆的内容不同于原先学习的内容，学习者根据自己的经验进行重建。20 世纪 70 年代中期美国心理学家诺曼和鲁梅尔哈特开始用图式来解释学习的结果、过程和条件，逐渐形成学习的图式理论。

图式的性质

图式的概念演化　德国哲学家康德 1781 年在《纯粹理性批判》一书中首先提出图式概念，认为图式是人类认识世界时一种与生俱来的先验的心理结构。1932 年英国心理学家 F. C. 巴特利特最早运用图式概念来解释记忆。如他给被试呈现一个印第安人的故事《鬼战》。在回忆故事内容时，英国被试和印第安人被试分别根据自己的经验和民族风俗将故事内容加以改造，使之更符合自己的经验和民族风俗特点。在解释这种回忆的重建现象时，F. C. 巴特利特认为，不同被试头脑内存在不同认知图式，所以他们分别根据自己原有的图式来同化新学习的内容，而对于与自己原有图式不同的新内容，要么被排斥，要么被改造，使之适合自己原有图式。后来瑞士心理学家皮亚杰在解释儿童认知发展时，假定儿童先天就存在某些认知图式，如吸吮图式与抓握图式。这些先天图式通过与后天环境作用，不断同化新内容，发生量变与质变。儿童的图式最初是动作的，后来发展为具体运算的,最后发展为抽象运算的。20 世纪 50—60 年代,美国心理学家奥苏伯尔提出有意义言语学习理论,他认为学生学习的结果是形成良好的认知结构。新知识学习过程是学生原有认知结构中起固定作用的概念同化新学习内容。学习的结果导致认知结构从上到下和从一般到个别不断分化。心理学家一般认为,奥苏伯尔讲的认知结构与图式大致是相同的东西,即人脑中储存的整块的有知识的组织,但认知结构和图式这两个概念的含义始终是模糊的。

鲁梅尔哈特对图式的解释 鲁梅尔哈特把图式定义为"表征记忆中储存的一般概念的数据结构(data structure)"。这里的"数据结构"就是一种认知框架。为便于理解图式概念的多种含义,鲁梅尔哈特提出图式的四种类比:(1)图式类似于剧本。一个剧本有人物、情境、行动等方面的特征。图式与剧本类似,也有与环境的不同方面相联系的变量。例如,假定一位作家写了一个很短的剧本,陈述有关打匀蛋黄以便制作蛋黄酱的故事。剧中一定有打蛋的人,有用于打蛋的工具、盛蛋的容器和打蛋行为发生的场景。鲁梅尔哈特认为,我们打蛋的图式十分类似于这种描述。而当剧作家具体说明谁在打蛋、运用什么工具和打蛋的行为发生在什么地方时,这就等于图式具体化过程,也就是图式变量取具体值的过程。而且这些值一般是有限的。例如只是某种工具被用于打蛋,打蛋这种行为一般发生在厨房内。(2)图式类似于理论。理论使人理解他们环境中的事件和现象,而且使人能预知尚未看见的事件和现象。图式也有类似的功能。例如专家与新手解决问题的比较研究表明,专家之所以比新手解决问题迅速,其中最重要的原因是专家头脑中储存了专门领域大量问题图式。专家见到的问题陈述能立即激活了他头脑中的问题图式,从而理解问题的实质。以图式为基础的加工是一种自上而下的加工,其特点是加工迅速。如果问题陈述中缺乏某种必要条件,专家可以补充必要的条件。这说明图式有预见性。例如,在上述打蛋故事中未提到打蛋的工具,具有打蛋图式的人可以补充打蛋工具。F. C. 巴特利特的《鬼战》记忆实验中,被试在回忆中补充了许多合理的情节,也是图式预见性的表现。(3)图式类似于一套操作步骤。图式类似于计算机程序。它们积极地评估输入的信息,考察它的适合性,它们也可能包含一系列子程序。例如打蛋和做蛋黄酱的图式可以分解为用多大力量和花多长时间才能达到目标这样两个子程序。这种指导人们在特定情境中如何行为的图式被称为"脚本"(script)。(4)图式类似于分析器(parser)。图式将输入的信息加以分析并进行组织以适合适当的图式。例如因为人们头脑中储存大量的句子结构图式,当遇到复杂结构的句子,他首先运用句子图式区分句子的主要成分,即句子讲"谁"(主语部分),"干什么"(谓语部分),然后分别在"主语部分"区分"在何时、何地"的"谁"和在谓语部分区分"怎么样"、"干什么",也就是分别找出主语的定语成分和谓语的状语成分,最后把这些成分综合为表达一完整的复合意义的句子。

图式与心理模型 因为图式积极地影响人们理解事件和解决问题,所以诺曼把图式看成心理模型。心理模型不仅表征人们有关专门领域的知识,而且包括任务要求和任务执行方面的知觉。诺曼认为,心理模型有如下特征:(1)心理模型是不完整的;(2)人们控制他们的心理模型的能力是有限的;(3)心理模型是不稳定的;(4)心理模型无固定的边界;(5)心理模型是非科学的;(6)心理模型是经济的与节省的。这就意味着人们带到任务中的理解是不精确的、部分的和人各不相同的。而且随着经验的增加,理解是发展的。此外,一般来说,这些理解是功利的,而且不一定是精确的。

图式学习与加工自动化

图式学习 鲁梅尔哈特和诺曼认为,图式学习经历增生(accretion)、调整(tuning)和重构(restructure)三阶段。(1)增生大致相当于事实学习。在增生阶段,学习者原有图式未发生实质性变化,但图式中的某一变量以具体事实得到充实。例如,住在城市的儿童通过他们看到的多种房屋,形成房子的图式:"房子是一种建筑;人居住的地方;有门窗;用砖头或水泥建筑的。"一次去远郊旅行,儿童看见农民用茅草盖的房子。他记住这个房子图式的新例子。房子图式中的一个变量及建筑材料得到充实,但儿童具有的房子图式未发生质的变化。增生类似于奥苏伯尔的下位派生学习。(2)调整指已有图式发生演变,使之与新的经验更一致。例如,儿童见到陆地上的狗、老虎、狮子、大象等动物,从而形成一个涉及陆地上哺乳动物的图式。以后学到海洋中的鲸、海豚等动物也是哺乳动物。这时儿童的哺乳动物图式得到修正,从而与新的经验更一致。儿童在日常生活中形成的概念常可以用这样的图式的调整过程来解释。调整类似于奥苏伯尔的相关下位学习。(3)重构指创建全新的图式以替代或融合原有的旧图式。鲁梅尔哈特认为,重构可以通过图式的归纳过程出现。例如,初入学儿童在学前经历大量口语交流活动,在入学后又进行一系列阅读活动。教师虽然未对他们进行语法和句法教学,但他们在日常的言语交流和初步的阅读活动中,已经形成句子图式:句子是一个语言单位,其中涉及"谁"和"干什么"。"谁"这个变量包括人、动物和其他的物体;"干"这个变量涉及各种动物;"什么"这个变量也包括人、动物或其他事物。鲁梅尔哈特和诺曼十分强调类比在重构中的作用。他们认为,大部分重构可以通过类比过程实现。

图式加工自动化　人们在运用图式理解事物或现象以及解决问题时,并不需要有意识地回忆图式的各个成分。其运用是一个自动化的过程。心理学家假定运用图式的加工是自动化的,因为以图式组织的知识符合经济的原则。图式是一种整体组织的知识,内含空位,具体的相关细节的知识可以随时填进图式的空位中。例如,西方人根据他们的生活经验形成上餐馆用餐的图式(这种图式又称"脚本"):包括进餐馆、找桌子坐下、服务员来点菜、等待、上菜、用餐后付账、另加小费。在桌旁坐下、点菜、等待、用餐、付账等步骤是用餐图式的变量或空位(slots)。当有人提到用餐,已经形成上述用餐图式的人,其图式中的各变量能自动激活。图式加工自动化的优点是能减轻记忆负荷。例如阅读熟练的读者同初学者相比,头脑中已形成各种文体的图式。当他拿到一篇属于记叙文的文章时,文章的题目就能激活他有关记叙文的图式。他的任务只要找到记叙文图式的各个变量(事情发生的时间、地点、人物、经过、结果)的具体细节(即变量的值),他就理解并记住文章的主要内容。其阅读理解的速度大大高于初学者。

图式理论的教学含义

加强学生知识的图式化组织　根据图式理论,新的信息必须纳入个人的原有图式,它才会变得有意义。为促进学生学习,教学中应注意学生习得的知识的图式化组织。例如,中国学者王小明提出用图式理论来解释小学生句子结构学习,认为:"学习句子结构,其实质就是在头脑中形成句子结构图式,并以此来理解和生成句子。""句子图式由四种成分构成:它由哪几部分(常量与变量)组成;这几部分的组成顺序;各部分之间的关系(变量之间的约束);每部分可以填充的内容(变量本身的约束)。"在此基础上,他开发了句子图式各成分的教学方法(见表1)。

表1　句子图式各成分对应的教学方法

句子图式的构成	教　学　方　法	备　　注
组成部分	表格、画线	
各部分的顺序	归纳	举一反三
变量之间的约束	归纳、对照	
变量本身的约束	小结—拓展—再小结—再拓展	举三反一

研究表明,采用句子结构图式训练方法,既避免在小学低年级出现语法术语,如主语、谓语、宾语等,又能有效培养学生的语感,教学效果十分明显。数学、自然科学和社会科学组织中的图式组织也受到研究。例如在数学教学中,有关数量比较的知识可以按下图的方式组成概念图式。

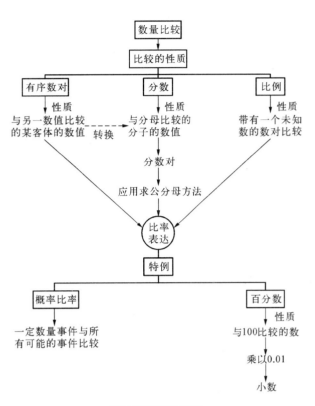

数量比较的概念图式

题型图式训练可以提高学生解数学应用题的能力,因为解应用题的难点是题意的理解和解题策略的选择。学生一旦将某一文字题的题意纳入其已有题型图式,该图式不仅有助于题意的深层理解,而且其中也暗含解题策略。

重视激活学生原有图式　图式理论与其他认知观的学习理论一样,强调学生原有知识在新学习中的重要性,所以教师在呈现新教材时,必须重视激活学生原有图式。新教材与学生原有知识(或图式)的关系,对于教师是清楚的,但对于初学者的学生来说,他们并不一定清楚。在此条件下,他们可能不易运用原有知识来理解新知识,因而很可能出现机械学习现象。为避免这种机械学习,教师或教材编写者应重视激活学生头脑中已储存的原有图式。例如,心理学家给大学生呈现一段阅读材料。阅读时,学生分三组。甲组的材料加上"洗衣服"这一标题;乙组阅读材料无标题,但在阅读后看到该标题;控制组只看材料,未看见标题。在阅读后,对被试进行两种测验:一是阅读理解测验,二是观念单元回忆测验。测验结果如表2。

表2　阅读理解与回忆分组成绩对比

	无标题组	标题在后组	标题在前组
理解得分	2.29	2.12	4.50
回忆的观念单元数	2.82	2.65	5.83

从表中数据可见,预先看到标题组同无标题组或阅读后再见到标题组相比,标题有效地促进大学生的阅读理解和观念内容的回忆。其原因是标题激活了被试有关洗衣服的图式。读者原有图式能有效地同化新材料的内容。激活学生原有图式的方法很多,除了教材的标题之外,可以用提示的方法,如在教雷达知识时,可以提示学生回忆他们熟悉的声波知识,以达到"以其所知,喻其不知,使其知之"。

参考文献

艾森克,基恩.认知心理学[M].高定国,等,译.上海:华东师范大学出版社,2003.

Driscoll, M. P. Psychology of Learning for Instruction [M]. Boston:Allyn & Bacon, 2005.

Mayer, R. E. Educational Psychology:A Cognitive Approach [M]. Chicago:Scott Foresman, 1987.

(皮连生)

学习的信息加工理论(information-processing theory of learning)　　亦称"学习的信息处理说"。解释人类在环境中经由感官觉察、注意、辨识、转换、记忆等内在心理活动,吸收并运用知识的历程的认知心理学理论。它把人从功能上看成与计算机一样的符号操作系统,用计算机的工作原理和术语来描述人的学习和记忆过程。用信息加工的观点看待人的学习过程,认为人的学习过程是一个主动地寻找信息、接受信息并在一定的信息结构中进行加工的过程。美国心理学家 D. H. 申克认为,信息加工不是单个理论的名称,而是用来概括有关认知事件的序列和执行情况的各种理论观点的总称。美国心理学家梅耶认为,信息加工的基本观点是:人类是信息的加工者;心理是一个信息加工系统;认知是一系列信息加工过程;学习就是获得心理表征。任何学习理论都需要回答三个问题:人类的学习是怎么发生的或者说学习者的头脑内发生了什么过程? 学习的结果使人的头脑内发生了什么变化或留下了什么? 影响学习效果的重要条件是什么? 信息加工心理学对此作出了与其他学习理论派别不同的回答。

信息加工心理学的产生背景

心理学自身的影响　　20 世纪 50 年代前后,行为主义坚持的逻辑实证主义的哲学基础、极端的环境决定论和生物学化的观点,造成行为主义心理学的困境和危机,使行为主义遭到越来越多人反对。行为主义内部出现的认知派,强调中介变量(即认知)的作用,要求恢复认知的研究;格式塔心理学对知觉、思维和问题解决进行了专门研究,强调格式塔的组织、结构等原则。此外,实验心理学也对认知心理学

的产生有重大影响。经典的反应时研究法,关于心理学的研究对象和方法的看法,关于两种记忆的学说,都成为认知心理学的基础。当代以检测论和决策论为根据的新的心理物理方法,不仅承认心向和动机对信号检测的影响,而且还提供测量这些变量在心理物理任务中所起作用的方法。这些现代心理物理学的新方法直接影响了信息加工心理学的产生。

实际应用需求的影响　　第二次世界大战期间及战后,美国心理学家参与军中及战后工业技术人员的遴选与训练时,发现现有的心理学知识与研究方法,不足以解决技能训练,如何有效学习讯号侦察、知觉判断、仪表辨识、图解说明等问题。因此,心理学家们开始尝试新的研究取向,将人类的心理活动比拟为复杂的信息转换系统。人类在环境中与外在刺激接触时,就以此复杂信息转换系统为架构,去处理与转换信息,从而产生学习,获得知识。

通信与电脑科研学的影响　　在第二次世界大战前后,电报、电话、雷达等技术与设备已经相当发达。心理学家们为了改进通信效果,开始研究人类在接收信息时产生的一些问题。比如,一般人在极短时间内可以处理多少信息(如一瞥可记下多少个阿拉伯数字),在同一时间内可以同时处理几种信息(如两耳分听两个电话),一种刺激传来的信息(如声音)如何转换为另一种信息(如文字)。此类问题的研究为信息处理论奠定了基础。电脑本是模拟人脑而设计的。电脑处理资讯的方式,基本运作为输入、编码、储存、检索、解码、输出等历程。电脑资讯处理模式,成为信息加工理论用以研究人脑的主要工具之一。

信息加工心理学关于学习与记忆的过程

信息加工心理学家把学习与记忆过程视为信息加工过程。信息的储存被细分为感觉记忆(sensory memory)、短时记忆(short-term memory, 简称 STM)和长时记忆(long-term memory, 简称 LTM)三个储存阶段。感觉记忆亦称"感觉登记"(sensory register)、"瞬时记忆"(immediate memory),是保持在 1 秒以内的记忆。实验研究表明,以感觉登记式储存的信息未经加工,在极短时间内便会消失。如果学习者对感觉登记中的信息加以注意,则信息进入短时记忆。短时记忆中的信息以视觉和声音形象表征,一般只能保持在 20 秒以内。若学习者对短时记忆中的信息作适当加工,如复述或与学习者原有知识建立某种联系,短时记忆中的信息可以进入长时记忆。长时记忆中的信息可以保持在 1 分钟以上,有的可以终生保持。

加涅根据信息加工心理学研究成果,提出一个得到广泛认可的学习的信息加工模型(见下页图)。从图可见,学习是主体与环境相互作用的过程。学习活动自环境中的信

息作用于主体开始,经过一系列加工活动,以主体作用于环境告终。除环境之外,该模型其余描述的都是主体内部的结构和功能。具体地说,信息加工过程是三个系统协同活动的结果。下图中下方6个方框代表加工系统,上方2个方框分别代表执行控制系统和预期系统。

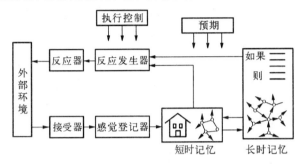

学习的信息加工模型

加工系统,又称操作系统,它由接受器、感觉登记器、短时记忆(工作记忆)、长时记忆、反应发生器和反应器构成。外界环境中的刺激作用于接受器,接受器将接收到的信息传递至感觉登记器。这是对信息的初步处理,信息在这里逗留的时间不到1秒。在这一阶段,绝大多数的信息未能受到注意,只有一小部分信息被注意选择而进入短时记忆加工阶段。在短时记忆中逗留的信息一般也只有20秒钟左右。短时记忆容量极为有限,只有7±2个信息单位(组块)。这个数量又称为记忆广度。如果学习者能进行复述,信息就能保持较长时间,即进入下一个加工阶段——长时记忆阶段,否则就被遗忘。短时记忆亦称"工作记忆"。这两个术语分别强调同一概念的不同方面。短时记忆强调信息停留的时间,工作记忆强调其功能。与短时记忆相比,长时记忆对信息保留的时间很长,且储存容量很大。储存在长时记忆中的信息如果要用,必须通过提取,提取的信息构成反应发生的基础。对有意识的认知活动而言,信息从长时记忆流向短时记忆,然后达到反应发生器,而对于熟练的自动化反应而言,信息可以直接从长时记忆流向反应发生器。反应发生器对反应系列进行组织并指引反应器。反应包括人的所有肌肉活动和腺分泌。对学校学习活动来说,主要的反应器是书写中的手臂及发音器官。

执行控制系统不与任何一个操作成分直接相连,意味着它对整个加工系统进行调节和控制。好比一个工厂或企业的生产活动,需要有专门部门和专门人员进行监督、协调和控制,以提高生产效率和产品质量。同理,学习活动作为一个信息加工过程也需要自我调节和控制。比如,通过对感觉系统的调节,可以使之选择适当的信息加以注意;对记忆的编码方式进行调节,可以提高信息的储存质量等。这种对信息加工过程的内在调节控制能力,在加涅学习结果的分类系统中称为"认知策略"。

期望,是信息加工的动机系统,它通常不包括在完整的信息加工过程中,但对信息加工过程起定向作用。任何学习活动都是指向一定目标的活动,如读完一段文章后回答课后的问题,或给该文章分段,归纳段落大意等。这些目标有时是教师或学校确定的,有时是由学生自己设定的,它会影响学习者的努力程度和注意力集中水平。如果学习者对达到约定目标有强烈愿望,即处在较高水平的动机状态,他就能集中注意,专心学习,选择行之有效的学习和记忆策略。学习目标的实现会令学习者感到满足、愉快,从而增强了学习的信心,更加努力地投入下一个学习活动。

信息加工心理学关于学习的结果

学习结果涉及经过学习过程之后人脑中储存了什么及其分类和当前学习如何影响后继学习两个问题。

两类知识及其心理表征　信息加工心理学以人类知识为研究对象,一般不研究情感领域的学习。美国心理学家J. R. 安德森 1996 年在《美国心理学家》杂志上发表题为《ACT:一种复杂认知的简化理论》(*ACT: A Simple Theory of Complex Cognition*)一文,认为人类复杂的认知可以用一个简单理论来解释。这个简单理论被称为思维的适应性控制理论(theory of adaptive control of thought,简称 ACT 理论)。该理论认为,人类学习的结果就是获得陈述性知识和程序性知识。陈述性知识(declarative knowledge)为言语陈述的知识,程序性知识(procedural knowledge)一般不能用言语陈述,但可以从人的行为中推测其存在。例如儿童未接受学校正式教育之前,已掌握母语的口语交流能力。这些能力背后存在的言语概念和规则儿童能用,但不能陈述。信息加工心理学家认为,儿童已在日常交流中掌握了口语交流的程序性知识。这类知识也被称为默会知识(tacit knowledge)。ACT 理论认为,复杂的认知是程序性知识和陈述性知识相互作用的结果。

不同类型的知识在人脑中的表征不同。信息加工心理学认为,陈述性知识主要以命题和命题网络在人脑中表征和储存,但也能以表象的形式表征和储存。这就是双编码,即许多知识既可以用语义(命题)编码,也可以用形象编码。程序性知识以产生和产生式系统编码。陈述性知识的提取需要有意识的回忆。程序性知识的提取一般可以自动进行,不需要有意识回忆。

学习结果的迁移　J. R. 安德森和他的学生辛格利 1989 年出版《认知技能的迁移》(*Transfer of Cognitive Skill*)一书,系统阐明产生式迁移理论。作者通过分析一名叫 BR 的被试在学习用 LISP 语言(链表处理语言)定义新函数时的学习过程及其遇到的困难,然后用计算机辅助教学模拟他解决问题的过程,从而探讨产生式习得的影响因素、产生式的特点、产生式习得的过程和规律等一系列问题。他们的研究表明，迁移产生的原因是由于两种技能之间具有共同的产生式规则。这一观点与 E. L. 桑代克关于迁移的相同元素说有相似之处。两者都认为两种活动之间有共同成分才导致迁移。但两者也有不同，E. L. 桑代克的相同元素指两项学习之间的刺激—反应相似程度。J. R. 安德森的共同产生式规则不是指两项学习任务的表面相似，而是指学习者掌握的它们之间共有的原理。J. R. 安德森提出四种迁移：（1）陈述性知识向程序性知识迁移。例如，在小学数学教学中，学生先学习数学运算规则。这些规则学生能意识到，而且在理解以后能陈述出来。这样习得的是陈述性知识。但经充分的运算练习后，运算规则的掌握达到熟练程度，学生在具体运算过程中并不清晰地意识到运算步骤和规则。这时的运算规则变成学生的程序性知识。（2）程序性知识向陈述性知识迁移。例如，学前儿童通过日常口语交流已熟练掌握母语交流技能，但他们不知道语言背后的规则。这时儿童在语言学习中掌握的是默会的程序性知识。到小学高年级和中学，通过系统教学，学生掌握语法和句法知识，实现默会的程序性知识到明确的陈述性知识的迁移。（3）陈述性知识向陈述性知识的迁移。这种迁移十分广泛，如原有认知图式对新的阅读材料的理解的影响属于两种陈述性知识的迁移。（4）程序性知识向程序性知识迁移。例如，动作技能属于程序性知识，智慧技能也是程序性知识。动作技能的掌握有助于掌握智慧技能，智慧技能的掌握也有助于掌握动作技能。

信息加工心理学关于有效学习的条件

信息加工心理学主要研究学习的内部过程和条件。学习的内部过程和条件难以严格区分，有的内部过程也是学习的内部条件。从上述加涅的学习的信息加工模型可以概括出影响学习的内部条件。

注意与预期　当面对新的学习任务时，学生必须保持一定的唤醒状态，时刻保持对外部信息的注意。注意是信息进入工作记忆的门户。任何有意义的学习都必须维持较长时间的注意，这就需要学生排除干扰，坚持持续的努力。对学习结果的预期是学习动力的重要源泉。

原有知识　从信息加工的观点看，有效学习的一个前提条件是学生必须对进入感觉登记的信息进行筛选。筛选过程就是选择性知觉。选择性知觉的前提条件是学生要激活或提取与学习任务相关的原有知识。缺乏原有知识，学生可能视而不见，信息不能被有效加工。

新旧知识的联系与编码　信息加工心理学认为，影响新的学习的关键因素是建立知识的两个联系：一是新知识内部的联系，如理解课文字、词、句、段、篇之间的内在联系；二是新知识与原有知识的联系，包括与自己的生活经验的联系。这两个联系的建立也称知识的编码。只有经过编码的知识才可以进入长时记忆系统并在必要时被提取。

学习策略与元知识　信息加工心理学家对认知策略和元认知进行了大量研究，认为学生的认知策略和元认知水平是影响学习效率的重要条件。参见"认知策略"、"反省认知"。

参考文献

赫根汉. 心理学史导论[M]. 郭本禹，等，译. 上海：华东师范大学出版社，2004.

皮连生，等. 学与教的心理学[M]. 上海：华东师范大学出版社，2003.

张春兴. 教育心理学[M]. 杭州：浙江教育出版社，2003.

（郭贞婳　吴红耘）

学习动机（learning motivation）　学习者发现学习活动有意义、有价值并尽力从中得到预期学习收益的倾向。有学习动机的学生，不管所学习的内容或学习的过程是否有趣，都会努力地去理解所学习的内容，因为他们相信最终得到的理解是有价值的。学习动机有内部动机和外部动机的区分，前者指由学习活动本身的意义和价值引起的动机，动机的满足在活动之内；后者指由学习活动的外部后果引起的动机，动机的满足在活动之外。判断学生的学习动机是内部动机还是外部动机，可以通过问如下问题："即使学习活动之后没有奖励或惩罚，学生仍会从事学习活动吗？"如果答案为"是"，则动机类型为内部动机；如果答案为"否"，则动机类型为外部动机。内部动机和外部动机是两个独立的连续体，而不是一个连续体的两个极端。外部动机越强，并不意味着内部动机越弱，有可能，某个学生的学习动机既有很强的内部动机（对学习内容感兴趣），又有很强的外部动机（想得到奖学金）。

学习动机与学习效果之间存在双向的互惠关系。一方面，学习动机可以引发和维持学生的学习活动，取得一定的学习效果，获得成功的学习体验；另一方面，学生在学习上获得的成功体验反过来又会增强学生的学习动机。因此，当学生缺乏相关的学习动机时，教师没有必要等到学生有了动机再进行教学，可以先组织教学，让学生获得成功的学习体验，进而增强学习的动机。

学习动机与学习效率之间存在倒 U 形的曲线关系，即学习动机过强或过弱都不利于学习效率的提高，只有中等强度的学习动机才会产生最佳的学习效率。但这一关系会随学习的难度而变，对相对容易的学习任务而言，能导致最佳学习效率的动机强度偏强；对相对难的学习任务而言，能导致最佳学习效率的动机强度偏弱；对中等难度的学习任务而言,中等强度的学习动机能导致最佳的学习效率,这一规律被称为"叶克斯—多德森定律"。

学习动机的培养

基于动机理论,可以提出若干培养学习动机的措施或建议。

适当使用奖励　在行为主义动机理论中,奖励是一种重要的强化形式,可以起到增强动机的作用。奖励可以采用实物奖励的形式,也可以采用言语奖励的形式,如口头表扬等。但实施奖励能否起到激发动机的作用还要看具体情况。对于学生已具有内部动机的活动,要谨慎使用外部奖励。研究发现,对学生很感兴趣的活动,如果提供实物奖励,学生又能预期到这种奖励,而且奖励与学生的表现水平关系不大时,奖励会破坏学生从事该活动的内部动机,这一现象被莱珀等人称为奖励的隐蔽代价。但当奖励是学生预料之外的或者奖励是因成功的表现而提供时,外部奖励会促进内部动机。奖励本身并不直接影响学生的动机,学生对奖励的解释才是影响动机的直接因素,学生将行为之后得到的奖励看作是有待进一步加工的反馈信息。由此引申出一个重要含义是,教师为学生的学习活动提供及时而适当的反馈,可使学生了解自己学习的情况,还可以进一步激发学生学习的动力。

满足学生的相关需要　根据马斯洛的需要层次理论,学习动机属于认知需要的范畴,要激发学生的学习动机,必须先满足较低层次的需要,如安全需要、自尊需要、归属与爱的需要等。学校要给儿童营造一个安全、友爱的环境,让学生感到学校不是令人恐惧的、不可预测的,教师要对每个学生表示出尊重和积极关注。教学还要注意给学生提供可以选择的学习机会,如自己确定学习的目标和学习的活动形式,自己选择提交作业的方式等,让他们感到自己是活动的主人,而不是完全受教师支配和控制。在教学开始时,要尽可能创设认知冲突,挑战学生已有的理解和信念;在教学过程中要注意学生能力的提高,充分满足学生发展胜任力的需要,而不只是让学生参与活动。

对学生进行归因训练,培养学生的自我效能　学生对自己的成败作出不同归因,会影响他们对以后学习的预期。教师要引导学生将学业的成功和失败归因于可以控制的内部因素努力上,而不要归因于稳定的能力因素上。这样,无论是学业上成功还是失败,学生在后续的学习中都会作出进一步努力。对技能学习而言,在不同的学习阶段要有不同的归因指导。在技能学习初期,要引导学生将学习上的成败归于努力,而到技能学习的后期,由于技能已很好地习得,这时要引导学生将成功归因于自身能力的提高上,通过亲历的成功经验提高学生的自我效能。此外,对学生学

习上的失败,教师不要表现出遗憾或同情,因为这会给学生传递出他们缺乏能力的信息,从而使学生将自己的失败归因于能力。最后,要充分利用示范的作用。通过示范,学生可从与自己相仿的榜样身上获得替代性的经验,这是班杜拉提出的自我效能信息的一个重要来源,教师要注意选择好榜样,通过榜样的示范提高学生的自我效能。在对学生进行归因训练时,也可采用教师示范的方法,即教师在学习时示范出积极的自我归因,如"我需要尝试一下这一方法",而后讨论成功的原因并强调自己的努力,如"我付出了努力,而且使用这一方法,所以最后成功了"。

促进学生对学习任务价值的认识　要提高学生对任务价值的认识,可以使用具体的例子、故事等来吸引学生学习的兴趣,但这些方法只能吸引学生的兴趣,难以维持学生的兴趣,要更持久地维持学生的兴趣,可以强调学习内容的内在一致性,也可以有意识地将教学与学生的原有知识基础联系起来,因为学生在某一主题上的原有知识越多,他们对这一主题也越有兴趣。另外,还要注重对学生进行学习目的的教育,强调学习任务的重要性,尤其是学习任务对学生其他目标达成的重要性。最后,还要将学生的特长、爱好和喜欢的活动与教学有机地融合在一起,让学生感到教学更适合自己。

营造一个强调学习的群体　教师要为所有学生创造一个能促进其学习的群体,这一群体要强调学习目标而不是表现目标。研究发现,在群体中组织合作学习能充分调动学生学习的动机,并能导致较好的学习成绩,这里的合作学习既强调群体目标,也强调个体的责任。教师还要引导学生参与到群体的学习中,在学习的实践中寻找自己的身份。有人开发了一个计算机支持的有意学习环境,目的是让学生在群体的学习中建构知识,并为学生提供多种参与学习的方式。学生可以通过网络登录到这一系统中,围绕感兴趣的主题,在系统中提出问题,作出假设,提出解决建议或贡献自己找到的相关信息。

参考文献

班杜拉.思想与行动的社会基础——社会认知论[M].林颖,等,译.上海:华东师范大学出版社,2001.

皮连生.教育心理学(第3版)[M].上海:上海教育出版社,2004.

Brophy,J. Motivating Students to Learn[M]. 2nd ed. Mahwah, New Jersey: Lawrence Erlbaum Associates,2004.

Covington, M. V. Goal Theory, Motivation, and School Achievement: An Integrative Review [J]. Annual Review of Psychology,2000(51).

Mayer,R. E. Learning and Instruction[M]. Upper Saddle River, New Jersey: Merrill/Prentice-Hall,2003.

（王小明）

学习结果(outcomes of learning)　　个体后天与环境相互作用引起的生理和心理的相对持久变化。是学习心理学研究的重要方面。教育心理学主要研究其心理方面。中国古代思想家在两千多年前就看到学习对人性发展的重要性。孔子说："性相近也，习相远也。"意思是：人生来的素质差异并不大，但由于后天学习的结果，人与人之间的能力和个性的差异相去甚远。孔子认识到，人的素质的变化是学习的结果。战国时期成篇的《学记》说："君子如欲化民成俗，其必由学乎。"又说："玉不琢，不成器，人不学，不知道。"这两句话表明，先人认识到，人们的知识、道德规范和风俗习惯的形成是学习的结果。宋代张载提出"学所以为人"的主张，认为，不通过学习，人只是生物意义上的人，而不是社会意义上的人。清代王夫之提出"习与性成"的思想，认为随着学习之形成和发展，性格也形成和发展了。

学习结果分类

在科学心理学诞生之后，研究学习的心理学家对学习结果缺乏全面考虑。认知取向的心理学家强调学习引起机体的认知结构变化，行为取向的心理学家强调学习引起机体的行为变化。

加涅的学习结果分类观　　1972 年美国心理学家加涅首次提出将人类学习的结果分为五种类型。

言语信息，指能用言语（或语言）表达的知识。又分三小类：(1) 符号记忆，包括人名、地名、外语单词、数学符号等的记忆。如知道上海又名"沪"，"苹果"在英文中叫"apple"等。(2) 事实的知识。如知道"中国的首都是北京"，"北京在 2008 年举办第二十九届奥运会"等。(3) 有组织的整体知识，如影响稻谷生长的原因知识。

智慧技能，主要指运用概念和规则办事的能力。又分五小类：(1) 辨别，指区分事物的差异的能力，如区分两张不同的面孔，区分两个不同字母如 b 与 d 的音和形。(2) 具体概念，指识别同类事物的能力，如从大量餐具中识别"碗"和"杯子"，从大量动物中识别"马"类。具体概念一般不能下定义，其本质特征是人们在日常生活中逐渐发现并归纳出来的。(3) 定义性概念，指运用概念定义对事物分类的能力，如圆周率（其符号为 π），这类概念不能直接通过观察习得，必须通过下定义即 $\pi = c/d$，即圆周率（π）是圆的周长与其直径之比，而且不论圆的大小，这个比值是固定不变的。学生如果能按该定义办事，表明他习得定义性概念。(4) 规则，当原理或定律指导个人的行为，他按原理或定律办事时，原理或定律变成了规则。如圆的面积 s 等于圆的半径 r 的平方乘以 π，即 $s = \pi r^2$，当学生运用这个定律（公式）做事时，则该定律变成了指导人行为的规则。(5) 高级规则，由若干简单规则组合而成的新规则。如，$(a+b)(a-b) =$ $a^2 - b^2$ 是由如下简单规则组合而成：符号相同的两个变量相乘，积为正，如 $a \times b = ab$；符号不同的两个变量相乘，积为负，如 $a \times (-b) = -ab$；单项式乘多项式即用多项式中的每一项乘以单项式，如 $(3a)(3a + 5b + 6c) = 9a^2 + 15ab + 18ac$；同类项应合并。

认知策略，指运用有关人们如何学习、记忆、思维的规则支配人的学习、记忆或认知行为，并提高其学习、记忆或认知效率的能力。例如，阅读心理学家提出阅读中可采用 SQ3R 阅读法。这里 S 指浏览全文，略知文章大意；Q 指提出疑难问题；"3R"中第一个 R 指带着问题阅读课文，第二个 R 指对重要文段进行诵读，最后一个 R 指回顾或复读课文。如果学生用这套方法（或规则）进行阅读，改进了自己的阅读方法，并提高了阅读效果，则可以认为，学生掌握了这种认知策略并提高了阅读学习能力。

动作技能，指通过练习获得的、按一定规则协调自身肌肉运动的能力。如背越式跳高能力是以动作技能为主的运动能力。动作技能中含有两个成分：一是运动的规则，如背越式跳高这项技能中有如何助跑、单脚蹬地、腾空、身体越过横竿等复杂规则；二是肌肉协调，如背越式跳高中手、脚、身躯甚至呼吸之间有复杂的肌肉协调。运动技能学习实质上是通过练习使运动规则支配学习者的肌肉协调，最后达到自动化。

态度，指习得的对人、对事、对物、对己的反应倾向。例如，若父母给幼儿讲大灰狼假装兔妈妈，闯进小白兔家里，想吃小白兔的故事。故事中的大灰狼狡猾、凶残。故事多次重复以后，幼儿一听到大灰狼这个名称就感到憎恶，说要打死大灰狼。一提到小白兔，幼儿就表现出愉快，想接近它们的神态。这两种反应倾向表明，幼儿习得了对两种不同动物的不同态度。

上述五种学习结果前四种结果属于能力范畴。人的能力有天生成分和后天习得的成分。后天习得的能力是由习得的言语信息、智慧技能、认知策略和动作技能构成的。这四种成分中前三种属于认知领域，第四种结果属于心因动作领域。第五种结果，态度属于情感领域。

乔纳森的学习结果分类系统观　　美国心理学家乔纳森等人主张，应根据研究和教学技术的最新发展考虑当前的分类系统，学习理论和技术学的进步已经有理由重新考虑由心理学家如加涅提出的标准学习结果分类。新的结果建立在新的研究和学习理论的基础之上。多媒体和互联网教学等技术革新也要求提出新的学习结果。尤其是存在一种倾向，即希望帮助学生获得综合性知识、知识延伸技能、自我意识和自我控制。该分类系统增加了在当前使用的学习结果分类系统中未曾出现过的认知、反省认知和动机的学习结果。具体地说，该分类系统的特点是：(1) 反映了经典分类系统中欠缺的行为，包括推理、类比、评估学习困难和将问题加以分析;(2)反映了传统的认知—行为分类系统中未强调的认知结构,包括结构性知识、自我知识和心理模型等学习结果;(3)包括传统学习结果,如态度、程序、规则、概念和问题解决。乔纳森等人的分类系统与传统分类的差异,主要包括结构性知识、心理模型、情境性问题解决、延伸技能、自我知识、执行控制策略和动机形成。

结构性知识,代表了概念或命题的既有多样性又相互关联的网络的习得。结构性知识是学生语义网络的反映,后者是有关某一课题的命题结构。一个语义网络是概念的相互关联的一个集合和这些概念之间的许多联结。

心理模型(知识复合体),是在结构性知识基础上建构而成的。心理模型中涉及相互关联的言语或表象的命题集合,心理模型也包括程序性(可以运行的)知识,视觉—空间(表象)的表征,隐喻的知识和执行控制。它们是知识延伸、问题解决和远迁移所需要的,心理模型是人们作出推论和预测(延伸技能)的深层知识基础。

情境性问题解决。大多数传统学习分类系统提到的问题解决是教科书中所见到的、结构良好的和答案单一的解题活动。而现实世界的(情境性的)问题解决涉及不良结构问题和知识领域。这些问题具有多种答案和解答途径,或根本不可解答;对于哪些概念、规则和原理是解决问题所必需的,或者它们如何组织,显现出不确定性;对于决定适当的行动没有清晰界定的特征;且对于问题及其答案需要学习者作出判断。解决情境性和不良结构的问题与解决结构良好的问题相比,需要不同的知识和技能。心理学需要描述从事不良结构问题解决的必要心理活动。

延伸技能,是用于超越给定信息进行推理的技能,包括进行类比,作出解释,得出推论,建构论据。延伸技能常常和其他学习结果一道发挥作用。也就是说,学生可能从言语信息中作出概括,推论经济学原理的后果,作出类比以优化他们关于一个设施的心理模型或想象解决问题的多种可能性。延伸技能不同于解决问题技能,因为它们不可能像延伸学生的知识领域那样直接导致问题解决。其价值是,能延伸的学生可以在未经研究或训练的情况下生成新知识。知识延伸使学习更高效和适合个人特点。

自我知识。该分类系统阐明了不同形式的自我知识,这些知识对于心理模型发展、问题解决和反省认知是必要的。自我知识是一种特殊的陈述性知识;是关于自我的知识或知道我们作为学习者"是什么人"的知识。自我知识包括学习方式、学习优缺点和知识水平的自我意识。自我知识不同于其他陈述性或结构性知识在于:知识的对象不在外部而在学习者内部。学生要学习有关自我的知识。

执行控制策略,常常指反省认知策略,由如下学习计划活动构成:评估任务难度、建立学习目标,选择或决定完成任务的策略、分配认知资源、评估先前知识(也是自我知识

的一部分),评估目标达成中的进步,检查自己的操作方面的错误。另一类执行控制策略是理解监测。此处是指学习者评估学习中的进步。理解监测动态性地与其他控制策略相互联系。在监测进步时,首先必须清晰地陈述目标。执行监控依赖自我知识。理解你自己的兴趣、需要、学习风格和爱好对于计划有效的学习活动是必要的。然而执行控制也涉及促进学习和问题解决的重要的任务估计和协商技能。有效的学习者通过实践已习得这些技能,并将它们应用于大多数学习情境。

动机形成,该分类系统中阐明了动机形成在学习中的作用。动机形成包括学习的愿望、作出的努力和学习的坚持性。这三个方面被称为意动方面,是动机和意志的结合。必须把动机形成视为伴随着学习过程的重要技能,而不只是学习的先行状态。也就是说,动机形成贯穿整个学习过程,而不限于学习初始阶段。

学习结果与教育目标

教育目标亦称"教育目的",是以培养受教育者为总目标。历史上教育思想家对教育目标有不同论述,大致可分两类:一是从社会的需要认定教育的目的,为社会本位论;二是从个体发展来确认教育目的,为个人本位论。如果把个人发展放在一定的历史条件下来考察,则社会需要与个人发展达到统一。

教育心理学家认为,人的发展包括自然成熟和后天学习两个方面。只有可以学习的方面才受教育的影响。自然成熟不易受教育影响,不是教育的结果,因此把教育的目标定义为个人的发展并不科学。教育心理学家把教育目标定义为预期的学生学习结果。这一定义排除了不易受教育影响的自然成熟所带来的发展,使教育目标表述更为科学,而且可以客观测量和评价。例如传统教育学把智育目标定义为传授知识、形成技能和发展智力。由于知识和技能是学习的结果,而智力发展并不全是学习的结果,导致传统教育学无法解释学生掌握相同的知识和技能但智力发展水平不同这一矛盾现象。当用学生的学习结果来定义教育目标之后,理论的矛盾就不再存在了。

为使教育目标得到精确测量和科学评价,美国心理学家布卢姆等人以1948年在波士顿召开的美国心理学大会考试专家小组提出的分类组织结构理论的框架,把各类教育目标分为认知、情感和动作技能三个领域。布卢姆等于1956年公布认知领域目标分类;1964年公布情感领域的目标分类;1972年公布动作技能领域的目标分类。其中影响最大的是认知领域目标分类。布卢姆等人在20世纪50年代虽然不知道知识与能力的心理实质,但他们用测量的方法来评估教育目标中的知识与能力。他们假定,在教育之

后进行的测验,如果测验情境与原先的学习情境相同,则测验测到的是知识,因为这样的测验题单凭回忆就可以回答,所以不能作为学生习得认知能力的证据。如果测验情境与原先的学习情境发生程度不同的变化,则可以认为学生习得程度不同的运用知识的能力。最低级的能力是领会,较高级的能力依次是运用、分析、综合和评价。

20 世纪 70 年代,加涅提出的学习结果分类超越了布卢姆的教育目标分类。他的分类得到国际公认,他在学习结果中划分的言语信息、智慧技能、认知策略、动作技能和态度成了各国学者制订课程与教育和教学目标的基本框架。2001 年以美国心理学家 L. W. 安德森为首的一个委员会对布卢姆 1956 年公布的认知教育目标进行了修订。其认知目标按两个维度分类:一个维度是知识,共分四类——事实性知识、概念性知识、程序性知识、反省认知知识;另一个维度是认知过程,共分六级水平——记忆、理解、运用、分析、评价、创造。因为每一类知识的掌握都可以分为六级水平,也就是构成六种目标,所以有 4×6 = 24 种目标。

参考文献

加涅. 学习的条件和教学论[M]. 皮连生,等,译. 上海:华东师范大学出版社,1999.

Jonassen, D. H. , Tessmer, M. & Hannum, W. Task Analysis Methods for Instructional Design [M]. London:Routledge, 1999.

（吴红耘）

学习理论(theories of learning)　　简称"学习论"。研究学习结果的性质、学习的分类、学习过程和有效学习的条件的各种心理学学说。

哲 学 渊 源

中国古代哲学家孔子说:"性相近也,习相远也。"这里的"性"指人的心理品质,"习"指学习。这句话的意思是:在出生时,人与人之间的心理品质相差很小,但是通过后天学习,人的心理品质相差很大。中国古代哲学中的人性主要指"仁、义、礼、智",前三者属于人性的道德品质范畴,后者属于人性的认知和能力范畴。通过学习塑造和改造人性,既是现代心理学的研究主题,也是自古以来哲学家关心的课题。现代心理学对学习的解释分成许多派别。这些派别都有哲学上的渊源。哲学被划分为唯物主义和唯心主义两大阵营。现代学习论的分歧也可以从这两大阵营中找到渊源。

唯物主义(或经验主义)哲学的影响　　唯物主义或经验主义强调,经验,尤其是感觉经验,是一切知识的来源。西方哲学中的经验主义可以追溯到古希腊。例如亚里士多德

在《论灵魂》中认为,灵魂如同蜡块一样,从外物接受印纹。17 世纪英国哲学家洛克继承和发展了这个思想,批判了天赋观念说,而提出"白板说",认为人出生时心灵犹如白纸或白板,对任何事物均无印象;人的一切观念和知识都是外界事物在白板上留下的痕迹,这些痕迹都导源于经验。

中国哲学中的经验主义可以追溯到先秦时期。先秦哲学家中唯物主义的代表人物是荀子。他说:"心有征知。征知,则缘耳而知声可也,缘目而知形可也。然而征知必将待天官之当薄其类然后可也。五官薄之而不知,心征知而无说,则人莫不然谓之不知。""征知"指应接辨别外物产生的感知。薄,指接触。类,指感知对象。这段话的大意为:心有应接辨别外物产生感知的能力。这样,通过耳就能感知声音;通过目就能感知形状。但是,心要应接辨别外物产生感知,必须通过天官接触外物。如果天官接触外物不能感知,心应接了外物无法说出,那么人们就说这是一个没有智力的人。

约 1650—1850 年间,英国经验主义哲学发展到一个很高水平,代表人物是洛克、贝克莱、休谟等。英国经验主义哲学家对观念的产生和形成提出详细的解释。他们认为,经验是一切知识和观念的唯一源泉。它们或直接来自感觉印象(所谓简单概念),或来自若干简单概念的联合。常举的例子是苹果观念的形成:苹果的感觉印象可分解为分别与颜色、气味、大小、质地和味道等对应的不同感觉。这几种感觉由于在时空上接近而在"心"中联合形成了复合的苹果观念。所以我们心中的苹果观念是复杂的,但又可以分解成更为简单的原始观念。而且苹果观念又可以与其他有关观念(如"苹果可吃")进一步联合。

美国心理学家 G. H. 鲍尔和希尔加德 1981 年指出,经验主义有四个特征:感觉主义,认为一切知识来源于感觉经验;还原主义,认为复杂观念由简单观念构成,它们又可以还原为简单观念;联想主义,认为观念或心理要素是通过时空紧靠在一起(接近)出现的经验的联合活动而形成联结的;机械主义,认为人的心像一架机器,可以由简单成分构成,没有任何神秘的东西。

经验主义理论包含反思观。经验主义者认为,人的心(mind)能从记忆中回忆起单个观念,比较它们,且能得出某种结论。该结论可以作为另一种联想而被记录下来。反思观可以用来解释从抽象、推理和演绎中得到的知识。例如,人们通过从广泛经历的不同例子中抽象出事物的共同本质特征,形成一类事物的概念。经验主义者认为,由于有反思,人的心不是一系列感觉经验的被动记录器。

唯心主义(或理性主义)哲学的影响　　唯心主义或理性主义与经验主义相对,亦称"唯理论",认为经由先天的理性作用可以获得正确知识,而且由理性获得的知识,远比由感性知觉获得的知识更高级与明确。

西方哲学中的唯心主义或理性主义可以追溯到古希腊。如苏格拉底认为："真理存在于人的灵魂中。"他的学生柏拉图主张："认识就是灵魂对理念世界的回忆,没有什么东西是真正从学习来的。"理性主义在哲学上属于唯心主义。

在中国哲学史上,理性主义观可以追溯到先秦时期,如孟子(约前372—前289)说："人之所不学而能者,其良能也;所不虑而知者,其良知也。"又说："是非之心,智也。""是非之心,智之端也。""仁义礼智,非由外铄我也,我固有之也,弗思耳矣。""仁义礼智根于心。"

欧洲大陆的理性主义代表人物是法国哲学家笛卡儿和德国哲学家康德。理性主义者对于感觉资料在我们构建现实中的作用有完全不同的看法。对经验主义来说,我们的经验是感觉资料的复本;对于理性主义者来说,感觉资料是无结构和未分化的混沌体。它们对于理解机制仅提供原始材料。这些原始资料只能按照某种形式才能得到理解。精确地说,心先必须具有某些类别的先天知觉假设才能理解这些原始材料。

这些形式或先天的知觉假设是什么?不同的理性主义者有不同的观点。例如,其中一个假设是:事件总是出现在时空框架中:物理事件(甚至大多数我们所谓的心理事件)出现在特定的时间和特定的地点。笛卡儿和康德认为,我们的空间知觉只不过是我们生来具有的不证自明的欧几里得几何真理在外部世界的投射。又如,康德不同意贝克莱按经验主义对深度知觉的解释。

学习理论流派演变

1880—1980年学习理论流派演变　在19世纪后期,德国心理学家艾宾浩斯率先用严格的实验方法研究了人的记忆和遗忘。此后学习的研究蓬勃兴起。学习的研究约占所有心理学研究中的一半。随着学习研究的范围扩大和深入,带有不同哲学观点的研究者,对学习的性质、过程和影响学习的因素产生了不同的看法,以后形成了许多学习论派别。美国心理学家G. H. 鲍尔和希尔加德的《学习论:学习活动的规律探索》(1981)一书介绍了学习理论的12个重要派别。它们被分成两个阵营:行为与联想论阵营和认知与组织论阵营。属前一阵营的派别有E. L. 桑代克联结主义、巴甫洛夫经典条件作用理论、格斯里的接近条件作用理论、赫尔的系统行为理论、埃斯蒂斯的刺激抽样理论、言语联想学习理论、斯金纳的操作条件作用理论以及其他行为主义理论;属后一阵营的派别有格式塔理论、托尔曼符号学习理论、行为的信息加工理论和其他认知学习理论。

美国心理学家欣茨曼的《学习与记忆心理学》(1978)一书回顾了1880—1980年间的学习与记忆研究发展情况,将学习论流派分为认知主义与行为主义两大阵营。属前一阵营的人物有艾宾浩斯、内省主义者、格式塔心理学家、托尔曼、信息加工心理学家;属后一阵营的人物有E. L. 桑代克、巴甫洛夫、华生、斯金纳、赫尔。

对于学习论两个阵营中的流派与代表人物,G. H. 鲍尔和希尔加德(1981)同欣茨曼(1978)的划分稍有不同。在前一划分中,包括艾宾浩斯记忆理论在内的言语联想学习理论被划分在行为与联想论阵营;在后一划分中,艾宾浩斯记忆理论被划分在认知主义阵营。其原因是:艾宾浩斯的记忆理论和人类联想学习理论具有双重性。从哲学观点看,该理论属于机械唯物论;从研究对象看,该理论研究认知而不是行为。

学习理论受许多外来学科的影响。对认知主义学习理论影响最大的外来学科是哲学和计算机科学;除哲学之外,对行为主义学习理论影响最大的外来科学是生理学和动物行为学。

两大学习理论阵营的主要分歧　G. H. 鲍尔和希尔加德1981年认为,两大学习理论阵营的主要分歧有三个方面:一是外周的中介机制与中枢的中介机制。行为主义者偏好用外周中介事件解释行为,例如华生1907年早期在研究白鼠走迷津的习惯时,十分重视运动产生的刺激(动觉刺激),把这种刺激作为迷津学习的整合者,犹如他用内部的言语运动解释人的思维。认知心理学家倾向于用大脑的中介事件来解释学习和行为。例如F. C. 巴特利特和皮亚杰等强调,人头脑中的图式在人的学习和记忆中起重要作用。现代信息加工心理学强调大脑对外界信息的加工作用。二是习惯的获得与认知结构的获得。对"习得的是什么?"行为主义心理学家和认知心理学家的回答各不相同。前者主张习得的是"习惯";后者主张习得的是"认知结构"。前一回答强调一系列进行的反应;后一回答强调真实的知识。例如,持行为观的人对于白鼠走迷宫习得了什么的问题,回答是习得一系列刺激和反应的倾向;托尔曼用实验表明,白鼠习得了从出发点到终点的路线图(认知地图)。三是问题解决过程中的试误与顿悟。关于面对问题情境,机体如何寻找答案的问题,持行为主义立场和持认知主义立场的心理学家回答不同。前者主张,学习者通过尝试与错误的方法寻找答案。他们从过去情境中调集与新问题相关的习惯,或新问题与熟悉问题共同具有的要素,或者按照与先前遇到的情景相似的新情境的某些方面作出反应。如果这些反应不能导致解决问题,学习者会求助于尝试与错误的方法,从他的全部行为中一个接着一个地进行尝试,直到问题解决为止。后者对这些描述大部分是同意的,但他们更强调学习者的理解或"顿悟"在解决问题中的作用。顿悟式解决问题要求学习者把握问题的整体结构,分析新的问题与自己熟悉的问题图式之间的关系,当新的问题结构纳入原有问题图式,便产生顿悟。

现代学习理论的发展

20世纪60年代后,认知心理学取代行为主义心理学逐渐成为心理学研究的主流。由于20世纪60年代后的认知心理学家大都来自行为主义心理学阵营,他们一方面采用认知观研究人的心理,另一方面也继承行为观的许多有益传统,所以学习心理学中两大派对立的趋势逐渐消失。许多心理学家持折中的观点,代表人物如加涅和班杜拉。加涅在《学习的条件》(1985)一书中提出学习分类理论,主张用不同的理论对不同类型的学习过程和条件作出解释,例如他既采用学习的信息加工观和认知图式理论来解释有意义的知识学习,也采用联想理论解释机械材料的记忆。班杜拉是一位著名的人格心理学家,1986年提出以人、人的行为和环境三元互动理论来解释人的思想和行为。他认为,人的思想和行为主要是社会影响的结果,但是人的认知对人的行为起调节作用。

正如赫根汉所说:"当代心理学区别于学派林立时期的心理学之处是,当前持有不同观点的心理学家相对和平地共处着。在20世纪20年代到30年代之间,几个心理学派之间同时并存,对立学派的成员之间经常产生公开的敌意。今天,学派林立已成为过去,而折中主义精神盛行,这使人想到詹姆斯提出的机能主义取向。那时的折中主义者选择不同来源的观点和技术,它们在处理问题中都极为有效。"这段话也可以用来描述学习理论派别的发展。

人类学习既是心理学家研究的对象,也是哲学、教育学、人类学和生物学等学科研究的对象。20世纪后期,尽管心理学家内部有调和派别冲突的趋势,但也受到外来学科的挑战。例如,20世纪后期在西方哲学、教育学中流行的建构主义思潮对学习心理学中的客观主义研究方法和观点提出多方面的批评。例如以研究教学设计理论著称的乔纳森1992年在《客观主义与建构主义:我们需要一个新的哲学范式吗?》一文中认为,认知学习理论存在两个缺陷:一是关于心理在学习中的作用的观点。大多数认知心理学家都遵循一个假设:心理活动是为了表征真实的世界。例如信息加工心理学家使用认知任务分析来表征为了完成一项任务而进行的心理运作,然后假设存在一个最适合的心理活动顺序。这些活动是由外在的教师或教学操纵的。认知学习模式把心理运作孤立出来,为的是发现外部现实在学习者身上的最有效的匹配。即使是皮亚杰和大多数认知心理学家的理论,心理只被看作是现实世界的一个参照工具。反对者的观点是:心理是在根据个体的现实观念制造它自己的独特事件或客体的概念。二是关于心理的哲学地位。当代认知理论的另一缺陷是有关心理的哲学地位,认为只有

当思维能够充分描述一些客观现实时才是有效的。反对者的观点是:现实(真实世界)是由认识的主体决定的,依赖于人的心理活动,是心理活动的产物。所以,乔纳森1992年认为,认知学习理论需要一次新的革命,或哲学范式转变,从客观主义向建构主义转化。

有些学者强调社会文化在人类学习中的作用。他们批评传统认知理论把学习研究的重点放在个体的头脑内,认为知识不是储存于人脑内,而是存在于人与人之间的交互作用中。把学习的重点从个体内转移到人与人之间被认为是学习理论研究的又一次革命。在这种观点影响下,学习理论中出现情境认知理论。这种理论强调在真实情景中学习,并认为师傅带徒弟式的学徒制是最好的教学形式。

参考文献

鲍尔,希尔加德.学习论:学习活动的规律探索[M].邵瑞珍,等,译.上海:上海教育出版社,1987.

高觉敷.中国心理学史[M].北京:人民教育出版社,1989.

道格拉斯·L.欣茨曼.学习与记忆心理学[M].韩进之,等,译.沈阳:辽宁科技出版社,1987.

(吴红耘)

学习领域(Lernfeld)　　一个用学习目标描述的主题学习单元。每一学习领域由能力描述的学习目标、任务陈述的学习内容和总量给定的学习时间三部分组成。其产生源于20世纪90年代德国的"双元制"职业教育改革。当时德国决定对教学过程特别是课程开发实施根本性改革,负责制定德国职业学校课程标准的德国各州文化教育部长常务会议在坚持职业性、发展性、过程性、行动性及反思性理性思维的基础上,于1996年颁布《职业学校职业专业教育框架教学计划编制指南》,用"学习领域"这一新的课程方案取代沿用多年的以分科课程为基础的综合课程方案。2011年,德国各州文化教育部长常务会议颁布《关于与职业相关的职业学校"框架教学计划"编制指南》,再次指出自1996年起,与职业紧密相关的职业学校的教学,其框架教学计划要按照"学习领域"进行设计。在德国"双元制"职业教育体系中,职业学校的框架教学计划已全部采用"学习领域"课程方案,适用于企业的职业教育框架计划也以工作过程作为课程开发的依据。

学习领域课程方案的基本含义　　德国各州文化教育部长常务会议制定的适用于职业学校的"框架教学计划"(即国家课程标准)包括五部分,前三部分阐述了课程标准的意义、职业学校的教育任务、教学论原则,第四部分为"与教育职业(Ausbildungsberuf,即为专业)有关的说明",主要阐述该教育职业的培养目标、课程形式、教学原则和学习内容,特别指出跨专业的学习目标(通用目标)与本教育职业的学

习目标均采用"学习领域"加以规范;第五部分为"学习领域",列举本教育职业全部学习领域的数量、名称、学时以及每个学习领域的目标、内容和学时。学习领域的目标描述的是学生通过该学习领域所应获得的结果,用职业行动能力来表述;内容陈述具有细化课程教学内容的功能;总量给定的学习时间(基准学时)可灵活安排。从学习领域课程方案的结构来看,一般来说,每一教育职业课程由10～20个学习领域组成,具体数量由各教育职业的情况决定。组成课程的各学习领域之间无内容和形式上的直接联系,但课程实施时采取跨学习领域的组合方式,根据职业定向的案例性工作任务,采取行动导向和项目导向的教学方法。每一学习领域包括目标描述和内容陈述:前者表明该学习领域的特性,后者则使学习领域具体化、精确化。其最大特征在于不是通过学科体系而是通过整体、连续的"行动"过程来学习。与教育职业紧密相关的职业情境成为确定课程内容的决定性参照系。其主题内容以职业任务设置与职业行动过程为取向。由于所学内容既包括基础知识又包括系统知识,因此不完全拒绝传统学科体系的内容,允许学科体系的学习领域存在。一个学习领域的教学内容可在各年级的学年内安排,也可在整个学制年限内实施,以利于采取跨学科、跨学年的组织形式。德国职教课程专家巴德认为,学习领域是建立在教学论基础上、由职业学校实施的学习行动领域,它包括实现该教育职业(专业)目标的全部学习任务,并通过行动导向的学习情境使其具体化。采用职业能力表述的学习目标不是封闭式的而是开放性的,与该教育职业有关的职业行动领域及其任务设置是构建该学习领域内学习内容的基本成分。学习领域课程开发的基础是职业工作过程,由与该教育职业相关的职业活动体系中的全部职业行动领域导出学习领域,并通过适合教学的学习情境使其具体化的过程,可简述为"行动领域——学习领域——学习情境"。鉴于在标准形式的学习领域课程方案中,其内容描述未区分对工作的组织、方法、手段、对象以及工作环境中企业、社会和个人对工作的要求,使目标描述及能力培养的具体化、可操作性有所欠缺。在德国学者劳耐尔的研究成果基础上,黑森州教育部对学习领域课程方案进行了修正,增加了上述内容。

学习领域课程方案的特征与意义 其特征有三点:(1)建构理论是学习领域课程方案的理论基础。从学习理论和教学论的观点看,职业教育的教学过程呈现出针对职业行动领域实施整体学习的特点。由于各个职业行动领域所需的基础教学内容和专业教学内容存在很大差异,根据实际的职业行动领域开发的课程方案,其相应课程成分,包括课程内容和课程结构,可能是完全不同的。与职业行动领域的工作过程紧密相关的学习领域,以及在教学过程中由各个教师建构的学习情境,也将各具特色。同时,学生

在学习过程中自我构建的知识体系或经验体系也各不相同。为此,德国各州文化教育部长常务会议在1999年修订"编制指南"时建议,应由国家颁布一定数量的职业行动领域,作为建构学习领域的课程内容和课程结构的基础。(2)行动导向是学习领域课程方案的教学实施原则。德国自20世纪90年代初开始的讨论及实践证明,无论是从教学论的理论层面,还是从教学实践的操作层面出发,行动导向教学都被认为是将专业学科体系与职业行动体系实施集成化的教学方案。这一方案尽管可以通过广泛采用不同的教学方法和教学组织形式来实现,但其基本原则是"行动导向"(Handlungsorientiert),即针对与专业紧密相关的职业行动领域的工作过程,按照"资讯—计划—决策—实施—检查—评价"这一完整的"行动"方式来进行教学。(3)职业学校是学习领域课程方案的开发、实施主体。1991年,德国关于职业学校任务的框架协议指出,职业学校承担着对"双元制"的另"一元"——企业具体的工作情境实施"教学论校正"的任务。1997年,德国各州文化教育部长常务会议对1996年出台的"编制指南"再次进行修订后也指出:职业学校是一个独立的学习地点,与教育职业有关的学习目标不应简单地、直接地取自教育企业(Ausbildungsbetrieb)使用的、由联邦政府制定的"职业教育框架计划"(Ausbildungsrahmenplan),而应根据职业学校的任务,以具有职业教育特色的专业性视角,紧密结合职业教育的学习过程加以考虑。为此,职业学校的课程,特别是跨专业的职业能力,如方法能力、社会能力的培养,在内容选择和方法应用层面都应有相对独立性。在职业教育教学中,应对那些非技能性的教育内容采取课程综合方案,特别是在课程具体实施时,在从学习领域向学习情境的转换过程中,职业学校应成为主体。

从"职教教学论"(Berufsdidaktik)或"职教专业教学论"(Berufliche Fachdidaktik)的观点分析,学习领域课程方案蕴含着许多改革与创新的理念,对21世纪职业教育的改革与发展具有重要意义。(1)课程开发以工作过程为基础。学习领域课程方案强调课程内容的序化应是工作过程导向(arbeitsorientiert),强调系统学习与案例学习的有机结合。其基本教学理念是:职业教育应通过职业情境中的典型职业工作过程,采用与职业实践紧密相关的案例学习来实现专业知识的习得与实践技能的掌握。但各学习领域中典型案例的学习要在以项目教学为主要特征的学习情境中实施。学习情境需要教师依据职业教育教学论进行分析及整合,与实际的工作过程序列实现"同步",从而使职业教育更加贴近职业实践。(2)课程实施以行动体系为依托。课程方案中学习领域的构建采用"主导型问题方法",形成学习"主题"序列。从职业情境中的工作过程到确定课程内容的基础——行动领域,从对其进行"通用化"处理使之成为具有普适性的课程——学习领域,再从学习领域转化为"学习

情境"进行教学,要求教师具备整合企业现场工作与学校专业教学的能力。国家课程标准确定之后,教师对学习情境的构建成为课程实施的关键。它要求教师把原先封闭的专业课与现在开放的行动课的教学理念、专业内容及跨专业内容有机整合,因而要求教师对专业理论与专业实践的关系有一种完全不同的解释,对专业课程与专业教学从整体性"行动"的角度进行一种跨专业的处理。学习领域课程方案使教师的教学论分析与决策不再局限于微观层面,即不再局限于课堂教学过程的计划、实施和评价,从而使职业学校的课程开发进入"行动体系"(Handlungssystem)之中。因此需要对按照学科原则培养职业学校教师的做法实施改革,高校职业教育师资的专业教育不再是普通工程技术教育的翻版,也不再是普通学科专业教学论的复制,而将从职业教育专业教学论的角度来研究"专业性"的新形式和新内容,摆脱过窄、过深的专业教育对教育内容综合化的束缚。

(3)课程创新以合作学习为纽带。从 20 世纪 90 年代初开始,加强"双元制"职业教育体系中教育企业与职业学校的相互协调与合作一直是德国职业教育界讨论的中心议题。由于职业学校是州一级国家设施,管理职业学校的德国各州文化教育部长常务会议制定的"编制指南"是职业学校的课程标准。从德国课程发展史来看,学校课程只是企业课程的补充,企业职业教育课程标准的制定是联邦政府的职能。由企业提出的职业资格要求和人力资源开发战略与职业学校的教育任务之间存在明显差异。德国职业教育界认为,企业与职业学校各自功能的法律界定并不意味着两个机构一定要自我束缚,否则既不利于消除具有不同发展途径和相互竞争的两个教育机构间教育环境的差异,也不利于满足青年人要求在职前教育中打造接受职业继续教育坚实基础的愿望。从学习地点的合作来看,为使学生在欧洲一体化的进程中适应变化着的劳动世界和社会发展的动态,企业不能再把职业人才看成是应对近期需求的"短缺性资源",而应视其为一种"可持续发展的资源",职业学校也逐步成为具有跨地区辐射功能的开放型职业教育和职业继续教育机构,成为区域能力开发中心。为使职业学校在制订企业"职业教育框架计划"时的作用得到强化,与全德统一的企业"职业教育框架计划"协调一致的新的职业学校的"职业教育教学计划"——学习领域课程方案正在研究开发之中,最终目标是实现从宏观层次改革现有联邦与各州在教育职能上的分工与合作,实现一个统一的对教育企业和职业学校均适用的、综合的"学习领域"课程方案,实现教育企业与职业学校新的合作与分工。

"学习领域"课程方案的核心在于强调职业教育的教学过程与工作过程的对接,从而使工作过程成为课程内容序化的新结构。这一突破传统学科知识结构的课程开发新理念与新途径,逐渐为世界各国接受。中国教育部高等教育司于 2008 年在"国家高职高专精品课程评审指标"中明确指出,要以职业能力培养为重点,与行业企业合作进行基于工作过程的课程开发与设计,充分体现职业性、实践性和开放性的要求。2011 年,《教育部关于推进中等和高等职业教育协调发展的指导意见》也指出,教学过程要与生产过程(即工作过程)对接。自 2008 年开始,中国职业教育在课程改革实践中提出的"工作过程系统化"课程开发方法及理论,正是在学习德国基于工作过程的学习领域课程方案基础上的创新。

参考文献

Bader, R., Peter, F. & Sloane, E. Lerne in Lernfeldern[M]. Eusl Verlag, 2000.

Reihold, M., Haasler, B., Howe, F., Mechael, K. & Felix, R. Entwickeln von Lernfeldern[M]. Verlag Paul Christani, 2002.

(姜大源)

学习目标陈述(statement of learning objectives)教学设计过程模式基本要素之一。指明确、具体和详细表达学习者经过一门课程中一个教学单元的学习以后应具备的能力或倾向。

学习目标分类

教学总目标作为统贯教学活动全局的指导思想而存在,它是在教学领域里为实现教育目标而提出的一种概括性的总体要求,它把握的是各科教学的发展趋势和总方向。但是,它毕竟只是对教学活动的一种原则性规定,它的实现最终必须通过具体规定实际教学活动水平来层层贯彻和检验。这就决定了教学目标是一个多层次的目标体系。学习目标是教学目标体系中最基础的部分,是实现教育目标的重要组成,学习目标的分类蕴含在教育目标分类学说之中,与教育目标分类一致。

教育目标分类学说的历史可以追溯到 20 世纪 20 年代博比特在课程编制领域掀起的追求"效率"活动。他深感于当时的课程不实用,既与社会事务无直接联系又低效。在"科学管理之父"泰罗的思想启迪下,博比特认为提高"效率"的最佳途径便是"教育目标必须具体化"。在方法论上,博比特倾向于"寻找"具体的教育目标,把人的活动分析成特定的行为单位。其程序为:首先分析人类经验,把完美生活所需的领域扩充为 10 个;接着分析实际工作,把主要领域分解成具体活动,并将活动的范畴不断细分,直至分解成800 个特殊目标;然后陈述活动目标,主要陈述与学校教育有关且能达到的知识、能力和习惯等。

尽管博比特在思想上排斥比较抽象的目标,认为一般的、不经分解的目标，诸如"自我实现"、"关注个人健康的能力"等都是无用的，应当避免，但总的来说，他以"活动"陈述的教育目标仍较笼统含糊。而"行为目标之父"R. W. 泰勒在 20 世纪 30 年代的主张更具行为主义心理学的色彩，他说教育目标"是指望在学生行为模式中产生的某种期望的变化"，亦即行为目标。他还把目标划分为"行为"和"内容"两个方面：每个目标"既要指出欲使学生养成哪种行为，又要言明这种行为能在其中运用的生活领域或内容"。比如"形成对文学的兴趣"这个目标，既包含行为表现——形成兴趣，又包括内容标题——指出对哪些题材感兴趣。由于R. W. 泰勒主要把学习视为对类化刺激作出类化反应的方式，所以他认为对目标的定义"不应过于狭隘，以免与整个教育活动的意图发生矛盾"。解决这个"目标方面最为棘手的问题"还在于目标陈述的公式，因而他要求"行为"是一般的，"内容"是具体的，使学生能自如地在两者之间转换，"既能识别一般原理的具体例证，又能识别包括很多具体事例的一般原理"。

行为主义心理学家在当时的教育目标具体化运动中既有理论又有实践。例如，执著于刺激与反应一一对应的E. L. 桑代克倾向于细致入微的教育目标，据说他在自编的《算术心理学》教材中提出 3 000 多个具体目标。又如，斯金纳等人 20 世纪 50 年代在行为实验分析基础上创造的程序教学有效地运用了教学目标。它把预先安排的教学内容细分成许多小步骤，组成有逻辑的顺序，学生按这些步骤自定步调学习，每一步骤都能得到即时强化，使学习逐渐接近预期的目的。实际上，程序教学的每一步骤都对应着完成一个特定的、具体的教学目标。

R. W. 泰勒的学生布卢姆从 1948 年开始构想教育目标的分类，把以培养人为核心的所有教育目标综合归纳为认知、情感和动作技能三大领域。他与克拉斯沃尔、哈罗和E. J. 辛普森等人，分别在 1956 年、1964 年、1972 年相继出版了上述三个领域的教育目标分类学，借鉴生物学分类法，遵循教育——逻辑——心理原则，使教育目标明确化、系统化，被列为美国教育研究的重大成果，译成十几种文字，在国际上享有盛誉。在认知领域，其特点之一是以外显行为作为分类基准点，"目标＝行为＝评价技术＝测验问题"；特点之二是以行为复杂程度为分类依据，"属于 A 形态的行为构成一类，属于 AB 形态的行为构成另一类"，富于层级性和累积效应；特点之三是目标分类具有超越性，分类框架适于编制任何学科内容的目标。在情感领域，其特点是以"内化"概念为分类的组织原则，以"内化"过程（注意——反应——价值——组织——个性化）为一条主线，呈现出"现象或价值逐渐地、普遍地成为个体自身一部分的过程"。至于动作技能领域，最初布卢姆认为"其与普通中学或学院几乎没什么联系"而未加探讨，后来由哈罗和 E. J. 辛普森分别

进行了分类，前者以学龄前教育为"射角"，后者以职业技术教育为"视点"。

R. W. 泰勒和布卢姆的教育目标理论广为传播是由于它适用于一般教育目标的制定，稍后面世的马杰和加涅的教学目标理论受到重视则是由于它能够有效地阐明和安排教学目标序列，从而确保学生获得知识和技能。

马杰从程序教学方面进行了大量的教学目标分析工作。在《程序教学的目标准备》(1961)中，他说明了如何将笼统的目标转化为可测量的行为。他认为，教学目标是向学生表明所求行为的范式的记述，它的拟定迫使教师或设计者要精确反映什么是学生求知最重要的东西，学生的何种行为是他们已经学会的标志。将教学目标写下来公布于众，就能使"教育效益责任"得以落实。1984 年，马杰的《教学目标的准备》修订本出版，发行量超过 150 万册，成为美国的一本畅销书。

加涅在这一领域的代表作《教学设计原理》(1974)中，特别强调了教学目标对整个教学设计的重要性；实施教学活动必须先研究教学心理过程和拟定教学目标。加涅的五类学习结果可以被认为是与布卢姆的三个目标领域并行的另一种教育目标分类体系，都可以作为在不同条件下进行教学设计的依据。他和马杰还分别对如何陈述教学目标提出了自己的见解。

中国从 20 世纪 80 年代后期也开始重视学习目标的分类和陈述。例如，上海市在 1991 年颁布的《九年制义务教育课程标准》中，把学习目标划分成"认知"、"操作"和"情意"三大领域；在 2004 年全国颁布的中小学学科课程标准中，又把学习科目划分成"语言文字"、"数学"、"自然科学"、"社会科学"、"技术"、"艺术"、"体育与健身"七大领域，并强调课程目标是课程标准最核心的部分。要求分别用具体明确、操作性强的语言描述"知识与技能、过程与方法以及情感态度与价值观"三位一体的课程目标。

学习目标陈述的意义

美国心理学家 R. W. 伯恩斯 1972 年指出，"人们对下述事实提高了认识：教学质量、教材质量和成绩测验的性质，实际上都需要在教学之前把行为的(学习的)目标一一列述出来"。具体地说，陈述学习目标具有以下意义：(1) 符合教育效益责任的观念。现在越来越多的人认为，教育机构应对教育经费和学习结果的相平衡负有责任。教师为了达到效益责任所要求的花费与绩效的平衡，必须能够证明学生的学习乃是他们教学的结果。如果在教学设计中精确陈述学习目标，并且在完成这些目标时运用某种测量教学效果的有效工具，那么教育的效益责任就能成功地予以落实。(2) 向学生清楚交代了所要学习的东西和证明已经学会的

方法。这样学生可以不必费心猜测教师对他们的期望,同时会有一种安全的感觉。因为心理学家指出,笼统的恐惧比起明确的恐惧来会产生更大的情绪焦虑,学习目标能够协助学生了解一门课程或一个单元的特殊要求,所以就能够减轻他们对完成该课程或单元可能产生的情绪焦虑。(3)教师和教材编制者能依据学习目标安排各个单元的先后顺序。明白了学生在前列单元结束时能够做的事情,也就清楚了他们在后继单元开始时的先决能力。这有利于消除各单元之间不必要的重复,并可验明和填补其间的空隙。(4)师生之间、学生与学生之间可以意义明确地交流自己所教所学的东西。学习目标使教师、学生、教学管理人员和教学评价人员有了统一的评教评学依据。(5)教师和教学设计者可根据一定的学习目标分类法确定学生所要达成的目标领域和层次,并予以统筹兼顾,以避免对各类目标的顾此失彼。

学习目标陈述具有的意义是可以充分肯定的,不过有几点也应引起注意。其一,有可能使教学过程丧失弹性,因无视学生在教学过程中表现出来的有异于教学主流的创见而抹杀了他们的积极性和进取性。其二,任何能力的习得或长进都存在着多种途径,学习目标的设定倘若不顾及个别差异,将会出现机械划一的教学弊端。其三,易于陈述的学习目标一般较为"简单"和"低级",有些教学活动的结果不能完全通过外显行为表现出来,特别是一些高层次的认知能力和情感因素。

学习目标陈述的方法

对于如何陈述学习目标的问题,主要有行为主义心理学和认知主义心理学的两种观点。行为主义心理学强调用可以观察或可以测量的行为来陈述学习目标,认知主义心理学则强调用内部心理过程来陈述学习目标。尽管这两种观点有所不同,但教育心理学家一致认为,学习目标的重点应说明学习者行为或能力的变化。具体来说,学习目标陈述的方法主要有以下四种。

ABCD 模式目标陈述法　行为主义心理学在教学实践中最基本的应用是把可观察行为作为教学活动的基础,提出用行为动词界定各类学习目标,并依此进行教学设计和评价。马杰在《程序教学的目标准备》中提出,一个学习目标应包括行为、条件和标准三项基本要素。行为说明学习者通过教学以后将能做什么,以便教师能观察学习者的行为变化,了解目标是否达到,如"能将文章中陈述事实和发表议论的句子归类"。条件说明上述行为在什么条件下产生,如"提供报刊上的一篇文章"。标准指出合格行为的最低标准或行为改变的程度,如"至少有 80% 的句子归类正确"。后来有些研究者认为,在马杰上述三项要素基础上增加对教学对象的描述,这样,一个规范的学习目标就包括四

项要素。为便于记忆,他们把学习目标的这四个基本要素简称为 ABCD。A 为对象(audience),即应明确教学对象,也就是学习目标的表述中应注明教学对象,例如,"小学三年级上学期的学生"、"参加在职培训的技术人员"等。有的学者还主张在学习目标中说明对象的基本特点。B 为行为(behavior),即应确定学习者通过学习以后将能做什么(行为变化)。学习目标中,行为的表述是最基本的成分,说明学习者在教学结束后应该获得怎样的能力。描述行为的基本方法是使用一个动宾结构的短语,其中行为动词说明学习的类型,宾语说明学习的内容。例如"操作"、"说出"、"列举"、"比较"等都是行为动词(参见表1、表2、表3),在它们后面加上动作对象,就构成学习目标的行为表述。如:(能)列举选用教学方法时应考虑的基本因素;(能)比较东西方文化的主要异同。在这样的动宾结构中,宾语部分与学科内容有关,学科教师一般都很熟悉。而学习目标中的行为应具有可观察的特点,所以描述行为时较困难的是行为动词的选用。C 为条件(condition),即应说明上述行为在什么条件下产生。条件表示学习者完成规定行为时所处的情境,即说明应在哪种前提下评价学习者的学习结果。如要求学习者"能跑一万米",条件则可能指"在什么气候条件下、在什么地区、在什么道路上"等环境因素。条件的表述常与诸如"能不能查阅参考书"、"有没有工具"、"有没有时间限制"等问题有关。条件包括下列因素:环境因素(空间、光线、气温、室内外噪声等);人的因素(个人单独完成、小组集体进行、个人在集体环境中完成、在教师指导下进行等);设备因素(工具、设备、图纸、说明书、计算器等);信息因素(资料、教科书、笔记、图表、词典等);时间因素(速度、时间限制等);问题明确性的因素(为引起行为的产生,提供什么刺激和刺激的数量)。D 为标准(degree),即应规定达到上述行为的最低标准(达到所要求行为的程度)。标准是行为完成质量可被接受的最低程度的衡量依据。对行为标准作出具体描述,是为了使学习目标具有可测量的特点。标准一般从行为的速度、准确性和质量三方面来确定,例如:在 1 分钟以内准备好必需的消防器材(速度);英文翻译成中文的错误率不超过 10%(准确性)。在一个学习目标中,行为的表述是基本事项,不能省略。相对而言,条件和标准是两个可选择的事项。在职业技术培训中,学习目标往往需要指明条件和标准,提出最低的教学要求。如不规定标准,一般就认为要求学习者达到 100% 的正确率。在设计教学软件时,编写学习目标可以不必将条件、标准一一列出,例如,"学完本单元以后,学生应能够:给社会学下定义;描述社会学发展过程中的三大事件;指出有关社会学的六种错误认识。"在这个实例中没有说明条件和标准,主要原因是使用该教学软件的教师将根据特定的教学对象或教学要求自行提供条件和规定标准。

表 1　编写认知学习目标可供选用的动词

目标层次	目标特征	可参考选用的动词
知　道	对信息的回忆	为……下定义、列举、说出（写出）……的名称、复述、排列、背诵、辨认、回忆、选择、描述、表明、指明
领　会	用自己的语言解释信息	分类、叙述、解释、鉴别、选择、转换、区别、估计、引申、归纳、举例说明、猜测、摘要、改写
应　用	将知识运用于新情境	运用、计算、示范、改变、阐述、解释、说明、修改、制订计划、制订……方案、解答
分　析	将知识分解，找出各部分之间的联系	分析、分类、比较、对照、图示、区别、检查、指出、评析
综　合	将知识各部分重新组合成一个新整体	编写、写作、创造、设计、提出、组织、计划、综合、归纳、总结
评　价	根据一定标准进行判断	鉴别、比较、评定、判断、总结、证明、说出……价值

表 2　编写情感学习目标可供选用的动词

目标层次	目标特征	可参考选用的动词
接受/注意	愿意注意某事件或活动	听讲、知道、看出、注意、选择、接受、赞同、容忍
反　应	乐意以某种方式加入某事，以示作出反应	陈述、回答、完成、选择、列举、遵守、记录、听从、称赞、欢呼、表现、帮助
价值化	对现象或行为作价值判断，表示接受、追求某事，表现出一定的坚定性	接受、承认、参加、完成、决定、影响、支持、辩论、论证、判别、区别、解释、评价、继续
组　织	把许多不同的价值标准组成一个体系并确定它们之间的相互关系，建立重要的和一般的价值	讨论、组织、判断、使联系、确定、建立、选择、比较、下定义、系统阐述、权衡、选择、制订计划、决定
价值或价值体系性格化	具有长期控制自己的行为以至发展了性格化的价值体系	修正、改变、接受、判断、拒绝、相信、继续、解决、贯彻、要求、抵制、认为……一致、正规

表 3　编写动作技能学习目标可供选用的动词

目标层次	目标特征	可参考选用的动词
知觉能力	根据环境刺激作出调节	旋转、屈身、保持平衡、接住（某物体）、踢、移动
体　能	基本素质的提高	提高耐力、迅速反应、举重
技巧动作	进行复杂的动作	演奏、使用、装配、操作、调节
有意沟通	传递情感的动作	用动作表达感情、改变脸部表情、舞蹈

内外结合目标陈述法　1978 年美国心理学家格朗伦在

《课堂教学目标的表述》中提出，先用描述内部心理过程的术语来表述学习目标，以反映理解、运用、分析、创造、欣赏、尊重等内在的心理变化，然后列举表现这些内在变化的外部行为例子，从而使这些内在心理变化可以观察和测量。例如，领会本单元中几个专门术语的含义：(1) 将这些专门术语与它们代表的事物或现象联系起来；(2) 在造句中使用这些专门术语；(3) 指出这些术语之间的异同。本例中，"领会"是一个内部心理过程，无法观察和测量，但有后面三个证明"领会"能力的行为实例，目标就具体化了。这种方法强调列举出能力方面的例证，既避免了用内部心理特征表述目标的抽象性，也防止了行为目标的机械性与局限性。

格朗伦 1985 年、1995 年又提出一种代替马杰的陈述认知领域学习目标的方法。这种认知目标分两部分详细说明学习预期取得的结果。第一部分陈述总的教学目标，总目标的陈述以概括的词语包含学习的某个领域，如利用互联网收集信息，解释一个图表，提高会议效率。这种总体陈述表明了教学的整体效果。认知目标的第二部分是表明已达到的学习目标的一个或多个特定类型的例子，例如：(1) 利用互联网收集信息——能就某一给定主题寻找一篇文章；编制一个相关文献的索引目录；确定研究中的狭义和广义的术语；(2) 解释一幅图表——能确定销售量最多的物品种类；确定销售量平均水平以下的物品种类；确定销售量最多的年份；(3) 提高会议效率——能在会议之前准备一份日程表；为有效的交流组织好会场；在会议开始时说明会议预期达到的成效。

格朗伦的认知目标与马杰的行为目标一样，都是将学习者行为具体化为确切的可测量的事项。不过，行为目标使目标变成了一种结果而不是服务教学的方法，行为目标往往会使学习结果过于简单化。认知目标通过预先陈述总体目标达到交流的意图（例如，解释一个图表），在结构上与最终目标有点相似；从行为目标出发的教学，把重点放在目标元素的评价上而不是目标元素的解释上。而认知目标的样例只是简单地象征行为，这种行为允许教师或教学组织者推断出学习者已经取得了较高级别的目标。因此，认知目标能较好地描述更高级别的学习。例如，在一门强调业务谈判技巧的课程中，设计者可能会利用一个认知目标描述衡量与合同出价相关的结果："学习者能了解出价的本质"。与这种结果相关的行为样例还可详述为："计算公司合同的开销"；"明确还价的余地"；"认清其在较长一段时间内的意义"。

五成分的目标陈述法　美国心理学家加涅等人在《教学设计原理》(1992) 中也主张不仅要使学习目标设置得合理，而且要把它陈述得可以观察和可以测量。他们提出一种界定更详细的被称为五成分目标的目标陈述方法，即须在一个学习目标中包含行为发生的情境、习得能力的类型、行为的对象、应用习得能力时采取的具体行动,以及与行为表现有关的工具和限制条件。这里的习得能力是指加涅的学习结果,它表明该学习目标属于哪种类型的学习结果。例如,"面临一个口头问题(情境),在无参考材料的情况下(限制),通过口述或书写(行动),说明(习得能力)美国发生南北战争的三个原因(对象)",是一个五成分目标,其中"说明"就是属于言语信息类型的习得能力的动词。又如,"碰到10道需要短除法的算式(情境),通过计算答案(行动)以演示(习得能力)除法过程(对象),达到90%的正确率(限制)",是一个属于智慧技能中规则类型的习得能力的学习目标。从一个游泳池的三米跳板上(情境),以流畅、垂直的动作(限制)跳水(行动),以此来表现(习得能力)屈体跳水(对象),是一个属于动作技能类型的习得能力的学习目标。当同伴在吸毒时(情境),作出拒绝(行动)别人提供的毒品(对象)的选择(习得能力),是一个属于态度类型的习得能力的学习目标。

表现性目标陈述法　许多高级的学习目标必须通过较长时间的教学才能达到,如在认知方面的高级认知策略和反省认知能力的提高,不是通过一两节课的教学就能立竿见影的。在情感学习领域尤其如此。例如学校开展一次爱国主义教育活动,就很难保证学生在爱国主义情感上发生哪些变化。遇到这样的学习任务时,教师只需明确规定学生必须参加的活动,而不必精确规定每个学生应从这些活动中学习到什么。这样陈述的目标被称为表现性目标。例如,爱国主义教育方面的一个表现性目标可以如此陈述:"学生能认真观看学校组织的反映爱国主义精神的电影,并在小组讨论会上谈出自己的观后感受。"当然,表现性目标只能作为前述具体、明确的学习目标的补充,不能完全依赖这样的目标。

参考文献

布卢姆,等.教育目标分类学——认知领域[M].罗黎辉,等,译.上海:华东师范大学出版社;1986.

哈罗,等.教育目标分类学——动作技能领域[M].施良方,等,译.上海:华东师范大学出版社,1986.

加涅,布里格斯.教学设计原理[M].皮连生,庞维国,等,译.上海:华东师范大学出版社,1999.

克拉斯沃尔,等.教育目标分类学——情感领域[M].施良方,等,译.上海:华东师范大学出版社,1986.

Mager, R. F. Preparing Instructional Objectives[M]. Palo Alto, Calif. : Fearon Publishers, 1984.

(章伟民)

学习任务分析(learning task analysis)　亦称"学习内容分析"。教学设计过程模式基本要素之一。指在某一教学单元或培训项目开始前,预先详细分析教学目标中规定的、需要学生习得的能力或倾向的构成成分及其层次关系的过程。它是在程序教学基础上发展起来的一种教学设计前端分析技术,也是教学设计过程中的关键部分,能为学习顺序安排和教学条件创设提供科学依据。

学习任务的分类

在教学设计中,为了对学习顺序和教学条件做出具体规定,需要能够辨识学习任务的类型。美国心理学家加涅提出的五种学习结果与各自所需的学习条件的观点(即学习结果分类观)具有广泛深远的影响。在加涅看来,学习结果即"所学习的东西",应该按学习结果进行学习任务分类;在各学科会出现相同的学习结果,如在数学和物理学中都会学到"事实",学习数学事实和物理事实的心理加工过程应该是类似的,而且同一学科也会出现不同的学习结果,比如既学会一种技能又形成一种态度;用学习结果来分析学习任务就可以清楚说明"教什么"和"学什么"。

言语信息　亦称"语词信息"。学生可以学会陈述某些信息,如告诉人一个事实或一组事件。虽然要做到这点必须以某些习得的智慧技能为手段,如必须知道如何造一个简单句,但是学生学习的目的是陈述信息而不是表现造句的智慧技能。两个人的陈述技能也许不同,但传递的信息或观念可能没有区别。能陈述观念是一种习得能力,被称为语词化信息或简称为语词信息。言语信息有不同的复杂程度,依次为名称、单个命题或事实、诸事实的聚合体或知识群。

智慧技能　亦称"智力技能"。学生应该学会运用符号与环境相互作用,如在幼儿时代用口语应付环境,在小学里学会读、写、算,随着年龄增长,学会用更复杂的方法运用符号,如区分、合并、列表、分类和确定事物数量等。智慧技能指的是使符号运用得以达成的能力。它最典型的形式是规则,当学生获得一条规则后,就会表现出规则支配的行为,如学会乘法交换律 $a \times b = b \times a$,学生就会在任何情况下表现出对这类问题的正确反应。除规则外,智慧技能还有辨别、具体概念、定义概念、高级规则或问题解决等几个亚类。辨别"是将刺激物的一个特征与另一个特征,或是将一个符号与另一个符号区分开来的能力",例如能看出 b 和 d 的区别。具体概念,如桌子、椅子、方、圆、长、短等,"使个体能以'指出'类中的一个以上的例子来确定一类物体、物体属性或关系"。有些概念不能凭少数事例加以识别而必须定义,例如"障碍物"这个概念就要通过定义来学习。当学生能演示或说明如何使用某一定义时,他就获得了这个定义概念。高级规则指的是较简单的规则有时集合成较复杂的规则,学生在解决新问题时往往发生这种情况。智慧技能学习不同于言语信息学习。言语信息学习关注知道某些事情或某些特征,智慧技能学习则关注学会如何做某些理智的事情。

智慧技能和言语信息是学校中最基本最普遍的学习内容。

认知策略　认知策略是内部组织起来的、学生用来指导自己的注意、学习、记忆和思维的能力。认知策略的性质与智慧技能不同，后者指向学生的环境，使学生能处理"外部的"数字、文字和符号等；而认知策略则是在学生应付环境事件过程中控制自己"内部的"行为，换言之是处理"内在的"种种因素。认知策略与智慧技能又往往是同一学习过程的两个方面，学生在学习智慧技能的同时也形成了调节注意、记忆和思维的方式。因此，脱离具体内容的学习，就既不能习得也不可能运用认知策略。

动作技能　学发音、写字母、打字、开汽车、做艺术体操等都是动作技能，而且都是完整的学习活动。其中虽然包括言语信息、智慧技能和态度等多种其他能力，但精确而适时的动作作业应该成为动作技能学习。动作技能的特征是肌肉运动的流畅性和精确性，只有当学生不仅能完成某种规定的动作，而且这些动作已被组织成一个连贯的、精确的、在一定时间内完成的完整动作时，才能说他已经获得这种技能。

态度　态度是一种习得的内部状态，该内部状态影响着一个人对某类事物、人或事件的选择。这种影响有积极的也有消极的。通过观察个体对自身行动的选择可以了解态度的性质。态度一般要经过相当长的时间才能逐渐形成或改变，而且往往是附带习得的。一个人对某件事情态度强烈的程度，往往由他在各个不同情况下选择这件事情的频率决定。形成或改变学生态度的最佳方法是利用榜样的作用。

用加涅的学习结果分类观分析学习任务时就要考虑，既要让学生了解事实，通过对事物的辨别形成概念，又要在形成概念的基础上理解不同概念之间的联系，从而掌握规则和原理，并用以解决问题，还要关注认知过程与态度的相互作用。鉴于此，可主要根据获取信息→辨别事实→形成概念→掌握规则→解决问题的认知过程结构来组织课题内容，给予学生充分指导，使他们沿着科学的顺序学习知识和技能，提高认知能力和综合素质。

学习内容的选择和组织

学习任务分析一般包括选择学习内容和组织学习内容两个基本方面的工作。首先是选择学习内容，确定其广度和深度。学习内容的广度指学生必须达到的知识和技能的范围，深度指学生必须达到的知识深浅和技能复杂的水平。其次是揭示学习内容各部分之间的联系，根据知识技能的内在逻辑和学生的心理活动特点而安排学习内容的序列。

选择学习内容　就是根据教学目的中要求学生掌握的知识、技能来确定学习内容的纲要。例如，通过教育技术基础培训，进修教师应了解教育技术的基本理论，学会操作常

用媒体设备，掌握制作视听教材和多媒体课件的技能，并懂得在教学中使用这些工具的方式方法。根据这个设定的总的培训目的，可以考虑的学习内容有：媒体与教学；媒体的选择与教学设计；常规视听器材的操作；常规视听教材的编制；计算机和网络的教学应用；多媒体课件的编制。在普通学校的教学科目中，选择学习内容的工作似不普遍，但在职业技术教育和岗位培训中，这项工作非常重要。因为许多非基础教育的学习内容因地因时变化很快，经常需要有关部门和有关人员考虑从哪些方面对学生进行培训。对此，可参考美国教育技术学家克内克的分析和确定培训内容的工作步骤图示(见图1)，它对于普通学校中的一些技能性教学任务的内容分析也具有借鉴作用。

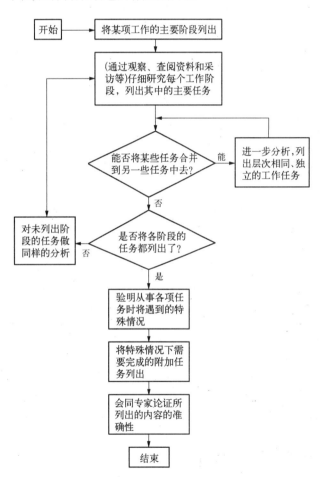

图1　分析和确定培训内容的工作步骤图示

组织学习内容　对于已经初步选定的学习内容，要根据学科特点进行组织安排，使之具有一定系统性和逻辑性。在组织安排学习内容时应该兼顾：(1)从整体到部分不断分化。对于学校教育中大量的认知性学习内容来说，应把其中的主要概念和原理放在中心地位。可先教学包摄面较广的整体观点，然后就具体内容和特殊要点不断进行分化，因为从已知的整体中分化出部分一般要比从已知的部分概

括成整体容易些。学习内容的序列从最概括、最有包容性的命题出发，往往能在极其多样的学习情境中为学生的认知结构提供固定点。(2)由已知到未知逐步深化。如果学习的内容在概括程度上高于学生原有的知识和技能，或要学习的新的命题与学生认知结构中已有的观念不能产生从属关系时，就应采取由浅入深、由易到难、由具体知识到抽象知识、由简单技能到复杂技能的内容顺序，使前面的学习为后面的学习提供实质性的、直接的支持，因为有些学科的内容结构在顺序上极为严密，不掌握从属的知识和技能就不可能掌握上位的知识和技能。(3)按事物发展规律排列。如果学习内容各部分之间的内在联系是纵向序列性的，可以按照事物进化的、年代发展的和起源出发的顺序来编排。这样的组织安排方式与学习内容涉及的社会现象、自然现象本身演变的顺序相一致，符合事物发展的客观规律，能使学生比较容易、循序渐进地掌握有关知识。(4)注意内容之间的横向联系。组织学习内容时，不仅要注意各部分之间的纵向发展或因果关系，还要注意从横向方面加强并列概念、并列原理等之间的联系，以及认知、技能、情感等各类别学习内容之间的协调。这能促使学生融会贯通地学习，也有利于学习迁移。

学习任务分析的步骤和方法

在选择和组织学习内容的时候，为避免随意性或盲目性，可采用一些具体有效的分析步骤和方法。

学习任务分析的步骤　分析学习任务大致包含如下步骤：(1)根据对学生的了解以及他们在教学结束时应能做什么，先确定一个具体、清晰的终点目标；(2)然后提问"为了能完成这一任务或达到目标，学生必须知道什么"，即分析使能目标；(3)持续提出上述问题一直到一个恰当的分析水平为止，即达到具有各种先前学习的条件为止；(4)将各项学习任务按先后顺序排列；(5)确定学生已掌握的起点行为是否达到先前学习的条件；(6)再自我设问"我怎样才能最恰当地教授每一项教学任务"。

学习任务分析的方法　常用的学习任务分析的方法有归类分析法、图示分析法、层次分析法和信息加工分析法。

归类分析法把与单元目的有关的学习内容进行恰当分类，形成有意义的知识结构。较适合言语信息的学习任务。可以先把学生应该学习的所有事实、概念、原理一一列出，然后从任一层次开始，把内容要素按一定顺序排列，在比较直观的内容蓝图上进行推敲和修正。这种分析方法有助于考虑现有的选择是否包括学习内容的所有要点，以及学习内容的现有组织安排是否合乎逻辑，是否有利于学生的学习。图2是一个应用实例。

图示分析法以直观形式揭示学习内容要素及其相互关系。适用于分析认知类学习内容。图示出来的分析结果是一

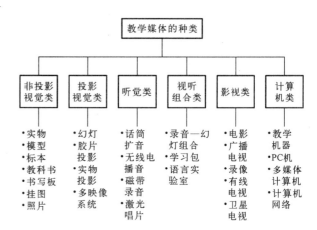

图2　"教学媒体的种类"的归类分析图示

种简明地概括学习内容的图表或符号。如可以用几条带箭头的线段和简洁的数字、符号来显示一次历史事件的全过程，其原因、时间、地点、制约因素、阶段性结果等都可以反映其中。这种分析方法有助于发现学习内容的残缺部分或多余部分，以及各部分联系中的割裂现象。图3是一个应用实例。

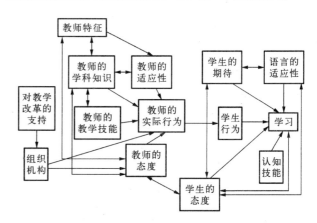

图3　"影响教学行为诸因素"的分析图示

层级分析法揭示为了达到一定的教学目的而需要掌握的不同层次的从属知识和技能。较适用于分析智慧技能和动作技能的学习内容。它从已确定的教学目的开始考虑，学生为了获得终点能力必须具有哪些次一级的从属能力？而要培养这些次一级的从属能力又需要具备哪些更次一级的从属能力？如此直至剖析到学生的起始能力为止。如果能将达成教学目的的从属能力层层排列出来，便可明确全部所要教学的课题，使每个课题都建立在前序课题获得的知识、技能的基础上。下页图4是一个应用实例。

信息加工分析法根据教学目的要求的行为表现，利用流程图来描述目标行为含有的基本心理过程。这种心理操作过程及其涉及的能力构成学习内容。适用于分析技能类和态度类学习内容。借助分析的流程图可以是提纲型的、直线式的，也可以是包含决策点的分支式的。这种分析方法比一般性陈述包含更多的实现目的的心理步骤。由于这

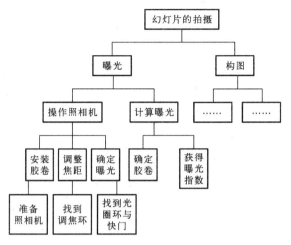

图4 "幻灯片拍摄"的层级分析图示

些心理操作步骤之间的关系的展现,学习内容的结构和顺序也就揭示出来了。图5是一个应用实例。

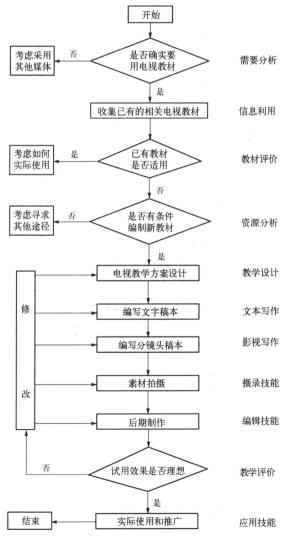

图5 "电视教材开发过程"的信息加工分析图示

参考文献

　　乔治·J.波斯纳,等.学程设计:教师课程开发指南[M].赵中建,等,译.上海:华东师范大学出版社,2003.

　　加涅,布里格斯.教学设计原理[M].皮连生,庞维国,等,译.上海:华东师范大学出版社,1999.

　　乌美娜.教学设计[M].北京:高等教育出版社,1994.

　　Dick, W. et al. The Systematic Design of Instruction[M]. 6th ed. Boston: Allyn & Bacon. 2005.

(章伟民)

学习心理辅导(mental consulting of learning)　　运用学习心理规律为学生学习活动提供帮助与指导的咨询活动。与生活辅导、择业辅导共同构成学校心理辅导三个方面。在不同时期,其内涵有所不同。

　　从世界学校教育发展过程来看,学习心理辅导的内涵经历三个发展阶段。第一阶段(20世纪30年代前),重视培养学生听、说、读、写、计算、推理等基本技能,教师对学生辅导,就是让学生正确地去学习。第二阶段(第二次世界大战结束至20世纪80年代),开始重视人的发展,对儿童、青少年学习与身心成长关系研究进展迅速。教师不仅教学生把握学科课程基础知识和技能,还注意发掘学生内在学习潜能,发挥他们自我创造学习能力,各国均把这视为教育本质所在,因此以学生发展为本进行辅导。第三阶段(20世纪80年代以后),随着国际化、信息化时代到来,除运用发展观点来教儿童、青少年掌握学科知识和技能,还设法指导他们在发展过程中如何克服困难、承受压力、增强抗挫折的能力,成为一个身心健全的人。

学习心理辅导的原则与途径

　　原则　以学生身心发展基本规律、学习基本规律和教学基本规律为基础。一般包括以下四方面内容:(1)学习辅导与学生心理发展水平相适应。学生心理发展水平是辅导的依据,而辅导也要积极适应学生心理发展。应该根据苏联心理学家维果茨基"最近发展区"思想,在适应学生现有心理发展水平基础上适当提前。(2)学习方法辅导与心理调节相结合。不可单纯进行学习方法辅导。学习方法能否发挥应有作用,学习能力能否提高,学习效果能否改善,还与学生个性倾向性(需要、动机、兴趣、世界观、理想、信念等)、个性心理特征(气质、性格等)以及情绪、意志等有关。如不注重对上述心理因素进行调节使其最优化,学习方法也难以转化为学生自身的实际行动。(3)理论辅导与培养实际能力相结合。除指导学生懂得必要的科学学习方法外,更要注重方法实际训练。只有如此,学生才能体验到方法的可行性和有效性,在训练中掌握和熟悉它,并转化为能力和习惯。(4)普通辅导与特殊辅导相结合。内容上,应既有普遍一般方法辅导，又有特殊不同学科具体方法辅导；对象上，既要普遍针对全体学生，又要结合每个学生具体特点个别指导。

途径　主要有以下五种：（1）系统传授式。是中国比较普遍的一种理论传授方式。教师根据此方面教材向学生系统传授学习方法，将其作为课程列入教学计划，教师在课上系统讲授，故又称课程式。这种方法多适用于初一、高一等起始年级。（2）专题讲座式。适用于升入初二、高二后的学生。这种方式可以班为单位，也可以一个年级或全校统一进行；可以是报告会形式，也可以利用校报、宣传栏、班级墙报、黑板报形式。其优点是可使辅导系统化、经常化，形势比较灵活，符合学生实际，可使学生学到某一方面丰富多彩且有一定深度的知识；缺点是理论与实践容易脱节，且易为其他工作所冲击。（3）学科渗透式。一般由任课教师据自己所教学科渗透进行。其优点是既能结合学生实际，又能结合学科特点，还能兼顾学习心理辅导知识体系。学生既可以学到某一学科具体学习方法，又能找到自己缺点与不足而"对症下药"，还能掌握学习过程各个环节的技巧。这种方式能较好地将理论与实践结合。缺点是过于繁琐，且大量学习心理辅导知识也不可能完全在学科渗透中掌握。（4）门诊辅导式。指教师在了解学生学习中存在的问题的基础上，有针对性地进行指导的方式。实质上就是一种门诊咨询，其优点是针对性强，能及时有效地解决学生在学习上所存问题，尤其对学生心理进行调节有很大帮助；其缺点是只能适用于小范围，对人员素质要求较高，耗费人力、物力也较多。（5）经验交流式。在教师指导下，同学之间进行学习方法交流，其形式有主题班会、优秀学习方法报告会、座谈会、优秀学习方法专辑等。优点是有利于学生从同学身上获取符合自己需要的经验，取长补短；同时，由于组织学生定期总结、交流自己的经验，也有助于培养学生自信心、自豪感、成功感和竞争心理。缺点是学生由于水平所限，很难从科学高度进行总结，不宜作为主要方式。

正常学生的辅导

学习方法指导　主要包括以下几个方面。（1）预习方法指导。预习即在教师讲课之前，学生独立地自学新课内容，做到初步理解，并做好学习新知识的准备工作。一般通过以下几个步骤做好预习：读、划、批、写、思、做。做好预习应注意两个问题：预习不必全面铺开；预习必须因时制宜。（2）听课方法指导。听好课一般应做到以下五点：做好准备，包括物质、生理和心理上的准备；专心听讲；当堂掌握；弄清思路；把握重点。（3）复习方法指导。复习可分为课后复习和系统复习。课后复习包含以下四个步骤：尝试回忆；阅读课本；整理笔记；看参考书。系统复习从时间上分，有周复习、期中复习、期末复习等；从内容上分，有章节复习、单元复习和总复习等。系统复习时应注意做好准备工作，注意围绕中心，善于发现问题，进行解题练习，讲究复习方法。常用复习方法有循环复习法和列表复习法。（4）作业方法指导。做好作业一般要遵循以下几个步骤：做好准备、仔细审题、认真解题、耐心检查、及时改错、不断提高。

学习动机与兴趣的激发与培养　（1）进行学习目的教育，旨在使学生认识学习的社会意义。（2）运用动机迁移，指在学生缺乏学习动力情况下，教师引导学生把从事其他活动的动机转移到学习活动上。（3）明确学习目标。学习目的性教育能帮助学生树立长远目标，长远目标能使动机作用稳定和持久，但长远目标的功能要通过客体具体短期目标来体现。因此，教师在讲授一门新课或一节新课之前，都要让学生知道具体学习目标、要求、在实践中的应用价值以及在知识体系中的地位。（4）创设问题情境。为能激发学生学习动机，教师应注意在教学中形成一种使学生似懂非懂、一知半解、不确定的问题情境，由此产生矛盾、疑惑、惊讶，引起学生求知欲和学习兴趣，产生学习愿望和意向。（5）提供安全保证。对学生来说，安全是鼓励、关心、同情等，与安全相反是危险，即非难、讥笑、恐吓等。（6）进行奖励、惩罚。这是两种常用激发学习动机的方法。尽管惩罚与奖励一样，对增强行为动机有一定作用，但赫洛克等人研究表明，奖励比惩罚对学生学习动机更具有激励作用，而且从心理卫生角度来看，注重奖励而不注重惩罚也被认为是一种开明做法。（7）体验成功。适当的成功和失败都可增强后继学习活动的动机，但对后继学习作用大小及可能产生的副作用，二者有很大差别。一些研究表明，成功体验对动机激发作用大于失败体验；尤其对成绩较差学生来说，进一步失败会导致学习动机下降，而一次或多次成功则会成为学习动机"激活剂"。（8）及时提供反馈。让学生在学习中及时了解自己的学习结果，可以进一步激发学生学习积极性，对学习动机起强化作用。

学习习惯养成　学习习惯是指学生在一定情境下自动地去进行某些活动的特殊倾向。学习习惯的形成，就是引导学生长期实践和应用良好的学习方法和策略，以使他们形成稳固学习行为。使学生养成良好学习习惯应做到：越早越好，逐步发展；加强教育，启发自觉；从"小"做起，贵在坚持；严格要求，反复强化；整体培养，相互促进；消除恶习，破旧立新。

不良情绪排除　情绪、情感问题往往是由学习而产生，反过来又严重地影响和阻碍学习。其中注意预防学习疲劳产生和应试方法指导，有助于学生不良情绪的排除，防止焦虑和恐惧情绪的产生，以及产生逃避或回避心理。预防学习疲劳产生应做到：注意课堂教学环节；合理安排学习课程；确保休息睡眠时间；保证营养充足合理；学会使用背景音乐;适度进行体育锻炼。考试是教学评价方法之一,对学生来说很必要和重要。因此,应该指导学生做到:做好临考准备;注意答题技巧;正确对待怯场;应设法防止和消除对抗或抑郁的产生。

学习困难儿童的诊断与辅导

根据现有学习困难的概念,学习困难儿童可分为三个层次。第一层是儿童缺乏学习愿望和学习动机,对学习不感兴趣而造成学习困难,被称为厌学症儿童。第二层次是学业不振,这类学生有学习愿望和动机,由于对学习不适应造成成绩不好,被称为恐学症儿童。以上两个层次学习困难儿童没有智力方面问题,而第三层次,学习障碍儿童智力在弱智边缘,且各方面发展都不平衡,这与中枢神经机能异常有关。学习障碍儿童具有行为问题,注意力常常不集中。

学习困难儿童的诊断　(1) 对缺乏学习愿望和动机的诊断。对某种目标或达成目标的动机有无竞争心或自我激励,是学习动机构成的核心。学习愿望构成要素、形成要素以及主客观条件如下:构成要素,主要包括学习兴趣,学习主动性、主体性,空间上的注意力,学习过程中的忍耐力等;形成要素,包括内在动机(内驱力)、学习价值观、学习目标(或希望达成目标、理想目标)、自我效能或自我成就感(使之感到有自信、有成就感);包括心理素质(有无广泛爱好、兴趣,有无自主性、独立性,身心健康度,有无良好人际关系等)、性格(有无自卑感、不安倾向、情绪不定等)、家庭环境(家庭气氛,父母养育和教育态度)、学习技术与方法(学习习惯,学习方法,听课、作业、考试对策等)。上述主客观条件中,父母教养态度可分为放任型、过度保护型、过度支配型、溺爱型、矛盾型等五种。过度保护型中又分为包办型与不安型两种;过支配型中又分为权威型与野心型两种。这些教养态度类型不同,对儿童学习意愿有一定影响。(2) 对学业不振的诊断。第一,从定义上进行界定。指有学习愿望,但学业成绩不高,常常处于受挫状态,由此引起学习信心丧失。最大可能是学习方法、技术缺乏或不妥当,引发情绪不适应,由此形成学习活动过程中恶性循环而造成学业成绩不良。日本心理学界把学业不振界定为:学生具有在该年级中平均学习能力和发展水平,但在某个阶段学习活动中出现迟滞、落后状态,学习成绩低劣。第二,教育测量。一般从以下几个方面综合进行:智力测量(包括语言和非语言方面);学习能力测量(学习的基础知识和基本技能等);性格测量(内向和外向);学习方法、习惯测量。第三,心理诊断。日本心理诊断量表"提高学习能力因素诊断测验"从四个领域八个方面来诊断:健康问题——M(精神健康)、P(身体健康);学习态度——H(学习方法)、S(动机、兴趣);人际关系——M(同学关系)、T(师生关系);环境状况——D(家庭环境)、E(学校、社区、居住环境)。美国学习适应性心理诊断,主要测量学习态度(学习愿望、动机、兴趣)、学习方法(主要包括学习计划、听课方法、教材阅读方法、笔记方法以及问题理解、记忆、测验等的对策和方法)、学习环境(主要是学校环境、家庭环境对学习情绪影响)和个人身心健康问题。(3) 对学习障碍的诊断。只运用一种测验方式进行测量较为困难,需要将各种测量方法和手段结合起来,进行综合诊断、分析,才能得出正确判定。判定要分三个层次进行。第一层次是进行行为观察和心理测量。第二层次是根据具体案例进行个别特殊学习能力诊断,对学习障碍类型进行识别。第三层次是微细神经症状检查(soft neurological signs test)。

学习困难儿童的辅导　(1) 对厌学症的辅导。美国心理学家德夏姆认为,在儿童学习过程中,个体自主性、独立性最关键,学习不是由他人,而是由自己决定。如果是被他人推动而进行学习,久而久之,必然会减少学习兴趣和愿望。因此,我们应该大力培养个体自主性和独立性。(2) 对学业不振的辅导。一般从以下三个方面进行辅导:学科辅导,主要进行学习指导,帮助学生掌握该学科中重点知识和技能构造;生活指导,帮助学生处理好周围人际关系,养成良好学习习惯和学习态度,适应学习环境;心理指导,帮助学生了解、认知自我性格,在自我发现、自我评价过程中养成良好自信力,做好学习情绪调控训练。(3) 对学习障碍的心理辅导和治疗教育。主要有以下措施:开发针对学习障碍儿童的特别教材、教学用具,从教育环境上防止学习障碍儿童注意力分散;在读写、计算、认知等具体学科中,设计特别学习课程;在心理辅导、治疗教育过程中,改善他们不适应的认知、行为特点,积极调节他们的学习情绪和兴趣;对学习障碍儿童进行感觉统合治疗,改善他们大脑反应机能;开发学习障碍儿童潜在学习能力,如绘画、音乐、工艺等方面才能。

参考文献

陈家麟.学校心理教育[M].北京:教育科学出版社,2001.

桑青松.非智力因素造成学业不良学生的学习心理辅导[J].中国教育学刊,2001(5).

（刘　滨　徐光兴）

学习型社会(learning society)　一译"学习化社会"或"教育化社会"。一种社会形态。以终身学习、终身教育体系和学习型社区为支柱和基础,通过对教育资源和学习资源的优化整合,保证社会中的每一个人具有终身学习机会,从而实现个体全面发展和社会可持续发展的理想社会。是社会、教育、个体发展及其相互关系的发展方向。在个体层面指一个能时时处处为个体提供教育资源,保证其终身学习机会,促使其不断开发潜能、增强智能、完善个性、达成自我实现的社会;在社会层面指教育资源和学习资源实现了优化整合,学习活动遍布社会各个层面。保障全民学习权利、整合社会各种学习资源、建设和优化全民学习环境是迈向学习型社会的关键。建立和完善终身学习、终身教育体系和学习型社区是迈向学习型社会的基础。

学习型社会是一个复杂、开放的系统,由学习的个体、学习的家庭、学习的组织、学习的社区和学习的政府等要素组成,由学习的网络加以联络和统合。其中学习的个体是其中心和主体,社区是其基础,政府在其中起主导作用。学习型社会具有以下特征:(1) 学习目的个体化。学习型社会以个体的学习为中心,其目的是要促进个体的全面发展,即充分发挥人的潜能、强调人性的尊严、提升人的综合素质与生活质量、促进人的自我实现,以此推进社会的和谐发展。(2) 学习过程终身化。在学习型社会中,学习在个人生活和社会生活中发挥越来越重要的作用,每个人都把终身学习看作是基本的生活方式或生存方式,充分认识到终身学习对个体自我实现的价值。同时,社会也建立了较为完善的终身教育体系为人们学习的终身化提供了保障。个体在人生的各年龄阶段均有学习的必要,教育、工作和休闲的界限逐渐模糊,彼此间的转换日趋频繁,联系也日益紧密。(3) 学习对象全员化。学习型社会强调每个个体,即无论男女老少、残疾人或其他不利群体、弱势群体的人们,都有权利和机会进行学习。学习型社会的教育对象是整个社会成员,教育功能是面向全体社会成员,培养完整意义上的人。(4) 学习途径多元化。学习型社会中学习型组织普遍存在,教育机构和非教育机构的界限逐渐模糊。家庭、社区、企业机构、政府机关、民间团体在行使其专业职能的同时,也要行使学习和教育职能,为个体学习提供必要的学习资源、机会和条件。(5) 学习方式自主化。自我导向学习成为个人最重要的学习方法。学习者根据自己的学习需求自由选择学习的内容、时间、地点和形式,社会能为个体的学习提供必要的机会和条件。

学习型社会是 20 世纪 60 年代为应对由科学技术革命引起的社会生产的变革,以及由此引起的经济转型、农村人口大量向城市流动、失业、科学技术进步引起的"知识爆炸"带来的挑战而提出的社会选择。首个提出该理念的人是美国学者赫钦斯,其于 1968 年出版的《学习社会》(The Learning Society)是该领域的经典之作。他认为,"学习型社会不仅为处于人生任何阶段的成年男女提供闲时的成人教育,而且还成功地实现了社会的价值转换,即学习型社会的目的是学习,是自我实现,是成其为人,而学习型社会的所有制度都以这一目的为指向"。1972 年,联合国教科文组织国际教育发展委员会发表《学会生存——教育世界的今天和明天》,该报告基于科学技术革命和教育民主化的形势

发展,提出人类进入学习型社会,并将其描述为:"教育已不再是某些杰出人才的特权或某一种特定年龄的规定活动;教育还在日益向着包括整个社会和个人终身的方向发展。""未来的教育必须成为一个协调的整体,在这个整体内,社会的一切部门都从结构上统一起来。这种教育将是普遍的和持续的。"20 世纪 80 年代,学习型社会的理念不断发展,除继续强调终身教育和终身学习的重要性外,更彰显高等教育的作用。1986 年,胡森出版《再论学习型社会》一书,指出为应对现代社会的剧烈变化,"今日的学校必须使青少年学生清晰地意识到,他们从学校生活中获得的理智财富并不足以让他们使用一生;必须使他们意识到,教育是一个终身的过程。"1988 年,美国学者阿普斯发表《学习社会的高等教育》,探讨了高等教育在学习型社会中的角色、功能与调适策略。90 年代,人们对学习型社会关注的重心放在了学习型社会理念的落实上,侧重探讨构建学习型社会的途径和策略。欧盟于 1995 年推出《教与学:迈向学习社会》白皮书,提出迈向学习型社会的发展目标。1996 年,联合国教科文组织国际 21 世纪教育委员会发表《教育——财富蕴藏其中》的报告,再一次强调终身学习和学习型社会的思想。1998 年,兰森编辑出版《处在学习型社会》一书,将学习型社会的基本内涵概括为四个方面:学习型社会是一个需要了解其自身特点和变化规律的社会;学习型社会是一个需要了解其教育方式的社会;学习型社会是一个全员参与学习的社会;学习型社会是一个学会民主地改变学习条件的社会。

20 世纪 90 年代,学习型社会问题开始受到中国学者的关注,并在短时间内涌现出一大批研究成果。进入 21 世纪后,中国相继发布一系列有关学习型社会建设的政策文件。2002 年,中共十六大报告提出全面建设小康社会的目标时,提到:形成全民学习、终身学习的学习型社会,促进人的全面发展。2007 年,中共十七大报告提出:发展远程教育和继续教育,建设全民学习、终身学习的学习型社会。2010 年颁布的《国家中长期教育改革和发展规划纲要(2010—2020 年)》提出,要广泛开展城乡社区教育,加快各类学习型组织建设,基本形成全民学习、终身学习的学习型社会。在这些方针、政策的指导下,以学习型政党、学习型社区、学习型家庭等为抓手,中国的学习型社会建设全面推进。

(杜以德)

学习型组织(learning organization)　在共同目标的基础上,以团队学习为特征,以扁平化的组织系统为管理结构的一种组织形式。1990 年美国学者圣吉所著《第五项修炼:学习型组织的艺术和实务》(The Fifth Discipline: The Art and Practice of the Learning Organization)出版,标志学习型组织理论形成,之后在管理领域获得很大发展,其中

的系统思维等原理为教育管理者借鉴,用以推动学校等教育组织效率的提高和组织品质的提升。

不同学者对"学习型组织"的界定不一。圣吉认为,在学习型组织中,组织成员必须不断突破自己的能力上限,创造真心向往的结果,培养全新、前瞻而开阔的思考方式,全力实现共同抱负,学会如何共同学习。井口吕野中认为学习型组织的特点是,发明新知识是一种行动方式和存在方式,组织中的每个人都是知识工作者。派得乐认为,学习型组织是促使组织中的每个成员努力学习并不断改革自身的组织。哈佛大学教授加尔文认为,学习型组织善于获取、创造和转移知识,并以新知识、新见解为指导,勇于修正自身行为。马恰德认为,学习型组织是能有力地进行集体学习,不断改善自身收集、管理和运用知识的能力以获得成功的组织。D. H. 金科姆则认为,学习型组织是指有意识地激励组织学习,不断增强自身学习能力的组织。总体而言,学习型组织的本质特征是善于不断地学习:全体成员全身心投入并有能力不断学习;组织成员在工作中体验生命的意义;通过学习创造自我,扩展未来能量。在学习型组织中,学习的动机是内驱的,组织成员充满对未来的美好憧憬,并通过学习实现组织目标和个人目标。

学习型组织的构成　圣吉从建立学习型组织过程的角度,运用五项修炼概括学习型组织的构成,并通过第五项修炼将其整合为一个有机整体。五项修炼分别为:第一,自我超越(personal mastery)。整个组织的学习意愿与能力建立在每个成员的基础上。自我超越的修炼要求组织充分意识到个人成长对组织成功的价值,创造鼓励个人发展的组织环境。第二,改善心智模式 (improving mental model)。每个人的心智模式影响其认识世界和改造世界的意愿与方式,组织同样存在共有的心智模式。改善心智模式的修炼要求组织转变以局部或静态思考方式为主的心智模式,注重以互动关系和动态变化的思考方式为主的共同的心智模式。第三,建立共同愿景 (building shared vision)。要求形成组织成员普遍认同的目标、价值观与信念。共同愿景的作用在于为组织学习提供焦点与能量,并激发组织成员形成不断向前超越的力量。第四,团队学习 (team learning)。是发展团队成员相互配合实现共同目标的能力的学习活动及其过程。团队学习的修炼要求成员超越自我,克服防备心理,学会相互学习和工作,形成共同思维。第五,系统思考 (systems thinking)。这是五项修炼的核心,要求树立全局观念,运用系统的观念看待组织发展,将问题置于系统中来思考,从动态发展的各种要素中寻求新的动态平衡。系统思考具有完整的知识体系和实用工具,可帮助组织成员认清变化形态,并了解如何有效掌握变化,开创组织的新局面。系统思考需要其他四项修炼的配合,以发挥其潜力。

加尔文从学习型组织的学习内容角度阐述学习型组织的构成:系统地解决问题;试验;从自己的过去经验中学习;向他人学习;促进组织内的知识传播。

学习型组织的特征　美国管理学家罗宾斯概括学习型组织的五个特性:具有受到普遍赞同的共同构想;在解决问题和从事工作时摒弃旧的思维方式和常规程序;作为相互关系系统的一部分,组织成员对所有的组织过程、活动、功能和环境的相互作用进行思考;组织成员之间坦率地相互沟通;摒弃个人利益和部门利益,为实现组织的共同构想而工作。J. 沃特金斯和马席克提出学习型组织的特点:持续不断的学习;亲密合作的关系;彼此联系的网络;集体共享的观念;创新发展的精神;系统存取的方法;建立能力的目的。一般将学习型组织的特征概括为以下方面:具有持续学习、系统思考及开放的组织文化;对学习的过程和结果给予同等重视;需发展五项训练,即自我超越、改善心智模式、建立共同愿景、团队学习、系统思考;能快速且适时适地将资料、信息转化为有用的组织知识;使成员感受到每次的工作经验都是提供其学习有用事物的机会;组织成员一般不会表现出恐惧与防卫的心态,并能从错误中获得激励与学习;具有承担风险的勇气,但不会危害到整个组织;组织支持想从事主动学习的个人或团队;鼓励组织中的个人或团体相互分享所得的信息及结论,促进相互学习;组织进行一种集体性、开放性和跨越组织范畴的学习;组织是一种持续转化的组织形式;组织能通过快捷的学习取得竞争优势;组织具备适当的结构、学习文化、授权赋能、环境侦测、知识创造与移转、学习技术、品质、策略、支持气氛、团队与网络化、愿景等 11 项重要因素;组织是一种自我组织系统,重视团队学习甚于个人学习,重视双反馈圈学习而非单反馈圈学习,其建构以主动学习为原则,以系统思考为核心架构;强调学习者自我导向与学习能力的锻炼、重建领导人的角色与功能、培养组织的学习文化、激发成员创新潜能、实现终身学习社会的愿景。

学习型组织的创建　基于对学习型组织构成的研究,学者们提出创建学习型组织的各种策略。J. 沃特金斯和马席克提出创建学习型组织的六个行为准则:创造不断学习的机会——管理者是教练;促进探讨和对话——交换知识;鼓励共同合作和团队的学习——系统能力;建立学习及学习共享系统——"联机处理";促使成员迈向共同愿景——"启发因子";使组织与环境相结合——依存共生。中国学者许庆瑞提出创建学习型组织的五项原则:系统思考原则;目标统一原则;自愿、熟练工作原则;有效小组学习原则;认识模型原则。

学习型组织与教育管理　自 20 世纪 90 年代始,学习型组织理论被运用于教育管理领域。联合国教科文组织在 70 年代初即提出创建学习型社会的目标。中国国家教育委员会于 1997 年将"学习型组织与五项修炼"作为成人高校

(院)校长资格培训的教学内容;中国教育学会在 21 世纪初将学习型组织作为现代学校发展的目标。现代学校作为学习型组织,在很多方面有别于传统学校组织。在领导目标上,传统学校追求效率,要求实现教育的规模效应;学习型学校则强调增强组织凝聚力,发挥组织成员合作的优势,不断探索与创新。在领导方式上,传统学校讲求支配与服从的关系,学习型学校则强调共同协商;在决策方式上,传统学校是自上而下的,学习型学校则既有自上而下的,也有自下而上的;在组织文化上,传统学校为权威型文化;学习型学校则为民主、平等、合作的文化,在信息沟通方式上,传统学校采用自上而下的单向式沟通,组织成员独享信息,学习型学校运用网络化方式,组织成员共享信息;在组织结构上,传统学校采用科层制,学习型学校则是扁平化和网络化的;在与环境的关系上,传统学校是封闭的,学习型学校则是开放的。

学习型学校是符合学习型组织理念,不断学习与转化的学校组织,它凭借学校成员不断的自我超越及改善心智模式,在交互学习中,运用系统思维模式解决学校问题,并通过建立共同愿景,使学校在校长、教师、学生与家长的相互学习中,发展创新的学习文化,以强化学校变革与成长的能力,推动学校革新,达成学校教育目标。学习型学校的组织文化和体制具有弹性、适应性、创造力、机遇、团队合作、不断追求进步等特点,以积极解决问题为导向,增强扩充自我学习以及学习周围事物的能力。

圣吉对学校转型为学习型组织持肯定态度,认为在建立共同愿景以及学习如何改变既定的心智模式方面,教育组织可以比企业组织做得更好。构建学习型学校既要体现学习型组织的共同特征,也要考虑到学校教育的特殊规律。具体可从几方面着手。

其一,创建民主、平等的校园文化,构建学习共享系统。圣吉认为,在权威型的学校组织文化中,教师被视为知识的拥有者和社会代言人,常以权威自居,虽然许多教师体认到民主、平等之于教育的意义,但由于潜意识中将学生假设为缺乏自主性的孩子,会不由自主地为学生安排一切,学生只能被动遵从,没有自由选择的权利,导致学生完善的人格、民主的价值观被忽视。推动校园民主化首先必须创造民主、平等的校园文化。民主、平等的理念须深入到学校每个成员心中,并渗透到学校工作的各个方面。

以学校为中心的管理强调"专业自主"和"参与决策",以集体决策和参与式管理为特点,主张权力下放。学校的决策通过由下而上的互动形成,学校组织的经营由管理、组织与控制走向开放、均权与自主。与传统学校中的个体学习不同,学习型组织中的学习是一种团体学习,组织中不同层次、不同部门的成员处于相互交往、相互学习的状态。团体学习较之个体学习能取得更出色的成果,且团体中个人

的成长速度较之其他学习方式更快,这是学习型组织成功的关键所在。传统的学校组织要实现向学习型组织的转变,必须构造学习共享系统,以促进师生间的交往和对话。在学习共享系统中,教师不是领导者,而是服务者和指导者;学生不是孤立和被动的知识接受者,而是相互交往的主动学习者;教育组织形式从单一的班级教学转变为班级教学、小组讨论、个别指导的恰当组合,并辅以形式多样的课外活动;学校各种教学设施的设计和安排须有利于交往的顺利进行。

其二,重视锻炼学生的自我导向学习能力。在学习型学校中,师生必须实现自我超越并改善心智模式,才能进行系统思考和团队学习。培养未来社会所需的学习关键能力,应重视培养学生搜集、分析和组织信息的能力,以及表达观点和分享信息的能力、规划与组织信息的能力、团队合作能力、解决问题的能力、应用科技的能力;教师需不断思考如何使学生持续学习和成长,以及教学活动能否有助于培养和锻炼学生的学习能力;学校需激励学生保持良好的学习动机,培育学生掌握学习和发展的能力。培养和锻炼学生的自我导向学习能力,需要学习型学校在与学生的交互过程中,协助学生将学习目标内化,并进行知识与能力的转化训练。

其三,建立共同愿景。共同愿景是组织成员共同持有的意象或景象,是组织学习的焦点与能量,具有强大的驱动力,能引领组织成员接近目标。教师不仅要善于激发、学习和聆听学生的个人愿景,而且要与学生分享自己的愿景,通过交往与沟通整合不同愿景,塑造整体图像。

其四,学校领导者成为学习的领导者。在学习型学校中,达成学校的共同目标、应对危机是学校每个教职员工的共同责任。学习型学校要求校长重视学习的价值,营造学习气氛,促进成员学习的发生;校长要率先做学习者,领导学校全体成员共同学习,善于开发组织智慧,增进教职员工认识和解决复杂问题的能力;校长应协助教职员工拥有厘清动态复杂现象、建立共同愿景的能力,以及改善成员心智模式的能力。

其五,强调专业法则与系统思考。学习型学校要求强化教师的专业知识、专业行为、专业判断和专业伦理。组织成员通过深度会谈进行团队学习,不仅借此超越自我,改善心智模式,而且在经验分享与彼此的互动中改善教学方式,提升教学品质,促进专业成长。同时在学习历程中,以整体为判断准则,利用系统思考模式妥善解决学校问题,提升学校效能。

其六,建立灵活的应变机制。学习型组织能适应环境变化,通过系统思考,组织不仅能观察到环境变化,且能预测环境变化对组织可能产生的影响,从而有针对性地采取应变措施。学校处于动态的复杂环境中,人口结构、社会需

求及政策等方面的变化都会对学校产生很大影响。是否具有灵活的应变机制是决定学习型学校兴衰成败的关键。

其七,充分利用计算机和网络。校长和学校教职员工的发展是根据圣吉的五项修炼(即自我超越、改善心智模式、建立共同愿景、团队学习、系统思考)分解、扩展而来的,如开展调研,收集信息;与员工、学生、家长等人深度会谈;评估现状;为有关人员提供专业发展机会;培养团队技能,等等。可以借助计算机思考—行动—结果反馈—再思考—推倒重来等过程,领悟五项修炼的含义并学会如何运用于教育管理实践。

构建学习型学校必须取得家长与教师的共识,整合各方信息,通过学校行政、教师、学生与家长的共同推动,从培养每位成员成为终身学习者开始,再塑造学习型班级与学习型家庭,进而营造学习型学校与学习型社区。

参考文献

冯大鸣,海林杰,汉森. 聪敏学校的构筑与首席学习者的发展——关于我国中小学创建学习型组织的对话[M]//褚启宏. 中国教育管理评论. 北京:教育科学出版社,2003.

张声雄. 学习型组织的创建[M]. 上海:上海科学普及出版社, 2000.

Barbra, J. B. Creating a Learning Organization[M]. Calif. : Crisp Publication Inc. ,1995.

Senge, P. M. The Fifth Discipline: The Art and Practice of the Learning Organization [M]. New York: Bantam Doubleday Dell Publishing Group Inc. , 1990.

(徐建平)

学习需要分析(learning needs assessment)　教学设计过程模式基本要素之一。指在教学设计中分析学习者在某一特定情境下学习方面目前的状态与期望达到的状态之间的差距,也就是分析学习者目前水平与期望学习者达到的水平之间的差距(即学习需要)。其目的在于对教学问题进行系统调查研究,弄清教学问题是什么和为什么,为教学设计提供充分的资料和数据,论证教学设计的必要性和可能性,即一方面是发现和分析教学中存在和必须解决的问题,另一方面是分析解决问题的可行性,以确定最终要解决的问题,阐明进行教学设计的教学系统的总教学目标。

学习需要分析的基本内容　学习需要分析包括三方面基本内容:一是通过调查研究,找出差距,发现问题;二是分析存在问题的性质,以判断教学设计是不是解决这个问题的合适途径;三是分析现有的资源及约束条件,论证解决这个问题的可能性。要想分析和确定学习需要,只需确定期望状态和目前状态即可,但学习需要是指特定的教育教学范围内的学习需要,它可以是从学校教育整体上分析期望值的现状,也可以是从某一专业人才培养或某门课程教学

对学习者的要求和学习者相应的现状,甚至是对学习者掌握某一技能的要求和现状去确定学习需要。通常,对学习者应当具备什么样的能力素质的总期望值由以下几方面因素决定:学习者生活的社会及其变化与发展赋予学习者的历史使命和任务(包括长远的、近期的能力素质要求);学习者未来的职业或现在从事职业的新发展对人才的要求;学习者未来的工作岗位或所在岗位的技术变化对人才的希望;学习者自身对知识、技能、情感态度的培养和发展方面的要求。期望状态的确定就是要清晰地表明人才具有应付现实社会的职业、社会生产活动、科学研究活动、社会生活等需要的知识、动作技能、认知策略以及态度、情感和价值观念。目前状态是指学习者群体和个体在能力素质方面已达到的水平。而期望状态与目前状态之间的差距指出学习者在能力素质方面的不足,以及教学中实际存在和要解决的问题,这正是经过教育或培训可以解决的学习需要,也就是教师的教学任务和教学目标。例如,市教育部门要求中学95%的学生以75分以上的成绩通过数学达标测验,而某一中学只有80%达到75分以上,这样找到学校中15%学生尚未达到市教育部门要求的差距,明确了学生群体的学习需要和学生个体的个别需要。可以说,没有差距就没有需要,也就无从谈起解决什么了。

学习需要分析的一般步骤　一般较为正规的学习需要分析包括以下具体步骤。(1)教育机构作出要进行教学设计的决定。这一步决定的作出是由于教育机构感觉到教学中有问题需要解决,或者他们提出了新的教学要求。(2)教学问题症状需要鉴别。教育机构尽管感觉到问题但对症状是什么尚不清楚,因此要求做学习需要分析。(3)确定问题解决后适用的范围。做学习需要分析调查也可限定一定的范围。(4)鉴别要使用的学习需要分析的方法以及相应的工具和操作程序,并选择和确定最佳方案,而且做好工具的准备以及动员社会、教育者、学习者等各方面人员的合作与参与。(5)确定期望状态,主要指期望学习者达到的状态,要注意尽可能用可测量的行为术语来描述。(6)协调所有合作者之间存在的差异,形成对学习者较为统一的期望。由于对学习者的期望涉及有关的不同的人的价值观念,并且每个人对教育的认识、对事物的看法均会产生对学习期望的差异,因此必须予以协调,否则将影响整个分析工作的顺利进行。(7)确定现状。主要指学习者能力素质的现状。学习者体力和发展特征以及发生变化的来龙去脉,也要尽可能用可测量的行为术语来陈述。(8)分析得出的差距以及问题产生的原因和性质,论证以教学方式解决问题的必要性。(9)分析资源和约束条件,做问题解决的可行性分析,确定要优先进行设计的课题。(10)清晰阐明要进行教学设计的教学系统的总教学目标。在实践中,具体步骤可根据教学设计项目的内容、项目的大小,以及学习需要分析

在教学设计中的作用等作适当增减。

确定学习需要(差距)的方法　以不同的期望值作参照系分析学习需要,便形成确定学习需要的两种不同方法,即内部参照需要分析法和外部参照需要分析法。内部参照需要分析法是由学习者所在的组织机构内部以已经确定的教学目标(或工作要求)对学习者的期望与学习者学习(工作)现状作比较,找出两者之间存在的差距,从而鉴别学习需要的一种分析方法。这种方法是以接受既定的目标作为期望值来分析学习需要为前提的,比较普遍用于普通学校教育。学校的培养目标体现在各科教学大纲、课程标准和标准教材当中,往往以它们作为对学生的期望标准。如果目标的制定充分反映了机构内外环境对它的要求,充分考虑了学生自身发展的要求和特点,那么内部参照需要分析法是有效的,否则它不能解释真正的需要。分析中,关于期望状态的数据资料,只需查阅机构内部目标方案或访问内部目标决策者就可以得到。重点是收集关于学习者目前状态的信息,具体做法是将期望状态(包括知识、技能和情感态度等方面)的目标具体化,形成完备的指标体系,作为收集目前状况数据的依据。以下数据收集方法可供参考:按照形成的指标体系来设计测验题、问卷或观察表,然后通过分析试卷和问卷以及观察记录,直接从学习者处获取信息;根据指标体系,分析学习者近期的测试成绩等相关的现成材料;召开教师等有关人员的座谈会或对他们做问卷调查,按形成的指标体系询问学习者目前的状况。几种方法可结合使用。外部参照需要分析法是根据机构外社会(或职业)的要求来确定对学习者的期望值,以此为标准来衡量学习者学习的现状,找出差距,从而确定学习需要的一种方法。这种方法揭示的是学习者目前的状况与社会实际要求存在的差距,其特点是把社会目前和未来发展的需要(超前性、科学预测)作为准则和根本价值尺度,揭示教育教学中存在的问题,从而制定教育教学目标。外部参照需要分析法是对机构内部目标合理性进行论证的有效方法。由于期望值是根据社会需要制定的,所以首先要收集和确定与期望值相关的社会需求的信息。收集信息主要有以下途径:对毕业生跟踪访谈、问卷调查,听取他们对社会需求的感受,以及工作后对学校教育或培训教学的意见和建议,从中不仅获得关于社会期望的信息,也获得学习者现状的信息;分析毕业生所在单位对毕业生的工作记录,了解他们对职工要求和对毕业生的评价,获得工作需要和对教学的改进信息;设计问卷发放到与所学专业相关的工作岗位,得到社会对人才能力素质的要求信息;现场调研,深入到工作第一线,获得对人才能力素质要求的信息;专家访谈,了解专家对社会目前及未来发展对人才需求的看法。有关学习者现状的信息收集方法与内部参照需要分析法相同。两种方法相比较,内部参照需要分析法容易操作,省力省时,但无法保证机构

目标的检测;外部参照需要分析法操作较难,要耗费大量的精力和时间,但却使系统与社会需求直接发生联系,从而保证系统目标的合理性。在实际运行时,可采取内外结合的学习需要确定方法。根据外部社会要求调整修改已有的教学目标,并以修改后目标提出的期望值与学习者现状相比较找出差距。

分析差距的原因,确定问题的性质　当揭示出学习者现状与期望之间存在的差距,找到教学中存在的问题时,就要讨论教学设计的必要性问题:造成这些问题的真正原因是什么?问题是什么性质?教学设计是解决这个问题的必然途径吗?差距形成的原因通常有以下四个方面:学习者缺乏必要的知识和技能;学习者缺乏正确的学习动机和学习态度;学习者缺乏良好的学习环境(含学习工具、学习场所等);管理激励机制与其他非教学的原因(如学生身体或家庭状况、老师工作态度、师生关系等)。分析结果若是前两方面原因引起的差距,便说明有必要通过教学设计来解决。若是另外两方面原因,则需要通过其他手段解决。例如,分析人员在一个学校中发现三年级学生在语文阅读方面的标准测试(反映期望)中完成得很差,当他们作进一步调查时发现完成差的学生有很高的缺席率(约27%),所以差距并不是由学习者阅读能力差引起的,而是他们没有上课。因此,首先必须解决的是缺席的问题,而不是教学设计问题。知识、技能、情感态度方面的教学只是形成教学问题的众多原因之一,另外也不是所有的教学问题都值得和必须进行教学设计。在开展教学设计的初期我们必须认真分析问题产生的真正原因,确定问题的性质。忽略这一点会使整个教学设计流于形式,陷入盲目决策。

解决问题的可行性分析　当解决了教学设计的必要性问题时,即找出若干个教学问题需要进行教学设计来得到解决时,就需要进行可行性分析:现有的资源和条件是否允许对他们全都进行设计,是否有可能解决所有教学问题等。进行可行性分析,必须收集资源和约束条件等有关信息。资源一般指能支持开展教学设计活动、解决教学问题的所有人力、物力和财力;约束条件指对教学设计工作、解决教学问题起限制或直接阻碍作用的事物。在分析资源和约束条件时要考虑的具体因素有经费、时间限制、人员情况、设施、设备、现存文献、资料、组织机构、规章制度和管理方法、教学组织形式、教学场所、政策思想等。

确定优先解决的问题,阐明总的教学目标　通过可行性分析,去掉那些条件尚不允许解决的问题,留下的需要进行教学设计而且可行的问题可能还有好几个。因此,还必须认定教学设计优先解决的问题。通常要根据两个标准来考虑:一个是解决这一教学问题(满足学习需要)在人、财、物时间上要付出的代价 a;另一个是若不解决这一教学问题(忽视这些学习需要)将付出的代价 b。只有当 $a>b$ 时,这

一教学问题才值得解决,根据 a、b 的差值大小便可以确定优先要解决的教学问题。一般可以从差距大小、缩小差距的重要性、普遍性、急需性和可行性上进行定性比较。优先进行设计的教学问题确定后,就要对它作总的陈述,即要清晰阐明总的教学目标。由于它是指导教学设计继续进行的总依据,为内容分析、目标编写、策略制定和评价等提供坚固的基础,因此应尽可能用可观察、可测量的行为术语来描述学习者要达到的目标。

学习需要分析中应注意的问题　(1)学习需要是指学习者的差距与需要,而不是教师的差距与需要,更不是教学过程、手段的具体需要。(2)获得的数据必须真实可靠地反映学习者和有关人员的情况,它包括现在和将来应该达到的状况,要避免从主观"感觉"需要入手。(3)注意协调参与分析学习需要的所有合作者(包括学习者、教育者、社会三方面)的价值观念,以取得对期望值和差距的一致看法,否则我们取得的数据将会无效。(4)要以学习行为结果而不是过程来描述差距,要避免在确定问题前就去寻找解决的方案。(5)需要分析是一个永无止境的过程,在实践中要经常对学习需要的有效性提出疑问和作出检验。(6)学习需要分析有正规和非正规之分,正规的学习需要分析有比较严格复杂的程序和步骤。如课程标准或教学大纲的制定过程和教学软件的开发过程都作正规的学习需要分析,则广大教师进行课堂教学设计时所作学习需要分析可以不是正规的,但依然是很重要的。

参考文献

张祖忻,等.教学设计——基本原理与方法[M].上海:上海外语教育出版社,1992.

Kaufman, R. A. Educational System Planning[M]. Englewood Cliffs, New Jersey: Prentice-Hall, 1972.

(乌美娜)

学习学(learningics)　研究人类学习现象及其规律的学科。教育学分支学科。旨在使学习者理解学习过程,认识学习特点,掌握学习规律,建立正确的学习观,充分发挥主动性,运用科学的方法进行有效学习。其研究内容主要有五方面。(1)学习的本质。对学习本质的认识关系到学习者的学习动机、学习态度、学习方法、学习策略、学习效率和学习结果。"学习"一词在中国最早见于《礼记·月令》中的"鹰乃学习","学"是仿效,"习"是重复不断地练习。现代意义上的学习概念形成于近代。学习是个体经验的获得及行为变化的过程。学习以行为变化为标志,是有机体获得个体行为经验的过程;个体的变化是后天习得的,是个体与环境相互作用的结果;由学习引起的变化相对持久;学习由反复练习或经验积累引起,但只有练习不一定产生学习。

人类的学习是一种社会活动,是把社会经验转化为个体经验和能力的过程;人的学习过程表现为复杂的智力活动和思维创造过程。学生的学习是人类学习的一种特殊形式,其内容包括获得和形成知识与技能、发展和培养智力与能力,以及思想认识、道德品质和行为习惯的培养与提高。学生的学习具有学习内容的规定性、学习活动的程序性和学习过程的受控性等特点。(2)学习的主客体因素。学习主体指从事学习活动的人,学习者的自身特点直接或间接影响学习效率和学习结果;学习客体包括被学习主体掌握的知识,以及学习主体接触的人、事及各种自然现象和社会现象,知识的内容和类型及其反映事物的程度等影响学习。(3)学习规律。学习过程存在不以学习者意志为转移的客观规律。学习者在学习过程中尊重学习规律并据此制订科学的学习计划,选择恰当的学习策略和学习方法,能有效完成学习任务。(4)学习方式。指个体在进行学习活动时所表现出的具有偏好性的行为方式与行为特征。学习方式直接影响学习过程、效率和结果。(5)学习环境。指直接或间接影响学习者学习活动的学校环境、社会环境、家庭环境、自然环境以及政治、经济、文化等社会因素。学习者正确认识学习环境的特点,正确处理与学习环境的关系,能更好地达到学习的预期目的。

学习学建立在人类学习实践和学习实验的基础上,并以哲学、教育学、心理学等学科为理论基础。马克思主义哲学为学习学的创立和发展提供世界观和方法论指导,具体体现在:提供唯物主义指导,树立实践第一的观点;提供辩证法指导,树立学习的发展观,即人对生活实践知识和对理性知识的掌握,是一个由浅入深、由简到繁、由片面到全面、由感性到理性、由初级到高级的发展过程;提供辩证唯物主义方法论的指导。教育学是学习学的理论基础,学习学从教育学中分化出来,两者相互依赖、相互包含。心理学关于学习的心理研究为学习学的建立和发展提供重要的理论基础。学习学具有综合性、基础性、实践性等学科特点。综合性体现在学习学将哲学、教育学、心理学、脑科学、思维科学等学科对学习的研究有机结合起来,对学习现象及其规律进行综合研究,更全面准确地认识人类的学习活动及其规律,并在这些学科的基础上形成本学科的理论体系。基础性体现在学习是人类赖以生存的基础、成才的基础,亦是教学和各学科学习的基础。实践性体现在学习的本质在于实践,通过学习,不仅把实践提供的新知识和经验吸收整理到学习者原有的知识结构中,而且能建构新的认知结构。

学习学由中国学者首先提出和建立。中国对学习学的研究经历三个阶段。(1)1979年至1987年上半年为自发研究阶段,学者从不同角度研究学习活动。在解放思想和改革开放的历史条件下,随着科学技术和教育事业的发展以及对人的本质的进一步认识,学生在学习过程中的主体作用受到重视。1980 年 4 月人才学家王通讯在《文汇报》发表文章,强调学习应该逐步形成自己的知识结构,有必要建立门"学习学"。中国当代学习学研究开始酝酿。20 世纪 80 年代对"以教为中心"、"重教轻学"的反思,为学习科学的发展打下基础。(2) 1987 年 6 月至 1999 年为自觉联合探索阶段。中国学习科学研究会筹备会成立,首次把学习作为一门学科,并从教育学中独立出来。伴随理论研究与探讨,学习科学的实验研究和应用开始进行,数千所大中学校开设学习指导课。(3) 2000 年开始第三阶段。中国学习科学研究会成立,学习学成为一门独立的学科。学习学兴起和发展过程中汲取了古今中外许多关于学习问题的重要思想。

中国是最早研究学习的国家之一。古代许多思想家、教育家,如孔子、孟子、荀子、韩愈、张载、朱熹、王夫之等人都很重视对学习的研究,并提出许多关于学习问题的思想。孔子在《论语》中说"性相近也,习相远也",指人本来的素质相差不大,但学习对人的发展有很大影响,造成人与人之间的素质差异。孔子强调人的一生要"知德"、"知仁"、"学道",认为一个人只有不断学习才能树立"守道"和"成仁"的崇高目标和坚定信念,他说:"不学礼,无以立。"只有不断学习,才能明确认识和判断善与恶、正义与非正义、道德与不道德;有明确的认识和判断,才能使知识从无到有、从少到多,达到"知者不惑"。孔子将学习视为一个人自我修养、自我提高的先决条件。古代学者对学习的各方面都有详尽论述。如先秦学者提出"知行统一"的学习观及"德业相辅"、"知能相因"、"一以贯之"、"博约结合"、"温故知新"的学习规律。汉魏南北朝学者提出"学以致用"、"学本论"、"博学"、"积累"、"善假于物"、"慎思明辨"、"修身务本"等学习思想。唐、宋学者提出"致知力行"的学习实质以及"为学立志"、"循序渐进"、"顺天致性"、"学习求新"、"读经致用"等学习原则。元、明、清学者提出"博闻强记"、"学思结合,自求自得"、"综合贯通,合理推论"、"学务真知,贵在能用"等学习理论和方法。

外国对学习的研究可追溯到古希腊的柏拉图和亚里士多德。对学习进行系统的科学研究出现于近代。19 世纪 70 年代,德国心理学家艾宾浩斯和美国心理学家 E. L. 桑代克等人采用实验方法研究学习的心理机制。苏联生理学家巴甫洛夫的条件反射实验研究为学习的心理机制研究提供了科学依据。20 世纪初,学习学研究领域的各理论流派展开激烈争论,促进学习学的发展,出现以瑞士心理学家皮亚杰等人为代表的认知学派、以美国心理学家华生等人为代表的行为学派、以考夫卡等人为代表的完形学派。20 世纪中期,苏联教育家赞科夫提出"教育与发展并重"理论,美国心理学家布鲁纳提出的"学习发现法"等,至 20 世纪 80 年代,各国心理学、教育学、社会学、创造学、思维科学、系统论等

人文社会科学的研究成果,推动学习学研究的深入,美国、日本、苏联等国的许多学校开设相应课程。外国的学习学研究从个别走向一般,从实验探索走向理论体系的构建。

(刘智运)

学习障碍儿童(children learning disabilities)　智力正常,但学习成绩明显落后,达不到教学要求的儿童。中国学者的界定包括两层含义:首先是智力正常,且心理发展的进程是正常的,即使智力有偏低,也必须在正常范围之内;其次是学习成绩长期而稳定地达不到教学大纲的要求,且学习困难难以克服。

学习障碍亦称"学习能力缺失"、"学习困难"、"学业不良"、"学习低能"、"学习无能"。见"学习障碍儿童教育"。

学习障碍的流行率　在美国,学习障碍儿童是接受特殊教育服务的儿童中比例最大的群体,接近 50%。在 1983—1984 学年度,学习障碍儿童占所有障碍学生的 41.7%。在 1991—1992 学年度,接受特殊教育的学习障碍儿童有 221.8 万余名。在 1997—1998 学年度,接受特殊教育的学习障碍儿童达到 274.8 万余名,占接受特殊教育服务儿童的 51%。从 1988—1989 学年度到 1998—1999 学年度接受特殊教育服务的 6～12 岁学习障碍儿童的比例增加了 38.13%。

中国未见全国性的报道,根据江西省教育科学研究所 1990 年对小学 1 年级到初中 3 年级 1 万余名儿童的调查结果,学习困难儿童的检出率为 8.76%。其中男女比率是 1.36∶1。上海市精神卫生中心 1989 年通过对全国 14 个省市学习困难专科咨询门诊的 3 084 名儿童的调查发现,专科咨询门诊中学习困难儿童的检出率为 51.1%。尽管检测标准和方法的差异造成检出率的不同,但学习困难儿童的数目在特殊儿童中尤其可观。

学习障碍的成因　学习障碍通常不是单一原因引起的,是多种因素综合作用的结果,这些因素主要有生理、心理、行为、环境和教育等方面因素。

国外研究表明,严重的学习障碍具有遗传性。例如,学习障碍儿童的家庭成员的阅读技能比正常儿童的家庭成员差。双生子的研究也证明学习障碍具有遗传性,研究者在严重的诵读症、拼写困难和数学困难儿童身上都发现与遗传有关的情况。生理因素除遗传外,还包括脑功能失调、营养不良、生化因素等可能给儿童的学习造成不利影响的因素。

心理因素与学习障碍的产生有直接关系。如注意障碍、视听分辨能力差、理解能力差、语言发展迟缓、记忆障碍、思维障碍、概括和判断能力差等,都会造成儿童的学习障碍。尤其是在学生步入青春期之后,心理敏感加剧,如果处理不当,很容易引起心理失衡,造成暂时性学习障碍。

行为问题是造成儿童学习障碍的重要因素之一。一是行为问题常常伴随注意障碍，使儿童因不能集中注意和活动过度而丧失很多学习的机会。二是行为问题引起的不假思索地作出反应的特点，使儿童在学习过程中经常出现遗漏和错误的现象，同时导致学习动机受损，最终造成学习困难。

各种不良的环境可以直接影响儿童学习潜能的发挥。学校教育中，教学内容不恰当、教法落后、教师素质欠缺、不良的师生关系和对学习出现暂时性困难的儿童缺乏及时的个别指导等是造成儿童学习障碍的重要原因。在家庭环境中，家长对子女的期望过高或过低、态度粗暴、教养方式不当，父母的文化程度较低，家庭的文化氛围较差、经济水平较低等都可能成为儿童学习障碍产生的原因。

学习障碍的特征　学习障碍儿童在心理和社会行为方面存在一些不同于普通儿童的特征，但并非所有的特征都表现在每一名学习能力缺失儿童身上。

（1）学习障碍儿童的心理特征。在注意力方面，学习障碍儿童注意缺陷极为普遍。通常的表现是，注意力无法持续较长时间，专注能力差。注意的广度小，同一时间获取信息的数量受到限制，并且过度分心，无法将注意力集中在有关的学习材料上，但一旦专注下来，又不易根据新的任务要求转移注意。在知觉方面，学习障碍儿童往往存在知觉障碍，包括视知觉、听知觉、触知觉、运动知觉障碍等。有的儿童难以快速地确认字符并在头脑中形成视觉形象，有的儿童不能区别音调的差异，有的儿童在辨认物体形状上有困难。在语言方面，不少学习障碍儿童存在语言障碍，体现在语言的接收、处理和表达三方面，研究表明，阅读障碍儿童在这三方面都表现出困难，比普通儿童明显落后，这种差异随儿童从小学阶段步入中学阶段更加凸显出来。在记忆方面，学习障碍儿童常常存在短时记忆和长时记忆的困难，在记忆广度、速度和精确度等方面都不如普通儿童。这与其记忆策略的缺乏有关，他们不会像普通儿童那样自发地使用记忆策略，以帮助信息的巩固和再现。在思维方面，学习障碍儿童的主要特点是思维缺乏主动性和积极性，不能充分发挥类化、推理等高层次的思维功能，在概念形成方面存在困难。表现为概括化水平低，含糊、笼统、抓不住重点等。

（2）学习障碍儿童的学习特征。首先，在阅读方面，阅读困难是学习障碍儿童最显著的学习问题之一。许多研究表明，阅读困难与语言技能特别是语音意识的缺乏有关。阅读障碍儿童经常表现出单词识别错误，在口头阅读时，经常省略、添加、替代或颠倒词语，因此，难以理解所读材料的内容。严重的阅读困难又称为诵读困难，即一种以语言的表达和接收、口语和写作等方面的困难为主要特征的学习障碍。其次，在书面语言方面，学习障碍儿童常常会有书面

语言表达困难，主要表现在书写、拼写、构思、文章结构、句子结构、单词用法等方面。有书面表达问题的学生具体表现为在写作开始时感到难以组织材料，在写作结构上理不出清晰的思路，很难流利地表达自己的观点，表达的内容简单而枯燥等。还常常伴有拼写问题，如添加或省略字母、颠倒字母、颠倒音节等。再次，在数学方面，数学困难在整个学习障碍儿童中占据重要比例。学习障碍儿童与数学能力不足相联系的困难主要涉及视知觉能力（用于区分数字等）、记忆能力（回忆和应用数学符号）、动作能力（在较小空间书写数字）、语言能力（理解数学术语的意义和应用数学术语）、抽象推理能力（通过比较等解决问题）和元认知能力等。

（3）学习障碍儿童的情绪和行为特征。第一，在自我概念方面，由于长期接受失败的体验，学习障碍儿童自我概念水平普遍较低，在社交地位、外表的自我评价、能力的自我评价等方面都低于普通儿童。对自身的期望也低，表现出习得性无助，在面对学业或社会方面的挑战时，常常会逃避。第二，在情绪方面，学习障碍儿童有较多的消极情绪，且情绪不稳定，常表现出焦虑、悲观和自责等。缺乏坚强的意志和毅力，信心不足。第三，在交往方面，学习障碍儿童的共同问题是缺乏交往的技能。常被同伴拒绝或忽视，被教师、家长和同伴当作有社会问题的儿童。他们由于缺乏交往的知识和正确理解他人感觉的能力，常常引起别人的反感，因此，难以和他人建立良好的人际关系，可能朋友很少。第四，由于学习障碍儿童难以通过社会可接受的方式理解和获得社会线索，并且无法使自己的表现与自身能力水平相符合，也缺乏处理自己与对自己产生误解的人之间的关系的能力，所以在步入社会后往往会出现严重的社会行为问题。美国心理学家福尼斯1996年研究表明，学习障碍儿童会产生社会问题、情绪障碍以及由于缺乏社会技能而引起的其他问题。

参考文献

方俊明. 特殊教育学[M]. 北京：人民教育出版社，2005.

钱在森，胡兴宏，吴增强. 学习困难学生教育的理论与实践[M]. 上海：上海科技教育出版社，1995.

汤盛钦. 特殊教育概论——普通班级中有特殊教育需要的学生[M]. 上海：上海教育出版社，1998.

Turnbull, R. & Turnbull, A. et al. Exceptional Lives: Special Education in Today's School [M]. 3rd ed. Upper Saddle River, NJ: Pearson Education Inc. , 2002.

（杨福义）

学习障碍儿童教育（education of children with learning disabilities）　对由各种原因表现出来的学习困难和问题儿童实施的专门教育。特殊教育组成部分。

学习障碍的概念界定

自 1963 年美国柯克在知觉障碍儿童基金会的研讨会中提出使用"特殊学习障碍"一词起，"学习障碍"（learning disabilities，简称 LD）就统一了过去对这类障碍的各种名称。但受各国经济、政治、教育等各方面因素的影响，赋予"学习障碍"一词的内涵和外延也有所不同。在有关学习障碍的众多定义中，影响最大的是 1975 年《教育所有残疾儿童法令》（Individual with Disability Education Act，简称 IDEA）的定义：学习障碍一词指与理解、运用语言有关的一种或几种基本心理上的异常，以至于使儿童在听、说、读、拼写、思考或数学运算方面显示出能力不足的现象。这些异常包括知觉障碍、脑伤、轻微脑功能失调、阅读障碍和发展性失语症等情形。但学习障碍不包括以视觉、听觉、动作障碍、智力不足或环境、文化、经济等不利因素所造成的学习问题。这是以柯克 1963 年的定义为蓝本，并结合医学界的意见提出来的定义。

美国 1975 年的定义是用心理过程异常来解释学习障碍，未指明如何鉴别，受到黑模等学者的批评。1981 年，黑模主持的美国学习障碍联合委员会（National Joint Committee on Learning Disabilities，简称 NJCLD）提出新的定义："学习障碍"指在听、说、读、写、推理或数学等能力的获取和运用上表现出显著困难的一群不同性质的学习异常者之通称。这些异常现象是个人内在的，一般认为指中枢神经系统功能失常。个体在自控行为、社会知觉与交往中的问题可能与学习困难同时存在，但这些问题不在学习障碍范畴之中，同时，学习障碍也可能与其他残疾（如精神发育迟滞、情绪紊乱等）或外界不利条件（如文化差异、教育缺失或不良）共同发生于同一个体，但它们都不是造成学习障碍的直接原因。学习能力缺失的判定需符合以下三条标准：（1）不一致性标准，即在标准化的个别智力测验和学业成就测验中，学生的认知潜能和实际学业成绩之间存在显著差异，或学业成就的某些方面与其他方面存在明显不一致。伍德科克 1990 年描述了三类差异：能力—成就差异，即不同能力和学业成绩领域之间的差异；认知内部的差异，即不同能力之间的差异，如动作和语言；不同学科领域之间的差异。（2）排他性标准，即学习障碍不是由视觉障碍、听觉障碍、智力落后、严重的情绪困扰，以及经济、文化和环境差异等原因直接造成的，也不是由压力、缺乏机会、课程变化和教育不当等外部因素造成的。（3）特殊教育需要标准，即普通教育不能奏效，无法在正常的教学条件下进行有效学习，表现出明显的特殊教育服务的需要。

世界卫生组织 1989 年出版的《国际疾病分类手册（第十版）》（*International Classification of Diseases*, 10th *Revision*，简称 ICD-10）把学习障碍归于发育障碍类别下，称其为"学习技能发育障碍"："从发育的早期阶段起，儿童获得学习技能的正常方式受损。这种损害不是单纯缺少学习机会的结果，不是智力发育迟缓的结果，也不是后天的脑外伤或疾病的结果。这种障碍来源于认识处理过程的异常，由一组障碍构成，表现在阅读、拼写、计算和运动功能方面有特殊和明显的损害。"

中国台湾地区 1992 年提出学习障碍的定义：指在听、说、读、写、算能力的习得与运用上有显著的困难者。学习障碍可能伴随其他障碍，如感觉障碍、智能不足、情绪困扰；或由环境因素所引起的障碍，如文化刺激不足、教学不当，但不是由前述状况直接引起的结果。学习障碍通常包括发展性学习障碍与学业性学习障碍，前者如注意力缺陷、知觉缺陷、视动协调能力缺陷和记忆力缺陷等，后者如阅读能力障碍、书写能力障碍和数学障碍。有的学者对此定义中未能强调学习障碍是一个各种不同异质障碍的统称表示异议。

中国大陆长期以来一直在"差生"、"双差生"、"后进生"、"学业不良"等名义下进行学习障碍的相关研究，很少探讨对学习障碍的界定。20 世纪 80 年代以来，又出现"学习困难"、"学习无能"、"学习障碍"等词语，以"学习困难"一词出现的频率最高，这几个概念一直在混淆使用。上海市教育科学研究所"初中学习困难学生教育的研究"课题组于 20 世纪 90 年代初对学习困难学生进行了界定，提出"所谓学习困难学生，指的是智力正常，但学习效果低下，达不到国家规定的教学大纲要求的学生"。

中国学术界对学习障碍尚无明确界定，国务院办公厅 1989 年转发的国家教育委员会等部门《关于发展特殊教育的若干意见》的通知明确指出"各地学校要继续创造条件，积极吸收肢体残疾和有学习障碍、语言障碍、情绪障碍等少年儿童入学，并努力改进教学方法，探索教学规律，使他们受到适当的特殊教育"。这是中国教育行政部门明确学习障碍为特殊教育的早期文件，但就学习障碍本身没有给予明确定义。

对学习障碍界定的多样化是该领域研究进展的反映。随着学习障碍研究的发展，有关学习障碍的定义会不断完善。对学习障碍的界定既是这一研究领域历史的一部分，又是今后研究的重要内容之一。

学习障碍分类

在现实中学习障碍儿童的表现具有很大差异，因此给学习障碍的分类带来一定难度。各国研究者从不同角度对学习障碍进行分类。柯克将学习障碍儿童分为发展性学习障碍（developmental learning disabilities）和学业性学习障碍

(academic learning disabilities) 两大类。发展性学习障碍是指在儿童正常发展过程中出现的心理、语言功能的某些异常表现,多与大脑信息处理过程的问题有关。这类学习障碍又包括以下类型:(1)注意障碍(attention-deficit disorder),表现为好动、注意力分散,不能持续足够长的时间来完成学习任务,也不能有目的直接注意周围的事物。(2)记忆障碍(memory disabilities),表现为不能记住曾经见过的、听过的和经历过的事情。(3)视/听知觉障碍(visual perception or auditory perception disabilities)和感知—运动障碍(sensory and motor disabilities),有视知觉问题的学生,表现出无法理解路标、方向指示、文字或其他符号,可能无法理解图片的含义。有听知觉困难的儿童,无法理解或转译口语,能认出见到的事物、可以读,但同样的刺激如果仅仅用口语来表达,他们却不能理解。有感知—运动障碍的儿童在辨别左右方位、身体形象、空间定向、活动性的学习、需视觉配合的活动等方面存在困难。(4)认知能力障碍(cognitive disabilities),大脑处理信息时,必须具备记忆、分类、解决问题、推理、判断、批判性的思考、评价等基本的智力活动能力,这些认知技能是大脑中枢处理过程的完整组成部分,在这些方面有缺陷就会影响学习活动。学习障碍儿童在认知和元认知方面都有困难。(5)语言障碍(language disabilities),这是学前阶段能够被确认出的最常见的学习障碍表现,如不开口说话或不能像同龄人那样说话,不能对指示或口头陈述作出恰当反应。学业性学习障碍是指显著阻碍阅读、拼写、写作、计算等学习活动的心理障碍。这些障碍往往在入学后由于实际成就水平低于潜在学业能力而表现出来。其主要表现为阅读障碍、拼写障碍、写作障碍和计算障碍等。

麦金尼1984年运用聚类分析法确定了学习障碍的四种类型。第一种类型表现为:言语技能一般,序列和空间能力缺乏,概念能力较强,独立性较差和注意力不集中。第二种类型表现为:算术和图形排列及一般能力较好,学习成绩较差,在教师评价的行为量表中排名较低,在学校中比较自私,攻击性较强,注意力很不集中。第三种类型表现为:概念能力高于平均水平,学习成绩中等,注意力不集中,性格较为外向。第四种类型表现为:学习成绩中等,言语能力中等,序列和空间能力缺乏。

中国有些学者根据学习障碍表现的领域,把学习障碍分为语言学习障碍、数学学习障碍和社会技能学习障碍。语言学习障碍指在口头语言、书面语言技能的获得与运用中的障碍,可以进一步分为口语接受性障碍、口语表达性障碍、阅读障碍、书写及作文障碍。数学学习障碍表现为计数困难,对上、下、高、低、远、近、前、后等空间及序列概念区分不清,理解数学术语或符号困难。社会技能学习障碍表现为社会知觉能力不足,社会判断能力差,角色及观点采择能力低下,自我概念不良。

学习障碍儿童的诊断与干预

学习障碍儿童诊断是对学习障碍儿童进行筛选和区别的一个过程,其目的是对学习障碍儿童进行分类、分班,制订干预计划,或对干预结果进行评价,了解学习障碍儿童的进步。因此,诊断既是对学习障碍儿童进行发现的过程,又是对干预效果评价的过程,对于学习障碍儿童及其教育具有重要意义。由于学习障碍儿童的异质性,对学习障碍儿童的诊断不能局限于某一个方面,必须全面、综合地进行,即在对学习障碍儿童进行诊断时,遵循多元、多途径的原则收集资料,综合分析,采用多种量表或者综合性量表测评被试的多项指标,家长、教师、学校心理学家及学习困难专家等多方面人员共同商议作出决定。

学习障碍儿童的诊断有三种基本模式。(1)常模参照测验(norm-referenced test)。这种模式直接源于学习障碍定义中强调的潜能与实际表现的差距,基本思路是将儿童当前学业表现的标准化分数与常模对比,并考验对比差异是否达到显著水平。如果某个儿童的测评分数明显低于常模对应的分数,那么该儿童的学业表现就可判断为滞后。根据对潜能与实际的差距的不同定义又衍生出多种模式:年级水平模式、期望函数模式、标准分比较模式和回归方程模式。(2)标准参照测验(criterion-referenced test)。教师或研究学习障碍的专家预先制定一个评价儿童学习水平的标准,根据这一标准评价学生的学习成效。这种测评模式提供的测评信息不是具体数据,而是一些描述性信息,在测评的过程中,它可以帮助教师和学习障碍研究专家把实际教学目标与儿童具体情况结合起来,有助于确定教学的目的和进程,而不是筛选学习障碍儿童。(3)基于课程的测验(curriculum-based test)。以儿童对日常课程任务的完成为基础,每日或每周进行评价,既可由教师评定,也可让学生自己参与评价。该模式有四个步骤:首先直接观察与分析学生学习的环境,包括教材、教法、教学时间和学习时间;其次是分析学生学习的过程,包括态度、注意力、阅读教材、听课、反应等;第三是评估学生的学习成果,如考试、作业、回答问题或练习的表现以及错误的类型;最后是诊断分析,以有系统的教学方法来观察影响学生学习效果的因素,作为未来干预的基础。上述三种学习障碍儿童的诊断模式各有不同的侧重点,常模参照测验模式多应用于筛选,标准参照测验模式与基于课程的测验模式作为非正式诊断的主要类型,在教育干预中具有重要作用。近年来在美国出现了新的鉴别诊断模式。美国的学习障碍研究者和实践者开始重视通过动态评估或通过评估学生对教育干预训练的应答程度来鉴别学习障碍者,尝试转变传统的"等待失败"的学习障碍鉴别模式。

　　学习障碍诊断方法涉及收集有关信息的手段与来源,主要有以下几种:(1) 神经系统检查。根据学习障碍病理机制的神经系统异常的假设,医学界在诊断时常常对儿童的神经系统的结构与功能进行检查,检查的方法有电子计算机 X 射线断层扫描(CT)、核磁共振成像(MRI)、脑电图、双耳分听等,重点放在确定儿童有无皮质异位、对称性改变等。(2) 了解个人既往史。由家长、教师报告儿童的生活史、病史与学校表现,内容可以涵盖儿童生活背景与以往发展的广泛信息。通过结构化和半结构化的访谈、问卷,可以了解其他家庭成员有无学习障碍问题及儿童的个人情况。(3) 行为观察法。以儿童外显的具体行为为对象进行连续性观察记录和评价。有两种主要方法,一是运用行为评定量表方法,二是应用行为分析方法。

　　对学习障碍儿童进行有效干预,使其改善学习过程与效果,是所有学习障碍研究者的共同目的。为此,研究者从对学习障碍病因假设出发,针对学习障碍的具体问题,提出了许多干预方法和具体方案,并在干预过程中不断修正和发展这些方法和措施。(1) 行为干预模式(behavior modification)。以行为主义的基本原则为指导思想,干预方式包括及时强化、代币制、行为合同、"冷板凳"、反应代价等直接针对学习障碍儿童的、较早形成的比较完善的干预方法。(2) 认知行为干预模式(cognitive behavior modification)。与行为干预模式强调教师指导作用的论点不同,更强调使学习障碍儿童自己形成主动的、自我调控的学习风格。其创立者认为,学习障碍儿童具有的潜能与实际表现之间存在差距,原因在于他们在学习过程中是消极、被动的,不会使用有效的学习策略。如果提高其策略使用的水平,学习障碍儿童的学习状况也会得到改善。从这种"策略缺陷"的病理机制观点出发,认知行为干预模式强调对学习障碍儿童进行认知策略训练和自我监控训练。近年来,不论是在国外还是在国内,均有不少学习障碍研究者正在进行认知行为训练模式的探索。这一干预模式最突出的特点是:尽量引导儿童主动参与学习过程;重视示范、目标策略、方法的运用;以儿童的外部言语为中介。这些特点保证学习障碍儿童对自己学习过程的控制,改变其原有的消极被动的学习风格。(3) 同伴指导模式(partner direct)。20 世纪 80年代中期兴起的新型训练模式,即让一个学习障碍儿童帮助另一个学习障碍儿童,或让学习障碍儿童的正常同伴帮助他。运用同伴指导模式首先需要抽取部分儿童作为指导者,关键是要对指导者进行特殊训练。同伴指导模式可以较大地促进学习障碍儿童的主动性,提高训练双方在课程学习及社会技能方面的能力;同时也是改善学习障碍儿童在学校中的社会地位、重塑自我的有效途径。但这一方法并不适用于所有学习内容或学习障碍儿童,对于难度大的

课程学习内容及存在显著外化行为的儿童都不要采用同伴指导模式。(4) 神经系统功能训练(nervous system function practice)。这种训练也是心理过程训练,是从心理过程障碍的病理机制假设出发而设计的学习障碍干预方法。其创立者认为,学习属于神经系统的高级功能,而这些高级功能的实现以基本的感知觉等心理过程为基础。因此,对基本心理过程进行训练就可以改善脑功能,进而改善学习过程和提高学习效果。在改善心理过程及神经系统功能的框架下,研究者设计了许多干预方案,针对不同的心理过程进行训练,如视觉训练法和心理语言训练法。在中国台湾和日本,一种名为"感觉统合训练"(sensory integration training)的神经系统功能训练法得到一定范围的使用,这种训练法在中国大陆也开始流行。(5) 生化与药物治疗(biochemical medication)。这种干预跟心理与教育类型的干预模式不同,生化与药物治疗是假设儿童的学习障碍问题是因其神经系统的结构与病理性问题而造成的,如轻微脑功能失调、脑结构异常等,因此要采用药物治疗,首先控制和改善学习障碍儿童的病情,进而改进其学习状况。在使用生化与药物治疗时,要认识到,对于学习障碍儿童,药物治疗有一定疗效,但其治疗效果有限。对于学习障碍儿童的干预不仅局限于上述五个模式,就教育干预而言,也经历了不同阶段。开始是把学习障碍儿童单独编班、编校进行专门教育;之后在进行专门教育的同时,让学习障碍儿童定期回到普通学校中去;现在又让学习障碍儿童回归主流学校,可定期到专门教育机构进行诊治。

　　中国自 20 世纪 80 年代开始在学习障碍儿童的干预方面做了许多探索。如江西省教育科学研究所提出"早期干预理论";上海市教育科学研究所根据学习困难学生的特点、成因提出教育对策;北京师范大学特殊教育教研室比较美、俄等国定义,提出中国的看法;北京师范大学在对学习障碍儿童进行诊断的同时进行心理咨询;北京大学人民医院从医学角度研究多动症儿童的诊断和医治问题;北京教育科学研究院(原北京市教育科学研究所)学习障碍研究中心进行"初中生数学学习障碍研究",课题组应用他们研制的"数学学习反思卡"和"数学分层测试卡",对学习障碍儿童进行教学干预,取得较好成效。

学习障碍研究发展历程

　　学习障碍研究在国外已有 200 多年的历史。国外学者把学习障碍研究的发展历程大致分为四个阶段。

　　第一阶段是研究早期,即奠定期,从 1800 年至 1930 年。这一时期的特点是研究学习障碍与脑外伤的关系并唤起对学习障碍的认识。外科医生对脑损伤病人的学习能力与表现的研究为学习障碍研究的理论奠定了基础。这一阶段主

要研究报告来自医学临床病例，多数研究者比较重视病因上的讨论，很少涉及治疗或教育方法。对学习障碍的早期研究集中在脑损伤病例以及对语言障碍和阅读障碍的研究上。早期研究者提出的学习障碍有其神经生理基础的观点至今影响着学习障碍研究领域，语言障碍和阅读障碍的研究现仍是学习障碍研究领域的重要方面。

第二阶段是转折期，从20世纪30年代开始，一直到1963年柯克正式发表主张采用"学习障碍"名词的演说之前为止。这一时期是学习障碍研究专门化的开端，即研究重点已由过去的大脑解剖转变到以补救教学和训练为主。除医生外，许多心理学家和教育工作者投入到学习障碍的研究之中。这一阶段学习障碍研究还在以下几个方面有所变化：研究对象从过去的成人案例转变为以儿童为主要研究对象；研究类别从语言障碍和阅读障碍的研究扩展到多方面研究，其中包括知动或注意力方面的障碍；研究地域范围从过去以欧洲为主进行研究逐渐扩展到美洲。在转折期结束时，学习障碍教育尚未进入公立学校系统，多数教育计划仍只属于临床试验阶段，仅在特殊学校或私立学校进行。

第三阶段是整合期，从1963年至1980年。在此阶段，学习障碍研究在教育系统快速发展，教学理论、教学方法和专业组织，都得到迅速发展。整合指学习障碍研究把语言、文字和知动方面的独立研究整合为一。在此期间取得许多突破性成果：(1) 1963年在美国成立了研究学习障碍的组织——美国学习障碍联合委员会，这是学习障碍研究领域的第一个专门机构。在1960年至1970年的10年间，美国还成立了"学习障碍委员会"、"学习障碍支会"、"欧登阅读障碍学社"等多个学习障碍研究专业组织。(2) 1975年《美国障碍者教育法案》通过后，联邦和州政府开始编制学习障碍教育的相关预算，学习障碍教育进入公立学校系统。该法令正式生效后，开始在小学实施，后来延伸到中学。(3) "学习障碍"这一术语正式提出。"学习障碍"一词尽管已于1958年被一些学者提出过，但这一阶段由柯克首先提出将其作为学习技能缺陷的总称来使用。(4) 研究人员的结构发生变化。家长、教育工作者以及语言病理学家等，开始参与到这一研究领域。

第四阶段是现代期，指1980年以后。学习障碍研究经过整合期后，面临再发展问题。这一阶段的发展重点是质的提高。自1980年以来，学习障碍研究总体上呈现多元化、个别化的趋势。这一趋势的形成是研究者越来越深入地认识到学习障碍的群体存在着极大差异的结果。从概念界定、病因探讨、特点研究到干预训练的制定，许多研究者倾向于针对学习障碍这个大群体中的小群体来进行研究，在个别化的研究思路下，学习障碍研究的课题、方法、结果表现出多样化特点。特别是近年来随着信息技术的不断发展，计算机已经广泛应用于学习障碍评价和干预中。信息技术的发展也使学习障碍者可以借助各种信息技术手段来减少学习上的困难。

学习障碍主要研究机构除上述美国学习障碍研究组织外，还有加拿大学习障碍协会、世界学习障碍协会、英国阅读障碍协会及英国学习障碍者基金会等。这些组织和机构多数拥有该组织的出版刊物，如美国学习障碍联合委员会出版了《学习障碍》杂志，英国也出版了《学习障碍》杂志。学习障碍专门机构的建立以及有关刊物的发行对推进学习障碍研究起到了积极作用。

中国古代就从教育教学的实际活动中认识到个体差异，看到学习困难这一客观现象，但关于学习障碍研究的历史并不长。1949年以来，广大中小学教育工作者用辛勤劳动教育过无数被称为"留级生"、"淘气儿"的学生，并从中总结出许多成功经验，但真正将学习困难(学习障碍)儿童作为专门的教育研究对象是从20世纪80年代初期开始的。中国大陆学习障碍研究可分为三个阶段。

第一阶段，从1977年中国学校教育遭到严重破坏到进入全面恢复整顿时期。在这一期间，建立正常教学秩序、全面提高教育质量成为学校教育的中心任务，学习成绩的"差生"和学习成绩和道德品质的"双差生"成为中小学教育的突出问题。此外，由于中国在这一阶段大量介绍苏联有关学习困难儿童教育研究的情况，对中小学教育产生较大影响，人们对学习困难儿童的理解差距较大，从研究对象来看，包括差生、双差生、后进生、问题儿童、厌学生等，名称繁多。从全国有关教育报刊发表的关于儿童学习困难的研究成果来看，这些文章的主要内容是成功的教学经验和学习苏霍姆林斯基做法的体会及成功做法。

第二阶段，从1986年至1993年。1986年宣布实施《中华人民共和国义务教育法》，明确规定所有适龄儿童，包括学习困难儿童，均必须接受九年制义务教育，从根本上奠定了中国学习困难(学习障碍)儿童的教育及其研究的基础，并使学习障碍研究得到发展。这一阶段的显著特征是有关科研机构和人员开始专门从事这一领域的研究，在几个方面做了积极探索：(1) 设立专门的研究课题。全国教育科学规划中自"八五"(1990—1995)以来将学习障碍(学习困难)归属为教育心理类或基础教育类，"八五"期间有多项研究课题。如上海教育科学研究所承担的"初中学习困难学生教育的研究"就是全国教育科学"八五"规划重点课题之一。各省市也把学习障碍研究列为省市级教育规划"八五"课题，如江西省教育科学研究所的"学习困难儿童研究"及北京市教育科学研究所的"初中生数学学习障碍研究"均为省市级重点课题。(2) 大量翻译国外有关学习障碍研究的理论，将美国、英国、俄罗斯等国有关学习困难儿童教育研究的历史、特色、趋势介绍给国内教育界，这对于发展国内的学习障碍儿童的教育起很好的促进作用。(3)多次召开学习障碍专题研讨会。1989—1992年,每年至少召开一次全国研讨会,这些会议对于推动全国学习障碍儿童的教育研究起积极作用。(4)发表大量研究论文和出版有关书籍。这一阶段的研究在理论上有所发展,在实践工作中取得一定成效,研究的切入口从为提高升学率逐渐转变为从不同角度系统研究中国学习障碍儿童的现状及特点。

第三阶段,从1993年党中央、国务院正式印发《中国教育改革和发展纲要》以来。该纲要以邓小平建设有中国特色社会主义理论和中共十四大精神为指导,系统总结了几十年来教育发展与改革的经验,全面分析了教育面临的形势,明确地提出中小学要由应试教育转向全面提高国民素质的轨道,面向全体学生,全面提高学生的思想品德、文化科学、劳动技能和身体心理素质,促进学生生动活泼地发展,办出各自的特色。这些不仅为学习障碍研究奠定了深厚的理论基础,而且提供了宽松的社会环境。在这一社会背景下,学习障碍研究进入一个新阶段,研究重点从探讨学习困难儿童的特点及原因转变到如何通过教育干预切实改善他们落后的学习状况。“九五”、“十五”、“十一五”期间,全国教育规划课题反映出中国在学习障碍研究领域已有一些突破。中国已形成由教育工作者、心理学家及医学界等各方面组成的研究群体,在不断进行交流、发挥各自优势中正在形成合力。2000年,中国成立专门的学习障碍研究学术组织,即学习障碍研究专业委员会。

中国台湾的学习障碍研究开始于1975年。1977年,学习障碍正式成为法定的特殊教育服务范畴。但一直未对学习障碍的定义和鉴定提出任何说明。到1992年,才在颁布《语言障碍、身体病弱、性格异常、学习障碍暨多重障碍学生鉴定标准及就学辅导原则要点》中正式提出学习障碍的定义及鉴定方法。台湾在学习障碍教育方面已有以资源班为形态的教育体系。

参考文献

洪丽瑜. 学习障碍者教育[M]. 台北:心理出版社股份有限公司,1995.

刘全礼. 学业不良儿童教育学:儿童学业不良的成因及对策研究[M]. 天津:天津教育出版社,2007.

刘翔平. 儿童学习障碍100问[M]. 北京:北京师范大学出版社,2011.

西尔弗. 别误解了孩子:理解和应对孩子的学习障碍[M]. 廉黎平,译. 北京:北京师范大学出版社,2009.

Kirk, S. A. & Gallagher, J. J. Educating Exceptional Children [M]. 6th ed. Boston:Houghton Mifflin Conpant, 1989.

(梁　威)

学习者分析(learner analysis)　亦称“教学对象分析”。教学设计过程模式基本要素之一。指分析和了解学习者的学习准备情况及其学习风格,为学习内容的选择和组织、学习目标的陈述、教学活动的设计、教学方法与媒体的选用等教学外因条件适合学习者的内因条件提供依据,从而使教学真正促进学习者知识和技能的增长以及智力和能力的发展。

学习准备与学习者分析

美国心理学家布卢姆认为,许多学生之所以未能取得最优异的成绩,问题不在智力方面,而在于未能得到他们需要的适合各自特点的教学帮助和学习时间。教学之前既要明确“目的地”即教学目的,也要明确“出发地”即学生准备状态。根据学生原有的准备状态进行新的教学,这就是教育学中的准备性原则、量力性原则或可接受性原则。

学习准备(learning readiness)是指学习者在从事新的学习时原有的知识技能水平和心理发展水平对新的学习的适合性。学习可以分为认知的、情感的和动作技能的等领域,学习准备也可以相应地包括认知的、情感的和动作技能的等方面。学习者的准备状态不仅应保证他在新的学习中有可能成功,而且还应该使他的学习在时间和精力上消耗合理,因为离开学习时间和精力的经济性,学习准备就会毫无价值。学习准备也离不开学习方法。例如,用语词讲解不能学懂的知识可以通过形象化演示学懂,课堂上学不会的技能可以通过实验、实习学会,所以对学习准备只能作相对理解,不能绝对化。

为了实现教学目的和满足学习需要,应该对教学对象(即学习者)有个客观正确的分析。学习者是教学活动的主体,一切教学活动只有从学习者的实际出发才能成功和优化。分析学习者旨在了解教学对象的学习准备状况及其特点,为后续教学设计步骤提供重要依据。对学习者的分析可从三个方面进行:一是分析学习者对从事特定的学科内容的学习已经具备的知识与技能的基础,以及对新的学习内容的认识与态度;二是分析学习者身上能对从事该学习产生影响的心理、生理和社会的特点,包括年龄、性别、认知成熟度、学习动机、学习期望、工作经历、生活经历、生活经验、文化和社会背景等一般特征;三是分析学习者在以往的学习活动中表现出来的对学与教的策略的偏好性,即学习风格。这三个方面的学习者分析分别称为起始能力预估、一般特征鉴别和学习风格诊断。

学习者的起始能力预估

起始能力预估本质上属于学习者行为的评价范畴,它评定学习者在教学之前的知识技能,旨在明确:学习者对于面临的新的学习是否具有必备的行为能力;学习者对于将要学习的东西已经知道多少;应该提供给学习者哪些"补救"活动。预估的结果应该获得三项资料:某些学习者在开始教学之前是否要求其达到必备的能力;某些学习者是否可以省略一些教学目标;针对特定的学习者设计特定的教学活动。预估的起始能力还包括先决能力和目标能力两类。

先决能力的预估　先决能力是指获自先前学习而为后续学习必备的行为能力,学习者只有具备这些行为能力才足以面对新的教学活动。虽然先决能力的预估在观念上应与教学目的有关,但它只是为评定和达成新的教学目的所需的能力有关的学习者的先决条件。通常需要编制一套预估测试题来评价学习者的先决能力。预估先决能力还需要借助学习内容的分析结果。学习内容分析蓝图就包含先决能力。可以先在学习内容蓝图上设定一个教学起点,将起点以下的知识和技能作为先决能力,并以此为依据编制测试题。为前后连贯的教学单元编制的预估测试,能够借助前面单元使用的教学目的为参照。若以前的教学目的不能利用,则测试的编制就可以根据不断解答以下问题来进行:学习者必须证实已有什么先决能力才能从面临的教学中得到最大的收获?

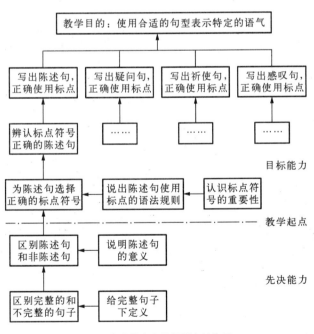

图1　先决能力和目标能力结构图

目标能力的预估　目标能力是指学习者已经掌握的教学目的中要求达成的部分能力,它决定某些学习者是否可以省略某些学习内容。在先决能力和目标能力结构图中,教学起点线以上的内容就是目标能力。尽管目标能力的预估与先决能力的预估所要评价的行为表现不同,但同时可

借着使用评价知识和技能的测试予以完成,如一部分测试先决能力,一部分测试目标能力,然而又可侧重后者,因为大部分学习者至少都已具备最低程度的必备能力。目标能力的测试题目应该按照层次编排。若预估的实施是一个单元接一个单元,这种方法就特别有用:可以从试题库中选择和组合一部分重要的、代表不同难度的试题,对学习者进行预试,这些试题旨在评价学习者在内容层级的每个阶段上达成教学目的的程度。这项预估的结果,提供教师有关每个学习者在学习层级所处的位置和学习者可以省略哪些教学内容的信息。为简便起见,也可以在课程开始之前对所有单元的教学目的所要求的能力一并进行预估。如其合适,则测试包括的题目涵盖的面能够广泛一些。这样做同样可以确定哪些学习者能够省略部分的学习内容,或允许学习者对于特定的教学单元实施更广泛、更完整的目标后测。先决能力和目标能力结构图中的教学起点线在进行完先决能力预估和目标能力预估后可以作上下调整。

学习态度的了解　了解学习者对所学内容的认识水平和态度对选择教学内容的具体实例、确定教学方法、选择教学侧重点都有重要影响。中国教育心理学家邵瑞珍认为,态度往往表现为趋向与回避、喜爱与厌恶、接收与排斥等。态度是"习得的、影响个人对特定对象作出行为选择的有组织的内部准备状态或反应的倾向性"。一般说来,态度包括:认知成分,与表达情境和态度对象之间关系的概念或命题有关;情感成分,与伴随于概念或命题的情绪或情感有关,被认为是态度的核心部分;行为倾向成分,与行为的预先安排或准备有关。同时态度受到情感、认知和行为倾向各成分间关系的影响。要了解学习者的态度,可以分别考察这三个成分,也可以同时考察这三个成分。具体判断学习者的态度比较困难,最常用的方法是态度量表,此外还可以通过观察、谈话、问卷、采访、面试等方式来了解学习者的态度。

学习者一般特征鉴别

学习者一般特征是指对学习者学习有关学科内容产生影响的心理和社会的特点,相对于学习者的起点能力能对教学产生直接影响,学习者的一般特征将对教学产生间接影响。学习者一般特征主要包括以下几方面内容。

学习者的认知成熟度　认知成熟度意指学习者的认知发展阶段。一般来说,可以从学习者的年龄来推断学习者的认知成熟度。瑞士心理学家皮亚杰将智力与思维发展分为感知运动阶段、前运算阶段、具体运算阶段和形式运算阶段。感知运动阶段(0~2岁)是智力与思维的萌芽阶段。这一阶段的儿童离开了手工操作便无法思维。处于前运算阶段(约2~7岁)的儿童头脑中已经有事物的表象,而且能用

词来代表头脑中的表象,他们能够进行初级想象,能使用和理解初级概念及其相互关系。初级概念是指儿童从具体经验中习得的概念。因此,他们能够设想过去和未来的事物。在他们的认知结构中,知觉成分占优势,能进行直觉思维和半逻辑思维。处于具体运算阶段(约7~12岁)的儿童的认知结构中已经有抽象概念,并且能进行逻辑推理。这一阶段的儿童可以在原有概念基础上以下定义方式获得新的抽象概念,但仍需要实际经验作支柱,需要借助具体事物和形象的支持进行逻辑推理。形式运算阶段(约12~15岁)是思维发展的最高阶段。这一阶段的学习者已经具备理解并使用相互关联的抽象概念的能力,其思维特征表现为假设演绎思维、抽象思维和系统思维等。皮亚杰在概括他的认知发展阶段学说时指出,各阶段出现的一般年龄特征,虽然因个人智慧程度、社会环境的不同,可能会有差异,但是各个阶段出现的先后顺序不会改变,而且各个阶段作为一个整体结构,它们之间的先后顺序不能彼此调换。

学习者的性别 不同性别的学习者对学习可能会采取不同的态度,普遍认为女性学习者自主探索意识要比男性学习者弱。面对困惑时,女性更倾向求助其他人(教师、家长或同学),而男性则更倾向自我研究。对于前者,教学更鼓励其自我探索以增加独立解决问题的能力,而对于后者适当地鼓励学习者多问多听多交流。

学习者的动机水平 学习动机是指直接推动学习者进行学习的一种内部动力,是激励和指引学习者进行学习的一种需要。对于高动机水平的学习者若提供充分的学习者控制,将会获得较好的学习效果;而对于较低动机水平的学习者若保证适当水平的教师控制,将会获得较好的学习效果。

学习者的归因类型 学习者的归因类型直接影响学习者的动机水平。有些学习者将学业失败归咎于努力不足等主观因素,这样会导致学习者付出更多的努力;而有些学习者倾向将学业失败归咎于不够聪明或题目太难或没有复习等客观因素,这将无助于学习者提高学习水平。

学习者的焦虑水平 焦虑是指个体对某种预期会对他的自尊心构成潜在威胁的情境产生的担忧反应或反应倾向。对于不同焦虑水平的学习者应采用不同压力水平的教学。对于低焦虑水平的学习者,应采用有较大压力的教学;而对于高焦虑水平的学习者,应采用较低水平的教学。

学习者的文化、宗教背景 教学内容要符合学习者的文化习惯,这样才能更易被学习者接受和理解。教学内容中绝不能存在宗教歧视、民族歧视和种族歧视。

了解学习者一般特征的主要方法有观察、采访、填写学习情况调查表和开展态度调查等。了解学习者的目的是为教学决策提供条件,而对于无助于教学决策的特征可以忽略不理。分析学习者特征并不是为了缩小学习者个体之间的差异。相反,教学应致力于最大限度地发展学习者的个性和特长。

学习者的学习风格诊断

学习风格是西方国家30年来教育界关注和探讨的一个重要课题,被誉为"现代教学的真正基础",这与学习者学习个别差异的研究日益受到注重有密切关系。1954年,美国学者西伦首先提出学习风格概念。关于这一概念,西方学者各有独特的解释,但对学习风格的解释在本质上仍有许多共同点:(1)强调学习者喜欢的或经常使用的学习策略、学习方式或学习倾向在学习风格概念中的核心地位;(2)强调学习风格具有稳定性,很少因学习内容、学习情境等因素的变化而变化;(3)认为学习风格具有个别差异性和独特性。学习风格源于学习者的个性特点,是学习者个性在学习活动中的定型化、习惯化。教学只能是学习者学习风格形成和完善的催化剂,难以改变它的本质特征。各种学习风格都有自身的优缺点,并无绝对优劣之分,在分析学习者的时候对学习风格作出诊断和验明,其目的绝非试图去改变学习者在学习风格方面的差异,而应该在承认和尊重学习者学习风格存在差异的前提下,为设计出有利于因材施教的教学方案提供依据。从某种意义上说,因材施教就是"因风格而教",它对于促进学习者的个性全面和谐发展具有重要意义。

学习风格类型 20世纪70年代以后,西方学者开始运用测量、实验等方法深入研究学习风格的组成因素和成分,并从不同角度划分了学习风格的类型。作为研究结论并影响教学设计的学习风格主要有以下几类:(1)按认知方式分为场独立性和场依存性。场独立性是指个体依赖自己所处的生活空间的内在参照,从自己的感知觉出发去获得知识、信息;场依存性是指个体依赖自己所处的周围环境的外在参照,从环境的刺激交往中去定义知识、信息。研究表明,场独立性者具有较高的分析性、系统性,善于运用分析性的知觉方式,其认识是以自己存储信息为参照系,能较容易地把要观察的刺激同背景区分开来,不会因背景的变化而改变,并倾向于随意、自主、求异创新,喜欢多方面寻找问题的答案,常提出与众不同的想法和见解;而场依存性者往往有较强的整体性、综合性,较多采用整体性的知觉方式,其认识是以对象所处的客观场合为参照系,其知觉很容易受错综复杂的背景的影响,很难从包含刺激的背景中将刺激分辨开来,并表现出循规蹈矩和条理化的学习倾向,偏好常规和求同,喜欢从现有的认知方式出发去寻找解题的方法。(2)按感知方式分为整体策略和序列策略。有一些研究发现,有些学习者倾向于把学习材料视为一个整体,注重全面看问题,从各个角度对情境进行观察和思考,并依据对主题综合的、广泛的浏览,在大范围中寻找与其他材料的联系。在学习过程中,他们往往首先从现实情境出发,然后联系到抽象问题,再从抽象问题回到现实情境中去,并以此检验对象之间的异同之处。这些学习者表现的可算是整体型学习风格。而序列型学习风格则是从一部分材料到另一部分材料的线性感知过程。具有这种风格的学习者往往把注意力集中于小范围,擅长用逻辑严谨、紧抓要点的方法,把学习材料分成许多段落来学习。在学习过程中,他们习惯于按照内容顺序依次学习抽象性题材或现实性题材。由于通常都按顺序一步一步地前进,只是在学习过程快结束时,他们才对所学内容形成一种比较完整的看法。(3)按人格特征可分为沉思型和冲动型。一些研究表明,当学习者面临某一情境并出现许多相似答案,但其中只有一个是要求反应的正确答案时,冲动型学习者反应迅速,往往只以一些外部线索为基础,并未对全部给予的备选答案进行检查,就凭直觉形成自己的看法,他们在学习过程中的知觉和思维方式是以冲动为特征的,直觉性强,乐意在竞争的气氛中学习,情感的介入常对学习行为有较大的推动作用。而沉思型学习者则显得小心谨慎,不急于回答问题,在作出反应前倾向于对答案选择的正确性反复审思,这类学习者在学习过程中的知觉和思维方式以反省为特征,逻辑性强,判断性也较强,乐意在合作的气氛中学习,意志对学习活动的效能明显超过情感的作用。

脑科学研究表明,人脑左右两半球在功能上有所不同。主要表现为:左半脑是处理言语、进行抽象逻辑思维、集中思维、分析思维的中枢,它主管人的说话、阅读、书写、计算、分类、言语回忆和时间感觉,具有连续性、有序性和分析性等机能;右半脑是处理表象,进行具体形象思维、发散思维、直觉思维的中枢,它主管人的视觉、复杂知觉模型再认、形象记忆、认识空间关系、识别几何图形、想象、理解隐喻、发现隐蔽关系、模仿、态度、情感等,具有不连续性、弥漫性、整体性等机能。由于生理类型的差异,有的学习者在心理能力上表现为左脑优势,有的是右脑优势,有的则是两半球脑功能和谐发展。分析学习者左右脑功能优势,对于诊断学习者的学习风格具有重要意义。

学习风格诊断方法 学习风格的研究对教学设计具有重要意义,因为它表明,需要为学习者提供适合他们偏好的学习风格来学习的机会,否则,必然会有一些学习者感到教师的教学方法与自己的学习方法相距甚远,从而妨碍他们的学习。可以采用问卷法、观察法、测试法等来诊断学习者的学习风格。(1)问卷法也称征答表法,其中含有一系列意见陈述。例如:我喜欢一个人自学;我喜欢晚上在灯光下做作业;视听结合的教学内容我容易接受;关于新知识的应用练习不宜太少等,让学习者对此作出反应,对每一条陈述说明"适合本人"或"不适合本人"。(2)观察法是指对学习者

的行为和行为特征在其形成的时候加以捕捉、记录,以及提供素材来进行分析的方法。它又可分为自然观察和实验观察。前者是指在学校或课堂正常的状态下,有目的地观察、记录学习者的行为;后者是指先有目的地设置一种情境,排除干扰因素,然后在改变或控制有关的条件下观察学习者的行为变化。(3)测试法通过心理实验来测试学习者的学习风格,典型的有镶嵌图形测验。测试中,可以向被试显示一个简单图形或样本图形,几个复杂图形或目标图形,复杂图形中都包含着一些同样的简单图形,要求被试从复杂图形中辨别出这些简单图形。有的学习者几乎能立刻指出一个个简单图形,不会为周围的其他线条而分散精力,而有的学习者则需花费较长时间才能辨认出来。根据辨认的正确率和速度,可以测定学习者偏向场依存性还是场独立性、冲动型还是沉思型。

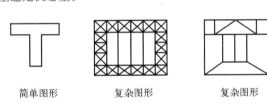

简单图形　　复杂图形　　复杂图形

图2　镶嵌图形测验使用的测试图形

参考文献

加涅,等.教学设计原理[M].皮连生,等,译.上海:华东师范大学出版社,1999.

施良方.学生认知与优化教学[M].北京:中国科学技术出版社,1991.

乌美娜.教学设计[M].北京:高等教育出版社,1994.

徐英俊.教学设计[M].北京:教育科学出版社,2000.

（章伟民）

学校安全教育(safety education by school)　学校组织进行的以保护学生人身和财物安全为目的,以培养学生安全意识,传授学生安全知识,提高学生预防、自护、自救、互救等安全能力,养成学生安全行为为任务的教育活动。

学校安全教育关系每一位学生的人身和财产安全,关系千万个家庭的幸福安宁和社会稳定。2008年世界卫生组织《世界预防儿童伤害报告》(Word Report on Child Injury Prevention)表明,每天有2 000多名儿童死于本可避免的伤害;2004年有约83万名18岁以下未成年人死于意外伤害;在世界大多数国家中,意外伤害是儿童青少年致伤、致残的最主要原因。世界许多国家都将安全教育作为学校教育的一项重要内容。在中国安全教育是素质教育的一项重要内容;是国民教育的一个重要组成部分。落实学校安全教育,是提高学生安全素养,避免未成年人意外伤害,提高人口素质,保护国民生产力,缩减学校、社会和家庭医疗支出的一

项重要措施。

学校安全教育的重点是帮助和引导学生了解的保护个体生命安全和维护社会公共安全的基本知识和法律法规，树立和强化安全意识，正确处理个体生命与自我、他人、社会和自然之间的关系，了解保障安全的方法并掌握一定的技能。主要内容包括以下几个方面。

社会安全教育　包括了解并能够正确应对盗窃、敲诈、恐吓、抢劫、性侵害、意外走失等突发事件，养成遵纪守法的行为习惯。了解恐怖袭击、民族宗教冲突、经济犯罪、涉外和群体性社会突发事件的性质，培养社会责任感，形成国家意识。

公共卫生教育　包括了解肠道和呼吸道等常见疾病和传染病的危害、传播途径和预防措施；了解吸烟、酗酒等不良习惯的危害；了解重大传染病和食物中毒、生活水污染的知识及基本的预防、急救、处理常识；了解常规用药安全知识；了解饮食卫生常识；了解青春期常见问题的预防与处理；形成维护生殖健康的责任感；掌握预防艾滋病的基本知识和措施，形成自我保护意识，正确对待艾滋病毒感染者和患者；掌握识别毒品的知识和方法，了解禁毒的法律常识，拒绝毒品；学习健康的异性交往方式，预防性侵害；当遭到性骚扰时，要用法律保护自己。掌握亚健康的基本知识和预防措施，了解应对心理危机的方法和救助渠道，最终养成良好的健康、卫生和饮食习惯和卫生公德，促进个体身心健康发展。

防止意外伤害教育　包括了解常见意外伤害主要源于道路交通伤害、溺水、烧伤、摔伤和中毒五个方面；掌握道路交通安全常识，了解交通法，自觉遵守交通法规，了解出行时可能存在的安全隐患，防止因违章而导致交通事故；识别各种危险标志，形成对存在危险隐患的设施与区域的防范意识和防范能力；掌握家用电器、煤气（柴火）、刀具等日常用品的安全使用方法，具备防火、防盗、防触电及防煤气中毒的知识技能；正确使用电梯、索道、游乐设施；正确使用和拨打110、119、120电话；了解私自到野外游泳、滑冰等活动的危害；预防和处理溺水、烫烧伤、动物咬伤、异物进气管等意外伤害的基本常识和方法；学会在灾害事故中集体撤离、自我保护和救助、求生的基本技能；了解与学生意外伤害有关的基本保险知识；掌握学校实验室安全操作技能。

防止自然灾害教育　包括了解自然灾害既有地震、洪水、海啸、干旱、飓风和泥石流等自然界突发异常现象给人类社会造成的灾害，也有由于人类活动破坏自然环境造成的地面沉降、土地沙漠化、干旱、海岸线变化等在较长时间中才能逐渐显现的渐变性灾害，还有臭氧层变化、水体污染、水土流失、酸雨等人类活动导致的环境灾害；了解常见自然灾害的危险性和本地区易发生自然灾害的自救及紧急救护他人的基本技能；掌握突发自然灾害预警信号级别含

义及相应采取的防范措施；了解曾经发生的重大自然灾害；认识人类活动与自然灾害之间的关系，培养环境保护意识和生态意识；了解有关环境保护的法律法规。

网络、信息安全教育　包括认识到网络资源丰富、多样、便捷和不良信息接触易、控制难的双重属性，树立网络交流安全意识，培养网络信息辨别能力，自觉抑制反动、色情、迷信等不良信息诱惑，防止沉迷网络游戏和其他电子游戏，树立不利用网络发送有害信息或窃取国家、教育行政部门和学校保密信息的牢固意识，自觉抵制网络犯罪，养成良好的网络利用习惯，提高网络道德素养，最终实现合理利用网络。

此外，还有防止校园内误伤和运动伤害、学生踩踏和校园暴力以及校车安全教育等。树立正确的安全道德观念，形成避免在活动、游戏中造成误伤的意识和能力；学会与老师和同学们友好相处，学会调节和控制情绪，抑制冲动行为，自觉抵制校园暴力，维护自己和他人的生命安全；养成在自身遇到危险时及时向教师、家长、警察求助的意识和能力；掌握校车安全乘坐知识和校车安全事故应急处理技能等。

学校安全教育应遵循三个主要原则：一是与学校安全管理相结合。学校安全教育是学校安全管理的基础。学校要认真总结历年来学校安全工作的经验教训，探索当地安全的规律，逐步建立和完善适应本校实际的一整套学校安全工作方案。在总结过程中充分利用《中小学幼儿园安全管理办法》，做好学校的安全教育和安全管理工作。重点是建立学校内应急处理机制和校园周边整治协调机制。能够紧急处理学生食物中毒和意外伤害等安全事故；维护校园周边安全。二是注重亲身体验和实践。即学校安全教育的方式不能简单以课堂传授相关知识为主，而要有现场模拟、实地考察活动。三是遵循安全教育规律，因地制宜，科学规划，预防为主。学校要合理安排安全教育内容，组织和设计安全教育活动。根据《中小学公共安全教育指导纲要》，针对不同年龄段学生，分阶段、分模块循序渐进地设置教育内容，开展安全教学活动。在季节更替和寒暑假等节假日前，有针对性地安排相应安全教育内容，提高学校安全教育效果。

学校安全教育的途径主要有四种：一是在学科教学和综合实践活动课程中渗透安全教育内容。各科教师挖掘本学科隐性安全教育内容，与显性安全教育内容一起，与学科教学有机整合，进行安全教育。小学阶段主要在品德与生活、品德与社会课程中进行。二是开展专题安全教育。在学校利用班、团、校会，升旗仪式，专题讲座，墙报，板报，参观和演练等方式，充分利用安全教育相关的各种社会实践基地，多途径和全方位、多角度地开展学校安全教育活动。通常需要开发相应课程，可以利用地方已开发的课程，学校

也可以自行组织开发课程。三是开展专项活动。每年年初，开展学校"安全教育日"活动，进行宣传教育，并以此为契机，推进学校全年安全管理工作。四是家校联合。家长和教职员工与学生共同学习安全教育内容。总之，学校教职员工要从学校安全教育的实际情况出发，总结校园安全普遍存在的问题，认真排查学校安全隐患，正确分析学校存在和学生可能遇到安全问题的原因，制定学校安全教育的内容，利用校内外各种安全教育资源，对学生进行有效的安全教育。

（郭元婕）

学校不适应症（school unadapted syndrome）　　因不适应学校环境，在情绪、行为与生理方面产生的不适应症状。如学习情绪低落、人际关系紧张、焦虑不安、食欲不振、行为懒散、厌学等。加拿大病理学家谢耶 1958 年出版《学校压力说》一书，首先对学校不适应症下了定义。1978、1989年，美国心理学家 B. N. 菲利普斯对此作了修订，他们认为不适应症从行为来定义，指个体受到某种威胁时行为发生变化，引起急剧的极端异常的受刺激状态；从情绪的变化来定义，指引起个体不安的，包括一些想象中的、使精神感知异常的刺激；从生理的变化可定义为，对身体有害的刺激，包括生理威胁所引起的身体抵抗和防卫的一种综合的应激状态。美国埃伦岑 1981 年将它定义为孩子对学校教育环境有一定的不适应性和由此产生的不快感。日本东京大学藤井义夫 1997 年从行为、情绪和生理三方面对学校不适应症给出比较全面、权威的定义：儿童青少年在日常的学校教育生活中受到一种威胁性刺激，想从这种环境中摆脱出来而出现不快感、恐惧感以及出汗与心跳数增加等一系列生理反应的状况。

学校不适应症的症状表现

情绪障碍　　学校不适应症总是伴随着学生的消极情绪体验，包括情绪压抑、焦虑紧张、易爆发、易冲动，敏感多虑、注意力涣散，主要表现为：抑郁，觉得生活没什么意思，没有值得高兴的事情，总是高兴不起来；焦虑，进入学校后紧张、忐忑不安，总觉得有好多功课，应尽快干完，不能轻松；恐惧，对学校有恐惧心理，或者对老师有莫名恐惧，害怕走进学校，甚至产生学校恐惧症，一提到学校，学生会出现一些躯体症状，如头疼、恶心、抽搐等。

行为障碍　　（1）人际关系不良、社交退缩。人际关系障碍多表现在学生从一所学校到另一所学校，难以适应新环境中的人际关系，显得束手无策，觉得与周围一切格格不入，于是封闭自己，逃避现实，把自己当成局外人，与同学、老师交往减少，不愿发言，不爱运动，对各种集体活动都提不起精神，游离于同辈之外。（2）考试焦虑。个体学校不适应问题表现为兴奋型与抑制型两种类型，抑制型以厌学为主，兴奋型以学习或考试焦虑为主。考试焦虑是一种特定的对学习紧张、不安、担忧的心理压力反应，集中表现为对考试情境紧张担忧，主要起源于日常学习过程中对学习目标把握不大因而缺乏自信，使学习动机和心理受到威胁和抑制。过度焦虑烦扰了学生的情绪、行为，严重的还会出现失眠、紧张性头疼、食欲减退、生理组织病变等，影响学生的身体健康状况。（3）厌学。指学生消极对待学习活动的行为反应模式，主要表现为：对学习丧失意志，没有动力方向感、计划性和持久力；兴趣和好奇心低下，缺乏学习欲望，缺乏自发学习行为；无力感，缺乏对事物的希望；强烈消极感，回避人际交往。

生理功能障碍　　个体在学校生活中碰壁或遇到挫折，消极情感沉淀、郁积下来，在潜意识中形成持续不断的紧张和焦虑。为了消解这种紧张不安状态，个体便利用身体反应作为"排泄口"，最终导致个体躯体疾病的产生，比如身体特别容易疲劳、紧张性头疼、失眠、食欲不振、溃疡、神经衰弱、腰酸背痛、心悸、乏力，更有甚者出现歇斯底里症，当进行医学检查时却又无结果。

学校不适应症的诊断

学校不适应症的诊断也像其他心理诊断一样，应在多层次多维度上进行，然后运用系统方法，把收集到的信息进行综合，作出诊断。

非正式观察　　在日常生活中直接观察学生的状态，了解学生是否出现上述症状表现，当前行为或情绪是否有异常，躯体方面是否出现变化，以及人际关系状况。观察他们的行为是否与周围同学有差异，差异程度有多大，以及如果儿童的行为确实存在问题，具体表现是什么等等。

收集资料　　对那些非正式观察条件下表现一样的儿童，通过访谈等方法获得学生资料。如学生在校期间有没有留级、处分等重大挫折；学业状况、学习能力、学习的信念与兴趣等情况；学生家庭教育背景，如父母教育方式、亲子关系等；学校教育背景，如师生关系、同学关系等。

实施测量　　如果发现儿童表现不正常，在对其进一步访谈获得资料信息后，一些评价工具可以使我们判断更加准确。常用的评价量表有"症状自评量表"（The Self-report Sympton Inventory，即 Sympton Checklist - 90，简称 SCL - 90）、"抑郁自评量表"（Self-rating Depression Scale，简称 SDS）、"焦虑自评量表"（Self-rating Anxiety Scale，简称 SAS）、"学习适应性测验"、小学生或中学生心理健康评定量表等一些症状量表，借此获取学校不适应儿童的各方面信息；美国的 B. N. 菲利普斯在 1982 年开发的"儿童学校压力测验"(Children's School Questionaire,简称 CSQ)对学校不适应问题从自我主张与自我表现的恐怖,与他人交往中缺乏自信,对压力的抵抗和由此产生的相关生理反应以及考试焦虑等四个方面作出诊断;美国曼德尔和克莱门的"自主知觉量表"(Autonomic Perception Questimnaire,简称 APQ),从心跳、出汗、体温、呼吸、胃的感觉、皮肤紧张、脸色的变化等七个生理变化方面进行测定,探查出现不适应症后身体的生理变化,通过这些信息来对学生是否存在学校不适应症作出判断。

学校不适应症的影响因素

躯体和发育障碍　儿童由于缺氧、中毒、外伤或营养不良引起大脑器质或神经系统机能异常,就会使儿童感知觉、智力、情绪等各方面出现损伤和障碍。心理学家倾向认为,大脑皮层的功能失调和环境污染会使儿童血液中的铅水平升高,从而影响到儿童正常的发育。感知觉的失调、智力的落后、注意力缺陷以及情绪方面的紊乱严重影响儿童的学习和对生活的适应。另外,儿童身体上的缺陷或发育不良等导致的儿童自卑和挫折感,使儿童心理上感到羞辱、孤立、窘迫,也影响其对学校生活的适应。

学习困难　很大部分学生之所以产生不适应是因为自己学习成绩不良,对学习丧失信心。美国学习障碍联合委员会(National Joint Committee on Learning Disabilities,简称 NJCLD)1988 年这样描述:学习困难是多种异源性(heterogeneous)失调,表现为听说读写、推理和数学能力的获得和使用方面的明显障碍。国内外有大量研究发现学习困难学生比其他学生缺乏耐心、易受困扰,而且冲动性、攻击性强,问题行为多。也有研究表明,学习困难学生的情绪困扰相当普遍。由此带来的自卑情绪使得对学校产生厌倦情绪,对同伴、师生交往产生恐惧心理,这使得儿童在生活中不能像其他孩子一样很好地适应环境。

人际适应不良　人际关系是人们在社会活动过程中形成的建立在个人情感基础上的人与人之间心理上的关系。人际适应不良既是学校不适应症的外在表现,也是学校不适应症的诱发因素。国外许多研究都表明,人际关系的质量对儿童青少年的社会技能、自我意识、学业成就和心理健康有重要的影响,良好的人际关系能够促进儿童青少年社会技能、自我意识的发展以及对环境的适应。

家庭因素　(1)父母教养方式。心理学家在关于父母对孩子教养维度和教养模式的研究中取得一系列成果:美国心理学家 C. E. 谢弗 1959 年提出接纳—拒绝、心理自主—心理受控、严厉—放纵三个维度;美国心理学家 W. C. 贝克)1964 年提出温暖(接受)—敌视(拒绝)和限制—允许两个维度;美国心理学家鲍姆琳德经过系统的家庭观察和实验室

观察,将父母的教养方式分为权威型(authoritative)、专制型(authoritarian)和宽容型(permissive)。她认为,权威型父母能及时地对孩子的需求作出反应,并给予孩子适度的控制,他们理解和尊重自己的孩子,因此他们在孩子面前有一定的权威,这样的父母最能理想地促进孩子的适应性行为和能力的发展。而专制型的父母则经常使用专断的权力(power assertive)、禁止和惩罚等高控(high power)的策略,要求孩子绝对服从。这种教养方式常使孩子产生焦虑、恐惧和挫折感,做事畏首畏尾,以自我为中心,因此更容易产生行为和适应方面的问题。国内最常见的是将父母的教养方式分为放纵型、溺爱型、专制型和民主型。有研究发现,民主型最能促进孩子良好人格的形成,而专制型、溺爱型易造成子女情绪不稳定,不良的养育方式是青少年形成不良人格特征的危险因素。(2)依恋模式因素。依恋(attachment)指的是抚养者与孩子之间一种特殊情感联结,这里的抚养者主要指母亲。英国心理学家鲍尔比 1969 年首次提出"依恋"这一概念,随后安斯沃思 1978 年运用经典陌生情境测验提出依恋的四种特质:安全依恋型(secure)、抗拒型(resistant)、逃避型(avoidant)和矛盾型(disorganized)。其中后三者属于不安全依恋型。研究发现,安全型依恋的儿童,自尊、同情、积极性情感较高,更多地以积极性情感来发动、响应、维持与他人的相互作用。同时他们攻击性低,对活动表现出较少的消极反应,更具社会适应能力和社会技能,同伴也反映他们比不安全依恋的儿童更容易接近。研究者还发现,依恋模式存在代际传递性,即母亲的依恋模式与其孩子的依恋模式之间会有密切的联系。

学校环境　学习负担过重、升学考试压力大、学校班级风气不良、教育方式粗暴以及教师不良性格等都会造成儿童怨恨、挫折的情绪,从而对学校产生抵触心理,尤其是教师心理健康状况、心理压力以及性格因素,会对学生的学习和心理产生很大影响。另外,学校教学缺乏趣味性、学校生活单调及学校对学生心理的不理解、对精神卫生工作的忽视等均会影响儿童对学校的积极接受。

学生内在因素　(1)自我认知偏差。自我认知是指个体对自己身体、特质、能力、抱负等方面的认识和评价,主要通过老师、家长以及周围同学对自己的态度和反应建立,当认识和评价不切实际就容易产生偏差。学生自我认知偏差主要有两种表现形式:一是理想自我与现实自我不协调。如果理想自我不是建立在现实自我基础上,对自己能力估计、期望过高,甚至不切实际的幻想,当过高的期望在现实中碰壁时,个体很容易出现心理失衡,严重的还可能导致极端行为。理想自我与现实自我的矛盾冲突是影响学生个体,尤其是中学生和大学生适应行为和心理健康的一个重要心理原因。二是自我意识过高或过低。由于心理发展的不成熟性、缺少社会经验,一部分学生没有合适的自我意识

定位,表现为偏高或偏低,自我意识偏高使学生自以为是,盲目自大,强求别人认可和尊重,这种学生在人际适应方面往往会遭遇较重大挫折;自我意识偏低导致自卑感、羞辱感,增加学生心理压力,消极退缩,自我封闭,在人际交往过分自我防护而陷入孤立境地。当封闭的内心不能承受高压时,他们又变得暴躁易怒、愤世嫉俗,甚至采取攻击行为。(2) 人格因素。心理适应不良者人格特征的主要特点是情绪不稳定、紧张、焦虑、抑郁、消沉、悲观等;适应良好的人格特征是宽容、坚强、稳重、自信、开朗、无私等。这些特征可以促进人们适应社会环境,在一定社会关系中建立和谐的人际关系,面对冲突、挫折,能够运用合理情绪反应方式,保持心理平衡。父母关系不和,家庭破裂,经常遭到父母打骂,从小缺乏父母照顾会导致学生形成不良人格特征,从而当外界出现冲突时,产生心理适应不良。另外,在学校中,教师教育方式不当,学生学习失败,人际关系紧张也会导致学生产生人格障碍,从而使学校不适应症出现的几率更大。(3) 生理发育问题。学生随着年龄增长,身体也开始发生变化,使他们关注自己的外貌形象,非常敏感、不安和疑虑。个子高矮、体态胖瘦、皮肤黑白等身体外貌特征都会引起他们的烦恼,为一些缺陷感到恐惧、羞怯、自卑。这些不良感受影响了学生情绪,打击其自信心,影响到学生人际交往、学习积极性。其次,那些处于青春期的学生,性心理逐渐趋于成熟,性心理发展已经由异性疏远期进入异性接近期,他们对异性生理变化感到好奇,对自己性意识的出现感到困惑与不安。性生理成熟与心理尚未完全成熟的矛盾以及性的生理需求与性的社会规范之间的冲突构成学生心理卫生的一系列问题。这些问题处理不好会诱发各种心理疾病或适应方面的障碍。

学校不适应症的缓解与矫治

学校不适应症的缓解与矫治可以从以下方面着手。

情感支持与宣泄　家长、老师或学校心理咨询师要理解和倾听学生的心理感受,给予共感和同情,而不是对学生种种不适应行为加以批评指责。通过对学生的理解,向他们作出解释和指导,并在此基础上加以疏导和鼓励,并设法改善周围环境,和他们一起分析,找出应付当前危机的恰当方法,让儿童把积压在内心的不满、愤怒、忧郁和挫折感等发泄出来,净化他们的心灵,在情感上达到稳定。

不适应行为的矫正　矫正不适应行为的方法主要有:(1) 认知改变法。该方法认为,所有情绪和行为反应都与个体对事物的看法有关,学生之所以对学校不适应,是因为他们对学校的观念存在偏差,通过改变学生原有认知结构,矫正认知偏差,使他们对周围事物从乐观角度去考虑,形成良好的认知方式。(2) 行为训练法。这种方法直接从改变学

生的行为入手,利用系统脱敏、行为的逐步塑造、社会机能训练等技术矫正儿童不良行为,树立良好行为。行为训练法把所有的适应不良的行为和适应良好的行为,都看作习得的,把外显行为看作是应当加以处理的问题。行为矫正要对应该加以改变的行为进行消退和纠正,而对那些令人满意、需要加强的行为,要提供各种各样的强化。

社会生态学方法　儿童在学校中的不适应行为是由于儿童与环境(家庭、兄弟、姐妹、教师、儿童、文化群等)之间错误的相互作用引起的。治疗应该从儿童生活的环境入手,包括家庭气氛的改善、学校教育的配合等,通过修正儿童生存的生态环境的组成成分和儿童自身情况,实现儿童和环境之间积极的相互作用,从而促进儿童对环境的良好适应。

具体的技术　在对学生的咨询服务中,比较常用的技术有行为疗法中的自律训练法、系统脱敏疗法、渐进松弛疗法、自我调控法、催眠疗法、艺术疗法中的绘画音乐疗法以及儿童游戏疗法。以音乐疗法和游戏疗法为例。通过音乐可以表现不能言传的对立、竞争、爱与恨的内心情感,逐渐让学生从音乐表现过渡到语言表现;也可以让学生感情发散,神经和情绪趋于稳定,使学生情感走向合理化,逐渐学校环境相适应。通过游戏活动,学生可以充分发泄自己对现实的不满,通过宣泄达到思想的安定和调控。现实中不能实现的成就感可以在游戏中得到满足,使学生对内心世界进行再整理,从而对现实生活中学校的适应构成整合作用。

学校不适应症的预防措施

家庭教育的转变　对孩子的教育,父母需要从三个方面作出调整:(1) 及时察觉孩子不适应问题。要求父母对孩子进行细心观察和了解,在了解同龄孩子心理发展倾向和问题的基础上,分析自己孩子存在的问题及原因所在,寻找恰当的教育对策或者与学校心理辅导老师联系,做到尽早发现问题,及时制定矫正措施。(2) 为孩子心理健康提供和创设条件。物质方面,要满足孩子生长发育需要和学习需要,为孩子提供安静、舒适的学习环境,让学生有自己的空间和时间来学习;精神方面,要创造和谐的家庭氛围,包括父母关系、亲子关系融洽,家庭和睦相处。根据班杜拉的模仿学习理论,父母良好的家庭行为和行为习惯,是学生模仿的榜样,所以父母的言传身教、行为规范以及人生观、价值观会给孩子潜移默化的影响。(3) 教养方式的转变。已有研究表明,中国具有强调父母专制和子女顺从的传统,在这种特有的文化背景下,父母教育孩子比西方父母更严厉。受文化传统的影响,中国父母确实表现出对儿童的高控制水平。根据鲍姆琳德对教养方式的研究,在权威型父母教

养方式下长大的孩子容易形成良好的适应能力和人格特征,专制和纵容型都不利于孩子健康的成长,所以对孩子的教养既不能过分严厉,束缚孩子发展,也不能过分溺爱,养成不良的性格品质。

教师的调整措施 从事学生管理的教师、辅导员自身素质高低,影响教学效果,还会影响学生基本能力的发展和素质的提高,对于学生学校不适应的预防,教师理应作出一些调整。(1)改进教学方法。利用各种先进教学仪器设备,运用各种教学方法手段,创设轻松愉快、形象逼真的教学情境,激发学生学习兴趣,加强师生间思想情感的交流,找到教与学的最佳结合点。(2)注重自身心理健康,消除自身压力带来的不良情绪,克服自身性格方面缺陷带来的不良行为习惯,与学生建立良好师生关系。(3)开展主题班会、讨论会,及时了解学生思想动态,帮助他们正视差距,找到原因,正确地认识和评价自己,并以积极态度面对挫折,战胜挫折,提高心理承受能力和自我调节能力。

学生的主观改变 家庭和学校因素是产生学校不适应症的外在因素,学生自身因素是内在因素,改变外在因素是条件,改变内在因素是基础,学生要学会通过自身素质的提高去适应外在环境。(1)树立正确的自我意识。客观了解自己,既要了解别人对自己的评价,自己与别人的差别,又要了解自己的心理面貌,即了解自己的气质、性格、情感特征,以及适应并影响周围环境的能力;愉快地接受自我、悦纳自我,减小心理冲突,保持良好的情绪状态,增强自信心,提高学习兴趣,减少学校不适应的发生。(2)提高交往技能,创造良好人际关系。每个学生都有社交需要,与同学、教师、亲属、朋友交往能使其在心理上得到归属感和安全感。但有些学生不善交际,人际交往导致的种种心理冲突常常使他们不开心,甚至苦闷忧郁,严重者产生人际交往障碍或社交恐惧症。学生要学会待人热情主动、尊重别人,严以律己、宽以待人。

开展校园学生心理咨询与辅导服务 (1)开设心理健康教育课。帮助学生适应学校环境,缩短心理转变所需要的适应期,形成积极向上的心态,为整个学校阶段的成长奠定良好基础。由于学生在适应环境的幅度和程度上存在明显个体差异,在对群体开设必修课的基础上,学校要定期举办对象明确、针对性强的专题课,并充分利用校刊、墙报、广播等各种传播手段,普及心理健康知识,提高学生心理保健意识。此外,由于教师及学生管理人员的人格和心态会直接影响人格尚未定型的学生,因此,心理健康教育对象不仅仅限于学生,还要通过讲座、讨论等方式,提高教师等相关人员的心理健康水平,为学生成长营造一个轻松和谐的心理环境。(2)建立专门的心理咨询工作室。配备心理辅导专业人员,建立一支高层次心理咨询和心理卫生工作者队伍,为学生提供长期有效的咨询服务。建立定期对学生进行心理健康普查、测试、评估以及随时咨询矫治的服务体系,坚持以预防为主、治疗为辅。这有益于了解学生深层次思想状况,开通学生心理宣泄渠道,预防心理疾病,促进健康人格的形成及全面发展。遇到症状较重,又有长期化趋势,并伴有各种问题行为的学生,要及时取得专业心理咨询机构的专家指导和协助。学校心理辅导老师要与班主任、家庭保持紧密联系,对学生心理一身体危机进行深入了解,把健全和充实心理咨询和支援体系作为一项重要工作来完成。

参考文献

李跃文.中学生焦虑的原因及引导[J].重庆教育学院学报,2000,13(2).

赵铭锡.学生心理适应不良者人格特征分析[J].健康心理学杂志,2001,9(5).

(史玉军　徐光兴)

学校的安全保障义务(schools' obligation to provide security against students' injury)　主要指学校对学校范围内的交通安全、食品安全、建筑安全等所承担的责任。学校安全是在特定范围内发生的一种安全类型。总体上属于国家安全和社会公共安全的一部分。由学校安全事故引发的学生损害主要有财产和人身两个方面,对学生及其家庭伤害最大的当属对学生的人身损害。中国尚无针对学校安全的专门立法。对学生人身损害引起的纠纷涉及不同的法律关系,中国对这些法律关系进行调整的规范主要有《学生伤害事故处理办法》《中华人民共和国侵权责任法》和《校车安全管理条例》等。

《学生伤害事故处理办法》与 《中华人民共和国侵权责任法》

《学生伤害事故处理办法》是由教育部制定,于2002年颁布的一部部门规章。该办法自2002年9月1日起施行,对学生在校期间所发生的人身损害事故的预防与处理作出了具体规范。主要目的在于指导和帮助教育行政部门、各级各类学校积极预防和妥善处理学生伤害事故。《中华人民共和国侵权责任法》由中华人民共和国第十一届全国人民代表大会常务委员会第十二次会议于2009年12月26日通过,自2010年7月1日起施行。该法第四章第三十八条、第三十九条、第四十条通过归责原则和举证责任的特别设置,对学校可能在学生人身损害事故中承担的责任作出了特殊规定。

根据中国法律的规定,法律、法规是法院审判的依据,而规章是参照。但是,《学生伤害事故处理办法》作为教育部的部门规章,成为指导和规范各类学校处理学校事故的直接依据。当纠纷得不到和平解决而诉诸强制性的司法解决程序时,法院会首先依据法律、行政法规、地方性法规来审判,如果在没有法律、行政法规、地方性法规等法律文件的情况下,只要《学生伤害事故处理办法》的规定不与法律、行政法规相抵触,就可以成为审判的参照依据。2010年12月,教育部第三十号令公布了关于修改和废止部分规章的决定,将《学生伤害事故处理办法》第八条修改为:"发生学生伤害事故,造成学生人身损害的,学校应该按照《中华人民共和国侵权责任法》及相关法律、法规的规定,承担相应的事故责任。"以与它的上位法《中华人民共和国侵权责任法》保持一致。对于学校承担学生人身损害事故责任的范围,对学校是否存在过错的判断,以及学校处理学生人身损害事故的程序等《中华人民共和国侵权责任法》没有规范的问题和事项,仍应以《学生伤害事故处理办法》的相应规定进行处理。

学生人身损害事故的分类　《中华人民共和国侵权责任法》对学校作为责任主体的责任承担问题作了特殊规定,不仅为学生伤害事故的处理提供了法律依据,而且也为进一步以法制形式落实学校的教育、管理职责提出了要求。以学校是否承担责任为标准,可将学生人身损害事故分为两类,即学校承担责任的学生人身损害事故和学校不承担责任的学生人身损害事故。

学校承担责任的情形,一般是由于存在过错,也可能是基于法律的特殊规定。(1)学校存在管理上的过失。这类事故主要包括学校在其实施的教育过程中,以及在学校负有管理责任的校舍、场地、其他教育教学设施、生活设施内发生、引起的学生伤害事故。在这些事故当中,学校由于没有尽到相应的教育和管理职责而存在相应的过错,应承担与之相适应的法律责任。《学生伤害事故处理办法》第九条列举了十二项由于学校过错具体承担责任的情形。这类事故可能发生在学校空间范围之内,也可能发生在学校空间范围之外。《学生伤害事故处理办法》第二条规定,在学校实施的教育教学活动或者学校组织的校外活动中,以及在学校负有管理责任的校舍、场地、其他教育教学设施、生活设施内发生的,造成在校学生人身损害后果的事故的处理,适用本办法。根据该条规定,在学校领域之外发生的学生人身损害必须是学校对该领域负有管理职责,比如在校外的学生公寓、学校管理的交通工具等。(2)教师或其他员工的行为造成学生人身损害。对于学校教师或其他员工的教学和管理行为造成的学生人身损害事故,由学校承担责任,教师或员工有过错的,学校向其追偿。如果学校教师或其他员工非因教学和管理活动而对学生有故意加害行为,如体罚与变相体罚、身体伤害、性侵害、性骚扰、监禁等,由此造成的学生损害应当由加害人承担责任,学校应当承担

连带责任。(3)基于法律的特殊规定。《中华人民共和国侵权责任法》第二十八条规定,损害是因第三人造成的,第三人应当承担侵权责任。在侵权法中,第三人过错一般是免责的事由之一。但是,对于某些特殊主体的保护,法律会作出一些特殊的规定。该法第四十条规定,无民事行为能力人或者限制民事行为能力人在幼儿园、学校或者其他教育机构学习、生活期间,受到幼儿园、学校或者其他教育机构以外的人员人身损害的,由侵权人承担侵权责任;幼儿园、学校或者其他教育机构未尽到管理职责的,承担相应的补充责任。根据该条规定,对第三人对学生实施的侵权行为,学校也有可能为此承担法律责任,但是要满足以下条件:第一,侵权人是幼儿园、学校或者其他教育机构以外的人员;第二,被侵权人是在学校或其他教育机构学习、生活的无民事行为能力人和限制民事行为能力人;第三,幼儿园、学校或其他教育机构存在过错,即没有尽到管理职责;第四,侵权人的财产不足以承担其应负的损害赔偿责任。

学校不承担责任的学生人身损害事故主要有以下几类。第一,由不可抗力、正当防卫、紧急避险造成的学生人身损害。不可抗力主要包括自然灾害和社会事件两类,是法定的免责事由之一。由此造成的学生人身损害,学校不承担责任。正当防卫也是法定的免责事由之一,如果学生实施的行为使国家、公共利益、本人或者他人的人身、财产和其他权利正在受到不法侵害,本人及他人可以制止不法侵害的行为,对其实施正当防卫,但是防卫措施必须在合理的限度之内。正当防卫是否可以免责,还要和侵权人行为能力结合起来加以判断,因为无民事行为能力人以及限制行为能力人无法对自己行为的社会危害性进行正确判断。因紧急避险造成学生人身损害的,由引起险情发生的人承担责任。如果危险是由自然原因引起的,紧急避险人不承担责任或者给予适当补偿。紧急避险采取措施不当或者超过必要的限度,造成不应有的损害的,紧急避险人应当承担适当责任。第二,学校以外的第三人造成的学生人身损害。这里的"第三人"是相对学校以及学校教职工而言。包括学生之间的人身损害事故、校外人员对学生实施的侵害,以及未成年人的监护人过错而造成的学生人身损害。在这些事故中,学校尽到了相应的教育、管理责任,如平时进行宣传教育,学校安全管理措施合理得当,发现学生的危险行为及时进行制止和教育,当未成年学生的身体状况、行为、情绪等有异常情况时及时告知监护人等。这些情况下,学校因尽到教育和管理的职责而不应承担责任。第三,学生自身原因造成的人身损害。因受害学生自身的原因所致的学生人身损害事故,例如学生自己在校园内或校园外自杀、自伤,学生患有严重疾病而学校不知情的,在放学后、节假日或者假期等学校工作时间以外,学生自行滞留学校或者自行到校发生的人身损害,学生违法行为以及违反学校相关

规定的行为导致其人身损害事故的,只要学校尽到了教育和管理的义务,不应对此承担责任。

在学校负有管理职责的空间范围以外发生的学生人身损害事故,学校并无不当的,不承担事故责任。比如在学生自行上学、放学、返校、离校途中发生的;在学生自行外出或者擅自离校期间发生的;在放学后、节假日或者假期等学校工作时间以外发生的事故等。

学生人身伤害事故处理的途径　根据《学生伤害事故处理办法》规定,解决学生伤害事故的途径有以下三种。(1)自行协商解决,指学校与受伤害学生或其监护人通过协商解决纠纷,这是一种简便、易行、经济的处理办法,体现了民法上私人自治的原则,尤其适合处理轻微的伤害事故。(2)调解解决,指学校与受伤害学生或其监护人自愿申请教育行政部门进行调解的途径。根据《学生伤害事故处理办法》规定,教育行政部门收到调解申请,认为必要的,可以指定专门人员进行调解,并应当在受理申请之日起60日内完成调解。调解后双方对事故处理达成一致意见的,双方应在调解人员的见证下签订调解协议书。如果在调解期限内不能达成一致意见,或者在调解过程中一方提起诉讼,人民法院已经受理的,调解即告中止。(3)诉讼解决,指由人民法院通过司法程序解决双方的争议,由于这种途径费时、费力,诉讼成本较大,因此比较适合赔偿数额较大的争议。前两种解决途径是非诉讼的解决方式,也称"替代性的纠纷解决方式"。如果当事人对前两种解决途径不满意,纠纷得不到解决,可以向法院起诉,通过诉讼来强制性地解决双方的权利义务争议,以息纷止争。

归责原则　归责原则是侵权法中的一个重要概念,其在侵权行为中的应用是出于对侵权损害赔偿责任的考量,归责原则适用范围的扩大或缩小都会影响相关当事人的利益。对于学生人身损害事故责任的归责原则,《中华人民共和国侵权责任法》规定了三类原则。

(1)过错责任原则。"有过错即有责任"是侵权法中的最一般的原则。《中华人民共和国侵权责任法》第六条规定,行为人因过错侵害他人民事权益,应当承担侵权责任。这是过错责任原则在该法中的体现。该法第三十九条规定,限制民事行为能力人在学校或者其他教育机构学习、生活期间受到人身损害,学校或者其他教育机构未尽到教育、管理职责的,应当承担责任。此条作为特殊主体的规定体现的也是过错责任原则。根据该条规定,对于十周岁以上的未成年人在学校或者其他教育机构发生的人身损害,学校承担责任的前提是未尽到教育、管理职责,也即学校存在教育和管理上的过错,如果学校尽到了教育、管理上的职责,则不承担侵权损害的赔偿责任。

(2)过错推定原则。该法第三十八条规定,无民事行为能力人在幼儿园、学校或者其他教育机构学习、生活期间受到人身损害的,幼儿园、学校或者其他教育机构应当承担责任,但能够证明尽到教育、管理职责的,不承担责任。根据该规定,其适用对象是十周岁以下的无行为能力学生,其在幼儿园、学校或其他教育机构受到人身损害的,学校等教育机构对无行为能力学生承担的是过错推定责任,司法实践中实行"举证责任倒置"原则。学校等教育机构要证明自己没有过错,如果不能证明自己没有过错,法律上就推定幼儿园、学校或者其他教育机构有过错并确认其应负侵权责任。该条与《学生伤害事故处理办法》相比具有较大进步。该规定的目的在于针对被侵害主体的特殊性,通过过错推定和举证责任倒置的机制,对无民事行为能力的学生给予特殊的权利保障,以避免无民事行为能力的学生因不能证明对方的过错而无法获得赔偿的情况。

(3)补充责任原则。根据《中华人民共和国侵权责任法》第四十条规定,无民事行为能力人或者限制民事行为能力人在幼儿园、学校或者其他教育机构学习、生活期间,受到幼儿园、学校或者其他教育机构以外的人员人身损害的,由侵权人承担侵权责任;幼儿园、学校或者其他教育机构未尽到管理职责的,承担相应的补充责任。所谓补充责任,是指在第一责任人的财产不足以承担其应负的民事责任时,负补充责任的人对不足部分承担的责任。学校承担补充责任也要以学校存在过错为前提,而且其适用的对象为无民事行为能力和限制行为能力的学生。对于成年学生则适用于该法的一般规定。

以上三种归责原则都必须具备"学校存在过错"这一前提,"过错"不仅是学校承担侵权责任的法律前提,也是其他主体承担侵权责任的前提。"过错推定原则"也是以过错为基础的,只不过是通过举证责任倒置的机制将败诉的不利风险施加在学校一方。其目的是为了保护无民事行为能力的学生,而对学校一方提出了更重的安全管理义务。

法律责任　学生人身损害事故主要涉及三类责任,即民事责任、行政责任和刑事责任,其中民事责任是影响最大的责任。

对学生人身损害民事责任的性质,更多的人将其视为侵权责任,这是一种因公民、法人实施侵权行为而承担的民事法律后果。中国多数学校尤其是公立学校与家长之间并不存在合同关系。合同关系是建立在自愿平等基础上的,而中国公立中小学的招生和学生的入学不是基于双方的自愿选择,而是受政府政策的调节。因此学校事故责任不是违约责任,而是违反了法律的强制性规范和禁止性规范所确定的法定义务,这种责任自然是侵权责任。而且从侵权行为法的构成要件及立法精神来看,将学校事故责任定性为侵权责任更能使受害者获得合理的赔偿。

学生人身损害事故中,承担侵权责任的主体包括学校、成年学生、未成年学生的监护人及其他第三人。《中华人民共和国侵权责任法》具体规定了承担侵权责任的方式,既适用于一般侵权,也适用于特殊侵权。既适用于侵犯人身权的情形,也适用于侵犯该法规定的其他合法权益的情形。该法第三条规定,被侵权人有权请求侵权人承担侵权责任。第四条规定,侵权人因同一行为应当承担行政责任或者刑事责任的,不影响依法承担侵权责任。因同一行为应当承担侵权责任和行政责任、刑事责任,侵权人的财产不足以支付的,先承担侵权责任。这就以法律的形式确立了侵权责任优先的原则,有利于被侵权人的合法权益的维护。该法规定了具体承担侵权责任的八种方式:停止侵害;排除妨碍;消除危险;返还财产;恢复原状;赔偿损失;赔礼道歉;消除影响、恢复名誉。承担侵权责任的方式,可以单独使用,也可以合并使用。同时,该法第二十二条规定,侵害他人人身权益,造成他人严重精神损害的,被侵权人可以请求精神损害赔偿。这是首次以法律的形式确立了被侵权人精神损害赔偿请求权,为维护其权益提供了法律上的坚实保障。

对管理混乱、存在重大安全隐患的学校,主管的教育行政部门或者其他有关部门可责令其限期整顿,对情节严重或者拒不改正的,可以给予行政处罚;对在学生人身损害事故中负有责任且情节严重的,教育行政部门应当对学校主管人员和其他直接责任人员予以行政处分;教育行政部门未履行相应职责,对学生人身伤害事故的发生负有责任的,由有关部门对其直接负责的主管人员和其他直接责任人员给予行政处分;对违反学校纪律造成事故的学生,学校可予以纪律处分;对无理取闹、扰乱学校秩序的学生监护人及其他人员,由学校报告公安机关处理,这些都是承担行政责任的情形。对于严重的学生人身损害事故,可能会导致刑事责任的产生,这是由其侵权行为的社会危害性所决定的。

《校车安全管理条例》

《校车安全管理条例》是中国第一部规范校车安全的行政法规,是根据《中华人民共和国教育法》《中华人民共和国义务教育法》等法律制定的,是加强校车安全管理,保障在义务教育阶段乘坐校车学生的人身安全的重要法律依据。《校车安全管理条例》于2012年3月28日国务院第197次常务会议通过,于2012年4月5日公布施行,共八章、六十二条。

适用范围　该条例第二条规定,校车是指依照本条例取得使用许可,用于接送接受义务教育的学生上下学的7座以上的载客汽车。根据该规定,非义务教育阶段的高中没有纳入该条例的适用范围。为减少幼儿入园的交通风险,在制度安排上应以保障幼儿就近入园和由家长接送为原则。为体现这一制度导向,同时保障确需乘坐校车的幼儿乘车安全,该条例将幼儿校车作为特殊情况在"附则"中规定:县级以上地方政府应当合理规划幼儿园布局,方便幼儿就近入园。入园幼儿应由监护人或者其委托的成年人接送。对确因特殊情况不能由监护人或者其委托的成年人接送,需要使用车辆集中接送的,应当使用按照专用校车国家标准设计和制造的幼儿专用校车,遵守本条例校车安全管理的规定。

各级政府的安全管理职责　该条例确立校车安全多级管理的制度。国务院教育、公安、交通运输以及工业和信息化、质量监督检验检疫、安全生产监督管理等部门,依照法律、行政法规和国务院的规定,负责校车安全管理的有关工作。国务院教育、公安部门会同国务院有关部门建立校车安全管理工作协调机制,统筹协调校车安全管理工作中的重大事项,共同做好校车安全管理工作。

县级以上地方人民政府对本行政区域的校车安全管理工作负总责,组织有关部门制定并实施与当地经济发展水平和校车服务需求相适应的校车服务方案,统一领导、组织、协调有关部门履行校车安全管理职责。县级以上地方人民政府教育、公安、交通运输、安全生产监督管理等有关部门,依照该条例以及本级人民政府的规定,履行校车安全管理的相关职责。

安全保障措施　《校车安全管理条例》中的"管理"两个字,意在突出政府的管理职责,强调落实政府的责任。该条例从强调政府安全管理的角度提出了保障校车安全的具体措施。

(1)坚持就近入学。学校的布局、城乡公共交通的发展、国家对校车的政策支持等问题,虽不直接属于校车安全管理问题,但与校车安全问题密切相关。切实贯彻《中华人民共和国义务教育法》关于保障学生就近入学,以及设置寄宿制学校保障居住分散学生入学的规定,尽量使中小学学生上学不乘车或少乘车,可以从源头上减少学生上下学的交通风险。《校车安全管理条例》第三条规定,县级以上地方人民政府应当根据本行政区域的学生数量和分布状况等因素,依法制定、调整学校设置规划,保障学生就近入学或者在寄宿制学校入学,减少学生上下学的交通风险。实施义务教育的学校及其教学点的设置、调整,应当充分听取学生家长等有关方面的意见。

(2)保障农村学生获得校车服务。农村地区由于学校布局不合理,经济条件落后等因素,是校车安全事故的多发区。《校车安全管理条例》第三条规定:对确实难以保障就近入学且公共交通不能满足学生上下学需要的农村地区,县级以上地方政府应当采取措施,保障接受义务教育的学生获得校车服务。这实际上是明确了政府保障的职责范围,即校车服务主要是保障难以就近入学、公共交通又覆盖不到的农村地区学生。对其他学生的乘车问题,应当尽量依靠公共交通。条例规定:县级以上地方政府应当采取措施,发展城市和农村的公共交通,合理规划设置公共交通线路和站点,为需要乘车上下学的学生提供方便。

(3) 建立多渠道校车筹资机制。校车经费是保障校车安全运行的关键。《校车安全管理条例》对此作出原则性政策规定,明确提出,国家建立多渠道筹措校车经费的机制,并通过财政资助、税收优惠、鼓励社会捐赠等方式,按照规定支持使用校车接送学生的服务。支持校车服务所需的财政资金由中央财政和地方财政分担,具体办法由国务院财政部门制定;支持校车服务的税收优惠办法,依照法律、行政法规规定的税收管理权限制定。

(4) 赋予校车优先权。《校车安全管理条例》规定,遇交通拥堵,交通警察应当指挥疏导运载学生的校车优先通行。校车运载学生,可以在公交专用车道以及其他禁止社会车辆通行但允许公交车辆通行的路段行驶。校车在同方向只有一条机动车道的道路上停靠时,后方车辆应当停车等待,不得超越。校车在同方向有两条以上机动车道的道路上停靠时,校车停靠车道后方和相邻机动车道上的机动车应当停车等待,其他机动车道上的机动车应当减速通过。校车后方停车等待的机动车不得鸣喇叭或者使用灯光催促校车。对不避让校车的违法行为,条例规定了处罚条款,如机动车驾驶人违反条例规定,不避让校车的,由公安交通管理部门处 200 元罚款。

(5) 对校车驾驶人的特别要求。《校车安全管理条例》规定,取得机动车驾驶资格的驾驶人,申请取得校车驾驶资格的,还要符合以下条件才能向县级或者设区的市级人民政府公安机关交通管理部门提交书面申请和证明其符合本条例第二十三条规定条件的材料。要求包括:取得相应准驾车型驾驶证并具有 3 年以上驾驶经历,年龄在 25 周岁以上、不超过 60 周岁;最近连续 3 个记分周期内没有被记满分记录;无致人死亡或者重伤的交通事故责任记录;无饮酒后驾驶或者醉酒驾驶机动车记录,最近 1 年内无驾驶客运车辆超员、超速等严重交通违法行为记录;无犯罪记录;身心健康,无传染性疾病,无癫痫、精神病等可能危及行车安全的疾病病史,无酗酒、吸毒行为记录。

(6) 建立校车使用许可制度。根据规定,学校可以配备校车,依法设立的道路旅客运输经营企业、城市公共交通企业,以及根据县级以上地方人民政府规定设立的校车运营单位,可以提供校车服务。县级以上地方人民政府根据本地区实际情况,可以制定管理办法,组织依法取得道路旅客运输经营许可的个体经营者提供校车服务。但是,无论是学校,还是学校以外的企业或个人,必须按规定取得校车使用许可,才可以提供校车服务。根据《校车安全管理条例》第十四条规定,取得校车使用许可应当符合下列条件:车辆符合校车安全国家标准,取得机动车检验合格证明,并已经在公安机关交通管理部门办理注册登记;有取得校车驾驶资格的驾驶人;有包括行驶线路、开行时间和停靠站点的合理可行的校车运行方案;有健全的安全管理制度;已经投保机动车承运人责任保险。该条例第十五条规定,学校或者校车服务提供者申请取得校车使用许可,应当向县级或者设区的市级人民政府教育行政部门提交书面申请和证明其符合本条例第十四条规定条件的材料。教育行政部门应当自收到申请材料之日起 3 个工作日内,分别送同级公安机关交通管理部门、交通运输部门征求意见,公安机关交通管理部门和交通运输部门应当在 3 个工作日内回复意见。教育行政部门应当自收到回复意见之日起 5 个工作日内提出审查意见,报本级人民政府。本级人民政府决定批准的,由公安机关交通管理部门发给校车标牌,并在机动车行驶证上签注校车类型和核载人数;不予批准的,书面说明理由。该条例规定,校车标牌应当载明本车的号牌号码、车辆的所有人、驾驶人、行驶线路、开行时间、停靠站点以及校车标牌发牌单位、有效期等事项。条例还规定,取得校车标牌的车辆应当配备统一的校车标志灯和停车指示标志。校车未运载学生上道路行驶的,不得使用校车标牌、校车标志灯和停车指示标志。禁止使用未取得校车标牌的车辆提供校车服务。此外,取得校车标牌的车辆达到报废标准或者不再作为校车使用的,学校或者校车服务提供者应当将校车标牌交回公安机关交通管理部门。

(7) 对于校车行使安全的要求。《校车安全管理条例》规定:载有学生的校车在高速公路上行驶的最高时速不得超过 80 千米,在其他道路上行驶的最高时速不得超过 60 千米。道路交通安全法律法规规定或者道路上限速标志、标线标明的最高时速低于前款规定的,从其规定。载有学生的校车在急弯、陡坡、窄路、窄桥以及冰雪、泥泞的道路上行驶,或者遇有雾、雨、雪、沙尘、冰雹等低能见度气象条件时,最高时速不得超过 20 千米。就乘车安全,条例规定,校车载人不得超过核定的人数,不得以任何理由超员,否则从重处罚。校车服务提供者与学校可以约定由学校指派随车照管人员。校车的副驾驶座位不得安排学生乘坐。校车驾驶人不得在校车载有学生时给车辆加油,不得在校车发动机引擎熄灭前离开驾驶座位。

法律责任   《校车安全管理条例》第七章具体规定了相关主体的法律责任。第四十三条至第五十七条规定的是行政责任,是违反《校车安全管理条例》的相关规定,但尚未构成犯罪的行为所依法应当承担的法律后果,包括行政处分和行政处罚。行政处分是对违反条例规定的各级政府、教育行政部门、公安机关及其他政府部门中负有校车安全管理职责的领导人员及工作人员的行政违法行为给予的一种制裁性处理。行政处分的种类包括警告、记过、降级、降职、撤职、开除等。行政处罚是对违反条例,尚不构成犯罪的公民、法人及其他组织实施的一种制裁行为,规定了警告、罚款、没收违法所得、吊销机动车驾驶资格、取消校车驾驶资格、吊销校车使用许可等。

《校车安全管理条例》第五十八条规定,构成犯罪的,依法追究刑事责任。由于严重的校车事故可能会导致刑事责任的产生,可能涉嫌交通肇事、危险驾驶、以危险方法危害公共安全等刑事犯罪。这条规定,是为了与《中华人民共和国刑法》中的相关罪名相衔接,在可能涉及刑事犯罪时适用该法中的相关规定。

关于民事责任,《校车安全管理条例》第五十九条规定,发生校车安全事故,造成人身伤亡或者财产损失的,依法承担赔偿责任。这是由于校车安全事故造成的侵权损害民事赔偿责任,在法律适用上,应依据《中华人民共和国民法通则》、《中华人民共和国侵权责任法》以及《中华人民共和国民事诉讼法》等相关法律的规定。如果侵权人同时承担行政责任、刑事责任,被处以罚款或被判处财产刑,而其财产不足以承担侵权损害赔偿时,应根据《中华人民共和国侵权责任法》的规定,优先承担侵权责任,也即优先对被侵权人进行损害赔偿。

参考文献

劳凯声.中国教育法制评论(第1辑)[M].北京:教育科学出版社,2002.

劳凯声,孙云晓.新焦点——当代中国少年儿童人身伤害研究报告[M].北京:北京师范大学出版社,2002.

余雅风.新编教育法[M].上海:华东师范大学出版社,2008.

余雅风.学生在校人身损害责任的法律解读与思考[J].北京:教育研究,2011(10).

（杨　冰）

学校财务会计制度(school finance regulations and accounting standards)　　为规范学校财务行为,加强财务管理,提高资金使用效益,促进学校教学、科研和社会服务事业发展而制定的学校资金、资产管理制度。包括学校财务制度和会计制度。学校性质不同,所遵循的财务会计制度也不同。少量营利性学校遵循企业财务会计制度,在教育中占主体地位的非营利性学校遵循学校财务会计制度。

学校财务制度

不同教育财政体制下的学校财务管理制度存在差异。政府举办和拨款的学校,一般遵循政府制定的资金管理制度。中国政府制定有统一的学校财务制度。在遵循政府制定的财务制度的前提下,学校根据自身事业特点和管理要求,制定本校的财务管理制度。学校财务制度包括财务管理的原则与任务、财务管理体制、学校预算、收支与节余管理、资产负债管理以及财务报告、财务监督与财务清算等方面内容。

学校财务管理的原则与任务　　学校是一个涉及多方面利益关系的利益共同体,财务管理的基本原则是体现和维护相关利益方的利益。学校财务管理要符合国家有关法律、法规和财务规章制度,正确处理事业发展需要和资金供给的关系,社会效益和经济效益的关系,国家、学校、教职员工和学生利益的关系。学校财务管理服务于学校的办学目标,其主要任务为:依法多渠道筹集事业资金;合理编制学校预算,并对预算执行过程进行控制和管理;加强资产管理,合理配置学校资源,提高资金使用效益;建立健全财务规章制度,规范校内经济秩序;如实反映学校财务状况;对学校经济活动的合法性、合理性进行监督。

学校财务管理体制是学校财务机构和权责分配的制度安排。中国高等学校财务工作实行校(院)长负责制,规模较小的实行"统一领导,集中管理"的财务管理体制;规模较大的实行"统一领导,分级管理"的财务管理体制。高等学校设置总会计师,协助校(院)长全面领导学校的财务工作,或者由主管财务工作的校(院)长代行总会计师职权。高等学校单独设置财务处(室),作为学校的一级财务机构,在校(院)长和总会计师的领导下,统一管理学校的各项财务工作,不应在财务处(室)之外设置同级财务机构。学校校内后勤、科技开发、校办产业及基本建设等部门因工作需要设置的财务机构,只能作为学校的二级财务机构,其财务会计业务接受财务处(室)的统一领导。学校二级财务机构必须遵守和执行学校统一制定的财务规章制度,并接受财务处(室)的监督和检查。单独设置财务机构的中小学校,实行"统一领导,统一管理"的体制。学校的财务活动在校长的领导下,由财务部门统一管理。不具备条件或不需要单独设置财务机构的中小学校,实行"集中管理,分校核算"的体制。即在一定区域内,设置中心财务机构,统一管理区域内中小学校的财务活动,学校只设报账员,在校长领导下,管理学校的财务活动,统一向中心财务机构报账。中小学校校办产业、勤工俭学项目的财务活动,由学校财务机构统一领导。

学校预算　　学校预算是学校根据事业发展计划和任务编制的年度财务收支计划。学校必须在预算年度开始前编制预算,内容包括收入预算和支出预算,由校级预算和所属各级预算组成。学校编制预算必须坚持"量入为出、收支平衡"的总原则。收入预算坚持积极稳妥原则;支出预算坚持统筹兼顾、保证重点、注重效率等原则。学校参考以前年度预算执行情况,根据预算年度事业发展计划和任务与财力可能,以及年度收支增减因素进行编制。校级预算和所属各级预算必须各自平衡,不得编制赤字预算。学校预算由学校财务处(室)根据各单位收支计划,提出预算建议方案,经学校最高财务决策机构审议通过后,按照国家预算支出分类和管理权限分别上报各有关主管部门,审核汇总报财政部门核定预算控制数。学校根据预算控制数编制预算,由各有关主管部门汇总报财政部门审核批复后执行。学校预算在执行过程中,对财政补助收入和从财政专户核拨的预算外资金收入一般不予调整;如果国家有关政策或事业计划有较大调整,对收支预算影响较大,确需调整时,可以报请主管部门或者财政部门调整预算。其余收入项目需要调增、调减的,由学校自行调整并报主管部门和财政部门备案。收入预算调整后,相应调增或者调减支出预算。

学校的收入、支出与节余　收入是学校开展教学、科研及其他活动依法取得的非偿还性资金,包括以下几类。(1) 财政补助收入,即学校从财政部门取得的各类事业经费,具体包括:教育经费拨款,即学校从财政部门取得的教育经费,包括教育事业费等;科研经费拨款,即学校从有关政府部门取得的科学研究经费,包括科学事业费和科技三项费用等;其他经费拨款,即学校取得的上述拨款以外的事业经费,包括公费医疗经费、住房改革经费等。(2) 上级补助收入,即学校从主管部门和上级单位取得的非财政补助收入。(3) 事业收入,即学校开展教学、科研及其辅助活动取得的收入,具体包括教学收入,指学校开展教学及其辅助活动所取得的收入,包括通过学历和非学历教育向单位或学生个人收取的学费、培养费、住宿费和其他教学收入;科研收入,指学校开展科研及其辅助活动所取得的收入,包括通过承接科技项目、开展科研协作、转让科技成果、进行科技咨询所取得的收入和其他科研收入。(4) 经营收入,即学校在教学、科研及其辅助活动之外,开展非独立核算经营活动取得的收入。(5) 附属单位上缴收入,即学校附属独立核算单位按照有关规定上缴的收入。(6) 其他收入,即上述收入以外的各项收入,包括投资收益、捐赠收入、利息收入等。学校必须严格按照国家有关法律、法规和政策组织收入;各项收费必须严格执行国家规定的收费范围和标准,并使用符合国家规定的合法票据;各项收入必须全部纳入学校预算,统一管理,统一核算。

支出是学校开展教学、科研及其他活动发生的各项资金耗费和损失,包括以下几类。(1) 事业支出,即学校开展教学、科研及其辅助活动发生的支出。其内容包括基本工资、补助工资、其他工资、职工福利费、社会保障费、助学金、公务费、业务费、设备购置费、修缮费和其他费用等项目。事业支出按其用途可以划分为教学支出、科研支出、业务辅助支出、行政管理支出、后勤支出、学生事务支出和社会保障支出等明细项目。教学支出是指学校各教学单位为培养各类学生发生在教学过程中的支出。科研支出是指学校为完成所承担的科研任务,以及所属科研机构发生在科学研

究过程中的支出。业务辅助支出是指学校图书馆、计算中心、电教中心、测试中心等教学、科研辅助部门为支持教学、科研活动所发生的支出。行政管理支出是指学校行政管理部门为完成学校的行政管理任务所发生的支出。后勤支出是指学校的后勤部门为完成所承担的后勤保障任务所发生的支出。学生事务支出是指学校在教学业务以外,直接用于学生事务的各类费用开支,包括学生奖贷基金、助学金、勤工助学基金、学生物价补贴、学生医疗费和学生活动费等。社会保障支出是指学校用于教职工社会保障和福利待遇以及离退休人员社会保障和福利待遇方面的各类费用开支。(2) 经营支出,即学校在教学、科研及其辅助活动之外开展非独立核算经营活动发生的支出。(3) 自筹基本建设支出,即学校用财政补助收入以外的资金安排自筹基本建设发生的支出。(4) 对附属单位补助支出,即学校用财政补助收入之外的收入对附属单位补助发生的支出。学校在开展教学、科研和非独立核算的经营活动中,应当正确归集实际发生的各项费用;不能直接归集的,应当按照规定的比例合理分摊。经营支出应当与经营收入配比。学校从有关部门或个人取得的有指定项目和用途并且要求单独核算的专项资金,应当按照要求定期报告资金的使用情况;项目完成后,应当报告资金支出决算和使用效果,并接受有关部门的检查、验收。学校的支出应当严格执行国家有关法律法规和财务规章制度规定的开支范围及开支标准;国家有关财务规章制度没有统一规定的,由学校结合本校情况规定,报主管部门和财政部门或其他资金提供者备案。

结余是指学校年度收入与支出相抵后的余额。经营收支结余应当单独反映。经营收支结余可以按照国家有关规定弥补以前年度经营亏损,其余部分并入学校结余。学校的结余,除专项资金按照国家规定结转下一年度继续使用外,可以按照国家有关规定提取职工福利基金,剩余部分作为事业基金用于弥补以后年度收支差额。学校可以设立专用基金。专用基金是指学校按照规定提取和设置的有专门用途的资金。专用基金包括修购基金、职工福利基金、学生奖贷基金、勤工助学基金等。修购基金是按照事业收入和经营收入的一定比例提取,在修缮费和设备购置费中列支,以及按照其他规定转入,用于固定资产维修和购置的资金。职工福利基金是按照结余的一定比例提取以及按照其他规定提取转入,用于职工集体福利设施,集体福利待遇等的资金。学生奖贷基金是按照规定提取用于发放学生奖学金和贷款的资金。勤工助学基金是按照规定从教育事业费和事业收入中提取的,用于支付学生开展勤工助学活动报酬以及困难学生补助的资金。学校可以按照国家有关规定,根据事业发展需要提取或者设置其他专用基金。

学校的资产与负债　资产是学校占有或者使用的能以货币计量的经济资源,包括各种财产、债权和其他权利。学

校的资产包括流动资产、固定资产、无形资产和对外投资等。流动资产是指可以在一年以内变现或者耗用的资产，包括现金、各种存款、应收及暂付款项、借出款、存货等。存货是学校在开展教学、科研及其他活动过程中为耗用而储存的资产，包括各类材料、燃料、消耗物资、低值易耗品等。学校应当建立、健全现金及各种存款的内部管理制度。对应收及暂付款项应当及时清理结算，不能长期挂账；对确实无法收回的应收及暂付款项，要查明原因，分清责任，按规定程序批准后核销。对存货应当进行定期或者不定期的清查盘点，保证账实相符，存货的盘盈、盘亏应及时进行调整。固定资产指单位价值在一定标准以上，使用期限在一年以上，并在使用过程中基本保持原有物质形态的资产。单位价值虽未达到规定标准，但耐用时间在一年以上的大批同类物资，作为固定资产管理。学校固定资产一般分六类：房屋和建筑物；专用设备；一般设备；文物和陈列品；图书；其他固定资产。学校可以根据规定的固定资产标准，结合本校的具体情况，制定各类固定资产的明细目录。学校固定资产的报废和转让，一般经学校负责人批准后核销。大型、精密、贵重的设备、仪器报废和转让，应当经过有关部门鉴定，报主管部门或国有资产管理部门、财政部门批准。除国家另有规定外，固定资产的变价收入应当转入修购基金。学校应当定期或者不定期地对固定资产进行清查盘点。年末应进行全面的清查盘点，做到账、卡、物相符。对固定资产的盘盈、盘亏应当按规定程序及时处理。无形资产是指不具有实物形态而能为使用者提供某种权利的资产，包括专利权、商标权、著作权、土地使用权、非专利技术、商誉以及其他财产权利。学校转让无形资产，应当按照有关规定进行资产评估，取得的收入除国家另有规定外计入事业收入。学校取得无形资产而发生的支出，计入事业支出。对外投资是指高等学校利用货币资金、实物、无形资产等向校办产业和其他单位的投资。学校对外投资，应当按照国家有关规定报主管部门、国有资产管理部门和财政部门批准或备案。学校以实物、无形资产对外投资的，应当按照国家有关规定进行资产评估。对校办产业投资取得的收益，计入附属单位上缴收入；对其他单位投资取得的收益，计入其他收入；国家另有规定者除外。

负债是学校所承担的能以货币计量，需要以资产或劳务偿还的债务。学校的负债包括借入款、应付及暂存款、应缴款项、代管款项等。应缴款项包括学校收取的应当上缴财政纳入预算的资金和应当上缴财政专户的预算外资金、应缴税金以及其他按照国家有关规定应当上缴的款项。代管款项是指学校接受委托代为管理的各类款项。学校应当对不同性质的负债分别管理，及时清理并按照规定办理结算，保证各项负债在规定期限内归还。

学校的财务报告、财务监督与财务清算 财务报告是反映学校一定时期财务状况和事业发展成果的总结性书面文件。学校应按照国家预算支出分类和管理权限定期向各有关主管部门和财政部门以及其他利益相关人提供财务报告。学校报送的年度财务报告包括资产负债表、收入支出表、支出明细表及财务情况说明书等报表和文字报告。学校的财务分析是财务管理工作的重要组成部分。学校应按照主管部门的规定和要求，根据学校财务管理的需要，定期编制财务分析报告。财务分析的内容包括学校事业发展和预算执行、资产使用管理、收入、支出和专用基金变动以及财务管理情况、存在主要问题和改进措施等。财务分析指标包括经费自给率、预算收支完成率、人员支出与公用支出分别占事业支出的比率、资产负债率、生均支出增减率等。

财务监督是贯彻国家财经法规以及学校财务规章制度，维护财经纪律的保证。学校必须接受国家有关部门和其他出资人及利益相关者的财务监督，并建立严密的内部监督制度。学校的财务监督包括事前监督、事中监督和事后监督三种形式。学校可根据实际情况对不同的经济活动实行不同的监督方式。建立和健全各级经济责任制和建立健全财务主管人员离任审计制度是实施财务监督的主要内容。

经国家有关部门批准，学校发生划转撤并时，应当进行财务清算。学校财务清算，应当成立财务清算机构，在主管部门和财政部门、国有资产管理部门和其他出资人的监督指导下，对学校的财产、债权、债务等进行全面清理，编制财产目录和债权、债务清单，提出财产作价依据和债权、债务处理办法，做好学校资产的移交、接收、划转和管理工作，并妥善处理各项遗留问题。

学校会计制度

学校会计制度是按照有关会计法规和会计准则制定的指导学校进行会计核算和会计信息发布的制度规范。学校会计制度要遵循非营利组织会计准则制定，与企业会计制度存在差异。中国的学校会计制度包括会计核算的基本前提(假设)和原则、会计要素的确认和计量、会计报表的编制和报送，以及会计档案的保管等方面内容。

学校会计核算的基本前提与原则 基本前提主要有四项。(1)会计主体前提：学校以自身发生的各项经济业务为对象，记录和反映学校的各项经济活动。(2)持续经营前提：会计核算以学校各项业务活动持续正常地进行为前提。(3)会计分期前提：会计核算可以划分会计期间，分期结算账目和编制会计报表。会计期间分为年度、季度和月份。中国学校的会计年度、季度和月份的起讫日期采用公历日期。(4)货币计量前提：会计核算以货币作为计量手段。中国学校以人民币为记账本位币，发生外币收支的，应当折算为人民币核算。

学校会计核算的基本原则包括以下几项。（1）真实性原则：会计核算应当以实际发生的经济业务为依据，客观真实地记录、反映各项收支情况和结果。（2）相关性原则：应该提供利益相关人决策相关的会计信息。会计信息应当符合国家宏观教育管理和经济管理的要求，适应预算管理和有关各方了解学校财务状况及收支情况的需要，并有利于学校加强内部经营管理。（3）一致性原则：会计核算应当按照规定的会计处理方法进行。与其他学校的会计指标应当口径一致，相互可比。（4）一贯性原则：会计处理方法应前后各期一致，不得随意变更。如确有必要变更，应将变更的情况、原因和对单位财务收支情况及结果的影响在会计报告中说明。（5）及时性原则：会计核算和财务报告应当及时进行。（6）清晰性原则：会计记录和会计报表应当清晰明了，便于理解和运用。（7）权责发生制或收付实行制原则：权责发生制的要求是，凡是本期取得的收款权利，无论是否收到款项，都记入本期收入；凡是本期消耗的资源或产生的付款责任，无论是否支付了款项，都记入本期费用。收付实现制原则的要求是，凡是本期收到的款项都作为本期收入，凡是本期支付的款项都作为本期的费用。长期以来政府和非营利组织主要采用收付实现制原则，但权责发生制能提供更为全面、及时和复杂的会计信息，特别是能提供会计主体所提供产品、服务与成本、费用配比的信息，便于考核会计主体经营活动的经济性和效率。21世纪初，国际会计师联合会公共部门委员会（Public Sector Committee of International Federation of Accountants）已经制定基于权责发生制的20个公共部门会计准则，澳大利亚等少数国家已在包括学校在内的公共部门采用完全的权责发生制会计核算，还有不少国家采用部分的权责发生制。中国的非营利组织（事业单位）会计准则和学校会计制度要求学校会计核算一般采用收付实现制，经营性收支业务核算可采用权责发生制。但中国的会计准则制定机构正在研究包括学校在内的政府和非营利组织采用权责发生制的可能性。（8）历史成本原则：各项财产物资应当按照取得或购建时的实际成本计价。除国家另有规定者外，不得自行调整其账面价值。（9）全面性和重要性原则：会计报表应当全面反映事业单位的财务收支情况及其结果。对于重要的业务事项，应当单独反映。

学校会计要素与核算　中国收付实现制下的学校会计制度有五个会计要素：资产、负债、净资产、收入和支出。学校要根据自身业务内容，设置相关的总账账户和明细账户，在经济业务发生时对各项会计要素进行及时、准确的确认和计量。资产在取得时按实际成本计价记账。以实物或无形资产的方式对外投资，应当按评估确认的价值记账。购置固定资产的借款利息和有关费用，以及外币借款的汇兑差额，在固定资产办理竣工决算之前发生的，应当计入固定资产价值；在竣工决算之后发生的，计入当期支出或费用。接受捐赠的固定资产应当按照同类资产的市场价格或者有关凭证确定固定资产价值。接受捐赠固定资产时发生的相关费用，应当计入固定资产价值。各种存货发出时，可以根据实际情况选择先进先出法、加权平均法等方法，确定其实际成本，计价入账。各项负债应当按实际发生数额记账。负债已经发生而数额需要预计确定的，应当合理预计，待实际数额确定后，进行调整。净资产是指资产减去负债的差额，包括事业基金、固定基金、专用基金、结余等。事业基金是指事业单位拥有的非限定用途的净资产，主要包括滚存结余资金等。事业基金按当期实际发生数额记账。固定基金是指事业单位固定资产占用的基金。固定基金应按实际发生数额记账。专用基金是指事业单位按规定提取、设置的有专门用途的资金。专用基金增加应按当期实际提取转入的数额记账；减少应按当期实际支出数额记账。结余是学校在一定期间各项收入与支出相抵后的余额。主要包括事业结余和经营结余。事业结余是指学校各项非经营收支相抵后的余额。经营结余是指学校经营收支相抵后的余额。结余应按规定进行分配。学校的收入一般在收到款项时予以确认；对于采用权责发生制的单位取得的经营收入，可以在提供劳务或发出商品，同时收讫价款或者取得索取价款的凭据时予以确认。对于长期项目的收入，应当根据年度完成进度予以合理确认。取得收入为实物时，应当根据有关凭据确认其价值；没有凭据可供确认的，参照其市场价格确定。学校从事各项业务活动发生的支出，应当正确予以归集；无法直接归集的，应当按标准和规定的比例在事业支出和经营支出中进行合理分摊。学校在实行内部成本核算中发生的各项费用应当正确予以归集。

学校会计报表　学校会计报表是反映学校财务状况和收支情况的书面文件，是学校财务报告的主要部分，包括资产负债表、收入支出表、基建投资表、基本数字表、附表及会计报表附注。资产负债表总括反映学校在某一特定日期资产、负债和净资产状况。资产负债表的项目一般按会计要素的类别，分别列示。收入支出表反映学校在一定会计期间内各类经费收入和支出构成情况。收入支出表的项目，一般按收支的构成和结余分配情况分项列示。收入支出表的附表主要有事业支出明细表和经营支出明细表。财政部门要求支出明细表的项目按"国家预算支出科目"列示。基建投资表是反映投入、借入的基本建设资金及其使用情况的报表。基本数字表是反映学校基本情况的报表，主要包括学生数、教职工数以及各类固定资产数据。其中人数平均数的计算方法为各月月末人数相加之和的平均数。其计算公式为：年平均数$=(n_1+n_2+\cdots+n_{12})/12$，$n_1$为1月份月末人数；$n_2$为2月份月末人数；……；$n_{12}$为12月份月末人数。会计报表一般采用前后期对比方式编列。上期项目分类和内容与本期不一致的,应当将上期数按本期项目和内容进行调整,必要时需加以说明。会计报表是根据登记完整、核对无误的账簿记录其他有关资料编制的。编制和报送会计报表要做到数字真实、计算准确、内容完整、报送及时。为了使会计报表的使用者更好地理解会计报表,学校还应提供会计报表附注。会计报表附注是为帮助理解会计报表的内容而对报表的有关项目等所作的解释,其内容主要包括:特殊事项的说明,会计报表中有关重要项目的明细资料,其他有助于理解和分析会计报表需要说明的事项。

学校会计档案 学校会计档案包括会计凭证、会计账簿、会计报表、年度预决算和重要的经济合同等会计资料。学校应按照《中华人民共和国会计法》和《会计档案管理办法》的规定,对会计档案定期归集,审查核对,整理立卷,编制目录,装订成册,确定专人妥善保管,防止丢失损坏。每年年终后形成的会计档案,应由财会部门负责装订成册并整理立卷、保管,也可由财会部门编造移交清册,移交学校或主管部门的档案管理部门统一保管。撤销、合并学校的会计档案,应随同学校的全部档案一并移交给指定的单位,并按规定办理交接手续。各种会计档案的保管期限根据工作需要,分为永久、定期两类。保管期限是:涉及外事的会计凭证和年度决算为永久保管;月份会计报表的保管期限为五年;各种原始凭证和记账凭证、总账、明细账的保管期限为十五年;现金出纳账、银行存款账的保管期限为二十五年;使用电子计算机处理会计账务的学校,应将计算机生成的会计档案资料副本和软盘一并归档。学校的会计人员调离岗位,必须办理会计交接手续,未办清交接手续不得调动或离职。会计人员办理移交手续前,必须做好如下工作:(1)已经受理的经济业务尚未填制会计凭证的,应填制完毕。(2)尚未登记的账目,应登记完毕,并在最后一笔余额后加盖印章。(3)整理应该移交的各项资料,对未了事项要写出书面材料。(4)编制移交清册,列明应该移交的凭证、账簿、报表、印鉴、现金、有价证券、支票簿、文件、资料和其他物品的内容。会计人员办理交接手续,必须有监交人负责监交。交接完毕后,交接双方和监交人要在移交清册上签名或盖章,移交清册一般应填制一式三份,交接双方各执一份,存档一份。会计主管人员办理移交时,除编制交接清册外,还必须将全部财务会计工作,重大财务收支和会计人员的情况等,向接替人员详细介绍。对需要移交的遗留问题,应当写出书面材料。

参考文献

罗伯特·J.弗里曼,克雷格·D.肖尔德斯.政府及非营利组织会计[M].赵建勇,等,译.上海:上海财经大学出版社,2004.

《高等学校会计制度讲座》编写组.高等学校会计制度讲座[M].北京:中国人民大学出版社,1998.

美国政府会计委员会.美国州和地方政府会计与财务报告准则汇编[M].马如雪,等,译.北京:人民出版社,2004.

《中小学校会计制度讲座》编写组.中小学校会计制度讲座[M].北京:中国人民大学出版社,1999.

(袁连生)

学校的权利与义务(rights and obligations of school) 学校作为依法设立的实施教育教学的专门机构,其基本职能通过法律规定的学校的权利与义务体现出来。学校作为一种社会组织,在不同的法律关系领域中所具有的资格与能力是不同的,因而其所享有的权利和承担的义务也有所不同。当学校以民事主体的身份参与到民事活动中时,同其他社会组织一样享有民法所规定的一定的财产权、人身权并应履行对等的义务;当学校作为行政相对人参与到行政管理关系中时,享有行政法规定的社会组织应有的批评、建议、控告和检举、复议和诉讼、获得补偿和赔偿等权利,并负有接受政府和相应行政主管部门的管理、监督等义务;当学校作为专门的教育组织从事教育活动时,享有教育法中所规定的不同于其他社会组织的特定权利,如招收学生或者其他受教育者、对学生实施奖励或处分等,同时应履行相应义务。学校集几种法律地位于一身,几个层面的权利义务存在相互交叉和影响。

学 校 的 权 利

教育法规定的学校的权利称办学自主权,是学校在法律上享有的,为实现其办学宗旨,独立自主地进行教育教学管理,实施教育活动的资格和能力。办学自主权是学校专有的权利,是教育机构成为教育法律关系主体的前提。若无此种权利,便意味着在法律上不享有实施教育教学活动的资格和能力,就不成其为教育机构。学校行使办学自主权必须符合国家和社会的公共利益,必须贯彻国家的教育方针,遵守法律、法规与政令,不得违反规定滥用权力,也不得放弃和转让。如果学校违背国家法律和有关规定滥用这一权力,危及国家和社会的公共利益,或者有严重的渎职行为,侵害了受教育者、教职员工的合法权益,主管机关可以分情节轻重,予以行政处理,必要时剥夺某项自主权,直至勒令停办。根据《中华人民共和国教育法》第二十八条规定,中国学校享有的基本权利可以概括为如下方面。

按照章程自主管理 章程是指为保证学校的正常运行,主要就办学宗旨、主要任务、内部管理体制及财务活动等重大问题作出全面规范而形成的自律性基本文件。它是学校自主管理的基本依据。学校一经批准设立或登记注册,其章程对本机构的活动便具有确定的规范性,学校按照自己的章程自主管理机构内部活动的权利即为法律所确认。学校可以根据章程制订具体的管理规章和发展规划，自主地作出管理决策，并建立和完善自己的管理系统，组织实施管理活动。规定这一权利，有助于学校自主办学，自我约束。

组织实施教育教学活动　教育教学是学校最基本也是最主要的活动。教育教学活动是由众多环节构成的复杂过程，并有统一的标准，其结果对社会及个人都会产生确定的影响，全面组织实施教育教学活动必须有法律的确认。学校根据自己的办学宗旨和任务，依据国家主管部门有关教育计划、课程、专业设置等方面的规定，有权决定和实施自己的教学计划，决定具体课程、专业发展，决定选用何种教材，决定具体课时和教学进度，组织教学评比、教学研究，对学生进行考试、考核等。

招收学生或其他受教育者　学校根据自己的办学宗旨，培养目标、规格、任务及办学条件、能力，依据国家有关招生法规、规章和政策性规定，有权制订本机构具体的招生办法，发布招生广告，决定招生的具体数量、决定录取或不录取等。中国的九年制义务教育实行免费制，所有适龄儿童都必须入学；义务教育后的教育则实行择优录取。

对受教育者进行学籍管理，实施奖励或处分　学校根据主管部门的学籍管理规定，有权针对受教育者的不同层次、类别，制订有关入学与报名注册，考试与成绩，纪律与考勤，休学与复学、转学、退学等管理办法，实施学籍管理活动。同时，学校还有权根据国家有关学生奖励、处分的规定，结合本校的实际，制订具体的奖励与处分办法，并对受教育者实施奖励和处分。其目的是通过规范化的管理维持正常的学校教育教学秩序，保证各项工作正常进行。

对受教育者颁发相应的学业证书　学业证书是对受教育者学习经历、知识水平、专业技能等的证明，是国家承认的具有法定效力的文件。学校一经批准设立，就具有依法颁发学业证书的权利，对经考核成绩合格的受教育者，按其类别，颁发毕业证书、结业证书等学业证书。

聘任教师及其他职工，实施奖励或者处分　学校有权根据国家有关教师和其他教职工管理的法规、规章和主管部门的规定，从本校的办学条件、能力和实际编制情况出发，自主决定聘任、解聘教师和其他职工，有权制订本机构教师及其他人员聘任办法，签订和解除聘任合同，有权对教职员工实施奖励和处分及其他具体管理活动。

管理、使用本单位的设施和经费　学校对其占有的场地、教室、宿舍、教学设备等设施、办学经费以及其他有关财产享有财产管理和使用权，必要时可对其所占有的财产进行处置或获得一定收益。但学校在行使这一权利时要遵守国家有关国有资产管理、教育经费投入及学校财务活动的管理规定，符合国家和社会的公共利益，有利于学校的正常发展，有利于提高办学效益。学校用于教学、科研的资产不得随意改变使用目的，不得用作抵押或为他人担保。

拒绝任何组织和个人对教育教学活动的非法干涉　为了维护学校的正常教育教学秩序，学校对来自行政机关、企业事业组织、社会团体及个人等任何方面的非法干涉教育教学活动的行为，有权予以拒绝。如果学校不能制止侵害行为，可诉诸公安机关或司法部门。《中华人民共和国教育法》第七十二条规定："结伙斗殴，寻衅滋事，扰乱学校及其他教育机构教育教学秩序或者破坏校舍、场地及其他财产的，由公安机关给予治安管理处罚；构成犯罪的，依法追究刑事责任。"

学校除享有以上权利之外，还享有现行法律、行政法规及地方性法规赋予的其他权利。

学校的义务

《中华人民共和国教育法》第二十九条具体规定了学校应履行的六项义务，这是同办学自主权相对的，在贯彻办学宗旨，进行内部管理和组织教育活动中必须履行的，而不是作为社会组织的学校的全部义务。

遵守法律、法规　这是法律对所有社会组织和个人的基本要求。《中华人民共和国宪法》第五条规定："一切国家机关和武装力量、各政党和各社会团体、各企业事业组织都必须遵守宪法和法律。一切违反宪法和法律的行为，必须予以追究。"学校作为实施教育教学活动，培养各类人才的事业组织，必须履行这一义务。这里的法律、法规，包括宪法、全国人民代表大会及其常务委员会制定的法律、国务院制定的行政法规以及省级人民代表大会制定的地方性法规。作为履行义务的主体，学校不仅应履行一般意义上的对于社会组织的义务，而且应履行教育法律、法规、规章中为学校确立的特定意义上的义务。

贯彻国家教育方针，执行国家教育教学标准，保证教育教学质量　现代社会的教育活动是一种高度专门化的活动，是体现社会整体利益和整体意志的社会事业。国家作为社会整体利益和整体意志的代表，必须以法律的形式规定共同遵循的教育方针和教育教学标准。学校在组织实施教育教学活动的过程中，都应保证贯彻国家的教育方针和教育标准，努力为社会主义现代化建设培养德、智、体全面发展的各类人才。不履行此项义务，同国家教育方针背道而驰，片面追求升学率，办贵族学校等做法，或者不执行统一的国家教育标准等行为，都不再是单纯的教育思想或工作方法的问题，而是一种违法行为。对屡犯不改，或导致严重后果的，主管部门要予以追究。

维护受教育者、教师及其他职工的合法权益　学校作为社会组织，有责任维护本机构内部成员的合法权益。招收学生或其他受教育者、聘任教师及其他职工是教育法赋予学校的权利，在享有这一权利的同时，要求其履行与之对应的义务。学校不得侵犯受教育者、教师及其他职工的合法权益；当本机构以外的其他社会组织和个人侵犯本机构受教育者、教师及其他职工的合法权益时，学校有义务以合法方式，积极协助查处违法行为人，维护本机构成员的合法权益。

以适当方式为受教育者及其监护人了解受教育者的学业成绩及其他有关情况提供便利　受教育者及其监护人有了解受教育者的学业成绩及其他情况的知情权，这是实现公民平等的受教育权和在学业成绩和品行上获得公正评价权利的必要前提之一，学校不但不得拒绝受教育者及其监护人了解学业成绩和其他在校情况等的请求，还应提供便利条件，帮助受教育者及其监护人行使这项知情权。但学校在管理和提供受教育者学习成绩及其他个人资料时，必须使用适当方式，不得侵犯受教育者的隐私权、名誉权等合法权益，不得损害受教育者的身心健康。

遵照国家有关规定收取费用并公开收费项目　学校应当按照中央和地方各级政府及其有关部门的收费规定，确定收取学杂费的具体标准，不得巧立名目，乱收费用。收费项目应向社会公开，接受家长和社会各界的监督，维护办学机构的公益性质。

依法接受监督　为保证教育事业的发展方向，贯彻国家教育方针，执行国家教育标准，学校必须接受来自行政部门、司法部门、社会和公民个人依法对其进行的监督，监督的内容主要有：是否按照国家的方针、政策办学；是否有违法行为；是否按照国家的规定做好学校的财政预算、执行和结算工作；学校的发展是否有利于社会的健康发展等。学校对于以上各种形式和内容的监督，应当积极予以配合，不得拒绝，更不得妨碍监督检查工作的正常进行。

中国各级各类学校办学的特殊性决定了不同种类学校具体的权利和义务不尽相同，教育法对学校的权利义务只是做了一般性的规定，具体的还要参照其他相关法律法规。例如《中华人民共和国义务教育法》、《中华人民共和国义务教育法实施细则》对义务教育阶段学校的权利和义务进行了专门规定，《中华人民共和国职业教育法》、《中华人民共和国高等教育法》等对非义务教育阶段学校的权利义务作了相应规范。

参考文献

劳凯声.我国教育法制建设五十年回顾与展望[M]//中国教育法制评论(第1辑).北京：教育科学出版社,2002.

劳凯声.变革社会中的教育权与受教育权：教育法学基本问题研究[M].北京：教育科学出版社,2003.

劳凯声,郑新蓉.规矩方圆——教育管理与法律[M].北京：中国铁道出版社,1999.

张维平.教育法学基础[M].沈阳：辽宁大学出版社,2000.

（刘　辉　马晓燕）

学校法人制度（school legal person system）　关于学校法人地位、法人性质、法人分类、法人组织机构及其设立、变更、终止的法律制度。

学校法人制度的产生与发展

中国的法人制度确立于20世纪80年代，1986年《中华人民共和国民法通则》颁布，对"法人"专门进行规范，建立中国的法人制度。根据规定，事业单位只要依法成立，有必要的财产或者经费，有自己的名称、组织机构和场所，能够独立承担民事责任，则自其成立之日起就成为事业单位法人，可以独立进行民事交往并独立承担责任。

《中华人民共和国民法通则》颁布时，由于中国经济体制改革的最终目标尚未确定，教育体制改革刚刚开始，扩大学校的办学自主权，加强学校同社会其他各方面的联系，使学校具有主动适应经济和社会发展需要的积极性和能力成为关注的重点，学校自身尚不具备成为法人的条件。直到1992年《关于国家教委直属高等学校内部管理体制改革的若干意见》中，首次提出"国家教委直属高校是由国家教委直接管理的教育实体，具有法人地位"。同年的《关于国家教委直属高校深化改革，扩大办学自主权的若干意见》再次强调要"逐步确立高等学校的法人地位"，但都仅限于国家教委直属的高等学校。1993年《中国教育改革和发展纲要》颁布，首次正式提出"使高等学校真正成为面向社会自主办学的法人实体"，高等学校的法人地位问题才被广泛关注。1995年，《中华人民共和国教育法》颁布实施，该法第三十一条规定："学校及其他教育机构具备法人条件的，自批准设立或者注册登记之日起取得法人资格。学校及其他教育机构在民事活动中依法享有民事权利，承担民事责任。学校及其他教育机构中的国有资产属于国家所有。学校及其他教育机构兴办的校办产业独立承担民事责任。"首次在法律上明确了学校的"法人"资格。

1998年颁布的《中华人民共和国高等教育法》第三十条规定："高等学校自批准设立之日起取得法人资格。高等学校的校长为高等学校的法定代表人。高等学校在民事活动中依法享有民事权利，承担民事责任。"这是对高等学校法人地位的再次确认。2002年颁布的《中华人民共和国民办教育促进法》第三十五条规定，"民办学校对举办者投入民办学校的资产、国有资产、受赠的财产以及办学积累，享有法人财产权"，确立了各级各类民办学校的法人地位。

学校法人地位的确立是在整个社会大背景下教育体制

改革的一种必然选择。首先,在依法治国的社会大背景下,需要重视法律作为调整个人与个人之间、组织与组织之间、个人与组织之间关系的重要性和主导性。以法律这种规范性强、科学性强、更高效和更明确的社会调节机制代替道德、风俗、习惯和家法这些传统社会调节手段也是必要的。其次,确立学校法人地位是明确学校权利义务并依法调整学校与其他主体关系的需要。学校作为一个社会组织,处于各种各样纷繁复杂的社会关系网络中,既包括与政府及社会组织的外部关系,也包括与教师、学生等的内部关系。法律确立学校的法人地位,对于明确学校与各主体之间的权利义务关系具有重要的意义。第三,确立学校法人地位是教育体制改革的必然选择。第四,确立学校法人地位对于确定学校办学自主权,保护学校的合法权益具有重要意义。

学校法人性质问题很复杂,其中至少应当区分不同性质的学校(如公办或民办),还应区分不同类型的学校(如高等学校或中小学校,其法人地位和性质具有不同特征)。高等学校法人地位问题在 20 世纪 90 年代初成为教育研究,尤其是高等教育研究的热点,但之后有一段时间的沉寂。到 20 世纪 90 年代末,随着引起重大社会影响的案件的发生,学术界开始重新认识高等学校的法人地位问题,取得了许多成果。

公办高等学校的公法人地位一般包含下列几层含义:首先,高等学校是法人,具有一切法人所共同具有的法律地位。如拥有自己独立的财产,与设立该法人的国家或地方政府的财产分离,具有独立的预算,在业务活动中所得到的盈余可以自己储备,而不是上交给设立它的国家或地方政府,因而具有财政上的独立性。第二,高等学校是依行政法设立的法人,具有独立的人格,独立负担实施公务所产生的权利、义务和责任,与国家或地方政府保持一定的独立性,不是其附属机构。第三,高等学校是特别法人,与国家或国家机关等一般公法人不同。它脱离一般的行政职能,只从事特定的向公众提供高等教育的公务,与教师、学生之间的关系不是普通的行政关系,而是具有特殊性的行政关系,体现自主、自治特色。

公立中小学法人的特殊性在于公立中小学法人的公共性、公益性和教育性。作为事业单位法人,公立中小学提供的是一种面向社会的教育服务。在其提供教育服务的过程中,必须体现出公正、公平和公开的原则,并要接受服务对象(学生及其家长)及教育行政机关和全社会的监督。公益性是指学校法人不以营利为目的。《中华人民共和国教育法》明确规定:"任何组织和个人不得以营利为目的举办学校及其他教育机构。"公立中小学的最终"产品"是其所培养的毕业生,毕业生是不可以进行交易和买卖的。学校在办学的过程中,可以收取一定的杂费和接受一些来自社会的

捐助,但是这些资金必须用于学校的发展,体现出公益性的价值。学校所进行的教育教学活动,要符合国家和社会公共利益的要求。公立中小学法人的教育性是其学校法人的根本特性。学校所要承担的根本义务是教书育人。学校要使其教育活动满足学生个体的发展需要,还要在教育活动中贯彻国家的教育方针。学校的教育性还体现为教学活动中教师与学生的互动性。在教育教学活动中,要发挥教师的主体性,也要同时注意调动学生的积极主动性。

2002 年颁布的《中华人民共和国民办教育促进法》第九条规定:"举办民办学校的社会组织,应当具有法人资格。举办民办学校的个人,应当具有政治权利和完全民事行为能力。民办学校应当具备法人条件。"民办学校的法人地位得以正式确立。在该法颁布之前,1995 年颁布的《中华人民共和国教育法》对学校取得法人资格的条件作出规定,但未明确区分公立学校和民办学校在取得法人地位上有何不同的要求。当时的《社会力量办学条例》也未明确规定民办学校是否具备法人资格。有学者提出,依据《社会力量办学条例》的规定,设立民办学校要依《民办非企业单位登记管理暂行条例》的规定,取得《民办非企业单位(法人)登记证书》、《民办非企业单位(合伙)登记证书》、《民办非企业单位(个人)登记证书》。故在《中华人民共和国民办教育促进法》实施之前,中国的民办学校实际上存在着个体、合伙和法人三种形式并存的状态;在其实施之后,民办中小学的法人制度才得以正式确立。民办学校法人制度的确立,能更好地保障民办学校的公益性,保障民办学校发展的稳定性和自主性,保证民办学校发展所需的大量资金。

学校法人的设立、变更与终止

学校法人的设立 《中华人民共和国教育法》第三章第二十五条规定,学校的设立者可以是国家,也可以是社会力量;可以是个人,也可以是社会组织;可以是企业组织,也可以是非企业组织。但《中华人民共和国民办教育促进法》第二章第九条对设立民办学校的个人和社会组织做出了限定,要求设立学校的个人必须具有政治权利能力和完全民事行为能力,设立学校的社会组织必须具有法人资格。

《中华人民共和国教育法》第二十六条规定,设立学校应具备四个条件:组织机构和章程;合格的教师;符合规定标准的教学场所及设施、设备等;必备的办学资金和稳定的经费来源。对于更具体的设立条件需要根据设立学校的类型,如职业学校、基础教育学校或师范学校等,或者根据设立学校的层次,如幼儿园、小学、中学或高等学校等来确定,教育部分别做出相关标准的规定。同时,第三十一条规定:"学校及其他教育机构具备法人条件的,自批准设立或者登记注册之日起取得法人资格。"故学校要取得法人资格,还

必须满足《中华人民共和国民法通则》规定的条件：依法成立；有必要的财产或经费，有自己的名称、组织机构和场所；能独立承担民事责任。

无论是公立学校还是民办学校，其设立都应坚持非营利原则，《中华人民共和国教育法》第二十五条规定："任何组织和个人不得以营利为目的举办学校及其他教育机构。"这一规定与学校的公益法人而非营利法人地位是对应的。公立教育制度是国家保障所有公民享有平等受教育机会的渠道，公立学校以国家财政拨款作为主要经费来源，必须以公平提供教育服务为宗旨，在义务教育阶段应免收学费，但可以根据实际情况收取合理的杂费，在非义务教育阶段则根据受益者成本分担的原则，适当向受教育者收取一定的费用。而且，学校作为公共产品和准公共产品的经营者所得到的"盈余"或"利润"，一般作为发展教育的基金，不存在向投资者分配"盈余"或"利润"的问题，这也正是教育的非营利性的体现。考虑到中国促进民办教育发展的需要，《中华人民共和国民办教育促进法》允许举办者取得合理回报，规定"民办学校在扣除办学成本、预留发展基金以及按照国家有关规定提取其他的必需的费用后，出资人可以从办学结余中取得合理回报。取得合理回报的具体办法由国务院规定。"但取得合理回报有一些必要的限制，如果在扣除预留发展基金及其他各项费用之后学校已无剩余财产，举办者不得从中提取合理回报；且举办者如果要求取得合理回报，则在征税等方面就不再享有相关优待。

《中华人民共和国教育法》第三十一条确立了设立学校的两个原则，一为命令设立，二为许可设立。命令设立主要针对公立学校，许可设立主要针对民办学校。关于命令设立的程序，现有法律法规没有规定。关于民办学校的许可设立，《中华人民共和国民办教育促进法》作了详细规定。该法第十一条规定："举办实施学历教育、学前教育、自学考试助学及其他文化教育的民办学校，由县级以上人民政府教育行政部门按照国家规定的权限审批；举办实施以职业技能为主的职业资格培训、职业技能培训的民办学校，由县级以上人民政府劳动和社会保障行政部门按照国家规定的权限审批，并抄送同级教育行政部门备案。"

举办民办学校可以分为两个步骤，一是申请筹设，二是正式设立。若具备办学条件、达到设置标准的，可以直接申请正式设立。该法第十二条和第十三条规定，申请筹设民办学校，举办者应当向审批机关提交下列材料：(1)申办报告，内容应当主要包括：举办者、培养目标、办学规模、办学层次、办学形式、办学条件、内部管理体制、经费筹措与管理使用等；(2)举办者的姓名、住址或者名称、地址；(3)资产来源、资金数额及有效证明文件，并载明产权；(4)属捐赠性质的校产须提交捐赠协议，载明捐赠人的姓名、所捐资产的数额、用途和管理方法及相关有效证明文件。审批机关应

当自受理筹设民办学校的申请之日起三十日内以书面形式作出是否同意的决定。同意筹设的，发给筹设批准书。不同意筹设的，应当说明理由。但筹设期不得超过三年。超过三年的，举办者应当重新申报。该法第十四条规定了申请正式设立民办学校的程序，举办者应当向审批机关提交的材料包括：(1)筹设批准书；(2)筹设情况报告；(3)学校章程、首届学校理事会、董事会或者其他决策机构组成人员名单；(4)学校资产的有效证明文件；(5)校长、教师、财会人员的资格证明文件。

对于申请正式设立民办学校的，审批机关应当自受理之日起三个月内以书面形式作出是否批准的决定，并送达申请人；其中申请正式设立民办高等学校的，审批机关也可以自受理之日起六个月内以书面形式作出是否批准的决定，并送达申请人。审批机关对批准正式设立的民办学校发给办学许可证。审批机关对不批准正式设立的，应当说明理由。

学校法人的变更和终止　《中华人民共和国民办教育促进法》第五十三条规定，民办学校的分立、合并，在进行财务清算后，由学校理事会或者董事会报审批机关批准。申请分立、合并民办学校的，审批机关应当自受理之日起三个月内以书面形式答复；其中申请分立、合并民办高等学校的，审批机关也可以自受理之日起六个月内以书面形式答复。

该法第五十四条和第五十五条规定，民办学校举办者的变更，须由举办者提出，在进行财务清算后，经学校理事会或者董事会同意，报审批机关核准。民办学校名称、层次、类别的变更，由学校理事会或者董事会报审批机关批准。申请变更为其他民办学校，审批机关应当自受理之日起三个月内以书面形式答复；其中申请变更为民办高等学校的，审批机关也可以自受理之日起六个月内以书面形式答复。

该法第五十六条至第五十八条规定，民办学校有下列情形之一的，应当终止：(1)根据学校章程规定要求终止，并经审批机关批准的；(2)被吊销办学许可证的；(3)因资不抵债无法继续办学的。民办学校终止时，应当妥善安置在校学生。实施义务教育的民办学校终止时，审批机关应当协助学校安排学生继续就学。民办学校终止时，应当依法进行财务清算。民办学校自己要求终止的，由民办学校组织清算；被审批机关依法撤销的，由审批机关组织清算；因资不抵债无法继续办学而被终止的，由人民法院组织清算。

该法第五十九条对民办学校的财产清偿顺序作出规定：首先应退受教育者学费、杂费和其他费用；其次应发教职工的工资及应缴纳的社会保险费用；第三是偿还其他债务。民办学校清偿上述债务后的剩余财产，按照有关法律、

行政法规的规定处理。

该法第六十条规定,终止的民办学校,由审批机关收回办学许可证和销毁印章,并注销登记。

学校法人的组织机构

法人的组织机构是根据法律、法令或法人组织章程的规定,能够体现法人组织机能的要求,并按照统一的目的,实现法人民事权利能力和行为能力的组织系统。法人机关是法人组织机构的核心,是实现法人意志的机关。一个完善的学校法人机关应该包括决策机构、执行机构和监督机构,分别行使学校内部的决策权、指挥权和监督权。

学校法人组织机构的具体模式可以是多样的。根据法人制度的理论,法人机关的三个机构既可以分设,也可以合设;既可以由多个人组成,也可以由一个人构成,关键在于要在法律或章程中规定哪个机构是法人机关。学校法人机关应符合下列条件:必须具有完整地反映法人组织机能要求的组织形式;法人组织各个机构之间相互作用,各自承受特定的任务和具有明确分工;法人组织机构作为一个整体,必须具有同一目的,各局部机构的目的不同,也只是为了实现整体的统一目的而进行的合理分解;法人组织机构的设置,必须符合法律规范性。

中国的公立学校,包括公立中小学校和高等学校均实行校长负责制,校长是学校的法人代表。

从民办学校的内部管理体制来看,虽然《中华人民共和国教育法》授权其举办者自行确定,但《中华人民共和国民办教育促进法》则对此作出限制,规定民办学校应当设立学校理事会、董事会或者其他形式的决策机构。学校理事会或者董事会由5人以上组成,设理事长或者董事长1人。理事长、理事或者董事长、董事名单报审批机关备案。民办学校的法定代表由理事长、董事长或校长担任。董事会作为民办学校法人的法定机关,对于学校法人具有至关重要的作用。《中华人民共和国民办教育促进法》第二十条规定,学校理事会或者董事会由举办者或者其代表、校长、教职工代表等人员组成。其中1/3以上的理事或者董事应当具有五年以上教育教学经验。

无论是公立学校还是民办学校,高等学校抑或中小学校,也无论具体采取什么样的内部管理体制,都应按照国家的有关规定,通过以教师为主体的教职工代表大会等组织形式,保障教职工参与民主管理和监督。

学校的校长或主要行政负责人必须由具有中华人民共和国国籍、在中国定居,并具备国家规定认证条件的公民担任,其任免按照国家有关规定办理。学校的教学及其他行政管理,由校长负责。民办学校参照同级同类公办学校校长任职的条件聘任校长,年龄可以适当放宽,并报审批机关核准。

参考文献

胡劲松,葛新斌.关于我国学校"法人地位"的法理分析[J].教育理论与实践,2001(6).

江平.法人制度论[M].北京:中国政法大学出版社,1994.

劳凯声.变革社会中的教育权与受教育权——教育法学基本问题研究[M].北京:教育科学出版社,2003.

申素平.论公立高等学校的公法人地位[M]//劳凯声.中国教育法制评论(第2辑).北京:教育科学出版社,2003.

王名扬.法国行政法[M].北京:中国政法大学出版社,1988.

（申素平　马晓燕）

学校管理工作评价（evaluation of school administration）指根据国家的教育方针、教育法律法规及相关科学原理,按照一定的价值标准对学校管理工作的过程、状态和效果作出价值判断。学校管理工作评价,有利于推动教育方针的贯彻,促进素质教育的实施,提高人才的全面质量;有利于调动广大教职工的积极性、主动性,树立正确的教育观和质量观;能为改革学校管理工作提供比较准确的依据,有利于提高学校管理工作水平和效益,促进学校管理的现代化;能为学校领导及上级教育行政部门了解学校发展状况,进行教育改革和发展教育提供决策依据。

学校管理工作评价的特点

整体性　学校管理工作是由许多要素组成的一个系统整体。组成整体的各个要素在整体中的地位和作用不同,有的地位和作用重要些,有的相对次要些。学校管理工作评价目标的确定和分解,指标体系的建构,都要从整体出发,反映管理工作全貌。权重的分配,要以其各要素在整体中的地位和作用而定。离开整体过分突出某一要素,或忽视某一要素,就会导致整体不平衡,从而使评价结果失去意义。

全面性　它也同评价对象有关。学校管理工作有许多工作部门,每个工作部门又有多项工作内容。每个部门的多项工作,构成了管理工作的全面性。

协同性　协同性或协作性主要表现在两个方面。一是上级教育行政主管部门、教育督导部门对学校管理工作进行评价时,必须取得学校领导、广大教职工以及学生的支持和帮助,才能获得准确的评价信息,同时还应根据需要邀请有关专家参加评价工作,努力提高学校管理工作评价质量。二是学校内部进行学校管理评价时,必须依靠广大教职工的团结合作,并取得学生的大力支持。

主体多元性　学校管理工作的评价也不是单项的,而是多项的综合性评价。多元评价主体有上级教育主管部门、教育督导部门、社会有关部门或团体、学生家长；此外，学校领导、广大教职工以及学生都有权对学校管理工作作出评价。在这些评价主体中，学校领导、广大教职工和学生则是经常性的学校管理工作评价主体，他们的评价对学校的现状和发展会产生更为直接的影响。

学校管理工作评价的基本原则

方向性原则　学校管理工作评价，必须坚持教育方针，坚持教育目的，保证评价的正确方向，发挥学校管理工作评价的导向作用。通过学校管理工作评价，坚决纠正任何偏离教育方针、偏离素质教育、偏离教育目的的做法。同时，通过学校管理工作评价，学校的领导和广大教职工进行自我认识，自我对照，明确自身的发展和改革的方向，促进其自我控制和调节，保证评价具有自律性的导向作用。

客观性原则　学校管理工作评价必须做到公正、客观，否则，难以得出一个科学准确的评价结论。对于评价主体来说，坚持这些原则，必须广泛搜集评价信息，信息越多，来源渠道越广泛，学校管理工作评价的客观性越容易得到保证。

发展性原则　在学校管理工作评价中，要坚持用发展变化的观点对待基础和办学条件不同的评价对象。只有用发展变化的观点作出解释，确定被评学校在同类学校中的合理地位，才能调动各类学校办学的积极性、主动性，从而促进各类学校管理工作的改善。使用同一个评价标准评价办学条件不同的学校是不公平的。

连续性原则　学校管理工作评价是一种有计划、有目的、连续性的评价活动过程，不是一次而终结的，需要对学校管理工作进行跟踪评价，坚持上一次评价和下一次评价在内容、结论和建议等方面相互衔接，这样才能促进学校管理水平不断提高。

改进性原则　学校管理工作评价的真正目的是促进学校管理工作的改善，提高学校教育教学质量。评价不仅要了解学校实际的管理水平，而且更要从评价过程和结论中发现新情况、新问题，不断改进和提高学校的管理工作。否则，学校管理工作评价也就失去了意义。

学校管理工作评价的基本方法

从评价动力的角度，可把学校总体评价、学校管理工作评价的基本方法归纳为自我评价、主管部门评价和社会评价三种。

自我评价法是学校自己组织力量，依照上级教育督导机构制订的评价方案，定期进行自我评价。这种评价要注意以下几个问题：统一领导班子的思想认识；宣传自我评价的意义；学习评价标准，做好参评准备；指定专人汇总资料、数据；及时写好自评的报告。

主管部门评价是教育督导机构在主管教育行政部门授权之下，对学校工作进行整体评价和指导，并向政府及其教育行政部门反馈有关信息，为领导的科学决策提供依据，并督促学校加强和优化学校管理。这种评价要注意以下几个问题：组织精干的评价班子；学习评价内容，掌握评价原则和方法；评价中要全面地听、仔细地看，尽可能找到依据，做到评价客观公正；评价结束时认真汇总情况，仔细分析问题，与被评单位交换意见时，既要肯定成绩又要指出问题。

社会评价是指学校自评中，或督导人员在他评中，广泛听取社会各界有关人员的意见和建议，征求用人单位和高一级学校对毕业生的意见。

要关注学校管理工作评价的具体方法，选择比较适合学校实际的方法。在学校管理水平的评价过程中，搜集评价信息的具体方法很多，常用的方法有论文式测验、客观式测验、问题情境测验、问卷法、观察法、面谈法、评定法、调查法等。这些方法又可以概括为三种类型：一是定量的方法，直接评分；二是定性的方法，直接评等；三是定量与定性相结合的方法，既评分又评等。具体评价时常根据不同的需要和情况选择不同的评价类型和具体的搜集信息的方法。

学校管理工作评价的方法很多，在评价过程中需要作出选择。其选择的依据是：一是评价目标和目的。有什么样的评价目标和目的，就要选择适合目标和目的需要的方法。没有正确的可行的方法，评价目标就不能达到，评价目的也不能实现。目标和目的是根本，方法服务于目标和目的。二是学校的实际。学校的实际是确定评价目标和目的的基础，也是选择评价方法的依据。目标和目的的确定以及方法的选择，都要从学校实际出发，这是目标和目的正确、方法正确又可行的基本前提，也是保证学校管理工作评价达到预期目的的首要条件。

学校管理工作评价的内容

主要包括教育理念和办学思想评价、组织机构和制度建设评价、管理工作过程评价、校风建设评价和学校管理绩效评价。

教育理念和办学思想评价　教育理念或教育思想是办学思想的逻辑起点，而办学思想则是学校一切工作的出发点。学校教育的方向、内容和形式，学校的机构设置和制度建设，培养目标和措施，人、财、物和时间配置，校风的形成和建设，无一不同教育理念和办学思想相关。教育理念和办学思想是学校管理工作评价的重要内容。

教育理念和办学思想评价的内容，具体有以下几点：

（1）教育理念。考察是否确立"教育要面向现代化,面向世界,面向未来"和以学生为本的教育理念,是否改变了同社会主义现代化不相适应的教育观点,使学校教育适应社会主义经济和社会发展的需要。（2）办学方向。学校办学是否坚持社会主义方向是办学思想是否正确的集中体现。评价学校办学方向主要看是否全面贯彻了"教育必须为社会主义现代化建设服务,必须与生产劳动相结合,培养德、智、体等方面全面发展的社会主义事业的建设者和接班人"的教育方针。在坚持正确方向的基础上是否有办学特色。（3）培养目标。培养目标是学校教育要达到的结果,是办学思想的核心内容,是学校一切工作的出发点和归宿。国家对各级各类学校的培养目标已作出规定。评价学校的培养目标,就是要对学校是否按国家规定的培养目标进行教育教学工作,以及实现培养目标的程度作出判断。评价学校培养目标主要看:是否有实现培养目标的规划和计划,其规划和计划是否符合实际、切实可行;是否实施素质教育,面向全体学生,使学生德、智、体全面发展;实施素质教育是否有有效的措施。

组织机构和制度建设评价　学校的组织机构是组织全校人员贯彻教育方针、完成教育教学任务、实现培养目标的工作部门。组织机构是否健全、合理、有效,直接关系到学校的管理水平和教育教学工作质量。组织机构的运行离不开规章制度。健全、合理的规章制度,是实现学校管理工作规范化以及实现管理目标的重要保证。（1）组织机构评价。机构设置是否健全、合理。是否有合理的决策层、执行层和操作层,而且层次分明、结构合理、互相配合、相对稳定;机构的工作范围和职责是否明确;工作效能发挥得如何,能否有效贯彻、落实决策层的决策,能否把执行过程中的信息反馈到决策层,指挥是否协调、畅通等。（2）制度建设评价。制度是否健全、可行,是否合理合法,全校教职工、学生是否了解学校的规章制度,并执行规章制度,执行规章制度是否公正、客观。

管理工作过程评价　学校管理工作过程是学校管理工作经历的程序。管理工作过程由计划、实施、检查和总结四个基本环节组成。这四个基本环节的有机结合,形成学校管理工作的运行机制,有效发挥着管理工作的整体功能。管理工作过程的评价,就是对这四个基本环节运行状态作出价值判断。（1）对计划的评价。计划即学校工作计划,是学校为实现一定工作目标而制定的施工蓝图,是组织运用人、财、物和时间,实现目标总的规划、具体安排和重要措施的规定。评价学校管理工作计划的具体内容主要有:目标是否符合实际;工作计划内容是否全面;重点是否突出;措施是否正确、有力。（2）对执行和实施的评价。执行和实施是把计划变为行动的过程,是把计划上的设想变为现实状态的中介,是管理过程的重要环节。评价计划的执行和实施,主要评价组织宣传、统一思想和贯彻落实。贯彻落实是执行工作计划的关键性环节,评价贯彻落实情况就是对工作计划落实的具体情况作出判断。（3）对检查的评价。检查是对工作计划执行和实施情况的监督和调控,是工作计划顺利完成的保证。对检查进行评价主要看是否有检查制度并按制度检查计划执行情况,检查方法是否有效,对检查中发现的问题解决得如何,计划完成的实际效果。（4）对总结的评价。总结是对工作计划的制订、执行、实施、检查以及完成工作计划和达到预期目标等全面情况,通过分析和概括作出结论。对总结的评价可以从以下几方面考察:总结是否有充分的依据;总结的方式是否是领导者和群众的总结相结合,取得全校教职工认可;总结是否全面;结论是否符合管理工作实际;得出的经验、教训和体会是不是从事实中引出的必然结论;提出今后的努力方向是否符合学校实际、是否可行等。

校风建设评价　校风是一所学校领导及广大教职工、学生在长期的教育实践活动中凝聚和积累起来的一种精神成果。优良的校风是培养一代新人的熔炉,是一种巨大的教育力量,对于学生、教职工都有着潜移默化的作用。校风建设包括精神方面和物质方面的建设。评价校风可以考察这两个方面:（1）精神风貌建设评价。精神风貌重点考察是否形成具有本校特色的优良校风、教风、学风、班风。（2）物质风貌建设评价。物质风貌建设主要考察学校是否有符合学校实际和体现学校精神风貌的校园建设或改善规划,校园环境是否保持整洁卫生,是否建有表现学校特色的人文景观,是否努力绿化、美化校园及绿化、美化程度,校园建设是否体现鲜明的知识性和教育性等。

学校管理绩效评价　就是对学校管理工作过程及其行为结果所取得的成绩和效果的价值判断。进行学校管理工作绩效评价,一是纵向比较,即同自身过去相比较,看取得哪些新成绩;二是横向比较,即同自身同类相关学校相比,看自己有哪些进步。对管理工作绩效的评价很难做到面面俱到,要抓住管理工作主要方面的绩效。（1）学校管理工作改革的进展。学校是否有切实可行的、有一定力度的改革方案,是否有实现学校管理工作现代化的阶段性目标、总目标,以及学校管理工作改革的重大举措、实施细则以及取得的成效。（2）学校各管理部门工作取得的成绩。学校各管理部门工作的新思路、新规范、新方法,管理现代化的进展状况以及各管理部门的成效。（3）学校软硬件环境的变化及其成效。（4）学生全面素质的提高。学生思想、品德的提高情况,学生的基础知识和基本技能状况,学生体质健康状况的改善,学生特长的发展水平。（5）实践和研究成果。教育管理实践成效,群体和个体经验及其介绍,经验辐射效果;管理研究论文撰写、发表和刊载情况等。

参考文献

刘本固. 教育评价的理论与实践[M]. 杭州：浙江教育出版社,2000.

（骆　方）

学校管理心理学（school management psychology）

研究学校组织中的心理现象及其规律,为有效管理学校,充分发挥学校组织效率服务的一门应用科学。以教育学、心理学和管理学为基础形成的交叉学科。其任务是研究学校管理活动中人的心理现象及其规律,从而指导学校管理实践,提高学校管理效能。具体主要有：研究和揭示学校管理活动中个体成员的心理特点与规律；研究学校群体心理、人际关系和学校内部各子系统之间的协调的心理规律；研究学校领导个体和集体心理特点及其规律；研究学校组织心理、组织文化建设的心理特点及其规律。所研究的心理现象主要包括五部分：（1）个体心理,指教师心理和学生心理。在学校管理活动中,教师处于特殊地位,教师对校长和学校管理者而言是被管理者,对学生而言是学校教育教学工作的组织者与领导者,在学生的成长过程中具有重要作用。教师职业个体性强、自主性强等特点影响教师心理。教师心理的主要内容包括教师心理的产生、形成和变化规律以及师生之间的心理相容条件、教师心理健康等。在学校管理活动中,学生既是接受教育、接受管理的客体,又是自我教育、自我学习、自我管理和自我发展的主体,教育者和管理者需充分发挥学生的主体性和主动性,使学生积极主动地学习。学校管理心理学研究中涉及学生的心理现象和规律主要有学生个性差异、学生心理特点与有效管理的心理依据、班集体的形成与管理、学生心理健康教育等。了解和掌握学生心理特点和规律,对学校管理者提高教育质量和管理水平具有重要意义。（2）群体心理。学校管理活动主要以群体形式进行,每个成员都会参与学校的正式群体和非正式群体,承担不同的角色,发挥不同作用。群体内部和群体之间的心理现象直接影响群体成员的积极性和群体活动效率。学校群体心理现象及规律研究主要涉及群体和群体规范、非正式群体及管理、群体情境对个体行为的影响和有效的工作群体等。（3）人际关系心理。学校管理目标在人际交互作用中实现。学校中存在管理者与教师、管理者与学生、教师与教师、教师与学生、教师与家长等多种人际关系,这些关系通过人际交往与互动形成和维持。人际关系心理主要包括人际关系及其影响因素、师生关系、竞争与合作。（4）学校领导心理。主要内容：学校领导的角色与功能；学校领导者的权力、权威与影响力；学校领导行为及领导原理、原则；学校领导个体心理与测评；学校领导集体心理的协调。（5）学校组织心理。学校是一个完整的组织系统,学校组织是群体为达到共同目标,经由人力分工和智能分化,运用不同层次的权力和职责,合理地协调一群人活动的系统。现代学校组织具有开放性。学校组织心理的主要内容有学校组织心理的基本问题以及校园组织文化的建设、变革与开发等。上述五方面的心理现象与规律为学校管理者实现有效运用学校资源、决策、实施计划、组织、指挥、控制、协调、激励、沟通等职能,达成办学目标提供可靠的心理依据。学校管理心理学的基本问题反映学校管理心理的基本矛盾。中国有研究者认为,学校管理心理学的基本问题是激励与挫伤的关系问题,因为两者是学校管理活动中影响个体积极性的根本原因之一,追求激励、避免挫伤是学校管理活动中基本的群体心态。

学校管理与人的心理密切相关。管理是人类协作劳动的产物,管理的实质是对人的管理,人是管理要素中的核心因素,研究管理离不开对人类心理的研究。一方面,所有管理活动都通过人来完成,学校需要为教师和学生创造良好的工作与学习环境,促进学生发展。管理在其中具有重要作用,管理者的思想素质、管理水平和工作能力直接影响学校的教育教学工作。学校管理对学校发展的促进作用体现为最大限度地促进人的发展,即有利于发现人的价值,发掘人的潜能,发展人的个性,发挥人的创造力。另一方面,学校管理是对人的管理,必须研究人的心理和行为规律,据此制定管理策略,选择管理方法,学校管理者需要学习和掌握学校管理活动中人的心理规律,尤其是人际关系的心理规律。

学校管理心理学的萌芽可追溯至闵斯特伯格,他在研究工业心理学的同时关注管理心理学问题,并把发展教师有效的教育技术作为心理技术学的主要内容之一。他主张将心理技术学运用于教育领域,使教师能有效地影响儿童,亦使教师自省,进而采取适当的教育方式。学校管理心理学的基本理论和框架来自管理科学发展过程中的行为科学。行为科学强调从心理学和社会学的角度研究管理问题,重视社会环境、组织中人与人之间的关系对于提高工作效率的影响,主张用各种方法调动人的工作积极性。20世纪七八十年代,各国教育改革如火如荼,向教育管理要质量的观念深入人心,人们普遍期望通过研究学校管理心理学,并借助其成果提高学校管理和教育管理质量,发达国家相继出版相关著作,如美国学者欧文斯的《学校组织行为学》（再版时改《教育组织行为学》）、N. 琼斯等人著《学校管理与心理》,苏联沙库罗夫《学校管理的社会心理学问题》等。中国于1979年开始引进行为科学和管理心理学理论,并在各领域进行实验,1984年出版中国第一本论著《学校管理心理学》（张燮等编著）。

学校管理心理学的学科特点是边缘性和应用性。边缘性指学校管理心理学是在教育学、管理学和心理学等学科的基础上,将其理论综合运用于学校管理活动；应用性指学校管理心理学以学校管理活动中的心理现象和心理规律为研究对象,目的是提高学校管理效能,与直接解决学校管理领域的实际问题密切相连。学校管理心理学研究遵循的一般原则:研究程序公开、规范;收集资料客观、真实;观察和实验的条件可控;分析方法具有系统性,所得结论科学,可以再次验证。常用的研究方法有观察法、调查法、实验法和个案研究。观察法是指研究者在自然条件下,有目的、有计划、有重点地观察和研究他人行为,并按时间顺序系统记录、分析和整理结果,撰写报告,主要适用于研究目的是描述对象在自然条件下的具体状态,或需要对正在进行的某些过程作出描述,如研究学生群体的人际关系,考察校园的心理氛围等,亦适用于需获得研究对象或事态变化过程的第一手资料。调查法是指通过参观、访问、个别谈话、座谈和问卷等方式收集研究对象心理现象的第一手资料,并加以分析和整理,得出结论。常采用书面调查和口头调查的方式,为学校管理心理学研究所普遍采用。书面调查较客观,效率较高,可以团体方式进行,结果便于数量化;口头调查较灵活,有利于捕捉信息,适用面广,且能较有效地收集调查对象的态度、动机、个性等综合资料。实验法是指根据研究目的,运用人为手段主动干预或控制研究对象的发生、发展过程,并通过比较在有干预条件下获得的事实与在无干预条件下同类对象变化的事实,确认事物间的因果关系,分为自然实验和实验室实验,学校管理心理学研究较多采用自然研究法。个案研究是指综合运用多种合适的研究方法研究特定的个体、群体和组织,广泛收集资料,以全面了解其历史、现状及趋势。学校管理心理学研究中运用个案研究有利于全面分析和了解某个班级或整个学校,尤其适用于研究学校群体、人际关系和校风等。

(褚卫中)

学校教育制度(system of schooling)　简称"学制"。一个国家各级各类学校的体系。由政府或其授权的教育行政部门制定,由国家颁布并保证实施,具有一定法律效力的调整各级各类教育之间的衔接、交叉、比例关系的教育基本制度,具体包括各级各类学校的性质、设置、教育形式、修业年限、招生对象、培养目标及其相互关系等。学校教育制度是现代学校教育发展到一定历史阶段的产物,是一国教育制度的主体,在教育制度体系中具有重要的地位和作用。学制的建立、发展与变化,主要受到两方面因素的制约:一是社会政治经济文化总体的发展水平,即受社会生产力的性质和水平、政治经济制度和文化传统制约;二是受教育者身心发展的一般规律,即人的身心发展规律制约着学制的纵向分段以及其他诸多方面。

学校教育制度类型

学制类型是由学制的结构决定的,现代学制无外乎由两种结构构成:一是纵向划分的学校系统,二是横向划分的学校阶段。综观各国的学制,一般有单轨型、双轨型和分支型三种类型。

单轨型学制:横向划分的学校阶段占绝对优势的学制结构。例如,美国的学制,从小学、中学到大学,一个系列、多种分段,自下而上构成连接阶梯的直线型学制。

双轨型学制:纵向的学校系统占绝对优势的学制结构。例如,18—19世纪的英国,同时存在两种不同形式的学校系统,以完成不同的教育任务。一轨是为社会上层子弟设置的,主要为培养统治阶级的精英人才服务。其结构通常是自上而下,从大学到中学(包括中学预备班);另一轨是为劳动人民子弟设置的,以保证充足的具有一定文化的劳动后备力量。其结构一般是自下而上,从小学、初中到职业学校。"双轨"之意在于这两轨不相通,也不连接,是两个平行的系列。这决定着劳动人民子弟没有机会升入大学。

分支型学制:亦称"中间型学制",是介于单轨型学制与双轨型学制之间的学制。中国的学制即属于分支型。

世界各国的学制基本上属于这三种类型。不同学制类型的产生,实质上是国家教育权与公民受教育权之间不同关系的反映。20世纪中叶以来,随着义务教育年限的延长,教育民主化、教育机会均等原则的确立与实施,双轨学制已开始向分支型和单轨型学制方向发展。

学校教育制度的演变和发展

现代学制首先产生于欧洲,其发展是依照两条路线进行的。一条是自上而下的发展路线,以最早的中世纪大学及后来大学为顶端,向下延伸,产生了大学预科性质的中学,经过长期演变,逐渐形成了现代教育的大学和中学系统。另一条是自下而上的发展路线,是由小学(及职业学校)而中学(及中等职业学校),并上延至今天的高等职业学校。前者是学术性的现代学校系统,后者是大众职业性的现代学校系统。这一发展的结果导致在19世纪末和20世纪初在欧洲形成了所谓的双轨型学制。

中国现代学校及其制度不是从本国文化土壤中生长出来的,而是从西方引进的。鸦片战争后,为谋求振兴,清政府开始推行洋务运动,在教育上则模仿西制,开办了一系列新式学堂。1901年,清政府明令全国书院改为学堂,在省城的改为大学堂,在各府和直隶州的改为中学堂,在州县的改为小学堂。但当时还没有形成正式的学制。

1902年,中国教育史上第一个学制系统诞生,即《钦定学堂章程》,亦称"壬寅学制"。这一学制虽经正式颁布,但并未实行。1904年,清政府颁布《奏定学堂章程》,即"癸卯学制",这是中国第一个正式实施的学校教育制度。1905年8月,清政府下诏停止科举,从此,新式学校得到更加迅速的发展。

1912年辛亥革命后,国民政府进行了学制改革,颁布"壬子癸丑学制"。之后,经过多年的探索,于1922年颁布"壬戌学制"。这一学制是在总结民国建立以来学校发展的经验教训,借鉴西方国家学制基础上制定的,是一个较为成熟的现代学校系统,一直沿用到新中国成立。其中,该学制首次规定的中小学"六三三"分段,现仍被广泛采用。

新中国成立后,1951年颁布《关于改革学制的决定》,标志着中国学制发展的新纪元。该学制具有以下特点:继承了中国单轨学制的传统,使各级各类学校互相衔接,保证了劳动人民子女受教育的权利;职业教育学校在学制中占有重要的地位,体现了重视培养各种建设人才和为生产建设服务的方针;把工农干部教育和工农群众的业余教育纳入学制系统,贯彻了面向工农开门的办学方向,突破了传统的学校定义并使学校的功能有了较大的扩展;加强了普通教育、职业教育和成人教育三类学校的联系和结构的完整性。

其后,中国的学制经历了几次大的变动,其中既有经验也有教训。1976年,在结束了十年"文革"之后,教育事业也和其他事业一样,着手重建和发展被破坏了的学校系统,主要措施包括:延长了中学的学习年限;恢复和重建了中等专业学校和中等技术学校,创办了职业高中;恢复了高等学校专科和本科两个层次;扩大了高等专科学校的规模;恢复和重建了"文革"中被迫解散的学校、系科和专业;建立了学位制度,完善了研究生教育制度;恢复和重建了各级各类成人教育机构。从此,中国的学校教育开始走上了正轨。

中国现行学校教育制度

自1951年政务院颁布《关于改革学制的决定》之后,随着国民经济的发展与教育结构的调整,中国的学制亦有所发展与变化,并逐步建立了从幼儿教育到研究生教育的比较完整的学校系统,即现行的学制系统。1995年颁布实施的《中华人民共和国教育法》第十七条规定:"国家实行学前教育、初等教育、中等教育、高等教育的学校教育制度。"从纵向层次来看,中国的学制包括学前教育、初等教育、中等教育和高等教育四个阶段。从横向来看,从中等教育阶段开始,学制开始出现了类的区分:根据教育性质与培养目标的不同,可将其分为普通教育系统与职业教育系统。其中,义务教育阶段实施的是普通教育,高中教育阶段及其以上实施的既有普通教育也有职业教育,职业教育以普通教育为基础。中国先后颁布了《中华人民共和国义务教育法》、《中华人民共和国职业教育法》、《中华人民共和国高等教育法》,对义务教育、职业教育和高等教育分别作出了规范和调整。

学前教育机构　学前教育是指根据一定的培养目标和幼儿的身心特点,对入小学前的幼儿所进行的有计划的教育,属于学校的预备阶段,也是社会主义教育事业的重要组成部分。幼儿园主要招收3～6岁的儿童,对其进行适宜的启蒙教育,目的是促进儿童的智力发展,培养其良好的生活、卫生习惯及良好的道德品质,促进儿童身心的全面和谐发展,为其进入初等教育阶段的学习做好准备。实施学前教育的机构主要是幼儿园,以全日制为主,也有寄宿制、半日制等。中央政府、地方政府、企事业组织、社会团体和公民个人等都可以设立学前教育机构。

初等教育机构　初等教育是为公民奠定科学文化知识基础以做好初步生活准备的教育,它对提高一个国家的民族文化水平和国民素质具有极为重要的意义。初等教育机构是实施义务教育和普及教育的重要载体,其教育对象主要包括儿童和未完成初等教育的成人两种。全日制小学教育主要是对儿童实施的初等教育,给儿童以基本的文化知识教育和基本的生活能力训练,招收6～7岁的儿童,学制一般为5～6年。扫盲教育主要是对青壮年实施的初等教育,旨在扫除青壮年文盲,通常是成人业余教育,修业年限较长。此外,特殊教育学校也招收接受初等教育的学生,主要特点是学生的年龄普遍较大,学习年限也普遍较长。中国学校教育制度对小学的课程设置、教学要求、教学时间及实施步骤等都作了明确的规定。

中等教育机构　中等教育是在初等教育的基础上继续进行的中等普通教育和职业教育。中国中等教育机构主要指全日制普通中学(其中初中阶段为义务教育)、职业中学、中等专业学校、农业学校、技工学校及成人中等学校等。全日制中学的修业年限为6年,一般是初中、高中各3年。职业高中的修业年限为2～3年,中等专业学校为3～4年,技工学校为2～3年。属成人教育的各类业余的中等教育机构,学生的修业年限适当延长。中国现行学制规定,全日制普通中学主要实施基础教育,担负着为高一级学校输送合格新生以及为国家培养劳动后备力量的双重任务;职业中学主要对学生进行专门的职业技术教育,为其将来从事相应的职业做好职前准备;中等专业学校包括中等技术学校以培养各种中等技术人才为目标;技术学校的任务是培养技术工人;特殊学校一般是对盲聋哑智障学生进行普通教育或职业技术教育;成人中学等学校一般是对成人进行文化补习或技术教育。

高等教育机构　高等教育是建立在中等教育基础上的,既强调通识性,又注重专业性的教育。高等教育按学历层次划分,一般可分为专科教育、本科教育和研究生教育三个层次。根据《中华人民共和国高等教育法》第十八条规定,中国的高等教育由高等学校和其他高等教育机构实施。大学、独立设置的学院主要实施本科及本科以上教育。高等专科学校实施专科教育。经国务院教育行政部门批准,科学研究机构可以承担研究生教育的任务。高等教育机构的教学组织主要有全日制的和业余的、面授的和非面授的、学校形式的和非学校形式的等多种形式。高等专科学校学生的修业年限为 2～·3 年,大学和独立设置的学院学生的修业年限为 4～5 年。

从横向类别结构上看,中国现行的学制包括普通教育系统、师范教育系统、职业技术教育系统和成人教育系统四个类别。

普通教育系统　中国普通教育系统包括初等教育、中等普通教育和普通高等教育三个阶段,形成一个具有阶段性、系统性和持续性的教育过程。《国家中长期教育改革和发展规划纲要(2010—2020 年)》规定,到 2020 年全国基本普及学前教育;九年义务教育早在 21 世纪初已全面普及;高中阶段的教育也将在 2020 年基本普及;高等教育中,既有侧重通识教育和专业教育的普通高等教育,又有侧重技能培训与掌握的高等职业教育。通常把前者作为普通教育系统的延伸,把后者划归到职业教育系统。

师范教育系统　中国现行的师范教育已形成了一个自下而上的完整系统,承担师范教育的机构主要包括中等师范学校、高等师范专科学校、高等师范学院或者师范大学以及各级各类师资培训机构等(目前大部分中等师范学校已经取消,尚存少数培养幼儿园教师的幼儿师范学校)。高等师范专科学校主要招收高中毕业生或具有同等学力的社会青年,学习 2～3 年,毕业后颁发大专文凭;高等师范学院或师范大学主要招收高中毕业生或具有同等学力的社会青年,学习 4～5 年,毕业后颁发本科文凭。1978 年开始设教育硕士专业学位,2010 年开始设教育博士专业学位,以培养高水平的教师。

职业技术教育系统　职业技术教育是给予学生以从事某种职业或生产劳动所需知识和技能的教育。中国现行的职业技术教育系统包括职业高中、中等职业技术学校、技工学校、高等专科技术学校以及高等职业技术学院或大学等。职业技术教育系统囊括了从中等教育到高等教育两个阶段。

成人教育系统　中国现行的成人教育系统是通过业余、脱产或半脱产的形式对成人进行的教育,是学校教育的继续、补充和延伸。其受教育对象不受文化程度和年龄的限制,旨在通过再教育不断提高劳动者的政治水平和文化科技水平,以满足个人能力提升和国民经济发展的要求。中国成人教育机构主要包括中等和高等教育机构两部分。成人中等教育机构主要指成人中专。成人高等教育机构包括职工大学、广播电视大学、函授学院、网络学院和成人高等学校等。成人教育系统已成为新中国教育制度的重要组成部分。

参考文献

国家高级教育行政学院.新中国教育行政管理五十年[M].北京:人民教育出版社,1999.

黄济,王策三.现代教育论[M].北京:人民教育出版社,2003.

(穆　琳　尹　力)

学校精神卫生(mental hygiene of school)　学校根据儿童青少年发展的生理、心理特点,运用心理学知识促使其积极心理状态的形成和预防消极心态的发生来维护和增进心理健康,减少心理和行为问题与疾病的活动。在古希腊时代,医生希波克拉底就提出心理卫生的概念,现代精神卫生运动兴起于 20 世纪初,它的发起人和倡导者是一位曾患精神病的美国大学生比尔斯。比尔斯患躁郁症住院期间,亲身领略到精神病治疗机构对病人的冷漠和虐待,以及公众对精神病人的偏见和歧视,于是他于 1908 年出版《一颗自我发现的心灵》一书。此书引起心理学家和社会大众的大力支持和强烈反响,由此开始一场世界范围的精神卫生运动。1908 年,世界第一个精神卫生组织——美国康涅狄格州精神卫生协会成立,1930 年国际精神卫生委员会成立,1948 年世界心理健康联合会(World Federation for Mental Health,简称 WFMH)成立,中国 1936 年成立中国精神卫生协会,但因抗日战争爆发,实际未开展工作而名存实亡。1985 年,一个真正意义上的中国精神卫生协会终于成立。该学会的成立对中国精神卫生事业的发展起到非常重要的推动作用。在比尔斯发起的精神卫生运动的浪潮中,学校教育为适应社会发展的需求也设立心理辅导课程,学校精神卫生运动的序幕由此拉开。特别是进入 20 世纪 70 年代后,学校精神卫生更是受到世界各国政府的重视。1957 年苏联人造卫星上天对美国产生巨大震动,美国联邦政府立即有针对性地颁布《国防教育法》(1958),指定学校要推行辅导及评估计划,识别天才及迟缓的学生并因材施教,大学也不断增设辅导训练课程,并给辅导工作提供专门经费。由于各国政府的重视扶持和投资,加上辅导的价值和功能日益得到社会人士的认可,学校心理辅导工作发展很快,建立了由小学至大学的完整的辅导体系。在欧美各国的中小学均设置心理辅导中心,大学则普遍设置学生人事服务处与心理辅导中心,由受过心理辅导专业训练的教师担任辅导员。

心理健康的标准与学生
心理障碍的早期诊断指标

心理健康的标准　心理健康的标准各个国家和学者有各自不同的定义,日本的精神卫生专家对心理健康的定义是:没有心理障碍的症状;精神活动处于正常范围内;精神、身体处于适应状态;具有应激应变、克服危机或从疾患中康复的能力。美国心理学家杰哈塔提倡"积极的精神健康"(positive mental health),认为心理健康的人应该具有六点品质:自我认知的能力;自我成长、发展和自我实现的能力;统一、安定的人格;自我调控的能力;对现实的感知能力;积极地改善环境的能力。世界卫生组织对心理健康还做了如下定义:身体、智力、情绪十分协调;适应环境,人际关系中彼此能谦让;有幸福感;在工作和职业中能充分发挥自己的能力,过着有效率的生活。学校教育要以心理健康的标准要求自己,做好学生的精神卫生工作。

美国心理学家马斯洛和米特尔曼提出的标准:是否有充分的安全感;是否对自己有较充分的了解,并能恰当地评价自己的能力;自己的生活理想和目标能否切合实际;能否与周围环境保持良好的接触;能否保持自身人格的完整与和谐;是否具备从经验中学习的能力;能否保持适当和良好的人际关系;能否适度地表达和控制自己的情绪;能否在集体允许的前提下,有限度地发挥自己的个性;能否在社会规范的范围内,适度地满足个人的基本需要。

美国学者 A. W. 库姆斯提出心理健康的人的四个特质:(1) 积极的自我观念。能悦纳自己,接受自己,也能为他人所悦纳,能体验到自己存在的价值,能面对和处理好日常生活中遇到的各种挑战。尽管有时也可能会觉得不顺心,也并非总为他人所喜爱,但是肯定的、积极的自我观念总是占优势。(2) 恰当地认同他人。能认可别人的存在和重要性,即能认同别人而不依赖或强求别人,能体验自己在许多方面和大家都是相同的、相通的,能和别人分享爱和恨、乐与忧以及对未来美好的憧憬,并且不会因此失去自我,仍保持着自我的独立性。(3) 面对和接受现实。能面对和接受现实,而不论其是好是坏或对自己有利或不利,即使现实不符合自己的希望与信念,也能设身处地、实事求是地去面对和接受现实的考验。能够多方面寻求信息,善于倾听不同的意见,正确把握事实的真相,相信自己的力量,随时接受挑战。(4) 主观经验丰富,可供利用。能对自己以及周围的事物、人物及环境有较清楚的知觉,不会迷惑和彷徨在自己的主观经验世界里,储存着各种可资利用的信息、知识和技能,并能随时提取使用。善于发现和利用自己的长处和优点,也能借鉴和学习别人的长处、优点,以此来解决自身遇到的问题,从而增进自己行为的有效性,不断丰富自己的经验、知识库。

学生心理障碍的早期判断指标　儿童青少年的发育是身体、智力、情绪和社会性等方面的协调发展。儿童青少年的心理健康受到损害,会在身体、语言、情绪等方面出现种种信号,这些信号可以成为及早判断学生心理障碍的指标。(1) 语言、表情和情感表现。正常的儿童,语言表述口齿清楚,表情丰富。相反,语言消失及有场合选择性地缄默,缺乏情感的表达或表现激烈者,不适应问题的倾向较大。特别是性格内向、情绪忧郁、看上去老实的学生更为严重。儿童青少年的言语、情感表现异常,说明其背后潜藏着复杂的问题。(2) 身体、感觉的表现。学校中的多动症儿童是老师和家长特别关注的对象,多动儿童不能控制自己,上课难以安静,对课堂秩序扰乱较大。其实多动也是心理不安定的表现,或说明儿童有中枢神经系统的异常。另外,有身体症状表现但经医疗机构诊断又无确切症状的儿童,心理不适的可能性极大,如儿童的排泄障碍、发热、头痛、腹痛等都应引起学校、家长的注意。(3) 认知。有恐惧症、心理不安的儿童在学校中常是那些表现不合群、朋友少的儿童,他们一般缺乏想象力和对言语等的理解力,表现软弱无能。到初中、高中,这样的儿童可能会沉溺于空想的世界中,对性有特别的关注。因此,学校要加以注意,否则,他们可能会产生神经机能的异常。(4) 日常生活的表现。有问题行为和不适应的儿童青少年的生活缺乏规则,他们常昼夜颠倒、乱丢东西,他们的生活环境往往一片狼藉。这些日常行为背后往往隐藏着深层次的心理障碍。还有的学生在学校和家庭中的表现截然相反,在学校沉默寡言,在家庭充满暴力,这也是产生心理问题的前兆,需引起关注。

常见的学校精神卫生问题

《中国精神障碍分类与诊断标准(第三版)》(CCMD-3)中列出的与儿童青少年有关的精神疾病和障碍主要有精神发育迟滞、心理发育障碍、多动障碍、品行障碍和情绪障碍。而学校中常见的、为老师和家长关注的精神卫生问题除上述内容外,还有其他方面。

儿童精神发育迟滞　这是一种由生物、心理和社会因素造成的广泛性发育障碍。根据不同的情况可以分为轻度、中度、重度和极重度,学校学生的精神发育迟滞基本上属于轻度范畴。《国际疾病分类手册(第十版)》(*International Classification of Diseases*, 10th Revision,简称ICD-10)规定,儿童精神发育障碍的智商范围为50~69。学校中精神发育迟滞儿童在体格和神经系统上基本正常,没有特殊的面部表征和身体缺陷,他们的问题主要表现在学业的完成上。精神发育迟滞的儿童肌肉协调能力差,动作不灵活,感知、注意和记忆上有缺陷。由于理解能力不完善,他们在需要抽象思维的科目如数学上尤其困难。这类儿童在语言的表达和理解上也存在问题,说话比较单调幼稚,与其年龄不符。对道德和情感的感受力也比较差,有时甚至不分善恶,不能理解别人的情绪情感。稳定型的儿童表现呆板、反应迟钝;不稳定型的则比较兴奋,缺乏自知之明,容易使人厌恶。

广泛性发育障碍　这是一种起病于幼儿时期的心理发

育障碍,表现为个体广泛的发育功能受损,社会行为有缺陷,言语、认知、情绪情感及行为方面存在异常。学校中常见的儿童广泛性发育障碍主要有儿童自闭症、Asperger 症候群和 Heller 综合症。自闭症儿童喜欢把自己封闭在自我的精神世界中,讨厌与人接触,不能和小朋友发展正常的朋友关系。他们语言发展欠缺,会话能力明显有障碍,语言刻板反复;行为固执,喜欢热衷于某一事物;弱智甚至智力低下,完成学习任务困难。Asperger 症候群儿童与自闭症儿童具有类似的表现,但此类儿童无明显的语言和智力障碍。Heller 综合症儿童是一种衰变型的精神障碍,这类儿童先前已经获得一定的语言、智能及其他能力,发病后这些能力逐渐衰退甚至丧失。

儿童多动症　亦称"儿童注意缺陷多动障碍"、"轻微脑功能障碍综合征"(minimal brain dysfunction,简称 MBD),是小学生比较常见的心理障碍。主要表现为注意力难以集中,在学习或游戏活动中缺乏一定的精神努力和持续力,容易受外界刺激的干扰,有多动或冲动行为。严重的有健忘、攻击、破坏等行为,影响学校教育和个人的学业成绩。儿童注意缺陷或多动障碍与儿童的脑或神经系统器质异常有关,脑电图和神经生理学检查发现,多动症儿童的大脑前叶活动异常。研究倾向于认为,儿童多动症与脑内多巴胺分泌不足有关。对多动障碍儿童要将药物和心理治疗结合起来才能起到良好效果。

情绪障碍　情绪障碍是学校中最常见的心理障碍之一,情绪健康的人情绪的变化有一定的原因;情绪的持续时间随着客观情况的变化而变化;主导情绪愉快、稳定。情绪健康的人整个身心积极向上,对一切充满信心和希望。学校恐惧症和学校焦虑症是学生情绪障碍的主要表现。学校恐惧症使儿童在学校的行为表现退缩、回避,甚至出现心悸、脸色苍白、胃部不适和头晕等生理反应,学校恐惧症严重影响了学生正常的学校生活,若不采取措施,就可能引发出严重的后果。学校焦虑症在不同时期有不同表现,主要有适应焦虑、社交焦虑、考试焦虑等。在学校有焦虑症的儿童不喜欢与别人接触,行为退缩,情绪不稳定,有不安全感。学校焦虑症大大降低了学生的学习效率,阻碍了他们社会行为的发展。酗酒、吸烟、饮食紊乱也是有情绪障碍学生常见的行为,严重的可能会导致自杀,所以我们要重视学生的情绪障碍。

品行障碍　《中国精神障碍分类与诊断标准(第三版)》认为品行障碍指"18 岁以下儿童或少年反复出现违反与其年龄相应的社会道德准则或纪律,侵犯他人或公共利益的行为,包括反社会性、攻击性或对抗性行为"。品行障碍的青少年经常挑起或参与斗殴;经常故意伤害他人或虐待动物;经常故意破坏家里的东西或公共财物;逃学、离家出走、撒谎是这些学生经常出现的问题,有的甚至做触犯法律的

行为。很多有品行障碍的青少年的家庭有不良的教育子女的方式,甚至虐待子女;社会大众传播、同伴的影响等也是造成品行障碍的重要因素;儿童青少年自身的意志、性格等也与品行障碍有很大关系。因此,对待有品行障碍的青少年要从多角度去矫正。

人格障碍　人格是指一个人的整体精神面貌,即具有一定倾向性的心理特征的总和。人格的各种特征不是孤立存在的,而是有机结合成相互联系的整体,对人的行为进行调节和控制。如果各种成分之间的关系协调,人的行为就是正常的;如果失调,就会造成人格分裂,产生不正常的行为,双重人格或多重人格是人格分裂的表现。学生常见的人格障碍主要表现为依赖性强、缺乏独立、攻击性强、固执逆反及强迫行为等。有人格障碍的学生一般情绪不稳定,人际关系紧张,对问题的认识过于主观,缺乏分析精神,没有责任感和道德感,喜欢推卸责任,自我中心,忌妒心强,对事物缺乏预见性。对有人格障碍学生的诊断应排除生理病变的原因。

特殊发育障碍　指儿童青少年在语言、计算、书写、阅读或运动等某一方面与其大脑发展明显不一致的现象。在《中国精神障碍分类与诊断标准(第三版)》中,特殊发育障碍主要包括言语技能发育障碍、学习技能发育障碍和运动技能发育障碍。特殊发育障碍儿童智力一般正常,但某方面的发育迟滞会导致学习困难和适应不良,家长老师要尽早发现,及时治疗。

不良性行为和青少年自杀　在有不良性行为的青少年中,因情绪障碍引起的性冲动以初中生较多,高中生以性心理异常为主。不良性行为的表现主要有过度手淫、早期性经历、盗窃异性内衣内裤、性骚扰活动、窥阴癖等。有不良性行为的青少年主要集中在从初二到高一阶段,这个时候也是青少年各方面所受压力最大的时期,最容易导致不良的后果。自杀的青少年在学校中也有一定比率。青少年身心发育正处于疾风暴雨时期,心理欲求较多,容易产生不满足感。自杀的青少年有被抛弃的孤立感,加上有些人本身性格上的原因,这个时期容易产生自杀行为。

学校精神疾患　神经症、狂躁—抑郁症和精神分裂是精神疾患的几种表现形式。处于人生发展旺盛期的青少年体验到外界刺激的程度往往会比较深,恋爱、考试、青春期等问题都会使他们产生不安、矛盾的心态,如果处理不当,就容易产生各种精神问题。不安神经症、小儿歇斯底里症、恐惧症和强迫症等是学生常见的神经症。而青少年如果情绪异常兴奋或压抑,过于冲动或呆板则可能表明狂躁或抑郁症的产生。精神分裂症是具有代表性的精神障碍,15～20 岁为发病的高峰期,主要表现为幻觉、幻听、妄想以及自我封闭、问题行为等异常体验和异常行为,结果可能会导致人格整体的崩溃。

学校精神卫生工作的开展

学生心理健康需要专门的心理辅导教师对其进行心理辅导,健全的心理辅导组织在学校中是必不可少的。学校内心理辅导组织与管理体制大致可分为三个层次:第一层次以学校心理咨询室为中心,对特定学生进行心理辅导和咨询活动;第二层次是设立学校内的心理健康教育管理委员会,以校长、教导主任、心理辅导教师、卫生室教师、德育教师为核心,对学校全体人员的教育咨询、心理辅导作出全面的考虑、计划和指导;第三层次是使心理健康教育全面渗透到整个学校教育过程中。

心理辅导采用的方法和技术主要有精神分析方法、来访者中心咨询方法、行为主义方法、认知疗法等,对学生进行辅导可采用个别辅导,也可采用集体辅导。心理辅导的开展可采取三层次的介入方式:第一层次为发展性辅导。面对全体学生开展心理保健工作,提高全体学生的心理素质。主要工作包括教育的开发和心理指导,如学校生活指导、适应指导、学习方法的指导、班级中人际关系处理等。第二层次为预防性心理辅导。面对的是部分在学习上、心理上及生活适应上有可能发生问题或问题刚出现苗头的学生。主要是提高学生的适应能力,培养学习兴趣,预防心理问题的恶化。第三层次为治疗性辅导。面对的是在心理、学习、社会适应方面产生重大问题或精神失常、性格出现偏差的学生。主要工作是针对特定学生的心理障碍和精神卫生问题采取适当的方法给予矫治。学校精神卫生工作应以发展性辅导为主。

另外,波维尔提出心理适应五阶段理论,他把人类行为分为紧张、情绪、思维、活动、自我管理、人际关系和身体行为七大项,而人的心理健康发展状况又分为常态适应行为、紧张应变行为、神经质因应行为、精神神经病质行为和精神病质行为五个阶段。波维尔根据这七项分别在心理健康发展各阶段中的表现来描述各个阶段的特点。情绪、思维和人际关系是我们可以比较容易作出判断的几个方面,下面仅从这几个方面来了解心理适应的五个阶段:(1)常态适应行为。情绪转变有特定的原因,即使处于情绪激烈时仍表现一定的幽默感,情绪的自我调适能力较强。思维流畅,人际关系和谐。(2)紧张应变行为。思维狭隘并集中于某一件事情上,思考缺乏理性,被动并带有攻击性。人际关系上显得紧张,常会为取悦别人而焦虑,在人际中缺乏意愿或能力让自己放松玩乐,常有过分的情绪反应,容易被激怒。(3)神经质因应行为。情绪上不容易从已经过去的刺激中恢复,并有间歇性神经症行为,常会否认问题的存在,会在缺乏明显原因的情况下表现出情绪化行为,有时会有恐惧症或长时间恐惧心理,情绪表现上比较僵硬。思维倾向于

扩大事情的严重性,时常担忧会发生事情,缺乏积极的对策去解决问题,结果形成重复思考、思维刻板僵化,解决问题的能力受到一定的减弱。人际关系上常受到阻抗,这主要是因为他以不适宜的态度去对待别人,又常要求别人的行为尽如己意。处于这个阶段的人有时会有轻微的分离焦虑,如怕去学校。他们还会有轻微的反社会行为或乖僻行为。(4)精神神经病质行为。情绪不稳定,常因情绪影响工作和与人的关系,甚至演变成慢性沮丧,有时还会产生轻生念头。处于这一阶段的人往往忽视现实,而以幻想代替现实,以远不可及的理想或计划代替眼前的任务和责任,严重的会产生自我毁灭的恐惧。思维常对现实进行扭曲,并自我中心。对于不明原因的威胁有一种特别的关注和警惕。他们往往疑心很重,并会不断地在某项事情的细微之处纠缠。这种人常有自我退缩行为,有时又会攻击同伴,造成人际关系的崩溃。(5)精神病质行为。会有间歇性的脱离现实的情绪表现,或长期沉溺于个人的幻想中,行为上有时表现狂躁,并常对现实扭曲。在比较严重的情况下处于这一阶段的人会沮丧到足以阻断他的工作和对人的关系。思维强迫,并有显著的知觉错乱。在人际关系上有自闭倾向,常以自我错乱的世界代替正常的人际互动关系。这五个心理适应阶段在学校中均存在,学校精神卫生工作要对处于不同阶段的学生给予相应帮助。

参考文献

高湘萍,刘春玲. 学校心理病理学[M]. 南宁:广西教育出版社,1999.

廖荣利. 心理卫生[M]. 台北:千华图书出版事业有限公司,1986.

郑希付. 学校心理卫生学[M]. 北京:警官教育出版社,1998.

(安献丽 徐光兴)

学校内部管理体制改革(reform of inner system of school management) 改革领导和管理学校的根本制度,使之科学、合理,以提高学校管理成效,促进教育发展的活动。学校内部管理体制是学校管理职权划分和有效运行的根本制度,其中规定校长的职责和权限,学校党组织和教职工在学校管理中的地位和作用,各种管理机构的设置、职能及其隶属关系等。改革内容涉及多方面,包括学校领导体制、教师管理制度、分配制度、教育和教学工作、后勤保障工作等的改革,其核心内容是领导体制和分配制度改革。学校内部管理体制改革的主要特点:激发学校内部活力,形成高效运行机制,建立科学化、民主化和规范化的学校管理体制;以劳动人事和分配制度改革为切入点,使师生员工的积极性和创造性得以充分发挥,教育质量和办学效益不断提高。学校内部管理体制改革是一项系统工程,由相互联系、相互依存、相互制约的若干系统构成。

学校领导体制改革

学校领导体制是关于学校的机构设置、隶属关系和权限划分等方面的体系和制度的总称,是正确解决学校与国家之间以及学校内部党、政、工各方面正式组织之间关系的有关组织领导的各种章法和制度。领导体制亦称管理体制,主要有三方面内容:一是国家对学校的具体领导制度;二是学校本身的具体领导制度,如学校的管理决策和实施指挥所采取的领导制度,学校管理决策及其实施所采取的领导制度,学校领导权的行使方式,学校领导层职权与关系的确定等,这是学校领导制度的核心;三是学校内部和学校领导层中行政、党组织、教代会、工会的地位、作用及职责划分。

中华人民共和国成立后,中小学的领导体制随着社会政治、经济、文化的发展和变迁,大体经历了六次主要的变化。(1)校务委员会制。中华人民共和国成立伊始,各地"军管小组"根据中共中央关于新区学校工作的指示接管学校,并派出大批共产党干部主持日常工作,成立以校长为首的校务委员会负责管理学校。这一学校管理体制对废除封建、买办的教育,实行民主、进步的教育,建立正常教学秩序,起到一定的积极作用。但由于校长的主要职权不明确,缺乏必要的权力集中,不利于进一步办好学校。(2)校长责任制。1952 年,教育部根据 1951 年教育部召开的全国中等教育会议精神,颁布《中学暂行规程(草案)》和《小学暂行规程(草案)》,明确规定实行"校长责任制,设校长一人负责领导全校工作。必要时得设副校长,协助校长处理日常校务"。这一学校领导体制对于克服学校工作无专人负责的弊端,加强集中领导,提高教学质量具有积极作用。但因未同时强调党支部的监督和保证作用,某些学校领导中滋长了官僚主义和家长制作风。(3)党组织领导学校。1958 年"教育大革命"开始,在批判"一长制"使"党组织处于从属地位"、"无视群众路线"的同时,充分肯定和强调党委领导,各级学校行政事务由党组织领导,致使一些学校出现"党政不分"、"以党代政"的管理格局,校长和行政组织的作用无法发挥。(4)在当地党委和教育行政部门领导下的校长负责制。1963 年教育部颁布《全日制中学暂行工作条例(草案)》和《全日制小学暂行工作条例(草案)》,对学校管理体制作出规定:"校长是学校行政负责人,在当地党委和主管教育行政部门领导下,负责领导全校的工作,团结全校教职工完成教学计划。""学校党支部对学校行政工作负有保证和监督的责任。"这一学校领导体制对学校内部的党政职责作出明确区分,既注意发挥学校行政组织的职能,又不放松党对学校的切实领导,学校教育质量由此提高。(5)"革命委员会"制。"文革"期间,各级学校"停课搞运动",学校行政领导和党、团组织陷于瘫痪,由"工宣队"领导学校,实行"革命委员会"制的学校管理体制。这一制度出现在"以阶级斗争为纲"的非常时期,教师被作为专政和改造的对象,学校工作的正常秩序遭受严重破坏,教学质量一落千丈。(6)党支部领导下的校长分工负责制。1978 年教育部重新修订和颁布《全日制中学暂行工作条例(试行草案)》和《全日制小学暂行工作条例(试行草案)》,明确规定中小学实行党支部领导下的校长分工负责制,学校一切重大问题必须经过党支部讨论决定。该体制对于纠正"文革"期间学校管理的混乱局面,建立以教学为中心的学校正常工作秩序,逐步提高教学质量起到一定作用,但并未解决党政分工问题,实际执行过程中仍存在"书记包揽过多,校长缩手缩脚"、工作效率低、办学效益差的弊端。这与党支部"领导而不负责",校长"负责而不领导"的管理机制有关。这六种学校领导体制的演变更迭都是为解决前一阶段暴露的问题而进行的有益探索,是特定历史条件的产物。进入 20 世纪 80 年代,随着国家政治、经济、文化的改革,学校管理体制又发生了变革。1985 年颁布《中共中央关于教育体制改革的决定》,确定新时期的学校管理体制:"学校逐步实行校长负责制,有条件的学校要设立由校长主持的、人数不多的、有威信的校务委员会,作为审议机构。要建立和健全以教师为主体的教职工代表大会制,加强民主管理和民主监督。学校中的党组织要从过去那种包揽一切的状态中解脱出来,把自己的精力集中到加强党的建设和加强思想政治工作上来。"明确规定中小学校逐步实行校长负责制,同时明确党支部的保证和监督作用,以及职代会的民主管理和民主监督作用,并要求建立作为审议机构的校务委员会。1993 年中共中央、国务院颁布《中国教育改革和发展纲要》,提出"中等及中等以下各类学校实行校长负责制。校长要全面贯彻国家的教育方针和政策,依靠教职员工办好学校"。高等学校实行党委领导下的校长负责制,党委对重大问题进行讨论并作出决定,同时保证行政领导人充分行使职权。

国内学者根据不同历史时期的国情、校情、教育改革的以及校长负责制的发展状况,界定校长负责制的内涵,其中代表性的观点如下:(1)校长负责制即由校长统一领导和全面负责学校工作。其具体含义是:上级机关领导,校长全面负责,支部保证监督,教工民主管理。上级机关领导是指学校由上级教育行政部门领导;校长全面负责是指校长对外代表学校,对内领导和负责全校工作;支部保证监督表明学校党组织的职责是监督学校的行政工作;教工民主管理是指教职工有参与管理学校的权利。(2)校长负责制是学校内部的一种领导体制。在实行校长负责制的学校,校长是学校的最高负责人,是学校法人的法定代表人,处于学校中心地位,对外代表学校,对内全面领导并负责学校的教育、教学和行政管理工作。(3)校长负责制是由指挥、执行、反馈、监督等机构组成的一种连续的科学管理系统,应建立一种能使集体领导、参与领导和个人负责有机结合,由决策系统、执行系统、监督反馈系统和智囊审议系统形成回路的学校领导体制。类似的观点还有,校长负责制是在正确处理政府部门与学校关系的基础上,以校长全面负责为核心,与党支部保证监督、校务委员会参谋、教职工民主管理等有机结合,实现学校工作目标,充分发挥行政管理功能的科学的领导体制。校长负责制属"一长制"的领导体制类型,包含多方面内容,这些内容既非可有可无,也非分量均等,其核心是校长全面负责。

落实校长负责制的具体途径是实行校长任期目标责任制,即围绕办学目标选任、就任和考核校长。出任校长须有任期,一般规定每届不少于三年,可连任。就任校长须实行目标管理,任期责任目标包括为学校长远建设打好基础的具体要求和措施。考核和评价校长的依据是任期责任目标的实现程度。政府主管部门以颁发校长任命书、签订校长任期目标责任制的形式明确以上内容,共同遵照执行。实行校长任期目标责任制是调动一切积极因素,充分发挥校长职、责、权作用,实现民主管理,提高教育质量的有效方法。

教师管理制度改革

中国教师队伍长期采用委任制,即对教职员工而言的分配制。上级教育行政部门按照事务性干部管理权限和个人学历等条件,直接指定和分配学校教学及教辅人员。这种任用方式的特点是权力集中、指挥统一、程序简单;缺陷在于难以全面了解委任对象,且"一次委任定终身",难以提高教师队伍质量。教职工聘任制是根据"按需设岗、公开招聘、平等竞争、择优聘任"原则聘用教职工的用人制度,其目的是建立一种竞争、激励和开放的用人机制,从整体上优化人员结构,合理配置人力资源,增强办学活力。1986年,中央职称改革工作领导小组部署全国职称改革工作,国务院发布关于实行专业技术职务聘任制的规定,教师职务聘任制改革是其中的重要内容。教师职务聘任制改革的中心内容是实行专业技术职务聘任制,并相应实行以职务工资为主要内容的结构工资制度。专业技术职务聘任制的基本内容:根据实际需要定编、定员,在此基础上设置专业技术工作岗位,规定明确的职责和任职条件,确定高、中、初级专业技术职务的恰当比例结构;符合评聘条件的在职专业技术人员先由本人提出申请,经专业技术职务评审委员会的评审,进行聘任,并有一定的聘期,任职期间领取专业技术职务工资。教职工聘任制的实质是促进学校管理的法规化,从制度上保证"能上能下,能进能出,能高能低"运行机制的实施,通过建立这种用人机制,明确合同双方的责任、权利和义务,逐步改变计划经济模式下学校用人无自主权和教

职工无择业权的问题。双方平等自愿,协商一致,充分体现"双向选择"原则,保障学校用人和教职工择业的合法权益。同时,引入人才竞争机制,择优上岗,合理流动,增强教职工提高自身素质的内驱力,并使人事制度实现规范化。

分配制度改革

实行工资总额包干制是合理配置教育资源、提高办学效益的重要手段,可促使用人单位强化编制意识、精简队伍,达到以经济手段促进机制转换,建立自我约束、自我激励机制,提高工资经费和人力资源产出效益的目的。长期以来,中国学校对基层单位的人员编制管理和拨款方式缺乏经济手段的制约,注重过程管理,疏于目标管理,造成工资经费使用效率低、人力资源配置不合理现象。工资总额动态包干作为学校综合改革的突破口,是一项从局部扩展到全面的全方位改革。通过工资与编制挂钩、编制与任务挂钩的机制,学校和基层单位明确各自的责任和义务,从而理顺投入与产出关系,促进管理机制向目标管理转化,有利于打破"平均主义",提高办学骨干的待遇,调动教职工积极性。工资总额动态包干的基本原则:依据工作任务和编制定员核定工资总额;工资总额实行动态包干,增人不增资,减人不减资,超支抵扣,结余自用;在包干总额范围内,包干单位具有人事和分配的自主权,治事与用人相结合,责、权、利相统一,以增强办学的动力和活力。工资总额动态包干的核定办法:在具体核定包干工资总额基数时,坚持国家工资(档案工资)和校内津贴分类核定,全额拨款和自收自支区别对待的原则。即对全额拨款单位按国家事业费支付的工资,逐项核定,全口径包干;对预算外收入支付的校内分配收入,实行弹性计划管理,随学校的创收而增减;对校内实行企业化管理的自收自支单位,工资总额与经济效益挂钩。工资总额包干制使任务、编制、经费三者成为统一整体,互为前提、互相作用。

校内结构工资制是学校根据改革的目的和原则制定的并经上级主管部门批准的适用于本校的工资制度。根据教职工的思想品德、职务和业务水平、工作年限、责任大小、工作绩效、工作态度等客观标准制定。目的在于进一步贯彻"各尽所能、按劳分配"原则,打破"平均主义",根据劳动的数量和质量,合理拉开分配档次,形成持续、稳定地调动广大教职工积极性的机制。校内结构工资包括基本工资、工龄和教龄津贴、课时和职务津贴、奖励工资四部分,其他补贴等按规定发放。教职工的总收入是结构工资的四部分与各种补贴之和。基本工资是校内结构工资的基础部分,主要体现教职工的政治思想水平、文化业务水平、履行职责的能力,以及过去完成本职工作的状况。随着教职工职务的晋升、职务工资的提高,这部分工资会相应提高。大多数学

校将教职工档案工资(原基础工资与职务工资之和)的大部分定为基本工资,小部分实行浮动;也有学校把全部档案工资定为基本工资。工龄和教龄津贴是校内结构工资中体现教职工从事教育工作年限的工资,随工龄和教龄的增长而增长。课时和职务津贴是校内结构工资中主要体现工作责任和工作量的工资,可按实际任课时数计算,根据学科和承担年级工作的不同,确定相应的课时津贴标准;也可参考原定各学科教师的课时标准,结合教学计划的变动和实际教学情况作适当调整。根据调整后的课时标准,教师的课时津贴分满课时、超课时和不满课时三个档次,由此确定课时津贴的不同等级。干部、职员、工人的职务津贴根据职务、岗位责任、劳动数量等因素确定不同等级,并根据工作表现,每年经考核后浮动。校长的职务津贴根据学校的类型、规模和校长办学水平、工作绩效及本人原来的工资水平等因素,由县教育行政部门决定,对工作成绩突出、有特殊贡献的校长,上级教育行政部门可给予奖励。奖励工资是校内结构工资中体现工作绩效和工作态度的工资,其评定和发放以推进教育教学改革、全面提高教育质量为标准,以对教职工工作的综合考核结果为依据,按不同等级,每学期或每学年发放一次,不能单凭学生成绩和升学率来决定教师待遇。

参考文献

陶西平. 启动学校内部活力的理论与实践:北京市学校内部体制改革研究[M]. 北京:北京教育出版社,1990.

王毅. 试论我国现行中小学校长负责制的改善与发展[J]. 云南师范大学学报, 2000(1).

萧宗六. 关于校长负责制的几点思考[J]. 中小学管理, 1990(6).

张立新. 全面理解校长负责制的含义[J]. 沈阳师范学院学报, 1998(3).

赵学华,徐凤云. 学校内部体制改革理论与实践[M]. 北京:北京大学出版社,1990.

（黄跃奎）

学校欺负行为及干预 (bullying behavior and its intervention in school)　　欺负是儿童尤其是中小学生之间经常发生的一种特殊类型的攻击行为。通常指力量相对较强的一方有意地对另一方施加身体的或心理的伤害行为。它对行为双方的身心健康及发展具有严重的危害性。学校欺负行为及干预是发展心理学和学校心理学中一个具有重要现实意义的研究课题。

心理学家对欺负问题的关注可追溯到百年以前。最早描述有关欺负问题的专题论文是 F. I. 伯克于 1879 年写的《嘲讽与欺负》(Teasing and Bullying),之后关于该问题的研究中断了半个多世纪。直到 20 世纪 70 年代,斯堪的纳维亚半岛地区才出现学校欺负问题的研究。1978 年,挪威心理学教授奥维尤斯所著《学校中的攻击:欺负者与替罪羊》(Aggression in the Schools: Bullies and Whipping Boys)出版,标志着学校欺负问题系统研究的开端。1983 年,挪威三位学生因不堪忍受欺负而自杀,引起教育工作者和相关研究者的研究热潮。奥维尤斯受挪威和瑞典政府的支持,在国际上率先对学校欺负问题进行系统研究。20 世纪 80 年代末 90 年代初以来,中小学生的欺负问题开始引起世界各国公众、教育行政机构和心理学家的广泛关注。

英国心理学教授 P. K. 史密斯认为,欺负可被归属为攻击行为的一个子集。与一般的攻击行为相比,欺负具有三个基本特征:(1)未受激惹性(有意性)。(2)力量的非均衡性。通常情况下,欺负是力量相对较强的一方对力量相对弱小或处于劣势的一方进行的攻击,即通常表现为以大欺小、以众欺寡、以强凌弱。(3)重复发生性。欺负者和受欺负者往往会在较长的一段时间内形成稳定的欺负与受欺负关系,欺负者会重复把受欺负者作为攻击的对象。在方式上,分为直接欺负(包括直接身体欺负如打、踢与直接言语欺负如辱骂、起绰号)和间接欺负(如背后说人坏话、散布谣言等)两种类型。与直接欺负相比,间接欺负通常不易为人们所察觉,但同样会给受欺负者造成严重的心理伤害,应予以特别重视。

学校欺负行为的发生率　　中小学生的欺负行为具有普遍性。尽管研究者对欺负的定义和采用的研究方法不尽相同,但已有的研究充分表明,不管在西方还是东方,几乎在所有的被调查过的文化背景中欺负都具有很高的发生率:约 10％～20％的中小学生卷入欺负与受欺负问题。欺负问题的跨文化普遍性已成为不争的事实。如奥维尤斯用欺负问卷对挪威 715 所学校 13 万名 8～16 岁中小学生调查研究发现,约 15％的儿童"有时"或"经常"卷入欺负行为,其中约 9％为受欺负者,7％为欺负者。受瑞典政府委托,他还对瑞典的 60 所学校的 1.7 万名中小学生进行了同样的调查,发现了更高的比率。其他国家如英国、美国和中国等也得到相似或更高的比率。

随着年龄的增长,中小学生受欺负的比率迅速下降,而欺负他人的比率则具有较高的稳定性。导致这种变化的原因主要有两个:一是儿童通常被其他同龄或年长儿童欺负,当他们长大时,欺负他们的年长儿童相对减少了;二是随年龄的增长,学生逐渐社会化,他们比以前更清楚什么行为是可接受的,而且更能体验到他人被欺负时的感受。

中小学生欺负行为的性别差异既表现在男女儿童参与欺负的比率上,也存在于欺负的方式中。调查显示,在欺负发生的频率上,男生比女生更多地卷入欺负行为,大约是女生的 2 倍;在方式上,直接言语欺负是中小学生欺负的主要方式,但男生更为普遍地使用直接身体欺负,而女生更多使用间接欺负;在小学阶段,男生倾向于用身体攻击方式欺负男生和女生,而在中学阶段这种欺负则主要指向男生;男生的欺负行为多发生在教师监督较差的操场上,而女生通常在教室和走廊等地方用间接方式欺负其他女生;一些女生(尤其是中学)往往崇拜有较高社交地位的欺负者。

学校欺负行为产生的原因与防治　尽管关于欺负产生的原因是该领域研究的核心问题,并且直接影响到干预策略的提出,但理论界尚未提出全面系统的理论解释。主要的理论探索有:(1)竞争假设和外部特异性假设。前者认为,儿童的欺负行为是在学校参与竞争、追求成绩遭受挫折和失败后的一种反应。后者认为,儿童之所以受欺负是由于其本身具有某些"外部异常特征",如肥胖、红头发或者讲异地方言等。(2)心理理论假设。认为欺负他人的儿童在"心理能力上"得分较高,他们在欺负情境中知道如何去伤害对方、如何选择逃避的机会,也就是说他们对受欺负者的心理有较好的把握。(3)依恋理论假设。认为儿童早期与照看者之间形成的依恋类型(回避型、安全型和反抗型)影响其将来处理人际关系的"内部工作模式"(IWM):具有不安全依恋历史的儿童比其他儿童表现出更多的欺负行为,而具有安全依恋历史的儿童则能回避欺负行为。(4)系统理论。从儿童生活于各个社会系统(如家庭、学校和同伴群体)来考察欺负发生的原因。研究表明,缺乏温暖的家庭、不良的家庭管教方式以及对儿童缺乏明确的行为指导和活动监督都可能导致欺负的发生;欺负他人的儿童不仅成人以后仍可能成为欺负者,而且也可能"培养"出欺负他人的孩子。不同学校准则和风气,例如学校是否有反欺负政策、监督的方式和时间、教师对欺负的态度和行为等都影响着欺负行为的发生。此外,相关的研究还发现,人格特征与欺负行为也有一定的关系:情绪性、冲动性和过敏性可能是欺负行为的重要人格原因。

欺负对双方尤其是对受欺负者的身心健康有多方面的消极影响和危害。经常受欺负通常会导致儿童情绪压抑、焦虑、自尊心和自信心下降、注意分散、孤独、逃学、学习成绩下降和失眠,甚至会导致自杀;而对欺负者来说,经常欺负他人的儿童会招致同伴群体的社会拒斥而导致孤立,形成攻击性的人格特征。已有研究发现,经常欺负他人的儿童成年后的犯罪率是正常人的 4 倍。为了减少或杜绝欺负行为的发生,学校可采取多种措施,诸如加强道德教育,明确公布学校对此问题的处理规范,创造良好的校园气氛,加强操场监督,通过课堂教育增强对欺负行为的了解从而提高反欺负意识,帮助受欺负者提高应对技能以及教师、家长的积极参与和配合等。挪威、英国和中国的研究表明,这些方法可减少近 50% 的欺负行为。如中国研究者张文新等人采用行动研究对济南市一所小学进行了为期 5 周的干预实验。其策略主要包括质量环(quality circle)、自信心训练、头脑风暴法、角色扮演技术和需求表达训练。结果表明:与干预前相比,干预后的受欺负发生率下降了 50% 左右。研究证明,通过实施科学的干预措施,能够有效地控制和减少学校中欺负行为的发生,从而使学生从受欺负的屈辱和威胁中摆脱出来,健康成长。

参考文献

张文新.中小学生欺负/受欺负的普遍性与基本特点[J].心理学报,2002(4).

张文新,武建芬,程学超.儿童欺侮问题研究综述[J].心理学动态,1999(3).

Olweus, D. Bullying at School: What We Know and What We Can Do[M]. Oxford: Blackwell, 1993.

Smith, P. K. Bullying for You: Coping with the Abuse of Power—An Inaugural Lecture [M]. London: Goldsmith College, 1997.

(武建芬)

学校人力资源开发与管理　(development and management of school human resource)　学校为实现发展目标,根据教职工的生理和心理特点,运用现代化的科学方法,对与一定职务或岗位相关的人力进行培训、配置、使用、评价等活动。学校人力资源是学校系统内外具有教育、教学、生产、科研、财务、行政和经营管理能力并取得国家认定与核发的相应资格证书的教师、职工和管理人员的总称。学校人力资源管理包括对教职工队伍的建设和管理,以及校长与管理者自身的素质提高和专业发展。学校人力资源除具有人力资源的生物性、社会性、增值性、能动性、再生性和动态性等特征外,还有其特殊性,主要体现为知识性、智力性和教育性。较之学校人事管理,在管理价值观上,现代学校人力资源管理视学校中的人及其所拥有的知识技能为宝贵资源,并将人力资源管理置于重要位置,体现以人为本的管理思想;在管理方法上,学校将人力资源管理作为一门科学,注重对人的研究,重视发挥学校组织成员的积极性和创造性;在主次关系上,学校人力资源管理将人员的开发、利用、规划和培训等作为管理重心,注重人员素质的提高,而不满足于人与事的配位。传统的学校人事管理重在管理,以事为主,重视服从命令和遵守规则;学校人力资源开发与管理则重在开发,以人为本,强调沟通、协调和理解。

"人力资源"(human resources)一词最早由管理学家德鲁克 1954 年在《管理的实践》中提出,60 年代起逐步形成人力资源概念并为人们所接受。人力资源理论在 20 世纪60—70 年代早期并未取得进展,70—80 年代,人力资源管理陷入与人事管理的论争,一度被等同于人事管理。90 年代,人力资源管理发展到战略性人力资源管理阶段。在中国,学校引入人力资源开发与管理的理念晚于企业界,民办学校和一些教育集团最先设立人力资源开发与管理部门。中国对学校人力资源开发与管理的研究主要集中在改革开放之后，经历三个阶段。第一阶段为 1978 年至 20 世纪 80 年代中后期，学校人力资源开发与管理处于早期的人事管理制度探索阶段。学校只负责执行教育人事部门的人事安排，学校人事权不在学校，而在其上级行政部门，学校无法独立进行人力资源开发与管理。作为国家人事行政重要组成部分的教育人事行政，是国家行政机关根据国家人事法规和政策，为发展教育事业和完成育人任务，对教育系统工作人员进行的综合性管理活动。教育人事活动的客体主要有三类，即教育行政机关工作人员、学校行政领导人员和学校的教师与职工。传统计划经济下学校人力资源的配置方式是由上级主管部门下达教师职务的岗位职数，学校人事部门是政策执行者，负责教师的岗位设置、职务聘任、工资待遇和履历考核等。第二阶段为 20 世纪 80 年代后期至 90 年代中期，在校长负责制下，学校探索人事管理改革。1985 年《中共中央关于教育体制改革的决定》颁布，提出学校领导制度改革方向，即逐步实行校长负责制。1993 年《中国教育改革和发展纲要》确定中等及中等以下各类学校实行校长负责制。1995 年《中华人民共和国教育法》对校长负责的范围以及学校民主管理形式作出法律规定。至 90 年代中后期，全国中小学基本建立工资总额包干制、教职员工聘任制、岗位目标责任制、工作绩效考核制以及体现奖惩精神的校内结构工资制等管理体制。在推行校长负责制的进程中，人事权开始下放，教师聘任制开始推行，教师招聘实行"双向选择"，学校开始真正独立的人力资源开发与管理。第三阶段为 20 世纪 90 年代中期之后，学校人力资源开发与管理地位得到正式确认，人力资源战略管理思想提出。90 年代中期后，随着校长负责制的深入推进，民办教育的蓬勃发展，特别是教育集团和企业办学的涌现，人力资源开发与管理理论所具有的理论品质逐步呈现，学校人力资源开发与管理实践更加丰富，研究范围更广泛，一些教育管理专著或教材开始专门探讨学校人力资源问题。

学校人力资源开发与管理的主要内容有五。（1）学校人力资源规划和工作分析。学校人力资源规划是指对学校未来所需人力资源的数量、结构及开发过程进行筹划，包括编制新老教职工更替计划、教职工培训计划、教职工基础需要保障计划和经费预算。编制过程有分析、预测和决策三个环节。学校职位设计遵循三条原则：以任务为中心，职务结构平面化，各部门之间的职能无重叠、无空白，保证信息畅通。（2）学校人力资源招募和聘任。学校人力资源来源一般有两种途径，即内部选拔和外部招募。内部选拔的特点是应聘者对组织较熟悉，招聘成本较低，但易导致"近亲繁殖"；外部招募可为组织注入新鲜血液，拓宽当前组织的观念和知识，探求新的工作方法，但成本较高。人员招募甄别采用知识考试、面试、心理测验、情景模拟、评价中心技术等方式。中国传统的教师任用制度为派任制，由上级机关决定学校人员录用，学校和教师无自主权，2002 年国务院转发人事部《关于在事业单位试行人员聘用制度的意见》，全面实施学校人事制度改革，包括实行教师聘任合同制，其核心是按需设岗、以岗定薪、实行合同管理。（3）学校人力资源的薪酬福利与激励。员工薪酬是人力资源管理的重要组成部分，制订合理的薪酬方案可吸引有能力的求职者，挽留称职员工，激励和嘉奖优秀员工。中国各级各类学校的教职工实行以职务工资为主要内容的结构工资制度，其标准根据国内经济发展水平和按劳分配的原则确定，由基础工资、职务等级工资、各类津贴和奖励工资四部分组成。（4）学校人力资源考核。对学校教职工的绩效评价是收集、分析和评价教职工的工作态度、工作行为与工作结果等方面的信息，确定工作实绩并反馈结果的过程，目的是帮助教职工认识自身工作状况，发扬成绩，改进不足，并针对教职工的实际需要制订培训计划，改善其未来工作表现，推动学校整体工作目标的最佳达成。教职工绩效评价也是制定学校劳务报酬和奖惩制度以及职称评定、职务升迁的客观依据。需遵循公正、规范、确切、客观和科学的原则，运用多种方法，定期或不定期、定性或定量地对教职工的工作绩效和行为表现等进行评价。（5）学校人力资源的培训和开发。学校人力资源培训自改革开放后出现快速发展的过程，20 世纪 80 年代前期着力开展学历补偿式的培训教育，1991—1995 年开展以更新教师知识为主的非学历继续教育，以及校长获取任职资格的岗位知识培训。学校人力资源培训的主要特点是主体化、法制化以及培训内容丰富、培训模式多样。

（代蕊华）

学校生态环境（school eco-environment）　学校中各类人员进行教与学活动所依赖的各种物理因素和社会因素的总和。与生态主体具有广泛联系，并由此构成包括人、活动、环境的多维复合生态系统。具体包括学校环境、学习环境、课堂环境、微观生态环境和感知觉环境等，具有多个层面。以不同生态系为单位，可分为校园生态环境与课堂生态环境。校园生态环境包括校园布局、学校建筑设计与布局等物理环境，以及学校社会环境和学校心理环境；课堂生态环境包括教室光线、色彩、温度、音响以及室内布置、班级规模与座位编排等。合适的色彩、柔和明亮的光线、适宜的温度、安静的外部环境、适度的班级规模、舒适的座位以及合理、适时流动的座位编排，都会对学生的生理状况、学习情绪及学习动力产生显著影响。以生态系统中的主体为单位，可分为教师生态环境与学生生态环境。根据生态环境的性质，可分为物理环境、社会环境和心理环境等。学校物理环境包括校园布局、学校建筑设计与布局、设备设施布局以及照明、色彩、噪声等物理条件以及学校规模、班级规模、座位编排等,是学校的物质基础,是一个完备的教育过程必不可少的条件,也是对学生精神世界施加影响,培养学生信念和良好习惯的手段。学校社会环境包括政治性、历史性教育机构(如博物馆、纪念馆等)以及科技、文化、艺术教育活动机构(如科技馆、文化宫、图书馆等)等。学校心理环境包括学校内部文化氛围、课堂气氛等。

学校是社会的子系统,与其他社会子系统和生态因子有着广泛密切的联系。若将整个社会作为一个大生态系统,学校则是其中一个小生态系统或一个教育生态群落,学校教育的目的、功能、内容、组织形式与方法等,受各种外部社会生态环境的作用与影响。而学校本身又是一个相对独立的系统或一种全人工生态环境。学校生态环境与自然环境和社会环境有着本质不同,学校环境是一个优化、净化的环境,是一种特别的社会环境,学校生态环境各要素间的相互作用,形成学校生态环境的特点,并对学校的教育教学活动与青少年的身心发展产生深刻影响;以教师和学生为主体的学校各类人员与各种环境因素之间也会产生交互影响。

学校生态环境是教育生态学研究的重要内容,其研究领域的拓展与深化,经历从学校物理环境因素,到学校规模、班级规模和课堂编位等社会性因素,再到包括学校内部文化氛围、课堂气氛等心理因素在内的过程,并由此不断丰富教育生态学的微观研究。教育生态学对学校生态环境的研究旨在揭示学校系统中各生态因子之间的相互影响与作用。

在教育生态学形成前,这一领域的主要研究指对教育(教学)环境的研究。德国学者布泽曼和 W. 波普等人最早开展学校环境研究,于 20 世纪 20 年代试图建立一门“教育环境学”(padagogische milieukunde),探讨教育与各种宏观环境要素之间的关系。这一时期德国兴起了对环境教育、环境与人的发展之间关系的研究。30 年代,日本学者细谷俊夫在德国同行研究的基础上出版《教育环境学》一书,论述自然环境、社会环境和精神环境对教育的影响以及教育环境学的建立。这一时期,英、美两国较早开展学校环境研究的学者和机构有:J. T. 韦德主要侧重对学校管理、师生关系、校园物理环境、教材、教学手段与方法等学校环境要素的评价;密歇根大学建筑研究实验室于 1959—1965 年进行学校物理环境研究,并出版三卷本研究报告;国际教育成就评价协会(International Association for the Evaluation of Educational Achievement,简称 IEA)于 1978—1987 年组织大规模的学校环境的国际比较研究。

参考文献

范国睿. 教育生态学[M]. 北京:人民教育出版社,2000.

胡森. 国际教育大百科全书[M]. 贵阳:贵州教育出版社,1994.

任凯,白燕. 教育生态学[M]. 沈阳:辽宁教育出版社,1992.

吴鼎福,诸文蔚. 教育生态学[M]. 南京:江苏教育出版社,1990.

(邓和平)

学校税收减免(school tax reduction and exemption) 税收征管过程中对学校纳税、减税、免税的简称。根据中国法律规定,学校法人与其他社会组织一样,也是纳税主体,但学校是公益性机构,税收上享受法律规定的税收减免政策。

教育对于满足社会需要、促进经济增长、增强综合国力具有重要作用。正规三级教育是一种公益性的活动,学校是非营利组织(除部分私立学校外)。政府以追求公共利益为行为准则,对社会公众履行服务与管理的职责,必须为国民提供公共产品和公共服务,实现政府职能。对于作为公共服务的教育活动,政府必须给予必要的支持,除分担部分教育成本外,还需要国家在税收政策上支持教育活动。

按享受优惠对象的性质,教育税收减免分为两类:第一类是给予提供教育服务者的税收减免,如对学校及校办企业的部分税收减免和对向教育事业进行捐赠的企业和个人的税收减免等;第二类是给予接受教育者的减免,如对学生和学生家庭的税收减免。

在中国,财政部和国家税务总局于 2004 年出台《关于教育税收政策的通知》,对教育事业税收减免和优惠进行全面规定。进一步明确了以往的税收政策,并规定一些新的税收优惠政策。其内容涉及 12 个税种:增值税、营业税、企业所得税、个人所得税、房产税、城镇土地使用税、印花税、耕地占用税、契税、农业税、农业特产税、关税等;从纳税主体上看,有高等、中等和初等学校,各类职业学校、幼儿园、托儿所和国家机关、事业单位、社会团体、军事单位的教学、科研机构,同时还涉及勤工俭学的学生、有教育储蓄存款的个人、向教育事业进行无偿捐赠的境内外捐赠人等。教育事业减免税政策中涉及的营业税、增值税、所得税等,绝大部分是自行减免,无需到税务部门审批。在上述 12 种税中,只有营业税以实施细则的形式,对教育事业的优惠范围作了比较明确的界定,即该税法所称的教育机构,是指普通学校以及地、市级以上人民政府或者同级政府的教育行政部门批准成立,国家承认其学员学历的各类学校,在此范围以外的其他各类教育机构,包括民办教育机构和公办教育机构均不能享受营业税法的税收优惠。至于其他税的税法中未对教育或教育事业的范围进行严格界定,故其中关于对教育事业的优惠措施是否适用于各级各类民办教育机构,尚不清晰。2002 年颁布的《中华人民共和国民办教育促进法》规定,“民办学校享受国家规定的税收优惠政策”。“新建、扩建民办学校,人民政府应当按照公益事业用地及建设的有关规定给予优惠。教育用地不得用于其他用途。"对中国居民和个人捐赠的税收减免规定如下：纳税人（企业或个人）向农村义务教育、职业教育、少数民族和西部地区农牧区义务教育的捐赠，准予在企业所得税和个人所得税前全额扣除，个人的其他教育捐赠，允许在应纳税所得额 30% 的比例内在个人所得税前扣除，纳税人（企业）的其他教育捐赠，允许在应纳税所得额的 3% 比例内在企业所得税前扣除。

在美国，教育税收减免和优惠政策体现在两方面：(1) 个人教育支出，享受税收优惠，以广泛的税收优惠鼓励个人、家庭增加教育投入，是美国税收政策关于教育减免的重点。这主要体现在个人所得税的各项规定中，美国个人所得税法通过在不同环节的多种税收优惠来鼓励个人继续教育及提高子女受教育程度。(2) 税收政策鼓励社会捐助教育。主要体现在公司所得税法和对各种捐赠的税收优惠中。教育和宗教机构开办的公司可免缴公司所得税，而且，公司的研究与开发费用可以通过计提折旧逐年摊入成本，也可以直接将这笔开支作为经营费用从毛所得中一次扣除。

在加拿大，教育税收减免政策是一种多层次体系：其一是对学校。法律规定学校为非税单位，对学校所从事的商业活动，除货物与消费税（联邦税）外，全部免税。其二是对社会。政府鼓励私人部门及社会各个方面对教育的捐助，不仅为捐资者提供税收上的优惠，而且提供与捐资同等数额的配套资金。其三是对学生家庭。政府制订、实施了学费税收计划（享受该计划的学生可从应税收入中扣除相当于其学费 1/4 的减免权利，这种权利可让渡给夫妻、父母、祖父母，扣除金额不得超过 4 000 加元）、个人所得税和财产税因用于教育的减负计划（全日制大学生在注册期内每月可获得 136 加元的税收减免）和注册教育储蓄计划（父母为子女教育储蓄的利息享受免税优惠）等，利用税收优惠政策，引导家庭对其成员进行更多的教育投资。

在英国，为减轻家庭对子女的教育负担，从 2001 年 4 月起，首次推行针对孩子的税收抵免政策。

（成　刚）

学校违法行为的法律责任（illegal acts and legal liabilities of school）　学校违反法定义务和法律规定时，在法律上应当承担的一种否定性后果。学校法律责任在法律上有明确具体的规定，运用国家强制力来保证其执行，并且由国家授权的机关来依法追究。学校法律责任的追究对象，可以是责任团体（法人）如各级各类学校（公、私立学校）等，也可以是责任人（自然人），如学校主管及经办人员、教师等。

在中国现行的教育法规中，有关追究学校法律责任的条文主要涉及以下几方面内容：侵占、克扣、挪用义务教育经费；损坏或侵占教育设施，或擅自将教育设施出租或挪作他用；体罚学生；申请或授予学位中有营私舞弊、弄虚作假；违反普通高等学校或成人高等学校设置暂行规定等。根据违法行为的性质，学校法律责任一般分为民事法律责任、刑事法律责任及行政法律责任三种类型。

民事法律责任　民事法律责任通常是一种损害赔偿责任。民事法律责任就其内容看，可以划分为侵权行为的民事责任和违反合同的民事责任，这两种民事责任在教育活动中都存在。例如学校及其他教育机关由于管理不善或者没有按照责任或义务的要求采取某一行为而造成的对学生伤害或损失，就可以构成侵权性质的法律责任。此外，学校作为法人，经常参与各种民事活动，与其他主体签订各种合同，如合作办学、委托培养、有偿服务、知识产权转让、劳动用工、教师聘任等。在出现法律纠纷时，可以要求追究民事责任，请求民事赔偿。学校承担民事责任的方式主要有：停止侵害；排除妨碍；消除危险；返还财产；恢复原状；修理、重作、更换；赔偿损失；支付违约金；消除影响，恢复名誉；赔礼道歉等。这些方式可以单独使用，也可以合并使用，这些方式均为违法者对受害者承担的法律责任。

学校法人制度的核心问题是产权问题，学校产权的有限性决定了学校法人制度的有限性。第一，国家作为公办学校的出资举办者，拥有学校的财产所有权。这种财产所有权是财产的终极所有权，表现为国家依法享有举办学校的社会收益，制定学校法规以及学校财产的最终处置权力；第二，学校法人相对于《中华人民共和国民法通则》所规定的其他法人，尤其是相对于企业法人，在权利、义务方面有很大差别。这种差别主要取决于它们的性质和任务各不相同。学校是培养人、教育人的公益性的事业单位，以教育教学为主要任务。学校的某些民事行为要受到禁止或限制，如学校不能像企业那样以营利为目的，不能用学校的资产进行抵押、担保等，学校法人的民事行为能力受到一定限制。因此学校民事行为的有限性决定了其承担民事法律责任的能力也受到一定限制。

刑事法律责任　行为主体实施了刑事法律所禁止的犯罪行为必须承担法律后果，这一责任只能由有犯罪行为的自然人或法人承担。行为人是否应承担刑事法律责任，只能由司法机关按照刑事法律的规定和刑事诉讼程序来确定。学校违法行为中的刑事责任主要涉及学校领导人、经办人员和教师的个人责任。

学校刑事犯罪主要是行政管理人员的犯罪行为，包括：教育设施重大责任事故罪；玩忽职守罪；贪污罪；挪用公款罪；受贿罪；非法剥夺人身自由罪；招收学生舞弊罪；其他犯罪。《中华人民共和国教育法》第七十一条规定：违反国家财政制度、财务制度，挪用、克扣教育经费的，由上级机关责令限期归还被挪用、克扣的经费，构成犯罪的，依法追究刑事责任。第七十三条规定：明知校舍或者教育教学设施有危险，而不采取措施，造成人员伤亡或者重大财产损失的，对直接负责的主管人员和其他直接责任人员，依法追究刑事责任。第七十七条规定，在招生工作中徇私舞弊，构成犯罪的，依法追究刑事责任。

行政法律责任　教育法调节的社会关系，主要涉及政府与学校、政府与教师、学校与教职员工、学校与学生以及学校与各种社会组织和个人等。这些关系尽管错综复杂，但基本上可以分为两大类，即纵向型具有隶属性特征的行政法律关系和横向型具有平等性特征的民事法律关系。中国教育法所调整的社会关系仍以行政法律关系为主。

在中国，学校主要在以下方面承担行政法律责任：

(1) 挪用、克扣教育经费。《中华人民共和国教育法》第七十一条规定：违反国家财政制度、财务制度，挪用、克扣教育经费的，由上级机关责令限期归还被挪用、克扣的经费，并对直接负责的主管人员和其他直接责任人员，依法给予行政处分。《中华人民共和国义务教育法》第四十九条规定：任何组织和个人不得侵占、挪用义务教育经费。《中华人民共和国教育法》第七十八条规定：学校及其他教育机构违反国家有关规定向受教育者收取费用的，由教育行政部门责令退还所收费用；对直接负责的主管人员和其他直接责任人员，依法给予行政处分。《中华人民共和国义务教育法实施细则》第三十九条规定：有下列情形之一的，由地方人民政府或者有关部门依照管理权限对有关责任人员给予行政处分：侵占、克扣、挪用义务教育款项的。

(2) 违反规定招生及考试工作舞弊等。《中华人民共和国教育法》第七十六条规定：违反国家有关规定招收学员的，由教育行政部门责令退回招收的学员，退还所收费用；对直接负责的主管人员和其他直接责任人员，依法给予行政处分。第七十七条规定：在招收学生工作中徇私舞弊的，由教育行政部门责令退回招收的人员；对直接负责的主管人员和其他直接责任人员，依法给予行政处分。第七十九条规定：在国家教育考试中作弊的，由教育行政部门宣布考试无效，对直接负责的主管人员和其他直接责任人员，依法给予行政处分。非法举办国家教育考试的，由教育行政部门宣布考试无效；有违法所得的，没收违法所得；对直接负责的主管人员和其他直接责任人员，依法给予行政处分。

(3) 破坏学校秩序及硬件设施。《中华人民共和国义务教育法实施细则》第三十九条规定：有下列情形之一的，由地方人民政府或者有关部门依照管理权限对有关责任人员给予行政处分：玩忽职守致使校舍倒塌，造成师生伤亡事故的。第四十二条规定：有下列行为之一的，由有关部门给予行政处分；违反《中华人民共和国治安管理处罚法》的，由公安机关给予行政处罚；构成犯罪的，依法追究刑事责任：扰乱实施义务教育学校秩序的；侵占或者破坏学校校舍、场地和设备的。

(4) 侮辱教师及体罚学生。《中华人民共和国义务教育法实施细则》第四十二条规定，侮辱、殴打教师、学生的，体罚学生情节严重的，由有关部门给予行政处分；违反《中华人民共和国治安管理处罚法》的，由公安机关给予行政处罚。《中华人民共和国教师法》第三十七条规定：教师有下列情形之一的，由所在学校、其他教育机构或者教育行政部门给予行政处分或者解聘：故意不完成教育教学任务给教育教学工作造成损失的；体罚学生，经教育不改的；品行不良、侮辱学生，影响恶劣的。

外国教育法规定，学校违反行政法的行为主要有：违反关于学校设置、招生、停办的规定，不按法定手续而变更学校开办人，不按规定使用和变更学校名称，接受不符合职业训练标准的人不报告，允许不符合学历条件的人进入大学学习，不按规定授予学位，违背规定的教学计划和教学大纲，不能完成法定的教学工作日，没有公开招聘教师、专业人员、教学辅助人员等。以上所列举的学校违法行为主要是违反职责方面的行为。此外还包括侵害他人权利的侵权行为，例如收取不符合规定的费用，对学生处理上的不当，以及在对学生安全、健康方面保护失当造成对学生权利的侵害等。

外国承担行政法律责任的方式主要有两种。一种是行政处分，它是国家行政机关依照行政隶属关系对有轻微违法失职行为的国家工作人员所实施的惩罚措施，包括警告、记过、记大过、降级、撤职、开除等；另一种是行政处罚，它是享有行政处罚权的主体依法对违反行政法律规范但尚不够刑事处罚的个人或组织所实施的惩罚措施。在教育领域，教育行政处罚的种类主要包括：警告；罚款；没收违法所得；没收违法颁发、印制的学历证书、学位证书及其他学业证书；撤销违法举办的学校和其他教育机构；取消颁发学历、学位和其他学业证书的资格；撤销教育资格，停考、停止申请认定资格；责令停止招生；吊销办学许可证；法律、法规规定的其他教育行政处罚。

参考文献

褚宏启. 教育法制基础[M]. 北京：北京师范大学出版社，2002.

顾明远. 教育大辞典(增订合编本)[M]. 上海：上海教育出版社，1998.

劳凯声. 规矩方圆——教育管理与法律[M]. 北京：中国铁道出版社，1997.

(舒三红　薄建国)

学校效能评价(evaluation of school effectiveness) 对学校和学生所产生的教学影响的程度的评价。本校学生取得的成绩，必须不低于或大于根据学校的特征变量和学生背景特征变量所预测的成绩，该学校才能被判定为有效能。学校效能评价是一种宏观水平的评价，对象是学校，而不是学生。根据这一定义，设计评价方法的思路为：应用可能影响学生学习成绩的各种指标，如学校的师资水平、学校经费、学校的领导作风、学生过去的学习成绩、学生的家庭经济背景等，通过统计的方法将其折算到学生的学习成绩中，并对学生的学习成绩作出预测，然后将预测的成绩同学生实际取得的成绩进行比较。学生的实际成绩符合预测趋势的学校就称为有效能的学校。教育管理部门用各个学校学生实际成绩与预测成绩的差距作为排列学校效能的指标，并将结果公布于众，使公众了解各个学校的办学状况，同时也以此作为奖励具有较高效能学校的依据。

学校效能作为评价指标的意义　仅用学生的某次考试成绩、学校的升学率作为评价指标，可以从某个角度反映出学校的教学质量的高低，但这种做法往往会受到部分学校的反对。原因是，在学校发展水平不平衡的社区或学区里，这容易导致评价的不公平。由于学校的师资、经费、地理位置、学生的家庭背景等因素，是学校自身不能够控制的，学校间出现教学质量的差距并非完全是由于学校工作本身造成的。将社会、历史等原因造成的办学质量上的不平等归咎于学校，这种做法最容易引起部分学校对评价指标和方法的不满意。作为评价人员，所要寻找的科学公平的评价指标和方法应能出现这样的结果：学校 A 的学生的考试成绩、升学率比学校 B 高，但评价结果能够说明学校 B 的办学质量不低于甚至会比学校 A 好，因为学校 B 的教学设备、经费投入、学生的入学成绩等都比学校 A 差，但却使学生获得了相对于学校 A 更大的进步。

学校效能是一项综合指标，是通过对多项指标进行折算后得出的，每项指标的折算结果，都反映了影响学校工作质量的一个侧面。对学校效能进行评价，既是对学校的整体水平的考察，又是对学校工作中存在的问题的诊断，同时还可以总结出较明显地影响学生学习成绩的学校特征。例如，大量的研究结果显示，学校领导的责任感、对学校发展的组织管理能力、对学生和教职员工的良好期望和信心、对学生学习变化进行监测的经常性、学校里积极而有组织的学习风气、给学生足够的学习机会、学生家长和社区参与学校活动的程度等，都是效能较高的学校所具有的特征。

教育管理部门关心学校的效能问题，有利于：(1) 控制对学校的投入规模，避免对部分学校的投入超额或不足；(2) 了解和支持学校进行工作的重点和要点，使有限的政策支持和投入产生最大的效果；(3) 鼓励办学条件属中等或中下等而效能较高的学校，对这类学校进行重点扶持，促进学校发展的平衡性；(4) 监测学校的发展状况，及时对出现异常发展趋势的学校采取有效的措施。

学校效能评价的起源　学校效能研究最初产生于美国，该领域的开创者是美国学者科尔曼。他在 1966 年做了一项关于学生受教育机会平等问题的调查性研究，当时他并没有提出要研究学校的效能问题，但他的研究结果却使得他成了学校效能研究这一领域的开创者。在研究结果中，他发现当时美国的部分学校对其学生的学习所产生的影响程度很低，仅能解释学生成绩变化 10% 的部分，远远小于来自学生社会经济背景因素对于学生成绩的变化可做出解释的部分。这一发现立刻引起了美国教育界的重视，若科尔曼的发现是正确的，那就意味着学校教育的失败，对学校教育的效能需要重新认识和评价。有的学者认为，科尔曼的研究结果是因为在统计分析方法上存在不足才得出的，也有学者重复他的研究以检验他的研究结果。结论是，科尔曼的研究结果不能被完全否认也不能被完全接受。不管他的研究结果的正确程度有多大，他的研究工作的价值在于，为教育管理和评价提出了一系列富有诱惑力的问题：学校能够对学生的学习产生多大程度的影响？每所学校的教育教学工作都能够保证学生获得应具有的成绩吗？有没有"滥竽充数"的"好学校"存在？影响学校效能的因素是哪些？许多问题有待回答。

继科尔曼的研究之后，不仅在美国，其他国家，以及中国香港等地区的教育研究者也相继开始了对学校效能的研究。到 20 世纪 80 年代后期和 90 年代，学校效能已成为对社区或学区的学校进行宏观管理和评价的一种科学化措施。学校效能的研究领域也在不断地扩大，不仅有了一个国际性的学术组织"国际学校效能与改进协会"，而且该协会还创办了自己的学术杂志《学校效能与学校改进》。目前，该领域的发展状况是，研究者的兴趣范围的扩展速度大大超前于研究方法的发展速度。在应用已获得的研究成果为教育评价服务的同时，进一步在研究和应用领域普及学校效能的概念，发展和完善收集与分析有关数据的方法和技术，仍然是该领域需要重点发展的内容。

学校效能评价的方法类型　开展对学校效能的评价，从技术上讲，必须能够做到将学校的投入、过程和结果指标综合起来，而不是孤立地进行分析判断。这类评价方法所强调的是，对学校的产出指标(学生的考试成绩)用学校的投入、过程指标进行折算，其形式类似于对分数的加权，然后用实际值与折算值的差异程度作为评价的指标。用于效能指标分析的统计方法有以下几种：(1) 多元回归统计方法。首先对所有学校的数据作多元回归分析，用学生的考试成绩作为因变量，用所要考察的学校和学生的特征因素作为自变量，建立回归方程，然后分别将各个学校的数据用该回归方程作分析，求得各个学生的预测分数。再用学生的实际成绩同用回归方程计算得到的预测成绩作比较，将两者的差异标准化之后相加，可以得到各个学校的效能指标。(2) 典型相关分析。通过典型相关建立因变量与自变量之间的线性关系模型,然后计算出每个学校的各个特征变量同总体平均水平的差异,综合获得效能指标。(3)时间序列分析法。通过应用在不同时期收集到的有关的数据,通过分析被评价对象的发展历史,来对其今后的发展趋势和水平作出预测。将实际的数据同预测得到的数据作比较,求得效能指标。(4)多层分析法。是20世纪80年代末期才逐步发展起来的较先进的统计模型。由于学生、学校和社区学区的变量处于不同的水平,将它们纳入同一个回归方程中进行计算会产生较大的统计误差,影响计算结果的准确性。该模型就是为解决这一不足而创造出来的。将不同层次的变量分层计算,分别估计各层变量所造成的误差,其结果更能够清楚地反映出各个学校的特征。

上述四种方法各有长短。第一种方法简单,容易理解,但结果比较粗糙;第二种方法容易计算,但结果对不同变量的重要程度缺乏鉴别性;第三种方法的预测功能较强,但要求具备至少三年的数据积累;第四种方法的结果具有很强的解释能力,但该方法对学校数目和使用者的统计知识要求较高。

参考文献

蔡永红. 美国学校效能研究的回顾与反思[J]. 比较教育研究, 2005(11).

沈玉顺. 现代教育评价[M]. 上海:华东师范大学出版社,2002.

吴清山. 学校效能的重要理念[J]. 基础教育参考,2003(11).

(骆 方)

学校效能研究(research on school effectiveness)以寻找或发现对学校的产出有积极影响的学校特征或其他因素为目的教育管理研究。学校效能指使用各种教育方法和教育手段,经由教育过程而达到教育目标的程度。学校效能研究主要是关注学校能够使学生在学业和其他方面发展产生积极变化的方向与程度,目的在于借助这种研究,并通过促进学校改进和学校发展,使学生受到适合其身心特点的教育并获得全面发展。20世纪60年代中后期兴起于美国。作为鉴定和提高学校绩效的研究项目,学校效能研究取得丰富成果并引起广泛关注,包括荷兰、英国、美国、加拿大、挪威、澳大利亚、新西兰、比利时和中国等在内的一大批国家参与研究。20世纪90年代,国际性学术组织"国际学校效能与改进协会"(The International Congress for School Effectiveness and Improvement, 简称ICSEI)成立,并创办学术杂志《学校效能与学校改进》(School Effectiveness and School Improvement)。

学校效能研究可追溯至20世纪60年代美国社会学者科尔曼的一份报告。1966年科尔曼就教育机会均等问题在美国中小学进行调查研究,并根据研究结果撰写报告。这项研究和当时进行的其他有关研究表明,较之家庭背景和社会经济地位的影响,学校对学生成绩的影响极小。同时期甚至有调查发现,没有任何一个因素一致、明确地对学生产生影响。这些研究结果使人们对学校的重要性产生怀疑,科尔曼的报告也因此成为学校效能研究的"催化剂",成为后被称为学校效能或有效学校运动的原动力。继科尔曼的调查之后,相关研究沿两个方向发展:一是重新进行科尔曼的实验并重新分析科尔曼的报告,试图发现其中错误;二是运用新方法进行实际调查研究,重新探讨学校效能。1983年,美国提高教育质量委员会发表报告《国家处在危险中:教育改革势在必行》,各地以"卓越、效率、平等"为目标进行教育改革,学校效能问题引起更广泛的关注。

学校效能研究发展历程

从研究方法的角度,学校效能研究经历三个发展阶段。

大样本定量研究阶段 20世纪60年代和70年代初是学校效能研究的初始阶段。主要依据对学校输入与输出的大样本回归与相关分析得出结论。以科尔曼的研究为代表。他调查了全国近4 000所学校的教师、学生和校长,在考察学校特征、人员配备情况和学生背景(如社会经济地位)等因素的基础上发现,在影响学生成绩的因素中,学生背景特征的作用远超过其他任何学校层面的因素。

清单方法与案例研究阶段 19世纪70年代末至80年代初,学校效能研究呈现较明显的清单研究和案例研究特征。以埃德蒙兹的《城市贫民的有效学校》为代表。这一时期的研究假设是,只要确定有效能学校的显著特征,就可将其迁移或复制到其他情境中。70年代末出现一系列有关学校效能的研究文献,其核心是描述有效学校的一般特征。埃德蒙兹1979年列出有效能学校的五个因素,即强有力的学校领导、有助于学习的学校气氛、对学生成绩的高期望、清晰的教学目标、重视基本技能教学。G. A. 奥斯汀列出有效能学校的29个特征,布鲁克沃和劳伦斯提出有效能学校的10项特征,有学者列出7项因素,等等,但对有效能学校的核心特征尚无统一认识。该阶段的案例研究有两种形式:一是简单的案例研究,通过深入考察和研究成功学校的个案,寻找其中成功的原因并作出合理解释;二是比较案例研究,对一些典型学校进行比较,或对典型的有效能学校与典型的无效能学校进行比较。

方法和分析技术改进阶段 20世纪80年代后,学校效能研究逐步稳定,研究者开始更多地在大样本研究和案例研究中运用精制的数据分析和统计程序,认为可以在统计分析方法上进一步提升定量研究。如莫蒂莫尔及其同事从1988年开始进行的四年研究,1985—2001年在美国公立学校少数语言儿童中进行的持续十几年的关于教育服务多样性的研究等。进入 20 世纪 90 年代,研究方法论更受重视,强调研究设计及多元层次统计模式的运用,强调采用学生学习成就与行为表现的多项变量,针对不同学校效能特征进行多元测量分析,重视如何提高学校效能,促进学生全面发展。关于学校效能研究方法的进一步完善,研究者普遍认为应重视基础研究和实验研究。斯切润斯认为,未来最优良的学校效能研究应该有更多的基础工作作为先行,扎实地形成重要的概念并改进研究方法,主张研究学校效能的层次、选择效应、过程指标的测量手段等基础问题,强调纵向研究和过程研究,认为基础的学校效能研究还包括对以下过程的调查研究:选择和征募教师,教师与学生的匹配,实施和使用评价的方式以及人力资源的开发。同时,实验研究仍是重要的研究方法,随着实验研究方法的丰富,可以用主动设计的方法而非传统的研究自然发生过程的方法来改进差的学校。

学校效能研究模式

学校效能的研究模式大致分为两类,即基本模式和复合模式。基本模式较简单,涉及层面单一,模式之间相对独立。复合模式在基本模式的基础上形成,是两种或多种基本模式的整合和发展,是比较复杂的、综合的、多层次的学校效能研究模式。复合模式之间互相交叉,但彼此的侧重点有所不同。

基本模式　包括生产函数模式和有效教学模式。(1)生产函数模式以经济学为理论基础。在经济学中,效能与组织的生产过程密切相连,系指投入与产出的关系,亦即达到预期产出的程度。学校的投入是具有某种特征的学生和财政支出、人员配置等;学校的产出包括学生的成绩和发展、间接的社会效益和其他效益等。投入与产出之间的过程是指所有使学生获得发展的教育、教学和管理工作。该模式的基本假设是,增加投入会提高输出;所探讨的核心问题是,在控制各种背景变量后,如何评价学校教育投入与教育结果之间的关系。该模式中使用最普遍的公式:$Ait = f(Bit, Pit, Sit, Ii)$。式中,$Ait$ 是第 i 个学生在时间 t 时获得的教育结果;Bit 是累积至时间 t 时,向量家庭背景对第 i 个学生的影响;Pit 是累积至时间 t 时,向量同伴影响对第 i 个学生的作用;Sit 是累积至时间 t 时,第 i 个学生所获得的学校输入;Ii 是第 i 个学生的固有能力。(2)有效教学模式是研究有效教学条件的模式。一般认为,美国心理学家卡罗尔的研究是该模式出现的标志。该模式建立在教育心理学的基础上,运用于课堂层面,涉及五个变量:性向,指在教学条件和学生学习动机最好时,学生学习特定任务所需的时间量;学习机会,指用于学习的时间量;维持,指学生愿意用来学习某项任务或教学单元的时间量;教学质量,指教学

质量不理想时,学习需要的时间增加;理解教学的能力,指学生独立理解学习任务的能力和学习的能力等。构成主义在变量选择上有所发展,强调学生在学习中的积极性以及发现在学习中的意义。变量的选取是该模式的关键。

复合模式　进入 20 世纪 80 年代中期,各种学校效能研究模式开始相互融合,研究者试图建立整合的模式。(1)斯切润斯模式。该模式的一般假设是,较高层面的良好状况会以某种方式改进较低层面的状况。由以下几部分组成:背景,包括来自更高行政层的成就激励、教育消费的发展和其他变量(如学校规模、学生组成、学校类型等);输入,包括教师经验、生均支出、家长支持等;过程,有学校和课堂两方面,学校方面包括学校政策对成就导向的程度、教育领导、教师共识与合作计划、学校课程的质量、有序的氛围、评估的潜力等;课堂方面包括任务时间、结构教学、学习机会、对学生进步的高期望、评估和监测学生的进步、强化等;输出,指在控制了学生的先前成绩、学生智商和学生社会经济地位之后的学生成绩。(2)史莱汶和斯汀菲尔德模式。史莱汶和斯汀菲尔德的模式名为 QAIT/MACRO 模式。其中,QAIT 代表质量(quality)、适应性(appropriateness)、鼓励(incentive)和时间(time);MACRO 代表有意义的目标(meaningful goals)、对学术的关注(attention to academic focus)、协同(coordination)、招聘和培训(recruitment and training)、组织(organization)。该模式由四个层面组成:学生个体;教学和课堂;学校,包括校长、学校层面的其他人员以及各种特殊项目(如特殊教育和双语教育);学校之上的层面,包括社区、学区、州和联邦的规划、拨款和评估。学生层面运用卡罗尔模式。教学和课堂层面运用史莱汶的"有效课堂组织理论",集中关注卡罗尔模式中教师可能控制的因素。一是质量,包括学习机会、任务时间和下述原则,即教师频繁呈现学习内容并给予示范、态度热情、提问明确而合适、给予明确反馈、在学生答错时给予指导、课堂上采纳学生意见、满足学生兴趣、使学生准备好完成作业,以及当学生做作业时在学生中巡回走动。二是适应性,学科难度和教学要与学生个体先前的成绩水平相适应。三是鼓励,激发学习动机。根据布罗菲的理论,激发学生动机的四个前提是支持性的环境、适当的要求和难度、有意义的学习目的以及适度运用任何一种鼓励或激发动机的策略。四是任务时间,即实际学习时间,取决于实际教学时间和正式安排的学习时间。在学校层面,该模式强调明确陈述目标并为所有教职员所共享。学校层面涉及的因素即前述 MACRO,其中对学术的关注很大程度上取决于教学的领导,包括未来教师的聘任、所有教职员的发展和必要时解雇始终不成功的教师。它强调学校教育中的人力资源开发模式。学校之上的层面提及的背景包括:与家长和地方社区的关系、学区、特殊项目、州和联邦政府决定的学校拨款办法。就涉及

的学校教育类型和层面而言,该模式包罗万象,且认为教师、家长和特殊项目都应对有效教学负责。(3) 科林默斯模式。该模式认为,较高层面的学校组织和背景状况能改进较低层面的状况。教学质量包括课程、分组程序、教师行为三部分。课程方面包括目标和内容的明确性、结构性和清晰性,以及先行组织者、评估、反馈、矫正教学;分组程序方面包括掌握学习、能力分组、合作学习;教师行为方面包括管理有序、家庭作业、高期望、明确的目标、组织内容、教学清晰、评估、提问、即时练习、反馈等。三个组成部分必须清晰地体现相同的有效教学特征,才能获得一种协同的效果。

还有研究者将学校效能研究模式归纳为下列几种:(1) 投入—产出模式。早期的学校效能研究主要集中在学校之间的不同效果上,试图说明在控制学校中学生个体的经济和社会背景的条件下,不同学校运用经济、政治资源的结果会使学校质量产生显著差异。(2) 组织模式。认为学校是一种组织,学校效能研究的组织结构模型集中在学校水平的两个层次,即学校和班级,学校组织和运作过程决定学生的质量。(3) 制度模式。根据学校制度的不同对学校进行分类,确定不同类型学校的效能。学生被赋予“理性角色”,他们知晓学校的制度结构,满意学校制度结构中的权威。学生的行为表现不同,可能影响其知识和信息掌握的精确性。(4) 样板学校模式。主要探讨有效学校与无效学校的差异,分析不同学生的社会和家庭背景、能力性向和可调控的质量标准。

学校效能研究内容与主要成果

学校效能研究的内容具有多元化特点,研究者持不同观点。D. L. 克拉克等人认为,基于对学校效能概念的运用,学校效能研究分两类:关于“教学上有效能的学校”的研究,以测量学生成绩为重点,考察改变资源、过程和组织安排是否会影响学生学习的结果;“学校改进”研究,以学校效能的知识为基础,考察学校采纳某项革新的程度,即在一定前提下学校能否变化以及怎样变化。佩基等人将学校效能研究分为四类:外显部分研究,区分高效能(积极的外显部分)的学校和高度无效能(消极的外显部分)的学校;案例研究,通过典型案例,研究小样本学校或个别学校,并作出详细描述;方案评价,通过评定现存方案,解释与这些方案有关的学校层面的相关问题;其他研究,探讨诸如私立学校与公立学校的比较等问题。拉尔夫和冯内西把学校效能研究内容区分为两类:有效能学校研究,重点研究学校以及学校间的重要差异,以判定何谓有效能的学校,学校的有效与无效之间的区别;影响因素研究,分析对学校效能产生影响的因素,重点是学校层面和课堂层面影响学生成绩的因素。1984年一项名为“有效能学校的实践:研究综述”的研究提出,有效能学校的研究基础有六:学校影响研究,即研究学校的作用,确定学校在哪些方面有助于学生学习;教师影响研究,即研究教师的作用,探讨有效的教学实践;教学领导研究,研究校长和学校行政对教与学的有效支持;课程组合研究,研究组织课程的有效方法;方案联结研究,是教育系统不同层面的实践研究;教育变革研究,是对改进学校、促进学校或方案持续变化的实践研究。

斯切润斯在所著《提高学校效能》(*Improving School Effectiveness*,2000)中总结发达国家进行的五类学校效能研究。

一是教育机会均等和学校重要性研究。科尔曼1966年的调查报告为学校效能研究打下了基础,调查结果表明,学校的成就与学生的种族和社会背景相关。该研究调查了影响教学的三个学校因素,即教师、物质设施和课程、学生所在团体或班级的特征,结果发现这些特征仅影响学生成绩的10％,意味着在学校层次,社会经济和种族因素起核心作用。其他一些大范围的调查亦提供教育机会均等问题的资料,如豪泽、塞韦尔和阿尔文1976年的研究。这些研究均表明,社会经济状况与学业成绩呈高度相关。

二是教育生产功能的经济学研究。指运用经济学方法研究学校效能,亦称“输入—输出研究”。研究在排除背景条件,如社会阶级和学生智力等情况下,学校特征与学校成就间的关系。此类研究的特点是基于更加实际的意义确定以下何种因素可作为特征输入:师生关系、教师培训、教师经历、工资、每个学生的支出。此类研究结果被认为令人失望,如哈努谢克1986年的研究得出,大部分输入变量很少取得效果。

三是补偿项目的评估研究,旨在提高教育不利儿童的成绩。美国很早即有此类项目。20世纪60年代末70年代初,荷兰也有类似项目,如阿姆斯特丹改革项目、幼儿游戏组实验项目、鹿特丹教育与社会环境项目、乌得勒支适应个别差异的教育项目等。此类项目主要针对幼儿或小学一年级儿童,且学生主要来自工人家庭。补偿项目利用学校条件来提高不利儿童群体的学业成绩。此类项目的成功依赖因素的选择,对其评估是发现补偿教育的实际结果。斯切润斯认为,在一个项目结束后,可看到儿童的成绩有相对小的进步和相对的认知发展,但补偿项目的长期效果无法建立。相关研究有时也说明,受教育背景“适度的”不利可使儿童从项目中获益。在补偿教育中,以发展语言、数学基本技能为目标,以及采用高度结构化教学方法取得成功。史莱汶1996年的研究提到,美国对基础阅读中的结构化教学的评估支持这一观点。

四是特殊的有效学校研究。这类研究被看作最接近学校效能研究的核心。在科尔曼和杰恩克的调查中,教育机会不均等是问题的核心;在以经济学为基础的教育生产功能研究中,学校被认为是"黑箱";而有效学校的研究则以比学校层次更低的教育特征为目标。在发展上,早期的有效学校研究通常被视为对科尔曼等人的调查的反应,后逐步与教育生产功能研究和教学效能研究等其他研究融合,并从个案比较研究向调查研究发展,采用多元分析的方法分析和阐述结果。在内容上,早期研究形成多种对学校效能条件的阐述,其中以"五因素模式"的学校效能为代表,即强有力的领导、重视学生获取基本技能、有序而安定的环境、对学生的高期望、经常对学生的进步进行评估。其后的许多回顾性研究总结早期研究,将学校效能的提升集中于以下因素:成就导向和定位,合作,领导,经常监控,学习的时间、机会和结构。斯切润斯和博斯克从 10 项实证研究中总结了对学校效能具有作用的一些条件。其一,成就定位、高期望,指学校的高期望、教师的高期望、基础科目的重要地位、学生成绩记录。其二,领导,指一般的领导技能、作为信息提供者的学校领导、参与式决策、作为协调者的领导、作为课堂的控制者、用于教学和行政事务的时间、教师的顾问和教学质量的控制者、教师职业发展的指导者和促进者。其三,教师间的合作、舆论一致,包括会议(包括咨询)的类型和频率、合作的内容、合作的满意度、合作的重要性、成功合作的标准。其四,课程质量、学习机会,包括制定课程的优先性、教学方法和教材的选择、教学方法和教材的使用、学习的机会、课程满意度。其五,学校气氛,包括:① 有序的气氛,指有序的重要性、规章制度、奖罚、缺勤与离职、学生良好的行为、对有序学校气氛的满意度;② 效能导向的和良好的内部关系方面的气氛,指提高学校效能气氛方面的优先性、对提高效能条件的理解、学生间的关系、教师间的关系、师生关系、角色和任务的评价、根据工作条件任务量等进行的工作评价等。其六,家长参与,包括学校政策中强调家长参与、与家长联系、对家长参与的满意度。其七,课堂气氛,包括课堂中的关系、秩序、工作态度、满意度。其八,有效学习时间,包括有效学习时间的重要性、在学校的时间、在课堂的时间、缺勤监控、课堂管理、家庭作业等。

五是教学效能研究。是与教学和课堂有关的研究,研究教师效能、课堂效能和教学过程效能。20 世纪六七十年代,教师个性特征受到特别关注,之后有关教学风格的研究显示,教师的行为特征比个性的影响更显著。此后,有效教学实践成为研究的中心,以卡罗尔的教学模式为代表。1985 年 W. 多伊尔概括了指导教学(direct teaching)的特征:教学目标明确;教学材料安排合理有序;教师清楚说明学生要学什么;教师有计划地提问,掌握学生的进步情况、是否理解学习内容;学生有充足的时间练习,有提示和反馈;教师指导学生掌握知识的技能;有计划地考试,使学生对自己的任务负责。这种高度结构化的教学在中学和小学都取得积极效果。W. 多伊尔还强调学习任务多样化的重要

性和创造挑战性学习环境的重要性。

自科尔曼的研究始,有关学校效能研究始终存在争议,主要集中在研究质量、研究的理论基础、研究方法、研究结果的认定等方面。

参考文献

Dalin, P. & Ayono, T. et al. How School Improves [M]. London: Villier House, 1994.

Dalin, P. & Kitson, K. School Development: Theories and Strategies[M]. London: Wellington House, 1998.

Hargreaves, D. H. & Hopkins, D. Development Planning for School Improvement[M]. London: Villier House, 1994.

Reynolds, D. & Cuttance, P. School Effectiveness: Research Policy and Practice[M]. London: Villier House, 1992.

Scheerens, J. Effective Schooling: Theory Research and Practice [M]. London: Cassell, 1992.

(俞继凤)

学校心理辅导教师(school psychologist)　　亦称"学校心理学家"、"学校心理师"。在学校教育工作中受过心理学专业训练,具有教育指导和心理咨询实际经验的专职人员。要求在心理评价、儿童发展、行为改进、个体或团体辅导及咨询上具有熟练的技能;在危机干预、社会技能训练、行为管理技能、儿童多动症、创伤后应激障碍等问题上具有一定的实践能力;能正确评估学习困难、脑损伤、情绪或行为障碍、自闭症、智力低下、发育迟滞等儿童发展问题,并能提供合理的教育计划。

学校心理辅导教师的基本职责和任务

基本职责　　主要包括三个方面:(1)对学校教育教学工作管理体系进行参与,充当顾问,提供咨询,使学校教育教学管理更符合教育规律,符合学生心理发展规律。心理辅导教师在为管理工作顾问、咨询的同时,要认真研究教师和其他工作人员的心理健康水平,并能及时地为他们提供心理服务,协助处理好师生关系。(2)为学生心理健康和身心发展提供保障和服务,同时为教师提供教育心理咨询和心理保健服务。(3)给予家长必要的家庭教育指导和心理辅导,使学生有一个良好的、健康的心理氛围,有利于学生心理品质的发展和成长。

主要任务　　(1)进行学校心理辅导和咨询。学校心理咨询的主要内容包括学习问题咨询、适应问题咨询、成长和发展问题咨询三大领域。学习问题咨询需要找出产生学习困难的根源及解决问题的方案;适应问题咨询主要针对学生的行为问题和人格问题;成长与发展问题咨询要针对学生的人生观、价值观的确立,对自我潜在能力和特点的理解

和把握,自我社会性发展和将来人生的设计,青春期性心理、身体发育、人际关系、亲子关系问题等给予合理的解决和信息提供。(2)提供教育教学改革的建议。阿巴科指出,行政人员希望学校心理辅导教师能成为校内决策者的助手;对学生的学业及就业给予忠告;负责把学生的心声传达给行政主管;设法让学生适应学校的生活环境。学校心理辅导教师的主要工作和任务见下图。

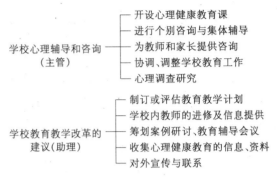

学校心理辅导教师的主要工作和任务图示

在日常具体工作中,学校心理辅导教师须注意做好:(1)收集教育资料(包括升学、毕业、职业等方面的资料和统计数据),供教师、学生、家长参考。(2)调查、观察与心理测量,把握学生的发展动态。有些结果要提供给班主任、团队辅导员,以利于学校教育工作的开展。(3)实施个别的心理咨询和集体的心理辅导,制订学年、学期的心理健康教育计划。(4)做好班主任教师和家长的教育咨询工作,协同学校各种教育力量开展对问题学生的心理辅导。(5)制作并保管学生的成长记录卡,其中包括姓名、性别、出生年月日、班主任姓名、生育史或生活史、家庭环境、病历、体格、性格、兴趣、特长、生活适应能力和在校学习状况等。成长记录可以分为全体学生的一般资料和特殊学生的研究资料。(6)学校心理辅导室的日常管理与运作。(7)校内教师研讨会议上的专题演讲,案例咨询会议的组织和筹划工作,并积极参与教育教学改革计划。(8)指导学生的生活(例如生命教育、交通安全、性教育、娱乐、异性关系、网络信息的接收等),关心学生的身心成长和人格发展状况。

学校心理辅导教师的专业素质

美国心理学家罗杰斯曾建议美国心理学会在选拔和考核心理咨询人员时,要注意以下能力和素质:较优秀的智力和判断能力;既有独创性又有融会贯通的能力;旺盛的求知欲和好奇心,坚持自学,有学而不厌的态度;不机械地看待人,对人具有较强的爱心和关怀;对自我人格或性格的特征能加以洞察,有幽默感;具有丰富的感受性、多方面的思考能力;谦虚、宽容;友好的人际关系,或良好的人际交往能

力;勤勉,工作习惯有规律,承受压力的能力较强;勇于承担责任;办事灵活机敏,富有协调性;性格安定,具有自制力;能够识别不同的伦理道德、文化价值观;文化根底深厚,富有教养;对心理学,特别对心理咨询具有研究兴趣。美国心理学家卡赞科和奈德测量了25个全美咨询与辅导训练机构参加训练的咨询员,被试由其所属学校的专业人员给予评分,选出得分最高和最低的25%的人员,其中被评为好的咨询员共124位,差的咨询员115位,他们对这些被试进行"贝内特-波利诊断指标"(Bennett-Poly Diagnostic Index)测试,结果见下表。美国心理学家卡扎特概括出学校心理辅导教师的八种特点:认真倾听学生诉说;对学生能表示高度注意和关心;不轻率地命令学生;能自我评价,又不将自我的价值观强加给学生;能用宽容的态度对待学生;师生之间能融洽地交谈,又能保守学生秘密;言行一致,而又充满自信;具有幽默感。

咨询员特质比较

	好的咨询员	差的咨询员
自我概念	认真、坦诚、耐心、说话轻柔,察觉到自我中心,真切而非表面的,不机械或刻板	不够认真、没耐心,声音较大,没察觉到自我中心,认为自己真切但实际是表面的,机械且刻板
动机	较关心拥有相当的安全感,但没有财富的需求	安全感及财富对其均无影响
价值观	不以狡猾、机灵等特质为满足,认为人应有权表现不同,不喜欢严谨、精确	没有特殊的价值观,从顺从中得到快乐,倾向于严格遵守规则
对别人的感觉	认为人们虽然自我中心,却拥有适当的才智能力	对别人的才智行为没有信心

中国的学校心理辅导教师应具备的基本素质包括:(1)有较好的人际关系。对研究人的生活问题感兴趣;喜欢与人交谈,也愿意倾听别人谈话;易对他人感兴趣,愿意投入时间来爱护、照顾学生。(2)有爱心。喜欢儿童,喜欢学生,对学生有真诚的爱。对苦恼、不安或情绪紧张的学生能用自己的爱心来理解、感受、关心。(3)有奉献精神。学校中的心理辅导和咨询是免费性质的教育服务,不能用补课时间或经济来计算。学校心理辅导教师应有爱心并愿意无私地奉献。(4)有宽大的胸怀。对有问题行为的儿童和青少年,尤其要关心、爱护。(5)沉着、冷静、耐心。要理解学生,认真倾听学生的倾诉。(6)有敏锐的感受性。能敏锐地感知学生的烦恼和需要。学校心理辅导教师对学生漠不关心、感受迟钝,常常会失去学生的信赖,甚至造成学生的心理创伤。(7)有较强的理解力。学生的叙述并非都有条理,可能暗示较多。学校心理辅导教师应有能力去粗取精,抓住本质性问题。(8)有良好的语言表现力。口齿清楚、音量适中、语言生动、有感染力。措辞适当、温和,使人安心。

(9) 有责任感。在心理辅导过程中对待学生要像对待自己的孩子一样，既不能漫不经心，也不能单方面中断咨询，或改变咨询方式。学校心理辅导教师要多为孩子考虑，提高自己的咨询能力。(10) 身心健康。学校心理辅导教师要有自我精神保健、预防自我心理问题的意识。平时注意劳逸结合，在心理辅导工作中保持积极向上的精神状态。

学校心理辅导教师的职业道德

美国咨询与发展协会 (American Association for Counseling and Development, 简称 AACD) 对学校心理辅导教师提出以下要求。(1) 专业能力。为有效做好学生的工作，应力求通过客观收集适当数据和必要信息来保持最高标准的服务，在进行心理评价时，要适当考虑个体的完整性和个别差异，选择使用恰当的程序与评估技术；通过承担对于一个人生活的个人方面的考察及其对这种考察过程本质的认识来指导自己的工作，使用的方法应对人本主义尊严和个人完整予以关心；应谨慎地意识到个人偏见和专业局限对学生服务能力的可能影响，意识到为保护学生的隐私和秘密应持续遵守的职责。(2) 专业责任。要对个人忠诚、目标和能力的方向与性质予以解释，并向所有关心这些建议的人进行劝告，提供信息；为进行评价，要坚持以最大限度地获取证据(其中包括相关信息)的方式收集资料，这种收集还要建立在适合当事人的评估技术的基础之上；在报告学生有代表性的资料时，对这种形式和类型的信息应确信无疑，并应保证报告的接受者能通过这种信息的获得给当事人以最大帮助，报告的重点应当是组织和解释测验结果，而不是简单地呈现分数，报告中还应包括能够增强对这种信息依赖程度的专业评价；当出现利益分割或冲突的情况时，有责任制定出确保所有涉及者相互利益和权利保护的行为模式。(3) 与学生的职业关系。要意识到自己对学生的职责，尊重学生选择参加的权利，或者自愿接受服务的权利；要向学生解释，心理学者是谁，从事什么工作，因何原因安排会见；解释还包括利用已有信息的价值，收集信息的程序，将要接受特定信息的人员以及心理学者为报告特定信息所具有的职责等；这种解释应当使用为学生所理解的语言；应告诉共同使用信息的基本原理。学校心理学者提出的行动方案需考虑到学生的权利、父母的权利、学校工作人员的责任，以及对于学生自信和成熟地位的增进问题；要和学生一起讨论在地位方面各种期待的变化，以及作为一种心理研究结果提出的计划，这种讨论应包括积极结果和消极结果，以及促使学生改变的变量的价值；当某一条件被确认，而这种条件又在学校心理学者的治疗能力或范围之外的时候，对这种情况应向学生说明。所做的说明要以有益于治疗帮助为基础。(4) 与学校的职业关系：对提供的专业服务要进行解释，以确保心理服务承担的工作的实际开展；为保护学生的利益和权利，要关心同学校教职工的交往；要用易于学校教职工理解的语言传递科学发现和建议。传递中应包括那些与改变计划相联系的可能的有利结果和不利结果；有责任确定心理教育信息将传递给那些负责任、有权威的人，并且能在帮助学生的过程中就其使用作出适应的解释。这包括确立某些使个人感到安全并为个体所关心的机密利益的程序。(5) 与学生父母的职业关系：应认识到父母支持的重要性，可通过使学生父母相信学校心理学者在会见某位学生之前，即已存在父母接触这一事实，来寻求获得这种帮助，应通过一种坦率的态度以及向学生父母报告在评价学生中获得的发现的方法，促进持续的父母介入；当父母反对自己的孩子接受心理服务时，要耐心地去做学生父母的工作。可供选择的办法就是要使儿童能够得到需要的帮助；应保证和学生父母一起共同讨论帮助儿童的建设和计划，讨论中需包括与每一项计划相联系的可能性与选择办法，应劝告学生父母，使之成为在学校和社会中那些帮助变量的源泉；应告诉学生父母与他们会谈形成的记录的性质及其儿童评价的性质，此外还应说明研究报告将收录什么样的信息，谁来接受研究报告，以及为了保护这种信息采用的安全措施。(6) 协调与其他专业工作者关系的准则：要向其他专业工作者解释学校心理学者的专业能力，以便他们明确而清晰地作出服务安排；在与其他专业工作者合作时，应保持专业技能与道德；有责任具备先前的能力、知识以及治疗安排的资格；应认识到，各种技术和方法是为其他职业团体共同享有的。(7) 同社区关系的准则：应担负建立和保持适当的心理服务的有效性的角色，并且应认识到，个体可通过个人的处理权及其免于强制来利用这种服务的权利；作为一名公民，可采用引起社会改变的惯常的程序和做法，但这种活动是作为一名被介入的公民来进行的，而不是作为一名学校心理学者的代表来进行的；怀疑有害的或不道德的心理实践存在时，应当向专业组织提出咨询。

中国台湾辅导学会对会员提出的道德守则包括以下几个方面。(1) 对学生的责任。对所辅导学生的最终责任是尽一切努力保护和促进其最大发展；(2) 对家长的责任。在道德与法律上，家长对其子女有相当大的责任和权利，辅导教师在采取重大措施时应尊重家长的意见，取得其同意；(3) 对学校的责任。忠于所服务的学校，不应任意批评或中伤学校的政策或决定，必要时还有责任以公允的态度向有关人士解释学校的政策；(4) 对同事的责任。尊重同事的专业地位，避免在公众面前对同事进行人身攻击或专业性批评，并有义务在不违背学生的道德责任原则下，适当地将学生资料提供给教师及行政人员；(5) 对专业工作的责任。了解辅导专业能力标准与道德标准，提供同行必要的资料和意见,并多方进修与进行研究;(6)对社会的责任。对社会应尽的最大义务是协助每个学生充分发展,以服务社会。

各国学校心理辅导教师的培养

美国　1954年,美国心理学会学校心理学分会召开对学校心理学专业训练规范化最有影响的一次大会——塞耶会议(Thayer Conference),从此美国学校心理学迅猛发展,学生培养的质量也日益受到重视。各大学学校心理学专业的质量由美国学校心理学家协会(National Association of School Psychologists,简称NASP)和美国心理学会负责鉴定,如专业鉴定合格,美国学校心理学家协会或美国心理学会为学生签发鉴定书。

美国学校心理辅导教师又叫学校心理师,他们的培养层次有三个:最高层次培养具有博士学位的咨询心理学家;第二个层次培养具有硕士学位的专职心理咨询工作者;第三个层次培养兼职咨询教师,也就是将中小学中具有教育教学经验,热爱心理咨询工作,深受学生欢迎和爱戴的教师,送到高等院校或条件较好的学校心理咨询机构,接受一定的咨询技能专业培训,然后回到中小学校担任兼职咨询工作。培养方向可分为三种:一种是实践型心理学家(applied professional psychologist),他们将理论运用于实践,起到由理论到实践的桥梁作用;一种是科学工作者加实践型心理学家(scientist-practitioner),他们一边实践一边研究,并考虑如何将研究成果运用到教育中去;最后一种是纯研究者型(scientist-researcher),他们主要从事理论研究工作。

获得硕士学位者通常在规模较大的中学担任专职咨询人员,其主要职责是:搜集学生资料,解释测验结果;积累和传播职业资料;与社会有关机构保持联系;提供安置服务;协助学生选课;分析学生失败的原因并建议治疗程序;协助学生改善身体缺陷;从事日常咨询服务;协助教师处理学生适应问题等。

接受过专业培训的教师咨询人员一般在规模较小的中小学校担任兼职咨询工作。这些咨询教师需要完成一定的教学任务,但授课时数减少,腾出来的时间可用于从事咨询工作。咨询教师的主要职责是从事日常咨询服务,担负学校的心理测验任务,协助学校推行心理卫生计划。

美国学校心理辅导教师的培养必须经过三个阶段:学位课程—实习—学位论文。一般来说,硕士生需要3年的时间完成所有的核心课程和选修课程,而博士生则要花4年的时间。研究生课程设置包括:硕士课程(30～60学分)、研究生特别课程(60～80学分)、博士课程(80～100学分)。学校心理学的课程按美国学校心理学家协会或美国心理学会的规定而设置,包括五个方面:心理学基础课程;教育学基础课程;心理诊断与干预;心理学统计与研究方法;职业心理课程。实习时间为一学期,大约在15周内,每周要有2个小时接受有经验的心理学专家督导。学校心理师资格的获取采取考核认定制,通过考核的人将被授予资格证书。

日本　培养课程主要包括基础课程,如教育哲学论、学校管理学(或教育管理学)、教材教法论及教育技术研究、特殊教育学、教育科学信息论等;专业课程,如儿童发展心理学、青少年发展心理学、学习心理学、认知心理学、社会心理学、神经心理学或精神病理学等;实践课程,如心理咨询的理论与实践、教育统计与心理测量技术、临床心理学研究与实践、心理健康教育的理论与实践、学校心理辅导研究与实践等。

资格认定由国家部门如文部省、劳动省等管辖下的财团法人设立的协会来进行。取得专职的学校心理辅导教师资格,一般参照"临床心理士"资格考核规则,但不完全要求与"临床心理士"资格相同。学历上要求心理学专业或临近学科硕士研究生毕业后,有1年以上的心理咨询实际工作经验,或4年制本科心理学专业或临近学科毕业后,有5年以上心理咨询实际工作经验的人;资格考试要进行笔试和口试两种考核,考试内容有心理测量、心理咨询与辅导技术、社会活动以及调查研究能力四个方面;对考核合格者,财团法人设立的专业学术协会予以颁发合格认定证,记入名册。

中国　学校心理辅导教师的专业培养大致可分成两个层次:第一个层次为研究生教育,培养具有硕士学位或接受研究生班教育的学校心理咨询专业研究生。只要对现有高校心理学专业研究生招生方向和课程设置略作调整,这个问题就可以得到解决。这一层次的研究生毕业后到高等院校的心理咨询服务中心从事专职心理咨询和研究工作。第二个层次为本科生教育,培养具有学士学位的学校心理辅导专业毕业生。具体做法是在高等学校的心理系或教育系的心理专业适当调整培养方向,增设学校心理辅导方面的专业课程,有计划地确定招生人数,以此来解决这方面人才的需要。这一层次的毕业生到中小学校担任专职心理辅导工作。如有必要,还可在本科生教育的同时举办专科教育,培养学校心理辅导专业的专科学生,这对加快学校心理健康教育和心理辅导专业的人才培养,满足中小学校对专职心理辅导教师的迫切需要,能够起到重要作用。

学校心理学研究生课程可分四个部分:专业课,如学校心理学、学校心理辅导等;必修课,如儿童心理学、青少年心理学和学校教育学等;选修课,如临床心理学、特殊教育学等;实习课要到学校中进行心理咨询实习。在资格的认定上要根据学历、经验、实践能力、心理辅导的理论技术及其师德素质,作出综合的考核评定。

参考文献

吴武典.学校心理辅导原理[M].北京:世界图书出版公司,2003.

叶永涛,何国明.中小学心理健康教育[M].北京:中国科学技术出版社,2001.

郑日昌,陈永胜.学校心理咨询[M].北京:人民教育出版社,2003.

Bratherton, S. J. Counselor Education for the Twenty-First Century [M]. Werport, Conn.: Bergin & Garvey,1996.

（徐光兴）

学校心理学(school psychology)　心理学分支学科。研究教育教学情境中各类成员(包括学生、家长、教师、学校管理人员)的心理活动规律及其相互关系,并运用心理学的理论与技术手段直接或间接促进学生和谐发展、提供心理服务的一门应用性学科。学校心理学将教育心理学、特殊儿童心理学、发展心理学特别是临床心理学等知识加以综合运用,具有很强的应用性、社会性和综合性。

学校心理学的发展阶段

孕育阶段(19世纪末至20世纪40年代)　1896年,美国特殊教育专家威特默在宾夕法尼亚大学建立第一家儿童指导诊所,开始在实验室中用观察分析、深入面谈、背景信息等方法研究学习困难儿童,开创美国心理学为教育提供服务的先河。此后不久,他还创立一所医院模式的学校——俄勒冈学校,专门诊断智力落后、心理残疾的儿童。威特默的主要工作目标之一是要训练心理学家帮助教师解决儿童的学习问题。他认为,心理学家应当与医生、社会工作者、教师和家长相配合教育儿童。威特默因对学校心理学的产生有重大贡献而被尊称为“美国学校心理学之父”。

而后在学校中进行的个人能力差异研究,以及19世纪末20世纪初兴起的心理测量和心理健康运动对学校心理学的初步发展起到有力的推动作用。1905年,法国心理学家比纳和T.西蒙受法国教育部委托编制世界上第一个可以应用于测验特殊儿童的智力量表,这不仅标志着心理测验实用化进入新纪元,而且为美国教育工作者提供鉴别智力等级的手段,从而刺激按能力分班的实践尝试和学校心理服务的发展。1910年,德国心理学家L. W.斯特恩提出需要培养大批学校心理咨询专业人员,并首次提出“学校心理学家”(school psychologist)这一术语。1915年,美国儿童心理学家格塞尔被康涅狄格州聘任为学校心理学家到该州巡视,他的工作职责为对全州儿童进行智力测验,并根据测验结果对有特殊需要的儿童分班。格塞尔正式在学术杂志上确定“学校心理学家”的称谓,为学校心理学的发展作出具有历史意义的贡献,被认为是美国第一位具有“学校心理学家”称谓的人。

1946年7月美国心理学会第五十四届年会把学校心理学列为第16个分会,美国心理学家H. J.贝克被选为该分会第一任主席。美国心理学会学校心理学分会的成立,使学校心理学家第一次拥有自己的全国性组织机构,学校心理学作为一门学科或一种职业从组织上得到认可。组织机构的建立为学校心理学队伍建设提供了保障。从此,人员培训、证书发放等工作开始迅速开展起来。

发展阶段(20世纪50年代中期到60年代末)　1954年8月美国心理学会学校心理学分会在纽约西部塞耶饭店召开会议,史称“塞耶会议”(Thayer Conference)。会议旨在研究和确定学校心理学家的职能、资格和培训标准。会议认为学校心理学家应成为学校课程和教学法的顾问,同时要求教师及其他学校工作人员帮助儿童处理学习和适应困难问题。会议建议学校心理学家应在五个方面发挥作用:(1)对儿童青少年的智力、社会性和情绪的发展状况作出评定和解释;(2)对特殊儿童,即具有特殊才能或能力缺陷的学生作出判定,并与其他教育专家一起制定出个别化、具体化的教育计划;(3)开发和促进所有学生的学习能力,制订发展有利于全体儿童学习和适应的方法;(4)研究学校教育中产生的问题及解决方法,并解释调查研究的结果;(5)对学生的人格、接受教育水平等问题进行测量,并制订辅导计划。会议确定了两种水平的培训标准,即博士水平和准博士水平。会议认为只有获得博士学位的人才有资格称为“学校心理学家”;所有学校心理学工作者的职业培训都应该达到研究生水平,而且培训内容应包括心理学和教育课程以及现场实习。塞耶会议是学校心理学发展的里程碑,它使学校心理学家第一次有了关于自身作用与培训方式的统一文件,对学校心理学作为一门职业的发展起到了重要的推动作用。

在此阶段,学校心理学拥有两本专业杂志《学校心理学杂志》(*Journal of School Psychology*, 1963)和《学校中的心理学》(*Psychology in the School*,1964),美国心理学会开始认可学校心理学博士教程,学校心理学被认为是一门适于持照开业的学科。

1969年,圣路易会议召开,在此次会议上成立了具有广泛代表性的美国学校心理学家协会(National Association of School Psychologists,简称NASP)。由于美国心理学会学校心理学分会规定凡低于博士学位者不能取得会员资格,所以许多从事学校心理学实践工作的人员因为没有博士学位而被拒之门外,没有直接代表他们自己的专业组织。许多开业者为实现彼此的沟通与协调,强烈呼吁成立一个独立于美国心理学会、能更广泛地代表有博士学位和无博士学位开业者共同兴趣的全国性机构,于是美国学校心理学家协会应运而生。美国学校心理学家协会提出四个目的:(1)积极促进对学校心理学的兴趣;(2)提高学校心理学家的职业标准;(3)协助保障最有效的实践所需的条件;

（4）为全体儿童和青少年的心理健康和教育利益服务。美国学校心理学家协会的成立大大调动从事学校心理服务的非博士人员的积极性，它成立时就有400名会员。在之后的短短十五年内，该会的会员就增加二十多倍。

美国心理学会学校心理学分会和美国学校心理学家协会的成立极大地推动了学校心理学的发展。至此，美国学校心理学领域已经建立了专业认可、审查和开业标准、独立文献、全国性协会、博士及准博士开业证书和强有力的州际附属机构联系网络。美国学校心理学在组织上、服务方式上、内容上都已趋于正规化、经常化，其存在和作用得到学术界和公众的初步认同。

繁荣阶段（20世纪70年代起）　20世纪70年代以来，学校心理学作为一种职业得到迅速发展。70年代初，国际学校心理学联合会（ISPA）建立，卓有成效地推动这门学科在世界范围内的发展。这时，世界上许多国家都开始相继建设本国的学校心理学研究和服务事业。如澳大利亚于20世纪80年代末期成立澳大利亚指导和咨询协会（The Australian Guidance and Counselling Association，简称AGCA），其成员中60%是学校心理学家。该协会在1995年开始与国际学校心理学联合会联合组织全国性年会，并在1997年协办第二十届国际学校心理学联合会学校心理学研讨会。又如加拿大于1985年成立加拿大学校心理学家协会（CASP），任务是提升加拿大学校心理学家的专业教育和社会责任，为他们提供发展机会，发展和发扬全国性的专业水平和道德准则，代表广大学校心理学家的利益，推动信息交流。此外学校心理学发展较好的国家还有美国、英国、法国、德国、日本、以色列、瑞士、挪威和波兰等。

学校心理学专业工作者的队伍也日益壮大。美国20世纪80年代共有2.5万余名专业学校心理工作者，每年还有2 000余名毕业生充实其中。联合国科教文组织要求每6 000～7 500名中小学生中至少应有1名学校心理学工作者。到1987年，丹麦、英国、西德、以色列和美国等均已达到这个标准。一些发展中国家如土耳其、约旦、南非、智利等国的学校心理学发展也相当迅速。

学校心理学的服务对象从早期以特殊学生，特别是身心缺陷儿童为主扩大到包括全体学生、教师、家长乃至学校管理者在内的广泛群体。学校心理学服务工作也趋向法律化和正规化。同时，专业期刊也得到迅速发展，一些专业杂志，如《学校心理学文摘》[1972年创刊，现名《学校心理学评论》（*School Psychology Review*）]，《国际学校心理学》（*School Psychology International*，1979），《专业学校心理学》[1986年创刊，现为《学校心理学季刊》（*School Psychology Quarterly*）]，《加拿大学校心理学杂志》（*Canadian Journal of School Psychology*，1985）等相继创刊。

学校心理学经过一百多年的发展，已成为与临床心理学、咨询心理学、工业与组织心理学并列的具有开业资格的四大职业心理学之一，并形成系统的理论和较成熟的技术。

学校心理学的学科特点

应用性　它起源于对心理学应用的实际需要，着重研究学校教育实践中各成员的心理活动及其规律并解决各种心理问题，直接为学生的心理健康和成长服务。应用性是其最显著的特点，突出表现在两方面：一是实用性强，许多研究直接是为了应用，解决紧迫的现实问题。如关于儿童多动症矫正的研究、青少年抽烟问题的研究等。二是进行直接的心理服务，包括心理诊断和评估、心理干预、心理咨询等。随着学校心理学的发展，其应用性越来越强，表现出方式多、内容广、范围大的特点。

社会性　其发展受到各国经济状况和文化背景的制约，这是其社会性特点。在经济落后、教育尚未普及的国家，学校心理学的服务范围仅局限于接待个别学生，并侧重于心理健康方面的指导。而在经济发达、教育普及的国家，对学校心理学的需求更为强烈，因而学校心理服务职能备受重视，从而使学校心理学的服务范围更为广泛，更加系统化，从而形成一个良性的向上发展的趋势。

综合性　表现为它是将教育心理学、特殊儿童心理学、发展心理学，特别是临床心理学等知识加以综合运用而成的一门综合学科。同时它还吸收其他学科如政治学、经济学、法律学、社会学、教育学、卫生学等学科的知识丰富充实自己，吸收其中适用于学校心理学的某些原理和方法，进一步提升本学科的科学性。另一个重要原因是由于青少年始终处于家庭、学校和社会多种复杂环境的相互作用中，其成长过程受诸多因素影响，因此学校心理学在为学生服务的过程中必须运用多种学科知识和手段以加强其有效性。

职业性　体现在有专职的工作人员（早期这一职业一般是由学校心理学家从事，他们专职在学校进行心理服务。之后从事这一职业的人员扩展到学校心理学基层工作者和专业工作人员）；要求持照开业，并遵守职业法规；有酬劳动（作为职业的学校心理学服务要收取费用，以作为工作者的薪金和添置服务设备之用）。

学校心理学的服务对象、服务范围、研究方法和主要任务

服务对象　早期，学校心理学的服务对象主要以特殊学生，特别是身心缺陷儿童为主。随着学校心理学这一领域的迅速发展，学校心理学家的服务对象已经扩展到在校学习的学生以及学校教师和学生家长或监护人。

服务范围　最初，学校心理学的服务范围是指导教师

帮助学习困难、品行不良的问题学生以及存在身心缺陷的特殊学生。而随着学校心理学服务对象的扩大,学校心理学的服务范围也呈现出多样性和综合性的趋势。具体可以分为直接服务和间接服务。直接服务即通过测量、评价、观察及作品分析等途径了解学生的兴趣、爱好及其存在的各类心理问题和行为障碍,进行个别咨询、指导和矫治工作;间接服务,即研究教师、家长在教育学生时提出的心理学问题,研究学校管理、课程设置中的心理学问题,在教材、教法等方面提出建议,研制通用量表,协助教育管理者优化学校育人环境等。从学校心理学的发展趋势看来,其服务范围将会进一步扩大到整个学校的师生服务,为更大年龄范围的人群服务,关心整个社会的福利这三个方面。

研究方法　学校心理学采用观察法、访谈法、问卷法、实验法、个案研究法、测验法等方法进行研究,其中以个案研究为主。

主要任务　(1)实施各种诊断性测验,解释学生学习困难的原因,消除和预防心理发展中出现的偏向,解决各种个人问题,提高学生的心理健康水平和学业成就。(2)与学校工作相协调,向教师提供心理科学知识,便于学校开展心理健康或心理素质教育。(3)开展学校心理学课题研究,为各种问题儿童和青少年解决问题,从而提高他们的适应能力。(4)与家庭教育相协调,帮助家长学校和家长委员会向家长提供心理学方面的建议,使家庭教育与学校教育、社会教育融为一体,为学生提供良好的心理卫生环境。

学校心理学家的角色功能

评估与诊断　这一功能可分为个体评估与诊断以及团体评估与诊断。学校心理学家可以用各种评价技术和手段,如一些规范的心理与教育测验对学生的学习技能、智力发展、学习能力倾向、个性特征、人格与情绪发展、社交技能、心理卫生状况等作出评价和诊断。对学生个体的心理评估主要是为帮助教师、家长一起准确评估学生的发展水平、鉴别和诊断异常学生,为学生的缺陷作出病因分析,实施个别化教育,弥补集体教育的不足,并为其今后的变化情况建立追踪资料档案。此外,学校心理学家还应该对学校团体的心理、班级乃至整个学校系统的教育成效问题作出系统的心理学评价,分析各种可能的影响因素,改善教育环境和教育措施。这种评估旨在分析影响学生学习和发展的外部因素,力图改善教育环境,促进学生的身心健康与和谐发展。

心理咨询与治疗　首先,它是指学校心理学家运用心理学的理论知识和方法、咨询和治疗的技术技巧对一般身心发展正常的学生进行保健性的心理辅导;对一些身心发展异常或有心理问题的学生进行启发、帮助、劝导、咨询和治疗,从而促进学生自我认识、自我完善和自我发展的过程。其次,它还包括对教育实践中教师、学校行政人员、家长提出的问题,从心理学角度给予科学分析和指导,提出有益和有效的解决策略。再次,学校心理学家的这一角色功能还包括帮助人们认识学生身心发展的规律及其对学生的学习和行为产生的影响;加强教师、家长与社区服务的协作关系。

心理干预和矫治　从内容上说,它包括在条件允许的范围内,协助教师和家长对个别有学习困难、适应问题和行为问题的学生进行适当的矫治;帮助家庭和学校处理危机情境,如父母分居离异、亲人死亡等;提供社会技能训练、行为管理和其他策略;对教育情境中的不良倾向和有碍学生身心健康的教导行为及时给予告诫和劝阻;必要时还可以协助学校领导运用行政手段予以禁止,等等。从干预和矫治手段上说可以分为直接干预和间接干预两种。直接干预是指直接参与为促进学生认知、社会化、情绪发展而设立各种措施的设计和评估过程,这些措施包括教学、训练、咨询和治疗等。工作重心一般是个别学生。间接干预指通过向学生家长、教师、校长和其他有关人员提供在职培训、咨询、指导、合作等形式的服务措施,以及解决严重影响家庭、班级、学校、社区的重要问题,间接促进问题儿童的发展。传统的干预方法主要有游戏谈话法、行为疗法、生物反馈技术等。

预防　识别潜在的学习困难;为可能失败的学生设计教学计划;促进学生的健康成长;预防各种特殊问题,如吸毒、酗酒、自杀以及未婚女生怀孕的现象;为家长和教师提供处理破坏性行为的建议和方法;促进对学校社区多样性的宽容、理解和欣赏;增进学校的安全和有效性,从而尽可能把各种问题消灭在萌芽期。

参与学校的管理决策　学校心理学家在学校制订课程和计划、教学目标、教育措施的过程中,以专家身份提供必要的心理学依据和具体指导,并在实施上述计划的过程中,有资格协助学校行政进行督促和检查,从而提高学校管理工作的科学性和民主化。

监督管理与协调　学校心理学家要负责保管学生的资料档案,监督同行的心理服务质量。在校内要协同辅导人员、行政人员、学校医务人员就学生的心理与行为问题开展多层次的服务;在校外要同社会服务机构、家长保持联系,为共同促进学生的身心发展、维护学生的心理健康制订计划和措施。

学校心理学家的培训内容

学校心理学家的培训按不同要求可分为两类:第一类是学校心理学专家的培训,它专门为学校培养解决问题的专家。学习者必须具备教育心理学或相关的心理学硕士学位。第二类是博士培养计划,它肩负培训研究者与实践者,或专业培训人员的职责。

学校心理学家的培训内容分为专业培训课程和实习两部分,力求做到基础性、应用性、实践性、针对性的和谐统一。学校心理学家的基础课设置面广而内容精,主要课程包括教育学、特殊教育学、普通心理学、心理统计学、发展心理学、教育心理学、临床心理学、各科教学心理学与教学法。专业课设置突出应用性,力求务实,着眼于现实教育情境中涉及的心理学问题,主要课程包括学校心理卫生学、学校心理学、学习心理咨询、心理测验与心理评估、团体心理咨询与治疗、心理咨询与治疗技术、咨询心理学、不良行为儿童与行为矫治、问题儿童临床心理学、学业不良心理辅导学。实习部分突出操作性和技术性,着重于心理健康、儿童发展、学校组织、学习、行为和动机几个方面。其主要内容包括班主任工作与心理辅导、咨询与面谈的技巧、个案撰写与评价、个案数据库系统、计算机心理测验的使用与统计技术、职业辅导、学习辅导、生活辅导、家庭辅导、教师辅导。培训学校心理学者的实习地点在儿童心理咨询中心、心理咨询中心、中小学教育现场等。美国心理学会认为学校心理学者的实习要以学生在学习方面的问题为中心,美国学校心理学家协会则认为学校心理学者的实习应以学校适应问题为中心。学校心理学家实习的范围较广,由幼儿到青年都可作为其心理辅导与咨询对象。学习者在完成课程计划和实习后,必须通过综合考试方可获得学校心理学家证书,从而取得任职资格。

学校心理学家的执业资格

在发达国家,学校心理学家来自两方面:一方面是现有心理学家深入学校和学校教育实践,从事学校心理学课题的研究。另一方面由大学心理系、教育系(学院)培养。联合国教科文组织对学校心理学家的资格和训练提出过三项要求:具有教学文凭或教师合格证书;五年以上的教学经验;系统修完有关心理学课程。美国心理学会只将学校心理学家的资格授予获得博士学位并完成有关课程通过资格考核的人。美国学校心理学家协会则将资格授予上过研究生特别课程并完成有关课程通过资格考核的人。目前,多数国家都按照联合国教科文组织提出的三项要求,从中小学教师(受过高等教育)中培养学校心理学家。例如,澳大利亚允许符合条件的教师向所在州的教育部提出申请,获准后花一年时间自费学习心理学的有关课程,取得有关证书,即可从事学校心理学家的实践工作。

参考文献

陈永胜.美国的学校心理学[J].心理学报,1989(4).

林崇德,魏运华.试论学校心理学的未来趋势[J].教育研究,2001(7).

佟月华.美国学校心理学的发展[J].济南大学学报,2000(3).

朱永祥.国外学校心理学发展的现状和趋势[J].比较教育研究,1993(3).

(何小蕾 徐光兴)

学校与教师的法律关系(legal relationship between school and teacher) 法律规范在调整学校与教师行为的过程中所形成的具体的法律上的权利和义务关系。

中国的学校与教师关系主要经历两个阶段。在20世纪80年代教师人事制度改革之前,教师作为社会主义知识分子被纳入国家干部体制,是国家干部的一部分。学校作为教育行政机关的附属机构,是政府的延伸,按照政府指令具体进行教师管理工作。学校与教师之间构成行政隶属关系,实行任命制的教师任用方式,教师调动及职务提升必须经行政机关的批准,工资待遇及其他方面分别根据其干部级别标准统一对待。20世纪80年代后实行干部人事制度改革,1993年国务院发布《国家公务员暂行条例》,建立独立的公务员制度,教师未包括在公务员内。1993年颁布的《中华人民共和国教师法》将教师定义为"履行教育教学职责的专业人员",明确将教师同公务员身份作了分离。

1993年《中华人民共和国教师法》第十七条规定:"学校和其他教育机构应当逐步实行教师聘任制。教师的聘任应当遵循双方地位平等的原则,由学校和教师签订聘任合同,明确规定双方的权利、义务和责任。"1995年《中华人民共和国教育法》第三十四、三十五条也分别规定了教师聘任制、教育职员制度以及专业技术职务聘任制。特别是1998年的《中华人民共和国高等教育法》第四十八条规定:"高等学校实行教师聘任制。教师经评定具备任职条件的,由高等学校按照教师职务的职责、条件和任期聘任。高等学校的教师的聘任,应当遵循双方平等自愿的原则,由高等学校校长与受聘教师签订聘任合同。"该法同时规定高等学校的管理人员实行教育职员制度,教学辅助人员及其他专业技术人员实行专业技术职务聘任制。随着教师专业地位与岗位责任的明确,教师聘任制的深入推行,教师与学校的关系开始发生变化。原有的单一行政隶属关系被打破,出现教师与学校的聘用关系。

实行教师人事改革,推行教师聘任制后,民办学校与聘任教师之间构成平等的劳动关系,受劳动法的规范和相应纠纷解决机制的调整。关于公办学校与教师建立在聘任合同基础上的关系的性质,学术界存在不同看法。

第一种观点认为,教师作为国家干部,与国家构成所有关系,与学校构成具体的使用关系。在中国现行人事行政体制下,公务员之外的干部(包括教师)的所有权与使用权分离,有各自的行使主体。所有权在国家,并通过人事局具体体现;教育行政部门和学校聘用教师,是在国家授权下并通过人事局具体行使使用权。《中华人民共和国教师法》第三十七条规定的解聘是教育行政部门和学校放弃对教师的使用权,依据的是合同条款,解除的是工作职务,指向的是工作关系,被解聘的教师失去的是工作岗位,但"干部身份"不发生变化;而辞退是基于中国现行干部管理制度所确定的人事行政关系而产生的一项单方向的管理权力,属人事行政活动。辞退是国家(具体为各级政府人事部门)放弃对教师的所有权。人事部门辞退教师,依据的是上级授权,终止的是"干部身份",指向的是人事关系,被辞退的教师不仅失去工作岗位,"干部身份"也将发生变化。

第二种观点认为,教师与学校之间的关系以聘任合同法律关系为基础,各个学校代替抽象的国家成为用人主体,与教师构成聘任合同关系的主体。这种聘任合同实质上即是劳动合同。但中国大部分教师未与单位签订劳动合同,教师也不属于《中华人民共和国劳动法》所调整的劳动者,教师与单位的关系就不适用劳动法,而只能适用国家相关人事管理法规。公立学校与教师之间因辞职、辞退以及履行聘任合同或聘用合同发生的争议不适用劳动仲裁,而适用人事仲裁。

第三种观点认为,公立学校与教师的关系既非民事关系,也非行政关系,理论上仍属于特别权力关系,也称特殊的行政关系。在学校与教师的关系中,一方是政府举办并维持的为社会公益而存在的学校,另一方则是从事教育公务、工资来源于国家财政拨款的教师。学校与教师之间不能以民法的私人自治原则构建双方的法律关系,而必须以维护学校的公益性为基本原则,同时充分保障教师的各项权利。公立学校与教师的关系建立在合同的基础上,但这种合同不是普通的民事合同。教师聘任合同的内容主要是为了完成学校的教学、科研及管理等事务,不同于学校为实现其民事权利与义务而签订的民事合同。而且,公立学校与教师在订立合同和履行合同时的地位并非完全对等,学校在其中占据主导地位,享有对合同履行的指挥权,并可在合同执行过程中变更教师履行义务的范围,引导合同向着学校所预期的特定目的发展。在教师聘任合同签订的过程中,契约自由的使用应受到行政法治原则和符合教育目的性原则的制约,只能在法律及符合教育目的性要求等构筑的许可框架中得以有限实施。其相对于民事合同,具有契约不自由的特征。故公立学校的教师聘任合同不属于民事合同或劳动合同,而更多具有行政合同的特征。建立在这种特殊合同基础上的教师聘任关系也具有特殊的行政关系属性。

西方国家大都把教师定位为公务或公务雇员。法、德、日三国明确规定,公民在取得教师资格证书并获得教师职位后,即为国家(或地方)公务员身份,纳入国家公务员行政管理系统,适用本国的公务员法或根据教师职业的特殊性而专门制定的教育公务员法;公立学校与教师的关系总体上属于行政法律关系,但也稍有不同。私立学校与教师的关系一般属于劳动契约关系,受契约法等私法的支配。法国公立学校教师分为两类,公务员和非公务员的公职人员。由政府任命的学校校长、教授及其他教师属于公务员;由学校通过行政合同任用的教师及实习人员或无正式职称的辅助人员则属于非公务员的公职人员。这两类教师与学校之间的关系都属于公法关系,出现纠纷时通过行政法院解决。德国公立学校教师分别是终身或具有不同定期的公职人员,除教育法特别排除的条款外,均适用公职人员权利总法。他们与其他公职人员一样,与所在机构之间的关系属行政法律关系。日本的国(公)立学校教师属于国家或地方的公务员,与所在学校的关系传统上属于特别权力关系:国家或地方公共团体对教师有总括性命令支配权,只要是出于实现行政目的的需要,就可以自由地发布命令,对教师进行惩戒。而教师对上述措施不服时,只要不涉及其作为一个市民的地位,就不能向法院提出诉讼。20世纪后半叶以来,伴随对特别权力关系理论的批判和《教育公务员特例法》的规定,教师与学校的关系成为法律上的权利义务关系,法治主义得以全面贯彻。英、美两国公立中小学教师属于国家的公务雇员(public employee),由公立学校的责任团体(地方教育委员会或地方教育当局)采取雇佣合同的形式与教师签订工作协议,教师的雇佣和解雇不适用于一般的劳工关系法,也不适用于国家公务法律条款,而是由仅适用于学校雇员的法律明确规定。美国公立学校的教师与学校的关系既有法律关系,也有契约关系。美国联邦宪法第一修正案规定了公立学校教师的学术自由权利,各州宪法中也有规定教师权利的内容,在这些领域,公立学校与教师之间均存在宪法关系的内容;美国各州关于政府雇佣的法律有一部分适用于公立学校教师,或者州法有专门对教师权利与义务的特殊规定,在这些领域,公立学校与教师之间存在法律规定的关系。除以上关系外,学校还可根据其法定的管理权限与教师订立契约,与教师构成契约关系。

参考文献

劳凯声.中国教育法制评论(第1辑,第2辑)[M].北京:教育科学出版社,2002,2003.

劳凯声,郑新蓉,等.规矩方圆——教育管理与法律[M].北京:中国铁道出版社,1999.

吴开华,覃伟桥.论教师聘任制的法律性质[J].教育评论,2002(5).

赵萍.也谈谁可以辞退教师[N].中国教育资讯报,2002-4-24法治版.

(申素平　薄建国　马晓燕)

学校与社会的法律关系（legal relationship between school and society）　学校作为一种特定的社会组织，与社会主体之间所产生的法律上的权利和义务关系。这里所指的社会是狭义的概念，包括各政党、社会团体、企业事业组织、城乡基层群众性自治组织、未成年人的监护人和其他成年公民等。学校与企事业单位、集体经济组织、社会团体、个人之间，既有相互协作、相互支援的关系，又存在复杂的民事所有和流转上的关系。在这些关系中，一方面是由一系列的教育法规协调和规范的法律关系，主要体现为这些教育法规对社会的权利、义务和责任等方面的规定；另一方面是学校以独立的民事主体的资格参与社会中产生的法律关系，这就在客观上要求国家用法律确认学校相对独立的法律地位，规定学校与企事业单位、集体经济组织、社会团体、公民之间的权利义务关系，保护学校合法权益，促进教育事业顺利发展。

社会的权利、义务和责任

社会有举办学校的权利　中国1982年宪法第十九条规定，"国家鼓励集体经济组织、国家企业事业组织和其他社会力量依照法律规定举办各种教育事业"，正式承认社会力量举办教育的合法性，为民办教育的发展提供了根本法上的保障。1995年《中华人民共和国教育法》明确了社会力量举办教育的资格和权利，第二十五条规定"国家制定教育发展规划，并举办学校及其他教育机构。国家鼓励企业事业组织、社会团体、其他社会组织及公民个人依法举办学校及其他教育机构"。1999年《面向21世纪教育振兴行动计划》提出，对社会力量办学实行"积极鼓励，大力支持，正确引导，加强管理"的方针。2002年颁布的《中华人民共和国民办教育促进法》详尽规范了社会力量设立、举办学校的权利。中国基本形成以政府办学为主体、社会各界共同参与，公办学校和民办学校共同发展的办学体制，制定了有利于吸纳社会资金办学的优惠政策。

社会有参与学校管理的权利　对危害儿童、青少年学生身心健康的社会现象，任何组织或者个人都有权进行批评，并可建议政府及有关部门采取措施，予以纠正。城市的居民委员会、企业、事业组织、社会团体及其他社会组织可以通过社会教育委员会及其他各种形式支持中小学的学校建设，参与学校管理。农村的村民委员会应积极参与本村的扫盲教育、义务教育及农民文化技术教育的实施，并从本村的实际出发，不断改善教学条件。

社会有校外教育的权利和义务　公共文化设施及大众传播媒介应充分发挥自身的教育功能。国家重视儿童、青少年学生的校外教育，鼓励社会组织和公民发展校外教育设施。社会应积极建立各种校外教育设施，为学生的教育服务。同时学校资源也应当向社会辐射，从而形成学校教育与社会教育的一体化。

社会具有保证学校正常教学秩序的义务　社会不得阻止或妨碍学生接受法定的教育。第一，社会的民政部门或者其他有关部门应当负责将流浪乞讨或离家出走的未成年人送归其父母或其他监护人，暂时无法查明其父母或其他监护人的，由民政部门设立的儿童福利机构收容抚养。第二，禁止使用童工。《中华人民共和国未成年人保护法》第三十八条规定："任何组织或者个人不得招用未满十六周岁的未成年人，国家另有规定的除外。"对违反《禁止使用童工规定》使用童工的单位和个人，劳动行政部门应当责令其立即将童工送回原居住地。对使用童工造成伤害和死亡的，应负责治疗，承担治疗期间的医疗费和生活费、丧葬补助费并给予经济赔偿。对童工伤、残、死亡负有责任的单位和个人，由县级以上劳动行政部门给予行政处罚；构成犯罪的，由司法机关依法追究刑事责任。第三，社会应当保障学生依法行使其他权利和自由，对于侵权行为要坚决制止。例如，保护未成年人的智力成果和荣誉权、学生的个人隐私和通信自由等。

学校相对独立的法律地位

作为独立民事主体的学校，与社会各种组织和个人存在民事关系，这些关系的法律调整突出地反映在产权关系、相邻权关系和合同关系上。

学校产权关系　按照宪法规定，中国的学校由国家、集体经济组织、企事业组织和其他社会力量举办，其中以国家和国营企业、事业组织举办的学校为主。在这几类机构举办的学校中，国家是学校财产的唯一的和统一的所有人。但国家各级行政机关对其所辖范围内的学校财产一般并不直接进行经营，而是根据国家财产经营管理上的需要将其所辖的财产分别交由各个学校进行经营管理。国家通过计划的和经济的、行政的、法律的手段对学校进行宏观管理、检查、指导和调节，学校则在国家授权范围内行使占有、使用和处分权。

教育产权即学校产权。这里的学校包括全日制中小学、高等院校以及一切从事教育活动的机构。学校产权是在一定国家教育权指导下，学校为履行教育职能而形成的一种财产权利。经由一定的国家法律认可，具有法律的权威性和强制性，是依法确立并受法律保护的权利；包括对教育财产的所有权、占有权、支配权、使用权及收益权等一系列权利在内的整体权利。这些权利之间可分割，各项权能可分别归属不同的产权主体。学校产权体现在民办教育上，即举办者、办学者和管理者三方分别占有收益权、使用权和所有权。这样既保证产权主体的产权利益和效用得到实现和满足,又要求产权主体必须通过尽责和努力才能实现上述利益和效用,是责任与权利的统一;它保证了产权主体具备使用教育资源的充分自由,但同时又要求其在行使自由时必须遵循一定的社会约束规则,不得侵犯其他产权主体的利益,是自由和限制的统一。学校对国家财产的占有、使用权是从属于国家所有权的一种相对独立的权利。学校财产是国家的财产,是保证教学、科研、生产顺利进行和师生员工学习、生活的物质条件,保护学校财产的国家所有权和学校使用权是中国各个法律部门的共同任务。中国宪法规定了国家财产神圣不可侵犯的原则,任何人不得以任何非法手段侵犯和破坏国家财产。国务院、中央各主管部门制定的法规和规章制度具体规定了有关国家及其行政机关以及国营企业、事业单位、国家机关占有、使用、处分国家财产的内容和程序,以及国家所有权的保护手段和方法等。对于侵犯学校财产的国家所有权的人,必须追究其民事责任、行政责任直至刑事责任。

中国法律对学校产权的保护,体现在有关国家机关,国营企业、事业单位占有、使用、处分国家财产的内容和程序的各项规定以及有关学校各项财产管理的规章制度中,体现在国家机关、国家企业、事业单位之间财产关系的法律调整中,体现在民法有关保护所有权方法的一般规定中。在学校产权受到侵害时,这些都是保护学校合法权益的适用的法律规范,但由于中国法制还不完善,同时也由于对学校财产的保护还没有受到普遍重视,学校在这类纠纷中常处于被动不利地位,学校财产并不总能得到应有的法律保障。因此,加强法制建设,完善有关法规,切实保障学校的权益仍是当前的一项重要任务。

学校相邻权关系　相邻权关系是指两个或两个以上相互毗邻的不动产的所有人或使用人,在行使不动产的所有权或使用权时,因相邻各方应当给予便利和接受限制而发生的权利、义务关系。学校相邻关系指学校与周边、邻里之间的相邻权关系。民法上广义的相邻权的内容包括:相邻防险权和竹木删除权、邻地流水权、相邻管线的安设权和邻地使用权、邻地的通行权、越界建筑权、滴水纠纷、相邻环保关系,以及邻界物。《中华人民共和国民法通则》第八十三条规定:“不动产的相邻各方,应当按照有利生产、方便生活、团结互助、公平合理的精神,正确处理截水、排水、通行、通风、采光等方面的相邻关系。”正确处理学校的相邻权关系,有利于保障国家、集体和个人正常行使各自的财产所有权或使用权,保护学校的合法财产权益,使学校的教育教学工作不受干扰。学校一旦因相邻权关系受到妨碍或损失,应以法律手段要求相邻方停止侵害,排除妨碍,赔偿损失。

学校对外合同关系　学校与社会关系中所涉及的合同有广义和狭义之分。广义的合同是指在当事人之间产生权利义务关系的一切协议,包括民法调整的合同和民法之外的一切协议。广义理解的合同是受民法、行政法、婚姻法等法律规范调整的协议。狭义的合同仅指在财产流转中,当事人之间为实现一定的经济目的、明确相互之间权利义务关系而达成的协议。例如转移所有权的合同、转移使用权的合同、提供劳务的合同、提供成果的合同等等民事合同和经济合同。《中华人民共和国民法通则》中的合同是指狭义的合同。《中华人民共和国合同法》列举的15种合同中,与学校关系较密切的合同主要有买卖合同、租赁合同、承揽合同、建筑合同等。

学校对外合同关系是学校与其他民事主体相互提供商品或服务而发生的债务关系,其中一类属普通经济民事合同,如学校与有关单位签订的供用电合同、建筑承包合同、借贷合同、商品采购合同等,这些合同关系与学校的特定服务范围无关,任何民事主体都可形成此类关系;另一类是教育服务合同,其形成与学校作为专门从事教育机构的特定身份有关。可根据法学基本理论、《中华人民共和国民法通则》的基本原则和《中华人民共和国教育法》、《中华人民共和国教师法》的有关规定界定这种关系。在合同主体上,一方是学校,另一方是学生,学生父母的法律地位因学生年龄不同而异。学生未满18周岁,是无民事行为能力人或限制民事行为能力人,父母作为监护人与学校签订或事实上形成合同关系,是合同的当事人;已满18周岁的学生的父母一般要承担学生费用,往往是合同的当事人、第三人或担保人,因具体约定而异。在合同内容上,符合入学条件的学生有交费义务(除义务教育阶段学生外),有权接受教育服务。学校有权收取法定费用,接受财政拨款和社会资助,有义务向学生提供合格的教育服务,有义务对学生进行管理。有些学校(如寄宿学校、托管学校等)因自身章程规定或与学生及其家长有特别约定,有义务为学生提供生活服务。在法律责任上,学校承担因故意或过失而不履行或不正确履行约定的教育、管理、服务等义务的违约责任,承担因服务瑕疵而致使学生权益受损的侵权责任。学生父母对未满18周岁的子女的在校行为承担监护责任,对已满18周岁的子女的在校行为承担连带责任或担保责任,学生作为独立的民事主体,对自己的行为根据民事责任大小和主观过错程度承担责任,其中的经济责任由父母承担。随着教育体制改革,中国各级各类学校特别是高等学校同各种社会组织的协作关系有很大发展,合同关系日趋复杂。例如高等学校同其他单位之间的技术协作、技术转让、专利转让、联合办学、委托培养等,形成合同关系。在各种合同法律关系中,联合办学和委托培养是较特殊的民事关系,是学校利用师资优势和教学设备等条件为对方培养一定规格的人才,对方为此付给学校培养学生所需的经费而形成的关系。1984年教育部、国家计划委员会、财政部发布的《高等学校接受委托培养学生的试行办法》对此作出特殊规定,规定联合办学和委托培养学生一律采取合同制。委托培养学生的合同,应将学校及专业、年度招生数、在校学生达到的规模、招生来源、毕业生的分配、合同的有效期限、经常费用和基本建设投资的安排、双方各应承担的责任等逐项加以明确规定。属于联合办学性质的委托培养学生,其职责划分,应按双方议定的合同办理。委托培养学生的合同必须经学校的主管部门批准才能生效。依法成立的委托培养学生合同使学校与需要人才的单位之间的委托培养协议成为一种法律行为,合同规定的当事人的权利义务受到法律的保护,在一方或双方违反合同规定发生纠纷时,合同所约定的内容又是处理纠纷的依据。

合同对双方当事人具有法律约束力。合同当事人必须全面履行合同规定的义务,任何一方不得擅自变更或解除合同。违反合同的民事责任的主要形式是赔偿损失、支付违约金、继续履行合同等。处理合同纠纷,除违约金和赔偿问题以外,还应强调实际履行原则,即违约一方除支付违约金以外,如对方要求继续履行合同,违约方仍负有继续履行合同的义务。

参考文献

褚宏启.学校的合同纠纷及其处理[J].教学与管理,2000(6).

国家教委师范教育司.教育法导读[M].北京:北京师范大学出版社,2000.

劳凯声.教育法论(第4版)[M].南京:江苏教育出版社,1999.

潘懋元.教育主权与教育产权关系辨析[J].中国高等教育,2003(6).

张维平.教育法学基础(第3版)[M].沈阳:辽宁大学出版社,2000.

（宋雁慧　薄建国　马晓燕）

学校与学生的法律关系(legal relationship between school and student)　在教育活动过程中,法律规范在调整学校与学生行为的过程中所形成的具体的法律上的权利和义务关系。具体可分为入学法律关系和在学法律关系。在教育法律关系中存在两种类型的法律关系:一是以权力服从为基本原则,以对学校的行政管理为主要内容的纵向型的行政关系;二是以平等有偿为基本原则,以财产所有和流转为主要内容的横向型的民事关系。学校以不同的法律身份参与教育教学活动时,与学生发生的法律关系是不同的。

中国学校与学生法律关系的相关理论

中国现行的相关法律未对学校与学生的法律关系作出明确规定,学术界存在以下几种观点。

监护权转移说　认为因未成年学生在校期间,监护人很难完全履行监护职责,确保被监护人的安全,故需要学校在监护人不能或不能很好地行使监护职责时,代替监护人来履行保护未成年人人身安全的职责,学校成为未成年学生在校期间的监护人。这是一种较早形成的,并且在民法学界和司法界有较大影响的法理学观点。

部分监护权转移说　这是对监护权转移说的一种修正。根据《最高人民法院关于贯彻执行〈中华人民共和国民法通则〉若干问题的意见(试行)》第十条的规定,监护人的监护职责包括:保护被监护人的身体健康;照顾被监护人的生活;管理和保护被监护人的财产;代理被监护人进行民事活动;对被监护人进行管理和教育;在被监护人合法权益受到侵害或者与人发生争议时,代理其进行诉讼等。可见监护制度是通过设置保护人对无民事行为人和限制民事行为人进行全面保护的一套制度,而学校的监护职责仅止于人身方面。为使监护权转移说的观点更加严谨,一些学者提出了部分监护权转移说。

监护代理说　认为当父母把子女送到学校上学时,即意味着父母把本应由自己行使的监护权委托给学校,由学校代理本该由未成年学生的父母行使的监护权,学校与学生家长之间形成一种委托代理关系。

复合法律关系说　认为学校与学生之间的法律关系兼具民事法律关系与行政法律关系。为促使学生向着符合社会要求的方向变化,学校的中心工作是对学生进行有效的组织与管理,以保证教育活动顺利展开。学校对学生无论是制度的宏观管理,还是通过制度权威——教师的微观管理,都会使学校与学生形成行政关系,而不只是民事关系。学校与学生在有些场景中的关系肯定是行政法意义上的行政法律关系,它在学生以其独特的身份属性(受教育者、文化接受者、被管理者)与学校发生关系时而产生,此时,学校是行政主体。如毕业证、学位证的发放,开除学籍,推荐保送生等环节中所体现的校生关系。学校与学生之间的关系还包括公务法人与利用者之间的公法关系。公务法人与利用者之间的关系取决于公务法人的身份和地位。如果公务法人以公务实施者的身份出现,那么,与利用者之间的关系属公法上的关系,即行政法律关系;如果公务法人以民事主体身份出现,则与利用者之间的关系属私法关系,即民事法律关系。

教育法律关系说　认为民事关系必须是由平等主体之间,在自愿、公平、诚实信用的基础上,基于等价有偿原则实现与财产或人身有关活动过程中产生的关系。民事关系再通过民事法律规范的调整而演变为民事法律关系。而学校与学生之间在教育活动过程中,并不是处于完全平等的地位。学校为了教育活动的更好开展,往往处于主导地位,而学生更多的是服从。在教育活动中可能涉及学校与学生之间的财产与人身关系,如果是教育活动本身所必需的,其仍属于教育社会关系;如果是相对独立的,则完全归属民事活动。因此,学校与学生之间的法律关系是教育法律关系,是由教育法律规范对学校与学生之间的社会关系进行调整后的产物。从法理学分析,学校不具有行政法律关系的主体资格,学校与学生之间不是行政法律关系。另一方面,由于学校与学生之间的法律地位是不平等的,学校对学生具有教育管理的权利,而学生却没有对等的权利,学校与学生间也不是平等的民事法律关系。因此,调整学校与学生之间的法律关系的法律规范应主要是教育法律规范。学校与学生之间是一种既不同于行政又不同于民事的特殊类型的教育管理法律关系。

民事法律关系说　主要有两种观点:一是合同关系说,认为学校与学生之间的民事法律关系为私法上的契约关系;二是消费者保护说,主张学生是学校特殊的知识消费者,因知识消费的特殊性而处于被动地位,需特别保护。前一种观点将学生入学看作学生与学校签订教育合同,合同包括以下内容:学生保证履行缴纳学费的义务;学生保证服从学校的教学安排并努力学习。学校保证向学生提供学习生活的必备条件;学校应当采取适当措施保障学生身心健康发展等。作为民事主体的学校与学生之间的纠纷主要涉及人身权和财产权的侵权损害赔偿问题,此时被侵害方有权直接寻求诉讼救济。

行政法律关系说　认为国家举办的学校所涉及的教育法律关系,从内容讲,主要包括相对于国家的教育法律关系和相对于受教育者的教育法律关系。这两方面的教育法律关系从性质上讲,都属于行政法律关系,都具有非自治性的需要。也就是说,这两方面的法律关系的设立及其要素(包括主体、客体和内容)都不取决于当事人的意思表示,而是取决于法律的直接规定,政府和国家举办的学校之间的关系是领导和被领导、管理和被管理的行政关系,国家举办的学校和受教育者之间的关系也是行政法律关系。

特别权力关系说　认为学校等事业法人与其利用者之间的关系类似于大陆法系国家公务法人与其利用者的关系,理论上属于特别权力关系。首先,它不同于普通民事关系,事业法人与其成员或利用者之间的关系不是平等自愿的,其权利义务不完全对等,如学校与学生之间。尽管在事业法人与利用者之间也存在一定的提供服务支付费用的关系,但它仍不同于普通民事关系,因其间有很浓的权利色彩,相对一方的服从义务往往是不确定的,即并不因为相对一方交纳了必要费用而不服从事业法人的命令和指挥。其次,它也不同于普通的行政法律关系,事业法人对其成员和利用者有概括性的下令权,形成的命令与服从关系特别不对等。

外国学校与学生法律关系的相关理论

公法上的特别权力关系理论　特别权力关系是大陆法系国家说明学校与学生关系的主导理论,以德国和日本为典型。这种理论主要针对公立学校。在行政法学中,公法上的特别权力关系指相对于一般权力关系,基于公法上的特别原因、特定目的,在必要的限度内,以一方支配相对方,相对方应该服从为内容的关系。通常,公务员的劳动关系、军人的兵役关系、受刑者的刑务所收容关系等被看作是特别权力关系。公立学校与学生关系在日本明治宪法下乃至第二次世界大战后相当长的时间内也被认为是特别权力关系。此理论认为,公立学校作为公营造物,与学生之间的关系是营造物利用关系,属于公法上的特别权力关系。在这种特别权力关系中,学校有权在没有个别法律依据的前提下,制定营造物利用规则,并依此向学生下达各种特别限制措施或进行惩戒,其行为排除法治主义及人权保障原则的约束。学生仅仅是学校的利用者,必须服从这些概括的命令,若对学校的处理不服,也不得提起诉讼。法国行政法认为,其学校与学生处于法律规定下的客观地位,学校可随时变更法律规定、改变使用条件,使用者(学生)认为公务运行不合法或要求损害赔偿,由行政法院负责。学校行政当局发布的关于学校内部组织和管理的规定属内部行政措施,一般排除司法审查,但若有损害学生法律地位的行为,可被提起行政诉讼。这一理论意味着:首先,学校当局作为特别强的权力主体,对学生具有总体上的支配权。在学校内以及和学校教育有直接、间接关系的生活领域,作为特别权力服从者的学生原则上不能主张其基本的人权,必须在广泛的范围内接受来自学校的多方控制。其次,在合理的界限内,学校当局作为特别权力机构,可以免去法治主义以及人权保障原理的拘束,即使没有法律上的根据,学校当局按照必要也可以根据校规、校则等,命令或限制学生的特别权利。再次,在对学生采取的教育上的措施如惩戒处分等,即使像停学、退学处分等会给学生个人带来重大影响的具有重大法律效果的处分,作为特别权力关系内部的规律行为,学校具有广泛的自由裁量权,司法审查受到限制。

教育契约关系理论　认为学校与学生的在学关系是一种契约关系。教育契约关系具体分为公法契约关系、教育法契约关系和私法契约关系。

公法契约关系。推行教育是国家宪法明确规定的义务,非一般私法上的营利事业,教育的进行依现代公教育法制思想,应脱离国家的命令和强制性权威,排除国家公权力的介入,故学生的在学关系本质上属国家与学生立于对等地位,追求教育目的,依合意建立的公法上的契约关系。这种契约关系成立后，学生即受契约条约的限制。学校与学生间是一种对等的权利义务关系，学生接受学校教育是宪法保障的权利，而非施教者支配性的权力。学校所认定在一定范围内概括性决定权，基本上仍是学生同意下所构成的一种教育自治关系。依公法上契约理论，契约当事人立于对等地位，排除国家公权力介入，但因属国家公行政的推行，纵使是非权利性给付行政，仍须遵守依法行政原则。因此，在教育关系内部，教育行动的施行仍然不得违反宪法、法律和一般法律原则，一切纠纷由行政法院审理裁判。

教育法契约关系。这一理论的基础是强调教育法具有独立的法理，应从行政法中脱离出来成为特殊法。该理论认为，公立学校与学生的在学关系，本质上与私立学校同学生的关系并无不同，两者皆属教育法上的契约关系。原因在于：(1)对学校与学生关系的根本方面加以制度性规定的教育法律——教育基本法和学校教育法，原则上适用于所有国立、公立和私立学校。(2)现行的学校与学生关系是基于宪法原理，旨在保障学生作为"人"的学习权的法律关系。基于此，在要求学校设置者对实施公共教育承担很强的义务性的同时，学生及其家长的权利主体性也得以提高。因而，学生和学校设置者之间应该是对等的权利义务关系。(3)学校教育的目的主要是保障学生的学习权利，并非实施教育者的支配权能。包括惩戒权的行使，主要是作为"教育"的一环被采用，遵循教育的非权力性原理，而非旧法制下行使公权力的行为。(4)学校当局在一定范围内所具有的教育上的总括性决定权能也和私学的契约关系一样，是基于学生、保护者的基本合意的教育自治关系。因而，现行的国立学校和公立学校的学校与学生关系与作为公共教育机关的私学具有相同的本质，应当理解为教育法上的教育契约关系，而不是公法上的特别权力关系。(5)这种契约关系既不是一般行政法上的公法契约，也不单单是一般私法上(民法)的契约关系，其主要契约内容是特殊法——现代公共教育法构成的特殊契约关系，即教育法独特的契约关系。

私法契约关系。日本学者室井力认为，在现有公教育法制下，教育应完全摆脱"权力作用"，学生的在学关系应脱离行政法而成为民法上的契约关系。这种理论认为，教育本质上并非公权力的作用，因而学校利用关系应不分公立还是私立学校，都是基于教育目的的契约关系，不含公权力作用的在学契约关系。当认为学校利用关系中的命令权和惩戒权违法时，应依民事诉讼法提起诉讼。

在德国，伴随特别权力关系理论的没落，教育法学逐渐重视教育契约关系理论。德国学者J.J.黑克尔于1989年亦一改其自1957年以来所主张的特别权力关系，代之以"学校关系"，并承认有法治国家原则的适用。

部分社会理论　在对特别权力关系进行修正的过程中，日本法院采用了另一种学说。1977年日本最高法院第三小法庭在富山大学学分不认定案中认为，不管是公立大学，还是私立大学，都是以教育学生与研究学术为目的的教育研究机构。为达成其设置目的，对于必要的事项即便法令无特别的规定，也可以学则等为必要之规定，并辅助实施。因此学校应拥有自律性概括的权限，在此情形下当然与一般市民社会不同，而是形成特殊之部分社会，这种特殊之部分社会的大学，其有关法律上之纷争，当不得列为司法审判的对象，这种与一般市民社会无直接关系的内部问题，当然排除于上述司法审查的对象。这种学说与特别权力关系实质上并无特别差异，法院的用意主要在于避免直接适用已引起广泛批评的特别权力关系理论。

重要性理论　特别权力关系的理论，引起许多人批评，认为公务员及学生在任何情况下均属权利主体，其宪法上的基本权利应受保障，故凡有关人的基本权利的，不应排除"法律保留原则"的使用。故除行政机关得以命令对法律作必要的补充或使其更具体外，在"目的命理限制之限度"内，承认虽无法律授权行政主体亦得订立行政命令。至于在公共事业利用关系范围内，何种事项必须由法律规定，德国法院发展出"重要性理论"作为判断的标准。所谓重要系指对基本权利的实现重要，或严重地涉及人民自由与平等领域。只要涉及国家事务的重要事项，无论是干预行政，抑或给付行政，都必须由立法者以立法方式来限制，不可让行政权力自行决定。德国法院认为，教育行政领域哪些事务应有法律依据，应视其基本权利的实现是否重要进行判断。关于重要与否的衡量，则视个案而定，故德国法院认为，教育行政事务中属重要事项而须法律定之者有：关于学生退学的条件、如何实施性教育、在学校中宣扬政治主张、教育内容、教育目标、课程决定、学校组织的基本架构(如学校种类、家长与学生的共同参与等)及惩戒措施等。至于属"非重要事项"者，则包括：实施一周五日上课制，对考试决定无直接影响的考试方法、考试内容的确定，考试及格的条件，考试制度及过程之细节事项等。中国台湾有学者认为此"重要事项"可作为台湾参考之法理，唯所谓"重要事项"仍有概念不够确定的缺失。

特权理论　这一理论认为，上大学是大学赋予学生的一种特权而非学生的权利，大学对于学生有充分的管理上的裁量权，而学生本身对此并没有什么权利。此一观点可见于"校董事会诉沃案"一案。但1961年美国联邦第五上诉法院于"狄克逊案"中推翻了这一理论，该判例认为，只要学生在学校有良好表现，便有权利留在公立高等教育机构之中。

受托人理论　这一理论也采用信托理论来解释学生与高等学校之间的关系，但它将学生作为信托人，学校仍为受托管理人，两者间是一种信托关系。这一理论的提倡者认为受托人(大学)的功能是在关联到与学生之间关系的事务上,为相对人(学生)之利益而行动。学校的存在基本上是为了教育他们的学生,那么教授和行政主管是以学生们之受托人的资格而行动。信托关系的所有要素,都出现在学生与学校的关系上。那种信托所显示的不是一种小的信赖教育经历的价值,而是直接受到学校为了学生的利益之义务的影响。这一理论颇受学界重视,但至今尚未被法院采纳。

宪法理论 该理论认为,学生与学校之间的关系应受宪法的规制,学校并非具有不受限制的权利来管理或教导学生,学生仍有一定的人权或公民权,这些权利并未在进入学校时即被放弃,因而学生在宪法上的权利应受法院的保护。该理论是公立学校与学生关系的主导理论。另外,在德国,学生与非公立学校的法律关系是一种有条件的民法合同关系。在美国,社会力量举办的学校与受教育者及其监护人之间的关系受合同法调整,两者之间是合同关系,属于民事法律关系。

参考文献

兼子仁.教育法(新版)[M].东京:有斐阁,1980年.

马怀德.行政法制度建构与判例研究[M].北京:中国政法大学出版社,2000.

哈特穆特·毛雷尔.行政法学总论[M].高家伟,译.北京:法律出版社,2000.

平特纳.德国普通行政法[M].朱林,译.北京:中国政法大学出版社,1999.

杨建顺.日本行政法通论[M].北京:中国法制出版社,1998.

(苏林琴)

学校知识管理 (school knowledge management)

在学校中建构一个有效的知识系统,使学校中的知识能够有效地创造、流通与增值,进而不断产生创新性的教育专业知识的一种管理思想和管理行为。知识由人创造和传播,知识管理的核心是人而非技术系统。知识管理是知识社会中管理的方向和模式,在企业管理中已取得显著成效。学校知识管理的理论和实践尚在探索中。

英国科学家和哲学家波兰尼1958年首先提出隐性知识(tacit knowledge)和显性知识(explicit knowledge)的区分。隐性知识(亦称"缄默知识"、"默会知识")是未能用文字记述的难以交流的知识,往往存在于人的头脑中,体现在手工技能中,通过行动表现。其中包含人的价值观、信仰、预见、经验、技能和能力等,具有文化、情感和认识的因素,是无形的知识财富。显性知识(亦称"明晰知识")是可以用正式的、系统化的语言传播的知识,存储于各类载体,便于传播。经济合作与发展组织1996年的年度报告《以知识为基础的经济》中将人类知识分为四类:"知道是什么的知识"(know-what),主要是事实方面的知识;"知道为什么的知识"(know-why),指自然原理和规律方面的知识;"知道怎么做的知识"(know-how),指技能和能力;"知道是谁的知识"(know-who),涉及谁知道如何做某些事的知识。前两类知识能用语言、文字、数字和图表等清晰地表达并易于存储,可通过阅读教材、参加会议和查询数据库获得,属于显性知识范畴;后两类知识存储于人类头脑中,常隐含在过程和行动中,难以量化和信息化,属于隐性知识范畴。

知识管理是指组织在计算机网络平台和人力资源管理平台的基础上,对管理过程中所依据和应用的知识本体的捕获、分析、存储、共享和创造性使用的过程。知识管理的理论与实践始于20世纪80年代,1986年联合国国际劳工大会首次提出知识管理概念,随后十几年中,知识管理的理论和实践飞速发展,2000年被定为"知识管理年"。知识管理兴起的原因有四:20世纪90年代后,信息技术在美国、日本及欧洲工业发达国家迅猛发展,为知识传递与知识交流提供了更加便捷的手段;20世纪末的经济不景气使美国企业意识到防止人员跳槽、遏止知识流失的重要性和必要性,重视知识资产;20世纪90年代后,信息化投资开始显现效果,信息技术不仅作为降低成本、提高效率的手段,而且作为创造价值的手段开始发挥重要作用;信息技术的发展在提供新的交流手段的同时,亦带来信息泛滥问题,有必要对知识加以分类、整理和更新。知识管理的出现既是社会经济和技术发展的产物,也受到企业和机构内在需求的驱动。知识管理有两个含义。一是管理组织运作过程中相关的显性知识,主要涉及人工智能、计算机数据库和网络技术,强调知识的识别、存储、传播和共享,主要解决知识的时空界限问题,运用基于公共网络平台的人机对话技术,通常由电脑和网络专家完成。二是管理隐性知识,主要运用人力资源管理和创造性管理技术,强调隐性知识的显性化和知识资源共享,主要解决隐性知识的浪费和知识的人际隔阂问题,知识管理的最大目的知识创新主要在这部分。

学校知识管理的主要目的是促成学校组织的知识创新,由此扩充学校的知识积累,增强学校的发展及竞争力。知识创新的过程是隐性知识与显性知识相互转化,形成一个知识不断更新和积累的螺旋式上升的过程。日本学者野中郁次郎提出隐性知识与显性知识相互转化的四种模式:社会化(socialization)、外在化(externalization)、组合化(combination)和内在化(internalization),即SECI模式。社会化指组织成员个体共享隐性知识,强调隐性知识的交流通过共同的活动进行。建设良好团队以及和谐共享的学校组织文化是保证教职员工隐性知识得以交流的重要条件。外在化是将隐性知识转化为显性知识的过程,通常运用隐喻、类比、讲故事或图像手段呈现教职员工头脑中的隐性知识,与学校其他成员共同分享。组合化是将外显的观念或知识加以系统化的连接,形成新的知识体系。内在化是将显性知识转化为隐性知识的过程,知识通过社会化、外在化和组合化之后,逐渐内化为个人的隐性知识。内化的途径是边做边学,以语言传递经验和知识或制作文件手册等都有助于内在化。学校知识的创新首先源于个体,个体的创新知识传递给学校其他成员,形成个体与他人的知识共享,进而成为学校组织知识积累的组成部分,并成为学校组织成员进一步进行知识创新的基础,学校的知识积累由此不断扩大。知识扩展和积累的过程亦是学校自身实力不断增强和提升的过程。

学校知识管理要素有学校人力资源管理、学校信息技术管理、学校文化营造、学校组织模式创新、学校合作网络管理五方面。

学校人力资源管理　是对教职工的智力、体力等劳动能力进行科学合理的发掘、组织和使用,为实现学校目标提供可靠的人力保障。具体关注两方面内容,即重视教职员工的个体成长和对教师专业能力的培养,目的是不断提高教职工的教育教学能力。关注青年教师的成长是提高教育教学效率的有效手段之一,教育领域的专业知识和能力远不止已被发现、归纳和编码的教育科学知识,更丰富的知识和能力积聚在每一个教师的教育教学经验中,而许多教育教学知识是隐性的,其最有效的传递方式是面对面的互动以及协同教学或合作教学。“学徒制”等形式不仅能使青年教师跟随熟练教师或专家教师应用和检验显性教育理论,而且能使他们理解和掌握大量课堂上学不到的隐性的教育知识,满足教育教学工作对于大量隐性教育教学知识的需求,并有助于教育教学总体实践智慧的传承和提高。教师专业发展不仅需要一定的知识积累,而且需要有效的知识增长和更新机制。教师的理论性知识具有外显性、系统性和可表述性,较易把握,可为教师和专业理论工作者所共享;教师的实践性知识具有隐蔽性、非系统性和缄默性,较难把握,却是教师专业发展的主要知识基础,在教育教学中的作用不可替代。理解实践性知识并加以有意识的利用和改造,将隐性知识显性化,会极大地促进教师自身的专业发展。

学校信息技术管理　从管理哲学的角度,知识管理是基于人力资源管理和信息资源管理的一种管理思想;从教育技术学的角度,知识管理是将技术工具的程序和应用与知识的数字化、存储和广泛应用相联系,通过电子网络使知识和智慧在整个教育经验的生命周期得以不断创造和传递。信息技术应用于教育领域引起教育方式和教学模式的变革,包括教师传授知识和学生获取知识的方式发生变化,即知识流发生变化,形成资源共享、时空不限、多向互动的特点。学校知识管理中信息技术应用的关键是建立学校知识管理的技术平台,它是学校从事知识的识别、清点、获取、存储、学习、整合、流通、共享、创新等活动的硬件设施和管理操作系统,由网络、通信和电子等技术和设备构成。这一平台为学校管理层和教职工、学生、家长以及合作伙伴之间的知识互动创造条件,使跨越时空的知识采集与加工成为可能,利用其中的管理软件可加速隐性知识的显性化,促进知识交流与共享,实现教育教学知识的创新与增值。

学校文化营造　学校文化是学校在长期的教育教学过程中为适应外部环境和内部整合能力而逐步形成的为全体成员所认同和共同遵守的基本行为准则、信念和价值观等。体现一所学校特有的价值取向、思维方式和行为规范。学校实施有效的知识管理,要求学校领导者要营造有利于学校实现知识共享、交流和创新的学校文化环境。知识管理理论观照下的学校文化建设重点是将学校建成学习型组织。英国教育学者索思沃思1994年提出学习型学校的特点:重视学生的学习活动;教师个体是不断学习的学习者;教师之间共同合作、相互学习;学校成为一个学习系统的组织;学校领导者成为学习的领导者。学校为师生创造良好的学习条件,形成浓厚的学习气氛,激励个人之间、团体之间进行积极的知识交流和共享,激发师生输出知识、共享知识、创新知识的欲望,在学习中不断超越自我;注重师生员工的团队合作精神,使之意识到自己是知识管理的主体,将个人愿景与学校组织愿景充分协调,以此消除学校推行知识管理的障碍。

学校组织模式创新　与实现学校知识管理的知识共享与创新职能相适应的学校组织模式具有三个特点。(1)自主发展的主体。学校有自己的办学理念和教育理想,享有充分的自主发展的愿望与权利,基于自我的发展愿望吸纳和整合各种知识要素,并将其作为提升竞争力的途径之一。(2)协同合作的系统。在知识管理中,学校组织是一个拥有组织目标吸引力,且组织成员具有较大自由度的协同合作系统,组织成员为实现组织目标齐心协力,共同组成有共享的期望、信念和价值观的学习共同体。共享的理念对学校组织中的隐性知识尤为重要,只有在共同的情景中并具有共同愿景时,隐性知识才能被感受。在协同合作的学校系统中,学校领导者的首要作用是将一种价值观融入组织,基于学校成员的需要构建学校组织目标。(3)平等对话的场所。扁平化的学校组织结构可以弱化等级关系,使成员承担更多的责任,激发个人的创造性,实现流畅的沟通,形成开放的、学习型和成长型的知识共享机制;还有利于使学科交叉,促进隐性知识的共享,为知识研究和知识发展提供新视角、新动力。

学校合作网络管理　学校知识管理中的知识资源包括学校内部知识和学校外部知识。学校外部知识指学校外部合作网络中与学校发展有关的知识,如服务对象(学生及其家长)的知识、合作学校的知识、专家的知识以及其他协作信息网络的知识等。加强内外部合作是学校适应社会环境变化的一种组织行为。合作网络是学校知识管理的外延,学校通过合作,可借助合作伙伴的知识与能力来发展自身能力,增强优势。(1)客户知识管理。学校提供教育服务的对象是学生及其家长,其客户知识中含有关于学校发展和创新的重要知识,极有可能为学校带来直接回报。对客户知识的采集和加工伴随学校教育教学过程的始终,学校通过完善的客户服务和深入的客户分析来满足客户需求,在与客户进行的知识共享与交流过程中实现家庭与学校双方双赢。(2)校际校企知识联盟。这是在战略的高度更紧密地实现学校之间、学校与企业之间知识的流动与创新,由多所学校或企业为了各自的发展而组织的一种合作形式。联盟中的学校能与其他学校或企业进行知识的共享与交流,获得其他学校或企业的知识与技能,并通过合作实现知识创新。以合作的形式实现组织学习是开放社会中的学校提高自身实力的一种途径。(3)专家网络系统。利用专家的知识特别是隐性知识为学校发展服务,是学校利用外部知识的重要手段。将科研兴校作为学校发展的战略之一,通过承担课题、聘请专家担任顾问等方式与专家保持紧密联系,利用专家们的知识促进学校发展。(4)协作网络系统。学校教育是社会性活动,需要取得包括政府部门、社区、宣传机构及其他合作组织在内的社会各方面的支持,由此构成与学校生存和发展紧密相关的网络系统,恰当处理与合作网络的关系有利于学校在合作中获取知识资源。

对学校知识管理过程和结果的评估也是创造知识价值的过程。学校的显性知识和隐性知识管理无统一标准,有效的管理存在一定难度。探索和建立适合学校自身的评估体系是学校实施知识管理评估的前提和依据,可从学校人力资源、信息技术、学校文化、学校组织模式和合作网络五个方面考虑。

参考文献

毛亚庆.知识管理与学校管理的创新[J].教育研究,2003(6).

石中英.知识转型与教育改革[M].北京:教育科学出版社,2001.

张润彤,朱晓敏.知识管理学[M].北京:中国铁道出版社,2002.

(樊平军)

学校中的政治社会化(political socialization in school)
学校通过公民课程的讲授、政治活动仪式训练和教师的榜样作用,增加学生政治知识和政治参与度的过程。政治社会化有广狭两义。广义涉及两个过程,一是个体学习的过程,即一个社会成员从婴儿到成人,不断从父母、师长、同学、同事以及各种社会环境中吸取政治信息,形成一定的政治态度、政治观念、政治情感和政治信仰;二是政治文化的传播过程,即政治共同体实现总体政治文化的代际传播、社会传播和跨区传播,使新一代成员形成有关政治生活的思维和行为模式。狭义指学校反复灌输政治知识、政治价值与政治规范的过程。

对政治社会化进行学术研究始于西方。20世纪20年代后,政治社会化进入政治学、政治社会学、政治心理学、教育学、教育社会学、社会心理学等学科视野,并逐渐成为一个专门研究领域。美国学者格林斯坦从思想史的角度归纳了贯穿早期政治社会化研究领域的主要思想线路。第一条线路可追溯到20世纪20年代末30年代初,美国的C. E.梅里亚姆等政治思想家注重公民训练;第二条线路是第二次世界大战期间及以后10年内围绕个性、政治及国民性问题展开的研究,以美国社会学家英克尔斯为代表;第三条线路是20世纪50年代末进行的少年政治社会化行为研究,以美国社会心理学家海曼为代表。20世纪50年代后,美国政治社会化研究关注政治社会化与政治稳定、政治文化、民主政治的关系,以及个体政治观念体系的形成过程及影响因素、政治社会化过程及其规律、童年期和青春期政治信仰及政治行为模式的恒久性、重大事件对个体政治观念的影响等。20世纪六七十年代,学术界较注重不同政治体系下政治社会化的比较研究。西方政治社会化研究在不同时期侧重不同的研究对象:20世纪70年代中期前,以儿童和青少年的政治社会化为主要研究对象;20世纪70年代中期后,以一生的政治社会化为研究对象;20世纪80年代末至90年代,以苏联、东欧国家政治制度的转变为主要研究对象。

学校政治社会化的目标、内容和方式

1971年美国大学前教育委员会发表报告《公立学校中的政治教育:政治科学的挑战》,提出大学前的政治教育目的是让学生了解美国民主的文化观念,教给学生关于政治生活的"现实";教给学生关于正式的政府机构、法律结构、政治行为和过程的知识,以及政治体系特别是国际政治体系的知识,培养学生以思辨的方式思考政治现象的能力、社会科学调查的理解力和技能、判断政治决策和政策的能力,以及理解有效、民主地参与社会生活所必需的能力和技能等。学校塑造儿童的政治知识、政治态度和行为,培养他们成为政治社会的一分子。在儿童进入高中前,学校已开始培养其政治态度。学校政治社会化研究主要涉及两类内容:儿童如何形成对政治体系的依附关系;儿童是否存在类似于政治性的党派特征。格林斯坦的研究发现,在小学阶段,儿童经历从对成人的政治几乎不了解到有明显的政治意识的过程。美国政治学家伊斯顿的调查表明,大多数二年级儿童(7岁)已坚定地依附于其政治共同体,大多数儿童在校期间对政治共同体的情感是热情和积极的,少有批评或不满,在这种依附的发展过程中,儿童起初的情感是个人化的,他们欣赏与自己接近的人和事。当儿童渐渐长大,其依附便从与个人意义有关的具体事物扩散到非个人的政治象征、政治系统的不同组成部分以及政治共同体更广、更概括的方面。

学校中政治社会化的方式多样,学校氛围、课程、教师、仪式活动、同伴群体都对学生的政治社会化产生影响。教师有权制定和解释学校的规章制度,并通过与学生的频繁交流传播政治文化标准。美国心理学家赫斯和 J. 托尼的研究指出,对儿童强调服从和关心几乎是所有小学教师的普遍特征,小学教师尤其强调对规则和权威的服从,首先要求儿童遵守学校规则和履行社会法律义务。除正式的教育方式外,学校还以各种非正式方式影响学生对法律、政府、公民身份的态度并不断加以强化,常见的有对国旗宣誓、唱国歌、庆祝国家诞生和领袖诞辰等。这使学生尊重法律,形成对民族的忠诚感和自豪感。同伴群体的作用主要是传递和加强社会政治文化,形成同辈学习文化,促使个体学习政治态度和政治行为。学校作为同质的教育环境,既有助于促使来自不同社会阶层学生的再社会化,也因学校层次的差异而强化学生之间社会阶层和政治阶层的差异。

儿童政治社会化的阶段和方式

儿童政治社会化过程呈阶段性。美国学者道森和普鲁伊特在《政治社会化》中分析了从儿童到青年的政治成熟过程:儿童 5～6 岁时开始意识到政治生活的某些要素,对国家有一定的感情,能够辨认政党,能从周围人中区分出友好的和不友好的;7～13 岁时,有关政治的知识明显增长,如知道总统代表一定的角色;13～18 岁时确立一定的政治信念和态度,最终养成某些政治素质。青年时期可能认识到意识形态的差别,知道政治参与和政党身份的重要性,并可能掌握成年人的某些政治模式。在伊斯顿的研究中,儿童的政治社会化过程分四个阶段:政治化、拟人化、理想化、制度化。儿童最初主要通过与自己直接有接触的政府人物(警察)和遥远的政府角色的象征(总统)了解政治体系(政治化),认为政府的象征就是这两个人(拟人化),这两个人是有力量的和仁慈的(理想化)。待成长和成熟后,早期形成的对政府的理想化和拟人化观点逐步改变,继而认为政府的象征是各种机构(制度化)。对于这类机构,儿童一般是赞同和喜欢的(扩散性支持)。

尽管公立学校被认为是美国最重要和最有效的社会化工具,但学校对政治社会化结果的影响有待验证。埃曼的经验研究显示,学校层面和班级层面的特征与政治社会化的四个结果有关:政治知识、对社会和政治的态度与价值观、对政治参与的态度、对政治或类似于政治事务的态度。

学校课程在传递知识上的有效性远甚于对学生态度的影响;学生的社会身份影响这些关系;班级氛围、学生参与学校活动、学校组织氛围是与学生政治态度相关的主要因素。

参考文献

Easton, D. & Hess, R. D. The Child's Political World [J]. Midwest Journal of Political Science, 1962, 6(3).

Greenstein, F. I. Reviewed Work(s): Children in the Political System: Origins of Political Legitimacy [J]. Political Science Quarterly, 1972, 87(1).

Hess, R. D. & Easton, D. The Child's Changing Image of the President [J]. The Public Opinion, 1960, 24(4).

Sorauf, F. J. Review: Political Science in the Public Schools[J]. American Journal of Political Science, 1973, 17(3).

(何 芳 王伟杰)

学校组织的科层制结构及其文化特征(bureaucracy structure and cultural character in school organization) 学校作为社会正式组织所具有的普遍的科层制结构和独特的文化特征。学校一方面具备与其他社会组织类似的科层制结构与文化特征,如强调组织效率,注重规范制定,讲究严格的纪律,加强管理的标准化等;另一方面学校以培养人为目标,具有自身文化特征。学校在形成科层制结构与文化的过程中,始终伴随批判与反思,不断进行自我反省与自我调整。

学校组织的科层制结构
及其文化特征分析

德国社会学家 M. 韦伯在《社会与经济组织理论》(*The Theory of Social and Economic Organization*)一书中提出科层制概念,指一种拥有高效率、合理化和法理特征的现代组织模式。其特征有因分工而导致的专门化、基于效率的合理化、规章制度的文本化、层级(等级)的制度化、公私分离的非个人化等。M. 韦伯及其支持者认为,科层制将组织效率与合理化发挥到极致:因分工而导致的专门化使每个组织成员都成为自己工作范围内的专家;公私分离的非个人取向导致组织决策的客观、理性和公正;规章制度以文本形式固定下来,保证决策的稳定性;层级的制度化保证决策自上而下地有序执行。随着学校组织规模的不断扩大,部门的不断细化,科层制结构及其文化融入现代学校组织及其管理。

时空划分与学校文化的封闭性 班级是现代学校组织的基本单位。学校的教学和管理等工作围绕班级展开,教学、管理理念的构建以班级为思考的起点,科层组织通过分工进行专门化生产,保证组织井然有序地运行,以实现组织效率的最大化。学校中班级这一组织结构的产生虽然也基于效率的考虑，但并不完全等同于一般科层组织中的部门划分。部门间的划分主要根据差异原则，以便专门化工作的展开，强调在完成同一工作流程中各部门之间既分工又合作。班级的划分一般情况下不基于差异原则，原则上平行班之间的学生可以到任意班级学习。但是班级一旦固定，首先，在空间上便显示泾渭分明；其次，在教学和管理上，班级之间具有浓厚的"独立"色彩；其三，班级规定了教师制度权限的范围，班级之间通常形成竞争关系而非合作关系。中国学者吴康宁甚至认为，一个学校有多少个班级，就有多少个封闭型组织。

学校中的年级划分更多地体现学校组织在时间上的封闭性。与纵向的年级划分相对应的是分阶段的知识设置，两者的结合呈现英国社会学家 B. 伯恩斯坦所概括的"强架构"特征，即学生必须在某一时间段集中学习某一方面的知识，在时间次序上不可颠倒、不可跳跃、不可断裂。原本分散的知识点变成前后接续的由简单到复杂的知识链，原本知识、能力各异的学生通常被固定在同一个时间和知识节点上按部就班地有序升级。这种在时间与知识上的限定性特征伴随相应的教育教学观念：学生只有学会前一阶段的知识才能进入后一阶段的学习，教师只有在前一阶段的基础上才能进行后一阶段的教学，并由此产生与年级的高低划分、知识的不同设置相匹配的学生学业水平的高低、知识难易程度的不同，以及教师地位等级的差异。年级划分与各知识点的结合所形成的客观结果，使得学习步骤得以控制，学习方向容易预见，学习内容便于把握，并由此生成诸如"学校知识与非学校知识"、"学习时间与非学习时间"、"进步与退步"等界限。

师生角色与学校文化的可控性　教师与学生是学校组织中最主要的角色，教师与学生的角色关系体现学校组织在"控制与服从"维度的科层制结构与文化特征。科层组织通过对支配与从属位置的明确划分，强调下级对上级的服从，以达到自上而下层层管治的有效控制。在一般的科层组织中，层级关系决定掌握控制权者和服从者。在学校组织中，师生之间的角色关系基于制度性权威，发挥与层级关系类似的作用，但师生角色关系有其特殊意涵，即在学校组织中，教师与学生角色之间具有不可互换性。美国教育社会学家沃勒指出，权威始终在教师这一方。这使得学校组织中的师生之间存在一种稳定的控制与被控制关系。这种关系主要围绕纪律展开，纪律被认为是所有科层组织的常规，"服从命令，遵守纪律"是科层制组织最基本的控制原则。法国社会学家涂尔干认为，学校教育的首要议题就是"纪律精神"，严厉的纪律是现代学校的重要特征，教师需要在日常的学校教学与管理过程中发挥权威作用，努力使学生的行为符合规范。法国哲学家福柯则进一步强调用权力

关系审视学校纪律，认为围绕纪律产生了学校组织的一系列权力机制，形成监督、检查、评估环环相扣的权力—控制体系。监督机制体现纪律的可见性，将学生及其日常活动置于被观察的范围中，以便控制；检查机制将纪律的可见状态转化为权力的行使，即教师把一种被迫可见原则强加给学生，确保教师对学生的控制；评估机制则指向教师对学生的最终裁决与判定，评估使学校中的每个学生都被化约和定型为可用某几种特征概括的个体，从而将科层组织控制与被控制关系的深层内涵——理性化发挥到极致。

规范遵循与学校文化的雷同性　科层制组织的日常运作需建立在对制度规范的严格遵循上，制定书面化的规章制度以指导和规范组织内成员的行为成为科层组织的重要特征。学校作为对青少年进行有意识教育的正式组织，除了有学生守则等日常行为规范文本外，还有课程这一重要的规范性文本。吴康宁认为，以法定课程为代表的知识规范，源于具有较强普遍性的科学知识体系，学校是典型的以普遍主义为首要价值取向的社会组织，这种普遍主义的价值取向融入学校的日常教学活动过程，形成学校特有的文化。美国教育学者古德莱德在研究学校的过程中提出，学校之间存在一种难以描述的雷同，如座位的空间安排、教材的使用原则、教师的角色规范、学生的角色认知、教学的内容和方法、课外阅读书目、课程计划、教学时间进程等均大致相同，体现学校组织对学生"规模化"、"标准化"的培养方式。学校知识以统一的内容、确定的秩序、可重复的训练、标准化的考试实现对知识规范的遵循，这也意味着差异、分歧、个性被排除。这些经过成人世界协商、认同而制定的知识规范和标准，无异于一种模具，学校的功能是按照这个模具对其中的对象在各个阶段和各个层面进行不断的修理。

合法分类与学校文化的等级性　科层制强调对效率的追求，组织的绩效处于运作与管理的中心。学校组织中的绩效突出表现为学生的学业成绩，但在强调绩效的同时，学校组织还具有重要的分类功能，即通过绩效形成分类，继而完成筛选。学校组织拥有一个高度发达的和精细的分类系统，以及一套公开对人和知识进行甄别的分类规则，决定哪些人属于哪个层次以及哪些人具有相应的知识，由此决定哪些人能获得重要的社会地位。这种分类规则赋予学校组织以社会特权，学校的力量即源于这种具有筛选与分配功能的制度权力。美国学者迈耶将学校组织的这种独特力量概括为三个渐进的特征：学校组织是直接的社会化组织；这一组织具有给予学生身份地位的分配权；这一分配权具有在社会上的最高合法性。

学校组织通过分类给学生分等并贴上标签，关于这种分类是成就本位取向还是属性本位取向，学术界存有争议。法国教育社会学家布迪厄和英国社会学家 B. 伯恩斯坦等人通过多项研究试图表明，学校组织通过合法化的分类系统，

旨在完成阶级的再生产,借助课程编码、考试设计、学校等级、标准制定等,将学生原有的阶级地位、文化趣味、家庭背景的差异转变成能力上的差别,将那些注定占据社会显赫地位者从其对象群中辨别出来,而在这一转变和辨别过程中,学校组织发挥一种合法化功能。另一种观点认为,学校组织具有促进社会流动的功能,注重学生的后天努力,强调通过努力获得成就的价值取向。总体上,学校组织通过合法化的分类,除了促进学生社会化和完成知识传递外,还直接影响学生未来社会地位的获得。

对学校组织科层文化
取向的批判与反思

对学校组织科层制结构及其文化特征的分析更多地在批判基础上进行,主要沿两条路径展开:一是基于对科层制本身的批判;二是基于对学校组织的进一步认识。

就科层制本身而言,很多学者指出科层制的负功能。20世纪初,梅约和罗特利斯伯格等人的人际关系管理理论认为,组织成员是把态度、价值、目标带入组织的具有感情的主体,对组织的考查应凸显"主体的人"的维度。第二次世界大战后,麦格瑞格的 XY 理论、利克特的参与型民主管理理论、布莱克和穆顿的生产效率与人双重管理理论等,都揭示了科层制所导致的问题,并提出相应的理论构想和改革方案,更强调人性、灵活性和创造性,与科层制所注重的非人格、规范化、标准化等针锋相对。

就学校组织本身而言,学校不同于其他社会组织,学校是个人完成社会化的中介机构之一,其组织目标是培养人,而非制造产品,是促进人的发展,而非提高产量。学校的组织原则与运行规范并不完全基于理性化、效率化与非人格化的考虑。吴康宁认为,科层理论并不完全适合学校组织的研究,原因在于:学校组织并不像工商企业组织或行政组织那样具有明确一致的目标及清晰可分的工艺过程,不可能完全予以客观评价;学校组织中的主要角色是教师,而不是科层组织中的行政人员;教育工作直接关注以人的变化为标志的教育目的的实现、师生互动关系以及知、情、意、行等各个方面,与科层化组织所要求的"非人格化"特征迥然相异;规模较小的乡村学校几无任何科层制特征;过度的科层化必然增加教学人员的困扰,降低学校组织的教育效果。

在对科层制的批判及学校组织结构本身的进一步认识中,大致形成两种观点。

双重共存说　主要指科层取向与专业取向共存、科层文化与人文关怀互融。(1)科层取向与专业取向共存。美国教育管理学家霍伊等人的研究表明,专业取向与科层取向在科层组织内部可以并存。他们将科层化与专业化作为两个维度,提出学校科层体制类型理论,将学校科层体制划分为四类,即韦伯型、权威型、专业型和混沌型。其中韦伯型是将学校组织中的专业取向与科层取向互相融合,在学校管理的硬件方面,这一双重取向基本保留了科层体制的学校组织结构,但相应增加了教师的参与管理和专业自主权,并通过系统的法规条例加以保证。实行双重取向的学校往往同时存在两个权力系统,区分而治:一为行政的,二为专业的。前者从校长、各职能部门的行政管理人员到普通的职工,自上而下实行层层控制;后者则由教师及其他专业人员组成自己的层级结构进行自我管理,如专业委员会或教师联合会组织等。两个系统协同运作,共同实现对学校的管理。在学校的组织文化方面,双重取向的学校表现出较强的人文特点和较少的机械性,教师与学校管理人员之间的关系较平等、自由,法规对人们的行为更多的是起引导而非限制作用。(2)科层文化与人文关怀互融。科层体制的学校结构将学校等同于一般的工厂模式,依循规范,追求效率,反对涉入情感,较少关注人格、人性的培养。而学校是个体社会化的场所,学生在学校不仅要学习知识、掌握技能,更重要的还要学会做人;教师不仅要依循既有规范和标准指令,还要体现其教学的创造性、独立性以及与学生之间的情感关联。在学校组织结构的科层建制中,需要人文关怀的跟进。D. P. 多伊尔和哈特尔的人力资源开发理论要求在科层体制中重视个人的有意识思考和情感投入,在组织目标的实现过程中引导和开发组织成员的才能、潜力。麦格瑞格的 XY 理论既强调科层制的程序性,亦凸显组织成员的参与意识与主动意识。日裔美籍学者大内的 Z 理论强调通过非人格化管理限制学校权威的作用,同时通过认同的方式建立学校普通成员间的信任和亲密关系,塑造认同的学校组织文化。这些理论都旨在寻求学校文化在理性化的科层取向与人性化的人文关怀之间并存与互融的可能。

异质冲突说　主要指个体理性与组织理性之间、刚性管理与柔性管理之间的冲突。(1)个体理性与组织理性之间的冲突。首先表现为学校组织中教师与学生之间的冲突。从两者的文化特性看,科层组织中的教师作为社会代表,往往体现一种基于社会及学校组织理性的规范性文化;学生作为学习者,往往从个体的需求出发,体现一种基于个体理性的需求文化。教师文化成为一种权威性文化,而学生文化成为一种受抑性文化,两者的文化关系完全相对,构成学校组织的异质结构:一是学校并不存在真正共同的组织目标;二是师生之间难以形成共同的群属感;三是师生关系带有支配—服从的特点。其次表现为教师与管理者之间的冲突。教师从自身专业出发,更愿意认同本专业同行和专家的意见,以他们作为自己行为的参照群体,而科层组织中的管理者则更依赖规则进行操作,要求教师按制定的规章和公布的准则办事;教师基于专业所需要的自主权与创造性被管理者基于科层规范的规则性与合理性压抑,前者体现教师个体的成长与创造行动,后者则围绕学校组织的目标达成,要求教师履行规范、接受要求、遵守纪律等,两者间的冲突成为学校进行科层化建制最主要的障碍之一。(2)刚性管理与柔性管理之间的冲突。依循科层制的理性原则使学校组织的运作井然有序、富于效率,把千差万别的个体固定在一个以理性化为主导、缺乏灵活的主动精神和创造精神的刚性管理系统中,引发一系列问题:明确分工使学校各组织部门及成员间界限分明、关系冷漠,被划分出来的边界成为教师与管理者、教师与教师、教师与学生、学生与学生之间矛盾和冲突的滋生地;严格的层级节制系统导致权威至上、等级强制,而教师在专业上的能力使其不甘于事事听命于人;对规则的过分依赖使组织成员循规蹈矩,使得本应具有创造力与生命力的教育缺乏创造性;偏重效率,使教育只重结果不重过程,只重分数而忽视人格养成等。针对科层制组织偏于刚性的管理理念与运作,柔性管理侧重人文关怀,要求解放人性,在规则中灵活变通,这与人们对民主、个人自由、自尊和尊严以及自我实现机会的渴求相吻合,也对科层组织提出挑战。学校组织中依循刚性管理理念的管理者与强调人文性的柔性管理的管理者之间存在难以调和的冲突,影响学校决策、事件处理和组织建制等。

参考文献

约翰·I.古德莱得.一个称作学校的地方[M].苏智欣,等,译.上海:华东师范大学出版社,2006.

罗伯特·G.欧文斯.教育组织行为学[M].窦卫霖,等,译.上海:华东师范大学出版社,2001.

理查德·斯格特.组织理论[M].黄洋,等,译.上海:华夏出版社,2002.

马克斯·韦伯.经济与社会[M].林荣远,译.北京:商务印书馆,1997.

吴康宁.教育社会学[M].北京:人民教育出版社,1998.

（高水红）

学校组织发展(development of school organization)
学校根据校内外环境变化所经历的计划性、整体性的变革过程。通过学校成员的持续参与,学校增进自我更新与成长、发展的能力,进而提高学校效能,达成学校目标。

组织发展源于人际关系运动,组织发展学科始自20世纪40年代后半期,50年代后半期开始其商业用途,扩展至包括学校在内的其他部门。学校组织发展的理论与实践源于20世纪六七十年代。1963年美国的R.E.迈尔斯和同事首次对学校组织发展进行有计划的研究,考察各种干预情况:数据反馈,解决问题讨论会,通过过程观察和反馈来训练小组。1965年秋,美国各大学研究人员开展大规模的科研项目"教育发展合作项目",成立了研究和探讨学校组织发展的教育协作团,波士顿大学、莱斯利学院、哥伦比亚大学师范学院、耶希瓦大学、纽瓦克州立学院、坦普尔大学、威斯康星大学、芝加哥大学和密歇根大学的研究小组参与其中。因经费原因,该项目未对组织发展的影响进行追踪研究,但由于已在23个学区收集到许多组织变量数据,项目研究者提出,有证据表明,学校和学区的创新精神随以下系统性变量的变化而变化:校长的支持、教职员认同领导的程度、教职员会议上解决问题的程序是否适当、人们是否认为奖惩制度有利于创新、同事间的信任程度、教师在多大程度上是创新建议的发起者。研究者还发现,创新精神与学生的人均教育经费无关。1967年后,学校组织发展研究最活跃的团体是由朗克尔和施穆克领导的俄勒冈大学教育政策和管理中心,其组织变革策略研究计划开展了十项科研项目和十余项分类研究,发表八十余篇论文。其研究表明,学校教职员若要调动人力物力,通过协作来解决问题,就必须有目的、积极地应对冲突。

中国台湾学者郑淑惠归纳学校组织发展的五个特点。(1)强调计划性。自然演进或突发式的反应不足以应对内外环境变迁的压力,学校组织发展必须采取有计划的步骤和策略,根据学校现状和成员需求,规划学校组织发展的蓝图和行动计划,包括制定目标,选择负责推动的单位与人员,争取必要的资源,随时观察环境变化,主动调整与变革等。(2)重视整体性。学校组织发展视学校为一个开放的系统,任何一个子系统的变化都会影响其他系统的运作,学校组织发展必须针对学校内部的结构、技术、人员及与社会的互动进行通盘考虑和规划,注意各因素间的相关性与影响,形成适合学校的发展方式。(3)学校组织发展是学校成员共同参与的团体性历程。学校组织发展首先需要争取成员的参与和合作。团体互动的历程能激励成员士气,增进成员对学校的认同和对变革的支持,亦能发挥集思广益、群策群力的作用。学校应提供成员学习和观摩的机会,激发成员的变革意识,并培养其有关学校组织发展的知识与能力,形成学校革新气氛,通过成员的参与和分工合作,整合成员对学校目标的共识,构建共同愿景,促进学校组织发展。(4)学校组织发展是一个持续的历程。学校需要持续推动组织发展,以有效应对环境变迁。学校组织发展必须争取成员的参与和资源的投入,同时持续搜集信息、发现问题、谋求改善,并在执行历程中不断地反馈、修正和创新,以达成组织发展的预期目标。(5)学校组织发展是学校自我更新的表现。学校自身的意愿和能力是决定学校组织发展能否实现并持续发展的关键。学校是变革的主体而非被变革的对象,必须主动规划发展蓝图,提供成员学习的机会和创新的环境,鼓励成员发现问题和自我研究,以培养学校主动应对环境变化和解决问题等自我更新的能力,进而有效维持学校的发展与进步。

在综合分析其他学者研究成果的基础上,郑淑惠认为学校组织发展经历如下过程。(1) 发现学校问题。学校是一个开放的系统,其运作与目标达成程度受到环境因素的影响,学校成员必须先了解学校与校内外环境互动的状况,以发现学校遭遇的问题或需要改善之处。(2) 搜集和分析相关资料。在初步了解学校问题,并确定组织发展的需要后,进一步搜集与分析相关资料,了解学校现存的或潜在的问题的性质与原因,并激发成员对组织发展需求的迫切感。(3) 将搜集的资料反馈给成员并进行讨论。负责搜集、分析资料的人员将整理归纳的结果向成员报告,反馈的顺序通常由学校行政主管开始,再依照参与管理的原则,邀请相关成员或代表参加,尤其应包括前一阶段曾提供资料的成员。在群体反馈过程中,需要提供成员共同检查、澄清和确定问题的机会,同时就改进的方向展开讨论,设定变革的项目和优先次序,形成组织发展计划和对方案的共识。成员参与和讨论能促使其明确组织发展的动机并予以认同和支持,使组织发展成为与成员密切相关的课题。(4) 制订组织发展计划与方案。在搜集诊断与反馈的结果后,学校进一步将其落实为具体内容,作为组织发展行动的依据。组织发展的计划与方案是学校愿景以及诊断、反馈结果的书面化过程,其内容必须具体、完整,以作为实际行动的依据。组织发展的计划与方案包括计划的目标、具体实施内容、实施步骤、实施时程、执行成员、资源运用、相关条件的配合及评估方式。(5) 建立成员对组织发展计划与方案的认同。学校组织发展是一个整体与持续的历程,学校需要争取教职员工的认同与支持,才能有效推动组织发展计划和方案的实施。(6) 有效执行组织发展计划与方案。这是将组织发展计划与方案转变成实际措施的历程,须以良好的计划与方案为基础,并配合成员的认同,渐进推动。(7) 评价组织发展的成效并追踪改进。为有效了解组织发展的进程与成效,学校必须制订有计划的评价方案。在组织发展计划中即明确制订评价计划,包括评价的目的、方法和标准等。学校组织发展是一个循环的历程,学校必须持续地推动与检讨,才能真正达成组织发展的目的。

(褚卫中)

学校组织结构（structure of school organization）学校全体人员为实现学校目标,进行管理工作的分工协作,在职务范围、责任和权力方面形成的结构体系。内容主要: 职能结构,即达成学校目标需进行的各项业务工作及其比例和关系;层次结构,亦称组织纵向结构,即各管理层次的构成;部门结构,亦称组织横向结构,即各管理部门的构成;职权结构,即各层次、各部门在权力和责任方面的分工及相互关系。各级学校的组织结构因组织规模的扩展而日益复杂,并具有相应特点。

初等和中等学校组织一般有决策层、管理层和执行层三个层次,具有以下特点。一是对教职员工和学生实行双线管理。学生管理是学校管理的出发点和落脚点,在规模较大的学校分三个管理层次,即校长管理层、年级管理层和班级管理层,规模较小的学校不设年级管理层。教职员工是管理者,也是被管理者,其管理分三个层次:最高层为决策层,指校长和校长领导下的校务委员会,其基本职能是确定学校的大政方针;第二层为管理层,分教育系统、教学系统、体卫系统和总务系统四个系统,运用各种管理手段实现决策方针,规模较小的学校可只设教导处和总务处两个系统;第三层为执行层,即各系统所属的组、室,直接贯彻执行管理指令,组织和领导教职员工开展教育、教学、体育卫生、勤工俭学和生活管理活动。二是班级管理设置年级组。学校规模扩大后,通过设置年级组减小管理幅度,增加管理层次,有效提高管理效率。

高等学校不同于其他社会组织的本质特征在于其学术性。高等学校作为由生产知识的群体构成的学术组织,存在学术权力和行政权力,两种权力在高校以院系为横向、以学科为纵向形成矩阵组织结构。不同国家由于高等教育历史和文化传统的差异,高等学校的组织结构各具特色。美国、苏联、德国、日本和法国等国高等学校的内部管理机构大致分为两类:一类是苏联和日本的"一长制",校长对全校工作负责,在校长领导下,各职能部门充分发挥各自作用;另一类是美国、德国和法国等国的"委员会制",如美国高等学校的管理机构是董事会,德国是委员会,法国是理事会。校级以下的管理机构有两种情况。一种是美国、德国、日本等国的高等学校,实行二级结构:美国高校为院和系,分别由院长和系主任领导;苏联高校为系和教研室,分别由系主任和教研室主任领导,中国高等学校的建制与此相同,并沿用至20世纪80年代末,90年代初部分高校因科研对外的需要,改教研室为研究所等;德国高校为系和讲座,分别由系主任和讲座主任领导;日本高校为学部和讲座,分别由学部长和讲座主任领导。另一种是法国的高等学校,实行一级结构制,即校级以下只设立教学和科研单位,由单位理事会选举的主任领导。

英国的大学组织结构有三级。最低一级是系。一个学科为一个系,讲座教授一般任系主任,拥有系正式的最高权力,也有的系由非教授人员担任系主任。系主任职位任期3年。传统上,英国大学体系的权力等级不严,决策较民主,绝大多数系设系委员会,由全体教学人员组成,有时有学生代表参加。大学组织结构的第二级是学部,由相关的系组成,其决策机构是部务委员会,通常包括全体教授、非教授系主任、全体副教授和高级讲师,有时还有其他教学人员代表。学部主任由部务委员会选举产生,担任该委员会的执行人员兼主席,通常由教授担任,多数任期2~3年。学部主任下常设1~2名副主任协助主任工作,一般由非教授人员担任。大学组织结构的最高一级是校级,包括四个主要机构,即校务委员会、理事会、评议会和副校长。校务委员会是形式上的最高权力机构,其成员包括地方显贵、市政官员、各种协会和组织的代表及校友、教师和学生代表,通常一年举行一次会议,确保与地方舆论的联系。理事会是大学的最高管理机构,主要由外界人士组成,负责财务、校舍、设备规划和维护以及正式批准教师任命。评议会享有制定大学学术政策的全部权力,由各学院院长、各系系主任、全体教授和少数教师、学生、职员代表组成。副校长是特许状指定的首要学术和行政官员,为大学教务和行政事务的最高领导人(大学校长系荣誉职位),一般由校务委员会任命,亦是评议会的当然主席,任期无限制。

美国大学组织结构中,系是围绕某一学科的共同利益而组织的相对统一的机构,在职称等级的垂直结构上具有并不严格的等级性,系的权力在教授、副教授和助理教授(有时也有讲师)之间分配。在某些问题上,系主任须同教授或享有终身制的副教授甚至全体教学人员商讨,以少数服从多数为主要原则。系主任向组织等级中的上级即院长或校部官员负责,同时也向组织等级中的下级即同事负责。系主任人选通常由行政部门与系的成员商讨后决定。系主任同时负责教学工作和行政工作。大学组织结构中的第二级是学院。学院院长一般由大学的最高官员任命,并作为中心行政机构的成员,配备助理院长和辅助人员,拥有独立于教授团体的权力。每个学院设有一个或几个团体机构,如文理学院教授会、本科生教授会、研究生院教授会等,这些机构不定期开会,听取各自院委员会和院长的报告,并以集体投票方式进行决策。学院具有二元结构,行政机构控制预算,教学人员监督课程,两者联合负责学生工作。大学中校一级管理机构有董事会、校长和评议会。董事会居大学管理机构的最高点,把持大学发展的宏观政策和方向,董事会成员由政府任命,极少数由公众选举。校长由董事会任命,全面负责学校内外部事务,一般设若干副校长协助校长工作。评议会为高校学术管理机构,主席由校长兼任。规模较小的高校,评议会由全体教师组成;规模较大的高校,评议会包括各单位教师代表,一般是教授或副教授。近年美国高校评议会逐渐增加行政管理人员代表、学生代表等非教学科研人员。

中国高等学校实行党委领导下的校长负责制,校内组织结构一般为校级、部门(院、系)、研究所(教研室)。系是高校校、院、系三级机构的基础层次,主要由三部分组成:系党总支部、系行政机构和系学术民主管理机构。系党总支部是大学基层的政治核心,全面负责系的政治工作,并具有学术管理职能,在师生思想政治教育及教师人事管理方面也发挥重要作用。系行政机构由系正、副主任及有关办公室等组成。系主任是校长任命的系行政负责人,是全系学术管理的关键人物,直接领导和组织系的教学、科研及其他方面的行政工作。系学术委员会是系一级主要的学术民主管理机构,在系主任领导下行使学术评议职能。自20世纪50年代起,中国高等学校一直沿用苏联的校、系、室三级模式,至80年代末尤其是90年代,高校合并、联合和内部扩充增强,系科不断分化,许多学科较多的高校增设学院,原三级机构转变为校、院、系三级机构。高等学校在学校层次的管理组织包括校党委机构、校学术行政机构和学术民主管理机构。校党委统一领导学校工作。校学术行政机构是以校长为首,包括副校长和各有关职能处(室)的管理体系。校长接受内外双重领导:在校内,校长接受校党委领导,执行党委或党委常委会议的决议;在校外,校长接受政府及其主管部门的集权领导,执行政府及其主管部门的有关规章和指示。校长权力相对有限。大学学术民主管理机构主要由学校教职工代表大会、学术委员会、教师(职称)评审委员会(或评审组)、学位评定委员会等组成,在校党委或校行政领导下行使民主参与权利,对学校学术事务实行民主参与管理。

高等学校组织结构具有以下特征。(1)高等学校组织中的权力结构是学术权力与行政权力并存的二元权力结构。从事专业教学的教授拥有学术权力,围绕大学目标管理大学的管理者拥有行政权力。在校、院、系三层结构中,教授的学术权力在系一级充分发挥,管理人员的行政权力在校一级得以加强。各国高校近年的改革均重视学术权力与行政权力的互补与协调,在学院(部)和校一级的决策机构中,其人员构成注重学者和管理者的平衡与协调,并增加非教授教学人员和学生的比例。(2)在行使学术权力和行政权力方面,实行个人负责制与会议制相结合的体制。英国、美国和中国高等学校的(副)校长都对校内外各项事务负有主要责任,而会议制有效保障各利益群体的参与和决策的科学化、民主化。会议制下属各委员会具备决策、审议咨询、指挥执行和保证监督等多种管理职能,每个委员会主要执行其中一种或两种职能,从制度上保证个人决策与集体决策相结合。(3)系是高等学校学术管理和行政管理的重心,是教学和科研基地。(4)注重教授在高等学校中的作用。在学术事务中,教授有较大的空间,教学和科研主要由教授承担。

参考文献

胡安娜. 英、美、中三国高等学校组织结构的比较[J]. 教育导刊, 2002(12).

伯顿·克拉克. 高等教育系统——学术组织的跨国研究[M]. 王承绪, 等, 译. 杭州: 杭州大学出版社, 1994.

许宏. 德、英、美三国高等学校组织结构的比较与分析[J]. 比较教育研究, 1997(2).

赵爱军, 顾玉林. 大学内部管理组织结构的思考[J]. 中国高教研究, 2002(5).

(黄跃奎)

学校组织社会学（sociology of school organization）运用社会学理论和方法研究学校组织的性质、目标、结构、功能、组织文化以及成员间互动等社会学特征的学问。

学校是一种正式组织，是人们为达成学校教育目标而结合形成的社会组织。1932 年，美国教育社会学家沃勒在《教学社会学》（*The Sociology of Teaching*）中运用社会学观点研究学校组织。最早把学校视为组织进行系统研究的是美国学者比德韦尔，他在 1965 年出版的《组织手册》（*Handbook of Organization*）中明确提出"学校作为正式组织"的命题。

关于学校组织的性质，不同的社会学理论有不同观点。功能论认为，学校是由各具特色的子系统或部分组成的社会群体或社会组织，每个子系统各有其目标，组合在一起构成一个有机整体。整体中有一部分出现问题或者彼此不和谐、无法发挥应有功能，则其他独立的部分也会受影响。为实现正常运转，学校必须被视为一个各部分相互依赖的社会整体。冲突论认为，学校是许多利益集团为实现其文化的、政治的、经济的乃至道德的利益而相互斗争的场所，学校实现不同的功能。结构主义的建构论认为，学校实质上是一种"场域"，是社会生活的一个领域；每一个场域就是一个力量场和斗争场，前者表现为资源分配的不平等及由此导致的统治者与被统治者之间的力量关系，后者表现为社会能动者为维持或改变这种力量关系而相互对抗。

据美国组织社会学家埃齐奥尼关于组织性质的分析框架，学校组织本质上属于规范性组织。规范性组织对其成员的支配主要依靠精神的监督手段，如规范约束、道德反省、良心驱使等，成员对组织的服从和参与基本上是主动的、积极的。学校教育活动的有效机制是内化，内化是无法通过物理手段实现的；学校组织中，教师是社会代表者，必须表现为自重、自尊和自律，其最有效的支配手段只能是规范约束、道德反省、良心驱使等，学生则是具有较强社会可塑性的特殊阶层，精神监督手段最具教育性。当然，作为宏观社会系统中的一个子系统，学校必须服务于社会及国家目标。20 世纪 50 年代后，许多国家从国家利益出发确立了义务教育体制，强制规定学龄儿童的修学年限，学校组织呈现由强制权力实行统治的状况，又具有一定的强制性，有学者据此认为，学校实际是具有强制性的规范性组织。

关于学校组织的目标与功能，学校的常规目标是为社会系统的主要目的服务，如维持现有社会体制和秩序，再生产现有的社会结构和关系。这些主要目的规定学校的办学方向，指导各种教育活动。而学校作为社会组织的主要活动就是对儿童进行社会化，实现其社会功能，学校是儿童社会化的主要机构。通过社会化，儿童接受社会的价值观和必须遵循的社会准则，成为社会成员。学校主要对儿童进行传递知识和技术的"认知社会化"和形成价值观及行为方式的"道德社会化"。前者指学校是培养具备特定的系统化知识和专业技术的人才的主要机构；后者指学校在传递社会共同的价值观和行为方式上具有奠基性作用。此外，学校还具有选拔功能，为阶层化社会培养不同层次的人员，是社会分层的"预演"。

关于学校组织的结构，学校组织具有规范成员行为的静态的职务权责结构，即"科层体制"。德国社会学家 M. 韦伯认为，这种组织具有规章至上、职权分明、地位分层等特征，其积极影响是具有合理性、程序化、高效率。学校组织结构有两个特征，即异质结构和多权威结构。前者表明，整个学校组织中存在泾渭分明的两大异质群体，即教师群体和学生群体，他们在学校组织中互为异质成员，其组织目标不同，师生之间难以形成共同的群属感，存在社会距离，师生关系带有强烈的支配—服从色彩。教师与学生在社会责任（文化传递者与文化学习者）、社会地位（社会代表者与社会未成熟者）上是分属两极的异质成员。后者表明，教师是学校中的正式权威或制度权威。

学校组织文化是揭示学校社会学特征的标志性层面。可以从不同角度区分学校文化。从学校文化的社会学特征角度而言，学校文化是一种规范文化和制度文化，是社会期待学校（包括其各类成员）具有的文化，包括信念、价值观、态度及行为方式等，体现社会对学校在文化方面的正式要求，并通常以国家正式文件的形式明确规定。学校规范文化是区别于其他机构的制度文化，具有普遍主义、成就本位的特征，前者指学校中认可的价值、规范、态度、行为模式等具有普遍性，后者指学校是以成就为中心的对学生进行评价的社会组织。从文化自身的群体归属角度而言，学校文化包含教师文化与学生文化。教师文化的社会学特征在于：根据教师文化与社会需求之间的关系，教师文化首先是规范文化，即符合社会要求和期待的文化；根据教师文化与学生文化的关系，教师文化是"权威文化"，不论学生对教师文化抱何种态度，教师都会自觉或不自觉地、诱导性地或强制性地使学生承认并接受自己的文化，同时，教师以自己的文化为参照去评价学生文化，并根据评价结果采取相应措施，或促进或抑制学生文化的发展；根据教师文化所属的"文化层次"，教师文化是精制编码文化，其思维更合乎逻辑性，信仰更具有科学性，价值更具有普遍性，态度更具有合理性，行为方式更具有稳定性。相对于教师文化，学生文化的社会学特征在于：根据学生文化与社会要求之间的关系，学生文化首先是"需求文化"，即首先以满足个体需求为目标，带有更多的个体独特性；根据学生文化与教师文化的关系，学生文化是"受抑文化"，即经常受到教师的评价和监督，不能自由地按个体内在的需要发展；根据学生文化所属的"文化层次"，学生文化是从局限编码文化到精制编码文化的过渡。

（吴永军）

学校组织文化（organization culture in school）
学校在长期的教育实践和与各种环境要素的互动过程中创造和积淀下来的,并为其成员所认同和共同遵循的价值观念体系、行为规范体系以及物质风貌体系。是各种文化要素相互整合的产物,亦是一学校区别于其他学校的重要特征。

学校组织文化的性质　美国教育社会学家沃勒认为,学校文化的特殊性体现在三方面:学校文化使学校成员尤其是学生深受各种规范的影响,从而满足成员的需要,进行学习;学校文化形成于年轻一代的文化和成人有意识安排的文化;学校存在文化冲突。中国台湾学者林清江认为,学校文化的性质表现为五方面:学校文化是一种亚文化(次级文化),既反映社会文化,亦有其独特性;学校文化是一种综合性文化,是成年人与年轻人的文化综合,以及校内文化与校外的文化综合;学校文化是一种对立与统整互现的文化,表现为教师与学生在价值观、行为形态、内在期望等方面的差异以及由此导致的文化冲突,一所学校中的教师文化与学生文化具有对立统一关系;学校文化兼具积极功能与消极功能,其功能发挥有赖于学校管理者引导学校文化朝有益于开展教育工作和达成教育目标的方向发展;学校文化是一种可予以有意安排或引导其发展方向的文化。学校组织文化有四个特征。一是亚文化性。作为社会子系统的学校受到社会政治、经济和文化的影响,学校组织文化与社会主流文化密切相关,处于亚文化地位,反映社会主流文化的基本精神。二是综合性。学校组织文化是教师文化、学生文化、行政人员文化、社区文化、学校物质文化、学校制度文化等诸多文化构成要素的综合和融合。三是整合性。学校组织文化的形成与发展过程是教师文化同学生冲突与和谐、对立与统一的过程,是一个不断冲突与整合的过程,正是在这种过程中,学校组织文化发挥对年轻一代的教育功能。四是合目的性。学校文化虽然客观上受社会文化的影响,但学校领导者和教师总是有意识地使学校组织文化反映学校教育的理想与办学目标,努力发挥学校文化中积极因素的作用,尽量消除消极因素对学生的影响,使学校组织成为一个理想的文化环境。

学校组织文化的功能　学校组织文化既有正向功能亦有负向功能。其正向功能如下。(1)标识功能。学校组织文化是学校组织区别于其他组织的标志,使学校呈现某种独特氛围,与其他社会组织和其他学校区别开来。学校的校训、旗帜、口号、校服、建筑等蕴含学校文化价值的文化资源是学校组织鲜明的标识物。(2)稳定功能。学校组织文化是学校共有的价值体系与意义体系,在学校系统的运作与发展过程中成为组织团结与稳定的重要力量,使学校组织能够面对并解决来自学校内部和外部的挑战,免于混乱和动荡,也减轻学校组织成员面临各种不确定因素时产生

的焦虑,确保基本的组织安全与保障。(3)导向功能。学校组织文化是社会文化系统中的亚文化,同时是学校领导者和教育者有意安排和引导学校发展方向的文化,一定程度上反映和折射社会文化的主体导向,并对学校组织发展和青少年学生的身心发展具有一定导向作用。(4)凝聚功能。学校组织文化为学校成员提供进一步理解和认同学校组织的载体,其在根本上是一种意义理解的框架,使学校成员了解学校组织的历史、精神和目标,亦反映学校成员在认知、情感等方面的共识,满足成员的组织归属感。(5)激励功能。学校组织文化是一种内化的规范的力量,组织成员对学校组织文化的理解和认同,其所信奉的价值和蕴藏于内心的无意识的假设等,都可能激发和驱使组织成员对学校组织的生存与发展、对学校教育事业的改革与发展等投入极大热情与关注,从而不计个人利害得失,积极而热诚地投入学校工作。(6)规范功能。学校组织文化为学校教育教学工作和学校管理提供活动框架,学校的各种制度和规范都与学校的主流文化保持一致,学校组织文化为学校成员提供思想和行为的规范与标准,使组织成员感受到身为组织一员应履行的组织角色。学校组织文化的负向功能如下。(1)主流文化与亚文化的矛盾与冲突导致组织整合困难。学校中的亚文化是"冲突的亚文化"(conflicting subcultures),在学校组织中,一旦整体性的学校组织文化(或学校主流文化)与次级组织文化产生冲突,就会给组织整合带来诸多困难,并导致组织效能的下降。只有当学校的主流文化为成员所理解、接受、认同并内化为内在价值,才能避免亚文化与主流文化的冲突甚至亚文化凌驾于主流文化之上的危机。(2)学校组织文化的保守性成为学校组织变革的障碍。学校将人类文明积淀的既成文化成果传递给年轻一代;学校教育的性质决定了学校教育更多的是一个文化积累的过程;学校教育(文化影响)的成果具有长期性和滞后性。这些决定了学校组织文化不可避免地具有保守性。学校组织文化在组织的稳定与发展、组织效能的提升以及成员的归属、认同与沟通等方面具有重要影响,但也存在阻碍组织变革、与主流文化产生矛盾与冲突等负向功能。学校管理者须重视培育学校组织文化,发挥学校组织文化在学校改革与发展中的正向功能,避免或克服其负向功能,因势利导,促进学校教育教学质量的提高。

学校组织文化的结构　学校组织文化包括精神文化、规范文化和物质文化三个层面。

学校精神文化是一所学校在长期的教育实践中创造和积淀下来并为其师生员工所认同和遵循的文化传统、价值观念、道德情感、思维方式、人生态度及政治观念等。从心理学的角度,学校精神是学校群体在长期的教育、教学实践中积淀的共同的心理和行为中体现出的群体心理定势与心理特征。学校精神文化是学校文化的内核和灵魂,是学校

整体精神面貌的体现和学校生存与发展的原动力,反映学校的成熟度和内涵发展。创建良好的学校精神文化是提高学校整体办学水平和教学质量的重要途径。学校精神文化的内涵丰富,既包括学校的教育理念以及学校成员的世界观、人生观、价值观、道德观等意识形态观念,也包括学校成员的思维方式和情感模式等。学校精神文化内化为学校成员的思想观念和行为准则,从而形成和决定学校组织文化在思想、感情、信念和观念等方面价值取向的一致性,塑造学校成员的心理、性格和自我意识。

学校规范文化包括制度文化和行为文化两个层面。学校制度文化指学校文化中的制度部分,包括学校各种条例化和文本化的规章制度、行为规范和纪律,以及学校中无形的习惯和约定俗成的规范等。学校制度文化体现和规范学校组织中较稳定的互动模式与交往关系,反映学校组织中不同的社会地位与角色特征。学校制度的制定与执行从一个侧面反映制定者和执行者的教育思想与价值观念,形成学校组织特有的文化现象。按照颁布和制定管理常规的部门层级,学校管理制度分为国家制定的、地方教育行政部门制定的以及学校根据自身实际制定的。建立和完善学校制度文化旨在通过各类学校制度规范学校各类人员的行为。学校行为文化指学校主体所体现的文化形态,是学校观念文化的外化,内容包括:师生员工的生活方式、行为方式、思维方式以及在此基础上形成的校风、教风、班风、学风等学校气氛;多种形式的文化、体育和娱乐活动。美国优质教学研究所创始人萨费尔等认为,如果学校组织文化显著,则教学改进是有意义的、持续不断的和普遍的;反之,如果学校文化呈弱势,则教学改进是短暂的、散漫的和缓慢的。他们认为有若干种行为文化影响学校的改进:同心协力、尝试新事物、高期望、信任与信心、明确的支持、具有知识基础、赏识与认可、关怀、庆祝与幽默、参与决策、维护学校的重要之事、传统、诚实、开放性沟通。学校行为文化很大程度上体现为学校组织气氛(the organizational climate of schools)。学校组织气氛是指一所学校区别于其他学校的一系列组织心理特征,主要包括学校成员共同的价值观念、社会信念和社会标准等。组织内部长期形成的文化氛围可使成员亲身体验到,并对成员行为产生影响。较有代表性的学校组织气氛研究有五项。

一是学校组织气氛描述问卷研究。美国社会学家哈尔平和克罗夫特较早进行学校组织气氛研究。哈尔平等人认为,组织气氛为组织成员所亲身体验,可通过教师问卷获得描述学校组织气氛的关键性因素。1962年他们共同编制学校组织气氛描述性问卷(Organizational Climate Description Questionnaire,简称OCDQ)。哈尔平等人认为,校长的四种行为特征对学校组织气氛的形成具有重要作用,分别是冷淡、注重工作、推进力、体贴关心;教师也有四种行为特征

影响学校组织气氛的形成,即敷衍了事、障碍、精神状态、亲密。在以高度亲密为特征的学校,教师心态开放、彼此信任、相互评价,共同参加校外社会性活动。哈尔平与克罗夫特综合研究校长行为特征与教师行为特征,总结了六种学校气氛:开放气氛,以高昂的精神和教师表现出的低度的敷衍了事、高度的推进力为特征;自主气氛,以高度冷淡与低度体贴关心为特征,组织气氛近乎完全自由;控制气氛,以高度注重工作、高度障碍和低度亲密为特征;随意气氛,以低度注重工作、低度障碍和高度亲密为特征;家长气氛,以低冷淡与高体贴为特征;封闭气氛,以低精神状态、高敷衍了事、低推进力为特征。

二是学校组织气氛指标研究。受勒温“行为是个性与环境相互作用的函数”这一原理影响,美国学者G. G.斯特恩运用需要—压力模式解释行为,认为必须从主体与环境相互作用的角度来理解学校组织中的个体与群体。他最初设计了30个决定或影响组织气氛的需要—压力变量,后将其概括为六个学校组织气氛指标(Organizational Climate Index, OCI):学术气氛,该指标得分高的学校具有培养学生对人文科学和自然科学的学术兴趣的环境,学校工作气氛以学术活动和学术研究为一般特点;成就指标,该指标得分高的学校重视刻苦工作、坚忍不拔的精神和对学校目标的责任感;支持扶助(支持性),该指标得分高的学校的组织气氛强调公正无私,对所有人一视同仁,尊重个人人格;务实精神,该指标得分高的学校具有鼓励和促进教师有效完成任务的工作环境,工作进程计划得当,安排紧凑,教师共同合作,卓有成效地实现各项组织目标;井然有序(条理性),该指标得分高的学校的组织结构和工作进程井井有条,教师遵循既定的程序开展工作,教师的各种行为符合学校规范,代表学校形象;冲动控制,该指标得分高,意味着学校工作环境中存在各种限制和约束,几乎没有个人表现机会或任何形式的冲动行为。G. G.斯特恩进一步将上述六项指标概括为发展性压力(development press)与控制性压力(control press)。发展性压力指强调理智活动、成就、务实精神,尊重个性完整,关心程序的条理性等组织气氛;控制性压力指具有强烈的压抑和限制特征的组织气氛。发展性压力得分高的学校,其组织环境的特点是注重智力活动和交往活动,鼓励个人表现,推动成员有所作为,关心学校成员的个人需要,允许并鼓励学校成员具有各种行为风格。控制性压力得分高的学校,其组织环境的特点是强调秩序和结构,重视规章制度的执行,以工作而非以个人为主。

三是学校组织特征测量研究。利克特在所著《管理的新范式》(New Patterns of Management,1961)和《人的组织》(Human Organization,1967)中发展了分析组织氛围的理论,并将其运用于学校组织气氛分析。利克特提出对管理系统进行分类的度量方法,并转化成量表,量表包括领导

过程、动机力量、信息沟通过程、交互影响过程、决策过程、目标制定、控制过程、执行目标和训练八个变量。据此并参照组织中的上下级关系特征,利克特将组织分为严厉权威型、仁慈权威型、民主协商型和群体参与型四类管理系统,并在此基础上设计组织特征测量量表(Profile of Organizational Characteristics Measure,POC),研究组织氛围的变化。1968 年,利克特设计用于研究学校组织气氛的问卷,并开展较大规模的调查研究。结果表明,学校气氛越宽松,该系统的参与性就越强;学校组织的效能和卓越程度与参与性系统高度相关:在参与性学校系统中,教师的出勤率和工作效能都较高,且对校长富有好感;学生和教师对参与性学校最为满意,对权威性学校最不满意。

四是关于学生控制的研究。沃勒、威洛厄和 R. G. 琼斯等学者从社会系统的角度出发,将学生控制(pupil control)作为学校社会系统的关键因素之一,并由此入手研究学校组织气氛。学生控制即学校领导和教师对学生的看法及相应的管理方式。有监管型和人本化两种不同的学生控制取向。监管型学校被视为专制型学校,重视维持秩序,组织气氛刻板而沉闷;人本化取向的学校倡导学生自我约束,并以此代替教师控制,师生交往频繁,信息双向沟通,学校气氛民主和谐。随着学生自主意识与社会民主意识的加强,人本化取向的学校日益取代监管型学校。

五是校风研究。中国有关学校组织气氛的研究大都为校风研究。校风具体表现为学校领导者的领导作风、教师的教学作风、学生的学风和职工的工作作风,校风是教风、学风和学校领导作风的函数。学校领导作风是学校领导者工作态度、工作方式等的综合表现;教风是教师职业道德、工作态度、专业知识、教学能力和教学方式等的综合表现;学风是学生学习动机、兴趣爱好、学习方式和价值观念等的综合表现。校长是学校的组织者和领导者,优良的校风依靠校长倡导;教师是学校教育理念、办学策略的具体执行者,在教与学的过程中,教师的思维方式、治学态度和行为等直接影响学生的品德、言行、知识的积累和才能的增长。

学校物质文化是学校组织文化的外在标志,如校园中具有文化意义、承载文化内涵的物质环境,以及校园规模、建筑设备、庭院布置等。学校的物质环境是学校文化运作的客观结果,表达学校已形成的价值观念、审美情趣和道德风尚。中国台湾学者林清江认为,学校物质文化主要影响学生的心理平衡、价值观念、态度和学习方式,有利于学校传统的保存和传递。不同的学校物质环境形成不同的组织气氛,色彩的冷暖选择、线条的直曲搭配都可能引起师生员工不同的情绪反应:色彩明快、线条简洁的校园风格营造积极进取、开拓创新的气氛;古朴典雅、色彩凝重的校园风格使人感受到严谨求实、深沉渊博的氛围;校园内象征性的标志易激发师生员工的热情,唤起学校成员的爱校意识。在建筑风格方面,早期的学校被设计成工厂样式,传递注重效率和将教育与生产类比的教育观念。现代学校建筑的规划、设计和建造遵循"功能分区、合理布局",学校建筑结构体现一定的美学意蕴,注意传统风格与现代气息的结合。校园环境应形成自身特色,富于象征意义,反映学校文化内涵。教室或学校教育场所的布置亦会影响教师和学生的心理与情绪,整洁的教室或空间使人快乐、舒适并产生继续在其中活动的愿望,教室内布置健康、优美的和与青少年教育有关的图画可增加教室环境美感,并促进学生身心健康发展。学校的文化标志物,如校牌、校旗、校徽、校服、校标、校报等,亦传递学校的文化价值。

参考文献

吴清山. 学校效能研究[M]. 台北:五南图书出版公司,1992.

Halpin, A. & Croft, D. The Organizational Climate of Schools [M]. Chicago, IL: Midwest Administration Center of the University of Chicago, 1963.

Owens, R. G. & Steinhoff, C. R. Towards a Theory of Organizational Culture [J]. Journal of Educational Administration, 1989, 27(3).

Robbins, S. P. Organizational Behavior: Concepts, Controversies, and Application[M]. 8th ed. Upper Saddle River, NJ: Prentice-Hall, 1998.

Schein, E. H. Organizational Culture and Leadership[M]. 2nd ed. San Francisco: Jossey-Bass, 1992.

(范国睿)

学业证书制度(system of certification and degree) 学校及其他教育机构按照国家有关规定,颁发学历证书或其他学业证书的管理体系。学业证书通常与国家的学制系统相联系,受教育者受完不同阶段或不同类型的教育,可以获得同时也只能获得相应阶段或相应类型的学业证书。

中国的学业证书制度在横向上包括学历证书制度、学位证书制度和其他学业证书制度;在纵向上,亦即按修学的时间跨度进行分类,包括小学教育学业证书制度、中学教育学业证书制度和高等教育学业证书制度。

学业证书的横向分类

学历证书 俗称"文凭",与国家的学制系统相联系,指经国家批准设立或认可的实施学历教育的学校及其他教育机构对在该学校或其他教育机构正式注册参加学习的学生颁发的表明其完成教学计划规定的学业任务,达到国家规定的合格标准的书面凭证。包括毕业证书、结业证书和肄业证书三种。

毕业证书是对毕业生,即完成规定的学业任务并达到合格标准的学生颁发的一种学历凭证。凡经正式注册取得学籍的学生,学完教学计划规定的全部课程,考试成绩及格(或修满学分),德育、体育考核合格,准予毕业者,即发给毕业证书。按照中国现行的学制系统,主要有小学、初中、高中、中等专业学校、高等专科、大学本科、硕士研究生及博士研究生毕业证书等。在义务教育阶段,小学毕业证书和初中毕业证书在有些地区已经合二为一进行发放,称"义务教育毕业证书"。

结业证书是对学完规定的学业课程而部分课程尚未达到合格标准的学生颁发的一种学历凭证。学生结业离校,其学历与毕业学历是一致的,结业者可按有关规定,在一定的期限内就不及格课程回校补考,补考及格后结业证书可换发毕业证书,并享受同等学历毕业生的待遇。

肄业证书是为参加了一定阶段的学历教育课程学习而中途终止学习的学生(即肄业生)颁发的一种学历凭证。肄业证书只是学生曾在某一级学历教育的学校或其他教育机构学习的一种证明,按规定持有者的待遇视同于低一级学历的毕业生。

学位证书　国家或高等学校以学术水平为衡量标准,通过授予一定的证书来表明专门人才知识能力等级的制度。详"学位制度"。

其他学业证书　除学历证书和学位证书以外的学业证书,不完全与国家学制中的学历教育相联系,是学校或者其他教育机构给受教育者发放的一种不同于学历证书的学业证明。包括:成人高等教育试行的专业证书,其他各种培训、学习计划完成后颁发的培训证书,职业技术教育施行的技术等级资格证书,写实性学业证书等。

专业证书是指用人单位根据工作岗位的需要,选拔已在专业技术岗位或专业技术性较强的管理岗位上工作的人员,为使其达到上岗任职所要求的专业知识水平,有目的地进行专业知识教育的一种教育证书制度,只在本行业、本专业的工作范围内适用,仅作为评定、聘任专业技术职务、管理职务和其他职务的任职资格的依据之一。培训证书是对受教育者颁发的,表明其已达到就业前或者上岗前已完成必要的职业技能教育和技术训练的一种证明。技术等级资格证书是对受教育者在接受职业技术培训期间经劳动部门组织的技术等级考核合格而颁发表明其已具备就业上岗所需要的某种职业某一等级技能或技术的一种凭证。《中华人民共和国职业教育法》第八条规定,"实施职业教育应当根据实际需要,同国家制定的职业分类和职业等级标准相适应,实行学历证书、培训证书和职业资格证书制度"。接受职业教育的学生在完成职业教育、获得相应的学历证书的同时,还可以获得培训证书或技术等级资格证书等不同的非学历性证书,这些证书作为职业教育的受教育者参加就业或上岗的凭据。写实性学业证书是指依法设立的办学

单位(学校或其他教育机构)经教育行政管理部门批准实施培训、进修教学计划,对完成一定的培训、进修课程的学习,考核合格的学员发放的相应的一种证书。要求如实记载学员在该单位学习的时间、课程及成绩考核情况,作为学员学成后走上社会或回原工作单位供有关部门录用或调动、晋升岗位的参考依据。非学历证书尤其是写实性学业证书体现了非学历教育多样性、灵活性和实效性的特点,满足了不同群体对教育的多样化的需求。

学业证书的纵向分类

小学教育学业证书　1996年国家教育委员会颁发的《小学管理规程》第十三条规定:"小学对修完课程且成绩合格者,发给毕业证书;不合格者发给结业证书,毕业年级不再留级。对虽未修完小学课程,但肄业年限已满当地政府规定的义务教育年限者,发给肄业证书。"第十七条规定,"小学学籍管理的具体办法由省级教育行政部门制定"。

中学教育学业证书　1952年教育部颁发的《中学暂行规程(草案)》规定:"学生修完初级中学或高级中学三年课程,各科学年成绩和操行成绩均及格者,准予毕业。由学校根据中央教育部规定格式制定毕业证书,报经省、市文教厅、局审核验印后发给。"1983年教育部在《关于进一步提高普通中学教育质量的几点意见》中规定:"对没有学完教学计划所规定的课程,德、智、体没有达到合格要求的学生,只发给结业证书;一年内在原校补考及格,才可发给毕业证书;中途退学的只发给肄业证书。具体办法由各省、市、自治区的教育厅(局)制定。"1990年国家教育委员会在《关于在普通高中实行毕业会考制度的意见》中决定全国普通实行高中会考制度。凡思想品德表现(包括社会实践)合格,会考成绩达到学籍管理中毕业生文化课成绩合格标准,体育达到合格标准的学生,可以取得普通高中毕业证书。普通高中毕业证书由省、自治区、直辖市教育委员会、教育厅(局)印制,地(市)级教育行政部门验印,学校颁发。1992年国家教育委员会颁布《职业高级中学学生学籍管理暂行规定》:"在籍学生,思想品德合格,学完教学计划规定的全部课程,考核成绩及格,准予毕业,发给地、市、州教育行政部门验印的毕业证书"。"毕业时,学完全部规定课程,经补考后学科成绩仍有不及格或操行总评不合格者,发给结业证书。毕业后一年内经补考(限一次)成绩全部合格或由用人单位(户口所在地区)作出鉴定,证明操行评定达到合格者,可换发毕业证书,并注明'补发'字样,其毕业时间自换发毕业证时算起。""勒令退学的学生可发学历证明,开除学籍的学生不发学历证明。"

高等教育学业证书　2005年教育部发布的《普通高等学校学生管理规定》指出:"学生在学校规定年限内,修完教

育教学计划规定内容,德、智、体达到毕业要求,准予毕业,由学校发给毕业证书。学生在学校规定年限内修完教育教学计划规定内容,未达到毕业要求,准予结业,由学校发给结业证书。结业后是否可以补考、重修或者补作毕业设计、论文、答辩,以及是否颁发毕业证书,由学校规定。对合格后颁发的毕业证书,毕业时间按发证日期填写。符合学位授予条件者,学位授予单位应当颁发学位证书。学满一年以上退学的学生,学校应当颁发肄业证书。"国家教育委员会在1993年12月制定的《普通高等教育学历证书管理暂行规定》中进一步认定:"普通高等教育学历证书分为毕业证书、结业证书、肄业证书三种。""普通高等学校接收的进修生,进修结束后可取得进修证明书。""普通高等学校未按国家招生规定而自行招收的学生以及举办的各种培训班的学生,学习结束后学校只能发给学习证明书,不得颁发毕业(结业、肄业)证书。"

普通高校毕业和结业证书。由国家教育委员会统一制作,学校填写后颁发,肄业证书由学校自行印制并颁发。统一制作的学历证书内芯印有"普通高等学校毕业(结业)证书"、"中华人民共和国国家教育委员会印制"及防伪标志。从1994年起凡未使用"国家教育委员会印制"的毕业或结业证书内芯而自行印发的毕业或结业证书,国家一律不予承认。国家教育委员会在颁发《普通高等教育学历证书管理暂行规定》的同时,制定和颁发相应的实施细则和普通高等教育学历证书式样规格,并在《关于实施〈普通高等教育学历证书管理暂行规定〉有关事项的通知》中规定:"普通高等教育学历证书颁发对象为:研究生、本科生、专科生、第二学士学位班学生,列入普通高等教育招生计划的电视大学、函授大学、夜大学普通专科班学生。"

成人高等教育学业证书。国家教育委员会在1993年制定和颁发的《关于成人高等教育毕业证书统一印制及加强管理的若干规定》中规定:"经国家教委批准备案的独立设置的成人高等学校(即:广播电视大学、职工高等学校、农民高等学校、管理干部学院、教育学院、独立设置的函授学院)、普通高等学校举办成人高等学历教育颁发的毕业证书由国家教育委员会统一印制。任何部门、单位或个人不得仿制和伪造。"从1993年起,凡未按该规定颁发的成人高等教育毕业证书,国家一律不予承认。

高等教育自学考试学业证书。1988年国务院发布的《高等教育自学考试暂行条例》规定,自学考试学员"按照专业考试计划的要求,每门课程进行一次性考试。课程考试合格者,发给单科合格证书,并按规定计算学分"。"高等教育自学考试应考者符合下列规定,可以取得毕业证书:(一)考完专业考试计划规定的全部课程,并取得合格成绩;(二)完成规定的毕业论文(设计)或其他教学实践任务;(三)思想品德鉴定合格。获得专科(基础科)或本科毕业证书者,国家承认其学历"。"毕业时间为每年的六月和十二月"。

高等学校非学历教育学业证书。1990年12月国家教育委员会在《普通高等学校举办非学历教育管理暂行规定》中规定:非学历教育包括大学后继续教育和其他各类培训、进修、辅导(不含高教自考辅导等)(不包括《专业证书》教育)。非学历教育的学员按教学计划"完成学业,考核及格,由学校成人教育机构(没有成立成人教育管理机构的,则由学校教务处)发给结业证明。结业证明颁发情况应建立专门档案。""非学历教育不得颁发毕业证书、结业证书、肄业证书等易和学历教育相混淆的证书或文凭"。

社会力量办学的学业证书　　1987年国家教育委员会在《关于社会力量办学的若干暂行规定》中规定:"社会力量举办具有颁发国家承认学历证书资格的各级各类学校,应按照国家颁布学校设置的有关规定办理;举办其他学校(包括班、培训部等,下同),均应按本规定办理。"即具有颁发学历文凭资格的高等学校,按国家下达的招生计划,通过全国普通高校或各类成人高校统一招生考试录取的学生,毕业时发给国家教育委员会统一印制的毕业证书,国家承认学历。实施学历教育的普通中小学、职业中学、中等专业学校按国家规定发给毕业生毕业证书,国家承认学历。未取得颁发国家学历证书资格的各级各类学校,不得颁发毕业证书。学生学习结束后,由学校发给"结业证明"或写实性学习证书,注明所学课程内容和各科考试成绩,学校校长须在上面签字,以对学生的学习成绩负责。学生要取得国家承认的大学、中学毕业证书,可参加自学考试。

参考文献

劳凯声.中国教育政策法制评论(第2辑)[M].北京:教育科学出版社,2003.

秦惠民.学位与研究生教育大辞典[M].北京:北京理工大学出版社,1994.

（徐沛沛）

荀子教育思想　　　见"儒家教育思想"。

Y

鸦片战争时期教育 19世纪40年代初至60年代初清代教育思想和制度的重大变革。第一次鸦片战争后,清政府被迫签订一系列不平等条约,使中国由一个闭关锁国的封建大国逐渐沦为半殖民地半封建国家。这一时期,以科举取士和各级官学为核心的封建教育逐渐崩溃,教会学校开始产生。以龚自珍、林则徐、魏源等人为代表的开明人士则提出向西方学习和改革传统教育的主张和设想,成为中国近代教育思想的先驱。

科举入仕是清代教育追求的根本目标,也是晚清教育制度腐败的重要原因。清代科举承袭明代的八股取士制度,将知识分子纳入自己的体制之中。朱熹注的"四书"和程朱一派解释的"五经"是清代科举考试的准则。八股取士规定,八股文撰写受一定格式和字数限制,其立意必须根据朱熹的《四书章句集注》,且只能"代圣人立言",不能自由发挥,使士子形成钻故纸堆、轻视社会实践的学风。到清末,科举制度极腐败,考试舞弊很常见,难以选拔经世致用的人才。鸦片战争的爆发促使以科举制为核心的传统封建教育趋于崩溃、解体,教会学校在西学传播中逐渐兴起,伴随改革旧教育、建立新教育的呼声,近代教育思想开始萌发。

教会学校的产生 1818年,英国伦敦会传教士米怜和马礼逊在马六甲创办第一所为华人开设的教会学校英华书院。第一次鸦片战争后,1843年,该书院迁到香港,在校就读的学生曾达200余人,书院将英国学校的教学内容、教学方法、管理方法移植过来,实行与中国传统书院、私塾完全不同的教学体系。开设课程除中文外,还有数学、伦理、天文、地理等,并实行奖学金制度。最早在中国开办的教会学校是马礼逊学堂,于1839年在澳门成立,由马礼逊教育会主办,学校规模不大,学生多时数十人,少时仅六人。学校为中小学程度,开设课程有宗教、中文、英文、历史、天文、地理、代数、几何、初等机械学、生理学、化学、音乐、体育以及"四书"、"五经"等。马礼逊学堂于1842年迁到香港,1850年停办,学生中有容闳、黄胜等。

鸦片战争之后,清政府被迫签订一系列不平等条约,随着香港割让和五口通商,教会学校在广州、厦门、福州、宁波、上海等地相继建立。教会学校与中国传统教育机构完全不同,其存在本身对传统封建教育构成冲击和挑战。首先,早期教会学校均把传播宗教教义、培养宗教感情放在首位,这与中国传统教育的非宗教性及各级学校注重儒家伦理道德熏陶的办学宗旨大相径庭。其次,教会学校的课程设置以和平传播基督教及一般文化知识为原则,除宗教课程外,均程度不同地开设天文、数学、生理、历史、地理等课程,较少教授儒家典籍和经史之学。再次,主持教会学校的传教士自觉或不自觉地把西方近代教育的一些基本观念、教育制度、教学方法等运用于其办学实践中,从而使教会学校不同程度地体现西方近代教育的特点。早期教会学校中还有一批女子学堂,如宁波女塾、香港女子寄宿学校、上海神文女塾、上海徐汇女校、福州女塾、广州女子日校等。

为解决当时教会学校急需教材问题,传教士又开始编译西学书籍,如蒙克利编的《算法全书》是第一部在中国境内出版的用西方数学体系编的数学教科书;伟烈亚力口译、王韬笔述的《重学浅说》是近代中国译介的第一部关于西方力学的专书;合信所编的《全体新论》等医书是近代输入中国的第一批西医著作;艾约瑟、李善兰合译的《植物学》是传入中国的第一部西方植物学著作;哈巴安德的《天文问答》、合信的《天文略论》是介绍西方近代天文学的第一批著作。

近代教育思想的萌生 随着西方殖民主义的入侵和封建社会内部矛盾的加深,到道光、咸丰年间,封建地主阶级内部开始分化。中国有识之士产生强烈的危机感和忧患意识,在地主阶级中形成了以龚自珍、林则徐、魏源为代表的改革派。他们反对闭关锁国,主张向西方学习,改革教育,以挽救民族危机,其见解和观点形成较系统的实学教育思想。

改革派抨击旧有教育制度。魏源指出,传统教育只培养无用的庸儒,虽然毕生治经,却无一事可检验治学者是否有用。龚自珍也批评当时的教育是弃才摒智,认为传统教育制度是摧残天下人才,已到穷途末路。

改革派主张研习经世致用之学,并以之来改变学风。龚自珍认为,一代的统治有一代的学术,学术与治术是统一的,从而批评乾嘉古文经学派寻章摘句、专事考据的不良学风。同时,他又抨击宋学家们"坐谈性命",指出其对国计民生毫无益处,要求人们从古代经籍中解放出来,为社会现实服务。魏源从经世致用的观点出发,揭露"所学非所养,所养非所用"的传统教育弊端。鸦片战争后,他又把经世致用的观点落实到培养抵抗外侮的人才上面,要求改革传统教育,以去"人心之寐"和"人才之虚",并提出去伪、去饰、去畏难以克服"寐",以实事程实功、以实功程实事来克服"虚",从而大力提倡务求实际、务求实学的革新精神。

改革派教育思想的主要内容是提倡学习西学。林则徐是提倡学习西方先进技术的开风气者。他在总结与英国斗争的经验之后,提出"剿夷八字要言":器良、技熟、胆壮、心齐,并主张了解西方,以学习其先进的科学技术。1839年,他在广州设立译馆,主持编译《华事夷言》《四洲志》,积极介绍外国情况,使人们对世界的认识由无知逐渐变为有所知。林则徐主张严禁鸦片,但并不反对正当的中外贸易;要求抵抗列强侵略,但并不排斥学习对方的长处。魏源也很注意了解和研究世界,在《四洲志》的基础上增补许多资料,完成《海国图志》,详细介绍世界各国的地理、历史概况和社会现状,并系统发挥"师夷长技以制夷"的思想。他指出"师夷"的目的是为了"制夷",学习西方就是为了抵抗西方的侵略。在魏源看来,"船坚炮利"是西方战胜中国的主要因素,所以"师夷"就是要学习西方军事技术的长处。他把"夷之长技"概括为三个方面:战舰、火器、养兵及练兵之法。这些主张突破以"四书"、"五经"为中心的传统教育内容,推动近代中国迈出学习西方的第一步。

参考文献

陈学恂.中国近代教育文选[M].北京:人民教育出版社,1983.

顾明远.教育大辞典[M].上海:上海教育出版社,1990—1992.

田正平.中国教育史研究·近代分卷[M].上海:华东师范大学出版社,2001.

王炳照,等.中国教育思想通史[M].长沙:湖南教育出版社,1994.

（郭　怡）

严复的教育救国主张及科学教育思想　　严复是近代中国"向西方寻求真理"的代表人物之一,其教育思想主要体现在教育救国的主张及系统的科学教育思想。

严复(1854—1921)是近代中国启蒙思想家、翻译家和教育家。原名宗光,字又陵,后改名复,字几道,福建侯官(今福州)人。出生于中医世家,幼年接受私塾教育。1866年冬考入福建船政学堂,主修驾驶专业。次年2月作为福建船政学堂第一批留欧学生,被派赴英国留学,先入朴次茅斯专门学校学习,后转入格林尼治海军学院。留学期间,对英、法等国的社会政治制度产生浓厚兴趣,阅读大量哲学和社会科学方面的著作。1879年回国,任福建船政学堂教习,次年

调任天津北洋水师学堂总教习。1889年升任天津北洋水师学堂会办,翌年升任总办。甲午战败后,严复痛感民族危亡,决心投身思想启蒙,借以唤起民族的觉醒。1895年初,他在天津《直报》上发表《论世变之亟》,介绍社会进化学说及"天赋人权"理论;随后陆续发表《原强》《辟韩》《救亡决论》等文,全面阐述其资产阶级改良主义思想。1896年,在天津创办俄文馆,自任总办。同年,协助张元济在北京创办通艺学堂。次年夏,联合王修植、夏曾佑等人在天津创办《国闻报》,宣传维新思想。1898年,严复将赫胥黎的《进化论与伦理学》(*Evolution and Ethics*)的上半部翻译成《天演论》正式出版,在该书按语中,他以"物竞天择、适者生存"的进化论观点阐发其"救亡图存"的维新变法思想和废科举、兴西学、建立君主立宪制度等主张,震动中国思想界。戊戌变法失败后,严复全力从事西方学术论著的翻译活动,陆续翻译了一些西方名著,如亚当·斯密的《国富论》(*An Inquiry into the Nature and Causes of the Wealth of Nations*)、斯宾塞的《群学肄言》(*Study of Sociology*)、穆勒的《群己权界论》(*On Liberty*)和《穆勒名学》(*A System of Logic*)、甄克斯的《社会通诠》(*History of Politics*)、孟德斯鸠的《法意》(*De l'Esprit des Lois*)、耶方斯的《名学浅说》(*Primer of Logic*)等。义和团运动爆发后,严复迁居上海。同年创办"名学会",并任会长,系统演讲逻辑学。1902年出任京师大学堂编译局总办。1906年回到上海,协助马相伯创办复旦公学,并曾担任该校校长。同年,赴安庆任安徽师范学堂监督。1908年出任学部审定名词馆总纂。辛亥革命后,严复的思想渐趋保守,曾参与发起孔教会,加入筹安会。其著作结集出版的有《严复集》《〈严复集〉补编》等。

严复信奉进化论,认为"力"、"智"、"德"的全面发展是国民发展的"大要",也是国家富强的基础。他在《原强》中指出,一个国家的强弱存亡取决于三个基本条件:"一曰血气体力之强,二曰聪明智虑之强,三曰德行仁义之强。""是以今日要政,统于三端:一曰鼓民力,二曰开民智,三曰新民德。""鼓民力"即发展体育事业,强身健体,使国人的精神和智力有所依附;"开民智"即改革科举,讲求西学,开发民众智慧;"新民德"即以西方的民主、自由、平等精神取代中国传统的伦理道德。严复要求维新变法,希望通过教育改良实现君主立宪政体,"为今之计,惟急从教育上著手,庶几逐渐更新乎"(《侯官严先生年谱》)。"教育救国论"是严复教育思想的重要方面,它促成近代中国教育救国思潮的形成。

严复对"中学"和"西学"均有深刻的认识和体验,他曾多次将两者进行比较:"中国最重三纲,而西人首明平等;中国亲亲,而西人尚贤;中国以孝治天下,而西人以公治天下;中国尊主,而西人隆民……其于为学也,中国夸多识,而西人尊新知;其于祸灾也,中国委天数,而西人恃人力。"(《论世变之亟》)他要求突破洋务派的思想框架,全面学习西学,

用西方先进的教育理念和教育制度改造中国的传统教育。

严复主张在教育上全面学习西方的科学知识。他认为,科学教育的目的在于"开瀹心灵"和"增广知识"。"开瀹心灵"即让学生接受科学思维的训练;"增广知识"即通过设置广泛的科学课程让学生习得大量的科学知识。他指出,中国传统"知求增长智识,而不重开瀹心灵,学者心能未尽发达",因此主张在科学教育上兼顾"开瀹心灵"与"增广知识",认为只有这样,才能"得其增益智慧、变化心习之大果"(《论今日教育应以物理科学为当务之急》)。在科学教育内容上,他主张先从自然科学如数学、化学、物理学等着手,然后学习专门知识,最后学习社会科学,并提出一个较完整的科学教育内容体系。此外,严复特别重视将西方的科学方法导入教育和教学过程中,主张以"物理科学"教授学生,抛弃传统的教育方法,让学生能够自觉培养起尊重实际、不轻信传言的习惯,"道在必使学者之心,与实物径按,而自用其明,不得徒资耳食,因人学语"(《论今日教育应以物理科学为当务之急》)。为此,他通过译著将西方逻辑学的归纳法和演绎法介绍到中国,从而使中国的教育工作和学术活动真正建立在科学方法论的基础上。严复在科学教育上的诸多努力开启近代中国科学教育思潮之先河。

(夏益军)

言语和语言障碍教育(education of speech-language disorders)　　对在学习、生活等方面言语和语言交流存在障碍者实施的矫正、治疗、训练和专门教育。特殊教育的组成部分。旨在提高言语和语言障碍者的语言理解能力和表达能力,以减少其障碍程度及改善其生活质量,使其能尽早地、平等地回归家庭和社会。

言语和语言障碍是人对语言的符号和规则在理解和表达方面出现的异常现象。言语和语言障碍的类型复杂。在分类问题上,大致有如下几种。第一种分为说话异常和语言异常两类,前者包括不会说话(absence of speech)、构音异常(articulation disorders)、发声异常(voice disorders)、节律异常(rhythm disorders),后者包括语言缺乏(absence of language)、语言发育(发展)迟缓(delayed language development)、语言能力丧失(interrupted language)及语言性质偏异(qualitative disorders)。第二种分为节律异常、发声障碍、构音障碍和使用符号障碍四类。第三种分为构音障碍、语音(发声)障碍、语流障碍和语言障碍四种。第四种常见于苏联的有关文献,它从临床教育和心理教育的角度对言语和语言障碍进行分类。从临床教育角度可分为口头语言损害和书面语言损害两种,前者包括外部语言损害的失音症、迟语症、速语症、口吃、发音困难、鼻音、言语停顿损害、言语不清(构音不能)、失语症;后者包括失读症、失写症。从心理教育角度可分为交际工具的损害和使用交际工具的损害,前者包括言语、语言发展不足、一般的言语发展损害;后者包括口吃或更复杂的损害。中国一般采用第三种分类方法,把言语和语言障碍分为构音障碍、发声障碍(语音障碍)、口吃(语流障碍)、失语症、语言发育迟缓、听力障碍所致的言语障碍、视觉障碍所致的语言障碍、智能发育迟缓所致的语言障碍、孤独症儿童的语言障碍、学习障碍所致的语言障碍。

构音障碍矫正训练

构音障碍(dysarthria)是儿童中最常见的一种言语问题。正常的构音是气流由胸腔出来,通过声带的振动后,由唇、舌、牙齿、上腭、咽喉等的调节、阻断、摩擦,发出语音。若在构音的过程中,构音的方法、位置、速度、强度或动作的协调出现问题,则形成构音障碍。儿童时期的构音障碍具有临时的可逝性质,因为儿童的发音或构音技能的完善需要较长的过程。有些声音构音较为复杂,儿童要到四五岁时,或者更晚的时间才能完全掌握。但由于种种原因,有些儿童的构音障碍可能会持续下去,发展为特殊的语言缺陷。主要类型有:(1)运动障碍性构音障碍,原因是神经病变,与言语有关的肌肉麻痹、收缩力减弱或运动不协调,表现为发声和构音不清,如脑性瘫痪儿童的构音问题;(2)器质性构音障碍(deformity dysarthria),原因是构音器官形态结构异常,如唇腭裂;(3)功能性构音障碍(functional dysarthria),多见于学龄前儿童,指不存在任何运动障碍、听力障碍和形态异常等情况下,部分发音不清晰。构音障碍的构音错误类型有:(1)替代,以错误的音取代正确的音。如把"公公"说成"东东",用"d"代替"g"。说英语的儿童声音替代基本上局限于辅音,中国儿童的替代错误不仅发生在辅音上,也发生在元音上。(2)遗漏(omissions),音节中声母或韵母被省略。如把"鞋子"的"鞋"说成"也",把"手表"说成"手饱"。说英语的儿童多遗漏掉词尾的辅音。中国儿童的遗漏问题相对较为复杂,有的把作声母的辅音漏掉,有的把韵尾漏掉,最常见的是把做韵头的元音漏掉。(3)添加,正确的语音内加入不该加的音,如把"黑板"说成"黑扁"。中国儿童构音添加现象主要发生在韵头上,较为少见。(4)扭曲,语音被歪曲变化,听起来不同于标准的声音,即发出的声音是本民族语言系统中不存在的音。(5)中国汉语儿童还会出现声调错误,即汉语的四声运用错误。(6)语音不清,如唇腭裂、听力障碍、脑性瘫痪等类儿童的说话不清,但无法判定其构音错误的类型。

正式训练前应进行构音障碍的评价,具体包括用简单方法筛查、收集病史、构音器官和方式检查、听力检查、写出评价报告、提出合理治疗和训练方案等。

构音障碍的矫正需依其障碍类型及形成原因来进行。构音障碍的矫正和训练大致可以分为四个阶段。

(1) 构音器官训练,主要包括呼吸训练、用气训练、口唇训练、舌的训练、吹气训练、放松训练、按摩训练等。(2) 辨音训练,即帮助儿童辨清自己的异常发音同正常发音的差异。儿童的听音技能和发音技能的关系极为密切。在儿童未能辨清正常发音和异常发音之前,在儿童未能把握正确音响之前,就不可能顺利地矫治异常发音,掌握正确的发音技能。辨音训练应同语文课堂的教学工作联系起来,以强化矫正训练的效果。(3) 正确构音训练,即利用各种方法矫正儿童的构音错误,以便他们掌握正确的发音技能,克服异常发音。这是整个矫正、训练工作的基本环节。儿童的错误构音大部分是声母的发音,因此,模仿发音是矫正构音障碍的普遍方法,先让儿童做出发音的基本动作并保持一定时间,然后做无声的构音动作,最后轻声地引发出目的音。对于脑瘫儿童或智能发育迟缓的儿童、听障儿童来说,单纯的模仿发音训练不大见效,往往需要利用一些器械或手法进行干预,如利用压舌板或腭托来帮助其抬起舌或使软腭上抬。(4) 正确发音技能的强化和固定训练,即帮助儿童将已经形成的正确发音技能应用到日常的交往言语中,把话说清楚,以便将别人的注意由儿童的说话方式转移到他们说的内容上。这是矫治训练的最终目标,也是对前几个阶段训练成效的最好检验。除专业训练人员外,家长也要参与矫正训练的工作。

发声障碍矫正训练

发声障碍指说话时,音调、音量及音质等基本特性出现各种异常表现。中国台湾学者林宝贵从声音异常的原因分析,将发声障碍分为器质性与非器质性两类。器质性发声障碍由下列八种因素引起:急慢性喉头炎、声带结节、声带息肉、喉头乳头瘤、喉癌、声带麻痹、其他咽喉部疾患、其他因素。非器质性发声障碍由心理因素、性格、精神受刺激、不正确的发声习惯导致,尤其是学童时期不当的滥用声带。器质性发声障碍在儿童中较少见到,大多数儿童的发声障碍是非器质性的。

发声障碍的原因为发声器官生理机制构造异常、听力损失、腺体失常、青春期的变化、个性失调、不良的声音榜样、不良的发声习惯等。有些儿童的声音问题可能同个性失调或任何生理症状都无关,只是源于不良的发声习惯,不良的发声习惯比其诱发原因可能延续得更久。在具体案例中,患者的发声特点只代表着以往曾有过的某种问题的残余。与疾病和其他原因同时发生的不良发声方式,在疾病的全部症状消除之后,还可能延续下去。可以把声音习惯解释为对曾经发生过的某种情况的"延续记忆"。不良的发声习惯主要包括音高不适当、鼻音强化不正常、言语呼吸调节不正确等。

林宝贵建议,声音障碍的诊断和评价可从声音的音调(高低)、音量(强弱)、音质(音色)三方面加以检查。

在对儿童进行发声障碍的矫正训练时,语言治疗人员必须先让儿童清楚地认识到他的问题到底出在哪里,为什么要进行矫正训练。录音可以使儿童了解自己的声音与正常声音的差别;然后再给儿童讲解发声障碍是如何产生的,哪些因素会导致发声的异常,从而使其明确自己应该努力克服的是什么。发声障碍的矫正训练方法有很多,可以根据儿童的不同情况选择运用。(1) 反馈法,一种让儿童通过听觉反馈或视觉反馈来逐步改进自己声音状况的方法。可以先由治疗人员用录音机将儿童异常的声音录下来,放给儿童听,要求其分辨自己的声音与正常声音的差异,从而帮助他认识自己的问题,自觉地克服发声障碍。在此基础之上,让儿童倾听正常的声音的录音或治疗者的示范,进行模仿且将其录下来,鼓励他反复辨听,通过听觉反馈不断地做自我检查,不断地加以改进和完善,最终矫正发声障碍。还可以借助视觉反馈仪器或设备,帮助儿童观看其发音所能达到的音量水平。可以用录音机上显示音量大小的视觉信号,也可以用专门的示波器,这样既能帮助儿童对自己的音量产生深刻印象,又可使他进行视觉调控。比较简便的方法是当治疗者听到合适的发声时就点头表示赞许,当听到异常的发声时就摇头表示不合适。(2) 耳语发声法,先用耳语声训练儿童发单元音,之后再和其他元音结合起来练习,接着依次换成音节、词汇、句子进行训练。注意不要出现沙哑声。(3) 情境分析法,儿童说话声音过小多数起因于胆小、害羞、精神紧张。对于这类发声障碍儿童,教师可以通过平日对儿童的观察或者让儿童自己列出一系列胆小、害羞、精神紧张的情境,按照由轻到重的原则加以适当排列。也可以设法找出儿童在何种场合声音最正常,何种场合声音稍好,何种场合的声音最差。根据从易到难的原则,分层训练,分层突破。如儿童在一对一的说话情境下最轻松,随听众人数的增加而紧张情绪增强,说话声音越变越小。这种情况下,教师可以给儿童提供机会,先让儿童在一对一的情况下交流,之后逐渐增加人数,直至儿童可以正常发声。(4) 咀嚼法,让儿童面对镜子,张大嘴,想象嘴里有满口的食物,或发给儿童一些耐嚼的食品如泡泡糖,令其咀嚼几分钟。这种方法可以促进声带的调节及自如地闭合,部分矫正因机能过度导致声带发生病变时的声音。

对于发声障碍而言,其预防重于治疗。在儿童平时说话时,要提醒他使用适当的音量;使用适当的音调;注意说话时情绪的稳定;少吃刺激性食物;保持足够的睡眠;多注意声带的休息;感冒或喉咙痛、发炎时,尽量少说话;勿擅自服药;避免过分清嗓子与咳嗽;养成良好的生活规律,避免熬夜,保持声音的完美。

教师要运用富有表现力的嗓音去讲课,帮助学生认识到大声叫喊或用喉音说话可能导致声带的损伤,并防止儿童滥用声带以及培养良好的发音习惯。

口吃障碍矫正训练

口吃是言语流畅性障碍中最常见的现象,指儿童说话时由于反复、拖延、堵塞、中断等原因所致的流畅性出现障碍的现象。这种现象引起儿童紧张,并伴随有心理方面的变化。口吃多发生在儿童期,口吃的发展具有阶段性特征。第一阶段年龄范围是2～6岁。在大多数情况下对句子、短语的开头词汇进行重复,并倾向于在虚词和代词上发生口吃。常把句子结构(而不是词汇)分裂开来,和其他具有生理性语言重复的儿童无区别。第二阶段年龄范围主要是刚进入小学的学生。言语的中断主要是对词汇的分割。分割的重复可能发生在句子的任一部分。有材料表明,在整个第二阶段,口吃患者的自然康复比例较高。在这一阶段,矫治越少越好。重要的是不要去直接注意那些可能导致儿童忧虑的症状。第三阶段年龄范围从8岁到成年前,在青春期发生率最高。这一阶段口吃患者已意识到自己的言语问题。困难的情境包括和陌生人交谈、课堂上回答问题及其他涉及交往任务的各种场合。为避开可能发生口吃的情境,他们常采取词汇替代或迂回说话的手段。第四阶段年龄范围是成人阶段。这个阶段的患者是地道的慢性口吃患者。他们的言语可展现出口吃的各种特点:言语不畅、停顿、重复、自我中断等。他们对说话产生忧虑和恐惧感,怕发音、怕说话。他们采用的策略往往是无用的,克服不了其言语恐惧感。

根据口吃的基本特征,可将其分为四类:(1)重复发音,亦称为连发。患者在说话过程中在某一音上,有时候也可能是词语中间的音节上出现重复。如"今……今……今……今天是我做值日",或者"今……今天是我做……做……做值日"。口吃愈严重,连发的声音也愈多。(2)起音困难,指说话时第一个音节因遇到阻塞而发不出来的现象。每句话的开头很难发出声音,一旦出声速度又太快。患者越是心急,越是说不出,往往要经过一番挣扎或者借助于特定的辅助动作才能说出第一个音节。患者只要发出第一个音节后,一般说话就流利了。但一旦停下来,会又出现口吃。(3)言语中阻,患者在说话时突然发生阻塞,下面的话接不上来,憋上一会儿才能把话说下去。这种口吃特征在性质上和起音困难相同,是言语阻塞的另一种表现。这种中阻现象一般发生于完整的语义单位之间。(4)拖长字音,某个音发出后拖得很长才能带出下面的话来。上述特征因患者不同而表现不同。口吃患者在说话过程中常会伴随一些怪异动作,如脸部肌肉抽搐、皱眉、闭眼、张口、伸舌、甩头、耸肩、抽腿、摇手臂、拔头发等。

口吃的原因存在争议,每种理论的支持者都从口吃的现象或口吃发展的阶段来分析研究。根据沙梅斯和威格1990年的报告,口吃成因有八种理论:(1)大脑优势理论。口吃是一种内在的、隐藏的、复杂的心理或生理上的缺陷。口吃群体在分化的大脑语言优势上与非口吃群体不同。口吃者支配说话功能的半球,与正常者正好相反。(2)生物化学和生理学的理论。此派学者认为,口吃与遗传、癫痫、痉挛、情绪压力、新陈代谢、脑波和神经生理学等有关。探讨在说话过程中,发音器官和语言音素,呼吸和发音方法的关系,发现音素转换问题会造成首语难发,故发音时要保持呼吸的流畅,注意喉部紧张度的调节。(3)遗传说。要把口吃全然归因于行为异常、遗传或环境因素实在很困难。有学者曾以双胞胎做研究,其结果并不支持遗传说。(4)遗传诊断语意发生学理论(diagnosogenic-semantogenic theory)。此派学者认为,孩子之所以口吃,是因为父母提供的是一种障碍环境。通常孩子异常的说话现象是对父母的焦虑、压力、协助、批评和修正的一种反应,因此"口吃不是开始于孩子的嘴巴,而是开始于父母的耳朵"。(5)神经理论。神经理论通过观察、面谈、投射测验和纸笔测验,企图了解口吃者的人格特质、精神动力学、社会适应和内在的潜意识需求。口吃者被认为有口腔和肛门满足的需求,有隐藏的敌意、压抑感情、阉割恐惧等,以获得注意和怜悯。(6)条件作用理论(conditioning theories)。古典条件作用理论认为之所以会形成口吃是因为某些人有恐惧说话的焦虑感,久而久之就形成条件反应,每次要说话时就会口吃。(7)正常的不流畅(normal disfluency)。正常的不流畅通常开始于婴儿早期的喃语阶段,此时儿童开始模仿说话的速度、节奏、顺序和高低,大部分儿童都有正常的语言发展,但有些儿童会有更多无意义音节或字的重复,造成说话的不流畅。(8)环境压力引起的不流畅。治疗口吃之前要先了解是何原因引起的,如果是环境因素造成的不流畅,可以从改变环境开始。绝大多数的不流畅是因为想获取注意、过度指导、达到目的、强迫、企图状态、给予和获取信息、批评、求取特权或社会接纳。另有一些是因为受到惊吓而造成说话结结巴巴,若父母加以安慰可能增强儿童这种说话方式。口吃一般都是多种因素造成的。

对于口吃儿童需了解其身心特点、口吃的发生和发展、患者的行为变化及发病的环境因素等,还应进行神经系统,尤其是心理活动方面的检查,以及言语情况检查,主要是观察口吃儿童在不同言语情境中的表现。揭示在何种言语形式中不口吃或者口吃较轻,在何种言语形式中口吃较重,并计算较重时口吃的发生频率、出现的时距及口吃时的伴随动作和情绪反应,还要确定儿童的抽搐类型、词汇量、造句情况、言语表达能力(语调、表情及动作手势)、复述与叙述水平、言语中混杂的多余字词等。所有这些对于确定口吃儿童的言语特点和口吃程度及制定矫治方法都有重要作用。言语检查主要有以下几项：儿童的自发言语、反应性言语、低声说话、有节奏的言语、阅读、唱歌、自言自语等。

矫正口吃的目的不仅在于消除错误的言语节奏、形成正确的说话技能，更重要的是矫正口吃者的心理和行为问题，培养其良好个性品质。在矫治口吃的过程中要注意言语矫治和心理治疗相结合。选择矫治方法、制定矫治方案时，要根据患者的口吃发展阶段和程度分别采取不同方法。

早期口吃矫正的重点是防止儿童认识到自己说话有些与众不同，一般不需要进行专门的矫正工作，关键是端正家长对儿童口吃的反应和态度。同时，幼儿园和小学一、二年级的教师应注意不把口吃儿童的注意力导向其言语问题，应同家长密切配合，尽可能防止儿童口吃。教师可以在开展活动时有针对性地对儿童进行个别或小组的语言训练。对于顽固性口吃，各国均有很多矫治方法，但没有普遍适用的治疗方法。对于顽固性口吃患者，不但要矫正其发音的障碍，还要对患者进行心理治疗。口吃儿童的矫正训练应根据儿童运动协调、理解、构思的不成熟等特点来设计合适的训练方案。训练的重点不在口吃本身，而是应尽可能地运用合适的指导性技巧，教儿童如何发起始音或词时使口唇处于放松状态。训练方法和原理为：（1）速度训练，需要设计一种缓慢地说单词或短语的游戏，语言治疗人员要求儿童缓慢地说话并示范如何慢说话，以杜绝儿童的"波浪"（时快时慢）式语言，减慢速度可减少单词重复的次数，使起始音易发出。（2）音量训练，应设计一种人们说话都柔和的说话情境进行训练，因为儿童也许能说某些特别的短语或句子但不柔和。要求儿童不要说"悄悄话"，这样只会增加肌肉的紧张度，出现喉部和膈肌发紧的现象。（3）语音训练，口吃儿童说话时"元音"、"浊辅音"、"清辅音"会对口吃产生影响，此外也要关注词的"起始音"与"终止音"对喉功能的影响。一般情况下不需要让儿童知道哪些词说起来会比较困难，如果他很在乎这一点，就可以告诉他哪些词容易说出来，帮助他们回避难度大的单词。（4）呼吸和呼吸气流的控制训练，对儿童来说，呼吸气流的控制可能较难，应设计一种儿童可以放松呼吸，回到正常呼吸模式的游戏。先让其放松地吸气、呼气，然后再模仿以"微风"方式发音，目的是使所有声音都能轻柔、缓慢地说出来。（5）避免过于努力和使肌肉紧张的训练，治疗人员可以边轻轻按摩儿童的腹部，边让其说话。（6）节律训练，可以利用唱歌或打拍子、敲鼓的方法来训练节律。

所有任课教师、家长也可以担当、进行以上的矫正训练。教师除了要为口吃儿童创造良好的心理环境，控制好自己以及学生们对口吃儿童的反应外，还应该在整个教育教学过程中充分估计到他们的实际情况。只要其口吃症状还没有改善，就不要让他口头回答问题。当其症状有所改善时，可以少问他点问题。要他作答的答案应该简短，提醒他说话要平静、平稳。如果遇到困难，就及时给予帮助。阅读时和他一起慢慢地读，之后再由他个人读；可以让口吃儿童经常背诵诗歌，吸引他参加合唱。随着正确言语机能的发展与巩固，可以渐渐地、慎重地引导口吃学生参与集体言语活动，最终使其摆脱口吃现象。

语言发育迟缓矫正训练

在语言发展过程中，儿童可出现语意（词不达意或无法理解说话者的意思）、语法（句型结构不符合语法的要求）、语用（说话无法与环境切合或构词不当）、语形（对字形辨认不清或混淆）、语汇（词汇很少或没有）等方面的障碍。柯克等人将其分为语言发育（发展）迟缓和失语症两种类型。

语言发育迟缓（delayed language development）指发育过程中的儿童其语言发育与正常儿童相比，没有达到其生理年龄相应的水平，常伴有其他方面的发育迟缓。语言发展迟缓的原因很多，一般认为，阻碍语言发展的主要因素有听觉障碍、儿童自闭症（孤独症）、智能发育迟缓（精神发育迟滞）、受语言学习限定的特性障碍（发育性运动性失语症和发育性感觉性失语症）、语言环境的脱离、构音器官的异常等。对语言发育迟缓的儿童进行训练之前，首先要进行必要的检查评价，其主要目的在于：确定儿童的语言发育水平是否和其年龄一致，即是否有语言发育迟缓；如果是，就要确定其障碍种类、表现、程度、原因以及言语器官构造、功能状况及智力、心理特点，制订治疗和训练、矫治计划。一般多采用正规的检查方法检查：（1）"皮博迪图片词汇检查"（Peabody Picture Vocabulary Test，简称PPVT），该检查适用年龄为2.5～18岁。（2）"伊利诺伊心理语言能力测验"（Illinois Test of Psycholinguistic Abilities，简称ITPA），整个检查由五大部分十个分测验构成，应用年龄范围为3～8岁11个月。（3）"韦克斯勒学前儿童智力量表"（Wechsler Preschool and Primary Scale of Intelligence，简称WPPSI）和"韦克斯勒儿童智力量表"（Wechsler Intelligence Scale for Children，简称WISC），前者的适用年龄为4～6.5岁，后者的适用年龄为6～16岁，这两个量表都包含有言语和操作两个部分，根据检查结果可得出相应的语言商。（4）"S—S语言发育迟缓检查法"，这种检查法是中国康复研究中心语言治疗科参照日本同名检查法，按照汉语的特点和文化习惯研制的汉语版的S—S检查法（Sign-Significate relations）。它依照认知理论，从语法、语义、语言应用三方面对语言发育迟缓的儿童进行评价，对"符号形式与指示内容关系"、"基础性过程"、"交流态度"三方面进行检查，并对儿童的语言障碍进行诊断、评定、分类和针对性治疗。该检查法适用于由于各种原因引起的语言发育迟缓，原则上适合1～6岁半的语言发育迟缓儿童,有些儿童的年龄已超出此年龄,但其语言发展的现状如果未超出此年龄阶段水平,也可应用此检查法。它不适用于因为听力障碍而导致的语言障碍。检查内容以符号形式与指示内容的关系的评定为核心,其比较标准分为五个阶段。

语言发育迟缓儿童的语言治疗旨在尽可能提高其语言理解和表达能力。对语言发育迟缓儿童的训练要有良好的外在环境和适宜条件,先采取持续、直接的训练来促进其语言发展;同时改变或去除不利于语言发展的环境和不良因素。然后与耳鼻喉科和儿科的医生、教育机构的专家协商,共同合作,确定最适宜的训练方法。应优先考虑增强儿童的语言理解能力,在此基础上再提高其语言表达能力。语言治疗着重于语言的内容,语言技巧方面的要求可适当降低,对于有构音困难的儿童,只要求听懂词语的意思,能表达词汇的含义即可。治疗与训练的原则:以评价的语言阶段作为训练的出发点,注意同一阶段内的横向扩展训练和向下一个阶段纵向上升的训练;改善和丰富儿童的语言环境;去除影响儿童语言发展的不良因素;充分发挥游戏的作用。

语言发育迟缓儿童的语言训练要渗透于教育机构的生活全过程中,需要全体人员共同参与此工作。一是要给儿童创造一种接纳、宽容的氛围。二是要提供学习语言的机会。每位教师都应该结合自己的教学内容、教学方法、教学组织形式以及各种教育活动,为语言发育迟缓的儿童提供尽可能多的语言学习机会。在教育、教学活动中,教师一方面应注意尽量使儿童听懂自己的语言,为此,可以放慢语速,改变句子结构,利用他们能理解的词汇,进行必要的重复,或者借助手势和动作,指点相应的事物、图、板书等;另一方面应让他们有口语表达的机会,如回答内容简单的、熟悉的问题,重复别人的话,朗读词语等。这样做不但能发展这类儿童的语言理解和表达能力,而且能使他们体验到成功的喜悦,增强和激发其学习言语的信心和动力。除此之外,还应该尽量让儿童参加学校和班级的各种活动,丰富他们的生活经历,有意地使用些相应新的词语,在轻松、友好的交流过程中,使其语言能力和交往能力不知不觉地得到发展。

失语症矫正训练

失语症(aphasia)的定义有多种,比较常用的定义是大脑功能受损引起的语言功能丧失或受损。与认知过程相联系的定义是,由大脑的器质性病变所致,在语言和作为语言基础的认知过程方面的后天性损害,其特点是在语言的意思、形式、记忆和思维方面存在障碍,具体表现在听、说、读、写四个方面。包括儿童的发育性失语(developmental aphasia)和获得性失语(acquired aphasia),这两类失语症多

发生于婴儿期至青春期(1～12 岁)阶段,故亦称"儿童失语症"。失语症的致病原因为大脑的器质性损伤,如脑血管病、脑外伤、脑肿瘤、感染等。汉语失语症的分类以美国神经病学家 D. F. 本森的分类为基础,主要类型有运动性失语(Broca 失语)、感觉性失语(Wernicke 失语)、完全性失语、传导性失语、纯词聋、纯词哑、经皮质运动性失语、经皮质感觉性失语、混合性经皮质失语、命名性失语、皮质下失语、失读症、失写症。较为局限的皮质语言中枢损伤多表现出典型失语症状;广泛皮质损伤及皮质下损伤常表现出非典型失语症状。因此,又提出典型失语和非典型失语的分类方法。典型失语组为运动性失语、感觉性失语、完全性失语、传导性失语、经皮质运动性失语、经皮质感觉性失语;非典型失语组为皮质下失语、交叉性失语、儿童失语症。失语症的评价目的是通过系统、全面的语言评定发现患者是否存在失语症及其程度,鉴别失语症种类;了解影响患者交流能力的因素,评定其残存的语言能力并制订训练计划。常用的检查方法有汉语标准失语症检查,此检查方法是中国康复研究中心以日本的标准失语症检查为基础,借鉴国外有影响的失语症评定量表,按照汉语的语言特点和中国人的文化习惯编制而成。包括两部分:一部分是通过患者的回答,了解其言语的一般情况;另一部分由 30 个分测验组成,检查内容包括听理解、复述、说、出声读、阅读理解、抄写、描写、听写和计算。此外,还有必要进行空间结构、记忆、身体部位辨别等高级皮层功能的检查。对学龄前的获得性失语症儿童可以参考使用"S—S 语言发育迟缓检查法"进行评价;对学龄的儿童失语症患儿可以使用"伊利诺伊心理语言能力测验"、"韦克斯勒儿童智力量表"、"代币测验"、"标准失语症检查法"来评定。评价时为儿童设定一个自然环境,让其自由发挥,从中获得有关语言损伤的具体症状、表现,以判定其语言障碍的程度。

失语症的种类很多,患者的性质和程度也各不相同,难以提出一套系统、常规的训练程序。其矫正与训练通常采取以下措施:通过对语言的符号化和解读直接进行训练;以语言各模式之间的促通为目的,对信息的传达媒介实行代偿;通过认知理论间接作用与进行交流活动。训练方法为:(1)阻断去除法,根据魏格尔的理论,失语症患者基本上保留了语言能力,而语言的运用能力存在障碍,通过训练可使患者重新获得语言运用能力。(2)许尔刺激法。刺激法是在多年失语症训练中摸索出的方法,20 世纪 70 年代被应用到认知心理学的研究中并产生新的理论。(3)程序介绍法,是将刺激的顺序分成若干个阶段,对刺激的方法和反应的强化严格限定,使之有再现性并定量测定正答率。(4)脱抑制法,利用患者本身可能保留的功能,如唱歌等来解除功能的抑制。(5)功能重组法,通过对被抑制的通路和其他通路的训练,使功能重新组合、开发,以达到语言运用

的目的。此外还有交流促进法、功能性交际治疗和小组治疗以及交流板的应用。

　　儿童失语症治疗原则和方法也依照失语症的训练原则，同时又要结合儿童语言的发育状况，按照儿童的发育特点，同语言发育迟缓的矫正与训练一样，密切结合儿童的具体活动，寓教于乐，充分发挥游戏的作用。此外还要注意，在治疗语言障碍的同时，还要治疗导致其失语的原发病，避免其他并发症对语言训练产生不好影响，如癫痫等。儿童失语症的预后变化很大，它由四个方面决定：病因、病变部位、病变失语的年龄和合并的其他障碍。进展性病变预后差。同样，引起双侧皮层及皮层下广泛受损的病变预后也差。前部病变（Broca 区）语言的恢复要比后部病变的（Wernicke 区）容易，较以前已明显少见的右半球病变合并的儿童失语症（交叉性失语），几乎无例外地均可很快恢复。起病年龄越早，预后越好；但如果一个失语的儿童同时又有严重的和持续存在的抽搐，发展下去预后往往不佳。

　　一些发达国家早有许多专业人士致力于言语和语言障碍的研究和矫正，20 世纪 50 年代，在俄罗斯的大中城市已经建立起完善的儿童语言障碍矫正网络，并开设专门的语言障碍儿童的学校。现在美国等一些西方国家有专门的语言治疗师，为各类学校提供服务。

　　中国的言语和语言障碍的矫正工作起步较晚，力量薄弱。儿童语言矫正人员很少，只有少数大城市的某些儿科医疗和康复机构中的医生、教师和护理人员开始了儿童语言矫正工作，主要形式是门诊治疗和住院治疗。在教育系统内，对幼儿园及小学儿童进行专业语言矫正尚属空白。言语和语言障碍明显或严重的儿童，间或有人在家长的安排下到上述机构中接受门诊治疗，但人数和治疗次数远远不够。言语和语言障碍不明显的儿童也得不到应有的特殊服务。即便在特殊教育机构里，普遍存在的言语和语言障碍问题也未引起足够重视。近年来，有些特殊教育机构的老师已意识到这一问题，开始到中国康复研究中心的言语障碍培训班参加较系统的学习，并为自己学校中有语言障碍的儿童及青少年进行适当的语言治疗和矫正。在北京、湖南、江苏等省市的一些康复技术专门学校里，也开设了关于语言障碍的康复课程，培养了一定数量的有相应语言障碍康复专业知识的学生。随着中国对特殊教育的重视，言语和语言障碍的治疗和教育会逐渐充实和完善起来。

参考文献

李胜利. 语言治疗学[M]. 北京：人民卫生出版社，2008.

银春铭，于素红. 儿童语言障碍及矫正[M]. 北京：人民教育出版社，2001.

（卫冬洁）

言语联想学习理论（theory of verbal associative learning）　亦称"人类联想学习理论"。早期的学习论流派之一。创始人是德国心理学家艾宾浩斯。其特点：以人为被试，学习与记忆材料主要是无意义的言语材料，对实验过程进行严格控制，坚持用联想观对研究结果进行解释。

艾宾浩斯的实验研究

　　艾宾浩斯从 17 岁起就开始攻读历史学和语言学，后来对哲学产生兴趣。1875 年，他留学英国、法国，其间阅读了费希纳的《心理物理学纲要》（1860）一书，他深知此书对科学心理学的重要性，特别是在研究方法上的重要性。受此影响，他决心涉足高级心理过程研究。在英国期间，艾宾浩斯又受英国联想主义思想的影响，这期间他接受的学习对其后来研究影响深远。1879 年，在极艰难的研究环境下，艾宾浩斯开始其实验研究。1885 年，他发表《论记忆》。在其实验研究中，他兼主试、被试于一身，进行严谨、科学的实验，并对实验资料予以严格的统计分析，从而在记忆研究上作出划时代贡献。

　　实验材料的控制　艾宾浩斯清楚地认识到，其记忆实验中一个关键性的问题是对学习材料的有效控制，即解决与学习材料有关的可变误差，这是实验成功与否的关键。他发现，如果在实验中使用散文或诗词作为学习材料则存在难以克服的困难：学习者已经通过意义或联想使学习材料形成某种联系，这种联系有助于对材料的学习。但由于不同的学习材料其联想程度不同，如学习 dog-cat-rat-cheese 这组词，显然要比学习 eft-alb-wen-zealot 这组词容易得多，即每个词或字母对人们来说其熟悉程度并非等同。如果实验中使用这些材料，就难以在意义方面对不同的学习材料加以控制。但在严格的记忆实验中，如果不能保持学习材料在意义方面的恒定，就无法控制学习材料意义方面的误差。于是他寻找到一种难以形成联想的、完全同质的、对人类毫无意义的材料作为学习材料，用这些材料做实验，被试难以产生较多的联想。他编创的无意义音节正好满足了这一学习材料意义上的控制要求。无意义音节（nonsense syllables）即在两个随机选取的辅音字母（德文字母中的子音字母）中放一个元音字母（德文字母中的母音字母）而构成的不含任何意义的音节，如 XIQ、ZEH、GOB 等。艾宾浩斯共编制约 2 300 个无意义音节，以供其在实验中随机抽取使用。

　　测量方法的使用　如何将保持量或遗忘量加以数量化，这是一个难题。艾宾浩斯认为，在记忆过程的外部条件中，像时间或复习次数都可以直接测量。在不能直接测量的地方，可以用它们得到间接的数值。由此他应用节省法或重学法来测量保持情况，这是其在心理学研究方法上的又一巨大贡献。节省法也称重学法,是测量保持的方法。测量分两步进行:第一步,让被试学习一定数量的无意义音节,直到能正确无误地背出为止,记下正确背出这些音节所需时间或学习次数(即初学所用的时间或次数);第二步,经过一定的时间间隔以后,让被试重新学习这些音节,达到他第一次学习结束时的熟练程度,记下再次学习这些音节所用时间或学习次数(即重学所用时间或次数)。然后算出节省量的百分数。计算公式是:节省量的百分数=[初学所用时间(次数)-再学所用时间(次数)]/初学所用时间(次数)×100%。举例来讲,假如初次学会一张音节表需读30遍,重学时还需用30遍,根据上述公式,节省为零,即重学时没有因为第一次的学习而有任何节省;如果重学时需要15遍,节省为50%;如果重学时不需要任何练习就能准确背诵音节表,节省就为100%。通过节省的百分数可以清楚看出学习材料的保持情况,甚至那些似乎已经完全遗忘的东西,一经重学总会显示出某些节省。

实验研究的结果　艾宾浩斯的研究结果是多方面的,他对长短不同的音节、诵读的次数(包括过度学习)、不同意义的材料、音组内各项目的顺序等因素对记忆保持的影响都进行了系统而严谨的实验研究。其关于保持与遗忘和时间关系的研究最为著名,可以被大量引用的艾宾浩斯遗忘曲线为例来说明其研究结果。

艾宾浩斯在其一项研究中,将学习材料学至恰能背诵的程度,过一定时间间隔后,再重新学习,以重学时节约的诵读时间或次数作为保持量的指标。实验结果见表1。

表1　不同时间间隔后的保持成绩对比

时间再隔 (小时)	重学时节省 时间的百分比(%)	遗忘量(相当于初学 所用时间的百分比,%)
0.33	58.2	41.8
1	44.2	55.8
8.8	35.8	64.2
24(1日)	33.7	66.3
2×24(2日)	27.8	72.2
6×24(6日)	25.4	74.6
31×24(31日)	21.1	78.9

将表1绘成图,即为艾宾浩斯遗忘曲线(其对称曲线为保持曲线,见图1)。从图表可以看出:如果以识记结束时的保持量为100%计算的话,那么学习后经过1小时,保持量迅速减少到原保持量的44%左右;经过2天,保持量下降到28%;此后,遗忘速度逐渐减慢,6天后尚保持原先学习的25%,31天后仍有21%的保持量。由遗忘曲线可以看出遗忘发展的规律:遗忘就其速度而言是先快后慢,即学习一个项目之后短时间内发生惊人的保持丧失,以后逐渐减慢,

到最后则较少遗忘了;就其内容而言是先多后少,甚至在学一个辅音时,在开始的15~30秒钟内就有遗忘发生。

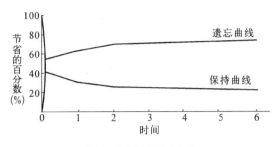

图1　艾宾浩斯遗忘曲线

从上述实验结果可以看出,保持与遗忘是时间的函数。以上所有研究都以无意义材料为记忆对象,有意义材料的保持与之并不完全一致,所以艾宾浩斯遗忘曲线只可以说明无意义学习材料的遗忘情况。

艾宾浩斯之后的言语联想学习研究

1900—1930年间,进行言语联想学习研究的主要是机能主义心理学家。其指导思想是要将任何给定的任务(如系列言语联想学习)分成一些组成部分并对之进行实验分析。实验心理学家用以研究言语联想学习的许多方法,从本质上讲都属于联想。联想是一种关系,因此这些言语实验中的基本技术是教会被试各因素之间的关系。这些因素可以是词、无意义音节、字母、数字,也可以是完整的句子和整篇文章。艾宾浩斯通过实验证实与当时流行的观点相反的看法:人类的学习和记忆可以用实验和客观的方法来加以研究。在达到完全成诵的程度以后相隔特定的时间,可采取系列回忆方法,它要求被试按照特定的系列顺序去回忆。艾宾浩斯的这种方法公开不久后,其他以客观手段进行的实验方法便出现了,其中应用最广最有影响的有自由回忆学习、系列学习和配对联想学习三种方法。

自由回忆学习(free-recall learning)　1894年柯克帕特里克发表题为《记忆的实验研究》的文章,其中介绍了现在所称的自由回忆学习方法。其被试为从小学到大学的学生,并按三种不同情况接受实验。第一种情况是将一系列单词一次写在黑板上,显示极短时间后便擦掉;第二种情况是将同样数量的单词大声地念给学生听;第三种情况是向学生出示实物而非单词。在这三种情况下,要求被试做的事是相同的:写出呈现过的刺激项,顺序不限。柯克帕特里克发现,学生对实物的记忆比对单词的记忆要好,对听过的单词的记忆和对看见的单词的记忆差别不大。

运用自由回忆学习方法时,被试可以根据自己选定的任何顺序、任何速度努力背诵一张由一些词或无意义音节

构成的项目表。项目的顺序可以是固定的,也可以是随机变化的。在回忆测验阶段,被试不受限制地回忆学习过的刺激项,由于这种方法看起来简单又十分自然,没有像艾宾浩斯的实验研究那样要求严格,所以该方法当初并未引起人们的广泛注意。到 20 世纪 50 年代后期,自由回忆学习才在记忆研究中被广泛采用。

自由回忆学习作为一种言语联想学习的方法,至今仍是一种很重要的实验技术。运用这种实验技术,人们发现三种普遍现象。一是系列位置效应,即一套难度相同的刺激项因处于系列的不同位置而导致学习难度不同的现象。一般处于系列两端的刺激项容易回忆,中间的刺激项往往难以记住。自由回忆的系列位置曲线如图 2 所示。迪斯和考夫曼向被试念一张单词表,有些表包含 10 个词,有些表包含 32 个词,每秒钟念一个单词。从这两条曲线可以清楚看出词表末尾的一些单词回忆正确率较高,最后一个词回忆得最好。这种系列位置中最后几个项目回忆率高的现象叫作"近因效应"。在系列位置中处于开始部分的单词,尽管其正确的回忆率不如靠近末尾的那些单词好,但和中间部分的单词相比,也较容易回忆,这种现象叫作"首因效应"。在 32 个单词的回忆曲线上,有一段起伏不大的部分即中间部分,可以看出中间部分单词的回忆率最低。二是主观组织(subjective organization),即尽管在再现顺序上不加限制,但被试回忆项目的顺序表现出一定的结构。鲍斯菲尔德 1953 年的实验研究证实了这一点。他向被试出示 60 个名词,这些词可以分为动物、人名、职业和蔬菜四类,以完全随机的方式呈现。结果表明,被试回忆项目的顺序不是随机的,而是倾向于按类别来回忆,即将再现中随机呈现的单词加以归类再予以回忆。塔尔文 1962 年的一项研究表明,即使一系列相互之间没有多少关系的单词,被试也不会毫无秩序地加以回忆。塔尔文向被试出示含有 16 个词的词表,每次出示的顺序都不相同,共出示 16 次,每次出示之后写下被试自由回忆的结果。他发现,学习者的 16 次回忆顺序表现出一定的结构,他把这种结构称为"主观组织"。上述实验说明,学习者学习材料项目的过程是一个主动的过程,并不按刺激呈现的顺序来储存经验,也不以同样的顺序再现经验。学习者通过对学习材料的主观组织提高了成绩水平。输入不能预测输出,因为在输入与输出之间学习者进行了一些复杂的组织活动。三是回忆与再认。在自由回忆测验中,人们发现回忆这一方法并不能耗尽被试对一系列刺激项的记忆,即在自由回忆作业中,许多回忆不出来的内容可以以再认的方式反映出来。在日常生活中,人们在回忆时发生困难,但通过适当的提示或暗示可以回忆出来。中国心理学工作者陆志韦 1922 年用再认、再学、重构材料和书写再现四种方法测量被试学习无意义音节后的保持量,结果表明,再认法测得的保持量最多,再学法和重构法测得

的保持量居中,回忆(再现)法测得的保持量最少。

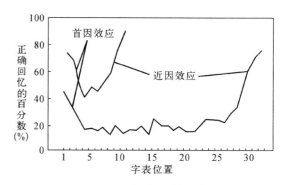

图 2　自由回忆的系列位置曲线

系列学习(serial learning)　从艾宾浩斯的系列再现演变而来。区别在于,在系列学习中,被试无需同时试图背会全部实验材料,而是由主试向被试逐个出示按顺序排列好的刺激项,并让他试着说出下一个刺激项。这种言语联想学习的特征是:按固定顺序呈现一套材料,要求被试在一个项目呈现时,以下一个项目的预期作为反应,这样一次次地呈现,直到被试能准确地预期每一个后继项目。图 3 是一张典型的无意义音节系列表。中间一列要按规定的速度(每 3 秒出示一个)每次出示一个。在出示每个刺激项的时候,被试需尽可能记住当时出示的音节,同时力图预想并说出下一个音节。

系列位置	刺激	正确反应
0	XXX	HIG
1	HIG	WUG
2	WUG	KYR
3	KYR	CIZ
4	CIZ	PEH
5	PEH	LUJ
6	LUJ	NAJ
7	NAJ	BEP
8	BEP	RAL
9	RAL	VIF
10	VIF	FUP
11	FUP	DAQ
12	DAQ	XXX

图 3　系列学习的预期程序

大量的类似实验发现,处于系列中不同位置的刺激项目并不一样好记:系列表中开始部分的项目能较好地记下来,末尾部分的刺激项也不难记,最难记的是中间部分,这是系列学习中的一种重要现象——系列位置效应。有学者

认为,系列位置效应只产生于人为的实验条件下,没有实践意义。但詹森1962年的研究证明,拼读错误与其在单词中的位置有关。中间部分出现的拼读错误要比词的两端更为常见。校对员检查出的印刷错误也大都出现在中间位置上。

美国心理学家麦克拉里和 W. S. 亨特1953年在系列位置曲线中概括出"隔离效应"(亦称"雷斯托夫效应"),即如果系列刺激项目中的某一项有特别之处或被"隔开",就比不被隔开的刺激项更易记住。以 J. P. 麦克劳克林1966年进行的实验来说明这个问题。实验要求被试学会由15个音节构成的系列表,每个音节呈现3秒钟。在控制条件下,所有15个音节符号都用黑体小写字母呈现。而在实验的或隔离的条件下,8号位置上的那个音节符号采用红色大写字母呈现,其余所有音节符号仍都用黑体小写字母呈现。从显示实验结果的图4可以看到这种操作对系列位置产生的影响,红色大写字母(隔离刺激项)所在的8号位置,错误平均数明显少,即产生隔离效应。被隔离的刺激项之所以更容易被记住,显然不是因其颜色差异,而是因该刺激项的被隔离。

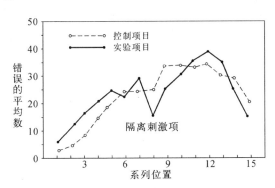

图4　隔离效应(雷斯托夫效应)

配对联想学习(paired-associate learning)　卡尔金斯1894年最先将这种方法引进心理学,但该方法长期未被心理学家重视。到20世纪50年代,该方法作为研究人类言语联想学习和记忆的最常用技术,取代系列学习方法。系列学习的项目表中的每一个刺激项具有两方面的作用:其一,是对前一个出示项目的"反应";其二,是作为下一个出示项目的"刺激"。由于每个刺激项都具有双重作用,所以系列学习一直存在理论分析上的难点。一个变量既影响一个项目的反应功能,又影响一个项目的刺激功能,或同时影响这两者。这样,一个刺激项的这两种作用在系列学习中是混同的,因为这两种作用在实验中很难分开。

配对联想学习是排除这种混同影响的一种较好方法。在这种学习中,项目成对地被记住。每对包含一个"刺激"项目和一个"反应"项目。在配对联想学习实验中,学习和检验呈现项目的两种安排方法是预期法和学习检验法。预期法的具体操作很像系列学习中的预想方法。一对刺激物(包括刺激项目和反应项目)分两步出示给被试:第一步,单独出示刺激项目,被试要努力去预想与刺激项目相对应的反应项目;第二步,再将这一对刺激物一起出示,对被试的反应予以确认。在所有成对刺激物按该方法出示完毕后,再重复这一过程,但每对刺激物出示的顺序改变。被试只需记住每个配对项目中与刺激项目相对应的反应项目,而不必顾及它在整个材料中的前后顺序。在实验中,每完整出示一轮成对刺激物叫一次"尝试"。在学习检验法中,被试先学习所有的成对刺激物,然后进行检验。学习阶段可按规定的速度呈现刺激物(如3秒出示一对),检验时不作时间限制,允许被试有较充足的时间回想每一个反应项目。在检验阶段,刺激项目的出示顺序不能与学习阶段的顺序相同。

有学者认为,预期法的程序比学习检验法的程序更能产生有效的学习,因为在预期法中被试反应之后立刻能得到"强化"或知道结果,而学习检验法通常要拖延30秒钟左右。但大量实验证明,这两种方法的效率大致相同,相比之下,学习检验法更有效一些。后继的大量研究发现,刺激物之间的相似性、意义性及相互关联都是影响配对联想学习的因素。欣茨曼1978年的研究表明,低相似配对的材料要比高相似配对的材料学习得快。这一点可用奥斯古德1949年提出的三维迁移模式进行解释。按照三维迁移模式,若配对项目中刺激项在相似性上由不同到相同变化,而又要求对这些项目作出不同反应,则负迁移由最小向最大变化。

材料的意义性是影响配对联想学习的一个重要因素。材料越有意义,就越容易被记住。每对刺激物中反应项意义性的高低要比刺激项更能决定学习的难易,可能的原因是学习者在刺激项出现以后必须努力从记忆中提取反应项目。刺激物之间的相互影响主要表现为迁移。不同音节的联想值的不同会影响对该音节的记忆,这显然是头脑中已储存信息对不同音节的作用。从严格意义上讲,意义性并非材料本身的特征,它依赖于学习材料与人们认知结构中已有知识之间构成的关系。对于相同的学习材料,不同学习者的学习速度和保持存在差异,主要是因为不同的学习者有不同的知识储备。

言语联想学习的影响因素

有许多因素对言语联想学习保持产生影响。有些因素有利于学习的保持,有些因素则对学习的保持产生负面影响。研究并总结这些影响因素具有一定的实际意义。

学习材料的数量　一般情况下,如果要达到同样的保持水平,材料愈多,花的时间和次数也就愈多。索科洛夫的研究表明：学习12个音节，平均每个音节需要14秒；学习24个音节，平均每个音节需要29秒；而学习36个音节，这个时间上升到42秒。另外一些研究还表明，随着学习材料数量的增加，虽然学习的绝对数量有所增加，但学习的百分比却降低了。而且，当学习材料持续增加时，其保持曲线很接近艾宾浩斯遗忘曲线。

学习的程度　学习程度不同，保持的效果也有差异。如果学习者在学习一种材料时没有达到能完全背诵的标准，就是低程度的学习（或不足学习），信息保持一般较差；如果达到恰能背诵便停止学习，就是中等程度的学习，保持效果一般；如果在能完全背诵之后还继续增加学习时间或次数，就是过度学习。在三种不同程度的学习中，过度学习的效果要好得多。在一个实验中，让三组被试学习12个名词，学习程度分别为100%、150%和200%。28天后要他们重新学习，实验结果如图5所示。

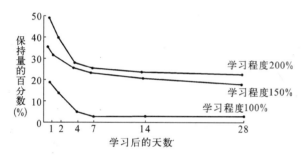

图5　不同学习程度的保持曲线

在中国心理学工作者的一个实验中，被试对不同的无意义音节字表经过不同程度的学习，保持的结果见表2。

表2　学习程度对保持的影响

学习程度	4小时后回忆出的百分数（%）
33%	42.7
100%	64.8
150%	81.9

国内外有关学习程度对保持效果的研究结果一致表明，学习程度高，保持效果都较好；一般认为，学习程度为150%（超额学习为50%）时，保持效果最好；学习程度超过150%，保持效果虽有所提高，但并不再随之而显著增长。不足学习（上表中的33%）导致较差的保持效果，但不适当的超额学习会引起人的兴趣和自觉性的消退，因而影响学习效果。

学习材料的性质　艾宾浩斯的实验中所用的学习材料为无意义音节，其遗忘曲线也只适合解释机械学习。不同性质的学习材料对保持进程有较大影响。大量比较研究发现，熟练的动作保持效果最好。B. D. 贝尔发现，一项熟练掌握的技能经过一年也只遗忘29%，而且稍加练习即能恢复；

熟记了的形象材料，保持效果也较好；有意义的语文材料，特别是诗歌，要比无意义材料保持效果更好。如果保持相等的学习程度，不同学习材料的保持曲线见图6。

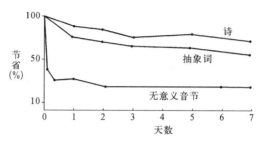

图6　不同性质学习材料的保持曲线

遗 忘 理 论

识记过的学习材料，随时间的推延在数量和质量方面会发生变化，这种变化的主要表现为遗忘。遗忘的原因多种多样，有的是大脑器质性病变或损伤而导致的"回忆困难"或"重现障碍"等生理方面的原因，有的是心理方面的原因。学者提出的观点较多，主要有以下几种。

衰退理论　该理论认为，遗忘是由于记忆痕迹得不到强化随时间推移而逐渐减弱以至消退的结果。从信息加工理论的观点看，记忆痕迹指记忆的编码；从苏联生理学家巴甫洛夫条件反射的观点看，记忆痕迹是心理活动在大脑皮层有关部位形成的暂时神经联系。暂时神经联系的形成使经验得以保持；暂时神经联系的接通（恢复）使经验得以回忆、再认。

要证明记忆痕迹的衰退是遗忘的原因，须做到两点：（1）证明某种学习之后确实可以留下记忆痕迹，脑神经的研究可以部分地说明这一点。神经解剖学的研究表明，在学习和训练过程中，如果多次反复运用同样的刺激，就会引起参与传递活动的突触发生结构上的变化，即突触的生长，使突触间隙变窄，神经冲动的传导与神经元之间的联系更容易，最终形成一种特殊的机能通道。（2）须做到某种学习前后不能有其他活动产生。因为一旦有其他心理活动于某学习活动前后发生，按照衰退理论，总会留下痕迹，这些不同痕迹相互之间会产生干扰。一旦产生干扰，就难以分辨遗忘是源于记忆痕迹的相互干扰还是消退的结果，但要做到在特定时间内记忆痕迹的唯一性是不可能的。

记忆痕迹随时间的推移而逐渐消退仅是一种假说，但该假说更接近人们的常识，更易为人们接受。因为任何事物都有一个发生、发展和衰退的过程，记忆痕迹可能也不会例外，所以尽管衰退理论难以得到实验的支持，但人们难以驳倒它。衰退是感觉记忆和维持性复述被阻断时的短时记忆信息丧失的一个重要原因。对于长时记忆中信息的遗忘,衰退理论尚不能很好地解释。

干扰理论 该理论认为,遗忘并非由于记忆痕迹的衰退,而是由于先后学习的材料之间发生相互干扰所致。一旦排除这些干扰,记忆就能恢复。写信时一个平时常用的字怎么也想不起来,这种称为"舌尖现象"(tip of the tongue)的事例,都可以用干扰理论来解释。

最早进行干扰理论研究的是詹金斯和达伦巴赫1924年有关睡眠对记忆影响的研究。在实验中,让被试记忆无意义音节表,要求能达到一次正确背诵的标准。然后将被试分两组,一组记忆并达到标准即行入睡,另一组在记忆后继续日常工作。其后分别在1、2、4、8小时之后,再让被试回忆学习过的材料,结果发现,睡眠组被试的保持效果明显好于日常工作组被试的保持效果。可解释这一差异的原因是,日常工作组被试与睡眠组被试相比,其在记忆后从事的工作干扰了对原先学习材料的回忆。后来亚鲁奇等人1971年的研究进一步证实,同是睡眠组,无梦睡眠比有梦睡眠组的保持更好,也表明了干扰对保持的影响。

系统阐述干扰理论这一观点的是麦克奇。他于1932年发现,两个项目A—B之间的联想,通过训练建立起来后,即使不使用,其强度仍保持原有水平。经过一段时间后,可测量的保持之所以丧失,不是由于A—B联想强度的衰退,而是由其他可选择的联想如A—C或A—D,在A—B的训练中断时以种种方式获得力量。它们与A—B联想相竞争,从而使A—B的可提取性降低。这说明干扰理论可解释前摄抑制和倒摄抑制两种抑制现象。

先学习材料对后学习材料的保持和回忆的干扰作用叫做前摄抑制(proactive inhibition)。前摄抑制的实验设计模式见表3。从表中可以看出,在两组被试学习同样材料(A)之前,实验组先学习材料B,而控制组休息,之后两个组都进行材料A的学习与测验,如果实验组的保持量低于控制组,说明先学习的材料B对后继的学习材料A的回忆产生干扰。在学习无意义材料时,前摄抑制的影响尤为明显,因而在机械学习中会造成大量的遗忘。在学习有意义的材料时,由于意义联系多,易于分化,前摄抑制的影响较小。

表3 前摄抑制和倒摄抑制的实验设计模式

	前摄抑制		倒摄抑制	
	实验组	控制组	实验组	控制组
学习材料	B	休息	A	A
学习材料	A	A	B	休息
回忆测验	A	A	A	A

后继学习材料对先前学习材料的保持和回忆的干扰作用叫做倒摄抑制(retroactive inhibition)。倒摄抑制的实验设计模式同见表3。在倒摄抑制的实验设计中,两组都学习

材料A,之后实验组学习材料B,而控制组休息。在之后对材料A的测验中,如果控制组的保持量高于实验组,就说明实验组后学习的材料B对先学习的材料A的回忆产生干扰。人们对先后两种学习材料的性质、学习程度、时间间隔以及难易程度进一步研究后发现:(1)先后两种学习材料有中等程度的相似性时,倒摄抑制的影响最大;先后学习的两种材料极为相似或极不相似时,倒摄抑制的影响较小。(2)先学习材料的巩固程度越差,倒摄抑制的影响愈大;反之,巩固程度越好,则倒摄抑制的影响愈小。(3)后学习材料的难度愈大,倒摄抑制的影响愈大;后学习材料越容易,倒摄抑制的影响愈小。(4)恰在回忆A前学习B,倒摄抑制的影响最大;学习A后立即回忆B,倒摄抑制的影响次之;在学习A后和回忆A前有一定的时间间隔,然后学习B,倒摄抑制的影响最小。

在日常学习中,前摄抑制和倒摄抑制的影响都很常见。如阅读一篇文章,往往开头部分和结尾部分容易记住,中间部分则容易忘记。用干扰理论解释的话,文章开头部分的信息保持只受倒摄抑制的影响;结尾部分只受前摄抑制的影响;而中间部分既受前摄抑制的影响,又受倒摄抑制的影响,所以信息保持最差,能够回忆的内容相对较少。

言语联想学习研究对教学的意义

教学必须考虑新学习与学生已有知识、经验的结合。艾宾浩斯在其实验中之所以使用无意义音节,是因为他考虑到任何其他可选用的材料都不同程度地会与学习者头脑中的已有知识经验发生联想。因此,成功的学习首先要满足一个条件,即新的学习材料需与认知结构中的适当观念相联结,这样真正的学习方能发生。教学如果不能满足这一点,就很容易导致机械学习,促成学生的机械识记。教师要重视学生的知识准备。

学习材料的意义对学习效果有重大影响。不同性质的材料对学习保持有重要影响。即使是无意义音节,其联想值也有所差异。教学中的材料大多为有逻辑意义(在人类的理解范围内)的材料,但也有欠缺逻辑联系的材料。对这类学习材料,言语联想学习研究提供了有益的学习方法,如及时复习、过度学习及使用记忆术等。

教学中要注意系列位置效应的影响。在对一系列材料的学习中存在两头保持效果好、中间保持效果较差的现象。这对课程设计和具体的教学实践有一定指导意义。在一个相对完整的学习单元中,课程设计者应考虑到系列位置效应,将内容中的重点与难点置于首尾,使重要内容较好地得到学习。教师务求让学生在自己的学习中也注意到这个问题,如在复习阶段,可把重点内容放在开始,说明重点内容的学习材料置于中间,最后予以概括和总结。

言语联想学习研究中的方法学意义。言语联想学习研究中的一系列方法对教学方法的改进及教学结果的测评有借鉴意义。如配对联想方法对学习外语有指导意义。在配对联想学习中,学习和检验呈现项目的两种方法(预期法和学习检验法)在实际外语学习中都是较有效的学习方法。此外,为强调学习内容中的某一方面,可以对其应用隔离的办法(隔离效应)。如教师在教学中的板书设计及学生的笔记,都可以使学习者留下较深的印象。要突出某一内容,适当的隔离往往可以达到特定效果。

学者们对言语联想学习研究的批评较多。认为言语联想学习大多是机械学习,并不能代表课堂情境中学生的学习,因此难以将这种简化了的实验室安排下的联想学习研究结果用于解决学校情境中的实际问题;言语联想学习研究"过于经验化",它得到大量的具体资料但并未揭示学习的一般原理或理论。尽管有此类批评,但言语联想学习研究提出许多指向特定学习任务的微型假设,这些假设仍对教学有重要借鉴意义。

参考文献

鲍尔,G. H. ,希尔加德,E. R. 学习论——学习活动的规律探索[M].邵瑞珍,等,译.上海:上海教育出版社,1987.

皮连生,等. 现代认知学习心理学[M].北京:警官教育出版社,1998.

皮连生.学与教的心理学[M].上海:华东师范大学出版社,1997.

(王映学)

研究生教育(graduate education)

继大学本科教育后培养高层次专门人才的教育。高等教育的高级层次,是学校(学历)教育的最高阶段。一般与学位制度相联系(参见"学位制度"),分硕士生教育和博士生教育两级,亦有不分级者。一般来讲,硕士生招生对象为已取得学士学位或具有同等学力者;博士生招生对象为已取得硕士学位或具有同等学力者,亦可直接招收本科毕业生。培养机构通常是经政府主管部门或学术权威机构认可授权的,本科教育质量较高、具备一定研究条件且拥有较高学术水平教师的高等教育机构,也有国家在经过认可的科研机构中培养研究生,或同高等院校合作进行研究生教育。

各国教育制度和学位制度不同,培养方式也多样化,但通常分课程学习及撰写学位论文等阶段。在硕士生阶段,通常课程学习安排较多。有的培养机构不要求学生提交硕士论文,如某些专业硕士学位,学完1~2的课程后,考核合格者即授予相应专业学位。也有一些硕士生教育是第一级学位(学士学位)的延伸教育,学习时间为几个月到两年不等,不授予高一级学位或文凭。学术性学位的硕士生教育,学生学完规定课程后要完成硕士论文,经答辩授予硕士学位。在美国等发达国家,博士生教育规模大、学科齐全、发展成熟,常把硕士生教育作为其过渡阶段,一般学完1~2年的课程后不做硕士论文也可毕业,然后进入博士生阶段的学习。有些国家采取硕博连读方式,如在日本,硕士是博士的前期阶段,学完2年课程后合格者即可进入博士生阶段,不能进入下一阶段的就终止学习,授予硕士学位。在博士生教育阶段,需根据不同对象学习专门领域中艰深的、前沿性的新知识,或有针对性的补充研究中所需理论、知识和技能。在德国,博士生直接跟着导师在科学研究中进行学习和训练,通常不设置规定课程;美国历来安排课程学习阶段。不管哪种方式,各国都重视博士生独立研究能力的培养,采取多种渠道进行较长时间的科研训练,最后学生要完成有一定创见的博士论文,经答辩后授予博士学位。研究生教育主要特征为:专业教育的深化、独立研究训练。

研究生教育作为高等教育的一个独立阶段,19世纪开始出现于美国与欧洲国家的某些高等院校中。19世纪初,德国柏林大学强调教学与研究统一原则,让学生参加讨论班和一些研究活动,接受科学研究训练。当时设有哲学博士学位,授予达到相当水平的人员,但博士生教育还未成为高等教育中的独立阶段。美国的哈佛大学、耶鲁大学等虽也曾授予博士学位,但也未作为明确的教育阶段,提供专门的系统训练。1876年,美国约翰斯·霍普金斯大学设立研究生院,对本科毕业学生制订专门教学计划,开设专门课程并进行研究训练,合格者授予硕士、博士学位。此后,美国许多大学设立研究生院,开展大学后教育,研究生教育步入规范化、独立教育阶段。受美国模式影响,不少国家也规范研究生教育,给予专门课程学习和科研训练,并同高级学位的授予相联系,研究生教育的规模和质量得到快速发展和提高,形成了高等教育中本科以上高级层次的教育。研究生在不同专业学科领域学习专门课程并接受研究训练。传统研究生教育极重学术性,侧重纯学理研究,属学术性学位。第二次世界大战后,为适应社会对生产、经营、服务等实践型高级专业技术人才和管理人才的需要,出现了以培养某种职业需求为目标的高级专门人才的研究生教育,并授予同原学术性学位相对应的专业学位,如工商管理硕士。其课程更强调专业实践性,在研究生教育阶段有导师或导师组给以指导,通过独立研究完成学位论文。

中国于1904年在京师大学堂设立通儒院,1912年又规定大学设立大学院,但均未实施研究生层次的教育。1918年,北京大学设立研究所,此后真正开始了研究生教育。1935年,国民政府教育部颁布实施《学位授予法》,把研究生教育同学位制度联系起来。中华人民共和国成立后,1949—1966年,研究生教育曾在少数大学实施,但未授学位。1980年,《中华人民共和国学位条例》颁布,重新建立学位制度。1984年,开始在部分高等学校建立研究生院,研究生教育走上新的发展阶段。

（谢安邦）

研究型大学(research university)　以科研和高水平研究生教育为主要特征的大学类型。在知识经济时代,建设研究型大学和世界一流大学成为许多国家高等教育发展的战略选择。

研究型大学的产生与发展　研究型大学是卡内基促进教学基金会(Carnegie Foundation for the Advancement of Teaching)的美国高等学校分类体系中的一个层次,根据1994年卡内基促进教学基金会的高等学校分类标准,分为研究型大学Ⅰ类和研究型大学Ⅱ类两种。研究型大学Ⅰ类的标准:提供领域广泛的学士学位计划,承担直到博士学位的研究生教育,给研究以较高的优先权,每年至少得到4 000万美元的联邦政府资助,每年至少授予50个博士学位。研究型大学Ⅱ类的标准:提供领域广泛的学士学位计划,承担直到博士学位的研究生教育,给研究以较高的优先权,每年得到1 550万～4 000万美元的联邦政府资助,每年至少授予50个博士学位。根据这个标准,1994年美国共有研究型大学125所。

为防止和减少盲目攀比、排队现象,卡内基促进教学基金会2000年修改了美国高等学校分类标准,修改的主要内容是将研究型大学与可授予博士学位大学合并为可授予博士学位和研究型大学(doctoral/research universities)。按新分类标准,该类大学还分为可授予博士学位和研究型大学广博型(doctoral/research universities-extensive)、可授予博士学位和研究型大学精深型(doctoral/research universities-intensive)。前者每年至少在15个学科授予不少于50个博士学位;后者每年至少在3个学科授予不少于10个博士学位,或每年至少授予20个博士学位。据2000年卡内基基金会统计,美国3 856所高等院校中有125所属于研究型大学,约占总数的3%,培养了全美32%的本科生。1991—1995年,研究型大学授予了美国56%的科学与工程学博士学位。

美国研究型大学之间有一个重要组织,就是美国大学联合会(American Association of Universities,简称AAU)。它成立于1900年,总部设在华盛顿特区,至今拥有61所美国大学成员和2所加拿大大学成员。该联合会的基本目标是提供永久性的论坛和两年一次的例会,影响国家和公共机构教育政策的制定和实施,以提升大学的学术研究和教育水平。由于成员遴选标准苛刻,加上在美国公共教育和科技政策上的深刻影响力,已经成为美国一流研究性大学的"贵族俱乐部"。

历史上,研究型大学或以出色研究为特征的大学始终占据高等教育体系的顶端。近代大学重视科学研究的理念开始于1575年在荷兰创立的莱顿大学。莱顿大学医学院强调教学与研究相结合,并建设了良好的研究设施。1709年在苏格兰建立的爱丁堡大学对大学管理进行革新,按学科设置大学教授职位,使学科和教学专门化,教师集中于感兴趣的领域进行研究,开启学术研究专业化的先河。17世纪中叶创办的哈勒大学和格廷根大学突破神学在大学中的统治地位,增加哲学、数学及自然科学的分量,格廷根大学还建立优良的科学实验室,设立专门从事自然科学研究的研究所。1810年成立的柏林大学,其创办人洪堡来自格廷根大学。洪堡"研究与教学结合"和"学术自由"的办学理念成为一种理想大学的模式,被各国效仿。洪堡的大学观是:大学不再是学校,不再有教师和学生,只有"受到指导的研究者(大学生)"和"独立的研究者(教授)"。他认为,听大学讲座只是偶然的,重要的是年轻人在进入社会生活前有几年时间能专心致志地在一个地方进行科学思考,那个地方汇集了许多教师和学生。柏林大学从建立之初就把致力于专门科学研究作为主要要求,把授课效能仅作为次要问题来考虑。该校认为,在科研方面有卓著成就的优秀学者是最好和最有能力的教师。德国的研究型大学为德国的科学发展、国力强盛作出巨大贡献。柏林大学办学取得丰硕成果,对德意志的统一和发展产生深远影响,给德国带来巨大荣誉。第一次世界大战前,德国大学是各国大学的楷模,全部42名诺贝尔自然科学奖获得者中,有14人是德国学者,仅柏林大学就有8人。从19世纪60年代到1914年,英国、美国有成千上万青年到德国上大学。仅19世纪,留德的美国学生有约9 000人,英国学生人数与美国相等。密歇根大学的奠基人塔潘、哈佛大学的C. W. 埃利奥特、康奈尔大学的A. D. 怀特、约翰斯·霍普金斯大学的吉尔曼等,都受过德国学术生活的陶冶。

1876年,约翰斯·霍普金斯大学建立,是美国研究型大学发展历程开始的标志。19世纪末20世纪初,美国已经有20所左右的研究型大学。美国大学联合会的建立标志美国已形成一个研究型大学群体,但自此以后直到第二次世界大战结束,美国研究型大学在数量上几乎没有增加。第二次世界大战期间,由于联邦政府战争科研合同大量增加,研究型大学的科研能力大大增强,在社会和经济生活中的地位也获得提高。

在第二次世界大战中,美国联邦政府把大批资金投到两个最大、最成功的研究项目即"雷达"和"原子弹"的研制(通称"曼哈顿工程")中,并建立新的联邦政府实验室和研究管理机制,即国防研究委员会(The National Defense Research Committee, 简称 NDRC)及其所属科学研究与开发办公室(The Office of Scientific Research and Development, 简称 OSRD)。雷达实验室建立在麻省理工学院,1945年战争结束前,其人员超过 4 000 人,其中 1/4 为科学家。战争期间,实验室的总开支为 15 亿美元。雷达科研促成麻省理工学院向研究型大学的转变。从 1942 年 1 月开始到 1945 年 7 月,原子弹研制费用达 20 亿美元。哥伦比亚大学、加利福尼亚大学伯克利分校和芝加哥大学承担主要研究工作。原子弹研制促进这些大学向研究型大学的转变。

1957 年苏联卫星上天,更刺激了美国研究型大学的发展。20 世纪 60 年代,美国一些主要州立大学进入研究型大学的行列。以加利福尼亚大学为例,原来只有伯克利分校可列为研究型大学,经过几年的发展,其洛杉矶分校、圣迭戈分校和旧金山分校等都进入研究型大学的行列。

研究型大学与世界一流大学   世界一流大学是人们对世界顶尖大学的称谓。研究型大学与世界一流大学是交集关系,有交叉重叠的部分,但并不是包含关系。虽然许多著名的世界一流大学都是研究型大学,但并非所有世界一流大学都是研究型大学。在建设世界一流大学的过程中,建设研究型大学是一条重要途径,甚至是主要途径,但并非唯一途径。

学术界对什么是世界一流大学尚无普遍公认的严格定义。学术界的看法大致可概括为内在特征论、自身实力论、精神气质论、社会贡献论、社会主观评价论、过程论等。在内在特征论者看来,世界一流大学都具备一些共同的内在特征。如哈佛大学前校长陆登庭从大学根本使命的角度来看一流大学,指出为创建和维持一所杰出的大学,应不断提醒自己和经费资助机构,只有对事物结构和过程的本质有深入理解,才能谈得上实际应用,才能有效解决实际问题,也只有优秀的大学才能承担最基础的研究工作。这种看法在国外一流大学校长中比较有代表性。中国科技大学校长朱清时从另外一个角度提出,一流大学重要的是要有一套好的机制和校风。在一流大学的建设中,质量和内涵的发展是关键;要多层次、多种类办学,一流大学不一定全都是研究型大学。"自身实力论"者认为,世界一流大学应该达到一些共同的要求,包括有一批一流学科;培养高层次创造性人才;出高水平、原创性科研成果;拥有一支高素质师资队伍及充足的办学经费等。一些人还力图在这个认识的基础上制定指标体系,对世界一流大学进行排名。"精神气质论"者认为,世界一流大学应具备普遍的精神气质(universalistic),它至少体现在三个方面:教员的来源必须普遍;学生的来源必须尽可能地广泛和多样化;研究和教学的内容必须普遍。也有学者认为,一所大学如果没有文化底蕴,是创造不出新文化的。一流大学与一般大学的不同就在于此。大学文化最根本的核心是学风、校风。校风是一个学校的思维方式和工作态度,学风是一流大学的灵魂。"社会贡献论"者认为,世界一流大学首先要为国家发展和民族复兴作出卓越贡献。把面向国家的战略需求放在首位,这是中国一流大学的首要任务,并由此形成中国特色的世界一流大学。这种特色将体现在很多方面,如坚持正确的办学方向;培养德、智、体、美全面发展的社会主义建设者和接班人等。"社会主观评价论"者认为,世界一流大学的称号主要反映为长期以来形成的在世界上的崇高声誉和广泛的知名度,而这种评价在内涵和外延方面都是十分模糊、不确定的。因此世界一流大学是一个模糊的概念。"过程论"者认为,世界一流大学是随着科学技术中心和世界经济中心的转移而自然形成的。世界高等教育的中心从英国到德国再到美国,都说明了这一点。研究一流大学重要的是研究它们是怎么成为一流的,走过了什么样的道路。

对世界一流大学有多种不同的认识角度,重要的是依据目的而定,如果着眼于大学自身建设,就应从大学自身的使命、实力、精神等角度去认识;如果出发点是大学对国家、政府、社会的影响,就可以从社会贡献、社会声誉、社会发展过程等角度去认识。

参考文献

丁学良.什么是世界一流大学? [J].高等教育研究,2001(3).

贺国庆.德国和美国大学发达史[M].北京:人民教育出版社,1998.

刘承波.试论"世界一流大学"概念的模糊性问题[J].教育发展研究,2001(1).

沈红.美国研究型大学形成与发展[M].北京:华中理工大学出版社,1999.

王英杰.美国高等教育的发展与改革[M].北京:人民教育出版社,1993.

(王晓阳)

颜之推的家庭教育思想   颜之推(531—约 595)生于南北朝时期,山东琅琊(今临沂)人,曾先后仕于南朝梁、北齐、北周、隋四朝,著有《颜氏家训》、《还冤志》二书以及《观我生赋》、《上言用梁乐》等文章。其中,《颜氏家训》是颜之推思想较为成熟时期的作品,是他结合自己的家庭教育和切身经历写成的家庭教育名篇,此书共七卷二十篇,涉及的内容包括历史、文学、训诂、文字、音韵、民俗、社会、伦理、教育等。后人评价此书为"篇篇药石,言言龟鉴,凡为人子弟者,可家置一册,奉为名训,不独颜氏"(《颜氏家训集解》)。

家庭教育的重要性   颜之推从自己亲身受到的家庭教育以及社会上有关家庭教育的事例出发,提出家庭教育的重要性。他在《颜氏家训·勉学》中说,七岁读东汉王延寿作的《鲁灵光殿赋》,每十年温习一次,依然不曾遗忘,但在二十岁以后背诵的东西,只要搁置一个月就忘记了。他举社会上的事例说:"王大司马母魏夫人,性甚严正。王在湓城时,为三千人将,年逾四十,少不如意,犹捶挞之,故能成其勋业。"(《颜氏家训·教子》)又说:"梁元帝时,有一学士,聪敏有才,为父所宠,失于教义,一言之是,遍于行路,终年誉之;一行之非,掩藏文饰,冀其自改,年登婚宦,暴慢日滋,竟以言语不择,为周逖抽肠衅鼓云。"(《颜氏家训·教子》)在此,颜之推用正反两方面的事例说明家庭教育对人的发展的重要作用。同时,颜之推还通过家庭教育与学校教育、社会教育的对比,说明家庭教育具有其他教育达不到的功效。"禁童子之暴谑,则师友之诫,不如傅婢之指挥;止凡人之斗阅,则尧舜之道,不如寡妻之诲谕。"(《颜氏家训·序致》)。其原因在于家庭成员尤其是父母与子女之间的天然和谐关系,使儿童信服父母所说的话,它对儿童的成长起独特的感染教育作用,即"同言而信,信其所亲;同命而行,行其所服"。基于此,他为了"整齐门内,提撕子孙",专门撰写《颜氏家训》,并在开篇告诫其子女,"吾望此书为汝曹之所信,犹贤于傅婢寡妻耳"(《颜氏家训·序致》)。

家庭教育的基本方法　　及时早教,勿失机也。颜之推十分重视胎教,提倡孕妇"怀子三月",便要"出宫别居",并且"目不邪视,耳不妄听。音声滋味,以礼节之"(《颜氏家训·教子》),就是说母亲从十月怀胎开始,就要用优美的声音陶冶自己,用礼仪支配自己的言行。等到孩子出生后,还要充分利用其精神集中、可塑性强的特点,及早培育孩子幼小的心灵,"人生小幼,精神专利,长成已后,思虑散逸,固须早教,勿失机也"(《颜氏家训·勉学》)。他认为教育的最佳时机是"当及婴稚,识人颜色,知人喜怒,便加教诲"(《颜氏家训·教子》)。因为这段时期,儿童思想观念尚未形成,性情纯洁,未染恶习,可塑性很大,"使为则为,使止则止"(《颜氏家训·教子》),是进行道德教育的最佳时期。只要在这个时期形成良好的道德行为习惯,长大以后行为、言论自然就会合乎社会礼仪规范。他引用孔子说的"少成若天性,习惯如自然"作为理论根据,并以民间谚语"教妇初来,教儿婴孩"作为例证,说明早期教育的必要性。他进一步告诫,如果错过这个最佳时期,等到成人"思虑散逸"后再去进行道德教育,那就收效甚微。他指出,社会上有的人建功立业、威名远扬,而有的人杀身败家,这都与他们小时受到的家庭教育有很大关系,因此,主张教育不可不早进行,切勿失机。

威严有慈,爱教结合。颜之推认为父母在教育子女时,要做到威严和慈爱相结合。一方面,父母在孩子面前应保持尊严,不可与孩子过于亲昵、随便,但另一方面,由于父母与孩子之间有骨肉之情,因此也不可过于淡漠、疏远。因为过于淡漠,仁慈之心和孝心不能相互沟通;过于亲昵,则会造成对父母的不恭不敬。主张爱子与教子相结合。指出由于溺爱,孩子往往"饮食运为,恣其所欲,宜诫翻奖,应诃反笑"(《颜氏家训·教子》),即溺爱使父母对子女在生活方面的要求总是给予满足,完全放松而不加以限制;孩子做错了事本该训诫,反而给以奖励;说错了话应当责备,反而不了了之。长期这样,对孩子并没有什么好处,等孩子长大成人了,"骄慢已习,方复制之,捶挞至死而无威,忿怒日隆而增怨。逮于成长,终为败德"(《颜氏家训·教子》)。为此,他提出爱而有教,严而有慈。主张父母对待子女的错误与缺点,应像医生对待病人的疾病一样,用汤药针艾进行治疗,毫不留情。同时,还主张在万不得已的情况下,可以对孩子采取强制性的鞭挞方法,以使他们因害怕而不致犯错误,认为鞭挞是严教的体现,否则"笞怒废于家,则竖子之过立见"(《颜氏家训·治家》)。在对待多子女的问题上,主张一视同仁而不能偏爱。家长有意无意地偏爱乖巧伶俐者,虽难以避免,但也是不好的,这不仅使遭冷落的子女在心灵上受到伤害,而且受偏爱的子女也容易滋长一些不良倾向。这不只是教育方法问题,也是心地问题和精神境界问题。

必慎交游。颜之推认为:"人在少年,神情未定,所与款狎,熏渍陶染,言笑举动,无心于学,潜移暗化,自然似之。"(《颜氏家训·慕贤》)即人在幼小时,思想未定型,可塑性很强,周围人的言行举止对其有潜移默化的作用。由于儿童的这种特点使他们很容易受社会影响,所以他告诫人们要重视环境的选择,特别应重视选择与孩子接触的人,要多接触"善人",少接触"恶人",因为"与善人居,如入芝兰之室,久而自芳也;与恶人居,如入鲍鱼之肆,久而自臭也","君子必慎交游焉"(《颜氏家训·慕贤》)。要求家长应时时注意与子女接触的人,以防子女误入歧途。他认为"贵游子弟,多无学术"(《颜氏家训·勉学》),要求家长不要让孩子结交这样的人,以免被导入歧途。

语言标准,概念准确。颜之推是语言音韵专家,他在《颜氏家训》中专门撰写《音辞》一篇,试图对语言教育进行理论总结。他认为儿童时期是学好语言的关键期,但儿童的语言学习要标准化,应该学习通用语言而不是方言。他发现在长期的语言交往中,"九州之人,言语不同"(《颜氏家训·音辞》),以致形成许多不规范的语言现象。如南方人发音常常错误地"以石为射,以贱为羡";而北方人发音时往往"以紫为姊,以洽为狎"(《颜氏家训·音辞》),从而造成言语的混乱和交往的不便。为此,他主张采用统一语言,及早对儿童进行言语能力的培养。并指出在教育子女学习正确语言的过程中,父母十分重要。在这一点上,他自己以身作则,掌握标准语言,并认真示范,"吾家儿女,虽在孩稚,便渐督正之,一言讹替,以为己罪矣。云为品物,未考书记者,不敢辄名,汝曹所知也"(《颜氏家训·音辞》),一事一物,不经查考,不敢随便称呼,以免以讹传讹,给儿女造成不好影响。

家庭教育的目的和内容　　对于家庭教育应使孩子掌握哪些知识和技能,颜之推提出"德艺周厚"(《颜氏家训·音辞》)的主张。

在德的方面,颜之推强调以孝悌为中心的伦理道德教育。"孝为百行之首",要求孩子对父母无条件地服从,"先意承颜,怡声下气"(《颜氏家训·勉学》)。兄弟间相互关心,做到"兄弟相顾,当如形之于影,声之于响"(《颜氏家训·兄弟》)。"兄弟不睦,则子侄不爱;子侄不爱,则群从疏薄;群从疏薄,则童仆为雠敌矣。如此,则行路皆踏其面而蹈其心,谁救之哉?"(《颜氏家训·兄弟》)颜之推认为,通过孝悌教育,可使父慈子孝。甚至指出,教育子弟践行以孝悌为中心的道德规范可以不惜代价,"夫生不可不惜,不可苟惜"(《颜氏家训·养生》),"行诚孝而见贼,履仁义而得罪,丧身以全家,泯躯而济国,君子不咎也"(《颜氏家训·养生》)。同时,他认为在儿童品德塑造方面最重要的不是长篇说教,而是有效的长者示范,他把成人道德榜样对儿童的影响称为风化,"夫风化者,自上而行于下者也,自先而施于后者也"(《颜氏家训·治家》),这是一种自然的仿效,风源来自上,教化起自下,有助于潜移默化。此外,颜之推目睹当时一些士大夫目无王法、惨遭杀戮的下场,认为家庭要对孩子从小进行"礼"的教育,"礼为教本,敬者身基……强毅正直,立言必信"(《颜氏家训·勉学》),一个人如能时刻守"礼",便会遵守各种典章制度,不触犯法律,也就不会遭诛身、毁家、灭族之祸。

在艺的方面,颜之推认为"艺"的教育主要指"六经之旨"、"百家之书"。其中,"六经之旨"主要指儒家经典,它们"教人诚孝,慎言检迹,立身扬名亦已备矣"(《颜氏家训·序致》),旨在培养人们高尚的道德品质。除学习儒家经典外,还要学习百家之书。"夫学者,贵能博闻也"(《颜氏家训·勉学》),特别是对于"应世经务"的实际有用之才,一定要知识面广博,不能狭隘。只死读儒家经典,而不涉及百家之书的人,是空疏无用之人。"俗间儒士,不涉群书,经纬之外,义疏而已"(《颜氏家训·勉学》)。学习儒家经典是人们必须要做的,但只是"归周、孔而背释宗,何其迷也"(《颜氏家训·归心》),只看儒家经书,而不学佛家之法,会误入歧途,况且"内外两教,本为一体"(《颜氏家训·归心》),因此除了学习儒家之书,还要学习佛家之书。另外,他也提倡学习道家之书,尽管道家讲修道成仙之事,对这些事不能全信,但道家讲的一些道理也应该学习。颜之推还认为,"艺"的教育除学习儒家经典、百家之书外,还包括书法、绘画、算术、医方、弹琴、射箭等方面的技艺。这些技艺在和平时期可使个人提高文化修养,具有娱乐和保健作用;在动乱时期则能使人生存下去,保住性命。"明六经之指,涉百家之书,纵不能增益德行,敦厉风俗,犹为一艺,得以自资。父兄不可常依,乡国不可常保,一旦流离,无人庇荫,当自求诸身耳。谚曰'积财千万,不如薄技在身'。"(《颜氏家训·勉学》)他深刻认识到"薄技"对人生存的重要性,特别是在战乱"无人庇荫"的情况下,个人可凭这些技艺"得以自资"。他认为这些技艺可在业余时间学,而无须精通。因为学某一技艺只是为了治人和个人享受闲暇之用,不是为了别人驱使而用,如果专精某艺达到高超程度,就会为人所役使。如书

法,"此艺不须过精,夫巧者劳而智者忧,常为人所役使,更觉为累"(《颜氏家训·杂艺》)。

"德"与"艺"的关系,是"德育"与"智育"的关系。颜之推认为智育是取得好的品德的前提,德育则是智育的目的,它们犹如"春华"与"秋实","夫学者犹种树也,春玩其华,秋登其实。讲论文章,春华也;修身利行,秋实也"(《颜氏家训·勉学》)。

家庭教育中治学方法的传授　颜之推对家庭教育有丰富的经验,其中包括诸多有关治学的态度和方法。

一是虚心勤学。颜之推认为,人在学习中的谦虚态度是非常重要的,"天地鬼神之道,皆恶满盈。谦虚冲损,可以免害"(《颜氏家训·止足》),谦虚可使人免除许多祸害。学一点知识,就盛气凌人,自高自大,非常不好,"夫学者所以求益尔。见人读数十卷书,便自高大,凌忽长者,轻慢同列;人疾之如仇敌,恶之如鸱枭。如此以学自损,不如无学也"(《颜氏家训·勉学》)。在学习过程中,不仅要虚心,还要勤奋。古代的明王圣帝都十分勤学,何况普通人。他要求子孙在学习上专心致志、刻苦勤奋、努力成才,并列举历史上的事例,如苏秦握锥刺股、文党投斧求学、孙康映雪读书、车胤萤囊照书等来勉励后人。同时,还以勤学取得成就的例子教育后人,如义阳的朱詹尽管"家贫无资,累日不爨",但"犹不废业,卒成学士",并"官至镇南录事参军,为孝元所礼"(《颜氏家训·勉学》),再如东莞郡臧逢世二十多岁读班固的《汉书》,苦于借来的书能阅读的时间少,就到姐夫那里乞求门客给他一些纸,手抄一本,最终精通《汉书》。颜之推还提出勤学习惯应从幼年养成,指出大凡士大夫的子弟,从五六岁起就要受教育,有的人学得多,能够读《礼记》、《左传》,学得少的也要学《诗经》、《论语》。即便到了成家立业之年,身体及性格已经基本定型,还要利用这个时机加倍地进行自我磨炼。

二是闻与见结合。颜之推认为闻见结合是一种重要的学习方法。他批评当时士大夫中"贵耳贱目"(《颜氏家训·慕贤》)的现象,认为这是既不重视学习书本知识,又不重视感性经验,只将道听途说的东西当作要学习的知识,因此"多蔽"而得不到真正的学问。他提倡"眼学","谈说制文,援引古昔,必须眼学,勿信耳受"(《颜氏家训·勉学》)。但并不是完全否定"耳受",只是说学习知识要以眼见为准,不能信耳听,最好的学习方法就是闻见结合,使"眼学"与"耳受"相结合,做到"目能视而见之,耳能听而闻之"(《颜氏家训·勉学》),从而获得真正的知识。

三是博与专结合。颜之推认为博专结合也是一种重要的学习方式。天下事物太复杂,"或彼以为非,此以为是;或本同末异;或两文皆欠"(《颜氏家训·勉学》),只有知识广博,才可将所学知识进行比较、鉴别,也才有可能接近客观真理。他提倡"博览机要,以济功业"(《颜氏家训·勉学》),

即使对于"郡国山川,官位姓族,衣服饮食,器皿制度,皆欲根寻,得其原本"(《颜氏家训·勉学》)。但博学是有限度的,一个人如果知识广博,却"经不足以待问,史不足以讨论……如此之类,略得梗概,皆不通熟"(《颜氏家训·省事》),就会毁掉自己的前途。为了"省其异端,当精妙也"(《颜氏家训·省事》),只有博闻、专一相结合,才会处理好知识的广度与深度的关系,也才能取得突出成绩。

四是师友切磋与独立思考结合。颜之推认为当时"闭门读书,师心自是,稠人广坐,谬误差失者多矣",提出师友间要互相切磋。"书曰:'好问则裕。'礼云:'独学而无友,则孤陋而寡闻。'盖须切磋相起明也。"(《颜氏家训·勉学》)通过切磋,师友间能互相"起明",解决疑难问题,丰富知识,还可纠正"谬误"、避免"差失",使学到的知识准确、牢固。当然,相互切磋也要防止人云亦云的情况,他主张学习既要切磋,又要独立思考。事实上,他提倡"眼学",反对"耳受",就是要人们独立思考问题,而不要道听途说,失去自己的判断力。他批评当时"江南闾里间,士大夫或不学问,羞为鄙朴,道听涂说,强事饰辞"(《颜氏家训·勉学》),"凡有一二百件,传相祖述,寻问莫知源由,施安时复失所"(《颜氏家训·勉学》),只听别人的意见,失去了独立思考的能力,会使切磋失去应有的作用。

颜之推的《颜氏家训》是中国教育史上第一部以专著形式出现的家庭教育名作,后人曾说"古今家训,以此为祖"。这部专著充分体现颜之推的忧患意识,反映了他对教育的深刻认识,也为中国式的家庭教育奠定了理论基础。

参考文献

马镛.中国家庭教育史[M].长沙:湖南教育出版社,1997.

王炳照,等.简明中国教育史[M].北京:北京师范大学出版社,1994.

王利器.颜氏家训集解[M].北京:中华书局,1993.

(王 颖)

演说家的教育(education of the orator)

以培养演说家为主要目的的教育。在古希腊,特别是古罗马极为流行,对社会政治与文化发展发挥一定作用。可追溯到古代希腊智者派(sophists)的教育实践及其教育思想。智者派的主要代表普罗塔哥拉、高尔吉亚等人对修辞学、文法和辩论术的发展作出贡献。希腊古典时代后期的教育家伊索克拉底(一译"爱苏格拉底")虽然对智者派持批评态度,但他于公元前392年在雅典开办的修辞学校就是以培养演说家,即善于从事政治活动的人为主要目的的。他的这所学校造就了许多在政治上、学术上有成就的人。他还写了很多演说辞,影响深远,其最有名的著作是《泛希腊集会演说辞》(前380)。他使智者派开创的雄辩术和培养善于演说的政治家

的事业得到更大发展。进入希腊化时代以后,修辞学的学习取代哲学而占据主要地位。对于大多数生活在希腊化时代的学生而言,接受高等教育就意味着师从修辞学家,学习、掌握雄辩的技巧和知识。但当时独立、自主的城邦已不存在,取而代之的是君主专制,雄辩术不再是人们抨击时弊、倡导新政、在政治斗争中驳倒对手的工具,而日益成为一种华而不实的表演。希腊化时代后期,修辞学以及雄辩术的教学越来越侧重于模仿古人的作品,毫无发展与创造。一直到公元前2世纪中叶古罗马征服希腊本土,大批希腊教师(包括修辞学家和哲学家)来到罗马,罗马逐渐形成以希腊学校为模式并保持罗马民族特点的学校系统后,演说家的教育才在新的教育实践的基础上得到发展,臻于完善。

古罗马时期,西塞罗和昆体良是论证演说家教育的两位重要的雄辩家和教育家。

西塞罗与演说家教育 西塞罗是古罗马最杰出的演说家和教育家。他典雅的拉丁文体促进拉丁文学的发展,深刻影响罗马及后世欧洲教育。他论述教育的主要著作《论雄辩家》(*De Oratore*,55),论述了一个演说家必须具备的学问和品格,高度评价了雄辩术在社会生活中的重要意义,认为它最主要的作用是能够在会场上掌握群众,赢得其好感,进而把他们引向演说者所希望的方向。西塞罗认为,完美和成熟的雄辩家是不论就什么问题,都能发表完满的、丰富多彩的演说的人。能就任何问题进行得体演说是雄辩家最本质的特点。有资格享有雄辩家这种称号的人,不论讲话中突然出现什么话题,都能以渊博的知识、巧妙的方法、诱人的魅力、强大的记忆力以及文雅的举止发表演说。其观点在当时及以后的一个多世纪成为权威性的观点。

西塞罗认为,雄辩家必须具有逻辑学家的缜密、哲学家的思维、近乎诗人的辞藻、法学家的记忆、悲剧演员的嗓子及近乎十全十美的演员姿态。所以,在人群中最少能找到的莫过于雄辩家。雄辩术集众多科学与学问于一身,因此雄辩家必须具备自然和社会方面的广博知识,包括文法、修辞、算术、几何、天文和音乐等学科以及政治、各国政治制度、法律、军事和哲学等方面的知识,还必须了解人类的各种感情活动,以便调动听众情绪。雄辩家必须在修辞学方面有特殊修养,能雄辩地就他所熟悉的东西发表精彩的演说。决定演讲水平高低的重要因素是遣词造句以及演说辞的文体结构,演说应表达正确、通俗易懂、优美生动以及语言与主题相称。优美的举止与文雅的风度也是雄辩家应具有的品质。演说可由身体、手势、眼神以及声音的调节及变化等加以控制,它们对于演说本身所产生的作用是巨大的。

西塞罗认为,雄辩才能有赖于天赋能力和练习。他首先强调天赋的重要性,认为要成为雄辩家要先看天赋,或者

说教诲对他的帮助不大。雄辩家应当具备快速反应和某些才能,如迅速写演说辞,在阐述和润色中丰富语汇,良好的记忆力等。对于那些不能成为雄辩家的学生,教师应劝其不要徒耗精力,转去追求适合他们的艺术或职业。西塞罗也注重后天学习和训练的重要意义,认为良好的能力通过教育可以获得提高,此种能力虽非上乘,但在一定程度上可以加以鼓励或弥补。

西塞罗详细讨论了训练雄辩家的具体方法,认为笔是雄辩才能最优秀、最杰出的创造者和教师。一个人不管多么热衷于在未经准备的即席演讲上训练自己,如果不在写作方面进行长期、大量的练习,就不能成为优秀雄辩家;对声调、呼吸、手势和语调的控制和训练,要求助于刻苦的练习;必须多背诵拉丁作家和外国作家的作品以训练记忆力,读诗人的作品,熟习历史,向每一门卓越艺术中的大师和作家学习,仔细阅读他们的作品,练习对其进行褒扬、解释、校勘、批评和评论;还必须谙悉不成文法和成文法,研究元老院的活动方式、政治哲学、同盟条约和协定规定的权利以及帝国的政策;应从各种诙谐趣话中汲取一些幽默迷人的东西,以便使谈话增添情趣;雄辩术必须从家庭中温室般的练习场地走出去,走向实际行动,走向喧嚣的尘世,走向军营和公众争辩的战场。

昆体良与演说家教育 昆体良是公元 1 世纪罗马最有成就的教育家。他在《雄辩术原理》(12 卷本)(*Institutio Oratoria*,96)中系统论述了演说家的教育问题。昆体良批评西塞罗在《论雄辩家》中只提出结果而未涉及获得结果的过程和方法,亦即年轻一代的教育问题,强调未来雄辩家的培养要在婴儿时期奠定基础。他突破了将雄辩家的培养局限于高等教育的狭隘做法,研究了自学前教育、初等教育、中等教育至高等教育的全部问题。昆体良对教育在人形成中的巨大作用充满信心。在他看来,除那些极为稀少的天生畸形和生来有缺陷的人以外,人都是可以经由教育培养成才的。他进一步讨论了天性与教育的关系,认为天性是教育的原材料,教育是加工这个原材料的艺术,并认为艺术的完善胜于优质的材料,重要的问题是,教育应当适应自然。只有借助于天性和教育两个方面的结合,才能培养出理想的雄辩家。他专门讨论了儿童早期教育的问题,并极力论证学校的重要性。和西塞罗一样,他认为一个合格的雄辩家必须有宽广、深厚的基础知识,他为未来雄辩家拟定的学科计划包括文法、修辞学、音乐、几何、天文学、哲学(物理、伦理、辩证法)等。

昆体良论述了雄辩术的性质、目的以及演说辞的创作问题,认为雄辩术是善于发表演说的科学,以周密审查和实践为基础;雄辩术还是一种美德,否则永远不能达到完满的境界;雄辩术的素材包括雄辩家所遇到的需要讨论的一切事情。他探讨雄辩术的渊源及其不同学派;研究雄辩术的

五个组成部分,即写作演说辞、修改演说辞、措词的润色、记诵演说辞、发表演说;论述雄辩的三种类型,即颂扬、议事和诉讼;认为演说的熟练依赖天性和艺术,通过实践得到完善;雄辩术须注意达到开导、打动和吸引听众三个目标;雄辩术的学习包括基础练习和演讲练习,前者包括写、说和评,后者包括泛论题(用于颂扬或斥责某人)、诡辩题(涉及事物的比较)和议事题。

昆体良在教育史上的重大贡献是其教学法思想。他认为教师应德才兼备,既教学生怎样演讲,又教学生怎样做人;应以慈父般的态度对待学生,严峻而不冷酷,和蔼而不纵容;教学应简明扼要。他精辟论述因材施教的思想;明确反对体罚学生;奠定教学中量力性原则的思想基础;强调教学是一种双边活动,没有传递者和接受者之间协调一致的合作,雄辩术是不能达到完满、成熟境界的。昆体良讨论了雄辩家的道德修养问题,认为西塞罗在论述对雄辩家的要求时过于注重雄辩能力,自己有责任弥补这一缺陷,比西塞罗更前进一步。他强调雄辩家必须首先是一个善良的人,即善良是第一位的,在雄辩术上达到完美之境是第二位的。

昆体良的《雄辩术原理》是一部系统的教育理论著作,也是古代西方第一部系统的教学法论著。它总结了罗马共和国最后一个世纪和罗马帝国第一个世纪的教育观和教育经验,同时吸取希腊人在教育思想上的有益成果和其本人的教育经验,集希腊、罗马教育思想和教育经验之大成,是欧洲古代教育理论发展的最高成就。文艺复兴时期,久已失传的昆体良的著作被重新发现,得到人文主义者的热爱与传播。昆体良的许多教育见解,直到今天仍然有教益。

参考文献

昆体良. 昆体良教育论著选[M]. 任钟印,译. 北京:人民教育出版社,1989.

吴式颖,任钟印. 外国教育思想通史(第 2 卷)[M]. 长沙:湖南教育出版社,2002.

(周 采)

晏阳初的平民教育思想 晏阳初从 20 世纪 20 年代起投身平民教育运动,在长期的实践过程中形成了系统的平民教育思想。

晏阳初(1893—1990)是中国近代教育家,平民教育运动和乡村建设运动的倡导者。原名兴复,又名遇春,四川省巴中县人。出生于世代书香门第,其父曾任教会学校中文教师。晏阳初幼年入私塾,13 岁至传教士创办的西学堂就学。1913 年,就读于香港大学文科政治系,1916 年转入美国耶鲁大学,1918 年 6 月毕业。同年,应中国基督教青年会之请赴法国任翻译,为欧洲战场的华工服务。1919 年入美国普林斯顿大学研究院学习,一年后取得硕士学位。1920 年 7 月,

晏阳初回国,在上海基督教青年会下设的"平民教育部"主持平民教育工作,先后选择长沙、烟台、嘉兴等地开展平民识字教育的实验活动。1923 年 8 月"中华平民教育促进总会"成立,晏阳初任总干事。1926 年,选定河北省定县为实验区,推行县的乡村改造计划,将定县实验经验向华中、华西等地推广。1940 年,晏阳初在四川创办"中国乡村建设学院",自任董事长秘书兼院长,组建、培训农民抗战教育团,同时继续开展县或省的平民教育和乡村建设实验活动。1943 年,晏阳初被美国百所大学和科研机构评选为"现代世界最具革命性贡献的十大伟人"之一。中华人民共和国成立后,晏阳初从香港到美国,在纽约成立"中美平民教育促进会",继续从事平民教育工作。1950 年,出任国际平民教育委员会主席。1951 年,晏阳初接受联合国教科文组织特别顾问之聘,到第三世界国家考察平民教育工作。之后,他协助菲律宾、泰国、危地马拉、哥伦比亚、加纳等国建立乡村改造促进会。1967 年,晏阳初在菲律宾创办国际乡村改造学院并任院长。从 20 世纪 50 年代起,定县实验的经验和模式被一些亚非拉发展中国家所接受,晏阳初领导的平民教育与乡村改造事业演变为一场世界性的运动。为适应这一世界性运动的需要,晏阳初创办的国际乡村改造学院以定县实验为楷模,以培养世界新民、实现世界大同为宗旨,为 40 多个国家和地区培训 2 000 多名乡村改造人才,晏阳初也因此被后人尊称为"国际平民教育之父"。其著作结集出版的有《晏阳初全集》、《晏阳初教育论著选》等。

晏阳初在长达 70 年的平民教育与乡村建设实践中,形成了一套自成体系的理论。他认为,"愚"、"穷"、"弱"、"私"是旧中国社会的病根,提出以文艺、生计、卫生、公民"四大教育"作为根除社会痼疾的良方。其平民教育思想主要体现在三方面。(1)对"民本思想"的新发展。"民为邦本,本固邦宁"是中国传统文化的宝贵遗产,晏阳初将其作为一生从事平民教育与乡村改造运动的思想原则,但他不是简单照搬现成的理念,而是结合现实对之加以改造和发展。他以"除文盲,作新民"为实践宗旨,将传统的民本思想从理论层面推进到实践层面,从而改变了知识分子在民本问题上"坐而论道"或仅限于"为民请命"的思维方式。(2)阐发和实践普及教育与改造社会有机结合的思想。晏阳初认识到,社会是一个由政治、经济、文化、教育等构成的动态系统,因此社会改造是一项巨大的系统工程,从而提出"不是零零碎碎,而是整个体系"、"不是枝枝节节,而是统盘筹划"(《乡村改造运动十大信条》)的改造方针。在此方针的指导下,晏阳初强调乡村的改造不仅要发挥教育的功能,而且要从发展生产、健全社会组织、提高思想觉悟、改变传统观念以及移风易俗等方面入手。(3)体现注重实践的科学方法。晏阳初的平民教育与乡村改造理论建立在长期的实践基础之上,他在《乡村运动十大信条》中指出:"深入民间的目的

是为了认识问题,研究问题,协助人民大众解决问题。"定县实验的目标,是要在农民的实际生活中探索中国的乡村问题,而一切的教育工作与社会建设,必须有事实的根据,才能根据事实规划实际方案。为此,晏阳初在中华平民教育促进总会设立统计调查处,聘请哥伦比亚大学社会学博士李景汉主持,在定县进行一个县的实地调查,并写成《定县社会概况调查》一书,这是中国历史上率先运用现代科学方法以县为单位进行的社会实地调查。

(许刘英)

洋务运动时期教育
19 世纪 60—90 年代清代统治阶层中的洋务派开展的教育活动。这一时期,随着西方列强的进一步入侵和中国民族资本主义的逐渐发展,以奕䜣、曾国藩、李鸿章、左宗棠、张之洞等人为代表的洋务派为了维护清代封建统治,开展"求强致富"的洋务运动,开设旨在培养洋务人才的洋务学堂,同时,提倡向西方各国及日本派遣留学生,改革科举制。洋务教育是洋务运动的重要组成部分,对中国近代教育的创立产生重要影响。

"中学为体、西学为用"的指导思想　洋务派教育指导思想的核心是"中学为体,西学为用"。"中学为体"是以中国传统"旧学"为封建政治、文化教育的主体,特别是以维护封建统治的儒家"三纲五常"的伦理道德作为政教的中心。在此原则下,用"西学"来巩固传统政治文化的统治地位。

奕䜣、曾国藩、李鸿章、左宗棠等洋务派代表人物都认为,要破除传统教育的空疏无用,主张稍变成法和引进西方科技之学,以选拔洋务人才。但他们认为人才之本仍是传统的忠孝节义之气节。因此,在培养洋务人才时,始终把中国义理之学放在为先、为纲、为本的位置。虽然他们对教育改革提出许多看法,但这些思想尚未形成一个完整的体系。洋务教育思想的理论体系最终由洋务派后期代表人物张之洞完成。

张之洞在《劝学篇》中充分发挥"中学为体,西学为用"的洋务教育思想,并使其系统化、理论化。该书分内外两篇,有机相连。用张之洞的话说,"内篇务本,以正人心;外篇务通,以开风气"。"正人心"是纲,"开风气"是目。两者位置不可颠倒,亦不可偏废。内篇讲中学,外篇讲西学;中学为旧学,西学为新学;旧学为体,新学为用。"今欲强中国,存中学,则不得不讲西学。然不先以中学固其根柢,端其识趣,则强者为乱首,弱者为人奴,其祸更烈于不通西学者矣。"张之洞借阐述之机,一方面为封建旧学张目,另一方面又为西学开道,使中学、西学合轨同道,并行不悖。这一思想集中表述了洋务派在近代化进程中的基本决策。

创办洋务学堂　自鸦片战争以来,特别是 1860 年英法联军侵华以后,洋务派痛感外交、军事、生产技术人才缺乏,为了自强、求富,就必须解决人才问题。洋务派认识到,旧

教育已不能适应形势发展的需要,必须仿效西方教育兴办新式学校以培养洋务人才。其创办的学校主要是外语学校、技术学校和军事学校。

洋务派意识到外国语言文字在对外交往中的重要性。当时熟悉外文的"通事"多为通商口岸的商人或外国传教士所办"义学"的学生,他们唯利是图,拨弄挑唆,欺压平民。翻译人才的培养已成近代中国当务之急。1862年,中国近代最早的官办外语学校——京师同文馆创建,它隶属于总理各国事务衙门。之后,上海广方言馆(1863)、广州同文馆(1864)、湖北自强学堂(1894)等外语学校也相继建立。由于《天津条约》规定,以后一切文书俱用英文书写,仅在三年内配汉文,故英语一直在同文馆课程的教学中居首要地位,各外语学校在开始时也仅重英语教学,后才逐渐增加俄、日、法、德等其他外语。同文馆有别于传统的封建学堂:(1)专为培养近代"译员"、"通事"而设,人才培养的目标不再是应付科举考试的官僚后备军。同文馆培养了近代第一批卓有成绩的外语人才和外交官,如编译近代中国第一部英文文法书《英文举隅》的汪凤藻、著《英文话规》的张德彝;近代中国著名的外交官左秉隆、陆征祥、庆常、刘式训、蔡锡勇、颜惠庆等,也都是同文馆的毕业生。(2)课程侧重"西文"、"西艺",而不是传统的儒家经典和学作"八股"文章。1866年,京师同文馆开始招收"科甲"出身的官员入馆学习天文、算学。1876年又制订"八年课程计划",该课程计划的前三年侧重学习外语,后五年大多为科学技术知识的实用学科。(3)教学组织形式采用西方的教学制度,实行分年课程和班级授课制,这比传统学堂里的个别教学制迈进了一大步。

甲午战争前中国形成三个西方文化的传播中心,除京师同文馆外,还有英、美基督教传教士创立的广学会和洋务派所办江南制造局。江南制造局附设的译书局译述的书籍以"制造"为主,亦即发展近代工业所必需的一些技术知识,广学会的译述则以传播基督教为主。当时负责翻译、介绍西学和主持学校教学、行政的都以西方人为主,如任京师同文馆总教习兼公法教授的丁韪良,其译著《万国公法》就是京师同文馆的主要课本之一;上海江南制造局的傅兰雅任翻译长达28年;李提摩太、林乐知、艾约瑟、花之安等人也翻译了一些重要的西学书籍,这些书籍大多成为洋务学堂的教科书。

洋务派认为,西方强盛的根本在于"船坚炮利",在于先进的科学技术,因此,学习和引进这些先进成果,培养一批精于此道的专门人才,是中国的自强之道。其理解的"西艺"主要是作为国家机器的军事工业所需的技术知识,包括练洋操,使用和修理洋枪、洋炮、洋机器等。为培养"西艺"人才,洋务派陆续开设中国近代最早的专业技术学校和军事学校,如上海江南制造局及其附设的机器学堂(1865)、福建马尾船政局及其附设的福建船政学堂(1868)、天津水师

学堂(1880)、天津电报学堂(1880)、上海电报学堂(1882)、天津武备学堂(亦称"北洋武备学堂",1885)、广东水陆师学堂(1887)、天津军医学堂(1893)、湖北武备学堂(1895)、南京陆师学堂(1895)、湖北铁政局附设化学堂、矿学堂(1892)和工艺学堂(1898)等。

1866年创办的福建船政学堂是近代中国最早的海军及造船学校,也是当时影响较大的一所洋务学堂。其创办和当时中国社会的政治风云直接相关。19世纪60年代,英、法等资本主义国家恃有轮船航海之便利、枪炮之精良,屡次侵犯中国海疆,左宗棠上谏兴船政,以抵御来自海上的侵犯,得到清政府的批准。福建船政学堂从开办到1913年分为三校,历经47年,是洋务学堂中存在时间最久的一所,为中国培养了近代第一批海军指挥人才和兵舰制造人才。19世纪70年代中期以后,船政局制造的轮船管驾大多由该学堂毕业生担任。到80年代后,船政学堂的留英学生大多学成回国,成为南、北洋海军舰队的基本骨干,北洋舰队12艘兵轮管带中有11位是福建船政学堂的毕业生,如"定远"号管带刘步蟾、"致远"号管带邓世昌、"经远"号管带林永升等。

派遣留学生   洋务派采取"师夷长技"以图自强的方针,容闳首先提出派遣留学生这一倡议。1872年,曾国藩、李鸿章、丁日昌等洋务派官员连续上书清廷,请求派学生到外国学习。洋务派认为,派人出外学习与国内创办学堂应是同时并举的两件事。因为对科技知识"苟非遍览久习,则本源无由洞彻,而曲折无以自明"(《拟选弟子出洋折》),如能亲临其地,则更可得其精奥,故如能选派一批"聪颖幼童,送赴泰西各国书院学习军政、船政、步算、制造诸学,约计十余年业成而归,使西人擅长之计,中国皆能谙悉,然后可以渐图自强"(《奏选派幼童赴美肄业酌议章程折》)。洋务派拟定《选派幼童赴美肄业办理章程》12条,详细规划赴美留学事宜,并在上海设立"出洋局",筹备出洋事务。

根据洋务运动对人才的需求,洋务派对留学生教育提出明确目标、规定课程、严格考核三方面要求。首先,留学生必须有明确目标,如对1877年留欧学生,规定学制造的回国后必须能放手制造新式船机及全船应需之物,学驾驶的回国后必须能管驾铁甲兵船回华,调度布阵丝毫不借洋人。鉴于国内洋务事务的扩大和变化,后指示留学生监督根据中国当时的煤铁开采、运输五金等制造业,令学生各习一艺,詹天佑就是据此而专攻铁路工程专业的。其次,对留学生所学的中学、西学课程作了规定,如"中学"要将"四书"摘段抄出,译注英文发给学生,"西学"则由外籍教师规划课程安排,如对留法学童的一、二、三年所学课程作了详细规定。甚至规定留学期间,留学生必须将学习情况随时汇报。最后,明确规定学生归国之前,必须经专门洋师严格考核,发给证书。

在曾国藩等人的推动下,1872—1886年,洋务派组织和

派遣了数批留学生,分赴美国和欧洲国家学习军事、技术、自然等科目。在数次派遣留学生的活动中,最著名的是1872—1875年由容闳等率领的第一批留美幼童。按照规定,留美学生由陈兰彬、容闳为监督。每年派遣30名出国,四年共120名,15年后逐年回国,可成有用之材。幼童当时的年龄都在10～16岁之间。到美国后,除学习西学,还应兼习中学,课程为《孝经》、"五经"及国朝律例等,每逢节日,由监督召集学生宣讲《圣谕广训》,还要望着阙门行跪拜礼。但由于清政府顽固派的阻挠,1881年,这一批留美幼童几乎全数被迫中途回国,得留美国者仅10人。该批留美幼童虽然没有完成学习计划提前回国,但他们用所学的西方知识为中国作出有益贡献,不少留学生后来成为外交官、海军将领、铁路局长、学校校长等,如清华学堂第一任校长唐国安、国立北洋大学校长蔡绍基,江南造船厂厂长邝国华,近代中国第一位采矿工程师邝荣光,1905年至1909年主持修建京张铁路的詹天佑等。

派遣留学生这一举动,在中国教育史上开风气之先,打破传统教育的封闭格局,展示了中国教育顺应世界潮流的发展方向。

改革科举　为保证洋务人才能学以致用,洋务派在变革科举上进行了一定尝试。随着洋务运动的深入,八股取士的弊端日益显露,深为洋务派不满,他们纷纷上奏折建议变通科举。先是沈葆桢请设算学科,丁日昌奏请武科改试枪炮,其后又有沈葆桢奏请停止武科,张佩纶奏陈武科改试洋枪,潘衍桐请开艺学科,陈琇莹奏请将明习算学人员归于正途考试,给予科举出身。

在要求变通科举的呼声中,由于李鸿章请开洋务进取科,遂成为洋务派推进科举改革的主要人物。李鸿章认为中国的文武制度远出西人之上,独火器不能及,主张把"西学"引入科举考试。但他又认为,中国的封建礼教制度是"保邦"之本,而学习外国武器和科学技术只是"治标"。1874年,他在《筹议海防折》中提出,要富国强兵,"舍变法与用人,别无下手之方","而尤以人才为亟要"。李鸿章对西方教育制度极为服膺,他揭露了科举教育制度的弊端,指出科举使得豪俊之士终身以功名为鹄,直至"槁项没齿",且只知师生情谊,不计国事,只知门户党伐,不论是非,科举教育制度已是"极弊"。他主张对传统的科举制度"稍变成法",另外开设"洋务"一科,把"西学"引入科举考试内容,以用传统的科举考试形式选拔"明于洋务"的人才;创办"洋学局",专门设立洋务学堂来培养洋务人才,并提出要"择通晓时务大员主持其事",必须按照"有切于民生日用军器制作之原",开设格致、测算、舆图、火轮、机器、兵法、炮法、化学、电学等专门学科,招收对这些专门学科有一定基础者入局学习。规定有成效者授以滨海沿江实缺,与正途出身无异。

1887年,总理衙门会同礼部商议,要求各省允许报考算学。1888年戊子乡试,总理衙门将各省送到的考生及同文馆学生32人,试以算学题目,取中举人1名。戊戌变法前夕,又设立经济特科,考以内政、外文、理财、经武、格物、考工六项。

参考文献

顾明远.教育大辞典[M].上海:上海教育出版社,1990—1992.

田正平.中国教育史研究·近代分卷[M].上海:华东师范大学出版社,2001.

王炳照,等.中国教育思想通史[M].长沙:湖南教育出版社,1994.

朱有瓛.中国近代学制史料[M].上海:华东师范大学出版社,1983.

（郭　怡）

样例学习（learning from worked examples）　学习者通过对典型例题的分析归纳而解题的学习方法。认知心理学十分看重"例中学"。样例学习研究主要集中在数学、物理(或科学)、计算机编程等领域。

样例的含义及样例学习理论基础　样例是一种教学手段,它给学习者提供专家的问题解决,以供其观察和研习,一般包括问题、解决问题的方法和评论三部分。问题部分对要求学生解决的问题作了陈述,如"求 x 的值: $x+a-b=c$"。解决问题的方法部分则逐步描述了解决问题的步骤,如" $x+a=c+b$; $x=c+b-a$"。评论部分则解释了采取每一步的理由或根据,如对上述解法的两步,可分别添加如下评论:在等式两边都加上 b;在等式两边同减去 a。评论可以书面形式和前两部分一同呈现,也可以由问题解决者在解题时通过教师的口头讲解呈现出来。解决方法和评论部分可以是文字形式,也可以是图片或符号形式,还可以是这些形式的组合。

样例学习的理论基础是类比问题解决理论。类比问题解决涉及基础问题和目标问题。前者是学生已经知道如何解决的问题,后者是与基础问题在解法上类似但学习者尚不能解决的问题。解决目标问题需要学习者利用基础问题,其解决过程涉及三个阶段:识别出与想要解决的目标问题类似的基础问题;从基础问题中抽象出解决办法或原则,这些办法或原则可以表示成产生式或产生式系统的形式;将解决办法用于解决目标问题。

样例的作用　研究发现,与做中学相比,通过研习样例进行的学习需要的时间少,有较好的迁移效果,还能减轻学生学习时的认知负荷。

澳大利亚心理学家G.库珀和斯威勒1987年找了两组澳大利亚的初中生,对其中一组要他们通过"做中学"来求解八道简易方程,对另一组则让他们进行"例中学",其方法是将"做中学"一组的题目配成四对,并给出每对中的第一个题目的解决办法(作为样例),要求学生参照样例解决另一个题目。结果"做中学"的一组完成这一学习任务所用时间是"例中学"一组的两倍。显然,"做中学"一组要解决八道题目,而"例中学"一组只要解四道题目即可,还有样例可供参照,所用时间因而减少。来自发现学习的研究结论表明,"做中学"虽然费时,但能导致更深入的学习,在迁移问题上的效果优于"例中学"。为检验这一预测,研究者又给两组学生呈现三道迁移问题,其中前两道是近迁移问题,与学习期间解过的问题形式一样,最后一道是远迁移问题,其形式不同于学习期间解过的题目。结果发现,在解近迁移问题上,两组所用时间没有显著差异,但在解远迁移问题上,"例中学"一组所用的时间只有"做中学"一组的一半。这说明,"例中学"的效果在学习和迁移上都优于"做中学"。

帕斯和范麦瑞波尔 1994 年以荷兰中学生为被试,研究解几何题的两种不同方法的效果。研究中使用计算机向学生呈现问题和进行教学。对其中一组(传统方法组)依次呈现六个问题要求学生解决。如果学生尝试后解决不了,再将解决办法呈现给他们。对另一组(样例组)直接呈现六个问题及其解法,并告诉他们去研究样例。学习结束后,所有学生都解决六个迁移问题。研究者还测量了两组学生在学习阶段和迁移测验阶段心理努力(或认知负荷)的水平,其方法是让学生在九点量表上报告自己的努力程度,从最低程度的"非常非常低的心理努力(1)"到"非常非常高的心理努力(9)"。结果,传统组学习期间所用时间是样例组的两倍多。在迁移测验上,样例组正确解决的题目数是传统组的两倍多。传统组的学生还比样例组的学生报告了更高水平的认知负荷。这一研究与 G. 库珀等人的研究结论一致,还指出样例学习有助于减轻学生的认知负荷。

样例研究的历史背景 样例学习研究肇始于 20 世纪 50 年代中期认知心理学家对概念形成的研究,其典型代表是布鲁纳等人 1956 年对人工概念形成的研究。这类研究一直延续到 20 世纪 70 年代。研究者给被试呈现概念的大量正反例证,而后测量学生识别目标概念例证的能力,从而推断学生是否抽取出所有例子背后的关键特征。这类研究使用的概念的例证与现在的样例不完全一样,但也有一些共同的地方,即它们的目的都是用来阐明某条原理或某个模式。

自 20 世纪 70 年代开始,认知取向的教育研究者开始突破个别概念学习的研究,转而研究更复杂的知识与学习形式。研究的主要切入点是对专家与新手的研究。初步研究发现,专家和新手在解决问题上的主要差异在于专家头脑中储存许多问题类型,在遇到需要解决的问题时,能很快将其归为某一类问题并找到相应的解决办法。于是很多研究者又着手开始研究学生(新手)如何习得这些问题类型(或图式、模式)。当时指导研究的主要思想是:教会学生解决

问题的最佳方式是让他们解决大量问题,即问题解决的练习是主要的影响因素。但进一步研究很快发现,单纯的问题解决练习与配有样例的问题解决练习相比,在提高问题解决技能方面,前者不如后者。在单纯的练习中,学生在遇到问题时倾向采用新手的策略,如尝试错误的方法。但练习中给学生提供问题解决的样例,学生通常会采用样例中使用的较有效的问题解决策略。这启示研究者,样例在学习中有更大的作用。20 世纪 80 年代初期,人工智能科学家在人工智能开发基础上研究发现,计算机可以通过分析有解答步骤的例题进行学习,归纳出例题中蕴含的原则并能应用到新情境中。计算机样例学习的成功,启发认知心理学家思考学生是否也可以像计算机一样通过考察样例来进行学习。于是,很多研究者深入到课堂中,结合具体学科的学习与教学开展研究,从而形成样例学习研究这一领域,其中最早的研究是朱新明和 H. A. 西蒙 1987 年运用口头报告技术对学生通过解决代数、几何问题获取有关产生式过程的研究。后来朱新明又在国内大力推广这一研究,并形成独具特色的示例演练教学。

样例的设计 在教学实践中要更好地利用样例这一教学手段,就要对样例进行有目的的设计,提高其效用。研究者从不同层次研究了单个样例、多个样例和校例学习教材的设计问题。

单个样例的设计要坚持的原则是减轻学生的工作记忆负担或认知负荷。单个样例中可以包括文字、图片、符号等多种形式,针对解决办法的评论可以是文字形式,也可以是口头描述,这样,学生在研习样例时需要注意样例的不同方面、不同形式,还要在同一信息的不同表征形式之间建立对应联系,这些工作都要在学生的工作记忆中进行。如果样例设计得不好,会分散学生的注意,加重学生的认知负荷,从而削弱学习效果。为此,研究者针对不同情况提出一些设计样例的具体办法:一是将样例的不同成分在时间和空间上尽可能地接近。如斯威勒在设计几何样例时,将以图表形式呈现的问题与和图表相关的文字叙述整合在一起,这样学生就不用分散精力去注意多种信息来源,提高学习效果。二是采取措施将来自不同感觉通道的信息联系起来。如对几何样例,解法部分以文字和符号形式呈现,评论部分则由教师口头讲解,学生要同时加工两个感觉通道的信息,还要在两个信息源之间建立联系,认知负荷很重。斯威勒等人采用计算机呈现文字和符号,在教师对某些部分进行口头讲解时,相应地将该部分高亮显示,从而帮助学生整合来自不同感觉通道的信息,促进学生的学习。

样例学习不是研习单个样例,而是要研习多个样例。S. K. 里德和博尔斯特德 1991 年的研究说明了这一问题。他们要求学生用"速度 1 × 时间 1 ＋速度 2 × 时间 2 ＝已完成的工作量"这一公式解文字题。学生被随机分为六组:第

一组只有一个样例,说明如何用上述公式解题;第二组呈现一个复杂样例,即学生在运用公式前,要对问题的某些成分(如速度、时间)作些变换;第三组学习的是一套程序,描述了解文字题的基本步骤;第四组学习一个简单样例和第三组的解题步骤;第五组学习一个复杂样例和解题步骤;第六组学习一个简单样例和一个复杂样例。各组学习结束后,都来解八道类似于复杂样例的测验题。结果发现,最后一组学生的成绩远优于其他五组,说明两个样例要比一个样例更能促进学习。

多个样例设计的原则是,样例既要同一又要有变化。同一指样例在结构特征上要同一;变化指样例在表面特征上要变化。结构特征指样例涉及的内在原理或规则,表面特征指样例的内容和形式方面的特征。研究发现,变化要呈现的若干样例,能更好地促进对样例的学习。帕斯等人1994年比较了四组学生的练习效果。第一组练习解决六个问题,这六个问题属于同一问题的同一个亚类,彼此间变化不大。第二组也练习解决六个问题,但这六个问题属于同一问题的两个亚类,彼此间变化较大。第三组学习六个问题及其解法(样例),这六个问题也属于同一问题的同一亚类,彼此间变化小。第四组学习六个问题及其解法,但这六个问题属于同一问题的两个亚类,彼此间变化大。结果发现,变化问题的类型对学生的学习有促进作用。奎利西等人1996年研究了用不同样例来教若干统计概念。一套样例依某一原则设计:对涉及同一概念的若干问题,使其表面特征尽可能类似。另一套样例依据另一原则设计:对涉及同一概念的若干问题,使其表面特征尽可能不同,还要做到每个统计概念由表面特征不同的若干问题加以说明;同一种表面特征可以用来说明不同问题类型。结果发现,学生学习用不同表面特征说明统计概念的样例后,其效果优于学习表面特征类似的样例。多个样例的设计有时还涉及样例与练习题的搭配问题。样例与练习题的搭配有交替式和区组式两种典型情况。前者是指每一样例后各配有一个不同的练习题,即样例1—练习1,样例2—练习2……。后者是先呈现和学习若干样例,而后集中做练习,即样例1,样例2……,练习1,练习2……。研究发现,交替式的搭配不仅可使学生减少完成迁移问题所需的时间,而且能提高正确率。

样例学习作为一种经济、高效的学习方式,引起教育研究者的极大关注,很多研究者已不再局限于将样例作为一种教学的方法或技术,而是以样例学习为主导编写出供学生学习的教材。国内外在数学等学科中都已成功编写出样例学习教材(在国内又叫示例演练教材)。指导这类教材设计的主要原则:(1)知识结构和认知结构相统一。要求根据教学目标和教学内容将知识表征为产生式系统。学生掌握产生式系统,就能表现出相应的问题解决行为,教材中呈现的示例和问题系列都按照产生式系统结合在一起。

(2)建构有效样例和问题系列。样例要有助于学生顺利进行信息加工、储存和提取。样例中不能有干扰信息,不能超过学生工作记忆容量。此外还要提供反例。问题系列的设计要以学生问题解决过程的信息加工原理为基础,问题搜索空间要适应学生的学习需要。(3)条件—动作的联合。要设计一系列循序渐进的用产生式求解的问题系列,让学生通过对问题的演练增强条件和动作间的联合。(4)加强对条件的认知。要突出每个产生式的条件部分。(5)积极反应和及时强化。教材要不断向学生呈现问题,促使学生研习样例、尝试解决问题。学生作出反应后,要及时提供解答是否正确的反馈。

学生对样例的自我解释　仅仅将样例呈现给学生并不能收到预期效果,也有研究发现,学生不能充分利用样例来学习。要让样例充分发挥其对学习的促进作用,除了要有设计良好的样例这一外部条件外,还需要学生的内部条件,即学生对样例的自我解释。

希等人1989年研究了学生对物理课本中样例的学习。他们发现,优秀的学生在遇到难以理解的步骤时,会不断地对解决步骤作出自我解释,而较差的学生在学习样例时,自我解释的行为较少。学生对样例所做的自我解释是决定学生能否从样例中进行有效学习的一个重要因素。后来,伦克尔1997年又发现,优秀学生对样例的自我解释有预期推理和基于原理的解释两种类型。前者是预测样例解法的下一步,然后检查一下自己的预测是否与样例一致,后者则尽力把握解决问题的思路或解决问题的子目标及其关系,并找出解法背后的规则或原理。

研究者还进一步发现促进学生自我解释的一些措施。一是利用结构上的措施。如在样例中利用小标题标出解题的子目标,这样会迫使学生去思考这些步骤为什么组合在一起。后来又发现,小标题之类的文字说明并不是必要的,可以省略这些文字说明而代之以空行,同样会促使学生去解释为什么某些步骤被空行隔开。二是有意识地训练学生进行自我解释。研究发现,自我解释的训练只在一定条件下有效。条件之一是样例演示的是某一学科的基本原理。如果演示的是程序,则训练的效果不明显。条件之二是学生在某一主题上的原有知识相对较少。训练的程序一般包括三步:首先向学生解释什么是自我解释及其重要性,然后由教师或学生示范如何进行自我解释,最后让学生练习进行自我解释并给学生提供指导。此外,还有人提出让学生充当教师的角色向其他学生解释样例,认为这样会促进学生的自我解释。但这一措施受学生的原有教学经验、原有内容知识以及学生情绪、焦虑状态的影响,其有效性尚无定论。

参考文献

李伟建.示例演练教学评介[J].比较教育研究,1995(6).

Atkinson,R. K. , Derry, S. J. & Renkl, A. , etc. Learning from Examples: Instructional Principles from the Worked Examples Research[J]. Review of Educational Research,2000,72(2).

Mayer,R. E. Learning and Instruction[M]. Upper Saddle River, New Jersey: Merrill/Prentice-Hall, 2003.

（王小明）

要素主义教育(essentialism education)

现代西方教育思潮之一。强调学校教育的任务主要是传授人类文化遗产中的共同要素。20世纪30年代产生于美国,50—60年代在美国教育界占据主导地位。

要素主义教育的代表人物　要素主义教育的早期代表人物是美国教育家巴格莱,后期代表人物是美国教育家科南特、美国历史学家贝斯特和美国海军上将里科弗等。巴格莱1900年获得康奈尔大学哲学博士学位后担任过公立学校教师、校长和督学,1908—1917年任伊利诺伊州立大学教育系主任,1917—1940年任哥伦比亚大学师范学院教育系教育学教授。巴格莱还担任过全国教育研究会主席(1911—1912)、《教育心理学杂志》主编(1910—1917)、《教育行政与督导》主编(1917—1946)、《学校和社会》主编(1939—1946),主要著作有《教育过程》(1905)、《课堂管理》(1907)、《教育价值论》(1911)、《学校纪律》(1915)、《教育中的宿命论》(1925)和《教育与新人》(1934)。科南特1916年获哈佛大学博士学位后留校任教,担任过二十多年的哈佛大学校长。他还在美国政界、科技界和教育界担任过要职。1957年,在卡内基基金会的支持下,他对美国中学教育和教师教育作了深入调查,提出一系列改革建议,对美国20世纪50年代末60年代初的教育改革产生很大影响。主要著作有《教育与自由》(1953)、《知识的堡垒》(1956)、《今日美国中学》(1959)、《美国教师的教育》(1963)。贝斯特大学毕业后,先后在耶鲁大学、哥伦比亚大学师范学院、斯坦福大学、伊利诺伊州立大学、牛津大学、华盛顿州立大学任教。由他担任会长的基础教育协会旨在促进美国公立学校的基础课程改革,提高学生智力训练的水平。其主要著作有《教育的荒地》(1953)。里科弗曾担任过美国海军的各种职务,第二次世界大战后参与监制美国第一艘核潜艇。他对美国教育进行了批判性的评论。其主要著作有《教育与自由》(1959)、《美国教育——全国性失败》(1963)。

要素主义教育的产生　20世纪30年代,按照要素主义者的观点,美国学校教育出现了不少问题,具体表现在初等学校普通学生在基础学科方面没有达到其他许多国家初等学校学生的标准,18岁的毕业生平均学习成绩落后于许多其他国家同等教育程度的同龄青年,无论是天资聪慧还是先天迟钝的学生都因基础学科教育软弱无力而被耽误,过去10年里,在最基础的阅读方面持续表现出的无能,使中学教学效率相当低下,初中和高中学生中基本属于文盲的比重逐渐增大。要素主义者甚至认为,进步教育运动不仅导致教育无效率,而且引发一些社会问题,如青少年犯罪等。由于进步教育运动的影响,美国教育放弃了严格的学业标准,轻视学习的系统性和循序性,蔑视甚至谴责学生的努力、学校纪律、教育的长远目标、种族经验、知识的逻辑体系和教师主动性。在要素主义者看来,这是导致美国教育软弱无力和没有效率的根本原因。

20世纪30年代,美国民主社会的发展正在经历严峻的挑战:大萧条的影响、人口急剧增长、失业率上扬、世界大战阴云密布等。面对这样一种局面,要素主义者深感忧虑,认为处在这样危急的关头,美国教育竟意外地软弱无能,这是特别不幸的。他们呼吁教育学者必须同其他公民一起解决社会问题。正是在这样的背景下,巴格莱、德米阿什克维奇、H. 莫里森和坎德尔于1938年在新泽西州大西洋城组织了"要素主义者促进美国教育委员会",成立大会上通过了由巴格莱起草的《要素主义者促进美国教育的纲领》,标志要素主义教育的形成。"要素主义"指学校教育必须依赖于人类文化遗产中的共同要素,学生应该系统掌握这些要素,1935年由德米阿什克维奇首先提出。20世纪50年代,美国与苏联在军事、经济、科学和教育方面的竞争愈演愈烈,一些美国教育家深感学校教育质量是影响国家竞争能力的关键所在。特别是1957年苏联人造卫星上天后,人们将美国科学技术落后归咎于学校教育,认为正是学校教育质量低劣才导致美国科学落后。于是,进步教育再次成为批评的对象。在进步教育协会宣布解散后的1955年,贝斯特等人发起成立了基础教育协会。这表明要素主义教育在与进步教育的对抗中占据了上风,他们以提高教育质量为核心的主张再次受到关注和欢迎,科南特、贝斯特、里科弗等人提出一系列教育改革设想,要素主义教育进入巅峰时期。

要素主义教育的主要观点　第一,学校教育的核心是人类文化的共同要素。它包括所有社会习俗和道德规范、共同坚持的标准与观念、共同传统、本土文化、艺术和宗教、普遍理解的思想内涵等。要素主义者十分重视民族文化在人的发展方面的重要作用,认为人是物质的有机体遗传的产物,又是社会遗传即民族文化的产物,民族之间的差异主要由民族文化差异导致。民族文化是民族性的基础,其传承的主渠道是教育,换言之,学校教育应肩负传递民族文化的重任。第二,课程应体现文化同一性,课程内容应以间接经验为主。要素主义者认为,正规教育的重要功能是尽可能提高文化中的共同因素,使民主社会中绝大部分人有共同的思想、准则和精神。要做到这一点,全国的所有课程中,特别是普通学校的课程计划中需要有相当大范围的共同因素。通过对这种课程的学习,使每一代都拥有足以代表人类遗产最宝贵要素的各种观念、意义、谅解和理想的共同核心。有效的民主要求文化上的同一性,包括这些文化要素在内的各科教学计划也应当成为民主教育制度的核心。因此,超越个人直接经验的世界知识已经成为普通教育所承认的要素。科南特主张加强中小学智育,培养足够数量的科学家和工程师,以增强美国的工业和国防建设。第三,学习应系统和循序渐进。要素主义者认为进步教育轻视学习的系统性和循序性,是对学习材料中逻辑、按年代顺序和因果联系价值的否定。巴格莱引用美国心理学家E.L.桑代克的话批评道:进步教育的理论表面上讲得通,但无疑是错误的。虽然活动计划、活动课程像设计教学法一样有重要地位,在初等学校里起主要作用,在其他学校里也起极有用的辅助作用,但如果用这些活动代替系统和循序的学习,甚至进一步把活动本身当作目的,而不问通过这些活动能否学到东西,那就是一个很大的问题。由于进步教育的误导,越来越多的人不愿意学习要求严格而精密的学科,并逐渐成了一种风气,这是可悲的,也是非常危险的陷阱。第四,教学过程是一个严格的智慧训练过程。要素主义者批评进步教育否定严格训练的作用,鼓吹迷惑人的"民主和自由"口号,"宽容"学生拒绝从事于不投合其兴趣的作业,把必要的服从诋毁为"懦弱",实际上是为那些采用最容易的方法和付出最低限度努力的懒惰者大开方便之门。因此,学校必须加强严格训练,让学生系统、连贯地学习一个民族付出很大代价才学到的课程。自由必须与责任携手并进,而有责任的自由总是通过努力得来的。除了严格训练,学校还要加强学业成绩考核,但不要把不及格看成学生永远无能的标志,而要将其作为激励学生努力学习的动力。第五,加强天才教育。从国家之间的竞争实际上是科技和人才的竞争这一观点出发,要素主义者特别注重"天才"的发掘和培养,强调学校的社会责任就是发现最有能力的学生,制定教育天才学生的合适计划,最大限度地激发他们的最大潜力,发展其特有才能。科南特1950年在《天才儿童教育》的"前言"中指出:美国教育忽视对少数具有天赋的儿童的培养,就会阻碍对那些具有学术能力的人的培养。因此,实施天才教育对国家和民族培养亟需的科技人才具有重要作用。天才儿童是"人类才能的丰富资源",国家必须最大限度地利用每个时代的这种资源。贝斯特建议国家、学术界应共同为美国公立学校制定天才儿童教学计划,以世界上最好学校里优秀生的成绩为基础,确立不同学科标准。科南特还提出衡量一所中学天才教育的三条标准:一是激发学生的理智好奇心和学习兴趣以及科学探索的热情;二是引导学生把理性分析、价值观念和解决复杂的现实问题三者结合起来;三是培养学生良好的学习习惯,尤其是培养其艰苦努力的态度和科学探索的能力。第六,教师处在整个教育体系的中心。要素主义者认为,作为成年人的教师应当肩负对未成年人的教导和管束责任,这是人类不知

道经历了多少年才认识到的,也是学生学习取得实质性进步最基本的因素。人类的经验是靠教师传递给学生的,教师是精神(与物质相比较而言)遗产的继承人,每一代人都是接受并吸收了精神遗产才不断向更高水平进步的。

要素主义教育的特点与影响 要素主义教育从产生起就是一个有组织、有纲领的运动,其主要特点有:学校教育必须系统地向学生传递民族文化(民族经验),培养儿童的文化同一性,以确保民族的稳定与发展;教育的重要功能是智力训练,学校课程要强调系统性、逻辑性和学术性,要有利于学生的智力训练;学校教育必须严格训练和考试,以保证教育质量;强调教师在教育过程中的重要地位,认为教师应当具有"权威性",而这种权威性正是教师有效传递民族文化的保证。

要素主义教育属于新传统派教育,对美国20世纪五六十年代的教育改革产生重要影响。其教育主张和教育观点受到政府的重视,有些主张和观点被采纳,作为国家的教育政策。1958年《国防教育法》中的教育改革条款和60年代的课程改革政策与要素主义教育有一定联系,尤其是在强调基础知识教学和重视天才教育方面。要素主义教育有其合理因素,但也存在明显不足,被批评较少考虑学生的个别差异,忽视学生的动机和情感。要素主义教育从20世纪70年代起逐渐失去主导地位,但在教育界仍有一定影响。

参考文献

白恩斯,白劳纳. 当代资产阶级教育哲学[M]. 瞿菊农,译. 北京:人民教育出版社,1964.

陈友松. 当代西方教育哲学[M]. 北京:教育科学出版社,1982.

罗伯特·梅逊. 当代西方教育理论[M]. 陆有铨,译. 北京:文化教育出版社,1984.

王承绪,赵祥麟. 西方现代教育论著选[M]. 北京:人民教育出版社,2001.

Kneller, G. F. Movements of Thought in Modern Education [M]. New York: John Wiley & Sons, 1984.

(朱镜人)

依法治教(administering education according to law) 依法治国的重要组成部分,是依法治国方略在教育中的体现。广义指国家机关及有关机构依照有关教育的法律规定,在其职权范围内从事有关教育的治理活动,以及各级各类学校及其他教育机构、社会组织和公民依照有关教育的法律规定,从事办学活动、教育教学活动及其他有关教育的活动。主要包括教育立法、教育行政执法、教育司法、教育法制监督、教育法律的遵守等。狭义指依照法律规定进行教育行政管理和学校管理。

依法治教主要包含以下要素。(1)有法可依。这是依法治教的前提。只有健全、完备的教育法律体系,才能为依

法治教工作提供全面的法律依据,也才能使依法治教工作有法可依、有章可循。改革开放后,中国初步形成以《中华人民共和国教育法》为核心的涉及教育各个领域、具有不同法律地位和效力的教育法律体系框架。(2) 依法行政。指教育行政机关严格依照法定的职权和程序实施教育行政管理活动。中国的教育法律、法规大多由教育行政机关执行,依法治教的关键在于教育行政机关的依法行政。教育行政机关的依法行政必须严格遵守以下条件:主体合法,即教育行政的主体必须是法定的具有相应行政职权的机关;权限合法,即教育行政机关所行使的教育管理权必须有明确的法律依据;程序合法,即教育行政机关的行为必须依照法定的程序作出。自 20 世纪 90 年代后期起,中国相继出台具有重大意义的行政法律,如 1996 年的《中华人民共和国行政处罚法》严格规范了行政程序制度,2000 年的《中华人民共和国立法法》确定了中国相对完善的行政立法体制,2003 年的《中华人民共和国行政许可法》规范了政府的一项重要权力——行政许可权的权力配置及运作方式,这些法律的出台和实施对提高中国教育行政机关依法行政的水平具有重大意义。(3) 依法办学。学校是直接实施教育教学活动的主体,依法办学是依法治教必不可少的环节。学校依法办学的内容包括:① 各级各类学校严格依法举办。学校的设立除应符合《中华人民共和国教育法》规定的一般的实体和程序条件外,不同层级、不同种类的学校还必须满足相应的设置标准。② 学校依法行使办学自主权。《中华人民共和国教育法》规定学校享有按照章程自主管理、组织实施教育教学活动、对受教育者进行学籍管理、实施奖励或处分等办学自主权,但任何权利都不是绝对的,学校依法行使办学自主权意味着学校的规章制度不能与相关的法律、法规相抵触,学校的组织教育教学行为和对教师、学生的管理行为等不能侵犯教师和学生的合法权益。(4) 司法审查。司法作为专门的法律适用活动,对于彻底解决法律纠纷、追究违法当事人的法律责任、保护公民的合法权益具有重大意义。教育领域的司法介入是依法治教的重要内容。随着中国司法制度的逐步完善,教育领域中司法介入的范围逐渐放宽,涉及学校与相关主体之间的民事诉讼、学校与教育行政机关之间的行政诉讼以及学校实施的法律、法规授权的行为。此外,受教育权也受司法保护。鉴于教育活动所必需的学术自由等因素,教育领域中司法审查的范围应有一定限度,司法对教育活动的介入必须以尊重教育者的专业自主权为前提。

(马晓燕)

以色列教育制度 (educational system of Israel)

以色列国位于亚洲西部、地中海沿岸。根据 1947 年联合国关于巴勒斯坦分治决议的规定,以色列国的面积为 1.52 万平方千米,但通过 1948 年以来与周边阿拉伯国家发生的历次战争,2005 年 8 月,以色列实施"脱离计划",单方面从加沙和西岸部分地区撤出犹太定居点和军队。实际控制面积约 2.5 万平方千米。2011 年人口 774.6 万,其中犹太人约占 75%,余为阿拉伯人、德鲁兹人等。大部分居民信奉犹太教,其余信奉伊斯兰教、基督教等。希伯来语和阿拉伯语均为官方语言,英语为通用语。2011 年国内生产总值为 2 415 亿美元,人均国内生产总值 30 014 美元。

以色列教育的历史发展

以色列是一个古老而又年轻的国家,原来就居住在耶路撒冷附近的犹太人一直保留着从公元 1 世纪流传下来的教育传统。中世纪时形成一种叫作"海德"(Heder,希伯来语意为"房间")的早期教育机构。在"海德"中,3～13 岁的男孩在教师的指导下学习希伯来语和宗教。20 世纪初,在英国的托管下,以色列地区逐步建立起现代学校,1948 年建国之后通过颁布一系列法律逐步确立现代教育制度。1949 年,议会通过《义务教育法》,规定国家向全国各种信仰的所有儿童提供免费、义务和全面的教育。义务教育年限为 9 年(5～14 岁),包括 1 年学前教育和 8 年初等教育。1969 年修订《义务教育法》,把义务教育延长至 11 年,即延长到中学二年级(十年级),而且规定提供 12 年的免费教育;1984 年又把义务教育年龄下延至 3 岁,要求儿童从 3 岁起接受 3 年义务学前教育。

1953 年《国家教育法》的颁布标志以色列国民教育系统的建立。该法明确提出教育系统的两个目标:一是为全国各民族、信奉各类宗教的公民提供平等的教育机会,二是以以色列的国家意识融合所有移民,确立 8 年小学和 4 年中学的"八四"学制。为尊重公民的宗教信仰权利和习惯,以色列教育系统分为国立教育系统和国立宗教教育系统,前者提供世俗的普通教育,后者提供宗教教育。国立教育系统由国立学校组成,包括以希伯来语为教学语言的犹太国立学校和以阿拉伯语为教学语言的阿拉伯国立学校。国立宗教教育系统由国立宗教学校和私立宗教学校组成。私立宗教学校包括东正教的犹太学校和基督教各教派的学校。两个系统在教育和文化部的统一领导下,各有自己的教师、行政人员、督导人员和顾问委员会。

1968 年,以色列颁布《学校改革法案》,对教育体制进行改革。该法案重新表述了教育系统的任务:提供全面的教育,促进教育系统中各种族移民的融合;提高普通教育水平;提高来自亚洲和非洲新移民儿童的文化水准;重新打造国家教育的精神道德内容。改革的首要目标是建立一种新的学制结构。在这种学制中,小学教育由 8 年压缩至 6 年,中学则延长至 6 年,分为两个阶段,前 3 年是初中(也称"中间学校"),后3年为高中。政府希望在全国推广这种"六三三"学制,以取代过去的"八四"学制,但由于复杂的社会、政治原因,只有部分学校实行"六三三"学制,其他学校继续实行"八四"学制,形成两种学制并存的局面。改革的另一项重要内容是普及中等教育。在独立前及建国后的第一年,中等教育不受政府管辖,主要依靠学费来维持其运转。此次教育改革对中等教育进行调整,规定所有学生都必须接受两年的义务中等教育,并且不再收取学费。因为收费被认为是教育公平的一种失败,特别是对那些处于不利地位的学生而言,也不利于移民融入社会。中等教育改革的另一项重要内容是取消先前实行的决定学生是否能进入学术性中学的筛选考试,小学生完成初等教育后可自由选择任何中学。以色列重点发展了中等职业教育,尤其是技术、机械及相关领域的职业培训。

以色列确定希伯来语为学校教学语言经历了一个较长的过程。希伯来语是书写《旧约全书》的语言,一直被认为是很神圣的语言,只有宗教人员才能使用。1881年,俄国犹太移民、语言学家皮尔曼从俄国移民至巴勒斯坦。当时巴勒斯坦地区混杂世界各地的移民,人们使用阿拉伯语、土耳其语、法语、俄语等各类语言,但没有一种被广泛使用的语言。皮尔曼认为,如果没有一种民族语言,那么就很难培养人民对国家的认同感。由于希伯来语被犹太移民普遍使用,皮尔曼决定把希伯来语改造成能在生活中应用的日常语言。除对语言进行改造之外,他还主编了一些报纸等出版物,广泛传播现代希伯来语。1903年,该地区成立希伯来语教师联盟,支持本地区教师以希伯来语为教学语言,移民开始在学校中大量使用希伯来语。到1916年,巴勒斯坦地区40%的人口以希伯来语为第一语言,希伯来语逐渐成为行政、教育和商务中使用非常广泛的语言。学校和教师在希伯来语的推广中扮演重要角色。

以色列现行教育制度

教育行政　以色列对教育实施中央集权式管理。教育和文化部统一管理全国除高等教育之外的各级教育,包括课程、教学、考试和教育研究及学校的其他活动,监督国立学校和国立宗教学校系统。其工作分成两部分:教育秘书处负责课程和政策制定,对教育系统进行监督;教育行政处负责政策的执行,处理学校建筑和财政方面的事务。为了方便管理,全国分为6个区及1个农村区,各区设教育办公室,受教育和文化部领导。管理高等教育的是高等教育委员会。该委员会根据1958年的《高等教育委员会法》成立,负责全国高等教育的经费提供、计划、学分、学位颁发、学术自由和高等教育机构自治方面的事务。特殊学校(包括为行为不良人员和残疾人开办的学校)和学校的社会服务机构由教育和文化部与社会福利和卫生部共同管理。教育经费由中央和地方政府共同承担。教育和文化部负责支付教师工资,地方政府负责学校建筑、设备及其维护和其他方面的开支。中央政府不征收教育税,但地方政府有权向本地征收教育特别税。以色列教育投入长期保持在国内生产总值的8.5%左右。

在以色列,每年9月至次年7月为一个学年,小学学年是9月1日—7月30日,中学是9月1日—7月20日。每星期上6天课,约35个学时。小学从上午8点至中午12点,中学从上午8点至下午2点。1990年,议会通过《延长学时法》(Long School Day Law),把质量较低学校的学时延长至下午4点,学校可以对学生进行额外辅导,尤其是加强希伯来语和数学的教学。

学前教育　学前教育可分为三个阶段:0～2岁儿童进日托中心,以满足年轻母亲参加工作的需要;2～3岁儿童进保育学校;3～6岁儿童要到幼儿园接受由教育和文化部提供的免费义务学前教育。日托中心、保育学校等非义务学前教育机构一般由地方政府、妇女组织、私人组织和个人创办,并根据父母的收入水平收取一定费用。按照举办主体,幼儿园可分为国立、市立、集体所有制和私立四类,都必须接受教育和文化部的监督和管理。学前教育在社会行为、希伯来语和文化学习三个方面为儿童上小学做准备,目标是通过向所有儿童提供平等的入学机会,为儿童上小学打下坚实的基础,促进国家和民族的融合。以色列的博物馆、社区中心、资讯中心等机构积极为幼儿园开展科技、艺术教育提供条件,为教师提供教学辅助资料,家庭也积极配合幼儿园的教学活动。此外,以色列也注重居民区内儿童游乐场所的建设。

初等教育　根据学校所采用的学制,可分为六年制和八年制。小学按地区设置,学生就近入学。课程由教育和文化部设置,主要是普通学术课程,如科学、数学、地理、历史等。所有学校都必须学习犹太文化,如《圣经》和《塔木德》。国立宗教学校中,宗教课程的学习时间稍多一些。小学生要学习希伯来语和希伯来文学,五六年级时要学习外语。多数学校以英语为第一外语,少量学校以法语为第一外语,或在英语之外兼学法语。此外,学生还要接受手工训练和社会行为教育。正式课程之外,还有非正式的课外活动,如野外考察和俱乐部活动,有助于移民儿童更快地融入社会。

中等教育　以色列的中学有三种类型,即学术性中学、职业性中学和综合中学。学术性中学学制3年或4年(视学校是否实行新学制而定),目的是为学生上大学做准备,注重学术训练,完全围绕全国大学入学考试设置课程,学生毕业时通过考试,就可以进入本国的任何一所大学。职业性中学学制也是3～4年,为学生提供电子、工程、数据处理等领域的职业技术教育。综合中学学制 6 年，包括初中和高中，主要建立在新兴的城镇和居民定居点，大城市较少。综合中学既提供学术性课程，也提供职业性课程，无论选择哪种课程，学生都可以参加大学入学考试。

职业教育　以色列职业教育的目标与整个教育系统的目标是一致的，即提供平等的教育机会，满足国民和经济发展对教育的各种需求。但以色列的职业教育主办者多样，提供的计划多样，比较复杂。一些学校由民间组织如劳动和职业组织、妇女组织主办，也有一些学校由各城市和中央政府主办。以色列共有四种不同的职业教育计划。第一种为大学入学考试开设，获得技术科目资格证书并通过大学入学考试的学生可进入大学。第二种颁发结业证书和职业文凭，完成该项计划的学生可进入专业领域的工作岗位。第三种是实践性职业课程，学生结业后获劳动和福利部颁发的证书。第四种是"指导性课程"，为能力较差的学生开设。更复杂的职业培训在高等教育阶段进行，越来越多的学生选择参加高级职业培训。职业教育课程由教育和文化部控制，有些教育计划由劳动和福利部管理。另外，综合中学也会开设一些职业教育课程。

除正规中等职业教育系统提供的计划外，还有一些业余职业学校和工业学校也提供在职培训计划。它们只提供实践性职业培训，不提供学术准备课程。工业学校由政府和企业共同举办，学生结业后颁发技术、常规或实践三个水平的文凭。

高等教育　高等教育包括大学、开放大学、教师培训学院、地区学院、职业学院及其他学位授予机构，还包括海外合作办学机构（在以色列提供课程，授海外大学学位）。大学具有独立法人资格，由高等教育委员会管理。以色列共有 7 所大学，其中，以色列技术学院（1924）和希伯来大学（1925）建国前就建立了，建国后建立的有巴伊兰大学（1953）、特拉维夫大学（1953）、海法大学（1963）、本-古里安大学（1964）和以色列开放大学（1974）。此外，魏茨曼科学研究院（1934）主要从事自然科学研究工作，但也招收和培养研究生。以色列的高等教育机构依据其授予的学位级别和资金来源而划分成不同类别。大学授予人文学科、社会科学、法律、医学、工程等领域的学士、硕士和博士学位，经费全部由高等教育委员会提供。开放大学只授人文、社会科学、数学和自然科学方面的学士学位，也由高等教育委员会管理。开放大学的学习计划有个人学习和小组学习两种。个人学习是指学生自己学习课本知识，每三个星期参加一次由开放大学设在全国各地的中心提供的集中辅导。小组学习是学生利用开放大学提供的课本等资料做大量的练习，每星期参加一次地区学院、市立学院或大学提供的集中学习。开放大学招收各年龄段、来自各个阶层的学生，还为高中学生提供大学水平的课程。在教育和文化部 1999 年通过的一项计划中，高中学生可以修读大学课程，通过考试就可以获得大学学分，并向大学展示自己的学习能力。开放大学提供的这种高级课程甚至可以取代大学入学考试，成为大学录取标准。教育和文化部及私人基金都出资支持该计划的推广。在课程的组织上，大多数学士学位计划学制 3 年，学生可以选择 2 个系就读，法律、医学等专业性更强的学科要 3～5 年，硕士和博士学位各 3 年。

以色列还有 7 所提供职业学士学位的学院和 9 所提供教育学学士学位的教师学院，都由教育和文化部提供经费。还有一些地区学院提供某些特殊领域的学士学位，由教育和文化部、地方政府以及内政部提供经费，由教育和文化部和高等教育委员会共同管理。地区学院力图成为成人教育和继续教育的中心力量，也致力于使更多的人能够接受高等教育，它们在以色列高等教育大众化过程中发挥重要作用。20 世纪末 21 世纪初，高等教育出现市场化和私有化趋势，重建了以色列社会中市场与大学的关系。在这一进程中，高等教育机构开始与政府共同承担教育经费，并开始关注教学与研究之间的关系平衡等被忽视的问题。高等教育的国际化也提上日程。

非正规教育和成人教育　非正规教育包括与学校教学无关的校外活动和学校组织的正规教学之外的活动（如课外活动）。校外活动主要是由各政治派别倡导并提供资助的青年运动，与课堂学习无关，旨在增进学生对国内、国际政治局势的了解，增强学生的政治参与意识。还有一些非政治性活动，如体育比赛、艺术竞赛和社交活动，有时也为学生提供一些学习上的帮助。课外活动在校内开展，内容包括艺术、娱乐俱乐部，学生会活动，举办报纸和刊物等，目的是扩大视野，增长知识，使学生可以在学校课程以外涉足自己感兴趣的领域，发掘自己的才能。课外活动不涉及任何政治问题，其非结构化的性质也使学生不像在学术课程中那样严肃。

随着计算机技术的发展和个人电脑的普及，以色列的远程教育也发展起来。提供远程教育的主要是巴伊兰大学和开放大学。巴伊兰大学主要通过互联网上的虚拟犹太大学（Virtual Jewish University）来提供远程教育课程。这些课程是该大学的正式学分课程，但面向世界各地的学生。开放大学从 1994 年起就通过电脑网络提供课程，后来又通过卫星、电视、录像等媒介向全国提供课程。电脑网络中的开放课程可以利用网络聊天室、留言板等途径，加强教师与学生之间的互动。

由于大量不同语言、不同文化和不同教育背景的移民涌入，以色列必须对这些移民进行再教育，这就促进了正规成人教育。正规成人教育课程主要集中在希伯来语、犹太文化、宗教、职业教育等领域。全国兴建了许多希伯来语强化学校（ulpan），这是一种实行 5～12 个月的成人教育的寄宿学校,向成年移民进行希伯来语和犹太文化教育,在实践中取得非常显著的效果。

教师的培养和管理　以色列的小学教师由教师学院培养,属于"定向型"师范教育,学制3～4年,学生主要是师范专业学生和需要获得教育学士学位的教师等。中学教师由大学各系培养,其对象主要是有志于从事教育工作的大学在校生,属于"开放型"师范教育,要求在大学的教育学院接受2年的教师教育。大学教育学院的教师培养偏重于理论知识的学习,也聘请来自中学的优秀教师授课,以指导和增强学生的教学实践能力。希伯来大学的教育学院一直从事教育研究和师范教育,在以色列教师培养和培训方面处于主导地位。此外,国家还鼓励教师利用暑假参加在职培训。教育和文化部管理所有教师,国立宗教学校的教师还要受宗教委员会监督。小学教师一律由国家聘用,聘用中学教师的则可能是国家、地方政府或公共机构。教育和文化部的督学对教师进行定期评估,如果对某一教师的业绩做出负面评价,该教师就有可能被解聘。教师的解聘由聘用他的机构进行。所有教师的工资均由教育和文化部负担。

以色列的教育改革

以色列教育一直面临追求机会平等、质量优越和多样化等问题。在高等教育领域,这些问题尤为突出。20世纪八九十年代的教育改革一直围绕如何建设一个效率更高、成效更显著的高等教育系统这一问题,其重要目标是使尽可能多的学生接受高等教育,使高等教育从"精英型"向"大众型"转变。90年代中期,以色列90％的青年完成12年中小学教育,越来越多的人参加大学考试,高等教育入学人数也稳步增长。为满足人们日益增长的高等教育需求,以色列新建了许多地区学院。1999年,全国共有22所地区学院。此外,许多学生还参加海外大学的教育计划。这些海外大学与以色列的大学合作,向以色列学生提供课程,学生完成这些课程之后可在本国大学获得学位。

高等教育方面的变化也促进了大学入学考试的变革。这项考试已历经多次革新,包括考试科目的数量、考卷的形式以及以具体分数来取代过去简单的通过/不通过的评价模式等。早在1975年,以色列就在一部分学校中试行让学生自己选择课程,并根据自己的能力选择不同水平的考试,取得成功后又推广到全国。1991年,政府成立森哈委员会(Shenhar Committee),对教育进行改革。该委员会建议设置四个方面的课程,即内容全面的犹太文化、希伯来语、犹太复国主义和以色列国土知识。对这些课程的强调影响大学入学考试,越来越多的学生选择犹太文化作为自己的考试科目,在大学中学习犹太文化的学生也越来越多。

利用教育来促进民族融合也一直是以色列教育改革的

一个重点和难点。1991年开始的第六次移民潮的影响一直延续至21世纪初。移民的大量涌入大大增加了以色列的教育需求,促使政府增加投资,添置教学设备,加强教师培训,尤其是对移民中的教师进行再教育,使他们熟悉犹太文化遗产,适应以色列的教育体制和学校教学方式,进而融入新国家。如何处理犹太学生与阿拉伯学生的关系也是一直存在的问题。20世纪80年代前期,教育和文化部启动一项特殊计划,尝试让犹太学生与阿拉伯学生同校学习。为更好地实施该计划,还对学校教师进行培训,为他们提供特别的指导用书。学校之间也经常进行交流,取长补短。这项改革措施促进了犹太学生与阿拉伯学生之间的建设性理解和公开对话,使他们能更好地理解对方的语言和文化,在一定程度上促进了民族的和解和融合。此外,在课程结构上,以色列各阶段教育均呈现出均衡与统一并重的特点;在教育行政上,越来越走向地方分权和学校自治。

以色列的教育特色

以色列有独特的国情,教育也有明显的特色。以色列教育中最突出的问题莫过于移民问题。以色列是一个主要由移民组成的国家,人口构成非常复杂,种族、移民、文化、宗教问题也十分复杂。全国存在犹太人与阿拉伯人、犹太人与其他非犹太人的矛盾,在犹太人内部,也存在本土犹太人与移民犹太人、德裔犹太人与西班牙或葡萄牙裔犹太人、西方犹太人与东方犹太人、有宗教信仰犹太人与无宗教信仰犹太人以及信仰不同宗教或不同教派犹太人之间的矛盾。这些矛盾使教育系统面临各种复杂的需求。建国以来,以色列的教育系统不管如何变革,都始终如一地支持两个目标,即实现教育机会平等,促进民族融合。尤其是小学阶段,通过强制性地推广希伯来语和其课程的教学,使各民族儿童在较早的时候就具有民族融合的意识。21世纪以来,以色列更加重视发掘各民族、各群体之间的共通性。教育力图促进民族融合,学校课程却仍然重视个体需求,家长也有权为子女选择上何种类型的学校。

以色列实行义务兵役制,凡是以色列公民,不论男女,年满18周岁时必须服义务兵役(男性至少3年,女性至少2年)。这一政策也给以色列的教育系统带来了一系列与其他国家不同的特点。首先是高等教育的入学年龄。以色列青年完成高中阶段教育后就走进军营,2～3年后才进入大学,因此大部分大学生的入学年龄是20～21岁。其次,学生高中毕业即服兵役,中学与劳动力市场、中学与大学之间有一个时间差,因此以色列的就业指导计划不针对高中毕业生,而是面向服兵役之后的青年。这些就业指导由非政府组织提供,帮助青年找到合适的工作。再次,以色列中小学的班级实行一贯制,即同一班级的学生在升级、升学过程中一般不重新分班,而是相对固定,同一个班的学生一直同学到高中毕业。服兵役时,同班同学一般也被编入同一部队建制,多年在同一个班级中学习所形成的凝聚力和集体主义精神可以在军营中得到延续,有利于他们产生平等、和谐的意识和成熟感、责任感,从而结成一个更有效率的战斗团体。

以色列的职业教育体系具有复杂性。职业学校资金来源多样化,举办者身份复杂;在管理方面,职业学校的课程由教育和文化部管理,同时受劳动和福利部的监督;职业学校提供的职业培训计划也多种多样,大量业余时间制的职业学校对工人进行在职培训,许多企业还与政府合作进行在职培训,这些培训颁发不同级别的证书;正规学校系统中的职业性高中越来越重视培养学生的学术能力,职业性、技术性课程在逐步缩减。以色列正准备让职业技术教育脱离正规学校系统,把职业培训的任务交给企业,使职业教育能更好地与实践相结合,同时与高等教育的大发展相呼应,使正规学校系统能把注意力集中在培养学生的学术能力上,让更多学生具备接受高等教育的资格。

参考文献

Deighton, L. C. The Encyclopedia of Education[M]. New York: The Macmillan Company & The Free Press,1971.

Husén, T. The International Encyclopedia of Education[M]. 2nd ed. Oxford: Pergamon Press,1994.

Marlow-Ferguson, R. & Lopez, C. World Education Encyclopedia: A Survey of Educational Systems Worldwide [M]. 2nd ed. Petroit, MI: Gale Group,2002.

（张东海　马如乔）

义务教育（compulsory education）　亦称"强迫教育"、"普及义务教育"、"免费教育"。根据国家法律规定,通过学校对适龄儿童实施的一定年限内普及的、强迫的、免费的基础教育。由国家提供必要的办学条件,社会、学校和家庭予以保证。对儿童来说既是应享受的权利,又是应尽的义务。

义务教育的诞生与发展有其特定的历史背景,最早诞生于近代欧洲。14—16世纪,资本主义生产方式在欧洲逐渐形成,新的生产方式要求从事一般劳动的劳动者掌握一定的文化科学知识和劳动技能,以满足资本主义工商业发展的需要,这为义务教育的产生提供了经济基础和社会条件。15—16世纪的宗教改革,让欧洲的教育出现世俗化、地方化和方言化的倾向,促进了义务教育的产生。16—17世纪,资产阶级革命在欧洲兴起,提倡广设学校,强制父母送儿童入学,进一步推动和促进了义务教育的诞生。1619年,魏玛公国通过立法手段,强制要求全体适龄儿童接受初步的国民教育,义务教育由此开端。19世纪,世界范围内出现

民族主义高潮,独立后的各国都想借助于教育,将自己民族从外国文化、政治的束缚和影响下解放出来。世界主要发达国家也已完成工业革命,对劳动者的素质和科学技术水平提出越来越高的要求,需要借助于教育的普及获得实现。在国家政治需求和生产发展的客观要求的推动下,德、美、日、英、法等资本主义发展较早的国家,纷纷通过立法确立了普及义务教育的原则。实施之初均在初等普通教育的范围内,之后义务教育年限逐渐延长。义务教育是强制教育,必须有相关的法律支撑才能实施。由于各国经济发展状况不同,对于义务教育的免费性质都采取了不同的临时措施。义务教育年限的延长和完全免费是其发展的趋势。至20世纪80年代,德、美、日、俄、英、法等发达国家已基本实现初等和中等义务教育的普及,全世界有170多个国家宣布实施义务教育制度。

德国是义务教育的发源地,从1559年起,一些公国就先后颁布强迫教育法令,其中影响较大的是1619年魏玛公国颁布的《魏玛学校章程》,明确规定父母必须送6～12岁儿童入学读书,对不愿送孩子入学的家长给予劝告,督促他们履行义务。18世纪普鲁士又先后两次颁布实施强迫教育的法令,1763年颁布的《普通学校规程》进一步规定,5～13、14岁儿童必须接受义务教育,学生入学要交学费,对无力负担的家庭由政府或教会支付费用,受教育期间无故不上学的儿童,其父母要受到惩罚。1872年,德国颁布《普通学校法》,规定实施6～14岁的八年制强迫义务教育,至1888年,基本实现小学免费义务教育的普及。第一次世界大战后,德国废除君主政体,建立魏玛共和国。1919年的《魏玛宪法》规定,儿童6岁入学接受8年义务教育,职业义务教育到18岁止,在18岁以前全部实行免费,包括免缴学费和书本费,国民学校和进修学校免费提供教学用品,家境困难的学生还可申请生活补贴。第二次世界大战后,德国分裂为联邦德国和民主德国,联邦德国在1949年制定的《德意志联邦共和国基本法》中,对义务教育年限未作具体规定,但各州基本实行8～9年的免费普及义务教育,大多数州还规定了3年的职业义务教育。1964年,联邦德国各州州长共同签订《汉堡协定》,规定义务教育的年限统一为9年。1970年联邦德国提出《教育结构计划》,义务教育提前到5岁开始,义务教育延长至10年。民主德国在1946年颁布的《德国学校民主化法》中规定,对全国儿童实行八年制义务教育。德国统一后,各州基本普及九年制免费义务教育。

美国实行地方分权制,各州开始义务教育的时期并不统一,19世纪30—60年代出现的"平民学校"运动是美国普及义务教育的运动,各州开始为儿童开办公立免费学校。在此基础上,1852年,马萨诸塞州颁布实施美国第一个强迫义务教育法令——《马萨诸塞州义务教育法》,要求所有8～14岁儿童每年至少到学校上课12周,其中6周是连续的,

没有将孩子送入学校的家长要受到一定的惩罚。虽然是"部分学习时间"的强迫教育法案，但为美国各州普遍实施义务教育树立了榜样。1853年，纽约州紧随马萨诸塞州也通过类似的义务教育法案。1890年，康涅狄格州实施全日制义务入学的规定。到19世纪末，美国全国48个州有32个州实行了强迫义务教育，入学年龄从6～9岁到12～17岁不等，义务教育年限在5～9年之间，多数为九年制免费义务教育。1918年，密西西比州最后一个颁布义务教育法令，历经60多年，美国各州都实行了免费义务教育。20世纪80年代后，在美国多样化的中小学学制下，各州义务教育年限也不尽相同，但以6～18岁的十二年制免费义务教育居多。

英国是最早发生工业革命的国家，但其保守的民族文化特点给英国义务教育的普及造成障碍，直至19世纪70年代，英国政府才开始颁布涉及义务教育的相关教育法令。1870年的《福斯特教育法》是英国实施义务教育的第一个法令，规定实施5～12岁儿童的强迫教育。该法案在1876年和1880年经过补充和修订，要求实施5～10岁儿童的五年义务教育，免除学费。1893年，政府将义务教育年限延长至6年，实行5～11岁的六年义务教育。1899年，英国义务教育年限又延长到12岁。1918年，英国议会通过《费舍教育法》，该法令把义务教育年限进一步延长到14岁，对14岁以下儿童实行九年普及义务教育。1944年，英国议会又通过《巴特勒教育法》，规定5～15岁为义务教育年限，有条件的地区可把义务教育年龄延长到16岁，要求各地方当局在本地区对已结束义务教育但未能升学的青年实行部分时间制免费继续教育，到18岁为止。1959年和1960年，英国发布关于改革教育的报告，建议到1969年实现5～16岁的十一年免费义务教育。1963年，英国开展"教育改革运动年"项目，确立了5～16岁的十一年义务教育制度。到1972年，英国基本普及十一年制免费义务教育，对已经结束义务教育但未能升学的青年实行继续免费教育至18岁。

法国是世界上最早倡导义务教育的国家之一，早在17—18世纪，法国的进步思想家就提出普及义务教育的思想。1791年，法国国民公会还通过一项关于普及初等义务教育的法案《塔列兰法案》，1792年又提出了主张法国国民教育实行免费原则的《孔多塞报告》，但由于政治等多方面因素的干扰，上述法案和教育计划未能实现。1833年制定实施的《基佐法》使法国的小学教育获得很大发展，为后来实施义务教育创造了条件。1850年及1867年，政府颁布相关法令，规定了由市镇、省、国家共同分担初等教育经费的基本原则。这些法律的颁布为法国义务教育的实施奠定基础。1881—1882年，法国政府颁布实施《费里法》，规定儿童6岁入学，6～13岁为义务教育阶段，并规定了普及初等义务教育的学校课程。第一次世界大战后，法国国民议会于

1936年通过一项法律，将义务教育期限延长至14岁，普及6～14岁的八年制免费义务教育。第二次世界大战后，政府对教育进行了多次改革。1947年，教育改革计划委员会提出《郎之万—瓦龙计划》，规定6～18岁为义务教育期，各级教育实行免费。这一方案没有实现。1959年，戴高乐政府在《郎之万—瓦龙计划》的基础上拟定并通过了《德勃雷法》（即《国家与私立学校关系法》），规定实施6～16岁十年制义务教育。同年，戴高乐政府通过《贝尔敦法令》，明确从1967年起将义务教育期限延长至16岁。1967年，政府无力使16岁以下儿童全部接受全日制义务教育，教育部采取了实行部分时间制免费义务教育的临时措施。1975年，教育部在全国教育改革工作会议的基础上颁布了《哈比改革法案》（亦称《法国学校体制现代化建议》），规定从1975年开始，学生的学费、杂费、书本费、书包费乃至学校的交通费全由国家负担。至20世纪80年代，法国已实现十年制义务教育的普及，除免学费外，政府还向贫困学生提供免费教科书，在交通和午餐费用上给予补贴。

日本是亚洲较早走上资本主义道路的国家，其义务教育的普及卓有成效。1872年，明治政府颁布《学制》，规定儿童从6岁入学，接受8年初等义务教育。后在1879年颁布的《教育令》中，将普及小学教育的八年制改为四年制，允许农村、渔村的学龄儿童每年上学4个月，4年内受满16个月的普通教育，收取学费。1880年、1885年，政府两次修改《教育令》，普及教育的年限又由4年降为3年。1886年，日本正式确立内阁制度，文部大臣亲自主持制定了《小学校令》，规定实行小学四年的普及义务教育，在财政困难的地区提倡实行学制3年的简易小学教育。1890年，日本政府对《小学校令》进行了修改，实行6～10岁四年制的免费义务教育。1900年，日本政府制定《改正小学校令》，将义务教育年限延长至12岁，实行小学六年制免费义务教育。1947年，颁布《教育基本法》，规定实施6～15岁九年制义务教育，不收学费。20世纪60年代，日本已经普及九年制免费义务教育，学生经费由国库承担，完成义务教育阶段后，97％的初中毕业生进入高中阶段学习。

俄罗斯在20世纪70年代中期的苏联时期就已经普及十年制免费义务教育。俄国十月革命前，并没有明确的义务教育制度。十月革命胜利后，苏维埃政府在《教育人民委员会关于国民教育的宣言》中提出实施普通的义务和免费的教育。1919年，俄共（布）第八次代表大会决定对8～17岁儿童实施免费义务教育，包括普通教育和职业技术教育。1930年，颁布《苏联中央执行委员会和苏联人民委员会关于普及初等义务教育的决定》，该法令规定在苏联全国各地对8～10岁儿童实施不少于4年的小学普及义务教育；对11～15岁超龄儿童实行补习初等义务教育；城市和工厂区、镇的儿童实施七年制义务教育。1934年，联共（布）第十七次代

表大会提出在全国普及七年制义务教育,1943 年,政府将儿童入学年龄提前至 7 岁,实行 7～14 岁的七年制免费义务教育。1958 年,苏联最高苏维埃主席团通过了《关于加强学校同生活的联系和进一步发展苏联国民教育制度的法律》,规定实施 7～15 岁八年制普及义务教育。1971 年又提出普及十年制免费义务教育,免除学费,对贫困学生免除全部或部分教科书费用,并提供交通和住宿。苏联解体后,1992 年,俄罗斯颁布《俄罗斯联邦教育法》,规定基础普通教育阶段为义务教育阶段,1996 年该法经重新修改补充,确定十一年制的完全中等教育为免费义务教育。

中国对义务教育的倡导始于晚清。受西方思想的影响,中国资产阶级维新派在 19 世纪 90 年代曾提出让儿童 7 岁入学,实行八年小学义务教育。1902 年,颁布《钦定小学堂章程》,要求"儿童自六岁起受蒙学四年,十岁入寻常小学堂修业三年,俟各处学堂一律办齐后,无论何色人等皆受此七年教育,然后听其任为各项事业"。中国开始实施义务教育。1906 年,清政府学部颁布中国第一部义务教育法规——《强迫教育章程》,规定儿童 7 岁必须入学。但此时的义务教育仍未做到"免费"。1911 年,全国教育联合会提出"试办义务教育章程案",明确规定义务教育期限为 4 年,并提出试办义务教育的具体办法。1912 年,教育部公布《学校征收学费规程》,规定初小、师范和高等师范免收学费。1915 年,北洋政府颁布《特定教育纲要》,要求普及义务教育,全国形成兴办义务教育运动。1932 年,国民政府颁发《短期义务教育实施办法大纲》,规定小学四年为义务教育,10～16 岁的失学儿童接受一年的短期义务教育。1935 年,民国教育部通过《实施义务教育暂行办法大纲》,规定义务教育分三期进行,10 年内 6～12 岁儿童由接受一年制、两年制的义务教育过渡到四年制义务教育。1939 年,国民政府公布《师范学校毕业生服务规程》,规定 6～12 岁学龄儿童一律受基本教育,免纳学费;逾龄但未受基本教育的,一律受补习教育,免纳学费。1947 年,国民政府在新公布的《中华民国宪法》中规定 6～12 岁的学龄儿童接受免费义务教育,但并未真正实现。中华人民共和国成立后,中国开始仿照苏联模式建设教育事业。1956 年 1 月,教育部印发《十二年教育事业规划纲要》,准备 7 年内在全国基本普及义务教育,同年 9 月,中共八大决定 12 年内在全国普及义务教育,基本由政府负责教育经费。基本免费的义务教育一直延续到 20 世纪 80 年代。1985 年,《中共中央关于教育体制改革的决定》要求把发展基础教育的责任交给地方,有步骤地实行九年制义务教育,中小学教育实行"地方负责,分级管理"。1986 年,《中华人民共和国义务教育法》发布,规定年满 6 周岁的儿童应入学接受九年义务教育,条件不具备的地区可以推迟到 7 周岁入学;对接受义务教育的学生免收学费,国家设立助学金,帮助贫困学生就学。1992 年,国务院颁布

《中华人民共和国义务教育法实施细则》,在实施步骤、就学、教育教学、实施保障、管理与监督、处罚等方面作了更具体的规定,明确提到实施义务教育的学校可收取杂费。随着中国经济的快速发展,教育收费与教育公平问题成为义务教育的焦点,2003 年,第十届全国人大一次会议提出了修改《中华人民共和国义务教育法》的建议,2005 年,第十届全国人大第三次会议的政府工作报告提出,免除国家扶贫开发工作重点县农村义务教育阶段贫困家庭学生的书本费、杂费,并补助寄宿学生生活费。2006 年,第十届全国人大常委会第二十次会议审议了"义务教育法修订草案",同年,国家正式颁布修订后的《中华人民共和国义务教育法》。新法重申年满 6 周岁的适龄儿童入学接受九年制义务教育;明确规定义务教育不收学费、杂费,以法律的形式确保九年制免费义务教育的实施和普及。

进入 21 世纪,在亚洲,以色列实施十三年制义务教育,免学费;文莱、朝鲜、马来西亚、新加坡、亚美尼亚等国家和地区分别实施十至十二年制免学费义务教育;日本、韩国、泰国、科威特、印度、蒙古等国实施八至九年制义务教育制度,义务教育普及较好的日本除免学费外,学生还能使用免费教科书,享用免除部分费用的午餐,韩国、泰国、科威特、蒙古等国家和地区除免学费外,也有针对性地免掉部分学生的教科书费或午餐费;叙利亚、菲律宾、孟加拉等国家和地区实施四至七年制义务教育,均免学费。各个国家和地区规定的义务教育入学年龄一般在 5～7 岁,多数为 6 岁。有些国家将学龄前儿童和残疾、智障儿童也纳入义务教育的范围。如朝鲜普及的十一年制义务教育,其中包括对 5 周岁儿童实施的一年制学前义务教育和 6～16 周岁儿童实施的十年制高中义务教育;日本 1948 年规定了盲聋哑儿童的就学义务,1979 年又实施了保证残疾儿童就学的"养护学校就学义务"制度,对包括残疾儿童、弱智儿童在内的所有适龄儿童实施义务教育。

参考文献

成有信.九国普及义务教育[M].北京:人民教育出版社,1985.

高如峰.义务教育投资国际比较[M].北京:人民教育出版社,2003.

邵宗杰,桑新民.义务教育的理论与实践探索[M].杭州:浙江教育出版社,1994.

王承绪,朱勃,顾明远.比较教育[M].北京:人民教育出版社,1985.

(李海鹰)

义务教育制度(system of compulsory education) 确保义务教育实施的法律、政策、保障措施等的总和。教育制度的重要组成部分。义务教育亦称"强迫教育",指依照法律规定,适龄儿童和少年必须接受的,国家、社会、学校和

家庭必须予以保证的国民教育。

义务教育的产生和发展

外国义务教育的产生和发展　义务教育是教育社会化的产物。义务教育虽是随着生产力的发展、资本主义生产方式的出现而形成和发展起来的，但其最初产生之动因，却并非为了生产力发展的客观需要，而是源于宗教和政治的原因。

首先是宗教改革的推动。德国最早提出实行义务教育，其直接动机是新教为了取得同天主教政治斗争中的教育权。1517年，德国天主教牧师马丁·路德提出《九十五条论纲》，揭露天主教会搜刮地租、大量敛钱等行径，要求实行宗教改革。欧洲其他一些国家也陆续以改革宗教的形式发动反对天主教会的运动。在与天主教会的斗争中，马丁·路德很重视学校，努力把学校从天主教的垄断下夺过来，把它变为宣传新教、反对天主教的工具。1524年，他一再呼请贵族和各城市的市政当局兴办学校，宣传普及男女儿童教育，主张父母把6～7岁的儿童送入初等学校。建议由新教基督教会和地方当局接管学校教育，在全国城乡设立公办学校，为平民子女提供免费教育。马丁·路德的新教派重视普及教育，提倡政府办学，促进传统教育的改革，使欧洲的教育出现世俗化、地方化、方言化的倾向，逐渐发展形成欧洲的国民教育制度。

其次是政治的原因。进入17、18世纪，欧洲的教育事业依然为教会垄断，不同教派向教徒及其子女传授不同的教派思想，对于形成统一的民族国家非常不利。17世纪初，魏玛公国政府通过义务教育法令，企图用教育来促进德意志民族的统一。19世纪前期，英、法等国认识到学校教育有助于资产阶级政权的稳固，学校教育是国家事业，因而纷纷采取步骤发展国民教育。美国独立后，其学校教育很多还是由私人和教会办理，但为了巩固新成立的联邦的统一，国家对于教育事业日益重视，有些州规定各地区应征税设立公立免费小学。1852年，马萨诸塞州首先颁布义务教育法，规定学龄儿童有被迫入学的义务。

再次是经济的推动。19世纪三四十年代，英国产业革命的完成使英国生产力的发展达到空前的水平。各主要工业部门实现大机器生产，这要求广大劳动群众的子女必须接受一定年限的教育，以成为合格劳动力。1870年，英国议会正式通过《福斯特教育法》，规定国家对5～12岁的儿童实行强迫教育，家长送子女入初等学校读书是应尽的义务；没有受过初等教育的孩子，不能当童工。可见，生产力发展的客观需求对英国实行义务教育具有巨大的推动作用。欧洲各国也不同程度地因生产力发展等经济原因实行了义务教育。

从16世纪到19世纪中期，欧美等国经历了普及义务教育的萌芽、发展，但这种教育并不是严格意义上的义务教育。宗教改革运动中新旧教所推动的学校教育是面向劳动人民的，其后资产阶级创办国民小学，有特殊身份的儿童并不进这种小学。这就形成劳动人民的子弟和有钱人的子弟各有自己受教育的场所和路线，构成学校系统的双轨制。直到19世纪70年代后，情况才有变化，这些变化跟这些国家义务教育制度和义务教育法的完善分不开。普鲁士多次修订法令以推行义务教育。英国议会于1844年再次修订《工厂法》，规定14岁以下儿童必须接受义务教育和初等教育，否则不允许他们进工厂做工。19世纪后半期，一些比较先进的资本主义国家先后通过了义务教育法令。此后，各国都在不断促进义务教育制度的发展，使义务教育制度逐步完善。如英国自1880年就实施5～10岁免费义务教育，1918年延长到12岁，1944年延长到15岁，1972年普及11年免费义务教育，对已经结束了义务教育但未能升学的青年实行继续免费教育直到18岁。美国的法律规定儿童6～16岁必须入学，美国的公立学校由政府税收支持，学生免费入学。法国自1925年全国基本普及初等义务教育，1967年延长到16岁，除免费外还提供交通、医疗补助费。日本于1947年实施9年免费义务教育，从1963年起对不论是国立、公立或私立的义务教育阶段的全体学生免费提供教科书，一些地方还提供学习用品和交通补助费。韩国于1948年确定初等教育的免费原则，70年代经济高速增长，开始免费提供教科书，1983年起先从偏僻地区开始逐步推行九年免费义务教育，首先从农村、渔村、岛屿等条件不利地区实行免费义务教育，逐渐扩大免费范围。加拿大法律规定，5～18岁（从小学到高中）的儿童、少年享有免费接受教育的权利，公立学校可享受国家免费教育的待遇，不仅不用交纳学费，学生的课本、文具等也都由国家供给。

中华人民共和国成立后义务教育的发展　1949年9月，中国人民政治协商会议第一届全体会议通过《中国人民政治协商会议共同纲领》，规定要有计划、有步骤地实行普及教育，明确提出在全国普及教育的任务。1951年8月，教育部召开第一次全国初等教育工作会议，提出1952—1957年，争取全国平均有80％的学龄儿童入学；从1952年开始，争取十年内普及小学教育；五年内培养百万名小学教师。1956年1月，毛泽东主持制定《1956—1967年全国农业发展纲要（草案）》，规定从1956年开始按照各地情况，分别在7年或者12年内普及小学义务教育。在第一个五年计划期间，小学教育迅速发展，小学儿童入学率上升到61.7％，比1952年提高12.5％。

20世纪60年代初，教育工作贯彻"调整、巩固、充实、提高"的方针，小学入学率有所降低。1963年，国民经济调整取得显著成效，并贯彻"两条腿走路"的方针，积极发展小学教育,重点解决农村儿童入学问题。到1965年,适龄儿童入学率已达84.7%。"文革"十年,文化教育事业遭到破坏,普及小学教育遭受挫折。

1980年,中共中央、国务院发布《关于普及小学教育若干问题的决定》,分析了全国小学教育的普及情况,明确提出在全国基本实现普及小学教育的历史任务,并要求各省、自治区、直辖市根据各地区的经济、文化基础和其他条件的不同,进行分区规划,提出不同要求,分期、分批予以实现;经济比较发达、教育基础较好的地区应在1985年前普及小学教育,其他地区一般应在1990年前基本普及,极少数经济特别困难、山高林深、人口稀少的地区,普及期限还可延长一些。1983年8月,教育部发布《关于普及初等教育基本要求的暂行规定》,拟定城乡普及小学教育的基本标准,提出普及小学教育的学龄儿童入学率、在校生巩固率、毕业班的毕业率和12～15周岁儿童初等教育普及率等四项具体衡量标准。对达到普及小学教育标准的地方由省、自治区、直辖市进行检查验收,发给合格证书。1984年,全国平均学龄儿童入学率达到95%,经各省、自治区、直辖市人民政府教育主管部门验收,普及小学教育的县(不含市和市辖区)占总县数的18.9%。

1985年5月发布的《中共中央关于教育体制改革的决定》明确提出实行九年义务教育,指出义务教育为现代生产发展和现代社会生活所必需,是现代文明的一个标志。1986年4月,《中华人民共和国义务教育法》经第六届全国人民代表大会第四次会议审议通过,并于同年7月1日开始实行。《中华人民共和国义务教育法》的颁布标志中国义务教育制度的建立,使中国普及义务教育事业开始走上依法治教的轨道,是中国教育发展史上具有里程碑意义的一件大事。

到2004年底,全国实现"基本普及九年义务教育、基本扫除青壮年文盲"的地区人口覆盖率达93.6%。2004年2月,国务院批转教育部《2003—2007年教育振兴行动计划》,把农村教育发展和改革放在首要位置,提出要努力提高普及九年义务教育的水平和质量,为2010年全面普及九年义务教育和全面提高义务教育质量打好基础。2006年6月,新的《中华人民共和国义务教育法》经第十届全国人民代表大会常务委员会第二十二次会议修订通过,并于2006年9月1日起施行。新法首次明确"义务教育是国家统一实施的所有适龄儿童、少年必须接受的教育,是国家必须予以保障的公益性事业。实施义务教育,不收学费、杂费。国家建立义务教育经费保障机制,保证义务教育制度实施"。

义务教育的特征

义务教育是世界各国现代化进程中或迟或早都要经历的一个过程,是教育普及化的一种普遍形式。从历史上看,义务教育的实施主要围绕教育的强制性、免费性和中立性三大主题展开,表现出强制性、免费性、公共性、普及性和基础性等特征。

强制性　义务教育就其最初的含义而言就是一种强迫教育,即通过国家的强制性手段迫使每一个适龄儿童入学接受规定年限的学校教育,强制性是义务教育的最本质特征。义务教育不仅是受教育者的权利,也是国家的义务,国家、社会、学校和家庭必须依法予以保证。如《中华人民共和国义务教育法》第二条规定:"义务教育是国家统一实施的所有适龄儿童、少年必须接受的教育,是国家必须予以保障的公益性事业。"第十四条规定:"禁止用人单位招用应当接受义务教育的适龄儿童、少年。"义务教育的强制性还表现在任何违反义务教育法律规定、阻碍或破坏义务教育实施的行为,都应依法承担法律责任,受到强制性处罚或制裁。《中华人民共和国义务教育法》专列"法律责任"一章,对国务院及地方各级人民政府的相关部门、学校、教师、适龄儿童的父母或其他法定监护人等主体违反该法所应承担的法律责任作了明确而详细的规定。

免费性　国家对接受义务教育的适龄儿童、少年免除其全部或大部分就学费用。义务教育的免费性与其强制性相伴随。因为如果不能解决由于经济原因而上不起学的问题,强制性教育就无法实施。教育的强制性必然带来教育的免费性,这是各国实施义务教育的一个共同特点。从各国的条件出发,义务教育从免除部分费用到免除全部费用,这是一个逐步发展的过程。如《中华人民共和国义务教育法》第二条第三款规定"实施义务教育,不收学费、杂费"。但受中国当前经济发展水平所限,在全国范围内免除所有义务教育阶段学生的学杂费确有困难,因而《中华人民共和国义务教育法》的第六十一条作了一个补充性规定,即"对接受义务教育的适龄儿童、少年不收杂费的实施步骤,由国务院规定"。到2007年,全国农村义务教育阶段家庭经济困难学生都已享受到免杂费、免书本费和寄宿生的生活补助费的政策。

公共性　义务教育是一项社会公益性事业,属于国民教育的范畴。它不可能通过自发的、私人的力量来实现,而必须借助于国家的力量才能真正得到实施。义务教育的公共性具体表现在四个方面:一是教育与宗教相分离。使义务教育具有严格意义上的中立性,保证教育为所有人服务,而不被宗教教派或其他因素利用。二是明确的国家责任。国家有责任向所有人提供接受义务教育的相应条件。即政府应该办学校,应该培养师资,应当通过立法规定必要的办学标准并创造必要的条件,使所有适龄儿童都可以进入学校接受法律规定的教育。三是实施义务教育的学校和教师具有公共和公务性质,其工作对国家和社会负责,对全体国民负责。四是国家对实施义务教育进行有效的管理与监督。

普及性　全体适龄儿童、少年,除依照法律规定办理缓学或免学手续的以外,都应入学接受并完成规定年限的教育。对于适龄儿童来说,这既是一项权利,也是一项义务。如《中华人民共和国义务教育法》第四条规定:"凡具有中华人民共和国国籍的适龄儿童、少年,不分性别、民族、种族、家庭财产状况、宗教信仰等,依法享有平等接受义务教育的权利,并履行接受义务教育的义务。"第六条:"国务院和县级以上地方人民政府应当合理配置教育资源,促进义务教育均衡发展,改善薄弱学校的办学条件,并采取措施,保障农村地区、民族地区实施义务教育,保障家庭经济困难的和残疾的适龄儿童、少年接受义务教育。"中国已基本实现普及九年义务教育的目标。

基础性　义务教育是基础教育的一部分,其目的是提高民族素质。如《中华人民共和国义务教育法》第三条规定:"义务教育必须贯彻国家的教育方针,实施素质教育,提高教育质量,使适龄儿童、少年在品德、智力、体质等方面全面发展,为培养有理想、有道德、有文化、有纪律的社会主义建设者和接班人奠定基础。"义务教育的基础性还表现为它是一种全民性的教育。

义务教育的实施

政府是实施义务教育的责任主体。为保证义务教育的实施,全面提高义务教育的质量,政府应当积极作为。《中华人民共和国义务教育法》规定,国家将义务教育全面纳入财政保障范围,义务教育经费由国务院和地方各级人民政府依照该法的有关规定予以保障。国务院和地方各级人民政府应当确保义务教育经费"三增长",即"国务院和地方各级人民政府用于实施义务教育财政拨款的增长比例应当高于财政经常性收入的增长比例,保证按照在校学生人数平均的义务教育费用逐步增长,保证教职工工资和学生人均公用经费逐步增长"。在国务院的领导下,地方各级人民政府应合理设置小学、初级中等学校,使适龄儿童、少年在户籍所在地学校免试、就近入学。还要为盲、聋、哑和弱智的儿童、少年举办特殊教育学校。父母或其他法定监护人在非户籍所在地工作或者居住的适龄儿童、少年,在其父母或其他法定监护人工作或者居住地接受义务教育的,当地人民政府应为其提供平等接受义务教育的条件。国家还要采取措施加强教师教育,培养和培训义务教育所需师资。地方各级政府对妨碍和破坏义务教育的行为及不履行义务教育责任的社会组织和个人要进行批评教育和惩处。

学校是具体实施义务教育的主体,必须贯彻国家的教育方针,努力提高教育质量,使儿童、少年在德、智、体等方面全面发展。《中华人民共和国义务教育法》规定,"学校应

当建立、健全安全制度和应急机制,对学生进行安全教育,加强管理,及时消除隐患,预防发生事故","学校不得违反国家规定收取费用,不得以向学生推销或者变相推销商品、服务等方式谋取利益"。

社会各界,包括企业、事业单位、社会团体和公民个人,都要保证和积极促进义务教育的发展。《中华人民共和国义务教育法》规定,"社会组织和个人应当为适龄儿童、少年接受义务教育创造良好的环境";"国家鼓励社会组织和个人向义务教育捐赠,鼓励按照国家有关基金会管理的规定设立义务教育基金"。任何组织或个人都不得招用应当接受义务教育的适龄儿童、少年做工、经商或从事其他雇佣性劳动;不得扰乱教学秩序,不得利用宗教进行妨碍义务教育的活动。

适龄儿童、少年的父母或其他法定监护人应依法保证其按时入学接受并完成义务教育,这是法律赋予的义不容辞的义务。《中华人民共和国义务教育法》规定,"凡年满六周岁的儿童,其父母或者其他法定监护人应当送其入学接受并完成义务教育;条件不具备的地区的儿童,可以推迟到七周岁"。不履行此项义务的将被视为违法,要受到批评教育,并由当地人民政府令其送子女入学。适龄儿童、少年因身体状况需要延缓入学或休学的,其父母或其他法定监护人应提出申请,由当地乡镇人民政府或县级人民政府教育行政部门批准。

参考文献

国家教委师范教育司.教育法导读[M].北京:北京师范大学出版社,2000.

劳凯声.教育法论[M].南京:江苏教育出版社,1999.

（穆　琳　尹　力）

艺术课程（art curriculum）　　学校课程体系的组成部分。旨在通过艺术学习陶冶学生情操,培养欣赏美、表现美、创造美的能力,促进学生个性发展。

外国艺术教育课程发展　古希腊把艺术教育作为公民教育不可缺少的部分,基本学习科目是音乐和体育。古希腊哲学家柏拉图和亚里士多德关于音乐教育的阐述对欧洲艺术教育产生决定性影响。近现代欧洲各国在资产阶级革命后相继举办普及教育的学校。捷克教育家夸美纽斯在《大教学论》中主张通过图画教育训练儿童的感官和想象力。法国启蒙思想家、教育家卢梭在《爱弥儿》中强调,儿童有其特有的看待事物的方法和感觉,儿童的美术教育不同于青年和成年人。瑞士教育家裴斯泰洛齐把"工艺和艺术方面"的教育提到与"道德方面"和"智育方面"的教育同等的地位。德国教育家赫尔巴特明确提出把美术作为学校的课业。在这些学者学说的影响下,近代普通学校确立艺术

课程。1833 年英国政府的国家教育政策将音乐列入学校课程。英国学校的音乐课以通过记谱法教学生唱歌为主。1860 年英国小学将图画列为必修科目。1840 年美国波士顿的公立学校开始设置音乐课程。南北战争前后,音乐课程进入美国普通中学。1870 年美国马萨诸塞州议会通过一项免费图画教育法令,要求公立学校将图画加入学习科目,确立图画科目在美国中小学必修课程中的地位。19 世纪下半叶,芬兰、法国、德国、日本等国都开始在中小学设置艺术课程。这一时期,普通中小学校的艺术课程得以确立,艺术课程的主要目的是训练一种手艺,教学内容以传授学生唱歌、画画和手工的技巧为主。

19 世纪末 20 世纪初,随着心理学和人类行为学的发展,人们开始探讨儿童画对人的情感和精神发展的作用,艺术被视为儿童的自我表现和创造性表达,艺术课程被视为对学生进行情感教育和个性培养的途径。奥地利艺术教育家齐泽克致力于儿童美术教育,主张儿童绘画是美的创造的最原始、最纯粹的源泉,鼓励儿童观察自然,自由运用材料,并以自己的方法大胆尝试作画。20 世纪,西方许多学者积极探索艺术教育理论,其中影响西方普通学校音乐课程的理论主要有以下几种。(1) 瑞士作曲家、音乐教育家雅克-达尔克罗斯的体态律动学。主张通过自然的身体活动发展学生的音乐感。要求学生把身体各器官作为乐器,再现听到的音乐;教师以即兴弹奏为主,采用不同的游戏形式调动学生学习音乐的兴趣,发挥儿童各方面的“即兴”能力,达到理想的教学效果。(2) 匈牙利作曲家、音乐教育家柯达伊的音乐教育体系。主张以唱歌为基础,进行多声部的合唱训练;严格选择教材,儿童音乐教材必须是真正的民间音乐、儿歌、游戏和名作曲家的作品;重视视唱、练耳训练;教材顺序应根据儿童成长各个时期的接受能力和儿童音乐才能的发展规律编排。(3) 德国作曲家、儿童音乐教育家奥尔夫的教学法。奥尔夫教学法的特点是注重对儿童进行全面、综合的音乐教育,不仅教儿童唱歌识谱,还教儿童演奏器乐。结合朗诵、舞蹈和表演来教儿童演唱和演奏,包括采用击掌、拍腿、跺脚等动作来加强节奏训练。在教学内容和要求上,有独唱、独奏、合唱、合奏等。不仅让儿童按谱演奏,还让儿童即兴演奏、即兴编曲和作曲。(4) 日本小提琴演奏家、教育家铃木镇一的教学法。以缓慢的速度和关心的态度为教学基础,教会儿童演奏小提琴。(5) 美国综合音乐感教学法。1965—1968 年美国编制《曼海顿维尔音乐教学大纲》,开设综合音乐感课程,包括七方面的素质培养:音乐、节奏、旋律、和声、曲式、调性和结构。其基本特点:改变以传授知识、技能训练为主的传统教学法,通过自觉乐感的培养,发展人的创造性思维;结合音乐史与音乐理论知识进行素质训练;教学以学生为中心,教师只是引导者,发掘学生潜在的创造力;课堂结构由自由探索、引导探索、即兴创作、有计划的即兴创作、巩固概念五个环节组成;教学内容安排围绕音高、节奏、曲式、力度、音色五个音乐基本素质,通过 16 个周期的反复循环教学,螺旋式上升,逐步培养和提高学生的音乐素质。

20 世纪中叶影响西方美术课程的理论主要有两种。一是 40 年代兴起的儿童中心美术教育理论,其思想基础是法国哲学家卢梭的自然主义教育观和美国教育家杜威的进步主义教育思想。其代表人物是英国美术教育家 H. 里德和美国美术教育家罗恩菲德。主要观点:美术教育旨在启发个人潜能;美术表现是由内而外的过程,是自然成长的表征;美术教育必须顺应个体与生俱来的创造性。基于此种理念,美术教育的目标在于开发儿童的创造力并促进儿童人格的健全发展;教育内容以美术创新为范畴,无系统性课程和预先决定的教材,反对以成人艺术品为学习内容,以免阻碍儿童的自我表现和创造性的发展;教学方法着重启发、鼓励和支持儿童的自我表现,依照艺术心理的发展阶段加以引导,学习评价着重创作过程。二是 20 世纪 80 年代后“以学科为基础的美术教育”(discipline-based art education,简称 DBAE)理论,其思想渊源是美国教育心理家布卢姆的以了解科目基本结构为主旨的思想,主张以严谨的美术课程实现美术的自身价值。其代表人物是美国的艾斯纳、W. D. 格里尔等人。该理论认为,美术教育的价值在于其对个体经验的独特贡献,美术能力是学习的结果,而非自然成长的结果,未经指导的自我表现不是创造。美术是普通教育中的一门独立学科,其课程内容应包括美学、美术批评、美术史和美术创作;教学上着重教师的指导和学生艺术概念的获得,兼顾学习过程和结果,并以行为目标和表现目标为依据评价学习成就;课程组织顾及儿童的发展程度,以教材难易程度为依据,不以创造性和人格的统整发展为目的。

20 世纪中叶后影响世界艺术课程的理论主要有后现代主义理论、多元文化理论和多元智能理论。20 世纪 50 年代起出现在欧美各国的后现代主义艺术影响西方普通学校艺术课程,普通中小学艺术课程的学习内容为学生提供了更广阔的艺术领域。1994 年美国制定的艺术教育国家标准提出,视觉艺术包括:传统纯艺术的素描、绘画、版画、雕塑;传播与设计艺术,如电影、电视、平面设计、产品设计;建筑与环境艺术,如都市设计、室内与景物设计、民间艺术;美术作品,如陶瓷、纤维、珠宝、木制作品、纸制作品及其他材料的作品等。2000 年新西兰公布的国家艺术课程标准提出,视觉艺术学习包括:雕塑、绘画、版画制作、摄影、设计、媒体与电影研究、电脑绘画、艺术史等。21 世纪,西方艺术教育界兴起由澳大利亚学者邓肯姆提出的“视觉文化艺术教育”(visual culture art education,简称 VCAE),力图使学生的视觉文化适当融入艺术课程,以求艺术课程的时代性。20 世纪 90 年代后,受多元文化理论影响,普通学校的艺术课程开始参与多元文化教育,许多国家在制定艺术课程标准时将艺术学习作为一种文化的学习,强调艺术教育的目的不在于培养艺术家,而是让未来的世世代代有能力解读和了解人类的成就,要求不同年龄段的学生都要在历史和文化情境中对作品进行讨论和解释,研究艺术对社会和个人生活的独特贡献。1983 年美国哈佛大学教授加德纳提出多元智能理论,在其影响下,许多国家认识到艺术课程对人的全面发展的作用。英国修订后的国家美术与设计课程认为,美术与设计课程可促进学生在精神、道德、交际和文化方面的发展以及学生各种基本技能的发展。2000 年新西兰的国家艺术课程标准认为,艺术课程能培养学生的交流能力、合作能力、解决问题的能力、自我管理和竞争的能力、身体的能力、信息的能力、数的能力、工作和学习的能力。法国国民教育部制定的高中艺术教育大纲规定,艺术教育课程致力于两个目的:一是帮助学生获得知识和技能,构建个性,培养批判精神,成为负责而开明的公民,以融入民主社会;二是学生通过艺术实践活动以及大量的作品阅读和欣赏,调动自己的身体感觉和知觉,培养各种思维方式,援引其他价值观念。

各国普通学校艺术课程主要有三类。一是艺术学科群课程类型。即制定融各艺术门类为一体的艺术教育目标,在开展教学活动时,每一个艺术门类仍相对独立。美国、新西兰、澳大利亚等国的艺术课程标准在总目标下,分音乐、舞蹈、美术、戏剧等门类。20 世纪 90 年代后为许多国家中小学所采用。二是分科课程类型。即以美术或音乐学科的概念或体系为中心设置课程,如日本、英国、法国等。三是综合艺术课程类型。即以设置艺术学习领域的方式,综合数门艺术学科的内容进行教学。为少数国家和地区采用,如中国台湾地区推行的九年一贯课程中的"艺术与人文学习领域"。在现代课程综合化的影响下,许多国家提出艺术教育与其他学科进行联系与融合;随着现代科技的迅猛发展,现代媒体普遍被用于艺术课程中;20 世纪 70 年代后,建构主义教学模式影响艺术课程,艺术教育注重引导学生去体验、尝试并积极探索,发挥学生的主体性。

中国艺术教育课程发展 中国古代统治者重视艺术的教育功能,视艺术为辅政的工具。古代文人、士大夫则通过艺术培养人的品行,提高修养。夏代,礼、乐是学校教育中的重要内容。春秋时期,礼、乐为"六艺"之首,是整个教育的基础。孔子提出,"兴于诗,立于礼,成于乐",认为一个人的思想和品德修养从学"诗"开始,只有懂得"礼"才能立足于社会,最后的完成要经过"乐"的习练和陶冶。中国美术教育历史悠久,北宋崇宁三年(1104 年)设置"画学",是中国历史上第一个宫廷美术学校。

19 世纪末随着欧洲教会在中国开办学校,欧洲模式的音乐课开始在学校出现,时称"乐歌"课,其主要目的是陶冶学生情操,改造国民品质。1904 年清政府颁布《奏定学堂章程》,首次肯定图画和手工在普通中小学校教育中的地位,主要培养实用技术人才,教会学生"实用之技能"。1912 年中华民国成立,蔡元培任南京临时政府教育总长,提出军国民教育、实利主义教育、公民道德教育、世界观教育和美育"五育"并举的教育方针,图画、手工、唱歌被列为小学和中学的必修艺术课程。五四运动后至新中国成立前,在新文化运动影响下,国民政府借鉴当时西方发达国家艺术教育的经验,将西方艺术教育理念引入普通中小学校艺术课程。音乐课程名称由"唱歌"改为"音乐",学习内容除歌唱外,增加乐理、乐器、游戏、舞蹈、欣赏等。教学目标更注重通过音乐课程培养学生对音乐的兴趣,掌握一些音乐知识和技能,提高艺术修养。美术课程名称经历若干变更。小学图画课1923 年称形象艺术课,1929 年称美术课。1948 年小学、初中和高中的图画课均称美术课。美术课程教学不仅视美术为技能,且视之为对学生艺术修养和情操的培养,课程内容主要有欣赏、制作和研究三个领域。

新中国成立后,1950 年教育部颁发《小学音乐课程暂行标准(草案)》《小学图画课程暂行标准(草案)》以及《中学暂行教学计划(草案)》,规定中小学校开设音乐、图画课程。1956 年教育部颁布小学唱歌、初中音乐以及小学和初中图画教学大纲(草案),提出"小学唱歌课是全面发展教育中的完成美育的手段之一",初级中学音乐课程"是美育和全面发展教育的一个有机的组成部分",规定音乐课程内容主要有唱歌技巧、音乐知识以及欣赏。美术课程为图画课,课程内容以写生画、图案画、命题画为主。"文革"期间,普通中小学校艺术课程地位一落千丈。1978 年中共十一届三中全会后,中小学艺术课程重新步入发展轨道。1979 年教育部制定并颁发《全日制十年制学校中小学音乐教学大纲(试行草案)》和《全日制十年制学校中小学美术教学大纲(试行草案)》。前者明确中小学音乐课程是进行美育的重要手段之一,是培养学生德、智、体全面发展不可缺少的组成部分,课程内容有唱歌、音乐知识和技能训练、欣赏三部分;后者明确美术课程的目的是培养学生对自然美、社会生活美和艺术美的感受、爱好和审美能力,使学生初步掌握美术的基础知识和基本技能;改图画课为美术课,学习内容包括绘画、工艺、欣赏三类。1981 年第一套音乐、美术全国统编教材出版,1986 年实行"一纲多本"方针。

1992 年国家教育委员会颁布《九年义务教育全日制小学音乐教学大纲(试用)》和《九年义务教育全日制初级中学音乐教学大纲(试用)》、《九年义务教育全日制小学美术教学大纲(试用)》和《九年义务教育全日制初级中学美术教学大纲(试用)》。小学音乐课程教学内容包括唱歌、唱游、器乐、欣赏、识谱知识和视唱听音等。教学目的是启迪智慧、陶冶情操,培养审美情趣,使学生身心得到健康发展;培养对音乐的兴趣爱好,掌握浅显的音乐基础知识和简单的音乐技能;了解中国各民族优秀的民族民间音乐,并初步接触外国的音乐作品。初中音乐课程教学内容包括唱歌、器乐、欣赏、基本乐理和视唱练耳,教学目的基本同小学。小学美术课程教学内容包括欣赏、绘画、工艺等,教学目的是向学生传授浅显的美术基础知识和简单的造型技能;培养学生健康的审美情趣、爱国主义情感和良好的品德、意志;培养学生的观察能力、形象记忆能力、想象能力和创造能力。初中美术课程教学内容包括欣赏、绘画、工艺等,教学目的是向学生传授美术基础知识和基本技能;提高学生的审美能力,增强爱国主义精神,陶冶高尚的情操,培养良好的品德、意志;提高学生的观察能力、想象能力、形象思维能力和创造能力。1994 年 7 月,国家教育委员会发出通知,要求从1994 年秋季起在普通高中一、二年级开设艺术欣赏课,内容有音乐欣赏和美术欣赏。1997 年,国家教育委员会颁布《全日制普通高级中学艺术欣赏课教学大纲(初审稿)》,艺术课程开始正式进入普通高中课程体系。其中音乐欣赏包括欣赏民歌、艺术歌曲、说唱音乐、戏曲音乐、歌剧、舞剧音乐、器乐曲、室内乐、交响音乐等音乐作品,目的是使学生了解音乐的节奏、旋律、和声、音色、调式、织体、曲式等及其表现作用,了解中外不同历史时期音乐的风格流派、艺术成就及其发展变化,了解音乐的功能及音乐与人、音乐与社会的关系。美术欣赏内容有美术欣赏基础知识、中外美术作品欣赏。2000 年教育部对普通学校中小学音乐、美术教学大纲进行修订,增加音乐、美术教学的考核与评估(评价)部分,降低大纲的要求和难度,努力适应学生的学习兴趣与实际。2003 年教育部颁布普通高中各学科课程标准,构建分科课程与综合课程的课程结构,艺术学科设置音乐、美术的分科课程,以及融音乐、舞蹈、戏剧、美术以及影视、书法、篆刻为一体的综合艺术课程。

参考文献

戴定澄. 音乐教育展望[M]. 上海:华东师范大学出版社,2001.

黄壬来. 艺术与人文教育[M]. 台北:桂冠图书股份有限公司,2003.

徐建融,钱初熹,胡知凡. 美术教育展望[M]. 上海:华东师范大学出版社,2002.

Dobbs, S. M. The DBAE handbook: An Overview of Discipline-based Art Education [M]. Los Angeles, CA: Getty Center for Education in the Arts, 1992.

Walling, D. R. Rethinking Visual Arts Education: A Convergence of Influences[J]. Phi Delta Kappan, 2001.

(胡可凡)

意大利教育制度(educational system of Italy)

意大利共和国位于欧洲南部。面积约 30.1 万平方千米。2011年人口 6 074 万,主要是意大利人。大部分居民信奉天主教。讲意大利语,个别边境地区居民讲法语和德语。2010年国内生产总值为 1.55 万亿欧元,人均国内生产总值为25 825 欧元。

意大利教育的历史发展　意大利是文明古国。罗马共和国时期(前509—前 28),受希腊文化影响,公元前 3 世纪就已出现分为三级的完全希腊式学校:第一级是读写学校,由游戏教师教授儿童,又称游戏学校;第二级是文法学校,由文法教师教授所有的文科课程;最高一级是由修辞学家教授的修辞学校,目标是培养职业的雄辩家和法官。罗马帝国时期(前 27—后 476),教育的价值得到统治者的承认,出现宫廷学校,政府开始向学校教师支付薪水,教学人员的录用、教学内容的确定等也成为统治者的管辖范围。公元 1世纪修辞学家昆体良的《雄辩术原理》奠定意大利之后学校教学法的基础(参见"演说家的教育")。中世纪是意大利教育发展的又一个关键时期。博洛尼亚大学等大学的成立奠定现代大学制度的基础,是这一时期教育发展的突出成就。意大利各社会阶层之间的教育机会一直以来都不均等,统治阶级能受到良好的教育,普通群众的教育问题却得不到应有的重视。直到 19 世纪,意大利的文盲率还很高,南部地区尤其是西西里地区的文盲尤其多。

19 世纪中叶以后,意大利逐步建立公共教育体系。1859 年撒丁王国颁布《卡萨蒂法》(Casati Law),规定实行 4年免费义务教育,实行中央集权的教育管理体制。1904 年,意大利王国颁布的《奥兰多法》延长了义务教育年限,规定所有 12 岁以下儿童都必须入学。政府认识到要满足工业社会发展的需要就必须大力发展职业技术教育,开始实施职业培训。法西斯统治时期(1922—1943),1923 年,根据皇家法令,建立了私立幼儿园。同一年,六、七、八年级从小学中分离出来,归属于初级中等学校,该类学校包括普通中学和技术学校,义务教育年限也延长了 2 年。意大利的教育体系、课程和教育政策都处在教育部和省督导官的严格控制之下,市政当局的权力十分有限。1946 年,意大利成立共和国,教育制度也随之发生深刻变革。

意大利教育管理体制　意大利教育实行中央集权的管理体制。1989 年前,公共教育部负责全国各级各类教育的管理工作。1989 年 5 月,大学科研部成立,负责高等教育的管理工作。但非大学第三级教育机构如美术学院、高级工艺学院、国家戏剧学院、国家舞蹈学院、音乐学院等归公共教育部管理。公共教育部的权力很广,不仅负责管理除高等教育以外的各级各类教育经费和学校设备,还对教学大纲、课程设置、教师培训以及国际交流与合作活动等进行管理和控制。在中央集权制度下,意大利建立垂直的基础教育管理体制。大区和省设教育厅,作为公共教育部在地方的代表机构,省以下分为若干学区,学区以下又分为若干辅导区,负责管理辖区内的公私立学校。学校层面由主任教师(head teacher)负主要责任,在招生、联系家长、聘任教师、决定教学时间和课程设置等方面享有较大的自主权。大学科研部负责大学和大学水平高等教育和科研的发展,主要职责包括制定大学发展规划,向大学提供教育和科研经费,评估大学教学和科研质量,促进意大利大学与欧盟和世界其他国家大学之间的交流与合作等。在大学内部,校长作为法人代表负责学校日常管理工作,讲座教授控制着大学的实际管理权。

意大利现行学校教育制度 意大利的学校教育体系共分五级。第一级是保育学校,招收 3~5 岁幼儿;第二级是面向 6~11 岁儿童的初等教育;第三级是由初中和中间学校组成的初级中学教育,面向 11~14 岁儿童;第四级是高等中学教育;第五级由大学和非大学的第三级机构组成。1999 年以前,意大利实施的是包括小学和初中阶段的 8 年义务教育,1999 年义务教育年限延长为 10 年。在意大利,政府允许义务教育阶段的孩子在家上学,由家长自任孩子的老师或聘请家庭教师,但这些家长必须每年向省教育主任提交报告,说明他们遵守了既定课程设置,而且这些儿童必须通过国家考试。只有极少数家长为孩子选择这种义务教育方式。

意大利的幼儿教育虽然不是义务教育,但普及率很高,2009 年 3~6 岁幼儿学前教育毛入学率为 104%,净入学率为 96%。保育学校主要采用活动教学,按学生发展程度而不是年龄分班。2000 年 9 月以来,保育学校只要遵守国家教育目标,就可以在课程制定、组织、教学等方面享有自治权。意大利的幼儿教育质量较高,蒙台梭利的教学思想仍很有影响,以建构主义为理论基础,提倡以学习者为中心的瑞吉欧·艾米利亚学校(Reggio Emilia schools)成为许多国家模仿的对象(参见"外国幼儿教育")。

意大利的初等教育学制 5 年,分两个阶段。第一阶段 2 年,采用综合课程,而不是分科教学;第二阶段 3 年,围绕三个模块即语言表达、科学—逻辑—数学和历史—地理—社会进行分科教学。小学的科目主要有意大利语、外语、数学、科学、历史、地理、社会、美术、音乐、体育等,天主教教义为选修课。小学的班级规模平均为 25 人,如果班内有 1 名残疾儿童,则该班规模不得超过 20 人,学校还要为该残疾儿童配备 1 名辅导老师。一个地区只要有 10 个以上的适龄儿童,就可以建立 1 所小学,学生就近入学。一个学年大约为200 天,第一年每周为 27 个课时,第二年增加到 30 课时。注重运用过程评价,教师每年大约向家长出示 3 次学生发展报告。五年级结束时,学生必须通过书面和口头考试,才能升入初中或中间学校。

初等中学教育学制 3 年。初中或中间学校仍然进行分科教学,所设科目包括意大利语、数学、外语、公民、地理、历

史、科学、技术教育、音乐、美术、天主教教义(选修)等,没有指定教材,教师具有自主选择教材的权利。1997 年,第 517号法令废除了传统的十分制,改由任课教师针对每个学生的学习进步情况和发展水平填写个人报告卡,提交给所有教师参加的班级委员会讨论,形成一致意见后,以书面形式报告家长。三年级结束时,学生要通过意大利语、数学和外语书面考试以及一个多学科的综合口语考试,获得毕业证书后才可以升入高中学习,不及格者需留级复读。

高中阶段教育实行分轨制,学制 3~5 年不等,包括为学生升大学做准备的五年制古典中学和科学高中、四年制艺术高中、五年制技术高中、五年或五年以上学制的职业高中等。不同类型的高中有不同的培养目标,课程设置也大不相同。大多数学生选择古典高中和科学高中,为升入大学做准备。这类高中的学制分前两年和后三年两个阶段,课程主要有意大利语言和文学、拉丁语言和文学、希腊语言和文学、自然科学、历史、地理、哲学、体育、艺术(艺术史)、体育等。科学高中自然科学方面的科目比普通古典高中多一些,两者都可以选修天主教教义。古典高中学生评价采用十分制,学生得 6 分以上才可以升级。毕业时需要通过两门书面考试和一次口语考试,考试及格就可以获得高中毕业证书。艺术高中主要培养学生在视觉艺术方面的能力,设建筑、装饰、绘画、舞台、雕刻等专业。前 2 年为基础理论课学习,后 2 年为专业课学习。学生毕业后如再顺利通过 1 年的文化课补习,也可获取上大学资格。技术高中和职业高中的课程设置主要以培养农、工、商专业和技术管理人员为目的。前 2 年为基础文化课,后 3 年为专业课。毕业生可直接进入劳动市场就业,也可选择进入大学深造。小学和保育学校、师资培训学校、艺术高中、技术和职业学校等更注重培养学生的职业技能和实用技术。

持有高中毕业证书的学生可以直接向大学提出入学申请。也有一些大学要进行入学考试,录取成绩中高中毕业考试成绩占 30%、入学考试成绩占 70%。高等教育学制:大专 3 年,学士学位 4~6 年,专业进修至少 2 年,博士学位3~4 年。意大利的学位体系中原本没有硕士学位,但为了便于国际交流,部分大学近年来开始引入学制 1 年的硕士学位。博士学位制度也是 1980 年以后才建立的。博士生名额受到严格限制,申请者必须经过竞争性很强的考试,方能取得入学资格。大学由校长作为法人负责学校的日常行政事务,校长由学校教授委员会选举产生。大学内设学术委员会和行政管理委员会,前者负责决定学校的教学和科研方针,后者负责学校的行政管理、财务经费等事务。大学经费来源主要是国家拨款。

意大利是现代高等教育的发源地,有很多历史悠久的大学。博洛尼亚大学是世界上第一所现代意义上的大学,罗马大学、佛罗伦萨大学等也有数百年历史。非大学第三

级教育机构有美术学院、国家舞蹈学院等。艺术高中的毕业生可免试直接进入美术学院学习，学制 4 年，有绘画、雕塑、装饰和舞台设计等专业。成人和终身教育也是意大利教育体系的重要组成部分。1996 年，政府与劳工组织签订协议，将发展终身教育确定为一项国策。在国家的指导下，根据指定程序，地方政府负有组织和协调开展终身教育的责任。

意大利的教育改革 第二次世界大战结束后，意大利教育取得较大发展，文盲率大大降低，各级各类教育入学率有很大提高。学前教育是意大利教育体系的亮点，毛入学率很高，教育质量在国际上享有良好声誉。意大利教育在有些方面落在其他发达国家之后，比如，2009 年意大利外国留学生的流入率只有 3.4%，25～64 岁成人受过高等教育的比例只有 15%。意大利的教育以政府办学为主。学前教育机构也多半由政府举办，但政府对教育的投入比例相对较低。与 1995 年相比，2008 年的公共教育投入占国民生产总值的比例略有上升，为 4.8%。意大利各个地区教育发展水平不均衡，北方与南方、城市与农村之间经济发展水平的巨大差异导致其教育发展水平和重点都不尽相同。

针对种种问题，意大利进行多次教育改革，比较重要的有教育分权改革和教育国际化改革。自 20 世纪 50 年代开始，特别是 70 年代以来，意大利政府一直在致力于教育分权改革。1972 年，公共教育部的很多管理权转移到市、省和大区政府；1975 年，地区开始对职业教育和培训负主要责任；1999 年，地区教育当局在教育管理和课程决策方面获得更大的权力；2000 年，保育学校获得教学、组织、课程设置等方面的自主权。这些改革使基层教育权力有所扩大。意大利还针对欧洲一体化进程的发展进行一系列改革。在教育目标上，开始强调对意大利人进行欧洲人身份教育；强调移民子女享有平等的教育机会，对他们实施义务教育。意大利还对教育制度进行改革，以适应教育全球化的需要，与其他欧盟国家更加兼容。在教育内容上，重视外语教学，小学开设现代语言课程，中学课程中也包括外语教学。各级教育都开始重视多元文化教育及国际教育交流与合作，增加教育投资，以参与欧洲教育合作，还参与苏格拉底计划、伊拉斯谟计划、达·芬奇计划等国际学生交流计划。

意大利在其他方面也采取一些改革措施，如延长义务教育年限、改革高中毕业考试、在大学中引入学分制、加强教育科研信息网络建设等，对教育发展产生很大影响。

尽管改革不断，意大利教育管理权仍然高度集中，教育管理体制仍显僵化和效率低下，文盲问题没有彻底解决，教育发展水平的地区差异依然存在，各种类型的高中课程之间分化严重，小学和中学的课程设置缺乏有效衔接，外语教学仍然不能满足学生参加国际交流的需要。此外，在国际学生流动中，意大利输出的学生数多于输入的学生数。这些新老问题对意大利教育事业在 21 世纪的健康发展提出了挑战。

参考文献

中华人民共和国教育部国际合作与交流司. 世界 62 个国家教育概况[M]. 北京：首都师范大学出版社，2001.

Marlow-Ferguson, R. & Lopez, C. World Education Encyclopedia: A Survey of Educational Systems Worldwide[M]. 2nd ed. Detroit, MI: Gale Group, 2002.

OECD. Education Policy Analysis[R]. Paris: OECD, 2001.

OECD. Education at a Glance: OECD Indicators [R]. Paris: OECD, 2002.

UNESCO. World Education Report [R]. Paris: UNESCO Publishing, 2000.

（王绽蕊）

因素分析（factor analysis） 一译"因子分析"。一种统计分析方法。从为数众多的可观测"变量"中概括并推论出少数不可观测的"潜变量"（亦称"因素"），用最少因素概括并解释大量观测事实，建立起最简洁的、基本的概念系统，以揭示事物之间的本质联系。穆莱克 1972 年将其分为探索性因素分析（exploratory factor analysis，简称 EFA）和验证性因素分析（confirmatory factor analysis，简称 CFA）。在测验的编制因素的提取以及测验结构效度的检验上都要应用到因素分析的方法；在应用测验工具时，对工具特性的核准也要用到验证性因素分析的方法。

作为一种常用的统计技术，因素分析具有以下意义：（1）从庞大的数据群中发现规律。从众多可观测变量中寻求所测量的共同的潜变量（即因素），从而确定所测量的心理特质的维度或因素，发现心理特质的结构，使人们对诸如能力、人格、智力等结构特质的规律进行认识。（2）发展理论。在编制测验时，在对所测量的行为特质不清楚的情况下，一般要先确定行为特殊的相关研究，探索性因素分析可以帮助人们回答该行为特质包含哪些因素等问题。验证性因素分析可以回答该测验是否测量到要测量的因素等问题，即对测验编制者所做的理论构想是否得到体现等问题的验证性分析。（3）比较不同方法所测的特质。验证性因素分析除验证理论建构处，还可以使用多种方法测定某一（或某些）特质，以确定这些特质是否相同。这在验证性因素分析中称作"多特质多方法分析"（multitrait-multimethod analysis，简称 MTMM）。（4）测验工具的核准。以心理测验量表为工具研究观察问题是心理学研究中常用的方法。测验量表一般都以常模为标准进行判定，但对于研究应用的特殊团体或特殊情况，依常模标出的资料并不能说明问题。因此，在使用任何测验量表的研究中，都必须予以校准。

探索性因素分析

探索性因素分析假设:所有公共因素都相关(或都无关);所有公共因素都直接影响所有观测变量;特殊因素之间相互独立;所有观测变量只受一个潜变量的影响;公共因素和特殊因素相互独立。

基本原理　心理学研究中常用多元线性模型表示个体的某个反应。关系描述为 $X_{iI} = W_{IA}A_i + W_{IB}B_i + \cdots + W_{IF}F_i + C_i$,$X_{iI}$ 表示个体的反应量,W_I 表示在各个不同情境下(A,B,$\cdots$,F)反应的加权系数。如一个语文成绩,它可能受学习能力、记忆力、语言理解、语文能力等多个因素的影响。因素分析就是想从很多变量情境中找出公共的潜变量因素,用以描述被试的反应。

因素间的关系　按照因素模型中因素之间的关系可以将模型分为相关模型和不相关模型。若各公共因素之间彼此独立(又称正交),称为不相关模型;若各因素之间相交(又称斜交),称为相关模型。但从因素抽取的原理考虑,因素之间的高相关是不理想的,这说明公共因素的抽取上存在很大的重叠性,即对观测变量的分析没有达到充分简化的目的,遇到这种情况,需要进一步作高阶因素分析。

因素模式　若将一组 n 个观测变量的各个变量用公共因素模型表示,则可有下列展开式: $Z_1 = a_{11}F_1 + a_{12}F_2 + \cdots + a_{1m}F_m + d_1u_1$,$Z_2 = a_{21}F_1 + a_{22}F_2 + \cdots + a_{2m}F_m + d_2u_2$,$\cdots$ 则因素模式为下列方程组,简称模式为 $Z_j = a_{j1}F_1 + a_{j2}F_2 + \cdots + a_{jm}F_m + d_ju_j$。将方程组中的公共因素系数列一矩阵表示:

$$\begin{bmatrix} a_{11} & a_{12} & \cdots & a_{1m} \\ a_{21} & a_{22} & \cdots & a_{2m} \\ \vdots & \vdots & \vdots & \vdots \\ a_{n1} & a_{n2} & \cdots & a_{nm} \end{bmatrix}$$

因素分析中将这些公共因素的系数称作**因素负荷**(factor loading),如 a_{ij} 可称作公共因素 F_j 在变量 Z_i 上的因素负荷,也可称作变量 Z_i 在公共因素 F_j 上的因素负荷。上面的矩阵被称为因素负荷矩阵。因素分析的首要任务就是求取 n 个观测变量的因素负荷矩阵。

公共因素方差　指由公共因素决定的方差在观测变量总方差中所占比例。一般用 h^2 表示。公共因素方差在测量或特质行为的研究上的意义:(1)公共因素方差在心理与教育测量中能反映该测验测量了所要测量行为属性的程度,即公共因素方差越大,该因素所能反映的行为属性程度就越强;某一因素的方差贡献率越大,说明该因素在其所测量特质中所起的作用就越大。(2)若在构成一个测验的诸多项目中,某些项目的构成因素的公共方差大,就说明这些项目测定被试的个别差异的功能强,也说明该组项目的区分度好,鉴别力高;公共因素方差越小,该项目的鉴别力越低。因此,项目的公共因素方差可用作评价项目区分度的一种指标。

特征值　即每个因素在所有变量上的因素负荷的平方之和,它反映某一公共因素对各观测变量的影响程度,也说明该公共因素的重要性。特征值大,说明该公共因素相对重要。

贡献率　各因素的特征值(v)在总的公共因素方差之和(或总的特征值之和)中所占的比例。它反映该因素对所有观测变量变异贡献率的大小,贡献率大说明该因素的影响大、重要性大或者说其权重大。

因素抽取与旋转变换　根据实际测量,可得到一组观测值 X_I,并同时可以将这一组数据转换成标准分数 Z_j。根据因素模型 $Z_j = \sum F_i \times A_{ij}$,因素分析的主要任务是从观测数据矩阵中解出因素分数矩阵 F 和负荷矩阵。这一过程的核心部分是从各变量的相关矩阵 R 中解出负荷矩阵 A,根据公式 $R = PA'$(P 表示因素负荷),可解出无限多个 A'。因此,这一过程包括两个步骤:第一步是从无限多个 A 中解出一个,确定因素数目;第二步是经过转轴变换,找到一个理想的 A,从而对因素的含义作出解释。第一步称为因素抽取,此时得到的因素负荷矩阵称为初始因素负荷矩阵。第二步称为因素旋转,这时得到的因素负荷就被称为旋转因素负荷矩阵。因素旋转的目的是通过改变坐标轴的位置,重新分配各个因素所解释方差的比例,使因素结构简单并易于解释。因素旋转不改变模型对数据的拟合程度,不改变每个变量的公因子方差。因素旋转的方式有两种:正交旋转和斜交旋转。正交旋转是使因素轴之间仍然保持 90° 角,即因素之间是不相关的;斜交旋转中,因素之间的夹角可以是任意的,即因素之间可以相关。

因素得分及应用　将得到的因素作为自变量作回归分析,对样本进行分类和评价,即要对因素进行测度,给出因素对应每个样本个案上的值,这些值称为因素得分。

因素分析模型中是用因素的线性组合来表示一个观测变量,因素负荷实际是该线性组合的权数。求因素得分的过程正好相反,它是通过观测变量的线性组合来表示因素,因素得分是观测变量的加权平均。因为各个变量在因素上的负荷不同,所以不能把变量简单相加,权数的大小表示变量对因素的重要程度。对于主成分分析法得到的因素解,可以直接得到因素值系数;对于其他方法得到的因素解,只能得到因素值系数的估计值,通过回归法得到因素得分系数的估计值。

验证性因素分析

验证性因素分析是在探索性因素分析基础上发展起来

的。在探索性因素分析中，由于因素的数量以及因素之间的关系都是未知的，所以所有的因素负荷、因素相关、唯一性方差都是待估的。在验证性因素分析中，可以根据已有的知识与研究，假设因素的数量与因素之间的关系，从而减少待估量，并可以对假设的模型进行验证。探索性因素分析带有不确定性，验证性因素分析更符合科学研究的假设—验证—修正—验证的过程。验证性因素分析克服了探索性因素分析约束太强的缺陷。在验证性因素分析中，由于理论上的假设，公共因素之间可以相关也可以无关，观测变量可以只受某一个或几个公共因素的影响而不必受所有公共因素的影响。特殊因素之间可以有相关。公共因素与特殊因素之间相互独立。验证性因素分析实际上是结构方程模型的特殊情况，即结构方程模型中的测量模型部分。因为验证性因素分析是对已有的理论模型与数据拟合程度的一种验证，所以在进行验证性因素分析时必须指明公共因素的个数、观测变量的个数、观测变量与公共因素之间的关系、观测变量与特殊因素之间的关系以及特殊因素之间的关系。

验证性因素分析的数学模型　验证性因素分析模型是在对研究问题有所了解的基础上进行的，这种了解可以建立在理论、实验研究或是两者相结合的基础上。模型假设为：在总体中，模型所有的变量（观测变量、潜变量、误差）都设定其平均值为零；公共因素与误差项之间相互独立；各独立因素之间相互独立。模型的数学表达式为 $X = \cdots_x \xi + \delta$，式中，$X$ 为 $n \times 1$ 阶的观测变量向量，ξ 是 $p \times 1$ 阶的外衍观测变量向量，$\cdots_x$ 是 $p \times n$ 阶的潜变量 ξ 的因素载荷矩阵，δ 为 $p \times 1$ 阶的测量误差项。在验证性因素分析中，由于自变量（潜变量）是不可观测的，所以因素方程不能直接估计，为此必须导出它的观测变量的协方差阵之间的关系，即协方差方程 $\Sigma = (\cdots_x \Phi \cdots'_x + \Theta_\delta)$。其中 Σ 是观测变量之间的方差和协方差的总体矩阵；$\cdots_x$ 是观测变量 X 的因素载荷矩阵；Θ_δ 则是测量模型中误差项之间的协方差矩阵。该方程把观测变量 X 的方差和协方差分解成载荷矩阵 $\cdots_x$、ξ 的方差和协方差以及 δ 的方差与协方差。模型的估计就是求解上面协方差方程中各个参数的估计值，以便使模型更好地重新产生观测变量的方差和协方差矩阵。

模型定义　可根据理论假设，定义观测变量与潜在变量之间的关系、潜在变量之间的关系以及特殊因素之间的关系。应该特别注意，验证性因素分析模型的设定必须先考虑模型理论上的合理性，一个理论上没有意义的模型再好的拟合也是没有用的。

模型识别　在进行参数估计前，首先必须对所定义模型进行识别，没有识别就估计参数会导致对参数无意义的估计和解释。验证性因素分析模型分为不可识别、恰好识别和超识别三种，决定一个模型是否可识别的条件大致有

几种。(1) 必要条件。模型中待估参数的个数要小于或等于 $q(q+1)/2$，其中 q 为观测变量的个数。(2) 充分条件。A：若潜变量之间的协方差矩阵 $\Phi = I$（I 为单位矩阵），且 $\cdots$ 的 k 列中至少有 $k-1$ 列是规定的元素，则模型可识别。B：若 Φ 不是对角矩阵，但对角线上的元素是相同的，且 $\cdots$ 的每一列中至少有 $S-1$（S 为模型中公共因素的个数）个元素被规定，则模型可识别。(3) 充分必要条件。根据观察的总体方差和协方差由模型的结构方程的数学变换来解每一个参数，若每个参数都有解，则模型可识别，否则模型不可识别。模型的识别过程是一个比较复杂的过程，用上面介绍的充分必要条件对模型加以识别尤其费时间。用于进行验证性因素分析的计算机软件中有关于模型是否被识别的信息，使用时可以参考其输出结果决定模型是否被正确识别。

验证性因素分析的参数估计　在验证性因素分析中，总体协方差矩阵与参数之间的关系为 $\Sigma = \cdots_x \Phi \cdots'_x + \Theta_\delta$，同样总体协方差矩阵 Σ 的估计也由协方差方程 $\Sigma = \cdots_x \Phi \cdots'_x + \Theta_\delta$ 估计总体参数来确定。参数估计值必须在满足模型限定的条件下，使由它得出的协方差阵 Σ 尽可能地接近样本协方差矩阵。在验证性因素分析中常用的参数估计方法有未加权最小二乘估计（unweighted least squares estimation, 简称 ULS）、广义最小二乘估计（generalized least squares estimation, 简称 GLS）、极大似然估计（maximum likelihood, 简称 ML）。极大似然估计是验证性因素分析中最常用的参数估计方法。极大似然估计和广义最小二乘估计都要求观测变量的总体服从多元正态分布。在正态分布假设不成立的条件下，通常考虑用其他对分布要求较低的参数估计方法。

验证性因素分析模型的评价　见"结构方程模型"。

模型修正　见"结构方程模型"。

参考文献

郭志刚. 社会统计分析方法——SPSS 软件应用［M］. 北京: 中国人民大学出版社, 1999.

Brown, T. A. Confirmatory Factor Analysis for Applied Research［M］. New York: The Guilford Press, 2006.

Thompson, B. Exploratory and Confirmatory Factor Analysis: Understanding Concepts and Applications［M］. Washington, D. C.: APA Service Center (APA Books), 2004.

（刘红云　骆　方）

音像教材（audio-visual teaching material）　亦称"视听教材"。以录像带、录音带、光盘等视听媒体来记录并传递教学信息的教学材料。它在教学中有广泛用途。同教师的口头语言和书本文字相比，音像教材具有便于保存、复制、重放等优点，可以在教学中重复利用。其种类很多，既包括单一的听觉媒体材料（如录音带、CD）和视觉媒体材料（如投影片），还包括同时具备视听功能的媒体材料（如录

像、VCD、DVD）。多样化的音像教材可以为教学提供多种信息表征方式的媒体材料,合理地对其应用可以有效提高教学的直观性、趣味性和情境性,有利于降低学生认知难度、激发学生情感、促进学生主动思考、提高学生学习兴趣。

音像教材的开发　根据一定的教学目的、教学内容、教学对象和具体媒体的特性,系统组织、设计和制作相应媒体材料的过程。主要由教学设计和媒体编制两部分组成,是对教学和技术的整体设计和综合开发。尽管音像教材开发涉及的媒体种类比较多、不同媒体具有不同的特性和编制要求,但不同种类的媒体材料开发都应体现一个共同的特点——充分利用媒体在视听觉方面的功能有效地传递教学信息,因此其模式都包括计划准备、任务分析、内容设计、媒体编制和评价等重要环节。

音像教材开发前必须进行充分的计划和准备,以确定开发的必要性和可行性。计划阶段的主要任务是确定开发音像教材的选题,即开发什么种类、什么内容的音像教材。音像教材的选题必须面向教学,符合教学的实际需要,能够帮助教师有效解决教学中的实际问题。因此,开发者要深入教学实践,明确教学中存在的实际问题和需要。需对以下问题进行调查:教师在教学中普遍存在什么样的困难?这种困难由什么问题造成?教师能否依靠修改语言和文字或教学活动的方式来解决问题?利用音像教材是否能够帮助解决问题?何种视听媒体来记录和传递信息最为有效?这种媒体材料将以何种方式应用于何种情境?学生是否愿意接受这种媒体材料?如果由教师来使用,是否存在设备或操作上的困难?在明确开发的必要性之后,开发者还应确定开发过程的可行性。在准备阶段,开发者要判断是否已具备以下四方面的条件:是否具有必需的学科专家、教学设计人员和技术人员?是否具有足够的制作设备并且不存在技术上的困难?是否具备足够的经费以支持前期设计和后期开发?是否具有足够的备用素材,或所有可能用到的素材都是可以获取的?对那些在可行性上存在不确定因素的开发任务,应慎重思考是否推迟开发。

已确定开发的任务需进行分析,以确定音像教材的基本格式和框架。从教学的角度看,音像教材在教学中可以发挥多种多样的作用,即将开发的音像教材应根据教学的实际问题和实际需要有侧重地在某一方面承担改善教学的任务。视听媒体和材料可以有效完成六种教学任务。(1)提供信息。学习是从感知开始的,合理地使用视听媒体可以有效地为学生提供感知信息。利用媒体展示教学信息具有直观、具体、形象、活泼等优点,在教学中多用于创设问题情境。对媒体材料的观察可以帮助学生建立知识和经验间的连接,有效降低认知难度,吸引学习者的注意,使学习者能够更全面、细致地感知这些信息。(2)形成概念。学生理解和建立科学的概念对其学习具有重要意义。利用视听

媒体材料可以有效突出事物的本质特征、提供丰富的感性材料、利用有效的变式和正反示例来帮助学生建立概念。(3)发展思维。利用视听媒体可以组织丰富、有效的学习活动,在活动中引导和启发学生利用概念进行判断和推理,有目的地培养学生的概括、联想、记忆等能力,提高学生思维发展水平。(4)增强记忆。视听媒体对很多知识可以起到化难为易、加深理解的作用,同时还可以突出知识间的结构关系,提高知识的系统化,对于学生的识记、保持、回忆或再认等各个环节都有一定帮助作用。(5)激发情感。在视听媒体材料中合理运用色彩、配乐和解说可以有效地表达情感,思想性和艺术性相结合的视听材料可利用曲折生动的情节、矛盾冲突等手法起到激发情感的效果。(6)培养技能。技能只有通过模仿、操作和反复练习才能达到熟练而形成技巧。利用视听媒体可以直观、形象和逼真地讲解仪器设备的结构、工作原理、使用方法以及以特殊效果呈现示范动作的要领、以变化的节奏表现过程的阶段。

在设计音像教材的内容时,应充分考虑课程要求、学习者特点和材料使用方式等三个方面的要求。首先,音像教材的内容应符合课程的标准,同文字教材具有较高的相关性,并在信息含量或表征方式上对文字教材有良好的补充或辅助作用。其次,音像教材的内容应符合学习者的认知特点,如对于低年龄段的学习者,应尽可能使用生活化、情境化和拟人化的内容,在表征方式上多采用图片、照片、动画等形式,通过提高教学的直观性、趣味性来改善学生的学习质量。最后,音像教材的内容应适应实际使用的教学组织方式。如在课堂教学的情境下,媒体材料的内容应灵活、精巧,便于教师安排课堂教学活动;而对于学生的个别化学习,媒体材料的内容应较系统、全面,以满足学生系统掌握文化知识的要求。此外,音像教材在内容的组织上应突出媒体的特点。在确定音像教材的内容时应考虑以下几点:内容必须具有很高的科学性;内容同目标之间具有密切关系;内容与内容之间必须具有一定的内部联系;内容必须能够为师生所接受;内容应该符合学习者的兴趣。

确定教学内容的选择与组织之后可以开始进行技术层面的编制工作。要重点完成以下工作:(1)确定每一部分教学内容的表现方式。对于不同内容,应根据教学的实际需要采取不同的表现方式。如对于抽象概念,应尽可能采用直观性强的表现方式,如图片、动画、活动视频等,还可配以文字、声音;对于抽象水平较低的内容可以采用字幕、图表、语音讲解等形式。(2)设计媒体材料的内容结构和展示流程。同一音像教材里的不同内容其教学性质是不同的,一般来说可分为目标内容、解释性内容、示例性内容、操练性内容、扩展性内容等。不同性质的内容发挥不同教学作用,开发者要根据教学的实际需要系统安排其数量、结构和呈现的先后次序,并以此设计音像教材的展示流程。(3)编

写开发脚本。在实际编制前应编写开发脚本，这样做有两个目的：形成对开发任务的完整描述，帮助开发者清楚了解开发的对象和过程；帮助所有开发人员清楚了解开发的任务和标准，形成统一认识。(4) 实际编制。在完成以上工作之后，技术人员将利用相应的设备和技术进行实际开发。实际开发的过程中仍然需要其他人员的共同参与，以保证音像教材教学性和技术性的统一。

在音像教材开发的全过程中，形成性评价活动应该贯穿各个环节，为开发人员提供决策信息，不断修改与完善开发过程和被编制的音像教材。对完成的音像教材进行集中的、整体的总结性评价同样十分必要。

音像教材的评价标准　为保证音像教材在教学过程中真正发挥作用，必须坚持教学媒体材料的质量标准。在开发音像教材的整个过程中要明确贯彻思想性、科学性、教育性、艺术性和技术性高度统一的指导思想，并以此来评价音像教材是否能够达到社会和教学的要求。

思想性是音像教材在教学内容中遵循的政治原则和指导思想。具体表现为：以马列主义、毛泽东思想和邓小平理论为指导，坚持"三个代表"重要思想和科学发展观，贯彻党和国家的方针、政策；要有利于思想道德品质教育，树立学习者正确的人生观和世界观，培养德、智、体全面发展的人才；能运用辩证唯物主义、历史唯物主义的方法，全面、准确地阐述本学科的基本理论、概念，分析、解决实际问题。

科学性是对音像教材教学内容中的科学精神、科学思想、科学方法和科学知识的整体要求。主要体现在：其内容能正确反映科学精神，正确阐述科学理论、概念和科学技术并注意理论联系实际；其内容能反映本学科国内外科学研究的先进成果和特有的思维方法；保证信息内容的准确性，并注意系统性，概念阐述、观点论证、事实说明、材料组织都要符合科学逻辑；引用的资料、数据、图表、图形要真实准确，结论要科学合理；文字和语言表述清晰精练，名词和术语正确可靠；实验和演示、操作等示范性动作要规范化，体育、舞蹈和音乐等教学示范动作也必须标准化，不得随心所欲，违反操作规程。

教育性是音像教材具有的教育价值和教育功能，是音像教材的生命力所在。主要体现在：其内容在深度、广度上要符合教学大纲的要求，要有明确的教学目标；其设计要符合学习者的认知特点和学习水平，正确运用教育学、心理学理论，提高教学效果；教学内容取材合适，并能借助媒体技术、通过音像教材直观和形象的呈现而得到深化，有效解决教学中的重点、难点；内容编排上条理清楚、层次分明、上下连贯，并有快慢恰当的教学节奏；能满足学习者个别化学习的需要或能对传统的教学方式构成补充，以利于激发学生学习兴趣及各种能力的培养。

艺术性是期望通过音像教材的艺术魅力来增加教学的感染力，使教学内容富有艺术气息，增加趣味性，提高教学效果。体现在：以独特、新颖的构思和别具匠心的艺术处理，为教学内容赋予一定的艺术表现形式，正确表现事物和现象的真、善、美；巧妙运用画面构图基本原理和各种拍摄、制作技巧与布光，注意美工设计、动画和字幕等的工整、醒目和美观，塑造出主体鲜明、造型优美、富有表现力的视觉形象；声音要与内容和谐，抑扬顿挫，悦耳动听，创造吸引人的听觉形象；声、画均有的教学媒体材料，还要关注声音和画面造型的相辅相成，防止视听信息之间的干扰。

技术性是对音像教材编制的技术质量的要求，主要体现在：字幕、图形、图表、图像、动画等视觉形象清晰稳定、无干扰、色彩纯正真实、还原好；声音清楚，无明显噪声、杂音、断音、漏音或复音，无失真或明显走调，语音、语调正确；若有人声、音乐和音响效果三者合成时，要主次分明、比例合理、音量适当；不同教学媒体材料能正确运用不同编制技术，满足各种相应媒体要求的技术规格；方便教师与学生在教学中的使用。

音像教材的思想性、科学性、教育性、艺术性和技术性的要求是相辅相成、缺一不可的整体，然而它们在教育教学中的作用和地位并不完全相同。作为教材应坚持教育性第一的原则，以教学效果作为检验音像教材质量的主要标准。思想性、科学性是教育性的基础，又是通过教育性来反映的，所以也处于主导地位。艺术性和技术性为思想性、科学性和教育性服务，艺术性能更好地表现思想性、科学性和教育性，而技术性是思想性、科学性、教育性和艺术性能充分表现的技术保障，它们虽然处于从属地位，但也十分重要，在编制音像教材时不可忽视。

参考文献

海尼克, R. , 等. 教学媒体与技术 [M]. 北京：高等教育出版社, 2002.

乌美娜. 教学设计 [M]. 北京：高等教育出版社, 1994.

乌美娜. 现代教育技术 [M]. 沈阳：辽宁大学出版社, 1999.

（朱京曦）

隐性课程与显性课程（hidden curriculum and manifest curriculum）　课程的两个方面。隐性课程指学校教育过程中以暗含、间接、内隐的方式呈现给学生的课程；显性课程指学校教育过程中以明确、直接、外显的方式呈现给学生的课程。

1968 年美国学者杰克逊在《班级生活》(Life in Classrooms) 中首次提出"隐性课程"的概念。其思想来源可追溯到美国教育家杜威和克伯屈。杜威认为，学生在学校中不仅学习语文、历史、地理等正规课程，还存在与学习正规课程不同的"附带学习"(collateral learning)，而这种学习某种程度上比正式学科的学习更重要,对未来生活具有根本性的价值。克伯屈在此基础上提出,学生的学习包括三部分:"主学习"(primary learning)、"副学习"(associate learning)和"附学习"(concomitant learning)。其中,"附学习"是一种对事物的间接学习,学生学到的较概括的理想、态度及道德习惯会持久地保持,影响人的一生。杜威的"附带学习"和克伯屈的"附学习"思想已触及隐性课程问题,但在20世纪50年代前的科学化课程编制运动和50年代末布鲁纳等人领导的"学科结构运动"的背景下未受重视。60年代末,西方社会开始反省教育的成败,大量研究证实"附带学习"或"附学习"的存在,隐性课程的概念应运而生。杰克逊从结构功能主义立场出发,把隐性课程界定为班级生活的结构特性,包括三个要素:群体(crowd)、表扬(praise)、权力(power)。这些要素的性质不同于正规课程,是与学生非学术性要求相联系的非正规课程。学生要适应未来的社会生活,首先必须适应这些隐性课程。杰克逊认为隐性课程在促进儿童社会化方面具有重要作用。美国教育家德里本和卡西克等人持相似观点,德里本认为,学校不仅提供正规课程的教学,还为学生提供成为一名社会成员所必需的规范和行为准则,后者即隐性课程。

以W.格林、G.威利斯、格鲁梅特等人为代表的现象—诠释理论则从"人是有意义的诠释者和创造者"的命题出发,重视学生的主观能动性,强调自我意识在知识建构中的作用,认为隐性课程主要指与学生个体生活有关的情意学习,更重视隐性课程在促进学生主体意识觉醒方面的积极作用,认为它具有激发想象力、批判力和创造力的功能,可以促进学生正式课程的学习。

与以上两种流派不同,形成于20世纪70年代后期的社会批判理论认为,作为意识形态的隐性课程以"霸权"的形式发挥控制功能。隐性课程蕴含于班级和学校的社会关系结构中,学校通过隐性课程再生产更广泛的社会阶级结构和经济结构,但这种结构是不平等的,更多地体现统治阶级的意识形态。社会批判理论的研究重心在于剖析隐性课程的消极意义,使课程产生"激进的变革",从而指向社会公正与人的解放。社会批判理论的课程观包括两个方面,即"再生产性的隐性课程"(reproductive hidden curriculum)与"抵制性的隐性课程"(resistant hidden curriculum)。以美国激进主义教育学者鲍尔斯和金蒂斯为代表的"再生产性的隐性课程"观认为,隐性课程是指包含特殊信息的班级社会关系,这些特殊信息使维持资本主义逻辑和合理性的特殊的价值观、社会规则观、权威观和劳动观得以合法化。构成隐性课程内容的各种隐蔽信息反映社会意识形态和经济、阶级的统治力量,这些力量通过有意识和无意识的经验渗透到学生的行为中,影响学生主体性的建构。"抵制性的隐性课程"理论由美国教育学家、课程论专家、社会批判理论的

主要代表阿普尔、吉鲁、G.威利斯等人确立。阿普尔认为,学校之所以能够不依赖于强制性的外部统治机器而发挥社会控制功能,实现特定意识形态的再生产,关键在于学校生活和教育过程中以"霸权"形式存在的隐性课程。就课程而言,斯宾塞的问题"什么知识最有价值"已被转化成"谁的知识最有价值",研究隐性课程的目的在于揭示学校常识观念中隐含的意识形态信息,以及隐含在学校教育和课程中的阶级、性别及种族不平等的产生机制。阿普尔关注矛盾、冲突和"抵制",认为学校教育中的矛盾、对立和冲突反映了学生和教师对学校中意识形态"霸权"的"抵制",以此为突破口对课程与教学进行"激进的变革",是达成社会公正和人的解放的关键。

隐性课程与显性课程的关系错综复杂,可从三个方面确定两者的界限。从学生学习结果的角度,学生通过显性课程获得正式、规范的学术性知识;通过隐性课程获得非正式的期望、隐喻的价值观和规范,它可能与学校的主流价值观相同,也可能有悖于学校主流文化。从学习过程的角度,隐性课程与显性课程在传递知识的方式上存在明显不同,显性课程是有组织的学习活动,学生在明确的目的之下获得经验;隐性课程是无计划的学习活动,学生在无意识之中获得经验。从学习环境的角度,显性课程主要通过课堂教学实施;隐性课程主要在学校的自然环境和社会环境中实施。隐性课程与显性课程的关系不是静态的,二者可以相互转化。范兰丝在考察隐性课程的形成与发展过程中发现,美国学校在建立之初强调"服从、守时"等社会控制规则,而当这些规则被广泛认可之后,就没有必要纳入正规教学计划,它们变成隐性课程;反之,也可以有意识地发挥某些隐性课程的作用,使隐性课程显性化,为学校教育目标服务。

(李　敏)

印度教育制度(educational system of India)　印度共和国位于南亚次大陆。面积约298万平方千米(不包括中印边境印占区和克什米尔印度实际控制区等)。2011年人口约12.1亿。有印度斯坦族、泰卢固族、孟加拉族、马拉地族、泰米尔族等10个大民族和几十个小民族。约80.5%的居民信奉印度教。其他宗教有伊斯兰教、基督教、锡克教、佛教和耆那教等。官方语言为英语和印地语。2011—2012财年国内生产总值约合10 948亿美元,人均国民收入约合1 278美元。

印度教育的历史发展

印度是世界著名的文明古国,其教育有约3 500年的历史,大体可以分为五个时期:婆罗门教统治时期、佛教统治时期、伊斯兰教统治时期、英国殖民统治时期、独立以后的

时期。

婆罗门教统治时期的教育主要围绕婆罗门教经典《吠陀》进行。当时家庭教育占据极其重要的地位,教育内容除基本的生活知识、生产技能、风俗道德外,最主要的是传授婆罗门教。教学形式是口耳相传,往往以族长为师或父子相传。奥义书时期(公元前8世纪至公元前4世纪),出现古儒学校,招收贵族子弟,儿童寄宿在古儒家中,听古儒讲经修行。古儒学校很重视道德训练,对学生的行为规范有严格要求。繁忙的城镇中还出现不少"托儿"学舍,一般招收25名学生,不收学费,供应食宿,主要教授《吠陀》。

佛教统治时期的教育采取修院制度,把佛教寺院作为主要教育机构。学生在寺院里的学习分为两期:第一期称作帕巴伽,8岁入学;第二期称作乌帕桑帕达,20岁入学。学习内容主要是佛教经典,还有哲学、医药学、经书注释等。寺院教学的初级阶段由僧师口授,僧徒记诵;高级阶段进行争论和讨论。佛教教育也很重视道德教育和言行举止训练。公元4—8世纪是佛教教育的鼎盛时期。

伊斯兰教统治时期的教育主要是穆斯林教育。13—16世纪初,穆斯林突厥—阿富汗军事贵族征服了印度次大陆。1206年,在印度北部建立德里苏丹国;1526年又建立莫卧儿帝国。穆斯林教育主要传播伊斯兰教,由初等教育和高等教育组成。初等教育要求背诵《古兰经》,学习读、写、算等基础知识,用波斯语教学。高等教育由不同教师讲授不同的学科,内容由宗教教育和世俗教育组成。宗教教育学习《古兰经》及习俗、伊斯兰法律和伊斯兰历史,世俗教育学习阿拉伯文学、文法、历史、哲学、数学、地理、政治、经济、希腊语、星占学和农业等。

英国殖民统治时期的教育主要以英国教育制度为蓝本。16世纪中期以后,欧洲殖民者来到印度传播基督教。他们开办学校,对子女进行教育,同时创办初等学校,专门招收印度儿童,学习基督教教义和自然知识。18世纪末,打败莫卧儿帝国及其他印度土邦后,开始建立殖民统治。英国殖民者开始鼓励采用西方教育制度,创办印度教学院和梵文学院。19世纪以后,英国传教士大量进入印度,创办了一批教会学校。为了满足殖民统治的需要,英国殖民者在印度开展英文教育和近代科学知识教育。1813年,英国议会指示东印度公司采取有效措施,提高印度人的道德和科学素质。1854年,英国政府批准发表《伍德教育文告》(Wood's Despatch),第一次以立法形式制定印度教育政策,提出必须学习西方知识,掌握英语,创办大学,提供职业教育,建立奖学金制度等,确立从初级小学到大学的现代教育制度,对印度近代教育的形成与发展具有深远影响。1857年,加尔各答、马德拉斯和孟买各创办一所英式大学,成为印度现代大学的先驱。1882年、1888年,又相继建立两所大学。20世纪,印度民族解放运动高涨,人们对国民教育提出

要求。1913年,殖民地政府颁布法令,承诺发展殖民地初等义务教育。1918—1928年,各行政区和土邦相继颁布初等义务教育法。1937年,甘地建议召开国民教育大会,提出《基础教育方案》。1944年,印度战后教育发展中央指导委员会提出报告,对未来教育进行规划。

1947年,印度宣布独立,教育开始走上快速发展的道路。1950年,印度共和国成立,其宪法规定,到1961年前,国家为所有儿童提供免费的八年义务教育。中等教育也进行改革。1968年,印度颁布《国家教育政策》,涉及免费教育、师范教育、高等教育、考试制度等方面。1978年,政府宣布在全国推行"十二三"学制。印度教育经费来源有四个渠道:中央政府和各邦政府的预算拨款、地方机构的资助、学生学费、私人和国外援助。20世纪80年代,中央政府和各邦政府的预算拨款在教育经费总额中的比重一直保持在80%以上。

印度现行教育制度

教育行政制度 印度教育由联邦政府、各邦和中央直辖区、地方政府分级管理。联邦政府教育行政部门的历史可追溯到独立前,1910年首次建立单独设立的教育行政部门,1947年印度独立后在人力资源开发部下设立职能完备的教育行政部门。此后,教育行政部门的名称和职能不断变化,现印度教育行政部门为人力资源开发部,下设学校教育及扫盲司和高等教育司,各由一名秘书主持工作,司下面设若干局或部门、分部、办公室、单位等,各局或部门负责人称作联合秘书或联合教育顾问,处长、助理秘书或副教育顾问负责协助他们工作。

人力资源开发部负责审定并实施各种全国性教育计划,指导各邦和中央直辖区制订和落实教育计划;协调学校教育范围内的各种活动,提高教育普及水平和质量;协调并确定全国科学教育、专业教育、职业技术教育标准;特别关注贫困、女性及少数民族等弱势群体,为贫困学生提供奖学金、贷款补贴等形式的财政支持;鼓励教育领域内的国际合作,以增加受教育机会;监督全国教育进程;出版统计资料以及与教学大纲有关、反映教育发展的其他出版物。此外,人力资源开发部还对中央直辖区的学校教育承担特殊责任。人力资源开发部的努力方向是实现全民教育,提供普及教育机会;确保保留率,提高高小教育质量,特别重视弱势群体儿童的教育;使成人教育成为群众性运动,同时提供更多接受高质量的高等教育的机会;投资于基础设施,推动学术改革;改善治理及组织重建,以改善质量,包容贫困社区。学校教育及扫盲司负责管理初等教育、中等教育、成人教育、职业教育、教师教育等,主要职责是提高学校教育普及水平,造就更优秀的公民。为此,该机构定期启动各种新计划和新项目,提高各级各类教育入学率。高等教育司负

责管理大学和高等教育、技术教育、远程学习、语言教育、著作权等,主要职责是创造世界一流的高等教育机会和研究成果,同国际组织成立合作机构,让学生从中获益。

除人力资源开发部外,印度还设有一批国家级专门教育机构和组织。中央教育咨询委员会是最高教育咨询组织,由全国各地著名的教育家、联邦和各邦及中央直辖区政府的代表、印度议会代表和各大学代表组成。其主要职责是向联邦政府和各邦及中央直辖区政府提出教育建议,获取对印度教育发展有价值的情报和意见。印度政府计划委员会负责制定全国教育规划,协助制定国家未来的教育发展战略,召集人力资源开发部、各邦教育厅等部门的官员,确定切实可行的教育计划和教育项目。全国教育研究与培训委员会是印度基础教育课程相关事务最高机构,主要职责是研究学校教育,为学校提供支持和技术援助,监管教育政策的落实,制订并通过地区教育学院教师培训计划,编撰教师和学生所需的各种教材等。国家教育规划与行政研究所协助人力资源开发部改进国家教育规划和教育管理,承担教育规划和教育管理研究工作,举办高级教育官员培训班、研究班、专题研讨会和各种会议。大学拨款委员会负责促进和协调大学教育,决定和维持教学标准、考试标准、科学研究标准,利用财政手段实现对大学的调控和制约。中等教育中央委员会负责协调全国所有初中和高中教育机构考试,规定课程和教学大纲,组织定向课程,必要时承担改进和出版教材的任务,举办十年级中等学校考试和十二年级高级中学证书考试。学校证书考试理事会举办十年级中等教育证书考试、十二年级学校证书考试以及十二年级学校证书和职业教育证书考试等三种考试。

邦政府设教育厅,由秘书主管,设助理秘书或联合秘书、副秘书、候补秘书和其他职位以及其他辅助人员,负责制定并实施邦一级教育计划。各邦和中央直辖区设教育理事会,由理事长负责。各邦和中央直辖区设教育厅长联合会和教育秘书联合会,负责讨论具有共性的教育问题,探讨全面的国家教育方针,研究制定行动准则。各县设教育局,负责人称教育局长、学校督导员或教育主任,领导区一级的低级教育官员。区级教育活动由一名区教育干事(或称副学校督导员、助理教育干事)负责。有的直辖区只设教育理事会,实行单级管理;有的邦教育行政机构由邦和县分别管理;有的增设专区级教育行政机构,形成三级管理;有的还增设区级教育行政机构,形成四级管理。邦和直辖区一级通常设邦立教育研究所、教育科学研究所、教育研究与培训委员会、教材局等,由主任或主管负责,聘请一些专家协助编制课程、编写教材,出版课本和补充读物。

学校教育制度　印度宪法规定,教育是公民的一项基本权利。印度现行学制分成学前教育(6岁以前)、初小教育(6～11岁)、高小教育(11～14岁)、中等教育(14～18岁)、高等教育(18岁以上)等不同阶段。一至五年级为初小阶段,六至八年级为高小阶段,初小和高小统称初等教育,印度义务教育仅限于初等教育阶段,一至八年级教科书免费。印度少数邦初等教育为7年。2011—2012学年,5个邦及中央直辖区得到中央支持向八年制初等教育转变。中等教育分初中阶段(九至十年级)和高中阶段或职业技术教育阶段(十一至十二年级)。印度实行十二年一贯制中小学教育。印度高等教育包括3年学士课程(少数为四年制)、2年硕士课程和3～5年博士课程。印度政府非常重视6～14岁儿童的初等教育,这个阶段80%获得认可的学校由政府主办或投资。因为公立学校教育质量差,27%的印度学生选择私立教育,还有部分学生在家上学(在印度是合法的)。独立以来印度教育发展取得很大成就,2011年6月中央教育咨询委员会提出将免费义务教育延伸至中等教育阶段,从8年延长至10年,让每一个儿童都有接受至少10年正规教育的权利。

(1)学前教育。19世纪90年代,印度出现了幼儿园。在独立前的几十年,印度学前教育先驱们建立儿童教育机构和教师培训中心,但这类机构主要集中在城市地区,穷人无法涉足。1953年,政府成立中央社会福利委员会,为处境不利儿童建立义务机构儿童园,学前教育重心开始转移到农村和贫困地区。为了满足儿童园快速发展对教师的需求,1961年,印度儿童福利理事会发起波尔希维卡培训项目(Bal Sevika Training),在全国建立很多培训中心,培养大量儿童教育教师。1974年,印度议会通过《国家儿童政策》,提出国家要向所有儿童提供充分服务,设立国家儿童理事会(National Children's Board),负责规划、检查和协调与儿童有关的各种活动。1985年人力资源开发部下设妇女与儿童发展司,负责儿童发展及学前教育项目。2006年妇女与儿童发展司升级为妇女与儿童发展部,职能包括:制定规划、政策和项目;颁布并修改立法,指导并协调政府及民间组织共同促进妇女与儿童的发展。此外,实施若干妇女与儿童发展改革项目,比如福利及支持服务、就业培训、增加收入、生育意识、性别敏感化等。印度学前教育分为三个阶段:托儿所(面向1.5～2.5岁幼儿)、初级幼儿园(面向3.5～4.5岁幼儿)和高级幼儿园(面向4.5～5.5岁幼儿)。幼儿园的主要目标是:培养幼儿良好的体质、适当的肌肉协调性和基本的动作技能;培养幼儿良好的卫生习惯、让幼儿学会穿衣、如厕及饮食等基本生活技能;引导幼儿学会表达、理解、接受和控制情感和情绪;培养幼儿适当的社会态度、举止,鼓励幼儿参与健康的群体生活;鼓励幼儿参与艺术、音乐等审美鉴赏活动;激发幼儿在生活环境中的求知欲;提供充足机会,鼓励幼儿的独立性和创造性。学前教育主要由私立教育机构承担,幼儿园通常是小学的有机组成部分,也有幼儿园以连锁店的方式独立运营。印度1975年发起的"综合儿童发展服务项目"是世界上最大的儿童早期发展计划之一,旨在改善学龄前儿童、孕妇和哺乳期母亲的营养与健康。综合儿童发展服务项目直接惠及6岁以下儿童,特别是偏远山区的儿童,使其得到早期教育、健康服务和营养品。其有五个目标:提高6岁以下儿童的营养与健康水平;为儿童心理、身体和社会性的适当发展奠定基础;减少儿童的死亡率、发病率、营养不良和辍学率;通过适当的保健和营养教育,提高母亲照料儿童正常的健康与营养方面需求的能力;在政策制定与实施上达成各部门的有效合作,以促成儿童的全面发展。

(2)初等教育。印度初等教育经费主要由各邦负责。初小阶段强调文字和计算等基本技能,包括语言、英语、环境学习、数学、劳动实践、艺术教育、卫生教育和体育等学科。高小阶段强调巩固初小阶段的成果,拓宽知识基础,包括语文、自然、科学、数学、社会科学、劳动实践、艺术教育、卫生教育和体育等学科。2008—2009学年,印度初等教育阶段的辍学率下降到24.93%,初小和高小阶段毛入学率分别达到114.37%和76.23%,性别平衡指数分别达到1.00和0.96,师生比分别达到44.1∶1和34.1∶1。2011年,全国302.8万残疾儿童中264.6万在校学习,实现99%的农村人口在其住所的1公里范围内有1所小学。印度初等教育问题较多。首先,入学率低、辍学率高。2000—2001年度,小学入学率为81.6%,辍学率为40.7%,初中辍学率为53.7%。到2008—2009财政年度,虽然6～14岁儿童入学率接近100%,但小学平均辍学率仍高达31%。为此,印度建立广阔的、系统的非正规教育方案,为童工及偏远、贫困地区儿童提供灵活的学习时间和进度,将非正规教育作为普及初等教育必要的重要形式。非正规教育中心开办夜校或半日制学校,为儿童、少年提供基本文化知识教育。为减少辍学率和复读率,初等教育采取"不留级制"。其次,地区发展不平衡,教育投入严重不足,95%的经费用于教师工资,公用经费极少。再次,女童受教育状况不佳。最后,历史上形成的种姓制度依然影响教育公平和平等,底层人民受教育的水平明显落后。

(3)中等教育。印度的中等教育经费基本上由各邦负责筹措,中央政府只负责补贴性拨款。中等教育在多数邦是收费的,少数邦只对女生实行免费制度。印度中等学校有三种:公立学校、私立学校和新式学校,分别由中央政府、地方政府和社会团体及个人管理。私立学校向学生征收学校改善费。新式学校免费寄宿,主要为有才能而贫穷的学生提供学习机会和环境。一般情况下,接受完义务教育后要参加毕业考试。初中结束后参加全国性的统一考试,以决定是否升入高中。高中阶段实行半职业、半升学准备教育。初中阶段的课程包括2～3种语文、自然科学基础、社会科学基础、劳动实践、艺术教育、卫生教育和体育。自然科学基础包括物理学、化学、生物学,社会科学基础包括历史、地理和公民课。高中阶段课程实行多元化方针,分学术性和职业性两种,约有25%～30%的课程是共同的,如语文课和社会公益劳动课。学术性课程包括自然科学、社会科学、人文科学的各种科目,具体是从语文、数学、经济学、化学、政治学、地理、生物学、社会学、哲学、历史、美术、商业与财会、心理学、物理学等课程中任选四种。职业性课程主要是与特定职业有关的专门知识和技能训练。中等学校十分重视科学教育,向学生传授现代科学知识,主要做法:加强计算机教育、实施环境教育、重视人口教育等。中等教育中存在普通教育与职业教育的矛盾,也缺少开设多目的学校的经验,缺少师资和资金,多目的学校大多半途而废。另外,能够接受中等教育的多是富有阶层子弟。相对于高等教育来说,印度其他各类教育发展缓慢,学校的软硬件都难以令人满意。印度政府一直努力进行教育改革,建立统一的学校制度,极力扫除文盲,普及义务教育,提高教育教学质量,尽量为所有公民提供受教育的机会,但由于经费、人口等原因,成效不太明显。

(4)职业教育。为了适应社会与经济发展的需要,印度根据国情制定灵活多样的职业技术教育体制,除了改革中等教育体制,提供职业技术教育以外,还开设许多职业训练学校。它们将普通教育与职业教育结合,在学校传统学术性课程计划中介绍技术科目,或偏重学术性课程,或偏重技术性课程,学生可以自由选择,扩大升学或就业的机会。中等水平以上的教育大多把普通学校与专业学校分开,在职业技术学校开设部分时间或夜间的班级,把职业技术教育作为终身教育的一部分。印度职业教育学校主要有五种类型。① 初级技术学校。招收受过中等教育的13～16岁学生,学制3年,实施初等职业教育,按行业培养工人,如编织、装配、铸造、无线电和电子学、电气设备、木工和车削工艺等。课程有普通教育课、职业理论和工厂实践培训,实践和培训占总课时的55%。② 工业训练学校。招收受过8年或11年教育的学生,开设30余种工程专业、20余种非工程专业,培养半熟练与熟练工人以及各种水平的手工艺工人和工匠。非工程专业一年制,工程专业一至两年制,属于高级中等教育。③ 多科技术学校。招收通过十年级结业考试的学生和初级技术学校毕业生,学制2～4年,一般为3年,培养介于熟练工人与工程师之间的技术人员。设置五大专业:土木工程、电器工程、机械工程等;电子、汽车工程等;皮革、印刷、渔业等;服务业和商业等;医疗保健等。在高中顺利完成工业科目的职业科学生可以提前毕业,直接进多科技术学校的最后学年学习。④ 高级中学职业班。学生完成10年普通教育,进入两年制高级中等学校时分流,一部分进学术班,一部分进职业班。职业班的普通教育课程约为25%～33%,实践培训课程约为50%。⑤ 各类专门职业学校,包括林业、农业、渔业、商业、工艺等学校。为了鼓励学生自找门路,这类学校大力推行"自我就业教育"。印度正在研究制定全国职业教育资格框架,为全国认可的资格体系提供共同原则和指导方针,覆盖中学、职业院校和高等院校,为学生构建职业教育立交桥。资格框架的基石是产业界、雇主和学校在课程选择、课程内容开发、教师培训、评估和认证等方面全方位的紧密合作。

(5)高等教育。印度1857年诞生第一所现代意义上的大学。发展到2011年,大学达611所,学院达3.3万余所,高校教师人数达69.9万名,大学及学院在校生1697.5万,18~23岁毛入学率为12%。印度高等教育经费预算占整个教育预算的1/3,而高等教育经费绝大部分都投入了重点建设大学。印度大学及学院的教育经费1/3来自中央及各邦政府,其余来自学费、捐赠和慈善款。印度高等教育和科学研究主要依靠公共机构完成,私立教育只占5%。印度高等教育分为三年制本科教育(少数为四年制)、两年制硕士研究生教育和三至五年制博士研究生教育。研究生教育主要在大学研究生院和政府举办的研究所或试验机构进行。印度实行由中央政府和邦政府共同管理高等教育的体制,各邦政府是高等教育宏观管理的主体,印度约80%的高等教育机构由各邦政府控制,其学生数量占全国高校学生总数的80%。印度绝大多数大学归联邦政府和邦政府管理。高等教育管理政出多门、条块分割、难以有效进行全国性改革。印度建立了很多与高等教育管理相关的中间机构。比如,大学拨款委员会成立于1956年,负责制定并维持高等教育标准,协调联邦政府和邦政府之间的关系,建议中央及邦政府采取必要措施改进大学教育;印度国家评估与认证委员会成立于1994年,是大学拨款委员会下设的自治机构,负责对全国的高等院校进行评估与认证;印度技术教育理事会成立于1945年,是最高级别咨询机构,开展技术教育设施调研,以协调及综合性方式推动技术教育发展;远程教育理事会成立于1985年,协调并维持开放教育及远程学习系统的标准,为13个邦的开放大学、186个大学远程教育研究所提供经费、学术及技术支持;印度农村研究所理事会成立于1995年,按照甘地哲学发展农村高等教育。印度高等院校大致可以分为8种类型。① 中央大学,现有40所,依据议会立法一校一法设立,总统是各校巡视员,经费由大学拨款委员会或有关部委直接拨款。② 邦立公立大学,现有243所,由邦立法机关通过立法设立,既有一校一法也有一法多校,约50%的邦立公立大学获得大学拨款委员会的预算支持。③ 邦立私立大学,现有53所,有的是通过邦立法设立的法定大学,有的是依据社团登记法登记的准大学,自筹办学经费,没有权力附属于其他任何机构或对其他任何机构行使特权。④ 准大学,现有130所,根据《1860年社团登记法》注册为社团,再由中央政府依据大学拨款委员会的建议

发文批准符合条件的院校为准大学,享有大学的学术地位和特权。⑤ 国家级院校,现有33所,是印度重点投资的精英型院校,由议会通过立法设立,一部大学法适用一个院校系列,国家级院校已形成印度工学院和国家工学院两个系列。2007年,印度议会通过的《国家工学院法》将20所地区工学院升格为国家工学院。2010年,印度政府将数所印度科学教育和研究机构也纳入国家工学院立法架构。⑥ 邦级院校,现有5所,依据邦立法设立。⑦ 大学拨款委员会承认的学院,现有7362所,办学资质和地位得到认可,但不具有学位授予权,其中5997所学院(81.46%)有资格得到大学拨款委员会的资助。大学拨款委员会承认学院的标准有三条:同一所法定大学具有附属关系;实施本科或本科层次以上的教学;依照《1860年社团登记法》注册,具有社团组织地位。⑧ 大学拨款委员会未承认的学院。现有18589所,占印度高等学校总数的70.26%,在校人数占全国总数的87.76%,不能得到大学拨款委员会的资助。印度还有开放大学,实施远程教育。国家级的开放大学系统1985年建立,印度有11所开放大学,有24个频道传授开放大学的知识。印度的学院一般有两类:大学的学院和附属学院。大学的学院设在大学本部,由大学评议会设立,并由大学直接管理。附属学院已有100多年历史,是印度高等教育的主体,附属学院课程设置、教学大纲和教科书须受所隶属的大学学务委员会管理。印度各大学通过发展以本科教育为主的附属学院降低办学成本。大学本部各院系主要集中在研究生的教学及科研工作方面。印度公立学院保持着高标准,为邦和中央政府直接拨款。附属学院制既是印度高等教育管理体制的特色,同时也对印度高等教育产生许多不利影响。附属学院制难以保证教学质量,难以与社会需要相联系。政府希望通过长期努力使自治学院取代现存的附属学院制。印度教育委员会于1966年提出:"大学中凡已表明自己有能力显著提高质量的杰出学院,就应考虑授予它自治的地位。"1986年的《国家教育政策》指出:"考虑到附属学院制的复杂性,要帮助大力发展自治学院,直到这种附属学院制被一种更为自由、更有创造力的大学与学院的联盟取代"。自治学院可以根据自己的师资力量、物质设备、图书资料等实际条件,设置本学院的学科和课程。在教学上,可以不必为应付大学考试而拘泥于呆板的教学方法。但印度自治学院发展缓慢,因为一旦成为自治学院,就不能得到大学的许多资助,学院的学生也不再能获得大学的各种奖励;大学对自治学院仍然掌握着学位授予权,大学不希望自治学院因过度自由而影响其学术标准,从而影响大学自身的声誉。

印度重视发展技术教育。2010—2011学年,印度技术教育理事会认可的技术教育机构达1.1万余所,批准技术教育项目万余个,在校生155.4万名。2002年以来,若干地区

性工程学院升格为国家技术学院,并获得全国重点院校地位。2007—2012年,中央政府资助的技术教育院校增加到79所,其中印度理工学院增加到15所,印度工学院增加到30所,印度信息技术大学计划增加到20所,印度科学教育与研究学院增加到5所,印度管理学院增加到11所,规划与建筑学院9所,印度科学学院1所,国家技术教师培训与研究学院4所。拉吉夫·甘地石油技术学院、印度理工学院和印度管理学院同属全国重点院校,拥有大学地位,可以自授学位。印度技术教育理事会和建筑学理事会是印度技术教育领域级别最高的两个理事会,它们和另外四个学徒制培训委员会共同协调推动技术教育进步,批准新建技术院校,推出技术教育新课程项目等。除了上述院校和机构外,印度还有若干获得认可的专业性工程社团,比如机械工程师学会、工程师学会、化学工程学会、电子和电信工程师学会、印度金属学会、工业工程师学会、城镇规划师学会、印度建筑师学会,为在职并希望提高技术资格的人员提供不同层次的工程技术考试。

印度高等教育也存在一些问题。如发展过快,超过与之匹配的中等教育;筹资渠道单一,教育经费紧缺;存在重视数量、轻视质量的现象;内部结构不合理,高等职业教育远低于高等普通教育,导致教育与实际脱节,高校毕业生超出社会经济发展需求,大量毕业生无法按时就业或学非所用,造成功能性失业,使得印度人才严重外流;扩大了城乡差距,等等。大学几乎全部设在大城市,只有30%的大学生来自农村,但是农村人口占印度总人口的80%以上。

(6)师范教育。印度政府很重视发展师范教育,提高教师专业水平和教育教学能力。1973年,印度成立全国教师教育理事会,负责全国师范教育咨询和评估工作。1978年,全国教师教育理事会发表《教师教育课程:一种框架》报告,作为全国教师教育工作指导文件。全国教师教育理事会的主要职能如下:通过地区性委员会对教师教育院校进行认证;制定并发布教师资格考试大纲和框架;制定并实施国家教师教育课程框架;为初等教育教师教育课程开发建议性课程,为未经培训的教师提供培训;为初等教育教师提供6个月特别培训,以落实2009年《儿童免费义务教育法》。

印度通过开办1~2年的课程培训学前教育教师,该课程也面向大学入学考试合格者,包括四种模式:十年级及初中毕业后的2年专业教育课程;十年级及初中毕业后的2年职业教育课程;在高中阶段2年的学术课程,外加2学期的包括所有主要教育领域的学习,时间总共为3年;将教育作为一个学科的2年课程。小学教育教师的培养面向已通过大学入学考试的学生,培训时间一般为2年。一般来讲,第一年学习各学科的内容,第二年学习教学方法。学员可获得初等教育教师培训证书、教育证书或教学证书。全国教师教育理事会提出五种模式:十年级(初中毕业)以后的2年

专业教育课程;十年级及以后的3年课程;十年级及以后的2年职业教育课程;将教育作为学科的2年课程;大学毕业后的1年课程。初中教育的师资培养面向大学毕业生,课程为期1年,学习重点是掌握教育原则和教学方法,毕业后可获得教育学士学位。受过培训的教师可在高小、初中和高中任教。除此之外,还在四个地区的教育学院开设大学四年一贯制课程,毕业后可获得文学士、理学士或教育学士学位,这些课程对已通过大学入学考试或高中毕业考试的人开放。在高中教育阶段师资培养中,教学理论学习占30%,社区合作占20%,内容与方法以及教学实习实践活动占50%。

全国师范教育委员会也提出针对研究生阶段学习的课程结构。学员经历这一阶段的学习,可获得教育硕士或哲学硕士学位。教育专业在本质上是跨学科的,为了吸引其他学科的学生,可向他们直接提供教育硕士学位课程或哲学硕士课程。印度已经提议,只要研究的问题与教育有关,任何学科的硕士学位获得者都有资格申请大学教育系哲学博士学位。职业技术教师资格由全印度职业技术教育理事会规定,地区性的技术师范学院培养多科技术学校的教师,中央训练学院培养工业训练学校和艺徒训练学校的教师,中央教育培训与研究院进行职业技术教育研究并培训教师。

各地的教育学院和其他师资培训机构都负有对教师进行函授与面授相结合的培训的任务,一般利用夏季进行面授教学,其他时间进行函授教学。全国教师教育理事会提出,职前教育和在职教育应保持一贯性,职前教育的目标和奖励办法在在职培训计划中应有所反映,凡经过学习获得的证书需经邦政府或雇佣单位认可方有效。全国教师教育理事会还提出:在职培训计划应规定学分需求;培训要安排在假期、早晚或周末等业余时间,教师在就近的训练中心参加学习;要认真设计课程,内容要有一定深度,具有时代特点,与最新的知识和方法相结合;教师在自愿的基础上参加。

印度的教育改革

其一,启动"普及基础教育计划"。2002年,印度政府启动"普及基础教育计划",当时17.3万余个居住区缺少初级小学,23万个居住区缺少高级小学。为落实计划,中央政府和邦政府按照3:1的比例分担经费。2004年世界银行、英国和欧盟联合评估该项目并提供资金支持。印度政府还在2004年财政法案中提出在中央直接与间接税中征收2%的教育税,每年增加400~500亿卢比教育税用于与普及基础教育有关的计划,如"普及基础教育计划"与午餐计划。"普及基础教育计划"特别关注女童及贫困儿童、弱势群体的教育,成为不同性别、不同社会阶层沟通的桥梁。"普及基础

教育计划"最主要的目标是为每位儿童提供公平且有质量的初等教育。"普及基础教育计划"倡导改革课堂教学，完善对儿童友好的制度，强调对每个儿童需求的回应性；全面落实全纳教育政策，保证所有儿童有效学习；支持各邦制定并实施综合性质量改进项目，全面改革教师培训的课程、学习材料、学习过程、学习结果、评估及监测系统等。2002—2011学年，新聘122.4万教师，"普及基础教育计划"为所有教师提供了20天在职培训，每年为每位没接受训练的教师提供6 000卢比经费，参加全国教师教育理事会认可的培训项目，为新聘教师提供30天入职培训。

其二，建设教育信息系统。印度建立了覆盖全国35个邦和中央直辖区的县级教育信息系统，对义务教育质量进行监测。该系统由国家教育规划和行政管理大学负责，信息采集包括学校、设施、教师和入学机会4大类指标、88项具体指标，并与学校教育及扫盲司联合发布各种形式的报告。人力资源开发部等机构运用学区、乡和县三级质量分析表等监测工具，对义务教育进行季度监测，加强数据分析和信息反馈。2010年，全国教育研究与培训委员会在全国实施了第三次"学习成就国家调查"，对三年级、五年级和八年级学生的语文、数学、科学和社会等学科进行测验评价。印度还与国际组织合作对义务教育质量进行联合评价。2011年，人力资源开发部委托全国教育研究与培训委员会，研制义务教育课程与评价标准，开发国家课程框架。

其三，研制国家课程改革框架。2005年全国教育研究与培训委员会设计了国家课程改革框架，以建设对儿童更友好、更全纳、基于活动、对性别及边缘化人群更敏感、教学过程更具建构性的课程。鼓励各邦按照国家课程改革框架建议改革课程、教学材料、教学法、评价系统。至2011年，14个邦完成课程改革，8个邦完成教科书更新，6个邦正在更新教科书。2011—2012学年，8 760万儿童获得免费教科书，部分邦提供免费练习簿、学习手册。许多邦建立更连续的综合性评估模式，把评估模式作为教学过程的有机部分，每个儿童的学习进步能够获得持续地追踪。全国教育研究与培训委员会开发了5个科目的资源手册，帮助教师按建构主义教学法及2005年课改要求，实施连续性评估。全国教育研究与培训委员会还为三年级、五年级、八年级的环境学习、数学、印地语等科目开发了一整套可测量、可验证的学习指标，方便持续性综合评估。

其四，启动普及中等教育计划。2009年3月，印度启动普及中等教育计划，目标是到2017年中等教育入学率达到100％，2020年实现普及中等教育，并确保学生中途不辍学。通过使所有学校达标，优化学校布局，扫除性别、社会经济及残疾等障碍的途径，提高教育质量。在提高质量方面，印度采取了加强教师在职培训、增加科学实验室、强化中等学校信息通信辅助教学等措施，每年为7万余所公立中学提供

补助金，为5.7万余所公立中学提供小型维修金，为88.5万所公立公助中学提供在职培训，开展课程与教学改革等，尤其着重改革科学、数学、英语教育等。在教育公平方面，特别重视微观层面规划，优先升级贫民区学校，激励弱势阶层入学，增加女教师，建设女生专用厕所，在少数民族、表列种姓、表列部落等居住地开办学校。

其五，落实中等学校信息通信计划。2004年12月启动，通过计算机辅助教学提高中学生信息通信（Information Communication Technology，简称ICT）技能，缩小不同社会阶层之间的数字鸿沟，支持邦政府建设计算机实验室。该计划包括四个部分：为政府主办或援助的中学、高级中学提供计算机支持教育；建设智能学校作为技术示范校；配备专职ICT教师，提升所有教师ICT技能，设立全国ICT奖金；通过中央教育技术研究所、6个邦立教育技术研究所和5个地区教育研究所开发ICT电化内容。2007—2012年，政府对所有公办、公助学校拨款600亿卢比，教育发展落后地区及贫困地区优先。每校配备1名专职计算机教师，对全体在职教师培训，使所有教师具备ICT教学技能。为150所智能学校每校配备40台计算机。

其六，改革高等教育。进入21世纪，印度政府出台了很多高等教育改革项目，覆盖多方面内容：重组学术项目，确保与现代市场需求相吻合；加强国内及全球联系，更加重视招聘能够胜任的高质量教师；改革教学方法，从传统重复性试验转向自由设计导向的实验工作，鼓励发明及研究；重视习明纳、个别辅导，扩充科学及工程项目，巩固基础性概念，通过更新教科书及学习材料改进学习机会及条件；利用现代教育技术及计算机网络，改善自我定向的学习；成立国家高等教育及研究委员会，覆盖普通教育、技术教育、专业教育的所有学习领域及学科（农学除外）；成立国家高等院校认证监管局，通过认证机构对所有高等院校进行强制性认证。21世纪初，印度实施的高等教育改革计划项目主要有以下几个。第一，建设示范学位学院。中央政府计划在374个高等教育毛入学率低于全国平均水平的地区建设示范学位学院，每个地区建立一所，以满足本地区学生需要，提高高等教育入学率、公平性及包容性。示范学位学院可以是邦立大学的附属学院，也可以是大学自办学院。第二，实施中央教育贷款全息补贴计划。这一计划于2009—2010学年正式实施，面向在印度通过认证的院校学习专业技术课程的贫困学生，在他们延期还贷期间提供贴息。第三，实施技术教育质量改进第二期项目。中央政府拨款189.55亿卢比，邦政府负责51.85亿卢比，私立院校自筹1.6亿卢比。中央和邦政府按照3∶1的比例分担经费，东北各邦及特殊邦按照9∶1的比例分担。第二期周期为4年，200所院校以竞争性方式争取，其中公立公助院校160所、私立40所。第四，开展理工学院技能发展整合行动。2007年印度总理

在独立日演讲时宣布启动技能发展任务,理工学院是四个二级计划之一。具体目标是:新建理工学院;强化现有理工学院;在理工学院建设女生公寓;通过理工学院促进社区发展计划等。中央政府向邦政府提供经费在落后地区新建理工学院,每所学院拨款上限为1.23亿卢比。邦政府负责提供免费用地,保证100%的经常性经费及超出上限的固定投资。至2012年1月,300个地区中的277个得到156.699亿卢比的财政拨款,中央政府支持500所公立理工学院改善基础设施,提供现代技术设备,推出新的文凭课程,提高女生入学率。政府委托理工学院面向社会成员,开展3~6个月非正规短期免费就业导向教育,以提高学员就业能力,实现自我收入增长。第五,人力资源开发部、邦政府、产业界合作建设20所印度信息技术学院,满足经济发展对技能提出的要求,基建成本分担比例为10∶7∶3,东北各邦分担比例为11.5∶7∶1.5。第六,增建中央教育机构。计划在每个邦至少建设1所中央大学(果阿邦除外)。2010—2011学年,已有13所新建中央大学开始招生。

参考文献

安双宏.印度教育近况[J].比较教育研究,1997(5).

马加力.当今印度教育概览[M].郑州:河南教育出版社,1994.

杨洪.印度高等教育概述[J].贵州教育学院学报,2002(1).

杨洪.印度教师的地位[J].贵州教育学院学报,2002(5).

赵中建.战后印度教育研究[M].南昌:江西教育出版社,1992.

(张家勇)

英国高等教育双重制 (binary system of higher education in the United Kingdom)

20世纪60年代中期至90年代初英国高等教育的结构体系。分为自治大学和由多科技术学院与其他学院组成的公共高等教育机构两个并行部分。

英国高等教育双重制的产生　1965年4月,新上任的教育与科学大臣、哲学家克罗斯兰代表英国政府在伦敦伍利奇多科技术学院发表演讲,提出要确立高等教育双重制,即在国家已有的自治大学系统之外设立单独的由多科技术学院和其他学院组成的公共高等教育系统。1966年发表的《关于多科技术学院和其他学院的计划》政府白皮书规定了这一制度的实施细节,标志英国高等教育双重制的产生。

克罗斯兰提出了实行高等教育双重制的四点理由。第一,英国对高等教育中的职业性、专业性和工业性课程的需求与日俱增,而大学不可能充分满足这种需求,必须设立一个单独的系统。第二,以等级概念为基础的高等教育制度不可避免地会压制和降低非大学(高等教育)系统的士气和标准。如果大学垄断了学位授予权,导致每一所高水平的学院都自动加入大学俱乐部,那么其余的公立院校系统就

将永远处于从属地位。第三,高等教育系统必须部分地受社会的控制,并对社会需求直接作出反应,因此,地方政府必须拥有一定的管理权限。第四,如果世界上只有英国贬低非大学的专业和技术系统,那么英国就无法在这个世界上生存。

对高等技术人才的迫切需要、高等教育扩张的压力是英国实行高等教育双重制的深层原因。第二次世界大战使英国人看到了科学技术的巨大威力,这种深刻印象是战后英国大力发展高等技术教育的重要动力。此外战后婴儿出生高峰期出生的人口在60年代已到了上大学的年龄,社会对高等教育的需求大量增加,但英国大学严格的入学要求使这些需求无法得到充分满足。第二次世界大战后的英国相对于美国、苏联等国家来说,在国际上的竞争力呈下降趋势,高等教育入学率这一指标的国际比较揭示出英国与美国等发达国家存在较大差距。因此,英国迫切需要扩张高等教育体系,大量培养高水平的科学技术人才。

提出高等教育双重制也是对《罗宾斯报告》作出的反应。1963年,首相麦克米伦任命的高等教育委员会提出了《高等教育: 1961—1963 年首相委任的以罗宾斯勋爵为主席的委员会报告》,即《罗宾斯报告》。建议通过设立新理工科院校、将高级技术学院升格为有权授予第一级学位和高级学位的正规大学等措施扩张大学体系,满足社会和国家发展的需要。根据罗宾斯委员会的估计,英国每个大学生平均花费660英镑,每个高级技术学院学生平均花费477英镑,每个教育学院学生平均花费255英镑。按照该报告的建议扩充大学体系对英国政府来说是一个沉重的负担,而实行双重制既可以减轻政府财政负担,又可以达到扩充高等教育体系的目的。因此,英国政府没有采纳罗宾斯委员会的建议,而是接受了高等教育双重制。此外,那些毕业于自治大学的决策者们认为,为了保持大学较高的学术水准,不应让大学接受没有做好学习准备的学生,在高等教育扩张中,不应由大学承担主要责任,而应由公共高等教育机构承担这种职责。

英国高等教育双重制的特点　自治大学与公共高等教育机构相互独立、并行不悖,是英国高等教育双重制的主要特点,具体体现在以下方面。(1)自治大学与公共高等教育机构各有明确的使命和职能,前者多是综合性的,提供学术性教育,系科设置较齐全,进行高水平的科学研究;后者提供以职业技术为定向的高等职业技术教育和师资培训,主要进行教学工作。(2)自治大学拥有学位授予权,可授予本校学位;公共高等教育机构没有学位授予权,其学位由全国学位授予委员会统一授予,或者由伦敦大学授予校外学位。这是区分两者的重要标志。(3)大学经费主要由政府通过大学拨款委员会(University Grants Committee)供给,公共高等教育机构经费由地方政府支付。(4)大学是自治机构,

对内部事务享有充分的自主权。政府尽管是大学经费的主要提供者，但不能干预大学的管理事务，只能通过发布白皮书等形式进行政策引导。公共高等教育机构则受地方教育当局的直接领导和皇家督学团以及教育与科学部的间接控制。(5)大学以全日制为主，公共高等教育机构则实行全日制、部分时间制、工读交替制和夜间学习制，尤以部分时间制居多。(6)大学面向全国，主要通过教学和科研为社会提供服务；公共高等教育机构中的多科技术学院则为社会培养人才，并通过与工商企业合作，为地方经济和社会发展直接提供服务。

英国高等教育双重制的发展与终结　高等教育双重制的确立为英国 20 世纪 60 年代高等教育的大发展提供制度框架，极大地促进了高等技术教育的发展。它以多科技术学院的发展为标志，1969—1973 年间，共成立 30 所多科技术学院。70 年代，教育学院也并入公共高等教育机构。但高等教育双重制并没有按政府预先设想的路线发展，其结果与政府的设想出现严重偏差，表现在四个方面。(1)多科技术学院招收的全日制学生越来越多，部分时间制学生数下降，自治大学却大量招收部分时间制学生，其发展速度甚至超过了多科技术学院。(2)在多科技术学院攻读科学和技术学科的学生比例下降，攻读社会和人文学科的学生比例增加，越来越背离多科技术学院应以职业和技术学科为主的最初设想。(3)除教学外，在一些学术实力比较雄厚的多科技术学院，研究工作和研究生工作越来越重要，其科研工作得到全国学位授予委员会的支持和资助。到 70 年代早期，研究工作已成为很多多科技术学院教师工作的重要组成部分。(4)管理方面存在脱节现象。一方面，多科技术学院和教育学院由地方教育行政当局直接控制，但地方教育行政当局无权制定高等教育政策；另一方面，公共高等教育机构在全国的影响不断扩大，但碍于地方教育行政当局的权力，中央政府难以对其施加影响。职能的趋同使这两类学校越来越像有两种身份的同一类院校。

20 世纪 80 年代，英国政府实行财政紧缩政策，开始在高等教育领域引入市场机制。但大学的自治传统与中央政府及大学拨款委员会之间的松散关系使中央政府难以对大学施加所希望的影响，对公共教育部门的管理也存在种种障碍。因此，中央政府越来越不满意对高等教育的控制方式，急切需要扩大管理权力。在此背景下，根据 1987 年《高等教育：应付新的挑战》白皮书所提建议，英国政府颁布《1988 年教育改革法》，取消大学拨款委员会，成立大学基金委员会；取消地方高等教育当局全国咨询委员会；规定地方教育当局不再负责为本地区提供高等教育设施，赋予原由地方教育当局管理和提供经费的主要高等教育机构以独立法人地位，成立多科技术学院和其他学院基金委员会，为其提供经费。至此，双重制表面上还没有被完全废除，但两种

高等教育机构在管理上已无太大差别，大学基金委员会与多科技术学院和其他学院基金委员会在组织机构和操作模式上都十分相似，高等教育管理逐步走向单一制。1992 年 3 月，议会通过《继续教育与高等教育法》。该法接受 1991 年《高等教育：新的框架》白皮书的建议，废除高等教育双重制，规定只要符合一定标准，所有高等教育机构都可以拥有"大学"头衔，同时把大学基金委员会和多科技术学院和其他学院基金委员会合并为高等教育基金委员会，全国学位授予委员会宣布解散。至此，英国高等教育双重制宣告终结。

高等教育双重制在英国的产生和终结都有其合理性。首先，英国高等教育双重制的产生有其深刻的历史和社会背景。在当时看来，实行双重制是合理的，在一定程度上提高了高等技术教育的地位，大大促进了英国高等技术教育的发展，对满足国家和社会对高等技术教育的需求作出一定贡献。其次，英国高等教育双重制从一开始就没有解决高等职业技术教育部门与自治大学之间的关系和地位问题。政府实行双重制的初衷之一是提高高等职业技术教育机构的地位，但公共高等教育机构在很多方面的权力（如学位授予权、内部管理权、课程设置权等）受到限制，地方教育当局对学院的管理过于繁琐。与大学相比，多科技术学院与教育学院等公共高等教育机构仍处于弱势地位，它们必然会产生加入"大学俱乐部"的强烈愿望。这种愿望左右了公共高等教育机构的行为方式和发展方向，最终使它们获得了大学地位。克罗斯兰提出"双重制"这一概念时指出，英国高等教育存在学术教育和技术教育两种传统，认为这两种传统力量可以使双重制永远存续下去。但英国职业技术教育长期以来不具有高等教育地位，学术教育作为唯一的高等教育模式，才是影响更为深远的传统。双重制的产生对这种传统有双重影响：通过提高职业技术教育的地位打破这种传统；通过不动摇大学地位维持这种传统。这种不彻底性为其终结埋下伏笔。双重制的终结说明传统惯性所起的巨大作用。再次，社会发展趋势是英国高等教育双重制终结的决定因素。20 世纪 80 年代，全球性的高等教育市场化浪潮兴起，英国的大学与公共高等教育机构都需要为全国的经济、社会发展担负更大的责任。随着社会变革的加快、知识经济的发展和终身学习等理念逐渐为社会所接受，高等教育大众化进程加快，国家和社会也需要以多元化的高等教育体系代替双重制，以满足各类高等教育需求。

英国高等教育双重制的影响并未完全消失，它对高等教育体系的分类仍继续影响英国高等教育的发展。

参考文献

金含芬.英国教育改革[M].北京：人民教育出版社,1993.

王承绪,徐辉.战后英国教育研究[M].南昌：江西教育出版

社,1992.

徐辉,郑继伟.英国教育史[M].长春:吉林人民出版社,1993.

殷企平.英国高等科技教育[M].杭州:杭州大学出版社,1995.

Clark, B. R. & Neave, G. The Encyclopedia of Higher Education[M]. Oxford: Pergmon Press, 1992.

（王绽蕊　张东海）

英国教育政策（educational policy of the United Kingdom）

英国教育政策是国家发展到一定阶段的产物,其出现和发展必然以国家发展为基础。英国由英格兰、威尔士、苏格兰以及北爱尔兰组成,英格兰、威尔士的教育政策与苏格兰有很大区别。

英国教育政策发展历史

政府初涉教育事务及教育主管机构的建立 19世纪前,英国政府很少干预教育事务,这一时期的教育主要由两部分组成:一部分是为绅士和富裕城市居民子弟服务的大学和作为大学预备的公学、文法学校;另一部分是宗教和慈善团体开办的扫盲性质的初等教育学校,这些学校多分属于不同的宗教和派别,没有统一的组织机构。19世纪初,在工业主义和国家主义的影响下,要求国家干预教育的呼声日盛,1807年,惠特布雷德向议会提交《教区学校法案》（Parochial School Bill）,建议用政府的经费资助和新建教区学校,虽被否决,但这一事件开议会讨论教育问题之先例。之后,布鲁厄姆和罗巴克等人继续推动国民教育制度的建立,提出相关议案,试图建立一个国民教育体系,但因触犯教会利益,遭工厂主反对。1832年,罗巴克提出"普及国民教育"计划,虽未被接受,但在罗巴克的推动下,1833年,议会终于通过每年提供2万英镑（1839年追加至30万英镑）教育拨款的议案,标志英国政府从此涉入教育领域。同年在宪章运动推动下,议会通过《工厂法草案》,规定9~13岁儿童每天应在工作时间接受2小时的义务教育。由于没有教育主管部门,拨款交由两个主要的宗教慈善团体"国教贫民教育促进会"和"不列颠及海外学校协会"管理和发放。1839年,在激进派的推进下,辉格党政府建立"枢密院教育委员会"（但并未改变拨款由教会发放的惯例）,监督政府年度拨款的分配和使用,并拥有视察受补助学校的权利。在委员会秘书凯-沙图华兹的推动下,枢密院教育委员会的行政部门逐渐成为一个通过教会组织有效地分配和管理政府初等教育拨款的行政机构。1853年,在商业委员会下成立科学工艺署,鼓励科学技术教育中的相关科目（机械和机械制图、舰船结构、物理、化学、动物学和植物学）,并组织考试,按考试成绩拨款。1856年,科学工艺署与枢密院教育委员会合并成立教育署。

除了为教育拨款外,19世纪英国的三个皇家委员会开展大量教育政策活动。1858年建立的以纽卡斯尔公爵为主席的皇家委员会（"纽卡斯尔委员会"）调查初等教育状况,于1861年提交《关于国民教育状况的调查报告》（亦称《纽卡斯尔报告》）,揭示初等教育严重不足的实情,但该报告并不主张建立国民初等教育体系,而是提出"按成绩拨款"的原则。这一建议引起教育大臣（枢密院教育委员会副主席）洛的注意,他主持制定《1862年修正法》,推行"按成绩拨款"。1861年建立的以克拉伦敦伯爵为主席的克拉伦敦委员会（Clarendon Commission）调查九大公学,于1864年提交《克拉伦敦报告》,指出公学存在的问题,但肯定了公学的价值并支持其改革。1868年政府颁布的《公学法》与《克拉伦敦报告》的立场一致。1864年建立的唐顿委员会负责调查前两个委员会未涉及的学校,将这些学校分为三类,即捐办学校、私立学校和行会学校。重点对捐办学校作了调查。其1868年的报告建议按社会阶层设立三类中学:第一类中学为12~18岁的贵族和大资产阶级子弟设立,为升大学作准备;第二类中学为12~16岁的中产阶级子弟设立,注重实科课程,培养商业、法律等专业人才;第三类中学为12~14岁的中下层平民子弟设立,为普通职业作准备。该报告直接催生了1869年的《捐办学校法》。

初等国民教育体制的建立和地方教育行政机构的形成 19世纪60年代后期,建立初等国民教育体制的要求已很迫切。人口大量增长使民间的办学力量无法解决教育问题;民主政治的发展要求人们都受到一定程度的教育;而工业的发展也要求工人受到一定教育。1870年,教育大臣（枢密院教育委员会副主席兼教育署署长）W. E. 福斯特着手准备立法以满足国家对教育的需求。《福斯特教育法》（Forster Education Act,亦称《初等教育法》）在经过妥协后得以通过。该法被公认为英国教育史上的一个里程碑。之后1876年教育法规定了家长有义务送子女入学;1880年教育法将义务教育年龄规定为5~10岁,1891年教育法规定实施免费初等教育,1899年教育法将义务教育最早离校年龄提高到12岁。到1900年,英国基本普及了初等教育。《福斯特教育法》规定,在留给教会的6个月宽限期之后,学校设施仍然不足的地方要建立由地方选举的学校委员会,这是地方教育行政机构的初建,1888年,又建立郡议会之下的教育委员会,由此形成学区学校委员会—郡教育委员会—教育署三级行政机构,从而形成全国性的教育管理系统。《福斯特教育法》明确国家对初等教育的干预,但同时也使英国形成双重制的教育制度:公立的学校和民办的学校（教会团体所办学校）共存。双重制下,民办学校得不到充分的财政支持,出现大规模的萎缩。一些学校委员会也出现行政效率低下等情况。另一方面,要求干预中等教育的呼声也越来越高。1899年通过的《中央教育局法》规定成立中央教育局,取代教育署、科学工艺署和慈善委员会的职能,负责英格兰和威尔士的教育管理。《巴尔福教育法》(Balfour Education Act,亦称《1902 年教育法》)规定取消学校委员会、民办学校理事会、学校入学委员会和技术教育委员会,代之以地方教育当局,其中分为两类,"第二部分地方教育当局"指该法第二部分指明的郡和郡级市政议会,负责所在地区的初等和"初等以外教育"(包括中等教育、师范教育、技术教育、成人教育);"第三部分地方教育当局"指该法第三部分规定的自治市和城区,负责当地的初等教育。这样,英国建立了较统一、较有效率的新型教育行政管理结构。《巴尔福教育法》着手解决《福斯特教育法》确定的双重教育体制带来的私立学校难以维系的状况,将地方税补助扩大到民办学校,解决这些学校的日常经费问题;另一方面,规定新成立的地方教育当局有权干预这些学校的日常事务,使这些学校接受政府的监控。

对中等教育的干预和连贯的公立学校系统的建立　《巴尔福教育法》的另一个成果是建立起公立的中等教育体系。它授权第二部分地方教育当局对"初等以外教育"进行资助和开办郡立的文法学校,对原有的中等教育以资助和购买的方式进行改造,并给初等学校的优秀毕业生提供奖学金。除普通中等学校外,还建立师范学校以及成人教育机构。这样,《巴尔福教育法》逐渐把中等教育也纳入国家管理体制中。但此时的中等教育仍然是与初等教育不相干的教育体系,两者并没有衔接关系。《费舍教育法》(The Fisher Education Act,亦称《1918 年教育法》)将义务教育年龄提高到 14 岁,取消所有初等教育的学费,授权地方教育当局为 5 岁以下儿童开办幼儿学校并将义务教育离校年龄提高到 15 岁。此外,该法规定 14~16 岁的未继续升学读书的少年要进补习学校学习 320 小时。该法确立包括幼儿学校、小学、中学、各种职业学校、继续教育学校在内的公立学校系统。但由于战争和随后的大萧条的影响,英国教育发展的步子放缓。

第一次世界大战前,工党提出"人人受中等教育"的口号,1922 年,其代言人 R. H. 托尼发表文章《人人受中等教育》,指出应该把中等教育界定为青少年应受到的教育,而不是与初等教育不相干的教育。1926 年,以哈多为主席的调查委员会提出《哈多报告》(Hadow Report),该报告建议改变传统的既相互独立又互不衔接的初等教育与中等教育制度,建立一种单一的、连续的两段教育体制,从而为全体民众提供中等教育,在《哈多报告》里,中等教育的形式除了文法学校和技术中学,还有现代中学,建议通过考试来分流学生。《哈多报告》的原则得到政府的认可,1928 年后政府正式拨款实施哈多教育重组计划,此后英国建立起大量的"现代中学",形成以文法学校、技术中学和现代中学为基础的三轨制的中学系统。1944 年,《巴特勒教育法》(Butler Education Act,亦称《1944 年教育法》)通过,规定成立教育部,负责制订全国的教育发展政策;建立两个中央咨询委员会,相应地改造地方教育行政体系,真正确立国家教育行政的中央集权体制。该法案将公共教育制度改组为初等教育(5~11 岁)、中等教育(11~18 岁)和继续教育(为离校青少年而设)三段,并规定最低离校年龄为 15 岁,事实上实现了"人人受中等教育"的目标。

初等、中等教育的改进和高等教育的发展　《哈多报告》以及《巴特勒教育法》确定以"11 岁考试"(eleven-plus examination)为基础的分轨的教育体制。"11 岁考试"成为很多学校争取中等教育(特别是文法学校)有限名额的重要途径,于是在初等学校中,按能力分组教学的办法普遍存在,同时,以应付考试为中心的教学取向也十分明显,这些严重影响教育发展,遭受广泛批评。1967 年,普洛登委员会发表题为《儿童及其初等学校》(即《普洛登报告》)的报告,对初等教育的状况进行综述,提出要对初等教育的各方面加大投入,建立学校、家庭、社区间的良好关系,重组初等教育结构,发展师范教育,加大发展幼儿教育,并建议取消"11 岁考试"。该报告对政府、学校、教师和家长都产生广泛影响。

在中等教育方面,自 20 世纪 50 年代以来,三轨制中等教育受到越来越多的批评,这种批评不仅来自教育界,也来自政界,而"11 岁考试"的心理学依据也越来越受到怀疑,综合化教育的思想得到越来越多的支持。工党重新执政后,于 1965 年 7 月正式发布题为《中等教育的组织》的"第十号通知",该通知表明,政府要取消"11 岁考试",取消中等教育的分轨制。在通知中,政府提供了六种类型的综合学校供地方教育当局考虑。此后几年,政府通过在财政上对地方教育当局施加压力,着力推进学校的综合化进程,大约有 80% 的地方教育当局作出令政府满意的回应。1970 年,政府决定就综合学校问题开始立法程序,已经向议会提出议案。但是此时工党在大选中失败,保守党上台后,新任教育与科学大臣撒切尔夫人立即收回 1965 年的"第十号通知",下发 1970 年的"第十号通知",允许地方教育当局自由选择是否进行综合化改组,并通过财政干预阻挡综合化进程。虽然如此,综合化改组仍然在某种程度上进行着,1964—1972 年,综合中学的学生数从占总数的 8% 上升到 40%。由于保守党政策的影响,到 1972 年,只有 1/3 地方教育当局完全取消了"11 岁考试",仍有 1/3 的地方教育当局对全部学生进行"11 岁考试",另外 1/3 的地方教育当局则部分保留了"11 岁考试"。

20 世纪 60 年代英国教育的另一个特征是高等教育的快速发展。在 1963 年针对高等教育的《罗宾斯报告》(其最重要的原则是所有具备入学能力和资格并希望接受高等教育的青年都应该获得受高等教育的机会)的推动下,政府对高等教育的拨款大幅上升,高等教育快速发展,同时政府确立对高等教育的双重制管理:一部分是"自治"的大学,另一部分是接受行政管理的由多科技术学院、教育学院组成的公共高等教育机构(参见"英国高等教育双重制")。

1973 年经济危机后,英国教育政策开始从发展规模转向提高质量。1976 年 10 月,首相卡拉汉发表"罗斯金演说",提出要提高教育的标准、设立核心课程以及满足企业界的需要等。1985 年,在教育与科学大臣约瑟夫的推动下,英国政府发表题为《把学校办得更好》的白皮书。对提高质量的持续关注最终形成《1988 年教育改革法》,该法涉及中小学、高等教育及教育管理多方面的问题,其最重要的内容是形成全国义务教育阶段的统一课程(核心课程和基础课程)。

高等教育在 20 世纪 70 年代则受到财政影响,20 世纪 80 年代初高校毕业生的就业成为突出问题,1981 年,政府正式宣布逐渐削减大学经费。1981—1983 年,雷佛休姆基金会资助英国高等教育研究会连续发表十多份针对高等教育的报告(统称《雷佛休姆报告》),提出高校要扩大经费来源,适应英国振兴经济的需要,强调高校应承担社会课题,从而减轻国家负担。这些报告的许多精神都体现在政府有关文件中。之后,《1988 年教育改革法》改变了高等教育的双重体制,使多科技术学院和教育学院脱离了地方教育当局的管辖,与大学一样成为独立机构;同时,中央政府加强对高等教育的控制,用大学基金委员会取代大学拨款委员会(University Grants Committee),将财政资助的权力掌握在政府手中。1991 年,政府发布《高等教育:新的框架》,将大学、多科技术学院和其他高校统一到大学基金委员会的统一管理中,并把学位授予权下放到较大的院校,较大的多科技术学院也可改称为大学。

英国教育政策的特点

教育政策干预领域的有限性　英国政府对教育的干预十分谨慎。教育在 19 世纪前一直是教会的世袭领域,而英国政府一直奉行的是自由放任主义的管理哲学,所以,除了首次干预教育需要付出巨大的努力之外,任何教育政策的出台都必须经过对其必要性的论证,以免伤害相关政策对象的利益。从历史发展看,英国教育政策干预范围呈现扩大趋势:由对教育经费的资助到对受教育者的规定,再到对教育体制的干预,最后到对课程的干预。但总体来说,其教育政策的干预领域是有限的。如对高等教育的干预,政策从未以法律或行政命令涉入其内部事务。又如在实行义务教育之后的一个世纪里,政府从未对学校的课程进行硬性规定,更遑论教材、课程表的统一,直到 1988 年才规定义务教育阶段一部分国家统一的课程。

教育政策干预方式的可选择性　英国教育政策的干预方式主要是财政拨款和法律规制。财政拨款这种干预方式具有可选择的特点:政策对象可以选择接受,也可以选择不接受。英国的教育法律也同样具有可选择的特点,如《巴特勒教育法》规定(教会)民办学校可以从"特别协议民办学校"、"民办受控性学校"和"民办补助学校"三种类型中作出选择,也就是在更多的独立地位还是更多的政府补助之间进行选择;此外,在法定教育制度外,政府允许独立学校存在,只要它们达到办学要求并向教育部登记注册就可以。除这两种途径外,行政部门还可以通过别的方式干预教育,如 1965 年工党的"第十号通知"就以通知的方式传达政策意图,但它不具有法律的强制力,也是可以选择进行的。其政策意图仍然需要以财政拨款为政策工具来实现,仍然可以归为财政拨款干预方式。从不同角度,也有人认为这种选择性体现的是一种妥协性。

教育政策变迁的渐进性与连续性　渐进性是英国教育政策变革的最显著特点。一方面,英国有自由主义传统,政府在干预教育事务时较少采取强制性措施,而是尊重政策对象的自由选择,所以政策意图不会很快完全实现;另一方面,英国人尊重传统,不会轻易放弃传统。这使英国教育政策的发展显示出渐进性。如在教会学校的问题上,为了照顾教会的利益,《福斯特教育法》为未能达到标准的教区留下 6 个月的宽限期,只有在 6 个月之后仍然未达到标准的教区才建立公立学校。政府是世俗化的,其经费为宗教事业服务被认为是不公平的,但《巴尔福教育法》仍然规定给予教会学校日常经费的拨款。之后教会学校事实上长期存在,到《巴特勒法育法》颁布时仍为其留下生存空间。

与这种渐进性相一致,英国教育变革呈现连续性。尽管一百多年来政局不断变化,执政党派的更替从未停止过,但其教育政策仍具有内在一致性:教育的国家化进程从未停止过,教育政策逐渐全面涉入教育领域,从经费支持到法律规范,从外部管理到内部干预,其方向十分明显;受教育者范围扩大,即不断推进教育普及化进程,体现在从建立国民教育制度到"人人受中等教育"教育体制的形成,再到高等教育大众化进程;不断推进受教育者之间的平等化进程,英国传统教育具有鲜明的贵族性和精英性,教育政策尊重和承认这类传统,但仍努力推进受教育者之间的平等,这体现在第二次世界大战之后的一系列改革中,如学校的综合化运动,其目的在于"人人都享受文法学校的教育";教育的世俗化进程从未间断,虽然教育政策对于教会办教育一直保持宽容态度,并提供相应资金支持,但从整体来看,教育政策仍在推进教育世俗化,这体现在历次教育法中。英国教育政策的这种渐进性与连续性的统一促进英国教育持续、稳定发展。

英国教育政策与国家发展的关系

国家发展至少包括两个方面,一是其管理机制的完善,二是其综合能力(集中体现为经济能力)的提高。而教育政策作为一种关于教育的政治产出,对于国家发展具有积极作用。

国家发展对教育政策的促进 英国教育政策的产生与19世纪的国家主义倾向是一致的。国家主义思想于18世纪产生于法国,随后在欧洲逐渐成熟,其代表人物是法国的拉夏洛泰、孔多塞和德国的费希特等,其基本思想是国家代表全体人民拥有最高权力,同时,国家应该在社会生活中承担更多的义务。这种思想在19世纪的英国得到回应。在19世纪30年代之前,英国的国家机构很不健全,不能很好地管理国内外事务,但随着工业革命完成和近代资本主义的发展、国家间竞争的加强以及阶级矛盾的激化,改造国家机构、加强国家管理被提上日程。19世纪的英国国家改革体现为两方面。一是对地方政府机构的改革。1833年以前,其地方行政机构由约1.55万个教区、约5 000名经王室任命的治安法官和约200个王室特许选区构成,此外还有一些市镇自治团体,这些地方行政机构都有很大的自治权。1835年,英国政府取消市镇自治团体,改设市镇选区。此后,中央政府一直致力于整顿和集中权力,直到1888年和1894年颁布两项地方政府法,这一任务才告完成。二是国家干涉职能的加强。从19世纪初起,英国议会和政府首先在贫民救济、公共健康、铁路和工厂制度、囚犯管理、教育、矿山和移民等方面成立了16个中央级的委员会,协助政府调查、了解各方面的社会问题。根据这些委员会的报告,政府加强对各方面的管理,逐步建立相应的中央各部门。英国教育政策的从无到有、教育管理部门的建立,正是这一大趋势中的一部分。19世纪国家主义思想的影响正是教育政策产生、发展的背景。

英国教育政策的产生、发展以国家经济能力的支撑为基础。英国的教育政策大多表现为拨款法案,如1833年的第一项政策即是一项拨款,而其他重要法案,如《福斯特教育法》、《巴尔福教育法》、《费舍教育法》和《巴特勒教育法》都涉及大规模地增加拨款。19世纪中期开始的多次教育立法,一方面反映了国家管理的集权趋势,另一方面反映国库的充盈,特别是在维多利亚时代,英国经济领先世界。除了一些特殊时期(如两次世界大战间和1973年后的经济萧条时期),英国的教育管理部门较少被教育经费短缺的问题困扰。英国由19世纪初的国家不干预教育到19世纪末普及义务教育,这些发展与其教育经费的充足密切相关。

教育政策作为国家发展的途径 19世纪,英国教育政策随着英国现代化进程的深入而出现。对于英国国家的发展,教育政策的意义主要体现在工业经济和民主政治两个方面。

19世纪初,英国工业界反对政府干预教育,如惠特布雷德1807年的《教区学校法案》因遭到工厂主的反对而被否决。后来人们开始认识到教育政策与发展工业的联系,1870年 W. E. 福斯特在下院演讲时提出工业繁荣取决于迅速发展的初等教育的观点,但这种观点在当时未被工厂主接受。英国教育政策的制定仍更多地与政治因素有关,与发展工业的愿望无直接关系。但不能否认英国教育政策确实推动了工业的发展,集中反映在教育政策在扩张初等教育和中等教育方面给工业经济带来的益处及其对科学教育和职业技术教育的支持上。19世纪末,英国将较多的资金投入技术教育。1881年,政府任命皇家技术教育委员会(Royal Commission on Technical Instruction,1881—1884),该委员会通过对别国技术教育的调查,对英国的技术教育提出详细建议,其报告成为英国技术教育领域的重要参考依据。1887年,英国成立国家技术教育促进协会(National Association for the Promotion of Technical Education),1889年颁布《技术教育法》(The Act on Technical Education)。之后又颁布《地方税收(关税和货物税)法》,地方教育当局可以利用增收酒税来发展地方技术教育。进入20世纪,国际竞争日趋激烈,政府更加重视科学技术教育。《巴特勒教育法》把技术中学明确列入中等教育体系,并创立继续教育制度。此后,英国于1961年发表《扩大技术教育机会》白皮书,于1986年成立全国职业教育文凭委员会。1991年,《高等教育:新的框架》发布,将多科技术学院提到与传统大学基本平等的地位。这一教育政策明显推动了工业发展。但同时英国教育政策对工业发展的推动也有局限性。一方面,英国传统上不重视技术文化,教育不带有功利性,技术中学、技术学院仍然是学业不佳者和贫家子弟的选择;另一方面,工厂主对于在学校里实现技术教育持犹豫、怀疑的态度,他们宁愿采取学徒制的教育方式,以免技术秘密为他人所用。在教育部提倡技术教育的同时,政府机构却主要招收牛津大学和剑桥大学毕业生参政而排斥理工科学生,教育政策对技术教育的推进作用因而受到影响。英国的工业在19世纪后期逐渐衰落,其教育政策上的推进不力是一个重要原因。

英国教育政策的产生和发展更多地体现了其政治意义。英国教育政策的产生与政治进步有关。1833年《工厂法草案》受工人"宪章运动"的推动而出台。当时,教育被认为是改变工人阶级命运的重要手段。政府认为面向全体人民的教育是重要的,因为英国民主政治的发展需要人民受到教育。1870年 W. E. 福斯特提出,初等教育的发展关系到英国君主立宪制的有效运转,因为在宪章运动的推动下,英国的选举权已经扩大,1867年英国议会改革使百万工人获得选举权。要建立一个民众的政府,不能基于没有受过教育的人民。教育的扩大化体现了民主政治的发展,民主政治的平稳发展也需要教育的扩大化。

英国教育政策一直沿民主化、世俗化的方向推进教育的发展。民主化表现为教育对象的全面扩张与教育内容、教育机会的平等化。在某种意义上,教育政策成为英国这个等级社会的一种调节机制。世俗化也可视为民主化的一个方面,在国家机构涉入教育领域后,学校的教会色彩淡化,使不同宗教信仰的受教育者在教育过程中受到更公平的对待。

参考文献

顾明远.民族文化传统与教育现代化[M].北京:北京师范大学出版社,1998.

梅德利科特,W. N. 英国现代史(1914—1964)[M].张毓文,等,译.北京:商务印书馆,1990.

王承绪,徐辉.战后英国教育研究[M].南昌:江西教育出版社,1992.

王觉非.近代英国史[M].南京:南京大学出版社,1997.

(张国兵)

英国教育制度(educational system of the United Kingdom) 大不列颠及北爱尔兰联合王国位于欧洲西部,包括英格兰、威尔士、苏格兰和北爱尔兰四部分。面积24.41万平方千米(包括内陆水域)。2010年人口6 235万。居民多信奉基督教新教。另有部分居民信奉天主教、伊斯兰教、印度教、锡克教、犹太教和佛教等。官方语言为英语。2011年国内生产总值23 741亿美元,人均国内生产总值38 131美元。

英国教育的历史发展

古代英国屡遭异族入侵,政权也多次更迭。氏族部落时期,由部落长老和父母对儿童进行言传身教。罗马人统治时期,罗马式教育得到提倡和鼓励。盎格鲁-撒克逊人统治时期,罗马式教育被迫中断数百年。597年,罗马主教派人传播基督教,同时兴办教育,有组织的教育得以复现。当时的教育由教会提供,由主教和教士组织进行,有"文法"和"歌咏"两种形式。后来学校演变为文法学校和歌咏学校两种。前者实施普通知识教育,教授拉丁文法,培养教会牧师和政府官员;后者实施职业教育,培养教会需要的唱诗者和牧师举行仪式的助手。从公元6世纪到宗教改革的近10个世纪里,教会控制了一切有组织的教育,成为提供有组织教育的唯一机构。文艺复兴时期,英国教育发展的重要标志是公学的产生。公学由宗教、公众团体和私人集资兴办,最初招收平民子弟,但很快为上层社会子弟专享,培养具有特权的官吏和统治阶层人物。到15世纪后半期,英国出现了

九所著名的公学。16世纪宗教改革对教育产生很大影响。1536年,亨利八世下令用英语讲经布道,英语逐渐代替了拉丁语的地位,各教区出现以英语教学的初级学校。

17—18世纪,英国的公学和文法学校十分重视古典主义教育。英国古典主义教育继承古希腊罗马文化遗产,并以此为宗旨规定学习科目为"七艺":文法、逻辑、修辞学、算术、天文学、几何、音乐。这段时期,英国职业教育在家庭和学校同时进行。生产大多在家庭手工作坊中进行,各种行业所需技能都掌握在工匠手中。行会制、学徒制盛行,人们谋生所必需的技艺或父子相继或师徒相传,即进行家庭职业教育。英国的家庭职业教育通常是在家学习阅读、写作等基本技能及进行有关宗教伦理道德、社交技巧和祖传技艺的专门训练。另有一种形式是将儿童送到行会师傅的作坊里或名门望族的宅第内,学习相关的知识技能。男孩从14岁起便离家外出,接受7年左右的训练。贵族子弟学习拉丁文、法语、书写、绘画、舞蹈、骑射等。劳动人民子弟则学习谋生技能,接受部分基础教育。

近代,随着资本主义工商业活动领域的拓展,家庭职业教育逐渐被学校教育取代,英国遂向"学校教育的社会"过渡。学校提供法律、医学、神学等不同职业的训练和正规课程的讲授,社会各阶层已开始将孩子送往学校接受职业教育。培根率先倡导开展对自然科学的研究,提倡"实验归纳法"。与此同时,英国民间自发地出现了一个远离正统教育的科学家群体。他们大多是能工巧匠,热衷于改良技术,从事自然科学研究。从17世纪下半叶开始,英国还出现一批科学社团机构,如皇家学会(1662),制造业和商业协会(1754),不列颠博物馆(1755)及若干科学俱乐部。这些"无形学院"从17世纪下半叶起通过定期聚餐、举办讲座、出版刊物等活动,在社会上产生一定影响。由于英国未经历过彻底的启蒙运动和资产阶级革命,在近代早期英国从传统社会向现代社会转型的过程中,宗教势力始终占据举足轻重的地位,科学教育难以与之抗衡。

19世纪,英国基础教育的主要特点是精英教育和地方自治,文法学校、公学均以培养文官和政治精英为目标,仍只向上流社会子弟开放。平民子弟能接受的教育十分有限,多数是进入由私人捐助或教会主办的主日学校、慈善学校、导生制学校。随着工业化程度的提高,社会亟需大量有较高素质的工程人员和技术工人。1833年,英国政府拨出2万英镑专款发展初等教育,1839年增至3万英镑,同年设枢密院教育委员会,此后政府开始对教育实施直接控制。但地方自治的倾向依然明显,地方也开始成立地方教育委员会,主要管理初等教育。1856年,又设立教育署,负责教育的具体事宜和全国的初等教育工作。1870年,英国议会通过《福斯特教育法》,创办免费学校,实行强制性世俗教育。该法案扭转了民众教育仅限于宗教慈善团体资助、学

校控制在教会手中的局面,在一定程度上推动了英国教育的发展。《福斯特教育法》规定,全国划分为若干由地方教育委员会领导的学区,每个学区的民间组织应设一所学校,如有不执行者,地方教育委员会有权以税收与学费共同维持学校运营,凡家长支付不起学费的儿童均可免费入学。《福斯特教育法》还规定,5～12 岁的儿童须接受义务教育。《福斯特教育法》为英国国民教育制度奠定基础。此后,英国逐渐形成双轨学制:一轨是为资产阶级和贵族子弟设立的公学、文法中学,毕业后升入大学;另一轨是为劳动人民子弟设立的初等学校、职业学校、高级小学等,毕业后进入职业学校或直接就业。

20 世纪上半叶,英国出台大批教育研究报告和法律法规。1902 年《巴尔福教育法》规定,以地方教育当局取代地方教育委员会,形成中央控制和地方分权相结合的教育领导体制。1918 年,英国颁布《费舍教育法》,提出为 2～5 岁幼儿创办学校,义务教育年限延长到 5～14 岁。1938 年出台的《史宾斯报告》建议将中学划分为文法中学、技术中学和现代中学三类。1943 年《诺伍德报告》发表,提出中等教育发展建议,创办普通中等技术教育、现代中学、综合性中学、文法中学等,以满足不同能力和智力水平的学生的需要。1944 年颁布的《巴特勒教育法》是英国最重要和最完整的教育立法,成为第二次世界大战后英国半个世纪教育制度的法律基础。该法提出设立全国性教育机构——教育部,加强中央对教育的领导;将公共教育系统划分为初等教育、中等教育和继续教育三个阶段;提出公立学校免费制度,把义务教育年限延长为 11 年等。第二次世界大战后,英国中等教育结构实行文法中学、技术中学和现代中学“三分制”。文法中学是英国最古老的学术性学校,招收初等学校毕业生,学习年限为七年(11～18 岁),以培养学术人才为目的。文法中学学习阶段分为基础阶段和分科阶段两部分。基础阶段 5 年,为共同学习阶段;分科阶段也叫第六级,学习 2～3 年,结业时要参加高级水平的普通教育证书的考试或奖学金考试,合格者可以申请高等学校。第六级是中学到高等学校过渡的中间环节,对学生传授与未来专业有联系的普通学科的更深的知识,实际上是高等学校的预科。技术中学通常学习年限为 5～7 年(11～16 岁或 18 岁),开设普通教育课程和职业教育课程。毕业生成绩合格者多升入技术性的学院或大学。现代中学从高级小学演变而来,学习年限为 5～7 年,偏重实用和职业课程。国家强制性规定以“11 岁考试”作为基础教育分流的依据,根据考试成绩将学生分入不同类型的学校。这种教育考试制度提供了通向不同社会阶层的途径,强化了英国社会的经济分层。20 世纪 60 年代,人们对“11 岁考试”提出质疑,提出中等教育综合化改革方案。1965 年,教育大臣发布题为《中等教育的组织》的第十号通知,提出综合中学的六种组织形式。1967

年,英国政府取消“11 岁考试”,大多数学生进入综合中学。至 1980 年,综合中学的学生数占全部公立中学学生数的 88％,综合中学成为英国中学的主要类型。

1976—1986 年,英国经历 10 年“教育辩论”时期。1977 年,工党政府领导的教育与科学部发表题为《学校教育》的咨询文件,列举英国中小学教育的八大目标。1980 年和 1981 年,保守党政府相继发表《学校课程的框架》和《学校课程》两个文件,将前面的 8 大目标修改为 6 大目标。同时,英国皇家督学团对教育目标的阐述也具有重要影响。此外,社会团体和组织,如教师工会、家长教师协会等也纷纷提出更具体、明确的基础教育目标。1988 年 7 月,英国议会通过《1988 年教育改革法》,内容主要有:改革教育管理体制,强化中央政府的教育管理权;建立统一的国家课程和全国成绩评定制度;赋予家长更多的权力等。

英国教育行政与督导体制

英国教育行政机构分为中央和市(郡)两级,中央教育行政部门为教育部(因职能变化而多次更名),直接受教育大臣领导,管理全国的教育事业。地方教育行政部门则为市(郡)的地方教育当局(包括教育委员会和教育局),接受教育部和市(郡)行政部门的领导,管理下属教育部门的事宜。《1988 年教育改革法》弱化了地方教育当局的管理职能,强化了地方教育当局的服务职能,即为学校专门提供人事政策、特殊需求教育、学校预算和教师培训等方面的咨询和指导。学校内部实施学校、地方教育当局和学校董事会三位一体的管理机制。2007 年 6 月,教育与技能部被拆分为儿童、学校与家庭部,创新、大学与技能部。儿童、学校与家庭部致力于保证所有儿童和青少年能充分发挥其潜能,保证儿童服务和优质教育的完整性。高等教育主要由创新、大学与技能部负责管理。

英国学校有很大的办学自主权,管理的主要责任者是学校董事会,学校董事会代表社区对学校的事业发展、校长聘任、教师招聘等重大问题进行决策。学校董事会由学生家长、社区人员及校长等人员组成。它授权校长在其职责范围内管理学校,校长例行向其报告工作,并向社会及学生家长通告学校办学情况,如教学大纲、教学计划的执行情况,征求家长对学校意见,争取家长对学校的支持等。学校重大事项,如资金的分配开支、重点基础建设等由董事会决定。英国中学通常设校长 1 名、副校长 1～2 名;小学设校长 1 名、副校长或校长助理 1 名,校长、副校长均为教师身份,要承担一定教学任务。教研组和年级组是学校的基层教学管理组织,由校长直接领导。学校的来访接待、对外联络、文件收发、门卫安全、考勤登记、日常行政、财务管理以及后勤生活服务等,均由接待室负责处理。接待室根据学校规模设 3～5 名专职人员,直接受校长领导。

英国是世界上最早建立教育督导制度的国家之一。英国的督学由皇家督学、注册督学和督学三级构成。皇家督学已有一百多年历史,在国内有很高的地位和待遇。督学任职条件非常严格,是经过严格招聘和考核确定的。早在1839年,英国政府就根据当时的教育法案设立皇家督学团(或称女王督学团)。自19世纪中叶以来,英国教育督导制度逐渐演变成中央和地方两级督导机构并存的格局。它们根据各自教育管理部门的要求,负责各自中小学、职业教育、中等后教育和师资培训的督导规划、组织、督学的招聘以及督导的内容与方法。地方督导机构发展很不平衡,各地方教育当局督导工作差异很大,督导方法以随访和短期督导为主。地方督学更多地发挥指导与咨询作用,真正对中小学和其他类型学校进行系统、深入督导与评价的主要是皇家督学团。皇家督学团拥有一支高素质的督学队伍,按区域划分进行工作,每年大约要对160多所中小学进行系统、全面的督导,出版160多份学校督导报告,以及大量其他教育调研报告与资料,是中央教育行政部门和教育大臣掌握全国各级各类教育总体情况、质量与问题,进行专家咨询和决策咨询的有力助手,在英国社会和教育界享有很高的地位。20世纪80年代末,英国政府宣布解散皇家督学团。英国1992年公布了新的教育督导制度,中央督导机构改组后更名为教育标准局(Office for Standards in Education,简称Ofsted),由新任命的主任督学领导负责监督和协调全国的督导工作。除在伦敦设总部外,教育标准局在全国设12个分部,保证在四年内完成对所有中小学督导一次的目标。教育标准局500多名工作人员中有原来的200多名皇家督学,其主要任务是制定评价标准、有关政策和计划,监督督导工作质量,制订并监督督学的培训计划,并不直接涉及学校督导工作组织管理与实施。教育督导主要改革措施包括:废除中央和地方两级督导体制,实行单一体制,建立以注册督学为首的独立督导小组制;将市场竞争机制引入督导领域,各督导小组之间竞争学校督导项目;规定每个督导小组必须包括一名非教育专业的外行;制定详尽的"学校督导大纲",向学校、社会和家长公开发行;督学有权将办学水平很差的学校评定为"失败的学校",并限期予以整顿。1997年通过的教育法案规定,教育标准局有权对地方教育行政部门的工作进行评估。英国共有150个地方教育当局,负责地方教育的管理工作,督导评估工作一般每四年进行一次,也可以根据工作需要随机评估。英国的教育督导评估包含督学与督政两个方面:督学是对以中小学校为主体的各类学校、教育办学机构的督导评估;督政则主要是对地方教育当局工作的督导评估。英国对中小学校督导评估的主要内容包含四个方面:教学质量、学生学习的质量、财政管理情况、学生社会能力,据此又制定出70～80个小项。实地督导评估工作由许多督导小组实施和完成,负责督导小组工作的必须是注册督学。每个督导小组均必须有一位非教育者身份的人,即"平民督学"参加,以保证评估的客观性。在整个督导过程中,约有60%的时间花在教学评估上。督导评估结束后,注册督学要全权负责写出督查报告,对所有督查项目做出评价。每年约有3%的学校不合格,这些学校的行动计划必须直接交给教育大臣,由皇家督学监督执行,如果两年内没有改进将被关闭。

2007年4月,英国政府成立教育、儿童服务与技能标准局,执行独立的监察职能,检查和规范对儿童和青少年的教育,同时也将检查对所有年龄阶段的学习者开放的教育培训情况,直接向议会报告。

英国现行学校教育制度

由于历史原因,北爱尔兰和苏格兰有自己独立的教育制度,威尔士拥有基础教育自治权。英格兰、威尔士、苏格兰和北爱尔兰的大学由中央政府教育行政部门集中管理,苏格兰、威尔士和北爱尔兰的初等教育、中等教育和中学后教育则分别由苏格兰、威尔士和北爱尔兰的3名内阁国务大臣及其领导的教育部门管理。1998年改革以后,英国四个地区的教育政策更加多样化。

学前教育　英国5岁以前儿童的教育属于学前教育,学前教育不属于义务教育。大部分学前教育机构由地方教育当局、私立机构、社区和志愿者机构等举办。1998年3月,英国政府推出"国家儿童保育战略",主要目标是扩大就业、改善学前教育服务质量和为家庭提供更广泛的支持,主要内容包括扩大保育服务、提供基金、改善为从出生到3岁儿童提供的早期教育服务的质量和为14岁以下的儿童提供的校外托管保育服务以及为16岁以下有特殊需要的儿童提供的特殊教育服务。1998年起,所有4岁幼儿都可以享每周5天、每天2.5小时的免费早期教育。20世纪末,英国政府推出"确保开端"项目,面向所有家庭的所有儿童,强调在尊重家庭文化背景的基础上,帮助家庭营造良好的家庭教育环境。该方案为家庭提供的服务包括:家访咨询、帮助家长理解和支持幼儿的游戏、分享儿童保育和教育的经验、提供初步的社区健康服务、为有特殊需要的儿童和家长提供支持。政府雇佣幼儿保育和教育的专业工作者开展"确保开端"项目。针对家长难以支付昂贵的托儿保育费用问题,1999年10月,英国政府出台儿童托管保育税收信用政策。

2000年,英国政府颁布面向3～5岁幼儿的《基础阶段教育课程指南》,把基础阶段的课程内容分成人格、社会性和情绪情感发展,交流、语言和读写,数学,知识和对周围世界的理解,身体发展和创造性的发展等六个领域,提出到基础阶段结束时每个幼儿在各个领域必须掌握的关键技能。当幼儿达到法定入学年龄(5岁)时,将对幼儿进行人格、社会性和情感发展,语言和读写以及数学等方面的发展水平评估。《基础阶段教育课程指南》肯定了游戏对于幼儿学习与发展的重要性,提出"精心设计的游戏"概念,认为它是儿童在基础阶段学习的主要方式。

学前教育机构内部从业人员有保育系列和教育系列的区分,在职前培训、资格要求、晋级及薪水等方面有明显差别。教育系列的从业人员薪水要高于保育系列的从业人员。要进入教育系列工作,必须拥有三年制高等教育学位,并经过一年继续学习获得教师资格证书或四年高等教育学位。成为托儿所保育员或合格助教,则必须要接受两年时间、16种内容的培训。1997年以前,英国学前教育机构保育和教育分属两个不同服务体系。为0～3岁幼儿提供的托儿服务由社会保障部门管理,招收3～5岁幼儿的学前教育机构则由教育部门管理。针对保育和教育分离现象,英国政府推出新政策,强调"保教一体化"。学前教育机构有全日教师和非全日教师。学前教育工作者都持证上岗,证书的种类多种多样,有的保教人员同时拥有多种证书。

学前教育机构要接受国家教育标准局的督导和评估。所有学前教育机构都要接受教育标准局的监督。在各个地区将建立地方性的教育质量督导网络,以支持督导者的工作。教育标准局经常在报纸和因特网上发表学校检查报告。

基础教育　英格兰、威尔士和苏格兰实行5～16岁义务教育制度,北爱尔兰地区实行4～16岁义务教育制度,义务教育由初等教育和中等教育两部分组成。初等教育分为两个关键阶段:第一阶段为幼儿学校,招收5～7岁的儿童,学制2年;第二阶段为初等学校,招收5～11岁或7～11岁的儿童,学制4～6年。中等教育也分为两个关键阶段:11～14岁为第三阶段;14～16岁为第四阶段。16岁后的教育属于非义务教育,如果学生想继续升学,就要接着读预科,即第六学级或第六级学院,课程以学术性课程为主,然后升读大学。

20世纪70年代以前,英国实施中等教育的公立中学主要有文法中学、技术中学、现代中学、中间学校、综合中学、公学等。20世纪80年代后,综合中学成为主流,其他还有少量直接拨款学校和私立性质的公学。综合中学从1947年开始试办,由文法中学、技术中学和现代中学合并而成,学制7年(11～18岁)。20世纪60年代,英国政府开始推行"综合学校运动",新建或将原有的三种类型的中学改组成综合中学,到20世纪70年代得到普及。1985年,英国综合中学约占全部中学的93.1%,其中英格兰为84.5%、威尔士为98.4%、苏格兰为96.4%。综合中学仍然分为文法、技术、现代等科,学生入学后仍要按照天赋、才能和资格等分

别编入不同的科。综合中学有三种类型:一贯制综合中学,招收11～18岁学生;两级制综合中学,包括招收11～16岁学生的综合中学和招收16～18岁学生的第六学级;三级制综合中学,所有学生在8岁或9岁进入综合性中间学校,然后在12岁或13岁转入综合中学。

《1988年教育改革法》颁布后,英国开始设立直接拨款学校。任何由地方教育当局管理的郡办学校或民办学校经家长投票同意后都可提出申请,经教育大臣批准后成为直接拨款学校。每个财政年度,教育大臣给直接拨款学校支付维持拨款、专项拨款以及基建拨款。1992年,英国直接拨款公立学校数量约300所,到1996年增加到1 000多所。

公学在现代学制中自成系统,招收预备学校的毕业生,学制为5～6年,以培养领袖人才为目标。公学学费昂贵,师资和教学条件都很好,其课程与文法中学相似,注重人文学科,近年也增加科学和数学学科的比例。

英国公立学校办学经费由中央政府按照规定的公式预算下拨,主要由在校学生人数确定,约80%用于人员工资,其他用于学校修缮维护等。私立学校师资条件与教学设备较好,但收费高,毕业生可升大学。政府对义务教育年龄段的学生实行免费教育,包括提供教材、学习用具和交通费用等,贫困家庭的学生由政府提供免费午餐。每所学校都有其服务区,但家长也可送孩子到服务区域外的学校择校就读,学校不收取额外费用。

20世纪80年代,英国是整个欧洲唯一不设置国家统一课程的国家。《1988年教育改革法》首次规定义务教育阶段开设10门全国统一的国家课程,其中3门为核心课程,分别是数学、英语和科学;另7门分别是历史、地理、工艺、音乐、艺术、体育和现代外语。该法还规定所有学生要在7岁、11岁、14岁和16岁接受统一考试。政府建议国家课程的总教学时数应占学校全部教学时数的70%。对私立学校的课程设置未提出任何要求。1992年英国政府发表教育白皮书,再次强调国家统一课程可以保证所有儿童打好主要学科的共同基础。国家规定每个教学班不超过30人,课堂教学组织比较灵活,课堂气氛十分活跃。教师根据学生接受水平、不同能力分组布置作业、分组辅导。由专门老师对成绩特别好或特别差的学生进行个别指导或帮助。

《1988年教育改革法》还规定,所有公立学校学生在义务教育结束时必须参加中等教育普通证书(General Certificate of Secondary Education,简称GCSE)考试。之前英国各大学选拔学生的依据主要是普通教育证书(General Certificate of Education,简称GCE)考试。普通教育证书考试包括普通水平考试(O-Level)和高级水平考试(A-Level)。英国学生通常在16岁中学毕业时需参加普通水平考试,也称"16岁考试"。1988年,英国把普通教育证书的普通水平考试和职业性的中等教育证书考试合并为中等教育普通证

书考试。该考试的考试科目达 20 余科,学生通常要选考8~10 门,其中英语、数学和综合理科为必考科目,考试结果分为 A~G 七个等级,考试合格颁发全国通用的单科合格证书。通过该考试后,如想进入大学学习,需再进行两年的大学预科学习,一般进入第六学级或第六级学院学习两年。通常 18 岁时参加普通教育证书的高级水平考试,也称"18岁考试"。大学要求学生考 3 门,并且科目要符合报考专业要求,考试结果分为 A~G 七个等级。中等教育普通证书考试和普通教育证书高级水平考试的成绩都直接影响大学升学。为了推行国家统一考试,英国政府在设立国家课程委员会的同时,还设立学校考试和评定委员会。《1993 年教育法》颁布后,学校课程和评估局取代国家课程委员会、学校考试和评定委员会的职能。2003 年 5 月,布鲁内尔大学副校长斯沃兹受命对英国的大学入学考试制度进行调查,2004 年 9 月,他提交关于大学录取制度的最终报告,建议以全国统一的大学入学考试代替各大学自主出题考试的制度。2005 年,新考试开始在英国 1 000 所学校试行。新考试由 96 个多项选择题组成,目的是评估学生的形式推理能力、批判推理能力及语言推理能力。这三个部分的试题相互独立,计划主修数学的学生将更多地接受形式能力方面的测验;计划主修法律、历史及经济的学生将更多地接受语言推理能力方面的测验。新考试面向第六学级学生,考试时间为 2.5 小时。新考试重在考察学生的学术潜力。

职业教育　受英国重人文学术、轻职业技术传统的影响,英国的职业教育地位一直很低。到 20 世纪 60 年代,轻视职业教育的风气才开始有大的改观。20 世纪 80 年代,职业技术教育真正得到重视,并开始大发展。在此之前,学生所学内容和考试材料不由行业决定,而由办学机构决定,往往与实际工作相关度不高。1987 年,英国建立全国性的职业资格标准的体系"国家职业资格"(National Vocational Qualification,简称 NVQ),将知识、技能、岗位统一到国家的框架标准上来。其主要特点是:制定国家标准,由行业协会、学院和专家等在充分的市场调研和分析下,将基本知识、普通技能、核心技能组成若干"模块";通过立法确定管理教育质量的政府机构,使绝大多数职业教育课程在政府机构的检查、监督下实施,保障了全国职业资格标准的稳定性、权威性和一致性;根据社会发展确定标准资格。"国家职业资格"有各类课程 897 种,按五级证书划分,其中二、三级证书占 700 余种,一、四、五级证书相对较少,四、五级的高级证书由高级院校颁发。全国性的职业资格标准的体系已覆盖英国 90% 的人口。每五年"国家职业资格"标准都要更新、充实,以适应社会经济的发展。2000 年,英国政府拨款55 亿英镑帮助那些想获得"国家职业资格"证书的 16~20岁青年,为他们提供学费。只要学院按"国家职业资格"标准开设课程,不管是公办或私立学校,都将得到政府的拨款

支持。英国职业院校十分重视同企业界的合作,企业界也把发展继续教育与培训看作提高企业核心竞争力的重要途径。企业界的领导可以直接介入学校的理事会,学校同企业共同开发标准,制订计划。学校定期选派教师到企业上课,提供培训技能、理论知识和产品的开发等服务。英国职业院校和企业界将学校培训和工作培训结合起来,共享教育培训的结果。

20 世纪 90 年代,英国职业教育推行普通国家职业资格(General National Vocational Qualification,简称 GNVQ)。这是一种兼顾就业和升学需要的资格,其主要颁发对象是接受完 16~19 岁阶段全日制职业教育和普通教育的学生。在此之前,在英国的义务教育后教育中,学术性课程与职业性课程分离,学术资格与职业资格之间界限分明的问题一直未解决。毕业于普通教育机构的学生获得普通教育证书,持该证书者可升入大学深造;毕业于职业教育机构的学生获得国家职业资格证书,持该证书者一般只能就业。1992 年,英国政府在原有的学术性和职业性资格之外再设置一种能兼顾就业和升学的资格——普通国家职业资格,具有下列特点:为就业打下宽广基础,并为通向包括高等教育在内的较高级别的资格提供一条公认的途径;要求具备一系列技能,并有能力运用有关职业的知识;具有与同一级别的学术资格平等的地位;与国家职业资格有明确的联系,以便青年从一种资格转向另一资格时能迅速、有效地取得进步;与国家职业资格有明显的区别,从而保证两种资格不出现混淆;适合全日制学校学生使用。与国家职业资格评定标准不同,普通国家职业资格的评定不是直接依据职业能力,而是依据在广泛的职业领域内构成国家职业资格基础的技能、知识和理解力。

普通国家职业资格的结构由若干个必修单元(包括核心技能单元)、选修单元、附加单元构成。其中核心技能单元是各类普通国家职业资格共有的单元,它包括交往、信息技术、算术这三种核心技能。普通国家职业资格分基础、中级、高级三个级别。虽然普通国家职业资格只是为 16 岁以上的学生设计的,但越来越多的 14~16 岁学生也在修习普通国家职业资格证书课程。

高等教育　第二次世界大战结束后,英国相继发表一系列高等教育改革报告。1963 年发表的《罗宾斯报告》探讨了英国高等教育如何为社会服务这一重大问题,提出"罗宾斯原则",即为所有在能力和成绩方面合格并愿意接受高等教育的人提供高等教育课程,为高等教育大发展提供理论依据。1966 年,工党政府发表《关于多科技术学院和其他学院的计划》白皮书,英国高等教育开始双重制发展道路。1971 年,英国开放大学正式开学,开创具有划时代意义的高等教育新模式。1981—1983 年,被称为高等教育里程碑的《雷佛休姆报告》陆续发表,主要内容包括:扩大高等院校的

入学途径,调整高等教育课程的内容和结构,改进高等教育的管理,加强内部管理,提高教学和科研水平。1992 年,英国颁布《继续教育与高等教育法》,多科技术学院改称大学,英国高等教育双重制结束。1997 年,迪尔英委员会的报告促使新的工党政府对高等教育进行彻底改革,并最终形成《2003 年英格兰白皮书》(将学费上限调至 3 000 英镑),为后续法案的出台奠定了基础。

英国高等教育主要由大学和高等教育学院提供,约有10％由继续教育机构提供。英国大多数高等院校提供很多学科的教学,少数只提供一个或几个学科的教学。部分继续教育学院也提供高等教育课程。在英格兰和威尔士,拥有教学型学位授予权或者同时拥有教学型学位和研究型学位授予权的组织都可以申请大学称呼。在苏格兰和北爱尔兰,只有同时拥有教学型学位和研究型学位授予权的组织才可以申请大学称呼。在英格兰和威尔士,私立高等院校也可以申请学位授予权,主要集中在医科、商科和神学科,有效期为八年,通过质量保证署的外部评审后可以续期。没有学位授予权的高等院校可以通过另外一所拥有授予权的高校验证后授予学位,也可以通过一个国家认证机构授予学位。只拥有教学型学位授予权的高等院校只要达到政府规定的学生数门槛,就可以向枢密院申请“大学学院”或“大学”称号。英国也存在外国的高等教育机构和私立院校提供的高等教育课程和文凭,这些院校需要得到英国认证委员会(British Accreditation Council,简称 BAC)的认证。

牛津大学和剑桥大学对英国乃至全世界政治、经济、科学、文化发展影响重大。牛津大学建于 1185 年,是综合性大学,有 37 个学院,侧重人文、社会、政治等学科。剑桥大学建于 13 世纪初期,也是综合性大学,有 30 个学院,侧重自然科学的教学和研究。学院自成系统,各有独立的校园,各有由研究员组成的管理机构。其他著名大学还有伦敦大学、诺丁汉大学、曼彻斯特大学、利物浦大学、伯明翰大学、威尔士大学、爱丁堡大学等。此外,英国还有数量众多的各类学院。

英国高等学校招生非常灵活,每所高校都可以自由录取学生,每个申请人都可报考任何一所大学。各大学录取新生主要依据 16 岁时的中等教育普通证书考试、18 岁时的普通教育证书高级水平考试和高级补充水平考试的成绩。各校入学条件有所不同,不仅仅看学生的考试分数,还参考学生其他方面的突出能力。英国大学对 21 岁以上成年人和高中毕业学生的录取标准是不一样的,学校不仅放宽成年人入学条件,还把成年人的工作经验作为录取的参考标准。1962 年成立的全国大学招生委员会 (Universities Central Council on Admissions,简称 UCCA)统一协调英格兰和威尔士各大学的招生工作。

英国大部分大学一学年分三个学期,每学期 8~10 周,也有一些大学自行安排学期。本科学习期间一般进行两次考试,一次在第一学年末,一次是毕业考试。考试以笔试为主,口试为辅,本科生考试合格后即可获得学士学位。有些学校则将平日测验、考核分数汇总起来,以决定学生毕业获取学位等级的高低。攻读硕士学位的条件是拥有学士学位和教授的推荐。攻读硕士学位学习期满,通过考试或论文答辩,可以获得硕士学位。就学术水平而言,通过听课获得硕士学位与通过研究获得硕士学位的学生没有区别。有些学校将文学硕士或科学硕士授予通过听课取得学位的学生,而将哲学硕士学位授予通过研究取得学位的学生。以后如果继续深造,便进入攻读博士学位的学习,一般经过 2 年或 2 年以上的学习,写出博士论文并获得通过后,可以取得哲学博士的学位。那些在取得博士学位后又从事数年研究,并有新的学术突破的人员有可能获得科学博士学位。

英国高等院校还提供完善的毕业生就业服务。首先,课程设置密切结合企业、产业和社会各界的需要,确定学生的培养方向和培养内容,使培养出来的学生可以顺利就业。其次,英国把文凭考试与职业证书考试相结合,在大学学习的同时就为将来考取职业文凭打下基础。如英国的注册会计师,一名英国的本科毕业生可以免试注册会计师 14 门课中的 6~8 门课程,对于其他专业也是如此。此外,英国既有主要培养学术研究人才的大学,也有专门培养动手型人才的大学,学生可以根据自己的兴趣、能力和志向自由选择,为毕业后的出路做好准备。

高等教育基金委员会统筹管理国家的高等教育经费,它由议会资助并对议会负责,但不属政府部门,具体承担五项职责:划拨教学和科研经费;促进高质量的教育和科研;就高等教育需求向政府提出建议;让学生了解高等教育的质量;确保公共基金的合理使用。除北爱尔兰外,高等教育基金委员会在政府与高等教育之间发挥中介作用。1998年,英国政府首次决定对全日制大学生收取 1 000 英镑的学费,同时,在调查申请补助者的家庭经济情况的基础上,为贫困生发放全额或部分助学金,只有不到一半的学生需要支付全额学费。政府成立学生贷款公司为学生提供贷款、助学金等。学生可以用助学贷款支付学费,并在毕业后按照毕业生收入水平的标准按要求偿还贷款。

英国高等教育实行融社会外部审查和院校内部评估为一体的评估制度。这一评估制度强调评估主体的多元性,重视评估客体的自觉性,追求评估制度的完备性,关注评估方法的综合性,突出评估结果的发展性。外部审查包括高等教育教学课程、研究生研究课程,以及专业、法定和监管机构的教师培训与认证课程。外部审查机构包括高等教育高等教育质量保证署(Quality Assurance Agency,简称 QAA)、教育标准局、行业机构和法定机构。高等教育高等教育质量保证署审查高等教育课程和某些研究生研究课程。它不受英国政府控制,听命于由英国高校的校长代表组成的组织

（如英国大学协会、苏格兰大学协会、威尔士高等教育协会）。其职责是评价大学对各自管理学术标准和学分质量的责任履行情况，根据合理的高等教育质量管理标准，维护公众利益。高等教育基金委员会通过科研评估审查研究的质量。

英国实行相对均衡的统一的公共政策，大学系统的起点大致相同，各大学差异不是很大。还实行统一的质量控制办法和资金管理方式，体现了比较一致的办学和管理模式。英国也做局部的政策调整，鼓励大学更加面向市场和多元化发展。除了财政部和创新、大学和技能部之外，英国贸工部、科技部、卫生部、内务部和外交部都对高等教育产生影响。英国政府不涉足高等院校录取谁、教什么、谁来教、高校如何获得拨款、谁举办高等院校、高校采取什么战略、高等教育的质量评估等。政府把很多高等教育管理职能转移到非政府机构，定期与非政府机构商谈。政府着眼于整个高等教育体系的战略领导，对高等教育的影响主要体现在：制定高等教育经济和社会整体目标，以及在什么时候达到什么目标；根据目标相关的预期效果，确定公共经费对高校和学生的总投入比例；决定哪个高等教育机构能够成为大学，能够拥有学位授予权，如何称呼各类高等院校。

英国每所高等院校都有一个治理机构，一般称为理事会，成员15～35人不等，大约一半成员是校外人士。理事会负责制定战略计划和方针、政策，任免校长。

师范教育　英国师范教育诞生于17世纪末，随后经历了数次渐进性变革，逐步形成了自己的办学特色。有组织的英国师资培训始于19世纪初的导生制（亦称"贝尔—兰卡斯特制"）。之后，英国师范教育经历漫长的世俗化过程，从教会控制下的导生制到19世纪中后期国家干预下的"公助私立训练学院"，再到19世纪末大学参与下的"大学走读训练学院"，最后到20世纪初地方教育当局直接参与下的"地方公立训练学院"。1902年后，英国形成大学、地方教育当局及教会团体三方直接参与的师范教育管理体系，并形成由大学训练学院（系）、地方公立训练学院和地方私立训练学院三种不同性质的机构组成的师范教育体系。20世纪40年代末至60年代后期，英国建立定向型与非定向型相结合的师范教育体制，主要由地方教育学院和部分大学培养师资。这一时期，英国师范教育发展的主要矛盾是如何解决师资数量不足的问题。大量的应急训练学院和新的地方师范院校建立，成立以大学为中心，由地方教育当局、地方师范院校参与的地区师资培训组织，并首次在师范院校中引进四年制的"教育学士学位"课程。1972年的《詹姆斯报告》提出师资培训三段法：把师资培训分成个人高等教育、职前教育专门训练和在职进修三阶段统一体。20世纪70年代和80年代初期，英国师范教育体制开始向"非定向型"发展，发展重点从数量的扩展转向质量的提高。这次改革以改组

和整顿师范教育机构为中心，其结果是单科性的地方教育学院让位于新组建的多科性高等教育学院，单独建制师范院校开始在英国师范教育中消失，师资培训开始作为一种专业，以课程形式分布在大学教育学院（系）、多科技术学院和高等教育学院之中，它标志一个新的开放型师范教育体制初步形成。

英国有很多教师培训机构，培训的方式也比较多，获得教师资格的途径主要有两个：一是学生高中毕业后，先在任何一所大学的任一专业读三年或四年获得学士学位，如果选择教师职业，则再攻读教育硕士证书课程，合格后可到小学或中学应聘教师职位；二是学生高中毕业后，进入教师培训学院或大学学习四年，获教育学士学位后到学校应聘教师职位。国家师资培训局制定了合格教师标准、校长标准、特别辅导教师标准等，教师培训机构根据标准对教师、校长、特别辅导教师进行培训。合格教师标准主要包括：知识掌握程度，教学计划及课堂管理，掌握课堂活动及学生测评、考核记录，自我评价。任教第一年为教学适应年，学校会派一名老教师帮助其提高教学能力。教师在教学岗位可逐步升为学科带头人，再升为校长。每个学校都有政府下拨的教师培训专项经费，用于教师培训提高、知识更新等方面，且必须专款专用，取得教师资格前的各项培训费用由个人承担。除得到政府、学校、培训机构的支持外，英国教师的培训和提高还采用市场运作方式，利用公司力量为教师能力提高提供方便。

英国教育改革

21世纪以来，英国政府针对教育领域存在的各种问题开展了全方位的改革。1998年，英国政府任命莫泽为工作组主席，调查学生离校后的基本技能情况，基本技能署莫泽工作组发现，1/5英国成年人是功能性文盲，2/5是功能性数学盲。英国工业联合会抱怨学生学术水平不断下降，雇主发现很难聘用到具备读写、识数、问题解决、团队合作和时间管理等基本就业技能的年轻人，雇主要么不得不支付员工的补习教育费用，要么干脆雇佣外国员工。人们发现，英国基础教育整体质量持续下滑，教育公共投资不足，优秀教师流失严重，英国学生在国际学生评价项目（Programme for International Student Assessment，简称PISA）中的排名持续下降，教育不公平现象日益突出，社会各界要求对基础教育进行改革的呼声日益高涨。2008年，威尔士在所有学校实施奠基期新课程，启动期间面向3～4岁儿童开设，2011年全面推行后延伸至3～7岁儿童。奠基期新课程把学生分成若干小组，基点是体验式学习，最小年龄组师生比为1：8。奠基期新课程重视"做中学"，让儿童有更多机会通过游戏或积极参与获得直接经验，让他们有时间发展听说技能

与读写能力。让儿童在问题解决过程中发现数学的重要性,理解世事变迁以及问题解决的多种方法。奠基期新课程的重点是促进学生全面发展:促进学生情感和认知等方面的全面发展;培养学生对学习的积极态度,使其享受学习并保持继续学习的兴趣;培养学生的自尊心和自信心,使其体验、探究、学习新事物,建构新关系;培养学生的创造力、表现力、观察力,鼓励学生成长为具有多种应对问题的方式的个体;开展户外活动,让学生获得解决真实生活中问题的第一手经验,领会环境保护和可持续发展的重要性。

2010 年 11 月,英国颁布《教学的重要性:2010 年学校白皮书》,这是卡梅伦首相上台后颁布的首份全国性教育改革报告。改革目标是创建世界一流的学校教育体系,为国民经济长足发展提供坚实的基础,确保英国在未来的全球竞争中立于不败之地。为此,联合政府从促进教师专业发展、提高校长领导素质、推进课程评估改革、创建新型学校制度、增加学校经费投入五个方面着手推进全面改革。(1) 促进教师专业发展。一是提高教师从业资格标准。扩大"教学优先"项目的财政支出,提供经济补助或代偿助学贷款,吸引更多优秀毕业生尤其是紧缺专业的优秀毕业生投身教育事业;实施"改行做教师"项目,即政府通过提高教师待遇吸引其他行业领域经验丰富的优秀人才转投教育行业;开展复员军人支教计划,鼓励退伍复员军人从事教师职业。二是改革教师培训和发展机制。提高教育学研究生认证准入门槛,减少对新任教师职前培训的财政支出,更加强调新任教师的在职培训,着重提升新任教师的数学教学技能、课堂行为管理技能等核心教学技能;整合培训学校和教学学校,创建覆盖全国的新型教学学校网络;借鉴芬兰、美国等国家的成功经验,邀请部分经验丰富的高等院校创办师范学院,以充分利用大学优质教育资源培训教师。师范学院作为沟通高等教育和基础教育的桥梁,可以使最新的学术研究创新成果和学校一线教学密切联系,提升学校教学质量。三是保护教师合法权利。强化任课教师的权威,简化教学管理程序,赋予任课教师更多的权力;当教师被学生控告时,将通过立法程序赋予教师匿名保护权;教育部门将引进报道限制规定,防止教师的身份被随意透露,以保护教师远离不实指控。(2) 提高校长领导素质。一是加强校长素质培训。国家教育学院将审查国家校长专业资格认证培训内容,借鉴工商管理硕士和公共管理硕士课程设置经验,确保培训内容聚焦于担任校长职务所必备的职业要求;教育部将继续推进卓有成效的校长成功领导发展计划,支持第三方组织提供校长成功领导发展计划,并大力发挥杰出校长帮带后进学校校长的作用。二是支持校长强化其权责。教育主管部门支持校长将其权责范围延伸到校门之外,赋予校长惩处上学或放学途中行为失范学生的权力;支持校长采取强硬立场对抗校园欺侮行为。三是减轻校长行政负

担。教育主管部门将减少繁杂的行政指令和官僚作风,废止不必要的职责、手续和监管,给予校长更多的自由,使其可以规划学校的发展方向。(3) 推进课程评估改革。一是推进国家课程改革。国家课程改革突出学生对基础学科最基本知识或核心概念的掌握和理解,准许各校结合自身实际采用不同的教学方法。政府将为战略性学科科目,尤其是数学和科学这两个科目的课程开发提供额外支持。二是深化学生成就评估改革。针对越来越泛滥的应试教育,英国教育标准局要求修改重考规则,统整考试科目,减少考试次数。同时,教育部门加大独立、客观的评估项目的实施力度,创建科学的学业成就和质量评估体系,让家长知晓子女是否成功掌握了必备知识与技能。三是加强职业技能培养。教育部门表示将重构实习培训项目体系,以提高培训水平和扩大培训项目,促使更多的职教生参与其中。(4) 创建新型学校制度。一是扩大学校自主办学权。政府将确保所有学校免受不必要的行政干扰,并享有越来越多的办学自主权。二是开放自由学校准入市场。联合政府将推广"自由学校"计划,开放自由学校准入市场,积极扶持社会机构开办自由学校,为不同的学生提供不同的教育、为贫困学生提供优质教育。三是改革地方政府职能。联合政府将赋予地方当局更大自主,以便地方当局能够更灵活地处理教育事务。地方政府的战略定位是维护家长、家庭和弱势学生等群体的合法教育权益,为学生提供综合服务,促使每一个学生都能到适合自己的优秀学校学习。(5) 增加学校经费投入。一是开展学生助学金计划。政府在未来四年内每年专项拨款 25 亿英镑用于推行新的助学金计划,使最贫穷的地区也有条件开办自由学校。二是改革国家拨款分配制度。引进一套明确、灵活和更加公平的国家拨款分配标准,该标准致力于满足学生的需要,为每位同等层次的学生提供数额相当的经费。三是确保经费直拨到校。教育经费将直接支付给学校,不再经由地方政府中转;政府减少现有各级教育部门的活动、项目和计划,避免中间环节的干扰和教育资金的浪费;政府引进独立的资金使用审计制度,督促各学校高效使用经费,确保各项开支物有所值。

2011 年 6 月,英国公布高等教育白皮书《将学生置于系统中心位置》,它涉及教育经费、信息公开等重要方面,展现了英国高等教育改革发展的新图景。改革措施主要包括以下几点。(1) 加大向学生提供贷款的力度,在允许高校成倍提高学费的同时给学生提供贷款保障,通过学生的选择促进高等教育机构之间的竞争。政府允许高校增收学费,同时继续加大教育投资。2014—2015 年,英国高等教育机构得到的资助预计增长比例接近 10%,包括教学资助 20 亿英镑,学费贷款 70 亿英镑,研究资助 15 亿英镑。此外,政府还将提供 20 亿英镑学生生活费奖学金、助学金以及 35 亿英镑

的生活费贷款。(2)提供充分信息供学生选择。白皮书要求,各高等教育机构将教育资源、教学安排、教学效果以及毕业生去向等重要信息,对学生、家长、用人单位等公开。白皮书列出一个含 4 大项 20 小项的关键信息表,要求学校必须提供 16 个方面可供对比的数据,包括教学时间、住宿费用、就业率、不同专业毕业生起薪等。白皮书还鼓励大学公布教学质量和教学人员的专业素质情况;鼓励大学在网络上公布学生对课程的评价,以增加学生选择的机会和支持优秀教师之间的竞争;鼓励大学和学院公布学费收入的详细支出。(3)让学生获得更好的学习体验。白皮书提出,鼓励高校、学生、雇主各方密切联系以培养更合格的毕业生,支持所有院校制订学生宪章以明确学校和学生共同的目标,发挥学生调查组织、学院质量保证咨询委员会、英格兰高等教育基金委员会、独立评审员办公室、高等教育学会等组织在反映学生诉求方面的重要作用,建立与商业机构的深度合作关系以保证学生在工作中得到历练。(4)促进高等教育多样化发展。政府将放松对学生招收限额的控制,改变大学校名和学位授予权的管理规则;重新评估谁有资格挂"大学"的牌子,取消对规模较小学校的限制,将授课与授学位分离;开放高等教育体系,排除阻碍私营部门进入高等教育领域的障碍。2012—2013 学年起,大学将可以无限量地招收在普通教育证书的高级水平考试中取得 AAB 或以上分数的学生。2012 年起,给每名学生每年收费在 7 500 英镑以下的学校预留 2 万个招生名额,这项政策的主要受益者将是私立高等教育机构。威尔士越来越多的大学获得学位授予权,改变了过去由单一机构为绝大多数高等院校授予学位的历史。同时,许多学院升格为大学。(5)改善公平入学机制。白皮书提出建立一个全新的工作框架,扩大对低收入家庭学生的招生。英格兰在 2012 年 4 月前建立独立的职业教育规划,提供关于就业、技能和劳动市场的全面信息、建议和指导,建立质量更高的职业指导工作框架,对非全日制和低收入家庭的学生给予更多资助。2012 年开始的国家助学金项目计划提供 1.5 亿英镑帮助条件较差的学生及成年人接受高等教育,家境困难的学生还可通过技能发展资助局获得教育机会及其他职业发展途径。政府推出与困难学生签订入学协议、强化公平入学办公室角色等措施,确保高等教育机构主动发现和吸引家庭条件欠佳的学生。

参考文献

顾明远,梁忠义.英国教育[M].长春:吉林教育出版社,2000.

刘焱.英国学前教育的现行国家政策与改革[J].比较教育研究,2003(9).

单中惠.当代英国基础教育政策及其影响浅析[J].决策参考,2009(1).

王承绪,徐辉.战后英国教育研究[M].南昌:江西教育出版社,1992.

王璐.九十年代初英国教育督导制度的改革——背景、思路和问题[J].比较教育研究,1999(4).

(张家勇)

永恒主义教育(perennialism　education)　　亦称"新古典主义教育"。现代西方教育思潮之一。强调理性训练及人的理性和教育基本原则的永恒性。产生于 20 世纪 30 年代,50—60 年代在教育界有较大影响。代表人物是美国教育家赫钦斯和 M. J. 阿德勒、英国教育家利文斯通及法国教育家阿兰。

20 世纪 30 年代,美国社会出现许多问题,进步教育理论开始受到批评。50 年代,美国遭受苏联人造地球卫星上天的冲击,受进步教育很大影响的美国教育再次成为人们批评的对象。永恒主义者就是批评者之一。他们认为,进步教育的"教育适应论"鼓吹教育目的在于使学生适应自然、政治、经济和文化环境,从而导致社会问题的出现。在他们看来,适应论是行不通的。环境不断变化,学校教育不可能预测未来的环境。如果只让学生了解他们在校时的环境,其毕业后进入新环境会不适应,社会问题也因此而生。永恒主义者认为,要使学生能适应并改造社会,就必须让他们学习永恒不变的知识,了解永恒不变的真理。

永恒主义教育以古典实在论为哲学基础。其源头是古希腊亚里士多德学派和中世纪托马斯·阿奎那的神学思想。他们认为,宇宙被一种永恒的法则支配,事物的变化总是以其不变的固有本质为基础,变动的过程也是趋向于自身本质的过程。只有一般概念才是真实的,共相才是事物的本质,也先于个别(殊相)而存在。永恒主义教育的观点包括:(1)教育应当以培养永恒的人性为目的。赫钦斯反对"适应论",认为教育的目的是要引出人类天性中共同的要素,这些要素在任何时候或任何地方都是相同的。"善"是永恒人性的一个重要要素,因此教育的首要目的是要知道对人来说什么是善。(2)教育应当传承永恒的真理。赫钦斯认为,教育意味着教学,教学意味着知识,知识就是真理,真理在任何地方都是相同的,主张通过一些"抽绎出我们人性的共同因素"的永恒课程来传授永恒真理。他说:如果有一些永恒课程,那么凡愿意自称受过教育的人都应当予以掌握;那些课程如果构成理智的传统,就应当成为普通教育的核心。永恒课程由世界名著构成,首先是那些经历了许多世纪而达到古典著作水平的书籍。(3)大学应当实施普通教育。赫钦斯认为,没有普通教育,就不能办好大学。普通教育主要是进行理智训练。如果学生和教授缺乏共同的理智训练,大学必定依旧是一系列不关联的学院和系科,除了一个共同的校长和董事会外,没有什么东西使他们统一在一起。普通教育的核心是学习永恒课程,他也不反对学习其他课程,永恒课程并不是普通教育的全部。

（4）倡导"学习社会"。赫钦斯认为,理想的共和国就是学习的共和国,一个人只要活着,学习就不应停止。

永恒主义教育的特点是强调通过一些永恒课程来宣传永恒的人性,以期达到改善人的目的,实现人的理性、道德和精神诸力量最充分的发展。永恒主义教育家推崇古希腊社会,认为古代雅典是一个"无限制的学习共和国",强调学习古典名著,有较突出的复古主义倾向。永恒主义教育思想强调古典名著的教育意义,强调普通教育在大学教育中的地位和作用,倡导学习社会,其主张有合理因素,对现代教育有一定启迪价值。但永恒主义教育的观点大多依赖于哲学思辨,缺乏心理学和社会学方面的依据。M. J. 阿德勒1982 年出版的《派地亚计划:一个教育宣言》被西方学者认为是永恒主义教育的复兴。

（朱镜人）

有意义言语学习理论（theory of meaningful verbal learning）

美国教育心理学家奥苏伯尔提出的学习理论。旨在阐明以文字符号或其他符号表征的知识学习与保持的性质、过程和受制约的因素。创始于 20 世纪 50 年代,后经过 20 多年发展。阐明这一学说的主要著作有:奥苏伯尔著的《有意义言语学习心理学》(*The Psychology of Meaningful Verbal Learning* ,1963),奥苏伯尔等人著的《教育心理学:认知观点》(*Educational Psychology*：*A Cognitive View*, 1978,英文版;1994,中文版),奥苏伯尔和 F. G. 鲁宾逊合著的《学校学习:教育心理学导论》(*School Learning: An Introduction to Educational Psychology* , 1969)。

产生背景　20 世纪 50 年代前,在心理学研究中行为主义和言语联想学习理论居于统治地位。但心理学无法解释学生通过课堂教学获得的知识、技能的心理实质,以及知识转化为个体能力的过程和条件。学生的知识、技能的学习被归结为联想的形成或被视为条件反应的建立。由于行为主义心理学的解释过于牵强附会,教育理论家只得求助于哲学认识论,认为学生掌握知识与发展能力是一个特殊的认识过程。知识学习需要经历感知、理解、巩固和应用等阶段。奥苏伯尔对这两种解释都不满意。他在 20 世纪 50 年代开始进行实验,研究有意义言语材料的学习和记忆,发现自艾宾浩斯的记忆研究以来发展起来的言语联想学习理论和记忆理论都不能解释有意义言语材料的学习。20 世纪 60 年代初,他提出解释有意义言语材料学习和记忆的理论,即有意义言语学习理论。

学习分类系统　针对教育心理学研究历史上混淆机械学习与有意义学习、发现学习与接受学习的倾向,奥苏伯尔提出两个学习分类系统。

根据"接受—发现"和"意义—机械"两个维度分类,即

根据学习者对学习材料理解或获得意义的程度,可以区分机械学习和有意义学习;根据学习的主要内容是否需要学习者发现可以区分接受学习和发现学习。将上述两个维度同时加以考虑,又可以将有意义学习分为有意义的接受学习和有意义的发现学习。机械学习也可以相应地分为机械的接受学习和机械的发现学习。发现学习又可以分为有指导的发现学习和独立的发现学习。这一分类有助于消除某些误解,即误认为凡发现学习都是有意义的,凡接受学习都是机械的。发现学习和接受学习既可能是有意义的,也可能是机械的,这依赖于学习条件。

根据意义学习复杂程度,奥苏伯尔又将有意义学习由简到繁分为五类:（1）表征性学习。学习单个符号或一组符号表示的意义。如"上海"表示一个城市,"车祸"表示一类事件,"兔子"表示一类动物。表征性学习包括学习符号和符号指称的人、事物或性质。符号最初表示个别事物,如"狗"只表示儿童最初见到的某只狗。当符号表示一类事物,如"狗"表示犬类,而不论其大小、毛色、习性时,它表示的就是概念。符号学习的主要形式是词汇学习。（2）概念学习。概念是一类事物的共同的本质特征。如"三角形"这个概念是所有三角形(不论大小、形状)的本质特征:在同一平面上,有三条边,且两两相连接。概念学习意味着掌握一类事物的共同的本质特征。如掌握三角形这个概念,就是能理解三角形是"平面上有三条边两两相连接构成的封闭图形"。这也意味着学习者能从大量图形(包括三角形和非三角形)中识别出所有三角形。（3）命题学习。命题这个术语来自逻辑学,指表达判断的语言形式,如"北京是中国的首都"在逻辑学中就是一个命题。在心理学中命题是语词组合表示的意义的最小单位,由两个成分构成:第一个成分是两个以上的论题;第二个成分是它们的关系。命题又分两类:一类是概括性的,如"圆的半径相等";一类是非概括性的,如"北京是中国的首都"。前一类命题往往揭示几个概念之间的关系,表示某种规律、定理、规划或原理等;后一类命题表示一个事实。所以,命题学习包括事实学习和规律、定理或原理学习,后者是掌握概念之间的关系,是有意义学习的核心成分。（4）概念和命题的运用。前三类学习是有意义学习的基本类型。在此基础上,是概念和命题(概括性命题)在简单情境中的运用。如掌握圆周率之后,在已知圆的半径的条件下,可以利用 "圆的周长等于它的半径乘以圆周率的 2 倍"(即 $C = 2\pi r$)这一公式求周长。（5）解决问题与创造。解决问题是概念和命题在复杂情境中的运用。学习者遇到的新情境越复杂,新情境与原先学习的情境越不相似,问题解决的难度越大,所要求的创造程度越高。创造是解决问题的最高形式。奥苏伯尔认为解决问题涉及问题条件命题和目标命题、背景命题、推理规则和解决策略。解决问题过程中既有发现学习成分,也有接受学习

成分。

有意义学习的条件 有意义学习的条件也可看作只是知识理解的条件。人类的知识一般由文字符号表达。有意义学习就是学习者获得由文字符号表达的意义。奥苏伯尔区分知识的三种意义：（1）语言文字材料的逻辑意义。凡语言文字材料表达了实质内容，能为人所理解，则此材料就有了逻辑意义。学生学习的文化知识是人类认识的结晶，完全具有逻辑意义。（2）语言文字材料的潜在意义。语言文字材料的逻辑意义是材料内在具有的，不论个别学习者是否理解，它都客观存在。当它能被个别学习者理解时，则此材料对该学习者构成潜在意义。因此，在材料已具备逻辑意义以后，决定性的条件是学习者认知结构中是否有相应的能与该材料建立起实质性的、非人为的联系的原有知识。有了这种知识，则材料能被理解，即材料具备潜在意义，否则，材料不具备潜在意义。（3）心理意义。心理意义是材料的逻辑意义与学生的认知结构中的相应知识相互作用的产物，即有意义学习的结果。某一材料对某一学习者构成潜在意义，这种潜在意义要转变成学习者的实际的心理意义，还须经历一个新旧知识的相互作用的过程。这一过程的进行又决定于学习者有将新知识与自己认知结构中的相应知识建立起实质性的、非人为的联系的意向。这种意向被奥苏伯尔称为有意义学习的心向。奥苏伯尔认为，有意义学习必须具有三个条件：学习材料具有逻辑意义；学生认知结构中具有同化新知识的原有知识基础；学生有将材料的潜在意义转化为心理意义的意向。

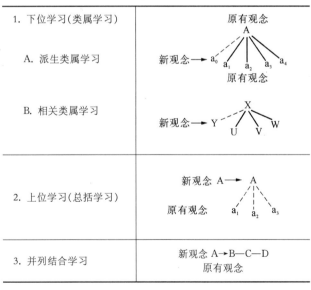

新旧知识的三种同化形式

有意义学习的心理机制（同化模式） 奥苏伯尔认为，新观念与原有观念可以构成三种关系：原有观念是上位的，新观念是下位的；原有观念是下位的，新观念是上位的；原

有观念和新观念并列。这三种关系导致三种形式的学习，即下位学习、上位学习和并列结合学习。奥苏伯尔用同化论解释了这三种学习的同化过程（见左图）。

当学生的认知结构中已经形成一些观念，现在要在原有观念的基础上学习一个概括和抽象水平更高的观念时，便产生上位学习（亦称总括学习）。如儿童在日常生活中已经知道"麻雀"、"乌鸦"、"燕子"等概念，再学习鸟类这个新的总括性概念时，就出现上位学习。新概念是通过归纳、总结原有下位概念的属性而获得的。一旦这种上位概念形成，在新的学习中它又可以同化新的下位概念。这时，新观念学习转化为下位学习了。

学习者认知结构中的原有观念在包摄性和概括水平上高于要学习的新观念，因而新观念与原有观念构成下位关系，又称为类属关系。这种学习便称为下位学习（亦称类属学习）。下位学习有派生类属学习和相关类属学习两种形式。当新观念作为原有观念的特例，或作为原有观念的证据或例证加以理解时，即为派生类属学习。在这种关系中，要学习的新观念完全可以直接从上位观念中推演出来，新观念只是原有观念的派生物。如学生在学习正方形、长方形、三角形时已形成轴对称图形概念，再学习圆时，将"圆也是轴对称图形"的命题纳入或类属于原有轴对称图形概念，学生立即能发现圆具有轴对称图形的一切特征。这种类属学习的结果不仅使新观念获得意义，而且使原有观念得到充实或证实。当新观念类属于具有较高概括水平的原有观念后，原有观念得到扩展、精确化、限制或修饰，这种形式的下位学习被称为相关类属学习。在这种形式的学习中，新观念与原有观念只有相关关系，不能从原有观念中派生出来。如学生的认知结构中已具有"挂国旗是爱国行动"的命题，现在要学习的新命题是"保护能源是爱国行动"。这两个命题只有相关关系，后者不能从前者派生出来。但新观念被纳入原有观念后，原有观念的内涵加深了。以后随着学生学到卫生大扫除、反击外来侵略等都是爱国行动时，爱国行动的内涵就不断加深和扩展。因此，在相关类属学习中，每次新观念类属于原有观念时，原有观念的本质属性或被扩展、深化，或被限制、精确化。而在派生类属学习中，原有观念只是得到证实或说明，其本质属性未变。

当新观念与认知结构中原有观念既不是类属关系也不是总括关系，而是并列联合关系时，便产生并列结合学习。如学生已知道质量与能量、热与体积、遗传结构与变异等关系，现在要学习需求与价格的关系。新学习的关系虽不能类属于原有的关系之中，也不能总括原有的关系，但它们之间因具有某些共同的关键特征而呈现并列关系。如后一变量随前一变量的变化而变化等。新关系通过与原有关系的并列结合获得意义。

上述分析显示，知识的建构和组织遵循两条原则：

（1）渐进分化的原则。知识在头脑中组成一个有层次的结构，最具概括性或包摄性的观念处于这个层次结构的顶点。其下是包摄范围较小和越来越分化的命题、概念和具体知识。学习者在接触陌生的知识领域时，从已知的、较一般的整体中分化出细节，要比从已知的细节中概括出整体容易一些。下位学习是由一般到个别、从抽象到具体的认知过程，它导致认知结构不断分化和精细化。上位学习是由个别到一般、从具体到抽象的认知过程，它导致具体知识统合在一个更概括的观念之下，为新的具体知识的学习提供上位观念。学前儿童主要通过由具体到一般的方式获得知识。而当他们入学后，其获得知识的方式逐渐转变成由一般到具体。因此，教材内容的编排和呈现应遵循由整体到细节的顺序。（2）综合贯通的原则。从一般到个别渐进分化是知识从纵向上的构建方式，知识的组织还应注重横向上的融会贯通。如将学过的知识和当前的学习材料进行比较和分析，发现彼此间的共同点和不同点，加深对新材料意义的理解。横向的比较和联系既可以在相似的材料间进行，也可以在观点对立的材料中进行。并列结合学习是促进知识综合贯通的典型方式。

采用先行组织者教学模式　乔伊斯等人在奥苏伯尔有意义言语学习理论及其先行组织者技术的基础上，提出先行组织者教学模式。下表概括了这一模式的基本结构和模式中的教学事件。从下表中可以看出，该模式分为三个阶段。

先行组织者教学模式的结构

第一阶段 先行组织者呈现	第二阶段 学习任务和材料呈现	第三阶段 认知结构加强
阐明课的目的	明确组织	运用综合贯通原则
呈现"组织者"	安排学习的逻辑顺序	促进主动、积极地
鉴别限定性特征	明确材料	接受学习
举例	保持注意	引起对学科内容的
提供前后关系	呈现材料	评析态度
唤起学习者的知识 和经验的意识		阐明

在先行组织者呈现阶段，首先阐明课的目的，吸引学生注意，接着呈现组织者。组织者的呈现不必详细，但它必须能被学生意识到，能被清楚地理解，并不断与其组织的材料联系起来。因此，组织者要用学生熟悉的语言和观念呈现。最后，为形成综合性的认知结构，唤起学习者先前的与组织者可能有联系的知识和经验非常重要。

在学习任务和材料呈现阶段，以报告、电影、实验或阅读的形式向学习者提供学习任务和材料。较重要的是：保持学生的注意；使学生明确材料的组织，以便学生具有整体的方向感。与此相联系的是，必须在呈现过程中使材料的

逻辑顺序明确，以便学生能看出观念之间的联系。

在认知结构加强阶段，将学习的材料固着在学生已有的认知结构之中，包括表中所示的四种活动。有四种途径可以促进新材料与已有认知结构的综合贯通：要学生回忆认知结构中的有关观念；要学生概括新学习的材料的主要特征；要学生复述精确的定义；要学生说出材料各个方面的差异。

参考文献

奥苏伯尔，等.教育心理学——认知观点[M].佘星南，宋钧，译.北京：人民教育出版社，1994.

皮连生.奥苏伯尔的教学论[M]//钟启泉，黄志成.美国教学论流派.西安：陕西人民教育出版社，1993.

邵瑞珍.教育心理学[M].上海：上海教育出版社，1988.

（皮连生）

幼儿健康教育（health education in early childhood）保护幼儿生命安全、促进其身心健康成长的教育。包含身、心两个层面的健康。身体健康指幼儿各个器官、组织生长发育正常，没有生理缺陷，能有效抵抗各种急、慢性疾病，体质不断增强。主要标志有：所测得的身长（身高）、体重、头围、胸围等项指标的数值在正常范围内；形态端正无异常（无脊柱侧弯、扁平足等）；各器官系统的生理功能正常（如脉搏、血压、肺活量等）；没有疾病（如贫血、佝偻病、龋齿、斜视、弱视等）。心理健康指幼儿基本心理活动的过程内容完整、协调一致。主要标志有：动作发展正常；认知发展正常；情绪积极向上，能合理疏泄消极情绪；乐于与人交往，能与同伴合作，游戏中知谦让；性格良好，具有热情、勇敢、自信、主动、合作等性格特征；没有严重的心理卫生问题。

幼儿健康教育的行为养成目标包括：（1）即时目标。成人在生活中以自身的行为作为榜样，使幼儿感知相关的健康信息，引起注意进而带着好奇和兴趣，在他人的帮助或提醒下模仿某种健康行为。（2）近期目标。健康知识的获得与健康态度的初步形成。其过程包括服从、同化和内化三个阶段。在健康态度初步形成后，能够通过意志努力控制自己的行为，在行为表现上具有一致性和主动性。（3）远期目标。使幼儿在成长过程中形成自动化的健康行为。这一层次的健康行为带有明显的规律性、习惯性，是健康态度的真正形成和巩固。

幼儿健康教育是启蒙而规范的教育，即健康知识的传播应浅显易懂，健康技能的培养需一步到位（如刷牙技能、进餐习惯的培养）；是差异性教育，即根据幼儿身心发展中出现的各种具体问题给予针对性教育；是幸福教育，即教育过程不应使幼儿感到压抑或痛苦；是主体性教育，即应创造有益于幼儿主动、积极地发挥健康潜能的教育环境与氛围；

是一致性教育,即家庭健康教育与幼儿园健康教育必须保持一致;是过程与结果并重的教育,即在健康教育过程中,既重视幼儿态度的转变,又关注幼儿健康行为的确立。

幼儿健康教育的评价指标包括:健康知识,围绕日常健康教育的内容对幼儿进行口头询问;健康态度,幼儿是主动、积极地还是消极、被动地执行和保持健康行为;健康行为,幼儿良好的生活卫生习惯及其他健康行为是健康教育评价中最重要的评价指标;生长发育水平的评价,这是一种长效评价;健康状况的变化,可通过幼儿患病率、发病率等的变化了解健康教育的效果。

幼儿健康教育内容主要包括六大方面:(1)有关日常健康行为的内容。洗手、漱口、刷牙的基本方法;手帕或纸巾的使用;不用手揉眼睛;按时排便;良好的作息习惯;整理玩具、保持玩具清洁;积极配合预防接种等。(2)有关饮食营养的内容。常见食物的辨识;不挑食、不偏食,养成良好的饮食习惯;细嚼慢咽,不暴饮暴食;正确选择零食;少喝含糖高的饮料;主动饮水;愉快进餐。(3)有关身体生长的内容。认识自己的身体外形;认识五官和保护五官;用眼卫生;坐、站、行有正确的姿势。(4)有关安全的内容。了解日常生活中的安全常识;认识有关的安全标志,遵守交通规则和乘坐交通工具时的安全要求;应付意外事故的常识和基本的求生技能。(5)有关心理健康的内容。愿意在集体中与同伴共同生活,友好相处;情绪愉快,知道快乐有益于健康;不怕困难,愿意克服困难。(6)有关体育锻炼的内容。有兴趣参加体育活动;走、跑、爬、跳、投掷、攀登等活动中的动作协调、灵活;随音乐节奏做徒手操、模仿操和轻器械操;运动中注意安全,守规则,谦让、合作。

幼儿健康教育的方法包括:(1)养成教育。幼儿良好行为习惯的习得靠"生活化",健康的生活就是健康的教育。(2)保教结合。健康教育应渗透到日常生活护理及教育活动的各个领域中。(3)生成课程。利用一些契机,调整、增加内容,给婴儿留下深刻印象。(4)家园共育。幼儿园与家长形成合力,相互配合,从知、信、行三方面影响、教育幼儿。

(万　钫)

幼儿教育(early childhood education)　　3～6岁儿童的教育。属学前教育的一个阶段。幼儿教育对儿童年龄的界定各国各不相同。中国、日本、朝鲜等国为3～6岁;法国为2～6岁,称早期教育(early childhood education)。

幼儿教育机构　各国幼儿教育机构类型很多,包括幼儿园、幼儿学校、保育学校、托儿所、游戏小组等。主要实施机构为幼儿园(或幼儿学校)和托儿所。幼儿机构的设立者有国家、地方当局、群众团体和私人等。幼儿在园时间有整日制、半日制、寄宿制。在园幼儿的编班形式有按年龄分别编班,也有混合编班。英国、美国等国有些幼儿教育机构实

行开放式,即不按年龄分班,幼儿的组合灵活机动,有的机构设有绘画组、劳作组、音乐组、自然观察和科学组等,由有专长的教师指导。

中国除以整日制幼儿园为主外,还设有季节性幼儿班、牧区流动幼儿活动站、学前班等。以按年龄编班为主,即小班(3～4周岁)25人,中班(4～5周岁)30人,大班(5～6周岁)35人,混合班30人,学前班40人。中国幼儿园的性质是:幼儿园是对3周岁以上学龄前儿童实施保育和教育的机构,是基础教育的有机组成部分,是学校教育制度的基础阶段。幼儿园教育工作的原则是:体、智、德、美诸方面的教育互相渗透,有机结合;遵循幼儿身心发展规律,符合幼儿的年龄特点,注重个体差异,因人施教,引导幼儿个性健康发展;面向全体幼儿,热爱幼儿,坚持积极鼓励、启发诱导的正面教育;合理地综合组织各方面的教育内容,并渗透于幼儿一日生活的各项活动中,充分发挥各种教育手段的交互作用;创设与教育相适应的良好环境,为幼儿提供活动和表现能力的机会与条件;以游戏为基本活动,寓教育于各项活动之中。

幼儿教育任务及内容　幼儿教育的任务是使儿童身心得到正常发展,为其进入小学学习做好准备。有些国家的幼儿教育担负有教育及对幼儿身心缺陷进行诊断、补偿和治疗的任务。幼儿教育的内容多数国家没有统一规定,主要由地方当局或教师根据当地情况制定。一些国家的幼儿教育强调发展幼儿的智力与体力,按年龄分班,将教育工作贯穿于幼儿游戏及活动之中。

中华人民共和国成立后,从1952年开始到现阶段,教育部先后为幼儿园教育工作制定多部指导性文件,供幼儿园参照执行。幼儿园的任务是:实行保育与教育相结合的原则,对幼儿实施体、智、德、美诸方面全面发展的教育,促进其身心和谐发展。幼儿园保育和教育的主要目标是:促进幼儿身体正常发育和机能的协调发展,增强体质,培养良好的生活习惯、卫生习惯和参加体育活动的兴趣;发展幼儿智力,培养正确运用感官和运用语言交往的基本能力,增进对环境的认识,培养有益的兴趣和求知的欲望,培养初步的动手能力;萌发幼儿爱家乡、爱祖国、爱集体、爱劳动、爱科学的情感,培养诚实、自信、好问、友爱、勇敢、爱护公物、克服困难、讲礼貌、守纪律等良好品德行为和习惯,以及活泼、开朗的性格;培养幼儿初步的感受美和表现美的情趣和能力。幼儿园教育内容具有全面性、启蒙性,可将其相对划分为健康、语言、社会、科学、艺术等五个领域,也可作其他不同划分。各领域内容相互渗透,从不同角度促进幼儿情感、态度、能力、知识、技能等方面的发展。

幼儿教育发展　欧洲近代幼儿教育产生于18世纪末到19世纪初。法国牧师奥贝兰于1771年在孚日创办世界上最早的幼儿学校。1816年,英国空想社会主义者欧文创办

招收工人子女的"性格形成学院"。德国教育家福禄贝尔1837年在布兰肯堡开办学前教育机构，1840年将其命名为幼儿园，出版《幼儿园教育学》等著作，创制名为"恩物"的玩具，并指导幼儿学习怎样使用"恩物"进行游戏。意大利教育家蒙台梭利于1907年开办第一所幼儿学校，名为"儿童之家"，招收3～6岁贫苦儿童。其代表作为《蒙台梭利教育法》。福禄贝尔和蒙台梭利的理论和实践对各国幼儿教育的发展产生重要影响。20世纪60年代以来，脑科学、心理学、教育学、社会学、学前教育学等学科的研究成果，揭示了早期教育在人的一生发展中的重要作用。从小培养幼儿的良好品德和习惯、积极的态度、广泛的兴趣，开发幼儿的脑功能，发现和发展幼儿的潜能，能为人的一生的充分发展奠定基础。美国在1965年开始实行"开端计划"（Head Start Program），亦称提前开始计划，是一个学前儿童教育方案。目的是对贫穷家庭的子女进行补偿教育，使其达到一般儿童的水平，为其入学后的学习成功创造机会。该计划对促进儿童智力、语言、情感等方面的发展均有明显作用。与该计划衔接的还有"追随到底计划"（Project Follow Through），对在"开端计划"中受益的儿童追踪研究至20岁以后，把他们与没受过学前教育的同类人相比，发现前者明显提高了学习成绩，学业完成率高；提高了社会责任感，增强社会稳定性，犯罪率低；明显减轻纳税人负担，早期教育的投资收益大大高于投资的花费。幼儿教育对人一生的发展、对经济社会的发展、对缩小不利人群和主流社会的差距都具有积极意义。近年来，各国幼儿教育在教育观念、目标、内容、形式、方法等方面，都在进行各有特色的改革实践。1985年，在日本召开的"日、美、欧幼儿教育高级会议"批评了早期教育中将幼儿发展等同于智力发展的错误倾向，呼吁幼儿教育从"智育中心"转向促进幼儿富有个性的全面发展，特别是幼儿社会性和情感的发展。美国幼儿教育改革对许多国家都有影响，其改革的重点是改变传统教育的儿童观、教育观中不利于培养现代化人才的因素，实行开放教育，纠正自由教育的弊端，纠正小学化倾向，采取适应儿童发展的全面、和谐发展的课程。美国在1994年出台的《美国2000年教育目标法》中制定了从幼儿园到十二年级的课程标准，这些学科的共同点是要求从各学科的角度去促进人的发展。美国最大的早期儿童教育组织——美国幼儿教育协会（National Association for Education of Young Children，简称NAEYC）发布的0～8岁教育方案指出，高质量的早期教育机构应能提供一种促进儿童身体、社会、情感及认知发展的安全、保育的环境；适宜的教育应顾及儿童所有领域的发展。日本自20世纪80年代起，针对教育的弊端及未来世界的要求，开始进行从幼儿园至高中的教育改革，提出培养"具有高尚精神世界、丰富的创造力、自主及自立精神的活跃的日本人"的教育目标。1998年，日本教育课程

审议会在其报告中提出，从幼儿期开始进行"心灵的教育"、"宽松的教育"。对幼儿至高中教育的共同要求是：培养生存能力，即适应社会变化、自己发现课题、自主学习、主动思考、自主判断及行动、能解决问题的素质和能力；具有丰富的人性，自律、合作、关心他人，有爱心；健康生活所必需的身体和体力。随着对幼儿教育重要性的不断认识，许多国家的幼儿入园率显著提高。进入21世纪，各国政府纷纷以立法、制定方针政策等国家意志的形式表达对幼儿教育的要求，并以法律的强制性保证幼儿教育的实施和发展。如美国2002年正式通过《不让一个孩子掉队法》（No Child Left Behind Act）、2007年制定《2007年改进开端计划法》（Improving Head Start Act of 2007）等，日本2000年制定《幼儿园指导要领》、2006年重新修订《学校教育法》；英国2006年制定《儿童保育法》（Childcare Act）、2007年制定《早期基础阶段法定框架》等。与其他形式的幼儿教育如家庭教育、社会教育相比，在幼儿教育机构中进行的幼儿教育的可控性不断增强，其发展也得到政府的有力支持。参见"外国幼儿教育"。

中国对幼儿教育的论述始于古代。如在《礼记·内则》中有"子能食食，教以右手。能言，男唯女俞。男鞶革，女鞶丝。……六年，教之以数与方名"等语。西汉贾谊《新书》中的《保傅》、《傅职》、《胎教》等篇及北齐颜之推的《颜氏家训》等，均是早期探讨幼儿教育的论者。19世纪末至20世纪初，康有为、梁启超等人提出对幼儿进行社会教育。康有为在其《大同书》中描述大同社会中"人人自幼而学"的蓝图，提倡幼儿教育要从胎教开始，"以端生人之本"；妇女生育后，婴儿入育婴院，3岁后入慈幼院，不必由父母教养，"以养儿体，乐儿魂，开儿知识"，至6岁，完成"公养"。梁启超认为，幼儿是人生最重要的时期，对幼儿实施合理的教育是造就健全人的基础，主张幼儿在6岁前要受两年的幼稚教育。中国近代幼儿教育机构创建于1903年，设于湖北武昌，名为湖北幼稚园，后改武昌蒙养院。1904年1月，清政府仿效日本的《幼稚园保育及设备规程》制定《奏定蒙养院章程及家庭教育法章程》，规定蒙养院要"保育教导儿童，当体察幼儿身体气力之所能为，心力知觉之所能及，断不可强授以难记难解之事，或使为疲乏过度之业"。1912年，南京临时政府下令改蒙养院为蒙养园。1922年，北洋政府教育部颁布《学校系统改革案》（即"壬戌学制"），将蒙养园改名幼稚园。幼儿教育的内容与方法由仿效日本逐渐转为仿效美国。教育部于1932年颁布、1936年修正的《幼稚园课程标准》规定幼稚园的教育目的："增进幼稚儿童身心的健康"，"力谋幼稚儿童应有的快乐和幸福"，"培养人生基本的优良习惯（包括身体、行为等各方面的习惯）"等。办园形式以半日制为主。

中华人民共和国成立后，幼儿教育全面学习苏联。1951年，政务院公布施行的《关于改革学制的决定》将幼

教育列入学制,规定实施幼儿教育的组织为幼儿园,收 3～7 周岁的儿童。1951 年,教育部先后颁发《幼儿园暂行规程(草案)》、《幼儿园暂行教学纲要(草案)》。规定幼儿园的任务是:根据新民主主义教育方针教养幼儿,使他们身心在入学前得到健全发育;同时减轻母亲对幼儿的负担,使母亲有时间参加政治生活、生产劳动、文化教育活动等。20 世纪 70 年代后期,中国实施改革开放,幼儿教育发生很大变化。教育部 1979 年颁发的《城市幼儿园工作条例(试行草案)》,1981 年颁发的《幼儿园教育纲要(试行草案)》,1989 年经国务院批准、国家教育委员会发布的《幼儿园管理条例》,1989 年国家教育委员会颁布试行、1996 年正式发布的《幼儿园工作规程》等法律文件,指导、推动了幼儿教育的改革,从理论到实践,努力建立符合中国国情的幼儿教育体系。中国幼儿教育提出新的教育理念,强调幼儿是教育过程中的主体,明确幼儿教育对幼儿一生发展具有奠基性作用,应充分利用幼儿在园的三年时间,启发幼儿智慧,促进其健康成长,为其终身发展打下基础。依据这一理念,明确提出新指导思想:幼儿是在与周围环境相互作用的活动中主动学习和发展的,幼儿园应为幼儿提供活动和表现能力的机会和条件;教育内容要从幼儿生活经验出发,注意为幼儿提供有利于身心发展、适合其兴趣及认知水平、可供他们自由选择的宽松的环境;教育要关注幼儿的个别差异,满足发展中的不同需要,促进每个幼儿在原有水平上的发展;为幼儿创设与教育发展相适应的良好环境,包括为幼儿提供认知发展所需操作材料和创设良好的人际关系环境,促进幼儿之间和教师与幼儿之间的相互交往。2001 年,教育部发布《幼儿园教育指导纲要(试行)》,指出幼儿园是基础教育的重要组成部分,是中国学校教育和终身教育的奠基阶段,城乡各类幼儿园应从实际出发,因地制宜地实施素质教育,为幼儿一生的发展打好基础;幼儿园应与家庭、社区密切合作,与小学相互衔接,综合利用各种教育资源,共同为幼儿发展创造良好条件;幼儿园应为幼儿提供健康、丰富的生活和活动的环境,满足他们多方面发展的需要,使他们在快乐的童年生活中获得有益于身心发展的经验;幼儿园教育应尊重幼儿的人格和权利,尊重幼儿身心发展的规律和学习特点,以游戏为基本活动,保教并重,关注个别差异,促使每个幼儿富有个性地发展。《幼儿园教育指导纲要(试行)》为幼儿教育在 21 世纪的发展奠定理论基础,其“为幼儿一生的发展打好基础”的目标是一个符合终身教育理念的定位,在各领域的目标、内容和要求、组织和实施等部分,均将培养幼儿终身学习的基础放在核心位置,强调对幼儿的教育既要符合幼儿的现实需要,又要有利于其长远发展。各领域目标的表述突出“体验”、“感受”、“喜欢”、“乐意”等要求,符合基础教育中强调的情感、态度、价值观等方面的取向;强调培养幼儿积极主动的态度、浓厚的学习兴趣、有效地与环境互动的能力及初步的合作意识、责任感等,均为幼儿终身持续发展所需的基本素质。中国大城市的幼儿入园率提高较快,20 世纪末,上海、青岛等城市的幼儿入园率已达 100%,农村与偏远地区幼儿的入园率偏低。2010 年,《国务院关于当前发展学前教育的若干意见》发布,于 2011 年启动学前教育三年行动计划,要求各地于 2015 年时,全国幼儿入园率达 90%(学前 1 年)、56%(学前 3 年)。参见“中国幼儿教育”。

参考文献

教育部基础教育司. 幼儿园教育指导纲要(试行)解读[M]. 南京:江苏教育出版社,2002.

中国学前教育研究会. 中华人民共和国幼儿教育重要文献汇编[M]. 北京:北京师范大学出版社,1999.

(祝士媛)

幼儿教育学(early childhood pedagogy)　亦称“学前教育学”。专门研究学前儿童教育现象及问题、揭示学前教育规律的科学。教育学分支学科。学前儿童的教育包括学前家庭教育和学前公共教育。前者指由父母或其他看护者在家庭中对其子女进行的教养活动;后者指由家庭之外的社会机构指派专人组织实施的、旨在为家庭育儿提供支持和帮助、促进学前儿童身心全面和谐发展的活动的总和,包括托幼机构教育、社区教育等。幼儿教育学研究学前儿童教育的一般原理,同时也注重研究托幼机构教育、学前家庭教育和社区教育的特点及其相互关系,为学前儿童教育实践提供系统的理论支持。

幼儿教育学的研究对象、任务及内容

幼儿教育学的研究对象主要是人类社会中的幼儿教育现象和问题,关注如何通过人自身的社会行为引导和促进个体和社会的发展,并为人的终身发展奠定良好基础。

幼儿教育学的研究任务主要是研究幼儿教育的基本问题,阐明幼儿教育的基本原理,归纳和总结可以解释、指导和预测幼儿教育实践活动的规律性知识。具体来说,有以下几个任务:探索与研究幼儿教育实践中的现象和问题,解释幼儿教育实践,总结幼儿教育规律,提高幼儿教育科学研究的水平;研究幼儿教育的目标、内容、原则与方法,为幼儿教育实践提供理论和技术上的指导和支持;总结幼儿教育经验;推动幼儿教育改革,等等。

幼儿教育学的研究内容可从不同角度来分类和认识。幼儿教育学以心理学、儿童心理学、教育学、生理学、脑科学等学科的研究成果为基础,研究在教育影响下学前儿童身心发展的可能性以及这种可能性转化为现实所必需的教育条件,以促进幼儿身心全面、健康和充分的发展。根据幼儿

教育的这一基本问题,幼儿教育学的研究内容可划分为三个基本范畴,即价值目的范畴、过程范畴、作用效果范畴。价值目的范畴的研究指向于幼儿教育的价值和目的,回答学前教育"是什么"、"应当是什么"等问题,形成关于幼儿教育的目的、价值理论;过程范畴的研究指向于幼儿教育的途径、方法、手段、策略,主要回答幼儿教育"应当做什么"和"应当怎么做"的问题,形成关于幼儿教育的内容、方法和组织形式的理论;作用效果范畴的研究指向于幼儿教育的结果,主要回答幼儿教育"实际上能够做什么"以及幼儿教育行动的"实际效果如何"等问题,形成关于幼儿教育的作用、效果以及评价的理论。

根据幼儿教育学研究问题的不同功能,可把幼儿教育学的研究内容分为基础理论研究和应用性研究两大部分。前者主要指向幼儿教育的基本原理,包括界定本学科的研究对象、性质和发展;幼儿教育的本质和目的;幼儿教育与儿童身心发展的关系;幼儿教育与社会发展的关系;幼儿教育的价值和功能等问题。后者主要指向幼儿教育的目标、内容、方法、手段等,包括确定幼儿教育的目标,阐明幼儿教育的内容、过程、方法、策略、评价等。

从幼儿教育学研究的具体问题出发,幼儿教育学的研究内容包括:本学科的研究对象、任务、性质以及本学科的历史沿革和发展现状;幼儿教育的概念、幼儿教育与社会发展的关系、幼儿教育与儿童身心发展的关系,以及揭示和分析幼儿教育的价值与功能;学前儿童全面发展教育研究,包括学前儿童身体发展和体育研究、学前儿童认知发展和智育研究、学前儿童社会性发展和德育研究、学前儿童审美能力的发展和美育研究;托幼机构教育研究,包括托幼机构教育的目标、内容、原则、手段和方法,具体内容涉及托幼机构环境创设、生活制度与常规、幼儿园课程、游戏、师幼互动的特点及相互关系等;教育的衔接与合作,包括幼儿园与小学教育的衔接、幼儿园与家庭教育的衔接与合作、幼儿园与社区的合作等;幼儿教师教育和专业化发展问题研究;托幼机构教育质量评价研究;托幼机构的经营和管理研究;幼儿教育管理和政策分析;幼儿教育科学研究方法。

幼儿教育学的学科特性

幼儿教育学的研究任务和内容决定了幼儿教育学兼具理论性、应用性和综合性的特性。(1)理论性。学前儿童身心发展的特殊性决定了学前教育有其自身特殊的问题和规律。幼儿教育学的任务是要去研究这些特殊问题,阐明幼儿教育的基本原理,揭示幼儿教育的特殊规律。幼儿教育学也要善于总结幼儿教育的实践经验,从中寻找和概括规律性知识,将其上升为理论。幼儿教育学理论在研究对象和功能上具有其独特性和不可替代性,它揭示的关于幼儿

教育的基本原理构成了幼儿教育学各分支学科(如各科教学法)的理论基础,它归纳总结的关于幼儿教育的客观规律,对于幼儿教育实践具有普遍指导意义。(2)应用性。幼儿教育学要进行关于幼儿教育的价值、目的等问题的基础理论研究,还要就幼儿教育的过程开展应用性研究,以为幼儿教育实践提供具有可行性的技术指导,具有较强的应用性。(3)综合性。幼儿教育学在广泛借鉴和综合运用哲学、心理学、教育学、生理学、脑科学、生态学、社会学、经济学、管理学、人类学等相关学科揭示的关于人的发展和教育的一般原理的基础上,研究和解释幼儿教育领域的特殊现象和问题,并在广阔的社会背景中认识和研究学前儿童的教育问题,把握现代幼儿教育的本质和特征,揭示幼儿教育的基本原理和客观规律,体现出较强的综合性。

幼儿教育学的研究方法

幼儿教育学的研究方法可从两个维度分类:一是方法论意义上的方法;二是具体的研究方法。方法论意义上的方法是具体方法的理论基础,对具体方法具有指导意义,如辩证唯物主义的方法论、控制论、信息论、系统论、现象学、解释学、科学主义、人本主义等都对幼儿教育研究具有方法论上的指导意义。具体的研究方法包括文献法、观察法、实验法、访谈法、调查法、统计法、作品分析法、个案研究法、行动研究法等。

直到19世纪末20世纪初,幼儿教育学研究还基本停留在"思辨的哲学"的发展水平上。其研究主要以不充分的观察、对实际经验的总结以及在直觉基础上的思辨方法为主,缺乏科学实验的例证。随着科学研究范式在教育研究领域的广泛运用,幼儿教育研究开始进入以自然科学的研究逻辑为基本范式、注重实证和分析的发展阶段,出现运用科学研究方法来探索幼儿教育的目标、内容、方法、效益、质量评价等的大量研究,为幼儿教育学理论体系的建构提供科学依据,增强幼儿教育学研究的科学性。20世纪下半叶以来,研究者开始强调人文精神和科学精神的结合,注重人文化研究方法的运用。人文化研究是一种在自然环境中,采用实地体验、开放性访谈、参与性观察、个案调查、行动研究等方法对现象进行长期、深入、细致的研究的方法。质性研究和量化研究的结合是幼儿教育学研究的发展趋势。

幼儿教育学的研究方法有以下特点:(1)情景化。幼儿教育学的研究对象是人,是身心发展尚未成熟的学前儿童,强调严格控制无关因素影响的实验室研究往往使幼儿和教师的表现"失真"。要使幼儿教育研究真正能为实践服务,具有现实可行性,幼儿教育研究尤其是应用性研究应当在接近或完全自然的真实的教育场景中进行。(2)多元化。幼儿教育研究应注重多种研究方法的结合,如思辨与实证

的结合、质的研究与量化研究的结合、横断研究与追踪研究的结合、个案研究与群体研究的结合等。(3) 现代化。计算机技术的普及利用和各种数据统计分析软件的开发运用为短时间迅速处理大量数据创造条件,从而使教育研究中的多因素分析得以实现。此外,数码相机、摄像机等的使用也保证了数据搜集的全面性。

幼儿教育学的形成与发展

幼儿教育学的形成和发展经历从教育经验到教育思想、再到教育科学的逐渐抽象和升华的过程。自原始社会起,人们就在抚养儿童的过程中逐步积累教养幼儿的经验,出现幼儿教育思想的萌芽。这些育儿经验最初以民谚、俗语的形式散播于民间,如"三岁看大、七岁看老"、"教儿婴孩、教妇初来"等。之后,一些哲人、学者开始在其著作中总结与评价民间的育儿经验与习俗,并在对幼儿教育基本问题的讨论和初步概括中产生幼儿教育思想,出现专门论述幼儿教育问题的著作。近代以来,伴随幼儿教育实践的发展,尤其是托幼机构的出现,幼儿教育理论开始形成。一些幼儿教育家通过自己的亲身实践、科学研究,以及对幼儿教育经验与思想的梳理,提出体系完整的幼儿教育理论,使幼儿教育学最终从哲学、教育学等学科中分化出来,成为一门独立的学科。

孕育时期 在西方一些古代哲学家、教育家的著作中可以找到关于幼儿教育的零星论述。如古希腊哲学家柏拉图在其著作《理想国》中提出,"凡事之开始,为最要之点。而于教育柔嫩之儿童,则更宜注意。盖其将来人格之如何,全在此时也"。罗马教育家昆体良指出,人的教育应从摇篮开始,在婴儿期间应注重他们语言的发展,强调周围环境对形成儿童最初观念的重大影响,认为儿童是从教育者那里获得关于世界的知识和道德观念的,因此应当为儿童选好乳母和教育者,他还非常重视游戏对于促进幼儿智慧发展、培养品格的意义。

中国幼儿教育思想以育儿经验的形式散见于各种文献著作中。如《大戴礼记·保傅》中有关于殷周统治者注重胎教,为太子、世子慎选保傅人员,使他们"自为赤子时,教固已行矣"的记载;《礼记·内则》有自幼儿能食、能言时便进行教育的记载,如"子能食食,教以右手。能言,男唯女俞。男鞶革,女鞶丝。六年,教之数与方名"。中国古代一些著名的思想家、教育家也十分重视儿童的早期教育,如孔子指出,"少成若天性,习惯如自然";墨子把人性比作素丝,染于黄则黄,染于青则青;颜之推指出,当"婴稚识人颜色,知人喜怒,便加教诲,使为则为,使止则止"(《颜氏家训》),他认为那种"无教而有爱"、"恣其所欲"的做法,只会造成"逮于成长,终为败德",因而主张对儿童"教之以事",使其从小便

养成德行,特别是婴儿生后,"乳母之教,所系尤切";朱熹也指出,只有"讲而习之于幼稚之时",才能使其"习与知长,化与心成"。中国古代教育以思想品德为主要内容,幼儿品德教育的主要内容包括:孝顺双亲、兄弟和睦的孝悌教育;诚实无欺的诚信教育;积善行德的为善教育;提倡勤俭节约的崇俭教育等。注重在日常生活中教导和培养幼儿尊老敬长、礼让客人等良好行为习惯。此外,中国古代的思想家、教育家也提出根据幼儿身心发展特点进行教育的主张及循序渐进、因材施教等教育原则。

萌芽时期 14世纪至18世纪中后期,随着教育学的建立,学前教育理论日渐丰富,但幼儿教育思想仍包含于教育学著作之中。在中世纪的欧洲,人们的思想和社会文化受教会的严格控制。14—16世纪,随着资本主义的兴起,出现追求个性自由解放的文艺复兴运动。出现一批著名教育家和其教育学著作,使教育学理论得到发展,教育学开始形成比较系统的理论体系,成为一门独立学科。如捷克教育家夸美纽斯的《大教学论》、英国哲学家洛克的《教育漫话》、法国启蒙思想家卢梭的《爱弥儿》、瑞士教育家裴斯泰洛齐的《林哈德与葛笃德》、德国教育家赫尔巴特的《普通教育学》等。这些著作的出现不仅丰富了教育学的发展,也丰富了幼儿教育理论。1632年,夸美纽斯的《母育学校》出版,这是人类历史上第一本关于学前儿童教育的专门著作。在这本著作中,他提出家庭是对0~6岁幼儿进行教育的"母育学校",母亲是幼儿最早的教师,全面论述了出生后前六年幼儿教育的意义、内容和方法,提出较完整的家庭教育理论体系。

初创时期 18世纪后期至20世纪前期,幼儿教育学从教育学中分化出来,开始形成一门独立的学科。18世纪后期至19世纪初期,为有工作的母亲提供托幼服务的客观需求及对教育改造社会和人性的力量的信仰,导致人类历史上最早的托幼机构出现。1771年,法国牧师奥贝兰创办最早的幼儿学校。1816年,英国空想社会主义者欧文在苏格兰的新拉纳克建立"性格形成学院",收托工人阶级的子女,该学园把社会福利和儿童教育问题结合起来,旨在促进工人阶级家庭及其子女的健康幸福。这一时期出现的托幼机构设备简陋,主要以对幼儿的生活和安全照顾为主,带有明显的慈善济贫性质。托幼机构的出现直接促进幼儿教育理论的发展。1837年,德国教育家福禄贝尔在布兰肯堡建立幼儿教育机构,并于1840年把它命名为幼儿园,意指使儿童像大自然中的万物一样在花园中自由、茁壮地成长。福禄贝尔认为,教育应当适应儿童的自然本性,并采用适当的教育方法和工具,使其成为一个有思想、有智慧的人;幼儿不是小成人,因而幼儿园的教学内容和方法应与学校有所不同。他专门为幼儿设计了学习材料"恩物",并为幼儿创设了一个不用书本的学校。他强调游戏对儿童本身的价值,认为游戏是幼儿期儿童内心表现的最高形式,是一种创造

性的生活,儿童早期的各种游戏是"一切未来生活的胚芽"。在其幼儿园教育方案中,游戏是幼儿的主要活动。在《幼儿园教育学》、《人的教育》等著作中,福禄贝尔系统阐明了幼儿园教育的基本原理和教学方法,初步创建幼儿园教育理论体系。福禄贝尔的幼儿园教育理论和实践为后来强调"教育"(而非注重生活和安全照顾的托儿服务)的幼儿园提供蓝本,推动新型幼儿园在各国的建立和发展。

19世纪后期,生物学、生理学、心理学的发展为人们进一步认识学前儿童的身心发展特点及其教育规律提供有利条件,促进幼儿教育理论的发展。意大利幼儿教育家蒙台梭利采用观察法和实验法等进行研究,提出系统的幼儿教育理论,出版《蒙台梭利教育法》、《蒙台梭利手册》、《童年的秘密》、《新世界的教育》、《蒙台梭利基本教材》、《教育的自发活动》等著作。她认为学前儿童经历着各种敏感期,他们从内在需要出发,依靠天赋潜能积极地从环境中吸取知识,从而形成自己的个性并逐步发展为成熟的人。教育的任务在于为他们提供适宜的环境,旨在通过自我活动使每个儿童的潜能都得到发展,成为身心健康、自信和有学习能力的"正常儿童"。她十分强调感官教育,设计了蒙台梭利教具,供幼儿在操作中自主学习。这一时期,以美国教育家杜威为代表的进步主义教育对幼儿教育理论和实践的发展也有重要影响。杜威认为,教育即生活、教育即生长、教育即经验的改造,倡导儿童中心论,即教育应以"儿童为中心",围绕着儿童组织活动;主张教育活动应以儿童的兴趣和能力为依据,以儿童的实际经验为起点,让儿童在实际生活中学习解决和处理问题,强调"做中学"和经验的不断自我改造与建构。到20世纪初,福禄贝尔、蒙台梭利和杜威等人的教育理论相继传入中国,对中国幼儿教育理论与实践的研究与发展产生重要影响。

中国近现代幼儿教育制度的建立始于清末民初。19世纪后期,在废科举、兴西学的教育改革的推动下,幼儿教育有一定发展。1903年,湖北武昌出现第一所由官方开办的幼儿教育机构——湖北幼稚园,后改名武昌蒙养院。1904年1月,清政府制定《奏定蒙养院章程及家庭教育法章程》,第一次把学前教育机构纳入学制系统,规定"蒙养院"是对3~7岁幼儿实施教育的基本机构。此后,各地相继出现一批幼儿教育机构。这一时期,康有为、蔡元培、恽代英等政治家和教育家在批判和反对旧式封建家庭的黑暗及对儿童摧残的基础上,提出幼儿公育的主张。他们主张废除家庭、解除封建伦常对儿童的束缚和摧残,要求设立幼儿公共养育机构以取代旧式家庭教育,实施幼儿公共教育;强调教育应以儿童为本位,让儿童个性自然、和谐的发展。

到20世纪上半叶,又出现一批致力于研究和创立适合中国国情的幼儿教育理论的教育家。1923年,陈鹤琴创办中国最早的幼儿教育实验中心——南京鼓楼幼稚园,对幼稚园的课程、设备及幼儿教育基本原则等进行系统研究,撰写《儿童心理之研究》、《幼稚教育》、《家庭教育》等著作,提出"活教育"的理论体系。"活教育"旨在培养儿童"做人、做中国人、做现代中国人",主张教育应以儿童及其活动为中心,"做中学、做中教、做中求进步";根据儿童的心理和社会需要编订幼稚园课程,以大自然、大社会为"活教材"。陶行知提出普及幼儿教育、建立中国化和平民化幼儿教育的主张,并创办农村幼儿园和工厂幼儿园,发表《创设乡村幼稚园宣言书》、《幼稚园之新大陆》等著作。张雪门主办北平幼稚师范学校,出版《幼稚园教育概论》、《新幼稚教育》、《幼稚园的课程》、《幼稚园组织法》等著作。他根据对幼稚园课程的多年研究,提出以幼儿生活为基础的"行为课程"理论。张宗麟著有《幼稚教育概论》,这是他与陈鹤琴在南京鼓楼幼稚园实验活动经验的总结。上述以陈鹤琴、陶行知、张雪门、张宗麟等为代表的教育家为探索建立具有中国特色的幼儿教育学理论体系作出重要贡献。

发展时期　20世纪下半叶以来,幼儿教育研究水平不断提高,幼儿教育理论日渐丰富、日臻完善。中华人民共和国成立后,建设具有中国特色的、以历史唯物主义和辩证唯物主义为思想指导的幼儿教育学开始成为中国幼儿教育学学科建设的重要任务。中国幼儿教育工作者总结老解放区的幼儿教育经验,学习和引进苏联幼儿教育学理论体系,在学前儿童全面发展教育、幼儿园保育和教育实践以及幼儿园常识、体育、音乐、美工、计算等各科教学法方面进行了有益探索和研究。为满足教学需要,高等师范院校学前教育专业和幼儿师范学校编写中国最早的一批幼儿教育学教材,为建设具有中国特色的幼儿教育学奠定理论基础。1978年后,随着改革开放的发展,中国幼儿教育工作者借鉴相关学科的研究成果和国外学前教育理论,不断推动幼儿园教育改革与实践,开展幼儿教育研究,极大地促进了有中国特色的幼儿教育理论体系的建设和发展。

学科理论基础多样化。随着哲学、心理学、儿童心理学、教育学、生理学、脑科学、生态学、社会学、经济学、管理学、人类学等相关学科的研究发展,各种新的教育思潮不断出现,既拓宽了幼儿教育学的学科基础,也扩展了其理论视野。在终身教育的背景下,幼儿教育不仅被看作是儿童入学的准备,而且被视为个体终身发展的奠基阶段。脑科学的最新研究进展为幼儿教育的价值提供了科学依据;多元智能理论改变传统智力理论仅仅以语言和数理逻辑来判断个体智力发展水平的观点,要求幼儿教育学研究每个幼儿发展的可能性和独特性,因人施教;建构主义和社会建构主义揭示学习的建构性和社会性本质,要求幼儿教育学建构以学习者为中心的新的教学模式;社会学、生态学、人类学等理论也要求幼儿教育学超越狭窄的"年龄教育学"的限制,主张在广阔的社会文化背景下考察学前儿童的发展和教育问题。以多学科的发展为依据,幼儿教育学理论水平不断提高。

研究范围不断扩展并持续深入。20世纪80年代之前,幼儿教育学的研究以幼儿园教育为主且主要集中在幼儿园各科教材、教法的研究上。从80年代开始一直持续至今的幼儿教育改革向传统的幼儿教育理论研究提出挑战。对在改革过程中出现的各种新问题的关注扩展了幼儿教育学的研究领域,使其从幼儿园教育扩展到社区教育、家庭教育;从3~6岁的幼儿园教育扩展到包括0~3岁婴儿在内的托幼一体化教育;从城市幼儿教育扩展到农村幼儿教育;从普通幼儿教育扩展到对处境不利幼儿的救助;从"微观"的幼儿园课程和教学过程扩展到"宏观"的幼儿教育政策和制度分析等。幼儿教育效益和质量评价等新的课题的引入进一步丰富了幼儿教育学研究。

研究主体和研究方法多元化。随着幼儿教师专业化发展水平的不断提高和幼儿教育研究的日益多样,以往充当研究对象的幼儿教师正成为幼儿教育研究的主体,加入到原先单纯由专家、学者组成的幼儿教育研究队伍中来。这种变化与幼儿教育学研究方法的更新有密切关系。在研究方法上不断强调质和量的结合以及行动研究、园本研究等新的研究范式的引入,为幼儿教师进入幼儿教育学研究领域创造有利条件。以研究促进幼儿教师的专业化发展,推动学者与幼儿教师的携手合作成为幼儿教育研究中的普遍现象。

参考文献

查包洛塞兹,马尔科娃.幼儿教育学原理[M].李子卓,等,译.北京:人民教育出版社,1984.

顾明远.中国教育大百科全书[M].北京:中国大百科全书出版社,1985.

黄人颂.幼儿教育学[M].北京:人民教育出版社,1989.

（刘　焱　陈　虹　裴指挥）

幼儿科学教育（science education in early childhood）支持和引导幼儿主动探究与发现,使其获得广泛、直接的科学经验的教育。

幼儿科学教育目标　教育部在2001年颁布的《幼儿园教育指导纲要（试行）》中,对幼儿科学教育的目标做了较全面的阐述:对周围事物、现象感兴趣,有好奇心和求知欲;能运用各种感官,动手动脑,探究问题;能用适当的方式表达、交流探索的过程和结果;能从生活和游戏中感受事物的数量关系并体验到数学的重要和有趣;爱护动植物,关心周围环境,亲近大自然,珍惜自然资源,有初步的环保意识。以上目标主要由三个方面构成:情感与态度方面的目标,包括激发和培养幼儿探究的热情、好奇心以及对周围环境和生命的热爱,培养幼儿尊重事实的科学态度以及乐于探索和创造的精神等;科学的思维方式与方法方面的目标,包括引导幼儿学习探究与解决问题的策略与方法,培养幼儿探究未知的能力以及利用材料尝试制作简单物品的能力等;知识经验方面的目标,包括帮助幼儿获得有关周围事物及其关系的知识经验,激发与培养幼儿对已有知识经验加以运用的习惯和能力等。

幼儿科学教育内容　（1）关于生物。包括感知和了解生物的多样性,探究和发现动植物的基本特性和人体的奥妙,了解生物之间、生物与环境之间的关系等。（2）关于物质与材料。包括感知和发现物体与材料的基本性质、物体的位置和运动、常见的物理现象（如声、光、热、电、磁）和化学现象（如食物的霉变）,探究和发现事物间的相互关系等。（3）关于地球和空间。包括感知和了解地球物质（如空气、土壤、水、沙、石）和天空中物体（如太阳、月亮、星星）的基本特性,观察和了解常见的天气现象（如晴、阴、雨、雪、雷、闪电）,感知和体验气候和季节的基本特征和变化,了解季节变化和人类、动植物的关系等。（4）科学与技术。包括感知和了解科学技术在生活中的运用,探究常见工具的特性及其功能,体验和经历技术活动的过程等。

幼儿科学教育实施基本途径　（1）探究式科学教育活动。教师根据幼儿科学教育的目标以及幼儿的经验水平、兴趣点与发展需要,选择适宜的探究主题,在与幼儿共同组成的学习环境中引导幼儿亲历探究与发现的一种活动过程。其主要特点:多以集体或小组的形式开展;探究的主题和问题通常是幼儿关注和感兴趣并在探究的情境中被引发出来的;探究过程包括几个主要阶段,每个阶段都有相应的指导策略和方法,幼儿需要在教师的引导下亲身经历和体验探索、发现、认识的过程。探究式科学教育活动为幼儿提供主动建构经验和认识的机会。（2）区域中的科学教育活动。幼儿学习科学的重要途径之一。许多区域都可以成为幼儿进行科学探究与发现的场所,如自然角、种植园、饲养角、科学发现区、沙池、水池、建构区等。在这些区域中,幼儿可以根据自己的兴趣、意愿和能力水平,自主选择活动内容、活动材料和活动方法,进行自主的探究与游戏。其主要特点:教师通过环境的创设,尤其是活动材料的投放,将教育意图隐藏和附着在活动材料之中;幼儿在活动中具有充分的自选性和活动的自主性;教师可以根据活动需要适时地采取提出挑战性的问题或任务、与幼儿进行讨论等方式,引发问题情境,激发和引导幼儿的学习与探究活动不断地走向深入。（3）生活中的科学教育活动。幼儿学习科学的重要途径之一。如每日都有天气的变化,可将天气预报作为幼儿一日生活中的常规性活动,有助于幼儿不断积累有关天气与气候方面的知识。又如幼儿在户外游戏场所无意中发现蚂蚁搬家,可将此作为幼儿科学观察与探究活动的内容,这种偶发性事件与机会可成为幼儿学习科学的良好契机。外出散步、远足、采摘等活动也是幼儿接触大自然、对幼儿进行科学教育的机会。其主要特点:背景真实,可以很自然地进行幼儿的学习活动,易引发幼儿对科学的兴趣;内容广泛,活动形式多样,活动过程生动、有趣,使幼儿在不知不觉中获得丰富的知识经验,而且印象深刻。

幼儿科学教育基本方法与指导策略　自主探究是幼儿学科学的基本方法。科学探究是幼儿学科学的核心,这是由科学本身具有的探究本质决定的。在科学探究中,幼儿的好奇心得到充分满足,也学习了科学方法,获取丰富的科学经验。教师在科学教育实践中,要将指导寓于幼儿自主的学习之中,尽可能让幼儿经历丰富的探究过程,让幼儿在自主探究中自主探索和发现,建构自己的知识和经验。探究过程一般包括提出问题,猜想与假设,实验与验证,记录与整理信息,结论、解释与交流等环节。在向幼儿提出科学探究的问题时,教师可以以直接提问的方式让幼儿明确探究的问题,也可以通过材料的提供和情境的创设,让幼儿在自由摆弄材料的过程中、在具体的问题情境中自己生发出想要探究的问题;在解决幼儿提出的科学问题时,教师可以向幼儿提供现成方法,也可以和幼儿一起讨论解决方法,一起搜集资料、分析资料,甚至可以完全让幼儿自己尝试解决问题,相信幼儿有解决问题的能力,这样才能激发幼儿的自主性学习;在让幼儿获得问题的答案时,教师不要把答案直接告诉幼儿,而要让幼儿通过自己的探究过程来获得答案,可以通过质疑、讨论交流等方式帮助幼儿反思其学习过程和结果,让幼儿根据自主判断来选择他能接受的答案。

幼儿科学教育应在坚持幼儿自主探究学习为主体的前提下,采用多样化的、丰富的方法和手段。(1)科学观察。指教师有目的的、有计划地组织和启发幼儿运用多种感官感知客观世界的事物与现象,使之获得具体印象,并在此基础上逐步形成概念的一种方法。通常可分为个别物体的观察、比较观察、长期系统观察三种类型。在指导幼儿进行科学观察时,教师要注意尽可能提供实物、实景,调动幼儿的多种感官,使其多角度观察事物,并指导幼儿学习观察方法。(2)科学实验。指在人为控制条件下,教师或幼儿利用一些材料、仪器或设备,通过简单演示或操作,对周围常见的科学现象加以验证的一种方法。通常可分为教师演示实验和幼儿操作实验两种类型。在组织科学实验时,教师要注意提供充足、多样的实验材料和足够的时间,以保证幼儿能反复操作;在实验过程中积极引导幼儿主动参与活动,鼓励幼儿大胆尝试,激发其探究欲望;鼓励幼儿去探索、发现、判断,自己找出问题的答案;引导幼儿通过观察,注意实验材料在操作过程中的变化,认真观察和记录实验过程和结果;指导幼儿正确使用工具和材料,学习操作技能和注意安全事宜;组织幼儿就实验现象和结果开展讨论交流,分析实

验中观察到的现象,鼓励幼儿解释实验的结果。(3)种植与饲养。种植指幼儿在园地、自然角或用花盆、木箱等种植花卉、蔬菜和农作物等的活动。饲养指幼儿在饲养角里喂养和照管习性温顺的动物的活动。选择种植的植物时,应选择一些易生长、易照顾,对种植的土质与肥料要求不高,生长周期相对较短的植物。在选择饲养的动物时,应选择一些较温顺,对饲料要求不高,不易死亡,而且对幼儿没有伤害的,包括不会传染病菌的小动物。教师要注意将种植、饲养的过程和幼儿的认识活动相结合,鼓励幼儿的自主探究,并注意引导幼儿爱护动植物,关爱生命。(4)分类。指幼儿把具有某一个或几个共同特征的物体聚集在一起,以学习科学的一种方法。通常包括挑选分类、二元分类和多元分类三种类型。在分类活动中,教师要注意让幼儿在充分感知物体的基础上进行分类,帮助幼儿学习不同的分类活动类型,指导幼儿学习根据不同标准进行分类,并帮助幼儿明确分类标准或鼓励幼儿自己确定分类标准。(5)测量。指通过观察或运用简单的测量工具,对事物的大小、长短、高矮、粗细、轻重等进行简单的、初级的测定的一种方法。通常可分为观察测量、非正式测量和正式量具测量三种类型。在组织测量活动时,教师应注意培养幼儿的测量意识,鼓励幼儿测量身边的各种东西,同时帮助幼儿学习使用测量长度、体积、重量、温度和时间的正式量具及非正式量具。(6)信息交流。指幼儿将获得的有关周围环境的信息以语言或非语言形式(手势、动作、表情及图像记录等)表达和交换的一种方法。教师指导时要注意给予幼儿充分的描述、讨论的机会,及时鼓励幼儿用语言表达所获信息;指导幼儿学习用简单、明确的语言表达、描述有关发现。用图像记录方式进行信息交流时要注意将交流建立在幼儿获得大量感性经验的基础上,形式可多样化,既可以是表格、数字的形式,也可以是符号、图形、曲线等形式;既可以用纸笔,也可以用印章等。引导幼儿用各种方式记录探究的过程及其发现和感受。(7)科学游戏。指运用自然物质材料和有关的图片、玩具等物品,进行带有游戏性质的操作活动的一种方法。通常可分为:感知游戏,即幼儿运用各种感觉器官感知、辨别自然物体的属性和功能,如视觉游戏、听觉游戏、嗅觉游戏、触觉游戏等;操作性游戏,即幼儿通过操作玩具或实物材料并借助一定活动规则,获得科学经验与技能,如分类、排序、配对等游戏;情景游戏,即教师创设特定情景,让幼儿观察、思考,从中发现事物之间的联系,运用已有知识、经验处理特定情景下遇到的问题,如开超市、帮粮店分粮食等;运动性游戏,即寓科学教育于体育活动之中的游戏,如捉影子、玩纸风车等;竞赛游戏,即以发展幼儿思维敏捷性和灵活性为特点,以竞赛判别输赢的游戏。教师在设计和组织科学游戏时,要注意体现科学经验的属性,将科学经验融于游戏的材料和规则中;注意游戏的趣味性、活动性、规

则性,让幼儿有充分活动的机会;教师要介入游戏并推动游戏进行。(8)早期科学阅读。指幼儿通过阅读寓有科学知识的作品学习科学的一种方法。阅读材料通常包括科学诗、科学童话、科学故事、科学谜语、科普画册等。教师应为幼儿选择适合的早期科学阅读材料,并结合其内容进行科学教育;教师与幼儿要共同阅读。(9)科技小制作。指幼儿利用一定材料和工具,通过实际操作完成某种实物制品的一种方法。通常包括:使用科技产品或工具的活动,主要是引导幼儿学习现代科技产品的操作方法或日常生活用品、常见工具的使用方法;科技小制作活动,主要是通过幼儿的制作活动进一步发现科学现象,体验其中蕴含的道理,同时掌握制作技巧。科技小制作的指导:为幼儿提供适当的制作材料,尽量为半成品,并且应具有选择性;让幼儿自己探索制作方法和技巧,给予幼儿主动探索的空间,激发幼儿的创造性。

幼儿科学教育活动的设计与计划策略　(1)重视科学教育与其他领域课程的整合。科学教育和其他领域教育之间存在一定关联,应整合科学教育与其他领域的内容。如有关“动物”的科学主题,除在科学教育领域直接涉及外,也可在美术、音乐、语言、体育活动等领域涉及。教师在科学活动的设计中,应充分考虑课程的整合与幼儿学习风格的多样性,以帮助幼儿更容易地获得概念,真正适应和满足不同幼儿的特点与发展需要。(2)科学教育活动的设计。一般包括五个基本要素:主题内容的确定,它通常显示出本次或本单元活动的宏观目的,表明幼儿学习的知识点;标题内容与活动目标的确定,即围绕主题具体定位内容;选择适宜的活动材料,这直接关系到活动的开展状况以及幼儿是否能从活动中获得相关经验,应考虑使每个幼儿都有直接操作材料的机会;活动的实施,教师在对活动进行计划时首先要自己按照设计的程序试一下,并思考如何建构儿童的经验,同时确定怎样引出幼儿的活动,怎样向他们展示学习内容,怎样把新的内容和幼儿已有的经验联系起来,提出哪些问题对幼儿的学习有鼓励和促进作用;活动的延伸,为使幼儿最大限度地感知经验和掌握知识,活动的设计需要具有一定的可持续性,为达此目的,教师应在幼儿感兴趣的基础上,通过一些活动对学习内容进行适当扩展,将其与其他领域的活动整合在一起,也可设立一个可供继续活动的区角。(3)网状图的设计和使用。学习设计和使用网状图是计划一个科学主题活动的有效方法。网状图的设计与使用可以较直观地显示出很多可能涉及的、对幼儿理解某一概念有帮助的知识和经验,全面规划和组织教学,并与其他领域的内容有机整合起来。如“空气”这一主题包含了许多方面的科学内容,教师可以引出“空气就在我们的身边”、“空气有冷有热”、“空气可以传播声音”、“空气有体积”等诸多话题,在建构起基本网络的基础上,再进一步扩展和细化其中的

每个内容,以使每个内容能以适当的、多样化的方式来呈现,由此将一个科学主题活动作较长期的规划和安排,实现与其他领域活动的有机整合。

幼儿科学教育评价　其主要目的是了解幼儿学习与发展的状况以及教师进行教育教学的效果,以便更好地提高幼儿科学教育的质量,促进幼儿发展。(1)对幼儿学习与发展状况的评价。主要以幼儿科学教育目标、现代幼儿教育理念为主要依据,形成相应的评价指标体系。评价重点包括幼儿科学品质、科学态度和科学精神的养成情况、幼儿探究能力的发展状况、幼儿科学经验与知识的获得情况等方面。在对幼儿进行评价的过程中,要以接纳和尊重个体的差异和特点为基本点。通过评价,可以更好地了解幼儿科学学习的过程、学习特点与发展状况,以此确定科学教育的下一步具体目标和方案,从而达到不断促进幼儿发展的目的。主要方式有观察和面谈等。(2)对教师教育教学状况的评价。主要以幼儿科学教育目标、现代科学教育理念为依据,形成相应的评价指标体系。评价重点包括教育内容的选择是否具有意义,是否符合幼儿的兴趣、需要与发展水平;物质环境与材料的提供是否能引发幼儿的探究活动,是否有助于幼儿获得有关经验;教育过程是否能支持和引导幼儿的主动探究与发现;活动结果是否能帮助幼儿建立有关经验,是否能促使幼儿学会基本的科学探究方法等。通过评价,可以更好地了解教师进行科学教育的基本状况与教育效果,为进一步改进教学、提高幼儿科学教育的质量提供依据。主要方式有教师自评、教师之间互评以及检查性评价等。

参考文献

刘占兰. 学前儿童科学教育[M]. 北京:北京师范大学出版社,2008.

施燕. 学前儿童科学教育[M]. 上海:华东师范大学出版社,2000.

王冬兰. 学前儿童科学教育[M]. 上海:华东师范大学出版社,2010.

张俊. 幼儿园科学教育活动指导[M]. 北京:人民教育出版社,2008.

（刘　馨　洪秀敏）

幼儿社会教育(social education in early childhood)增进幼儿的社会认知,激发幼儿的社会情感,培养幼儿的社会行为,以发展幼儿的情感—社会性为目标的教育。

幼儿社会教育的主要手段有上课、游戏、劳动、生活、节日活动等。其组织形式主要有集体教育、分组教育、个别教育等。

幼儿社会教育的一部分方法是在做中学,通过真实的体验来学习,实感性较强,如实践法、调查法、参观法、表演法、讲解法、谈话法等;另一部分方法超越学科或领域界限,

具备跨学科、跨领域的特点,是社会领域教育的独特方法,如价值澄清法、移情训练法、观察学习法、角色扮演法、社会认知冲突训练法等。(1)实践法。通过真实的生活事件和生活情境,培养幼儿的基本社会生活能力和技能,增进幼儿的相关知识,激发幼儿社会情感的方法。(2)调查法。以问题为先导,通过调查,让幼儿对社会生活有感性的和较为具体的认识的方法。(3)参观法。根据社会领域教育的目标与内容,组织幼儿在园内或园外的某一场所参观,让幼儿身临其境,耳闻目睹,接触社会,感知社会现象的状况,接受某方面的教育的方法。(4)表演法。引导幼儿通过体态动作、语言及表情去体验、感受一定角色的情感和行为,从而促进幼儿社会性情感发展的方法。(5)讲解法。向幼儿说明一些简单的、基本的知识和道理,让幼儿了解规则及其意义,使幼儿知道一些基本事实,知道判断事物的基本标准的方法。(6)谈话法。教师与幼儿、幼儿与幼儿之间围绕某个问题,运用语言进行思想和情感交流,从而形成一些正确观念的方法。(7)价值澄清法。幼儿在日常生活中通过与周围的人和事的接触,逐渐形成较为稳定的待人接物的态度的方法。所谓"价值澄清"即通过幼儿内部心理活动进行价值选择、价值确定,然后付诸于外部行动的过程。(8)移情训练法。通过故事、情景表演及日常交谈等形式,使幼儿理解、分享别人的情绪、情感体验,使幼儿在日后的生活中对他人类似的情绪、情感产生习惯性的理解和分享的方法。移情是设身处地地站在别人的位置上,从别人的角度去体验别人的情感。(9)观察学习法。通过模式模仿或观察学习,使幼儿直接学会新的行为模式的方法。观察学习由社会学习心理学家班杜拉提出。(10)角色扮演法。创设现实社会中的某些情境,让幼儿扮演其中的一定社会角色,并表现与这一角色一致的且符合这一角色规范的社会行为,感知和理解他人的感受、行为经验,从而掌握自己承担的角色所应遵循的社会行为规范和道德要求的方法。(11)社会认知冲突训练法。使幼儿在社会教育活动中发生认知上的冲突,通过情景表演、谈话、讨论等活动,让幼儿寻找正确的解决冲突的办法并付诸实践的方法。这个方法能使幼儿正确而牢固地掌握社会概念,有效提高其社会认知水平。

社会是影响幼儿社会教育成效的重要因素。社会环境中影响幼儿情感—社会性发展的重要因素有文化、传媒、社会事件、社会现象、社会文化等。(1)幼儿一出生就处于特定的文化氛围中,文化构成了幼儿生长、发展的宏观背景。与其他影响因素相比,文化对幼儿发展的作用更具间接性。它通过影响社会和家庭的结构、父母抚养的方式和态度,创造广泛的社会刺激氛围,进而渗透到幼儿的具体生长过程中去。它作为一种环境,对幼儿发展产生广泛而长久的影响。社会的精神面貌、人们的行为举止、社会风尚等,对幼儿产生潜移默化的影响。(2)传媒如电视、图书、广播等以较直接的方式进入幼儿的生活,从而对幼儿产生重要影响。(3)社会事件、社会现象、社会文化等是幼儿园课程的重要来源。

家庭是社会的细胞,是特殊的社会组织。家庭对幼儿的影响是直接的、具体的。成人是幼儿最早、最有影响力的榜样,也是幼儿做人的第一任且最持久的老师。通过亲子交往,成人以自己的言行举止、情感态度影响着幼儿情感—社会性的发展;家庭对社会影响具有选择和控制作用,家长对子女的书刊、电视节目、玩具等具有最终决定权;家庭是幼儿园社会教育的重要支持力量,家长的参与、支持和配合是幼儿园社会教育取得成功的重要因素,幼儿园社会领域的教育需要家园一致;家庭中的事物、活动、家庭成员之间的关系及基本的家庭生活规范,是幼儿园社会教育的重要内容之一。

外国幼儿社会教育　在美国,从幼儿园到大学都有社会研究领域的课程。幼儿园社会研究的目的是,在相互依存的世界里,帮助幼儿发展作为一个文化多元、民主社会的公民能够做出正确决定的能力。当儿童进入幼儿园时,社会学习就自然发生了。在班级里,个人利益不断地与团体利益平衡;儿童自然地学习和利用知识、技能以及各类观念。幼儿社会研究介绍给幼儿的应该是充满了意义的内容,它与幼儿的发展相适宜,与幼儿的认知、情感、社会化和生理的成熟相匹配;应将儿童的文化背景、个人知识、家庭和社区综合起来,植入全部课程;建立在幼儿的直接经验、自我选择和社会互动的基础上,幼儿对其有很大兴趣。社会研究的焦点在于技能和价值观的培养,教育的焦点是价值观如何形成并影响人的行为,最需要教给幼儿的是有关生命、自由、平等这些基本权利的观点和价值观。社会研究课程的目标为:促进幼儿自尊心和自我价值感的发展;发展幼儿交流、分享和合作的能力;增加幼儿有关其他文化和种族的知识;帮助幼儿认识世界各地人们的相似之处;促进幼儿尊重他人和其他种族的文化,发展对不同文化的认知能力;帮助幼儿理解社会。

日本的幼儿教育强调促进幼儿以下几方面的发展:自己的事情自己做;坚强,不怕困难;会开动脑筋学习;有动手能力;身体健康,精力充沛;懂得交通、地震等方面的安全知识。1990 年 4 月开始实施的《幼儿园教育要领》从幼儿发展的角度,将幼儿园教学目标分为与身心健康有关的领域"健康"、与人际关系有关的领域"人际关系"、与周围环境有关的领域"环境"、有关语言获得的领域"语言"以及有关感性知识和表现的领域"表现"等五方面。它将 1956 年的《幼儿园教育要领》中的"社会"改为"人际关系",突出"对人关系的能力",着眼于培养与他人友好相处所必要的独立性以及和他人交往的能力,以使幼儿具有自主、协同的态度以及良好的道德品质。人际关系目标为:体验幼儿园生活的快乐和依靠自己的力量活动的充实感;和周围的人交往并收获友爱和信赖;养成社会生活中的良好习惯和态度。2000年4月,日本文部省开始在日本幼儿园全面实施新的《幼儿园教育要领》。新的《幼儿园教育要领》在幼儿园教育的基本宗旨、目标和教育课程的编制方面都略有修改,但基本要义没有太大变动,仍然强调幼儿园教育必须根据幼儿期的特点,通过环境进行教育,以及强调要促进幼儿主体性的发展。

英国政府2000年颁布了面向3～5岁幼儿的《基础阶段教育课程指南》,把基础阶段的内容分为六个领域:交往、语言和读写;数学发展;个性、社会性和情感的发展;创造性发展;身体的发展;认识周围的世界。其中个性、社会性和情感的发展与认识周围的世界这两个领域中的很多目标都属于社会领域教育的目标,如在选择和开展活动过程中表现出的独立性逐渐增强,有信心与他人合作以获得支持和指导,以适当的方式表达自己的需要和情感,主动与他人交往,与同伴建立联系并形成依恋,理解不同的人有不同的需要、观点、文化和信仰并给予尊重,以及感知时间、环境、文化和信仰等目标。

在法国,幼儿教育的第一大目标是发展和谐人格,促进儿童情绪的成熟与社会化。幼儿教育主要是把"幼儿引向社会化",使其从参与同伴与成人的活动中"认识自己、认识环境"、"了解人际关系"、"学会克制自己的情绪,知道与人合作"、"建立良好的人际关系"、"养成团结生活的习惯"、"塑造健全的人格"、"引导幼儿学习自己的文化"、"分辨并欣赏别人的文化"等。这些目标要通过一系列的课程活动来实现,如参观、访问、沟通、实验、操作及其他形式多样的协作活动。1995年,法国教育部出台《幼儿学校大纲》,将"学会共同生活"作为首要目标,包含集体生活、人际交往、社会规范等内容,注重培养幼儿自我服务的能力、发展其独立性、提高其交往能力,使其学会关心和友爱,能与人分享、协商和合作。

俄罗斯于2006年出台《幼儿园教育与教学大纲》。该大纲在1985年苏联时期的大纲的基础上修改而成。社会领域教育目标渗透在多个方面,通过认知、情感、道德和行为的目标表现出来。(1)感知、理解周围世界的能力的目标。促进幼儿感知、理解周围世界的能力,使其形成对周围世界的整体状况的认识;发展其对物体和周围事物的兴趣;了解人类必需的日常物品的功能和用途;形成关于自我、最亲近的社会环境、最基本的亲属关系的初步概念;形成关于社会环境包括院子、商店、药房、门诊部、学校、运输业等的概念,以及关于人们的现实与社会生活现象的初步认识;形成初步的生态学观念。(2)德育的目标。保证儿童从生命初期开始就能够人道地对待周围的世界,并爱自己的家、自己周边的环境,祖国和各民族人民,国歌、国旗和国徽等;在道德教

育的过程中要注重发展幼儿爱的情感、道德认知能力、行为辨别能力和遵守社会公德的品质;使其懂得尊敬成年人,并能够负责任地完成任务,和睦地游戏和劳动,公正地评价自己与同伴的行为;积极地与儿童和成人交往。(3)劳动教育。让幼儿了解成人的劳动,或者直接参加幼儿园、家庭中力所能及的劳动活动;可以渐进地发展幼儿对成人劳动的兴趣和参加劳动的愿望,培养其基本劳动技能,形成自我服务能力,并获得自我实现的成就感;帮助幼儿掌握生活必需的本领与技能,培养其责任心和自主性,使其获得对自己的肯定和信心。

德国幼儿园的教育内容主要是社会教育,旨在培养儿童既对自己负责又能合群的个性,社会教育的目标是协调幼儿的需求与社会的实际需要,从幼儿的个性与社会背景出发来促进其社会性行为的发展。实际生活与家政教育也与社会领域教育密不可分,其目标是创设有意义的情境,给幼儿以机会,形成集体生活中必须具备的技能(穿衣、熟悉使用各种玩具等),认识每年重复的事件,掌握家务劳动(整理房间、洗衣服等),熟悉交通规则,学习操作一些仪器(收录机、电视机等),对紧急情况作出反应,等等。

中国幼儿社会教育 《幼儿园教育指导纲要(试行)》(2001)提出了中国幼儿社会领域教育的目标:能主动地参加各项活动,有自信心;乐于与人交往,学习互助合作和分享,有同情心;理解并遵守日常生活基本的社会行为规则;能努力做好力所能及的事,不怕困难,有初步的责任感;爱父母、长辈、老师和同伴,爱集体、爱家乡、爱祖国。

幼儿社会教育的内容主要包括四大板块:(1)人际关系。引导幼儿初步了解有关自己成长的最基本的知识;初步培养幼儿的自信心、自尊心、独立性以及最基本的自我控制和应变的能力;使幼儿逐渐了解父母、老师、同伴及其他社会成员,引导幼儿逐渐学会同情、关心他人并乐于帮助他人,激发幼儿初步的爱父母、爱长辈、爱老师的情感;引导幼儿积极同他人交往,并培养幼儿合作、交往、分享、谦让等方面的基本社会技能;引导幼儿初步了解自己所在的集体,使幼儿逐步适应并喜欢集体生活,初步产生对集体的关心、喜欢之情;初步培养幼儿的诚实、勇敢、守纪律等基本品质,培养幼儿开朗的性格。(2)社会环境。引导幼儿初步了解家庭、幼儿园,初步认识主要的生活机构和设施及其与人们生活的关系,激发幼儿初步的热爱劳动者的情感;引导幼儿观察和感受周围的主要自然景观,初步激发幼儿热爱家乡的情感;引导幼儿初步了解自己所在地的名称;引导幼儿感知中国的国名、国旗、国歌、国徽,初步了解中国主要民族及主要的风景名胜,激发幼儿初步的爱祖国的情感;引导幼儿初步了解重大的节日和重大的社会事件;使幼儿知道世界上有许多国家和民族,激发幼儿爱和平的情感。(3)社会行为规范。引导幼儿初步了解并掌握基本的公共卫生规则,并

初步养成讲卫生的习惯;引导幼儿初步了解并逐步掌握基本的公共交通规则;引导幼儿初步了解并逐步掌握各种学习活动的规则;引导幼儿初步了解并逐步掌握与人交往的基本规则;引导幼儿初步了解并逐步掌握生活中的各种规则;引导幼儿初步懂得保护环境;引导幼儿初步养成爱劳动、爱惜劳动成果的习惯,激发幼儿初步的热爱劳动的情感;引导幼儿初步懂得正确与错误,激发幼儿初步的是非感、爱憎感。(4)社会文化。引导幼儿初步感受具有代表性的社区文化;引导幼儿初步了解中国主要的人文景观、文化精品和民间节日等;引导幼儿初步感受世界著名的人文景观及优秀的艺术作品,引发幼儿对世界文化的兴趣。

注重社会教育是中华民族幼儿教育的历史传统。1903年,中国建立第一所官方开办的幼儿园——湖北幼稚园(后更名为武昌蒙养院),强调幼儿教育"开导事理、涵养德性"的功能,把培养"习惯善良之言行,德育发达基此"作为开设蒙养院的三大旨趣之一。在开放的七门课程中,"行仪"、"训话"两门与社会教育直接相关,"幼稚园语"、"唱歌"、"游戏"等课程也与情感—社会性的培养有很大关系。1904年1月,清政府颁布的《奏定蒙养院章程及家庭教育法章程》强调,使蒙童"远于浇薄之恶风,习于善良之规范","务留意儿童之性情及行止仪容,使趋端正","务专意示以善良之事物,使则效之,孟母三迁即此意也"。

20世纪20年代,教育家陶行知指出,6岁以前是人格陶冶最重要的时期。他反对漠视儿童的需要、能力、兴趣和情感,认为必须使国人明白幼年生活是最重要的生活,幼年的教育是最重要的教育。20世纪30年代,教育家陈鹤琴提出大自然、大社会都是活教材。儿童环境包括自然环境和社会环境,其中,社会环境就是个人与家庭、社区等的交往。陈鹤琴提出"五指活动","五指"即儿童健康、儿童社会、儿童科学、儿童艺术、儿童语文五个方面。其中儿童社会方面的活动包括朝夕会、周会、纪念日集会、每天的谈话(单元研讨)等。陈鹤琴注重幼儿行为习惯的培养,把它视为社会教育的重要内容。他还通过实验和研究对幼儿园训育提出"重新估计",反对那种只凭主观的情绪、态度、厉害、好恶去判断或处理训育问题的作风,把以下原则作为训导的指导方针:从小到大;从人治到法治;从法治到心理;从对立到一体;从不自觉到自觉;从被动到自动;从自我到互助;从知到行;从形式到精神;从分家到合一;从隔阂到联络;从消极到积极;从空口说教到以身作则。教育家张宗麟的《幼稚园的社会》是中国幼儿教育史上最早全面、深入论述幼儿社会领域课程及其实施的著作。在这部著作中,他论述了儿童的社会特征、社会适应等理论问题,讨论了社会领域课程的目标。他指出,政府认定的"对于人和社会关系的认识"、"养成爱护自然物和卫生、乐群等好习惯"的目标缺点很多,应添加"幼稚园各种活动都应该倾向于社会性的",不然就几乎把

教育化成工具,没有灵魂;教育的灵魂在于养成适合于某种社会生活的人民。他认为,苏俄教育所以能传送于世界,是因为它能处处表现苏俄的精神。中国也要求培养适合未来社会的国民,幼儿园的活动要以社会为中心和出发点。

在解放区,幼儿教育把作为社会教育之核心的品德教育放在重要地位。在教育目标中,强调教导儿童了解父母参加革命的苦心,并继承其艰苦奋斗的精神;教导儿童认识中国革命的敌人,并培养其对敌人的仇恨心理;教育儿童热爱劳动、热爱劳动人民,关心帮助劳苦群众;培养儿童吃苦耐劳、勇于自我批评的精神;启发儿童养成团结友爱、互助互让的优良作风;引导儿童多问、多想,促进其心智发展并达到心身和谐发育。

中华人民共和国成立后,政务院于1952年3月发布《幼儿园暂行规程(草案)》,规定培养幼儿爱国思想、国民公德和诚实、勇敢、团结、友爱、守纪律、有礼貌等优良品质和习惯。1979年,教育部发布的《城市幼儿园工作条例(试行草案)》规定,向幼儿进行初步的五爱教育(爱祖国、爱人民、爱劳动、爱科学、爱护公共财物),培养诚实、勇敢、团结、友爱、活泼、守纪律、有礼貌等优良品德、文明行为和习惯。这两个文件均把社会教育作为幼儿园的主要教育内容之一。1996年,在国家教育委员会正式颁布的《幼儿园工作规程》中,规定幼儿社会领域教育的目标是:"萌发幼儿爱家乡、爱祖国、爱集体、爱劳动、爱科学的情感,培养诚实、自信、好问、友爱、勇敢、爱护公物、克服困难、讲礼貌、守纪律等良好的品德行为和习惯,以及活泼开朗的性格。"同时对幼儿园的品德教育进行了准确定位,指出"幼儿园的品德教育应以情感教育和培养良好行为习惯为主,注重潜移默化的影响,并贯穿于幼儿生活以及各项活动之中",强调"注重培养幼儿良好的个性心理品质,尤应注意根据幼儿个体差异,研究有效的活动形式和方法"。2001年9月施行的《幼儿园教育指导纲要(试行)》对幼儿园社会教育的目标、内容和实施策略等又作了较为全面的论述,并将"社会"作为一个课程领域加以呈现。2012年颁布的《3—6岁儿童学习与发展指南》指出,幼儿社会领域的学习与发展过程是幼儿社会性不断完善并奠定其健全人格基础的过程,其内容主要包括人际交往与社会适应。幼儿阶段是社会性发展的关键时期,良好的人际关系和社会适应能力对幼儿身心健康发展及其知识、能力和智慧作用的发挥具有重要影响。幼儿在与成人和同伴交往的过程中,不仅学习如何与人友好相处,也在学习如何看待自己、对待他人,不断发展其适应社会生活的能力。

参考文献

中国学前教育史编写组.中国学前教育史资料选[M].北京:人民教育出版社,1990.

周兢,虞永平.学前儿童语言与社会教育[M].苏州:苏州大学出版社,2002.

（虞永平）

幼儿数学教育（math education in early childhood）培养幼儿数学思维、促进幼儿初步数概念形成的教育。

幼儿数学教育的目的：促进幼儿抽象逻辑思维能力的发展；引导幼儿用数学方法解决问题，体验数学在生活中的有用性；培养幼儿良好的学习习惯和学习品质，以更好地适应小学阶段的学习。幼儿园的数学教育是一种数学启蒙，其目的在于培养幼儿基本的数学素养，包括对数学活动的兴趣、主动学习数学的态度等，以最终形成一种数学思维的习惯，并运用数学解决日常生活中的具体问题。

幼儿数学教育主要内容包括：（1）分类、排序与对应。按物体的某一个（或两个）外部特征进行分类，按物体的特征进行多角度分类及按物体内在的包含关系进行多层次分类；按物体量的差异排序及按物体的某一特征或规律排序；将相关物体一一匹配，幼儿借助一一对应的方法比较两组物体的数量是否相等。（2）数、计数与数的运算。认识10以内的自然数和零，理解数的实际意义和数与数之间的数差关系，知道"没有"可以用零来表示；认识序数，能用自然数表示物体排列的次序，说出某一物体排在"第几"；学习10以内数的组成和分解，感知和体验一个数和组成它的两个数之间的关系，以及部分数之间的互换、互补关系；学会手口一致地点数实物并能说出总数；认读和书写10以内的阿拉伯数字；学习数的运算，认识加号、减号、等号，理解加减的意义，学习10以内口头加减运算，能应用加减法解决实际生活中的简单问题。（3）几何图形。辨认并区分常见的平面图形和立体图形，认识其名称和主要特征。（4）量与计量。区别和说出物体量的差异，如大小、长短、高矮、粗细、宽窄、厚薄、轻重等；在比较物体量的差异的同时，初步理解量的相对性；学习量的守恒，学习自然测量。（5）空间和时间。区分和说出上下、前后、左右的空间方位；区分早晨、晚上、白天、黑夜、昨天、今天、明天，了解一星期七天的名称及其顺序；初步认识时钟。

幼儿数学教育原则包括：（1）密切联系生活的原则。幼儿数学教育内容和幼儿的生活相联系，从幼儿的生活中选择教育内容；除通过有计划、有组织的集体教学开展数学教育外，也要在幼儿的生活中进行教育，引导幼儿学数学；引导幼儿用数学，让幼儿感受到数学作为一种工具在实际生活中的作用。（2）发展幼儿思维结构的原则。幼儿数学教育应指向幼儿思维结构的发展，数学知识的获得应与思维结构的建构同步进行。（3）让幼儿操作、探索的原则。教师在实践中以操作活动为主要教学方法，把学数学变成幼儿自己主动探索的过程，让幼儿自己探索、发现数学关系，

获取数学经验。（4）重视个别差异的原则。每个幼儿都具有与生俱来的独特性，这表现为每个幼儿有其独特的发展步骤、节奏和特点，其性情和态度倾向也各不相同。教师要让每个幼儿在自己的水平上得到发展。对于学习有困难的幼儿，要分析他们的具体情况，针对不同困难给予不同指导。

幼儿数学教育的常见方法有操作法、游戏法、观察和比较法、讨论法、讲解法、演示法。操作法是幼儿通过摆弄、操作学具，在与材料的相互作用中进行探索和学习，获得数学感性经验、知识和技能的方法。它要求教师将数学概念的属性或运算技能的要素转化成幼儿可以独立操作学习的活动，让幼儿在操作学习的活动中，通过反复摆弄、操作材料的过程，进行探索、尝试，从而对数学概念的属性和运算技能的要素有所感知和体验。操作法是幼儿建构数学知识的根本途径。游戏法是用游戏进行数学教育的方法，比较适合用于巩固已有的数学知识和技能，但不适合用于新知识的学习。观察和比较法是幼儿在教师的引导下，有目的地感知物体的数、量、形等特征以及对两个或两个以上的物体进行分析、比较，感知和找出其在数、量、形等方面异同点的方法。观察和比较是幼儿获得数学经验的必要前提，两者常常配合使用。讨论法是教师指导幼儿或和幼儿一起对某个数学问题进行讨论，并得出结论的方法。它能让幼儿充分表达、交流操作经验，也便于教师总结和提升数学经验，对幼儿进行指导。讲解法是教师运用口语说明或解释数学知识的方法。演示法是教师把实物、教具或幼儿的学具展示给幼儿看，或者通过示范的动作、经过选择的范例来说明所要介绍的知识、技能和规则，使幼儿明确应该做什么以及怎样做的方法。讲解法、演示法常配合使用，但只有建立在幼儿亲自操作的基础上，才能起到应有的效果。

（张　俊）

幼儿体育活动（physical education in early childhood）用于发展幼儿基本动作和身体素质的各种活动。增强幼儿体质、增进幼儿健康的一种积极手段。依据终身体育的理念，结合幼儿体育活动的价值及幼儿的年龄特点，幼儿体育活动的目标是：促进幼儿正常的生长发育和机能的协调发展，提高幼儿机体的适应能力，发展幼儿的基本动作和身体素质，以增强幼儿的体质；激发幼儿参与体育活动的兴趣，逐步培养幼儿的运动习惯，满足幼儿的运动需要，丰富幼儿的运动经验；以体育活动为手段，促使幼儿情绪及情感、认知能力、社会性及个性等方面的健康发展。

发展幼儿的基本动作　基本动作指人在生活和社会实践中所需的最基本的运动技能，如走步、跑步、跳跃、投掷、攀登、钻、爬、搬运等。幼儿期是基本动作发展的重要时期，应逐步发展幼儿的基本动作技能，以适应人类生活和未来发展的需要，并借此提高幼儿的身体素质。幼儿期发展基

本动作的具体目标是：(1) 走步。走步时上体能保持正直，两臂前后自然摆动，上、下肢动作较自然、协调，有节奏感，有精神；能较好地控制走步的速度、方向和步幅；集体走步时，能保持与他人较适宜的距离；双脚能灵活交替上下楼梯和台阶；能较平稳地在小斜坡、低矮的平衡木、有一定间隔的物体的上面行走；能闭目向前行走一小段距离，方向基本保持一致；能持续行走一定的距离。(2) 跑步。跑步时上体能保持正直并稍向前倾，两臂屈肘置于体侧做前后自然摆动，上、下肢动作较自然、协调；能按一定指令进行慢跑或慢跑与走交替的活动；能快跑 15～25 米，蹬地时有一定的力量；能与他人玩追逐、躲闪跑的游戏。(3) 跳跃。跳跃时能保持身体的平稳，上、下肢动作较协调，蹬地时有一定的力量，落地时身体较轻；能逐渐掌握多种跳跃的方式，如双脚连续向前跳、由上往下跳、纵跳拍物、单脚连续向前跳、跨跳、助跑跨跳、立定跳远、侧跳等；动作较灵敏、协调。(4) 投掷。单手肩上掷远时，能学会用力挥臂，并逐渐学会侧身转体掷远的动作，动作较协调，投掷角度的把握基本适宜；能学会多种掷准的方式，如击打一定距离的目标、投物进筐等。(5) 攀登。攀登时能掌握手部握杠的正确动作，上、下肢动作较协调，活动时能注意安全；能在多种适合于幼儿攀登的设备上较灵活地攀爬。(6) 钻。钻时能低头、屈膝、弯腰、紧缩身体，侧面钻时动作较灵敏。(7) 爬、翻越、翻滚。能逐渐掌握多种爬的方式，如膝盖悬空式爬、匍匐爬；做爬、翻越低障碍物动作时较协调、灵敏；能较灵活地做连续侧身翻滚的动作，方向基本保持一致。(8) 推、拉。能推、拉一定体积、重量的物体（如推硬纸箱、拉轮胎）。(9) 搬运。能较平稳地独自搬运体积不大、重量不重的物体（如小椅子、玩具盒），能与同伴一起合作搬运一件较大的物体（如小桌子）。(10) 悬垂。能用双手抓住横杠将自己悬空吊起来（即悬垂动作），并能维持一段时间或做身体前后摆动的动作，下来时能注意安全。

提高幼儿的身体素质　　身体素质指人体在神经系统支配与调节下的肌肉活动中所表现出来的基本能力，通常包括力量、耐力、平衡、灵敏、协调、柔韧等。一个人身体素质的发展水平在一定程度上反映出其身体主要器官、系统在肌肉活动中的综合机能状况。学前阶段应逐步提高幼儿基本的身体素质，如平衡能力、协调性、灵敏性、力量和耐力。主要途径有：在日常生活中加以培养，如鼓励幼儿自己上下楼梯，徒步行走一定距离的路程而不要成人抱，搬运小凳子等；通过开展丰富多样、适宜的体育活动加以培养，如玩跑、跳、钻、爬等体育游戏，做幼儿基本体操，探索球、绳、圈、轮胎等器材的多种玩法，游泳、滑冰、远足等；通过其他活动加以培养，如随音乐做律动、跳舞等。

幼儿体育活动中的运动量　　运动量又称活动量，指人在进行身体运动的过程中所承受的生理负荷量，它反映了人体在运动中生理机能的变化状况。可以通过测查幼儿心率的变化以及观察幼儿在运动中的呼吸状态、出汗状况、脸色以及动作质量来判断其运动量的大小。为了保证幼儿肌体的正常发育和促进幼儿健康成长，在组织幼儿体育活动时应把握和调节好运动量的大小，主要的措施及原则是：(1) 在开始运动时，应先做一些身体上的准备活动，又称热身活动，如头颈部位的转动动作，上肢部位的伸展动作，上肢关节和下肢关节的环绕动作，扩胸、转体、腹背等躯干动作，压腿、跳跃等下肢动作，或走、慢跑、走与慢跑交替等动作，热身活动动作要慢，用力不要过大，逐渐提高身体的机能水平，以适应后续运动的需要，避免机体受伤。(2) 由于跑、跳活动的运动量相对较大，因此幼儿在进行跑、跳活动时，其活动时间、活动距离需适当加以控制，幼儿不适宜进行运动量较大的运动。(3) 在结束运动前，尤其是在跑、跳活动之后，应做一些身体放松、整理的活动，如较缓慢地摆动上肢、下肢，做简单的深呼吸动作等。(4) 幼儿运动量的安排应由较小逐渐到较大，然后再到较小。(5) 运动量的安排应视幼儿的具体年龄以及个体特征逐渐增大。

幼儿体育活动的内容与方法　　(1) 幼儿基本体操。幼儿通过基本体操的练习，可以有效地锻炼身体，促进肌体形态、机能的协调发展，并有助于其节奏感、空间知觉、注意力、集体观念等方面的发展。幼儿基本体操由幼儿体操、排队与队列两个基本部分组成。幼儿体操是以幼儿的生理与心理特点为基础，将身体各主要部位（如头颈部、上肢、躯干、下肢）的动作有机组合起来，按照身体各部位运动的特点和一定的程序，有节奏地进行各种举、振、摆、屈与伸、转、绕、绕环、跳跃等一系列单一或组合动作的身体练习。幼儿园常做的幼儿体操有徒手体操（如模仿操、徒手操、韵律操、武术操）和轻器械操（如哑铃操、球操、筷子操）。3 岁左右的幼儿较适合做模仿操，其动作较简单，易于幼儿记忆和掌握，运动量较小。4 岁以上的幼儿在记忆力、动作能力和自我控制能力等方面都有一定的发展，轻器械操更能吸引他们，做操时应尽量要求幼儿动作准确、到位。五六岁的幼儿能胜任难度较大的徒手体操和轻器械操，操节数通常可增加到 7～8 节。排队与队列指全体幼儿按照教师发出的口令，排成一定的队形和做同一的身体动作。幼儿园常做的排队动作有：排成一路纵队、排成两路纵队、排成四路纵队、排成圆形或半圆形等。幼儿园常做的队列动作有：立正、稍息、两臂前平举向前看齐、手放下、向左（或右）转、原地踏步走、齐步走、跑步走、立定等。(2) 幼儿体育游戏。以各种身体动作或活动为主要的活动内容，以一定的玩法和规则建构起来的游戏。其主要目的是发展幼儿的基本动作和身体素质。体育游戏活动不仅能激发幼儿愉快的情绪，使其获得动作能力的发展，而且还能培养其规则、团体、竞争等意识。在为幼儿选择体育游戏或组织幼儿开展体育游戏时,应以幼儿的年龄特点和发展目标为依据,使幼儿能在适宜、快乐的游戏中获得动作能力和身体素质等方面的发展。3岁左右的幼儿喜欢角色较熟悉、情节和动作较简单的体育游戏。4岁左右的幼儿较喜欢情节和动作较有趣或追逐性的体育游戏,游戏规则应带有一定的限制性,要求幼儿遵守;幼儿对游戏结果有所关注,有争取胜利的愿望。五六岁的幼儿更喜欢运动量较大、竞赛性较强、具有挑战性和合作性的体育游戏,他们十分关注游戏的胜负结果,获胜心情迫切。(3) 幼儿运动器械的活动。为幼儿提供丰富多样、适宜的运动器械,能有效地锻炼幼儿的身体,丰富幼儿的运动体验,满足不同幼儿的运动需要。常见的幼儿运动器械有:滑梯、秋千、荡船、转椅、攀登架、爬网、荡桥、联合器械等大中型固定性运动器械;平衡板、投掷架、弓形门、钻筒、小跨栏、月儿摇等中小型移动性运动器械;儿童小三轮车、小推车、滑板车、羊角球、儿童球、圈、沙包、绳、小降落伞、小高跷、铁环、陀螺等小型运动器材。不同的运动器械具有不同的锻炼价值,应鼓励幼儿大胆尝试和自由探索。(4) 利用环境的体育活动。锻炼幼儿身体、丰富幼儿生活的重要内容与手段之一。这类活动一般包括:利用当地的地理环境资源而开展的活动,如爬小山坡、登台阶、走田埂、爬树等;利用空气、阳光、水开展“三浴锻炼”,利用冰、雪等自然资源开展嬉水、滑冰、滚雪球、打雪仗等活动。在开展幼儿“三浴锻炼”时,应讲究适宜性和科学性,把握好各类外界因素对幼儿肌体的刺激量,做到循序渐进地开展活动,同时还应注意活动前后幼儿肌体的变化和反应。将“三浴锻炼”组合在一起或将其与体育活动有机结合都是较好的方式,但应避免在运动之后进行冷水浴,否则将不利于幼儿的健康。(5) 民间、民族的传统体育活动。锻炼幼儿身体、弘扬民族精神、传承民族传统文化的重要内容和手段之一。适合于幼儿开展的民间、民族的传统体育活动有:放风筝、踢毽子、踩高跷、滚铁环、抽陀螺、跳绳、跳皮筋、跳房子、跳竹竿、抖空竹以及荡秋千、摔跤等活动。可以结合当地的风土人情、文化习俗的介绍,因地制宜地开展传统体育活动。活动中还可启发幼儿利用传统材料进行大胆的探索和创新。对于有一定危险性的体育活动,如摔跤、抽陀螺等,应教会幼儿正确的玩法,并注意幼儿活动时的安全。

幼儿园体育活动的组织形式　(1) 早操活动。在早晨开展的、以幼儿基本体操的练习为核心内容的一种体育活动组织形式。早操活动应体现出朝气蓬勃、活泼愉快的特征;活动内容相对固定,定期更换;以集体活动方式为主,以分散活动为辅;以基本体操为主要活动内容,适当配以幼儿集体舞、律动活动、简单的体能锻炼(如走与慢跑交替、绕障碍跑、钻、跳跃)、小型运动器材的活动(如走小高跷、抛小降落伞、拍球);运动量不宜过大,以免影响随后的早餐或早晨进行的其他活动。也可根据季节特点或当地的实际情况将早操活动放在上午九十点钟进行,这时的活动内容可更丰富些,运动量也可适当增大。(2) 户外体育活动。丰富幼儿运动经验、满足幼儿运动兴趣与需要、促进幼儿动作能力和身体素质个性化发展的一种体育活动组织形式。内容主要以幼儿运动器械的自选、自主活动为主,以体育游戏活动为辅。为幼儿提供的运动器械与活动内容应丰富多样,并经常变化。教师应鼓励幼儿尝试各类运动,注意幼儿活动时的安全,适时地给予幼儿支持、引导和帮助,使幼儿的运动量能保持在适宜的状态。(3) 幼儿体育课。有目的、有计划地围绕幼儿体育活动的目标而开展的一种体育活动组织形式。在幼儿体育课中,教师应充分考虑幼儿的年龄特点、个体差异以及发展的需要,通过良好环境的创设以及积极的引导与支持,使幼儿主动参与到教师计划好的活动之中,以体育游戏、主题游戏、探索性游戏等活动方式来组织幼儿进行相应的身体练习。幼儿体育课的运动量应随幼儿年龄的增长与体质的增强而逐渐增大。(4) 区域性体育活动。以提供多样的体育活动区的方式,引导幼儿自主进行身体运动的一种体育活动组织形式。这种组织形式深受幼儿喜爱,它可以打破班级界限,扩大幼儿交往范围,满足幼儿运动需要,增强幼儿活动的自主性和独立性。开设的运动区通常有:跳跃区、投掷区、钻爬区、平衡区、攀登区、球类区等。教师在设置活动区域时应充分考虑幼儿动作能力与身体素质发展的特点、幼儿的运动兴趣与发展需要以及本园的实际条件;各区域应提供多样的、多种水平的、幼儿喜爱的、能不断促进幼儿发展的运动器材;区域布置要合理,并能根据幼儿活动的实际情况不断进行调整或变换;教师应分区域负责,以提供有效的引导和帮助,支持幼儿之间的相互学习。(5) 室内体育活动。在室内开展的,以补充性、丰富性为特征的一种体育活动组织形式。主要用以解决户外条件的局限,如天气不好、户外活动场地不足,在某些体育活动在户外开展不够理想时作为补充活动,如爬行活动、侧身翻滚活动、脚部的操作活动等。幼儿园可以利用较宽敞的过道或阳台以及音乐活动室、小礼堂、活动室的一角等室内空间,开展较适合于室内开展的分散的、小组的或个人的体育活动。在室内开展的幼儿体育活动一般包括:幼儿基本体操练习(如椅子操、律动操)、运动器械活动(如滚球击物、走平衡木)、体育游戏(如钻爬游戏、传球游戏)、表现性和创造性身体活动(如模仿不同动物的爬行姿势)、脚部的操作活动(如单脚夹物入筐)等。此外,也可设置专门的幼儿体育活动室,内置平衡木、爬网、蹦蹦床、大笼球等幼儿运动器械。在开展室内体育活动时,教师应引导幼儿遵守活动时的常规,注意保证室内活动的安全与卫生。(6) 远足活动。一种以远距离徒步行走与综合性教育为特征的体育活动组织形式。要根据幼儿的年龄与能力特点,结合当地的地理、文化和社会环境,定期开展幼儿远足活动。这既是一种很好的体能锻炼,又是丰富幼儿生活、使其亲近自然和社会、进行综合教育的好时机。幼儿远足活动一般包括两种方式:徒步行走到目的地,之后在目的地开展一些相关活动;利用交通工具到达目的地,之后开展徒步行走及其他相关活动。教师应事先做好远足路线与地点的勘测工作,周密计划和安排各项活动。活动中应全面照顾幼儿。幼儿运动量的安排应循序渐进。可以邀请部分家长参与其中,协助教师工作。最好配一名保健医生随同,以防幼儿途中身体不适或出现意外伤害。(7) 幼儿运动会。一种以幼儿园为基本单位开展的、全体幼儿参与的、以幼儿动作能力展示和相互交流为特征的小型运动会。旨在激发和培养幼儿的运动兴趣、丰富幼儿的生活。幼儿运动会的主要内容有:各年龄班幼儿基本体操的相互展示、同年龄段幼儿班级之间的小型体能比赛、家长参与的亲子体育游戏活动等。幼儿运动会应体现"人人参与"的原则,活动内容最好以幼儿日常身体锻炼的内容为主,活动中应调动全体幼儿的积极性,活动结束时最好给每个班发放小奖品,做到人人有份,皆大欢喜。

幼儿体育活动的计划与安排　保证幼儿每日至少有一小时参加户外体育活动的时间,并将活动时间合理地分配到上午和下午,以满足幼儿发展与健康的需要;每日的体育活动应考虑到目标性活动与自选性活动的有机结合、集体活动与分散或自由活动的有机结合,以保证实现幼儿体育活动的目标并满足幼儿个体的发展需要;安排周计划和月计划时,应将幼儿基本动作和身体素质发展的目标进行合理的分配与安排,同时考虑体育活动的丰富与多样性,以使所组织的活动既能循序渐进、有效促进幼儿的身体健康、增强幼儿体质,又能激发幼儿的体育兴趣,并使幼儿获得丰富的运动体验。

参考文献

冯志坚.学前儿童体育[M].重庆:西南师范大学出版社,2000.

人民教育出版社体育室.幼儿体育活动的理论与方法[M].北京:人民教育出版社,2002.

王占春.幼儿体育教学法[M].北京:人民教育出版社,1986.

(刘 馨)

幼儿学校运动(movement of infant school)　19世纪上半叶以推行社会幼儿教育为特征的教育革新运动。一度波及欧美各国,为后来公共幼儿教育制度的建立奠定基础。

幼儿学校首先产生于法国。1771 年,由法国牧师奥贝兰在孚日创办。后来传播到英国等欧洲国家,其产生与第一次工业革命有直接关系。18 世纪下半叶前,幼儿主要接受家庭教育。工业革命开始后,企业主招收大量妇女与童

工,幼儿问题日趋严重。首先是劳动妇女早出晚归,无暇照顾自己的孩子,婴幼儿的健康、保护成为严重的社会问题。其次是工业技术变革迫切要求劳动者掌握一定的文化技术知识。由于广泛使用童工,平民子女受教育的机会很少,故须将初等教育的内容提早到幼儿阶段。出于对社会问题的关心及对穷苦幼儿的同情,19 世纪初,慈善家及热心人士着手建立幼儿学校,以保护和教育贫苦幼儿。

英国空想社会主义者欧文 1800 年接任新拉纳克一家大纺织厂的经理,开始实施其社会改革计划。为工人及其子女创办幼儿学校即其具体举措之一。1816 年,包括幼儿学校在内的"性格形成学院"正式成立。欧文还提出较系统的幼儿学校理论,论证设立幼儿学校、进行幼儿公共教育的必要性和幼儿学校的设施(其中最重要的是游戏场的理论)、分班制度、教学内容、对教师的要求等。该学校创办后激起巨大的社会反响。1818 年,兰斯当侯爵及布鲁厄姆勋爵等英国上流社会人士在伦敦威斯敏斯特开办第二所幼儿学校,邀请布坎南担任校长。1820 年,怀尔德斯平在伦敦附近的斯平脱场开办第三所幼儿学校。19 世纪上半期,英国热心于幼儿学校教育的人很多,其中将欧文开创的幼儿学校推向全国,形成幼儿学校运动,并对完善幼儿学校内部制度作出突出贡献的人是怀尔德斯平。怀尔德斯平从青年时代起就关心幼儿教育,曾多次向欧文请教办幼儿学校的经验,但又感到欧文的幼儿学校制度不够健全,他在实践中逐渐形成了有自身特色的幼儿学校体系。在招生对象上,怀尔德斯平的幼儿学校主要招收贫民和工人的幼儿。他继承了欧文"游戏场"的思想,将游戏场作为幼儿学校的重要组成部分。他在德育上注意预防贫穷幼儿道德堕落,培养他们的爱怜之心和服从父母、守秩序、正直、勤勉、节制、尊重私有财产等德行;在智育上致力于贫民子女的"知识改善",内容包括国语、算术、自然、社会、音乐和宗教。这实际上是把初等教育的内容下放到幼儿教育阶段。它反映了当时社会的需要,成为英国乃至各国幼儿学校的重要特色。为有利于教学,他设计阶梯教室、教学柱、数学架、调换架等教具、设备,并编写《发展课文》等教材。怀尔德斯平对幼儿学校教师提出很多要求,为了贯彻自己的教育主张及指导幼儿学校办学,还写了不少教育著作。在各方人士的支持下,1824 年,伦敦幼儿学校协会成立,兰斯当侯爵被推选为第一任会长。协会将普及幼儿学校的任务委托给怀尔德斯平。此后,他走遍英国,进行实地教学示范或为幼儿学校的设立提供指导。在其努力下,英国幼儿学校有较大发展,他被公认为英国幼儿学校运动领袖。

不久,幼儿学校即传入其他国家。在德国,其重要推动者弗利德纳曾两度前往英国参观,回国后在自己的教区创办幼儿学校,招收赤贫工人的幼儿,还附设了师资培训机构,先后培训四百多名幼儿学校教师,不仅提高了德国幼

教育的水平，而且扩大了幼儿学校运动的影响。英国幼儿学校的影响波及德国后，各邦政府纷纷采取推广措施。1827年，普鲁士教育部颁发文件，推荐怀尔德斯平的幼儿教育论文，并号召各地迅速建立幼儿学校。至1842年，仅以莱茵省为中心的地区就设立了近40所幼儿学校。美国最早的幼儿教育机构是在欧文影响下设立的。1818年，幼儿学校传入美国。1824年，欧文来到美国，在印第安纳州建立"新和谐村"，并在1826年开办示范幼儿学校，其主张在美国迅速传播。1827年，纽约成立幼儿学校协会，并开办纽约第一所幼儿学校，随后许多州都加以仿效。19世纪30年代，幼儿学校遍布美国东海岸各大城市。1830年，美国幼儿学校改称初级部（primary department），与初等学校相衔接。幼儿学校的广泛设立使美国民众认识到，学校有责任对4～6岁的幼儿进行教育，教给他们有关宗教、道德及读写方面的初步知识。幼儿学校在其他国家也得到广泛传播。1832年，俄国第一所幼儿学校在彼得堡创办。法国的主要幼儿教育机构叫"托儿所"（1826年创办），其办学方针亦受英国幼儿学校的强烈影响。1836年，英国"本国及殖民地幼儿学校协会"成立，致力于在海内外推动幼儿学校的发展。

19世纪中叶后，随着福禄贝尔幼儿园运动的兴起，在各国幼教领域盛行的幼儿学校运动趋向衰微。英国的幼儿学校后被纳入公立小学体系。

（杨汉麟）

幼儿艺术教育（art education in early childhood）

激发幼儿对艺术的兴趣、培养幼儿最初步的艺术能力、帮助幼儿获得对艺术的基本认知的教育。主要包括幼儿美术教育和幼儿音乐教育。幼儿美术教育包括幼儿美术欣赏和幼儿美术创造。前者是对古今中外各类题材和形式的美术名作的欣赏，包括以幼儿为创作对象的、符合幼儿心理特点的作品以及国内外和本园、本班幼儿创作的优秀作品；后者是幼儿自己动手进行的平面造型（包括绘画、剪贴等手工活动）和立体造型（包括泥工、纸工、自制玩具等）活动，基本表现媒介和手段是线条、形体、构图和色彩。幼儿音乐教育包括歌唱、律动、舞蹈、节奏乐、音乐游戏等表演活动和音乐欣赏等多种形式。

幼儿艺术教育的作用：(1)发展幼儿象征性思维能力。美术的基本表现方法是"象征"，即创造某种具体可见之物代表与之同形的另一事物或意义。幼儿到了两三岁以后，表象动作能力日渐发展，其心理活动逐渐脱离具体事物、动作，开始用特殊的动作、线条、形状、声音和物体来代表其头脑中对某些事物的印象和情感，即所谓的"以物代物"。这使美术成为幼儿可以把握的、有无限探索余地的领域，它需要幼儿全身心投入，运用并发挥其全部心理能力，从而使其各种能力得到锻炼。(2)发展幼儿的创造力。创造贯穿于所有美术活动中，幼儿每次制作或绘画时均会表现出一些新的东西。(3)发展幼儿积极的情感。优秀的美术作品可使幼儿经历审美体验，使幼儿丰富和成熟起来。幼儿也可在美妙的音乐中学习感受、体验和表达人类共同相通的情感，在集体音乐活动中学习与他人的合作与分享，在歌唱活动中学习有分寸地控制和运用自己的发声器官，在韵律活动中学习灵活、协调地运用自己的身体，在欣赏活动中学习认真、专心地运用自己的耳朵和心灵去倾听，在音乐的表演活动中学习大胆、细致、优雅、从容地表现自己。

幼儿艺术教育须在遵循艺术美的规律和幼儿年龄特点的基础上，在艺术活动的实践过程中培养幼儿的艺术能力，发展其智力、才能，使其身心愉悦。幼儿艺术教育要实现两个方面的教育目标：培养幼儿参与音乐、美术、戏剧表演等艺术活动的兴趣和能力；教给幼儿感受和表现艺术美的方法、手段和途径。最终使幼儿掌握必要的音乐、美术知识与技能，能以一种自我肯定的、创造性的态度去对待艺术感受和表现，有能力以声音、节奏、形体、色彩、线条、构图等艺术媒介为手段表现其亲身体验和感受到的艺术与情感。

幼儿艺术教育内容的选择必须从艺术创作、表演和欣赏的不同特点来加以考虑。幼儿美术创造活动的主题、提供的媒介和物质手段以及音乐演唱、演奏的表演技巧应贴近幼儿的表现能力，是大多数幼儿都可以学会的。幼儿艺术创造的主要源泉来自其日常生活，幼儿艺术教育的内容也必须体现活动性、实践性等特点，注重游戏性和趣味性。教学内容本身的弹性、伸缩性和灵活性也是需考虑的重要因素。每一个主题、每一首作品都可以不断地重复使用，以增加难度、变换形式的方式满足不同程度的孩子的不同需要。幼儿艺术教育的欣赏教材须充分体现艺术的形象特征、审美特征和情感特征，作品须富有情趣和艺术表现力，能引起幼儿的学习兴趣，为幼儿提供生动、感性的形象；符合艺术形式美的标准，具有一定的风格特点，能为幼儿理解、喜爱和接受；注意内容的延续性和风格的多样性。幼儿艺术教育内容的选择和安排须最大限度地体现艺术学科自身的独特魅力与优势，选择那些感性生动、寓意含蓄、结构完整、形式优美、幽默风趣，真正符合形式美学特征，表现美好情感，为人们所喜闻乐见的优秀艺术作品。

幼儿艺术教育原则：(1)以"美"为核心的审美教育原则。这是由艺术教育的本质特点决定的。幼儿艺术教育是一种审美教育，它应以美的形式、美的内容、美的方法、美的手段来加以组织，通过美的活动潜移默化地赋予幼儿一种审美的态度、眼光和情怀，在增长知识与能力的同时，将幼儿带入一个美的天地，在不断体验美和创造美的过程中，提高幼儿的审美趣味和创造美的能力，丰富幼儿内在的情感世界。幼儿音乐教育须充分发挥音乐作为声音艺术、听觉艺术的基本特征，注意音乐的声音质量和音响效果，注意歌唱和乐器演奏的音色美,引导幼儿用耳朵、心灵去倾听音乐、感受音乐、理解音乐。幼儿美术教育须以美的事物和方式启发幼儿的观察、想象和创造,用美鼓起幼儿的活动热情,引导幼儿捕捉事物中蕴含的与幼儿生命活力相吻合的美的特征,使对美的追求成为幼儿美术活动的内在动力;为幼儿提供充分的自由创作时间和可利用的美术材料,使其能及时、顺利地将其心中对美的感受和认识表现出来。(2)艺术性、知识性和技术性相统一的原则。幼儿艺术教育在教育的目标、内容、方法、过程、手段等各个方面都必须以幼儿对艺术美的感受和表现为线索,突出艺术本身形式与内容的统一,使知识与技术服务于艺术感受和表现的需要,以培养幼儿的审美感受,用艺术本身去打动人、教育人。幼儿音乐教育要注意培养幼儿通过自己真心实意的表演来表达情感、表现音乐的能力,为幼儿创造丰富的表演情境;幼儿美术教育要为幼儿提供充足、适宜的物质媒介、手段和宽松的环境,培养幼儿具有感受艺术中的情感表现及通过艺术手段表现情感的能力。(3)感性教育原则。艺术与情感密切相连,幼儿艺术教育应紧紧抓住情感这一核心,用教师自己对作品、艺术的真情实感去感染幼儿、影响幼儿。要选择和运用感性的教学内容、方法和手段,最大限度地体现艺术作品本身蕴含的丰富的感性内容。(4)面向全体与尊重个性相结合的开放式教育原则。幼儿艺术教育既要面向全体,又要面向每一个幼儿,为他们提供形式和难度各异的表演和表现的机会。教师要根据自己对艺术的独特感受、理解和特长,多方面、多角度去理解、发展和设计独特的艺术教育活动,充分尊重和爱护幼儿在艺术活动中表现出的个别差异。幼儿艺术教育应是开放式的、充满活力的,应当引导幼儿关心和参与自己身边的、家庭的艺术生活;重视幼儿的全面发展,潜移默化地将艺术教育与幼儿的品德教育、情感教育等结合起来。

幼儿艺术教育的特点在于充分发挥艺术美的感染力,以美的艺术形象来调动幼儿的学习积极性,创造艺术美的教育环境,培养幼儿通过音乐表演和美术创造来表达情感的能力,并为幼儿提供充分的表演和创造的机会及条件,使幼儿积极的心理过程得到强化和激发,在轻松、愉快的情绪中主动学习。

（王懿颖）

幼儿游戏(young children's play)

幼儿自发、自主、自由的活动。幼儿生活的内容和基本活动方式。

幼儿游戏特点及分类

幼儿游戏特点　幼儿游戏的特点既表现在幼儿的游戏行为上,也表现在幼儿游戏种类的丰富多样上。幼儿游戏是外部可见行为:幼儿在游戏中的表情是正向的、积极的,表明他们的身心处于积极、主动状态;游戏动作具有非常规性、重复性和个人随意性、灵活性,探索、象征和嬉戏是幼儿游戏动作的三种基本类型;幼儿通过角色扮演,在游戏中再现自己的现实生活经验;幼儿游戏往往有言语伴随;幼儿游戏往往依赖于具体的游戏材料或玩具,幼儿年龄越小,对游戏材料的逼真性程度要求越高。

幼儿游戏分类　(1)以自我发展为依据分类。美国心理学家埃里克森以自我概念的发展为依据,把幼儿游戏分为自我宇宙游戏、微观宇宙游戏、宏观宇宙游戏三种类型。自我宇宙游戏是生命第一年的典型游戏,婴儿在游戏中以自己的身体为中心进行探索,逐渐把自己的身体与他人和他物区分开,形成自我发展的最初基础。进入第二年后,婴儿开始超越以自身为中心,逐渐学会用小型物体和玩具来游戏,表现出微观宇宙游戏。2岁后幼儿逐步超越对自己身体以及物—我关系的掌握,开始掌握人—我之间的社会性关系,进行宏观宇宙游戏,从而使幼儿的自我得到扩展。(2)以认知发展为依据分类。皮亚杰根据游戏与认知发展的关系,把游戏分为练习性游戏、象征性游戏和规则游戏等三种相互之间呈等级关系的游戏类型。练习性游戏是在儿童发展过程中最早出现的游戏形式,它由简单、重复的动作组成,其基本功能是对新习得但还不巩固的动作进行练习。练习性游戏随年龄增长而逐渐减少,但可能伴随人的一生。象征性游戏是学前儿童的典型游戏,2岁以后开始大量出现,"假装"是象征性游戏的主要特征。幼儿合作进行的象征性游戏(皮亚杰称为"集体的象征")是象征性游戏发展的成熟形式。在中国,象征性游戏通常被称为角色游戏,但角色游戏只是皮亚杰所说的象征性游戏发展历程中的一个阶段。规则游戏指两个以上的游戏者在一起按预先规定的规则进行的、具有竞赛性质的游戏,是儿童游戏的高级发展形式。(3)以儿童社会性发展为依据分类。以美国心理学家M. B.帕滕和C.豪斯的分类为代表。M. B.帕滕依据幼儿在游戏中的社会性参与水平,将社会性游戏分为偶然的行为或无所事事、旁观、独自游戏、平行游戏、协同游戏和合作游戏。C.豪斯根据幼儿之间接触的密切程度把社会性游戏分为互不注意的平行游戏、互相注意的平行游戏、简单的社会性游戏、互补的社会性游戏、互补互惠的社会性游戏。(4)以游戏活动中占优势的心理成分为依据的分类。彪勒用"占优势的心理成分"及"主动"与"被动"或"创造"与"接受"这些分类标准将游戏划分为机能游戏、想象游戏、美感或欣赏游戏、创作游戏或结构性游戏。(5)以游戏活动功能为依据的分类。萨顿—史密斯根据游戏行为的不同经验指向将游戏分为模仿游戏、探索游戏、检验游戏和造型游戏等四种类型。(6)以游戏活动对象为依据的分类。加维根据幼儿游戏的对象,把游戏分为以身体运动为材料的游戏、以物体为材料的游戏、以语言为材料的游戏、以社会生活为材料的游戏、以规则为材料的游戏。

在所有关于游戏的分类中,游戏的认知分类与社会性分类是最常用的分类方法。后来一些研究者把游戏的认知分类与社会性分类结合起来,形成观察、评价儿童游戏的矩阵量表。

幼儿游戏的作用

幼儿游戏促进幼儿身体运动能力的发展。游戏是幼儿自发的运动形式,幼儿的所有游戏几乎都包含动作或运动成分,天然具有促进身体运动能力(包括大肌肉、小肌肉以及全身运动的协调性)发展的作用,有助于幼儿动作的发展与分化整合。幼儿游戏过程是幼儿主动、积极地学习和掌握动作技能的过程。格拉胡等人的研究表明,运动发展与游戏发展之间存在阶段一致性关系。游戏发展可分为探索期、掌握期与完成期,这三个时期与运动发展的初步运动时期、基础运动时期及专门化运动时期在时间上是一致的。在初步运动时期,婴儿游戏的特点是探索,他们以一种好奇的态度与方式接触新物体。基础运动时期是游戏发展的高峰期,表现为对外部世界的掌握。7岁后,幼儿游戏进入完成期,数量逐步下降,各种体育运动如足球等成为儿童喜好的活动。

幼儿游戏促进幼儿认知发展。游戏在幼儿认知发展过程中不仅具有练习与补偿作用,还具有建构与生成作用。游戏不仅反映儿童的认知发展,而且也为其认知的新发展提供机会与条件。概念学习与解决问题是认知发展的最基本因素。在概念学习方面,游戏可以为幼儿提供丰富经验,促进幼儿概念的形成与发展。游戏的认知分类与幼儿的认知能力呈等级相关,有较好的认知发展预测功能。总是玩机能性或练习性游戏的幼儿在分类与空间知觉测验上得分较低;经常玩象征性游戏尤其是主题角色游戏的幼儿在分类、空间知觉、阅读准备等测验中得分较高。在解决问题方面,游戏为幼儿提供发展问题和解决问题的机会,有助于幼儿问题解决能力的形成与发展。幼儿在游戏中获得的经验更容易迁移到其他任务情景中,游戏经验比观察、模仿、训练等更有利于后继的解决问题过程。不同性质的游戏经验对后继解决不同性质的问题有不同影响,发散型游戏材料能激发幼儿进行更多的探索与象征性行为,促进其创造性思维的发展。

幼儿游戏促进幼儿社会性的发展。游戏是婴幼儿社会性交往的主要形式,也是其社会性发展的重要途径。亲子游戏与伙伴游戏是婴幼儿社会性游戏的主要形式。社会性游戏要求婴幼儿能够理解对方动作的意图与意义,能够区分什么情况下是游戏,什么情况下不是游戏;理解游戏规则

对于游戏的重要性并遵守这种规则;协调与分享自己与别人关于游戏的构思、想法与行为。社会性游戏蕴含促进幼儿社会性发展的机会与条件。在社会性游戏过程中,幼儿能获得轮流、等待、分享和合作等社会性交往技能,增强归属感,理解他人的想法、观点及情绪、情感,发展幼儿的同情心和与人相处的能力。

幼儿游戏有益于幼儿情绪、情感发展和保持心理健康。游戏作为一种充满情绪、情感色彩的活动,不仅对以情感联系为纽带的各种良好人际关系如亲子关系、伙伴关系、师生关系等的形成具有积极作用,而且也有益于幼儿情绪、情感的发展。游戏可以培养幼儿的成就感、美感和同情心,丰富和深化幼儿的情感;为幼儿提供表达自己各种情绪(包括消极情绪)的安全途径,帮助幼儿释放和缓解消极情绪。20世纪以来,游戏治疗一直被当作情绪治疗的有效手段而被应用于临床实践。

游戏和学前教育

让幼儿在游戏中学习,寓教育于游戏之中,是学前教育区别于中小学教育的重要标志。

对待游戏的基本策略　筛选是在历史上最早出现的、也是迄今为止依然普遍存在的对待幼儿游戏的一种策略与态度。其思想前提是把游戏看作儿童的自然需要或天性。该策略认为,应当让儿童游戏,但要引导他们玩有益的游戏,使他们能够在游戏中获得某种教益。筛选不仅仅是选择,也意味着规范。在筛选中,儿童游戏按某种价值标准分成"好的"游戏和"不好的"游戏。好的游戏受到鼓励,不好的游戏则受到抑制。这种主张在西方可追溯到古希腊,以古希腊哲学家柏拉图、亚里士多德等人为代表。在中国古代,"孟母三迁"的故事是这种主张的典型反映。筛选游戏的做法表明游戏不可能以纯粹自然的面貌进入教育领域。随着19世纪托幼机构的建立与发展,人们开始系统探索与研究科学、有效的学前教育方法,利用游戏的策略也发生变化,由过去简单的筛选转为对儿童游戏的改造。改造基于对儿童自然游戏的观察分析,从中抽取出若干在教育上有价值的游戏因素,结合教育者期望幼儿学习掌握的教育内容,加以系统化后形成"游戏教学法"。经过改造后的游戏变成具有一定游戏性的教学活动。福禄贝尔、蒙特梭利是改造游戏的代表人物。20世纪初出现的再造策略主张保持儿童自然游戏的风格与特点,反对人为改造游戏的做法,要求在幼儿园的教室里再造能够激发幼儿游戏欲望的模拟游戏环境或接近"自然"的游戏环境,尽可能减少对幼儿游戏不必要的直接干预。自此,由丰富的玩具和游戏材料组成的多个活动区逐渐成为幼儿园教室环境的标准模式,幼儿的自然游戏也成为幼儿园"合法的教育活动"。

游戏与学前教育课程　20世纪60—70年代以来,各国出现多样化的幼儿园课程模式,不同的课程模式对游戏的重视程度与运用方式不同。一些课程模式更多沿袭了再造儿童游戏的策略,把游戏作为课程的基础,注重为幼儿创设安全、有教育意义、变化的环境,支持、鼓励幼儿游戏和幼儿在游戏中的学习;另一些课程更多采用改造的策略,注重把教师预先编制好的教学游戏作为教学的重要手段;还有一些课程模式综合运用再造和改造策略,注重幼儿与材料或伙伴的相互作用,使游戏成为课程的重要内容。行为主义课程模式主张用系统强化的方式训练幼儿入小学所需的基本学业技能和社会性技能,强调以刺激—反应为基础的直接教学是其主要教学方式,认为游戏只是对符合期望的学习行为的奖励。

中国在开始建立蒙养院时已将游戏列入教学计划中,但对游戏的选择及游戏的内容和规则都由教师事先规定,游戏是一门必修学科。20世纪二三十年代,中国幼儿教育家陈鹤琴等人注意到幼儿游戏的意义,试图整合幼儿园游戏和课程、教学的关系。但这种探讨更多属于理论上的,在普遍的实际工作中,教师仍将游戏作为一种教学的形式或方法,作为完成各有关学科任务的一种教学手段,对儿童在自由活动时间里自选、自主的游戏既不重视,也未加以指导。50年代开始,中国幼教界全面学习苏联学前教育学的游戏理论,游戏被看作学前儿童的主导活动,是对学前儿童进行全面发展教育的重要手段;强调教师应正确领导幼儿的游戏,在幼儿游戏中发挥主导作用;认为游戏和作业具有不同目的和功能,作业的目的是完成教学纲要规定的教学任务或内容,游戏则是巩固和检查幼儿在作业和其他活动中所获得的知识和印象的一种手段。在知识本位作业教学模式的影响下,幼儿的游戏往往成为变相的作业。由于各种主客观原因,儿童独立自主游戏的开展并未取得应有地位,更未进行科学研究。针对实践中普遍存在的"重上课、轻游戏"的倾向,1989年教育部颁布的《幼儿园工作规程(试行)》明确指出幼儿园应以游戏为基本活动,从教育立法的角度保障了游戏在幼儿园教育中的地位。幼儿园以游戏为基本活动的目的是创造与幼儿年龄特点相适宜的幼儿园生活,保障幼儿游戏的权利和童年生活的快乐,使幼儿在生动活泼和主动的学习中获得身心全面、和谐、健康的发展。以游戏为基本活动的幼儿园教学把幼儿看作学习与发展的主体,把发展幼儿的主体性视为幼儿园教学的核心目标;承认并尊重幼儿学习与发展的个体差异性;把教学活动过程看作在成人与幼儿之间发生的社会性相互作用过程。主动性原理、个别化原理及社会化原理是以游戏为基本活动的幼儿园教学所依据的基本原理,该类课程兼收并蓄"预成性"和"生成性"两种课程建构和发展方法,表现为游戏和课程的双向互动。游戏可以生成课程,课程也可以生成游戏。

前者是根据幼儿在游戏中表现出的学习需要、兴趣,及时组织与引导幼儿展开相应的学习活动,帮助幼儿扩展、丰富或深化有关学习经验,使课程更适合于幼儿的学习需要与兴趣,较好地解决课程目标、内容与幼儿学习和发展的现有水平之间的"相称"或"匹配"问题;后者是依据幼儿园课程标准、大纲等制定幼儿园课程的目标与内容,把游戏作为课程实施或教学的基本途径,包括为幼儿创设丰富的、有意义的游戏(学习)环境,精心设计与组织专门的游戏活动等,在游戏中支持、促进和引导幼儿的学习与发展。

幼儿园游戏特点和分类

幼儿园游戏兼具幼儿自发游戏的自然性和幼儿园教育活动的教育性,是幼儿游戏的一种特殊存在形式,其特点表现在其发生条件和分类方法上。幼儿园将幼儿游戏置于特定的社会关系中:幼儿园的游戏环境是经过成人设计的环境,体现成人的教育目的和意图;幼儿园游戏的社会性背景要求幼儿在游戏中意识并学会尊重他人的存在与权利,学会与伙伴分享、协商与合作,遵守一定的游戏规则;作为教育者的教师总会根据自己的教育理念干预幼儿游戏,鼓励或抑制幼儿的某些行为(如争抢玩具),对幼儿游戏施加教育影响。

人们一般根据谁是游戏的发起者或构思者对幼儿园游戏进行分类,其中"自由—控制"的不同程度是区分幼儿园不同类型游戏的依据。(1)苏联学前教育学的分类。幼儿园游戏被分成创造性游戏和教学性游戏。创造性游戏是幼儿创造性地反映现实生活的游戏,包括角色游戏、表演游戏和结构游戏。角色游戏是幼儿通过模仿和想象,以扮演角色的方式创造性地反映周围生活的游戏。这种游戏通常围绕一定的主题进行,如医院、商店等,可以帮助幼儿体会与理解人与人之间的社会关系。表演游戏是幼儿按照故事(自己创编或来自文学作品)中的角色、情节和语言开展的角色扮演游戏。两者不同之处在于表演游戏的内容来源于文学作品,角色游戏的内容来源于幼儿的实际生活。结构游戏是幼儿利用积木、沙泥等材料建构模型的游戏。其特点是幼儿通过建构模型来反映他们对周围事物的印象。教学性游戏是教师为完成一定的教学任务而编制的游戏。这类游戏通常按学科科目区分其教学职能,如体育游戏、语言游戏、智力游戏、音乐游戏等。两类游戏的区别在于游戏是由教师发起的,还是由幼儿构思发起的。苏联学前教育学的游戏分类对中国幼儿园游戏的理论研究和教育实践影响较大。1981年,中国教育部颁布的《幼儿园教育纲要(试行草案)》指出,幼儿园游戏可分为创造性游戏(包括角色游戏、结构游戏、表演游戏等)、体育游戏、智力游戏、音乐游戏和娱乐游戏等,不再使用"教学性游戏"这一概念。(2)游

/学习分类框架。伯根根据 S. B. 纽曼的游戏特征"三内说"（即内部控制、内部真实、内部动机）和发生在幼儿活动中的学习的性质，对幼儿在幼儿园的游戏/学习活动进行分类，提出游戏/学习的分类框架。包括自由游戏、有引导的游戏、有指导的游戏、以游戏面目出现的工作、工作等五类。自由游戏指幼儿自由选择、自主决定的活动，包括玩什么、怎么玩、和谁一起玩等。其规则限制主要来自物质环境（如空间和材料）和规定的时间等。在自由游戏中，幼儿的学习是发现学习。有引导的游戏指幼儿虽然还拥有选择和决定的自由，但必须注意到外部的一些社会性规则和要求，如游戏方式的适宜性、安全性等。教师更关注幼儿的游戏活动，往往干预幼儿游戏，使幼儿游戏向教师期望的方向发展。在有引导的游戏中，幼儿学习的特点是有引导的发现学习。有指导的游戏指幼儿有一定程度的自由选择和决定的可能性，但必须遵循由成人和伙伴制定的关于"适宜的行为"的规则。成人给游戏注入许多外部因素，且往往领着幼儿玩，如手指游戏等集体规则游戏，通常幼儿很喜欢这种有指导的游戏。教师不应强迫幼儿参与游戏，应让幼儿拥有决定参与的权利；应注意幼儿的个别差异，使游戏难度适合幼儿的发展水平；应保持良好的氛围，把失败和冒险的可能性降到最低程度。在有指导的游戏中，幼儿的学习是接受学习。以游戏面目出现的工作指以任务为定向的活动，虽然在本质上不具有游戏性，但如果在活动中注意发挥幼儿的主动性、积极性或游戏的"三内"特性，则可转化为有指导的游戏或有引导的游戏。在以游戏面目出现的工作中，幼儿的学习是注重记忆的记诵式学习。工作有预设的外部目标，由外部动机支配幼儿的活动，幼儿不能决定自己做什么、如何做、什么时候做、在哪里做。如果幼儿想把他们所做的事情变成游戏，通常会招致成人的批评。在工作中，幼儿的学习是一种重复与练习。游戏的研究者往往只把幼儿的自由游戏看作"真正的游戏"，几乎所有游戏理论都以幼儿自发游戏作为研究对象。幼儿教育工作者所用的"游戏"概念的外延较广，不仅包括幼儿的自由游戏，也包括由教师预先设计、组织的"游戏"，教师往往更看重后者的教育价值。

游 戏 干 预

　　游戏干预是成人介入幼儿的游戏并对其施加影响的行为。它以观察为基础，要求教师判断干预的必要性和干预时机，选择适当的干预方式、方法。根据人们对待幼儿游戏的态度和做法，可把游戏干预分为非干预型和干预型。在干预型中，根据积极程度和深入程度，又可分为追随兴趣型、诊断"缺失"型、积极引导型。

　　非干预型盛行于 20 世纪 60 年代前，以精神分析学派为代表。该模式注重游戏的情感宣泄和治疗功能，认为游戏的主要功能是帮助幼儿解决其情绪、情感问题，主张成人应把对幼儿游戏的干预降到最低。

　　追随兴趣型是一种以理解儿童为前提的干预模式，以英国潘格林幼教中心进行的课程和教学研究为代表。这种干预模式认为，游戏反映幼儿认知活动的方式、兴趣、需要、身心发展水平和特点，成人的任务在于通过观察和研究了解幼儿身心发展的特点、已有的经验、新的兴趣和需要，并在此基础上进行适当干预，以支持和扩展其活动，实现经验的建构。

　　诊断"缺失"型以以色列心理学家斯米兰斯基的社会性角色扮演游戏干预方案为代表，主张教师先对幼儿的游戏活动进行观察，以理想的游戏行为（预设的理论框架）确定幼儿当前游戏活动中缺失哪些重要因素，并以这些重要因素的缺失为干预的依据或理由。

　　积极引导型在干预理念和方式、方法上与诊断"缺失"型非常相似，都从预设的关于理想游戏的理论框架出发，但在这种干预模式中，教师的行为在某种程度上是在塑造幼儿的游戏。教师不仅作为幼儿游戏的观察者、支持者、合作者参与幼儿的游戏，也作为幼儿游戏的组织者积极引导幼儿的游戏行为。海恩斯科普课程是该干预模式的典型代表。

教师在幼儿游戏中的作用与任务

　　教师在幼儿游戏中的作用表现在四个方面：（1）游戏环境的创设者。游戏是适宜于幼儿的学习方式，创设能激发幼儿的探索兴趣、想象和思考的游戏环境，就是创设有利于幼儿学习的环境。为促进幼儿的主动学习，教师应为幼儿的游戏和学习提供丰富多样的、与幼儿身心发展水平相适宜的玩具和游戏材料，应对游戏环境（包括时间和空间）进行合理的组织和安排。（2）幼儿需要的反应者。在幼儿游戏的过程中，教师应通过观察、了解幼儿的兴趣与需要，发现幼儿的意图并相应调整自己的行动，给予幼儿适宜的反馈，以扩展幼儿思维与行动的范围和能力，确保幼儿在游戏中卓有成效的学习。（3）幼儿游戏的指导者。教师应利用各种方式丰富幼儿的经验，帮助幼儿理解积淀在玩具中的人类社会文化经验，并进行适宜的个别化指导。（4）幼儿游戏的合作者。教师应以平等身份参与幼儿游戏，与幼儿共享游戏的快乐，营造一种宽松、和谐的人际环境和心理氛围。

　　组织和指导幼儿开展各种不同类型的游戏，满足幼儿开展各种类型游戏的需要和愿望是幼儿园教师的基本任务。在幼儿园游戏的组织和指导中，应尊重幼儿作为游戏活动主体的地位，充分发挥其积极性、主动性和创造性，注意幼儿游戏与幼儿园课程和教学的有机整合。游戏的组织和指导应注意不同类型游戏活动及不同年龄幼儿游戏的特点。(1) 主题角色游戏的组织与指导。对于年龄较小的幼儿,应注意观察他们在游戏活动中是否有关于动作与情景的想象、角色扮演的意识和坚持性、想象的以物代物、社会性交往和言语交流等有发展价值的构成要素,并及时通过适当的干预方法使缺失的要素出现在游戏活动中。对于年龄较大的幼儿,应注意丰富其生活经验,促进游戏主题、内容和情节的发展。(2) 表演游戏的组织与指导。表演游戏兼具游戏性和表演性,但其本质是游戏而不是表演。正确处理两者之间的关系,防止出现"重表演、轻游戏"的倾向是教师在组织和指导幼儿开展表演游戏时要注意的关键问题。教师应遵循两个原则:一是"游戏性"先于"表演性"。应为幼儿开展表演游戏创设宽松、自由的游戏环境(包括时间和空间),鼓励幼儿通过协商合作,决定演什么和怎么演等问题,并按照其想法和方式来表现故事内容;活动应由教师和幼儿共同推动,它既来自幼儿的兴趣和需要,也来自教师的建议和引导。二是游戏性与表演性的统一。幼儿在表演游戏中表演水平的提高不是一蹴而就的,期望幼儿在听完故事后能立即生动表演是对幼儿的不切实际的要求。教师应通过组织和引导幼儿伙伴之间的讨论和评议,发现存在的问题及改进方法,逐渐提高幼儿的表演水平。在表演游戏中,游戏性应贯穿和体现于整个活动过程中,"表演性"则在活动过程中逐渐提高、完善,并作为活动结果显现出来。(3) 积木游戏的组织与指导。积木游戏是幼儿喜爱的一种结构游戏。积木活动区是幼儿园活动区的重要组成部分。创设积木活动区是组织幼儿开展积木游戏活动的前提条件,它涉及积木活动区空间的计划和安排、积木的存放和保管、积木活动区活动的组织等问题。在积木活动区创设后,教师的任务是组织幼儿在积木活动区中的活动,包括帮助幼儿进入活动、建立必要的活动规则、积木的收拾和整理、审慎对待幼儿的建构物等问题。幼儿的积木建构活动分为自由建构和主题建构两种类型。在自由建构活动中,教师应注意:通过观察了解幼儿已有的经验和所需要的帮助;帮助幼儿意识到操作的意义;帮助幼儿注意建构中出现的问题;帮助幼儿反思。主题建构活动的组织和指导包括:帮助幼儿确定建构主题;讨论和制订建构计划;实施建构计划;丰富和扩展幼儿与主题相关的经验;反思和分享。(4) 规则游戏的组织与指导。规则游戏是幼儿游戏发展的高级形式,对幼儿身心发展具有独特价值和意义。在规则游戏的组织与指导中,教师应注意:尽可能选择那些可以让大多数幼儿能够参与而不是旁观、等待的游戏;所选择的游戏要适合幼儿的年龄特点和发展水平;由简单到复杂,逐步增加游戏规则的难度;允许幼儿通过协商改变规则;不要常常停下游戏,去纠正幼儿"不正确"的动作;对游戏活动的评价应针对幼儿的游戏技能或游戏的快乐程度,降低游戏的竞争性;尊重幼儿意愿,允许个别幼儿不参与集体游戏。

幼儿游戏理论

游戏理论是对游戏的实质、原因、发生与发展、意义等问题的系统化解释。按照出现的时间先后,幼儿游戏理论大致分为古典游戏理论、现代游戏理论和后现代游戏理论。

古典游戏理论　出现于 18、19 世纪,以剩余精力说、前练习说、复演说及松弛说等为代表。剩余精力说认为,游戏是机体的基本生存需要得到满足后仍有富裕精力的产物;前练习说认为,游戏是对与生俱来的、不完善的本能行为的练习,能够帮助儿童适应未来生活;复演论认为,儿童游戏反映和重演人类进化的历史;松弛说认为,游戏有助于消除疲劳、恢复精力。古典游戏理论关注的主要是人类的一般本性而非个体特点,它在"游戏—工作"二元对立的理论框架中解释和讨论什么是游戏、为什么游戏等问题,普遍受到达尔文生物进化论的影响,倾向于用生物发展规律解释儿童的游戏,把儿童游戏生物学化。它是主观思辨的产物,缺乏实证依据。

现代游戏理论　20 世纪 20 年代后出现的游戏理论,包括精神分析学派游戏理论、皮亚杰的认知发展游戏理论、以维果茨基为代表的苏联社会文化历史学派游戏理论、游戏的唤醒调节理论、游戏的元交际理论等。

精神分析学派认为,游戏是表现受社会规范压抑的原始冲动和欲望的合法途径。游戏可以使儿童以自己能够掌握的方式处理现实生活中的矛盾和冲突,形成健康的自我。

皮亚杰认为,游戏的发生、发展取决于儿童的认知发展水平,游戏的发展表现为与儿童认知发展水平相适应的游戏类型的变化。在他看来,游戏的认知活动特征是"同化"超过"顺应",即主体自身的兴趣与需要在认知结构中占据主导地位,很少考虑或顾及客体或外部世界的性质与要求,是儿童认知活动结构发展不平衡的表现。游戏的功能主要表现在两个方面:一是对新的、刚刚出现的、不完善的心理机能进行练习、巩固,使它得到丰富与发展;二是帮助儿童解决情感冲突,实现其在现实生活中不能实现的愿望。

以维果茨基为代表的社会文化历史学派强调儿童游戏的社会性本质,认为儿童游戏具有社会历史起源,社会形成和推行游戏的目的是教育和培养儿童参加未来的劳动活动。即便从个体发展的角度来看,游戏也不是不学而能的本能。3 岁以后,在儿童与成人的交往中,儿童与成人之间的关系发生改变,儿童产生参与成人活动的愿望。以模仿和想象为手段的角色游戏正是幼儿解决有限的能力和"想做大人做的事情"的愿望之间矛盾的最好手段。游戏也成为创造学前儿童"最近发展区"的主导性活动。心理活动的随意机能、表征思维机能等高级心理机能都首先出现在学前儿童的游戏活动中,并达到学前期发展的最高水平。

"唤醒"是游戏的唤醒调节理论的核心概念。"唤醒"是机体的驱力状态,它与两个因素有关:外部环境刺激与机体调节"唤醒"水平或驱力状态的自动平衡机制。机体能够通过一定的行为方式使机体的唤醒状态与环境刺激之间保持平衡,从而维持"最佳唤醒水平"。游戏的唤醒调节理论认为,游戏和探究是机体维持"最佳唤醒水平"的两种不同方式。探究是由新异刺激引起的行为,功能在于获得关于外界刺激的信息,消除主观上的"认知不确定性",降低唤醒水平。游戏是在环境中缺乏新异刺激并导致唤醒水平降低的情况下,机体主动寻求刺激以使唤醒水平回复到最佳状态的行为,代表着机体主动影响环境的倾向。唤醒理论试图解释游戏的生理机制,揭示环境与人的行为之间的交互作用。

元交际是一种抽象的或意义不明确的交际,是交际双方对对方真正的交际意图或传递信息的意义的辨识与理解,特征是在一个肯定的表述中含有一个否定的或解释的表述。游戏的元交际理论认为,游戏活动的发生与进行以游戏参与者能够识别对方的游戏意图为前提,以元交际过程为心理基础。元交际是一种就内隐的交际所传递的信息进行意义沟通的能力,是非常重要的社会性交往能力。游戏作为元交际的起源之一,在交际的进化和发展过程中起重要作用,也是幼儿重要的学习方式。当幼儿在游戏中扮演某种角色的时候,他不是在学习如何当这种角色,或学习某个特定角色的特定行为方式(如儿童扮演老师并不是要学习如何做真正的老师),而是在学习关于角色的概念,在区分这种角色和其他角色的不同之处,了解特定的行为方式与行为背景之间的制约关系。游戏的元交际理论认为,幼儿在游戏中不是孤立的一个事物一个事物地学习,而是在事物的关系与联系中,即在"非某物"的关系中学习,在"是"与"非"相辅相成的结构中学会区分与概括。

现代游戏理论更多地把游戏看作个体的人的行为,并试图在关于个体发展的理论框架中解释和讨论什么是游戏、为什么游戏等问题。它们都认为游戏能够以某种方式促进儿童的发展。

后现代游戏理论　后现代游戏理论强调在更广泛的社会文化背景下审视游戏,更关注游戏中的权力、种族、阶层与性别等问题,强调打破传统的二元对立思维,要求以模糊、多元的思维方式看待游戏的本质和意义。如研究发现5~6岁幼儿主要依据控制权来判断活动是游戏还是工作;对于五年级儿童来说,有趣与快乐(而不是选择与控制)成为区分游戏和工作的重要依据。这种变化缘于多年的学校教育使年龄较大的儿童明白,他们很少有权力或能够控制班级活动,因此放弃了自由选择,转而关注活动的情感结果。如果一个教师控制的活动是有趣的,他们就认为它是游戏。

参考文献

Kamii, C. , Devrices, R. 幼儿团体游戏——皮亚杰理论在幼儿中的应用[M]. 高敬文,幸曼玲,译. 新北:光佑文化事业股份有限公司,1998.

Johnson, J. E. 儿童游戏——游戏发展的理论与实务[M]. 郭静晃,译. 台北:杨智文化事业股份有限公司,1993.

Johnson, J. E. , Christie, J. F. & Wardle, F. Play, Development, and Early Education [M]. Boston: Pearson Education, Inc. , 2005.

Olivia, N. & Saracho, B. S. Contemporary Perspectives on Play in Early Childhood Education [M]. Greenwich, Conn: Information Age Publishing, 2003.

Wood, E. & Attfield, J. Play, Iearning and the Early Childhood Curriculum [M]. Thousand Oaks, Calif. : Paul Chapman Publishing, 2005.

(刘　焱　潘月娟)

幼儿语言与文学教育（ language and literature education in early childhood）　幼儿口语表达能力的培养及幼儿文学的启蒙教育。儿童文学作品是帮助幼儿提高语言接受和表达能力的重要途径。

幼儿口语表达能力的培养　2001 年,中华人民共和国教育部颁布《幼儿园教育指导纲要(试行)》,规定语言领域的目标是:乐意与人交谈,讲话礼貌;注意倾听对方讲话,能理解日常用语;能清楚地说出自己想说的事;喜欢听故事,看图书;能听懂和会说普通话。语言领域的内容与要求是:创造一个自由、宽松的语言交往环境,支持、鼓励、吸引幼儿与教师、同伴或其他人交谈,体验语言交流的乐趣,学习用适当的、礼貌的语言交往;养成幼儿注意倾听的习惯,发展语言理解能力;鼓励幼儿大胆、清楚地表达自己的想法和感受,尝试说明、描述简单的事物或过程,发展语言表达能力和思维能力;引导幼儿接触优秀的儿童文学作品,使之感受语言的丰富和优美,并通过多种活动帮助幼儿加深对作品的体验和理解;培养幼儿对生活中常见的简单标记和文字符号的兴趣;利用图书、绘画和其他多种方式,引发幼儿对书籍、阅读和书写的兴趣,培养前阅读和前书写技能;提供普通话的语言环境,帮助幼儿熟悉、听懂并学说普通话,少数民族地区还应帮助幼儿学习本民族语言。

幼儿口语能力的培养具体包括五方面的工作。(1) 发展幼儿的听力。倾听是儿童感知和理解语言行为的表现,是发展幼儿口语的基本条件。对幼儿倾听行为的培养重在对语音、语调的感知和对语义内容的理解上。其具体内容:培养幼儿懂得倾听、乐于倾听、善于倾听的能力,以理解语言的内容、形式和语言的运用,掌握与人进行语言交流的技巧;培养幼儿逐渐形成安静地、有目的地、集中注意地倾听,能联系上下文意思倾听,理解、掌握倾听到的指令和知识、规则的讲解,能分辨说话人声音的特点及所表现的情绪;培养幼儿有礼貌地倾听的习惯,不随便打断别人的讲话。(2) 丰富幼儿的词汇。幼儿掌握词汇的多少直接影响其口语表达的质量。要丰富幼儿的词汇首先要教幼儿掌握关于对象和现象的名称的名词、说明对象和现象的动作和过程的动词,然后逐步教幼儿学习说明对象和现象的性质、特点、状态、程度的形容词和副词,学习掌握介词、连接词等虚词。对不同年龄的幼儿,在内容上应有不同侧重和要求。3～4 岁幼儿,应重点学习常见常用、容易理解、生活中迫切需要的名词、动词、意义具体的形容词、单数人称代词、10 以内的基本数词、少数量词。4～5 岁幼儿,除大幅增加词汇量外,更要提高掌握词的质量,如学习物体各部分的名称,意义相近的动词,代表抽象意义的(美丽、漂亮)、单音重叠(细细的、薄薄的)、双音词尾(绿油油、笑嘻嘻)的形容词,复数人称代词,以及少量虚词(常用副词和连接词)。5～6 岁幼儿,应逐步掌握一些概括性较高的名词(家具、动物、水果),学习使用描述事物不同程度的(比较大、最大)和不同复合性的(深蓝、浅绿)形容词,学习一些评价人的行为和形容人的心理状态的词,学习常用的介词(如在、向、从等)、连接词(因为、所以、如果)等虚词。要使幼儿正确理解词义,并将其运用到自己的语言表达中去。(3) 学会说正确的普通话。在幼儿发音机制未定型之前,要使幼儿能正确掌握以北京语音为标准的普通话。培养幼儿正确说普通话的要求是:发音规范;发好儿化音;能正确按照普通话的声调讲话;根据表达内容的需要,学习控制、调节自己声音的大小和速度,做到声音的性质与其要表达的内容相一致;在言语交往中,讲话态度要自然,声调上要友好,有礼貌。(4) 发展幼儿的对话言语。对话是人们日常交往中最基本的言语形式。要发展幼儿的对话能力,就要使三四岁的幼儿喜欢说话,愿意和别人交谈,坚持用语言(不是手势或表情)表达自己的请求和愿望,发展其讲话的积极性;学习运用简单句表达自己的意思,说话时吐字清楚,让人能听明白;培养四岁以后的幼儿逐步学会清楚表达自己的意思,学习正确回答问题,恰当发音和用词,句子完整,学习使用一些比较简单的复合句,语序正确;鼓励幼儿喜欢向成人和同伴提问,在交谈过程中能互相补充内容。(5) 发展幼儿的独白言语。独白言语是比对话言语更复杂、周密的一种口头语言表达形式,其特点是用比较完整、连贯的语言表达自己的思想,讲述自己经历过的事情,使听讲人能明白讲述的内容。幼儿对独白言语的掌握标志着幼儿语言发展进入新的阶段。在幼儿阶段发展其独白言语能力,重点是培养四五岁的幼儿在学习讲述图片、见闻、故事时用词正确,词语搭配恰当,使用复合句时,能正确运用连接词(或关联词),做到条理清楚,前后连贯;对于六岁左右的幼儿,要逐渐培养他们讲话内容的丰富性,用词生动、形象,会选择恰当的形容词进行描述,根据表达需要能正确运用复合句,讲话的声调、速度、停顿能根据内容有所变化。

幼儿文学语言教育　儿童文学具有极高的艺术性,不仅能给童年带来快乐,而且可以引导幼儿从自然人向社会人的转化。儿童文学作品的教育价值具体体现在以下几方面:增长幼儿知识,培养其求知欲望;培养幼儿的美感,提高其审美能力;有利于幼儿的身心健康,培养其活泼开朗的性格;丰富幼儿的语言和情感,提高其思维和想象力;向幼儿提供成熟语言的样本,使他们倾听到丰富多样、不同风格的艺术语言,扩展词汇量,在模仿、记忆的基础上将其运用到自己的言语表达中去。生动形象的文学作品可以引起幼儿对阅读的向往,有利于培养幼儿的阅读兴趣、阅读习惯及初步的阅读技能。

幼儿文学语言教育要培养幼儿领会文学作品的技能。通过让幼儿欣赏和复述故事、欣赏和朗诵儿童诗歌以及进行戏剧表演、早期阅读等形式,培养幼儿逐步学会确定作品的主要人物,说出自己对他们的态度,对主人公的行为做出评价;记住作品中的事件(情节)及其发展顺序;培养幼儿能将作品中描写的内容与现实生活进行比较,从而受到某种启示;引导幼儿体验作品表达的感情和情绪,让幼儿能与作品主人公共感,能像作品主人公那样设身处地地展开思维活动。

早期阅读是幼儿对图画读物和以图画为主、文字为辅读物的阅读,是进行幼儿文学语言教育的重要途径。早期阅读能够有效刺激大脑和神经组织的发展,有利于开发右脑潜力;是幼儿间接知识的重要来源;培养幼儿的学习能力,丰富其经验,促进其社会性发展;有助于促进幼儿的心理健康;是幼儿个性发展、学习成功的条件;促进幼儿语言的全面发展。家庭和幼儿园要为幼儿创设良好的阅读环境,培养其阅读兴趣,使其形成阅读技能和习惯。幼儿早期阅读的书籍大都是图文并茂的,在开始阅读时,大多数幼儿不识字或识字有限,一般都应从阅读图画开始。幼儿对图画的理解大都属于识别图画的个别对象和画面的空间联系的水平。指导幼儿阅读的重点是逐步提高幼儿对图画的理解能力,从罗列图画中的事物开始,引导幼儿注意图画中事物之间的相互关系,如人与人、人与事、人与环境、事与环境等空间和因果联系,想象出与画面内容有关但在画面上没有表现出来的内容,如为什么、怎么想的,以促进幼儿思维和想象能力的发展。在幼儿不识字时,往往需借助成人的朗读或讲述增加对图画书的理解。在其识字后,即可进入独立阅读,成人只需在其有困难时给予帮助。指导幼儿阅读,还要引导幼儿学会一页页翻书、从上到下阅读、从左到右阅读等技能;培养幼儿看书时坐姿端正,距离适当,不在阳光下看书,看书时手要干净,不用唾液湿润手指去翻书,翻书时要小心,不撕书、不拆书,看完书后放回原处等良好的看书习惯。

幼儿书面语学习 《幼儿园教育指导纲要(试行)》提出:培养幼儿对生活中常见的简单标记和文字符号的兴趣,引发幼儿对书籍、阅读和书写的兴趣,培养前阅读和前书写技能。

幼儿前识字经验的内容包括:认识一定数量的日常生活中常见、常用、易于理解的名词、动词、形容词,图画书中的常见字,社会环境中的常见字等,培养幼儿对汉字的兴趣;知道文字都有具体意义,可以念出声来,可以把文字与口语中的词对应起来;初步了解文字的功能,懂得利用文字把想说的话写出来,成为一封信、一首诗、一篇文章等,当把这些信、诗、文章念出来时,又变成口头语言——"话"。

幼儿前书写技能的内容包括:让幼儿初步了解汉字的结构,如了解汉字分上下结构、左右结构等;了解书写汉字的最初步规则,如书写汉字的笔画要从上到下,从左到右,并尝试练习基本笔画;认识书写汉字的工具;学习书写汉字的正确姿势,包括坐姿、握笔姿势等。

参考文献

周兢.学前儿童语言教育[M].北京:北京师范大学出版社,2010.

祝士媛,张美妮.幼儿文学[M].长春:吉林大学出版社,2000.

(祝士媛)

幼儿园课程(curriculum in kindergarten) 帮助幼儿获得有益的学习经验、促进其身心全面和谐发展而开展的各种教育活动的总和。学校教育课程的一个分支,对其含义有多种理解。

幼儿园课程的含义

中国学者对幼儿园课程的理解 (1)幼儿园课程即幼儿园教育内容、教学科目与教学计划的总和。1951年,中国制定《幼儿园暂行教学纲要(草案)》,规定"幼儿园的作业,暂定为体育、语言、认识环境、图画手工、音乐、计算等六项";1981年,教育部颁布的《幼儿园教育纲要(试行草案)》规定,"幼儿园设置体育、语言、常识、计算、音乐、美术等科",并对学习内容有明确、具体的规定。两个文件均强调幼儿园要通过游戏、上课(或作业)、日常生活、劳动等活动共同完成教育任务。这些科目及其进程安排构成幼儿园课程的主体,体现了幼儿园课程即教育内容、教学科目与教学计划总和的观点。(2)幼儿园课程是幼儿园组织的各种教育性活动的总和。20世纪30年代,张宗麟提出,幼稚园课程乃幼稚生在幼稚园一切之活动。20世纪90年代,一些幼教工作者也提出,幼儿园课程是帮助幼儿获得有益的学习经验,促进其身心全面和谐发展的各种活动的总和。强调以儿童的兴趣、需要为出发点,通过儿童与环境的相互作用

实施课程,要求突出游戏在幼儿园课程中的地位。(3)幼儿园课程是儿童在幼儿园获得的学习经验。20世纪30年代,张雪门认为,幼儿园课程就是给三足岁到六足岁的孩子所能够做而且喜欢做的经验的预备。当前有许多学者持这种观点,认为幼儿园课程是为幼儿提供的、符合其身心发展的特点和特定的社会文化背景的有益经验。也有学者并不把课程的"经验说"和"活动说"视为截然对立的两种观点,而是将其统一为"经验—活动说"。

外国学者对幼儿园课程的理解 美国幼教专家斯波代克认为,幼儿园课程是教师为在园儿童提供的有组织的经验形式,包括正规的教育经验(各种作业)和各种非正规的教育机会(儿童的游戏活动和照料自己的日常生活所必需的活动)。日本学者板元彦太郎认为,幼儿园课程是为了有效地实现幼儿园的教育目标,根据幼儿身心发展特点和各国、各地区的实际情况而组织安排的教育内容的总体。在美国幼儿教育协会(National Association for Education of Young Children,简称 NAEYC)和美国联邦教育部幼教专家协会的一个联合声明(1991)中,幼儿园课程被定义为一个结构好的框架,包括以下内容:幼儿学习的内容,为达到预定的课程目标幼儿所要经历的学习过程,教师应当做的事情,教学和学习发生的情景,等等。该声明强调以联系和整体的观点来看待课程。

幼儿园课程的特点

以儿童发展为本 幼儿园课程的首要特点表现在对幼儿身心发展需要和特点的关注上。对儿童的教育应该是适宜儿童发展的,这一看法已成为几乎所有早期教育工作者的共识。3~6岁儿童有自己独特的认知方式,其学习能力极大地依赖于自身的发展水平,适宜学习的内容也至少部分取决于其学习方式。幼儿身心发展的需要、规律和特点是制约幼儿园课程中任何一个结构要素的核心因素。保教并重的教育任务,身心全面、和谐发展的课程目标,直观经验性的课程内容,游戏化、生活化、活动化的教学方式,通过环境而潜移默化的教育策略等,均是幼儿身心发展规律和特点在课程中的反映。

培养身心和谐发展的儿童 早期教育在本质上是为人的终身发展奠定基础的素质教育。培养身体、认知、情感、社会性等各方面和谐发展的"完整儿童"是社会公认的幼儿园课程目标,这与幼儿期身心各方面的迅速发展、互相影响和逐渐整合有关。幼儿任何一个方面的学习和发展状况都必然会影响其他方面的发展。因此,幼儿园课程必须充分关注并运用这种关联性来规划儿童的学习活动,使其身心各方面都能得到最佳发展。

以过程为导向 幼儿园课程注重学习情景的创设,关

注儿童的学习过程、学习体验,具有生活化、活动化、经验化和开放性等特点。课程内容主要来源于儿童的实际生活,是以生活的逻辑组织起来的多样化、感性化、趣味化的活动。对幼儿来说,生活本身就是学习。直接经验是幼儿学习的基本特点。幼儿园课程必须以幼儿主动参与的各种实践性活动为基本存在形式和构成成分,通过引导、支持幼儿的各种操作、探究、交往活动来帮助他们建构知识,获得情感体验,发展能力。幼儿园课程具有较强的生成性和开放性。幼儿感兴趣的事物、生活中有教育意义的事物都可随机而灵活地纳入课程。幼儿园教师与幼儿围绕这些事物共同思考,教师觉察、理解幼儿的行为传递的信息,根据对儿童需要和感兴趣事物的价值判断不断调整课程内容和教学策略,是促进有效学习的基本途径。因此,幼儿园课程的实施过程是以真正的对话情境为依托,在教师、幼儿、环境、材料等多种因素的相互作用中动态生成的课程发展过程。

整合游戏经验　幼儿园课程与游戏的密切关系是它与其他学段课程的最大区别。游戏在幼儿园被视为基本活动,幼儿园课程必须与儿童的游戏经验相整合是一种共识。游戏与课程的联结方式有两种:一是游戏产生课程,即教师通过观察幼儿的游戏活动了解其兴趣指向和相关经验,进而提供机会扩展和加深他们的学习;二是课程产生游戏,即教师借助于对教学内容、幼儿兴趣的了解和已有经验,规划游戏材料和情景,以引发幼儿的自主游戏。教师还可以通过观察幼儿的游戏行为发现新的课程生长点。在连续、循环的互动过程中,幼儿的游戏经验与课程实现整合。

幼儿园课程的价值取向

对早期教育的目的和意义的不同认识直接导致幼儿园课程在价值取向上的差异。早期教育应关注儿童当下的生活,还是应为未来生活做准备是问题的焦点。

以卢梭、裴斯泰洛奇为代表的自然主义观点推崇童年期的自在价值,反对教育为未来生活作准备,认为教育的目的是保护儿童的自然成长,是充实当前的生活。学习发自于儿童的内在需要,教育应顺应自然,以儿童的需要和兴趣为中心。教育者只需创造一个能促进儿童自然发展的适当环境,放手让他们积极、自主、自由地去活动、去经历,儿童自然就能不断积累经验,健康成长。自然发展、自我实现是幼儿教育的真谛。这种倾向的幼儿教育没有固定的课程,所有学习活动都以儿童为中心,围绕其感兴趣的生活内容或问题展开。20世纪以来,这种观点在西方国家影响甚广,成为其幼儿教育传统。美国幼儿教育协会于1987年提出的"适宜于儿童发展的教育"是这一观点的新表达。

将幼儿教育视为学校教育准备的倾向20世纪六七十年代后在西方成为一种能与自然主义抗衡的力量。早期发展

与教育的理论同国家利益、民众需求的结合推动了西方幼儿教育的"学校化"发展,"为入学做准备"成为幼儿教育的重要任务。其主要表现为:(1)国民教育体系逐渐向幼儿期下延。西方多数国家的小学都设有学前班,为5岁儿童提供免费的学前一年教育,有些国家(如美国)甚至开始将这种免费的幼儿教育下延至4岁或3岁。(2)学前一年教育与基础教育课程的整合。将学前一年教育纳入学校教育系统的国家在制定国家学科课程标准时,基本都把学前班纳入其中,这在保障幼小课程一体化的同时,也使学前教育日益"正规化"。(3)早期学习"标准化"运动的兴起。为提高早期教育的质量和保证国家投资幼儿教育的效益,近年来,西方国家纷纷制定早期学习标准,规范幼儿的学习。如美国联邦政府《2003年入学准备法》要求对儿童入学前应达到的学习结果作出明确规定。英国的《早期学习目标》也是一个入学准备标准。尽管这些早期学习标准仍保持了西方幼儿教育课程重视情感、个性和创造性发展的传统,但对早期阅读与书写、数学和科学的强调已使其带有相对明显的学业倾向。

幼儿园课程模式与范例

蒙台梭利教育法　以蒙台梭利的教育思想为基础发展起来的幼儿园课程模式。20世纪初,蒙台梭利先把这一模式运用到智力低下的儿童身上,获得成功后将其进一步完善,并扩展到整个学前阶段。她把培养具有健全人格的儿童作为教育的目标。为达到这一目标,她设计的课程内容包括日常生活练习、感觉教育、数学、语言和文化教育五部分。其教育方法由三个要素组成:(1)有准备的环境。这种环境充满爱、快乐和美感,能为儿童提供自由、自主、有秩序的活动的机会,有助于幼儿发展探索内在及外在世界所需要的安全感。(2)具有多种角色的儿童导师。在蒙台梭利教育中,教师是环境的提供者,是孩子的示范者,是细致的观察者,也是儿童发展的支持者和协助者。教师协助儿童自下而上的自我发展。(3)教具。蒙台梭利教具不是教师教学的辅助工具,而是儿童自发的操作材料,具有"自我纠正错误"的功能,幼儿可以通过操作教具进行自我学习。

海恩斯科普课程　韦卡特及其同事以皮亚杰理论为基础建立起来的早期教育课程。产生于20世纪60年代,是一个处境不利儿童的干预计划,属于认知中心课程。其基本目的在于有效促进儿童智力和认知能力的发展,为其今后的学习成功奠定基础。经过几十年的研究、实践与改革,已发展成为一个具有国际影响的早期教育课程。其最大特点是以主动学习为核心,围绕发展必需的一系列"关键经验"创设学习环境,引发幼儿与环境相互作用的活动,从而支持儿童的学习。课程的主要目的在于培养主动的学习者,通

过其主动学习,促使儿童的认知、情感和社会性协调发展。主动学习不仅是教学策略,更是目标本身。课程设计者借助心理学的研究成果,确定了保障课程目标实现的 10 类 49 种"关键经验"。课程内容是围绕这些关键经验提供的各种类型的活动,这些活动主要以各种"兴趣区"或"活动区"为中介展开。教师的任务之一是将关键经验物化为活动材料和活动情境,让儿童在活动区中充分地与材料、环境、他人互动,以获得学习与发展。设计者认为,主动学习是个完整的过程,包括计划自己的活动、实际操作材料完成计划、总结和反思活动情况等环节。为此,海恩斯科普课程相应地安排了计划、工作(操作)和回顾时间,以保证学习的完整性。海恩斯科普课程注重儿童观察的作用,将它视为了解学习进程和课程效果的工具,并在多年研究的基础上编制了儿童观察评估工具,它不仅用于该课程,更成为一种有关儿童学习与发展的情景性评价工具。海恩斯科普课程被认为是"适宜儿童发展的教育实践"的一个例证,对早期儿童教育作出较为理想的陈述。这一课程对主动学习的强调适应了高科技时代对教育发展的基本要求;它以结构化了的"关键经验"作为建构课程的基本框架,既有利于保障儿童的基本学习,又有利于教师真正把注意力指向儿童,指向儿童的活动过程;它充分利用日常用品和家庭废弃物作为操作材料的做法,不仅使其适用于经济不发达国家和地区,而且也提供了一个低投入、高产出的典范。

学前知识系统化教学　20 世纪 60 年代,苏联乌索娃、艾利康宁等研究者以维果茨基的文化历史发展观和学前教育思想为基础,结合幼儿教育领域的研究成果提出一种幼儿园教学理论,这一理论具体、充分地体现在 1984 年苏联颁布的《幼儿园教育教学示范大纲》中。维果茨基对于教学和发展的关系持有积极看法,认为教学应走在发展的前面,应引导发展;最好的教学是在儿童的"最近发展区"内的教学。他特别指出,幼儿园教学应具有两个很难结合但又必须结合的属性,一是要有一定的体系,二是要符合幼儿的兴趣和认知方式。为把二者结合起来,必须在学校对学前教育的要求和幼儿发展的可能性这两个方面寻找结合点。其中,帮助幼儿做好学习系统知识的准备是学校对学前教育的要求,而幼儿已表现出喜欢概括、喜欢推测和解释事物之间的依存性和相互关系的倾向,则表明他们已经在创建自己的理论。因此,按照一定体系循序渐进地引导儿童理解事物的关系和联系,不仅是必要的,也是可能的。维果茨基强调,要用发展的眼光看待幼儿园教学。幼儿园知识系统化教学的基本观点是,幼儿的知识可分为两类:幼儿在日常生活和游戏中自发形成的知识;需要专门的教学才可获得的对自发知识起梳理、统领作用,使之成为体系的概念性知识。后者在幼儿的知识总量中虽然只占很小一部分,但对其发展具有决定性影响。知识体系有不同的概括程度,幼

儿掌握的是以表象或初级概念为基础组织起来的"前学科"体系。学前教学的主要任务是帮助儿童形成"前学科"知识体系。这一任务的完成需借助于幼儿在日常生活中自发形成的有关知识以及通过作业教学引进有关的核心概念(表象形式的初级概念),这种概念应能反映某个领域客观事物或现象之间的主导性联系。教师在教学中的任务是了解幼儿的自发性经验,引入核心概念,引导他们理解核心概念、整理已有经验,使之系统化。与之相应,《幼儿园教育教学示范大纲》将幼儿的活动分为"日常生活活动"和"作业"两大类。前者是"非专门化"、"非正规"的经验获得过程,后者虽以完成教学任务为目的,但与小学的上课仍有不同:不仅时间短,而且主要通过游戏方式进行。

五指活动课程　陈鹤琴始创于 20 世纪二三十年代的课程,其名源于陈鹤琴对该课程特点的形象比喻。陈鹤琴认为,幼儿园课程的目标在于发展幼儿的心智和身体,包括做人、身体、智力和情绪四个方面。课程内容应以自然、社会为中心进行选择,形成健康、社会、科学、艺术和语文五类活动。但这五类活动不应分别进行,而需要从儿童所处的自然和社会环境中选择他们感兴趣又适合学的物和事为"主题",将它们组织成一个整体。由于课程由五方面内容组成,其组织又是整体的、连通的,如人手一样,虽有五指之分但又共存于一个手掌。陈鹤琴将这种课程内容的组织方法称为"整个教学法",后改称为"单元教学法"。在课程实施的过程中,五类活动十分注重"计划性"与"灵活性"相结合,并采用游戏式教学法教导儿童,注意物质环境的创设、材料的提供以及户外活动的机会。它要求教师成为儿童的朋友,和幼儿同游同乐,在玩中教,在玩中学。五指活动课程是中国幼儿园课程本土化研究的第一个成果,其影响广泛而深远。在 20 世纪 80—90 年代兴起的幼儿园课程改革运动中,五指活动课程得到继承和发扬。五指活动课程的一些思想、观点和方法对中国现阶段幼儿园课程改革和编制依然具有指导意义,这在 2001 年教育部颁布的《幼儿园教育指导纲要(试行)》中得到体现。

瑞吉欧教育体系　瑞吉欧教育体系是马拉古兹及其同事自 20 世纪 60 年代开始在意大利政府和民众的支持和参与下创建的,是开放时代广纳多种理论之后的一种创造,包括杜威的进步主义教育思想、皮亚杰和维果茨基的建构主义发展理论、意大利学前教育传统等。瑞吉欧·埃米利亚市的教育者认为,对于儿童的正确理解是一切教育得以成功的最关键因素。他们坚信,儿童是发现及创造生活内涵的主体,是主动且有能力的学习者;儿童的学习是一种互动的、以某种相互关系为基础的社会建构过程。因此,必须摈弃那种绝对的"教师中心"或"儿童中心"式的教育,应强调团体中心、关系中心,努力构建一种孩子与教师、同伴、家长相互支持、合作研究、分享经验的新型教育。以"关系"和

"参与"为基础的共同学习是瑞吉欧教育体系最鲜明的特色。瑞吉欧的课程与教学主要以"项目"方式展开。在项目活动中，儿童在教师的支持和帮助下，像研究人员一样，围绕某个大家感兴趣的生活中的"课题"或"问题"进行深入研究。研究过程是幼儿运用自己平时积累的生活经验和技能、技巧的过程，也是发现知识、建构意义的过程。研究的深入性突出体现在对同一现象和概念多角度、多水平的感知、探究和表达上。项目活动以小组工作模式进行，这种工作模式既给予每个儿童以充分的自主探索空间，又为他们营造同伴间相互支持、相互学习、共同成长的团体文化氛围。瑞吉欧教育体系的课程具有互动性和生成性。项目活动的进行在很大程度上依靠孩子们的反应和教师灵活的策略。教师依据自己对幼儿的细致观察，从其反应中敏感地捕捉到蕴含其中的学习价值，给予及时而适当的引导。教学档案是项目活动的有力支持。档案的记录过程是教师观察儿童的机会。同时，多种形式的档案又使教育过程超越时空限制，变得"可视化"，成为教师反思教学、计划下一步活动的重要依据。教学档案还是与家长沟通、激发家长参与、赢得社区理解与支持的有利媒介。

多彩光谱方案(Project Spectrum)　哈佛大学零点方案的子项目——多彩光谱项目的一个研究成果。该项目自1984年开始，历时九年，致力于开发一种能在更广范围内正式反映人类智能的新的评估方法，以及进行教师和课程设计者如何利用评估信息调整课程与教学，使之更适合个体需要的研究。其理论基础是加德纳的多元智能理论和费尔德曼的非普遍性发展理论。这两种理论都关注人类智能的多元本质；都承认儿童智能的差异和特殊性，以及个体在不同领域中认知能力发展的非同步性；都强调个体的生物潜能与在文化环境中的学习机会之间互动的重要性；都相信教育经验不仅影响而且建构着个体的发展。了解儿童智能的独特性，提供多元化发展空间，使每个儿童都有机会发挥和实现自己的潜能也成为多彩光谱方案的追求，而评价与课程教学相结合成为该方案的突出特点。该方案由一系列评估和学习活动案例组成，是一个包括四个步骤的体系：(1)引导儿童进入多领域学习活动区，包括语言、数学、运动、音乐、科学、机械建构、社会理解和视觉艺术等，以给所有儿童在所有领域进行探索的同等机会。(2)识别儿童的智能强项。活动区既是儿童学习和展示自己智力的地方，也是教师评估儿童的情境。为帮助教师有效进行特定领域的观察，研究者在每个领域都确定了一套保障该领域学习成功的"关键能力"，并制定相应的能力评估指标和儿童活动风格观察评估工具。(3)培育儿童的智能强项。一旦确认了儿童的强项，教师就可以提供扩展和发展这些强项所需的支持，以增强儿童的自尊、自信和对学习的积极态度。儿童、师生、亲子甚至社区成员之间的分享与合作也可起到

强弱项互补的作用。(4)建立儿童的智能强项与其他学习领域及学业表现之间的联系。儿童在强项领域获得的成功体验会增加其面对其他领域的信心，因此，教师可以利用儿童的强项领域，引导其进入其他领域。

幼儿园课程的历史发展

外国幼儿园课程的发展　18世纪末至19世纪初，世界历史上第一批幼儿教育机构在欧洲大陆产生，作为幼儿教育手段的各种课程方案也相继出现。此后，幼儿园课程伴随社会发展、新的教育思潮和儿童发展研究的兴起及在国家早期教育政策的影响下而不断发展变化。幼儿园课程与幼儿公共教育的发展基本同步，大体可分为三个阶段。

18世纪末至19世纪下半叶，各国先后创建第一批幼儿教育机构，幼儿公共教育开始成为教育系统中一个相对独立的分支，幼儿教育课程也开始受到关注。这一阶段的幼儿教育机构往往带有慈善性和救助性，或者只是社会改革家改革社会理想的措施之一，其早期教育方案更多地建立在哲学和社会学思想基础之上，对儿童的了解是直觉式的。如英国空想社会主义者欧文建立的"性格形成学院"着重体现其社会改革思想，希望通过对尚未受谬误和邪恶制度腐蚀的幼儿实施新教育，从根本上设计并建立一个合乎理性、安康和终生幸福的社会。第一位专门为幼儿设计了完整课程体系的福禄贝尔，受浪漫主义和先验哲学的影响，主张教育应顺应儿童天性和本能的自然发展。在其精心设计的课程中包括一套象征自然的操作材料——恩物和工具，其中暗含着被其视为所有学习的基础的三种形式的知识：生活形式的知识、数学形式的知识和美的形式的知识。操作它们可以帮助儿童理解宇宙运行的准则，进而洞察神性。福禄贝尔首次将游戏概念引入幼儿园课程。

19世纪末期至第二次世界大战之前，澳大利亚教育史家W. F.康奈尔称这一阶段为教育的觉醒与抱负时期，这种觉醒与抱负在幼儿教育领域体现为幼儿教育制度化趋势、儿童研究运动的高涨、儿童中心主义教育思潮下幼儿园课程改革运动的兴起。儿童研究运动取得的最大成果是对儿童的"发现"，即建立在实证研究基础上的对儿童的科学认识。它生动、真切地揭示了儿童的特质、儿童身心发展的规律和特点、儿童现实和潜在的能力以及童年期的意义，促成近代教育史上一场以儿童中心主义教育思潮为基本特征的幼儿园教育改革运动。在这次改革中，杜威的进步主义幼儿园教育改革实验、蒙台梭利教学法、德克罗利的"生活学校"教育、麦克米伦姐妹的护士学校方案以及G. S.霍尔、格塞尔、弗洛伊德等心理学家的儿童教育思想，尽管各有不同，但均强调儿童发展是一个自然的过程，教育要以儿童为本，应尊重儿童的天性、本能、兴趣，相信儿童的能动性，主

张通过儿童的自由活动来发展其潜在天性。他们相继提出各自设计的课程,有些还设计了教学材料及活动。自此,早期教育课程开始建立在有关儿童发展和学习的科学知识的基础上。

第二次世界大战结束后,"人权"意识高涨,儿童权利问题受到普遍重视,同时科学技术的迅猛发展改变了社会生产和生活方式,也改变了对人的要求,反映时代精神、适应时代要求的教育改革不断兴起,作为终身教育的起始阶段的幼儿教育受到关注,与儿童发展与教育问题有关的科学研究不断取得新进展,在此背景下,幼儿园课程呈现多样化发展态势。政府的介入推动幼儿教育的普及,但也不断挑战以儿童中心为主流价值观的西方幼儿教育课程传统。20世纪60年代后,在西方幼儿教育课程发展中"国家利益"和"儿童本位"的斗争一直存在。20世纪60年代前,受19世纪末兴起的儿童研究运动及进步主义教育思想的影响,西方幼儿园课程基本形成以儿童为中心的主流价值取向,尊重儿童的兴趣与需要,关注其情绪、个性和创造性的发展成为幼儿园课程的基本出发点。提供丰富的操作材料、儿童自主选择感兴趣的游戏或"工作"、教师与儿童充满温馨的交流与沟通是这一时期比较典型的幼儿园课堂情景。此外,对婴幼儿学习潜能及发展的敏感期的研究一度使智力资源的早期开发成为社会关注的重点。同时,政府基于国家利益介入幼儿教育使西方传统的幼儿教育理念受到强烈冲击。在进步主义教育的发源地美国,在以提高教育质量为目的的学校教学改革运动的推动下,强调结构化学习的幼儿教育课程和智力启蒙计划大量出现。20世纪80年代起,有关儿童情感、社会性方面的研究使人们开始冷静、全面地思考早期教育问题,认识到以牺牲儿童的社会性和情感发展为代价,人为加速儿童智力发展的做法是不明智的。1985年,"日、美、欧幼儿教育和保育会议"发出呼吁,要求纠正片面强调智力发展的偏向,指出幼儿教育应从智育中心转向个性的全面发展。1987年,美国幼儿教育协会发表题为"与0～8岁儿童发展相适宜的教育"的声明,阐明该组织的教育观点与主张。这一声明对"适宜发展"(developmentally appropriate practice,简称DAP)概念的解释、对幼儿发展与学习的基本原理及与发展相适宜的教育的基本原则的阐述充分体现了以儿童发展为本的教育理念。这一声明标志着儿童中心主义在幼儿园课程领域的又一次兴起。以多元智能理论和非普遍性发展理论为基础的"多彩光谱方案"、反映意大利文化并整合多种理论的瑞吉欧幼儿教育体系、受后现代哲学思潮影响而兴起的多元文化和反偏见课程等的出现,使西方儿童中心导向的幼儿园课程探索变得更丰富而活跃。有关儿童早期发展和早期教育的研究成果,尤其是幼儿教育社会效益的研究,也进一步激起政府对幼儿教育的热情。"不让一个孩子掉队"、"让所有孩子都做好入学

学习的准备"这些最早由美国政府提出的目标成为西方国家共同的行动纲领。面向社会处境不利家庭的幼儿的各种早期开始计划的实施,国民教育向幼儿期的延伸,为确保教育质量而发起的学习与发展标准化运动,均推动幼儿园课程向反传统的方向发展。早期阅读、书写、数学知识和技能等认知方面的学习受到特别关注,语言、数学、科学成为幼儿园课程内容优先考虑的领域;强调统一的学习结果、对"达标"提出要求等,均是对一向强调儿童的兴趣和需要、尊重个体差异和个性发展及"过程导向"的西方幼儿园课程的强烈冲击。

中国幼儿园课程的发展　在从中国第一个学前教育机构诞生开始至21世纪初的历史进程中,课程改革与发展是贯穿幼儿园发展的一条主线。受特定社会历史条件的影响,在中外教育文化的交流与碰撞中,中国幼儿园课程经历一系列变革。其中,重大课程改革有三次,分别发生在20世纪20～30年代、50年代和80年代中期至今。第一次改革以反对照搬外国经验,探讨幼儿园课程的本土化、科学化问题为特征,是民间自发的运动;第二次改革自上而下进行,以学习苏联、建设社会主义新教育为宗旨;第三次改革经历一个自下而上、又自上而下的过程,以适应21世纪的发展需要,奠定儿童终身发展的素质基础为目的。参照这几次变革,可将中国幼儿园课程发展分为五个阶段。

1903—1918年是中国学前教育机构的诞生时期,幼儿园课程基本模仿和照搬西方和日本。在清政府颁布的第一个有关幼儿教育的文件《奏定蒙养院章程及家庭教育法章程》中,有关蒙养院在保育教导要旨、条目、设备等方面的规定几乎都是1899年日本《幼稚园保育及设备规程》的翻版。在课程上,官方幼稚园已涉及儿童的体、智、德等方面,注重儿童身体的发育、心智的开启和性情行为的规范,设置与小学不同的四科内容,即游戏、歌谣、谈话和手技,但依然注重背诵和注入式教学。

1919—1949年是中国初步确立本土化、科学化的幼儿园课程的时期。在五四运动的推动下,教育领域掀起深入批判封建专制思想、宣传新儿童观和教育思想的热潮。陶行知、陈鹤琴、张宗麟、张雪门等人针对当时幼儿园课程中存在的严重外国化和非科学化倾向,在主动吸纳西方教育思想之精华的同时,初步建立符合中国国情的、科学化的幼儿园课程理论,并进行卓有成效的实践。陶行知的生活教育理论、陈鹤琴的活教育理论和"五指教学法"、张雪门的行为课程,都强调幼儿园课程与生活的联系,主张大自然、大社会都是"活教材";强调以"做(活动)"为中心和"教、学、做合一",注重儿童的直接经验;强调课程内容的组织要符合儿童生活的整体性特点,要求打破学科界限,以主题整合内容;强调课程实施要体现计划性与灵活性相统一的原则,采用多样化的活动形式。这些思想集中体现在教育部1932年

颁布的中国第一个幼儿园课程文件——《幼稚园课程标准》中。这些幼儿教育思想对中国共产党领导下的革命根据地的幼儿园教育同样产生重大影响。而革命根据地的幼教工作者结合战争需要提出的"保教合一"的教育原则及"保护儿童生命、促进儿童健康发展"，"以母爱出发的感情教育"等思想进一步丰富了幼儿园课程的理论与实践。

1949—1966年是幼儿园课程借鉴苏联教育经验改革与发展的时期。苏联教育理论坚持唯物主义的儿童发展观，强调教育在儿童发展中的主导作用，重视对儿童进行有目的、有计划的教育教学，对中国建设以马克思主义为基础的幼儿教育理论产生影响。但其过分强调教师的主导作用，强调计划性、统一性的观点，容易导致忽视幼儿的主体性、忽视个体差异、重教轻学、缺乏灵活性等弊端。同时，苏联学者对西方教育理论的片面观点也使中国出现一概否定西方教育思想的倾向，并连带否定中国幼儿教育先驱为创建本土化、科学化的幼儿园课程理论所作的努力与探索。

1966—1976年，幼儿教育（包括幼儿园课程）失去基本秩序。全面发展的幼儿教育方针被歪曲和批判；政治口号代替日常行为规范；文明卫生习惯成为资产阶级生活方式；死记硬背幼儿根本不理解的东西成为基本教学任务。幼儿园课程不能体现幼儿的特性，被严重政治化。

1977年后，幼儿园教育开始全面恢复、发展。1981年，教育部颁布的《幼儿园教育纲要（试行草案）》强调幼儿园教育要尊重幼儿的年龄特征，遵循保教结合的原则，通过游戏、上课、观察、劳动、娱乐和日常生活等活动来完成全面发展的教育任务。该草案基本保持了借鉴苏联经验而形成的幼儿园课程模式。随着西方新的儿童发展理论、早期教育思想和课程模式相继被引进中国，一些幼教工作者在吸纳新思想的同时，也开始反思原有教育实践中存在的诸如忽视知识的横向联系、重"上课"轻游戏、重结果轻过程、小学化倾向严重等问题，重新发现陈鹤琴、陶行知等人的幼儿园课程理论的价值，开始改革原有课程的弊端、探索更符合幼儿身心发展规律和学习特点的课程结构和教学模式的尝试。初期，这种探索是自发的、局部的、零散的。1989年，由教育部颁布的《幼儿园工作规程（试行）》将这种探索发展成为一场有组织、有领导、大范围的幼儿园课程改革运动，中国幼儿园课程改革逐渐融入世界教育改革的洪流中。2001年，教育部颁布《幼儿园教育指导纲要（试行）》，它是中国第三次幼儿园课程改革指导思想的集中反映。它在课程目标、内容、要求及组织、实施、评价等所有环节中，将培养幼儿终身学习的基础和动力放在核心位置；注重知识的多样性、建构性、过程性以及游戏、探究、交往等多种活动的发展功能；将保障幼儿的学习权利、支持并引导其主动学习视为课程工作者的责任；强调教师作为支持者在满足幼儿的身心发展需求及发展课程中的重要地位。《幼儿园教育指导纲要（试行）》体现时代精神，其丰富的人文内涵将幼儿教育的性质和意义提升到新高度。中国幼儿园课程改革与发展的每一次重要转折背后都有其深厚的社会历史与文化根源，也都发生在中外教育文化的交流与碰撞中，学习他国经验与创造本土化教育是贯穿其中的重要线索。

参考文献

西斐德. 幼教课程——当代研究的回顾[M]. 桂冠编译室，译. 台北：桂冠图书股份有限公司，1999.

杨汉麟，周采. 外国教育史[M]. 南宁：广西教育出版社，1993.

詹姆斯 E. 约翰逊，贾珀尔 L. 鲁普纳林. 学前教育课程[M]. 黄瑾，等，译. 上海：华东师范大学出版社，2005.

朱家雄. 幼儿园课程[M]. 上海：华东师范大学出版社，2003.

（冯晓霞　王银铃　关永春）

语码理论与符号控制（code theory and symbolic control）　关于社会阶层和权力关系如何同文化语码、教育语码以及教育的内容和过程相联系，并通过知识的组织、传递与评价的微观机制控制后者的研究。源于英国社会学家B. 伯恩斯坦的理论及其实证研究。B. 伯恩斯坦区分了精致语码和限制语码，两者的差别被用于解释不同社会阶级的经验如何表现在不同的语言运用模式中，试图借此建构有关教学语码与社会再生产关系的理论。

B. 伯恩斯坦早期的语码理论引起广泛争议，由于该理论讨论语言的社会阶层差异，被贴上文化缺失理论的标签，引起人们对社会劳动分工、家庭和学校三者之间关系的思考，并揭示这些关系是如何影响不同社会阶层学生的学习差异的。自1970年始，B. 伯恩斯坦探讨把宏观权力和阶层关系同学校的微观教学过程联系在一起的研究，为阶层再生产的理论家提供了有关学校的整体决定观，但未解释学校内部发生的事。B. 伯恩斯坦试图在社会性、制度化、互动性以及跨领域的四个层面进行社会学分析，尽管他的理论有一定的结构主义倾向，但他试图吸收涂尔干、M. 韦伯和马克思主义及互动论的理论资源，使这些理论的综合成为可能。

B. 伯恩斯坦早期著作的核心是语码理论，该理论涉及社会阶层、家庭和学校之间的内部关系。1962年，他通过引入精致语码和限制语码概念拓展语码理论。B. 伯恩斯坦认为，劳工阶层孩子与中产阶层孩子所用的沟通语码之间存在差异，这些差异反映了社会劳动分工、家庭和学校中的阶层和权力关系。依据实证研究，B. 伯恩斯坦对劳工阶层使用的限制语码和中产阶层使用的精致语码进行了区分：限制语码依赖于特定环境，精致语码则可以独立于环境而存在，是普遍的。例如，如果要求劳工阶层的孩子用代词描述一系列图片，则只有看着图片才能理解他们的讲述；中产阶层的孩子会用丰富的名词描述图片,即便没有图片也能理解他们的讲述。

B. 伯恩斯坦认为限制语码不是缺失的,它与社会劳动分工具有功能性关系,在这种劳动分工中,依赖语境的语言在劳动的环境中是必需的。中产阶层的精致语码代表功能性的改变,这种改变是劳动分工的变化和中产阶层在再生产中的新的社会地位所需要的。中产阶层学生在学校通过精致语码获得学业成功,意味着劳工阶层的孩子在学校的支配语码中处于弱势。

在《阶层与教学:显性的和隐性的》一文中,B. 伯恩斯坦分析了两种教育传递的基本形式的差异,并且表明每种教学实践的分类和构架的差异(显性教学=显性的=强分类和强构架;隐性教学=隐性的=弱分类和弱构架)同社会阶层的定位以及学校对家庭的假设有关。分类与社会的劳动分工相关,并与权力的分布有关;构架涉及对沟通规则控制的定位。由此,必须把学习以及与之相联系的教学实践置于更广泛的制度、社会和历史性因素中去考察。

分类、构架和语码　语码概念同 B. 伯恩斯坦的结构主义社会学倾向密切相关。语码指存在于许多信息体系背后的调节规则,尤其指课程和教学。课程、教学及评价一起被视为信息体系,它们构成学校知识的结构和过程、传递和教学实践。课程限定了何为有用知识的问题,教学限定了知识有效传递的问题,评价限定了从学习者角度看何为有效习得的问题。B. 伯恩斯坦的课程观必须从分类、构架和评价以及结构主义社会学观念的角度去理解。

分类是 B. 伯恩斯坦课程观中的核心概念,指学科内容之间保持界限的程度。它不是指具体内容的分类,而指内容之间的关系,实际是一种规则,调控内容或范畴之间的关系,有强弱之分。如果学科内容之间界限分明,则说明它们之间为强分类;如果学科内容之间的界限较模糊,则说明它们之间是弱分类。利用分类概念,B. 伯恩斯坦把课程分为集合课程和整合课程。前者指强分类的课程,后者指弱分类的课程。与法国社会学家涂尔干的理论相呼应,B. 伯恩斯坦认为从集合课程编码到整合课程编码的转变实际代表了由机械团结到有机团结的演变。

构架涉及教学实践中知识的传递,指有关对沟通规则的控制的分布,如果分类调节言语的类型,则构架调节合法化信息的形式。构架指师生在教学实践中拥有的筛选和组织知识以及控制知识的传授和接受的程度。强构架指师生之间有限的选择,弱构架则意味着师生之间具有更多的自由空间。

受涂尔干影响,B. 伯恩斯坦对知识的组织(课程)和知识的传递(教学)进行探究,试图把分类和构架的转变与劳动的社会分工的演变联系起来。他在《阶层与教学:显性的和隐性的》一文中指出课程编码在弱分类和弱构架下向整合方向转变,表明在社会劳动分工中新旧中产阶层地位的冲突。这一转向为检验教学话语和教学实践如何同社会结构的变化发生结构性的关系提供了启发。他把阶层和权力分析贯穿于其结构理论中。

B. 伯恩斯坦的这些概念得到大量实证研究的检验。尼夫斯研究了家庭和学校中的教学编码,为 B. 伯恩斯坦的论断提供了经验性支持。莫雷斯及其同事依据分类和构架的变化程度设计了三种不同的教学实践,并培训了一名教师运用不同的教学实践去教授四个班的同一门学科。基于莫雷斯的研究,家庭和学校教学编码的复杂关系、家庭的社会阶层差异、孩子的可教育性以及孩子的学业成绩和行为得到了更充分的理解。

在《论教学话语》(*On Pedagogic Discourse*,1986)中,伯恩斯坦探讨了教学途径和教学话语的本质,区分了构成教育机制的三种规则:分配规则、再情境化规则(构成官方知识)、评价规则。

分配规则(distributive rules)实际是调控哪一种知识应分配给哪一种人的规则。知识有神圣知识与世俗知识、学术知识和应用知识、常识性知识与科学性知识之分。分配规则的作用即决定这些知识应分配给谁,不能分配给谁;或者决定谁有资格获得哪些知识,谁没有资格或者只有资格获得另外一种知识。这种规则实际调控的是权力分配、社会团体、意识形态以及教学实践几者之间的关系,它在将一种知识分配给某一社会团体的同时,也将相应的意识形态和权力分配给该社会团体。B. 伯恩斯坦认为分配规则创造了教学话语的生产场域。

再情境化规则(recontextualizing rules)指特定话语经历被挪位(dislocated)和被重新定位(relocated)的过程。而经历了去位和重新定位的话语已不再是原来的话语,因为话语在从一个场域被带到另一个场域的过程中,受到教学话语对其实施的意识形态作用。这种作用的结果是,该话语从一个真实的话语转变成一个想象的话语。教学话语本身就是一种情境重置规则,它就是通过选择性运用(去位)、再定位和关联其他话语建构而成的。

评价规则(evaluative rules),即话语经过情景重置作用被带到再生产场域,根据评价规则被转化成具体的教学实践。

B. 伯恩斯坦认为,符号控制是通过教育机制而具体化的,这三种规则分别产生三个不同的竞技场(arena),包含不同位置/实践的行动者,试图寻求支配权。"分配规则"控制进入竞技场的机会,以进行话语的合法性生产;教育话语是由"再情境化"竞技场上的不同位置投射的;"评价规则"是塑造、习得任何既定情境。教育机制因而成为争夺、支配的对象,因为占有教育机制的团体有资格成为意识、认同和欲望的衡量者和分配者。谁掌握尺度、基于谁的利益,是何种意识、欲望与认同,成为重要问题。

B. 伯恩斯坦不仅描述知识的生产和传递,而且将其与不同群体的成绩相联系。他有关教学话语的著作较多地关注教学方法(即在知识的生产和再生产过程中)的分类规则,而有关教学实践的著作更多地关注构架规则,特别是知识的传递过程。

教学实践理论　B. 伯恩斯坦对教学实践的分析是从对作为文化传递的教学实践和传递一定内容的教学实践的区分开始的,即从"how"(如何)和"what"(构成)的角度分析学校内部教学实践的过程和内容,并考察这些内部规则是如何影响教学内容的,最重要的是它们如何筛选"谁能获得成功"。

在 B. 伯恩斯坦的教学实践理论中,"分类"涉及构成(what),"构架"关注意义如何(how)被放置在一起,它们可以通过公开的形式衍生社会关系。构架是有关由谁来控制构成的问题,描述的是教学实践的内在逻辑,包含以下环节:沟通的选择;沟通的顺序性(先后次序);沟通的进度(预计习得的速度);评价准则;让这个传递成为可能的社会基础的控制。在强构架下,传递者明确地控制选择、顺序、进度、评价准则和社会基础;在弱构架下,习得者对于沟通及其社会基础有较明显的控制。构架值会随着实践要素而改变。

B. 伯恩斯坦有关教学实践的阶层假设的分析,是连接教育的微观过程与社会宏观层次(社会结构、阶层和权力关系)的基础。他认为,构架调控社会秩序规则和话语秩序规则这两类规则系统。社会秩序规则指教学关系中的阶层性关系形式,以及有关学习者行为、品格和态度的期望。强构架时,看重学习者勤奋、专注、细心、宽容的品性;当构架明显偏弱时,看重学习者创造、互动、自我评价的品性。对学习者的品性要求随构架的性质而改变。话语秩序规则指知识的选择、顺序、进度和评价准则,B. 伯恩斯坦称其为规约话语(regulative discourse),话语秩序规则为教学话语(instructional discourse),教学话语通常镶嵌在规约话语中,而规约话语是支配性话语。

构架＝教学话语或规约话语　一般而言,强架构时,教学话语和规约话语的规则都很明确,这种教学实践模式是显性的(visible pedagogy);当架构偏弱时,教学话语和规约话语的规则都是隐含的,大部分学习者不得而知,这种教学实践模式是隐性的。

从对这些规则的细致分析出发,B. 伯恩斯坦对"社会阶层假设和教学实践形式的结果"进行检验。他首先把该理论运用于教学实践的对立形式(保守/传统的相对于进步/儿童中心的);其次,用于保守/传统内部的对立类型中。他对依赖于经济市场的教学实践(强调职业教育)和独立于市场的教学实践(强调知识的合法自主性)进行了区分,并深入分析这两种意识形态形式,认为虽然二者的主张相互对立,但都无法消除阶层不平等的再生产。

R. A. 金检验了 B. 伯恩斯坦早期有关教学实践的模式,但未得到明显的证据来支持这一模式;R. W. 泰勒则认为,R. A. 金的统计方法有明显的缺陷。更新的研究已经提供经验证据来支持教学实践的社会阶层基础。

参考文献

Atkinson, P. Language, Structure and Reproduction [M]. London: Methuen, 1985.

Bernstein, B. Education Cannot Compensate for Society [M]// Dale, R., Fergusson, R. & Robinson, A. Frameworks for Teaching. London: Hodder & Stoughton, 1988.

Bernstein, B. The Structuring of Pedagogic Discourse [M]. London: Routledge, 1990.

Bernstein, B. Pedagogy, Symbolic Control and Identity [M]. London: Taylor & Francis, 1996.

(吴　刚)

语文教学(linguistic instruction)　　基础教育阶段语文教学科目中师生双方教与学的共同活动。中国是一个多民族国家,很多民族都有自己的语言和文字,国家以汉语言作为通用语言,这里所说的语文教学指汉语文教学。

语文教学的发展历程

古代语文教育阶段　在中国古代教育中并无独立的语文课程,语文教学内容与政治、经济、伦理学、哲学、历史等多方面的教育内容融合为一体,但从中仍可以分离出语文教学的重要成分,发现语文教学的一些有益经验。在语文教育史上将这个阶段称为"潜语文教育"或"前语文教育"阶段。这个阶段中,在基础识字教学方面一般先教学蒙学读物,从字形、字音入手,加入适当的写字练习,进行集中识字。当时影响最大的蒙学读物有《三字经》《百家姓》《千字文》《千家诗》,它们的单字量在 3 000 字左右,已经达到初级阅读的基本识字量。这种以集中识字带动阅读和写作的教学逐渐成为语文教学的传统。古代阅读教学一贯强调熟读、精思、博览。从儒家经典"四书"、"五经"到《昭明文选》(南朝梁萧统)、《文章轨范》(宋代谢枋得)、《古文观止》(清代吴楚材)、《古文辞类纂》(清代姚鼐),教学内容可谓"文"、"道"结合,广泛涉猎历朝历代的名家精品,以诵读为基础,深思细品,圈点批注,形成一套重感悟的阅读教学方式。这种方式有利于学生文化素养的提高、自学能力的培养。古代写作教学很重视基本功的训练,从锤字炼句到布局谋篇,从分项练习开始渐至整篇文章的写作,强调多写多改,用大量阅读作为提高写作水平的前提条件。这些都是"潜语文教育"阶段语文教学的观念、内容、实施方面的雏形,它对近现代语文教学有重要影响。

近代语文教育阶段　严格意义上的语文课程是近代教育的产物。1904年初,清政府颁布《奏定学堂章程》,在中学和小学设立语文科,并定语文学科名称为"中国文学",从此语文成为中小学堂一门独立的课程,有了自己的宗旨和要求,也有了新编的教科书。1922年,北洋政府公布《学校系统改革案》,全国教育会联合会组织新学制课程标准起草委员会,草拟中小学课程体系,并于1923年首次正式颁布以现代教育学为理论依据的语文课程标准,此后,在1929年和1932年,课程标准不断得到修正。1932年,在国民政府教育部颁布中小学各科课程标准后,与之相配套的新式语文教科书陆续出版。小学为"国语",中学为"国文",语文教学逐渐形成较成熟和完整的体系。此后的17年是语文教学在动荡的社会环境下,在传统教育思想的约束下反复摸索、艰难前进的时期,直至1949年,中华人民共和国中央人民政府教育部根据原华北人民政府教育部教学改革的经验,接受叶圣陶等人的建议,把"国语"和"国文"统称为"语文"。所谓"口头为语,书面为文",语文即口头语言和书面语言的合称,其教学目标在于对学生进行口头语和书面语的全面训练。至此,语文教学进入全新发展阶段。文言文教学向白话文教学的转变,是近代语文教学发展历程中的重要内容。这种转变根源于中国近代社会政治经济发展的客观要求以及语文课程自身的发展逻辑,经历萌芽、确立、巩固、成熟等必要阶段,它以一系列相关的教育法令的颁布和学制、课程的改革为保证。这场变革的结果是,初等、高等小学的语文教学由原来的文言文教学完全变成白话文教学,初中的文言和白话选文的比例经过一段时间的摸索被确定下来,继续发展语体文的读写能力成为高中语文教学的重要目标之一。从这个意义上看,现代语文教学是白话文运动和国语运动的产物。

现代语文教育阶段　1949年中华人民共和国成立后,语文教学的发展一直受政治风云和社会环境的牵制,经历了起伏变化的过程。1950年,人民教育出版社出版中华人民共和国成立后的第一套中小学语文教科书,这套教科书政治思想性很强,与时代联系紧密,它以解放区的一些语文课本为依据,吸收国统区教材的编写经验,在思想教育方面起一定作用。1953年开始,在全国范围内掀起关于"红领巾"教学法的讨论,这次讨论促进现代文教学的研究和整体语文教学的改革,但也导致语文教学中形式主义的倾向,致使谈话法、鉴赏法、分析法在语文教学中被滥用。1956—1958年,语文教学进行汉语、文学分科教学实验。教育部颁发文学、汉语两个教学大纲,编写各自的课本。这是第一次由国家有组织、有领导地进行语文课程结构、课程组织和课程内容的改革,它是一次科学化的有益探索,虽然出现种种

问题,却为以后的改革积累宝贵经验。1958年的"大跃进"对语文教学的影响是:突出政治,联系现实,教材选文中的名家名篇被政治类时文取代,语文课成了政治课,教学质量严重滑坡。鉴于这种情况,20世纪60年代初,语文教学开始"纠偏",语文教育界提出"加强双基"(基础知识和基本技能)的口号,并编订新的中小学语文教学大纲,重新明确语文教学的目标,在此基础上编写新教材。这使语文教学重新走上健康发展的道路。"文革"期间,语文成为"阶级斗争"、"路线斗争"的工具。"文革"结束后,语文教育界开始拨乱反正。1978年,教育部颁布《全日制十年制学校小学语文教学大纲(试行草案)》和《全日制十年制学校中学语文教学大纲(试行草案)》,语文教学有了新的转机。随着20世纪80年代中后期改革开放的深入,语文教学的研究、实验广泛、持久地开展,语文教学大纲几经修订,进一步推动新时期的语文课程改革,语文教学呈现百家争鸣的局面,但语文教学中存在的"少、慢、差、费"等方面的问题并未得到根本解决。20世纪末21世纪初,一部分人以"忧思中国语文教育"为主题发表文章、展开讨论,这场关于语文教育现状和出路问题的讨论引发人们对语文教学存在的问题的再审视。2000年初,教育部颁发小学、初中、高中的《语文教学大纲(试验修订版)》,2001年颁布《全日制义务教育语文课程标准(实验稿)》,2003年颁布《普通高中语文课程标准(实验)》,标志新一轮的语文课程改革正式启动,语文教学进入新的发展阶段。

语文教学的基本理念

语文独立设科至今已有百余年历史,对语文课程性质的探讨从未间断过,其原因是对"语文"这一概念的界定一直意见不一。这种认识上的不确定直接影响语文教学目标的制定、教学结构的确立、教学内容的安排以及教学评价的方式,也制约语文教学的顺利发展。历来对语文课程性质的理解,概括起来有工具性、人文性、基础性、文学性、社会性、实践性、思想性、综合性等提法,其中以工具说和人文说的影响最大。

工具说认为语文的本质属性是工具性。"工具"是一种比喻的说法,它含有"实用"、"中介"的意思。工具说的基本内涵同19世纪末20世纪初世界范围内兴起的科学主义思潮相通。这一思潮以追求实用的唯功利主义科学观为基础。工具说强调语文是人类的交际工具,语文教学就是要培养学生运用这种工具的能力,就是要对学生的听、说、读、写进行全面训练。工具说在纠正语文教学片面强调政治思想性,忽视语文基础知识的学习,以及在语文基本能力的培养方面起促进作用,它在理论和实践层面都摸索出一些有益的经验。但到20世纪后期,对工具性的过分强调、对语文

课程"科学体系"的追求、对教学模式的盲目探索,也产生一定的消极影响。

人文说是把人文性作为语文课程的本质属性。它首先认为语言本身即具有人文性,语言是人内部活动的手段,是一种创造性的生命活动和精神活动,语言的人文价值大于它的工具价值。以此为立论的基础,语文便等同于语言,语文教学也必须关注丰富的文化内涵、精神情操、审美价值。人文性强调文章不但是语言形式的载体,更是历史文化和情感、态度、价值观的载体,语文教学要着眼于培养学生的语言运用能力,着眼于对学生思想感情的熏陶、文化素养的提高。人文说提出的时间不长,却得到语文教育界的广泛认可,呈现迅速发展、不断完善的态势,它与全球范围内人文主义教育思潮的兴起有密切关系,又继承中国古代教育的传统。但也有学者认为人文说与工具说争论的焦点本质上是"文"与"道"的关系问题,此问题由来已久,对它的探究也不会终结。

随着课程改革的推进、教学研究的深入,《全日制义务教育语文课程标准(实验稿)》在以往探究的基础上,重新界定语文课程的性质,认为语文是最重要的交际工具,是人类文化的重要组成部分。工具性与人文性的统一是语文课程的基本特点。

正确的语文教学观念是教学设计和教学行为的先导,这些恰切的思想观念又应当是在对传统课程理论和实践的总结、继承的基础上逐渐达成的。《全日制义务教育语文课程标准(实验稿)》第一次以官方文件的形式明确语文教学的四个基本理念,即全面提高学生的语文素养,正确把握语文教育的特点,积极倡导自主、合作、探究的语文学习方式,努力建设开放而有活力的语文课程,它们可以代表21世纪初期语文教学观念的整体发展状况。

语文教学目标

语文教学目标是根据语文学科的特点和规律,从学科角度提出的人才培养目标。从其发展来看,它始终围绕"文"与"言"、"文"与"道"、"文"与"知"这三个方面的关系在不断调整、变化中前进。传统的语文教学目标在取向上大多侧重知识和能力,目标相对集中、单一。如1920年胡适曾在北京提出理想的中学国文标准:人人能以国语自由发表思想;人人能看平易的古书;人人能作文法通顺的古文;人人有懂得古文文学的机会。虽然它主要是围绕"文"与"言"的关系提出的,但其中听、说、读、写和文学欣赏方面的能力目标是明确的。1932年的课程标准中提出的小学国语教学目标是:指导儿童练习运用国语,养成其正确的听力和表达能力;指导儿童学习平易的语体文,并欣赏儿童文学,以培养其阅读的能力和兴趣;指导儿童练习作文,以养成其表达

情意的能力;指导儿童练习写字,以培养其正确、敏捷的书写能力。这里也从听说、阅读、作文、写字四个方面提出对能力的要求。此后的语文教学目标虽然也关注兴趣、习惯、文化、民族精神等方面的内容,但它们均以语文能力为主,兼顾语文知识的模式并没有太大突破。1963年是纠正"左倾"思潮的影响、语文教育改革稳步发展的时期,当时教育部颁发的语文教学大纲中,小学语文的教学目标是,教学生正确地理解和运用祖国的语言文字,使他们具有初步的阅读能力和写作能力。中学语文的教学目标是,教学生能够正确地理解和运用祖国的语言文字,使他们具有现代语文的阅读能力和写作能力,具有初步阅读文言文的能力。该大纲仍旧以能力的培养作为主线,为各个年级制定阶段目标。

20世纪后期,随着西方课程理论的引入,尤其是在美国教育心理学家布卢姆教育目标分类学说的影响下,语文教学的目标设计和研究开始科学化的追求,提出不少由知识、能力、品德、智力等因素组合成的目标体系。这是对语文教学目标的发展,这种复合型目标比过去单一、集中的目标要全面、深刻。如1992年的语文教学大纲中,除了语文基本能力、基础知识的目标外,小学阶段还提出:在听、说、读、写训练的过程中,进行思想政治教育和道德品质教育,发展学生的智力,培养良好的学习习惯。中学阶段则是在小学语文教学的基础上,开拓学生的视野,发展学生的智力,激发学生热爱祖国语文的感情,培养健康、高尚的审美情趣,培养社会主义思想品质和爱国主义精神。但这样的多角度、多层次的教学目标往往只在总目标中出现,在教学要求、教学内容、教学实施中并没有得到充分体现和落实,基础知识和基本技能的二维目标设计理念仍旧占主导地位。

随着课程研究的深入,《全日制义务教育语文课程标准(实验稿)》率先从知识和技能、过程和方法、情感态度和价值观三个维度设计教学目标,并力图将其贯彻、落实在四个学段的阶段目标中。与以往的语文教学目标相比,此课程标准中提出的教学目标有几个特点:强调学生在语文学习中的主体地位;凸显现代社会对语文教学的新要求;突出语文教学的实践性本质;注重学生综合性的学习方式和综合能力的养成。《全日制义务教育语文课程标准(实验稿)》及紧随其后颁布的《普通高中语文课程标准(实验)》可以被看作21世纪初期语文教学目标研究的阶段性成果。

语 文 教 材

语文教育思想和教学观念以语文教材为载体,其发展首先体现为语文教材的更新。语文教材是语文教学最主要的内容,是对学生进行语文教育的主渠道。

"语文教材"的概念有泛指、特指、专指三个层次的理解。泛指的语文教材是一切对人的语言文字修养产生影响

的书面或非书面的语言材料;特指的语文教材是所有根据语文教学大纲或课程标准编写的、供语文教学中师生使用的材料,包括教科书、练习册、教学挂图、音像教材、教学软件、选修教材、课外读本、教师教学用书等;专指的语文教材是师生共同使用的语文教科书,又称语文课本、语文教本。日常生活中人们说的语文教材一般专指语文教科书。在广义的语文教材中,语文教科书是核心,它包括语文教学的主要内容。

语文教科书在教育实践中具有特殊功能。(1)智、德启迪功能。语文教学是让学生通过接触优秀的文学作品、生动的语言材料,逐步培养其对语言文字的理解和运用能力。这些优秀作品凝聚着作者丰富的思想、灵感和才情,是人类精神财富的一部分,其蕴含的高尚的情感、情趣和情操会在潜移默化中影响学生对世界的感受、对人生的理解,并最终积淀成为其精神世界中最基本的东西——价值观和人生观。同时,文字材料中表现出的作者对现实社会敏锐的洞察力和缜密的思辨能力也会成为学生的学习典范,从而逐渐提高其思维品质。(2)语文历练功能。语文教学的目标之一是培养学生的听、说、读、写能力,而这些能力的培养是在语文实践中完成的。语文教材提供语文实践的典型材料,对教材选文的阅读理解、在教材指导下的写作以及围绕教材的讨论交流都使语文能力的历练成为可能。(3)语言积累功能。语言积累的主要途径之一是阅读。语文教材提供目的性很强的阅读内容,要求学生在熟读、背诵教材所选的名篇佳作的基础上积累丰富的语言材料,以便今后创造性地加以运用。(4)知识扩展功能。语文教材选文范围广泛,几乎关涉文、史、哲、数、理、化、工、农、医各个领域,与其他学科相比,它涉及的知识不以系统、完整见长,而以丰富、广博取胜;不以科学的客观再现见长,而以形象的主观表现取胜。它是学生扩展知识领域的重要途径。

随着社会生活的发展、语言文字的演变、人们对语文教育规律认识的不断更新,语文教材在不断发展、变化的过程中趋于完善。自古以来,中国语文教材就分为两类(没有独立的语文课程,教材与历史、哲学、伦理学、自然科学融合在一起)。一类是供儿童学习的识字课本,如《三字经》、《百家姓》、《千字文》、《文字蒙求》等;另一类是供青少年研读的诗文选本,如《昭明文选》、《古文观止》、《古文辞类纂》等。这种分类一直影响语文教材的发展,成为语文教材的编写传统。朱树人于1901年编的《蒙学课本》被看作语文教科书的发端,是语文教科书从混编向分编转变的开始。1903年语文独立设科,随着近代学制的实施,1904年由商务印书馆编制第一套小学用的最新教科书,此后,许多教育家和出版商纷纷致力于新教材的编辑出版,但是这些新式教科书大都限于小学阶段,中学则仍旧采用旧有的选本,直至1908年前后才开始对旧有的选本进行改造。其中比较有影响的是刘师培编的《中学文科教科书》(国学保存会1906年版)、吴曾祺编的《中学国文教科书》(商务印书馆1908—1911年版)、林纾编的《中学国文读本》(商务印书馆1909—1911年版)等。这个时期的教科书编者大都是著名学者,其内容全部是文言文,基本只是文章汇编,有少量圈点评语,分量重,难度大。民国初年,谢无量编的《新制国文教本评注》(中华书局1915年版)虽在编选顺序、单元组织、助读材料方面有所突破,但仍因循旧制。五四运动的兴起给语文教育带来巨大影响。白话文被大量选入语文教材,改变旧式文言文一统天下的局面。这是语文教育史上的大事。这个时期比较有影响的教科书是沈星一编的《新中学古文读本》(中华书局1923—1924年版)和《新中学国语读本》(中华书局1924—1932年版)、顾颉刚和叶圣陶编的《新学制国语教科书》(商务印书馆1923—1930年版)、穆济波编的《新中学教科书高级古文读本》和《新中学教科书高级国语读本》(中华书局1925年版)等。这些教科书与清末教材相比,文言文的难度降低了,分量也减轻了,选取的白话文有浓厚的时代气息,助读材料更充实,而且开始设计必要的练习作业。到30年代,语文教科书开始对单元组合的探索,教科书中的选文被组成一个个相对独立的单元,选文大体按照题材内容相对集中,文言文和语体文混合编排,文法、语法、文章做法的内容被穿插在各个单元之中,再配以相应的作业练习。比较有代表性的是傅东华编的复兴初中和高中《国文》(商务印书馆1933—1934年版)、宋文翰编的新编初中和高中《国文》(中华书局1935—1936年版)、夏丏尊和叶圣陶合编的《开明国文百八课》(开明书店1935年版)等。其中《开明国文百八课》以每课为一个单元,单元里包括"文话"、"文选"、"文法或修辞"、"习问"四项内容,形成具有综合性的教学单位,在教科书编写及语文教育科学化方面取得突出成就。抗战爆发以后,由于在教科书编制、印刷和运输方面出现困难,国民党将教科书"审定制"改为"部编制",统一编制语文教科书,并加强教材的思想钳制功能,致使国文教育出现阶段性的倒退现象。与此同时,解放区的教材却取得一定成绩。1938—1944年,陕甘宁边区先后编写三部初小国语课本;1938—1948年,晋察冀边区七部小学国语课本相继问世;1946年,陕甘宁边区编制的《中等国文》投入使用。解放区的语文教材在指导思想、编写体例方面的探索,对解放后语文教科书的编制有很大影响。

中华人民共和国成立以后,随着语文课程教学研究的深入,语文教科书的编写也进入新阶段。1950年,中央决定成立以编写中小学教材为主要任务的人民教育出版社,并编写一套政治思想性非常强的语文教材。1955年,人民教育出版社根据新颁布的教学大纲,开始编辑出版《初级中学汉语课本》、《初级中学文学课本》和《高级中学文学课本》。这套教材对各个年级的教学目的和教学要求有较明确的规定,建立较完整的文学教学体系和语言教学体系,课本的选文大多是名家名篇,文质兼美,注重引导学生从具体语言材料中总结语言规律,进行系统的汉语知识和文学作品学习。在1958年开始的"大跃进"中,这套教材停止使用。1963年,人民教育出版社再次推出新的语文课本,语文教材建设再次走出低谷。1963年的教材突出语文的工具性,围绕训练重点组织课文,配合课文编入语文知识短文,注重语文基本功的训练,选文的范围广,艺术性强,虽然只出版四册,却为后来教科书的编制奠定坚实基础。"文革"结束后,语文教材建设打开新的局面,自1977年起至21世纪初,人民教育出版社先后编写并修订多套中小学语文教科书,其他省市和重点高校也纷纷参加教材编写工作,语文教材建设走上科学化、多样化的道路。2001年,发布《全日制义务教育语文课程标准(实验稿)》;2003年,发布《普通高中语文课程标准(实验)》,这两个课程标准都对教材编写提出必要的建议,在此基础上,不同风格的语文教材纷纷涌现,并通过了教育部的教材审定。比较有影响的几套中小学语文教材大多具有几个特点:在教材内容上,注意体现时代性,注重人文精神的熏陶、感染;在教材体系上,以培养语文能力为编排线索,有的还把学习习惯的养成纳入教材体系;在学习方式上,注重倡导自主、合作、探究的语文学习方式,引导学生关注学习过程,培养创新精神;在学习途径上,引入丰富的课程资源,把语文学习和生活紧密结合,加强课堂内外、教材内外及学科之间的沟通和联系。

根据语文教材的百年发展历程,可以总结出语文教材编写的要点:(1)明确语文学科的性质和任务是教材编写的前提条件。长期以来,由于对语文学科的性质和任务认识模糊,语文教材的编写走了一条"之"字形的发展路线:或片面强调思想政治教育,忽视听、说、读、写能力的培养;或过于重视文学教育,忽视基础知识、基本技能的培养;或一味强调语文的工具训练,忽视语文的情感感染功能。只有明确语文课程"工具性和人文性统一"的性质及语文课程的基本规律,才能确立教材编写的指导思想,语文教材也才能编好。(2)语文教材必须首先是学生的"学本",而不只是教师的"教本"。这决定教材编写的出发点,教材既然是学生学习用的,就应该遵循学生的认知规律、心理特点和接受能力,为培养学生的创新精神、发展学生的个性特长服务。(3)语文教材的选文原则必须是典范性和时代性、实用性相结合,以典范性为主。不能过于强调时代性而排斥名家名篇,也不能过于在意实用性而使一些平庸之作进入教材。选文要坚持文质兼美、适合教学的标准。(4)语文知识要本着精要、好懂、有用的原则,尽量删繁就简。繁琐、陈旧、脱离应用的语文知识不但增加学生的负担,而且无益于中小学学生语文能力的提高,尤其是在小学阶段,更应引导学生积累和感悟语言材料本身,培养良好的语感。(5)语文教材

多样化是教材建设的正确方向。中国幅员辽阔,人口众多,东西部地区、沿海和内陆地区经济差异、文化差异都很大,教育发展极不平衡,应当在统一要求的前提下,促进教材多样化发展,鼓励各种风格、各具特点的教材合理竞争,以使语文教育稳步发展。

语文教学内容

语文教学内容非常庞杂,至少有文章学、文艺学和语言学这三门与之相对应的学科构成语文教学的主要内容。将其内容组织起来,横向上包括识字与写字、阅读、写作、口语交际和语文综合性学习五个部分,纵向上可分作知识和技能、过程和方法、情感态度与价值观三个维度。

在选择和组织语文教学内容时,应把握四条基本原则。(1)"文"、"道"统一的原则。"道非文不著,文非道不生",要强调"文道统一",即语文内容和语文形式的相互依存关系。语文的内容要借助语文形式来表现,多种多样的语文形式承载着丰富的语文内容。(2)发展智力的原则。即在语文学习中发展学生的辨识、判断、想象、推理能力;发展学生提出问题、分析问题、解决问题的能力;发展学生的观察力、想象力、记忆力、创造力等。语文学习离不开思维能力的支持,分析、认识语文现象势必要深入到思维过程中;语文学习也会促进思维能力的发展。(3)听、说、读、写整体发展的原则。听、说、读、写这四种语文能力相互联系、相互渗透、相互促进,听和读通过语言文字达到理解和吸收,说和写通过语言文字进行表达和倾吐。听和读是说和写的基础和前提,说和写对听和读有消化和促进的作用。听、说、读、写必须全面提高,不可偏废。(4)优化和重组语文课程资源的原则。语文课程资源包括课堂教学资源和课外学习资源。安排语文教学内容,要充分开发、利用各地区丰富的自然、人文资源,根据教学需要对这些资源进行优化、重组,创造性地开展各种语文活动,增强学生在生活中学语文、用语文的意识,多方面提高学生的语文能力。可依据上述四个基本原则对语文教学基本内容进行分析。

识字与写字教学　识字和写字是阅读和写作的基础,是语文教学的第一步,它直接关系着语文教学的整体质量与其他学科的教学进度。从小培养学生喜欢语言文字的感情、识字与写字的兴趣和良好习惯是语文教学的重要内容。它们应潜移默化地渗透在识字、写字的过程中,使学生懂得欣赏汉字,初步感受到汉字的形体美,认识到学习汉字对自身发展的重要性,以增强学生主动学习汉字的意愿。教学中应充分利用汉字的特点,教给学生汉字的基本认知结构,引导学生根据个人的生活体验去认识汉字,增强认字的趣味性,帮助学生总结一些认字的规律和方法,逐步培养良好的主动认字、规范写字的习惯,为学生打下扎实的、可持续

发展的识字与写字的基础。

一般小学识字、写字教学从"认、讲、写、用"（四会）的角度提出要求。识字能力包括学会汉语拼音、能借助汉语拼音认读汉字、读准字音、认清字形、掌握基本意义、在具体语言环境中运用汉字、借助字典等工具书能够独立识字；写字能力包括掌握汉字的基本笔画和常用的偏旁部首、按照笔顺规则写字、把握间架结构、用硬笔或毛笔正确及工整地书写汉字、能有一定速度地书写。在识字、写字的顺序问题上，主张先学独体字，再学合体字；先练正楷，后写行楷，这样更符合由易到难的认知规律。小学低年级应以识字为重点，多识少写，为尽快实现独立阅读创造条件。阅读可以最大限度地促进学生思维能力和认知能力的发展，其前提是识字，所以认、讲、写、用不必齐头并进，以认字为先导，带动阅读，是现阶段识字与写字教学的发展方向。常见的识字方法有集中识字法、分散识字法、注音识字法、字理识字法等。采用何种方法由汉字的多样性和学生的认知特点决定，语文教学中要将多种识字方法灵活运用，尽可能地发挥它们各自的优势，提高识字效率。

阅读教学　阅读是语文教学中极为重要的内容，是语文教学的主要组成部分。现代阅读观认为，阅读是搜集及处理信息、认识世界、发展思维、获得审美体验的重要途径，是读者通过文本和作者进行心灵交流的过程。语文的阅读教学就是学生、教师、文本之间相互对话的过程。

阅读教学的基本目标是培养学生的阅读理解能力。其主要任务可以分为三个层次，即知识和技能、过程和方法、情感态度和价值观。阅读教学提供给学生的基本知识有文字知识、语言知识、文学知识、逻辑知识、文章体裁知识、阅读方法知识等，它们是培养阅读能力的必要基础。阅读能力包括阅读感受力（对语言文字的认知感受能力）、阅读理解力（透过文字表面获取感情、意义的能力）、阅读欣赏力（对作品思想内容和语言形式的审美能力）、阅读评价力（对作品内容、形式的优劣、是非进行理性鉴别、评判的能力）、阅读迁移力（阅读时触类旁通，进行文本与现实之间、文本与文本之间新旧经验和知识的相互迁移的能力）和阅读创造力（在阅读的过程中，利用自己已有的经验对作品进行创造性理解的能力）。

阅读教学要帮助学生养成良好的阅读习惯，形成自觉的阅读态度，掌握多样的阅读方法。良好的阅读习惯包括边读边想的习惯、圈点批注的习惯、恰当使用工具书的习惯、质疑问难的习惯、勤于读书的习惯等。自觉的阅读态度指学生在阅读时，不是被动地接受文字信息，而是调动学习经验和思想情感，主动参与阅读理解过程，形成自己的认识和判断。多样的阅读方法包括原文与注释参照阅读的方法，朗读、默读、精读、略读、浏览的方法，利用工具书帮助阅读理解的方法，做笔记的方法等。

阅读教学还要致力于将主体的感情投入和正确的价值观渗透在阅读内容中，引导学生关心社会人生，同情弱小者的命运，了解自身价值，培养他们的人文精神和健康的人生态度。

进入21世纪，在阅读教学方面，主张淡化文体界限，整体感知作品，强调尊重学生独特的阅读感受和阅读体验，提倡多角度、有创意的阅读，更注重通过大量的诵读培养学生良好的语感，积累丰富的语言材料。

写作教学　教师引导学生运用语言文字进行表达和交流的综合性实践活动。写作能力是语文素养的综合体现，写作教学的过程就是学生语文综合素养提高的过程，它在语文课程与教学中占有重要地位。其内容由写作能力的构成决定。为了提高学生的写作能力，写作教学过程中常常关注几个方面的因素。（1）生活因素。写作与生活经验密切联系，是对某种生活体验的表达和再现。细心观察生活，用心感受生活，是积累写作素材的主要途径。通过观察，可以获得写作的灵感，触发写作的动因，可以把学生的目光吸引到自然和社会生活中，引发他们的写作兴趣。引导学生观察生活、感受生活是写作教学的重要内容。（2）思想因素。写作是用语言文字表达思想、交流感情的重要方式。培养良好的个性修养、正确的人生态度、高尚的审美情趣是语文课程的总目标，也是写作教学追求的目标。思想道德教育和人文精神的渐染是写作教学的重要任务。（3）思维因素。写作过程是内在语言向外在语言转换的过程，在这个过程中，思维的参与是必然的。写作的过程就是思维的过程。一个人语言能力的发展和思维能力的发展相互牵制又相互促进。写作作为一种用书面语言表达思想感情的行为，其水平高低往往依赖于思维能力的发展。在写作教学中要关注对学生联想力和想象力的培养，强调对生活的理性思考和深入认识，引导学生全面、辩证地看待问题，多角度、多侧面地认识事物，赞赏有创新、有个性的表达。（4）语言因素。语言训练是写作教学的重点，训练的内容包括词语准确性的推敲、词语感情色彩的选择、句子的锤炼、句式的变化、修辞手法的运用等。写作教学的主要内容是通过各种形式的语言实践，引导学生用准确、简明、得体、生动的语言写事状物、表情达意。（5）技能因素。写作教学中要专门对学生的写作技能进行训练，其中包括审题立意的技能、布局谋篇的技能、搜集及筛选素材的技能、综合运用多种表达方式的技能、修改文章的技能等。这些技能是构造一篇文章的基础。（6）文体因素。写作教学要培养学生写作不同文体文章的能力。这些文体包括记叙文、说明文、议论文、常见应用文。由于表达内容不同、读者对象不同、写作目的不同，所写的文章体裁可以完全不同。通过对不同文体的文章的阅读和学习，学生应掌握与文体有关的一些基本知识，了解写作这些文章时应注意的要点。

上述因素综合形成一个人的写作能力,也构成以培养学生写作能力为目标的写作教学的主要内容。在语文课程的百年发展历程中,写作教学一直受到特别关注,形成许多写作训练体系和写作教学方法。进入 21 世纪,在写作教学方面,要减少对学生写作的束缚,鼓励自由表达和有创意的表达,从而发展其个性,培养其创新精神;注重激发学生的写作兴趣和自信心,养成良好的写作习惯;强调在训练语言能力的同时完成思维能力的发展;有意识地引导学生在写作实践中学习写作,在作文的自我修改和相互修改过程中提高写作能力。

口语交际教学 1924 年,黎锦熙在《新著国语教学法》中指出:文字和语言都是代表事物和思想的符号;文字是用手写、用眼看的,语言是用口说、用耳听的,功能有所不同。1948 年,叶圣陶在草拟的语文课程标准中也指出:语文教学应该包括听话、说话、阅读、写作四项,但长期以来,口语交际并未得到足够重视,即重读写,轻说话。1986 年颁布的语文教学大纲明确提出要培养学生具有现代语文的阅读能力、写作能力和听说能力;2000 年颁布的语文教学大纲开始把听话和说话合称为口语交际。口语交际能力是现代公民的必备能力,是良好的语文素养中不可或缺的内容,具有很强的实践性和互动性。

口语交际教学以提高学生的口语交际能力为目的。倾听能力和表达能力是口语交际能力的两个重要组成部分,按照听话行为的过程,可以将倾听能力分解为对语音的辨识能力、对语句的记忆能力、对语义的理解能力、对话语的品评能力;按照表达行为的心理历程,可以将表达能力分解为内部组码能力、快速编码能力、准确发码能力、定向传码能力。

在口语交际中,文明得体的交流态度非常重要,所以,让学生初步学会文明地进行人际沟通和社会交往,发展其合作精神,成为口语交际教学的重要内容,包括:训练学生耐心、专注地倾听,会运用体态语表示自己的态度;尊重他人的说话权利,不随意插话或打断对方的话;以客观、求实的态度理解说话人的意思;自信、负责地表达自己的意见,克服胆怯心理,积极参加讨论,勇于发表个人意见;说话时大方、得体,不拘谨、不做作;对自己的言辞负责任,从实际出发,不虚伪、不油滑、不夸饰,不信口开河地说假话、大话、空话等。

广泛的社会生活为口语交际教学内容提供来源,有很多不同形式的口语交际训练。如介绍类、独白类、交往类、表演类等。口语交际教学强调在具体的交际情景中、在听说双方的互动中组织教学,重视口语交际的文明态度和语言修养,减少口语交际知识的传授,鼓励学生在日常生活中锻炼口语交际能力。

语文综合性学习 语文学科是综合性学科,语文能力是听、说、读、写能力的综合,其学习内容是语、修、逻、文的综合,知识结构是文、史、哲、自然科学等知识的综合。语文教育强调综合性和整体性的发展趋势是语文综合性学习的内在动力。

2000 年,语文综合性学习作为和识字与写字、阅读、写作、口语交际四项等重的一个项目,被首次写入语文课程标准之中,这充分体现语文学科的基本目标,即全面提高学生的语文综合素养。语文综合性学习有利于学生在感兴趣的自主活动中全面提高语文素养,是培养学生主动探究、团结合作、勇于创新精神的重要途径。它主要体现为语文知识的综合运用,听、说、读、写能力的整体发展,语文课程与其他课程的沟通,书本学习与实践活动的紧密结合。包括两个基本内容:主要运用探究性学习方式,强调学生自主学习,自行探究,独立发现、分析和解决问题;借助语文实践活动的手段,有意识地引导学生将课堂内外、校园内外、学科内外的信息进行整合、分析。综合性学习不同于狭义的研究性学习,它更强调活动的丰富性;也不同于以往教学中的语文实践活动,它更重视研究专题的选择和探究的深入程度。

综合性学习进入语文课程,真正在语文教学中实践课堂内外的衔接、语文与生活的联系、学科知识之间的勾连,使建设开放而富有活力的语文课程的观念成为现实。综合性学习的实施往往以语文活动为依托,这些语文活动找到某一类事物作为切入点,由此生发开去,让探究的触角延伸到各个方面,将听、说、读、写紧密结合,实现语文与生活的密切联系。综合性学习的最终指向不是某种知识的达成度及短期的显性目标,而是活动的实施过程及长远的隐性目标。

综合性学习进入语文教学是语文教育观念趋向成熟的必然结果,它带来语文学习方式的变革,具有积极意义。

语文教学评价

语文教学评价是确定学生语文学习水平和教师教学的有效性的方法,主要包括对学生语文学习水平的评价和对语文教师工作成效的评价两个方面。

语文教学评价一直处于改革和探索之中。初中升高中的考试、高等学校入学考试和高中会考成为评价学生语文学习水平和教师教学状况的主要手段。语文教学评价存在的主要问题有:过分强调学生的语文考试成绩在评价中的作用,把考试与评价等同起来;过分强调定量化的评价,忽视对定性评价的研究;作为学习主体的学生被排除在评价过程之外。为此,《全日制义务教育语文课程标准(实验稿)》和《普通高中语文课程标准(实验)》中对语文教学评价提出若干建议及基本要求。

突出语文教学评价的整体性和综合性,坚持全面的评价取向。语文教学评价的根本目的是为了促进学生语文素养的全面提高,要从知识和能力、过程和方法、情感态度和价值观几个方面进行全面考察,而不能只局限于认知领域。从评价内容看,要对识字与写字、阅读、写作、口语交际、综合性学习诸方面内容进行评价,而不能只重视阅读和写作。

根据不同情况采取不同的、综合的语文教学评价方式。教学评价有多种方式,每种方式都有其优势和局限,也都有其适用的条件和范围。学生发展的不同侧面有不同特点和表现形式,对评价也有不同要求,考试只是评价方式的一种。根据语文课程的特点,应采取形成性评价和终结性评价相结合、定性评价和定量评价相结合的方式,提倡采用学生成长记录袋、语文学习档案袋的方式加强形成性评价和定性评价,用最有代表性的事实来描述学生的语文水平。

充分发挥评价的诊断、激励和发展的功能,不片面强调评价的甄别和选拔功能。语文教学评价要客观描述学生语文学习的进步和不足,提出有针对性的发展建议,采取激励性的评语,从正面加以引导,帮助学生反思自己的学习行为,调整学习方式。

提倡评价主体多元化。语文教学的主体是学生,教学评价应尊重学生的主体地位。将教师评价、学生自我评价、学生相互评价、家长评价相结合,使语文教学评价成为学校、教师、学生、家长等多方面共同参与的过程。

具体的语文教学评价内容的制定以语文课程目标为基准,根据义务教育和普通高中阶段语文课程的总目标和分类目标设计。随着语文教学改革的深入,语文教学评价的方式、手段、内容将得到进一步完善。

参考文献

顾黄初,李杏保. 20 世纪前期中国语文教育论集[M].成都:四川教育出版社,1991.

王文彦,蔡明. 语文课程与教学论[M]. 北京:高等教育出版社,2002.

张鸿苓. 语文教育学[M].北京:北京师范大学出版社,1993.

中华人民共和国教育部.全日制义务教育语文课程标准(实验稿)[M].北京:北京师范大学出版社,2001.

中华人民共和国教育部. 普通高中语文课程标准(实验)[M].北京:人民教育出版社,2003.

（聂鸿飞）

语文课程(Chinese curriculum)　中小学校设置的学习运用母语进行书面和口头的读解与表达的课程。在中小学课程体系中,从知识技能的角度,语文课程是"母语听—说—读—写"的实践性科目;从课程功能价值的角度,语文课程是以母语学习为过程的"经验体认—精神养育—思维拓展—审美鉴赏—文化批判"活动。

语文课程特点　(1)基础性。语文是中小学校的主干课程,其课时和考试的权重以及知识技能的泛学科特点,显示其基础性这一不可或缺的学科特点。语文是学生学好其他学科的基础。各学段的语文课程都在不同水平上侧重教习一般的阅读策略和技术、普适的写作规则和言语技巧、通用的问题思维和形象思维、基本的文学常识和赏析方法等,对于学生学习和掌握其他智育课程、美育课程等具有奠基和融通作用。(2)工具性。语文是个体从事社会活动的工具,各学段的语文课程在不同水平上侧重通过字词句篇的识辨与解读进行意义理解、情感表达、言语交际等的语用训练,帮助学生获得进入社会的必备行为技能。(3)人文性。语文课程具有人格养育、精神教化的功能。各学段的语文课本以文选的形式呈现古今中外文学经典、名家大师篇章和时文、要文,其中蕴含道德精神、哲思灵性、情操理想、意趣智慧、美学艺术、科学社会、人伦风物及普世价值等,文化涉猎面广,与学生的生活和生命密切关联;语文的人文因素陶冶学生,对个体的学科学习历程和生命成长具有即时的和延时的深切影响。(4)综合性。语文是统合了个体经验与一般规律、学得过程与习得过程、静态书本知识技能与动态语用知识技能、教科书与非教科书、语言文学与社会科学等诸多教学工具、要素、素材的课程平台;语文还具有同步体现教学、教育、教养功用的课程执行特征,其综合性教学效应强。

语文课程内容要素　(1)本民族文化。语文课程不仅是语言课程,而且是母语课程,是本民族语言或民族共同语言的教育课程。语言文字作为民族生命的一部分,是一个国家和民族立足于世界的基石;个体置身于本民族国家的语言化过程,就是接受民族文化哺育、延续民族文化的社会化过程。语文课程在外在工具效能上是一种母语言语能力的训练,在内在价值上是民族气质的体认和民族精神的培养,这是语文课程与同为语言课程的外国语言课程的本质区别,也是语文课程成为学校基础课程的主要原因。(2)语文学习经验。学习经验是学习者在生命活动中行为体验、体悟的总和,是现代课程的重要组成部分。学习经验的组织、选择、应用、转介、评价构成语文课程计划和实施的重点。语文学习经验不仅可作为课程资源,直接转化为教学内容,还可作为课堂教学达标的行为实践起点和绩效归因。语文课程实施过程中学习经验的学科特殊性,使语文课程的知识、智识范围区别于其他学科,尤其是相较于自然科学学科更为广延、宽泛,并超越教科书而趋于个别化。语文学习经验产生于课堂,又不囿于课堂;既由课程教材限定,由教师教学和组织,又不止于教材和教学;语文学习经验产生于学生生活的几乎每个空间,包括家庭、社区、文化场所、现代传媒等,其获取涉及学生在校内外的各种文化活动和人际活动,如日常视听、闲暇娱乐、兴趣欣赏、言语/语言交际、校外课程等。对学生学习经验的关注和使用,使语文课程同时具有"生活课程"的含义与功能。语文教育界主张"语文学习的外延与生活相等"的理念,由此可引申出:语文课程的内容外延与学习者的生活相等。(3)习得的知识。"学得—习得"这对概念直接关涉语文课程的学习心理规律和新课程中的"过程和方法目标"。习得指学生在自然状态下从生活中获得的语文知识;学得则指学生在课程序列中接受语文训练的所得。习得属于学生的语文默会性内隐性知识,语文课程倚重学生的习得。掌握语文课程知识和技能的特征之一是凭借日常生活,学生在日常见闻、日常阅读、日常言说、日常书写等自然状态下的意会、积累、熟识、同化和图式化,为课堂学习提供显性而强大的心理动能、自动化行为支持以及语文通识。包括教科书及课外文本资料在内的语文课程资源中的知识,在未与学生的习得知识相联系时,其在学习活动中往往呈现意义机械的、非个性化认知的性状,几乎仅供识记,难以达到感受、体验、悟识、编码和创造的层面,它们可以靠灌输和记忆物化为成绩,但在促进学生学力、智识、情意发展方面的功能处于弱势,甚至产生负面影响。语文课程需重视习得历程的设计和对习得知识的了解,将其纳入课程计划和教学方案,以避免语文课程内容方面的某些弱点。(4)潜在课程。潜在课程涵盖从有意识的操作到无意识的默化等所有显在课程之外的学习活动,包括学校的制度典章、组织管理、师生交往和交互作用、教学方式和风格等,在价值和价值观念、行为和行为规范,以及态度、情感、性向等方面给予学生陶冶和影响。语文课程的人文性使之具有较鲜明的潜在课程特点。语文教师的学科风范、语文课堂的文化氛围、语文教学的方式与方法等,构成课堂中的语文潜在课程。

语文课程的嬗变与发展　(1)语文课程源流。中国历史上的前语文课程是哲学、伦理学、史学、经学等混编的文化教习活动。1904年1月清政府颁布《奏定学堂章程》(亦称"癸卯学制"),语文成为一门独立的学科。语文课程经历四个发展时期。1904—1918年为开创时期。《奏定学堂章程》的颁布使语文独立设科,初等小学设中国文字课,高等小学设中国文学课,各级学堂将"中国文学"列为必修科。在"中学为体,西学为用"的社会思潮中,中国的语文课解构了诵经读史、写"八股文"的科举教育框架,开始了学科课程的历程。1919—1948年为语文课程发展时期。五四运动对传统的语文教育产生强烈冲击,其倡导的白话文运动促使语文课程内容从纯文言文趋向语体文。自1920年始,所有小学教材改为语体文,称"国语",所选教材具有鲜明的口语特点;中学则实行"文、语"统一,虽仍称"国文",但白话文的比重明显增加,大量反映五四新文化的白话文文学作品和白话论文进入各种新语文教科书,标志中国语文课程一个质的变化与跨越。1923年叶圣陶拟定的《初中国语课程纲要》,以其完备的课程目标任务、内容原则的阐述,对当时以及中华人民共和国成立后的语文课程设置产生重要影响。这一时期,叶圣陶、夏丏尊、吕叔湘、朱自清等人以开明书店为语文教育活动中心,主导进行了一系列语文教育研究和实践,在语文教育基本理念和课程与教材编制思想等方面,为现代语文课程发展打下基础。1949—1977年为语文课程成型和颠覆时期。根据叶圣陶的建议,1950年中央人民政府出版总署编审局将以前小学的"国语"和中学的"国文"统一合并为语文课,正式确立"语文"这一课程名称,并确定中小学都应以学白话文为主,强调语文教学"听话、说话、阅读、写作"四项并重的全面训练,否定了语文教学偏重读写的传统,对课程内容进行重构。这一时期有代表性的反思性、开创性课程教学革新实践主要有:1952年语文界学习苏联教学经验,推广"红领巾教学法",对语文传统的"串讲评点法"进行检讨和纠偏;关注和研究汉语知识、文学知识各自的系统性,1956年尝试汉语与文学分科,编写和试用汉语与文学分科的教材;1963年教育部出台《全日制中学语文教学大纲(草案)》,否定汉语与文学分科,对1958年全国合编型教材进行纠偏,指导新编了十二年制语文课本,强调"双基"训练,以能力线索编排内容,注重建立语文知识技能循序渐进的综合型课程体系,该体系的构想及初创成果对中国语文课程的积极影响持续存在。"文革"十年中,学校教育教学被扭曲,语文课程从教学大纲、教材到教学几近空白。1978年之后为语文课程的探索和建构时期。改革开放后,语文课程复苏,语文教育理论研究和教学改革实验深入展开。1986年的中学语文教学大纲明确"发展学生智力"的目标,以及"编审分开、一纲多本"的教材建设方针,提示课程进步的趋向。进入90年代,语文教学大纲历经两度修订,语文实验教材以及语文各种新教学模式、方法、教学流派及思想观点涌现。1997年语文教育界和社会文化界围绕语文课程的性质、功能等开展大规模讨论,成为21世纪语文课程革新的前奏。2001年,教育部颁布中华人民共和国第一部语文课程标准《全日制义务教育语文课程标准》,提出"三个层面、三类组成"的语文课程体系框架和三个维度的课程目标等任务要求,语文教育以此为标志进入新的发展轨道。在该语文课程标准推行的第一个十年,随着课程结构的实质性改变、课程资源的多渠道开发,以及2011年版语文课程标准的出台,语文课程的现代性不断凸显。(2)语文课程变革。进入21世纪,语文课程在继承传统的基础上,根据国际社会的变化发展和中国教育发展战略,进行了数次课程重置和教材变革。现代语文课程的设置着重体现以下特点。一是确立学校语文课程和教学的本体。学校每一门课程的内容与教学活动都是母语的呈现和应用,语文与其他课程的区别在于其他课程均立足于言语内容,唯有语文(包括外国语课程)立足于言语形式。语文课程的基础性和工具性规约语文教学的本体,即语言文字的运用。语文课程设置和改造的本体化思路,指向由一定数量的典型范例构建学习运用语言文字的教学内容体系,以学生实用化、艺术化的语言运用实践构成课程的活动体系。二是以育人为本。面向未来的现代语文课程以学生发展为本,具有化育功能。语文课程设置遵循全面发展原则,体现基础性与实践性的统一;遵循因材施教原则,体现选择性与基础性的统一,促进学生个性的发展;体现循序渐进原则,采用"螺旋课程"的结构方式,突出序列性;体现"素养—养成"原则,设置多种课型,促进学生语文素质和人格素质的同步发展。三是继承传统,坚持语文教育的民族化和科学化方向。语文课程需要不断正本清源、去芜存菁,切近规律,直面多元文化,整合各种可利用的课程资源,在继承中国语文教育优良传统的同时,借鉴国外母语教育改革经验,强化语文课程弘扬民族精神、增强民族创造力和凝聚力的独特功能。四是建设全面提高学生语文素质的课程资源体系。语文教科书建设运用多样化方针,施行"一标多本",倡导和鼓励地方编写特色教材,学校编写校本教材;引入社会文化信息材料,进行教科书的二度开发,编撰学生"学材"。从单一教科书本位的课程走向课程资源丰富的课程。

中国 21 世纪课程改革中,语文课程有四个理念。其一,促进学生整体素质的良好发展。突出以社会责任感、实践能力和创新能力为核心的素养目标,坚持"知识和能力、过程和方法、情感态度和价值观"三维度的课程目标系统,在课内外语言实践中全面优化学生的民族语言情感、言语交际技能、言语行为风格、语文习惯、道德风尚、审美情趣等现代人的素质,为学生的终身发展奠定基础。其二,加强社会主义核心价值体系在语文课程中的渗透。语文课程中丰富的人文内涵对学生精神领域影响深广,需重视和发挥语文课程对学生价值观的导向作用,务求既学语文,又学做人;语文学习经验及其掌握过程的个性化特征要求尊重学生的个体感受和独特体验,语文课程在提高学生语文能力的同时,需帮助学生形成良好的个性、健康的思想情感。其三,倡导自主、合作、探究的学习方式。改变学生学习方式,使其由被动接受学习转变为主动探究学习,不断进行自我组织和构建,提高语文学习能力,形成自身的学习方法策略;改变学生的学习过程与方式,使学生学会学习、乐学、自学、学会认知,学会发展。在自学基础上开展各种形式的合作学习,学生之间互相启发,共同探究发现,培养合作精神和协作能力。要求首先改变教师的教学方式和学生的评价方式,优化教师的主导作用和课堂教学技能。作为语文课程的重要组成部分,语文综合性学习是自主、合作、探究的重要途径。其四,建设开放而有活力的语文课程体系。语文课程体系的重构是 21 世纪课程改革的重要方面。克服语文课程体系中存在的课程过于强调学科本位、过于注重知识

传承而忽视语文实践、过于强调统一而缺少弹性等问题,倡导语文课程建设的大文化视野和大语文教育观。宏观上建构四级课程,即由国家课程、地方课程、校本课程组成的基本语文课程,由必修课、选修课、活动课组成的校内语文课程,由学科课程、活动课程、社会课程组成的综合语文课程,由学生个人选择决定和实施的个体课程。

（区培民）

语言和态度与价值观习得（language, attitude and value acquisition）

通过教育学习和掌握语言、态度与价值观的过程、机制与结果。社会学、人类学和心理学研究的重要领域。更关注对习得过程的理论解释。通常认为,语言、态度与价值观的习得是学校教育、家庭教育与社会教育三者合力作用的结果。

语言的习得　儿童并无选择某种语言的先天偏好,正常儿童习得其成长环境中周围人所说的语言。关于语言习得主要有三种观点:一是"后天学习说",行为主义者强调后天强化的作用;二是"转换生成说",先天论者将语言看作生物学上的固有形式;三是"相互作用说",认知主义者认为,个体语言的发展是先天能力与后天经验交互作用的结果。

后天学习说基于巴甫洛夫的经典条件反射学说和斯金纳的操作性条件反射学原理。美国社会心理学家 G. W. 奥尔波特提出语言习得的经典性条件作用模式。依据这一模式,儿童在成熟的关键期会发出一些不规则音节,如"dada"、"mama"等,这些声音常被父母听到。为了引导儿童说"doll",父母先说一个孩子常说的音节"da",作为诱导孩子模仿的一个无条件刺激。当这个无条件刺激与儿童面前真实的玩偶(doll)同时出现并结合时,便发生强化。此后,玩偶就成为条件刺激物,一旦玩偶出现在孩子面前,就会诱导孩子说出"doll"。以此类推,孩子的全部语言发展,包括词、短语、句子以及语法规则都是这样获得的。美国教育心理学家布鲁纳等人指出,儿童是在与成人的语言交往实践中学习语言的,社会交往是儿童获得语言的关键。美国人类学家萨皮尔和沃夫强调文化和社会需要在语言习得中的作用,认为语言习得由文化决定。英国社会学家 B. 伯恩斯坦认为,社会阶层差异影响语码形式。劳工阶层在家庭中习得的语言与中产阶级子女习得的语言的语码是不同的,前者使用限制语码,后者使用精致语码(参见"语码理论与符号控制")。语码的差异反映不同社会阶层儿童语言的习得水平。费根斯和法兰发现,低收入家庭的父母更多地教会孩子具体的内容,如认识数字和字母,并更多地使用管教的语言引导孩子的活动;中产阶级父母尽量使交谈内容接近孩子的活动、兴趣和交谈话题,有更多的时间和机会精心设计话题,运用会谈式的策略影响孩子的行为。

转换生成说由美国心理学家乔姆斯基提出,是先天决

定论的典型代表。他认为,儿童先天具有一种适宜学习语言的人类独有的机能,这种机能主要体现在儿童的"语言习得机能"中。乔姆斯基全面审视美国心理学家斯金纳的条件反射学说,指出从儿童语言获得过程看,机体的这些特点是先天的结构、遗传决定的成熟过程和过去经验的一种复杂结合的产物,这种产物便是儿童先天具有的"语言获得装置"。

相互作用说由瑞士心理学家皮亚杰提出,其认知发展理论一定程度上弥合了转换生成说与后天学习说二者之间的对立,他提出"认知结构"的概念来说明语言的发展。他认为儿童的语言能力是认知结构的有机组成部分,而认知结构的形成与发展是主体与客体相互作用的结果。儿童不是通过被动模仿掌握造句规则,他们的造句往往体现主体与环境之间的相互作用。个体语言的发展是天生能力与后天经验交互作用的结果。

态度的发展　态度是对物、人或思想所持的积极的或消极的情感。态度是习得的而非先天的。对态度发展的研究集中在如何让儿童获得对人、物和思想的积极的和消极的倾向。

测量态度的技术分为两类,即直接测量和间接测量。关于青少年和成人态度的研究依靠直接测量,它需要对特定态度的对象情感的自我汇报。通常使用的态度量表(如"利克特量表"和"语义分化量表")既评价态度方向(积极的或消极的情感),也评价其强度。如要求在从"强烈否定到强烈肯定"的五点量表、七点量表上对一个特定的人、物或思想的态度评定等级。间接测量包括投射测验、各种行为的态度指标以及某种生理指数的测定,如皮肤电反应变化和瞳孔反应变化。

在态度发展研究领域,态度学习理论和态度认知发展理论较具代表性。(1)态度学习理论。认为人能够像获得概念、事实、思维方式和习惯那样获得态度,模仿和强化能促使个体态度的改变。斯金纳认为,除初级强化物(如食物和水)外,某些社会刺激如情感、注意等也具有强化的特征,且能使发展中的儿童形成一种特殊的态度。美国心理学家班杜拉和 R. H. 沃尔特斯的研究表明,儿童通过模仿可以更快、更有效地建立新行为,儿童在幼年阶段通过模仿他人来获得新行为,形成新态度。(2)态度认知发展理论。皮亚杰率先强调儿童的认知能力在态度形成中的作用。其态度习得理论建立在三个基本假设的基础上:认知能力的发展与肌体的发展是平行的;儿童认知能力通过直接的感知觉,经由抽象的经验描述逐步提升;儿童的认知结构或观察世界的独特方法是在一系列相对稳定而分级的阶段过程中逐步发展的,每个较早的阶段为下一个更复杂的阶段奠定基础,认知发展是态度改变的基础,认知发展水平较高的儿童,其态度的形成更具有稳定性和合理性。美国心理学家凯尔曼

在研究态度习得的过程中发展了皮亚杰的认知发展理论,认为态度的习得经历"服从—同化—内化"不断发展、不断深化的过程。服从是态度形成的开始阶段;同化指个体自愿接受他人的观点、信念,使自己的态度与他人的要求一样;内化是在同化的基础上把接受来的观念纳入自己的价值体系,从而内化为自己的意识,形成新的价值观。以美国心理学家海德为代表的认知平衡理论认为,态度的形成和改变取决于个体的认知在整体上是否能够达成一致。个体在社会生活中与他人或事件建立各种关系,形成 P‐O‐X 的封闭系统,其中 P 为认知主体,O 是作为认知对象的他人,X 是与 P 和 O 有某种关系的某种情境、事件、观念或第三个人。P、O、X 三者间具有情感或态度上的某种联系,态度可以有肯定和否定之分。反映在 P 的认知结构中的这种三角关系可以是平衡的,也可以是不平衡的。当三方关系均为肯定,或两方为否定、第三方为肯定时,便存在平衡状态,否则便存在不平衡状态。认知不平衡会使个体产生心理紧张,造成心理压力,从而导致态度改变。美国社会心理学家费斯廷格的认知失调理论认为,态度的习得由认知失调引起,认知失调会造成特定的心理压力,并使人产生一种求得协调的动机。减少认知失调的具体途径有:改变行为,使行为主体对行为的认知符合态度的认知;改变态度,使主体的态度符合其行为;引进新的认知元素,消除不协调感。

价值观的习得　价值观习得研究与道德教育研究相关联。其中以价值澄清模式(values clarification model)、理论基础构建模式(rationale building model)、价值分析模式(value analysis model)较有代表性。

价值澄清模式由美国心理学家拉斯等人于 20 世纪 60 年代提出。它建立在价值相对论基础上,认为每个人都有自己的价值观,价值是多元的、相对的和变化的,学校道德教育的目的是帮助儿童澄清自己的价值。拉斯等人认为,价值观是对生活的指导准则,产生于个体的社会经验,并随不同的经验产生变化。现代社会不存在一套公认的价值观,价值观的习得需通过个体自身的分析和批判性思考来实现,个体需要在混乱的价值观中澄清自己独特的价值观。个体价值观的澄清涉及四个要素:关注生活,接受事实,深入思考,培养个人能力。

理论基础构建模式由美国心理学家 J. P. 谢弗等人于 20 世纪 70 年代提出。其方法论基础主要源于公共问题教学的"法理学模式"。J. P. 谢弗视教师为传授价值观的教育者,提出必须帮助教师构建一个清晰、完整的理论基础,以加强教师对道德基本原理的理解。J. P. 谢弗认为,价值观是判断价值的标准和准则。教学活动中有三种最重要的价值观,即审美价值观、工具价值观和道德价值观。各种价值观不是各自独立存在的,而是整个价值网络中相互连接的部分。道德教育的基本目的是帮助学生从整体上认识个人价

值观。教师的基本任务之一是指导学生了解这三种最重要的价值观是如何相互适应和相互冲突的,从而有效地帮助学生解决价值冲突问题。

价值分析模式是20世纪70年代初教育家、哲学家和心理学家共同的研究成果,其中较有影响的有 J. R. 库姆斯、缪克斯、查德威克以及弗伦克尔等。1971年,美国全国社会研究委员会第41期年刊以《价值观教育:理论基础、策略和程序》为标题,全面介绍了价值分析模式。价值分析模式的产生主要源于研究道德推理的哲学伦理学和社会学科中的课程运动。价值分析的方法很多,一般都采用一种系统的、结构性的方式来处理伦理问题。弗伦克尔提出的系统分析法包括7个步骤:确定两难推理问题;确定选择对象;预测各种选择的后果;预测短期和长期的后果;汇集各种选择后果的证据;按照基于提高或降低人的尊严的若干标准,正确评价各种结果;决定行动进程。J. R. 库姆斯和缪克斯详细论述价值分析模式的教学过程,提出价值分析的6个基本步骤:识别和澄清价值问题;收集意图性事实;评价意图性事实的真相;澄清相关的事实;作出暂时的价值决定;检验隐匿在决定中的价值原则。

参考文献

克特·W. 巴克. 社会心理学[M]. 南开大学社会学系,译. 天津:南开大学出版社,1986.

巴兹尔·伯恩斯坦. 社会阶级、语言和社会化[G]//张人杰. 国外教育社会学文选. 上海:华东师范大学出版社,1989.

托尔斯顿·胡森. 国际教育百科全书[M]. 李维,译. 贵阳:贵州教育出版社,1990.

路易斯·拉思斯. 价值与教学[M]. 谭松贤,译. 杭州:浙江教育出版社,2003.

钟启泉,黄志成. 西方德育原理[M]. 西安:陕西人民教育出版社,1998.

(何 芳 杜欧丹)

元代文教政策

元灭南宋统一全国后,为稳定社会秩序和巩固国家政权,在文化教育领域大力推行"遵用汉法"的政策和措施。元朝是由蒙古族建立的政权,也是中国历史上第一个由少数民族建立的统一的封建王朝。早在成吉思汗和窝阔台统治蒙古时期,蒙古统治阶级就开始任用契丹族政治家耶律楚材,在其统治区域内推行汉法。忽必烈即位后,开始全面推行汉法。此后,元朝历代帝王均在不同程度上继承和沿用了这一文化教育统治方式。元代"遵用汉法"政策和措施的推行旨在化解蒙古族和汉族在民族文化传统和教育方面的矛盾和冲突,维护蒙古族对汉族地区民众实施的专制统治。它客观上促进了汉族与蒙古族及其他少数民族之间的交流和融合,为古代中国发展为一个统一的、多民族和谐共处的封建帝国作出贡献。

"遵用汉法"的文教政策 笼络人才,以文治国。蒙古族统治者在不断扩大疆域、拓展统治范围的同时,也深刻认识到,要完成统一中国的伟业,必须笼络一大批有才华的汉族儒家学者为其服务。宋端平二年(1235年),蒙古军队攻打南宋,窝阔台命杨惟中、姚枢到俘虏中求访人才,结果从中发现了理学家赵复,之后将其带回北方传授程朱理学。嘉熙二年(1238年),又考核儒士,规定凡通过者准予豁免身役,并选用他们做官或教书。至元世祖忽必烈统治时,已聚集了杨惟中、姚枢、许衡、刘秉忠、窦默等名士硕儒,以备顾问及讲解经学。忽必烈对重才养士非常重视。中统二年(1261年),"诏军中所俘儒士听赎为民……命宣抚司官劝农桑,抑游惰,礼高年,问民疾苦,举文学才识可以从政及茂才异等,列名上闻,以听擢用"(《元史·世祖纪一》)。蒙古族入主中原之后,受儒家文化的深刻影响,其治国理念出现根本性变化,由征战讨伐转变为以文治国。如元世祖忽必烈在即位诏中说:"朕惟祖宗肇造区宇,奄有四方,武功迭兴,文治多缺,五十余年于此矣。"(《元史·世祖纪一》)之后历代元帝皆关注以文治国政策,元文宗时集贤大学士陈颢上书文宗,力主"大兴文治",被文宗欣然采纳。"文宗即位,复起为集贤大学士,上疏劝帝大兴文治、增国子学弟子员、蠲儒之徭役,文宗皆嘉纳焉。"(《元史·陈颢传》)

尊孔崇儒,重教兴学。这是元朝奉行的基本的文教政策。儒家学者刘秉忠在元建国之初便向忽必烈上书,赞美"孔子为百王师,立万世法"(《元史·刘秉忠传》)。至元武宗至大元年(1308年)九月,遂加封孔子为"大成至圣文宣王",并以祭祀社稷的太牢之礼祭祀曲阜孔庙。元武宗在位期间,曾令人以国字译《孝经》,并称赞《孝经》说:"此乃孔子之微言,自王公达于庶民,皆当由是而行。命中书省刻板模印,诸王而下皆赐之。"(《元史·武宗纪一》)元仁宗也曾指出:"修身治国,儒道为切……儒者可尚,以能维持三纲五常之道也。"(《元史·仁宗纪三》)元朝在尊孔崇儒的同时,又重教兴学,这既是元朝的一条文教政策,也是达致尊孔崇儒目标的一个重要手段。忽必烈曾向姚枢询问治国安民之道,姚枢建议"修学校、崇经术、旌节孝,以为育人才、厚风俗、美教化之基,使士不媮于文华"(《元史·姚枢传》)。元世祖也于中统二年(1261年)八月下诏曰:"诸路学校久废,无以作成人才,今拟选博学洽闻之士以教之,凡诸生进修者,仍选高业儒生教授,严加训诲,务要成才,以备他日选擢之用。仍仰各路官司常切主领教劝。"(《新元史·选举志》)到至元六年(1269年)又诏曰:"事有似缓而实急者,学校是也。盖学校者,风化之本,出治之源也。诸路虽设有学官,所在官司例皆视同泛常,不肯用心勉励,以致学校之设有名无实。由是吏民往往不循礼法,轻犯宪章,深不副朝廷肃清风俗、宣明教化之意。"(《元典章·礼部四·学校》)此后,成宗、武宗、仁宗各朝均对兴办学校非常重视,下过多道诏书。如武宗至大四年(1311年)下诏:"国家内置监学,外设提举、教授,将以作养人材,宣畅风化,今仰中书省自国子学为始,拯治各处州、郡正官、肃政廉访司申明旧规,加意敦劝,若教官非才、学校废弛者,从监察御史、肃政廉访司纠劾。"(《元典章·圣政一·学校》)元代"尊孔崇儒,重教兴学"的文教政策对于笼络广大汉族士儒,缓和社会矛盾,促进学校教育的恢复与发展以及统治人才的培养等方面均起重要的推动作用。

推行汉化,崇尚理学。蒙古族在统一全国的过程中,逐渐认识到中原汉地文化,特别是理学对于维护封建专制统治具有独特作用,因而大力实施"推行汉化,崇尚理学"的文教政策。早在元世祖忽必烈统治时期,其所重用的汉族士大夫如刘秉忠、郝经、姚枢、许衡、窦默等均向忽必烈明确提出,蒙古政权只有推行"汉化"政策,方可长治久安。郝经主张:"今日能用士而行中国之道,则中国之主。"(《与两宋准制置使书》)许衡认为:"考之前代,北方之有中夏者,必行'汉法'乃可长久。故后魏、辽、金历年最多,他不能者,皆乱亡相继,史册具载,昭然可考。使国家而居朔漠,则无事论此也。今日之治,非此奚宜?"(《元史·许衡传》)在群臣的据理力谏之下,忽必烈决定全面推行汉化政策,积极提倡以儒学为主的汉族传统文化,兴学设教,用汉文化教育勋戚子弟,以便其掌握"修齐治平"的统治之术。随着汉化政策的大力推行,理学的地位和作用日益凸显。元代从仁宗朝开始,理学的地位迅速提高。元仁宗早年在太子藩邸时,就曾命太子詹事王约等人节译南宋理学名臣真德秀的著作《大学衍义》,并称"治天下,此一书足矣"(《元史·仁宗纪一》)。仁宗即位后,又采纳程钜夫等人的建议,"经学当主程颐朱熹传注,文章宜革唐宋宿弊"(《元史·程钜夫传》),从而逐步确立理学的官学地位,规定科举考试从"四书"中出题,以程朱理学家的注疏为评分标准,并将宋代著名理学家的牌位列入孔庙从祀,正式确立程朱理学的官学地位。

"遵用汉法"文教政策指导下的教育措施 创设国子学、社学与发展私学。蒙古太宗六年(1234年),太宗窝阔台灭金后,在中都燕京改枢密院为宣圣庙,在庙旁设立国子学,"以冯光宇为国子学总教,命侍臣子弟十八人入学,是为建置学校之始"(《新元史·选举志》)。这是元朝国子学的开端,至元世祖至元二十四年(1287年),国子学正式建立,命许衡弟子耶律有尚为祭酒,掌国子学事宜。元代国子学颇具民族特点,除设有国子学,还专为蒙古族和回回子弟设有蒙古国子学和回回国子学,这些少数民族学校的设立在客观上促进了中国多民族文化的交流和融合。在元代的地方官学中,最具特色的是社学的创设。社学是元世祖至元二十三年(1286年)创设的一种乡镇民众教育的组织形式。大司农卿张文谦奏上立社,认为"劝农立社,尤一代农政之善者……五十家为一社,择高年晓农事者立为社长……每社立学一,择通晓经书者为师,农隙使子弟入学"(《新元

史·食货志》)。在教学内容上,社学是先读《孝经》、《小学》,次及《大学》、《论语》、《孟子》等,以达到"各知孝悌忠信,敦本抑末"的目的。元代的私学无论在实施方式还是在教学内容上,与辽、金等其他少数民族政权的私学相比,都显得更丰富和完备。其主要形式包括家学、私人讲学以及出游访学等。教学内容繁复杂博,除经史之学外,凡天文、地理、数术、阴阳、历法、医药及卜筮等也皆在其列。元代私学的蓬勃发展造就了一大批卓越人才,促进了社会文明程度的提高,为多民族国家的文化交流与融合创造更优越的外部环境和条件。

完善国子学的教学制度。元代国子学充分借鉴宋代三舍法的管理办法,使其教学制度得以进一步发展和完善。元代国子学实行分斋教学并行升斋等第。校舍分上、中、下三等六斋,东西相向,下两斋左曰游艺,右曰依仁,凡诵书讲说、小学、属对者在此学习;中两斋左曰据德,右曰志道,凡讲说"四书"、课肄诗律者在此学习;上两斋左曰时习,右曰日新,讲说《易》、《书》、《诗》、《春秋》,习明经义等程文者在此学习。学生每季考其经书课业,凡成绩合格及不违规矩者,以次递升,此为"升斋"。此外还实行私试规矩,用积分的办法选拔高等生员,岁终试贡。元代国子学教学制度的完善不仅体现了蒙古政权对汉族教育制度的重视和借鉴,也体现了少数民族对汉族文化教育成果进行的大胆创新,从而对以后明清两朝教育制度的发展产生深刻影响。

理学成为学校教育的主要内容。元代确立理学的官学地位,推崇理学的文教政策,理学因此成为学校教育的主要内容。忽必烈创立国子学后,以理学家许衡为国子祭酒。他在为学生讲授时,完全以朱熹主张的教学内容为主,其授课讲义,包括《中庸直解》和《大学要略》等,也以朱熹的《四书章句集注》为基本依据。至元二十四年(1287年),许衡的弟子耶律有尚掌教国子学,其教学内容与许衡一脉相承,亦取宋代理学家周敦颐、程颢、程颐、张载和朱熹之说。至仁宗皇庆二年(1313年)行科举后,明确规定在科举中"专立德行明经科。明经内,四书、五经以程子、朱晦庵注解为主"(《通制条格·学令·科举》),"其程试之法,表章六经。至于《论语》、《大学》、《中庸》、《孟子》,专以周、程、朱子之说为主,定为国是,而曲学异说悉罢黜之"(苏天爵《滋溪文稿·伊洛渊源录序》)。这样,通过科举取士进一步加强理学在元代学校教育中的主导地位。

书院官学化。元代书院基本上继承了宋代的管理和运作模式,但也出现一些变化,其中最突出的是书院官学化,主要体现为将书院转化为郡县官学的组成部分,其学官由朝廷或各级官府统一任免,拿国家俸禄。元世祖至元十九年(1282年)正月,在由江浙行省批复浙西道宣慰司的牒文《郡县学院官职员数》中,将书院山长列为诸路儒学提举司下属官员编制,并规定散府设教授两员,书院山长两员。

《元史·选举志一》称："凡师儒之命于朝廷者,曰教授,路府上中州置之。命于礼部及行省及宣慰司者,曰学正、山长、学录、教谕,路州县及书院置之。路设教授、学正、学录各一员,散府上中州设教授一员,下州设学正一员,县设教谕一员,书院设山长一员。中原州县学正、山长、学录、教谕,并授礼部付身。各省所属州县学正、山长、学录、教谕,并受行省及宣慰司札付。凡路府州书院,设直学以掌钱谷,从郡守及宪府官试补。"元代书院的官学倾向在一定程度上推动了书院的发展,但它也是元代统治者加强思想控制、笼络文生儒士和巩固文化教育领域专制统治的一种手段。

复行与发展科举制。元世祖忽必烈时期,朝廷围绕科举制的行废问题反复进行讨论。据《元史·选举志一》载:"世祖至元初年,有旨命丞相史天泽条具当行大事,尝及科举,而未果行。四年九月,翰林学士承旨王鹗等,请行选举法,远述周制,次及汉、隋、唐取士科目,近举辽、金选举用人,与本朝太宗得人之效,以为:'贡举法废,士无入仕之阶,或习刀笔以为吏胥,或执仆役以事官僚,或作技巧贩鬻以为工匠商贾。以今论之,惟科举取士,最为切务,矧先朝故典,尤宜追述。'奏上,帝曰:'此良法也,其行之。'"但科举制最终并未得以实行,而是长期处于停废状态。至元仁宗皇庆二年(1313年),方才颁布行科举诏,正式宣布恢复科举取士制度,翌年即举行考试。延祐二年(1315年)首取进士。

元代科举制度较之唐、宋时期,无论在考试内容还是在考试方法和程式上均有一定发展和完善。元仁宗在皇庆二年(1313年)颁布的诏文中明确规定科举考试内容的一般原则:"举人宜以德行为首,试艺则以经术为先,词章次之。浮华过实,朕所不取。"同时,对科举考试的方法和程式也做了更详细、具体的规定,据《元史·选举志一》载:"乡试中选者,各给解据、录取中科文,行省移咨都省,以送礼部,腹里宣慰司及各路关申礼部,拘该监察御史、廉访司,依上录连科文申台,转呈都省,以凭照勘。乡试,八月二十日,蒙古、色目人,试经问五条;汉人、南人,明经经疑二问,经义一道。二十三日,蒙古、色目人,试策一道;汉人、南人,古赋诏诰章表内科一道。二十六日,汉人、南人,试策一道。会试,省部依乡试例,于次年二月初一日试第一场,初三日第二场,初五日第三场。御试,三月初七日,前期奏委考试官二员、监察御史二员、读卷官二员,于殿廷考试。"在考试程式方面:蒙古、色目人,第一场经问五条,第二场策一道;汉人、南人,第一场明经经疑二问,经义一道,各治一经,第二场古赋诏诰章表内科一道,第三场策一道。蒙古、色目人作一榜,汉人、南人作一榜。

参考文献

王炳照,阎国华.中国教育思想通史[M].长沙:湖南教育出版社,1994.

徐梓.元代书院研究[M].北京:社会科学文献出版社,2000.

（杜　钢）

元分析(meta-analysis)　　对同一问题研究取得的大量研究成果进行定量性综合分析的统计技术。对同一问题的研究,不同研究者在不同时间进行不同的取样,已取得一些研究成果,这些研究成果有些一致,有些则不一致或截然相反。这些研究除在变量的控制方面有明显的不同之处外,大部分实验条件比较相似,元分析可以解决对这些材料进行综合分析、对资料进行总结等类问题。

元分析是对已有相同或相似研究问题的综合分析,是一项较细致的工作,大致有以下步骤:(1)检索已有的研究资料。全面搜集已有的研究资料,避免搜集、检索资料带有偏见,即按研究者事先已确定的假设去检索资料。要注意杂志、刊物发表论文的倾向性,即有些刊物对于一些不合时宜或与权威观点相左的研究文章不予发表或很少发表,较多发表相近或相似的研究文章。(2)对已有的一些学位论文的研究进行分类与编码。应搜集一些没有发表的学位论文,来弥补杂志等的不足。对已有的研究结果进行分类,这是整理资料的主要步骤,在分类时可按不同标准进行。如可按被试数量、性别、文化等分类,也可按研究结果的显著性特点、研究设计的随机化程度、研究效度、测量指标等分类。(3)选用恰当的方法对研究结果进行分析与评价。元分析的方法很多,要根据已收集到的资料性质、研究的问题和各项研究采用的对结果的不同处理方式等来决定选用哪种方法更合适。

元分析的具体方法有:(1)统计量合成法。若干相同或相似的研究在进行统计分析(如 t 检验、F 检验、u 检验)后,各样本平均数均未达到显著性水平,但虚无假设指明该值的离差方向相同,若这些数据来自同一总体(尽管是不同研究者的独立研究,但可视为各样本取自同一总体),可采用费希尔组合检验法、威纳合成法、斯杜佛合成法、F 合成法、相关系数的合成等方法。(2)效应大小(effect size),亦称"关系强度"。统计量合成法虽然提供了元分析的显著性标准,但不能探知变量关系强度或效应影响方向的指标。可将各种统计量转换为效应大小,然后求平均,考察两种不同条件下效果之关系强度。(3)格拉斯方法。对一般研究的特征进行分类,找出各不同研究的共同或相似之处,然后进行元分析,这一分析技术由格拉斯于 1976 年提出,应用的方法仍是传统的统计方法。

（刘红云）

元教育学(meta-pedagogy)　　以教育理论为研究对象,对教育学发展规则、范式进行反思的研究领域。对教育学理论的理论基础进行的研究,故称教育学的元理论。教育学的组成部分。元教育学是在科学、哲学等学科的元理论研究的启示下,在寻找教育学理论的元设基础的过程中形成的,也是在教育学反思自身、加强理论建设与提高理论水平的结果总结基础上提出的,是教育学为其存在与发展提供理论辩护的基础。

关于元教育学的研究内容已形成许多基本共识,但也存在不少分歧。(1)元教育学的对象。研究者大都以"元"为基础来分析元教育学,主张元教育学是教育学的自身反思,研究对象是教育理论。但在以什么类型的教育理论为研究对象上产生分歧,主要体现在几个方面:元教育学关注的是教育学的实质内容,还是其形式;元教育学是仅以知识成果形态或语言形态的教育理论为对象,还是应包括对教育理论研究活动的分析;元教育学是对教育理论作认识论意义上的形式分析,还是应包括价值论意义、社会学意义等多方面的形式分析。(2)元教育学的特征与方法。研究者大都主张形式化是元教育学研究的总特征,但有些研究者认为元教育学不能完全采取形式化分析。分歧主要源于对元教育学对象的分析以及对形式化理解的分歧。就研究方法而言,有研究者认为元教育学的方法论也是教育学的方法论,有的则认为除教育学的方法之外,有些方法是元理论所特有的。(3)元教育学的归属。主要有两类主张:一类主张元教育学属于元理论,不属于教育理论,因为它以已有的教育学陈述体系为分析对象,本身不提供教育学陈述体系。教育理论属于"实践对象理论",而元教育学归属于"元理论"。另一类主张元教育学是一个研究领域,而不是一门独立的学科,其功能主要表现在它对于教育学的检验、批判及发展建议上。尽管对元教育学的归属问题有不同看法,但研究者都非常强调教育学与元教育学之间关系的紧密性。

元教育学研究采用不同的方法,如语言学、逻辑学的分析方法,历史学、现象学、解释学的方法,社会学的方法,统计学的方法等,形成五个主要的元教育学分析取向:(1)逻辑—语言学意义上的认识论分析取向,旨在通过对教育学陈述体系的逻辑—语言层面的分析,为教育学确立认识论的标准。(2)研究方法论意义上的认识论分析取向,旨在通过教育学陈述体系的语言结构,分析教育学的理论是如何形成的,这种理论的探究过程应该遵循怎样的方法论原则。(3)历史学的分析取向,把教育学的理论作为历史事实加以分析,旨在通过教育学的理论陈述体系的语言结构,探究教育学在形式上发生的阶段性变化及其原因,包括对教育学的理论的发展动力、教育学的理论体系结构的变化等问题的研究。(4)社会学的分析取向,旨在通过教育学陈述体系的语言结构,分析教育学的理论从研究到形成、到成果运用的整个过程中具有社会学意义的事实,包括对作为一种社会研究活动的教育学研究,以及这种研究与社会的关系。

(5)价值—规范分析取向,旨在分析教育学的意识形态特征,试图为教育学提供价值规范。最严格、最狭义的元教育学概念只取第一种取向;而最宽泛、最笼统的元教育学概念包括上面五种取向或者更多取向。只要从整体上以教育学自身为研究对象,都属于元教育学研究。具体来说,元教育学的研究范围可从四个方面确定:有关教育学内部关系和外部关系的问题;有关教育学曾经是什么方面和应该是什么方面的问题;从"教育学"的界说出发,有关教育学作为语言系统方面、作为知识体系方面、作为认识活动方面,以及作为一种社会活动方面的问题;从教育学的分类出发,有关教育哲学方面、教育科学方面以及教育实践学方面的问题。

元教育学的功能主要表现在它从教育学整体发展的视角来检验、批判、审视教育理论,提升教育理论的建构水平,促进教育学的不断完善与成熟,为教育学的存在与发展提供理论依据和方法论指导。许多研究者对此问题都作了探讨,主要涉及几方面的功能:可以对科学自身的发展过程及现状、发展机制及内部结构进行认真反思,形成明晰而准确的自我意识,促使教育学自觉寻找自己的发展方向,增强方向性,减少盲目性;为教育学的反思提供理性的武器,虽然不直接提供教育知识,但可以为检验与整合教育知识提供标准、规范与规则;不仅是认识和理解原有教育理论的机制,而且还要对教育理论进行批判和改造,使不成熟的教育理论朝合理的方向发展;可以为教育学研究者提供一个正确的视界,使其能随时科学地把握整个教育学的发展态势,明晰各自的理论在整个教育学体系中的位置,进而及时调整教育学的研究方向和思路,澄清谬误,减少混乱。

从学科线索上看,元教育学与教育学内部的教育学史的研究有关,与对教育学本身的分析和反思有关。20世纪50年代,分析教育哲学在英、美兴起,相对独立的教育学元理论开始孕育。分析教育哲学家们运用语言工具和分析哲学的方法,对以往的教育理论,特别是对其中的一些重要概念及命题进行系统分析,对教育理论的性质深入探讨,但没有明确地提出元教育学的概念。20世纪70年代以来,元教育学或元教育理论的概念被提出,一批研究者开始从事元教育学的研究与构建工作,其中以德国教育学家布列钦卡为最重要的代表人物。他认为,元教育学是一种关于各种教育理论的认识论的理论,其主要任务在于分析和检验教育理论。布列钦卡以知识的陈述形式为分类标准,将教育理论分为三类:教育科学(科学教育理论)、规范教育哲学(规范的哲学教育理论)与实践教育学(实践教育理论),并分别对其进行经验—批判性分析,力图构建一种认识论意义上的完整的元教育理论体系,这集中体现在他的《元教育理论:教育科学、教育哲学和实践教育学基础导论》中,该书是以体系状态呈现的元教育学。

在元理论的影响下,元教育学正寻找研究新视角。法国的米亚拉雷立足于"教育科学"这一概念发展的历史与现状——学科群的诞生,提出了教育科学的复数形式(sciences de l'éducation),对教育科学的对象、结构、研究方法和范围等进行元理论分析。美国还发展了一种元分析的技术,主张对大量教育研究成果的研究特征和研究的有效性进行形式化的定量分析。西方的元教育学研究正从零碎的反思逐步走向系统化。

中国自20世纪80年代后期开始元教育学的研究,90年代中期形成研究高潮,其后研究趋于向具体化的方向发展。华东师范大学是中国倡导与开展元教育学研究的主要阵地,《华东师范大学学报(教育科学版)》曾开设专栏传播元教育学的研究成果,开展学术争鸣,推动了元教育学的研究。国内研究主要集中在元教育学的研究对象、性质、方法、功能、范围及元教育学与教育学、教育史学等关系的探讨上。在此基础上,还对元教育学包含的一些具体内容进行深入思考,如教育的意义与概念、教育理论的性质与结构、教育学的逻辑起点与范畴体系、教育学史等,形成一系列论文与专著。主要的论文及其代表的观点都收录在瞿葆奎主编的《元教育学研究》一书中。2002年出版的唐莹的《元教育学》对元教育学作了较系统化的理论梳理,是中国在元教育学研究方面的代表性成果之一。

元教育学的研究是教育学自身不断成熟的标志,体现了教育学的发展走向一个新的阶段,它促使教育学研究者更主动、更系统地反思与关照教育学的发展,检验与审视各种教育理论,形成教育学科的独立传统。加强元教育学研究是保障教育学独立与成熟的重要条件,这已经是当前教育研究者的基本共识。元教育学作为一个新兴的研究领域,对教育学的发展必不可少,其许多研究成果已经对教育学的发展发挥很大的作用与影响。

教育学自身还存在许多重要问题尚待元教育学的进一步探讨。如不同文化传统中教育学发展的历史研究;西方教育学发展的历史研究;教育学的分类研究;教育学的理论基础研究;教育研究方法论的特殊性问题研究、教育学的研究范式问题;教育学话语系统的研究;教育理论与教育实践的沟通研究;教育理论的性质与功能研究;教育学学术传统的研究;教育学学科规范的研究等。元教育学作为对教育学进行反思的规范性的研究,为不同类型教育学理论提供合理的认识论标准。

(张夫伟)

元评价(meta-evaluation)　　对教育评价的再评价。以向原评价者指出其评价工作中存在的问题、出现的偏差和蕴含的片面观点或门户之见,以及这些不足的性质和原因,并估计这些不足的重要性,提出改进的策略和建议。若原来的评价非常重要,某种形式的元评价就必须进行。

元评价的内容与标准　　对教育评价研究的评价的内容和要求:(1)教育评价理论基础。要求教育评价的理论基础正确、科学,其本体论、认识论研究具有深刻性与合理性。教育评价作为一门科学,应具有坚实的理论基础,理论依据应当科学、严谨。它应在马克思主义哲学的指导下,运用辩证唯物主义观点,理清教育的价值主体与客体及其尺度,以及评价的主体与客体以及尺度,科学把握其内容、要求和关系。无论是制订方案、编制量表还是进行观察访谈和测试,无论是对学生评价,还是对教师、学校的评价,都应有明确、合理的科学依据和法规依据。(2)教育评价理论框架体系。教育评价的原理、原则要明确、合理,其理论框架要科学、完备,理论正确且适用、概括性强。(3)教育评价结构与功能。教育评价的结构应具有组织统一性,各部分之间要协调一致,能够充分发挥合乎各种情况和层次需求的功能。(4)教育评价方法体系。教育评价方法要科学、合理,满足各个环节的需要;方法体系要完善,使方案制定得科学、可行,信息搜集准确、可靠,信息处理方便、全面,符合方法的系统整体律、功能互补律和简便优化律。(5)监控机制。作为一个系统,教育评价应有良好的监控机制,能够较好控制、调节和自我完善,以实现系统目标。教育评价具有导向功能,若出现不当之处,将给教育工作带来不良影响。

对教育评价活动的评价的要求:(1)可靠性与准确性。一项评价活动的可靠性用评价信度加以刻画,它反映了对评价的非系统误差控制的程度。信度高则说明评价的结果稳定、可靠,否则评价的一致性较差,可靠程度不高。信度可分为评价者信度、再测信度、复本信度和内部一致性信度等。评价的准确性或称为有效性用评价的效度加以刻画,它反映对评价的系统误差的控制程度。效度高说明评价正确,较好地实现了评价目的,否则评价的准确性差。评价效度包括评价的方案设计效度、评价的实施效度和结论效度。其中方案效度由信息采集效度和信息处理效度组成。结论效度包括结果合成效度和效标关联效度。对评价的信度和效度的考察,即对评价的准确性与可靠性的具体要求主要包括:评价目的明确;评价内容和标准的理论、法规和实践依据合理;评价信息搜集和处理在方法、技术和工具方面是完善的;多人评价或一人的多次评价结果有较好的一致性,信度较高;评价结果能准确、有效地反映被评的实际情况,有较高的效度。(2)适用性与可行性。具体要求:评价的各环节、步骤要求明确;对于既定的被评范围有较好的通用性;评价标准要求明确,内容简练,有较好的代表性;评价有较强的操作性,方法科学、可行,便于评价者掌握,并易于被评者理解接受;评价具有节俭性,资金、人力、物力方面耗费低。(3)实效性与合理性。具体要求:评价有较好的正确导向作用;有利于教育方针的贯彻和教育质量的提高;实现了评价目的,达到了预先设计的要求,较好地发挥了评价功能;评价结论正确并得到被评者的认可,对被评者的工作与学习有明显的促进作用,有利于被评者的健康发展,产生了良好的效果;评价者有良好的职业道德和社会责任感,注意保护被评者的合法权益。

对教育评价活动的评价的内容和标准:(1)对评价方案的评价。评价对象明确;评价目的明了、正确;评价标准合理,依据充分,表述清楚,若设计了指标体系进行评价,其指标体系的结构和内容应体现评价的要求,界定清晰,权重分配恰当;评价工作的计划周密得当,安排合理;选用的评价方法科学、可行,评价信息的搜集和分析处理方法得当,量表科学、可操作。(2)对评价组织实施的评价。评价的组织机构健全,职责明确;评价的领导机构和成员对评价的组织领导得力,指导思想正确;评价人员能履行职责、协调一致,按照方案的要求,正确运用评价方法客观、公正地实施评价;评价符合道德要求;被评者对评价的认识正确、态度积极、主动配合,提供的资料完备。(3)对评价结果和效用的评价。评价结果可靠有效,通过对评价信息采集和处理过程的分析,并结合抽样复核认定评价有较高的信度和效度;评价结果的解释合理,结论恰当,被评者对评价结论认可、接受;评价功效发挥较好,对被评者有促进作用。(4)评价有较好的实用性和适时性;在时间和人力、财力上的投入合理,社会反响好。

元评价的方法 从整体上看,教育评价元评价是评价的重要组成部分,它与一般的评价活动在方法上有许多共同之处。因此,教育评价的各种方法均可移植于元评价,如信息搜集时的观察法、访谈法、问卷法,信息处理中的集中趋势、相关程度、统计推断以及综合评判的方法、相对评价和绝对评价的方法、形成性评价和终结性评价的方法等。特别是形成性和终结性评价,在元评价中有时称为同时评价和事后评价。同时评价有助于原来评价活动的正确进行,但投入较大,一般用于一些有重要作用的评价活动。事后评价明确指明评价的优劣,有助于指导今后的评价,但对改进已进行的评价缺乏力度。这两种评价方法在实施元评价时应适当掌握,使其更好地发挥效用。元评价作为一种特定的评价,有其自身的特点和适合元评价的方法。其主要方法有内容分析法、经验总结、评价信度分析。

内容分析法指对评价中各种材料的内容及其有效性按照评价的目的和要求,进行客观、深入地研究、分析和评判的方法。原是传播学的一种研究方法,用于大众传播资料的分析。在教育评价中,可以作为一种重要方法用于元评价,主要用于教育评价的理论基础、框架结构和理论体系以及评价依据的元评价研究。就具体评价活动而言,该方法主要用于内容效度、结构效度等的分析和评价。该方法要求客观、科学、系统、全面,并采用定性与定量相结合的方法进行分析。在实施的过程中,每个步骤都要有具体要求。

其步骤包括:(1)确定目的及研究对象。教育评价的元评价内容分析的研究对象和目的主要有研究理论体系的合理性和鉴定评价方案的科学性。前者是对教育的评价某一理论体系的研究与评价,包括某一流派、某种模式体系的内容分析,主要评鉴该理论体系的合理性与完备性。后者是针对某一具体教育评价活动的评案所进行的内容分析,研究与评价该方案的标准、依据、指标体系、信息搜集各环节特别是测验的内容等,评鉴其科学性、代表性以及范围的合理性。(2)设计内容分析维度及标准。这应根据具体的对象和要求进行设计,对一般的评价理论及评价而言,可按其科学性、概括性、普遍性、可靠性和适当性加以分析。对具体评价来说,内容分析应与该项评价的具体要求和情况相一致,这是一件很复杂的事情。如对一项学业成就评价的内容可从知识维度和能力层次维度编制具体的分析,可以借助双向细目表加以体现,并以此为依据进行分析。内容维度体系中各维度不同,应制定具体、可操作的标准。(3)搜集资料并归类。搜集资料应按设计要求和需要进行,既要全面、系统、准确,又要富有代表性、典型性,不至于遗漏重要佐证或枉费时间、人力、物力,把一些无关紧要的东西一齐搬来,增加不必要的麻烦。因此,选取样本要合理,并注意方法的科学性。各种搜集资料的方法如观察、访谈、问卷、个案分析、查阅文献等均可用于此处。(4)系统分析与评判。这是进行内容分析的主要工作,应注意几点:严格按照设计的分析维度和标准操作,力求客观公正,标准统一;认真作好记录,对评判结果的记录应有利于统计处理,可以设计相应的量表,用数字加以描述;设计记录表,将分析的结果填于表中,以便统计分析。(5)对结果的处理与分析。在结果的处理上,既要注意通过资料的分析与汇总进行定性描述,又应对一些数据资料作定量的分析与综合。可以运用有关统计法进行分析,如分析集中趋势、差异程度、相关及进行假设检验等。对于教育评价理论体系、方法体系及评价模式的元评价,可作一些横断分析或时间序列的纵向分析,也可作不同体系与模式的比较研究,以分析其发展现状和趋势。概括地说:分析同一体系或模式的各时期的变化及特点,作趋势分析与研究;同一时期的不同体系与模式的现状分析与研究;按时间体系、模式的维度变化所得的不同组合的比较研究。

经验总结是根据既定的活动目的,按照一定价值标准,对实践中的经验事实在分析研究的基础上作出肯定或否定的判断,并通过思维加工,使之上升为理性认识,揭示客观规律的活动。它在人类的实践认识活动中具有重要作用,尽管人们对经验总结的性质及其在科学研究中的地位的认识还不一致,但它对探寻事物间的因果关系、揭示客观规律,使人们的行动更合乎规律,以求少走弯路,更好地实现预期目的具有重要意义。教育评价活动的目的是有效地发挥评价功能，使被评者健康发展，这一目的能否实现以及实现程度如何，取决于评价质量的高低，因此，应注重经验总结在元评价中的应用。在教育评价的实践过程中，不断总结经验、提高认识、发现规律、开拓方法、肯定成绩、改正不足，使教育评价不断发展，水平不断提高。这涉及不同层次的问题：一是教育评价活动的各个环节，如方案的设计、评价的组织与实施、信息的搜集与处理、结果的获得与解释等，均可通过经验总结获取新知识，不断完善；二是对某一类型的评价，如形成性、终结性的评价，对学生、教师、学校等的评价，通过对这些评价的实践活动进行反思，总结经验，逐步改进与提高；三是对某一时期或某一地区评价实践活动的经验总结，解释机制、探求规律。借助经验总结，可对评价的可靠性、有效性、可行性和实用性进行总结分析，发展评价的理论与方法，寻求更有效的评价模式，提高评价的质量与效益。经验总结用于教育评价的元评价中应注意其科学性。一般而论，元评价中的经验总结有两个层次：一是经验思维水平，指人们运用评价中的亲身体验和评价实践的直接知识，思考、把握教育评价中的具体事物及其外部联系；二是理论思维水平，指根据一定知识，包括哲学的、教育的、心理的特别是教育评价的知识，在第一层面的基础上运用科学的、逻辑的方法，对教育评价的具体现象和事物表象进行分析加工和抽象化处理，揭示它们间的内在联系和规律。为提高经验总结的科学性和适用性，要注意以下几点：(1)要有正确的指导思想。在元评价中对评价活动进行经验总结，必须有正确思想为指导，要有正确的教育思想和教育价值观、人生观、评价观，否则，将使正确的得不到坚持与发扬，错误的得不到改进，背离元评价的初衷，结果适得其反。(2)必须以经验事实为基础，实事求是，客观反映经验事实本身固有的性质和规律。(3)在教育评价中要经常自觉地进行经验总结，克服盲目性和随意性。科学的经验一般需要在教育评价实践中通过多次重复并经过思维加工，实现由感性经验上升为理性认识的过程。对元评价来说，这种加工过程应当是自觉行为，并按照科学的程序和要求进行。(4)既注重正面经验的总结，也注重反面经验的总结，作全面分析与概括。(5)要有科学的方法。在教育评价中通过经验总结进行元评价，其方法应从两个方面加以把握。一是要有科学的方法论作指导，在元评价中要始终坚持唯物辩证法，运用科学的世界观和方法论观察、分析和认识教育评价实践活动中提出的一切问题，同时要注意运用系统科学提供的理论与方法。二是合理运用逻辑学提供的有效方法，做好教育评价经验总结的具体操作，实现预期目的。其过程可分三步。第一步，对教育评价的经验事实进行搜集、整理，并作适当筛选，准确选出富有代表性的事实。第二步，通过对照、比较和分类等方法，进行初步的分析、综合、抽象和概括，对评价事实和关系作一定归纳，形成经验型概念。在这一过程中，要注意定量分析与定性分析的结合，参照一定标准，对具体的评价事项进行肯定与否定，使正面经验得到发扬，不足得到改进。第三步，在以上两步的基础上，作深入分析和抽象，通过判断和推理等抽象出本质和规律，深化对评价的认识，概括出新的评价模式。

评价信度分析是对评价的可靠程度的分析。在有了切实可行的评价方案并制定正确、科学的评价标准的条件下，要提高评价质量，其关键在于搜集信息和评定成绩等环节做到准确、可靠。在教育评价的元评价中，对信度的评价主要考察以下几个方面：(1)评分者信度。主评对被评者成绩的评判的稳定、可靠程度，对整个评价的可靠性具有重要作用。评鉴主评的评分信度主要有相关分析法、肯德尔和谐系数分析法以及由概化理论提供的方法。(2)内部一致性信度。教育评价指标体系的各指标间或一项测验的各项目问题若有较高的正相关，这个指标体系或这项测验就具有较好的内部一致性，可称为是同质的。一般地说，内部一致性程度越高，项目越同质，其分数的意义就越明确。在综合评价中，其指标体系和测验试题往往包括不同性质的评价内容，这时虽然从整体上看其内部一致性程度可能不太高，但各部分的内部应有较高的一致性。分析内部一致性的方法有多种，如分半法、库德—理查逊公式以及克龙巴赫 α 系数等。(3)稳定性和等值性。对评价的稳定性和等值性的考察通过计算相关系数进行，前者是计算对同一群体用同样项目在不同时间进行的评价所得的结果间的相关系数，目的是检查评价是否稳定、一致；后者则是出于同一评价的目的和要求，采取不同的评价方案对同一群体实施评价，对所得的两组结果进行相关分析，研究和评判不同方案的异同。若有资料说明其中的一个是高质量的，就可以据此推断其他方案的质量高低。

评价效度分析是对评价的有效程度的分析。对效度的分析与评鉴可根据不同情况采用不同方法，其中内容效度和构念效度可用内容分析法、经验总结方法加以评定，组织实施的效度也可用经验总结方法等加以分析与完善，这些方法在具体操作时虽然有时也作一些定量分析，但主要以定性分析为基本手段。在许多情况下，仅仅以定性分析为主进行效度分析难以作出中肯评价，必须加大定量分析力度方能提高元评价的可靠性。进行效度的定量分析，以下方法应予注意：(1)因素分析。因素分析是通过对相关矩阵的分析，从众多的交互相关中概括和推论出起决定作用的基本因素。在元评价中，利用因素分析可以对内容效度和结构效度等进行更准确的分析，使方案的修改更加完善。在元评价中，因素分析往往是检验性的，因此在得到相关矩阵之后，应更多采取分组法抽取因素，计算因素与变量的负荷矩阵，验证原方案设计是否合理。(2)对效标关联效度的评鉴。效标关联效度是以评价结果与效标之间的相关程度表示的效度。它关注评价结果与特定标准之间关系密切的程度,强调效标行为以及这些行为的预测度。对效标关联效度的评价是以某些事实为依据的,其有效性是通过经验性的取证加以印证的,而且常常借助实验和统计的方法,主要有相关法、预期表法和假设检验等。

参考文献

贺祖斌. 高等教育评价的元评价及其量化分析模型[J]. 教育科学,2001(3).

史耀芳. 教育评价新策略——谈谈国外有关教育评价中的元评价研究[J]. 全球教育展望,1994(3).

（骆　方）

远程教育(distance education)　　亦称"远距离教育"。广义的远程教育是通过远程教学及远程学习实现的教育的总称,包括各类学校或其他社会机构组织的教育和社会生活情景中的教育;也有学者将其定义为基于教育产品和教育服务的一种社会活动。狭义的远程教育指通过远程教学和远程学习实现的各类学校或其他社会机构组织的教育。其主要属性和特征包括:教师和学生在时空上相对分离;建立在对各种教育技术和媒体资源的开发和应用的基础上;由各类学校或其他社会机构组织实施;以学生自学为主,以教师助学为辅,教师和学生通过双向通信实现教与学行为的联系、交互和整合。

与远程教育概念相同或意义类似的用语有:远距离教育(distance education)、家庭学习(home study)、独立学习(independent study)、远程教学(distance teaching 或 teaching at a distance)、校外学习(external study)、开放学习(open learning)、灵活学习(flexible study)、多种媒体教育(multi-media education)、基于媒体的教育(mediated education)、基于资源的教育(resource-based education)、在线教育(on-line education)、网络教育(web-based education)、虚拟教育(virtual education)等。

远程教育可提供学历教育及非学历教育,是扩大教育规模、普及国民教育、实现终身教育的重要手段。使用的信息传播方式包括:通过印刷教材、音像教材与其他教材邮递的函授方式,有线广播和无线广播方式,网络传送方式,卫星电视方式等。可采用多种方式进行远程教育。

　　外国远程教育发展　　远程教育的历史起源可上溯至 19 世纪中叶的函授教育。函授教育是利用印刷教材和通信指导的方式进行教学,首先发生在职业技术培训领域。1840 年,英国人皮特曼将速记教程函寄给学生,他被认为是函授教育的始祖。大学层次开展函授高等教育的起源与英、美历史上的新大学运动和大学推广运动有关。新大学运动第一个有影响的成果就是 1836 年创建的伦敦大学,该校在 1849 年首创校外学位制度(external degree system),世界远程高等教育诞生。此后,各种函授学院在英国产生,为注册报考伦敦大学校外学位的学生提供函授教学辅导。伦敦大学校外学位制度成为采用自学、函授、业余夜校等方式发展校外高等教育的范例。英国剑桥大学在 19 世纪 60 年代首先倡导大学推广运动,为校外学生开设扩展课程教育。之后牛津大学和其他大学相继仿效。美国的大学推广运动始于 1862 年《莫里尔法》的颁布和一批赠地学院的创建。这类大学的著名口号是"州即校园",它们成为北美远程高等教育的发源之一。在 19 世纪后叶和 20 世纪初,大学层次的函授教育和校外学习在许多国家得到响应和推广,许多传统院校建立函授教育部门或校外教学部门,一批独立的函授院校也相继兴办。较早建校开展函授教育或校外教育的国家有美国、南非、新西兰、加拿大、澳大利亚等。

　　随着电力的普遍使用、视听技术的广泛应用和大众媒介的大规模发展,视听教育在成人教育和学校教育中迅速发展,19 世纪末 20 世纪初,幻灯、电话等被引入教育领域。20 世纪 20 年代,无线电播音教育和利用无声电影开展的视觉教育开始起步。1920 年,英国马尼克公司所属的电台首创教育广播节目。1921 年,美国联邦政府向盐湖城大学发放第一个广播教育特许证。30 年代,有声电影应用于教学,视听教育进入新阶段。50 年代,电视技术成熟并开始成为战后最强有力的一种大众传播媒介,电视教育很快崛起。1950 年,美国率先创建教育电视台。60—70 年代,广播电视、卫星电视和录音、录像技术的进步及其在教育领域的应用有很大发展,这使远程教育从单一的函授教学形态向多种媒体教学形态转化,并产生一类新型学校——多种媒体教学的开放的远程教育院校。开展大学层次教育的这类院校通常取名开放大学、远程教学大学、无墙大学、空中大学、放送大学、广播电视大学或开放学习学院等。20 世纪 50 年代重建的南非大学和 60 年代初创办的中国城市电视大学是较早采用多种媒体教学的远程教学大学(distance teaching university)。英国开放大学是世界上第一所开放大学,其思想上起源于英国首相 J. H. 威尔逊 1963 年提出的"空中大学"(university of the air)的理念。1969 年,依据英国皇家特许状正式建立,成为一所有权授予学位、向整个社会开放、进行多种媒体教学的自治的远程教学大学。1971 年开始招生授课。其办学宗旨是为没能接受高等教育的成人提供上大学、读学位的机会,同时发展大学后继续教育。英国开放大学在教育观念上的创新及其取得的成功极大地推动了远程教育的发展。70 年代以来,世界各地掀起一股兴办远程教育的热潮,一批自治的、多种媒体教学的、开放的远程教学大学在西欧、北美、亚洲、中南美洲和中东等地兴起,成为 20 世纪下半叶世界远程教育发展的主流,并产生一批在校生数超过 10 万人的巨型大学,其中许多出现在发展中国家。

独立的函授院校以及传统大学举办的函授部或校外学习部在新的历史条件下也有发展，包括开始采用新的教学技术和视听媒体作为辅助教学手段。

20世纪90年代起，电子信息通信技术飞速发展，人类开始从工业社会进入以知识经济为基础的信息与学习社会。开发人力资源、发挥人才优势成为各国提高国际竞争力的关键。实现高质量的基础教育、大众化的高等教育和全民族的继续教育，构建开放、灵活的终身教育体系和学习型社会，成为各国教育发展的战略目标。开放与远程教育（open and distance education）在各国终身教育体系中占重要地位。以微电子、计算机和电子通信技术为核心的电子信息通信技术的不断革新和进步，为开放与远程教育在21世纪的飞速发展奠定基础。以双向交互为特征的卫星电视直播课堂教学，各类音频、视频远程会议和计算机会议系统，互动计算机多媒体，以及互联网、各种无线网络等，正带来教育形态的革命。网络教育、网络教学、在线学习和电子学习同面授教学、开放与远程教学一起，成为21世纪终身教育和终身学习的主流。国家信息基础设施和全球信息基础设施成为21世纪教育的技术基础。基于开放与远程教学的巨型大学面临严峻挑战和巨大机遇。数字图书馆、数字实验室以及虚拟课堂、虚拟校园、虚拟社区、各种虚拟大学在各国创建。

中国远程教育发展　中国远程教育也从函授教育开始。1902年，蔡元培等在上海成立中国教育会。该会创办之初以编教科书为己任，继而应用通信教授法，刊行丛报，这是中国函授教育的起始。辛亥革命后，商务印书馆在1915年创设的函授学社是中国最早的函授学校。中华人民共和国的函授教育始于1951年东北实验学校所设函授部和由黄炎培主持的中华职业教育社在北京创办的函授师范学校，均属函授中等师范教育。普通高等学校举办函授教育是从中国人民大学（1952）和东北师范大学（1953）开始的。1951年6月，中国人民大学校长吴玉章、副校长成仿吾等向中央写报告提议在中国人民大学创办函授教育，得到刘少奇的批示支持。1952年，该校正式成立函授部并招生，1953年开学授课。1956年，厦门大学创办以海外侨胞和港澳同胞为对象的海外函授部。"文革"期间，函授教育被迫停办。"文革"结束后，函授教育进入新的发展时期。

中国电化教育始于20世纪初。各种视听媒体和大众传播媒介在非正规的社会教育领域和各级各类学校教育中发挥作用。20年代开始利用幻灯、电影进行教学。此后，广播、录音等也逐渐引入和发展起来。1955年，北京、天津等地分别创办广播函授学校。60年代初，随着各地电视台的建立，在中国的一些主要的中心城市（如北京、上海、天津、广州、沈阳、长春、哈尔滨等）相继创办面向本地区的广播、电视大学，举办正规的大学学历教育和单科教育，为当地经济建设和社会发展培养了一批人才。"文革"中全部停办，70年代末开始恢复和发展。

"文革"结束后，中国进入社会主义现代化建设的历史时期。此时，覆盖全国绝大多数省区的彩色电视网已经建成，举办面向全国的广播电视教育的条件基本成熟。1978年2月，邓小平批准创办面向全国的中央广播电视大学。1979年2月，中央广播电视大学正式开学授课。广播电视卫星教育成为中国开放与远程教育的主要发展方向。1981年，国家农业委员会、中国科学技术协会、教育部和中央广播事业局联合举办面向全国的农业广播学校（现名农业广播电视学校）。交通部主办的交通电视学校以及其他行业的广播电视中等专业技术学校也都具有相当规模。自1981年起，中国还建立国家高等教育自学考试制度（稍后又建立中等教育自学考试制度），实行学习者自学、社会各界助学、国家委托普通高校主持考试、由国家（政府）和主考学校共同授予文凭或学位。1986年7月和1988年11月，分别开通两个专用的教育卫星电视频道，1987年建立中国教育电视台。

20世纪90年代中期起，中国政府开始组织教育界和企业界实施教育信息化带动教育现代化的发展战略。1999年，国务院批转教育部的《面向21世纪教育振兴行动计划》，其中一项重要内容是实施现代远程教育工程。至2002年，中国教育和科研计算机网已成为中国的第二大互联网络，覆盖全国主要的城市和高等院校；中国教育电视台建立的远程教育卫星宽带多媒体传输平台，具备播出8套电视、8套语音、20套以上IP数据广播的能力，通过与中国教育科研网的高速连接，形成中国唯一的天网、地网结合的现代远程教育网络。1998年，清华大学、浙江大学、北京邮电大学和湖南大学成为首批现代远程教育试点高校。全国有多所普通高校经教育部批准设立网络教育学院，面向全国提供网络远程高等教育。全国广播电视大学也通过组织实施"人才培养模式改革和开放教育试点"项目加入高等院校现代远程教育试点工程。各类网络教育联盟也开始形成并发展起来，较有影响的有全国教师教育网络联盟和全国高校农业科技与教育网络联盟等。同时，中国政府其他部门、军界、企业界和社会各界也纷纷兴办基于计算机网络的教育培训，如国家组织实施的全国农村中小学现代远程教育工程和全国农村党员干部现代远程教育工程等重大项目。

远程教育国际比较与分类　远程教育的国际比较研究即对世界各国远程教育的实践和理论进行综合分析和比较研究，探讨远程教育发展的普遍规律、共同特征以及各国不同的特色和个性。其主要对象是远程教育系统或院校。依据其各自的特征可以将远程教育国际比较研究工作及其成果分为五组：第一组进行远程教育系统的跨国研究，通过案例研究或组织被选择国家论文报告来提供对国际或地区远程教育的观察，其内容和结论主要是描述性的；第二组通常应用普查或抽样调查、问卷设计和统计方法集中对世界或特定地区的远程教育进行统计描述和分析;第三组提出远程教育系统的评估指标体系方案并可能进而对被选择的远程教育系统(院校或项目)进行评估;第四组关注对世界各地的远程教育系统或院校进行分类学研究,其工作主要是建构分类学体系,也有部分案例研究;第五组对国际或地区远程教育系统进行某一个或多个专题的调查或比较研究。

远程教育形态分类关注远程教育的某种普遍特征或显著的形态差异,从而加深对远程教育基本属性的认识。国际上比较有影响的远程教育形态分类体系有五种:(1)远程教育的工业化形态。1967年起,德国学者O.彼得斯在其提出的远程教育工业化理论中将远程教学比作教育的工业化和技术化形态,而将传统的面授教学归结为教育的手工业或前工业化形态。1990年起,澳大利亚学者坎培奥在其提出的远程教育的福特主义概念体系中提供了远程教育的前福特主义、福特主义、新福特主义和后福特主义形态学论述。坎培奥和O.彼得斯等人均进一步探讨了后现代主义、后工业化的远程教育形态。(2)远程教育的东方模式和西方模式。O.彼得斯在1971年的德文专著《大学远程教育文集》中,依据在教学和管理结构上的差异,将大学层次远程教育分为东方和西方两大形态。东方模式的基础是印刷教材加上定期面授辅导,西方模式的基础是印刷教材加上函授及其他媒体通信。O.彼得斯进一步从政治结构、课程设置、组织结构和教学结构四方面详细剖析了这种分类依据的准则。(3)远程教育的单一模式和双重模式。前者指独立设置的专门从事远程教育的大学,后者指原本从事校园课堂面授教学的传统大学提供的各种类型的远程教育。以英国开放大学为主要代表的单一模式远程教学大学在20世纪70年代至90年代中期成为各国远程教育发展的主流。英国学者埃尔-布什拉、M.尼尔、凯依和鲁姆勃尔以及爱尔兰学者基更等人对提出和发展这一远程教育形态分类作出贡献。(4)大规模远程教育和小规模远程教育。20世纪八九十年代,瑞典远程教育学家霍姆伯格指出,工业化理论可能并不适用于那些小型的函授学校和双重模式院校开展的远程教学,进而提出大规模远程教育与小规模远程教育形态分类的思想。基更1993年和丹尼尔1995年提出巨型大学的思想,认为可以将注册学生数10万以上的远程教学大学界定为巨型大学,它们是大规模自治的远程教学大学的主要代表,是20世纪下半叶远程教育发展的主流模式,在21世纪依然有广阔的发展前景。(5)三代信息技术和三代远程教育。这一形态分类由加拿大学者加里森、丹麦学者尼珀和加拿大学者T.贝茨等人提出并发展:第一代以印刷技术和通信指导为主,对应第一代函授教育;第二代以大众媒介和个人媒体为主,对应第二代多种媒体教学的开放与远程教育;第三代以电子信息通信技术为主,以计算机多媒体

和互联网为主要代表,对应第三代网络远程教育。

远程教育院校分类关注构建远程教育系统或院校的特定分类体系,通过明确现实世界中各远程教育系统或院校在分类体系中的定位来进行分析识别和深入的比较研究。O.彼得斯(1971)、埃尔-布什拉(1973)、M.尼尔(1981)、凯依和鲁姆勃尔(1981)以及基更和鲁姆勃尔(1982)都提出过各自的远程教育院校分类法。较有代表性的是基更1982年为阿德莱德的南澳大利亚高等教育学院开发远程教育研究生课程时提出的一种简洁的远程教育院校分类法(见下图)。中国学者丁兴富在《远距离高等教育学导论》(1987)中提出,不应把组织管理体制与媒体教学模式混在一起,进而提出一种二维的分类体系,即采用二维矩阵形式,垂直一维是组织管理体制,水平一维是媒体教学模式。之后他综述以往的分类学研究,提出分类学研究的"目的—原则—分类"的三步操作法,并依据上述方法引进新的三维分类体系:第一维是教育的工业化形态;第二维是组织管理体制;第三维是远程教与学。

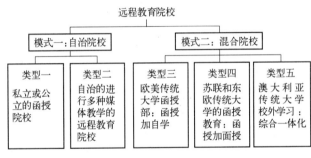

基更的远程教育分类法

中国学者提出关于世界远程高等教育实践和理论的一种新的分类体系:在国家层次上将世界远程高等教育抽象概括为三种实践模式,在学术思想倾向上将远程教育理论抽象概括为三大学派。三种实践模式:以英国为代表的主要由开放大学这类单一模式的院校来实施远程高等教育的单一院校模式(开放大学模式);以美国、俄罗斯和澳大利亚为代表的传统院校既进行校园面授教育又开展开放与远程教育的双重院校模式;以中国、法国和加拿大为代表的开展远程教育的单一和双重模式院校并存的多重系统模式。远程教育的三大理论学派:认为远程教育是教育史上的一场革命的革命学派;认为远程教育和传统教育正在汇合的趋同学派;提出各种连续变化的教育家族谱系的谱系学派。在远程教育三种实践模式与三大理论学派之间存在一定对应关系。国际远程教育界在一定历史时期存在主流模式和主流学派。20世纪下半叶,单一院校模式和革命学派是国际远程教育界的主流。自20世纪80年代末起,双重院校模式、多重系统模式以及趋同学派、谱系学派开始占据上风。这一分类体系对理解20世纪和21世纪初世界各国的远程

教育实践活动、分析国际远程教育的各种理论学说具有一定启发和指导意义。

参考文献

凯依，鲁姆勃尔. 远距离高等教育[M]. 王遵华，丁兴富，等，译. 北京：中央广播电视大学出版社，1987.

Ding Xingfu. A Comparative Study of Distance Higher Education Systems in Australia and China (short version) [M]. Hagen：Fern Universitat, 1999.

Rumble, G. & Harry, K. The Distance Teaching Universities [M]. London：Croom Helm,1982.

（丁兴富　张少刚）

远程教育课程开发与教学设计（course development and instructional design in distance education）远程学习的前提和基础，同远程学生学习支助服务共同构成远程教学的两大功能要素。远程教育是师生时空分离、应用技术媒体实现教与学整合的新兴教育形态。同传统学校教学相似，远程教学内容和远程教学媒体被整合在远程教育课程中。

远程教育课程设置　远程教学系统开发的首要任务是确定课程设置。首先，通过对教育市场的调查研究，发现并定位特定的教育对象。其次，通过对教育对象及其教育需求的进一步调查研究，确定教育目标，进行课程的设计与开发。远程教育课程设置具有多样性、开放性、创新性和灵活性，其特点主要体现在后两点上。

与远程教育对象多样性相适应的是其课程设置的创新性与多样性。远程教育院校可分为双重模式院校、单一模式院校。远程教育的双重模式院校指举办远程教育的传统院校，它们在学科专业和课程设置方面通常注重发挥原有教育资源的优势，在实践中，该类院校在教学计划和课程设置上主要有苏联和中国的函授教育实行的分离模式以及澳大利亚校外教育实行的综合一体化模式两类。在分离模式的院校里，对同一层次同一学科专业，校园面授教育和远程教育制订和实施不同的教学计划和课程设置，使用不同的课程材料（校内学生使用传统标准教材，远程学生使用特别设计的函授教材）。其教师不同、考试不同，学分与授予的学位和学历证书也各不相同、不可互通。在综合一体化模式的院校里，对同一层次同一学科专业，校园面授教育和远程教育制订和实施相同的教学计划和课程设置，使用相同的课程材料。其教师相同、考试相同，学分与授予的学位和学历证书也都相同、可以互通。综合一体化的课程设置模式适合于就业和教育转换日益频繁、边工作边学习的混合类学生（不同学期轮换注册校内生或校外生，或同一学期同时注册校内学习课程和校外学习课程），有利于终身教育体制和学习型社会的形成。远程教育的单一模式院校指专门为校外学生独立设置的远程教学院校，以自治的远程教学大学为主要代表。它是独立设置的新型学校，在教育资源和课程设置方面，通常采取创新、借鉴或者两者适当结合的方式。其课程设置与传统高等教育和师范教育（教师培训）相同或相近。如中国广播电视大学系统创建初期开设的高等专科教育（包括中央广播电视大学内设的中国卫星电视师范学院开设的师范教育），其课程设置同普通高等教育相近；同时，为适应全国城乡不同地区对各类实践型、应用型、高等职业型高级专业人才的需求，在国家确定的高等专科教育课程设置框架内，自主开设许多创新的学科专业。在英国和日本等发达国家，远程教育的学科专业课程设置有不同于传统高等教育的特色和创新。其中很重要的一个特点是在培养各类专业专家的同时，注重对跨学科、跨领域的通才的培养以及国民素质教育，满足社会不同人群的学习需求。如英国开放大学，它并不强调专业教育，而是注重通才教育，颁发大学文学士学位或荣誉学位。这适应了现代社会对人才知识结构的需求，也与其开放性入学政策和学生以家庭自学为主相匹配。此外，随着计算机网络的兴起，营利性的网站、网校、虚拟大学以及其他远程教育机构，开始为有支付能力的富有阶层提供专业课程设置，如计算机和信息技术、经济和工商管理、医疗卫生、涉外事务和外国语等，随之出现远程教育专业课程设置失衡问题，少数专业课程过热、相对过剩，而其余专业课程较少。

远程教育在课程设置上比传统教育表现出更多的开放性和灵活性。这主要体现在几个方面：（1）教育目标的多样化。依据不同的教育对象确定不同的教育目标，远程教育院校通常提供不同层次类型、不同学科专业的课程设置，同时举办学历和非学历教育。（2）个别化、个性化的教学计划。远程教育院校努力实现个别化、个性化的教学计划，即根据学生个人的实际需要和现有基础，制订个性化专业教学计划。（3）富有弹性的课程设置。远程教育院校的课程设置有更多的弹性和替代方案，能够适应不同对象的不同需要。（4）灵活的选课制。远程教育的课程设置通常采用较灵活的选课制，选课范围和比例都较大，如可以跨学科、跨学院选课，学生可以在学校和教师的指导下，制订学生个人的专业学习计划，并根据需要的变化和学习进度进行修改和调整。（5）完全的学分制。远程教育通常实行完全的学分制，学分多年有效，以便学生在不影响就业、家庭生活和社会职责的同时能自主设定和控制学习进度、完成学业。（6）灵活的学分转移。远程教育院校通常承认并实行灵活的学分转移，建立了类似"学分银行"等体制，以便学生能够在社会经济生活变动和全球化趋势日益加快的环境中坚持终身学习。以上特性在世界各地远程教育院校的课程设置中均有不同程度的体现。如中国广播电视大学的高等专科教育在课程设置上实行三级开课体制,即由中央广播电视大学与地方广播电视大学按六四开课比例分别开设课程。前者开设全国统设学科专业教学计划中不少于总学分数60%的课程,主要是公共基础课、专业基础课和若干骨干专业课;后者(包括基层办学单位)开设其余不多于总学分数40%的课程,主要是适应当地社会经济发展需要的专业课程和实践性较强的课程。此外,广播电视大学实行完全学分制,学分保持10年有效,面向全国统设的骨干课程年年开课、年年开考;实施课程为基础的注册模式。英国开放大学的大学学位教育计划是授予文学士学位和荣誉文学士学位的大学层次教育,实行学分制:文学士学位必须取得6个学分,荣誉文学士学位则要求8个学分。大多数开放大学学生每年选学1个学分的课程,取得学位的时间通常分别为6年和8年。该校学位教育也实行相当灵活的自由选课制。学生可以根据自己的需要和兴趣自由选择由6个学院(文艺、社会科学、教育、数学、科学和技术)开设的各种课程,合成自己的学位课程学习计划。还有两个或两个以上学院合作开设的跨学院课程。全部课程按性质和学术层次分为四级:第一级是基础课程;第二级课程覆盖的学科、主题面十分广泛,一、二级课程有许多是多学科交叉的综合课程;三、四级课程通常是单学科的,主题比较专业化,学术难度也较高。

远程教育课程设计、开发与发送 远程教育课程开发包括课程材料的设计开发和课程教学全过程的各个环节及其学习环境的设计开发。其中,多种媒体课程材料的设计、制作、发送、评估和更新是课程开发的核心内容,也是远程教学设计的主要对象。

课程开发创作模式随课程材料的原始资源状况不同而不同,大致可以分为改造、新建和革新三种类型。改造模式课程开发主要由选择和改造两个阶段组成,即从系统(院校)外的现有课程资源中选择基本合用的特定课程材料,随后进行必要的转化、增补和加工、改造。新建模式课程开发可以采用分立式和一体化两种方案。分立式指对同一课程的印刷材料、视听材料、计算机课件、网络课页、实践教学环节、作业和考试等的创作设计是相互独立、分立进行的;一体化指对同一课程的印刷材料、视听材料、计算机课件、网络课页、实践教学环节、作业和考试等由同一课程组实行同期创作和综合一体化设计。一体化设计可以避免同一课程多种媒体教材之间的脱节、重复甚或矛盾,有利于充分发挥不同教学媒体的功能特长,从而实现扬长避短、优势互补、整体优化。更新(维持)模式指利用院校原有的课程材料进行课程开发,即在评估基础上对原有课程进行维持和再创作。

远程教育课程开发的组织模式主要有三种。(1)学科专家主导的分工负责模式。如印刷教材实行主编负责制,视听教材实行主讲负责制。由学科专家创作教案并提出基本教学设计要求,随后交设计制作人员开发实现。(2)教学设计人员主导的协作模式。由教学设计人员或小组负责课程的整体教学设计,而由学科专家负责课程的教学内容和学术水平。(3)集体创作的课程组模式。由组长(主持教师)、学科专家(主讲主编)、教学设计人员、教育技术和媒体专家、计算机课件和网络教学设计专家、编辑、编导、美工、教学评估专家、辅导教师代表和协调员等组成课程组,以集体创作的方式设计、创作多种媒体课程材料的原型。课程组模式最初是在英国开放大学的课程开发实践中发展起来的。其优势是能够充分发挥各类人员的专业技术特长,实现教学人员、技术人员和教学设计人员之间的合作,充分发挥学术民主和创作自由,实现多种媒体的优化选择和组合以及教学设计的一体化和最佳化。

远程教育以多种媒体课程材料为核心的课程资源的开发全过程,大致由创作(设计创作和试用评估)、制作(生产制作)、发送(传输发送)和更新(课程评估和更新)四个阶段组成。试用评估指在设计创作阶段对印刷教材样章、视听教材样片、计算机课件样品或网络教学资源样本进行形成性评估;课程资源的生产制作指在通过专家评审和试用评估、反馈修改后,多种媒体课程材料的创作原型(原稿、母带、母盘等)最后通过终审,依据教育市场需求进入批量生产和制作;课程评估(包括形成性评估和总结性评估)和更新是整个远程教育课程资源开发的重要环节,也是远程教育课程设置得以维持和革新的依据。

远程教育与传统学校教育在课程开发中的重要差异是,课程资源的发送机制不同。传统学校教育的教育资源传输和发送通常是通过人际面授交流直接实现的(如在教室里的授课、在课堂里的班组辅导或个别答疑、在实验室的演示或操作指导等),或者是通过校园内的教育资源基础设施直接获得的(如在图书馆阅览室、通过计算机中心和上网获取所需的教育资源)。远程教育课程资源的传输和发送主要有院校或系统内部发送和依靠社会公共系统发送两种方式。对远程教育课程资源的接收也存在不同。从学习组织模式看,远程教育有以家庭为基地的个别化学习和以工作单位或社区中心为基地的班组学习两种模式,其课程资源的传输和发送模式存在差异。在发达国家,大多采用学生个人上网接收各类网络课程资源的模式;在发展中国家,较多采用在工作单位或社区学习中心设立网络教室或网吧,实现班组集体上网或个别上网。远程教育的课程资源传输和发送不仅与远程学习组织模式密切相关,而且直接影响课程资源的教学设计。因为课程资源的传输发送和接收使用模式不同,其教学功能特征就不同。对不同的学习者、不同的学科内容、不同的认知目标等,课程资源的发送与接收模式不同,其教学设计要求也就不尽相同。此外,开发成本和发送成本也可能不相同。

远程学习课程材料的教学设计　多种媒体课程材料的总体教学设计原理:(1)远程教育多种媒体教学通常以印刷媒体为基础(即用印刷教材传递课程的基本教学信息),以视听媒体、电子通信媒体、计算机网络和面授辅导等为辅助。要充分重视和尽量发掘印刷媒体的教学功能特长,凡印刷媒体能解决的教学目标,尽可能不用其他媒体。在信息技术和基础设施相当发达的国家和地区,如果计算机多媒体和网络课程的设计开发已经成熟,远程学习者基于计算机网络资源的在线学习也已经成熟,则可以采用以计算机网络发送课程资源开展在线学习来代替基于印刷媒体的学习。(2)在利用较新兴技术和成本较高的媒体与利用较成熟技术和成本较低的媒体的关系上,应鼓励使用和发挥后者的功能(如录音教学)。(3)在受众面较广的媒体(如广播电视)与受众面较窄的媒体(如录音、录像和面授辅导)的关系上,当学生数量大、分布广时应优先考虑前者,若学生数量不大又比较集中则应考虑后者。(4)应多选择学生可以自控、学生与媒体有更多交互作用、学生能获得较多反馈信息的教学媒体。(5)应适当选择多种媒体进行教学而不是只用单一媒体,并注意扬长避短、相互配合,进行一体化设计。

各种媒体课程材料的具体教学设计原理:在印刷教材中,应在显著地位明确向学生讲清教学目标和要求。这些目标和要求应是教学大纲的具体化和细化,符合可操作和可测量的要求,即应明确学生必须掌握的教学内容以及要求学生掌握的程度和方法。目标和要求既是学生学习的指南,也是引导各地辅导教师进行教学辅导的方向、依据和参考。印刷教材的创作还应注重版面设计。印刷教材是一种永久媒体,一种个体化学习媒体,学生可根据自己的特点和学习需要自定进度、自定阅读方式、进行自我控制地学习。对学生自学方法的指导、对多种媒体教材分工和联结方式的说明,大多数都体现在印刷教材中。而版面设计是好的教材内容和设计思想的必要的外在形式。广播(录音)教材应该设计成一种十分灵活方便,与学生有广泛相互作用(包括行为、感情参与),对学生学习随时进行反馈和强化的、可控的永久媒体。电视(录像)教材的特长在于其多方面的特殊的表现力和激发情感参与的功能。电视(录像)教材要精心设计、创作那些特别需要用电视手段表现的课程内容专题。广播电视的单向性、信息量高度密集和线性呈现以及作为一种即时媒体而无法控制的特征,在设计时应予以充分注意。录像媒体在可控性上有较大改进。课堂实录可以增加集体面授教学的场景和氛围,与演播室录制相比各有特点和优势。课堂直播电视或视频会议系统不仅具有师生间双向交互的功能优势,而且可以将与课程有关的最新进展和专题及时播出或提供给学生,还可以实现有组织的讨论。计算机辅助教学和网络教学、在线学习是最新发展起

来的技术和媒体,具有许多教学功能优势,尤其在提供丰富的教育资源,深化学生与教学材料的交互作用,促进自主学习、发现学习、探究学习和合作学习等创新学习模式,加强师生交流等方面有巨大潜力。在教学设计时要注意单机应用的计算机多媒体教学课件与计算机网络教学在线学习的差异,还应注意基于计算机网络的各类通信技术,如信息单向发布技术、异步通信技术和同步实时通信技术的功能差异及其对教学应用和教学设计的影响。网络课程和网络课件应在保持多媒体课件原有的教学功能基础上,注重发挥网络教学在线学习的特长和优势:开放性和灵活性,扩大规模、随时随地自主学习;资源开拓与共享,开拓和链接全球优质资源,让自己拥有知识产权的资源全球共享;参与性和交互性(参与、交互和合作),提供和实现多种丰富而有效的行为参与、情感参与和交互作用;经常和及时更新;新的环境和时空,创设虚拟校园、虚拟课堂、虚拟实验室、虚拟图书馆和其他数字化学习环境,创设以人为本、以学生为中心的学习环境,实现学习环境和空间的人性化、人格化、个性化,有利于素质教育、创新教育、实践教育;系统集成,将教学(学习)资源、教学(学习)过程及其各个环节和教学与学生管理集成(教学、学习、信息传输与查询、实践性教学环节、作业练习与反馈、考试评价、教学管理、从注册到学习档案、学分认定等学生管理及其他等)。综合形成网络教与学的创新模式,是在线学习网络课程教学设计的根本目标。

参考文献

艾碧. 网络教育:教学与认知发展新视角[M]. 丁兴富,等,译. 北京:中国轻工业出版社,2003.

隆特利. 怎样编制开放与远距离学习的教材[M]. 鄂鹤年,蔡枢,译. 北京:中央广播电视大学出版社,1998.

Bates, A. W. Technology, Open Learning and Distance Education [M]. London: Routledge. 1995.

(丁兴富)

远程教育评估(evaluation of distance education)运用现代科学方法和技术手段,收集并处理与评估对象有关的远程教育现象的数据资料,并以既定的评估目标和标准为依据对处理结果做出分析和价值判断,从而为决策和管理提供反馈信息和论证。可以是远程教育院校自身的行为,如院校组织对远程教育专业课程设置或课程教学的评估、院校组织学生对教师远程教学效果的评价等;也可以是政府(直接组织或委托第三方组织)对远程教育院校的教育质量和标准的评估,通常指后者。教育评估通常基于针对性很强的评估指标体系(可分为基于标准和基于常模两种),通过自评和专家组评估(文件、数据和现场考察相结合)来实现。其指标体系一般由被评估对象上层教育行政

领导部门或外部代理机构制订,较注重指标体系的客观性、可比性和可测性。评估指标通常是定量与定性结合,以定量为主。教育评估的对象一般是一个同质的群体,评估的结果有可能显示出个体之间的差异,含有比较、选择、褒贬和奖惩的意义。远程教育评估通常同远程教育的质量保证和质量控制直接相关。对教育质量的界定取决于教育目标和标准。教育目标可以是多元的,但主要有国家和社会的、组织和机构的以及学生个人的三种,它们既有联系又有区别。教育标准也可以是多样的,如精英教育和大众化开放教育有不同的教育价值观、质量观和标准。远程教育评估同一般教育评估的主要差异在于评估对象、评估目标和标准方面的不同,两者的评估程序和方法并无不同。

远程教育系统评估指标体系理论研究 各国学者对远程教育系统(院校、项目、计划)评估的理论方案和指标体系有许多研究成果,其中影响较大的有:(1) 古勒的评估准则。古勒于 1979 年提出评估远程教育项目的若干准则:入学机会,特别是为各类新的对象扩大教育机会;满足国家、地区和个人需要的程度;提供的教育项目的质量;学习者达到院校和学生个人确定的教育目标的程度以及教育成果;成本效益;教育项目在目标、政策、方法和行为等方面对社会、其他项目、院校和个人产生的影响;知识的创新,如成人学习者的特性、新教育技术的应用等。(2) 四维评估体系。鲁姆勃尔于 1981 年设计了一种基于"四项测试"的远程教育系统评估方案:反应时间测试(或培养毕业生所需的时间);产出—投入比测试(或合格毕业生占入学学生数的比例);产出适应性测试(依据院校的目标、社会对受教育人才的需要、社会对教育的需求、社会中处境不利人群的需要,考察毕业生的数量和质量);成本效率和成本效益测试。基更和鲁姆勃尔在《远程教学大学:一种评估体系》一文中指出,教育评估可以分为基于标准的评估和基于常模的评估两种。基于标准的评估要求依据"理想"的绩效标准对评估对象进行定性和定量的价值判断。但制订"理想"的绩效标准常常很困难。基于常模的评估提供了一种替代方案。评估远程教育系统的常模可以通过所有高等院校的正常的(标准的、平均的)绩效或传统高等院校的正常的(标准的、平均的)绩效或非传统高等院校的正常的(标准的、平均的)绩效等三种方式取得。基更和鲁姆勃尔在鲁姆勃尔基于"四项测试"的评估方案基础上提出了一个扩展的远程教育系统的"四维评估体系":一是远程学习实现的数量,包括系统在扩大规模、增加入学机会方面的成功,淘汰率,产出—投入数量关系(产出—投入比),培养人才的周期,系统在满足国家、地区和个人需要方面的成功等;二是远程学习实现的质量,包括系统提供的学习材料的质量,远程教学对培养特定学科人才的适应程度,系统在进行远程信息传输和知识教学之外实现远程教育的社会文化功能方面的程度,远程学习

的效果,远程学习的交互性等;三是远程学习实现的声誉,包括其他院校认可学分转移的程度,在继续高层次学习时对授予的学位和文凭的资格的认可,雇主对授予的学历的认可,社会对远程学习院校及其授予的学历证书的认可等;四是远程学习实现的相对成本,包括远程教学院校相对于传统大学和其他运行模式的成本效率,远程教育系统相对于传统大学的成本效益,远程教育系统和传统大学的成本收益(教育产生的社会的和个人的收益相对于教育成本的关系),远程教育的机会成本。(3) K.C. 史密斯的七项评估标准。K.C. 史密斯 1987 年在《远程学习的发展和现状》一文中提出远程教育评估的七项标准:系统的产出;毕业生的认可;远程教育院校的地位;课程材料和教学服务的质量;为国家和社会培养的人才;学生对所采用的远程教学方法的评价;远程教育研究。

外国远程教育评估实践 外国远程教育评估更多的是对特定的远程教育系统展开实际的评估研究。

英国开放大学发表一系列教育评估报告,较有影响的有两类。英国教育与科学部和英国开放大学在 1991 年联合发表题为《开放大学评价》的评估报告,其主要目标是:为政府对开放大学在整个业余高等教育体系中的重要地位这一决策提供依据,其背景是政府意在扩大高等教育中成人业余学生的比例;确认对开放大学的公众拨款的投资效果是好的,并探讨更有效地促进开放大学学位教学计划发展的拨款体制。这是一次总结性评估,对英国开放大学建校 20 年(70—80 年代)来的绩效及其投资效率和成本效益等作了全面评估和经济学分析。评估得到了预期的结果,坚定了英国政府对开放大学作为英国成人业余高等教育主体的决心。1989 年起,英国政府开始进行高等教育质量评估,由三个高等教育基金委员会组织实施,即英格兰高等教育基金委员会(Higher Education Funding Council for England,简称 HEFCE)、苏格兰高等教育基金委员会(Scotland Higher Education Funding Council,简称 SHEFC)以及威尔士高等教育基金委员会(Higher Education Funding Council for Wales,简称 HEFCW)。它们对英国大学(包括开展远程教育的开放大学)进行三年一个周期的评估,作为之后三年拨款的依据。1997 年成立高等教育质量保证署(Quality Assurance Agency,简称 QAA),并开始组织实施英国大学学科教学质量评估。每个被评估学科按照 6 个项目进行打分:课程设计;教学内容和教学组织;教、学和检查考核;学生学习进步和成果;学生学习支助服务和指导;学习资源及质量保障和完善机制等。每个项目满分为 4 分,6 个项目的总分是 24 分。如果总分达到 22 分以上(含 22 分),就是达到"优秀",但其中任一项目的得分不得低于 3 分。英国媒体依据评估结果发布英国大学排行榜,在全英 119 所大学的教学质量单项打分中,英国开放大学保持在第 5 名,排在牛津

大学(第 6 名)的前面。

自 20 世纪 90 年代始,澳大利亚政府鼓励所有大学开展远程教育,并组成"澳大利亚开放学习共同体"(Open Learning Australia)。澳大利亚政府委托墨尔本大学高等教育研究中心对澳大利亚开放学习共同体进行评估。确定评估的主要任务是独立评估开放学习创新满足澳大利亚联邦政府的要求的程度,独立调查由提供课程单元的院校、提供教学服务的院校和其他院校提出的各种问题以及支持提供课程单元和教学服务的院校开展自评并对自评报告做出评论三个方面。评估组主要对开放学习共同体的质量、入学机会、灵活性、革新、现有资源的应用和成本效益进行评估。1996 年 1 月,评估组发表《澳大利亚开放学习创新评估总结报告》,认为开放学习创新确立 3 年以来,以下三项基本目标已经成功实现:高等教育的入学规模已得到扩大,而且控制在成本预算范围内;由于开放学习创新,高等教育领域里的灵活性和在一定程度上的革新增加了,各院校提供的开放学习课程在质量上与其校园教学课程相当;开放学习创新建立在各院校原有的远程教育和电视开放学习试点项目的经验、专业知识和技能、课程和基础设施的基础上。但在职业和继续教育、职业教育和培训领域,灵活的开放学习创新还相当有限。

在 1997 年国际远程教育协会(International Council for Distance Education,简称 ICDE)第十八届世界大会上,赛里和戈梅斯报告了加拿大两所远程教学大学——不列颠哥伦比亚省的开放学习联合体(Open Learning Agency)和艾伯塔省的阿塔巴斯卡大学(Athabasca University)采用传统大学制订的绩效指标体系进行评估。这些指标主要包括:入学机会;毕业结业;转学;成本指标;空间利用;学生满意程度;就业指标;雇主满意程度;研究指标。他们集中讨论了如何设计对远程教育院校评估更适用和有效的指标。柯瑟和赛克希纳提出了对英迪拉·甘地国立开放大学在院校层次上进行自评的模型。主要包括五方面内容:入会机会;教育计划和课程;学生的学习成果;效益和效率;对其他院校和个人的影响。

中国远程教育评估实践　中国远程教育的评估几乎与普通高等学校的评估研究和实践同期起步。20 世纪 80 年代中期以来,中央广播电视大学和各地省级广播电视大学开展一系列教育评估活动。进入 21 世纪,随着多所普通高校被教育部批准成立网络教育学院实施现代远程教育试点,网络远程教育的评估也开展起来。(1) 全国广播电视大学毕业生追踪调查。首次广播电视大学毕业生追踪调查选择 1982、1983 和 1985 共三届约 32.2 万名毕业生作为被查总体进行分层随机抽样调查。结果表明,用人单位对毕业生质量评价为信任和较信任的占大多数,大部分毕业生能独立胜任工作。该调查为科学决策提供一批可靠的、宝贵

的资料。(2) 广播电视大学教育质量和投资效益评估。中央广播电视大学主持制订《中国电大大专学历教育质量评估统计指标体系》、《中国电大教育投资效率与结构评估指标体系》和《中国电大教育投资效率与结构评估统计指标体系》,并设计调查统计表格,研究确定了评估数学模型和普查与抽样调查结合的方案。评估结果对广播电视大学建校后 11 年的教育质量和投资效益作出较全面、客观、定量的历史性回答,并与普通高校和其他成人高校作了比较分析。评估报告对继续发挥其优势和特长、克服和改善其薄弱环节提出改进建议,对广播电视大学在 90 年代的宏观规划和决策、改革和发展产生积极影响。(3) 全国省级广播电视大学教学质量评估。由教育部电化教育办公室和中央广播电视大学组织领导,全国 44 所省级广播电视大学都参与了评估。此次评估设计制定包括"省级电大教学评估指标体系"(包括教学过程、教学管理、教学条件和教学效果 4 个方面的五级评估指标体系,指标共 168 项)、"省级电大教学评估量表"以及"学生调查表"、"教师调查表"、"省级电大调查表"在内的评估方案;开发了评估数学模型和统计软件;对 4 个参评专业学生组织了分层、整群和等距相结合的抽样调查。经过自评、复评和验收,形成《中国广播电视大学教学评估(1997—1999)报告》。这是中国广播电视大学系统创建以来规模最大、规格最高的一次全国性评估活动,它促进广播电视大学系统的建设,加快其改革和发展的步伐。(4) 广播电视大学人才培养模式和开放教育试点中期评估和总结评估。教育部于 2001 年发布《关于开展"中央广播电视大学人才培养模式改革和开放教育试点"项目中期评估工作的意见》,组织专家组对中央广播电视大学和 44 所省级广播电视大学进行中期评估。2002 年,教育部发布《关于公布中央广播电视大学和省级广播电视大学试点项目中期评估结论的通知》,中央广播电视大学和 43 所省级广播电视大学均通过了中期评估。从 2005 年起,教育部又开始组织对开放教育试点项目的总结评估。(5) 高等院校网络教育学院现代远程教育年检年报。2001 年 12 月,教育部发布《关于对现代远程教育试点院校网络教育学院开展年报年检工作的通知》,决定从 2001 年起对试点高等院校的网络教育学院实行年报年检制度。为此,编制了各种报表,每年年终由各试点高等院校提交年报,由教育部组织专家组进行年检,并及时将年检结果返还试点高等院校落实整改。同时,依据年检年报数据形成关于中国试点高等院校网络远程教育现状、问题和对策的综述报告。(6) 普通高等院校现代远程教育试点工作评估。在以上一系列远程教育评估工作的基础上,教育部制订"现代远程教育试点工作评估指标体系"。该体系共有 10 项一级指标,24 项二级指标(其中有 11 项核心指标),60 个主要观测点。教育部组织专家组对各试点高校展开评估,根据各项指标是否合格,给出评估结论,分为

合格、基本合格和不合格三种。

参考文献

Rumble, G. & Harry, K. The Distance Teaching University[M].
London: Croom Helm., 1982.

（丁兴富）

远程教育系统设计与开发（design and development
of distance educational system）　　在对社会环境、教
育需求进行调查和分析的基础上做出决定采用哪种类型的
远程教育系统的决策，进而构建该系统的过程。进行远程
教育系统设计和开发之前，首先要明确现有的传统教育系
统的状况及其局限性，特别是要明确，在由社会经济发展和
人力资源开发引发的新的市场需求压力下，现有的传统教
育系统通过扩展、改造和发展，依然无法适应和满足哪些特
定对象的新的教育需求。远程教育系统设计与开发决策中
与学生相关的准则是：数量大（爆发性需求）；分布在广阔的
地区（分布不均匀、不规则）；学生状况不整齐（年龄、职业、
社会经历、学历基础、经济条件等）；无法利用传统学校教育
资源和设施（由于诸如就业、家庭职责、路途远、费用高、年
龄大、不够入学学历等多种原因）；身体残疾或社会处境不
利阶层的成员；由于各种原因不愿意回归校园学习或乐于
应用信息技术和教学媒体进行自主学习等；在学龄期间失
去了接受教育的机会；具有一定的独立学习能力，或至少在
激励和指导下能够具有一定的自主学习的能力。与教育需
求相关的准则是：需要增加的合格教师数量十分庞大；扩充
传统院校设施的基本建设投资和支付新增加的教师的酬金
的经常性费用都极其巨大；需要新开发大量特定领域急需
人员的培训课程和知识更新课程；为满足特定对象新的教
育需求，需要协调乃至修改传统院校的原有办学方向等。

　　整个远程教育系统设计与开发决策过程可以划分成前
后相继的两个组成部分：在传统教育系统与远程教育系统
之间作出选择；设计特定的远程教育系统，即在各类特定的
远程教育系统之间再次进行选择。

　　远程教育系统设计与开发的主要内容是远程教学系统
的设计与开发。远程教学系统是远程教育系统中最重要的
运行子系统，它包括课程和学生两个子系统。远程教学系
统开发是在远程教育系统整体规划设计基础上进行的，它
取决于远程教育院校对教育对象和教育目标的定位，涉及
远程教育的课程和学生两个子系统的方方面面，关系教
与学的全过程，即从教育计划和课程设置开始，经过远程
教与学的各个环节，主要是课程的设计、制作和发送以及开
展各种学习支助服务，包括各类实践性教学环节和各种人
际双向交互活动，直到课程考试、毕业考核以及对远程教与
学成果的其他检测和评估。远程教学系统开发是各门课程

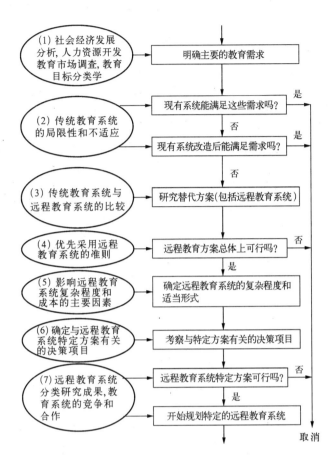

远程教育系统设计与开发决策的过程

开发和教学设计的基础。在远程教学中，学生和教师处于时
空相对分离的状态，基于信息技术的媒体教学代替教师课
堂连续面授成为远程教与学的主体。在远程教学系统开发
与教学设计中，不再是以教师和教材为中心，而要以学生的
学习过程和学习资源为核心，进行系统的设计和开发。远
程教学系统设计与开发有三个主要特征：(1) 教学要素的
扩展和重组是特点。从传统学校教育到远程教育，教学要素
有了扩展。一种观点是从三要素（教师、学生、内容）变成了四
要素（学生、教师、内容、媒体）；另一种观点是教学三要素（教
师、教材、学生）中的教材变成了资源（以教学内容或学科内容
为内核或内涵的技术、媒体、材料和环境的总称）。更重要的
是，在远程教育中，教学基本要素的地位和功能及其相互关系
和交互作用有了新的特点，发生了重组，即从传统学校教育的
教师、课堂、教材三中心制转变成以学生为中心，强调学生自
主和合作学习。(2) 课程资源开发与学习支助服务是重点。
详“远程教育课程开发与教学设计”、“远程学生学习支助服
务”。(3) 远程教与学模式创新是难点。远程教学系统设计
与开发的根本任务是在师生分离条件下，通过课程资源开发
和发送以及学习支助服务系统的开发和运行，特别是师生双
向通信交互机制的开发和实施来实现教（师）和学（生）行为和

思维活动的整合。其中,实现学生基于课程资源的自主学习与包括双向交互在内的各类学习支助服务的适当均衡是远程教学系统设计与开发的关键。

(丁兴富)

远程教育学(distance education)　研究远程教育这一教育形态的现象、规律和本质,探讨作为方式或方法的远程教育在人类教育和培训体系中的地位、作用以及远程教育的原理、方法和特点的学科。教育学分支学科。从20世纪70年代起,远程教育实践的发展导致远程教育理论研究日益增长和远程教育学科走向独立。在发达国家,远程教育学自20世纪80年代末90年代初开始成为相对独立的学科,但其学科体系的最终形成和成熟还需较长时间。

远程教育学的研究对象

远程教育学的研究对象是远程教育。远程教育是与传统校园课堂面授教育相对的一种教育形态,包括从函授教育到基于广播、电视、录音、录像等大众媒介的多种媒体开放远程教育,再到基于电子信息通信技术的网络远程教育。其定义涵盖作为教育方式的狭义远程教育与作为教学方法的广义远程教育。前者指教师和学生在时空上相对分离,以学生自学为主、教师助学为辅,教与学的行为与思维活动通过各种信息技术和媒体资源实现联系、交互和整合的各类学校或社会机构组织的教育;后者包括在师生时空分离或学习者独立自主的所有各种情境(包括传统学校校园情境和社会生活情境)中作为方法或手段的技术在教育、培训和学习中的应用。狭义的远程教育即学校远程教育或机构远程教育,是基更、霍姆伯格和O.彼得斯认同的"真正的远程教育",是与传统校园课堂面授教育相对的"一种独特的和分离的教育方式"。

从另一角度,广义的远程教育也可以指通过远程教学和(或)远程学习实现的教育(包括各类学校或其他社会机构组织的教育和社会生活情境中的教育)。狭义的远程教育,指通过远程教学和远程学习实现的各类学校或其他社会机构组织的教育。远程学习指学习者(学生)利用各类学习资源(广义)、在没有助学者(教师)连续面授指导情境下的学习行为和思维活动。学习者(包括社会生活情境中的个人或校内学生)利用各类技术媒体的独立自主学习和协作学习,基于资源和通信的开放、灵活和分布式学习,通过网络的电子学习、在线学习和虚拟学习等都应认同为广义的远程学习。远程教学(单指教)指助学者(教师)通过技术媒体而不是连续面授为学习者发送课程材料并利用双向通信设施对学习者(学生)的远程学习进行指导或辅导(也称学习支助服务或导学)。远程教学(教与学)指在非连续面授指导的情境中,助学者(教师)和学习者(学生)之间通过各类教育资源和双向通信实现教与学的双边交互活动。从概念内涵来说,远程教育不仅包括远程教学和远程学习,而且包括决策、规划、管理、后勤等,远程教学和远程学习构成远程教育的一部分,而且是其中的核心部分,而远程学习又是远程教学(指远程教与学)的核心部分。从概念外延来说,远程教学和远程学习不仅仅发生在学校和其他社会机构组织的远程教育(狭义)中,也可以发生在企业经济活动、社会文化活动、大众媒介传播过程和社会家庭日常生活等各类社会生活中。学校和其他社会机构组织的远程教育(狭义)中的远程教学和远程学习(可称为狭义远程教学和狭义远程学习)只是多种多样的远程教学和远程学习(可称为广义远程教学和广义远程学习)中最重要的一类。远程教学(指远程教与学)包括远程教导和远程学习两部分。远程学习可以是指远程教与学双边活动中学习者的学习行为与思维活动,在这种场合,远程学习即学生的行为与思维活动必定与远程教学(指远程教导)即教师的行为与思维活动有双向交互作用。但远程学习也可以是学习者自主组织实施的基于各类信息技术和学习资源的开放而灵活的学习,与远程教学(指远程教导)无关,即学习者与教师(学习资源的开发设计者)并不直接发生双向通信交互作用。远程教学(教与学)中的远程学习只是更广义的远程学习中的一部分。

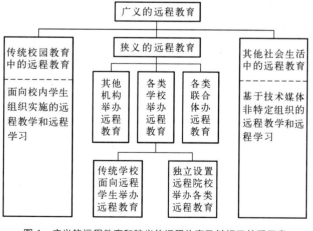

图1　广义的远程教育和狭义的远程教育及其相互关系示意

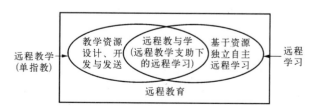

图2　远程教育、远程教学和远程学习三个概念内涵的逻辑关系

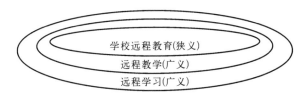

图3　远程教育、远程教学和远程学习三个概念外延的逻辑关系

在20世纪,远程教育学的研究对象主要集中在狭义远程教育(学校远程教育)及其远程教学和远程学习,这类研究成果对理解和指导各类社会生活(包括传统校园教育)中广义的远程教育、远程教学和远程学习也有显著的理论意义。

远程教育的基本理论

远程教育的基本理论是构成远程教育学科体系核心的理论学说,包括远程教育学的基础理论和远程教育主要分支学科的理论原理。远程教育学科基础理论体系的奠定主要表现为远程教育基本概念和学科研究领域的确立,远程教育基本原理和基本理论的阐述和发展以及远程教育各种学派的形成,构成远程教育的学科理论体系的核心。对远程教育基本理论的阐述则是建立远程教育学科体系的核心。与远程教育主要分支学科的理论原理相比,远程教育学的基础理论具有更重要的全局和基础地位。这类基础理论涉及整个远程教育、远程教学或远程学习,而不仅仅是远程教育的某个分支领域。与此相应,它更多属于"将远程教育作为客体作科学探究的求真研究"的成果、具有社会科学或教育科学属性的理论学说。而远程教育主要分支学科的理论原理大多与远程教育在某个特定领域的运行和操作有关,更多属于"将远程教育作为人类实践作开发运行的求效研究"的成果、具有技术学科属性的理论学说。

远程教育的宏观理论　概括远程教育系统的内部规律,总结远程教育系统与整个社会及其政治、经济、文化和教育各个子系统的相互作用和规律的理论。已有学者尝试构建这类远程教育普遍理论的基础,提出并发展一些反映远程教育与其所处社会环境相互关系的某些规律性认识的特定的宏观理论。如英国学者佩拉顿在1981年提出一个由14条原理构成的远程教育的普遍理论。他在第二、第三和第五条原理中表述了远程教育有增加教育机会、扩大教育规模、实现规模经济和较高的成本效益的优势,在第六和第十至第十三条原理中表述了远程教育体系自身的特征。这一理论构架是纲领性的和尝试性的。O.彼得斯、赫梅尔和丁兴富探讨了远程教育发生和发展的动力基础理论。O.彼得斯强调远程教育是近代工业化社会的产物,它适应了工业化社会对大量专业人才和有生产技能的劳动者的需求,而工业经济的发展和技术的进步则为远程教育的发生

和发展提供技术基础。赫梅尔1977年认为,第二次世界大战后远程教育的新发展是终身教育思想和大众传播媒介相结合的产物。丁兴富探讨远程教育发展的动力基础理论,逐步发展了"五原理"理论体系。

德国学者O.彼得斯1967年提出和发展其远程教育工业化理论,其核心是将远程教育比作教育的工业化和技术化形态,而将传统的、面授的和集体的教育认定为教育的前工业化形态。远程教育以教学过程的高度技术化为其基本特征,远程教学主要依靠技术媒介来实现,而传统教学主要是面授的和以集体为基础。适合分析这种新的工业化教育形态的理论模型是工业化大生产的理论。远程教育工业化理论赢得了远程教育决策者、理论研究者和实践工作者的广泛讨论。20世纪80年代末至90年代,坎培奥、鲁姆勃尔等人及O.彼得斯本人发展了远程教育工业化理论,主要成果有:远程教育的福特主义、新福特主义和后福特主义的理论;后工业化时代和后现代社会的远程教育形态的理论;远程教与学的技术化、信息化理论;人力资源开发市场理论、组织管理学理论等的交叉发展。

加拿大学者加里森、丹麦学者尼珀和加拿大学者T.贝茨等人提出三代信息技术和三代远程教育的理论。加里森1985年在《远程教育中的三代技术革新》一文中指出,远程教育的发展与三代技术革新相适应。技术革新和相应的远程教育发送模式的转变可以用相互作用和相对独立这两个概念来分析,这些概念反过来又为媒体及相应的远程教育发送模式的分类学提供基础,使远程教育工作者更好地理解远程教育的基本特征和选择发送媒体。1989年,尼珀在其论文《第三代远程学习和计算机会议》中又一次发展了三代远程教育的概念。他指出,第一、第二和第三代远程学习是指远程教育的三种模式,它们与通信技术开发和传播的历史发展相联结。第一代远程学习即函授教学,其主要媒体是书写和印刷材料。第二代远程学习是20世纪60年代发展起来的多种媒体教学,它将印刷媒体的应用和利用广播、电视、录音、录像及部分利用计算机结合起来。第三代远程学习引进电子通信技术,使远程学习成为一种社会交流过程。从通信技术的观点看,第一、第二代远程教育属于从教师到学生的单向通信和有限的双向通信。第三代远程教育是师生之间以及学生之间的相互作用双向通信。尼珀的概念在T.贝茨1991年的论文《第三代远程教育和技术的挑战》中得到进一步阐述和发展。T.贝茨注重指出第三代信息技术和远程教育与前两代在成本结构上的经济学差异,及其对发达国家、发展中国家的特殊意义。经由T.贝茨的论述,三代信息技术及其相应的三代远程教育的理论取得广泛共识。如丹尼尔(1996)、澳大利亚学者J.泰勒(1995,1997,1999)和许多其他学者都表明了对信息技术及相应的远程教育理论的支持,并继续探讨这一理论与各国

高等教育发展尤其是开放与远程教育前途的关系。金斯伯格1998年提出，依据双向交互的程度将计算机网络技术(即第三代信息技术)再细分成三个子代：第一子代是网络信息资源的发布或获取技术，即单向地提供或搜索资源，包括各种资源、网站、数据库之间的超联结；第二子代是网络双向异步、非实时通信，即通过计算机网络实现电子邮件、电子公告栏、网络练习和测试、计算机会议等多种技术；第三子代是网络双向同步、实时通信，即通过计算机网络实现网上交谈、网络电话会议、网络视频会议、视频点播系统以及多用户多维系统、多用户面向对象系统等多种技术。J. 泰勒等人进一步提出四代及五代信息技术和远程教育的划分。J. 泰勒在2001年召开的国际开放与远程教育协会(International Council for Open and Distance Education，简称ICDE)第二十届大会上作的主题报告中论述了五代远程教育及相应的发送技术：第一代函授模式；第二代多种媒体教学模式；第三代远程会议和广播模式；第四代灵活学习模式；第五代智能灵活学习模式。坎培奥和M. 凯利1988年结合澳大利亚校外学习和开放学习的实践提出并论证了三代信息技术教学和远程教育在澳大利亚的历史发展。中国远程教育工作者自20世纪90年代初起开始引进并发展三代信息技术及相应的远程教育理论。

远程教育的微观理论　揭示远程教育系统中教和学的本质属性和规律，即在与传统面授教学的联系和对比中揭示远程教学和远程学习的特殊本质和特定规律的理论。如远程教与学的三种基本相互作用的理论，远程教学两大功能要素的理论，以及对以学生为中心的远程学习理论、虚拟教学理论的探讨。美国远程教育学者M. G. 穆尔在1989年提出远程教与学的三种基本相互作用的理论，即学生和教育资源(课程学习材料)中学科教学内容的相互作用、学生与教师的相互作用以及学生与学生的相互作用是远程教与学的三种基本相互作用。第一种基本相互作用是学生和教师(或教育院校机构)设计、开发、发送的教育资源(其主体是多种媒体的课程材料)呈现的教学内容的相互作用，后两种基本相互作用则是人际交互作用，可以是面对面的人际交流，也可以通过双向通信机制来实现；可以是个别化的一对一的人际交流，也可以是基于集体的交互作用。基更认为，这一理论的提出标志远程教育理论基础的日臻成熟(参见"远程学习理论与模式")。瑞典学者霍姆伯格关于课程设计、开发、发送以及学习支助服务的论述较系统提出远程教学具有两大功能。他认为在远程教育系统中，远程教育院校和教师是通过发送事先准备好的课程材料和为学生提供学习支助服务两种方式进行远程教学的。远程教育中教师的教学功能主要有两个：设计、开发和发送多种媒体的课程材料；在学生学习时通过各类双向通信机制实现师生交互作用，为学生提供学习支助服务。鲁姆勃尔1979年和凯依1981年在对远程学习系统进行分析时，引进并论述了课程和学生两个运行子系统及其相互关系。课程子系统的功能是负责课程的设置、开发和多种媒体课程材料的设计、制作和发送；学生子系统的功能包括对学生的教学全过程的组织和管理、教学咨询、学籍与学业管理，对学生学习提供各类双向通信和支助服务。凯依和鲁姆勃尔对课程和学生两个运行子系统的分析是远程教学具有课程开发和学生学习支助服务两大功能要素的理论的另一种表述形式。

远程教育的哲学理论　对远程教育及其核心远程教学和远程学习的本质的特殊性及其合理性进行论证的理论。即其中心课题是论证远程教育形态的本质及其合理性。远程教育的本质特征是教学和学习行为在时空上的分离，以此打破了校园教育的传统时空限制，从而显示出或多或少的开放性特征。这是远程教育的特性及其产生的独特意义和价值之根源。在远程教育系统中，非连续通信是由技术媒体实现的。远程教育面临的主要挑战是通过非连续通信克服时空间隔重新产生、重新组合、再度构建或再度综合教与学的过程，这可以通过教和学两方面的努力来解决。在教的方面，教师和学习支助组织的功能有：由预先设计制作的多媒体课程材料提供单向通信(包含模拟的人际交流)；由各种技术媒体手段包括面授辅导(代表真实的人际交流)实现师生间的双向通信和学习支助服务。在学的方面，学生的职能以独立学习(包括自主学习和协作学习、基于资源的学习和基于通信的学习)和学生自治为特征。学生应革新其在新的学习环境中的学习方法，通过非连续通信和与学习支助组织的相互作用实现对学习过程的有效激励和控制。

远程教育学生自治和交互通信的理论在远程教育理论体系中论述最多，也对远程教育实践和决策影响最大。各国学者观点众多，可主要分为三种：第一种注重远程教育中的学生自治，认为理解和实施学生自治、自主学习、自我控制是开展远程教学和远程学习的灵魂。主要代表有魏德迈的独立学习理论、M. G. 穆尔的交互距离和学生自治的二维理论(参见"远程学习理论与模式")。第二种强调远程教育中师生以及学生之间开展的双向交互通信，认为以双向交互通信为核心的对远程学生的学习支助服务在远程教学和远程学习中具有重大的教育学和社会学意义。主要代表有瑞典学者博特的双向交互通信理论、霍姆伯格的有指导的教学会谈理论(参见"远程学习理论与模式")、西沃特的对远程学生的持续关心的理论。第三种认为学生自治和双向交互通信应当均衡发展，学生自治必须经历一系列发展阶段才能达到其终极目标，而正是以双向交互通信为核心的对学生学习的各类支助服务帮助学生培养和发展自主学习、自治和自我控制的能力，实现上述不断进步和成熟的过程。主要代表有丹尼尔和玛奎斯的独立学习与相互作用均衡发展理论、K. C. 史密斯的相互依存的远程学习理论、加里森的通信和学生控制理论、范迪和T. A. 克拉克的三维远程教育理论、沙巴的远程教育系统动力学理论。

远程教育教与学重组的理论是对远程教育本质的一种哲学论证。该理论来自对远程教育许多学说的深思熟虑和综合加工,它对教育的核心——教与学的本质、远程教育与传统学校面授教育的关系以及远程教育的特质作出哲学诠释。基更在《远距离教育基础》(1986)一书中提出并发展了其远程教和学的再度整合的理论。基更论证说,远程教育以学的行为和教的行为在时空上的分离为特征,远程教育理论应对教—学行为的重新整合进行论证。对学生来说,教—学的重新整合必须通过人际交流来实现。人际交流不只限于面授辅导,电话辅导和其他双向通信技术都能提供人际交流。印刷教学材料也可以设计包含许多人际交流的特征。教—学过程是在教师和学生的交互作用中发生的,这在远程教育中必须人为地重新整合创造出来。远程教育系统跨越时空重新构建教—学相互作用,使学习材料同学习行为紧密结合是这个重建过程的核心。N.亨利和凯依在《在家中接受教育:远程教育的教育学分析》(1985)中提出与基更理论类似的理论体系。他们指出,为了克服时空隔和学生的孤立状态,有必要实现教育实践和方法的重大变革。这些变革给教育系统带来完全的功能变换,它将学习材料的设计、制作和发送变成中心,学生变成了利用学习材料和其他学习支助服务的自学者。

远程教育的经济学理论　主要探讨如何解决好远程教育的质量、规模和效益(效率)的关系问题的理论。必须在保证教育质量的前提下研究规模和效益(效率),规模主要指远程教育系统的投入(投资)和产出(合格毕业生)的总量和水平,而效益(效率)主要指从投入到产出的转化率(成本效率),及其对国家和地区的社会经济发展、对远程教育系统(院校)以及学习者个人的经济收益的关系(成本效益)。研究表明,远程教育可以在保证质量的同时实现规模经济,达到较高的成本效率和成本效益。教育投资效率是教育经济学微观理论的核心概念。教育投资效率的综合计量指标能反映教育投入资源的总体利用效率,通常用教育总投入对教育总产出之比(单位教育产出的教育投入)及其货币表现也即教育成本(平均成本)来表示,也可用许多单项指标来计量,它们从各个方面定量地标志了人力、财力、物力各项教育资源的具体利用效率,或者用一系列人均占有各项资源数量的强度量(如师生比、人均占有固定资产值、人均占有建筑面积等)来表示。将教育成本对产出量的函数图像描绘出来,就得到相应的成本曲线(见图1、图2)。在限定规模范围内($0<N<N_1$),教育系统的总成本—产出量"$TC-N$"曲线中,水平横轴代表产出量 N,纵轴代表总成本 TC,描绘了两条总成本曲线 $TC_1=F_1+V_1N$(相当于传统教育系统)和 $TC_2=F_2+V_2N$(相当于远程教育系统)。其中,远程教育系统的固定成本 F_2 是传统教育系统的固定成本

的 3 倍,而传统教育系统的平均可变成本 V_1 是远程教育系统的平均可变成本 V_2 的 3 倍。两个系统的总成本曲线(两条直线)交点对应的横坐标产出量值 S 称为盈亏平衡点,其量值用 $S=(F_2-F_1)/(V_1-V_2)$ 公式确定。与上述总成本曲线对应的是,在限定规模范围内教育系统的平均成本曲线中,水平横轴代表产出量 N,纵轴代表平均成本 AC,描绘了两条平均成本曲线 $AC_1=F_1/N+V_1$(相当于传统教育系统)和 $AC_2=F_2/N+V_2$(相当于远程教育系统)。其中,远程教育系统的固定成本 F_2 是传统教育系统的固定成本 F_1 的 3 倍;而传统教育系统的平均可变成本 V_1 是远程教育系统的平均可变成本 V_2 的 3 倍。在平均成本曲线中,两个系统的平均成本曲线(两条直线)交点对应的横坐标产出量值就是总成本曲线中的盈亏平衡点 S。两条水平渐近线 $AC=V_1$ 和 $AC=V_2$ 表明当产出量足够大时,两个教育系统的边际成本即趋向于各自的平均可变成本 V_1 和 V_2。这是因为当产出量足够大时,平均固定成本值趋于零。从两条成本曲线都可以看到,在盈亏平衡点 S 的左方,传统教育系统的总成本低于远程教育系统的总成本;相应地,远程教育系统的平均成本反而高于传统教育系统的平均成本。即在产出量不太大的条件下,传统教育系统比远程教育系统有较高的成本效益,此时,采用远程教育模式是不适当的。但在产出量足够大的条件下,远程教育系统比传统教育系统有较高的成本效益。而且随着产出量的巨大增长,远程教育系统的成本效益优势更加明显。这正是许多远程教学的大学发展成为巨型大学的经济学动力。

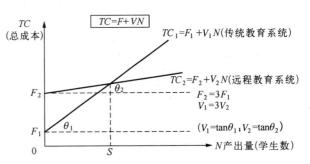

图 1　在限定规模范围内教育系统总成本—产出量"$TC-N$"曲线

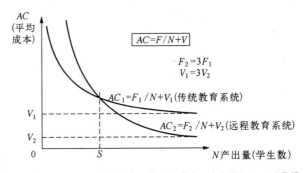

图 2　在限定规模范围内教育系统平均成本—产出量"$AC-N$"曲线

远程教育的理论研究与学科发展

理论研究的开展和学科的早期发展 20 世纪五六十年代,对远程教育的理论分析和系统研究在西方开始出现。其中,对远程教育理论的早期研究作出较大贡献的有美国学者蔡尔兹、魏德迈和瑞典学者霍姆伯格。德国蒂宾根大学远程教育研究所的一群学者(基更称之为"蒂宾根小组")也作了许多基础性工作,其代表是 O. 彼得斯,他在 20 世纪六七十年代的研究工作及其成果使他成为远程教育理论的重要奠基者。

在经历 20 世纪最后 30 年的连续发展后,远程教育已在世界各国的各个教育层次展开。20 世纪七八十年代,远程教育研究也开始兴盛,80 年代末尤为如此。远程教育研究成果和文献大量涌现。在 20 世纪 90 年代国际远程学习中心(International Centre for Distance Learning,简称 ICDL)开发的数据库中,可查找到几十所大学开设的远程教育学位课程以及其专业课程设置和教材等。远程教育理论研究队伍也发展起来,学者大量涌现,在远程教育学科的各个分支领域都取得重大进展。一些国际的、地区的和国家的远程教育专业协会和学会组织纷纷建立,促进了远程教育实践、研究和理论的发展以及远程教育院校机构间的合作,如国际开放与远程教育协会、非洲远程教育协会、亚洲开放大学协会、欧洲函授学校协会、欧洲远程教学大学协会、加拿大远程教育协会、澳大利亚开放与远程学习协会、中国教育技术协会;另有一些国际的、地区的和国家的组织从事与远程教育紧密相关的事业,如国际远程学习中心、英联邦学习共同体、美国远程教育和培训委员会;一些国家和远程教学院校也建立了远程教育研究机构,如英国开放大学的教育技术研究所、知识媒介研究所,澳大利亚南昆士兰大学的远程教育中心,澳大利亚迪金大学的远程教育研究所,美国宾夕法尼亚州立大学的远程教育研究中心,德国蒂宾根大学远程教育研究所,日本国立多媒体教育研究所,中国中央广播电视大学的开放与远程教育研究所等。

各国出版了关于远程教育系统、院校、项目和计划及其实践和经验的大量文献,同时有众多远程教育理论研究及其成果的专业刊物,如以英文出版的国际上主要的远程教育专业杂志有《美国远程教育杂志》(*American Journal of Distance Education*)、《远程教育》(*Distance Education*)、《欧洲远程教育杂志》(*European Journal of Distance Education*)、《加拿大远程教育杂志》(*Canadian Journal of Distance Education*)、《开放学习》(*Open Learning*)[其前身为《远程教学》(*Teaching at a Distance*)]、《远程实践》(*Open Praxis*)等。此外还有德文、法文、西班牙文和意大利文的远程教育刊物。中国也有多种远程教育专业刊物,如《中国远程教育》(原名《中国电大教育》)、《现代远距离教育》、《开放教育研究》、《现代远程教育研究》、《远距离教育的理论与实践》和《远程教育研究》等。

进入 20 世纪 80 年代,远程教育学术交流活动活跃,成效明显,对各国政府的教育决策和远程教育实践产生良好影响。联合国教科文组织、世界银行和亚洲开发银行等国际组织自 20 世纪 70 年代起就积极主办或参与远程教育的学术交流活动。创建于 1938 年的国际函授教育协会(后改称国际远程教育协会、国际开放与远程教育协会)每两年主办一次世界大会,已成为全球远程教育的盛事。迄今已举办 20 届年会的亚洲开放大学协会也已发展成为亚洲地区很有影响力的远程教育论坛。与此同时,国外不少大学开始开设作为独立学科的远程教育学位课程。如澳大利亚迪金大学(Deakin University)和南澳大学(University of South Australia)在 20 世纪 80 年代末合作开设的远程教育硕士课程。现有多所大学提供研究生层次的远程教育专业课程。美国马里兰大学(University of Maryland)的大学学院和德国的奥尔登堡大学还面向全球联合开设远程教育研究生学位课程。

远程教育的相关学科和理论基础 在学科关系上,远程教育学是教育学的一个分支学科,是整个教育学科体系的组成部分。在教育学科中与远程教育学科最接近、关系最密切的有教育技术学、成人教育学和教育传播学,它们构成远程教育学科发展的主要理论基础。传统的教育科学通常是以儿童和青少年为主要研究对象的学校教育学、课堂教育学和面授教育学。教育技术学主要研究教学(学习)过程和教学(学习)资源的开发、设计、应用、管理和评价的理论和实践,以期实现教学(学习)的优化,这极大地丰富了传统教育学科,并开始突破学校教育学、课堂教育学和面授教育学的校园和课堂局限。远程教育是建立在应用教育技术和教学媒体基础上的新型教育形态,以其特殊的教育属性而与教育技术学科有紧密的内在联系。成人教育学是独立于传统的学校教育学而发展起来的新兴教育学科,研究以成人为对象的教育和培训。继续教育、终身教育和终身学习理论以及学习型社会理论都是其最新发展成果。与此相关的还有新兴的成人教育心理学(包括成人学习理论等)。远程教育的大部分学习者是成人,他们拥有不同的社会生活环境和条件,具有不同的心理特征和发展任务。因此,远程教育学科与成人教育学科也有紧密的内在联系。教育传播学既是教育技术学的理论基础,也是远程教育学的理论基础之一。远程教育学科研究师生时空分离状态下的教育、培训和学习,有必要应用和借鉴教育传播学的理论研究成果。

远程教育与其他教育现象一起拥有许多共同规律和普遍属性,分享教育科学(包括教育心理学科)的最新发现和研究成果。教育科学的最新发展,如继续教育、终身教育、终身学习与学习型社会理论,以及教育心理学、教学理论和学习理论的新发展,对远程教育学科建设,尤其是对远程教育系统工程学的发展,远程教育系统的分析、设计、规划、开发与管理等研究,远程教育心理学及其教学理论和学习理论的发展,远程教育中的多媒体教学、网络教学和虚拟教学等研究,都产生重大影响。教育技术学、教育传播学、教育管理学、教育经济学、教育测量学、教育评估理论、教育未来学等的发展也将促进远程教育学科的成长。以电子信息通信技术为核心的科学技术的进展将不断改造远程教育的物质技术基础并进一步发展系统科学工程理论、信息论和控制论、传播和通信理论,从而引起远程教育学科的不断革新。在一定意义上,远程教育是一门有自身独特的研究对象和内容、特定的概念和理论体系,又借鉴、应用和整合众多其他学科理论成果的综合学科。

远程教育学科的初步成熟和相对独立 1989 年 10 月,中央广播电视大学在北京主办国际远程高等教育研讨会和远程教育系统和理论研究讲习班。这是在中国召开的远程教育的第一次高层次国际会议。霍姆伯格在其报告《远距离教育研究的回顾与展望》中声称,远程教育学科已在研究和大学教学两方面牢牢确立其独立学科的身份。基更也在其《1880—1990 年间西方的远距离教育研究》报告中作了类似评论。同其他学科专业一样,远程教育学作为一门相对独立的学科,其确立有八项基本标志:远程教育专业协会、学会的普遍建立;专业刊物和学术出版物的明显增长;学术交流活动的活跃及其成效和影响;学科的理论基础基本形成;学科体系得以建立和发展;学科研究方法的创新和发展;远程教育各种学派及其代表人物的产生和形成;传统大学开设相应的专业课程,招收培养本科、硕士、博士学生。依据对上述八项基本标志的考察,自 20 世纪 80 年代末 90 年代初起,远程教育在学术研究(作为学科)和大学教学(作为专业)两方面都已开始确立为一门初步成熟、相对独立的学科。

远程教育学科体系的初步形成 随着远程教育理论研究的进步及其基础理论的初步形成,远程教育学科体系也逐步建立和发展起来。一种新的学科一旦确立,其本身又往往构成一个学科群,即由许多分支学科组成的体系。远程教育学科也是如此。早在 1986 年,霍姆伯格在《远程教育的成长和结构》一书中描述了远程教育学科的结构和分支领域:远程教育理论和哲学;远程教育学生,其背景、条件和学习动机;教学内容的呈现;学生和学习支助组织(辅导教师、学生顾问、管理人员和其他学生)之间的交流与相互作用;管理和组织;经济学;系统(比较远程教育、分类学、评估等);远程教育史。有很多学者投入这些专门领域的研究并进行理论创造,发表众多论文和专著,逐渐发展并形成一些

相对独立的分支学科。远程教育学正在从整个教育科学中分离出来,形成与传统的学校教育学并行发展的相对独立的教育学科和学科体系。

教育界对远程教育是否开始成为教育学中的一门独立学科和一个独立专业也存在争议。如 M. G. 穆尔在《远程教育:系统观》(1999)中指出,远程教育学科尚未成熟,许多远程教育分支学科(如远程教育哲学、远程教育历史学等)尚未最终形成。在国外,尽管有些国家已在大学设置独立的远程教育专业,开发远程教育专业的系列课程及相关课程资源材料,授予大学本科和研究生各个层次的远程教育专业的证书、文凭和学位。但在另一些国家,远程教育学科专业的设置仍然依附于教育技术或成人教育学科专业,并未完全独立。在中国,部分学者主张远程教育只是教育技术学科中的一个新兴的、重要的研究方向,但尚未成熟到足以构成一门独立的学科。

参考文献

丹尼尔. 巨型大学与知识媒体:高等教育的技术战略[M]. 丁兴富,译. 上海:上海高教电子音像出版社,2003.

基更. 远距离教育基础[M]. 丁新,等,译. 北京:中央广播电视大学出版社,1996.

穆尔,凯斯利. 远程教育:系统观[M]. 赵美声,陈姚真,译. 台北:松岗电脑图书资料股份有限公司,1999.

Sewart, D., Holmberg, B. & Keegan, D. Distance Education:International Perspectives[M]. London: Croom Helm,1983.

(丁兴富)

远程学生学习支助服务(learning support services for distance students) 一译"远程学生学习支持服务"。远程教学院校及其代表教师等为学生提供的以师生或学生之间的人际交流和基于技术媒体的双向通信交流为主的各种信息的、资源的、人员的和设施的支持服务的总和。旨在指导、帮助和促进学生的自主学习和合作学习,实现时空分离状态下教(师)学(生)的整合,提高远程学习的质量和效果。可简称为学生支助服务、学习支助服务或支助服务。

学生学习支助服务的思想首先在英国开放大学的远程教学和远程学习实践中发生和发展起来。西沃特、丹尼尔、玛奎斯、泰特、索普和 O. 辛普森等对这一领域的研究工作作出贡献。对各国远程教育的实践考察和理论研究表明,远程教育中学生学习支助服务系统的构成要素几乎是无限的,而每个具体的远程教学系统的学生支助服务系统又都是独特的。因此很难对学生学习支助服务进行统一界定。但对其共同特征及基本分类进行探讨依然有重要的现实意义和理论意义。在学生学习支助服务中,师生之间或学生之间的人际面授交流和基于技术媒体的双向通信交互活动

是其核心成分。按内容可将支助服务划分为学术类支助服务和非学术类支助服务两大类,这两大类也可以称为教学类支助服务和咨询类支助服务,或者直接称为学习支助服务和学生支助服务,而将学生学习支助服务作为各类支助服务的总称。其中学习支助服务是学生学习支助服务的核心。

人际交互和双向通信交流　建立师生间的人际交流关系能增强学生的学习动机,是实施远程学习的先决条件。在远程教育中,师生交流主要通过非连续通信手段实现:既有通过学生与事先设计好的课程材料相互作用进行的模拟人际交流会谈,还有通过函件、电话和包括计算机网络在内的电子通信手段实现的人际非面对面的教学会谈,以及通过可视电话、双向视频会议等实现的人际远程面对面的教学会谈。远程教育并不排斥人际直接面授交流。由此可将远程教育中的学习支助服务分为两类:一类完全建立在非连续媒体通信上,另一类包括或多或少的人际直接面授交流。

远程教育中,学生会遇到的困难主要有学习问题、交流问题和个人问题三类。学习问题即学习方法、学习技巧和学习进程中学术、技术和资源等方面的问题,由于远程教育采用的技术和媒体越来越多样和复杂而使这类问题增加;交流问题即学生与远程教育机构及其代表交往时经常发生的人际交流及与组织交流的困难和信息传播障碍;个人问题即影响学习的各种特殊的个人问题,如雇主和家庭其他成员的理解和支持、学习时间和场地、环境和条件、财政、交通等。对学生而言,这三类问题普遍存在,但其具体内容又因人而异。应设法为学生提供各种形式的与远程教育院校及其代表进行双向交流的有效机制,帮助他们克服和解决这些困难和问题。可以提供的双向通信机制有人际面对面交流类和基于技术媒体的非面对面交流类两大类。前者的具体形式包括:平日或周末在校园课堂的集体教学;在当地学习中心的集体教学或个别辅导;与辅导教师或学习顾问举行的小组讨论;协作学习小组或互助小组;短期住宿学校和短期课程;在校园、其他教育研究机构或当地学习中心组织的实验室工作;与教师和其他学生进行社会调查或实地考察;集体的或个别的信息咨询会面;在教师、顾问或学生请求下的偶然集会或个别会面;社交活动或举办"开放日"访问学校本部;有条件的学生可以拜访教师或顾问的家庭或工作单位等。后者的具体形式包括:与辅导教师和学习顾问的信件来往;作业提交和批改返还;电话交流;电话会议;特别安排的广播电视信息发布、辅导或咨询;通过录制和发送录音带进行双向交流;学生小报;基于计算机网络的异步非实时通信交流,如电子邮件、公告版和新闻组、聊天室讨论、计算机会议等;基于计算机网络的同步实时通信交流,如网络课堂、网络小组讨论等;移动通信、移动上网通信

等。随着电子信息通信技术的发展,远程教育中的学生学习支助服务和师生双向通信机制的方式和内容会越来越丰富、多样。

学生学习支助服务体系及其信息基础设施建设　各国远程教育院校普遍采取中央校本部和地区基础设施建设并重的建设方针。在中央校本部,通常建有图书资料中心、视听资源与设施中心、电子信息通信中心、计算机网络教学服务中心和计算机管理中心等。在地区基础设施建设中,大致要建设三大类机构:(1)当地学习中心或社区中心,它们通常依据学习者的地域分布进行建设,由远程教育院校的中央校本部统一组织和管理(直接或分级)。它适应以家庭为主要学习基地的个别化学习模式,是远程学生获得辅导、咨询等人员服务,教学信息、资源和双向通信服务,以及其他多种信息技术基础设施设备服务的助学基地。(2)当地教学站、教学点或教学班,它们通常由当地组织和单位(可以是当地教育院校或机构)依据行业划分、行政管辖或地域分布进行建设,接受远程教育院校的中央校本部及其地区机构或者当地远程教育院校的指导和管理。它适应以工作单位为主要学习基地的班组集体学习模式。(3)当地教育院校或机构,它们通常自行组织和管理学生的教学,与提供远程教育课程的远程教育院校和中央校本部可以发生也可以不发生组织和管理关系。在这种远程教育组织结构中,提供远程教育课程的远程教育院校实质上是一个课程开发与发送中心或考试中心,它并不参与面对远程学生的教与学全过程和教学管理。学习中心是远程教学院校在各地社区建设的学生学习支助服务体系的基层组织机构,是远程教学和远程学习的活动基地、远程教育教学信息的双向交互通道和教学资源的集散地,也是远程教育信息基础设施向社区辐射延伸的节点和终端。学习中心的建设是一个基础环节,占有重要地位。

网络教育环境与网络教学平台在第三代远程教育的信息基础设施建设中占有重要地位。网络环境建设是一项系统工程,涉及包括专用的教学平台和教学管理平台等在内的软硬件建设和系统集成,包括网络课程和课件以及各种教学、学习和考试专用的数据库等在内的教育资源的开发,以及网络教学、辅导和技术支助服务人员的配置和培训等。就网络基础设施建设而言,应同时规划、设计和开发学校及其教师提供网络教学及相关服务的一端,和远程学生接受在线教学和各项网络服务,进行双向交互、灵活开放的远程学习的另一端。前者主要解决网上提供教学信息和教育资源的单向传输和点播服务、异步非实时和同步实时的通信服务的信息基础设施建设问题。网络教育环境建设就是要构建一个虚拟校园的环境,使远程学生不仅可以远程获得各种教育教学信息和资源、参与教育教学活动,而且可以亲身感受校园文化和校园社会生活。

学生学习支助服务的主要类型　（1）信息服务，包括信息的发布和反馈、信息的接收。它们包括注册信息、课程设置及选课指导信息、课程变动和学分转换信息、广播电视教学节目及其播出信息、面授辅导课程安排信息、作业布置及进度统计信息、实践性教学环节进度安排信息、检测和考试信息等。在远程教育中，学生在学习过程中遇到的诸多困难和问题必须能及时通达给学校，学校应及时予以处理、答复。在一定意义上，学生信息反馈的畅通与及时处理答复是检验远程教育院校的学生学习支助服务系统的有效性和效率的基本标志。学生在学习过程中的信息反馈往往具有个性化，因人而异，对学生信息反馈的答复也必须是及时的、有针对性的。为此，学校构建各种师生双向通信机制。世界上许多远程教学大学都实现了对学生提问的全天候响应机制，即实行每周7天、每天24小时且当场或在规定时限内答复的承诺。（2）资源服务，主要包括课程材料发送、图书馆服务和网络资源服务。在远程教育中，课程材料是远程学生自主学习依据的主要资源。图书馆不再是传统的藏书库、出纳台和阅览室，而应该是通过计算机网络与全球各地大学、图书馆、博物馆联网的，拥有多媒体多载体馆藏资源和各种动态开放资源库、数据库的电子（数字、虚拟）图书馆。网络资源服务能使学习资源的数量和质量都发生重大飞跃。网络教学的开放性和灵活性、全球开拓和共享、参与性和交互性、及时和经常更新以及新的环境和时空等都是网络资源的特长和优势。为实现这一目标，各国远程教育工作者正努力探索：建设宽带、高速、多媒体、综合服务的各国国家信息基础设施和全球信息基础设施；设计并建设标准化、规范化的从校园网到互联网的网络解决方案和教学专用平台；组织进行标准化、规范化的网络课程和网络课件等网络资源的共建、共享。要尊重和确保落实知识产权保护，加强对网络资源共建和共享的管理。（3）人员服务，主要包括辅导、咨询和相关的人员，以及学生小组的活动。在为远程学生提供的诸多学习支助服务中，辅导服务是最基本、最重要的一种人员服务，也是与学生学习课程内容直接相关的一项教学服务。其基本功能包括：课程内容的讲解、辅导和答疑；学习方法指导；作业检测和考试的批改、评价和指导；实验和其他实践性教学环节和训练项目的指导；组织学生班组讨论和协作学习以及其他各种与课程学习有关的教学帮助等。辅导服务可以以班组集体方式进行，也可以个别进行；可以面授，也可以举办短期住宿学校或短课程，还可以通过通信媒体进行"非面授"和"非连续"的函授辅导、电话辅导、广播电视辅导、音频视频会议辅导和网络辅导等。咨询是远程教育院校及其代表对学生在学习期间遇到的各类（与学习有关的和无关的）问题提供解答、帮助和建议的服务。这是另一种重要而常见的人员支助服务。它解决的问题可分为两大类：一类是与学习有关但并不涉及学科教学内容的各类问题。如课程注册、课程设置和选课、学分认定或转换、学业记录和学位授予等；教育资源的获得和争取学习支助服务；一般学习方法和学习技巧，如学习时间安排和进度控制，对多种媒体课程材料的利用和整合策略等；完成和提交作业的技巧、课程复习和考试的策略，参与实践性教学环节和学生小组讨论的技能等。另一类是与学习无关的问题。如怎样利用各种通信机制与学校和教师交流沟通；如何申请各类财政资助；如何解决影响学习的各种特殊的个人问题等。由于远程教育系统规模大、学生多且分布广，辅导教师和咨询顾问的数量需求大、地域分布广，大多数远程教育院校聘请兼职的辅导教师和咨询顾问。学生小组活动是学习支助服务体系中加强人际交流的另一种有效形式。学生小组讨论和协作学习可以由辅导教师组织，也可以由学生自己组织。这些活动可以围绕特定课程内容进行，也可以为了某种社会交往或社区生活的目的而组织开展。在远程学习中，这类学生小组活动对减少学生的孤独感、增强认同感，激发学生的学习动力，帮助学生在自主学习过程中解决遇到的某些困难和问题，交流和分享学习经验从而提高每个学生的学习效果都具有价值。进入网络时代以后，组织基于网络双向通信的虚拟社区（学习共同体或知识建构共同体）是远程学生小组活动的一种新形式。（4）设施服务，提供各类教学及通信设施和设备的服务。它们可以由远程教育院校中央校部提供，但更多地是由建在各地的学习中心或社区中心就近提供。随着学习技术的数字化进程加快，开始提供各类数字化视听材料及其播放设备服务。20世纪90年代以来，远程教育院校除继续提供邮件和电话等传统通信服务外，还增加了语音信箱服务、双向视频会议系统服务、移动通信服务等。（5）实践性教学环节，是远程教育学生学习支助服务中需要特别关注的难点。如英国开放大学设计并推广应用了科学技术课程的实验箱，举办学生轮流参加的短期住宿学校，利用大学的实验室资源开展实验教学活动等。中国广播电视大学也很关注实施实践性教学环节，除了利用传统高校的实验室外，各级地方广播电视大学还自建实验中心或实验基地，并设计和使用实验箱。此外还很重视课程设计、大作业、野外考察、现场操作、社会调查、生产实习和教学实习等实践性教学环节，以及毕业作业、毕业论文或毕业调查等综合性、实践性教学考核。（6）作业、检测和考试，是学生学习支助服务中不可缺少的重要环节。远程教育院校对各类课程的平时作业和检测都有明确规定，并进行严格管理。电子邮件和电子公告板等成为远程教学中作业和检测的主要工具。平时作业的批改通常由课程辅导教师承担。为了保证课程个别辅导和作业批改的质量，大多数远程教学大学都对辅导教师与远程学生的师生比作了规定。如英国开放大学规定上述师生比为1∶25。进入网络时代，由于网络双向交互数量和质量的提高,上述师生比上升为1∶15。许多远程教学院校都规定了如何综合平时作业、检测的成绩以及考试成绩得到课程学习的总分,但其前提是平时作业、检测的成绩以及考试成绩分别合格。大多数远程教育院校的课程考试在学年末或学期末举行。个别大学如加拿大阿塔巴斯卡大学则实行个别化的考试体制,规定学生可以在一年中的任何一天注册学习和在他们认为自己已能通过考核时申请课程考试。考试在就近的地区中心或学习中心进行。当学生住地偏远时,可在当地学校或图书馆考试。由大学认可的监考人员执考,试卷由大学学生注册部门寄出和回收。所有试卷都由大学总部阅卷人批改评分,以保证考试标准的统一。

参考文献

Bates, A. W. Technology, Open Learning and Distance Education [M]. Routledge,1995.

(丁兴富)

远程学习理论与模式 (theories and models of distance learning)

研究远程教育中学生主体的学习行为和思维活动的理论及范式。远程学习有广义、狭义之分。狭义指院校远程学习,即学生接受远程教育院校或机构及其代表(远程课程设置与远程学习资源的创作设计开发者、辅导教师和咨询顾问等)的指导和支助服务,通过各类信息通信技术和媒体构建的学习环境、发送的课程材料,实现基于资源和双向交互通信的远程学习;广义泛指学习者利用各类学习资源,在没有助学者(教师)连续面授指导情境下的学习行为和思维活动。学习者利用各类技术媒体的独立自主学习和协作学习,基于资源和通信的开放、灵活和分布式的学习,通过网络进行的电子学习、在线学习和虚拟学习等,都应认同为广义的远程学习(参见"远程教育学")。

远程学习圈理论

远程学习圈(learning group; learning circle)是表示构成远程教育微观层次、以学生为中心、以学生自主学习为主、集学习资源和学习过程于一体的远程学习时空域(见图1)。其实质是远程教育运行(教与学)系统中学生、教师和课程三个子系统的相互作用时空区域,即远程教育运行(教与学)系统中学生、教师和资源三个要素的相互作用时空区域。远程学习圈理论提供了关于以学生为中心的远程学习的理论分析框架:远程教育系统的教学三要素及其相互作用;远程学习中以学生为中心的主要内容是以学生为本、学生自主学习与协作学习、学生自治和学生学习支助服务。

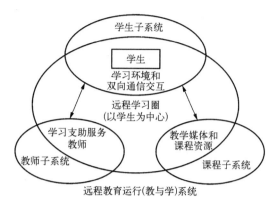

图1　远程教育运行系统的结构及其核心域:远程学习圈

在远程教育中,教学三要素发生了扩展和重组。广义的教学资源包括组织和人本资源(远程教育机构及其代表,如教师)、课程资源(传递学科教学内容使用的技术、媒体和材料)和情境(蕴含丰富的教与学内容信息的教学与学习环境,包括各类信息通信基础设施)。狭义的教学资源指专门设计的基于信息技术的、传递教学内容信息的多种媒体课程学习材料。

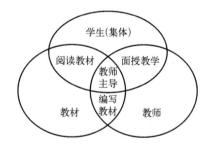

图2　传统教育的教学三要素及其相互作用

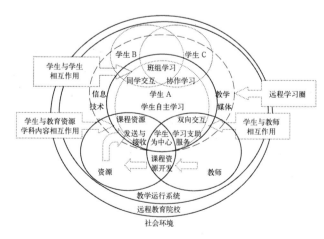

图3　远程教育的教学三要素及其相互作用(远程学习圈)

教学三要素中有两个人本要素,即教师和学生,他们之间的作用、地位和相互关系发生变化:传统学校教育以教师为中心或主导,以教师的课堂集体面授为主;远程教育以学生为中心,以学生自主学习为主。在表示传统学校教育、远程教育的教学三要素及其相互作用的上页图2和图3中,代表学生(集体)、教师和教材,或学生(个体或主体A、B和C等)、教师和资源这三个要素的三个圆圈的交叉部分表示其相互作用及相应的教与学功能,但其各自的核心不同,教学三要素中的物质要素也发生了变化:从简单的教材演变为内涵丰富、外延扩展的资源。在远程教育的教学三要素及其相互作用图中,中央虚线小圆(浅色)代表学生自主学习,它基于信息技术和教学媒体的物质资源,中央外围虚线大圆(深色)代表信息通信技术和教学媒体的基础地位和作用,即它们构成课程资源的载体、人际双向交互的信道和学习支助服务的物质技术基础。远程学习过程中的三种基本相互作用是:课程资源发送与接收表示学生与教育资源、学科内容的相互作用;师生双向交互、教师(院校)对学生的学习支助服务表示学生与教师的相互作用;同学交互、协作学习和班组学习表示学生与学生的相互作用。它们分别以作为教学三要素的学生与资源、学生与教师以及学生之间的交叉部分在图中标示出。由"教师"到"课程资源开发"(以教师与资源的交叉部分图示)、"课程资源",再到"课程资源发送与接收"(以学生与资源的交叉部分图示),表示远程学习中学生自主学习、应用的资源(技术、媒体、材料、环境)由教师设计、创作。广义地讲,远程学习就是基于资源的学习。建立在信息技术基础上的以多种媒体课程材料为核心的教学资源不是泛在的社会公共资源,而是教师与教育技术人员创作设计出来的。在教育资源的设计创作中,教师可以根据目标预先设置模拟的师生教学会谈、学生协作学习以及学生与课程材料学科内容的交互、学生的行为和情感参与等。远程教育的教学三要素及其相互作用图中的外围虚线大圆(深色)同时代表了远程学习圈,远程学习圈内部的各要素及其相互作用代表了远程学习的教育生态环境。这是一个以学生及其自主学习、协作学习为中心的开放的时空域,充满了与其周围更大环境的相互作用。

可将上述远程教育教学三要素及其相互作用图简化成"远程学习环境的洋葱头结构模型"(见图4)。该模型中的内圈表示系统的核心结构要素与功能,外围则表示为保证内圈中的结构要素与功能发挥作用、正常运行、实现系统整体目标配置的资源环境。这是对远程学习的地位和功能的又一种图释。

以学生为中心的观点不仅是远程学习的核心原理,也是整个远程教育的基本指导思想。各国远程教育工作者大多在理论上认同以学生为中心的教育思想和体制,并在实践中结合本国国情努力探索、实施以学生为中心的远程教育,赋予以学生为中心许多新的内涵。远程学习圈理论将以学生为中心的思想的核心内涵归纳为:远程教育和远程教学系统的设计和运行以学生为本;远程教与学全过程以

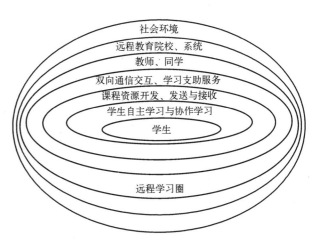

图4　远程学习环境的洋葱头结构模型

学生自主学习与协作学习为主;远程学习的组织规划控制逐步实现学生自治;远程教育院校和教师为远程学生提供包括双向通信人际交流在内的各类学生学习支助服务,这是以学生为中心的思想和体制的重要条件和保证。

远程学习的交互理论

在关于远程教育和远程学习的各种理论学说中,远程学习的交互理论得到较多关注,已有较多研究成果。这类研究主要关注远程教与学中的双向通信与交互作用的性质与功能、作用与控制机制,及其对远程教育系统设计与开发、远程教学及远程学习实践的指导。

三种基本相互作用的理论　美国学者M. G. 穆尔1989年在《美国远程教育杂志》上发表的《三种基本相互作用》(*Three Types of Interaction*)一文,对远程教育理论研究和实践产生有益影响。第一种是学生和教育资源(课程学习材料)中学科教学内容的相互作用。这主要通过教师基于媒体设计、开发和发送的各类教育资源(其主体表现为课程材料)而实现。远程教学的主要目的之一就是精心设计、开发和发送课程材料的内容,以指导和帮助学生的认知建构过程进行得更顺利、更有效。第二种是学生与教师的相互作用。在教学内容发送、呈现之后,教师要帮助学生与这些教学内容进行有效的相互作用。为此,他们要保持并激励学生对教学内容学习的兴趣及其学习动力;组织学生应用学习到的内容,通过实践去掌握已示范过的技能,去应用已经学习过的知识、原理和理论。教师要组织各种类型的教学测试和评价,以确定学生学习取得的进步并帮助学生决定如何改进学习方法。教师还要对每个学生提供咨询、指导和帮助。在远程教育中,学生与远程教师的联系方式更多样。第三种是学生与学生的相互作用。这种学生间的相互作用可以发生在个别学生之间,也可以发生在学生集体

之中;可以有也可以没有教师的组织和参与。对许多远程教育的教师来说,组织远程学生进行协作学习是一个新的领域。即使如今在课堂教学外已经具备在学习者之间组织通信的其他技术手段,课堂教学和小组讨论依然是学生间相互作用的主要组织形式。在某些涉及培养集体精神、探讨团体功能和协作关系等教学目标和教学内容的课程中,有必要组织学生取得集体相互作用的经验并以此作为一种学习方式。在计算机网络时代,基于网络通信技术的虚拟学习社团已成为实现协作学习的一种重要发展方向。

基于技术的非连续双向交互通信理论 远程教育双向交互通信理论的主要代表有瑞典学者博特和霍姆伯格。博特自 20 世纪 70 年代末起在一系列著述中将双向通信的概念引入函授教育。他首先提出通过在函授教材中设计各类练习、提问及附有案例和参考答案的自我检测等实现双向通信交互,这可以在一定程度上取代通过上交作业进行的双向通信交互。博特强调双向通信交互是远程学习的中心,而远程教师的指导作用是双向通信交互概念的核心。远程教师有重要的指导与教学功能,不仅可以纠正学生学习中的错误和评定学生的作业与试卷,而且可以通过在远程学习材料同远程学生的学习活动之间建立联系发挥其作用:把学习材料同学生以前的学习以强化的方式结合起来(斯金纳),或同帮助学生开始学习活动结合起来(罗斯科普夫),或同学生以前的知识和认知结构结合起来(奥苏伯尔),或同学生对先前课程基本概念和原理的理解结合起来(布鲁纳),或同致力于建立友好的师生人际关系结合起来(罗杰斯)等。霍姆伯格一直倡导并发展一种有指导的教学会谈理论或基于技术的非连续双向交互通信理论。他强调所有创新的、强化的、认真的和成功的教育过程的目标取向——由教师进行精心设计和适度控制。在传统课堂教学情境中获得的大量经验使他提出在远程教育中采用一种非常具体的可称为“教学会谈”(didactic conversation)的战略方法。从霍姆伯格 的观点来看,教学会谈并非只是教与学的对话,而是包含更大的教育目标。在这里,“人际交互”与“人格交流”同样受到重视以便实现对教师和学生两者的终身教育和再教育。从“教学会谈”到“远程教育中的双向通信交互”只有一步之遥。需要的只是从专注于充满智慧的、精致的书面的和口头的对话扩展到各种类型的完整会谈(holistic conversation)。在此,完整会谈包括人类用以交流理性的和感情的信息的所有各种符号和编码、结构和过程。远程教育的未来将同教学者与被教者之间的双向通信交互的适当解决方案联系在一起。

交互距离与学生自治的二维理论 M. G. 穆尔自 1972 年起提出并发展了一种交互距离与学生自治的二维理论。在远程教育中,师生间的交互是在时空分离的特殊情境中发生的。师生不仅要跨越物理的和地理的时空阻隔,更要克服心理的和通信的时空障碍,顺利地实现教与学的和社会性的双向交互。M. G. 穆尔提出分析远程交互距离进而构建远程教与学理论的复二维结构及相关的核心概念:第一层二维结构由交互距离(transactional distance,简称 TD)与学生自治(student autonomy,简称 SA)两个变量组成。而在交互距离维度还有一个深层次二维结构:由课程结构(structure,简称 S)和师生对话(dialogue,简称 D)两个变量组成。远程教育的特定形态模式(distance education,简称 DE)是交互距离和学生自治两个变量的函数,也可表达为课程结构、师生对话和学生自治三个变量的复合函数:$DE = F(TD, SA) = F(TD(S, D), SA)$。

三代信息技术和三代远程教育的理论 国际远程教育界普遍接受的三代信息技术和三代远程教育的理论与远程学习中的交互理论有密切关系(参见“远程教育学”)。三代理论的倡导者加里森、尼珀以及加拿大学者 T. 贝茨和丁兴富反复强调前两代信息技术和远程教育与第三代信息技术和远程教育的一个根本差异:前两代远程教育以单向发送通信(发送函授教材和发送广播电视教学节目)为主要特征,双向交互通信(邮件、电话、面授等)极为有限;第三代远程教育以基于网络的双向交互通信为主要特征,课程材料既有单向发送的各类光盘和数字电视广播等,也有具有丰富人机交互的网页课程材料和流媒体视频点播等,更有多种多样的异步(非实时)和同步(实时)双向交互通信。从媒体技术方案考察,应用较遍普的双向交互信息通信技术有基于计算机网络及基于其他通信介质的系统。电子信息通信技术使交互成为第三代远程教育最具时代特征的术语。

远程学习中的媒体与交互 随着信息技术和教育技术的发展,教学媒体自 19 世纪末以来有了巨大进步,媒体教学的实践也富有成效。但关于教学媒体的本质,尤其是教学媒体的交互功能和效果的争论一直在进行和延续。劳瑞拉特在《大学教学反思:有效应用教育技术的框架》(1993,2001)中认为,不同媒体的交互性能有所不同。媒体的交互功能直接决定远程教育中交互的质量,要充分研究媒体在支持交互方面的功能差异。劳瑞拉特进一步认为教学媒体可以依据表述的(discursive)、可调的(adaptive)、交互的(interactive)和响应的(reflective)四类交互特性进行分类。T. 贝茨 1995 年在《技术、开放学习与远程教育》中对劳瑞拉特的上述观点提出挑战。他认为,高质量的交互与使用的媒体没有直接关系。即使面授教学也不一定有高质量的交互。高质量的教学设计和教学实施比媒体的特性更重要。

学习过程会话模型 劳瑞拉特在《大学教学反思:有效应用教育技术的框架》(1993,2001)中首次提出学习过程会话模型。她认为,该模型的精髓是学习过程中的教学交互,并应用这一模型分析了基于各类教学媒体的学习过程中的交互特征(见下页图5)。中国学者陈丽将劳瑞拉特的会话模型解读为由"适应性交互"和"会话性交互"构成的两层次模型,并在深入探究的基础上进一步提出"远程学习中的教学交互模型"和"教学交互层次塔"。她将远程学习中的教学交互区分为由低级(具体)到高级(抽象)的三个层次:操作交互,学生与媒体界面的交互;信息交互,学生与教学三要素(资源、教师和学生)的交互;概念交互,学生新旧概念

的交互。综合校园教学的交互和远程教学的交互,在统一的分析框架中进行研究比较,因师生时空关系和教学行为性质各异引起教育形态和教学环境不同从而带来的教学交互结构的差异,见教学交互层次双塔模型图(图6)。其中,人媒交互是师生与教学媒体/课程资源/教学内容的交互,主要在教师设计教学资源环境和学生基于资源环境进行自主

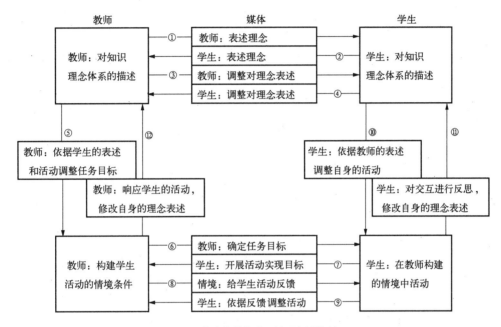

图5　劳瑞拉特的学习过程会话模型

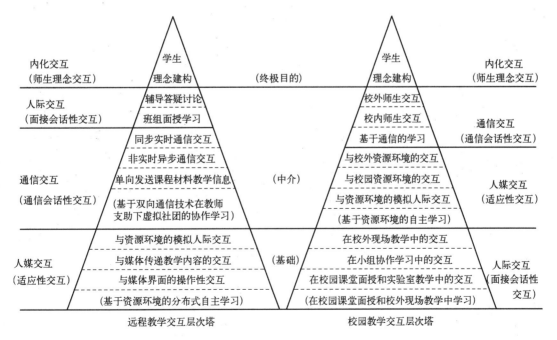

图6　教学交互层次双塔模型

学习时发生,其核心和本质是师生与教学内容的适应性交互。通信交互是基于技术媒体的师生、同学间的双向交互,也称基于技术的人际交互。主要在师生基于双向通信技术的协作学习中发生,即师生组成虚拟社团,在教师指导支助下开展基于双向通信技术的协作学习。人际交互是师生及同学间的面接人际交互,主要在课堂教学、小组活动、个别答疑、实验室或现场实践教学中发生。通信交互与人际交互的核心和本质是师生及同学间的会话性交互。人媒交互、通信交互和人际交互可以单独也可以混合进行。内化交互指师生大脑中的理念交互及认知与情态建构。其核心和本质是师生认知与情态的重构。内化交互总与人媒交互、通信交互和人际交互同时发生。人媒交互、通信交互和人际交互都与内化交互相互作用,成功有效的内化交互才是教学的终极目的。

远程学习模式

远程学习组织模式 世界远程教育中存在个别化学习和班组学习两类远程学习组织模式。前者通常以家庭为学习基地,以学生自主学习为主,远程教学院校为学生提供各类个别化的学习支助服务。这是一种以学生为中心的远程学习模式。后者通常以工作单位或社区学习中心为教学基地,强调师生人际交互或基于电子通信技术的双向交互以及学生的集体学习,大多数学习支助服务都在教学集体班组中实现。这通常是一种以教师为中心的远程教学模式。这两种远程学习组织模式在本质上同教育资源的传输和发送模式有关。英国开放大学和许多其他国家的开放大学大多采用以家庭为基地的个别化学习模式,这同它们主要采用将多种媒体学习包通过邮政系统发送到学生家庭有关。此外,学生大多在家庭内收听、收看通过国家公共广播电视网播出的广播电视教学节目。中国的函授教育和广播电视教育、美国国家技术大学的双向交互卫星电视教育,都是采用班组集体学习的模式。这同它们的广播电视教学节目主要通过卫星电视、直播课堂、双向视频会议系统传送、集体接收有关。进入计算机网络教育时代以来,世界各地依然有个别化的和集体的两种网络教育资源的发送和接收模式。发达国家大多采用学生个人在家中上网接收各类网络教育资源的方式,这是远程教学中的院校对个人模式;发展中国家较多采用在工作单位或社区学习中心设立网络教室或网吧实现班组集体上网,这是远程教学中的院校对机构模式。

远程学习协作模式 依据学习的协作方式,可将学习分为自主学习和协作学习两大类。远程教育中的自主学习主要是一种对以远程课程材料为核心的教育资源的学习。以远程教育和培训的课程材料为核心的教育资源及其支持环境和平台的规划、设计、开发、发送和接收是远程学习特别是基于教育资源的自主学习的前提和基础。远程学生以各种方式接收远程教育院校发送的基于各种技术媒体的、以课程材料为核心的教育资源,从而开始基于资源的远程学习。这是一种在没有教师的直接、连续指导下由学生自身规划并进行的有目的的系统学习。但自主学习并不等于孤立学习或孤独学习。学生自主学习并不排斥教师或其他助学者的指导、辅导和帮助,更不排斥学习者同伴之间的交流和协作。在远程教育情境中,教师或其他助学者的指导、辅导和帮助不可能变成一种主导、主控和直接连续的行为,远程教育中学生的协作学习是一种基于通信的学习。在这种模式中,构建一个可靠、便捷、畅通而有效的双向通信机制是开展基于通信的协作学习的前提和基础。此类协作学习的学习内容不是事前构建好的课程材料或其他教育资源,而是通过一定的信息技术基础设施系统、平台和工具在学习者同其教师及学习同伴间的双向交互中传播、创作、加工、交流的材料和信息内容。远程学生协作学习也可以是同时基于资源和通信两者的学习,这是一种综合的协作学习模式。在基于资源的学习中,以课程材料为核心的教育资源和环境可以构建各种模拟的人际交流和协同活动、学习内容辅导及学习方法指导;而在基于通信的学习中,远程学习者主要还是以独立、自主地开展个别化学习活动加上双向交互活动从而达到各自预定的学习目标,而不是主要通过协同的交互活动从而达到共同的协作学习目标。这里,作为远程学习协作模式的自主学习和协作学习分类与上述作为远程学习组织模式的个别化学习和班组学习的分类既有联系也有区别。自主学习大多是在个别化学习的组织模式下开展的,但班组学习中也可以实施并且需要实施自主学习;协作学习尽管比较容易在班组学习中组织实施,但在个别化学习的状态下也可以通过技术的媒介和双向交互活动,如通过组织和运行虚拟社区或虚拟社团来实现协作学习。在进入基于电子信息通信技术的网络远程教育后,在学生自主学习的同时强调协作学习对于远程学习有重要意义。

网络远程学习模式 依据远程学习与计算机网络特别是互联网的联结关系可以将其划分为在线学习和离线学习两类。在文献中对在线学习一般有两种理解。一是对在线学习的狭义理解,它要求教与学的所有参与者都要同时在线并且互联,即作为计算机网络用户的所有教与学的参与者都应同时在互联的网络终端设备上网并开展通信交互教学活动,如远程教育中的网络会议(网络桌面视频会议系统)、网络对话、网络白板教室、网络聊天、网络答疑等活动。狭义的在线学习实质上是一种基于计算机网络实时同步通信交互的学习。二是对在线学习的广义理解,即将所有通过计算机网络特别是互联网实现的教与学活动都归属为在线学习,它并不要求教与学的参与者必须同时上网在线。

广义在线学习实质上将基于计算机网络的实时同步通信和非实时异步通信的学习全都包括在内。相应地,对离线学习也有两种理解。一是对离线学习的狭义理解,它指将在计算机网络上传播、发送的各类课程材料教育资源(包括课件软件)下载下来,复制成各类计算机文件或多媒体课件、各类光盘,在计算机单机、光盘播放机等其他电子设备上运行学习,或者打印、复印成文本材料装订成册,随时、随地学习。二是对离线学习的广义理解,即离线学习是与计算机网络特别是互联网(万维网)及网络平台、系统和工具并不直接相关(即并不需要上网在线)的各类学习,如发送各类教学光盘、各类多媒体计算机课件,供学习者在计算机单机上运行学习,当然也可以提供其他不需要计算机设备的视音频教学产品,如可以在各类光盘机、录音机、录像机等便携设备上运行的教学音像制品,以及各类印刷教学材料等。国内外的大学几乎都已经构建基于互联网和万维网的网络教学平台。一个成功的在线教学项目允许它的学生尽量和传统课堂教学的学生一样,拥有相同的学习机会和接受相同的教学服务,并且尽量安排适合学生的时间表。

从教学信息传输与交互形态看,远程学习主要可以分为三类:(1)教学资源课程材料的单向传输发送,可以发送CD-ROM多媒体课件光盘,通过卫星传输压缩数字电视和多媒体数据,或通过互联网和全球网发布网络课程、专题网站和多媒体课件等。以流媒体发送视频点播网络课程增加了远程学习者的选择性和灵活性,但依然主要是教学资源和课程材料的单向发送,没有有效的师生双向交互。其优势是提供的教育资源丰富、环境生动,主要适用于远程学生开展基于远程课程材料教育资源的自主在线或离线学习。(2)师生或同学间的双向非实时异步通信交互。在前两代远程教育中,主要通过邮寄函件实现双向非实时异步通信交互;在网络远程教育中,主要通过互联网中的电子邮件、计算机会议等双向通信功能和工具技术平台实现。随着第二代全球网技术的发展,博客和网络自由百科全书等整合了信息资源共享和全球即时开放交互通信于一身的网络工具也在远程教学中得到了普遍应用。其优势是开放、灵活,便于学习者在独立思考和充分准备的基础上进行较深层次的对话交互,主要适用于师生或同学间的答疑讨论、协作学习以及作业提交和批改、返还等非实时异步在线学习。(3)师生或同学间的双向实时同步通信交互。在前两代远程教育中,主要通过由当地学习中心或校园假期学校组织的面授辅导及电话辅导等实现双向实时同步通信交互;网络远程教育主要通过基于互联网的双向实时同步通信功能

和工具技术平台(如聊天室、网络白板等)、基于卫星通信或网络的直播课堂教学及各种视频会议系统实现。这种教学信息传输与交互形态具有最贴近现场教学的即时交互、情感交融等优势,主要适用于师生或同学间的集中答疑讨论、重点专题协作学习以及阶段或期末复习等实时同步在线学习。分布式学习是进入互联网时代后开始出现的一种新的学习方式,意指由于互联网的存在,教与学的参与者、教育资源、教学信息、教育基础设施以及教学场所都以网状形式分布在各地,学习者可以在异地开展异步学习,即利用异地场所的基础设施,获取跨越时空的教育资源和教学信息,同异地的学习者和助学者开展对话和交互。移动学习(mobile learning, u-learning)指基于无线通信和无线网络技术的学习,如利用手提电脑、手机、移动阅读器、移动播放器、个人数字助理及其他无线手持设备和终端实现的网络远程学习。世界各地已经组织实施了许多移动学习项目并有相应的研究成果发表。

图7　分布式学习示意图

与世界各国网络远程学习快速发展同步,中国网络远程教育也取得历史性进步。中国现代远程教育试点工程较普遍采用的远程课程教学方式有五种:卫星双向或单向实时教学(以压缩数字电视广播为主);面授集中教学;学生下载网络课件(IP广播流媒体课件或多媒体课件)自主学习;网络直播课堂教学;学生基于光盘的自主学习。比较普遍采用的远程学习辅导和答疑有四种方式:视频会议答疑;互联网BBS论坛讨论;互联网上的电子邮件;集中面授辅导答疑。

参考文献

Laurillard,D. Rethinking University Teaching: A Framework for the Effective Use of Educational Technology [M]. 2nd ed. London: Routeledge, 2001.

Peters, O. Learning and Teaching in Distance Education [M]. Paperback edition. London: Kogan Page,2001.

（丁兴富）